Novo Comentário Bíblico São Jerônimo

RAYMOND E. BROWN, S.S.
Union Theological Seminary, New York
JOSEPH A. FITZMYER, S.J.
Catholic University of America, Washington, D.C.
ROLAND E. MURPHY, O.Carm.
The Divinity School, Duke University, North Carolina

Novo Comentário Bíblico São Jerônimo

Novo Testamento e Artigos Sistemáticos

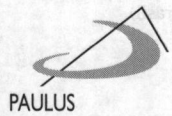
PAULUS

Títulos originais
The Jerome Bible Commentary
The New Jerome Biblical Commentary
© 1990 by Pearson education, Inc.

Tradutor responsável
Celso Eronides Fernandes

Equipe de tradução
Adriana Vida Fernandes
Elizeu Manoel dos Santos
Lucia Zanetti
Jonas Machado

Tradutor dos Artigos Sistemáticos
Paulo Arantes

Direção editorial
Claudiano Avelino dos Santos

Coordenação editorial
Paulo Bazaglia

Capa
Marcelo Campanhã

Novo comentário bíblico São Jerônimo: Novo Testamento e artigos sistemáticos / [organizado por] Raymond E. Brown, Joseph A. Fitzmyer, Roland E. Murphy; [tradutor responsável Celso Eronides Fernandes]. São Paulo: Paulus, 2018.

Títulos originais: *The Jerome Bible commentary; The New Jerome biblical commentary*.
Vários colaboradores.

ISBN 978-85-349-4673-5

Bibliografia.

1. Bíblia - Comentários I. Brown, Raymond E. II. Fitzmyer, Joseph A. III. Murphy, Roland E.

17-10616   CDD-220.7

Índice para catálogo sistemático:

1. Bíblia: Comentários 220.7

Seja um leitor preferencial **PAULUS**.
Cadastre-se e receba informações sobre nossos lançamentos e nossas promoções:
paulus.com.br/cadastro
Televendas: **(11) 3789-4000 / 0800 016 40 11**

1ª edição, 2018
2ª reimpressão, 2023

© PAULUS - 2018

Rua Francisco Cruz, 229 • 04117-091 – São Paulo (Brasil)
Tel.: (11) 5087-3700
paulus.com.br • editorial@paulus.com.br

ISBN 978-85-349-4673-5

Em memória do

PAPA PIO XII,

grande promotor dos estudos bíblicos católicos no século XX,

e do

PAPA PAULO VI,

que defendeu e consolidou o progresso destes estudos
durante e depois do concílio Vaticano II

"Nos Livros sagrados, o Pai, que está nos céus, se dirige com amor a seus filhos e fala com eles; e é tanta a eficácia que reside na palavra de Deus, que é, na verdade, apoio e vigor da Igreja, e fortaleza da fé para seus filhos, alimento da alma, fonte pura e perene da vida espiritual."

Dei Verbum, nº 21

Sumário

Colaboradores 9
Abreviaturas e Transliterações 15
Apresentação 37
Prólogo 39
Prefácio ao Comentário Bíblico São Jerônimo (1968) 41
Prefácio dos Editores 43

40 O Problema Sinótico 49
   Frans Neirynck

41 O Evangelho Segundo Marcos 65
   Daniel J. Harrington, S.J.

42 O Evangelho Segundo Mateus 131
   Benedict T. Viviano, O.P.

43 O Evangelho Segundo Lucas 217
   Robert J. Karris, O.F.M.

44 Atos dos Apóstolos 309
   Richard J. Dillon

45 Introdução às Epístolas do Novo Testamento 399
   Joseph A. Fitzmyer, S.J.

46 A Primeira Carta aos Tessalonicenses 407
   Raymound F. Collins

47 A Carta aos Gálatas 421
   Joseph A. Fitzmyer, S.J.

48 A Carta aos Filipenses 441
   Brendan Byrne, S.J.

49 Primeira Carta aos Coríntios 453
   Jerome Murphy-O'Cornnor, O.P.

50 Segunda Carta aos Coríntios 487
   Jerome Murphy-O'Cornnor, O.P.

51 A Carta aos Romanos 515
   Joseph A. Fitzmyer, S.J.

52 A Carta a Filêmon 593
    Joseph A. Fitzmyer, S.J.

53 A Segunda Carta aos Tessalonicenses.. 597
    Charles Homer Giblin, S.J.

54 Carta aos Colossenses 605
    Maurya P. Horgan

55 Carta aos Efésios.. 617
    Paul J. Kobelski

56 As Cartas Pastorais 633
    Robert A. Wild, S.J.

57 Primeira Epístola de Pedro 655
    William J. Dalton, S.J.

58 Epístola de Tiago 667
    Thomas W. Leahy, S.J.

59 Epístola de Judas 683
    Jerome H. Neyrey, S.J.

60 Epístola aos Hebreus 689
    Myles M. Bourke

61 Evangelho Segundo João 731
    Pheme Perkins

62 As Epístolas Joaninas 817
    Pheme Perkins

63 Apocalipse 835
    Adela Yarbro Collins

64 Segunda Epístola de Pedro 875
    Jerome H. Neyrey, S.J.

ARTIGOS SISTEMÁTICOS

65 Inspiração 885
    Raymond F. Collins

66 Canonicidade 907
    Raymond E. Brown, S.S., e Raymond F. Collins

67 Apócrifos, Manuscritos do Mar Morto
    e Outros Tipos de Literatura Judaica 947
    Raymond E. Brown, S.S., Pheme Perkins e Anthony J. Saldarini

68 Textos e Versões 1001
    Raymond E. Brown, S.S., D. W. Johnson, S.J., e Kevin G. O'Connell, S.J.*

69 Crítica Moderna do Antigo Testamento 1061
    Alexa Suelzer, S.P., e John S. Kselman, S.S.

70 Crítica Moderna do Novo Testamento 1093
    John S. Kselman, S.S., e Ronald D. Witherup, S.S.

71 Hermenêutica	1123

Raymond E. Brown, S.S., e Sandra M. Schneiders, I.H.M.

72 Pronunciamentos da Igreja 1161
Raymond E. Brown, S.S., e Thomas Aquinas Collins, O.P.

73 Geografia Bíblica 1177
Raymond E. Brown, S.S., e Robert North, S.J.

74 Arqueologia Bíblica 1217
Robert North, S.J., e Philip J. King

75 História de Israel 1263
Addison G. Wright, S.S., Roland E. Murphy, O.Carm.
e Joseph A. Fitzmyer, S.J.

76 Instituições Religiosas de Israel 1329
John J. Castelot e Aelred Cody, O.S.B.

77 Aspectos do Pensamento do Antigo Testamento 1387
John L. McKenzie

78 Jesus 1449
John P. Meier

79 Paulo 1475
Joseph A. Fitzmyer, S.J.

80 A Protoigreja 1491
Raymond E. Brown, S.S., Carolyn Osiek, R.S.C.J.
e Pheme Perkins

81 Aspectos do Pensamento do Novo Testamento 1523
Raymond E. Brown, S.S., John R. Donahue, S.J., Donald Senior, C.P.
e Adela Yarbro Collins

82 Teologia Paulina 1579
Joseph A. Fitzmyer, S.J.

83 Teologia Joanina 1647
Francis J. Moloney, S.D.B.

Bibliografia 1667

Índice de Autores 1671

Índice Analítico 1705

Colaboradores

BARRÉ, MICHAEL, L., S.S., S.T.L., Ph.D., Professor of Sacred Scripture, St. Patrick's Seminary, Menlo Park, California.
Amós, Salmos

BEGG, CHRISTOPHER, T., S.T.D., Ph.D., Associate Professor of Old Testament, The Catholic University of America, Washington, DC.
2 Reis

BLENKINSOPP, JOSEPH, D.Phil., John A. O'Brien Professor of Biblical Studies, University of Notre Dame, Notre Dame, Indiana, EUA.
Deuteronômio

BOADT, LAWRENCE, C.S.P., S.S.L., S.S.D., Associate Professor of Biblical Studies, Washington, Theological Union, Silver Spring, MD.
Ezequiel

BOURKE, MYLES, M., S.S.L., S.T.D., Pastor, Corpus Christi Church, New York.
Hebreus

BROWN, RAYMOND, E., S.S., S.S.L., S.T.D., Ph.D, Auburn Distinguished Professor of Biblical Studies, Union Theological Seminary, New York.
Canonicidade; Apócrifos; Textos e versões; Hermenêutica; Pronunciamentos da Igreja; Geografia bíblica; Igreja primitiva; Aspectos do pensamento do Novo Testamento

BYRNE, BRENDAN, S.J., D.Phil., Professor of New Testament, Jesuit Theological College, United Faculty of Theology, Parkville, Melbourne, Australia.
Filipenses

CAMPBELL, ANTONY, F., S.J., S.S.L., S.T.L., Ph.D., Professor of Old Testament, Jesuit Theological College, United Faculty of Theology, Parkville, Melbourne, Australia.
1 Samuel

CASTELOT, JOHN, J., S.S.L., S.T.D., Retired Professor of Scritpture, St. John's Provincial Seminary Plymouth, Michigan.
Instituições religiosas de Israel

CERESKO, ANTHONY, R., O.S.F.S., S.T.L., S.S.D., Associate Professor of Old Testament, Faculty of Teology, University of St. Michael's College, Toronto, Canada.
Habacuc; Jonas

CLIFFORD, RICHARD, J., S.J., S.T.L., Ph.D., Professor of Old Testament, Weston School of Theology, Cambridge, Massachusetts.
Gênesis; Êxodo

CODY, AELRED, O.S.B., S.S.D., S.T.D., Elève diplômé de l'Ecole Biblique et Archéologique française de Jérusalem, Master of Novices and Juniors, St. Meinrad, Archabbey, St. Meinrad, Indiana, EUA.
Ageu; Zacarias; Malaquias; Instituições religiosas de Israel

Collins, John, J., Ph.D., Professor of Hebrew Bible and Judaica, Department of Theology, University of Notre Dame, Notre Dame, Indiana, EUA.
Apocalíptica e escatologia do Antigo Testamento

Collins, Raymond, F., S.T.D., Professor-in-ordinary, Faculty of Theology, Catholic University of Leuven, Lovain, Belgium.
1 Tessalonicenses; Inspiração; Canonicidade

Collins, Thomas Aquinas, O.P., S.S.B., S.S.B., S.T.D., Professor Emeritus of Biblical Studies, Providence College, Providence, Rhode Island.
Declarações da Igreja

Coogan, Michael David, Ph.D., Professor of Religious Studies, Stonehill College, North Easton, Massachusetts.
Josué

Couturier, Guy, P., C.S.C., M.A., S.S.L., Elève diplômé de l'Ecole Biblique et Archéologique française de Jérusalem, Professor of Scripture, Faculté de Théologie, Université de Montréal, Montreal. Canada.
Jeremias

Craven, Toni, M.A., Ph.D., Associate Professor of Old Testament, Brite Divinity School. Texas Christian University, Fort Worth, Texas.
Judite

Dalton, William, J., S.J., M.A., S.S.D., Professor of New Testament, Catholic Theological College, Melbourne, Australia.
1 Pedro

Di Lella, Alexander, A., O.F.M., S.T.L., S.S.L., Ph.D., Professor of Biblical Studies, The Catholic University of America, Washington, DC.
Daniel; Eclesiástico

Dillon, Richard, J., S.T.L., S.S.D., Associate Professor of Theology, Fordham University, Bronx, New York.
Atos dos Apóstolos

Donahue, John, R., S.J., S.T.L., Ph.D., Professor of Sacred Scripture, Jesuit School of Theology and Graduate Theological Union, Berkeley, California.
Aspectos do pensamento do Novo Testamento

Dumm, Demetrius, O.S.B., S.S.L., S.T.D., Professor of Scripture, St. Vincent Seminary, Latrobe, Pennsylvania.
Ester

Faley, Roland, J., T.O.R., S.S.L., S.T.D., Executive Director, Conference of Major Superiors of Men Religious, Silver Spring, Maryland.
Levítico

Fitzgerald, Aloysius, F.S.C., S.S.D., Assistant Professor of Semitic Languages, Catholic University of America, Washington, D.C.
Poesia hebraica; Baruc

Fitzmyer, Joseph, A., S.J., S.T.L., S.S.L., Ph.D., Professor Emeritus of Biblical Studies, The Catholic University of America, Washington, D.C.
Cartas do NT; Gálatas; Romanos; Filêmon; História de Israel; Paulo; Teologia paulina

FLANAGAN, JAMES, W., Ph.D., Archbishop Paul J. Hallinan Professor of Catholic Studies, Case Western Reserve University, Cleveland, Ohio.
2 Samuel

GIBLIN, CHARLES HOMER, M.A. Ph.L., S.T.L., S.S.L., S.S.D., Professor of New Testament, Fordham University, Bronx, New York.
2 Tessalonicenses

GUINAN, MICHAEL, D., O.F.M., S.T.L., Ph.D., Professor of Semitic Languages and Old Testament; Franciscan School of Theology, Berkeley, California.
Lamentações

HARRINGTON, DANIEL, J., S.J., M.Div., Ph.D., Professor of New Testament, Weston School of Theology, Cambridge, Massachusetts.
Marcos

HARTMAN, LOUIS, F., C.SS.R., S.S.L, Ling.Or.L., Late Professor of Semitics, The Catholic University of America, Washington, D.C.
Daniel

HORGAN, MAURYA, P., Ph.D., General Partner, The Scriptorium, Denver, Colorado; Adjunct Lecturer in Biblical Literature, The Iliff School of Theology, Denver, Colorado.
Colossenses

IRWIN, WILLIAM, H., C.S.B., M.A. S.T.L., S.S.D., Associate Professor, Faculty of Theology, University of St. Michael's College, Toronto, Canada.
Isaías 1-39

JENSEN, JOSEPH, O.S.B., S.S.L., S.T.D., Associate Professor of Old Testament, The Catholic University of America; Executive Secretary of the Catholic Biblical Association, Washington, D.C.
Isaías 1-39

JOHNSON, D. W., S.J., Ph.D., Associate Professor of Semitic and Egyptian Languages and Literatures, The Catholic University of America, Washington, D.C.
Textos e versões

KARRIS, ROBERT, J., O.F.M., S.T.L., Th.D., St. Anthony's, St. Louis, Missouri.
Lucas

KING, PHILIP, J., S.T.D., S.S.L., Professor of Biblical Studies, Boston College, Chestnut Hill, Massachusetts.
Arqueologia bíblica

KOBELSKI, PAUL, J., Ph.D., General Partner, The Scriptorium, Denver, Colorado; Adjunct Lecturer in Biblical Literature, The Iliff School of Theology, Denver, Colorado.
Efésios

KSELMAN, JOHN, S., S.S., S.T.L., Ph.D., Professor of Old Testament, Weston School of Theology, Cambridge, Massachusetts.
Salmos; Crítica moderna do Antigo Testamento; Crítica moderna do Novo Testamento

LABERGE, LÉO, O.M.I., S.S.D., L.Ph., L.Th., Elève titulaire de l'Ecole Biblique et Archéologique de Jérusalem, Professor of Old Testament, Faculty of Theology, Saint Paul University, Ottawa, Canadá.
Miquéias

LAFFEY, ALICE, L., S.S.L., S.S.D., Associate Professor of Old Testament, Department of Religious Studies, College of the Holy Cross, Worcester, Massachusetts.
Rute

LEAHY, THOMAS, W., S.J., S.S.L., S.T.L., Ph.D., Professor of New Testament, Jesuit School of Theology at Berkeley, Berkeley, California.
Tiago

L'HEUREUX, CONRAD, E., Ph.D., Professor of Old Testament, University of Dayton, Dayton, Ohio.
Números

MCCARTHY, DENNIS, J., S.J., S.S.L., S.T.D., Late Professor of Old Testament, Pontifical Bilical Institute, Rome, Italy.
Oséias

MCCREESH, THOMAS, P., O.P., S.T.L., Ph.D., Assistant Professor of Scripture, Dominican House of Studies, Washington, D.C.
Provérbios

MCELENEY, NEIL, J., C.S.P., M.A., S.T.L., S.S.L., Adjunct Ordinary Professor, The Catholic University of America, Washington, D.C.
1 e 2 Macabeus

MCKENZIE, JOHN, L., S.T.D., Professor Emeritus of Theology, De Paul University, Chicago, Illinois.
Aspectos do pensamento do Antigo Testamento

MACKENZIE, R. A. F., S.J., S.S.D., Professor Emeritus of Old Testament, Regis College, Toronto, Canadá.
Jó

MALLON, ELIAS, D., S.T.L., Ph.D., Associate Director, Graymoor Ecumenical Institute, New York.
Joel, Abdias

MEIER, JOHN, P., S.S.D., S.T.L., Professor of New Testament, The Catholic University of America, Washington, D.C; Adjunct Professor, Fordham University, Bronx, New York.
Jesus

MOLONEY, FRANCIS, J., S.D.B., S.T.L., S.S.L., D.Phil. (Oxon), Head of the Biblical Studies Department, Catholic Theological College, Clayton, Victoria, Australia.
Teologia Joanina

MURPHY, ROLAND, E., O.Carm., S.S.L., S.T.D., George Washington Ivey Professor Emeritus, Duke University, Durham, NC..
Introdução ao Pentateuco; Gênesis; Introdução à literatura sapiencial; Cântico dos Cânticos; Jó; Oséias; História de Israel

MURPHY-O'CONNOR, JEROME, O.P., S.S.L., S.T.D., Professor of New Testament, Ecole Biblique et Archéologique française de Jérusalem.
1 e 2 Coríntios

NEIRYNCK, FRANS, S.T.D., Professor of New Testament, Catholic University of Leuven, Lovaina, Belgim.
O problema sinótico

NEYREY, JEROME, H., S.J., S.T.L., Ph.D., Associate Professor of New Testament, Weston School of Theology, Cambridge, Massachusetts.
Judas; 2 Pedro

NORTH, ROBERT, S.J., S.T.L., S.S.D., Compiler of *Elenchus of Biblica*; Professor Emeritus of Archaeology, Pontifical Biblical Institute, Roma, Italia.
1 e 2 Crônicas; Esdras; Neemias; Geografia bíblica; Arqueologia bíblica

NOWELL, IRENE, O.S.B., Ph.D., Associate Professor of Religious Studies, Benedictine College, Atchison, Kansas.
Naum; Tobias

O'CONNELL, KEVIN, G., S.J., Ph.D., President and Professor of Religious Studies, Le Moyne College, Syracuse, New York.
Textos e versões

O'CONNOR, M., Ph.D., Ann Arbor, Michigan.
Juízes

OSIEK, CAROLYN, A., R.S.C.J., M.A.T., Th.D., Profressor of New Testament, Catholic Theological Union, Chicago, Illinois.
Igreja primitiva

PERKINS, PHEME, M.A., Ph.D., Professor of Theology, Boston College, Chestnut Hill, Massachusetts.
João; Cartas de João; Apócrifos; Igreja primitiva

SALDARINI, ANTHONY, J., Ph.D., Associate Professor, Boston College, Chestnut Hill, Massachusetts.
Apócrifos

SCHNEIDERS, SANDRA, M., I.H.M., S.T.J., S.T.D., Associate Professor of New Testament Studies and Spirituality, Jesuit School of Theology and Graduate Theological Union, Berkeley, California.
Hermenêutica

SENIOR, DONALD, C.P., S.T.D., Professor of New Testament, Catholic Theological Union, Chicago, Illinois.
Aspectos do pensamento do Novo Testamento

STUHLMUELLER, CARROLL, C.P., S.T.L., S.S.D., Professor of Old Testament Studies, Catholic Theological Union, Chicago, Illinois.
Deuteroisaías e Tritoisaías

SUELZER, ALEXA, S.P., M.A., Ph.D., Professor of Theology, St. Mary-of-the-Woods College, St. Mary--of-the-Woods, Indiana, EUA.
Crítica moderna do Antigo Testamento

VAWTER, BRUCE, C.M., S.T.L., S.S.D., Late Professor of Scripture, De Paul University, Chicago, Illinois.
Introdução à literatura profética

VIVIANO, BENEDICT, T., O.P., S.S.L., Ph.D., Professor of New Testament, Ecole Biblique et Archéologique française de Jérusalem.
Mateus

WAHL, THOMAS, P., O.S.B., S.T.L., S.S.L., Ph.D., Associate Professor of Theology, Saint John's University, Collegeville, Minnesota.
Sofonias

WALSH, JEROME, T., S.S.L., Ph.D., Associate Professor of Biblical Studies, St. John's Provincial Seminary, Plymouth, Michigan.
1 Reis

Wild, Robert, A., S.J., S.T.L., Ph.D., Provincial. Chicago, Province of the Society of Jesus; Associate Professor (on leave), Department of Theology, Loyola University, Chicago, Illinois.
Cartas pastorais

Witherup, Ronald, D., S.S., S.T.L., Ph.D., Associate Professor of Sacred Scripture, St. Patrick's Seminary, Menlo Park, California.
Crítica moderna do Novo Testamento

Wright, Addison, G., S.S., M.A., S.S.L., S.T.D., Associate Professor of Scripture, Graduate School of Religion and Religious Education, Fordham University, Bronx, New York; Adjunct Professor, Marywood College, Scranton, Pennsylvania.
Eclesiastes; Sabedoria; História de Israel

Yarbro Collins, Adela, M.A., Ph.D., Professor, University of Notre Dame, Notre Dame, IN.
Apocalipse; Aspectos do pensamento do Novo Testamento

Abreviaturas e Transliterações

LIVROS PROTOCANÔNICOS E DEUTEROCANÔNICOS DA BÍBLIA

ANTIGO TESTAMENTO

Gn	Gênesis	Is	Isaías
Ex	Êxodo	Dtis	Deuteroisaías
Lv	Levítico	Tris	Tritoisaías
Nm	Números	Jr	Jeremias
Dt	Deuteronômio	Lm	Lamentações
Js	Josué	Br	Baruc
Jz	Juízes	Ep Jr	Epístola de Jeremias
Rt	Rute	Ez	Ezequiel
1 e 2 Sm	1 e 2 Samuel	Dn	Daniel
1 e 2 Rs	1 e 2 Reis	Or Azar	Oração de Azarias (= Dn 3,24-90)
1 e 2 Cr	1 e 2 Crônicas		
Esd	Esdras	Sus	Susana (= Dn 13,1-64)
Ne	Neemias	Bel	Bel e o dragão (= Dn 14,1-42)
Tb	Tobias	Os	Oséias
Jt	Judite	Jl	Joel
Est	Ester	Am	Amós
Ad Est	Adições a Ester (107 vv. na LXX)	Ab	Abdias
		Jn	Jonas
1 e 2 Mc	1 e 2 Macabeus	Mq	Miquéias
Jó	Jó	Na	Naum
Sl	Salmos	Hab	Habacuc
Pr	Provérbios	Sf	Sofonias
Ecl	Eclesiastes	Ag	Ageu
Ct	Cântico dos cânticos	Zc	Zacarias
Sb	Sabedoria	Dtzac	Deuterozacarias
Eclo	Eclesiástico	Ml	Malaquias

NOVO TESTAMENTO

Mt	Mateus	1 e 2 Ts	1 e 2 Tessalonicenses
Mc	Marcos	1 e 2 Tm	1 e 2 Timóteo
Lc	Lucas	Tt	Tito
Jo	João	Fm	Filêmon

Nota: Os salmos são citados segundo o número do salmo e do versículo do original hebraico (TM). Os números dos salmos segundo a LXX e a Vulg. (versão latina) são freqüentemente uma unidade a menos que os do hebraico; *p.e.*: Sl 22 TM é Sl 21 na versão latina.

At	Atos	Hb	Hebreus
Rm	Romanos	Tg	Tiago
1 e 2 Cor	1 e 2 Coríntios	1 e 2 Pe	1 e 2 Pedro
Gl	Gálatas	1, 2 e 3 Jo	1, 2 e 3 João
Ef	Efésios	Jd	Judas
Fl	Filipenses	Ap	Apocalipse
Cl	Colossenses		

APÓCRIFOS DO ANTIGO TESTAMENTO

AntBib	Pseudo-Filo, *Antiguidades bíblicas* (→ 67:50) *ApAbr* Apocalipse de Abraão
2ApBar	Apocalipse Siríaco de Baruc (→ 67:44)
3ApBar	Apocalipse Grego de Baruc (→ 67:45)
ApMos	Apocalipse de Moisés
Arist	Epístola/Carta de Aristeias a Filócrates (→ 67:32-33)
AsIs	Ascensão de Isaías (cf. *AOT* 141-67)
AsMos	Assunção de Moisés (→ 67:49)
1 Esd	Esdras A dos LXX; III Esdras das versões latinas (→ 67:38-39)
2 Esd	IV Esdras da Vulg. (→ 67:40)
GrEzra	Apocalipse de Ezra (caps. 3-14 de 2 Esd) (→ 67:41)
1 Hen	1 *Henoc, Henoc etíope* (→ 67:7,9-15)
2 Hen	2 *Henoc, Livro dos segredos de Henoc* eslavo (→ 67:7-8)
3 Hen	3 *Henoc, Henoc* hebraico (→ 67:7-8)
JosAs	José e Asenet (cf. *AOT* 465-503; *AAT* 3.191-238)
Jub	Livro de Jubileus (→ 67:16-24)
LQ	Literatura de Qumran (cf. "Manuscritos do mar Morto e textos afins")
3 Mac	3 Macabeus (= *Ptolemaica*) (→ 67:35)
4 Mac	4 Macabeus (= *Sobre a supremacia da razão*) (→ 67:36)
MarIs	Martírio de Isaías (cf. *OTP* 2.143-64)
OdSal	Odes de Salomão (cf. *AOT* 683-731; *AAT* 3.61-100)
OrMan	Oração de Manasés (→ 67:37)
OrSib	Oráculos Sibilinos (→ 67:51-52)
TestAbr	Testamento de Abraão (cf. *AOT* 393-421; *AAT* 5.441-527)
TestBen, TestLevi, etc.	Testamento de Benjamim, Testamento de Levi, etc. (um dos testamentos individuais de *TestXII*)
Test12Patr	Testamentos dos doze Patriarcas (→ 67:25-31)
SalSl	Salmos de Salomão (→ 67:46-48)
VidAd	Vida de Adão e Eva (cf. *AOT* 141-67; *AAT* 2.319-52)

MANUSCRITOS DO MAR MORTO E TEXTOS AFINS (LQ)

Ant.	Josefo, *Antiguidades dos Judeus*
Apion.	Josefo, *Contra Apião*
Bell.	Josefo, *Guerra dos Judeus*
CD	Cairo (Geniza texto de EI) (Documento) de Damasco (→ 67:87)
Hev	Textos Naḥal Ḥever (→ 67:121)
Mas	Textos Masada (→ 67:123)
Mird	Textos Khirbet Mird (→ 67:118)

MMM	Manuscritos do mar Morto (→ 67:78)
Mur	Textos Wadi Murabba'at (→ 67:119)
p	Péser (comentário) (→ 67:89)
Q	Qumran
1Q, 2Q, 3Q, etc.	Cavernas numeradas de Qumran, que proporcionam material escrito; seguidas pela abreviatura do livro bíblico ou apócrifo
1QGnAp	*Gênesis apócrifo* da caverna 1 de Qumran(→ 67:93)
1QH	*Hinos, Hodayot (Hinos de ação de graça)* (→ 67:86)
1Qis^{a,b}	Primeira e segunda cópias de Isaías da caverna 1 de Qumran (→ 68:27)
1QM	*Milhamah* (Rollo da guerra) da caverna 1 de Qumran(→ 67:88)
1QpHab	Pesher de *Habakur* da caverna 1 de Qumran
1QS	*Serten hayyahad (Regra da Comunidade; Manual de Disciplina)* (→ 67:83)
1Qs^a	Apêndice A *(Regra da Congregação)* a 1QS (→ 67:84)
1QSb = 1QS^b	Apêndice B *(Alabanzas)* a IQS (→ 67:85)
3Q*15*	*Rollo* de cobre da caverna 3 de Qumran (→ 67:94)
4QFil	Filactérias da caverna 4 de Qumran
4QFlor	*Florilégo* da caverna 4 de Qumran (→ 67:92)
4QMes ar	Texto "messiânico" aramaico da caverna 4 de Qumran (→ 67:92)
4QorNab	*Oração de Nabonido* da caverna 4 de Qumran (→ 25:20)
4QTest	*Testimonia* texto da caverna 4 de Qumran (→ 67:91)
4QTLevi	*Testamento de Levi* da caverna 4 de Qumran (→ 67:26)
11QMelq	Texto de Melquisedec da caverna 11 de Qumran (→ 67, p. 1070)
11QpaleoLev	Texto de Levítico escrito em paleo-hebraico da caverna 11 de Qumran (→ 68:17.22.24)
11QPs^a	Primeira cópia de um saltério da caverna 11 de Qumran (→ 68:31)
11QPs^b	Segunda cópia de um saltério da caverna 11 de Qumran (→ 67, p. 1070)
11QPsAp^a	Primera cópia de um texto de salmos apócrifos da caverna 11 de Qumran (→ 67, p. 1070)
11Qtemplo	*O Rollo de Templo* da caverna 11 de Qumran (→ 67:95)
11QtgJob	*Targum de Jó* da caverna 11 de Qumran (→ 68:104)
Vida	Josefo, *Vida*

APÓCRIFOS DO NOVO TESTAMENTO

ApPe	*Apocalipse de Pedro* (→ 67:73)
AtPaulo	*Atos de Paulo*
AtPe.	*Atos de Pedro* AtPil *Atos de Pilatos* (→ 67:71)
EvEb	*Evangelho dos ebionita* (→ 67:59)
EvHeb	*Evangelho dos hebreus* (→ 67:60)
EvNaass	*Evangelho dos naassenos*
EvNaz	*Evangelho dos nazarenos* (→ 67:61)
EvPe	*Evangelho de Pedro* (→ 67:72)
EvSecMc	*Evangelho secreto de Marcos* (→ 67:63)
EvTom	*Evangelho de Tomé* (→ 67:67)
ProtEvTg	*Protoevangelho de Tiago* (→ 67:64)

ESCRITOS PATRÍSTICOS PRIMITIVOS

Barn	*Epístola de Barnabé* (→ 80:41)
1-2 Clem	*Primeira e Segunda Clemente* (→ 80:37-48)
Did	*Didaquê, ou ensino dos Doze Apóstolos* (→ 80:42)
Diog	*Epístola a Diogneto* (→ 80:54)

HE	Eusebio, *História eclesiástica*		
HermMand	*O Pastor de Hermas, Mandata* (→ 80:43)		
HermSim	*O Pastor de Hermas, Similitudes*		
HermVi	*O Pastor de Hermas, Visões*		
InEf	Inácio de Antioquia,	*aos Efésios* (→ 80:39)	
InEsm	Inácio de Antioquia,	*à Esmirna*	
InFld	Inácio de Antioquia,	*à Filadélfia*	
InMag	Inácio de Antioquia,	*aos Magnésios*	
InPol	Inácio de Antioquia,	*a Policarpo*	
InRom	Inácio de Antioquia,	*aos Romanos*	
InTral	Inácio de Antioquia,	*aos Tralianos*	
MartPol	*Martírio de Policarpo* (→ 80:56)		
PolFil	Policarpo, *Aos Filipenses* (→ 80:40)		

OBRAS TARGÚMICAS E RABÍNICAS

TgEstI, II	*Primeiro e Segundo Targum*	TgsPal	*Targuns Palestinenses*
TgFr	*Targum Fragmentário*	TgPsJ	*Targum Pseudo-Jônatas*
TgIs	*Targum de Isaías*	TgSam	*Targum Samaritano*
TgKet	*Targum dos Escritos*	TgYem	*Targum Iemenita*
TgNeb	*Targum dos Profetas*	TgYerI	*Targum Jerusalém I**
TgNeof	*Targum Neófiti de Ester*	TgYerII	*Targum Jerusalém II**
TgOnq	*Targum Ônqelos*		

* título opcional

Para distinguir os tratados homônimos da Mishná, a Tosefta, o Talmude de Babilônia e o Talmude de Jerusalém, se antepõem ao nome as seguintes abreviaturas em cursiva: *m, t, b* e *j*.

'Abot	'Abot	Hor	Horayot
'Abot R Nat	'Abot de Rabbí Natán	Ḥul	Ḥullin
'AgBer	'Aggadat Berešit	Kalla	Kalla
'Ar	'Arakhin	Kel	Kelim
'AZ	'Aboda Zara	Ker	Keritot
Bab	Babilônico	Ket	Ketubbot
Bar	Baraita	Kil	Kilayim
BB	Baba Batra	Maas	Maaserot
Bel	Belprpt	Mak	Makkot
Ber	Berakhot	Markh	Makshirin
Beṣa	Beṣa (= Yom Ṭob)	Meg	Megilla
Bik	Bikkurim	Meila	Meila
BM	Baba Metsia	Mek	Mekhilta
BQ	Baba Qama	Men	Menachot
Dem	Demai	Mid	Middot
Der Er Rab	Derek Ereṣ Rabba	Midr	Midráš; citado com a abreviatura habitual do livro bíblico em questão; pelo *Midr. Qoh.* = Midraš Qohelet
Der Er Zuṭ	Derek Ereṣ Zuṭa		
'Ed	'Eduyot		
'Er	'Erubin		
Gen	Gemara	Miqw	Miqwaot
Giṭ	Giṭṭin	Mo'ed	Moed
Ḥag	Ḥagiga	MQ	Moed Qatan
Ḥall	Ḥalla	Msh	Maaser Sheni

Našim	Našim	Šem	Šemaḥot
Naz	Nazir	Shab	Shebiit
Ned	Nedarim	Shebu	Shebuot
Neg	Negaim	Sheq	Sheqalim
Nez	Neziquin	Sipra	Sipra
Nid	Niddah	Sipre	Sipre
Oh	OhaloT	Sop	Soperim
'Orla	'Orla	S. 'Olam Rab	Seder 'Olam Rabbah
Pal	Palestinense	Soṭa	Soṭa
Para	Para	Suk	Sukka
Pea	Pea	Taan	Taanit
Pes	Pesachim	Talm	Talmud
PesiqR	Pesiqta Rabbati	Tam	Tamid
PesiqRabKah	Pesiqta de Rab Kahana	TebY	Ṭebul Yom
PirqeREl	Pirqe de Rabbí Eliezer	Tem	Temurot
Qid	Qidushin	Ter	Terumot
Qin	Qinnim	Ṭoh	Ṭoharot
Qod	Qodašin	'Uq	Uqtsin
Rab	Rabbah (a continuação da abreviatura do livro bíblico: Gen. Rab. [com períodos] = Gênesis Rabbah)	Yad	Yadayim
		Yal	Yalquṭ
		Yeb	Yebamot
		Yoma	Yoma (= Kippurim)
RH	Rosh há-Shaná	Zab	Zabin
Sab	Shbbat	Zeb	Zebachim
Sanh	Sanhedrín	Zer	Zera'im

TRATADOS DE NAG-HAMMADI (LNH; → 80:64-82)

Allog	Allógenes	Hip	Hipsifrone
ApAdão	Apocalipse de Adão	IntCon	A interpretação do conhecimento
ApocrJo	Apócrifo de João	Mars	Marsanes
ApocrTg	Apócrifo de Tiago	Melq	Melquisedec
ApPaulo	Apocalipse de Paulo	Nor	O pensamento de Noréia
ApPe	Apocalipse de Pedro	OrGr	Oração de ação de graças
1ApTg	Primeiro Apocalipse de Tiago	OriMundo	Sobre a origem do mundo
2ApTg	Segundo Apocalipse de Ttiago	OrPaulo	Oração do Apóstolo Paulo
Ascl	Asclépio	ParShem	Paráfrase de Sem
AtPe12Ap	Atos de Pedro e os doze Apóstolos	PenTri	O pensamento trimorfo
DialSalv	Diálogo do Salvador	SobBatA	Sobre o batismo A
DisOyE	Discurso sobre a Ogdóada e a Enéada	SobBatB	Sobre o batismo B
EnsAut	Ensino autoritativo	SobBatC	Sobre o batismo C
EnsSilv	Ensinamentos de Silvano	SobEucA	Sobre a eucaristia A
EpPeFl	Epístola de Pedro a Felipe	SobEucB	Sobre a eucaristia B
Eug	Eugnostos, o abençoado	SentSex	Sentenças de Sexto
EvEg	Evangelho dos Egípcios	SophJesChr	Sabedoria de Jesus Cristo
EvFl	Evangelho de Felipe	StlSeth	As três marcas de Seth
EvTom	Evangelho de Tomé	TestVer	Testemunho da verdade
EvVer	Evangelho da verdade	TomAtl	Livro de Tomé o Atleta
ExAlma	Exegese da alma	True	O Trono, a mente perfeita
ExpVal	Exposição valentiniana	TrRes	Tratado sobre a Ressurreição
GrPod	Conceito de nosso Grande Poder	TrSeth	Segundo tratado do grande Seth
HipArc	Hipóstasis dos arcontes	TrTri	Tratado tripartido
		Zos	Zostrianos

SÉRIES, PUBLICAÇÕES PERIÓDICAS E LIVROS CITADOS COM FREQUÊNCIA

AAGA	M. Black, *Aramaic Approach to the Gospels and Acts* (3ª ed., Oxford, 1967)
AAS	*Acta apostolicae sedis*
AASF	Annales academiae rerum scientiarum fennicae
AASOR	Annual of the American Schools of Oriental Research
AB	Anchor Bible
ACW	Ancient Christian Writers
AEL	M. Lichtheim, *Ancient Egyptian Literature* (3 vols., Berkeley, 1975-80)
AEOT	A. Alt, *Essays on Old Testament History and Religion* (Garden City, 1957)
AER	*American Ecclesiastical Review*
AGJU	Arbeiten zur Geschichte des antiken Judentums und des Urchristentums
AI	R. de Vaux, *Ancient Israel* (London/New York, 1963)
AJBA	*Australian Journal of Biblical Archaeology*
AJP	*American Journal of Philology*
AJSL	*American Journal of Semitic Languages and Literatures*
ALBO	Analecta lovaniensia biblica et orientalia
AnBib	Analecta biblica
ANE	J. B. Pritchard (ed.), *Ancient Near East* (Princeton, 1965)
ANEP	J. B. Pritchard (ed.), *Ancient Near East in Pictures* (Princeton, 1954)
ANESTP	J. B. Pritchard (ed.), *Ancient Near East Supplementary Texts and Pictures* (Princeton, 1969)
ANET	J. B. Pritchard (ed.), *Ancient Near Eastern Texts* (Princeton, 1950, 3ª ed. com suplemento, 1978)
ANF	The Ante-Nicene Fathers
Ang	*Angelicum*
AnGreg	Analecta gregoriana
AnOr	Analecta orientalia
ANRW	W. Haase and H. Temporini (eds.), *Aufstieg und Niedergang der römischen Welt: Teil II: Principat-Religion* (Berlin, 1979-84) II/25.1, seguido das páginas.
ANTF	Arbeiten zur neutestamentlichen Textforschung
Anton	*Antonianum*
AOAT	Alter Orient und Altes Testament
AOT	H. F. D. Sparks (ed.), *The Apacryphal Old Testament* (Oxford, 1984)
AP	W. F. Albright, *The Archealogy of Palestine* (Harmondsworth, 1960)
Apg.	*Apostelgeschichte* (nos títulos de muitos comentários alemães sobre Atos)
APOT	R. H. Charles (ed.), *Apocrypha and Pseudepigrapha of the Old Testament* (Oxford, 1913)
ARAB	D. D. Luckenbill (ed.), *Ancient Records of Assyria and Babylonia* (2 vols., Chicago, 1926-27)
Arch	*Archaealagy*
ARI	W. F. Albright, *Archaeology and the Religion of Israel* (Baltimore, 1953)
ASNU	Acta seminarii neotestamentici upsaliensis
ASOR	American Schools of Oriental Research
ASTI	*Annual of the Swedish Theological Institute*
ATANT	Abhandlungen zur Theologie des Alten und Neuen Testaments
AtBib	H. Grollenberg, *Atlas of the Bible* (London, 1956)
ATD	Das alte Testament deutsch
AThD	*Acta theologica danica*
ATNT	K. and B. Aland, *The Text of the New Testament* (Grand Rapids, 1986)
ATR	*Anglican Theological Review*
Aug	*Augustinianum*
AusBR	*Australian Biblical Review*

AUSS	Andrews University Seminary Studies
AzT	Arbeiten zur Theologie
BA	Biblical Archaeologist
BAC	Biblioteca de autores cristianos
BAGD	W. Bauer, W. F. Arndt, F. W. Gingrich and F. W. Danker, *Greek-English Lexicon of the New Testament* (2ª ed., Chicago, 1979)
BAIAS	Bulletin of the Anglo-Israel Archaeological Society
BANE	G. E. Wright (ed.), *The Bible and the Ancient Near East* (Fest. W. F. Albright, New York, 1961)
BAR	Biblical Archaeologist Reader
BARev	Biblical Archaeology Review
BASOR	Bulletin of the American Schools of Oriental Research
BBB	Bonner biblische Beiträge
BBET	Beiträge zur biblischen Exegese und Theologie
BBM	R. E. Brown, *The Birth of the Messiah* (Garden City, 1977)
BBVO	Berliner Beiträge zum vorderen Orient
BCCT	J. L. McKenzie (ed.), *The Bible in Current Catholic Thought* (New York, 1962)
BCH	Bulletin de correspondance hellénique
BDB	F. Brown, S. R. Driver and C. A. Briggs, *Hebrew and English Lexicon of the Old Testament* (rev. ed.; Oxford, 1952)
BDF	F. Blass, A. Debrunner and R. W. Funk, *A Greek Grammar of the New Testament* (Chicago, 1961)
Beginnings	F. J. Foakes Jackson and K. Lake (eds.), *Beginnings of Christianity* (5 vols., London, 1920-33)
BEJ	R. E. Brown, *The Epistles of John* (AB 30, Garden City, 1982)
BenMon	Benediktinische Monatsschrift
BeO	Bibbia e oriente
BET	P. Benoit, *Exégèse et théologie* (4 vols., Paris, 1961-82)
BETL	Bibliotheca ephemeridum theologicarum lovaniensium
BEvT	Beiträge zur evangelischen Theologie
BFCT	Beiträge zur Förderung christlicher Theologie
BGBE	Beiträge zur Geschichte der biblischen Exegese
BGJ	R. E. Brown, *The Gospel According to John* (AB 29, 29A, Garden City, 1966-70
BHI	J. Bright, *History of Israel* (3ª ed., Philadelphia, 1981) [em port.: *História de Israel*, Paulus, 7ª ed., São Paulo, 2004].
BHK	R. Kittel (ed.), *Biblia Hebraica* (3ª ed., Stuttgart, 1937)
BHMCS	*The Biblical Heritage in Modern Catholic Scholarship* (Fest. B. Vawter, ed. J. J. Collins and J. D. Crossan, Wilmington 1986)
BHS	K. Elliger and W. Rudolph (eds.), *Biblia hebraica stuttgartensia* (Stuttgart, 1967-77)
BHT	Beiträge zur historischen Theologie
Bib	Biblica
BibB	Biblische Beiträge
BibLeb	Bibel und Leben
BibOr	Biblica et orientalia
Bijdr	Bijdragen
BIOSCS	Bulletin of the International Organization for Septuagint and Cognate Studies
BJRL	Bulletin of the John Rylands University Library of Manchester
BK	Bibel und Kirche
BKAT	Biblischer Kommentar: Altes Testament
BL	Book List
BLS	Bible and Literature Series
BM	Beth Mikra
BMAP	E. G. Kraeling, *The Brooklyn Museum Aramaic Papyri* (New Haven, 1953)
BN	Biblische Notizen

BNTC	Black's New Testament Commentaries (edição britânica do HNTC)
BNTE	W. D. Davies and D. Daube (eds.), *The Background of the New Testament and Its Eschatology* (Fest. C. H. Dodd, Cambridge, 1954)
BO	*Bibliotheca orientalis*
BP	W. F. Albright, *The Biblical Period from Abraham to Ezra* (New York, 1963)
BPI	E. Dhorme (ed.), *Bible de la Pléiade* (2 vols., Paris, 1956, 1959)
BR	*Biblical Research*
BSac	*Bibliotheca Sacra*
BT	*The Bible Translator*
BTB	*Biblical Theology Bulletin*
BTS	*Bible et terre sainte*
BU	Biblische Untersuchungen
BVC	*Bible et vie chrétienne*
BWANT	Beiträge zur Wissenschaft vom Alten und Neuen Testament
BWL	W. Lambert, *Babylonian Wisdom Literature* (Oxford, 1961)
ByF	*Biblia of fe*
BZ	*Biblische Zeitschrift*
BZAW	Beihefte zur ZAW
BZNW	Beihefte zur ZNW
CAH	*Cambridge, Ancient History*
CahCER	*Cahiers du Cercle Ernest Renan*
CahRB	Cahiers de la Revue biblique
CAT	Commentaire de l'Ancien Testament
CATSS	Computer Assisted Tools for Septuagint Studies
CBC	Cambridge, Bible Commentary
CBL	Collectanea biblica latina
CBLAA	A. J. Mattill and M. B. Mattill, *A Classified Bibliography of Literature on the Acts of the Apostles* (NTTS 7, Leiden, 1966)
CBQ	*Catholic Biblical Quarterly*
CBQMS	Catholic Biblical Quarterly – Monograph Series
CBSC	Cambridge, Bible for Schools and Colleges
CBW	Cities of the Biblical World
CC	Corpus christianorum
CCL	Corpus christianorum latinorum
CentB	Century Bible
CGTC	Cambridge, Greek Testament Commentary
CH	*Church History*
CHB	*Cambridge, History of the Bible*
CHerm	*Corpus harmeticum*
CHJ	*Cambridge, History of Judaism*
CHR	*Catholic Historical Review*
ChrTSP	L. Cerfaux. *Christ in the Theology of Saint Paul* (New York, 1959) [em port.: *Cristo na Teologia de Paulo*, Teológica/Paulus, 2ª ed., São Paulo, 2002.
ChTSP	L. Cerfaux, *The Church in the Theology of Saint Paul* (New York, 1959)
CII	*Corpus inscriptionum iudaicarum*
CIL	*Corpus inscriptionum latinarum*
CINTI	W. Klassen and G. F. Snyder (eds.), *Current Issues in New Testament Interpretation* (Fest. O. Piper, New York, 1962)
CIOTS	B. S. Childs, *Introduction to the Old Testament as Scripture* (Philadelphia, 1979)
CIS	*Corpus inscriptionum semiticarum*
CJT	*Canadian Journal of Theology*
CIR	*Clergy Review*
CMHE	F. M. Cross, *Canaanite Myth and Hebrew Epic* (Cambridge, Massachusetts, 1973)
CNT	Commentaire du Nouveau Testament

ComViat	Communio viatorum
ConBNT	Coniectanea biblica, New Testament
ConBOT	Coniectanea biblica, Old Testament
ConNT	Coniectanea neotestamentica
CP	Classical Philology
CRAIBL	Comptes rendus de l'académie des inscriptions et belles-lettres
CrC	Cross Currents
CRINT	Compendia rerum iudaicarum ad Novum Testamentum
CSCO	Corpus scriptorum christianorum orientalium
CSEL	Corpus scriptorum ecclesiasticorum latinorum
CTJ	Calvin Theological Journal
CTM	Concordia Theological Monthly
CurTM	Currents in Theology and Mission
DAFC	Dictionnaire apologétique de la foi catholique (4ª ed., Paris, 1925)
DBSup	Dictionnaire de la Bible, Supplément (Paris, 1928-)
DBT	X. Léon-Dufour (ed.), Dictionary of Biblical Theology (2ª ed., New York, 1973)
DictB	J. Hastings (ed.), Dictionary of the Bible (New York, 1963)
DJD	Discoveries in the Judaean Desert
DKP	K. Ziegler and W. Sontheimer (eds.), Der kleine Pauly: Lexikon der Antike (5 vols., Stuttgart, 1964-75)
DOTT	D. W. Thomas (ed.), Documents from Old Testament Times (London, 1958)
DRev	Downside Review
DS	H. Denzinger and A. Schänmetzer, Enchiridion symbolorum (Barcelona, 1973)
DSB	Daily Study Bible
DSSHU	E. L. Sukenik (ed.), The Dead Sea Scrolls of the Hebrew University (Jerusalém, 1955)
DSSMM	M. Burrows (ed.), Dead Sea Scrolls of St. Mark's Monastery (vols. 1 e 2/2, New Haven, 1950-51)
EAEHL	M. Avi-Yonah et al. (eds.), Encyclopedia of Archaeological Excavations in the Holy Land (Englewood Cliffs, 1975-78)
EB	Enchiridion biblicum (2ª ed., Nápoles 1954)
EBB	Elenchus bibliographicus biblicus (em Bib até 1968, sua publicação separada [Roma, 1968-])
EBib	Etudes bibliques
EDB	L. F. Hartman (ed.), Encyclopedic Dictionary of the Bible (New York, 1963)
EF	Erträge der Forschung
EgThéol	Eglise et théologie
EHAT	Exegetisches Handbuch zum Alten Testament
EHI	R. de Vaux, The Early History of Israel (Philadelphia, 1978)
EHS	Europäische Hochschulschriften
EJMI	R. A. Kraft and G. W. E. Nickelsburg (eds.), Early Judaism and Its Modern Interpreters (Atlanta, 1986)
EKKNT	Evangelisch-katholischer Kommentar zum Neuen Testament
EncB	Encyclopedia Biblica (Hebr, Jerusalém, 1954)
EncJud	Encyclopedia Judaica (New York/Jerusalém, 1971)
ENTT	E. Käsemann, Essays on New Testament Themes (SBT 41, London, 1964)
EOTI	O. Eissfeldt, The Old Testament: An Introduction (New York, 1965)
ErIsr	Eretz Israel
ESBNT	J. A. Fitzmyer, Essays on the Semitic Background of the New Testament (London, 1971, SBLSBS 5, Missoula, 1974)
EspV	Esprit et vie (sucessor de L'Ami du clergé)
EstBib	Estudios bíblicos
ETL	Ephemerides theologicae lovanienses
ETOT	W. Eichrodt, Theology of the Old Testament (2 vols., London/Philadelphia, 1961-67) [em port.: Teologia do AT, Hagnos, São Paulo, 2004].

ETR	Études théologiques et religieuses
EvQ	Evangelical Quarterly
EvT	Evangelische Theologie
EWJ	J. Jeremias, *The Eucharistic Words of Jesus* (2ª ed., London, 1966)
EWNT	H. Balz and G. Schneider (eds.), *Exegetisches Worterbuch zum Neuen Testament* (3 vols., Stuttgart, 1978-83)
ExpTim	*Expository Times*
FB	Forschung zur Bibel
FBBS	Facet Books, Biblical Series
FC	Fathers of the Church
FGL	J. A. Fitzmyer, *The Gospel according to Luke* (AB 28, 28A, Garden City, 1981-85)
FGT	V. Taylor, *The Formation of the Gospel Tradition* (2ª ed., London, 1935)
FOTL	The Forms of the Old Testament Literature
FrancP	Publications of the Studium biblicum franciscanum (Jerusalém)
FRLANT	Forschungen zur Religion und Literatur des Alten und Neuen Testaments
FrTS	Frankfurter theologische Studien
FSAC	W. F. Albright, *From the Stone Age to Christianity* (Garden City, 1957
FTS	Freiburger theologische Studien
FZPhTh	*Freiburger Zeitschrift für Philosophie und Theologie*
GCS	Griechische christliche Schriftsteller
GHB	P. Joüon, *Grammaire de l'hébreu biblique* (2ª ed., Roma, 1947)
GKC	*Gesenius' Hebrew Grammar*, rev. por E. Kautzsch, tr. A. E. Cowley (2ª ed., Oxford, 1910)
GNS	Good News Studies
GNTI	D. Guthrie, *New Testament Introduction* (3 vols., London, 1961, 1962, 1965)
GP	F.-M. Abel, *Géographie de la Palestine* (2 vols., 2ª ed., Paris, 1933-38)
Greg	*Gregorianum*
GS	Geistliche Schriftlesung (verja versão em inglês, NTSR)
GTA	Göttinger theologische Arbeiten
GTJ	*Grace Theological Journal*
HAI	A. Soggin, *A History of Ancient Israel* (Philadelphia, 1985)
HALAT	W. Baumgartner et al., *Hebräisches und aramaisches Lexikon zum Alten Testament* (3 vols. até o momento, Leiden, 1967-)
HAR	*Hebrew Annual Review*
HAT	Handbuch zum Alten Testament
HBC	J. Finegan, *Handbook of Biblical Chronology* (Princeton, 1964)
HBMI	D. Knight Y G. Tucker (eds.), *The Hebrew Bible and Its Modern Interpreters* (Philadelphia, 1985)
HBT	*Horizons in Biblical Theology*
HDR	Harvard Dissertations in Religion
Herm	Hermeneia
HeyJ	*Heythrop Journal*
HibJ	*Hibbert Journal*
HJPAJC	E. Schürer, *A History of the Jewish People in the Age of Jesus Christ* (3 vols., Edimburgo, 1973-87)
HKAT	Handkommentar zum Alten Testament
HKNT	Handkommentar zum Neuen Testament
HNT	Handbuch zum Neuen Testament
HNTC	Harper's New Testament Commentaries (American printing of BNTC)
HPH	A. Lemaire, *Histoire du peuple hébreu* (Paris, 1981)
HR	*History of Religions*
HSAT	Die heilige Schrift des Alten Testaments
HSM	Harvard Semitic Monographs
HSS	Harvard Semitic Studies

HSNTA	E. Hennecke and W. Schneemelcher, *New Testament Apocrypha* (ed. R. McL. Wilson, 2 vols., London, 1963-65)
HST	R. Bultmann, *History of the Synoptic Tradition* (New York, 1963)
HTIBS	Historic Texts and Interpreters in Biblical Scholarship
HTKNT	Herders theologischer Kommentar zum Neuen Testament
HTR	*Harvard Theological Review*
HTS	Harvard Theological Studies
HUCA	*Hebrew Union College Annual*
HUT	Hermeneutische Untersuchungen zur Theologie
IB	G. A. Buttrick (ed.), *Interpreter's Bible* (12 vols., Nash, 1952)
IBC	Interpretation Bible Commentary
IBS	*Irish Biblical Studies*
ICC	International Critical Commentary
IDB	G. A. Buttrick (ed.), *The Interpreter's Dictionary of the Bible* (4 vols., Nash, 1962)
IDBSup	Supplementory volume to *IDB* (ed. K. Crim, Nash, 1976)
IEJ	*Israel Exploration Journal*
IJH	J. E. Hayes and J. M. Miller (eds.), *Israelite and Judean History* (OTL, Philadelphia, 1977)
Int	*Interpretation*
INT	W. G. Kümmel, *Introduction to the New Testament* (Nash, 1975) [em port.: *Introdução ao NT*, Paulus, São Paulo, 2ª ed., 1997]
IOVCB	C. Laymon (ed.), *Interpreters' One Volume Commentary on the Bible* (Nash, 1971)
IPLAT	B. M. Metzger, *Index to Periodical Literature on the Apostle Paul* (NTTS 1, Leiden, 1960)
IPLCG	B. M. Metzger, *Index to Periodical Literature on Christ and the Gospels* (NTTS 6, Leiden, 1966)
IR	*The Iliff Review*
IRT	Issues in Religion and Theology
ISBE	*International Standard Bible Encyclopedia* (ed. G. W. Bromiley, Grand Rapids, 1979-)
ITC	International Theological Commentary
IW	*Israelite Wisdom* (Fest. S. Terrien, ed. J. Gammie *et al.*, Missoula, 1978)
JAAR	*Journal of the American Academy of Religion*
JAC	Jahrbuch für Antike und Christentum
JAL	S. Zeitlin (ed.), Jewish Apocryphal Literature
JANESCU	*Journal of the Ancient Near Eastern Society of Columbia University*
JAOS	*Journal of the American Oriental Society*
JBC	R. E. Brown *et al.* (eds.), *The Jerome Biblical Commentary* (Englewood Cliffs, 1968)
JBL	*Journal of Biblical Literature*
JBR	*Journal of Bible and Religion*
JCS	*Journal of Cuneiform Studies*
JDS	Judean Desert Studies
JE	I. Singer (ed.), *Jewish Encyclopedia* (12 vols., New York, 1901-6)
JES	*Journal of Ecumenical Studies*
JETS	*Journal of the Evangelical Theological Society*
JJS	*Journal of Jewish Studies*
JNES	*Journal of Near Eastern Studies*
JNSL	*Journal of Northwest Semitic Languages*
JNTT	J. Jeremias, *New Testament Theology* (New York, 1971) [em port.: *Teologia do NT*, Teológica/Paulus, São Paulo, 2004
JPOS	*Journal of the Palestine Oriental Society*
JQR	*Jewish Quarterly Review*
JQRMS	Jewish Quarterly Review Monograph Series
JR	*Journal of Religion*
JRAS	*Journal of the Royal Asiatic Society*
JrelS	*Journal of Religious Studies*

JRS	Journal of Roman Studies
JSHRZ	Jüdische Schriften aus hellenistisch-römischer Zeit
JSJ	Journal for the Study of Judaism in the Persian, Hellenistic and Roman Periods
JSNT	Journal for the Study of the New Testament
JSNTSup	Journal for the Study of the New Testament – Supplement Series
JSOT	Journal for the Study of the Old Testament
JSOTSup	Journal for the Study of the Old Testament – Supplement Series
JSS	Journal of Semitic Studies
JTC	Journal for Theology and the Church
JTS	Journal of Theological Studies
KAI	H. Donner and W. Röllig, *Kanaanäische und aramäische Inschriften* (3 vols., Wiesbaden, 1962-64, 4ª ed., 1979)
KAT	E. Sellin (ed.), Kommentar zum Alten Testament
KB	L. Koehler and W. Baumgartner, *Lexicon in Veteris Testamenti Libros* (2ª ed., Leiden, 1958, reimpr. 1985)
KD	*Kerygma und Dogma*
KINT	H. Köster, *Introduction to the New Testament* (2 vols., Philadelphia, 1982) [em port.: *Introdução ao NT*, Paulus, 2ª ed., 2 vols., 2005].
KlT	Kleine Texte
LAE	A. Deissmann, *Light from the Ancient East* (2ª ed., London, 1927)
LAEg	Simpson, W. K. (ed.), *The Literature of Ancient Egypt* (2ª ed., New Haven, 1973)
LB	*Linguistica biblica*
LBib	Y. Aharoni, *The Land of the Bible* (2ª ed., Philadelphia, 1979)
LCL	Loeb Classical Library
LD	Lectio divina
LS	*Louvain Studies*
LSB	La sacra Bibbia
LSJ	H. G. Liddell, R. Scott and H. S. Vones, *Greek-English Lexicon* (2 vols., 9ª ed., Oxford, 1925-40, repr. in one vol., 1966; supl., 1968)
LSV	Lex Spiritus Vitae
LTP	*Laval théologique et philosophique*
LTQ	*Lexington Theological Quarterly*
LUA	Lunds universitets årsskrift
LumVie	*Lumière et vie*
LWks	Luther's Works (ed. J. Pelikan, St. Louis 1955-)
MarTS	Marburger theologische Studien
McCQ	*McConnick Quarterly*
MeyerK	H. A. W. Meyer (ed.), Kritisch-exegetischer Kommentar über das Neue Testament
MGK	J. A. Montgomery, *Kings* (ed. H. Gehman, ICC, New York, 1951)
MMGB	B. M. Metzger, *Manuscripts of the Greek Bible* (Oxford, 1981)
MNT	R. E. Brown et al. (eds.), *Mary in the New Testament* (Philadelphia/New York, 1978)
MNTC	Moffatt New Testament Commentary
MOCT	J. J. Megivem (ed.), *Official Catholic Teachings: Biblical Interpretation* (Wilmington, NC 1978): nos. = sections
MStud	*Milltown Studies*
MSU	Mitteilungen des Septuaginta-Unternehmens
MTS	Münchener theologische Studien
MTZ	*Münchener theologische Zeitschrift*
MUSJ	*Mélanges de l'Université Saint-Joseph*
N-A^{26}	E. Nestle and K. Aland. *Novum Testamentum Graece* (26ª ed., Stuttgart, 1979)
NatGeog	*National Geographic*
NAWG	Nachrichten von der Akademie der Wissenschaften in Göttingen
NCCHS	R. D. Fuller et al. (eds.), *New Catholic Commentary on Holy Scripture* (London, 1969)
NCE	M. R. P. McGuire et al. (eds.), *New Catholic Encyclopedia* (15 vols., New York, 1967)

NClarB	New Clarendon Bible
NClio	*La Nouvelle Clio*
NEchtB	Die neue Echter Bibel
Neot	*Neotestamentica*
NFL	*No Famine in the Land* (Fest. J. L. McKenzie, ed. J. Flanagan and A. Robinson, Missoula, 1975)
NFT	New Frontiers in Theology
NHI	M. Noth, *History of Israel* (rev. tr. P. R. Ackroyd, New York, 1960)
NHLE	*Nag Hammadi Library in English* (dir. J. M. Robinson, São Francisco, 1977)
NHS	Nag Hammadi Studies
NICNT	New International Commentary on the New Testament
NICOT	New International Commentary on the Old Testament
NIDNTT	C. Brown (ed.), *The New International Dictionary of New Testament Theology* (3 vols., Grand Rapids, 1975-78) [em port.: *Dicionário Internacional de Teologia*, Edições Vida Nova, São Paulo]
NIGTC	New International Greek Testament Commentary
NovT	*Novum Testamentum*
NovTSup	Novum Testamentum, Supplements
NPNF	Nicene and Post-Nicene Fathers
NRT	*La nouvelle revue théologique*
NTA	*New Testament Abstracts*
NTAbh	Neutestamentliche Abhandlungen
NTB	C. K. Barrett, *New Testament Background: Selected Documents* (New York, 1961)
NTD	Das Neue Testament deutsch
NTM	New Testament Message
NTMI	E. J. Epp and G. W. MacRae (eds.), *The New Testament and Its Modern Interpreters* (Atlanta, 1989)
NTQT	E. Käsemann, *New Testament Questions of Today* (Philadelphia, 1969)
NTS	*New Testament Studies*
NTSR	New Testament for Spiritual Reading
NTTS	New Testament Tools and Studies
Numen	*Numen: International Review for the History of Religious*
NumenSup	Supplement to *Numen* (Leiden)
OAB	*Oxford, Annotated Bible with the Apocrypha: Expanded Version* (RSV, New York, 1977)
OBO	Orbis biblicus et orientalis
OBT	Overtures to Biblical Theology
OCD	N. G. L. Hammond and H. H. Scullard (eds.), *The Oxford, Classical Dictionary* (2ª ed., Oxford, 1977, repr., 1984)
ODCC	F. L. Cross and E. A. Livingstone (eds.), *The Oxford, Dictionary of the Christian Church* (2ª ed., Oxford, 1977, repr. 1983)
OLP	*Orientalia lovaniensia periodica*
OLZ	*Orientalische Literaturzeitung*
OOTT	T. Vriezen, *An Outline of Old Testament Theology* (Oxford, 1958)
Or	*Orientalia*
OrAnt	Oriens antiquus
OTA	*Old Testament Abstracts*
ÖTK	Ökumenischer Taschenbuch-Kommentar
OTL	Old Testament Library
OTM	Old Testament Message
OTMS	H. H. Rowley (ed.), *The Old Testament and Modern Study* (Oxford, 1951)
OTNT	H. Conzelmann, *An Outline of the Theology of the New Testament* (New York, 1969)
OTP	J. H. Charlesworth (ed.), *The Old Testament Pseudepigrapha* (2 vols., Garden City, 1983-85)
OTRG	Old Testament Reading Guide

OTS	*Oudtestamentische Studiën*
OTT	G. von Rad, *Old Testament Theology* (2 vols., Edimburgo, 1962-65) [em port.: *Teologia do AT*, Aste/Targumim, 2006].
PC	Pelican Commentaries (= Pelican Gospel Commentaries and Westminster Pelican series)
PCB	M. Black and H. H. Rowley (eds.), *Peake's Commentary on the Bible* (London, 1962)
PEFQS	*Palestine Exploration Fund, Quarterly Statement*
PEQ	*Palestine Exploration Quarterly*
PerspLA	C. H. Talbert (ed.), *Perspectives on Luke-Acts* (Danville, 1978)
PerspT	*Perspectiva Teológica*
PG	J. Migne, Patrologia graeca
PGM	K. L. Preisendanz (ed.), *Papyri graecae magicae* (3 vols., Leipzig 1928-41, 2ª ed., 1973)
PHOE	G. von Rad, *The Problem of the Hexateuch and Other Essays* (New York, 1966)
PIBA	*Proceedings of the Irish Biblical Association*
PJ	*Palästina-Jahrbuch*
PL	J. Migne, Patrologia latina
PNT	R. E. Brown et al. (eds.), *Peter in the New Testament* (Minneápolis/New York, 1973)
POTT	D. Wiseman (ed.), *Peoples of the Old Testament Times* (Oxford, 1973)
PP	E. Käsemann, *Perspectives of Paul* (Philadelphia, 1969) [em port.: *Perspectivas Paulinas*, Teológica/Paulus, 2ª ed., São Paulo, 2003].
ProcCISA	*Proceedings of the Catholic Theological Society of America*
PRS	*Perspectives in Religious Studies*
PSB	*Princeton Seminary Bulletin*
PSBib	L. Pirot, *La sainte Bible* (rev. A. Clamer, 12 vols., Paris, 1938-64)
PSTJ	*Perkins School of Theology Journal* (substituído por *Perkins Journal*)
PTMS	Pittsburgh Theological Monograph Series
PVTG	Pseudepigrapha Veteris Testamenti graece
PW	G. Wissowa (ed.), *Paulys Real-Encyclopädie der Classischen Altertumswissenschaft* (vários vols., Stuttgart, 1893-)
PWSup	Suplement to PW
Qad	*Qadmoniot*
QD	Quaestiones disputatae
RAC	*Reallexikon für Antike und Christentum*
RAM	*Revue d'ascétique et mystique*
RB	*Revue biblique*
RBén	*Revue bénédictine*
RDTour	*Revue diocésaine de Tournai*
RechBib	*Recherches bibliques*
Rechtf	J. Friedrich et al. (eds.), *Rechtfertigung* (Fest. E. Käsemann, Tübingen, 1976)
Recueil	*Recueil Lucien Cerfaux* (3 vols., Gembloux, 1954-62)
REG	*Revue des études grecques*
REJ	*Revue des études juives*
RelSRev	*Religious Studies Review*
ResQ	*Restoration Quarterly*
RevExp	*Review and Expositor*
RevistB	*Revista bíblica*
RevQ	*Revue de Qumran*
RevScRel	*Revue des sciences religieuses*
RGG	*Religion in Geschichte und Gegenwart*
RHPR	*Revue d'histoire et de philosophie religieuses*
RHR	*Revue de l'histoire des religions*
RIDA	*Revue internationale des droits de l'antiquité*
RITNT	A. Richardson, *Introduction to the Theology of the New Testament* (London, 1958)
RivB	*Rivista biblica*

RNT	Regensburger Neues Testament
RR	*Review of Religion*
RSO	*Rivista degli studi orientali*
RSR	*Recherches de science religieuse*
RSS	*Rome and the Study of Scripture* (7ª ed., St. Meinrad, 1962)
R-T	A. Robert and A. Tricot, *Guide to the Bible* (vol. 1; 2ª ed., New York, 1955)
RTAM	*Recherches de théologie ancienne et médievale*
RTL	*Revue théologique de Louvain*
RTP	*Revue de théologie et de philosophie*
SAIW	J. Crenshaw (ed.), *Studies in Ancient Israelite Wisdom* (New York, 1976)
SAns	Studia anselmiana
SANT	Studien zum Alten und Neuen Testament
SB	Sources bibliques
SBA	Studies in Biblical Archaeology
SBB	Stuttgarter biblische Beiträge
SBFLA	*Studii biblici franciscani liber annuus*
SBH	G. Fohrer, *Studien zum Buche Hiobs 1956-1979* (BZAW 159, 2ª ed., Berlin, 1983)
SBLASP	Society of Biblical Literature Abstracts and Seminar Papers
SBLDS	SBL Dissertation Series
SBLMasS	SBL Masoretic Studies
SBLMS	SBL Monograph Series
SBLSBS	SBL Sources for Biblical Study
SBLSCS	SBL Septuagint and Cognate Studies
SBLSS	SBL Semeia Supplements
SBLTT	SBL Texts and Translations
SBM	Stuttgarter biblische Monographien
SBS	Stuttgarter Bibelstudien
SBT	Studies in Biblical Theology
SBU	*Symbolae biblicae upsalienses*
SC	Sources chrétiennes
ScEccl	*Scienecs ecclésiastiques*
ScEs	*Science et esprit*
Scr	*Scripture*
ScrB	*Scripture Bulletin*
ScrHier	Scripta hierosolymitana
SD	Studies and Documents
SEA	*Svensk exegetisk arsbok*
Sef	*Sefarad*
SE I, II, III	*Studia Evangelica I, II, III*, etc. (= TU 73 [1959], 87 [1964], 88 [1964], 102 [1968], 103 [1968], 112 [1973])
Sem	*Semitica*
SHAW	Sitzungsberichte der Heidelberger Akademie der Wissenschaften
SHCT	Studies in the History of Christian Thought
SIPW	P. W. Skehan, *Studies in Israelite Poetry and Wisdom* (CBQMS 1, Washington, 1971)
SJLA	Studies in Judaism in Late Antiquity
SJOT	J. Simons, *Jerusalém in the Old Testament* (Leiden, 1952)
SJT	*Scottish Journal of Theology*
SKK	Stuttgarter kleiner Kommentar
SLOE	H. H. Rowley, *The Servant of the Lord and Other Essays* (London, 1952)
SNT	Studien zum Neuen Testament
SNTSMS	Society for New Testament Studies Monograph Series
SNTU	Studien zum Neuen Testament und seiner Umwelt
SOTSMS	Society for Old Testament Study Monograph Series
SP	J. Coppens *et al.* (eds.), *Sacra pagina* (2 vols., Gembloux, 1959)

SPat	Studia patavina
SPB	Studia postbiblica
SPC	Studiorum paulinorum congressus internationalis catholicus 1961 (2 vols., AnBib 17-18, Roma, 1963)
SQE	K. Aland, Synopsis quattuor evangeliorum (10ª ed., Stuttgart, 1978)
SSN	Studia semitica neerlandica
SSS	Semitic Study Series
ST	Studia theologica
StJud	Studia judaica: Forschungen zur Wissenschaft des Judentums
STK	Svensk teologisk Kvartalskrift
StLA	L. E. Keck and J. L. Martyn (eds.), Studies in Luke-Acts (Fest. P. Schubert, Nash, 1966)
Str-B	[H. Strack and] P. Billerbeck, Kommentar zum Neuen Testament aus Talmud und Midrasch (6 vols., Munich, 1922-61)
StudB	Studia Biblica
StudBT	Studia biblica et theologica
StudCath	Studia catholica
StudNeot	Studia Neotestamentica, Studia
StudP	Studia patristica
SUNT	Studien zur Umwelt des Neuen Testaments
SVTP	Studia in Veteris Testamenti pseudepigrapha
SymBU	Symbolae biblicae upsalienses
SZ	Stimmen der Zeit
TA	Theologische Arbeiten
TAG	J. A. Fitzmyer, To Advance the Gospel: New Testament Studies (New York, 1981)
TAVO B	Tübinger Atlas der vorderen Orients, Beiträge
TBC	Torch Bible Commentaries
TBei	Theologische Beiträge
TBT	The Bible Today
TBü	Theologische Bücherei
TCGNT	B. M. Metzger, A Textual Commentary on the Greek New Testament (London/New York, 1971)
TD	Theology Digest
TDNT	G. Kittel and G. Friedrich (eds.), Theological Dictionary of the New Testament (10 vols., Grand Rapids, 1964-76)
TDOT	G. J. Botterweck and H. Ringgren (eds.), Theological Dictionary of the Old Testament (so far 5 vols., Grand Rapids, 1974-)
TEH	Theologische Existenz heute
TextS	Texts and Studies
TF	Theologische Forschung
TGl	Theologie und Glaube
THK	Theologischer Handkommentar
ThStud	Theologische Studien
TI	Theological Inquiries
TLZ	Theologische Literaturzeitung
TNT	R. Bultmann, The Theology of the New Testament (2 vols., New York, 1952-55) [em port.: Teologia do NT, Teológica, São Paulo, 2003]
TOB	Traduction oecuménique de la Bible: Edition intégrale (Paris, 1975-77)
TOT	W. Eichrodt, Theology of the Old Testament (2 vols, Philadelphia, 1961-67)
TQ	Theologische Quartalschrift
TRE	G. Krause and G. Müller (eds.), Theologische Realenzyklopedie (30 vols., Berlín/New York, 1976-)
TRev	Theologische Revue

TRu	*Theologische Rundschau*
TS	*Theological Studies*
TSL	H. Conzelmann, *The Theology of Saint Luke* (New York, 1960)
TToday	*Theology Today*
TTS	Trierer theologische Studien
TU	Texte und Untersuchungen
TWAT	G. J. Botterweck and H. Ringgren (eds.), *Theologisches Wörterbuch zum Alten Testamen* (so far 3 vols., Stuttgart, 1970-)
TWNT	G. Kittel and G. Friedrich (eds.), *Theologisches Wörterbuch zum Neuen Testament* (10 vols., Stuttgart, 1932-79)
TynBul	*Tyndale Bulletin*
TynNTC	Tyndale New Testament Commentary
TynOTC	Tyndale Old Testament Commentary
TZ	*Theologische Zeitschrift*
UBSGNT	K. Aland *et al.* (eds.), *The Greek New Testament* (United Bible Societies, 3ª ed., New York, 1975)
UF	*Ugarit-Forschungen*
UM	C. H. Gordon, *Ugaritic Manual* (Roma, 1955)
UNT	Untersuchungen zum Neuen Testament
US	*Una Sancta*
USQR	*Union Seminary Quarterly Review*
ÜSt	M. Noth, *Überlieferungsgeschichtliche Studien* (Darmstadt, 1957)
UT	C. H. Gordon, *Ugaritic Textbook* (AnOr 38, Roma, 1967)
UUA	Uppsala universitetsarsskrift
VBW	B. Mazar *et al.* (eds.), *Views of the Biblical World* (5 vols., New York, 1961)
VC	*Vigiliae christianae*
VD	*Verbum domini*
VF	*Verkündigung und Forschung*
VKGNT	K. Aland *et al.* (eds.), *Vollständige Konkordanz zum griechischen Neuen Testament* (2 vols., Berlin/New York, 1975-78)
VP	*Vivre et penser* (= *RB* 1941-44)
VS	Verbum salutis
VSpir	*Vie spirituelle*
VT	*Vetus Testamentum*
VTSup	Vetus Testamentum Supplements
WA	J. A. Fitzmyer. *A Wandering Aramean: Collected Aramaic Essays* (SBLMS 25, Missoula, 1979)
WBA	G. E. Wright, *Biblical Archaeology* (rev. ed., Philadelphia, 1963
WBC	Word Biblical Commentary
WF	Wege der Forschung
WHAB	G. E. Wright (ed.), *Westminster Historical Atlas to the Bible* (Philadelphia, 1956)
WHJP	B. Mazar *et al.* (ed.), *The World History of the Jewish People* (New Brunswick, 1964)
WI	G. von Rad, *Wisdom in Israel* (Nash, 1972
Wik-Schm, *ENT*	A. Wikenhauser and J. Schmid, *Einleitung in das Neue Testament* (6ª ed., Fretburgo, 1977)
WLSGF	*The Word of the Lord Shall Go Forth* (Fest. D. N. Freedman; ed. C. L. Meyers and M. O'Connor, ASOR Spec. Vol. ser. 1; Winona Lake, 1983)
WMANT	Wissenschaftliche Monographien zum Alten und Neuen Testament
WO	*Die Welt des Orients*
WTJ	*Westminster Theological Journal*
WUNT	Wissenschaftliche Untersuchungen zum Neuen Testament
WZUR	*Wissenschaftliche Zeitschrift der Universität Rostock*

YGC   W. F. Albright, *Iahweh and the Gods of Canaan* (Garden City, 1969)
ZA   *Zeitschrift für Assyriologie*
ZAW   *Zeitschrift für die alttestamentliche Wissenschaft*
ZBG   M. Zerwick, *Biblical Greek* (Roma, 1963)
ZBK   *Zürcher Bibel Kommentare*
ZDMG   *Zeitschrift der deutschen morgenländischen Gesellschaft*
ZDPV   *Zeitschrift des deutschen Palästina-Vereins*
ZKG   *Zeitschrift für Kirchengeschichte*
ZKT   *Zeitschrift für katholische Theologie*
ZNW   *Zeitschrift für die neutestamentliche Wissenschaft*
ZTK   *Zeitschrift für Theologie und Kirche*

TRANSLITERAÇÃO DO HEBRAICO E O ARAMAICO

CONSOANTES

ʾ = א	z = ז	m = מ	q = ק
b = ב	ḥ = ח	n = נ	r = ר
g = ג	ṭ = ט	s = ס	ś = שׂ
d = ד	y = י	ʿ = ע	š = שׁ
h = ה	k = כ	p = פ	t = ת
w = ו	l = ל	ṣ = צ	

Nota: A presença ou ausência de *dageš lene* nas letras *begadkepat* não se mostra. As consoantes com *dageš forte* se escreve duplicadas.

VOGAIS
(se mostram acompanhadas por b)

Com *matres lectionis*   Sem *matres lectionis*   Com *vogal šewa*

bâ = בָה   bā = בָ   ba = בַ   bă = בֲ
bô = בוֹ   bō = בֹ   bo = בָ   bŏ = בֳ
bû = בוּ   bū = בֻ   bu = בֻ   bĕ = { בֶ
bê = בֵי   bē = בֵ   be = בֶ   בְ
bî = בִי   bī = בִ   bi = בִ

bāh = בָה ou בָה. baʾ = בָא (inclusive onde א é só uma *mater lectionis*)
bēh = בֵה, e beh = בֶה (ainda que h é só um *mater lectionis* aqui)
pataḥ furtivum: rûaḥ = רוּחַ.

TRANSLITERAÇÃO DO GREGO

ē = η	h = ʿ	ph = φ
ou = ου	th = θ	ch = χ
ō = ω	y = υ	ps = ψ
		ng = γγ

ABREVIATURAS VARIADAS

adj.	adjetivo
adv.	advérbio
al.	alemão
aor.	tempo aoristo
ar.	aramaico(a)
AT	Antigo Testamento
AUC	*Ab urbe condita* (desde a fundação da Cidade) [Roma], usada em datações romanas antigas
AV	*Authorized Version* (da Bíblia, = *KJV*)
b	Talmude babilônico (seguido pela abreviatura do nome do tratado específico)
BJ	*Bíblia de Jerusalém*
cap.	capítulo
CCD	*Confraternity of Christian Doctrine* (versão da Bíblia)
DAS	*Divino afflante Spiritu* (→ 72:20-23)
Ep.	Epístola ou *Epistula*
esp.	especialmente
Fest.	Festschrift (nome genérico dado a uma publicação em honra de uma pessoa, seguido do nome da pessoa a que se dedica)
fr.	francês
gen.	genitivo
GesSt	*Gesammelte Studien* (obras completas)
gr.	grego
hebr.	hebraico
ingl.	inglês
JBat	João o Batista
JPSV	*Jewish Publication Society Version* (da Bíblia)
KJV	*King James Version*
KlS	*Kleine Schriften* (p.e., de A. Alt, O. Eissfeldt)
l.v.	*lectio varia* (leitura variante [na crítica textual])
LA	Latina antiga *(Vetus Latina)*
lat.	latim
lit.	literalmente
LNH	Literatura de Nag Hammadi
LXX	Septuaginta (trad. gr. do AT)
m	Mishná (seguido pela abreviatura do nome do tratado)
Midr.	Midrásh (seguido pelo nome da obra concreta)
ms(s).	manuscrito(s)
NAB	*New American Bible*
NEB	*New English Bible* (versão de Oxford, and Cambridge)
NIV	*New International Version* (da Bíblia)
NVI	Nova Versão Internacional (Português)
NJB	*New Jerusalém Bible* (ed. J. Wansbrough, Garden City, 1985)
NJV	*New Jewish Version*
NT	Novo Testamento
par.	passgem(ns) paralela(s) nos evangelhos sinóticos
PCB	Pontifícia Comissão Bíblica
Pent. Sam.	*Pentateuco samaritano*
Pesh	Peshitta (versão siríaca da Bíblia)
pl.	plural
prep.	preposição
pron.	pronome

RSV	*Revised Standard Version*
RV	*Revised Version*
SA	Siríaca antiga (trad. da Bíblia)
SBJ	*La Sainte Bible de Jérusalem*
Simm	Símaco (trad. gr. do AT)
Sin.	Evangelio sinótico o escritores sinóticos
sir.	Siríaco (usado como adjetivo)
supl.	suplemento
Tg	*Targum* (versão ar. do AT), seguido por um nome próprio
TM	Texto masorético (da Bíblia Hebraica)
trad.	Tradução
Vg	Vulgata
vb.	verbo

*   *Prima manus* (indica a leitura do primeiro copista em um manuscrito bíblico)

→   A flecha indica uma referência cruzada a um artigo deste comentário; normalmente vai seguida pelo título abreviado do artigo, seu número e o número de seção (*p.e.*, → Pensamento do NT, 81:20)

Apresentação

A publicação em português do *Novo Comentário Bíblico São Jerônimo* (original de 1989) é um acontecimento a ser saudado por todas as pessoas que têm interesse em um estudo sério e cuidadoso das Escrituras. A obra, originalmente em inglês, é a segunda edição totalmente reescrita do *Jerome Biblical Commentary*, que foi editado em 1968. Este comentário, em suas duas edições, é um dos frutos mais ricos do novo espírito de estudo bíblico que perpassou a Igreja Católica Apostólica Romana após o concílio Vaticano II.

É claro que, antes do Vaticano II, se estudava academicamente a Escritura no âmbito do Catolicismo. Esse estudo, porém, estava ainda muito marcado pela necessidade de atender às questões teológicas típicas da Igreja e ainda estava bastante subordinado aos interesses dogmáticos e doutrinários. A primeira edição do Jerome Biblical Commentary já representou um salto de qualidade acadêmica no estudo bíblico católico-romano e foi recebida com entusiasmo, tanto em meios universitários, como em meios eclesiásticos. A sua vendagem de cerca de 200.000 (duzentos mil) exemplares é um eloquente testemunho de seu sucesso e importância.

Vinte anos depois da primeira edição, uma nova equipe de editores lidera o lançamento do *Novo Comentário Bíblico São Jerônimo*, representando o esforço de estudiosos bíblicos católico-romanos especialmente dos Estados Unidos da América, ligados à Catholic Biblical Association, prestigiosa associação de eruditos bíblicos, responsável, entre outras obras, pela edição da importante revista acadêmica *The Catholic Biblical Quarterly*. Os três editores do *NCBSJ* são eruditos internacionalmente reconhecidos. Raymond E. Brown é um renomado especialista dos estudos joaninos e neotestamentários, com várias obras publicadas em diversos idiomas, inclusive em português. As suas obras mais recentes editadas no Brasil são: a *Introdução ao Novo Testamento* e *O Nascimento do Messias*. Joseph A. Fitzmyer é conhecido especialmente por seus estudos sobre os escritos de Lucas, autor do comentário a esse evangelho na prestigiosa série *Anchor Bible*. Algumas de suas obras editadas no Brasil são: *Bíblia na Igreja, Catecismo Cristológico, Escritura – A Alma da Teologia*. O responsável pela área do Antigo Testamento é o especialista em literatura sapiencial Roland E. Murphy. Não temos obras suas editadas no Brasil. Este time de editores representa o que há de melhor na erudição bíblica do catolicismo norte-americano e legou ao *NCBSJ* a paixão e o zelo que sempre dedicaram à exegese e à pesquisa bíblica.

O leque de autores é impressionante. Além dos editores já mencionados, alguns dos autores dos comentários e artigos individuais do *NCBSJ* estão entre os melhores especialistas em suas áreas. Por exemplo: John J. Collins é um dos mais renomados estudiosos da literatura e pensamento apocalípticos. Joseph Blenkinsopp é um respeitado estudioso do Pentateuco e da literatura profética. Alice L. Laffey é uma conhecida exegeta, autora, entre outros livros, da *Introdução ao Antigo Testamento: Perspectiva Feminista* (Paulus). J. L. MacKenzie é autor reconhecido especialmente por seu *Dicionário Bíblico*, publicado em português em 1984 [Paulus].

O *NCBSJ* é uma obra de interpretação predominantemente teológica da Escritura. Seus autores e autoras são especialistas no uso dos métodos histórico-críticos e têm dialogado com a erudição católica, judaica e protestante nas últimas décadas. A sua obra, em conjunto, representa o "estado de arte" da pesquisa histórico-crítica da Escritura na década de 1980. Embora, é claro, haja diferenças de qualidade e valor entre os diferentes textos publicados no livro, como um todo as opiniões expressas sobre autoria, data, meios de composição, local e história editorial dos livros da Bíblia são bastante judiciosas e podem, em geral, ser reconhecidas como expressão da opinião majoritária da pesquisa naquela década. As introduções a cada livro da Bíblia podem ser lidas em conjunto como uma atualizada "introdução" ao Antigo e ao Novo Testamentos, servindo como um importante auxílio para estudantes de teologia. Um detalhe interessante deste Comentário é a colocação dos livros do Antigo Testamento em ordem canônica e cronológica. Isto causará algum desconforto inicial para localizar os comentários individuais mas, após o primeiro impacto, ajudará leitoras e leitores a localizar os escritos vétero-testamentários na linha do tempo. Os comentários, propriamente ditos, são uma mina de informações históricas e arqueológicas mas, principalmente, de alto valor teológico e devocional. Não se admire! Valor *devocional*, sim! Apesar dos estereótipos, eruditos bíblicos também são pessoas de fé e buscam nas Escrituras o alimento para a vida cristã. No *NCBSJ* você encontrará não só material de qualidade para sermões mas também ricos *insights* para a sua própria vida cristã.

Para o público evangélico, um valor adicional deste Comentário é o fato dele tratar também dos livros deuterocanônicos (também chamados de apócrifos na literatura especializada protestante). Obras relativamente desconhecidas, como Baruc, Tobias, Sirácida, Sabedoria, tornam-se compreensíveis graças aos esforços de seus comentadores nesta obra. O estudante católico-romano, mais acostumado com estes livros, também encontrará informação nova e valiosa, auxílios de primeira grandeza para sua leitura e interpretação dos deuterocanônicos.

Um bônus para nós leitoras e leitores são os artigos especializados sobre temas da teologia e da pesquisa bíblica. Entre as várias pérolas, encontramos o verbete sobre a poesia hebraica, que oferece uma discussão atualizada e consistente sobre esta expressão tão bela da cultura hebraica, condensada em livros muito amados das Escrituras, como os Salmos, por exemplo. Os grandes temas da introdução bíblica como Pentateuco, Literatura Profética, Apocalíptica, Problema Sinótico, etc., são tratados em verbetes muito bem elaborados, fruto de intensa pesquisa e discussão acadêmica. Os artigos sobre Hermenêutica, Crítica do Antigo e do Novo Testamento, entre outros, representam o que há de melhor em suas respectivas áreas e certamente servirão como uma rica fonte de informação e formação para estudantes e estudiosos da Escritura.

O lançamento do *NCBSJ*, em nossa terra, é um serviço de primeira qualidade prestado pela "Editora Academia Cristã" e pela "Paulus Editora", a quem devemos ficar gratos pela oportunidade de poder desfrutar dos imensos conhecimentos oferecidos pelos autores e pelas autoras desta valiosa obra. A pesquisa bíblica brasileira certamente será enriquecida e agraciada por esta publicação – não só pelo seu valor acadêmico, mas também pela orientação que seus autores e autoras nos sugerem em questões de vida e missão cristã.

Nesta edição brasileira, o texto bíblico utilizado – apresentado em itálico no corpo dos comentários aos livros bíblicos – é o da *Bíblia de Jerusalém*, a não ser em casos onde, por opção do comentarista, uma tradução peculiar é proposta pelo próprio comentarista a fim de destacar mais adequadamente o sentido da passagem que está sendo comentada.

Júlio Paulo Tavares Zabatiero
Escola Superior de Teologia

Prólogo

Este abrangente comentário sobre a Bíblia agora reaparece com aproximadamente dois terços da obra em nova forma, fruto da dedicação paciente e devotada dos melhores exegetas católicos de fala inglesa. Como uma linha contínua da qual os nós são removidos, os temas e questões, as diversas dimensões e a mensagem apresentada pelo texto bíblico são desemaranhadas página por página e assim o *Novo Comentário Bíblico São Jerônimo* condensa os resultados da crítica científica moderna com rigor e clareza. Mais ainda, esta abordagem contemporânea é alcançada sem negligência do longo caminho que a tradição cristã tem percorrido em dedicada, constante e amável atenção à Palavra de Deus. Esta é a rota principal recomendada pelo próprio Concílio Vaticano II, para que a caminhada do leitor cristão não seja sobrecarregada quer pelo literalismo árido "que mata" (2Cor 3,6) quer por uma leitura que se degenera em aplicações espirituais generalizadas. De fato, a mensagem bíblica é, como o próprio Cristo, carne e Palavra divina, história e transcendência, humanidade e divindade.

Ao ler a variada contribuição do que é verdadeiramente uma mina da exegese, os leitores podem eles mesmos se familiarizarem com os métodos e caminhos seguidos pelos especialistas bíblicos. Eles notarão que a concentração sobre os problemas históricos e de crítica literária se origina de uma séria atenção à "maravilhosa 'condescendência'" de Deus em transmitir sua Palavra em linguagem humana (*Dei verbum* 13). É precisamente esta rota que nos leva mais profundamente para um entendimento da mensagem. Com o uso diário de um instrumento como este comentário muitos podem vir a descobrir a riqueza inesgotável e o frescor que emana das páginas da Bíblia quando estão devidamente situados em seu apropriado contexto histórico e cultural. Ao colocar os leitores em contato direto com o esplendor da Palavra de Deus, este comentário também se tornará um meio de penetrar o mistério divino, ou seja, "todo cristão fiel ... [deve] aprender pela frequente leitura das divinas Escrituras o 'sublime conhecimento de Jesus Cristo' (Fp 3,8)" (*Dei verbum* 25).

O Novo Comentário Bíblico São Jerônimo será também um instrumento para um rico diálogo ecumênico. Muito do progresso feito pela erudição bíblica nas últimas décadas e registrada neste livro tem sido gerada de pesquisa intensa de intérpretes de várias Igrejas Cristãs, assim cumprindo o que o Concílio Vaticano II em seu decreto sobre ecumenismo afirmou: "No próprio diálogo, as declarações sacras são instrumentos preciosos na poderosa mão de Deus para alcançar aquela unidade que o Salvador estendeu a todos os povos" (nº 21).

Nos alegramos, portanto, porque através deste importante instrumento para estudo e reflexão a Bíblia mais e mais se tornará para todos os fieis a água que dá vida à árida existência espiritual humana (Is 55,10-11), a comida que é mais doce do que o mel (Sl 19,11), o martelo que despedaça a dura indiferença (Jr 23,29), e a espada que penetra a recusa obstinada (Hb 4,12). Como Gregório o Grande uma vez escreveu, aludindo ao Salmo 123, "Verdadeiramente servos solícitos sempre dão atenção às expressões faciais de seus mestres para assim ouvir e seguir as ordens com prontidão. Assim também os justos focalizam suas mentes na presença do Deus Todo-Poderoso e atentam para suas Escrituras como sua expressão facial" (*Moralia in Job* 16.35.43; CC 143A. 824).

Cardeal Carlo Maria Martini
Arcebispo de Milão, Itália

Prefácio ao
Comentário Bíblico Jerônimo (1968)

Eu tenho declarado repetidamente que de muitos modos não teria sido possível realizar o Concílio Vaticano II sem a longa e frutífera preparação doutrinária proporcionada pelo Papa Pio XII. Para dar apenas um exemplo, podemos recordar como três grandes encíclicas do Papa Pio prepararam o caminho para os três documentos centrais do Concílio – as encíclicas *Mystici Corporis*, *Divino Afflante Spiritu*, e *Mediator Dei* relacionadas respectivamente com as constituições da Igreja, com a Revelação Divina, e com a Sagrada Liturgia. De outro modo, o Concílio não teria sido capaz de confrontar com sucesso tantos problemas da vida moderna se antes o ministério de ensino verdadeiramente infatigável de Pio XII não tivesse pouco a pouco lançado luz sobre dificuldades tão prementes. No campo bíblico é certo que o desenvolvimento florescente dos estudos bíblicos católicos, em grande parte devido à encíclica *Divino Afflante Spiritu*, foi o que tornou possível a verdadeira orientação bíblica dos documentos conciliares baseados, como foram, em fundamentos escriturísticos. Foi precisamente por esta razão que os documentos do Vaticano II foram corretamente apreciados até pela nossa irmandade não católica.

Este desenvolvimento e os frutos que ele produziu tem plenamente confirmado o que eu escrevi anos atrás, isto é, que a encíclica *Divino Afflante Spiritu* do Papa Pio XII "é não menos importante do que a encíclica *Providentissimus Deus* do Papa Leão XIII, que tem sido chamada de a Carta Magna dos estudos bíblicos." (Veja "Pio XII e le scienze bibliche," *Pio XII Pont. Max. Postridie calendas martias* MDCCCLXXVI-MDCCCCLVI [Milão, 1956] 72.) Frequentemente tenho tido ocasião de notar com grande prazer que os católicos dos Estados Unidos têm tido grande participação neste desenvolvimento de estudos bíblicos. É suficiente mencionar a Catholic Biblical Association e sua revista *The Catholic Biblical Quarterly*, juntando-se a esta várias outras iniciativas incumbidas de fazerem a Sagrada Escritura melhor conhecida, estudada, e amada.

O presente comentário sobre a Bíblia toda é uma outra instância deste espírito, e esta é a razão porque eu o acolho com prazer. Seu grande valor é que ele não é apenas *sobre* a Bíblia, mas também, como deveria, traz o leitor para a própria Palavra de Deus – para lê-la, estudá-la, e meditar sobre ela. De fato, nunca insistimos o suficiente sobre o conselho de Pio XII que enfatiza o poder e proveito espiritual das palavras da Escritura: "A Palavra de Deus ... não precisa de dispositivos artificiais nem de adaptações humanas para mover os corações e despertar as almas. Pois as páginas Sagradas inspiradas por Deus são em si mesmas ricas em significado original; dotadas com poder divino, elas têm seu próprio valor; adornadas com beleza celestial, por si mesmas elas radiam luz e esplendor, proporcionados somente em que elas são tão completa e precisamente explanadas pelo intérprete que todos os tesouros da sabedoria e prudência contidos dentro delas são trazidos à luz" (EB 553; RSS, p. 94).

Este comentário torna isto possível à Palavra de Deus para agir no homem deste modo religioso e espiritual, desde que seja concernente principalmente à exposição da "doutrina teológica dos livros individuais e textos em relação à fé e à moral" (como a encíclica orienta; EB 551; RSS, p.93). Deste modo a exegese encontrada no comentário será não somente útil para professores de teologia, mas "também será de utilidade para sacerdotes em sua apresentação da doutrina cristã ao povo e assim ajudar todo fiel a levar uma vida que seja santa e digna de um cristão" (*ibid*.).

Assim, ao por o próprio leitor em contato com a Palavra de Deus escrita, o *Novo Comentário Bíblico São Jerônimo* dá uma real contribuição para realizar o objetivo firmemente enfatizado na constituição sobre a Divina Revelação do Vaticano II (# 22): "É necessário que o fiel tenha pleno acesso à Sagrada Escritura." Não pode haver qualquer dúvida que este trabalho será também uma contribuição frutífera para a grande causa do ecumenismo; pois como o decreto conciliar sobre Ecumenismo (# 21) disse: "No diálogo [com nossa irmandade não católica] a Sagrada Escritura se torna um excelente instrumento nas mãos de Deus para a obtenção da unidade que o Salvador oferece a todos os homens."

Eu espero, portanto, que este trabalho venha gozar de ampla distribuição. Isto pode realizar o desejo com o qual a constituição sobre a Divina Revelação (# 26) conclui: "Através da leitura e estudo dos livros sagrados, que 'a palavra do Senhor corra seu curso e seja glorificada' (2 Tessalonicenses 3,1) e que o tesouro da revelação confiada à Igreja cada vez mais encha os corações dos homens."

+ *Augeard Bea*

Cardeal Augustin Bea, S.J.
Membro da Pontifícia Comissão Bíblica
Presidente do Secretariado para
a Promoção da Unidade Cristã

Prefácio dos Editores

Este trabalho é um comentário compacto de toda a Bíblia escrito por especialistas católicos romanos de acordo com os princípios modernos da crítica bíblica. Seu predecessor, o *Comentário Bíblico Jerônimo (CBJ)*, que apareceu em 1968, incorporou a revolução nos estudos bíblicos católicos que teve lugar nas duas décadas entre o aparecimento da encíclica *Divino Afflante Spiritu* do Papa Pio XII em 1943 e o encerramento do Concilio Vaticano II sob liderança do Papa Paulo VI em 1965. A encíclica tinha servido como uma Carta Magna deixando católicos usarem o criticismo literário e histórico que por muito tempo era suspeito; o Concílio e Paulo VI defenderam os resultados alcançados por este criticismo contra um ataque reacionário surgido depois da morte de Pio XII. Nós editores continuamos orgulhosos do *CBJ*. Nosso prefácio a ele estabelece um modesto alvo de reunir as novas percepções para um lugar em que elas estejam convenientemente disponíveis para todos os que estiverem interessados. A despeito da então recente entrada dos católicos para o criticismo bíblico, o *CBJ* foi considerado por muitos não católicos o melhor comentário bíblico conciso em inglês. A circulação de aproximadamente 200.000 cópias e a tradução para o espanhol e italiano testificaram sua rápida aceitação.

Agora, mais duas décadas se passaram e por muitas razões um novo comentário se torna necessário. Os que contribuíram originalmente eram quase todos clérigos; hoje o número de especialistas católicos treinados tem se multiplicado, exemplificando mudanças na própria Igreja. Assim o *Novo Comentário Bíblico São Jerônimo (NCBSJ)* pode tirar proveito de uma proporção significativa de participantes leigos e de mulheres. Com frequência os autores do *CBJ* eram devotadamente dependentes do trabalho original de não católicos que estavam a mais tempo na área. Agora pesquisas originais por católicos têm crescido muito; e no cenário da América do Norte, para falar da região que conhecemos melhor, católicos e protestantes são *ex aequo* na qualidade de sua erudição bíblica. Tal progresso deve ser refletido.

Todavia, não foram apenas questões católicas internas que ditaram a importância de um novo comentário. Em geral tem havido grandes mudanças na erudição bíblica no último quarto de século. A arqueologia pertinente à Bíblia floresceu na Terra Santa e áreas adjacentes, e as informações derivadas disso têm se multiplicado geometricamente. Teorias de datação e reconstrução histórica baseadas nos dados anteriores a 1970 têm sido revisadas drasticamente, principalmente quanto à história israelita antes da monarquia. A descoberta e publicação de manuscritos têm trazido muito maior sofisticação em nosso entendimento das obras não canônicas contemporâneas ou similares aos livros bíblicos. Abordagens literárias e contextuais da Bíblia foram fortemente enfatizadas e novas perspectivas avançaram na hermenêutica. As limitações na análise das fontes se tornaram claras, com uma resultante concentração na forma final do texto como a preocupação primária da erudição. A profundidade teológica da palavra bíblica ganhou mais atenção, incluindo uma apreciação do contexto dado aos livros individuais pelo cânon todo.

Do ponto de vista dos editores, uma nova obra parecia aconselhável em resposta à necessidade sentida por melhor conteúdo e formato, atualização da bibliografia e satisfação de interesses recentes. Em particular, os artigos de comentários do *NCBSJ* serão mais fáceis de consultar devido ao cabeçalho acrescentado que indica capítulo e versículo. A seção de tópicos foi ampliada com artigos sobre Jesus e sobre a Igreja primitiva (incluindo gnosticismo e escritos da Igreja subapostólica). Talvez possamos melhor sumariar o conjunto de mudanças que resultou dos vários fatores justamente considerando nossa estimativa de que o *NCBSJ* é novo em dois terços em relação a seu predecessor. Isto reflete a decisão dos editores de não ficarem satisfeitos com retoques mas de produzirem uma nova obra.

O objetivo e o plano do *NCBSJ*, todavia, permanecem os mesmos do *CBJ*: enfaticamente um *comentário* visando um público de leitores cultos que desejam *estudar* as Escrituras. Esperamos que este público venha a incluir aqueles interessados em religião e teologia em todos os níveis, que sentem a necessidade de um adequado pano de fundo bíblico. Este público provavelmente se tornou mais diversificado desde que o *CBJ* foi escrito, o que é motivo de alegria. Permanecem especialmente em vista, entretanto, os seminaristas e clérigos que requerem um comentário sobre as Escrituras tanto durante seu estudo formal de teologia como para pregação em seu ministério. Para eles o presente volume deve servir bem tanto como texto básico no seminário como um livro de referência em anos posteriores – como um fundamento e um *vade mecum*. Em última instância alguns leitores deverão progredir para um estudo mais profundo da Escritura, desejando consultar artigos científicos e até mesmo séries de comentários nos quais um volume inteiro é dedicado a um único livro da Bíblia. Professores também encontrarão ajuda específica. Com isto em mente, foi feita uma tentativa deliberada de fornecer amplos guias bibliográficos em várias linguagens e introduzir o leitor à terminologia técnica necessária para uma pesquisa mais detalhada.

No *CBJ* nós editores enfrentamos uma questão ecumênica ao decidirmos que todos os convidados a contribuir deveriam ser católicos romanos. Mesmo nos anos de 1960ss estava claro que especialistas católicos e não católicos poderiam trabalhar juntos e tinham a mesma abordagem para a interpretação da maioria das passagens bíblicas. Consequentemente, a decisão sobre contribuição restrita não representa motivos indignos de desconfiança ou arrogância. A sabedoria da decisão não foi desafiada por resenhistas protestantes que reconheceram que o *CBJ* era católico em um sentido não paroquial da palavra. *A fortiori*, a cooperação entre católicos e não católicos seria possível hoje, visto que as decorrentes décadas intensificaram o diálogo. Por exemplo, um não católico participou na revisão do *NAB New Testament* patrocinado por bispos americanos e destinado a ser usado na liturgia; e muitos que contribuíram para o *NCBSJ* ensinam em seminários e universidades não católicos. Contudo, algumas razões que nos persuadiram seguir a política de convidar apenas especialistas católicos para contribuírem com o *CBJ* são ainda válidas, e novas razões apareceram, daí nossa decisão de adotar a mesma política para o *NCBSJ*.

Neste âmbito persiste tanto entre católicos quanto entre protestantes uma imagem errada de que enquanto os protestantes têm várias interpretações da Escritura, os católicos têm apenas uma, ditada pelas autoridades da Igreja. É desconsiderado o fato de que a Igreja Católica Romana nunca se pronunciou claramente sobre o que uma passagem significou para o autor bíblico que a escreveu ou para o público que a leu em primeira instância (→ Hermenêutica, 71:80-87). Por conseguinte é importante ter um volume como este que permite que leitores de todas as correntes religiosas vejam o trabalho de um grupo representativo de especialistas católicos – não poucos isolados e alegadamente liberais, mas quase setenta participantes que têm ensinado a Bíblia em todo tipo de universidade, faculdade, e seminário nos Estados Unidos, Canadá, e no estrangeiro. Eles exemplificam a gama de variação exegética a ser encontrada em qualquer comunidade de especialistas. Os métodos científicos e a luta por objetividade não seria diferente do comentário escrito por especialistas de um contexto religioso misto.

Outra razão para a decisão de convidar apenas católicos origina-se da situação da Igreja Católica Romana pós Vaticano II. As autoridades de nossa Igreja, como é seu dever, demonstraram vigilância na investigação de possíveis aberrações no campo doutrinário. Várias correções de teólogos católicos foram abertamente publicadas. Muitos não católicos não estão cientes do encorajamento papal para estudos bíblicos modernos ou das afirmações feitas pelas mais altas autoridades de que não pode haver um retorno às atitudes repressivas dos inícios do séc. XX. Por conseguinte eles perguntam com frequência a seus colegas católicos se tem havido sinais da pressão do movimento bíblico ou instâncias de repressão de especialistas bíblicos por parte de oficiais da Igreja Romana. Os católicos ultra conservadores que nunca aceitaram as mudanças inauguradas pelo Papa Pio XII e ratificadas pelo Concílio expressaram publicamente a esperança de que tal repressão viria. Permanece importante, portanto, demonstrar através de comentário crítico escrito inteiramente por católicos que a liberdade de pesquisa bíblica em curso é aceita dentro da Igreja. Que não há atmosfera de reação contra estudos bíblicos ou escrutínio opressivo de especialistas bíblicos é um testemunho não apenas para continuar o suporte eclesiástico para o movimento, mas também para a responsabilidade demonstrada durante meio século por especialistas bíblicos católicos que empregam métodos modernos. Se sobretudo as conclusões alcançadas pelos especialistas bíblicos católicos não desafiaram a doutrina ofensivamente, isto é porque eles próprios encontram a interação entre fé e livre pesquisa bíblica enriquecendo ambos os lados, mais do que o antagonismo.

Como detalhes que podem contribuir para o entendimento das origens do *NCBSJ*, os artigos foram encomendados em 1984 e, com poucas exceções (relacionadas à morte de articulistas), estavam nas mãos do editor em 1987. Embora os editores tenham procurado conceder a cada articulista tanta independência de visão e método quanto possível, a necessidade de obter uma unidade geral precisou ocasionalmente de adições, subtrações, alterações de estilo, e um constante esforço para incluir a bibliografia mais recente. Seria imprudente afirmar que todos os artigos são de igual valor; mas entendemos que somos realistas ao considerarmos que o *NCBSJ* atende a maior exigência dos padrões de especialistas dos anos 1990ss bem como o *CBJ* atendeu os padrões dos anos 1960ss – "maior exigência" no sentido de que a erudição bíblica católica teve tempo para amadurecer, e mais é esperado tanto por católicos como por não católicos. A tarefa de editar um novo comentário se tornou mais fácil pela experiência conquistada na edição do *CBJ*; mas se tornou mais difícil devido à explosão de conhecimento bíblico nas décadas decorrentes. É nossa mais descabida esperança que tenhamos produzido um volume que prestará serviço *para um novo millennium*, algo que o *CBJ* não pôde fazer.

Algumas orientações práticas serão úteis para o leitor. Foi necessário um uso frequente de abreviações por causa do volume da obra. Uma leitura atenta de quinze minutos da tabela de abreviaturas usada para os livros bíblicos, para os apócrifos, para as linguagens bíblicas, etc., evitará também uma consulta frequente a estas tabelas. Os livros bíblicos trazem os títulos agora comuns em português, como exemplificado na Bíblia de Jerusalém (*BJ*). Os nomes próprios são apresentados na ortografia do português comum da *BJ*. A enumeração de capítulos e versículos segue o padrão da linguagem original, mesmo naqueles livros nos quais as versões diferem.

Frequentes referências cruzadas com outros artigos do *NCBSJ* foram indicadas por meio de uma seta seguida de um título abreviado do artigo referido. Para facilitar, todos os oitenta e três artigos foram numerados e analisados em seções (indicados por números marginais destacados); e tanto os números do artigo como da seção são dados como referência. Assim Êxodo, → 3,29 significa consultar o *NCBJ* artigo 3 (sobre Êxodo), seção 29. (Não é possível haver confusão com referência aos capítulo e versículos de livros bíblicos desde que a presença da seta sempre indica uma referência cruzada a um artigo do *NCBSJ*). O índice será uma ajuda ao leitor para encontrar informações adicionais.

Há dois tipos de artigos: tópico e comentário. Sabendo que muitos precisariam de um pano de fundo antes de começar um estudo da Bíblia versículo por versículo, os editores planejaram mais de vinte artigos de tópicos de natureza introdutória. O conhecimento de alguns destes artigos pode ser muito útil para o leitor na compreensão de detalhes mais técnicos nos artigos-comentário. Por exemplo, o artigo sobre Hermenêutica (art. 71) fornece uma orientação básica de atitudes na abordagem da Bíblia. O artigo sobre Canonicidade (art. 66) faz um levantamento da composição da literatura bíblica que é essencial para qualquer leitor. Uma generosa quantidade de espaço é devotada a artigos sobre teologia bíblica. Os temas do Antigo Testamento são traçados através de seus diferentes estágios históricos de desenvolvimento, e uma cuidadosa distinção é feita na seção do Novo Testamento entre as diferentes teologias dos diferentes autores. Os estudantes e os professores farão bem em olhar os artigos tópicos cuidadosamente antes de começar a leitura dos comentários.

A estrutura e definição de parágrafos dos artigos-comentário são determinados pelos esboços dos respectivos livros bíblicos. De modo geral o comentário é feito versículo por versículo, e os *lemmata* (as palavras da Escritura que estão sob comentário) são escritas em itálico para fácil referência. Os editores tomaram a difícil decisão de não requererem dos autores que eles comentassem com base em qualquer tradução da Bíblia. Eles reconheciam que há várias traduções excelentes em uso corrente em inglês, tais como *RSV, NAB, NJB, NJV,* e *NEB* (em português *BJ, TEB, ARA, NTLH*); e desejavam que este comentário pudesse ser usado com qualquer destas traduções. (Além do mais, eles não queriam ser condescendentes com alegações extravagantes de propaganda a favor da superioridade universal de uma determinada tradução, uma vez que parte do estudo sério da Bíblia é o reconhecimento das limitações inerentes a todas as traduções). Os editores insistiram em que os *lemmata* representassem fielmente o original bíblico (hebraico, aramaico, ou grego) de modo que o leitor que usa uma versão padrão das línguas originais seja capaz de reconhecer as frases bíblicas sem dificuldade.

Concluímos nosso prefácio com palavras de agradecimento. Decidimos constar o prefácio que Cardeal Augustin Bea escreveu para o *CBJ* podendo assim testemunhar nossa duradoura gratidão por seus serviços no Concílio Vaticano II em prol dos estudos bíblicos modernos. Nós ainda convidamos Sua Eminência Cardeal Carlo Martini para agraciar este volume com um novo prefácio. Ele mesmo sendo um destacado erudito bíblico e primeiro reitor do Pontifício Instituto Bíblico, agora serve como Arcebispo de Milão, uma das maiores dioceses do mundo em número de paróquias e sacerdotes. Neste papel pastoral o Cardeal Martini continua escrevendo livros e distribuindo sermões sobre tópicos bíblicos que enriquece a vida do povo de Deus. Ele encorajou a tradução do *CBJ* para o italiano, e nós somos imensamente gratos por seu apoio contínuo ao nosso esforço, como ilustrado pelo prefácio.

Mais uma vez, a equipe da Prentice Hall prestou a máxima cooperação; e Joseph Heider, Caroline Carney, Edie Riker, Linda Albelli, e Helen Brennam merecem reconhecimento especial. No *Scriptorium*, onde a edição e tipografia foram feitas, Maurya P. Horgan e Paul J. Kobelski, eruditos bíblicos em sua especialização particular, fizeram disto um trabalho de amor e lhe deram especial atenção. Muitos outros prestaram serviço na impressão, provas, e alguns dos trabalhos mecânicos que são tão necessários numa obra deste porte. Em particular, Jerry Anne Dickel, uma estudante do Union Theological Seminary (NYC), deu muita assistência necessária na organização do índice, como também Andrew L. Don e Joseph Hastings do Boston College. E, é claro, acima de tudo somos gratos aos articulistas, não apenas pela qualidade de seus artigos mas também pela cooperação e generosidade.

Raymond E. Brown, S. S.
Editor dos artigos de tópicos

Joseph A. Fitzmyer, S. J.
Editor dos artigos de comentários
do Novo Testamento

Roland E. Murphy, O. Carm.
Editor dos artigos de comentários
do Antigo Testamento

40
O Problema Sinótico

Frans Neirynck

BIBLIOGRAFIA

1 Geral. BELLINZONI, A. J. (ed.), *The Two-Source Hypothesis* (Macon, 1985). FARMER, W. R., *The Synoptic Problem* (2ª ed.; Macon, 1976). KÜMMEL, W. G., *INT* 38-80. NEIRYNCK, F., *The Minor Agreements of Matthew and Luke against Mark* (BETL 37; Louvain, 1974); *Evangelica* (BETL 60; Louvain, 1982). SCHMID, J., *Matthäus und Lukas* (Freiburg, 1930). SCHMITHALS, W., *Einleitung in die drei ersten Evangelien* (Berlin, 1985). STREETER, B. H., *The Four Gospels* (London, 1924). TUCKETT, C. M., *The Revival of the Griesbach Hypothesis* (SNTSMS 44; Cambridge, 1983). VAGANAY, L., *Le problème synoptique* (Tournai, 1954). WIK-SCHM, *ENT* 272-89.

2 Sinopses. Em grego: ALAND, K., *Synopsis quattuor evangeliorum* (13ª ed.; Stuttgart, 1985). HUCK, A. e H. GREEVEN, *Synopsis of the First Three Gospels* (Tübingen, 1981). ORCHARD, J. B., *A Synopsis of the Four Gospels in Greek* (Macon, 1983). SWANSON, R. J., *The Horizontal Line Synopsis of the Gospels. Greek Edition. I. Matthew* (Dillsboro, 1982). Em inglês: ALAND K., *Synopsis of the Four Gospels* (grego-inglês, 7ª ed.; Stuttgart, 1984). FUNK, R. W., *New Gospel Parallels* (Philadelphia, 1985). ORCHARD, J. B., *A Synopsis of the Four Gospels in a New Translation* (Macon, 1982). SWANSON, R. J., *The Horizontal Line Synopsis of the Gospels* (Dillsboro, 1975). THROCKMORTON, B. H., *Gospel Parallels* (4ª ed.; Nash, 1979; baseada na 9ª ed. da sinopse em grego de HUCK-LIETZMANN [1936]).

3 Ferramentas. GASTON, L., *Horae Synopticae Electronicae* (SBLSBS 3; Missoula, 1973). HAWKINS, J. C., *Horae Synopticae* (2ª ed.; Oxford, 1909). NEIRYNCK, F. e F. VAN SEGBROECK, *New Testament Vocabulary* (BETL 65; Louvain, 1984; Part II: "Synoptic Parallels and Synonyms").

(→ 37 *abaixo*. Nota: neste artigo, o uso da barra "/", como, por exemplo, 8,56/9,1 significa "entre" os dois versículos).

4 ESBOÇO

(I) A sequência dos evangelhos sinóticos
   (A) A sequência dos episódios na tradição tripla (§ 6)
   (B) A sequência de Marcos em Mateus (§ 7-8)
   (C) A sequência de Marcos em Lucas (§ 9-11)
   (D) O argumento a partir da sequência (§ 12)
(II) A fonte Q
   (A) A existência da fonte Q (§ 13)
   (B) A tabela sinótica da tradição dupla (§ 14)
   (C) O uso da fonte Q por Mateus (§ 15-17)
   (D) Duplicados da(s) fonte(s) (§ 18-19)
   (E) O uso da fonte Q por Lucas (§ 20)
(III) A originalidade de Marcos
   (A) A metodologia da crítica das fontes (§ 21-23)
   (B) Concordâncias secundárias (§ 24-26)
   (C) Dualidade em Marcos (§ 27)
   (D) Marcos e a fonte Q (§ 28-29)
(IV) Soluções alternativas
   (A) A teoria das duas fontes modificada (§ 30-31)
   (B) A dependência lucana de Mateus (§ 32-33)
   (C) A hipótese de Griesbach ou dos dois evangelhos (§ 34)
   (D) João e os sinóticos (§ 35)
   (E) Os evangelhos apócrifos (§ 36)
   (F) A continuação da pesquisa (§ 37)

5 Os três primeiros evangelhos do cânon (chamados "sinóticos"), Mateus, Marcos e Lucas, têm muito em comum e são significativamente diferentes de João. As semelhanças e diferenças entre os Sinóticos dão origem à questão de sua interrelação, ao chamado problema sinótico. A hipótese "agostiniana" supunha que a sequência da composição fosse Mateus, Marcos, Lucas. Durante certo tempo, esta teoria foi substituída como teoria dominante pela hipótese de Griesbach (Mateus, Lucas, Marcos). A prioridade de Marcos foi sugerida pela primeira vez no final do séc. XVIII como uma alternativa à concepção tradicional da prioridade mateana e provocou debates decisivos entre 1830 e 1860. Em consequência, a hipótese da prioridade de Marcos se tornou a opinião predominante entre os estudiosos.

Marcos contém 661 versículos, dos quais aproximadamente 80% são reproduzidos em Mateus e cerca de 65% em Lucas. Somente algumas perícopes não têm paralelo em pelo menos um dos outros evangelhos. O material de Marcos que se encontra nos três evangelhos sinóticos é conhecido como tradição tripla. O material não constante em Marcos que Mateus e Lucas têm em comum (cerca de 220 versículos) é chamado de tradição dupla. A teoria das duas fontes, ou hipótese dos dois documentos, propõe que Mateus e Lucas dependem de Marcos no tocante à tradição tripla e deriva a tradição dupla de uma fonte escrita em grego, uma hipotética fonte de *logia* ou de ditos chamada de Q (que é a abreviatura do termo alemão *Quelle*, i.e., *Logien-*, *Spruch-* ou *Redenquelle*). Mateus e Lucas são muito mais extensos do que Marcos (num total de 1.068 e 1.149 versículos respectivamente) e contêm uma grande quantidade de material exclusivo que deriva, em parte, da atividade criativa dos evangelistas.

6 (I) A sequência dos evangelhos sinóticos. O estudo da sequência de Marcos comparada com a de Mateus e Lucas tem apoiado de maneira influente a prioridade de Marcos.

(A) A sequência dos episódios na tradição tripla. O material de Marcos aparece, em grande medida, na mesma sequência nos três evangelhos sinóticos. O esboço geral de Marcos pode ser reconhecido em Mateus e Lucas:

	Mateus	Marcos	Lucas
Preliminares	3,1-4,11	1,1-13	3,1-4,13
Ministério na Galileia	4,12-18,35	1,14-9,50	4,14-9,50
Viagem a Jerusalém	19-20	10	9,51-19,28
Ministério em Jerusalém	21-25	11-13	19,29-21,38
Paixão	26-27	14-15	22-23
Ressurreição	28	16	24

Quanto às diferenças na sequência, as principais soluções crítico-literárias para o problema sinótico (a prioridade de Marcos, a hipótese agostiniana e a hipótese de Griesbach) concordam neste ponto: onde quer que Mateus se afaste da sequência de Marcos, Lucas apoia Marcos, e sempre que Lucas se afasta de Marcos, Mateus concorda com Marcos. Esta ausência de concordância entre Mateus e Lucas contra Marcos, em termos de sequência, pode ser interpretada de mais de uma maneira. Pode ser explicada pela prioridade de Marcos, mas também por qualquer outra hipótese que proponha Marcos como termo médio:

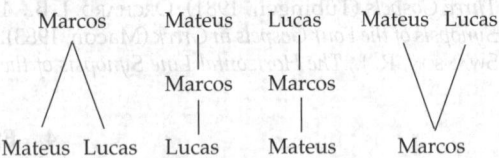

A ideia de que existiu um evangelho primitivo (chamado às vezes de Protomarcos) que influenciou os Evangelhos canônicos permanece como possibilidade, mas este fenômeno da sequência não pode ser explicado satisfatoriamente postulando uma dependência apenas de fragmentos dos evangelhos ou da tradição oral. Admitindo-se a prioridade de Marcos, a ausência de concordância entre Mateus e Lucas contra Marcos se torna um indicativo da independência de Mateus e Lucas no uso que fazem de Marcos. Mas o verdadeiro argumento a partir da sequência em favor da prioridade de Marcos é que as diferenças em Mateus e Lucas podem ser explicadas plausivelmente como alterações de Marcos feitas de acordo com as tendências redacionais gerais e com os propósitos composicionais de cada evangelho.

7 (B) A sequência de Marcos em Mateus. Deveríamos distinguir entre Mt 4,23-13,58, onde há alterações notáveis na sequência das perícopes de Marcos, e o restante de Mateus, onde a sequência marca na das perícopes está inalterada. Começamos com este último fenômeno em (a) e (b) abaixo e depois, em (c), tratamos do fenômeno anterior mais extensamente.

(a) Mt 3,1-4,22 (par. Mc 1,1-20). Não há mudança na sequência das perícopes:

	Mateus	Marcos
João Batista	3,1-12	1,1-8
Batismo de Jesus	3,13-17	1,9-11
Tentação	4,1-11	1,12-13
Pregação na Galileia	4,12-17	1,14-15
Chamado dos primeiros discípulos	4,18-22	1,16-20

(b) Mt 14,1 até o final (par. Mc 6,14-16,8). Não há mudança na sequência das perícopes, mas algumas mudanças na sequência dentro das perícopes (como forma de antecipação):

	Mateus	Marcos
Tradição dos anciãos	15,3-6	
	15,7-9	7,6-8
		7,9-13
Questões sobre o divórcio	19,4-6	
	19,7-8	10,3-5
		10,6-9
Purificação do templo	21,12-13 (14-17)	
	21,18-19	11,12-14
		11,15-17 (18-19)

8 (c) Mt 4,23-13,58 (par. Mc 1,21-6,13). Um movimento de antecipação pode ser observado também em Mt 4,23-13,58. Todas as transposições das perícopes de Marcos se encontram em Mt 8-9 e 10. Estes capítulos contêm, na sequência relativa de Marcos, os paralelos de Mc 4,35-5,20 (Mt 8,18-34); Mc 5,21-43 (Mt 9,18-26); Mc 6,6b (Mt 9,35); Mc 6,7-11 combinado com 3,16-19 (Mt 10,1-16). O restante das perícopes marcanas em Mt 12-13 segue estritamente a sequência de Marcos:

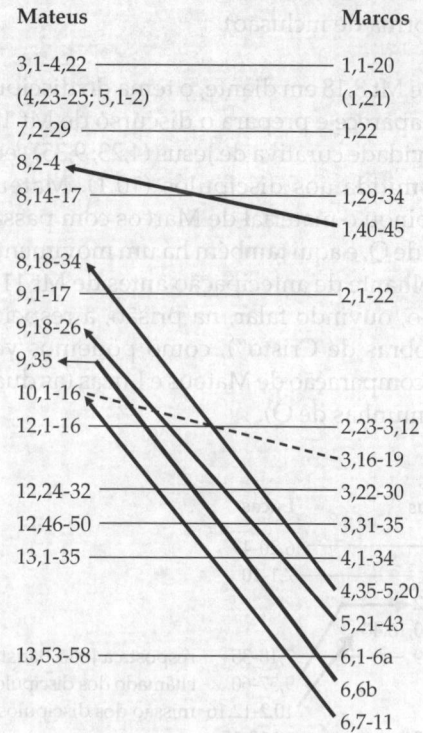

Mateus	Marcos
3,1-4,22	1,1-20
(4,23-25; 5,1-2)	(1,21)
7,2-29	1,22
8,2-4	
8,14-17	1,29-34
	1,40-45
8,18-34	
9,1-17	2,1-22
9,18-26	
9,35	
10,1-16	
12,1-16	2,23-3,12
	3,16-19
12,24-32	3,22-30
12,46-50	3,31-35
13,1-35	4,1-34
	4,35-5,20
	5,21-43
13,53-58	6,1-6a
	6,6b
	6,7-11

A sinopse precedente do material paralelo em Mt 3,1-13,58 (par. Mc 1,1-6,13) indica que o Sermão da Montanha (Mt 5-7) está colocado, na sequência de Marcos, na primeira menção do ensino de Jesus em Mc 1,21. Mt 4,23-25; 5,1-2 é uma composição mateana complexa na qual Mc 1,39 e diversas outras passagens de Marcos foram antecipadas e combinadas na forma de um solene resumo introdutório:

Mateus	Marcos
4,23	1,39 (1,15); 6,6b
4,24a	1,28
4,24b	1,32.34
4,25	3,7-8
5,1	3,13
5,2	1,21

A inversão de Mt 8,2-4 (Mc 1,40-45) e Mt 8,14-16 (Mc 1,29-34) mostra o desmantelamento do "dia de Jesus" marcano em Cafarnaum (1,21-39). A cura do leproso é passada para a frente como seção de abertura em Mt 8-9 (com o uso de Mc 1,43-45 em Mt 9,30-31 em forma de inclusão).

De Mt 8,18 em diante, o tema do discipulado aparece e prepara o discurso de Mt 10. A atividade curativa de Jesus (4,23; 9,35) será transmitida aos discípulos (10,1). Mateus combinou o material de Marcos com passagens de Q, e aqui também há um movimento semelhante de antecipação antes de Mt 11,2 ("João, ouvindo falar, na prisão, a respeito das obras de Cristo"), como podemos ver pela comparação de Mateus e Lucas (as duas testemunhas de Q).

Mateus	Lucas	
5-7	6,20-49	
8,5-13	7,1-10	
8,19-22		
9,37-10,16.40		
11,2-19	7,18-35	resposta a João Batista,
	9,57-60	chamado dos discípulos,
	10,2-12.16	missão dos discípulos
11,21-24	10,13-15	
11,25-27 (28-30)	10,21-22	

Mt 4,23-11,1 concentra-se no ensino e nas curas de Jesus bem como no discipulado. Esta é uma composição típica de Mateus, singular no Evangelho, e todos os deslocamentos de perícopes marcanas se encontram nesta construção redacional e em nenhum outro lugar.

9 (C) A sequência de Marcos em Lucas. Nenhuma das transposições de Mt 4,23-11,1 corresponde uma mudança lucana semelhante da sequência de Marcos. Lucas segue a ordem de Marcos em todo o Evangelho. Os blocos de material marcano são interrompidos pela interpolação de material não-marcano.

Marcos	Lucas	Interpolação lucana
1,1-15	3,1-4,15	4,16-30 Nazaré (cf. Mc 6,1-6a)
1,21-39	4,31-44	5,1-11 Simão (cf. Mc 1,16-20)
1,40-3,19	5,12-6,19	6,20-8,3 Interpolação menor
3,31-9,40	8,40-9,50	9,51-18,14 Interpolação maior
10,13-52	18,15-43	19,1-28 Zaqueu, Parábola
11,1-13,37	19,29-21,38	
14,1-16,8	22,1-24,12	

A visita a Nazaré, de Mc 6,1-6a (contexto comparável em Lc 8,56/9,1), é colocada no início do ministério de Jesus por Lucas. O chamado dos primeiros discípulos em Mc 1,16-20 (antes do "dia de Cafarnaum") tem seu paralelo em Lc 5,1-11, após o "dia de Cafarnaum". As transposições de perícopes individuais são explicáveis tendo Marcos como base. Por exemplo, a inversão de Mc 3,7-12. 13-19 em Lc 6,12-16.17-19 vem antes do Sermão da Planície. Mc 3,31-35 (antes da seção da parábola) é transferido para a conclusão da seção da parábola em Lc 8,19-21. Veja também as mudanças de sequência na narrativa da paixão (Lc 22,18.21-23.24-27.33-34; 22,56-62.63-65.66-71; 23,26-49 e *passim* – Neirynck, *Evangelica*, 757-69).

10 A ausência de um episódio na sequência de Marcos nem sempre é uma omissão no sentido estrito. O episódio pode estar faltando porque Lucas o transferiu para outro contexto (transposição) ou porque Lucas o substituiu, dando preferência a um texto paralelo de uma fonte diferente (Lucas evita duplicados). Neste último caso, reminiscências verbais podem revelar o conhecimento que Lucas tinha do texto de Marcos, e, às vezes, será difícil distinguir entre o uso lucano de uma tradição especial e a reformulação e ampliação de Marcos por Lucas. Na lista de perícopes de Marcos omitidas por Lucas (veja o quadro seguinte), omissões menos significativas (cf. Mc 1,1.5.6.33.,43;

2,13b.19b.27b, etc.) não estão incluídas. Além disso, para algumas delas, pode-se encontrar um eco em um contexto distante (cf. Mc 13,10 e Lc 24,47).

11 A mais famosa omissão em Lucas (em 9,17/18) é a de Mc 6,45-8,26 (a chamada "grande omissão"). Alguns sugeriram que esta seção (74 versículos) estava faltando no manuscrito de Marcos usado por Lucas (uma cópia truncada [uma tese que, hoje em dia, praticamente não é mais defendida] ou o Protomarcos). Deve-se observar, porém, que a omissão mateana das passagens individuais de Mc 7,3-4; 7,31-37; e 8,22-26 e que a omissão da seção inteira por Lucas dificilmente poderão ser citadas como concordância negativa dos dois Evangelhos contra Marcos. Tampouco se pode tirar uma conclusão, em termos de crítica das fontes, da semelhança entre Lc 9,10-17.18-21 e Jo 6,1-15.66-69 (a alimentação dos cinco mil seguida pela confissão de Pedro), já que Jo 6,16-21 reconta o caminhar sobre as águas (par. Mc 6,45-52), que Lucas omite. É difícil encontrar uma razão convincente para a grande omissão de Lucas, mas provavelmente há mais de uma razão. A evitação de duplicados pode ser ao menos parte da explicação. O duplo milagre da alimentação em Mc 6,30-44 e 8,1-9 (ressaltado no dito de 8,19-20) é absolutamente singular em Marcos, e a omissão de 8,1-9 poderia implicar também a omissão de 8,14-21. Mais importante é o fato de notarmos possíveis reminiscências do trecho omitido de Mc 6,45-8,26 tanto no contexto lucano imediato da omissão (cf. Mc 6,45; 8,22 com Lc 9,10 quanto a Betsaida, e Mc 6,46 com Lc 9,18 quanto à oração solitária de Jesus) quanto em outras passagens de Lucas (cf. Mc 6,49-50 com Lc 24,36-40; Mc 6,55-56 com Lc 9,11c e At 5,15-16; Mc 7,1-5 com Lc 11,37-38; Mc 7,30 com Lc 7,10; Mc 8,11 com Lc 11,16.53-54; Mc 8,15 com Lc 12,1). Tais reminiscências sugerem que Lucas conhecia o material do trecho omitido de Marcos e que não há necessidade de evocar um Protomarcos (*Urmarkus*) sem o texto de 6,45-8,26.

12 (D) O argumento a partir da sequência. Expusemos a sequênciacomum das perícopes da tradição tripla e explicamos as diferenças em relação à sequência de Marcos como divergências *editoriais* entre Mateus e Lucas. O argumento a partir da sequência, da maneira como é compreendido desde K. Lachmann (1835), constitui a principal razão para postular a prioridade de Marcos. A objeção de que o argumento a partir da sequência explica Mateus em relação a Marcos, por um lado, e depois Lucas em relação a Marcos, por outro, mas que a relação entre todos os três permaneceria sem explicação (W. R. Farmer, NTS 23 [1976-77] 294), dificilmente convence. Marcos não precisa ser explicado "em relação a Mateus e a Lucas em conjunto" porque não se pode decidir *a priori* que todos os três Evangelhos sinóticos estão interrelacionados. Seria possível uma solução que proponha a independência entre Mateus e Lucas.

OMISSÃO E TRANSPOSIÇÃO DE PERÍCOPES MARCANAS EM LUCAS

Lucas (nos vv. abaixo, uma *omissão* do que está na coluna marcana)	Marcos		Lucas (nos vv. abaixo, uma *transposição* e/ou duplicado do que está na coluna marcana)
4,15 (4,16-30)	1,16-20		5,1-11
6,19 (6,20-8,3)	3,20-35	22-26	11,15.17-18
		27	11,21-22
		28-29	12,10
		31-35	8,19-21
8,18 (8,19-21)	4,26-34	30-32	13,18-19
8,56/9,1	6,1-6		4,16-30
9,9/10	6,17-29	17-18	3,19-20
9,17/18	6,45-8,26		(→ 11 *acima*)
9,22/23	8,32-33		
9,36/37	9,11-13		
9,43a/b	9,28-29		
9,50 (9,51-18,14)	9,41-10,12	42	17,2
		50a	14,34
		10,11	16,18
18,34/35	10,35-45	38	12,50
		42-45	22,25-27
19,40 (19,41-44)	11,12-14		(13,6-9)
19,48/20,1	11,20-25	22-23	17,6
		24	(11,10)
		25	(11,4)

Lucas	Marcos	Lucas
20,39/40	12,28-34	10,25-28
21,24/25	13,21-23	17,23
21,2/3	14,3-9	7,36-50
22,53/54	14,51-52	
22,66/67	14,56-61a	(At 6,13-14)
23,25/26	15,16-20	23,11

13 (II) A fonte Q. Nossa exposição sobre a sequência (→ 6-12 *acima*), que sugeriu a prioridade de Marcos como solução para o problema sinótico, está incompleta porque ainda se deve tratar do material que não se encontra em Marcos, mas é compartilhado por Mateus e Lucas.

(A) A existência de Q. A presença em Mateus e Lucas de passagens semelhantes não-marcanas (a tradição dupla), algumas delas com um alto grau de concordância verbal, só pode ser explicada se havia uma interdependência entre Mateus e Lucas ou se ambos recorreram (de forma independente) a uma fonte comum. Falamos de "fonte" no singular porque uma certa coincidência da sequência na tradição dupla milita contra a postulação da existência de uma pluralidade de fontes. O fato de que parte do material da tradição dupla duplica material da tradição tripla (portanto, material que aparece em Marcos) sugere a existência de uma segunda fonte, separada de Marcos. Duas outras razões ainda podem ser indicadas para propor a independência de Mateus e Lucas no uso dessa fonte: (1) A tradição mais original pode ser reconhecida às vezes em Mateus e às vezes em Lucas. (2) Na tradição tripla Mateus e Lucas nunca concordam em suas divergências da sequência dos episódios de Marcos (→ 6 *acima*), e uma observação semelhante pode ser feita em relação à tradição dupla. Com exceção das primeiras duas perícopes (a pregação de João Batista e as tentações de Jesus, par. Mc 1,7-8 e 12-13), Mateus e Lucas nunca inseriram as passagens da tradição dupla no mesmo contexto de Marcos.

Estudos recentes tendem a restringir o material de Q às (a todas as) passagens atestadas *tanto* em Mateus *quanto* em Lucas. A possibilidade de que apenas Mateus ou apenas Lucas tenham preservado alguma passagem de Q é muito incerta para se levar em consideração (ainda que alguns biblistas atribuam a Q os textos de Mt 10,5b-6; 10,23; Lc 6,24-26; 9,61-62; 12,32.35-38.49-50(54-56); 15,8-10; 17,28-29). Por outro lado, a origem em Q de alguns paralelos entre Mateus e Lucas é questionada por causa do insuficiente acordo verbal (Lc 14,16-24; 19,12-27; 22,28-30) e pelo fato de que alguns ditos proverbiais curtos poderiam ser provenientes da tradição oral.

Provavelmente a sequência original de Q está melhor preservada em Lucas. A organização diferente do material de Q em Mateus pode ser explicada pela compilação redacional de grandes discursos por Mateus e pela inserção das passagens de Q em contextos marcanos.

14 (B) Tabela sinótica da tradição dupla (na sequência lucana)

Mateus	Lucas	
3,7b-10 ————	3,7-9	A
3,11-12 ————	3,16b-17	
4,2b-11a ————	4,2-13	B
5,3.6.4 ————	6,20b-21	C
5,11-12 ————	6,22-23	
5,39b-40.42 ————	6,27-28	
5,44 ————	6,29-30	
7,12	6,31	
5,46-47 ————	6,32-33	
5,45.48 ————	6,35b-36	
7,1-2 ————	6,37a.38c	
15,14	6,39	
10,24-25a	6,40	
7,3-5 ————	6,41-42	
(12,33-35) 7,16-20 ————	6,43-45	
7,21 ————	6,46	
7,24-27 ————	6,46-49	
8,5-10.13 ————	7,1-2.6b-10	D
11,2-6 ————	7,18-23	E
11,7-11 ————	7,24-28	
11,16-17 ————	7,31-32	
11,18-19 ————	7,33-35	
8,19-22 ··········	9,57-60	F
9,37-38; 10,7-16 ·········	10,2-12	
11,21-23 ————	10,13-15	
10,40 ··········	10,16	
11,25-27 ————	10,21-22	
13,16-17	10,23-24	

Mt 5-7 e Mt 10	Mateus	Lucas	
6,9-13		11,2-4	
7,7-11		11,9-13	
(9,32-33)	12,22-30 ———	11,14-15.17-23	G
	12,38-42	11,24-26	
	12,43-45	11,29-32	
5,15		11,33	
6,22-23		11,34-35	
	23,25-26.32 ———	11,39-41.42	H
	6-7,27 ———	43-44	
	4.29-30.13 ———	46.47-48.52	
	23,34-36 ———	11,49-51	
10,26-33		12,2-9	
	12,32	12,10	
10,19-20		12,11-12	
6,25-33		12,22-31	
6,19-21		12,32-34	
	24,43-44.45-51	12,39-40.42b-46	
10,34-36		12,51-53	
5,25-26		12,58-59	
	13,31-32	13,18-19	
	33	20-21	
7,13-14		13,23-24	
7,22-23		13,25-27	
8,11-12		13,28-29	
	23,37-39 ———	13,34-35	
	22,1-10	14,16-24	
10,37-38		14,26-27	
5,13		14,34-35	
	18,12-14	15,4-7	
6,24		16,13	
	11,12-13	16,16	
5,18		16,17	
5,32		16,18	
	18,7	17,1	
	18,15.21-22	17,3b-4	
	17,20	17,6	
	24,26-27.28 ———	17,23-24.37	I
	37-38 ———	26-27.30	
(10,39)		(17,33)	
	24,40-41 ———	17,34-35	
	25,14-30 ———	19,12-27	
	19,28	22,28.30	

15 (C) **O uso da fonte Q por Mateus.** Na primeira parte da tabela da tradição dupla (seções A, B, C, D, E, F em Lc 3-10), a sequência original do material de Q é claramente detectável em Mateus se levarmos em conta a antecipação redacional do discurso acerca da missão em M 10, antes da resposta de Jesus a João Batista em Mt 11,2-19 (→ 8 *acima*). Os contextos marcanos em Mateus são dignos de nota: Mc 1,7-8 para A; 1,12-13 para B; 1,21/22 para C; 1,40-45/1,29-34 para D; 4,35/36; 6,7-11 para F. A primeira seção de Q em Mateus que não foi inserida num contexto marcano é Mt 11,2-6. Isto, juntamente com a inversão da sequência de Q das seções E e F, confirma que a resposta de Jesus a João Batista foi preparada pela composição redacional de Mt 4,23-11,1.

O material do sermão de Q em Lc 6,20-49, com a exceção dos ditos de 6,39.40, tem sua contraparte em Mt 5-7. As diferenças na sequência são mínimas e o uso de Mt 7,12 na conclusão da seção central é redacional. Mateus combinou o sermão de Q com outro material de Q: Mt 5,13.15.18.25-26.32; 6,9-13.19-21.22-23.24.25-33; 7,7-11.13-14.22-23. Compare também a ampliação do discurso acerca da missão em Mt 10,(19-20?).26-33.34-36.37-38.(39?). A apresentação dessas passagens na sequência dos paralelos em Lc 11-17 (na tabela *ao lado*) revela alguma coincidência com as sequências individuais de ditos de Q em Lucas. A melhor ilustração é Mt 7,13-14.22-23; 8,11-12. E se deixarmos de lado estas passagens de Mt 5-7 e 10 (presumivelmente a primeira e a segunda compilações de discursos por Mateus), a sequência dos paralelos restantes de Q concorda em grande parte com a sequência de Lucas (seções G, H, I). A convergência com nossas conclusões em relação à sequência lucana em Mateus (→ 8 *acima*) é impressionante: primeiro, existe uma antecipação e concentração do material da fonte em Mt 5-10 e depois (de Mt 12 em diante) não há mais mudanças na sequência.

16 Inversões da sequência em unidades menores, como Lc 4,5-8.9-12; 6,21a.21b; 6,27-28.29-30; 10,5-7.8-9; 11,31.32; e 11,24-26.29-32 podem ser explicadas pela reorganização da fonte comum por Mateus ou Lucas. Alguns ditos têm uma forma mais esmerada em Mateus. A ampliação das bem-aventuranças em Mt 5,5.7-10 é o exemplo clássico. O versículo 10 pode ser atribuído à redação de Mateus, mas alguns estudiosos consideram 5,5.7-9 um acréscimo pré-mateano à fonte comum: Q chegou a Mateus em uma forma ampliada. Outros ditos ocasionalmente atribuídos a QMateus são Mt 5,14b.19.41; 6,34; 7,6; 10,5b-6,23; 11,28-30; 18,16-17.18; a forma pré-mateana das parábolas de Q em 22,1-14 e 25,14-30; e a formulação pré-mateana de alguns ditos de Q. Este QMateus como estágio intermediário entre Q e Mateus tende a reduzir Mateus a um redator "conservador". Outros especialistas, porém, enfatizam mais corretamente a revisão redacional do material tradicional da fonte Q por Mateus e seus acréscimos a este material.

17 A influência de Q pode ser vista na repetição de expressões por Mateus e em seu uso de algumas expressões de Q como fórmulas redacionais. A expressão *gennēmata echidnōn*, "raça de víboras", em Mt 3,7 (Q) ocorre novamente em 12,34 e 23,33; Mt 3,10b (Q) é repetido em 7,19; e Mt 3,12b (Q) tem um eco em 13,30. A palavra *oligopistoi*, "de pequena fé", em Mt 6,30 (Q) torna-se uma expressão favorita de Mateus: 8,26; 16,8; 14,30; 17,20 (substantivo). A expressão "onde haverá choro e ranger de dentes" em Mt 8,12 (Q) aparece novamente em 13,42.50; 22,13; 24,51; 25,30. A influência do material de Q em Mt 11,12-13; Lc 16,16 é perceptível no uso mateano de "a lei e os profetas" (5,17; 7,12; 22,40) e na expressão *apo tote*, "a partir desse momento", em 4,17. A expressão "condutores cegos" em Mt 23,16.24 faz eco a 15,14 (Lc 6,39). Mt 10,15 (Lc 10,12) é usado novamente em 11,24, e Mt 7,16-20 (Lc 6,43-44) em 12,33. Mt 12,22-23 (Lc 11,14) é usado já na conclusão dos milagres dos caps. 8 e 9; portanto:

```
9,27-31     cf. 20,29-34     Mc 10,46-52
9,32-33     cf. 12,22-23     Lc 11,14 (Q)
```

Mas nem todos os "duplicados" de Mateus são redacionais, ou seja, explicáveis pela repetição redacional das passagens tradicionais.

18 **(D) Duplicados das fontes.** Há passagens que ocorrem duas vezes em Mateus ou Lucas, uma vez no material da tradição tripla compartilhado com Marcos e uma vez no material da tradição dupla do mesmo Evangelho. Para quem defende a prioridade de Marcos, "a prova a partir de duplicados" é parte do argumento a favor da existência de uma segunda fonte.

A lista seguinte inclui 14 casos de duplicados em Mateus (nº 5, 10, 11, 12), em Lucas (nº 1, 2, 4, 8, 13, 14), ou em ambos (nº 3, 6, 7, 9). As referências aparecem segundo a sequência de Marcos, com os paralelos não-marcanos na segunda linha do texto correspondente em Mateus ou Lucas. Combinações em Mateus (duplicados "condensados") estão assinaladas com um asterisco (nº 4, 13, 14).

Nº	Marcos	Mateus	Lucas
1	4,21	–	8,16
		5,15	11,38
2	4,22	–	8,17
		10,26	12,2
3	4,25	13,12	8,18
		25,29	19,26
4	6,8-11	*10,7-14	9,3-5
			10,4-11
5	8,12	16,4	–
		12,39	11,29
6	8,34	16,24	9,23
		10,38	14,27
7	8,35	16,25	9,24
		10,39	17,33
8	8,38	(16,27)	9,26
		10,33	12,9
9	9,37	18,5	9,48
		10,40	10,16
10	10,11	19,9	–
		5,32	16,18
11	10,31	19,30	–
		20,16	13,30
12	11,22-23	21,21	
		17,20	17,6
13	12,38-39	*23,6-7	20,46
			11,43
14	13,11	*10,19-20	21,14-15
			12,11-12

A origem em Q de alguns desses ditos não é certa. Lc 17,33 (nº 7) pode ser uma reformulação lucana de Mc 8,35, que é uma das inserções "marcanas" no discurso de Q (17,25.31.33). O dito proverbial de Mt 20,16 (nº 11) pode ser uma repetição de 19,30 (antes da parábola), e, embora a mesma sequência invertida de último/primeiro se encontre em Lc 13,30, a origem comum não-marcana é apenas uma possibilidade. Mas, no conjunto, a lista dos duplicados da fonte é impressionante. Exemplos menos convincentes de sobreposição (como os paralelos em Mc 4,8c; 9,35; 11,24; e 13,12) não estão incluídos.

19 Além dos nº 4, 13 e 14, há outros casos de fusão e combinação mateana entre Marcos e Q em que a passagem de Marcos é omitida em Lucas (na lista seguinte, os nº 19 e 25 são duvidosos). As omissões de Marcos tanto em Mateus quanto em Lucas (nº 15, 21) são acrescentadas à lista a fim de incluir todos os casos de sobreposição (Marcos e Q).

Nº	Marcos	Mateus	Lucas (Q)	
(15)	1,2	11,10 Q	7,27	
16	1,7-8	3,11-12	3,16-17	+ Marcos
17	1,12-13	4,1-11	4,1-13	+ Marcos
18	3,22-26	12,24-26	11,15.17-18	
(19)	3,27	12,29 (?)	11,21-22 (?)	Marcos
20	3,28-29	12,31-32	12,10	
(21)	4,24	7,2 (Q)	6,38	
22	4,30-32	13,31-32	13,18-19	
23	9,42	18,6-7	17,1-2	+ Marcos
24	9,49-50a	5,13	14,34-35	
(25)	12,21-34	22,34-40 (?)	10,25-28 (?)	Marcos
26	13,21(-23)	24,23(-25).26	17,23	

20 (E) O uso da fonte Q por Lucas. As passagens de Q em Lucas se encontram quase exclusivamente, junto com o material peculiar a Lucas (passagens L), em dois blocos de material não-marcano – Lc 6,20-8,3 e 9,51-18,14 – que são inseridos na sequência marcana em Mc 3/4 e 9/10. Isto se contrapõe bastante à combinação mateana do material de Q com Marcos e os cenários marcanos e parece sugerir que Lucas usou o material de Q de forma independente. Porém, não se justifica concluir que a justaposição de Q e L tem sua origem em um evangelho pré-lucano (Protolucas) no qual os blocos de material marcano teriam sido inseridos por Lucas. E é uma suposição gratuita que o texto de Q em Lc 9,51-18,14 não possua qualquer influência de Marcos. Reminiscências de Marcos podem ser mostradas nos duplicados nº 7, 10, 14, 18, (19), 22, 23, 24 (Lc 10,25-28 vem de Mc 12,28-34).

A narrativa lucana da viagem a Jerusalém teve sua base em Marcos (10.1,32), mas a fonte Q forneceu os materiais. A missão no início da jornada e o dia do Filho do Homem no final (duplicados de Lc 9,1-6 e 21,5-36) produzem o efeito de uma duplicação do roteiro de Marcos. Isso talvez se deva à inserção da segunda fonte na estrutura de Marcos. A divisão lucana do material de Q em duas interpolações separadas corresponde à divisão da própria fonte Q: primeiro, os trechos sobre João Batista envolvendo o grande sermão (de Lc 3,7-9 até 7,31-35), e, depois, a parte central começando com a missão (Lc 9,57-10,16).

(Bibliografia pertinente a Q: EDWARDS, R. A., *A Concordance to Q* [SBLSBS 7; Missoula, 1975]; *A Theology of Q* [Philadelphia, 1976]. HAVENER, I., *Q: The Sayings of Jesus* [Wilmington, 1986]. HOFFMANN, P., *Studien zur Theologie der Logienquelle* [NTAbh 8; Münster, 1972]. KLOPPENBORG, J. S., "Bibliography on Q", SBLASP 24 [1985] 103-26; *The Formation of Q* [Philadelphia, 1987]. LÜHRMANN, D., *Die Redaktion der Logienquelle* [WMANT 33; Neukirchen, 1969]. NEIRYNCK, F., "Recent Developments in the Study of Q", in *Logia: Les paroles de Jésus – The Sayings of Jesus* [ed. J. DELOBEL; BETL 59; Louvain, 1982] 29-75. NEIRYNCK, F. e F. VAN SEGBROECK, "Q Bibliography", *ibid.*, 561-86; *ETL* 62 [1986] 157-65. POLAG, A., *Die Christologie der Logienquelle* [WMANT 45; Neukirchen, 1977]; *Fragmenta Q* [Neukirchen, 1979]. SCHENK, W., *Synopse zur Redenquelle der Evangelien* [Düsseldorf, 1981]. SCHULZ, S., *Q – Die Spruchquelle der Evangelisten* [Zürich, 1972]. STOLDT, H.-H., *History and Criticism of the Marcan Hypothesis* [Macon, 1980; também original alemão, 2ª ed., 1986] – contra Q. VASSILIADIS, P., *The Q-Document Hypothesis* [Athens, 1977]. ZELLER, D., *Kommentar zur Logienquelle* [Stuttgart, 1984].)

21 (III) A originalidade de Marcos. Se os argumentos apresentados acima favorecem a prioridade de Marcos, alguns pontos levantados contra essa prioridade precisam ser discutidos.

(A) A metodologia da crítica das fontes. Os pesquisadores ofereceram critérios gerais para decidir qual é a mais antiga entre tradições paralelas. Sanders (*Tendencies*) examinou esses critérios: extensão e detalhes crescentes, menos semitismos e o uso de discurso direto e de combinações, que ocorrem tanto nos evangelhos sinóticos quanto no material pós-canônico. Sua conclusão é que "a tradição se desenvolveu em direções opostas" e, portanto, "afirmações dogmáticas" com base nesses critérios nunca são justificadas (272). A partir do livro de Sanders, o critério da especificação crescente foi retirado por Farmer (*Synoptic Problem* 228) da lista de cânons que ele tinha proposto originalmente. Em resposta ao critério de Farmer da procedência palestinense ou judaica como sinal de maior Antiguidade, Tyson (450) conta com a possibilidade de ocorrer uma rejudaização. A mensagem da obra de Sanders (*Tendencies*) pode ser entendida como uma advertência contra a generalização, e não como um convite ao ceticismo sinótico. Mais importante do que sua conclusão negativa é a recomendação para que se fique alerta às "tendências redacionais de cada autor em particular" (272).

22 A concepção de Tyson aceita os princípios clássicos da crítica literária (*p.ex.*, os propostos por Burton), mas acha difícil a aplicação destes princípios: "A identificação de glosas, de material redacional e de inserções que acarretem interrupção é uma tarefa perigosa." Enfatizando uma diversidade de pontos de vista, Tyson vê alguma esperança de solução para o problema sinótico em "uma espécie de crítica literária que coloque entre parênteses a questão da fonte" (451). Porém, uma abordagem meramente sincrônica, na análise estrutural ou na crítica retórica (→ Hermenêutica, 71:55-70), dificilmente poderá se tornar um método apropriado para a solução de problemas de fontes. Por outro lado, o problema sinótico é somente um aspecto da questão das fontes, pois, se Marcos e Q são considerados fontes de Mateus e Lucas, então as tradições ou fontes que estão por trás de Marcos e Q também requerem um estudo adicional – assim como o requer a origem do material peculiar a Mateus ou Lucas. Entre aqueles que apoiam a hipótese das duas fontes há grande diversidade de opinião no tocante à história da tradição pré-sinótica. A crítica das fontes sinóticas e a crítica da redação sinótica são inseparáveis na tentativa de determinar o interrelacionamento dos evangelhos sinóticos.

A ocorrência do material redacional de um evangelho em outro evangelho é, provavelmente, o critério mais útil para a determinação de seu interrelacionamento. Este critério foi chamado por Farmer de critério de "inadvertência": "A presença, *de forma fragmentária*, na obra de um autor sinótico, das expressões prediletas ou características redacionais de um ou de ambos os autores sinóticos ... constitui um indício *prima facie* de dependência literária ("Certain Results", 106). Porém, a possibilidade de que uma expressão que se encontra na fonte se torne uma expressão predileta num evangelho posterior também deve ser levada em consideração.

23 Streeter ofereceu cinco argumentos para a aceitação da prioridade de Marcos; o quarto deles é o caráter primitivo de Marcos, que "se mostra por: *(a)* uso de expressões que provavelmente são ofensivas, sendo omitidas ou suavizadas nos outros evangelhos, *(b)* rusticidade de estilo e gramática e a preservação de vocábulos aramaicos." De forma mais simples, podemos distinguir duas dimensões em um único argumento a favor da prioridade de Marcos: a dimensão da *taxis* ou sequência, que já estudamos acima (→ 6-12 *acima*), e da *lexis* ou estilo. Argumentar a partir da sequência implica o macro-estudo dos conteúdos e sua organização; argumentar a partir do estilo implica o micro-estudo das semelhanças e diferenças entre os evangelistas. (Veja, *p.ex., FGL* 1. 107-27; U. Luz, *Das Evangelium nach Matthäus* [EKKNT 1/1; Zürich, 1985] 31-59). As duas principais objeções contra a prioridade de Marcos, a serem discutidas a partir de agora, são derivadas desse micro-estudo.

(FARMER. W. R., "Certain Results ... if Luke knew Matthew, and Mark knew Matthew and Luke", in *Synoptic Studies* [ed. C. M. TUCKETT; Sheffield, 1984] 75-98. SANDERS, E. P., *The Tendencies of the Synoptic Tradition* [SNTSMS 7; Cambridge, 1969]. TYSON, J. B., "The Two-Source Hypothesis. A Critical Appraisal", in BELLINZONI [ed.], *Two--Source Hypothesis* [→ 1 *acima*] 437-452.).

24 (B) Concordâncias secundárias. Tão antigo quanto a própria hipótese marcana é o problema das passagens breves nas quais Mateus e Lucas concordam um com o outro contra Marcos (*p.ex.*, tanto Mt 8,2 quanto Lc 5,12 têm o *kai idou* e *kyrie* que não aparecem em Mc 1,40). Se tanto Mateus quanto Lucas dependem de Marcos na tradição tripla, como podem eles concordar entre si e diferir de Marcos? As seguintes sugestões têm sido apresentadas:

(a) *Protomarcos* (ou *Urmarkus*). Mateus e Lucas usaram a mesma versão mais antiga de Marcos que era mais curta do que o Marcos que conhecemos (daí as concordâncias negativas ou as "omissões" comuns) e com uma fraseologia diferente (daí as coincidências de conteúdo, vocabulário, estilo e gramática).
(b) *Deuteromarcos*. O texto de Marcos usado por Mateus e Lucas é ligeiramente diferente do de nosso Marcos por causa de corrupção textual, revisões ou edições. A sugestão de Fuchs é que Marcos já estava combinado com Q numa redação deuteromarcana.
(c) *Fonte comum*. Tanto Mateus quanto Lucas dependem de outra fonte além de Marcos: um evangelho primitivo, Protomateus (Vaganay, Boismard; → 30-31 *abaixo*), ou, então, dependem de fragmentos evangélicos ou da tradição oral.
(d) *Lucas depende de Mateus*. Lucas, que segue Marcos como sua fonte básica na tradição tripla, também está familiarizado com Mateus e influenciado por ele. Veja R. H. Gundry, *Matthew* (Grand Rapids, 1982) 4 e *passim*.

25 Os escritos de Vaganay, Farmer e Boismard deram um novo prestígio à questão das concordâncias secundárias. O problema está centrado não tanto nas dificuldades de alguns casos particulares (Goulder), mas no elevado número de concordâncias, na concentração em passagens particulares e na conjunção de concordâncias negativas e positivas. Embora elas sejam citadas como principal objeção contra a prioridade de Marcos, pode-se sustentar que frequentemente essas concordâncias não são, de fato, tão notáveis e que, para a maioria das concordâncias mais significativas, pode-se dar uma explicação redacional satisfatória.

As concordâncias secundárias são, em primeiro lugar, concordâncias contra Marcos, e a causa primordial da mudança comum que aparece em Mateus e Lucas é o texto de Marcos. O uso exagerado, por Marcos, de *kai*, do presente histórico, de pleonasmos, etc.; o fato de o Jesus de Marcos fazer perguntas e os discípulos permanecem ignorantes; e muitos outros motivos de Marcos são "corrigidos" em Mateus e Lucas. *A priori* não é improvável que duas redações independentes tendo Marcos como base mostrem algumas coincidências. "Se Mateus omite algo, é porque isso não é atrativo para ele por alguma razão; e aquilo que não atrai um autor cristão tem, por essa mesma razão, uma chance maior de não ser atrativo para outro" (McLoughlin, *DRev* 90 [1972] 202).

26 A palavra "atomização" foi usada de forma pejorativa em relação à variedade de explicações das concordâncias. Mas há também a atomização dos indícios através da concentração em uma passagem, coletando todo tipo de concordâncias sem estudar cada tipo de concordância, juntamente com alterações semelhantes de Marcos em outras passagens de Mateus ou Lucas. As concordâncias secundárias funcionam como um sinal, chamando nossa atenção para os paralelos não coincidentes em Mateus e Lucas. Cf. Neirynck, *Minor Agreements* 197-288, para o material da tradição tripla.

É claro que não é razoável esperar que, em cada caso, uma explicação redacional possa ser tornada aceitável a todos os proponentes da prioridade de Marcos. Alguns estarão inclinados a atribuir uma ou outra concordância à influência de Q. Outros irão contar com a influência da tradição oral e com a possibilidade de variantes traditivas. Outros ainda darão maior importância a fatores textuais, como a corrupção ou a harmonização. Porém, essas várias explicações dadas para os "casos difíceis" residuais de modo algum modificam a hipótese sinótica geral. O argumento de M. Goulder de que algumas concordâncias são estilisticamente mateanas mas caracteristicamente não-lucanas (*NTS* 24 [1977-78] 218-34) foi respondida por Tuckett (*NTS* 30 [1984] 130-42). A observação similar de M.-E. Boismard com respeito a Lc 9,10-11 (*NTS* 26 [1979-80] 1-17) foi respondida por Neirynck (*ETL* 60 [1984] 25-44). Sobre Mt 26,68, veja *ETL* 63 (1987) 5-47.

(Fuchs, A., *Die Entwicklung der Beelzebulkontroverse bei den Synoptikern* [Linz, 1980]. McLoughlin, S., "Les accords mineurs Mt-Lc contre Mc et le problème synoptique", in *De Jésus aux Evangiles* [ed. I. de la Potterie; BETL 25; Louvain, 1967] 17-40. Neirynck, *Minor Agreements; Evangelica* 769-810.)

27 (C) Dualidade em Marcos. Às vezes, quando há redundância ou expressão duplicada em Marcos (1,32: "Ao entardecer, quando o sol se pôs"), Mateus tem um paralelo a uma das partes da expressão marcana (Mt 8,16: "Ao entardecer"), enquanto Lucas tem como paralelo a outra parte (Lc 4,40 "ao pôr do sol"). Na hipótese de Griesbach ou dos "dois-evangelhos", estes duplicados são explicados sustentando-se que Marcos usou e combinou Mateus e Lucas ou, na adaptação da hipótese de Griesbach feita por Rolland, como combinações de uma fonte (proto) mateana e uma fonte (proto) lucana. Com base na tese da prioridade de Marcos, este fenômeno é explicado através do uso independente de Marcos por parte de Mateus e Lucas. Três observações: (1) A teoria de Griesbach segundo a qual Marcos combinou Mateus e Lucas explicaria somente algumas das muitas expressões duais de Marcos; a dualidade é uma característica frequente do estilo de Marcos. (2) A expressão dual em Marcos não é uma combinação mecânica de duas partes, mas uma unidade estilística original com uma progressão no sentido de uma precisão maior na segunda parte da expressão. (3) O paralelo a metade da expressão em Mateus e a metade em Lucas não é uma seleção feita ao acaso. Em muitos casos, a escolha de cada evangelista pode ser explicada à luz do contexto redacional e das tendências gerais do respectivo evangelho.

(Neirynck, F., *Duality in Mark: Contributions to the Study of the Markan Redaction* [BETL 31; Louvain, 1972]; "Les expressions doubles chez Marc et le problème synoptique", *ETL* 59 [1983] 303-30. Rolland, P., *Les premiers évangiles: Un nouveau regard sur le problème synoptique* [Paris, 1984]; artigos em *RB* 89 [1982] 370-405; 90 [1983] 23-79, 161-201. Tuckett, *Revival* 16-21.).

28 (D) Marcos e Q. A teoria das duas fontes como solução para o problema sinótico tem limitações óbvias. A suposição da prioridade de Marcos não impede uma variedade de opiniões a respeito de muitos aspectos de Marcos. Alguns especialistas reconhecem (corretamente) características do uso marcano ao longo de todo o evangelho (Dschulnigg), enquanto que para outros "não existe qualquer estilo redacional em Marcos" (Trocmé). Não há consenso sobre as fontes de Marcos ou sobre a existência de coleções anteriores a Marcos, especialmente de uma narrativa tradicional da paixão (vejar a proposta de R. Pesch, *Das Markusevangelium 2* [HTKNT 2; Freiburg, 1977], e a análise de Neirynck, *Evangelica* 491-515).

(Dschulnigg, O., *Sprache, Redaktion und Intention des Markus-Evangeliums* [SBB 11; Stuttgart, 1984]. Pryke, E. J., *Redactional Style in the Markan Gospel* [SNTSMS 33; Cambridge, 1978]. Reiser, M., *Syntax und Stil des Markusevangeliums* [WUNT 2/11; Tübingen, 1984]. Trocmé, E., *The Passion as Liturgy* [London, 1983]).

29 As opiniões divergem quanto ao conhecimento e ao uso da fonte Q por Marcos. Os trechos justapostos de Marcos e Q estão listados acima (→ 18 *acima*). É prática comum oferecer uma descrição aproximada da atividade redacional de Marcos comparando o dito em Marcos com a versão de Q. Mas a dependência de Marcos em relação a Q (Lambrecht) e não em relação a ditos tradicionais individuais ou em relação a alguma coleção de ditos pré-Q ainda permanecerá mera suposição enquanto não se demonstrar a dependência de Marcos em relação àquilo que é próprio da *redação* de Q. A pesquisa sobre a hipotética fonte Q ainda está em progresso, especialmente no que se refere ao desenvolvimento da tradição dos ditos e aos estágios de composição e redação.

(Sobre Marcos e Q: Devisch, M., in *L'évangile selon Marc* [ed. M. Sabbe; BETL 34; Louvain, 1974] 59-91. Lambrecht, J., *Bib* 47 [1966] 321-60; também em *Logia* [→ 20 *acima*] 277-304. Laufen, R., *Die Doppelüberlieferungen der Logienquelle und des Markusevangeliums* [BBB 54; Bonn, 1980]. Neirynck, in *Logia* [→ 20 *acima*] 41-53.).

30 (IV) Soluções alternativas. Muitas vezes, a prioridade de Marcos tem sido defendida como simplesmente mais plausível do que outras teorias propostas.

(A) A teoria modificada das duas fontes. A opinião de Pápias (em Eusébio, *HE* 3.39.16) de que Mateus coletou os *logia* (ditos) do Senhor na língua hebraica (= aramaica) deixou sua marca na discussão do problema sinótico, ainda que tal coleção nunca tenha sido descoberta (→ Pronunciamentos da Igreja, 72:28). Em meados do séc. XX foram levantadas objeções contra a teoria das duas fontes, principalmente por biblistas católicos que propunham a prioridade de Mateus na forma de um Protomateus (L. Cerfaux, L. Vaganay) ou do Mateus canônico, de acordo com a tradição agostiniana pura (J. Chapman, B. C. Butler). A teoria de Vaganay é, na verdade, a teoria de um evangelho primitivo (Mg ou a tradução grega do Mateus aramaico como fonte comum de Mateus, Marcos e Lucas), combinada com a teoria das duas fontes. Supostamente, Marcos é usado como fonte tanto pelo Mateus quanto pelo Lucas canônicos, enquanto o material dos ditos da tradição dupla na seção central de Lucas se deriva de uma fonte suplementar S. Pode-se esquematizar Vaganay (cuja teoria foi mais influente nos anos 1950) da seguinte maneira:

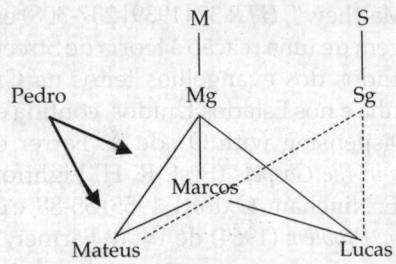

31 A teoria complexa de M.-É. Boismard constitui uma continuação e um desenvolvimento adicional da hipótese de Vaganay. Aqui, também, a teoria das duas fontes ainda é reconhecível no diagrama (Q e o Marcos intermediário). Atenção maior é dada às fontes pré-sinóticas: os evangelhos primitivos A, B e C e o documento Q no primeiro nível, três protoevangelhos no nível intermediário (hipótese de estágios múltiplos). Pode-se esquematizar Boismard da seguinte forma:

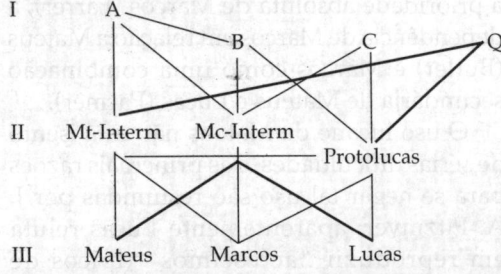

A combinação das fontes em Marcos (cf. Griesbach, segundo o qual Marcos combinou Mateus e Lucas) tem lugar tanto no Marcos intermediário quanto no Marcos final.

X. Léon-Dufour e A. Gaboury (1970) propuseram uma fragmentação das fontes, pelo menos com relação a Mc 1,14-6,13 e paralelos (teoria de documentos múltiplos).

(BOISMARD, M.-É., *Synopse des quatre évangiles*, 2-3 [Paris, 1972-77]. NEIRYNCK, F., *Jean et les Synoptiques* [BETL 49; Louvain, 1979]; *Evangelica* 691-723 [sobre GABOURY]. VAGANAY, *Le problème*.).

32 (B) A dependência lucana de Mateus. A defesa mais radical da prioridade de Mateus por B. C. Butler (*The Originality of St Matthew* [Cambridge, 1951]; "St. Luke's Debt to St. Matthew", *HTR* 32 [1939] 237-308) está na origem de uma reação à teoria de Streeter em estudos dos evangelhos feitos na Grã-Bretanha e nos Estados Unidos, contida em "On Dispensing with Q" de A. Farrer em *Studies in the Gospels* (Fest. R. H. Lightfoot; ed. D. E. Nineham; Oxford, 1955) 55-88, e em *Synoptic Problem* (1964) de W. R. Farmer.

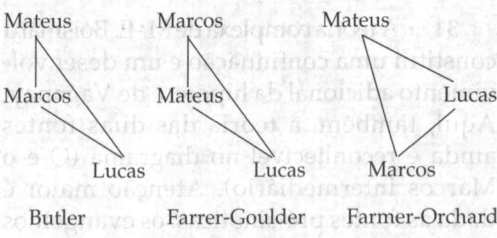

Butler   Farrer-Goulder   Farmer-Orchard

Em todas as três hipóteses, Lucas tomou de empréstimo o material da tradição dupla de Mateus e não há necessidade de uma hipotética fonte de ditos. Com respeito a Marcos, concepções conflitantes são defendidas: a prioridade absoluta de Marcos (Farrer), a dependência de Marcos em relação a Mateus (Butler) e Marcos como uma combinação secundária de Mateus e Lucas (Farmer).

O uso lucano de Mateus não está isento de sérias dificuldades, e as principais razões para se negar tal uso são resumidas por J. A. Fitzmyer: aparentemente Lucas reluta em reproduzir "acréscimos" típicos de Mateus dentro da tradição tripla; é difícil explicar adequadamente por que Lucas iria querer desmontar os sermões de Mateus, especialmente o Sermão da Montanha; fora as exceções anotadas acima (→ 13 *acima*), Lucas nunca inseriu o material da tradição dupla no mesmo contexto de Marcos que Mateus; no material da tradição dupla, às vezes Mateus, outras vezes Lucas preservou o contexto mais original; e finalmente, se Lucas depende de Mateus, por que ele omitiu quase constantemente material de Mateus em episódios onde não há paralelo em Marcos?

33 Para explicar as concordâncias secundárias entre Mateus e Lucas contra Marcos na tradição tripla, R. H. Gundry (→ 24 *acima*) e R. Morgenthaler (ver Neirynck, *Evangelica* 752-57) supõem uma influência subsidiária de Mateus sobre Lucas. Entretanto, em outras partes da tradição tripla, Lucas estaria usando Marcos a despeito de seu conhecimento de Mateus. Esta observação refuta a tese de M. Goulder (*NTS* 24 [1977-78] 218-34), que rejeita a existência de Q por causa de 12 casos de estilo não lucano onde Lucas concorda com Mateus contra Marcos. Se Lucas pode ser eclético no uso de Mateus e Marcos conhecendo a ambos, ele pode eclético no uso de Mateus e Q se conhece a ambos.

Para o exame crítico da frequentemente citada lista de exceções de E. P. Sanders à tese de que Mateus e Lucas nunca concordam em termos de disposição do material contra Marcos (*NTS* 15 [1968-69] 249-61), veja Neirynck, *Evangelica* 738-43; FGL 1. 67-69.

34 (C) Griesbach ou a hipótese dos dois evangelhos. A tese fundamental de J. J. Griesbach (1789) de que Mateus e Lucas combinatram e, alternadamente, dependeram de Marcos permanece a mesma na hipótese neogriesbachiana dos dois evangelhos (W. R. Farmer, B. Orchard, D. L. Dungan). Um comentário baseado na abordagem de Griesbach foi escrito por C. S. Mann, *Mark* (AB 27; GC, 1986). Uma descrição e avaliação crítica desta teoria são oferecidas por Tuckett (*Revival*) e Neirynck (*ETL* 59 [1982] 111-22).

Os neogriesbachianos diferem de Griesbach de duas formas. (1) A dependência lucana de Mateus é explicitamente ratificada e estudada (veja B. Orchard, *Matthew, Luke and Mark* [Manchester, 1976]). (2) A relevância do testemunho patrístico é enfatizada, especialmente a referência de Clemente de Alexandria aos "evangelhos com genealogias que foram escritos primeiro" (em Eusébio, *HE* 6.14.5; veja H. Merkel, *ETL* 60 [1984] 382-85). Ambos os aspectos, juntamente com a concepção tradicional da originalidade de Mateus, são estudados mais particularmente por B. Orchard, que é também o autor de uma sinopse (na ordem "cronológica": Mateus, Lucas e Marcos; veja Neirynck, *ETL* 61 [1985] 161-66).

Desde a publicação do livro de Farmer (1964), a hipótese de Griesbach foi discutida em numerosas conferências sobre os evangelhos, desde a de Pittsburgh (1970) até a de Jerusalém (1984), com uma grande variedade de artigos publicados. Porém, dificilmente se podem notar novos desdobramentos nesta teoria.

35 (D) João e os sinóticos. Talvez a maioria dos especialistas nos escritos joaninos sustentem que João não depende de modo significativo da forma final, canônica dos evangelhos sinóticos (veja D. M. Smith, *Johannine Christianity* [Columbia, 1984] 95-172); para a opinião contrária, veja Neirynck, *Jean* (→ 31 *acima*). Não há, virtualmente, ninguém que apoie tese da dependência dos evangelistas sinóticos em relação à forma final de João. Assim, João pouco pode nos dizer acerca da composição dos evangelhos sinóticos, que constitui o núcleo do problema sinótico. Também os possíveis contatos entre as fontes pré-sinóticas e pré-joaninas não têm muita incidência direta sobre a questão. Altamente problemático é o uso de João como testemunha de uma hipotética fonte Q, ou, na teoria de Boismard (→ 31 *acima*), de um hipotético evangelho C (composto em aramaico na Palestina em torno do ano 50), que supostamente também seria uma fonte sinótica.

36 (E) Os evangelhos apócrifos. A maioria dos evangelhos apócrifos foram compostos no séc. II ou posteriormente, e apenas um pequeno número deles talvez possam ser datados em 100 a 150 d.C. Não há indícios convincentes de que, na forma como os conhecemos, eles tenham sido escritos num período tão primordial quanto os evangelhos canônicos. Os evangelhos judaico-cristãos (conhecidos através de citações patrísticas fragmentárias; → Apócrifos, 67:59-61) tiveram certa importância nas discussões sobre o Mateus aramaico (→ 30 *acima*).

O debate atual diz respeito à primitividade das tradições transmitidas em apócrifos como o Papyrus Egerton 2, *SGM*, e *Ev. Ped.* (→ Apócrifos, 67:62, 63, 72). A hipótese mais provável implica a dependência (oral ou escrita) dos evangelhos apócrifos em relação aos evangelhos canônicos (veja Neirynck, *ETL* 44 [1968] 301-6; 55 [1979] 223-24; 61 [1985] 153-60; R. E. Brown, *NTS* 33 [1987] 321-43). De pontos de vista diferentes, porém, Boismard, Cameron, Koester e M. Smith têm sustentado o contrário (veja J. D. Crossan, *Four Other Gospels* [Minneapolis, 1985]). O gênero da fonte Q dos ditos sinóticos tem um representante no *Evangelho de Tomé* (→ Apócrifos, 67:67); porém, a afirmação de Koester sobre "a ausência de qualquer influência dos evangelhos canônicos" no *Ev.Tom.* e sua datação no séc. I é duvidosa. (*Introduction to the NT* [Philadelphia, 1982]2. 152 [edição em português pela Paulus, *Introdução ao Novo Testamento*). Para uma comparação de ditos canônicos e não canônicos, veja J. D. Crossan, *Sayings Parallels* (Philadelphia, 1986).

37 (F) A continuação da pesquisa. Literatura sobre o problema sinótico continua a ser publicada, suplementando os parágrafos 1, 2, 3, 20 e 23 acima, respectivamente: R. H. Stein, *The Synoptic Problem* (Grand Rapids, 1987). M.-E. Boismard e A. Lamouille, *Synopsis graeca quattuor evangeliorum* (Louvain, 1986; veja *ETL* 63 [1987] 119-35). R. L. Lindsey e E. C. dos Santos, *A Comparative Greek Concordance of the Synoptic Gospels* (vol. 1; Jerusalém, 1985; veja *ETL* 63 [1987] 375-83). J. S. Kloppenborg, *Q Parallels: Synopsis, Critical Notes and Concordance* (Sonoma, 1988). W. Schenk, *Die Sprache des Matthäus* (Göttingen, 1987; veja *ETL* 63 [1987] 413-19).

41
O Evangelho Segundo Marcos

Daniel J. Harrington, S.J.

BIBLIOGRAFIA

1 Best, E., *Mark: The Gospel as Story* (Edinburgh, 1983). Blevins, J. L., *The Messianic Secret in Markan Research, 1901-1976* (Washington, 1981). Ernst, J., *Das Evangelium nach Markus* (RNT; Regensburg, 1981). Gnilka, J., *Das Evangelium nach Markus* (EKKNT 2/1-2; Zürich, 1978-79). Harrington, W., *Mark* (NTM 4; Wilmington, 1979). Hultgren, A., *Jesus and His Adversaries* (Minneapolis, 1979). Humphrey, H. M., *A Bibliography for the Gospel of Mark 1954-1980* (New York, 1981). Kealy, S. P., *Mark's Gospel: A History of Its Interpretation* (New York, 1982). Kee, H. C., *Community of the New Age* (Philadelphia, 1977). Kelber, W. H., *The Kingdom in Mark: A New Place and a New Time* (Philadelphia, 1974); *The Oral and the Written Gospel* (Philadelphia, 1983). Kermode, F., *The Genesis of Secrecy* (Cambridge MA, 1979). Kingsbury, J. D., *The Christology of Mark's Gospel* (Philadelphia, 1983). Marxsen, W., *Mark the Evangelist* (Nash, 1969). Nineham, D. E., *Saint Mark* (Philadelphia, 1978). Pesch, R., *Das Markusevangelium* (HTKNT 2/1-2; Freiburg, 1976-77). Quesnell, Q., *The Mind of Mark* (AnBib 38; Rome, 1969). Rhoads, D. e D. Michie, *Mark as Story* (Philadelphia, 1982). Robbins, V. K., *Jesus the Teacher* (Philadelphia, 1984). Robinson, J. M., *The Problem of History in Mark and Other Marcan Studies* (Philadelphia, 1982). Schweizer, E., *The Good News According to Mark* (London, 1970). Taylor, V., *The Gospel According to St. Mark* (London, 1966). Tuckett, C. (ed.), *The Messianic Secret* (Philadelphia, 1983). Wrede, W., *The Messianic Secret* (Cambridge, 1971). DBSup 6. 835-62. IDBSup 571-73. Kümmel, INT 80-101. Wik-Schm, ENT 207-24.

INTRODUÇÃO

2 (I) **Autoria, data e lugar de composição.** Uma vez que o título "segundo Marcos" foi acrescentado posteriormente, nada neste evangelho identifica seu autor pelo nome. O título provavelmente reflete a identificação feita na época patrística entre o autor deste evangelho e João Marcos (At 12,12.25; 13,5-13; 15,37-39; Cl 4,10; Fm 24; 2Tm 4,11). Embora Marcos seja geralmente descrito como companheiro de Paulo, 1Pd 5,13 o descreve como colaborador de Pedro ("meu filho Marcos"). A mais antiga afirmação explícita sobre Marcos como autor de um evangelho vem de Pápias de Hierápolis (início do séc. II, citado em Eusébio, HE 3.39.15): "Havendo Marcos se tornado intérprete de Pedro, registrou por escrito cuidadosamente tudo quanto se lembrou daquilo que foi dito e feito pelo Senhor, ainda que não em sequência." Com base na afirmação de Pápias e sua confirmação por parte de outros escritores cristãos dos primórdios, o evangelho é tradicionalmente atribuído a Marcos o "intérprete de Pedro" e situado em Roma após a morte de Pedro, por volta de 64-67 d.C.

Embora a tradição patrística seja unânime em asseverar que Marcos escreveu este evangelho, alguns problemas relacionados com o testemunho de Pápias sugerem cautela ao considerar Marcos como o "Evangelho de Pedro". O que significa "intérprete" (*hermeneutēs*)? Será que o comentário sobre a sequência do material é uma apologia das diferenças existentes entre os evangelhos? Por que Pápias insiste na exatidão e veracidade do evangelho? Embora tais perguntas não justifiquem uma recusa desdenhosa da tradição de Pápias sobre Marcos, elas advertem contra uma confiança ingênua nele. Pedro aparece em muitos incidentes no evangelho e poderia ter sido uma fonte de informação sobre os ditos e feitos de Jesus. Entretanto, como princípio interpretativo, é melhor não tender demasiadamente a supor que Pedro tenha sido o único ou mesmo o principal canal de Marcos para o ministério público de Jesus.

Que Marcos tenha escrito em Roma é sugerido não somente por Pápias, mas também pelo empréstimo de vocábulos latinos no texto grego e também pela atmosfera de perseguição iminente que permeia o evangelho. Já que Mc 13 não pressupõe a destruição do templo de Jerusalém, o evangelho foi, muito provavelmente, composto antes do ano 70. Uma localização nos anos 60 em Roma parece a melhor opção, já que a comunidade cristã vivia, então, sob a ameaça (ou a realidade) de uma perseguição e via a incipiente revolta na Palestina como fonte de dificuldades em potencial para os judeus cristãos (e mesmo para os gentílicos) que viviam em Roma.

3 (II) Estrutura literária e conteúdo. Como indica o esboço proposto abaixo, o evangelho revela uma estrutura geográfico-teológica compacta. O aspecto geográfico caracteriza o movimento da Galileia até Jerusalém. Após o prólogo (1,1-15), a primeira metade do evangelho descreve a atividade de Jesus na Galileia e arredores (1,16-8,21).

A segunda metade enfoca Jerusalém: a viagem da Galileia a Jerusalém (8,22-10,52), as ações simbólicas e os ensinamentos durante a primeira parte da semana da paixão em Jerusalém (11,1-13,37), e a paixão e morte ali (14,1-16,8). Talvez haja uma espécie de oposição narrativa entre a Galileia e Jerusalém (aceitação *versus* rejeição, ordem *versus* caos), embora esta percepção não deva ser aplicada de forma demasiado mecânica.

O aspecto teológico do esboço destaca a autoridade (*exousia*) de Jesus. Assim que sabemos quem é Jesus (1,1-15), veremos sua autoridade se revelando em obra e palavra (1,16-3,6), sua rejeição por parte de sua própria gente (3,7-6,6a) e os equívocos acerca dele até mesmo por parte de seus discípulos (6,6b-8,21). No caminho para Jerusalém (8,22-10,52), Jesus esclarece a natureza de sua autoridade e explica suas consequências para seus seguidores. Em Jerusalém ele se depara com resistência a seu ensino (11,1-13,37) e enfrenta uma morte cruel e trágica nas mãos das pessoas que rejeitam sua autoridade (14,1-16,8).

Com a imposição deste esboço geográfico-teológico a suas fontes, Marcos criou o gênero literário do evangelho. Paulo e outros dos primeiros cristãos usaram o termo *euangelion*, "evangelho", como as "boas novas" sobre a ação de Deus em Jesus Cristo. Como o primeiro a escrever um relato do ministério de Jesus de uma forma ordenada, Marcos parece ter criado um modelo seguido e desenvolvido por outros evangelistas.

Marcos tinha vários tipos de tradição à sua disposição: ditos, parábolas, controvérsias, relatos de curas e outros milagres e, provavelmente, uma narrativa da paixão. Algumas dessas tradições talvez também tenham sido agrupadas: controvérsias (2,1-3,6), parábolas da semente (4,1-34), milagres (4,35-5,43), etc. Marcos deu uma sequência e um enredo a esses ditos e incidentes, ligando-os com passagens que servem de ponte, e acrescentou comentários parentéticos para seus leitores.

Marcos escreveu seu evangelho para aprofundar a fé dos membros de sua comunidade. Mostrando-lhes como as tradições sobre Jesus estavam relacionadas com sua fé no significado salvífico da cruz e ressurreição, o evangelista equipou-os para enfrentar a perseguição e resistir às tentações de seu mundo. Outras teorias sobre o propósito de Marcos são mais especulativas: preservar as reminiscências de Pedro e de outras testemunhas oculares, combater uma falsa cristologia ou algum outro tipo de heresia, oferecer um lecionário para o culto cristão ou ainda material para liturgias cristãs batismais ou pascais.

(KUHN, H.-W., *Ältere Sammlungen in Markusevangelium* [SUNT 8; Göttingen, 1971]. MALONEY, E. C., *Semitic Interference in Marcan Syntax* [SBLDS 51; Chico, 1981]. NEIRYNCK, F., *Duality in Mark: Contributions to the Study of Markan Redaction* [BETL 31; Leuven, 1972]. PRYKE, E. J., *Redactional Style in the Markan Gospel* [SNTSMS 33; Cambridge, 1978]. REISER, M., *Syntax und Stil des Markusevangeliums im Licht der hellenistischen Volksliteratur* [WUNT 2/11; Tübingen, 1984]. ROBBINS, *Jesus the Teacher*. STANDAERT, B., *L'Evangile selon Marc: Composition et genre littéraire* [Bruges. 1978]. STOCK, A., *Call to Discipleship: A Literary Study of Mark's Gospel* [GNS 1; Wilmington, 1982]. WEEDEN, T. J., *Mark-Traiditions in Conflict* [Philadelphia, 1971].)

4 (III) A teologia de Marcos. O núcleo da teologia de Marcos é o mesmo da teologia de Jesus – o reino de Deus. Tudo o que é ensinado sobre a cristologia (a identidade de Jesus) e sobre o discipulado (a resposta a Jesus) recebe sua estrutura do reino de Deus. O prólogo do evangelho (1,1-15) tem seu clímax numa amostra da pregação de Jesus: "Cumpriu-se o tempo e o reino de Deus está próximo. Arrependei-vos e crede no evangelho". No judaísmo do tempo de Jesus, o "reino de Deus" se designava a revelação definitiva do senhorio de Deus no final da história e seu reconhecimento por parte de toda a criação. Boa parte do ensino de Jesus (esp. suas parábolas) tinha como objetivo aprofundar a compreensão do povo sobre a vinda do reino e prepará-lo para isso. Mesmo suas curas aparecem como antecipações do que será a vida no reino de Deus. Por enquanto este reino está em grande medida oculto, mas em Jesus ele é inaugurado e antecipado.

Embora Jesus falasse sobre o reino de Deus em parábolas, sua vida era, de fato, a parábola do reino por excelência. A mensagem de Marcos é que qualquer pessoa que deseje entender o reino deve olhar para Jesus, o curador, o mestre, o crucificado e ressurreto. A grande quantidade de espaço dedicado às curas e aos exorcismos prova que Marcos conhecia e venerava a Jesus como operador de milagres. Os milagres são equilibrados pelo ensino tanto por palavras quanto por ações, mas o modo como Marcos estruturou o relato sobre Jesus sugere que a paixão e a morte constituem seu clímax. Sem a cruz, os retratos de Jesus como operador de milagres e mestre ficam desequilibrados e sem um princípio diretor. Dentro desta estrutura, Marcos fez amplo uso do acervo comum de títulos cristológicos disponíveis: Messias, Filho de Deus, Filho do Homem, Senhor, Filho de Davi, Servo Sofredor e Justo Sofredor.

Uma característica peculiar da cristologia de Marcos é frequentemente chamada de "segredo messiânico". A ideia teve sua origem nos vários episódios em que Jesus ordena às pessoas que guardem silêncio sobre sua ação ou identidade (veja 1,34.44; 3,12; 5,43; 7,36; 8,26.30; 9,9). W. Wrede explicou este fenômeno como a forma de Marcos explicar o fato de que Jesus, em seu ministério público, nem reivindicou ser o Messias, nem foi reconhecido como tal. De fato, Jesus não toma para si mesmo o título de Messias sem sérias restrições (veja 8,27-38). Além disso, a tendência de Marcos como um todo mostra que o significado real da messianidade de Jesus só se tornou claro com sua morte e ressurreição. E também, uma vez que em alguns círculos judaicos (*SalSl* 17) o messias tão ansiado tinha funções políticas e militares, a ambiguidade de Marcos neste assunto talvez reflita sua relutância em provocar as autoridades romanas. Porém, a ordem de manter silêncio e o desenvolvimento da messianidade de

Jesus em Marcos são mais complexos do que propõe a teoria de Wrede.

A resposta à pessoa de Jesus é o discipulado. A apresentação marcana dos primeiros discípulos se baseava no paralelismo existente entre eles e os membros de sua comunidade. As passagens que relatam a vocação dos primeiros discípulos (1,16-20; 2,13-14; 3,13-19; 6,6b-13) estão entre as narrativas mais positivas do evangelho. O ideal de discipulado de Marcos é "estar com" Jesus, compartilhando de sua missão de pregar e curar (3,14-15). À medida que a narrativa avança, os discípulos repetidamente não conseguem compreender Jesus (6,52; 8,14-21). No caminho para Jerusalém, Jesus prediz sua paixão e ressurreição por três vezes (8,31; 9,31; 10,33-34), e cada predição é seguida por uma incompreensão por parte dos discípulos (8,32-33; 9,32-37; 10,35-45). A narrativa da paixão gira em torno da traição de Jesus por Judas (14,17-21; 14,43-52) e da negação de Jesus por parte de Pedro (14,26-31; 14,54.66-72). Na primeira metade do evangelho, os discípulos são retratados como exemplos a serem imitados; na segunda parte, eles são exemplos a serem evitados. O efeito desta mudança é destacar Jesus como o único que merece imitação. Entretanto, a ideia de que Marcos estaria empreendendo uma polêmica contra os discípulos parece ser artificial

(ACHTEMEIER, P. J., "'He Taught Them Many Things': Reflections on Marcan Christology", *CBQ* 42 [1980] 465-81. AMBROZIC, A., *The Hidden Kingdom* [CBQMS 2; Washington, 1972]. BLEVINS, *Messianic Secret*. KERTELGE, K., *Die Wunder Jesu im Markusevangelium* [SANT 23; München, 1970]. KINGSBURY, *The Christology of Mark's Gospel*. RÄISÄNEN, H., *Das "Messiasgeheimnis" im Markusevangelium* [Helsinki, 1976]. STEICHELE, H.-J., *Der leidende Sohn Gottes* [Regensburg, 1980]. TUCKETT [ed.], *Messianic Secret.*).

5 (IV) Esboço. O evangelho segundo Marcos é esboçado como segue:

(I) Prólogo (1,1-15)
(II) A autoridade de Jesus é revelada na Galileia (1,16-3,6)
  (A) A vocação dos primeiros discípulos (1,16-20)
  (B) O dia memorável em Cafarnaum (1,21-45)
    (a) Ensino e curas em Cafarnaum (1,21-28)
    (b) A cura da sogra de Pedro (1,29-31)
    (c) Curas ao entardecer (1,32-34)
    (d) A retirada temporária de Jesus (1,35-39)
    (e) A cura de um leproso (1,40-45)
  (C) Cinco relatos de conflitos (2,1-3,6)
    (a) A cura de um paralítico e o perdão do pecado (2,1-12)
    (b) A vocação de Levi (2,13-17)
    (c) A questão do jejum (2,18-22)
    (d) Trabalhar no sábado (2,23-28)
    (e) A cura no sábado (3,1-6)
(III) Jesus é rejeitado na Galileia (3,7-6,6a)
  (A) Respostas positivas (3,7-19a)
    (a) O povo vai até Jesus (3,7-12)
    (b) A escolha dos Doze (3,13-19a)
  (B) Respostas negativas (3,19b-35)
  (C) Parábolas e explicações (4,1-34)
    (a) Cenário (4,1-2)
    (b) A parábola das sementes (4,3-9)
    (c) A finalidade das parábolas (4,10-12)
    (d) Explicação (4,13-20)
    (e) Ditos parabólicos (4,21-25)
    (f) A parábola da semente que cresce por si só (4,26-29)
    (g) A parábola do grão de mostarda (4,30-32)
    (h) Resumo (4,33-34)
  (D) Três ações miraculosas (4,35-5,43)
    (a) Jesus acalma a tempestade (4,35-41)
    (b) O exorcismo de um demônio (5,1-20)
    (c) Cura de enfermos (5,21-43)
  (E) A rejeição de Jesus por seu próprio povo (6, l-6a)
(IV) Jesus é incompreendido pelos discípulos na Galileia e seu entorno (6,6b-8,21)
  (A) A missão dos discípulos e a morte de João (6,6b-34)
    (a) A missão dos discípulos (6,6b-13)
    (b) A morte de João (6,14-29)
    (c) O retorno dos discípulos (6,30-34)
  (B) Atos poderosos e uma controvérsia (6,35-7,23)
    (a) Jesus alimenta os cinco mil (6,35-44)
    (b) Jesus caminha sobre as águas (6,45-52)
    (c) Curas de enfermos (6,53-56)
    (d) A controvérsia sobre a pureza ritual (7,1-23)

(C) Mais atos poderosos e uma controvérsia (7,24-8,21)
  (a) A cura da filha de uma mulher gentia (7,24-30)
  (b) A cura de um homem incapaz de ouvir e falar corretamente (7,31-37)
  (c) Jesus alimenta os quatro mil (8,1-10)
  (d) A controvérsia sobre os sinais (8,11-21)
(V) Jesus instrui seus discípulos no caminho para Jerusalém (8,22-10,52)
  (A) A cura de um cego (8,22-26)
  (B) Jesus o Cristo (8,27-30)
  (C) A primeira instrução sobre cristologia e discipulado (8,31-9,29)
    (a) A primeira predição da paixão e suas consequências para o discipulado (8,31-38)
    (b) A transfiguração de Jesus e a questão de Elias (9,1-13)
    (c) A cura de um jovem possesso (9,14-29)
  (D) A segunda instrução sobre cristologia e discipulado (9,30-10,31)
    (a) A segunda predição da paixão e suas consequências para o discipulado (9,30-50)
    (b) O ensinamento de Jesus sobre casamento e divórcio (10,1-12)
    (c) Jesus abençoa as crianças (10,13-16)
    (d) O ensinamento de Jesus sobre as riquezas (10,17-31)
  (E) A terceira instrução sobre cristologia e discipulado (10,32-45)
    (a) A terceira predição da paixão (10,32-34)
    (b) Consequências da paixão para o discipulado (10,35-45)
  (F) A cura do cego Bartimeu (10,46-52)
(VI) A primeira parte da semana da paixão em Jerusalém (11,1-13,37)
  (A) A entrada no primeiro dia (11,1-11)
  (B) Ensinamentos proféticos no segundo dia (11,12-19)
  (C) Outros ensinamentos no terceiro dia (11,20-13,37)
    (a) Explicações (11,20-26)
    (b) Controvérsias (11,27-12,37)
      (i) A autoridade de Jesus (11,27-33)
      (ii) A parábola da vinha (12,1-12)
      (iii) Impostos a César (12,13-17)
      (iv) A ressurreição (12,18-27)
      (v) O grande mandamento (12,28-34)
      (vi) O Filho de Davi (12,35-37)
    (c) Os escribas e uma viúva (12,38-44)
    (d) O discurso final de Jesus (13,1-37)
      (i) Introdução (13,1-4)
      (ii) O princípio das dores (13,5-13)
      (iii) A grande tribulação (13,14-23)
      (iv) O triunfo do Filho do Homem (13,24-27)
      (v) Exortação à confiança e à vigilância (13,28-37)
(VII) A morte de Jesus em Jerusalém (14,1-16,20)
  (A) A unção e a última ceia (14,1-31)
    (a) Conspiração e unção (14,1-11)
    (b) Os preparativos para a ceia pascal (14,12-16)
    (c) A última ceia (14,17-31)
      (i) A predição da traição de Judas (14,17-21)
      (ii) A ceia (14,22-25)
      (iii) A predição da negação de Pedro (14,26-31)
  (B) A oração de Jesus e sua prisão (14,32-52)
    (a) No Getsêmani (14,32-42)
    (b) A prisão (14,43-52)
  (C) Os julgamentos (14,53-15,15)
    (a) O julgamento diante do sumo sacerdote; a negação de Pedro (14,53-72)
    (b) O julgamento diante de Pilatos (15,1-15)
  (D) A crucificação e a morte (15,16-47)
    (a) A zombaria (15,16-20)
    (b) A crucificação (15,21-32)
    (c) A morte de Jesus (15,33-39)
    (d) O sepultamento (15,40-47)
  (E) O túmulo vazio (16,1-8)
  (F) Finais posteriores (16,9-20)

COMENTÁRIO

6 (I) Prólogo (1,1-15). O prólogo relaciona a promessa dos profetas do AT (1,1-3) com João Batista como aquele que prepara o caminho (1,4-8) e com Jesus o Senhor, como "aquele que vem" (1,9-15). Ele apresenta Jesus como Filho e Servo de Deus. Como preparação para seu ministério, Jesus passa pelo batismo (1,9-11) e é tentado por Satanás no deserto (1,12-13). O resumo de sua pregação do reino de Deus (1,14-15) é o clímax do prólogo e serve de ponte para a revelação do poder de Jesus na Galileia (1,16-3,6). **1.** *Princípio*: O primeiro versículo inicia o relato ("o ponto de partida") e apresenta o fundamento da boa nova proclamada pelos primeiros cristãos – o relato a respeito de Jesus. *evangelho de Jesus Cristo*: O termo *euangelion* não se refere ao gênero literário, mas à mensagem sobre a salvação em Jesus, como nas cartas de Paulo (→ Teologia Paulina, 82:31-36). Este uso constituiu a base para o uso posterior da mesma palavra para designar o "gênero" do relato sobre Jesus. *Filho de Deus*: Embora ausente em alguns manuscritos, esta expressão está bem atestada a partir do início do séc. II. Ela é a preparação para o importante tema marcano de Jesus como o Filho de Deus, que alcança seu clímax na confissão do centurião (15,39). **2.** *no profeta Isaías*: A leitura variante "os profetas" pode ser explicada pelo fato de que a citação em 1,2b não é de Isaías. Marcos pode ter usando uma coletânea de citações do AT e, assim, atribuído esta a Isaías. *Eis que eu envio...*: A citação é uma combinação de Ex 23,20 com Ml 3,1. Em Ex 23,20 (LXX), Deus promete enviar seu mensageiro diante de Israel e guiar seu povo à terra prometida. O uso das expressões de Ex 23,20 e Ml 3,1 (TM) situou a promessa de Deus em um contexto escatológico e preparou a identificação do precursor com Elias (3,23). **3.** *preparar o caminho...*: Is 40,1-5, que descreve o retorno de Israel do exílio babilônico, tornou-se em círculos judaicos uma expressão clássica do consolo e da salvação de Deus. Mc 1,3 cita o texto de Is 40,3 da LXX, exceto no final, onde "suas" (de Jesus) aparece no lugar de "do nosso Deus". No contexto cristão, João Batista era a voz no deserto e Jesus era o Senhor cujas veredas João Batista preparou e endireitou. **4.** *esteve no deserto proclamando um batismo*: A participação no ritual batismal de João expressava a disposição da pessoa de mudar e a disposição de Deus de perdoar os pecados antes da vinda do reino de Deus. **5.** *toda a região da Judeia e todos os habitantes de Jerusalém*: Josefo (*Ant.* 18.5.2 § 116-19) também descreve João como um pregador de arrependimento que usou o batismo e atraiu grandes multidões. A comparação com a perspectiva político-militar de Josefo sobre João Batista traz à tona os interesses principais de Marcos: João Batista foi uma figura profética ao estilo de Elias, e sua pregação preparou o caminho para o "mais forte" que batizaria com o Espírito Santo. **6.** *se vestia de pêlos de camelo*: As vestes de João Batista lembravam as de Elias (2Rs 1,8). O que ele estava tentando comunicar? Será que estava apenas se colocando na linha dos profetas? Ou ele estava se apresentando como o novo Elias (veja Ml 3,1; 4,5)? *gafanhotos e mel silvestre*: A alimentação pouco comum de João Batista poderia estar motivada mais pela purificação ritual do que pelo ascetismo (S. L. Davies, *NTS* 29 [1983] 569-71). **7.** *mais forte do que eu*: Na pregação de João Batista, este epíteto poderia designar a vinda de Deus em poder na chegada do reino, mas, no contexto de Marcos, indubitavelmente se refere a Jesus: João preparou o caminho para o Senhor Jesus. *desatar a correia das sandálias*: Em relação a Jesus, João Batista confessa sua indignidade para realizar até mesmo o serviço costumeiramente feito por um escravo. **8.** *o Espírito Santo*: Os paralelos sinóticos (Mt 3,11; Lc 3,16) dizem "com o Espírito Santo e com fogo". Talvez uma forma mais antiga do dito rezasse simplesmente "vento e fogo", uma expressão que descrevia a vinda do reino escatológico de Deus (veja J. D. G. Dunn, *NovT* 14 [1972] 81-92). **9.** *foi batizado por João*: O acontecimento é descrito sem qualquer embaraço por causa de um "batismo de arrependimento para o perdão dos pecados" (cf. Mt 3,13-17). Marcos não nos diz por que Jesus recebeu o batismo de João; seu interesse principal era a revelação da identidade de Jesus. **10.** *ele viu*: A explicação moderna desses acontecimentos como uma visão privada, vivenciada somente por Jesus, provavelmente não é o que Marcos tinha em mente. Que o relato tenha se originado em conexão com as práticas batismais dos primeiros cristãos é menos provável ainda. *os céus se rasgando*: A abertura dos céus simboliza o fim da separação de Deus e o início da comunicação entre o céu e a terra (veja Is 64,1; 2 *ApBar* 22,1). *o Espírito, como uma pomba, descer até ele*: Este tema também desenvolve a ideia da comunicação proveniente de Deus; o Espírito que desce como uma "pomba" (uso adverbial) pode ser uma alusão a seu pairar sobre as águas na criação (Gn 1,2). **11.** *uma voz veio dos céus*: A literatura rabínica menciona frequentemente uma *bat qôl*, "filha da voz", como descrição de uma comunicação de Deus. Todos os três temas – o rasgar-se dos céus, o Espírito descendo como pomba e a voz vindo do céu – preparam a identificação de Jesus que segue. *Tu és o meu Filho amado:* O texto mais evidente do AT é Sl 2,7 ("Tu és o meu filho, eu hoje te gerei"). O adjetivo "amado" é um eco de Gn 22,2 e Is 44,2. É duvidoso que Marcos tenha entendido a filiação de Jesus como uma adoção que teve seu início no batismo. Antes, o evangelista provavelmente interpretou a voz celestial como confirmação da relação já existente entre Deus e Jesus. *em ti me comprazo*: A segunda parte da comunicação celestial lembra Is 42,1, sugerindo a existência de uma conexão entre o Filho de Deus e o Servo de Deus. **12.** *logo*: A expressão adverbial *kai euthys* ocorre frequentemente nos primeiros incidentes do evangelho, intensificando, assim, o sentido dramático e a tensão. A brevidade e a simplicidade deste relato de Marcos contrastam com o aprimorado debate escriturístico entre o diabo e Jesus em Mt 4,1-13; Lc 4,1-11. A ideia fundamental em ambas as versões é a mesma: o Filho de Deus vence a tentação de Satanás antes de iniciar seu ministério público. *deserto*: Ainda que nenhum detalhe seja dado, este deserto é, provavelmente, o deserto da Judeia onde João Batista tinha atuado (veja 1,4). **13.** *quarenta dias*: O número é uma referência aos 40 dias de provação experimentados por Moisés (Ex 34,28) e Elias (1Rs 19,8), e não a lembrança dos 40 anos de peregrinação de Israel no deserto. *Satanás*: Nos livros mais recentes do AT, Satanás age como uma espécie de promotor público (Jó 1-2; Zc 3,1-2) e até como a causa dos desastres de Israel (1Cr 21,1; cf. 2Sm 24,1). Nos escritos apocalípticos judaicos, ele exerce a função de líder da oposição ao povo de Deus. Aqui, ele submete Jesus a algum tipo de teste cuja natureza exata não é explicitada. *feras*: O deserto da Judeia é o habitat de vários animais selvagens. A conexão estabelecida entre os anjos servidores e a proteção de animais perigosos sugere o Sl 91,11-13 como pano de fundo. **14.** *Depois que João foi preso*: O verbo *paradothēnai*, "foi entregue", é proeminente nas referências feitas por Marcos à paixão e morte de Jesus. Sua ocorrência aqui faz com que o destino de João Batista prefigure o destino de Jesus. *Galileia:* Jesus tinha estado no rio Jordão com João Batista e no deserto da Judeia. Agora ele retorna ao lugar de seu ministério – a Galileia, que, em geral, é mais favorável a Jesus do que a Judeia o será (embora Jesus seja rejeitado pelo povo de Nazaré [6,1-6], e João seja morto por ordem de Herodes Antipas da Galileia [6,14-29]). *proclamando o evangelho de Deus*: *Euangelion* reflete a terminologia grega do Deuteroisaías (veja 40,9; 41,27; 52,7; 60,6; 61,1-2). A boa nova vinha de Deus (genitivo subjetivo) e tinha a ação de Deus como seu conteúdo (genitivo objetivo). **15.** *e dizendo*: Como uma advertência escatológica, o sumário da pregação de Jesus moldará tudo o que ele disser e fizer no restante do evangelho. *Cumpriu-se o tempo*: Dividir a história humana em períodos era uma prática comum entre os apocalípticos judaicos (veja *1 Henoc* 93,1-10; 91,12-17; *AsMos* 10). Quando a linha do tempo atingisse seu alvo, o reino de Deus apareceria. A ênfase da advertência de Jesus era que esse momento escatológico estava acontecendo agora. *o reino de Deus está próximo*: No judaísmo da época de Jesus, o "reino de Deus" designava primordialmente a manifestação futura do poder e juízo de Deus, o estabelecimento futuro do reinado de Deus sobre toda a criação. Aqui é dito que o reino "está próximo" (*ēngiken*). *Arrependei-vos e crede no evangelho*: O reino de Deus exigirá uma reorientação da vida, como João já tinha deixado claro (1,4). A conclamação a "crer na boa nova" relaciona a pregação de Jesus com a fé pós-pascal expressa nos termos *pistis*, "fé" e *euangelion*, "boa nova", tão proeminentes em outros lugares do NT.

(GUELICH, R. A., "The Beginning of the Gospel – Mark 1,1-15", *BR* 27 [1982] 5-15).

7 (II) A autoridade de Jesus é revelada na Galileia (1,16-3,6). Tendo colocado Jesus no palco, Marcos descreve o início de sua atividade pública na Galileia. Após a convocação de seus primeiros discípulos (1,16-20) de uma forma imperativa ("vinde após mim"), Jesus se revela em Cafarnaum como curador e mestre (1,21-45) e entra em discussão com vários oponentes (2,1-3,6). Tudo contribui para retratar Jesus como o mestre autoritativo e o curador. Embora as reações iniciais a ele sejam positivas e até mesmo entusiásticas, no final do debate seus oponentes estão tramando contra sua vida (3,6).

8 (A) A vocação dos primeiros discípulos (1,16-20). Além de apresentar as duas duplas de irmãos (1,16-20), que aparecem em 1,29-31, o relato acerca da vocação dos primeiros quatro discípulos por parte de Jesus propõe um modelo de resposta a Jesus. Sua falta de preparação e a ausência de interesse em seu desenvolvimento psicológico servem para sublinhar o aspecto central do relato: Jesus e seu chamado foram tão marcantes que não havia necessidade de se preparar ou se acostumar; os primeiros discípulos precisaram de pouca ou nenhuma deliberação para assumir um compromisso entusiástico. Era comum que alunos judaicos procurassem um mestre com prestígio e se ligassem a ele (veja Jo 1,35-42), mas aqui é Jesus que convoca os alunos. Cf. Mt 4,18-22; Lc 5,1-11. **16.** *Caminhando junto ao mar da Galileia:* Jesus se encontra com seus primeiros discípulos em seu local de trabalho, na praia do Mar da Galileia. Exceto aqui e em 7,31, Marcos o descreve simplesmente como "o mar" (2,13; 3,7; 4,1; 5,1.13.21). *Simão e André:* O primeiro dos discípulos a ser chamado é nomeado tanto como "Simão" quanto como "Pedro", sendo este último um apelido relacionado a caráter dele. André é uma figura pouco definida no evangelho (veja 1,29; 3,18; 13,3). *pescadores:* Os primeiros discípulos estavam ocupados com a pesca – uma importante atividade econômica na Galileia. Eles eram proprietários de redes (1,16) e tinham empregados (1,20). Portanto, eles deixaram um negócio próspero e seguro para seguir a Jesus. Há todas as razões para se crer que eles soubessem ler e escrever e talvez tivessem uma boa familiaridade com a Bíblia. A ideia de que eles eram homens sem instrução surge de uma leitura excessivamente literal de At 4,13. **17.** *pescadores de seres humanos:* A melhor forma de interpretar a metáfora é tendo como pano de fundo sua ocupação, e não à luz de Jr 16,16 ou da tradição protocristã (W. Wuellner, *The Meaning of "Fishers of Men"* [Philadelphia, 1967]). **18.** *eles o seguiram:* A resposta é descrita usando o termo técnico para designar o discipulado (*akoloutheō*, "seguir") no NT, o que dá a este relato um valor exemplar. **19.** *Tiago, filho de Zebedeu, e João, seu irmão:* Juntamente com Pedro, os filhos de Zebedeu formam uma espécie de círculo íntimo entre os Doze (veja 1,29-31; 3,16-17; 5,35-43; 9,2-13; 10,35-45; 13,3; 14,32-42). **20.** *com os empregados:* É melhor entender a expressão como uma reminiscência, e não como linguagem simbólica. O relato enfatiza o custo do discipulado com sua exigência de abandonar a família e a segurança financeira.

9 (B) O dia memorável em Cafarnaum (1,21-45). Os incidentes narrados no restante de Mc 1 são situados no marco de um dia "memorável" consistindo sobretudo de curas feitas em Cafarnaum.

(a) *Ensino e curas em Cafarnaum* (1,21-28). Em sua primeira ação deste "dia memorável", Jesus cura um homem com um espírito impuro. O relato do exorcismo segue o seguinte esboço: o encontro entre Jesus e o homem possuído, o exorcismo, a saída do demônio e a reação dos ouvintes. Marcos entrelaçou no relato do exorcismo referências a Jesus como mestre autoritativo (veja vv. 22.27), retratando, desta forma, Jesus como poderoso tanto em atos quanto em palavras. **21.** *Cafarnaum*: Esta cidade na praia noroeste do Mar da Galileia foi o centro das atividades de Jesus na Galileia. *foram à sinagoga. E ali ele ensinava*: No sábado, o culto da sinagoga era composto de orações, leituras da Escritura e ensino. Qualquer pessoa com instrução suficiente poderia ser convidada a ensinar; não havia, na época de Jesus, necessidade de uma "ordenação" rabínica. **22.** *estavam espantados com o seu ensinamento*: A referência de Marcos ao ensino de Jesus coloca o milagre que segue em um contexto mais amplo do que a operação de milagres. *como quem tem autoridade e não como os escribas*: Nos evangelhos, os escribas são os intérpretes e mestres da lei do AT, e não simplesmente secretários ou copistas. Seu modo de ensinar implicava apelos à Escritura e às palavras e feitos de mestres judaicos. A forma de ensino de Jesus era, aparentemente, direta e confiante em sua própria autoridade. **23.** *um espírito impuro*: O homem estava possuído por uma força maligna; não era uma questão de impureza ritual. A ideia era que o comportamento do homem se devia a uma força externa sob a direção de Satanás (veja 1,12-13). Os exorcismos de Jesus eram visto como momentos vitoriosos na contínua luta com Satanás. **24.** *Que queres de nós, Jesus Nazareno?*: O homem (e o demônio que falava através dele) reage à interferência de Jesus no domínio do mal. *Nazareno*: o termo deriva da cidade natal de Jesus, Nazaré; os esforços para ligá-lo com *nēṣer*, "ramo", "broto" ou *nāzîr*, "consagrado", parecem forçados, ainda que esta última interpretação se torne mais atrativa por causa da designação de Jesus como "o santo de Deus". *Vieste para arruinar-nos*: A sentença deve ser entendida como declaração, e não como interrogação. A vinda do reino de Deus significaria o fim do poder dos demônios. O demônio reconhece a identidade de Jesus e seu significado para o reino vindouro. **25.** *Cala-te e sai dele*: O fato de que Jesus cura o homem possesso apenas pela palavra, sem demonstrações rituais ou mágicas, acentua o caráter sobrenatural da cura. O poder de sua palavra curativa reforça a autoridade de seu ensino (vv. 22, 27). **27.** *Todos então se admiraram:* A multidão maravilhada é uma característica comum dos relatos de milagres dos evangelhos, servindo para confirmar o milagre e finalizar o relato com um tom numinoso. *Um novo ensinamento com autoridade!:* "Com autoridade" pode estar junto com o que segue: "com autoridade ele ordena...". Mas, à luz do v. 22, parece que este termo deve ser entendido como uma modificação de "novo ensinamento". **28.** *Imediatamente a sua fama se espalhou por todo lugar:* O final do relato introduz um tema proeminente nas primeiras partes do evangelho: a fama de Jesus se espalha, às vezes mesmo contra sua vontade. Aqui ela se espalha pelas áreas da Galileia que circundam Cafarnaum.

10 (b) *A cura da sogra de Pedro* (1,29-31). O relato é contado de forma simples, com alguns detalhes que sugerem que está baseado em recordações de uma testemunha ocular. O quadro da mulher é descrita, Jesus a cura e ela o serve, provando que a cura foi completa. Dois termos, *ēgeiren*, "ele a levantou", e *diēkonei*, "ela serviu", podem sugerir algumas correntes teológico-simbólicas no relato, mas será que Marcos pretendia isso? **29.** *ao sair da sinagoga, foi...*: Alguns manuscritos colocam esses verbos no singular, dirigindo assim o foco da atenção para Jesus. *à casa de Simão e André, com Tiago e João*: arqueólogos podem ter descoberto esta casa ao sul da sinagoga de Cafarnaum (veja J. F. Strange e H. Shanks, *BARev* 8 [6, 1982] 26-37). Os quatro discípulos são aqueles chamados em 1,16-20. Os paralelos sinóticos (Mt 8,14-15; Lc 4,38-39) mencionam somente Pedro/Simão. **30.** *A sogra de Simão*: o pressuposto é que Pedro era casado à época de sua vocação. 1Cor 9,5 talvez sugira que sua esposa o acompanhava em suas viagens apostólicas. **31.** *ela se pôs a servi-los:* A função primordial deste detalhe é demonstrar a imediatez e a completude da cura e provar a natureza miraculosa da ação curativa de Jesus.

11 (c) *Curas ao entardecer* (1,32-34). Após curar um homem possesso (1,21-28) e uma mulher doente (1,29-31), Jesus cura um grande número de possessos e doentes ao entardecer. **32.** *Ao entardecer, quando o sol se pôs*: Este relato ainda faz parte do dia memorável em Cafarnaum. O uso da dupla expressão temporal na qual a segunda cláusula ("quando o sol se pôs") especifica a primeira ("ao entardecer") é comum em Marcos. *todos os que estavam enfermos e endemoninhados*: As duas categorias gerais de pessoas curadas por Jesus (veja 1,34) já haviam sido exemplificadas pela sogra de Pedro e pelo homem na sinagoga. **33.** *à porta*: A casa de Pedro e André (veja 1,29) funciona como o centro para a atividade de Jesus. **34.** *E ele curou muitos*: Provavelmente Marcos não pretendia distinguir entre o "todos" de 1,32 e o "muitos" aqui, embora Mt 8,16 e Lc 4,40 aclarem a ambiguidade. *Não consentia, porém, que os demônios falassem*: Como em Mc 1,24, os demônios reconhecem a verdadeira identidade de Jesus. A recusa de Jesus em consentir que eles falem é geralmente entendida como parte do chamado segredo messiânico de Marcos. Enquanto os oponentes sobrenaturais de Jesus sabem quem ele é, os seres humanos (representados pelos discípulos) precisarão obter um quadro mais completo de Jesus para poder conhecê-lo como o Messias morto e ressurreto.

12 (d) *A retirada temporária de Jesus* (1,35-39). O relato sobre a retirada temporária de Jesus para orar coloca as atividades curativas narradas até agora na devida perspectiva. O motivo da retirada parece ter sido a comunhão com Deus. **35.** *De madrugada, estando ainda escuro*: Esta descrição complicada do tempo consiste de três advérbios gregos (*prōi ennycha lian*); veja o comentário sobre 1,32. *para um lugar deserto*: Já que não há desertos ao redor de Cafarnaum, a ideia parece ser que Jesus foi a um lugar solitário, longe de outras pessoas. **36.** *Simão e os seus companheiros*: Sua procura por Jesus se devia, aparentemente, à convicção de que Jesus estava perdendo uma grande oportunidade em Cafarnaum (veja 1,37). **38.** *às aldeias da vizinhança*: A decisão de estender a missão de pregar a "toda a Galileia" (1,39) não exige necessariamente a rejeição de Cafarnaum. *foi para isso que eu saí*: Jesus empreendeu sua missão a fim de proclamar o reino de Deus (1,14-15). O verbo *exēlthon* não precisa ser entendido como uma rejeição de Cafarnaum ("Eu saí"), nem como uma afirmação teológica sobre a origem divina da missão de Jesus ("Eu vim"). **39.** *pregando... expulsando demônios*: Os termos resumem o que aprendemos sobre Jesus até este momento; agora, seu campo de atividade abarca "toda a Galileia".

13 (e) *A cura de um leproso* (1,40-45). A primeira parte do relato (1,40-42) segue a estrutura usual dos relatos de cura: a enfermidade é descrita, Jesus o cura, e a cura é completa. Então ela é complicada pelo fato de Jesus ordenar ao homem que se apresente ao sacerdote (1,43-44). Mas o aspecto mais complicador vem no versículo final: este versículo forma uma unidade com 1,40-44? Em caso positivo, será que o homem desobedeceu a Jesus? Como o resultado se encaixa com o desejo de Jesus de manter sua verdadeira identidade em segredo? **40.** *Um leproso*: A lepra bíblica (*ṣāra'at* no AT, *lepra* no NT) não era a doença conhecida em nossos dias como lepra. Era um termo geral para designar qualquer "doença repulsiva de escamação da pele", como psoríase e dermatite seborréica (veja E. V. Hulse, *PEQ* 107 [1975] 87-105). Lv 13 descreve os vários tipos de enfermidades e sua detecção pelos sacerdotes. *de purificar-me*: O verbo grego *katharisai* poderia significar "declarar puro". Então o leproso estaria pedindo ao mestre galileu leigo Jesus, em vez de o fazer ao sacerdote, que o declare ritualmente puro. Porém, tudo na presente forma do relato indica que o leproso estava procurando uma cura. **41.** *Compadecido*: Alguns manuscritos contêm "irado", em vez de "movido por compaixão". O argumento frequentemente usado é o de que um copista escrupuloso apagou a referência à ira de Jesus, mas Marcos faz outras referências à ira de Jesus (1,43; 3,5; 10,14) que não foram apagadas. Em qualquer caso, compaixão ou ira, estamos lidando com as emoções profundas que Jesus sentiu. *tocou-o:* A cura acontece mediante o toque e a palavra. O ato de tocar no homem requeria grande compaixão por parte de Jesus – aliás, outro argumento em favor da leitura "movido por compaixão" na primeira parte do versículo. **43.** *Advertindo-o severamente:* O particípio grego *embrimēsamenos* denota uma emoção intensa que se descontrola e encontra expressão em gemidos. Não é necessário supor que Jesus estivesse irado com o homem. *despediu-o logo:* Quando a expressão é tomada com a que segue em 1,44, o motivo para a ação de Jesus é fazer o homem cumprir os regulamentos de Lv 14 tão logo quanto possível. **44.** *Não digas nada a ninguém:* Embora frequentemente entendida como parte do segredo messiânico de Marcos, a instrução pode ser interpretada simplesmente como uma indicação do desejo de Jesus de que o homem se submeta à inspeção dos sacerdotes tão logo quanto possível. *vai mostrar-te ao sacerdote:* Os regulamentos para provar que alguém foi purificado da lepra e os sacrifícios que acompanham a cura são especificados em Lv 14. **45.** *assim que partiu, ele começou a proclamar:* Se o pronome "ele" é Jesus, o versículo inicia um novo parágrafo, resumindo a atividade de Jesus entre 1,40-44 e 2,1-12 nos termos já usados em 1,38 ("pregar" e "sair"). Quando "ele" é identificado com Jesus, o problema da suposta desobediência do homem curado desaparece, assim como desaparece a conexão com o "segredo messiânico".

14 (C) Cinco relatos de conflito (2,1-3,6). Os cinco relatos desta série apresentam vários oponentes de Jesus e dos protocristãos (escribas, escribas dos fariseus, discípulos de João Batista e fariseus, os fariseus e herodianos). Estes oponentes passam da admiração (2,12) à hostilidade ativa (3,6). Os primeiros cristãos devem ter usado estes relatos na defesa de suas reivindicações ou práticas envolvendo o perdão dos pecados, refeições com pessoas de má fama, o jejum e a observância do sábado. A maioria dos relatos reflete um ambiente palestinense, embora Marcos (ou a tradição pré-marcana) os tenha re-elaborado, tornando-as um bloco compacto (J. Dewey, *Markan Public Debate* [SBLDS 48; Chico, 1980]).

15 (a) *A cura do paralítico e o perdão do pecado* (2,1-12). A primeira das controvérsias combina uma cura (2,1-5a,10b-12) com um debate com os escribas (2,5b-10a). O objetivo da combinação aqui (como em 1,21-28) é demonstrar que Jesus é poderoso tanto em palavras quanto em atos: seu poder para perdoar pecados é confirmado por seu poder para curar o paralítico. Os protocristãos podiam apelar a esta passagem como prova de sua reivindicação a respeito do perdão dos pecados através de Jesus. **1.** *em casa:* A suposição de Marcos parece ser que Jesus usou a casa de Pedro em Cafarnaum (veja 1,29.33) como sua base de operações **2.** *não havia lugar nem à porta:* O quadro é semelhante ao de 1,33. *E anunciava-lhes a palavra:* O uso de *logos* aqui como "palavra" confirma que "ele" em 1,45 era mesmo Jesus, já que uma de suas tarefas lá era difundir "a palavra" (*diaphēmizein ton logon*). **3.** *transportado por quatro homens:* Uma vez que o paralítico não conseguia andar, ele precisava de ajuda para se aproximar de Jesus. De fato, "sua fé" (2,5) sugere que os quatro homens tomaram a iniciativa. Seriam os quatro homens Pedro, André, Tiago e João (veja 1,16-20.29.36)? **4.** *abriram o teto:* Os quatro chegaram ao telhado por uma escada externa muito comum nas casas na Palestina (veja 13,15). O telhado propriamente dito era feito de travessas de madeira cobertas com palha e barro. Não teria sido difícil abrir um buraco nele. **5.** *sua fé:* A referência mais óbvia é aos quatro homens que tinham enfrentado grandes dificuldades para levar o paralítico até Jesus, ainda que "sua" também possa incluir o paralítico. *disse ao paralítico:* A mesma expressão ocorre em 2,10b, onde o conteúdo do dito subsequente é mais coerente com 2,1-4. *Filho, teus pecados estão perdoados:* A expressão "filho" é afetiva.

A declaração autoritativa do perdão dos pecados pode não ter sido o que o paralítico e seus amigos queriam ouvir (veja 2,10b-12). A combinação da cura (2,1-5a.10b-12) com a controvérsia (2,5b-10a) tem o efeito de ligar a doença e o pecado em uma relação causal – uma relação rejeitada por Jesus em outro lugar (veja Lc 13,1-5; Jo 9,2-3). **6.** *alguns dos escribas*: Estes escribas (veja 1,22, onde Jesus é contraposto aos escribas) são o primeiro dos cinco grupos de oponentes apresentados em 2,1-3,6. **7.** *Ele blasfema*: De acordo com várias passagens do AT (Ex 34,6-7; Is 43,25; 44,22), é Deus quem perdoa pecados. De acordo com o raciocínio dos escribas (eles não dizem isso diretamente; veja 2,6,8), a reivindicação de Jesus de perdoar pecados poderia ser qualificada como blasfêmia. De fato, ela constitui uma reivindicação implícita de autoridade divina – algo perfeitamente aceitável aos primeiros cristãos que liam o Evangelho de Marcos. **9.** *o que é mais fácil*: Certamente é mais fácil dizer que os pecados do homem estão perdoados (porque para esta declaração não haveria um teste empírico imediato) do que dizer que o paralítico deveria se levantar e andar (porque para isto haveria um teste empírico imediato). Na composição do relato de 2,1-12, a cura funciona como sinal da validade da declaração de Jesus sobre o perdão. **10.** *o Filho do Homem*: Esta expressão é usada frequentemente em Marcos (2,28; 8,31.38; 9,9.12.31; 10,33.45; 13,26; 14,21.41.62), porém cada ocorrência deve ser entendida separadamente, já que *ho huios tou anthrōpou*, "Filho do Homem" tem várias funções. Aqui ela deve estar se referindo ao Jesus terreno como representante de Deus (veja 2,7), e não à humanidade de modo geral ou a uma figura escatológica (→ Jesus, 78:38-41). *disse ele ao paralítico*: A mesma expressão que aparece em 2,5a, retomando, portanto, o relato da cura iniciado em 2,1-4. **11.** *levanta-te, toma o teu leito*: Jesus cura somente pela palavra – um fato que confirma a autoridade de suas palavras a respeito do perdão em 2,5b-10a. **12.** *todos ... ficaram admirados*: A conclusão-padrão de um relato de milagre é a descrição da reação da multidão. Aqui "todos" incluiria os escribas (2,6) – outra indicação da natureza composta de 2,1-5a.10b-12 e 2,5b-10a. No contexto de Marcos, o objeto da admiração da multidão incluía tanto o poder de curar de Jesus quanto sua reivindicação de perdoar pecados.

16 (b) *A vocação de Levi* (2,13-17). A primeira parte da passagem (2,13-14) mostra a vocação de um coletor de impostos ao discipulado, e a segunda parte (2,15-17) é um relato de controvérsia que explica como Jesus podia permitir que tais pessoas o seguissem. As duas passagens podem ter existido separadamente na tradição anterior a Marcos. Os primeiros cristãos devem ter usado a passagem para explicar a presença, entre eles, de pessoas de reputação religiosa e moral duvidosa. **13.** *beira-mar:* Veja o comentário sobre 1,16. A vocação de Levi não apenas ocorre no mesmo lugar, mas Jesus também passa por ali (*paragōn*) e chama Levi para segui-lo (*akolouthei*) – dois termos-chave em 1,16-20. **14.** *Levi, o filho de Alfeu:* O paralelo com 1,16-20 sugere que Levi era um dos Doze, mas não há um Levi na lista dos Doze em 3,16-19. Alguns manuscritos resolveram o problema lendo Tiago, o filho de Alfeu, aqui (cf. 3,18). Mt 9,9 lhe dá o nome de Mateus (veja Mc 3,18). *coletoria:* Levi era um coletor de impostos a serviço de Herodes Antipas. Tais pessoas eram suspeitas de desonestidade financeira e deslealdade para com a causa judaica. (J. R. Donahue, *CBQ* 33 [1971] 39-61). **15.** *em casa de Levi:* O banquete é usualmente visto como tendo lugar na casa de Levi, embora ele tenha sido recém apresentado como um "seguidor" de Jesus. Talvez o local do banquete fosse a casa de Pedro (veja 1,29.33; 2,2). *muitos publicanos e pecadores também estavam:* Os pecadores (*hamartōloi*) eram pessoas cuja ocupação ou estilo de vida as impedia de uma observância total da lei judaica. Embora alguns desses pecadores possam ter sido notoriamente imorais, a designação deles como "pecadores" era mais uma caracterização social do que um julgamento moral. A disposição de Jesus em compartilhar refeições com tais pessoas significava colocar em prática sua pregação sobre a preparação para a vinda do reino de Deus (veja 1,14-15). *pois eram muitos os que o seguiam:* Este comentário parentético provavelmente se refere a "seus discípulos" e não a "coletores de impostos e pecadores". Marcos relatou a vocação de apenas cinco homens, mas supõe que muitos outros tivessem sido chamados para seguir a Jesus. **16.** *os escribas dos fariseus*: Ser escriba significava ter uma ocupação (veja 2,6), ser fariseu significava pertencer a uma fraternidade de pessoas piedosas. Este grupo era ambas as coisas. Alguns manuscritos retratam os escribas dos fariseus como seguidores de Jesus. Os comentaristas frequentemente se perguntam o que escribas estariam fazendo na Galileia na casa de um pecador (= Levi). **17.** *os que têm saúde*: O primeiro dito é um lugar-comum filosófico e é tão natural que não há necessidade alguma de considerá-lo um empréstimo direto de outra procedência. *Eu não vim chamar os justos, mas os pecadores*: O chamado é para o arrependimento em preparação para o reino de Deus (veja 1,14-15; cf. Lc 5,32). Então, a designação desses escribas como "justos" é irônica, *i.e.*, eles se consideravam justos mas não o eram de fato, já que deixavam de reconhecer a Deus como a fonte da autêntica justiça.

17 (c) *A questão do jejum* (2,18-22). Desta vez, os oponentes são os discípulos de João Batista e os fariseus e a controvérsia gira em torno do jejum. Sua pergunta (2,18) leva Jesus a identificar-se com o "noivo" messiânico e a afirmar que seu ministério público é um tempo singular (2,19a). Isto é seguido pela primeira alusão à sua morte (2,19b-20) e pela consequente permissão para o jejum cristão. Seja qual for o contexto original dos ditos sobre a roupa e o vinho (2,21-22), eles agora servem para contrapor a nova e a antiga forma de prática religiosa. O foco real da passagem em sua forma atual não é tanto a prática religiosa, mas Jesus, o noivo messiânico, cujo ministério público é um tempo especial no qual as formas antigas de prática religiosa não são mais apropriadas.

18. *Os discípulos de João e os fariseus jejuavam:* O único jejum estipulado no AT era o do Dia da Expiação (Lv 16,29), mas jejuns adicionais eram observados pelos fariseus (veja Lc 18,12) e presumivelmente pelos discípulos de João Batista. *e teus discípulos não jejuam:* O pressuposto do debate é que os discípulos de Jesus não jejuavam durante seu ministério público, embora Mt 6,16-18 suponha que eles o fizessem. **19.** *o noivo:* A aplicação deste termo a Jesus provavelmente tinha conotações messiânicas (veja Jo 3,29; 2Cor 11,2; Ef 5,32; Ap 19,7; 21,2), sob a influência da apresentação de Iahweh como o esposo de Israel no AT (Os 2,19; Is 54,4-8; 62,4-5; Ez 16,7-63). *enquanto o noivo está com eles*: A explicação para o fato de os discípulos de Jesus não jejuarem é o caráter singular do tempo de seu ministério terreno. **20.** *o noivo lhes será tirado:* A alegoria ligeiramente velada da morte de Jesus e o poder do dito para justificar a prática protocristã do jejum (veja *Did.* 8,1) levou muitos comentaristas a entender 2,19b-20 como produto da protoigreja. De qualquer modo, a alusão à crucificação de Jesus se encontra no centro desta série de cinco controvérsias. **21.** *remendo de pano novo em roupa velha:* Ninguém faz isso porque o remendo irá encolher e tornar a rotura ainda maior. Não há certeza quanto ao contexto original deste dito (ou do seguinte). **22.** *vinho novo em odres velhos:* Não se faz isso porque quando o vinho fermenta e se expande, ele rompe os odres velhos e frágeis. A estrutura e a dinâmica dos dois ditos em 2,21-22 são a mesma; em ambos os casos o objetivo é preservar tanto o remendo e a roupa quanto o vinho e os odres.

18 (d) *Trabalhar no sábado* (2,23-28). Os fariseus objetam a que, segundo a interpretação deles, os discípulos infringissem a lei sobre o trabalho no sábado (2,23-24). A resposta de Jesus consiste de uma analogia do AT (2,25-26) e de afirmações diretas sobre o sábado (2,27-28). A passagem poderia ter servido como argumento defensivo com o qual a protoigreja justificava sua liberdade em relação à observância do sábado em seus debates com de judeus mais rigorosos como os fariseus. A justaposição dos ditos sobre o homem/Filho do Homem em 2,27-28 dá à perícope um clímax cristológico e baseia a prática cristã referente ao sábado na autoridade de Jesus. **23.** *seus discípulos começaram a abrir caminhos arrancando as espigas:* Os fariseus criticaram os discípulos, e não diretamente Jesus. A infração deles não consistia apenas em ultrapassar a distância que era permitido caminhar num sábado, mas, sobretudo, em uma ação interpretada como trabalhar no sábado. **24.** *Os fariseus:* Por que fariseus piedosos gastariam um sábado seguindo Jesus e seus discípulos num campo galileu não é explicado. De qualquer maneira, as tentativas de explicação não atinam com o aspecto mais importante da forma literária da controvérsia. *não é permitido fazer no sábado:* O mandamento infringido pelos discípulos implicava a colheita no sábado: "Seis dias trabalharás; mas no sétimo descansarás, quer na aradura, quer na colheita" (Ex 34,21). Tudo o que eles fazem, exceto no que diz respeito ao tempo, é permitido por Dt 23,25. **25.** *o que fez Davi:* O relato acerca de Davi e de seus companheiros que comeram os pães da proposição (veja 1Sm 21,1-6) tem os seguintes pontos em comum com a ação de Jesus e seus discípulos: ambos infringiam um mandamento; a comida proibida satisfez a fome; e os incidentes envolviam um grande líder que deu a permissão com o propósito de ajudar seus seguidores. No entanto, o ponto principal em questão – a violação do sábado – não é coberto explicitamente pela analogia do AT. **26.** *no tempo do sumo sacerdote Abiatar:* De acordo com 1Sm 21,1-2, o sumo sacerdote era Aquimelec, pai de Abiatar. Alguns manuscritos omitem a expressão, de modo que o relato de Marcos se harmonize com Mt 12,4 e Lc 6,4. Há pouca dúvida, porém, sobre a originalidade do termo "Abiatar" (veja C. S. Morgan, *JBL* 98 [1979] 409-10). *pães da proposição:* De acordo com Lv 24,5-9, 12 bolos eram dispostos em duas filas diante de Deus na tenda e mais tarde eram consumidos pelos sacerdotes. Em 1Sm 21,1-6, o sacerdote deu o pão sagrado a Davi porque não havia outro tipo de pão ali. Davi não o tomou à força, nem mesmo o fez por iniciativa própria. **27.** *O sábado foi feito para o homem:* Este dito extraordinariamente radical tem o efeito de subordinar a observância do sábado às necessidades humanas (veja 1,21-28; 3,1-6). Tanto Mt 12,1-8 quanto Lc 6,1-5 omitem o dito, talvez porque ele fosse longe demais. **28.** *o Filho do Homem é senhor até do sábado:* O caráter radical de 2,27 é mitigado pela sugestão de que o "homem" para quem o sábado foi feito era o Filho do Homem, que em Marcos é Jesus (veja o comentário sobre 2,10).

19 (e) *A cura no sábado* (3,1-6). A quinta controvérsia, como a primeira (2,1-12), entrelaça um milagre e um debate, mostrando que Jesus é poderoso em obras e palavras. A questão em pauta é a observância do sábado; como em 2,23-28, este relato poderia servir para a protoigreja defender sua liberdade em relação ao sábado. As reações dos oponentes ficam consideravelmente mais duras do primeiro até o último relato da série. **1.** *na sinagoga:* Que esta é a sinagoga de Cafarnaum (1,21-28) é confirmado pelo advérbio *palin,* "de novo". *uma das mãos atrofiada:* a natureza da doença do homem ou quando ela começou (no nascimento? posteriormente?) não pode ser determinada pela terminologia grega genérica. **2.** *se o curaria no sábado:* O problema é o tempo (o sábado) e a natureza da enfermidade (não ameaçava a vida). Os rabinos permitiam ações de cura no sábado quando o sofredor estava em perigo grave (veja *m. Šabb.* 18,3). Uma passagem de *m. Yoma* 8,6 é pertinente aqui: "Todo risco de vida supera (a lei) do sábado". A controvérsia gira em torno da questão se Jesus irá além desta limitação a fim de curar alguém que não está em tal risco. **4.** *É permitido, no sábado, fazer o bem ou fazer o mal?:* A pergunta de Jesus tem o efeito de transcender os parâmetros do debate rabínico (veja 3,2) e levantar a questão de se fazer o bem ou o mal no sábado. O relato apresentado a afirmação implícita de que Jesus, o Filho do Homem (veja 2,27-28), tem autoridade sobre o sábado. **5.** *um olhar de* *indignação*: para outras referências marcanas às emoções de Jesus, veja 1,41.43; 7,34; 8,12; 10,14.21. **6.** *os herodianos*: Essas pessoas eram partidários e defensores de Herodes Antipas, tetrarca da Galileia; elas não constituíam uma seita ou um partido como os fariseus, os saduceus ou os discípulos de João Batista. W. J. Bennett (*NovT* 17 [1975] 9-14) sugere que elas podem até mesmo ter sido uma criação redacional de Marcos para estabelecer o paralelismo entre João Batista e Jesus (veja 6,14-29). *como o destruiriam*: No decurso das cinco controvérsias de 2,1-3,6, a reação dos oponentes foi o da admiração (2,12) até a hostilidade manifesta aqui. Mesmo durante a revelação do poder de Deus na Galileia, se inicia aquela oposição que resultará na morte de Jesus na cruz.

20 (III) Jesus é rejeitado na Galileia (3,7-6,6). A nota negativa com a qual a seção anterior termina é desenvolvida aqui. Primeiramente Marcos dá exemplos de resposta positiva a Jesus por parte do povo em geral (3,7-12) e dos Doze (3,13-19a). Esses exemplos são contrabalançados pela resposta negativa por parte da família de Jesus e dos escribas (3,19b-35). Então Marcos apresenta algumas parábolas e explicações relativas ao ensino de Jesus (4,1-34), que resultam na oposição crescente "dos de fora". Um ciclo de relatos de milagres (4,35-5,43) mostra o poder de Jesus sobre a natureza, a possessão demoníaca, as doenças e a morte. O relato final (6,1-6) explica como Jesus foi rejeitado pelo povo de sua própria cidade natal.

21 (A) Respostas positivas (3,7-19a).
(a) *O povo busca Jesus (3,7-12).* Esta passagem é frequentemente descrita como um resumo transicional de Marcos. Ele é transicional pelo fato de narrar a recepção entusiástica conferida a Jesus o curador e aponta para adiante, para seu ensino em parábolas (4,1-34) e seu exorcismo (5,1-20). E é marcano no sentido de que quase todas as palavras que ocorreram antes e toda a unidade parece vir de seu próprio punho. Finalmente é um resumo na medida em que apresenta uma tendência generalizante, e não uma narrativa de acontecimentos específicos. Mas a particularidade da passagem – um resumo transicional de Marcos – não deveria desviar a atenção de sua importante contribuição para o relato sobre Jesus desenvolvido pelo evangelista: a descrição de pessoas de muitas regiões convergindo a Jesus (3,7-8), e a ordem de Jesus para que os espíritos imundos fiquem quietos em relação à sua identidade (3,11-12). **7.** *retirou-se*: O verbo grego *anechōrēsen* não implica necessariamente que a partida de Jesus fosse uma fuga; ele significa que Jesus deixou Cafarnaum para dirigir-se a algum local próximo do Mar da Galileia. *da Judeia... Tiro e Sidônia:* As pessoas estão vindo a Jesus de todas as direções. Somente Samaria não é mencionada aqui, e as cidades da Decápole são adiadas até 5,20. Regiões fora da terra de Israel (Idumeia, o além do Jordão, Tiro e Sidônia) tinham populações judaicas. **8.** *foi até ele*: Ao passo que Jesus foi até seus primeiros discípulos (1,16-20), agora o povo converge para ele como centro de atração. A descrição da multidão aponta para os destinatários de seu ensino em parábolas (4,1-2). **9.** *um pequeno barco*: Para o uso de um barco por Jesus como refúgio contra a pressão da multidão, veja 4,1-2. **10.** *havia curado muita gente*: Como em 1,34, "muitos" *(pollous)* não exige que o interpretemos como "alguns, mas não todos". Mesmo assim, Mt 12,15 altera *pollous* para *pantas* ("todos"). **11.** *os espíritos impuros*: Como em 1,23-24, os demônios reconhecem a verdadeira identidade de Jesus. Esta descrição também nos remete para 5,1-20 (esp. o v. 5). *o Filho de Deus:* Os seres preternaturais reconhecem Jesus como uma figura sobrenatural, e seu poder sobre eles faz parte de sua vitória definitiva sobre o mal. Para Jesus como o Filho de Deus em Marcos, veja 1,1; 5,7; 15,39; cf. 1,11; 9,7; 14,61 para títulos afins. **12.** *que não o tornassem manifesto*: como em 1,25.34, Jesus proíbe aos demônios tornar conhecida sua identidade.

22 (b) *A nomeação dos Doze (3,13-19a).* Embora Jesus já tenha chamado algumas pessoas para segui-lo (1,16-20; 2,14) e muitas outras o estejam seguindo, sua escolha dos Doze tem um grande significado como o primeiro passo simbólico na constituição do povo de Deus por parte de Jesus. Doze é uma alusão às tribos de Israel e aponta para o povo escatológico do reino de Deus. A lista marcana dos Doze (3,16-19) concorda na maioria dos casos com outras listas do NT (Mt 10,2-4; Lc 6,14-16; At 1,13); para discrepâncias secundárias → Pensamento do NT, 81:135-146. O ideal que Marcos tem do discipulado – estar com Jesus e compartilhar seu ministério – é a característica teológica principal da passagem (3,14-15). **14.** *Doze:* Marcos usa frequentemente a expressão "os Doze" (veja 4,10; 6,7; 9,35; 10,32; 11,11; 14,10.17.20.43). Alguns manuscritos acrescentam a cláusula "a quem ele também chamou apóstolos" (mas cf. Lc 6,13). *para que ficassem com ele*: A ideia do estar com Jesus é a base do discipulado de acordo com Marcos. Esta comunhão permite aos Doze, então, compartilhar os ministérios de pregação (3,14) e exorcismo (3,15) de Jesus, embora eles somente cumpram a comissão em 6,7-13. **16.** *impôs a Simão o nome de Pedro:* Marcos não nos diz por que Jesus chamou a Simão de "Pedra". Em Mt 16,18 o nome é ligado à fundação da igreja, e em Jo 1,42 ele pode implicar algo sobre o caráter de Simão (veja *PNT* 58-59, 89-91). **17.** *Boanerges:* O apelido *Boanērges* e seu significado, "filhos do trovão", têm ocasionado muitas teorias, mas nenhuma explicação definitiva (veja H. Balz, *EWNT* 1. 535). **18.** *André*: Nada é conhecido em Marcos sobre a vocação dos oito nomes da lista após André; observe que o segundo Tiago é chamado "filho de Alfeu" (veja 2,14). *Simão, o zelota*: O adjetivo grego *kananaios* provavelmente não se deriva de Canaã ou Caná, mas da palavra aramaica *qan'ānā'*, "zelote". Ainda que este termo designe um grupo de judeus revolucionários que se levantou contra Roma por volta de 66-70, ele não tinha, necessariamente, conotações políticas no tempo de Jesus. De qualquer forma, Lucas não demonstrou embaraço em traduzir o termo para o grego *zēlōtēs* (Lc 6,15;

At 1,13). Simão pode ter sido simplesmente "zeloso" no sentido religioso. **19.** *Judas Iscariot*: O sobrenome *Iskariōth* provavelmente é uma referência geográfica, "homem de Cariot" (veja Js 15,25; Jr 48,24). A inclusão de Judas na lista dos Doze e a pressa da protocomunidade de Jerusalém em preencher seu lugar (veja At 1,15-26) depõem a favor a origem dos Doze no ministério de Jesus e do reconhecimento do significado simbólico do grupo.

23 (B) Respostas negativas (3,19b-35). A perícope segue o seguinte esboço: (A) a acusação feita pela família de Jesus (3,19b-21); (B) a acusação feita pelos escribas (3,22); (C) a defesa de Jesus (3,23-27); (B') O julgamento dos escribas por Jesus (3,28-30); (A') o julgamento de Jesus sobre seus parentes (3,31-35). De um ponto de vista apologético, o texto refuta acusações feitas contra Jesus durante seu ministério e mesmo após sua morte: (1) ele estaria fora de si; (2) estaria possuído por um demônio; (3) seria um agente de Satanás. O texto também contém ensinamentos teológicos positivos sobre o perdão dos pecados (3,28) e sobre os cristãos como a família de Deus (3,35). **19.** *casa*: A expressão grega *eis oikon*, "para uma casa", refere-se a Nazaré, onde ainda viviam os parentes de Jesus. **21.** *os seus*: A expressão grega *hoi par' autou* é aparentemente usada para descrever os parentes de Jesus (*RSV*, "sua família"; *NJB*, "suas relações"); veja 3,31-35. Eles intentam obter controle sobre Jesus a fim de que ele não se torne um embaraço para a família. Alguns manuscritos alteraram a expressão para "os escribas e os outros" – obviamente para amenizar a natureza chocante do incidente no qual Jesus teve como opositores seus próprios familiares (incluindo Maria, 3,31). *Porque diziam: "Enlouqueceu!"*: Alguns comentaristas entendem o "diziam" em sentido impessoal, "dizia-se" ou "as pessoas diziam", fazendo com que os parentes fossem apenas porta-vozes da opinião popular sobre Jesus. Outros veem *exestē* como um comentário sobre o comportamento da multidão, *i.e.*, como se ela estivesse fora de controle (veja *MNT* 51-59). **22.** *E os escribas que* *haviam descido de Jerusalém*: Este novo grupo de oponentes levanta uma nova acusação; para o comentário de Jesus sobre eles, veja 3,28-30. Mt 12,24 identifica os oponentes como fariseus, e Lc 11,15 diz "alguns dentre eles". *Está possuído por Beelzebu*: A primeira acusação é que Jesus está possuído por um demônio particular. *Beelzebub*, nome encontrado em algumas versões antigas, embora não em manuscritos gregos, baseia sua forma marcana em 2Rs 1,2, "o senhor das moscas". *Beelzeboul* é explicado de várias maneiras: "o senhor dos excrementos" ou "o senhor do alto ou da morada", embora nenhuma seja conclusiva. *pelo príncipe dos demônios*: A segunda acusação é que os exorcismos de Jesus foram realizados através da mediação de Satanás. Embora as duas acusações, possessão e ser o instrumento de Satanás, estejam relacionadas e sejam respondidas em conjunto em 3,23-27, elas não expressam exatamente o mesmo aspecto. **23.** *por parábolas*: A expressão aqui se refere ao modo pelo qual Jesus responde às acusações e prepara para o ensino por parábolas de 4,1-34. *como pode Satanás expulsar Satanás?*: As acusações feitas pelos escribas supõem que o poder de Jesus era tão notável que não pudesse ser explicado somente por razões naturais. A resposta de Jesus supõe que Satanás seja o senhor das forças do mal (H. Kruse, *Bib* 58 [1977] 29-61). Uma vez que os exorcismos de Jesus representam derrotas para Satanás, eles dificilmente poderiam ser feitos através dele. **24.** *Se um reino se dividir contra si mesmo*: A questão básica é ilustrada de três formas, cada uma delas com a mesma estrutura: se um reino/uma casa/Satanás está dividido contra si mesmo, ele não poderá subsistir. A conclusão, não expressa, é que Jesus não pertence de forma alguma ao reino de Satanás. **25.** *casa*: O termo grego *oikia* pode designar tanto o prédio (casa) quanto as pessoas que nele habitam (família). **26.** *Satanás*: Os primeiros dois membros da série (vv. 24-25) eram analogias. O terceiro membro é simples discurso: se Satanás realmente fosse o responsável pela atividade de Jesus, ele estaria colocando alguns de seus súditos contra outros, destruindo desta forma a si mesmo e a seu reino. **27.** *na casa de um homem forte:* Jesus, o "homem mais forte" (veja 1,7), entrou na casa de Satanás e o amarrou. De outra forma, Jesus não poderia ter realizado os exorcismos. Mais do que não estar do lado de Satanás, Jesus era seu inimigo. **28.** *pecados e todas as blasfêmias*: O dito tem a introdução solene "Em verdade". O extraordinário escopo da reivindicação de que todos os pecados (incluindo assassinato, incastidade e apostasia) podem ser perdoados não deveria ser perdido de vista por causa da exceção feita no versículo seguinte. **29.** *blasfemar contra o Espírito Santo*: No contexto de Marcos, o pecado imperdoável consiste em atribuir a obra do Espírito Santo nas curas realizadas por Jesus ao poder de Satanás. "Blasfêmia" aqui descreve o comportamento irreverente em relação ao Espírito Santo, ou seja, não discernir a presença do Espírito no ministério de Jesus. **30.** *eles diziam: "Ele está possuído por um espírito impuro"*: Até agora a resposta de Jesus se dirigiu à segunda acusação feita pelos escribas. Este comentário explicativo acrescentado pelo evangelista retoma a primeira acusação de possessão demoníaca, mas, na verdade, ela foi respondida implicitamente na argumentação precedente através da afirmação de que o Espírito Santo, e não Satanás, era a fonte do poder de Jesus. **31.** *sua mãe e seus irmãos*: Este grupo é o mesmo (ou pelo menos uma parte dele) que os *hoi par' autou* mencionado em 3,21. Sobre os "irmãos de Jesus", veja 6,3 (cf. *MNT* 59-67, 253-82). **32.** *multidão*: A multidão não se mostra hostil a Jesus; ela transmite a Jesus a informação sobre sua família do lado de fora. *seus irmãos*: Alguns manuscritos acrescentam "e tuas irmãs". Sua originalidade é que está sugerida por dois motivos: (1) sua ausência em 3,31.33.34, e (2) a facilidade com a qual a expressão poderia ser omitida por escribas. **33.** *quem é minha mãe e meus irmãos*: Este dito central contém, no mínimo, uma dura nota a respeito da família biológica de Jesus. Eles são contrapostos a seus verdadeiros parentes (espirituais) – todas as pessoas que fazem a vontade de Deus. **35.** *Quem fizer a vontade de*

Deus, esse é meu irmão: Em uma sociedade na qual as relações familiares eram extraordinariamente importantes, a ideia de uma família espiritual tinha o efeito de relativizar outros relacionamentos e fazer com que os seguidores de Jesus os avaliassem à luz do critério da vontade de Deus.

24 (C) Parábolas e explicações (4,1-34). A passagem consiste de parábolas que comparam o reino de Deus com o maravilhoso crescimento das sementes e a abundante colheita a que se chega no final deste processo (4,3-9; 4,26-29; 4,30-32), de ditos parabólicos (4,21-25), uma interpretação de uma das parábolas da semente (4,13-20), explicações relacionadas com o ensino de Jesus por parábolas (4,10-12.33-34) e um cenário pitoresco (4,1-2).

25 (a) *Cenário* **(4,1-2).** Marcos coloca Jesus em um barco, ensinando a multidão postada na praia. **1.** *junto ao mar:* De Nazaré Jesus voltou para o Mar da Galileia (3,7-12). **2.** *por meio de parábolas*: O termo grego *parabolē* significa comparação ou analogia, mas seu equivalente hebraico, *māšāl*, tem uma gama de sentidos bem mais ampla, incluindo "ditos", "relatos" e até mesmo "enigmas" (→ Pensamento do NT 81:59-60). Não há dúvida de que Jesus usou parábolas como método de ensino, ainda que seu significado original, em alguns casos, tenha se perdido na transmissão da protoigreja. Assim, as parábolas podem ser interpretadas em três níveis diferentes: o de Jesus, o da protoigreja e o da redação dos evangelhos. A definição de parábola de C. H. Dodd se tornou clássica: "uma metáfora ou símile que, inspirando-se na natureza ou na vida cotidiana, chama a atenção do ouvinte por sua vivacidade ou estranheza e suscita na mente dúvida suficiente sobre sua aplicação precisa, estimulando assim o pensamento ativo" (*The Parables of the Kingdom* [New York, 1961] 5).

26 (b) *A parábola das sementes* **(4,3-9).** A parábola segue as regras da boa narração: concisão, repetição para estabelecer um padrão e término com um efeito de contraste ou surpresa. Já que o foco são as sementes e o que acontece a elas, o melhor título é "as sementes" ainda que os diferentes tipos de solo também sejam proeminentes, e, portanto, a parábola poderia ser chamada de "os quatro tipos de campo". O título menos apropriado é o tradicional "o semeador", já que este personagem não parece ser o centro das atenções (cf. Mt 13,18). A parábola ilustra a oferta generosa do reino por parte de Deus na pregação de Jesus e as múltiplas respostas dadas a ela. Ainda assim, os resultados serão incrivelmente abundantes (veja 4,8). Jesus (ou a protoigreja) poderia ter usado a parábola como explicação para a recepção ambígua da pregação de Jesus e também como fonte de incentivo diante da oposição: o reino de Deus virá com maravilhosa abundância. As sementes plantadas na boa terra antecipam o reino futuro. **4.** *uma parte da semente caiu à beira do caminho*: Por que o semeador lançou a semente no caminho (4,4), no solo pedregoso (4,5) e entre os espinhos (4,7)? Uma explicação: na Palestina a semeadura frequentemente precedia o plantio e o semeador teria retornado para cultivar os lugares onde tinha semeado (veja J. Jeremias, *NTS* 13 [1966-67] 48-53; P. B. Payne, *NTS* 25 [1978-79] 123-29). Assim, a parábola comprovaria um cenário original na Palestina. Mas nada é dito sobre o cultivo após a semeadura na parábola. Outra explicação: a ação do semeador ilustra a generosidade de Deus em espalhar o convite ao reino. **8.** *a boa terra*: Este solo se contrapõe aos outros três tipos de solo. O destino das sementes nele semeadas também contrasta com o destino daquelas semeadas em outros lugares. O ponto central da parábola se situa nestes contrastes. *uma trinta, outra sessenta e outra cem*: O numeral grego *hen*, "um", que precede cada número reflete o uso idiomático aramaico de *ḥad*, "um" para a descrever o multiplicativo. Veja Mt 13,8, onde a sequência de números está invertida. **9.** *Quem tem ouvidos para ouvir, ouça*: Esta fórmula (veja 4,23; 7,16; tb. Mt 11,15; 13,9.43; Lc 8,8; 14,35; Ap 2,7.11.17.29; 3,6.13.22; 13,9) contrabalança a convocação introdutória e sugere que a parábola exige um exame rigoroso.

27 (c) *A finalidade das parábolas* (4,10-12). A parábola das sementes dá ocasião para explicar por que Jesus ensinava em parábolas. A explicação é que Jesus ocultava deliberadamente o mistério do reino por meio das parábolas (aqui vistas como "enigmas"). Ainda que este texto possa conter material original de Jesus, sua forma atual é claramente marcana. O evangelista provavelmente o entendeu como uma reflexão sobre o fracasso parcial do ministério de Jesus entre seu próprio povo (veja 4,4-7). **10.** *sozinhos*: A cena tão cuidadosamente esboçada em 4,1-2 é deixada para trás. Jesus agora está ou a caminho ou em casa. *os que estavam junto dele com os Doze*: Em contraposição a 3,21, aqueles que estão "junto de" Jesus aqui são discípulos, além dos Doze. *as parábolas:* Porém, somente uma parábola foi contada (4,3-9). O plural sugere que 4,10-12 pode ter sido antes uma unidade separada daquela que ela segue agora. **11.** *A vós foi dado o mistério do reino de Deus*: O pano de fundo é o AT (esp. Dn 2), onde o mistério (*rāz*) é desvelado por Deus para o vidente. O ensino de Jesus (e suas ações) tem o efeito de desvelar o mistério do reino de Deus e a tarefa dos discípulos é transmitir este ensino. *em parábolas:* Aqui o termo "parábolas" parece ter o sentido de "enigmas", destinado a deixar perplexos "os de fora". Jesus, porém, usava parábolas para instruir o povo, ainda que o elemento de mistério faça parte da forma parabólica. **12.** *por mais que olhem..*: A citação é de Is 6,9-10, que descreve o resultado previsto do ministério do profeta, e não sua finalidade. Porém, o uso marcano de *hina*, "para que", sugere que a finalidade do uso de parábolas por parte de Jesus era esconder o mistério dos "de fora" e, assim, evitar seu arrependimento e perdão. *Para que não se convertam e não sejam perdoados*: O uso da terceira pessoa do plural "eles" e a presença de "não sejam perdoados" têm paralelo em *TgIs* 6,9-10 (B. D. Chilton, *A Galilean Rabbi and His Bible* [Wilmington, 1984] 90-98). Várias tentativas têm sido feitas para resolver o problema levantado pela expressão: (1) A conjunção grega *mēpote*, "para que não", pode ser uma tradução ruim do termo aramaico *dîlmā'*, "não seja que", de modo que o dito original oferece a possibilidade de arrependimento e perdão. (2) O dito reflete um período quando os significados originais das parábolas de Jesus tinham perdido e, portanto, pareciam ser enigmas para os de fora. (3) A ironia contida em Is 6,9-10 é mantida em Mc 4,12 ("... porque a última coisa que eles querem é se converter e ter seus pecados perdoados!")

28 (d) *Explicação* (4,13-20). A interpretação é comumente entendida como o esboço de um sermão sobre os obstáculos à fé desenvolvido nos círculos protocristãos, já que a interpretação não enfoca a colheita maravilhosa (4,8), mas o destino das sementes nos diferentes tipos de solo. Outras razões para se entender 4,13-20 como uma adaptação protocristã de 4,3-9 são o uso de termos gregos que se encontram nas epístolas, sua suposição de que os detalhes tenha um significado simbólico e os tipos de experiências que o texto pressupõe. A interpretação delineia vários obstáculos à fé: Satanás (4,15), as perseguições (4,16-17) e os cuidados do mundo (4,18-19); conclui com a descrição das características do discípulo ideal (4,20). **14.** *O semeador*: O termo *speirōn* deve ser visto como uma referência a Jesus ou talvez a Deus. *a Palavra*: para o uso de *ho logos* para descrever a mensagem cristã, veja 1Ts 2,13; 1Cor 14,36; 2Cor 2,17; 4,2; Cl 1,25. **15.** *Os que estão à beira do caminho*: As sementes semeadas no primeiro tipo de solo são identificadas com as pessoas que inicialmente ouvem o evangelho, mas depois se tornam vítimas de Satanás. **16.** *as que foram semeadas em solo pedregoso*: O segundo grupo recebe o evangelho com entusiasmo vibrante, mas, quando vem a perseguição, sua pouca profundidade os faz sucumbir. O intérprete fala a partir da perspectiva de experiências amargas feitas na protoigreja. **18.** *as que foram semeadas entre os espinhos*: O terceiro grupo é asfixiado por cuidados mundanos, a sedução da riqueza e o desejo de outras coisas. Novamente é a voz de experiências deploráveis que fala, como o ilustram outros livros do NT. **20.** *as que foram semeadas em terra boa*: Como este grupo recebe o mesmo espaço dado aos três grupos precedentes, perde-se parte do contraste que caracterizava 4,3-9. O discípulo ideal ouve a palavra, aceita-a e dá fruto (*i.e.*, age de acordo com ela).

29 (e) *Ditos parabólicos* (4,21-25). Os ditos sobre a lâmpada (4,21-22) e a medida (4,24-25) continuam a exposição sobre a finalidade das parábolas de Jesus iniciada em 4,10-12. Eles estão unidos por uma estrutura comum: introdução ("E disse-lhes"), símile e explicação ("Pois..."), e também podem ter sido juntados por causa da palavra-chave "medida" (*modios* e *metron*). Eles estão "ensanduichados" em torno de um chamado para ouvir (4,23). No contexto de Marcos, o primeiro dito afirma que, no final das contas, o ensino misterioso de Jesus será manifestado a todos. O segundo dito reitera o ensinamento de 4,10-12 sobre a analogia dos ricos que ficam mais ricos e os pobres que ficam mais pobres. **21.** *uma lâmpada*: Uma lâmpada a óleo feita de cerâmica na forma de um recipiente. Uma lâmpada é acendida não para ficar escondida, mas para ser colocada onde possa irradiar a maior quantidade de luz. *debaixo do alqueire*: O termo grego *modios* deriva-se do latim *modius*, uma medida para grãos consistindo de quase 9 litros. **22.** *pois nada há de oculto... segredo*: A seção explicativa ("pois...") indica que o ocultamento não era a finalidade última do ensino de Jesus por parábolas. O reino proclamado em seu ensino irá, um dia, se tornar manifesto para toda a criação. **24.** *com a medida com que medis será medido para vós*: Quem já tiver alguma percepção espiritual a terá ampliada pela exposição às parábolas de Jesus, enquanto que quem não a tiver terá aumentada sua ignorância espiritual. A mensagem de Marcos é paralela à de 4,10-12. O contexto original pode ter sido um provérbio que tratava de questões socioeconômicas: os ricos se tornam mais ricos e os pobres se tornam mais pobres.

30 (f) *A parábola da semente que cresce por si só* (4,26-29). Como acontece em outras parábolas sobre sementes, esta enfatiza o contraste entre a pequenez da semente e a grandeza da colheita final. Seu foco é o reino escatológico de Deus, mas o reino está suficientemente presente na realidade atual para ser descrito em termos de uma semente e seu desenvolvimento. Deus guia o crescimento do reino em direção à plenitude futura. O reino está vindo tão certa e misteriosamente quanto a colheita segue a semeadura; entrementes, não deve haver desânimo ou impaciência com relação a ele. **26.** *Acontece com o reino de Deus o mesmo que...*: O reino está sendo comparado com todo o quadro esboçado em 4,26-29 e não apenas com o homem que semeou a semente. Não há necessidade de identificar o semeador com Cristo. **27.** *sem que ele saiba como*: O processo pelo qual a semente se desenvolve toma conta de si mesmo; o semeador não o analisa nem o auxilia estar ansioso acerca dele. **28.** *A terra, por si mesma*: A palavra *automatē*, "espontaneamente", "por si mesma", introduz uma descrição do crescimento gradual da semente até a colheita. No contexto da comparação com o reino, a ênfase recai sobre a ação oculta e gradual de Deus em fazê-lo vir ("sem causa visível"). **29.** *se lhe lança a foice, porque a colheita chegou*: A parábola conclui com uma alusão a Jl 4,13 (cf. Ap 14,15), salientando a natureza escatológica do reino.

31 (g) *A parábola do grão de mostarda* (4,30-32). O reino é comparado a uma pequena semente que cresce até formar um grande arbusto. A vinda do reino de Deus é inevitável; portanto, não há necessidade de desânimo ou impaciência em relação à sua vinda. Novamente o reino é uma realidade suficientemente presente para ser descrito em termos do crescimento de uma semente, ainda que Deus seja, claramente, quem a faz crescer. **31.** *um grão de mostarda*: o ponto central é a pequenez da semente (4,31) e a grandeza do arbusto produzido por ela (4,32), ilustrando novamente o início pequeno do reino e o grandioso resultado de sua vinda em plenitude. **32.** *maior que todas as hortaliças*: Assim como o grão de mostarda não é exatamente a menor de todas as sementes, também o arbusto por ele produzido não é o maior de todos. A preocupação com o literalismo não deveria obscurecer a questão básica do contraste. *a tal ponto que as aves do céu se abrigam à sua sombra*: A imagem lembra Dn 4,12 e Ez 17,23; 31,6 e não há certeza de que ela sugira o ingresso dos gentios no reino.

32 (h) *Resumo* (4,33-34). Alguns intérpretes entendem 4,33 como uma afirmação tradicional sobre o uso de parábolas como por parte de Jesus um dispositivo didático e 4,34 como um comentário de Marcos baseado em sua compreensão das parábolas como "enigmas". **33.** *por meio de muitas parábolas como essas*: A linguagem metafórica das parábolas permitia a Jesus falar sobre Deus e a vinda do reino e envolver seus ouvintes mais do que seria possível com palavras diretas ou simples. **34.** *A seus discípulos, porém, explicava tudo em particular*: A informação de que Jesus usava parábolas para todos os seus ouvintes mas dava explicações a seus discípulos coincide com 4,1-20.

33 (D) **Três ações miraculosas (4,35-5,43).** O ensino de Jesus por parábolas é seguido por três (ou quatro) relatos de milagres nas quais ele revela seu poder sobre Satanás na natureza (4,35-41), na possessão (5,1-20), na doença (5,25-34), e n a morte (5,21-24.35-43).

34 (a) *Jesus acalma a tempestade* (4,35-41). O primeiro da série de milagres segue o padrão usual: um obstáculo a ser vencido (uma tempestade no mar), a ação poderosa de Jesus (a ordem de silêncio) e a confirmação (a grande calma e o temor dos discípulos). O pano de fundo para este relato foi, possivelmente, a antiga ideia do Oriente Próximo a respeito do mar como símbolo dos poderes do caos e do mal que lutam contra Deus. Ao controlar a tempestade no mar, Jesus age como Deus age e derrota as forças do mal. É difícil de saber quanto desse simbolismo foi compreendido pelos primeiros leitores de Marcos. Assim, a pergunta dos discípulos no final ("Quem é este...?") expressa a ênfase de Marcos sobre a identidade de Jesus e constitui uma reivindicação cristológica implícita em relação ao caráter divino de Jesus, já que Jesus faz o que Deus faz. **35.** *naquele dia ao cair da tarde*: Sobre a dupla expressão temporal, veja o comentário sobre 1,32.35. *para a outra margem: i.e.*, para a margem oriental do Mar da Galileia. Não está claro se Jesus desejava ir para lá para escapar da oposição ou para encontrar um novo campo para o ensino. **36.** *do modo como estava, no barco*: Esta expressão se refere ao cenário para o ensino em parábolas (4,1-2), no qual Jesus estava sentado num barco com a multidão postada na praia. *outros barcos*: À medida que o relato avança, os outros barcos desaparecem da cena. Alguns comentaristas veem aqui uma alusão ao Sl 107,23-32, que retrata a Deus acalmando uma tempestade. **37.** *uma tempestade de vento*: Vendavais eram ocorrências comuns no Mar da Galileia. **38.** *dormindo*: a capacidade de Jesus de dormir na popa do barco no meio da grande tempestade mostra sua completa confiança em Deus (veja Sl 4,9; Pr 3,24-26). *Mestre, não te importa que pereçamos?*: A pergunta dos discípulos a Jesus é consideravelmente suavizada em Mt 8,25 ("Senhor, salva-nos, estamos perecendo!") e Lc 8,24 ("Mestre, mestre, perecemos!"). **39.** *conjurou severamente:* A capacidade de Jesus de controlar o mar é uma afirmação implícita sobre seu poder divino, já que apenas Deus pode governar o mar (veja Sl 74,13-14; 89,10-12). *Silêncio! Quieto!:* Jesus se dirige ao mar e não aos discípulos. Uma fórmula similar que se encontra em 1,25 (onde Jesus realiza um exorcismo) sugere que aqui Jesus está manifestando seu controle sobre os poderes do mal. *grande bonança*: Esta caracterização indica a completude e a eficácia da ação de Jesus no controle do mar. **40.** *Ainda não tendes fé?*: Esta repreensão é a mais forte até agora dirigida aos discípulos (veja 8,14-21). Faltava-lhes fé em Deus ou em Jesus? Se for a primeira, então eles foram repreendidos por não seguirem o exemplo de confiança em Deus dado por Jesus (4,38). Se for a segunda, então a repreensão enfoca o poder de Jesus, o operador de milagres. **41.** *quem é este...?*: Já que somente Deus podia controlar o vento e o mar, a pergunta dos discípulos contém uma confissão implícita da divindade de Jesus, pelo menos no sentido de que ele faz obras que são, costumeiramente, atribuídas a Deus no AT.

35 (b) *O exorcismo de um demônio* (5,1-20). Assim como acalmar a tempestade mostrou o poder de Jesus contra Satanás na natureza, do mesmo modo seu exorcismo do demônio mostra seu poder sobre Satanás em um caso de possessão. O relato muda seu foco do homem possuído (5,1-10), para a manada (5,11-13), para o povo da região (5,14-17) e de volta para o homem (5,18-20). Alguns comentaristas explicam-no como um relato simples de exorcismo ampliado com detalhes coloridos e lendários. Outros apontam para a riqueza de detalhes e para a extensão comparativamente grande do relato como indicações de testemunho ocular. **1.** *gerasenos:* Gerasa situava-se a 48 km a sudeste do Mar da Galileia, e 5,2 (veja tb. 5,13) sugere que ela ficava à sua margem. Talvez Marcos tivesse em mente uma área geral entre Gerasa e o Mar. Alguns manuscritos rezam "gadarenos" (veja Mt 8,28), mas Gadara situava-se a 9,6 km a sudeste do Mar. Outros manuscritos ainda rezam "gergesenos", seguindo a conjectura feita por Orígenes. A mais provável versão de Marcos é "gerasenos" (veja *TCGNT* 23-24. 84), que pode ser explicado ou como um termo geral para designar a região ou como prova de que Marcos não possuía um conhecimento preciso da geografia da Palestina. **2.** *vindo dos túmulos, um homem possuído por um espírito imundo:* Os túmulos eram considerados os lugares de habitação favoritos dos demônios. Daí se faz uma conexão entre a morte e a possessão demoníaca. **4.** *ninguém conseguia subjugá-lo:* A descrição do comportamento violento do homem utiliza algumas palavras que ocorrem somente aqui em Marcos (*halysis, damazō, diaspaō, katoikēsis, pedē*). **6.** *prostrou-se diante dele:* A ação é, às vezes, interpretada como um reconhecimento autêntico do poder de Jesus e, outras vezes, como um artifício destinado a ganhar poder sobre Jesus. **7.** *Que queres de mim, Jesus, filho do Deus altíssimo?:* As palavras com as quais o possesso se dirige a Jesus são similares às do possesso de 1,24 (veja 3,11). Novamente os demônios reconhecem a verdadeira identidade de Jesus. Alguns comentaristas veem o uso do nome de Jesus como parte da estratégia do demônio de obter controle sobre Jesus (veja 5,9). *não me atormentes:* A solicitação pode refletir o reconhecimento do demônio de que, com a vinda de Jesus, o reino de Deus está irrompendo – um acontecimento que significa desastre para os demônios e outros poderes malignos. **8.** *Sai deste homem, espírito impuro:* Jesus percebe corretamente que o demônio que possuía o homem, e não o homem mesmo, é que estava se dirigindo a ele. **9.** *Qual é o teu nome?:* A pergunta de Jesus aqui fortalece a consideração de 5,7 como parte da estratégia do demônio de obter poder sobre Jesus dizendo seu nome. Agora Jesus está mudando o jogo, obtendo, desta forma, poder sobre o demônio que possuía o homem. *Legião é meu nome, porque somos muitos:* Não é certo se o nome latino *legio* sugere um ataque verbal contra as legiões romanas que ocupavam a Palestina. A palavra poderia ser, simplesmente, uma forma de dizer que muitos demônios possuíam o homem, ou pode ser, ainda, um dispositivo por meio do qual o demônio evitou dar seu verdadeiro nome. Tentativas de ligar o nome com uma personalidade múltipla ou com a esquizofrenia são mais especulativas ainda. **10.** *E rogava-lhe insistentemente:* A ideia de que os demônios precisavam encontrar uma morada era comum (veja Lc 11,24), para que eles não chegassem ao lugar de sua punição eterna (Ap 9,1; 20,10). Aqui, os demônios solicitam o favor de que lhes seja permitido ficar naquela mesma área geral. **11.** *uma grande manada de porcos:* A presença dos porcos indica que o incidente teve lugar em território não judaico, já que os suínos eram impuros para os judeus e, presumivelmente, não eram criados para servir de alimento (veja Lv 11,7-8). **13.** *e a manada... se* *arrojou no precipício abaixo, e se afogou no mar:* Jesus permitiu que os demônios deixassem o homem e entrassem nos porcos; eles entraram nos porcos, e a manada se afogou no mar da Galileia. O acontecimento tem sido interpretado de várias maneiras: o exorcismo de Jesus causou um estouro na manada; o relato ilustra o tema do demônio enganado; um relato que tratava de um exorcista judaico foi transferida para Jesus. O problema é que o relato atribui uma ação destrutiva a Jesus (veja 5,17). Ele aparentemente supõe que a destruição dos animais traga a destruição dos demônios. **15.** *viram o endemoninhado sentado*: Após o testemunho dos que cuidavam dos porcos (5,14), mais provas da completude da cura são dadas retratando o endemoninhado sentado, vestido e em sã consciência. A primeira resposta a esta cena por parte do povo da região é o pavor ("E ficaram com medo"). **17.** *Começaram então a rogar-lhe que se afastasse do seu território*: A atitude de temor reverencial dá lugar à convicção de que Jesus representa um perigo público, presumivelmente pelo motivo de que seu exorcismo levou à destruição da manada. Somente aqui e no relato da figueira estéril (veja Mc 11,12-14.20-21) o poder de Jesus é usado para fins destrutivos. **18.** *rogou-lhe que o deixasse ficar com ele*: O modo pelo qual o pedido do homem é apresentado sugere que ele estava pedindo para fazer parte dos Doze (veja 3,14) e se juntar a eles na missão na Galileia. **19.** *tudo o que fez por ti o Senhor*: O título "Senhor" pode simplesmente designar a Deus, mas o paralelismo com o versículo seguinte ("o quanto Jesus fizera por ele") sugere que ele se refere a Jesus. **20.** *começou a proclamar na Decápole*: A ação do homem é retratada como o cumprimento obediente da ordem de Jesus. A Decápole era a área ao norte da Transjordânia, consistindo de "dez cidades" de caráter fortemente helenístico (→ Geografia Bíblica, 73:52,55), e ficava fora das fronteiras tradicionais da terra de Israel.

36 (c) *Cura de enfermos* (5,21-43). Esta passagem combina dois relatos de cura – a cura da filha de Jairo (5,21-24.35-43) e a cura da mulher com fluxo de sangue (5,25-34), dando assim outro exemplo do dispositivo "sanduíche" em Marcos (veja 1,21-28; 2,1-12; 6,7-30; 11,12-21). Os dois relatos têm alguns pontos em comum: mulheres sofredoras, o número 12 (5,25.42) e o vocabulário ("fé", "medo", "salva", "filha", etc.). Entretanto, o estilo no qual eles são contados aponta para origens diferentes. O relato da filha de Jairo (5,21-24,35-43) é contado em sentenças curtas, com poucos particípios e com a utilização do presente histórico. O relato da mulher com fluxo de sangue (5,25-34) é narrado em sentenças mais longas, usando muitos particípios e os tempos aoristo e imperfeito. **21.** *para o outro lado*: Jesus retorna à margem oeste do Mar da Galileia da qual ele e seus discípulos haviam partido em 4,35. **22.** *um dos chefes da sinagoga:* Jairo era, no mínimo, um membro proeminente da sinagoga judaica, muito provavelmente um membro do conselho dos anciãos que exercia a supervisão da comunidade em assuntos religiosos e sociais. O nome hebraico *Yāʾîr* (veja Nm 32,41; Jz 10,3-5) significa "que Ele (Deus) ilumine", mas aqui não há necessidade de procurar um significado simbólico. Alguns manuscritos omitem a expressão "cujo nome era Jairo" (veja Mt 9,18), mas os indícios que favorecem sua inclusão são muito fortes. **23.** *Rogou-lhe*: A posição de Jairo (5,22) e seu pedido (5,23) o tornam um suplicante, mostrando como, em um caso extremo, uma autoridade judaica procurou a ajuda de Jesus. *Minha filhinha está morrendo:* Marcos diz que ela estava prestes a morrer, ao passo que os outros evangelistas dizem que ela já estava morta (Mt 9,18; Lc 8.42). *Vem e impõe nela as mãos para que ela seja salva e viva*: A imposição das mãos em doentes era uma característica comum em antigos rituais de cura, estando baseada na ideia de que o curador era uma pessoa poderosa (veja 5,27-30 para o procedimento inverso). Os termos usados na expressão de esperança de Jairo ("seja salva e viva") eram os termos técnicos usados nos círculos do protocristianismo para designar a salvação e a vida ressurreta, sugerindo que os primeiros cristãos podem ter entendido a restauração da vida da filha de Jairo como uma prévia ou antecipação da vida ressurreta de Jesus e das pessoas que creem nele. **24.** *apertando-o de todos os lados*: Esta expressão prepara o relato da mulher com fluxo de sangue (5,25-34), onde a pressão da multidão é um aspecto importante. **25.** *certa mulher que havia doze anos tinha um fluxo de sangue*: A descrição da enfermidade da mulher e sua ação aparece em uma única sentença longa, conectada por alguns particípios. Seu problema de saúde é diagnosticado como menorragia ou talvez hemorragia vaginal decorrente de uma fibróide (veja J. D. M. Derrett, *Bib* 63 [1982] 474-505). **27.** *tocou seu manto*: Sua ação se baseia na crença de que o contato com Jesus, a pessoa poderosa, poderia curá-la. A forma indireta de se aproximar foi motivada pelo fato de que uma pessoa em seu estado de saúde era ritualmente impura e transmitiria sua impureza para quem quer que tocasse (veja Lv 15,25-30). **28.** *serei curada*: O verbo grego *sōthēsomai* é também um termo técnico para designar "salvação" nos círculos protocristãos (veja 5,23). **29.** *E logo estancou a hemorragia*: A cura é instantânea e completa. Jesus não disse qualquer palavra nem lhe impôs as mãos (veja 5,23). Jesus está no controle total da situação e do poder divino que ele tem. **31.** *os discípulos disseram-lhe*: a pergunta de Jesus ("Quem tocou minhas roupas?") pede uma resposta, e a intervenção dos discípulos aponta para a dificuldade de encontrar uma resposta. **33.** *a mulher amedrontada e trêmula*: Seu medo pode ter sido ocasionado pelo fato de ela ter envolvido a Jesus na impureza ritual (veja Lv 15,25-30), ou talvez por causa do efeito miraculoso operado nela. *Contou-lhe toda a verdade*: A mulher contou a Jesus tudo o que tinha acontecido – seu toque no manto dele e o resultado. **34.** *a tua fé te salvou*: A mesma fórmula aparece no final do relato de Bartimeu (10,52). Sua fé estava direcionada para Jesus como veículo do poder de Deus. O verbo "salvou" (*sesōken*) também pode ser traduzido como "curou" (veja 5,23.28). *vai em paz, fica curada desse teu mal*: A fórmula de despedida do AT é acompanhada pela promessa de cura permanente.

35. *Tua filha morreu*: O recado transmitido a Jairo sobre a morte da menina destruiu sua esperança em Jesus, o curador. A pergunta áspera que fazem a ele ("Por que perturbas ainda o Mestre?") aumenta ainda mais a desesperança e prepara para a restauração da vida da menina. **37.** *exceto Pedro, Tiago e João*: Estes três discípulos formam um círculo íntimo entre os Doze; apenas eles estão presentes com Jesus no Monte da Transfiguração (9,2) e no Getsêmani (14,33). **38.** *Muita gente chorando e clamando em alta voz*: A descrição da comoção por causa da menina confirma que ela realmente tinha morrido e indica um ritual de luto. **39.** *a criança não morreu; está dormindo*: Embora o relato pareça implicar a ressurreição de uma pessoa morta, a possibilidade da percepção superior de Jesus em relação ao estado da menina (ela estaria em coma ou apenas inconsciente) não pode ser descartada. Portanto, este seria o relato de outra cura contra todas as possibilidades e até mesmo contra a sabedoria de todos os espectadores (veja 5,43). **40.** *E caçoavam dele*: Esta forte expressão da reação da multidão a Jesus fortalece o caráter extraordinário daquilo que Jesus está a fazer. Os pais servem como testemunhas juntamente com Pedro, Tiago e João. Aparentemente todos compartilhavam a opinião de que a menina estava morta. **41.** *Talítha kum*: A expressão translitera o termo aramaico *tělîtâ' qûm*; para outras palavras e expressões aramaicas em Marcos, veja 3,17; 7,11.34; 11,9-10; 14,36; 15,22.34. A ocorrência de expressões aramaicas é geralmente interpretada como uma indicação da Antiguidade do Evangelho de Marcos, embora, no caso de um relato da cura, alguns sustentem que *Talítha kum* funciona como uma espécie de palavra mágica (veja 7,34). *se levantou*: O verbo *egeirein* é frequentemente usado no NT para designar a ressurreição de Jesus, sugerindo, deste modo, que o relato tematiza uma ressuscitação e possui significado simbólico. **42.** *No mesmo instante, a menina se levantou e andava*: A ação da menina e a reação de espanto da multidão confirmam a realidade do milagre. O verbo usado na descrição de sua ação (*anestē*) faz parte do vocabulário empregado pelo NT para designar a ressurreição. A nota sobre sua idade, "pois já tinha doze anos", liga este relato com o precedente (5,25). **43.** *que ninguém soubesse o que tinham visto*: Esta ordem de manter silêncio poderia ser vista como uma indicação de que a menina estava apenas dormindo e que a opinião comum sobre sua morte estava errada; assim, Jesus estaria ordenando silêncio de modo a evitar falsas impressões. Porém, tal abordagem racionalista provavelmente não era o que Marcos tinha em mente, e a ordem deve ser vista como parte do interesse de Marcos na correta compreensão da identidade de Jesus como identidade que inclui a cruz. *E mandou que dessem de comer à menina*: Este detalhe confirma o fato da cura e também indica a compaixão de Jesus.

37 (E) A rejeição de Jesus por seu próprio povo: (6,1-6a). Esta seção do evangelho termina com o relato da rejeição de Jesus por parte de seu próprio povo e resume alguns dos temas desenvolvidos até agora: discipulado e fé, Jesus como mestre e operador de milagres, e a incompreensão e rejeição de Jesus. Na versão de Lucas, este incidente (Lc 4,16-30) ocorre no início do ministério público de Jesus, ao passo que, em Marcos, estamos preparados agora para a rejeição de Jesus à luz de tudo o que lemos até este momento. **1.** *Saindo dali*: Os incidentes precedentes (5,21-43) tiveram lugar próximo à margem oeste do Mar da Galileia (5,21). Agora Jesus vai para o interior, na direção de Nazaré. *foi para sua pátria*: Ainda que o termo grego *patris* possa ter o amplo significado de "terra natal", as tentativas de interpretar 6,1-6 como a rejeição de Jesus por parte de todo o Israel vão longe demais. A ideia aqui é que o povo da cidade natal de Jesus o rejeitou, enquanto que algumas pessoas de Cafarnaum e de outros lugares o haviam aceitado até o ponto de segui-lo de volta para Nazaré. **2.** *começou a ensinar na sinagoga*: A descrição de Jesus como mestre e taumaturgo lembra 1,21-28. A reação inicial à sua sabedoria e feitos poderosos é o espanto. A pergunta deles sobre a origem de ambos: "De onde lhe vem tudo isso?" é irônica: Enquanto o povo da cidade procura o nome do mestre de Jesus, a origem de seus poderes é Deus. **3.** *Não é este o carpinteiro, o filho de Maria, irmão de Tiago, José, Judas e Simão?:* A ironia é aumentada pelos comentários mais ásperos e negativos neste versículo. A descrição de Jesus como o "filho de Maria" pode ser um insulto, já que os judeus eram, costumeiramente, conhecidos pelo nome do pai ("filho de José"). As explicações de que "filho de Maria" indica que José estava morto ou alude à concepção virginal de Jesus são impróprias aqui. Para o significado de "irmãos" e "irmãs", veja *MNT* 65-72; cf. Mc 15,40. *E estavam chocados por sua causa:* O significado básico de *skandalon* é "obstáculo". A reação positiva ou, talvez, neutra para com Jesus torna-se negativa. **4.** *Um profeta só é desprezado em sua pátria*: este provérbio oferecia um comentário adequado sobre a rejeição de Jesus por parte do povo de Nazaré. **5.** *E não podia realizar ali nenhum milagre:* Mt 13,58 suaviza a expressão ("E não fez ali muitos milagres") e Lc 4,16-30 a omite inteiramente. A segunda oração ("a não ser...") modifica e suaviza a primeira. A atenção de Marcos estava dirigida mais para a falta de fé demonstrada pelo povo do que para aquilo que o Jesus terreno poderia fazer ou para os aspectos psicológicos da cura pela fé. **6.** *E admirou-se da incredulidade deles:* A parte anterior do evangelho terminou com a agourenta informação a respeito da oposição a Jesus por parte dos fariseus e herodianos (3,6).

38 (IV) Jesus é incompreendido pelos discípulos na Galileia e seu entorno (6,6b-8,21). A primeira seção (6,6b-34) enfoca os discípulos de Jesus, retratando-os de forma favorável. Porém, no final da terceira parte (7,24-8,21), sua incompreensão de Jesus é exposta por uma série de perguntas brutais. As últimas duas partes (6,35-7,23; 7,24-8,21) têm uma estrutura similar (três relatos de milagres e uma controvérsia); ambas salientam a alimentação miraculosa da multidão.

39 (A) A missão dos discípulos e a morte de João: (6,6b-34). A parte inicial desta seção principal utiliza o dispositivo "sanduíche". Ela começa com Jesus enviando seus discípulos em missão (6,6b-13), narra a história sobre a morte de João Batista (6,14-29), e então descreve o retorno dos discípulos de sua missão (6,30-34). O discipulado pode implicar sofrimento e morte, e o destino de João Batista antecipa o destino de Jesus e seus discípulos.

40 (a) *A missão dos discípulos* (6,6b-13). Marcos construiu uma estrutura redacional (6,6b-7,12-13) para os ditos sobre as orientações para o ministério (6,8-9) e os ditos que tratam da hospitalidade e da rejeição (6,10-11). As atividades dos discípulos são uma extensão do ministério de Jesus de proclamação do reino de Deus em palavras e ações. Nos tempos anteriores à comunicação de massa, as ideias religiosas e filosóficas eram propagadas principalmente por missionários viajantes. Portanto, na protoigreja, as instruções dadas em 6,8-11 devem ter servido como um manual para missionários e para pessoas cuja hospitalidade eles procuravam. A ênfase destes ditos é a subordinação dos interesses materiais e físicos à tarefa da pregação do reino de Deus. Os detalhes refletem as condições da Palestina do séc. I. **6.** *E ele percorria os povoados circunvizinhos, ensinando:* Se 6,6b é lido junto com 6,6a, parece que a consequência da rejeição de Jesus em Nazaré foi sua decisão de ensinar em outros lugares. Se 6,6b é lido junto com 6,7-13, então este trecho marca um novo período no ministério galileu de Jesus, quando ele compartilhou sua pregação e suas curas com os Doze. **7.** *autoridade sobre espíritos impuros:* Marcos apresenta a missão dos Doze como uma extensão do ministério do próprio Jesus de ensinar e curar (principalmente o exorcismo). Veja 9,18, onde os discípulos não conseguem expulsar um demônio. **8.** *que nada levassem para o caminho*: A falta de interesse pelos confortos materiais na viagem reflete a urgência da tarefa dos discípulos e a confiança em Deus que ela exige. *a não ser um cajado apenas:* Mt 10,10 e Lc 9,3 proíbem os discípulos de levar um cajado. A singularidade de Marcos pode ser explicada ou como uma tendência moderadora ou como uma leitura errônea do aramaico "a não ser" no lugar de "não". *nem pão, nem alforje, nem dinheiro no cinto*: Uma bolsa ou algibeira poderia conter uma soma em dinheiro bastante substancial, ao passo que o dinheiro no cinto seria uma quantia relativamente pequena. Todas as fontes de segurança financeira são proibidas. **9.** *calçados com sandálias:* Mt 10,10 e Lc 10,4 proíbem os discípulos de levarem sandálias. Talvez o texto se refira a um par extra, já que caminhar descalço na Palestina rochosa seria muito difícil. *duas túnicas*: O termo grego *chitōn* se refere à túnica interior usada próxima à pele. **10.** *Onde quer que entreis numa casa, nela permanecei:* Os missionários viajantes dependiam da hospitalidade local. Esta ordem tinha a intenção de evitar o gasto indevido de tempo e energias na procura por acomodações melhores. Os missionários viajantes representavam problemas para as comunidades locais, como o mostra *Did.* 11,4-5 com seu conselho de que um apóstolo deve ser acolhido por um dia ou dois, e que uma estadia mais prolongada sugere que ele seja um falso profeta. **11.** *sacudi o pó de debaixo dos vossos pés*: Quando a hospitalidade local não for oferecida, os discípulos são orientados a realizar uma ação simbólica, e não uma represália violenta. Tal ação tinha a função de provocar reflexão entre o povo da localidade. Esta orientação pode ter alguma conexão com o sacudir a poeira dos pés no momento do retorno à Palestina; a ideia seria que as cidades não hospitaleiras não pertencem ao verdadeiro Israel. **12.** *eles pregavam que todos se arrependessem*: O resumo marcano da pregação dos discípulos lembra o resumo da pregação de Jesus em 1,14-15 e salienta, assim, o tema de que os discípulos compartilham a missão de Jesus. **13.** *E expulsavam muitos demônios, e curavam muitos enfermos, ungindo-os com óleo:* Com exceção da referência ao ungir com óleo (veja Lc 10,34; Tg 5,4), a descrição lembra as atividades de Jesus já narradas no evangelho. O uso do óleo em conexão com as curas era comum na Antiguidade.

41 (b) *A morte de João* (6,14-29). Entre o envio dos discípulos por Jesus (6,6b-13) e seu retorno (6,30-34), Marcos insere um relato sobre o interesse de Herodes Antipas em Jesus e as opiniões populares sobre Jesus (6,14-16), que leva a uma narrativa retroativa da morte de João Batista (6,17-29). Ao colocar estes relatos entre o material sobre os discípulos, Marcos está indicando qual pode ser o custo do discipulado. O interesse principal de Marcos em seu relato sobre a morte de João Batista é o desenvolvimento de um paralelo entre seu destino e o destino de Jesus (e dos discípulos). **14.** *Herodes*: Este é Herodes Antipas, um dos filhos de Herodes, o Grande. Sua designação correta seria "tetrarca" (veja Mt 14,1; Lc 9,7; → História, 75:165). O interesse de Herodes em Jesus não parece ter se baseado na possível ameaça política representada por ele. *e diziam*: ainda que o singular *elegen*, "ele [i.e., Herodes] dizia", apareça na maioria dos manuscritos, o plural *elegon*, "diziam", combina melhor com 6,15. As pessoas identificavam Jesus com João Batista, Elias ou algum dos profetas (veja 8,28 para a mesma lista). *João Batista foi ressuscitado dos mortos*: A ideia de que João Batista tinha ressuscitado dos mortos aponta para adiante, para a ressurreição de Jesus. Jo 10,41 afirma que "João não fez sinal algum", o que não é inconsistente com a ideia de Herodes de que o João *redivivus* poderia operar milagres. **15.** *É Elias*: O retorno de Elias se baseia no fato de ele ter sido arrebatado para os céus (2Rs 2,11). Para seu esperado retorno em um contexto escatológico, veja Ml 3,1.23. *É um profeta como os outros profetas*: A expressão pode referir-se a alguma figura profética ou ao profeta semelhante a Moisés prometido por Dt 18,15. **16.** *É João, que eu mandei decapitar, que ressuscitou*: Marcos apresenta a opinião de Herodes como um sinal de exasperação ("É João Batista novamente"). A referência a ele neste contexto serve como ocasião para Marcos contar a história de como Herodes foi o responsável pela morte de João Batista. **17.** *Herodíades, a mulher de seu irmão, Filipe:* Herodíades era a sobrinha de Herodes Antipas. Ela tinha sido casada, não com Filipe, mas com um outro irmão de Herodes Antipas, que também tinha o nome de Herodes (Josefo, *Ant.* 18.5.4 § 136; → História, 75:165). Ou a tradição ou Marcos registrou a relação errada, já que Filipe era casado com Salomé (veja *Ant.* 18.5.4 § 137). **18.** *Não te é lícito possuir a mulher de teu irmão*: A acusação de João Batista se baseia em Lv 18,16; 20,21, que proibia ao homem casar com a mulher de seu próprio irmão. **19.** *Herodíades, então, se voltou contra ele e queria matá-lo:* Marcos atribui a morte de João Batista ao ódio de Herodíades por causa de sua acusação profética contra seu casamento com Herodes Antipas, enquanto Josefo *(Ant.* 18.5.2 § 118) a atribui à ameaça política representada pela crescente popularidade de João Batista. Jezabel, em 1Rs 21, pode ter sido o modelo literário para o retrato de Herodíades feito por Marcos. **20.** *pois Herodes tinha medo de João*: A dificuldade de Herodíades de matar João estava relacionada com a fascinação que Herodes Antipas tinha por ele. **21.** *aos seus magnatas, aos oficiais e às grandes personalidades da Galileia*: A presença de tais pessoas no aniversário de Herodes sugere que a festa aconteceu na capital Tiberíades, na Galileia. Josefo, porém (*Ant.* 18.5.2 § 119), diz que João Batista foi morto na fortaleza de Macaero, na margem leste do Mar Morto. Herodes pode ter convidado seus assistentes para passar umas férias em Macaero, onde João Batista tinha sido mantido prisioneiro, por segurança (*i.e.*, para mantê-lo longe do olhar público). **23.** *até a metade do meu reino*: As palavras de Herodes são iguais às de Assuero, o rei persa, a Ester (veja Est 5,3). O fato de a moça agradar o rei lembra Est 2,9, e a cena do banquete real lembra imediatamente a cena do banquete de Est 1,1-22. Porém, interpretar este relato do evangelho como um *midrásh* sobre o livro de Ester é pedir demais desses poucos paralelos. **24.** *A cabeça de João Batista*: A resposta imediata de Herodíades à pergunta de Salomé tem o efeito de sugerir que Herodíades tinha todo o cenário planejado de antemão. A culpa é colocada principalmente nela, fazendo de Herodes Antipas uma vítima de sua própria promessa tola. **25.** *num prato*: O termo grego *pinax*, que originalmente descrevia uma "tábua" ou "prancha", foi usado mais tarde para designar um grande prato raso. A rapidez da jovem em fazer o que lhe foi solicitado ("apressadamente") e a repulsiva ideia de exibir a cabeça de João Batista em um prato no banquete encherá de revolta o leitor. **26.** *O rei ficou profundamente triste. Mas, por causa do juramento...*: O modelo de voto tolo do AT é Jefté (Jz 11,29-40). Marcos apresenta Herodes Antipas como enredado entre sua jactância pública de dar a Salomé qualquer coisa que ela pedisse e a realidade concreta do pedido dela. O fato de que sua palavra e reputação eram mais importantes para ele do que a vida de João Batista adiciona sordidez ao relato. **28.** *Deu-a à moça*: A transferência da cabeça de João Batista do soldado para Salomé e, enfim, a Herodíades é outro detalhe horrível. **29.** *Os discípulos de João souberam disso, foram lá, pegaram o corpo e o colocaram num túmulo*: esta descrição terá eco em 15,45-46 em relação ao corpo de Jesus. O paralelismo entre os destinos de João Batista e de Jesus parece ter sido o interesse principal de Marcos nesta passagem.

42 (c) *O retorno dos discípulos* (6,30-34). Pode-se sustentar que estes versículos constituem o início do relato da alimentação dos cinco mil (6,35-44). Porém, seu óbvio relacionamento verbal com a ordem missionária (6,6b-13) e o sanduíche que estas duas passagens formam com 6,14-29 indicam que, na estrutura geral, ela pertence a 6,6b-29. Entretanto, alguns elementos em 6,30-34 montam o cenário para a multiplicação dos pães e peixes. A perícope salienta a participação dos discípulos no ministério de Jesus, o entusiasmo popular em relação a Jesus e a compaixão demonstrada por Jesus. **30.** *Os apóstolos*: talvez a razão para "apóstolos" aqui seja o fato de que Marcos tinha usado o termo "discípulos" com referência aos seguidores de João Batista em 6,29. *tudo o que tinham feito e ensinado*: Este resumo um tanto vago da missão dos discípulos está ligado às partes redacionais da ordem missionária de Marcos (6,7.12-13), sugerindo que ele também foi acrescentado por Marcos. **31.** *Vinde vós, sozinhos, a um lugar deserto*: Este versículo da perícope, assim como os restantes, aponta para adiante, para a multiplicação dos pães (6,35-44). O fato de que Jesus e seus apóstolos estavam em um lugar deserto e que tinham apenas a alimentação suficiente para suas próprias necessidades prepara o ambiente para a alimentação miraculosa dos cinco mil. **33.** *chegaram antes deles*: a ideia é que as multidões que estavam a pé ultrapassaram Jesus e seus discípulos, que estavam de barco. A presença inesperada das multidões proporciona a situação imediata para a multiplicação. **34.** *como ovelhas sem pastor*: A expressão se baseia em Nm 27,17; 1Rs 22,17 e Ez 34,5-6.

43 **(B) Atos poderosos e uma controvérsia (6,35-7,23).** Esta seção e a seguinte (7,24-8,13) têm uma estrutura similar composta de ações miraculosas seguidas de uma controvérsia. Todos os episódios estão focados em Jesus, o operador de milagres, o curador e o mestre. Ainda mais importantes são as reivindicações cristológicas implícitas feitas acerca dele como o Messias (6,35-44), o Filho de Deus (6,45-52), e o intérprete autorizado da lei do AT (7,1-23).

44 (a) *Jesus alimenta os cinco mil* (6,35-44). A alimentação miraculosa aponta para a alimentação dada por Deus a seu povo no deserto e para a alimentação dada por Eliseu aos cem homens (2Rs 4,42-44). Ela também aponta para adiante, para o reino de Deus como um banquete que o Messias irá presidir. Assim, Jesus está ensinando sobre a natureza do reino vindouro de Deus. São feitas algumas conexões óbvias com a última ceia (veja 6,41; 14,22), sugerindo um aspecto eucarístico do relato. Marcos e seus leitores viram este incidente como uma antecipação da última ceia e do banquete messiânico, ambos celebrados nas eucaristias da comunidade. O relato da alimentação dos cinco mil é contado em todos os quatro evangelhos (veja Mt 14,15-21; Lc 9,12-17; Jo 1-15) e um relato paralelo da alimentação dos quatro mil aparece em Mc 8,1-10 e Mt 15,32-39. **35.** *os discípulos:* Marcos retoma sua forma habitual de chamar os seguidores de Jesus. Na primeira parte deste relato (6,35-38), os discípulos travam um diálogo com Jesus e não conseguem perceber seus propósitos. O tema de seu entendimento errôneo acerca de Jesus será desenvolvido posteriormente. *O lugar é deserto e a hora é muito avançada:* A primeira afirmação dos discípulos esclarece os problemas implicados na alimentação da multidão. Eles sugerem em 6,36 que Jesus deixe as pessoas irem para comprar comida para si mesmas. A descrição do local como *erēmos*, "deserto", pode ter alguma conexão com o tema do maná do AT, embora este local, com cidades ao redor, dificilmente poderia ser qualificado como um deserto. A localização tradicional da multiplicação dos pães é a região de et-Tabgha (E. Bagatti, *Salmanticensis* 28 [1981] 293-98). **37.** *Dai-lhes vós mesmos de comer:* A resposta de Jesus à sugestão "sensata" dos discípulos os pega desprevenidos, e a segunda afirmação deles acerca dos 200 denários necessários para a compra de pão está próxima da hostilidade. Um denário era o salário de um dia de trabalho (Mt 20,2). **38.** *dois peixes:* As referências ao peixe (6,41.43) no relato parece ser uma reflexão tardia. Seu papel no relato é interpretado de várias maneiras: como uma indicação de que o peixe era usado em algumas eucaristias protocristãs, como criaturas do mar que servem de alimento como as codornizes com as quais Israel foi alimentado no deserto (Nm 11,31; Sb 19,12), ou como uma antecipação das criaturas do mar que fariam parte do banquete messiânico (4Esd 6,52; *2Apoc. Bar.* 29,4). A terceira interpretação é a mais provável. **40.** *em grupos:* O termo grego *prasia* significa "canteiro de alho", que era plantado em fileiras. O retrato vívido da multidão em 6,39-40 dá um sentido de ordem e decoro, contribuindo, desta forma, para a ideia do banquete messiânico. **41.** *elevou ele os olhos ao céu, abençoou, partiu os pães...:* A semelhança fraseológica entre 6,41 e 14,22 (na última ceia) indica que esta refeição no deserto foi entendida como uma antecipação da eucaristia (que, por sua vez, antecipa o banquete messiânico). A bênção deve ter sido a bênção judaica tradicional feita antes das refeições. *deu-os aos discípulos para que os distribuíssem*: A descrição da atividade dos discípulos é, às vezes, vista como parte da antecipação eucarística, por causa de sua função como distribuidores do pão. **42.** *Todos comeram e ficaram saciados*: Outro elemento antecedente do relato pode ter sido a miraculosa alimentação de 100 homens por Eliseu (2Rs 4,42-44), na qual todos comeram e ainda houve algumas sobras. **43.** *doze cestos cheios dos pedaços*: O termo grego *klasmata*, "pedaços", aparece num contexto eucarístico em *Did.* 9. O número 12 pode ter alguma referência simbólica a Israel; cf. o número sete (= gentios?) em 8,8. **44.** *cinco mil homens*: A grandiosidade do número de pessoas alimentadas significa que a alimentação miraculosa de Jesus ultrapassa de longe aquela feita por Eliseu.

(FOWLER, R. M., *Loaves and Fishes* [SBLDS 54; Chico, 1981]. VAN CANGH, J.-M., *La multiplication des pains et l'Eucharistie* [LD 86; Paris, 1975].)

45 (b) *Jesus caminha sobre as águas* (6,45-52). A interpretação deste relato como uma epifania/teofania é a mais consistente com a apresentação de Marcos. O enfoque é duplo: Jesus e os discípulos: (1) A identidade divina de Jesus é sugerida por seu caminhar sobre as águas, seu passar por eles e suas palavras, "Sou eu". (2) Os discípulos passam por toda uma gama de emoções, terminando com seu espanto e com o comentário de Marcos acerca de sua incapacidade de compreender a verdadeira identidade de Jesus. **45.** *na outra margem, para Betsaida:* Betsaida Julias estava situada no lado nordeste do mar da Galileia. Porém, de acordo com 6,53 eles aportaram em Genesaré, no lado noroeste, abaixo de Cafarnaum. **46.** *para orar*: O fato de Jesus ter orado após o milagre dos pães e antes de caminhar sobre as águas demonstra que a fonte de seu poder era o Pai. **47.** *o barco estava no meio do mar*: Esta última expressão descreve, não o centro geográfico do mar da Galileia, mas, antes, o fato de que os discípulos estavam longe da praia na qual Jesus estava. *e ele sozinho em terra*: a preposição *epi*, "em", localiza Jesus na terra e sua ocorrência aqui torna difícil a interpretação de *epi tēs thalassēs* (6,48) como "pelo mar". **48.** *o vento lhes era contrário*: O vento (veja 6,51), embora seja um fator do relato, não representa o mesmo tipo de papel que teve no acalmar da tempestade (4,35-41). *pela quarta vigília da noite*: A quarta vigília, de acordo com a contagem romana, era entre 3 e 6 horas da manhã. *caminhar sobre o mar:* Marcos está querendo dizer "sobre a água" e não simplesmente "pela praia". A preposição *epi* empregada aqui não permite uma explicação naturalista (veja 6,47). O AT retrata o andar sobre as águas como uma função divina (veja Jó 9,8; 38,16). Portanto, a representação de Jesus como aquele que caminha sobre as águas contém uma reivindicação implícita de sua divindade. *julgaram que fosse passar adiante deles*: A reivindicação cristológica implícita é fortalecida pelo uso do verbo *parelthein*, que estava ligado à tradição de teofanias na LXX (veja Ex 33,19.22; 34,6; 1Rs 19,11). Sua ocorrência no Amós da LXX (7,8; 8,2) também sugere que Jesus desejava ajudar seus discípulos na dificuldade deles (H. Fleddermann, *CBQ* 45 [1983] 389-95). **50.** *Sou eu:* No contexto da autorrevelação e teofania, esta expressão deve aludir à fórmula de revelação do AT (Ex 3,14; Dt 32,39; Is 41,4; 43,10) aplicada a Iahweh, contribuindo, desta forma, para a mensagem cristológica do texto como um todo. A fórmula *egō eimi* é proeminente em João. **52.** *não tinham entendido nada a respeito dos pães*: O comentário de Marcos sobre o espanto dos discípulos enfoca sua dureza de coração (veja 8,14-21, onde este tema é muito mais forte). Talvez o problema fosse que, de acordo com Marcos, os discípulos precisavam passar da interpretação de Jesus como Messias presidindo o banquete messiânico (veja 6,35-44) para o entendimento dele como o Filho de Deus (veja 1,1; 15,39); *i.e.*, como um ser divino.

46 (c) *Curas de enfermos* (6,53-56). O vocabulário da passagem indica que Marcos provavelmente a compôs, possivelmente com base em algumas tradições. Embora esta passagem seja anticlimática por sua posição após a multiplicação dos pães e o caminhar sobre as águas, ela coloca novamente em foco um tema-chave do evangelho: Jesus, o curador. A recepção entusiástica dada a ele pela população geral contrasta com a atitude censuradora de seus oponentes na controvérsia seguinte (7,1-23). **53.** *em Genesaré*: A jornada cujo destino era Betsaida Julias termina em Genesaré – bem fora de rota (veja comentário sobre 6,45). O desvio é atribuído ao vento (6,48) ou (mais provavelmente) à junção de unidades da tradição originalmente independentes. **56.** *que lhes permitisse ao menos tocar na orla de seu manto*: A mesma ideia que aparece no relato da cura da mulher por Jesus de 5,25-34 é generalizada aqui. *eram salvos*: O termo grego *esōzonto* também pode significar "curados". O sentido literal da cura é, certamente, primário aqui, mas a escolha deste verbo situa a cura no contexto do querigma cristão.

47 (d) *A controvérsia sobre a pureza ritual* (7,1-23). A controvérsia que constitui o clímax desta seção (veja 8,11-21) começa com uma contestação dos fariseus e dos escribas referente ao fato de os discípulos não cumprirem o ritual de se lavar antes de comer (7,1-8). A crítica de Jesus de que seus oponentes estavam trocando os mandamentos divinos por suas tradições humanas conduz ao exemplo da prática do *korban* (7,9-13). Finalmente, Jesus faz uma afirmação pública e dá uma explicação privada acerca da não-validade das leis judaicas de alimentação (7,14-23). Assim, as perícopes são conectadas frouxamente pelo assunto (lavagens rituais, *korban*, leis de alimentação). O foco teológico é a lei do AT em relação a Jesus. Ele rejeita a tradição farisaica em torno da observância da lei, adverte contra a substituição dos mandamentos divinos por ensinamentos humanos e contra o uso da lei como uma forma de a pessoa escapar de sua obrigação e anula as leis de alimentação do AT. A reivindicação cristológica implícita é que Jesus é o intérprete autorizado da lei do AT. **1.** *os fariseus e alguns escribas*: Estes oponentes já são conhecidos a partir das séries de controvérsias em 2,1-3,6. O fato de que os escribas vieram de Jerusalém indica que o incidente ocorreu na Galileia, ainda que nada específico seja dito sobre o tempo ou o lugar. **2.** *com as mãos impuras, isto é, sem lavá-las*: A reclamação era que os discípulos de Jesus não seguiam as práticas judaicas tradicionais de purificação ritual. Não era uma questão de higiene. A explicação acrescentada por Marcos ("isto é, sem lavá-las") indica que ele escrevia a um público para o qual tais práticas não eram familiares. **3.** *os fariseus, com efeito, e todos os judeus*: A explicação entre parênteses em 7,3-4 é claramente dirigida a um público não-judaico, dando assim indícios acerca do destinatário dos evangelhos e seu propósito. *Sem lavar o braço até o cotovelo*: A RSV deixa sem tradução a difícil palavra grega *pygmē*, que pode ser um latinismo baseado em *pugnus/pugillus*, "punho", i.e., com o punho. Marcos estava descrevendo a quantidade de água usada no ritual de lavagem judaica (veja *m. Yad.* 1,1; veja H. Balz, *EWNT* 3. 473). *a tradição dos antigos*: Os rabinos desenvolveram uma noção de tradição segundo a qual os grandes mestres de Israel formavam uma cadeia que retrocedia até Moisés no Sinai (veja *m. 'Abot* 1,1-12). Os fariseus desejavam estender as leis de pureza ritual aplicadas aos sacerdotes no AT a todos os israelitas, tornando, assim, efetiva a visão de um povo sacerdotal. **4.** *lavação de copos, de jarros, de vasos de metal*: Alguns comentaristas encontram um tom irônico e impaciente nesta lista. Alguns manuscritos acrescentam "e camas" à lista (veja Lv 15), o que pode ter sido omitido acidentalmente ou por causa da incongruência da lavagem de camas. **6.** *Bem profetizou Isaías a respeito de vós, hipócritas*: A citação é aplicada ao estilo de vida religioso dos fariseus e escribas. O termo grego *hypokritēs* descreve um ator cujo rosto fica escondido atrás de uma máscara, mas aqui implica o tom de "falso". *Este povo honra-me com os lábios...*: A citação de Is 29,13 é da LXX, e não do texto hebraico, ainda que haja algumas diferenças para com a LXX. Talvez Marcos (ou sua tradição) usasse uma tradução grega variante, que pode ter feito parte de uma antologia de citações do AT. **7.** *Em vão me prestam culto; as doutrinas que ensinam são apenas mandamentos humanos*: A LXX reza "...ensinando mandamentos de homens e doutrinas" (cf. Cl 2,22). Os fariseus e escribas prestavam culto a Deus somente da boca para fora e apresentavam seus ensinamentos humanos como se fossem mandamentos divinos. O contexto deste debate no tempo de Jesus pode ter sido o programa farisaico de estender a obrigação de pureza ritual a todo o Israel. Para a protoigreja, o incidente dava uma explicação de por que os seguidores de Jesus não observarem as tradições judaicas. **8.** *Abandonais o mandamento de Deus, apegando-vos à tradição dos homens*: A sentença torna explícito o que estava implícito na citação de Is 29,13. Os fariseus e escribas teriam negado vigorosamente esta acusação porque eles percebiam a si mesmos como os que tornavam práticos e concretos os ensinamentos que não eram claros a partir da própria lei. **9.** *Sabeis muito bem desprezar o mandamento de Deus para observar sua própria tradição*: Esta acusação recapitula a ênfase de 7,1-8 e prepara para a ilustração do *korban* em 7,10-13. **10.** *Moisés disse*: O mandamento divino (veja Mt 15,4, "Com efeito, Deus disse") implica honrar os pais (Ex 20,12; Dt 5,16) e não falar mal deles ou amaldiçoá-los (Ex 21,17; Lv 20,9). **11.** *Vós, porém, dizeis*: O versículo estabelece um contraste acentuado entre o mandamento divino e o ensinamento dos escribas e fariseus sobre o *korban*. O termo grego *korban* é uma transliteração do aramaico *qorbān*, "oferta", "dom". O receptor da oferta é Deus. Ao declarar a propriedade ou o dinheiro como uma "oferta" a Deus, um filho poderia anular qualquer reivindicação que seus pais anciãos pudessem ter sobre ela. O termo aparece na inscrição de um ossuário encontrado próximo de Jerusalém: "Tudo o que um homem encontrar para seu proveito neste ossuário é uma oferta a Deus por parte daquele que está dentro dele". Esta inscrição tinha a intenção de evitar que ladrões de tumbas roubassem objetos de valor do ossuário (J. A. Fitzmyer, *ESBNT* 93-100). **12.** *fazer mais nada por seu pai ou sua mãe:* Jesus afirma que o resultado da prática do *korban* é privar os pais do benefício da propriedade de seus filhos, constituindo, assim, uma infração do mandamento (veja 7,10). O que parece um comportamento piedoso é, na verdade, um modo de fugir da obrigação religiosa. Alguns mestres judaicos posteriores concordaram com Jesus (veja *m. Ned.* 9,1-2). **13.** *invalidais a palavra de Deus pela tradição:* O comentário final retorna ao princípio geral (7,8-9) ilustrado pela prática do *korban.* O *korban* não é um exemplo isolado, mas, antes, uma orientação geral entre os escribas e fariseus. **14.** *chamando de novo para junto de si a multidão:* Marcos deu estrutura narrativa a uma série de ditos frouxamente conectados com o material precedente pelo tema da pureza/impureza. **15.** *Nada há no exterior do homem que, penetrando nele, possa torná-lo impuro:* Jesus parece anular as leis do AT que tratam da impureza ritual e da alimentação (veja Lv 11; Dt 14), que não somente ocupavam uma grande parte do Pentateuco, mas também devem ter interessado diretamente os judeus em seu cotidiano. A natureza radical da afirmação de Jesus e sua incisiva ruptura com a tradição judaica têm levado muitos estudiosos a atribuí-la, sem qualquer hesitação, ao Jesus terreno (N. J. McEleney, *CBQ* 34 [1972] 431-60; J. Lambrecht, *ETL* 53 [1977] 24-82). Porém, se este dito foi tão claramente um ensinamento de Jesus sobre as leis de alimentação judaicas, por que ninguém o usou no debate sobre a obrigação dos cristãos gentílicos de observar as leis de alimentação (H. Räisänen, *JSNT* 16 [1982] 79-100)? **16.** *Se alguém tem ouvidos para ouvir, ouça:* O versículo é a sequência do chamado a ouvir (7,14; veja 4,3), e pode se derivar de 4,9 e/ou 4,23. A *RSV* segue alguns manuscritos importantes ao omiti-lo. **17.** *a parábola:* Marcos construiu uma cena para a explicação que evoca 4,10 (em que Jesus explica a finalidade das parábolas e a parábola das sementes). *Parabolē* tem aqui o sentido de "dito obscuro" ou mesmo de "enigma", ainda que 7,15 pareça notavelmente claro. **19.** *nada disso entra no coração:* A parte precedente da sentença (7,18b) apenas repete o ensinamento de 7,15. Esta parte explica que, já que a comida não entra no coração (que no hebraico designa a sede tanto da aprendizagem quanto do sentimento), mas somente no estômago, a comida impura não corrompe a essência interior da pessoa. Esta explicação sugere uma distinção entre a pessoa interior (religião e moralidade) e a pessoa exterior (ritualismo) que não era usual na tradição judaica. *(ele declarava puros todos os alimentos):* Novamente o problema: se Jesus tinha sido tão explícito sobre a observância das leis de alimentação judaicas, por que havia tantos debates sobre este assunto na protoigreja (veja Gl 2,11-14; Rm 14,14-20; Cl 2,20-23; At 10,14-15; etc.)? **20.** *O que sai do homem:* Ao passo que a primeira parte da explicação (7,18b-19) está focada no "o que entra", a segunda parte atribui corrupção real às coisas que saem do homem. A ideia é que as más ações e os vícios procedem de pessoas más. **21-22.** *intenções malignas... adultérios...:* O catálogo dos pecados contém tanto más ações quanto vícios. Outras listas dessas aparecem em Gl 5,19-21; Rm 1,29-31; 1Pd 4,3, e muitos dos termos são comuns nas cartas paulinas. O recurso do catálogo era comum no mundo greco-romano e era conhecido também no judaísmo (veja 1QS 4,9-11). **23.** *todas estas coisas más saem de dentro:* A sentença final resume a mensagem da segunda parte da explicação (7,20-23).

48 (C) Mais atos poderosos e uma controvérsia (7,24-8,21). Esta seção tem a mesma estrutura geral – três milagres e uma controvérsia – que 6,35-7,23. Novamente o foco está em Jesus e nas reivindicações cristológicas feitas acerca dele. O desenvolvimento principal aqui se refere à incapacidade de os discípulos compreenderem a Jesus e seu cuidado por eles (veja 8,14-21).

49 (a) *Cura da filha de uma mulher gentia* (7,24-30). Embora este incidente tenha as características de um relato de cura (um espírito imundo, o poder curador de Jesus e a prova da cura), seu foco real é o diálogo entre Jesus e a mulher gentia, que tem lugar em solo gentio. Em resposta ao pedido da mulher de cura para sua filha, Jesus enuncia um dito que parece excluir os não judeus como recebedores de seu poder. A resposta da mulher critica tal exclusividade e mostra como pode haver lugar para não judeus no plano de Deus. Os leitores gentílico-cristãos de Marcos entenderiam este relato como uma explicação de sua presença no povo de Deus. **24.** *Tiro*: Esta região fronteiriça ao noroeste da Galileia, era de caráter predominantemente gentílico. Não se sabe o quanto Jesus penetrou nesta região. Aparentemente, ele foi para lá com o propósito de descansar e refletir. Para o entusiasmo relacionado com Jesus entre o povo daquela área, veja 3,8. **25.** *veio e atirou-se a seus pés*: A postura da mulher é de súplica (veja 3,11; 5,23) no interesse de sua filha que estava possuída por um espírito imundo. Seu pedido é descrito em 7,26. **26.** *era grega, sírio-fenícia de nascimento*: O primeiro adjetivo descreve a religião da mulher ("uma gentia"; cf. Mt 15,22, "uma Cananeia") e o segundo especifica sua nacionalidade. Ela não fazia parte da população judaica da região de Tiro. **27.** *Deixa que primeiro os filhos se saciem*: Os filhos são, certamente, os judeus. O dito incorpora a ideia paulina da ordem da história da salvação ("em primeiro lugar do judeu, mas também do grego"; veja Rm 1,16). *não é bom tirar o pão dos filhos e atirá-lo aos cachorrinhos*: Os escritores judaicos às vezes descreviam os gentios como "cães". Pode haver alguma suavização no diminutivo "cachorrinhos". **28.** *também os cachorrinhos comem, debaixo da mesa, as migalhas dos filhos!*: A espirituosa resposta da mulher usa o pronunciamento de Jesus para dar a vantagem a ela. Sem negar a precedência histórico-salvífica de Israel e o foco do ministério de Jesus, ela rejeita a ideia de exclusividade para o poder de Jesus. Para o uso da imagem de comer migalhas sob a mesa no AT, veja Jz 1,7. **29.** *Pelo que disseste, vai*: Jesus interpreta a resposta da mulher como um sinal de fé no plano de Deus e em seu poder. A suposição parece ser que a menina tenha sido curada por Jesus à distância, embora seja concebível que o milagre consistisse no conhecimento de Jesus de que ela já tinha sido curada. **30.** *encontrou a criança atirada sobre a cama. E o demônio tinha ido embora*: Estes detalhes servem para provar a totalidade da cura.

50 (b) *A cura de um homem incapaz de ouvir e falar corretamente* (7,31-37). Após uma introdução geográfica, a passagem segue o esboço usual dos relatos de cura. A ordem de Jesus para que a multidão silencie quanto à cura (7,36) e sua subsequente violação trazem à tona o tema de sua identidade, sugerindo que as curas não dizem tudo a seu respeito. As palavras que expressam o entusiasmo da multidão por Jesus (7,37) são tiradas de um trecho apocalíptico de Isaías, sugerindo que, nas atividades de Jesus, o reino de Deus está presente. **31.** *passando por Sidônia*: O desvio tomado por Jesus tem intrigado os comentaristas: "De acordo com a versão apoiada pelos melhores representantes dos textos alexandrinos e ocidentais, bem como notáveis testemunhas de Cesareia, Jesus tomou uma rota de desvio, passando ao norte de Tiro por Sidônia e daí para o sudeste, cruzando Leontes, continuando para o sul, passando por Cesareia de Filipe para o leste do Jordão, e, então, aproximou-se do mar da Galileia por seu lado leste, no território da Decápole" (*TCGNT* 95-96). Esta jornada através de um território amplamente gentílico pode ter sido compreendida por Marcos como uma antecipação da missão da igreja aos gentios. **32.** *um surdo que gaguejava*: O termo grego *kōphos*, usado em referência ao ouvir, significa "surdo", mas o termo *mogilalos*, "que fala com dificuldade", descreve um defeito na fala (veja 7,35, "falava corretamente"). *que impusesse a mão sobre ele*: O singular "mão" não é usual em Marcos, sobretudo no contexto da imposição de mãos (veja 5,23; 6,5; 8,23). **33.** *colocou os dedos nas orelhas dele e, com saliva, tocou-lhe a língua*: Tirando o homem da multidão, Jesus realiza um ritual de cura. Para o uso de saliva nas curas de Jesus, veja

Mc 8,23; Jo 9,6. **34.** *levantando os olhos para o céu, gemeu*: O significado imediato destas ações é que Jesus orou a Deus e foi movido por compaixão pelo homem. Elas não fazem parte, necessariamente, de um rito mágico. *"Effatha, que quer dizer 'Abre-te'"*: A glosa "abre-te" explica o significado da palavra semítica, usualmente compreendida como o aramaico *'eppattaḥ* (= *'etpattaḥ;* veja S. Morag, *JSS* 17 [1972] 198-202). **35.** *abriram-se-lhe os ouvidos e a língua se lhe desprendeu*: A completude da cura é salientada com esta frase. Alguns manuscritos incluem o advérbio *eutheōs*, "imediatamente". *falava corretamente*: A melhor tradução para o advérbio *orthōs* é "apropriadamente", que é mais idiomático do que "perfeitamente" e menos rígido do que "corretamente". **36.** *proibiu de contar*: A proibição de Jesus do contar sobre a cura provavelmente faz parte da insistência de Marcos de que Jesus é mais do que um taumaturgo e que sua identidade completa será somente revelada na cruz e na ressurreição. A proibição tem o efeito oposto. A reação da multidão dá testemunho da realidade da cura, ao mesmo tempo que sublinha o tema da identidade de Jesus. **37.** *faz tanto os surdos ouvirem como os mudos falarem*: A afirmação da multidão alude a Is 35,5-6, que faz parte de uma visão do futuro glorioso de Israel (Is 34-35), relacionada com Is 40-66. O uso deste texto do AT aqui indica que o futuro glorioso de Israel já está presente no ministério de Jesus.

51 (c) *Jesus alimenta os quatro mil* (8,1-10). Há claras diferenças na alimentação dos quatro mil (8,1-10) em comparação à dos cinco mil (6,35-44). A multidão esteve com Jesus por três dias; os discípulos sabiam que suprimentos estavam disponíveis; houve duas bênçãos; restaram sete cestos de sobras, e quatro mil foram alimentados. A despeito dessas diferenças, há tantas similaridades que os relatos de alimentação são usualmente entendidos como dois relatos do mesmo incidente. Os temas teológicos de 8,1-10 são os mesmos que os de 6,35-44: Deus alimenta seu povo no deserto, o banquete messiânico e a antecipação da eucaristia. O elemento teológico distintivo se encontra no número de pães e de cestos restantes – sete, interpretado frequentemente como uma referência à missão aos gentios da protoigreja. **2.** *Tenho compaixão da multidão*: A razão da compaixão de Jesus é que a multidão estava sem comer há três dias. Em 6,34, eles eram como ovelhas sem pastor. Enquanto o primeiro incidente parece ter ocorrido, todo ele, em um só dia, este se estende por três dias. **3.** *se os mandar em jejum*: Em 6,35-36, os discípulos sugerem que Jesus despida a multidão. **4.** *aqui num deserto, saciar com pão*: A combinação de "pão" e "deserto" evoca o tema do maná do AT. Nada é dito sobre os peixes aqui (veja 8,7). A incapacidade dos discípulos de compreender o que Jesus iria fazer, à luz da primeira multiplicação (6,35-44), é entendida como uma forte indicação de que o segundo relato é uma repetição. **5.** *sete*: Em 6,38, o número de pães era cinco. Muitos intérpretes encontram no número "sete" uma referência à missão aos gentios, *i.e.*, às 70 nações do mundo, empreendida pelos sete "diáconos" de At 6,1-7. Os discípulos já sabem quanta comida está disponível sem que se faça qualquer investigação (cf. 6,38). **6.** *sentasse pelo chão*: A disposição da multidão é bem menos colorida e aprimorada do que em 6,39-40, embora o resultado seja o mesmo. *deu graças, partiu-os e deu-os aos seus discípulos*: Como em 6,41, a descrição da ação de Jesus é uma antecipação daquilo que ele fará na última ceia (veja 14,22), que, por sua vez, antecipa o banquete messiânico e a eucaristia da igreja. Os discípulos servem novamente como distribuidores da comida. **7.** *Tinham ainda alguns peixinhos*: Como em 6,38.41.43, a referência aos peixes parece ser uma reflexão posterior. Porém, a interpretação eucarística da ação tenderia à retirada da referência aos peixes e, assim, sua sobrevivência pode ser um indício de sua originalidade. **8.** *recolheram sete cestos*: Havia doze cestos cheios de sobras de pães na primeira multiplicação (6,43). Muitos comentaristas encontram um simbolismo numérico na quantidade de pães: doze = Israel, sete = gentios. **10.** *para* *a região de Dalmanuta*: A primeira parte do versículo é muito próxima da fraseologia de 6,45. A localização de Dalmanuta é incerta e tem gerado muitas conjecturas entre os estudiosos. Alguns manuscritos a tornam equivalente a Magdala ou Magadã (veja Mt 15,39). A localização era, muito provavelmente, a oeste do mar da Galileia.

52 (d) *A controvérsia sobre os sinais* (8,11-21). A controvérsia posta como clímax desta seção (veja 7,1-23) começa com o pedido dos fariseus por um sinal do céu relativo a Jesus (8,11-13) e passa para o questionamento um tanto violento dos discípulos por parte de Jesus (8,14-21). Ele se recusa a dar aos fariseus uma demonstração pública espetacular (*sēmeion*) de sua messianidade e expõe a incapacidade de seus próprios discípulos de entendê-lo e seu cuidado por eles. **11.** *os fariseus*: Como em 7,1, os oponentes no texto-clímax da controvérsia são os fariseus (ainda que, na controvérsia anterior, houvesse também escribas). O modo pelo qual sua ação é descrita ("pô-lo à prova") sugere má vontade e até mesmo alguma conexão com a tentação de Jesus por Satanás (veja 1,13). *um sinal vindo do céu*: A palavra usual de Marcos para designar os milagres de Jesus é *dynamis*, e não *sēmeion*. Talvez o pedido por um *sēmeion* aqui tenha alguma relação com a promessa do pseudomessias judaico Teudas de que ele dividiria o rio Jordão e daria passagem livre a seus seguidores sobre ele (veja Josefo, *Ant*. 20.5.1 § 97-98). Em outras palavras, os fariseus estão pedindo uma demonstração pública espetacular que confirmaria a messianidade de Jesus. É claro que eles esperavam que Jesus falhasse no teste e, assim, perdesse o apoio popular. Sua exigência de que o sinal seja "do céu" é outro modo de dizer que ele deveria vir de Deus. **12.** *Por que esta geração procura um sinal?:* Jesus se recusa a dar a "esta geração" (veja Mc 8,38; 9,19; 13,30) tal sinal. Compare Mt 16,4, onde somente o sinal de Jonas é prometido; ver também Mt 12,39; Lc 11,29. **13.** *embarcou de novo*: Esta nota geográfica prepara para a segunda parte da controvérsia, na qual os próprios discípulos de Jesus são seus oponentes. **14.** *tinham apenas um pão*: A presença do único pão servirá como ponto de desentendimento entre Jesus e seus discípulos. Ele ensinará em um plano espiritual, mas os discípulos permanecem no plano material. **15.** *Guardai-vos do fermento dos fariseus e do fermento de Herodes*: "Fermento" simboliza algo como uma vigorosa vitalidade interna; aqui ele se refere a uma influência maligna que pode se expandir como uma infecção. O dito é um comentário sobre o pedido dos fariseus por um sinal (8,12). **16.** *não tinham pães*: O comentário dos discípulos sobre o aviso de Jesus em 8,15 reforça sua obtusidade e prepara o cenário para a série de perguntas que seguem. Mesmo após terem testemunhado toda a atividade e ensino de Jesus, o entendimento deles piora. **18.** *Tendes olhos, e não vedes, ouvidos e não ouvis?:* Jesus aplica aos discípulos a linguagem aplicada "aos de fora", que não conseguiram compreender as parábolas (veja 4,11-12). Assim, os discípulos se juntam "aos de fora" em sua falta de entendimento sobre Jesus. **19.** *parti os cinco pães*: Este versículo e o seguinte recapitulam 6,35-44 e 8,1-10, respectivamente. Os discípulos deveriam ter reconhecido a capacidade de Jesus de cuidar de suas necessidades físicas a partir desses dois incidentes. **21.** *Nem assim compreendeis?*: Sua pergunta final resume a série inteira e aponta para a parte seguinte do evangelho, na qual os discípulos terão que enfrentar o mistério da cruz como um aspecto essencial da identidade de Jesus.

53 **(V) Jesus instrui seus discípulos no caminho para Jerusalém (8,22-10,52).** Neste ponto do evangelho, o ministério galileu é deixado de lado, e Jesus e seus discípulos partem de Cesareia de Filipe, no norte da Galileia, para Jerusalém. O foco é a instrução dos discípulos sobre a identidade de Jesus (cristologia) e o que ela significa para os seguidores de Jesus (discipulado). A seção começa e termina com a cura de um cego (8,22-26; 10,46-52), cujo significado simbólico é óbvio. Depois da confissão de Jesus como o messias por Pedro (8,27-30), há três seções,

cada uma das quais contém uma predição da paixão (8,31; 9,31; 10,33-34) e a incompreensão por parte dos discípulos (8,32-33; 9,32-37; 10,35-45), seguida, nos primeiros dois casos, por ensinamentos sobre as exigências do discipulado.

54 (A) A cura de um cego (8,22-26). Se há um relato de Marcos que tem uma função simbólica, este é, certamente, o da cura do cego de Betsaida (8,22-26) (e a cura de Bartimeu [10,46-52]). No caminho, Jesus convencerá os discípulos da necessidade de sua morte e ressurreição. Entretanto, os discípulos são lentos em compreender Jesus. No caso do cego de Betsaida, a aquisição da visão é gradual e imperfeita, e ele não segue Jesus. Bartimeu é curado imediatamente e segue a Jesus pelo caminho. Descrever esses relatos como "simbólicos" não é negar sua base histórica, nem significa que eles pretendam ser somente afirmações alegóricas. **22.** *Betsaida*: Finalmente, o destino anunciado em 6,45 é alcançado. Ali, algumas pessoas trazem um cego a Jesus e pedem-lhe que o toque (veja 7,32). **23.** *cuspindo-lhe nos olhos*: Para o uso de saliva numa cura, veja 7,33. Este relato difere do de 7,31-37 porque aqui a cura acontece em dois estágios. O que está implícito em 8,23 é que Jesus colocou suas mãos nos olhos do homem (8,25) e tirou-as antes de fazer a pergunta. **24.** *vejo as pessoas*: A sintaxe ("Eu vejo as pessoas como se fossem árvores andando") é difícil, sugerindo a muitos comentadores que a partícula aramaica *dě*, "quem", "que", etc. foi mal traduzida. Destaca-se que a recuperação da visão por parte do homem é gradual, não sendo completamente perfeita no princípio. **25.** *viu distintamente e ficou restabelecido e podia ver tudo nitidamente*: Três verbos servem para sublinhar a completude da cura do homem após a primeira cura apenas parcial. **26.** *Não entres no povoado*: Alguns manuscritos preferem substituir ou acrescentar as palavras "não fales a ninguém (no povoado)", o que parece ser uma tentativa de esclarecer o motivo de o homem recém curado não poder entrar em seu vilarejo. Esta é outra ordem de silêncio após uma ação miraculosa da parte de Jesus (veja 1,44; 5,43; 7,36).

55 (B) Jesus o Cristo (8,27-30). A confissão de Pedro de que Jesus é o Messias/Cristo é central em Marcos. A passagem sugere que esta identificação está correta (em contraposição a João Batista, Elias ou algum dos profetas), ainda que ela necessite de explicação nas três instruções seguintes, com particular atenção ao significado do termo Messias/Cristo quando aplicado a Jesus. O que os discípulos (e os leitores de Marcos) precisam aprender é como a paixão e a morte de Jesus se encaixam em sua identidade de messias judaico. **27.** *os povoados de Cesareia de Filipe*: Esta cidade foi construída por Filipe e chamada de Cesareia de Filipe para distingui-la da Cesareia Marítima; → Geografia Bíblica, 73:57. Os "povoados" se referem aos assentamentos em torno da cidade. *Quem dizem os homens que eu sou?*: A pergunta geral de Jesus prepara seu questionamento mais concreto aos discípulos em 8,29 e também fornece o tema para os ensinamentos ministrados ao longo do caminho – a cristologia (e suas implicações para o discipulado). **28.** *João Batista; outros Elias; outros ainda, um dos profetas*: As mesmas conjecturas apareceram com referência à execução de João Batista por Herodes Antipas em 6,14-16. "Messias" não está entre as identificações populares de Jesus. **29.** *Tu és o Cristo:* Respondendo a pergunta concreta de Jesus aos discípulos, Pedro, como porta-voz deles, reconhece Jesus como o Messias. O termo hebraico *māšîaḥ* é traduzido para o grego como *christos*; ambas as palavras significam "ungido" (→ Jesus, 78:34; Pensamento do AT, 77:152-154). Embora várias figuras do antigo Israel fossem ungidas, o termo veio a ser aplicado mais distintivamente aos reis. Alguns escritos do tempo de Jesus (esp. *Sal. Sl.* 17) usavam-no para descrever o futuro líder de Israel no período anterior ao *eschaton* e durante ele. O ungido cumpriria as esperanças de Israel baseadas nas promessas de Deus. Veja *PNT* 64-69. **30.** *proibiu-os severamente de falar a alguém a seu respeito:* Ao aconselhar seus discípulos a manter silêncio, Jesus evita falsas interpretações sobre sua messianidade e os prepara para as três instruções que virão.

56 (C) A primeira instrução sobre cristologia e discipulado (8,31-9,29). Tendo apresentado o relato transicional do milagre da recuperação da visão (8,22-26) e tendo identificado Jesus como o Cristo (8,27-30), a narrativa marcana explica o que significa dizer que Jesus é o Cristo e quais são as implicações disso para os discípulos.

57 (a) *A primeira predição da paixão e suas consequências para o discipulado* (8,31-38). Em 8,31-33, Jesus esclarece a natureza de sua identidade como o Messias/Cristo através de sua primeira predição da paixão. A rejeição impetuosa da predição por parte de Pedro serve como um contraste para a insistência de Jesus sobre um sofrimento, morte e ressurreição. 8,34-38 é uma coleção de ditos sobre o discipulado na qual predomina o tema do sofrimento: a necessidade de autonegação (8,34), a perda da própria vida em favor do evangelho (8,35), o valor do verdadeiro eu (8,36-37) e o não se envergonhar do Filho do Homem (8,38). A combinação dos dois incidentes mostra que a cristologia expressa no primeiro tem implicações para o discipulado delineadas nos quatro ditos do segundo: Aonde vai o mestre, também deve ir o discípulo. **31.** *O Filho do Homem deve sofrer muito:* Em vez de Messias/Cristo, Jesus usa Filho do Homem (veja 2,10,28) em referência a si mesmo. O verbo para "deve" (*dei*) tem o sentido de uma obrigação segundo o plano de Deus. O quanto a fraseologia das três predições da paixão (8,31; 9,31; 10,33-34) foi influenciada pelos eventos que descrevem (*vaticinia ex eventu*) é difícil de avaliar. Certamente há alguma influência verbal (esp. em 10,33-34), mas este fato não significa que Jesus não tivesse noção do destino que esperava por ele em Jerusalém. *pelos anciãos, pelos chefes dos sacerdotes e pelos escribas:* Não há referência aos fariseus. Na narrativa da paixão de Marcos, os fariseus não desempenham nenhum papel explícito na condenação e na morte de Jesus. *depois de três dias, ressuscitar:* Para o terceiro dia como dia que representa um ponto decisivo, veja Os 6,2; Jn 1,17; 2,10. Este pano de fundo do AT torna plausível que Jesus se referisse à sua futura exaltação, ainda que, provavelmente não tivesse sido tão explícito quanto a forma presente do texto. **32.** *Dizia isso abertamente:* Antes disto, Jesus recebia as especulações sobre sua identidade com ordens de silêncio. **33.** *recriminou a Pedro, dizendo: Arreda-te de mim, Satanás:* A ação impetuosa de Pedro se encaixa no perfil de seu caráter na tradição dos evangelhos. É também muito difícil imaginar os primeiros cristãos criando uma história na qual Pedro é identificado como "Satanás". Pedro expressa a compreensão errônea da messianidade de Jesus que Marcos deseja retificar. Quem quer que negue a paixão, morte e ressurreição de Jesus se posiciona do lado de Satanás (veja Mt 4,10). Ao chamar Pedro de "Satanás", Jesus indica que a falsa concepão de sua messianidade é uma tentação (veja Jó 1-2; Zc 3,1-2). **34.** *a multidão, juntamente com seus discípulos:* A estrutura redacional de Marcos para os ditos sobre o discipulado os apresenta como ensinamentos públicos que aludem aos sofrimentos de Jesus feitos de forma explícita ao círculo íntimo dos discípulos em 8,31-33. *tome a sua cruz:* A crucificação era bem conhecida dos judeus como a última instância de punição romana. O condenado carregava a parte superior da cruz (a travemestra; veja Mc 15,21). A imagem (veja Mt 10,38; 16,24; Lc 9,23; 14,27) pode expressar submissão à autoridade divina em analogia à submissão de um criminoso condenado à autoridade romana. Se o Jesus terreno usou esta imagem específica para se referir a seu próprio destino não pode ser determinado com certeza, embora os primeiros cristãos certamente a lessem tendo em mente a morte de Jesus. **35.** *o que perder sua vida por causa de mim e do evangelho, a salvará:* O que é distintivo de Marcos é a expressão "e do evangelho" (cf. Mt 16,25; Lc 9,24). "Evangelho" não se refere a um livro ou a um gênero literário, mas à boa nova sobre Jesus ou ao próprio Jesus. **37.** *Pois, que daria o homem em* *troca de sua vida?:* "Vida" (no grego, *psychē* e no hebraico, *nepeš*) é usada no sentido de "o verdadeiro eu". Ao seguir a Jesus, os discípulos podem encontrar a si mesmos, e nada é mais importante do que isso. **38.** *o Filho do Homem se envergonhará dele*: Alguns comentaristas encontram uma distinção entre Jesus ("de mim e de minhas palavras") e o futuro Filho do Homem (veja Dn 7,13-14). Porém é duvidoso que os primeiros cristãos percebessem tal distinção. O Jesus terreno pode ter vislumbrado sua função no julgamento final como advogado ou acusador diante de Deus em relação à resposta ao seu ensino.

58 (b) *A transfiguração de Jesus e a questão de Elias* (9,1-13). O primeiro incidente (9,1-8) estabelece a identidade gloriosa de Jesus como o amado Filho de Deus, e o segundo incidente (9,9-13) coloca sua filiação divina no contexto das expectativas judaicas acerca do reino e da ressurreição. A discussão sobre a vinda de Elias (9,9-13) está ligada ao relato da transfiguração através de sua referência comum a Elias. Essa ligação externa possibilita a Marcos equilibrar os aspectos gloriosos de Jesus vistos na transfiguração com as referências à sua morte e ressurreição, especialmente quando o destino de Jesus é entendido em conexão com o destino de João Batista. Uma vez mais, a implicação para os discípulos é que aonde o Mestre for também devem ir os discípulos. **1.** *até que vejam o reino de Deus, chegando com poder*: O significado mais óbvio da promessa de Jesus é que ela se refere ao pleno florescimento do reino de Deus no final da história da humanidade. O reino virá antes que algumas daquelas testemunhas morram. No presente contexto, o dito pode se referir à antecipação do reino na morte e ressurreição de Jesus (veja 8,31), no julgamento (veja 8,38) ou na transfiguração (veja 9,2-8). A explicação mais convincente é que Marcos apresenta a transfiguração como uma visão prévia ou antecipação da vinda final do reino de Deus e, assim, como um comentário de 9,1 (M. Künzi, *Das Naherwartungslogion Markus 9,1 par* [BGBE 21; Tübingen, 1977]). **2.** *Seis dias depois*: A referência temporal pode ter feito parte do relato tradicional ou pode haver nela alguma conexão com a preparação e a purificação de Israel no Sinai (veja Ex 24,15-16), ou ainda, uma vez que o sétimo dia ocorre após seis dias, pode ser também uma antecipação da semana da paixão em Jerusalém. *Pedro, Tiago e João*: Veja o comentário sobre 5,37. Lc 9,28 diz que Jesus foi ao monte para orar, mas Marcos não nos diz por quê. *uma alta montanha*: Entre as identificações tradicionais da montanha estão o Tabor e o Hermon. Montanhas eram os lugares usuais para revelações sobrenaturais e teofanias. *Ali foi transfigurado diante deles*: O termo *metamorphōthē* indica que a forma de Jesus foi transformada. Aos discípulos é concedido um vislumbre de seu estado glorioso que deverá ser seu estado eterno após a morte e a ressurreição (veja 2Cor 3,18). Pode haver aqui uma conexão com a glorificação de Moisés (veja Ex 34,29). **4.** *Elias com Moisés*: Se as duas figuras do AT representam a Lei e os Profetas, a ordem é estranha (cf. Mt 17,3). Pode haver alguma referência ao fato deles terem subido ao céu (veja 2Rs 2,11; Dt 34,6) ou ao papel que eles desempenhariam na vinda do reino (veja Ml 3,23-24; Dt 18,15.18). **5.** *Rabi, é bom estarmos aqui*: O título atribuído a Jesus, "Rabi", é estranho. Mt 17,4 traz "Senhor" e Lc 9,33 tem "Mestre". A razão por que era bom era a natureza única e gloriosa da experiência. A sugestão de Pedro de construir três tendas para prolongar a experiência é, provavelmente, uma referência à festa dos Tabernáculos (veja Lv 23,39-43). **7.** *uma nuvem desceu, cobrindo-os com sua sombra*: Dadas as alusões ao Êxodo neste relato, será melhor interpretar a nuvem como o veículo da presença de Deus como em Ex 16,10; 19,9; 24,15-16; 33,9. A voz vinda da nuvem é a voz divina. *Este é o meu Filho amado*: A voz celestial corrige a confissão de Pedro (veja 8,29) e alude à identificação de Jesus no batismo (veja 1,11). A ordem de ouvir a Jesus talvez aponte para as predições de sua paixão (8,31; 9,31; 10,33-34). **8.** *Jesus estava sozinho com eles*: A experiência termina abruptamente. Seu caráter visionário a estabelece como uma visão prévia da glória eterna de Jesus.

Mas antes que tal estado possa começar, ele deve seguir seu caminho para Jerusalém. **9.** *Ao descerem da montanha*: Esta expressão liga a conversa sobre a vinda de Elias com o relato da transfiguração, dando assim a esta última uma conexão mais óbvia com a paixão de Jesus. *até quando o Filho do Homem tivesse ressuscitado dos mortos*: Diferentemente das outras ordens de manter silêncio, esta tem um boa chance de ser obedecida (já que apenas três discípulos estão envolvidos) e tem um limite temporal definido. **10.** *perguntando-se que significaria "ressuscitar dos mortos"*: O problema dos discípulos era como Jesus poderia ressuscitar dos mortos antes e à parte da ressurreição geral que deveria ocorrer por ocasião da vinda do reino de Deus. **11.** *os escribas dizem que é preciso que Elias venha primeiro*: De acordo com Ml 3,23-24, o retorno de Elias precederá a vinda do grande e terrível dia do Senhor. A perplexidade dos discípulos era como Jesus poderia ser ressuscitado dos mortos antes que Elias viesse. **12.** *deverá sofrer muito e ser desprezado*: Embora admita que Elias deve vir primeiro, Jesus também insiste que sua própria paixão e morte precederá sua ressurreição. **13.** *Elias já veio:* A afirmação identifica indiretamente Elias com João Batista. O destino de João Batista (veja 6,14-29) prenuncia o de Jesus, o Filho do Homem.

(NARDONI, E., *La transfiguración de Jesús y el diálogo sobre Elías*... [Buenos Aires, 1977]. NÜTZEL, J. M., *Die Verklärungserzählung im Markusevangelium* [FB 6; Würzburg, 1973].)

59 (c) *A cura de um jovem possesso* (9,14-29). Este relato de cura é notável por sua extensão e seus detalhes vívidos (cf. Mt 17,14-21 e Lc 9,37-43a). Ele começa (9,14-19) e termina (9,28-29) concentrando-se na incapacidade dos discípulos de curar o menino; no meio do relato (9,20-27), o pai e o menino são os personagens centrais. O núcleo do relato é o diálogo entre o pai e Jesus (9,21-24), que é registrado apenas por Marcos. A profissão de fé do pai surge como um elemento necessário no processo de cura.

A incapacidade dos discípulos de realizar a cura é finalmente explicada com referência à confiança no poder de Deus apenas (9,29). **14.** *E chegando junto aos outros discípulos, viram*: Os verbos no plural não indicam uma fluência natural do relato precedente; por isso, alguns manuscritos importantes mudaram-nos para a forma singular. *uma grande multidão*: Conquanto a presença da multidão seja pressuposta desde o início do relato (veja 9,15.17), é no meio (veja 9,25) que ela está começando a se formar ou, pelo menos, se ajuntando. *os escribas discutindo com eles*: No presente contexto, devemos imaginar os nove discípulos (fora Pedro, Tiago e João) envolvidos em uma disputa com os escribas. Deste modo, monta-se o cenário para a ação poderosa de Jesus, a qual só pode ser feita por ele. **18.** *atira-o pelo chão. E ele espuma, range os dentes e fica rígido*: A descrição do que acontece quando o "espírito mudo" (*pneuma alalon*) se apodera do menino é usualmente explicada como um ataque epiléptico. A incapacidade dos discípulos de tratar deste caso é um tanto surpreendente à luz de seu êxito anterior (veja 6,7.13.30). **19.** *Ó geração incrédula*: O comentário de Jesus tem um tom de esgotamento diante das respostas inapropriadas a seu ensino e atividade, e ele o contrapõe a toda a geração, e não simplesmente à multidão, aos escribas e aos discípulos. Também pode haver uma insinuação de sua morte no comentário. **20.** *O espírito, vendo Jesus, imediatamente agitou com violência*: Ao ver Jesus, o espírito convulsionou o menino, ilustrando deste modo os sintomas descritos em 9,18. Note que o relato pressupõe o fato da possessão demoníaca, e não meramente um problema médico. **23.** *Se tu podes!... tudo é possível àquele que crê*: A primeira parte da afirmação de Jesus repete as palavras do pai em 9,22 para contestá-las. A segunda parte pressupõe que a fé da parte do pai é parte integrante da ação de cura a ser feita por Jesus. **24.** *Eu creio! Ajuda a minha incredulidade*: A oração eloquente do pai reafirma sua fé no poder curativo de Jesus e admite que sua fé ainda está mesclada com dúvidas. À medida que o relato prossegue, fica claro que esta profissão de fé era suficiente para que a cura ocorresse. **25.** *Espírito mudo e surdo*: Antes desta interpelação, o espírito é descrito como "imundo", ainda que em 9,17 ele seja simplesmente um "espírito mudo". **26.** *o menino ficou como se estivesse morto*: O estado de repouso induzido no rapaz pelo exorcismo levou a multidão a imaginar que ele estivesse morto. Essa conjectura prepara para a terminologia da ressurreição no versículo seguinte. Nenhuma reação de maravilha ou assombro é atribuída à multidão. **27.** *ergueu-o, e ele se levantou*: Os dois verbos gregos *ēgeiren* e *anestē* são termos técnicos usados em conexão com a ressurreição no NT. Assim, talvez a cura seja apresentada como uma prévia da ressurreição de Jesus ou, no mínimo, tem a ressurreição como pano de fundo. **28.** *perguntaram-lhe seus discípulos, a sós*: O foco da atenção passa para os discípulos como em 9,14-19. Na estrutura de Marcos, sua perplexidade quanto à sua incapacidade de curar o menino surgiu por causa de sua comissão (6,7) e de seu sucesso anterior (6,13.30). **29.** *a não ser com oração*: A explicação de Jesus sugere que os discípulos devem confiar no poder de Deus, simbolizado pela oração. A expressão "e com jejum" em alguns manuscritos é uma adição posterior.

60 (D) A segunda instrução sobre cristologia e discipulado (9,30-10,31). O que mantém unidos estes ensinamentos bastante diferentes é o tema do reino de Deus e o que a entrada nele poderia exigir. Muitas das exigências são bem radicais, parecendo ter sua base na experiência de Jesus com seus primeiros discípulos e nos esforços da protoigreja de manter este estilo de vida de renúncia como forma de contribuir para a proclamação do reino de Deus.

61 (a) *A segunda predição da paixão e suas consequências para o discipulado (9,30-50)*. A segunda explanação sobre a messianidade de Jesus começa com uma predição da paixão (9,30-32), corrige outra falsa compreensão sobre o discipulado (9,33-37), conta o relato a respeito do exorcista desconhecido (9,38-40) e conclui com vários ditos (9,41-50). O verdadeiro discípulo de Jesus deve ser o último e o servo de todos (9,35). As palavras-chave que servem de elo artificial ("em meu nome", "escandalizar" e "fogo") sugerem que os ditos foram juntados em um estágio anterior a Marcos para fins de memorização e catequese. **30.** *caminhava através da Galileia, mas não queria que ninguém soubesse*: A razão do segredo quanto à passagem pela Galileia parece ser o desejo de Jesus de instruir seus discípulos quanto à sua paixão e ressurreição (9,31). O ministério público na Galileia terminou (veja 10,1). **31.** *O Filho do Homem será entregue às mãos dos homens*: O verbo *paradidotai*, "ser entregue", tornar-se-á cada vez mais proeminente com o avanço do relato da paixão (veja 14,21.41; 15,1.10.15). Embora possa haver alguma alusão à traição de Jesus por Judas, o significado mais básico diz respeito ao plano divino da salvação no qual a morte de Jesus é central. *e eles o matarão*: Em nenhuma das predições da paixão (8,31; 9,31; 10,33-34) o modo preciso como acontecerá a morte de Jesus é tornado claro. **32.** *Eles porém não compreendiam esta palavra*: À luz da primeira predição da paixão (8,31) e das explicações em torno dela, seria difícil imaginar que os discípulos ainda tivessem dificuldade para entender. A insistência de Marcos neste ponto sugere que ele estava desenvolvendo um retrato crescentemente negativo dos discípulos. **33.** *E chegaram a Cafarnaum. Em casa*: como parte da jornada de Cesareia de Filipe (8,27) a Jerusalém, Jesus e os discípulos param em Cafarnaum (veja 1,21; 2,1), presumivelmente na casa de Pedro (1,29). **34.** *qual era o maior*: Mt 18,1 acrescenta "no reino dos céus", e a mesma perspectiva é sugerida por Mc 10,37. Mas aqui, a ênfase pode ser o atual grupo de discípulos. Ao menos, nada no restante do relato exige um cenário escatológico. **35.** *Se alguém deseja ser o primeiro, seja o último de todos e o servo de todos*: Para um ensinamento semelhante, veja 10,43-44. O ideal da liderança como serviço será exemplificado por Jesus à medida que avança o relato do evangelho. **36.** *tomou uma criança*: A criança não é tanto o símbolo da inocência ou da humildade, mas o de alguém que carece de um *status* jurídico e, portanto, está desamparado. Uma criança não poderia fazer nada pelos discípulos, e, assim, receber uma criança é fazer uma boa ação a uma pessoa insignificante, sem esperança de recompensa terrena. Já que o aramaico *ṭalyā'* pode significar tanto "servo" como "criança", a demonstração em 9,36 pode ser uma prova melhor do ensinamento de 9,35 do que uma tradução portuguesa poderia transmitir. **37.** *Aquele que receber uma criança destas por causa do meu nome*: A ideia por trás do dito é que quem recebe o emissário de alguém recebe a própria pessoa que o envia. Assim, quem quer que receba uma criança recebe a Jesus, e quem quer que receba a Jesus recebe a Deus mesmo que o enviou. A palavra-chave no dito é "meu nome", que se liga ao episódio seguinte (veja 9,38-39) sobre o exorcismo em nome de Jesus (veja tb. 9,41). **38.** *o impedimos porque não nos seguia:* Um texto paralelo do AT para o relato do exorcista anônimo é a história de Eldad e Medad, que profetizam sem estarem autorizados (Nm 11,26-30; veja At 8,18; 19,13-14). A atitude de Moisés para com eles é de tolerância. O exorcista estava usando o nome de Jesus como um instrumento poderoso (veja Mc 1,24; 5,7). **39.** *Não o impeçais*: A atitude tolerante de Jesus se fundamenta na ideia de que quem exorcizasse em seu nome dificilmente falaria mal dele. O exemplo da tolerância pode ter sido usado para criticar tendências de exclusivismo e partidarismo na protoigreja, ainda que este uso dificilmente explique a criação deste relato. O dito de 9,40 é uma generalização, em forma proverbial, do ensinamento mais concreto de 9,39. **41.** *por serdes de Cristo*: A conexão deste dito com o material precedente se baseia na expressão "nome" (veja 9,37.38-39), e não no conteúdo. A situação é oposta à de 9,37 já que aqui alguém age com bondade em relação aos discípulos em nome de Jesus. **42.** *Se alguém escandalizar um desses pequeninos*: O verbo "escandalizar" ("fazer pecar", "colocar um obstáculo em frente de") é a palavra-chave para todo o grupo de ditos em 9,42-48 (veja 9,42.43.45.47). Os pequeninos deste dito bem que podem ser os membros da comunidade dos discípulos (cf. Mc 9,37). **43.** *E se tua mão te escandalizar*: A estrutura dos ditos em 9,43.45.47 é a mesma: se uma parte do corpo causa seu pecado, corte-a, de modo que você possa entrar na vida/reino e evitar a geena. Que estes ditos tinham uma dimensão comunitária e servissem para excluir membros da igreja que a ofendiam é plausível a partir do antigo uso greco-romano do corpo como uma metáfora comunitária. *Gehenna:* de acordo com 2Rs 23,10, o vale de Ben-Enom (do hebr. *gē' hinnôm*) foi usado como local para o sacrifício de crianças (veja Jr 7,31; 19,5-6). Embora o termo "geena" descrevesse originalmente o vale a oeste e ao sul de Jerusalém, ele veio a ser usado como o nome para designar o local do castigo eterno (veja *1 Henoc* 27,2; *4Esd* 7,36). *fogo inextinguível*: Esta descrição acrescentada da geena provavelmente se baseia em Is 66,24 (veja 9,44.46.48). **44.** *onde o verme não morre*: Em alguns manuscritos, 9,44.46.48 como um todo são uma citação de Is 66,24. Ao passo que a evidência textual para sua presença em 9,48 é boa, os mais antigos e melhores manuscritos omitem-no em 9,44.46. **47.** *entrares... no reino de Deus*: Na estrutura dos três ditos a respeito do escândalo, entrar no reino (veja 10,15.23-25) é o mesmo que entrar na vida. **48.** *onde o verme não morre*: Esta descrição da geena é tomada de Is 66,24. Sua oração final sobre o fogo inextinguível está ligada aos ditos de 9,49-50 com base na palavra-chave "fogo". **49.** *Pois todos serão salgados com fogo*: As imagens do sal e do fogo provavelmente tinham algo a ver com a purificação durante o período de sofrimento (as "aflições do Messias") antes da vinda definitiva do reino de Deus. **50.** *mas se o sal se tornar insípido:* Aqui o sal é mais um condimento do que um agente de purificação; a metáfora do sal provavelmente se refira à função dos discípulos como o "sal da terra" (Mt 5,13) e agentes da sabedoria espiritual (Cl 4,16). *Tende sal em vós mesmos*: O terceiro dito sobre o sal alude à hospitalidade e amizade entre os seguidores de Jesus.

62 (b) *O ensinamento de Jesus sobre casamento e divórcio* (10,1-12). O ensinamento de Jesus sobre o casamento e o divórcio aparece como um desafio adicional às pessoas que desejam segui-lo. O ensinamento radical em Mc 10,1-12 (veja Lc 16,18) muito provavelmente reflete a concepção do próprio Jesus. Seu aspecto positivo é que o casal casado constitui "uma carne", e, portanto, seu relacionamento não pode ser dissolvido. O lado inverso é a proibição do divórcio e do novo casamento. Outras passagens do NT (Mt 5,32; 19,9; 1Cor 7,10-16) introduzem algumas exceções ao ensinamento absoluto de Jesus. **2.** *Alguns fariseus aproximaram-se*: Alguns manuscritos trazem uma introdução impessoal ("algumas pessoas perguntaram-lhe") sem qualquer menção dos fariseus (veja Mt 19,3). Porém, a ideia que eles estavam provando Jesus mais adiante no versículo sugere que a menção dos fariseus seja original. Note que Jesus deslocou seu ministério de ensino da Galileia para a Judeia. *É lícito ao marido repudiar a mulher?*: A pergunta diz respeito à legalidade do divórcio, não às causas para o divórcio (veja Mt 19,3). A pergunta é expressa de modo a indicar que os questionadores sabiam que a proibição do divórcio por parte de Jesus conflitava com o que era pressuposto por Dt 24,1-4. A pergunta pode ter sido feita para criar um conflito entre Jesus e a família de Herodes, em que havia muitos divórcios. **3.** *Que vos ordenou Moisés?*: Dt 24,1-4 toma a instituição do divórcio por certa, dizendo respeito apenas ao procedimento a ser seguido quando o marido decide divorciar-se de sua esposa e proibindo a nova união após ter terminado o segundo casamento. As causas para o divórcio são expressas de forma vaga como "alguma indecência nela" (*bāh 'erwat dābār*). Esta imprecisão conduziu ao debate rabínico sobre o significado específico desta expressão (veja *m. Giṭṭ.* 9,10). Neste contexto deve ser lida a chamada cláusula mateana de exceção (Mt 5,32; 19,9). Mas em Marcos o assunto é mais básico: o divórcio é legal? **4.** *Moisés permitiu escrever carta de divórcio*: Os fariseus respondem a pergunta de Jesus com base em Dt 24,1-4. No antigo judaísmo, o divórcio não era uma ação jurídica pública em um tribunal. O marido simplesmente redigia um decreto ("Eu desobrigo minha esposa e me divorcio dela neste dia") e o apresentava à sua esposa. **5.** *Por causa da dureza de vossos corações:* Jesus considera o ensinamento de Dt 24,1-4 uma concessão à fraqueza humana e uma dispensa do plano original de Deus para o casamento. À medida que o relato avança, Jesus coloca uma passagem do AT contra outra. **6.** *Mas desde o princípio da criação*: Como prova de que a proibição do divórcio era bíblica, Jesus cita Gn 1,27; 2,24. O efeito da citação é asseverar que o plano original de Deus era que as pessoas casadas constituíssem "uma só carne", e, portanto, o divórcio é proibido. Dt 24,1-4 permitia o divórcio como uma concessão à fraqueza humana. O ensinamento de Jesus é uma restauração do plano de Deus para a criação, e não algo em oposição à Escritura. Nenhuma exceção é prevista (cf. Mt 5,32; 19,9; 1Cor 7,10-16). **8.** *já não são dois, mas uma só carne*: Este ideal para do casamento é uma dedução baseada em Gn 2,24, indicando a razão pela qual o divórcio é impossível. **9.** *o homem não separe:* O "homem" é o marido, e não uma terceira figura como, por exemplo, um juiz. Já que, de acordo com Dt 24,1-4, o marido poderia iniciar e levar a efeito os procedimentos, não havia necessidade de uma terceira parte. Aqui Jesus ab-roga o procedimento do AT. **10.** *Em casa, os discípulos voltaram a interrogá-lo*: A casa não poderia ser aquela em Cafarnaum (veja 1,29; 9,33), já que Jesus e os discípulos já tinham deixado a Galileia. A estrutura da instrução privada constituía ocasião para o ensinamento aberto sobre o divórcio e o novo casamento. **11.** *Todo aquele que repudiar sua mulher e desposar outra, comete adultério contra a primeira*: Este mesmo ensinamento absoluto aparece em Lc 16,18a. CD 4,19-5,2 parece proibir antes a poligamia, e não o novo casamento após o divórcio, embora 11QTemplo 57,17-19 proíba o novo casamento após o divórcio (J. A. Fitzmyer, *TAG* 79-111). **12.** *e se essa repudiar seu marido:* Usualmente se diz que, de acordo com a lei judaica, apenas o marido poderia instituir o processo de divórcio (veja Dt 24,1-4; Josefo, *Ant.* 15.7.10 § 259). O ensinamento de Mc 10,12 é frequentemente visto como uma adaptação do ensinamento de Jesus às condições nas quais prevalecia a lei romana (que permitia à mulher iniciar processos de divórcio). Há, entretanto, alguns exemplos de mulheres judaicas que se divorciaram de seus maridos (E. Bammel, *ZNW* 61 [1970] 95-101).

63 (c) *Jesus abençoa as crianças* (10,13-16). Após a passagem sobre o casamento, uma passagem sobre crianças é apropriada. Mas este texto é, na verdade, sobre o reino de Deus e que tipo de pessoas podem esperar tomar parte nele. Apenas aquelas que o reconhecem e recebem como um dom (como uma criança recebe presentes) podem esperar fazer parte do reino de Deus; o reino é para as pessoas que não reivindicam poder ou *status* humano, já que o reino transcende todo poder e *status*. **13.** *para que as tocasse*: Como a conclusão do relato deixa claro (10,16), as pessoas que trouxeram as crianças estavam procurando uma bênção de Jesus na forma de imposição de mãos. As crianças poderiam ser de qualquer idade, até os 12 anos. **14.** *ficou indignado*: Esta referência adicional às emoções de Jesus (veja 1,43; 3,5; 8,12; 14,33-34) é dirigida à incapacidade dos discípulos de entender Jesus e a natureza do reino que ele pregava. Os discípulos, uma vez mais, servem como contraste para o ensinamento positivo de Jesus. *delas é o reino de Deus*: A característica principal das crianças é a receptividade. Desprovidas de poder físico e *status* jurídico, as crianças sabem melhor como receber. O reino deve ser recebido como um dom, porque nenhum poder ou *status* humano pode criá-lo ou forçá-lo. **15.** *aquele que não receber o reino de Deus como uma criança*: este dito esclarece a última parte de 10:14, mostrando que somente as pessoas que aceitam o reino como um dom podem esperar entrar nele. **16.** *abençoou-as, impondo as mãos sobre elas*: Nos escritos da época, as crianças eram apresentadas como exemplos de comportamento insensato ou como objetos a serem disciplinados. Nesta passagem (veja tb. 9,33-37) elas são levadas a sério como pessoas e desfrutam de um relacionamento com Jesus e com o reino.

64 (d) *O ensinamento de Jesus sobre as riquezas* (10,17-31). A parte final desta seção consiste de três unidades sobre o reino e a riqueza: o relato a respeito do homem rico (10,17-22), as instruções de Jesus aos discípulos (10,23-27) e seu ensinamento sobre as recompensas para o abandono das riquezas (10,28-31). Os principais ensinamentos teológicos são de que a riqueza pode ser um obstáculo ao discipulado e as recompensas do discipulado são infinitamente maiores do que os sacrifícios. **17.** *alguém correu e ajoelhou-se diante dele*: Somente no final do relato nós saberemos que ele era rico (10,22); nenhuma menção é feita à sua idade (cf. Mt 19,20). *Bom Mestre, que farei para herdar a vida eterna*: A saudação "bom Mestre" não é usual; talvez ela fosse compreendida como efusiva ou obsequiosa demais, como sugere a impaciente reação de 10,18. A expressão "vida eterna" é um sinônimo para "reino de Deus" (veja 9,43-47). **18.** *ninguém é bom, senão só Deus*: Um abismo entre Jesus e Deus é contrário a grande parte da tradição dos evangelhos. Ela é explicável, ou como uma reação de impaciência da parte de Jesus, ou um dispositivo pedagógico da parte de Marcos em relação à identidade do Filho de Deus. **19.** *Tu conheces os mandamentos*: A lista que segue é tirada principalmente da segunda parte do decálogo (Ex 20,12-17; Dt 5,16-21), que trata das relações humanas. *não defraudes:* Isto pode ser uma reformulação de "não furtarás", ou uma forma de resumir o nono e o décimo mandamento, ou uma referência à controvérsia sobre o *korban* (7,9-13). **21.** *Fitando-o, Jesus o amou*: O amor estava baseado nos esforços genuínos do homem e em seu êxito em observar os mandamentos (veja 10,20). Este amor conduz ao chamado para o discipulado (10,22). *vai, vende o que tens, dá aos pobres*: É melhor entender o desafio de Jesus para o homem como relacionado ao seu caso particular do que como um princípio geral para a vida cristã ou mesmo como a base de um *status* religioso superior. No judaísmo, a riqueza era frequentemente vista como um sinal do favor divino, do qual resultava a obrigação de dar esmolas aos pobres. A dificuldade no caso deste homem era o convite a abandonar até mesmo o privilégio de dar esmolas em função de compartilhar do estilo de vida de Jesus de dependência de Deus e proclamação da vinda de seu reino. **22.** *pois era possuidor de muitos bens*: Essas posses provavelmente tinham a ver com propriedades de terra e os benefícios financeiros resultantes delas. A primeira parte do versículo pinta um quadro pungente da dificuldade da escolha a ser feita pelo homem rico: ele levantou a questão, mas a resposta de Jesus foi dura demais para ele. **23.** *Jesus... disse aos seus discípulos*: Uma vez mais a instrução particular dos discípulos segue um ensino público (veja 4,10-20.34; 9,28-29; 10,10-12). O dito é um comentário geral sobre o relato precedente do rico que não aceitou o convite de Jesus para o discipulado. **24.** *Os discípulos ficaram admirados*: A surpresa se originou de Jesus ter invertido a ideia de que a riqueza é um sinal do favor de Deus. **25.** *É mais fácil passar um camelo pelo fundo da agulha*: A imagem grotesca indica que é praticamente impossível para um rico entrar no reino. A substituição de *kamilon*, "corda", por *kamēlon*, "camelo" em alguns manuscritos e a extravagante ideia de que havia um portão em Jerusalém através do qual um camelo poderia se espremer são tentativas de abrandar a hipérbole. **27.** *para Deus tudo é possível:* À pergunta atônita dos discípulos "quem pode ser salvo?" (10,26), a resposta de Jesus enfatiza o poder de Deus e a confiança nele como os únicos caminhos para a salvação. Então, a mera renúncia da riqueza (veja 10,17-22) por si mesma ainda não é suficiente para garantir a salvação. **28.** *Eis que nós deixamos tudo e te seguimos:* Pedro, como porta-voz dos discípulos, justapõe suas ações com a oportunidade perdida pelo homem rico (10,17-22). Por trás da afirmação está a pergunta: qual é a recompensa por aceitar o desafio do discipulado? **30.** *neste tempo... e no mundo vindouro a vida eterna:* Jesus promete recompensas não somente no *eschaton* mas também no presente, quando o discípulo pode desfrutar uma rica comunhão social e religiosa. A expressão "com perseguições" parece ser uma peculiaridade redacional de Marcos, sugerindo que o discipulado implica necessariamente perseguições e sofrimentos. **31.** *os últimos serão primeiros*: No presente contexto de Marcos (cf. Mt 19,30; 20,16; Lc 13,30), o dito é um encorajamento aos discípulos acerca da realidade da "grande inversão". As recompensas do discipulado vão muito além de seus sacrifícios tanto agora quanto no futuro.

65 **(E) A terceira instrução sobre cristologia e discipulado (10,32-45).** Este segmento consiste da terceira predição da paixão (10,32-34), que é mais detalhada do que as precedentes (8,31; 9,31), e de um incidente (10,35-45) no qual os discípulos mostram que ainda não compreenderam o significado do ensinamento e do exemplo de Jesus.

66 (a) *A terceira predição da paixão* (10,32-34). A terceira predição antecipa a entrega de Jesus aos chefes dos sacerdotes (= Mc 14,53); sua condenação pelos sacerdotes (14,64); a entrega aos romanos (15,1); a zombaria, as cusparadas e os açoites (14,65; 15,15-20); a execução (15,24.37) e a ressurreição (16,1-8). A única omissão é a referência à crucificação como o modo pelo qual Jesus morre. **32.** *Jesus ia à frente deles*: Há algo do mesmo tom de Lc 9,51, onde "ele tomou resolutamente o caminho para Jerusalém" a despeito de sua consciência daquilo que esperava por ele lá. A passagem indica a aceitação consciente de seu destino por parte de Jesus. **33.** *o Filho do Homem será entregue... e o entregarão*: Sobre o verbo grego *paradidōmi,* veja o comentário sobre 9,31. **34.** *três dias depois*: Esta fórmula típica de Marcos (veja 8,31; 9,31) foi mudada em alguns manuscritos para a expressão "no terceiro dia", mais comum ao NT.

67 (b) *Consequências da paixão para o discipulado* (10,35-45). Um incidente lança luz sobre a obtusidade dos discípulos. À solicitação feita por Tiago e João (10,37), Jesus dá três respostas: um lugar no reino exige sofrimento (10,38-39); não é prerrogativa de Jesus determinar *status* no reino vindouro (10,40); e liderança na comunidade de Jesus significa serviço (10,41-45). **35.** *Tiago e João:* Eles, juntamente com Pedro, formaram um círculo mais íntimo entre os discípulos (veja o comentário sobre 5,37); portanto, deveriam ter conhecimento suficiente para não fazer essa solicitação. *queremos que nos faça*: Em Mt 20,20 é sua mãe que faz a solicitação, o que provavelmente faz parte da tentativa de Mateus de abrandar o tom negativo com o qual Marcos retrata os discípulos. **37.** *Concede-nos, na tua glória, sentarmo-nos, um à tua direita, outro à tua esquerda*: O pedido relaciona-se com o *status* no reino vindouro. Talvez a imagem seja a de Jesus entronizado como juiz escatológico ou (mais provavelmente) como Messias presidindo o banquete messiânico. **38.** *Podeis beber o cálice que eu beberei e ser batizado com o batismo com que serei batizado*: As imagens do cálice e do batismo dizem respeito ao sofrimento e à morte neste contexto (veja Is 51,17-22; Sl 69,2-3.15). Qualquer significado eucarístico e batismal que essas imagens possam ter será derivado de sua mensagem primordial da identificação com a paixão e a morte de Jesus. Para a imagem do "cálice" no relato da paixão, veja Mc 14,23; 14,36. **39.** *Podemos*: O protesto confiante dos discípulos está repleto de ironia à luz de sua covardia durante a paixão. A resposta de Jesus a eles é a promessa do martírio, do intenso sofrimento relacionado com seus próprios sofrimentos. **40.** *não cabe a mim:* Mt 20,23 atribui esta prerrogativa ao Pai. O dito implica alguma subordinação de Jesus ao Pai e, por esta razão, foi explorado pelos arianos nos debates cristológicos antigos. Para quem esses lugares estão preparados não está claro aqui. **41.** *os dez começaram a indignar-se*: Esta nota serve para ligar os ensinamentos sobre a liderança cristã como serviço ao relato precedente e os transforma em parte da resposta de Jesus ao pedido de Tiago e João. **42.** *aqueles que vemos governar as nações*: A ironia marca o início da afirmação. Os verbos "governar" (*katekyrieuousin*) e "dominar" (*katexousiazousin*) são maneiras vívidas de descrever a liderança como poder nu e cru. **43.** *aquele que dentre vós quiser ser grande, seja o vosso servidor*: Veja 9,35. O termo-chave em ambas as passagens é *diakonos* (literalmente, "aquele que serve à mesa"), que estabelece um nítido contraste com a terminologia centrada no poder do versículo precedente. **44.** *o servo de todos:* Aqui o termo-chave é *doulos* – um termo ainda mais humilde do que *diakonos*. **45.** *o Filho do Homem não veio para ser servido, mas para servir*: Esta parte do versículo é uma conclusão apropriada para os ensinamentos contidos em 10,42-44 e os fundamenta no exemplo de Jesus. *dar a sua vida em resgate por muitos:* "Dar a vida" se refere ao martírio em 1Mc 2,50; 6,44. *Lytron*, "resgate", transmite a ideia de libertação por compra em favor de um cativo, escravo ou ainda criminoso). O "por muitos" é um eco de Is 53,11-12. A frase como um todo apresenta a morte de Jesus como efetuando uma libertação que não poderia ser produzida pelos "muitos" por seu próprio poder.

68 (F) A cura do cego Bartimeu (10,46-52). Em 8,22-26 um cego anônimo é levado a Jesus e tem sua visão restaurada gradualmente, e é-lhe dito que mantenha sua cura em segredo. Em 10,46-52 Bartimeu procura ativamente a Jesus, é curado imediatamente e se torna mais um discípulo no caminho. O segundo relato não somente fecha a unidade textual, como também ilustra certo progresso na fé. Ela é tanto um relato de vocação quanto um relato de cura. A reação de Bartimeu a Jesus e sua boa vontade em segui-lo no caminho do discipulado contrasta com a má compreensão e cegueira dos discípulos demonstradas durante a jornada. **46.** *Jericó*: O local fica a 24 km a nordeste de Jerusalém e a 8 km a oeste do Rio Jordão (→ Geografia bíblica, 73:66). Assim, a viagem que começou em Cesareia de Filipe está chegando a seu destino em Jerusalém. *o cego Bartimeu, filho de Timeu*: Não é muito usual para Marcos dar o nome da pessoa a ser curada (veja 5,22).

Aqui o nome aparece em sua tradução grega e depois em sua forma aramaica. **47.** *Filho de Davi, Jesus, tem compaixão de mim*: Esta é a primeira aplicação pública do título messiânico "filho de Davi" a Jesus. É também o primeiro reconhecimento (fora o de Pedro) da verdadeira identidade de Jesus por um ser humano e não por um demônio. **50.** *Deixando o manto:* O "manto" pode ter sido vestimenta, mas, mais provavelmente, era o pano que Bartimeu estendia para receber suas esmolas. As muitas referências ao manto em Marcos (2,21; 5,25-30; 6,56; 9,3; 11,7-8; 13,16; 15,20.24) sugerem que Bartimeu estava deixando para trás a "antiga ordem". **51.** *Que queres que te faça*: A pergunta proporciona a ocasião para uma profissão de fé sobre o poder de cura de Jesus. **52.** *tua fé te salvou*: veja comentários sobre 5,23.28.34. A fé da pessoa foi essencial à cura. *e o seguia no caminho*: Sobre *ēkolouthei*, "seguia", veja o comentário sobre 1,18. À luz da jornada iniciada em 8,22 com destino a Jerusalém, a descrição sugere que Bartimeu se uniu a Jesus em sua experiência da paixão.

69 (VI) A primeira parte da semana da paixão em Jerusalém (11,1-13,37). A atividade de Jesus em Jerusalém antes da paixão é descrita na estrutura de três dias (11,1.12.20), dos quais o terceiro é caracterizado por ditos, controvérsias, parábolas e um discurso escatológico. A seção como um todo prepara para a paixão através de ações simbólicas, apresenta quem são os oponentes de Jesus em Jerusalém e o que os deixa tão furiosos, e coloca a morte e a ressurreição de Jesus no contexto dos eventos que conduzem ao *eschaton*.

70 (A) A entrada no primeiro dia (11,1-11). É melhor compreender a entrada de Jesus em Jerusalém à luz das ações simbólicas feitas pelos profetas do AT. O núcleo da ação simbólica é a cavalgada de Jesus a Jerusalém a partir do Monte das Oliveiras. De acordo com Zc 9,9, o Senhor, como guerreiro divino, cavalgaria a Jerusalém montado em um jumento. Segundo Zc 14,4, a grande batalha escatológica ocorreria no Monte das Oliveiras. A demonstração sugere que, com Jesus, os eventos escatológicos estão acontecendo e que ele é uma figura-chave deles. **1.** *de Jerusalém diante de Betfagé, perto do Monte das Oliveiras*: A jornada descrita em 8,22-10,52 alcançou seu objetivo – Jerusalém. O Monte das Oliveiras se estende paralelamente ao lado oriental da cidade de Jerusalém. Josefo (*Ant.* 20.7.6 § 167-72) relata a respeito de um pretendente messiânico que reivindicou estar apto para derrubar os muros de Jerusalém postado sobre o Monte das Oliveiras. Betfagé e Betânia são pequenas vilas próximas a Jerusalém (→ Geografia bíblica, 73:95). **2.** *encontrareis imediatamente um jumentinho*: *Pōlos* pode se referir a um potro, mas aqui, à luz da alusão óbvia a Zc 9,9 ("Eis que o teu rei vem a ti: ele é justo e vitorioso, humilde, montado sobre um jumento, sobre um jumentinho, filho de jumenta"), o termo designa um burro jovem. Há alguma ambiguidade quanto a se as instruções de Jesus eram predições que refletiam conhecimento sobrenatural de sua parte ou simplesmente o resultado de um acerto que ele tinha feito previamente com o proprietário. **3.** *O Senhor precisa dele e logo o mandará de volta*: *Kyrios*, "Senhor" é, muito provavelmente, Jesus, e não o "proprietário", ainda que seu significado pudesse ser algo como "o patrão" ou "o cavalheiro" (mas os cristãos posteriores introduziram nesse termo uma cristologia desenvolvida do senhorio de Jesus). A segunda parte da sentença faz parte das instruções de Jesus, trazendo a promessa de que ele devolveria o animal tão logo tivesse terminado sua entrada em Jerusalém. **6.** *Responderam como Jesus havia dito*: Esta expressão dá a impressão de cumprimento da predição de Jesus com base em seu conhecimento sobrenatural. No mínimo, tudo transcorre de acordo com suas instruções. **7.** *E ele o montou*: Assim, a entrada de Jesus em Jerusalém cumpre Zc 9,9, onde o rei vitorioso parece ser Iahweh, compreendido como o guerreiro divino. **8.** *outros puseram ramos que haviam apanhado nos campos*: Ao contrário de Jo 12,13, o relato de Marcos não especifica a natureza dos ramos como palmeiras. De fato, ramos de palmeira se prestariam melhor à festa dos

Tabernáculos (veja Lv 23,39-43) ou à Hanucá (veja 2Mc 10,7; 1Mc 13,51) do que à Páscoa. **9.** *"Hosana! Bendito o que vem em nome do Senhor!*: A multidão saúda Jesus com as palavras do Sl 118,25-26. *Hōsana* é a transliteração grega de *hôša'-nā'*, "por favor, salve", ainda que aqui sua função seja antes uma saudação de homenagem do que um pedido de ajuda. **10.** *Bendito o reino que vem, do nosso pai, Davi*: Não sendo parte da citação do AT, este comentário por parte da multidão dá ao evento uma direção messiânica em consonância com as esperanças expressas nos *SalSl* 17 de um glorioso governante davídico que irá restaurar e aperfeiçoar o destino de Israel na terra. *no mais alto*: O "mais alto" se refere às alturas do céu onde Deus habita (veja Sl 148,1; Jó 16,19). **11.** *Entrou no templo, em Jerusalém*: Para Jesus e seus companheiros galileus era natural visitar o templo imediatamente após a entrada na cidade. Em contraposição a Mt 21,12 e Lc 19,45, Marcos coloca uma noite entre a entrada de Jesus e sua purificação do templo.

71 (B) Ensinamentos proféticos no segundo dia (11,12-19). A maldição da figueira (11,12-14) é curiosa por várias razões – ela é o único milagre na região de Jerusalém; uma propriedade é destruída (veja 5,1-20); e o comportamento de Jesus parece irracional e destrutivo. Marcos compreendeu a maldição e seu cumprimento (11,20-21) como um ato de poder feito por Jesus, mas talvez a tradição anterior a Marcos tenha transformado uma parábola contada por Jesus (veja Lc 13,6-9) em um relato sobre Jesus. O nível simbólico do relato enfoca a falta de disposição de Israel para aceitar a Jesus (ou, mais provavelmente, sua mensagem do reino). O pano de fundo do AT é uma série de passagens sobre plantas e seus frutos (veja Is 1,30; Ez 17; Jl 1; Am 2,9; Os 9,10.15-16; Jr 8,13; Mq 7,1; Jó 18,16; veja G. Münderlein, *NTS* 10 [1963-64] 89-104; H. Giesen, *BZ* 20 [1976] 95-111). A purificação do templo (11,15-19) tem um valor simbólico ainda mais óbvio, embora ela certamente tenha fundamento histórico. Jo 2,14-22 coloca o evento no início do ministério público de Jesus e fornece um relato bem diferente. A versão de Marcos faz com que ela seja a terceira de uma série de ações proféticas: o Messias davídico purifica a casa de Deus. Ao colocar este incidente entre as duas partes do incidente com a figueira (11,12-14 e 11,20-21), Marcos criou outro "sanduíche" no qual o significado simbólico de ambos os relatos é enriquecido. **13.** *não era tempo de figos*: Esta explicação foi acrescentada por Marcos. Os figos, na Palestina, não ficam maduros antes de junho. O modo como o relato é contado sugere que Jesus realmente esperava encontrar frutos na árvore e a destruiu por desapontamento. A explicação de Marcos faz esta ação parecer ainda mais irracional, porque ele deveria saber que não encontraria tais frutos na Páscoa. **14.** *ninguém jamais coma do teu fruto*: O efeito da maldição de Jesus é descrito no início do terceiro dia (11,20-21), embora o castigo de se tornar murcha vá além dos termos da maldição. **15.** *os vendedores e os compradores que lá estavam*: Estas pessoas comerciavam vítimas sacrificais e outras necessidades cultuais no pátio dos gentios, dentro da área do templo. Dinheiro judaico ou tírio (veja Ex 30,11-16) era trocado pelos cambistas pelo dinheiro grego ou romano dos peregrinos. Os vendedores de pombos forneciam o sacrifício apropriado para as mulheres (Lv 12,6-8; Lc 2,22-24), leprosos (Lv 14,22) e outros (Lv 15,14.29). **16.** *carregasse objetos através do templo*: Novamente é a área geral do templo que se tem em mira. Os objetos podem ter sido as "bolsas de dinheiro" dos compradores e vendedores, ou, talvez, a proibição fosse mais geral (como em *m. Ber.* 9,5) contra carregar bagagens ou fazer da área do templo um atalho. **17.** *casa de oração para todos os povos*: A afirmação é uma citação de Is 56,7 da LXX. A "casa" é o templo de Jerusalém. Embora "para todos os povos" deva ter chamado a atenção dos leitores de Marcos, este não é o foco real da citação do AT neste contexto. *um covil de ladrões*: A expressão é tirada de Jr 7,11. Para o papel do Messias davídico na purificação do Templo, veja *SalSl* 17,30. **18.** *os chefes dos sacerdotes e os escribas*: Como nas predições da paixão

(8,31; 9,31; 10,33-34), não há referência aos fariseus. Marcos afirma que os chefes dos sacerdotes e os escribas pretendiam destruir a Jesus, mas tinham medo de fazê-lo por causa de sua popularidade. Em uma festa de peregrinação como a Páscoa, seus temores deveriam ser especialmente intensos.

72 (C) Outros ensinamentos no terceiro dia (11,20-13,37). Após a explicação da figueira amaldiçoada (11,20-26), Marcos apresenta cinco controvérsias e mais uma parábola (11,27-12,37), contrasta dois personagens (12,38-44) e acrescenta o discurso escatológico (13,1-37). O objetivo é mostrar quem são os oponentes de Jesus e que temas o levaram a ter problemas com as autoridades de Jerusalém (W. R. Telford, *The Barren Temple and the Withered Tree* [JSNTSup 1; Sheffield, 1980]).

73 (a) *Explicações* (11,20-26). O terceiro dia começa com a sequência da maldição da figueira (11,20-21). Já que Marcos entendeu o secar da figueira como um ato de poder da parte de Jesus, ele anexou, em forma de explicações, três ditos sobre fé e oração (11,23.24.25). Estes ditos se unem artificialmente com base em palavras-chave. Na tradição anterior a Marcos, eles constituíam uma catequese sobre a oração. A insistência na certeza de que a oração será atendida parece ter feito parte do ensinamento distintivo de Jesus (veja Mt 7,7-11; Lc 11,9-13). **20.** *a figueira seca até as raízes:* A secagem da figueira foi além da maldição de não dar frutos, expressa em 11,14. **21.** *Pedro se lembrou:* Pedro age como porta-voz dos discípulos, o qual tinha ouvido a maldição pronunciada por Jesus (veja 11,14). **22.** *Jesus respondeu-lhes:* Os ditos em 11,22-25 são apresentados como uma explicação sobre o incidente da figueira. A intenção de Marcos ao juntá-los a este incidente era chamar a atenção para Deus como a fonte do poder de Jesus. *Tende fé em Deus:* A expressão *pistin theou*, literalmente "fé de Deus", deve ser um genitivo objetivo, "em Deus". A sentença como um todo pode ter servido cabeçalho para os ditos que seguem. Ela também poderia ser entendida como uma pergunta: "Tendes fé em Deus?", sendo os ditos seguintes interpretados como ilustrações do tipo de fé ideal. **23.** *se alguém disser a esta montanha: ergue-te:* Para versões paralelas do dito, veja Mt 17,20; Lc 17,6; 1Cor 13,2. No presente contexto, "esta montanha" poderia ser Jerusalém como um todo ou o monte das Oliveiras, mas não há certeza de que Jesus pronunciou estas palavras nestes lugares. A secagem da figueira foi apenas uma demonstração secundária do poder de Jesus baseado em seu relacionamento com Deus em oração – um relacionamento que ele quer compartilhar com seus seguidores. **24.** *tudo quanto suplicardes e pedirdes, crede que já o recebestes:* O segundo dito sobre a oração está ligado ao primeiro pela palavra "crede" e ao terceiro pelo "suplicardes" (= "orardes"). **25.** *se tiverdes alguma coisa contra alguém, perdoai-lhe:* O terceiro dito trata, na verdade, do perdão (veja Mt 6,14) e estava ligada aos outros dois ditos através de sua introdução "quando estiverdes orando". O texto tradicional de Mc 11,26 ("Porém, se não perdoardes, também vosso Pai que está nos céus não vos perdoará vossas ofensas") está ausente em muitos manuscritos importantes de Marcos (veja Mt 6,15).

74 (b) *Controvérsias* (11,27-12,37). Como em 2,1-3,6, esta seção fornece cinco relatos das controvérsias de Jesus com seus oponentes (e ainda uma parábola). Os cinco relatos diferem em forma e tom; e é discutível se eles constituíam uma coleção pré-marcana.

75 (i) *A autoridade de Jesus* (11,27-33). A pergunta dos oponentes visava a pegar Jesus em uma reivindicação pública de que sua autoridade vinha de Deus, assentando assim o fundamento para uma acusação de blasfêmia (veja 14,64). Jesus evita esta reivindicação pública através de uma contrapergunta sobre a origem da autoridade de João Batista. A estratégia tem o efeito de reduzir os oponentes ao silêncio, ao mesmo tempo que torna clara a origem divina da autoridade de Jesus. **27.** *os chefes dos sacerdotes,* *os escribas e os anciãos*: Estes três grupos foram mencionados na primeira predição (8,31) e aparecerão novamente na narrativa da paixão (14,43.53; 15,1) como os principais articuladores da conspiração contra Jesus. Aqui devemos imaginar um pequeno corpo representativo e não todo o sinédrio. A ocasião para sua interrogação pode ter sido a purificação do Templo (11,15-19). **28.** *Com que autoridade fazes estas coisas?*: "Estas coisas" se refere, muito provavelmente, à purificação do Templo, ainda que, talvez, a entrada em Jerusalém e até mesmo todo o ministério de Jesus de ensino e cura estejam incluídos. **30.** *O batismo de João era do céu ou dos homens?*: Por trás da pergunta está a reivindicação implícita de que a autoridade de João Batista vinha "de Deus". À luz do paralelismo entre João e Jesus desenvolvido ao longo do evangelho, a pergunta indica também a origem divina do ensino e das curas de Jesus. **31.** *Se respondermos "do Céu":* Se os oponentes admitissem a origem divina da autoridade de João Batista, eles precisariam explicar por que não o aceitaram e também precisariam admitir a origem divina da autoridade de Jesus. Se negassem a origem divina da autoridade de João Batista, eles correriam o risco de sofrer oposição da população em geral que o considerava um profeta de Deus. O reconhecimento de seu dilema os reduz ao silêncio. **33.** *Nem eu vos digo*: Embora a conversa pareça terminar em um beco sem saída, na verdade fica claro que a autoridade de Jesus é de Deus. Os oponentes que tentavam pegar Jesus em uma armadilha caíram, eles próprios, na armadilha de Jesus. Seu silêncio torna esta vitória de Jesus na controvérsia ainda mais saborosa.

76 (ii) *A parábola da vinha* (12,1-12). A parábola comenta a hostilidade dos líderes judeus para com Jesus e coloca o tratamento rude dado a Jesus na tradição dos tratamentos rudes dados aos mensageiros anteriores de Deus. Há algumas identificações alegóricas óbvias na parábola na forma como ela se apresenta: a vinha = Israel, o proprietário = Deus, os vinhateiros = os líderes de Israel, o filho amado = Jesus. Que os servos = os profetas e os outros = gentios é mais problemático. Outros aspectos do relato (a sebe, o lagar e a torre) não possuem significado alegórico. Tem-se negado que Jesus pronunciou esta parábola em sua forma presente por várias razões: as citações da LXX (12,1.10-11), o conhecimento prévio de sua morte e sua reivindicação abertamente messiânica (12,6), as possíveis alusões à queda de Jerusalém e à missão aos gentios (12,9) e o alegorismo. Porém, esforços para reconstruir a forma primitiva da parábola de Jesus ou para explicá-la inteiramente como uma criação protocristã são necessariamente especulativos. **1.** *Começou a falar-lhes em parábolas*: Ainda que de forma diferente dos relatos que estão em torno deste, o conteúdo é o relacionamento entre Jesus e seus oponentes. A despeito do plural "parábolas", há apenas uma parábola aqui. *plantou uma vinha*: O vocabulário da descrição é tomado de Is 5,1-2 (LXX), não deixando dúvida de que a vinha simboliza Israel. A sebe tinha a função de manter os animais do lado de fora, o lagar era usado para amassar as uvas com o propósito de obter o vinho e a torre eram o local para os vigias e um abrigo. *arrendou-a a alguns vinhateiros*: A prática de alugar vinhas e outros campos a agricultores arrendatários era comum na Palestina dos tempos de Jesus. De fato, o proprietário ausente era uma característica muito comum no sistema econômico greco-romano. **2.** *no tempo oportuno, enviou um servo aos vinhateiros*: O tempo oportuno pode ter sido o quinto ano (veja Lv 19,23-25). Os três servos (12,2-3.4.5) recebem tratamento progressivamente mais severo dos vinhateiros: espancamento, ferimentos e tratamento humilhante e morte. Ainda que seja tentador identificar estes servos como profetas do AT, é melhor interpretá-los sob uma visão mais ampla como mensageiros de Deus a Israel (Moisés, Josué, Davi, etc, bem como os profetas). **5.** *Bateram nuns, mataram os outros*: Após a série de três servos individuais, esta descrição conclusiva generaliza o destino dos mensageiros de Deus a Israel. **6.** *o filho amado*: A suposição do proprietário era que os vinhateiros tratariam seu filho com respeito, mesmo que eles não tivessem agido desta forma com seus servos. Já que a expressão "filho amado" (*ho huios mou ho agapētos*) foi usada pela voz do céu para identificar Jesus por ocasião de seu batismo (1,11) e transfiguração (9,7), não pode haver dúvida de que Marcos e seus leitores identificam Jesus como o filho. **7.** *Este é o herdeiro:* A expectativa dos vinhateiros não estava baseada na prática jurídica, mas na esperança de que na confusão resultante de sua ação eles pudessem obter a posse da propriedade. **8.** *mataram-no e o lançaram fora da vinha:* Não há menção da crucificação, nem a menor insinuação da ressurreição. A ideia de lançar o filho para fora da propriedade pode estar ligada a Hb 13,12 ("Jesus... sofreu do lado de fora da porta") e à localização do local da crucificação de Jesus fora dos limites de Jerusalém. **9.** *Virá e destruirá os vinhateiros e dará a vinha a outros:* Mt 21,41.43 reflete a reivindicação cristã de que a identidade do povo de Deus e seu lugar no reino de Deus foram transferidos de Israel para a Igreja. Marcos, entretanto, parece estar mais preocupado com os líderes de Israel nos caps. 11 e 12, e, assim, sua visão do significado da parábola é mais estreita. A descrição não reflete necessariamente os eventos de 70 d.C., ainda que Mt 21,41.43 e Lc 20,18 pareçam tê-la compreendido como tal. Também não está claro se Marcos compreendeu os "outros" como gentios. **10.** *A pedra que os construtores rejeitaram:* A citação em 12,10-11 é tirada do Sl 118,22-23 (LXX). A pedra rejeitada (= Cristo) se torna a pedra angular (que mantém unidas as paredes do edifício) ou a pedra principal (que coroa e suporta um arco ou um portão). A mesma citação é aplicada a Jesus em At 4,11 e 1Pd 2,7; para outras citações de "pedra" relacionadas a Jesus, veja Rm 9,33 e 1Pd 2,6.8. Talvez a similaridade entre as palavras hebraicas *ben*, "filho", e *'eben*, "pedra", tenha gerado esta identificação. A citação do Sl 118,22-23 em Mc 12,10-11 destaca o mesmo aspecto que a parábola em 12,1-9: a rejeição do Filho de Deus por parte dos líderes de Israel foi um trágico erro da parte deles.

12. *ele contara a parábola a respeito deles:* O fato de que os oponentes entenderam a parábola não é usual em Marcos (veja 4,10-12, 33-34). Este final é típico dos relatos de controvérsia nos quais os inimigos de Jesus percebem que eles foram superados em esperteza.

(SNODGRASS, K., *The Parable of the Wicked Tenants* [WUNT 27; Tübingen, 1983].)

77 (iii) *Impostos a César* (12,13-17). O assunto é o pagamento dos impostos do censo a César por parte dos judeus. Embora os oponentes preparem cuidadosamente uma armadilha para Jesus de forma a derrotá-lo e desacreditá-lo, ele consegue escapar de sua armadilha e faz de sua pergunta uma ocasião para ensinar sobre o relacionamento com Deus. O texto provavelmente não deveria ser abordado como uma doutrina metafísica sobre a Igreja e o Estado (veja Ap 17-18 para uma descrição muito hostil do Império Romano). Não devemos esquecer as particularidades da situação: os judeus estão questionando Jesus, seu compatriota judeu, sobre o pagamento de um imposto ao governante romano. Jesus lhes permite pagar o imposto (cf. Mt 17,24-27; Rm 13,1-7; 1Pd 2,13-17), mas vai além, desafiando seu público a ser tão preciso no serviço a Deus quanto o são no serviço a César. **13.** *alguns dos fariseus e dos herodianos:* A presença dos herodianos em um relato ambientado em Jerusalém é algo estranho. Para uma referência anterior a uma aliança entre fariseus e herodianos, veja o comentário sobre 3,6. Já que Herodes Antipas devia seu poder político ao Império Romano, uma resposta negativa à pergunta feita em 12,14 poderia colocar Jesus em conflito com os romanos. Os fariseus não eram nacionalistas tão ardentes quanto os zelotes e conseguiam coexistir com as autoridades romanas. **14.** *sabemos que és verdadeiro:* Os elogios com os quais Jesus é saudado têm o propósito de extrair dele uma resposta direta e colocá-lo na berlinda (cf. 11,27-33, onde Jesus evita dar uma resposta direta). Marcos torna claro que o motivo dos oponentes era vil ("para enredá-lo" em

12,13, "conhecendo sua hipocrisia" e "por que me pondes à prova?" em 12,15). *É lícito pagar imposto a César ou não?*: O termo grego *kēnsos* é a transliteração do latino *census*. Este imposto era uma lembrança da sujeição dos judeus a Roma e deveria ser pago em moedas romanas. Se Jesus responder positivamente, ele ficará desacreditado entre os judeus nacionalistas por sua colaboração com Roma. Se responder negativamente, mostrará que um revolucionário e um perigo para o Império Romano. **16.** *De quem é esta imagem e a inscrição?*: O denário trazido a Jesus devia ter a imagem gravada do imperador Tibério (14-37 d.C.), e a inscrição provavelmente seria: *Tiberius Caesar divi Augusti filius Augustus*. **17.** *O que é de César dai a César, o que é de Deus, a Deus:* Jesus responde à pergunta em 12,14 de uma forma positiva: é lícito pagar o imposto a César. Mas seu raciocínio lhe permite evitar a armadilha preparada para ele: se a moeda na qual o imposto deve ser pago é romana e pertence ao imperador, o pagamento do imposto é meramente uma questão de devolver ao imperador aquilo que já pertence a ele. Ao acrescentar "o que é de Deus, a Deus", Jesus transforma seu pronunciamento sobre pagamento de impostos num desafio espiritual de cumprir as obrigações para com Deus tão conscienciosamente quanto se cumprem as obrigações para com o Estado. *ficaram muito admirados*: Os comentaristas usualmente dizem que a multidão ficou admirada com a capacidade de Jesus de se livrar de seus oponentes sem causar muito escândalo (ainda que sua resposta deve ter escandalizado os judeus nacionalistas). Talvez sua admiração estivesse relacionada com o fato de Jesus ter conseguido transpor um assunto do nível político para o nível espiritual.

78 (iv) *A ressurreição* (12,18-27). Os saduceus baseavam sua rejeição da ressurreição no silêncio do Pentateuco sobre ela. Eles citam a passagem de Dt 25,5-10, que, segundo pensam, seria a prova irrefutável de sua posição e ligam a ela uma aplicação destinada a reduzir ao absurdo aqueles que eram favoráveis à crença na ressurreição. Sua armadilha serve como ocasião para o ensinamento de Jesus sobre a natureza da vida ressurreta (ela é muito diferente da vida terrena) e para mostrar que a ressurreição está implicada, pelo menos, naquilo que o Pentateuco diz sobre Deus em Ex 3,6.15-16 como Deus dos vivos. A mensagem teológica do texto é que a esperança na vida ressurreta está baseada no caráter de Deus, que pode superar a morte e dar a vida, e não na natureza humana nem no esforço humano. **18.** *saduceus – os quais dizem não existir ressurreição*: Os saduceus aceitavam apenas o Pentateuco como autoridade e rejeitavam a ideia de uma lei oral em adição a ele (ver Josefo, *Ant.* 18.1.4 § 16-17). As poucas passagens do AT que falam sobre a ressurreição dos mortos (veja Is 25,8; 26,19; Sl 73,24-25; Dn 12,1-3) não estavam no Pentateuco e, portanto, não tinham *status* autoritativo para os saduceus (veja At 23,8). O ônus da controvérsia aqui consiste em Jesus mostrar que a doutrina da ressurreição está presente mesmo no Pentateuco (veja 12,26). A pergunta dos saduceus pressupõe que Jesus compartilha a crença dos fariseus na ressurreição. **19.** *Moisés deixou-nos escrito*: O conteúdo daquilo que "Moisés deixou escrito" em Mc 12,19 é uma versão livre de Dt 25,5-10, que prescreve a obrigação do casamento do levirato (cf. Gn 38; Rute). O motivo para esta prática no AT era manter a propriedade na família do marido. **20.** *Havia sete irmãos:* O relato de 12,20-23 toma Dt 25,5-10 como seu ponto de partida e tenta reduzir a crença na ressurreição ao absurdo, provando sua incompatibilidade com o Pentateuco. Sete irmãos tiveram a mesma mulher – de qual deles ela será esposa na ressurreição? **24.** *desconhecendo tanto as escrituras como o poder de Deus*: Na explicação subsequente, Jesus responde aos saduceus, em primeiro lugar, fazendo referência ao poder de Deus (12,25) e então às Escrituras (12,26-27). O poder de Deus pode superar a morte e dar a vida. A ressurreição está implícita nas Escrituras. **25.** *Pois quando ressuscitarem dos mortos, nem eles se casam, nem elas se dão em casamento*: A interpretação dos saduceus em 12,20-23 se baseia em uma compreensão errônea da vida ressurreta; veja 1Cor 15,35-50; *1 Henoc* 15,6-7; 104,4; *2 Apc. Bar.* 51,10; *b. Ber.* 17a. O modo de vida ressurreto será tão diferente da vida terrena que o exemplo dos saduceus não possui força lógica, já que prescinde do poder de Deus para derrotar a morte e gerar vida a partir da morte. **26.** *sobre a sarça*: Este era o modo costumeiro como os judeus se referiam à passagem sobre a sarça ardente em Ex 3, antes da introdução dos indicadores de capítulos e versículos. *Eu sou o Deus de Abraão, o Deus de Isaac e o Deus de Jacó*: Ex 3,6.15-16, onde Iahweh é identificado como o Deus dos pais de Israel, está no Pentateuco e deve ser levado a sério pelos saduceus. **27.** *ele não é Deus de mortos, mas sim de vivos*: Jesus usa Ex 3,6.15-16 como uma passagem que indica que Abraão, Isaac e Jacó ainda estavam vivos e continuavam a manter seu relacionamento com Deus. Portanto, a ressurreição faz parte do ensino do Pentateuco. O uso de um texto do AT desta forma artificial é compatível com os métodos judaicos de interpretação daquela época.

79 (v) *O grande mandamento:* (12,28-34). A quarta controvérsia diz respeito ao maior entre os 613 preceitos da lei do AT, um tópico comumente proposto a mestres judeus eminentes. A resposta de Jesus combina duas citações do AT (Dt 6,4-5 e Lv 19,18), sublinhando, assim, sua ortodoxia como mestre judaico e ilustrando sua preferência por ir à raiz das coisas. A passagem é importante não tanto por sua originalidade quanto por sua ênfase nas disposições interiores e básicas. Veja Mt 5,21-48 para uma ênfase ainda mais radical na interioridade, levando à abolição de alguns preceitos do AT. **28.** *um dos escribas*: Este questionador difere dos outros por sua falta de hostilidade e pela aprovação que recebe de Jesus (cf. Mt 22,35; Lc 10,25). Sua atitude e desejo sincero de aprender tornam o incidente um exercício de ensino, e não uma verdadeira controvérsia. *Qual é o primeiro de todos os mandamentos?*: A pergunta era frequentemente feita a mestres judaicos. A famosa resposta de Hillel, de acordo com *b. Šabb.* 31a, foi esta: "O que odeias para ti, não faças a teu próximo. Esta é toda a lei; o restante é comentário. Ide e aprendei". Esta resposta foi dada à pergunta de um prosélito que desejava ser instruído enquanto se equilibrava em apenas uma perna. O pressuposto de Hillel era que este dito resumiria toda a lei e dava a seus 613 mandamentos um princípio coerente. Os primeiros cristãos entenderam o resumo da lei feito por Jesus como uma permissão para desconsiderar seus mandamentos rituais, mas não está clara se esta é a intenção de Jesus aqui. **29.** *O primeiro é: 'Ouve ó Israel, o Senhor nosso Deus é o único Deus"*: A resposta de Jesus é uma citação de Dt 6,4-5, o primeiro dos três textos recitados duas vezes por dia (Dt 6,4-9; 11,13-21; Nm 15,37-41) pelos judeus piedosos. O mandamento de amar a Deus emana de sua natureza como o único Deus. Os quatro substantivos em 12,30 (coração, alma, entendimento e força) não se referem às várias partes da pessoa, mas são um modo de enfatizar que a pessoa deve amar a Deus com todos os recursos disponíveis **31.** *O segundo é este: "Amarás o teu próximo como a ti mesmo"*: Embora questionado sobre um mandamento apenas, Jesus acrescenta um segundo. Não há uma tentativa de igualar os dois mandamentos ou juntá-los (cf. Lc 10,27). O segundo mandamento é uma citação de Lv 19,18 (cf. Rm 13,9; Gl 5,14; Tg 2,8). Os dois mandamentos estão ligados pela palavra "amar", e sua justaposição por Jesus foi um procedimento teológico original. Nem Lv 19,18 nem seus desdobramentos no NT mostram qualquer consciência da descoberta psicológica moderna da baixa autoestima e da necessidade de amar a si mesmo antes de poder amar a outrem. **32.** *Muito bem, Mestre*: O escriba expressa sua concordância com Jesus parafraseando sua afirmação sem qualquer sinal de hostilidade ou ironia. **33.** *vale mais do que todos os holocaustos e todos os sacrifícios*: A comparação do escriba é apenas um eco de Os 6,6 e 1Sm 15,22, e não precisa ser interpretada como uma condenação do sistema sacrifical. Na compreensão do escriba, o amor a Deus e ao próximo eram os grandes princípios subjacentes ao sistema sacrifical. **34.** *Tu não estás longe do reino de Deus*: Em vez de ser uma realidade futura, aqui o reino de Deus é acessível e parece ter uma dimensão espacial. O entendimento correto daquilo que realmente é importante na lei do AT por parte do escriba o coloca próximo do reino vindouro e o prepara para recebê-lo de forma correta (veja 10,13-16).

80 (vi) *O filho de Davi* (12,35-37). O objetivo por trás da complicada exegese do Sl 110,1 é mostrar que Filho de Davi não é uma definição totalmente adequada e exaustiva do Messias. Algo mais elevado, como *Kyrios*, "Senhor", é necessário para captar o caráter da messianidade de Jesus. **36.** *O próprio Davi disse pelo Espírito Santo*: É essencial ao argumento baseado no Sl 110,1 que Davi seja entendido como o autor do salmo. Para outras citações neotestamentárias do Sl 110,1, veja At 2,34-35; 1Cor 15,25; Hb 1,13. Alusões a ele aparecem em Mc 14,62 e paralelos; 16,19; Rm 8,34; Ef 1,20; Cl 3,1; Hb 1,3; 8,1; 10,12. Seus múltiplos usos nos escritos do NT sugerem que ele faça parte de uma antologia de citações do AT consideradas particularmente aplicáveis a Jesus. **37.** *O próprio Davi o chama Senhor; como pode, então, ser seu filho?*: Supondo que seja Davi quem fala no Sl 110,1, ele deve estar falando sobre outra pessoa que não ele mesmo. O primeiro "Senhor" é Deus; o segundo "meu Senhor" deve ser alguém diferente de Davi e superior a ele. Assim, o Messias não pode ser exaustiva e adequadamente descrito como Filho de Davi.

81 (c) *Os escribas e uma viúva* (12,38-44). Os dois incidentes desta seção (12,38-40; 12,41-44) formam um díptico no qual os personagens são contrastados. Os escribas pomposos e hipócritas criticados nesta passagem são o oposto daquilo que Jesus quer que seus discípulos sejam. A advertência de Jesus é contra a busca pela honra e prestígio por parte dos escribas (12,38b-39) e sua exploração dos recursos das viúvas enquanto mantêm pretensão de piedade (12,40). Ainda que não tão fortemente quanto Mt 23, esta passagem foi usada a serviço dos sentimentos antijudaicos no passado, embora ela não critique todos os escribas, mas somente um tipo deles (cf. 12,28-34), e muito menos ainda critique todos os judeus. **38.** *dos escribas que gostam de circular de toga*: Os escribas eram os intérpretes da lei do AT, versão judaica antiga dos juristas. O tipo de escriba criticado aqui estava colocando a si mesmo em exibição pública, especialmente no contexto religioso. Suas togas (*stolai*) provavelmente eram mantos destinados a aumentar seu prestígio e honra, e não necessariamente mantos de oração como em Mt 23,5. **40.** *devoram as casas das viúvas e simulam fazer longas preces*: Os juristas na Antiguidade poderiam servir como curadores da propriedade de viúvas. Um modo comum de receber sua remuneração era obtendo uma parte dessa propriedade. Os juristas com reputação de piedosos tinham uma boa chance de melhorar suas perspectivas de participar desse processo (J. D. M. Derrett, *NovT* 14 [1972] 1-9). Como resultado de sua ganância e hipocrisia, esses juristas receberão uma dura condenação no juízo final, a mais alta de todas as cortes.

82 O relato da viúva pobre está ligado ao incidente anterior pelo termo "viúva" e contém um contraste com a conduta dos escribas. A dedicação interior e a generosidade da mulher também servem para introduzir a narrativa da paixão, na qual Jesus demonstrará as mesmas qualidades. **42.** *duas moedinhas, isto é, um quadrante*: As duas moedinhas (*lepta*) eram as moedas de menor valor em circulação. A cláusula explicativa *ho estin kodrantēs* apresenta a palavra tomada de empréstimo do latim – *quadrans* – outra característica que sugere a proveniência romana de Marcos. **43.** *esta viúva que é pobre lançou mais do que todos:* O comentário inicial de Jesus estabelece um paradoxo que exige explicação (12,44). A explicação é que a viúva fez um sacrifício real para sustentar o templo, enquanto que os ricos simplesmente deram de seu excedente.

83 (d) *O discurso final de Jesus* (13,1-37). Após a predição de Jesus sobre a destruição do templo (13,2), ele fala sobre eventos que são futuros na perspectiva de Jesus, mas, pelo menos em parte, realidades presentes para a comunidade marcana (13,5-13). Depois ele descreve a "grande tribulação" (13,14-23) e o triunfo do Filho de Homem (13,24-27), e conclui com exortações à confiança e à vigilância (13,28-37). Desde os anos 1860 eruditos têm suposto que por trás de Mc 13 esteja um pequeno apocalipse judaico ou judaico-cristão, editado e expandido por Marcos ou por um de seus predecessores e colocado nos lábios de Jesus (embora ele também possa conter alguns ditos de Jesus). À luz das opiniões conflitantes sobre a origem e desenvolvimento do texto, é melhor entender Mc 13 da forma em que ele se apresenta e ver o que pode ter dito à comunidade marcana. Por este discurso, Marcos procurou suavizar os temores escatológicos e inculcar resistência paciente. Ele adverte sobre a necessidade da perseguição e do sofrimento, enquanto encoraja a comunidade para que ela enfrente quaisquer horrores que o futuro possa trazer, com a firme convicção de que o clímax da história humana é a vinda do Filho do Homem e do reino de Deus.

(HARTMAN, L., *Prophecy Interpreted* [ConBNT 1; Lund, 1966]. LAMBRECHT, J. L., *Die Redaktion der Markus-Apokalypse* [AnBib 28; Rome, 1967]. PESCH, R., *Naherwartungen* [Düsseldorf, 1968]).

84 (i) *Introdução* (13,1-4). Há alguma tensão entre a predição de Jesus sobre a destruição do Templo (13,2) e o restante do discurso, que diz respeito ao fim do mundo tal como o conhecemos. **1.** *disse-lhe um dos seus discípulos*: A surpresa dos discípulos diante do tamanho e esplendor dos edifícios do Templo serve como ocasião para o pronunciamento de Jesus em 13,2. A reação dos discípulos se encaixa na cronologia de Marcos segundo a qual Jesus visita Jerusalém com seus discípulos uma só vez, já que a impressão que se tem é que eles estão vendo a cidade pela primeira vez. **2.** *Não ficará pedra sobre pedra*: Que Jesus previu a destruição do templo de Jerusalém é afirmado em vários textos do NT (Mc 14,57-58; 15,29; Jo 2,19; Mt 26,61; At 6,14). Ao profetizar a destruição do templo, Jesus se situava na tradição dos profetas do AT (veja Mq 3,12; Jr 26,18). Não há necessidade de supor que esta predição reflita os eventos do ano 70 d.C., embora os primeiros cristãos vissem nesses eventos o cumprimento da predição de Jesus. **3.** *no Monte das Oliveiras, frente ao templo*: A cena para o discurso escatológico é extremamente apropriada, dadas as conotações escatológicas do Monte das Oliveiras em Zc 14,4 (veja Mc 11,1). O público consiste dos primeiros discípulos (veja 1,16-20), três dos quais formavam um círculo mais íntimo (veja o comentário sobre 5,37). **4.** *quando será isso*: a pergunta dos discípulos aponta logicamente para trás, para a predição de Jesus sobre o Templo em 13,2, mas no presente contexto também aponta para adiante, para todo o discurso que segue.

85 (ii) *O princípio das dores* (13,5-13). O primeiro estágio na apresentação do futuro por Jesus diz respeito aos eventos em grande escala (13,5-8) e ao destino dos discípulos (13,9-13). A mensagem como um todo é a de resistência paciente em face aos cataclismas cósmicos e às perseguições. O modo pelo qual a perseguição dos discípulos é descrita (esp. com o verbo *paradidōmi*, "entregar") aponta para adiante, para os sofrimentos do próprio Jesus no relato da paixão e alinha os sofrimentos dos seguidores com os do mestre. **5.** *Atenção para que ninguém vos engane*: A sentença de abertura do discurso expressa seu objetivo de esfriar o entusiasmo escatológico e inculcar uma cautelosa atitude do tipo "espere-para-ver" para com a vinda do reino de Deus. **6.** *Muitos virão em meu nome dizendo "Sou eu"*: Parece que há mais coisas implicadas do que uma referência aos pretendentes messiânicos judaicos (ver At 5,36-37), já que os muitos virão "em meu nome". Para *egō eimi*, veja o comentário sobre 6,50. Curadores e mestres protocristãos podem ter reivindicado serem reencarnações de Jesus. O presente contexto indica que eles reivindicavam ser o Jesus vindo da direita de Deus (veja 14,62). Veja 13,21-23, para predições de falsos Cristos. **8.** *o princípio das dores do parto*: As predições de guerras e rumores de guerras, insurreições, terremotos e fome são apresentados como parte do plano divino para o reino vindouro. Estas tribulações são descritas por analogia com os primeiros estágios do parto (verja *m. Soṭ.* 9,15). Por mais graves que sejam, elas não são o *eschaton*. **9.** *entregar-vos-ão aos sinédrios*: O foco passa dos eventos mundiais para o destino dos discípulos, aos quais são prometidas perseguições e sofrimentos. Os "sinédrios" (*synedria*) eram tribunais judaicos locais (veja 2Cor 11,24), que podiam punir judeus infratores. A referência aos "governadores e reis" não exige uma situação fora da Palestina; Pilatos e Herodes Antipas seriam bons exemplos. Os discípulos de Jesus encontrarão oposição, tanto de judeus quanto de gentios. **10.** *que primeiro o evangelho seja proclamado a todas as nações*: O vocabulário marcano deste dito sugere que ele foi inserido entre 13,9 e 11 pelo evangelista. Esta hipótese é confirmada pela fluência lógica entre 13,9 e o v. 11 e pelo fato de que, se o Jesus terreno tivesse sido tão explícito sobre este assunto, não teria havido debate entre os protocristãos sobre a missão aos gentios (veja Gl 2; At 15). Sua inserção aqui tem o efeito de reduzir drasticamente a velocidade do cronograma escatológico, já que um grande desvio fora da Palestina deve ser tomado. **11.** *pois não sereis vós que falareis, mas o Espírito Santo*: O que está sendo proibido é a ansiedade (*mē promerimnate*), e não o pensamento ou a preparação prévia. **12.** *O irmão entregará o irmão à morte*: A ideia do *eschaton* como tempo de divisões pessoais era um lugar-comum nos escritos apocalípticos judaicos (veja 4Esd 5,9; 6,24; *Jub.* 23,19; *2 Apoc. Bar.* 70,3; cf. *m. Soṭ.* 9,15). **13.** *aquele, porém, que perseverar até o fim, será salvo*: esta afirmação conclusiva capta a mensagem marcana da persistência paciente durante as "dores de parto do Messias" e a recompensa definitiva da salvação.

86 (iii) *A grande tribulação* (13,14-23). A segunda fase na apresentação de Jesus sobre o futuro passa das experiências presentes de Marcos e seus primeiros leitores para acontecimentos que, em sua perspectiva, estão no futuro. Esses eventos são resumidos pelo termo "tribulação" (*thlipsis*). Ainda que algumas das imagens reflitam as condições de guerra, elas foram colocadas em um contexto totalmente novo. Ao prever esses eventos, Jesus prepara seus seguidores para eles e torna possível sua persistência paciente. **14.** *a abominação da desolação*: A expressão é tirada de Dn 9,27; 11,31; 12,11, onde se refere ao altar pagão (veja 1Mc 1,59) erigido por Antíoco IV Epífanes no lugar do altar de holocaustos no Templo de Jerusalém em 168 a.C. O particípio masculino singular *hestēkota*, "instalada", sugere a transformação de uma coisa em uma pessoa, *i.e.*, espera-se que o leitor identifique a coisa com uma pessoa. *que o leitor entenda*: O comentário talvez se refira aos eventos que levam à destruição do Templo em 70 d.C. Talvez a caráter vago da expressão vise a evitar a hostilidade romana usando um código. Se o comentário fazia parte de uma fonte anterior a Marcos, ele pode aludir ao plano abortivo do imperador Calígula de colocar uma estátua de si mesmo no Templo de Jerusalém em 40 d.C. (veja Josefo, *Ant.* 18.8.2 § 261; Filo, *De legat.* 188, 207-8; Tácito, *Hist.* 5.9; → História, 75:173-174). Em outras palavras, o incidente de Calígula é apresentado como uma repetição do incidente de Antíoco. *os que estiverem na Judeia fujam para as montanhas*: De acordo com 13,15-16, a tribulação virá tão rapidamente que não haverá tempo de salvar qualquer coisa da casa; igualmente, mulheres grávidas e mães no período de amamentação serão provadas de forma particularmente intensa de acordo com 13,17. **18.** *Pedi para que isso não aconteça no inverno*: O inverno na Palestina é frio e chuvoso, tornando os rios impossíveis de serem atravessados. Também não haveria lavouras disponíveis das quais os refugiados pudessem se alimentar. **19.** *haverá uma tribulação tal, como não houve desde o princípio do mundo*: O efeito desta expressão é mostrar que o assunto não é uma guerra, mas algo muito pior. A descrição é uma alusão a Dn

12,1: "Será um tempo de tal angústia qual jamais terá havido até aquele tempo" (cf. Ap 1,9; 7,14). **20.** *E se o Senhor não abreviasse esses dias*: O que se pressupõe é que Deus estabeleceu um cronograma para a vinda do reino (veja Dn 12,7). Para a ideia de abreviar o tempo, veja *1 Henoc* 80,2; *2 Apoc. Bar.* 20,1-2; 83,1.6. **21.** *Eis o Messias aqui*: Embora 13,21-23 tenha muito em comum com 13,5-6, esta passagem diz mais obviamente respeito aos pretendentes messiânicos e falsos profetas (veja 13,22) do que àqueles que reivindicam ser o Jesus retornado na parúsia. A aparição desses falsos messias e falsos profetas é entendida como o clímax da grande tribulação (veja 13,24). **23.** *Eu vos preveni a respeito de tudo*: O discurso volta para os quatro discípulos que constituem seus ouvintes. Eles deveriam praticar a persistência paciente em meio a esses eventos, porque foram avisados sobre sua sequência e sabem que a persistência paciente irá resultar em sua salvação (veja 13,13).

87 (iv) *O triunfo do Filho do Homem* (13,24-27). A linguagem do AT a respeito dos sinais cósmicos, característica, do Filho do Homem e da reunificação foi combinada em um novo contexto no qual a vinda escatológica de Jesus como o Filho do Homem é o acontecimento-chave. Sua vinda gloriosa no *eschaton* será a prova definitiva da vitória de Deus, e a expectativa dela serve como a base para a persistência paciente recomendada ao longo do discurso. **24.** *o sol escurecerá*: Os prodígios cósmicos que precedem a vinda do Filho do Homem refletem certos textos do AT: Is 13,10; Ez 32,7; Am 8,9; Jl 2,10.31; 3,15; Is 34,4; Ag 2,6,21, ainda que em nenhuma parte do próprio AT esses prodígios precedam a vinda do Filho do Homem. A lista de prodígios é uma forma de dizer que toda a criação assinalará sua vinda. **26.** *E verão o Filho do Homem vindo entre nuvens*: A descrição é tomada de Dn 7,13. O Filho do Homem em Marcos, porém, é o próprio Jesus e não a figura angélica em forma humana de Dn 7,13. Se Jesus realmente falou de si mesmo nesses termos é matéria de debate (→ Jesus, 78:38-41). Veja, porém, 14,61-62. **27.** *reunirá seus eleitos, dos quatro ventos*: A ação do Filho do Homem é o inverso de Zc 2,10. A congregação divina do povo eleito se encontra em Dt 30,4; Is 11,11.16; 27,12; Ez 39,27 e outros escritos do AT e do judaísmo, mas em nenhum lugar do AT o Filho do Homem tem a função de realizar essa unificação.

88 (v) *Exortação à confiança e à vigilância* (13,28-37). A exortação consiste de uma parábola (13,28-29), um dito sobre o tempo do *eschaton* (13,30), um dito sobre a autoridade de Jesus (13,31), outro dito sobre o tempo (13,32) e uma segunda parábola (13,33-37). O material foi organizado através de palavras-chave: "essas coisas", "passará", "vigiai" e "porteiro". O dito sobre "essas coisas" que acontecem "nesta geração" (13,30) é contrabalançado pela admissão de que somente Deus conhece o tempo exato (13,32). A parábola sobre os sinais evidentes do fim (13,28-29) é contrabalançada pela parábola sobre a vigilância constante (13,33-37). **28.** *Aprendei, pois, a parábola da figueira*: O processo natural de crescimento da figueira na primavera e no verão é comparado com a sequência de eventos que levam à vinda do Filho do Homem. Quando se vir esses eventos acontecendo, saber-se-á que o Filho do Homem está próximo. **30.** *esta geração não passará enquanto não tiver acontecido tudo isso*: A expressão "tudo isso" deve se referir aos eventos que conduzem à vinda do Filho do Homem (veja 13,29), embora ela possa ter sido interpretada pelos primeiros cristãos como uma referência à morte e ressurreição de Jesus ou à destruição de Jerusalém (veja Mc 9,1). O caráter peremptório do dito é atenuado por 13,32. **31.** *Passará o céu e a terra*: Jesus usa a linguagem de Is 51,6 e 40,8 para salientar a autoridade divina de seu ensino. Este dito está ligado ao que o precede pela palavra-chave "passará". **32.** *ninguém sabe*: É compreensível que apenas Deus saiba o tempo exato, mas a inclusão do Filho junto com os anjos e os seres humanos no desconhecimento é surpreendente. Nos debates patrísticos sobre a divindade de Jesus, este dito era usado como um argumento de oposição. **34.** *como um homem que partiu de viagem*: A segunda parábola compara a vigilância em relação ao reino com a atenção requerida de um porteiro quando seu senhor partiu de viagem. Você não sabe quando o senhor da casa vai voltar! Já que o tempo exato é desconhecido, exige-se vigilância constante.

89 (VII) A morte de Jesus em Jerusalém (14,1-16,20). O Evangelho de Marcos já foi descrito como sendo uma narrativa da paixão com uma longa introdução. Esta observação mostra o quão importante é a parte final do evangelho para o seu todo. Jesus sabe de antemão o que está à sua espera. Do início ao fim, ele se comporta como o Servo Sofredor e mostra ser o rei dos judeus a despeito da zombaria e da cegueira de seus oponentes. Os discípulos, porém, chegam ao fundo de seu declínio na traição de Judas e na negação de Pedro.

(DORMEYER, D., *Die Passion Jesu als Verhaltensmodell* [NTAbh 11; Münster, 1974]. KELBER, W. H. (ed.), *The Passion in Mark* [Philadelphia, 1976]. SCHENK, W., *Der Passionsbericht* [Gütersloh, 1974].).

90 (A) A unção e a última ceia (14,1-31). A seção inicial da narrativa da paixão em Marcos identifica Jesus como o Messias (14,1-11), coloca sua morte no contexto da Páscoa judaica (14,12-16) e salienta o autossacrifício de Jesus (14,17-31). Jesus sabe muito bem o que está acontecendo a ele e se sai bem na comparação com os personagens que são contrastados com ele.

91 (a) *Conspiração e unção* (14,1-11). O centro desta introdução ao relato da paixão é o relato de como uma mulher anônima unge a Jesus (14,3-9), apontando, por meio deste gesto, para sua dignidade como o Messias, "o ungido", e também para adiante, para seu sepultamento. A percepção espiritual e a generosidade dela são contrastadas com a cegueira espiritual dos chefes dos sacerdotes e dos escribas (14,1-2) e também de Judas (14,10-11). No cerne do relato está o dito cristológico de 14,7 que assinala o tempo de Jesus como uma época especial. **1.** *A Páscoa e os Ázimos*: A festa agrícola dos Pães Ázimos realizada na primavera tinha sido combinada com a celebração da libertação do antigo Israel da escravidão no Egito (veja Ex 12,15-20; 34,18-20); começava no 15º dia de Nisã (março-abril) e se estendia por oito dias. *os chefes dos sacerdotes e os escribas*: Alguns deles podem ter sido saduceus, já que eles estavam entre os encarregados do templo. A conspiração movida pelos chefes dos sacerdotes e escribas já estava acontecendo em 11,18 e 12,12. **2.** *não durante a festa*: Já que a Páscoa era uma festa de peregrinação que atraía grandes multidões para Jerusalém, a execução pública de Jesus poderia ser o estopim de uma rebelião. Permanece a pergunta: os sacerdotes esperam deter Jesus antes ou depois da festa? Esta última opção parece mais provável. A disposição de Judas em trair Jesus levou-os a executá-lo durante a festa (de acordo com Marcos) ou antes dela (como parece mais provável historicamente). **3.** *Em Betânia, quando Jesus estava à mesa em casa de Simão, o leproso*: Esta precisão quanto a lugares e nomes é tão pouco usual em Marcos que os detalhes devem ter feito parte do relato original. O vaso de alabastro era um frasco redondo de perfume contendo unguento feito de uma rara planta indiana. O cálculo de seu preço, em 14,5, em 300 denários o torna, de fato, muito caro (veja Mt 20,2). *Derramou-o sobre a cabeça dele*: Cf. Lc 7,38 e Jo 12,3, onde a mulher unge os pés de Jesus. Ungir a cabeça de Jesus era um reconhecimento de sua dignidade messiânica (veja 2Rs 9,6). **7.** *mas a mim, nem sempre tereis*: O dito explica a atitude tolerante de Jesus em 14,6 e sua descrição do ato da mulher como uma boa ação. O foco é a presença de Jesus, e não a afirmação de que a pobreza é um problema social permanente. A unção da cabeça de Jesus feita pela mulher o marcou como o Messias. Somente ela, em contraposição aos chefes dos sacerdotes e escribas e até mesmo Judas, percebeu corretamente a identidade de Jesus e o significado especial que tinha sua presença física. Este é um dito cristológico, como o do noivo em Mc 2,19, e não um comentário social. **8.** *antecipou-se a ungir o meu corpo para a sepultura*: Uma interpretação secundária aplicada à ação da mulher a relaciona diretamente com a morte e o sepultamento de Jesus: o Messias é ungido para o sepultamento logo no início do relato da paixão. O versículo é, às vezes, explicado como um acréscimo ao relato que tinha o objetivo de acobertar o embaraço dos discípulos pelo fato de eles não terem ungido o corpo de Jesus antes de seu sepultamento (veja 16,1). **9.** *será contado em sua memória*: O relato de seu feito será parte da história da paixão de Jesus, de sua morte e ressurreição. A mulher permanece sem nome (cf. Jo 12,3, onde ela é Maria, a irmã de Marta e Lázaro). **10.** *Judas Iscariot*: Sua traição é contraposta à fidelidade da mulher. Sua iniciativa permitiu aos chefes dos sacerdotes e escribas levar avante sua conspiração. **11.** *prometeram dar-lhe dinheiro*: Os outros evangelistas tornam explícitos os motivos de Judas: ganância (Mt 26,15), Satanás (Lc 22,3) e Satanás mais o hábito de roubar (Jo 13,2; 12,6).

92 (b) *Os preparativos para a ceia pascal* (14,12-16). Esta passagem identifica a última ceia como uma refeição pascal no sentido estrito porque teve lugar no 15º dia de Nisã. Os outros sinóticos seguiram a cronologia de Marcos. Jo 19,14, porém, situa a morte de Jesus no entardecer do 14º de Nisã e, assim, faz da última ceia uma refeição pré-pascal. É mais provável que a cronologia de João esteja correta, já que é duvidoso que os chefes dos sacerdotes e escribas tivessem agido como o fizeram no primeiro dia da Páscoa. O efeito de a última ceia de Marcos ser descrita como uma refeição pascal é inserir a morte de Jesus mais fortemente nos grandes temas da Páscoa – o sacrifício e a libertação. **12.** *No primeiro dia dos Ázimos, quando se imolava a Páscoa*: O sacrifício tinha lugar na tarde do 14º de Nisã, antes do pôr-do-sol do primeiro dia. Assim, os discípulos foram enviados para fazer os preparativos para a refeição pascal celebrada no início do 15º de Nisã. Para a dupla expressão de tempo, veja comentário sobre 1,32. **13.** *um homem levando uma bilha d'água*: Isto é um exemplo da extraordinária presciência de Jesus ou foi o resultado de uma combinação prévia? Veja 11,1-6 para um problema similar. **15.** *no andar superior, uma grande sala arrumada com almofadas*: Jesus e os Doze usarão um quarto de hóspedes no andar superior de uma casa em Jerusalém. A falta de surpresa da parte dos discípulos em 14,16 é uma indicação da combinação prévia entre Jesus e o homem que carregava o jarro de água.

93 (c) *A última ceia* (14,17-31). O relato em seu conjunto coloca as palavras e feitos de Jesus na última ceia (14,22-25) entre as predições da traição de Judas (14,17-21) e da negação de Pedro (14,26-31). A técnica ressalta o autossacrifício de Jesus em contraste com o comportamento de Judas e Pedro.

94 (i) *A predição da traição de Judas* (14,17-21). O primeiro incidente no relato da última ceia enfatiza o conhecimento prévio de Jesus em relação ao plano de Judas de trair a Jesus e a submissão voluntária de Jesus à vontade de Deus em seu sofrimento e morte. **17.** *Ao cair da tarde, ele foi para lá com os Doze*: À luz de 14,12-16, é o início do 15º dia de Nisã (já que os dias judaicos são contados partir do pôr-do-sol). Os dois discípulos já estão no local designado de acordo com 14,12-16, mas aqui eles estão no grupo que está a caminho. **18.** *um de vós que come comigo há de me entregar*: A segunda parte da predição pode ser uma alusão ao Sl 41,10 (cf. Jo 13,18). A predição mostra que a traição de Judas não pegou Jesus de surpresa. O detalhe de que eles comiam juntos (veja 14,20) destaca a enormidade da traição. **21.** *o Filho do Homem vai, conforme está escrito a seu respeito*: Embora o cumprimento do AT seja um tema importante na história da paixão de Marcos, não há qualquer passagem no AT que fale dos sofrimentos do Filho do Homem. A segunda parte do versículo enfatiza que, só porque a morte de Jesus fazia parte do plano de Deus para ele, isso não significa que Judas não tivesse responsabilidade por ela.

95 (ii) *A ceia* (14,22-25). A versão marcana da última ceia (veja Mt 26,26-29; cf. 1Cor 11,23-25; Lc 22,15-20) relaciona o pão e o vinho da refeição final de Jesus com seus discípulos com sua morte iminente e os interpreta à luz das tradições sacrificais do AT (veja Ex 24,8; Is 53,12) e da esperança no banquete messiânico no reino de Deus. **22.** *Tomai, isto é o meu corpo*: Os discípulos são convidados a compartilhar da morte sacrifical de Jesus. Traduções como "representa" ou "simboliza" não fazem justiça ao realismo das palavras. **23.** *tomou um cálice*: Numa refeição pascal o pão seria compartilhado no início e o cálice (de fato, três cálices) no transcurso dela. Aqui o cálice segue após o pão (cf. 1Cor 11,25; Lc 22,20), o que sugere que esta não era uma refeição pascal oficial. **24.** *isto é o meu sangue, o sangue da aliança, que é derramado em favor de muitos*: O "sangue da aliança" é uma alusão a Ex 24,8, onde Moisés sela a aliança espargindo o sangue de animais sacrificais sobre Israel. O "derramado em favor de muitos" alude a Is 53,12 (uma das passagens do servo sofredor) e dá à ação uma dimensão sacrifical. As duas alusões ao AT servem para caracterizar a morte de Jesus como um sacrifício por outros. A expressão *hyper pollōn*, "por muitos", se baseia no texto hebraico de Is 53,12 e significa para todos e não somente para um ou para uns poucos. **25.** *beberei o vinho novo no reino de Deus*: O dito conclusivo localiza a última ceia no contexto do banquete messiânico (veja 6,35-44; 8,1-10). Em vez de ver a última ceia (e a eucaristia) como um evento isolado, é importante conectá-la com as refeições anteriores de Jesus com publicanos e pecadores (veja 2,16) e com o futuro banquete escatológico.

96 (iii) *A predição da negação de Pedro* (14,26-31). O terceiro incidente retoma o primeiro da série (14,17-21). É difícil imaginar os protocristãos inventando um relato tão condenatório quanto a negação de Pedro. **26.** *Depois de terem cantado o hino*: O hino é usualmente identificado como os Sl 113-118. **27.** *Ferirei o pastor*: Para esta identificação de Jesus, veja 6,34. Zc 13,7 prediz tanto a morte de Jesus quanto a fuga dos discípulos. **28.** *eu vos precederei na Galileia*: Este dito aponta para adiante, para Mc 16,7, onde parece supor a ocorrência de aparições do ressurreto na Galileia. Alguns intérpretes o entendem como um plano não cumprido feito pelo Jesus terreno ou como uma predição da parúsia (veja 13,24-27). **30.** *antes que o galo cante duas vezes, três vezes me negarás*: A predição aponta para adiante, para a tripla negação de Pedro em 14,66-72, em face de sua reivindicação de que ele será a exceção do rebanho (14,29) e de seu protesto (14,31).

97 (B) **A oração de Jesus e sua prisão (14,32-52).** Os dois incidentes aproximam Jesus mais da cruz, mostrando como ele enfrentou a morte sozinho, à parte de seus amigos. O que o sustenta é seu relacionamento singular com Deus e sua convicção de que a vontade de Deus revelada na Escritura está sendo cumprida.

98 (a) *No Getsêmani* (14,32-42). A versão marcana da agonia no jardim apresenta Jesus como o obediente Filho de Deus que luta para aceitar a vontade de Deus em sua paixão. Ela retrata os discípulos como irremediavelmente inconscientes do que estava acontecendo, portanto como um exemplo a ser evitado. **32.** *Getsêmani*: O lugar era um pequeno jardim do lado de fora da parte leste da cidade de Jerusalém, no Monte das Oliveiras. O nome significa "prensa de azeite". **33.** *começou a apavorar-se e a angustiar-se*: Os verbos gregos *ekthambeisthai* e *adēmonein* expressam vividamente a agitação sentida por Jesus. O texto expressa sua profunda comoção diante de sua morte iminente. Esta ênfase não contradiz necessariamente a ênfase no conhecimento prévio de Jesus e em sua aceitação da vontade de Deus nas passagens precedentes, já que uma pessoa pode ficar aterrorizada com aquilo que a espera (*p.ex.*, um paciente com câncer). **34.** *Minha alma está triste até a morte*: Falando aos três discípulos, Jesus usa a linguagem do Sl 42,6.12. **36.** *Abba, Pai... afasta de mim este cálice*: Esta oração, bem como a instrução que segue em 14,38 ("para não entrar em tentação"), mostra alguma relação com o Pai-Nosso (Mt 6,9-13; Lc 11,2-4). O cálice é o "cálice do sofrimento" (10,39), um tema que também tem uma dimensão eucarística (14,24). *não o que eu quero mas o que tu queres:* A afirmação indica que Jesus teve de se preparar para aceitar seus sofrimentos (veja Mt 6,10). **38.** *em tentação*: Como em Mt 6,13, a tentação é principalmente o período de prova escatológica que precederá a vinda do reino de Deus (veja 13,9-13). Este tipo de linguagem sublinha o significado escatológico da paixão do próprio Jesus. **41.** *A hora chegou! Eis que o Filho do Homem é entregue nas mãos dos pecadores:* Jesus tinha ido até seus discípulos três vezes e os encontrara dormindo (14,37.40.41). Mesmo Pedro, que sustentava que morreria com Jesus (14,31), está dormindo. A "hora" da traição de Jesus por Judas constitui o clímax do seu ministério. As três predições da paixão estão sendo cumpridas (veja 8,31; 9,31; 10,33-34).

99 (b) *A prisão* (14,43-52). Esta passagem consiste de alguns episódios curtos, a prisão (14,43-46), o corte de uma orelha ou um lóbulo (14,47), a avaliação de Jesus (14,48-49) e a fuga dos discípulos (14,50-52). Ela desenvolve alguns temas familiares: a traição de Judas, o conhecimento prévio de Jesus, o cumprimento das Escrituras e a infidelidade dos discípulos para com Jesus. **43.** *uma multidão:* A prisão é levada a efeito por uma espécie de turba, e não pelos policiais do Templo (veja Lc 22,52) ou pelos soldados romanos (veja Jo 18,3.12). Para os grupos responsáveis pela prisão, veja 14,1.53. **44.** *É aquele que eu beijar*: Durante a festa de peregrinação da Páscoa, Jerusalém deve estar lotada. Além disso, aqueles que foram enviados para prender a Jesus não devem conhecê-lo de vista. O sinal que Judas deu a eles usou a saudação tradicional dada ao mestre – um dispositivo que aumenta o horror da ação de Judas. **47.** *Um dos que estavam presentes, tomando da espada, feriu o servo*: De acordo com Jo 18,10, Pedro cortou a orelha de um escravo chamado Malco. De acordo com Lc 22,50-51, Jesus curou a orelha do homem. O diminutivo *ōtarion* sugere que talvez somente parte da orelha ou o lóbulo tenha sido cortado. **48.** *Serei eu um ladrão?:* Pela descrição da maneira como Jesus foi preso e a ênfase em sua impropriedade, o dito deixa claro que, de fato, Jesus não era um ladrão (*lēstēs*) – um termo que talvez também contivesse a conotação de revolucionário contra o governo romano. **49**. *todos os dias*: Esta afirmação sobre o ensino de Jesus no Templo parece conflitar com a cronologia de Marcos, de acordo com a qual Jesus tinha estado na cidade apenas três dias (a menos que isso seja o que Marcos entendeu por *kath' hēmeran*). *é para que as Escrituras se cumpram*: O dito aparentemente se refere a 14,27 (onde Zc 13,7 tinha sido citado), embora ele possa estar sendo usado em um sentido mais geral como em 14,21 ("o Filho do Homem vai, conforme está escrito a seu respeito"). **51.** *Um jovem o seguia*: A identidade do jovem discípulo que foge nu tem provocado muitas conjecturas ao longo dos séculos. Quem quer ou o que quer que ele fosse, no presente contexto ele é a individualização de 14.50: "Então, abandonando-o, fugiram todos".

100 (C) Os julgamentos (14,53-15,15). Marcos apresenta dois julgamentos – um diante dos líderes judaicos e outro diante de Pilatos. Ele considerou o julgamento judaico como o mais decisivo, ainda que, de uma perspectiva jurídica, o julgamento romano fosse mais importante. Ao longo dos julgamentos, Jesus, o sofredor inocente, permanece quase totalmente em silêncio (veja Is 53,7).

101 (a) *O julgamento diante do sumo sacerdote; a negação de Pedro* (14,53-72). Marcos usa novamente a técnica do "sanduíche" para colocar lado a lado a fidelidade de Jesus e a covardia de Pedro. Ele apresenta a audiência na casa do sumo sacerdote no anoitecer da Páscoa como um julgamento completo (embora haja sérios problemas históricos ligados a este retrato). As duas acusações levantadas durante o julgamento são que Jesus ameaçou destruir o Templo de Jerusalém e que ele cometeu blasfêmia. **53.** *Levaram Jesus ao sumo sacerdote*: O julgamento judaico é situado na casa do sumo sacerdote. Poderia o sinédrio inteiro se encontrar ali (veja 14,64)? Eles teriam se encontrado ali na primeira noite da Páscoa? Estes problemas sugerem que Jesus enfrentou uma audiência preliminar na casa do sumo sacerdote na noite antes da primeira noite de Páscoa (veja 14,12-16). A audiência preliminar foi feita por um pequeno grupo ou comitê de líderes judaicos. **54.** *Pedro*: A referência a Pedro neste ponto torna o relato um "sanduíche" contrastando o nobre silêncio de Jesus com as negações covardes de Pedro (veja 14,66-72). **55.** *os chefes dos sacerdotes e todo o sinédrio:* Marcos tem a intenção de apresentar a audiência como um julgamento completo perante todo o sinédrio. Esta tendência fazia, provavelmente, parte do esforço geral dos cristãos de minimizar o envolvimento dos romanos e atribuir mais importância ao envolvimento dos judeus na morte de Jesus. **56.** *os testemunhos não eram congruentes*: Para o princípio jurídico judaico relacionado à necessidade de pelo menos duas testemunhas para um crime, veja Dt 19,15 – um princípio dramatizado no relato de Suzana, que faz parte da versão grega de Dn. **58**. *Nós mesmos o ouvimos dizer: Eu destruirei este templo:* Jesus pode ter contraposto o culto no Templo no presente ao tipo de culto que prevalecerá quando o reino de Deus vier. O "eu" pode ter sido Deus, ou talvez mesmo Jesus falando em nome de Deus. O dito provavelmente tinha alguma relação com a purificação do Templo (veja 11,15-19). Autores posteriores do NT tenderam a espiritualizá-lo (veja Mt 26,61; Jo 2,21; At 6,14) à luz do fato de que os romanos, e não Jesus, destruíram o templo de Jerusalém em 70 d.C. **61**. *Ele porém ficou calado e nada respondeu*: O silêncio de Jesus (veja também 15,5) cumpria Is 53,7 e Sl 38,13-15. A pergunta do sumo sacerdote, se Jesus era o Cristo, o Filho do Deus Bendito, combina identificações já feitas em 8,29 e 1,11; 9,7. **62**. *Eu sou. E vereis o Filho do Homem*: Para a conotação de "Eu sou", veja comentário sobre 6,50. Para as expectativas quanto ao glorioso Filho do Homem, veja comentário sobre 13,24-27. **64.** *Ouvistes a blasfêmia*: A acusação de blasfêmia é usada frouxamente, já que, de acordo com Lv 24,10-23, a blasfêmia envolvia o nome divino e era punida com apedrejamento. *todos julgaram-no réu de morte:* Jesus era visto, provavelmente, como um agitador político-religioso judaico (veja Josefo, *Ant.* 17.10.4-88 § 269-85; 18.4.1 § 85-87; 20:8.6 § 167-72) que ameaçava o poder tanto dos líderes romanos quanto dos judaicos. Marcos apresenta a condenação como a decisão jurídica do sinédrio como um todo. Mas o "todos" inclui José de Arimateia (veja 15,43)? Veja Mt 27,57; Lc 23,50-51 para soluções alternativas ao problema. **65**. *profeta*: O pedido que acompanhou o tratamento cruel para com Jesus carrega a ironia de que tal tratamento cumpria as profecias do AT sobre o Servo Sofredor (veja Is 50,4-6; 53,3-5), mas também pode aludir às percepções populares sobre Jesus como profeta (veja Mc 6,15; 8,28). **66**. *Quando Pedro estava embaixo, no pátio*: O relato começado em 14,54 é retomado para contrastar a fidelidade de Jesus e a infidelidade de Pedro. A negação de Pedro aparece em todos os quatro evangelhos (veja Mt 26,69-75; Lc 22,56-62; Jo 18,17.25-27). Note a progressão dos públicos para as negações de Pedro: uma criada (14,66), a criada e alguns dos presentes (14,69), e os presentes (14,70). **68**. *Ele, porém, negou:* Aqui parece haver um relacionamento inverso entre as três acusações ("Também tu estavas com Jesus Nazareno" em 14,67; "Este é um deles" em 14,69; "De fato, és um deles, pois és galileu" em 14,70) e a veemência das negações de Pedro (não entende em 14,68; simples negação em 14,70; e juramento em 14,71). **72**. *pela segunda vez, um galo cantou*: Com a terceira negação de Pedro, a predição feita por Jesus em Mc 14,30 se cumpre.

(DONAHUE, J. R., *Are You the Christ? The Trial Narrative in the Gospel of Mark* [SBLDS 10; Missoula, 1973]. JUEL, D., *Messiah and Temple: The Trial of Jesus in the Gospel of Mark* [SBLDS 31; Missoula, 1977].).

102 (b) *O julgamento diante de Pilatos* (15,1-15). O governador romano Pôncio

Pilatos foi legalmente responsável pela morte de Jesus por crucificação. A acusação que levou à crucificação foi a reivindicação de que Jesus era o "rei dos judeus" – um título que tinha tons revolucionários para os romanos. Marcos e os outros evangelistas apresentam as autoridades judaicas como os principais articuladores e Pilatos como simplesmente cedendo à sua tática de pressão. Este retrato, provavelmente, reflete a tendência protocristã de diminuir o envolvimento dos romanos e atribuir às autoridades judaicas a responsabilidade principal pela morte de Jesus. O relato marcano do julgamento diante de Pilatos de fato omite o veredito. Jesus age como o silencioso Servo Sofredor de Is 53,7. **1.** *Logo de manhã*: Este versículo parece pressupor a ocorrência de um segundo encontro oficial do sinédrio de manhã (cf. Mt 26,66; 27,1). O resultado é a entrega de Jesus às autoridades romanas (ver 9,31; 10,33). **2.** *Pilatos:* Pôncio Pilatos foi o prefeito da Judeia de 25 a 36 d.C. (→ História, 75:168). O retrato de Pilatos nos evangelhos como indeciso e preocupado com a justiça contradiz outras descrições antigas que falam de sua crueldade e obstinação. O quartel-general de Pilatos era em Cesareia Marítima; ele tinha vindo a Jerusalém para supervisionar a peregrinação da Páscoa de modo a evitar tumultos. *És tu o rei dos judeus?*: A pergunta de Pilatos é uma tradução política dos títulos Messias e Filho de Deus. Ela mostra que a estratégia contra Jesus era ligá-lo a movimentos messiânico-políticos daquele tempo e condená-lo como revolucionário. *Tu o dizes*: A resposta de Jesus a Pilatos é evasiva, não negando a verdade última do título "rei dos judeus" da forma como foi aplicado a ele, mas não aceitando a estrutura política implicada no uso do termo por Pilatos (F. J. Matera, *The Kingship of Jesus* [SBLDS 66; Chico, 1982]). **3.** *E os chefes dos sacerdotes o acusavam de muitas coisas:* Marcos apresenta as autoridades judaicas como os principais articuladores da conspiração contra Jesus, ao mesmo tempo em que pressupõe que esses homens deviam convencer Pilatos de que Jesus deveria ser crucificado. Suas acusações repetidas contrastam com o silêncio de Jesus (veja Is 53,7; Sl 38,13-15). **6.** *ele lhes soltava um prisioneiro:* Não há prova extrabíblica para o costume anual de libertar um prisioneiro na época da Páscoa. Talvez a prática ocasional da anistia tenha sido transformada em um costume pelos evangelistas ou por suas fontes. **7.** *Barrabás*: O nome é uma transliteração do termo aramaico *bar 'abbā'*, "filho do pai". O prisioneiro era um revolucionário e assassino, exatamente o tipo de pessoa que os romanos mais deveriam temer. **9.** *Quereis que eu vos solte o rei dos judeus?*: O relato omite o fato de que já deve ter acontecido um julgamento diante de Pilatos no qual Jesus fora declarado culpado. Pilatos agora apresenta à multidão a possibilidade de escolher entre dois prisioneiros condenados. **13.** *Crucifica-o*: A crucificação era um castigo romano administrado pelos soldados romanos. O relato indica que Pilatos mandou crucificar Jesus não porque ele era culpado, mas porque os chefes dos sacerdotes induziram a multidão a pressioná-lo ("querendo contentar a multidão", de acordo com 15,15). **15.** *depois de mandar açoitar Jesus*: Os açoites infligidos como preparação para a crucificação eram feitos com chicotes de couro contendo pedaços de osso ou de metal, aplicados à vítima amarrada a um pilar.

103 (D) A crucificação e a morte (15,16-47). Os quatro incidentes desta parte que é o clímax do relato da paixão e do evangelho todo falam da morte de Jesus como o rei dos judeus em concordância com o AT.

104 (a) *A zombaria* (15,16-20). Antes da crucificação, um grupo de soldados zomba de Jesus com base no título "rei dos judeus". A ironia é que os soldados estão corretos em identificar Jesus como rei dos judeus. **16.** *os soldados*: Esses homens eram nativos da Palestina e Síria e tinham sido recrutados pelos romanos. A expressão "toda a coorte" é provavelmente usada de uma forma imprecisa, já que uma *speira* era constituída de 200 a 600 soldados. *o Pretório*: O *Praetorium* era, originalmente, a tenda do general num acampamento e veio a designar seu quartel-general. Há um debate sobre se este pretório era no palácio de Herodes ou na Fortaleza Antônia na cidade de Jerusalém (→ Arqueologia bíblica, 74:151). **17.** *tecendo uma coroa de espinhos, lha impuseram*: A coroa de espinhos faz parte da zombaria. **18.** *Salve, rei dos judeus*: A saudação dos soldados se baseia na acusação pela qual Jesus foi condenado (veja 15,2,9,12) e parodia a saudação ao imperador romano *Ave Caesar, victor, imperator*.

105 (b) *A crucificação* (15,21-32). O relato da crucificação é feito de forma simples e sem se deter nos detalhes físicos dos sofrimentos de Jesus (ainda que estes façam, certamente, parte da passagem). O relato enfatiza que a morte de Jesus teve lugar em concordância com o AT, sem atenuar o implacável ódio demonstrado pelos adversários de Jesus (veja 14,21). **21.** *Simão Cireneu:* Simão era um judeu nascido em Cirene (no norte da África), e não é certo se ele estava em Jerusalém como peregrino ou como residente permanente. A referência a seus filhos, Alexandre e Rufo (veja Rm 16,13), sugere que eles eram conhecidos em círculos protocristãos. Simão foi forçado a carregar a trave mestra da cruz para Jesus. A descrição dele como alguém "vindo do campo" poderia se referir a seu trabalho ou simplesmente a uma visita dele ali. **22.** *Gólgota*: O nome grego do local é a transliteração do termo aramaico *gulgultā'*, "caveira", e se refere à sua forma ou a seu uso. No tempo de Jesus, este lugar ficava fora dos muros de Jerusalém. O nome tradicional "calvário" vem da palavra latina "caveira" (*calvaria*). **23.** *vinho com mirra*: Com base em Pr 31,6-7, a expressão é usualmente interpretada como um narcótico para suavizar a dor da pessoa em agonia. **24.** *Então o crucificaram*: A crucificação é descrita nos termos mais breves e duros possíveis. O manto de Jesus se tornou propriedade dos soldados que empreenderam a execução. À luz da proeminência do Sl 22 na narrativa da paixão de Marcos, esta ação também deve ter sido vista como o cumprimento do Sl 22,19. **25.** *a terceira hora*: A terceira hora era nove da manhã. A cronologia de Marcos conflita com a de Jo 19,14, de acordo com a qual Jesus foi condenado "próximo da sexta hora" (*i.e.*, meio-dia) **26.** *O rei dos judeus*: Esta acusação oficial já tinha sido levantada no julgamento diante de Pilatos (veja 15,2, 9,13), em contraste com as duas acusações levantadas no julgamento diante do sumo sacerdote (veja 14,58,61). A acusação oficial muito provavelmente reflete a situação histórica de que Jesus foi executado pelos romanos sob a acusação de se proclamar rei. Como em 15,16-20, a ironia é que, da perspectiva de Marcos, Jesus é o rei dos judeus. **27.** *dois ladrões*: Esses homens podem ter sido revolucionários sociais como Barrabás e como os romanos supunham que Jesus fosse. **29.** *Os transeuntes*: O primeiro grupo de zombadores reflete a acusação levantada em 14,58 sobre a ameaça de destruir o Templo. **31.** *os chefes dos sacerdotes*: O segundo grupo de zombadores reflete a acusação de 14,61 de que Jesus reivindicou ser o Messias. **32.** *até os que foram crucificados com ele*: O terceiro grupo também zomba de Jesus. Cf. Lc 23,39-43, onde um dos criminosos reconhece a inocência de Jesus e pede que seja lembrado quando ele entrar em seu reino.

106 (c) *A morte de Jesus* (15,33-39). A morte de Jesus aconteceu de acordo com a vontade de Deus dada a conhecer no AT. O rasgar do véu do Templo e a confissão do centurião dão à morte de Jesus uma dimensão profunda em relação ao antigo Israel e à missão aos gentios. **33.** *houve trevas sobre toda a terra*: A "terra" é muito provavelmente a Judeia. As trevas da sexta hora (meio-dia) até a nona hora (15 horas) têm sido interpretadas de formas variadas como uma tempestade de areia, um eclipse solar (veja Lc 23,45) ou o cumprimento de Am 8,9. **34.** *Elōi, Elōi, lema sabachthani*: O clamor de Jesus é uma versão aramaica das palavras de abertura do Sl 22, a oração do sofredor justo que termina com um ato de confiança em Deus. O uso do Salmo 22 não exclui uma experiência emocional de abandono por parte de Jesus (veja 14,32-42). **35.** *Eis que ele chama por Elias*: O clamor a Deus (*Elōi, Elōi*) é entendido erroneamente (talvez por malícia) como um chamado a Elias. Para Elias como um antecessor do reino, veja Mc 1,6; 9,11-13. **36.** *uma esponja de vinagre*: Talvez a intenção fosse aliviar as dores de Jesus (veja 15,23). De qualquer modo, a ação cumpriu o Sl 69,22, "na minha sede serviram-me vinagre". **37.** *Jesus, então, dando um grande grito, expirou*: É indicada uma morte repentina e violenta, não havendo demora em detalhes. Não somos informados sobre o conteúdo do último clamor de Jesus (cf. Lc 23,46; Jo 19,30). **38.** *o véu do santuário se rasgou em duas partes*: Esta cortina dividia o lugar santo do santo dos santos (veja Ex 26,33). Sua ruptura na morte de Jesus sugere o final da antiga aliança com Israel. **39.** *Verdadeiramente este homem era Filho de Deus*: A confissão do centurião reflete as palavras de abertura do Evangelho (1,1). A justaposição desta confissão gentílica com o véu rasgado em 15,38 a imbui de um significado simbólico para a missão aos gentios.

107 (d) *O sepultamento* (15,40-47). O sepultamento é a preparação necessária para o relato do túmulo vazio. **40.** *Maria de Magdala*: Maria de Magdala é o princípio de continuidade na medida em que ela viu Jesus morrer (15,40), sabia onde ele tinha sido enterrado (15,47) e foi para o túmulo na Páscoa (16,1). A outra Maria (não a mãe de Jesus; veja 6,3) aparece novamente em 15,47, e Salomé é mencionada apenas em 16,1. Em Marcos (cf. Lc 8,1-3), não houve preparação para a descrição do serviço dessas mulheres a Jesus e seu papel como discípulas. **42.** *a véspera do sábado*: O sábado começaria no pôr-do-sol da sexta-feira, exigindo, assim, que o enterro tivesse lugar antes que o dia de descanso começasse. **43.** *José de Arimateia*: Arimateia provavelmente se deriva de Ramataim-Sofim (1Sm 1,1). Marcos não especifica que ele era um seguidor de Jesus (cf. Mt 27,57) e supõe que ele fizesse parte do sinédrio que condenou Jesus (cf. Lc 23,50-51). **45.** *informado pelo centurião*: A investigação de Pilatos dá a confirmação oficial de que Jesus estava realmente morto; não se pode cogitar de coma ou um tipo de ataque. **46.** *o pôs num túmulo*: A área em torno de Jerusalém no tempo de Jesus foi descrita como um gigantesco cemitério. A tumba de José era uma estrutura semelhante a uma caverna, formada de calcário e selada com uma grande pedra circular. O cadáver seria posicionado em uma prateleira esculpida na rocha, onde iria se decompor por um ano. Então os ossos seriam juntados e colocados em uma urna ("ossuário").

108 (E) **O túmulo vazio (16,1-8).** O túmulo vazio não era uma prova da ressurreição de Jesus, mas foi a condição necessária para os discípulos proclamarem que Jesus tinha ressuscitado dos mortos (veja Mt 28,11-15 para a acusação judaica de que os discípulos teriam roubado o corpo). Outros escritos do NT ressaltam a importância das aparições do Jesus ressurreto (veja 1Cor 15,3-8; Mt 28; Lc 24; Jo 20-21). Marcos provavelmente pressupôs alguma familiaridade entre seus leitores com relação à tradição das aparições e, assim, optou por terminar o evangelho súbita e dramaticamente, deixando os leitores reconhecer a ressurreição e ansiar pela parúsia. **1.** *Maria Magdala*: Maria de Magdala tinha visto Jesus morrer (15,40) e o túmulo em que foi enterrado (15,47). As designações da outra Maria em 15,47 (Maria, mãe de Joset) e em 16,1 (Maria, mãe de Tiago) levaram alguns a supor que havia duas pessoas distintas (veja 15,40; cf. 6,3). *ungir o corpo*: De acordo com Jo 19,40, o corpo de Jesus já tinha sido preparado para o enterro, mas Mc 14,8 e 16,1 supõem que os preparativos não tivessem sido terminados. De acordo com Mt 28,1, as mulheres foram simplesmente ver o túmulo. **2.** *no primeiro dia da semana*: De acordo com o calendário judaico, domingo era o primeiro dia da semana. O "após três dias" das predições da paixão (8,31; 9,31; 10,34) é igualado a "no terceiro dia", contando a partir do final da sexta-feira (Nisã 15) até manhã de domingo (Nisã 17). **3.** *quem rolará a pedra*: A pedra era uma laje redonda grande encaixada na entrada do túmulo. O motivo pelo qual as mulheres não pensaram neste problema antes de partir não é explicado. Nem há uma explicação de como a pedra foi removida. **5.** *um jovem*: de acordo com Mt 28,5, o arauto era um anjo. O termo *neaniskos*, "jovem", foi usado anteriormente na referência ao jovem que fugiu nu por ocasião da prisão de Jesus (14,51-52). **6.** *ressuscitou, não está aqui*: O vazio da prateleira ou nicho em que o corpo de Jesus tinha sido colocado (veja 15,46) é explicado em termos da ressurreição. O passivo *ēgerthē*, "foi ressurreto", pressupõe que Deus ressuscitou Jesus. **7.** *vos precede na Galileia*: A mensagem aponta para trás, para a profecia de Jesus em 14,28 ("vos precederei na Galileia"), e para adiante, para as aparições do Jesus ressurreto na Galileia depois que os discípulos retornam para lá de Jerusalém (veja Mt 28,9-10). Lc 24,13-49 e Jo 20 relatam aparições de Jesus em Jerusalém. **8.** *pois tinham medo*: A reação das mulheres ao mensageiro é tremor e silêncio, que Marcos explica como devidos ao medo (*ephobounto gar*). Marcos pretendeu terminar aqui seu evangelho? Se pretendeu, seria porque pressupôs um conhecimento das aparições do Jesus ressurreto (14,28; 16,7). Um livro poderia terminar com *gar*, "pois" (P. W. van der Horst, *JTS* 23 [1972] 121-24). Marcos terminou relatos com comentários explicativos com *gar* (6,52; 14,2) e com descrições das emoções dos personagens (6,52; 9,32; 12,17).

109 (F) Finais posteriores (16,9-20). O final mais longo, tradicionalmente designado Marcos 16,9-20, difere no vocabulário e no estilo do restante do evangelho, não consta nos melhores e mais antigos manuscritos disponíveis atualmente e não constava nos manuscritos dos tempos patrísticos. É muito provável que seja um compêndio, do séc. II, das histórias das aparições baseado primordialmente em Lc 24, com alguma influência de Jo 20; consiste nas aparições para Maria de Magdala em 16,9-11 (veja Mt 28,9-10; Lc 24,10-11; Jo 20,14-18), para dois viajantes em 16,12-13 (veja Lc 24,13-35) e aos 11 discípulos em 16,14-18 (veja Lc 24,36-43; Jo 20,19-23.26-29; Mt 28,16-20), e termina com a ascensão de Jesus em 16,19-20 (veja Lc 24,50-51; At 1,9-11) → Canonicidade, 66:91.

O chamado final mais curto consiste no relatório das mulheres a Pedro e na comissão de Jesus aos discípulos para pregarem o evangelho. Aqui também a linguagem que não é característica de Marcos e a frágil evidência de manuscritos indicam que esta passagem não encerrou o Evangelho.

O chamado *logion* de Freer no Códice W em 16,14 do final mais longo é uma inserção tardia com o intuito de amenizar a reprovação dos discípulos em 16,14. Todos os finais anexados a Marcos na tradição de manuscritos foram acrescentados porque os escribas consideraram 16,1-8 inadequado como final. Estabelecer que nenhum dos finais existentes foi escrito por Marcos não é o mesmo que provar que Marcos terminou o evangelho em 16,8. Afinal, um término consistindo de relatos de aparições poderia ter se perdido. Ou Marcos poderia ter sido impedido de terminar seu evangelho. Contudo, há boas razões literárias e teológicas para afirmar que o evangelho terminava em 16,8 (J. Hug, *La finale de l'évangile de Marc* (*Mc 16, 9-20*) [EBib; Paris, 1978]).

42

O Evangelho Segundo Mateus

Benedict T. Viviano, O.P.

BIBLIOGRAFIA

1 BEARE, F. W., *The Gospel according to Matthew* (SF, 1981). BENOIT, P., *L'Evangile selon Saint Matthieu* (Paris, 1972). BORNKAMM, G., G. BARTH e M. J. HELD, *Tradition and Interpretation in Matthew* (Philadelphia, 1963). COPE, L., *Matthew* (CBQMS 5; Washington, 1976). DAVIES, W. D., *The Setting of the Sermon on the Mount* (Cambridge, 1966). DIDIER, M. (ed.), *L'Evangile selon Matthieu* (BETL 29; Gembloux, 1972). DUPONT, J., *Etudes sur les évangiles synoptiques* (BETL 70A-B; Leuven, 1985). ELLIS, P. F., *Matthew* (Collegeville, 1974). FRANKEMÖLLE, H., *Jahwebund und Kirche Christi* (NTAbh 10; Münster, 1974); *Biblische Handlungsanweisungen* (Mainz, 1983). GIESEN, H., *Christliches Handeln* (Frankfurt, 1982). GOULDER, M. J., *Midrásh and Lection in Matthew* (London, 1974). GRUNDMANN, W., *Das Evangelium nach Matthäus* (Berlim, 1972). GUNDRY, R. H., *Matthew* (Grand Rapids, 1982). HARE, D. R. A., *The Theme of Jewish Persecution of Christians in the Gospel according to St. Matthew* (SNTSMS 6; Cambridge, 1967). HUMMEL, R., *Die Auseinandersetzung zwischen Kirche und Judentum im Matthäus-Evangelium* (BEvT 33; Munich, 1966). KILPATRICK, G. D., *The Origins of the Gospel according to St. Matthew* (Oxford, 1946). KINGSBURY, J. D., *Matthew* (Philadelphia, 1976). KRETZER, A., *Die Herrschaft der Himmel und die Söhne des Reiches* (SBM 10; Stuttgart, 1971). KÜNZEL, G., *Studien zum Gemeindeverständnis des Matthäus-Evangeliums* (Stuttgart, 1978). LAGRANGE, M.-J., *Evangile selon Saint Matthieu* (EBib; Paris, 1927). LUZ, U., *Das Evangelium nach Matthäus* (EKKNT 1/1; Zurich, 1985). MARGUERAT, D., *Le jugement dans l'evangile de Matthieu* (Genève, 1981). MEIER, J. P., *Matthew* (NTM 3; Wilmington, 1981). MOHRLANG, R., *Matthew and Paul* (SNTSMS 48; Cambridge, 1985). PREGEANT, R., *Christology beyond Dogma* (Philadelphia, 1978). PRZYBYLSKI, B., *Righteousness in Matthew* (SNTSMS 41; Cambridge, 1980). SAND, A., *Das Gesetz und die Propheten* (Regensburg, 1974). SCHWEIZER, E., *The Good News according to Matthew* (Atlanta, 1975). SENIOR, D., *What Are They Saying About Matthew?* (New York, 1983). SHULER, P. I., *A Genre for the Gospels* (Philadelphia, 1982). STANTON, G., *The Interpretation of Matthew* (Philadelphia, 1983). STENDAHL, K., *The School of St. Matthew* (Philadelphia, 1968). STRECKER, G., *Der Weg der Gerechtigkeit* (FRLANT 82; Göttingen, 1971). TRILLING, W., *Das wahre Israel* (SANT 10; München 1964). VIVIANO, B. T., *Study as Worship* (SJLA 26; Leiden, 1978). WALKER, R., *Die Heilsgeschichte im ersten Evangelium* (FRLANT 91; Göttingen, 1967). ZUMSTEIN, J., *La condition du croyant dans l'évangile selon Matthieu* (OBO 16; Fribourg, 1977).

DBSup 5. 940-56. *IDBSup* 580-83. KÜMMEL, *INT* 101-21. WIK-SCHM, *ENT* 224-47.

INTRODUÇÃO

2 (I) Autoria: data e lugar da composição. Este evangelho adquiriu prestígio muito cedo, não somente por causa de seus méritos intrínsecos (*p.ex.*, o sermão da montanha, caps. 5-7), mas porque ele tem o nome de um apóstolo (mencionado em 9,9; 10,3).

Mas, uma vez que o autor do texto final em grego parece ter copiado todo o Evangelho segundo Marcos com certas modificações, é comum hoje em dia se pensar que é improvável que esta obra, em sua forma atual, seja a obra de uma testemunha ocular. Por que uma testemunha ocular necessitaria copiar de outro autor que não o foi? É melhor compreender o evangelho na forma em que o temos como uma obra de síntese amadurecida, combinando o evangelho mais antigo, Marcos, com uma coleção antiga de ditos de Jesus (a chamada "Fonte dos Ditos" [Q] *Logien-Quelle*), que compartilha com o Evangelho segundo Lucas. O apóstolo Mateus pode, entretanto, ter estado no início da tradição dos evangelhos se foi o autor de uma coleção de ditos de Jesus ao estilo de Q. Isto é o que nossa (ca. 125 d.C.) fonte de informações patrística mais antiga, Pápias de Hierápolis, sugere: "Mateus compilou os *ditos* na língua aramaica, e, depois, cada um os traduziu tão bem quanto pôde" (Eusébio, *HE* 3.39.16). Partindo deste pressuposto, ainda permanece a pergunta sobre quem escreveu todo o evangelho em grego que chegou até nós. Sobre este evangelista anônimo nossas fontes patrísticas não têm nada a dizer. Devemos olhar para o próprio evangelho para obter alguma informação. Para começar, é evidente que o evangelista era um mestre e líder cristão da protoigreja. Também se propôs que tenha sido um rabino que havia se convertido e era catequista. Esta designação emprega o termo rabino de forma genérica e pouco precisa. O próprio evangelho oferece o modelo, menos partidarista e mais bíblico, de um escriba. O versículo "Todo escriba que se tornou discípulo do Reino dos Céus é semelhante ao proprietário que do seu tesouro tira coisas novas e velhas" (13,52) foi muitas vezes compreendido como uma descrição do evangelista e de seus métodos de trabalho. O versículo certamente é mais informativo do que o relato do chamado do publicano (9,9-13). Tampouco exclui a possibilidade de um esforço colaborativo, em que o evangelho é o produto de uma antiga escola de estudos bíblicos avançados (Stendahl), apoiada e aceita por uma importante igreja local. O evangelho contém algumas contradições internas ou enigmas, por exemplo, sobre a missão aos gentios (cf. 15,24; 10,6 com 28,19), que poderiam ser explicados como a representação de diferentes correntes de opinião dentro da mesma comunidade. Outras explicações são possíveis, por exemplo, uma distinção entre tradições mais antigas e a redação definitiva. Alguns intérpretes destacam o evangelho como uma obra literária provinda da mão de um único autor (Frankemölle), de modo que qualquer elaboração de equipe teria sido firmemente controlada pelas decisões finais do evangelista.

3 O caráter do evangelho é uma questão complicada. Tradicionalmente, o evangelho foi compreendido como tendo uma perspectiva judaico-cristã. Recentemente se propôs que o estágio final do evangelho é gentílico-cristão e que o contato com o judaísmo foi rompido. Embora essa concepção não esteja completamente correta, ajudou a esclarecer algumas questões: Mateus está dentro ou fora do judaísmo? Esta pergunta parece simples, mas esconde uma ambiguidade. Supondo, como agora parece provável, que a comunidade de Mateus tivesse sido recentemente excluída do judaísmo pelos rabinos de Jâmnia, mediante a excomunhão chamada de *birkat hammînîm* (*ca.* 80 d.C.), ainda assim é possível que muitos dos principais membros da comunidade ainda se sentissem judeus. Este sentimento de pertencer à comunidade e de ser, de fato, o Israel verdadeiro explicaria as fortes polêmicas contra os rabinos de Jâmnia no cap. 23. É uma amarga briga de família. Assim, o evangelho representa predominantemente uma perspectiva judaico-cristã, embora aberta à missão aos gentios, fora dos confins do judaísmo de Jâmnia, contudo ainda se definindo contra formas rivais de judaísmo. Veja o comentário sobre 5,17-20 e G. N. Stanton, "The Origin and Purpose of Matthew's Gospel: Matthean Scholarship from 1945 to 1980", *ANRW* II/25.3, 1890-1951.

4 Em relação à data e ao lugar da composição, Mateus deve ter sido composto depois de Marcos (64-69 d.C.) e antes de 110 d.C., uma vez que parece ser conhecido por Inácio de Antioquia. Se se admitir que o evangelista dialogava com a academia rabínica de Jâmnia/Yavneh, reunida aproximadamente entre 75 e 90 d.C., seria razoável datar o evangelho entre 80 e 90, e mais para o final do que para o início dessa década. O lugar da composição não é em si de grande importância, exceto na medida em que forneceria um cenário para os aspectos característicos do evangelho. A mais antiga tradição fala da Judeia como o local para o evangelho em aramaico. Vários outros locais foram sugeridos em épocas modernas para o evangelho em grego: Antioquia, as cidades fenícias de Tiro e Sidônia, o sul da Síria, até mesmo Alexandria e Edessa. A sugestão do sul da Síria é plausível, mas necessita de uma precisão maior. O sul da Síria poderia abarcar as cidades fenícias, que incluíam também, em certa época, Cesareia Marítima ou a Decápole, por exemplo, Damasco ou Pela. A escolha entre essas alternativas depende do peso que se dá a determinadas referências marítimas (8,32; 14,28-29; veja G. D. Kilpatrick, *Origins* 132) ou aos indícios de localização "além do Jordão" que alguns viram em 4,15 e em 19,1. De minha parte, ofereci razões para preferir Cesareia Marítima (*CBQ* 41 [1979] 533-46).

5 (II) Estrutura literária e conteúdo. O evangelista é um transmissor fiel das tradições que recebeu da protoigreja sobre Jesus e a vida cristã e, ao mesmo tempo, um autor que molda de forma criativa essas tradições em novas combinações com novas ênfases. Ele tem várias finalidades ao escrever: instruir e exortar os membros de sua comunidade; talvez fornecer material para leituras litúrgicas e sermões, mas também oferecer um discurso missionário aos não cristãos de boa vontade, bem como uma apologética e polêmica direcionadas a críticos e rivais hostis. Ele empregou duas categorias amplas de material, a narrativa e o discurso, para atingir essas finalidades variadas. Não é de se admirar, dadas as ricas combinações de objetivos e recursos no evangelho, que os intérpretes tenham enfatizado um aspecto ou outro, como se esse fosse o objetivo ou recurso principal ou único do evangelista. Assim, alguns viram o evangelho como um lecionário litúrgico, outros como um manual para líderes da igreja, e outros essencialmente como um relato. Ainda outros tentam combinar esses objetivos em fórmulas como um livro para a adoração a Deus no culto e para o ensino e a pregação (Strecker), ou como uma interpretação da história nos moldes das obras historiográficas deuteronomista e cronista no AT (Frankemölle), ou como uma fusão de lecionário e *midrásh* homilético (Goulder). Observando o esforço do evangelista em definir sua comunidade contra os esforços rivais dos rabinos de Jâmnia no sentido de codificar e, assim, salvar o judaísmo farisaico, alguns enfatizaram o lado polêmico do evangelho, que estaria dirigido contra Jâmnia (Davies) ou mesmo contra as igrejas paulinas (Weiss).

Se levarmos a sério a combinação de discurso e narrativa no evangelho e a compreendermos como, pelo menos em parte, devida à inserção dos ditos de Q na estrutura da narrativa de Marcos, devemos admirar o equilíbrio sutil que o evangelista alcançou. Mas se observarmos os cinco grandes discursos nos quais Mateus reuniu muito material catequético, como, por exemplo, o Sermão da Montanha (caps. 5-7), o Discurso Missionário (10), o Discurso em parábolas (13), o Discurso sobre a Comunidade (18) e os Discursos Apocalípticos de Juízo (23-25), e o cuidado e o domínio óbvios com que os reuniu, percebemos o centro do interesse positivo e da criatividade de Mateus. (O material apologético e polêmico tende a ser introduzido no material narrativo, com a exceção óbvia do cap. 23.) Certamente cristãos posteriores encontraram imediatamente nos discursos as obras-primas do evangelho. Assim, devemos concluir que a intenção principal de Mateus era escrever um manual para os líderes da igreja, a fim de lhes ajudar na pregação e no ensino, no culto, na missão e na polêmica. Mas ele inseriu este manual no relato sobre uma pessoa viva, Jesus Cristo, para evitar que se transformasse meramente numa doutrina acadêmica ou gnóstica e para mantê-lo centralizado em Cristo e seu reino como a boa nova da salvação.

6 (III) A teologia de Mateus. Este evangelho tem dois focos fundamentais, Jesus como o Cristo e a chegada próxima do reino de Deus que Jesus proclama. Esses focos não devem ser separados, visto que todo o evangelho pode ser lido com qualquer um dos focos em vista. Os dois temas estão mais próximos no começo do evangelho, onde Jesus é apresentado como o Filho régio de Deus e Emanuel, Deus conosco, e no final, onde se dá a Jesus toda a autoridade (divina) como o Filho do Homem sobre o reino de Deus, no céu e na terra. Estudos recentes reconheceram o título Filho de Deus como especialmente importante, pois ocorre em momentos cruciais do relato: no batismo (3,17), na confissão de Pedro (16,16, representando a confissão de fé da igreja), na transfiguração (17,5) e no julgamento e na cruz (26,63; 27,40.43.54). Encaixa-se neste papel o título Filho de Davi (10 vezes em Mateus; por exemplo, 9,27). Com esse título Jesus é visto como um novo Salomão, com conotações de curador e sábio. Jesus fala como a sabedoria encarnada em 11,25-30 e em 23,37-39 (→ 136 *abaixo*). De igual valor, se não mais importante, é o título não confessional, mas público de Jesus como Filho do Homem, que perpassa todo o evangelho, culminando no grande *finale* em 28,18-20. Este título se baseia na figura misteriosa de Dn 7,13-14, onde também está conectado com o tema do reino. A identificação do Jesus terreno com esta figura celestial já tinha sido feita provavelmente em Q (não pelo próprio Jesus); mas, se isto foi assim, Mateus levou a ligação muito mais adiante.

O reino de Deus é o grande objeto de esperança, de oração (6,10) e de proclamação (3,2; 4,17), que unifica todo o evangelho, especialmente os cinco grandes discursos, e fornece seu horizonte e alvo escatológico. Ele contém a promessa última e definitiva da salvação de Deus para a humanidade redimida, na terra como no céu, no tempo e na eternidade, no âmbito social e político bem como pessoal. Implica justiça (6,33), paz (5,9) e alegria (13,44). Por causa de seu conteúdo moral, conduz, naturalmente, a outros dois temas do Evangelho de Mateus: a justiça e a lei. A justiça tem uma importância especial para Mateus (3,15; 5,6.10.20; 6,1.33; 21,32) e refere-se, na maior parte das ocorrências, à resposta humana de obediência à vontade do Pai, e não, como em Paulo, ao dom do perdão. A lei, ou a Torá de Moisés, é afirmada em sua totalidade como de importância duradoura (5,17-20), mas, embora alguns preceitos cerimoniais sejam mantidos (observância do sábado, 12,1-8) ou mesmo incentivados (23,23), o desenvolvimento farisaico da Torá é rejeitado firmemente em favor da interpretação da Torá realizada por Jesus. De fato, Jesus fala principalmente sobre os preceitos éticos, os Dez Mandamentos e os grandes mandamentos do amor a Deus e ao próximo, e sobre outros assuntos (*p.ex.*, o divórcio, 5,31-32; 19,1-10), na medida em que têm um aspecto ético.

7 Outros dois aspectos característicos de Mateus são seu interesse explícito pela igreja (mencionada em 16,18; 18,18 [duas vezes] e em nenhum outro lugar nos quatro evangelhos) e seu uso especial do AT. Como representante de cristãos da segunda ou terceira gerações, "Mateus" pressupõe a fé em Cristo e tenta prover a comunidade dos crentes de diretrizes e líderes autorizados. As diretrizes estão contidas nos grandes discursos, especialmente no cap. 18, onde se fornecem a autorização para a tomada de decisões e o procedimento para a resolução de conflitos. A preocupação com a ovelha perdida, com os pequeninos, com o perdão e a humildade são outras diretrizes centrais. Mateus não tem o ministério tripartido (ou a hierarquia) de bispo, sacerdote, diácono, mas menciona líderes ou escribas instruídos. Há apóstolos, com Pedro no topo da lista (10,2), que compartilham da autoridade do próprio Cristo (10,40; 9,8). Depois deles vêm os profetas, os escribas e os sábios (10,41; 13,52; 23,34). Como corte de apelação última aparece Pedro (16,19). Uma vez que o poder é perigoso, embora necessário, os líderes necessitam de humildade (18,1-9). Mateus não idealiza a igreja. Qualquer um pode cair (inclusive Pedro, 26,69-75); os profetas podem ser falsos (7,15); e a igreja é uma mistura de santos e de pecadores até a separação final (13,36-43; 22,11-14; 25). Não obstante, a igreja é chamada à missão mundial (28,18-20). O estilo de vida apostólico ou missionário é descrito em 9,36-11,1. O evangelho todo é emoldurado finalmente por um formulário de aliança em que Deus é unido com seu povo através de Jesus Cristo (1,23 e 28,18-20). Os proscritos do antigo Israel (21,31-32), junto com os gentios convertidos, tornam-se o novo povo de Deus (21,43).

O marco da aliança naturalmente leva a uma consideração do uso mateano do AT. Além dessa moldura extraída do AT e muitas alusões e citações do AT que o evangelista extrai de suas fontes, ele acrescentou uma série de 10 (alguns contam 11 ou 12) citações do AT introduzidas por fórmulas do tipo "isso aconteceu para cumprir o que o Senhor havia dito pelo profeta". Por causa dessa fórmula, a série foi chamada de "citações de cumprimento": 1,23; 2,[6].15.18.23; 4,15-16; 8,17; 12,18-21; 13,35; 21,5; [25,56]; 27,9-10. Quase metade ocorre no relato da infância; as outras estão relacionadas ao ministério público de Jesus, à entrada em Jerusalém e à sua paixão e morte. Elas funcionam como meditações do evangelista sobre os acontecimentos que ele relata. O texto das citações indica um uso cuidadoso de formas hebraicas e gregas do AT. Como um todo, a série reflete a convicção mateana de que Jesus veio "não para destruir mas para cumprir" (5,17) as antigas promessas. Assim, há uma continuidade dentro da descontinuidade no plano de Deus. A série também sugere a convicção de Mateus de que se poderiam encontrar explicações para os aspectos escandalosos ou enigmáticos da história de Jesus, especialmente sua morte na cruz e a rejeição de sua missão por líderes judaicos e por seus seguidores, mediante o recurso ao AT.

Alguns autores recentes procuram encontrar um esquema histórico-salvífico no evangelho como forma de resolver algumas de suas tensões. Há um esquema tripartido: (1) o período de Israel, que vai de Abraão a João Batista; (2) o tempo de vida do próprio Jesus; (3) o tempo da igreja, desde a ressurreição de Jesus até o fim do mundo (Walker, Strecker e Meier, resumidos aqui sem nuances). Kingsbury ofereceu um esquema em duas partes: (1) Israel; (2) Jesus e a Igreja. Outros rejeitam totalmente a categoria de história da salvação por ser uma construção artificial estranha a Mateus e preferem uma teologia da aliança (Frankemölle). Alguns tomam como ponto de partida para sua compreensão do evangelho seus últimos versículos (28,18-20). Isto pode significar que esses versículos anulam tudo que, no evangelho, representa uma perspectiva judaico-cristã, por exemplo, 5,18; 10,5-6; 15,24; e, implicitamente, a circuncisão. Mas, uma vez que nos versículos Jesus diz aos discípulos "ensinando-as a observar tudo quanto vos ordenei" – e isso poderia incluir até mesmo os versículos problemáticos – é mais sábio supor que Mateus tenha desejado reafirmar todos os mandamentos de Jesus precisamente em sua tensão dialética. Não devemos impor à protoigreja uma harmonia que não possuiu, nem introduzir no evangelho sínteses posteriores. Somente a vida posterior da igreja resolveria algumas das tensões, mas outras permaneceriam "até a consumação dos séculos".

8 (IV) Esboço. Recentemente vários esboços do evangelho foram propostos. Um deles consiste em uma estrutura simples que está formada por três partes e baseada nas palavras "e a partir desse momento, começou Jesus a", que ocorrem em 4,17 e em 16,21 (cf. 26,16). Assim, 1,1-4,16 nos apresentaria a pessoa de Jesus Cristo, 4,17-16,20 apresentaria sua proclamação, e 16,21-28,20 nos relataria seu sofrimento, morte e ressurreição (Kingsbury). Esse plano é tão impreciso e geral e segue a estrutura de Marcos de maneira tão próxima que não torna visíveis as características especificamente mateanas do primeiro evangelho. Um outro esquema simples observaria que é nos caps. 1 a 9 que a criatividade redacional de Mateus alcança seu clímax; neles, ele apresenta Jesus como o Messias em palavras e ações. Nos caps. 10 a 18, segue mais de perto a ordem de Marcos, mas introduz temas relacionados com a igreja. Nos caps. 19 a 28, há a viagem a Jerusalém e seu ministério de conflito e advertência na cidade santa, culminando na morte, ressurreição e despedida na Galileia. Aqui Mateus segue Marcos até mesmo de maneira mais estreita, embora continue a complementar Marcos com material de suas próprias fontes e arte redacional.

O esboço mais unificado e mais detalhado é oferecido por C. H. Lohr (*CBQ* 23 [1961] 427). Baseia-se na simetria de composições antigas e emprega os conceitos de *inclusio* ou parênteses, quiasmo ou cruzamento de elementos literários, e a técnica de composição circular. No caso de Mateus, há círculos alternados de narrativa e sermão ou discurso, construídos em torno de uma seção central que consiste em sete parábolas sobre o reino de Deus. Observar-se-á que esse esboço retém alguns dos discernimentos anteriores dos cinco grandes discursos em Mateus, mas os inclui em um todo maior e mais integrado. Ele não aceita a ideia de um Pentateuco mateano, cinco livros, cada um consistindo de narrativa e discurso, uma vez que isso deixaria a narrativa da paixão e ressurreição fora da estrutura. (A proposta recente de W. Wilkens em *NTS* 31 [1985] 24-38 oferece uma divisão em seis partes, que é centrada principalmente na igreja, mas que deixa de funcionar a partir de 22,1). A divisão de Lohr é a seguinte:

1-4	Relato:	Nascimento e Primórdios
5-7	Discurso:	Bênçãos, Entrada no Reino
8-9	Relato:	Autoridade e Convite
10	Discurso:	Discurso Missionário
11-12	Relato:	Rejeição por parte Desta Geração
13	Discurso:	Parábolas do Reino
14-17	Relato:	Reconhecimento por parte dos Discípulos
18	Discurso:	Discurso sobre a Comunidade
19-22	Relato:	Autoridade e Convite
23-25	Discurso:	Os Ais, a Vinda do Reino
26-28	Relato:	Morte e Renascimento

Observe a harmonia entre o primeiro e o último discurso e entre o segundo e o quarto. Alguma simetria aparece também nas seções narrativas, embora não seja tão consistente como nos discursos. Os títulos de algumas seções podiam ser mais concretos, como nos caps. 8 e 9, em relação aos quais se poderia falar de dez relatos de milagre que mostram a autoridade de Jesus e convidam ao discipulado. O evangelho poderia também ser unificado em torno do tema do rei e reino em todos os capítulos.

Neste comentário, o Evangelho de Mateus é esboçado da seguinte maneira:

(I) Nascimento e primórdios (1,1-4,22)
    (A) A genealogia de Jesus (1,1-17)
    (B) O nascimento de Jesus (1,18-25)
    (C) A visita dos sábios (2,1-12)
    (D) A fuga para o Egito
    (E) O massacre dos inocentes (2,16-18)
    (F) O retorno do Egito (2,19-23)
    (G) A pregação de João Batista (3,1-12)
    (H) O batismo de Jesus (3,13-17)
    (I) A tentação de Jesus (4,1-11)
    (J) O início do ministério na Galileia (4,12-17)
    (K) O chamado dos discípulos (4,18-22)
(II) O Sermão da Montanha (4,23-7,29)
    (A) Introdução (4,23-5,2)
    (B) O exórdio (5,3-16)
        (a) As bem-aventuranças (5,3-12)
        (b) Sal e luz (5,13-16)
    (C) A nova ética, seus princípios legais básicos e seis hiperteses (5,17-48)
        (a) A justiça superior (5,17-20)
        (b) Ira (5,21-26)
        (c) Adultério (5,27-30)
        (d) Divórcio (5,31-32)
        (e) Juramentos (5,33-37)
        (f) Retaliação (5,38-42)
        (g) Amor aos inimigos (5,43-48)
    (D) A reforma das obras de piedade (6,1-18)
        (a) Esmolas (6,1-4)

             (b) Oração (6,5-15)
             (c) Jejum (6,16-18)
         (E) Instruções adicionais (6,19-7,12)
             (a) Tesouro no céu (6,19-21)
             (b) O olho é a lâmpada do corpo (6,22-23)
             (c) Deus e mamon (6,24)
             (d) Cuidado e ansiedade (6,25-34)
             (e) Não julgar (7,1-6)
             (f) Pedir, buscar e bater (7,7-12)
         (F) Conclusão do sermão (7,13-27)
             (a) A porta estreita (7,13-14)
             (b) Dar frutos (7,15-20)
             (c) Um episódio no juízo final (7,21-23)
             (d) Casas construídas sobre a rocha e sobre a areia (7,24-29)
(III) Autoridade e convite (8,1-9,38)
      (A) A cura de um leproso (8,1-4)
      (B) A cura do servo de um centurião (8,5-13)
      (C) A cura da sogra de Pedro (8,14-15)
      (D) O doente curado ao entardecer (8,16-17)
      (E) Seguir a Jesus (8,18-22)
      (F) A tempestade acalmada (8,23-27)
      (G) A cura dos endemoninhados gadarenos (8,28-34)
      (H) A cura de um paralítico (9,1-8)
          (I) O chamado de Mateus, o publicano (9,9-13)
      (J) A discussão sobre o jejum (9,14-17)
      (K) A cura da filha de um chefe (9,18-26)
      (L) A cura de dois cegos (9,27-31)
      (M) A cura de um endemoninhado mudo (9,32-34)
      (N) A compaixão de Jesus (9,35-38)
(IV) O discurso a respeito da missão (10,1-42)
     (A) A missão dos doze apóstolos (10,1-4)
     (B) O comissionamento dos Doze (10,5-16)
     (C) Como enfrentar perseguições futuras (10,17-25)
     (D) O temor correto e o incorreto (10,26-31)
     (E) Confessar Jesus publicamente (10,32-39)
     (F) Recompensas do discipulado (10,40-42)
(V) A rejeição por esta geração (11,1-12,50)
    (A) João Batista e Jesus (11,1-19)
    (B) Ais sobre as cidades (11,20-24)
    (C) O grito de júbilo e o chamado do Salvador (11,25-30)
    (D) Colher espigas no sábado (12,1-8)
    (E) A cura de um homem com a mão atrofiada (12,9-14)
    (F) O servo escolhido (12,15-21)
    (G) Jesus e Belzebu (12,22-32)
    (H) Uma árvore e seus frutos (12,33-37)
    (I) O sinal de Jonas (12,38-42)
    (J) O retorno do espírito impuro (12,43-45)
    (K) A família de Jesus (12,46-50)
(VI) As parábolas do reino (13,1-52)
     (A) A parábola do semeador (13,1-9)
     (B) O propósito das parábolas (13,10-17)
     (C) A explicação da parábola do semeador (13,18-23)
     (D) A parábola do joio e do trigo (13,24-30)
     (E) As parábolas do grão de mostarda e do fermento (13,31-33)
     (F) O uso de parábolas por Jesus (13,34-35)
     (G) A interpretação da parábola do joio (13,36-43)
     (H) As parábolas do tesouro, da pérola e da rede (13,44-50)
     (I) O velho e o novo (13,51-52)
(VII) O reconhecimento por parte dos discípulos (13,53-17,27)
      (A) A rejeição de Jesus em sua própria terra (13,53-58)
      (B) A morte de João Batista (14,1-12)
      (C) A alimentação dos cinco mil (14,13-21)
      (D) Jesus caminha sobre as águas (14,22-23)
      (E) Curas na terra de Genesaré (14,34-36)
      (F) Jesus e a tradição dos fariseus sobre pureza e votos (15,1-20)
      (G) A fé da mulher cananeia (15,21-28)
      (H) A cura de muitas pessoas (15,29-31)
      (I) A alimentação dos quatro mil (15,32-39)
      (J) A exigência de um sinal (16,1-4)
      (K) O fermento dos fariseus e dos saduceus (16,5-12)
      (L) A confissão de Pedro (16,13-20)
      (M) A primeira predição da paixão e ditos sobre o discipulado (16,21-28)
      (N) A transfiguração (17,1-13)
      (O) A cura do endemoninhado epiléptico (17,14-20)
      (P) A segunda predição da paixão (17,22-23)
      (Q) O estáter na boca do peixe (17,24-27)
(VIII) O discurso comunitário (18,1-35)
       (A) A verdadeira grandeza (18,1-5)
       (B) Os líderes que fazem os pequeninos pecarem (18,6-9)
       (C) A parábola da ovelha perdida (18,10-14)
       (D) Procedimentos judiciais (18,15-20)
       (E) A parábola do servo implacável (18,21-35)
(IX) Autoridade e convite (19,1-22,46)
     (A) Ensinamento sobre o divórcio (19,1-12)
     (B) Jesus abençoa as crianças (19,13-15)
     (C) O jovem rico (19,16-30)
     (D) A parábola dos trabalhadores na vinha (20,1-16)
     (E) A terceira predição da paixão (20,17-19)
     (F) O pedido dos filhos de Zebedeu (20,20-28)
     (G) A cura de dois cegos (20,29-34)
     (H) A entrada triunfal em Jerusalém (21,1-11)
     (I) A purificação do templo (21,12-17)
     (J) A maldição da figueira (21,18-22)
     (K) A autoridade de Jesus é questionada (21,23-27)
     (L) A parábola dos dois filhos (21,28-32)
     (M) A parábola da vinha e dos arrendatários maus (21,33-46)
     (N) A parábola do banquete nupcial (22,1-14)
     (O) O tributo a César (22,15-22)
     (P) A pergunta sobre a ressurreição (22,23-33)
     (Q) O maior mandamento (22,34-40)
     (R) A pergunta sobre o filho de Davi (22,41-46)

(X) Ais e o discurso escatológico (23,1-25,46)
  (A) Ais contra os escribas e os fariseus (23,1-36)
  (B) O lamento sobre Jerusalém (23,37-39)
  (C) O discurso escatológico (24,1-25,46)
    (a) A destruição do templo e o princípio das dores (24,1-4)
    (b) A grande tribulação (24,15-28)
    (c) A vinda do Filho do Homem (24,29-31)
    (d) A lição da figueira (24,32-35)
    (e) O dia e a hora desconhecidos (24,36-44)
    (f) O servo fiel ou o servo infiel (24,45-51)
    (g) As virgens sábias e as tolas (25,1-13)
    (h) A parábola dos talentos (25,14-30)
    (i) O julgamento das nações (25,31-46)
(XI) Morte e renascimento (26,1-28,20)
  (A) O sofrimento e a morte de Jesus (26,1-27,66)
    (a) A conspiração para matar Jesus (26,1-5)
    (b) A unção em Betânia (26,6-13)
    (c) Judas concorda em trair Jesus (26,14-16)
    (d) A páscoa com os discípulos (26,17-25)
    (e) A instituição da Ceia do Senhor (26,26-30)
    (f) A negação de Pedro é predita (26,31-35)
    (g) A oração no Getsêmani (26,36-46)
    (h) A traição e prisão de Jesus (26,47-56)
    (i) Jesus diante do Sinédrio (26,57-68)
    (j) Pedro nega Jesus (26,69-75)
    (k) Jesus é conduzido à presença de Pilatos (27,1-2)
    (l) A morte de Judas (27,3-10)
    (m) Jesus é interrogado por Pilatos (27,11-14)
    (n) Jesus é condenado à morte (27,15-26)
    (o) Os soldados zombam de Jesus (27,27-31)
    (p) A crucificação de Jesus (27,32-44)
    (q) A morte de Jesus (27,45-56)
    (r) O sepultamento de Jesus (27,57-61)
    (s) A guarda no túmulo (27,62-66)
  (B) A ressurreição e a Grande Comissão (28,1-20)
    (a) A ressurreição de Jesus (28,1-10)
    (b) O relato da guarda (28,11-15)
    (c) A Grande Comissão (28,16-20)

COMENTÁRIO

9 (I) Nascimento e primórdios (1,1-4,22).
(A) A genealogia de Jesus (1,1-17) 1. *livro*: Ao chamar sua obra de livro, Mateus pode estar sugerindo que seu escrito é um livro-texto ou um manual para os líderes da igreja (com uma estrutura narrativa). Contrasta com Marcos, que chama seu escrito de "evangelho" (uma forma de pregação), e com Lucas, que chama seu escrito de "narrativa" (em seus versículos iniciais). O paralelo mais próximo de Mateus é Jo 20,30, *biblion*. *genealogia*: a palavra grega *genesis* poderia ser traduzida como "nascimento", "começo", "genealogia", além de uma possível alusão ao livro veterotestamentário da criação. É difícil decidir onde recai a ênfase. A palavra ocorre mais uma vez, no v. 18, significando "nascimento"; aqui conduz à genealogia nos vv. 2-16. *Jesus Cristo*: a figura central do livro é apresentada: Jesus, a forma grega de Josué, na etimologia popular significa "Salvador" ou "Deus salva" (originalmente e mais corretamente, significa "Iahweh, ajuda-nos!"). Cristo, a forma grega de Messias, significa "ungido". Diversas figuras de salvador ungido eram esperadas em Israel na época de Jesus – real, sacerdotal e profética (*1QS* 9,10-11). No grego, este termo tem também a conotação de "amável", por soar como uma outra palavra com esse significado. *filho de Davi*: aqui o termo significa o sucessor do rei Davi no fim dos tempos, como o restaurador de Israel como povo de Deus, livre e soberano. Somente Mateus destaca Jesus como o Cristo régio, embora Jesus seja chamado de filho de Davi em todos os escritos principais do NT, exceto em Hebreus. O título poderia remontar a uma tradição familiar. É um termo restritivo, qualificado rapidamente pelo título "filho de Abraão", um título muito mais inclusivo, uma vez que Abraão era o "pai de todos aqueles que creem" (Rm 4,11), incluindo os gentios (Gl 3,7-9). Este versículo condensa dois elementos importantes. Forma um *inclusio* com o v. 17 em torno da genealogia. Essa *inclusio* contém um quiasmo ou composição anular e a estrutura dos vv. 2-16 na ordem inversa: Cristo, Davi, Abraão, visto que, no v. 17, a ordem é: Abraão, Davi, Cristo. Mas o versículo forma também uma *inclusio* (implicitamente) com 28,19, emoldu-

rando todo o livro, em que a fé em Cristo é oferecida primeiramente a Israel (10,6; 15,24) e depois aos gentios ou às nações (28,19).

10 2-16. A genealogia de Jesus, de Abraão a José (cf. Lucas. 3,23-38). Raramente um livro tão importante começa de maneira tão desagradável. É uma forma de começar um livro típica do Oriente Próximo (cf. Números, Josué, Crônicas, ou as memórias do rei Abdullah da Jordânia, que começa reconstruindo sua ascendência até Maomé). Embora difícil para o leitor moderno, a genealogia ensina uma lição importante. De forma breve, incorpora toda a história e o pensamento do AT no evangelho como o antecedente próximo de Jesus. Diz, de fato, que, se se quiser conhecer e compreender Jesus, deve-se ler o AT (e a literatura intertestamentária). Isto explica sua alta densidade.

A genealogia é dividida em três partes, e cada parte deve ter 14 gerações (v. 17). Essa disposição sugere que se trata de uma elaboração esquemática e não totalmente histórica, pelo menos neste sentido, que cinco nomes foram omitidos da segunda parte a fim de chegar aos 14. As fontes da primeira parte são Rt 4,18-22 e 1Cr 1,34-2,15, às quais se acrescentaram os nomes de duas mulheres, Raab e Rute (Tamar está em 1 Crônicas); para a segunda parte, a fonte é 1Cr 3,1-16; para a expressão sobre o exílio (vv. 11-12), veja 2Rs 24,14; Jr 27,20; e para os primeiros três nomes na terceira parte, Esdras 3,2; Ag 2,2; 1Cr 3,16-19. Os nomes que seguem podem proceder da tradição oral. Todos são bíblicos, mas não estão relacionados genealogicamente. A monotonia da genealogia é rompida pela menção do título de Davi, pela referência ao exílio e, especialmente, pela menção de cinco mulheres: Tamar (veja Gn 38), Raab (veja Js 2), Rute, Betsabeia, a esposa de Urias (veja 2Sm 11,1-27), Maria. Por que essas mulheres são mencionadas? As respostas mais antigas diziam que, com exceção de Maria, todas eram pecadoras (mas Rute encaixa-se nisso também?), ou todas eram gentias ou prosélitas (segundo Lutero, mas isso não é claro). Hoje se pensa que (a) havia algo extraordinário ou irregular em sua união marital; (b) elas mostraram iniciativa e assumiram um papel importante no plano de Deus. Uma vez que Mateus não tem predileção especial pelas mulheres, a presença dessas mulheres é mais notável ainda (veja mais em *MNT* 77-83). **16.** Este versículo é construído com cuidado para evitar dizer que Jesus era o filho de José. Há um paradoxo em apresentar uma genealogia através de José somente para romper o padrão no final. Mas a ruptura dos padrões é uma característica de todo o evangelho. **17.** O padrão numérico imposto ao material reflete uma técnica exegética rabínica chamada *gematria* (uma corruptela do termo "geometria"). O simbolismo numérico aqui poderia implicar o valor numérico das consoantes do nome hebraico de Davi *dwd* ($d = 4$, $w = 6$; $4 + 6 + 4 = 14$). Assim, toda a lista seria davídica. Há também 14 nomes na cadeia rabínica da tradição em *m. 'Abot* e *'Abot R. Nat.*, mas de Moisés a Hillel. Essa não é uma lista de descendentes de sangue, mas de sucessão no ensino e talvez tenha sido modelada a partir das listas dos líderes das escolas filosóficas gregas. Um outro problema concerne à terceira série dos nomes, que dá somente 13 em vez dos 14 nomes indicados. Foram propostas várias soluções para este enigma: Cristo é o décimo quarto? Ou o décimo quarto lugar é reservado para a vinda do Filho do Homem? Ou Mateus supõe uma geração entre as segunda e terceira seções: Joaquim era o pai de Jeconias. O enigma permanece.

11 (B) O nascimento de Jesus (1,18-25). A junção da genealogia a esta seção, a combinação de dois episódios (a aparição de um anjo em sonho; o anúncio do nascimento), que podem ter acontecido separadamente, e a incorporação de uma citação de cumprimento de uma profecia fazem desta a seção mais complicada na narrativa da infância de Jesus. Ela mostra também semelhanças estruturais com 21,1-7. **18.** *a origem de Jesus Cristo*: na Judeia, e o noivado incluía o direito de coabitação, os tratados da Mishná *m. Yebam*, 6,4; *m. Nid.* 5,6,7 dão a idade normal das meninas para o noivado como 12 anos e meio, mas essas regras podem não ter sido seguidas na Galileia. O texto ensina a concepção virginal de Jesus, mas não diz nada sobre a virgindade perpétua de Maria, embora não a exclua. A intervenção divina no nascimento do escolhido de Deus era uma tradição na fé de Israel (Isaac, Gn 18,11-14; Jacó, 25,21; Samuel, 1Sm 1,4-20), mas Mateus vai além disso, substituindo o papel masculino. *Espírito Santo*: essa é uma expressão tardia do AT para o que mais geralmente é designado como "o Espírito de Deus". Ocorre somente três vezes no TM (Sl 61,13; Is 63,10-11). O Espírito de Deus é a causa da vida humana em Ez 37,1-14; Jó 27,3; Is 42,5 e está ativo na criação em Gn 1,2. Aqui há um exemplo particular, concreto e especial dessa atividade criativa. (Paralelos extrabíblicos frequentemente citados: Plutarco, *Vida de Numa Pompilius* 4.4; Filo, *De cher*. 40-52; 2 *Henoc* 23 [71], mas não são próximos.) A concepção virginal pode ser considerada um sinal físico externo de uma realidade invisível, interna, o nascimento do Filho de Deus. **19.** *justo*: a justiça de José consiste na obediência à lei (Dt 22,20.21), mas a mesma é moderada por sua compaixão, que o impede de querer exigir a pena completa da lei, o apedrejamento. *Em segredo*: em contraposição ao julgamento pelo ordálio através das águas amargas (Nm 5,11-31). **20.** *enquanto*: esta é uma partícula introdutória favorita em Mateus. *sonho*: o termo grego *onar* se encontra na Bíblia somente em Mateus e somente nos caps. 1 e 2 e em 27,19. *Anjo do Senhor*: explica a José por que Maria não é adúltera, algo que o leitor sabe por causa do v. 18. **21.** *dos seus pecados*: o evangelista explora a etimologia popular do nome de Jesus (veja o comentário sobre o v. 1). Usa-se salvação dos "pecados", uma vez que a opressão, o exílio e a dominação estrangeira eram considerados frequentemente como punição para os pecados; a opressão implicava também a separação de Deus, a essência do pecado, uma vez que dificultava a obediência aos mandamentos. Jesus realizará esta "salvação" por sua morte (26,28), mas também através de sua proclamação do reino de Deus (4,17). O conflito com um rei cruel no cap. 2 apoia esta interpretação. **22.** Este versículo contém uma fórmula que introduz uma profecia do AT. A fórmula de cumprimento ocorre dez vezes em Mateus (→ 7 *acima*). A fórmula mostra um interesse no cumprimento da Escritura, na plenitude de forma geral, e os dois verbos na voz passiva (em grego) pressupõem Deus como agente e acentuam, assim, a iniciativa divina. As citações funcionam como reflexão do evangelista sobre o significado dos acontecimentos na vida de Jesus e como veículo de continuidade em meio à descontinuidade implicada na nova ação de Deus em Cristo. **23.** *a virgem conceberá*: pensa-se que o tipo de texto usado para as dez fórmulas das citações é, geralmente, uma combinação feita pelo evangelista com base em seu estudo do AT no hebraico e nas versões grega e aramaica. Uma vez que isto não poderia ser feito sem uma biblioteca, conjecturou-se que o evangelho seja o produto de uma escola proto-cristã de estudos bíblicos avançados. Aqui a citação é de Is 7,14, que traz a forma no hebraico '*almâ*, "jovem", enquanto no grego lemos *parthenos*, "virgem". Mateus muito provavelmente conhecia as duas formas e escolheu conscientemente a última. O filho é um príncipe. *Emanuel... "Deus está conosco"*: isto representa uma perspectiva fortemente cristológica, embora seja expressa mais nos termos funcionais da Bíblia do que nos termos ontológicos helenísticos. Dois temas do AT se encontram por trás dela. A fórmula da aliança, em sua forma mais clássica, é: "Eu serei vosso Deus e vós sereis o meu povo". Aqui ocorre em uma forma mais curta: "Deus conosco". Essa fórmula é refletida em 18,20 e repetida de forma expressiva em 28,20, no final do evangelho. 1,23 forma um grande parênteses pactual com este versículo. O segundo tema é o da glória ou presença (*šĕkînâ*) de Deus, concebida geralmente como uma luminosidade tremeluzente que paira sobre indivíduos e grupos. Antes do NT, as questões da materialidade, carnalidade e corporificação, sem falar da personalidade, da *shekinah* como distinta de Deus simplesmente não foram discutidas nem analisadas. Os autores do NT, Mateus em particular, parecem ser os primeiros a identificar a *shekiná* com uma pessoa. Mas a identificação encontrou apoio já em Is 8,8.10. A pergunta de Salomão em 1Rs 8,27 é respondida de uma maneira nova. **24.** *agiu*: como os patriarcas em Gênesis, José é obediente à instrução divina. **25.** *até*: a expressão em si nem afirma nem nega a virgindade perpétua de Maria. Ao dar o nome à criança, José age como o pai legal. Mas é paradoxal o fato de ele dar o nome Jesus em vez de Emanuel à criança. O contexto sugere que Jesus é o cumprimento da profecia do Emanuel.

12 (C) A visita dos sábios (2,1-12). 1. *tendo Jesus nascido*: o nascimento é relatado mediante um particípio e posto imediatamente em relação com alguns acontecimentos políticos e sociais mais amplos. *Herodes*: Herodes, o Grande, era um rei vassalo (*rex socius*) do império romano; reinou de 37 a 4 a.C. e foi uma personalidade extraordinária, dominante (→ História, 75:156-59). Ver Lc 1,5. Os acontecimentos relatados sobre ele neste texto não são conhecidos a partir de nenhuma outra fonte, mas são apropriados ao que sabemos dele. *magos*: uma casta de sábios, associada, de forma variada, à interpretação dos sonhos, ao zoroastrismo, à astrologia e à magia. Na tradição cristã posterior, tornaram-se reis sob a influência do Sl 72,10; Is 49,7; 60,10. O número três é deduzido dos três presentes (v. 11). Por fim, foram nomeados: Gaspar, Baltasar e Melquior na igreja ocidental, e Gaspar se converteu em um personagem negro. Foram considerados representantes do mundo dos gentios que, em toda a sua diversidade racial, vêm a Cristo. *do Oriente*: poderia ser a Pérsia, a Síria Oriental ou a Arábia. **2.** *rei dos judeus*: Jesus é designado um Messias real. *sua estrela*: a estrela que conduz a Cristo é provavelmente um elemento midráshico derivado de Nm 22-24, o relato de Balaão, especialmente 24,17, o quarto oráculo; a estrela é identificada com o Messias no *TgOnq*. e no *TgYer I*.

Se é histórica, poderia ser uma supernova, um cometa (veja Virgílio, *Eneida* 2.694: "uma estrela que conduz um meteoro voou com muita luz"), ou uma conjunção planetária. **5.** *Belém*: a cidade do humilde Davi é contrastada com a Jerusalém de Herodes. Belém era a cidade da antepassada de Davi, Rute (Rt 1,1-4), e de sua família (1Sm 16; 17,12); contudo, apesar de Mq 5,2, a crença de que o Messias nasceria ali não parece ter sido dominante nesta época (cf. Jo 7,42). **6.** A citação é de Mq 5,1, mas Mateus muda "clãs de Judá" para "regentes de Judá", a fim de realçar o aspecto messiânico e acrescenta "que apascentará Israel, o meu povo" 2Sm 5,2; 1Cr 11,2. **8.** Duplicidade política clássica. **11.** *o menino com Maria, sua mãe*: os magos representam um modelo de mariologia sólida como adoradores de Cristo em um contexto mariano. *ouro, incenso e mirra*: a lista dos presentes pode ser inspirada por Is 60,6.11.13, que, junto com o Sl 72,10-11, é citado implicitamente. Na tradição posterior, o ouro veio significar o reino de Cristo, o incenso, sua divindade; a mirra, seu sofrimento redentor – ou virtude, oração e sofrimento. Alguns cristãos da protoigreja ficaram escandalizados com esta narrativa por causa da função da estrela. Esta característica favoreceu a astrologia? Os povos antigos, experimentando o caos social, sentiram-se atraídos à religião astral por causa da rigorosa regularidade das estrelas. Mas esta religião se tornou opressiva, fazendo as pessoas sentirem-se indefesas sob a tirania da *heimarmenē*, "destino". Mateus não mostra nenhum interesse por este assunto. Mas, pelo fato de a estrela aqui servir ao propósito de Deus e conduzir os magos a Jesus, podemos dizer que o poder do determinismo astral é rompido.

13 (D) A fuga para o Egito (2,13-15). 15. *do Egito*: a citação é de Os 11,1; a referência é à experiência fundamental da salvação, o êxodo da escravidão egípcia. O "filho" na profecia é Israel, o povo de Deus. Mateus aplica aqui a tipologia do êxodo a um indivíduo, Jesus, que representa o início da restauração de todo o Israel (19,28; 21,43). Este duplo significado de filho de Deus tanto individual quanto coletivo volta a ocorrer em 4,1-11. Em Jesus, a história, o povo e as instituições de Israel são concentrados e condensados para um avanço à próxima era da salvação. A fuga é um novo êxodo com um novo e maior Moisés. Mateus utilizou tradições de Moisés tal como aparecem remodeladas em Josefo, *Ant*. 2.9.2-6 § 205-31.

14 (E) O massacre dos inocentes (2,16-18). 16. *Herodes... mandou matar... todos os meninos*: Herodes atua conforme o que sabemos dele; o relato pode não ser histórico, mas possui certa verossimilhança e evoca a ordem do faraó para matar toda descendência masculina dos israelitas (Ex 1,16), um exemplo clássico de abuso genocida de poder. Se o incidente for histórico, o número de crianças mortas não precisaria ter excedido a vinte. **18.** Mateus introduz uma citação profundamente comovente de Jr 31,15. A perda dos próprios filhos por uma mãe é uma dor sem paralelos. Em Gn 35,16-20, Raquel se aflige não porque seu filho morre, mas porque ela morre ao dá-lo à luz. Em Jeremias, ela chora por causa do exílio de seus filhos José e Benjamim. Pode ser que, ao citar Jeremias, Mateus deseje associar Jesus com Jeremias como o profeta sofredor da nova aliança (Jr 31,31-34; Mt 26,28). Jeremias continuava vivo na esperança judaica no fim dos tempos (2Mc 2,1-12; 15,13-16).

15 (F) O retorno do Egito (2,19-23). Os versículos 19-22 explicam por que José estabeleceu sua família na Galileia e não na Judeia. O versículo 20 evoca Ex 4,19. **23.** *e foi morar numa cidade chamada Nazaré*: José, envolvido no negócio da construção, estabeleceu-se em Nazaré, provavelmente porque poderia encontrar trabalho em abundância na vizinhança de Séforis, que Herodes Antipas estava reconstruindo como sua capital naquele tempo. A referência a uma profecia aqui propõe um clássico problema de interpretação, uma vez que não há nenhuma correspondência exata com nenhum texto conhecido do AT. Talvez Mateus a tenha introduzido aqui para levar o leitor a considerar uma série de elementos: (1) uma referência a uma cidade pequena não mencionada no AT; (2) uma referência ao Messias como um ramo (*nēṣer*) em Is 11,1 etc.; e, o mais interessante, (3) uma referência a Jesus como um *nāzîr*, "consagrado", na linhagem de Sansão e de Samuel. Em Nm 6,1-21, encontramos as condições para ser um *nāzîr*; em Jz 13-16, encontramos a história de um *nāzîr* vitalício, Sansão, uma figura heroica de salvador. Outras referências são Am 2,11-12, Josefo, *Ant*. 19.6.1 § 294; At 21,24; 4QSam[b] (= 1Sm 1,22): *m. Nazir*; Eusébio, *HE* 2.23.4-5. Se Mateus visasse a esta terceira referência, ela significa que Jesus é forte para salvar seu povo (não que ele tenha levado uma vida ascética, que aponta, antes, para João Batista no versículo seguinte).

16. Considerando os caps. 1 e 2, podemos ver que Mateus apresentou Jesus ao leitor como o filho de Abraão na genealogia, filho de Deus e Emanuel em 1,18-25, filho de Davi em 2,1-12, um novo Moisés em 2,13-15, um novo Jeremias em 2,16-18 e um novo Sansão em 2,19-23. De todos os ângulos, Jesus aparece como a figura do salvador.

O gênero literário destes dois capítulos foi bastante discutido. Por séculos foi considerado como história familiar, embora difícil de reconciliar com Lc 1-2 em muitos detalhes. Em décadas recentes, tornou-se comum considerá-los um *midrásh* judaico-cristão. Um *midrásh* é uma interpretação homilética do AT, empregando frequentemente a narrativa. Uma vez que Mt 1-2 não são primordialmente uma interpretação de textos do AT, mas de uma pessoa, Jesus, não é um *midrásh* no sentido estrito. Mas emprega, sem dúvida, técnicas midráshicas de exposição. Isto significa que, além de informações históricas, há também elementos legendários nos capítulos. R. E. Brown propôs como gênero apropriado "narrativas da infância de personagens famosos", uma categoria que nos permite englobar estes diferentes aspectos (*BBM* 561).

Uma comparação detalhada dos relatos em Mateus e em Lucas renderia 11 pontos em comum (*BBM* 34-35). Os três mais importantes são que Jesus é filho de Davi (*i.e.*, da tribo de Judá), nascido em Belém e criado em Nazaré, e que foi concebido virginalmente. Seria conveniente fazer destes pontos o cerne histórico dos relatos, mas eles estão, de fato, em diferentes níveis de probabilidade histórica. O primeiro tem a maior possibilidade de ser histórico. O nascimento em Belém e a concepção virginal estão, potencialmente, tão altamente influenciados pela leitura das profecias do AT pelo autor que o historiador hesita onde o crente não precisa fazê-lo. Contudo, é mais provável que os relatos tenham existido primeiramente sem as fórmulas de citação do que as histórias terem sido criadas para as envolver. As cinco citações são contribuições de Mateus à tradição recebida, uma contribuição que ele continua a fazer em 4,14-16; 8,17; 12,17-21; 13,35; 21,4-5; 27,9-10. Os primeiros cristãos reconheceram Jesus como o Filho de Deus primeiramente em sua ressurreição (Paulo), depois em seu batismo (Marcos), depois em sua concepção (Mateus/Lucas). Em seu relato da rejeição e do triunfo divino, o prólogo contém a história do evangelho em miniatura. Prenuncia uma união de judeus e gentios em um novo reino universal e mostra que Deus pode tornar fecunda a estéril, que sua força está escondida na fraqueza, que seu plano está em ação.

(BROWN, R. E., *The Birth of the Messiah* [GC, 1977]. NOLAN, B. M., *The Royal Son of God* [OBO 23; Fribourg, 1979]. SOARES PRABHU, G. M., *The Formula Quotations in the Infancy Narrative of Matthew* [AnBib 63; Rome, 1976]. VÖGTLE, A., *Messias und Gottessohn* [Düsseldorf, 1971].)

17 (G) A pregação de João Batista (3,1-12). Mateus passa um tanto abruptamente da infância de Jesus para o começo de seu ministério público. Neste momento, Mateus adota a narrativa de Marcos, à qual se adicionam frases e ditos de Q (aqui os vv. 7-12, parte do 11, todo o v. 12); isto complica a situação literária. Mateus começa com a atividade de João Batista. **1.** *naqueles dias*: cerca de 26 d.C. *João Batista*: pregador judeu do arrependimento, João procede de um ambiente sacerdotal essênio e é conhecido fora das fontes bíblicas (Josefo, *Ant*. 18.5.2 § 116-19). Mateus o introduz aqui por causa de suas tradições e porque, embora houvesse diferenças entre eles, João e Jesus foram tidos pelos primeiros cristãos como relacionados por suas pregações proféticas, seriedade religiosa, prática do batismo e expectativa do final dos tempos num futuro próximo. Alguns dos discípulos de João Batista desenvolveram seu movimento como rival do cristianismo (Mt 11,2); contudo, por causa de seu martírio e por causa do respeito de Jesus para com ele, os cristãos começaram a considerá-lo um precursor de Jesus. Mateus vai além de outros evangelistas, fazendo de João "um pequeno Jesus", pondo a própria mensagem central de Jesus em sua boca (cf. v. 2 com 4,17) e identificando João Batista com Elias (11,14; 17,10-13). **2.** *arrependei-vos*: o termo grego *metanoein* conota uma "mudança de postura"; o termo em hebraico *šûb* significa "voltar-se" (de seus pecados para Deus), um tema fundamental nos profetas do AT (veja *m. Yoma* 8,8-9; G. F. Moore, *Judaism* [Cambridge MA, 1927] 1. 507-34; E. E. Urbach, *The Sages* [2 vols.; Jerusalem, 1975] 462-71; J. Behm, *TDNT* 4. 975-1008, para ideias rabínicas de arrependimento; para analogias clássicas às pregações de João Batista na diatribe cínico-estoica, ver S. K. Stowers, *The Diatribe* [SBLDS 57; Chico, 1981]). *o Reino dos Céus está próximo*: veja o comentário sobre 4,17. Ao contrário dos outros sinóticos, Mateus adia o tema perdão dos pecados até 26,28. **3.** Is 40,3 é citado na forma da LXX, e as referências a Iahweh são transferidas a Jesus. Esta é a primeira citação do Deuteroisaías, o profeta da boa nova de consolação, libertação e retorno do exílio. Deuteroisaías é muito importante para o NT como uma espécie de protoevangelho, mas o NT o desnacionaliza e remove dele a nota de vingança. Esta passagem era importante também para os essênios (1QS 8,14). **4.** *pêlos de camelo*: a roupa é de um profeta (1Rs 1,8; Zc 13,4), especialmente Elias. *Gafanhotos e mel silvestre*: sua dieta sugere o alimento silvestre. Na tradição posterior, João Batista transformou-se em um modelo para os monges, que não deviam comer carne; uma vez que os gafanhotos eram um tipo de carne, eles foram reinterpretados como vagens de alfarroba. **5.** *região vizinha ao Jordão*: poderia incluir não somente a Galileia, mas também a Transjordânia e os lagos de Enon (Jo 1,28; 3,23), uma área ampla. **6.** *eram batizados*: do grego *baptizein*, que significa "mergulhar" ou "imergir", cerimonialmente talvez também "aspergir". Aqui o batismo é um ritual religioso de limpeza ou de purificação, com analogias nas abluções sacerdotais do AT, farisaicas e qumrânicas; aqui não são feitas apenas pelo penitente, mas por João. *Confessando os pecados*: um sentimento de culpa moral é difundido, como é a necessidade de confessar, mas as formas que essa necessidade toma variam muito. Não está claro como a confissão foi feita aqui, mas talvez devêssemos pensar no Dia da Expiação, quando aconteciam lamentações gerais pelas promessas não cumpridas. **7.** A fonte Q começa aqui. Mateus reduz os destinatários aos fariseus e saduceus (cf. Lc 3,7). Por que esta severidade para com estes dois grupos? De acordo com Josefo (*J.W.* 2.8.2-14 § 119-66), havia três seitas principais dentro do judaísmo nesse tempo: fariseus, saduceus, essênios; um quarto grupo foi associado frequentemente aos zelotes. Embora os fariseus não fossem sempre hostis a Jesus (Lc 13,31) e, em Marcos, não tomem parte em sua morte, Jesus sentiu-se obrigado a criticá-los severamente (*p.ex.*, cap. 23) pela importância que tinham como líderes religiosos. O movimento em suas origens (o período macabeu) tinha ajudado a salvar o judaísmo, mas nessa época se tornara perigosamente rígido e exclusivista. No tempo de Mateus, seus herdeiros, os rabinos, haviam se tornado os principais oponentes judeus do cristianismo, e Mateus está determinado a mostrar que o cristianismo representa o verdadeiro Israel. Os saduceus eram o partido sacerdotal relacionado de maneira muito próxima ao Templo e, assim, implicado mais diretamente na morte de Jesus (26,3-4). *raça de víboras*: esta expressão é repetida em 12,34; veja Ap 12,9; Jo 8,44. *ira que está para vir*: embora a ideia fundamental seja tão antiga quanto os profetas (→ Pensamento do AT, 77:99-102), há uma nova nota de urgência escatológica no chamado ao arrependimento; o julgamento de Deus está próximo. **8.** *fruto*: as boas obras, que vão além das boas intenções do arrependimento, são a comprovação. **9.** *filhos de Abraão*: a salvação não é hereditária. Isto sugere um tema básico em Mateus: os gentios podem ser salvos. Cf. Amós 3,2. Deus não mostra parcialidade étnica ou social (Dt 1,17; 16,19; 2Cr 19,17; Ag 10,34; Rm 2,11; Gl 2,6; Ef 6,4; Cl 3,25). **10.** *já*: a situação é política e espiritualmente tensa e urgente. *machado*: Is 10,34; Jr 46,22. *árvore*: Mt 7,19. **11.** *eu não sou digno nem ao menos de tirar-lhes as sandálias*: Mateus difere dos outros evangelhos e de At 13,25 ao apresentar "tirar" em vez de "desatar". Isto pode refletir um refinamento rabínico posterior, que ensina que um discípulo deve fazer para seu mestre qualquer coisa que um escravo faria, exceto retirar seus sapatos (*b. Ketub.* 96a). *com fogo*: aqui devemos distinguir o que João Batista provavelmente disse, de acréscimos cristãos posteriores. Se as palavras "com o Espírito Santo e" são deixadas de lado como um acréscimo posterior, então João Batista aponta para o julgamento do próprio Deus. **12.** *recolherá seu trigo*: a colheita fornece imagens da separação no julgamento. *queimará*: veja Is 48,10; 6,24; Jr 7,20; etc.

18 (H) O batismo de Jesus (3,13-17). O batismo de Jesus por João Batista no Jordão é tão importante teologicamente que é tratado por todos os quatro evangelistas, cada um à sua própria maneira. Marcos apresenta um relato sucinto (1,9-11), teologicamente ingênuo e sem constrangimentos. Mas, depois que o escreveu, a história transformou-se rapidamente em um problema para a protoigreja, porque era tido como inadequado que o Jesus sem pecado fosse batizado por seus pecados. Mateus omite, portanto, a referência em Mc 1,4 ao perdão dos pecados e acrescenta os v. 14 e 15. **15.** *deixa estar por* *enquanto*: este versículo expressa uma limitação temporal, implicando uma mudança, após a cruz e a ressurreição, ou após a morte de João Batista. *justiça*: "justiça" e "retidão" são duas traduções da mesma palavra grega *dikaiosynē*. A justiça é o segundo grande tema teológico de Mateus, após o reino de Deus, com o qual está estreitamente relacionado (6,33). Aqui, como em outras partes no evangelho, refere-se à justiça ética ou retidão de vida. *cumprir toda a justiça*: isto é, fazer perfeitamente tudo o que é justo e torna justo, porque se é obediente à vontade de Deus. O cumprimento ou a plenitude são também uma ênfase encontrada em Mateus. (Aqui como em qualquer outra parte, Jesus se identifica com o povo, assim como nas refeições com os pecadores mostra sua solidariedade com eles.) Lc 3,21-22 desloca o batismo para uma oração subordinada, acrescenta sua oração característica e coloca a descida do Espírito Santo no centro; o acontecimento transforma-se num pequeno Pentecostes. Jo 1,29-34 sente o constrangimento do batismo de maneira tão aguda que deixa de mencioná-lo completamente. Em vez disso, João Batista chama Jesus de Cordeiro de Deus. A conclusão óbvia desta história traditiva é que Jesus foi de fato batizado por João Batista no Jordão. A protoigreja preservou o incidente mesmo incomodada por ele. Mas a parte seguinte do texto, os vv. 16 e 17, representa um elemento mais sobrenatural, que a antiga crítica das formas classificava como um mito. Agora parece mais exato, entretanto, vê-la como uma visão interpretativa (*Deutevision*), como nos targuns de Gn 22,10; 28,12 (segundo Lentzen-Deis), que comenta o próprio acontecimento. **16.** *batizado, Jesus*: Mateus menciona o batismo no particípio e relata a abertura dos céus e a mensagem da voz vinda dos céus de uma maneira pública, objetiva, apesar de a descida do Espírito de Deus (fraseologia do AT) ser ainda descrita como uma experiência privada do próprio Jesus ("ele viu"), como em Marcos (cf. Lucas), *pomba*: veja Gn 1,2. O Espírito descendo sobre ele significa que Jesus foi ungido como Messias (At 10,37-38), isto é, que ele recebeu poder, sabedoria e santidade para esse papel. **17.** *uma voz*: é o que os rabinos chamavam de *bat-qôl* (lit., "a filha da voz", isto é, uma pequena voz ou sussurro), um agente da revelação para alguns, contudo, geralmente rejeitado como inválido em questões legais pelos rabinos posteriores (*b. Pesaḥ*. 1114a; *b. Yebatn*. 102a). Cf. Mt 17,5. *Este é meu Filho amado*: as palavras são uma alusão a Is 42,1, mas com alguma referência a Gn 22,2 e Sl 2,7. Significam que Jesus deve ser o Servo Sofredor de Deus e, somente neste sentido humilde, o Messias. O servo é uma figura misteriosa que, embora inocente, sofre por seu povo. É o tema de quatro cânticos em Deuteroisaías (42,1-4; 49,1-7; 50,4-11; 52,13-53,12). O hebraico reza "servo", não "filho". Filologicamente, a mudança tornou-se possível pelo termo grego *pais*, usado às vezes na LXX para traduzir o termo hebraico '*ebed*, "servo", mas que também significa "menino", "filho". De "servo" para filho o passo não é grande. Não obstante, a mudança poderia ter sido feita deliberadamente, em função da percepção da filiação singular de Jesus como sua condição de servo. A objeção de M. D. Hooker de que naquele tempo o servo não era compreendido como uma pessoa em particular não é decisiva porque há uma reinterpretação, fusão e transformação contínua de ideias messiânicas do AT e do judaísmo no NT. Jesus se transforma num ímã de títulos salvíficos. Na tradição cristã posterior, o batismo é considerado a primeira revelação neotestamentária da trindade econômica, posto que o Pai, o Filho e o Espírito aparecem conjuntamente nesta cena (Jerônimo), e o batismo de Jesus se transforma num modelo para o batismo cristão.

(CULLMANN, O., *Baptism in the New Testament* [Naperville, 1950]. HOOKER, M. D., *Jesus and the Servant* [London, 1959], LENTZEN-DEIS, F., *Die Taufe Jesu* [Frankfurt, 1970]. WINK, W., *John the Baptist in the Gospel Tradition* [Cambridge, 1969].)

19 **(I) A tentação de Jesus (4,1-11).** Marcos relata este acontecimento em apenas dois versículos (1,12-13). Conta o fato da tentação, mas não dá detalhes. Isto é importante porque provavelmente reflete de modo exato, a situação dos discípulos a respeito deste acontecimento: sabiam que Jesus fora tentado (a historicidade do acontecimento não admitia dúvidas), mas, uma vez que a tentação é uma experiência essencialmente íntima e pessoal, não sabiam exatamente o que tinha acontecido na consciência de Jesus. A versão de Q em Mateus e em Lucas representa, assim, um *midrásh* narrativo ou uma interpretação do acontecimento de modo a torná-lo pastoralmente útil para os crentes. Isto é feito conectando os 40 dias de jejum com Moisés e Elias no deserto e com a tentação ou prova da paciência de Deus pelo povo no êxodo, que se rebelou contra o alimento divino (o maná) e adorou o bezerro de ouro; e ao identificar Jesus como o Filho de Deus (v. 3), significando Israel, o povo de Deus (veja 2,15), não o Messias. Todas as respostas de Jesus ao tentador são citações de Dt 6-8. As tentações individuais em Mateus não são tão estranhas como parecem à primeira vista; todas se baseiam em várias formas de pecado contra o grande mandamento de amar a Deus "com todo o teu coração, e com toda a tua alma, e com toda a tua força" (Dt 6,5), conforme a ordem foi compreendida pelos primeiros rabinos: "coração" refere-se aos dois impulsos ou pulsões afetivos, o bem e o mal; "alma" significa a vida, inclusive o martírio; "força" significa riqueza, as propriedades e outras posses externas (*m. Ber.* 9,5). Este tema fundamental do amor de Deus une todo o relato. **3.** *Filho de Deus*: assim o tentador chama Jesus, isto é, o representante de Israel. *pedras*: transformar as pedras em pães implicaria o pecado da rebelião contra a vontade divina. **4.** *só de pão*: a resposta de Jesus vem de Dt 8,3. Para compreender seu significado completo, deve-se ler todo o contexto em Dt 6-8. A palavra de Deus é transformada no alimento principal. **5.** Somente a primeira tentação acontece no deserto. *à Cidade Santa*: Jerusalém. **6.** *o Filho de Deus*: Jesus é interpelado outra vez como representante do povo e é convidado a testar o cuidado providencial de Deus arriscando desnecessariamente sua vida, uma zombaria do martírio real e da paixão futura. *anjos*: o diabo cita a Escritura, neste caso Sl 91,11-12 segundo a versão grega. **7.** *Não tentarás ao Senhor*: a resposta de Jesus vem de Dt 6,16 (veja 1Cor 10,9). Deve-se servir ao Senhor com toda a sua vida, mas não de maneira leviana. **8.** *todos os reinos do mundo com o seu esplendor*: Glória é o termo bíblico para designar o esplendor ou a riqueza exterior ou manifesta, a plenitude da existência. Aqui ela representa a tentação de preferir o poder e a riqueza ao amor a Deus compreendido como fidelidade à aliança com ele. **10.** *a ele só prestarás culto*: a resposta de Jesus vem de Dt 6,13, que resume a grande mensagem veterotestamentária do monoteísmo ético. Somente Deus é digno de nossa adoração. A tentação de Jesus tem significado universal: (a) Jesus representa Israel porque ele é o início do novo povo de Deus, fundador de uma nova humanidade; (b) a tentação fundamental é não amar a Deus de todo coração, correndo risco de vida, às custas da riqueza. Jesus é mostrado aqui como o perfeito amante de Deus (Hb 4,15).

(DUPONT, J., *La tentation de Jésus* [Tournai, 1967]. GERHARDSSON, B., *The Testing of God's Son* [Lund, 1966].)

20 **(J) O início do ministério na Galileia (4,12-17). 12.** O deslocamento de Jesus para a Galileia, após João Batista ter sido "entregue" à prisão e à execução, tem sido compreendido como uma assunção corajosa de sua missão e como uma busca de uma segurança maior. **13.** *Nazara*: (cf. Lc 4,16), era central demais se pensarmos em questões de segurança, perto do centro do governo de Séforis. *foi morar*: o verbo *katoikein* implica adquirir uma casa em Cafarnaum (→ Geografia Bíblica, 73:61) na costa noroeste do mar da Galileia. Fugir para Decápole ou para alguma outra jurisdição política seria fácil; poder-se-ia fugir de barco à noite. Mateus usa os antigos nomes das tribos de Israel (Cafarnaum fica em Neftali), mesmo que tivessem deixado de ser usados naquela época, porque desejava defender a ação do

Messias neste lugar inesperado, e não na capital religiosa, que era Jerusalém, ou no deserto. **14.** A sexta fórmula de citação procede de Is 8,23- 9,1 (→ 7 *acima*). **15-16.** A citação se baseia no TM, mas a primeira metade é condensada de modo que somente as referências geográficas são retidas. Estes cinco pontos de referência apontam para o norte da Galileia e para a Transjordânia, que haviam caído nas mãos dos assírios em 734 a.C. (→ História, 75:102-104). Mateus vê cumprida a promessa de sua libertação, feita por Isaías na chegada de Jesus. *caminho do mar*: esta poderia ser a estrada de Damasco para o mar (a provável rota da invasão assíria, 2Rs 15,29), ou, como muitas vezes, a estrada da costa. De qualquer forma, "o mar" referia-se originalmente ao Mediterrâneo, não ao mar da Galileia. *Galileia das nações*: significando originalmente "o círculo dos gentios", isto é, cercada pelos gentios, pelo menos metade da Galileia era constituída, na época de Mateus, por população gentílica, semipagã em questões cultuais (cf. Vênus de Dã) e bilíngue (falavam grego e aramaico). Estes fatos podem ter tido alguma influência sobre Jesus e o protocristianismo, abrindo-o para a missão aos gentios, expressando-se muitas vezes em grego, modelando sua mensagem, originada numa matriz judaica, de tal forma que se tornou prontamente compreensível para os gentios de boa vontade. O ambiente era diferente do judaísmo da Judeia. O evangelho surge num tempo e num lugar específicos. *o povo que jazia nas trevas*: originalmente refere-se aos israelitas oprimidos, mas talvez aqui "o povo" inclua também os gentios. O simbolismo da luz e das trevas não é tão frequente em Mateus como em João, em 1QM, ou nos escritos gnósticos, mas está presente aqui: a pregação do reino por Jesus é a luz da consolação para o povo que está sofrendo (cf. Lc 1,79). **17.** *a partir desse momento, começou Jesus*: esta fórmula introdutória (usada outra vez somente em 16,21) inaugura solenemente o ministério de Jesus. *arrependei-vos*: veja o comentário sobre 3,2. *está próximo o Reino dos Céus*: a proclamação da chegada próxima do reino de Deus é a mensagem central de Jesus e, junto com a ressurreição, a base e o objeto da esperança cristã. Derivada da visão noturna de Daniel (7,13-14), representa o futuro, a salvação definitiva de toda humanidade de modo social, político e espiritual por meio do exercício da soberania de Deus, estabelecendo justiça e paz na terra, assim como no céu (6,33; Rm 14,17). Em Dn 7,13-14, ele é dado a "um como Filho de Homem", e Q e Mateus identificam esta figura misteriosa com Jesus vindo novamente em glória. Assim, para os cristãos, a esperança do reino inclui a fé em Cristo como salvador do fim dos tempos. Uma vez que Cristo já veio (em humildade e sofrimento), temos um antegosto de seu reino (12,28), especialmente em seu ministério de cura e alimentação das multidões, embora ainda não seja a plenitude. Mateus evita mencionar Deus diretamente por reverência. Esta reverência é notada na expressão "reino dos céus", embora ele não seja consistente nessa escolha, pois por quatro vezes escreve "reino de Deus" (12,28; 19,24; 21,31.43), como os outros sinóticos. A circunlocução é infeliz porque faz as pessoas pensarem erroneamente que o reino está somente no céu e não na terra (6,10). O reino também deveria ser o conteúdo da pregação dos discípulos (10,7).

(FITZMYER, J. A., "The Languages of Palestine in the First Century A.D.", *WA* 29-56. FREYNE, S., *Galilee from Alexander the Great to Hadrian, 323 B.C. to 135 A.D.* [Wilmington, 1980]. PERRIN, N., *The Kingdom of God in the Teaching of Jesus* [Philadelphia, 1963]. SCHNACKENBURG, R., *God's Rule and Kingdom* [New York, 1963]. WEISS, J., *Jesus' Proclamation of the Kingdom of God* [Philadelphia, 1971].)

21 (K) O chamado dos discípulos (4,18-22). Mateus segue fielmente Marcos nesta perícope (1,16-20). **18.** *Pedro*: Mateus antecipa o episódio posterior, em que Jesus dá o nome de *Petros* a Simão (16,18), a forma grega para o aramaico *kêpā'*, "rocha" (daí Cefas, cf. Jo 1,42; → Pensamento do NT, 81:138). A pesca na Galileia era bastante próspera e exportava seus produtos a uma distância considerável. **19.** *segui-me*: isto é linguagem técnica de um mestre que se dirige a seus discípulos. Contudo, Jesus vai além do relacionamento comum de discípulo-mestre ao tomar a iniciativa. Reunir discípulos é o ato de Jesus que mais se aproxima da fundação de uma igreja antes da crucificação (cf. 16,17-19). *pescadores de homens*: esta figura pode ser proverbial, derivada da atividade deles, ou literária (Jr 16,16). É uma das duas imagens principais para o ministério no NT; a outra, do pastor, é menos missionária em termos de conotação direta. **20.** *deixando imediatamente as redes, o seguiram*: que Jesus esperava uma obediência rápida e radical de seus seguidores pode ser visto em 8,21.22. Contudo, este relato pode ter sofrido uma compressão extrema; na realidade pode ter havido a possibilidade de um crescimento psicológico na atração, o que tornaria mais compreensível uma decisão tão importante (cf. Jo 1,35-51). Na tradição posterior, as redes foram compreendidas como um símbolo dos enredamentos mundanos. **21.** Com os filhos de Zebedeu, o círculo dos íntimos está completo (cf. 17,1-8). Mateus enfatiza "irmãos" aqui e no v. 18, porque seu interesse está neste aspecto como tema da vida em comunidade. **22.** *o seguiram*: seguir a Jesus, às vezes, significa romper com os laços da família, mas Jesus se opõe à negligência dos pais em idade avançada (15,4-6).

(WUELLNER, W., *The Meaning of "Fishers of Men"* [Philadelphia, 1967].)

22 (II) O Sermão da Montanha (4,23-7,29).

(A) Introdução (4,23-5,2). 23. Este importante versículo apresenta um resumo do ministério de Jesus. Consiste numa oração principal seguida por três participiais que, juntas, formam um terno. O próprio terno tem uma estrutura circular ABA' em que o elemento B, "pregando o evangelho do reino", constitui o núcleo, o centro de importância. Está situado entre "ensinando nas sinagogas" e "curando". A relação dos três elementos é esta: o evangelho do reino é pregado e incipientemente realizado pelos ministérios da palavra e da ação. O versículo 23 forma um parêntese com 9,35. Mateus descreve Jesus como o ministro da palavra nos caps. 5 a 7 e da ação nos caps. 8 e 9. *suas sinagogas*: Em oposição a nossas judaico-cristãs (Tg 2,2). *Evangelho do Reino*: Esta expressão é peculiar de Mateus (três vezes: aqui, 9,35; 24,14). O fato de que a mensagem do reino de Deus precede o Sermão da Montanha, que fala de nossos deveres para com Deus, significa que Deus tem a primazia da iniciativa; colocamos nossa confiança última nele, não em nós mesmos. *curando toda e qualquer doença*: O fato de que Jesus tenha sido um taumaturgo era um constrangimento para os cristãos posteriores; em consequência, isso certamente é histórico. Ele era, entre outras coisas, um profeta galileu itinerante que fazia milagres segundo o modelo de Elias. A repetição do "toda e qualquer" reflete o esforço de Mateus em busca de plenitude. **24.** *por toda Síria*: A província romana da Síria incluía quatro partes (Estrabo, *Geogr.* 16.2.2): Comagene (Samosata), Selêucia (Antioquia), Celessíria (Damasco), Fenícia-Palestina. Em Josefo, a Síria parece incluir a Galileia e a costa de Gaza, mas não a Judeia. Abarca Tiro, Sidônia e a Idumeia (cf. Marcos). O adjetivo "toda" é retórico. *endemoninhados, lunáticos e paralíticos*: Os três tipos de doença são, todos, transtornos nervosos, psicossomáticos, às vezes curáveis por uma personalidade forte. **25.** *Galileia*: Veja o comentário sobre o v. 15. *Decápole*: Este é um termo geográfico impreciso para descrever dez cidades helenísticas no sul da Síria; a lista não é fixa, mas, de acordo com Plínio (*Nat. Hist.* 5.16.74), inclui Damasco, Filadélfia-Amã, Rafana, Citópole, Gadara, Hipo-Susita, Dion, Pela, Gerasa, Canata. *Jerusalém e Judeia*: Estão em penúltimo lugar, embora nas expectativas dos judeus devessem estar em primeiro lugar – uma mudança de ênfase em relação ao judaísmo farisaico. No conjunto, descreve-se uma área ampla de influência (veja S. T. Parker, *JBL* 94 [1975] 437-41; I. Browning, *Jerash and the Decapolis* [London, 1982]). **5,1.** Com base neste versículo pode-se pensar que o sermão se dirigia somente aos discípulos, mas em 7,28 as "multidões" ouviram e reagem.

Então, os discípulos formam a *corona fratrum* (cf. Ne 8,4), e as multidões o segundo anel concêntrico. *a montanha*: Não é revelado seu nome, mas funcionalmente é uma montanha revelatória (como o é frequentemente na Bíblia e em Mateus), um Sinai simbólico. Não há necessidade de criar uma harmonia com Lc 6,17, "lugar plano". *Ao sentar-se*: esta é uma postura dos mestres orientais. O ensino ao ar livre era uma marca do ministério de Jesus. **2. Uma introdução solene.** O sermão é uma construção de Mateus, reunido a partir de material disperso em Q (cf. Lc 6,20-49), Marcos e outras fontes. Não há razão para se duvidar que a maior parte deste material se derive do próprio Jesus, mas cada caso deve ser ponderado em seus próprios méritos, pois é evidente que os ditos sofreram uma revisão. Foi proposto que Mateus, na realidade, não aceita o sermão como um ensinamento ainda aplicável a seus leitores ou condizente com o restante do evangelho, mas esta concepção dificilmente é sustentável à luz das inclusões entre 4,23 e 9,35 e entre 5,1-2 e 28,19-20.

23 O Sermão da Montanha é o primeiro dos cinco principais discursos no evangelho (→ 8 *acima*). É a obra-prima de Mateus e foi, desde tempos antigos, a seção mais frequentemente citada. Seu gênero literário continua sendo objeto de disputa. G. Bornkamm (*NTS* 24 [1977-78] 419-32) afirma que não tem analogia real. H. D. Betz (*Essays*) compara-o com o epítome de um filósofo. G. A. Kennedy (*New Testament Interpretation through Rhetorical Criticism* [Chapel Hill, 1984] 39-72) analisa-o como uma composição de retórica deliberativa que nos persuade a agir no futuro e serve como a proposição ou tese do evangelho como um todo, dando satisfação intelectual e segurança. Do ponto de vista bíblico, poderíamos considerá-lo como sabedoria escatológica, ética e legal, ou como lei enquanto instrução (Torá) com vistas ao reino, que não se impõe coerciva, mas escatologicamente, uma fusão de diversos gêneros do AT. Os temas dominantes do sermão são o reino de Deus e a justiça. Sua estrutura pode ser vista a partir do esboço do evangelho (→ 8 *acima*): um exórdio ou preâmbulo(5,3-16) formado pelas bem-aventuranças e os ditos sobre o sal e a luz (que manifestam o sentido missionário da vida dos discípulos); a nova ética (5,17-7,12): seus princípios legais básicos (5,17-20); suas seis hiperteses (5,21-48); sua reforma das obras de piedade (6,1-18); e suas instruções adicionais (6,19-7,12) – como amar a Deus com todo o coração, amor e força (instruções frouxamente organizadas em torno das necessidades da vida e culminando na regra de ouro); uma conclusão (7,13-27), um ensinamento sobre os dois caminhos, a fórmula da aliança que faz de Mateus uma extensão da teologia deuteronômica da história no NT; e uma parábola conclusiva.

O sermão é razoavelmente sistemático, cobrindo as áreas principais da vida ética e religiosa conforme a compreensão de Israel. Não é puramente arbitrário nem exaustivo, mas uma série de indicadores ilustrados por "exemplos focais". O sermão foi criticado porque estabeleceria um padrão elevado demais, inalcançável ("não se pode governar com o sermão" [Bismarck]); mas, compreendido contra seu pano de fundo judaico, é um padrão possível, embora ainda elevado da sabedoria moral sobre a vida.

24 (B) O exórdio (5,3-16).
(a) *As bem-aventuranças* (5,3-12). Cf. Lc 6,20b-23. Uma comparação das duas versões mostra que Lucas tem quatro (3 + 1) bem-aventuranças, e Mateus, oito (7 + 1). Provavelmente somente as três primeiras de Lucas são autênticas; a quarta vem da protoigreja; as bem-aventuranças adicionais de Mateus são resultado de sua própria expansão a partir dos Salmos. A fonte comum é Q, e, além de Q, o uso de Is 61,1-4 por parte de Jesus. Na forma, uma bem-aventurança é uma exclamação de congratulações que reconhece um estado existente de felicidade, começando com o substantivo hebraico 'ašrê ou o adjetivo grego *makarios*. Aqui o evangelho começa com um grito de alegria, baseado na proximidade do reino de Deus. As bem-aventuranças originais sobre os

"pobres", os "mansos" e "os que têm fome" expressam a missão de Jesus para os necessitados em Israel e o alvorecer de uma nova era da história da salvação. Os três termos se referem às mesmas pessoas. Os pobres, etc. são felizes não porque sejam moralmente melhores do que os outros, mas por causa do cuidado especial de Deus para com eles. Deus era concebido como um rei oriental e o dever do rei era proteger o fraco. A última e longa bem-aventurança sobre os perseguidos reflete a experiência do martírio na protoigreja e é explicitamente cristológica (vv. 11-12). Os acréscimos redatoriais de Mateus podem ser vistos em diversos lugares. Primeiramente ele acrescenta a "justiça" nos vv. 6 e 10, como um divisor formal e como um dos grandes temas de seu evangelho. A "felizes os pobres" acrescenta "no espírito". Os pobres são os necessitados de Israel, os *'ănāwîm* ou *'am hā-'āreṣ*, que preferem o serviço divino à vantagem financeira. Sua pobreza é real e econômica, mas com uma dimensão espiritual. Em Mateus, o acréscimo de "no espírito" muda a ênfase, que passa do âmbito socioeconômico para o da moral pessoal: humildade, afastamento da riqueza, pobreza voluntária. Na Bíblia, a destituição econômica é um mal a ser corrigido (Dt 15,11), e a riqueza não é um mal em si; de fato, é uma necessidade para o bem-estar do reino, mas corre o risco de negligenciar Deus e os pobres. A prioridade de Deus é o cuidado dos pobres. *os mansos*: este termo, derivado do Sl 37,11, significa "tardio em irar-se", "gentil com os outros", e conota uma forma de caridade. *aflitos*: aflitos por verem o mal reinar na terra (originalmente, sobre Israel). *misericordiosos*: isto se refere ao perdão ao próximo (Mt 6,12.14-15; 18,35), ao amor (9,13; 12,7; 23,23): especialmente dos necessitados (Mt 25,31-46) e até mesmo dos inimigos (5,44-47). Toda a vingança é excluída. *puros no coração*: no AT, isto se refere à purificação da impureza ritual e moral (Sl 24,4; 51; Is 1,10-20). Em Mateus a "pureza no coração" está próxima à justiça e inclui a fidelidade à aliança, a lealdade aos mandamentos de Deus, a adoração sincera.

os que promovem a paz: este termo é baseado na ideia de *šālôm* que encontramos no AT, um conceito multifacético que implica o bem-estar total. Os rabinos democratizaram a ideologia monárquica do rei como pacificador e a prescreveram a todos. Em Mateus, promover a paz está relacionado de forma muito estreita ao amor ao próximo e, assim, à bem-aventurança dos misericordiosos. Mateus transforma, assim, um breve manifesto messiânico num programa de vida, numa lista de qualidades ou virtudes desejáveis. Cada bem-aventurança é composta mediante paralelismo sintético. Todas as recompensas encontrarão seu cumprimento no reino de Deus. A voz passiva do verbo em muitas frases que falam de recompensa é uma passiva teológica: Deus confortará, saciará, terá misericórdia, chamará (*ZBG* § 236). Todos os verbos que falam de recompensa estão no futuro, exceto o primeiro e o último; a escatologia futura predomina do início ao fim.

(BROER, I., *Die Seligpreisungen der Bergpredigt* [BBB 61; Bonn, 1986]. DUPONT, J., *Les Béatitudes* [3 vols.; Paris, 1954-73].)

25 (b) *Sal e luz* (5,13-16). Mateus tomou ditos antigos da tradição sobre Jesus (Mc 9,50; 4,21; Lc 8,16; 11,33; 14,34-35), que usavam as metáforas do sal e da luz, e os aplicou aos ouvintes do sermão. Cf. Plínio, *Nat. Hist.* 31.102: "nada é mais útil do que o sal ou o brilho do sol". Mateus enfatiza a interpelação pessoal através do pronome "vós" e "vossa". Ele diz aos discípulos: embora perseguidos, vocês têm uma vocação para o mundo. **13.** *sal insosso*: isto é, inútil. Literalmente falando, o sal não pode perder seu sabor e continuar sendo sal, mas no judaísmo pode tornar-se impuro e ter de ser jogado fora. O sal é tanto um tempero quanto um conservante. Assim é um bom mestre. A descrição do destino do sal usa a imagem do julgamento divino. **14.** *luz*: a imagem da luz é aplicada a Deus, a Israel (Rm 2,19). No NT, é aplicada a Jesus (Mt 4,16; Lc 1,79; 2,32; Fl 2,15; Ef 5,8). *uma cidade situada sobre um monte*: veja Is 2,2-5.

Se isto se refere a uma cidade específica no topo de uma colina da Galileia, uma cidade possível seria Hipos; se não, Jerusalém. Com a confiança da fé, os discípulos não devem fugir de sua missão no mundo. **15.** A imagem pressupõe uma casa de um cômodo na Palestina, uma lamparina comum de argila com óleo e um alqueire. O discípulo vive não somente para si, mas para os outros; cf. 25,26; 2Cor 4,7. **16.** *brilhe do mesmo modo a vossa luz diante dos homens*: Mateus tira sua conclusão dos elementos que recebeu da tradição. O versículo contém um ato de equilíbrio delicado entre a prática de boas obras e não ficar orgulhoso ou não receber crédito pelas mesmas. A vida do discipulado, descrita no restante do sermão, não deve conduzir à arrogância, mas à conversão de muitos a "seu Pai que está nos céus". É característico de Jesus dirigir-se a Deus como Pai; é característico de Mateus acrescentar ao termo "Pai" "meu/seu... nos céus". Veja 5,45.48; 6,1.9.14.26.32; 7,11, etc.

26 (C) A nova ética, seus princípios legais básicos e seis hiperteses (5,17-48).

(a) *A justiça superior* (5,17-20). Estes versículos indicam os princípios legais básicos do sermão. São os versículos mais controversos em Mateus e não há consenso quanto à sua interpretação. O intérprete deve tentar formular claramente o problema e emitir um juízo historicamente honesto, mesmo ao preço da meticulosidade teológica. O problema surge porque o sentido manifesto das palavras é que Jesus reafirma a validade permanente da Torá; mas isto contradiz Paulo (*p.ex.*, Gl 2,15.16; Rm 3,21-31). Além disso, nenhuma igreja cristã importante requer a observância de todos os 613 preceitos da lei do AT, os éticos e os cerimoniais, mas somente dos mandamentos éticos, como o Decálogo e os mandamentos de amar a Deus e o próximo. Assim, há um hiato entre este ensinamento e o ensinamento e a prática das igrejas. A posição adotada aqui é a seguinte: (a) Há contradições no Novo Testamento em relação a assuntos de importância penúltima; isto não é necessariamente uma desvantagem, visto que deveria ampliar a tolerância cristã da variedade dentro da igreja e ajudar o ecumenismo (veja E. Käsemann, "The Canon of the New Testament and the Unity of the Church", *ENTT* 95-107; H. Küng, "The Canon of the New Testament as an Ecumenical Problem", *The Council in Action* [New York, 1964]). (b) Historicamente, Mateus (e Tiago) inclinou-se mais para o lado judaico-cristão da polêmica protocristã, embora Mateus esteja claramente aberto à missão aos gentios (28,19-20). Contudo, ele nunca menciona a circuncisão, o assunto mais divisor entre Paulo e Tiago, embora a possa pressupor como desejável, mesmo não sendo absolutamente necessária. Além disso, Mt 5,21-48 não discute preceitos cerimoniais detalhadamente, mas se concentra na ética. Há duas estratégias exegéticas comuns para evitar o significado evidente: a reinterpretação (a), especialmente através do v. 18d; mas cf. 23,23; (b) negar sua autenticidade. Esta última abordagem contém boa dose de verdade. Com exceção do v. 18, os versículos são, provavelmente, pós-pascais e refletem a perspectiva do cristianismo judaico, que, como movimento separado, acabou sendo derrotado pelo paulinismo e desapareceu (talvez para renascer de uma forma diferente, como islamismo; veja H.-J. Schoeps, *Jewish Christianity* [Philadelphia, 1969]; J. Daniélou, *The Theology of Jewish Christianity* [London, 1964]). Mas a negação da autenticidade dos vv. 17.19.20 não faz com que Jesus tenha a mesma opinião que Paulo.

27 *A lei em Mateus*. Jesus provavelmente não rompeu, em princípio, com a Torá, mas somente com a halacá dos fariseus. Contudo, ele era um espírito livre que enfrentava e resolvia diretamente situações da vida em suas curas e parábolas sem citar textos cuidadosamente. *Mateus* permanece na mesma linha de fidelidade básica à Torá, mas com uma concentração nos valores mais importantes (23,23) e com um interesse jurídico de proporcionar sustentação textual para inovações. *Paulo* prefere uma ética de valores como a fé, a esperança e o amor e o andar no Espírito a uma ética legal, mas ele cita o Decálogo como preceito aplicável aos cristãos (Rm 13,8-10), mesmo que as leis cerimoniais não sejam obrigatórias para os gentios convertidos de acordo com seu evangelho. No que se refere à maioria dos cristãos mais modernos, Paulo ganhou esta luta e eles o seguem. Mas Mateus, exercendo uma influência poderosa na vida da igreja, tem atuado como influência moderadora do paulinismo radical, que pode facilmente se transformar em libertinismo e antinomismo. Paulo e Mateus estimam o Decálogo e o centram no amor.

28 **17.** *não penseis*: Esta expressão introdutória supõe uma visão errônea que necessita ser corrigida. *a Lei ou os Profetas*: Fórmula frequente em Mateus (7,12; 11,13; 22,40), refere-se ao todo da revelação de Deus no AT. *revogá-los ... cumprimento*: Esta contraposição ensina que a atitude básica de Jesus para com a herança judaica era fundamentalmente positiva e de simpatia, embora incluísse a crítica de alguns desdobramentos que ele julgava prejudiciais (veja caps. 15 e 23) e o começo de uma nova era. No pano de fundo, encontra-se um par de expressões rabínicas, *qwm* e *bṭl*. *Qwm* significa "confirmar" ou "estabelecer" a lei colocando-a sobre um fundamento exegético melhor (veja Rm 3,31); *bṭl* significa "anular, abolir, suspender, esquecer ou cancelar" uma lei. Mas a formulação de Mateus substitui "estabelecer" por "cumprir", que vai além de uma discussão puramente legal e chega a uma perspectiva cristológica mais ampla. **18.** *até que passem o céu e a terra*: Este é o versículo fundamental da unidade porque está arraigado em uma palavra de Jesus (Q: Lc 16,17). Ele afirma a permanência da lei enquanto o universo físico durar. Mateus apresenta o dito com uma introdução solene "Amém..." e emoldura sua parte central ("nem um til") com duas orações temporais em paralelismo rigoroso (até ... até), que significam exatamente a mesma coisa, o fim do mundo. Quando os comentadores acham este significado inaceitável, frequentemente interpretam a segunda expressão com *até* como se se referisse à crucificação de Jesus, mas há pouca base para esta proposta; veja 24,34s. O significado do versículo é duplo: (1) A totalidade do AT tem valor religioso para os seguidores de Jesus e deve continuar a ser preservado, rezado, estudado e pregado no movimento que ele iniciou. (2) As prescrições da lei ainda são obrigatórias para os seguidores imediatos (judaico-palestinenses) de Jesus; veja Is 40,8. *um só i, uma só vírgula*: "I" refere-se ao *yôd*, a menor letra do alfabeto hebraico; a "vírgula" corresponde a um pequeno sinal em uma letra hebraica que a diferencia de outra letra formada de maneira semelhante. **19.** *aquele que violar*: Este versículo tem sua origem na polêmica judaico-cristã contra os cristãos helenizantes, particularmente contra Paulo e seus seguidores. Ele ensina que mesmo as menores questões da lei são importantes (veja m. '*Abot* 2,1; 3,18; 4,21; Mt 23,23). Contudo, o versículo tem o cuidado de não excluir os laxistas do reino; são chamados simplesmente "os menores". Isto reflete uma maneira delicada, ecumênica de luta: você destaca o que quer ressaltar, mas não condena seu oponente. *praticar e ensinar*: Esta sequência característica reflete o horror de Mateus pela hipocrisia – ensinar uma coisa e fazer outra. Jesus concederá mais tarde aos líderes da igreja a autoridade para ligar e desligar (16,19; 18,18). **20.** *vossa justiça*: Este versículo quase certamente provém da redação de Mateus e indica o título temático para o restante do capítulo, "uma justiça mais abundante". Um senso de abundância (*perisseuein*) é característico de todo nível do protocristianismo. Para Mateus, a essência do que Jesus trouxe é uma ética superior, uma justiça mais elevada. Sua piedade é uma piedade moral. Seus grandes oponentes são os herdeiros rabínicos dos fariseus de Jâmnia. Observe que ele não diz explicitamente que os fariseus não entrarão no reino. O versículo é uma advertência para os cristãos.

29 (b) *Ira* (5,21-26). A primeira de seis hiperteses. Elas são geralmente chamadas de antíteses, porque os intérpretes ficaram impressionados com a autoridade soberana de Jesus sobre a Torá do AT e com os casos em que seu ensinamento parece contradizer o AT ou opor-se a ele, por exemplo, sobre o divórcio, que o AT permite e que Jesus proíbe (ou restringe). A interpretação atual enfatiza, pelo contrário, que Jesus parece ir além do ensinamento do AT aprofundando-o e radicalizando-o, retornando à vontade original de Deus, mas que ele nunca vai na direção do laxismo; por isso se usa o neologismo hipertese (P. Lapide). Também deve-se observar que a fórmula "foi dito... eu, porém, vos digo" está próxima de uma fórmula exegética comum nas escolas rabínicas: primeiramente uma citação da Bíblia e, então, "podeis pensar que isso significa... mas eu vos digo...". Na verdade, aqui no sermão discurso um texto do AT é seguido por uma interpretação falsa, que então Jesus corrige; veja sobre 5,43. Entretanto, as hiperteses, embora sejam exegéticas na forma, são, em termos de conteúdo, revelação para Mateus. **21.** *ouvistes*: Isto pressupõe um público que aprendeu a lei judaica. *que foi dito*: O verbo é um passivo teológico: Deus disse (veja *ZBG* § 236). *aos antigos*: Este termo se refere à geração do Sinai que ouviu pela primeira vez a lei da boca de Moisés. *não matarás*: Ex 20,13; Dt 5,17. A lei bíblica vem em duas formas: apodítica e casuística. A apodítica tem a forma imperativa negativa do Decálogo; a casuística toma as formas "se qualquer pessoa, ou "toda pessoa que" ou "no caso de". Aqui temos uma ordem apodítica seguida pela casuística: "aquele que matar terá de responder no tribunal". Esta é uma interpretação tradicional do mandamento. **22.** *Eu, porém, vos digo:* Jesus considera a interpretação tradicional inadequada, embora não falsa. Ele transfere a base do ato de matar para o prelúdio emocional do assassinato, a raiva. Efetua, assim, uma interiorização que vai à raiz da ação moral. Uma vez que o assassinato é uma tentação relativamente rara, mas a raiva é uma experiência comum, podemos ver uma tendência de trazer a lei do Decálogo, que se aplica ao líder do clã, ao nível do cotidiano do israelita comum, uma tendência à democratização da Torá. (Os fariseus também se encaminharam nesta direção, mas com a diferença que preferiram a complexidade à simplicidade). Atualmente surge um problema porque a psicologia moderna ensina que a raiva neuroticamente reprimida é a fonte de muitas doenças mentais. Portanto, devemos ter cuidado para não pensar que Jesus esteja defendendo a repressão neurótica. Nós deveríamos reconhecer nossas emoções, mas não expressá-las através da fúria, ou matando alguém, ou praticando alguma outra forma de violência. *cretino*: *Raka* pode ser a tradução para o grego do termo aramaico *rêqâ'*, "de cabeça oca" (*EWNT* 3. 497). Pode haver uma intensificação das penalidades, do pequeno sinédrio ao grande sinédrio à *Gehenna* (Vale de Hinom, situado fora de Jerusalém, que, por causa da escória industrial, dos altos-fornos e da queima de corpos de vítimas das pragas se tornou um símbolo do fogo do inferno). Estes três casos são todos expressos na forma casuística. O mesmo se aplica ao caso seguinte. **23-24.** Este caso pressupõe o Templo ainda em pé e deve ter se originado antes de 70 d.C. Ele também pressupõe que Jesus aprova o Templo e o sistema sacrificial. Após a crucificação alguns cristãos devem ter considerado o sistema do Templo (ou a administração) como falido espiritualmente, como o fez a comunidade de Qumran, embora outros devam ter continuado a prestar culto lá. *deixa... depois*: Esta prioridade da ética sobre o culto reflete o ensinamento profético do AT: não pode haver adoração verdadeira a Deus sem justiça, uma doutrina chamada monoteísmo ético, frequentemente considerada o centro do AT. Uma vez que a justiça perfeita nos escapa antes que o reino venha, devemos adorar de maneira imperfeita, confiando na misericórdia de Deus. *reconciliar-te*: No NT, a reconciliação é principalmente um tema paulino. Cf. Mc 11,25. **25-26.** O conselho destes dois versículos é reconciliar-se fora do tribunal, que certamente ainda é um bom conselho hoje. *atitude conciliadora*: Este versículo emprega um conceito tipicamente grego, *eunoia*, "boa intenção", "boa-vontade", "afeição". Há uma intensificação nas penas: o juiz, o guarda, a prisão.

30 (c) *Adultério* (5,27-30). **27.** Após uma fórmula introdutória mais breve, citam-se Ex 20,14; Dt 5,18. Por analogia com o v. 21, poderíamos introduzir, após a citação, a interpretação inadequada: "Quem cometer adultério será levado a julgamento". Jesus corrigirá e aprofundará agora esta perspectiva. **28.** *todo aquele que olha para uma mulher com desejo libidinoso*: Jesus passa do nível da ação para o nível da intenção libidinosa. Uma vez que este versículo atribulou muitas consciências, às vezes de forma patológica, é importante tentar compreender seu sentido do modo mais exato possível. Uma vez que o adultério é um assunto grave, que atenta contra a justiça, bem como a castidade, os atos que levam a ele também podem ser gravemente errados do ponto de vista moral, por exemplo, a alienação da afeição. As palavras de Jesus aqui devem ser entendidas estritamente em relação ao adultério. Elas não condenam nenhum pensamento sobre questões sexuais, como o que estaria envolvido no estudo de medicina ou na simples veleidade. *já cometeu o adultério com ela em seu coração*: Isso ensina a verdade da experiência de que, quando uma pessoa se decidiu seriamente a cometer um erro, o mal moral já está presente, mesmo que possa ser ampliado posteriormente pela própria ação. **29-30.** *caso o teu olho direito te leve a pecar*: Estes versículos são paralelos a Mc 9,43-47, mas são omitidos por Lucas, provavelmente porque são passíveis de mal-entendido por causa do estilo hiperbólico oriental em que são expressos. Seu sentido é que Jesus chama para um sequenciamento radical de prioridades. A lógica das decisões e escolhas morais de uma pessoa é importante. É melhor sacrificar uma parte da liberdade moral da pessoa do que perder o todo.

31 (d) *Divórcio* (5,31-32). Esta unidade contém só dois versículos; é extremamente breve sobre um assunto tão delicado e importante para o ser humano: o casamento, a família e a separação (veja os tratamentos mais completos em Mt 19,1-12; Mc 10,1-12; Lc 16,18). Os fundamentos da sociedade humana estão implicados, uma questão grave: "O divórcio é para a vida familiar o que a guerra civil é para o Estado" (Aristóteles). A tarefa interpretativa deve ser descobrir as pressuposições, recuperar a problemática original e as intenções profundas do texto. Há uma enorme literatura sobre o assunto, mas as posições principais são representadas por J. Bonsirven, *Le divorce dans le Nouveau Testament* (Paris, 1948); J. Dupont, *Mariage et divorce dans l'Evangile* (Bruges, 1959); mas especialmente C. Marucci, *Parole di Gesù sul divorzio* (Brescia, 1982).

A fórmula introdutória abreviada sugere uma subordinação ou, pelo menos, uma conexão estreita do tema em questão com a seção precedente sobre o adultério. Do ponto de vista da crítica das fontes, temos aqui uma sobreposição de Marcos e Q; esta atestação múltipla antiga é uma forte indicação de material autêntico de Jesus, reforçado por um paralelo em 1Cor 7,10-16. De fato, não há dúvida histórica de que Jesus sustentou uma elevada doutrina sobre o casamento, a saber, sua indissolubilidade, uma posição provavelmente sem paralelo no judaísmo contemporâneo, embora não sem algum precedente profético (Ml 2,13-16). Formalmente, essa unidade representa uma breve decisão haláquica, na forma de um comentário sobre um texto bíblico citado; a versão mais completa 19,1-12 é um diálogo escolástico clássico. **31.** Dt 24,1-4 é citado em forma condensada. O texto completo é um fragmento complicado e estranho de uma lei antiga que concerne diretamente apenas ao caso particular de uma segunda união com uma esposa de quem um homem tenha se divorciado e que tenha, ela mesma, se divorciado desde então. Nem este texto nem qualquer outro no AT hebraico declara explicitamente o divórcio lícito ou o regula juridicamente. Indiretamente, Dt 24,1-4 descreve o divórcio e, portanto, o ratifica implicitamente. (Eclo

25,26 aconselha a separação de uma esposa desobediente). O profeta Malaquias (2,13-16) denuncia o divórcio fácil em termos comovedores e enfatiza a relação pactual do casamento. Em Qumran, CD 4,19-5,11; 13,15-17; 11QTemplo 57,17-19 parecem proibir a poligamia e o incesto, mas não o divórcio em si (ao menos explicitamente). Para compreender Mateus, é importante perceber que, na lei israelita, uma mulher adúltera é, em princípio, punida pela morte (Lv 18,20; 20,10; Dt 22,20-21; Jo 8,1-11). O seguinte texto rabínico é relevante: "A escola de Shammai diz: um homem não pode se divorciar de sua esposa a menos que encontre nela *indecência* em qualquer coisa ... E a escola de Hillel diz: pode se divorciar dela até mesmo se ela arruinar um prato que havia preparado para ele, pois está escrito: 'porque ele encontrou indecência nela em *qualquer coisa*'. O rabino Akiba diz: Até mesmo se ele encontrar outra mais bonita do que ela, pois está escrito: 'E assim será se ela não encontrar favor a seus olhos'" (*m. Giṭ.* 9,10).

32 Resumo sobre a evolução da instituição do casamento em Israel. No início não havia contrato, a poligamia era comum, o divórcio era fácil e informal. Então, com a propagação da escrita, ocorreu uma juridificação. Havia um contrato marital escrito (o *kětubbâ*, veja Tb 7,12-14), e também, às vezes, uma nota escrita de divórcio (*gēṭ*), como uma proteção para que a mulher pudesse provar que estava livre e se casar novamente. Em terceiro lugar, um movimento em direção à monogamia aparece na LXX; sua versão de Gn 2,24 acrescenta "dois" à expressão "e eles se tornam uma só carne". Em quarto lugar, houve uma reação profética contra o divórcio fácil. Jesus, então descarta o divórcio para um homem (a mulher não era considerada). Finalmente, Mc 10,12 também descarta o divórcio para uma mulher, uma aplicação do ensinamento de Jesus em um ambiente gentílico. A tendência é em direção ao refinamento e à estabilização dos costumes e à proteção das necessidades de todas as partes envolvidas, mas teve seu ponto de partida em uma posição de superioridade masculina sem direitos para as mulheres, exceto o que sua família poderia exigir e exigiria. Jesus aponta para o ideal, a vontade paradisíaca de Deus (veja 19,8 e a analogia do reinado em 1Sm 8,7-9), não para uma opinião minimalista. Este contexto histórico nos prepara para a contribuição de Mateus no versículo seguinte (D. Daube, "Concessions to Sinfulness in Jewish Law", *JJS* 10 [1959] 1-13). **32.** *a não ser por motivo de "prostituição"*: Ao contrário dos paralelos (1Cor 7,11; Mc 10,11; Lc 16,18), Mateus tem aqui e em 19,9 esta famosa cláusula de exceção. É comum a suposição de que esta seja seu acréscimo redacional próprio ou de sua tradição. *Porneia*, traduzido aqui como "prostituição", significa conduta sexual ilegítima, que poderia incluir o adultério, mas não é a palavra técnica para designar o mesmo (*moicheia*). Três soluções principais ao difícil problema são propostas para esta cláusula. (1) A chamada solução ortodoxa grega sustenta que a clásula contém uma autêntica exceção à proibição absoluta do divórcio e da segunda união. Neste caso, a posição de Mateus seria a mesma que a dos shammaítas e diferente da de Jesus. Uma dificuldade é que, nesta perspectiva, o texto deveria rezar *moicheia*, não *porneia*. Essa concepção foi defendida recentemente de forma extensa por Marucci, que sustenta que a intenção dessa cláusula foi proteger os cristãos que eram cidadãos romanos da *Lex Iulia de adulteriis coercendis* de Augusto, sob a qual um marido era compelido a acusar uma esposa adúltera sob pena de ser acusado da infração capital de *lenocinium*. Esse argumento permanece muito incerto. (2) A solução "católica" clássica (Dupont) sustenta que a cláusula não contém uma exceção real, uma vez que não se refere ao divórcio, mas à separação sem segundo casamento no caso de uma esposa adúltera (que, na lei israelita, seria apedrejada). Outra vez, o texto não usa a palavra para designar o adultério. (3) Na solução "rabínica", a cláusula também não contém uma exceção real à proibição do divórcio porque o termo-chave *porneia* é compreendido como a tradução do hebraico *zĕnût*, "prostituição", compreendido no sentido de uma união incestuosa devido a um casamento dentro dos graus proibidos de parentesco (Lv 18,6-18). Tal união não seria um casamento verdadeiro de fato e não exigiria um divórcio, mas um decreto de nulidade ou uma anulação. *Porneia*, usado em At 15,23-29, fica próximo disso; como *zĕnût* nos documentos de Qumran (*p.ex.*, CD 4,20-21). Esta solução se ajusta melhor ao texto; ela representa a *finesse* legal de Mateus e sua lealdade a Jesus (veja Bonsirven, *Le divorce*; H. Baltensweiler, *Die Ehe im NT* [Zürich, 1967] 87-102; J. A. Fitzmyer, *TAG* 79-111).

Uma vez que a questão do divórcio é frequentemente dolorosa, é útil recordar que a intenção profunda de Jesus não era causar dor, mas estabelecer um ideal alto e claro de relações humanas, uma visão do casamento como uma aliança de amor pessoal entre esposos que refletia o relacionamento pactual entre Deus e seu povo. Infelizmente, nem sempre essa visão se ajusta aos caprichos do coração humano (Jr 17,9).

33 (e) *Juramentos* (5,33-37). **33.** *também*: Este é um indício de que uma nova seção está começando, que chegamos à metade do caminho. Após a fórmula introdutória completa, há uma citação composta do AT: Lv 19,12 (em vez de ou como resumo de Ex 20,7); Nm 30,3. Parece haver uma tensão lógica entre a primeira parte, "não perjurarás", e a segunda, "mas cumprirás" (que implica que você jura, de fato). É possível que a segunda parte seja compreendida como uma exegese corrupta comum da primeira parte, que Jesus corrige a seguir no v. 34a com sua radicalidade escatológica. **34.** *não jureis em hipótese alguma*: Formulada como uma ordem negativa. Os exemplos que seguem nos vv. 34b.35.36 (citando Is 66,1 e Sl 48,2) são fórmulas de juramento, que contêm subterfúgios para o nome divino, que o devoto tentava usar para evitar pronunciar o nome. Mas, ao empregar subterfúgios, introduzia-se um elemento de insinceridade com a intenção de garantir a verdade. Jesus sugere (v. 36) que não há

nada na criação que não seja de Deus e não seja dependente dele, refletindo sua glória como criador. **37.** *"sim"*, *sim*, *"não"*, *não*: Este é o versículo crucial na unidade porque dá uma ordem positiva acerca do caráter da fala (*logos*), para contrabalançar a ordem negativa no v. 34, seguida por uma razão sucinta. Os únicos paralelos do NT a esta unidade são Mt 23,16-22 e Tg 5,12 (que podem refletir a tradição original de Jesus de maneira mais próxima do que as formas desenvolvidas de Mateus); cf. 2Cor 1,17-19 (que confessa que Jesus é o "sim" permanente de Deus para nós). O problema de que todos eles tratam é o da linguagem (cf. os tratados da Mishná *Šebu'ot*, *Nedarim* e *Nazir*, que lidam todos com votos e juramentos; Diog. Laertius 8.22; 2 Henoc 49,1; Pseudofocílides 1.16). Jesus está se opondo aqui à hipocrisia, ao sofisma e à trivialização acadêmica da vida e os substitui pelo ideal da simplicidade e clareza da fala. Esse ideal não necessita se opor à poesia ou à metáfora (veja suas parábolas) ou fórmulas de juramento, desde que sejam sinceras. (De acordo com *b. Sahn.* 36ª, sim e não tornam-se juramentos quando forem repetidos, como Jesus o faz aqui.). Jesus segue aqui a linha do Decálogo. O Decálogo não diz nada sobre jurar, juramentos ou votos, mas diz que "não pronunciarás em falso o nome de Iahweh teu Deus" e "não apresentarás um testemunho mentiroso contra o teu próximo", isto é, deve-se falar a verdade em assuntos importantes. Jesus combina os dois mandamentos dizendo que não se deve jurar pelo nome de Deus nem por qualquer substituto seu, e deve-se falar a verdade simplesmente. A tradição filosófica grega, desde o oráculo de Delfos e dos pitagóricos até os estoicos do tempo de Jesus, caminhava na mesma direção (*TDNT* 5. 176-85, 457-67).

34 (f) *Retaliação* (5,38-42). Esta e a próxima hipertese, sobre o amor aos inimigos, estão estreitamente relacionadas do ponto de vista temático, e sua relação uma à outra e à tradição mais antiga será tratada após o v. 48. Esta unidade expande o dito de Q (veja Lc 6,29-30). **38.** *olho por olho*: Esta é a citação de uma norma legal (talião) que regulamenta a vingança e a retaliação por danos (Ex 21,22-25; Lv 24,20; Dt 19,21). A mesma regra se encontra no Código de Hamurábi, na Lei Romana das XII Tábuas VIII e em Ésquilo, *Coeph*. 309-10. Embora a regra soe como bárbara hoje, sua intenção original era humanitária, limitar a vingança (somente *um* olho por um olho, não dois ou três) a uma reciprocidade exata. Quando apareceu, constituiu-se em um verdadeiro progresso moral. Na época de Jesus, os rabinos já a achavam muito severa e começaram o processo de comutar a pena por multas, mas o princípio da restituição correspondente permaneceu dominante no pensamento legal. (A etimologia de *talião* é o termo latino *talis*, "tal, parelho".) **39.** *não resistais ao homem mau*: Jesus ensina a não-resistência ao mal no sentido de evitar a violência ou danos físicos. Isso deixa aberta a possibilidade de resistência psicológica ou moral, "guerra da comunicação", exemplificada por Mahatma Gandhi ou por Martin Luther King. O paralelo em Rm 12,19-21, baseado em Pv 25,21-22, é importante para mostrar que o ensinamento de Jesus é uma estratégia para vencer, não para a resignação passiva ou indiferença ante o mal. O objetivo é envergonhar o oponente para que mude seu coração. Isto pressupõe as disposições necessárias no oponente, que nem sempre estão presentes. Em tais casos difíceis, o recurso a outros princípios bíblicos pode ser necessário (veja o comentário ao v. 48). *oferece-lhe também a esquerda*: Bater na face direita com as costas da mão é considerado particularmente desonroso em *m. B. Qam*. 8,6; cf. Jo 18,22-23; Is 50,6; Lm 3,30. **40.** *deixa-lhe também o manto*: Deve-se evitar uma disputa; veja o v. 25. Há um paralelo notável em uma declaração judicial escrita em hebraico nos sécs. VII e VI a.C., em um óstraco encontrado em Mesad Hashavyahu em 1960 (veja D. Pardee, *Maarav* 1 [1978] 33-66). **41.** *te obriga a andar uma milha*: A palavra grega *angareuein*, "obrigar", é um empréstimo persa, refletindo o serviço de mensageiros imperiais, usando cavalos para levar o correio, mas não pagando pelo cavalo. **42.** *dá*: O tema de dar aos pedintes e aos tomadores de empréstimo vai além do escopo da não-resistência ao mal para defender a bondade, a longanimidade, a generosidade e uma atitude de abertura para com as pessoas.

35 (g) *Amor aos inimigos* (5,43-48). **43.** *amarás o teu próximo*: A unidade começa com uma citação incompleta de Lv 19,18, deixando de lado o importante "como a ti mesmo". Isto é seguido pelas palavras não-bíblicas "odiarás teu inimigo", uma concepção negativa que confina nosso amor a uma estrutura etnocêntrica estreita. É lamentável que algumas traduções incluam estas palavras entre as mesmas aspas que a citação bíblica. Jesus está atacando uma interpretação falsa do AT. Essa concepção não se encontra *verbatim* no AT, mas pode estar em 1QS 1,9-10: "E eles (os santos) podem amar todos os filhos da luz cada um de acordo com sua herança (*gôrãl*) no Conselho de Deus; e eles podem odiar todos os filhos das trevas, cada um de acordo com sua culpa na vingança de Deus". Ela também é sugerida no AT (*p.ex.*, Dt 7,2). **44.** *amai os vossos inimigos e orai pelos que vos perseguem*: Isto não é idealismo impossível, mas uma estratégia sábia para superar o perseguidor. A postura heroica do mártir dá ao perseguidor uma má imagem, e é difícil para os governos controlá-la. Os primeiros mártires cristãos criaram uma má consciência na Antiguidade tardia. O cristianismo não é agressão introvertida, mas a agressão transformada numa estratégia para vencer através da sabedoria do amor. **45.** *filhos do vosso pai*: O ser filho por adoção também é um tema de Paulo (Rm 8). Há uma disposição quiástica dos termos "mau, bom, justo, injusto". **46.** Cf. Lc 14,12-14. *recompensa*: Jesus distingue implicitamente aqui entre as recompensas humanas terrenas e as recompensas de Deus. Se você amar aqueles que o amam, sua recompensa é um acréscimo no amor deles. Se você amar aqueles que odeiam você, sua recompensa é um acréscimo no amor de Deus. Algumas teologias consideram toda menção da motivação ética em termos de recompensa como subcristã, mas isso é estranho aos evangelhos. Porém, não se deve pensar que Deus possa ser forçado por reivindicações estritas de justiça em vez de súplicas humildes. A recompensa é descrita de maneiras variadas como o reino ou a visão de Deus (5,3.8). *publicanos*: Estão aqui como um símbolo da moralidade baixa, porque eles frequentemente extorquiam e colaboravam com a ocupação romana. Jesus é amistoso com eles, mas nunca aprova seus pecados (cf. Lc 19,1-10). **47.** *se saudais*: No Oriente Próximo, um cumprimento é uma oração de bênção sobre a pessoa que está sendo cumprimentada (*m. 'Abot* 4,15). *gentios*: Este termo é uma sugestão de que o texto foi dirigido primordialmente a judeu-cristãos. **48.** *deveis ser perfeitos*: Esse versículo compreende uma fusão complexa de dois textos do AT e da redação de Mateus. Dt 18,13 reza *tāmîm*, "sem culpa", em vez de "perfeito"; Lv 19,2 tem *qĕdōšîm*, "santo", mas Lucas (6,36) reza "misericordioso". *Teleios*, "perfeito", é uma palavra rara nos evangelhos (encontra-se somente aqui e em 19,21), embora seja usada por Paulo e por Tiago. Ela é comum no pensamento grego, onde pode significar conformidade ao ideal divino. Em LQ, o homem perfeito é aquele que observa toda a lei. A versão de Lucas enfatiza a fidelidade pactual e o amor constante. Estas diferentes ênfases poderiam estar todas presentes em Mateus, tornando o texto rico e sugestivo. Aqui também forma uma *inclusio* com 5,20.

36 Conclusão geral sobre a vingança e o amor aos inimigos. Podemos reconstruir uma evolução com cinco estágios no pensamento bíblico sobre este tópico: (1) vingança ilimitada (Gn 4,15, 24); (2) a lei do talião ou a vingança limitada (Dt 19,16-21); (3) a regra de prata, "não faça aos outros o que não gostaria que fizessem a você" (Tb 4,15; Hillel, *b. Šabb.* 31a); (4) a regra de ouro (Mt 7,12, mais positiva do que a prata, praticar o bem, tomar a iniciativa para criar uma atmosfera de boa vontade); (5) amar os inimigos, um convite ao heroísmo moral e à santidade. Este último é o nível mais elevado. Falta-lhe sobriedade ética, como sugeriram seus críticos? Pode ser completamente eficaz (Gandhi). Não precisa ser mais carente de sobriedade do que o é uma greve geral. A pergunta que permanece é: essa é a única regra de conduta legítima para os cristãos em situações conflituosas? Os estágios anteriores do ensinamento bíblico são simplesmente cancelados? Não. Os estágios anteriores representam um recurso permanente para os crentes, quando for apropriado. O nível de ética bíblica a ser empregado depende do nível moral do oponente. Dada esta gama das opções, pode-se governar com o Sermão da Montanha, apesar do ceticismo de Bismarck, desde que se incluam também os estágios morais anteriores que ele pressupõe. O sermão não é o todo da revelação bíblica, mas representa um ápice da sabedoria moral cuja validade prova a si mesma na vida diária quando sabiamente aplicada.

37 (D) A reforma das obras de piedade (6,1-18).

(a) *Esmolas* (6,1-4). Os versículos 1-18 tratam de três obras de piedade – dar esmolas, orar e jejuar. Elas dizem respeito a nosso relacionamento com Deus e constituem uma reforma das atitudes convencionais. É uma lista judaica, embora não haja nada sobre o Templo, e ela pode estar baseada em Dt 6,5. Após o versículo introdutório, seguem-se três unidades de estrutura muito similar, 2-4,5-6,16-18, que não têm paralelos entre os sinóticos. Este padrão é quebrado pela inserção de material mais antigo nos vv. 7-15, incluindo o Pai-Nosso. Formalmente assemelha-se a um catecismo. **1.** *guardai-vos de praticar a vossa justiça diante dos homens*: *Dikaiosynē*, "retidão" "justiça", representa uma palavra temática no evangelho e conduz de maneira inteligente ao tema das esmolas, uma vez que seu equivalente no aramaico é *ṣĕdāqâ*, que veio a significar "dar esmolas". *recompensa*: Veja o comentário sobre 5,46. cf. *m. 'Abot* 1,13; Sêneca, *Ep.* 19.4.32: "Quem quer tornar públicas sua virtude não labora pela virtude, mas pela glória." O texto está interessado que nosso relacionamento com

Deus seja vivo e pessoal. **2.** *deres esmolas*: Era uma ação que estava bem organizada no judaísmo antigo (ver Moore, *Judaism* 2. 162-79) e recebia um valor alto; em *m. 'Abot* 1,2, é uma das três colunas do mundo; cf. *m. 'Abot* 2,7; *m. Pe'a* 1,1. *hipócritas*: Esta é uma ênfase especialmente mateana no conjunto dos evangelhos, que se converte em um núcleo temático aqui em 6,1-18 e no cap. 23, onde está associada com os escribas e os fariseus. Originalmente, o termo grego *hypokritēs* era um termo do teatro, significando "ator"; ele é usado em Mt 23 para designar os falsos intérpretes das Escrituras, os mestres religiosos que falham em sua responsabilidade.

38 (b) *Oração* (6,5-15). Nos vv. 5-8, o ensinamento positivo é que a oração deve ser uma sincera comunhão pessoal com Deus e que deveria ser breve, pois é para nosso benefício, não para o de Deus, uma vez que ele já sabe o que necessitamos. A oração é o alimento da fé. Este ensinamento não deprecia a adoração pública como tal, uma vez que Jesus participava nos cultos da sinagoga (Mc 1,21) e se baseia nela no Pai-Nosso, embora ele também orasse sozinho.

39 **9-13.** Estes versículos dão um exemplo de uma oração curta, semelhante às 18 Bênçãos e ao *Qaddish* da liturgia da sinagoga, à qual se acrescentam o vocativo a Deus como Pai (característico de Jesus) e a nota sobre o perdão (veja Eclo 28,2). Mateus provavelmente acrescenta à forma mais antiga que se encontra em Lc 11,2-4 as palavras "nosso... que estás no céu", uma vez que fica incomodado pela familiaridade íntima de *Abba*. Ele explica que o reino significa a vontade de Deus na terra, e termina a última petição com um pedido positivo por salvação. **9.** *Pai nosso que estás no céu*: Veja o comentário sobre 5,16. Este vocativo substitui o Iahweh do AT como a maneira característica de dirigir-se a Deus do NT, sugerindo confiança infantil, intimidade e facilidade de acesso; veja Rm 5,2; Ef 2,18; 3,12; Hb 10,17-20. **10.** *venha o teu reino*: Este pedido está em paralelismo rigoroso com "seja feita tua vontade".

A vontade de Deus é paz e justiça (Rm 14,17). A oração pressupõe que o reino não está ainda aqui em sua plenitude e representa, assim, uma escatologia futura. *na terra, como no céu*: A oração espera uma realização terrena da vontade de Deus neste mundo. Pressupõe uma certa analogia entre o céu e a terra, que se encontra na filosofia grega (o mito da caverna de Platão) e no antigo Oriente Próximo (ideias babilônicas do templo e zigurate; Ex 25,9.40). Como o reino é trazido pelo Filho do Homem, há uma cristologia implícita. *reino*: Veja comentário sobre 4,17. **11.** *pão*: Pode referir-se às necessidades diárias, ao banquete messiânico ou, como na interpretação protocristã, à eucaristia como um antegosto do banquete messiânico. *de cada dia*: *Epiousion* é uma palavra grega rara cujos significado e etimologia exatos continuam em discussão. As quatro possíveis traduções principais são: "de amanhã", "de cada dia", "necessário" ou "futuro". Esses quatro termos podem ser combinados: "o pão é, então, o pão terreno, o pão dos pobres e necessitados, e, ao mesmo tempo, por causa da hora escatológica na qual se o pede e come, é o pão futuro para hoje, o pão dos eleitos e dos abençoados" (Lohmeyer). **12.** *perdoa-nos as nossas dívidas*: veja Mc 11,25. As dívidas são um eufemismo aramaico para os pecados. *Como também nós perdoamos*: Esta oração pressupõe reciprocidade e afirma que há alguma conexão entre nosso tratamento do próximo e o tratamento de Deus para conosco, mas não uma proporcionalidade exata. Deus é mais misericordioso e generoso do que nós; cf. 18,21-35; 20,1-16. Temos uma responsabilidade de imitar a Deus, seguindo sua iniciativa no perdão. O perdão é uma necessidade social para que a sociedade não seja paralisada por um acúmulo de queixas de uns contra os outros. Tradicionalmente, ele é alcançado por meio do sacrifício, mas a sexta das 18 Bênçãos é uma oração por perdão. **13.** *não nos submeta*: Isto significa, provavelmente, "não nos deixes sucumbir à tentação do fim dos tempos" ou "não nos deixes cair quando formos tentados". *Maligno*: Quase certamente refere-se ao Maligno, ao diabo, ao mal personificado. O Pai-Nosso é a base para todos os tratados patrísticos sobre a oração. Assim, a oração não é algo difícil, visto que todos podem pronunciar esta oração. Tertuliano diz que ela é o resumo de todo o evangelho.

(JEREMIAS, J., *The Prayers of Jesus* [London, 1967]. LOHMEYER, E., *Our Father* [New York, 1966]. PETUCHOWSKI, J. e M. BROCKE, *The Lord's Prayer and Jewish Liturgy* [New York, 1979].)

40 (c) *Jejum* (6,16-18). O jejum é uma prática religiosa comum e pode ser público ou privado. O sermão pressupõe sua legitimidade. Em Mc 2,18-20 (= Mt 9,14-15), os discípulos são aconselhados a não jejuar enquanto Jesus estivesse vivo, mas sua legitimidade subsequente é reafirmada. Os judeus não têm uma época de jejum como a quaresma, mas têm alguns dias de jejum comunitário, especialmente o *Yom Kippur*, o dia da expiação; e o nono dia de Abib. Segundo *Did* 8,1, os judeus jejuavam em segredo às segundas e quintas-feiras, ao passo que os cristãos escolheram as quartas e sextas-feiras (esta última em memória do sofrimento de Jesus). O jejum era compreendido como a humilhação da pessoa diante de Deus (Is 58,3-9), como uma oração de fortalecimento (Tb 12,8; 2Cr 20,3), como relacionado ao dar esmolas ("O mérito de um jejum é proporcional à caridade dispensada", *b. Ber* 6b), como uma expressão de pesar (Mt 9,14-15). **16.** *eles desfiguram seu rosto*: Há um jogo de palavras no grego entre *aphanizousin*, "desfigurar", e *phanōsin*, "percebido". **17.** *lava teu rosto*: Este versículo é construído quiasticamente e parece contradizer *m. Yoma* 8,1, que diz que não se deve lavar o rosto nem ungir a cabeça no dia da expiação. **18.** *para que os homens não percebam*: Os detalhes não são importantes desde que o essencial seja sustentado, a saber, que o jejum se dirige verdadeiramente a Deus, não aos seres humanos. Ele requer fé (veja Moore, *Judaism* 2. 55-69, 257-66; *TDNT* 4. 924-35).

41 **(E) Instruções adicionais (6,19-7,12).** Esta parte do sermão contém instruções adicionais sobre como amar a Deus de todo o coração (v. 21), sobre os dois *yĕṣārîm* (v. 24), sobre a alma (*i.e.*, vida, v. 25) e sobre a força (riqueza, nos vv. 19-34); cf. Dt 6,5. Também é compreendida como uma lista de ações de amor e bondade (*m. 'Abot* 1,2), ou como um comentário à segunda parte da oração do Pai-Nosso: pão (6,19-34), perdão (7,1-12), tentação (7,13-20), libertação do mal (7,21-27) (Grundmann, Bornkamm, Lambrecht). As primeiras duas unidades menores, os vv. 19-21 e os vv. 22-23, contêm um ensinamento sapiencial sobre os verdadeiros valores, expressos por meio de duas imagens.

42 (a) *Tesouro no céu* (6,19-21). Um dito de Q consideravelmente retrabalhado a partir da forma preservada em Lc 12,33-34. Formalmente a unidade consiste de uma ordem negativa e uma positiva, seguidas por um provérbio que justifica as ordens. O todo é organizado quiasticamente em Mateus. **19.** *tesouros*: Um interesse de Mateus; cf. 13,44. Nos vv. 19-20, a contraposição é entre tesouros corruptíveis e incorruptíveis. Este ensinamento não deveria ser espiritualizado excessivamente de uma maneira platônica e exclusivamente extramundana. É melhor compreender o texto como se referindo aos tesouros que são experimentados nesta vida, mas continuam sendo valiosos na eternidade. Cf. *m. Pe'a* 1,1: "Estas são coisas cujo fruto apreciamos neste mundo, enquanto um lugar nos é preparado no mundo que está por vir: honrar o pai e a mãe, fazer as ações de bondade e de amor e promover a paz entre um homem e seu próximo; e o estudo da lei conduz todos a tudo isso". Cf. Eclo 20,30 e 41,14.

43 (b) *O olho é a lâmpada do corpo* (6,22-23). Derivada de Q, esta forma é mais breve e talvez mais original que Lc 11,34-36. Há uma estrutura quadripartida: uma definição, seguida por duas sentenças condicionais num paralelismo antitético, e então uma oração condicional final que termina com uma ominosa pergunta aberta. Para o pano de fundo do AT, veja Pv 22,3; Eclo 13,25s.;

14,8.10; também *T. Benj.* 4; *m. 'Abot* 2,8-9 diz: "O rabino Yohanan ben Zakkai disse a seus cinco discípulos: 'Vão e vejam o melhor caminho que o homem deve seguir'. O rabino Eliezer disse: 'Um olho bom'. O rabino Eleazar disse: 'Um coração bom'." Eleazar é quem vence. Mateus e o provérbio de *'Abot*, embora usem terminologia diferente, concordam no ponto principal: o fundamento da existência pessoal deve ser íntegro. Se a orientação básica de sua vida, sua opção fundamental, é íntegra, os resultados em sua totalidade serão positivos. Este ensinamento pode ser abusado, mas, ao ser usado de uma maneira correta, pode poupar o crente de escrúpulos falsos ou desnecessários. *se o teu olho estiver são*: O termo grego para "são" poderia também ser traduzido como "único", "íntegro", "indiviso", "perfeito" (ver 5,48). O termo aponta para a unicidade de propósito, pureza de coração (5, 8), lealdade indivisa. Mas frequentemente temos uma alma ambígua (Tg 1,7-8). Devemos receber esta integridade e harmonia da alma como um dom. (Para o pano de fundo helenístico, veja H. D. Betz, *Essays on the Sermon on the Mount* [Philadelphia, 1985] 71-87).

44 (c) *Deus e mamon* (6,24). Este é um outro dito de Q (veja Lc 16,13). Ensina novamente a impossibilidade de servir a Deus com um coração dividido ou, positivamente, a necessidade de tomar a decisão fundamental de amar a Deus sobre todas as coisas e todas as outras coisas somente na medida em que se ajustam a este amor fundamental. O "senhor" rival pode ser qualquer coisa ou qualquer pessoa, mas no final do versículo é dado um exemplo, "mamon", uma palavra semítica para designar dinheiro ou riqueza. Este versículo oferece um comentário sobre Dt 6,5; cf. Mt 19,22.23; *m. Giṭ.* 4,5.

45 (d) *Cuidado e ansiedade* (6,25-34). Esta seção consiste de material que procede de Q, com exceção do v. 34 e alguns toques redacionais. Este ensinamento pressupõe uma situação de prosperidade na Galileia e seria insensível em lugares ou situações de indigência. Talvez reflita o interesse de um jovem em descobrir os limites da existência humana, as reais necessidades e os verdadeiros valores da vida. Comenta sobre necessidades humanas básicas, como comer, beber, vestir-se (menos o abrigo, que não era tão urgente no Oriente Próximo) na medida em que podem se transformar em ídolos ou fetiches. (Calvino definiu um ídolo como qualquer coisa que se interponha entre nós e Deus; neste sentido, a mente humana é uma fábrica de ídolos). Um termo-chave perpassa todo o texto, *merimnaō*, "ser ansioso". De acordo com N. Baumert (*Ehelosigkeit und Ehe im Herrn* [FB 47; Würzburg, 1984] 479-504), este termo não significa "ser ansioso", mas "considerar", "pensar sobre", aqui no sentido de "estar preocupado com" ou "absorvido por". Os versículos 25 e 34 formam uma *inclusio*. H. D. Betz acredita que toda a passagem é uma apologia da providência divina em face de uma crise de fé na providência. A passagem é uma combinação de teologia sapiencial e escatologia. A ordem natural é boa, mas esta perspectiva não se baseia em Gn 1 e sim na experiência diária. A natureza não é romantizada; há perigos, como a chuva, a inundação, a tempestade. Mas a paternidade de Deus faz o mundo resistir e dá a possibilidade da conversão da tolice humana e do pecado. A fé na providência está arraigada em um relacionamento especial com Deus, de filhos (e filhas) do Pai celestial. O comportamento ético consiste em aprender a maneira com que Deus ama e preserva sua criação. **28.** *não trabalham nem fiam*: Talvez aqui os dois verbos reflitam o trabalho do campo para os homens e o trabalho doméstico para as mulheres. Embora não seja óbvio que tal distinção fosse observada no Oriente Próximo, o texto trata ambos os tipos de trabalho de maneira igual. **33.** *em primeiro lugar, seu Reino e sua justiça*: Este verso é o clímax do capítulo. O objetivo final de todas as nossas ações deve ser o valor supremo, o reino de Deus, que aqui é definido como justiça (cf. Rm 14,17 e Mt 6,10). A função literária do versículo é ligar os vv. 19-34 ao restante do sermão, uma função semelhante à de 5,20 e

6,1. "Em Mateus, buscar o reino e buscar a justiça não são duas buscas distintas; ele quer dizer que não há busca autêntica do reino exceto numa busca cujo objetivo imediato seja a justiça" (Dupont, *Béatitudes* 3. 297). A justiça visada não é só uma justiça em Deus, mas uma justiça que nós mesmos devemos produzir na terra.

46 (e) *Não julgar* (7,1-6). **1.** Cf. Lc 6,37-40; Mateus abrevia e transforma a parataxe semítica original "não julgueis e ..." na lógica grega mais clara e melhor de "não julgueis para não serdes julgados". Este versículo nos livra da necessidade de ser a consciência ou o censor do outro, mas não nos livra de toda e qualquer necessidade do juízo. Inclusive uma proposição simples como "Esta vaca é marrom" é um juízo, e na vida adulta não podemos escapar da obrigação de formar alguns juízos mesmo sobre o caráter moral de outras pessoas. Pais, noivos, empregadores, juízes civis, administradores da igreja, etc. têm todos esse dever. O ensinamento de Jesus adverte contra a usurpação do julgamento definitivo de Deus, que é o único que vê o coração. Em contraposição ao seu, nosso julgar precisa ser sempre aproximativo, parcial e inadequado (veja 1Sm 16,7; Jr 17,10). Mas sempre que possível, deveríamos tentar cuidar de nossos próprios interesses e não nos intrometer na vida alheia. **2.** *sereis julgados... sereis medidos*: As formas verbais são passivas teológicas: Deus é o agente (veja *ZBG* § 236). Cf. *m. Soṭa* 1,7-9. A fórmula da medida pode remontar a papiros comerciais escritos em egípcio demótico e a textos gregos do primeiro milênio a.C. (B. Couroyer, *RB* 77 [1970] 366-70). **3-5.** Estes versículos contêm uma advertência contra os juízes hipócritas, que, contudo, pressupõe o julgamento de outras pessoas como necessário. Cf. Jo 8,1-11. **6.** O sentido deste versículo é incerto. *sagrado*: No AT, este termo refere-se à carne sacrificial (Ex 29,33); aqui significa a mensagem do reino de Deus; posteriormente será aplicado à eucaristia (*Did* 9,5; 10,6). *pérolas*: Neste contexto, as pérolas poderiam significar a mensagem do reino ou o próprio sermão. *jogar pérolas*: O termo hebraico para "jogar", "atirar" é *yārâ*. De um homônimo (*yārâ* III) se deriva o termo *tôrâ*, "instrução" (possivelmente, a partir do pastor que joga uma pedra para indicar a direção a um viajante); assim, um jogo de palavras com os ensinamentos da Torá pode estar implicado. *cães... porcos*: Animais impuros no AT; figuras de homens sem instrução na literatura rabínica (cf. Sl 22,17.21); também se aplica aos gentios (*'Abot R. Nat.* 34,2; Mt 15,26) e heréticos (2Pd 2,20-22). Aqui talvez simbolize os ouvintes que não reagem positivamente.

47 (f) *Pedir, buscar e bater* (7,7-12). **7.** *Buscai*: neste contexto, todos os verbos se referem à oração; como em 6,33, deve-se sobretudo buscar o Reino de Deus e a justiça também na oração. Em hebraico, "buscar" seria *dāraš*; daí o termo do *midrásh*, "estudo" ou investigação das Escrituras. Talvez cientes deste uso mais intelectual, os protocristãos gnósticos tiraram esta expressão, "buscai e achareis", de seu contexto e usaram-na para justificar suas especulações teológicas. No princípio, os Padres da Igreja resistiram a esta aplicação do texto, mas na época de Agostinho foi usada também pelos ortodoxos para fundamentar sua reflexão teológica. Questionar é a piedade do pensamento. **7-11.** A resposta de Deus à oração. **11.** *vós que sois maus*: Esta expressão sugere uma adoção não reflexiva da doutrina do pecado original ou da pecaminosidade dos adultos. *boas dádivas*: Lucas apresenta, em vez disso, "o Espírito Santo", que poderia ser uma espiritualização de uma expectativa material original. **12.** A regra de ouro (→ 36 *acima*). Do ponto de vista literário, este é o fim do sermão, um resumo de seu conteúdo, antes da conclusão com as maldições e bênçãos da aliança. Está relacionado com outros versículos estruturantes, 5,17.20; 6,1.33, mas também com 22,34-40, onde retorna a fórmula "esta é a lei e os profetas". A regra tem uma longa pré-história. Algo parecido é sugerido em Dt 15,13; Tb 4,15; *Ep. Arist.* 207; Eclo 31,15; Ob 15. Mais tarde em *b. Šabb.* 31a Hillel dá ao prosélito inquiridor a regra na forma negativa de "prata" e diz então:

"O restante é comentário, agora vá e estude". A regra tem também uma pré-história helenística, surgindo na ética popular do séc. V a.C. promovida pelos sofistas (veja Aristóteles, *Ret.* 2.6.19 [1384b]). Esta ética se baseia na retribuição e na moral como um equilíbrio das obrigações. Ela precisa ser controlada por uma noção do bem. Um masoquista desvirtuaria esta regra (veja *IDBSup* 369-70).

48 (F) Conclusão do sermão (7,13-27).
(a) *A porta estreita* (7,13-14). Estes versículos expressam a teologia pactual dos dois caminhos, um que conduz à vida, o outro à morte (Dt 28; 30,15; *Did.* 1,1; *Barn.* 18,1; 1QS 3,18-25); veja K. Baltzer, *The Covenant Formulary* (Philadelphia, 1971 [tradução para o português *O formulário da Aliança*, Loyola]); e, sobre Mateus, Frankemölle, *Jahwebund* (→ 1 *acima*).

49 (b) *Dar frutos* (7,15-20). Cf. Lc 6,43-44; esta e a unidade seguinte (vv. 21-23) têm um relacionamento complexo com a fonte Q, pois foram consideravelmente reelaboradas pelo redator, que introduz o novo tema da falsa profecia. *pelos seus frutos os reconhecereis*: Este parêntese nos vv. 16.20 identifica o tema desta unidade. Os "frutos" são a fé vivida ou a conduta ética, o teste de uma pessoa boa. **15.** *falsos profetas*: A profecia é uma atividade relacionada ao Espírito ou uma atividade carismática. Alguns pensam que Mateus era anticarismático e minimizou o papel do Espírito em seu evangelho. Outros salientam que ele acrescentou a menção da profecia e dos profetas, que não estava em sua fonte; isso mostra que ele estava interessado no tema e leva à conclusão de que havia profetas em sua comunidade. Mateus provavelmente estava mais preocupado em regular a profecia e em coibir abusos mantendo a profecia dentro de limites morais do que em suprimi-la completamente. Há, sem dúvida, um tom sóbrio e moral em Mateus e uma concentração da atenção no ensino de Jesus. Mas Mateus era também um mestre e estava por demais interessado na criatividade (veja comentário sobre 13,52) para opor-se completamente à profecia ou à obra do Espírito. Ele permanece sendo o pastor capaz, interessado, não um inquisidor.

50 (c) *Um episódio no juízo final* (7,21-23). Deus é o juiz, Jesus o advogado (em contraposição a Mt 25,31-46). O versículo 22 é influenciado por Jr 14,14 e 27,15 (34,15 da LXX). **23.** *apartai-vos de mim, vós que praticais a iniqüidade*: Isto é derivado do Sl 6,9. A única fonte sinótica é Q (ver Lc 6,46). Os paralelos incluem Mt 10,32-33; 25,1-13.31-46; Lc 13,23-30; Mc 8,38; Ap 3,5; *2 Clem.* 3-4; Justino, *Apol* 1.16.9-11; *Dial.* 76.5.

O aspecto dominante do v. 13 ao v. 23 é que ninguém sairá vitorioso no último juízo com base somente nas palavras corretas ou ações espetaculares de poder espiritual. Somente uma vida de amor e de justiça terá valor. Este aspecto reflete a característica ligação mateana da ética com a escatologia e sua concepção da igreja como um corpo misto de santos e pecadores até a separação final feita por Deus (em contraposição a uma doutrina da igreja como comunhão invisível dos santos). A concepção de Mateus contesta a complacência cristã e a arrogante garantia da salvação. Esta concepção pode parecer oposta à de Paulo, mas Paulo também se esforçou para impedir seus seguidores de extrair conclusões imorais ou amorais de seu evangelho e alertou os cristãos que eles também seriam julgados (*p.ex.*, 1Cor 3,13-15). Ainda assim pode haver ênfases pastorais diferentes, uma para os excessivamente escrupulosos e outra para os lassos.

51 (d) *Casas construídas sobre a rocha e sobre a areia* (7,24-29). Cf. Lc 6,47-49. Esta parábola, que Mateus transforma em uma parábola sobre o homem sábio e o insensato, conclui o sermão, retornando ao tema dos dois caminhos da teologia da aliança (veja o comentário sobre 7,13-14). É habitual na *Mishnáh* terminar um tratado jurídico com breve relato ou uma parábola. O contraste, aqui, desenvolvido em um rigoroso paralelismo antitético, é entre o "ouvir" e "fazer" e "ouvir" e "não fazer", enquanto nos vv. 21-23, o contraste estava entre "dizer" e "fazer" ou "não fazer". **24.** *essas minhas palavras*: Esta expressão aponta de volta ao sermão em si como um tipo de Torá. Para Mateus, seguir a palavra de Jesus é sabedoria de vida. (Esta ênfase sapiencial está ausente em Lucas). **25.** *caiu a chuva*: A situação natural reflete o tipo de inundações comuns na terra santa durante a estação chuvosa do inverno. **28-29.** O efeito do sermão. **28a.** *aconteceu que ao terminar Jesus essas palavras*: Esta é uma fórmula de Mateus (repetida em 11,1; 13,53; 19,1; 26,1), que ocorre no fim de cada um dos cinco grandes blocos de material catequético que ajudam estruturar este evangelho. **28b-29.** Mateus retorna aqui à sua fonte Marcos (1,21.22). Acrescenta o adjetivo possessivo "seus" a "escribas" porque em sua igreja havia escribas (13,52; 23,34), um ofício consagrado em Israel desde a época de Esdras, bem como profetas, sábios, apóstolos e justos (pessoas que tinham sofrido pela fé, 10,41). *autoridade*: Na Antiguidade, a autoridade derivava da fidelidade à tradição. Tanto Jesus quanto os escribas judaicos ensinavam com uma certa autoridade (*rěšût*) baseada na tradição. Mas os escribas não se apresentavam nesta época como figuras reveladoras com acesso direto à vontade do pai (7,21). Para as multidões, os primeiros cristãos e Mateus, Jesus era uma figura assim, que possuía um acesso mais imediato ao pai e à realidade vivida e a uma gama mais ampla da tradição bíblica do que os escribas primordialmente haláquicos. É desta combinação singular que vinha a autoridade de Jesus.

(BETZ, H. D., *Essays* [→ 43 *acima*]. DAVIES, W. D., *The Setting of the Sermon on the Mount* [→ 1 *acima*]. LAMBRECHT, J., *The Sermon on the Mount* [Wilmington, 1985]. LAPIDE, P., *The Sermon on the Mount* [Maryknoll, 1986].)

52   (III) Autoridade e convite (8,1-9,38). Tendo acabado de apresentar Jesus como o Messias da palavra, Mateus apresenta-o agora como o Messias da ação (Mt 11,2). Mateus torna a retomar aqui a estrutura narrativa de Marcos (1,40-2,22), que expande com milagres extraídos de outras fontes. Há nove perícopes sobre milagres, mas dez milagres individuais (a ressurreição da menina morta é inserida no relato da mulher com hemorragia). A série de dez milagres é frequentemente tida como correspondente à série das dez pragas que Moisés e Aarão causaram ao Egito como precondição da libertação da escravidão (Ex 7,8-11,10). Mateus rompe a monotonia da série com a incorporação de perícopes-tampão (8,18-22; 9,9-17). Difere de Marcos na forma em que trata os milagres. Encurta-os, tira detalhes novelísticos e, sendo um tipo cerebral, remove emoções fortes. Positivamente, ele molda os relatos em conversas paradigmáticas que enfatizam quatro temas: a cristologia (ou a autoridade de Jesus), a fé, o discipulado e a soteriologia.

Desde o iluminismo, os milagres têm sido um elemento controverso no relato evangélico. Thomas Jefferson editou uma versão dos evangelhos que eliminou os milagres e manteve o ensinamento. Historicamente falando, não pode haver dúvida de que Jesus curou e fez maravilhas que assombraram as pessoas que os presenciaram, mesmo não estando claro o que aconteceu exatamente em cada caso. Nesse tocante, ele seguiu o padrão dos profetas itinerantes da Galileia que faziam milagres, Elias e Eliseu. Nossas fontes mais antigas, cristãs e talmúdicas, concordam na transmissão deste aspecto da atividade de Jesus. Filósofos como Hume distinguem entre os milagres de cura (críveis, mas não estritamente miraculosos) e os milagres relacionados à natureza (acalmar a tempestade, andar sobre a água, multiplicar os pães e os peixes e ressuscitar os mortos). Estes últimos são considerados inacreditáveis a menos que sejam minimizados racionalisticamente. Esta distinção não é bíblica. A Bíblia está preocupada em que os milagres não se tornem um substituto para a fé (Jo 2,23-25; 6,25-29) e o amor (1Cor 13,2). A fé no milagre é considerada um ponto de partida inadequado, mas frequentemente necessário, a ser transcendido o mais rapidamente possível. Em seu ministério como salvador que cura, podemos dizer que Jesus usou seus milagres como dispositivo para chamar a atenção, bem como para expressar o amor, a compaixão e o poder de Deus para salvar seu povo. As ações de alimentar a multidão, especialmente em Mateus, implicam números tão grandes que adquirem importância social e se tornam um antegosto do reino (veja o comentário sobre 14,13-21; 15,32-39). Assim como nos tempos bíblicos, hoje alguns estão interessados em curas carismáticas e santuários miraculosos como Lurdes, e outros não. Para todos, os relatos de milagres são úteis para mostrar que a realidade não é estaticamente fixa e irreformável, mas aberta ao poder transformador de Deus e da fé; Jesus, nestes relatos, também cruza as fronteiras da realidade social para permitir o acesso à salvação mesmo aos excluídos.

(GERHARDSSON, B., *The Mighty Acts of Jesus according to Matthew* [Lund, 1979]. HEIL, J. P., "Significant Aspects of the Healing Miracles in Matthew", *CBQ* 41 [1979] 274-87. HELD, H. J., "Matthew as Interpreter of the Miracle Stories", in G. BORNKAMM *et al.*, *Tradition and Interpretation in Matthew* [Philadelphia, 1963] 165-299. KINGSBURY, J. D., "Observations on the 'Miracle Chapters' of Matthew 8-9", *CBQ* 40 [1978] 559-73. THEISSEN, G., *The Miracle Stories of the Early Christian Tradition* [Philadelphia, 1983]. THOMPSON, W. G., "Reflections on the Composition of Mt 8:1-9:34", *CBQ* 33 [1971] 365-88.)

53 (A) A cura de um leproso (8,1-4). Veja Mc 1,40-45. **1.** *seguiam-no multidões numerosas*: Isto sugere que pessoas, de alguma forma, se tornaram discípulas de Jesus. **2.** *um leproso*: A lepra poderia aqui significar a hanseníase ou outras doenças de pele (veja *IDB* 3. 111-13; cf. Lv 13). *Senhor*: Mateus intensifica a força religiosa do texto ao mostrar o leproso chamando Jesus de Senhor e adorando-o. **3.** *tocando-o*: O amor de Jesus alcançou mesmo os que não poderiam ser amados e não temeu o contato com eles. **4.** *mostrar-te ao sacerdote*: Veja Lv 13,49; 14,2-32. Esta ordem apresenta Jesus observando a Torá (5,18) e respeitando os sacerdotes do Templo, que mais tarde conspiram para prendê-lo. *Para que lhes sirva de prova*: Esta expressão é ambígua; poderia referir-se aos sacerdotes ou ao povo.

54 (B) A cura do servo de um centurião (8,5-13). Este episódio representa uma contraparte notável à cura precedente de um israelita de acordo com as normas da Torá. É uma antecipação da missão aos gentios (28,19s.). O relato não se encontra em Marcos, mas está em Lc 7,1-10 e, de uma forma bastante diferente, em Jo 4,46-54. Mateus amplia o relato básico com os vv. 11 e 12 (cf. Lc 13,28-29). Assim, temos provavelmente uma composição de Mateus a partir de tradições antigas que se encontram em Q e em fontes orais. **5.** *um centurião*: Um comandante de cem homens; aqui um gentio, provavelmente a serviço de Herodes Antipas nesta cidade militar. **6.** *criado*: O termo grego *pais* poderia significar "menino" e, assim, "filho" (Jo 4,46). **8.** *basta que digas uma palavra*: As palavras do centurião mostram sua cortesia, humildade e sensibilidade à relutância dos judeus observantes quanto a entrar na casa de um gentio, a fim de que não contraíssem impureza ritual (*m. Ohol.* 18,7; Jo 18,28; At 10,1-11,18). Estas palavras foram tidas como tão notáveis que foram incorporadas à liturgia eucarística do rito latino como uma confissão da falta de dignidade para receber o Senhor. **9.** *debaixo de ordens*: O tema da autoridade é caracteristicamente de interesse dos oficiais romanos. **10.** *tal fé*: O escândalo que atribulava a comunidade de Mateus era a falta de fé (em Jesus como o Messias) que a maioria dos israelitas mostrou. Este escândalo se transforma num tema dominante na última parte do Evangelho. **11.** A fraseologia vem de Sl 107,3; Is 49,12; 59,19; Ml 1,11. **12.** *filhos do Reino*: Aqui os judeus, mas, em outras partes de Mateus, os cristãos (13,42.50; 22,13; 24,51; 25,30). Mateus adverte contra a complacência religiosa de todos os tipos. **13.** *naquela mesma hora*: A cura ocorre à distância, como no exemplo de um outro crente gentílico (15,21-28).

55 (C) A cura da sogra de Pedro (8,14-15). Veja Mc 1,29-31. Mateus reformula o relato simples para ressaltar a autoridade de Jesus como Senhor. **14.** *viu*: Não há necessidade de dizer a Jesus que a mulher estava enferma. Ele percebe imediatamente. **15.** *tocou-lhe*: Seu toque curativo basta para que a febre a deixe. Nenhum esforço indigno é necessário de sua parte. Ela é restaurada à saúde e à dignidade para o serviço ativo a Cristo ("ele", não o "eles" de Marcos).

56 (D) O doente curado ao entardecer (8,16-17). Veja Mc 1,32-34. Mateus pode aqui ter organizado este resumo para paralelizar a citação do AT com a qual ele o arremata. Assim, a expulsão de demônios corresponde às fraquezas, e a cura de enfermos às enfermidades. A citação, introduzida por uma fórmula de cumprimento (→ 7 *acima*), procede diretamente do texto hebraico de Is 53,4, isto é, do quarto cântico do Servo Sofredor, crucial à compreensão da morte de Jesus neste Evangelho. A LXX espiritualiza a enfermidade e as dores interpretando-as como aflições e pesares. O cântico fala do servo tomando sobre si as enfermidades, enquanto o Evangelho sugere aqui que Jesus as tirou. O sentido da citação é mostrar que o ministério de cura de Jesus é endossado pela profecia. Mateus observa que as expulsões ocorrem pela palavra de Jesus, mas não entra em detalhes da cura.

57 (E) Seguir a Jesus (8,18-22). Veja o paralelo de Q em Lc 9,57-62. Há um paralelo no AT em 1Rs 19,19-21, onde Elias chama Eliseu para ser profeta; alude-se a isto de forma proverbial em Lc 9,62. O exemplo de Eliseu parece menos radical do que o do discípulo porque Elias lhe permite que se despeça, mas também é bastante radical, uma vez que Eliseu sacrifica suas juntas de bois, isto é, seu meio secular de subsistência. **19.** *escriba*: Mateus acrescenta os termos profissionais "escriba" e "mestre" à sua fonte. *eu te seguirei*: Isto significa "serei teu discípulo". Os escribas eram líderes instruídos de comunidades e partidos religiosos. O próprio Mateus provavelmente era um deles. Veja comentário sobre 6,28b-29 acima.

A terminologia do mestre (*môreh, mĕlammēd, rab, rabbônî, rabbî*) e do "discípulo" (*talmîd*), rara na AT, adquiriu uma importância maior entre os judeus religiosos quando tentaram desenvolver suas próprias escolas para competir com as academias helenísticas que gozavam de grande prestígio cultural (2Mc 4,9.10). Os termos refletem um fundo acadêmico, escolástico; mas, uma vez que o objeto do estudo era como viver uma vida agradável a Deus, os termos têm uma conotação mais ampla, mais existencial. **20.** *as raposas têm tocas*: Jesus responde com um dito figurativo que ensina que, uma vez que ele vive um estilo de vida arriscado, instável e itinerante, os discípulos não podem esperar nada melhor. *O Filho do Homem*: A primeira ocorrência desta expressão tão peculiar em Mateus. Exceto possivelmente por Mc 2,10 e par., ela somente se encontra na boca de Jesus nos evangelhos, um fato que reflete provavelmente uma tradição autêntica de que Jesus designava a si mesmo desta maneira (→ Jesus, 78,38-41). **21.** *permite-me ir primeiro*: Este e o versículo seguinte contêm um ensinamento profundo sobre o caráter radical, escatológico e carismático do discipulado de Jesus, que excede em muito as exigências do discipulado de um mestre farisaico. O termo-chave neste trecho é "primeiramente". Para o cristão, ser discípulo de Jesus deve ser a prioridade número um. **22.** *deixe que os mortos enterrem seus mortos*: A resposta áspera de Jesus deve ter parecido chocante para um público acostumado ao ensinamento de *m. Ber* 3,1: "Aquele cujo morto permanece não enterrado não necessita recitar o *šĕma'*, dizer o *Tepillah* e usar filactérios" (*l.v.*, "todos os deveres estabelecidos pela lei"). A plena e complexa compreensão mateana do discipulado só se revela gradualmente ao longo do Evangelho (Veja M. Hengel, *The Charismatic Leader and His Followers* [New York, 1981]).

58 (F) A tempestade acalmada (8,23-27). Veja Mc 4,35-41 para a interpretação do relato de milagre. Pode haver alguma influência do Sl 107,23-32; 104,5-9, mas isso é incerto. Mateus reelabora o relato de modo que possa ser usado para a instrução sobre a vida da igreja após a ressurreição. (Mateus foi chamado de o grande evangelho da igreja por causa de seu interesse neste tema.) Ao longo do relato, Jesus é o personagem central e é tratado com respeito, diferentemente do relato de Marcos; só o breve momento tão humano de sono é conservado. Mateus coloca o diálogo com os discípulos antes do milagre e revela, desse modo, suas prioridades didáticas. **24.** *uma grande agitação*: Em Mateus, ela se transforma realmente num "terremoto" (*seismos* em vez do *lailaps* marcano; veja também 24,7; 27,54; 28,2, onde os terremotos são frequentemente usados para sugerir os horrores dos últimos dias. **25.** *Senhor, salva-nos, estamos perecendo*: Esta se transformou na oração da igreja ameaçada de todos os tempos, frequentemente descrita, na arte, como uma embarcação frágil, açoitada pela tempestade. **26.** *homens fracos na fé*: Mateus muda o "nenhuma fé" de Marcos para "pouca fé" (um termo preferencialmente mateano, 6,30; 14,31; 16,8; cf. Lc 12,28). Pouca fé pressupõe alguma fé e, assim, a conversão, mas sugere uma fé muito fraca ou paralisada para agir. É o problema de uma segunda ou terceira geração de cristãos (cf. 24,12). **27.** *os homens*: Isto pode se referir aos membros da igreja posterior (veja G. Bornkamm, *Tradition and Interpretation* 52-57).

59 (G) A cura dos endemoninhados gadarenos (8,28-34). Para ter a versão completa deste relato de exorcismo, é indispensável um estudo de Mc 5,1-20. Esta perícope é o que mais se aproxima de uma narrativa cômica nos evangelhos. Para os israelitas, os porcos não eram somente impuros, mas também engraçados; para os gentios, o horror dos judeus aos suínos era ensejo para riso e provocação (cf. 2Mc 6,18; 7,1; Josefo, *Ant.* 12.5.4 § 253; 13.8.2 § 243; Juvenal, *Sat.* 6.159). Mateus abrevia drasticamente, mas os principais pontos de Marcos permanecem: Jesus tem poder de expelir demônios; é o Filho de Deus (v. 29); os demônios entram numa manada de porcos; a manada precipita-se no mar e afoga-se. Uma vez que o relato ocorre claramente em territó-

rio gentílico (Mc 5,20, Decápolis), pode haver, sob a superfície, algum comentário sobre a impureza e a consequente falta de disposição dos gentios em receber Jesus, mas isso não é óbvio. **28.** *gadarenos*: Em vez de "Gerasa" de Marcos, 48 km distante do mar, Mateus aponta Gadara, 9,6 km distante do mar. Ele também aumenta o número dos endemoniados para dois. **29.** *antes do tempo*: Esta glosa de Mateus reflete a ideia intertestamentária de que os demônios estavam livres para atribular a humanidade até o fim dos tempos (*1 Henoc* 15-16; *Jub* 10,8-9; *T. Levi* 18,12). **30.** *a certa distância*: Esta expressão indica os quilômetros entre a cidade e o mar. **34.** O término prosaico em que as pessoas da cidade imploram para Jesus sair não significa necessariamente uma rejeição definitiva de Jesus, mas confusão e medo diante dos incidentes assombrosos – sem falar do ressentimento pela destruição de uma manada de animais valiosos para eles, mas que os judeus desprezavam e pelos quais zombavam deles por possuí-los. Pois, neste relato, os demônios fizeram uma dupla confissão: de forma direta, que Jesus é o Filho de Deus e, indiretamente, que os porcos são tão impuros quanto eles mesmos (Lc 15,20; Mt 7,6; 2Pd 2,22).

60 (H) A cura de um paralítico (9,1-8). Veja Mc 2,1-12. Marcos conta uma história com dois assuntos bem definidos, um milagre de cura (vv. 1-5a, 11-12) e um ato de perdão (vv. 5b-10), talvez refletindo sua "técnica de sanduíche" ou o crescimento da tradição oral. Mateus uniu firmemente as duas partes e eliminou o detalhe da descida do paralítico pelo telhado, oferecendo no último versículo um vigoroso ensinamento teológico. Observe que nesta e nas duas histórias seguintes (9,1-17) há três grupos de oponentes: escribas (v. 3), fariseus (v. 11) e discípulos de João Batista (v. 14). Isto reflete o cuidado de Mateus em proporcionar uma descrição ampla e sistemática da situação. **3.** *Blasfema*: Os escribas reconhecem corretamente que o perdão dos pecados, que implicam uma ofensa contra Deus, pertence à ação divina. Quem controla os meios do perdão numa sociedade controla essa sociedade (H. Arendt); por isso, há muito em jogo. É a acusação de blasfêmia que, em Mateus, acabará levando Jesus à crucificação (26,65). **4.** *que é mais fácil*: Esta é uma pergunta confusa. É mais fácil dizer "Teus pecados estão perdoados", uma vez que não há controle visível; ou é mais difícil *fazer* isso, uma vez que somente Deus pode fazê-lo. É óbvio que é mais difícil dizer "Levanta-te e anda", porque tais palavras podem ser verificadas pelo resultado ou falta de resultado (a menos que você seja Jesus). **8.** *que deu tal poder aos homens*: Esta é mudança crucial de Mateus em relação a Marcos. Ele passa o foco de atenção do assombro com o milagre para o tema teológico de que Jesus, como Filho do Homem (v. 6), tem autoridade para perdoar pecados (já em Marcos) e depois estende essa autoridade aos membros da igreja. Essa é uma pista do interesse de Mateus na igreja (16,18; 18,17). Reflete seu interesse de mostrar que a autoridade de Cristo está disponível em e por meio da igreja, um problema da segunda ou terceira gerações, que pressupõe a fé em Cristo.

61 (I) O chamado de Mateus, o publicano (9,9-13). Veja Mc 2,13-17 e Lc 5,27-32. A história é contada em duas partes: o chamado de Mateus é relatado muito abruptamente no v. 9, e, na sequência, um jantar com pecadores, nos vv. 10-13. Junto com os vv. 14-17, esta unidade constitui a segunda ruptura na série dos dez milagres. Formalmente, o v. 14 é uma narrativa de chamado (cf. 4,18-22), e os vv. 10-13 são um apotegma, no qual a ênfase recai nos três ditos finais. Esta é a única descrição mateana em que Jesus compartilha realmente uma refeição com pecadores (mas cf. 8,11.12; 21,31.32; Lc 19,1-10). Esta parece ter sido uma prática genuína do Jesus histórico e nos ajuda a perceber um aspecto importante da originalidade e especificidade de seu ministério. Neste trecho, ele rompe claramente com o modelo farisaico de sábio, não para destruir o judaísmo, mas para salvar seus membros cada vez mais marginalizados (10,6; 15,24). Seu objetivo é o mesmo do farisaísmo (antigo), mas sua estratégia é diferente (sobre as refeições de Jesus, veja E. Schillebeeckx, *Jesus* [New York, 1979] 200-18). **9.** *Mateus*: Por que ele é chamado assim, quando os outros sinóticos o chamam de Levi? Talvez, na época em que este evangelho foi escrito, Levi já não fosse importante, mas Mateus, como apóstolo, tenha permanecido constitutivo. Em 10,3, ele é chamado de publicano. Assim, esta perícope é colocada no círculo de personagens principais da narrativa. Não é impossível que um apóstolo letrado (um coletor de impostos necessitava saber escrever) esteja na base da tradição dos evangelhos, talvez como coletor dos ditos de Jesus. Contudo, ele não é o autor da forma final de Mateus em grego. Para uma descrição desse autor, 13,52 é a passagem melhor. *Levantando-se, o seguiu*: A obediência imediata ao chamado é psicologicamente implausível. Tal resposta pressupõe normalmente algum conhecimento prévio de Jesus e de sua missão e alguma reflexão sobre o possível lugar que a pessoa teria nesta missão. Essa concisão extrema é explicada pelas exigências da transmissão oral e da produção de livros na Antiguidade, mas pode ser superada pela imaginação do leitor. **10.** *publicanos e pecadores*: O texto pressupõe que essas pessoas são socialmente excluídas. Por quê? Os publicanos colaboravam com as autoridades do Império Romano; assim, eram considerados desleais e suspeitos de traição. Uma vez que eles lucravam mediante a extorsão de mais do que era legalmente devido, eram também vistos como exploradores. *pecadores*: Um termo técnico para designar membros de profissões desprezadas, consideradas suscetíveis de impureza ritual e outras máculas (uma lista [*m. Qidd.* 4,14] traz o montador de burro, de camelo, o marinheiro, o fundidor, o vaqueiro, o lojista, o médico (= praticante de sangria?), o carniceiro; outras acrescentam o curtidor, o assistente de banho e o publicano). Para detalhes, veja J. Jeremias, *Jerusalem* (Philadelphia, 1969 [em português: *Jerusalém nos tempos de Jesus*, Academia Cristã/Paulus, Santo André, São Paulo, 2010) 303-12; J. R. Donahue, *CBQ* 33 (1971) 39-61. **12.** *não são* *os que têm saúde que precisam de médico*: Jesus responde com um provérbio do bom senso que se encontra em Stobaeus, em Plutarco e em Diógenes Laércio. Os pensadores gregos consideravam o filósofo um médico da alma. O médico precisa se expor ao perigo de doenças contagiosas (aqui, impurezas legais) para curá-las. **13.** Mateus acrescenta, neste trecho e em 12,7, uma citação de Os 6,6. Este texto havia se tornado importante para rabinos como Yohanan ben Zakkai (após 70 d.C.) para ajudar a compensar a perda dos sacrifícios realizados no templo, como meio de conseguir o perdão dos pecados. O estudo da Torá e as obras de amor e bondade eram considerados substitutos (*'Abot R. Nat.* 4). *não vim chamar justos*: Seja uma expansão doutrinária ou um dito autêntico de Jesus, esta frase descreve acuradamente a orientação social do ministério de Jesus.

62 (J) A discussão sobre o jejum (9,14-17). A novidade de Jesus. Uma seção composta, contendo um diálogo de controvérsia (vv. 14-15, clímax em 15a) e duas pequenas parábolas (vv. 16.17); a ligação unificadora é a diferença que a presença de Jesus faz. A unidade é paralela a Mc 2,18-22. **14.** *jejuam*: Veja o comentário sobre 6,16-18. *teus discípulos*: observe-se a cortesia dos inquiridores, que não perguntam sobre a prática do próprio Jesus. **15.** *luto*: Mateus compreende o jejum como sinal de luto e tristeza, modificando o verbo "jejuar", apresentado em Marcos, para "luto". *amigos do noivo*: Uma expressão semítica. Jesus compara os discípulos a convidados de um casamento, isto é, aos participantes de um acontecimento alegre. Em interpretações rabínicas de Cantares, o noivo normalmente é entendido como o próprio Deus. *dias virão*: Esta é uma fórmula de caráter profético que sugere uma perspectiva histórico-salvífica. Há o tempo de Jesus e depois de Jesus, mas ainda não é o fim. Neste meio-tempo, haverá tribulações e, assim, ocasiões para o jejum. **16.** Mateus não usa a palavra "novo" nesta parábola, ao contrário de Marcos. Mas duas palavras têm duplo sentido: o "remendo" é *plērōma* (lit.,

"plenitude"); o "rasgo" é *schisma*, "divisão". Portanto, Mateus compreende a divisão ou a separação entre os cristãos e os discípulos dos fariseus como a diferença entre o antigo (e bom) e a plenitude do bom. **17.** Mateus modifica a parábola seguinte na mesma linha por meio de um acréscimo. *ambos são preservados*. O antigo é bom e deve ser preservado em e com o "novo" de Jesus. Veja J. A. Ziesler, *NTS* 19 (1972-73) 190-194.

63 (K) A cura da filha de um chefe (9,18-26). Para a versão completa, veja Mc 5,21-43. Mateus abrevia drasticamente. Um outro relato de cura (uma mulher com fluxo de sangue) é intercalado entre as duas partes do primeiro. Duas mulheres são curadas. Em uma narrativa, a mulher toma a iniciativa de procurar a ajuda de Jesus. Na outra, a mulher é menor de idade; por isso, seu pai se aproxima de Jesus no lugar dela. **18.** *minha filha acaba de morrer*: Mateus aumenta a fé do chefe ao fazê-lo dizer que sua filha já está morta quando faz o pedido. Nos outros sinóticos, isto é somente conhecido através de um mensageiro posterior. **20.** *fluxo de sangue*: Na lei judaica, tal mulher era compreendida como uma mulher que menstrua perpetuamente e, portanto, como permanentemente impura (*m. Nid.*). Assim, como o leproso e o escravo do centurião, ela está à margem da sociedade, uma pária. Nos *Atos de Pilatos*, o nome da mulher é Berenice. Eusébio registra uma história (*HE* 7.18.1-3) de que ela era uma gentia de Cesareia de Filipe. *orla*: Parte do manto usado pelos judeus devotos para a oração (Nm 15,38-41; Dt 22,12). A mulher toca sua veste, o que é um gesto de pedido conhecido de 1Sm 15,27 e Zc 8,23, bem como de orações acádicas (M. Hutter, *ZNW* 75 [1984] 133-36). **22.** *tua fé te salvou*: Mateus enfatiza a eficiência imediata da palavra curativa de Jesus. **23.** *flautistas*: Estes eram contratados para acompanhar o canto do luto (Josefo, *J.W.* 3.9.5 § 437), mas também eram usados nas festas (Ap 18,22). **25.** Paralelos do AT para este tipo de cura são 1Rs 17,17-24; 2Rs 4,17-37.

64 (L) A cura de dois cegos (9,27-31). Esta unidade tem afinidades com 20,29-34 e Mc 10,46-52. Aqui a ênfase recai sobre a fé. Cada um dos dez milagres nos caps. 8 e 9 tem a ver com um problema diferente: a lepra, a escravidão, a febre, os desastres naturais (tempestades), a possessão demoníaca, a paralisia, a morte, a hemorragia, a cegueira e a mudez. É visível o esforço para abranger todos os aspectos de maneira sistemática. Jesus é apresentado como aquele que cura tudo, um novo e grande Asclépio, em cumprimento a Is 35,4-6 (o programa de Mt 4,23; 9,35; 11,5). A protoigreja não hesitou em usar a cegueira física como símbolo de obtusidade espiritual; cf. Jo 9, um tema universal. **27.** *Filho de Davi*: veja 1,1; 15,22; 20,30; 21,9.15. O problema é: por que chamar alguém que cura de filho de Davi, uma vez que Davi não curava? Há agora indícios de que Salomão, filho e sucessor de Davi, era considerado alguém que curava no judaísmo contemporâneo do NT (veja C. C. Duling, *HTR* 68 [1975] 235-52).

65 (M) A cura de um endemoninhado mudo (9,32-34). Como na unidade precedente, temos aqui um par, desta vez com Mt 12,22-24. A história é contada rapidamente; a própria cura só é mencionada numa oração subordinada. A reação da multidão no v. 33 sugere que a atividade de operador de milagres de Jesus tem significado para Israel como tal. **34.** *pelo príncipe dos demônios*: os fariseus não podem deixar esta avaliação ficar sem contestação. A sombra do conflito e da cruz recai sobre Jesus aqui. Não se trata de um mágico inofensivo. Suas curas têm implicações religiosas. Sobre a importância da fala e seus abusos, veja o comentário sobre 5,33-37.

66 (N) A compaixão de Jesus (9,35-38). Estes quatro versículos são claramente transicionais; eles fecham a seção 4,23-9,34, que mostra Jesus como o Messias da palavra e da ação, e abrem o caminho para a missão dos discípulos e o discurso a respeito da missão no cap. 10. O uso das fontes reflete esta complexidade, entrelaçando partes de Marcos e de Q. 35. Veja o comentário sobre 4,23. **36.** *teve compaixão dela*: O termo grego *splanchnizein* deriva do substantivo que designa "entranhas", "vísceras", como a sede das emoções. *multidão*: O amor e a misericórdia de Jesus estendem-se a ela; isto é, eles são sociais. A gênese de seu compromisso com o trabalho pastoral é uma experiência da necessidade das pessoas por liderança espiritual. *como ovelhas sem pastor*: A imagem do pastor é comum em toda a Bíblia para representar a liderança política e religiosa (Nm 27,17; Ez 34,5; 1Rs 22,17; 2Cr 18,16; Zc 10,2; 13,7). Retornará em Mt 10,6; 15,24; 18,12; 26,31. **37.** *a colheita é grande*: Jesus transforma o problema em uma oportunidade. *poucos os operários*: Esta é uma realidade necessária e permanente, porque o trabalho pastoral é psiquicamente esgotante mesmo quando não é fisicamente exigente. **38.** *pedi, pois*: somente uma comunidade que alimenta sua fé mediante a oração poderosa está apta a receber e gerar mais obreiros pastorais. Cf. *m. 'Abot* 2,15: "O rabino Tarfon disse: 'O dia é curto; a tarefa é grande; os trabalhadores estão inativos; o salário é abundante e o mestre da casa é severo'."

67 (IV) O discurso a respeito da missão (10,1-42).
(A) A missão dos doze apóstolos (10,1-4). Esta perícope serve, junto com 9,36-38, para introduzir o segundo grande discurso do Evangelho, o discurso missionário aos doze apóstolos. S. Brown prefere chamá-lo de "a parte central" porque ele inclui também narrativa (9,36; 10,1-5a) e não é missionário no sentido moderno. Como o Sermão da Montanha, a seção é compilada de trechos de Marcos e Q, boa parte dos quais foi muito retrabalhada pelo próprio Mateus. Peculiares a Mateus são os vv. 5a-8.16b.41. O toque mais ousado é a transferência dos vv. 17-25 do discurso apocalíptico no cap. 24 (= Mc 13). Na edição de Mateus, o texto dirige-se aos discípulos do tempo de Jesus, mas também inclui a comunidade do autor. **1.** *os doze discípulos*: Normalmente os discípulos

são um grupo maior, mas aqui e em outros lugares (cap. 18?) Mateus os restringe aos doze. Este recurso tanto mantém os Doze junto com os outros discípulos quanto os separa como discípulos especiais. *deu-lhes autoridade*: Todos os evangelistas sinóticos enfatizam a importância de os emissários de Jesus receberem poder e autoridade reais deles. Ao chamá-los, Jesus toma a iniciativa. O número doze vem do número das tribos de Israel (Mt 19,28) e é símbolo da restauração de todo o Israel. Mateus pressupõe que todos eles foram chamados anteriormente, embora descreva somente o chamado de quatro (4,18-22). **2.** *os nomes dos doze apóstolos*: A palavra "apóstolo" ocorre somente aqui em Mateus. Sobre a origem e o significado de *apóstolos*, → Pensamento do NT, 81:149-52. O caráter religioso desta função às vezes secular de emissário se deriva, no Evangelho, da natureza de quem dá a comissão (Jesus) e do conteúdo da mensagem (v. 7). Os rabinos e o NT conhecem emissários da congregação (2Cor 8,23) e de indivíduos (1Cor 1,1). A concepção funcional muito simples de Mateus e de Mc 6,30 recebe um desenvolvimento mais complexo e mais pleno em Lucas e em Paulo. A lista dos apóstolos ocorre, com leves variações, também em Mc 3,16-19; Lc 6,12-16; At 1,13. *primeiro, Simão*: Para esta primazia, veja 16,17-19. Mateus apresenta também André com seu irmão. **3.** *Mateus*: chamado de "publicano"; cf. 9,9. **4.** *Judas Iscariotes*: O sobrenome pode significar o "homem de Queriote" ou "mentiroso".

68 (B) O comissionamento dos Doze (10,5-16). Veja Mc 6,7-13; Lc 9,1-6. **5.** *não tomeis o caminho dos gentios*: Essa ordem de evitar a evangelização de gentios e samaritanos segue a prática do próprio Jesus, descrita em 15,24. Há dificuldade em reconciliar estes versículos com a grande comissão em 28,19. Não há resposta fácil, mas uma abertura para os gentios é perceptível em outras partes de Mateus (10,18; 3,9; 8,11s.; 21,43; 22,1-14; 23,38-39). Talvez Mateus tenha incluído esta ordem aqui porque era importante para os membros de sua comunidade e expressava a consciência fortemente judaica de sua própria tradição especial. Contudo, o v. 18 sugere a existência de uma missão aos gentios por parte de outros; o estágio de Gl 2,9. 28,19 permanece um surpreendente *deus ex machina*, apesar dos preparativos sutis anteriores. Para bibliografia, → 72 *abaixo*. **6.** *às ovelhas perdidas da casa de Israel*: Esta expressão (Ez 34,2-6) refere-se primeiramente a Israel como um todo, incluindo as "tribos perdidas", mas refere-se também a um grupo dentro de Israel, o *'am hā'āreṣ*, lit., "povo da terra", pessoas que, por alguma razão (precisam sustentar-se, profissão mal-afamada, falta de interesse ou instrução), foram marginalizadas, alienadas dos principais círculos de liderança e zelo religioso. Para com essas pessoas, Jesus tinha uma preocupação particular, mas não exclusiva. Seu objetivo não era enfraquecer o povo de Deus, mas uni-lo. Estas "ovelhas perdidas" responderam a seus cuidados. **7.** *o Reino dos Céus está próximo*: A mensagem dos apóstolos deve ser a mesma de João Batista e de Jesus (Ver 3,2; 4,17). **8.** *de graça recebestes*: Uma expressão surpreendentemente paulina (Rm 3,24; 2Cor 11,7), cujo acento é que as verdades divinas da salvação são tão importantes para todos que devem ser ensinadas sem preocupação quanto à capacidade de pagamento dos ouvintes. Esse ideal era compartilhado pelos rabinos; por exemplo, Hillel disse: "Quem faz uso mundano da coroa perecerá" (*m. 'Abot* 1,13; 2,20; 3,18; 4,5). Esse ideal é moderado pela realidade no v. 10b: o trabalhador é digno de seu alimento (Nm 18,31). O missionário precisa viver. A tensão entre esses dois princípios não é absoluta, mas o equilíbrio é delicado. **9.** *não leveis ouro*: A lista consiste de roupas de viagem. Em *m. Ber* 9,5, é proibido entrar no átrio do Templo com estas roupas. O paralelo de Marcos (6,8-11) permite sandálias e um cajado (para afastar animais selvagens e assaltantes). A regra mais dura enfatiza a urgência sagrada da missão. **11.** *numa cidade*: Os missionários devem depender da hospitalidade local, compartilhar da vida das pessoas a quem são enviados – com todos os riscos e inconveniências que isso acarreta. **16.** *prudentes como serpentes*: Esse é um ensinamento peculiar de Mateus (cf. Rm 16,19; 1Cor 14,20; *Midr. Cant.* 2,14: "Deus diz a respeito dos israelitas: para comigo eles são sinceros como as pombas, mas para com os gentios, prudentes como serpentes", um texto tardio que pode mostrar que Mateus era conhecido ou que o dito é proverbial). O dito é importante ao distinguir a inocência da credulidade ingênua. Cf. Lc 16,8.

69 (C) Como enfrentar perseguições futuras (10,17-25). Sobre este assunto, veja D. R. A. Hare, *The theme of Jewish Persecution*. Grande parte desta seção é tirada de Mc 13,9-13 e é repetida com variações em Mt 24,9-14. **17.** *suas sinagogas*: Talvez em contraposição às sinagogas judaico-cristãs (Tg 2,2), mas talvez sugerindo que a comunidade de Mateus já havia sido banida da sinagoga. Sobre os procedimentos do sinédrio, veja *m. Sank.*; sobre flagelação, veja *m. Mak*. **18.** *conduzidos à presença de governadores e de reis*: "Governadores" são os governadores das províncias romanas; os "reis" seriam soberanos vassalos como Herodes Agripa I (At 12,2) sob o imperador, ou os próprios imperadores. *para dar testemunho perante eles*: Não necessariamente a pregação missionária (cf. v. 5), mas a afirmação feita ao suportar a perseguição (28,19). **19.** *vos será indicado o que deveis falar*: Este versículo é, às vezes, usado como desculpa para não preparar sermões, mas o contexto indica somente situações de emergência. **20.** *o Espírito de vosso Pai*: Em contraposição ao paralelo de Lucas, Mateus enfatiza que o Espírito Santo é o Espírito de Deus Pai. **21b.** Veja Mq 7,6. **22.** *aquele, porém, que perseverar até o fim*: esta paciência persistente em face ao sofrimento escatológico (ao fim) é fé salvífica para Mateus. **23.** *as cidades de Israel*: Strecker (*Weg* 41-42) defende que o termo se refere a qualquer lugar onde vivam judeus em todo o mundo, mas isso força o texto. Este versículo, juntamente com Mc 9,1; 13,30, levou A. Schweitzer a pensar que Jesus predisse a vinda do Filho do Homem dentro do período de vida dos apóstolos e que ele errou nisso (veja ainda M. Künzi, *Das Naherwartungslogion Matt 10,23* [2 vols.; BGBE 9, 21; Tübingen, 1970, 1977]). Sobre o conhecimento de Jesus, veja R. E. Brown, *Jesus God and Man* (New York, 1967) 39-102. A solução mais simples é que Jesus esperava a vinda após um intervalo que ele deixou indeterminado (Mc 13,32). Historicamente, os judeus cristãos fugiram para Pela na Decápole (Eusébio, *HE* 3.5.3). **24.** *o discípulo não está acima do mestre*: Este versículo e o seguinte são importantes para compreender o discipulado nos evangelhos (veja Viviano, *Study* 158-71). "Discípulo" significa aprendiz ou aluno. O seguidor de Jesus deve ser um aluno de Jesus por toda a vida, porque ele ensina a sabedoria sobre a própria vida. No pano de fundo, encontra-se a relação escolar judaica da época, mas justamente isso representa um perigo. No relacionamento escolar normal, depois que o discípulo aprendeu o que o mestre tem a ensinar, ele vai a outro mestre ou se torna um mestre. Isso é o que os gnósticos fizeram – fizeram de Jesus somente um entre muitos mestres. Foi para impedir a possibilidade de deturpar a afirmação original simples de Jesus (que ainda se pode encontrar em Lc 6,40) em um sentido gnóstico que Mateus a remodelou para incluir as palavras "nem o servo acima do seu senhor". Isso significa que, para o crente, Jesus não é somente um mestre, mas também um Senhor permanente. (Para a concepção gnóstica, veja *Ev. Tomé* 13).

70 (D) O temor correto e o incorreto (10,26-31). Veja o paralelo de Q, Lc 12,2-7. Mateus modelou cuidadosamente sua fonte, para que não somente termine com, mas também inicie com temor; portanto, ele une o material criando uma *inclusio*. Ele também mudou sua fonte de modo que houvesse um contraste entre o ministério secreto de Jesus e o ministério (mais) público dos discípulos no v. 27. Compare as passivas teológicas de Lucas (*ZBG* § 236), que visam a uma manifestação divina no futuro. Mateus mantém as passivas no v. 26 como base para a proclamação ousada no v. 27. **26.** *não* *tenhais medo deles*: O ministério da pregação é intrinsecamente assustador. Somente a fé em um Deus revelador e juiz pode superar esse temor. **28.** *temei antes aquele que pode destruir a alma e o corpo*: A psicologia pressuposta parece helenística, ou seja, que a alma é intrinsecamente imortal (cf. 1Tm 6,16). A força do verbo "destruir" é incerta. Significa que Deus aniquilará o corpo e a alma e que, assim, o inferno significaria aniquilação? Ou significa "atribular", "atormentar"? **29.** *dois pardais*: A vida mais barata no mercado é citada; contudo, o cuidado providencial de Deus estende-se também a ela. **31.** *valeis mais do que muitos pardais*: Um argumento rabínico (*qal wā-ḥōmer*, comparando uma matéria leve com uma pesada) é usado para superar o temor e incentivar os discípulos a confiar em Deus.

71 (E) Confessar Jesus publicamente (10,32-39). Cf. Lc 12,8-9. Dois versículos paralelos que falam de confessar ou de negar a Jesus diante dos seres humanos e dos respectivos resultados diante de Deus; cf. Mc 8,38; Lc 9,26. Estes versículos podem representar uma sobreposição de Marcos-Q e são, assim, de grande antiguidade e importância; em sua forma original, talvez sejam melhor representados por Mc 8,38. Ali se pressupõe uma distinção entre Jesus e o futuro Filho do Homem vindouro. Contudo, esta distinção é somente implícita a fim de ser limitada pela afirmação principal: a maneira como você reage a Jesus determinará seu destino futuro no que se refere à salvação. A forma de Mateus pressupõe que Jesus é identificado como o Filho do Homem, uma ligação feita já em Q. Semelhantemente, embora Mateus se refira com frequência aos anjos, aqui ele prefere concentrar-se no Pai celestial. O padrão desses dois versículos se encontra primeiramente em 1Sm 2,30, onde é Deus quem fala (veja R. Pesch, "Über die Autorität Jesu", *Die Kirche des Anfangs* [Fest. H. Schürmann; ed. R. Schnackenburg *et al.*; Leipzig, 1977] 25-55). Aqui ele trata da angústia do discipulado (10,34-39). Veja Lc 12,51-53; 14,25-27; 17,33; esses são ditos de Q. Observe também a introdução de Lucas (12,49.50). Na organização de Mateus, temos primeiramente os resultados paradoxais de obediência à vontade divina na vida de Jesus, depois na dos discípulos. **34.** *vim*: Esta fórmula importante (3 vezes aqui e no v. 35) enfatiza a missão de Jesus (veja E. Arens, *The ēlthon-Sayings in the Synoptic Tradition* [OBO 10; Friburg, 1976] 64-89). *não vim trazer paz, mas espada*: A espada não deve ser compreendida como sugestão de uma insurreição zelote, mas como um efeito colateral lamentável da tensão e divisão resultante da proclamação intransigente do reino. Em outra parte, Jesus declara bem-aventurados os pacificadores (5,9). **35.** *contrapor o homem ao seu pai*: Mateus torna a citação de Mq 7,6, mais exata e completa do que em Lucas, omitindo somente "filho." **36.** *seus próprios familiares*: Embora faça parte da alusão ao AT, estas palavras expressam bem a dolorosa luta fraternal entre os membros da comunidade de Mateus e seus compatriotas judeus no movimento rival pela herança do AT. A luta não é um fim em si mesma, mas uma consequência inevitável do compromisso absoluto que Jesus reivindica de seus discípulos. **37.** *aquele que ama pai ou mãe mais do que a mim*: Veja os paralelos internos em 16,24-25; 19,29; cf. Mc 8,34-35; 10,29-30. Podemos ter aqui um outro caso de sobreposição de Marcos-Q, duas antigas fontes independentes da tradição de Jesus. Assim, a probabilidade histórica de que Jesus disse algo parecido e que chamou alguns ao discipulado radical é muito grande. Mas a formulação precisa é mais difícil de determinar nos detalhes. Mateus parece ter simplificado e esclarecido o v. 37 em comparação com a forma de Lucas, substituindo a expressão semítica facilmente mal-entendida, mas autêntica, "ódio" pela expressão inteiramente correta "amar mais", e, de uma maneira menos sábia, substituindo "não digno" por "não pode ser meu discípulo". É mais difícil decidir qual evangelista é mais fiel no tocante à lista de membros da família. Lucas inclui a esposa, os irmãos e as irmãs. Isso implicaria o celibato como um elemento no discipulado radical. De acordo com E. Schüssler-Fiorenza (*In Memory of Her* [New York, 1983] 145), isso exclui as mulheres de tal discipulado; mas, de fato, o texto fala de "esposa". Pelo fato de Lucas ter alterado Mc 10,29, acrescentando "esposa" em 18,29, a maioria dos autores fala da palavra como uma glosa redacional de Lucas, mas vimos como Mateus suaviza ditos radicais de Q sobre pobreza e divórcio. Talvez, consequentemente, Q tivesse a forma mais difícil, e Lucas a tenha reproduzido fielmente e depois feito sua transmissão de Marcos conformar-se ao texto de Q. As exigências radicais de Jesus podem parecer que ele seja antifamília, mas 15,4-6 mostra que isso não é verdade. Ao contrário, suas exigências radicais são tornadas necessárias pela prioridade urgente do Reino de Deus, e, em seu contexto social (a família judaica daquela época), ele poderia seguramente pressupor que a maior parte da vida em família continuaria sem perturbações. Algumas culturas têm uma lealdade tão extrema com a família que os sociólogos dizem que elas sofrem de familismo amoral. **38-39.** Veja o comentário sobre 16,24 -25.

72 (F) Recompensas do discipulado (10,40-42). Em sua forma atual, estes versículos mostram o cuidadoso trabalho editorial de Mateus. Mas, pelo menos, os vv. 40 e 42 remontam a uma tradição antiga; veja Lc 10,16; Jo 13,20; Mc 9,37.41; Mt 18,5. O versículo 41 pode ser um desenvolvimento mateano do material precedente. **40.** *quem vos recebe, a mim me recebe*: Este versículo é importante porque explica a natureza do ofício apostólico com base no princípio legal que governa um emissário judaico: "O agente de um homem é como ele mesmo" (*m. Ber* 5,5). Ele aprofunda a base religiosa do apostolado derivando-o em última análise, do próprio Deus, em uma sucessão em cascata mediada por Jesus, que é, ele mesmo, o apóstolo do Pai. A dignidade dos ministros cristãos que estão nesta linha é, certamente, grande, mas tudo depende de se eles serem recebidos livremente. **41.** *quem recebe um profeta*: A comunidade de Mateus parece ter tido profetas (7,15-16; 23,34; *Did.* 11,3-6). *quem recebe um justo*: Várias identificações foram propostas: o cristão fiel, o mestre, aquele que sofreu perseguição por causa da fé e permanece na comunidade como testemunha honrada. **42.** *destes pequeninos*: O "pequenino" poderia referir-se aos apóstolos/discípulos, mas muito provavelmente se refere aos membros não instruídos da comunidade (veja 18,6.10.14). Neste caso, teríamos nos vv. 40-42 um esboço da estrutura da comunidade de Mateus (veja 23,34). Observou-se que, se Deus recompensará quem der um copo de água fria a um discípulo, quanto mais ele recompensará quem instalar todo um sistema de água numa cidade.

(Sobre o cap. 10: BEARE, F. W., "The Mission of the Disciples and the Mission Charge: Matthew 10 and Parallels", *JBL* 89 [1970] 1-13. BROWN, S., "The Mission to Israel in Matthew's Central Section (Mt 9:35-11:1)", *ZNW* 69 [1978] 73-90; "The Twofold Representation of the Mission in Matthew's Gospel", *ST* 31 [1977] 21-32; "The Matthean Community and the Gentile Mission", *NovT* 22 [1980] 193-221. HENGEL, M., *Between Jesus and Paul* [Philadelphia, 1983] 48-64. JEREMIAS, J., *Jesus' Promise to the Nations* [SET 24; London, 1967]. MEYER, P. D., "The Gentile Mission in Q", *JBL* 89 [1970] 405-17.)

73 (V) A rejeição por esta geração (11,1-12,50).
(A) João Batista e Jesus (11,1-19). Esta parte e a seguinte vêm quase inteiramente de Q; cf. Lc 7,18-35; 10,12-15. Os versículos 1 e 20 são junções puramente redacionais; os vv. 14-15 podem ser redacionais ou provir da tradição oral. **1.** *quando Jesus acabou*: Veja o comentário sobre 7,28a. **2-6.** Estes versículos contêm um debate escolástico, provavelmente originário da época pós-ressurreição, sobre a natureza da missão de Jesus, travado entre os discípulos de João Batista e os cristãos. **2.** *das obras de Cristo*: Esta expressão notável criada por Mateus transforma o debate escolástico em um debate sobre a messianidade de Jesus, mas originalmente pode ter sido sobre se ele era um mensageiro divino como Elias (veja B. V. Malchow, "The Messenger of

the Covenant in Mal 3:1", *JBL* 103 [1984] 252-55; e o debate moderno de M. M. Faierstein, D. C. Allison, e J. A. Fitzmyer, *JBL* 100 [1981] 75-86; 103 [1984] 256-58; 104 [1985] 295-96). **5.** *os cegos recuperam a vista*: Isto resume a resposta de Jesus nos vv. 4-6, a ideia principal da passagem. Jesus define seu papel não como o de um soberano ou juiz, como se esperava, mas como o de quem abençoa os necessitados. O versículo 5 se baseia, em parte, em Is 28,18-19; 35,5-6; 42,18; 61,1; mas essas passagens não mencionam os leprosos ou os mortos. Uma vez que este é um novo modelo da figura do salvador, o v. 6 oferece uma bênção sobre quem não se decepciona com o novo modelo. **7.** *que foste ver no deserto?* Os versículos 7-10 dão um testemunho de Jesus sobre João Batista, primeiro em uma série de seis perguntas retóricas, depois em três afirmações positivas sobre ele. É um profeta e, mais, um mensageiro de Deus (Ml 3,1; Ex 23,20) e o maior ser humano (não explicado). O versículo 11b pode ser uma glosa protocristã. Como mensageiro, João Batista é identificado implicitamente com Elias; o versículo 14 tornará esta identificação explícita. **12.** *violentos se apoderam dele*: Um dito enigmático, talvez signifique que os romanos ocupam Israel pela força e maltratam João Batista, que prega o Reino. **13.** *profetizaram, até João*: Contém uma indicação dos períodos da história da salvação. Até João Batista o tempo era de promessa profética; agora começou o tempo do cumprimento. **14.** Veja Ml 3,23. **16-19.** O julgamento de Jesus sobre sua geração abrange uma pequena parábola (vv. 16-17), uma explicação da parábola (vv. 18,19a) e um dito sapiencial (v. 19b), que provavelmente foi acrescentado mais tarde. A parábola é difícil de interpretar. A explicação mais provável é a seguinte: as crianças são João e Jesus; o chamado é para brincarem de casamento, depois de funeral; os "outros" são seus contemporâneos palestinos, que rejeitam o caminho severo de João e o jugo suave de Jesus. **19.** *a Sabedoria foi justificada*: Na forma de Lucas, "por suas crianças" provavelmente é a original; assim, João e Jesus são filhos da sabedoria. A mudança de Mateus para "pelas suas obras" forma uma *inclusio* com o v. 2.

(Linton, O., "The Parable of the Children's Game", *NTS* 22 [1975-76] 159-79. Meier, J. P., "John the Baptist in Mark's Gospel", *JBL* 99 [1980] 383-405. Schönle, V., *Johannes, Jesus und die Juden* [Frankfurt, 1982]. Suggs, M. J., *Wisdom, Christology, and Law in Matthew's Gospel* [Cambridge MA, 1970] 33-61.)

74   (B) Ais contra as cidades (11,20-24). Veja Lc 10,13-15. **20.** *então começou a verberar as cidades*: Mateus cria um título para os vv. 21-24, que vêm a ele de Q, enfatizando "milagres" e "arrependimento". **21.** *ai de ti, Corazin!*: Esta é a primeira de uma série de duas unidades que são estruturadas: maldição, explicação, comparação. As cidades são interpeladas em apóstrofe, como se fossem pessoas. As duas cidades estão perto do mar da Galileia e encontram-se atualmente em ruínas; a sinagoga de Corazin é visível. Tiro e Sidônia eram cidades gentílicas na Fenícia e amaldiçoadas pelos profetas (Is 23,1-18; Ez 26-28). **23.** *e tu, Cafarnaum*: A estrutura se assemelha à dos vv. 21.22, mas a emoção é intensificada. Cafarnaum é a residência do próprio Jesus (4,13); ele a interpela diretamente, fazendo alusão a Is 14,13-15 e Ez 26,20. O destino de Sidônia é contado em Gn 19,24-28. O objetivo dos milagres era provocar a conversão nacional. Eles falharam nisso, e o terreno está preparado para a tragédia (veja J. A. Comber, *CBQ* 39 [1977] 497-504).

75   (C) O grito de júbilo e o chamado do Salvador (11,25-30). Veja Lc 10,21-22 para o paralelo de Q aos vv. 25-27. A passagem consiste em um discurso de revelação em que Jesus aparece como revelador da sabedoria divina. Estruturalmente, a unidade pode ser dividida em três partes: (a) vv. 25-26, ação de graças pela revelação; (b) v. 27, conteúdo da revelação; (c) vv. 28-30, convite à revelação. Isso é semelhante a Eclo 51,1-12.13-22.23-30, mas somente 51,23-30 é de fato próximo dos vv. 28-30. A questão da autenticidade é discutida frequentemente em termos de fonte. Os vv. 28-30 estavam em Q? Poder-se-ia sustentar que sim, pois eles são necessários para a estrutura; a omissão deles por parte de Lucas poderia ser explicada com base em seu simbolismo judaico, que poderia ser ininteligível para leitores gentílicos. Mas é mais provável que sejam um acréscimo de Mateus, mesmo que o vocabulário não seja típico. Se o crucial v. 27 for autêntico, como bem pode ser, dar-nos-ia um indício muito importante da autocompreensão de Jesus como Filho absoluto do Pai absoluto. Há uma sobreposição de Marcos-Q neste trecho; cf. Mc 13,32. **25**. *eu te louvo, ó Pai*: Esta é uma típica forma judaica de bênção, mas com o íntimo *Abba*-Pai de Jesus acrescentado (cinco vezes em três versículos), *pequenos*: Lit., "simples", "não-instruído". *revelaste*: A comunicação divina é um poderoso mistério religioso irredutível. **26**. *agrado*: Isto é, a decisão de Deus eleger alguns para a salvação. **27**. *tudo me foi entregue*: Jesus é a tradição pessoal de Deus. *ninguém conhece*: Neste versículo, afirma-se uma reivindicação de acesso singular ao conhecimento e ao amor do Pai, assim como uma reciprocidade de conhecimento e amor. Jesus é a revelação exclusiva do Pai (cf. 1,23; 28,18; Jo 3,35; 10,15; 13,3). Harnack viu este versículo como o germe histórico de toda a cristologia posterior. **28**. *vinde a mim*: Neste trecho, Jesus fala como a sabedoria personificada (Pv 8), com características femininas, como provedor de descanso e conforto, fazendo o grande convite. *todos os que estais cansados*: Originalmente, tanto as pessoas excluídas pelos fariseus (o '*am hā-'āreṣ*) quanto os próprios fariseus também foram provavelmente incluídos no convite. **29**. *tomais sobre vós o meu jugo*: Os rabinos falavam do jugo da Torá e do jugo do reino. Neste trecho, ele se refere à interpretação jesuânica da lei. *aprendei de mim*: O discípulo deve ser um eterno aprendiz. Jesus, humilde, é tanto o mestre ideal quanto o tema ideal, uma vez que ele é a Torá personificada (veja comentário sobre 18,20). *descanso*: O descanso do sábado é um símbolo do reino de Deus (Jr 6,16). **30**. *meu jugo é suave*: Em comparação com a *halacá* dos fariseus, o ensino de Jesus é quantitativamente mais fácil, porque é mais curto e centrado no essencial. Mas, em vista da justiça superior exigida em 5,20, é qualitativamente mais difícil, porque as exigências do amor a Deus e ao próximo são inexauríveis (veja Suggs, *Wisdom* [→ 73 *acima*] 71-97; Viviano, *Study* 183-192).

76 (D) Colhendo espigas no sábado (12,1-8). Veja Mc 2,23-28; Lc 6,1-5. Mateus retorna agora ao esboço de Marcos, que tinha deixado em 9,18. Neste capítulo, ele mostra Jesus em conflito crescente com seus contemporâneos. Em dois relatos de controvérsia (vv. 1-8 e 9-14), a tendência da redação de Mateus é ressaltar a força legal do debate, de modo que se torne claro que Jesus não é contra a Torá ou contra o sábado, mas contra o desenvolvimento da excessiva legislação do sábado por parte dos fariseus, ao ponto em que ela se transforma, segundo suas próprias palavras, em "montanhas penduradas por um fio de cabelo, porque contém pouca Bíblia e muitas regras" (*m. Ḥag* 1:8). De fato, o AT tem um mandamento simples de santificar o sábado (Ex 20,8-11; Dt 5,12-15), mas os rabinos chegaram a classificar 39 tipos de trabalho como proibidos (*m. Šabb.* 7,2), incluindo a colheita. **1**. *seus discípulos estavam com fome*: Os discípulos "transgridem", não o próprio Jesus. Mateus acrescenta o fator fome por razões humanitárias (os rabinos permitiam que a salvação de uma vida tivesse precedência sobre a observância da lei) e para vincular o comportamento dos discípulos mais estreitamente ao caso de Davi no v. 3. **3-4**. Veja 1Sm 21,1-7, com Lv 24,8, que mostra que o incidente aconteceu no sábado. **5**. *sacerdotes*: Mateus oferece aqui um argumento legal melhor ainda baseado em Nm 28,9-10. **6**. *algo maior*: O que é isso? Ou o Messias, ou o Filho do Homem corporativo (Dn 7,13 e 18), ou o reino de Deus. **7**. Os 6,6, já citado em Mt 9,13. Visto que, ao tempo em que a forma final do evangelho foi composta, o Templo não existia mais, tinha-se que encontrar substitutos para ele. Aqui as ações de bondade e amor o substituem. **8**. *senhor* *do sábado*: A conclusão cristológica, sugerida no v. 6, torna-se explícita.

(DAUBE, D., *The New Testament and Rabbinic Judaism* [London, 1956] 67-71. LEVINE, E., "The Sabbath Controversy according to Matthew", *NTS* 22 [1975-76] 480-83.)

77 (E) A cura de um homem com a mão atrofiada (12,9-14). Veja Mc 3,1-6; Lc 6,6-11. A cena sai do campo e passa para um ambiente interno, e a discussão sobre o sábado ocorre simultaneamente com a cura, o que reforça, com aprovação divina, a interpretação humanitária do sábado feita por Jesus. Mateus descarta toda a emoção da versão de Marcos e acrescenta um argumento legal nos vv. 11.12. **11.** *quem haverá dentre vós*: Essa contrapergunta oferece um argumento jurisprudencial (um *ma'ăśeh*) reconhecido pelo Talmude posterior (*b. Šabb.* 128b; *b. B. Meṣ.* 32b) e conclui (v. 12) com um argumento *qal wā-ḥōmer* (→ 70 *acima*). O resumo se segue: é legal fazer o bem no sábado. Jesus fica dentro da lei e, ainda assim, opera uma revolução legal. Isso só lhe acarreta mais ódio. Mateus reduz os oponentes aos fariseus, mas, na fonte mais antiga, Marcos, eles não são mencionados durante a Paixão.

78 (F) O servo escolhido (12,15-21). Veja Mc 3,7-12. Mateus resume a atividade curativa de Jesus e depois a interpreta com uma de suas citações de cumprimento (→ 7 *acima*). Desta vez é de Is 42,1-4, do primeiro cântico do servo sofredor (→ Deuteroisaías, 21,17). A profecia fala do amor de Deus para com o Servo; o servo está repleto do Espírito. As imagens refletem seu delicado e silencioso cuidado com os fracos, desanimados e feridos. Mas os termos repetidos são "julgamento" para os "gentios". O final é iluminado com uma promessa de esperança e vitória. A forma textual da citação difere tanto do TM quanto da LXX; ela mostra reflexão cuidadosa sobre o AT e interpretação dele.

79 (G) Jesus e Belzebu (12,22-32). Veja Mt 9,32-34; Mc 3,20-30; Lc 11,14-23; 12,10. Esta unidade bastante complexa começa com Jesus curando um endemoninhado cego e mudo. O milagre faz as pessoas pensarem que Jesus pode ser o Messias, filho de Davi (veja Mt 9,27; 15,22). **24.** *senão por Beelzebul*: A admiração crescente das pessoas provoca a oposição dos líderes religiosos. Em Mateus, os vilões são geralmente os fariseus, porque só eles sobreviveram à catástrofe de 70 d.C. com força suficiente para causar problema para a igreja de Mateus (em Marcos, eles são escribas). Milagres são por natureza ambíguos; podem ser usados para o bem ou para o mal, e é preciso provar o espírito que está por trás deles. Os fariseus chegam a uma conclusão negativa, em consonância com sua posterior rejeição de vozes celestiais na determinação da lei (*b. Pesaḥ.* 114a). Uma vez que os milagres realmente permanecem ambíguos, a igreja posterior perdeu grande parte do interesse por eles como forma de prova teológica. Contudo, seu apelo popular geralmente tem permanecido poderoso. Os versículos 25-27 trazem a resposta de Jesus para a acusação. **25.** *todo reino dividido contra si*: O dito sobre o reino dividido ensina uma lição básica de ciência política: na unidade há força. O domínio de Satanás é descrito como um reino (que está em guerra com o de Deus). A vida é uma luta, em que Deus ganha somente a um custo terrível. Uma vez que a forma específica do milagre de Jesus é a expulsão de demônios – e isto seria contraproducente se ele mesmo fosse demoníaco –, o argumento é válido, mas somente para esse tipo de milagre. **27.** *por quem os expulsam os vossos adeptos?*: Este versículo talvez contenha um escárnio pelo fato de os fariseus não praticarem essa forma de cura. Quando o fazem (At 19,13-19), os resultados não são impressionantes (veja Justino, *Dial* 1.2.85; cf. Urbach, *The Sages* 115 [→ 17 *acima*]). **28.** *mas se é pelo Espírito de Deus*: Mateus mudou o "dedo" para algo mais teológico, o "Espírito"; isto nos lembra 12,18 e aponta para os vv. 31.32. *Reino de Deus*: Somente neste trecho e em 19,24; 21,31.43 usa-se esta expressão em vez de "Reino dos Céus". *Chegou a vós*: O verbo *phthanō*, "chegar", "preceder", é usado somente aqui em Mateus e significa que o reino chegou realmente, por antecipação, no ministério de Jesus (*BAGD* 856). Esta é a base legítima para a escatologia realizada, mas não exclui uma vinda futura do Reino em sua plenitude (6,10). O julgamento de Bultmann merece ser citado: [Este versículo] "pode, ao meu ver, reivindicar o mais elevado grau de autenticidade que podemos atribuir a qualquer dito de Jesus: está cheio daquele sentimento de poder escatológico que deve ter caracterizado a ação de Jesus" (*HST* 162; veja ainda B. Chilton (ed.), *The Kingdom of God in the Teaching of Jesus* [Philadelphia, 1984] 52-71). **29.** *como pode alguém entrar na casa de um homem forte e roubar os seus pertences, se primeiro não o amarrar?*: a pequena parábola retrata Jesus como o subjugador de Satanás, talvez uma alusão à sua tentação (4,1-11). **30.** *quem não está a meu favor*: Esta atitude não ecumênica contrasta com a concepção leniente de Mc 9,40; Lc 9,50 e talvez reflita a experiência da protoigreja (7,21-23). **31.** *blasfêmia contra o Espírito*: Este dito difícil foi transmitido tanto na forma de Marcos quanto na de Q. Mateus tenta combiná-las aqui. A característica da forma de Q é a estrutura em dois passos: o pecado contra o Filho do Homem = perdoável; o pecado contra o Espírito Santo = imperdoável. Historicamente este pecado foi compreendido de várias maneiras: presumir alcançar a salvação sem fé e amor, desesperar da salvação, obstinação no pecado ou erro, impenitência definitiva, apostasia. Exegeticamente, a concepção mais provável é a "persistência em oposição obstinada e teimosa contra a influência do Espírito" (*FGL* 964). Teologicamente, a última interpretação pode oferecer esperança de salvação para as pessoas que não têm uma fé explícita em Jesus Cristo, mas estejam implicitamente abertas a seu poder salvífico por meio de sua confiança no Espírito, que é historicamente definido de maneira menos precisa. Essa concepção opõe-se ao v. 30 acima, mas talvez a dialética seja intencional (veja R. Scroggs, *JBL* 84 [1965] 359-73).

80 (H) Uma árvore e seus frutos (12,33-37). Mateus usa o material de Q (cf. Lc 6,43-45), parte do qual já usou em 7,16-20, e acrescenta a introdução (v. 34a) e a conclusão (vv. 36.37) de um estoque de lugares-comuns na Bíblia (Pv 12,6; Mt 15,18; Lc 19,22; Tg 3,6; Jt 15; Rm 4,12). Ele molda este material para expressar sua ênfase característica no julgamento. Como em 5,33-37; 23,22, ele está preocupado com problemas de linguagem e fala abusiva. Na pior das circunstâncias, essa preocupação pode refletir um viés meramente intelectualista e verbal; na melhor das hipóteses, uma sensibilidade moral e religiosa de que se pode matar com palavras, de que se pode pecar contra o Espírito.

81 (I) O sinal de Jonas (12,38-42). Veja Mc 8,11-12; Lc 11,29-32. Esta passagem contém um exemplo impressionante do crescimento da tradição dos evangelhos mediante a combinação de ditos originalmente separados e glosas interpretativas. Mateus reproduz a forma de Marcos em 16,1-4, e a forma de Q aqui. À última ele acrescenta sua citação do AT (Jn 2,1) e sua aplicação no v. 40. Esta passagem ensina diversas lições: (a) a inutilidade de buscar sinais espetaculares (v. 39); (b) o destino de Jonas como um tipo de ressurreição de Jesus (v. 40), que é, afinal, um sinal espetacular para os crentes; (c) a importância da pregação e do arrependimento (v. 41); (d) que os gentios às vezes são mais receptivos à mensagem de Deus do que os judeus (vv. 41-42); (e) a importância do pedido por sabedoria divina, da qual as mulheres também compartilham e na qual às vezes se sobressaem (v. 42); (f) que Jesus é maior do que os profetas e sábios precedentes (vv. 41.42), porque ele é a revelação absoluta do Pai (11,27). O texto é rico e polivalente, chegando às raias da contradição interna (veja ainda em *FGL* 929-38; R. A. Edwards, *The Sign of Jonah* [SBT 2/18; Naperville, 1971]; E. H. Merrill, *JETS* 23 [1980] 23-30). **38.** *queremos ver um sinal feito por ti*: *Sēmeion*, "sinal", usado frequentemente no Evangelho de João para designar os milagres de Jesus, refere-se a um sinal chamativo, perceptível aos sentidos, que vindicaria a autoridade de Jesus. **39.** *geração má e adúltera*: Veja 16,4; cf. Mc 8,38. *o sinal do profeta Jonas*: Isto aparece duplamente neste evangelho: Jonas na barriga do peixe (v. 40 – um acréscimo interpretativo acrescentado redacionalmente à forma de Q) e a "pregação de Jonas" (v. 41). **40.** *no ventre do monstro marinho*: Veja Jn 2,1. *três*: Quando se contam ambos os fins, chega-se ao número três. *no seio da terra*: Assim a protoigreja computou o enterro de Jesus – na contagem de João, com o dia da preparação para a Páscoa/sábado, a festa em si e o primeiro dia da semana. **41.** *habitantes de Nínive*: Veja Jn 3,5. *maior do que Jonas*: Mateus continua comparando Jesus com figuras ou objetos estimados no judaísmo; veja 11,11b; 12,6; cf. 18,1.4. **42.** *Rainha do sul*: A rainha de Sabá não aparece na história de Jonas no AT; aparece em 1Rs 10,1-13 e foi mencionada na forma deste episódio em Q. Lá ela foi introduzida como um contraste para o sábio Salomão. Mas aqui é usada como um contraste para o próprio Jesus, que é até "maior do que Salomão". Contudo, até mesmo ela, junto com os habitantes de Nínive, julgará os que buscam os sinais "no Julgamento". Assim como Jonas e Jesus, ela "veio dos confins da terra".

82 (J) O retorno do espírito impuro (12,43-45). Veja Lc 11,24-26. Em princípio, esta parece ser uma história enigmática. Devemos nos lembrar que Jesus era um exorcista e, nesse sentido, alguém que curava pessoas perturbadas. Aqui ele reflete sobre os resultados de seu ministério, surpreendentemente, a partir do ponto de vista do demônio expelido. Os resultados não são necessariamente permanentes. Os problemas podem voltar caso não se preencha o lugar vazio deixado pelo demônio que partiu com fé, esperança, amor e vida nova. **43.** *lugares áridos*: Veja Lv 16,10; cf. Is 34,13- 14. **45c.** *eis o que acontecerá a esta geração má*: Mateus acrescenta essa expressão (que não está presente em Lucas) para dar à percepção íntima uma aplicação social polêmica para seu próprio tempo e lugar e para associá-la com o v. 39.

83 (K) A família de Jesus (12,46-50). Veja Mc 3,31-35; Lc 8,19-21. Mateus modela este relato centrado num pronunciamento de modo que o clímax, a resposta de Jesus nos vv. 48-50, é bem coordenado e seus diferentes elementos iluminam um ao outro. Se o v. 47 não esteve no texto que Mateus escreveu (está faltando em alguns de nossos melhores manuscritos), então a introdução narrativa foi reduzida ao mínimo. **49.** *e apontando para os discípulos*: Mateus define a verdadeira família de Jesus como os discípulos e ilustra a situação com um gesto que é quase uma ordenação (cf. 17,7). O objetivo do dito não é negar os laços naturais da família, mas afirmar a primazia dos laços intencionais na nova comunidade que Jesus havia começado a reunir. **50.** *aquele que fizer a vontade de meu Pai*: Isto define os discípulos verdadeiros como aqueles que obedecem a Deus e praticam sua fé. Em sua forma em Marcos, este versículo pode ter, originalmente, circulado separadamente (veja W. Trilling, *Das wahre Israel* 29-32).

84 (VI) As parábolas do reino (13,1-52). O terceiro grande discurso (13,1-52) consiste de sete parábolas e algumas explicações sobre elas. Estruturalmente, este é o ponto central e o clímax de todo o Evangelho. Tudo se concentra no reino, que, entretanto, permanece misterioso (13,11). Todo o material até o v. 35 tem paralelo em Marcos ou Lucas. Mas, a partir do v. 36, Mateus segue seu próprio caminho. Essa mudança é indicada por uma passagem do discurso público para um discurso mais íntimo aos discípulos na casa. Duas das três parábolas na última seção (vv. 44-46) tratam da reação de um indivíduo diante do Reino, enquanto as outras examinam a reação de um grupo. As parábolas como forma de ensino, embora características de Jesus, também se encontram no AT (2Sm 12,1-14; 14,1-11; 1Rs 20,35-40; → Pensamento do NT, 81:59-88). Os próprios evangelistas provavelmente compuseram parábolas para ilustrar aspectos dos ensinamentos de Jesus, bem como remodelaram suas parábolas para se enquadrarem em novas circunstâncias. Sobre a definição de uma parábola, veja o comentário sobre Mc 4,2. Embora o cap. 13 seja um discurso, é um discurso que consiste de relatos. Assim, é uma mistura de ambos os elementos formais que constituem o Evangelho, o discurso e as narrativas, uma síntese mais elevada. Assim, o capítulo é um clímax tanto no aspecto formal quanto estrutural e de conteúdo (o reino).

(CARLSTON, C. E., "Parable and Allegory Revisited", *CBQ* 43 [1981] 228-42. DUPONT, J., "Le point de vue de Matthieu dans le chapitre des paraboles", *L'Evangile selon Matthieu* [ed. M. DIDIER; BETL 29; Gembloux, 1972] 221-59. GERHARDSSON, B., "The Parable of the Sower and Its Interpretation", *NTS* 14 [1967-68] 165-93; "The Seven Parables in Matthew XIII", *NTS* 19 [1972-73] 16-37. KINGSBURY, J. D., *The Parables of Jesus in Matthew 13* [Richmond, 1969].)

85   (A) A parábola do semeador (13,1-9). Veja Mc 4,1-9; Lc 8,4-8. **1.** *sentou-se à beira-mar*: Jesus prefere o ensino ao ar livre à estufa acadêmica. **2.** *uma grande multidão*: A pressão da multidão deve ter sido grande para justificar uma postura tão sem precedentes e estranha que é ensinar de um barco. **3.** *semeador*: Uma parábola de um semeador foi usada para atrair um público de trabalhadores rurais. **4.** *caminho*: O primeiro dos quatro tipos de solo em que a semente caiu. O caminho não podia ser arado; assim, a semente caiu na superfície, onde os pássaros poderiam pegá-la. **5.** *lugares pedregosos*: Grande parte da Palestina é rochosa, e o solo superficial geralmente é muito fino. A semente brota muito rápido, sem a proteção do solo mais profundo, incapaz de afundar as raízes. **6.** *queimou-se*: Com o calor do sol da Palestina, os brotos queimam e secam. **7.** *caiu entre os espinhos*: Aqui o solo é suficientemente profundo, mas surge um outro problema: já está ocupado por ervas daninhas poderosas o bastante para sufocar os brotos novos. **8.** *terra boa*: Quando as sementes caem sobre um solo profundo e sem impedimentos, produzem fruto abundantemente, embora não em medidas iguais. Curiosamente, o grego na realidade não usa o termo que designa semente, *sperma*, em nenhum lugar da parábola. **9.** *quem tem ouvidos, ouça!*: este refrão comum (11,15; 13,43) constitui um convite ao ouvinte para pensar sobre a aplicação humana da figura. O público deve participar para a parábola surtir efeito. A parábola será explicado nos vv. 18-23. Supondo que a explicação tivesse surgido posteriormente, poderíamos imaginar que o semeador seja Deus, Jesus ou um dos enviados de Deus, até mesmo a Senhora Sabedoria. A semente é a revelação divina ou o reino de Deus. Os solos diferentes representam as recepções humanas diferentes. A mensagem é que, apesar de alguns fracassos, por fim o trabalho do semeador é, em grande parte, bem sucedido. O sinal do sucesso é a produção de fruto por parte dos receptores. O relato traz esperança e incentivo.

86   (B) O propósito das parábolas (13,10-17). Veja Mc 4,10-12; Lc 8,9-10. **10.** *por que lhes fala?*: A pergunta dos discípulos se intromete no discurso de Jesus às multidões. Se levarmos o cenário dos vv. 1.2 a sério, as multidões também devem ouvir a resposta deprimente de Jesus. Mas isso é menos provável do que Marcos ter introduzido uma consideração teológica a esta altura. Mateus segue-o nisso, mas sem indicar que Jesus estava sozinho quando o inquiriram (cf. Mc 4,10). **11.** *os mistérios do Reino*: Mateus muda o termo usado por Marcos no singular, *mystērion*, para a forma no plural e reduz a sugestão de uma distinção entre um círculo de ouvintes exotérico e outro esotérico. Os mistérios aqui têm o sentido da palavra semítica *rāz*, que se encontra em Dn e em *LQ*, os planos ou projetos secretos de Deus para a história e particularmente para estabelecer seu reino de justiça por meio da superação das forças malignas (veja R. E. Brown, *The Semitic Background of the Term "Mystery" in the New Testament* [FBBS 21; Philadelphia, 1968]). **12.** *àquele que tem, lhe será dado*: Aqui e no versículo anterior, as passivas são teológicas (*ZBG* § 236): Deus dará. A verdade amarga desse versículo não tem um significado econômico (embora muitas vezes também seja aplicável), mas espiritual, intelectual: se você se abrir em fé e esperança à revelação por Deus de seu plano de salvação, poderá progredir rapidamente na compreensão dele. Se você se fechar para ele, poderá perder a oferta. **13.** *porque* veem *sem ver*: Houve uma grande discussão entre os intérpretes para compreender a palavra "porque": isso significa que Jesus pretendia que as pessoas não compreendessem ou esse seria meramente o resultado (não intencional) em muitos casos? Mateus suavizou claramente a forma de Marcos no último sentido. Mas a forma mais difícil de Marcos tem sua base na linguagem bíblica da predestinação e da eleição, linguagem que tencionava afirmar que Deus está no controle e vencerá no final. **14-15.** Mateus cita então o texto todo de Is 6,9-10 aludido no v. 13, de modo que o leitor possa ver sua intenção positiva de salvar, de forma visível no fim, "eu os cure". **16.** *felizes os vossos olhos*: Mateus acrescenta a este trecho uma bem-aventurança procedente de Q (Lc 10,23-24), transformando os reis em homens justos (um de seus grandes temas é a justiça). A bem-aventurança expressa o papel privilegiado dos discípulos como testemunhas oculares.

87 (C) A explicação da parábola do semeador (13,18-23). Veja Mc 4,13-20; Lc 8,11-15. À parte das mudanças no começo e no final, Mateus segue Marcos de forma bastante próxima, mas a formatação geral conduz a um crescimento importante no significado. **19.** *a Palavra*: Ela é especificada como a palavra "do reino", e deixar de recebê-la é uma falta de "compreensão", não de audição. *maligno*: Satanás é chamado assim mais vagamente; e o lugar da falta é "seu coração". **23.** *e a entende*: Introduzido outra vez como característica do bom discípulo, juntamente com "pratica". No v. 21, a causa da falta é "tribulação ou perseguição"; no v. 22, a causa é "a sedução da riqueza". Ambas são de Marcos, e o conjunto tem o mesmo ensinamento que em 4,11. Somente quem ama a Deus de coração, alma (ao ponto do martírio em meio às perseguições) e força (bens) (Dt 6,5; *m. Ber.* 9,5) recebe verdadeiramente sua palavra. As faltas vêm dos defeitos do coração, da alma ou da força (Gerhardsson). Assim, tudo está centrado no amor puro a Deus como a maneira de receber e compreender a palavra do reino. Para um paralelo judaico, veja 2Esd 8,41-44.

88 (D) A parábola do joio e do trigo (13,24-30). Compreendida tradicionalmente, esta parábola não tem paralelo, mas está se tornando reconhecida atualmente como uma reelaboração de Mc 4,26-29, a parábola da semente que cresce secretamente, por Mateus. Mateus atualizou não somente a parábola mais antiga para adequá-la às necessidades de sua comunidade, mas dotou-a também de uma interpretação alegórica refinada (vv. 36-43). Visto em si mesma, é uma parábola do reino, a primeira que o é explicitamente (cf. v. 19). Todas as cinco parábolas restantes começarão também com o Reino. **24.** *ao homem*: Ele é um "senhor" com "servos" (v. 27). Os servos ficam escandalizados por encontrar joio na plantação. **30.** *deixai-os crescer juntos até a colheita*: Essa é a parte crucial da resposta, defendendo paciência e tolerância até a separação final. A menção de "arrancar", quatro vezes, sugere que a parábola está preocupada de algum modo com a comunidade. Para a aplicação, veja os vv. 36-43.

89 (E) As parábolas do grão de mostarda e do fermento (13,31-33). Veja Mc 4,30-32; Lc 13,18-21. Estas parábolas formam um par em Mateus e em Lucas, uma sobre um homem, a outra sobre uma mulher, refletindo a justiça imparcial de Jesus a ambos os sexos. Do ponto de vista da crítica das fontes, a situação é complexa: a primeira parábola é conservada nas formas de Marcos e Q; a segunda é uma parábola de Q. Mateus baseia-se em ambas as fontes. **31-32.** O sentido da parábola da semente de mostarda é a surpreendente passagem repentina da quase invisibilidade do reino para sua grandiosa plenitude e sua hospitalidade universal e abrangente. O versículo 32 contém alusões a Sl 104,12; Dn 4,9.12.18.21.22; Ez 17,22-24; 31,2-9. **33.** *fermento que uma mulher tomou*: Numa época em que era privilégio da mulher principal da casa amassar o pão para toda a família e os empregados, ver a massa do pão crescendo em consequência do efeito catalítico da pequena porção de fermento misturado à massa era uma experiência doméstica familiar. Neste trecho, Jesus a usa para indicar o efeito surpreendente que um pequeno movimento pode ter no todo da sociedade; o plano de Deus opera de forma quase invisível para alcançar seus propósitos. Na tradição judaica, o fermento tinha muitas vezes o significado simbólico do mal, da propensão ou da tendência ao pecado em um indivíduo, estando ligado aos rituais da Páscoa como a festa dos Pães Ázimos (Ex 12,19; 13,7; Dt 16,3; 1Cor 5,6-8). Mas, neste trecho, Jesus usa o fermento de uma forma positiva, como um símbolo para o poder de Deus. Um significado colateral dessa parábola é que é possível ver Deus presente e ativo nas coisas diárias se as observamos com admiração.

(CROSSAN, J. D., "The Seed Parables of Jesus", *JBL* 92 [1973] 244-66. DAHL, N. A., *Jesus in the Memory of the Early Church* [Minneapolis, 1976] 141-66.).

90 (F) O uso de parábolas por Jesus (13,34-35). Veja Mc 4,33-34. **34.** *por parábolas*: Este versículo é quase poético em sua estrutura cuidadosamente equilibrada de paralelismo antitético. Mateus omite a necessidade de Jesus explicar tudo a seus discípulos porque eles geralmente compreendem seu ensinamento (contraponha o v. 36 aos vv. 51.52). **35.** *para que se cumprisse*: Uma outra citação de cumprimento é acrescentada (→ 7 *acima*), desta vez do Sl 78,2, para explicar por que Jesus, o Filho de Davi, falava em parábolas. A primeira linha segue a LXX exatamente, mas a segunda, "proclamarei coisas ocultas desde a fundação do mundo", é uma refundição independente que retorna à ideia do caráter misterioso e oculto do reino dos vv. 10-17. Jesus é íntimo da mente divina, diz Mateus. A unidade funciona como um tampão que quebra a série das parábolas e convida o ouvinte a refletir sobre o que foi ouvido até então.

91 (G) A interpretação da parábola do joio (13,36-43). Mateus revela agora com plenos detalhes alegóricos o significado dos vv. 24-30. Nos vv. 37-39, ele oferece equivalentes escatológicos para sete elementos da parábola, de uma forma um tanto estática. Na segunda parte da explicação (vv. 40-43), ele traz uma apresentação dinâmica do juízo final e da consequente separação entre os "malfeitores" (lit., aqueles que praticam a iniquidade) e os "justos". **38.** *o campo é o mundo*: O *kosmos* refere-se aqui ao mundo humano, à humanidade. *Maligno*: O mal é personificado aqui, como em 5,37; 6,13; 13,19; mas é chamado de "o diabo" no versículo seguinte. **41.** *seu Reino*: Esta expressão foi usada no passado para fazer uma distinção entre o reino do Filho (a igreja atual) e o reino de Deus, mas esta distinção parece infundada. O reino de Deus é dado ao Filho do Homem, e ele o trará à terra em sua plenitude "no fim das eras" (vv. 39.40). **42.** *fornalha ardente*: Este é um elemento de qualidade, equivalente à "fornalha chamejante". Mateus, aqui e em outros lugares (*p.ex.*, 25,31-45), aplica pastoralmente a visão apocalíptica do inferno. *choro e ranger de dentes*: Quase um clichê em Mateus (8,12; 13,50; 24,51; 25,30); cf. Lc 13,28. **43.** *então os justos*: Esta expressão de alegria reflete Dn 12,3, mas com diversas mudanças importantes: são os "justos", em vez dos sábios, que brilharão; o lugar onde brilharão é "o reino". Os detalhes não deveriam obscurecer o ponto principal da parábola: o reino é um corpo misto de santos e pecadores na terra, até a separação final pelos anjos de Deus. Consequentemente, a paciência, a tolerância e a longanimidade são necessárias. Ninguém deveria usurpar o julgamento divino. Esta concepção pode parecer comum, mas, na realidade, difere um tanto da concepção de Paulo de uma igreja de "santos", uma concepção que levou alguns teólogos posteriores a falar da igreja verdadeira como oculta ou invisível, enquanto outros insistem em sua visibilidade. Os grupos puritanos que tentam excluir todos os pecadores terminam como comunidades pequenas ou efêmeras. Como um todo, a concepção de Mateus incita à preparação para o julgamento e protege a comunidade de acusações de hipocrisia. O problema com sua concepção é que pode ser interpretada de outra forma: nada pode ser feito a respeito do mal em nosso meio; a única resposta neste caso seria a indiferença passiva. Mas essa não pode ser a verdade toda. O joio pode sufocar o trigo (v. 7); assim, ele deve ser mantido sob controle, mesmo que não seja completamente eliminado. A igreja necessita de reforma constante e de ação positiva que inclua a busca de santidade, mas precisa evitar um purismo ou angelismo irrealista. Uma única parábola não pode dizer tudo. A parábola da rede (vv. 47-50) destaca o mesmo aspecto: o reino é um corpo misto; a paciência é necessária, e deve-se deixar a separação final para Deus.

92 (H) As parábolas do tesouro, da pérola e da rede (13,44-50). Todas as três são parábolas do reino peculiares de Mateus. Nas duas primeiras, o problema da interpretação está em decidir se o sentido é o valor sem preço do tesouro ou da pérola, ou o comportamento daqueles que vendem tudo para possuir o objeto encontrado. Esta última ênfase é clara na história do negociador de pérolas, e provavelmente o mesmo também se aplica à história do tesouro. **44.** *alegria*: Esta observação não deve ser negligenciada: o reino é um tesouro tão valioso que um homem sábio daria tudo alegremente pela possibilidade de tê-lo; é uma oportunidade única na vida. Meias medidas não terão valor no reino de Deus (veja J. Dupont, "Les paraboles du trésor et de la perle", *NTS* 14 [1967-68] 408-18; J. D. Crossan, *Finding is The First Act* [Philadelphia, 1979]). **47.** *semelhante à rede*: A parábola em si abrange os vv. 47-48, e a interpretação segue nos vv. 49-50.

O sentido é o mesmo que o da parábola do joio (vv. 24-30) e de sua interpretação (vv. 36-43): o reino é um corpo misto de santos e pecadores (peixes bons e ruins). A classificação final deve ser deixada para Deus e seus anjos. Entrementes, a tolerância paciente deve guiar a prática dos que estão nele.

93 (I) O velho e o novo (13,51-52). 51. *entendestes todas essas coisas*: Os discípulos respondem ousadamente que sim. Compreensão é uma característica do bom discípulo em Mateus (cf. Mc 8,17-21). **52.** *todo escriba que se tornou discípulo*: Este versículo é importante sob diversos pontos da vista. Primeiramente, em seu contexto imediato, é uma espécie de parábola que conclui o capítulo das outras sete parábolas. É uma parábola sobre fazer parábolas, uma metaparábola que convida o leitor/ouvinte para entrar no processo das parábolas, criando novas parábolas para acrescentar a esta que acabou de ser feita. *novas e velhas*: O problema da interpretação recai sobre o significado desta expressão. A concepção mais comum interpreta o velho como o AT, e o novo como o ensinamento de Jesus sobre o Reino. Mas A. Schlatter (*Der Evangelist Matthäus* [4ª ed.; Stuttgart, 1957] 450-51) sustenta que o velho inclui o AT e o ensinamento de Jesus, e o novo é o que se encontra adiante, a crucificação, etc. J. Dupont objeta que esta concepção está distante dos pensamentos de Mateus (5,17-19). Aqui é necessário fazer uma distinção: Mateus não visa à inovação na lei moral (*halaka*), mas pratica e incentiva o contar histórias para tornar a lei atraente e compreensível (*haggada*). Em segundo lugar, o verso sugere a existência e a atividade de escribas cristãos na igreja de Mateus (23,34). Em terceiro lugar, o versículo foi corretamente compreendido como a autobiografia ou retrato do evangelista. Ele também se aplicaria a Paulo.

(DUPONT, J., *Etudes sur les évangiles synoptiques* 2. 920-28. ZELLER, D., "Zu einer jüdischen Vorlage von Mt 13,52", *BZ* 20 [1976] 223-26.)

94 (VII) O reconhecimento por parte dos discípulos (13,53-17,27).

(A) A rejeição de Jesus em sua própria terra (13,53-58). Veja Mc 6,1-6; Lc 4,16-30. Uma nova seção do Evangelho começa neste ponto, consistindo de narrativas derivadas na maior parte de Marcos, em que Mateus desenvolve os elementos que se relacionam a Pedro (14,28-31; 16,16-19; 17,24-27). Aqui Jesus começa mais explicitamente o caminho para a cruz e prediz sua paixão, ao mesmo tempo em que forma seus discípulos para seguir em frente após seu falecimento. De modo adequado, a seção começa com um relato de rejeição. **53.** *quando Jesus acabou*: Veja o comentário sobre 7,28a. **54.** *na sinagoga*: Daqui em diante na unidade, Mateus segue Marcos de perto. Outra vez ele muda "a" sinagoga para "deles" (veja o comentário sobre 4,23; 10,17). **55.** *filho do carpinteiro*: Mateus muda a expressão citada em Marcos de Jesus como carpinteiro (ou pedreiro) para a menos ignóbil "filho de carpinteiro". No Talmude, os carpinteiros (*naggār*) são elogiados por seu conhecimento da Torá (*y. Yebam.* 8.9b; *y. Qidd.* 4.66b). *irmãs*: O termo poderia designar meio-irmãos ou familiares em geral (veja *FGL* 723-24; *MNT* 65-72; → Pensamento do NT, 81:142). **56.** A familiaridade produz desprezo. Os compatriotas de Jesus não percebem a presença de Deus nele simplesmente porque conhecem suas origens e seu contexto humano humilde, dos quais eles fazem parte. Ao desprezá-lo, eles desprezam a si mesmos. **57.** *não há profeta sem honra*: O dito pode ter sido proverbial, mas identifica Jesus como um profeta. **58.** *não fez*: Mateus muda o "e não podia" de Marcos (falta involuntária) para "não fez" (decisão voluntária, livre).

(Batey, R. A., "Is not This the Carpenter?", *NTS* 30 [1984] 249-58.)

95 (B) A morte de João Batista (14,1-12). Veja Mc 6,14-29; Lc 9,7-9. Mateus abrevia Marcos neste relato como faz nos milagres. A história é contada a partir de um ponto de vista menos íntimo e moral, mas mais político em Josefo, *Ant.* 18.5.2 § 116-19. **1.** *Herodes, o tetrarca*: Antipas, filho de Herodes, o grande e Maltace (→ História, 75:165). **3.** *Herodias*: a sobrinha de Herodes, o Grande, e filha de Aristóbulo IV; ela se casou com seu tio "Filipe", um filho de Herodes que vivia privadamente em Roma. Josefo chama seu primeiro marido de Herodes Boethus. Sua única filha conhecida era Salomé. Depois que Herodias se encontrou com Antipas, ficou tão ambiciosa quanto ele, deixou seu marido e o seguiu. Herodes Antipas se divorciou de sua esposa, filha de Aretas IV, rei dos nabateus, para se casar com ela (→ História, 75:165). **4.** *não é permitido*: João Batista julgou que Herodes tivesse pecado por tomar a esposa de seu irmão quando seu irmão ainda estava vivo, cometendo assim adultério e incesto, proibidos em Lv 20,10.21. **5.** *tinha medo da multidão*: Mateus reescreve Marcos incisivamente aqui, suprimindo a intriga feminina e passando o objeto do medo de João Batista para as multidões, como em Josefo. **7.** *prometeu, sob juramento*: Esse juramento pode ter sido vinculante na lei. Quebrá-lo implicaria perjúrio ou inconveniência política. Mateus minimiza a extravagância de Herodes, mas mostra-o ainda como volúvel e como vítima de intrigas. Observe os ecos de Est 5,3.6; 7,2; 1Rs 13,8; 19,2,10.14. **10.** *decapitar João no cárcere*: Josefo identifica o cárcere como Maquero na Transjordânia. **12.** *foram anunciar o ocorrido a Jesus*: Ao acrescentar esta frase, Mateus relaciona o episódio inteiro à sua figura central. João Batista foi decapitado sem um simulacro de julgamento sequer.

(Derrett, J. D. M., *Law in the New Testament* [London, 1970] 339-58).

96 (C) A alimentação dos cinco mil (14,13-21). Veja Mc 6,30-44; Lc 9,10-17. Um outro milagre de alimentação acontece em 15,32-39. **13.** *Jesus, ouvindo isso*: A morte de João Batista é o motivo para a retirada de Jesus; cf. Mc 6,30.31-**14.** *curou seus doentes*: A compaixão de Jesus conduz à cura, não ao ensino como em Marcos. **16.** *dai-lhes vós mesmos de comer*: Jesus forma os discípulos para terem autoconfiança, mostrarem iniciativa, serem líderes (cf. v. 19). **17.** *dois peixes*: Uma vez que os peixes não se encaixam na conotação eucarística, Mateus os mencionará novamente só uma vez; Marcos três vezes mais. **19.** *pronunciou a bênção, partindo os pães, deu-os*: O ritual da refeição diária dos judeus; mas a fórmula aponta para a última ceia (26,26). Os discípulos agem como mediadores entre Jesus e as multidões. **20.** *todos comeram*: As multidões representam todo o Israel reunido por Jesus. *doze cestos*: Os cestos representam as doze tribos sob os doze discípulos (cf. 19,28). **21.** *sem contar mulheres e crianças*: O acréscimo de Mateus é muito importante, porque o número total poderia também chegar a 20 ou 30 mil; e acontece outra vez (15,38). Uma vez que a população judaica total da Palestina é estimada em meio milhão naquele tempo, Jesus é apresentado como alimentando um décimo da população. Isso dá aos dois relatos de alimentação um caráter social, que os torna diferentes dos relatos de cura. Além dos milagres relacionados à natureza ou dos milagres morais (o povo compartilhou seus mantimentos de modo que todos tivessem o suficiente), devemos ver o milagre social. Os acontecimentos são descritos para refletir Ex 16; Nm 11 (o maná e as codornizes), bem como 2Rs 4,1-7.42-44 (Eliseu multiplica o óleo e o pão). Como Israel é alimentado aqui, o par no cap. 15 é tido, muitas vezes, como uma representação da alimentação dos gentios. Como as alimentações antecipam a eucaristia, a eucaristia antecipa o banquete messiânico no reino.

(FOWLER, R. M., *Loaves and Fishes* [Chico, 1981]. MASUDA, S., "The Good News of the Miracle of the Bread", *NTS* 28 [1982] 191-219.)

97 (D) Jesus caminha sobre as águas (14,22-23). Veja Mc 6,45-52; Jo 6,15-21. **22.** *aguardá-lo na outra margem*: Os discípulos vão para o lado do território dos gentios. **23.** *a fim de orar a sós*: A oração noturna solitária de Jesus é um modelo para os cristãos, que, além da oração comum, também necessitam às vezes de períodos de oração pessoal silenciosa em contato com a natureza. **24.** *o vento era contrário*: Nesta cena ideal, o vento representa as forças hostis do mundo. **25.** *caminhava sobre o mar*: No mito cananeu e no AT, o Senhor supera as ondas da morte (Sl 77,19; Jó 9,8; 38,16; Is 43,16; Eclo 24,5-6). **27.** *sou eu*: lit., "eu sou". Jesus compartilha o poder divino de salvar (Sl 18,17-18; 144,7; Ex 3,14; Is 43,10; 51,12). **29.** *Pedro caminhou sobre as águas*: A inserção dos quatro versículos (28-31) por Mateus em sua fonte marcana dá preeminência a Pedro, como outras duas tradições especiais de Mateus (16,17-19; 17,24-27). A conduta de Pedro não faz sentido exceto como uma combinação do amor impulsivo e da fé enfraquecida pela dúvida. Elementos singularmente pessoais e típicos se entrelaçam aqui (cf. Jo 20,28. 29). **33.** *verdadeiramente, tu és o Filho de Deus*: Em contraposição ao final de Marcos, aqui os discípulos compreendem e acreditam; antecipam também, em parte, a confissão de Pedro em 16,16. A história como um todo relata um milagre relacionado à natureza que é classificado no gênero de epifanias de resgate no mar. Assemelha-se a 8,18-27, o acalmar da tempestade, por ser uma parábola da igreja assediada e oferecer símbolos de uma fé que é ousada, indo rumo ao desconhecido, mas, ainda assim, vulnerável.

(HEIL, J. V., *Jesus Walking on the Sea* [AnBib 87; Rome, 1981].)

98 (E) Curas na terra de Genesaré (14,34-36). Veja Mc 6,53-56. Um resumo que Mateus abrevia de Marcos, esta pequena perícope generaliza a ação curativa de Jesus transformando-a em um acontecimento social e constitui uma transição à discussão da pureza ritual que segue. **34.** *Genesaré*: Era uma planície fértil localizada entre Cafarnaum e Tiberíades. **36.** *orla*: cf. 9,20. A orla estava unida à veste de oração de Jesus. Ao tocá-la, as pessoas praticavam um ato implícito de fé, mas, ao mesmo tempo, de um ponto de vista farisaico, em alguns casos, comunicavam sua impureza ritual a Jesus.

99 (F) Jesus e a tradição dos fariseus sobre pureza e votos (15: 1-20). Veja Mc 7,1-23. Mateus reescreveu com muito cuidado e sutileza o trecho de Marcos, para deixar claro que Jesus (e a igreja de Mateus) rompeu com a halacá dos fariseus, mas que ele (e eles), não obstante, permaneceu fiel (permaneceram fiéis) à Torá, quando interpretada de sua maneira (veja o comentário sobre 5,17-20). Mateus fez isto suprimindo duas frases de Marcos: 7,18, "não pode torná-lo impuro", e a glosa anacronística 7,19b, "assim, ele declarava todos os alimentos puros". De fato, o Jesus histórico não aboliu claramente a lei cerimonial como tal, uma vez que, de outra maneira, os embates da protoigreja registrados em Gl 2, At 10 e 15 seriam incompreensíveis. Mateus também acrescentou em 15,20b as palavras "comer sem lavar as mãos não o torna impuro". Isso concentra a atenção do leitor em dois pontos da prática peculiarmente farisaica que não estão na lei escrita: o lavar das mãos e os votos de *qorbān*, enquanto tira a atenção do assunto delicado das leis alimentares que estão na lei. Mateus conserva o dito radical no v. 11, mas tenta limitar sua aplicação de modo que deixe claro o sentido moral sem solapar a lei. Pode haver também uma alusão ao mandamento do amor a Deus (Dt 6,5) de todo coração (v. 18), alma (vv. 13.14?) e bens (v. 5) como a luz que guia toda a observância da lei. **2.** *tradição dos antigos*: Os fariseus acreditavam que sua tradição ou lei oral veio do Sinai, isto é, de Deus (*m. 'Abot* 1,1). Para Jesus como o receptor da tradição divina, veja 11,27. O tratamento rabínico básico sobre o lavar as mãos se encontra em *m. Yad*. **3.** *o mandamento de Deus*: Jesus faz a distinção crucial entre a Torá e a tradição farisaica. **4.** Veja Ex 20,12; Dt 5,16; Ex 21,17; Lv 20,9. **5.** O tratado *m. Ned.* trata dos votos de *qorbān*; veja também J. A. Fitzmyer, *ESBNT* 93-100. **8-9.** Ver Is 29,13. **11.** *o que sai*: As leis alimentares do *Kosher* são menos importantes do que a conduta moral e a fala. Acrescentando a palavra "boca" duas vezes à fonte de Marcos, Mateus limita a abrangência do dito. **13.** *toda planta*: Este dito e o v. 14 são um acréscimo redacional de Mateus (cf. Lc 6,39); enfatiza que os fariseus não devem mais ser seguidos. **19.** *más intenções*: Mateus, ao contrário de Marcos, limita a lista aos vícios bíblicos. Observe que a perícope inteira está estruturada de acordo com os destinatários: os escribas (vv. 1-9), as pessoas (vv. 10-11), os discípulos (vv. 12-14), Pedro (vv. 15-20).

(NEUSNER, J., *The Idea of Purity in Ancient Judaism* [Leiden, 1973].)

100 (G) A fé da mulher cananeia (15,21-28). Veja Mc 7,24-30. Mateus desloca o foco do milagre para o diálogo. **22.** *uma mulher cananeia*: Mateus escolhe esse nome bíblico arcaico no lugar do nome contemporâneo "siro-fenícia" de Marcos para nos lembrar de 1,5. A mulher é duplamente marginalizada: uma mulher sozinha no mundo dos homens; uma gentia e, portanto, impura, "menstruante desde o berço" (*m. Nid.* 4,1; cf. Mt 15,1-20). *Filho de Davi*: Veja o comentário sobre 9,27. **23.** *nada lhe respondeu*: O silêncio estranho de Jesus é explicado no versículo seguinte: não desejou exceder sua missão divina. **24.** *senão às ovelhas perdidas da casa de Israel*: Cf. 10,6. Esta afirmação reflete a política normal do Jesus histórico, sua missão de juntar todo o Israel para os acontecimentos do fim dos tempos; mas cf. 28,19. **26.** *aos cachorrinhos*: Mateus mantém o dito áspero de Marcos, mas sem o suavizante "não fica bem tirar o pão dos filhos", que inclui uma perspectiva da história da salvação: primeiramente os judeus, depois os gentios (Rm 1,16). **27.** *os cachorrinhos também*: a mulher retoma rapidamente a imagem da resposta de Jesus e a usa em benefício próprio, contudo, sem arrogância. Sua humildade ousada supera-o no debate. **28.** *grande é a tua fé*: Jesus é generoso em seu elogio (somente a respeito dela se diz ter "grande fé" em Mateus) e em seu poder de cura. No nível redacional, ouvimos duas vozes da comunidade de Mateus, a particularista e a universalista (veja A. Dermience, *ETL* 58 [1982] 25-49).

101 (H) A cura de muitas pessoas (15,29-31). Veja Mc 7,31-37. Este é um outro resumo de relatos de curas (cf. 14,34-36). **29.** *subindo a montanha, sentou-se*: Lembre-se de 5,1. Jesus cura vários tipos de pessoas doentes, mas os surdos não são mencionados; cf. Mc 7,32-36, onde Jesus cura um surdo-mudo. Os tipos de doença recordam Is 35,5-6; 29,18-19. **31.** *deram glória ao Deus de Israel*: Este é o término de Mateus, talvez influenciado por Is 29,23. As pessoas curadas são possivelmente gentílicas, de modo que, com o ministério de Jesus, elas se tornam parte do Israel reunido. A mesma multidão é alimentada na perícope seguinte.

102 (I) A alimentação dos quatro mil (15,32-39). Veja Mc 8,1-10. Embora seja um par de 14,13-21, a formatação dos detalhes a torna uma alimentação de gentios. **32.** *chamando os discípulos*: O acontecimento é motivado pela compaixão de Jesus, pois ele toma a iniciativa. **33.** *num deserto, tantos pães*: a expressão aponta para a alimentação dos israelitas com o maná (Ex 16,4-12). **36.** *dar graças*: O part. *eucharistēsas* indica a eucaristia. **37.** *sete cestos*: O número recorda as nações de Canaã (At 13,19) e os servidores helenísticos (At 6,5; 21,8); assim, os gentios que foram incorporados na plenitude de Israel. **38.** *sem contar mulheres e crianças*: Mateus acrescenta esta expressão, que faz dela um acontecimento social ainda mais significativo; veja comentário sobre 14,21. **39.** *Magadã*: O local é desconhecido.

103 (J) A exigência de um sinal (16,1-4). Ver Mc 8,11-13; Lc 12,54-56. Há também um paralelo interno em Mt 12,38-39. Do ponto de vista crítico-textual, os vv. 2-3 são incertos. Somente o primeiro e o último versículos paralelizam Mc 8,11-12. Mateus parece juntar fontes neste trecho. Estes são ditos de advertência ou de ameaça. **1.** *fariseus e saduceus*: Esta é uma combinação estranha de dois partidos hostis que se encontram nas fontes de Mateus. Os saduceus tinham deixado de existir na época de Mateus. Juntos, os dois nomes de partido simbolizam a liderança dos judeus em oposição a Jesus. *um sinal*: Veja o comentário sobre 12,38; cf. 1Cor 1,22, "os judeus exigem um sinal". *bom tempo*: O discernimento agrário sobre o tempo deveria acarretar ou ser um modelo para o discernimento sobre a ação de Deus na história em seu agente Jesus, mas isto não ocorre com frequência. **3.** *os sinais dos tempos*: Deus dá indicações de sua vontade em cada época, mas os crentes devem estar atentos a elas. O dito é um convite à hermenêutica da história e, como tal, um desafio permanente à igreja. **4.** *o sinal de Jonas*: uma referência de Mateus (a 12,39) acrescentada à fonte de Marcos; o sinal é provavelmente o ministério de Jesus (ver comentário a 12,39).

104 (K) O fermento dos fariseus e dos saduceus (16,5-12). Veja Mc 8,14-21. Como na unidade precedente, Mateus junta outra vez suas fontes, excluindo o que julga ser duro demais em Marcos sobre a falta de compreensão dos discípulos e acrescentando o v. 12 para fazer sua própria observação polêmica contra seus rivais em Jâmnia. Todas as versões dos evangelhos são advertências. Mateus adverte contra o falso ensinamento, Lucas contra a hipocrisia. A ênfase original de Marcos parece ser uma preocupação com a comunhão de mesa aberta entre gentios e judeus, na qual "um pão seria suficiente (segundo N. A. Beck, *CBQ* 43 [1981] 49-56). **6.** *acautelai-vos do fermento dos fariseus e dos saduceus*: Sobre o fermento como símbolo de corrupção, veja o comentário sobre 13,33. Sobre os dois partidos, veja o comentário sobre o v. 1. **9.** *ainda não entendeis?*: Mateus abrevia Marcos aqui, porque, no v. 12, ressaltará que os discípulos de fato compreendem. **12.** *então compreenderam*: para Mateus, um discípulo bom é aquele que compreende e permanece fiel ao ensinamento de Jesus, em oposição ao do rabinato emergente e em oposição a qualquer nostalgia do templo representada pelo saduceus.

105 (L) A confissão de Pedro (16,13-20). Veja Mc 8,27-30; Lc 9,18-21. Esta unidade constitui o clímax do Evangelho segundo Marcos, junto com 8,31-9,13. Mateus acrescenta aqui os vv. 16b-19, que constituem um complemento eclesiológico famoso à confissão de Pedro. **13-16.** Sobre estes versículos, que contêm a grande confissão de fé de Pedro em Jesus, veja os comentários sobre Mc 8,27-30 (→ Mc 41,55). Mas observe os seguintes aspectos peculiares de Mateus. **13.** *o Filho do Homem*: Substitui o "eu" de Marcos. Mateus herdou a identificação do Jesus terreno com o Filho do Homem (cf. Dn 7,13) de Q. **14.** *Jeremias*: Mateus menciona esse profeta aqui porque é o profeta que, em sua própria experiência de rejeição e sofrimento, anuncia a rejeição e sofrimento do Messias (M. J. J. Menken, *ETL* 60 [1984] 5-24). **16.** *o Filho do Deus vivo*: Mateus acrescenta esta frase (cf. 14,33) à expressão "o Cristo" de Marcos, para interpretá-la no sentido da singular consciência de filiação de Jesus (11,27). Invocando o relacionamento de Pai-Filho, Mateus desvia nossa atenção para longe das conotações militares e nacionais do título "Messias". **17-19.** A versão de Marcos não tem uma resposta satisfatória de Jesus à confissão de Pedro, somente uma ordem para silenciar. Mateus se encarrega de dar uma resposta, provavelmente a partir de uma fonte anterior. Formalmente, o v. 17 é uma beatitude, enquanto os vv. 18.19 poderiam ser vistos como uma lenda etiológica que explica a mudança de nome de Pedro. Juntos, os vv. 17-19 fornecem um relato fundacional sobre a autoridade póspascal na igreja e uma comissão à liderança. **17.** *te revelaram isso*: Isto talvez se oponha à reivindicação de Paulo em Gl 1,15.16 (J. Dupont, *RSR* 52 [1964] 411-20). **18.** *pedra*: um trocadilho com o nome de Pedro (*Petros, petra*); em aramaico ambos seriam *kêpā'* (cf. Is 28,14-22; 51,1.2; 1QH 3,13-18; 6,25-27; veja J. A. Fitzmyer, *TAG* 112-24). *Igreja*: *Ekklēsia* se encontra somente aqui e em 18,17 nos quatro evangelhos. O termo designa assembleia do povo de Deus. *portas do Hades*: Cf. Is 38,10; Jó 38,17; Sl 9,14; Sb 16,13. **19.** *chaves*: Is 22,22.23; Jó 1,14; *1 Henoc* 1-16 (G. W. E. Nickelsburg, *JBL* 100 [1981] 575-600). *Reino*: Aqui Mateus relaciona a igreja ao reino: a igreja é uma organização interimística que medeia a salvação no tempo entre o ministério de Jesus na terra e a vinda futura do reino. *será ligado*: Este e o paralelo "será desligado" estão na voz passiva teológica (*ZBG* § 236); Deus ligará e desligará o que Pedro ligar e desligar. Este versículo dá uma autoridade enorme a Pedro. Qual é a natureza desta autoridade? Ligar e desligar são termos técnicos rabínicos que podem designar o ato de amarrar o diabo no exorcismo (R. H. Hiers, *JBL* 104 [1985] 233-50), os atos judiciais da excomunhão e da tomada de decisão definitiva (uma forma de ensino através da legislação, da definição de políticas). Veja J. Jeremias, *TDNT* 3. 744-53. A autoridade para ligar e desligar é dada aos discípulos em 18,18, mas somente a Pedro são outorgados a revelação, o papel de pedra fundamental (Ef 2,20) e, especialmente, as chaves. No *Ev. Tomé* 12, o papel-chave é outorgado a Tiago, líder dos judeus cristãos. Para os cristãos gentílicos, Paulo seria o candidato preferencial à liderança. Pedro representa, assim, um acordo que pode manter unidas ambas as tendências na protoigreja em uma síntese precária. Mateus mostra aqui seu bom senso ecumênico. Está também implicada a reminiscência histórica de que Pedro foi o porta-voz dos discípulos durante o ministério de Jesus. No conjunto, os vv. 17-19 representam uma mistura de imaginário poético do AT e legislação institucional. Tal combinação não é incomum na literatura rabínica, mas aqui atinge uma densidade notável. **20.** *ele era o Cristo*: Mateus resume a revelação principal no final para amarrar o conjunto. Veja ainda em *PNT* 83-107.

106 (M) A primeira predição da paixão e ditos sobre o discipulado (16,21-28). Veja Mc 8,31-9,1; Lc 9,22-27. As outras duas predições se seguirão em 17,22-23; 20,17-19; cf. 26,1-2. **21.** *a partir dessa época*: Com esta expressão, Mateus, ao contrário de Marcos, separa a predição da paixão da confissão. *Jerusalém*: Essa é a cidade onde os profetas morrem (23,29-39). *dos anciãos, dos chefes dos sacerdotes e dos escribas*: Os três grupos de líderes compõem o sinédrio; os anciãos eram líderes leigos. Observe que os fariseus não são mencionados. *ao terceiro dia*: Uma alusão a Os 6,2. É improvável que Jesus tenha falado em termos tão precisos de seu destino (embora nem a crucificação nem os gentios sejam mencionados). Nesse sentido, é uma profecia *ex eventu*. Mas Jesus muito provavelmente refletiu, de fato, sobre sua morte futura nas mãos das autoridades e seu significado no plano de Deus para a salvação (H. Schurmann, *Jesu ureigener Tod* [Freiburg, 1975]). **22.** *repreendê-lo*: Pedro quer somente uma teologia da graça e da glória, separar Cristo de sua cruz. **23.** *Satanás*: A esse vocativo áspero Mateus acrescenta: "Tu me serves de pedra de tropeço", ironicamente após 16,18. **24-28.** Veja os paralelos em 10,38-39.33. Em Mateus, os cinco ditos são dirigidos somente aos discípulos. Os primeiros três, sobre o custo do discipulado, podem ser compreendidos como um comentário sobre o grande mandamento de amar a Deus com todo o coração, alma e força (Dt 6,5; veja o comentário sobre Mt 4,1-11). **24.** Autonegação significa submissão à vontade de Deus. *tome sua cruz*: Esta não é uma alusão à crucificação de Jesus. Essa morte horrível era comum na Antiguidade, e a cruz era um termo proverbial para designar sofrimento e agonia. **25.** *salvar a sua vida*: Evitando o martírio. **26.** *o mundo inteiro*: Isto é, para adquirir grande riqueza. Notável é a transferência do mandamento de amar a Deus para um mandamento para amar (seguir) Jesus. Os ditos expressam uma verdade psicológica profunda: que a felicidade escapa daqueles que a procuram diretamente em vez de procurarem primeiramente a vontade de Deus, isto é, o que é certo. **27-28.** Os dois últimos ditos implicam um retrato apocalíptico das recompensas do discipulado. O Filho do Homem age como juiz e o reino é seu. **27.** *retribuirá*: Uma alusão ao Sl 62,13. **28.** *não provarão a morte*: A estrutura temporal está incorreta caso se refira à vinda do reino em sua plenitude (cf. Mc 13,32). Mas alguns viram a promessa cumprida na Transfiguração (17,1-9, descrita como uma visão no v. 9).

107 (N) A transfiguração (17,1-13). Veja Mc 9,2-13; Lc 9,28-36. **1.** *seis dias depois*: Cf. Ex 24,13-16, onde Deus se revela a Moisés após seis dias; Dt 16,13-15, o último dia da festa das Tendas. *Pedro, Tiago e seu irmão João*: A tríade reaparecerá no Getsêmani (Mt 26,37). *alta montanha*: Uma montanha simbólica de revelação, uma espécie de Sinai da Galileia, talvez então o Carmelo, em vez do tradicional Tabor ou do Hermon visualmente adequado, embora nenhuma localização seja necessária. **2.** *foi transfigurado*: Este tema da metamorfose é tão comum no paganismo clássico (cf. Ovídio, *Metamorfoses*) que Lucas julgou melhor evitar completamente o termo. Assim, não é essencial ao acontecimento. *como a luz*: Jesus se transforma num ser de luz; sua natureza torna-se luminosa, transparente ao olhar dos discípulos. Este é o aspecto central (cf. Ex 34,29.35). **3.** *Moisés e Elias*: Os videntes preeminentes de Deus no AT, ambos conectados com o Sinai-Horebe, representantes, respectivamente, da lei e dos profetas (galileus, itinerantes, que fazem milagres). **4.** *Senhor*: Mateus traduz corretamente o "rabi" de Marcos, que em Marcos não designa um mestre judaico, mas representa um uso mais antigo do aramaico, lit., "meu grande", um vocativo respeitoso para Deus, anjos e soberanos terrenos. *três tendas*: Sem dúvida, uma referência à festa das Tendas ou dos Tabernáculos (no sentido de *Sukkôt*, "cabanas", Lv 23,42; Ne 8,14-18). Este cenário litúrgico é o indício para o significado do acontecimento. **5.** *uma nuvem luminosa*: Isto é, a presença divina, a *shekinah*, a nuvem do mistério em que Deus é encontrado e ouvido; veja a nuvem preta no mosaico de Beth-Alpha para uma representação visual (veja E. L. Sukenik, *The Ancient Synagogue of Beth Alpha* [Jerusalém, 1932]). *Este é meu filho amado*: Às referências de Marcos ao Sl 2,7 e Dt 18,15, Mateus acrescentou uma a Is 42,1. Jesus é designado aqui como Filho de Deus, Servo Sofredor e profeta como Moisés. Os livros da Lei, dos Profetas e da Sabedoria testemunham Jesus. **6.** *muito assustados*: Mateus transferiu seu medo aqui como reação à ordem divina, e não à visão em si (Marcos). **7.** *tocando-os*: O toque de Jesus supera seu medo e talvez os consagre para o serviço no futuro. **8.** *Jesus estava sozinho:* Moisés e Elias se retiraram, isto é, diminuíram em importância diante da revelação mais plena em Jesus. **9.** *visão:* Chamando o acontecimento de visão, Mateus pode dar um indício da natureza do acontecimento: alguns o consideraram uma visão de Pedro no contexto do estudo das Escrituras durante a festa das Tendas, por meio da qual ele compreendeu o papel de Jesus. Assim, o relato é visto como a externalização de um acontecimento espiritual interno – se pré-ou pós-pascoal, é impossível de se dizer. Observe a influência apocalíptica de Dn 8,17; 10,9-10. Aplicações do acontecimento ao destino do cristão ocorrem em Rm 12,2; 2Cor 3,18; cf. 2Pd 1,16-18; 2Tm 1,8.10.11. *Elias:* Veja Ml 3,23-24 (versões contemporâneas, 4,5-6). *venha primeiro:* Isto não significa antes que o Messias venha, mas antes da ressurreição dos mortos (Dn 12,2) ou antes que o Filho do Homem ressuscite dos mortos (veja J. A. Fitzmyer, *JBL* 104 [1985] 295-96). **12.** Veja 1Rs 19,2.10; Sl 22,6; Is 53,3. **13.** João Batista já foi identificado com Elias em 11,14. Em Mateus, os discípulos compreendem, enquanto em Marcos nada é dito a este respeito.

(CHILTON, B. D., "The Transfiguration", *NTS* 27 [1980-81] 115-24. NÜTZEL, J. M., *Die Verklärungserzählung im Markusevangelium* [Würzburg, 1973].)

108 (O) A cura do endemoninhado lunático (17,14-20). Veja Mc 9,14-29; Lc 9,37-43. Aqui, outra vez, Mateus abrevia muito sua fonte Marcos. **15.** *Senhor:* Mateus muda o "mestre" de Marcos para a forma mais reverente "Senhor" e coloca o homem "de joelhos" para mostrar sua fé. *lunático:* termo o grego *selēniazesthai,* "golpeado pela lua", era uma maneira antiga de descrever a epilepsia, um distúrbio nervoso que causa violentas convulsões temporárias. Se não é tratado, o epiléptico pode morrer dos efeitos de tal ataque, por exemplo, caindo no fogo ou na água. **16.** *não foram capazes de curá-lo:* Surge aqui uma sugestão de que os discípulos de Jesus não serão tão eficientes em curar como era o próprio Jesus, mas cf. Jo 14,12. **17.** *incrédula:* Veja Dt 32,5.20. No caso dos discípulos, o v. 20 suavizará a acusação: "fraqueza de fé". **20.** *fé como o grão de mostarda:* Os discípulos têm uma fé que compreende e assente, mas não confia o suficiente. Mateus deriva esta imagem de Q (Lc 17,6). A imagem de mover a montanha para o mar é compartilhada com Mc 11,23. *Nada será impossível:* Cf. Mc 9,23. O episódio inteiro se transforma, assim, numa instrução aos discípulos sobre o poder de uma fé confiante.

109 (P) A segunda predição da paixão (17,22-23). Veja Mc 9,30-32; Lc 9,43-45. Esta é a mais curta e a mais vaga das predições (veja 16,21; 20,18.19) e talvez represente o tipo mais antigo. **22.** Mateus suprime o tema do segredo messiânico de Marcos aqui. O Filho do Homem é identificado com Jesus e está destinado a sofrer, uma ideia que não se encontra em Dn 7,13. *será entregue:* A voz passiva pode conotar a ação divina (através de Judas). *homens:* Aqui nem os judeus nem os gentios são culpabilizados. **23.** *matarão:* Não se faz menção ao modo da execução. *ressuscitará:* Outra vez, o verbo está na voz passiva: Deus é o agente. *muito tristes:* A tristeza dos discípulos sugere que eles compreendem, pelo menos em parte, o destino trágico de Jesus.

110 (Q) O estáter na boca do peixe (17,24-27). Este episódio enigmático se encontra somente em Mateus. A maioria dos autores supõe que o imposto em questão fosse o imposto do Templo, mas, na realidade, quatro impostos diferentes foram propostos como o assunto da narrativa. Se for um imposto civil, o significado da história será o mesmo que em 22,15-22. Se a história relata um incidente na vida de Jesus, o imposto pode ser um imposto religioso para a manutenção do Templo (veja Ex 30,13-14). Se o relato vem da redação de Mateus e se refere à situação após o ano 70 d.C., como parece muito provável, então pode referir-se a um imposto para manter o templo de Júpiter Capitolino em Roma (tal contribuição ao culto pagão seria ofensiva aos judeus e cristãos) ou a uma coleta para manter os estudiosos (rivais) em Jâmnia, como sinal de solidariedade com outros judeus (W. G. Thompson). Este último sentido seria altamente paradoxal, uma vez que Jâmnia já banira os judeus cristãos. Nesse sentido, assim como no sentido de estar sob o senhorio de Jesus Cristo, a igreja de Mateus tinha rompido com a "outra" sinagoga; contudo, em outros aspectos, como a devoção à lei e a percepção de ser o cumprimento verdadeiro de Israel, não. O pagamento a Jâmnia pode, portanto, ser o imposto pretendido, mas é impossível ter certeza. A cena se desdobra em duas partes: primeiramente vem o diálogo entre os publicanos e Pedro (v. 24); depois vem o diálogo entre Jesus e Pedro, transformando-o numa discussão entre escolas (vv. 25-27). **26.** *logo, os filhos estão isentos*: Neste ponto, surge uma maneira muito paulina de pensar (Rm 14,13; 1Cor 8,13; 9,1). Aqui a liberdade em questão não é a da lei, mas de Jâmnia (e da autoridade romana). **27.** *para que não os escandalizemos*: Aqui Mateus mostra sua diplomacia ecumênica e bom senso pastoral. O escândalo será um tema principal no cap. 18, para o qual esta unidade é um prelúdio. Esta não é um relato de milagre porque o mesmo não é descrito (R. J. Cassidy, *CBQ* 41 [1979] 571-80).

111 (VIII) O discurso comunitário (18,1-35). O cap. 18 contém o quarto grande discurso do livro de Mateus, dirigido a Pedro e aos outros discípulos principais, e trata das relações na comunidade. Apresenta regras para a família de Deus até que o reino venha. As diferentes partes do discurso se preocupam com as relações com pessoas que estão fora da comunidade, com aqueles que são liderados e com todos dentro da comunidade.

(THOMPSON, W. G., *Matthew's Advice to a Divided Community* [AnBib 44; Rome, 1970].)

112 (A) A verdadeira grandeza (18,1-5). Veja Mc 9,33-37; Lc 9,46-48; Mt 20,20-28. Esta unidade relaciona a posição na comunidade atual com o objetivo final da vida no reino (vv. 1.3.4). **1.** *os discípulos*: Os estudiosos estão divididos sobre se "discípulos" se refere à comunidade inteira ou aos líderes da igreja. Observe a presença dos "pequeninos" nos vv. 6.10.14, que estabelece uma contraposição entre os discípulos líderes e aqueles que são liderados. Não havia "hierarquia" na igreja de Mateus, mas havia líderes com autoridade (23,34). A contraposição continua até o v. 21, onde ocorre uma mudança para "irmão", sugerindo que todos estão no mesmo nível quando o assunto é perdão. Assim, ambas as opiniões têm base em uma parte do texto. **2.** *uma criança*: Aqui uma criança real serve como símbolo da humildade, não porque as crianças sejam naturalmente humildes, mas porque são dependentes. **3.** *se vos não converterdes*: Lit. "voltar-se", um semitismo, indica mudança, conversão (cf. Mt 19,14). **4.** *aquele, portanto, que se tornar pequenino*: Esta é a resposta plena à pergunta do v. 1. Humilhar-se é estabelecer um limite autoimposto; a autorregulação controla a tendência à arrogância que surge em posições de autoridade. Esta solução não funciona sempre, pelo que surgem vários tipos de rebelião. **5.** Cf. 10,40-42.

113 (B) Os líderes que fazem os pequeninos pecar (18,6-9). Veja Mc 9,42-48; Lc 9,49-50; 17,1-2. Mateus entrelaça aqui suas fontes e omite a admoestação à tolerância. **6.** *creem em mim*: Mateus intensifica o objeto cristológico da fé acrescentando "em mim" à sua fonte. *precipitado nas profundezas do mar*: Mudando o vocabulário um pouco, Mateus aumenta o tom de ira, ao mesmo tempo em que refina a linguagem. **7.** *é necessário*: Mateus remodelou com cuidado sua fonte Q, emoldurando a afirmação central com dois "ais" que formam uma *inclusio*. Por que é necessário que os pecados venham? Porque Deus criou as pessoas com liberdade e capacidade para o esforço moral e a influência mútua, e elas, como mostra a experiência, usam essa liberdade para pecar. A necessidade não é metafísica, como se pode ver a partir do v. 14. **8-9.** Veja 5,29.30. *vida*: Este termo é usado para designar a plenitude de vida no reino de Deus.

114 (C) A parábola da ovelha perdida (18,10-14). Veja Lc 15,3-7. **10.** *não desprezeis nenhum desses pequeninos*: Os "pequeninos" são os membros menores da comunidade, e a advertência é contra a arrogância dos líderes. *seus anjos*: Os pequeninos têm contatos poderosos, os anjos e Deus. Neste trecho, Mateus individualiza a ideia dos anjos das nações (Dn 10,13.20-21). Cf. Gn 48,16; At 12,15. *veem continuamente a face*: Uma expressão emprestada do cerimonial da corte oriental, que designa a presença de cortesãos diante do soberano a quem eles servem (cf. 2Sm 14,24; 2Rs 25,19; Tb 12,15). **12.** *uma delas se extravia*: Em Mateus, a ovelha não se perde, como em Lucas, mas se afastou do rebanho, um sinal de espírito de aventura. *não deixa*: Parece ser uma falta chocante de prudência pastoral arriscar tudo por essa ovelha. Na vida real, o cão, os outros pastores ou a timidez natural das outras ovelhas poderia mantê-las juntas, mas esse não é o caso aqui. O caso aqui é o risco. *nos montes*: Ver Ez 34,12-16. *à procura da extraviada*: Em Mateus, a parábola é um exemplo de preocupação correta por um membro da comunidade que se desviou, enquanto que em Lucas ela responde à pergunta: como pode Jesus se associar aos pecadores? **13.** *as noventa e nove que não se extraviaram*: Pastoralmente, às vezes vale a pena arriscar o destino dos membros não ousados por uma pessoa de alma grande que, uma vez ganha, pode trazer ou manter outras almas. **14.** *vosso Pai, que está nos céus*: Mateus moldou com cuidado a pequena parábola nos vv. 12.13 com sua própria terminologia favorita: Pai que está nos céus, anjos, pequeninos.

115 (D) Procedimentos judiciais (18,15-20). Com base numa admoestação breve para a correção fraterna em Q (Lc 17,3), Mateus constrói nos vv. 15-17 todo um procedimento judicial de três fases para disciplinar um irmão recalcitrante. Os vv. 18-20 contêm a fundamentação divina para essas decisões judiciais, passando da lei para a teologia. **15.** A primeira fase é a da confrontação e repreensão privada. *ganhaste o teu irmão*: "ganho" é aqui um termo técnico rabínico rabínico para designar a conversão missionária (Lv 19,17.18). **16.** *duas ou três testemunhas*: Esta é uma citação de Dt 19,15. Os textos de Qumran (1QS 5,26–6,1; CD 9,2-4, 17-22) e os rabínicos (*m. Mak.* 1,6-9) debatem o problema: o que acontece quando você tem somente uma testemunha? O texto aqui responde que até mesmo uma é suficiente, uma diferença jurídica quanto a essas outras tradições. **17.** *dizei-o à Igreja*: "Igreja" aqui tem o sentido de uma comunidade local. *trata-o como gentio ou publicano*: Esta é uma maneira de dizer que ele seja excomungado, excluído da comunidade, uma atitude drástica a ser tomada somente em questões graves, quando o bem-estar da comunidade está em jogo. Jesus acolhia os publicanos, mas somente quando mostravam fé e arrependimento por seus pecados (9,9-13). Veja Gl 6,1; Tt 3,10; Tg 5,19-20. **18.** *será ligado*: Esta é uma voz passiva teológica (*ZBG* § 236); Deus ligará. Aos discípulos líderes são dados os mesmos poderes de ligar e desligar de Pedro, mas não o poder das chaves. Sobre ligar e desligar, veja o comentário sobre 16,19. **19.** *se dois de vós estiverem de acordo na terra sobre qualquer coisa... lhes será ratificado*: Esta tradução reforça os sentidos jurídicos dos termos que seriam usados em um processo ou em um acordo alcançado fora do tribunal. O verbo *symphōnein*, "acordar", "concordar", sugere uma harmonia de vozes. **20.** *onde dois ou três estiverem reunidos em meu nome*: esta reunião pode ser para a oração, o estudo ou, como no contexto, a tomada de decisão (cf. Jo 15,7). Em vista dos paralelos em *m. 'Abot* 3,2.6; 4,11, este versículo identifica Jesus com a Torá e com a presença divina (1,23; 28,20).

(CABA, J., "El poder de la petición comunitaria (Mateus 18,19-20)", *Greg* 54 (1973) 609-54. DERRETT, J. D. M., "'Where Two or Three Are Convened in My Name': a Sad Misunderstanding", *ExpTim* 91 [1979] 83-86. FORKMAN, G., *The Limits of the Religious Community* [ConBNT 5; Lund, 1972]. GALOT, J., "'Qu'il soit pour toi comme le païen et le publicain'", *NRT* 96 [1974] 1009-30. MURPHY-O'CONNOR, J., "Sin and Community in the NT", *Sin and Repentance* [ed. D.

O'CALLAGHAN; Dublin, 1967] 18-50. NEUSNER, J., "'By the Testimony of Two Witnesses,'" *RevQ* 8 [1972-75] 197-217.)

116 (E) A parábola do servo implacável (18,21-35). Veja Lc 17,4. Mateus transforma uma instrução dada por Jesus em Q num diálogo entre Pedro e Jesus, no qual a jactância sanguinária de Lamec é invertida (Gn 4,15.24); veja o comentário sobre o pecado contra o Espírito em Mt 12,31. A parábola que segue nos vv. 23-35 só está frouxamente ligada a este ensinamento. É propriamente um *midrásh* homilético sobre a instrução em Mt 6,12.14.15, provavelmente composto pelo próprio evangelista para tornar parte do Pai-Nosso vívida para seu povo. **23.** É uma parábola do reino. *servos*: Esta é uma maneira de o AT designar não somente os escravos, mas também, como aqui, os funcionários da corte ou os servos do rei. Nesta parábola, os servos poderiam se referir aos coletores de impostos ou aos ministros das finanças. **24.** *um que devia dez mil talentos*: Lit., "uma miríade de talentos". Uma vez que o talento de prata valia mais que US$ 1.000,00, esta é uma maneira de dizer que era uma quantia imensamente grande. **26-27.** Já vemos que a parábola é sobre não abusar da paciência e misericórdia divina. **28.** A parábola se desdobra em três atos: o primeiro é entre o rei e seus servos; o segundo entre os próprios servos reais; o terceiro retorna ao rei e seu servo. **34-35.** A paciência divina não é infinita. A parábola ensina a necessidade de se imitar a misericórdia divina (veja B. B. Scott, *JBL* 104 [1985] 429-42).

117 (IX) Autoridade e convite (19,1-22,46).
(A) Ensinamento sobre o divórcio (19,1-12). Ver Mc 10,1-12. Quando Jesus sai da Galileia, inicia-se uma nova fase geográfica de seu ministério. Mas ele continua formando seus discípulos ensinando-lhes sobre o casamento e o celibato, as crianças, o rico e o pobre, sobre sua paixão futura e a tentação da ambição errada (caps. 19 e 20). Mateus retoma a linha narrativa de Marcos outra vez e a segue até o fim da paixão, acrescentando outros materiais. **1.** *quando Jesus terminou*: Veja comentário sobre 7,28a. *para o território da Judeia, além do Jordão*: Não é óbvio que a Judeia tenha incluído uma região além do Jordão; talvez um "e" tenha deixado de ser colocado entre a "Judeia" e "além de"; cf. Mc 10,1. O sentido é que Jesus evitou a Samaria; cf. 10,5. **2.** *as curou*: Em Marcos, diz-se que "as ensinou"; em Mateus, ele ensina também, mas o efeito é visto como terapêutico para as multidões, o início do novo povo de Deus (14,14). **3.** *repudiar*: Veja comentário a 5,31-32. *por qualquer motivo*: Esta expressão, baseada em Dt 24,1, sugere o debate entre Hillel e Shammai (*m. Giṭ.* 9,10; → 31 *acima*). **4.** Veja Gn 1,27; 5,2. **5.** Veja Gn 2,24. *homem e mulher*: Este termo não está no TM, mas na LXX; → 32 *acima*. **6.** *o homem não deve separar*: Jesus baseia sua ênfase na união permanente das pessoas casadas na vontade original do Criador. **7.** Veja Dt 24,1. **8.** *dureza dos vossos corações*: Uma concessão semelhante se encontra em 1Sm 10,17-19. *no princípio*: Observe a *inclusio* com o v. 4. **9.** Mateus faz da explicação privada de Jesus aos discípulos uma cena pública, acrescenta a cláusula de exceção e omite o caso em que uma mulher toma a iniciativa do divórcio. *exceto por motivo de "prostituição"*: Jesus simplesmente se opôs ao divórcio. Sobre a cláusula de exceção, veja o comentário sobre 5,32. **10.** Mateus começa a parte privada do diálogo escolástico neste momento. **11.** *aqueles a quem é concedido*: Observe a voz passiva teológica (*ZBG* § 236): é Deus quem dá a capacidade de permanecer solteiro pela causa do reino. **12.** *eunuco*: Três tipos são listados: fisicamente malformados; castrados pela crueldade dos homens, para serem usados como guardiães do harém e cortesãos (desaprovado em Dt 23,1); aqueles que se abstêm voluntariamente do casamento (*eunouchizein* é usado aqui metaforicamente) a fim de se devotar mais completamente às exigências urgentes do reino (assim também em 8,22; 1Cor 7,17.25-35). O pano de fundo judaico deste vigoroso ensinamento se encontra em Is 56,3-5 e Qumran (veja A. Sand, *Reich Gottes*

und Eheverzicht im Evangelium nach Matthäus [SBS 109; Stuttgart, 1983]).

118 (B) Jesus abençoa as crianças (19,13-15). Veja Mc 10,13-16; Lc 18,15-17. **13.** *lhes impusesse as mãos e fizesse uma oração*: Mateus transforma o toque familiar ou terapêutico de Marcos em um solene rito religioso. Jesus é singular entre os mestres religiosos e filosóficos da Antiguidade em receber as crianças como pessoas importantes. Seus discípulos não estavam preparados para isso. **14.** *não as impeçais*: Isto foi usado na protoigreja para permitir o batismo dos infantes. **15.** Veja 2Rs 4,8-37 (veja S. Legasse, *Jésus et l'enfant* [Paris, 1969]).

119 (C) O jovem rico (19,16-30). Veja Mc 10,17-31; Lc 18,18-30. O relato centrado num pronunciamento começa em Marcos com um diálogo que escandalizou cristãos posteriores, porque continha uma negação por parte Jesus de que ele era Deus (cf. Jo 1,1). Mateus reescreve com cuidado o diálogo para evitar esse escândalo, ao mesmo tempo em que mostra a total reverência para com Deus da parte de Jesus. *bom... vida eterna*: os equivalentes paralelos são os vv. 21.23.25. "Entrar para a vida" é o mesmo que entrar no reino (v. 23). **18-19.** À segunda tábua do Decálogo (Ex 20,13-16; Dt 5,17-20) acrescenta-se o mandamento de amar o próximo (Lv 19,18). Sobre o uso do Decálogo no protocristianismo, veja R. M. Grant, *HTR* 40 (1947) 1-18. **20.** *o moço*: Somente Mateus deixa claro que ele é jovem e que sente sua vida incompleta. **21.** *se queres ser perfeito*: Este é o acréscimo principal de Mateus ao relato. *Teleios* pode significar "completo, maduro" ou o que observa todas as leis de Deus (cf. 5,48). A expressão levou, em tempos posteriores, a uma distinção entre os mandamentos (dirigidos a todos os crentes) e os conselhos para a perfeição (dirigidos a poucos). Em Mt 5,48, o convite à perfeição é dirigido a todos. A distinção vem nos níveis de obrigação: todos devem guardar os mandamentos (com perdão para pecadores arrependidos), mas nem todos devem ser celibatários (19,12) ou vender tudo. **23.** *o rico dificilmente*: As riquezas implicam perigo espiritual porque, às vezes, há crimes envolvidos para ganhá-las; e, uma vez possuídas, podem nos desviar de Deus, separar-nos das outras pessoas e conduzir à exploração e à opressão. Mas também podem ser usadas para fazer o bem. **24.** *camelo entrar pelo buraco de uma agulha*: Este é um exagero oriental extremo, uma imagem vívida para descrever uma dificuldade insuperável. **26.** *a Deus tudo é possível*: Veja Gn 18,14; Jó 42,2. A esperança da salvação dos ricos é expressa através da primazia da iniciativa divina. No final das contas, os ricos não são salvos de maneira diferente dos outros. **27.** Mateus coloca a resposta de Jesus a Pedro em dois estágios: uma promessa especial para os Doze (v. 28; cf. Lc 22,28-30 = Q); uma promessa geral para todos os discípulos (v. 29). **28.** *quando as coisas forem renovadas*: Embora uma palavra rara (*palingenesia*) seja usada aqui, o sentido é o mesmo que "no reino". *o Filho do Homem se assentar em seu trono*: A promessa aponta para uma futura cena apocalíptica de julgamento (25,31; Rv 21,1-22,5). *em doze tronos para julgar as doze tribos*: Desta forma, a promessa fica restrita aos Doze, mas em 1Cor 6,2 ela é feita a todos os santos. Julgar poderia significar decidir processos judiciais ou, de maneira mais geral, governar. Jesus compartilhará sua autoridade com seus seguidores. As doze tribos não existiam mais como tais, mas Jesus veio reunir os dispersos de Israel (10,6; 15,24) para o fim dos tempos, para cumprir Ez 47,13; e essa pode ter sido uma maneira de incluir os gentios crentes. Os Doze deverão julgar juntamente com Jesus todas as doze tribos e não cada um uma. A autenticidade deste versículo foi questionada, mas seu caráter arcaico, sua relação com Dn 7 e sua expectativa escatológica sugerem sua origem jesuânica. A menção dos Doze e a tensão com 20,23 não são contra-argumentos decisivos, já que ambos poderiam ser anteriores à ressurreição. O versículo não aborda diretamente problemas de governo da igreja, mas pode fornecer analogias para ele. **29.** Este versículo promete uma recompensa a todos os discípulos radicais (veja 10,37), mas somente no próximo éon (ao contrário de Marcos) e sem mencionar a esposa (ao contrário de Lucas). **30.** *últimos, primeiros*: o padrão é o da inversão escatológica da sorte (20,16; veja J. Dupont, *Bib* 45 [1964] 355-92).

120 (D) A parábola dos trabalhadores na vinha (20,1-16). Cf. a outra parábola com a imagem da vinha em 21,33-44. Esta parábola está ligada com o trecho precedente por 19,30 e 20,16 e, provavelmente, é um *midrásh* para ilustrar o tema da recompensa para os discípulos e a inversão da sorte dos primeiros e dos últimos (v. 8). Mas, uma vez que o relato desenvolve seu próprio *momentum*, ele se transforma em um relato sobre a generosidade de Deus. **1.** *vinha*: Simboliza Israel (cf. Is 5; Jr 2,10). **2.** *denário*: esta era a quantia usualmente paga por um dia de trabalho. **3.** O chefe contrata às 6 e 9 da manhã, ao meio-dia, e às 3 e 5 da tarde. No Oriente, era normal que aqueles que buscavam trabalho ficassem nos cruzamentos ou nas feiras. **4.** *o que for justo*: a quantia é justa, porém não é especificada. **6.** *pela hora undécima*: Aproximadamente uma hora antes do pôr do sol, quando os trabalhos cessavam. **7.** *ninguém nos contratou*: eles querem trabalhar, mas sofrem com a maldição do desemprego; sua falta de ocupação não é preguiça. Neste trecho, o trabalho é visto como algo mais honroso do que não fazer nada. **8.** *começando pelos últimos*: Essa expressão transforma a parábola num *midrásh* sobre 19,30. **10.** *pensaram*: os primeiros trabalhadores são vítimas da revolução das expectativas crescentes; daí seu descontentamento. **11.** *murmuravam*: cf. Ex 16,3-8. **12.** *os igualaste a nós*: A quantia é a mesma, contudo não é verdadeiramente equivalente porque o chefe é mais generoso com os trabalhadores tardios. Ele levou em conta sua intenção de trabalhar? Cf. 21,31. **13.** *não fui injusto contigo*: o dono não comete nenhuma injustiça. **14.** *toma o que é teu*: isto reflete uma definição clássica de justiça: dar a cada um o que é seu, sua parte. **15.** *Sou bom*: a inversão de sortes é atribuída à generosidade e à bondade de Deus, seu amor pelos mais necessitados, e não a qualquer vingança baseada em classes. **16.** Veja 19,30, onde o dito ocorre em ordem inversa, fazendo um quiasmo.

121 (E) A terceira predição da paixão (20,17-19). Veja Mc 10,32-34; Lc 18,31-34. **17.** *a sós*: Mateus omite o temor e a admiração dos discípulos. **18.** *será entregue*: Esta predição é mais explícita do que a segunda em 17,22-23. Os responsáveis são líderes judaicos; veja o comentário a 16,21. **19.** *gentios*: Os líderes colaboram com os romanos, vistos como opressores estrangeiros. *crucificado*: Mateus prevê de uma forma precisa a morte, mas omite o anúncio de que cuspirão nele (mencionado em Mc 10,34; cf. Mt 26,67; 27,30).

122 (F) O pedido dos filhos de Zebedeu (20,20-28). Veja Mc 10,35-45. Esta perícope une um diálogo nos vv. 20-23 com uma coleção de ditos, originalmente separada (Lc 22,24-27), sobre estilos de liderança cristã. **20.** *a mãe dos filhos de Zebedeu*: Mateus faz com que o pedido seja feito por uma mulher (27,56) para poupar os discípulos, mas vai além ao não mencionar seus nomes, Tiago e João, nem aqui, nem no v. 24 (cf. 26,37; 27,56). Dessa forma, ele protege a honra de um herói dos judeus cristãos, Tiago. Seu modelo foi 1Rs 1,11-31, incluindo o ato de reverência. **21.** *sentar*: Não no banquete messiânico, mas no julgamento do fim dos tempos, como regentes (19,28). **22.** *cálice*: O cálice é um símbolo do sofrimento (Is 51,17.22; Jr 25,15.17.28; 49,12; Lm 4,21; Sl 75,8; cf. Mt 26,39, Getsêmani). Mateus omite o batismo de Marcos por ser confuso. **23.** *para aqueles aos quais meu Pai preparou*: Jesus não censura os filhos. Assegura-lhes uma participação em seu destino (talvez uma alusão ao martírio; cf. At 12,2) e que o futuro glorioso já foi planejado por Deus. **24.** *os dez*: A ambição não é exclusiva desses dois. **25.** *os governadores das nações*: Os modelos políticos seculares não servem para o Reino. **26-27.** Jesus oferece outros dois modelos de autoridade, serviço voluntário e escravidão involuntária, sendo o segundo mais radical que o primeiro, mas ambos importantes. Estas lições são, em seguida, fundamentadas em seu próprio exemplo. **28.** *não veio para ser servido, mas para servir*: O próprio Jesus é o modelo de serviço humilde à comunidade como um modelo de liderança, em contraposição à usual sede de poder e dominação. *dar a sua vida em resgate por muitos*: Embora bem contextualizada, esta reflexão bastante densa sobre o significado da morte de Jesus pode ter tido uma história à parte (ela está faltando no paralelo de Lucas). Ela reflete a teologia do martírio de 1Mc 2,50; 6,44, assim como o sofrimento vicário do servo de Iahweh (Is 53,10-12). *Lytron*, "resgate", é uma palavra rara, que normalmente se refere a referência a dinheiro para a alforria de escravos, mas também para o resgate; cf. 1Tm 2,5-6. (Veja S. Legasse, *NTS* 20 [1973-74] 161-77; J. Roloff, *NTS* 19 [1972-73] 38-64; W. J. Moulder, *NTS* 24 [1977-78] 120-27.)

123 (G) A cura de dois cegos (20,29-34). Veja Mc 10,46-52; Lc 18,35-43; Mt 9,27-31. Mateus abrevia o relato de Marcos e duplica o número de cegos, talvez para superar a impressão de que se trate de um caso meramente privado. Dois já fazem uma relação social. **29.** *Jericó*: Somente a 24 km de Jerusalém (→ Geografia Bíblica, 73:66). **30.** *Senhor, tem compaixão*: Os cegos ([veja aparato crítico], vv. 31.33) chamam Jesus de Senhor três vezes; diferentemente de Marcos, que usa o arcaico *rabbouni*, que significava quase a mesma coisa, "Mestre". Esta forma de tratamento foi rapidamente incorporada ao uso litúrgico. *Filho de Davi*: Veja o comentário sobre 9,27. **32.** *que quereis?*: Jesus pergunta humildemente (cf. vv. 24-28 acima), embora a resposta fosse óbvia. **33.** *que os nossos olhos se abram*: Além do significado literal, o pedido sugere um desejo de compreender a fé por parte de muitos discípulos em potencial. **34.** *tocou*: Mateus acrescenta as observações sobre a compaixão e o toque curador de Jesus, ao mesmo tempo em que elimina as palavras sobre a fé salvadora. O discipulado a caminho da cruz é o resultado da cura (veja V. K. Robbins, *JBL* 92 [1973] 224-43; E. S. Johnson, *CBQ* 40 [1978] 191-204; R. A. Culpepper, *JBL* 101 [1982] 131-32).

124 (H) A entrada triunfal em Jerusalém (21,1-11). Veja Mc 11,1-11; Lc 19,28-38; Jo 12,12-19. Mateus segue Marcos neste trecho, contudo o conjunto é alterado pela inserção da citação do cumprimento da profecia nos vv. 4.5. O texto descreve uma alegre procissão festiva com características messiânicas. **1.** *Jerusalém*: A capital da Judeia, idêntica a Sião, era o centro religioso do povo devido à presença do Templo (→ Geografia Bíblica, 73:92-94). *monte das Oliveiras*: Elevava-se ao oeste, acima da cidade, mas não tinha reservas próprias de água; portanto, tinha apenas algumas aldeias, como Betfagé. **2.** *ao povoado aí em frente*: Provavelmente a cidade de Betânia. Mateus cita dois animais por causa de sua interpretação literal da profecia. **3.** *o Senhor*: A presciência e o senhorio de Jesus são bastante enfatizados neste trecho. Mateus não se atém à consideração trivial de Marcos sobre a devolução do jumento. Uma lei messiânica revolucionária prevalece, juntamente com a generosidade festiva. **4.** *dito*: Esta é a primeira citação de cumprimento desde 13,35, e também a penúltima (27,9; → 7 acima). **5.** Mateus une Is 62,11 com Zc 9,9. *o teu rei vem a ti*: Mateus molda a citação para reforçar a humildade e o caráter pacífico do rei. O paralelismo hebraico faz referência a um único animal de duas maneiras diferentes, "jumento, ou mesmo um potro", mas Mateus pressupõe dois animais equivocadamente. **7.** *ele sentou-se em cima*: Mateus supõe que Jesus esteja montado em dois animais de uma só vez, o que é difícil de se imaginar. A dificuldade pode ser evitada se pensarmos em "em cima delas" como as túnicas. **9.** *Hosana ao Filho de Davi*: *Hōsanna* significa "Ajuda (ou salva), eu rogo". Esta é parte de uma citação do Sl 118,25.26, onde se transformou em uma simples aclamação litúrgica, Salve! ou Bênção! Este salmo é usado nas liturgias das festas judaicas. *mais alto*: Isto poderia significar Deus. Os dois hosanas formam uma *inclusio* em torno da bênção central. Mateus omite a segunda bênção, presente em Marcos, que menciona o reino (cf. *Did* 10,6). **10.** *a cidade inteira agitou-se*: Cf. 2,3. Coloca-se a questão da verdadeira identidade de Jesus. **11.** *este é o profeta Jesus, o de Nazaré*: As multidões têm uma cristologia limitada, e isto confere verossimilhança histórica à sua concepção (veja B. A. Mastin, "The Date of the Triumphal Entry", *NTS* 16 [1969-70] 76-82).

125 (I) A purificação do templo (21,12-17). Veja Mc 11,15-19; Lc 19,45-48; Jo 2,13-22. **12.** *expulsou todos os vendedores e compradores*: Esta atitude profética é o único incidente no Evangelho que conecta Jesus a violência. Mateus omite a descrição que Marcos faz de um bloqueio do Templo para suavizar a nova imagem de Jesus. O átrio dos gentios era bastante grande. Ali pombos e outros animais eram vendidos para serem usados nos sacrifícios, e as moedas defasadas eram trocadas por siclos "fortes" de Tiro. É difícil de se imaginar como uma só pessoa controlaria esta área inteira. O evento continua obscuro em relação aos detalhe históricos, mas demonstra o zelo de Jesus no desempenho de seu papel de reformista religioso e sua aversão por esse sistema falido; ele também expressa o juízo de Mateus sobre um templo que, no momento da composição do Evangelho, já se encontrava em ruínas. **13.** *está escrito*: As citações do AT devem ser lidas dentro de seu contexto inteiro. *casa de oração*: Vem de Is 56,7, mas consulte-se 56,3-8. *covil de ladrões*: Isso vem de Jr 7,11, mas o grande discurso de Jr 7,1-5 denuncia a confiança excessiva no Templo. Cf. Zc 14,21. Mateus omite a expressão "para todas as nações" de Marcos; cf. 28,19. **14.** *aproximaram-se dele, no Templo, cegos e coxos*: Este versículo é a grande contribuição de Mateus à unidade. No contexto, ele ameniza o efeito do evento precedente. Lido contra o pano de fundo de Lv 21,16-23 e 2Sm 5,6-8, ele demonstra a imensa diferença que Jesus fez em vidas humanas – sua revolução silenciosa, que incomoda os líderes no v. 15. Jesus chama os marginalizados para a salvação de Israel (9,10-13; 11,5; e as crianças no v. 15). **15.** *chefes dos sacerdotes e escribas*: os sacerdotes veem o perigo que Jesus representa ao *status quo*, a colaboração deles com os romanos. **16.** Jesus cita o Sl 8,3 LXX, historicamente improvável. **17.** *Betânia*: uma aldeia no Monte das Oliveiras, que era o lar de Maria, Marta e Lázaro, de acordo com Jo 11,1 (→ Geografia Bíblica, 73:95).

126 (J) A maldição da figueira (21,18-22). Ver Mc 11,12-14.20-24. Mateus une as duas partes do "sanduíche" de Marcos e as sintetiza. Lucas omite a forma historicizada deste relato, porque já o registrou em forma de parábola em 13,6-9. **19.** *figueira*: Uma árvore é símbolo de vida; a figueira, por ser a mais doce das frutas do Oriente, era também o símbolo bíblico de beatitude. Assim, uma figueira estéril simboliza uma promessa frustrada, um fracasso. Talvez, nesta parábola, represente o fato de os fariseus e não os saduceus conseguirem renovar a vida do povo (21,43). Mateus omite o detalhe marcano de que não era a estação de figos, porque assim a expectativa de Jesus se tornaria irracional e caprichosa, e transforma o desejo em uma maldição. Ele intensifica o aspecto miraculoso ao fazer com que a secagem ocorra imediatamente, e não durante a noite. **20.** Estranhamente, Mateus omite o papel de Pedro. **21.** *se tiverdes fé, sem duvidar*: Para Mateus, a fé é geralmente combinada com a dúvida (14,31; 28,17). **22.** *Pedirdes em oração*: A fé leva à oração, que é a expressão da fé.

127 (K) A autoridade de Jesus é questionada (21,23-37). Veja Mc 11,27-33; Lc 20,1-8. Mateus segue Marcos de perto. A relação desta passagem com a que segue reside no fato de termos a disputa básica sobre a autoridade divina (vv. 23-27), então três duras parábolas de juízo (vv. 28-32; 33-46; 22,1-14), depois das quais vêm mais quatro controvérsias sobre assuntos específicos: tributos, ressurreição, o maior dos mandamentos, Filho de Davi (22,15-22.23-33.34-40.41-46). Juntos, eles intensificam o conflito entre Jesus e os chefes de Jerusalém, que conduzirá à sua morte excruciante. **23.** *chefes dos sacerdotes e anciãos*: São referências aos líderes religiosos e civis, respectivamente.

com que autoridade: A palavra grega *exousia* significa tanto poder quanto autoridade. Em questões religiosas, ela dificilmente seria atribuída a um profano. Jesus não era um sacerdote judeu da tribo de Levi. Os métodos habituais são um apelo direto a Deus, sustentado por milagres, ou um apelo à tradição dos antepassados. Em João, onde a questão é debatida mais detidamente (caps. 5 a 10), Jesus apela a suas obras (10,25.38). *estas coisas*: A referência é a seu ministério de modo geral, purificação do Templo, curas, louvores recebidos das multidões, ensinamentos. Em estilo rabínico, Jesus faz uma contrapergunta. **25.** *João*: Jesus apela à tradição profética usando um exemplo recente, João Batista. Esta tradição é real em Israel (e na igreja), mas os líderes têm dificuldade de lidar com ela por não caber na lei. A lei tentou estabelecer testes (Dt 13,1-5), mas os debates em Jeremias (*p.ex.*, 29,21.23.31) mostram como era difícil aplicá-los. **27.** *não sabemos*: Com esta resposta, os administradores confessam sua incapacidade em questões religiosas. Isso não os impedirá de participar da morte de Jesus (veja Daube, *The New Testament and Rabbinic Judaism* 151-57, 217-23 [→ 76 *acima*]).

128 (L) A parábola dos dois filhos (21,28-32). Esta parábola é a primeira de uma trilogia de parábolas de juízo. É um produto da redação de Mateus; a segunda é proveniente de Marcos, a terceira de Q. Embora indique o que está por vir, também se relaciona intimamente com a disputa precedente. É, na verdade um comentário midráshico sobre 21,23-27. É transicional, uma ponte narrativa. Todas as três parábolas são dirigidas ao mesmo público, aos chefes dos sacerdotes e aos anciãos (v. 23). Esta passagem anuncia sua culpa. **28.** *tinha dois filhos*: Quem são os dois filhos? A distinção não é entre judeus e gentios, mas entre dois tipos de judeus, líderes que não creem e marginalizados que creem (v. 31), ou seja o verdadeiro e o falso Israel. Mas, a partir desta perspectiva, os gentios convertidos também podem ser incluídos entre os pecadores crentes. *vinha*: Veja o comentário a 20,1. **30.** *Eu irei, senhor*: Cf. 7,21. **31.** *realizou a vontade do pai*: A fé obediente é sempre a prova final para Mateus. Os publicanos e as prostitutas fazem parte do *'am hā-'āreṣ* judaico, pecadores ignorantes e impuros. O chocante paradoxo de que eles entrarão no Reino antes dos outros é o cerne do Evangelho; cf. Lc 7,29-30. **32.** *Um caminho de justiça*: Esta é uma expressão comum na literatura sapiencial (Pr 8,20; 12,28; Sl 23,3), para não mencionar a doutrina dos dois caminhos nos textos de Qumran. A referência a João Batista relaciona o conjunto com 21,23-27. *Nem sequer reconsiderastes*: Esta conclusão apresenta um tom irônico. Os pecadores públicos (o filho que primeiro disse "não") sabiam que necessitavam se arrepender. Os líderes, pelo contrário, pensavam que eram retos e não tinham, portanto, necessidade de arrependimento. A parábola, como sua equivalente mais conhecida em Lc 15,11-32, a do filho pródigo, contém uma verdade psicológica: o filho que primeiro diz não, resolve seu complexo de Édipo ao se rebelar primeiro e obedecer depois (veja Dupont, *Béatitudes* 3. 213-25; H. Merkel, *NTS* 20 [1973-74] 254-61; A. Ogawa, *NovT* 21 [1979] 121-49).

129 (M) A parábola da vinha e dos arrendatários maus (21,33-46). Veja Mc 12,1-12; Lc 20,9-19. **33.** *proprietário*: Uma palavra predileta de Mateus, que se designa um proprietário de terras ausente. Há uma citação imprecisa de Is 5,1-7. **34.** *chegada a época da colheita*: Mateus molda esta oração de forma a levar o leitor a pensar na aproximação iminente do reino de Deus (v. 43). **35.** *Espancaram um*: Mateus acrescenta assassinato e apedrejamento (Tiago?) neste ponto. **36-37.** Mateus resume Marcos e omite o adjetivo "amado" do "filho". **38.** *matemo-lo*: Os vinhateiros tiram uma conclusão irreal; o proprietário ainda está vivo e pode puni-los. **39.** Mateus inverte a ordem dos eventos para encaixar a concepção de que Jesus morreu fora da cidade (Jo 19,17; Hb 13,12-13). **40-41.** Mateus cria um diálogo no qual, ironicamente, os chefes dos sacerdotes incriminados pelo relato dão a resposta dura. **42**. Sl 118,22-23 é citado. **43**. *o Reino de Deus vos será tirado e confiado a um povo que produza seus frutos*: Esta é a principal contribuição de Mateus à interpretação da parábola, que, em sua atual forma, é uma alegoria da história da salvação. Os servos enviados são os profetas que foram mortos pelo povo de Israel, culminando em Jesus, o filho. "Reino" poderia significar algo assim como a posse atual do favor e da proteção de Deus, mas os verbos no futuro passivo fazem com que seja provável que se refira a uma promessa de bênção plena no fim dos tempos. O "povo" se refere à igreja, composta, para Mateus, primordialmente de judeus crentes, mas também de gentios convertidos, os quais formariam juntos o novo povo de Deus, o verdadeiro Israel. Esta conclusão é mais branda do que a parábola; os vinhateiros maus não são destruídos, mas a promessa lhes é tirada.

(DILLON, R. J., "Toward a Tradition-History of the Parables of the True Israel", *Bib* 47 [1966] 1-42. HENGEL, M., "Das Gleichnis von den Weingärtnern Mc 12,1-12 im Lichte der Zenonpapyri und rabbinischen Gleichnisse", *ZNW* 59 [1968] 1-39. HUBAUT, M., *La parabole des vignerons homicides* [Paris, 1976]. SNODGRASS, K., *The Parable of the Wicked Tenants* [WUNT 27; Tübingen, 1983].)

130 (N) A parábola do banquete nupcial (22,1-14). Veja Lc 14,15-24. A parábola se desenvolve em três atos: (a) vv. 2-7, dois convites aos convidados propriamente ditos; (b) vv. 8-10, um convite aos rejeitados; (c) vv. 11-14, uma seleção no banquete de núpcias. **2**. *celebrou as núpcias*: o reino é descrito como banquete messiânico, derivado de Is 25,6-10. **3**. *seus servos*: Os profetas. *convidados*: Um convite é um ato voluntário de gentileza; Deus não é obrigado a fazer convites. **4**. *tudo está pronto*: O conceito "pronto, preparado" aparece três vezes – duas vezes aqui e uma vez no v. 8. Ele conota a extrema urgência escatológica; os pratos estão quentes. **5**. *sem darem a menor atenção*: De fato, os convidados ignoram a urgência, tornam-se descuidados com as coisas de Deus. **6-7**. Estes versículos rompem a lógica do relato. Representam uma intrusão que historiciza a parábola, aludindo à captura de Jerusalém pelos romanos em 70 d.C. **8**. *dignos*: Os convidados precisam mostrar uma resposta moral e espiritual apropriada: cf. 10,10.11.13.37-38. **9**. *encruzilhadas*: As portas e os mercados de uma cidade oriental, onde as multidões se aglomeravam. As pessoas ali presentes são os rejeitados de Israel, os publicanos e as pessoas que praticavam profissões desprezadas. **10**. *maus e bons*: Pecadores também são convidados e a igreja na história é um corpo misto de santos e pecadores, como em 13,37-43.47-50. **11**. *veste nupcial*: É a representação de uma vida convertida, repleta de boas ações. Os pecadores são convidados, mas espera-se que se arrependam. **13**. *amarrai-lhe os pés e as mãos*: Esta conduta ríspida se encaixa no padrão da história da salvação, mas não se enquadra na linha narrativa, embora festas grandes às vezes exijam a expulsão de um convidado arruaceiro (cf. 18,17; *m. 'Abot* 4,16). **14**. *muitos são chamados*: Mateus faz uma distinção entre o chamado inicial da salvação e a eleição e perseverança finais. Essas duas últimas não são automáticas. Os crentes são, portanto, advertidos contra a complacência. Mateus moldou sua tradição a partir da parábola dos vinhateiros homicidas de 21,33-46 (veja *FGL* 1058-59; C.-H. Kim, *JBL* 94 [1975] 391-402).

131 (O) O tributo a César (22,15-22). Veja Mc 12,13-17; Lc 20,20-26. Esta é a primeira de quatro unidades que contêm controvérsias a respeito de vários tipos de líderes judaicos – fariseus, herodianos, saduceus. **15**. *trama*: Uma armadilha, mesmo nos dias de hoje, é uma infração jurídica. **16**. *com os herodianos*: Veja o comentário sobre Mc 3,6. Mateus os subordina aos fariseus porque eles não representavam mais uma ameaça à sua igreja, ao contrário dos herdeiros dos fariseus. *que és verdadeiro*: Isso significa "fiel à sua palavra". O elogio é muito refinado, para ocultar sua atitude fraudulenta. *não dás preferência a ninguém*: Esta expressão estranha indica um aspecto básico da ideia bíblica de justiça, uma imparcialidade que se recusa a aceitar subornos e se inclinam em favor do litigante mais pobre. Esta é a base bíblica para a opção preferencial pelos pobres; cf. TDNT 6. 779-80. **17.** *é lícito pagar impostos*: Esta seria uma verdadeira questão de consciência para os fariseus, mas não para os herodianos. Pagar significava reconhecer uma soberania pagã estrangeira sobre Israel. **18.** *hipócritas*: Mateus transforma a palavra ofensiva em diálogo direto. Veja o comentário sobre 6,2; cf. 23,13-29. **19.** *denário*: Veja o comentário sobre 20,2. **20.** *inscrição*: Isto é, "Tibério César, filho do divino Augusto, grande sumo sacerdote". **21.** *devolvei, pois, a César*: Este é o dito que contém o sentido do apotegma. Não tem significado irônico (que incentivaria uma rebelião zelote violenta), nem quietista (cf. Hillel, *m. 'Abot* 1,12). Aceita o Estado da forma que é, considerando-o o menor de dois males, sendo o pior deles a anarquia. Cf. *m. 'Abot* 3,2: "Rezem pela paz do poder governante, pois, não fosse o medo a ele, os homens se engoliriam vivos". Ele não aceita a reivindicação de divindade do Estado (o Estado pode até mesmo ser demoníaco; veja Ap 13). Jesus esperava por uma mudança social não violenta (5,38-48) e pelo reino de Deus prestes a chegar. A reivindicação de Deus é maior do que a do Estado. Cf. 17,24-27; Rm 13,1-7; 1Pd 2,13-17; veja ainda em O. Cullmann, *The State in the New Testament* (New York, 1957).

132 (P) A pergunta sobre a ressurreição (22,23-33). Veja Mc 12,18-27; Lc 20,27-40. **23.** *saduceus*: Este era o partido conservador que só aceitava o Pentateuco como revelação. O Pentateuco e o AT em geral não ensinavam diretamente a ressurreição (a grande exceção é Dn 12,2, um texto tardio). Cf. At 23,8, o que significa que não aceitavam a compreensão grega da vida após a morte como a imortalidade da alma nem a concepção farisaica que a via como a ressurreição do corpo. **24.** Dt 25,5.6; Gn 38,8 são combinados; referem-se ao levirato (→ Dt 6,41), como faz Rt 4,1-12. **25-28.** Um caso hipotético para mostrar os problemas da crença na ressurreição.

29. *desconhecendo as Escrituras e o poder de Deus*: A cultura livresca não basta; você precisa ter fé em um Deus que age (cf. 1Cor 1,24.30). **30.** *como os anjos do céu*: Jesus responde sua pergunta à moda farisaica. A vida no *éschaton* será diferente (cf. 1Cor 15,44). **31.** *não lestes?*: Agora Jesus desloca o assunto para a pergunta básica: A ressurreição é ensinada na Torá? **32.** Jesus responde citando Ex 3,6 e construindo, com base neste versículo, o argumento que conclui que os patriarcas são imortais. Por também negar essa forma de vida após a morte, os saduceus ficam bastante chocados. Mas logo realizarão sua vingança, na paixão.

133 (Q) O maior mandamento (22,34-40). Veja Mc 12,28-34; Lc 10,25-28. **34.** Mateus cria este versículo para fazer uma transição. **35.** *legista*: A palavra grega *nomikos* só se encontra em Mateus neste versículo, mas seis vezes em Lucas; tem o mesmo significado que escriba, uma pessoa versada na Torá. **36.** *o maior*: O pedido é, de fato, um pedido por um resumo da lei de Israel ou, mais profundamente, por seu ponto central. Os fariseus, por fazerem parte do partido popular, estavam interessados na educação do povo, e os resumos eram indispensáveis para tal finalidade. Entretanto, o desenvolvimento excessivo das leis menos importantes pelos fariseus ameaçava a compreensão do essencial (cf. 7,12). **37.** *amarás*: Jesus cita Dt 6,5. O "amor" não é, primordialmente, um sentimento, mas uma aliança de fidelidade, uma questão de querer e de fazer. *de todo o teu coração... alma... entendimento*: Os rabinos enfatizavam esta parte do mandamento: o coração significava a vontade, a alma significava a vida, e a força significava a riqueza. Nesse trecho, Mateus não traduziu a "força", mas deu uma outra tradução o "coração": mente; cf. 4,1-11. **38.** Jesus vê a lei como um conjunto unificado. Todas as outras leis podem ser derivadas e sustentadas a partir do amor a Deus. **39.** *amarás o teu próximo como a ti mesmo*: Jesus cita Lv 19,18, um texto menos central na liturgia judaica, mas que se torna importante no NT (Mt 5,43; 19,19; Rm 13,8-10; Gl 5,14; Js 2,8). O mandamento inclui uma forma correta de amor próprio. A combinação dos dois mandamentos não é claramente atestada antes de Jesus e marca um importante avanço moral; cf. 1Jo 3,17. **40.** *desses dois mandamentos dependem toda a Lei e os Profetas*: Os rabinos diziam que o mundo depende da Torá, do culto do Templo e das ações de benignidade – ou, da verdade, da justiça e da paz (*m. 'Abot* 1,2.18). Mateus faz a própria lei depender dos atos de amor.

(MORAN, W. L., "The Ancient Near Eastern Background of the Love of God in Deuteronomy", *CBQ* 25 [1963] 77-87. WALLIS, G., *TDOT* 1. 101-18.).

134 (R) A pergunta sobre o filho de Davi (22,41-46). Veja Mc 12,35-37; Lc 20,41-44. Agora, Jesus interroga os fariseus. Neste diálogo controverso, Mateus esclarece sua fonte, Marcos, e expande o diálogo. **42.** *que pensais a respeito do Cristo?*: à medida que a paixão se aproxima, o foco se estreita até certo ponto, passando do reino para Cristo. A pergunta é real, já que a especulação messiânica não era unificada naquele tempo no judaísmo; esperava-se uma variedade de figuras messiânicas (→ Pensamento do AT, 77:152-154). Neste trecho, a resposta farisaica se encaixa na concepção do próprio Mateus, o qual, de 1,1 em diante, afirma que Jesus é Filho de Davi. **43.45.** *como então Davi... lhe chama Senhor, como pode ser seu filho?*: a pergunta, repetida duas vezes, reflete o conflito básico entre a superioridade do passado (tradições e antepassados) e a nova obra que Deus está realizando e consumará (o reino de Deus e Cristo); entre o mito das origens e o poder do futuro. Ambos têm valor, assim como o têm o vinho velho e o novo, mas Jesus luta por uma abertura ao novo, pela superioridade do filho de Davi ao próprio Davi. **44.** *o Senhor disse ao meu Senhor*: A citação é do Sl 110,1, um texto que teve uma imensa influência na protoigreja; veja At 2,29-36; Hb 1,13; 1Cor 15,25-28. **46.** *ninguém podia responder-lhe*:

A perplexidade, para não dizer falência doutrinal, dos líderes religiosos da época sobre as importantes questões do reino e de Cristo é o pressuposto para o grande ataque que se seguirá (cap. 23) e o grande discurso sobre as calamidades do fim dos tempos que prenunciarão o reino. A única resposta deles é a paixão. A contra-resposta é a ressurreição e a grande comissão (veja ainda J. A. Fitzmyer, "The Son of David Traditions and Mt 22:41-46 and Parallels", *ESBNT* 113-26).

135 (X) Ais e o discurso escatológico (23,1-25,46).

(A) Ais contra os escribas e os fariseus (23,1-36). Veja Mc 12,38-40; Lc 11,37-52; 20,45-47. Este capítulo é uma ponte que conclui a série de parábolas de juízo e controvérsias com os líderes judaicos, começadas em 21,23, e, ao mesmo tempo, introduz o último grande discurso dos caps. 24 e 25 sobre a parúsia. É composto de materiais de Marcos, Q e material especial do próprio Mateus. Embora contenha alguma controvérsia desagradável, é de interesse histórico, tanto porque nos ajuda a imaginar o pano de fundo da crucificação e, em segundo plano, porque nos mostra a comunidade de Mateus dialogando polemicamente com a academia rival em Jâmnia. **2.** *sentados na cátedra de Moisés*: O tempo verbal no passado sugere que a autoridade deles também é parte do passado. A cátedra de Moisés é uma metáfora para indicar a autoridade de Moisés. Os fariseus diziam ser seus sucessores (*m. 'Abot* 1,1). A expressão pode se referir ao "assento" deles em Jâmnia. **3.** *Fazei tudo*: Muitos de seus ensinamentos eram sólidos, ao menos no sentido de mostrar zelo por Deus e pelo AT, mas para Mateus sua prática não seguia sua teoria. Exceto como ironia, este é um versículo enigmático. **4.** Cf. 11,28-30. **5.** Cf. 6,1.5.16. **6.** Cf. Lc 14,7-11. **8.** *não permitais que vos chamem "Rabi"*: os versículos 8-10 contêm uma crítica de títulos cuidadosamente construída por Mateus. O termo rabi (lit., "Mestre") havia começado a ser usado há pouco tempo (60-80 d.C.) como termo técnico para designar um mestre/sábio judaico autorizado. Sua rejeição faz parte da rixa de Mateus com aqueles aos quais o termo era atribuído. **9.** Saul ben Batnith (*ca.* 80-120) foi, pelo que sabemos, o primeiro sábio judaico a receber o título de *Abba*, pai. Apesar desta proibição, o título voltou ao vocabulário do cristianismo através do movimento monástico, quando, no princípio, serviu como termo para designar um diretor espiritual. A lista de títulos preferidos de Mateus virá no v. 34. **10.** *mestre*: Os cristãos têm somente um mestre, Cristo, no sentido de que são discípulos só dele durante a vida toda. Outros mestres desempenham um papel transitório. **11.** *o maior*: Mateus reforça o ensinamento sobre a humildade fazendo referências a 20,26.27 e utilizando Q (Lc 14,11). **13-33.** Segue-se uma terrível seção de sete ais correspondentes às beatitudes do cap. 5 e baseadas em Is 5,8.11.18.20.21.22. **13.** *Ai de vós, escribas e fariseus, hipócritas*: Mateus nivela a oposição a Jesus, que, na verdade, vinha de diversas direções, e a unifica de forma que correspondam aos oponentes de sua própria igreja. Mas estas maldições também são dirigidas à sua igreja para adverti-la contra a complacência. Sobre "hipócritas", veja o comentário sobre 6,2. Em última instância, aqui os fariseus são acusados de serem falsos profetas porque não aceitam a missão que ensina que Jesus é o Cristo. **15.** *Que percorreis o mar e a terra*: Este é um grande elogio insincero aos fariseus por sua missão na Diáspora, sobre cujas fundações Paulo construiu (veja B. J. Bamberger, *Proselytism in the Talmudic Period* [Cincinnati, 1939]). **16-22.** Cf. 5,33-37. **23.** Cf. Lv 27,30; Dt 14,22.23; Zc 7,9; Mq 6,8. *as coisas mais importantes da lei*: Contrários a isso, os rabinos resistiam em fazer distinção entre os preceitos mais e menos importantes (*m. 'Abot* 2,1; 3,19; 4,2; *m. Ḥag.* 1,8). *sem omitir aquelas*: Isto representa o ponto de vista judaico-cristão de Mateus de que toda a Torá deve ser observada, mas da maneira como foi interpretada por Jesus (5,17-20). **25-26.** Estes versículos retomam um debate corrente nas casas de Hillel e de Shammai e o transformam em uma questão moral; as pessoas e não os utensílios são o mais importante (J. Neusner, *NTS* 22 [1975-76] 486-95). **34.** *Por isso vos envio profetas, sábios e escribas*: Esta seção traz uma lista de líderes da igreja de Mateus. *Apostellō*, "envio", alude aos apóstolos. Veja o comentário sobre 10,40-42. Os títulos vêm do AT. **35.** *Abel*: Veja Gn 4,8.10. *Zacarias, filho de Baraquias*: Há uma confusão aqui. Ele tem o nome do décimo primeiro dos doze profetas menores, o qual também é chamado de "filho de Ado" (Esd 5,1), mas não se sabe que ele tenha sido morto. Zacarias, filho de Joiada (2Cr 24,20-22), pode ser a pessoa em questão. Alguns comentadores acreditam ser Zacarias, filho de Baris ou de Baruc, conhecido a partir de Josefo, *J.W.* 4.5.4 § 334-44.

136 (B) O lamento sobre Jerusalém (23,37-39). Veja Lc 13,34-35; cf. Lc 19,41-44. Essa passagem de Q forma o comovente clímax do cap. 23. Ela retrata Jesus como a personificação da sabedoria divina trazendo uma mensagem de salvação de Deus (cf. 11,28-30; Eclo 24,7-12; Lm). Mateus omite o relato da oferta da viúva para unir este capítulo ao cap. 24. *Jerusalém*: Um apóstrofe com vocativo duplo corresponde ao estilo do AT. Neste período, a morte violenta dos profetas tinha se tornado lugar-comum (At 7,52). *quantas vezes*: Jesus visitava Jerusalém frequentemente, embora Mateus relate somente uma visita. A imagem da galinha recolhendo seus pintinhos embaixo de suas asas sugere cuidado, proteção e amor (cf. Is 31,5; Dt 32,11; Sl 36,7). **38.** *casa*: Uma alusão a Jr 22,5 e aos eventos de 70 d.C. **39.** Observe a *inclusio* com 21,9, onde o Sl 118,26 também é citado. O alerta profético prenuncia a vinda do Filho do Homem com o julgamento e o reino. Observe a repetição de "desde agora" em 26,29.64.

(FRANKEMÖLLE, H., *Biblische Handlungsanweisungen* 133-90. GARLAND, D. E., *The Intention of Matt 23* [NovTSup 52; Leiden, 1979]. STANTON, G. N., "The Gospel of Matthew and Judaism", *BJRL* 66 [1984] 264-88.)

137 (C) O discurso escatológico (24,1-25,46).

(a) *A destruição do templo e o princípio das dores* (24,1-14). Veja Mc 13,1-13; Lc 21,5-19. O discurso apocalíptico propriamente dito começa neste trecho (→ Apocalíptica do AT, 19:3-4,23); estende-se até o final do cap. 25 e está organizado de forma concêntrica em torno da descrição da parúsia em 24,29-31 (J. Dupont). Mateus se baseia em Mc 13, mas expande sua fonte em dois terços, primordialmente através de sua ênfase parenética, que culmina na descrição do juízo final. **1.2.** Cf. 21,23. Mateus desloca nossa atenção do Templo e da beleza de sua arquitetura herodiana para o destino de toda a cidade (cf. Mq 3,12). **3.** *monte das Oliveiras*: Dele se tem uma boa vista da cidade e do Templo. O público do discurso é ampliado por Mateus, os quatro de Marcos passam a ser todos os "discípulos". Ele também introduz o termo parúsia, "vinda", "chegada", aqui e nos vv. 27.37.39. Ele é o único evangelista que o utiliza, embora o termo seja comum nas epístolas. Este termo se referia originalmente à entrada majestosa de um rei helenístico. O foco do discurso é a parúsia do Filho do Homem. *consumação dos tempos*: cf. 28,20. **5.** *o Cristo sou eu*: Para Mateus, o grande perigo de erro está na cristologia. **6.** *o fim*: Cf. Dn 2,28. A guerra vindoura, 66-70 d.C., já estava fermentando **7.** *nação contra nação*: Cf. Is 19,2; 2Cr 15,6. **8.** *tudo isso será o princípio das dores*: Na apocalípticca judaica, estas dores são chamadas de dores de parto do Messias. **9.** Mateus difere de Marcos porque já havia usado esse material em 10,17-22. *todos os povos*: Cf. 28,19. **10.** *se entregarão mutuamente*: Cf. Dn 11,41. As dores que afligirão a comunidade – escândalo a ponto de chegar à apostasia, traição e divisões internas a ponto de gerar ódio – são aquelas que afligem qualquer grupo religioso sob pressão, mas elas serão extremas no fim. **11.** *falsos profetas*: Estes são uma preocupação especial de Mateus (7,22). **12.** *e pelo crescimento da iniqüidade, o amor de muitos esfriará*: Com o olho perito de um pastor, Mateus diagnostica a doença da comunidade em termos arrepiantes (veja J. Dupont, *Les trois apocalypses synoptiques* [LD 121; Paris, 1985]).

138 (b) *A grande tribulação* (24,15-28). Veja Mc 13,14-23; Lc 21,20-24. **15.** *a abominação*: Uma alusão à violação do santuário descrita em 1Mc 1,54; 6,7; os termos vêm de Dn 9,27; 11,31; 12,11. Mateus torna precisas a gramática e as referências a Daniel e ao lugar. Neste contexto, "o leitor" deveria consultar Daniel, não o discurso de Jesus. **16.** *fujam para as montanhas*: A Judeia é formada por pequenas montanhas. O sentido poderia ser: moradores dos vales, mudem para as montanhas: para as aldeias, cavernas do deserto e colinas de Moab pelo Jordão. **18.** *não volte atrás*: Uma alusão à esposa de Ló (Gn 19,26.17). **19.** Este versículo conduz a um conselho adicional às mulheres. **20.** *num sábado*: Esta observação acrescentada por Mateus sugere que sua comunidade guardava o sábado. **21.** Cf. Dn 12,1. Mateus acrescenta "grande". **22.** *aqueles dias serão abreviados*: Mateus usa a voz passiva teológica (ZBG § 236): Deus abreviará. O versículo é construído concentricamente. Os "eleitos" são as pessoas a quem Deus ama, especialmente os que sofrem. Deus está no controle, de modo que não há nenhuma razão para desespero, nem mesmo em meio às tribulações. **24.** Cf. v. 11. **25.** *Eis que eu vo-lo predisse*: O objetivo do discurso é permitir que as pessoas que creem se preparem para as provações. **26.** Cf. v. 23. A vinda do Messias desta vez não será humilde, nem oculta. **27.** *a vinda do Filho do Homem*: Este é o título que Mateus atribui a todo o evento, que terá alcance universal e abrangerá tudo **28.** *Aí se ajuntarão os abutres*: uma forma proverbial (Jó 39,27-30) de designar um evento público.

139 (c) *A vinda do Filho do Homem* (24,29-31). Veja Mc 13,24-27; Lc 21,25. Esta seção é a parte central do cap. 24, que responde a pergunta do v. 3. Mateus amplia Marcos através de um maior uso do AT e da intensificação da cristologia no v. 30 ao mesmo tempo em que a corrige. **29.** *o sol escurecerá*: O fim é descrito com portentos cósmicos de Is 13,10. **30.** *o sinal do Filho do Homem*: O sinal é o próprio Filho do Homem. Mateus forma um trocadilho com as palavras gregas *kopsontai*, "bater no peito", e *opsontai*, "ver". *com poder e grande glória*: Esta é uma maneira de designar o reino de Deus. A combinação de citações de Zc 12,10 e de Dn 7,13.14 reaparece em Ap 1,17. **31.** *seus anjos*: Os anjos de Deus se transformarão em agentes do Filho do Homem na reunião dos eleitos provenientes de todo o universo. Cf. Is 27,13; Zc 2,6; Dt 30,4.

140 (d) *A lição da figueira* (24,32-35). Veja Mc 13,28-31; Lc 21,29-33. O anel concêntrico retorna à ideia do v. 15. *quando virdes*: Isto se refere ao tempo imediatamente anterior à parúsia. **32.** *o verão está próximo*: a linguagem da proximidade nos lembra a proclamação inicial da iminência do reino (3,2; 4,17). Esta expressão grega poderia ser traduzida por "ele está próximo" (como faz a RSV) ou "ela/isto está próximo". Lucas a entende como referência ao reino. De fato, o reino de Deus e o Filho do Homem são inseparáveis; um implica o outro. **34.** *Esta geração não passará sem*: Este é um versículo incômodo. A morte e a ressurreição de Jesus, como uma parúsia antecipada, e a queda de Jerusalém em 70 d.C. cumprem uma parte dele, mas nenhuma delas cumpre "tudo isso". O maior evento, a vinda do Filho do Homem com o reino, ainda está por vir (5,18). A resposta de Mateus a esta dificuldade começa no v. 36 e continua até o final do cap. 25, tratando do dia e da hora desconhecidos e do retardamento da parúsia. **35.** *minhas palavras, porém, não passarão*: Cf. Is 40,8. A palavra de Jesus é como a palavra de Deus no AT, permanentemente verdadeira e certa.

141 (e) *O dia e a hora desconhecidos* (24,36-44). Veja Mc 13,32-37; Lc 17,26-30.34-36. Nesta seção, Mateus se baseia na fonte Q, com exceção dos vv. 36 e 42 (de Marcos). **36.** *nem o Filho, mas só o Pai*: Este versículo enuncia o princípio de que ninguém sabe o momento exato da parúsia. Este princípio dominará a passagem inteira, enquanto o v. 42 começará a tirar consequências parenéticas, que continuarão até 25,13. Por si só, o versículo não permite calcular o fim. Mateus reforça que "somente" o Pai sabe. Visto que o Filho (de Deus) ignora a hora, este versículo tem uma cristologia menos elevada do que a do v. 30; contudo, o uso absoluto dos termos Pai e Filho lembra 11,27 e aponta para uma sobreposição de expressões nas fontes Marcos e Q, um critério de autenticidade. Compartilhando de nossa condição humana, o Filho também compartilhou de nossa ignorância parcial. **37.** *Noé*: Cf. Gn 6,11-13 e observe a *inclusio* com o v. 39. **38.** Os homens dos tempos de Noé tiraram a conclusão errada do fato de ignorarem o momento da inundação e foram descuidados com as coisas que dizem respeito a Deus. **39.** *não perceberam*: Mateus deixa explícita a ignorância estúpida e culposa de tais homens. **40.41.** Estes versículos marcam uma transição para a exortação moral. **40.** *no campo*: Mateus escolhe um cenário mais digno do que os dois homens no leito, descritos por Lucas. **41.** *duas mulheres*: O padrão de alternar parábolas com homens e com mulheres continua aqui. **42.** *vigiai, portanto*: Vigília, atenção escatológica à vontade de Deus, será o tema principal até 25,13. **43.** *se o dono da casa soubesse*: Outra pequena parábola que explicita a conexão com a vigília (em Mateus, não no paralelo de Lucas). **44.** *também vós, ficai preparados*: Mateus tira a conclusão da unidade empregando um termo novo, *hetoimoi*, "pronto", "preparado", para variar a terminologia da vigilância.

142 (f) *O servo fiel ou o servo infiel* (24,45-51). Veja Lc 21,41-48. Mateus apresenta agora uma parábola de Q que contrasta duas maneiras de ser servo do Senhor durante o tempo de espera de seu retorno. Podemos pensar neles como duas pessoas diferentes ou, ainda melhor, como uma única pessoa que pode reagir a uma situação de duas maneiras diferentes. **45.** *fiel e prudente*: No contexto do cap. 24, estas qualidades significam o mesmo que estar vigilante (v. 43) ou preparado (v. 44). **46.** *feliz daquele servo*: O servo que permanece fiel durante o atraso do mestre é elogiado com uma bem-aventurança e recompensado. **48.** *se aquele mau servo*: Mateus não pode esperar para moralizar. Ele denomina o servo de mau antes de mostrar sua má conduta. *meu senhor tarda*: o problema central é o atraso no retorno do Senhor: o servo erra ao calcular o atraso, como se estivesse certo de quando o Senhor retornaria ou que o atraso seria longo. **49.** *espancar seus companheiros*: O servo peca por falta de caridade e de responsabilidade. Ele não imita a paciência de Deus. **50.** *em dia imprevisto e em hora inesperada*: O servo é pego de surpresa, e seu erro de cálculo demonstra que foi presunçoso. **51.** *o partirá ao meio*: i.e., o mestre irá puni-lo com severidade máxima. *choro e ranger de dentes*: Mateus repete cinco vezes esta ameaça escatológica que encontrou uma só vez em sua fonte (Mt 8,12 = Lc 13,28): 13,42.50; 22,13; 24,51; 25,30 (veja ainda F. W. Burnett, *The Testament of Jesus-Sophia* [Lanham, 1981]).

143 (g) *As virgens sábias e as tolas* (25,1-13). Esta é uma outra parábola gêmea, trazendo a contrapartida feminina a 24,45-51. Em parte uma alegoria, trata-se de um desenvolvimento redacional de Mateus da sugestão que se encontra em Lc 12,35-38 junto com o ensinamento escatológico geral de Jesus. É impossível reconstruir a situação matrimonial precisa (*p.ex.*, as dez virgens estão comprometidas com o mesmo noivo? Onde está a noiva?). O imaginário nupcial, empregado em Cantares, era aplicado pelos rabinos ao relacionamento entre Deus e seu povo; cf. Mt 9,14.15; 22,1-14. **1.** *dez virgens*: Elas representam os discípulos, crentes que aguardam (2Cr 11,2). **2.** *Insensatas... prudentes*: Estes rótulos prematuros retomam 7,24.26; 10,16; 23,17.19; 24,45. A prudência em questão é uma sabedoria prática quanto à salvação. **5.** *atrasando*: O atraso da parúsia causa um problema, o perigo do esfriamento do amor (24,12). *dormindo*: A vigília absoluta não é tão importante (apesar do v. 13) quanto a prontidão (v. 10). **6.** *aí pela meia noite*: O Filho do Homem é o Senhor das surpresas. O grito representa o desejo da protoigreja pela consumação do reino. **8.** O óleo simboliza as boas obras (cf. *Num. Rab.* 13,15.16). As imprudentes não possuem boas obras suficientes. **9.** *não bastar*: A recusa pelas prudentes não se constitui em falta de caridade ou obsequiosidade. Suas boas obras não são transferíveis. Outros podem ajudar, mas a prontidão em aceitar a salvação é, em última instância, uma questão de responsabilidade pessoal. **10.** *prontas*: i.e., para o noivo; esta é a mensagem da parábola. A porta fechada significa que a admissão não é automática. **11-12.** Cf. 7,22.23. **13.** Cf. 24,42.

(Donfried, K. P., "The Allegory of the Ten Virgins...", *JBL* 93 [1974] 415-28. Puig i Tàrrech, A., *La parabole des dix vierges* [AnBib 102; Rome, 1983].)

144 (h) *A parábola dos talentos* (25,14-30). Um relato muito interessante e multifacetado, sem dúvida, derivado da fonte Q, embora haja uma semente ou vestígio dele em Mc 13,34. Ele também poderia ser compreendido como um comentário sobre Mc 4,25. Mateus preserva a versão mais simples e mais antiga, visto que Lucas a combina com um outro relato sobre um príncipe que reivindica o trono (Arquelau, 4 a.C.?). Mas Lucas parece ser original quanto às somas de dinheiro implicadas, libras ou minas valendo $ 20,00 cada, e não talentos valendo $ 1.000,00 cada. A mensagem da parábola também pode ser interpretada de diversas maneiras. No contexto em que se encontra, oferece um estilo de vida para o ínterim até o retorno do Filho do Homem, incitando-nos a um uso responsável dos bens do senhor em vista do julgamento que está por vir. Mensagens moralizantes também podem ser extraídas da situação, como em 24,48-51. Mas, em algum momento anterior, o relato pode ter contido uma repreenda a uma atitude (dos saduceus?) passiva frente à tradição religiosa, que se recusa a desenvolvê-la. Esta concepção se baseia na presença do verbo "entregar" nos vv. 14.20.22, um termo técnico para designar a tradição.

15. *talento*: Veja o comentário sobre 18,24. *a cada um de acordo com a sua capacidade*: A combinação do termo fiscal "talento" com o termo "capacidade" levou, nas línguas modernas, ao significado do termo "talento" como dom, aptidão, habilidade. O reconhecimento da diversidade de habilidades e recompensas humanas é típico de Mateus (13,23). **16.** *saiu a trabalhar com eles*: O verbo vago pode ser interpretado como negociar ou investir. *ganhou*: Este verbo é usado em contextos religiosos para designar a conquista de convertidos. **18.** *cova no chão*: Ele escondeu sua luz, guardando a tradição de maneira estática (*'Abot R. Nat.* 14). **19.** *depois de muito tempo*: Sugere o atraso da parúsia e do acerto de contas no juízo final. **21.** *fiel*: Aqui significa leal, ousado, assim como crente. *alegrar-te com o teu senhor*: Isso se refere ao reino de Deus (Rm 14,17). **24-25.** Cf. Jó 23,13-17; *m. 'Abot* 1,3; 2,15; 3,17. **27.** *com juros*: Isto parece favorecer a usura e o capitalismo moderado. **29.** *a todo aquele que tem*: cf. Mc 4,25; Mt 13,12; Lc 8,18. Os verbos na voz passiva designam as ações de Deus. Veja ainda L. C. McGaughy, *JBL* 94 (1975) 235-45.

145 (i) *O julgamento das nações* (25,31-46). A forma da unidade é a de um discurso de revelação apocalíptico, com bastante diálogo. Não se trata de uma parábola, com exceção dos vv. 32.33. A passagem é uma obra prima, o clímax e a grandiosa final do quinto discurso e do ministério público. Mas ela se origina de Jesus, de Mateus, da protoigreja ou, como Bultmann sugeriu, do judaísmo? Ela não tem paralelo sinótico (cf. Jo 5,29), encaixa-se bem na teologia de Mateus e possui vocabulário característico de Mateus (anjos, meu Pai, justo); portanto, pode ter sido composta por Mateus. Estes argumentos não são decisivos, exceto no que tange à forma final da passagem, e, em todo o caso, a passagem reflete a preocupação do próprio Jesus quanto à preparação para a entrada no reino. Este texto muito apreciado apresenta uma religião prática, constituída de ações de bondade e de amor ao próximo.

Ele foi interpretado como um argumento de que nem a fé em Cristo nem a participação na igreja são necessárias para a salvação; mas, na verdade, ele se dirige aos discípulos cristãos, e o discipulado é ousadamente compreendido como equivalente ao cuidado com os necessitados. Isto não significa uma negação da fé; faz parte da essência da fé. **31.** *Filho do Homem*: Cf. Dn 7,9.13.14; Zc 14,5. Nesta passagem, o Filho do Homem age no lugar de Deus. **32.** *serão reunidas*: Deus reunirá (voz passiva teológica [*ZBG* § 236]). *todas as nações*: Cf. 24,9.14; especialmente 28,19. Isto se refere a todas as nações, inclusive Israel, não apenas aos gentios. *ovelhas*: A palavra usada, *eriphos*, normalmente significa "filhote". Consequentemente, pode representar um animal de menor valor. **34.** *rei*: O Filho do Homem, como rei, está executando a vontade de seu Pai. Com uma bênção, ele convida os salvos a entrar no reino, o qual já está presente, mas no qual entramos só quando ele decide trazê-lo e nos admitir nele. **35-36.** Esta lista fornece seis das sete obras corpóreas da piedade da tradição catequética (a sétima é enterrar os mortos, apesar de 8,22). *doente e me visitastes*: Algumas versões traduzem inadequadamente o verbo grego, *episkeptomai*, que é melhor interpretado como "assistir", "cuidar". Aqui, "visitar" deve ser entendido neste sentido mais intenso. Cf. *m. Pe'a* 1,1. **37-39.** Mateus os denomina "justos", e eles se surpreendem. Eles não estavam tentando subornar ou impor uma obrigação a Deus. **40.** *cada vez que o fizeste a um desses meus irmãos mais pequeninos, a mim o fizeste*: Esta resposta fantástica identifica o auxílio ao carente com o amor a Cristo. Atualmente há muito debate sobre a hipótese de "irmãos" se referir somente aos cristãos ou a qualquer pessoa carente. Observe que no v. 45 a palavra "irmãos" não aparece. Ao se fazer uma breve análise do uso deste termo por Mateus em diferentes contextos, encontram-se dois sentidos: em um grupo (12,48-50; 18,15.21.35; 23,8; 28,10), *adelphos* se refere a um membro da comunidade cristã; em outro (5,22.23.24.47; 7,3.4.5), refere-se a qualquer ser humano como objeto do dever ético. O versículo 40 deveria ser interpretado nesse sentido ético mais amplo. **41-43.** Este pensar binário pode ofender alguns. Ele se origina da teologia deuteronomística de uma aliança condicionada pela obrigação humana (ao contrário da aliança de comprometimento divino incondicional, representada no NT pela teologia de Paulo). Pressupõe a responsabilidade moral e a consciência humana e que Deus leva as ações humanas a sério. **46.** Cf. Dn 12,2.

(AGBANOU, V. K., *Le discours eschatologique de Matthieu 24-25* [EBib; Paris, 1983]. BRANDENBURGER, E., *Das Recht des Weltenrichters* [SBS 99; Stuttgart, 1980]. DONAHUE, J. R., "The Parable of the Sheep and Goats", *TS* 47 [1986] 3-31. MARGUERAT, D., *Le jugement dans l'évangile de Matthieu* [Geneva, 1981].)

146 (XI) Morte e renascimento (26,1-28,20). A narrativa da paixão-ressurreição começa agora. No relato da paixão, caps. 26-27, Mateus segue fielmente sua única fonte, Marcos (Q não tem narrativa da paixão). Suas diversas expansões – a Última Ceia, a prisão, o destino de Judas, o julgamento diante de Pilatos (o clamor por sangue, o sonho da esposa de Pilatos, lavagem das mãos), os portentos cósmicos por ocasião da morte de Jesus – geralmente seguem o fluxo da lógica narrativa de Marcos. A guarda no túmulo (27,62-66) e o relato dos soldados (28,11-15) são acrescentados por ele por razões apologéticas. O evangelho termina com uma cena de comissionamento breve, mas magnífica. Mateus desenvolve três temas principais, que encontrou em sua fonte: a cristologia (esp. através do conhecimento e cumprimento profético), uma ênfase polêmica na responsabilidade dos líderes judaicos e de seus seguidores, uma série de exemplos morais, primordialmente o de Jesus, mas também os de Pedro e Judas, das mulheres, de outros discípulos e dos soldados gentílicos.

(BENOIT, P., *The Passion and Resurrection of Jesus Christ* [New York, 1970]. SENIOR, D. P., *The Passion Narrative according to Matthew* [BETL 39; Leuven, 1975].)

147 (A) O sofrimento e a morte de Jesus (26,1-27,66).

(a) *A conspiração para matar Jesus* (26,1-5). Veja Mc 14,1-2; Lc 22,1-2; Jo 11,45-53. **1.** *quando Jesus terminou:* Veja o comentário sobre 7,28a. A palavra "todas" é acrescentada neste trecho. Ela se refere a todo o ministério público de Jesus, especialmente aos ensinamentos. Desta maneira, o ministério e a paixão são conectados. **2.** *o Filho do Homem será entregue para ser crucificado:* Jesus demonstra ter um conhecimento profético de seu destino (observe o tempo verbal presente, caracteristicamente profético). Mateus acrescenta essa predição às três que herdou de Marcos (Mt 16,21; 17,22; 20,17). A voz passiva "será entregue" mostra que Deus está no controle; a paixão faz parte do plano divino. **3.** *os chefes dos sacerdotes e anciãos:* Veja o comentário sobre 16,21. Mateus, seguindo Marcos, não menciona os fariseus durante o relato da paixão. Como tais, eles não foram responsáveis pelo que aconteceu. Eles retornam em 27,62, após o sepultamento.

148 (b) *A unção em Betânia* (26,6-13). Veja Mc 14,3-9; Jo 11,1-8. Mateus abrevia este trecho. No conjunto, trata-se de uma profecia da morte de Jesus em forma de ação. **6.** *Simão, o leproso:* Talvez o fariseu de Lc 7,36-50. Em João, o homem é chamado de Lázaro, e a mulher é sua irmã, Maria. **7.** *Enquanto ele estava à mesa:* Esta é uma postura helenística ao jantar. O gesto da mulher é exagerado, próprio de amor e festividade, atitude que os discípulos não compreendem. **10.** *uma boa ação:* Jesus afirma que o que é útil e cotidiano não deve ter domínio exclusivo em nossa vida. **11.** *Sempre tereis os pobres convosco:* Mateus elimina a oração intermediária de Marcos, "e quando desejardes, podereis fazer-lhes o bem". Portanto, ele alcançou um paralelismo mais claro entre as duas orações remanescentes. Mas, desse modo, comprometeu a doutrina da resposta de Jesus, baseada em Dt 15,11, e forneceu um pretexto perigoso àqueles que se mantinham indiferentes aos pobres. **12.** *para me sepultar:* A interpretação que se faz desse ato aqui o define como uma unção fúnebre. Outros veem nele uma unção messiânica (1Sm 10,1; 2Rs 9,6; At 10,38) ou, anacronicamente, uma extrema-unção. **13.** *o Evangelho*: Refere-se especificamente à mensagem do sofrimento, da morte e da ressurreição. *em sua memória*: Historicamente, o trabalho das mulheres não foi registrado (nem recompensável). Jesus se posiciona contra esta injustiça. Seu reconhecimento das mulheres é recompensado na crucificação (27,55.56).

(HOLST, R., "The One Anointing of Jesus", *JBL* 95 [1976] 435-46. SCHÜSSLER-FIORENZA, E., *In Memory of Her* [→ 71 *acima*] .)

149 (c) *Judas concorda em trair Jesus* (26,14-16). Veja Mc 14,10-11; Lc 22,3-6. **14.** *um dos Doze*: Mateus estabelece um contraste entre o amor leal da mulher e a traição do apóstolo. **15.** Mateus transforma a transação em um diálogo. Judas negocia seu Messias, e os sacerdotes pagam imediatamente (cf. Marcos). *Fixaram-lhe, então, a quantia de trinta moedas de prata*: Isso alude a Zc 11,12 (veja Mt 27,3.9); Ex 21,32; tudo ocorre de acordo com o plano divino. **16.** *e a partir disso*: Esta expressão marca momentos decisivos na vida de Jesus (4,17; 16,21). Começa uma nova fase; o elenco de personagens foi apresentado e pode-se dar início ao drama.

150 (d) *A páscoa com os discípulos* (26,17-25). Veja Mc 14,12-21; Lc 22,7-14.21-23; Jo 13,21-30. **17.** *preparemos para comer a Páscoa*: A festa inteira durava uma semana e um dia. A cidade ficava repleta de peregrinos que alugavam espaço. A população normal da cidade era de aproximadamente 30.000; os peregrinos são calculados em aproximadamente 130.000. Devido a isto, era necessário fazer reservas nas hospedarias. Veja J. Jeremias, *Jerusalem no tempo de Jesus* 77-84. **18.** Mateus abrevia o trecho omitindo o sinal de Marcos, que não tem base bíblica (cf. 21,1-9, baseado em Zc 9,9). *meu tempo está próximo*: A Paixão não faz parte da parúsia, mas é um clímax na história da salvação e está orientada para o *eschaton*. Neste sentido amplo, é escatológica. *irei celebrar a Páscoa*: Um presente profético. **19.** *como Jesus lhes ordenara*: Mateus enfatiza a obediência dos discípulos ao cumprirem a ordem de Jesus. Ele está no comando. **20.** *ele pôs-se à mesa com os Doze*: esta observação é importante porque deixa claro que ninguém mais estava presente na Última Ceia, diferentemente do usual caráter familiar da refeição do *seder*, com as mulheres e as crianças presentes. Sobre os "discípulos", veja o aparato crítico. Nos vv. 21-24, Mateus segue Marcos de perto, mas, no v. 22, os discípulos leais o chamam de Senhor, em contraposição a Judas, que diz rabi (v. 25). **23.** *o que comigo põe a mão no prato*: O versículo é condensado para deixar claro que Jesus sabe exatamente quem é o traidor; cf. Mc 14,20. **25.** Este versículo é exclusivo de Mateus e faz a confrontação direta entre traidor e traído.

151 (e) *A instituição da ceia do senhor* (26,26-30). Mc 14,22-26; Lc 22,15-20; 1Cor 11,23-25. Mateus segue Marcos de perto, mas, no v. 26, acrescenta a ordem "comei" e, no v. 27, narra que eles beberam usando uma outra ordem, "bebei". Assim, ele reforça a autoridade de Jesus e passa a impressão de um rito litúrgico. **28.** *derramado para a remissão dos pecados*: Mateus acrescenta esta última expressão, remotamente derivada de Lv 17,11 (regras para sacrifícios), para relacionar o rito eucarístico à morte iminente na cruz, como tendo significado salvífico expiatório (cf. Ex 24,8; Jr 31,31-34). Ele havia negado este significado ao batismo de João em 3,2 (cf. Mc 1,4), para, neste momento, vinculá-lo à cruz e à eucaristia. **29.** *desde agora*: Mateus acrescenta esta expressão para conotar um momento decisivo na história da salvação. Após a paixão e a ressurreição, os crentes não têm nada mais para esperar, a não ser a vinda do reino em plenitude. *convosco*: Mateus acrescenta essa expressão como um eco da profecia de Emanuel em 1,23 (cf. 18,20; 28,20). A expressão também é uma referência às fórmulas de aliança do AT, cuja forma completa é: "Eu serei seu Deus e vocês serão meu povo". Desta maneira, Mateus reforça a natureza pactual da ceia, já indicada no v. 28. A refeição em sua totalidade é apresentada como uma ceia de Páscoa reinterpretada. Jesus identifica os elementos da ceia com seu corpo ferido e sangrento na cruz. Já que isso implica um conhecimento prévio, alguns críticos questionam a autenticidade destas palavras. Mas todos concordam que o v. 29 reflete autenticamente a fé de Jesus no reino e a antecipação do banquete messiânico (Is 25,6). A ceia é o ápice das ceias anteriores de Jesus com seus discípulos e com os pecadores (9,9-13). **30.** *Depois de terem cantado o hino*: O hino em questão é o Hallel, Sl 115-118. *monte das Oliveiras*: Cf. a fuga de Davi na revolta de Absalão (2Sm 15,30.31). De acordo com *Tg. Neof.* Ex 12,42, quatro grandes eventos da história da salvação ocorreram ou ocorrerão na noite da Páscoa: a criação do mundo, o oferecimento de Isaac em sacrifício (Gn 22), o êxodo do Egito e a vinda do Messias (veja R. Le Déaut, *La nuit pascale* [AnBib 22; Rome, 1963]).

152 (f) *A negação de Pedro é predita* (26,31-35). Veja Mc 14,27-31; Lc 22,31-34; Jo 13,36-38. Nesta passagem curta, Jesus faz três predições, e todas elas serão cumpridas no decorrer do relato. Lembre-se da predição anterior sobre Judas (26,20-25). Nesta parte, duas predições são de traição covarde e uma da ressurreição e dos eventos posteriores. **31.** *todos*: A primeira predição de Jesus é sobre uma traição geral. Mateus acrescenta uma referência mais precisa sobre a pessoa traída e sobre o momento em que isso ocorrerá ("essa noite"). Ele colocará mais uma vez a referência pessoal no v. 33 e a referência temporal no v. 34; cf. Mc 14,27. Jesus cita Zc 13,7. Ferir o pastor para dispersar o rebanho é uma manobra política clássica, mas não funciona neste caso por causa da ressurreição e da fé e coragem residuais de Pedro, apesar de sua traição momentânea. A predição é cumprida em 26,56. **32.** *vos precederei*: A segunda predição será mencionada novamente em 28,7.10 e cumprida em 28,16-20. A ressurreição é subordinada aqui à ordem implícita para se reagruparem na Galileia. **34.** *Me negarás*: a terceira predição é dirigida pessoalmente ao impulsivo Pedro. Ela será cumprida em 26,69-75. **35.** *todos os discípulos*: Sua autoexaltação é ironicamente repreendida e desmascarada; todos fogem em 26,56.

153 (g) *A oração no Getsêmani* (26,36-46). Veja Mc 14,32-42; Lc 22,39-46. Mateus permanece próximo a Marcos, no entanto, faz com que os três momentos da oração de Jesus se sobressaiam mais fortemente e transfere a atenção do retorno de Jesus para os discípulos e para sua retirada para oração. **36.** *com eles*: Outra vez, Mateus sugere a fórmula da aliança; veja o comentário sobre 26,29. *Getsêmani*: O nome significa "lagar de azeite", e situava-se no vale de Cedron. Esta passagem e 6,5-15 são os grandes textos de oração do evangelho (cf. 14,23). **37.** *Pedro e os dois filhos de Zebedeu*: Como em 20,20, Mateus omite os nomes dos dois filhos. **38.** *está triste até a morte*: a oração de Jesus lembra o Sl 42,6.12; 43,5. **39.** *não seja como eu quero*: Jesus submete sua vontade em obediência à vontade de Deus. O cálice é o cálice amargo de sua morte (cf. 20,22; 26,27.28). **40.** *não fostes capazes de vigiar comigo*: Seus discípulos o decepcionam, e não será a última vez. **41.** *o espírito... a carne*: Estes correspondem às duas tendências ou *yĕṣārîm*, o bem e o mal, da psicologia rabínica. **42.** *orou*: Mateus molda a segunda prece de acordo com 6,10. **45-46.** As sentenças conclusivas são simetricamente equilibradas e acabadas. A primeira fala da "hora" do destino, da verdade e da suprema provação de Jesus. A segunda personaliza aquela hora na figura de Judas, "meu traidor". Deus testou seu Filho para ver o que estava em seu coração (cf. 2Cr 32,31). O efeito da oração é que agora Jesus pode enfrentar seus inimigos. Assim como no caso na tentação (4,1-11), a cena toda, da mesma forma como toda a Paixão, pode ser entendida como um comentário sobre a ordem de amar a Deus com todo o coração, alma e força, em que

Jesus ama seu Pai celestial com perfeição, ou seja, com seu querer (v. 39), sua alma (v. 38) e com seu bem-estar externo (v. 45).

(BARBOUR, R. S., "Gethsemane in the Tradition of the Passion", *NTS* 16 [1969-70] 231-51. FEUILLET, A., *L'Agonie de Gethsemani* [Paris, 1977]. GERHARDSSON, B., "Jésus livré et abandonné d'après la passion de Saint Matthieu", *RB* 76 [1969] 206-27. STANLEY, D. M., *Jesus in Gethsemane* [Ramsey, 1980].).

154 (h) *A traição e prisão de Jesus* (26,47-56). Veja Mc 14,43-50; Lc 22,47-53; Jo 18,3-12. Em Mateus, esta cena é um clímax; é o momento do destino trágico de Jesus. **47.** *chefes dos sacerdotes e dos anciãos*: Mateus elimina os escribas da lista de vilões (mas cf. 26,57; 27,41); assim, os fariseus estão implicitamente exonerados. **48.** *um sinal*: Usando um beijo como sinal para que aprisionem Jesus, Judas perverte um gesto de amizade. **49.** *salve*: Mateus acrescenta esta palavra como mais um sinal de falsidade. **50.** Mateus acrescenta um pouco de diálogo. *amigo*: Este vocativo ligeiramente formal e irônico também é usado em 20,13 e 22,12. *para que estás aqui*: a sentença *eph' ho parei* é difícil de traduzir. "É pelo beijo (de traição que dará início aos eventos da paixão) que você veio" – esta foi sugerida como a melhor maneira de compreendê-la. A partir deste momento Jesus perde o controle sobre seu corpo. **51.** *desembainhou a espada*: um discípulo decepa a orelha do servo do sumo sacerdote. Este não é um acidente em uma briga, mas um gesto simbólico intencionado deliberadamente. O servo não era um empregado doméstico inferior, mas o vice-presidente da administração do Templo. Ele, portanto, representa o sumo sacerdote. Uma orelha mutilada, de acordo com Lv 21,18 LXX, desqualifica alguém para servir como sumo sacerdote. Assim, o gesto diz que um sacerdote que prende o enviado de Deus é inadequado para o cargo, está espiritualmente falido. **52-54.** Esta expansão condensa muitas ênfases redacionais, didáticas e éticas de Mateus; como também o interesse na paternidade divina, nos anjos e no cumprimento escritural. O dito do v. 52 reflete a preferência de Jesus pela resistência não violenta (5,39). Cf. Ap 13,10. Diferentemente de Lucas, a orelha não é curada. **56.** Mateus deixa claro que a Escritura é profética. Tudo está acontecendo de acordo com o plano divino. *então todos os discípulos, abandonando-o, fugiram*: Ser abandonado por seus seguidores era motivo para uma dor equivalente à de seu sofrimento físico.

155 (i) *Jesus diante do Sinédrio* (26,57-68). Veja Mc 14,53-65; Lc 22,54-55.63-71; Jo 18,12-14.19-24. Existem muitas controvérsias sobre a historicidade da audiência diante do Sinédrio. Provavelmente houve tal audiência, que, entretanto, foi bem aquém de um julgamento em sentido pleno e pode ter tido envolvimento de romanos em seu planejamento. A narrativa de Mateus é mais compacta do que a de Marcos. **57.** *Caifás*: somente Mateus identifica o sumo sacerdote dessa forma. Cf. Jo 18,13. **58.** *para ver o fim*: Esta formulação de Mateus é mais solene do que o "aquecia-se" de Marcos. **61.** Cf. Mc 13,2. **63.** *te conjuro*: Mateus introduz a pergunta do sumo sacerdote com uma fórmula de juramento. **64.** *tu o disseste*: Esta fórmula enigmática provavelmente dá uma resposta meio afirmativa, o que é mais fácil de notar em 26,25. Sendo assim, concordaria com o "Eu sou" de Mc 14,62. Então, Jesus aponta para sua exaltação no futuro. Esta parte de sua resposta combina partes de Dn 7,13 e de Sl 110,1. **65.** *blasfemou*: Mateus acrescenta esta afirmação para explicar o gesto do sumo sacerdote ao rasgar suas vestes. **66.** *é réu de morte*: a blasfêmia era punida com a morte (Lv 24,16). **67-68.** Ao omitir a venda dos olhos e os servos de Mc 14,65, Mateus gera um pouco de confusão. Os próprios membros do Sinédrio parecem golpear Jesus. Sua pergunta ampliada passa do pedido de identificação de seus zombadores, os quais Jesus não conseguia ver, para uma indagação sobre zombadores desconhecidos.

(SLOYAN, G. S., *Jesus on Trial* [Philadelphia, 1973].).

156 (j) *Pedro nega Jesus* (26,69-75). Veja Mc 14,66-72; Lc 22,56-62; Jo 18,15-18.25-27. O esquema de acusação-negação em três partes não é uma repetição inútil. Na teologia moral judaica da apostasia durante a perseguição, uma negação feita em particular era menos grave do que aquela feita em público, e uma negação evasiva era menos grave do que aquela feita explicitamente. Em Marcos, esta casuística serve para moldar uma escala da gravidade dos pecados de Pedro: primeiramente, uma negação em particular, evasiva; em seguida, uma negação pública, evasiva; finalmente, uma negação pública e explícita. Mateus empobreceu este modelo ao introduzir uma negação pública no v. 70, um juramento no v. 72 e uma forma mais vaga de negação no v. 74. Mas emoldurou artisticamente a perícope com o advérbio "fora" (vv. 69 e 75) e com o acréscimo da palavra emocional "amargamente" no final. O todo cumpre com exatidão a profecia de Jesus no v. 34. Esta é a última vez que Pedro é chamado pelo nome (mas cf. Mc 16,7); ele provavelmente está entre os Onze de 28,16 (veja ainda D. Daube, "Limitations on Self-Sacrifice in Jewish Law and Tradition", *Theology* 72 [1969] 291-304).

157 (k) *Jesus é conduzido à presença de Pilatos* (27,1-2). Ver Mc 15,1; Lc 23,1-2; Jo 18,28-32. Mateus compôs esta ponte redacional cuidadosamente. Ele omite de novo os escribas da lista dos responsáveis pelas decisões, deixa explícito o conteúdo de sua decisão, "a fim de matá-lo" (cf. 26,59), e dá a impressão de que a audiência de 27,57-68 se estendeu por toda a noite. **2.** *Pilatos*: Ele é mencionado aqui pela primeira vez, e seu título genérico "governador" o acompanha (→ História, 75:168).

158 (l) *A morte de Judas* (27,3-10). Veja At 1,18-19. Esta complexa perícope é peculiar de Mateus. Ela provavelmente surgiu como uma lenda etiológica para explicar como o campo do oleiro passou a ser chamado de "campo de sangue". Ela se baseia em tradições orais locais e compartilha com a versão de Atos o fato de que Judas sofreu uma morte violenta e que havia uma conexão entre sua morte e o campo de sangue. As duas versões diferem na forma da morte: enforcado em Mateus e caindo de cabeça e se esfacelando em Atos. Mateus introduziu o relato aqui para deixar claro o cumprimento da profecia de 26,24. **3.** *trinta moedas*: Veja o comentário sobre 26,15; cf. 27,9. **4.** *sangue inocente*: Cf. 27,24. **5.** *enforcar-se*: O suicídio de Judas pode ser entendido como um exemplo de anomia, uma perda de orientação moral depois de trair seu centro de sentido (veja E. Durkheim, *Suicide* [Paris, 1897]; e 2Sm 17,23). **7.** *O sepultamento dos estrangeiros*: O lugar também era usado para vítimas de pragas, criminosos e miseráveis. **9.** Esta é a última das onze citações de cumprimento (→ 7 *acima*). É um uso complexo de Zc 11,12.13; Ex 9,12; Jr 32,6-15, especialmente v. 7; 18,2; 19,1-2; 7,30-34. Embora se faça apenas uma alusão a Jeremias, a introdução o menciona porque ele era um homem de dores, um profeta de juízo e condenação.

(BENOIT, P. *Jesus and the Gospel* [New York, 1973] 1. 189-207. SENIOR, D. P., *Passion Narrative* [→ 147 *acima*] 343-97.)

159 (m) *Jesus é interrogado por Pilatos* (27,11-14). Ver Mc 15,2-5; Lc 23,3-5; Jo 18,33-38. **11.** Mateus introduz o julgamento romano de uma maneira jurídica formal. *és tu o rei dos judeus?*: A pergunta de Pilatos é apropriada a um magistrado gentílico e contrasta com a pergunta do sumo sacerdote, "se tu és o Cristo" (26,63). Mas o título "Cristo" reaparece nos vv. 17 e 22. Sobre "rei dos judeus", veja 2,22; 27,29.37.42-43. A resposta de Jesus é parcialmente confirmatória, como em 26,25.64. De fato, ele diz a Pilatos: Tu o dizes. **12.** Se ninguém faz acusações específicas, não pode haver julgamento; somente Lc 23,2 traz uma lista concreta (cf. Jo 11,48).

160 (n) *Jesus é condenado à morte* (27,15-26). Veja Mc 15,6-15; Lc 23,13-25; Jo 18,39-19,16. **15.** *soltar um preso*: O tão famoso *privilegium paschale* ou o hábito de anistiar um preso na Páscoa não é atestado fora dos evangelhos, embora a ideia da anistia em ocasiões especiais não fosse totalmente desconhecida e o *Papyrus Florentinus* 61,59-64, do Egito, possa conter, em parte, um paralelo. Mateus interpretou Marcos de tal forma que fez disto um costume. **16.** *Barrabás*: alguns manuscritos antigos interpretavam "Jesus Barrabás". Barrabás significa "filho do pai". Portanto, há uma contraposição entre Jesus Barrabás e Jesus Cristo. Em vez de "Jesus, chamado de Cristo", Marcos traz o "rei dos judeus" (Mc 15,9). **18.** *por inveja*: Este parêntese sobre o motivo indigno destas autoridades judaicas leva Mateus a desenvolver uma contraposição no versículo seguinte. **19.** *sua mulher*: o sonho da esposa de Pilatos representa uma inserção redacional. Em Mateus, os sonhos fornecem orientação divina. Aqui a mensagem de que Jesus é "justo" sugere que ele deveria ser libertado (cf. v. 24). **20.** *as multidões*: Elas estão implicadas no erro judicial pela primeira vez, para culminar em seu clamor no v. 25. Mateus deixa explícita a opção de libertação de Barrabás, o que implica a morte de Jesus. **21.** *qual dos dois*: a redação de Mateus enfatiza a livre escolha da multidão. **22.** Mateus muda "o rei dos judeus" de Marcos para "Jesus... Cristo". *seja crucificado*: Este é o primeiro dos três clamores pela pena de morte (cf. vv. 23.25). **23.** *que mal ele fez?*: Esta é uma indicação indireta da inocência de Jesus. O segundo clamor por sua morte carrega uma culpa mais grave, já que sua inocência havia sido sugerida há pouco. **24-25.** Estes versículos representam a principal intervenção redacional de Mateus nesta cena. **24.** *lavaram suas mãos*: Este gesto em um julgamento não é uma prática romana, mas do AT: Dt 21,6-9; Sl 26,6; 73,13. Tanto por seu gesto quanto por sua palavra, Pilatos declara sua inocência diante de Deus, embora esta declaração não impressione em vista de sua condescendência no v. 26. *a responsabilidade é vossa*: Cf. v. 4. **25.** *todo o povo*: Incluem-se os sacerdotes, os anciões e a multidão. *o seu sangue caia sobre nós*: Cf. 2Sm 1,16; Jr 26,15; 51,35; 1Rs 2,33. Mateus estabelece uma contraposição entre a reivindicação de inocência por parte de Pilatos e a de responsabilidade por parte do povo. A maldição de sangue não contém a expressão "para sempre", diferentemente de 1Rs 2,33. O caráter amargo e sombrio do versículo só pode ser compreendido como o resultado da polêmica contemporânea e à luz da perspectiva histórica de Mateus (veja o comentário sobre 21,43). É a palavra de um ser humano, não de Deus ou de Jesus; 26,28 contém a palavra de Jesus sobre o significado de seu sangue. **26.** *açoitá-lo*: Os prisioneiros eram açoitados para que ficassem debilitados, encurtando, dessa forma, a agonia horrenda na cruz. *entregou-o*: Pilatos continua sendo em última análise e concretamente responsável, apesar dos esforços redacionais de Mateus.

(KAMPLING, R., *Das Blut Christi und die Juden* [NTAbh 16; Münster, 1984]. MORA, V., *Le Refus d'Israël* [LD 124; Pans, 1986].)

161 (o) *Os soldados zombam de Jesus* (27,27-31). Veja Mc 15,16-20; Jo 19,2-3. O gesto de caçoar do fato de Jesus ser um rei conota um caos moral momentâneo, com afinidades à festa romana das saturnais e a todas as ocasiões de satirização dos reis desde a Babilônia antiga. Já se havia caçoado cruelmente de Jesus em 26,67-68. Mateus reorganiza a ordem de Marcos: primeiro Jesus é despido (embora ele já devesse ter sido despido para ser açoitado no v. 26), em seguida é vestido com uma capa escarlate, depois, despido novamente e, por fim, vestido com trajes normais. **28.** *capa escarlate*: era usada por soldados e, portanto, é historicamente mais provável do que a cor púrpura de Marcos. **29.** *um caniço*: Mateus acrescenta isso como um cetro para intensificar o aspecto grotesco.

162 (p) *A crucificação de Jesus* (27,32-44). Veja Mc 15,21-32; Lc 23,26-43; Jo 19.17-27. Neste trecho, Mateus acompanha Marcos de perto, mas fortalece as referências aos Sls 22 e 69. Três grupos caçoam de Jesus: transeuntes, as autoridades e os ladrões. A morte excruciante, humilhante e vergonhosa rompe com qualquer tendência mítica na vida de Jesus. A morte de um escravo na cruz não é poesia, mas dura realidade histórica. A redação de Mateus introduzirá alguns detalhes míticos nos vv. 51-53, a fim de interpretar a cruz, mas a cruz em si continua sendo firmemente histórica. **32.** *Simão:* Mateus omite os nomes dos filhos deste homem de Cirene (cf. Mc 15,21). *para que carregasse a cruz*: Em Jo 19,17, Jesus carrega sua própria cruz. **33.** *Gólgota*: Uma pequena colina de pedra bem junto dos portões da cidade, próxima a uma pedreira abandonada. **34.** Mateus faz uma alusão mais clara a Sl 69,22 e, deste modo, omite o entorpecente para aliviar a dor citado por Marcos. Veja a referência adicional no v. 48. **35.** Veja o Sl 22,19. **36.** Mateus destaca a vigília dos guardas, assim como em 27,62-66; 28,11-15. **37.** *Este é Jesus:* Mateus acrescenta estas palavras à forma do título da cruz dada por Marcos, que enuncia as razões jurídicas para sua execução. *Rei dos judeus*: Este título seria interpretado de diferentes maneiras por judeus e romanos: os judeus o veriam como uma reivindicação de ser o Messias, e os romanos como um sinal de rebelião contra o imperador. **39.** Cf. Sl 22,8; 109,25; Cf. Lm 2,15. **40.** *se és Filho de Deus*: Mateus acrescenta estas palavras para elevar o nível teológico do escárnio; cf. as tentações do diabo em 4,3.6. **41.** Mateus fornece uma lista completa dos líderes responsáveis pela morte de Jesus; veja o comentário sobre 16,21. **42.** Do ponto de vista da fé cristã, Jesus é o salvador não por evitar a cruz, mas por suportá-la. **43.** Cf. Sl 22,9. **44.** *ladrões:* Mateus deixa claro o insulto ao fazer uma referência explícita aos ladrões do v. 38.

(HENGEL, M., *Crucifixion* [Philadelphia, 1977]. KUHN, H.-W., "Die Kreuzesstrafe", *ANRW* II/25.1, 648-793; *"Stauros, ou"*, *EWNT* 3. 639-49.)

163 (q) *A morte de Jesus* (27,45-56). Veja Mc 15,33-41; Lc 22,44-49; Jo 19,28-30. **45.** *treva*: Cf. Gn 1,2; Ex 10,22; Am 8,9. Segundo Marcos 15,25.33-34, Jesus sofreu na cruz por volta de seis horas. Mateus omite a primeira referência temporal. **46.** *Deus, meu Deus:* O clamor de desamparo de Jesus vem do Sl 22,1. Mateus pode fazer essa citação do hebraico com exceção da última palavra, em aramaico *šěbaq*, "deixar", "abandonar". As palavras expressam o sentimento de abandono de Jesus, mas não de desespero, já que elas são uma prece a Deus. **47.** *chamando Elias:* Existe um jogo de palavras com *'Elî*, "meu Deus" e *'Eliyyâ*, "Elias". **48.** Cf. Sl 69,22 e v. 34. **49.** *salvá-lo:* Mateus troca o "descê-lo" de Marcos por "salvá-lo", teologicamente mais apropriado. **50.** Cf. v. 46. *entregou o espírito*: As palavras escolhidas por Mateus enfatizam a natureza voluntária da morte de Jesus. **51.** *véu do Santuário:* O véu rasgado simboliza uma nova era da história da salvação, na qual o Templo não seria um prédio. **51b-53.** Estes versículos constituem uma glosa midráshica de Mateus em estilo paratático. Para um portento cósmico semelhante, veja 2,2. O pano de fundo apocalíptico do AT se encontra em Jl 2,10; Ez 37,12; Is 26,19; Na 1,5-6; Dn 12,2. Juntos estes versículos respondem ao escárnio de 27,43 e dão início ao processo da vindicação divina: a morte de Jesus é vivificante. **54.** *o Centurião:* Mateus integra esta confissão do homem (idêntica à dos discípulos em 14,33) à sua própria perspectiva ao motivá-la através dos eventos narrados nos vv. 51-53 e a transforma em um coro ao associar outros eventos a ela. **55.** *muitas mulheres:* Mateus reordena o texto de Marcos, colocando a afirmação geral antes da particular e acrescenta uma referência à mãe de Tiago, a José e aos filhos de Zebedeu (veja o comentário sobre 20,20). A presença das mulheres fiéis e corajosas contrasta com a ausência dos Doze e demonstra o poder do amor.

(SENIOR, D. P., "The Death of Jesus and the Resurrection of the Holy Ones (Mt 27,51-53)", *CBQ* 38 [1976] 312-29.)

164 (r) *O sepultamento de Jesus* (27,57-61). Veja Mc 15,42-47; Lc 23,50-56; Jo 19,38-42. Aqui, Mateus muda bastante sua fonte, Marcos, além de resumi-la. Ele torna os detalhes menos judaicos e mais cristãos e amplia a dignidade e grandeza dos atos. De modo geral, o sepultamento serve para enfatizar a realidade da morte de Jesus (contra gnósticos e outros que a negavam) e para preparar a narrativa da ressurreição. **57.** *tarde:* Mateus desloca a referência ao sábado de Marcos para o v. 62, e, mesmo assim, ela fica oblíqua. *José de Arimateia:* De Ramataim, ao norte de Lod; ele não é mais mencionado como membro do Sinédrio, o qual, no final das contas, foi responsável pela morte de Jesus; mas, ao contrário, é "um discípulo de Jesus" (cf. Lc 23,51), um modo mais especificamente cristão de buscar o reino de Deus (Marcos). Diz-se que ele é "rico", para explicar o valor elevado do túmulo. **58.** *foi a Pilatos:* Mateus omite o interrogatório do centurião por Pilatos em Mc 15,44 porque ele usará os militares nos vv. 62-66; e 28,11-15 para um propósito diferente. **59.** *mortalha:* O vulgar detalhe marcano de que a mortalha foi comprada é substituído pelo detalhe digno de que era "limpa". **60.** *túmulo:* O túmulo agora é "novo" (compare Mc 15,46) e se destinava a José, que o talhara; e a pedra diante dele agora é "grande" (um detalhe tirado de Mc 16,4). Estes detalhes ampliadores não são verossímeis, visto que, de acordo com escavações recentes, a tumba estava, sem dúvida, em uma região abandonada, *i.e.,* não em um local esplêndido (→ Arqueologia Bíblica, 74:150). O relato mais modesto de Marcos combina melhor com o cenário. Criminosos deveriam ser enterrados no mesmo dia (Dt 21,22-23). **61.** As mulheres fiéis estão presentes como testemunhas do lugar correto, não somente como carpideiras. Visto que o testemunho de mulheres tinha pouco valor na lei judaica, este detalhe é digno de credibilidade histórica.

(COÜASNON, C., *The Church of the Holy Sepulchre in Jerusalem* [Oxford, 1974]; PARROT, A., *Golgotha and the Holy Sepulchre* [London, 1957]. SMITH, R. H., "Holy Sepulcher, Church of the", *IDBSup* 413-15.)

165 (s) *A guarda no túmulo* (27,62-66). Esta perícope e a que a acompanha (28,11-15) são passagens peculiares a Mateus, motivadas pela apologética posterior. Mateus já mencionara a guarda (vv. 36.54). Aqui as palavras-chave são "seguro" (três vezes), "fraude" (duas vezes) e o surpreendente latinismo *custodia*, "guarda" (duas vezes). **62.** *depois do dia da Preparação:* Alguns intérpretes pensam que a visita a Pilatos teria sido uma violação do sábado, mas isto não é certo e não é enfatizado pelo texto. O tempo e a guarda são desenvolvidos a partir de Mc 15,42.44.45. Os fariseus reaparecem (a última menção deles foi em 23,26), talvez como um indício da situação polêmica da época do próprio Mateus. **63.** Veja 16,21; 17,23; 20,19; cf. 12,40; 26,61; 27,40. **66.** O fechamento do túmulo pode aludir a Daniel na cova dos leões (Dn 6,17).

166 (B) A ressurreição e a Grande Comissão (28,1-20).

(a) *A ressurreição de Jesus* (28,1-10). Veja Mc 16,1-8; Lc 24,1-12; Jo 20,1-10. Depois da vindicação geral antecipada em 27,51-54, segue a vindicação pessoal de Jesus por Deus, que o ressuscita corporalmente dos mortos. Este evento, acessível somente à fé, não é ainda a plenitude do reino na Terra, mas aponta para o reino permanente no céu. A apresentação de Mateus se caracteriza por um acréscimo em dignidade e esplendor em comparação com sua fonte, Marcos. **1.** *ao raiar do primeiro dia:* O evento luminoso começa na escuridão do alvorecer. Novamente, Mateus elimina a compra (de especiarias, desta vez) como também a unção, já que os guardas impossibilitariam tais coisas. As mulheres (duas para combinar com 27,61, não três como em Marcos) vêm para olhar e lamentar. **2.** *grande terremoto:* Isso nos recorda do 27,51-54. *o Anjo:* O "jovem" de Marcos se transforma em anjo. *removeu a pedra:* A pedra que bloqueava o túmulo era o monumento da vitória da morte. Tendo sido removida e com o anjo sentado sobre ela, ela se torna o símbolo da vitória sobre a morte. Como a concepção virginal, este é um pequeno sinal externo de uma realidade invisível maior. **3.** *alva:* A aparência do anjo lembra o Cristo transfigurado (17,2). **4.** Cf. 27,54. O medo e temor são um tema recorrente nos vv. 5.8. **5.** *sei:* Mateus destaca o conhecimento do anjo; neste sentido, ele é como um bom discípulo (13,51). **6.** *como havia dito:* Veja o comentário sobre 27,63. Mateus acrescenta a nota sobre o cumprimento profético, um de seus interesses especiais (cf. 12,40; 16,21; 17,23; 20,19; 26,32). **7.** *ele ressuscitou dos mortos:* Mateus acrescenta esta fórmula confessional para tornar explícita a mensagem da ressurreição. Ele omite a menção a Pedro, talvez porque isto foi tratado em 16,17-19, mas também porque ele planeja um discurso final endereçado aos discípulos como grupo nos vv. 16-20. O fato de que eles verão o Senhor ressuscitado na Galileia sugere que (a) eles foram perdoados de sua traição, (b) a Galileia é um lugar de visão e graça. **8.** *correram:* Mateus aumenta o ritmo, mas mescla o medo das mulheres com "grande alegria" (em lugar do êxtase de Marcos). A incongruência psicológica do medo e da alegria sentidos simultaneamente foi comparada com as emoções de alguém prestes a se casar. As mulheres se tornam apóstolas dos apóstolos, e seu testemunho, justamente por ser desconsiderado pela lei rabínica, se torna historicamente confiável. **9.** *Jesus veio ao seu encontro:* A tradição de uma cristofania ou aparição do Cristo ressuscitado para as mulheres era conhecida no protocristianismo (Jo 20,11-18), mas Mateus acrescenta o v. 10. O gesto das mulheres é de adoração, mas também atesta a realidade da ressurreição do corpo (cf. 1Cor 15,44). **10.** A mensagem é um par dos vv. 5.7, mas, agora, Jesus chama seus seguidores de "irmãos", como em Jo 20,17; Mt 12,46-50. O perdão fica implícito. A descoberta do túmulo vazio não é absolutamente essencial para o fundamento mínimo da fé cristã (ela não é mencionada nos credos ou no protoquerigma, *i.e.*, 1Cor 15,3-5), mas é um suporte externo para esta fé. Seguindo uma lógica rígida, o túmulo vazio e a ressurreição não implicam necessariamente um ao outro: Jesus poderia ter ressuscitado e o corpo permanecer no túmulo; Jesus poderia não ter ressuscitado e o túmulo estar vazio (o corpo poderia ter sido roubado). Mas os dois fatos combinam bem e são afirmados pelos evangelistas.

(FULLER, R. H., *The Formation of the Resurrection Narratives* [Philadelphia, 1980]. PERKINS, P., *Resurrection* [GC, 1984].)

167 (b) *O relato da guarda* (28,11-15). Esta seção peculiar de Mateus retoma o fio condutor de 27,62-66; 28,4 e, junto com eles, reflete a apologética e polêmica dos anos 80 ou 90 d.C., como sugere o v. 15, embora fraudes administrativas e suborno sejam comuns em muitos períodos históricos. **11.** *alguns da guarda:* Os emissários são contrapostos às mulheres evangelistas. Isto mostra que a mesma mensagem pode ser recebida por alguns como boa nova e, por outros, como desastrosa. **12.** *vultuosa quantia de dinheiro:* Cf. 27,3-10. **13.** *dizei:* Além de tentar subornar os soldados, os líderes também pedem a eles para mentir e oferecer um álibi por sua falta no cumprimento do dever, que poderia resultar em pena máxima. Há um contraste irônico com 27,64. **14.** *aos ouvidos do governador:* O refinado plano de contingência, preparado para uma situação extrema, manifesta as dificuldades da delicada operação. **15.** *agiram de acordo com as instruções:* os líderes se tornaram mestres do pecado. A falência espiritual comumente procura mascarar seu vazio com poder financeiro. *espalhou-se essa história entre os judeus até o dia de hoje:* A falta do artigo diante do termo "judeus" poderia significar "alguns judeus", já que a palavra normalmente é acompanhada de artigo nos evangelhos. Alguns integrantes da comunidade de Mateus ainda se consideravam judeus (10,6; 15,24), mesmo que fossem judeus que seguiam Jesus em vez da *halacá* dos fariseus e acreditassem na reunião do povo renovado de Deus em vista do reino; mas os judeus que seguiam os rabinos de Jâmnia eram obrigados a rejeitar as reivindicações dele. A igreja de Mateus foi excomungada pela sinagoga de Jâmnia, ainda que continuasse mantendo um diálogo polêmico com ela. Ainda assim, existe aqui um indício do uso de livros tardios do Novo

Testamento (Atos e João), nos quais os cristãos são apresentados como um grupo que se contrapõe aos judeus e não como movimento de renovação dentro do judaísmo. A passagem inteira oferece um testemunho negativo do perigoso poder da ressurreição, que alguns achavam que devesse ser suprimido a todo custo.

168 (c) *A grande Comissão* (28,16-20). Veja Mc 16,14-18; Lc 24,36-49; Jo 20,19-23; At 1,9-11. Esta breve conclusão é tão rica que seria difícil dizer mais ou coisas maiores usando o mesmo número de palavras. Ela foi considerada uma parúsia antecipada, um cumprimento parcial da visão daniélica do Filho do Homem. Seu gênero combina elementos de um padrão de entronização do AT com um comissionamento apostólico. **16.** *os onze discípulos*: Este número alude ao triste fim de Judas. *à montanha que Jesus lhes determinara*: Esta é a montanha da revelação (17,1), onde Jesus os tocou (17,7). **17.** *vê-lo*: Os discípulos veem uma aparição de Jesus ressuscitado, mas suas palavras, e não sua aparência, é que são enfatizadas. Não há menção a uma ascensão porque esta coincidiu com a ressurreição. Sua adoração demonstra sua fé, ainda que permeada de dúvida, uma experiência psicológica comum que dá esperança às pessoas modernas. **18-20.** As palavras de despedida de Jesus podem ser divididas em três partes, que se referem respectivamente ao passado, presente e futuro. **18.** *toda autoridade... me foi entregue*: Note o tempo verbal no passado e a voz passiva teológica (*ZBG* § 236); é Deus que conferiu autoridade divina a Jesus como Filho do Homem. Esta autoridade é a do reino de Deus (cf. Dn 7,14; 2Cr 36,23; Mt 6:10). **19.** *Ide, portanto*: A grande comissão missionária concerne ao presente. Ela contém uma ordem geral para ir e fazer discípulos, bem como duas orações subordinadas que explicam como isto deve ser feito. *todas as nações*: Esse chamado universal se aplica a todos os povos, inclusive a suas culturas, e até mesmo aos judeus que ainda não são discípulos. Depois do particularismo de 10,6; 15,24, esta ordem é um tanto surpreendente, porém a missão aos gentios já havia sido indicada em 2,1-12; 4,15.16.23-25; 8,5-13; 10,18; 15,21-28; 22,1-10; 24,14; 25,32; 26,13. *Pai... Filho... Espírito Santo*: Esta fórmula triádica pode ter suas raízes no AT na tríade apocalíptica de Deus, Filho do Homem, ou Eleito, e Anjo que se encontra em Dn 7, Ez 1 (cf. *1 Henoc* 14). A circuncisão não é mencionada, provavelmente por causa de At 15,1-29. **20.** *ensinando-os a observar tudo quanto vos ordenei*: Os discípulos devem dar continuidade ao ministério catequético de Jesus, assentando, deste modo, as bases para a educação cristã, a teologia e outras tarefas intelectuais. O tema central de seu ensino são os grandes discursos do Evangelho de Mateus, mas especialmente o Sermão da Montanha, que interpreta o AT. A tarefa toda é tão assustadora que o último versículo precisa oferecer uma promessa de apoio futuro. *Eu estou convosco: i.e.*, eu estou e continuarei a estar. A fórmula da aliança forma uma *inclusio* com 1,23; cf. 18,20. Jesus é Emanuel, a presença divina (*shekinah*) junto a seu povo quando seus integrantes tomam decisões, estudam, oram, pregam, batizam e ensinam. O dom do Espírito não é mencionado explicitamente, em contraposição a Jo 20,22; At 2,1-4, mas, em Paulo, o Espírito é a presença de Jesus entre nós (2Cor 3,17). *a consumação dos séculos*: Isto se refere à vinda do reino de Deus em sua plenitude.

(Hubbard, B. J., *The Matthean Redaction of a Primitive Apostolic Commissioning* [SBLDS 19; Missoula, 1974]. Lange, J., *Das Erscheinen des Auferstandenen* [Würzburg, 1973]. Schaberg, J., *The Father, the Son and the Holy Spirit* [SBLDS 61; Chico, 1982].)

43
O Evangelho Segundo Lucas

Robert J. Karris, O.F.M.

BIBLIOGRAFIA

1 Bovon, F., *Luc le théologien* (Neuchâtel, 1978). Cadbury, H. J., *The Making of Luke-Acts* (2ª ed.; London, 1958). Caird, G. B., *The Gospel of St. Luke* (PC; Baltimore, 1963). Conzelmann, H., *The Theology of St. Luke* (London, 1960). Creed, J. M., *The Gospel according to St. Luke* (London, 1930). Danker, F. W., *Jesus and the New Age According to St. Luke* (St. Louis,1972). Ellis, E. E., *The Gospel of Luke* (NCB; Grand Rapids, 1974). Ernst, J., *Das Evangelium nach Lukas übersetzt und erklärt* (RNT; Regensburg, 1977). Fitzmyer, J. A., *The Gospel According to Luke* (AB 28, 28A; GC, 1981, 1985). Ford, J. M., *My Enemy is My Guest* (Maryknoll, 1984). Grundmann, W., *Das Evangelium nach Lukas* (THK 3; 2ª ed.; East Berlin, 1961). Jeremias, J., *Die Sprache des Lukasevangeliums* (MeyerK; Göttingen, 1980). Jervell, J., *Luke and the People of God* (Minneapolis, 1972). Karris, R. J., *Luke: Artist and Theologian* (TI; New York, 1985). Klostermann, E., *Das Lukasevangelium* (HNT 5; 3ª ed.: Tübingen, 1975). Lagrange, M.-J., *Évangile selon Saint Luc* (EBib; 8ª ed.; Paris, 1948). LaVerdiere, E., *Luke* (NTM 5; 2ª ed.; Wilmington, 1982). Maddox, R., *The Purpose of Luke-Acts* (Studies of the New Testament and Its World; Edinburgh, 1982). Marshall, I. H., *The Gospel of Luke* (NIGTC; Grand Rapids, 1978). O'Toole, R. F., *The Unity of Luke's Theology* (GNS 9; Wilmington, 1984). Plummer, A., *A Critical and Exegetical Commentary on the Gospel according to St. Luke* (ICC; 5ª ed.; New York, 1922). Richard, E., "Luke-Writer, Theologian, Historian", *BTB* 13 (1983) 3-15. Schneider, G., *Das Evangelium nach Lukas* (DTK 3/1-2; Gütersloh, 1977). Schürmann, H., *Das Lukasevangelium* (HTKNT 3/1; Freiburg, 1969). Schweizer, E., *The Good News According to Luke* (Atlanta, 1984). Talbert, C. H., *Literary Patterns, Theological Themes, and the Genre of Luke--Acts* (SLBMS 20; Missoula, 1974); *Reading Luke* (New York, 1982). Thompson, G. H. P., *The Gospel according to Luke in the Revised Standard Version* (NClarB; New York, 1972). Tiede, D. L., *Prophecy and History in Luke-Acts* (Philadelphia, 1980).

DBSup 5. 545-94. *IDBSup* 588-60. Kümmel, *INT* 122-51. Wik-Schm, *ENT* 247-72.

INTRODUÇÃO

2 (I) Autoria, data e lugar de composição. Existem sete testemunhas antigas principais sobre o autor: o Cânon Muratoriano, Irineu, O prólogo ao Evangelho do final do séc. II, Tertuliano, Orígenes, Eusébio e Jerônimo. A partir destes testemunhos, devem-se destacar as características que não podem ser deduzidas do NT (o autor foi Lucas, um sírio de Antioquia, que escreveu um Evangelho derivado de Paulo; ele o escreveu em Acaia [ou Roma ou Bitínia]) daquelas características que podem ser deduzidas do NT (ele era médico, companheiro ou colaborador de Paulo). Deve-se aceitar a tradição de que Lucas compôs este Evangelho, porque não parece haver nenhuma razão para que alguém da igreja antiga inventasse este dado e criasse o autor de um Evangelho a partir de uma figura relativamente obscura. Não existe nenhuma razão para negar que Lucas fosse de Antioquia da Síria. Já que em Atos Lucas demonstra pouco conhecimento da teologia de Paulo e nenhum conhecimento das cartas de Paulo, parece que sua associação com Paulo foi antiga e, portanto, antes que a teologia de Paulo estivesse completamente desenvolvida, antes de Paulo ter se envolvido seriamente na composição de cartas para suas comunidades e antes do "Concílio" de Jerusalém. Em todo caso, procurar mais do que rastros da teologia de Paulo em Lucas-Atos é uma busca em vão. Como Lucas parece ser proveniente de Antioquia da Síria, não existe nenhuma razão obrigatória para não situar a composição de Lucas-Atos neste local, a terceira maior cidade do Império Romano, com uma população bastante heterogênea, inclusive judeus. Apesar da tentativa de W. K. Hobart (*The Medical Language of St. Luke* [Dublin, 1882]) de confirmar a tradição antiga de que a linguagem de Lucas era realmente a de um médico, estudos subsequentes mostraram que sua linguagem não era mais técnica do que a de outros autores de seu tempo que sabemos não terem sido médicos.

3 A tradição das testemunhas antigas é de pouca ajuda para datar o Evangelho de Lucas. Para tal, devemos nos voltar a considerações internas. Lucas se baseou em Marcos, escrito um pouco antes da Guerra Judaica de 66-70 d.C. Lc 21,5-38 pressupõe que Jerusalém foi destruída; desta forma, uma data posterior a 70 d.C. seria necessária. Lucas-Atos não demonstra ter conhecimento da terrível perseguição aos cristãos no final do governo de Domiciano (81-96 d.C.). Lucas-Atos não reflete a forte controvérsia que existia entre a igreja e a sinagoga depois da reconstrução do judaísmo pelos fariseus em Jâmnia (85-90 d.C.). Destas considerações, conclui-se que a data da composição de Lucas-Atos seja o período de 80-85 d.C. (Veja *FGL* 35-62; para um ponto de vista diferente, veja Maddox, *Purpose*.)

4 (II) Estilo e características literárias. Os talentos de Lucas, artista e teólogo, incluem os seguintes, muitos dos quais serão enfatizados neste comentário. Lucas domina muito bem a língua grega e sabe escrever perfeitamente tanto o grego elegante de 1,1-4 como o da LXX de 1,5-2,52. Ele adapta formas literárias gregas para transmitir sua mensagem, como, por exemplo, o gênero de banquete em 7,36-50; 11,37-54; 14,1-24; o gênero de discurso de despedida em 22,14-38 (e At 20,17-38).

Lucas usa suas fontes de forma criativa. Por meio do paralelismo, *p.ex.*, dos anúncios do nascimento e dos nascimentos de João Batista e de Jesus, Lucas reúne várias tradições em 1,5-2,52 para transmitir sua cristologia. Em sua narrativa do ministério de Jesus, ele usa Marcos, a fonte de ditos Q, juntamente com seus materiais especiais, L, e os coloca a serviço de sua teologia. Assim, enquanto adota cerca de 60% de Marcos, omite suas redundâncias, *p.ex.*, utiliza somente um dos relatos de alimentação de Marcos. Ele adapta o tema e a estrutura marcanos da jornada de Jesus a Jerusalém (8,27-10,52), combinando-os com materiais de Q e L para moldar sua própria teologia incomparável da jornada de Jesus e dos cristãos a Deus (9,51-19,27). Na narrativa dos últimos dias de Jesus, Lucas edita Marcos e retoma muitos dos temas que desenvolveu em seu Evangelho (→ Problema Sinótico, 40:13).

Lucas é particularmente habilidoso no emprego de vários dispositivos literários para conectar as tradições e as fontes. Os eventos preditos na narrativa acabam acontecendo, uma vez que Lucas usa o recurso literário da promessa e cumprimento. Veja, *p.ex.*, a predição de Simão de que Jesus está posto para o surgimento e a queda de muitos em Israel (2,34), a qual é cumprida frequentemente no restante de Lucas-Atos. Lucas gosta de *inclusios* literárias, *p.ex.*, o Evangelho começa e termina no Templo. Ele se deleita com paralelismos, *p.ex.*, Jesus conclama os habitantes de Jerusalém a se arrependerem quando está para entrar em Jerusalém e quando parte da Cidade Santa. Uma leitura cuidadosa de todos os 52 capítulos que compõem Lucas-Atos revelaria até mais paralelismos, *p.ex.*, a oração de Jesus, agonizando na cruz, para que seus inimigos fossem perdoados corresponde à de Estêvão. Lucas emprega um esquema geográfico dominante em seu relato querigmático: da Galileia, Jesus viaja para Jerusalém e para Deus; de Jerusalém, a igreja, abençoada pelo Espírito Santo prometido, viaja para os confins da terra (At 1,8). E mesmo quando lida com a geografia teológica, Lucas mantém sua tendência ao paralelismo, ao mostrar que Paulo, em Atos, viaja para Jerusalém de acordo com a vontade de Deus, imitando Jesus, seu Senhor. Os temas de Lucas também juntam materiais outrora separados. Observemos, por exemplo, o tema da oração: a oração de louvor se irradia ao longo de 1,5-2,52; o ministério de Jesus começa e termina com uma oração; o Espírito Santo prometido é derramado sobre a protocomunidade em oração.

5 (III) Teologia e Sitz im Leben de Lucas. Escrevendo na pluralista Antioquia da Síria nos primeiros anos da nona década da Era Cristã, Lucas se dirige a um público formado principalmente por gentios, com membros prósperos que estão repensando dolorosamente suas iniciativas missionárias em um ambiente hostil. Controvérsias internas e externas contribuem para a hostilidade do ambiente. A pergunta central das comunidades de Lucas tem a ver com a teodiceia: se Deus não foi fiel às promessas feitas ao povo eleito por Ele e permitiu que sua cidade sagrada e seu Templo fossem destruídos, que razão os cristãos gentílicos, que creem neste Deus, teriam para acreditar que Deus será fiel às promessas feitas a eles? A resposta de Lucas toma a forma de relato querigmático que denominamos Lucas-Atos. Nele, Lucas demonstra que Deus, através de Jesus, foi fiel às promessas feitas a Israel, mas de uma maneira imprevisível, de modo que tornasse possível a inclusão dos gentios, impuros, pobres, mulheres, samaritanos, publicanos ricos e outros tipos de rejeitados, como também membros do povo eleito arrependidos de sua rejeição inicial a Jesus, o Profeta e Escolhido de Deus. Este Israel é chamado de Israel reconstituído. Está em continuidade com o antigo.

6 (A) Continuidade com a tradição antiga. Em seu Evangelho, Lucas apresenta um Jesus que, embora às vezes deixe as prescrições da lei de lado, é um defensor da validade da lei (veja, *p.ex.*, 16,17). Paulo, da mesma forma, em Atos, defende-se contra acusações de que ele seja contra a lei e o Templo. Para o Paulo lucano, o cristianismo se situa na melhor tradição do judaísmo, a do farisaísmo (veja os julgamentos de Paulo em At 21-26). O judaísmo tinha uma longa e bela tradição de oração. Jesus e a comunidade que segue seu caminho se situam nessa nobre tradição. O judaísmo se fundamentava nas doze tribos. Ao narrar o estabelecimento do Israel reconstituído por Deus, Lucas diz como Jesus selecionou os Doze (6,12-16) e como o grupo foi reconstituído após a morte de Judas (At 1,15-26). O Evangelho começa em Jerusalém e no Templo. At 1-3 detalha as origens do Israel reconstituído em Jerusalém e no Templo. A partir de Jerusalém, a palavra de Deus se dirige a todas as nações (At 1,8).

7 (B) Controvérsias internas e externas. Lucas enfrenta batalhas teológicas em duas frentes. Interiormente, ele se envolve na polêmica contra os judeus cristãos que procuram aplicar requisitos de entrada demasiadamente rigorosos às pessoas que desejam juntar-se ao Israel reconstituído. Esses judeus cristãos são os "fariseus" do Evangelho, que objetam aos hábitos alimentares de Jesus e à sua convivência com pecadores e publicanos. Contra eles, Lucas emprega o gênero do banquete e os faz convidar Jesus para uma ceia, somente para que o ouçam responder a suas objeções. Também contra eles, Lucas desenvolve seu ponto de vista sobre quem são os filhos de Abraão (*p.ex.*, 13,10-17; 19,1-10) e, portanto, herdeiros das promessas de Deus. Além disso, Lucas ataca a posição deles expandindo a noção de quem pertence aos "pobres de Deus", uma imagem usada no AT e na LQ (= Literatura Qumranica) para descrever os eleitos. Condição social, herança étnica e autojustificação religiosa não habilitam alguém a se tornar membro deste grupo exclusivo. Os coxos, cegos e estropiados agora pertencem a este grupo de eleitos (veja 14,13.21), como também cristãos gentílicos que compartilham suas posses com os necessitados (6,17-49). Veja também os comentários sobre 1,51-53; 4,18-19.25-28; 16,23. Finalmente, no Israel reconstituído, a classe marginalizada, a das mulheres, desempenha um papel proeminente, *p.ex.*, 7,36-50. Seria desnecessário dizer que tais objeções internas, se fossem mantidas, limitariam muito a missão das comunidades de Lucas. Para detalhes adicionais sobre os fariseus de Lucas, → 75-77 *abaixo*.

8 Os principais problemas externos que as comunidades de Lucas enfrentam são os que procedem de perseguição, principalmente por parte de líderes judaicos das sinagogas locais. Veja 21,11-19 e os problemas de Pedro, João, Estêvão, Barnabé e Paulo em Atos. Como indicam ainda os sermões de Pedro, Estêvão e Paulo, estes problemas implicam a interpretação das Escrituras, especialmente a forma como Jesus é o cumprimento das promessas de Deus. E tal interpretação da Escritura não é uma preocupação secundária no que tange à missão para os judeus.

9 (C) O Jesus lucano. Como já sugerimos em (A) e (B) acima, a principal resposta de Lucas à questão da teodiceia que agita suas comunidades é seu retrato de Jesus. Em sua missão compassiva a todos, e mediante a escolha dos Doze, Jesus estabeleceu as bases para o Israel reconstituído. A missão de Jesus é inclusiva na medida em que ele busca os perdidos e pecadores e os restaura à união com Deus. O ministério de Jesus, o profeta, parece inútil na medida em que ele é rejeitado pelos líderes religiosos. O povo (*laos*), porém, não é tão teimoso e cego em sua rejeição a Jesus quanto seus líderes. Ele contempla o significado da crucificação de Jesus (23,35) e, em última instância, se arrepende de seu pecado de rejeitar Jesus e preferir Barrabás (23,48). A partir dessas pessoas arrependidas, Jesus forma os laços de continuidade entre o antigo e o novo no Israel reconstituído.

O tema lucano do profeta rejeitado destaca uma nuance adicional de seu retrato de Jesus. O esquema do profeta rejeitado tem quatro componentes: a misericórdia de Deus ao enviar um profeta; a rejeição do profeta; punição; envio de outro profeta. Para aspectos específicos consulte → 61 *abaixo*. Jesus pode ter sido rejeitado pelos líderes religiosos, mas tal rejeição não exclui as ofertas de misericórdia por parte de Deus. Como deixa claro o esquema do profeta rejeitado, depois da punição vem outra oferta de misericórdia. Lucas narra mais esta oferta de misericórdia (*p.ex.*, em At 2), que registra o arrependimento de três mil judeus do mundo inteiro depois do Sermão de Pentecostes de Pedro. Eles ajudam a formar o Israel reconstituído.

Existe um detalhe final sobre o retrato de Jesus feito por Lucas que tem a ver com a fidelidade do Deus de Jesus. Lucas inicia seu Evangelho com este tema quando narra como as promessas foram cumpridas com o nascimento de Jesus; ele o conclui com o mesmo tema quando narra como Deus cumpriu promessas ao ressuscitar Jesus dos mortos. Este Deus, que não permitiu que Seu Filho, Jesus, visse a corrupção (At 2,27), certamente será fiel às promessas feitas aos seguidores de Jesus, que peregrinam de todos os cantos do mundo para assumirem seus lugares no banquete celestial com Abraão, Isaac e Jacó. Ver J. Jervell, *Luke and the People of God;* L. T. Johnson, *The Writings of the New Testament* (Philadelphia, 1986) 197-240; R. J. Karris, *CBQ* 41 (1979) 80-97.

10 (IV) Esboço. O Evangelho segundo Lucas é esboçado como segue:

(I) Prólogo (1,1-4)
(II) O despontar do cumprimento das promessas por Deus (1,5-2,52)
   (A) Gabriel anuncia o nascimento de João Batista a Zacarias no templo (1,5-25)
   (B) Gabriel anuncia o nascimento de Jesus a Maria na obscura Nazaré (1,26-38)
   (C) Os pronunciamentos de Isabel e Maria sobre o significado de Jesus no plano divino da salvação (1,39-56)
   (A') O pronunciamento de Zacarias sobre o significado de João no plano divino de salvação (1,57-80)
   (B') O pronunciamento dos anjos sobre o significado do menino Jesus na manjedoura (2,1-20)
   (C') O pronunciamento de Simão sobre o significado do menino Jesus levado ao templo (2,21-40)
   (D) Perícope de transição: conclusão da abertura de Lucas, pronunciamento de Jesus sobre si mesmo e antecipação da futura jornada de Jesus, Filho de Deus, da Galileia até Jerusalém (2,41-52)
(III) Preparação do ministério público de Jesus (3,1-4,13)
   (A) A pregação de João Batista (3,1-20)
   (B) O batismo de Jesus (3,21-22)
   (C) Jesus, culminação do plano divino na criação e história da salvação (3,23-38)
   (D) Jesus, Filho e Servo de Deus, vence o diabo (4,1-13)
(IV) O ministério de Jesus na Galileia (4,14-9,50)
   (A) Descrição antecipatória do ministério de Jesus na Galileia (4,14-15)
   (B) Jesus cumpre as promessas de Deus a favor de todos (4,16-30)
   (C) O reino de Deus restabelece a integralidade de homens e mulheres (4,31-44)
   (D) Reação positiva à mensagem de Jesus sobre o reino (5,1-11)
   (E) O ministério de Jesus para os marginalizados: rompendo fronteiras (5,12-16)
   (F) Dirigentes religiosos se opõem à mensagem de Jesus sobre o reino (5,17-6,11)
      (a) O poder de Jesus para perdoar pecados (5,17-26)
      (b) A missão de Jesus se dirige aos pecadores (5,27-32)
      (c) Jesus é o noivo e provedor do vinho novo (5,33-39)
      (d) Jesus é senhor do sábado (6,1-5)
      (e) Jesus cura no sábado (6,6-11)
   (G) A reunificação do Israel reconstituído (6,12-49)
      (a) A escolha dos Doze apóstolos (6,12-16)
      (b) O sermão da planície (6,17-49)
   (H) A mensagem de Jesus a respeito do reino é para homens e mulheres e rompe os limites do puro e do impuro (7,1-9,6)
      (a) Gentios impuros se abrem à mensagem de Jesus a respeito do reino (7,1-10)
      (b) O profeta de Deus, Jesus, se compadece de uma viúva (7,11-17)
      (c) Os papéis de João e Jesus no plano salvífico de Deus (7,18-35)
      (d) Uma pecadora reage à dádiva divina do perdão (7,36-50)
      (e) As mulheres discípulas de Jesus (8,1-3)
      (f) Diferentes modos de ouvir a palavra de Deus (8,4-21)
      (g) Jesus vence o caos (8,22-25)
      (h) Jesus restaura um gentio demente à comunidade humana (8,26-39)
      (i) O poder de Jesus vai além da pureza ritual e dá vida a duas mulheres (8,40-56)
      (j) Os Doze dão continuidade à missão de Jesus (9,1-6)
   (I) Reações a Jesus quando seu ministério na Galileia chega ao fim (9,7-50)
      (a) O destino do precursor de Jesus é também o destino dele e o de seus discípulos (9,7-9)
      (b) A dádiva da multiplicação dos pães por Jesus vinculada à sua cruz (9,10-17)
      (c) A cruz na vida do Messias e de seus discípulos (9,18-27)
      (d) A transfiguração de Jesus e a confirmação divina do caminho da cruz (9,28-36)
      (e) Como a cruz interpreta os feitos misericordiosos de Jesus (9,37-45)
      (f) Os discípulos não entendem o significado do seguimento de Jesus (9,46-50)
(V) A jornada de Jesus para Jerusalém (9,51-19,27)

(A) A primeira parte do ensinamento sobre o significado do caminho cristão (9,51-13,21)
  (a) A rejeição dos samaritanos e a não retaliação (9,51-56)
  (b) O custo do discipulado (9,57-62)
  (c) O ensinamento de Jesus acerca da missão (10,1-24)
  (d) A missão cristã e a observância da lei (10,25-37)
  (e) O discipulado é para homens e mulheres (10,38-42)
  (f) Os discípulos de Jesus e a oração (11,1-13)
  (g) Controvérsias revelam o significado da jornada de Jesus (11,14-36)
  (h) A esmola torna a pessoa pura diante de Deus (11,37-54)
  (i) Os discípulos se deparam com oposição interna e externa (12,1-59)
  (j) Todos necessitam de arrependimento (13,1-9)
  (k) Uma ilustração da natureza do reino de Deus (13,11-17)
  (l) Apesar da oposição, o reino de Deus cresce (13,18-21)
(B) A segunda parte da instrução sobre o significado do Caminho cristão (13,22-17,10)
  (a) A necessidade de arrependimento é enfatizada novamente (13,22-30)
  (b) A jornada obediente de Jesus para Jerusalém (13,31-35)
  (c) A natureza inclusiva do banquete do reino de Jesus (14,1-24)
  (d) As exigências do discipulado são repetidas (14,25-35)
  (e) A misericórdia de Deus para com pecadores é ilustrada três vezes (15,1-32)
  (f) A necessidade de compartilhar os bens com os necessitados (16,1-31)
  (g) A renovação interior dos discípulos (17,1-10)
(C) A terceira parte da instrução sobre o significado do Caminho cristão (17,11-19,27)
  (a) A gratidão e fé de um leproso samaritano (17,11-19)
  (b) Fidelidade durante a espera da vinda do Filho do Homem (17,20-18,8)
  (c) Os discípulos devem depender de Deus, e não de si mesmos (18,9-17)
  (d) É muito difícil para os ricos entrar no reino de Deus (18,18-30)
  (e) Nova predição da paixão e vindicação de Jesus (18,31-34)
  (f) Resumo do ministério de Jesus aos marginalizados (18,35-19,10)
  (g) Os discípulos devem assumir riscos ao seguir Jesus, o rei (19,11-27)
(VI) Jerusalém rejeita o profeta, Filho e Templo de Deus (19,28-21,38)
  (A) Jesus toma posse do templo de Jerusalém (19,28-48)
    (a) Jesus é saudado como rei (19,28-40)
    (b) Jesus chora sobre Jerusalém (19,41-44)
    (c) Jesus toma posse do Templo e é o Templo (19,45-46)
    (d) As reações do povo e dos dirigentes religiosos a Jesus (19,47-48)
  (B) Jesus reafirma sua autoridade para falar em nome de Deus (20,1-21,4)
    (a) Jesus é um profeta comissionado por Deus (20,1-8)
    (b) Jesus é Filho de Deus e a pedra angular do Israel reconstituído (20,9-19)
    (c) Jesus ensina verdadeiramente o caminho de Deus (20,20-26)
    (d) O Deus de Jesus é o Deus que dá e sustenta a vida além do túmulo (20,27-40)
    (e) Jesus, o Messias, é o filho e Senhor de Davi (20,41-44)
    (f) Adoração de Deus e estilo de vida justo (20,45-21,4)
  (C) As consequências da recusa de Jerusalém ouvir o profeta de Deus (21,5-38)
(VII) A última ceia de Jesus e a convivência com pecadores (22,1-23,56a)
  (A) O discurso de despedida de Jesus numa ceia (22,1-38)
    (a) Preparação para o discurso de despedida de Jesus para seus discípulos (22,1-13)
    (b) A eucaristia como legado de Jesus para a igreja (22,14-20)
    (c) Os futuros discípulos trairão Jesus? (22,21-23)
    (d) O significado da liderança nas comunidades de Lucas (22,24-30)
    (e) A função de Pedro na igreja (22,31-34)
    (f) A justificativa da mudança da práxis missionária das comunidades lucanas (22,35-38)
  (B) A fidelidade de Jesus e o fracasso dos discípulos durante a provação (22,39-71)

(a) Contraste entre Jesus e seus discípulos na oração (22,39-46)
(b) Contraste entre infidelidade e fidelidade (22,47-53)
(c) A fidelidade de Jesus, Filho de Deus, e a de Pedro são contrastadas (22,54-71)
(C) Até o fim o Jesus inocente convive com pecadores (23,1-56a)
(a) O justo, maltratado, é entregue à crucificação (23,1-25)
(b) Jesus, profeta rejeitado, exige arrependimento (23,26-31)
(c) Jesus, entre pecadores, ora por perdão (23,32-34)
(d) Reações positivas e negativas a Jesus (23,35-49)
(e) Jesus recebe o sepultamento de um rei (23.50-56a)
(VIII) A vindicação de Jesus, a promessa do Espírito e a ascensão (23,56b-2,53)
(A) Mulheres como evangelistas (23,56b-24,12)
(B) Emaús e o retorno ao caminho do discipulado (24,13-35)
(C) O comissionamento e a ascensão (24,36-53)

COMENTÁRIO

11 (I) Prólogo (1,1-4). Dentre os evangelistas, somente Lucas introduz sua obra com um período elegante construído em grego. Os versículos 1 e 2 contêm o "visto que" da oração causal; o v. 3 é a oração principal; o v. 4 é uma oração final. Como indica a comparação com Josefo, *Contra Apião* 1.1 § 1-3; 2.1 § 3; e *Ep. Arist.* 1, grande parte do vocabulário de Lucas é convencional. O significado das palavras pode ser percebido principalmente através do vocabulário paralelo em sua obra de dois volumes [Lucas-Atos] e de sua teologia. Desta maneira, palavras como *diēgēsis*, "narrativa", não devem ser interpretadas exclusivamente a partir de prólogos similares ao de Lucas e usadas para sustentar que Lucas não escreveu querigma, mas um fundamento histórico para o evangelho. **1.** *visto que*: Esta palavra literária, *epēidepēri* ocorre somente aqui na Bíblia grega. *compor uma narração: diēgēsis*, em paralelos literários (*p.ex., Ep. Arist.* 1), significa uma narrativa ordenada e não meramente uma junção de episódios ou observações. Em Lucas-Atos, o verbo *diēgeisthai* se encontra com um significado muito rico em Lc 8,39; At 12,17 e é equivalente a "proclamar". *Diēgēsis* poderia ser traduzido como "narrativa querigmática". Embora Lucas, diferentemente de Marcos, não dê à sua obra a denominação de "Evangelho", sua intenção é a mesma: incitar à fé. *fatos que se cumpriram entre nós*: Que o propósito de Lucas não é escrever mera historiografia fica claramente evidenciado nesta expressão, que antecipa um tema dominante em Lucas (veja 4,16-21; 22,37; 24,25.27.44-47). Lucas narra eventos que são interpretados como tendo sido realizados por Deus para a salvação humana. **2.** *foram ministros da Palavra*: Isto se refere a um grupo determinado. Como Lucas deixa claro com seu tema do testemunho ocular, especialmente no cap. 24, ver não é suficiente para que se dê um testemunho. A fé nas promessas de Deus e no cumprimento das mesmas no Jesus ressurreto é que torna alguém um proclamador da Palavra. **3.** *de modo ordenado: Kathexēs* pode se referir a uma sequência cronológica, espacial ou lógica. O paralelo com At 11,4 indica que, neste trecho, o significado é "sequência lógica". A ordem da narrativa é determinada pela "lógica" da concepção lucana da ação de Deus no esquema promessa-cumprimento. Por isso, *p.ex.*, Lc 4,16-30 aparece fora da ordem cronológica, mas está ordenado por estabelecer o programa de Lucas de como as promessas de salvação de Deus foram cumpridas no ministério de Jesus para os pobres e desafortunados. *Teófilo*: Talvez protetor de Lucas; ele também representa um público mais amplo que necessita de edificação na fé. **4.** *solidez: Asphaleia* pode ser melhor interpretado na perspectiva de At 2,36. Assim sendo, o propósito de Lucas não é apresentar ensinamento autêntico contra hereges, nem apresentar uma crônica neutra de eventos passados. Pelo contrário, ele (como Pedro em At 2) assegura a seus leitores que os eventos por ele proclamados se ajustam ao plano salvífico de Deus e os convida a reagir com fé à sua narrativa querigmática. Tal narrativa, porém, não isentará os leitores do risco de concluir que as promessas de Deus foram cumpridas entre nós e para nossa salvação. Cf. R. J. Dillon, *CBQ* 43 (1981) 205-27. Compare Conzelmann (*TSL* 11-15).

12 (II) O despontar do cumprimento das promessas por Deus (1,5-2,52). Embora seja habitual denominarmos 1,5-2,52 de "narrativa da infância", esta denominação é inexata. Pois somente 2,1-40 trata da infância de Jesus, e o foco central de 1,5-2,52 não recai na narrativa, mas nos pronunciamentos de Gabriel, de Maria, de Zacarias, do anjo que aparece para os pastores, de Simeão e de Jesus aos 12 anos de idade. É melhor interpretar 1,5-2,52 como uma abertura de todo o Evangelho. Nele, ressoam os principais temas teológicos de Lucas, especialmente o tema da fidelidade de Deus à promessa. Os 20 temas lucanos investigados por J. Navone (*Themes of St. Luke* [Rome, 1970]) já estão enunciados em 1,5-2,52: banquete, conversão, fé, paternidade, graça, Jerusalém, alegria, reino, misericórdia, dever, pobreza, oração, profeta, salvação, Espírito, tentação, atualidade, universalismo, caminho, testemunho. Esta abertura é evangelho na medida em que procura despertar nos leitores uma confissão de fé mais intensa em Deus como fiel e fidedigno, e em Jesus como Cristo, Salvador, Filho de Deus (cf. Schürmann, *Lukasevangelium* 24). O que R. Tannehill (*JBL* 93 [1974] 265) disse sobre o Magnificat de Maria (1,46-55) pode aplicar-se a toda a seção 1,5-2,52: estes pronunciamentos paralisam a ação e geram no leitor uma consciência mais profunda do que está acontecendo.

Como mostra o esquema de *BBM* (248-49), houve muitas tentativas de esboçar a estrutura artística de 1,5-2,52. O esboço utilizado aqui prioriza o conteúdo (veja Ellis, *Luke* 67).

13 Quanto à questão da confiabilidade histórica dos materiais de 1,5-2,52, o sábio conselho de I. H. Marshall (*Gospel* 51) deve ser seguido: "A despeito de Lewis Carroll, é impossível ter o sorriso do gato de Cheshire sem o gato de Cheshire como seu portador". Lucas utilizou tradições para criar sua abertura. Mas as interpretou maravilhosamente e com uma fé profunda na fidelidade de Deus à promessa, por meio dos pronunciamentos de Gabriel, Maria, Zacarias, do anjo e Simeão. Ao interpretar estas tradições dessa forma, ele escreve de maneira similar aos discursos de Atos (→ Atos, 44,7). As tradições devem, de modo geral, proceder daqueles 12 elementos que Lucas e Mateus, apesar das grandes discrepâncias (*p.ex.*, Lucas não narra a visita dos magos), têm em comum:

(1) O nascimento de Jesus é relacionado aos dias de Herodes, o Grande (Lc 1,5; Mt 2,1).
(2) Maria, a futura mãe de Jesus, é uma virgem desposada com José, mas eles ainda não haviam começado a viver juntos (Lc 1,27.34; 2,5; Mt 1,18).
(3) José descende da casa de Davi (Lc 1,27; 2,4; Mt 1,16.20).
(4) Um anjo vindo do céu anuncia o nascimento de Jesus (Lc 1,28-30; Mt 1,20-21).
(5) O próprio Jesus é considerado filho de Davi (Lc 1,32; Mt 1,1)
(6) A concepção de Jesus acontecerá pelo Espírito Santo (Lc 1,35; Mt 1,18.20).
(7) José não participa na concepção de Jesus (Lc 1,34; Mt 1,18-25).
(8) O nome "Jesus" é dado pelo céu antes do nascimento de Jesus (Lc 1,31; Mt 1,21).
(9) O anjo diz que Jesus é o "Salvador" (Lc 2,11; Mt 1,21).
(10) Jesus nasce depois que Maria e José começam a viver juntos (Lc 2,4-7; Mt 1,24-25).
(11) Jesus nasce em Belém (Lc 2,4-7; Mt 2,1).
(12) Jesus vivia junto com Maria e José em Nazaré, na Galileia (Lc 2,39.51; Mt 2,22-23).

Cf. *FEL, II; TAG* 41-78, esp. p. 53-54. O comentário em si tratará da modificação destas e de outras tradições por Lucas.

14 Em meio às acaloradas discussões sobre a historicidade de alguns detalhes particulares em 1,5-2,52 (cf. R. Laurentin, *The Truth of Christmas Beyond the Myths* [Petersham, 1985]), nunca se deve perder de vista o fato de que Lucas está escrevendo com a finalidade de aprofundar a fé de Teófilo e de seus companheiros cristãos (veja 1,1-4). Lucas convida Teófilo e seus amigos a ver, na fé, que, em Jesus, todas as promessas de Deus foram cumpridas. Lucas os convida a confessar sua fé em Jesus como Salvador, Cristo e Senhor, não somente em suas reflexões sobre a ressurreição e o batismo de Jesus, mas também em suas reflexões sobre o início da vida de Jesus em Deus. Lucas busca despertar neles uma fé mais profunda em um Deus cuja graça é infinitamente soberana e generosa e que inverte as expectativas humanas e cria novas possibilidades em situações impossíveis. Lucas quer que seus leitores, em suas reflexões sobre 1,5-2,52, absorvam vigorosamente as dádivas de alegria, confiança, fé, esperança, persistência, expectativa e exultação proporcionadas às pessoas que responderam em suas vidas aos feitos deste Deus fiel. Cf. P. S. Minear, "Luke's Use of the Birth Stories", *StLA* 111-30. Entre as pessoas que responderam às ações de Deus, Lucas focaliza Maria, a serva, a humilhada, a crente modelo. Cf. *MNT* 105-77.

15 (A) Gabriel anuncia o nascimento de João Batista a Zacarias no templo (1,5-25). Quanto à historicidade desta narrativa, Marshall (*Gospel* 50) está correto: "Não existe nada de improvável na concepção de que Zacarias e Isabel tiveram um filho em um período relativamente tardio de suas vidas e que este evento foi interpretado à luz de outros similares no AT". A esse seu ponto de vista deve-se adicionar a observação de que os vv. 13-17 provavelmente se originaram das tradições sobre João Batista reelaboradas por Lucas que estão em 3,1-20 e 7,18-35, e não de uma fonte independente sobre João Batista (*BBM* 272-79). Lucas moldou as informações sobre o nascimento de João, chegadas até ele através da tradição, no padrão de um anúncio de nascimento do AT. Segundo R. E. Brown (*BBM* 156, 272), este padrão não tem cinco partes, mas três: *anúncio do nascimento* (vv. 11-13d), escolha do *nome* da criança (v. 13e) e especificação do *destino* da criança (vv. 14-17). Veja E. W. Conrad, *CBQ* 47 (1985) 656-63. Este padrão ANND se encontra em Gn 16,11-12 (Ismael); Gn 17,19 (Isaac); 1Rs 13,2 (Josias); Is 7,14-17 (Emanuel); 1Cr 22,9-10 (Salomão). Deve-se notar que os três últimos textos se referem ao nascimento de um rei davídico. Deve-se observar, além disso, que o padrão ANND se repete em Lc 1,28-33, que trata do nascimento de um rei davídico, Jesus. Lucas também interpretou a tradição sobre o nascimento de João ao apresentar Zacarias e Isabel (veja também Maria) com os traços de um casal sem filhos do AT, especialmente Abraão e Sara (Gn 16 e 18) e Elcana e Ana (1Sm 1-2), cujos filhos, Isaac e Samuel, desempenharam papéis importantes na história da salvação, como patriarca e profeta respectivamente. Deus novamente faz, cumprindo a promessa, o que fez no passado: o impossível, dando um filho a um casal estéril idoso. Os recursos finais do AT usados por Lucas para interpretar a tradição sobre o nascimento de João (e eventos da vida de Jesus) são extraídos de Dn 9,20-24; 10,7-17; e Ml 2,6; 3,1, 23-24: com os eventos de 1,5-2,52, teve início a era messiânica de justiça, a vinda do Dia do Senhor para o perdão e o ingresso de Jesus como Senhor no Templo do Senhor. J. A. Fitzmyer (*FGL* 316) apresenta estas alusões-chave, mas frequentemente sutis, a textos do AT: Lc 1,12-13 = Dn 10,7.12; Lc 1,16 = Ml 2,6; Lc 1,17 = Ml 3,1.23-24 (veja Eclo 48,1.3.10); Lc 1,19 = Dn 9,20-21; Lc 1,26-29 = Dn 9,21-24; Lc 1,64-65 = Dn 10,16-17; Lc 1,76 = Ml 3,1.23; Lc 2,11.22.42 = Ml 3,1.

16 5. *Herodes*: A indicação temporal é imprecisa, visto que Herodes, o Grande, governou no período de 37-4 a.C. *Zacarias*: O nome significa "Iahweh lembrou." *Isabel*: Seu nome significa "Meu Deus é por quem se deve jurar" ou "Meu Deus é plenitude". Lucas pode ter pretendido que parte de seu público entendesse o significado por trás destes nomes e dos de João, Gabriel, José, Maria, Jesus, Simeão e Ana e louvasse o Deus que agiu em benefício de seu povo. Mais importante: Lucas usa estas pessoas, junto com os pastores de 2,8-20, para representar o Israel esperançoso responsivo à revelação de Deus. **6.** *justos*: Este casal sacerdotal vive em conformidade com a vontade de Deus, especialmente aquela prescrita na lei. Ao descrever os pais de João desta maneira, Lucas dá início a um tema que perpassará todo o seu Evangelho e culminará na confissão do centurião de que Jesus era "justo" (23,47) e na boa ação de José de Arimateia, que é justo e espera pelo reino de Deus (23,50-51). No Evangelho de Lucas, muitos dos líderes religiosos de Israel, em contraposição ao justo sacerdote Zacarias, não aparecem como justos. Cf. Karris, *Luke* 23-46. "Combinando suas origens sacerdotais a uma observância irrepreensível da Lei, Zacarias e Isabel eram, para Lucas, os representantes do que havia de melhor na religião de Israel; e, como um remanescente que recebeu a 'boa nova' (1,19), personificavam a continuidade da história da salvação" (*BBM* 268). **7.** *não tinham nenhum filho*: Como o v. 25 confirmará, não ter filhos no judaísmo era um infortúnio, até mesmo uma desgraça, para um casal. Como exemplo de outras mulheres estéreis do AT, especialmente Sara, que posteriormente deram à luz filhos famosos, citemos: Sara (Gn 16,1), Rebeca (Gn 25,21), Raquel (Gn 30,1), a mãe de Sansão (Jz 13,2) e Ana (1Sm 1-2).

17 8-10. Com a descrição de Zacarias oferecendo incenso no sacrifício vespertino no santuário do Templo, Lucas introduz o tema do Templo, que ele desenvolverá em 1,21-23 e 2,21-42. "A 'boa nova' da inauguração do plano definitivo de salvação de Deus deveria ser anunciada primeiramente no santuário, associado à sua presença em Israel" (*BBM* 270). **11.** O nome do anjo é ocultado até o v. 19. Em Dn 9,21, Gabriel apareceu para Daniel no sacrifício vespertino. **13.** *João*: Embora Lucas não dê o significado do nome de João – Iahweh mostrou favor –, a importância do nome da criança reaparece em 1,57-67. **14.** O tema da alegria, como consequência do cumprimento da promessa por parte de Deus está expresso neste versículo. **15.** O fato de João se abster de bebidas alcoólicas parece ser uma alusão a Nm 6,3 e às figuras de Samuel e Sansão, que desde seu nascimento foram consagrados ao Senhor como nazireus. **16-17.** A vinda de João cumpre a profecia de Ml 3,23-24.

18 18-20. Naquelas análises de anúncios bíblicos de nascimento que propõem cinco etapas, o v. 18 é a etapa 4 (objeção), e os vv. 19-20 são a etapa 5 (o sinal). Parece mais provável que os vv. 18-20 sejam uma elaboração lucana de um modelo formado por três etapas. Usando perguntas como as de Gn 15,8 e 17,7 para avivar sua narrativa, Lucas acrescentou os vv. 18-20 para (1) introduzir o nome de Gabriel (Deus é meu guerreiro), que procede de Dn 9,21-24 e 10,15; (2) preparar a conclusão do anúncio do nascimento de João em 1,57-80; (3) preparar para a pergunta paralela de Maria em 1,34; (4) preparar para 24,50-53. Portanto, Gabriel não emudece Zacarias como castigo a uma objeção de descrença; esta é, na verdade, o equivalente lucano do emudecimento de Daniel por Gabriel em Dn 10,15. Lucas 1,57-80 não é realmente o sinal de confirmação indicado em 1,20, mas um exemplo do que se poderia chamar de redundância de Lucas: o que é importante deve ser repetido. É importante que a criança seja novamente chamada "Iahweh mostrou favor" e que os seres humanos reconheçam seu Deus como um Deus fiel até mesmo em face das impossibilidades humanas. A pergunta de Zacarias (1,18), assim como a de Maria em 1,34, é a forma artística e teológica que Lucas usa para conduzir o drama até seu próximo ato e não deve ser vista como uma "objeção". Esse próximo ato apresenta o tema do Templo, comum em Lucas, e é, talvez, a razão mais importante para que não se interpretem os vv. 18-20 como as partes 4 e 5 de um modelo estereotipado. Ao apresentar Zacarias como mudo, Lucas, na realidade, diz que ele é incapaz de completar a liturgia que começou, pois não pode abençoar o povo (1,21-23). Através deste elemento de teologia narrativa, Lucas forma o primeiro pólo de uma *inclusio* cujo segundo pólo se encontra em 24,50-53. Em 24,50-53, Jesus, que assumiu o Templo de Deus e é o Templo de Deus (19,28-44), que é a Pedra Angular do Templo do Israel reconstituído (20,9-19) e que é a presença de Deus em meio ao povo (23,44-45), abençoa seus discípulos, após completar a liturgia de sua vida. E seus discípulos se encontram no Templo, o símbolo lucano para a continuidade entre as promessas do AT e seu cumprimento por parte de Deus em Jesus. **24-25.** Lucas menciona a reclusão de Isabel a fim de preparar para 1,36 e, desta maneira, vincula estreitamente o anúncio do nascimento de João com o de Jesus.

19 (B) Gabriel anuncia o nascimento de Jesus a Maria na obscura Nazaré (1,26-38). As tradições que embasam estes versículos correspondem aos números 2 a 8 no item 13 *acima*. Em resumo, o fundamento histórico sobre o qual Lucas constrói sua narrativa é o fato de Maria ter engravidado antes de ter relações sexuais com José. Esta base foi ampliada de várias maneiras: (1) O credo anterior ao ano 50 que encontramos em Rm 1,3-4 evidencia a reflexão cristã sobre Jesus como descendente de Davi e Filho designado de Deus pelo Espírito Santo em sua ressurreição. A reflexão cristológica por trás de 1,31-35 está mais desenvolvida do que a de Rm 1,3-4 e proclama que o Jesus davídico é o Filho de Deus através do Espírito Santo desde sua concepção. Assim sendo, a concepção de Maria é virginal e ocorre por meio do poder do Espírito Santo. Veja *BBM* 517-33; J. A. Fitzmyer, *A Christological Catechism* (New York, 1982) 67-71. (2) Através do uso do mesmo modelo ANND em 1,5-25 e 1,26-38, Lucas compara e contrapõe João e Jesus, especialmente na parte D: enquanto João se tornará grandioso diante do Senhor (1,15), Jesus é Filho do Altíssimo, herdeiro do trono de Davi, cujo reinado não terá fim (1,33). O nascimento de João foi extraordinário, por ter nascido de pais idosos; o de Jesus é ainda mais extraordinário, por ter nascido de uma virgem. (3) A figura de Gabriel vincula as anunciações e convida à reflexão sobre o significado do nascimento de Jesus como cumprimento de Dn 9,24-27: as 70 semanas (490) de anos estão sendo cumpridas (depois de passados 180 dias da gravidez de Isabel, a gravidez de 270 dias de Maria começa, a ser seguida, 40 dias depois, pela entrada de Jesus no Templo); o reinado da justiça está começando. Finalmente, a fé de Maria é enfatizada na medida em que Lucas se utiliza da tradição de 8,19-21 para retratar Maria, a crente exemplar. Em todo o trecho 1,26-38, Lucas acentua seu tema de somente a "graça". Cf. W. Klaiber, "Eine lukanische Fassung des *sola gratia:* Beobachtungen zu Lk 1:5-56", *Rechtf* 211-28.

20 26. *Nazaré*. A nomeação desta localidade obscura (veja João 1,45), de cerca de 150 habitantes, contribui para o tema lucano da graça soberana de Deus ativa na história humana. **27.** *José*: O nome significa "Que Iahweh acrescente". *Maria*: O nome significa "Excelência". **28.** *cheia de graça:* Das três saudações feitas a Maria, *kecharitōmenē* é a mais relevante. Ela faz Maria perguntar (v. 29) de que modo ela é agraciada ou favorecida por Deus. Gabriel responderá nos vv. 30-33. **31.** *Jesus*: O nome significa "Deus salva". **32-33.** O restante do Evangelho de Lucas dirá como Jesus é rei. Veja, especialmente, como Jesus corporifica o reino de Deus, que veio para os marginalizados, e como Jesus é constantemente chamado de rei (*p.ex.*, 23,3.37.38) na narrativa da paixão, quando seu poder está aparentemente em seu ponto mais baixo. **34.** *como:* A pergunta de Maria é paralela à de Zacarias (1,18) e é a maneira que Lucas usa para conduzir seu drama para a próxima fase. **35**. A concepção de Maria é pura dádiva de Deus através do poder do Espírito Santo. **36**. *tua parenta:* Lucas conecta os dois anúncios e faz uma ligação antecipada com os eventos de 1,39-56. Com outra referência (veja 1,25) ao mês da gravidez, Lucas convida a refletir sobre como a promessa de Dn 9,24 está sendo cumprida. **37**. Neste trecho surge uma alusão ao anúncio do nascimento de Isaac (Gn 18,14) e repete o tema lucano da criação de algo a partir do nada por Deus. **38**. Maria de Nazaré é a serva crente e exemplar que responde sinceramente ao plano de Deus e é a precursora da galeria lucana de pessoas marginalizadas, *i.e.,* mulheres, pecadores, pessoas simples que ninguém esperava que respondessem favoravelmente à revelação de Deus.

21 (C) Os pronunciamentos de Isabel e Maria sobre o significado de Jesus no plano divino da salvação (1,39-56). O significado da inauguração da fase final da história da salvação por Deus em Jesus é tão rico teologicamente que Lucas o explica duas vezes mais, em 1,39-45 e 1,46-56. **39**. *dirigindo-se apressadamente:* A intenção de Lucas nos vv. 39-56 não é compreendida se se acentuar a caridade e preocupação social de Maria em visitar sua parenta idosa grávida, Isabel. Se Lucas tencionasse apresentar Maria como modelo de caridade, ele não teria escrito o v. 56, que narra que Maria deixou Isabel no momento de maior necessidade. Também falta verossimilhança na descrição de uma virgem judia de 14 anos de idade fazendo uma jornada de quatro dias sozinha. A intenção de Lucas com a "visitação" é de natureza literária e teológica. Ele reúne as duas futuras mães (1,25 e 1,36), de forma que ambas possam louvar o Deus atuante em suas vidas e para que o filho de Isabel possa ser apresentado como o "precursor" do filho de Maria. Lucas retira Maria de cena antes do nascimento de João, de modo que cada narrativa de nascimento possa ter somente três personagens principais: Zacarias, Isabel e João; José, Maria e Jesus. **41**. *estremeceu:* O "estremecimento" de Esaú e Jacó no útero de Rebeca (Gn 25,22, LXX) apresenta um paralelo ao "estremecimento" de João: tal atividade é um prenúncio de relacionamentos futuros. O contexto, especialmente o v. 44, deixa claro que, pelo estremecimento, João reconhece seu Senhor, Jesus. Por meio da dádiva do Espírito Santo, Isabel é capacitada a interpretar o estremecimento de João. **42**. Em palavras que relembram a libertação de seu povo por Jael (Jz 5,24) e por Judite (Jt 13,18), Isabel louva Maria, cuja contribuição para a libertação será o nascimento do portador da paz (2,14). **43**. *meu Senhor:* João estremeceu no ventre de Isabel porque Maria carrega dentro de si o Senhor. **44**. *alegria:* A alegria de João é a resposta apropriada ao cumprimento da promessa de Deus em Jesus. **45**. *feliz aquela que creu:* Maria, como a crente exemplar (veja 1,38), é louvada por sua confiança na fidelidade de Deus.

22 O *Magnificat* de Maria (1,46-55), que suscita a reflexão sobre a natureza do Deus atuante na concepção de Jesus, pode ser facilmente dividido em 1,46-50 e 1,51-55. A primeira estrofe trata de Maria, e a segunda universaliza a experiência de Maria com uma reflexão sobre a ação de Deus para com toda a humanidade. Cf. R. C. Tannehill, *JBL* 93 (1974) 263-75. Estes versículos têm muitos paralelos no AT, especialmente com o Cântico de Ana em 1Sm 2,1-11 (veja *BBM* 358-60). Eles são provenientes de uma fonte grega pré-lucana. Lucas modificou a teologia de inversão deste cântico revolucionário ao acrescentar o v. 48 e situá-lo dentro do fluxo de seu Evangelho, que admoesta os ricos a repartir suas posses e que ordena a paz e o amor aos inimigos.

23 46. *Maria disse*: Embora o conteúdo do cântico possa se ajustar mais à situação de Isabel do que à de Maria, isto não é razão suficiente para se opor à evidência de todos os manuscritos gregos, segundo os quais é Maria que fala, em contraposição às três cópias da *Vetus Latina*, que afirmam que é Isabel que fala. Maria exalta Deus pelo que Deus está fazendo para mulheres e homens por meio de seu filho. **47.** *exulta*: O tema do regozijo com o cumprimento da promessa por parte de Deus aparece novamente. **48.** Este versículo é plausivelmente visto como uma inserção de Lucas em um cântico tradicional, a fim de deixá-lo mais próximo de seu novo cenário. Note como *doulē*, "serva, criada", evoca 1,38 e como "bem-aventurada" evoca 1,45. A humilde serva Maria será aclamada por todos na nova era de salvação iniciada por Deus mediante seu filho. **49.** *poderoso*: A humildade de Maria é contraposta ao poder de Deus, para quem nada é impossível (veja 1,37). **50.** Este versículo conclui a primeira estrofe e conduz para a segunda: o que Deus fez por Maria é universalizado no que Deus faz por "aqueles que temem a Deus". **51-53.** Os problemas são diversos. Lucas usa seis verbos gregos no aoristo: agiu com força e dispersou (v. 51); depôs e exaltou (v. 52); cumulou e despediu (v. 53). Já que não é fácil ver como Deus realizou (pretérito) tudo isso na mera concepção de Jesus, os estudiosos explicam os seis verbos no passado diferentemente. A opinião preferível é a de que os seis verbos no pretérito descrevem Deus como aquele que realiza caracteristicamente estas ações (aoristo gnômico) e, agora, começa a realizá-las na concepção de Jesus (aoristo incoativo). Cf. J. Dupont, *NRT* 102 (1980) 331-35. Outra questão é a pergunta sobre quem são os ricos (orgulhosos/poderosos) e quem são os humildes (famintos). R. E. Brown (*BBM* 350-65) sustenta que os humildes são *anawim* judaico-cristãos. D. P. Seccombe (*Possessions and the Poor in Luke-Acts* [SNTU B/6; Linz, 1982] 70-83) afirma que os humildes são Israel e que os ricos são seus opressores gentílicos. Para J. A. Fitzmyer (*FGL* 361), os pobres são os materialmente pobres em Israel, além dos infortunados, humildes, enfermos e oprimidos; os ricos são os materialmente ricos, como também os orgulhosos, arrogantes e aqueles que não sentem necessidade de Deus. J. M. Ford (*My Enemy* 19-23) sustenta o caráter militante, de guerra santa, dos vv. 51-53. F. W. menino (*Glaube und Handeln in der Theologie des Lukas* [GTA 26; Gottingen, 1983] 137-44, 181-83) afirma que os vv. 51-53 contêm concepções ebionitas, *i.e.*, os ricos são rejeitados somente por serem ricos e os pobres exaltados somente por serem pobres. Ser pobre é uma condição para receber a graça de Deus. Por sua insistência na absoluta gratuidade da salvação de Deus em 2,1-20, Lucas modifica esta concepção, que também está presente em 6,20-26 e 16,19-26. Há muito a elogiar na concepção de Horn. Ao manter esta tradição "ebionita", Lucas concorda que Deus, cujo braço poderoso (v. 51) criou um novo êxodo, demonstra uma preferência pelos oprimidos, que será explicitada no Filho Jesus e na missão dos discípulos de Jesus. A situação dos oprimidos (na pessoa de Maria; veja a modificação de Lucas em 1,48) será invertida. Mas como narra Lucas no contexto imediato, os oprimidos também terão que responder à boa nova de Deus (veja os pastores de 2,6-20). À medida que o Evangelho de Lucas se desenvolve, modificações adicionais de 1,51-53 serão feitas, especialmente nos temas lucanos sobre os ricos repartindo bens, a paz e o perdão dos inimigos. Cf. Ford, *My Enemy* 36; e Karris, *RR* 42 (1983) 903-8. Para Lucas, estar entre "os pobres de Deus" não depende de condição social ou herança étnica. **54-55.** Novamente surge o tema da fidelidade de Deus às promessas. *Abraão*: Esta é a primeira ocorrência de um tema lucano extensamente desenvolvido. Veja 1,72-73; 3,7-11.34; 13,16; 13,28-29; 19,9; 20,37; At 3,13.25; 7,17.32; 13,26; 26,6; 28,20. Embora seja verdade que Deus constrói a nova história da salvação baseando-se nas promessas antigas feitas a Abraão, a participação no Israel reconstituído é uma dádiva de Deus que suscita a resposta de uma conduta apropriada e não depende somente da herança étnica de ser descendente de Abraão. **56.** *Maria voltou*: Esse é o modo literário de Lucas retirar Maria da cena, de forma que somente os personagens apropriados permanecem para a próxima, o nascimento e a nomeação de João.

24 (A') O pronunciamento de Zacarias sobre o significado de João no plano divino de salvação (1,57-80). Esta seção tem duas partes. Depois de dar detalhes narrativos suficientes para manter seu drama em movimento (1,57-66), Lucas detém a ação e a interpreta através do cântico em 1,67-80. Ambas as partes são inspiradas pela teologia lucana de que Deus age na história para cumprir promessas anteriores.

25 58. *com ela se alegraram*: A realização da promessa de Gabriel se dá em 1,14. Novamente, a resposta ao feito misericordioso de Deus em face da impossibilidade humana é a alegria. **59.** *circuncidar*: A circuncisão e nomeação de João estão em paralelo com as de Jesus em 2,21. Pela circuncisão, tanto João quanto Jesus são integrados a Israel. Posto que, para Lucas, o cristianismo é um desenvolvimento lógico do judaísmo, "aqueles que o inauguram e o fundam devem ser apresentados como integrantes do judaísmo" (*FGL* 376). **60.** *João*: O que é surpreendente aos olhos de todos é que Isabel e, em seguida, Zacarias, que está surdo e, portanto, incapaz de ouvir o que ela disse, dizem que o nome da criança deverá ser João: Iahweh mostrou favor. **64.** *bendizendo*: As primeiras palavras de Zacarias, novamente capaz de falar, cumprindo 1,20, são de louvor a Deus. **65-66.** A pergunta sobre o futuro papel de João será respondida inicialmente em 1,76-79 e, depois, de forma mais completa em 3,1-20 (veja também 7,17-35).

26 O *Benedictus* de Zacarias (1,67-79) é amplamente reconhecido como não sendo um trecho unitário, pois começa louvando os feitos de Deus em Jesus a favor de Israel (1,68-75), depois muda a direção teológica e prediz o futuro papel de João Batista (1,76-77) e, em seguida, troca novamente de direção e proclama o papel de Jesus (1,78-79). As soluções para este problema são as mais diversas. R. E. Brown (*BBM* 377-92) susten-ta que Lucas inseriu os vv. 76-77, relativos a João Batista, em um cântico judaico-cristão pré-lucânico sobre os *anawim*, para ligar o cântico a seu novo contexto (Lucas redigiu o *Magnificat* semelhantemente, juntando este cântico a seu contexto através de 1,48). A solução de Schürmann (*Lukasevangelium* 84-94) é a mais indicada: Lucas adotou e reuniu dois hinos judaico-cristãos: 1,68-75 e 1,76-79. Este último material enfatiza o papel de João como precursor de Jesus. **67.** *repleto do Espírito Santo*: Esta é a mesma descrição que Lucas usou para Isabel, esposa de Zacarias, em 1,41. Da mesma maneira que Isabel falou da grandeza de Jesus (1,41-44), também o faz Zacarias (1,68-75). É pela arte e teologia de Lucas que todos os proferidores dos cânticos falam de Jesus em 1,5-2,52. **68.** *Deus de Israel*: Todo este cântico fica dentro da órbita do judaísmo e da relação de Deus com o povo eleito. *visitou*: Com seu uso do verbo no passado, o hino de 1,68-75 relembra o *Magnificat* e, provavelmente, se origina do mesmo grupo que compôs este cântico pré-lucano. Os aoristos no grego devem ser vistos como gnômicos e incoativos. Eles, portanto, descrevem como Deus age caracteristicamente (gnômico) e o que Deus está inaugurando (incoativo) em Jesus. **69.** *Davi*: O tema da promessa e de seu cumprimento expõe o que Gabriel disse em 1,32. Como em 1,51-53, a consequência da vinda do Messias davídico é descrita com imagens militares. O herdeiro de Davi efetuará a salvação frente aos inimigos. No próximo relato sobre Jesus, o Messias davídico, Lucas o apresentará como Messias pacífico (2,1-20). Em Jesus, Deus vence os inimigos ao lhes trazer a paz. **70-73.** Novamente o tema da fidelidade de Deus à promessa vem à tona. Como em 1,55, a fidelidade de Deus à aliança com Abraão é destacada. **76.** Este versículo e os seguintes recordam as palavras de Gabriel em 1,16-17 e respondem à pergunta de 1,66. Novamente existe um reflexo de Ml 3,1. **77.** Veja a descrição do ministério de João Batista em 3,1-20. Esta passagem procede de tradições inseridas em 3,1-20. **78.** Para um paralelo próximo com este versículo, veja *T. Zeb.* 9,8, que incorpora suas duas palavras-chave: "E, depois destas coisas, o próprio Senhor aparecerá *(anatelei)* para vós, a luz da justiça, com cura e misericórdia *(eusplanchnia)* em suas asas". *visita:* Seguindo os melhores manuscritos gregos, neste trecho deveríamos usar o tempo futuro e não o aoristo. R. E. Brown *(BBM* 373) sustenta a validade da tradição textual que contém uma forma do passado e, desta maneira, encontra apoio para sua solução para o caráter não unitário do *Benedictus.* Em vez de ser a conclusão do hino original, dentro do qual Lucas inseriu os vv. 76-77, com seus tempos futuros, os vv. 78-79 continuam a descrição de João. Aquele que os vv. 76-77 caracterizaram como um profeta, nos vv. 78-79 é retratado como o precursor de Jesus, "o astro das alturas". **79.** *paz:* Essa é a primeira ocorrência de um tema importante que permeia Lucas fortemente. A paz não é meramente a cessação ou ausência de hostilidades. Seu enfoque está na inteireza, harmonia, bem-estar, prosperidade e segurança. Em Lucas, este tema se interconecta com o tema do amor pelos inimigos. O versículo 79 forma uma *inclusio* com 24,36, que narra que a primeira palavra do Jesus crucificado e ressurreto foi "paz". **80.** *nos desertos:* Lucas tira João da cena e prepara seus leitores para um ato posterior de seu drama, quando narra a profecia de João para Israel.

27 (B') O pronunciamento dos anjos sobre o significado do menino Jesus na manjedoura (2,1-20). Esta seção é o epítome da arte de Lucas. Ele faz uso das tradições de que Maria e José vinham de Nazaré e que Jesus nasceu em Belém (veja os números 9-11 no item 13, *acima).* Ele junta estes eventos às figuras de Herodes, o Grande, César Augusto e Quirino, em cujo governo aconteceu um recenseamento. E ao redor destas tradições e figuras e através delas, ele tece oito de seus temas preferidos (alimentação, graça, alegria, humildade, paz, salvação, atualidade, universalismo) para elaborar uma primorosa tapeçaria teológica.

28 Esta seção pode ser esboçada como segue: 2,1-7 (cenário e nascimento de Jesus); 2,8-14 (pronunciamento angelical sobre o significado de Jesus); 2,15-20 (reações ao pronunciamento angelical). A chave para o significado de 2,1-20 se encontra em 2,11-14. Nestes versículos, ouvimos a voz de Lucas. Em 1,51-53 e 1,69-71, ele citou tradições que poderiam ser vistas como uma apresentação de Jesus na forma de um Messias davídico militarista. Com seu modo típico de justapor e, com isso, destacar o valor permanente de interpretações diversas de Jesus e de seu ministério (veja H. Flender, *St. Luke* [Philadelphia, 1967] 8-35; E. Schweizer, *Luke* [Atlanta, 1982]), Lucas apresenta Jesus como o Messias davídico que trará o dom escatológico da paz. Chegando ao fim de sua narrativa do ministério pacífico de Jesus, Lucas recordará, em 19,38, o que o coro de anjos disse sobre Jesus no dia de seu nascimento (2,14). Na impotência de sua infância, Jesus é Salvador e portador da paz para todos, em contraposição ao poderoso soberano romano César Augusto, a quem o culto imperial celebrava como o artífice da paz. A revelação angelical do significado de Jesus é aceita por humildes pastores e é ponderada por Maria, que é modelo para os crentes da necessidade de refletir e de corporificar a paz. Cf. Schneider, *Lukas* 64-68.

29 1-3. Existem problemas históricos nos vv. 1-3: Quirino era governador da Síria nos anos 6-7 d.C. e não durante o reinado de Herodes (veja 1,5), o qual governou no período de 37-4 a.C. Não existe nenhuma prova fora de Lucas de que um recenseamento mundial tenha acontecido sob César Augusto ou que se tenha exigido que as pessoas se registrassem em suas cidades natais. Como Lucas também mostrou em At 5,37, ele não tem informações muito seguras sobre o recenseamento. Em todo caso, o propósito de Lucas ao mencionar o censo não é seguir os cânones da ordem histórica, mas os da ordem da promessa e cumprimento (veja 1,1-4). O recenseamento dá a Lucas um meio de levar Maria e José de Nazaré até Belém, a cidade de Davi, onde o herdeiro prometido de Davi deveria nascer (Mq 5,1). Veja *BBM* 547-56. **1.** *César Augusto:* Lucas faz uma comparação sutil entre este governante romano (27 a.C.-14 d.C.), que era tido como artífice da paz, e Jesus, o Salvador (2,11) e portador da paz (2,14). A inscrição de Priene exalta Augusto como "[um salvador] que fez cessar a guerra e colocará tudo em [pacífica] ordem" (F. W. Danker, *Benefactor* [St. Louis, 1982] 217). Quando Lucas escreveu seu Evangelho, cerca de 70 anos depois da morte de Augusto, o culto imperial e o calendário asiático, cujo ano novo coincidia com o aniversário de Augusto (23 de setembro), mantinham viva a memória de Augusto como benfeitor do mundo todo. Veja S. R. F. Price, *Rituals and Power* (Cambridge, 1984) 54-56,61,106. **4.** A origem davídica de Jesus é enfatizada; veja 1,27.32-33.69-71. **7.** *primogênito:* Foi sugerido (E. La Verdiere, *Emmanuel* 89 [1983] 544-48) que *prōtotokos* se ajustaria melhor ao contexto cristológico de 1,5-2,52 se fosse traduzido como "primogênito" (de Deus). Veja os paralelos em Cl 1,15.18; Hb 1,6; Ap 1,5. Isto parece menos sutil que compreender *prōtotokos* como a maneira de Lucas preparar a apresentação do "primogênito" em 2,23. *faixas*: Veja Sb 7,4: como o rei Salomão, seu predecessor no trono davídico, Jesus veste o ornamento da humanidade. *manjedoura*: De acordo com o interesse principal de Lucas no tema da alimentação (veja Karris, *Luke* 47-78), parece que a melhor forma de interpretar a manjedoura, que reaparece em 2,12.16, é como um símbolo de que Jesus é o sustento do mundo. *Um lugar para eles na sala*: Não parece haver qualquer diferença entre a palavra grega (*katalyma*), usada aqui e em 22,11, e a palavra grega (*pandocheion*) usada em 10,34. "Sala" provavelmente signifique uma hospedaria de dois andares de 13 x 21 m. Os animais ficavam no pátio interior. A cozinha e outras instalações ficavam no andar térreo. Os quartos, alguns dos quais eram grandes, ficavam no segundo andar. Cf. L. Casson, *Travel in the Ancient World* (1974) 197-218. Com o intuito de criar e enfatizar a importância e o valor simbólico que atribui à manjedoura, mencionada três vezes (2,7.12.16), Lucas diz que não havia lugar na sala. Embora nascido em circunstâncias humildes e sem hospitalidade, Jesus será o anfitrião da humanidade faminta. Plenamente adulto e prestes a entregar sua vida como servo, Jesus realiza em uma hospedaria (22,11) uma ceia que seus discípulos perpetuarão em sua memória.

30 8. *pastores:* Existe um reflexo das origens humildes de Davi como pastor (veja 1Sm 16,1-13) na descrição daqueles que são privilegiados por verem o sucessor de Davi. De forma mais geral e de acordo com a temática lucana da pobreza, os pastores representam os humildes. "Pastores nojentos, malcheirosos e sujos representam, em sua impureza ritual, um incentivo a todos que carecem de *status* religioso" (Danker, *Jesus and the New Age* 27). Veja também Marshall, *Gospel* 96. **10.** O tema lucano da alegria diante da irrupção salvífica de Deus na história humana aparece novamente (veja 1,28.46.58). *hoje:* A salvação divina não está num futuro distante, mas ela já está sendo inaugurada. Este tema lucano permeia todo o Evangelho: 4,21; 5,26; 12,28; 13,32.33; 19,5.9; 22,34.61; 23,43. *Salvador:* Jesus, e não o dito portador da paz César Augusto, é o Salvador da humanidade. Este tema lucano foi bem estudado por I. H. Marshall, *Luke: Historian and Theologian* (Grand Rapids, 1971). A salvação, para Lucas, significa restauração da integralidade, resgate do pecado e da alienação de Deus (veja *FGL* 222) e, além disso, inclui uma dimensão de imanência: em Jesus, Deus está presente *com* os pecadores (19,5.10; 23,43); Jesus salva (8,36) do isolamento autodestrutivo para a união *com* a comunidade humana que sustenta. Veja R. J. Karris, *CurTM* 12 (1985) 346-52. **12.** O sinal da manjedoura aparece outra vez. **14.** *glória*: Em Jesus, Deus realizou sua dádiva escatológica da paz. Feitos de paz e não armas mundanas agraciam o brasão do rei Jesus. Quando Jesus completar sua jornada para Jerusalém, ele será aclamado com uma saudação de paz (19,38). *aos homens:* O tema lucano da graça de Deus para com os seres humanos destaca outra dimensão do nascimento davídico.

31 **15.** Os pastores reagem avidamente à boa nova angelical. **16.** *manjedoura:* Os pastores acham o sinal dado pelo anjo (v. 12). Mas este "sinal" não atesta simplesmente a veracidade da mensagem do anjo, mas corrobora e exemplifica a mensagem de que Jesus é o Salvador (v. 11). "Aquele que nasceu também é um salvador. A esta característica corresponde sua significativa presença na manjedoura, o sinal de que é Deus quem sustenta seu povo" (C. H. Giblin, *CBQ* 29 [1967] 100). **17.** *contaram:* Os pastores contam a outros, incluindo Maria e José, a boa nova, que é complementar à anunciada a Maria em 1,31-33, por Maria em 1,46-55 e por Zacarias em 1,68-79. O significado e o destino do menino Jesus são como um diamante cujas facetas Lucas ilumina a partir de diferentes perspectivas. **19.** *meditava:* Maria pensa sobre os acontecimentos, especialmente a boa nova angelical, tentando encontrar seu significado. Maria não entende imediatamente o significado pleno da ação divina em Jesus. O versículo 19 se torna um refrão em 2,51 e sinaliza a jornada de fé de Maria (veja 8,19-21; 11,27-29; At 1,14). Maria é a crente modelo.

32 (C') O pronunciamento de Simão sobre o significado do menino Jesus levado ao templo (2,21-40). Além do *Nunc Dimittis* (2,29-32), Lucas usou a narrativa sobre Ana e Elcana, de 1Sm 1-2, como fonte para esta seção. A Elcana e sua esposa estéril, Ana, nasce Samuel, que é apresentado ao Senhor. O ancião e sacerdote Eli aceita a consagração do filho deles no santuário de Silo e abençoa os pais de Samuel. Lucas ampliou estas fontes com seus temas do cumprimento da promessa, do Templo, do universalismo, da rejeição, do testemunho e das mulheres. Ele estrutura seu relato como segue: 2,21-24 é o cenário para o duplo testemunho de Simeão e Ana em 2,25-38, e 2,39-40 forma a conclusão. O centro teológico do conjunto está em 2,29-32. Como fica evidente na maneira como compõe os discursos em Atos, Lucas tem talento para unir tradições com sua própria teologia e relacionar discursos. Cf. P. Schubert, *JBL* 87 (1968) 1-16. Este mesmo talento fica bastante evidente nos contrastes e no desenvolvimento dos pronunciamentos de 1,5-2,52; 1,46-55; 1,68-79; 2,14; 2,29-32: o Messias davídico, Jesus, não é somente o Salvador de algumas pessoas, embora estas sejam eleitas, mas de todas; ele vence seus inimigos por esforços que visam à paz. Em 2,29-32, Lucas apresenta o tema do universalismo que é sua grande característica.

33 21. *para circuncisão do menino:* Jesus, como seu precursor João, é circuncidado (1,59) e "formalmente marcado como membro do povo eleito de Deus, por meio de quem a salvação do mundo deveria ser realizada" (C. Stuhlmueller, *JBC* art. 44 § 21). Lucas se refere a 1,31 e ao nome de Jesus ("Deus salva"). **22.** *a lei de Moisés:* Veja também 2,23.24.27.39. O objetivo de Lucas "é enfatizar a fidelidade à lei mosaica. A nova forma da salvação de Deus vem juntamente com a obediência a esta lei" (*FGL* 421). A lei sobre a purificação se encontra em Lv 12,2-8: 2,22 alude a Lv 12,6 e 2,24 a Lv 12,8. A lei sobre a consagração do primogênito macho está em Ex 13,1-2. Quando a criança alcançasse um mês de idade, deveria ser resgatada por cinco siclos (Nm 3,47-48; 18,15-16). Lucas não menciona este último regulamento, mas, em vez disso, introduz a apresentação de Jesus, sobre a qual não existe regulamento no AT. Parece que Lucas enfatiza a apresentação do consagrado para evocar a apresentação de Samuel em 1Sm 1,22-24 e duas de suas passagens interpretativas favoritas do AT: o Senhor entrou no seu templo (Ml 3,1-2); Jesus está no Templo como o Santíssimo, que deveria vir ao fim de 70 semanas de anos (Dn 9,24). Veja *BBM* 445-46. *Jerusalém:* Lucas usa a forma *Hierosolyma*, que empregará também em 13,22; 17,28; 23,7 e 25 vezes em Atos. Em

2,25, ele usará o termo grego *Ierousalēm*, que repetirá mais 26 vezes no Evangelho e 39 vezes em Atos. As tentativas de fazer distinções teológicas precisas entre estes dois usos do grego fracassaram. A justaposição das duas formas diferentes para Jerusalém, em 2,22.25 e At 1,4.8, pode nos revelar o intento literário de Lucas. Ao utilizar a forma indireta de etimologia, comum no mundo mediterrâneo antigo, Lucas mostra, por justaposição, que *Hierosolyma,* que ocorre primeiro e significa "Salém santa" ou "lugar santo" é a etimologia de *Ierousalēm*, que ocorre depois. Veja D. D. Sylva, *ZNW* 74 (1983) 207-21. Em Lucas, Jerusalém é um tema muito importante e um símbolo para as bênçãos de Deus e a continuidade entre a promessa e seu cumprimento, entre o judaísmo e o Israel reconstituído, que se expande desde Jerusalém até os confins da terra (At 1,8).

34 **25.** *Simeão*: Este ancião, cujo nome significa "Deus ouviu", é descrito quase do mesmo modo que os pais de João Batista (1,6). *consolação de Israel:* Is 40,1 LXX e 66,12-13 LXX são o pano de fundo para esta expectativa pelo feito salvador de Deus. *Espírito Santo*: A dádiva desta vida criativa "não traz saciedade religiosa, mas fome e sede pela consumação ... A iminência do cumprimento domina a vida de Simeão e daqueles que o ouvem" (Schweizer, *Good News* 56). **27.** *Templo*: Embora Simeão não seja um sacerdote, tanto ele quanto, mais tarde, Ana personificam a essência do culto do templo: o serviço a Deus. Agora a cenário está pronto para o *Nunc Dimittis* de Simeão, pois "a lei, o Espírito profético e o culto do templo reuniram-se todos para formar o cenário para a grandeza de Jesus" *(BBM* 53). **29.** O vocabulário dos vv. 29-32 parece extraído do profeta Isaías: 52,9-10; 49,6; 46,13; 42,6; 40,5 (ibid. 458). **30.** *salvação*: Ao longo dos pronunciamentos de 1,5-2,52, este tema ressoa, às vezes em tensão teológica criativa: 1,47; 1,71.77; 2,11. **31-32.** A salvação de Deus em Jesus avança e envolve o povo de Deus, Israel, e, depois, alcança os demais, as nações (veja 24,44-47). As nações não podem ser vistas simplesmente como governantes que devem ser derrubados (1,51-53) ou como inimigos a serem derrotados (1,69-71); elas são herdeiras da promessa de Deus. **34.** Antecipando um grande tema de seu Evangelho, Lucas observa que muitos dos eleitos de Deus rejeitarão Jesus (veja 4,16-30). Nas entrelinhas, Lucas anuncia a cruz. **35.** *espada:* O paralelo mais claro do AT é Ez 14,17 e a espada de diferenciação. "A imagem é a de uma espada seletiva de juízo, destruindo alguns e poupando outros, uma espada para diferenciação e não meramente para punição" *(BBM* 464). Maria, a crente exemplar, também terá que decidir a favor ou contra a revelação de Deus em Jesus; laços de família não geram fé. **36.** *Ana*: Seu nome significa "graça, favor". Como Simeão, ela personifica a espera pelo Senhor. Ela dá seu testemunho silencioso do significado de Jesus para aqueles que anseiam pela redenção. A junção de Simeão e Ana corresponde à de Zacarias e Isabel no cap. 1 e prenuncia um tema impressionante em Lucas: "Através desse recurso, Lucas expressa que homem e mulher estão juntos, lado a lado, diante de Deus. Eles são iguais em honra e graça, são dotados das mesmas dádivas e têm as mesmas responsabilidades (cf. Gn 1,27; Gl 3,28)" (Flender, *Luke* [→ 28 *acima*] 10). Outras junções incluem a viúva de Sarepta e Naamã (4,25-28), a cura do endemoninhado e da sogra de Pedro (4,31-39), o centurião de Cafarnaum e a viúva de Naim (7,1-17), Simão e a mulher pecadora (7,36-50), as mulheres junto ao sepulcro e os discípulos de Emaús (23,55-24,35), Lídia e o carcereiro de Filipos (At 16,13-34). **39.** *Nazaré:* Lucas conclui o desenvolvimento temático do significado da apresentação de Jesus no Templo de Jerusalém ao fazer com que toda a família sagrada viaje para Nazaré. Eles retornarão ao Templo em 2,41-52. **40.** *tornava-se robusto*: Veja a descrição de João em 1,80. *a graça de Deus*: Neste trecho, encontramos ecos de 1Sm 2,21.26, a história de Samuel, que moldou boa parte da narrativa de Lucas de 2,21-40.

35 (D) Perícope de transição: conclusão da abertura de Lucas, pronunciamento de Jesus sobre si mesmo e antecipação da futura jornada de Jesus, Filho de Deus, da Galileia até Jerusalém (2,41-52). A fonte desta passagem parece ser um relato de pronunciamento pré-lucano que desconhecia a concepção virginal de Jesus e cujo enfoque é o pronunciamento de Jesus sobre sua relação com o Pai no v. 49. O núcleo deste relato seriam os vv. 2,41-43.45-46.48-50. Encontram-se modificações nos vv. 44.47.51-52 e o tema do "dever" no v. 49. Ver *MNT* 157-62. O relato pode ter sua origem na propensão humana em enxergar o homem no menino. Um paralelo útil se encontra em Josefo, *Ant* 5.10.4 § 348, onde se narra que Samuel, o filho nascido de Elcana e Ana, começa a profetizar aos 12 anos de idade, embora 1Sm 3 não faça qualquer menção à idade. Lucas usou este relato porque lhe permitiu insistir em seus temas da cruz, fé, paternidade, dever, templo e caminho/jornada.

36 **41.** *Páscoa:* As normas para a festa da Páscoa se encontram em Ex 23,17; 34,23; Lv 23,4-14. Há também uma alusão às peregrinações anuais de Elcana e Ana (veja 1Sm 1,3.21; 2,19). **42.** *segundo o costume, subiram para a festa*: A ênfase recai sobre a família de Jesus e sua devoção à Lei como o ambiente em que ele foi educado. Este relato antecipa a futura jornada de Jesus para Jerusalém (9,51-19,27), que ele faz junto com seus discípulos, e revela, através de palavras e feitos, seu relacionamento com seu Pai. Cf. La Verdiere, *Luke* 39. **44.** Este versículo parece ser um dispositivo literário pelo qual Lucas intensifica para seus leitores a ansiedade dos pais. **46.** *no Templo:* Lucas iniciou sua abertura no Templo de Jerusalém (1,5-25). Ele a conclui no mesmo lugar. Esta grande *inclusio* prepara para o final do evangelho, que descreve os discípulos no Templo louvando a Deus. **47.** A conexão com a temática da "sabedoria" em 2,40 deveria ser observada. **49.** Toda o relato esteve caminhando para este "momento decisivo", no qual Lucas registra as primeiras palavras de Jesus. Não são mais Gabriel, Maria, Zacarias, os anjos ou Simeão que anunciam quem é Jesus, mas o próprio Jesus anuncia quem ele é. *devo*: A palavra grega *dei* denota a ideia de necessidade, que aparece frequentemente no Evangelho (18 vezes) e em Atos (22 vezes) e "expressa um sentido de compulsão divina, frequentemente vista como obediência a uma ordem ou profecia escriturística, ou à conformidade dos acontecimentos com a vontade de Deus. Neste contexto, a necessidade reside na relação inerente entre Jesus e Deus, que exigia obediência" (Marshall, *Gospel* 129). Veja C. H. Cosgrove, *NovT26* (1984) 168-90. *na casa de meu Pai*: Este parece ser o sentido da complicada expressão grega *en tois tou patros mou*, que também poderia significar "(envolvido) nos assuntos de meu Pai" ou "entre aqueles que pertencem a meu Pai" (veja *FGL* 443-44). Jesus não reforçou o significado de suas palavras no v. 49 por meio de milagres, como nos Evangelhos Apócrifos, especialmente no Evangelho da Infância, de Tomé. Ele o destaca, pelo contrário, através de uma vida oculta de participação no cotidiano de sua família "no ambiente quase inimaginavelmente estreito e primitivo ambiente de uma pequena cidade do Oriente Próximo" (Schweizer, *Good News* 64). **50.** *não compreenderam:* Os pais de Jesus não compreendem que sua relação com Deus tem precedência sobre sua relação com eles. A espada de diferenciação mencionada por Simeão em 2,35 está em ação. **51.** *era-lhes submisso:* O filho de Deus se submete voluntariamente à obediência. Deste modo, este relato "prefigura a cruz ao insistir que Jesus preservou sua identidade em sua condição de servo" (R. E. Brown, *Worship* 51 [1977] 485). Maria, a crente modelo, continua sua jornada de fé na medida em que pondera o significado e o destino de seu filho (veja 2,19). **52.** Veja o refrão em 2,40.

37 (III) **Preparação do ministério público de Jesus (3,1-4,13).** Depois de uma seção sobre João Batista (3,1-20), na qual Lucas mostra que as respostas dadas ao ministério de João são semelhantes às que serão dadas ao ministério de Jesus, ele dedica três seções à questão de quem é o Jesus que atua na Galileia, no caminho para Jerusalém e finalmente em Jerusalém. Ele é o Filho amado de Deus e instrumento do Espírito Santo (3,21-22); a culminação do plano de Deus para a criação (3,23-38); o Filho fiel que vence os poderes do mal (4,1-13).

38 (A) A pregação de João Batista (3,1-20). Esta seção está dividida em quatro partes. Lucas 3,1-6 descreve o chamado de João para preparar o caminho do Senhor. Em 3,7-14, Lucas descreve como as pessoas simples e marginalizadas se preparam para o Senhor. Lucas 3,15-18 enfatiza a diferença entre aquele que prepara o caminho do Senhor e o Messias. Em 3,19-20, Lucas conclui sua apresentação de João.

39 A busca do João Batista histórico não pode ser tratada com detalhes aqui. Os elementos importantes em tal busca seriam o testemunho independente de Josefo (*Ant.* 18.5.2 § 116-19) sobre a influência abrangente que João tinha entre o povo, e a hipótese de J. A. Fitzmyer (*FGL* 453-54) sobre a relação de João com os essênios de Qumran, que aplicaram Is 40,3 a si mesmos, viviam no deserto e realizavam rituais com água. Nosso objetivo consiste em analisar como Lucas adaptou tradições sobre João em seu anúncio da boa nova de Jesus Cristo. Veja W. Wink, *John the Baptist in the Gospel Tradition* (SNTSMS 7; Cambridge, 1968) xii.

40 A adaptação lucana das tradições sobre João é controlada por sua cristologia e traz os seguintes elementos. O ministério de João, assim como o de Jesus, é inserido na matriz da história mundial e religiosa, com todos os seus aspectos positivos e negativos (3,1-2). João é o profeta de Deus (3,2), que não pertence ao período da promessa, mas inaugura o período do cumprimento (At 1,22; 10,37), cuja figura central é Jesus. Quando João completa sua preparação (1,80) e se torna um pregador itinerante que prepara o caminho de Jesus, ele o faz cumprindo a profecia de Deus: a de Gabriel (1,15-17), a de seu pai Zacarias (1,76-79) e a de Isaías (3,4-6). Ao cumprir as promessas, Deus direciona o ministério de João (e também o de Jesus). Como também será no caso de Jesus, o ministério de João se dirige a todos (3,7-14). João não é Jesus, o Messias (3,15-17). Seu batismo, que é preparatório para o caminho de Jesus, deve ser complementado pelo Caminho de Jesus (At 18,25-26) e pela fé em Jesus e pelo dom do Espírito (At 19,3-5). João sofrerá uma morte violenta (3,19-20; 9,7-9) por causa de sua pregação; um destino semelhante aguarda aquele para quem ele prepara o caminho.

41 Lucas apresenta João como um modelo para suas igrejas. Elas também preparam para o Messias Jesus e não são o Messias. Elas também são pioneiras conduzindo outras pessoas para as fronteiras da fé em Jesus. Sempre que o relato de João é pregado como parte da boa nova, elas são desafiadas a se arrepender, de forma que elas também estejam preparadas para o advento do Senhor Jesus. Cf. Wink, *John the Baptist* (→ 39 *acima*) 113-15.

42 1-2. Estes versículos, um longo período em grego, constituem um elegante começo para o relato de Lucas sobre a influência de João na história mundial. Mas logo abaixo da superfície da delicadeza literária reside a trágica realidade da reação negativa à palavra de Deus e seus mensageiros. **1.** *Tibério César:* O décimo quinto ano de Tibério César parece ser agosto ou setembro dos anos 28-29 d.C. (veja *FGL* 455). *Pôncio Pilatos:* Na figura de Pôncio Pilatos (prefeito da Judeia de 26-36 d.C. [→ História, 75:168]), a autoridade romana realizará a crucificação de Jesus. Lucas dá atenção adicional a Pilatos em 13,1; 23,1-6.11-13.20-24.52; At 3,13; 4,27; 13,28, sublinhando sua associação com a morte de Jesus, o mensageiro de Deus. Lucas menciona dois filhos de Herodes, o Grande, a seguir. Até o poder de alguém tão poderoso quanto Herodes, o Grande, terminou com sua morte, na medida em que os romanos dividiram seu reino e o deram a seus filhos (→ História, 75:163-66). *Herodes Tetrarca:* Este é Herodes Antipas, 4 a.C. até 39 d.C. Lucas terá muito a dizer sobre ele, mas nada de bom: 3,19; 9,7.9; 13,31; 23,7-15; At 4,27. Nem João nem Jesus terão bons momentos nas mãos de Herodes. Filipe, 4 a.C. a 34 d.C., e Lisânias, cujas datas e identidade são bastante obscuras (veja *FGL* 457-58), completam a narrativa de Lucas acerca destes governantes subalternos. *Anás:* entre os líderes religiosos, Anás foi o sumo sacerdote de 6-15 d.C.; Caifás, seu genro, em 18-37 d.C. Como os governantes subalternos acima mencionados, estes homens tinham certa autoridade somente porque Roma assim o desejava. Por meio de uma analepse complementar ou "retrospectiva" em 20,5, Lucas diz como o batismo de João foi rejeitado pelos sumos sacerdotes. A reação dos sumos sacerdotes a Jesus é até mais hostil: 9,22; 19,47; 20,1.19; 22,2.4.52.66; 23,4.10.13; 24,20. A reação dos sumos sacerdotes à pregação dos seguidores de Jesus também é hostil: At 4,1.6.23; 5,17.21.24.27; 7,1;9,1.14.21;22,5.30;23,2.4.5.14;24,1;25,2.15; 26,10.12. A este cenário desanimador de como a humanidade reage aos mensageiros de Deus este envia João, filho de Zacarias (veja 1,5-25,57-80), para inaugurar o novo tempo de graça do evangelho. Pois a palavra graciosa de Deus não permitirá que a perversidade humana tenha a última palavra na história da salvação. Em termos que recordam o chamado do profeta Jeremias (Jr 1,1), Lucas descreve o chamado de João. *no deserto*: Embora Lucas não explore o rico simbolismo do "deserto" como o êxodo da escravidão para a vida nova, ele constantemente associa o "deserto" com João (veja 1,80; 3,4; 7,24). Se os qumranitas viveram no deserto aguardando a libertação de Deus, o fato de João também praticar seu ministério no deserto pode ser outro exemplo da influência de Qumran sobre o João histórico. Veja comentário sobre 3,4.

43   3-6. Nesta passagem, o evangelista vestiu João Batista com vestes teológicas lucanas, algumas originais e algumas aproveitadas de Marcos. **3.** *toda a região:* Diferentemente do Batista marcano, mas muito semelhante ao Jesus, Paulo e Barnabé lucanos, o João deste Evangelho é um pregador itinerante. *Jordão*: Embora seja necessária água para o batismo, este fator não explica necessariamente a escolha do rio Jordão. Existe aqui uma tradição histórica de que o batismo de João estava associado com uma aliança de renovação antes que as pessoas cruzassem o Jordão em direção da "terra prometida"? *arrependimento*: Um afastar-se do pecado e uma mudança no comportamento moral. *remissão dos pecados:* As imagens se originam do cancelamento de dívidas econômicas e libertação da escravidão ou da prisão. Veja 5,31-32. Embora mantenha uma linguagem "tradicional" sobre o papel de João como alguém que batiza, Lucas coloca sua própria marca no conteúdo de sua pregação. Em muitas passagens, Lucas acentua a relação de João com o batismo: ele é chamado de "o batista" em 7,20.33; 9,19; a missão que recebe de Deus é resumida como "batismo de João" em 7,29; 20,4; At 1,22; 10,37; 18,25 e "batismo de arrependimento" em At 13,24; 19,4. Mas o conteúdo da pregação de João Batista no v. 3, embora com vocabulário idêntico ao de Marcos 1,4, revela a presença da teologia lucana. "Arrependimento" e "perdão dos pecados" estão entre as maneiras prediletas de Lucas detalhar o que Jesus Cristo alcançou para a humanidade (veja, *p.ex.*, 24,47). Embora Lucas separe claramente o batismo de João do batismo cristão em 3,16 e em At 18,25-19,5, ele também os aproxima muito "porque a pregação de João inaugura o tempo de Jesus" (*FGL* 459). **4.** *está escrito:* João fala sobre o cumprimento da promessa de um novo êxodo, que será o êxodo do exílio da morte e do pecado e será realizado por Jesus, para quem João prepara o caminho. Deve-se notar que os essênios de Qumran aplicavam Is 40,3 a si mesmos, na medida em que preparavam o caminho do Senhor vivendo no deserto, estudando a lei e se separando de estranhos (veja 1QS 8,13-14). Conquanto viva no deserto, João não se atém ao estudo da lei e aceita todos para o batismo. Enquanto que em Is 40,3 (LXX) lemos "preparai o caminho de nosso Deus", em Lucas encontramos "preparai seu caminho" [suas veredas, *BJ*], uma clara referência à preparação do caminho de Jesus por João, que ele compartilha com Marcos 1,3.

44 **5.** *os caminhos acidentados serão nivelados*: Esta expressão e outras semelhantes, presentes no v. 5, parecem metafóricas e podem ser lidas eticamente como mudanças radicais no estilo de vida de uma pessoa. Veja Marshall, *Gospel* 136-37. Este versículo de Isaías (40,4) não está em Marcos 1,3. **6.** O tema lucano da universalidade aparece nesta citação de Is 40,5, que não se encontra no paralelo marcano 1,3. Sobre este tema, veja 2,31-32. *Salvação:* Veja o comentário sobre 2,10.

45 **7-9.** Estes versículos fornecem fortes indícios da existência de Q, pois 60 das 64 palavras de Lucas são idênticas às 63 palavras de Mt 3,7-10. Esta amostra da pregação escatológica de João mostra que ele não interpretava o arrependimento como a adoção do estilo de vida dele: viver no deserto (1,80; 3,2.4; 7,24), renunciar às bebidas alcoólicas (1,15; 7,33), orar e jejuar (5,33; 11,1). **7.** *Multidões*: Enquanto Mt 3,7 apresenta "fariseus e saduceus", Lucas tem "multidões." Duas considerações devem ser feitas. Em Lucas, "multidões" (*ochloi*) e "povo" (*laos*) são intercambiáveis. Veja 3,15; 7,29; Conzelmann, *TSL* 164 n. 1; P. S. Minear, *NovT* 16 (1974) 86. Por meio da técnica literária da analepse ou "retrospectiva", Lucas mostrará em 7,30 e em 20,5 que tanto os fariseus como os sumos sacerdotes rejeitaram o batismo de João. Neste ponto de seu relato, Lucas quer focar aqueles que aceitaram o batismo de João. *Ira:* O juízo pelo qual Deus lida com o mal do mundo. **8.** Os versículos 10-14 dão exemplos de comportamento que corresponde ao arrependimento. *Abraão:* Veja o comentário sobre 1,54-55. A apreciação dos feitos de Deus pela humanidade não floresce em solo presunçoso. Deus cumprirá suas promessas a Abraão de maneiras inesperadas. **9.** *Machado:* Outra enérgica imagem da situação escatológica que exige decisão sobre a qual João prega.

46 **10-14.** Estes versículos são peculiares de Lucas e revelam sua teologia e *Sitz im Leben*. Não são os líderes religiosos (veja 7,30; 20,5) que estão dispostos a se arrepender, mas os judeus comuns e aqueles que, na melhor das hipóteses, estão à margem da sociedade judaica: publicanos e soldados. Estas são as mesmas pessoas que respondem afirmativamente à pregação de Jesus. Em sua catequese batismal, Lucas lembra suas igrejas que, da mesma maneira que João e Jesus, elas deveriam estar abertas para encontrar a bondade fora dos meios de vida normalmente aceitos. Veja P. W. Walaskay, *'And so we came to Rome'* (SNTS-MS 49; Cambridge, 1983) 28-32. **10.** *que devemos fazer?*: Esta pergunta é repetida nos vv. 12 e 14. Ela ocorre mais duas vezes no Evangelho: 10,25 e 18,18, nas quais um mestre da lei e um governante pedem a Jesus, respectivamente, resposta autorizada sobre o que deveriam fazer para herdar a vida eterna – e eles recebem respostas diferentes. Esta pergunta ocorre três vezes em Atos, e em cada caso o batismo cristão faz parte da resposta: 2,37 (o povo judeu depois do sermão de Pedro em Pentecostes); 16,30 (o carcereiro gentílico de Filipos); 22,10 (o fariseu e perseguidor Paulo a quem o Senhor Jesus deteve na estrada de Damasco). **11.** João não exige sacrifícios nem a realização de práticas ascéticas, como o jejum. Suas exigências são muito mais radicais: cuidado abnegado dos irmãos e irmãs necessitados. Neste versículo, Lucas volta novamente a seu tema do uso adequado das posses materiais, na medida em que João prega, com antecedência, o que Jesus ensinará. As pessoas que compartilham metade de suas roupas são como Zaqueu, que dá metade do que possui para os pobres (19,8). **12.** *Publicanos:* É surpreendente o fato de publicanos virem para o batismo de João, já que se esperava pouca seriedade ética deste grupo, que era menosprezado por judeus e gentios. Diversas vezes em Lucas, as expectativas normais e preconceitos profundos são invertidos. Os publicanos também responderão vivamente aos ensinamentos de Jesus: 5,27.29-30; 15,1; 19,2; veja também a parábola do fariseu e do publicano (18,9-14). **13.** *Nada além*: O sistema tributário romano estava repleto de abusos, que Augusto tentou eliminar. Os elevados ideais da época de Augusto se refletem na advertência que João dá a estes judeus, que coletavam impostos indiretos (taxas, pedágios, tarifas e outros impostos) de várias partes da Palestina para os romanos. Cf. Walaskay, *'And so we came to Rome'* 29-30. **14.** *Soldados*: Parece que estes soldados são judeus a serviço de Herodes Antipas. Por ajudarem a manter o domínio romano num país subjugado, também eram menosprezados. Como corporificações dos temas lucanos da inversão de expectativas e do amor de Deus pelos menosprezados, eles se apresentam ao batismo. No decorrer das narrativas de seu Evangelho, Lucas apresentará dois outros soldados, e ainda por cima centuriões, que reagem favoravelmente a Jesus (7,1-10; 23,47). Em Atos, o primeiro gentio convertido é o centurião Cornélio (At 10-11). Estas passagens fornecem indícios da concepção positiva de Lucas quanto à autoridade militar romana, mas veja 20,25. As ordens que João dá aos soldados refletem os ideais de Augusto de como o exército deveria se comportar. Não parece estar dentro da visão lucana da realidade promover reformas explícitas de sistemas tributários injustos nem a objeção de consciência. Suas diversas respostas para a pergunta: Que devo fazer?, poderiam indicar que "até a mais clara resposta nunca isenta ninguém da responsabilidade de perguntar novamente e lutar por uma resposta. Simples obediência às instruções de Lucas 3,13-14, por exemplo, estaria garantida em um sistema de impostos bem administrado e em um exército disciplinado. Isto não deveria ser desprezado; pois trata-se, provavelmente, muito mais de um resultado do evangelho do que nos damos conta. Mas não é idêntico ao evangelho. Somente corações que foram profundamente tocados pelo evangelho estão sempre abertos ao que Deus espera como a próxima exigência concreta depois desta" (Schweizer, *Good News* 75-76).

47 **5.** *o Cristo*: Pode haver um núcleo histórico no v. 15: "O comentário de Lucas deixa implícito que existiam judeus palestinenses que aguardavam a vinda de um messias, *i.e.*, um instrumento 'ungido' de Iahweh enviado para a restauração de Israel e o triunfo do poder e domínio de Deus... "(*FGL* 471). *todos*: Aqui e no v. 16, esta expressão indica o tema lucano do universalismo. **16.** *batizo com a água:* João é inferior a Jesus. João usa o elemento purificador da água; Jesus usará os elementos purificadores e refinadores superiores do Espírito Santo e do fogo. Em At 2, Lucas mostra como o fogo do Espírito Santo realiza sua obra nos seres humanos. *Mais forte*: Embora esta expressão se refira claramente a Jesus, seu significado exato é difícil de compreender. No relato lucano, pode se referir à temática de 11,20-22: Jesus é mais poderoso que João para derrotar os poderes do mal. João não é nem mesmo digno de realizar o trabalho de um servo para Jesus desatando as correias de suas sandálias (veja At 13,25). **17.** A imagem da pá separando o trigo da palha tem o mesmo sentido como as de 3,7 (ira) e 3,9 (machado). Estas três imagens refletem a concepção do João histórico e explicam porque, em 7,18-23, João faz perguntas sobre o ministério de Jesus e sua forma menos radical de lutar contra o mal através das curas, do exorcismo, da reconciliação e da pregação aos pobres. **18.** *anunciar ... a Boa Nova*: Na perspectiva de Lucas, existem tantas semelhanças entre João e Jesus que Lucas pode dizer que João prega a boa nova na medida em que inaugura o novo tempo de salvação.

48 **19-20.** Estes versículos formam uma *inclusio* com 3,1. Herodes Antipas rejeita o anúncio da boa nova e encarcera seu pregador. A pregação de Jesus sobre o reino de Deus encontrará destino semelhante, e as igrejas de Lucas são avisadas das possíveis consequências de preparar o caminho do Senhor.

**49   (B) O batismo de Jesus (3,21-22).
21.** *todo o povo*: Eles admitem a necessidade de responder ao plano de Deus que se desdobra na pregação de João (veja 7,29-30). *Jesus, também batizado, achava-se em oração:* Jesus se submete ao batismo para mostrar sua solidariedade com a proclamação do plano salvífico de Deus feita por João. O fato de Jesus ter sido batizado, presume-se que por João, é mencionado em uma oração com o genitivo absoluto. Foram encontradas comprovações de que Lucas tinha uma concepção tripartite da história da salvação no fato de que ele removeu João da cena para a prisão, em 3,19, antes de narrar o batismo de Jesus (veja Conzelmann, *TSL* 19-27). Uma explicação mais simples e literária parece correta. De acordo com seu estilo literário de tirar uma personagem de cena antes de descrever uma nova cena (veja 1,56), Lucas remove João do palco. Com João fora de cena aparece Jesus, sobre quem desce o dom escatológico do Espírito Santo outorgado por Deus. É importante observar que João, precursor de Jesus, é preso por causa de seu ministério. O mesmo se aplicará àquele cujas sandálias João não era digno de desatar. Embora muitas das características da narrativa lucana do batismo de Jesus sejam mitológicas e, portanto, não ofereçam uma base para a concepção de que Lucas esteja apresentando Jesus como modelo para os cristãos que se submetem ao batismo, existe uma característica que é suscetível desta interpretação: Jesus estava em oração. Em Lucas, o ministério de Jesus começa e termina com oração (22,46). Jesus ora enquanto cura (5,16), antes de escolher os Doze apóstolos (6,12), antes da predição de sua paixão (9,18), antes de sua transfiguração (9,28-29) e antes de ensinar seus discípulos a orar (11,1-2). Ele ora por Pedro (22,32). Ele ora a seu Pai uma vez no Monte das Oliveiras (22,39-46) e duas vezes na cruz (23,34.46). Como 11,13 deixa claro, o Espírito Santo será dado como resposta à oração. Mas Jesus em oração não é somente o modelo para os cristãos, mas também o mediador da salvação. A figura de Jesus em oração é um símbolo de que o poder de Jesus para efetuar a salvação procede de Deus. Neste caso, o poder vem da dádiva divina do Espírito. Além disso, a oração de Jesus como preparação para iniciar sua missão no Espírito tem um paralelo na descrição lucana da igreja nascente missionária em At 1,14; 2,1-13. Veja L. Feldkämper, *Der betende Jesus als Heilsmittler nach Lukas* (Veröffentlichungen des Missionspriesterseminars St. Augustin bei Bonn 29; St. Augustin, 1978). *o céu se abriu*: Este símbolo profético e escatológico indica que se trata de uma revelação divina (veja Ez 1,1; Is 64,1). Enquanto a voz do céu de 3,22 é ouvida somente por Jesus, parece que a abertura dos céus (3,21) e a pomba descendo corporalmente (3,22) constituem uma teofania visível para todos – que têm os olhos da fé. **22.** *Espírito Santo*: Como foi indicado em Joel 3,1-5, a vinda escatológica de Deus para seu povo se caracteriza por um derramamento do Espírito criativo e profético. Agora, este Espírito está sobre Jesus. Em At 2,1-41, Lucas narrará a dádiva deste mesmo Espírito em Pentecostes e interpretará este dom através do sermão de Pedro, que emprega Jl 3,1-5. Como mostram At 10,37-38 e Lc 4,16-21, o Espírito está sobre Jesus para que a vontade de Deus seja cumprida: para libertar das amarras de Satanás e pregar a boa nova aos pobres. Esta narração de uma nova dádiva do Espírito está relacionada com 1,35 da seguinte maneira: Retrata-se Jesus recebendo o Espírito Santo, não porque ele não tivesse essa dádiva antes disso, mas porque Lucas está descrevendo uma nova fase no ministério de Jesus. Veja J. D. G. Dunn, *Baptism in the Holy Spirit* (Philadelphia, 1970). *forma corporal*: Esta expressão só se encontra em Lucas e significa "realmente". *como pomba:* Mostrou-se que o símile judaico de

Marcos "desceu como uma pomba" foi mudado por Lucas, para um público helenístico, para "forma de uma pomba" (veja L. E. Keck, *NTS* 17 [1970-71] 41-67, esp. 63). Embora alusões judaicas a um pombo em Gn 1,2; 8,8; e Dt 32,11 não constituam base suficiente para serem uma chave interpretativa, existe muito material para reflexão na análise de E. R. Goodenough sobre a natureza polivalente do pombo na Antiguidade: sua docilidade, seus sons característicos parecidos aos das dores de parto, seu voo no alto (*Jewish Symbols* [New York, 1958] 8. 27-46). O pombo simbolizava a esperança de homens e mulheres pelo amor, vida e união com Deus. Estas esperanças se realizam agora em Jesus, que, no Espírito, rompe as barreiras que separam as pessoas da vida e que, ressuscitado da morte para estar à direita de Deus, enviará a vida do Espírito prometido àqueles que invocarem seu nome. *tu és o meu Filho amado; em ti me comprazo* [veja nota BJ]: Esta voz, uma combinação do Sl 2,7 e, provavelmente, Is 42,1, convoca Jesus, enquanto Filho e Servo, a assumir o poder que era dele desde sua concepção (1,32.35). Portanto, a esta altura do relato, quando Jesus está prestes a percorrer a Galileia proclamando o reino de Deus com palavras e feitos, Lucas recorda seus leitores da identidade de Jesus. Na revelação da filiação de Jesus em 9,35, Lucas lembrará novamente seus leitores de que Jesus, prestes a seguir para Jerusalém, para a morte e vindicação, é o Filho do Deus. Em 3,22 e 9,35, Jesus não se torna algo que não era antes, mas Lucas acrescenta algo mais para seus leitores sobre Jesus, Filho de Deus, e sobre o plano de Deus que já conheciam.

50 (C) Jesus, culminação do plano divino na criação e história da salvação (3,23-38). Existem mais diferenças que semelhanças entre as genealogias de Lucas e Mateus (1,1-16). Semelhanças importantes: a linhagem de Jesus é reconstituída através de José; os mesmos nomes para a linhagem entre Davi e Aminadab (3,31-33; Mt 1,3-5); os mesmos nomes para a linhagem entre Esron e Abraão (3,33-34; Mt 1,2-3). Diferenças importantes: Lucas não faz referência explícita a mulheres; Lucas remonta a linhagem de Jesus até "Adão, filho de Deus", enquanto Mateus vai até Abraão; Lucas usa a "ordem ascendente", começando com Jesus e ascendendo até "Adão, filho de Deus", enquanto Mateus usa a "ordem descendente", que começa com Abraão e termina com Jesus; Lucas coloca a genealogia depois de seu relato do batismo de Jesus, enquanto Mateus começa seu Evangelho com ela. Estas diferenças são explicáveis a partir de duas percepções. (1) Lucas utilizou uma fonte de ancestralidade davídica, diferente da de Mateus. Esta fonte, que tem 36 nomes singulares, completamente desconhecidos em Mateus e no AT, usou o sagrado número bíblico sete em sua teologia. De José a Deus, existem sete grupos de onze nomes. Jesus é o ápice do que Deus fez pela criação e por seu povo eleito, já que ele começa o último e décimo segundo grupo de sete (veja 4Esd 14,11 para uma indicação de tal especulação escatológica). Segundo este ponto de vista, Deus tem o duplo número perfeito, 77, e Davi é 42 (seis vezes sete). (2) Genealogias eram compostas para diferentes fins: para provar identidade em uma tribo; para provar a linhagem de um rei ou um sacerdote e, deste modo, autenticar os detentores destes cargos; para estruturar a história em épocas; para mostrar que o caráter do descendente é igual ao de seu antepassado. A genealogia de Lucas comprova claramente a identidade de Jesus como davidida e mostra como ele se ajusta ao plano de Deus, que remonta à criação da humanidade por Deus. Estas duas percepções indicam a natureza da genealogia de Lucas: não se pretende dar registros de arquivos ou de famílias, mas ensinar quem é Jesus e o que ele significa para a salvação de todos os homens e mulheres.

51 23. *ao iniciar*: Esta é uma expressão importante, porém difícil. Ocorrem referências a *archē* e cognatos em 1,2; 23,5;

At 1,1.22; 10,37. O significado do "iniciar" de Jesus não é simplesmente cronológico (depois de seu batismo) e geográfico (na Galileia), mas especialmente teológico. Veja E. Samain, "La notion de *APXH* dans l'ouvre lucanienne", *L'Evangile de Luc* (Fest. L. Cerfaux; ed. F. Neirynck; BETL 32; Gembloux, 1973) 299-328. Jesus é o início da nova humanidade escatológica de Deus. *mais ou menos trinta anos*: Trinta é um número redondo e parece ser indicativo do momento em que uma pessoa inicia uma fase importante da vida (veja Gn 41,46: José; 2Sm 5,4: Davi). *conforme se supunha*: Esta expressão conecta a genealogia a 1,26-38 e à sua mensagem de que Jesus se origina de uma virgem e, assim sendo, de Deus. Esta sutil referência cruzada mostra que, novamente, Deus modifica a tradicional ótica patriarcal das relações de Deus com a humanidade. *José*: Em 1,27, a linhagem davídica de José é observada. **31.** *Natã, filho de Davi*: Na genealogia descendente de Mateus (1,6), Salomão sobressai como filho de Davi. Lucas destaca o terceiro filho de Davi, Natã (veja 2Sm 5,14). Como o próprio Davi, Natã não é o primogênito, mas é escolhido para manifestar a livre eleição e graça de Deus. O papel de Davi no plano de Deus para a humanidade foi mencionado anteriormente (1,32.69; 2.11). **34.** *Abraão*: Veja 1,54-55.72-73, onde foi anunciado que o que Deus estava fazendo em Jesus é cumprimento de promessas feitas a Abraão. **38.** *filho de Adão, filho de Deus:* Enfatiza-se o significado universal de Jesus para todos: homens e mulheres, ricos e pobres, escravos e livres. Olhando a genealogia de Lucas, percebe-se que a linha, que inicia com Adão e atravessa a história de fé e fracasso de Israel, alcançou sua consumação definitiva em Jesus. Como início escatológico de Deus, Jesus é o líder daqueles que pertencem a Deus, não por causa das relações consangüíneas, mas porque são abençoados pelo Espírito (veja 3,21-22). Veja *BBM* 64-94; W. S. Kurz, "Luke 3:23-38 and Greco-Roman and Biblical Genealogies", *Luke-Acts* (ed. C. H. Talbert; New York, 1984) 169-87.

52 (D) Jesus, Filho e Servo de Deus, vence o diabo (4,1-13). Lucas, baseando sua narrativa em Marcos e Q, muda a ordem das tentações e situa a última em Jerusalém. Quando Jesus estiver na cruz, em Jerusalém, ele enfrentará novamente tentações como as de 4,1-13 (veja 23,34b-39) e vencerá tanto a elas quanto o mal por meio de sua fé. Cf. J. Neyrey, *The Passion According to Luke* (TI; New York, 1985) 156-92. A especulação sobre o fim dos tempos incluía o elemento mitológico da derrota do diabo (*As. Mos.* 10,1; *1 Henoc* 69,29). Lucas também evidencia este modo de pensar em 10,17-20; 11,22; 22,3.53; At 10,38; 26,18, nos quais ele descreve o ministério de Jesus e da igreja. Mas, já que 4,1-13 contém uma forma tão miológica de pensar, é difícil avaliar sua historicidade. É um tanto plausível que o próprio Jesus tenha usado estes padrões de pensamento apocalíptico de sua época para falar a seus discípulos sobre as provações de sua fé engendradas pelos conflitos com que ele se deparou enquanto pregava o reino. Além da mensagem cristológica de que Jesus, Filho e Servo, é o paradigma da nova humanidade que derrota os poderes do mal pelo Espírito e pela fé obediente, há uma mensagem eclesiológica presente. A confiança e a fé de Jesus na graciosidade de seu Deus e Pai, e sua confiança na palavra de Deus como sua arma segura nos conflitos (veja Ef 6,17), fornecem modelos para os cristãos, que também são abençoados com o Espírito Santo.

53 1. *pleno do Espírito Santo*: Esta expressão só ocorre aqui e em At 6,5 e 7,55 (Estêvão) e 11,24 (Barnabé). Jesus é o modelo para os cristãos ameaçados. *do Jordão:* Faz-se uma vinculação clara com o batismo de Jesus no Jordão (3,21-22), no qual ele foi revelado como Filho e Servo. *conduzido pelo Espírito Santo*: O Espírito, dado a Jesus em seu batismo (3,22), não o conduz à tentação, mas é o poder que o sustenta durante a tentação. Uma tradição batismal semelhante pode ser a base de Rm 8,14. *do deserto*: Talvez uma referência ao deserto da Judeia. Em

8,29 e 11,24, o deserto é o lugar dos demônios. Uma referência à experiência de Israel no deserto não parece estar presente. **2.** *quarenta dias*: Na tradição bíblica, "quarenta" se refere a um período suficientemente longo de tempo (cf. Jn 3,4). É Mateus, e não Lucas, que evoca a experiência de Israel no deserto (veja Mt 4,2 e Ex 34,28) em seu relato sobre a tentação de Jesus. Em Lucas, Jesus não é um novo Moisés e tampouco um novo Israel. *tentado pelo diabo:* Diferentemente de Mateus, que mescla "satanás" e "diabo" em sua narrativa, Lucas designa constantemente o acusador (cf. Jó 1-2) como *diabolos*. O destino de Jesus, como Filho e Servo, é desafiado em meio aos riscos e ambiguidades da existência humana cotidiana. *Nada comeu*: Não se trata de um jejum penitencial. Nem se trata de referência à experiência israelita no deserto, que durou 40 anos, não 40 dias. O jejum é o símbolo da plenitude do Espírito em Jesus e de seu desamparo, contingência e auto-humilhação diante de um Deus onipotente que generosamente dá e sustenta a vida. Cf. J. F. Wimmer, *Fasting in the New Testament* (TI; New York, 1982). **3.** *se és o Filho de Deus:* Tanto aqui quanto no v. 9, Jesus é chamado "Filho de Deus", uma referência a seu batismo (3,22) e a "Adão, filho de Deus" (3,38). Jesus, Filho e Servo de Deus, que cumpre o plano de Deus na criação e na história de Israel (3,23-38), é fiel ao plano divino, ao passo que tanto Adão quanto Israel fracassaram. *esta pedra:* Lucas, mais realista que Mateus, menciona uma pedra. Ele não imagina o deserto da Judeia, repleto de rochas, se transformando em uma padaria. **4.** *Não só de pão vive o homem:* Tendo ficado sem alimento humano por muito tempo, o Jesus humano está, obviamente, faminto e vulnerável à tentação do diabo. A resposta de Jesus ao diabo é tirada de Dt 8,3. Suas respostas nos vv. 8 e 12 também são de Dt (6,13.16). Jesus combate o diabo com a arma da palavra poderosa de Deus que se encontra na reflexão madura de Israel sobre sua experiência no êxodo, onde aprendeu sobre a fidelidade de Deus à promessa, sua soberania e sua misericórdia, como também sobre o que se exigia de um povo da aliança e de um povo eleito. Jesus, dotado com o Espírito de Deus e capaz de conseguir comida para si próprio, confia que seu Deus, soberano e gracioso, o sustentará com vida e alimento. A obediência de Jesus como Filho, simbolizada pelo jejum, é verbalizada agora. Jesus confia que seu Pai o sustentará durante qualquer conflito e provação. **5.** *Levando-o para cima*: O texto é enigmático. Parece que Lucas suprimiu "montanha" e acrescentou "num instante" para tornar a tentação mais realista. De nenhuma montanha Jesus poderia ver todos os reinos da terra. Ele só os poderia ver "num instante". **6.** *poder:* Poder em um sentido político (*exousia*) é próprio de Lucas (veja 20,20; 23,7). **8.** *está escrito: adorarás ao Senhor teu Deus, e só a ele prestarás culto:* Jesus cita Dt 6,13. O diabo ataca o Jesus que jejua por outro ângulo. Recorrendo à experiência israelita do zelo divino no que diz respeito aos eleitos de Deus, Jesus verbaliza novamente o que o jejum significa para ele: seu Deus é o único sustentador da vida verdadeira. Por meio de sua referência ao "poder político" no v. 6, Lucas também pode estar se baseando numa dimensão da serviçalidade de Jesus. Em 22,24-27, Jesus, obediente à vontade de seu Pai, é o Servo, e ordena a seus discípulos que evitem o poder político como modelo do ser servo. **9.** *Jerusalém:* A sequência lucana coloca esta tentação no fim. Em Jerusalém, Jesus completará seu *êxodo* (veja 9,31) por meio da cruz, ressurreição e ascensão em obediência à vontade e plano de seu Pai. Em Jerusalém, Satanás se apodera de Judas (22,3); em Jerusalém, os poderes das trevas (22,53) atuam poderosamente. *Filho de Deus:* Veja o paralelo no v. 3. Novamente se faz referência a 3,22 e 3,38.

54 **10-11.** *está escrito:* O diabo agora utiliza a mesma arma de Jesus e cita a Escritura (Sl 91) tentando provar ao Jesus em jejum que Deus o sustentará ainda que ele aja por conta própria em Jerusalém e faça algo extraordinário. **12.** *não tentarás o Senhor, teu Deus:* Obediente à vontade de Deus, Jesus cita Dt 6,16. Jesus verbaliza novamente o que seu jejum simboliza: o plano e vontade de Deus são decisivos – ainda que este plano signifique sofrimento e uma morte ignominiosa para o Jesus que sofrerá inocentemente em Jerusalém. **13.** *até tempo oportuno*: O fato de o diabo deixar Jesus por algum tempo não significa que exista um intervalo entre as tentações de Jesus e sua chegada a Jerusalém e que, nesse período, o diabo esteja ausente (Conzelmann, *TSL* 27-29). Durante seu ministério, Jesus continuará a se defrontar com os poderes do diabo, que sabe quem ele é (4,41; 8,29), e o derrotará. Portanto, 4,1-13 é programático ao descrever o ministério de Jesus: Jesus, Filho e Servo e culminação humana do plano de Deus, irá superar a hostilidade à sua missão pela fé obediente e libertará homens e mulheres cativos do diabo (At 10,38).

55 (IV) O ministério de Jesus na Galileia (4,14-9,50).

(A) Descrição antecipatória do ministério de Jesus na Galileia (4,14-15). *Com a força do Espírito*: A proclamação do reino de Deus por Jesus, em palavra e feitos, tem sua origem no Espírito criativo de Deus (veja 3,21-22). *a Galileia*: Não somente Jerusalém (a cidade do cumprimento da promessa por Deus) possui significado teológico para Lucas, mas também a Galileia. A Galileia é o território onde Lucas começa sua descrição do significado do reino de Deus. Como observou J. Nutzel (*Jesus als Offenbarer Gottes nach den lukanischen Schriften* [FB 39; Würzburg, 1980] 28-30), 4,14-44, especialmente 4,43, fornece um convincente resumo do ministério de pregação de Jesus sobre o reino de Deus na Galileia. Essa pregação engloba o cumprimento das promessas de Deus (4,16-30), a restauração de homens e mulheres à saúde e a expulsão de demônios (4,31-44). A Galileia também é o lugar onde Jesus reúne testemunhas de seu ministério (veja At 1,11: "homens da Galileia"; 1,21-22: os critérios para ser um apóstolo; 10,37-38: o querigma de Pedro sobre Jesus, cuja missão começou na Galileia). Por fim, a Galileia é o local onde os discípulos não compreendem a pessoa e a missão de Jesus, mas se maravilham com seus feitos poderosos e competem entre si sobre qual deles é o maior (9,43-46). Assim que seus olhos forem abertos por Jesus em seu caminho para a cruz (9,51-19,27), bem como pelo Jesus crucificado e ressurreto (24,45), eles compreenderão o papel de Jesus no plano de Deus e não retornarão para a Galileia (24,7; contraponha Mc 16,7). Sua jornada partirá de Jerusalém em direção a todas as nações (24,47). Veja R. J. Dillon, *From Eye-Witnesses to Ministers of the Word* (AnBib 82; Rome, 1978) 37-38.

56 15. *ensino:* Lucas introduz um de seus temas dominantes: Jesus como mestre. O verbo *didaskein* é usado com referência a Jesus 14 vezes: 4,15.31; 5,3.17; 6,6; 11,1; 13,10.22.26; 19,47; 20,1.21; 21,37; 23,5; várias dessas passagens se referem às pregações de Jesus na sinagoga e no Templo. Jesus é chamado de mestre (*didaskale*) 13 vezes: 7,40; 8,49; 9,38; 10,25; 11,45; 12,13; 18,18; 19,39; 20,21.28.39; 21,7; 22,11. Ele é chamado de "senhor" (*epistata*) 6 vezes: 5,5; 8,24 (2 vezes); 9,33.49; 17,13. Através deste tema, Lucas enfatiza a autoridade de Jesus para falar ao povo sobre Deus e seu plano de salvação; ele também deixa implícito que Jesus, enquanto mestre, tem discípulos para quem seu caminho é normativo. *suas sinagogas*: Observe com que frequência a interpretação da identidade de Jesus acontece em uma sinagoga, tanto em Lucas (*p.ex.*, 4,16-30) como em Atos (*p.ex.*, 13,13-52). Por meio do tema da sinagoga, Lucas sublinha como Jesus está em continuidade com as antigas promessas de Deus. Mas há também perseguição e oposição a Jesus (*p.ex.*, 4,16-30) e a seus discípulos (*p.ex.*, 12,11; 21,12; At 18,1-11) a partir de dentro das sinagogas. Jairo, chefe de uma sinagoga (8,41), é favorável a Jesus, enquanto um outro chefe anônimo, em 13,14, é hostil a ele. A comunidade lucana luta para dialogar com seus irmãos e judeus sobre Jesus como aquele que cumpre suas Escrituras comuns. A narrativa de Lucas-Atos não é um relato de sucesso ininterrupto a respeito de como a Palavra de Deus foi da Galileia até Jerusalém e, daí, até os confins da terra. A cruz mitiga qualquer propensão de Lucas a escrever uma teologia da glória. Cf. Tiede, *Prophecy and History*.

57 (B) Jesus cumpre as promessas de Deus a favor de todos (4,16-30). Esse relato programático do ministério de Jesus é um ótimo exemplo da organização lucana dos materiais de acordo com o princípio teológico de promessa e cumprimento (veja 1.1-4). Para descrever a pregação inaugural de Jesus, Lucas usa como uma de suas fontes Mc 6,1-6a, uma passagem que não descreve o início do ministério de Jesus. Lucas também usa materiais tradicionais nos vv. 23 e 25-27. Os versículos 17-21 e 28-30, que evidenciam as temáticas teológicas de Lucas, são de sua autoria. Cf. *FGL* 526-27.

58 16. *onde fora criado*: É importante para a interpretação da reação dos habitantes da cidade no difícil v. 22 destacar, já de início, que os compatriotas de Jesus na pequena e obscura Nazaré (veja Jo 1,46), pensam que conhecem a ele e suas origens. *sinagoga*: Parece que a celebração na sinagoga no sábado, durante o séc. I d.C., era constituída do cântico de um salmo, da recitação do *Shema* e das Dezoito Bênçãos, uma leitura da Torá e uma leitura dos profetas, um sermão sobre o significado das leituras, uma bênção pelo presidente e a bênção sacerdotal de Nm 6,24-27. A existência de um ciclo de três anos de leituras nessa época é altamente controversa. *Um dia de sábado*: Este é o primeiro de seis incidentes que tratam de atividades de Jesus no sábado; veja 4,31-37; 6,1-5; 6,6-11; 13,10-17; 14,1-6. Esta narrativa é programática para a interpretação das atividades que Jesus realiza no sábado: o sábado está subordinado a Jesus porque ele é o cumprimento escatológico da promessa de Deus para os famintos, os enfermos e os encarcerados. Cf. S. G. Wilson, *Luke and the Law* (SNTSMS 50; Cambridge, 1983) 35. *segundo seu costume:* Lucas enfatiza a continuidade entre o antigo e o novo; Jesus se situa na melhor linha das tradições de Israel.

59 17. *encontrou o lugar:* Aqui estamos lidando com a teologia lucana da promessa e do cumprimento. Como a análise dos vv. 18-19 deixará claro, este texto de Isaías não se encontrava em nenhum dos rolos da sinagoga. Trata-se de uma composição artística, formada pela combinação de Is 61,1-2 e Is 58,6, em que transparece o colorido próprio da cristologia lucana. **18-19.** Este texto consiste de Is 61,1a.b.d; 58,6d; 61,2a. Ao citar Is 61, que também foi usado pelos essênios de Qumran e aplicado a eles mesmos em 11QMelq, Lucas omite aqueles elementos que poderiam espiritualizar o texto ou restringir seu foco ao "verdadeiro" Israel. Deste modo, ele omite Is 61,1c: "para curar os quebrantados de coração" e Is 61,2b-3a: "(a proclamar) um dia de vingança de nosso Deus, a fim de consolar todos os enlutados, de dar aos enlutados de Sião um diadema em lugar de cinzas". Ele acrescenta Is 58,6, que ocorre em uma passagem que descreve o verdadeiro jejum que Iahweh deseja e que se refere à libertação daqueles que são oprimidos por dívidas. Veja R. Albertz, *ZNW* 74 (1983) 182-206. *O Espírito do Senhor:* Desde 1,35 e 3,22, o leitor sabe que Jesus possui o Espírito. Neste trecho, sublinha-se a finalidade desse dom do Espírito: ele beneficia aqueles que são econômica, física e socialmente desgraçados. *Para evangelizar os pobres*: Pelas modificações feitas em Isaías 61, especialmente pela introdução de Is 58,6, Lucas mostra que "os pobres" não deve ser interpretado metaforicamente como "Israel necessitado", o objeto do favor de Deus quando a "nova restauração" acontece. Lucas reforçará esta mensagem de universalismo nos vv. 25-27. Como as análises dos 6,20-26; 7,22; e 14,13.21 esclarecerão, "os pobres" deve ser interpretado à luz do contexto. *a remissão dos presos*: Às vezes, este aspecto do ministério de Jesus é visto como realizado em 13,10-17 e 23,39-43, mas talvez seja melhor interpretá-lo como uma referência àqueles que estão encarcerados por causa de dívidas. Jesus falará àqueles que podem ser responsáveis por tal encarceramento em 6,35.37. A imagem do jubileu bíblico também é trazida à tona nesta expressão. O ano do jubileu acontecia a cada 50 anos. No jubileu, os campos descansavam, as pessoas retornavam a suas casas, dívidas eram canceladas e escravos eram libertos. A imagem daí derivada sustentava a restauração, início, fé na soberania de Deus e a convicção de que as estruturas sociais e econômicas devem refletir o reinado de Deus. Cf. S. H. Ringe, *Jesus, Liberation, and the Biblical Jubilee* (OBT; Philadelphia, 1985); R. B. Sloan, *The Favorable Year of the Lord* (Austin, 1977). A palavra grega para designar "libertação" é *aphesis*. A versão dos LXX de Lv 25,10 usa *aphesis* para traduzir o termo hebraico "jubileu"; em Dt 15,1-11, o ano sabático é descrito por *aphesis* na LXX (veja também Ex 23,10-11). Qumran evidencia que tais reflexões sobre o jubileu eram contemporâneas a Lucas. Em suas reflexões sobre o fim dos tempos, os essênios associavam Is 61,1 com Lv 25,10-13 e Dt 15,2 (veja 11QMelq) e identificavam a "libertação" como a de devedores durante o ano de jubileu. Embora este fundo socioeconômico do jubileu esteja bastante presente nesta passagem, também deve-se recordar que *aphesis* é a palavra usada por Lucas para designar "remissão" (dos pecados), *p.ex.*, 24,47. *a liberdade aos oprimidos*: Esta expressão de Is 58,6 também contém a palavra *aphesis*. O termo grego *thrauō*, que está por trás do termo "oprimidos", significa literalmente "partir em pedaços" (como uma pedra). Em sentido figurativo, o termo quer dizer "quebrar", "oprimir espiritualmente." Veja *BAGD* 363. À luz de Ne 5,1-10, é plausível que os "oprimidos" sejam aqueles oprimidos por dívidas e prisão. *proclamar um ano de graça [ou: aceitável] do Senhor*: Lucas trocou o verbo *kalesai*, "chamar", de Is 61,2a da LXX, por *kēryxai* "proclamar". Para Lucas, a proclamação é que, em Jesus, Deus cumpriu antigas promessas. Novamente imagens do jubileu parecem estar presentes.

A palavra grega para designar "aceitável" é *dektos*, e ela aparecerá novamente no v. 24, em referência ao tema do profeta "aceitável". O ministério de Jesus só é aceitável para Deus se ele não limitar suas palavras e ações a seu próprio povo, que, por causa da missão ilimitada de Jesus, não aceitará nem a ele nem suas palavras. Cf. D. Hill, *NovT* 13 (1971) 169.

60 **21.** *hoje se cumpriu aos vossos ouvidos essa passagem da Escritura*: A palavra "hoje" introduz um importante tema de Lucas (veja também 2,11; 22,61; 23,43) e não deveria ser considerada como uma referência histórica ao tempo de Jesus. A referência é, antes, ao presente, ao "hoje" do tempo do cumprimento (*pace* Conzelmann, *TSL* 36; cf. Schweizer, *Good News* 89). As primeiras palavras do Jesus adulto em Lucas tratam do tema da fidelidade de Deus à promessa. **22.** Este versículo notoriamente difícil precisa ser analisado palavra por palavra. Cf. F. Ó Fearghail, *ZNW* 75 (1984) 60-72. *todos testemunhavam a seu respeito:* Não há indícios em Lucas ou em outros escritos gregos de que o verbo *martyrein* possa ser usado em sentido negativo, isto é, que eles estavam testemunhando contra ele. Os dados das inscrições apontam para o seguinte significado: "testemunho favorável prestado por pessoas que viveram com a pessoa em questão". Este significado é sustentado pelo v. 16, "onde fora criado". *e admiravam-se das palavras cheias de graça que saíam de sua boca:* Paralelos de At 14,3; 20,24.32 sugerem que *hoi logoi tēs charitos* não deveria ser traduzido por "palavras cheias de graça ou encantadoras", mas por "palavras de salvação". Dt 8,3 ajuda a explicar o sentido da expressão "saíam de sua boca". Nela, a referência é à palavra de Deus. Os conterrâneos de Jesus estão pasmos em saber que aquele que eles conheciam há tanto tempo é o mensageiro de tal nova. *não é o filho de José?*: Esta pergunta indica o motivo da surpresa dos conterrâneos e soa irônica para os leitores que conhecem 1,32.35; 3,21-22; 4,1-13. **23.** Como em 11,37-54, Lucas descreve Jesus tomando a ofensiva diante de seu público. Jesus os acusa por não crerem nele como o cumprimento das promessas de Deus e por desejarem fazê-lo realizar atos poderosos para sua própria curiosidade e benefício.

61 24. *nenhum profeta é bem recebido*: Nesta expressão e nos vv. 25-27, Lucas se refere ao tema do "profeta rejeitado". Veja também 6,22-23; 11,49-51; 13,34-35; At 7,35.51-52. Este tema destaca a compaixão ilimitada de Deus, já que ele continua enviando profetas apesar da rebeldia do povo. O padrão da temática do "profeta rejeitado" se encontra claramente em Ne 9,26-31: (1) rebelião e assassinato dos profetas; (2) castigo; (3) misericórdia mediante o envio de novos profetas; (4) pecado e rejeição dos profetas. A primeira parte deste padrão se encontra em Lc 1-23 e a segunda parte domina Lc 24 e Atos. Por causa desta temática, a rejeição a Jesus em 4,16-30 não deveria ser compreendida como a resposta definitiva de Deus, em Jesus, a Israel. Veja R. J. Dillon, "Easter Revelation and Mission Program in Luke 24:46-48", *Sin, Salvation, and the Spirit* (Fest. Liturgical Press; ed. D. Durken; Collegeville, 1979) 240-70. **25-27.** Por estas referências à misericórdia divina por pessoas necessitadas que não pertenciam ao povo eleito através dos profetas Elias (1Rs 18,1) e Eliseu (1Rs 17,9), Lucas fundamenta mais ainda sua universalização de Is 61,1-2 nos vv. 18-19. Note também que a misericórdia de Deus se destina igualmente a homens e mulheres.

62 28. *todos se enfureceram*: Sua reação é idêntica à do v. 22. Mas agora eles sabem claramente, por causa dos exemplos dados por Jesus nos vv. 25-27, que a oferta divina de salvação no profeta Jesus não está restrita a eles. A graça de Deus é incondicional. Eles não são os "pobres de Deus", que podem reivindicar tratamento especial. **29-30.** Jesus prossegue seu caminho para Deus de acordo com o plano divino, que a oposição não pode deter. A fuga de Jesus aponta para a vitória da Páscoa. Cf. J. A. Sanders, "From Isaiah 61 to Luke 4", *Christianity, Judaism and Other Greco-Roman Cults* (Fest. M. Smith; ed. J. Neusner; *SJLA* 12; Leiden, 1975) 1. 75-106; *God Has a Story Too* (Philadelphia, 1979) 67-79; *Int* 36 (1982) 144-55.

63 (C) O reino do Deus restabelece a integralidade de homens e mulheres (4,31-44). Esta seção, baseada em Mc 1,21-39, é uma unidade bastante coesa. Lucas usa uma série de atividades de Jesus, que parecem inadequadamente descritas como um dia típico do ministério de Jesus, para criar um catecismo cristológico para suas igrejas. **31-37.** Este é o primeiro de muitos exorcismos em Lucas-Atos. Além do relato sobre a cura de 4,38-39 e do acalmar da tempestade em 8,22-25, os quais usam o termo técnico para designar exorcismo, *epitiman* (4,39; 8,24 respectivamente), Lucas apresenta três outros exorcismos: 8,26-39; 9,37-43a; 13,10-17. Somente 13,10-17 é peculiar de Lucas; os outros procedem de Marcos. Em seus resumos, Lucas se refere aos exorcismos de Jesus: 4,40-41; 6,17-19; 7,21; 13,32; At 10,38. Os dois primeiros procedem de Marcos; o terceiro de Q; os últimos dois de L. Os seguidores de Jesus são libertados de demônios (8,1-3) ou compartilham de seu poder sobre o mal: 9,1-6.49-50; 10,17-20; At 5,16; 8,7; 16,16-18. Destas referências, todas são peculiares de Lucas, exceto 9,1-6.49-50. Na perícope de Q, 11,14-26, Jesus se envolve em uma controvérsia com os chefes religiosos sobre a fonte de seu poder sobre o mal. Lucas e as tradições por ele conhecidas não podiam descrever Jesus sem enfatizar que, nele, Deus está livrando a criação dos poderes que a estão estrangulando. Existe certa razão no argumento daqueles que entendem Lucas 11,20 e At 10,38 como peças-chave para entender tudo o que Lucas tem a dizer sobre Jesus e o mal: em seus exorcismos, Jesus mostra a natureza do reinado de Deus; todo o seu ministério pode ser descrito como a libertação de todas as pessoas que são oprimidas pelos poderes do mal. Cf. W. Kirchschlägter, *Jesu exorzistisches Wirken aus der Sicht des Lukas* (Österreichische biblische Studien 3; Klosterneuburg, 1981).

64 **31.** *Cafarnaum*: Em 4,23, Lucas antecipou parte do que queria dizer sobre este importante centro comercial, que estava localizado na margem noroeste do mar da Galileia (→ Geografia Bíblica, 73:61). Ele completará seu relato sobre ele em 7,1 e 10,15; este último versículo é ominoso. Cafarnaum tinha uma população de 15.000 habitantes. Cf. L. J. Hoppe, *What Are They Saying About Biblical Archaeology?* (New York, 1984) 58-78, esp. 58. *cidades:* Lucas tende a situar relatos sobre Jesus e Paulo em cidades, que são centros culturais, econômicos, políticos e sociais de uma região. *Ensinava-os aos sábados*: Veja 4,14-15. **32.** *seu ensinamento:* Isto designa o conteúdo de seu ensino. Na *inclusio* de 4,36, a referência será à sua palavra sobre espíritos impuros. O ensino de Jesus tem tanto poder quanto um exorcismo. **33-34.** *sinagoga*: O que estava implícito nos vv. 31-32 fica explícito agora. Veja 4,14-15. O tema da pureza une três conceitos aqui: o sábado, o espírito impuro, o Santo de Deus. Jesus livra um homem de um espírito impuro no dia que separa o comum do sagrado porque Jesus se encontra em íntima relação com Deus, que é a própria santidade. A relação de Jesus com Deus que achamos aqui evoca 1,32-33.35; 2,11.30.49; 3,22-23; 4,1-13 e aponta para a ênfase cristológica lucana de 4,41: Filho de Deus e Messias. **35.** *conjurou*: este termo em grego é *epitiman*, um dos meios que Lucas usa para relacionar os materiais em 4,31-44; ocorre novamente em 4,39.41. É um termo técnico que "denota a manifestação de uma palavra de comando por meio da qual Deus, ou seu porta-voz, torna poderes malignos submissos. Faz parte do vocabulário que pertence à descrição da derrota final de Belial e seus servos" (*FGL* 546). Jesus exorciza o espírito impuro dentro de um homem na presença de todos; em 4,38-39, ele exorcizará a febre de uma mulher na privacidade de uma casa. Seu poder libertador é para os homens e mulheres e não está limitado ao espaço sagrado ou secular. Sobre o tema das mulheres em Lucas, veja o comentário sobre 2,36-38. Lucas, em contraposição a Mc 1,26, sublinha o fato de que, depois da ordem de Jesus, o espírito impuro não tem mais poder para prejudicar o homem. **36.** *com autoridade*: o poder da palavra de Jesus para restabelecer a integralidade das pessoas que estão quebrantadas pelo mal fica em destaque na medida em que o v. 36 forma uma *inclusio* com 4,32. Em contraposição a Marcos, Lucas equilibra a atividade milagrosa de Jesus e seu ensino e lhes dá a mesma importância. Veja P. J. Achtemeier, *JBL* 94 (1975) 547-62.

65 **38-39.** *Simão*: Em Lucas, o chamado de Simão é narrado pela primeira vez em 5,1-11, enquanto Marcos narra seu chamado em 1,16-20, uma passagem que ocorre antes da sequência em Marcos (1,21-39) que Lucas edita nesta seção. Duas razões foram dadas para a sequência de Lucas. (1) Lucas, especialmente em Atos (*p.ex.*, 8,4-12), desenvolve a tese de que a fé e o discipulado surgem de um encontro com o milagre. Nesta perspectiva, Simão, tendo visto o milagre que Jesus fez por sua sogra, está pronto para seguir Jesus quando ele o chamar. (2) A razão disso se baseia no fato de que uma das técnicas literárias de Lucas é mencionar o nome de um personagem no início do relato e só mais adiante fornecer mais detalhes sobre ele. Deste modo, Lucas menciona Barnabé no início de Atos, em 4,36-37, mas só dá continuidade a este primeiro esboço em At 13. Da mesma forma, a primeira menção a Paulo em At 7,58-8,3 é provocativo. De At 9 em diante, Paulo desempenha um papel dominante no relato lucano. *febre alta:* Lucas intensifica a febre e, assim, sublinha o poder da palavra de Jesus. Devido a seu surgimento súbito e efeitos prejudiciais, especialmente o delírio, a febre era muito temida na Antiguidade. **39.** *se inclinou para ela*: Em contraposição a Mc 1,31 e At 28,8, Lucas não menciona o uso das mãos. Em 4,40, Lucas destacará como Jesus impõe suas mãos aos enfermos. Neste trecho, sua redação coloca em destaque o poder da palavra de Jesus. *conjurou severamente a febre:* Lucas usa novamente *epitiman*, a palavra técnica para designar exorcismo. A cura é instantânea. Não há necessidade de uma longa recuperação para recobrar as forças; a sogra de Simão assume imediatamente suas obrigações sociais.

66 40-41. Este resumo é semelhante a 6,17-19; em ambos, os exorcismos de Jesus são subsumidos sob o termo mais genérico "curar" (*therapeuein*). **40.** *todos*: Lucas destaca a compaixão de Jesus por todos. **41.** *saíam*: Esta é a mesma construção grega (*exerchesthai apo*) que Lucas empregou em 4,35 (duas vezes) e em 4,36 e é uma das maneiras que ele usa para unificar 4,31-44. Em contraposição a Marcos 1,34, Lucas acrescenta dois títulos cristológicos: Filho de Deus e Messias. É por causa da origem divina de Jesus (veja 1,32-33.35) e por ser o agente da salvação ungido por Deus que ele expulsa demônios. Desde o princípio os demônios reconhecem quem é Jesus e o que ele pretende. Os seres humanos precisarão de uma longa jornada de fé para valorizar o papel da cruz na vida do Messias (veja 24,26).

67 42-44. Estes versículos, especialmente o v. 43, são uma importante recapitulação de 4,14-43: a primeira missão de Jesus na Galileia. **42.** Lucas adiará até 5,16 a menção de Jesus em oração que se encontra em Mc 1,35. Cf. J. Dupont, *RSR* 69 (1981) 45-55, especialmente p. 46. A resposta a Jesus dada pelo povo de Cafarnaum está em forte contraste com a do povo de Nazaré (4,16-30). Mas será que é realmente assim? Veja 10,15. Talvez os habitantes de Cafarnaum não tivessem sido levados a crer em Jesus pelos atos poderosos que Jesus fez para eles. **43.** *reino de Deus:* O relato lucano em 4,16-42 fornece uma definição descritiva deste termo. O reinado de Deus significa a derrota do mal em benefício de todos, homens e mulheres, marginalizados e pobres, cegos e coxos. E este reinado é efetuado pelos ensinamentos e poderosos feitos de Jesus, o Santo de Deus, o Filho de Deus, o Ungido de Deus. *fui enviado*: Observando as atitudes de Jesus, pode se alcançar uma nítida concepção de quem o enviou. O que o enviou também está a favor da vida e da eliminação do mal. Ele é, além disso, digno de confiança porque é fiel às promessas (4,16-21). **44.** *Judeia*: Esperava-se ler "Galileia." A Galileia faz parte da Judeia, terra dos judeus. Cf. U. Busse, *Die Wunder des Propheten Jesus* (FB 24; Stuttgart, 1977) 66-90.

68 (D) Reação positiva à mensagem de Jesus sobre o reino (5,1-11). Esta passagem destaca quatro pontos fundamentais, todos eles interrelacionados. (1) A resposta positiva de Pedro a Jesus, junto com a de Tiago e João, é a primeira desta natureza no relato evangélico. O povo da cidade natal de Jesus, Nazaré, reagiu de forma hostil à sua pregação de promessa e cumprimento (4,16-30). Como 10,15 indicará, a resposta do povo de Cafarnaum não foi totalmente positiva (4,31-43). (2) Agora que Lucas demonstrou, através de seus relatos em 4,16-44, o que a pregação de Jesus sobre o reino de Deus implica, ele conta como Jesus arregimenta Pedro como um ajudante em sua atividade pelo reino e chama Pedro, Tiago e João para seguir seu estilo de vida do reino. A reação deles é radical na medida em que abandonam tudo por causa de Jesus. (3) Neste relato, especialmente em 5,10, Lucas dá as primeiras pinceladas no retrato, lisonjeiro e profundamente apreciativo, que faz de Pedro. (4) O êxito missionário de Pedro, assim como sua pesca, não é mérito seu, mas do Senhor.

69 A atividade redacional de Lucas em 5,1-11 foi intensa. Para iniciar seu relato em 5,1-3, ele utiliza Mc 4,1-2. Para o material de 5,4-9.10b, ele faz uso de uma fonte que também está por trás de Jo 21,1-11. Para 5,10a, ele utiliza Mc 1,19; para 5,11, usa Mc 1,18.20. Uma rápida comparação de Lc 5,1-11 com Mc 1,16-20 mostrará quão original é a versão lucana.

70 1-3. Cf. Mc 4,1-2 em um contexto em que Jesus prega mediante parábolas. **1.** *A palavra de Deus*: Esta expressão aparece

14 vezes em Atos (*p.ex.*, 4,31; 16,32) e, geralmente, designa a mensagem cristã. Ao aplicá-la à pregação do próprio Jesus, Lucas "enraíza a proclamação da comunidade cristã no ensino do próprio Jesus" (*FGL* 565). Em 4,31-39, Lucas acentuou o poder da palavra de Jesus. **2.** *dois pequenos barcos*: Ao longo de 5,4-11, o foco de Lucas estará em Simão Pedro, mas seus companheiros estão sempre por perto, prontos a ajudar. Veja os verbos no plural em 5,4.5.6.7. Os pescadores descritos aqui são artesãos de classe média. Cf. W. Wuellner, *The Meaning of "Fishers of Men"* (Philadelphia, 1967) 26-63. **3.** *Simão*: Antes de 6,14, o primeiro a ser chamado por Jesus tem este nome. Lucas tem o mais profundo respeito por Simão Pedro, descrevendo seu papel na fundação da protoigreja em Atos. Além de 5,4-9.10b, Lucas é o único dos sinóticos que apresenta a oração de Jesus por Pedro (22,31-32) e a aparição do Jesus ressurreto somente a ele (24,34). Lucas elimina as notas negativas sobre Pedro que se encontram em Mc 8,32-33 e 14,37. Para mais detalhes, veja *PNT* 39-56, 109-28.

71 4-9. J. A. Fitzmyer (*FGL* 560-61) observa onze semelhanças e sete diferenças entre 5,4-9 e Jo 21,1-11. Parece que Lc 5,4-9.10b e Jo 21,1-11 prestam testemunhos independentes de uma aparição pós-pascal de Jesus a Pedro. João desenvolve a tradição a seu próprio modo introduzindo o Discípulo Amado. Em sua narrativa sobre o ministério terreno de Jesus e a convocação de seus primeiros seguidores, Lucas transpôs um relato que, antes, narrava o reconhecimento do Senhor por Pedro durante a pesca milagrosa, sua reconciliação com o Senhor depois da negação, e sua comissão para liderar a missão de Jesus pós-ressurreição.

72 10-11. Lucas faz uso de Mc 1,18-20 para escrever seu relato. **10.** *doravante*: Esta expressão particular lucana ocorre em 1,48; 12,52; 22,18.69; e em At 18,6 e denota o início de um novo período da salvação. *serás pescador de homens*: Esta tradução é uma tentativa de captar a nuança que está por trás do peculiar verbo lucano *zōgrōn*. A pesca é um símbolo com um histórico muito rico na Antiguidade. Por escrever para pessoas familiarizadas com as tradições greco-romanas, Lucas salienta o aspecto deste símbolo que era explorado por mestres que atraíam alunos para si e, através da educação, transformavam suas vidas. Este aspecto é a isca. Pedro pescará homens e mulheres, usando como isca a palavra de Deus e, assim, proporcionar-lhes-á vida nova. Ao se focar o aspecto da água nesta simbologia, depara-se com a dificuldade de apresentar Pedro como alguém que faz algo destrutivo para a humanidade devido à analogia com o que acontece com os peixes depois que são retirados da água. As pessoas que agarraram a isca não foram mortas, mas conquistadas para um novo ponto de vista. Cf. Wuellner, "Fishers of Men" (→ 70 *acima*) 70-71, 217, 237-38; e Luciano, *Fisherman* 48-52. **11.** *tudo*: Expressão redacional lucana análoga a 5,28; 12,33; 14,33; 18:18-23. Cf. W. E. Pilgrim, *Good News to the Poor* (Minneapolis, 1981) 87-102. *seguiram*: Companheiros das jornadas de Jesus, Pedro, Tiago e João se comprometeram com sua mensagem e seu destino. Cf. S. O. Abogunrin, *NTS* 31 (1985) 587-602.

73 (E) O ministério de Jesus para os marginalizados: rompendo fronteiras (5,12-16). Lv 13-14; Nm 5,2-3; 2Rs 7,3-9; 15,5 fornecem o *background* bíblico essencial para uma correta avaliação da cristologia desta passagem. As pessoas com doenças de pele não eram consideradas puras ou santas e, portanto, eram isoladas da convivência com o povo santo de Deus nas cidades e proibidas de participar da adoração a Deus, o Santo, no Templo. Jesus, o Santo de Deus (4,34), rompe as barreiras que separavam os puros dos impuros, toca os impuros e os restabelece ao fomento da comunidade humana. Veja Mc 1,40-45.

74 12. *numa cidade*: Esta expressão conecta este relato com 4,43, mas suscita o problema sobre a presença de um enfermo em uma cidade (veja Lv 13.45-46). Está o homem rompendo limites para encontrar-se com aquele que rompe definitivamente todos os limites? A enfermidade que ele tem não é lepra, hanseníase, mas uma doença de pele como a psoríase. Outras versões trazem "doença de pele". Veja 7,22 e 17,11-19 para outros exemplos do ministério de Jesus com estes marginalizados sociais. **13.** *tocando-o:* O contato com um impuro tornava o outro impuro também. Preocupações humanitárias, e não tabus religiosos, impelem o comportamento de Jesus. *eu quero:* Ao remover as referências à misericórdia de Jesus (Mc 1,41) e à ira de Jesus (Mc 1,43), presentes em sua fonte (Mc 1,41-45), Lucas enfatiza o poder da vontade e da palavra de Jesus. A purificação acontece imediatamente. **14.** *ordenou-lhe que a ninguém o dissesse:* Existe uma tensão no texto. O homem já está puro, santificado por Jesus, o Santo de Deus. Por que ele deve ser declarado puro pelos sacerdotes do Templo? Jesus, o vinho novo (5,37-39), reconhece a presença do vinho velho; mas veja 19,44-45. **15.** *a notícia a seu respeito, porém, difundia-se:* Lucas muda Mc 1,45, de forma que o homem não desobedece a Jesus, que permanece em controle de toda a situação. Embora o relato tematizasse somente a cura, Lucas, como é característica sua, acrescenta a "ouvi-lo", ou seja, ouvir os ensinamentos de Jesus. **16.** *orava:* O motivo da oração, que não é retirado de Mc 1,35 em Lc 4,42, aparece aqui. Veja 3,31-32. 5,12-16 prepara de duas maneiras para as controvérsias de 5,17-6,11. Lucas 5,14 mostra a fidelidade de Jesus à lei, uma questão polêmica nas controvérsias. Lucas 5,16 mostra que aquele que é atacado em 5,17-6,11 tem uma relação íntima com Deus. Cf. Busse, *Wunder* (→ 67 *acima*) 103-14; J. J. Pilch, *BTB* 11 (1981) 108-13.

75 (F) Dirigentes religiosos se opõem à mensagem de Jesus sobre o reino (5,17-6,11). Esta seção, baseada em Mc 2,1-3,6, é uma "composição anelar". Tanto o primeiro (5,17-26) quanto o último (6,6-11) relato concernem à cura. Tanto o segundo (5,27-32) quanto o quarto (6,1-5) tratam da alimentação. A terceira passagem explica por que Jesus se envolveu em atividades controversas como estas narradas aqui. Os relatos estão interrelacionados de outros modos também: 5,17-26 e 5,27-32 tratam do perdão dos pecados; 6,1-5 e 6,6-11 acontecem em um sábado.

76 Aqui os fariseus aparecem (5,17.21. 30.33; 6,2.7) pela primeira vez (→ História, 75:146-48) e são adversários de Jesus. Embora seja fácil contar as 35 vezes que Lucas menciona os fariseus em Lucas-Atos, é mais difícil averiguar a função que eles desempenham em seu relato. Em Atos, o fariseu Gamaliel parece ter uma disposição favorável (5,34). Paulo é descrito como um fariseu (23,6; 26,5) que é julgado por causa da fé na ressurreição dos mortos. Os fariseus que, juntamente com os saduceus, compõem o Sinédrio e que também creem na ressurreição dos mortos, não encontram nada de errado em Paulo (23,6-9). Estes textos indicam que o cristianismo lucano, com sua crença na ressurreição dos mortos, está em consonância com o ensinamento farisaico. Em At 15,5, fariseus cristãos exigem que os gentios convertidos ao cristianismo sejam circuncidados e obrigados a obedecer à lei mosaica. Se supusermos que as concepções rigorosas e sectárias judaico-cristãs expostas em At 15,5 são as dos membros das comunidades de Lucas, podemos ter uma pista para desvendar muitas referências singulares aos fariseus no Evangelho de Lucas. Resumindo: em seu Evangelho, ele não está escrevendo sobre os fariseus do tempo de Jesus, mas sobre os fariseus cristãos em suas comunidades, que limitam o perdão universal.

77 Os fariseus do evangelho lucano criticam Jesus e seus discípulos por sentarem à mesa com pecadores (5,27-32; 15,1-2). Os fariseus convidam Jesus para cear com eles. Durante estas refeições, Jesus os critica duas vezes por sua concepção limitada de quem pertence à comunidade santa de Deus (7,36-50; 14,1-24); uma vez ele os censura por negligenciar a justiça e o amor de Deus em troca de práticas supererrogatórias (11,37-54). Os fariseus se autojustificam e não precisam se arrepender (5,32; 7,29-30; 18,9-14). Por causa de sua concepção limitada de quem pertence à comunidade de Deus, eles repudiam o ensino de Jesus de dar esmolas a todos e, deste modo, demonstram sua cobiça (16,14). Eles não conseguem perceber que o reino de Deus veio na ampliação da misericórdia aos samaritanos, na melhor das hipóteses "meio-judeus" (17,11-20), por parte de Jesus. Eles querem que Jesus evite que seus discípulos se alegrem com os poderosos feitos que ele realizou para todos (19,37-39). Sua estreiteza de visão é o fermento do qual os leitores de Lucas devem se acautelar (12,1). Cf. J. T. Sanders, "The Pharisees in Luke-Acts", *The Living Text* (Fest. E. Saunders; ed. D. E. Groh e R. Jewett; Lanham, 1985) 141-88. Para outros pontos de vista, veja J. B. Tyson (*The Death of Jesus in Luke-Acts*, Columbia, 1986] 64-72), que enfatiza os aspectos positivos do retrato que Lucas faz dos fariseus; e R. J. Karris (*Luke* 23-44), que coloca os fariseus e sumos sacerdotes sob a categoria de "líderes religiosos" que se opõem a Jesus.

78 As questões sobre os detalhes das controvérsias nesta seção não devem obscurecer o enfoque mais importante de Lucas, que é a cristologia. Jesus, o noivo e provedor do vinho novo, veio para reconciliar os pecadores com Deus e uns com os outros. Até o sábado está subordinado a ele.

(a) *O poder de Jesus para perdoar pecados* (5,17-26). A partir de 4,31-5,16, Lucas tem descrito o poder de Jesus para efetuar curas e exorcismos. Neste relato composto de curas (5,17-20a.24c-26) e declarações (5,20b-24ab), ele narrará algo realmente estranho (veja 5,26): Jesus perdoa os pecados, algo que somente Deus pode fazer. **17.** *Fariseus*: Eles vêm de todos os lugares. Suas reações às atividades do Jesus lucano ficarão cada vez mais negativas ao longo desta "composição anelar". No final, eles ficam furiosos com Jesus (6,11). **20.** *vendo-lhes a fé*: Os amigos do paralítico creem profundamente que Deus age para curar através de Jesus. Antes que baixe toda a poeira levantada pela incomum aproximação do paralítico a Jesus, ele restaura o doente à comunhão com Deus. **21.** *quem pode perdoar pecados?*: Os fariseus não deixam de perceber a implicação do feito de Jesus: ele se equipara a Deus. **22.** A presciência de Jesus também é ressaltada em 6,8, o paralelo deste relato na "composição anelar" de Lucas. **24-26.** A restauração à saúde plena, uma ação visível externamente, é testemunho da autoridade de Jesus para realizar o perdão de pecados, que não é visível aos olhos humanos. O novo estilo de vida do homem é o símbolo das consequências do perdão.

79 (b) *A missão de Jesus se dirige aos pecadores* (5,27-32). A mensagem do reino universal de Jesus enfurece os fariseus, que têm uma concepção estreita de quem pode ser salvo. **27.** *publicanos:* Jesus chama um publicano desprezado e ele responde incondicionalmente. Veja 3,12-13. **28.** *tudo*: Tal abandono é indicativo da mudança interior de seu coração e de seu comprometimento total com Jesus. Veja 5,11; 12,33; 14,33; 18,18-23. **29.** *grande festa*: O tema lucano da alimentação, que perpassa seu Evangelho, vem à tona neste trecho. O desejo de Deus de estar com sua criação é simbolizado por uma festa com toda a sua alegria, celebração e amizade; cf. Karris, *Luke* 47-78. **30.** *Fariseus*: A presença dos fariseus em tal reunião é incoerente num nível do relato, pois o que estes puristas estariam fazendo ali, compartilhando comida com pecadores? Mas no nível da teologia de Lucas é altamente significativo que eles estejam presentes. Estes sectários cristãos exigem da comunidade de Lucas, os discípulos de Jesus, a justificação de suas políticas liberais em relação aos membros. **31.** Jesus responde às objeções feitas a seus discípulos. **32.** *vim:* O tempo perfeito grego indica que o efeito da ação de Jesus continua até o presente. Lucas acrescenta outro detalhe à sua convincente descrição do Jesus misericordioso. *justos*: No contexto de Lucas, o uso desta palavra é irônico. Ela pode ser legitimamente traduzida por "autojustificado". O tema da autojustificação farisaica também pode ser encontrado em 7,29-30; 16,15; 18,9. *arrependimento*: A graça do chamado de Deus é gratuita, mas não é barata. Exige uma mudança de vida. Esta *metanoia* é representada neste relato por Levi, que abandona tudo e compartilha a boa nova de Jesus com seus amigos em uma festa. "Portanto, no relato de Lucas, a boa nova da identificação de Jesus com a humanidade pecadora fica incompleta sem o convite para uma reorientação da vida" (D. L. Tiede, *Int* 40 [1986] 61).

80 (c) *Jesus é o noivo e provedor do vinho novo* (5,33-39). Como a passagem-chave na "composição anelar" de Lucas, esta perícope traz suporte cristológico adicional para o perdão dos pecados por Jesus (5,17-26; 5,27-32) e sua autoridade sobre o sábado (6,1-5; 6,6-11). **34.** *noivo*: Este símbolo era usado no AT e no judaísmo para representar a união de Deus com seu povo. Veja Os 2,18.21; Ez 16; Is 54,5-8; 62,5; Jr 2,2. As imagens de alegria, início de uma nova vida depois da separação, solicitude e amor profundo e fidelidade irradiam deste poderoso símbolo. Em Jesus, Deus se une ao seu povo. **38.** *vinho novo*: Em Jesus, Deus realizou algo novo. O símbolo do vinho novo incita a imaginação a pensar no triunfo da vida sobre a morte. A colheita foi produtiva, e a vida derrotou as forças da morte presentes na seca, na doença e na inundação. Das uvas trituradas e não comestíveis surge o novo vinho inebriante e substancioso para regozijar o coração. **39.** *o velho é que é bom*: Este provérbio exclusivo de Lucas restringe uma linha de interpretação dos vv. 37-38. O antigo não deve ser posto de lado, porque o sábado, a lei e os profetas também contêm a vontade de Deus.

81 (d) *Jesus é senhor do sábado* (6,1-5). **1.** *sábado*: Este é o segundo de seis relatos a respeito das ações libertadoras de Jesus em um sábado. Veja 4,16-30; 6,6-11; 13,10-17; 14,1-6. **3-4.** *o que fez Davi:* Jesus responde aos fariseus com um argumento tirado da analogia, que não é muito vigoroso, pois Davi não agiu em um sábado e sua ação tinha a ver com comida proibida e não com a questão do trabalho em um dia proibido. O aspecto principal da analogia é que tanto os discípulos de Davi como os de Jesus fizeram algo proibido, mas isto dá razão aos fariseus. **5.** *O Filho do Homem é senhor do sábado:* Lucas apresenta o argumento definitivo de Jesus para as ações da comunidade de Lucas ao negligenciar regras do sábado. Jesus, o agente escatológico de Deus ou Filho do Homem (veja também 5,24), subordinou o sábado de Deus a si e à missão do reino e deu tal poder a seus seguidores. "Em última análise, a reivindicação de senhorio sobre o sábado subordina o sábado a Jesus e não simplesmente o coloca como o juiz das disputas em torno do sábado. Se o sábado está subordinado a Jesus, consequentemente a lei também o está" (Wilson, *Luke and the Law* [→ 58 *acima*] 35).

82 (e) *Jesus cura no sábado* (6,6-11). **9-10.** *no sábado, é permitido fazer o bem ou o mal:* Jesus e seus discípulos não estão presos aos regulamentos do sábado quando a questão é fazer o bem ou salvar a vida de uma pessoa. Jesus, o Filho do Homem, enuncia o princípio da compaixão. **11.** *eles, porém, se enfureceram:* Lucas ameniza Mc 3,6, que diz que os fariseus confabulam para destruir Jesus. Em Lucas, os fariseus não participam do plano dos sumos sacerdotes para matar Jesus, pois, após 19,39, eles não aparecem mais no Evangelho. Lucas está lidando com os fariseus cristãos rigoristas dentro de suas comunidades, que não conseguem tolerar as concepções indulgentes que prevalecem nessas comunidades: convivência com pecadores e negligência de regulamentos do sábado, cujo propósito é impedir que o sagrado seja contaminado pelo que não é sagrado. O principal argumento de Lucas contra eles é cristológico: o Senhor Jesus, o Filho do Homem, nos fez agir assim.

83 (G) A reunificação do Israel reconstituído (6,12-49). Depois de Jesus ter se deparado com a hostilidade dos fariseus por causa de seu ministério do reino (5,17-6,11), Lucas apresenta agora a escolha dos Doze, que simbolizam o Israel reconstituído. Eles também são os apóstolos ou emissários de Jesus, que continuam sua proclamação do reino. Em 6,17-49, Jesus detalha o que implica ser membro do Israel reconstituído..

84 (a) *A escolha dos Doze apóstolos* (6,12-16). **12.** *montanha:* Jesus sobe até o lugar onde as pessoas religiosas comungam com Deus. Sua seleção dos doze apóstolos procede de Deus. **13.** *doze:* Para Lucas os Doze simbolizam continuidade com Israel. Em At 1, o número doze precisa ser completado depois da morte de Judas, de forma que os Doze estejam presentes para receber o Espírito Santo prometido e começar a pregar até os confins da terra. Em At 26,6-7, Paulo fala sobre a promessa de ressurreição feita às doze tribos e agora cumprida em Jesus. *apóstolos:* Este é um "termo técnico para designar um emissário ou missionário cristão, incumbido de pregar o evento Cristo ou, na terminologia lucana, 'a palavra de Deus'" (*FGL* 617). Entre os outros evangelistas, esta é uma palavra rara (→ Pensamento do NT, 81:137-157). Ela ocorre cerca de 30 vezes em Lucas-Atos. Praticamente não há paralelos a Lucas no que diz respeito à vinculação dos Doze com os apóstolos (cf. Mt 10,2; Ap 21,14). Em outras palavras, Lucas está na contramão de outros autores do NT ao conectar assim os Doze com os apóstolos. Veja 1Cor 15,5-9, onde Paulo lista aqueles a quem o Senhor ressurreto apareceu: Cefas, os Doze, mais de quinhentos irmãos, Tiago, todos os apóstolos, Paulo. Paulo é um apóstolo, embora não seja um dos Doze. Uma pista para o uso que Lucas faz dos doze apóstolos está em At 1,21-22: o substituto de Judas deveria ter acompanhado Jesus desde seu batismo por João até sua ascensão e, portanto, tornar-se uma testemunha de sua ressurreição. Deste modo, para Lucas, os Doze se tornam o laço de continuidade entre a proclamação do reino por Jesus e a pregação da palavra de Deus pela igreja. Porém, a definição de Lucas levanta problemas adicionais, porque Paulo, embora retratado na última metade de Atos, não é chamado de apóstolo (com exceção de At 14,4.14). A concepção que Lucas tem dos companheiros de Jesus se torna ainda mais complicada por uma oportuna inconsistência. Não somente os apóstolos são testemunhas do ministério de Jesus, mas também os discípulos, um grupo muito maior que inclui homens e mulheres. Veja a narrativa lucana da última ceia, onde Lucas intercambia "discípulos" (22,11) e "apóstolos" (22,14). Veja, também, 24,1-10, onde Lucas narra que mulheres discípulas foram as primeiras testemunhas da ressurreição de Jesus e que foram elas que anunciaram o evangelho da ressurreição aos apóstolos. **14-16.** Outras listas dos Doze aparecem em Mc 3,16-19; Mt 10,2-4; At 1,13. Que símbolo de unidade a partir da diversidade: pescadores, um zelote, galileus, um da Judeia (Judas Iscariotes), um publicano, alguém com um nome grego (Filipe) e um que traiu a oferta de profunda intimidade com Jesus. Dá o que pensar que, mais tarde, pouco se recordará da maior parte deste grupo, que foi tão importante no passado. Na verdade, as listas dos Doze trocam constantemente seus nomes. Até mesmo Lucas em 6,14-16 e em At 1,13 não segue a mesma ordem dos nomes (→ Pensamento do NT, 81:137-146).

85 (b) *O sermão da planície* (6,17-49). Existem quatro problemas principais no equivalente lucano ao Sermão da Montanha de Mateus (veja Mt 5-7). Esses problemas são as fontes, o público, o significado de pobre e rico, e a intenção de Lucas; estes problemas se entrecruzam no tema da partilha das posses. A versão do sermão é mais breve em Lucas do que em Mateus; os seguintes versículos são derivados de Q e, assim sendo, também se encontram em Mateus: 20b-23.27-33.35b-36.37a.38b.39bc.40-42.43-45.46-49. O trabalho redacional mais importante de Lucas se dá nos vv. 24-26 (as maldições), 27c.28a.34-35a.37bc.38a.39a. Veja ainda *FGL* 627. Nos vv. 34-35a.37bc e 38a, Lucas se refere à partilha de bens. Emprestar dinheiro, perdoar dívidas financeiras e doações generosas dificilmente são ordens que se deem a discípulos empobrecidos (veja o comentário sobre 6,20-23). Elas são ordens dadas a pessoas com posses.

86 É amplamente aceito que, embora Lucas deixe explícito no v. 20a que Jesus está falando a seus discípulos, ele não pode estar se dirigindo a estes mesmos discípulos em 6,24, pois dificilmente eles seriam "ricos". O Jesus lucano deve estar se dirigindo a pessoas ricas, que não estão presentes para ouvir seu sermão. Mas como alertou A. Plummer (*Luke* 182) décadas atrás, "não temos o direito de supor que não estivessem presentes pessoas a quem este sermão fosse aplicável". Lucas nos diz quem estava presente: veja 6,17.19, os quais fazem referência a uma grande multidão presente; veja 6,27a: "vos digo a vós que me escutais"; 7,1 diz que Jesus proferiu as palavras de 6,20-49 ao povo. H. Flender (*Luke* [→ 28 *acima*] 23-25) explicou corretamente a fácil movimentação de Lucas entre os discípulos (6,20a) e o povo (6,17.19.27; 7,1) assim: a divisão entre o povo e os discípulos não é definitiva; o discipulado deve ser constantemente renovado pela audição e resposta à palavra de Jesus (veja Lc 12, em que se faz uma distinção comparável entre o povo e os discípulos). Nos vv. 47-49, tanto os discípulos quanto o povo serão desafiados a responder às palavras de Jesus. Os vv. 24-26 dirigem-se aos futuros discípulos cristãos abastados; e, nos vv. 34-35a.37bc e 38a, aconselha-se a emprestar, perdoar dívidas e doar sem hesitação.

87 Todo o contexto de 4,16-6,19 elucida o significado dos termos "pobre","rico" e "reino" dos vv. 20-26. O sermão inaugural de Jesus em 4,16-30 anunciou claramente que a participação nos "pobres de Deus" não se restringia a um grupo interno. 4,31-44 mostrou que a natureza de Deus cujo reino Jesus pregava era mostrar misericórdia aos homens e mulheres enfermos e derrotar as forças do mal. Em 5,1-11, descreve-se Jesus chamando Pedro e outros como discípulos e participantes de seu ministério do reino. Em 5,17-6,11, Lucas descreveu as controvérsias entre Jesus e os líderes religiosos sobre a questão de quem tem autoridade para falar e agir em nome de Deus. Em 6,12-16, retrata-se Jesus escolhendo os Doze para simbolizar o Israel reconstituído. Jesus, que pretende reunir o Israel reconstituído, prega (6,20-49) àqueles que deveriam pertencer ao reino de Deus. Aqueles que querem pertencer aos "pobres de Deus", o grupo que reconhece sua necessidade da salvação de Jesus, se tornarão recebedores do reino, contanto que confessem Jesus, o portador do reino (6,23). Em outras palavras, embora a realização da promessa de Deus em Jesus seja um convite para que todos se tornem parte dos "pobres de Deus" (veja 4,16-30), somente as pessoas que confessam que o reino de Deus é realizado por Jesus fazem parte dos "pobres de Deus". Os ricos são aquelas pessoas que não querem se comprometer com Jesus e o reino que ele realiza. Elas estão satisfeitas com sua atual existência confortável. Além disso, em 6,20, Lucas não está exaltando a pobreza, mas louvando o Deus que, no ministério do reino de Jesus, narrado em 4,16-6,19, tem um amor especial pelos desafortunados. Cf. J. Dupont, "The Poor and Poverty in the Gospels and Acts", *Gospel Poverty* (Chicago, 1977) 25-52.

88 Através do sermão de Jesus, Lucas prega a seus cristãos gentílicos, alguns dos quais são prósperos, sobre seu lugar no Israel reconstituído e sobre a natureza do Deus cujo reino Jesus realizou. Imitando este Deus generoso (6,35-36), estes cristãos emprestarão dinheiro, perdoarão dívidas e doarão generosamente a pessoas pertencentes ou não à comunidade. Ao agir assim, eles não recairão na ética da reciprocidade na qual foram criados, nem esperarão que seus beneficiários retornem o favor. Cf. Horn, *Glaube*

und Handeln (→23 *acima*) 177-81; Seccombe, *Possessions* (→ 23 *acima*) 84-93.

89 O sermão pode ser assim esboçado: 6,20-26: bem-aventuranças e ais; 6,27-38: é uma atualização de 6,20-26 para a comunidade lucana; 6,39-49: parábolas para reforçar a mensagem de 6,20-38. **20-23.** *felizes vós:* O Jesus lucano não declara bem-aventurada uma classe social. A condição de ser bem-aventurado procede e procederá do reino que Jesus está realizando. Além disso, tornar-se um discípulo de Jesus é a condição para que se possa ser membro do Israel que está sendo reconstituído por ele (6,20). Tal discipulado pode ter consequências terríveis, que, por sua vez, irão provar a profundidade do comprometimento com Jesus e sua mensagem do reino (6,23). O versículo 23 prepara o trecho 6,27-38, especialmente a ordem para amar os inimigos, repetida duas vezes (6,27.35).

90 **24-26.** *ai:* Estes ais foram redigidos por Lucas e advertem que se tenha cautela com interpretações simplórias de quem pertence ou pode pertencer aos "pobres de Deus". A forma "ai" tem um caráter ameaçador. Seu propósito é provocar mudanças. Portanto, não se está condenando uma classe social. Como indica o v. 20a, os ais se dirigem a futuros discípulos ou candidatos a discípulos que têm posses. Eles são alertados de que a riqueza, o estômago cheio de alimentos refinados, tempos de despreocupação e *status* social são coisas efêmeras quando comparadas com o seguimento de Jesus e sua mensagem do reino. Como Lucas ensinará nos vv. 34-35a.37bc.38a, os que têm posses só poderão se tornar membros dos "pobres de Deus" se compartilharem suas posses com os necessitados.

91 **27-38.** Trata-se de uma atualização dos vv. 20-26 para a comunidade lucana. **27a.** *vos digo a vós que me escutais:* a mensagem de Lucas é dirigida a futuros discípulos. **27b-29.** Estes versículos se referem a 6,22 e narram mais detida e graficamente como os discípulos devem reagir à perseguição. O amor aos inimigos proposto aqui é radical. A imagem do ato de oferecer a outra face ou de se desnudar (v. 28) contraria a tendência humana natural de autopreservação em primeiro lugar. Esta ordem sugere que outro padrão de comportamento substitua o da autopreservação. Cf. R. C. Tannehill, *The Sword of His Mouth* (SBLSS 1; Philadelphia, 1975) 67-77. O tema lucano do amor aos inimigos, introduzido aqui, é recorrente, *p.ex.*, nos relatos lucanos sobre os samaritanos: 9,51-56; 10,25-37; 17,11-17; At 8,4-25. Cf. Ford, *My Enemy;* W. Klassen, *Love of Enemies* (OBT; Philadelphia, 1984) 80-102. **30.** *a quem te pedir:* Enquanto Mt 5,42a tem "dá ao que te pede", Lucas, por se dirigir a futuros discípulos que têm posses, radicaliza a ordem e a torna universal. Enquanto Mt 5,42b traz "não voltes as costas ao que te pede emprestado", Lucas radicaliza a ordem: "Não reclames de quem tomar o que é teu". Cf. J. Piper, *'Love your enemies'* (SNTSMS 38; Cambridge, 1979) 157-62. **31.** *fazei também a eles*: a versão lucana da "regra de ouro", introduzida nesta seção, será interpretada pelos vv. 32-36, para que seus destinatários gentílicos não a interpretem segundo a ética da reciprocidade dominante na sua cultura. Cf. W. C. van Unnik, *NovT* 8 (1966) 284-300. Além disso, pelo ensinamento de 6,32-35ab, Lucas interpreta a ordem de amar os inimigos (6,27) no sentido de que os discípulos devem compartilhar suas posses com eles (6,35). **32-35.** *e se...*: De acordo com a ética da reciprocidade, a pessoa que recebeu algum benefício era obrigada a retribuir. Tal reciprocidade não inclui "agradecimento" (*charis*) porque ela é uma obrigação. Somente quando alguém "faz o bem" (*agathopoiein*, o modo pelo qual Lucas enfatiza a natureza ativa e concreta do amor) mesmo que não tenha recebido nada e somente quando não espera nada em retorno, este alguém receberá – inesperadamente – não apenas o "agradecimento", mas também a recompensa de Deus. Veja também 14,12-14. **35c-36.** Vista dentro do contexto dos discípulos compartilhando suas posses com outras pessoas, a temática da imitação de Deus pode ser interpretada da seguinte maneira: "Assim como Deus sustenta o mundo necessitado com a dádiva graciosa da salvação, também os discípulos devem sustentar os pobres da sociedade com generosidade" (Seccombe, *Possessions* [→ 23 *acima*] 196). **37-39.** Lucas continua a interpretar o material tradicional de Q por meio de seu ensinamento da partilha de posses. **37c.** *perdoai, e vos será perdoado*: o termo grego *apolyein* não deveria ser traduzido como "perdoar" (àquele que fez mal a você). Como demonstra *BAGD* 96, o verbo tem um sentido econômico; portanto, se ajusta bem com o ensinamento de Lucas em 6,27-39. **38.** *regaço*: A impressionante imagem do colo de alguém não ser capaz de conter uma imensidade de bens ilumina a reação superabundante de Deus à generosa partilha humana de posses. Com muitas variações do tema da partilha de posses, Lucas deu uma unidade a materiais disparatados em 6,27-38 e atualizou o significado das bem-aventuranças e das maldições para os discípulos e futuros discípulos.

92   39-49. Esse trecho traz parábolas que reforçam a mensagem dos vv. 20-38. As parábolas de 6,39-40.41-42.43-45.46-49 não deveriam ser interpretadas como mensagens genéricas destinadas aos discípulos. Lucas atribuiu significado específico a essas parábolas amplamente tradicionais por meio de seu contexto da conclamação dos discípulos e dos candidatos a discípulos para que se juntem aos "pobres de Deus" através da partilha de suas posses, até mesmo com os inimigos. **39-40.** *cego*: Estes versículos não se dirigem a falsos mestres da comunidade lucana. Cf. Marshall, *Gospel* 267-68. Os discípulos são cegos até o momento em que seus olhos são abertos pelo ensinamento de Jesus em 6:20-38. Depois de estarem completamente instruídos sobre o que Jesus quer dizer com a partilha dos bens (veja 5,11; 18,28; At 2,41-47; 4,31-34), eles poderão instruir outras pessoas. Cf. A. J. Mattill (*NovT* 17 [1975] 15-46), que, porém, sustenta que 6,40 se refere aos discípulos aprenderem do Senhor Jesus o significado do sofrimento e da perseguição. **41-42.** *O cisco no olho de teu irmão*: Uma advertência para aqueles que consideram que seus lapsos no que tange à partilha dos bens são pequenos se comparados com as grandes falhas dos outros. **43-45.** *árvore boa*: O cumprimento autêntico do ensinamento de 6,20-38 só pode proceder de um coração convertido ao Deus misericordioso proclamado no ministério do reino de Jesus. Converta-se! **46-49.** *não fazeis o que eu digo*: A conclusão do sermão de Jesus se dirige novamente a futuros discípulos. Ouvir Jesus ou mesmo chamá-lo de Senhor, embora seja importante (veja 8,4-21), não é suficiente. Os discípulos só serão reunidos ao Israel que está sendo reconstituído por Jesus se eles basearem suas vidas na realização efetiva do ensinamento de Jesus a respeito de emprestar sem esperar retribuição, perdoar aos devedores e doar generosamente – até mesmo ao inimigo. Cf. J. Lambrecht, *The Sermon on the Mount* (GNS 14; Wilmington, 1985) 19-79, 206-33.

93   (H) A mensagem de Jesus a respeito do reino é para homens e mulheres e rompe os limites do puro e do impuro (7,1-9,6). Esta seção, que mostra Jesus rompendo os limites que separavam o puro do impuro para restaurar as pessoas à vida e à comunidade, começa com relatos em que Jesus cura um homem enfermo e ressuscita um morto (7,1-17). Conclui com relatos de Jesus em que cura uma mulher enferma e ressuscita uma mulher morta (8,40-56). Ao longo desta seção, pulsa o tema de quem reage e de quem não reage generosamente aos mensageiros de Deus. Gentios, publicanos, pecadores e os gravemente doentes reconhecem a autoridade de Jesus; eles ouvem sua palavra e a praticam. Eles formam o Israel reconstituído. No fim desta seção, Jesus envia os Doze para curar e pregar, assim como ele faz (9,1-6). Nós, leitores, com base em 7,1-8,56, sabemos muitíssimo bem o que esta cura e esta pregação implicam e quem reagirá a elas.

94 (a) *Gentios impuros se abrem à mensagem de Jesus a respeito do reino* (7,1-10). Este relato é um prenúncio do movimento cristão pleno em direção aos gentios. Nele, Lucas aborda o tema de quem é digno de receber os benefícios de Jesus, o profeta de Deus em Israel (veja 7,16). Veja Mt 8,5-13; Jo 4,46-54. **2.** *centurião*: Esse centurião é um oficial gentílico, talvez trabalhando para Herodes Antipas. Deve-se notar o paralelo entre este relato e o relato lucano sobre o primeiro gentio a se converter, um centurião chamado Cornélio (At 10). Com suas esmolas, este centurião era solidário com o povo de Deus (10,2.4.31). Através dele, Deus mostrou a Pedro que não faz acepção de pessoas (10,34-35). Sobre a resposta generosa e inesperada dos soldados aos mensageiros de Deus, veja 3,14. O fato de o centurião estar preocupado com um servo é indicativo de seu caráter exemplar? **3-5.** *anciãos de Jerusalém*: Essa é a primeira de duas delegações; veja 7,6b-8. Ela levanta a temática de quem é digno de receber um benefício de Jesus. Com efeito, os anciãos judeus dizem: por causa de tudo que ele fez pelos eleitos de Deus, não o consideres um gentio e, portanto, fora do alcance de tuas bênçãos para Israel. **6-8.** Em contraposição ao que os anciãos judeus dizem, o centurião alega que ele não é merecedor. Ele não é um indivíduo santo ou bom a ponto de que mereça que Jesus entre em sua casa e, assim, quebre uma regra de pureza ritual. Fazendo uma analogia com sua própria experiência de autoridade, o centurião reconhece o poder de Jesus sobre as forças da morte. A simples palavra de Jesus restabelecerá a saúde do servo. **9.** *tamanha fé*: O centurião não é merecedor por ter feito boas ações para Israel, mas porque ele acredita que Deus, em Jesus, vence a morte. Sua fé inesperada é contraposta à daqueles de quem se esperava tal crença, mas não a tiveram.

95 (b) *O profeta de Deus, Jesus, se compadece de uma viúva* (7,11-17). Este relato peculiar de Lucas prepara para 7,22 e anuncia que o Deus que Jesus prega liberta as pessoas que estão aprisionadas pela morte. **12.** *filho único*: Para descrições lucanas similares a esta, veja 8,42 (filha única) e 9,38 (filho único). No contexto de uma sociedade patriarcal, uma viúva perder seu único filho significava ficar sem qualquer auxílio masculino. Seu destino seria horrível. **13-14.** A compaixão de Jesus por alguém em necessidade tão terrível deixa de lado as leis da pureza ritual, que proibiam tocar um cadáver (Nm 19,11.16). **15.** *o entregou à sua mãe*: Estas mesmas palavras aparecem em 1Rs 17,23 LXX, o relato em que Elias devolve a vida ao filho da viúva de Sarepta. A misericórdia de Deus em Jesus é enfatizada novamente. **16.** *um grande profeta*: O público evoca os grandes feitos de Elias. O tema de Jesus como profeta é amplo em Lucas-Atos. Encontramos três tipos de passagens. No primeiro, Jesus atua como profeta, embora o texto não o chame realmente de profeta (9,22-23; 9,43b-45; 11,20.29-32.50; 13,32.34; 18,31-34; 19,41-44; 20,9-18; 21,20-24; 22,64; 23,28-30.43; 24,19-20; At 3,22-23; 7,37-53). No segundo, Jesus atribui o título "profeta" a si mesmo (4,24; 13,33). No terceiro, o título de profeta é empregado para descrever o poder de Jesus (7,16.39; 9,8-9.19). Cf. A. Büchele, *Der Tod Jesus im Lukasevangelium* (FrTS 26; Frankfurt, 1978) 91-92. Em muitas dessas passagens o profeta Jesus é rejeitado. *visitou*: Deus se aproximou das pessoas necessitadas através da missão de Jesus voltada para o reino.

96 (c) *Os papéis de João e Jesus no plano salvífico de Deus* (7,18-35). Lucas suspende seu relato para ponderar os papéis que João Batista e Jesus desempenham no plano salvífico de Deus e as reações que estes mensageiros de Deus receberam. Esse material está estreitamente relacionado com 3,1-20 e tem um paralelo em Mt 11,2-6.7-11.16-19. **18-23.** Esta seção remete a 4,16-21 e reinterpreta o ministério do reino de Jesus em 4,31-7,17 em termos do cumprimento divino da promessa. **18.** *tudo isto*: Seguindo a narrativa, isto se refere à descrição das realizações de Jesus que Lucas fez em 4,16-7,17. *dois deles*:

eles servirão como testemunhas oculares (Dt 19,15) do poder de Deus que atua em Jesus a favor dos necessitados. **19-20.** *aquele que há de vir*: Veja 3,15-18. Seria Jesus aquele que vem com olhos e machado coléricos e com o forcado na mão? **21.** Jesus responde através de feitos que beneficiam os desafortunados. **22.** Este versículo evoca 4,18. As ações misericordiosas de Jesus cumprem as promessas de Deus; alusões a Is 26,19; 29,18-19; 35,5; e 61,1-2 perpassam este versículo. **23.** *escandalizado*: A resposta que João recebe o desafia, assim como desafia as comunidades lucanas e a nós, pois todos possuímos noções preconcebidas de como Deus deveria agir e em benefício de quem. O Deus de Jesus não é vingativo, mas misericordioso.

97 **24-30.** Lucas complementa o que havia dito sobre o batismo e a vida de João no deserto em 3,1-20. **25.** *vestido com vestes finas*: Lucas está em sintonia com o simbolismo do vestuário. Veja 2,7.11; 8,35; 16,19; 23,11. **26-28.** O papel de João no plano de Deus é colocado no centro da narrativa. Ele é um profeta, o precursor de Jesus, o maior dos seres humanos; mas ele não é Jesus, o qual é maior que João no reino de Deus. **29-30.** Este material exclusivo de Lucas é uma analepse ou um *flashback* de 3,10-14, onde os fariseus e os doutores da Lei não foram mencionados. Tendo visto como eles reagiram a Jesus, o mensageiro de Deus (5,17-6,11), o leitor não fica surpreso ao ver que eles não reagiram favoravelmente ao outro mensageiro de Deus, João. Os fariseus não querem aceitar o plano de Deus para a justiça revelado em João ou Jesus. Eles têm sua própria justiça. Mas o povo e os publicanos reconhecem prontamente o quanto precisam de Deus.

98 **31-35.** João não está subordinado a Jesus nesta seção. Ambos são mensageiros de Deus e estão incluídos entre os filhos da sabedoria. **31-32.** *como crianças*: A comparação se concentra na típica teimosia infantil de fazer as coisas à sua própria maneira. **33.** O estilo de vida ascético de João é rigoroso demais. Entretanto, esta não é a dimensão de sua pregação que Lucas mencionou em 3,10-14. Os contemporâneos de João estavam realmente ouvindo o que ele dizia? **34.** *Um glutão e um beberrão*: Talvez, uma referência a Dt 21,20 e ao filho rebelde que deveria ser morto. Jesus não usa a comida e a bebida como um meio de marcar o que e quem é santo, mas como um meio de unir-se a todos, tanto puros quanto impuros. Cf. Winimer, *Fasting in the New Testament* (→ 53 *acima*) 112. **35.** *justificada*: Esta é uma palavra que remete a 7,29. Aqueles que criticaram a João e Jesus não eram realmente sábios, como pensavam, mas néscios. Por sua obstinação, eles se fecharam e ignoraram a sabedoria, a qual quer beneficiar homens e mulheres (veja Sb 6,16). *todos os seus filhos*: João e Jesus não são os únicos. Pessoas sábias como a pecadora de 7,36-50 também pertencem à família da sabedoria.

99 (d) *Uma pecadora responde à dádiva divina do perdão* (7,36-50). Este relato é convincente em sua proclamação do amor de Deus pelos pecadores, inspirador em sua descrição da generosidade da pecadora perdoada, e sóbrio em sua apresentação da autopresunção religiosa. Lucas é herdeiro de uma tradição que também se encontra em Mc 14,3-9; Mt 26,6-13; Jo 12,1-8. Ele modificou esta tradição principalmente de duas maneiras. Em conformidade com seu frequente tema do cuidado dos pobres, Lucas eliminou a afirmação de Jesus de que "sempre tereis os pobres convosco" (Mc 14,7; Mt 26,11; João 12,8). Ele modelou a tradição dentro da estrutura do gênero helenístico do banquete, o qual também emprega em 11,37-54 e 14,1-24. As *dramatis personae* deste gênero são o anfitrião, o convidado principal e outros convidados. A estrutura é: o convite (v. 36), a revelação progressiva da identidade do anfitrião (v. 40) e dos outros convidados (v. 49), o *fait divers* ou a ação que provoca o discurso do convidado principal (v. 39, reação muda de Simão) e, finalmente, o discurso do convidado principal (vv. 40-50). Cf. E. S. Steele, *JBL* 103 (1984) 379-94.

100 **36.** *Fariseus:* → 76-77 *acima.* Os fariseus representam os judeus cristãos que aplicam critérios rigoristas para o ingresso de membros nas comunidades lucanas e para a participação em suas refeições. A cosmovisão (*Weltanschauung*) do puro e do impuro está implícita na oferta de hospitalidade. "O problema, portanto, é como admitir um representante externo nas fileiras de pureza da comunidade durante algum tempo e, então, permitir que a pessoa de fora retorne a seu lugar de origem sem alterar o tecido social. A hospitalidade coloca forçosamente o convidado em uma posição liminar ou marginal, visto que ele é alguém de fora que momentaneamente está dentro, mas que precisa retornar ao exterior" (B. J. Malina, *Semeia* 35 [1986] 182). Ao permitir que a pecadora o toque (vv. 37-39), Jesus mostra que suas normas de pureza e impureza estão em conflito com as do fariseu. **37.** *pecadora*: Não existe nenhum indício convincente de que a mulher seja uma prostituta. Veja informações sobre diversos "pecadores" em 5,30; 7,34; 15,2. Tanto homens quanto mulheres podem ser culpados por outros pecados além dos sexuais. **38.** A mulher trata Jesus com generosidade. Veja como suas ações são retomadas nos vv. 44-46 e transformadas em exemplos de seu grande amor. **39.** *profeta*: Veja 7,16. Jesus é, na verdade, um profeta, mas um profeta que perdoa pecadores. **40.** O discurso do convidado principal, Jesus, começa neste versículo. **43.** *mais*: Em autêntico estilo socrático, Jesus extrai a resposta correta de Simão. **44-46.** Embora Simão não seja culpado de qualquer infração das regras de hospitalidade, ele não brindou Jesus com quaisquer atos especiais de hospitalidade. A generosidade da pecadora é contraposta à mesquinhez do anfitrião. **47.** A primeira parte deste versículo incômodo pode ser assim parafraseada: por ela ter demonstrado, através de seus atos, tanto amor por mim, é óbvio que seus inúmeros pecados foram perdoados. O texto não diz quando ela recebeu a dádiva do perdão, mas foi antes que se encontrasse com Jesus nesta refeição. J. J. Kilgallen (*JBL* 104 [1985] 675-70) argumenta que seus pecados foram perdoados no batismo de João. *Pouco amor*: Jesus retoma a mensagem da parábola dos vv. 40-43 e desafia a autojustificação dos fariseus. **48.** *perdoados:* Jesus expressa em palavras o que ficou óbvio nas ações da pecadora. **49.** *até perdoa:* A dimensão teocêntrica do relato recebe uma orientação cristológica quando Lucas dá a palavra aos demais convivas. Percebemos ecos de 5,17-32 e somos preparados para as perguntas: "Quem é esse?", de 9,7-50. **50.** *paz*: Sobre este tema, muito caro a Lucas, veja 1,79.

101 (e) *As mulheres discípulas de Jesus* (8,1-3). Esta breve passagem é exclusiva de Lucas e está de acordo com o importante papel que ele atribui às mulheres. Veja 2,36-38. **1.** *reino de Deus:* o governo de Deus é proclamado através da palavra e corporificado pelo grupo viajante de Jesus. Os primeiros membros deste grupo são os Doze, todos homens, que simbolizam a intenção divina de reconstituir, através de Jesus, as doze tribos de Israel (veja At 26,7). **2.** *mulheres*: As mulheres compõem o segundo elemento do grupo, e isto é estranho. Pois a menção às mulheres impressionaria os leitores greco-romanos de Lucas com tanta força quanto a realidade que ela descreve impactou os contemporâneos judaicos de Jesus: "Não era incomum que mulheres sustentassem rabinos e seus discípulos com seu próprio dinheiro, propriedade ou alimentos. Mas que uma delas saísse de casa e viajasse com um rabino era um fato não só desconhecido, mas também escandaloso. Ainda mais escandaloso era o fato de que mulheres, respeitáveis ou não, estivessem entre os companheiros de viagem de Jesus" (B. Witherington, *ZNW* 70 [1979] 244-45). O bem-estar físico dessas mulheres, que haviam sido curadas de maus espíritos e enfermidades, é uma prova visível do poder do reino de Deus em Jesus. O poder de Jesus sobre o mal se manifesta especialmente na recuperação da saúde de Maria, da pequena cidade de Magdala na Galileia, de quem foram expulsos sete (número da totalidade) demônios. **3.** *Joana:* É esposa de Cuza, administrador dos bens de Herodes Antipas, e uma mulher com *status* e recursos. Este grupo itinerante evangélico simboliza o reino de Deus, onde existe reconciliação entre homens e mulheres, casados e solteiros, sãos e enfermos, ricos e pobres. Além desta dimensão cristológica, estes versículos têm uma dimensão eclesiológica desafiadora. Esta passagem deveria ser lida juntamente com 23,49-24,12, que é outro exemplo de analepse ou *flashback* lucano e mostra que, quando se fala dos "discípulos" em 8,4-23,54, devem-se incluir as mulheres neste grupo. Essas fiéis mulheres são testemunhas dos feitos de Jesus na Galileia, no caminho para Jerusalém e, em Jerusalém, até mesmo na última ceia. Elas proclamam o significado evangélico daquilo que testemunharam (24,7-10) e recebem o Espírito Santo prometido (At 1-2).

102 (f) *Diferentes modos de ouvir a palavra de Deus* (8,4-21). Nesta seção, Lucas retorna a Marcos (8,4-18 = Mc 4,1-25; 8,19-21 = Mc 3,31-35) e aborda o tema do ouvir a palavra de Deus, que é a mensagem cristã e, ao fazer isso, apresenta lições sobre o significado do discipulado. **4-15.** Esta seção contém uma das 50 parábolas de Lucas. Cf. J. Drury, *The Parables in the Gospels* [New York, 1985] 108-57). **5.** *sua semente:* Lucas enfatiza a semente que é semeada; veja v. 11. **8.** Embora a primeira semeadura parecesse ter resultados desastrosos, a colheita foi incrivelmente abundante. Essa parábola do Jesus histórico retrata um Deus digno de toda confiança, que, em última instância, realizará o reino de Deus. *ouvidos para ouvir:* O "ouvir" se torna o *leitmotiv* e desafio do resto desta seção. Veja os vv. 10.12.13.14.15.18.21. Cf. J. Dupont, "La parabole du semeur dans la version de Luc", *Apophoreta* (Fest. E. Haenchen; ed. W. Eltester e F. H. Kettler; BZNW 30; Berlin, 1964) 97-108. **10.** *aos outros:* Lucas suavizou o tratamento severo de Marcos aos "de fora" e aos discípulos de Jesus (veja Mc 4,11-13). É uma marca do discipulado segundo Lucas que os discípulos não só ouçam as parábolas do reino de Deus, mas sejam recebedores da graça especial de saber o que o reino do Deus significa no cotidiano da vida cristã. O contexto, especialmente os vv. 16-18, mostra que as comunidades lucanas não cessaram de proclamar a palavra de Deus aos outros, que meramente ouvem a palavra. **11.** *a palavra de Deus:* A explicação da parábola original de Jesus reflete a experiência das comunidades lucanas, que se esforçavam para anunciar a palavra a outros e aprofundar sua própria resposta a ela. Sobre o tema da palavra de Deus, veja At 6,7; 12,24; 19,20. **12.** Os vários tipos de solos ocupam o centro na interpretação de Lucas neste versículo e nos seguintes. *sejam salvos:* O objetivo da pregação cristã é apresentado de forma vigorosa e desafiadora. **13.** *tentação:* Este termo em grego é *peirasmos.* Lucas trata das alternativas da apostasia e da perseverança no estilo de vida cristão. Cf. S. Brown, *Apostasy and Perseverance in the Theology of Luke* (AnBib 36; Rome, 1969). **14.** *dos cuidados, da riqueza e dos prazeres da vida:* Os oponentes da palavra que se encontram nesta tríade de Lucas são formidáveis. Lc 12,19 e 16,19 apresentam os perigos da riqueza e dos prazeres da vida de forma dramática. Em 21,34, Lucas retorna aos problemas criados para o discipulado cristão pela ansiedade por causa das preocupações deste mundo. **15.** Duas forças caracterizam os discípulos de Jesus: sua generosidade e perseverança na resposta à palavra de Deus.

103 16-18. Estes ditos proverbiais dão continuidade à reflexão lucana sobre o ouvir a palavra (veja v. 18). **16.** Esta versão lucana do dito se ajusta aos tipos de casas que Lucas conhecia, isto é, aquelas com vestíbulos. O discípulo deve tornar manifesto aos "outros" do v. 10 a luz da palavra de Deus. **17.** O conhecimento dos "mistérios do reino de Deus" (v. 10) não é esotérico ou gnóstico, isto é, reservado para um grupo sectário. Deve ser compartilhado com os "outros". **18.** *cuidai, portanto, do modo como ouvis:* Ouvir a palavra sem compreendê-la, especialmente a compreensão que tem origem no esforço de comunicar a palavra a outras pessoas, leva à perda total da audição.

104 19-21. Outra vez, "ouvir a palavra" (v. 21) é a ligação com o versículo anterior. Em contraposição a Mc 3,31-35, Lucas não deprecia a mãe e os parentes de Jesus. Ecos de Lc 1,38; 2,19.51 aparecem no v. 21: Maria é o modelo de discípulo cristão que medita sobre a palavra de Deus e atua com base nela. Os discípulos cristãos transformam-se na família de Deus, não por nascimento, nem por serem homens, nem por guardarem as leis da pureza ritual, mas por ouvirem e agirem com base na palavra de Deus.

105 (g) *Jesus vence o caos* (8,22-25). Esta passagem prossegue com o ensinamento lucano sobre o poder salvífico de Jesus e sobre o significado do discipulado. Veja Mc 4,35-41. **22.** *os discípulos*: Isto se refere aos seguidores tanto homens quanto mulheres (veja 8,1-3). Em contraposição a Mc 4,36, Jesus, e não os discípulos, está no mando e dá ordem aos discípulos para que passem à outra margem do lago, território dos gentios (veja 8,26-39). **23.** No AT, as tempestades eram símbolos do caos. Na criação, Deus as venceu (Sl 29,3-4). No êxodo, Deus venceu as forças do Mar Vermelho (Sl 106,9). Deus salvou os fiéis que estavam num barquinho numa tempestade em alto mar (Sl 107,23-32). O poder da tempestade está engolfando os discípulos. **24.** *conjurou*: Esse termo técnico do vocabulário do exorcismo de espíritos impuros foi usado anteriormente em 4,35.39. Jesus, como o Deus louvado nos Salmos, salva seus discípulos que estão perecendo no caos da tempestade. **25.** *onde está a vossa fé?*: Esta pergunta provocativa é menos dura que seu paralelo em Mc 4,40, mas, mesmo assim, é penetrante. Lucas alude à estreita relação que estabeleceu entre fé e salvação em 8,12. *quem é este?*: A perícope chega à sua conclusão e desafio cristológicos. Os discípulos e os leitores que acreditam no poder do reino de Jesus permanecerão firmes em sua fé quando, no futuro, o caos reinar? Cf. Busse, *Wunder* [→ 67 *acima*] 196-205.

106 (h) *Jesus restaura um gentio demente à comunidade humana* (8,26-39). Neste impressionante exorcismo, Lucas reelabora Mc 5,1-20 de maneira a tornar explícitos os contrastes implícitos de Marcos: fora da cidade (8,27) dentro da cidade (8,39); habitava em sepulturas (8,27) que não habitava em casa alguma (8,27.39); despido (8,27) vestido (8,35); demente (8,27) são juízo (8: 35); vivia no deserto (8,29) vivia numa casa (8,39). Esses contrastes implicam transferências, do isolamento destrutivo à comunidade humana fomentadora, transferências que Lucas identifica como "ser salvo" (8,36) e que são feitas por Jesus, "filho do Deus Altíssimo" (8,28). Mesmo os porcos, cuja presença neste exorcismo à primeira vista é enigmática, contribuem para o ensinamento cristológico de Lucas: não somente o mundo dos demônios, mas também os poderes da religião pagã e do governo romano, simbolizados pelos porcos, estão sujeitos à autoridade de Jesus. É ele, e não eles, que restaura os seres humanos à integralidade da vida.

107 26. *gerasenos*: Esta é a leitura correta e refere-se aos habitantes de Gerasa, uma das cidades da Decápole, 52 km ao sudoeste do lago de Genesaré (→ Geografia Bíblica, 73:52). Uma vez que os porcos não têm glândulas sudoríparas, não sobreviveriam a uma corrida de 52 km. O relato se move num nível simbólico. *do lado contrário da Galileia*: Nesta forma indireta de falar, Lucas prefigura a missão posterior da igreja aos gentios, enquanto mantém a narrativa do ministério de Jesus na Galileia, território judaico. **27.** *cidade*: Do ponto de vista da cultura a que Lucas pertence, estar fora da cidade era correr perigo de perder a existência. Jesus libertará o homem possesso de seu isolamento e o reintegrará na cidade, onde encontrará segurança física e terá uma existência significativa com os demais homens e mulheres. *sem roupas*: As pessoas cuja liberdade tinha sido definitivamente tirada perdiam a capacidade de vestir roupas. Tais pessoas eram os prisioneiros e escravos (veja Dt 28,48; Is 20,2-4), as prostitutas (Ez 16,38-40), pessoas dementes (1Sm 19,23-24) e os condenados (1Sm 28,14). Uma pessoa desprovida de suas roupas era uma pessoa sem identidade. Ao se vestir (8,35), o homem tem novamente uma identidade e controle sobre sua vida. Cf. E. Haulotte, *Symbolique du vêtement selon la Bible* (Théologie 65; Paris, 1966) 79. *não habitava em casa alguma*: O termo grego *oikos/oikia*, "casa", é um dos favoritos de Lucas e refere-se à "minha casa e lar com todas as suas pessoas e bens, minha família e linhagem, minha identidade, o lugar a que pertenço e onde exerço meus direitos e responsabilidades pessoais e coletivas, minhas obrigações morais" (J. H. Elliott, *A Home for the Homeless* [Philadelphia, 1981, edição em português pelas Editora Academiai Cristã/Paulus, em 2011] 24). Ao restaurar o homem à sua casa (v. 39), Jesus devolve ao homem sua identidade. Ele agora tem uma pertença, tem um passado, desfruta do presente com sua família e terá um futuro através de sua casa. *sepulturas*: Um lugar impuro. **28.** *caiu-lhe aos pés*: Lucas não deixa nenhuma dúvida de que Jesus está no comando. Veja também o v. 29: Jesus ordena. **29.** *desertos*: O deserto é o lugar dos demônios e suas forças destrutivas. Jesus restaura o homem à sua casa e cidade. **30.** *Legião*: Uma legião era constituída de 6.000 soldados romanos. A legião será enviada para os porcos. O poderio romano era simbolizado por uma porca branca muito fecunda que deu à luz a 30 leitões e também pelo porco selvagem [javali]. O símbolo da *Legio X Fretensis*, que tinha sido transferida para a Síria sob Tibério e que participou da guerra judaica em 66-70 d.C., era o javali. "A presença de um poder político estrangeiro era sempre a presença de um poder numinoso ameaçador, uma contaminação do país. O governo romano podia, assim, ser interpretado como a ameaça de um poder demoníaco [...] Isso fez da ação do exorcista um

'sinal' da libertação futura" (G. Theissen, *The Miracle Stories of the Early Christian Tradition* [Philadelphia, 1983] 255). **31.** *abismos*: Esta palavra, singular do relato lucano, refere-se ao âmbito e ao poder de Satanás. Veja Ap 20,1-3. Ao retratar Jesus destruindo a legião de demônios, Lucas enfatiza o poder de Jesus sobre o mal. **32.** *porcos*: Esses animais retornam em Lc 15,15-16. O porco era o animal mais usado nos sacrifícios gregos e romanos. Do ponto de vista judaico, comer carne de porco era sinônimo de paganismo e apostasia do judaísmo (veja 2 e 4 Macabeus; Is 65,1-5). Era também o símbolo do poderio romano (veja v. 31). **35.** *aos pés de Jesus*: Esta é a postura de um discípulo de Jesus; veja 10,39; At 22,3. *são juízo*: Um outro contraste lucano. Por causa de Jesus, este demente recupera sua racionalidade, é capaz de expressar palavras que serão inteligíveis a seus concidadãos, está apto para tomar decisões razoáveis num âmbito da cidade e da família (veja 39). **36.** *fora salvo*: O que Lucas quer dizer por salvação pode ser visto nas transformações que o Senhor Jesus operou na vida do endemoninhado. **37.** Ao passo que as pessoas comumente reagem a muitos dos exorcismos de Jesus com admiração e louvor, recebem este exorcismo de forma negativa. Embora suas formas de lidar com o louco não tivessem sido eficazes (v. 29), elas acham difícil conviver com os poderes transformadores que Jesus desencadeou em seu meio. **39.** O homem se torna um missionário, pois ele expressa o que experimenta em si próprio e proclama aos demais gentios o que Deus havia feito por ele através de Jesus. Cf. F. Annen, *Heil für die Heiden* (FrTs 25; Frankfurt, 1976).

108 (i) *O poder de Jesus vai além da pureza ritual e dá vida a duas mulheres* (8,40-56). Nesta passagem, Lucas se baseia em Mc 5,21-43 e conclui sua apresentação, iniciada em 7,1, que tem como tema principal o poder de Jesus sobre as forças destruidoras em benefício de homens e mulheres. Jesus não permite que as leis de impureza ritual impeçam a sua missão em benefício de todos: "Tanto a mulher jovem que começa a menstruar, quanto a mulher mais velha que vivencia a menstruação como uma patologia recebem nova vida. Os poderes criadores de vida das mulheres manifestos no fluxo de sangue não são 'maus' nem são cortados na morte, mas são 'restaurados', de forma que elas podem 'ir e viver em paz'" (E. Schüssler Fiorenza, *In Memory of Her* [New York, 1983] 124).

109 41. *Jairo*: Este chefe de sinagoga é uma exceção da imagem geralmente negativa que Lucas tem dos líderes judeus. 42. *única filha*: Lucas convida o leitor a lembrar uma história semelhante em 7,11-17, onde Jesus ressuscitou o filho único de uma viúva. *Doze anos*: A menina estava na idade de casar. 43. A história de outra mulher é ligada a esta pela palavra "doze". 44-46. Jesus é tocado por uma pessoa impura. 47. A mulher passa da mentira para uma confissão de fé agradecida na presença do povo. 48. *tua fé*: Ela tem fé no poder de Deus em Jesus para restaurar sua saúde. Ela não é mais marginalizada, separada da vida e do culto pela impureza de seu fluxo menstrual, mas uma filha que pertence ao Israel reconstituído. 54. Jesus toca o cadáver impuro. *levanta-te*. A ordem de Jesus é pronunciada com a mesma palavra que Lucas usa para designar a ressurreição (*p.ex.* 9,22). Jesus, ao ressuscitar a filha de Jairo, dá um sinal de seu poder de ressuscitar. 55. *comer*: O tema lucano da comida reaparece: um bom apetite é sinal de restabelecimento da saúde.

110 (j) *Os Doze dão continuidade à missão real de Jesus* (9,1-6). Esta passagem, baseada em Mc 6,7-13, deve ser lida em conjunto com toda a seção (Lc 7,1–8,56), da qual ela é o ápice, pois nos caps. 7-8 aprendemos qual é a natureza da missão do reino de Jesus que os Doze agora compartilham. 1-2. Em 6,12-16, Lucas narrou a escolha dos Doze, que agora experimentam, em primeira mão, o poder da proclamação e cura de Jesus. 3. A escassez de suas provisões e sua dependência da providência divina estão em foco agora. Veja 10,1-12; 22,35-38. 5. A rejeição a Jesus, apontada em 7,31-35, também está reservada aos enviados por Jesus. *Poeira*: Veja Atos 13,51. 6: *toda a parte*: Aqui ressoa o tema lucano do universalismo.

111 (I) Reações a Jesus quando seu ministério na Galileia chega ao término (9,7-50). Esta seção funciona como uma ligação literária e teológica entre o ministério de Jesus na Galileia (4,14-9,6) e sua jornada para Jerusalém (9,51–19,28). Em 9,7-50, por meio da cruz, Lucas muda o foco pelo qual são vistos os temas familiares do ministério de Jesus na Galileia (veja o comentário sobre 4,14-15); o poder de Jesus sobre o mal e seu *status* como Filho de Deus, o discipulado, a oposição e a comida. Quando estes temas ocorrem no trecho que vai de 9,51 a 19,27, devem ser vistos a partir da perspectiva da cruz.

112 (a) *O destino do precursor de Jesus é também o destino dele e o dos discípulos* (9,7-9). Veja Mc 6,14-16. Esta é a carne do "sanduíche" formado pelo envio dos Doze (9,1-6) e seu regresso (9,1-17). Assim como a missão de João Batista e a de Jesus enfrentaram oposição, também a missão realizada pela Igreja a enfrentará. 7. *Herodes*: Veja 3,1-20 (→ História, 75:165). No Evangelho de Lucas, Herodes Antipas se mostra hostil tanto a João como a Jesus (veja 13,31-32). *Tudo o que se passava*: Esta é a forma lucana de resumir 4,16–9,6. Os Doze, a quem Jesus havia enviado (9,1-6), e Jesus estão em foco neste trecho. 9. *Quem é esse?* Esta pergunta, que lembra as de 5,21; 7,49; 8,25, serve para resumir 4,14–9,6. Em 9,10-50, Lucas introduzirá o tema da cruz como um ingrediente essencial novo para a resposta. *Vê-lo*: Em 23,8, Lucas usará três vezes o verbo "ver" para designar o desejo de Herodes de ver a Jesus. A curiosidade de Herodes será contraposta em 23,35-49 ao ver das pessoas que se abrem para a revelação de Deus na morte de Jesus na cruz.

113 (b) *A dádiva da multiplicação dos pães por Jesus está vinculada à sua cruz* (9,10-17).

Veja Mc 6,30-44; 8,1-10; Mt 14,13,21; 15,32-39; Jo 6,1-15. Jesus dá uma nova tarefa a seus discípulos, os quais acabavam de voltar da missão de pregar e curar o povo de Deus. Eles devem alimentar o Israel reconstituído – com a eucaristia. **11.** A pregação do reino de Deus e a cura resumem o ministério de Jesus na Galileia. **12-15.** O tema lucano da comida reaparece. Em 4,16-9,6, este motivo apareceu, em grande parte, em relatos que descrevem a alegre comunhão de mesa de Jesus com pecadores (*p.ex.*, 5,27-32). Aqui aparece uma dimensão adicional: na missão de Jesus, Deus está cumprindo suas promessas de alimentar uma criação faminta. Veja Is 25,5-6 e Karris, *Luke* 52-57. **16.** *abençoou, partiu e deu*: Estas palavras são quase literalmente iguais às do relato lucano da instituição da eucaristia (22,19) e às do relato de Emaús (24,30). De todos os evangelistas, Lucas é o que liga imediatamente este relato da alimentação com a predição de Jesus acerca de sua paixão e suas instruções sobre o carregar diário da cruz (9,18-27). Celebrar a eucaristia em memória de Jesus (22,19) não é apenas compartilhar sua missão (9,1-6), mas também sua entrega e destino, simbolizados pela cruz (9,18-27). *Discípulos*: A mesma palavra ocorre no v. 14, mas o v. 10 traz "apóstolos" e o v. 12 "os Doze". Veja o comentário sobre 6,12-16 e 8,1-3. Discípulos e discípulas de Jesus alimentam o povo de Deus.

114 (c) *A cruz na vida do Messias e de seus discípulos* (9,18-27). Veja Mc 8,27–9,1. Lucas não usa Mc 6,45–8,26. Suas razões para esta grande omissão procedem de sua própria teologia sobre quando a palavra de Deus vai até os gentios, sobre pureza e impureza e sobre alimento. Nesta passagem, o tema da oposição a Jesus e a seus discípulos, visto em 4,16–9,6, assume uma nova perspectiva, a da cruz. **18.** A referência de Lucas a Jesus orando indica que algo teologicamente importante está por acontecer. **19.** Estas respostas coincidem com aquelas dadas a Herodes em 9,7-8. **20.** *O Cristo de Deus*: Pedro é o porta-voz dos discípulos. Veja o comentário sobre 5,1-11. Na linha narrativa lucana, a resposta de Pedro ("confissão" é um termo enganoso, além de ser mais mateano do que lucano) depende do que ele viu Jesus fazer e daquilo que ele mesmo fez em nome de Jesus. Assim, a resposta de Pedro focaliza o poder de Jesus em salvar pessoas necessitadas das forças do mal. Esta é a dimensão do ministério de Jesus sublinhada na resposta de Pedro e corroborada pelo contexto imediato, o qual modifica o entendimento do termo "Cristo de Deus" mediante referência à rejeição de Jesus (9,22.43-45), e por Lc 23,35, onde o mesmo título é usado com referência ao poder de Jesus para salvar outros. **21-22.** Estes versículos formam uma só sentença no grego, em que Lucas apresenta (v. 22) a razão para a ordem de silêncio no v. 21: Jesus, o Cristo de Deus, deve ser visto de uma nova perspectiva, a da cruz. Em 4,16–9,6, o leitor conheceu um Jesus que resistiu à oposição com êxito (5,17–6,11; 7,35). Agora Lucas alerta seus leitores de que a oposição irá aumentar e, por fim, levar Jesus à morte. *Filho do Homem*: O título, que Lucas havia empregado para descrever a autoridade de Jesus de perdoar pecados (5,24) e mudar as regulamentações sabáticas (6,5), é usado agora para descrever sua humilhação. Veja 9,26. Por trás da crescente oposição a Jesus, está o plano de Deus e a vindicação de Jesus na ressurreição. Lucas elimina a apresentação marcana de Pedro repreendendo Jesus por ele predizer seu sofrimento (8,32-33). **23.** *todos*: Jesus faz a todos seu convite ao seguimento. Em contraposição aos relatos de vocação de 5,1-11 ou 5,27-32, a cruz é colocada no centro deste convite. Em 5,30.33 e 6,2, Jesus defendeu seus discípulos face à oposição. Agora eles, como ele, poderiam ficar indefesos. *cruz*: Não as dores de cabeça e outras vicissitudes da vida, mas o compromisso de Jesus com o reino de Deus e a participação de seus discípulos no reino em palavra e ação. *cada dia*: O martírio não está em foco, mas sim a lealdade diária ao mestre e a seu modo de vida. **24.** *por causa de mim*: Somente um compromisso profundo com Jesus é a base para perder a própria vida para ajudar a trazer o reino de Deus. **25.** O tema lucano do perigo das posses é descrito em termos do discipulado. **26.** *se envergonhará*: Lucas introduz aqui as consequências escatológicas do abandono do apego a Jesus e ensinamentos acerca do reino de Deus. Em contraposição ao humilde Filho do Homem (9,22), Lucas apresenta o Filho do Homem exaltado (cf. 22,69). **27.** Em seu contexto lucano, este versículo difícil se refere aos discípulos, a quem será dado um novo entendimento do reino de Deus após a ressurreição de Jesus (At 1,3).

115 (d) *A transfiguração de Jesus e a confirmação divina do caminho da cruz* (9,28-36). Veja Mc 9,2-9. O ensinamento dado por Jesus em 9,22-27 é tão diferente do que ele havia ensinado em 4,16-9,6 que exige uma sanção divina. Os discípulos são ordenados por Deus a ouvir estes novos ensinamentos. Jesus, que havia sido proclamado Filho de Deus em seu batismo (3,21-22) e a quem Lucas havia retratado como aquele que personifica a glória de Deus em seu ministério de subjugação das forças destrutivas, é o Filho de Deus a caminho da cruz.

116 **28.** *depois dessas palavras*: Lucas conecta estreitamente a transfiguração no monte de Deus com os ensinamentos de Jesus nos vv. 22-27. *orar*: Veja o comentário sobre 3,21. **29.** *fulgurante brancura*: Lucas usa símbolos do transcendente. **30.** *Moisés e Elias*: A estrada que Jesus está trilhando está em acordo com a lei e os profetas (24,26-27), *i.e.*, a vontade de Deus. Estas duas figuras do AT foram profetas rejeitados. **31.** *êxodo*: o assunto da conversação entre a tríade celestial é mencionado apenas em Lucas. Ele se refere à próxima fase do ministério de Jesus, sua jornada para Jerusalém e sua passagem deste mundo ao Pai. **32.** *glória*: Associada com a vida ressurreta e celestial (24,26), a glória também se manifesta nas curas de Jesus, as quais levam as pessoas a glorificar a Deus (5,26; 7,16). **33.** *três tendas*: Pedro, aparentemente, não entende a conversação do v. 31 e interpreta o evento à luz da festa dos Tabernáculos, cuja abundância simbolizava a consumação da história por Deus. **34.** *nuvem*: Símbolo da presença de Deus. **35:** *meu Filho*: Estas palavras retomam as palavras de Deus por ocasião do batismo de Jesus (3,21-22). *Ouvi-o*: Talvez esta seja uma referência ao profeta como Moisés de que fala Dt 18,15 (cf. D. P. Moessner, *JBL* 102 [1983] 575-605), mas mais importante é o fato de que os discípulos são ordenados a atentar para esta nova fase da revelação de Deus a respeito da identidade do Filho: aquele que regressa ao Pai passando pela cruz. As implicações da jornada de Jesus para a cruz para os discípulos serão explicitadas em 9,51–19,27.

117 (e) *Como a cruz interpreta os feitos misericordiosos de Jesus* (9,37-45). Veja Mc 9,14-29. Ao editar este relato, Lucas o conectou estreitamente com a transfiguração e salientou a misericórdia de Jesus. Ele liga a misericórdia e todos os feitos poderosos de Jesus estreitamente com sua segunda predição da paixão, mostrando, assim, que, no futuro, os feitos de misericórdia virão da misericórdia da cruz. **37.** *montanha*: O primeiro de três contrastes aparece aqui. Jesus desce da montanha da presença de Deus para um mundo necessitado. **38.** *com compaixão*: Veja 1Sm 1,11 e Lc 1,48. *filho único*: ver 7,12; 8,42. Lucas ressalta a necessidade do homem e a misericórdia de Jesus. **39.** O quadro lastimável do filho doente realça a descrição do poder e misericórdia de Jesus feita por Lucas. **40.** O segundo contraste aparece neste versículo: o mestre, Jesus, é mais poderoso sobre as forças do mal do que seus discípulos. **41.** *geração incrédula e perversa*: Este grito de exasperação é difícil de interpretar no contexto lucano, pois (1) nem o pai do rapaz nem os discípulos demonstraram falta da fé; (2) "geração" envolve mais do que o pai do rapaz e os discípulos. Esta generalização parece ser melhor explicada de suas formas: (1) Lucas está apresentando um terceiro contraste: a fidelidade de Jesus a Deus em contraposição à infidelidade geral da humanidade; (2) por trás desta exasperação, está o fato de que os feitos de misericórdia de Jesus serão recebidos com descrença, o que acabará levando à cruz. Cf. Busse, *Wunder* (→ 67 *acima*). 249-67. **42.** *e o devolveu ao pai*: Cf. 7,15. Neste ponto, Lucas não compartilha o ensinamento de Marcos (9,28-29) acerca da oração e do jejum como meios para expulsar demônios tão poderosos. A atenção de Lucas se concentra no poder de Jesus. Cf. J. Dupont, *RSR* 69 (1981) 45-55. **43.** *todos se maravilhavam*: Lucas generaliza a partir de um milagre para todos os que haviam sido descritos em 4,16–9,6. Todos os feitos poderosos de Jesus precisam ser vistos da perspectiva da crucificação. **44.** *entregue às mãos*: Mais maravilhosa que os feitos de misericórdia de Jesus é sua morte misericordiosa na cruz. Esta segunda predição da paixão é retomada em 24,7, onde discípulas lembram seu significado. **45.** I. H. Marshall (*Gospel* 393) entende que este versículo é uma expressão do "segredo do sofrimento" de Lucas: apenas após a ressurreição de Jesus e seu dom de discernimento (veja 24,13-35) é que os discípulos entenderão o significado da cruz.

118 (f) *Os discípulos não entendem o significado do seguimento de Jesus* (9,46-50). Veja Mc 9,33-41. **46-48.** Imediatamente após a segunda predição de sua impotência diante dos seres humanos (9,44) e as instruções de Jesus sobre tomar a cruz e segui-lo (9,23-27), aparece o relato da busca de poder pelos discípulos. De forma dramática, Lucas mostra que as lições do discipulado, recém introduzidas em 9,7-50, não serão assimiladas da noite para o dia. Usando a figura de uma criança, um ótimo exemplo de impotência, Jesus mostra que a grandeza provém de ser o último. **49-50.** Os discípulos não entendem bem seu relacionamento com Jesus se pensam que esse relacionamento é exclusivo. Eles precisam estar abertos e tolerar outros que também atuam em "nome de Jesus", mas não fazem parte do grupo.

119 (V) A jornada de Jesus para Jerusalém (9,51-19,27). Com 9,51, Lucas começa uma nova parte de sua narrativa querigmática. Ele adaptou o tema da viagem de Jesus para Jerusalém de Marcos 8,26-10,52, acrescentando (1) cerca de 15 referências a viagens de Jesus; (2) materiais de Q e L. O resultado desta adaptação criativa por parte de Lucas é uma concepção multidimensional da jornada. Em obediência à vontade de Deus (9,22-44), Jesus vai para Jerusalém, a cidade que simboliza a continuidade entre o antigo e o novo no plano de Deus. Em Jerusalém, Jesus completará seu êxodo (9,31) para Deus, e é de Jerusalém que a missão cristã alcançará os confins da terra (At 1-2). Em seu caminho para Jerusalém, Jesus é o mestre supremo para seus discípulos, suas testemunhas, sobre o sentido de seu caminho (veja At 9,2; 18,26; 24,22, onde o cristianismo é chamado de "o caminho"). Jesus instrui seus discípulos acerca de viagens missionárias (16,1-31), sobre o uso das posses (10,1-24), a oração (11,1-13) e apresenta parábolas desafiadoras como a do Bom Samaritano (10,25-37) e a do Filho Pródigo (15,11-32). Nem a jornada de Jesus nem a do cristão estarão isentas de tribulações. Os samaritanos rejeitam Jesus (9,51-56); os líderes religiosos objetam a seus ensinamentos e estilo de vida (13,11-17; 14,1-24). Em suma, a "narrativa da jornada" feita por Lucas oferece um retrato cativante de Jesus, o Filho resoluto e fiel (9,35), que em palavra e ação ensina o caminho que leva à vida com Deus. À medida que os leitores vão caminhando com Jesus em seu caminho para Jerusalém, eles deveriam levar a sério o imperativo divino: "ouvi-o" (9,35).

Lucas divide a narrativa da viagem em três seções: 9,51–13,21; 13,22–17,10; 17,11–19,27. O versículo que inicia cada uma destas seções menciona explicitamente que Jesus estava a caminho de Jerusalém.

120 (A) Primeira parte do ensinamento sobre o significado do Caminho cristão (9,51-13,21). Esta parte contém muitas lições sobre a natureza e as exigências do discipulado.

(a) *A rejeição dos samaritanos e a não retaliação* (9,51-56). **51.** Esta composição lucana está repleta de um vocabulário teologicamente bastante denso. *Completaram os dias*: Deus é que está completando ou preenchendo (*symplērousthai*) os dias e, com isso, aproximando o plano de salvação de seu cumprimento. *assunção*: A forma verbal do substantivo *analēmpsis* usada aqui ocorre em At 1,2.11.22. Faz-se referência a todas as fases do êxodo de Jesus para Deus: morte, sepultamento, assunção e envio do Espírito Santo. *Ele tomou resolutamente*: Esta expressão singular indica a atitude resoluta e obediente de Jesus em cumprir a vontade de Deus apesar de toda a oposição. **52-53.** *samaritanos:* Os samaritanos não tinham uma postura amistosa para com os judeus (veja Jo 4,9), especialmente quando os judeus passavam por seu território a caminho da cidade santa, Jerusalém. Mais tarde em sua narrativa de viagem (10,30-35; 17,11-19) Lucas usará os desprezados samaritanos para ensinar mais lições sobre o discipulado. Em At 8,4-25, ele irá narrar como esta gente, que não é hospitaleira agora, aceitará a mensagem do caminho cristão com corações abertos. Sempre sensível ao paralelismo, Lucas mostra que Jesus se depara com oposição nos estágios iniciais de sua jornada para Jerusalém, da mesma forma que se defrontou com oposição no início de seu ministério na Galileia (4,16-30). **54.** *desça fogo do céu*: A formulação deste versículo lembra a de 2Rs 1,10.12, que narra como Elias pediu duas vezes fogo do céu para destruir seus inimigos. **55.** Jesus vivencia na ação seu ensinamento a respeito da não retaliação contra os inimigos (6,27-29,35).

121 (b) O custo do discipulado (9,57-62). **57.** *prosseguiam viagem ... na estrada*: O discipulado como seguimento de Jesus em seu caminho é ilustrado por três provérbios hiperbólicos. A função dos provérbios é ajudar as pessoas a compreender a vida, mostrar como o mundo é coerente, *p.ex.*, "Deus ajuda a quem cedo madruga", "Água mole em pedra dura...". Nos provérbios dos vv. 58.60 e 62, Jesus usa a hipérbole ou o exagero para sacudir os ouvintes e tirá-los de sua maneira habitual de organizar o universo e fazê-los ver a existência a partir de um ângulo inteiramente novo – o do discipulado em resposta ao reino de Deus proclamado por Jesus. Entender estes provérbios de forma literal é retirar deles toda a sua força. Cf. W. A. Beardslee, *Int* 24 (1970) 61-73. **58.** O exagero ressalta a humildade de Jesus como Filho do Homem. **60.** *que os mortos enterrem seus mortos*: Este provérbio tem sido tão eficaz em subverter o modo como as pessoas normalmente ordenam seu universo moral que tem suscitado inúmeras discussões sobre se Jesus quiz realmente dizer o que disse. Os caminhos do reino de Deus não estão necessariamente de acordo com nossos caminhos humanos. A interpretação comum é de que o provérbio significa que os espiritualmente mortos deveriam enterrar os fisicamente mortos. **62.** *arado*: Aqui não se trata do arado moderno guiado por trator, mas um arado palestino muito leve, que era guiado por uma mão enquanto a outra controlava os bois refratários. "Esta forma primitiva de arado exige destreza e concentração. Caso o lavrador desviar o olhar, o novo sulco do arado ficará torto" (J. Jeremias, *The Parables of Jesus* [New York, 1963] 195) [em port.: *As parábolas de Jesus*, Paulus ...]. *Apto para*: O provérbio desafia as expectativas acerca de quem estaria apto de receber o reinado de Deus em sua vida.

122 (c) *O ensinamento de Jesus acerca da missão* (10,1-24). Esta seção é a mais extensa meditação lucana sobre a missão e tem paralelos em Q (Mt 9,37-38; 10,7-16; 11,21-23) e em Lc 9,1-6; 22,35-38; 24,44-49. Lucas não dá atenção à missão efetiva dos discípulos, mas concentra suas reflexões sobre a natureza da missão e as causas de suas alegrias e tristezas. **1.** *setenta (e dois)*: A aplicação dos princípios da crítica textual não leva a uma decisão definitiva sobre se o texto original trazia 70 ou 72; manuscritos antigos e confiáveis sustentam ambas as versões. O texto do AT que parece estar por trás desse número é Gn 10,2-31, a tábua das nações do mundo. O TM apresenta 70, enquanto a LXX traz 72. De qualquer modo, Lucas enraíza a missão universal de sua igreja no ministério de Jesus. *Dois a dois*: Três razões para enviar duplas estão em jogo: apoio mútuo; ter outra palavra para reforçar o testemunho (veja Dt 19,15); corporificação viva do evangelho da paz (veja vv. 5-6). Talvez a mais famosa dupla de missionários do NT fosse Paulo e Barnabé (veja At 13). **3.** *cordeiros entre os lobos*: Esta expressiva imagem tem duas dimensões: os missionários poderão ficar indefesos diante de pessoas hostis; a missão cristã inaugura uma nova era de reconciliação e paz em que o cordeiro se deitará com o lobo (veja Is 11,6; 65,25). **4.** *a ninguém saudeis*: Esta ação simbólica socialmente chocante, semelhante à dos profetas (Ez 4-5), chamaria a atenção para o que implica a paz autêntica. Cf. Klassen, *Love of Enemies* (→ 91 *acima*) 92-93. **6.** *filho da paz*: Esta expressão singular é parte integrante da ênfase de Lucas na mensagem cristã de reconciliação e designa alguém que se dedica à busca da paz. **9.** O reinado de Deus se manifesta na pregação missionária cristã e na cura dos doentes.

123 **10-16.** Até este ponto, Lucas acentuou a índole essencialmente positiva da missão cristã. Ele agora expressa o lado negativo: assim como Jesus se deparou com rejeição e hostilidade, o mesmo também acontecerá com seus missionários. Mas, como a história de Paulo em Atos vai demonstrar, a palavra de Deus triunfará embora seus pregadores possam ser dispensáveis. **13-15.** Em seu contexto lucano, estes versículos funcionam como advertências para as comunidades lucanas reagirem favoravelmente à palavra de Deus e não imitarem as respostas dadas à missão de Jesus por algumas cidades da Galileia. **16.** *Quem vos ouve, a mim ouve*: O significado da missão cristã encontra expressão lapidar aqui: ouvir a palavra do discípulo é ouvir a palavra de Jesus; ouvir a palavra de Jesus é ouvir a palavra de Deus. Veja no v. 22 um fundamento igualmente profundo da missão cristã.

124 **17-20.** Os efeitos da missão em nome de Jesus estão em foco agora. **17.** *demônios*: Lembre-se do poder de Jesus sobre os demônios na Galileia (8,26-39) e o poder que Jesus deu aos Doze (9,1-2). Os 70 (72) discípulos compartilham essa mesma autoridade. **18.** No ministério de Jesus e no de sua igreja, os poderes do mal são atacados e superados. **19.** "A serpente e o escorpião não só eram fontes bem conhecidas de mal físico na Palestina, mas eram símbolos de toda espécie de maldade no AT" (*FGL* 863). Em Atos, Lucas narra frequentemente como o Senhor Jesus resgata seus missionários das forças destrutivas (*p.ex.*, 28,1-6). **20.** Lucas tempera o entusiasmo com o êxito missionário com a insistência em uma dádiva mais duradoura: ter o nome inscrito na lista dos cidadãos do céu.

125 **21-24.** Partindo do universo do discurso sapiencial, que difere daquele da representação que se encontra no v. 16, Lucas conclui suas reflexões sobre a missão. Sua perspectiva parece ser pós-pascal, pois os discípulos de Jesus estão dotados do conhecimento de Jesus e realmente o veem como a revelação do Pai, em contraposição a 9,45 e 18,34. **21.** *estas coisas*: No contexto lucano, isso se refere à natureza do reino de Deus, à união dos discípulos com Jesus na missão e ao relacionamento de Jesus com Deus. A terminologia é diferente, mas o pensamento é o mesmo do de 8,10. *sábios ... pequeninos*: Temos aqui a familiar contraposição sapiencial entre as pessoas que não têm necessidade de Deus e os pequeninos, os discípulos que se aproximam de Deus com mentes e corações abertos. **22.** A missão cristã tem seu mais profundo fundamento no relacionamento do Filho com o Pai e no puro dom do Filho de revelar a seus discípulos quem é o Pai. *Tudo*: "Uma vez mais, se o significado de *panta* (10,22) não nos é acessível em seu contexto original, no contexto lucano (e mateano) refere-se ao conhecimento que o Filho tem acerca do Pai e ao conhecimento que só ele pode transmitir a seus seguidores, aos 'pequeninos'" (J. A. Fitzmyer, *"Abba* and Jesus' Relation to God". *À cause de l'évangile* [Fest. J. Dupont; ed R. Gantoy; LD; Paris, 1985] 36). **23-24**. Na nova era de cumprimento inaugurada por Jesus, seus discípulos testemunham com compreensão a atividade missionária dele e participam do poder desta para o bem. O que estes "pequeninos" vivenciam não foi concedido aos poderosos dirigentes religiosos e líderes políticos do passado.

126 (d) *A missão cristã e a observância da lei* (10,25-37). Esta passagem tem uma dupla dimensão. Ao mesmo tempo em que dá uma vigorosa lição acerca da misericórdia para com as pessoas em necessidade, ela também proclama que os não judeus podem observar a Lei e, assim, entrar na vida eterna. Este complicado relato de controvérsia tem os seguintes componentes: 10,25, a pergunta de um legista; 10,26, a contrapergunta de Jesus; 10,27, a resposta do legista; 10,28, o imperativo de Jesus; 10,29, nova pergunta do legista; 10,30-36, outra contrapergunta de Jesus, acompanhada da parábola do bom samaritano; 10,37a, a resposta do legista; 10,37b, o imperativo de Jesus. **25**. *experimentá-lo*: Parece que o legista esteve presente para ouvir o que Jesus acabou de dizer sobre a missão cristã em 10,1-24. O teste é concernente ao papel da lei de Deus na salvação pregada pelos missionários. Lucas dá duas respostas: a lei é válida; os não judeus que observam a lei herdam a vida eterna. Em 18,18-30, Lucas dará uma resposta mais especificamente cristã à mesma pergunta acerca da herança da vida eterna. Sobre esta concepção lucana dual da lei, veja Wilson, *Luke and the Law* (→ 58 acima) 28-29. **27**. A resposta do legista vem de Dt 6,5 e Lv 19,18. **28**. Jesus confirma a validade da lei para a salvação e acentua a observância (veja também os vv. 25,36) do duplo mandamento. **29**. *o próximo*: A pergunta do legista provém de debates sobre quem pertence ao povo de Deus e é, portanto, objeto do amor devido ao próximo. **30-35**. A contrapergunta de Jesus no versículo 36 contém a apresentação desse famoso relato exemplar, que visa a prender a atenção do leitor e o impelir a imitar a conduta de um pária, um samaritano. *um sacerdote ... um levita*: Estes importantes exemplos de pessoas observantes da lei não auxiliam o homem ferido e aparentemente morto por medo de ficarem impuros. **36**. *qual ... foi o próximo?* A pergunta de Jesus vira a pergunta do legista de cabeça para baixo: não pergunte sobre quem pertence ao povo de Deus e, portanto, quem poderia ser objeto de meu amor ao próximo, mas pergunte sobre qual deveria ser a conduta de uma pessoa que se considera membro do povo eleito de Deus. **37**. *aquele que usou de misericórdia*: O legislador não consegue dizer "samaritano". Por ter praticado a lei, o samaritano marginalizado mostra que ele é um próximo, um membro do povo de Deus, alguém que herdará a vida eterna. Veja G. Sellin, *ZNW* 65 (1974) 166-189; 66 (1975) 19-60.

127 (e) *O discipulado é para homens e mulheres* (10,38-42). Este trecho ressalta o universalismo de Lucas, na medida em que ele retrata Jesus agindo três vezes contra normas culturais judaicas: Jesus fica sozinho com mulheres que não eram parentes suas; uma mulher o serve; Jesus ensina uma mulher na própria casa dela. Cf. B. Witherington, *Women in the Ministry of Jesus* (SNTSMS 51; Cambridge, 1984) 100-3. **38**. *em sua casa*: Alguns manuscritos omitem esta expressão para harmonizar esta passagem com 19,6; cf. At 17,7, onde Lucas usa o termo *hypodechesthai*, "receber", sem essa expressão preposicional. A ênfase na "casa" neste episódio singularmente lucano é consistente com a redação lucana de Q e Marcos, aos quais ele acrescentou 28 referências a "casa/lar" (*p.ex.*, 8,27; 14,23). Está em foco aqui a família cristã; as mulheres hospedam a igreja em suas próprias casas. Cf. J. Koenig, *New Testament Hospitality* (OBT 17; Philadelphia, 1985) 103-7. **39**. *aos pés do Senhor*: Sobre esta postura do discípulo, veja 8,35; At 22,3. **40**. *serviço*: no tempo do Evangelho de Lucas, o termo *diakonein* designa o ministério cristão (veja 1Cor 4,1; Rm 16,1). Como acontece com frequência em sua narrativa sobre a comunhão de mesa de Jesus (5,29-39; 7,36-50;11,37-54; 14,1-24; 19,1-10; 24,13-35), Jesus, que é o convidado, torna-se a figura dominante, o anfitrião, e responde perguntas acerca da vida comunitária. **42**. *uma só*: A lição não é que se devesse preparar um único prato e não vários. Uma só coisa sustenta todo o seguimento de Jesus: ouvir sua palavra (v. 39; veja 8,4-21), e esta é a melhor parte.

128 (f) *Os discípulos de Jesus e a oração* (11,1-13). Veja Mt 6,9-13; 7,7-11; Lc 18,1-8. Lucas escreve um catecismo sobre oração para os cristãos gentílicos, cujo conhecimento do Deus de Jesus e da revelação do AT necessita de desenvolvimento e que também precisam de incentivo para perseverar na oração num ambiente hostil. Veja J. Jeremias, *The Prayer of Jesus* (SBT 2/6; Naperville, 1976) 88-89. **1**. *ensina-nos a orar*: A marca de uma comunidade religiosa era ter sua própria forma distintiva de oração. Essa forma antiga de reconhecer uma comunidade religiosa também se aplica aos dias de hoje: *p.ex.*, a consagração a Maria por parte dos marianos; o "nós te adoramos" dos franciscanos. O legado do Pai-Nosso de Jesus aos discípulos não apenas os ensinará a orar, mas especialmente a viver e agir como seus seguidores. **2**. A forma lucana do Pai-Nosso tem cinco petições. *Pai*: Este aspecto distintivo da oração de Jesus, sua forma pessoa e individual de dirigir-se a Deus como pai ou mãe que cuida, que é provedor, gracioso e amoroso também se expressa em 10,21; 22,42; 23,34.46. Esta é a revelação graciosa de Jesus a seus "pequeninos" à medida que eles enfrentam os males pressupostos nas petições três a cinco: a desunião de pessoas que necessitam de comunhão nas refeições; seu próprio pecado e a maldade dos outros; o perigo sempre presente da apostasia. *Santificado seja o teu nome*: Que todos os males que maculam tua criação sejam removidos, especialmente os que estão em nosso coração, de maneira que o gracioso amor, testemunhado em teu nome, seja manifesto. *Teu reino*: Desde 4,14 até este ponto, o Evangelho de Lucas vem narrando a natureza do reino de Deus, que rompe os limites que separam os ricos dos pobres, sãos e enfermos, homens e mulheres, puros e impuros, santos e pecadores. Veja os comentários sobre 4,14-30. Que venha este reino, e não vulgares imitações humanas dele. **3**. *pão de cada dia*: O significado do adjetivo *epiousios*, que não ocorre em nenhum outro lugar e modifica o termo "pão", é altamente controvertido. Visto da perspectiva do motivo lucano do alimento, o adjetivo se refere, por um lado, à comida que é necessária para o sustento da vida material e é dom gracioso de Deus. Por outro lado, "pão" não deveria ser interpretado de forma individualista, mas deveria ser visto como algo que se compartilha com os outros, incluindo os pecadores, em refeições de reconciliação, especialmente na eucaristia. **4**. *pecados*: A comunidade de Jesus, composta de pecadores, ora e pede confiantemente perdão a seu gracioso Deus-Pai. Os discípulos que não estão dispostos a perdoar a qualquer pessoa que pecar contra eles não têm uma concepção apropriada do Deus de Jesus, que é misericordioso para com todas as pessoas (6,35-36). *Tentações*: Em Lucas, a tentação nunca tem resultado positivo, como, *p.ex.*, fortalecer o caráter. A tentação é sempre má. Os discípulos oram para que seu Deus sempre amoroso os preserve da apostasia em relação ao Caminho cristão. Veja 22,39-46.

129 5-13. Várias instruções sobre a necessidade de perseverança na oração. Pressupõem-se a graça de Deus e sua disposição de responder às necessidades dos filhos e filhas de Deus na peregrinação cristã. Se um amigo ajuda outro amigo, se o pai dá alimento a seu filho, quanto mais Deus irá cuidar dos discípulos do Filho de Deus, Jesus. **13**. *Espírito Santo*: Mt 7,11 traz "coisas boas". Na teologia de Lucas, "coisas boas" podem colocar os discípulos em apuros, *p.ex.*, 12,18-

19; 16,25. Em resposta às orações dos discípulos, que querem orar, viver e agir como Jesus o fez, Deus lhes dá o dom pós-pascal do Espírito Santo. "O dom do Espírito Santo resume tudo que é dado à comunidade de Jesus: alegria, força, coragem para testemunhar e, portanto, para viver" (Schweizer, *Good News* 192). Cf. P. Edmonds, *ExpTim* 91 (1980) 140-43. E. LaVerdiere, *When We Pray* ... (Notre Dame, 1983).

130 (g) *Controvérsias revelam o significado da jornada de Jesus* (11,14-36). Lucas revela sua capacidade artística na criação da unidade desta passagem ligando passagens díspares, especialmente os vv. 24-26.33-36 em torno de controvérsias sobre a fonte do poder do reino de Jesus. O resultado de sua criatividade é um padrão que tem a seguinte estrutura: A (11,15), B (11,16), A' (11,17-28), B' (11,29-36); neste padrão, os vv. 23-28, com seus temas duais da resposta ao poder curativo e à palavra de Jesus, formam uma ponte entre A' e B'. Lucas manifesta ainda sua criatividade na maneira como alterna, nesta seção, seus ensinamentos sobre cristologia e discipulado. Lc 11,14-23 tem paralelo em Mt 12,22; Mc 3,22-27; Lc 11,24-26 em Mt 12,43-45; 11.29-32 em Mt 12,38-42; 11.33-36 em Mt 5,15; 6,22-23 (Lc 11,33 é um par de 8,16). **14**. *Ele expulsava um demônio*: O exorcismo é narrado em um único versículo. O fato do exorcismo realizado por Jesus não é debatido. Antes, o que está em questão é a fonte do poder de Jesus e daqueles que o seguem. **15**. *alguns*: Observe a generalização da oposição. Na controvérsia de 11,37-54, os fariseus e os doutores da lei é que são os oponentes. *Beelzebu*: Esta palavra provavelmente significa "Senhor dos céus". Lucas estabelece com este versículo a parte A de seu modelo; ele retornará a resposta de Jesus a esta objeção nos vv. 17-28. **16**. *outros*: Deve-se observar a generalização lucana da oposição, que busca algum sinal extraordinariamente poderoso. Lucas introduz a parte B de seu padrão; ele retarda a resposta à exigência deles até os vv. 29-36. **17**. Lucas enfatiza a presciência de Jesus. Veja outros relatos de controvérsias em 5,22; 6,8; 7,36-50. **20**. *dedo de Deus*: Faz-se referência a Êx 8,15 (LXX). O que Deus fez no passado para resgatar seu povo da opressão da escravidão está tendo continuidade em Jesus, em cujo ministério se manifesta o poder do reino de Deus. Veja o comentário sobre 4,14-43. **21-22**. Lucas aprofunda sua reflexão cristológica e utiliza símbolos de riqueza (pátio de um palácio, posses, confiança na segurança material) para descrever o homem forte. Jesus, o mais forte (3,16), derrota as forças do mal. Cf. S. Legasse, *NovT* 5 (1962) 5-9. **23**. *quem não está a meu favor está contra mim*: Lucas aborda seu tema do discipulado. Vivendo em um ambiente hostil, as comunidades lucanas são consoladas pelo poder de Jesus sobre o mal e são exortadas a apegar-se a ele e a seu caminho. **24-28**. Os enigmáticos versículos 24-28 devem ser entendidos no contexto que o artista Lucas criou para eles: a vitória de Deus sobre o mal em Jesus não elimina a necessidade de os discípulos responderem à pregação da palavra de Deus por Jesus. Ouvir e praticar a palavra de Deus é o auxílio necessário para os discípulos evitarem cair novamente nas garras do demoníaco (veja Grundmann, *Lukas* 240). Lucas contrapõe as respostas dos discípulos à dos oponentes dos vv. 15-16. Os versículos 23-28 formam uma transição para a parte final (vv. 29-36, B') do padrão lucano.

131 **29**. Lucas retorna à questão do pedido de um sinal, já introduzida no v. 16. *sinal de Jonas*: Mt 12,38-42 não deve ser introjetado nesta passagem; Lucas não está interessado nos três dias que Jonas passou no ventre do peixe. Os versículos 30.32 deixarão claro que a preocupação de Lucas é com o fato de Jonas pregar a palavra de Deus como sinal, pois isto está de acordo com sua insistência em ouvir e praticar a palavra de Deus proclamada por Jesus. **31**. *Rainha do sul*: Veja 1Rs 10. Lucas pondera novamente o significado de Jesus: sua sabedoria é maior do que a do lendário rei sábio de Israel, Salomão. **32**. *a pregação de*

Jonas: O poder da palavra de Deus em Jonas é demonstrado pela conversão em massa dos ninivitas. Em Jesus, o porta-voz de Deus, está presente um poder maior. Lucas apresenta, para a imitação da parte de seus leitores gentílicos e de todos os discípulos, a generosa resposta dada à palavra de Deus por pessoas não eleitas. **33-36**. Lucas ligou criativamente estes ditos sapienciais a seu contexto de como se deveria responder à palavra de Deus pregada por Jesus. **33**. *os que entram vejam a luz*: Os discípulos, que pregam Jesus como a luz, precisam deixar que essa luz brilhe para os homens e as mulheres que buscam um caminho para sair das trevas **34**. *são ... mau:* os termos gregos *haplous ... ponēros* devem ser entendidos em um sentido moral, como é a contraposição entre "luz e trevas". Uma resposta sincera e generosa à palavra de Deus conduz à bondade moral da pessoa toda. **36**. A pregação da palavra de Deus por Jesus e pela igreja encontrará aceitação nos corações das pessoas que buscam sinceramente os caminhos de Deus. Veja Jo 3,19-21.

132 (h) *A esmola torna a pessoa pura diante de Deus* (11,37-54). À medida que as comunidades cristãs seguem pelo caminho de Jesus, elas se defrontarão com controvérsias internas e externas. Sobre o significado de "fariseus", → 76-77 *acima*. Sobre a forma literária do banquete, → 99 *acima*. Observe a estrutura: a revelação gradativa dos convidados (os doutores da lei mencionados primeiro em 11,45; os escribas e outros fariseus em 11,54) e um fato pitoresco (o assombro silencioso do anfitrião com o fato de Jesus não lavar as mãos antes de comer, em 11,38, dá o ensejo para o discurso de Jesus). A estrutura narrativa na qual Lucas coloca este banquete(11,30-32) explica sua única anomalia, *i.e.*, a descortesia de Jesus para com seu anfitrião ofusca sua sabedoria. "Há um convidado principal que, ao menos da perspectiva do redator, supera seus adversários e é mais sábio do que Salomão" (E. Steele, *JBL* 103 [1984] 389. Esta perícope tem, em boa parte, um paralelo em Mt 23. **39-41**. Há um sutil jogo de palavras com o significado dos termos exterior/interior nestes versículos: dentro e fora de recipientes e dos seres humanos criados por Deus. **41**. *interior*: Três sentidos são possíveis: "dai o conteúdo [comida e bebida] como esmola"; "no tocante ao interior, dai esmolas", "dai esmolas de coração" (cf. Marshall, *Gospel* 495). *Esmolas*: Além de Mt 6,2-4, no NT apenas Lucas-Atos menciona o dar esmolas no NT. Veja também 12,33; 18,22; At 9,36-43; 10,2.4.31, 24,17. "Portanto, o dar esmolas constitui uma parte essencial da vida ética cristã para Lucas. Aqui, deparamo-nos novamente com o desafio que Lucas lança aos que têm muito no sentido de compartilhar com os que nada têm" (Pilgrim, *Good News to the Poor* [→ 72 *acima*] 136; veja também L. T. Johnson, *Sharing Possessions* [OBT; Philadelphia, 1981]). Lucas prescreve a seus cristãos gentílicos a prática judaica de dar esmolas, a qual em sua cultura era quase completamente desconhecida. *Tudo ficará puro*: Para os legalistas das comunidades lucanas, esta afirmação é revolucionária: atravessar fronteiras para cuidar de pessoas necessitadas torna a pessoa pura, e não práticas rituais estabelecidas. Exemplos de como Lucas lidou anteriormente com a questão da pureza encontram-se em 6,1-11; 8,26-56. **42**. O primeiro dos três "ais" de Lucas contra os fariseus. *Sem deixar de lado aquelas*: Dever-e-ia observar que Lucas não rejeita as práticas supererrogatórias dos legalistas de sua comunidade. "Lucas aparentemente não tinha nenhuma objeção ao estilo de vida fariseu em si, inlcluindo o compromisso com um sistema legal expandido. Ele só faz objeções à negligência dos mandamentos centrais, cuja centralidade era, inclusive, reconhecida por eles (Lc 10,25s.)" (Wilson, *Luke and the Law* [→ 58 *acima*]. Os outros convidados, que são especialistas na lei entre os fariseus, são apresentados. Eles também receberão três "ais". **48**. *edificais os túmulos*: O significado deste versículo não é inteiramente claro, pois normalmente se edifica um monumento com a intenção louvável de homenagear uma pessoa. Uma vez que o contexto indica que os doutores da lei são acusados de não darem ouvidos aos porta-vozes de Deus no passado ou no presente, o v. 48 pode ser irônico: vocês só homenageiam profetas mortos, e não profetas vivos quando eles morrem; erigindo um monumento sobre eles, vocês se certificaram de que eles estão de fato mortos e não incomodarão vocês agora. A construção de um monumento é honrosa, mas vocês não estão mais abertos para ouvir os porta-vozes de Deus do que seus antepassados estavam. **49.** *profetas e apóstolos*: Lucas se refere aos porta-vozes cristãos dentro de suas próprias comunidades. **51.** *Abel ... Zacarias*: Isto parece sugerir uma contraposição entre o primeiro livro da Bíblia (Gn 4,8-10) e um dos últimos (2Cr 24,20-22): vocês recapitulam em sua resposta à palavra de Deus em Jesus o que ocorreu ao longo da história do relacionamento de Deus com seu povo. **52.** *chave da ciência*: Em meio ao calor da polêmica, ressoa uma nota positiva: os legistas nas comunidades de Lucas possuem a chave do conhecimento. Veja também o v. 42. Parece que a conduta deles os impediu de usá-la para si mesmos e para outros. **53-54.** A hostilidade por parte dos líderes religiosos contra Jesus aumenta. Veja também 6,11; 19,47; 20,19-20; 22,2.

133 (i) *Os discípulos se deparam com oposição interna e externa* (12,1-59). Lucas constrói esta seção principalmente com materiais de Q e L. Suas conexões são, antes de tudo, temáticas e por palavras-chave. Por meio de 12,1-3, Lucas liga a oposição que os fariseus, cujo fermento era a hipocrisia, faziam a Jesus (11,37-54) com a que seria vivenciada por seus discípulos (12,4-12). A oposição que o "pequeno rebanho" de Jesus vivencia encontra um aliado no desejo humano de posses (12,13-34). Além dos problemas externos causados aos discípulos de Jesus pela oposição, há ainda os internos causados por dirigentes egoístas da igreja (12,35-48). Em 12,49-53, Lucas dá a justificativa cristológica da oposição vivenciada por Jesus e seus discípulos. Em 12,54-59, Lucas coloca as multidões em sua descrição daqueles que se opõem a Jesus e aos discípulos formando uma *inclusio:* tanto os fariseus quanto as multidões são culpados de hipocrisia (12,56). **1-3.** *Fariseus*: Lucas continua sua polêmica contra os fariseus ou mestres rigoristas de sua comunidade, cujas ações não correspondem a suas palavras. Os discípulos não deveriam se deixar contaminar pelo fermento deles ou por sua influência corruptora (v. 1). Independentemente de quão persuasivos e influentes pareçam ser os ensinamentos dos fariseus agora, a natureza falsa de sua posição e o caráter destrutivo de sua pessoa serão revelados no final (vv. 2-3). Os versículos 1-3 parecem conter uma polêmica estereotipada contra os falsos mestres (→ 150 *acima*; cf. R. J. Karris, *JBL* 92 [1973] 549-64). **4-12.** Lucas alterna mensagens de consolo e admoestação à medida que desenvolve o tema: se os ensinamentos do mestre se depararam com oposição, o mesmo acontecerá com os dos discípulos. **4.** *meus amigos*: Esta expressão consoladora ocorre só aqui nos Sinóticos. **5-7.** Os discípulos são admoestados a serem fiéis a Deus e à mensagem do Filho de Deus (9,35). É Deus que tem o controle sobre a totalidade da vida da pessoa. *Cinco pardais ... cabelos de vossas cabeças*: Com uma pitada de humor, Lucas argumenta a partir do menor para chegar ao maior: se Deus cuida dos artigos menos caros do cardápio e conta os cabelos que caem da cabeça de homens e mulheres que estão ficando calvos, quanto mais ele cuidará dos discípulos de Jesus. **8-9.** *Filho do Homem*. O que está em jogo no discipulado é muito: aqueles que são fiéis a Jesus recebem seu apoio como Filho do Homem no juízo. **10-12.** O versículo 10 deveria ser lido juntamente com os vv. 11 e 12. O chamado pecado sem perdão tem dois aspectos: uma recusa obstinada de acolher a mensagem cristã (veja 8,10; 11,14-26) que a igreja, cheia do Espírito Santo, prega a todos.

134 13-21. Esta passagem inicia uma longa meditação, que continua até 12,34 e tem reflexos em 12,45, sobre os efeitos prejudiciais que as posses poderão ter sobre os discípulos. **15.** *cupidez*: Parte da polêmica contra os falsos mestres era a de que eles eram avarentos (→ 150 *abaixo*). O relato exemplar que segue nos vv. 16-21 adverte os discípulos acerca da futilidade de buscar refúgio frente à oposição acumulando riquezas. **17.** Observe quão frequentemente neste versículo e nos vv. 18-19 o "insensato" usa os termos "eu" e "meu". Seus interesses egoístas eliminam Deus e o próximo do horizonte. **19.** *comer, beber*: Esta descrição da vida dissoluta se reflete em 12,45. **20.** A morte do indivíduo como momento de prestação de contas é enfocada aqui. As coisas acumuladas, *de quem serão*? Esta pergunta constitui o clímax da história exemplar e força o leitor a fazer-se a pergunta fundamental: qual é o sentido da vida? **21.** Lucas dá sua própria resposta à pergunta do v. 20. Encontre o sentido da vida reconhecendo a Deus e dando esmolas aos necessitados (→ 132 *acima*).

135   22-34. Nestes versículos, muitas vezes romantizados, Lucas continua suas reflexões sobre as posses e a oposição. Os pontos da meditação: "pouca fé" (v. 28) e "não tenhais medo, pequenino rebanho" (v. 32). **24.** *os corvos*: Estes pássaros são considerados impuros (Lv 11,15; Dt 14,14). "Eles eram conhecidos na Antiguidade como criaturas descuidadas que até deixam de retornar a seus ninhos" (*FGL 978*). **27-28.** *lírios*: O esplendor dos lírios é exaltado em um momento, e sua efemeridade no momento seguinte. Por que um lírio e não um cedro do Líbano? Através dessas imagens, Lucas está direcionando a imaginação de seus leitores para situações em que sua existência parece tão desamparada e passageira quanto a dos corvos e lírios (veja 8,11-15). Cf. P. S. Minear, *Commands of Christ* (Nash, 1972) 132-51. Em tal situação, Jesus assegura de forma autoritativa a seus discípulos "de pouca fé" que Deus cuida graciosamente deles. **32.** *pequenino rebanho*: A este grupo de discípulos que luta, sofre oposição e é pequeno, Jesus promete o mais importante, o reino, cujos poderes já estão atuantes nesse grupo. **33-34.** *dai esmola*: Tendo advertido os discípulos acerca da ansiedade por causa dos bens materiais nos vv. 22-32, Lucas retorna à necessidade de compartilhar os bens materiais dando esmolas, tema que ele introduziu no v. 21.

136   35-48. Estas parábolas dos "servos" são interpretadas eclesiologicamente por Lucas: as autoridades das comunidades devem ser fiéis e não criar problemas internos para a igreja. Uma chave para o sentido visado por Lucas é fato de que o termo grego *doulos*, "servo", "escravo", que ocorre nos vv. 37.43.45.46.47, significa aquele que presta serviço à comunidade cristã (veja Rm 1,1; 1Cor 7,22; Gl 1,10; cf. At 4,29; 16,17). Outra chave é o fato de que o termo *oikonomos*, "administrador" aparece apenas no Evangelho de Lucas (12,42; veja 16,1.3.8) e significa alguém que presta serviços à comunidade cristã (1Cor 4,1-2; Tt 1,7; 1Pd 4,10). **37.** *os servirá*: Esta inversão de papéis é significativa e ressalta a gratuidade absoluta de Deus. O servo que for fiel durante o tempo do cumprimento antes da *parúsia* participará do banquete escatológico. Compare 17,7-10, que sublinha a responsabilidade do servo. Veja também a apresentação de Jesus como Servo feita por Lucas em 22,24-27, e como Servo Sofredor em 23,6-25. **41.** *Pedro*: Ele é o porta-voz para perguntas acerca das autoridades da igreja (→ 70 *acima*). **42.** *medida de comida*: Parece haver mais coisas implicadas aqui do que meros alimentos. Há uma referência a refeições comunitárias? E à eucaristia? **45.** *a comer, a beber e a se embriagar*: Aqui ressoam ecos do versículo 19: a autoridade da igreja assumiu algumas das características do "insensato". **47-49.** As punições para as autoridades eclesiásticas infiéis e negligentes são severas.

137   49-53. Com uma retrospectiva de 3,16 Lucas dá a razão da oposição a Jesus, seus discípulos e à igreja. **49.** *fogo*: A natureza da mensagem de Jesus é purificar e fazer as pessoas distinguir entre o refugo e o produto genuíno. **50.** *batismo*: Batizar "é usado aqui sem a referência primária ao rito do batismo, mas em sentido metafórico de ser engolfado por uma catástrofe..." (Marshall, *Gospel* 547). Em obediência à vontade de Deus, Jesus segue em sua jornada para Jerusalém e seu êxodo (9,31), enfrentando resolutamente toda oposição. **53.** *ficarão divididos, pais contra filhos...*: Talvez Mq 7,6 seja o pano de fundo deste versículo. Mais importante é que Lucas parece ter sido evasivo em relação chegou a seu tema da paz aqui e no v. 52. Mas estes versículos deveriam ser lidos com a perícope programática de 2,34-35 em mente. A paz não será obtida a qualquer custo, especialmente às custas do compromisso com a palavra de Deus. Entretanto, mesmo em situações não-pacíficas, o Jesus lucano exige perdão e reconciliação (*p.ex.*, 9,51-56) e amor aos inimigos (6,27-36). **54-59.** Os fariseus, devido à sua hipocrisia (12,1), não aceitam Jesus. As multidões, devido à sua hipocrisia, recusam-se a enxergar o momento-chave de Deus na história salvação (*kairós*), presente no ministério de Jesus (12,56). Ironicamente, as multidões têm inteligência suficiente, *p.ex.*, em assuntos jurídicos, para buscar a reconciliação e evitar a prisão. Mas elas deveriam usar essa engenhosidade na leitura dos sinais dos tempos em Jesus (12,57-59)!

138 (j) *Todos necessitam de arrependimento* (13,1-9). Esta passagem, que só se encontra em Lucas, ensina aos discípulos que Jesus é compassivo, mas não irresoluto. Ele exige que os pecadores se arrependam antes que seja tarde demais. A dupla prescrição de Jesus referente ao arrependimento (vv. 3.5) formará a base para a pergunta posterior acerca de se poucos serão salvos (13,23). **1.** *galileus, cujo sangue Pilatos havia misturado com o das suas vítimas*: Este incidente não é atestado em outras fontes. **2-3.** A catástrofe do v. 1 (e também do v. 4) não abalou estas pessoas porque elas eram pecadoras notórias. Em seu conselho para que os discípulos aprendam, da morte inesperada de outros, que deveriam se arrepender e estar prontos para o julgamento, Lucas conecta esta passagem com o tema do julgamento do cap. 12, *p.ex.*, vv. 20.40.46. **3.** *se não vos arrependerdes, perecereis todos do mesmo modo*: Este versículo é repetido quase literalmente no v. 5 e é um refrão. Lucas também desenvolve seu tema da paz e não-violência. "[...] Jesus não mostra nenhum sinal de ódio ou vingança quando é avisado da crueldade de Pilatos contra seus compatriotas" (Ford, *My Enemy* 101). **6-9.** *figueira*: Por um lado, esta é uma parábola de compaixão, que produz consolo no discípulo que tropeça no Caminho cristão. Por outro lado, é uma parábola de crise, que deveria acender um fogo entre procrastinadores e outros discípulos improdutivos.

139 (k) *Uma ilustração da natureza do reino de Deus* (13,11-17). Nesta significativa passagem, que se encontra exclusivamente aqui, Lucas mostra o significado do reino de Deus em ação, que ele ilustrará mediante parábolas em 13,18-21. **10.** *sinagoga*: → 51 *acima*. *sábado*: (→ 58, 81 *acima*). **11.** *mulher*: O reino de Deus não é apenas para os homens. Esta "pequenina", que responde ao poder do reino de Deus em sua vida louvando a Deus (v. 13), é contraposta ao líder religioso, cujas ideias a respeito de quando Deus pode agir o torna cego para a presença deste reino e para sua necessidade de arrependimento. **15-16.** Jesus argumenta a partir do menor para chegar ao maior: Se vocês soltam animais no sábado, por que eu não posso soltar um ser humano no sábado? *filha de Abraão*: A herança religiosa judaica não está restrita apenas aos sãos ou aos homens. Esta mulher pertence ao Israel reconstituído (→ 23 *acima*). Veja também 19,9, onde Jesus declara que o coletor de impostos Zaqueu, outro excluído, é "filho de Abraão". O que Jesus fez por essa mulher é cumprimento de sua comissão de libertar os cativos das cadeias do mal (4,18). *Sábado*: O que Jesus faz no sábado é, na verdade, uma celebração de seu sentido profundo, *i.e.*, libertar as pessoas dos efeitos da ordem decaída. A finalidade do sábado, como

Jesus o entende, é cumprido não proibindo obras de compaixão, mas incentivando--as. Cf. Busse, *Wunder* (→ 67 acima) 289-304; Wilson, *Luke and the Law* (→ 58 acima); Witherington, *Women* (→ 127 acima) 68-71.

140 (l) *Apesar da oposição, o reino de Deus cresce* (13,18-21). Estas duas parábolas sobre o reino, as únicas que se encontram em Lucas, têm paralelos em Mt 13,31-33. Elas não acentuam o contraste entre a insignificância do começo e a grandiosidade do produto final. O que está em foco é o crescimento, que ocorre inexoravelmente. No contexto imediato anterior a estas parábolas, Lucas enfatizou a oposição a Jesus (veja 11,13-13,17); e no que se segue o tema da oposição não será menos intenso (14,1-24; 15,1-2). Estas parábolas consolam os discípulos que, à medida que continuam a jornada de seu mestre, também enfrentarão forte oposição. **19.** *e as aves do céu se abrigam em seus ramos*: Esta referência composta do Sl 104,12 e Dn 4,9.18 se refere aos diferentes seres humanos que encontram refúgio no reino de Deus. O tema lucano do universalismo aparece. Jesus sofreu oposição por ter aceito pessoas excluídas em refeições que simbolizavam o reino de Deus (veja 13,28-29). **21.** *uma mulher tomou e escondeu em três medidas de farinha*: Uma mulher corresponde, agora, ao homem da parábola anterior. R. W. Funk (*Int* 25 [1971] 149-70) chamou a atenção para três elementos estranhos nesta parábola: (1) O reino de Deus é comparado com algo que é impuro e corrompe, o fermento. (2) O reino de Deus sob a imagem do fermento está oculto. (3) Está oculto na quantidade de farinha usada para reagir festivamente a uma epifania divina (Gn 18,6; Jz 6,19). A comparação do reino de Deus com algo que é impuro contesta as concepções comuns de pureza e está em sintonia com o Evangelho de Lucas (*p.ex.*, 8,26-56). Este reino está de fato oculto, especialmente para os sábios e instruídos (Lc 10,21). No reino Jesus proclama com palavras e ações que há uma epifania de Deus para as pessoas que abrem seus olhos e ouvidos para ver e ouvir. Os discípulos podem estar seguros de que o reino de Deus, assim como o poderoso agente corruptor (o fermento), está atuante e alcançará seu objetivo, apesar de todas as indicações em contrário.

141 (B) A segunda parte da instrução sobre o significado do caminho cristão (13,22 –17,10). Lucas continua a explorar o rico simbolismo da jornada de Jesus a Jerusalém e seu encontro com a vontade de Deus e instrui os discípulos sobre as várias dimensões do caminho cristão.

(a) *A necessidade de arrependimento é enfatizada novamente* (13,22-30). Talvez usando material de Q para os vv. 24-29, Lucas se baseia na exigência de arrependimento de 13,3.5 e enfatiza que o caminho cristão exige uma adesão total a Jesus e proporciona companheiros de viagem de todas as partes da terra, bem como lugares no banquete escatológico. **24.** *porta estreita*: O contraste sugerido aqui parece ser entre os enormes portões da cidade, pelos quais uma multidão pode passar ao mesmo tempo, e uma pequena passagem. **25-27.** *fechado a porta*: Lucas muda a imagem para uma porta que Jesus fecha aos que se contentavam de se vangloriar por conhecer Jesus e sua mensagem. Comer e beber ocasionalmente com Jesus não é suficiente. É preciso participar de sua vida, simbolizada por sua comunhão de mesa com os humildes. **28-29.** *Abraão, Isaac e Jacó*: O reino de Deus (veja 13,18-21) é agora representado pela imagem do banquete escatológico (veja Is 25,6-8). Aqueles que não querem se comprometer com o caminho de Jesus acabam ficando de fora. Deus abre graciosamente o banquete para todos os povos. Estes agora formam o Israel reconstituído. **30.** Lucas apresenta novamente seu tema familiar da inversão.

(b) *A jornada obediente de Jesus para Jerusalém* (13,31-35). Nesta passagem Lucas acentua a obediência de Jesus à vontade de Deus (veja 9,51) e sua amorosa preocupação com a cidade de Deus, Jerusalém, e seu povo. Por baixo destes temas mais amplos Lucas aborda seu motivo familiar da oposição a Jesus, o porta-voz de Deus. **31.** *alguns fariseus*: Esta deve ser a única referência positiva aos fariseus neste Evangelho. **32.** *raposa*: Jesus considera Herodes Antipas (veja 3,1.19-20; 9,7-9; 23,6-10) uma pessoa manhosa e dissimulada. Não se deveria deixar de perceber a importância de tal crítica a uma figura política. No Evangelho de Lucas, não há nada sacrossanto em relação à ordem social romana ou àqueles que, como Herodes, a sustentavam. Jesus os critica livremente. "Além disso, Jesus não se submete aos padrões e práticas sociais com os quais os romanos e seus aliados estavam comprometidos. Ele rejeita a violência e exploração que eles aceitam como parte normal da vida, e seus ensinamentos e sua conduta contrariam muitos dos outros padrões que eles aceitam e endossam" (R. J. Cassidy, *Jesus, Politics and the Society* [Maryknoll, 1978] 61-62) → 170. *No terceiro dia terei consumado*: Herodes não impedirá Jesus de realizar sua missão do reino dia após dia. No tempo apropriado de Deus, Jesus chegará a Jerusalém e ali será ressuscitado como vindicação de Deus no terceiro dia. **33.** *devo prosseguir o meu caminho*: Jesus aceita de forma resoluta a vontade de Deus, o que é mostrado pelo termo "devo" (em grego: *dei*). Jerusalém não é apenas o lugar do assassinato de Jesus, mas é também seu agente. Sobre o motivo do "profeta rejeitado", mediante o qual Lucas pôde explicar a morte de Jesus em Jerusalém, → 61 *acima*. **34.** *galinha*: por meio desta imagem de cuidado amoroso e proteção, o Jesus lucano expressa sua compaixão por seu próprio povo. **35.** *casa*: Esta não é necessariamente uma referência ao Templo. O pano de fundo do AT parece ser Jr 22,1-9, onde "casa" significa os líderes a serviço do rei. No relato lucano da paixão de Jesus, os líderes religiosos, os chefes dos sacerdotes, são os principais responsáveis pela morte de Jesus. Cf. F. D. Weinert, *CBQ* 44 (1982). **68-76**. *abençoado*: Dentro da linha da narrativa lucana, isso se refere a 19,38 (→ 163 *acima*).

142 (c) *A natureza inclusiva do banquete do reino de Jesus* (14,1-24). Esta passagem dá continuidade ao tema da oposição com a qual o cap. 13 é concluído. Jesus é o anfitrião (14,24) do banquete escatológico de Deus, para o qual todos, eleitos e não eleitos, são convidados. **1-6**. Este relato, contida unicamente no Evangelho de Lucas, é o ensejo para os subsequentes discursos sapienciais de Jesus nos vv. 7-24. Os fariseus deveriam ter convidado pessoas necessitadas, como o hidrópico, para seu banquete (veja vv. 12-14). **1**. *Fariseus*: → 76-77 *acima*. *Sábado* → 58 *acima*. Esta é a última controvérsia de Lucas sobre o sábado. *Tomar uma refeição*: → 99-100, 132 para informações sobre a natureza do gênero de banquete que Lucas adapta aqui para dar respostas aos problemas de sua comunidade com os "fariseus": se eles deveriam se relacionar com os impuros (7,36-50); o que torna alguém puro (11,37-54); quem deveria ser convidado para refeições cristãs (14,1-24). Em cada caso, Lucas dá respostas, e respostas radicais, no contexto de uma refeição. **2**. *hidrópico*: A hidropisia ou edema, a doença que faz o corpo reter líquido demais, acarretando problemas de inchaço e má circulação do sangue, é conhecida nas sociedades ocidentais, onde é geralmente causada pelo consumo excessivo de sal. **4-6**. Jesus, aqui, novamente mostra ser "Senhor do Sábado" (6,5), que defende a prática da compaixão no sábado.

143 **7-15**. Esta é a primeira parte do ensino sapiencial de Jesus, o convidado principal. Lucas se baseia num tema convencional na literatura do gênero do banquete: lugares de honra (cf. Luciano, *Convivium* 8-9). **7**. *convidados*: em grego: *keklēmenoi*. J. A. Sanders chamou a atenção para o duplo entendimento implicado neste verbo grego em 14,1-24. "*Keklēmenoi* ('os convidados'), em Lucas, significa 'aparentemente eleitos' ou 'aqueles que se consideram eleitos'" ("The Ethic of Election in Luke's Great Banquet Parable". *Essays in Old Testament Ethics* [Fest. J. P. Hyatt; ed. J. L. Crenshaw, *et al.*; New York, 1974] 259). Assim, nos vv. 16-24 teremos uma contraposição entre aqueles considerados eleitos e os que são tidos como não eleitos. **11.** *todo aquele que se exalta*: Lucas dá à sabedoria secular uma orientação teológica: Deus não se deixa enganar pela autopromoção. **12-14**. As comunidades lucanas não têm uma ética greco-romana rigorosa de reciprocidade ou a mentalidade *do ut des*, pela qual os amigos, que têm tudo em comum, socorrem uns aos outros na esperança de que quando estiverem com problemas, o amigo também o socorrerá. Nas comunidades lucanas, pessoas de diferentes estilos de vida e de diferentes nações são como amigos por terem tudo em comum (At 4,32). Cf. W. C. van Unnik, *NovT* 7 (1966) 284-300. **13**. *pobres, estropiados, coxos, cegos*: os necessitados mencionados neste versículo reaparecerão no v. 21. Há bons indícios de que na época de Jesus e de Lucas, tanto na sociedade judaica quanto na greco-romana, estas pessoas eram menosprezadas, *p.ex.*, 1QSa 2,5-22 lista as seguintes pessoas como proibidas de entrar no banquete escatológico: aquelas que têm alguma ferida à vista, com mãos ou pés esmagados, coxos, cegos, surdos ou mudos as que têm deficiência visual ou senilidade. Cf. W. den Boer, *Private Morality in Greece and Rome* (Mnemosyne 57; Leiden 1979) 129-32. Lucas parece ter acrescentado os pobres a esta lista. Por quê? "Tanto nas Escrituras hebraicas quanto na literatura de Qumran, o termo 'os pobres' é usado frequentemente como uma designação para Israel, e especialmente para os eleitos dentro de Israel" (Ringe, *Jesus* [→ 59 *acima*] 59). Será que Lucas, introduzindo "os pobres" na lista das pessoas sem influência social e econômica, está ampliando ironicamente a noção de quem são os eleitos? **14.** *ressurreição dos justos*: Os vv. 12-14 deixam claro que os justos a serem gratificados nesta ressurreição são aqueles que compartilharam o pão de vida com os desfavorecidos. **15**. *um dos comensais*: Um dos "outros convidados" do gênero do banquete toma a palavra, de maneira autoconfiante, dando assim a Lucas a oportunidade de introduzir o elemento final do discurso de Jesus nos vv. 16-24.

144 16-24. Esta parábola, que conclui o extensivo uso do simbolismo do alimento por parte de Lucas em 14,1-24, tem um paralelo em Mt 21,1-10 e *EvTom* 64, e dá continuidade ao motivo lucano de que os eleitos não respondem ao reino de Deus (16-20.24), que está aberto para todos os outros (vv. 21-23). Como ficou evidente anteriormente, Jesus, o convidado para uma refeição, acaba se tornando o anfitrião (v. 24). **18-19**. *um terreno ... cinco juntas de bois*: Como se poderia esperar de Lucas, as primeiras duas desculpas implicam a busca de riquezas. Deve-se observar que a linha narrativa se baseia no número 3: três convites; três desculpas; três envios. Este fator descarta as observações de que os não eleitos que são chamados no segundo e terceiro envio têm menos valor aos olhos de Deus. Sem o segundo e o terceiro convites feitos pelo servo não haveria história. **20**. *"casei-me"*: Este versículo é paralelo ao v. 26 e evidencia uma certa tendência ascética em Lucas-Atos. Embora tenha uma atitude positiva para com o casamento (veja Isabel e Zacarias [1.5-25] e Priscila e Áquila [At 18]), Lucas também favorece o celibato. Esta ênfase não contradiz o retrato positivo que Lucas apresenta das mulheres discípulas, pois, em uma sociedade patriarcal, não estar casada poderia ser algo emancipatório. Além de 14,20.26; 18,29; e 20,34-36, veja os retratos lucanos de Maria, Jesus e Paulo e das quatro filhas profetisas de Filipe (At 21,9). Mulheres como Maria Madalena (8,3; 24,10), Maria e Marta (10,38-42), Tabita (At 9,36), Lídia (At 16,14-15) e Dâmaris (At 17,34) podem não ter sido casadas. Lucas é contra casar novamente após o divórcio (3,19-20; 16,18; At 24,24-25). Ele apresenta as viúvas de maneira positiva (2,36; 7,12; 18,3). Não parece fortuito que em uma série das passagens destacadas (esp. 14,26; 18,29) Lucas faça uma conexão entre abandonar as posses e se tornar celibatário. Cf. H. J. Klauck, *Claretianum* 26 (1986) 39-43. **23**. *obriga as pessoas a entrar*: Não se deveria interpretar erroneamente este linguajar, que está enraizado nos hábitos da hospitalidade do Oriente Médio: "Mesmo os mais pobres, com sua cortesia oriental, modestamente resistem ao convite à hospitalidade, até serem tomados pela mão e gentilmente forçados a entrar na casa" (Jeremias, *Parables* 177). **24.** *meu jantar*: O Jesus lucano é o Senhor do banquete escatológico.

145 (d) *As exigências do discipulado são repetidas* (14,25-35). Neste material, que, em seu conjunto, é exclusivo de Lucas, ele explica novamente as condições do discipulado. Veja 9,23-27.57-62. Se 14,16-24 colocou a ênfase na gratuidade absoluta da eleição de Deus, estes versículos desenvolvem o outro lado da eleição, a resposta de todo o coração por parte dos discípulos. **26.** *odeia*: O compromisso total que Jesus requer de seus discípulos é enunciado com rigor. *Mulher*: → 144 *acima*. *meu discípulo*: Isto forma o refrão para os vv. 27.33. **28-32.** Estas duas parábolas se concentram na necessidade de refletir antes de agir. As pessoas que querem seguir a Jesus no caminho precisam ponderar os custos. **33.** Este versículo incômodo é introduzido pelo termo grego *houtōs oun*, normalmente traduzido por "semelhantemente" ou "igualmente", e mostra que no v. 33 está-se tirando uma conclusão das parábolas dos vv. 28-32. Mas qual é o ponto de comparação? A comparação feita entre os vv. 28-32 e 33 é a seguinte: o destino das pessoas que não conseguem ver algo até seu término. Os seguidores de Jesus não devem recuar diante de nenhum sacrifício exigido deles para verem seu seguimento de Jesus até seu término, ainda que isto signifique o sacrifício de todas as suas posses. Cf. J. Dupont, *NRT* 93 (1971) 561-82. A. Plummer (*Luke* 366) capta o sentido de Lucas: "Todos os discípulos precisam estar dispostos a renunciarem a suas posses." Portanto, o v. 33 não é uma ordem de que todos os discípulos, quer queiram quer não, renunciem a suas posses. **34-35.** *sal*: Os discípulos precisam cuidar para que sua lealdade a Jesus não se deteriore e se torne inativa. "Um construtor arruinado, um reino conquistado, o sal insípido – estas são imagens desagradáveis que Lucas usa para ilustrar a situação de um discípulo que, por desânimo ou qualquer outra causa, desiste da profissão outrora feita" (C. E. Carlston, *The Parables of the Triple Tradition* [Philadelphia, 1975] 89).

146 (e) *A misericórdia de Deus para com pecadores é ilustrada três vezes* (15,1-32). Em três parábolas, Lucas defende a tese de que a misericórdia de Deus rompe todas as restrições humanas em relação a como Deus deveria agir para com os pecadores. A misericórdia de Deus, de fato, é tão imprudente quanto um pastor que abandona noventa e nove ovelhas para salvar uma, quanto uma mulher que vira a casa de cabeça para baixo para recuperar uma quantia insignificante e quanto um pai judeu que recebe em casa um filho pródigo que tinha se tornado um gentio. Pelo fato de os discípulos terem um Deus misericordioso assim, eles podem se envolver com confiança e alegria no caminho de Jesus rumo a este Deus. **1-10.** Lucas propõe uma imagem do amor de Deus pelos pecadores através de um homem e de uma mulher. **2.** *Fariseus*: → 76-77 *acima*. Embora Lucas não situe esta crítica dos fariseus a Jesus em uma refeição ou (veja 7,36-50; 11,37-54; 14,1-24), ainda há uma referência à comunhão de mesa não discriminadora de Jesus. O problema básico entre Jesus e os fariseus de Lucas continua o mesmo: Existem pessoas que estão fora dos limites da misericórdia de Deus? **4-7.** Um paralelo desta parábola se encontra em Mt 18,12-14. **5.** *alegre*: O tema da alegria perpassa este capítulo (veja também 15,6.7.9.10.23.24.29.32) e tem quatro ênfases: (1) Os motivos da universalidade, comunidade e soteriologia estão entrelaçados de forma inseparável. (2) A conversão é um requisito para encontrar a alegria. (3) A felicidade consiste essencialmente em uma disposição para compartilhar da alegria do próprio Deus em dispensar a salvação. (4) A conclamação para participar do amor e da alegria de Deus é feita por meio de Jesus Cristo (cf. P. L. Bernardicou, *ScEs* 30 [1978] 76-78). **6.** *perdida*: Esta palavra se torna um refrão no capítulo: ovelha perdida, moeda perdida (v. 9), filho perdido (24), irmão perdido (32).

147 **11-32**. Esta parábola alude ao conhecimento dos ouvintes sobre as histórias de dois irmãos, nas quais o irmão mais novo triunfa sobre o mais velho. Veja, *p.ex.*, Esaú e Jacó (Gn 25,27-34; 27,1-36); José e seu irmãos (Gn 37,1-4). Jesus inverte duplamente as expectativas: o filho pródigo é uma paródia do bem sucedido irmão mais novo; o mais velho não é derrotado, mas convidado para a festa. **15-16**. *cuidar dos porcos*: O filho mais novo afundou até se envolver com hábitos dos gentios. Veja 8,26-39 em relação à simbologia dos porcos. **17-19**. O filho articula os indícios de arrependimento que agitam seu ser. **20**. *correu*: Este é um comportamento indigno para um ancião oriental. **22-23**. Expressa-se em ações o perdão dado pelo pai ao filho que havia se tornado um gentio: a túnica cerimonial, o anel, as sandálias, que manifestam o *status* das pessoas livres. A carne, que só era comida raramente, assinalar que esta é uma ocasião especial. **24**. O refrão com os termos "achado/perdido" inunda este versículo. **25-32**. Embora sejam frequentemente ignorados, estes versículos são parte integrante da parábola dos dois irmãos e abordam a questão da autojustificação (veja 15,2 sobre "os fariseus" e 15,7, onde "justo" pode, ironicamente, significar, "autopresunçoso") **30**. *esse teu filho*: O filho mais velho não quer aceitar como vivo o irmão que estava como que morto nem quer aceitá-lo como irmão. **32**. *esse teu irmão*: O refrão de "perdido e achado" e da alegria se reúnem em torno do pedido do pai para que seu filho mais velho aceite o filho arrependido como seu irmão. O desafio desta parábola é ressaltado por seu final em aberto: as pessoas justas entrarão no lugar do banquete para festejar com os pecadores e com o Deus que se alegra com sua companhia? Para um possível paralelo de 15,11-32 na tradição oral hagádica sobre o rabino Eliezer ben Hircanus, veja R. D. Aus, *JBL* 104 (1985) 443-69.

148 (f) *A necessidade de compartilhar os bens com os necessitados* (16,1-31). O tema unificador deste capítulo aparentemente desconexo é o uso das posses para o benefício dos outros, especialmente os necessitados. Cf. Karris, "Poor and Rich", *PerspLA* 121-23; menino, *Glaub und Handeln* (→ 23 *acima*) 68-88. O capítulo está dividido em quatro seções interligadas: 16,1-8a; 16,8b-13; 16,14-18; 16,19-31. **1-8a**. A parábola do "administrador infiel" termina no v. 8a; o senhor de que fala o v. 8a não é Jesus, mas o rico proprietário de terras dos vv. 1.3.5. O sistema jurídico pressuposto por esta parábola é amplamente atestado na época e contrário à proibição da usura do AT. O administrador estava autorizado a fazer contratos vinculantes em nome de seu mestre. Os juros exorbitantes sobre o azeite e o trigo, por exemplo, não estariam listados separadamente no contrato. Seriam incluídos na soma geral mencionada no contrato. Deste modo, uma pessoa poderia ter obtido apenas 1.700 litros de azeite de oliva, mas, devido à taxa de juros de 100%, teria de fazer constar 3.400 litros em seu contrato (veja v. 6). Não há indícios de que o administrador pudesse embolsar os juros como sua comissão; a tarefa do administrador era ganhar dinheiro para seu senhor. Cf. J. D. M. Derrett, *NTS* 7 (1960-61) 198-219. **1**. *homem rico*: Esta designação deixa claro o que a história pressupõe; veja também 16,19. O senhor é um patrão ausente, e uma figura querida na sociedade palestina ou greco-romana. *Foi denunciado por dissipar seus bens*: Este é o sentido negativo usual do termo *diaballein*. **2**. O senhor acredita na calúnia e se prepara para despedir seu administrador. **3-4**. *que farei*: Em seu solilóquio, que faz com o que o leitor tenda a se identificar com ele, o administrador tratado injustamente não se envolve em autocomiseração ou alguma outra forma de indecisão. Ele irá agir resolutamente. **5**. *devedores do seu senhor*: Duas vezes se menciona que os valores são devidos ao patrão. Não há indícios de que o administrador esteja abrindo mão de sua comissão.

O administrador irá se vingar de seu senhor às expensas deste. Ele cancela o lucro usurário do patrão. Certamente os devedores irão retribuir tal generosidade (veja v. 4). **8a.** *administrador desonesto*: Isto não é uma simples repetição do que está implicado nos vv. 1-2, mas sim uma referência à conduta desonesta retratada nos vv. 5-7. *louvou*: O administrador não é açoitado ou punido de outra forma (em contraposição a 12,46). *Prudência*: "O advérbio *phronimos* designa a ação prática que visa a alcançar determinado fim. Não tem nada a ver com a virtude no sentido mais amplo da justiça" (P. Perkins, *Hearing the Parables of Jesus* [New York, 1981] 166).

O que significa 16,1-8a? Já que Lucas gosta de usar "histórias exemplares" em vez de parábolas (veja 10,29-37; 12,16-21; 16,19-31; 18,9-14) para prender a atenção de seus leitores e inculcar uma lição, 16,1-8a é muitas vezes entendido como uma história exemplar, e esta interpretação segue duas direções. Sua versão popular gera problemas enormes, pois sustenta que Jesus estaria ensinando seus discípulos a imitar as ações injustas do administrador. Tal ensinamento seria moralmente repugnante. A versão erudita sustenta que é a astúcia do administrador no uso das posses que deveria ser imitada (ainda que essas posses não fossem dele).

Outros entendem 16,1-8 como uma autêntica parábola do reino de Deus. Há um ponto de vista que defende que o ponto de contato entre a parábola e os ouvintes de Jesus em sua jornada para Jerusalém é semelhante, a saber, o seguinte: o administrador atuou resolutamente diante de uma crise, e é isso que deveriam fazer os ouvintes de Jesus que ficam indecisos para seguir a ele e sua mensagem do reino. Um outro ponto de vista defende que o ponto de contato é a diferença: o senso de justiça normalmente implícito no símbolo do reino não está de acordo com a atitude do senhor no v. 8a. Como pode o senhor louvar tal conduta, perpetrada contra ele mesmo, e não punir o mal feitor? Os padrões normais de justiça estariam sendo negados no reino pregado por Jesus? Sim, no reino de Jesus, um reino de justiça e poder, os patrões não se vingam. Esta concepção do significado desta parábola está de acordo com o mandamento de Jesus de amar os inimigos (6,27-35) e seu ensinamento acerca da não retaliação e do amor aos inimigos (veja 9,51-55; 10,29-37; 17,11-19; 22,47-55; 23,34). Cf. B. B. Scott, *Bib* 64 (1983) 173-88.

149 8b-13. Várias interpretações da parábola são dadas por meio de palavras-chave. Elas focalizam as posses e apresentam um ótimo exemplo do pensamento dual de Lucas: o mamon [dinheiro] pode seduzir e apartar os discípulos de Deus, mas os discípulos devem usar o mamon – agora – para dar esmolas! **8b.** *filhos deste século são mais prudentes*: O administrador representa a resposta entusiasmada que as pessoas deste século exibem em relacionamento mútuo e se contrapõe incisivamente à resposta embaçada dos discípulos ao reino de Jesus. **9.** *dinheiro da iniquidade*: O dinheiro em geral ("aquilo em que depositamos nossa confiança") faz parte desta era má. Os discípulos devem converter o mamon em capital celestial compartilhando-o com outras pessoas, particularmente com os necessitados. Veja 12,33-34. Esta ordem de Jesus para dar esmolas reafirma a validade permanente (veja 16,16-17) do que os profetas e a lei ordenam sobre as esmolas (16,29-31). Quanto ao paralelo entre 16,9 e 1Tm 6,18-19, veja S. G. Wilson, *Luke and the Pastoral Epistles* (London, 1979) 50. **10.** *fiel*: Esta aplicação da parábola enfatiza a necessidade da fidelidade diária. **11**. Se os discípulos não compartilharem os bens, eles não receberão a realidade verdadeira, celestial. **12**. Se os discípulos efetivamente compartilharem as posses, que lhes foram emprestadas por outrem, *i.e.*, por Deus, eles ganharão tesouro celestial como sua posse própria e inalienável. Cf. Marshall, *Gospel* 642. **13**. *não podeis servir a Deus e ao dinheiro*: O discípulo deve prestar lealdade exclusiva a Deus ou irá sucumbir à escravidão do mamon, e a forma de ser leal a a Deus é compartilhar o dinheiro com outras pessoas, especialmente aos necessitados.

150 **14-18**. Após H. Conzelmann ter publicado a tese de que 16,16 contém a concepção lucana tripartite da história da salvação (veja *TSL* 16-17), deu-se mais atenção aos prós e contras de sua posição do que à forma como este trecho está ligado com 16,1-13 e 16,19-31, que estão obviamente interrelacionados tematicamente. Cf. Wilson, *Luke and the Law* (→ 58 *acima*) 43-51. **14-15**. *fariseus*: As ligações de 16,14-18 com 16,1-13 e 16,19-31 são três. (1) Os vv. 14-15 tratam os fariseus cristãos sectários como tipos dos ricos (veja 16,19-31), que escarnecem de Jesus por causa de seu ensinamento acerca da partilha das posses com os necessitados, que não são de sua comunidade (16,1-13). Lucas usou anteriormente os fariseus como exemplos negativos (→ 76-77, 99-100, 132, 142). Ao descrever os fariseus dizendo que são avarentos e exaltam a si mesmos (vv. 14-15), Lucas recorre a uma polêmica greco-romana contra os falsos mestres, que se evidencia em 1Tm 6,10 (avareza) e 1Tm 6,17 (exaltação). Em outros autores do NT, a avareza está relacionada a pecados sexuais (veja Ef 4,19; 5,3.5). Lucas também liga a avareza com pecados sexuais em 16,14; 16,18; observe uma relação semelhante em 8,14 e At 24,25-26. (2) O ensino de Jesus cumpre a lei e os profetas e dá continuidade a eles (16,16, veja v. 29), *i.e.*, o ensinamentos deles sobre o auxílio aos necessitados. Além disso, o que Deus fez ao ressuscitar o Jesus humilde mostra que a ação de Deus é o cumprimento de sua vomtade de salvar os pobres (16,16). Cf. J. Dupont, *Les Beatitudes* (Ebib; Paris, 1973) vol. 3, p. 62-64. (3) O evangelho não é uma mensagem restritiva para alguns ricos que pensam ser eleitos. Ele é para todos (16,16). Em suma, Lucas adverte os membros abastados de sua comunidade a evitarem a avareza (e a imoralidade) seguindo o ensinamento de Jesus sobre a esmola, que está de acordo com a vontade de Deus. Em 16,19-31, Lucas dá continuidade à exortação com o exemplo negativo do homem rico.

151 **19-31**. Esta é uma história exemplar em dois níveis (vv. 19-26, 27-31) que focaliza um homem rico, seus cinco irmãos e os leitores. Ela pergunta o seguinte: os cinco irmãos e os leitores irão seguir o exemplo do rico ou o ensinamento de Jesus e o do AT acerca do cuidado dos necessitados, como Lázaro, e, assim, ser filhos de Abraão? Se os cinco irmãos e os leitores não seguirem esse ensinamento, não terão lugar no banquete messiânico. **19-26**. Há paralelos no folclore egípcio e na história de Bar Ma'yan para esta parte da história exemplar (veja *FGL* 1126-27). O que estes paralelos de inversão na vida futura das condições que se teve na vida presente não levam em consideração é o diálogo entre o rico e Abraão (vv. 23.24.25.27.30) e o fato de que o pobre, na pessoa de Lázaro não sente satisfação pelo castigo recebido pelo homem rico. Veja, em contraposição a isso, *1 Henoc* 92-105; *ApPe* 13. Cf. M. Himmelfarb, *Tours of Hell* (Philadelphia, 1983). **19-20.** *homem rico ... homem pobre*: Apesar das tentativas de mostrar que os vv. 19-26 descrevem o homem rico como quem age de maneira errada (cf. Seccombe, *Possessions* [→ 23 *acima*] 176-78), o texto não indica que ele fosse culpado de erro moral ou que, por outro lado, Lázaro estivesse moralmente certo. Assim, há razões para sustentar que os vv. 19-26, por si sós, poderiam condenar os ricos apenas pelo fato de eles serem ricos e abençoarem os pobres apenas pelo fato de eles serem pobres (veja 1,51-53; 6,20-26). **23**. *seio de Abraão*: Trata-se de uma referência à posição preferida quando a pessoa se reclinar com Abraão no banquete messiânico. **24**. *a língua*: cf. Himmelfarb, *Tours* 68-105. **27-31**. Este segundo nível da história exemplar dá continuidade ao diálogo entre o obtuso homem rico e o Pai Abraão e mostra claramente que o fato de o rico deixar de cuidar de Lázaro não estava de acordo com o AT (16,29-31) e com o ensinamento de Jesus (16,9). **27**. *Pai (Abraão)*: A referência a Abraão retoma um

tema lucano (→ 23 *acima*). Meras palavras não tornam alguém filho de Abraão e, portanto, um membro do Israel reconstituído. "A alegação do 'rico' de que Abraão é seu pai de nada adianta, uma vez que ele não realizou as obras de bondade amorosa que teriam indicado seu arrependimento de seu estilo de vida egoísta e insensível" (G. W. E. Nickelsburg, NTS 25 [1978-79] 338). **31.** *mesmo que alguém ressuscite dos mortos*: Os abastados da comunidade lucana são exortados a auxiliar os Lázaros que estão em seu meio. Embora 16,19-31 ensine que os pobres são salvos *sola gratia* [somente pela graça], eles também terão de responder ao evangelho lucano que anuncia que Deus exalta os humildes na morte e ressurreição de Jesus (16,31). Veja *FGL* 1129.

152 (g) *A renovação interior dos discípulos* (17,1-10). A maior parte desta segunda fase da narrativa lucana da viagem (13,22–17,10) foi ocupada pela oposição a Jesus e seus discípulos. Ao concluir este segmento, Lucas retorna ao tema com que havia começado em 13,22-30: renovação. O material dos vv. 1-6 procede, em grande parte, de Q; os vv. 7-10 são próprios de Lucas. **1-2.** Uma incisiva advertência é feita aos discípulos para que eles não sejam a causa para que seus irmãos e irmãs abandonem a caminhada cristã. **1.** *escândalos*: Ao andar pelo caminho de Jesus, os discípulos, como qualquer pessoa, estarão sujeitos a maus exemplos, em comportamentos nada edificantes e escândalos. **2.** *pedra de moinho*: Talvez uma referência à pedra de basalto comum na Palestina, a qual pesava algumas centenas de quilos. Usar uma pedra de moinho como roupa de banho causaria rapidamente a morte do sedutor. *Um só destes pequeninos*: Os discípulos poderiam ficar tão desamparados como pequeninos em face da força poderosa que os faz cair na apostasia. Seriam os dirigentes da igreja a causa do escândalo? Veja vv. 7-10; → 136 *acima*. **3-4.** *perdão*: Os discípulos não devem apenas orar o Pai-Nosso, mas também viver essa oração mediante o perdão mútuo (→ 128 *acima*). **5-6.** O que os discípulos que estão a caminho precisam mais do que tudo é uma fé crescente no Deus de Jesus Cristo, o qual pode e vai resgatá-los de oposição e outras forças destrutivas. **6.** *grão de mostarda*: Uma árvore relativamente grande, com um sistema de raízes amplo. Seria difícil não só arrancar esta árvore, mas também fazê-la crescer na água. A fé genuína pode produzir as coisas mais inesperadas. **7-9.** *servo*: Este é o outro lado da moeda de 12,35-37, que acentuava a graça imerecida de Deus para os discípulos (→ 136 *acima*). Aqui se enfatiza o ministério responsável por parte dos dirigentes da igreja, que cultivam o campo da igreja e pastoreiam seu rebanho. **10.** *simples servos*: O sentido não é que os discípulos não sejam de modo algum dignos em si mesmos ou no serviço do Senhor. O fato de os discípulos cumprirem seus deveres não lhes dá o direito de reivindicar a graça de Deus. Esta continua sendo sempre um dom.

153 (C) **A terceira parte da instrução sobre o significado do caminho cristão (17,11-19,27).** Em seus últimos passos na jornada para Deus, Jesus conclui suas instruções acerca do que significa segui-lo.

(a) *A gratidão e fé de um leproso samaritano* (17, 11-19). Este milagre é exclusivo de Lucas e é o quarto em sua narrativa da viagem (veja 11,14; 13,10-17; 14,1-6). "Em cada caso, o tema do episódio não é o ato miraculoso, mas sim o ensinamento que surge dele" (Ellis, *Luke* 209). Neste caso, o ensinamento tem uma função cristológica, soteriológica, escatológica e parenética. **11.** *entre Samaria e Galileia*: Não se deveria forçar o texto em busca de exatidão geográfica. Duas coisas são importantes para Lucas: Jesus está a caminho de Jerusalém e de seu encontro com a vontade de Deus; já que está próximo a Samaria, ele pode se deparar com um leproso samaritano. **12.** *dez leprosos*: → 73-74 *acima*. Fronteiras altas e sólidas separam estes homens de seus irmãos e irmãs. **14.** Veja Lv 13,49. **15.** *vendo-se*: "Só o samaritano enxerga e entende completamente o que de fato aconteceu.

Isso o fez entender que ele não apenas está curado, mas também encontrou a salvação de Deus. Seu retorno a Jesus equivale à sua conversão" (H. D. Betz, *JBL* 90 [1971] 318). *Glorificando a Deus*: Esta é a resposta favorita de Lucas para uma manifestação do poder e da misericórdia de Deus (veja 2,20; 5,25; 7,16; 13,13; 18,43; 23,47; At 4,21; 21,20). Tanto aqui como no v. 18 o que está em primeiro plano é a cristologia: o leproso samaritano louva a Deus pelo que Jesus, agente de Deus, realizou. Proeminente é também o cumprimento escatológico. O que havia sido prometido em 2Rs 5,8-19a e repetido em 4,27 e 7,22 se cumpriu em Jesus: a salvação de Deus é para todos os povos. Cf. W. Bruners, *Die Reinigung der zehn Aussätzigen die Heilung des Samariters Lk 17,11-19* (FB 23; Stuttgart, 1977). **16.** *agradecendo-lhe*: Lucas contrapõe a ingratidão à gratidão em seu acento parenético. *Um samaritano*: Esta expressão está em posição enfática no texto grego. Sobre o papel dos samaritanos, veja 9,51-55; 10,25-37; At 8,4-25. Lucas tira seu herói de fora do povo escolhido. **19.** *a tua fé te salvou*: A mensagem soteriológica de Lucas ressoa aqui. Jesus é aquele que salva da doença e restaura a pessoa para o convívio humano. Nele os discípulos encontram a plenitude da integralidade humana.

154 (b) *Fidelidade durante a espera da vinda do Filho do Homem* (17,20-18,18). A partir de materiais escatológicos, Lucas cria exortações para os discípulos em meio à jornada, mesclando seu material próprio com material proveniente, em grande parte, de Q (17,20-37). A demora da volta de Jesus, o Filho do Homem, causa poucos problemas para os discípulos quando os tempos são bons e animadores. Os problemas se multiplicam quando surgem as perseguições (17,25-33), e o Deus de Jesus retarda a vindicação dos eleitos (18,1-8). **20-21.** *Fariseus*: → 76-77 *acima*. Estes cristãos de mente estreita não são capazes de enxergar a presença do reino de Deus em acontecimentos como a cura dos leprosos impuros e a fé grata de um samaritano (17,11-19), eventos estes que prefiguram a missão da Igreja aos gentios. **22-37.** Em 21,5-36 Lucas apresentará um discurso escatológico adicional. Ao passo que aquele acentuará os acontecimentos que conduzem à vinda do Filho do Homem, este enfatiza o caráter súbito da vinda de Jesus (vv. 22-25) e o despreparo das pessoas (vv. 26-37). Cf. Flender, *Luke* (→ 28 *acima*) 13-15. **25.** *será preciso primeiro que ele sofra muito*: Este versículo se origina do próprio Lucas e oferece uma orientação cristológica para material escatológico tradicional. Após a humilhação da cruz, Jesus, o Filho do Homem, foi glorificado (veja 9,22). Em seu caminho para a glória, os discípulos não poderão escapar do sofrimento por causa do nome de Jesus (veja At 5,41; 14,22). **26.** O foco passa da vinda repentina de Jesus para a necessidade de os discípulos no caminho estarem preparados. **27-30.** *comiam, bebiam, casavam-se ...*: Os discípulos devem cuidar para que as preocupações cotidianas não substituam a espera ativa e pessoal da volta de Jesus. **31-32.** Os discípulos estão prontos para o retorno de Jesus quando renunciam a seu apego às posses. **33.** *quem procurar ganhar sua vida*: Veja 9,24-25 no contexto da predição de Jesus a respeito de sua rejeição e vindicação (9,22). Ao vivenciarem oposição por causa de sua adesão a Jesus, os discípulos são admoestados a ponderar novamente qual o sentido da vida. **34-35.** *tomada ... deixada*: O contexto de Noé e Ló indica que estes discípulos serão tirados antes da destruição enquanto outros serão deixados para trás: "Mais uma vez, Lucas usa exemplos de homens e mulheres. A máxima intimidade nesta vida não é garantida de igualdade de condições diante da vinda do Filho do Homem" (Plummer, *Luke* 409). **36.** Este versículo não consta dos manuscritos mais confiáveis. **37.** *abutres*: A vinda do Filho do Homem é tão certa quanto o fato de haver um cadáver presente quando um abutre estiver por perto.

155 **18,1-8.** Lucas vinculou estreitamente esta parábola com 17,20-37 referindo-se a seu tema principal no v. 8: a vinda do Filho do Homem. Ele extrai lições para suas comunidades perseguidas: Deus não abandonará os eleitos; eles precisam se manter fiéis e, por isso, em oração constante até a vinda de Jesus. **1**. *orar*: Veja a parábola semelhante em 11,5-8. Conforme o v. 8 tornará claro, não se trata de mera oração contínua. A fidelidade ao Deus de Jesus precisa ser o motor da oração. **3**. *viúva*: Tal mulher, em uma sociedade patriarcal, é frequentemente uma imagem da impotência em Lucas-Atos (7,11-17; 20,45-21). **6**. *escutai o que diz esse juiz iníquo*: Duas lições são extraídas a partir do argumento *"minus ad maior"*: se a petição persistente da viúva desamparada triunfa sobre um juiz injusto, quanto mais terá resultado a oração persistente dos discípulos cristãos; se um juiz injusto atende ao pedido de uma viúva, quanto mais o fará um Deus misericordioso. **8**. *encontrará a fé sobre a terra?*: A questão decisiva não é sobre a vindicação divina de sua comunidade perseguida; Deus a vindicará. A questão decisiva é se os discípulos de Jesus se manterão fiéis a ele durante o longo percurso provocado pelo retardamento de seu retorno.

156 (c) *Os discípulos devem depender de Deus, e não de si mesmos* (18,9-17). Jesus instrui os discípulos que seguem no caminho, ensinando que não serão suas obras virtuosas elogiadas que lhes darão o direito de entrar no reino de Deus. **9-14**. *parábola*: Esta perícope, exclusiva de Lucas, é outra história exemplar (veja o comentário sobre 16,1-8a). Os discípulos devem concretizar em sua conduta a atitude do coletor de impostos. *justos*: Desde o início de seu Evangelho, Lucas vem aludindo ao tema de quem é justo, injusto e de quem se autojustifica (*p.ex.*, 5,32; 15,7). A concepção de Lucas não é a mesma de Paulo, pois Lucas não relaciona a justiça com a fé, a lei e a cruz, como Paulo o faz. As ênfases de Lucas são três: a jactância autoconfiante com relação às própria boas obras não alcançará a absolvição no julgamento de Deus; como Jesus, é necessário se engajar nos atos justos, *p.ex.*, dar esmolas. Deus vindicou seu justo que sofreu inocentemente: Jesus o Cristo (veja 23,47; At 3,14; 7,52; 22,14). Cf. J. Reumann, *"Righteousness" in the New Testament* (Philadelphia, 1982) 135-43; R. J. Karris, *JBL* 105 (1986) 70-74. **11**. *injustos*: A ironia de Lucas é patente na medida em que ele coloca nos lábios do fariseu uma palavra grega (*adikoi*) da mesma raiz de "justo" (*dikaios*). **12**. As obras supererrogatórias são cuidadosamente elencadas. **13**. *batia em seu peito*: Este é um sinal de arrependimento. A mesma expressão reaparece em 23,48 e deveria ser entendida no mesmo sentido lá. **14**. *justificado*: O coletor de impostos é justificado no tribunal de Deus; ele reconheceu sua necessidade da misericórdia de Deus e demonstrou tristeza por seus pecados. O fariseu, entretanto, não precisa do gratuito dom divino da justificação, pois justificou-se a si mesmo. **15-17**. Em 9,51, Lucas se afastou da ordem da narrativa de Marcos para desenvolver sua narrativa da viagem. Agora ele retoma contato com Marcos. Veja Mc 10,13-16; Mt 19,13-15. *criancinhas*: Em 9,46-48, Jesus usou uma criança para alertar seus discípulos acerca de seu desejo de ser "grande". Em 10,21, ele louvou ao Pai por revelar o sentido de seu ministério aos "pequeninos". Agora ele usa os pequeninos da sociedade humana a fim de ensinar uma outra lição. Em contraposição ao fariseu jactancioso de 18,9-14, os discípulos deveriam se dirigir a Deus como se fossem uma criancinha: com espontaneidade, um espírito de dependência, um senso de admiração e sem insígnias de realização. As portas do reino não se abrem para quem se comporta diferentemente. Em contraposição a Mc 10,16, Lucas não diz que Jesus abençoou as criancinhas. Em Lucas, ele só abençoa pessoas após finalizar a liturgia de seu êxodo (→ 198 adiante).

157 (d) *É muito difícil para os ricos entrar no reino de Deus* (18,18-30). Na conclusão de sua narrativa da viagem, Lucas reúne os diferentes temas que a compõem. Nesta perícope e em sua contrastante, 19,1-10, ele destaca os temas da riqueza e da entrada no reino de Deus. Veja Mc 10,17-31; Mt 19,16-30. **18.** *homem de posição*: Este indivíduo pode ser um líder religioso; veja as passagens paralelas 14,1; 23,13.35; 24,20. *vida eterna*: → 126 *acima*. Observar os mandamentos do amor a Deus e amor ao próximo conduz à vida eterna (10,25-37), bem como abandonar as posses, dá-las aos pobres e seguir a Jesus. O v. 30, que também faz referência a "vida eterna", forma uma *inclusio* com o v. 18. Esta *inclusio* é apenas um exemplo das junções artísticas que perpassam toda a perícope. Cf. H. L. Klauck, *Claretianum* 26 (1986) 28. **19.** *Ninguém é bom, senão só Deus*: Deus é a fonte de toda a bondade, inclusive a do ministério de Jesus. **20.** Estes são os mandamentos que regem os relacionamentos humanos. No v. 29, há uma referência à nova forma de relacionamento humano criada pelo compromisso com o reino de Deus. **21.** *tudo isso tenho guardado*: O homem tem uma convicção profunda. No v. 28, Pedro fala, de forma representativa, do profundo compromisso do seguimento de Jesus. **22.** *distribui aos pobres*: O homem precisa assumir um estilo de vida de solicitude pelos necessitados, exemplificado na venda de todas as suas posses e sua distribuição aos pobres; ele precisa seguir a Jesus. Pedro e seus companheiros já fizeram isso (v. 28); a partir de suas ações pode-se mostrar que isso é possível. **23.** *cheio de tristeza*: Em contraposição a Marcos, o homem riquíssimo não se vai. Ele, como um exemplo para os ricos da comunidade lucana, continua presente para ouvir as palavras desafiadoras de Jesus. **24.** *como é difícil*: É difícil para uma pessoa rica entrar no reino de Deus, mas Deus pode libertar indivíduos de sua escravidão às posses (v. 27). **25.** *buraco de uma agulha*: Esta hipérbole, que contrasta o maior animal da Palestina com a menor abertura, não deveria ser privada de sua força. Seria inútil procurar indícios de que um rico seja salvo com facilidade no Evangelho de Lucas. **26.** *quem poderá salvar-se?*: Esta pergunta é proveniente de expectativas sociais e religiosas de que os bens são um sinal das bênçãos de Deus, tanto aqui quanto no além. **27.** *são possíveis a Deus*: "[...] mesmo o rico pode ser salvo por Deus; Deus pode quebrar o encanto que a riqueza exerce sobre as pessoas" (*FGL* 1205). **28.** *eis que deixamos nossos bens e te seguimos*: A expressão grega *ta idia* volta a aparecer em At 4,32, onde Lucas descreve a forma de a protoigreja compartilhar as posses. **29.** *mulher*: → 144 *acima*.

158 (e) *Nova predição da paixão e vindicação de Jesus* (18,31-34). Lucas conecta esta passagem estreitamente à anterior e indica que o compromisso que Jesus exige dos discípulos em 18,18-30 não é maior do que seu próprio. Veja Mc 10,32-34; Mt 20,17-19. **31.** *Jerusalém*: O fim da jornada de Jesus até Deus está à vista. *Se cumprirá*: O plano de Deus de salvar a humanidade instiga Jesus. **32-33.** Ainda que esta seja geralmente chamada de terceira predição da paixão (veja 9,22.24), Lucas já fez referências à morte de Jesus anteriormente na narrativa da viagem (veja 12,50; 13,32; 17,25). Ao avaliar a posição lucana para com as autoridades romanas, deve-se notar que o v. 32 menciona apenas os gentios (→ 46 *acima*). **34.** Por três vezes Lucas registra a incompreensão dos discípulos. É só após a morte e ressurreição de Jesus que eles compreenderão o significado dele (→ 117 *acima* e 196 *abaixo*).

159 (f) *Resumos do ministério de Jesus aos marginalizados* (18,35-19,10). Ao levar Jesus a Jericó e, portanto, próximo ao final de sua jornada, Lucas conta duas histórias que sintetizam todo o ministério de Jesus, e, como já era de se esperar, há oposição a seu ministério (18,39; 19,7). **35-43.** Veja Mc 10,46-52. **35.** *cego*: Por duas vezes Lucas afirmou antes que o ministério de Jesus traz luz aos cegos cumprindo as promessas de Deus para estes aflitos (4,18; 7,22). Por duas vezes ele ensinou que os cegos deveriam ser convidados para se assentarem à mesa (14,13-21). Agora Lucas usa uma história da misericórdia de Jesus para com um pedinte cego a fim de concluir sua narrativa da viagem e sintetizar o ministério de Jesus para com os desfavorecidos da sociedade. Como mostra o contraste entre a persistência e fé do cego e a dos discípulos (18,31-34), há uma outra dimensão nesta história. Apenas pelos olhos da fé é possível enxergar quem Jesus é e segui-lo. Cf. Busse, *Wunder* (→ 67 *acima*) 333; → 196 *abaixo*. **38**. *Filho de Davi*: Veja 1,27.32; 2,4; 20,41.44 sobre o *status* davídico de Jesus. Reinar no trono de Davi era também ter compaixão pelos pobres da sociedade. **43**. O homem cego seguiu a Jesus em seu caminho, dando glórias a Deus pelo que havia sido feito por ele.

160 19,1-10. Este relato é exclusivo de Lucas. **2**. *Zaqueu*: O nome significa "puro". Ele reúne em si dois mundos simbólicos apresentados por Lucas: ele é um publicano que responde generosamente ao chamado de Deus (veja 3,12-13; 5,27-32; 7,29-30; 15,1-2; 18,9-14); também é um homem rico, alguém, portanto, que tem bastante dificuldade em se desprender dos bens materiais (18,24-27). **5**. *hoje*: Veja também v. 9 e o comentário sobre 2,11. *devo*: De acordo com o plano de Deus, Jesus convida-se para a casa de Zaqueu; veja o comentário sobre 2,49. **7**. *todos murmuravam*: "Todos" (termo genérico) murmuram contra Jesus porque ele cruza as fronteiras que separavam os puros dos impuros. **8**. Ao passo que anteriormente Jesus respondeu às objeções feitas contra ele e seus discípulos por conviver com coletores de impostos (5,27-32), agora é o próprio coletor de impostos que responde às objeções. *Eis que dou ... restituo*: Há uma controvérsia quanto à tradução destes verbos no tempo presente. Se o presente for visto como futurístico, Zaqueu quer dizer que não é mais um pecador; ele resolve mudar sua vida. Se o verbo for entendido como um presente interativo ou habitual, então Zaqueu está sustentando que não é um pecador porque sua conduta costumeira é ser generoso e justo. De acordo com a segunda interpretação, no v. 9 Jesus defende a boa reputação de Zaqueu. Cf. R. White, *Exp Tim* 91, 21. A primeira interpretação deve ser preferida. A segunda forma reduz a profundidade das afirmações soteriológicas dos vv. 9-10, pois diz que Zaqueu se salvou por conta própria e torna Jesus extrínseco à salvação. **9**. *salvação ... hoje*: Devido à oferta de Jesus para ficar com Zaqueu, sua aceitação de Jesus e sua mudança de vida, a salvação veio a toda a sua casa. "[...] a presença de Jesus torna possível o que é humanamente impossível. Um homem rico passa pelo buraco de uma agulha! Mas não sem uma mudança radical" (Pilgrim, *Good News to the Poor*, 133). *Filho de Abraão*: Este marginalizado não está fora do seio do povo eleito de Deus (→ 23 *acima*). **10**. *salvar os perdidos*: Assim como Deus se apresentou como um pastor em Ezequiel 36,14, Jesus busca por perdidos para serem salvos. Deste modo Lucas sintetiza sua visão de Jesus, o pregador da misericórdia de Deus.

161 (g) *Os discípulos devem assumir riscos ao seguir a Jesus, o rei* (19,11-27). Esta parábola, que procede de Q (veja Mt 25,14-30) e do próprio Lucas, deveria ser interpretada por seu contexto: qual a resposta que deve ser dada a Jesus, o rei? Cf. L. T. Johnson, *NovT* 24 (1982) 139-59. **11**. *eles ouviam isso*: O "eles" parece incluir os discípulos de Jesus, o povo e os adversários. "Isso" se refere pelo menos a 19,1-10. Naquela perícope e nesta, a questão em jogo é como se usam suas posses materiais em resposta ao advento de Jesus na vida da pessoa. *reino de Deus*: Em 18,17.24-25.29, Lucas havia ensinado as condições para se entrar no reinado de Deus. Aqui ele estabelece o fundamento de um novo aspecto de seu ensinamento sobre o reino de Deus. Não haverá uma manifestação espetacular do reino de Deus em Jerusalém. O que estará presente em Jerusalém será a firmeza e fidelidade de Jesus, o rei (19,38; 22,29-30; 23,3.11.37-38), obediente à vontade de seu Pai. Visto desta perspectiva, o rei da parábola pode de fato parecer exigente (vv. 21-26), pois ele mesmo assumiu o risco da fé, passou pela prova do sofrimento e veste como seu ornamento real as marcas da cruz. **12**. *partiu para uma região longínqua a fim de ser investido na realeza*:

O material que segue nos vv. 12-27 não refuta as expectativas do v. 11. Jesus aparecerá como rei na história; o povo, os líderes religiosos e os discípulos reagirão diferentemente a Jesus como rei. Não há uma grande demora visionada na história. **14.** *não queremos que este reine sobre nós*: Note como Lucas contrapõe a resposta positiva do povo (*laos*) à negativa dos líderes religiosos a Jesus, o rei (19,47-48; 20,1-19; 21,37-38; 22,2.52-53.66; 23,10.13.27.35). **15-19.** *servo*: Esta é a terceira das parábolas do "servo", que se referem ao discipulado cristão (→ 136, 152 *acima*). Os discípulos que forem fiéis a Jesus a caminho serão grandemente recompensados e receberão até maior responsabilidade. "Não há posição 'segura'. A única maneira de ter êxito é assumir os riscos dos dois primeiros servos" (Perkins, *Parables* [→ 148 *acima*] 150). **20-23.** O terceiro servo ficou paralisado pelo medo, tornando-se desobediente e improdutivo. **24-26.** A generosidade do rei é abundante. **27.** *trucidai-os em minha presença*: A imagem de destruição para aqueles que se recusaram a aceitar o rei mostra que aceitar a direção de Deus sobre si é uma decisão altamente significativa. Infelizmente, alguns se decidiram contra a vida que o rei Jesus traz. A importância cristológica desta parábola é profunda: Jesus, o rei, tem um papel decisivo no destino humano, pois as respostas a ele determinarão a vida e a morte.

162 (VI) Jerusalém rejeita o profeta, Filho e Templo de Deus (19,28-21,38). Nesta seção Lucas depende bastante de Mc 11,1-13,37, mas desenvolve seus próprios temas, especialmente pela *inclusio* de 19,47-48 e 21,37-38: Jesus estava ensinando o povo (*laos*) diariamente no Templo e os líderes religiosos se opuseram a ele. Jesus, o rei que traz a paz de Deus (19,28-40), que é rejeitada pelos líderes religiosos (19, 41-44), toma posse do Templo e é o Templo (19,45-46). Tudo o que Jesus ensina em 20,1-21,36 ocorre no Templo e destaca a identidade de Jesus, o que é o verdadeiro culto a Deus e quem forma o Israel reconstituído. Este ensino ocorre em meio à controvérsia e prediz controvérsia para os membros do Israel reconstituído, cuja pedra angular é Jesus, o rejeitado.

163 (A) Jesus toma posse do templo de Jerusalém (19,28-48). É importante notar que o primeiro ato do Jesus lucano, ao completar sua jornada a Jerusalém (veja 9,51-19,27), é entrar no Templo (19,45).

(a) *Jesus é saudado como rei* (19,28-40). **28.** Jesus está completando sua jornada de volta ao Pai, a qual começou em 9,51. As instruções de 9,51-19,27 acerca do sentido do discipulado e da missão para aqueles que trilham o caminho de Jesus serão aprofundadas por suas ações finais em Jerusalém. A caminhada cristã recebe sua autoridade pelo êxodo de Jesus (9,31) de paixão, morte, ressurreição, ascensão e envio do Espírito Santo. *Jerusalém*: Desde 9,51, Jesus está viajando com destino a esta cidade, e a partir dela a missão cristã se dirigirá aos confins da terra. "Jerusalém se torna quase um 'símbolo geográfico' da continuidade das ações de Deus" (Schweizer, *Good News* 301). **29-30.** Por meio do teologúmeno da presciência de Jesus, Lucas mostra que ele está no controle de sua caminhada em direção ao Pai, conhece a vontade de Deus e é fiel e obediente a ele. *Encontrareis um jumentinho que ninguém ainda montou*: Esta expressão é emprestada de Marcos e parece ser uma referência a Zc 9,9. Lucas, entretanto, não explorará este texto do AT sobre a realeza. Ele tem sua própria concepção de como Jesus é rei: dando vida através de sua morte. **35-36.** *vestes*: Em vez de palmas, Lucas menciona o uso das vestes mais caras de uma pessoa. Fiel a seu tema dos ricos e dos pobres, Lucas descreve a reação das pessoas a Jesus, rei, mediante o uso de suas posses. Tudo o que se tem está à disposição do rei. Cf. Marshall, *Gospel* 714. **37.** *milagres*: Este é um resumo do ministério de Jesus aos cegos, coxos, aleijados e pobres em cumprimento das Escrituras (veja 4,18-19; 7,22); mostra que Jesus reina sobre os inimigos da paz – a doença, os demônios, a morte. O ministério anterior de Jesus é agora ligado (v. 38) ao

Rei Jesus, cujo domínio real de glória para os excluídos será mostrado agora por meio do sofrimento (veja 23,42-43). **38.** *rei*: O Salmo dos peregrinos (118,26) é usado como base para a proclamação lucana do *status* de Jesus como rei. O tema de Jesus como rei, que já foi prenunciado em 1,32 e 18,38.40 ("Filho de Davi [o Rei]"), será desenvolvido nos capítulos finais de Lucas. Veja 22,16.18.29-30; 23,3.37.38.42. *aquele que vem*: Esta expressão faz alusão a 7,19 e à pergunta de João Batista, que foi respondida pelos feitos poderosos de Jesus, em cumprimento das promessas de Deus em Isaías (7,20-22). Jesus é, de fato, aquele que há de vir (para dentro do Templo de Deus), previsto por Malaquias 3,1 (LXX), mas ele o é não apenas pelos feitos poderosos, mas também ensinando o sentido do verdadeiro culto a Deus e regendo e salvando os excluídos a partir da cruz. *paz no céu*: Esta referência a 2,14 forma uma *inclusio* com 2,14 indica que a missão de Jesus consiste em trazer o dom celestial da paz a homens e mulheres. Se "no céu" é um substituto para "Deus", o sentido pode ser que "a morte iminente de Jesus é aquele evento que criará a paz entre a humanidade alienada e Deus" (J. R. Donahue, *The Way* 22 [1982] 95). **39.** Os fariseus se opõem ao Jesus mestre. Durante seu ministério no Templo Jesus será designado constantemente como mestre (do caminho de Deus). Veja 20,21.28.39; 21,7. Em cada fase do ministério de Jesus, Lucas mostra como as predições de Simeão (Lc 2,34) a respeito de queda e soerguimento se tornam realidade. Veja 4,16-30 (Galileia); 9,51-55 (viagem a Jerusalém). **40.** *as pedras gritarão*: O pano de fundo escriturístico deste versículo difícil parece ser Hab 2,11. Seu significado é: caso os discípulos se mantivessem em silêncio, as pedras, que personificam testemunhas da vindicação das injustiças por parte de Deus, proclamariam a chegada de Jesus, o agente divino da vindicação. O testemunho destas pedras contra aqueles que não responderam a Deus ganha mais uma expressão dramática em 19,44; 21,6; 20,17. Veja *FGL* 1252.

164 (b) *Jesus chora sobre Jerusalém* (19,41-44). Antes de entrar no Templo, Jesus para. Em contraposição a 4,16-30, onde o tema da universalidade se sobrepõe ao da rejeição, e em contraposição a 9,51-55, onde o tema da não retaliação eclipsa o tema da rejeição, 19,41-44 se concentra no tema da rejeição de Jesus por parte dos líderes religiosos (19,39). A cidade, cujo nome significa "paz", não reconhece a visita de Jesus, o agente da paz enviado por Deus (veja 13,34-35). O lamento de Jesus tem uma pré-história profética. "É a simpatia do profeta sofredor, do Moisés deuteronômico, de Jeremias, Isaías e Oséias, envolvida na ira, angústia, frustração e tristeza divinas por Israel que constitui o *pathos* desta história" (Tiede, *Prophecy and History* 78). O grande amor de Jesus pelo povo de Deus, evidenciado em 19,41-44, ao iniciar sua entrada em Jerusalém, tem um paralelo em 23,27-31, quando ele deixa Jerusalém – para morrer. **43-44.** *os teus inimigos te cercarão com trincheiras ...*: Ainda que esta descrição da queda de Jerusalém possa aludir a eventos históricos reais do ano 70, seu significado é mais profundo. O fato de que os vv. 43-44 se baseiam fortemente nas descrições proféticas da queda de Jerusalém (veja *FGL* 1258-59) indica que os líderes religiosos estão repetindo o erro de seus predecessores, o que terá consequências graves.

165 (c) *Jesus toma posse do Templo e é o templo* (19,45-46). Como bem disse H. Conzelmann (*TSL* 76), o único propósito da entrada de Jesus é que ele possa tomar posse do Templo. A presença de Jesus no Templo foi preparada anteriormente (1,9-10; 2,27.49; 4,9; cf. Ernst, *Luke* 530); sua entrada é o cumprimento de Ml 3,1 (LXX). *Entrando no Templo, começou a expulsar os vendedores*: Pelo fato de o Templo ser o local para a verdadeira adoração a Deus, para a instrução sobre a verdadeira vontade de Deus, para o tesouro e, especialmente, o local em que Deus se fazia presente, esta tomada de posse do Templo diz muito acerca da identidade de Jesus. "Quando Jesus entra no Templo ou está no Templo, o Templo é realmente o Templo" (K. Baltzer, *HTR* 58 [1965] 275). Em seu ensino dentro do Templo, em 20,1-21,36, Jesus explicará qual é a vontade de Deus e o que é a verdadeira adoração. Ele embasará o Israel reconstituído sobre si mesmo, a pedra angular. Como mostrará 23,44-45, através dele, Deus se faz presente para todas as pessoas. Uma nota final que ressoa nesta passagem é a que diz respeito ao dinheiro: "O propósito [de Jesus] é o de purificar a casa de seu Pai (2,49) de todo serviço inadequado a mamon" (*FGL* 1266).

166 (d) *As reações do povo e dos líderes religiosos a Jesus* (19,47-48). Esta é a primeira parte da *inclusio* lucana; a segunda parte é o trecho de 21,37-38. Todos os ensinamentos de Jesus ocorrem no Templo. O povo (*laos*) que formará o Israel reconstituído aceita as palavras de Jesus, ao passo que os líderes religiosos conspiram contra ele. Sobre este importante e persistente contraste nos caps. 19-23, veja J. Kodell, *CBQ* 31 (1969) 327-43.

167 (B) Jesus reafirma sua autoridade para falar em nome de Deus (20,1-21,4). Esta seção apresenta a última grande controvérsia entre Jesus e as autoridades religiosas no Evangelho. Controvérsias anteriores ocorreram em 4,14-9,50 e 9,51-19,27 e lidavam primordialmente com o ministério de Jesus a favor de doentes e necessitados. Elas podem ser agrupadas como segue: controvérsias sobre o sábado (4,16-30; 4,31-37; 6,1-5; 6,6-11; 13,10-17); controvérsias em uma refeição e sobre o significado da alimentação (5,27-39; 6,1-5; 7,36-50; 11,37-54; 14,1-24); controvérsias na sinagoga (4,16-30; 4,31-37; 6,6-11; 13,10-17). O que há de novo nesta controvérsia é o fato de ela ocorrer dentro do Templo e não ser dirigida contra os fariseus. Os sumos sacerdotes, escribas, anciãos e saduceus são os adversários de Jesus agora. Parte integrante desta controvérsia é uma profunda revelação da identidade de Jesus: "É no Templo que se dá a manifestação definitiva de quem Jesus realmente é, e isto ocorre em vista de sua paixão iminente" (Conzelmann, *TSL*, 78).

Como G. Schneider (*Lukas* 393) observa corretamente, Jesus, que usa da não-violência em suas controvérsias no Templo e nunca é superado no debate, será derrotado por meio da violência (22,49-53).

168 (a) *Jesus é um profeta comissionado por Deus* (20,1-8). **1.** *o povo*: O povo (*laos*) é contraposto aos líderes religiosos. **2.** *estas coisas*: Embora a referência ostensiva de *tauta* pareça ser o que é relatado em 19,28-46, muito mais pode estar em jogo. Os sumos sacerdotes e os anciãos, os quais não haviam sido citados antes do segmento do Templo de Jerusalém, reagem agora a "estas coisas", *i.e.*, tudo o que Jesus fez desde 4,14. **5.** Neste retrospecto (*flashback*) ou analepse (→ 42 *acima*), Lucas mostra que os sacerdotes não aceitavam o batismo de João Batista. Sua reação a Jesus seria similar à resposta que eles, os fariseus e os escribas tiveram a João Batista: em 7,29-30, os líderes religiosos rejeitaram o mensageiro de Deus, ao passo que o povo deu boas-vindas a ele. **8.** É necessário pinçar o sentido cristológico desta controvérsia ressaltando a natureza de sua argumentação: se a autoridade de João Batista vinha de Deus, muito mais a de Jesus. No Templo, Jesus, agente comissionado de Deus, ensina a vontade de Deus e o significado da verdadeira adoração.

169 (b) *Jesus é Filho de Deus e a pedra angular do Israel reconstituído* (20,9-19). Nesta parábola alegorizada, Lucas contrapõe novamente as reações do povo (20,9-16) e a dos líderes religiosos (20,19) a Jesus. **9.** *vinha*: Ainda que Lucas tenha abreviado a versão marcana (Mc 12,1), a alusão a Israel como a vinha de Deus (Is 5,1-5) ainda transparece. **10-19.** *dono ... empregados ... servos ... estrangeiro*: A chave desta alegoria é que o proprietário é o fiel e bondoso Deus que envia constantemente mensageiros àqueles a quem ama. Os que rejeitam a mensagem de Deus e o próprio Filho são os líderes religiosos. O filho, que é morto fora da vinha, é Jesus. Os outros são as pessoas que respondem à mensagem de Jesus e de seus discípulos e formam o Israel reconstituído. Proeminentes entre "os outros" são aquelas pessoas que dizem "Que isso não aconteça" (20,16). A pedra rejeitada é o Jesus rejeitado, o qual se tornou a pedra angular do novo edifício construído por Deus, o Israel reconstituído. As imagens do Templo nesta perícope acentuam o papel de Jesus ao ensinar no Templo: Jesus assume o lugar do que o Templo simbolizava, pois, como Filho de Deus e pedra angular vindicada, ele é a presença de Deus entre os seres humanos (veja 23,44-45).

170 (c) *Jesus ensina verdadeiramente o caminho de Deus* (20,20-26). Lucas contrapõe novamente os líderes religiosos (20,20) e o povo (20,26). O sentido cristológico desta passagem aparece no irônico v. 21: Jesus ensina de fato o caminho de Deus. **25.** *entregai, pois, a César ... a Deus*: J. A. Fitzmyer capta bem a maneira como os ensinamentos de Jesus têm a ver com sua presença no Templo e o que significa a verdadeira adoração de Deus: "Um ser humano pertence a Deus, de cuja imagem ele/ela é portador; Deus não apenas tem o direito de posse sobre os seres humanos, mas também o direito de ver seu senhorio básico reconhecido" (*FGL* 1293). Por séculos, "dai a César" tem sido tema de debate. Há duas nuanças contemporâneas desse debate. Uma afirma que Lucas escreveu uma apologia do Império para sua igreja e a estava incitando a pagar impostos. Cf. P. Walaskay, '*And so we came to Rome*' (→ 46 *acima*) 36: "Os cristãos, de acordo com Lucas, fariam bem em arcar com suas obrigações fiscais para com o governo". A outra abordagem procura interpretar o v. 25 dentro do fio condutor de um Evangelho que revela um padrão social de cuidado para com os necessitados, que é contrário ao padrão social da poderosa Roma. Esta abordagem também enfatiza que as duas partes do v. 25 não são de igual importância: César depende de Deus. Cf. R. Cassidy, *Jesus* (→ 141 *acima*) 58: "Desta forma, as únicas áreas em que César poderia esperar obediência seriam aquelas em que os seus padrões estão em conformidade com os padrões queridos por Deus". A concepção de Cassidy é digna de consideração. Durante o julgamento de Jesus na presença de Pilatos, os líderes religiosos se referirão a este episódio e acusarão Jesus de perverter o povo por meio de seus ensinamentos (veja 23,2.5.14).

171 (d) *O Deus de Jesus é o Deus que dá e sustenta a vida além do túmulo* (20,27-40). No Templo, a controvérsia continua com os saduceus, os quais não acreditam na ressurreição ou nos anjos, e consideram apenas o Pentateuco (Torá) como autoritativo. Eles questionam a Jesus, o mestre (20,28-39). Jesus não apenas mostrará sua autoridade para interpretar a lei mosaica, mas também demonstrará sua fé e confiança no poder vivificador do Deus que ele proclama no Templo. **28-33.** *Moisés deixou-nos escrito*: Os saduceus, baseando-se no casamento do levirato de Dt 25,5, propõem a Jesus um argumento do tipo *reductio ad absurdum* contra a doutrina tardia da ressurreição do corpo. **34-36.** A resposta de Jesus ataca a premissa básica deles: a vida na era vindoura é uma continuação desta vida e precisa, portanto, da propagação da humanidade, ou então ela se extinguirá. **37-38.** *Deus de Abraão*: Jesus reforça seu argumento com outras citações da Torá (Ex 3,2.5): uma vez que é o Deus dos vivos, Deus deve ter mantido vivos os mortos Abraão, Isaac e Jacó por meio da ressurreição. A este argumento da ressurreição, Lucas acrescenta um com base na imortalidade no v. 38: "todos, com efeito, vivem para ele" (veja o paralelo com esta expressão da imortalidade em 4Mc 7,19). **39.** Os escribas que defendem que há ressurreição dos mortos ficam contentes com sua resposta. Veja At 23,6-10, sobre como o ensinamento de Jesus no Templo em 20,27-40 está em continuidade com o dos fariseus.

172 (e) *Jesus, o Messias, é filho e Senhor de Davi* (20,41-44). Esta passagem se alicerça em afirmações anteriores sobre a função davídica de Jesus (1,32; 18,38.40). **41.** *O Cristo é filho de Davi*: Jesus, o Messias que está reunindo o Israel reconstituído em torno de si no Templo, contesta as crenças dos líderes religiosos a partir dos salmos cantados na liturgia do Templo. Em sua interpretação dos salmos, Jesus proclama que, como Messias, ele mesmo é tanto filho como Senhor de Davi.

173 (f) *Adoração a Deus e estilo de vida justo* (20,45-21,4). Dois segmentos (20,45-47 e 21,1-4) são unidos pelo tema "viúva" (20,47). O verdadeiro culto a Deus, de acordo com a tradição profética, exige justiça e cuidado para com os membros mais necessitados e fracos da sociedade, representados pelas viúvas. **2.** *viúva indigente*: Em uma interpretação de 21,1-4 na forma de lamento, Jesus censura o ensinamento religioso que fez com que a viúva desse tudo o que tinha para conservar uma instituição religiosa decadente. Jesus louva a generosidade da viúva, que prepara o leitor para notar a generosidade de Jesus, o servo que se anula (veja 22,24-27). Cf. A. G. Wright, *CBQ* 44 (1982) 256-65.

174 (C) As consequências da recusa de Jerusalém em ouvir o profeta de Deus (21,5-38). Veja Mc 13,5-37; Mt 24,1-36. Esta perícope abre duas janelas: por uma, o leitor pode retornar a Lc 19,47-21,4 e ver as consequências da rejeição de Jesus e seu ensino no Templo pelos líderes religiosos. Pela outra, o leitor para além de Lc 22-23 e vê a vindicação divina do Filho do Homem rejeitado e o fortalecimento dos discípulos por Jesus, que serão rejeitados por causa de sua fidelidade a ele. Esta passagem complexa pode ser esboçada como segue: (1) introdução (21,5-7); (2) exortação de abertura (21,8-9); (3) desastres cósmicos (21,10-11); (4) eventos que ocorrerão antes do fim do mundo: os cristãos serão perseguidos (21,12-19); a destruição de Jerusalém (21,20-24); (5) desastres cósmicos (21,25-22); (6) exortação conclusiva (21,34-36); (7) *inclusio* com 19,47-48 (21,37-38). Cf. J. Dupont, *AsSeign* ns 64 (1969) 77-86. Este esboço mostra como os eventos relativos ao fim do mundo estão ligados à destruição de Jerusalém e destaca, assim, um importante aspecto cristológico: a crise que Jerusalém enfrentou no ministério de Jesus foi "precursora da crise que Jesus e sua mensagem, e, acima de tudo, sua vinda como Filho do Homem, trarão 'a todos que habitam sobre a face da terra' (21,35)" (*FGL* 1329).

175 5-6. O Jesus lucano retorna para a destruição do Templo. No que se segue, o horizonte irá se ampliar para incluir Jerusalém (vv. 20-24) e o fim do mundo (vv. 25-33). **7.** *estas coisas*: Com a palavra grega *tauta*, Lucas alcança um certo grau de unidade nesta complexa passagem mediante o uso frequente deste termo genérico (veja os vv. 9.12.28.31.36). O antecedente de "estas coisas" muda, passando da destruição do Templo para a destruição de Jerusalém e, depois, do mundo inteiro. *Sinais*: Os desastres cósmicos dos vv. 9-10 e 25-33 são chamados de "sinais" (do grego *sēmeion*, vv. 11.25). Estas referências emolduram os materiais lucanos centrais nos vv. 12-19 (acerca da perseguição) e nos vv. 20-24 (acerca da destruição de Jerusalém). **8.** Os discípulos não deveriam confundir a destruição do Templo com a volta de Jesus (como Filho do Homem). **12.** *antes de tudo isso*: *i.e.*, antes do fim do mundo. O Jesus que havia enfrentado controvérsias durante todo o seu ministério, e especialmente em Jerusalém agora prediz o mesmo tratamento para seus discípulos. Mas o Jesus rejeitado foi vindicado e fortalecerá seus discípulos assediados. Veja 12,11-12 e os relatos sobre Estêvão (At 7) e Paulo (At 21-26), os quais discursam ousada e eloquentemente quando perseguidos. **19.** Jesus exorta seus discípulos para perseverarem em meio às ameaças. Como em 12,35-48 e 17,20-18,8, Lucas usa material escatológico com finalidade parenética. **20-24.** Lucas matizou a descrição da destruição divina de Jerusalém por meio da tradição dos profetas rejeitados (→ 61 *acima*). **22.** *vingança*: "A mesma *"vingança"* que exige a *vindicação* da fidelidade de Deus diante de um povo infiel também produz a *vindicação* do povo chamado pelo nome de Deus na presença dos gentios" (Tiede, *Prophecy and History* 93). Como exemplo do modelo teológico aqui implicado veja Dt 32,20.35.36.39. **24.** *tempos das nações*: O fato de Deus ter usado os gentios para punir seu povo infiel não significa que eles tenham sido colocados no lugar de Israel ou que Deus não cumprirá suas antigas promessas para com Israel (ibid., 95). **25-33.** Lucas retoma sua narrativa dos sinais cósmicos, mas agora introduz uma dimensão cristológica: Jesus, o vitorioso Filho do Homem, controla as forças do mal, sejam estas a guerra (v. 9) ou os mares (v. 25); ele é o juiz. **28.** *está próxima a vossa libertação*: Este versículo faz irromper uma mensagem de confiança e esperança para os discípulos. Em contraposição à covardia dos atos praticados por outros homens e mulheres (vv. 26-27), os discípulos fiéis permanecerão de cabeça erguida para saudar seu juiz fiel, Jesus, o Filho do Homem (veja 9,26; 12,9; At 7,56). **33.** *minhas palavras, porém, não passarão*: A cristologia lucana se manifesta novamente: aquele que enfrentará uma morte violenta em Jerusalém diz palavras que têm importância eterna. **34-38.** Lucas dá à exortação a palavra final. **34-36.** *ficai acordados*: Lucas usa este cenário escatológico como veículo para esta pequena catequese de admoestações. Para paralelos a estas exortações veja 8,11-15; 11,5-8; 12,22-31.45; 18,1-8. **37-38.** Por meio destes versículos, Lucas completa a ideia de 19,47-48. O povo, a base do Israel reconstituído, está aberto para ouvir o profeta de Deus, Jesus, o qual morrerá em Jerusalém (veja 13,33).

176 (VII) A última ceia de Jesus e a convivência com pecadores (22,1-23,56). Duas questões interligadas pulsam neste material: as fontes de Lucas e sua teologia. Sua fonte básica para o relato da paixão é Mc 14,1-15,47. Nos lugares (*p.ex.* 22,35-38 e 23,44-48) onde ele difere de Marcos a explicação não se encontra em um relato independente, contínuo, da paixão, mas em outras possibilidades: as tradições próprias de Lucas e sua redação de Marcos. Veja as conclusões de F. J. Matera, *Passion Narratives and Gospel Theologies* (TI; New York, 1986) 155: "Suspeito que quase todas as diferenças entre Lucas e Marcos possam ser explicadas pela atividade redacional de Lucas e pela fato de dispor de tradições especiais não empregadas nem conhecidas por Marcos". Sobre as fontes de Lucas 22, veja, M. L. Soards, "The Scope, Origin, and Purpose of the Special Lucan Passion Narrative Material in Luke 22". (Tese de Ph. D.; New York, 1984). Sobre as fontes de Lucas 23, veja o exemplo de 23,44-48 em F. J. Matera, *CBQ* 47 (1985) 469-85.

Ainda que seja amplamente repetido que Lucas apresenta a paixão de Jesus como um martírio, esta concepção não é acurada. Cf. J. A. Fitzmyer, *FGL* 1367-68; Karris, *JBL* 105 (1986) 65-74. Antes, o relato lucano da paixão deve ser visto como um drama teológico que enfatiza o poder salvífico de Jesus, o justo que sofre inocentemente, e ressalta a graça de Deus na vindicação desse Filho e justo (veja 23,47; At 3,15; 22,14) dos poderes das trevas. Por meio deste drama Lucas tenta provocar em seus leitores uma resposta de fé mais profunda em Jesus e um compromisso mais vivo para seguir seu caminho até Deus. Cf. Karris, *Luke*, 116-117 n. 4 para a bibliografia; Neyrey, *Passion* (→ 62 *acima*); Matera, *Passion Narratives* 150-220, 239-44.

177 (A) O discurso de despedida de Jesus numa ceia (22,1-38).

(a) *Preparação para o discurso de despedida de Jesus para seus discípulos* (22,1-13). A primeira parte daquilo que Jesus havia predito em 9,22 está em andamento agora: a rejeição do Filho do Homem por parte dos anciãos, chefes dos sacerdotes e escribas. Como fará em todo o relato da paixão, Lucas descreve Jesus indo em direção à morte de forma obediente e livre. Assim, ele exorta os discípulos a atentarem para suas últimas palavras e a imitarem seu exemplo. Veja Mc 14,1-2.10-16. **1.** *festa dos Ázimos, chamada Páscoa*: A Páscoa era celebrada desde o pôr-do-sol, que indicava o início do mês de Nisã. A ceia pascal era acompanhada de pão sem fermento (ázimo), que deveria ser comido durante os sete dias após a Páscoa. Estritamente falando, a Festa dos Pães Ázimos se referia apenas

a este período de sete dias (→ Instituições, 76,122-29). Lucas combina as duas festas; veja 22,7 e contraponha a 2,41. Jesus, em sua última ceia na Terra, a caminho de completar seu êxodo (9,31), celebrará o êxodo do povo de Deus que sai da escravidão. **2**. *chefes dos sacerdotes*: Em 19,39, Lucas menciona os fariseus pela última vez (→ 76-77 *acima*). A partir de 19,47, focaliza os chefes dos sacerdotes e os separa do povo (*laos*) deles. Sobre o significado de "chefes dos sacerdotes" em Lucas-Atos, veja Tyson, *Death of Jesus* (77 *acima*) 84-113, especialmente p. 110: "Concluímos que, no escrito de Lucas, a rejeição de Jesus pelos chefes dos sacerdotes, sua recusa a reconhecê-lo como senhor do templo e sua recusa a lhe conceder seu legítimo controle do templo conduziram à sua morte".
3-6. *Judas*: A predição de Simeão de que Jesus estava destinado à ascensão e queda de muitos (2,34) afetará seus conterrâneos (4,28-29), os fariseus (11,53-54) e os chefes dos sacerdotes (19,47); agora, afeta o seleto grupo dos Doze, pois Judas abandona a caminhada e trai Jesus por dinheiro. Sobre a concepção lucana da força sedutora do dinheiro, veja 12,15; 16,1-31. Para a conclusão lucana da história de Judas, veja At 1,15-20. Após sua descrição da vitória de Jesus sobre as tentações (4,1-13), Lucas prepara o leitor para a história da paixão de Jesus observando que o diabo saiu de cena até um momento oportuno (4,13). Esse momento acontece agora em Jerusalém; nos eventos das últimas horas de Jesus, Satanás e os poderes das trevas (22,53) estão ativos. Mas, da mesma forma que Jesus se saiu vitorioso no deserto, também se sairá em Jerusalém (veja 23,44-45). A conspiração para trair Jesus forma a primeira parte de uma *inclusio* cuja segunda parte se encontra no cumprimento da conspiração em 22,47-53. De forma destacada entre os pólos desta *inclusio* temos os temas do legado de Jesus à sua igreja (22,14-38) e de sua obediência à vontade de seu Pai (22,39-46); ambos mostram que Jesus preserva a si mesmo e sua igreja do poder de Satanás.

178 **8**. *Jesus então enviou Pedro e João*: Jesus inicia a ação, mostrando que ele está no controle de seu destino. Pedro e João, que haviam sido escolhidos por Jesus a fim de acompanhá-lo em 8,51 e 9,28 e serão descritos como líderes em Atos (3,1-3; 4,11.13.19; 8,14), vão, em contraposição a Judas, como servos fiéis preparar a refeição. Suas ações, deste modo, antecipam a palavra de Jesus acerca dos líderes como servos (22,26-27). Cf. Schneider, *Luke*, 442-43. **11**. *dono da casa*: Esta é a tradução do pleonasmo grego *oikodespotē tēs oikias*. Lucas geralmente se abstém do uso de pleonasmos, mas aqui ele parece estar interpretando a última ceia de Jesus do ponto de vista das ceias de suas próprias comunidades, que aconteciam em igrejas domésticas, em propriedades que pertenciam a homens ou a mulheres. Cf. A. Vööbus, *The Prelude to the Lukan Passion Narrative* (Papers of Estonian Theological Society in Exile 17; Estocolmo, 1968) 20-21. *pousada*: A tradução usual do termo grego *katalyma* como "sala" não é boa e mascara a referência inequívoca a 2,7. Cf. Fitzmyer, *FGL*, 1383: "O leitor do texto grego iria perceber esta palavra como um eco". Quando os pais de Jesus foram a Belém, a cidade de Davi, não havia lugar para ficar ou comer na pousada (2,7), nem para eles nem para aquele que é o Salvador e Senhor Cristo (2,11). Quando Jesus vem agora para Jerusalém, a cidade de Davi e de seu encontro com Deus, recebe-o com hospitalidade. Na pousada (v. 11), Jesus é anfitrião de uma ceia que simboliza sua vida de serviço aos outros e que seus discípulos farão em sua memória. Veja também o comentário sobre 2,7. *meus discípulos*: Os quadros da última ceia – de Leonardo da Vinci, *p.ex.* – estão tão impressos em nossas memórias que se torna difícil uma leitura acurada do relato de Lucas. Ele não descreve uma ceia apenas com Jesus e os Doze apóstolos presentes, mas apresenta mais personagens – homens e mulheres que fazem parte de suas próprias comunidades e continuam o ministério de Jesus de alimentar o povo. Veja a terminologia flutuante: Judas, um dos Doze (22,3; veja 22,30.47); discípulos

(22,11; veja também 22,39.45; e ainda 22,32, onde o termo "irmão" é igual a discípulo; e 22,35-36, onde a referência é ao envio dos 70 [72] discípulos); apóstolos (22,14) → 84, 101 *acima*. **13**. *acharam tudo como dissera Jesus*: Visto que as coisas que Jesus predisse nos vv. 10-13 acontecem, os discípulos podiam confiar que tudo quanto Jesus prometerá na ceia também se cumprirá.

179 (b) *A eucaristia como legado de Jesus para a igreja* (22,14-20). Estes versículos introduzem a versão lucana (veja Jo 13-17) do discurso de despedida de Jesus à igreja. Este discurso, que conclui em 22,38, imita os de personagens importantes que estão prestes a morrer. Os paralelos bíblicos mais impressionantes são os de Davi (1Rs 2,1-10) e Matatias (1Mc 2,49-70). Através do discurso de despedida de Jesus acerca do passado e do futuro e acerca do significado de sua vida, Lucas oferece exortações a suas comunidades, *p.ex.*, sobre como se preparar para a eucaristia (22,21-23). Ele também justifica e ilustra: (1) o plano divino para a história, *i.e.*, o destino de Jesus estava determinado por Deus (22,22.37); (2) transições na autoridade (22,24-34) e a práxis missionária (22,35-38) após a morte de Jesus, o fundador; (3) a solidez dos fundamentos que Jesus pôs para a futura igreja, *p.ex.*, a eucaristia (22,15-20). Em contraposição ao discurso paralelo de despedida de Paulo em At 20,17-38, que é um monólogo, Lc 22,14-28 é em parte um diálogo (veja 22,23.24.38), um diálogo em que predominam a incompreensão e as debilidades dos discípulos. Lucas convida os leitores a refletir sobre o que significa para a igreja seguir – corajosamente, com passos vacilantes e em circunstâncias diversas – Jesus, o líder, que está prestes a morrer. Cf. W. S. Kurz, *JBL* 104 (1985) 251-68. Cf. Mc 14,17-18a.22-25. **14**. *a hora*: Lucas se aproxima do entendimento joanino do termo "hora": a culminação do êxodo de Jesus e seu retorno a Deus. *se pôs à mesa*: A designação comum desta refeição como "a última ceia" não deve impedir que os leitores do Evangelho de Lucas percebam que esta é a última em uma longa série de refeições (veja 5,27-32; 7,31-34; 15,1-2; 19,7) na qual se envolveu Jesus, "glutão e beberrão, amigo de publicanos e pecadores" (7,34). Esta ceia Jesus compartilha com seus apóstolos e discípulos, os quais também são pecadores que necessitam de seu perdão, misericórdia e proteção. Pois, no relato lucano, a pecaminosidade do grupo se manifesta quando um deles o trai; todos eles brigam por causa de sua grandeza; um deles nega conhecê-lo; e eles não entendem suas palavras acerca da espada e compram estas armas destrutivas. Anteriormente, nas ceias, Jesus havia se envolvido em controvérsia com os fariseus e seu papel de porta-vozes da vontade de Deus para a comunidade (veja 7,36-50; 11,37-54; 14,1-24). Esta ceia também terá sua controvérsia sobre o papel dos dirigentes da igreja na comunidade. *Seus apóstolos*: Veja o comentário sobre 22,11. Não se deveria deixar de perceber a dimensão comunitária desta ceia compartilhada por Jesus. **15**. *Páscoa*: → 177 *acima*. A sequência de uma refeição pascal palestinense do séc. I auxiliará a iluminar a sequência complexa dos vv. 15-20: (1) entrada; quando era bebido um cálice de vinho e um segundo cálice era enchido; (2) a liturgia da Páscoa, na qual o chefe da família recontava a história do êxodo; o segundo cálice de vinho era bebido; (3) a ceia propriamente dita, que iniciava com o partir do pão; após a ceia, um terceiro cálice de vinho era abençoado. A ceia celebrava a libertação da escravidão do povo por Deus e apontava para sua futura libertação definitiva. Esta sequência pode iluminar os vv. 15-20: o v. 16 se refere a toda a refeição pascal prestes a ocorrer; os vv. 17-18 se referem ao primeiro (ou segundo) cálice de vinho; o v. 19 se refere ao pão, com o qual a refeição da Páscoa propriamente dita começa; o v. 20 se refere ao último cálice de vinho após a refeição. Veja *FGL* 1390. Os vv. 15-18 são uma reinterpretação jesuânica da Páscoa em termos do banquete escatológico de Deus (veja 13,29); os vv. 19-20 são a reinterpretação jesuânica da Páscoa em termos do significado salvífico de sua morte, que inaugura uma nova aliança. **17-18**. *tomai isto*: Até sua morte Jesus continua a alimentar seus discípulos; este cálice é uma promessa de que eles compartilharão a vida com ele no banquete escatológico. A cristologia implícita é digna de nota. Jesus, que está perto de morrer, tem o poder de assegurar aos seus um lugar no banquete de Deus. **19**. Os manuscritos gregos mais confiáveis deveriam ser seguidos aqui, que incluem 22,19b-20 como parte do relato lucano da instituição. *Tomou um pão*: Veja 9,16; 24,30. Na liturgia pascal, o cabeça da casa tomava o pão para a distribuição como um símbolo de que ele provia para os seus. Jesus agora é quem provê, não o pão, mas a si mesmo para os seus. Este é o significado do termo grego *sõma*, o qual não significa meramente o corpo humano, mas toda a vida, o ser humano em sua totalidade. *Derramado por vós*: O dom que Jesus faz de si mesmo tem significado salvífico. *Fazei isto em memória de mim*: Quando esta ceia é vista na sequência das ceias com pecadores, a palavra "isto" não deveria ser limitada à mera repetição das palavras de Jesus. Assim como Jesus deu sua vida toda por outros e simbolizou isto compartilhando refeições com eles, também os discípulos deveriam dar suas vidas a serviço dos outros. Cf. Karris, *Luke* 68. **20**. *Nova Aliança em meu sangue*: Há alusões a Ex 24,3-8; Jr 31,31 na medida em que Jesus estabelece uma nova ligação entre Deus e o povo. Este pacto, ou aliança, foi criado pela vida de Jesus, agora simbolizada por seu sangue derramado para salvar as pessoas. Assim, Lucas finaliza a primeira parte de seu discurso de despedida. Jesus, à beira da morte, legou à sua comunidade do Israel reconstituído a eucaristia em substituição da ceia pascal. Nesta ceia, eles experimentam a libertação das forças destrutivas e uma antecipação do banquete escatológico.

180 (c) *Os futuros discípulos trairão a Jesus?* (22,21-23). Ao continuar seu discurso de despedida, Lucas apresenta um desafio penetrante a suas comunidades: elas, que comungam à mesa do Senhor, irão traí-lo?

Enquanto Mc 14,18-21 localiza este trecho antes da instituição, Lucas o coloca depois. **21**. *À mesa:* Talvez haja aqui uma referência ao Sl 41,9 e seu lamento por um amigo traidor, que comia "à minha mesa, e se voltou contra mim". O nome de Judas não é mencionado; parece que Lucas generaliza com intenções parenéticas. **22**. *Segundo o que foi determinado*: Nesta parte do discurso de despedida, Lucas mostra que a traição não sobreveio a Jesus de forma inesperada; estava prevista por Deus. **23**. Em contraposição a Mc 14,19, os discípulos não questionam Jesus acerca da traição, mas sim uns aos outros. Aqui a intenção parenética de Lucas fica bem evidente.

181 (d) *O significado da liderança nas comunidades de Lucas* (22,24-30). Veja Mc 10,42-45 e Mt 19,28 para ligeiros paralelos com este material quase totalmente exclusivo de Lucas. Mediante o uso do gênero literário de discurso de despedida, Lucas tematiza a questão da transição da autoridade após a morte de Jesus. **24-27**. O que Marcos situa durante a jornada de Jesus (10,42-45), Lucas situa na última ceia de Jesus como conclusão de seu uso da imagem dos "servos" (veja 12,35-48; 17,7-10; 19,11-27). **24**. *Discussão*: Isto retoma outras controvérsias em refeições (7,36-50; 14,1-24). **26**. *governante*: O termo grego é *hēgoumenos*. Talvez haja aqui uma referência aos dirigentes da igreja aqui. Veja At 15,22 e Hb 13,7.17.24. **27**. Uma referência a 12,37 parece óbvia: o Senhor irá esperar à mesa por seus servos fiéis. *O que governa como aquele que serve*: Esta expressão se encaixaria melhor em Jo 13,1-21 após Jesus ter lavado os pés dos discípulos. Em Lucas, ainda que não esteja literalmente relacionada com seu contexto, ela é, cristologicamente, parte de um contexto que acentua o significado soteriológico de Jesus para os outros (veja 22,19-20). Os líderes devem adotar o estilo de vida de Jesus e o de sua liderança: "[...] os líderes são chamados ao arrependimento e à obrigação de reconhecer que seus talentos como líderes são dons de um Criador beneficente para que eles libertem os oprimidos e estabeleçam a liberdade dos que se encontram cativos dos padrões sociais, dos costumes e da necessidade econômica." (F. W. Danker, *Luke* [Philadelphia, 1976] 61). **28-30**. Os vv. 24-27, ao enfatizarem como a autoridade deveria ser exercida no nome de Jesus após sua morte, não apresentam os discípulos da forma mais positiva. Os vv. 28-30, por contraste, são mais elogiosos. **28.** *Tentações*: Estas apareceram pela oposição que Jesus sofreu durante todas as fases de seu ministério: na Galileia, *p.ex.*, 5,17–6,1; durante sua jornada para Jerusalém, *p.ex.*, 11,14-35; em Jerusalém, *p.ex.*, 19,47-21,4. Seus discípulos perseveraram e continuam a perseverar com ele. **29**. *Eu rogo*: O termo grego *diathesthai* vem da mesma raiz que *diathēkē*, "aliança". A linguagem do discurso de despedida ou testamento é bastante evidente. A cristologia implícita nestas imagens é profunda: Jesus, o rei (veja comentário sobre 19,11), passou pela morte e foi vindicado por seu Pai com o dom do domínio real. "Na atribuição do reino aos apóstolos vemos que a igreja participa dele por meio da morte de Jesus. Lucas raramente fala da morte de Jesus de uma maneira que poderíamos esperar, especialmente quando o lemos após ter lido Paulo, mas de seu próprio jeito ele deixa claro que se trata de uma morte 'por nós'" (R. C. Tannehill, *ATR* 43 [1961] 203). **30**. Como Atos mostrará, os apóstolos, especialmente Pedro e João, terão autoridade sobre o Israel reconstituído, e essa autoridade está enraizada no dom de despedida que Jesus deixou para a igreja.

182 (e) *A função de Pedro na igreja* (22,31-34). Há um paralelo a Lc 22,33-34 em Mc 14,29-30. O papel autoritativo de Pedro, a ser descrito em Atos, também está ancorado no discurso de despedida de Jesus (→ 70 acima). **31.** *Satanás*: Veja 22,3. Lucas contrasta os efeitos que os ataques de Satanás têm em Judas e Pedro. A oração eficaz de Jesus salva Pedro do destino de Judas (veja At 1,15-19). *Todos*: O termo grego aqui está no plural, ao passo que no v. 32 está no singular. Pedro é representante da peneiração a que Satanás (veja Am 9,9) submete a todos. **32**. A cristologia implícita é profunda, e a igreja é consolada pela ideia de que o Senhor pode livrar também a ela dos poderes de Satanás. *Te converteres*: O termo grego *epistrepsas* não implica locomoção, mas conversão moral (veja 17,4; At 3,19; 9,35; 11,21; 14,15; 15,19; 26,18.20). *seus irmãos*: Como mostra At 15,23.32, esta é a tradução de *adelphous*. Exemplos do fortalecimento da igreja por Pedro podem ser vistos facilmente em At 1-11,15. Tendo mostrado como a autoridade de Pedro se fundamenta nas últimas palavras de Jesus, Lucas passa a outra de suas preocupações favoritas nos vv. 33-34: a *exortação*. **33-34**. Nos vv. 24-27 houve muita discussão acerca de quem era o maior. Agora nós vemos como o maior é posto à prova e falha. "O Jesus lucano deixa claro para o leitor do Evangelho que não há nenhum discípulo, nem mesmo aquele por quem Jesus havia orado, que estará isento de ser testado em sua fidelidade e lealdade" (*FGL* 1423). *Que me conheçam*: Lucas suaviza a negação de Pedro. Veja o relato do cumprimento dessa predição em 22,54-62, especialmente vv. 61-62: o olhar misericordioso de Jesus conduz ao arrependimento de Pedro.

183 (f) *A justificação da mudança da práxis missionária das comunidades lucanas* (22,35-38). Esta passagem é exclusiva de Lucas e antecipa seu relato de Paulo em Atos, além de justificar a maneira como os missionários atuam nas comunidades lucanas. Em circunstâncias hostis e diferentes, eles não podem persistir nas regulamentações de 9,1-6 e 10,1-11. **35**. *bolsa, alforje, sandálias*: A referência efetiva não tem a ver com o envio dos apóstolos em 9,3, e sim com o envio dos 70 (72) discípulos. **36.** *de agora em diante*: Um novo tempo dentro da era do cumprimento está despontando. A hostilidade seria a companheira constante da igreja – Jesus havia lhes dito isso. *Espada*: A referência a esta arma destrutiva deve ser entendida no contexto global de Lucas-Atos e em seu contexto imediato dos vv. 38,47-53. Uma vez que Lucas narra em seu Evangelho que Jesus não apenas pregou o amor aos inimigos (6,26-36), mas também viveu esse ensinamento (9,51-55; 23,34), e já que ele narra em Atos que Paulo e outros missionários nunca usam espadas, ele não pode designar com o termo "espada" uma arma letal aqui. Uma vez que no v. 38 Lucas descreve o desgosto de Jesus pelo fato de os discípulos terem entendido o termo "espada" literalmente no v. 36, e visto que ele repreende o uso da espada em 22,47-53 e ainda cura a pessoa ferida, o significado do termo "espada", aqui, não pode ser uma arma destrutiva. "Espada" é, antes, símbolo de uma crise. Uma paráfrase da última parte do v. 36 seria a seguinte: Venda seu manto e compre um problema. **37**. Lucas enfatiza novamente neste discurso que tudo quanto Jesus faz está de acordo com o plano de Deus. Ele é o novo Servo de Iahweh (Is 53,12). Se Jesus é tratado desta forma, seus discípulos também o serão. **38**. *está consumado*: O leitor não deveria deixar de perceber a ironia de Lucas. Cf. D. M. Sweatland, *BTB* 13 (1983) 23-27; G. W. H. Lampe, "The two swords (Luke 22,35-38)", *Jesus and the Politics of His Day*" (ed. E. Bammel *et al.*; Cambridge, 1984) 335-51.

184 (B) A fidelidade de Jesus e o fracasso dos discípulos durante a provação (22,39-71). Lucas continua a contrapor a jornada viva e obediente de Jesus para seu Deus gracioso e o seguimento letárgico e mal informado dos discípulos.

(a) *Jesus e seus discípulos contrapostos na oração* (22,39-46). Veja Mc 14,32-42; Mt 26,30.36-46. Diferentemente de Marcos, Lucas não limita sua narrativa a Pedro, Tiago e João. Por causa de seu interesse parenético, Lucas focaliza todos os discípulos. A estrutura quiástica desta passagem ajuda Lucas a ressaltar seus interesses cristológicos e parenéticos: após a introdução do v. 39, Lucas apresenta (A) o v. 40: orai para não cairdes em tentação; (B) o v. 41: Jesus se distancia dos discípulos, ajoelha-se e ora; (C) os vv. 42-44: o conteúdo e a firmeza da oração de Jesus; (B') o v. 45: Jesus se levanta e volta até onde estão os discípulos; (A') o v. 46: orai para não cairdes em tentação. **39**. *costume*: Veja 21,37. *os discípulos*: Veja o comentário sobre 22,11. *o acompanharam*: Esta expressão expressa o objetivo parenético de Lucas. **40**. *orar*: Veja o comentário sobre 3,21. *tentação*: Veja o comentário sobre 11,4. Isto implica a entrada no campo de atuação de Satanás, resultando em apostasia. **41**. Jesus não usa a postura normal de oração, ficando de pé; antes, ele assume uma posição de humildade, ajoelhando-se. **42**. *Pai*: Veja o comentário sobre 11,1. *cálice*: Esta é uma referência ao destino de Jesus descrito neste Evangelho: ele irá morrer em Jerusalém, porque Deus o enviou para realizar o ministério do reino em favor dos necessitados, oprimidos e desafortunados deste mundo (veja 4,43; 9,51; 13,33). Jesus continuará a beber desse cálice ao curar um servo (22,51), perdoar a seus inimigos (22,34) e prometer um lugar no paraíso a um malfeitor arrependido (23,39-43). **43-44**. A autenticidade destes versículos é altamente controvertida. Uma vez que os indícios da crítica textual ou os indícios externos da autenticidade não parecem decisivos, é necessário voltar-se para os indícios internos ou para a teologia de Lucas. J. H. Neyrey propõe de maneira plausível que Lucas está contrapondo Jesus (vv. 43-45) e os discípulos (v. 46). Jesus se envolve na luta ou *agōnia* de buscar conhecer a vontade de Deus e aceita essa vontade obedientemente, não como vítima, nem fora de controle, nem sujeito a uma paixão irracional. O anjo fortalece Jesus nesta luta. Seu suor é como o de um atleta moral buscando a vitória na disputa. Os discípulos, entretanto, sucumbem ao *lypē* (v. 46), que é o medo paralisante diante do conflito iminente e leva à perda da força, encolhimento no solo e queda no sono. Cf. Neyrey, *Passion* (→ 52 *acima*) 49-68; para uma concepção contrária, veja D. M. Stanley, *Jesus in Gethsemane* (New York, 1980) 205-8. **45-46**. *erguendo-se ... levantai-vos*: Há um trocadilho consciente com o termo usado para designar a ressurreição aqui (veja 24,7).

"Só pelo poder do Jesus ressurreto é que seus seguidores serão capazes de descartar sua letargia e desânimo nas provações que terão de enfrentar e, assim, conseguir forças para *orar continuamente* a fim de evitar a *tentação* que levaria inevitavelmente à apostasia [...] 'Agora ele se levantou, e eles se levantarão com ele para fazer frente, em constante espírito de sua oração, a tudo que estiver diante deles' (ibid., 220)".

185 (b) *Contraste entre infidelidade e fidelidade* (22,47-53). Esta seção forma a segunda parte da *inclusio* que iniciou em 22,1-6. O anúncio da traição e seu cumprimento neste ponto emolduram 22,7-46 e iluminam seu conteúdo; pois Lucas apresenta um contraste entre a infidelidade de Judas e a fidelidade de Jesus àqueles que escolheu (22,7-38) e ao Deus que lhe deu uma incumbência (22,39-46). Nesta passagem, Lucas apresenta um contraste adicional: a fidelidade de Jesus a seu ministério de compaixão e a infidelidade de Judas a seu mestre. Veja Marcos 14,43-52; Mt 26,47-56; Jo 18,2-11. **47**. *um dos doze*: Como em 22,3, Lucas chama a atenção de seus leitores para a posição privilegiada de Judas. *Se aproximou*: Um contraste implícito é estabelecido entre Pedro, o líder (veja 22,31-34.54-62), e Judas, o líder. **48**. *beijá-lo*: Um sinal de intimidade se torna sinal de traição. *Entregar*: Quando a linguagem sobre "entregar o Filho do Homem" foi usada nas predições de 9,44 e 18,32, mencionaram-se as autoridades religiosas e políticas foram mencionadas, mas não Judas (veja, entretanto, 24,7, que faz referência aos "pecadores"). Os poderes das trevas, que se ocultam sob o manto da noite (veja o v. 53), não se restringe suas vítimas aos líderes políticos e religiosos. Eles também perseguem os discípulos. **49-50**. Fortalecido pela oração, Jesus não sucumbe à tentação de abandonar seu ministério não-violento e usar de violência (→ 183 *acima*). **51**. *curou*: Este é o único milagre que acontece na paixão e demonstra que Jesus não é apenas o salvador em seu ministério pré-Jerusalém, mas também durante sua paixão. Ele cura até mesmo um inimigo! Essa é a natureza do Deus compassivo proclamado por Jesus. Cf. Busse, *Wunder* (→ 67 *acima*) 336; J. Drury, *Tradition and Design in Luke's Gospel* (Atlanta, 1977) 111. **52**. *espadas*: A não-violência é vencida – momentaneamente – pela violência. **53**. *Templo*: Veja 19,47-48 e 21,37-38. Em contraposição a Mc 14,50, os discípulos não abandonam Jesus. Eles estarão presentes com ele junto à sua cruz.

186 (c) *A fidelidade de Jesus, Filho de Deus, e a de Pedro são contrastadas* (22,54-71). Veja Mc 14,53-15,1; Mt 26,57-27,1; Jo 18,13-27. Em vez da sequência marcana de aprisionamento, julgamento noturno, zombaria, negação, Lucas apresenta prisão, negação, zombaria e julgamento matutino. Assim, principalmente por razões parenéticas, Lucas enfatiza primeiro o abandono de Jesus por Pedro e então a fidelidade de Jesus para com sua vocação profética. Com profunda significação cristológica, Lucas conclui a cena com o testemunho da igreja sobre Jesus nos lábios do próprio Jesus, a testemunha exemplar: Jesus é o Messias, o Filho do Homem vindicado, o Filho de Deus. **54-62**. O que Jesus havia predito em 22,31-34 está se cumprindo. **54**. O contraste é estabelecido entre a fidelidade de Jesus e a infidelidade de Pedro. **56-57**. *uma criada*: Lucas suaviza a negação de Pedro, pois o Pedro lucano não nega a Jesus, mas nega conhecê-lo (veja 22,34). **58-59**. Dois homens interrogam Pedro agora. Este toque lucano pode estar em sintonia com Dt 19,15, que requer duas testemunhas masculinas em um julgamento. **60**. *um galo cantou*: A profecia de Jesus, feita em 22,34, cumpre-se. **61**. O olhar do Senhor é de compaixão. *Lembrou-se*: Pedro se recorda do significado de 22,34. Para outras referências significativas ao termo "lembrar" em Atos-Lucas, veja 24,6-7; At 11,16; 20,35. "Lembrando-se das palavras do Senhor, os crentes serão salvos do destino que sobreveio a Pedro" (Matera, *Passion Narratives* [→ 176 *acima*] 172). **62**. *chorou amargamente*: A oração de Jesus foi eficaz preservando Pedro em sua peneiração. Há um contraste implícito com Judas: Pedro se arrependeu de seus feitos; Judas não (veja At 1,15-19). **63-65**. O que Jesus predisse em 18,32 está acontecendo agora: ele é ridicularizado (veja também 23,11). **64**. *faz uma profecia*: Lucas joga com seu tema de Jesus como profeta rejeitado (→ 61 *acima*). A ironia de Lucas é bem forte: Jesus é zombado como profeta pouco depois de sua profecia (a de que Pedro o negaria) ser cumprida. **65**. *proferiam ... muitos outros insultos*: O termo grego *blasphēmountes* é usualmente traduzido por "insulto". No relato lucano do julgamento, Jesus não é acusado de blasfêmia. Seus adversários, contudo, blasfemam contra ele, o Filho de Deus. **66-71**. O relato lucano do julgamento difere marcantemente do de Marcos: o de Lucas acontece pela manhã; não há falsas testemunhas; não há acusação de que Jesus disse que destruiria o Templo (veja At 6,12-14); toda a assembleia, ou sinédrio, atua no julgamento de Jesus, em contraposição a Marcos, que destaca o papel de porta-voz do sumo sacerdote. É a teologia lucana, e não uma outra fonte, que explica estas diferenças. "O propósito de Lucas é descrever um julgamento solene, válido e formal de Jesus por Israel" (Neyrey, *Passion* [→ 52 *acima*] 71). O testemunho de Jesus em seu julgamento se torna o modelo para o testemunho de Pedro (At 4-5), de Estêvão (At 6-7) e de Paulo (At 21-26) em seus julgamentos, preditos por Jesus em 12,8-12; 21,12-15. **67-68**. *o Cristo*: Veja 1,32-35; 2,11; 3,1; 25,35; At 2,32. Esta é a confissão da igreja acerca de Jesus como cumprimento das promessas de Deus feitas a Davi. A resposta de Jesus para a pergunta da assembleia é semelhante à do profeta Jeremias quando ele estava sendo julgado (veja Jr 45,15 LXX). *Filho do Homem*: Quando está aparentemente desprovido de poder, Jesus prevê a vindicação dele mesmo e de seu ministério por Deus. Esta também é a confissão da fé da igreja em Jesus (veja At 2,32-34.36; 7,56). **70**. *todos*: Lucas enfatiza que a rejeição de Jesus, o profeta de Deus, é realizada por toda a liderança oficial de Israel (veja, porém, 23,50-53). *Filho de Deus*: Esta é a última e fundamental confissão de fé em Jesus. Até este ponto no Evangelho, Lucas informou seus leitores que seres não terrenos reconheceram Jesus como Filho de Deus (veja 1,32.35; 3,22; 4,3.9.41; 8,28; 9,35), e esta era de fato a natureza de Jesus. Lucas "dá à sua história uma reviravolta especial, pois os inimigos de Jesus do Templo não reconhecem sua verdadeira identidade, mas ao mesmo tempo, inadvertidamente, reconhecem-no como quem ele verdadeiramente é" (J. M. Dawsey, *BTB* 16 [1986] 147).

187 **(c) Até o fim o Jesus inocente convive com pecadores (23,1-56a).** Em toda esta seção, Lucas enfatizará a fidelidade amorosa a Deus de Jesus, o justo que sofreu inocentemente, aquele que até seu último suspiro leva a misericórdia de Deus aos pecadores.

(a) *Jesus o justo, maltratado, é entregue à crucificação* (23,1-25). A inocência de Jesus é um refrão que pulsa em toda esta seção (vv. 4.14.15.22); ele, que é justo, é injustiçado. Veja Mc 15,1-15. **1**. Jesus caminha, livre e obedientemente, rumo ao Pai, enquanto suas predições de 9,22.44; 18,32 estão sendo cumpridas. Pilatos, o prefeito romano (→ 42 *acima*), tem a autoridade de pronunciar a sentença de morte por crucificação contra um criminoso. **2**. *começaram então a acusá-lo*: As acusações contra Jesus não estão embasadas na realidade. Jesus não proibiu o pagamento do imposto imperial (veja 20,20-25). Sua realeza (veja 19,38; 22,24-25; 23,35.37.39) não é política. Na realidade, ela consiste em servir (22,24-27). Com ironia, Lucas sublinhará que são os próprios judeus que não apenas aprovam a insurreição (23,18-19.25), mas, mais do que isso, incitaram tumultos (veja At 13,50; 14,19; 17,5-8.13). Cf. G. Schneider, "The Political charges against Jesus (Luke 23,2)", *Jesus and the Politics of His Days* (→ 183 *acima*) 403-14. **4**. *Não encontro neste homem motivo algum de condenação*: Este é o pronunciamento de absolvição por parte de Pilatos. **6-12**. Este trecho, que é próprio de Lucas, foi preparado por 3,1.19-20; 9,7-9; 13,31-32. **8**. Por três vezes Lucas menciona o verbo "ver", estabelecendo um contraste entre a maneira de Herodes ver Jesus e o tipo de visão exigido pela fé (veja 23,35.47-49; 24,12.16.24.31.39.45; At 26,17-18). **9**. Como acontecerá no próximo encontro com Pilatos (22,13-25), Jesus permanece em silêncio. É o silêncio do servo justo que sofre inocentemente apresentado por Is 53,7, o silêncio que nasce da confiança profunda em um Deus fiel. **11**. *Veste brilhante*: Uma vez que Herodes era tetrarca, estas vestes não são as de um rei. Dois níveis de entendimento talvez estejam presentes aqui: Jesus, como inocente, está vestido de branco, o símbolo da pureza. Jesus está vestido em roupas usadas pelos candidatos a um cargo: a nação judaica escolherá a ele ou Barrabás. **12**. *ficaram amigos*: Mesmo quando parece estar sem poder algum, Jesus ainda é capaz de realizar uma obra salvífica: a reconciliação entre dois inimigos. Cf. M. L. Soards, *Bib* 66 (1985) 344-63.

188 13-25. Pilatos, primeiramente, declara a inocência de Jesus, em um processo juridicamente correto, mas se acovarda quando todo o Israel exige a morte de Jesus. **13**. Todo o Israel, seus líderes e o povo (*laos*), está presente. **14-16**. A completude do procedimento jurídico realizado por Pilatos é manifesta: prender (v. 14a); acusar (v. 14b); investigar ou *cognitio* (14c); o veredito de inocência (v. 14d); confirmação do veredito por Herodes (v. 15a); a absolvição de Jesus (v. 15b), advertência judicial (v. 16). "Lucas se esforça consideravelmente para apresentar as audiências de Jesus perante Pilatos como sessões de um julgamento, juridicamente correto em todos os aspectos, e prontamente reconhecível como tal" (Neyrey, *Passion* [→ 52 *acima*] 81). **17**. Este versículo deve ser omitido por razões internas e externas. **18**. *eu o soltarei*: Por mais duas vezes (vv. 21 e 23), todo o Israel exigirá a morte de Jesus. Cinco vezes Lucas descreverá a opção de todo o Israel pela condenação de Jesus: vv. 18.23.24.25a.25b. *Barrabás*: "Um criminoso substituto é exigido para libertar um criminoso! A ironia da cena é patente. Além disso, eles clamam pela libertação daquele que se chama Barrabás, 'filho do pai', e rejeitam aquele que verdadeiramente é o Filho do Pai (2,49; 10,21; 11,2; 22,29.42)" (*FGL* 1489). **19**. *Havia sido preso por um motim na cidade e por homicídio*: Aqui e no v. 25, Lucas acentua o caráter nefasto de Barrabás. Jesus morrerá para que tais pessoas sejam libertas da prisão (veja 4,18-19). **22**. Pela última vez Pilatos declara Jesus inocente. Embora Pilatos mencione a *fustigatio*, ou açoitamento leve, Lucas nunca diz que Jesus foi açoitado ou flagelado. Ele vai para a cruz com total domínio da situação. **23**. *insistiam com grandes gritos*: Conforme 23,35.48 deixará claro, o povo de Deus (*laos*) se arrepende de sua ação contra Jesus, mas os líderes religiosos se mantêm firmes em sua decisão. **25**. *entregou-o ao arbítrio deles*: Esta não é uma sentença jurídica. O Pilatos apresentado por Lucas já havia feito isso: Jesus é inocente. Desse modo, Lucas diminui o envolvimento de Roma na condenação e crucificação de Jesus. Na sequência, os leitores veem que Deus não permite que a perversão humana da nobre instituição da lei e da justiça romana impeça seus planos de criar nova vida, ressurreição e o Israel reconstituído. Cf. Walaskay, '*And so we came to Rome*' (→ 46 *acima*) 38-49.

189 (b) *Jesus, profeta rejeitado, exige o arrependimento* (23,26-31). Quando Jesus estava prestes a entrar em Jerusalém (19,41-44), ele conclamou os moradores a se arrependerem. Agora, ao deixar Jerusalém para ser crucificado, exige novamente o arrependimento.

26. Veja Mc 15,20b-21. *enquanto o levavam*: Lucas usa o ambíguo "eles", cujo antecedente gramatical é "os sumos sacerdotes, os líderes e o povo" de 23,13. Lucas ameniza o envolvimento romano. *Tomaram*: A finalidade de Lucas é exortativa. Em Lucas-Atos, a palavra grega *epilambanesthai* tem o sentido de "obrigar"; este termo também tem a acepção positiva "agarrar amigavelmente" uma pessoa para fins de cura ou recomendação (9,47; 14,4; At 9,27; 17,19; 23,19). Ninguém é compelido a se tornar discípulo; o chamado é livre. Como no caso de Simão, esse convite pode ser feito de modo bastante inesperado. *Atrás de Jesus:* Esta é a terminologia do discipulado (veja 9,23; 14,27). **27-31**. Jesus faz uma advertência severa aos habitantes de Jerusalém para que se arrependam de terem rejeitado ele, o justo e inocente, o profeta de Deus. Do contrário, o castigo de Deus iria atingi-los. Como o modelo do profeta rejeitado mostra, porém, o castigo não é a palavra final de Deus a seu povo. Em 23,34a e na pregação de Atos, Lucas mostra que Deus faz, uma vez mais, sua oferta de perdão àqueles que rejeitaram Jesus. Veja o comentário sobre 4,24. **29**. Lucas expressa a tragédia em uma linguagem que assusta as pessoas que consideram ter filhos como uma bênção singular. Veja 1,25. **30**. *caí sobre nós*: Veja Os 10,8. **31**. O sentido deste provérbio é obscuro. O "se fazem" se refere aos romanos, aos judeus, a Deus ou aos poderes do mal? Onde reside o contraste entre o "verde" e o "seco": metade crescido/metade por crescer; difícil de queimar/fácil de queimar; vivo/morto? Uma paráfrase do v. 31, que explica os vv. 28-30, é a seguinte: se eles fizeram tudo isso a Jesus, que é o doador da vida, o que não acontecerá à morta e impenitente Jerusalém?

190 (c) *Jesus, entre pecadores, ora por perdão* (23,32-34). O que o profeta Jesus havia predito em 22,37 se cumpre agora: ele está entre transgressores. Veja Mc 15,22-24. **34a**. *Pai, perdoa-lhes*: Muitos manuscritos, de diferentes procedências, omitem a oração de Jesus por perdão, a qual aparece apenas em Lucas. Os indícios internos, entretanto, pendem a favor de sua autenticidade. A linguagem e o pensamento são lucanos: Pai (veja 10,21; 11,2; 22,42; 23,46); perdão dos pecados por causa de ignorância (At 3,17; 13,27; 17,30). Lucas contrabalança a oração de Estêvão (At 7,60) com a de Jesus. Lucas apresenta ditos de Jesus em cada um dos principais trechos do relato da crucificação (23,38-31.43.46). A inclusão de um dito aqui é coerente com o estilo lucano. A oração de Jesus é parte integrante da teologia lucana do profeta rejeitado e de um Jesus que ensina e pratica o perdão aos inimigos (6,27-28; 17,4). A oração de Jesus poderia ter sido retirada por copistas posteriores, pois ela se chocaria com sua interpretação de 22,28-31, ou porque eles achavam que a destruição de Jerusalém mostrou que a oração de Jesus foi ineficaz, ou ainda por causa do sentimento antijudaico. Cf. Marshall, *Gospel* 867-68; Talbert, *Reading Luke* 219-20. Jesus, que viera para chamar os pecadores ao arrependimento (5,32), continua seu ministério até o final, quando ora a seu Pai. **34b**. *repartindo suas vestes*: O que acontece com Jesus cumpre o Sl 22,18, um dos salmos do justo que sofre apesar de ser inocente. Sobre o ultraje de ser deixado nu, → 170 *acima*. Parece não haver nenhum indício de que os romanos permitissem o uso de uma pequena peça de roupa sobre os judeus crucificados para não ferir a sensibilidade judaica.

191 (d) *Reações positivas e negativas a Jesus* (23,35-49). Nos vv. 35-39, reações hostis mas ironicamente verdadeiras serão dadas à revelação de Deus no Jesus crucificado. Nos vv. 40-43.47-49 (veja também 23,50-53), a revelação de Deus é verdadeiramente compreendida e acolhida com reações positivas de fé e arrependimento. Veja Mc 15,25-39. **35-39**. Há uma progressão decrescente na narrativa de Lucas acerca daqueles que humilharam Jesus: os líderes religiosos, os soldados, um criminoso. **35**. *o povo ... os chefes*: Lucas apresenta um contraste entre o povo (*laos*), que contempla os últimos acontecimentos da vida de Jesus, e os líderes religiosos, que escarnecem de Jesus. Inspirado pelo que vê, o povo se arrependerá de ter rejeitado Jesus (veja 23,13-25). Conforme fez anteriormente em 23,34b, Lucas se baseia agora no Sl 22 para descrever o que está acontecendo com Jesus (veja Sl 22,7-8; Sb 2,18). *Salvou*: Este se torna um refrão de escárnio (veja vv. 37.39). Estes escárnios apontam para as tentações de Jesus em 4,1-13, pois agora Jesus é tentado a salvar sua vida não a entregando, mas apegando-se a ela (veja 9,24). O que salvará Jesus é sua fé em um Deus e Pai gracioso, que o ressuscitará dos mortos (veja as predições de Jesus sobre sua paixão e ressurreição em 9,22 e 18,33; veja também 20,27-40; 22,69). *O Cristo de Deus*: Este escárnio é ironicamente verdadeiro (veja a confissão de Pedro em 9,20). *O Eleito*: Esta chacota também é ironicamente verdadeira (veja 9,35). **36.** *vinagre*: As ações dos soldados estão em sintonia com outro Salmo do justo que sofre inocentemente, o Sl 69,21. **37.** *Rei dos Judeus*: Também isto é, ironicamente, verdade (veja 19,38). **39.** *Cristo*: Lucas conclui a confissão cristã de fé, a qual ele colocou, ironicamente, nos lábios dos que estavam zombando de Jesus. As pessoas que contemplam esta cena em fé sabem que o Jesus crucificado é tudo aquilo que os escarnecedores negam a seu respeito.

192 **40-43.** O criminoso "bom" inicia as reações positivas a Jesus. A soteriologia e a teologia lucana da cruz ganham uma poderosa expressão dramática neste "evangelho dentro do Evangelho". **41.** *ele não fez nenhum mal*: O tema da inocência de Jesus ressoa novamente. **42.** *Jesus*: Lucas continua sua confissão, mediante títulos, do significado do Jesus crucificado: só há salvação no nome de Jesus (veja At 4,12). *com teu reino*: A leitura "para dentro de", em vez de "em" ou "com", é apoiada não somente apenas por manuscritos confiáveis, mas também corresponde à teologia lucana (veja 22,30), na qual o reinado de Jesus é iniciado por sua morte e ressurreição; veja também 24,26. O criminoso tem uma fé profunda de que Jesus é verdadeiramente um rei e pode dar o perdão e a misericórdia que apenas um rei pode dispensar. **43.** Jesus, prestes a experimentar a vitória de Deus sobre a morte, declara o criminoso arrependido livre do pecado. "Esta é uma absolvição pronunciada por aquele que é 'o ordenado por Deus para ser juiz dos vivos e dos mortos' (At 10,42)" (*FGL* 1508). *Hoje*: A morte salvífica de Jesus tem significado para o presente. *Comigo*: Este aspecto da salvação também está presente nas refeições de Jesus com os pecadores e em sua restauração dos impuros ao convívio social. Cf. R. J. Karris, *CurTM* 12 (1985) 346-52. *Paraíso*: Esta rica imagem compreende o retorno à criação original, à possibilidade de comer do fruto da árvore da vida e à comunhão com os justos. As portas do paraíso foram reabertas pela obediência e fé do Novo Adão. Veja Neyrey, *Passion* (→ 52 *acima*) 156-92. **44-45.** A criação de Deus e o Templo judaico dão suas respostas ao significado da morte de Jesus. **44.** *treva*: Em Jl 2,31 e Am 8,9, o Dia do Senhor, um dia de julgamento, vem acompanhado de trevas. Em Am 8,9, as trevas se estabelecem ao meio-dia. O juízo de Deus contra o mal ocorre na morte de Jesus. **45.** *o véu do Santuário rasgou-se ao meio*: Uma vez que Lucas tem uma concepção positiva do Templo, este versículo não pode significar a destruição desse lugar sagrado (→ 165 *acima*). Quando Jesus morre, a cortina externa do Templo, que separava a todos, menos os sacerdotes, de Deus, rasga-se em duas. Em Jesus, todas as pessoas agora têm acesso a Deus. Para uma opinião diferente, veja D. D. Sylva, *JBL* 105 (1986) 239-50.

193 **46.** *Pai, em tuas mãos entrego o meu espírito*: A oração de Jesus está baseada em outro salmo do justo que sofre mesmo sendo inocente: Sl 31,5. Com uma fé profunda em seu Pai misericordioso, que ressuscita os mortos para a vida, Jesus conclui sua vida de obediência à vontade de Deus. Ele bebeu o cálice que Deus lhe havia preparado (veja 22,42). **47-49.** Lucas prossegue seu relato de respostas positivas à morte de Jesus ao retornar a seu tema da visão (veja 22,8.35). **47.** *centurião*: → 46, *acima*, sobre a concepção positiva de Lucas quanto aos soldados. A reação positiva deste gentio deveria ser unida à dos judeus (vv. 40-43.48.49) como sinal do significado universal da morte de Jesus. *Vendo o que acontecera*: Com o dom gratuito da fé, este gentio entende o verdadeiro significado do perdão de Jesus aos inimigos, sua fidelidade a Deus durante a tentação e sua misericórdia para com um criminoso arrependido. *Glorificava a Deus*:

Em Lucas-Atos, esta expressão significa uma resposta à revelação do poder e misericórdia de Deus presentes em um feito poderoso (veja 2,20; 5,25.26; 7,16; 13,13; 17,15; 18,43; At 4,21; 21,20). O feito poderoso que o centurião vê não é a cura de um leproso (17,15); ele vê, antes, o poder e a misericórdia de Deus em benefício da humanidade acontecendo na morte de um indivíduo sem poder, Jesus de Nazaré. *"este homem era justo"*: Através de sua insistência na inocência de Jesus (23,4.14-15.22.41) e do uso dos salmos do justo que sofre inocentemente, Lucas preparou seus leitores para esta confissão de fé. Por meio de seu comportamento justo, Jesus mostrou que é o Filho de Deus. Sendo fiel a Jesus, Deus mostrou que Jesus é seu Filho e que ele, Deus, cuida da criação tratada injustamente, tipificada em Jesus. A lógica deste tema do justo de Deus (veja também At 3,14-15; 7,52; 22,14), é eloquentemente expressa em Sb 2,18: "Pois se o Justo é Filho de Deus, ele o assistirá e o livrará das mãos de seus adversários". Cf. Karris, *JBL*, 105 (1986) 65-74. **48**. *multidão*: → 45 *acima*, sobre a permutabilidade entre "multidões" e "povo". Assim, o v. 48 se refere a 23,35. Lucas usa três vezes uma palavra para designar "visão", a fim de enfatizar que aqueles que antes optaram por Barrabás em vez de Jesus estão entendendo agora o sentido profundo da morte de Jesus como uma morte por eles (veja 22,19-20) Eles se arrependem batendo em seu próprio peito (veja 18,13). **49**. *que o haviam acompanhado*: Este grupo inclui os discípulos de Jesus, que, segundo Lucas, não o abandonam. Junto com as mulheres, eles entendem o sentido do que está acontecendo. Como o cap. 24 deixará claro, seu conhecimento será imensuravelmente ampliado. *Mulheres que o haviam acompanhado desde a Galileia*: Isto não é simplesmente uma referência geográfica, mas se refere ao seguimento do discipulado. Esta analepse ou *flashback*" que remete a 8,2-3 exige que o leitor releia e inclua as mulheres em passagens em que elas não estão presentes. Veja também sobre 24,6-8.

194 (e) *Jesus recebe o sepultamento de um rei* (23,50-56a). José de Arimateia e as mu-
lheres fiéis oferecem respostas positivas adicionais à revelação de Deus no Jesus crucificado. **50**. *Conselho*: Apesar de 22,70 e 23,1, a decisão dos líderes religiosos contra Jesus não foi unânime. *Reino de Deus*: Este tema permeia todo o Evangelho (*p.ex.*, 4,43 e 23,42). Jesus, mesmo na hora da morte, é aquele que traz o reino de Deus. **53**. *lençol*: Nos tempos de Lucas, o linho era o símbolo da imortalidade, porque provém da terra doadora de vida. Cf. J. Quasten, *AJP* 63 (1942) 206-15. Na esperança da ressurreição, José envolve Jesus em linho. Em 24,12, Pedro encontra apenas lençóis. O símbolo da vida ressurreta dá lugar à realidade do Senhor Jesus ressurreto, que revela o que Deus tem preparado para toda a criação. *Ninguém havia ainda sido posto*: O Jesus inocentemente crucificado não é jogado em uma tumba comum, mas recebe um enterro digno do Messias de Deus, do Eleito, do Rei dos Judeus. **55**. Veja o comentário sobre 23,49 e 24,1-12.

195 (VIII) A vindicação de Jesus, a promessa do Espírito e a ascensão (23,56b-24,53). Lucas conclui a primeira parte de seu relato querigmático acerca dos acontecimentos ocorridos entre os crentes (veja 1,1-4 e a ênfase na promessa e cumprimento em 24,5-8.25.27.32.44-47). Por meio de aparições de Jesus ressuscitado em Jerusalém, os discípulos passam da tristeza para a alegria, da perplexidade ao entendimento, da descrença para a fé e, finalmente, têm os olhos abertos para ver, no Senhor ressuscitado, o que Deus tem preparado para toda a criação.

(A) Mulheres como evangelistas (23,56b-24,12). Veja Mc 16,1-8; Mt 28,1-8; Jo 20,1-13. Lucas fundamenta sua insistência na importância do papel das mulheres na vida da igreja em sua comissão de serem as primeiras proclamadoras da fé pascal. **1**. *muito cedo*: O poder das trevas (25,53) dá lugar à luz da aurora da vitória de Jesus sobre a morte (veja 1,78-79). **6**. *ele não está aqui, mas foi ressuscitado*: Cumprindo sua promessa de vindicação (9,22), Deus vindicou seu Filho justo, fiel, sofredor, inocente. Este é o evangelho pascal. **6.** *lembrai-vos*: Veja também o v. 8. O significado desta palavra-chave lucana e do AT não deveria ser diluído ou reduzido à mera recordação do conteúdo de uma conversa anterior. Lembrar é fazer incidir no presente, com poder e um conhecimento novo e mais profundo, o sentido de ações e palavras passadas da história da salvação. O mesmo termo grego *mimnēskesthai* se encontra com um rico sentido em 1,54.72; 23,42; At 10,31; 11,16. Lucas usa termos gregos correlatos em 22,19; 22,61; At 17,32; 20,31.35. Veja *TDNT* 4. 677; P. Perkins, *Ressurrection* (GC, 1984) 154-55; R. H. Smith, *Easter Gospels* (Minneapolis, 1983) 109. *Galileia*: De acordo com a geografia teológica de Lucas, todas as aparições ocorrem em Jerusalém e nas cercanias. De Jerusalém, o laço de continuidade entre promessa e cumprimento na revelação de Deus, o querigma cristão se espalhará até os confins da terra (At 1,8). **7.** Os paralelos mais próximos deste dito se encontram em 9,22 e 9,44. Note-se que em ambos os casos não é dito explicitamente que as discípulas estavam presentes (→ 101 *acima*, sobre o uso lucano de analepse ou *flashback*). **8.** A revelação da vindicação de Jesus dá novo sentido e poder à recordação das palavras de Jesus por parte das mulheres. **9.** *proclamou*: As discípulas fiéis são as primeiras a proclamar o evangelho pascal. O termo grego *anēngeilan*, usado aqui, geralmente é traduzido de forma insuficiente como "contar". Veja os paralelos em 9,36 e At 26,20, e as observações de J. Schinewind, *TDNT* 1. 66. O verbo conota "a mensagem da ressurreição em sentido especializado". **11.** *não lhes deram crédito*: Lucas emprega o mesmo termo grego *ēpistoun* para descrever a reação dos apóstolos à mensagem pascal das mulheres usado em Atos (*p.ex.*, 28,24) para descrever uma reação negativa à proclamação cristã. Os apóstolos ainda têm de avançar em sua odisseia da passagem da compreensão errônea para a compreensão e a fé. **12.** Este versículo deve ser mantido como se encontra nos mais confiáveis manuscritos e é consoante com a teologia de Lucas. *Viu*: A visão de Pedro ainda não é a da fé. Veja 24,34. *linho* →

194 *acima*. *O que acontecera*: Esta oração geral também se encontra em 23,47.48; 24,18. Os olhos abertos pelo Senhor Jesus ressurreto entenderão o significado do que Deus fez, a favor de todos, em seu Eleito.

196 (B) Emaús e o retorno ao caminho do discipulado (24,13-35). Este relato primoroso, apresentado apenas no Evangelho de Lucas, está repleto dos temas de Lucas, especialmente a jornada, a fé como visão e a hospitalidade. **13.** *viajavam*: Os dois discípulos abandonaram o caminho de Jesus, pois ele não havia atendido suas expectativas (v. 21). A infidelidade dos dois é contraposta à fidelidade das mulheres (23,49-24,12). O leitor deveria lembrar-se do tema lucano da caminhada, que foi tão predominante como imagem do discipulado no trecho de 9,51-19,27. Este relato está repleto do vocabulário da caminhada (vv. 15.17.28.32.33.35) e narra como o Jesus ressuscitado reconcilia dois viandantes, que, depois de perdoados e iluminados, regressam imediatamente a Jerusalém. **16.** *seus olhos, porém, estavam impedidos de reconhecê-lo*: Em todo o seu Evangelho, Lucas trabalhou com a ideia do "ver" (9,45; 18,34; 23,8.35.47-49). Agora ele articula este tema nos vv. 23-24.31.32.35 ao contar como o Cristo ressurreto abre os olhos dos discípulos para verem o verdadeiro significado de Jesus no plano de Deus. Mas, como o relato esclarecerá, os olhos dos discípulos só são plenamente abertos após eles terem demonstrado hospitalidade para com um estranho. **19.** *Jesus de Nazaré*: Com ironia teológica, Lucas desenvolve seu tema da fé como visão, pois o que os discípulos dizem neste versículo é o credo cristão (veja At 2,22-24; 10,38). Uma mera recitação deste credo não proporcionará a visão da fé. **20-21.** *entregaram*: A ironia de Lucas vai se ampliando, pois os fatos narrados pelos discípulos cumprem as profecias de Jesus em 9,22; 13,32-33; 18,31-33. Recitar fatos da vida de Jesus e mostrar como eles são coerentes com suas predições não abre os olhos da fé. **22-24.** *algumas mulheres, que são dos nossos*: Lucas inculca incansavelmente sua mensagem irônica. A proclamação do evangelho pascal pelas discípulas fiéis sofre resistência e não abre os olhos da fé. **25-27.** *começando por Moisés*: O que contribui positivamente para a fé (veja v. 32) é a interpretação de Jesus a respeito de sua vida como cumprimento das promessas de Deus, do começo ao fim das Escrituras. Deus exaltou à glória seu profeta rejeitado, o justo sofredor inocente, o Filho. **29.** *Permanece conosco*. Agora Lucas acrescenta seu toque final à temática da fé como visão. Os discípulos que acolhem o estranho terão os olhos abertos. "Assim, o senhorio de Jesus não é percebido ou manifestado por atos de vingança ou violência, ou por sinais terríveis e poderosos, mas é alcançado por uma cruz e expresso por uma refeição – um ato de hospitalidade, paz, fraternidade e sororidade" (R. H. Smith, *Easter Gospels* [→ 195 acima] 122). **30.** *uma vez à mesa com eles, tomou o pão*: Esta refeição não deve ser interpretada imediatamente como eucaristia, mas deveria ser ligada com a temática da comensalidade que Lucas desenvolveu ao longo de todo o seu Evangelho. Por meio desta temática, ele mostrou que o reino de Deus veio na partilha de alimento com os outros por parte de Jesus, especialmente com os excluídos. Jesus, que, em sua última ceia, disse que não partilharia mais alimento com seus discípulos até que o reino de Deus viesse (22,16-18), agora compartilha alimento com eles e, com isso, mostra que o reino de Deus de fato chegou. Agora seus comensais não são os publicanos, mas seus próprios discípulos que se desviaram de seu caminho; eles são perdoados e mandados de volta para o caminho, que é o caminho de Jesus. Mas tudo isso só acontece para eles pelo fato de terem sido hospitaleiros. **32.** *ardia o nosso coração*: Graças à sua preocupação em oferecer hospitalidade a um estranho, a tristeza, tolice e falta de compreensão dos discípulos são transformadas em alegria, percepção e retomada do caminho de Jesus. **34.** *apareceu a Simão*: A oração de Jesus foi eficaz. Simão Pedro também foi perdoado e agora recebe o poder de fortalecer seus companheiros cristãos no caminho (veja 22,31-34). Cf. Dillon, *From Eye-Witnesses to Ministers of the Word* (→ 55 *acima*) 69-155; R. J. Karris, *Int* 41 (1987) 57-61; B. P. Robinson, *NTS* 30 (1984) 481-97.

197 (C) O comissionamento e a ascensão (24,36-53). Os temas da paz (v. 36), comunhão à mesa (vv. 41-43); as promessas de Deus cumpridas em Jesus (vv. 47-52), perdão dos pecados (v. 47) testemunhas (v. 48), Jerusalém (vv. 47.52), Espírito Santo (v. 49), o término da jornada de Jesus em direção a Deus (v. 51) e do Templo (v. 53) estão entrelaçados nesta seção final do Evangelho de Lucas. O Evangelho em seu conjunto culmina na descrição lucana da postura dos discípulos: eles adoram Jesus (v. 52). A maior parte deste material é exclusivo de Lucas. **36.** *...no meio deles e disse: "Paz esteja convosco"*: Este texto é apoiado pela maioria dos manuscritos antigos e deveria ser considerado autêntico. Ele, junto com todo ou parte de 22,19b-20; 24,3.6.12.40.51.52, é, porém, omitido por outros manuscritos antigos, especialmente por D. Os indícios não são convincentes em relação à autenticidade destas oito versões (e também de Mt 27,49), que foram denominadas por Westcott e Hort de "não-interpolações ocidentais". Cf. Metzger, *TCGNT* 191-93. K. Snodgrass, *JBL* 91 (1972) 369-79. *paz*: As bênçãos de uma vida íntegra e plena, prometidas em 2,14, efetuadas pelo ministério de Jesus em favor do reino (veja, *p.ex.*, 7,50), e proclamadas em 19,38, são agora o dom permanente do Jesus ressuscitado para seus discípulos. **38.** *por que estais perturbados?*: O relato de Emaús (24,13-35), com sua passagem da descrença para a crença, não é referido aqui. Trata-se de um novo relato, desta vez, sobre a passagem da dúvida para a adoração (v. 52). **43.** *em sua mesa*: Esta é a forma pela qual *enōpion autōn* (lit. "diante deles") deveria ser traduzido. A prova para esta tradução é proveniente de seu uso na LXX (*p.ex.*, 2Rs 11,13; 3Rs 1,25), do uso lucano (13,26; At 27,35) e do relato lucano sobre as refeições do Senhor ressurreto com os discípulos (At 1,4; 10,41)b. Portanto, o aspecto mais importante deste versículo não é a insistência apologética na existência real do corpo de Jesus, mas sim a vitória de Jesus sobre a morte simbolizada por sua renovação da comunhão de mesa com seus discípulos. Cf. Dillon, *From Eye-Witnesses to the Ministry fo the World*, 200-1. **44.** Toda a Escritura – Lei, Profetas e Escritos – encontra seu cumprimento no Jesus ressurreto. **45.** *abriu-lhes a mente para que entendessem*: Lucas continua seu tema da revelação como abrir os olhos e a mente. Veja o comentário sobre 24,16-47. *arrependimento para perdão dos pecados em todas as nações*: Atos 26,23 ajuda a responder a pergunta levantada por este versículo: como é possível para o Messias Jesus pregar a todas as nações, cumprindo assim as Escrituras? Ele fará isso por meio de Paulo e da igreja. Assim, Lucas alcança seu universalismo cristológico. "Jesus é o Messias em sentido real e total apenas se a salvação de Deus alcançar 'os confins da terra' por meio dele" (J. Dupont "La portée christologique de l'evangélisation des nations d'après Luc 24,47" *Neues Testament und Kirche*, Fest. R. Schnackenburg; ed. J. Gnilka; Freiburg [1974] 143). **48.** *vós sois testemunhas disso*: Esta comissão é direcionada a um grupo mais amplo do que os Onze (veja 24,9.33). O contexto lucano também indica que mulheres foram incluídas nesta comissão. Cf. Perkins, *Ressurrection* (→ 195 *acima*) 166-67. **49.** *o que meu Pai prometeu*: O Espírito Santo é quem anima a continuação do relato lucano a respeito de como Deus cumpriu promessas. Veja At 1-2.

198 50-53. Estes versículos contém numerosas referências a 1,5-2,52, na medida em que Lucas arremata seus temas por meio de uma *inclusio*. **50.** *Levou-os*: Lucas alude ao tema do êxodo e emprega o verbo grego *exagein*, que é usado na LXX para descrever Deus libertando o povo da escravidão egípcia no êxodo. Jesus está prestes a completar seu êxodo (veja 9,31) para seu Pai. *Erguendo as mãos, abençoou-os*: Parece haver uma alusão consciente a Eclo 50,20-24, que tem a seguinte sequência: Simão, o sumo sacerdote, impetra a benção, adora, e a congregação responde com louvores. Esta é a única vez no Evangelho de Lucas que ele menciona que Jesus abençoou pessoas. Na conclusão da liturgia de sua vida, Jesus abençoa seus discípulos. Compare com Zacarias (1,21-22). **51.** *era elevado ao céu*: Em At 1,6-11, Lucas apresenta um outro relato da ascensão. Este aqui foi denominado de relato "doxológico", que enfatiza o louvor a Jesus. O relato de Atos é, antes, uma interpretação "eclesiástica", que leva à narrativa lucana de como a igreja de Deus deve abandonar a postura da adoração festiva e trilhar as estradas do mundo com a boa nova. Cf. P. A. van Stempvoort, *NTS* 5 (1958-59) 30-42. Lucas também "deseja mostrar que a jornada de Jesus não termina [...] em um nada absoluto, mas no coração daquele a quem Jesus chamava de Pai" (G. Lohfink, *Death is not the final word* [Chicago, 1977] 18. Veja também A. Fitzmyer, *TS* 45 (1984) 409-40. **52.** *prostrados diante dele*: O ápice cristológico dos vv. 36-53 – de fato, de todo o Evangelho – foi alcançado, pois esta é a primeira e única vez que Lucas diz que os discípulos adoram a Jesus. A cristologia de Lucas é semelhante à de Jo 20,28. *Jerusalém*: O Evangelho começa e termina na cidade santa, mas entre o início e o fim aconteceu muito e alterou a percepção dos leitores quanto ao significado desta cidade. *Alegria*: Veja a mensagem dos anjos em 2,10. "Claramente, Lucas pretende correlacionar o início e o fim, o nascimento e a partida. Fazendo isto, ele deixa muito claro que a promessa do início é cumprida no final, e, além disso, diz que toda esta vida traz aos seres humanos uma grande alegria" (G. Lohfink, *Die Himmelfahrt Jesu*. [SANT 26; Munique, 1971] 253). **53.** *Templo*: O Evangelho começa e termina no Templo, o qual, para Lucas, é o nexo de continuidade entre o antigo e o novo. A comunidade primitiva de Atos adora no Templo (At 3). *Louvando a Deus*: veja 1,64; 2,28. Esta é a resposta que Lucas deseja obter de seus leitores quando eles levam a sério seu relato querigmático e confessam com convicção profunda que Deus fez estas coisas em Jesus para nós e para nossa salvação (veja 1,1-4).

44
Atos dos Apóstolos

Richard J. Dillon

BIBLIOGRAFIA

1 BAUERNFEIND, O., *Kommentar und Studien zur Apostelgeschichte* (WUNT 22; Tübingen, 1980). *The Begininngs of Christianity* (ed. F. J. FOAKES JACKSON e K. LAKE; 5 vols.; London, 1920-33) Parte 1, *The Acts of the Apostles*. CADBURY. H., *The Making of Luke-Acts* (2ª ed., London, 1958). CONZELMANN, H., *Die Apostelgeschichte* (HNT 7; 2ª ed, Tübingen, 1972); *The Theology of St. Luke* (New York, 1960). DIBELIUS, M., *Studies in the Acts of the Apostles* (New York, 1956). DÖMER, M., *Das Heil Gottes* (BBB 51; Bonn, 1978). DUPONT, J., *Etudes sur les Actes des Apôtres* (LD 118; Paris, 1967); *The Salvation of the Gentiles* (New York, 1979); *Nouvelles études sur les Actes des Apôtres* (LD 118; Paris, 1984). HAENCHEN, E., *The Acts of the Apostles: A Commentary* (Philadelphia, 1971). HENGEL, M., *Acts and the History of Earliest Christianity* (Philadelphia, 1980). HOLTZ, T., *Untersuchungen über die alttestamentlichen Zitate bei Lukas* (TU 104, Berlin, 1968). KECK, L. E. e J. L. MARTYN (eds.), *Studies in Luke-Acts* (Nash, 1966). KRÄNKL, E., *Jesus, der Knecht Gottes* (Regensburg, 1972). KREMER, J. (ed.), *Les Actes des Apôtres* (BETL 48; Louvain, 1979). LOHFINK, G., *Die Sammlung Israels* (SANT 39, München, 1975). MADDOX, R., *The Purpose of Luke-Acts* (Studies of the New Testament and Its World; Edinburgh, 1982). MARSHALL, I. H., *The Acts of the Apostles* (TynNTC 5; Grand Rapids, 1980). MUNCK, J., *The Acts of the Apostles* (AB 31; New York, 1967). NEIL, W., *The Acts of the Apostles* (Grand Rapids, 1973). O'NEILL, J., *The Theology of Acts in Its Historical Setting* (2ª ed.; London, 1970). PLÜMACHER, E., *Lukas als hellenistischer Schriftsteller* (SUNT 9; Göttingen, 1972). RADL, W., *Paulus und Jesus im lukanischen Doppelwerk* (Bern, 1975). RESE, M., *Alttestamentliche Motive in der Christologie des Lukas* (SNT 1; Gütersloh, 1969). ROLOFF, J., *Die Apostelgeschichte* (NTD 5; 17ª ed.; Göttingen, 1981). SCHMITHALS. W., *Die Apostelgeschichte des Lukas* (Zürich, 1982). SCHNEIDER, G.; *Die Apostelgeschichte* (2 vols., HTKNT 5; Freiburg, 1980, 1982). TALBERT, C. H. (ed.), *Perspectives on Luke-Acts* (Danville, 1978); *Luke-Acts* (New York, 1984). TROCMÉ, É., *Le "Livre des Actes" et l'histoire* (Paris, 1957). WEISER, A., *Die Apostelgeschichte* (WMANT 5; 3ª ed.; Neukirchen, 1974). WILSON, S. G., *The Gentiles and the Gentile Mission in Luke-Acts* (SNTSMS 7; Cambridge, 1973). ZINGG, P., *Das Wachsen der Kirche* (OBO 3; Göttingen, 1974).

Levantamentos: BOVON, F., *Luc le theologien* (Neuchâtel, 1978). BRUCE, F. F., *BJRL* 65 (1982) 36-56. GASQUE, W. W., *A History of the Criticism of the Acts of the Apostles* (Grand Rapids, 1975). GRÄSSER, E., *TRu* 41 (1976-77) 141-94, 259-90; 42 (1977) 1-68. NEIRYNCK, F., *ETL* 59 (1983) 338-49; 60 (1984) 109-117. PLÜMACHER, E., *TRu* 48 (1983) 1-56; 49 (1984) 105-69.

DBSup 1. 42-86. *IDBSup* 7-9. KÜMMEL, *INT* 151-88. WIK-SCHM, *ENT* 344-79. *CBLAA*. MILLS, W. E., *A Bibliography of the Periodical Literature on the Acts of the Apostles 1962-1984* (NovTSup 58; Leiden, 1986).

INTRODUÇÃO

2 (1) Identidade e credenciais do autor. Assim como os quatro Evangelhos, Atos é um livro anônimo, o que quer dizer que a identidade do autor não é expressa em nenhum lugar do texto. As mais antigas atribuições do Terceiro Evangelho e de Atos a Lucas, o antioqueno e companheiro de Paulo, ocorrem em escritos do final do séc. II: no prólogo antimarcionita de Lucas, em Irineu (*Adv Haer*. 3.1.1; 3.14.1) e no Cânone Muratório (veja *SQE* 533-38). Ainda que a continuidade do plano literário e da autoria entre os livros dedicados a Teófilo não seja tão seriamente contestada, as credenciais do autor e o valor de sua obra como fonte histórica são objeto de uma disputa equilibrada entre escolas de pensamento mais ou menos institucionalizadas. Uma escola, em que predominam autores de língua inglesa (mas cf. Hengel, *Acts* 66), insiste na base factual plena das passagens familiares de Atos que usam o termo "nós" (16,10-17; 20,5-8.13-15; 21,1-18; 27,1-28,16), nas quais o autor do livro parece assumir uma posição entre os companheiros de Paulo em trechos misteriosamente esporádicos de suas viagens missionárias. A outra escola, cujos adeptos são, em sua maioria, de língua alemã (mas cf. Cadbury, *The Making* 219, 274-276; O'Neill, *Theology* cap. 1; V. Robbins, in *PerspLA* 241-42), enfatiza as diferenças consideráveis existentes entre a imagem de Paulo no livro de Atos e nos testemunhos de primeira mão do próprio apóstolo em suas cartas autênticas (veja P. Vielhauer, in *StLA* 33-50). O valor total de Atos como fonte histórica não precisa depender destas posições, mas muitas pessoas consideram que a autoridade canônica do autor seria inadmissivelmente comprometida por qualquer negação de suas credenciais como testemunha ocular paulina.

Ambos os lados deste debate têm dificuldade de processar as provas apresentadas pelo lado oposto. Aqueles que negam a ligação pessoal de Lucas com Paulo não conseguem concordar quanto a se as passagens com "nós" provêm de fontes intermitentes ou da técnica literária do próprio autor, ou ainda quanto ao que o autor pretendia ao introduzir o "nós" de maneira tão imprevisível (veja E. Plümacher, *ZNW* 68 [1977] 9-12). Aqueles que sustentam que foi o companheiro de Paulo que escreveu o livro e se expressou no "nós" (cf. Cl 4,14; Fl 24) tendem a minimizar os traços não-familiares do Paulo lucano, insistindo na participação limitada de Lucas nas viagens de Paulo (cf. 2Tm 4,11!) e o efeito do intervalo de trinta anos ou fazem com que as convergências tenham mais valor do que as diferenças – ainda que estas últimas incluam questões importantes como o método missionário de Paulo, sua atitude para com a lei mosaica e o motivo de sua fatídica última jornada para Jerusalém (da qual o "nós" participou [21,1-18]; → 102, 126 *abaixo*).

3 Na opinião deste autor, a interpretação dos traços distintivos do Paulo apresentada por Lucas não é corroborada pela concepção de que um companheiro de Paulo escreveu Atos. Dizer isso não significa que (1) se possam minimizar as dificuldades de explicar o "nós" de outra forma ou (2) que se fique programaticamente comprometido com a acentuação das discordâncias entre Lucas e Paulo, menosprezando, ao mesmo tempo, seus aspectos harmônicos. Quanto ao ponto (1), o "nós" é mais provavelmente um recurso estilístico do que um sinal de material de fontes inserido de forma tosca. A aparição da primeira pessoa, particularmente nas viagens marítimas de Paulo, poderia certificar a autenticidade do material de Lucas de um modo especial (cf. Lc 1,3-4), correspondendo, assim, a uma preocupação com a garantia dada por testemunhas oculares que também se encontra em historiadores contemporâneos como Políbio e Lúcio. Não era necessariamente a si mesmo como viajante internacional que Lucas pretendia reconhecer dessa maneira (contra a opinião de Plümacher, *ZNW* 68 [1977] 17-22; Weiser, *Apg.* 392), e sim a qualidade de sua própria narrativa, particularmente em ocasiões cruciais do caminho missionário de Paulo, sendo cada uma delas ligada a uma viagem marítima e relatada por uma testemunha ocular (Schneider, *Apg.* 1. 93-94). Veja o comentário sobre 27,1-44; → 126-27 *abaixo*.

Quanto ao ponto (2), a hipótese de que o "nós" seja um dispositivo de certificação do próprio Lucas não compromete o valor histórico dos relatos que usam aquela forma. "O que é ficcional é apenas a primeira pessoa do plural, e não necessariamente a história que é narrada com ela" (E. Plümacher, *TRu* 49 [1984] 124). As seções que usam a primeira pessoa e, com efeito, grande parte do restante do relato de Atos podem estar baseadas em tradições de grande valor histórico, talvez até em uma linha afim dele, como nos capítulos paulinos. Mas o fato de o próprio Lucas escrever como póstero de Paulo é vigorosamente sustentado pelos numerosos fatores que estão faltando em sua descrição dele: qualquer conhecimento das cartas de Paulo, "o quadro, desenhado abundantemente nas epístolas, de Paulo como o centro da controvérsia na igreja" e praticamente nenhum grau de diferença entre a missão de Paulo e, digamos, a de Pedro ou Estêvão ou Filipe (Maddox, *Purpose* 70). Lucas é o historiador que processa o passado e traça seus contornos; ele não é um ator da história narrada em ambos os seus livros.

4 A imensa importância dada a Paulo na historiografia de Atos sugere que sua composição ocorreu numa comunidade do âmbito da missão paulina, mas numa comunidade em que a lenda pessoal do apóstolo deixou bem para trás qualquer assimilação de seus escritos. A localização exata dessa comunidade é apenas conjetura, mas os parâmetros de datação teriam de incluir a composição do Terceiro Evangelho bem depois do ano 70 e a provável circulação de um *corpus* de cartas por volta do ano 100. Assim, a datação de Atos entre os anos 80 e 90 d.C. é uma convenção amplamente aceita (veja Kümmel, *INT* 185-87; Wik-Schm, *ENT* 376-79; H. Conzelmann, in *StLA* 298-316).

5 (II) Forma literária e propósito. As perguntas cruciais a respeito de por que Lucas produziu este volume para acompanhar seu Evangelho e o que a combinação dos dois volumes pretendia alcançar estão estreitamente relacionadas com o muito debatido problema do gênero literário dos livros. Algumas pessoas insistem que Atos, assim como os Evangelhos, criou um gênero literário novo, não se conformando a nenhum gênero já existente (Kümmel, *INT* 116). Onde a questão do gênero foi aprofundada, isto geralmente redundou na separação dos dois volumes de Lucas e na suposição de pesquisadores de que o propósito do Evangelho de Lucas seja evidente por si mesmo, enquanto que o propósito de Atos necessite de explicação (Maddox, *Purpose* 19). Depois, visto que este autor se deleita em imitar uma ampla gama de convenções literárias pós-clássicas, tornou-se tentador generalizar comparações parciais recorrentes para definir o gênero de Atos como um todo. As sugestões incluem a literatura biográfica greco-romana (C. H. Talbert; cf. D. L. Barr e J. L. Wentling, in *Luke-Acts* [ed. C. H. Talbert] 63-68), o romance histórico aretalógico exemplificado na literatura apócrifa de Atos (*KINT* 2. 51-52) e até o romance greco-romano (S. M. Praeder, "Luke-Acts and the Ancient Novel", SBLASP [1981] 1. 269-92; R. J. Karris, "Widows and Mirrors", SBLASP [1979] 1.47-48). O fato desconfortável para todas estas posições é que o interesse primordial de nosso autor não são atores humanos individuais e seus feitos e sinas, mas o progresso da palavra da salvação em seu curso estabelecido (1,8). No entanto, numerosas tentativas de classificar Atos como um tratado apologético ou de controvérsia (veja Maddox, *Purpose* 19-21), defendendo o evangelho contra os detratores de Paulo, ou do cristianismo, ou talvez contra correntes heréticas dentro do aprisco, correm o risco de inflacionar preocupações parciais do autor, transformando-as em sua finalidade geral, e ignoram o fato repetidamente demonstrado pelo próprio texto (cf. Lc 1,3-4) de que "Lucas-Atos é, em todos os sentidos, um livro dedicado a esclarecer a autocompreensão cristã", e não uma obra evangelística ou polêmica dirigida a pessoas de fora (ibid., 181).

Uma abordagem mais promissora e ultimamente mais popular dessa questão implica dois princípios firmes: (1) que a relação literária entre os livros mostra que Lucas e Atos constituem "uma unidade histórica e literária" (Hengel, *Acts* 37); (2) que as pistas mais confiáveis do caráter e propósito da obra lucana são oferecidas pelos prólogos singulares do autor, que se destacam no NT como expressões de autoria consciente de si (Dibelius, *Studies* 123). A julgar por seus prólogos, Lucas pretendia escrever historiografia e fazê-lo com um procedimento excepcional (Lc 1,3), medindo sua tarefa pela estatura de seu assunto (Plümacher, *Lukas* 22-31, 137). Uma definição mais precisa do gênero proposto por alguns é a de "monografia histórica" (Conzelmann, *Apg* 7; Hengel, *Acts* 36), cujo traço distintivo é a exposição das forças motrizes e consequências de um processo histórico mais longo tratando de um ou mais de seus episódios principais num marco narrativo reduzido (E. Plümacher, in *Les Actes* [ed. J. Kremer] 462-63). Os dois volumes de Lucas, separados, porém interrelacionados, apresentam a concepção do autor acerca de todo o processo da história da salvação, abrangendo as épocas de promessa e cumprimento, Israel e a igreja, que são entendidas e, por conseguinte, "monograficamente" expostas a partir do ponto de observação de sua interseção histórica.

De fato, a continuidade da história da salvação passando por suas encruzilhadas centrais, a vida de Jesus e o nascimento da igreja, é agora entendida, num consenso crescente, como o argumento principal de Lucas-Atos, oferecendo, consequentemente, as melhores pistas sobre o contexto comunitário e o propósito da obra (E. Grässer, *TRu* 42 [1977] 51-58; E. Plümacher, *TRu* 48 [1983] 45-51). Os exegetas projetam uma "crise de identidade" ou "crise de continuidade" nos leitores de Lucas, provocada pela persistente rejeição do evangelho por parte de ouvintes judaicos (At 13,46-47; 28,24-28) e pelo distanciamento gradativo de uma cristandade predominantemente gentílica do povo bíblico da promessa. A preocupação de Lucas não era explicar as razões por que os judeus deixaram de abraçar o evangelho, "mas sim enfrentar a real dificuldade teológica que tal rejeição representava para os cristãos" (E. Franklin, *Christ the Lord* [Philadelphia, 1975] 111). Como poderiam não judeus ver valor em algo que tinha suas raízes no judaísmo, mas que a maioria dos judeus rejeitava? (Maddox, *Purpose* 184). Para sustentar sua tese da "continuidade" face a tudo isto, Lucas tinha de estabelecer o nexo histórico entre Israel e Jesus, por um lado (o Evangelho), e entre Jesus e a igreja, por outro (Atos), e assim demonstrar o escopo pleno do plano divino em que a igreja do presente mostra ser o destino adequado da relação de Deus com Israel (cf. 15,14-21).

6 (III) Tradição e composição. A apropriação lucana de alguns modelos historiográficos praticados por autores contemporâneos como Políbio, Dionísio de Halicarnasso, Tácito, Lívio, Salústio e Flávio Josefo implicou os estratagemas composicionais de discursos e cartas inseridos, sumários generalizantes e imitação de padrões discursivos clássicos, bem como a textura de apresentação dos chamados "episódios dramáticos". Vamos abordar primeiramente este último traço:

(A) O estilo de episódio dramático. O debate sobre o valor histórico de Atos é intensificado pelo fato de que o autor se concentra em trazer "a realidade histórica vividamente perante os olhos do leitor, enfocando acontecimentos paradigmáticos particulares" e, na maior parte, ignorando a sequência cronológica entre eles (Hengel, *Acts* 55-56; cf. Plümacher, *Lukas* 100-11). Algumas pessoas acreditam que este método faz de Lucas mais um contador de histórias edificante do que um historiador (E. Haenchen, in *StLA* 260); porém Hengel insiste que este método não é peculiar, mas se situa "numa ampla tradição da historiografia helenística" que não sacrificava a verdade em prol da "edificação" só porque selecionou os elementos típicos, exemplares, programáticos em meio a um fluxo de acontecimentos muito maior do que as fontes disponíveis (E. Grässer, *TRu* 41 [1976] 192). Os exemplos mais claros destes episódios dramáticos independentes são o Pentecostes (cap. 2), o martírio de Estêvão (caps. 6 e 7), a conversão de Cornélio (cap. 10), o concílio de Jerusalém (cap. 15), a missão de Paulo em Atenas (17,16-34) e sucessivos julgamentos (caps. 21-26). Cada um destes episódios foi moldado como veículo para um importante teorema da teologia da história de Lucas, cuja significância vai muito além da cena em si (Plümacher, *Lukas* 86, 92, 101), de modo que cada um tem de ser julgado por seus próprios méritos como fonte de informações históricas.

7 (B) Os discursos. O centro da maioria das grandes cenas listadas acima é um discurso, seja um sermão missionário (caps. 2, 17), uma denúncia profética (cap. 7), um comentário didático sobre o acontecimento apresentado (caps. 10, 15) ou uma apologia diante de uma autoridade pública (caps. 22, 26). A popularidade dos discursos como dispositivos historiográficos está bem documentada na literatura helenística, particularmente em obras da tradição judaica (1-3 Macabeus; Flávio Josefo). Seguindo a célebre máxima de Tucídides (1.22; cf. Dibelius, *Studies* 140-42), os historiadores inseriam discursos como parte do diálogo sustentado entre eles mesmos e o leitor; sendo assim, os discursos devem "ser entendidos menos a partir da situação histórica do que a partir do contexto do livro como um todo [...] pois o livro tem um tema e os discursos contribuem para desenvolvê-lo" (ibid., 174-75). Todos os discursos de Atos, portanto, têm Lucas como autor e seus leitores como destinatários; se o público presente na cena teria compreendido o argumento é, muitas vezes, algo que não vem ao caso (*p.ex.*, 17,22-31).

Um caso especial, que, segundo Dibelius, limitava sua analogia helenística, são os chamados discursos missionários, seis para ouvintes judeus (2,14-39; 3,12-26; 4,9-12; 5,29-32; 10,34-43; 13,16-41) e dois para gentios (14,15-17; 17,22-31). Aqui o conteúdo se mantém dentro do marco tradicional do querigma protocristão, o que explica o caráter repetitivo dessas passagens, mas não torna a reconstituição de seu *background* tradicional um exercício fácil. Algumas pessoas acreditam que elas reproduzem o padrão histórico da pregação apostólica (C. H. Dodd), ou talvez um esquema querigmático estabelecido que se usava na época de Lucas (Dibelius, *Studies* 165); outras consideram o esquema um produto projetado por Lucas para seus próprios fins argumentativos (Plümacher, *Lukas* 33-35). Nos sermões judaicos, os ouvintes (ou seus antepassados) se defrontam com uma acusação: "vocês mataram aquele a quem Deus ressuscitou", e isto motiva uma intimação ao arrependimento que constitui o ponto alto do argumento. Este "esquema de contrastes" talvez se reporte a uma antiga fórmula de pregação (Roloff, *Apg.* 50), talvez a um padrão de parênese de arrependimento desenvolvido nas sinagogas helenísticas a partir das repreensões de Israel por causa de sua resistência aos profetas (Wilckens, *Missionsreden* 200-8; Weiser, *Apg.* 100). Mas os sermões missionários não são realmente uma exceção à analogia helenística verificada em outras partes dos discursos de Atos; eles não pregam o evangelho diretamente, mas ilustram, junto com seu cenário, como a pregação apostólica e sua recepção levaram os primórdios da história cristã rumo ao desfecho pretendido por Deus (Plümacher, *TRu* [1984] 131-35).

8 (C) A mimese. O sabor arcaico e a linguagem semítica dos discursos dirigidos aos judeus foram entendidos como indicadores de uma tradição mais antiga, mas eles geralmente têm a ver com técnicas de escrita praticadas na cultura pós-clássica, a saber, a imitação (*mimēsis*) de modelos clássicos e a simulação estilística da "atmosfera" do passado venerado (arcaísmo). Na seção de Atos que trata da missão sob os Doze, assim como no Evangelho de Lucas, o modelo clássico é a LXX, "a Bíblia" dos judeus que falavam grego. O que constitui o procedimento mimético distintivo de Lucas não é sua citação formal ou alusiva de passagens bíblicas, mas sua adaptação do estilo e da linguagem delas para seu próprio estilo de escrita. Contudo, isto não é uma invenção de Lucas, pois "caracteriza toda uma época da literatura helenística", por exemplo a mimese classicista dos historiadores Dionísio de Halicarnasso, Josefo e outros. Com sua imitação da LXX e com seus querigmas arcaizantes, Lucas cultiva a impressão de que os primórdios da igreja foram um "tempo sagrado" *sui generis*, que se distinguia pelo "discurso sagrado" (Plümacher, *Lukas* 68, 74, 78). A mimese da LXX é suspensa após o cap. 15, quando os Doze também saem do palco de Lucas (mas veja 20,18-35). A aura da Atenas clássica, entretanto, é primorosamente evocada em 17,16-34.

9 (D) Os resumos. Para preencher os hiatos entre seus episódios independentes, Lucas usou o resumo generalizante que pôde observar na composição marcana da tradição episódica sobre Jesus (Mc 1,32-34.39; 3,10-12). O resumo generaliza incidentes e circunstâncias singulares dos episódios narrados, transformando-os nos traços usuais e típicos de um período (Dibelius, *Studies* 9-10; Cadbury, *The Making* 58; *Beginnings* 5. 392-402). Os principais resumos de Atos ocorrem todos nos cinco primeiros capítulos, onde as informações de Lucas provavelmente eram as mais fragmentárias (2,42-47; 4,32-35; 5,11-16). Resumos menos importantes, geralmente formados por um único versículo, ocorrem em 1,14; 6,7; 9,31; 12,24; 16,5; 19,20; 28,30-31. Os resumos não são meramente dispositivos para tapar buracos; eles são estratagemas redacionais importantes para sustentar a argumentação do autor em relação à história que está narrando. Eles idealizam o período do ministério dos apóstolos em Jerusalém e sustentam a impressão do leitor de que houve um crescimento constante do movimento cristão operado pontualmente pela vontade de Deus (Zingg, *Wachsen* 36-40). Como sua mimese estilística, a idealização da protocomunidade apresentada por Lucas cerca aquele período com o brilho de uma "era dourada", como fizeram muitos outros retrospectos contemporâneos do período clássico (Plümacher, *Lukas* 16-18).

10 (E) As fontes de Atos. As aptidões de Lucas como autor helenístico habilidoso não devem desestimular a busca de suas fontes, que voltou a merecer a devida atenção depois de 20 anos de entusiasmo com a crítica redacional e histórica (veja E. Grässer, *TRu* 41 [1976] 186-94; E. Plümacher, *TRu* 49 [1984] 120-38). Por si sós, os critérios estilísticos não reconstruirão substratos contínuos de fontes por causa da forte intervenção do autor ao reescrever suas fontes (veja Dupont, *Sources* [→ 11 *abaixo*]; Hengel, *Acts* 61-62). Ele demonstrou isso em relação a Marcos e Q no Evangelho, e nele teríamos a mesma dificuldade de identificar suas fontes se não as conhecêssemos através da comparação sinótica. A maioria dos pesquisadores não defende uma fonte contínua para a primeira metade do livro de Atos, mas a velha hipótese de uma fonte "antioquena" subjacente aos caps. 6-15 foi exumada recentemente (Hengel, *Acts* 65-66; Lüdemann, *Paul* [→ 11 *abaixo*] 25). Após o cap. 15, o texto permite uma análise mais segura das fontes, principalmente nos relatos da segunda e terceira viagem missionária de Paulo, para as quais M. Dibelius formulou a hipótese duradoura da existência de um "itinerário" (*Studies* 5-6, 197), que talvez fosse um relato de viagem escrito por um companheiro de Paulo. Em incontáveis formas, essa ideia reapareceu com vigor na atualidade (E. Plümacher, *TRu* 49 [1984] 123-28, 138), e algumas pessoas creem que a comparação das estações das viagens nos caps. 16-21 com as cartas de Paulo dará um apoio analítico para a documentação pré-lucana ali presente (Lüdemann, Paul [→ 11 *abaixo*] 156; Weiser, *Apg.* 388-90). A avaliação lacônica de G. Schneider é adequada: tal fonte "é tão difícil de negar quanto de delinear" (*Apg.* 1,91).

11 (IV) O texto grego de Atos. Este livro é singular no NT pelo fato de que foi transmitido bastante cedo (talvez já no séc. II d.C.) em dois tipos de texto, o "egípcio" (alexandrino) e o "ocidental", e nenhum dos dois pode ser consistentemente derivado do outro. O texto "ocidental", do qual o *Codex Bezae* (D), a versão latina africana e a siríaca harcleana (aparato) são as principais testemunhas, é quase 1/10 maior do que o "egípcio", que tem sua forma mais pura no *Codex Vaticanus* (B), e menos nas versões da Boharitica e da Vulgata. A pesquisa do séc. XX tem dado cada vez mais preferência ao texto "egípcio" por ser consistentemente mais próximo ao original de Lucas, principalmente porque o texto "ocidental" mais longo e suas ocasionais omissões revelam tendências de uma revisão deliberada (J. H. Ropes, *Beginnings* 3. ccxxiv-ccxl; Haenchen, *Acts* 51-59). Estas incluem alterações estilísticas e a introdução bastante desinibida de glosas para enriquecer as expressões religiosas (6,8; 7,55; 8,39; 13,32; 15,32), clarificar formulações ou situações (15,34 l. v.; 16,35), amenizar inconsistências ou anomalias (3,11; 20,15) e "atualizar" o texto para corresponder a práticas e percepções presentes (15,20.29). O surpreendente escopo destas iniciativas testifica uma atmosfera de desenvoltura ao reescrever o texto e, assim, aponta para um período anterior às edições revisadas eruditas, quando o escriba "ainda não considerava Atos como 'escrito sagrado' que ninguém tinha a permissão de alterar" (Haenchen, *Acts* 52). Ainda assim, com exceção de 15,20.29 e 21,25, o "plus" ocidental não acrescenta novidades substanciais ao livro (C. Martini, in *Les Actes* [ed. J. Kremer] 29); na maioria dos casos, ele aumenta, refina e repete o que já estava presente. Excepcionalmente, pode, em certas ocasiões, sobrepujar os rivais na representação do punho de Lucas (12,10? 19,1? 27,5? Cf. Haenchen, *Atcs* 384 n. 6; 698 n. 7), mas nossa atitude em relação a ele deve ser de um ceticismo sistemático, e não de ambivalência "eclética" (Schneider, *Apg.* 1. 168).

(BOISMARD, M.-É. e A. LAMOUILLE, *Le texte occidental des Acts des Apôtres: Reconstitution et réhabilitation* [2 vols.; Synthèse 17; Paris, 1984]. BRODIE, T., "Greco-Roman Imitation of Texts as a Partial Guide to Luke's Use of Sources", *Luke-Acts* [ed. C. H. TALBERT] 17-46. DIBELIUS, *Studies* 1-25, 84-92, 102-8, 123-85, 192-2 14. DODD, C. H., *The Apostolic Preaching and Its Developments* [New York, 1962]. DUPONT, J., *The Sources of Acts* (New York, 1964). HAENCHEN, E., in *StLA* 258-78. KRÄNKL, *Jesus* 1-81. LÜDEMANN, G., *Paul, Apostle to the Gentiles* [Philadelphia, 1984] 23-43. MARTINI, C., in: *Les Acts* [ed. J. KREMER] 21-35. METZGER, B. M., *TCGNT* 259-503. PLÜMACHER, E., in: *Les Actes* [ed. J. KREMER] 457-66; "Wirklichkeitserfahrung und Geschichtsschreibung bei Lukas", *ZNW* 68 [1977] 2-22. ROBBINS, V., "The We-passages in Acts and Ancient Sea Voyages", *BR* 20 [1975] 5-18.; in *PerspLA* 215-42. SCHNEIDER. G., "Der Zweck des lukanischen Doppelwerkes", *BZ* 21 [1977] 45-66. 0SCHWEIZER, E., in *StLA* 208-16, TALBERT, C. H., *Literary Patterns* [SBLMS 20; 1974] 125-40. UNNIK, W. C. VAN, in: *StLA* 15-32; in *Les Actes* [ed. J. KREMER] 37-60. VIELHAUER, P., in *StLA* 33-50. WILCKENS, *Missionsreden* 7-31, 187-224).

12 (V) Esboço. Atos pode ser esboçado como segue:

(I) Introdução à era da igreja (1,1-26)
   (A) A comissão das testemunhas e a ascensão de Jesus (1,1-14)
      (a) Prólogo (1,1-8)
      (b) A ascensão (1,9-14)
   (B) A restauração dos Doze (1,5-26)
(II) A missão em Jerusalém (2,1-5,42)
   (A) O apelo a Israel (2,1-3,26)
      (a) O acontecimento de Pentecostes (2,1-13)

(b) O sermão de Pentecostes (2,14-41)
(c) O primeiro resumo principal (2,42-47)
(d) A cura no templo (3,1-11)
(e) O sermão de Pedro no templo (3,12-26)

(B) A vida e as provações da igreja apostólica (4,1-5,42)
(a) Pedro e João diante do Sinédrio (4,1-22)
(b) A oração dos apóstolos (4,23-31)
(c) O segundo resumo principal (4,32-35)
(d) Casos singulares (4,36-5,11)
(e) O terceiro resumo principal (5,12-16)
(f) A segunda perseguição (5,17-42)

(III) O trajeto da missão a partir de Jerusalém (6,1-15,35)
(A) Os helenistas e sua mensagem (6,1–8,40)
(a) A comissão dos Sete (6,1-7)
(b) O testemunho de Estêvão (6,8-8,3)
(i) Missão e julgamento (6,8-7,1)
(ii) O discurso de Estêvão (7,2-53)
(iii) O martírio de Estêvão (7,54-8,3)
(c) Filipe e o avanço da palavra (8,4-40)
(i) O triunfo do evangelho em Samaria (8,4-25)
(ii) Filipe e o eunuco etíope (8,26-40)
(B) O perseguidor se torna o perseguido (9,1-31)
(a) A conversão de Saulo (9,1- 19a)
(b) A pregação e o perigo de Saulo em Damasco (9,19b-25)
(c) Os confrontos de Saulo em Jerusalém (9,26-31)
(C) Pedro como missionário (9,32-11,18)
(a) Milagres em Lida e Jope (9,32-43)
(b) A conversão de Cornélio e sua casa (10,1-11,18)
(i) A visão de Cornélio (10,1-8)
(ii) A visão de Pedro (10,9-16)
(iii) A recepção dos mensageiros (10,17-23a)
(iv) Acontecimentos na casa de Cornélio (10,23b-48)
(v) A justificativa de Pedro em Jerusalém (11,1-18)
(D) Entre Jerusalém e Antioquia (11,19-12,25)
(a) A primeira igreja da missão entre os gentios (11,19-30)
(b) A perseguição de Herodes e a fuga de Pedro (12,1-25)

(E) A primeira viagem missionária de Paulo (13,1-14,28)
(a) O prelúdio da viagem (13,1-3)
(b) Um confronto vencido por Paulo em Chipre (13,4-12)
(c) Missão e rejeição em Antioquia da Pisídia (13,13-52)
(i) *Mise-en-scène* e sermão (13,13-43)
(ii) Missionários assediados dirigem-se aos gentios (13,44-52)
(d) Diferentes acolhidas várias na Ásia Menor central (14,1-20)
(i) Icônio (14,1-7)
(ii) Listra e Derbe (14,8-20)
(e) O retorno a Antioquia (14,21-28)
(F) A conferência em Jerusalém e sua resolução (15,1-35)
(a) Pré-história (15,1-5)
(b) O apelo de Pedro ao precedente (15,6-12)
(c) A confirmação e as ratificações de Tiago (15,13-21)
(d) A resolução (15,22-29)
(e) As consequências (15,30-35)

(IV) O caminho de Paulo para Roma (15,36-28,31)
(A) As principais missões de Paulo (15,36-20,38)
(a) A retomada das viagens missionárias (15,36-41)
(b) O caminho para a Europa (16,1-10)
(i) A circuncisão de Timóteo (16,1-5)
(ii) A visão de Paulo (16,6-10)
(c) A missão na Grécia (16,11-18,17)
(i) A evangelização de Filipos (16,11-40)
(ii) Paulo em Tessalônica e Bereia (17,1-15)
(iii) Paulo em Atenas (17,16-34)
(iv) Paulo em Corinto (18,1-17)
(d) O retorno para Antioquia e a retomada das viagens (18,18-23)
(e) A missão em Éfeso (18,24-19,40)
(i) O ministério de Apolo (18,24-28)
(ii) Paulo e os discípulos de João Batista (19,1-7)
(iii) A palavra poderosa e os milagres de Paulo em Éfeso (19,8-20)
(iv) O motim dos ourives e a partida de Paulo (19,21-40)
(f) As últimas viagens entre a Ásia e a Grécia (20,1-16)

(i) Para a Grécia e de volta a Trôade (20,1-6)
(ii) Êutico é ressuscitado (20,7-12)
(iii) De Trôade a Mileto (20,13-16)
(g) A despedida de Paulo de suas missões (20,17-38)
(B) Paulo como prisioneiro e réu na Palestina (21,1-26,32)
(a) O retorno para Cesareia (21,1-14)
(b) A prisião de Paulo e seu testemunho em Jerusalém (21,15-23)
(i) A recepção de Paulo pela igreja (21,15-26)
(ii) O motim e a prisão (21,27-36)
(iii) A defesa de Paulo e seu apelo à lei romana (21,37-22,29)
(iv) Paulo perante o sinédrio (22,30-23,11)
(c) Paulo perante o governador e rei em Cesareia (23,12-26,32)
(i) A transferência para Cesareia (23,12-35)
(ii) A audiência com o governador (24,1-23)
(iii) O confinamento de Paulo em Cesareia (24,24-27)
(iv) O apelo para César (25,1-12)
(v) Festo informa o rei Agripa II (25,13-22)
(vi) Paulo perante o rei Agripa (25,23-26,32)
(C) A última viagem de Paulo e seu ministério em Roma (27,1-28,31)
(a) A viagem para Roma (27,1-28,16)
(i) A viagem marítima, o naufrágio e o salvamento (27,1-44)
(ii) Paulo em Malta (28,1-10)
(iii) A chegada de Paulo a Roma (28,11-16)
(b) Paulo em Roma (28,17-31)

COMENTÁRIO

13 (I) Introdução à era da igreja (1,1-26). O cap. 1 inteiro forma uma introdução ao livro de Atos na medida em que estabelece uma conexão entre o tempo de Jesus e o tempo da igreja que é a razão de ser básica das duas partes do *opus* [obra] lucano. A perspectiva controladora da continuidade entre os dois períodos é bem servida pela estrutura desta passagem, que passa de uma revisão do primeiro volume (vv. 1-2) diretamente à narrativa do segundo (v. 3), sem um anúncio prévio do conteúdo do segundo volume, segundo a expectativa criada nos vv. 1-2. Caso Lucas tivesse estruturado seu prólogo de forma mecânica, fiel à forma, com resumos sucessivos de ambos os livros (veja P. van der Horst, ZNW 74 [1983] 17-18), ele teria dado a impressão de que se tratava de histórias e eras separadas, mas sua intenção era mostrar que o primeiro volume fluía direta e coerentemente para o segundo. Deste modo, a história de Atos começa diretamente com o retrospecto da história de Jesus, sem qualquer introdução formal. O programa de Atos pode, por isso, ser indicado na melhor das hipóteses indiretamente no testamento do *Kyrios* [Senhor] prestes a ascender ao céu (vv. 7-8), a passagem de maior peso deste trecho (Pesch, "Anfang" [→ 17 *abaixo*] 9).

O eixo para esta junção dos períodos é, naturalmente, a sequência Páscoa-Ascensão, cuja reformulação nos vv. 3-14 retoma e varia Lc 24,36-53, agora com acentos afinados com a percepção de que se trata de um início, e não uma conclusão. O fato de que Lucas e Atos se sobrepõem no relato pascal confirma que eles não são dois livros independentes que contam histórias separadas, mas duas partes estreitamente unidas de uma única história abrangente (Dömer, *Heil* 94-95). O paralelismo com Lc 24 nos assegura que a cesura para o primeiro trecho só vem depois do v. 14 (Schneider, *Apg.* 1. 187; Weiser, *Apg.* 46-47), uma vez que os vv. 12-14 retomam Lc 24,52-53. Assim, dividindo At 1 nos vv. 1-14 e 15-26, constatamos que as duas seções apresentam dois passos necessários na incorporação do tempo da igreja na extensão mais ampla da história da salvação: (1) a preparação das testemunhas e seu comissionamento pelo Cristo que parte;

(2) o estabelecimento delas como uma comunidade sacra formalmente reconhecida, reunida em torno do círculo reconstituído das doze "testemunhas de sua ressurreição" (v. 22).

14 (A) A comissão das testemunhas e a ascensão de Jesus (1,1-14).

(a) *Prólogo* (1,1-8). **1.** *Meu primeiro relato:* a partícula grega *men* logo na primeira oração faz com que o leitor espere sua partícula correspondente *de*, introduzindo, na sequência, os conteúdos do livro novo. O fato, todavia, de que a partícula posterior não se segue não é uma anomalia sintática (cf. as *men* isoladas em 3,21; 4,16; 27,21; 28,22), e prefácios secundários ocasionalmente carecem da afirmação do conteúdo que combine com a história que se segue após resumirem o que foi relatado anteriormente (cf. Josefo, *Ant.* 8.1.1 § 1-2; 13.1.1. § 1-2; Cadbury, *The Making* 198-99). A recapitulação do Evangelho em termos de sua proposta de completude (*peri pantōn*) lembra o reconhecimento que o evangelista dá a seu projeto em Lc 1,3 (*parēkolouthēkoti anōthen pasin*). O ministério total de Jesus em ações e palavras forma o fundamento necessário e ponto de referência para a grande missão que Atos vai narrar. Isto já sugere que será necessário prestar atenção em paralelos entre os dois livros e suas personagens principais como veículo da argumentação do autor. *Fez e ensinou desde o começo:* com vistas à ênfase dada por Lucas ao "início" da obra de Jesus, ao qual seu relato e suas fontes se referem (Lc 1,2-3; 3,23; 23,5; At 1,22; 10,37), *ērxato*, "começo", não é um mero pleonasmo (Schneider; *Apg.* 1. 191), mas enfatiza o ministério de Jesus como o "início" da obra que ele está prestes a continuar após sua ascensão (Marshall, *Acts* 56) ou a completude do relato anterior, que cobria seu assunto "desde o começo" (*Beginnings* 4. 3). Este último sentido faria com que a recapitulação inclua os dois termos da obra de Jesus em Lucas (v. 22): *a quo* [a partir do qual] e *ad quem* [rumo ao qual], seu batismo e sua ascensão (Pesch, "Anfang" [→ 17 *abaixo*] 21; Roloff, *Apg.* 19).

2. *aos apóstolos que escolhera:* o verbo *exelexato* lembra 6,13, a seleção dos Doze que seriam chamados "apóstolos", mas o retrospecto se refere claramente a Lc 24,44-49, onde o círculo mais amplo, "os Onze e seus companheiros" (24,33), receberam as instruções finais do Senhor ressurreto. Aqui percebemos a intrigante alternação lucana de ênfase, ora no grupo mais amplo de testemunhas da Páscoa (Lc 24,9.33; At 1,14-15; 2,1), ora nos Doze como sendo, de alguma forma, as testemunhas-chave de sua ressurreição (At 1,2.13.21-26; cf. Lohfink, *Sammlung* 64-67; Dömer, *Heil* 134). A associação concêntrica dos Doze e do corpo mais amplo de discípulos, iniciada em Lc 6,17, não é interrompida em lugar algum na sequência Páscoa-Pentecostes, pois ela representa uma espécie de antxeprojeto da igreja e certifica sua linhagem direta com Israel (Lc 22,30). *Foi arrebatado:* a minoritária tradição de manuscritos "ocidentais" contra *anelēmphthē* estava preocupada, assim como o estava a tradição mais considerável contra Lc 24,51b (→ Lucas 43:198), em eliminar o conflito patente das datas da ascensão (Benoit, Jesus [→ 17 *abaixo*] 1. 237-40). Em vista da referência do particípio *enteilamenos* a Lc 24,44-49, *anelēmphthē* certamente se refere à ascensão de Jesus aqui (Lc 24,50-53), assim como seu particípio no v. 11. Cf. o mesmo verbo aplicado à ascensão corporal na LXX: 2Rs 2,9; 1Mac 2,58; Eclo 48,9; 49,14. Ele serve aqui, como no v. 22, para definir o limite do tempo de Jesus segundo o cálculo de Lucas (cf. Dupont, *Études* 477-80).

15 3. *vivo depois de sua paixão:* uma oração relativa independente dá continuidade à recapitulação do primeiro livro justamente onde estávamos esperando o programa deste livro. "Vivo" lembra a palavra dos anjos junto ao túmulo (Lc 24,5.23) e se tornará uma expressão sintética do querigma pascal em 25,19 (cf. Rm 14,9). Para a expressão completa, veja 9,41. O infinitivo *paschein*, conotando a experiência completa de paixão-morte de Jesus, é distintivamente lucano (Lc 22,15; 24,26.46; At 3,18; 17,3;

26,23). Mas cf. Hb 9,26; 13,12; 1Pd 3,18. *com muitas provas incontestáveis:* todo o peso das "provas" não deveria ser jogado sobre as demonstrações físicas do relato pascal (Lc 24,29-43; contra Lohfink, Himmelfahrt [→ 17 *abaixo*] 152-53; Dömer, *Heil* 112). Os termos articuladores "apareceu" e "falou" refletem a estrutura dos dois relatos de aparição de Lc 24, onde os discípulos foram tirados da extrema perplexidade diante da evidência física das palavras de instrução do Ressurreto (24,25-27.44-49; cf. Dillon, *Eye-Witnesses* [→ 17 *abaixo*] 198-99). *Durante quarenta dias:* o número é simbólico, seja ele derivado por Lucas de uma tradição já existente concernente à duração das aparições (Haenchen, *Acts* 174; Pesch, "Anfang" [→ 17 *abaixo*] 10,14), seja inventado por ele mesmo (Lohfink, *Himmelfahrt* [→ 17 *abaixo*] 176-86; Weiser, *Apg.* 49-50). O período é entendido como o espaço suficiente da preparação das testemunhas (13,31), e a Septuaginta continha precedentes de tais períodos arredondados de preparação, *p.ex.*, Ex 24,18; 34,28 (Moisés); 1Rs 19,8 (Elias); Nm 13,25; 14,34. Cf. também 4Esd 14; *2 Apoc Bar.* 76. Mais próximo está o período de tentação de Jesus, que precedeu sua primeira pregação (Lc 4,2.14-15), ainda que o Evangelho não acentuasse seu aspecto preparatório. O "reino de Deus" é um tema constante da pregação: de Jesus (Lc 4,43; 8,1; 9,11; 16,16), dos Setenta e Dois (Lc 10,9-11) e a partir daqui de Paulo (At 19,8; 20,25; 28,23). Portanto, tanto esse tema quanto os "quarenta dias" sublinham o argumento de Lucas em favor das duas partes da única mensagem da salvação (Dömer, *Heil* 113). Uma relação entre os quarenta dias e os cinquenta de Pentecostes será sugerida no v. 5: "dentro de poucos dias". **4.** *no decurso de uma refeição com eles:* este significado do verbo *synalizō* é confirmado por Lc 24,43 e por At 10,41 (*synephagomen*). O número no singular e o tempo presente do particípio (a raiz *hals*, "sal") não recomendam a acepção alternativa de "reunir-se" (BAGD 791). *Não se afastassem de Jerusalém:* cf. Lc 24,49. Jerusalém é o símbolo espacial da continuidade entre os tempos de Jesus e da igreja, assim como os Doze e os personagens pascais estáveis em torno deles são corporificações pessoais dela. Omitindo o abandono de Jesus pelos discípulos (Mc 14,50-52) e todas as disposições para aparições na Galileia (Mc 16,7; cf. Lc 24,7), Lucas fez de Jerusalém o palco de toda a sequência Paixão-até-Pentecostes e o local estável dos principais portadores da tradição, os Doze (cf. 2,43 l. v.; 5,16.28; 16,4), que permanecerão ali mesmo quando a perseguição tiver dispersado o resto da comunidade (8,1). A centralidade de Jerusalém na história de Lucas exibe a continuidade entre Israel e a igreja, e o faz com particular referência ao papel histórico da cidade como assassina de profetas (Lc 13,33-35; 18,31 [Mc 10,33]; At 13,27-28), que a transformará no primeiro local de recrutamento de pecadores penitentes pelo evangelho (Lc 24,27; At 2,36-41; 3,17-21), bem como num início básico para uma missão cristã fertilizada e universalizada por perseguições sucessivas (cf. Lohfink, *Himmelfahrt* [→ 17 *abaixo*] 264-65, citando Is 2,3; Dillon, *Eye-Witnesses* [→ 17 *abaixo*] 214-15). Quanto à variação do nome grego da cidade – ora o *Ierousalēm* transliterado e sagrado, ora o *Hierosolyma* helenizado, preferido por autores gregos profanos (possivelmente ensejado aqui e no v. 6 pelo estilo formal de prólogo) – veja J. Jeremias, *ZNW* 65 (1974) 273-76; I. de la Potterie, *RSR* 69 (1981) 57-70. *a promessa do Pai:* isto preenche e varia a repetição de Lc 24,49 neste versículo. O cumprimento da "promessa" (*epangelia*; cf. Gl 3,14; Ef 1,13) será anunciado em 2,33, arrematando o discurso que iniciou com sua fundamentação na profecia do AT (Jl 3,1-5/2,17-21). A mesma "promessa" foi transmutada num dito de Jesus em Lc 11,13. *ouvistes de minha boca:* a passagem não-indicada de fala indireta para direta é técnica composicional. Cf. Lc 5,14; At 14,22; 17,3; 23,22; 25,5 e paralelos helenísticos em P. van der Horst, *ZNW* 74 (1983) 19-20. Os leitores, a esta altura, já se esqueceram da expectativa de um programa explícito para este livro, mas estão sendo preparados imperceptivelmente para a apresentação indireta do programa nos vv. 6-8. **5.** A "promessa" é articulada no dito familiar de João Batista de Mc 1,8 (cf. 11,16), que é atualizado aqui pelo acréscimo de "dentro de poucos dias". A analogia entre o banho ritual de João Batista e o derramamento do Espírito sobre os discípulos de Jesus passa do sentido literal ("imerso") para o sentido metafórico ("dotar plenamente") do verbo e também varia o sentido dos dativos instrumentais (pelo qual, com o qual). A conjunção da água do batismo e do derramamento do Espírito (cf. Ez 36,25-26; Jo 7,37-39) ocorrerá de novo em 2,38; 8,14-16; 10,47-48; 19,5-6. O recurso à profecia de João Batista em conexão com o Pentecostes, aqui e em 11,16, demonstra precisamente o cumprimento da profecia e faz de João Batista um arauto da igreja assim como do Messias.

16 **6-8.** O diálogo nestes versículos é o centro de gravidade do prólogo. A pergunta colocada aqui é: o que vai acontecer neste novo período? A resposta enunciará o programa do novo livro, esboçado no esquema geográfico do v. 8b (Haenchen, *Acts* 145-46; Pesch, "Anfang" [→ 17 *abaixo*] 27). O núcleo do v. 7 provém da tradição cristã acerca do incalculável último dia (Mc 13,32; 1Ts 5,1), e o v. 8 é, novamente, parte da remissão recíproca à história pascal (Lc 24,48-49). A moldagem do diálogo, com a questão principal talhada para a resposta e a programação posterior do livro (v. 8), mostra que estes versículos são composição de Lucas sem qualquer tradição contínua como base (Lohfink, *Himmelfahrt* [→ 17 *abaixo*] 154-58; Weiser, *Apg.* 51-52). **6.** A adaptação da pergunta dos discípulos à resposta de Jesus se estende a todas as três frases de ambos, e a resposta corrige os pressupostos temporais, espaciais e pessoais da pergunta (Dömer, *Heil* 115-17). Assim, a pergunta a respeito do tempo da grande restauração é desqualificada (v. 7); a pergunta acerca do que o Senhor fará é respondida em termos de suas "testemunhas" sob o Espírito (v. 8a); e a pergunta sobre o Reino restaurado a Israel é ressituada na perspectiva da missão delas "até os confins da terra" (v. 8b). O atraso da *parousia* [parúsia] certamente faz parte da preocupação (Conzelmann, *TSL* 136), mas não é correto isolar esta questão das outras duas. *Reunidos:* o círculo das testemunhas futuras parece ir além dos Onze escolhidos (v. 2), chegando a um público mais amplo (Lc 24,33) do qual o décimo segundo apóstolo seria escolhido (vv. 21-22). *É agora o tempo:* o "agora" deve ser aquele do v. 5, "poucos dias". É o tempo a ser iniciado com o Pentecostes, e assim a pergunta visa ao significado deste novo período, que será designado como "últimos dias" em 2,17 (Pesch, "Anfang" [→ 17 *abaixo*] 28-29). Portanto, a finalidade do presente diálogo não pode ser a desescatologização do tempo da igreja (Lohfink, *Himmelfahrt* [→ 17 *abaixo*] 260-61]. *restaurar a realeza em Israel:* veja Jr 33,7; Sl 14,7; 85,2; Os 6,11; Eclo 48,10. *Apokathistanō*, "restaurar", relaciona esta perspectiva com a "restauração de todas as coisas" em 3.21; por isso, não é inteiramente rejeitada (contra Maddox, *Purpose* 106-8). Para Lucas, a realização da "esperança de Israel", pela qual Paulo também labutará (28,20), implica o acesso dos gentios a ela (15,14-19), daí todo o processo dos "últimos dias" (Lohfink, *Sammlung* 79). **7.** *tempos e momentos:* os dois termos gregos (cf. 1Ts 5,1) denotam, respectivamente, a duração do tempo e seus momentos oportunos, sendo ambos domínio de Deus e estando além da inquirição humana. Esta combinação de perspectivas temporais será mais desdobrada em 3,20-21, onde o argumento constitui um paralelo próximo de 1,6-11. **8.** *mas recebereis uma força, a do Espírito Santo:* a estrutura dos vv. 7-8 – *ouch-alla*, "não ... mas" – gira em torno da tarefa dos discípulos (*hymōn estin*), e não da localização da *parúsia;* deste modo, é inexato dizer que o Espírito substitui a *parúsia;* e, tendo em vista 2,17, tampouco é certo dizer que o Espírito deixe de ser o "poder do tempo final" (contra Conzelmann, *Apg.* 27; corretamente Schneider, *Apg.* 1. 202). A comparação do "batismo" deste Espírito com o de

João Batista (v. 5) mostra que ele é o equipamento para a tarefa dos "últimos dias", e não uma mera imunização contra o julgamento (Kremer, *Pfingstbericht* [→ 17 *abaixo*] 186). *Sereis minhas testemunhas:* o conteúdo completo do testemunho delas foi formulado em Lc 24,46-48, o relato deste comissionamento feito pelo Evangelho. Estava incluso o testemunho cristológico completo das Escrituras, e até o ingrediente futuro da missão universal em nome de Jesus, que proíbe qualquer interpretação da palavra "testemunha" meramente em termos de um "fiador dos fatos" (contra Lohfink, *Himmelfahrt* [→ 17 *abaixo*] 267-70; Kränkl, *Jesus* 167-75). O que se pretende é uma representação pessoal muito mais abrangente de Jesus através da reencenação de sua "jornada" de vida (cf. 10,39; 13,31), especialmente o destino da jornada numa disputa fatal com os soberanos deste mundo (Dömer, *Heil* 135-36; Dillon, *Eye-Witnesses* [→ 17 *abaixo*] 215-17). O fato de que a função de testemunha só se torna possível com a outorga do poder do Espírito explica a ausência desta palavra antes de Lc 24,48-49 e já implica o que será declarado abertamente em 5,32: a "testemunha" compartilha a função de embaixador do Senhor ressurreto com o Espírito Santo diante dos tribunais hostis do mundo (cf. Lc 12,12). *Jerusalém ... até os confins da terra:* isto de fato delineia o movimento da história em Atos – isto é, se Roma, a capital imperial, pode representar o "confim da terra". Esta expressão antecipa 13,47, com sua citação de Is 49,6 (LXX) e seu anúncio programático da missão paulina aos gentios. Roma, a capital do mundo pagão e o destino geográfico da história de Lucas, está situada nos "confins da terra" no sentido religioso expresso nos versos paralelos de Is 49,6 (cf. Dupont, *Salvation* 17-19).

17 (b) *A ascensão* (1,9-14). O debate sobre se Lucas derivou os relatos de uma ascensão visível de uma tradição cristã já existente (segundo Haenchen, Conzelmann, Schneider; R. Pesch, "Anfang" 16-19) ou não (Lohfink, *Himmelfahrt* 208-10, 244, 276; Kremer, Weiser) tem de ser orientado pelo reconhecimento da diferença entre o querigma antigo da exaltação celestial de Cristo (Fl 2,9-11; Rm 8,34) e sua interpretação em termos de uma translação corporal (Lohfink, *Himmelfahrt* 74-79). Desta última ideia faz parte uma forma literária da qual numerosos componentes estão representados em Lc 24,49-53 e At 1,9-12: o testamento da figura que parte, o cenário não sofisticado, a nuvem transportadora e os anjos intérpretes. Esta passagem parece um reflexo verbal direto dos relatos da ascensão de Elias em 2Rs 2,9-13 e Eclo 48,9-12 e, juntamente com passagens do terceiro Evangelho que mostram paralelos com Elias, pode atestar a dívida de Lucas com círculos cristãos que celebravam o ministério terreno de Jesus como o clímax da variegada tradição de profetismo carismático de Israel. Outros vestígios possíveis da história da tradição da ascensão incluem Ef 4,8-10; 1Tm 3,16; Jo 20,17; *Barn.* 15,9. **9.** *à vista deles:* esta é a primeira de cinco referências à visão das testemunhas oculares apenas nos vv. 9-11. A visibilidade e historicidade da ascensão de Jesus estão sendo sustentadas, junto com um ingrediente essencial do testemunho apostólico (v. 22; Lohfink, *Himmelfahrt* 269-70); entretanto, a necessidade de uma interpretação angelical (como em Lc 24,4-7; cf. 24,25-27.44.49) nos reafirma que a ascensão não foi concebida como um acontecimento totalmente "dentro da história", acessível e compreensível em termos estabelecidos por suas testemunhas. **10.** *dois homens:* esta designação dos anjos (cf. 10,22.30), juntamente com a sequência repreensão-explicação de sua mensagem, coloca esta passagem num paralelo estreito com Lc 24,4-9 (cf. Mc 16,5-8) e sugere fortemente que a origem de ambas seja o punho de Lucas (Lohfink, *Himmelfahrt* 195-98; Dömer *Heil* 120). Cf. também os "dois homens" e "a nuvem" na transfiguração em Lucas (9,30.34 [cf. Mc 9,4.7]). O Jesus transfigurado, acompanhado pelo Elias, que outrora havia sido arrebatado (e Moisés?), já foi, portanto, uma prefiguração do Cristo que ascendeu aos céus: o profeta último, a apoteose última. **11.** *virá do mesmo modo:* o ponto da comparação parece ser o transporte pela nuvem, que também seria o meio de transporte do Filho do Homem quando de sua vinda (cf. o singular "nuvem" [Lc 21,27] com o plural em Mc 13,26; Dn 7,13-14). A correspondência entre a ascensão de Jesus e sua parúsia sugere que estes acontecimentos devem circunscrever o período que agora se inicia, o qual acaba de ser programado no v. 8 (daí a pergunta dos anjos em forma de repreensão). "A ascensão se torna uma prefiguração da parúsia", e, assim, o término do tempo de Jesus antecipa o término do tempo da igreja (Lohfink, *Himmelfahrt* 262). A concepção de que a ascensão inicia um período de ausência de Jesus (3,21) e enseja uma "cristologia do ausente" em Atos que mostra substitutos que medeiam sua presença (C. F. D. Moule, in *StLa* 179-80; Bovon, *Luc* 144-45) parece subestimar a *praesentia Cristi* efetiva que Lucas apresentará ao recontar a atividade das testemunhas dele (cf. Kränkl, Jesus 177-86; R. F. O'Toole, *Bib* 62 [1981] 471-98). **12.** *o monte chamado das Oliveiras:* esta localidade e a "Betânia" de Lc 24,50 eram contínuas e intercambiáveis na geografia de Lucas. A importância deste monte na escatologia judaica (cf. Zc 14,4) explica sua menção atrasada na sequência da evocação da parúsia no v. 11. *uma caminhada de sábado:* como em Lc 24,13, esta geografia relacional dá a impressão de que não houve realmente uma mudança de local. Jerusalém continua sendo o palco de todo o acontecimento pascal (Caldbury, *The Making*, 248; Lohfink, *Himmelfahrt* 207). **13.** De acordo com o padrão alternante do v. 2, os Onze são reapresentados, mas apenas como parte de uma reapresentação à comunidade mais ampla que os cerca (vv. 14.15). A lista de nomes concorda com a de Lc 6,14-16 (cf. Mc 3,16-19), exceto Judas, e está numa ordem diferente. Aparecem primeiro os três apóstolos sobre os quais ouviremos falar mais em Atos: Pedro, João (3,1-11; 4,13.19; 8,14; 12,2) e Tiago (12,2). **14.** A primeira seção do capítulo é concluída com um resumo apresentando uma vida comunitária idealmente harmoniosa e marcada pela oração (cf. Lc 24,53; → *Lucas* 43: 198). *Homothymadon*, "unânimes", é um refrão presente nos resumos (2,46; 4,24; 5,12). O grupo mais amplo em torno dos Onze se refere a Lc 23,49; 24,9-10.33. Acerca da mãe e dos irmãos de Jesus ouvimos falar em Lc 8,19-21, embora não ouçamos mais falar deles em Atos, com exceção de Tiago, que não será identificado como um irmão (cf. Gl 1,19). Em vista do dom do Espírito que eles esperam agora, a oração desta assembleia plenária ilustra efetivamente Lc 11,13 (cf. Mt 7,11; veja Schneider, *Apg.* 1. 207-8).

(BENOIT, P., *Jesus and the Gospel* [New York, 1973] 1. 209-53. BROWN, S., in *PerspLA* 99-111. DILLON, R., *From Eye-Witnesses to Ministers of the Word* [AnBib 82; Rome, 1978] 157-225. DÖMER, *Heil* 94-122. FITZMYER, J. A., "The Ascension of Christ and Pentecost", *TS* 45 (1984) 409-40. GRÄSSER. E., *TRu* 42 [1977] 1-6. KREMER, J., *Pfingstbericht und Pfingstgeschehen* [SBS 63/4; Stuttgart, 1973] 179-90. LAKE, K., in *Beginnings* 5. 1-7, 16-22. LOHFINK, G., *Die Himmelfahrt Jesu* [SANT 26; München, 1971]. PESCH, R., "Der Anfang der Apostelgeschichte", *EKKNT Vorarbeiten 3* [Zürich, 1971] 9-35. VAN DER HORST, P., "Hellenistic Parallels to the Acts ... 1:1-26", *ZNW* 74 [1983] 17-26. VAN STEMPVOORT, P., "The Interpretation of the Ascension in Luke and Acts", *NTS* [1958-59] 30-42. WILSON, *Gentiles* 88-107; "The Ascension", *ZNW* 59 [1968] 269-81).

18 **(B) A restauração dos Doze (1,15-26).** Esta perícope tem dois componentes, primorosamente entrelaçados: uma tradição acerca da morte de Judas (vv. 18-20), da qual podem ser encontradas variantes em Mt 27,3-10 e num fragmento de Pápias citado por Apolinário de Laodiceia (*SQE* 470), e um relato da escolha do sucessor de Judas no círculo dos Doze (vv. 23-26). A comparação com Mateus e Pápias mostra que os dois elementos não estavam combinados antes do escrito de Lucas (contra M. WILCOX, *NTS* 19 [1972-73] 452; cf. Holtz, *Untersuchungen* 46; Weiser, *Apg.* 64-65). A ligação entre as tradições é efetuada pelas duas citações de Salmos no v. 20, anunciadas no v. 16 mas retardadas para a atualização da trágica história de Judas. O discurso de Pedro (vv. 16-22) funde as duas histórias e nos apresenta um primeiro exemplo de um discurso propriamente dito em Atos. Sua instrução para o leitor está focada nos vv. 21-22, que formulam a teologia lucana do apostolado. **15.** *naqueles dias:* o episódio é cuidadosamente localizado entre o Pentecostes e a ascensão, afetando, portanto, a importante continuidade entre o período delimitado por esses acontecimentos. Cf. a mesma nota em outras cenas de eleição (Lc 6,12; At 6,1). *Pedro levantou-se:* o particípio *anastas*, um pleonasmo no estilo da LXX, frequentemente sinaliza o início de um discurso (13,16; 15,7; cf *statheis*, 2,14). O pronto acesso de Pedro à liderança é ligado ao mandato de Jesus em Lc 22,32 (cf. Dietrich, *Petrusbild* [→ 19 *abaixo*] 173-74). *Reunidas:* a expressão *epi to auto*, "no mesmo local", "em unidade", faz parte de um tecido de expressões miméticas (LXX), que inclui *anastas, en mesō, onoma* com o significado de pessoa. *Cento e vinte:* o número dificilmente pode ser acidental, considerando o número de doze a ser restaurado. Mesmo que Lucas não esteja pensando nos "líderes sobre dez" do antigo Israel (Ex 18,12; 1Mc 3,55), a estrutura décupla da assembleia apostólica em torno de seus líderes lembra o relacionamento dos Doze com o círculo mais amplo de discípulos quando foram originalmente escolhidos (Lc 6,17). Lucas deve estar demonstrando a continuação das doze tribos eleitas (Lohfink, *Sammlung* 72; E. Grässer, *TRu* 42 [1977] 8-9), assim como ele faz Pedro "junto com os Doze" (2,14) dirigir a palavra a "toda a casa de Israel" (2,36). **16.** *meus irmãos:* o caráter de irmandade da assembleia é reforçado, bem como a remissão recíproca a Lc 22,32. O vocativo *andres* com substantivo no plural em aposição é uma marca estilística dos discursos de Atos. *era preciso que se cumprisse a Escritura:* a expressão *dei*, "é necessário", em Lucas combina o sentido grego de necessidade decretada pelo destino com a convicção bíblica de um controle incondicional e irresistível dos acontecimentos por parte de um Deus pessoal. A autoria de Davi e o imperfeito *edei* apontam para o texto dos Salmos no v. 20a (Sl 69,26), mas não para o Sl 109,8 citado no v. 20b, cujo cumprimento ainda está por vir (Dupont, *Études* 318-19). Após o parêntese do v. 17, os acontecimentos efetivos que cumpriram o Salmo 69,26 são relatados nos vv. 18-19. Mas o versículo deste Salmo não poderia ficar sozinho como profecia de Davi, uma vez que daria a impressão de que o lugar vago jamais poderia ser preenchido; daí o acréscimo a ele (*kai*) do Sl 109,8, que gera uma nova "necessidade" não-expressa no termo *edei*. Isto exigirá o rápido *dei oun* do v. 21, forjando uma parceria de *edei* (v. 16) e *dei* (v. 21) que corresponde à combinação dos textos no v. 20 e à fusão dos episódios de Judas e Matias na perícope (Dömer, *Heil* 126). Tudo isso evidencia um plano redacional, e não um entrançamento acidental de tradições (Dupont, Études, 315). **17.** *era contado entre os nossos:* cf. Lc 22,3 (Mc 14,10). A partícula grega *hoti* aqui tem sentido causal, dando suporte à aplicação das Escrituras davídicas a Judas e sua propriedade, enquanto que a citação efetiva da Escritura é adiada em favor da reapresentação de Judas e sua tragédia. **18.** *caindo de cabeça:* não há necessidade de buscar uma acepção rara para o termo *prēnēs*. Pápias apresenta *prēstheis*, "engolido" (cf. 28,6), mas sua versão desenvolve de maneira exagerada o estado repugnante do traidor quando de sua morte. Atuante em todas as versões está, é claro, a imaginação popular de um fim condigno para uma vida infame. Cf. 12,23; 2Mac 9,7-12; Sb 4,19(!); Eclo 10,9-18; Josefo, *Ant.* 17,6.5 § 168-70 (Herodes); *G.J.* 7.11.4 § 451-53; *Beginnings* 5. 29-38; Benoit, *Jesus* 1. 193-95. **19.** *na língua deles:* há necessidade de mais alguma coisa para mostrar que as palavras de Pedro estão informando os leitores de Lucas, e não os ouvintes do apóstolo? *Akeldama:* a forma grega translitera um nome aramaico, *ḥăqēl-dĕmā'* (→ Mateus 42:158), cuja etiologia aqui se baseia na morte de Judas em sua propriedade, e não à sua compra com o dinheiro da traição.

O "sangue" em questão é o do traidor; em Mt, é o do traído. **20**. O primeiro texto dos Salmos encontrava-se entre as maldições dos inimigos por parte do justo sofredor no Sl 69, uma composição que influenciou em outras partes a tradição da paixão (a bebida de vinagre). A tradição pré-lucana tinha alterado a formulação a fim de adaptá-la a um único inimigo e sua propriedade adquirida (TM: um acampamento abandonado de inimigos [plural]), com a assistência da LXX (Haenchen, *Acts* 161) ou sem ela (E. Nellessen, *BZ* 19 [1975] 215-16). *seu encargo:* o Sl 109,8 (LXX) ofereceu a justificativa escriturística para a substituição de Judas no apostolado (*episkopē*). Este texto pode ter estado associado a uma tradição original acerca de Matias, assim como seu parceiro estava com a tradição acerca de Judas (E. Nellessen, *BZ* 19 [1975] 217); do contrário, Lucas a acrescentou para servir de *ductus* [condução] da sina de Judas para a escolha de Matias (Schneider, *Apg*. 1. 214-15).

19 **21**. A eleição de Matias. *Dentre estes homens que nos acompanharam:* a caracterização dos vv. 21-22, muitas vezes citada, por G. Klein como a "carta magna do apostolado dos Doze" (*Die Zwölf Apostel* [FRLANT 59; Göttingen, 1961] 204) atribui demasiado do conceito padronizado de apóstolo à invenção de Lucas (Haenchen, *Acts* 124-25) e supõe que a preocupação dele fosse principalmente definir a fonte da autoridade e tradição da igreja. Ainda que Paulo não pudesse ter reivindicado o *status* de apóstolo caso a norma de Lucas prevalecesse em sua época, Lucas não deu início à restrição dos apóstolos aos acompanhantes terrenos de Jesus (cf. Mc 3,14; 6,7.30; Mt 10,2; Ap 21,14) nem se esforça para suprimir a reivindicação de Paulo (cf. 14,4.14). Seu propósito é diferente: demonstrar no apostolado de doze partes a continuidade precisa entre a reivindicação de Jesus e a da igreja sobre "toda a casa de Israel" (2,36; cf. vv. 2.15 *acima*; Lohfink, *Sammlung* 77-84). As "idas e vindas" de Jesus com os Doze implicaram a jornada fatífica a Jerusalém como marco de "tudo o que ele fez na região dos judeus" (10,39), seguindo a lei que determinava o destino de todos os profetas de Israel (Lc 13,33-35 [cf. Mt 23,37-39]). É por isso que aqueles homens específicos que "subiram com ele da Galileia para Jerusalém" são qualificados para serem "suas testemunhas diante do povo" (13,31 – sermão de Paulo!), conclamando os ouvintes ao arrependimento (10,41-43) sob o risco de sofrerem sua oposição assassina a todos os profetas (7,51-52). **22**. *a começar:* a delimitação do ministério terreno de Jesus será reconhecido como uma remissão condensada aos vv. 1-5. *testemunhas da sua ressurreição:* o paralelismo com 13,31 sugere que poderíamos comparar esta expressão com "testemunhas diante do povo" que se encontra lá. O pré-requisito lucano para um *martys* pascal (cf. 1Cor 15,15), a saber, acompanhamento total das obras terrenas de Jesus, mostra que isto não pode ser primordialmente um testemunho ocular da ressurreição como fato, mas, antes, um testemunho da identificação do Cristo ressurreto com o Jesus terreno (Roloff, *Apg*. 33-34; Schneider, *Apg*. 1. 225), e isto pela reedição abrangente da missão conflituosa de Jesus para "o povo" de Israel (Dömer, *Heil* 135-36). "Testemunha" como corporificação do *Christus praesens* ressurreto torna possível aplicar o termo mais tarde a Estêvão (22,20) e Paulo (22,15; 26,16), acusados pelos judeus. **23**. Não se ouve falar mais nada de nenhum dos dois candidatos em todo o restante do NT. A informação muito específica sobre José Barsabás (tradição palestina) faz com que o leitor espere que seja ele o escolhido. **24-25**. A oração, como a de 4,24-30, contém o argumento do autor mediante o uso de fórmulas veneráveis, como "conhecedor do coração de todos" (cf. 15,8; *Beginnings* 4.15). *o lugar:* a nuança da localidade reforça o contraponto irônico entre o cargo deixado vago por Judas e o infortunado "lugar" que ele adquiriu em troca do cargo. *o ministério e apostolado:* o *kai* é epexegético, pois reflete a linguagem do v. 17. O apostolado como *diakonia* (1Cor 12,5.28; Ef 4,11-12), entretanto, ainda não é um cargo eclesiástico. O serviço "básico" dos Doze é a "reunião de Israel", que Jesus tinha iniciado e que o próprio número deles simbolizava profeticamente (Lohfink, *Sammlung* 79). **26.** *lançaram sortes sobre eles:* isto não é um sufrágio, pois "é Deus que está escolhendo" através do sorteio imprevisível (Haenchen, *Acts* 162). Cf. a instituição veterotestamentária em Lv 16,7-10; G. Lohfink, *BZ* 19 (1975) 247-49. *com os onze apóstolos:* o anacronismo se torna patente numa leitura de 1Cor 15,5-8.

(BENOIT, *Jesus* 1. 189-207. DIETRICH, W., *Das Petrusbild der lukanischen Schriften* [Stuttgart, 1972] 166-94. DÖMER, *Heil* 122-38. DUPONT, *Études* 309-20. HOLTZ, *Untersuchungen* 43-48. LAKE, K., in *Beginnings* 5. 22-30. NELLESSEN, E., "Tradition und Schrift in der Perikope von der Erwählung des Mattias", *BZ* 19 [1975] 205-18. *Zeugnis für Jesus und das Wort* [Bonn, 1976] 128-78. WILCOX, M., "The Judas-Tradition in Acts 1,15-26", *NTS* 19 [1972-73] 438-52.)

20 (II) A missão em Jerusalém (2,1-5,42). (A) O apelo a Israel (2,1-3,26).

(a) *O acontecimento de Pentecostes* (2,1-13). A outorga do Espírito à primeira comunidade toma a forma de uma cena vívida que oferece um exemplo esplêndido da historiografia lucana que usa um "episódio dramático" (Plümacher, *Lukas* 107-8). O Pentecostes impõe a pergunta a respeito do fundamento histórico destes episódios, já que nem o milagre das línguas nem a distância cronológica do derramamento do Espírito da Páscoa (cf. Jo 20,22!) são apoiados por qualquer outro autor do NT. A busca de um cerne histórico geralmente se concentra na significação ostensivamente dual do termo *glõssai*, "línguas", que ora designa a glossolalia, ou uma fala extática "em línguas" (vv. 12-13; cf 1Cor 14,23), ora a "xenolalia", ou fala inteligível em línguas estrangeiras (vv. 4.6-11), sendo que os dois sentidos possivelmente coincidem com dois estágios do desenvolvimento do relato (posição de Trocmé, Lohse, Grundmann; Dömer, *Heil* 139-42; Weiser, *Apg.* 81.86). Outros estudiosos invertem este quadro e sustentam que Lucas reinterpretou um milagre relativo a línguas estrangeiras em termos de glossolalia (G. Kretschmar, *ZKG* 66 [1954-55] 236; Roloff, *Apg.* 38-39). J. Kremer propõe um relato mais antigo sobre uma pregação poliglota (vv. 1-4) reinterpretado por Lucas como uma prolepse da missão universal (vv. 5-13); veja *Pfingstbericht* [→ 17 *acima*] 165-66, 262-63). Consequentemente, nem a história da tradição nem a historicidade da narrativa podem ser consideradas questões resolvidas, ainda que continue sendo plausível que o Pentecostes, após a morte de Jesus, assistiu à primeira arrancada da missão apostólica, marcada por fenômenos espirituais entusiásticos conhecidos de outras fontes protocristãs a que Lucas deu o caráter de pregação miraculosa "em outras línguas" (Schneider, *Apg.* 1.245).

1. *Tendo-se completado o dia:* o termo singular "dia" distorce a fórmula usual proveniente da LXX, em que o plural "dias" significa um período de espera agora encerrado (Gn 25,24; Lv 8,33; Jr 25,12; Lc 2,6; 9,51). Em vista destas comparações, a presente expressão não pode significar meramente o término do período da festa (em que pese a opinião discordante de Haenchen, Conzelmann, Schneider), mas deve significar que o esperado "dia" da predição dos profetas (vv. 17-21) e da promessa do Mestre (1,5-8; Lc 24,49) está acontecendo. Por mais complicada que seja, a fórmula que introduz a data da festa afirma que um acontecimento salvífico da mais alta importância é iminentre, "a efetiva guinada em que o verdadeiro Israel começa a se separar dos judeus não crentes para formar a igreja" (Lohfink, *Sammlung* 83-84). Para demonstrar isto, Lucas vai reunir uma vasta representação de "todo o Israel" para ouvir os apóstolos (vv. 5-11.14.36), estando em continuidade direta com os destinatários do ministério terreno de Jesus (Lc 6,17; 19,47-48; 20,1; 21,37-38). Assim, o *pathos* da expectativa cumprida foi engendrado por um *continuum* editorial entre o Evangelho e Atos. *Pentecostes:* Considerando a importância desta festa de peregrinação anual no judaísmo, a presença dos discípulos de Jesus em Jerusalém no Pentecostes, após sua morte, é historicamente plausível. O nome grego da festa significa "quinquagésimo", expressando sua distância em dias de "Pães Asmos"/Páscoa, que era a primeira peregrinação agrária do ano. Os nomes hebraicos eram haqqāṣîr, "a colheita (de grãos)" (Ex 23, 16), e ḥag šābū'ôt, "a festa das semanas" (Ex 34,22; cf. Lv 23,15), e recebeu a justificativa histórica da doação da terra em Dt 26,1-11 (→ Instituições, 76:130-132). Em relação às mais antigas associações cristãs da festa, sabemos apenas que Paulo conhecia sua observância na Diáspora (1Cor 16,8), não necessariamente que os cristãos paulinos a celebrassem com um conteúdo próprio deles (Kremer, Pfingstbericht [→ 17 acima] 23). 20,16 tampouco demonstra mais do que a preocupação de Lucas em apresentar Paulo como um judeu observante. O relato de Lucas poderia, de fato, assentar-se sobre a base factual de um acontecimento missionário inaugural nesta festa (esta é a opinião de Kretschmar, Menoud, Lohse; Roloff, Apg. 39); mas alguns insistem que Lucas teria inventado a data, baseado em seu período de 40 dias de aparições pascais (Haenchen, Acts 173-74; Dömer, Heil 152-53). Além destas mais simples alternativas, há ainda a difícil questão de um simbolismo de Pentecostes, baseado em interpretações judaicas da festa, que poderiam ter influenciado a maneira de relatar o falar em "línguas", se é que não influenciou uma invenção da data. De fato, esta celebração anual da terra prometida passou para uma comemoração da outorga da lei no Sinai entre os rabinos do séc. II (veja E. Lohse, in TDNT 6. 48-49); isto talvez esteja relacionado a reflexos de tradições do Sinai que muitos discernem nos vv. 2-3 (Dupont, Salvation 35-45; mas cf. Schneider, Apg. 1. 245-47). Entretanto, o novo conteúdo da festa, parcialmente ensaiado em escritos sectários (Jub. 6,17-21; LQ), provavelmente apareceu tarde demais para explicar o Pentecostes cristão, remetendo-nos de novo para uma experiência missionária efetiva como sua base mais provável (Kremer, Pfingstbericht 261-64). Mais próximo de Lucas está Ef 4,8 (= Tg. Ket. Sl 68,19, diferindo do TM), que aplica a subida de Moisés com a ascensão de Jesus e os dons do Espírito (Ef 4,9-16). Essa apropriação cristológica da tradição do Sinai implica que Lucas poderia não ter inventado a sequência da ascensão e do derramamento do Espírito (G. Kretschmar, ZKG 66 [1954-55] 216-22; Kremer, Pfingstbericht [→ 17 acima] 232). Todos reunidos no mesmo lugar: 120 pessoas (1,15) na mesma "casa" (v. 2)?. **2-3.** Sentenças paralelas, articuladas numa "parataxis" no estilo bíblico, descrevem uma teofania do Espírito de uma semelhança notável com a teofania que marca a congregação de Israel em Is 66,15-20 LXX. Com um vento de tempestade e fogo (1,5) se expressa a origem celestial do Espírito, e com a divisão do fogo, sua destinação a todos os membros da assembleia. Quanto a tradições afins da teofania do Sinai (Ex 19,16), veja Filo, De dec. 33,46; Str-B 2. 604-5. Conzelmann, Apg. 32-33. **4.** *repletos do Espírito Santo:* a realidade que aparece sob o manto das imagens físicas dos vv. 2-3 ("como... como se") é expressa agora diretamente. O Espírito no relato pré-lucano era certamente o poder carismático do entusiasmo protocristão (1Cor 12-14), fonte de milagres e êxtases, de percepção maravilhosa e discurso exaltado, inteiramente reconhecível no entorno religioso do helenismo tardio (Kremer, Pfingstbericht [→ 17 acima] 72-77). O próprio Lucas não se concentra nesta característica do Espírito (em que pese a opinião discordante de Roloff, Apg. 42; cf. Bovon, Luc 253), mas a amplia, transformando-a numa expressão do dinamismo da missão (4,8.31; 6,10; 8,29.39; 10,19-20; 11,12; 13,2-4; 20,22-23; 21,4.11). O Espírito será a principal força motriz do acontecimento que faz com que a Igreja se abra aos incircuncisos (10,19; 11,12), e a crença confiante dos apóstolos nisso é expresso de maneira notável em seu decreto que consta em 15,28. Contra os teóricos da "cristologia do ausente" que fazem do Espírito o substituto de Cristo na terra (Schmithals,

Apg. 24; E. Grässer, *Tru* 42 [1977] 13), dever-se-ia lembrar que o Espírito, como força motriz da missão, é um *continuum* entre o ministério de Jesus (Lc 3,22; 4,1.18; 10,21; At 1,2) e o dos apóstolos, e não algo que se inicia com sua partida (G. W. MacRae, *Int* 27 [1973] 160-61). Além disso, 16,6-7 identifica o "Espírito Santo" e o "Espírito de Jesus" em afirmações paralelas, em coerência com o querigma de que o próprio Exaltado derrama o Espírito (2,33). A tradição de Pentecostes pode, portanto, ser entendida no sentido de expressar a crença de que o milagre das línguas inaugurou o discurso do *Kyrios* celestial por meio de suas testemunhas (cf. 26,22-23; Kremer, *Pfingstbericht* [→ 17 *acima*] 267; Franklin, *Christ the Lord* [→ 5 *acima*] 46; R. F. O'Toole, *Bib* 62 [1981] 484-86). *Em outras línguas:* o conteúdo deste discurso miraculoso só é indicado no 11: "as maravilhas de Deus", o mesmo de quando os gentios convertidos falam em "línguas" em 10,46 (*megalymontōn ton theon*). Porque tanto 10,46 quanto 19,6, onde falar em "línguas" é equiparado a profetizar, referem-se a Pentecostes, eles confirmam o interesse consistente de Lucas em reinterpretar as "línguas" ensejadas pelo Espírito em termos de uma pregação inspirada e inteligível da palavra (Dömer, *Heil* 141; Kremer, *Pfingstbericht* [→ 17 *acima*] 122). É concebível que a perspectiva de Lucas tenha sido influenciado pela crítica de Paulo contra a glossolalia em 1Cor 14,2-19, comparando desfavoravelmente seus sons incompreensíveis com as palavras edificantes da profecia. Esta concepção teria sancionado uma reinterpretação da primeira experiência extática de Pentecostes em termos de sua significância duradoura: a inauguração de uma missão que cruzaria todas as barreiras linguísticas.

21 5. *judeus ... de todas as nações:* uma surpreendente mudança de cena da "casa" para uma área sem nome conhecido, onde esta vasta multidão pudesse se reunir assinala que a argumentação se desloca da teofania para seus efeitos. A expressão se refere aos judeus estrangeiros que retornaram para residir em Jerusalém (*katoikountes*), e sua universalidade étnica (vv. 9-11) pressagia o "ajuntamento de Israel a partir de sua dispersão entre todas as nações" (Kremer, *Pfingstbericht* [→ 17 *acima*] 131). Não se deveria duvidar da originalidade do termo *ioudaioi* neste texto (em que pese a opinião discordante de E. Güting, *ZNW* 66 [1975] 162-63); não pode haver ainda a questão de qualquer missão entre os gentios no esquema linear de Lucas. "Tanto judeus quanto prosélitos" estão incluídos aqui (v. 11). **6**. *a multidão acorreu e ficou perplexa*: o milagre, por conseguinte, não é entendido como milagre do ouvir; o Espírito está nos que falam. *Em seu próprio idioma: dialektos* é a língua de um povo ou de uma região (1,19; 21,40; 22,2; 26,14); daí o adjetivo *idia*, "seu próprio" (vv. 6.8). **7**. *Estupefatos e surpresos:* um crescendo na reação da multidão, passando da perplexidade do v. 6 para as afirmações paralelas nos vv. 7-8.12, mostra que em todo o segundo parágrafo deste relato a história expande o término em forma de coro típico de um relato de milagre (cf. Lc 4,36; 5,26; 7,16; Kremer, *Pfingstbericht* [→ 17 *acima*] 138, 164-65). *Galileus:* os observadores estupefatos falam extensamente (vv. 7-11), e, ao reconhecerem a terra natal dos pregadores poliglotas, reafirmam-nos a origem geográfica do testemunho apostólico (13,31; Lc 23,5) mesmo quando prenunciam seu destino universal. **9-11**. A lista das nacionalidades deles é colocada diretamente nos lábios da multidão maravilhada, como convém ao estilo de "episódio dramático". A lista em si é um quebra-cabeças, surpreendente "pelo que inclui, mas principalmente pelo que omite" (Dupont, *Salvation* 57). A ausência de regiões onde boa parte do relato de Atos se desdobrará, *p.ex.*, Síria e Cilícia, Macedônia e Acaia, explica a opinião comum de que Lucas não a criou por si mesmo (cf. E. Güting, *ZNW* 66 [1975] 169). De fato, a inescrutável combinação de países, províncias e grupos étnicos sugere um catálogo estilizado há muito em uso, sem dúvida útil por sua ampla extensão de leste a oeste (Haenchen, *Acts* 169-70). Sua concepção original não pode ser recuperada (cf. tentativas de Conzelmann, Güting; J. Brinkman, *CBQ* 25 [1963] 418-27), anda que sua aplicação lucana seja inequívoca. O estranho acréscimo da "Judeia" (v. 9) e dos "judeus e prosélitos" (v. 11) deve ser creditado ao autor, que, desta maneira, mantém em foco o destino original da pregação apostólica para "toda a casa de Israel" (v. 36), mesmo quando permite que a universalidade última da missão seja prenunciada *Pfingstbericht* [→ 17 *acima*] 154-56). *romanos que aqui residem:* Um ponto em que talvez Lucas rompa os limites da lista mais antiga, expandindo os horizontes da lista para seus próprios horizontes (Conzelmann, *Apg.* 31). *cretenses e árabes:* como conclusão da lista: talvez "mais ocidentais e mais orientais", ou "ilhas e continente"?. **13.** *outros zombavam:* uma parte da multidão reage de maneira diferente (cf. 17,32; 28,24). Esta divisão de um público judaico já é programática das confrontações de todo o Israel com o querigma (28,24). Uma vez que este mal-entendido, junto com a pergunta perplexa do v. 12, constitui uma ponte entre a narrativa e o discurso (v. 15), é mais provável que tenha se originado do punho de Lucas do que da tradição mais antiga (veja I. Broer, *BibLeb* 13 [1972] 273; mas cf. Dömer, *Heil* 140).

22 (b) *O sermão de Pentecostes* **(2,14-41)**. O primeiro dos "discursos missionários" dirigido aos judeus ilustra seu esboço típico (→ 7 *acima*): (1) uma introdução relacionando o sermão com o marco narrativo (vv. 14-21); (2) o querigma sobre Jesus, formulado como uma acusação dos ouvintes, repleta de argumentos tirados da Escritura (vv. 22-36); (3) uma conclamação ao arrependimento e à conversão com base no querigma (vv. 38-39). A argumentação tirada da Escritura já está presente na primeira parte, onde Jl 3,1-5 (LXX) forma "um elo cuidadosamente situado e habilmente escolhido para juntar o contexto ao sermão" (Wilskens, *Missionsreden* 34). A exegese refinada que o texto de Joel recebe no marco do texto lucano sobre Pentecostes oferece um ingrediente-chave do argumento de Atos – dando-nos, assim, uma amostra exemplar da arte lucana da composição (Zehnle, *Discourse* [→ 28 *abaixo*] 123-31). Além disso, uma vez que nenhuma forma deste discurso jamais existiu sem os argumentos tirados das Escrituras, o fato de que todos eles dependem da versão da LXX (*p.ex., Kyrios* nos vv. 21,36) prova que o sermão foi primeiramente concebido e composto em grego (Conzelmann, *Apg.* 33). **14.** *com os Onze:* os Doze representam a reivindicação de Israel pelo evangelho (1,21); e todo o Israel (v. 36), incluindo os judeus da Diáspora, deve ser confrontado com o querigma apostólico (Lohfink, *Sammlung* 49). A "reunião de Israel" está em marcha, prefigurada na introdução do Sermão da Planície no Evangelho (Lc 6,17 [cf. Mc 3,7-8]) pela mesma reunião concêntrica em torno dos Doze. *habitantes de Jerusalém:* não se trata de um grupo diferente de "judeus", mas sim uma ênfase na "conexão jerusolimitana" entre os ouvintes de Jesus e os dos apóstolos (Lohfink, *Sammlung* 47-48). "Todo o Israel" é globalmente representado por sua capital, como em Lc 13,34-35. Este é o público que será acusado de assassinar seu Messias (vv. 23.36; 13,27-28); todavia, é o mesmo público que deixou a cena da crucificação disposto ao arrependimento (Lc 23,48; acrescentado em Mc 15,39), e isto é que realmente importa para o desenlace deste Pentecostes (vv. 37-41). **15-16.** Quanto ao equívoco dos observadores como introdução dos discursos de Atos, veja 3,12; 14,15; também 4,9; 17,20.22-23; E. Schweizer, in *StLA* 211, 214.

23 **17-21.** Joel 3,1-5 (LXX), incluindo a fórmula que identifica as palavras citadas como sendo de Deus mesmo (cf. Ellis, *Prophecy* [→ 28 *abaixo*] 182-87), contém uma tríplice reafirmação pertinente ao acontecimento em foco: (1) o derramamento escatológico do Espírito, que produz um carisma generalizado de profetismo; (2) sinais cósmicos do "Dia do Senhor" antes de seu alvorecer; (3) a chegada daquele dia, com salvação para todas as pessoas que inovocam o nome *Kyrios*. Um guia extremamente importante para chegar à intenção do autor é a série de alterações que ele (ou sua fonte?) fez nas citações a fim de produzir um testemunho pertinente (cf. Rese, *Motive*, 46-55; Holtz *Untersuchungen* 5-14). *nos últimos dias*: esta expressão substitui o simples "depois" (*meta tauta*) da LXX em quase todos os manuscritos (incluindo o B), mas isto apenas faz com que a profecia se torne mais claramente a visão escatológica que ela já era (cf. v. 18, "naqueles dias"). Nenhum comentário recente endossa a preferência de Haenchen pela formulação da LXX (*Acts* 179); o reflexo dos copistas de restaurar esta última faz da opção pela nova formulação metodologicamente inevitável (Kränkl, *Jesus* 190-91). "Os últimos dias" são entendidos em um sentido mais amplo de um "tempo da igreja" (cf. 1,6-8), e não, mais estreitamente, de "mudança de era" (cf. 2Tm 3,1; 2Pd 3,3; Schneider, *Apg.* 1. 268; E. Grässer, in *Les Actes* [ed. J. Kremer] 119-22). O dramático ato de salvação pelo *Kyrios* (v. 21) é interpretado em termos do derramamento do Espírito (v. 33), que capacita para a missão e gera conversões (vv. 38-39). **17**. *profetizarão:* Lucas acrescenta esta expressão a Jl 3,2 *in fine*, e não é apenas uma repetição mecânica (em que pese a opinião discordante de Holtz), mas representa um interesse especial de Lucas, ainda que não seja explicitamente ampliado no sermão (Schneider, *Apg.* 1. 269; Roloff, *Apg.* 53). O *status* de profeta das testemunhas de Jesus nunca é mais do que uma afirmação oblíqua em Lucas-Atos, mas também não o é o *status* do Senhor como profeta como Moisés (3,22-26; 7,37; Lc 24,19); todavia, este é um dos mais importantes ingredientes da teoria de Lucas sobre a necessidade da paixão (Lc 13,33) e a natureza do ministério terreno de Jesus (Lc 4,18-30; em que pese a opinião discordante de Bovon, *Luc* 193). O fato de a missão apostólica fazer parte do profetismo escatológico de Jesus será ressaltado pela exegese de Dt 18,15-16 no sermão do Templo (3,22-26), ilustrando a associação muito próxima dos dois sermões. **19**. *prodígios ...*

e sinais: as palavras "sinais", "em cima" e "embaixo" foram acrescentadas ao texto de Joel, e este toque está estreitamente relacionado com a acentuação da profecia das testemunhas que acaba de ser acrescentada ao v. 18. Esta formulação interpolada produz a fórmula bíblica "prodígios e sinais" (geralmente apresentada na sequência inversa), que significava o reconhecimento do profeta (Dt 13,1-3) em que nenhum israelita jamais chegou a se comparar com Moisés (Dt 34,10-12; cf. F. Stolz, "Zeichen und Wunder", *ZTK* 69 [1972] 125-44). A fórmula, na sequência de palavras ensejada pela profecia, recebe aplicações pontuais aos ministérios de Jesus e dos apóstolos pelo contexto (vv. 22.43; Weiser, *Apg.* 92), à medida que Lucas instrui cumulativamente seus leitores no tocante à colaboração dos apóstolos com seu Senhor ressurreto na operação profética de milagres (cf. também Estêvão 6,8; Paulo, 14,3; 15,12; Moisés, 7,36). "Em cima" e "embaixo" incluem o próprio acontecimento de Pentecostes nesta taumaturgia contínua do Espírito. **21**. *o nome do Senhor:* o portador deste nome será declarado no v. 36, com base nas ações de Deus através dele (vv. 22-35), e depois disso "será salvo" vai ser interpretado em termos do batismo, do perdão e do dom do Espírito nos vv. 38-39.

24 22-24. O querigma sobre Jesus é o componente central do esquema do discurso missionário. O clímax discursivo desse esquema é sempre a conclamação ao arrependimento (ou o anúncio do arrependimento) (Dibelius, *Studies* 111, 165; Wilckens, *Missionreden* 54; Zehnle, *Discourse* [→ 28 *abaixo*] 35-36), e isto explica a enigmática estrutura gramatical do texto em questão. Ele tem uma oração principal ("vós matastes ... este Jesus") e várias orações subordinadas, incluindo a afirmação a respeito da ressurreição numa mera oração subordinada adjetiva (v. 24). Por conseguinte, a sentença como um todo serve de acusação dos ouvintes, citando a antítese de sua ação assassina e a atestação divina (*apodadeigmenon*) para com o mesmo Jesus. Esta declaração básica da culpa dos judeus é um elemento básico dos sermões missionários para os judeus (3,13b-15a; 4,10-11; 5,30; 10,39-40; 13,27-30), mas não é a mensagem que transmitem ao leitor. A colisão entre as ações divina e humana em Jesus, está, antes, em completa concordância com o plano de Deus atestado nas Escrituras – daí a argumentação extensa nos vv. 25-35 – e serve consistentemente para motivar o convite ao arrependimento e perdão ou seu anúncio por parte do orador (vv. 38-39; 3,19-26; 5,31; 10,42-43; 13,38-41; Wilckens, *Missionreden* 119). Portanto, o querigma dos discursos não é um ensaio da pregação efetiva dos primeiros tempos nem o ônus da instrução que Lucas está dando a seu leitor. Sua função é estritamente historiográfica: a fim de tornar inteligível "o procedimento da pregação dos apóstolos como o fato histórico decisivo foi que colocou a história da igreja em andamento" (Plümacher, *Lukas* 35); e especificamente, aqui, para demonstrar como os primeiros membros da igreja foram recrutados de "todo o Israel", conclamados a não carregar o ônus da própria culpa pela morte de seu Salvador. **22**. *Deus operou por meio dele:* A preocupação geral de mostrar a história sob a direção soberana de Deus em cada ocasião (1,7) cria uma linguagem "subordinacionista" nos discursos (Conzelmann, *TSL* 173-76), que é uma das características mais persistentes dos discursos. **23**. *segundo o desígnio determinado e a presciência de Deus:* a semântica lucana da história da salvação favorece palavras com o prefixo *pro-* para expressar a disposição antecedente dos acontecimentos por parte de Deus (1,16; 3,18.20; 4,28; 10,41; 13,24; 22,14; 26,16). A preordenação da morte de Jesus por Deus não diminui a culpa do povo; antes, disfarçando o processo de salvação como não salvação, reafirma a soberania de Deus em independência dialética dos desígnios humanos, triunfando através deles, e não apesar deles. Isto reforça a percepção do "segredo da paixão", tão marcantemente desenvolvida na edição das fórmulas da paixão de Marcos feita por Lucas (esp. Lc 22,22 [cf. Mc 14,21]; veja H. Flender, *St Luke* [Philadelphia, 1967] 30-35). Está ausente, é claro, qualquer sugestão do significado expiatório ou sacrifical da morte de Jesus, e muitos generalizam isto como sendo uma marca registrada da soteriologia de Lucas (cf. Cadbury, *The Making* 280; P. Vielhauer, in *StLA* 45; Conzelmann, *TLS* 201). O contexto da acusação, todavia, no qual a morte de Jesus faz parte de seu profetismo definitivo em Israel (Lc 13,33; 24,19-20), não é particularmente apropriado ao tema da redenção, que tampouco era empregado nas fórmulas da paixão apresentadas por Marcos (salvo Mc 10,45 [cf. Lc 22,27]). **24**. *o ressuscitou:* a tradução *anistanai* (v. 32; 13,33-34; 17,31), em vez do tradicional *egeiren*, "ressuscitou" (3,15; 4,10; 5,30; 10,40), é uma propriedade de Atos, talvez ligada ao uso de formas intransitivas por Marcos (Wilckens, *Missionsreden* 138-40), mais palpavelmente a Dt 18,15 (LXX), explicado em 3,22-26. *libertando-o das angústias do Hades:* este "septuagintalismo" (Sl 18,5; 116,3) se deriva da expressão hebraica "laços da morte", *concretum per abstractum* (A. Schmitt, *BZ* 17 [1973] 244-45); o mesmo estilo de tradução explicará o uso de "corrupção" no v. 27 (Sl 16,10). O uso do termo no judaísmo contemporâneo dava a *ōdines*, "angústias", a conotação dos ais messiânicos (Mc 13,8; Mt 24,8; 1Ts 5,3).

25 **25-31**. Prova tirada da Escritura: Sl 16,8-11 (LXX) (cf. A. Schmitt, *BZ* 17 [1973] 229-48; D. Juel, *CBQ* 43 [1981] 543-56). O mesmo argumento básico tirado do Salmo ocorre aqui e em 13,34-37, num sermão de Paulo; o Salmo também não é citado em outras passagens do NT. Algumas liberdades notáveis foram tomadas pelo tradutor dos originais hebraicos para o grego: *prooromēn*, "eu previ", traduz *šiwwîtî*, "eu coloquei"; *ep' elpidi*, "em esperança" traduz o termo hebraico *lābeṭaḥ*, "seguramente"; *diaphtora*, "corrupção", traduz *šaḥat*, "buraco/cova". Assim, sob a pena do tradutor ocorreu um reajuste sistemático da oração à perspectiva da imortalidade do adorador (Schmitt), tornando a versão da LXX indispensável para o argumento de Pedro. Portanto, o uso do Salmo como testemunho da ressurreição provavelmente teve início entre os apologistas de fala grega (Dupont, *Salvation* 147), assim como ele tem essa função aqui num argumento proveniente de um autor de fala grega. **25.** *diz Davi:* a tradição judaica de que Davi escreveu todos os Salmos (cf. 1,16) e a promessa divina de que sua dinastia seria eterna (2Sm 7,12-16) têm um papel fundamental na provas escriturísticas do querigma lucano (cf. v. 30; 13,22-23.32-37; R. F. O'Toole, *JBL* 102 [1983] 245-58). A lógica consecutiva da partícula grega *gar* envolve os vv. 22-24, e não apenas a afirmação a respeito da ressurreição, já que o que se sustenta não é o fato da ressurreição, mas, como requer a conclusão do v. 36, o fato de é que o Jesus crucificado e ressuscitado é verdadeiramente o Messias cuja voz se ouve no Salmo (cf. vv. 29-31; Dupont, *Salvation* 109). **26.** *minha carne repousará na esperança:* "carne", que para o salmista significava seres humanos terrenos em sua totalidade, para o tradutor significava apenas a parte transitória dos humanos; e "alma", equivalente ao pronome pessoal no hebraico, implicava o componente humano destinado à imortalidade na antropologia grega. Assim, o termo "seguramente", usado pelo salmista e motivado por um resgate de uma morte prematura, passa a significar "na esperança" quando traduzido para o grego, implicando até uma perspectiva futura para a "carne" (A. Schmitt, *BZ* 17 [1973] 237). No sermão de Pedro, é o Messias que expressa essa esperança, baseado na certeza expressa no v. 27. **27.** *veja a corrupção:* "corrupção" em lugar de "cova" não foi um erro do tradutor, assim como não o foi o termo *ōdines* do v. 24; foi uma substituição de uma expressão hebraica concreta por um termo abstrato, necessário para que esta expressão fosse inteligível para o leitor grego. 29. A sepultura de Davi (1Rs 2,10; Josefo, *Ant* 7.15.3 § 392-93; *G.J.* 1.2.5 § 61) impede que o patriarca seja o ponto de referência de seu próprio testemunho messiânico (cf. 2,3435; 8,30-35; 13,35-37). **30.** *Sendo, pois, profeta:* Davi nunca foi chamado de "profeta" no AT; mas cf. 11QPs^a 27,11; Josefo, *Ant.* 6.8.2 § 166 (J. A. Fitzmyer, *CBQ* 34 [1972] 332-39). Como profeta, Davi poderia falar pelo Messias, talvez como um tipo deste (M. Rese, in *Les Actes* [ed. J. Kremer] 76). Cf. o uso do Sl 16 com referências diferente a Davi em 13,33-37. *que um descendente seu tomaria o assento em seu trono:* o verbo transitivo *kathisai* é coerente com a ação de Deus como sujeito nos vv. 32 e 36 e combina com o passivo *hipsōtheis*, "exaltado", no v. 33 (cf. Ef 1,20). Quanto ao "juramento" em questão, veja Sl 132,11.

26   32-36. Resumo querigmático. Tendo sido interrompido pelo argumento escriturístico no v. 24, o querigma sobre a ressurreição é retomado e complementado pela fórmula testemunhal (como em 3,15; 5,32) e pelo querigma sobre a exaltação (como em 5,31; cf. 3,21). *Disto somos testemunhas:* testemunhas não do fato apenas, mas do argumento que mostrou que ele é obra de Deus em conformidade com suas promessas registradas no AT (cf. Lc 24,44-48). Assim, as "testemunhas" levam adiante a instrução do Jesus terreno de forma ininterrupta (veja Lc 18,31-34 e o comentário sobre 1,22). **33.** *exaltado:* esta fórmula querigmática data de antes dos escritos de Lucas (Fl 2,9; cf. Rm 8,34; Ef 1,20), mas ele a interpretou em termos da ascensão corporal de Cristo (v. 34). A expressão "à minha direita", derivada do Sl 110,1 (v. 35), emprega o dativo de forma locativa para designar a posição do rei como vice-rei de Deus na ideologia real do AT. *recebeu o Espírito Santo prometido:* cf. a mesma fórmula em Gl 3,14. Em todos os acontecimentos do querigma, Deus permanece o ator, e Jesus seu instrumento (v. 22), o qual é agora capacitado a derramar o que recebeu. Esta afirmação, portanto, não deveria ser contraposta a 10,38 ou Lc 4,1.14. *e o derramou:* o verbo estabelece a conexão empírica entre o acontecimento de Pentecostes e a profecia de Joel (vv. 17 e 18). Os esforços despendidos para preservar tanto o teocentrismo do querigma quanto a ação dominical devem visar a reafirmar a ação direta do

Senhor na missão dos apóstolos. O Espírito é meio, não substituto, do *Christus praesens* [Cristo presente] (Kränkl, *Jesus* 180-81; veja o comentário sobre 2,4). **34**. *Davi, que não subiu:* a mesma argumentação do tipo via negativa como nos vv. 29-31 introduz o lócus clássico do querigma sobre a exaltação (Wilckens, *Missionrenden* 152) e mostra que Lucas entende o tradicional termo "exaltado" na nova dimensão de "ascendido" (Lohfink, *Himmelfahrt* [→ 17 *acima*] 228-29); Kränkl, *Jesus* 149-50). O argumento de Pedro não é que o Sl 110,1 prove a exaltação, pois isto é agora uma questão de prova empírica (v. 33c); é, antes, que o Exaltado é aquele que o rei-profeta de Israel chamou de *Kyrios* (cf. Mc 12,35-37 par.; Rese, *Motive* 62). A citação do Salmo completa o argumento desde seu início com o nome salvador do *Kyrios* de Jl 3,5 (v. 21), e estamos plenamente preparados para o resumo do v. 36. **35**. *até que eu faça de teus inimigos:* estas palavras do versículo de Salmos reintroduzem os ouvintes de Pedro, "toda a casa de Israel" (v. 36), conhecidos com horror pelo leitor de Lucas como adversários violentos de todos os profetas, incluindo o Messias (7,51-52; Lc 11,47-51; 13,33-35). **36**. *toda a casa de Israel:* a "reunão de Israel" atingiu uma situação decisiva, e aquele Israel que agora permanece obstinado na rejeição de Jesus perderá sua reivindicação ao título honorífico e *status* de povo de Deus (Lohfink, *Sammlung* 55). *Deus o constituiu Senhor e Cristo:* este resumo coordena com perfeição os testemunhos do *Kyrios* de Jl 3 e Sl 110 com o argumento referente ao Messias do Sl 16 (v. 31). A referência a "Deus o constituiu" não diz respeito só ao contexto próximo da exaltação (em que pese a opinião discordante de Kränkl, *Jesus* 159-63; Kremer, *Pfingstbericht* [→ 17 *acima*] 175, 208), mas a toda a série de ações divinas introduzidas no v. 22 (cf. 10,38; Wilckens, *Missionsreden* 36, 173; Rese, *Motive* 65-66). Aqui, como no v. 22, o aoristo *epoiēsen* é complexivo, e não pontual. O refrão do conflito entre a ação de Deus e a execução do povo já se encontra anteriormente nos vv. 22-23, e esta sentença certamente tem parte no presente resumo. *a quem vós crucificastes:* quando o orador, posteriormente, conclamar o povo ao arrependimento (v. 38), o leitor atento se lembrará de Lc 23,48 (cf. Mc 15,39-40), onde Lucas havia registrado a disposição para o arrependimento da multidão em Jerusalém depois de conspiração com os líderes para obter a crucificação de Jesus (Lc 23,4-23).

27 **37-41**. Chamado ao arrependimento e reação. **37**. *eles sentiram o coração traspassado:* o *continuum* com Lc 23,48 provavelmente explica o fato de a iniciativa dos ouvintes substituir uma conclusão discursiva normal do sermão. Este parágrafo é, ainda assim, o alvo preciso de argumentação que se inicia no v. 14; e uma vez que ele é historiográfico, o exige a menção do sucesso do pregador em recrutar o primeiro grupo de batizados do povo de Israel. Várias reprises da profecia de Joel nos vv. 38-40 confirmam que o argumento que se iniciou com a profecia chegou a seu término previsto aqui. **38**. *Arrependei-vos:* como as censuras dos profetas do AT, a acusação contra "toda a casa de Israel" pelos profetas produz nos ouvintes "disposições de compunção que levam ao perdão" (Dupont, *Salvation* 69). Aqui, assim como na pregação de Paulo aos pagãos (17,29-31), o querigma desperta a consciência do pecado (cf. 3,17) e, com isto, ao estado de mente necessário para o perdão (cf. 3,19; 5,31). *em nome de Jesus Cristo:* como fórmula com o termo grego *baptisthēnai*, com uma preposição variante (8,16; 10,48; 19,5), ela se encontra apenas em Atos. O uso do *epi* aqui é ensejado pelo termo *epikalesētai*, "invocar" no v. 21, mostrando que a fórmula tem um sentido confessional (Mt 28,19), e não o sentido incorporativo paulino (Gl 3,27; Rm 6,4; → Teologia paulina 82:119). *o dom do Espírito Santo:* o batismo cristão e este dom (10,45; cf. 8,20; 11,17) são inseparáveis (1,5; 10,44-48; 11,15-16; 15,8), salvo por "exceções justificadas" (8,15-16; 19,2.6), o que ressaltará a mediação indispensável dos apóstolos e de sua tradição (Haenchen, *Acts* 184). **39**. *para* *quantos o Senhor, nosso Deus, chamar:* esta provável alusão a Jl 3,5b, a qual foi excluída do fim da citação original de Pedro (v. 21), toca no tema do controle de Deus sobre o crescimento da jovem igreja (vv. 41, 47), que será ilustrado repetidamente nos capítulos que seguem. Ele efetua a única limitação na oferta da salvação a "todo o Israel" (cf. Roloff, *Apg.* 63). **40.** *salvai-vos:* observarmos aqui, com outra reprise de Joel e a repetição mimética da expressão "geração perversa" (Dt 32,5; Sl 78,8), o processo de separação entre "o verdadeiro Israel" e os judeus descrentes quen ainda está em andamento no final de Atos (28,24-28). **41.** *e acrescentaram--se a eles cerca de três mil pessoas:* "acrescentaram-se" presumivelmente aos 120 (1,15). O verbo *prosetethēsan* é um "passivo teológico" em vista dos vv. 47, 39b (cf. 5,14; 11,24; ZBG § 236). O número elevado é historicamente implausível; trata-se provavelmente de um número redondo que dramatiza o extraordinário êxito da missão de Pentecostes repleta do Espírito (cf. 4,4; 21,20; Zingg, *Wachsen* 165-68).

28 (c) *O primeiro resumo principal* **(2,42-47)**. Nos três resumos principais (→ 9 *acima*), uma certa fraseologia repetitiva e a sobreposição de conteúdos lembram o trabalho redacional feito por Lucas nos resumos de Marcos (cf. *Beginnings* 5. 397-98). Alguns conteúdos desta passagem parecem, de fato, antecipar os pontos posteriores onde eles serão mais pertinentes: *p.ex.*, "temor" (v. 43 = 5,11) e posses compartilhadas (vv. 44-45 = 4,32.34). Os resumos dos caps. 4 e 5 juntos são praticamente iguais ao conteúdo deste resumo; e ainda que elementos individuais destas passagens se derivem de tradições usadas por Lucas, em última análise ele deve ser considerado seu autor (Schneider, *Apg.* 1,284). É claramente conveniente para sua finalidade colocar o resumo mais abrangente aqui, numa posição-chave de sua história. **42.** Este compêndio das principais normas da vida da igreja a serem observadas pelos recém batizados provavelmente reflete a época de Lucas. Seu retrato da primeira comunidade como um grupo que persevera em todas essas normas (*proskarterountes*) inicia o padrão de idealização que marca todos os resumos e atesta a distância do autor em relação a seu assunto (Schneider, *Apg.* 1. 106). *ensinamento dos apóstolos*: o *didachē* inclui a proclamação para os de fora (5,28; 13,12; 17,19), de modo que esta expressão é uma generalização do sermão há pouco encerrado. A continuidade fiel no *didachē* de Jesus até os apóstolos é um dos principais argumentos de Lucas-Atos (1,1-8; Lc 1,1-4). *comunhão fraterna: koinōnia*, termo usado apenas aqui nos escritos de Lucas, mas treze vezes nos textos de Paulo, conota o vínculo de responsabilidade de mútua prescrita aos crentes por seu assentimento ao evangelho (2Cor 8,4; 9,13; Gl 2,9-10). *à fração do pão:* originalmente o ritual de abertura de uma refeição festiva judaica, este foi também o gesto do Ressurreto em Emaús (Lc 24,35) e lembra as instruções do Senhor com o partir do pão (Lc 9,11-27; 22,14-38). Podemos considerar a expressão como um termo técnico para designar a eucaristia em Lucas-Atos (com Weiser, *Apg.* 104-5). Cf. v. 46; 20,7.11; 27,35. **43.** *numerosos eram os prodígios e os sinais*: uma transição eficaz para 3,1-11, mas também uma consolidação das credenciais do profetismo escatológico (v. 19 = Joel), no qual suas testemunhas colaboram com o Senhor ressuscitado (3,12.16). **44-45.** Veja comentários sobre 4,32-37. **46.** *no Templo:* Tendo servido como uma espécie de fórum de Jesus em Jerusalém, o Templo se torna o local apropriado para a assembleia apostólica (cf. Lc 2,27.49; 19,45; 22,53; 24,53). Esta importante instituição do judaísmo veterotestamentário pode ser apropriada pelos cristãos sob os Doze, juntamente com o próprio AT, como expressão poderosa da tese de Lucas a respeito da continuidade. *gozavam da simpatia de todo o povo:* esta "primavera de Jerusalém" é o contexto para um êxito inicial da "reunião de Israel". Mas ele não vai durar além do episódio de Estêvão, quando o povo volta a se juntar a seus líderes na oposição assassina às testemunhas

(7,51-52), e a partir daí o relato de Lucas vai se concentrar no endurecimento dos judeus contra o querigma (cf. Lohfink, *Sammlung*, 95). E *o Senhor acrescentava* (cf. v. 41): como outras notas sobre "crescimento", esta finaliza a unidade literária à qual pertence (como 2,41; 4,4; 6,7; 9,31; 12,24; 19,20). As notas têm a função literária de "inserir cenas e circunstâncias individuais no curso dinâmico da disseminação do evangelho", dirigido por uma providência atenta e irresistível (Weiser, *Apg.* 106).

(BOVON, *Luc* 235-44. BROER, I., "Der Geist und die Gemeinde", *BibLeb* 13 [1972] 261-83. CHEVALLIER, M., "Pentecôtes lucaniennes et 'Pentecôtes' johanniques", *RSR* 69 [1981] 304-14. DÖMER, *Heil* 139-59. DUPONT, *Salvation* 35-59. ELLIS, E. E., *Prophecy and Hermeneutic in Early Christianity* [Grand Rapids, 1978] 182-208. GRUNDMANN, W., *SE II* 584-94. GRÄSSER, E., *TRu* 42 [1977] 9-15. GÜTING, E., "Der geographische Horizont der sogenannten Völkerliste des Lukas", *ZNW* 66 [1975] 149-69. KREMER, *Pfingstbericht* [→ 17 *acima*]. LAKE, K., in *Beginnings* 5. 111-21. LOHSE, E., *Die Einheit des Neuen Testaments* [Göttingen, 1973] 178-92. MARSHALL, I. H., "The Significance of Pentecost", *SJT* 30 [1973] 178-92. MENOUD, P., "La Pentecôte lucanienne et l'histoire", *RHPR* 42 [1 962] 141-47. WEISER, A., "Die Pfingstpredigt des Lukas", *BibLeb* 14 [1973] 1-12. ZEHNLE, R., *Peter's Pentecost Discourse* [SBLMS 15; Nash, 1971]. ZIMMERMANN, H., "Die Sammelberichte der Apostelgeschichte", *BZ* 5 [1961] 71-82).

29 (d) *A cura no Templo* (3,1-11). O primeiro relato de milagre de Atos tem uma conexão clara com 2,43 e a taumaturgia profética prenunciada por Joel junto com o derramamento do Espírito (2,19). Elementos formais regulares, conhecidos a partir dos relatos sinóticos, incluem a exposição (vv. 1-5), palavra e gesto da pessoa que cura (vv. 6-7), demonstração da cura (v. 8) e o efeito sobre os ouvintes (vv. 9-10). Estes traços sugerem que a origem do relato seja uma tradição local (Jerusalém) (Weiser, *Apg.* 107), enquanto que elementos de simetria entre este acontecimento e curas de Jesus (Lc 5,17-26) e Paulo (14,8-13) devem ter sido supridos por Lucas tendo em mente o curso geral de sua história (F. Neirynck, in *Les Actes* [ed. J. Kremer] 172-88). **1.** A presença passiva de João, como a de Barnabé em 14,12, pode não ser original no relato (cf. vv. 6-7; Dibelius, *Studies* 14). Será que ele é introduzido por Lucas como uma segunda testemunha da cura diante do Sinédrio (4,20; Haenchen, *Acts* 201)? **2.** *à porta do Templo, chamada Formosa:* este nome não aparece em nenhuma fonte judaica. Muitos estudiosos sugerem que ela fosse o Portão de Nicanor, feito de bronze de Corinto, provavelmente separando os átrios das mulheres e dos gentios (Josefo, *Ant* 15.11.5 § 410-25; *G.WJ* 5.5.2. § 190-221). **6.** *em nome de Jesus Cristo:* "nome" e "poder" são conceitos paralelos (4,7); portanto, a invocação do nome de Jesus por Pedro lhe dá poder do Senhor para operar a cura (veja Mc 9,38-39 par. Lc 9,49-50; 10,17). O nome não é um substituto mágico de Jesus sujeito ao controle de seres terrenos submetidas a Cristo, mas o meio da ação direta do Cristo celestial, concedida somente com base na confissão de fé nele. (cf. 4,10; 3,16; G. W. MacRae, *Int* 27 [1973] 161-62; R. F. O'Toole, *Bib* 62 [1981] 488-90). **11.** *no pórtico chamado Salomão:* reconhecemos a intervenção de Lucas na reunião de "todo o povo" (= Israel!) diante dos apóstolos, e podemos suspeitar que seu pouco conhecimento acerca da topografia do Templo o fez confundir o pórtico como parte do *temenos* (v. 8; daí "ocidental" *l.v.* – veja *Beginnings* 3. 28-29).

30 (e) *O sermão de Pedro no Templo* (3,12-26). Os sermões de Pentecostes e do Templo são contínuos e complementares, apesar de seus elementos diferentes (Conzelmann, *Apg.* 39; F. Hahn, in *Les Actes* [ed. J. Kremer] 137-38). Uma pista de sua relação é a conexão entre os argumentos tirados da Escritura que emolduram seus conteúdos combinados: a profecia de Joel dá início ao primeiro, e a promessa deuteronômica do profeta como Moisés (Dt 18,15-16) conclui o segundo. A afirmação combinada destas duas passagens da Escritura forma uma estrutura cristológica em torno dos dois sermões, declarando que o querigma dos apóstolos representa a renovação escatológica do profetismo, e nele se ouve a voz do Cristo ressurreto como voz do sucessor de Moisés. Esta estrutura do profetismo escatológico também engloba o reconhecimento do profeta mosaico pela cura miraculosa, a qual Pedro atribui enfaticamente à ação dele nos vv. 12-16. Esta explicação inclui o esquema querigmático familiar que contrapõe as ações de Deus e de seu povo para com seu "Servo" (vv. 13-15); e mais uma vez o objetivo do discurso é a conclamação ao arrependimento (vv. 19-26), motivada por aquela contraposição e confirmada pelo argumento tirado de Deuteronômio, o único argumento escriturístico usado neste sermão. Esboço do sermão: (1) o equívoco como *ductus* [estrutura]; (2) o querigma pascal a aplicação à situação, vv. 13-16; (3) o apelo ao arrependimento e à conversão, vv. 17-21, reforçado pelo argumento tirado do testemunho de Moisés, vv. 22-26.

12. O equívoco como *ductus. homens de Israel:* os ouvintes são o "povo" (*laos*, v. 11), não se fazendo distinção entre os participantes da execução de Jesus e quaisquer outros (Schneider, *Apg.* 1. 319). *por que vos admirais:* poderíamos dizer que o equívoco a ser corrigido é o de uma "cristologia do ausente". **13-16.** querigma pascal. **13.** Títulos consagrados da divindade do AT refletem a revelação a Moisés (Ex 3,6.15) e mostram que o orador se situa dentro de Israel ao mesmo tempo em que convida o povo ao arrependimento. O eco do êxodo já antecipa a cristologia mosaica da conclusão do sermão, e essa cristologia também pode ter motivado a escolha de títulos, "servo" (v. 13; cf. 4,26-27.30) e "príncipe" (v. 15; cf. 5,31), como que para sistematizar e arrematar a tipologia de Moisés (Zehnle, *Discourse* [→ 28 *acima*] 47-52. *glorificou seu servo:* é incomum que o querigma da exaltação seja apresentado primeiro, antes da paixão, com um reflexo da vindicação do Servo de Isaías (Is 52,13); mas isto é assim para que o pregador possa retomar a experiência do milagre diretamente, num contra-argumento (vv. 13b-15) ao v. 12b. A "glorificação" não é o milagre em si mesmo (em que pese a opinião discordante de Haenchen, *Acts* 205), mas a entrada de Cristo na "glória" (Lc 24,26), a esfera celestial a partir da qual efeitos poderosos são operados na terra (cf. 7,55; 22,11; Lc 9,31-32). *diante de Pilatos, quando este já estava decidido a soltá-lo:* uma referência precisa à tríplice declaração de Pilatos em Lc 23,15.20.22 (cf. Mc 15,12.14); cf. 13,28 e, *e contra* [a partir do contrário], 4,27. **14.** o *Santo e o Justo:* estes títulos messiânicos, com sua conotação arcaica, servem eficazmente à retórica da contraposição entre o que Deus e o povo haviam realizado. Agora entendemos melhor o reconhecimento do "homem justo" por parte do centurião (Lc 23,46 [cf. Mc 15,39]), baseado na lamentação do justo no Sl 31. Quanto a "o Santo" veja 4,27.30; Mc 1,24; Lc 4,34; Jo 6,69. Quanto a "o Justo", veja 7,52; *1 Henoc* 38,2; 53,6; 1Tm 3,16. **15.** *príncipe da vida:* o genitivo é de direção, em vista de 26,23 e da tipologia de Moisés (cf. 7,35; Hb 12,2; BDF 166). "Vida", como o alvo para o qual Jesus abriu o caminho para todos (cf. 4,2; 17,31), contribui para a terminologia conflitante (*versus* "morto", "assassinado"), pela qual se orquestra a acusação dos ouvintes. **16.** *Graças a fé em seu nome:* esta sentença sobrecarregada identifica o Servo ressurreto e exaltado com o agente do salvamento miraculoso testemunhado por todos. Visto que a fé no que cura é um lugar-comum em narrativas de cura que está presente nos vv. 1-10, parte do v. 16 pode ter sido transposto da narrativa pré-lucana (Wilckens, *Missionreden* 41; mas cf. F. Neirynck, in *Les Actes* [ed. J. Kremer] 205-12).

31 **17-26.** Apelo ao arrependimento e à conversão. **17.** *agistes por ignorância:* o querigma apostólico assinala o fim da ignorância, tanto aqui (cf. 13,27) quanto na pregação de Paulo aos pagãos (17,30). A *agnoia* dos ouvintes não diminui a culpa deles (Wilckens, *Missionreden* 134), especialmente porque as Escrituras que revelam o plano de Deus eram lidas para eles todos os sábados (13,27;

cf. comentário sobre 2,23). *como vossos chefes:* o conluio do povo com os líderes para obter a execução de Jesus foi ressaltada por Lucas em seu trabalho redacional na narrativa da paixão (Lc 23,4-5.13-23), assim como o foi sua desistência daquela aliança e disposição para o arrependimento (Lc 23,35.48). Os "chefes" são protótipos dos judeus impenitentes, colocando-se a si próprios resolutamente fora da esfera da salvação (4,4-5.16-17; cf comentário sobre 2,46). **18.** Veja comentário sobre 2,23. O adv. *houtōs*, "assim", atribui um momento salvífico positivo à morte de Cristo (em que pese a opinião discordante de E. Käsemann, *Jesus Means Freedom* [Philadelphia, 1969] 125). *Pathein ton Criston*, que expressa o testemunho cristológico total da Escritura, é o resumo lucano das fórmulas marcanas de predição da paixão (cf. Lc 24,26-27; At 17,3; 26,22-23; M. Rese, *NTS* 30 [1984] 341-44). **19-21**. Os três versículos contêm um período gramaticalmente integral, com um imperativo dual (v. 19) fluindo para um final conclusivo (*hopōs an*) no v. 20 e para a oração relativa do v. 21. O período oferece a primeira de duas motivações para que se responda ao apelo à conversão feito por Pedro, sendo a segunda o argumento escriturístico dos vv. 22-26. Contra as hipóteses mais antigas de uma tradição integral de Elias ou João Batista citada nos vv. 20-21 (Bauernfeind, *Apg.* 473-83; Roloff, *Apg* 72-73), G. Lohfink argumentou em favor da função historiográfica da afirmação, portanto a favor de sua autoria lucana (*BZ* 13 [1969] 223-41): seus destinatários não são ouvintes judaicos, mas sim os leitores cristãos de Lucas, mostrando a eles a perspectiva esplêndida que um Israel arrependido poderia ter obtido, mas recusou de forma impenitente [Kränkl, *Jesus* 197-98; F. Hahn, in *Les Actes* [ed. J. Kremer] 139-40). Devido a tantos "homens de Israel" rejeitariam o querigma e incorreriam na exclusão do "povo" ameaçado no v. 23, o versículo 20 esboça um quadro que não se realizaria durante a história de Atos; e os vv. 20-21 em conjunto reafirmam a justificativa do período da Igreja, que foi desenvolvido de maneira diferente em 1,6-11, incluindo a ascensão celestial e o portento da parúsia (E. Grässer, no *Les Actes* [ed. J. Kremer] 119). **20**. *tempos de refrigério:* uma era (plural: "tempos") de trégua para Israel, coroada pela parúsia de Jesus como o Messias destinado a ele (cf. Ed 11,37-12,3; *2 Apoc. Bar.* 73), dependia da resposta de Israel ao querigma. Assim como a pergunta dos discípulos em 1,6, esta expectativa também precisa ser reinterpretada em termos do tempo ampliado da missão que se segue à recusa judaica (implícita nos vv. 21 e 25; cf. 13,46; 28,28). *Enviará ele o Cristo que vos foi destinado:* isto deveria se o fruto da eleição de Israel, que é também a base do *protōn*, "primeiro", no v. 26. **21.** *a quem o céu deve acolher:* assim como os outros *assumpti* [ascendidos] – Henoc, Elias, Esdras, Baruc – Jesus foi levado aos céus para ficar ali até o advento da salvação final (1,11). *os tempos da restauração:* cf. 1,6; Ml 3,22-23 LXX. O acento agora é colocado agora no final do período (= plural: *chronōn*) pelo fato de que (a) o termo *achri* com o genitivo plural pode destacar o fim de um período de tempo (cf. 20,6); sendo assim, reforça o sentido de "enquanto"; (b) o antecedente da oração relativa "das quais Deus falou" é "todas as coisas" e não "os tempos" (W. Kurz, in *SBLASP* [1977] 309-11; Schneider, *Apg.* 1. 326-27). Estes "tempos" podem, portanto, ser igualados aos "tempos do refrigério" (v. 20), só que essa linguagem da apocalíptica-judaica está sendo aplicada à era da missão da igreja (1,6-8; 2,17).

22-26. Argumento tirado do testemunho de Moisés. Uma profecia de Moisés é aduzida agora para apoiar ao chamado à conversão e refinar a definição do tempo da igreja há pouco apresentação nos vv. 19-21. A citação escriturística é, na verdade, "emendada": Dt 18,15-16, juntada por uma partícula redacional, *estai de*, "e então" (cf. 2,21), com parte de Lv 23,29 (v. 23). Em vista dessa "junção" e do fato de que o texto de Deuteronômio é citado duas vezes em Atos com a sequência das palavras divergente da LXX, o argumento em questão talvez seja emprestado de um livrinho de *testimonia* [testemunhos] cristãos (cf. 4QTestim 5-8; HOLTZ, *Untersuchungen* 74; R. Hodgson, *JBL* 98 [1979] 373-74; J. A. Fitzmyer, *ESBNT* 59-89). As conjunções coordenadas *men* e *de* (vv. 22 e 24) mostram de que forma a citação emendada da Escritura opera na peroração deste sermão, como o primeiro passo de uma lógica que é levada adiante no v. 24 (Rese, *Motive* 68-69). O aspecto em destaque é que Moisés e toda a tradição profética, da qual ele foi o fundador, tinham previsto este tempo da última oportunidade de conversão para Israel, proferida pelo esperado "profeta semelhante a Moisés" (v. 26). O versículo 23 cita a o que Moisés dispôs como sina de todos os israelitas que perderem esta oportunidade. **22.** Uma comparação com Dt 18,15 (LXX) mostra que o termo *anastēsei*, "suscitará", foi passado para a posição principal atrás de *prophētēn hymin*, um ajuste que serve diretamente ao uso da passagem como um testemunho pascal (cf. R. F. O'Toole, *ScEs* 31 [1979] 85-92). O discurso de Estêvão (7,37) confirmará a importância desta cristologia centrada em Moisés como profeta aplicada ao Ressurreto (não obstante a opinião contrária de Kränkl, *Jesus* 199) e lembrará a preparação para ela no Evangelho, em Lc 7,16 e 24,19 (cf. At 7,22). **23.** *todo aquele:* uma referência original à penitência no Dia da Expiação em Lv 23,29 LXX foi substituída aqui por "não escutar esse profeta". O castigo que Moisés impõe aos israelitas impenitentes – exterminação do meio do povo eleito – é aplicado agora às pessoas que rejeitarem o querigma do Cristo ressurreto (C. Martini, *Bib* 50 [1969] 12). **24.** *estes dias:* cf. "os tempos" no v. 21; também 1,6; 2,17. O tempo da pregação apostólica é interpretado escatologicamente como o cumprimento de toda a profecia do AT (Lc 24,44-47; At 26,22-23). **25.** *na tua descendência:* outro "testemunho mosaico", cuja formulação muito próxima de Gn 22,18 = 26,4 (LXX, apenas com *patriai*, "famílias", no lugar de *ethnē*, "nações"), reitera o privilégio de Israel como o primeiro ouvinte do querigma (vv. 20,26). O termo "famílias" (cf. Gn 112,3) é convenientemente não específico para a mera alusão à além das fronteiras de Israel que o autor pretende (Rese, *Motive*, 73; Marshall, *Acts* 96). **26.** *ressuscitou seu Servo:* a combinação do particípio *anastēsas* (cf. v. 22) com o *apesteilen*, "enviou", parece favorecer a aplicação da figura do profeta de Deuteronômio à missão do Jesus terreno (esta é a opinião de Haenchen, Wilckens, Kränkl, Roloff). Mas o uso lucano distintivo do transitivo *anistanai* em querigmas da ressurreição (2,26, etc.), além da função óbvia dos vv. 22-26 como suporte escriturístico para o apelo presente de Pedro, torna a referência à ressurreição de Jesus muito mais provável nesta passagem (cf. Dupont, *Études*, 249; C. F. D. Moule, in *StLA* 169). O título "servo", interpretando "profeta" (Dt) e "tua semente" (Gn), arremata a tipologia Moisés-Cristo que moldou o sermão. O Cristo ressurreto é descrito como o expoente ativo da conclamação apostólica ao arrependimento (veja também 26,23; cf. R. F. O'Toole, *ScEs* 31 [1979] 90), da mesma maneira em que ele próprio, e não os apóstolos, foi quem curou no milagre que motivou o sermão (vv. 12,16).

(DIETRICH, *Petrusbild* [→ 19 *acima*] 216-30. HAHN, F., in *Les Actes* [ed. J. KREMER] 129-54. KRÄNKL, *Jesus* 193-202. KURZ, W., "Acts 3:19-26 as a Test of the Role of Eschatology in Lucan Christology", SBLASP [1977] 309-23. LOHFINK, G., "Christologie und Geschichtsbild in Apg 3,19-21", *BZ* [1969] 223-41. MACRAE, G. W., "'Whom Heaven Must Receive until the Time'", *Int* 27 [1973] 151-65. MARTINI, C., "L'esclusione dalla communità del popolo di Dio e il nuovo Israele secondo Atti 3,23", *Bib* 50 [1969] 1-14. O'TOOLE, R. F., "Some Observations on *Anistēmi*, 'I Raise,' in Acts 3:22,26", *ScEs* 31 [1979] 85-92. RESE, *Motive* 66-77. ZEHNLE, *Discourse* [→ 28 *acima*] 19-26, 41-60, 71-94.

33 (B) A vida e as provações da igreja apostólica (4,1-5,42).
(a) *Pedro e João diante do Sinédrio* (4,1-22). A prisão dos apóstolos no momento de seu apelo para a conversão de Israel dá início a uma onda de oposição que irá culminar na

dispersão da comunidade (8,1) e, em última análise, na proclamação da mensagem aos gentios (caps. 10-28). Esta narrativa tem improbabilidades perturbadoras (v. 4) e inconsistências, incluindo o motivo da prisão (vv. 2.7) e a soltura dos pregadores resolutos (vv. 18-20), o que torna difícil explica-la como um relato histórico direto. Também análises das fontes (Bauernfeind, Jeremias) não produziram nenhum resultado duradouro (Haenchen, *Acts* 222; Weiser, *Apg*. 123-24). Lucas está claramente confeccionando mais uma vez um "episódio dramático", ainda que a lembrança de repressões reais e amargas da missão incipiente por parte da aristocracia religiosa de Jerusalém possa dar a esta passagem um fundamento histórico respeitável. **1.** *Falavam eles ao povo:* o povo (*laos*) e seus líderes são novamente apresentados de maneira separada (cf. 3,17), e suas reações à mensagem sobre Jesus são incisivamente contrapostas (vv. 2.4). *saduceus:* é bastante plausível que o querigma pascal dos apóstolos tenha alimentado a disputa sobre a hermenêutica da Torá que grassou por gerações entre facções da liderança judaica (23,6-7; → História, 75:149-50); portanto, pode-se confiar em Lucas quando ele retrata os saduceus, os literalistas que se opunham a doutrinas "não escriturísticas" como a ressurreição (cf. 23,8; Lc 20,27-40), como os mais severos repressores da igreja (5,17-18; 23,6-10; Hengel, *Acts* 96). É estranho, entretanto, não haver menção dos fariseus neste trecho, já que eles eram os mais influentes membros do sinédrio no tempo dos apóstolos (E. Schürer, *HJPAJC* 2. 213, 401-3). Ainda que o partido dos fariseus exibisse mais conformidade com o fervor escatológico dos protocristãos, sua defesa sistemática dos missionários (5,34-40; 23,9), a partir de sua plataforma da "mais exata" observância judaica (26,5), é sem dúvida resultado de uma certa esquematização dos registros a serviço da tese lucana da "continuidade" (→ 5 *acima*). **2.** *em Jesus, a ressurreição dos mortos:* a fraseologia explica a oposição dos saduceus e é, ela própria, elucidada em 26,23 (cf. 3,15). **4.** *cinco mil:* a extravagante contagem amplifica o contraste entre os líderes perseguidores e o povo simples crente (cf. comentário sobre 2,41). **5-6.** Quanto à composição do sinédrio, veja Lc 22,66; → Lucas, 43:186); quanto à casa de Anás, veja Lc 3,2 (→ Lucas, 43:42). *Jônatas e Alexandre:* de resto, desconhecidos. **7.** *com que poder ou por meio de que nome:* esta pergunta é formulada como uma introdução precisa ao discurso que segue. A questão da prisão parece ter mudado (v. 2), mas não realmente, pois a atividade dos apóstolos em "nome" de Jesus mostra o poder ativo do Senhor ressurreto (veja o comentário sobre 3,6). Questões acerca do poder judicial do sinédrio, ou se a crença numa ressurreição poderia justificar um aprisionamento, estão fora do foco deste texto.

34 8-12. O primeiro discurso de Pedro diante do sinédrio, assim como o segundo (5,29-32), é uma apologia, bem mais que um sermão propriamente dito; mesmo assim, o esquema dos sermões missionários para os judeus é inequívoco (→ 7 *acima*), com exceção de um ajuste contextual do usual apelo ao arrependimento no v. 12 (Wilckens, *Missionrenden* 44-45). Como um todo, o breve discurso dá uma resposta precisa à pergunta feita pelos interrogadores (v. 7). **8.** *repleto do Espírito Santo:* o leitor é remetido à Lc 12,11-12 (cf. Mt 10,19): a promessa do Espírito *in statu confessionis* [numa situação em que é preciso confessar a fé]. **10.** *aquele a quem vós crucificastes, mas a quem Deus ressuscitou:* Nestas duas orações, que condensam 3,12-15, temos o querigma cristológico dos sermões dirigidos aos judeus em sua mais concisa formulação (L. Schenk, *BZ* 26 [1982] 11). Mas será que ele pode remontar ao mais antigo uso dos primeiros cristãos (Schenk, Roloff; → 7 *acima*)? Há claramente uma conexão necessária entre "a quem Deus ressuscitou" e o termo grego *en toutō*, "por meio deste homem", que proclama o agente da cura. Como resposta para o v. 7, *en toutō* (= *houtos*, v. 11) mostra quanto o nome e a pessoa do Ressurreto são intercambiáveis (não obstante a opinião contrária de Conzelmann, *Apg.* 43) **11**. Sl 118,22, como expressão do triunfo do Ressurreto sobre seus inimigos, foi citado em Lc 20,17 e combina perfeitamente com o esquema de contraposição do querigma de Atos. "Desprezada" (*exouthenētheis;* cf. Mc 9,12) é uma mudança na formulação da LXX introduzida, talvez, na mais antiga exegese cristã do Salmo (Holtz, *Untersuchungen* 162). Uma aplicação eclesiológica, apenas implícita aqui (v. 12), está explícita em 1Pd 2,4-5 (cf. Mt 21,42-43). **13**. *intrepidez:* o termo grego *parrhēsia* conota a liberdade e confiança que o Espírito divino dá a seus porta-vozes apesar de todos os perigos. Trata-se de uma marca distintiva da pregação apostólica (2,29; 4,29.31) e da de Paulo (9,27-28; 13,46), a ponto de ser praticamente a última palavra da história de Lucas (28,31). *homens iletrados e sem posição social:* este é um contraponto literário ao poder do discurso repleto do Espírito feito por Pedro, não um registro histórico (Schneider, *Apg.* 1.349). **16-17**. A consulta dos líderes ilustra o caráter definitivo de sua descrença, resistente até mesmo à aclamação universal do milagre de cura entre o povo que tinha outra disposição de ânimo (v. 21). **20**. *coisas que vimos e ouvimos:* o testemunho apostólico de tudo quanto Jesus havia "feito e ensinado" (1,1; 10,39) era exigência divina, o que curiosamente anularia o processo contra eles (v. 21).

(BARRETT, C. K., "Salvation Proclaimed: Acts iv. 8-12", *ExpTim* 94 [1982] 68-71. DUPONT, *Sources* 33-50. JEREMIAS, J., *Abba* [Göttingen, 1966] 241-47. SCHENKE, L., "Die Konstraformel Apg 4,10b", *BZ* 26 [1982] 1-20).

35 (b) *A oração dos apóstolos* (4,23-31). A comunidade apostólica reagrupada (*hoi idioi*) profere uma oração que se ajusta com precisão (vv. 29-30) na sequência milagre-acusação de 3,1-4,22 e mostra a interferência de Lucas em praticamente todas as suas expressões. Não obstante, uma intrigante exegese do Sl 2,1-2 forma seu centro, e o fato de a aplicação recorrer à ação de Herodes e Pilatos contra Jesus, como analogia ao perigo presente vivido pelos apóstolos, está em conflito com a constatação da inocência de Jesus atribuída aos dois governantes na narrativa lucana da paixão (23,14-15). Isto pode ser explicado por uma interpretação cristã pré-lucana do Salmo utilizado aqui, sem um reflexo preciso em outras partes do NT (esta é a opinião de Dibelius, Haenchen; cf. Rese, *Motive* 95-97), ou, de modo menos persuasivo, como uma referência a Lc 23,12 em meio a uma composição totalmente lucana imitando modelos do AT, como Is 37, 16-20 (2Rs 19,16-19; esta é a opinião de Dömer, *Heil* 63-66). **24**. *Soberano Senhor:* a invocação *despota* é uma expressão de oração helenística (judaica e cristã) preferida onde se invoca o domínio de Deus sobre o cosmo (cf. Jdt 9,12; 3Mc 2,2; *1Clem.* 59,4; 60,3; 61,1-2; *Did* 10,3). A justaposição de predicações no particípio nos vv. 24-25, *ho poiēsas*, "que fez", e *ho eipōn*, "que falou", tem seu efeito atenuado pela construção sobrecarregada do v. 25 (cf. variantes dos manuscritos). **25**. Cf. introduções de textos de Salmos em 1,16; 2,25; Lc 20,42. **27**. *a quem ungiste:* cf. a etimologia do título de Cristo (v. 26) também em 10,38; Lc 4,18. "Santo Servo" lembra 3,13-14 (e v. 25). *Herodes e Pôncio Pilatos:* o rei e legislador (v. 26), juntamente com "povos e nações", aplicam o Salmo literalmente e são claramente ditados por ele. **28**. O aoristo infinitivo só pode estar se referindo à crucificação de Jesus (cf. 2,23; Kränkl, *Jesus* 110), apresentada em outro lugar como de autoria do povo, sem o consentimento de Pilatos (3,14). **29**. *agora, pois, Senhor:* isto está em conformidade com o termo *wĕ'attâ* das orações do AT (2Rs 19,19), mas a simetria das situações dos apóstolos e de Jesus é imperfeita. **31**. A associação do terremoto, sinalizando o atendimento da oração, com a proclamação intrépida da Palavra combina artisticamente as duas funções divinas, o Deus que cria e o Deus que fala, invocadas no início da oração (vv. 24-25; Schneider, *Apg*, 1. 357).

36 (c) *O segundo resumo principal* (4,32-35). Esta passagem oferece uma percepção da composição do "resumo" (→ 9 *acima*), uma vez que ela une dois casos avulsos, tirados da tradição lucana, generalizando--a num ideal de renúncia da comunidade toda (vv. 36-37; 5,1-4; cf. 2,44-45). O relacionamento literário entre os casos avulsos e o sumário é manifesto, e a generalização de ofertas voluntárias feita pelo resumo promove a impressão da era apostólica como "idade de ouro", que não deixa de estar relacionada com visões helenísticas dos primórdios e utópicas políticas (Conzelmann, *Apg.* 37; Plümacher, *Lukas* 16-18). Entretanto, visto que o ideal certamente reflete a forte ênfase de seu Evangelho na ordem de Jesus de renunciar às posses (12,33; 14,33; 18,22), Lucas dificilmente pode estar excluindo todo sentido de exemplo para a igreja do presente (Schneider, *Apg.* 1. 294; não obstante a opinião contrária de Conzelmann, *TSL* 233). *tudo entre eles era comum:* a linguagem lembra um provérbio grego sobre amigos (Platão, *Rep.* 4.424a, 5.449c), que Lucas interpreterá, de modo típico, por meio da exclusão bíblica da pobreza em Israel (v. 34a = Dt 15,4). **33.** *Com grande poder:* que os atos de poder dos apóstolos marcassem seu "testemunho da ressurreição" (cf. 3,12-16) confirma nossa interpretação da função do apóstolo em termos da atividade contínua do Ressurreto (veja o comentário sobre 1,22). **35.** *segundo sua necessidade:* esta restrição (2,45) revela uma certa ambivalência em relação à conclamação de Jesus a um despojamento total (Lc 14,33; Schneider, *Apg.* 1.293). Lucas entende a entrega de bens como um ato voluntário (5,4) e relacionado às necessidades, não como obrigatório nem sistemático.

37 (d) *Casos singulares* (4,36-5,11). **36.** *José ...Barnabé:* Sua proveniência de Chipre parece sugerir que ele fazia parte dos helenistas (6,1); mas veja Hengel, *Acts* 101-2. Lucas, em todo caso, irá se basear em sua condição de membro da comunidade original para estabelecer a dependência de Paulo em relação a isso (9,27; 11,25-26). **37.** *proprietário de um campo, vendeu-o:* o ato dificilmente seria lembrado se todos fossem obrigados a fazer o mesmo!

A narrativa arrepiante sobre Ananias e Safira (5,1-11) é um exemplo isolado no NT de "milagre punitivo" (G. Theissen, *The Miracle Stories of the Early Christian Tradition* [Philadelphia, 1983] 109). Estes são milagres que reforçam as ordenanças divinas, seja salvando milagrosamente uma pessoa que as observa, seja punindo sinistramente alguém que as tenha violado. Aqui, como na maioria dos exemplos judaicos do gênero de punição, a prescrição divina é reforçada como uma questão de vida ou morte. A culpa de Ananias não foi outra senão negar a presença do Espírito Santo na igreja mentindo a ela (vv. 3.8; Schneider, *Apg.* 1. 372), servindo, assim, ao questionamento intolerável, por parte de Satanás, do testemunho do Espírito através da partilha voluntária de bens por parte dos crentes (Weiser, *Apg*, 146-47). As inconsistências do texto, como, por exemplo, em que consiste o pecado (na retenção de parte do dinheiro ou na mentira) e como o v. 7 pode vir após o v. 5 de maneira digna de crédito, podem resultar de uma expansão subsequente de um antigo relato cristão da Palestina (Weiser; *TGl* 69 [1979] 151-57). Analogias a Qunram, sugerindo que o casal queria entrar num círculo de *perfecti* [pessoas perfeitas] das quais se exigia uma entrega total dos bens, são inteiramente inconclusivas (cf. Haenchen, *Acts* 241). **2.** *reteve parte do preço:* o verbo raro *nosphizō* sugere que a influência do pecado e castigo de Acã (Js 7,1 LXX) e talvez seja um embelezamento secundário feito por alguém que viu isto como o ato pecaminoso. **3.** *Satanás:* sua entrada no ambiente apostólico e seu choque com o Espírito divino lá atuante constituem um paralelo ao mesmo desenvolvimento que ocorreu na vida de Jesus (Lc 4,1-2). A simetria acentua a contribuição deste estranho episódio para a narrativa lucana (Weiser, *Apg.* 146). **4.** A repreensão de Pedro pode ter vindo da pena de Lucas, acentuando que a venda da propriedade e a entrega do dinheiro eram estritamente voluntárias; desse modo, a prática generalizada (4,34) era uma marca do fervor do Espírito na primeira igreja (Schneider, *Apg.* 1. 375). Em qualquer caso, este versículo localiza de forma conclusiva o pecado na mentira. **5.** *temor:* esta é uma conclusão estilística necessária do relato de milagre original. **6.** Este versículo torna possível o acréscimo do episódio de Safira, configurado para se adaptar aos vv. 1-5. **11.** *à igreja inteira:* esta é a primeira ocorrência em Atos do termo bíblico *ekklēsia* para designar a assembleia local dos crentes (cf. 8,1; 9,31; → Teologia paulina, 82:133).

(DERRETT, J. D. M., *Studies in the New Testament* [Leiden, 1977) 1. 193-201; LAKE, K., in *Beginnings* 5. 140-51. MENOUD, P., "La mort d'Ananias et de Saphira", *Aux sources de la tradition chrétienne* [Festschrift para M. GOGUEL; Nauchâtel, 1950] 146-54. NOORDA, S. *Les Actes* [ed. J. KREMER] 475-83. WEISER, A., "Das Gottesurteil über Hananias und Saphira", *TGl* 69 [1979] 148-58.)

38 (e) *O terceiro resumo principal* (5,12-16). Esta passagem tem como tema os "sinais e prodígios" dos apóstolos (cf. 2,43) e o pavoroso episódio de Ananias como seu ponto de partida. Os vv. 12-13 estabelecem a conexão com o que os precede: o v. 12 com a oração de 4,29-30, e o v. 13 com o "temor" provocado pelo destino dos dissimulados (v. 11). Os versículos 14-16 convidam a uma comparação com o resumo de Mc 6,53-56, o qual o Evangelho de Lucas não reproduziu, talvez porque ele pretendesse adaptá-lo aqui. **12.** *pelas mãos dos apóstolos:* os milagres anteriores feitos por Pedro (3,1-11; 5,1-11) são, portanto, generalizados como parte de uma prática rotineira de todos os apóstolos. **13.** *nenhum dos outros ousavam juntar-se a eles:* a "atmosfera de reverência piedosa" que os cercava (v. 11) impedia que pessoas de fora se aproximassem deles por iniciativa própria (ROLOFF, *Apg.* 98); mas isto é apenas um contraponto às "adesões" operadas por Deus (v. 14). A disposição positiva do "povo" persiste. **14-15.** As duas afirmações, o aumento do número dos que criam e a busca de cura, estão conectadas pela conjunção consecutiva *hōste,* subordinando a segunda afirmação à primeira. Assim, qualquer implicação mágica da sombra de Pedro (P. van der Horst, *NTS* 23 [1976] 204-12) é rejeitada drasticamente: seu poder se deve à fé no *Kyrios* vivo (Dietrich, *Petrusbild* 238-39). A expressão *kan hē skia,* "ao menos a sombra", dá a isto a mesma função como a orla do manto de Jesus (Mc 6,55-56) e os lenços de Paulo (19,11-12).

39 (f) *A segunda perseguição* (5,17-42). Esta sequência ilustra a predileção de Lucas pela junção simétrica de passagens, especialmente pelo efeito de aumentar e exceder os elementos do primeiro versículo no segundo ("paralelismo com clímax"; cf. Flender, *St. Luke* [→ 24 *acima*] 25-27). A segunda acusação do sinédrio faz paralelo com a primeira (4,1-22), mas com elementos recorrentes intensificados dramaticamente: (1) os saduceus hostis (v. 17) são contrapostos agora incisivamente ao fariseu que presta apoio (v. 34); (2) a expressão da irresistível vontade divina que dirige a pregação é reforçada (vv. 29.38-39) e ilustrada pelo escape milagroso; (3) as acusações e resoluções do sinédrio são intensificadas, passando da inquirição e advertência relativamente branda de 4,7-21 para as acusações iradas (v. 28), o desejo de matar os pregadores (v. 33) e admoestação com o açoite (v. 40), que marcam este processo; (4) os pregadores combatidos são agora todos os apóstolos (vv. 18.29.40), e não apenas João e Pedro. Este exercício de paralelismo literário para efeitos de intensificação mostra que as acusações duplicadas não são provenientes de fontes duplas, muito menos das circunstâncias históricas, mas são resultado da intenção de Lucas, que, desta forma, organiza suas informações fragmentárias numa afirmação historiográfica: a pregação do evangelho, sob o controle direto de Deus, fica cada vez mais forte, e junto com ela, por uma necessidade concomitante, a onda da oposição a ela (Weiser, *Apg.* 155).

40 **19-20.** O escape miraculoso, que não é mencionado na narrativa subsequente, deve ter sido condensado e transposto a partir da tradição de Pedro em 12,6-17 (cf. 16,25-34). **25.** A verossimilhança é sacrificada para efeito dramático: o sinédrio precisa ficar sabendo por "alguém" que suas vítimas estão pregando ao "povo" no Templo! A Palavra ainda está sendo dirigida a Israel (*ho laos*), e o favor popular ainda está com os pregadores (vv. 26.13). **28.** *enchestes Jerusalém com a vossa doutrina:* a acusação articula a necessidade histórico-salvífica (veja o comentário sobre 1,4); daí a réplica de Pedro. **29-32.** O segundo discurso de Pedro no sinédrio ilustra Lc 21,13 (cf. Mc 13,9): o *status confessionis* é a oportunidade de dar "testemunho" (v. 32). **29.** *é preciso obedecer antes a Deus:* mais próximo do que 4,19, este imperativo de Pedro lembra o de Sócrates (Platão, *Apol.* 29d). **30.** *suspendendo-o no madeiro:* alusão a Dt 21,22 é clara (cf. 10,39; 2,23; Gl 3,13). O recurso de Paulo à maldição do corpo exposto visava declarar o meio da salvação à parte da lei, ao passo que o propósito de Lucas é demonstrar a partir da própria lei a magnitude do vergonhoso ato do povo ao "colocar suas mãos violentas" em seu próprio Salvador (Wilckens, *Missionsreden* 126; Rese, *Motive* 116). **31.** *chefe e salvador:* estas funções (cf. 3,13; 13,23) são explicadas pelo termo *tou dounai*, "conceder", etc., o qual, à luz de 2,32-33, deveria ter Cristo como seu sujeito. **32.** Quanto ao "testemunho" conjunto dos apóstolos e do Espírito Santo, veja Lc 12,12 e o comentário sobre 1,8.

41 **33-40.** A intervenção de Gamaliel. Historicamente factual é ao menos a trajetória de Gamaliel – "o Ancião" e descendente do grande Hillel – que, certamente, foi um erudito judeu muito respeitado em Jerusalém no período de 25-50 d.C. (*IDB* 2. 351). Seu escasso ensinamento registrado o qualificaria como fariseu (Str-B 2. 636-39), e é concebível que tal rabino influente poderia intervir para apoiar uma seita obediente à lei cujo entusiasmo apocalíptico poderia ser uma causa comum contra os saduceus (cf. 23,6-9; Zinng, *Wachsen* 127-28). **34.** *doutor da lei:* esta credencial contribui para a tese lucana da "continuidade". O fato de que Paulo, aluno de Gamaliel, tornou-se um antagonista feroz do evangelho (22,3-5) é considerado uma aberração (26,9-14), não uma consequência natural do zelo pela lei. **36-37.** Os precedentes de Teudas e Judas o Galileu podem ser anacrônicos (*Beginnings* 4. 60-62; Dibelius, *Studies* 186-87), mas o que eles querem destacar é claro: aqueles líderes pereceram e seus movimentos morreram junto com eles, mas este não foi o caso com o seguimento de Jesus. **38.** *seu intento ou sua obra:* a analogia de adesões efêmeras de "povo" (v. 37) sugere que devamos entender a "obra" como a reunião de Israel, que está a caminho na missão dos apóstolos (veja comentários sobre 1,15.21; 2,14.36). **39.** *se vem de Deus:* a passagem de uma condição eventual (v. 38) para uma real já implica a conclusão: quem verdadeiramente funda e reúne a igreja apostólica é Deus (Lohfink, *Sammlung* 86-87). *movendo guerra a Deus:* *theomachoi*, "lutadores contra Deus", uma palavra cunhada por Eurípides (*As bacantes* 45) e proveniente da formação helenística de Lucas, denota exatamente o que os ouvintes de Jerusalém tem sido perenemente (cf. 7,51). **41-42.** Os apóstolos surgem como modelos de confissão destemida sob perseguição (cf. Lc 6,22-23; 12,4-12), certamente um dos motivos composicionais orientadores desta seção.

42 **(III) O trajeto da missão a partir de Jerusalém (6,1-15,35).**
(A) Os helenistas e sua mensagem (6,1-8,40).
(a) *A comissão dos sete* (6,1-7). Após o retrato idealizado da comunidade apostólica que Lucas nos apresentou, estamos despreparados para o conflito que irrompe aqui; e isto é por si só um indício de que suas fontes estão enrugando a superfície lisa de seu quadro histórico (Hengel, *Betwen Jesus* [→ 43 *abaixo*] 3-4; Weiser, *Apg.* 168; J. Lienhard, *CBQ* 37 [1975] 231). "Os helenistas", que são repentinamente colocados diante de nós sem nenhuma apresentação, como mem-

bros separados dos "hebreus", certamente vão segurar a chave que levará o jovem cristianismo a avançar para além das fronteiras de sua terra natal, a Palestina (cf. 11,19-21; E. Grässer, *TRu* 42 [1977] 23). Neste aspecto, a história de Lucas é fiel aos fatos. Entretanto, a forma como estes outros membros surgiram e como suas lideranças, incluindo dois dos principais atores de Lucas, foram devidamente constituídos são fatores que seu argumento linear não pode revelar diretamente. De fato, parece que o conflito sobre o qual somos tão pouco informados não foi a causa da designação dos novos líderes, mas sim o resultado de uma divisão já existente na igreja de Jerusalém, com um dos segmentos liderado pelos Doze e o outro pelos homens com quem estamos nos encontrando aqui pela primeira vez (v. 5). Os traços do relato que tornam esses recém-chegados subordinados aos Doze, obtendo o ministério menos importante do serviço às mesas (v. 2) pela imposição das mãos dos apóstolos (v. 6), são, provavelmente, resultado do trabalho redacional de Lucas (Schneider, *Apg.* 1. 421; N. Walter, *NTS* 29 [1983] 372-73). Outras informações, incluindo a dissensão e os sete nomes, talvez o núcleo dos vv. 5-6, provém de uma fonte desconhecida. Em vista da enorme diferença entre o serviço às mesas atribuído aos sete aqui e o ministério apostólico propriamente dito ("ministério da palavra") que Estêvão e Filipe exercem no relato de suas missões (6,8-8,40), provavelmente foi Lucas o primeiro a unir o relato do comissionamento com a sequência Estêvão-Filipe com introdução deste última. Deste modo, ele colocou os dois missionários "helenísticos" numa subordinação apropriada aos Doze Apóstolos desde o início (J. Lienhard, *CBQ* 37 [1975] 230; U. Borse, *BibLeb* 14 [1973] 189).

43 1. *Helenistas contra hebreus:* a mais bem sucedida explicação destes grupos é também a mais simples (a melhor argumentação é de M. Hengel [*Betwen Jesus* 4-11]): eles são os grupos linguísticos separados dos judeus de Jerusalém, sendo que um fala o aramaico da Palestina e o outro consiste de imigrantes da Diáspora que se estabeleceram em Jerusalém (cf. 2,5), mas só falam grego. A existência de várias sinagogas de língua grega na Jerusalém do séc. I é documentada de maneira segura por inscrições contemporâneas (*p.ex.*, a famosa inscrição de Teodoto, *ibid.* 17, 148 n. 119; cf. R. Hestrin *et al.*, *Inscriptions Reveal* [2ª ed. Jerusalém, 1973] § 182); e o zelo pelas instituições antigas que impulsionou a "vinda para casa" dos imigrantes "filhos de judeus" provavelmente fez da maioria deles acirrados defensores da lei mosaica, como Saulo (9,1-2), prontos a defenderem suas tradições vigorosamente no debate com Estêvão (v. 9) e Saulo (9,29). Apenas esta explicação pode coordenar o presente uso do termo "helenistas" com o de 9,29, que é sua única outra ocorrência em todo o NT. É melhor não acrescentar nenhuma tendência teológica peculiar ao sentido desta palavra (O. Cullmann), ou qualquer nota pejorativa de sincretismo (M. Simon) ou práticas libertinas (W. Schmithals, *Apg.* 65). Apenas com seu sentido linguístico, o termo "os helenistas" pode incluir os judeus e cristãos num grupo que abarca a cidade inteira, e não designa exclusivamente uma facção cristã agitada por causa de questões acerca do evangelho e da missão. *distribuição diária*: isto se refere mais provavelmente a um esforço de sobrevivência cotidiana por parte da entusiasmada e desapegada comunidade cristã (cf. 4,34-37; 11,29; 12,25; esta é a opinião de Hengel, Roloff) do que a qualquer programa assistencial da sociedade judaica de modo geral (N. Walter, *NTS* 29) [1983] 379-82; cf. Haenchen, *Act* 261-62). É fácil imaginar por que viúvas imigrantes enfrentavam dificuldades econômicas especiais e por que elas poderiam ser "esquecidas" na distribuição feita pelos nativos. **2.** *servir às mesas:* a expressão *diakonein trapezais* conota presumivelmente todo o esforço comunitário para dar sustento aos necessitados. O substantivo *diakonia* não é usado, ainda que Lucas possa perfeitamente estar pensando nesse antigo e importante ministério

(Fp 1,2; 1Tm 3,8.12). Os sete, de fato, não serão mostrados nesta função no restante do livro de Atos; portanto, é por boas razões que eles não são chamados de "diáconos" aqui. **2-6**. A sequência do comissionamento está em conformidade com um modelo do AT (cf. Gn 41,29-43; Ex 18,13-26; Dt 1,9-18), que já poderia ter sido seguido na fonte lucana (cf. Richard, *Acts* 6,1 269-74; E. Plümacher, *TRu* 49 [1984] 140). Trata-se claramente do produto de uma reflexão posterior sobre o acontecimento, e não do protocolo de uma ordenação apostólica. **3**. *sete homens*: Eles, ao que tudo indica, ficaram conhecidos como "os Sete" (21,8), e este número talvez reflita a instituição do conselho judaico local (Dt 16,18; STr-B 2. 641). **4**. *que abandonemos a Palavra*: em contraste óbvio com o serviço às mesas, esta é, não obstante, a atividade apostólica na qual encontraremos Estêvão (v. 10) e Filipe, "o evangelista" (21,8), comprometidos à medida que o relato de Lucas prosseguir. **5-6**. Os sete nomes, com Estêvão à frente, são todos gregos e estão amplamente documentados em fontes helenísticas. Eles dão um apoio conveniente à nossa explicação da proveniência deste grupo. *impuseram-lhes as mãos*: o ritual judaico expressava tanto as transferências da função quanto a concessão de poderes (cf. Nm 27,18-23), e trata-se de uma prática eclesiástica dos tempos do próprio Lucas (1Tm 4,14; 5,22; 2Tm 1,6) retrojetada para o relato dos primórdios da igreja (também 13,2-3; [14,23[; cf. J. Coppens, *Les Actes* [ed. J. Kremer] 405-38). Ela expressa graficamente, para Lucas, a subordinação destes líderes helenísticos originalmente independentes aos apóstolos escolhidos por Jesus. **7**. *crescia*: uma nota sobre o "crescimento" conclui o episódio (cf. 2,47) e proclama a contribuição dele para o ritmo do relato. Os "sacerdotes" oferecem uma ilustração concreta que não é retomada depois.

(BIHLER, J., *Die Stephanusgeschichte im Zusammenhang der Apostelgeschchte* [MTS1/16; München, 1963]. BORSE, U., "Der Rahmentext im Umbrkreis der Stephanusgeschichte", *BibLeb* 14 [1973] 187-

204. CADBURY, H., in *Beginnings* 5.59-74. CULLMANN, O., "Von Jesus zum Stephanuskreis...", *Jesus and Paulus* [Fest. W. G. KÜMMEL; ed. E. E. ELLIS e E. GRÄSSER; Göttingen, 1975] 44-56. GRÄSSER, E. *TRu* 42 (1977)] 17-25. HENGEL. M., *Between Jesus and Paul* [Philadelphia, 1983] 1-29; *Acts* 71-80. LIENHARD, J., "Acts 6:1-6: A. Redactional View", *CBQ* 37[1975] 228-36. RICHARD, E., *Acts 6:1-8:4* [SBLDS 41; Missoula 1978]. SIMON, M., *St. Stephen and the Hellenists in the Primitive Church* [London, 1958] 1-19. WALTER, N., "Apg. 6,1 und die Anfänge der Urgemeinde in Jerusalem", *NTS* 29 [1983] 370-93. WILSON, *Gentiles* 129-53).

44 (b) *O testemunho de Estêvão* (6,8-8,3). A narrativa sobre Estêvão em 6,8-15 tem sua continuação orgânica em 7,55-8,3, sendo o grande discurso provavelmente é uma inserção posterior no meio do relato (Dibelius, *Studies* 168). A narrativa, que Lucas recebeu ao menos em parte de sua fonte, oscila em sua descrição entre um processo judicial e um linchamento, presumivelmente pelo fato de Lucas ter ampliado o relato da fonte com elementos de um julgamento feito pelo sinédrio a fim de configurar a morte do "protomártir" à de Jesus (Conzelmann, *Apg*. 51; Schneider, *Apg*. 1.433-34). O paralelismo entre os dois "martírios" é típico de Lucas na medida em que ingredientes do relato sinótico da paixão omitidos em Lc 22-23 são apresentados aqui no processo contra Estêvão (*p.ex*., vv. 13-14 = Mc 14,57-58). A incorporação da paixão de Jesus na de Estêvão incluirá as falsas testemunhas, a pergunta do sumo sacerdote, a visão do "Filho do Homem" (7,56) e a oração na hora da morte (7,59-60; cf. Richard, *Acts 6:1-8:4* 281-301). Simultaneamente, o contexto do julgamento pelo sinédrio permite que o martírio de Estêvão se encaixe, formando um clímax, na série de perseguições em atos; a primeira terminou apenas em ameaças (4,17.21), a segunda com açoites (5,40) e a resolução de matá-los (5,33), que agora será realizada (Haenchen, *Acts* 273-74).

(i) *Missão e julgamento* (6,8-7,1). **8**. *cheio de graça e de poder*: este retrato de um portador exemplar do Espírito (cf. v. 5), com milagres credenciadores (2,22.43) e um carisma discursivo irresistível (v. 10), é um ponto onde a fonte de Lucas transparece apresentando informações essenciais acerca de Estêvão e seu movimento. A combinação de seu entusiasmo operado pelo Espírito e a influência dos ensinamentos de Jesus explica a crítica incisiva das instituições judaicas citada pelos acusadores de Estêvão (vv. 11,13). "O fator decisivo é a interpretação, inspirada pelo Espírito, da mensagem de Jesus no novo meio de comunicação representado pela língua grega" (Hengel, *Between Jesus* 24). **9.** Quanto às sinagogas helenísticas de Jerusalém, veja o comentário sobre 6,1. **12-14.** Diferentes das acusações generalizadas dos judeus contra Paulo (21,21.28), as acusações contra Estêvão incluem pontos específicos de ensinamentos que seu círculo indubitavelmente propunha. Lucas, protegendo sua tese a respeito da continuidade, tacha os acusadores de "falsas testemunhas", mas o núcleo do v. 14 (cf. Mc 14,58; At 7,48) não precisa ser meramente produto da configuração lucana da paixão se atesta a recepção do *logion* sobre o Templo por espíritos congeniais dispostos a questionar a centralização do culto judaico (cf. 7,48; 17,24; Roloff, *Apg.* 113; *e contra*, G. Schneider, in *Les Actes* [ed. J. Kremer] 239-40). **15.** *ver em seu rosto o rosto de um anjo:* a "transfiguração" de Estêvão (cf. Lc 9,29) é um prelúdio à sua visão (7,55-56), e a integridade formal da sequência foi estrategicamente quebrada por seu discurso (cf. Richard, *Acts 6,1-8,4* [→ 43 *acima*] 298-99).

45 (ii) *O discurso de Estêvão (7,2-53).* As opiniões sobre este que é o mais longo e grandioso discurso de Atos cobrem uma gama que vai desde um produto completamente tradicional (M. Simon) até um produto completamente redacional (J. Bihler). A verdade, é lógico, deveria ser procurada em algum ponto intermediário. Este é o primeiro de dois discursos (junto com 13,16-41) que apresenta recapitulação completa da história judaica, um gênero do qual existem exemplos abundantes no AT e no judaísmo (cf. Richard, *Acts 6,1-8,4* [→ 43 *acima*] 141-45). Analogias particularmente interessantes a este texto são apresentadas em Jt 6,6-18; Ne 9,6-31; Sl 105, mas ele não depende diretamente de nenhuma delas. O incisivo clímax polêmico do argumento de Estêvão recorre a um esquema histórico desenvolvido pelos historiadores deuteronômicos (cf. O. Steck, U. Wickens), cujo insistente contraponto entre os atos gracioso de Deus e a resistência obstinada de seu povo (Ne 9,6-31; cf. 2Rs 17,7-18) incluía o motivo da rejeição e assassinato dos profetas por parte de Israel (Ne 9,26; Josefo, *Ant.* 9.13.2 § 265), que ressoa na conclusão incendiária de Estêvão (vv. 51-53). M. Dibelius acreditava que a sinopse histórica e a conclusão polêmica do discurso representavam correntes literárias separadas; a primeira seria pré-lucana e basicamente irrelevante para as circunstâncias de Estêvão (vv. 2-34), e a segunda fornecida por Lucas para relacionar a história com a controvérsia em pauta (vv. 35-53; cf. *Studies* 167-69; de modo semelhante Haenchen, Conzelmann, Holtz). A melhor probabilidade, entretanto, é que o resumo histórico tenha chegado às mãos de Lucas já ampliado pelos temas da pregação penitencial inspirada pela tradição deuteronômica e seu dogma a respeito do assassinato dos profetas (Steck, *Israel* [→ 50 *abaixo*] 266; Wilckens, *Missionreden* 216-19). Pistas do desenvolvimento do texto em forma de camadas podem ser encontradas em seus modos conspicuamente diferentes de emprego do AT (LXX): por vezes em levantamento narrativo livre; por vezes em citação literal (vv. 3.5.6-7,27.32.33-34.35.37.40), às vezes em citação formal (vv. 42-43.48.50), e às vezes em tipologia deliberada (vv. 22.25.35.37; cf. Weiser, *Apg.* 179-80; Richard, *Acts 6,1-8,4* [→ 43 *acima*] 253). Destes modos, especialmente o último produz referências cruzadas a passagens afins em outros pontos de Lucas-Atos e, portanto, aponta para a atividade redacional de Lucas. A partir da perspectiva assim adquirida, podemos sugerir os seguintes estágios de desenvolvimento: (1) o resumo histórico, tirado de um modelo usado nas sinagogas helenísticas;

(2) o acréscimo das repreensões penitenciais, concentradas nos vv. 39-42a e 51-53 e derivadas por intérpretes cristãos prélucanos de uma tradição parenética deuteronômica que se reflete em palavras familiares de Jesus (Lc 11,47-51; 13,34-35); (3) a tipologia Moisés-profeta e talvez as citações formais do AT (vv. 42b-43, 48b-50), introduzidas por ocasião da escrita de Lucas e ajustadas às harmonias temáticas mais amplas de seu relato histórico. Tentativas de atribuir o argumento escriturístico à tradição palestinense, ou samaritana (M. Simon, M. Scharlemann, C. Scobie) ou qumrâmica (O. Culmann), vacilaram por não avaliarem adequadamente a amplitude das correntes tradicionais do discurso (G. Schneider, in *Les Actes* [ed. J. Kremer] 225-37).

46 O argumento de Estêvão pode ser dividido como se segue: (1) A relação de Deus com Abraão, vv. 2-8; (2) A relação de Deus com José, vv. 9-16; (3) A relação de Deus com Moisés, vv. 17-43; (4) a morada de Deus com seu povo infiel, vv. 44-50; (5) Conclusão: a resistência perene de Israel ao Espírito Santo e seus mensageiros, vv. 50-53. O levantamento histórico passa da vocação de Abraão para as trajetórias de José e Moisés, que viram a resistência israelita aos desígnios de Deus se transformar num contraponto sustentado, chegando, finalmente, à construção do Templo, tratada como o clímax das infidelidades das gerações anteriores. A invectiva dos vv. 51-53 faz, então, uma peroração devastadora para os ouvintes presentes, ilustrando a desobediência perene da nação em sua violência contra todos os profetas e mostrando a conclusão lógica disto no assassinato do profeta "mosaico" (v. 37), o Messias, por parte dos ouvintes. **2-8**. A relação de Deus com Abraão. A sinopse bíblica contém divergências intrigantes dos relatos do Pentateuco e das tradições textuais do TM e da LXX. Estas divergências incluem a localização da vocação de Abraão na "Mesopotâmia" (cf. Gn 11,31; 12,21; mas cf. Filo, *De Abr.* 62), o tempo de sua migração para Canaã (cf. Gn 11,26.32; 12,4; mas cf. Filo, *De migr.* Abr. 177), a palavra "propriedade" no v. 5 (Dt 2,5) e a adaptação de Ex 3,12 a Gn 15,14 no v. 7 ("este lugar"). **4.** *Deus o transferiu:* com a migração de Abraão para Canaã, Deus se torna o ator, e toda a história da promessa vai se desenrolar com base em sua ação apenas. Para enfatizar isto, o v. 5 atesta que Abraão não tinha terra nem descendência quando a promessa foi feita (cf. Hb 11,8-12). **6-7**. A citação de Gn 15,13-14, usando palavras de Ex 3,12, cria uma profecia de eventos sucessivos no resumo histórico apenas de Estêvão (N. Dahl, in *StLA* 143-44): a história de José (vv. 9-16) mostrará como os descendentes de Abraão se tornaram estranhos numa terra estrangeira; a história de Moisés (vv. 20-36) descreverá como eles saíram quando Deus julgou aqueles que os mantinham cativos; e, finalmente, os vv. 44-47 vão completar o relato com o culto a Deus na terra da promessa, sob Davi e Salomão. **7**. *neste lugar:* Ex 3,12 diz "nesta montanha" (Horebe); cf. Gn 15,16: "eles voltarão para cá". A promessa a Abraão incluía o culto a Deus na terra, mas isto não deveria ser cumprido pela construção do Templo (vv. 47-48), à qual a contextualização do discurso por Lucas parece fazer "este lugar" se referir (6,13-14; mas cf. vv. 33.49d; Richard, *Acts 6,1-8,4* [→ 43 *acima*] 326).

47 **9-16**. A relação de Deus para com José. José iniciou o assentamento em uma terra que pertencia a outros (v. 6), a situação que serve de presságio da grande Diáspora (v. 43). Sua importância, contudo, vai além disto, como o v. 9 mostra imediatamente: ele é o primeiro foco do contraponto temático do resumo, sendo invejado e vendido por seus irmãos, mas "Deus estava com ele" (cf. 10,38). **10**. A contraposição entre o livramento de José e sua extraordinária dotação por Deus, por um lado, e as "aflições" que lhe foram causadas por mãos humanas, por outro, reflete o conhecido esquema querigmático (cf. 2,22-24; 10,38-40), bem como a circunstância em que se encontrava o igualmente capacitado Estêvão (6,8-10).

14. *setenta e cinco pessoas:* cf. Gn 46,27; Ex 1,5 LXX, em contraposição ao TM (veja também Dt 10,22). 16. *foram trasladados a Siquém:* esta tradição resulta da junção da compra de Hebrom por Abraão (Gn 23,17-20; cf. 50,13) e da compra de Siquém por de Jacó (Gn 33,18-19; cf. Js 24,32). Estranhamente, nenhum testemunho samaritano apoia a tradição do sepultamento em Siquém contra Hebrom (G. Schneider, in *Les Actes* [ed. J. Kremer] 451).

48 **17-43**. A relação de Deus com Moisés. Em muitos sentidos, o trecho sobre Moisés é o centro e fulcro do discurso. Os vv. 17b-19 relatam com fidelidade Ex 1,7-10 (LXX); depois, em resumos mais livres do texto da LXX, Ex 2,2-10 (vv. 20-22); Ex 2,11-22 (vv. 23-39); e Ex 3,1-10 (vv. 30-34). O comentário em estilo deuteronômico nos vv. 39-43 expande o lado obscuro do registro, já mostrado nos vv. 27-29.35. O trabalho redacional de Lucas pode ser visto na introdução (v. 17) e em seu enriquecimento da importante tipologia Moisés-Cristo (vv. 22.25.35.37; cf. Weiser, *Apg.* 182, 185). **22**. *poderoso em palavras e obras:* o retrato carismático de Moisés dá continuidade à analogia com Estêvão (6,8-10) mas contradiz Ex 4,10! A fraseologia é uma cópia quase exata de Lc 24,19, onde o viajante de Emaús descreve por inferência o profeta "mosaico" na inesperada presença deste. **23**. *quarenta anos:* os 120 anos de vida de Moisés são aqui divididos em períodos de 40 anos (vv. 30.36), simbolizando a direção de Deus em cada uma das fases (v. 30). **25**. *mas não compreenderam:* a narrativa é interrompida pela reflexão sobre um tema caro a Lucas: a compreensão (Lc 24,45) *versus* a incompreensão (Lc 2,50; 8,10; 18,34;At 28,26.27) da mensagem da salvação. Cf. também 3,17-18; 13,27. **29**. *Moisés fugiu:* o contraponto temático do resumo determina que a fuga fosse provocada pela oposição dos compatriotas, e não pela ameaça do faraó (como em. Ex 2,15). **32**. *o Deus de teus pais:* a troca do singular "pai" (TM, LXX) é apoiada, até certo ponto, pela tradição textual (E. Richard, *CBQ*

39 [1977] 200-2) e, de qualquer modo, serve melhor à coerência do resumo. **35**. Quem poderia deixar de perceber a conformidade estrutural desta sentença com a afirmação central do querigma de Atos (2,36; 3,13-15; 5,30-31)? Observe a mudança do estilo: "a fluência plácida da narrativa histórica dá lugar à acusação apaixonada, retoricamente intensificada" (Haenchen, *Acts* 282). **36**. *prodígios e sinais:* o ciclo histórico destes marcos da profecia "mosaica" é aqui arrematado em seu início (cf. 2,19.22.43; 6,8). **37**. Cf. 3,22-26, onde Dt 18,15 tem sua função discursiva plena. Aqui, parece uma inserção, quer lucana (A. Weiser), quer pré-lucana (G. Schneider), visando fortalecer a tipologia mosaica como preparação para o v. 52. **39-41**. *não quiseram obedecer-lhe:* o pronome relativo *hō* acentua a rejeição pessoal de Moisés por parte do povo desobediente, e o termo *apōsanto*, "repeliram-no", repetido do v. 27, mostra a continuidade de sua resistência. Esta seção, expandindo o resumo original em estilo deuteronômico, desenvolve a analogia entre Moisés e Jesus sob a rejeição por parte dos israelitas; assim, ela direciona a história contada até agora para o clímax polêmico dos vv. 51-53 (Schneider, *Apg.* 464). **42-43**. Quanto ao "talião" entre a idolatria e sua punição, veja Sb 11,16; também *paredōken*, "entregue", em Rm 1,24-28. A citação de Am 5,25-27 (LXX) substitui "Babilônia" por Damasco, declarando, desta forma, o cumprimento do horrendo oráculo.

49 **44-46**. Como a habitação de Deus no deserto e em Canaã, a "tenda do testemunho" foi precisamente determinada por Deus e construída de acordo como o "modelo" que ele mostrou a Moisés (Ex 25,9.40). Esta durou até que Davi, que encontrou graça diante de Deus, orou para encontrar uma "morada" (de Deus), onde o povo pudesse prestar culto (Sl 132,5) de acordo com a promessa divina no v. 7. **47**. *foi Salomão, porém, que lhe construiu uma casa:* a conjunção adversativa *de* estabelece o contraponto: o Templo de Salomão não foi o cumprimento da promessa feita a Abraão ou da oração de Davi (N. Dahl, in *StLA* 146). **48**. Aqui, na conclusão do antigo resumo histórico, a Diáspora judaica determinou que, para se encontrar com um Deus que não habita em santuários feitos por mãos humanas, não havia necessidade de voltar a Jerusalém! (Schneider, *Apg*. 1. 467). **49-50**. Is 66,1-2 apoia esse juízo com as palavras do próprio Deus, que terminam apresentando o aspecto saliente com uma pergunta retórica (cf. 17,24).

51-53. A peroração polêmica de Estêvão segue um modelo "clássico" da parênese deuteronômica a respeito do assassinato dos profetas (Wilckens, *Missionsreden* 215-16; Steck, *Israel* [→ 50 *abaixo*] 265-69): (1) todo Israel, ou seja, as gerações do presente e do passado, é acusado de resistência obstinada à palavra de Deus; (2) Deus enviou profetas repetidamente para corrigir seu modo de agir; (3) eles rejeitaram e perseguiram (e mataram) os profetas; por isso (4) Deus impôs um terrível juízo sobre eles em forma do fim dos reinos de Israel (2Rs 17,18) e de Judá (Ne 9,27). O elemento final está faltando neste trecho, mas foi antecipado no v. 43 (cf. Dillon, *From Eye-Witnesses* [→ 17 *acima*] 257-60). **52**. *a vinda do Justo*: cf. 3,14; 22; Lc 23,47. **53**. *e não a guardastes*: a associação da presente geração com os pecados de seus pais é constante nesta tradição (2Rs 17,14; Ne 9,32-35; Lc 11,50-51; 6,22-23). O assassinato do Messias foi a culminância de uma desobediência perene da lei (15,10).

50 (iii) *O martírio de Estêvão* (7,54-8,3). A conclusão do protomartírio, retomando o elo narrativo de 6,15, relata o linchamento que, supomos, fazia parte do estrato pré-lucano (→ 44 *acima*). A intervenção de Lucas pode ser percebida em duas séries de embelezamentos (Schneider, *Apg*. 1.471): os paralelos com o julgamento de Jesus pelo sinédrio (vv. 55.56.58b) e suas palavras finais na hora da morte (vv. 59-60), além da presença extranumerária de Saulo com uma prévia de seu papel de perseguidor (v. 58b; 8,1a.3). **55**. *fitou os olhos no céu*: retomando 6,15, esta afirmação de Lucas interpreta o semblante angelical de Estêvão em termos de uma visão celestial; e, ocorrendo logo após o discurso, a visão ratifica o que foi dito: a acusação contra os ouvintes e a localização da "glória" de Deus no céu, com o Cristo ressurreto, e não no Templo feito por mãos humanas (Mussner, "Wohnung Gottes", 286). **56**. *e o Filho do Homem, de pé*: notável tanto pela postura "de pé" quanto por ser um raro dito com a expressão "Filho do Homem" que não se encontra na boca de Jesus, esta palavra do mártir é, provavelmente, a variação lucana de Lc 22,69 ampliada pelo v. 55 (opinião de Conzelmann, Schneider, Weiser, Sabbe, Mussner). "De pé" pode anunciar a acolhida do mártir pelo Senhor numa parúsia individualizada (Barrett), ou sua intercessão por seu confessor em consonância com Lc 12,8 (Schneider), ou seu exercício do juízo contra os judeus que o recusaram (Pesch); ou, menos plausivelmente, poderia ser uma variação "sem sentido especial" baseada na noção de que o Ressurreto estava sentado à direita de Deus (2,33-35; Mussner, Sabbe). **58**. *começaram a apedrejá-lo*: o apedrejamento "fora da cidade" (Lv 24,14; Nm 15,35-36) se encaixa na tradição do assassinato de profetas recebida por Lucas (cf. Lc 4,29; 13,34; 20,15). Dificilmente "testemunhas" terão sido nomeadas para um linchamento; elas são, antes, um indício da redação lucana no v. 58b, introduzindo o jovem "Saulo" (assim chamado quinze vezes no trecho 7,58-13,9). É duvidoso que este nexo seja proveniente de uma tradição pré-lucana (não obstante a opinião contrária de Burchard, *Der dreizehnte Zeuge* 28-30); deveríamos, antes, atribuir a um esquema literário a primeira aparição do grande missionário dos gentios no exato ponto em que o movimento missionário começa a partir de Jerusalém. Cf. a associação adicional das duas "testemunhas" em 22,15-20. **8.1**. *Todos ... dispersaram-se*: Este quadro lucano esquemático se baseia na perseguição que fez os helenistas cristãos sair de Jerusalém e os levou aos primeiros caminhos da missão aos gentios (cf. 11,19-20; Hengel, *Atos* 73-75).

As regiões da "Judeia e Samaria" mostram como esta reviravolta dos acontecimentos cumpriu a diretiva do Senhor de 1,8. O leitor de Lucas já conhece bem o motivo pelo qual "os apóstolos" não poderiam estar entre os desalojados (veja o comentário sobre 1,4); sem dúvida, os hebreus nativos também não estavam incluídos. **3**. *Saulo devastava a Igreja*: cf. 9,21; Gl 1,13.23. Será que ele ajudou a pôr fim à igreja dos helenistas em Jerusalém (Hengel, *Acts* 74)? O que dizer de Gl 1,22?

(BARRETT. C. K., "Stephen and the Son of Man", *Apophoreta* [Fest. E. HAENCHEN; ed. W. ELTESTER e F. H. KETTLER; BZNW 30, Berlin, 1964] 32-38. BIHLER, J., *Die Stephanusgeschichte* [→ 43 *acima*]. BURCHARD, C., *Der dreizehnte Zeuge* [FRLANT 103, Göttingen, 1970] 26-31, 40-42. DAHL, N. A., in *StLA* 139-58. GRÄSSER. E., *TRu* 42 [1977] 35-42. HOLTZ, *Untersuchungen* 85-127. KILGALLEN, J., *The Stephen Speech* [AnBib 67; Rome, 1976). KLIESCH, K., *Das heilsgeschichtliche Credo in den Reden der Apostelgeschichte* [Bonn, 1975] 5-38, 110-25. MUSSNER, F., "Wohnung Gottes und Menschensohn nach der Stephanusperikope", *Jesus und der Menschensohn* [Fest. A. VÖGTLE, ed. R. PESCH, *et al.*; Freiburg, 1975] 283-99. PESCH. R., *Die Vision des Stephanus* [SBS 12; Stuttgart, 1966]. RICHARD, *Acts 6:1-8:4* [→ 43 *acima*]; "Acts 7" *CBQ* 39 [1977] 190-208. SABBE, M., in *Les Actes* [ed. J. KREMER] 241-79. SCHARLEMANN, M., *Stephen, A Singular Saint* [AnBib 34; Rome, 1968]. SCOBIE, C., "The Use of Source Material in the Speeches of Acts III and VII", NTS 25 [1978-79] 399-421. STECK, O., *Israel und das gewaltsame Geschick der Propheten* [WMANT 23, Neukirchen, 1967]. STEMBERGER, G., "Die Stephanusrede", *Jesus in der Verkündigung der Kirche* [ed. A. FUCHS; SNTU A/1; Linz, 1976] 154-74. WILCKENS, *Missionsreden* 200-24).

51 (c) *Filipe e o avanço da palavra* (8,4-40). (i) *O triunfo do evangelho em Samaria* (8,4-25). Filipe, "o evangelista" de Cesareia Marítima (21,8), um dos sete helenistas (6,5), era aparentemente associado à missão samaritana pela mesma tradição que forneceu o relato sobre o eunuco (vv. 26-40). É notável, entretanto, que sua atividade seja descrita apenas em termos bem gerais (vv. 5-8) e que ele não desempenhe qualquer papel no encontro entre Pedro e o Mago (vv. 18-24). Ou Lucas reescreveu uma tradição que narrava a tentativa do mágico de comprar o poder do Espírito de Filipe (Dibelius, *Studies* 17; Haenchen, *Acts* 308), ou ele conectou a missão de Filipe de forma secundária com um "relato sobre Pedro" por meio dos versículos redacionais 12-13 (Weiser, *Apg.* 200; Hengel, *Acts* 78-70). Em qualquer dos casos, a maioria concorda que a preocupação de Lucas de subordinar a missão dos helenistas aos "apóstolos em Jerusalém" (mas cf. 14) produziu a curiosa separação do batismo da concessão do Espírito observada no v. 16 (cf. C. K. Barrett, in *Les Actes* [ed. Kremer] 293). Após este ponto, Filipe atuará principalmente "nas regiões helenísticas gentílicas da planície costeira" (v. 40; Hengel). **4**. *anunciando a palavra:* um reflexo disto no v. 25, no final do relato sobre Samaria, mostra o interesse editorial orientador entre os dois versículos: a unidade dos helenistas dispersos com os apóstolos na missão. **5**. *uma cidade da Samaria:* esta referência incerta (Sebaste? Siquém?) talvez seja devido a Simão, o Mago, de um vilarejo samaritano chamado Gita (Justino, *Apol.* 1.26. 1-3). **6-8**. Este relato, ainda que redacional e esquemático (cf. 5,16; Lc 6,18), é fiel ao caráter da missão dos helenistas e indica as estratégias de proselitismo em que eles tinham de superar seus rivais. **9**. *Simão ... praticando a magia:* no NT, apenas o livro de Atos menciona a magia (13,6.8; 19,19), e o faz para colocá-la no papel de um poder adversário vencido pelo evangelho. A estatura de Simão como o maior dos hereges e fundador do gnosticismo (Irineu, *Adv. Haer.* 1.23; Justino, *Apol.* 1.26. 1-3; Hipólito, *Ref.* 6.9-20; Epifânio, *Haer.* 21.1-4) não é mencionada, ou porque Lucas o "rebaixou" para manter o período apostólico puro de heresias (C. H. Talbert, *Luke and the Gnostics* [Nash, 1966] 92-93), ou porque os heresiólogos o demonizaram transformando-o no autor de uma heterodoxia posterior, plenamente desenvolvida (cf. R. Wilson, in *Les Actes* [ed. J. Kremer] 485-91). **10**. *é o poder de Deus, que se chama o Grande:* este trecho parece a apresentação de um portador de revelação, o que significaria que Simão já era mais do que um mago, talvez um mercador do gnosticismo em seu estágio inicial (Conzelmann, *Apg.* 60-61). **13.** *acreditou:* a conversão de Simão por Filipe consolida a impressão do êxito impressionante de Filipe. **14-17.** No plano de Lucas, as novas comunidades são vinculadas à igreja-mãe pela visita dos delegados desta (cf. 11,22). Este interesse redacional nos auxilia a entender a anomalia do batismo de Filipe sem a concessão do Espírito (v. 16). Seja ele recebido após (19,6) ou até antes (10,47-48) do rito, o Espírito Santo só atua onde há comunhão com os apóstolos, que, como "testemunhas de sua ressurreição" (1,22) atestam a atividade terrena contínua do Ressurreto. Isto se encontra apenas a caminho de uma concepção "protocatólica"; o Espírito não é controlado por um ritual ou cargo (v. 15), e a reprimenda de Simão reafirmará este seu caráter inviolável de "dom" (v. 20; cf. 2,38; 10,45; 11,17). **21.** *parte nem herança neste ministério:* isto talvez signifique "excomunhão" (Haenchen), embora o que seja rejeitado é uma religiosidade pagã vulgar, e não uma heresia.

52 (ii) *Filipe e o Eunuco Etíope* (8,26-40). A tradição subjacente aqui era certamente um relato da primeira conversão de um gentio, narrado em círculos helenísticos e rival do relato sobre Cornélio (cap. 10), narrado em Jerusalém a respeito da descoberta de Pedro (Dinkler, "Philippus" 88). Para a finalidade de sua história, Lucas deixou vago o *status* religioso do eunuco, de maneira a não diminuir a abertura da missão aos gentios por parte de Pedro; contudo, a autêntica origem africana deste convertido, conjurando as visões dos leitores a respeito de hordas de pessoas de pele escura fora das fronteiras da civilização, indica expressivamente que o evangelho, depois de conquistar Samaria, estava verdadeiramente a caminho dos "confins da Terra" (1,8). **26.** *Anjo do Senhor:* as iniciativas da missão eram de Deus, seja por meio de um anjo (5,19) ou do próprio Espírito (v. 39; 10,19; 11,12; 13,2). Filipe aparece como mero instrumento no programa do Espírito, assim como o perplexo Pedro em 10,19-20. *pela estrada que desce de Jerusalém*: Tendo seguido a missão rumo a Samaria, no norte, percebemos agora apropriadamente um círculo em expansão, tendo Jerusalém como centro, rumando pela estrada que finalmente alcança o grande deserto que separa a Palestina e o Egito. **27.** *eunuco:* Dt 23,1 excluía a admissão de homens castrados na comunidade racial e religiosa de Israel. Mas cf. a promessa aos eunucos fiéis em Is 56,3-5. **30-31.** O centro do relato, a instrução escriturística, está repleto de referências lucanas cruzadas. A leitura de Isaías lembra Lc 4,16-21, e a instrução do companheiro de viagem (v. 35), com desfecho sacramental, lembra bastante o caminho de Emaús (Lc 24,13-35). **32-33.** O texto do peregrino Is 53,7-8c, interrompido intencionalmente antes da menção da morte do Servo de Isaías "pela transgressão de seu povo" (v 8). Esse corte não é acidental; a "teologia da cruz" de Lucas não inclui a expiação pelos pecados (Rese, *Motive* 98-99). A interpretação cristológica aqui é *exegese* do que *exegese:* o Humilhado se tornou o Exaltado (cf. 4,11; 5,30s.; Lc 24,26) e obteve inúmeros seguidores ("sua geração"; Kränkl, *Jesus* 114-15). **34.** A pergunta do eunuco, colocada de maneira não tão óbvia pelo contexto, segue a já conhecida *via negativa* de Lucas no AT (2,29-31.34-35; 13,34-37). "O eunuco pergunta como o leitor ideal nãocristão deveria, mas que só o leitor cristão pode" (Conzelmann, *Apg*, 63). **[37].** Uma antiga variante ocidental (Irineu) acrescenta um diálogo batismal aqui a partir da prática corrente. **39.** *arrebatou:* o verbo é proveniente do vocabulário de assunções celestiais (2Cor 12,2.4; 1Ts 4,17; Ap 12,5; 2Rs 2,16). **40.** Filipe fica em Cesareia Marítima, onde é seu lar e onde Paulo será seu hóspede (21,8).

(BARRETT, C. K., in *Les Actes* [ed. J. KREMER] 281-95. CASEY, R., in *Beginnings* 5. 151-63. DIETRICH, *Petrusbild* [→ 19 *acima*] 245-56. DINKLER, E.,

"Philippus und der *aner Aithiops*", *Jesus und Paulus* [Fest. W. KÜMMEL; ed. E. E. ELLIS e E. GRÄSSER; Göttingen, 1975] 85-95. GRÄSSER, E. *TRu* 42 [1977] 25-34. HENGEL, *Between Jesus* [→ 43 *acima*] 110-16. UNNIK, W. C. VAN, "Der Befehel an Philippus", *ZNW* 47 [1956] 181-91. WILSON, R. M., in *Les Actes* [ed. J. KREMER] 485-91).

53 (B) O perseguidor se torna o perseguido (9,1-31).

(a) *A conversão de Saulo* (9,1-19a). A conversão do peregrino etíope reformulou simbolicamente o objetivo da missão, e agora Lucas passa a um de seus maiores marcos, a conversão daquele inimigo terrível que viria a se tornar o maior de todos os missionários e, consequentemente, o herói dos capítulos restantes do livro. A conversão de Saulo se encontra, junto com a da casa Cornélio, no centro essencial da história narrada por Atos; cada um destes acontecimentos tem sua grande importância demonstrada sendo contado duas vezes na sequência pelo protagonista. A história de Saulo é narrada uma segunda e uma terceira vez em seus discursos de autodefesa (22,3-21; 26,2-23), e esta troca de gêneros para registrar um mesmo acontecimento proporciona uma oportunidade rara de determinar o interesse redacional de Lucas em comparação com suas fontes. Recordando que os discursos são instrumentos historiográficos para o autor [→ 7 *acima*], buscaremos, a seguir, a história pré-lucana sobre Saulo na primeira vez em que ela é contada, ao passo que as "repetições" nos discursos provavelmente são a reescrita lucana segundo seu próprio ponto de vista (Löning, *Saulus-tradition* [próprio 54 *abaixo*] 18-19; C. W. Hedrick, *JBL* 100 [1981] 427-28).

A história narrada no cap. 9 é sobre uma conversão, e não sobre uma vocação. Ela não registra nenhuma comissão confiada ao perseguidor cego, mas apenas um prognóstico de seu futuro como confessor cristão perseguido (vv. 15-16) entregue ao representante da igreja local, Ananias, que o cura e batiza. Em comparação com este retrato, as versões dos discursos diminuem o papel do intercessor até que ele acaba desaparecendo por completo (26,13-18), e eles inserem a vocação de Saulo como testemunha do Senhor ressurreto no acontecimento da conversão, de maneira que Ananias comunica seu mandato em 22,14-16, e posteriormente ele o recebe diretamente de Cristo em 26,15-18. Na terceira narrativa, portanto, a conversão e a vocação se fundem inteiramente, e podemos identificar esta fusão como um interesse lucano importante ao reescrever a história (Burchard, *Der dreizehnte Zeuge* [→ 54 *abaixo*] 120-21; Löning, Salustradition [→ 594 *abaixo*] 109-13). Muitas variações de detalhes nas três versões servem a este interesse, como, *p.ex.*, a supressão da sequência lendária cegueira-cura, diferenças nos efeitos sensoriais da aparição e, finalmente, a supressão do batismo de Saulo (v. 18; 22,16). Outros serão apenas variações literárias, como as que acompanham regularmente as repetições lucanas (H. J. Cadbury, in *StLA* 88-97).

Este primeiro relato da experiência de Damasco, onde a tradição sobre Saulo aparece da forma mais clara, é muito complexo para ser derivado de um único gênero. Ele contém alguns elementos de uma epifania punitiva que dissuade o inimigo da religião (*p.ex.*, Heliodoro, 2Mac 3,27-29), a lenda da conversão contada por propagandistas judeus (*Jos. Asen.* 14) e o diálogo epifânico do AT (Gn 31,11-13; Gn 46,2-3; cf. Weiser, *Apg.* 217-19). Além disso, uma característica em que a conversão de Cornélio e a de Saulo são semelhantes é a "dupla visão", na qual a pessoa convertida e que a induz à conversão são reunidas através de visões com referências recíprocas (vv. 10-12; 10,3-20), que é um dispositivo que se encontra mais frequentemente na literatura helenística do que na do AT e no judaísmo (Lohfink, *Conversion* [→ 54 *abaixo*] 76). O paralelismo estreito existente entre as transações de Atos 9 e 10 – a visão da pessoa convertida, a visão da pessoa que a induz relutantemente à conversão, o encontro entre ambas, seguido pelo batismo e o recebimento do Espírito por parte do convertido – sugerem que

Lucas assimilou os dois relatos até certo ponto, de tal forma que o mais importante missionário aos gentios e a primeira conversão de um gentio pudessem ficar lado a lado no centro de sua composição.

54 1. *respirando ainda ameaças de morte*: faz-se uma conexão redacional com 8,3 e com a primeira aparição de Saulo na história. 2. *cartas para as sinagogas de Damasco*: tal autoridade do sumo sacerdote sobre as comunidades da Diáspora não pode ser documentado pelas testemunhas geralmente citadas: 1 Mac 15,15-21; Josefo, *Ant.* 14,10.2 § 190-91; *G. J.* 1.24.2 § 474. Os testemunhos do próprio Paulo acerca de sua perseguição contra as igrejas (1Cor 15,9; Gl 1,13-14,23; Fp 3,6) talvez se cruzem com a tradição sobre Saulo usada por Lucas (cf. v. 21). **3-4**. No gênero da história tradicional sobre Saulo, a luz da aparição era uma arma que cegava o perseguidor, e não um meio de revelação (Löning, *Saulustradition* 95-96). **4**. *por que me persegues?*: esta reprovação é idêntica em todas as três versões (22,7; 26,14). Na pessoa de seus discípulos, o próprio Senhor é perseguido (v. 5), o que é uma concepção peculiar desta passagem, mas fiel a uma teoria da missão do *Cristus praesens* (cf. o comentário sobre 2,4.33; R. F. O'Toole, *Bib* 62 [1981] 40-91). *"Quem és, Senhor?"*: a contrapergunta de Paulo sublinha a natureza não revelatória da luz ofuscante. O fato de ele perseguir era uma consequência de não reconhecer o *Kyrios* vivo como sua vítima (cf. 3,17). **7**. A reação dos companheiros de Saulo é justamente o inverso da relatada em 22,9, onde viram, mas não ouviram nada (veja o comentário lá. **8-9**. O temido perseguidor, completamente imobilizado e transformado num penitente coberto de remorso, faz parte do *pathos* do relato de aparição original. **11**. *rua chamada Direita*: uma via pública com colunas bastante conhecida de Damasco empresta um colorido local à tradição sobre Saulo, assim como o fazem Ananias e o dono da casa, Judas. **13**. É provável que Ananias tenha obedecido prontamente no relato original, e, por isso, o v. 12 levasse diretamente ao v. 17 (Löning, *Saulustradition* 27-28). O protesto de Ananias, o qual contém um típico retrospecto lucano (para 8,3; 9,1-2), segue-se desajeitadamente aos vv. 11-12, e a tranquilização do v. 15 reduplica a do v. 11. Os vv. 13-16, portanto, fazem parte de uma ampliação redacional da narrativa antiga, e os vv. 13-14 permitem a inserção dos importantes vv. 15-16. **15-16**. Estes versículos contêm o principal comentário de Lucas acerca do acontecimento de Damasco, ainda que não tenham sido completamente criados por ele mesmo (cf. Burchard, *Der dreizehnte Zeuge* 123; Radl, *Paulus* 69-81). A fim de tranquilizar o hesitante Ananias, O Ressurreto expõe, mas apenas como metáfora e inferência, o programa do futuro de Saulo, a ser executado "ponto a ponto" em Atos (Conzelmann, *Apg.* 66). **15**. *é para mim um instrumento*: literalmente "vaso eleito", um hebraísmo, genitivo no lugar de adjetivo (BDF 165). Cf. Rm 9,22-23, onde a símile do oleiro emprega "vasos" no sentido de objetos da ira ou misericórdia divina (Burchard, *Der dreizehnte Zeuge* 101). A expressão é habilmente não específica, já que será desdobrada gradativamente, pela "intensificação" lucana, nos outros relatos (22,14-15; 26,16; Lohfink, *Conversion* 94). *levar o meu nome*: esta expressão, geralmente mal interpretada em termos de viagens missionárias, significa apenas confessar o nome publicamente diante (preposição *enōpion*) de gentios e judeus. O infinitivo articular expressa finalidade, ou seja, "escolhido para confessar", e prepara a situação concreta de acusação pública diante dos grupos especificados, como mostrarão os caps. 22 a 26. **16**. *quanto lhe é preciso sofrer*: o *gar* inicial torna esta aplicação do imperativo messiânico à paixão a Saulo o corolário direto de sua eleição como confessor. O que é anunciado não é ainda o trabalho missionário de Paulo, mas a dura experiência diante dos tribunais do mundo que foi prevista para todos os discípulos de Jesus em Lc 21,12-19. O protesto de Ananias é, portanto, suavizado com ironia: o feroz perseguidor irá se tornar o ferozmente perseguido (Burchard, *Der dreizehnte Zeuge* 103). **17.** *Jesus, o mesmo que te apareceu:* a terminologia da aparição pascal (*ophtheis soi*; cf. 1Cor 15,8) dificilmente se encaixa no que acabamos de ouvir, mas terá uma posição proeminente nas adaptações discursivas lucanas deste relato (22,14; 26,16). **18-19.** A história antiga terminava com a cura de Saulo e seu batismo, sem prever sua missão como "testemunha" (22,15; 26,16); entretanto, este é exatamente o papel que ele vai desempenhar imediatamente em Damasco (v. 20). Quanto a seu batismo, não mencionado nas epístolas, veja R. Fuller, in *Les Actes* [ed. J. Kremer] 503-8.

(BURCHARD, C., *Der dreizehnte Zeuge* [Göttingen, 1970] 51-136. HENDRICK, C. W., "Paul's Conversion/Call", *JBL* 100 [1981] 415-32. LÉON-DUFOUR, X., "*L'Apparition du ressuscité à Paul*", *Ressurrexit* [ed. E. DHANIS; Rome, 1976] 266-94. LÖNING, K., *Die Saulustradition in der Apostelgeschichte* [Münster, 1973]. LOHFINK, G. *The Conversion of St. Paul* [Chicago, 1976]. STECK, O., "Formgeschichtliche Bemerkungen zur Darstellung des Damaskusgeschehens in der Apostelgeschichte, ZNW 67 [1976] 20-28. STOLLE, V., *Der Zeuge als Angeklagter* [Stuttgart, 1973] 155-212.)

55 (b) *A pregação e o perigo de Saulo em Damasco* (9,19b-25). Este parágrafo e os vv. 26-30 estão estruturados de forma semelhante, uma vez que a pregação de Saulo em Damasco e em Jerusalém topa contra a rejeição dos judeus e planos para tirar sua vida, ensejando uma fuga repentina das duas cidades. Reflexos de Gl 1,13-24 nos vv. 20-21 e de 2Cor 11,32-33 no v. 25 não provêm do uso dessas cartas, mas de uma "lenda paulina" que estava se desenvolvendo em Damasco e Jerusalém (cf. Gl 1,23-24) e foi introduzida, já altamente desenvolvida, no livro de Atos (H. SCHENKE, *NTS* 21 [1974-75] 511-12). A principal divergência aqui do relato do próprio Paulo acerca de seu período inicial é a omissão de sua jornada à Arábia (Gl 1,17), o que coloca a conversão e a primeira visita a Jerusalém muito mais próximas uma da outra (v. 23)do que os "três anos" de que fala Gl 1,18. **20.** *o Filho de Deus:* a raridade deste título em Atos (13,33) confirma o recurso de Lucas à tradição paulina aqui (Gl 1,16), como no termo "devastava" (*porthēsis*, v. 21; Gl 1,13.23). **23-25.** A demonstração, por parte do Senhor ressurreto, das duras consequências da eleição de Saulo (v. 16) é prontamente encaminhada em conjunto com sua pregação. Em 2Cor 11,32 foi o representante político em Damasco do rei nabateu Aretas que causou a fuga apressada de Saulo. Nosso relato provavelmente reflete a concepção sistemática de Lucas a respeito dos judeus como o maior inimigo de sua missão do início ao fim (cf. 28,25-28; mas cf. Hengel, *Acts* 85).

56 (c) *Os confrontos de Saulo em Jerusalém* (9,26-31). **26.** *todos tinham medo dele:* dificilmente a descrença a respeito de seu discipulado poderia se estender a até três anos depois (Gl 1,18). Lucas talvez esteja mascarando a desconformidade deles com o teólogo antinomista com o temor, já anacrônico, diante daquele que, em outro tempo, tinha sido tão violento (Hengel, *Acts* 86). **27.** *Barnabé:* seu papel não precisa ser invenção de Lucas, mas poderia resultar da previsão do companheirismo posterior por parte de sua fonte. **29.** *helenistas:* trata-se claramente dos tradicionalistas entre os imigrantes judeus de Jerusalém (veja o comentário sobre 6,1). **31.** *paz:* como um resumo que conclui os vv. 1-31, esta afirmação atribui a paz entre as igrejas da palestina à mudança na trajetória de Saulo!

57 **(C) Pedro como missionário (9,32-11,18).**
(a) *Milagres em Lida e Jope* (9,32-43). Após a iniciativa dramática do helenista Filipe e a conversão do herói da missão mundial, tudo está pronto para a fase conclusiva da história lucana, ou seja, a missão aos gentios. Contudo, em seu esquema, isto precisa ser inaugurado por Pedro, e não por Paulo, e assim os dois milagres fixam nossa atenção no apóstolo principal como prelúdio à memorável conversão de Cornélio. Os milagres, particularmente o segundo, evocam

feitos similares de Jesus (Lc 5,24-26; 8,49-56; cf. F. Neirynck, in *Les Actes* [ed. J. Kremer] 182-88) e, assim, contribuem com uma percepção de continuidade entre o Mestre e apóstolo que ajudará a integrar a conversão dos gentios no plano cristocêntrico da história. **32**. *Lida:* esta é a forma do termo grego Lod, que é uma cidade na antiga estrada de Jope, cerca de 40 km a noroeste de Jerusalém. A área já havia sido evangelizada, e a cura de Enéias permaneceu na tradição local. **34.** *te cura:* uma vez mais, quem cura é o *Cristus praesens*, e não Pedro (cf. 3,6.16; 4,10-30). **36-43.** O relato da ressurreição tem modelos no AT (1Rs 17,17-24; 2Rs 4,32-37) e sustenta uma continuidade desta última cura de Eliseu, passando por Jesus e chegando até Paulo (20,9-12). *Jope: Yāpô,* Jafa, uma antiga cidade portuária situada a cerca de 19 km a noroeste de Lida. A igreja de São Pedro, espetacularmente erigida em um penhasco litorâneo, ao sul das praias da moderna Tel Aviv, lembra a viagem do apóstolo a Jope. *Tabita:* Dorcas, a tradução do nome em aramaico, junto com empréstimos da LXX (3Rs 17,17.19; 4Rs 4,33.35), mostra que esta é uma história judaico-cristã transmitida pelos cristãos helenizados. **40.** *mandando que todas saíssem:* cf. Mc 5,40 com Lc 8,51. *"Tabita, levanta-te":* cf. *Thalita koum[i]* (Mc 5,41). **41.** *apresentou-a viva:* cf. 1,3. **43.** *em casa de certo Simão, que era curtidor:* o palco é preparado para o acontecimento transcendental que se segue.

58 (b) *A conversão de Cornélio e sua casa* (10,1-11,18). A sequência a respeito de Cornélio, que vem a ser o centro da argumentação de Lucas em Atos, compreende cinco cenas: (i) a visão de Cornélio, vv. 1-8; (ii) a visão de Pedro, vv. 9-16; (iii); a recepção dos mensageiros do centurião em Jope por Pedro, vv. 17-23; (iv) os acontecimentos na casa de Cornélio, vv. 24-48; (v) a explicação acontecimento por Pedro em Jerusalém, 11,1-18. M. Dibelius (*Studies* 109-22) sustentou que a tradição básica aqui era um relato pietista de conversão, semelhante àquela do etíope no cap. 8 e bastante típica dos contos de conversões proeminentes que edificavam muitas protocomunidades. Lucas fez quatro acréscimos a essa lenda antiga, incluindo os dois discursos interpretativos (10,34-43; 11,5-18), a visão de Pedro de animais oferecidos para comer (10,9-16) e o intrusivo retrospecto da visão em 10,27-29a (também segundo Weiser, *Apg.* 253-62). Os discursos são, é claro, de autoria lucana, mas a visão representa uma tradição separada, originalmente contada para desfazer tabus relativos a alimentos, que Lucas aduziu aqui aplicando-a simbolicamente a pessoas (10,28b), de modo a elevar o episódio de Cornélio ao *status* clássico ou fundamental que ele tem em 15,6-18. Esta característica da crítica de Dibelius tem sido rejeitada por estudiosos mais recentes, que afirmam que a visão do apóstolo é indispensável para a organização do relato maior (K. Löning, *BZ* 18[1974] 3-6) e completamente dependente da interpretação que recebe naquele contexto, que o relaciona estreitamente com o questionamento de Pedro em 11,3 e Gl 2,12 (K. Haacker, *BZ* 24 [1980] 240-41). Também falta um consenso quanto ao primeiro dos dois discursos, onde um aparente excesso em relação ao esquema querigmático dos primeiros sermões petrinos convence alguns da proveniência pré-lucana do texto (P. Stuhlmacher, R. Guelich). Há uma concordância mais ampla de que 11,1-18 contém um resumo lucano do significado da conversão do centurião, tornando-o um precedente "clássico" para toda a igreja (15,7) e, desta forma, preparando para a versão lucana o concílio de Jerusalém (cap. 15; Conzelmann, *Apg.* 69).

59 (i) *A visão de Cornélio* (10,1-8). **1.** *Cesareia.* Esta magnífica cidade portuária helenística, a cerca de 46 km ao norte de Jope, foi a capital da Palestina por quase 600 anos após sua construção por Herodes o Grande em 37-34 a.C. Os procuradores e prefeitos romanos, incluindo Pôncio Pilatos (26-36 d.C.), tiveram seu quartel general e sua residência nela desde o ano 6 d.C., quando passaram a governar a Judeia diretamente. A "corte itálica", todavia, parece ser um anacronismo, uma vez que ela é documentada pela primeira vez na Síria, aproximadamente no ano 69 d.C.; além disso, antes da morte do rei Agripa I (44 d.C.) soldados romanos não poderiam ter feito se aquartelado em Cesareia (cf. Josefo, *Ant.* 19,9.1-2 § 354-66). **2.** *piedoso e temente a Deus:* o elogio deste oficial está em bom estilo lucano (Weiser, *Apg.* 253-54) e tem relação com a palavra de reconhecimento que abre o discurso de Pedro (vv. 34-35), onde o significado intensificado da conversão alcança expressão plena. Lucas é o único autor neotestamentário que usa a expressão *foboumenos/sebomenos ton theon* tecnicamente para designar a ala gentílica de frequentadores da sinagoga (cf. 13,16.26; 17,4-17), e, embora não se devesse aplicar esse significado em toda parte (K. Lake, in *Beginnings* 5. 86), a conexão de Cornélio com a sinagoga parece ser indicada por sua observância da oração prescrita para a "a nona hora" (v. 3; cf. 3,1). **3.** *anjo do Senhor:* em toda a história sobre Cornélio, seres celestiais dirigem as ações terrenas, ilustrando assim, a verdade permanente do acontecimento: que "Deus se dignou" a aceitar gentios como seu povo (15,14); isso não aconteceu por iniciativa humana. A narrativa vai retornar a esta visão três vezes (vv. 22.30-32; 11,13-14), enfatizando por repetição sua causalidade decisiva no início dos acontecimentos. **4-6.** A direção celestial inclui ordens, mas não explicações; os seres humanos são meros instrumentos numa sucessão de acontecimentos inteiramente determinados do alto (Haenchen, *Actes* 347; K. Löning, *BZ* 18 [1974] 8). **4.** *subiram até a presença de Deus e ele se lembrou de ti:* esta fraseologia mimética é equivalente a "são lembradas" (v. 31; cf. Sir 50,16; Tob 12,12). A piedade do pagão deve ser recompensada sem o direito a ser membro dos eleitos! **6.** *Simão, curtidor:* faz-se uma conexão e acrescenta-se uma informação a 9,43, onde Lucas antecipou redacionalmente dados da tradição sobre Cornélio.

60 (ii) *A visão de Pedro* (10,9-16). **9.** *estando já perto da cidade:* a sincronização (v. 17) provém do alto, de modo que até o tempo em que ocorrem as ações de nosso relato está determinada. A oração é um prelúdio à visão, como em 22,17; Lc 1,10; 3,21; 9,28-29; 22,41-43. **11.** *Viu o céu aberto:* cf. 7,56; Lc 3,21. Esta visão, assim como a do centurião, será magnificada pela repetição (v. 28; 11,5-20). *e um objeto que descia, semelhante a um grande lençol:* reagindo à fome de Pedro (v. 10), isto parece ser um ato de pôr a mesa, ainda que seus conteúdos sejam difíceis de serem visualizados. **12.** *havia todos os quadrúpedes da terra, e aves do céu:* esta lista reflete Gn 1,24 (28.30; 6,20) e obviamente se tornou um lugar-comum retórico (Rm 1,23). Ela já sugere que uma teologia da criação (Gn 1,31; 1Tm 4,4) anula todos os tabus alimentares (Weiser, *Apg.* 264). **13.** *imola e come:* a "voz" ignora as restrições contra certas espécies em Lv 11,2-23 e Dt 14,3-20. **14.** *impuro:* a objeção de Pedro, que lembra Ez 4,14, ignora, correspondentemente, a presença de animais puros no lençol! Alguns estudiosos (Haenchen, Löning, Haacker) insistem que isto mostra que a visão nunca foi contada separadamente para banir restrições alimentares, mas só pode ter o sentido figurativo de anular distinções entre seres humanos puros e impuros (v. 28). **15.** *Deus purificou:* o verbo causativo tem um sentido forense, como em Lv 13,13 (LXX). Assim a pureza de todas as criaturas é promulgada, não efetuada, pela visão, e é exatamente esse seu sentido (15,9).

61 (iii) *A recepção dos mensageiros* (10,17-23a). Nesta cena, as linhas das duas cenas anteriores são unidas. **17.** *no seu íntimo, hesitava:* a visão de Pedro é mostrada agora como um enigma, quer tenha sido essa a intenção, ou não, quando foi relatada pela primeira vez (cf. K. Löning, *BZ* 18 [1974] 11); sua solução deve se seguir na interpretação figurativa que Pedro depreende de acontecimentos subsequentes (v. 28). **19.** *o Espírito:* com o apóstolo perplexo e com a chegada dos mensageiros, uma nova intervenção do alto é necessária para reunir os principais implicados, de tão pontualmente que a intervenção divina está assinalada ao longo do relato. Estranhamente, quem fala não faz referência à visão anterior, o que pode confirmar que esta tenha sido acrescentada posteriormente ao contexto (com os vv. 17a.19a.). **23a**. Pedro, mesmo sendo hóspede, faz dos visitantes seus convidados! Assim a história se concentra em seus personagens principais.

62 (iv) *Acontecimentos na casa de Cornélio* (10,23b-48). **23b**. *irmãos que eram de Jope:* 11,12 diz que eles são seis, e são importantes testemunhas do que se segue (10,45). **24**. *seus parentes e amigos mais íntimos:* se este relato fosse uma "lenda fundacional" da igreja local, estas pessoas seriam, presumidamente, os primeiros cristãos de Cesareia (Haenchen, *Acts* 361). **25**. *prostrou-se a seus pés:* a prostração diante do apóstolo, que ele repele aqui, tornar-se-á um gesto comum do suplicante no livro apócrifo de Atos (*p.ex.*, Atos de Pedro), o que não limitará seus heróis ao *status* de meros seres humanos. Cf. 14,11-15; 28,6. **27-29**. Caso se considere a visão de Pedro um acréscimo alheio ao relato mais antigo, estes versículos, que incluem a solução específica para o enigma da visão (v. 28), também têm de ser um acréscimo. **27**. *falando amigavelmente com ele:* há pouco espaço para isso, tendo em vista a pergunta feita por Pedro no v. 29b. **28**. *a nenhum ser humano se deve chamar de profano ou impuro:* o termo *anthrōpon* revela o significado alegórico atribuído aos animais vistos por Pedro. "comum ou impuro" é uma *hendíadis*; o que é "comum" é acessível e permissível a todos, daí a matriz de de "profano", "não santo". **29b**. Esta pergunta talvez retome a narrativa original do v. 26 (Dibelius). Como o v. 21, ela introduz uma repetição dos vv. 1-8 em discurso direto e parece um tanto obtuso depois de tudo que Lucas já nos contou.

63   O sermão de Pedro (10,34-43). Em nenhum outro lugar a questão da tradição *versus* composição lucana se levanta de forma mais aguda do que nesta passagem, que altera tanto o início quanto o final do esquema de discurso missionário que passamos a conhecer nos caps. 2 e 3 (→ 7 *acima*). No lugar da familiar conclamação ao arrependimento aparece um querigma de perdão universal sob os auspícios daquele que foi nomeado juiz do mundo (vv. 42-43), combinando com a conclusão do discurso de Paulo aos atenienses gentílicos (17,30-31) e com o argumento de 1Ts 1,10. O querigma ampliado sobre Jesus começa, diretamente, com o conceito da "boa nova" de Deus para Israel (v. 36), baseado em Is 52,7 (Na 2,1), associando, assim, o "evangelho" (particípio *euangelizomenos*) com um relato esquemático da atividade terrena de Jesus após o batismo de João (v. 37), assim como Marcos (1,1) aplicaria o termo *euangelion* a seu relato da vida pública de Jesus. A questão crucial tem a ver com a seguinte pergunta: este sermão representa um padrão de pregação tradicional a partir do qual se desenvolveram os evangelhos sinóticos (C. H. Dodd, *New Testament Studies* [Manchester, 1953] 1-11; P. Stuhlmacher, in *Das Evangelium* [→ 65 *abaixo*] 22-23, 181-82; Guelich, "Gospel Genre" [→ *abaixo*] 208-16), ou Lucas remoldou o querigma petrino num esboço do evangelho narrativo na própria versão literária lucana (Wilckens, *Missionreden* 69; Weiser, *Apg.* 258-59)? A primeira posição provavelmente atribui importância demasiada à indubitável camada de tradição subjacente ao sermão, pois a influência de Lucas é acentuada no trecho todo (proposta de Roloff, *Apg.* 167-68). **34-35**. Uma palavra de reconhecimento por parte de Pedro conecta o discurso à situação. Considerado por alguns como o clímax da lenda original (Bauernfeind, Löning), este trecho nunca está, mesmo assim, repleto de expressões lucanas. *Acepção de pessoas:* Acerca do termo *prosōpolēmptēs*, veja o comentário sobre Rm 2,11. O antônimo deste termo é *kardiognōstēs*, "conhecedor dos corações" (15,8; cf. 1Ts 2,4). O padrão de pensamento universalista remonta a Paulo. **36-37**. A gramática está confusa neste trecho. Melhor do que fazer do termo "palavra" o objeto direto do termo subsequente "sabeis" (v. 37) ou eliminar "que" como se fosse um erro do copista, é melhor que se entenda isto como uma aposição à oração com "que" na afirmação anterior (v. 34), e, desse modo, como continuação do solene "dou-me conta" (Schneider, *Apg* 2. 75-76). O versículo 37 é, então, um novo período. O conteúdo do termo "a palavra" é, em todo caso, a confissão "ele é o Senhor de todos", que deve ser entendido à luz de Rm 10,12 e do credo dos cristãos de fala grega, que fizeram de *Kyrios* o nome do ainda não disponível *Pantokratōr* (v. 42; cf. Hengel, *Acts* 104-5). *dando-lhes a boa nova da paz:* a tradição da profecia escatológica baseada em Is 52,7 e 61,1 (v. 38) foi aplicada ao ministério de Jesus com ênfase redobrada no Evangelho de Lucas (7,22; 4,17-20), e sua comissão de discípulos como arautos da "paz" na mesma tradição era proeminente na instrução missionária (Lc 10,5-6). *começando pela Galileia:* com o v. 39, esta expressão forma a delimitação geográfica da tradição autêntica de Jesus, ajustada para autorizar o testemunho apostólico (13,31), assim 1,22 o fez em termos cronológicos. A menção do batismo tem relevância particular para a "repetição" do Pentecostes nos vv. 44-46, já que João Batista foi tornado o profeta do Pentecostes em 1,5 (cf. 11,15-16). Portanto, o querigma de Pedro não é tão irrelevante para seu contexto narrativo, como pensava Dibelius (*Studies* 162). **38.** *Deus o ungiu:* a alusão a Is 61,1 lembra a investidura de Jesus com o "poder" do Espírito por ocasião de seu batismo (Lc 3,22; 4,14.18). Isto introduz *topoi* do "homem divino" helenístico (Conzelmann, *Apg.* 73), apresentando o ministério de Jesus como suas "testemunhas" o levam adiante (v. 39). Para elas, assim como para ele (2,22), feitos poderosos são a prova da ação salvadora de Deus por meio de agentes terrenos. **39.** *suspendendo-o:* cf. 5,30. **40-41.** *concedeu-lhe que se tornasse visível:* Lc 24,31.45 oferece um comentário sobre esta expressão incomum, que serve ao foco do querigma na ação soberana de Deus. Quanto à alternância lucana dos apóstolos e de um círculo mais amplo de testemunhas pascais no centro do palco, veja o comentário sobre 1,2. **42.** *ao povo:* a responsabilidade especial dos Doze para com Israel (*ho laos*) é reafirmada (cf. 13,31; comentário sobre 1,21). *juiz dos vivos e dos mortos:* a universalidade do julgamento de Jesus, bem como de seu senhorio (v. 36), é, assim, um tema que enquadra o sermão e seu ponto principal de conexão com o contexto (também o v. 43: "todo aquele que nele crer"). **43.** Este versículo completa a repetição do texto de Lc 24,44-48.

64 Recebimento do Espírito e batismo (10,44-48). **44.** *ainda falando:* será que 11,15 lembra, então, um estágio da tradição de Cornélio em que o discurso de Pedro ainda estava faltando? Ficaram estupefatos: o verbo aqui enfatiza a ação imediata do Espírito, de forma que o caráter do "dom" (v. 45) se torna independente até mesmo do batismo (v. 48; cf. comentário de 8,14-17). *desceu:* o verbo enfatiza a ação não mediada do Espírito e, por conseguinte seu caráter de "dom" (v. 45), independente até do batismo (v. 48; cf. comentário sobre 8,14-17). **45.** *se derramara:* este verbo é um reflexo explícito da profecia de Joel aplicada ao Pentecostes (2,17-18.33); em 11,15 vai enunciar de maneira formal a conexão implícita aqui (v. 47). **46.** *falar em línguas:* a frase seguinte faz com que isto vá além da mera glossolalia, como em 19,6 (cf. o comentário sobre 2,4). **47.** *poderia alguém recusar:* aqui está o alvo das diversas observações do relato sobre o controle divino de sua ação. O Espírito moveu, e a instituição só pode seguir (cf. 11,17). **48.** *que permanecesse:* a viagem de Pedro cria o espaço e o assunto para o que segue.

65 (v) *A justificativa de Pedro em Jerusalém* (11,1-18). Esta seção dá à história de Cornélio seu *status* fundacional e seu pelo contexto lucano. **2.** *os que eram da circuncisão: i.e.*, judeus cristãos, não uma facção (15,5), embora falte o adjetivo "fiéis" (10,45). **3.** *co-*

meste com eles: isto não foi mencionado no cap. 10, mas isso não significa que uma fase da antiga história tenha sido eliminada (é o que propõe K. Löning, *BZ* 18 [1974] 10-11). A comunhão de mesa é a mais grave afronta à sensibilidade mosaica cometida por alguém que se torna convidado na casa de um gentio (10,48). Esta era também a questão em Gl 2,12 (K. Haacker, *BZ* 24 [1980] 240). **4.** *ponto por ponto:* cf. Lc 1,3. Como no prólogo do Evangelho, a "ordem" é aquela da lógica da história da salvação, não uma cronologia mecânica. **5-14.** O relato de Pedro abrange a história do ponto de vista dele, e o autor molda a amplitude da história para que ela corresponda à sua própria perspectiva. **15.** *apenas começara eu a falar:* visto que o sermão que ouvimos a esta altura era para nosso consumo como leitores, ele pode ser omitido da revisão dos acontecimentos essenciais (cf. o comentário sobre 10,45). *no princípio:* Pentecostes adquire *status* de *archē* comparável ao batismo de Jesus por João Batista (1,22): nos dois eventos, o Espírito inaugurou as fases sucessivas da história de Lucas. **16.** Pedro recorda a profecia de João Batista que originalmente conectava os dois "princípios" (1,5). **18.** *também aos gentios:* este é o resultado final do relato para a história de Lucas, a autorização definitiva de sua nova fase (Zingg, *Wachsen* 197).

(Bovon, F., "Tradition et rédaction en Actes 10,1-11,18", *TZ* 26 [1970] 22-45. Busse, U., *Die Wunder des Propheten Jesus* [FB 24; Stuttgart, 1977] 337-72. Dibelius, *Studies* 109-22. Dietrich, *Petrusbild* [→ 19 *acima*] 256-95. Dupont, *Études* 75-81; *Salvation* 24-27. Guelich, G., "The Gospel Genre", *Das Evangelium* [ed. P. Stuhlmacher] 183-219. Haacker, K., "Dibelius und Cornelius", *BZ* 24 [1980] 234-51. Löning, K., "Die Korneliustradition", *BZ* 18 [1974] 1-19. Nellessen, *Zeugnis* [→ 19 *acima*] 180-97. Stuhlmacher, P., "Zum Thema: Das Evangelium und die Evangelien", *Das Evangelium* 1-26; "Das paulinische Evangelium", *ibid.* 158-82; idem (ed.), *Das Evangelium und die Evangelien* [Tübingen, 1983]. Wilckens, *Missionsreden* 46-50, 63-70.)

66 (D) Entre Jerusalém e Antioquia (11,19-12,25). Lucas interrompeu o relato sobre os helenistas fugitivos deliberadamente a fim de introduzir os acontecimentos ao quais atribui importância fundacional para a missão mundo afora: as conversões de Saulo e de Cornélio. Agora ele pode continuar contando a história dos refugiados, já que o início que estão prestes a estabelecer (v. 20) foi introduzido com segurança na "tradição apostólica" pelo "desvio" feito em 9,1-11,18. O laço firme entre a primeira igreja gentílica, Antioquia, e a igreja-mãe apostólica será o tema redacionial dessa nova seção, que contará com a visita de "inspeção" feita pelo delegado de Jerusalém, Barnabé, sua condução de Saulo a Antioquia e a missão conjunta deles para levar o auxílio finaceiro da nova comunidade a Jerusalém. Essa missão, na verdade, parece moldar a narrativa da perseguição e libertação da igreja apostólica no cap. 12, limitada por 11,30 e 12,25. Lucas recorrerá aqui a tradições diversas, as quais ele reúne em um quadro geral; dificilmente está utilizando uma "fonte antioquena" integral (não obstante a opinião contrária de Hengel, *Acts* 99; cf. Weiser, *Apg.* 275).

(a) *A primeira igreja da missão entre os gentios* (11,19-30). **19.** *aqueles que haviam sido dispersos:* a conexão com 8,1.4 é feita redacionalmente, retomando o fio do relato sobre os helenistas. Sua trajetória conduziu pela costa do Mediterrâneo ao norte da Palestina (Fenícia) e à ilha de Chipre, a seguir, à capital do governo provincial romano da Síria, Antioquia junto ao Orontes, onde havia uma forte comunidade judaica (veja W. A. Meeks e R. Wilken, *Jews and Christians in Antioch* [SBLSBS 13; Missoula, 1978] 1-18). O fato de que somente judeus eram evangelizados é o prólogo de Lucas para o relato que se segue. **20.** *também aos gregos:* apesar da leitura autoritativa "helenistas" no manuscrito B, que é rejeitada por comentadores com a mesma frequência com que é preferida por editores (*p.ex.*, N-A[26]), a melhor opção é *hellēnas*, "gregos", contrapondo-se adequadamente a *Ioudaiois*, "judeus", no v. 19 (Zingg, *Wachsen* 205-7). Deparamo-nos aqui com o material da fonte de Lucas, pois a narrativa não toma conhecimento do precedente de Cornélio. O versículo 21 generaliza de forma típica as informações como prova da força divina que impulsiona a missão. **22-24.** Barnabé (4,36) faz uma visita que, como 8,14, garante os laços da nova igreja com a igreja-mãe. **25-26.** É difícil acreditar que Barnabé tenha conduzido Saulo partindo de sua cidade natal; isto parece um estratagema de Lucas para retomar o fio pendente da missão de Saulo (9,30; mas cf. Gl 1,21) e para reiterar sua subordinação à igreja apostólica (cf. 9,27; Schneider, *Apg.* 2. 88, 91-92). No entanto, que Barnabé e Saulo estavam entre os profetas e mestres de Antioquia é assegurado pela listagem tradicional em 13,1. *cristãos:* o uso deste nome por pessoas de fora atesta que o "povo de Cristo" se destacou pela primeira vez como uma seita distinta do judaísmo em Antioquia (veja Meeks e Wilken, *Jews* 15-16; Zingg, *Wachsen* 217-22). **27.** *profetas:* Jerusalém é inclusive a fonte do carisma profético (1Cor 14,1.3) em sua congregação-filha. Quanto aos profetas itinerantes no protocristianismo, veja G. Theissen, *Sociology of Early Palestinian Christianity* (Philadelphia, 1978). **28.** *Ágabo:* veja 21,10. *uma grande fome:* esse assunto e sua dimensão universal se encaixam nas convenções da profecia apocalíptica; cf. Mc 13,8; Ap 6,8. (Para uma possível referência histórica, → Paulo, 79:11.) **30.** *aos anciãos:* abruptamente e sem apresentação, encontramo-nos com os líderes pós-apostólicos da igreja-mãe (15,2-6.22-23; 16,4; 21,18). Esta suposta visita de Saulo a Jerusalém não pode ser identificada nem com sua primeira (9,26; Gl 1,18) ou sua decisiva visita para o concílio (15,2; Gl 2,1); o relato de Paulo em Gálatas exclui outras. Esta missão de assistência dificilmente é uma invenção de Lucas, mas a participação de Saulo pode ser (→ Paulo, 79:25).

67 (b) *A perseguição de Herodes e a fuga de Pedro* (12,1-25). A proteção divina do apóstolo e a vingança contra o perseguidor são o extraordinário contraponto desta seção, que está colocada entre o envio e o regresso dos enviados à Antioquia (de maneira semelhante Mc 6,7-13,30). Sua peça central é o relato do livramento (vv. 6-11), que narra com entusiasmo os efeitos do milagre sobre outros crentes (vv. 12-17) e sobre os soldados (vv. 18-19), e tudo isso dentro de uma estrutura formada pelo relato sobre o fatídico Agripa (vv. 1-5.20-23). Tanto a libertação de Pedro quanto a morte do rei ímpio são narradas em formas convencionais conhecidas a partir da literatura de propaganda religiosa (Weiser, *Apg.* 284-86). **1.** *o rei Herodes:* Herodes Agripa I, neto de Herodes Magno (→ História, 75:173). **2.** *Tiago:* filho de Zebedeu (→ Pensamento do NT, 81:139). Tendo a missão entre os judeus da Palestina para atrás, não haverá tentativa de substituir Tiago, como aconteceu com Judas (1,15-26), no círculo dos Doze. **6-19.** A libertação de Pedro, com seu efeito intensificado pelos "quatro piquetes" que o guardavam (v. 4) e pressagiada pela oração da igreja (v. 5), faz parte do gênero de resgates pela epifania divina, que sustenta a validade de uma revelação por ela ter prevalecido sobre poderes humanamente insuperáveis da natureza ou do Estado (cf. 5,17-25; 16,25-34; Theissen, *Miracle Stories* [→ 37 *acima*] 99, 101). As cores locais e referências pessoais nominais (vv. 12-13) indicam que essa história chegou até Lucas junto com outras "histórias sobre Pedro" e foi possivelmente remodelada por ele ao compor 5,17-25 (→ 40 *acima*). **11.** *expectativa do povo judeu:* esta afirmação, que traz a avaliação do milagre pelo autor, documenta o desenvolvimento adicional do processo que começou no apedrejamento de Estêvão: a defecção "do povo" que havia acolhido o ministério apostólico (2,47; 5,13) aos judeus descrentes e, com isso, a missão do "verdadeiro Israel" aos gentios (W. Radl, *BZ* 27 [1983] 83-84). **12.** *João, o que tem o cognome de Marcos:* cf. 1,25; 15,37; → Mc 41,2. **17.** *Anunciai isto a Tiago:* este é "o irmão do Senhor" (Gl 1,19) que surgirá como líder da igreja de Jerusalém à medida que os apóstolos forem desaparecendo das páginas de Lucas (cf. 15,13; 21,18; → Pensamento do NT, 81:143). **20-23.** Cf. o relato da morte de Herodes Agripa em Josefo, *Ant.* 19.8.2 § 343-54 (→ História, 75:176). O destino do rei é merecido porque o pecado do perseguidor é o mesmo daquele que blasfema: contenda com Deus (5,39). **24-25.** Estrutura de Lucas (cf. 11,30). **24.** Um resumo a respeito do crescimento avalia o fim do perseguidor (cf. 9,31). Já que os judeus não crentes apoiavam o rei (v. 3), o fim da ameaça dele à igreja coincide com o fim do confinamento da igreja no judaísmo – uma espécie de implicação simbólica da libertação de Pedro (W. Radl, *BZ* 27 [1983] 87). **25.** *Barnabé e Saulo regressaram:* a ligação com 11,30 requer a expressão "de Jerusalém", mas os manuscritos estão divididos entre "de" (*ex* ou *apo*) e "para" (*eis*, que também pode significar "em" no grego do NT); → Paulo, 79:25. Visto que os melhores códices trazem *eis* e são a *lectio difficilior* [leitura mais difícil], pode-se relacioná-lo com *plērōsantes*, "tendo completado seu serviço *em* Jerusalém", deixando "regressaram" sem destino (como em 8,28; 20,3). Outros exemplos em que uma forma do aoristo finito de *hypostrephein* é deixada sem complemento adverbial, quando uma oração preposicionada é construída com um particípio subsequente, são Lc 12,25; 10,17; ambos são exemplos da liberdade estilística deste autor (cf. Dupont, *Études* 235-41, juntamente com Haenchen, Schneider e Weiser).

(Dupont, *Études* 217-41. Hengel, *Acts* 99-107. Radl, W., "Befreiung aus dem Gefängnis", *BZ* 27 [1983] 81-96. Zingg, *Wachsen* 180-228.)

68 (E) A primeira viagem missionária de Paulo (13,1-14,28). Com base na utilização literária que Lucas faz de suas matérias-primas, diferenciam-se convencionalmente três "viagens" em suas narrativas das missões de Paulo (→ Paulo, 79:28-45): (I) caps. 13-14, na companhia de Barnabé e limitada à Chipre e ao sudeste da Ásia Menor; (II) 15,40-18,22, com estações principais na Grécia, tendo apenas Paulo como protagonista; (III) 18,23-21,16, duvidosamente articulada no começo, cobrindo a Ásia Menor e a Macedônia, terminando em Jerusalém. Embora as missões II e III tenham um bom suporte nas cartas de Paulo (→ Paulo, 79:6), a missão I nunca é mencionada por ele (mas veja Gl 1,21-23), assim como ele não fala de uma atividade missionária na companhia de Barnabé (mas veja Gl 2,1). Com base nisso, alguns estudiosos duvidam da historicidade da missão I (Conzelmann, Schneider), mas a mesma sequência de Antioquia (da Pisídia) (13,14-50), Icônio (13,51-14,5) e Listra (14,6-20) é atestada, independentemente de Lucas, em 2Tm 3,11. Em vista deste resquício de um itinerário e das diversas tradições que Lucas encontrou associadas a ele, muitos defendem atualmente a missão I como um registro corretamente situado, mas fragmentado, do intervalo de treze anos mencionado em Gl 1,21; 2,1 (Hengel, *Acts* 108-10; Roloff, *Apg.* 194-95; Weiser, *Apg.* 308-10). Naturalmente, esta seção não pretende nos transmitir informações; ela serve ao leitor de Lucas como uma introdução ao método e à sequência da atividade de Paulo ("Em primeiro lugar o judeu, mas também o grego", cf. Rm 1,16!), acentuando, dessa forma, a questão crucial a ser resolvida pelo Concílio de Jerusalém (cap. 15).

69 (a) *O prelúdio da viagem* (13,1-3). **1.** *profetas e doutores:* a lista dos "profetas e doutores" residentes da congregação de Antioquia é proveniente da tradição de Lucas e está de acordo com listas das principais funções comunitárias em Rm 12,6-7; 1Cor 12,28. Fora Barnabé e Saulo, os demais nos são desconhecidos. A reticência de Paulo sobre os seus laços com a Antioquia nas cartas, onde a cidade é mencionada apenas uma vez, deve ter sua razão de ser na fatídica divisão de caminhos que lá ocorreu (Gl 2,11-14). **2-3.** Este relato solene e estilizado do envio dos dois missionários mostra claramente o punho de Lucas (Weiser, *Apg.* 304-5), mas se baseia em indícios históricos sólidos da parceria deles como enviados de Antioquia (Gl 2,1.9) e apóstolos companheiros (1Cor 9,6; At 14,4.14). Na realidade, a definição inicial do apostolado como delegação por parte do Senhor ressurreto está espelhada nesse relato de vocação pelo Espírito. **2.** *celebrando eles o culto:* o sentido cultual de *leitourgein*, "executar um serviço", é favorecido pela mimese da LXX por parte de Lucas (cf. Ex 28,35.43; 29,30; Nm 18,2). A revelação foi transmitida por uma declaração profética na assembleia reunida para o culto (cf. 1Cor 14,26-33). **3.** *impuseram-lhe as mãos:* é difícil conectar esse ritual com o período em questão, mesmo como um comissionamento segundo o modelo rabínico do *šālîah*, "emissário comissionado" (→ Pensamento do NT, 81:150-152; contra a opinião de J. Coppens, in *Les Actes* [ed. J. Kremer] 417-20). Aqui ele é no máximo uma benção dada por iguais (v. 1), certamente não um rito de ordenação (Schneider, *Apg.* 2.115). Como em outros casos (6,6; 8,17; 19,6), Lucas pode estar retrojetando a prática ritual mais ampla de sua própria época (Roloff, *Apg.* 194).

70 (b) *Um confronto vencido por Paulo em Chipre* (13,4-12). **4.** *enviados:* o Espírito Santo dá início à viagem em que, por sua avaliação final, Deus "abriu aos gentios a porta da fé" (14,27). **4-5.** Selêucia era o porto marítimo de Antioquia, cerca de 25 km de distância, e Salamina era o porto leste da ilha de Chipre, terra natal de Barnabé (4,36). *nas sinagogas:* esse esquema de "primeiro os judeus" (13,46) será rompido programaticamente pela conversão do procônsul (v. 12). *João como auxiliar:* seu papel modesto afasta a ideia de desgosto no v. 13. **6.** *mago:* a missão se confronta com seu concorrente na arena da taumaturgia e da adivinhação, estando ambas as atividades incluídas numa acepção helenística abrangente de *magos* (A. Nock, in *Beginnings* 5. 175-82). O nome duplo e a posição dupla do adversário (v. 8) poderiam resultar de uma fusão de tradições (Dibelius, *Studies* 16), mas não necessariamente (Weiser, *Apg.* 313). **7.** *Sérgio Paulo:* o procônsul, residente da capital da província, Pafos, aparentemente tinha o feiticeiro em sua comitiva; mas, como "homem prudente", não está em boa companhia. O fato de homens tão proeminentes terem aceito o evangelho serve de apologia dele como movimento socialmente respeitável (Haenchen, *Acts* 403). **8.** *Elimas:* a etimologia do segundo nome é desconhecida, mas a questão em disputa é inequívoca: os "caminhos" do Senhor (v. 10) contra a charlatanice. **9.** *Paulo:* a passagem do nome judeu, Saulo, para o nome romano (→ Paulo, 79:3) coincide com a primeira conversão das viagens missionárias. Daqui em diante, "Saulo" só reaparece em repetições da sua conversão (caps. 22, 26). **9-11.** *repleto do Espírito Santo:* Paulo substitui agora Pedro e Estêvão (4,8; 6,5) como "portador do Espírito" exemplar. Primeiramente, ele realiza um escrutínio pneumático do pecador (cf. 8,20-23), a seguir, executa algo assim como que um "milagre por violação de normas" (cf. 5,1-11), reforçando a severidade divina contra a magia. Não obstante, visto que a cegueira do mago tem duração limitada ("por um tempo"), o milagre parece visar ao arrependimento e não à retribuição (cf. 5,5.10).

71 (c) *Missão e rejeição em Antioquia da Pisídia* (13,13-52). Os versículos 13-14a, que transportam a cena para o território continental da Ásia Menor, também colocam Paulo na posição de ator principal ("Paulo e seus companheiros"). Os versículos 14b-43 e 44-52 constituem um "episódio dramático" com duas cenas relacionadas, situadas em sábados sucessivos (vv. 14.44). A primeira cena apresenta o único sermão missionário de Paulo dirigido a ouvintes judeus (vv. 16-41); a segunda traz "quase toda a cidade" para ouvir os missionários, que agora se deparam com a rejeição blasfema dos judeus e são forçados a sair da cidade. O contraste incisivo entre os ouvintes ansiosos da primeira cena (vv. 42-43) e os antagonistas ciumentos da segunda (v. 45) não é explicado pela narrativa porque sua lógica é aquela subjacente a todo o livro de Atos: a Palavra é dirigida primeiramente aos judeus por necessidade histórico-salvífica, e sua rejeição por parte deles é que origina a missão aos gentios (v. 46). Lucas ilustra este teorema, herdado de Paulo (Rm 11,11-12), em um episódio bipartido que abre as portas para todo o trecho paulino do livro de Atos (cf. 18,6; 28,26-28; Radl, *Paulus* 92-94; Haenchen, *Acts* 417). Neste sentido, ele se compara com a pregação inaugural de Jesus em Nazaré (Lc 4,16-30), a qual é estruturada de forma semelhante: instrução na sinagoga no sábado, reações públicas constrastantes, argumento escriturístico para a missão além das fronteiras de Israel e a fuga do pregador da cidade. Ambos os episódios enunciam o programa do ministério inaugurado por eles, e seu paralelismo implica continuidade essencial dos dois ministérios (Radl, *Paulus* 385-86).

(i) *Mise-en-scène e sermão* (13,13-43). **13.** A separação de João: cf. 15,37-38. **14.** *Antioquia da Pisídia:* Centro administrativo para a província romana da Galácia, com uma comunidade judaica relativamente grande, mas que só podia ser alcançada a partir de Perge (a 160 km de distância) atravessando montanhas perigosas. *entrando na sinagoga:* que esta seja invariavelmente a primeira visita de Paulo numa cidade (9,20; 14,1; [16,13]; 17,1-2.10.17; 18,4.19; 19,8) se baseia numa boa probabilidade histórica, mas se tornou, para Lucas, uma expressão estereotipada do teorema do v. 46. **15.** *palavra de exortação:* esta palavra após as leituras corresponde ao protocolo da sinagoga. Cf. Hb 13,22.

72 O sermão de Paulo (13,16-41). O texto pode ser claramente dividido em seções marcadas por repetições de palavras de saudação (vv. 16.26.38); daí: (1) um resumo da história do AT, a era da promessa (vv. 16-25); (2) o querigma sobre Jesus com argumento escriturístico demonstrando o cumprimento da promessa (vv. 26-37); (3) a conclamação conclusiva à fé e ao perdão (vv. 38-41), em conformidade com o esquema de sermões anteriores (2,38-40; 3,19-26). O resumo do AT nos faz lembrar a matéria-prima do discurso de Estêvão (→ 45 *acima*), ainda que aqui a moldagem do texto por Lucas seja óbvia na ênfase concontrada na ação de Deus como prelúdio característico do querigma teocêntrico sobre Jesus. Além disso, a demarcação do período do AT depois de João Batista (vv. 24-25) é coerente com a fronteira traçada em Lc 16,16 (cf. Mt 11,13). O pregador, entretanto, não faz a segregação dos dois períodos; o acontecimento-Jesus faz parte da história de Israel (v. 23), e é por isso que ele precisa ser proclamado "primeiro" a Israel (v. 46). As "dobradiças" deste argumento são os vv. 23.26.32-33.38 (Dupont, *Etudes* 359; Buss, *Missionspredigt* [→ 76 *abaixo*] 30); cada versículo tem as funções de ligar, retomar e atualizar os assuntos. Eles fazem da história da salvação recitada por Paulo um querigma para o presente; "a história de Israel até a situação do pregador é uma unidade viva", fundamentada na fidelidade de Deus para com sua promessa (*ibid.* 25).Em vez de tratar trechos desta argumentação, seja o resumo histórico (Kliesch) ou a cadeia escriturística davídica (Bowker, Ellis), como chave para a concepção geral e origem do sermão, é melhor vê-lo essencialmente como uma composição lucana que usou habilidosamente esses ingredientes tradicionais para construir uma afirmação em que Paulo pode ilustrar o "primeiro" princípio de sua atividade (v. 46; segundo Buss, Weiser).

73 A era da promessa (vv. 16-25). **16.** *que temeis a Deus*: agora a expressão tem seu significado técnico (veja o comentário sobre 10,2): trata-se de gentios que frequentavam a sinagoga devido a uma congenialidade filosófica com o judaísmo, mas sem a circuncisão ou um compromisso total com a lei mosaica (veja também v. 26). Esta classe de pessoas era um solo particularmente fértil para a missão cristã. **17.** *deste povo, [...] Israel*: o pronome demonstrativo faz com que a assembleia da sinagoga seja representante de todo o "povo" (v. 15), e Paulo inicia com o tema de sua eleição, que se reflete no termo honorífico "homens de Israel" (v. 16). Isto já assenta o fundamento do *prōton*, "primeiro", no v. 46, e é típico do sermão que tem como foco constante sua situação presente. **18.** *cercou-os de cuidados:* os manuscritos hesitam entre o verbo *etrophophorēsen* e o termo pejorativo *etropophorēsen* ("aguentar"), e a diferença é feita pela troca de uma consoante (*phi* por *pi*). Em Dt 1,31 (LXX) é usado o primeiro termo, e ele está em consonância com o tom positivo do resumo de Lucas (em contraste com 7,2-49). **19.** *sete nações:* cf. Dt 7,1. **20.** *quatrocentos e cinquenta anos*: aparentemente uma cronologia estranha para toda a sequência desde o v. 17, incluindo os 400 anos anteriores ao êxodo (Gn 15,13). **20b-22.** Ainda que nenhum patriarca ou juiz tenha sido nomeado, agora ouvimos os nomes conectados com o início da dinastia real de Israel, cuja tradição fornece o argumento central do sermão tirado da profecia (vv. 23. 33-37). O papel de Samuel (cf. 3,24) na inauguração da linhagem real combina com o de João Batista, que é o arauto de Jesus como o último da linhagem dos profetas antigos (vv. 24-25). **22.** *suscitou-lhes Davi:* o uso do verbo *egeirein* serve, junto com o v. 23, para fazer de Davi um tipo de Jesus (v. 30). O testemunho de Deus para Davi combina o Sl 89,21 e 1Sm 13,14, sendo esta última passagem uma profecia de Samuel. **23.** *da sua descendência:* a influência de 2Sm 7,12 é clara; mas não é tão claro que todo o resumo desde v. 17 constitua um comentário midráshico sobre o oráculo completo de Natã (como propõem Lövestamm e Dumais). *conforme a promessa:* visto que esta foi dada "a nossos pais" (v, 32), não pode se referir apenas ao oráculo de Natã (2Sm 7). Ela inclui todas as promessas veterotestamentárias de um "salvador", que se cumpriram com a ressurreição do descendente de Davi (v. 33; 26,6-8; Buss, *Missionspredigt* [→ 76 *abaixo*] 46). **24.** *antes da sua entrada:* literalmente, "antes da face de..."; esta expressão é um excelente exemplo de mimese lucana (→ 8 *acima*). **25.** *estando João para terminar:* isto coincide com o final da "Lei e dos Profetas", de acordo com Lc 16,16. Cf. 20,24; Lc 3,16.

74 O querigma sobre Jesus (vv. 26-37). Neste trecho nos deparamos com material já amplamente familiar a partir dos sermões petrinos. **26.** *a nós:* correspondente a "a Israel" do v. 23, esta expressão reitera a identificação dos ouvintes da palavra feita nos vv. 16-17. **27.** Veja o comentário sobre 3,17-18 (também 15,21). Diferentemente de Pedro em Jerusalém, Paulo não pode acusar os ouvintes da Diáspora pelo assassinato de Jesus nem convidá-los ao arrependimento por este ato; daí a alteração do esquema nos vv. 38-41. Ainda assim, Jerusalém agiu efetivamente de acordo com o plano (Lc 13,33) como representante de um povo constante desobediente (7,51-53; 15,10). **28.** Cf. 3,13-14. **29.** *depuseram num túmulo*: isto parece ignorar o serviço do piedoso homem de Arimateia (Lc 23,53), mas a alusão ao Dt 21,22-23, com que nos deparamos antes (5,30; 10,39), provavelmente estimulou o acréscimo do sepultamento a "retiraram-no do madeiro" entre os atos culposos de Jerusalém. A troca de ator pode agora ser retoricamente mais eficaz no v. 30. **31.** Veja o comentário sobre 1,21-22 (também 1,3). **33.** *Deus a realizou:* a forma contundente do pretérito perfeito mostra que Lucas conhecia apenas duas eras da história, a da promessa e a do cumprimento, e todos os israelitas que vivem na segunda era estão no "nós, seus filhos". *ressuscitando Jesus:* isto se refere inequivocamente ao acontecimento pascal (cf. 26,6-8), assim como também o faz o Sl 2,7 (Rese, *Motive* 81-86), cuja contribuição para o querigma pascal já pode ser observada em Rm 1,4 (cf. Hb 1,5). Paulo cita o salmo como um passo no raciocínio que mostra que a ressurreição é o cumprimento da antiga promessa neste descendente de Davi. O oráculo de Natã, que promete a adoção filial do descendente (2Sm 7,14), é o fulcro claro desta lógica (cf. v.V 23). **35.** *as coisas santas:* este fragmento de Is 55,3 (LXX) poderia estar ligado ao Sl 16,10 LXX (v. 35) pela palavra-chave *hosios*, "santo". Visto que sua citação é introduzida pela afirmação de que o Ressurreto não "tornará à corrupção", deve-se supor que as bênçãos davídicas incluíam a promessa de Natã acerca do reinado eterno de seu descendente (1Sm 7,13.16), não apenas para o Ressurreto. A expressão "Eu vos darei" reafirma que as bênçãos são destinadas a todo o povo (vv. 23.33), e não apenas ao Ressurreto; e disto depende o nexo lógico com o v. 38. **36-37**. Cf. comentário sobre 2,25-31.

75 Exortação (vv. 38-41). **38**. *é por ele*: aqui está o sentido do nexo lógico afirmado pelo termo grego *oun*, "pois": o herdeiro ressurreto de Davi é aquele "pelo qual" o perdão é proclamado a estes ouvintes (cf. 3,22-26; 26,23; Buss, *Missionspredigt* [→ 76 *abaixo*] 124). O relacionamento paralelo entre os termos *dia touto* e *en toutō* (v. 39) sugere que atribuamos o mesmo sentido instrumental a ambos. Paulo, pregando o perdão "em seu nome" para completar o plano de salvação (Lc 24,27), atua *in persona Christi* [como representante de Cristo], assim como os milagres são realizados em seu nome (3,12.16). *pela lei de Moisés*: à lei não se atribui sequer um poder de justificação parcial (contra P. Vielhauer, in *StLA* 41-42), pois esta oração explica o anúncio de "perdão dos pecados" na primeira oração. Lucas está reproduzindo aqui a tradição paulina com fidelidade suficiente, embora, ao igualar "justificar" e "perdoar", ele não chegue ao nível da concepção paulina (cf. Rm 6,7; 1Cor 6,11; → Teologia paulina, 82:68-70.75). **41**. O uso de Hab 1,5 para reforçar a exortação de Paulo já é uma previsão de sua ampla rejeição. A repetição editorial do termo "obra" (*ergon*) parece assegurar sua referência à missão entre os gentios, prestes a se seguir à rejeição por parte dos judeus. **43**. *prosélitos praticantes*: será que isto mistura grupos separados: convertidos e não convertidos (cf. o comentário sobre o v. 16)? Talvez Lucas desejasse preparar para o v. 46 especificando que apenas judeus ouviram a instrução na sinagoga.

76 (ii) *Missionários assediados dirigem-se aos gentios* (13,44-52). **44-48**. A artificial simplificação excessiva nesta cena é óbvia mesmo para uma leitura descuidada. Ela foi tirada do programa do v. 46, que é o alvo do historiador em todo episódio de Antioquia. **45**. *inveja*: quanto à mudança de disposição mental por parte dos judeus, veja → 71 *acima*. **46**. *a vós primeiro*: toda a estrutura discursiva do sermão de Paulo ilustra este cronograma divino de salvação. **47**. Cf. o comentário sobre 1,8, onde há uma alusão ao texto de Isaías citado aqui (49,6 LXX) na comissão do Ressurreto. Estamos obviamente num marco da realização de seu plano. **48**. Estilo de Lucas por excelência. Cf. 2,47. **51**. Cf. Lc 9,5; 10,11. Este versículo se encaixa melhor na tipologia missionária do que na presente situação (cf. v. 48; 14,21-22). *Icônio*: capital da província da Licaônia (a moderna Cônia), localizada a 110 km a a sudoeste de Antioquia da Pisídia.

(BOWKER, J., "Speeches in Acts", *NTS* 14 [1967-68] 96-111. BUSS, M., *Die Missionspredigt des Apostels Paulus im pisidischen Antiochien* [Stuttgart, 1980]. DUMAIS, M., in *Les Actes* [ed. J. KREMER] 467-74. DUPONT, *Études* 337-59. ELLIS, *Prophecy* [→ 28 *acima*] 198-208. HOLTZ, *Untersuchungen* 131-45. KLIESCH, *Das heilsgeschichtliche Credo* [→ 50 *acima*]. LÖVESTAMM, E., *Son and Saviour* [Lund, 1961]. O'TOOLE, R. F., "Acts 13,13-52", *Bib* 60 [1979] 361-72. RADL, *Paulus* 82-100. RESE, *Motive* 80-93. SCHMITT, J., in *Les Actes* [ed. J. KREMER] 155-67.)

77 (d) *Diferentes acolhidas na zona central da Ásia Menor* (14,1-20).

(i) *Icônio* (14,1-7). **1**. *eles também*: *kata to auto* também poderia ser traduzido por "em conjunto", mas, visto que o modelo de missão estabelecido em Antioquia, sob a regra de 13,46, torna-se um suporte central da composição de Lucas, a expressão declararia efetivamente sua intenção se manifestasse a prioridade "igual" da sinagoga de Icônio na pauta da missão. A rápida sequência de êxito e rejeição é repetida também aqui (v. 2). **2-3**. A gramática e a lógica sugerem que a ordem destas sentenças poderia ter sido inversa no passado. Note a continuidade dos "sinais e prodígios" autenticadores (2,43; 6,8). **4**. *os judeus*: após o cisma em

Antioquia, eles se tornam, de forma cada vez mais coesa, os antagonistas principais da missão. *os apóstolos:* provavelmente neste ponto (também no v. 14) nos deparamos com a tradição lucana, já que de resto ele reserva este *status* apenas para os Doze (cf. o comentário sobre 1,21).

78 (ii) *Listra e Derbe* (14,8-20). Ao escasso elo narrativo do itinerário, Lucas acrescenta um relato de milagre (vv. 8-15a) que em sua maior parte procede da tradição, e um brevíssimo discurso (vv. 15b-17), onde nos oferece sua própria versão de um esquema que havia herdado (Wilckens, *Missionsreden* 81-91). O milagre constitui um paralelo bem próximo da cura realizada por Pedro no Templo (3,1-11), e o discurso é um ensaio do *tour de force* que acontecerá em Atenas (17,22-31); por isso, ambos servem à pedagogia de referências cruzadas de Lucas. **8-11**. A história sobre a cura tem elementos padronizados em sua forma (cf. o comentário sobre 3,1-11). Paulo toma novamente a iniciativa como homem carismático de Deus e discerne a disposição do enfermo por meio de um escrutínio pneumático. **8**. *Listra:* uma cidade a cerca de 40 km a sudoeste de Icônio, que, como mostram moedas encontradas no local, foi transformada em colônia romana por Augusto (*Colonia Iulia Gemina Lustra*). A variação entre a forma do nome no plural (v. 8) e sua forma no singular (v. 6) é repetida em 16,1-2. **12**. *deuses:* a lenda anatólica sobre Filêmon e Báucio (Ovídio, *Metamorfose*, 8.611-28) tem em comum com esta história os nomes helenizados dos deuses, o milagre em forma de epifania e a cena cultual no fim (v. 13). Hermes é, em todo caso, o nome que se aplica a Paulo como o atual "porta-voz dos deuses" de Lucas. **14**. *Barnabé e Paulo:* este protocolo, abandonado em 13,46 e a partir daqui, é ocasionado pelo v. 12. **15**. *homem:* veja os comentários sobre 10,26. **15b-17**. O breve sermão contém o convite para que as pessoas abandonem a ignorante idolatria e se voltem para o Criador que se autorrevela na natureza. Uma ideia que os pregadores protocristãos herdaram de seus homólogos judeu-helenistas (cf. 1Ts 1,9), mas não há conclusão cristológica aqui (como em 17,30-31; 1Ts 9,10), talvez porque a conversão ao monoteismo ainda estivesse ausente entre os habitantes de Listra (v. 18). Em todo caso, esta passagem é apenas uma apresentação prévia do querigma para os gentios que será ouvido em seu contexto claro no areópago (cap. 17). **19**. *judeus:* eles agora não são apenas candidatos à a missão que a recusam, mas se tornam também inimigos agressivos que a atacam. É difícil acreditar neste relato d que eles teriam viajado de regiões adjacentes para juntar esforços com pagãos supersticiosos. Cf. o comentário sobre 7.58. **20**. *Derbe:* cerca de 96 km a leste de Listra; não consta em 2Tm 3.11. Esta cidade provavelmente foi apenas mencionada no registro das viagens de Paulo usado por Lucas.

79 (e) *O retorno a Antioquia* (14,21-28). **21-22**. *Listra e Icônio:* o fato de que os viajantes visitaram de novo cidades das quais haviam sido expulsos de forma violenta sugere que Lucas construiu artificialmente o desfecho dos três últimos episódios de acordo com sua tipologia da testemunha assediada, assim como ocorreu com Jesus (cf. Lc 4,29-30). Este interesse principal é confirmado pelo conteúdo de sua exortação, que interpreta o conteúdo de Lc 24,26 existencialmente. **23**. *designaram anciãos*: é remotamente possível que este relato seja fiel ao fato (cf. 20.17), apesar de que as cartas de Paulo nunca mencionam *presbyteroi* e eles constituíam uma instituição fixa na época de Lucas (cf. 1Tm 5; Tt 1,5; 1Pd 5,1.5)? Poder-se-ia argumentar mencionando as circunstâncias especiais desta missão inicial, especialmente o papel orientador de Barnabé, que em breve se separaria de Paulo (15,39), e o mandato de Antioquia sob o qual ambos se encontravam (opinião de Nellessen, "Die Einsetzung" 184-85, 189). A maioria provavelmente proporá que Lucas retrojeta a estrutura contemporânea da igreja (Haenchen, Conzelmann, Roloff,

Weiser). **26.** *regressaram para Antioquia: i.e.,* para Antioquia da Síria. Este versículo sinaliza a conclusão literária da seção iniciada em 13,1-3. **27.** *tudo o que Deus fizera:* cf. 15,4.12; 21,19. *a porta da fé:* cf. 1Cor 16,9; 2Cor 2,12. Este versículo tira a conclusão da viagem para a continuação da história de Lucas. **28.** *não pouco tempo:* um intervalo separou o fim da viagem e o que aconteceria depois em Jerusalém. A primeira viagem missionária geralmente é datada em 46-49 d.C. (→ Paulo, 79:29).

(NELLESSEN, E., "Die Einsetzung von Presbytern durch Barnabas und Paulus", *Begegnung mit dem Wort* [Fest. H. ZIMMERMANN; ed. J. ZMIJEWSKI et al.; BBB 53, Bonn, 1979] 175-93. SCHNACKENBURG. R., "Lukas als Zeuge verschiedener Gemeindestrukturen", *BibLeb* 12 [1971] 232-47. ZINGG, *Wachsen* 240-45).

80 **(F) A conferência em Jerusalém e sua resolução (15,1-35).** O argumento de Lucas, que começou com o surgimento dos "helenistas" em 6,1 forma agora um círculo completo quando os representantes da igreja deles retornam a Jerusalém para confirmar a legitimidade da missão para os não-circuncisos. O relato de Lucas sobre estes acontecimentos inclui o mesmo encontro que Paulo relatou em Gl 2,1-10 (→ Paulo, 79:36); mas, por causa de sua concepção idílica da igreja apostólica sob a orientação firme do Espírito (v. 28), Lucas não nos fala do conflito subsequente causado pelo acordo de Jerusalém em Antioquia (Gl 2,11-14), quando Paulo repreendeu Pedro por não praticar comunhão de mesa com gentios convertidos sob a pressão dos rigoristas judaicos e cortou seus laços com Barnabé e o resto dos antioquenos (cf. Hengel, *Acts* 122-23). Esta desavença traumática, que reverbera fracamente no v. 39, foi resolvida por uma historiografia inteligente que insere a questão que estava em jogo na pauta original da conferência de Jerusalém, considerando-a solucionada. Isto é feito em dois passos: depois que o discurso de Pedro resolve a questão da circuncisão, que era o único assunto em pauta na conferência conforme o relato de Paulo (Gl 2,3 = vv. 7-11), um segundo discurso, por parte de Tiago, soluciona prematuramente a controvérsia do compartilhamento de refeições (Gl 2,12 = vv. 13-21; cf. 11,3) estabelecendo as "quatro cláusulas" de observância mínima dos gentios (vv. 20, 29), para as quais não havia espaço no relato de Paulo (Gl 2,6; cf. Strobel, [→ 85 *abaixo*] 90).

Historicamente, o "decreto" formulado por Tiago foi uma solução conciliatória para a controvérsia da mesa comum alcançado ou antes da crise em Antioquia (P. Achtemeier, *CBQ* 48 [1986] 19-21) ou, mais provavelmente, depois dela e em reação a ela (Hengel, *Acts* 117; Wilson, *Gentiles* 189-91). O fato de a solução conciliatória aparecer agora como a resolução original de Jerusalém é um *tour de force* de Lucas, reforçando sua concepção unilinear das origens da igreja (Schneider, *Apg.* 2. 189-90; Weiser, *Apg.* 368). Em consonância com isso, o precedente "clássico" da conversão de Cornélio por Pedro se torna a pedra fundamental do consenso (vv. 7. 14). Ao mesmo tempo, a parceria de Pedro e Tiago como atores decisivos da conferência, sendo Paulo reduzido a uma testemunha "amiga da corte" (vv. 4.12), assinala a saída iminente dos apóstolos de cena e a ascensão de Tiago e dos anciãos à custódia da igreja-mãe como aquela que estabelece as normas.

Teorias anteriores do tipo "copiar e colar", a respeito das fontes de Lucas para este capítulo foram superadas por estudos que salientam seu plano de composição integrador (Dibelius, *Studies* 93-101; Haenchen, *Acts* 457). Ainda assim, a questão da fonte continua de pé porque as convergências entre as informações de Lucas e as de Paulo são substanciais demais para serem ignoradas. Os discursos serão, como sempre, as afirmações mais diretas deste autor (Dömer, *Heil* 182-85), enquanto que o "decreto" deve ter vindo de sua tradição, talvez contendo a memória de uma efetiva solução conciliatória iniciada por Tiago (Roloff, *Apg.* 227).

81 (a) *Pré-história* (15,1-5). A introdução parece incluir relatos concorrentes do ímpeto imediato que levou à conferência: o advento de mestres judaizantes em Antioquia (vv. 1-2) e a irrupção da atitude mental farisaica em Jerusalém (v. 5). Dos dois, os vv. 1-2 parecem cumprir a exigência redacional de ter uma conexão com o contexto da narrativa antecedente (14,26), ao passo que o v. 5 é, mais provavelmente, o ponto onde tocamos a tradição da conferência que Lucas usou. Da mesma maneira, o relato acerca da delegação e sua finalidade (v. 2) corresponde a Gl 2,1-2 e, portanto, à fonte de Lucas, ao passo que os vv. 3-4, que mostram os enviados reconstituindo os passos dos helenistas em fuga (8,1; 11,19) e repetindo para a assembleia de Jerusalém o relato de sua missão apresentado em Antioquia (14,27), são claramente de autoria de Lucas (cf. Dömer, *Heil* 174-75; diferentemente Dietrich, *Petrusbild* [→ 19 *acima*] 308). **1.** *segundo a norma de Moisés*: isto significa, é claro, que a circuncisão era descrita pelo Pentateuco, que veio de Moisés. Mas a tradição judaica remonta o rito até Abraão, e não Moisés (veja Gn 17,9-14; cf. Rm 4,9-12). **2.** *agitação e discussão:* desta vez, Lucas registra um conflito que Paulo não menciona (cf. Gl 2,1). **3.** *grande alegria a todos os irmãos:* esta aclamação unânime reduz a estatura dos oponentes dos missionários a de uma facção dissidente na igreja. **4.** *apóstolos e anciãos:* os líderes da primeira e segunda geração da igreja-mãe participarão das deliberações (v. 6), mostrando como estas ultrapassam o momento presente e afetam toda a posteridade cristã. *o que Deus fizera:* a conhecida perspectiva teocêntrica da história (vv. 6-10.12.14) minimiza qualquer dependência da missão entre os gentios do resultado de deliberações humanas. **5.** *seita dos fariseus:* haireisis, "facção", "escola" é um termo aplicado em todo o espectro do judaísmo: aos saduceus (5,17), aos fariseus (26,5) e até aos cristãos (24,5). O interesse de Lucas nos fariseus serve, principalmente, para promover sua tese a respeito da continuidade (veja o comentário sobre 4,1); assim, existe uma boa razão para atribuir o presente relato à sua fonte (apesar da opinião contrária de Weiser, *Apg.* 369-70). *Circuncidar os gentios:* o único antecedente para "eles", no contexto, seriam os gentios da delegação de Antioquia (v. 4; cf. Gl 2,3).

82 (b) *O apelo de Pedro ao precedente* (15,6-12). Aqui a voz apostólica se faz apropriadamente ouvir primeiro, e o pequeno discurso mostra sua origem e função literária no fato de que somente o leitor de Lucas poderia compreender suas alusões à sequência envolvendo Cornélio (vv. 7-9; Dibelius, *Studies* 94-95; Borse, "Beobachtungen" [→ 85 *abaixo*] 201-2). **7.** *desde os primeiros dias*: o evento relativo a Cornélio agora pertence ao passado "clássico" (Dibelius), mesmo nesta distância temporal relativamente curta. *aprouve a Deus:* no assunto com que se confronta, a igreja só pode somente reconhecer e obedecer a eleição (*exelexato*), já feita por Deus (Roloff, *Apg.* 230; veja comentário sobre 10,3.47). O argumento de Tiago se baseará na mesma iniciativa divina (v. 14: *epeskepsato*, "providenciou"), mostrando o paralelismo estrutural e a complementariedade entre os dois discursos (J. Dupont, *NTS* 31 [1985] 323). *a palavra da boa nova:* cf. 10,36. O substantivo *euangelion* é raro em Lucas; cf. 20,24 (na boca de Paulo). **8.** *conhecedor dos coraçõe*s: veja o comentário sobre 10,34-35. *assim como a nós:* cf. 10,47; 11,15-17. **9.** *não fez distinção:* o próprio Deus removeu a distinção da lei entre pessoas puras e impuras (10,34-35), e isto foi revelado na visão de Pedro (veja o comentário sobre 10,14-15). **10.** *tentais a Deus:* a expressão bíblica (Ex 17,2) significa questionar a vontade manifesta de Deus. Esta pergunta retórica é forçada pela exposição teocêntrica dos vv. 7-9. *jugo:* esta concepção da lei como um jugo insuportável não é paulina nem judaica tradicional; é a perspectiva de um cristão para quem a ruptura com o judaísmo se encontra no passado, (Conzelmann, *Apg.* 91). **12.** *silenciou:* isto implica que a controvérsia (*zētēsis*) que ensejou as palavras de Pedro (v. 7) foi resolvida por eles? *sinais e prodígios:* como certificação profética (2,19.22), este testemunho feito por "Barnabé e Paulo" (a ordem deles na cadeia da tradição apostólica) não é absolutamente extrínseca à questão (apesar da opinião contrária de Haenchen, "Quellenanalyse" [→ 85 abaixo] 158-60).

83 (c) *A confirmação e as ratificações de Tiago* (15,13-21). Tiago (12,17) segue os passos do argumento de Pedro a partir da ação divina para com Cornélio (v. 14) até a conclusão de que não deve haver imposição aos convertidos (v. 19; veja o comentário sobre o v. 7). Ele acrescenta uma citação da Escritura ao primeiro passo (Am 9,11-12 LXX) e restringe o segundo com quatro exigências mínimas para a coexistência entre judeus e gentios baseadas no "código de santidade" de Israel, Lv 17-18 (v. 20). Paulo está presente para tomar conhecimento da resolução da conferência de Lucas e, na realidade, tornar-se um de seus promulgadores (vv. 22-29); e, ainda assim, Lucas dá a entender que suas fontes tinham uma versão diferente quando registra o anúncio de Tiago acerca das "quatro cláusulas" a Paulo como algo novo em 21,25 (veja o comentário aí; cf. Borse, "Beobachtungen" [→ 85 *abaixo*] 198-200). **14.** *Simeão:* a forma grega do termo hebraico *Šimĕ'ôn*, introduzida mimeticamente, junto com a forte fraseologia bíblica dos dois discursos, recria a "atmosfera" sagrada da conferência (→ Paulo, 79:36). *Deus se dignou desde o início:* a iniciativa divina e seu relacionamento "clássico" (*prōton*) com o presente são a reformulação do v. 7; mas "se dignou" (*episkeptesthai*) faz parte do vocabulário veterotestamentário que designa ações salvadoras divinas (do hebraico *pāqad*), e, desta forma, introduz uma ampliação importante de nossa perspectiva sobre o evento relativo a Cornélio e seus efeitos. *um povo dedicado ao seu Nome:* como parte da oração substantiva que funciona como objeto de *epeskepsato*, esta expressão afirma que os novos membros gentílicos da igreja têm participação plena no "povo de Deus". *Laos,* "povo", tem seu sentido sugestivo de eleitos de Deus, como o tem consistentemente na escrita de Lucas e como o terá novamente em referência aos gentios convertidos em 18,10 (cf. J. Dupont, *NTS* 31 [1985] 324-29). O oximoro que combina *laos* com *ethnē* (gentios) ressalta a incisiva surpresa na disposição de Deus. *ao seu Nome:* o sentido desta expressão encontra-se nas palavras citadas de Am 9,12 (no v. 17b), que é, de fato, o único outro uso bíblico desta terminologia para designar o governo de Deus sobre nações pagãs. A citação de Amós esclarecerá a relação do novo "povo" eleito com Israel. **16-17**. As linhas de Amós não reproduzem a LXX exatamente; portanto, talvez elas provenham de um livreto de testemunhos cristãos desconhecido, onde palavras de Is 45,21 foram acrescentadas no final (Dömer, *Heil* 179). O uso da passagem por parte de Tiago somente funciona na versão da LXX, onde *yîrĕšû*, "possuir", do texto massorético, foi trocado por *yidrĕšû*, "procurar", e *'dm,* "Edom", por *'dm,* "humanidade". A profecia traduzida para o grego pode agora explicar como o Senhor ressurreto podia reinterpretar a restauração de Israel (1,6) nos termos da missão universal (1,8): a "tenda arruinada" de Davi deve ser reconstruída de tal modo que (v. 17) todas as nações possam "procurar o Senhor" (Richard, "The Divine Purpose" [→ 85 *abaixo*] 195; Dömer, *Heil* 185). Portanto, a reconstrução não significa o cumprimento da promessa de Davi por parte do Cristo ressuscitado (em que pese a opinião contrária de Haenchen, Achneider), mas o "ajuntamento de Israel" iniciado com a pregação apostólica, que agora se expande para abranger os gentios (Roloff, Weiser; veja o comentário sobre 2,1.14). **20**. *se lhes escreva:* a conexão adversativa deste versículo com "molestar" (v. 19) e a repetição dos vv. 10-11 no v. 19 demonstram que o "decreto" é uma concessão, e não uma imposição, tornando a vida comum e a comunhão de mesa possíveis sem qualquer ônus para os novos membros. As quatro cláusulas (também v. 28; 21,25) parecem ser quatro das coisas prescritas por Lv 17-18 para estrangeiros residentes em Israel: carne oferecido a ídolos, a ingestão de sangue e de animais estrangulados (não mortos ritualmente) e relações sexuais com parente próximo (veja Lv 17,8-9.10-12.15 [Ex 22,31]; 18,6-18). A menção de *porneia*, "impureza", perturba a sequência dos outros três pontos, os quais dizem respeito à alimentação; e se este termo é entendido à luz de Lv 18, corresponde ao termo judaico *zĕnût*, lit., "fornicação", muitas vezes aplicado especificamente a uniões incestuosas (veja J. A. Fitzmyer, *TAG* 91-97). A exegese das cláusulas de Lv 17-18 se encaixa bem na concepção de Lucas de que os gentios que aceitam o evangelho ganharam acesso ao terreno do povo escolhido, mantidos sagrados pelo "código de santidade". **21**. Apoiando as quatro cláusulas (*gar*) temos seu fator de reconhecimento, baseado na instrução universal da Torá.

84 (d) *A resolução* (15,22-29). Esta passagem, na qual Lucas registra a sequência da conferência concebida por ele é principalmente sua própria composição, mas as duas duplas de embaixadores, Judas e Silas juntamente com Paulo e Barnabé, talvez preservem uma tradição da publicação do decreto no qual a última dupla não fazia parte (cf. Strobel, "Das Aposteldekret" [→ 85 *abaixo*] 92-93). **22**. *com toda a assembleia*: em vista das negociações privadas relatadas por Paulo (Gl 2,2; cf. v. 6), a autoria da resolução pela plenária da igreja-mãe pode ser considerada parte da perspectiva do próprio Lucas. *Judas ... e Silas:* do primeiro não ouvimos falar em parte alguma, mas Silas será um companheiro da segunda viagem (15,40-18,5; cf. "Silvano", 1Ts 1,1; 2Cor 1,19), e, para Lucas, ele é mais um elo de ligação da missão de Paulo com a igreja mãe. **23**. A carta apostólica é um "documento" confeccionado por nosso autor, inteiramente em consonância com as convenções dos historiadores helenísticos (Plümacher, *Lukas* 10; Cadbury, *The Making* 190-91; → 6 *acima*). A introdução é padrão em todas as cartas helenísticas (→ Epístolas do NT, 45:6). *Síria e Cilícia*: a carta é destinada a pessoas que se encontram além das fronteiras da igreja que faz a consulta (v. 2), aos territórios de sua missão que se expandia (cf. v. 41; Gl 1,21). Subsequentemente, ela ainda seria publicada nas cidades alcançadas pela Primeira missão (16,4), cujo sucesso apressou as deliberações. **26**. *homens que expuseram suas vidas:* o dativo se refere a Barnabé e Paulo (contra a opinião de Schneider; cf. 9,16). **28**. *ao Espírito Santo e a nós*: isto cria uma correspondência nas deliberações, que tanto enfatizaram a iniciativa divina. A autoridade da igreja não age com base em seu próprio poder ou em sua própria pauta; ela só é legítima ao executar a vontade salvadora de Deus. **29**. O "decreto" coloca as cláusulas em uma ordem correspondente a Lv 17-18. Quanto ao acréscimo a "regra de ouro" aqui no manuscrito D, → 11 *acima*).

85 (e) *As consequências* (15,30-35). O parágrafo final do relato da conferência pinta um retrato ideal da recepção jubilosa da resolução por parte de Antioquia. **33**. *de volta aos que os tinham enviado:* entretanto, Silas ainda parece estar em Antioquia no v. 40, o que explica o acréscimo do v. 34 no manuscrito D (Vg.): "Mas Silas decidiu ficar lá, e somente Judas partiu para Jerusalém." **35**. Historicamente, é mais provável que Paulo tivesse deixado Antioquia para se dirigir a uma nova frente missionária quando as novas normas vieram a ser estabelecidas lá.

(ACHTEMEIER. P., "An Elusive Unity", *CBQ* 48 [1986] 1-26. BAMMEL, E., in *Les Actes* [ed. J. KREMER] 439-46. BORSE, U., "Kompositionsgeschichtliche Beobachtungen zum Apostelkonzil", *Begegnung mit dem Wort* [→ 79 *acima*] 195-212. DIBELIUS, *Studies* 93-101. DIETRICH, *Petrusbild* [→ 19 *acima*] 306-321. DÖMER, *Heil* 173-87. DUPONT, *Études* 361-65; "Un peuple d'entre les nations", *NTS* 31 [1985] 321-35. HAENCHEN, E., "Quellenanalyse und Kompositionsanalyse in Act 15", *Judentum – Urchristentum – Kirche* [Fest. J. JEREMIAS; ed. W. ELTESTER; *BZNW* 20; Berlin, 1964] 153-64. HENGEL, *Acts* 111-26. JERVELL, J., *Luke and the People of God* [Minneapolis, 1972] 185-207. KÜMMEL, W. G., *Heilsgeschehen und Geschichte* [Marburg, 1965]

278-88. LAKE, in *Beginnings* 5. 195-212. RICHARD, E., "The Divine Purpose", *Luke-Acts* [Ed. C. H. TALBERT] 188-209. STROBEL, A., "Das Apostel-dekret als Folge des antiochenischen Streites", *Kontinuität und Einheit* [Fest. F. MUSSNER; ed. P.-G. MÜLLER; Freiburg, 1981] 81-104. WEISER, A., "Das Apostelkonzil", *BZ* 28 [1984] 145-67. WILSON, *Gentiles* 178-95.)

86 (IV) O caminho de Paulo para Roma (15,36-28,31).

(A) As principais missões de Paulo (15,36-20,38). Concordamos que a divisão familiar deste texto como segunda e terceira "viagens missionárias", separadas em 18,23, não é analiticamente segura (Weiser, *Apg.* 387; mas → Paulo, 79:38-45). Há uma cesura mais evidente em 19,21, que situa Paulo rumo a Jerusalém e a Roma, refletindo Lc 9,51 (Radl, *Paulus* 116-24). Uma vez que a atividade missionária continua após esse ponto, entretanto, preferimos terminar a sequência das missões principais com a despedida de Paulo em Mileto (20,17-38), a qual inclui um anúncio mais explícito da forma dominical de sofrimento que estava diante dele (vv. 22-24).

87 (a) *A retomada das viagens missionárias* (15,36-41). Esta é uma passagem transicional que tanto anuncia uma nova fase da trajetória de Paulo quanto retoma assuntos de fases anteriores. **37-39.** Um "forte desacordo" entre Paulo e Barnabé põe fim à associação deles, mas à parte de conectá-la cripticamente com a defecção de João Marcos da Primeira missão (13,13), Lucas nos deixa perguntando sobre suas causas mais profundas. Gálatas 2,13 descreve a história real, é claro, já que Lucas segue sua política habitual de mitigar os conflitos na protoigreja (→ 80 *acima*).

88 (b) *O caminho para a Europa* (16,1-10).

(i) *A circuncisão de Timóteo* (16,1-5). **1.** *Timóteo:* → Pastorais, 56:3. *mulher judia:* Eunice (2Tm 1,5). Os matrimônios mistos eram ilegais (Dt 7,3), mas se a mãe era judia, sua prole era considerada judaica (Str-B 2. 741). É a situação, portanto, que Timóteo deveria ter sido circuncidado, mas não foi, exigindo esta prova de lealdade de Paulo à lei como vinculativa para os judeus (cf. 21,21; 2,8)? **3.** *realizou sua circuncisão:* o motivo dado parece relacionar este ato, tão surpreendente após 15,5-11, com o ideal missionário de Paulo, "tornar-se tudo para todos" (1Cor 9,20-22). Mas Timóteo já era batizado (v. 1), e Paulo dificilmente teria feito uma concessão na posição que assumiu consistentemente contra os judaizantes (Gl 5,2-3), mesmo que fosse para conquistar convertidos (G. Bornkamm, in *StLA* 203). Por isso, a maioria dos comentaristas questiona a credibilidade deste relato (exceto Marshall e Schmithals); talvez isso se derive de uma tradição que refletia concepções equivocadas como Gl 5,11, ou talvez uma descrição defeituosa do episódio de Tito, Gl 2,3 (W. Walker, *ExpTim* 92 [1981] 231-35). O uso da tradição por parte de Lucas serve à sua intensa preocupação de mostrar um Paulo situado dentro do judaísmo observante, rigorosamente fiel à Torá (22,3; 26,5), forjando, assim, a continuidade entre Israel e a igreja aberta ao mundo que a resolução da conferência programou (v. 4). **4-5.** Observe a lógica consecutiva: propagação do "decreto", igrejas fortes e crescentes.

89 (ii) *A VISÃO DE PAULO (16,6-10).* **6-8.** A rota através do norte da Ásia Menor (o "país da Galácia" original; → Gálatas, 47:3-5) em direção à cidade portuária de Trôade é um dado do diário de viagem que muitos estudiosos reconstituem por trás dos caps. 16 a 21 (→ 10 *acima*). A orientação da viagem pelo Espírito que os levou de forma direta e rápida à Europa (v. 6) é uma expressão da perspectiva teológica de Lucas, que não dá espaço para a fundação de comunidades paulinas na região (cf. Gálatas). **9.** *durante a noite ... visão:* esta é a primeira das cinco visões de Paulo narradas por Lucas (cf. 18,9-10; 22,17-21; 23,11; 27,23-24), e todas, exceto uma (cap. 22), ocorrem "durante a noite" e se encaixam numa ampla corrente de coletâneas bíblicas e extrabíblicas a respeito de sonhos, embora não combinem com os arrebatamentos extáticos celestiais que Paulo reivindicou para si mesmo (2Cor 12,1-7; cf. Weiser. *Apg.* 406-15). Como outras figuras veneradas, Paulo recebe instruções e encorajamento do céu em sonhos que precedem estágios importantes de sua missão, particularmente em meio a perigos que colocavam sua conclusão bem sucedida em dúvida. *um macedônio:* ele representa o novo público grego que Paulo estava sendo apressadamente impelido a evangelizar. **10.** *procuramos partir:* a aparição inesperada do narrador em forma de "nós" (→ 2 *acima*) se junta ao relato do sonho de Paulo e confirma seu teor de revelação. A conjunção estreita dos dois sugere que ambos são técnicas autorais que dão uma importância especial à passagem da missão para a Grécia e a Europa. Como o narrador que é testemunha ocular, a visão que assegura sucesso apesar de todos os perigos é um elemento comum da literatura mediterrânea sobre viagens marítimas (V. Robbins, in *PerspLA* 230).

90 (c) *A missão na Grécia* (16,11-18,17).
(i) *A evangelização de Filipos* (16,11-40). Ao relato (vv. 11-12) do itinerário pelo norte do Egeu até Filipos seguem-se quatro cenas do ministério de Paulo lá: a conversão de Lídia (vv. 13-15), a expulsão do espírito de adivinhação (vv. 16-18), a libertação miraculosa dos missionários da prisão (vv. 19-34) e sua vindicação por parte das autoridades (vv. 35-40). Antes de ser uma tradição independente destacável do contexto (Dibelius, *Studies* 23), a miraculosa libertação é mais provavelmente um acréscimo de Lucas ao relato de uma fonte que continha a conversão do guarda e o reconhecimento das autoridades (Kratz, *Rettungswunder* [→ 91 *abaixo*] 482; Roloff, Schmithals, Weiser). Os milagres de libertação formam um *continuum* incrementado em Atos, envolvendo os apóstolos (5,19-20), Pedro (12,6-11) e agora Paulo. **11-12.** A viagem do porto de Trôade, no noroeste da Anatólia, foi em "linha reta" para a ilha de Samotrácia, e de lá até o porto de Neápolis, o qual servia Filipos e marcava o fim oriental da estratégica

Via Egnatia, sistematizada pelos romanos em 27 a.C. como principal estrada que levava do Adriático para a Ásia. Filipos ganhou importância por causa desta estrada e, sob o nome de *Colonia Julia Augusta Philippensis*, foi colonizada por veteranos da grande batalha em que Antonio e Otaviano venceram as forças republicanas em 42 a.C. (→ Filipenses, 48:2). **13.** *um lugar de oração:* embora a palavra *proseuchē* pudesse conotar "sinagoga", este termo provavelmente designa aqui um local de encontro ao ar livre, usado por judeus devido à ausência de sinagoga. Muitas mulheres gentias abastadas eram atraídas para o judaísmo (cf. 13,50; Josefo, *Guerras judaicas* 2.20,2 § 560). O tecido da tradição local genuína continua no relato de Lídia, e a narração na forma "nós" confirmar seu caráter de testemunho ocular. **14-15.** *Lídia:* seu nome também é o de sua região de origem no oeste da Ásia Menor (cf. Ap. 2,18.24), e ela era "tememte a Deus", ou patrocinadora gentílica do culto judaico (13,16). Tanto no tocante a esta filiação e à sua hospitalidade para os viajantes (cf. Lc 10,7; 24,29), ela é um caso exemplar de sucesso da missão protocristã em casas. Outros batismos de famílias ocorrem nos vv. 31-34; 11,14; 18,8; 1Cor 1,16. **16-18.** Terminando esta primeira narrativa na primeira pessoa do plural, "nós" (retomada em 20,5, no mesmo local), há um encontro com um espírito de adivinhação, ao qual Lucas deu um formato-padrão de exorcismo que lembra as histórias marcanas em Lc 4,31-37 e 8,26-39. **16.** *um espírito de adivinhação:* a palavra grega *pythōn* designava originalmente a serpente guardiã do oráculo de Delfos morta por Apolo; mais tarde, passou a significar o poder da adivinhação, às vezes associado com o ventriloquismo. Este relato serve para distanciar a missão cristã carismática tanto das artes mânticas (cf. 13,6-11) quanto das ambições mercenárias (cf. 8,18-20; 19,23-27; 24,25-27). **17.** *clamando:* Tanto o clamor quanto seu conteúdo lembram os exorcismos no Evangelho (cf. Lc 8,28; 4,33-34). Do mesmo modo como lá, o espírito condenado anuncia a verdade da salvação para indicar sua derrota. **18.** Cf. Lc 8,29 e Mc 5,8. *em nome de Jesus Cristo:* como em 3,6.16; 4,10.30, é o Ressurreto que realiza o ato salvífico. **19-24.** A antinomia entre o evangelho e o ganho material é confirmada pelo papel dos senhores da escrava privados de sua fonte de renda ao assegurarem a prisão dos missionários. **20.** *os estrategos:* os *stratēgoi* provavelmente eram os *duumviri* [duúnviros] desta colônia, responsáveis por decidir processos judiciais. **21.** *somos romanos:* contraponha isto à vindicação dos acusados como cidadãos romanos nos vv. 37-39. Seus acusadores os atacam como judeus, baseado no conhecido desprezo romano pelos costumes judaicos (cf. Tacitus, *Ann.* 5.5). **22.** Cf. 1Ts 2,22; 2Cor 11,25. **23-24.** *que os vigiasse com cuidado:* o advérbio *asphalōs* e o verbo *ēsphalisato*, "prendeu", realçam os acontecimentos miraculosos que se seguem (cf. 12,6).

91 25-34. A libertação miraculosa é somente um prelúdio para a conversão do carcereiro, a qual é "o verdadeiro milagre de livramento" aqui (Kratz, *Rettungswunder* 484). De fato, o caráter inconclusivo da libertação depõe em favor de seu acréscimo secundário ao contexto. **30-33.** Uma estrutura familiar, em forma de pergunta e resposta, da instrução acerca da fé e do batismo (cf. 2,37-41; 8,34-38; 10,33-48) mostra a interferência de Lucas na descrição da conversão, que é o cerne histórico sólido desta seção. **34.** *pôs-lhe a mesa:* uma refeição compartilhada em alegria jubilosa (*agalliasis*) é o sinal da salvação recebida e recria na casa do carcereiro a atmosfera da protoigreja (2,46). **35.** Um motivo para a missão dos litores é um déficit remediado no manuscrito D, o qual acrescenta que os estrategos estavam aterrorizados com o terremoto; assim, ele cria uma costura entre os estágios pré-lucano e lucano do relato. **37.** *cidadãos romanos:* Paulo apela à *Lex Porcia*, que proibia, sob pena de pesado castigo, o açoitamento de um *civis Romanus* [cidadão romano] (cf. 22,25; Livy, *Hist.* 10.9.4; Cícero, *Pro Rabirio* 4.12-13; Conzelmann, *Apg.* 102-3). O fato de o apelo ser apresentado somente após as punições mostra o artifício de Lucas no sentido de forçar a réplica apologética ao v. 21. **38.** *ficaram com medo:* cf. 22,29. **39.** *insistir:* o leitor pode concluir junto com as autoridades: a pregação do evangelho não minava de modo algum o Estado romano (cf. Maddox, *Purpose* 93-96). **40.** *dirigiram-se à casa de Lídia:* o retorno à casa de Lídia arremata o episódio dramático, que sustentou o que não poderia depor contra os fatos: a invulnerabilidade da missão diante da oposição terrena (Plümacher, *Lukas* 95-97).

(Kratz, R., *Rettungswunder* [Frankfurt, 1979] 474-99. Unnik, W. C. van, *Sparsa collecta* [NovTSup 29; Leiden, 1973] 374-95).

92 (ii) *Paulo em Tessalônica e Bereia* (17,1-15). A narrativa das viagens de Paulo nos leva a cerca de 224 quilômetros pela *Via Egnatia*, fornecendo as informações dos vv. 1a,10a,14a,15. A esta corrente Lucas acrescentou duas cenas, em Tessalônica e Bereia, respectivamente, ambas altamente esquemáticas e de estrutura paralela: o começo habitual na sinagoga, a exposição das Escrituras, o êxito (especialmente) com mulheres de alta posição e a irrupção da perseguição sob instigação dos judeus. Nossa impressão é que Lucas se baseia esquematicamente em fontes escassas, incluindo o itinerário e a tradição local da tribulação de Jasão (cf. 1Ts 2,14; Schneider, *Apg.* 2. 222-23). **1.** Anfípolis e Tessalônica (a moderna Saloniki) eram capitais de distritos de acordo com a divisão romana da Macedônia em 167 a.C. Esta última era a maior e mais importante cidade da província (→ 1 Tessalonicenses 46,2). **2.** *seu costume:* veja o comentário sobre 13,14. *por três sábados:* a impressão de uma estada de no máximo um mês resulta da esquematização de Lucas e dificilmente corresponde a 1Ts 1,2-2,9; Fl 4,16. **3.** *explicou e demonstrou:* o argumento de Paulo é uma inferência da prescrição das Escrituras a respeito do destino do Messias para o único pretendente que se encaixava nessa descrição (W. Kurz, *CBQ* 42 [1980] 179). Cf. 18,28; Lc 24,25-35,44-46.

4. *se convenceram*: o verbo *epeisthēsan* condiz com o apelo lógico e expressa o conceito lucano de fé pascal como percepção do plano divino da salvação plenamente expresso na Escritura. Mulheres "tementes a Deus" continuam a se destacar na tumultuada história da missão de Paulo (cf. 13,50; 16,13-14). **5.** *os judeus:* seu comportamento, sua motivação e seus aliados documentam mais ainda a consolidação dos judeus como inimigos do evangelho (cf. o comentário sobre 12,11) e desqualificam as acusações dos vv. 6-7. **7.** Cf. Lc 23,2-5; Mc 15,2-5. Lucas continua sua apologia política (cf. 16,37-39). **11.** *mais nobres:* os vv. 1-9 formam o pano de fundo do breve relato acerca de Bereia, que somente pode funcionar como contraponto da experiência em Tessalônica (J. Kremer, in *Les Actes*, 12). *acolheram a Palavra: i.e.*, tornaram-se crentes (2,41; 8,14; 11,1). *perscrutando as Escrituras: anakrinein* tem o sentido de estudo crítico aqui, e em outros lugares o de investigação judicial (4,9; 12,19; 24,8; 28,18). Os convertidos "mais nobres" de Bereia se tornam os modelos da crença cristã, da qual fazem parte, legitimamente, o raciocínio crítico é o juízo responsável (J. Kremer, *ibid.* 19-20). **14-15.** Seus companheiros ficam para trás enquanto Paulo segue para Atenas, contrariamente a 1Ts 3,1-2, mas em preparação para os vv. 16-34.

93 (iii) *Paulo em Atenas* (17,16-34). Como talvez nenhuma outra passagem, esta nos mostra a força do argumento histórico através de "episódios dramáticos" (→ 6 *acima*). A estrutura e a divisão são determinadas pela centralidade do discurso (vv. 22-31), para o qual o cenário prepara (vv. 16-21) e do qual resulta o desenlace (vv. 32-34). A palavra chave do desafio dos filósofos é "estrangeiras" (vv. 18,20), para a qual os termos "desconhecido", "sem conhecer", e "ignorância" (vv. 23,30) apresentam a réplica do pregador. O sermão, ao proclamar o verdadeiro Deus até então "desconhecido", faz uma crítica tripla da religiosidade pagã de um ponto de vista compartilhado com o iluminismo helenístico: templos (v. 24), sacrifícios (v. 25) e ídolos (v. 29). Como reconheceu M. Dibelius (*Studies* 57), o orador é interrompido justamente no alvo de sua argumentação: "ao ressuscitá-lo dentre os mortos" (v. 31), o ponto em que a teodiceia propedêutica vai ao encontro do querigma cristão, bem como o ponto onde o querigma previsivelmente causa aversão a muitas das pessoas instruídas que se interessam por ele (Schneider, *Apg.* 2, 233). Mais uma vez, o que temos aqui não é Paulo falando a pensadores pagãos (contra Marshall, *Acts* 283); é Lucas instruindo seu leitor sobre a grande oportunidade e a imensa pedra de tropeço de qualquer missão entre a *intelligentsia* helenística. **16-21.** A "paisagem urbana" de Atenas é descrita em dimensões maiores do que a vida real, mas cada elemento está cuidadosamente calibrado para o conteúdo do sermão: uma população intensamente devota frequentando santuários, filósofos de escolas famosas dialogando na ágora, novos deuses introduzidos de tempos em tempos, e todo o mundo sequioso por coisas novas e diferentes. Ao pintar este retrato, Lucas se baseia na concepção de cultura clássica e da Meca desta de sua própria geração, e não em quaisquer registros especiais do ministério de Paulo. **16.** *cheia de ídolos:* cf. impressões semelhantes da cidade em Tito Lívio, *Hist.* 45.27; Pausânias 1,17,7; Estrabo, *Geogr.* 9.1.16. **17.** *sinagoga:* mais do que o cronograma da viagem divinamente estabelecido mencionado antes (13,14.46; 17,2), esta primeira parada atesta os auspícios judaicos sob os quais se desenvolveu a acomodação de ideias filosóficas e bíblicas no sermão (cf. W. Nauck, J. Dupont). *ágora*: a ágora, cujas famosas ruínas se situam a noroeste da Acrópole, era o centro governamental e comercial da cidade e o ponto de encontro por excelência para todos os assuntos da vida comunitária. **18.** *filósofos epicureus e estoicos:* estes não são meras figuras decorativas do cenário; suas doutrinas se refletem na crítica da religião popular feita pelo sermão (Barrett, "Paul's Speech" 72). Com os seguidores de Epicuro (342-271 a.C.) o pregador compartilha uma oposição fervorosa à superstição do povo (*deisidaimonia*; cf. v. 22) e uma convicção de que os deuses não são afetados por manobras humanas (v. 25). Dos estoicos, membros da escola do "pórtico pintado" (*Stoa poikilē*) fundada por Zenão de Chipre (*ca.* 320 a.C.), ele extrai diversas ideias chave, incluindo a unidade da humanidade (v. 26) e o parentesco natural da humanidade com Deus (v. 28). *palrador:* literalmente, "recolhedor de grãos" (*spermologos*), como um pássaro que está se alimentando – um pouco de vocabulário "atmosférico" para o encontro. *um pregador de divindades estrangeiras:* este termo lembra a acusação feita contra Sócrates (Platão, *Apol.* 24b; Xenofontes, *Mem.* 1.1.1); ele terá uma contraposição no motivo da "ignorância" contido no sermão (vv. 23,30). *Jesus e a Ressurreição:* o clímax do sermão é antecipado aqui (vv. 30-31; Conzelmann, in *StLA* 224). Acaso se sugere que os atenienses tenham entendido o substantivo feminino *Anastasis*, "Ressurreição", como o nome de uma consorte da divindade estrangeira Jesus? **19.** *Areópago:* a "colina de Ares", agora um promontório de rochas desnudas situado logo a oeste da Acrópole, foi, no passado, o lugar de encontro do supremo concílio ateniense, que também tinha este nome. Lucas se refere à colina, e não ao concílio, que, em sua época, reunia-se em outro lugar e tinha principalmente funções judiciais. O particípio *epilabomenoi* quer dizer "tomá-lo consigo" (9,27), não "agarrá-lo" (16,19). Não há veredicto ou sentença que se siga ao sermão; seu contexto é uma disputa erudita, e não uma defesa judicial.

94 O sermão de Paulo (vv. 22-31). Visto que a composição desenvolve um esquema mais antigo – conversão da idolatria, fé na ressurreição, juízo/governo do mundo por parte do Ressurreto (cf. 1Ts 1,9-10; 1Cor 8,6) – a conclusão cristológica não é um apêndice estranho de uma teodiceia (contra Schweizer, no *StLA* 213), mas sim o clímax de um querigma consagrado e dividido em duas partes dirigido aos pagãos no qual a conclamação ao monoteísmo, alimentada pela apologética do judaísmo helenístico, formava a premissa necessária da proclamação de Cristo (Legrand, "Areopagus Speech" [→ 95 *abaixo*] 342-45). O uso da teologia natural como limiar positivo para o evangelho se contrapõe ao uso dela por Paulo para condenar a humanidade pecadora em Rm 1,18-32 (P. Vielhauer, in *StLA* 34-37). **22.** *os mais religiosos dos homens:* cortejando ostensivamente os ouvintes, esta descrição deles contém uma reprovação oculta a ser insinuada no que se segue (cf. 25,19; comentário sobre o v. 18). **23.** *ao Deus desconhecido:* referências literárias a altares a "deuses desconhecidos" (Pausânias 1,14; Filostrato, *Vida de Apolônio* 6,3,5) podem ter inspirado a reformulação lucana dessa expressão no singular, o que fornece um fulcro ideal para evitar a acusação referente aos "deuses estrangeiros". **24.** *o mundo e tudo o que nele existe:* as predicações da divindade aqui mostram como o pregador mescla livremente conceitos gregos (universo unitário, oniabrangente) com conceitos bíblicos (universo bipartido). Esta fusão tinha sido feita por apologetas judeus como Filo, Aristóbolo e Pseudo-Salomão (Sb 9,9-10). Compare 14,15; Is 42,5 LXX. *não habita em templos:* esta crítica estava *ex principiis* [por princípio] no estoicismo, onde Deus e o mundo eram co-extensivos. A ideia está no AT (Is 66,1-2), mas *cheiropoiētos*, "feito a mão", não ocorre junto com "templos" na LXX. Cf. 7,48; Filo, *De vita Mosis* 2.88. **25.** Os estoicos, como Sêneca, *p.ex.*, depreendiam da natureza de Deus a maneira de cultuá-lo (veja Dibelius, *Studies* 53-54; Conzelmann, *Apg.* 107). *dá vida e respiração:* cf. Is 42,5. O pensamento básico de que Deus, como Criador, é doador e não recebedor implica sua liberdade de toda e qualquer necessidade, um refrão da filosofia grega que remonta aos eleatas (Dibelius, *Studies* 42-43), mas aparece somente mais tarde na LXX e como premissa da ação de graças pelo Templo (2Mc 14,35; 3Mc 2,9). **26.** *de um só ele fez:* o contexto contraria a construção modal de "ele fez" com "habitar" ("ele os fez habitar"), mas (continuando o v. 24) como "ele criou". Isto, então, determina "habitar" e "procurar" como infinitivos assindéticos de finalidade. Perspectivas bíblicas e estoicas se fundem em *ex henos*, "de um só", que poderia significar "de uma só linhagem" (neutro) ou "de um só ancestral" (masc). A alusão a Gênesis (1,27-28) é a mais forte. *os tempos ... e os limites:* de acordo com as mesmas perspectivas de fusão, estes poderiam ser as épocas e territórios das nações do mundo (um ponto de vista bíblico; cf. Dn 8, Dt 32,8; Schneider; Wilson, *Gentiles* 201-5) ou as estações do ciclo da natureza e a zona habitável da terra (uma concepção filosófica; cf. Dibelius, *Studies* 29-34; Eltester, Haenchen, Weiser e a maioria dos comentaristas). O contexto e a comparação com 14,17 favoreceram esta última leitura. **27.** *procurar a Deus:* esta é, obviamente, a busca intelectual do filósofo (Dibelius, *Studies* 32-33), não sendo, portanto, primordialmente a expressão vererotestamentária para designar a obediência e o serviço (Dt 4,29, etc.). **28.** *alguns dos vossos:* a saber, Aratus, em sua obra *Phaenomena*, provavelmente influenciado pelo hino protoestoico de Cleantes (E. Lohse, *New Testament Environment* [Nash, 1976] 245). **29.** A incongruência das imagens de Deus esculpidas pelos humens, que foram feitos à sua semelhança, reflete novamente uma mescla de diferentes ideias: a judaica de que o Criador não pode ser representado por nenhuma coisa criada; a grega de que somente seres vivos podem representar um Ser Vivo (Conzelmann, in *StLA* 224). **30.** *os tempos da ignorância:* como nos sermões para judeus (3,17; 13,27), o querigma traz o fim da ignorância, quando se precisa fazer uma escolha e o destino da pessoa no juízo é selado. **31.** Cf. 10,42, Sl 9,9; 96,13; 98,9. *dando-lhe crédito: pistis* como "prova" ou "garantia" está distante do uso que Paulo faz dessa palavra para designar a confiança que implica a renúncia a si mesmo (Dibelius, *Studies* 62).

95 Reação (vv. 32-34). **32.** A interrupção do orador antes de o Ressurreto ser sequer nomeado confirma a origem literária do discurso (→ 93 *acima*). **34.** Este sermão, como outros em Atos, resulta em um público dividido. Pode, portanto, não ser classificado como um fracasso a fim harmonizá-lo com 1Cor 1,18-2,5 (Legrand, "Areopagus Speech" 339). Os nomes dos convertidos devem ser da narrativa das viagens de Paulo.

(BARRETT, C. K., "Paul's Speech on the Areopagus", *New Testament Christianity for Africa and the World* [ed. M. GLASSWELL; London, 1974] 69-77. CALLOUD, J., "Paul devant l'Aréopage d'Athènes", *RSR* 69 [1981] 209-48. CONZELMANN, H., in *StLA* 217-30. DIBELIUS, *Studies* 26-83. DUPONT, *Études* 157-60; "Le discours à l'Aréopage", *Bib* 60 [1979] 530-46. ELTESTER, W., "Gott und die Natur in der Areopagrede", *Neutestamentliche Studien* [Fest. R. BULTMANN; ed. W. ELTESTER; BZNW 21; Berlin, 1954] 202-27. LEGRAND, L., "The Areopagus Speech", *La notion biblique de Dieu* [ed. J. COPPENS; Louvain, 1976] 337-50. MUSSNER, F., *Praesentia Salutis* [Düsseldorf, 1967] 235-44. NAUCK, W., "Die Tradition und Komposition der Areopagrede", *ZTK* 53 [1956] 11-52. SCHNEIDER, G., "Apg 17,22-31", *Kontinuität und Einheit* [→ 85 *acima*] 173-78. TAEGER, J., *Der Mensch und sein Heil* [Gütersloh, 1982] 94-103. WILCKENS, *Missionsreden* 81-91. WILSON *Gentiles* 196-218.)

96 (iv) *Paulo em Corinto (18,1-17).* Este relato oferece informações detalhadas e fidedignas a respeito de uma das mais importantes missões de Paulo, embora silencie sobre quaisquer desdobramentos que mais tarde evocariam as reprovações e duras críticas de 1 e 2 Coríntios (cf. Bornkamm, *Paul* [→ 97 *abaixo*] 68). Sua chegada a esta próspera cidade portuária e etnicamente diversificada, capital da província romana de Acaia, pode ser datada no início de 51 d.C. (→ Paulo 79,9; diferentemente Lüdemann, *Paul* [→ 11 *acima*] 157-77; → 1 Corintios, 49:8). **2.** *Áquila:* embora ele seja chamado de judeu, o contexto (v. 18) e dados das cartas (1Cor 16,19; Rm 16,3) sugerem que ele e sua esposa Priscila já eram cristãos a esta altura, refugiados de Roma residindo temporariamente em Corinto. Eles não são mencionados como convertidos de Paulo lá (cf. 1Cor 1,14-16; 16,15). *Cláudio ter decretado:* 49 d.C. (→ Paulo, 79:10). **3.** *fabricantes de* *tendas:* veja R. F. Hock, *The Social Context of Paul's Ministry* (Philadelphia, 1980). Até agora, o relato poderia vir diretamente da narrativa que forneceu as melhores informações de Lucas sobre as viagens de Paulo (segundo Roloff, Schneider, Weiser). *na sinagoga:* veja o comentário sobre 13,14. **5.** *Silas e Timóteo:* eles somente chegam agora (cf. 17,14-15). *atestando aos judeus:* o resumo de seu testemunho (cf. 9,22; 17,3; 18,28; 28,31), junto com a reação dos judeus (13,45) e a réplica profética de Paulo (13,46.51; 20,26), reflete o som dos refrões de Lucas, cuja origem é redacional (Weiser, *Apg.* 485). **6.** *vosso sangue recaia sobre vossa cabeça:* uma fórmula jurídica sagrada (Jz 9,24; 2Sm 1,16): as consequências de um ato recaem sobre quem o praticou. **7-8.** No mínimo os nomes vêm da tradição local, embora talvez não a exuberante generalização relativa a Crispo (cf. 1Cor 1,14), que documenta o v. 10b. **9-10.** A visão-sonho do Senhor exaltado (cf. 16,9) é a parte central do relato de Corinto, interpretando uma intensificação cuidadosamente planejada da ação até sua culminação na vitória de Paulo diante de Galião (vv. 14-16; cf. Haenchen, *Acts* 537-41). A visão transmite a interpretação lucana desta missão marcante, confirmando seu brilhante sucesso (v. 8) e derivando isso da presença ativa do *Kyrios*. **10.** *o povo: Laos*, a designação consagrada de Israel, agora está sendo usada num sentido mais amplo, declarado em 15,14. **11.** *um ano e seis meses:* 51-52 d.C. (→ Paulo, 79:9). A visão torna inteligível esta permanência prolongada em meio a uma oposição vigorosa. **12-17.** Paulo é acusado diante do procônsul Galião, o irmão mais velho do filósofo Sêneca (→ Paulo, 79:9). O v. 18 indica que isto ocorreu perto do fim da estadia de Paulo na cidade, mostrando como esse período foi condensado na narrativa de Lucas. O relato da derrota da acusação dos judeus, com sua forte coloração local e o elemento burlesco, provavelmente era transmitido na igreja local para recordar sua origem (Roloff, *Apg.* 269). Não há boas razões para duvidar da parte desempenhada por Paulo no episódio (contra Lüdemann, *Paul* [→ 11 *acima*] 160-61). **12.** *ao tribunal:* a *bēma*, ou tribuna monumental, recentemente descoberta e exposta nas ruínas de Corinto, pode ser a estrutura usada por Galião (veja J. Murphy-O'Connor, *St. Paul's Corinth* [GNS 6; Wilmington, 1983] 28, 141). **13.** *contrária à lei:* a acusação parece deliberadamente ambígua no sentido de não deixar claro de quem é a lei que foi violada. Se o deixasse, o procônsul não poderia ser enganado. **14.** *Galião retrucou:* antecipando-se à autodefesa de Paulo, Galião decide de um modo que Lucas considerava exemplar para as autoridades envolvidas na controvérsia entre os judeus e os cristãos: sua preocupação não é a lei religiosa, mas o delito contra o Estado, e disto o pregador cristão não poderia ser acusado (Lüdemann, *Paul* [→ 11 *acima*] 158). Aqui mais uma vez temos o tom apologético da historiografia de Atos (cf. 16,37-39), o qual será amplamente desenvolvido na descrição dos processos de Paulo, nos caps. 21 a 26. **17.** *Sóstenes:* aparentemente uma multidão de gentios se volta contra os judeus, e "e os golpes recaem sobre aquele que golpeia" (Conzelmann). Nada sugere que este seja o Sóstenes de 1Cor 1,1.

97 (d) *O retorno para Antioquia e a retomada das viagens* (18,18-23). Uma rápida narrativa sobre viagens nos leva de volta à Síria via Éfeso, e pouco depois, da mesma maneira abrupta, Paulo está de volta à Ásia. O relato de cada parada é extremamente breve, e a demarcação de uma "terceira viagem missionária" no v. 23 não faz uma divisão efetiva de conteúdo no texto (→ 86 *acima*; entretanto, veja também → Paulo, 79:28,40-45). O v. 22 e a menção do ritual de promessa de nazireu (v. 18; Nm 6,13-20) insinuam que a jornada de Paulo para a "Síria" tinha Jerusalém como destino, embora a cidade nunca seja mencionada e não haja espaço, nos testemunhos do próprio Paulo, para uma visita extra entre aquelas dos caps. 15 e 21 (Weiser, *Apg.* 501). A maioria dos comentaristas concorda que Lucas retirou a narrativa destes versículos de sua fonte paulina, mas a peregrinação da "subida" no v. 22 é mais provavelmente sua própria concentração temática no vínculo de Paulo com a igreja-mãe (contra Lüdemann, *Paul* 141-57). **18.** *Priscila e Áquila:* sua transferência para Éfeso é sustentada por 1Cor 16,19, escrito de lá. *Cencreia:* porto marítimo de Corinto (veja Rm 16,1). *uma promessa:* de acordo com a lei de consagração pessoal dos nazireus, o corte do cabelo crescido durante o período do voto deveria ser feito em meio a um ritual no Templo (Nm 6,1-21). É de se perguntar se, ao apresentar Paulo aqui como leal à lei mosaica, Lucas mostrou seu conhecimento imperfeito do ritual (cf. 21,23-26). **19.** *Éfeso:* capital da província romana na Ásia, residência do procônsul e cidade comercial de primeira importância. Era um assentamento grego (iônico) que conservou, sob os romanos, seu papel estratégico como ponto final no Egeu do comércio que atravessava a parte inferior da Ásia vindo do Eufrates. Este brevíssimo epítome da primeira atividade de Paulo em Éfeso (vv. 19b-21a) salvaguarda sua missão fundadora em relação a Apolo (vv. 24-27), enquanto que a promessa do retorno antecipa o cap. 19 e a mais prolongada de suas permanências (19,10; 20,31). **22.** *Cesareia:* por que este porto (cf. 10,1), se o destino era Antioquia (cf. 13,4)? Talvez ventos desfavoráveis (Haenchen), apesar de que o destino diferente já estava sendo insinuado (Conzelmann). *subiu:* o particípio sem restrições só pode se referir à peregrinação à elevada Jerusalém (11,2; 15,2; 21,15; 24,11; 25,1.9), razão pela qual se "desce" para outro lugar (8,5; 9,32). **23.** *percorreu sucessivamente a região:* literalmente, "em sequência" (cf. Lucas 1,3), *i.e.*, atravessando a região de 16,6-8.

(BORNKAMM, G., *Paul* [New York, 1971] 43-77. LÜDEMANN, *Paul* [→ 11 *acima* 141-77).

98 (e) *A missão em Éfeso* (18,24-19,40).

(i) O MINISTÉRIO DE APOLO (18,24-28). Uma série de episódios unidos pelo local, Éfeso, começa com um episódio com potencial para causar um distúrbio na ordem de Lucas. Supondo que ele falasse originalmente acerca da missão em Éfeso antes de Paulo (*contra* v. 19; proposta de Conzelmann, Schneider), observamos como Lucas o utiliza a fim de mostrar como movimentos situados à margem de sua história linear foram integrados na missão traçada pelos apóstolos (cf. 6,1-6; 8,14-17). Este argumento une o episódio de Apolo com o subsequente (19,1-7). **24.** *Apolo:* Seu aprendizado corresponde à sua proveniência: o centro mais importante da cultura judaica na Diáspora (→ Geografia bíblica, 73:25). Aqui não há vestígio da rivalidade com Paulo sugerida em 1Cor 3,4-11; 4,6. **25.** *o caminho do Senhor:* Lucas, ou sua fonte (Roloff, *Apg.* 279), entendia que Apolo já estava "instruído" (Lc 1,4) como mestre cristão. *No fervor do Espírito:* isto apesar de ele só conhecer o batismo de João, faltando apenas um passo para o batismo no Espírito (1,5; 19,2-3). Será que isto reflete o fato de que ele foi primeiramente um discípulo do João Batista (Roloff)? De qualquer modo, Lucas não subordina seu "Espírito" à instituição (cf. o comentário sobre 8,14-17; 10,47). **26.** *com mais exatidão:* O casal zeloso é sua ligação com Paulo e sua legitimidade histórica. Lucas não poderia permitir que Apolo aparecesse como mestre cristão autorizado antes que o tivesse, de alguma maneira, integrado na comunhão apostólica (Käsemann, *ENTT* 147). Mas ele não poderia relatar o rebatismo de um missionário tão célebre (cf. 19,5). **27.** *Acaia:* esta é uma prévia de sua "construção sobre o fundamento" do trabalho de Paulo em Corinto (1Cor 3,10). **28.** Cf. 18,5; seu querigma agora está de acordo com o de Paulo.

99 (ii) *Paulo e os discípulos de João Batista* (19,1-7). O episódio de Apolo ilumina esta situação, que, do contrário, seria incompreensível, e vice-versa. Já que, junto com toda a tradição dos evangelhos, Lucas conhece João Batista como precursor e arauto de Jesus (v. 4), ele não pode dar uma razão plausível da existência de discípulos de João Batista, que davam a João uma aclamação messiânica que este reservou para Jesus (Lc 3,15-17, Käsemann, *ENTT* 142-43).

Tal fenômeno somente poderia ser descrito como um cristianismo imaturo característica dos "discípulos" (v. 1) que, como Apolo, conheciam apenas o batismo de João, mas, diferentemente dele, ainda não tinham a experiência do Espírito Santo (8,16) e ainda tinham de passar pelo batismo em nome de Jesus. **1.** *o planalto*: cf. 18,23, onde o itinerário de Paulo foi interrompido pelo parêntese sobre Apolo. **2.** *mas nem ouvimos:* tal cristianismo ou até seita batista é inconcebível. Temos aqui o trabalho editorial de Lucas: como os samaritanos (8,15-16), estes "discípulos" somente recebem acesso ao Espírito Santo com a entrada na comunhão apostólica (Käsemann, *ENTT* 145). **3.** *no batismo de João:* esta é a maneira de Lucas parafrasear o seguimento efetivo de João Batista. Assim como ele evitou sugerir a existência de uma rivalidade entre Apolo e Paulo, também aqui suprime qualquer rivalidade entre o movimento de João e o de Jesus. Os dois estavam relacionados numa continuidade histórico-salvífica direta (v. 4), e, por isto, os seguidores de João já se encontravam no "vestíbulo" da igreja cristã. **4.** *a saber, Jesus:* a interpretação cristã aplicou a proclamação "daquele que vem" por parte de João Batista a Jesus, e não a Iahweh (13,25; Mc 1,7; Lc 3,16); assim, a fé em Jesus era exigida a partir da própria obediência a João. **5-6.** Veja o comentário sobre 8,14-17; 2,38. O argumento não é que seres humanos controlem ou dispensem o Espírito, mas que este dom é dado na igreja, que começou em Jerusalém com o primeiro derramamento do Espírito (que ecoa aqui) e é representada pelos apóstolos (8,17) ou por testemunhas credenciadas (v. 6; Weiser, *Apg.* 518). *falar em línguas:* cf. 10,46 e o comentário sobre 2,4.

(BÖCHER, O., "Lukas und Johannes der Täufer", SNTU A/4 [1979] 27-44. KÄSEMANN, E., *ENTT* 136-48).

100 (iii) *A palavra poderosa e os milagres de Paulo em Éfeso* (19,8-20). A seção consiste de três unidades menores, sendo que as duas externas têm a natureza de resumos (vv. 8-12, 17-20), e a interna é uma anedota pré-lucana com características lendárias e cômicas (Dibelius, *Studies* 19). As três seções obtêm unidade literária da relação entre a taumaturgia de Paulo e a derrota de seus concorrentes que é resumida nos vv. 18-20. O material mostra um bom colorido local, mas, para uma missão paulina prolongada e importante, Éfeso não tem uma qualidade das informações dadas sobre ela que seja comparável àquelas sobre Corinto no cap. 18 (Bornkamm, *Paul* [→ 97 *acima*] 78-79). **8.** *o reino de Deus:* no esquema histórico de Lc 16,16, esta proclamação veio após João Batista, de modo que o tema soa aqui intencionalmente após o batismo dos discípulos. **9.** *o Caminho:* esta expressão genérica para designar a vida e doutrina cristã se encontra em 9,2; 19,9.23; 22,4; 24,14.22. *afastou-se deles:* reconhecemos o esquematismo de Lucas: ensino na sinagoga, oposição, separação, novo fórum). Assim, todo o transcurso da missão de Paulo é condensado em suas estações individuais. *Tiranos:* Alusão a um proprietário desconhecido ou um mestre residente. Paulo é descrito como um filósofo itinerante numa permanência temporária para fins de ensino. **10.** *dois anos:* a prolongada duração da estada em Éfeso é informação confiável (→ Paulo, 79:40-42), bem como temos o relato de que, a partir dali, uma extensa região da Ásia foi evangelizada (*p.ex.*, Colossos, Laodiceia, Hierápolis). Entretanto, não há, na história linear de Lucas, espaço para a menção de eventos conturbados em outras comunidades que evocaram a atividade literária deste período: 1 e 2 Coríntios, Gálatas, Filipenses. **11-12.** Introduzindo a anedota sobre Ceva há um retrato resumido do Paulo da lenda, apreciado numa geração posterior e não particularmente consoante com a apresentação que Paulo faz de si mesmo (cf. 2Cor 10,10; Haenchen, *Acts* 562-63); Cf. 5,12-16, junto com a qual esta passagem aborda o tema da continuidade. Uma vez temos conhecimento, a partir de outros lugares, de exorcistas que invocavam o nome de Jesus mesmo não fazendo parte do círculo de seus seguidores

(Mc 9,38-40), a história original deste trecho talvez não tenha envolvido Paulo. O sumo sacerdote com um nome latino é desconhecido, mas sua importância aumenta a vergonha de seus sete filhos. Certos acessórios do gênero do exorcismo recebem uma característica nova aqui: o reconhecimento de candidatos a vencedores por parte do demônio é recusado, significando a derrota deles (v. 15), e uma aclamação final registra a vitória paradoxal para o abuso do nome (v. 17). O que distancia o evangelho da magia é o fato de que este nome não funcionará automaticamente para qualquer pessoa que o use (Conzelmann, *Apg.* 120). **18-20.** Este resumo se volta contra o sincretismo cristão. Fiel ao *genius loci* é a popularidade da mágica e de seus livros de fórmulas (*Ephesia grammata*) em Éfeso (PW 5. 2771-73).

101 (iv) *O motim dos ourives e a partida de Paulo* (19,21-40). **21.** *Roma:* o primeiro anúncio do itinerário de Paulo para Jerusalém e Roma precede o tumulto que, de outra forma, poderia ser entendido como a causa de sua partida de Éfeso (20,1). **22.** *à Macedônia:* o caminho rumo ao martírio e o envio de dois mensageiros evocam intencionalmente o momento em que Jesus iniciou sua viagem final em Lc 9,51-52. O discípulo e o Mestre andam juntos para seu destino comum (Radl, *Paulus*, 103-26). Os fatores históricos que ensejam estas viagens (→ Paulo, 79:43-44), incluindo a agitação em Corinto (1Cor 16,5-7) e o transporte da coleta para Jerusalém (Rm 15,25-28; 1Cor 16,1-4) são absorvidos na égide teológica (*dei* – cf. 1,16) que impulsiona cada movimento na história de Lucas. **23.** *um tumulto bastante grave:* um "episódio dramático" (vv. 23-40), facilmente descolado de seu contexto e caracteristicamente animado por discursos de líderes, serve tanto para ilustrar as tribulações de Paulo em Éfeso quanto para abrandá-las (cf. 1Cor 15,32; 2Cor 1,8-10). Uma ligação com a história real é Aristarco (v. 29), mencionado como colaborador do apóstolo preso em Fm 24: sua participação no presente episódio sugere que Lucas conhecia problemas piores em Éfeso do que registrou (cf. Bornkamm, *Paul* [→ 97 *acima*] 79-84). Em todo caso, depõe contra a hipótese de que Paulo, mantido nos bastidores na história sobre Demétrio, originalmente não teve parte nela (Weiser, *Apg.* 543-44; contra Roloff). **24.** *nichos de Ártemis em prata:* isto sugere modelos em formato pequeno do famoso santuário da deusa, que era uma das sete maravilhas do mundo antigo (cf. Estrabo, *Geogr.* 14.1.20). Sobre Ártemis, veja *Beginnings* 5. 251-56; R. Oster, JAC 19 (1976) 24-44. **25-27.** O discurso de Demétrio. Lucas intervém aqui com o argumento de que a sobrevivência do culto à deusa dependia do comércio lucrativo ao seu redor (cf. 5,1-11; 8,18-20; 16,16-20). Ele é também uma medida do poder florescente do evangelho (v. 20) que agora estava ameaçando a própria existência de cultos pagãos. Quanto ao v. 26, cf. 17,24-25; e o v. 27 é geralmente comparado com a primeira avaliação do impacto do cristianismo na Ásia feita por Plínio o Jovem (*Ep.* 10.96.10). **29.** *Gaio e Aristarco:* cf. 20,4; quanto a este último, veja também 27,2; Fm 24; Cl 4,10. **31.** *asiarcas:* líderes de função incerta (veja *Beginnings* 5. 256-62), eles fazem parte do colorido local da história e são um argumento em favor da posição social de Paulo. **33.** *Alexandre:* sua intenção é incerta, mas como pretensa defesa (*apologeisthai*) ela poderia ter sido a de negar qualquer associação entre os judeus e o acusado (cf. 16,20). **35-40.** O discurso do escrivão da cidade. Este funcionário expressa o argumento apologético de Lucas: a fé cristã não acarreta uma subversão da ordem pública ou um sacrilégio contra outros cultos. O triunfo de Paulo em Éfeso culmina, portanto, neste reconhecimento oficial de que não existe uma causa judicial contra ele (cf. 16,37-39; 18,12-17; 25-26; Plümacher, *Lukas* 100).

102 (f) *As últimas viagens entre a Ásia e a Grécia* (20,1-16).
(i) *Para a Grécia e de volta a Trôade* (20,1-6). **1.** *em direção à Macedônia*: a partida de Éfeso ocorreu de acordo com o plano (19,21),

provavelmente em meados de 57 d.C. (→ Paulo, 79:43). O que se segue é um relato resumido da viagem, retomado nos vv. 13-16 e 21,1-18, interrompido pela inserção da anedota sobre Êutico (vv. 7-12) e o discurso de despedida em Mileto (vv. 17-38). A narrativa de viagem (→ 10 *acima*) provavelmente forneceu os detalhes, os quais são altamente simplificados e expurgados de inversões e conflitos em comparação com 1Cor 16,1-9; 2Cor 2,12-13; 7,5-7. O caráter de testemunho ocular do material é certificado pela volta do termo "nós" no v. 5. **2.** *Grécia:* o nome clássico *Hellas* aparece somente aqui no NT. A linguagem popular o aplicava à província de Acaia, especialmente Corinto e arredores, onde Paulo passou três meses no inverno (no ano de 57-58) e escreveu a Epístola aos Romanos tendo em mente sua visita iminente a Jerusalém (Rm 15,25; → Paulo, 79:43-44). **4.** A listagem dos setes companheiros com seus locais de origem sugere que eles eram portadores da coleta para Jerusalém (Rm 15,26-27; 2Cor 8-9), que tinham se reunido em Corinto com o dinheiro arrecadado. A atenção limitada e tardia de Lucas à coleta (24,17) explica por que ele nunca nos fala do encargo deles. **6.** O "nós" narrador se associa com parte do séquito de Paulo que permaneceu em Filipos. Isto é, de fato, onde ele nos deixou em 16,17. *Pães sem fermento*: cf. v. 16.

103 (ii) *Êutico é ressuscitado* (20,7-12). Este milagre, que a tradição local talvez tenha formado a partir de uma recuperação miraculosa (Roloff), conquista um lugar para Paulo na tradição que agora inclui Elias, Eliseu, Jesus e Pedro (9,36-43). Ele se situa inadequadamente no marco de um culto dominical que dura a noite toda e precede a partida de Paulo em sua jornada que não teria retorno (vv. 22-23,38). Uma vez que a partida pressagiosa e a fração do pão estão limitados aos vv. 7 e 11 e representam interesses constantes de Lucas, esses versículos talvez sejam acréscimos dele a uma história mais antiga, que ele adaptou com sucesso restrito ao itinerário contínuo (proposta de Conzelmann, Schneider, Weiser). **7.** *o primeiro dia da semana:* este é, pelo cálculo judaico, o domingo, "o dia do Senhor" (Ap 1,10; *Did.* 14,1), e o costume de uma celebração eucarística à noite (e não na véspera) provavelmente reflete a época do próprio Lucas (W. Rordorf, ZNW 68 [1977] 138-41). Compare Lc 24,29-30 com 24,1. *para a fração do pão:* veja o comentário sobre 2,42. Visto que este gesto se aproxima das explicações de Jesus a respeito de seu destino, que seria compartilhado por seus seguidores (Lc 9,12-27; 22,19-38; 24,25-35), percebemos que, neste estágio crucial da trajetória de Paulo, ele visa a promover a assimilação das duas figuras (cf. 19,21). **9.** *caiu:* quanto a possíveis simbolismos da queda do garoto, que desaconselham uma avaliação "cômica", veja B. Trémel, *RTP* 112 (1980) 359-69. **10.** *debruçou-se sobre ele:* cf. 1Rs 17,21 (Elias); 2Rs 4,34-35 (Eliseu), Lc 8,52 (a reafirmação). **12.** Esta conclusão se seguiria naturalmente ao v. 10; o v. 11 representa uma intrusão redacional.

104 (iii) *De Trôade a Mileto* (20,13-16). A narrativa da viagem agora delineia uma rota para o sul ao longo da costa oeste da Ásia Menor e das ilhas costeiras (Lesbos, Quio, Samos). O deslocamento de uma reunião de Éfeso para Mileto (v. 16) é historicamente provável, mas Lucas evita novamente os problemas reais que tornavam a cidade grande proibida para Paulo (veja o comentário sobre 19,23). A data do "Pentecostes" não é retomada posteriormente.

105 (g) *A despedida de Paulo de suas missões* (20,17-38). Em comparação com outros discursos de Atos, Mileto representa um novo gênero: um discurso de despedida (Michael, *Abschiedsrede* [→ 108 *abaixo*] 68-72; Prast, *Presbyter* [→ 108 *abaixo*] 36-38), para o qual abundam analogias na Bíblia e sm escritos intertestamentários (NT: Jo 13-17; Mt 28,16-20; Lc 24,44-52). Este "testamento" para todas as igrejas que ele deixa para trás (v. 25) é o único discurso feito aos cristãos por parte do Paulo lucano. Ele anuncia tanto o fim de suas missões quanto o início de sua tribulações e seus encarceramentos (vv. 22-24), servindo, assim, para articular os dois segmentos, a missão e a paixão, nos quais a trajetória de Paulo constitui um paralelo com a do Senhor (Prast, *Presbyter* [→ 108 *abaixo*] 21). A voz que ouvimos é a de Lucas (Dibelius, *Studies* 158), mas alguns elementos da extensa tradição paulina (vv. 24.28.34) criam um ar de autenticidade (J. Lambrecht, in *Les Actes* [ed. J. Kremer] 319-23). Lucas usa esta cesura biográfica para assinalar o fim da primeira geração da igreja, a das testemunhas fundadoras, e para documentar a transição ordeira do ministério delas para a vida posterior da igreja (Michael, *Abschiedsrede* [→ 108 *abaixo*] 76).

106 A articulação do texto não é clara (J. Dupont, *Discours* [→ 108 *abaixo*] 21-22), mas a repetição de *kai (ta) nyn*, "e agora", sugere o seguinte: um olhar para trás (vv. 18b-21); um olhar para a frente (vv. 22-24), um testamento (vv. 25-31); uma recomendação final (vv. 32-35). **17.** *os anciãos:* veja o comentário sobre 14,23. Esta liderança colegial é informalmente associada com o *episkopos*, "supervisor", no v. 28. **19.** *servi ao Senhor:* o *Kyrios* em todo o discurso é Jesus, e "servir" (*douleuōn*) reflete uma autodescrição de Paulo como *doulos* [servo] de Cristo (Rm 1,1; Gl 1,10; Fl 1,1). *ciladas dos judeus:* 9,24; 20,3; 23,30. **20.** *nada negligenciei ... em público:* o caráter completo e plenamente público (*dēmosiā*) da pregação de Paulo desqualifica antecipadamente todas as doutrinas heréticas e secretas mais tarde promovida em seu nome (cf. v. 30). Isto está claramente voltado contra movimentos da época do próprio Lucas. **22-24.** Em comparação com 19,21, a previsão da "paixão" destinada a Paulo em Jerusalém está incisivamente magnificada. **22.** *acorrentado pelo Espírito:* o dativo é instrumental, como geralmente acontece com o verbo *deō*, "acorrentar". O leitor de Lucas se lembra da jornada "estipulada" do Filho do Homem que prefacia um último discurso semelhante a este antes da morte de Jesus (Lc 22,22-38). Testemunhos concretos movidos pelo Espírito a respeito do destino de Paulo em Jerusalém virão nas profecias de 21,4.10-11. **24.** *levar a bom termo:* no contexto, isto é uma perífrase de sua morte (cf. v. 25; 21,13; Radl, *Paulus* 147-48). O caminho do sofrimento consuma o "serviço" (cf. Lc 22,27) da pregação do evangelho.

107 25. *agora, porém:* uma nova seção é assinalada no estilo da LXX, apropriado para a era "clássica" que está terminando com isso. *o Reino:* como conteúdo da mensagem, este é um *continuum* central entre Jesus e a igreja pós-apostólica (cf. o comentário sobre 1,3). **26.** *estou puro:* a fórmula de autoabsolvição pertence ao gênero de despedida (Michael, *Abschiedsrede* [→ 108 *abaixo*] 51-52) e acentua a responsabilidade dos seguidores por sua própria adesão ao "plano" da salvação de Deus (v. 27). **28.** *estai atentos:* esta séria exortação (5,35; Lc 12,1; 17,3; 21,34) traz o ponto alto do discurso, no qual os vv. 28-31 formam um argumento integral sob a metáfora do "rebanho" (1Pd 5,1-3; Mc 6,34). *guardiães:* este único uso do termo *episkopoi* por parte de Lucas funde uma posição hierárquica instituída em algumas igrejas paulinas (Fl 1,1; 1Tm 3,1-6) com os "anciãos" mais conhecidos na Ásia da época de Lucas (cf. Tt 1,5-9; J. A. Fitzmyer, in *StLA* 247-48). Esta disposição a respeito de um "ministério eclesiástico" ainda não é a sucessão apostólica institucionalizada da Igreja Católica (Prast, *Presbyter* [→ 108 *abaixo*] 199-211). *a igreja de Deus:* esta leitura (ms. B) deveria ser preferida ao termo "do Senhor" (mss. A, D), embora nos force a traduzir a última frase do versículo por "pelo sangue de seu próprio" (Filho; cf. Rm 8,32). A inserção mecânica de expressões paulinas consagradas talvez explique o problema, bem como o raro surgimento da teologia da expiação no escrito de Lucas (J. Lambrecht, in *Les Actes* [ed. J. Kremer] 322; cf. o comentário sobre 2,23; 8,32-33). **29-30.** Com presciência pneumática, Paulo prevê a heresia no período posterior à sua partida (morte?), com o uso do termo "lobos", um criptograma protocristão para designar hereges (Conzelmann, *Apg.* 129), vindo de fora e de dentro das igrejas de Paulo. Os dias de paz e harmonia sob o único evangelho (2,44; 4,32) terminarão quando ele partir. **31.** *vigiai:* prevendo as heresias, Paulo fornece o antídoto de um ministério eclesiástico vigilante, fundamentado na tradição de seu próprio ministério.

108 32. *recomendo-vos:* observe que a igreja é confiada à Palavra, e não vice-versa, o que constitui uma defesa contra a interpretação protocatólica. O ministério está a serviço da Palavra, mas não é proprietário dela (Weiser, *Apg.* 583-85). **33-34.** Cf. 18,3; 1Ts 2,9; 1Cor 4,12; 9,3-18. **35.** *as palavras do Senhor:* um provérbio comum provavelmente foi atribuído a Jesus aqui (Prast, *Presbyter* 155-56). O ideal do desinteresse é, naturalmente, um refrão de Lucas. **36-38.** Todos os elementos aqui pertencem ao gênero das cenas de despedida. O fato de que Paulo não será mais visto confirma que seu discurso foi um último testamento.

(BARRETT, C. K., "Paul's Address to the Ephesian Elders", *God's Christ and His People* [Festschrift N. A. DAHL; ed. J. JERVELL e W. A. MEEKS; Oslo, 1977] 107-21. DÖMER, *Heil* 188-202. DUPONT, J., *Le discours de Milet* [Paris, 1962]. LAMBRECHT, J., in *Les Actes* [ed. J. KREMER] 307-37. MICHAEL, H., *Die Abschiedsrede des Paulus an die Kirche* [München, 1973]. PRAST, F., *Presbyter und Evangelium in nachapostolischer Zeit* [Stuttgart, 1979]. RADL, W., *Paulus* 127-68).

109 (B) Paulo como prisioneiro e réu na Palestina (21,1-26,32).

(a) *O retorno para Cesareia* (21,1-14). O "nós" indica uma retomada depois do interlúdio de Mileto (cf. 20,15). Os vv. 1-10 ilustram o emaranhado de fatos não assimilados que Lucas encontrou na crônica que ele certifica com o "nós" (cf. G. Lohfink, *The Bible* [New York, 1979] 107-9). **2.** *Fenícia:* veja 11,19. **4.** *movidos pelo Espírito:* cf. 20,22-24. O aviso não proíbe a viagem, mas dá continuidade à profecia a respeito do que ela pressagia (cf. v. 12). Aqui e nos vv. 5,10-14, Lucas molda uma introdução para seu relato das acusações sofridas por Paulo em Jerusalém e Cesareia, construindo habilidosamente uma expectativa tensa do vem pela frente (Stolle, *Zeuge* [→ 54 *acima*] 72-74). **7.** *Ptolemaida:* → Geografia bíblica, 73:80. **8.** *Cesareia:* Marítima, cf. 8,40; comentário sobre 10,1. *Filipe:* veja 6,5; → 51 *acima.* **9.** *filhas que profetizavam:* cf. 2,17. **10.** *Ágabo:* o mesmo como em 11,28. **11.** Como alguns profetas do AT, ele encena sua mensagem (cf. Is 20,2; Ez 4,1; Jr 13,1). *às mãos dos gentios:* um eco claro da previsão da paixão de Jesus (Lc 18,32), no qual se encaixa melhor do que no caso de Paulo (vv. 30-33; cf. Radl, *Paulus* 155-56). **12.** *não subisse:* veja o comentário sobre o v. 4; 20,22-24. **13.** *pelo nome:* cf. 9,16; 5,41. **14.** *seja feita a vontade do Senhor:* cf. Lc 22,42, arredondando uma notável remissão recíproca a Jesus quando enfrenta seu destino (Radl).

110 (b) *A prisão de Paulo e seu testemunho em Jerusalém* (21,15-23,11).

(i) *A recepção de Paulo pela igreja* (21,15-26). J. Roloff compara este relato com uma apresentação musical no qual o instrumento que toca a linha melódica fica em silêncio (*Apg.* 312). Lucas omite circunstâncias cruciais desta última visita a Jerusalém, especialmente a entrega da coleta e as razões que Paulo tinha para temer que fosse rejeitada (Rm 15,31). O incremento do nacionalismo judaico durante os meados dos anos 50 colocava pressão sobre a vulnerável comunidade cristã, cujas relações com os compatriotas dificilmente poderiam ser melhoradas pela chegada de Paulo e seus presentes dos *gôyîm*. Este é o marco no qual a acusação do v. 21 e o sinal da fidelidade de Paulo à lei (vv. 23-24) ganham seu sentido. A menção atrasada da missão assistencial em 24,17 mostra que Lucas sabia dessa finalidade do retorno de Paulo a Jerusalém; o fato de ele silenciar sobre isso aqui pode ser devido a seu motivo da "jornada de paixão" (Weiser, *Apg.* 597) ou talvez oculte o fato de que esse gesto de unidade com a igreja mãe não conseguiu obter a aceitação desta (P. Achtemeier, *CBQ* 48 [1986] 25). Em todo caso, é na prova da devoção mosaica de Paulo, e não na crise que a exige, que Lucas está mais interessado (cf. 22,3; 24,13-15; 25,8; 26,4-5). **15-18.** A narrativa de viagem subjacente aos caps. 20 e 21 (→ 102 *acima*) termina com estes versículos, e assim o "nós" faz uma pausa até a retomada da viagem em 27,1. As informações que obtemos são historicamente sólidas. A igreja de Jerusalém estava sob a liderança pós-apostólica de Tiago e dos anciãos nessa época (cerca de 58 d.C.; → Paulo, 79:47), e Tiago, que antes havia sido um rigorista judeu (Gl 2,12), é provavelmente agora a voz da moderação em meio ao fundamentalismo judaico em ascensão (v. 20). **19.** Cf. 15,4.12. Uma típica descrição lucana de harmonia e crescimento inacreditável (v. 20) prefacia o problema a ser resolvido. **21.** *a apostatarem de Moisés:* assim como as acusações contra Estêvão (6,11-14), Lucas julga que estas acusações são infundadas, e seu registro mostrou isso (cf. 16,3; 18,18). Presumivelmente a atitude de Paulo em relação à "Moisés" como caminho de salvação constituía a base da acusação (Gl 3,10-25; 5,6; 6,15; Rm 3,20-21; 10,4); mas quanto a seu conselho aos judeus, veja 1Cor 7,18-20. **22-24.** A solução: a purificação do nazireato (veja o comentário sobre 18,18). A participação de Paulo neste ritual privado a fim de tranquilizar seus críticos se baseia no relato de uma fonte, e é bem digno de crédito (cf. 1Cor 9,20), embora possa ter todo o peso que Lucas lhe dá (v. 24; cf. G. Bornkamm, in *StLA* 204-5). Veja as exigências para concluir o voto em Nm 6,14-15. **25.** *já lhes escrevemos:* com este anúncio do decreto (15,20.29), Lucas talvez esteja admitindo tacitamente que ele surgiu após o acordo do qual Paulo participou (Hengel, *Acts* 117; → 80 *acima*). Endereçada ao leitor, a repetição reitera o fundamento *de iure* [de direito] da unidade de judeus e gentios em uma só igreja. **26.** *no dia seguinte:* a cronologia é aparentemente a de Nm 6,13, mas é improvável que Paulo empreendesse a separação do nazireato. Os "sete dias" (v. 27) são curtos demais para isto (Nm 6,5) e mais provavelmente dizem respeito a uma purificação de finalidade geral (*p.ex.*, Nm 19,12), como a que talvez estivesse prescrita a um judeu que retornasse de território dos gentios (Str-B 2. 759; Haenchen, *Acts* 612).

111 (ii) *O motim e a prisão* (21,27-36). **28.** Cf. 6,13; 18,13. Aqui é formulada toda a questão da seção sobre o julgamento (Conzelmann, *Apg.* 132). *trouxe gregos para dentro do Templo:* havia ali, no pátio dos gentios, uma pedra com inscrições tanto em latim quanto em grego alertando os estrangeiros da pena de morte em caso de violação do *espaço sagrado* (*Guerra judaica* 5.5.2 § 194; *Ant.* 15.11.5 § 417; *NTB* § 47, 205). **29.** *Trófimo:* veja 20,4; 2Tm 4,20. Lucas desculpa Paulo de acordo com a declaração do 25,8. **30-36.** A cena do tumulto é moldada de acordo com 19,28-32. **31.** *ao tribuno da coorte:* isto reflete a localização de uma tropa de mil soldados na Fortaleza Antônia, situada a noroeste da área do Templo, com a finalidade de suprimir distúrbios naquele local volátil. O comandante é nomeado em 23,26. **36.** *À morte com ele*: cf. Lc 23,18.

112 (iii) *A defesa de Paulo e seu apelo à lei romana* (21,37-22,29). A primeira das três apologias de Paulo nos capítulos sobre o julgamento (22,3-21; 24,10-21; 26,2-23) é emoldurada por narrativas introdutórias e conclusivas que constituem uma unidade literária junto com ela; a maior parte dos conteúdos é criada pelo autor (Weiser, *Apg.* 606-7). Uma série de revelações no início responde a pergunta a respeito de quem ele é, assim como o discurso responderá a indagação do soldado acerca do que ele tinha feito (v. 33). O discurso e o marco narrativo sustentam, juntos, que Paulo se encontra em pé de igualdade com seus acusadores; daí a linguagem que ele usa ((v. 40), o tratamento "irmãos e pais" (22,1) e a reafirmação tópica "Eu sou judeu" (22,3). Paulo reivindica ser membro pleno da comunidade santa do povo eleito, bem aqui no centro histórico do judaísmo. Além disso, como judeu rigorista, Paulo está falando a seus pares, e o peso de seu argumento solidário é que o evento de Damasco, ensaiado uma segunda vez em 22,6-16, teria levado qualquer um deles à mesma conclusão a que ele chegou: a conversão cristã e a missão (Löning, *Saulustradition* [→ 54 *acima*] 174-75). **38.** *o egípcio*: a conclusão do tribuno a partir do uso de grego por parte de Paulo parece um artifício do autor. Será que Lucas está evocando a lembrança de levantes judaicos contemporâneos a fim de distanciar o cristianismo deles (Conzelmann)? Cf. *Ant.* 20.8.6 § 169-7-; *Guerra judaica* 2.13.5 § 254-55; → História, 75:179. **39.** *Tarso:* uma cidade provincial romana com o direito à cidadania (→ Paulo, 79:16-17). A cidadania de Paulo é deixada sem especificação, de modo que pode retornar como ponto alto no final da sequência (22,25). **40.** *em língua hebraica: i.e.*, em aramaico, a língua popular na Palestina naquela época (veja J. A. Fitzmyer, *WA* 38-43). **22,1.** *minha defesa*: a *apologia* (o verbo *apologeisthai* aparece em 24,10; 26,1) anuncia o gênero dos vv. 3-21. Veja Stolle, *Zeuge* [→ 54 *acima*] 237-41; F. Veltman, in *PerspLA* 234-56.

113 *A apologia de Paulo* (22,3-21). O discurso, tipicamente, não aborda a acusação que causou o motim (21,28-29), mas aumenta a compreensão do leitor acerca da vocação de Paulo, baseando-se no relato de 9,1-19 (Dibelius, *Studies* 159-60). Lucas aplica sua própria perspectiva ao evento de Damasco neste discurso e no cap. 26, remodelando constantemente a história da conversão como história de vocação (→ 53 *acima*). O orador é mais uma vez interrompido justamente quando está atingindo seu objetivo (v. 21; cf. 17,31), assim como também o será em 26,23. Estes dispositivos correspondentes mostram que o discurso do Templo defende a missão de Paulo, e o do cap. 26, sua mensagem. **3.** *nesta cidade:* apesar da opinião de M. Hengel (*Acts* 81-82), isto não é muito plausível (→ Paulo, 79:18). *educado:* o Paulo de Lucas faz uma descrição "francamente positiva" de sua formação judaica, em contraposição à avaliação dela como "perda" e "esterco" feita pelo próprio apóstolo (Fl 3,4-11; Löning, *Saulustradition* [→ 54 *acima*] 167). Isto é porque a lei e a promessa são identificadas por Lucas (24,14-15; 26,5-7), ao passo que eram contrárias para Paulo (Gl 3,16-29; Rm 4,13-17). *da lei de nossos pais:* cf. Gl 3,13-14; Fl 3,6. **4-5.** Sobre o papel do perseguidor (8,3; 9,1-2), veja o comentário sobre 26,9. **6-8.** Veja o comentário sobre 9,3-5 e observe o típico aumento dos detalhes no ato de contar a história novamente. **9.** *viram a luz:* os companheiros fizeram precisamente o inverso me 9,7; eles ouviram, mas não viram. A mudança é intencional: a luz é reveladora, e não combatente, e a voz agora dá início a uma mensagem destinada somente a Paulo. A tradição de Saulo está sendo primorosamente retrabalhada como história de seu comissionamento direto pelo Cristo ressuscitado. **11.** *o fulgor daquela luz:* esta restrição reduz mais ainda o momento do combate divino contra o perseguidor contido na antiga história, assim como o faz a quase eliminação da cura (v. 13; cf. 9,17-19). **12.** *Ananias:* suas credenciais judaicas são novas em comparação com 9,10 e são ensejadas pelo fórum e público do apologeta. **13** Cf. 9,17. **14.** *veres ... e ouvires:* estas palavras não antecipam meramente a visão do Templo (v. 18; segundo Stolle, *Zeuge* [→ 54 *acima*] 108) ou unicamente interpretam a visão de Damasco (vv. 6-9; segundo Burchard, *Der dreizehnte Zeuge* [→ 50 *acima*] 107-8); elas se referem a ambos os acontecimentos e moldam uma ligação entre eles. Assim, ficamos sabendo da dimensão plena da comissão de Paulo cumulativamente a partir das três passagens, e a palavra conclusiva é reservada à instrução de Paulo dada pelo próprio Senhor (v. 21; também segundo 26,15-18). *o Justo:* cf. 3,14; 7,52. **15.** *testemunha:* esta designação reinterpreta o "instrumento escolhido" de 9,15 em referência à situação forense do contexto. Constitutiva do papel de "testemunha" é o *status* de réu (Lc 21,12-13), onde a contradição e o conflito fazem do testemunho do porta-voz uma continuação direta da contradição e do conflito do próprio Jesus (Löning, *Saulustradition* [→ 54 *acima*] 149; Stolle, *Zeuge* [→ 54 *acima*] 140-54). A destinação "a todos os seres humanos" contrasta o original "testemunhas diante do povo" (13,31), indicando que Paulo faz o testemunho dos apóstolos chegar ao público mundial determinado para ele em 1,8. **17-21.** A visão de Paulo no Templo talvez seja uma tradição separada (Burchard, *Der dreizehnte Zeuge* [→ 50 *acima*] 163-65), mas dificilmente é um rival pleno para a tradição de Damasco (contra Conzelmann, *Apg.* 135). É melhor entendê-la como uma construção lucana para sustentar a legitimidade histórica da missão de Paulo entre os gentios a partir do mandato recebido bem no coração religioso do judaísmo (Weiser, *Apg.* 411). O texto pressupõe 9,19b-30, mas relata algo inteiramente novo em comparação com aquela passagem. **17.** *no Templo:* o Deus que Paulo serviu como judeu (v. 14) e aquele que dirige a missão aos gentios é o mesmo (Dibelius, *Studies* 161). **18.** *não acolherão:* a recusa dos judeus como prelúdio à missão aos gentios é um argumento recorrente de Lucas (13,46-48; 18,6; 28,25-28) e mostra a mão do autor na moldagem desta visão. Visto que a missão de Paulo validará finalmente o oráculo de Isaías a respeito da cegueira de Israel (28,26-27), talvez Lucas queira que sua visão no Templo evoque a do profeta (Is 6; segundo Betz, "Die Vision" [→ 114 *abaixo*] 118-20). **19-20.** *Retruquei:* esta reação tem a função de protestar a indignidade do sujeito num comissionamento divino (cf. Is 6,5). Quanto à parcialidade de Lucas em relação a esta forma, veja T. Mullins, *JBL* 95 [1976] 603-14; B. Hubbard, in *PerspLA* 187-98. **20.** *Estêvão, tua testemunha:* isto completa a repetição de 7,58-8,3 e traz Estêvão ao "banco das testemunhas" ao lado de Paulo, assim como este último esteve presente no local do *protomartyrium* [primeiro martírio]. **21.** *para os gentios, para longe:* assim como 13,47 ou 18,6, isto não implica uma restrição dos ouvintes de Paulo aos gentios, mas reitera a dinâmica de uma missão impulsionada sempre para fora pela recusa obstinada de seus ouvintes primordiais.

114 O prisioneiro apela para a lei romana (vv. 22-29). **22.** *até este ponto:* a apologia de Paulo fica concluída com "até este ponto"; assim, a interrupção é um estratagema do historiador. O protesto renovado confirma a palavra do Senhor a Paulo (v. 18). **23.** *atiravam poeira:* cf. *Beginnings* 5. 269-77. **24.** *o interrogassem sob os açoites:* esta medida na busca de clareza por parte do tribuno só era legal em relação aos estrangeiros e escravos, de modo que a afirmação de Paulo a respeito de sua cidadania imediatamente cancela o procedimento (cf. *Beginnings* 4. 282; 5. 305). **25.** *açoitar um cidadão romano:* Paulo apela novamente à *Lex Porcia* (veja o comentário sobre 16,37). Uma intensificação dramática se constrói entre 21,39 (proveniência de Tarso) e 25,10, com o apelo a César, sendo este texto um lance intermediário. **28.** *a tenho de nascença:* → Paulo, 79:15-17. Paulo até está numa posição superior ao tribuno na escala social romana! Dio Cássio (*Rom. Hist.* 60. 17,5-6) dá uma ideia da despesa financeira para adquirir a cidadania.

(BETZ, O., "Die Vision des Paulus im Tempel von Jerusalem", *Verborum Veritas* [Festschrift G. STÄHIN; ed. O. BÖCHER, et al.; Wuppertal, 1970] 113-23. BURCHARD, *Der dreizehnte Zeuge* [→ 50 *acima*]. JERVELL, *Luke and the People of God* [→ 85 *acima*] 153-83. LÖNING, *Saulustradition* [→ 54 *acima*]. STOLLE, *Zeuge* [→ 54 *acima*]).

115 (iv) *Paulo perante o Sinédrio* (22,30-23,11). Em meio a "uma série de improbabilidades históricas sem paralelo no restante da obra de Lucas" (Roloff, *Apg.* 326), ficamos perplexos aqui em relação ao recurso do tribuno ao Sinédrio, sua improvável competência para convocar seus integrantes e preparar sua pauta, o caráter da assembleia (reunião ou julgamento, vv. 30,6) a agressão contra Paulo e a madição proferida por ele, depois sua inacreditável asseveração de que não reconhecera o sumo sacerdote e, finalmente, sua manipulação do *odium theologicum* [ódio teológico] das facções dominantes para tirar vantagem própria. Qualquer que seja sua base histórica, o relato é claramente uma remissão cruzada às acusações feitas pelo sinédrio contra Jesus (Lc 22,63-71), Pedro e João (4,5-22), os apóstolos (5,26-40) e

Estêvão (6,12-7,60) e constrói um *continuum* histórico com elas. Assim, o processo jurídico contra Jesus terreno teve continuidade em quatro processos de Atos onde o acusado é o Cristo do querigma (Stolle, *Zeuge* [→ 54 *acima*] 234). **30.** *todo o Sinédrio:* → Lc 43;167. **23,1.** *boa consciência*: cf. 24,16; 2Cor 1,12. *me tenho conduzido:* o verbo grego *politeuesthai* significa "cumprir seu papel na sociedade" (cf. Fl 1,27). *até o dia de hoje:* isto abrange a vida de Paulo tanto como judeu quanto como cristão, implicando que não há ruptura entre as duas fases (v. 6; 26,4-7) **2.** *o sumo sacerdote Ananias:* este é o filho de Nebedeu, que ocupou o cargo de 47 a 59 (Josefo, *Ant.* 20.5.2 § 103; 20.9.2-3 § 204-8; → História, 75:155). **3.** *Deus vai ferir-te a ti:* será que esta maldição foi escrita em retrospecto ao assassinato de Ananias na início da primeira revolta judaica (*Guerras judaicas* 2.17.6 § 429; 2.17.9 § 441)?. *Violando a lei:* cf. Lv 19,15. **5.** *Não sabia*: esta resposta altamente improvável, com sua citação de Ex 22,27, mantém o herói lucano da fé fiel à lei até mesmo ao entrar em conflito com o supremo líder judaico. **6.** *saduceus e ... fariseus:* veja o comentário sobre 4,1. *eu sou fariseu:* o próprio Paulo relata que ele fariseu como judeu (Fl 3,5); mas a afirmação de que ele ainda é fariseu como cristão provém de Lucas, e para reforçar o argumento ele arremata em 26,5-8 (cf. J. Ziesler, *NTS* 25 [1978-79] 146-48). *nossa esperança, a ressurreição:* isto é hendíadis: a esperança de Paulo é a ressurreição (24,15; 26,6-8). Isto ilustra novamente a identificação da lei e da promessa feita por Lucas, em contraposição à dissociação delas por parte de Paulo (veja o comentário sobre 22,3; 24,14-15). **8.** *não há ressurreição, nem anjo nem espírito:* somente a primeira negação tem apoio em fontes judaicas (*Ant.* 18.1.4 § 16; *Guerras judaicas* 2.8.14 § 165); os outros elementos completam um contraponto à afirmação dos fariseus em favor de Paulo (v. 9). Por não revelar a base das concepções dos saduceus em seu rigorismo em relação à Torá, Lucas faz com que eles pareçam racionalistas zombadores (cf. Lc 20,27-33). **9.** *um espírito ou um anjo:* os apoiadores de Paulo se referem à sua visão a caminho de Damasco (22,6-10), e seu reconhecimento da realidade dela está, assim, plenamente de acordo com a sua teologia (v. 8). **11.** *aproximou-se dele o Senhor:* esta visão consoladora (cf. 18,9; 27,24) constitui um marco no relato de Lucas: o testemunho de Paulo em Jerusalém está terminado, e a meta de sua missão em Roma toma forma, e as duas coisas se encontram sob a "necessitade" (*dei*) do plano do próprio Deus (cf. 19,21).

116 (c) *Paulo perante o governador e rei em Cesareia* (23,12-26,32).

(i) *A transferência para Cesareia* (23,12-35).

A conspiração dos judeus contra Paulo e seu transporte apressado a Cesareia ganham uma ampla descrição, talvez a partir de uma anedota independente à qual Lucas acrescentou a carta do tribuno (vv. 25-30) a fim de adaptá-la à sua sequência literária. **12.** *se comprometeram sob anátema*: o desconforto da história como continuação da audiência fracassada diante do sinédrio (vv. 1-10) é sentida quando a trama recorre a um pretexto do mesmo tipo de interrogatório (vv. 15, 20), embora o tribuno dificilmente poderia estar tão propenso a repetir o fiasco (v. 21). A situação é inerentemente plausível, entretanto, visto que o linchamento de traidores da causa judaica por parte de patriotas fanáticos ocorreu com frequência justamente nos anos anteriores às guerras judaicas. *E se comprometeram sob juramento:* literalmente, "colocaram-se sob anátema". Isto faz com que nos perguntemos a respeito do destino dos conspiradores frustrados (v. 21). **16.** *o filho da irmã de Paulo:* que Paulo tivesse parentes em Jerusalém está aparentemente fundamentada na tradição local (cf. 22,3). A piedade rigorista da família sugere que o sobrinho tinha conexões com os zelotas pelas quais ficou sabendo do complô (Roloff, *Apg.* 331). **23.** *duzentos soldados:* os números fantásticos dados aqui exigiriam a metade das tropas designadas para a Fortaleza Antônia (cf. 21,31). *até Cesareia:* a sede do governador, a 96 km de distância (noroeste); veja o comentário sobre 10,1. *a terceira* *hora da noite:* aproximadamente 21:00 horas. **24.** *o governador Félix:* este liberto romano, com amigos próximos de Cláudio e Nero, obteve esta posição apesar de seus antecedentes (cf. Suetônio, *Claudius* 28; Tácito, *Hist.* 5,9; *Ann.*12.54; Conzelmann, *Apg.* 139). Seu mandato foi de aproximadamente 52-59/60 d.C. (→ História, 75:179) e foi marcado por crueldade e ganância (cf. 24,26). **25-26.** A origem redacional da carta é universalmente admitida. Usa-se um prescrito helenístico padrão (cf. 15,23; → Epístolas do NT 45:6), e ficamos sabendo pela primeira vez o nome do tribuno. **27-30.** O corpo da carta oferece uma avaliação da situação do prisioneiro do ponto de vista romano: ele não tem culpa judicial, e seu caso é uma questão de disputa religiosa à qual a autoridade imperial é alheia. Esta concepção é a mesma de Gálio (18,15; cf. 25,18-19) e é, de fato, o principal argumento de Lucas sobre a questão da autoridade pública *versus* o evangelho: os missionários são repetidamente vítimas de conspiração, mas eles mesmos são inocentes de desígnios conspiratórios (Maddox, *Purpose* 95-96). **30.** *comunicando a seus acusadores:* isto só poderia ter sido feito após o escrito; mas o leitor de Lucas é o real destinatário da carta. **31.** *Antipátrida:* → Geografia bíblica 73:76. **34.** *Cilícia:* cf. 21,39; 22,3. *no pretório de Herodes:* o governador provincial residia no antigo palácio de Herodes, o Grande (37-4 a.C.) desde o ano 6 a.C.

117 (ii) *A audiência com o governador* (24,1-23). Como é típico nos episódios dramáticos de Lucas, este relato é dominado por discursos, dois neste caso: uma declaração de acusação por parte de deveria ser feita por parte do "postulante" (em grego, *rhētōr*) para os judeus de Jerusalém (vv. 2-8), e o segundo discurso de autodefesa de Paulo (vv. 10-21). Este último responde exatamente ao anterior e está estruturado paralelamente a ele: uma *captatio benevolentiae* [captação de benevolência] inicial (v. 10 = 2-4), a refutação das acusações (vv. 11-18 = 5-6) e um convite para o governador buscar as provas (vv. 19-21 = 8). Também se observará um paralelismo entre os processos contra Paulo e contra Jesus (Lc 22,66-23,25): a sucessão de audiências diante do sinédrio e do procurador (cf. Lc 21,12), a apresentação de acusações por porta-vozes judeus, a combinação editorialmente refinada de acusações religiosas e políticas (cf. 25,8; Lc 23,2) e, finalmente, a impossibilidade de os judeus convencerem aos romanos da culpa do prisioneiro (cf. Radl, *Paulus* 211-21; Weiser, *Apg.* 627). **1.** *Ananias:* cf. 23,2. *Tertulo:* o *rhētōr* era, provavelmente, um advogado instruído tanto no direito romano quanto no judaico. A correção meticulosa de seu procedimento somente acentuará a incapacidade dos acusadores de serem convincentes. **2.** O favor de Félix é cortejado em um estilo retórico elegante cujos pontos efetivos de referencia histórica seria melhor não procurar. Tácito (*Hist.* 5.9) e Josefo (*Ant.* 20.8.5-9 § 160-84) dão a impressão oposta da atuação desse governador. **5.** *uma peste:* as acusações envolvem sedição e profanação do Templo, mas o argumento maior de Lucas transparece na expansão da esfera de influência de Paulo e em sua designação como cristão da "linha-de-frente". *seita dos nazoreus:* a palavra "seita" (*hairesis*) poderia implicar uma "escola" dentro do judaísmo (26,5), mas é geralmente usada de forma pejorativa na boca dos adversários (v. 14; 28,22). "Nazoreu" é o título de Jesus no querigma (2,22; 4,10) e como aquele que Paulo perseguiu através de seus discípulos (22,8; 26,9), de modo que este termo se torna facilmente uma designação dos seguidores liderados agora por paulo. **6.** *tentou mesmo profanar o Templo:* aqui está provavelmente o cerne histórico da dramatização lucana do inquérito do governador (cf. 21,28-29). **6b-7.** O texto ocidental (Vg) acrescenta uma invectiva contra Lísias que não combina bem com a referência a Paulo no v. 8 e está ausente nos manuscritos gregos melhores.

118 A apologia de Paulo (vv. 10-21). **10.** *há muitos anos:* isto é o floreio de um orador que corteja favor, e não uma cronologia real da carreira de Félix. **11.** *doze dias:* a soma de 12,27 e 24,1. O aspecto destacado é a facilidade de investigar uma estada tão curta, o que representa uma aceitação do desafio feito no v. 8. Esta era a estada de um peregrino, não de um agitador sabotando a ordem pública (v. 12). **13.** *eles não podem provar-te:* apela-se ao princípio jurídico de que é a culpa que precisa ser provada, e não a inocência. **14-15.** *confesso-te:* esta afirmação central da apologia é uma definição da vida cristã inteiramente em termos da fé judaica do AT (Stolle, *Zeuge* [c 54 *acima*] 120-21). A continuidade estrita das duas se baseia na identificação da lei e da promessa por parte de Lucas (veja o comentário sobre 22,3; 23,6), e esta é sua mais nítida afirmação dessa equação tão oposta às ideias de Paulo. *O Caminho:* a contrariedade entre este termo (veja o comentário sobre 19,9) e o *hairesis* pejorativo reside na renúncia a qualquer estreitamento da fé ancestral ("tudo o que ... está escrito"), da qual a fé cristã não é, portanto, uma distorção sectária, mas a conclusão plenamente lógica, "o verdadeiro Israel" (Weiser *Apg.* 629). *tenho a esperança:* a ressurreição geral, sem especificação cristológica (4,2), é prevista nos termos de Dn 12.2, portanto dentro da visão dos fariseus. Como meta de "o caminho", ela combina com o querigma de 3,15 e 26,23. **16.** *uma consciência irrepreensível:* cf. 23,1. **17.** *esmolas e ofertas*: finalmente, o principal propósito de sua jornada final a Jerusalém indicado pelo próprio Paulo (→ 110 *acima*) é introduzido para apoiar sua refutação das acusações contra ele (v. 18). "O leitor de Atos dificilmente entenderá esta alusão; Lucas sabe claramente mais do que conta" (Conzelmann, *Apg.* 142). **18.** *foi ao fazê-las: i.e.,* as ofertas. Paulo estava envolvido em ritos de purificação prescritos, não profanando o Templo (cf. 21,26-27). **19.** *alguns judeus:* deveríamos entender o seguinte: "Não fui eu quem incitou as pessoas, mas ..." (cf. 21,27-28). O período iniciado no v. 18 não é concluído, e o anacoluto indica o dilema e clareia a pauta para a única questão que importa para Lucas. Isto tem de ser introduzido através do repentino retrospecto da audiência no sinédrio (vv. 20-21; Stolle, *Zeuge* [→ 54 *acima*] 122-23). **21.** *ressurreição dos mortos:* cf. 23,6. Suspensão (vv. 22-23). **22.** *muito bem informado:* esta informação surpreendente tem um dividendo apologético: a atitude favorável do governador se baseava em conhecimento real, e não em engano. Tendo em vista esta disposição e o julgamento de Lísias já comunicado a ele (23,29), o fato de Félix ter adiado o veredicto de absolvição tem de ser uma concessão tática aos judeus – ou, no caso de Lucas, uma concessão ao fato de que Paulo nunca recuperou inteiramente sua liberdade. **23.** As condições da detenção de Paulo são semelhantes às que serão impostas a ele em Roma (28,16.30).

119 (iii) *O confinamento de Paulo em Cesareia* (24,24-27). **24.** *sua mulher ... judia:* detalhes desta união adúltera com a filha de Herodes Agripa são dados em Josefo, *Ant.* 20.7.2 § 141-44. Ela talvez explique os assuntos do discurso de Paulo e a reação de Félix e ele (v. 25). **26.** *dinheiro:* isto combina com o retrato de Félix traçado pelos historiadores (cf. o comentário sobre 23,24), mas também com o motivo lucano que se viu em 8,18-20; 16,16-20; 19,23-27. *frequentemente ... conversava com ele:* isto é um resumo lucano de um período obscuro, baseado mais no lugar-comum narrativo popular do chefe de Estado instruído pelo homem de Deus do que em qualquer fonte (cf. Mc 6,20; Weiser, *Apg.* 632). **27.** *dois anos:* o período é provavelmente o de 58-60 d.C. (→ Paulo, 79:47) e diz respeito à detenção de Paulo antes da troca de governador. Postular um referente diferente desse na fonte de Lucas (Haenchen, *Acts* 68) é infundado e não resolve os problemas de datação de Félix. *Pórcio Festo:* informações escassas em Josefo, *Guerras judaicas* 2.14.1 § 271; *Ant.* 20.8.9-11 § 182-96 (→ História, 75:180).

120 (iv) *O apelo para César* (25,1-12). Esta iniciativa de Paulo e sua aceitação por Festo são o fundamento histórico sólido do relato de Lucas. As circunstâncias do apelo, porém, e sua continuação na intervenção do rei Agripa II são provavelmente produtos de Lucas, colocando este clímax da autodefesa de Paulo em paralelo estreito com a singular sequência Pilatos-Herodes na narrativa lucana da paixão (23,1-25; cf. Radl, *Paulus* 220-21; A. Mattill, *NovT* 17 [1975] 32-37). As implausibilidades históricas resultam da acentuada intervenção editorial, incluindo a ausência do veredicto por parte do governador, sua ostensiva disposição de abdicar de sua competência judicial (v. 11?) apesar do crime contra César que constava entre as acusações (v. 8), e a estranha questão do local do julgamento (v. 9). O apelo histórico de Paulo era, com toda a probabilidade, contra um veredicto oficial desfavorável para ele, mas Lucas preferiu manter as autoridades romanas do lado de Paulo, deixando o apelo e o papel do governador sem motivação plausível (Haenchen, *Acts* 668-70; mas cf. Schneider, *Apg.* 2. 356). **3.** Trama-se o mesmo procedimento de homicídio como anteriormente em 23,12-15. **7-8.** Este breve resumo do processo mostra que ambos os lados não têm nada de novo para dizer além do que sustentaram diante de Félix (24,1-23). As palavras de Paulo retomam as acusações e, em ordem diferente, a defesa que ele fez contra elas em 24,11-19. Liderar um levante (24,11-12) era classificado como um *crimen laesae maiestatis* contra a pessoa do imperador; por isso, a devolução do caso a um tribunal judaico por parte do governador seria impensável. **9.** *agradar aos judeus:* em vez da absolvição que estamos esperando após o v. 7, Festo propõe transferir o local para Jerusalém e, assim, torna-se responsável pelo prolongamento do cativeiro de Paulo. Será que sua proposta inescrutável esconde o fato histórico de que ele decidiu em favor do acusado (Roloff, *Apg.* 342)? *seres julgado em minha presença:* embora Festo vá reter a jurisdição, Paulo prevê que será entregue às mãos dos judeus (v. 11). Aparentemente Lucas está pensando num julgamento do sinédrio sob a égide do governador, como em 22,30-23,10. Mas tal proposta é tão implausível quanto aquela cena o foi (Roloff, *Apg.* 343). **11.** *apelo para César:* sobre o pano de fundo jurídico ainda obscuro, veja *Beginnings* 5. 312-19; Conzelmann, *Apg.* 144-45. O que Paulo emprega é aparentemente uma versão desenvolvida da velha (republicana) *provocatio*, pela qual um cidadão poderia ganhar um julgamento em Roma e não nas províncias. **12.** *para César apelaste, perante César irás:* isto indica a direção final da sequência do julgamento rumo à meta da história de Paulo (19,21; 23,11) e de Lucas (1,8).

121 (v) *Festo informa o rei Agripa II* (25,13-22). Após o v. 12, só restava colocar Paulo em um navio para sua viagem a Roma. De fato, duas cenas retardam essa mudança de direção em nossa história, e ambas parecem ser composições livres de Lucas e não material proveniente de suas fontes (segundo Conzelmann, Roloff, Schneider, Weiser). A primeira, contendo a revisão do governador a respeito do caso de Paulo para o rei, parece supérflua, e somente no v. 26, na cena seguinte, ficamos sabendo que Festo está procurando a ajuda de Agripa para examinar o prisioneiro, de modo a ter condições de introduzir seu apelo ao imperador. As duas envolvendo Agripa são unidas pelo motivo da inocência de Paulo, articulada progressivamente pelo governador e pelo rei (vv. 18, 25; 26,31-32); além disso, a audiência do rei evocará uma afirmação final e conclusiva da legitimidade de Paulo sob a tradição judaica, da qual Agripa era um representante instruído (26,3). Com ele, a realização do *status confessionis* [estado de confissão] missionário por parte de Paulo traçado por Jesus (Lc 21,13) está completo, tendo passado pela sinagoga, pelo governador e agora pelo rei. **13.** *o rei Agripa:* Marco Júlio Agripa II, filho do "Herodes" de 12,1, com sua irmã, Berenice (→ História, 75:177). Sua visita é de cortesia (aor. particípio de ação subsequente; *BDF* 339.1) ao novo representante do império. **14.** *Festo expôs o caso de Paulo:* como outras repetições de Lucas, este discurso fornece detalhes não dados na primeira narração: vv. 15c, 16, 19 em comparação com vv. 1-12. **15.** *pedindo sua condenação:* agora parece que os judeus queriam isso sem uma audiência justa. **16.** *não é costume:* o princípio invocado por Festo estava entre os mais fundamentais da jurisprudência romana; cf. *Digestae* (in *Cod. Iuris Civilis*) 48.17.1; Tácito, *Hist.* 1.6; Dupont, *Études* 541-50. **19.** *questões sobre sua própria religião:* com seu augusto hóspede judeu, Festo usa o termo *deisidaimonia* com o sentido de "religião" (cf. 17,22), e não "superstição" (*RSV*). Seu relato reitera um importante argumento lucano no trecho sobre o processo (veja o comentário sobre 18,14; 23,27-30). *e que Paulo afirma estar vivo:* a grande questão da controvérsia identificada anteriormente em termos apocalípticos judaicos, "ressurreição dos mortos" (23,6; 24,15.21), é agora articulada numa na linguagem mais adequada ao romano, ostensivamente distanciada do querigma, mas, como sabemos, ainda reminiscente dele (cf. 1,3; 3,15; Lc 24,5,23), e acrescentando àquelas cenas de julgamento anteriores o nome de Jesus como "o ressurreto". **20.** *perplexo:* esta afirmação confirma que Festo pretendia abdicar do julgamento do caso de Paulo (cf. v. 9). **21.** *ao juízo de Augusto:* o título grego *Sebastos* (em latim: *Augustus*) foi atribuído pela primeira vez ao chefe de Estado romano pelo senado em 27 d.C. (*OCD* 124).

122 (vi) *Paulo perante o rei Agripa* (25,23-26,32). **23.** *com grande pompa:* uma descrição idílica da chegada do rei monta o palco a última e mais detalhada apologia de Paulo, que completa o programa de suas confissões sob perseguição estipuladas pelo Senhor em 9,15. **26.** *sobre ele, para escrever:* com um atraso tático, Lucas nos diz finalmente por que Agripa também deveria ouvir o caso. A apologia subsequente certamente não acrescentará nada de prático para o relatório de Festo a César (cf. 26, 24!). Este não é o verdadeiro objetivo de Lucas no cap. 26; ele pretende, isto sim, dar sua resposta à persistente pergunta a respeito da relação do evangelho com o judaísmo (26,2-3; → *acima*). *ao Soberano:* literalmente, "ao Senhor", a primeira aplicação conhecida do termo *ho kyrios* usado de maneira irrestrita para designar o imperador romano (veja *TDNT* 3. 1055; Conzelmann, *Apg.* 147; J. A. Fitzmyer, *WA* 115-42).

123 *A apologia final de Paulo* (26,1-29). O discurso perante Agripa é o clímax deliberado da autodefesa de Paulo nos caps. 22 a 25 e seu resumo final, como réu, da questão da acusação dos judeus contra ele, ou seja, sua interpretação da promessa em torno da qual giram a Escritura e a piedade mosaicas (vv. 6-8; cf. Löning, *Saulustradition* [→ 54 *acima*] 177 e 178). Uma interrupção localizada estrategicamente (v. 24) identifica o objetivo discursivo da composição, que é a condensação do querigma de Paulo no v. 23. Ali sua proclamação da promessa cumprida afirma que, em última análise, é o próprio Cristo ressurreto, falando através de sua "testemunha" (v. 16) aos judeus e gentios, que é acusado perante o rei instruído (Stolle, *Zeuge* [→ 54 *acima*] 133, 140). Visto que o evangelho de Paulo é, assim, sua resposta final à acusação dos judeus contra ele, sua apologia e seu querigma coincidem (vv. 28-29); ele é testemunha precisamente como o réu (Stolle, *Zeuge* [→ 54 *acima*] 134). Além disso, em prol do argumento que valida seu querigma, a conversão de Paulo e sua vocação precisam agora coincidir inteiramente na única cristofania. Consequentemente, as revisões lucanas da lenda de Saulo que estavam em andamento em 22,3-21, particularmente a supressão do papel mediador de Ananias e a sequência de cegueira e cura, são concluídas nesta terceira narração (→ 53, 113 *acima*).

124 As expressões consecutivas *men oun* (vv. 4, 9) e *hothen* (v. 19; BDF 451) sinalizam pontos de articulação no discurso: vv. 4-8, Paulo e a esperança de Israel; vv. 9-18, a experiência de Paulo com Cristo; vv. 19-23, o testemunho de Paulo como testemunha de Cristo. A réplica a Festo (vv. 25-27) volta ao começo do discurso, e os vv. 28-29 mostram o apologista e o evangelizador como um só. **1.** *estendendo a mão:* cf. v. 29! *começou Paulo sua defesa:* veja o comentário sobre 22,1. **2.** *ó rei Agripa ... diante de ti:* o favor de Agripa é cortejado com uma *captatio benevolentiae* como representante informado e objetivo dos judeus (vv. 26-32), ao contrário do sinédrio hostil. **4-5.** *meu modo de viver:* veja o comentário sobre 22,3. A piedade farisaica de Paulo tem um peso positivo (cf. Fl 3,4-9) na medida em que esta é a crença judaica "mais estrita" e, consequentemente, a mais confiável testemunha da verdade de sua mensagem. Esta afirmação é apoiada pela indicação de sua causa. **6.** *esperança na promessa:* de acordo com as cartas de Paulo, a promessa de Deus permaneceu fora e independente da lei durante toda a história bíblica de Abraão em diante (Rm 4,13-17; Gl 3,15-18). Para o Paulo de Lucas, entretanto, a lei contém a promessa e é compreendida como tal em sua totalidade; assim, seu zelo pela lei demonstrava uma adesão fiel à promessa, e nenhum fútil rigorismo mosaico ou zelo equivocado pela lei poderia ser concebido (Löning, *Saulustradition* [→ 54 *acima*] 168-69). **8.** *que Deus ressuscite os mortos:* nesta definição da promessa, o primeiro *nekros,* "homem morto", a ser ressuscitado, de acordo com o querigma de Paulo (v. 23), está claramente implicado entre os *nekrous* [forma no plural: homens mortos] (contra O'Toole, *Climax* [→ 125 *abaixo*] 47-48). **9.** *quanto a mim, parecia-me:* um corolário importante da fusão lucana entre lei e promessa é a separação da piedade judaica zelosa de Paulo de sua atividade como perseguidor. Ao passo que esta última era uma consequência lógica da anterior e um sintoma de seu erro nos escritos de Paulo (Gl 1,13-14; Fl 3,5-6), aqui ela se transforma uma convicção pessoal aberrante "recalcitrando contra o aguilhão" da fidelidade judaica que o estava impulsionando ao serviço de Cristo (cf. v. 14; Löning, *Saulustradition* [→ 54 *acima*] 170). **10-11.** *encerrei nas prisões:* o retrato do perseguidor é grandemente intensificado em comparação com 8,1.3; 9,1-2; 22,4-5. Isso cria um contraste para a aparição correspondentemente intensificada que toma conta dele bem em meio a suas depredações *(en hois,* v. 12). **13-14.** O motivo da luz (9,3; 22,6) levanta-se para superar o retrato do perseguidor em trevas, mas o papel desempenhado pelos acompanhantes de Paulo (9,7; 22,9) é praticamente suprimido. Bem como exige o contexto (vv. 16-18), somente Paulo vê e ouve (Burchard, *Der dreizehnte Zeuge* [→ 54 *acima*] 109-10). **14.** *recalcitrar contra o aguilhão:* embora isto tenha sido supostamente dito em "hebraico" (cf. 21:40), o provérbio só é reconhecível como um lugar-comum dos autores de tragédias gregas (*p.ex.,* Eurípides, *Bacchae* 795; cf. Lohfink, *Conversion* [→ 54 *acima*] 77-78). Ele é aplicado aqui à fúria do perseguidor, que resistiu em vão ao impulso rumo a Cristo dado por sua piedade judaica (veja o comentário sobre o v. 9). **15.** *Eu sou Jesus:* este suporte dos três relatos (cf. 9,5; 22,7) interpreta a expressão "contra o nome..." no v. 9 (veja o comentário sobre 9,4; 3,6). **16.** *levanta-te:* cf. Ez 2,1-2. Paralelos com versões anteriores da história terminam quando o Senhor comissiona Paulo diretamente. *te apareci:* veja o comentário sobre 9,17. *servo e testemunha:* estes termos e sua comunicação direta pelo Ressurreto colocam agora a comissão de Paulo no mesmo nível daquela dos Doze (cf. 1,8; Lc 1,2; 24,48; Burchard, *Der dreizehn Zeuge* [→ 54 *acima*] 112, 124-25). Sem, naturalmente, compartilhar da posição histórica singular deles, Paulo dá continuidade direta a suas funções de testemunha autorizada do Ressurreto (22,15) e meio de sua palavra viva; com efeito, ele as levará ao destino indicado para elas em 1,8 (Dupont, "La mission" [→ 125 *abaixo*] 297). Assim, Lucas fez com que a história da conversão combinasse com o ponto de vista do próprio Paulo sobre ela (→ 53 *acima*; Roloff, *Apg.* 349-50). *na qual me viste e daquelas nas quais ainda te aparecerei:* o difícil genitivo duplo parece abarcar a experiência visionária contínua de Paulo: inicialmente Damasco, depois as visões posteriores que guiaram sua carreira (18,9-10; 22,17-21; 23,11; segundo Stolle, *Zeuge* [→ 54 *acima*]

130; O'Toole, *Climax* [→ 25 *abaixo*] 69). **17.** *eu te livrarei:* uma alusão a 1,8 promete proteção da testemunha contra seus próprios ouvintes. Isto significava que seu testemunho seria sempre como réu (→ 123 *acima*). **18.** *para lhes abrires os olhos:* ecos da linguagem de um outro profeta às nações gentílicas, o Deuteroisaías (42,7.16). *das trevas à luz:* esta metáfora comum da parênese batismal do NT (Cl 1,12-14; Ef 5,8; lPe 2,9) ganha uma importância ainda maior neste contexto (v. 13), onde a conversão e a comissão de Paulo coincidem. *remissão dos pecados:* cf. 2,38; 5,31; 10,43; 13,38. **19.** O fato de Paulo se dirigir diretamente ao ouvinte assinala o fim das palavras do Senhor e o retorno à vida de Paulo. **20.** Cf. 9,19-30. "Toda a região da Judeia" pertence a uma região geográfica familiar (1,8), mas não ao que Lucas relatou. **22.** *continuo a dar meu testemunho:* compare com "estou sendo aqui julgado" (v. 6); as situações de testemunha e de réu coincidem (cf. v. 17). *nada mais dizendo:* esta condensação da mensagem de Paulo, diretamente contínua com a dos apóstolos (Lc 24,44-48), prova que sua rejeição pelos judeus é desobediência à própria tradição deles. *o Cristo devia sofrer:* veja o comentário sobre 3,18. *o primeiro a ressuscitar dentre os mortos:* veja o comentário sobre 3,15. Esta fórmula liga-se à definição da promessa no v. 8. *anunciaria a luz:* o convite à conversão, revestido na metáfora do v. 18 e na sequência padrão Israel-gentios (cf. 13,46-47; Is 49,6), tem o *Christus praesens* [Cristo presente] como quem a profere (O'Toole, *Climax* [→ 125 *abaixo*] 119-21; veja o comentário sobre 3,26). Como em Lc 24,47, a pregação tem parte no acontecimento salvífico.

125 24. *Festo o interrompeu em alta voz:* a interrupção planejada funciona tanto quanto em 22,22 (cf. 17,32; → 113 *acima*). A confusão do romano é como deveria ser (cf. 18,15; 25,19-20), mas Agripa é o alvo certo aqui (v. 26), como confirma sua reação (v. 28). **26.** *num recanto remoto:* um provérbio grego (Epicteto 2.12.17) é portador da afirmação de Lucas a respeito do caráter completamente público e acessível do acontecimento-Jesus (cf. 2,22; Lc 24,18). **27.** Reafirmação dos vv. 6-7. **28.** Agripa reconhece imediatamente a força do argumento e se esquiva de seu poder. **29.** *por pouco ou por muito:* Paulo transforma, de maneira elegante, a ironia do rei em um objetivo sério. **31.** *nada pode ter feito que mereça a morte ou a prisão:* esta é a palavra final do trecho do julgamento (cf. 23,29!) e um dos dois lados de seu argumento, sendo o outro indicado nos vv. 22-23. **32.** Irônico! Veja o comentário sobre 25,12; 27,24.

(Para bibliografia, → 114 *acima*; também: CADBURY, H., in *Beginnings* 5. 297-338. DUPONT, *Études* 527-52; "La mission de Paul d'après Actes 26.16-23", *Paul and Paulinism* [Festschrift C. K. Barrett; ed. M. D. HOOKER e S. G. WILSON; London, 1982] 290-301. LOHFINK, *Conversion* [→ 54 *acima*]. NEYREY, J., "The Forensic Defense Speech and Paul's Trial Speeches", *Luke-Acts* [ed. C. H. TALBERT] 210-24. O'TOOLE, R. F., *The Christological Climax of Paul's Defense* [Rome, 1978]. RADL, *Paulus* 198-220. VELTMAN, F., in *PerspLA* 243-56. WILSON, *Gentiles* 161-70.)

126 A última viagem de Paulo e seu ministério em Roma (27,1-28,31).

(a) *A viagem para Roma* (27,1-28,16).

(i) *A viagem marítima, o naufrágio e o salvamento* (27,1-44). Existe um amplo consenso que o cap. 27 foi composto segundo um modelo literário greco-romano popular, a viagem marítima aventurosa, que devia sua popularidade às narrativas clássicas como a *Odisseia* e a *Eneida* (cf. V. Robbins, in *PerspLA* 217-28). A forma narrativa na primeira pessoa do plural tornou-se convencional na literatura sobre viagens marítimas, recomendada outra vez pelos protótipos *Odisseia* e *Eneida*; e, assim, o narrador "nós" reaparece no v. 1 (cf. 21,18) e fala até 28,16, na chegada a Roma. Os exegetas discordam quanto ao relato que serviu de matriz, se era uma narrativa náutica preexistente adotada por Lucas com inserções que destacam seu herói (Dibelius, *Studies* 204-6; Weiser, *Apg.* 391), ou se ele relata as memórias reais de um companheiro de Paulo, talvez Aristarco

(v. 2), cuja voz Lucas transmite no "nós" (E. Haenchen, in *StLA* 276; Roloff, *Apg*. 359). O primeiro ponto de vista é favorecido pelo caráter intrusivo das inserções referentes a Paulo, especialmente os vv. 9-11 e a oração deslocada no v. 43 (cf. também vv. 21-26, 31, 33-36). Além disso, uma série notável de *termini technici* [termos técnicos] da navegação na descrição das labutas da viagem aponta para sua origem na literatura e não na experiência (como admite E. Haenchen, "Acta 27" [→ 129 *abaixo*] 250). Sentimos, também, a improbabilidade do papel de Paulo como conselheiro dos oficiais do navio e líder dos outros passageiros quando, como prisioneiro, ele estaria mais provavelmente acorrentado debaixo do convés! Quanto à finalidade de Lucas em "paulinizar" uma história náutica, ele o expressa claramente nos vv. 22-25: Paulo precisa alcançar seu destino (e o destino do livro) na capital mundial, e os terrores do mar contrário e dos elementos só acentuam o plano divino invencível que dirige sua viagem (Schneider, *Apg*. 2. 382).

127 1. *ao ser decidido nosso embarque:* o "nosso" é problemático: parece separado de "alguns outros presos", mas se tornou parte deles no v. 6. Isto sugere que se trata do dispositivo literário do gênero de viagem marítima (V. Robbins, in *PerspLA* 229), mesmo que outros detalhes nos vv. 1-8 possam vir de um registro efetivo da transferência de Paulo para Roma. **2.** *Adramítio:* o porto de origem do navio, no noroeste da Ásia Menor, a leste de Trôade. *Aristarco:* vejo o comentário sobre 19,19; 20,4. **3.** *Júlio tratou Paulo com humanidade:* cf. v. 43. **4-5.** O panorama da passagem por portos e ilhas é característico deste gênero literário, e o v. 4 introduz o tema de elementos adversos que formarão o drama desta viagem (V. Robbins, in *PerspLA* 233). Os ventos contrários do outono (v. 9; → Paulo, 79:48) teriam vindo do noroeste, de modo que o "sotavento" ou lado protegido de Chipre era sua costa oriental. *Mira, na Lícia:* na costa meridional da Ásia Menor, ao leste de Pátara (21,1). **6.** *um navio alexandrino:* este graneleiro (v. 38) veio do porto egípcio quase diretamente ao sul de Mira. **7.** *Cnido:* a dificuldade de aportar poderia ter sido devido à sua posição sobre uma das pontas rochosas do sudoeste da Ásia Menor. *Salmone:* uma cidade na extremidade do nordeste de Creta. **8.** *Bons Portos:* o nome antigo é preservado no moderno Kali Limenes, na costa meridional de Creta. **9.** *já tinha passado o Jejum:* esta cronologia judaica (cf. 20,6) se refere ao Dia da Expiação (Lv 16,29-31; → Instituições, 76:147-50), portanto, fim de setembro ou começo de outubro. O que se quer destacar é que estava perigosamente próximo da estação (nov. a mar.) em que a navegação era suspensa por causa das tempestades de inverno. **9(b)-11.** Primeira inserção sobre Paulo. Como homem de Deus, ele prevê o grave perigo de retomar a viagem (cf. Filostrato, *Vida de Apol*. 5.18), e se mostrará que ele estava certo. É desnecessário dizer que sua intervenção dificilmente é concebível para um prisioneiro. O proprietário do navio e o capitão somente aparecem aqui; no restan te do relato só "marinheiros". **12.** *Fênix:* melhor identificado com a Phineka moderna, um porto voltado para o sudoeste/noroeste.

128 14. *Euroaquilão*. Do termo grego *eurokylōn*, composto do grego *euro*, "vento leste", e do latim *aquilo*, "vento norte". Quanto aos termos referentes a vento nestes versículos, veja *Beginnings* 5. 338-44; PW 20. 431-35. **16-17.** Perto de uma ilha chamada Cauda, a 40 km ao sul de Creta, a situação vira uma emergência total. O barco salva-vidas, depois de rebocado, é fixado no convés, o casco é "amarrado" (*Beginnings* 5. 345-54), e o medo do banco de areia na Sirte perto da África faz com que soltem a âncora flutuante para uma deriva controlada (Haenchen, "Acta 27" [→ 129 *abaixo*] 245). **18-20.** O alijamento frenético da carga e dos apetrechos do navio, em meio a um período prolongado sem sol ou estrelas para ajudar a traçar o trajeto da navegação leva a história a seu clímax: toda esperança está perdida. Tudo está pronto para uma segunda intervenção do homem de Deus. **21-26.** Segunda inserção sobre Paulo. Em contraposição a Jn 1,9, a salvação pode ser prometida aos navegantes porque o profeta está a bordo (Kratz, *Rettungswunder* [→ 91 *acima*] 328). **21.** *havia muito tempo não tomávamos alimento:* isto era por causa do enjoo, não por falta de alimento. *Paulo, de pé:* a ventania soprando e o navio se inclinando, que hora para um discurso! O argumento passa da reprimenda para a tranquilização, centrando-se no "não temas" do anjo (v. 24), que permanece como lema da viagem de Paulo a Roma do começo (23,11) ao fim (28,15). **23.** *um anjo do Deus ... a quem adoro:* isto está formulado para tripulantes pagãos, e assim substitui a cristofania menos facilmente explicável (23,11). O resgate de perigo no mar pela intervenção de um deus era um clichê dos mistérios gregos (Ísis, Serápis, os Dióscuros; cf. PWSup 4. 295-97). **24.** *tu deves comparecer perante César:* com a fórmula típica da tranquilização por parte de visitantes celestiais, a conclusão "necessária" (*dei*) das viagens tumultuadas de Paulo é reafirmada (cf. 19,21; 23,11; P. Pokorný, ZNW 64 [1973] 240-41). No contexto dos caps. 27-28, a conclusão da viagem será também uma confirmação da inocência de Paulo (26,31-32). *eis que:* numa expressão da LXX, o anjo prometeu o livramento de todos por causa de Paulo, indicando seu papel no plano mais amplo de Deus. **26.** *arremessados a uma ilha:* dito com base em previsão profética dos vv. 41-44.

129 **27.** Este versículo é uma sequência do v. 20. *Adriático:* este nome era aplica na época de Lucas para designar as águas entre Creta e a Sicília também. *se aproximava alguma terra:* indicado pelo som da arrebentação? **30-31.** Ao intervir para evitar a fuga dos marinheiros, Paulo aparece outra vez como o instrumento do "salvamento" de seus colegas de bordo. **31.** Terceira inserção sobre Paulo. **33-36.** Quarta inserção sobre Paulo. **34.** *necessário para vossa saúde:* a "salvação" (*sōtēria*) é tematizada nesta passagem (cf. v. 31), de modo que o efeito físico do alimento pode muito bem indicar algo mais profundo. *não se perderá um só cabelo da cabeça de nenhum de vós:* uma expressão do AT (1Sm 14,45; 2Sm 14,11), refletida em Lc 21,18. **35.** *tomou o pão:* o caráter eucarístico desta refeição é difícil de ser negado, dado o augúrio da "salvação", o eco puntiforme de Lc 22,19, e o desenvolvimento lucano do "partir do pão" (veja o comentário sobre 2,42; segundo Schneider, Weiser, contra Haenchen, Conzelmann, Roloff). A disjunção entre os vv. 35 e 36 (cf. 2,46) previne a impressão de uma *communio infidelium* [comunhão de infiéis]; Lucas quer dizer somente que todos tomaram parte no poder salvador do Senhor ressurreto presente na refeição eucarística (cf. Kratz, *Rettungswunder* [→ 91 *acima*] 331). **37.** *duzentas e setenta e seis pessoas:* esta informação bem pode ter retomado a história original (do v. 32). **38.** Cf. v. 18. **39.** *uma enseada:* a "Baía de São Paulo" se encontra hoje na costa nordeste da ilha de Malta (28,1), que é a terra não reconhecida revelada pela luz do alvorecer. **40.** *desprenderam então as âncoras:* estas manobras com as âncoras, as amarras do leme e a vela da proa visavam conduzir a embarcação com mais facilidade nas águas rasas da baía até a praia. **41.** *banco de areia:* literalmente um "lugar de dois mares" (*topos dithalassos*), um banco de areia com água profunda de ambos os lados. A perda do escaler (v. 32) cobra seu tributo aqui, porque ele poderia ter levado os passageiros pelas águas rasas sem encalhar, como aconteceu com a embarcação. **42.** *matar os prisioneiros:* esta é também uma reação de pânico dos soldados (cf. v. 32), que teriam sido responsabilizados pela fuga de seus prisioneiros. **43.** *querendo preservar Paulo:* o papel instrumental de Paulo na salvação de seus colegas de bordo (v. 24) fica plenamente evidente agora. A interpolação desta oração em uma história mais antiga por parte de Lucas é confirmada pelo fato de que nunca ficamos sabendo qual dos cursos oferecidos, se nadando ou agarrando-se a pranchas, Paulo tomou. **44.** *todos chegaram, sãos e salvos, em terra:* a fé de Paulo é, assim, finalmente vindicada (v. 25).

(HAENCHEN, E., "Acta 27", *Zeit und Geschichte* [Festschrift R. BULTMANN; ed. E. DINKLER; Tübingen, 1964] 235-54. KRATZ, *Rettungswunder* [→ 91 acima] 320-50. LADOUCEUR, D., "Hellenistic Preconceptions of Shipwreck and Pollution as a Context for Acts 27-28", *HTR* 73 [1980] 435-49. MILES, G. e G. TROMPF, "Luke and Antiphon", *HTR* 69 [1976] 259-67. POKORNY, P., "Die Romfahrt des Paulus und der antike Roman", *ZNW* 64 [1973] 233-44. RADL, *Paulus* 222-51.)

130 (ii) *Paulo em Malta* (28,1-10). Um trecho de típico relato de viagem no estilo "nós" (vv. 1-2.7.10; cf. 27,1-8) é complementado por dois episódios miraculosos (vv. 3-6, 8-9), ambos notáveis por sua concentração na coragem pessoal de Paulo sem a usual retratação em favor do verdadeiro agente dos milagres (3,12.16). O efeito composto é levar avante as perspectivas já instiladas pelo cap. 27: Paulo preciso chegar a seu destino sob o decreto e a proteção de Deus; sua libertação do perigo mortal refuta sua culpa de qualquer crime capital (agora explicitamente nos vv. 4-6); a salvação vem a outros através de Paulo (vv. 8-9). **1.** *estando já a salvo:* o particípio *diasōthentes* se conecta com 27,44 e reflete a palavra temática *sōzesthai*, "ser salvo" do cap. 27. *Malta:* uma grande ilha ao sul da Sicília, fora da rota principal de navegação (cf. 7,39), onde se falava uma forma da língua púnica semítica. Veja Estrabo, *Geogr.* 17.3.16. **2.** *os nativos:* literalmente, "os bárbaros"; veja o comentário sobre Rm 1,14 (cf. 1Co 14,11; H. Windisch, *TDNT* 1. 546-53). **3.** *uma víbora:* é tão inútil inquirir sobre qual a espécie de serpente que "se prendeu" à mão de Paulo quanto é querer saber se a língua púnica falada pelos malteses tinha algum termo equivalente à palavra "justiça" no grego (v. 4). A história ganhou toda a sua cor de narradores de outras terras. **4.** *a vingança divina não o deixa viver:* o termo em grego *hē dikē* aqui conota a deusa "Justiça" que persegue um assassino. Os moradores da ilha, a quem a história atribui esta "teologia" grego imaginam que ela permitiu que sua presa escapasse do naufrágio somente para atacá-lo nesta circunstância anti-heroica e irrelevante. **5.** *não sofreu mal algum:* cf. Lc 10,19; Mc 16,18. Além de desfazer a compreensão errônea dos nativos, o episódio credencia Paulo como um enviado autorizado de Jesus, que recebeu esta imunidade junto com a sua comissão. **6.** *era um deus:* portanto, longe de um fugitivo da "Justiça"! Paulo não repudia este louvor como fez em 14,15; sua oração antes da cura (v. 8) é o mais próximo que esta passagem chega de citar o verdadeiro autor de seus milagres (compare com 3,6; 9,34; 14,3; 16,18; 19,11; cf. W. Kirchschläger, in *Les Actes* [ed. J. Kremer] 516). **7.** *Públio:* o legado do pretor da Sicília era o "primeiro cidadão" da Malta romana. Ele ilustra mais uma vez o sucesso da missão junto aos membros da classe alta (cf. 8,27; 10,1; 13,7.50; 16,14.38; 17,4.12; 19,31; 24,24; 25,23; 26,26). **8.** *impôs-lhes as mãos:* a combinação aqui da febre aflitiva, da imposição das mãos que curam e da subsequente cura em massa (v. 9) sugere uma repetição consciente das primeiras curas de Jesus (Lc 4,38-41), portanto um arredondamento literário dos ministérios carismáticos narrados por Lucas (W. Kirchschlägter, ibid. 520). A continuidade direta destes ministérios é o aspecto que está sendo ressaltado. **10.** *quando estávamos para partir:* cf. v. 11.

131 (iii) *A chegada de Paulo a Roma* (28,11-16). O relato sobre as viagens de Paulo no estilo "nós" será concluído agora no destino indicado a Paulo. **11.** *ao fim de três meses:* isto é, após o inverno passado em Malta (veja o comentário sobre 27,9; → Paulo, 79:49). *Dióscuros:* os *Dioskouroi* gregos (em latim: Castor e Pollux), irmãos de Helena e filhos de Zeus, eram venerados como divindades astrais, portanto como protetores dos marinheiros (*Beginnings* 4. 343-44). Suas imagens adornavam apropriadamente a proa deste navio. **12.** *Siracusa:* importante cidade portuária no sudeste da Sicília, no passado uma inimiga poderosa e bem sucedida da Atenas invasora (Tucídides, *Guerra do Peloponeso* 7), mas já em declínio quando Paulo chegou. *Régio:* o *Reggio di Calabria* de hoje, na ponta da bota italiana. *Putéoli*: atualmente Pozzuoli, no golfo de Nápoles a oeste dessa cidade, ainda a 200 km ao sudeste de Roma. Este era o porto regular da entrada a Roma vindo do leste, embora em breve passasse esse *status* ao porto de Ostia recentemente dragado. **14.** *irmãos:* uma congregação cristã (veja 1,15) já existia lá, como em Roma (v. 15). O convite torna difícil lembrar que Paulo está chegando a Roma como prisioneiro. *chegamos a Roma:* esta observação parece prematura e duplicada pelo v. 16a, mas sua finalidade é preparar o cenário para o encontro do v. 15 (Hauser, *Abschlusserzählung* [→ 133 *abaixo*] 14). A chegada de Paulo a Jerusalém da última vez (21,15-18), um marco momentoso de suas viagens foi, do mesmo modo, tornada mais importante com duas informações de sua chegada (21,15.17) e encontros com cristãos nas penúltimas paradas (21,16). **15.** *Fórum de Ápio:* a viagem de cinco dias à pé de Putéoli seguiu a Via Campania para Cápua, depois a Via Ápia rumo ao norte. Duas estações da grande estrada são mencionadas aqui, a respectivamente 69 e 53 km da capital. Somente nestas estações liminares há referência à comunidade existente de Roma; daqui por diante Lucas concentra o holofote em Paulo, seu missionário pioneiro. *encorajado: tharsos*, "coragem", reflete o *tharsei* do Senhor ressurreto em 23,11, arredondando, assim, editorialmente a viagem de Roma que Lucas traçou. **16.** *morar em casa particular:* isto significa aparentemente que Paulo estava sob prisão domiciliar num alojamento alugado (v. 30). Esta frase prepara o cenário para o episódio conclusivo e o transforma num conjunto, juntamente com a afirmação que a reflete e complementa-o nos vv. 30-31. Não obstante, a saída do narrador "nós" neste ponto confirma que o v. 16 é a conclusão orgânica das viagens de Paulo, não a introdução à sua estada final (contra Hauser, *Abschlusserzählung* [→ 133 *abaixo*] 12-16).

132 (b) *Paulo em Roma* (28,17-31). Com o final do relato da viagem, a mão do próprio Lucas projeta um final que arredonda sua obra. Trata-se de um episódio dramático bipartido, paralelo a 13,13-52 em sua sequência de instrução, rejeição por parte dos judeus e direção rumo os gentios (→ 71 *acima*); ele resume, assim, a estada de dois anos de Paulo em Roma numa repetição dos estágios que sua missão seguiu em todas as suas estações principais (cf. especialmente 18,1-6; 19,8-10; J. Dupont, in *Les Actes* [ed. J. Kremer] 383-86). As duas partes do relato da estadia são dois encontros com os líderes dos judeus da capital, sendo que o primeiro retoma o argumento completo do julgamento nos caps. 22 a 26 (vv. 17-22), e o segundo resume o problema que motivou a obra toda (→ 5 *acima*): o não dos judeus contra o sim dos gentios ao evangelho cristão (vv. 23-28). A frase conclusiva se assemelha a outras afirmações sumárias que fechavam seções anteriores do livro (1,13-14; 5,42; 15,35). Nenhum destes ingredientes evidencia a existência de uma fonte integral subjacente ao episódio, que parece, assim, ter sido composto, quanto muito, elementos heterogêneos (cf. Weiser, *Apg.* 677-679). Tampouco há qualquer indicação que respalde a antiga hipótese da falta de uma conclusão para o livro ou de um terceiro volume projetado por Lucas (cf. Schneider, *Apg.* 2. 411-413). O plano do Senhor ressurreto para suas testemunhas fica, de fato, completo nos vv. 30-31 (veja o comentário sobre 1,8). O fim de uma época é chegada quando Paulo, a última das testemunhas comissionadas diretamente pelo Ressurreto, termina sua odisseia missionária iniciada em Jerusalém, cidade da primeira asembleia do verdadeiro Israel, e terminada em Roma, centro do mundo vasto e fértil dos gentios (Roloff, *Apg.* 371; Wilson, *Gentiles* 236-37). Lucas só não sacia nossa sede por um final para a biografia de Paulo, como ele fez no caso de Pedro e dos apóstolos, retirados sem cerimônias de sua história após 16,4 (→ 5 *acima*). É o Cristo exaltado, verdadeiro profeta da salvação para todas as nações (26,23; 3,22-26), cujo caminho foi traçado em Atos; suas testemunhas vieram e foram em suas páginas somente conforme a necessidade.

133 **17.** *os judeus:* quanto à importante comunidade judaica da capital, reagrupada gradual e dolorosamente após o decreto de expulsão de Cláudio em 49 d.C. (cf. 18,2; → Paulo, 79:10), veja W. Wiefel, "The Jewish Community in Ancient Rome...", *The Romans Debate* (ed. K. P. Donfried; Minneapolis, 1977) 100-19; R. Penna, *NTS* 28 (1982) 321-47. *nada tenha feito contra nosso povo:* a acusação de 21,21 foi refutada há muito (veja 25,8; 26,31). *entregue às mãos dos romanos:* esta nova versão do processo, em contraposição a 21,31-33, faz o julgamento de Jesus se refletir no julgamento de Paulo (cf. 21,11; Lc 18,32; 24,7; Radl, *Paulus* 264-65; J. Dupont, in *Les Actes* [ed. J. Kremer] 381). **18.** Veja 23,29; 25,25; 26,31. Um detalhe aqui, o desejo romano de libertar Paulo (*eboulonto apolysai*), não foi registrado na sequência do julgamento e pertence, antes, ao retrospecto editorial do julgamento de Jesus (cf. 3,13; Lc 23,20; Radl, *Paulus* 255-56, 262). **19.** *apelar para César:* veja 25,11; 26,32. *não porém como se tivesse algo de que acusar:* embora o Israel infiel tenha se tornado adversário de Paulo, ele não é adversário de Israel, mas o expoente assediado de sua "esperança" (v. 20). **20.** *a esperança de Israel:* isto é uma reafirmação de 23,6 (cf. 24,15.21; 26,6-8) e se refere, ao menos primordialmente, à ressurreição. Contudo, não se deveria excluir uma segunda linha de referência, a "reunião" que é efetuada pelo querigma do Cristo ressuscitado (veja o comentário sobre 1,6; 15,16-17). Esse processo está obviamente ainda a caminho em Roma (veja o comentário sobre o v. 28). *estou carregado com esta corrente:* veja 26,29; mas todas as indicações dos caps. 27 e 28 são, por outro lado, contrárias (veja o comentário sobre o v. 14; → 126 *acima*). **21-22.** Os judeus falam com se estivessem isolados dos demais judeus e como se não houvesse comunidade cristã em Roma (cf. v. 15). Isto é um artifício de Lucas, obtendo o resultado de uma audiência completamente não predisposta do que Paulo tinha a dizer (Roloff, *Apg.* 373). A divisão deste público (v. 24) será consequentemente uma questão de determinação divina, não de contingências da situação. *desejamos, porém, ouvir de tua boca o que pensas:* esta é a primeira de uma série das ocorrências do verbo *akouein*, "ouvir", que inclui três na citação de Is (vv. 26-27) e no presságio de Paulo de que os gentios "ouvirão" (v. 28). O texto de Isaías ilustra a gama de significado do verbo, desde "ouvir" até "escutar com atenção", que se encontra entre a inquirição dos judeus infiéis e a obediência dos gentios (cf. Hauser, *Abschlusserzählung* 69-81). **23.** *reino de Deus:* esta mensagem foi a marca da época do cumprimento (Lc 16,16) e deve continuar sendo o principal *continuum* entre as mensagens de Jesus e de sua igreja (v. 31; veja o comentário sobre 1,3). O paralelismo estreito entre os vv. 23 e 31 indica que o ponto focal desta passagem conclusiva é o querigma invencível sobre Cristo, não a pessoa e o destino de Paulo (J. Dupont, in *Les Actes* [ed. J. Kremer] 365, 371-72; Schneider, *Apg.* 2. 413). *a respeito de Jesus:* cf. 26,22-23. Os dois componentes da instrução de Paulo conectam, assim, a mensagem pregada por Jesus com a mensagem sobre ele. **24.** *uns se deixaram persuadir:* a divisão entre os judeus foi uma constante na missão de Paulo (14,1-2; 17,2-5; 18,5-6; 19,8-9; 23,9-10) e persiste até mesmo aqui como sinal do discernimento contínuo do verdadeiro Israel (cf. Lc 2,34; veja o comentário sobre 2,40). **25.** *uma só palavra:* esta é a última palavra de Paulo, citando Is 6,9-10 da LXX sobre a cegueira de Israel. Este, aparentemente, já era um testemunho dos missionários cristãos antes do escrito de Lucas, um recurso disponível para explicar o repúdio do evangelho pela grande maioria dos judeus (cf. Holtz, *Untersuchungen* 35-36). Os autores do NT em geral reproduzem a formulação mais branda e preditiva da versão da LXX, em contraposição à cegueira ordenada que consta no TM (cf. Mt 13,14-15 [Mc 4,12; Lc 8,10]; mas cf. Jo 12,40). A versão preditiva se encaixa no propósito de Lucas nesta passagem, onde a previsão do Espírito mostra que a recusa persistente dos judeus é uma questão de necessidade histórico-salvífica. **28.** *ficai, pois, cientes:* a conclusão deste argumento a partir da profecia é solene e definitivo: qualquer perspectiva de conversão para o povo judeu de modo geral se desvaneceu completamente (diferentemente de Rm 11). Os judeus que dizem "não" perderam o *status* de eleitos; a porção deles que creu transformou-se na pedra angular do verdadeiro Israel, ao qual os gentios estão sendo incorporados (Lohfink, *Sammlung* 93; Jervell, *Luke* [→ 85 *acima*] 62-64; diferentemente J. Dupont, in *Les Actes* [ed. J. Kremer] 376-80). Este retrato reflete indubitavelmente a experiência da geração de Lucas: a igreja era agora predominantemente gentílica, e os judeus, quase sem exceção, eram indiferentes ao evangelho (Wilson, *Gentiles* 232; → 5 *acima*). *eles ouvirão:* veja o comentário sobre os vv. 21-22.

30-31. Epílogo. *dois anos inteiros:* isto implica o conhecimento de Lucas a respeito do curso fatal que o destino de Paulo tomou depois disso (cf. 20,25.38; *1Clem.* 5,5-7). O período é aproximadamente 61-63 d.C. (cf. 24,27). *moradia que havia alugado:* este significado de *misthōma* (geralmente compreendido como "preço contratual", "aluguel") não é atestado em outra parte, mas é recomendado pelo contexto, que retrata Paulo recebendo visitantes interessados (*pantas tous eisporeuomenous*). É usado por algumas versões da Bíblia (BJ e NAB), mas não por outras (RSV e NEB, em inglês) ("por sua própria conta"). Cf. Hauser, *Abschlusserzählung* 53-57. *proclamando ... e ensinando:* o argumento é contínuo; veja o comentário sobre o v. 23. *com toda a intrepidez:* literalmente, "com toda a ousadia" (*parrhēsia*). Esta marca do ensino apostólico (2,29; 4,29.31) ilustra a continuidade entre o que os romanos ouviram e o que tinha se feito ouvir em Jerusalém bem no início. Pela última vez e como sua muito última afirmação, o livro de Atos retrata a mensagem cristã invencível em seu "poder vencedor do mundo" (Hauser, *Abschlusserzählung* 144). *sem impedimento:* cf. as palavras atribuídas alhures ao Paulo acorrentado: "a palavra de Deus não está algemada!" (2Tm 2,9). Quando o leitor termina o livro de Atos, o destino pessoal de Paulo é ofuscado por este triunfo ilimitado do evangelho sobre sua oposição poderosa. Mas isso, afinal, e não os "atos dos apóstolos", era o verdadeiro assunto do livro todo.

(DUPONT, J., in *Les Actes* [ed. J. KREMER] 359-404. HAUSER, H., *Strukturen der Abschlusserzählung der Apostelgeschichte* [Rome, 1979]. HOLTZ, *Untersuchungen* 33-37. JERVELL, *Luke* [→ 85 *acima*] 41-74. MADDOX, *Purpose* 42-46. MÜLLER, P., in *Les Actes* [ed. J. KREMER] 523-31. RADL, *Paulus* 252-65. STOLLE, *Zeuge* [→ 54 *acima*] 80-89. WILSON, *Gentiles* 226-38.)

45
Introdução às Epístolas do Novo Testamento

Joseph A. Fitzmyer, S. J.

BIBLIOGRAFIA

1 DEISSMANN, G. A., *Bible Studies* (Edinburgh, 1901) 3-59; *LAE* 228-29. DOTY, W. G., "The Classification of Epistolary Literature", *CBQ* 31 (1969) 183-99; *Letters in Primitive Christianity* (Philadelphia, 1973). FASCHER, E., "Briefliteratur, urchristliche, formgeschichtlich", *RGG* 1. 1412-15. FITZMYER, J. A., "Aramaic Epistolography", *Studies in Ancient Letter Writing* (ed. J. L. WHITE; Semeia 22; Chico, 1982) 22-57. HERCHER, R., *Epistolographi graeci* (Paris, 1873; reimpr. 1965). KIM, CHAN-HIE, *Form and Structure of the Familiar Greek Letter of Recommendation* (SBLDS 4; Missoula, 1972). KOSKENNIEMI, H., *Studien zur Idee und Phraseologie des griechischen Briefes bis 400 n. Chr.* (Helsinki, 1956). MULLINS, T. Y., "Disclosure: A Literary Form in the New Testament", *NovT* 7 (1964) 44-50; "Formulas in New Testament Epistles", *JBL* 91 (1972) 380-90; "Greeting as a New Testament Form", *JBL* 87 (1968) 418-26; "Petition as a Literary Form", *NovT* 5 (1962) 46-54; "Visit Talk in New Testament Letters", *CBQ* 35 (1973) 350-58. OPPENHEIM, A. L., *Letters from Mesopotamia* (Chicago, 1967). PARDEE, D., "An Overview of Ancient Hebrew Epistolography", *JBL* 97 (1978) 321-46; *Handbook of Ancient Hebrew Letters* (SBLSBS 15; Chico, 1982). SCHNEIDER, J., "Brief", *RAC* 2. 563-85. SCHNIDER, F. e W. STENGER, *Studien zum neutestamentlichen Briefformular* (NTTS 11; Leiden, 1987). STIREWALT, M. L., Jr., "The Form and Function of the Greek Letter-Essay", *The Romans Debate* (ed. K. P. DONFRIED; Minneapolis, 1977) 175-206. STOWERS, S. K., *Letter Writing in Greco-Roman Antiquity* (Philadelphia, 1986). WHITE, J. L., "New Testament Epistolary Literature in the Framework of Ancient Epistolography", *ANRW* II/25.2, 1730-56; *Light from Ancient Letters* (Philadelphia, 1986) – veja *BR* 32 (1987) 42-53.

Veja também KÜMMEL, *INT* 247-52; WIK-SCHM, *ENT* 380-86; *IDBSup* 538-40; *DBSup* 1. 329-41.

ESBOÇO

Observações gerais (§ 3-7)
  (I) "Epístola" como gênero literário (§ 3)
  (II) "Carta" ou "epístola" (§ 4-5)
  (III) A forma da carta na Antiguidade (§ 6-7)
A escrita de cartas no Novo Testamento (§ 8-21)
  (I) A forma da carta paulina (§ 8)
    (A) Fórmula introdutória
    (B) Ação de graças
    (C) Mensagem
    (D) Conclusão e saudação final
  (II) As "cartas" de Paulo (§ 9-11)
  (III) O *corpus* paulino (§ 12-15)
  (IV) Hebreus e as epístolas católicas (§ 16-18)
  (V) Escrita ou ditado (§ 19-21)

OBSERVAÇÕES GERAIS

3 (I) "Epístola" como gênero literário. Dos 27 livros do NT, 21 são chamados *epistolai*, ao passo que nenhum livro do AT é designado dessa forma. Há cartas no AT; mas o uso desta forma de escrita com uma finalidade religiosa, embora deva muito à popularidade da carta no mundo helenístico, torna-se particularmente proeminente com Paulo, que foi imitado por escritores cristãos posteriores.

Escrever cartas é uma prática antiga, atestada em correspondência oficial, comercial, real e privada durante milênios nas áreas do Egito e da Mesopotâmia antes do AT (*ANET* 475-90), bem como em formas em aramaico e hebraico contemporâneas a ele. No AT, há resumos de correspondência oficial na era dos reis pré-exílicos (2Sm 11,14-15; 1Rs 21,8-10; 2Rs 5,5-6; 10,1-6). Outros resumos se encontram nos períodos exílico e pós-exílico, mas neste último período eles tendem a preservar a forma da carta antiga (em aramaico) (Esd 4,11-16.17-22; 7,12-26). Em Est 9,20 são mencionados um memorando de Mardoqueu e uma carta do rei acerca do Purim; os acréscimos deuterocanônicos ao livro fornecem, de maneira apropriada, o texto de tais documentos, um esforço literário grego (12,4; 13,1-7). Semelhantemente, Br 6 preserva a chamada carta de Jeremias (veja Jr 29,1). Muitas cartas preservadas em Macabeus (1Mc 5,10-13; 8,23-32; 10,18-20.25-45; 2Mc 1,1-2,18), escritas por judeus, romanos, soberanos selêucidas e por espartanos, tratam de aspectos nacionais ou políticos da vida judaica na Palestina. Embora o uso religioso do gênero da carta se encontre em Jr 29,4-23, tal uso não era proeminente; veio a sê-lo nos tempos do NT. Algumas cartas do NT, entretanto, não são mais especificamente religiosas do que muitas do AT (At 23,26-30).

4 (II) "Carta" ou "epístola". Desde os estudos de G. A. Deissmann, tem-se distinguido frequentemente "carta" de "epístola". "Uma carta é algo não-literário, um meio de comunicação entre pessoas que estão separadas. Sendo de natureza confidencial e pessoal, dirige-se somente à pessoa às ou pessoas a quem é destinada e, de maneira alguma, ao público ou a qualquer tipo de publicidade" (*LAE* 228). Em termos de estilo, tom e forma, ela pode ser tão livre, íntima, familiar ou franca quanto uma conversa; pode também ser uma carta oficial destinada a um grupo ou diversos grupos. Geralmente ela tem uma finalidade *ad hoc*. "Cartas" antigas existem em milhares de papiros gregos do Egito (A. S. Hunt e E. E. Edgar, *Select Papyri* [LCL; Cambridge MA, 1952]; D. Brooke, *Private Letters Pagan and Christian* [London, 1929]). A maioria dos exemplos do AT citados acima são "cartas" neste sentido.

"Uma epístola é um gênero literário artístico, um gênero de literatura, assim como o diálogo, o discurso ou o drama. Ela não tem nada em comum com a carta, exceto sua forma; à parte disso, pode-se propor o paradoxo de que a epístola é o oposto de uma carta verdadeira. Os conteúdos de uma epístola visam à publicidade – visam a interessar 'o público'" (Deissmann, *LAE* 229). A epístola é uma composição literária cuidadosa, possivelmente, mas não necessariamente, ocasionada por uma situação concreta e destinada a um grande público. Desenvolvida em escolas filosóficas gregas do séc. IV a.C., ela se assemelha a um tratado, diálogo ou ensaio dedicado à exposição instrutiva ou polêmica de algum tema. "Epístolas" antigas se encontram na obra de Sêneca intitulada *Ad Lucilium epistulae morales*, nas epístolas de Epicuro preservadas por Diógenes Laércio (*Lives of Eminent Philosophers* 10) e em escritos judaicos como *Aristeias* (na realidade, uma narrativa apologética; → Apócrifos, 67:32), Br 6,1-73 (uma homilia) e 2Mc 1,1-2,18. Atualmente há insatisfação com a distinção de Deissmann: ela não é incisiva demais? O verdadeiro problema é decidir se um escrito específico deve ser classificado como "carta" ou como "epístola".

5 Embora as *epistolai* do NT constituam um *corpus* na Bíblia, isto não significa que, originalmente, pretendia-se que fossem "epístolas". As cartas privadas de literatos famosos, por vezes, passaram a fazer parte da literatura de um país, e a coleção das cartas de Paulo num *corpus* não mudou radicalmente seu caráter específico. Tampouco a inspiração, pela qual cartas foram destinadas pelo Espírito para a edificação da igreja cristã, altera o fato de um autor humano as ter destinado a uma pessoa ou um grupo ou a tratar de um problema ou outro. Portanto, o gênero literário do escrito precisa ser respeitado.

6 **(III) A forma da carta na Antiguidade.** A carta greco-romana contemporânea tinha pelo menos três partes: (1) *Fórmula introdutória*. Este não é o endereço (que geralmente era escrito na parte externa do papiro dobrado), mas a *praescriptio* [escrito na frente], uma frase elíptica que contém o nome do remetente (no nominativo) e do destinatário (no dativo) e uma breve saudação (geralmente *chairein*, um infinitivo com o significado estereotipado de "Saudações!"). Veja 1Mc 10,18.25; 11,30; no NT, somente em At 15,23; 23,26; Tg 1,1. (2) *Mensagem*. O corpo da carta. (3) *Saudação final*. Geralmente *errōsō* (plural: *errōsthe*, "adeus" [literalmente: "fique bem"; cf. em latim *vale, valete*]). Veja 2Mc 16,21.33.38; no NT,

At 15,29 (e 23,30 em alguns manuscritos). No caso de cartas ditadas, a saudação final às vezes era escrita pelo remetente; ela frequentemente ocupava o lugar de uma assinatura nas cartas modernas. Em cartas oficiais, geralmente se acrescentava uma data. Em muitas cartas antigas também se podia também encontrar uma quarta parte, uma *ação de graças*, que servia de introdução ao corpo da carta e expressava um sentimento religioso ou nãoreligioso de gratidão. Ela geralmente começava com *eucharistō*, "dou graças", ou *charin echō*, "agradeço".

7 A forma das cartas judaicas contemporâneas, escritas em aramaico ou hebraico e derivadas de modelos assírios, babilônicos ou cananeus mais antigos, não era muito diferente da forma greco-romana. Embora uma ação de graças raramente apareça, a fórmula introdutória ou era como a forma greco-romana, mas com *šālōm* ou *šĕlām*, "paz", em vez de *chairein* (veja Mur 42.43.44.46), ou mais frequentemente com uma frase dupla. A primeira parte trazia o nome do remetente e do destinatário ("a nosso senhor Bagohi, governador de Judá, vossos servos Jedanias e seus colegas, os sacerdotes...") e a segunda parte expressava uma bênção ("Que o Deus do céu vos abençoe em todo o tempo"). Veja *ANET* 322, 491-92; cf. Dn 4,1; 2 *Apoc. Bar.* 78,3 (*OTP* 1.648); Fitzmyer, "Aramaic Epistolography".

A ESCRITA DE CARTAS NO NOVO TESTAMENTO

8 **(I) A forma da carta paulina.** A carta paulina compartilha características das cartas greco-romanas e semitas contemporâneas.

(A) Fórmula introdutória. A *praescriptio* é normalmente uma expansão da forma greco-romana, usando elementos semitas; Paulo (no nominativo) para X (no dativo) com epítetos apropriados em estilo semita para expressar a relação existente entre ele e o(s) destinatário(s). Às vezes se mencionam coremetentes: Timóteo (2Cor 1,1; Fl 1,1;

Fm 1); Silvano e Timóteo (1Ts 1,1); Sóstenes (1Cor 1,1). Paulo nunca usa simplesmente *chairein*, mas expressa um desejo incluindo *charis kai eirēnē* (1Ts 1,1), geralmente expandido: "Graça e paz a vós da parte de Deus nosso Pai e do Senhor Jesus Cristo" (Gl 1,3; Fl 1,2). À primeira vista, *charis kai eirēnē* parece uma adaptação ou combinação paulina do termo grego *chairein* com o termo semita *šālōm/šĕlām*; mas talvez ela implique mais, pois a saudação usa as noções de *charis* (favor de aliança) e *eirēnē* (paz) que se encontram na antiga bênção sacerdotal de Nm 6,24-26. Além disso, *charis* tem a conotação paulina de generosidade misericordiosa de Deus manifesta em Cristo Jesus (cf. Rm 5,1-11). Assim, as palavras talvez sejam a epítome paulina dos *bona messianica* [bens messiânicos] da era cristã, os dons espirituais que o apóstolo pede para seus leitores. Esta fórmula ocorre também em 2Jo 3 e Ap 1,4; é modificada em 1Pd 1,2 e 2Pd 1,2 e às vezes se encontra em cartas cristãs posteriores.

(B) Ação de graças. Em comum com muitas cartas greco-romanas, a maioria das cartas de Paulo tem uma ação de graças. Estruturalmente, ela é muitas vezes uma frase periódica cuja função é "focalizar a situação da epístola, isto é, introduzir o tema fundamental da carta" (Schubert, *Form* [→ 15 abaixo] 180). Em Gálatas, Paulo substitui a ação de graças por uma palavra de repreensão, *thaumazō*, "admiro-me", (1,6-9), que estabelece de forma mais eficaz o tom dessa carta. Em 2 Coríntios, ele usa apropriadamente uma prolongada bênção sobre a igreja de Corinto, enfatizando a reconciliação com a congregação que lhe causou muita dor, uma nota que é o ônus de parte de 2 Coríntios. Nesta seção Paulo está geralmente orando; e, embora ela se assemelhe à ação de graças greco-romana, os sentimentos expressos são frequentemente colocados em fórmulas "eucarísticas" caracteristicamente judaicas, lembrando às vezes até mesmo os *Hôdāyôt* de Qumran (Salmos de ação de graças, → Apócrifos, 67:86). Muitas vezes não é fácil decidir onde a ação de graças termina e o corpo da carta começa (como em 1 Tessalonicenses).

(C) Mensagem. Refletindo, sem dúvida, a pregação protocristã, que frequentemente unia uma exortação ética à sua exposição doutrinária, o corpo das cartas de Paulo geralmente se divide em duas partes – uma *doutrinária*, apresentando verdades da mensagem cristã, e a outra *exortativa*, dando instruções para a conduta cristã.

(D) Conclusão e saudação final. A parte final de uma carta paulina muitas vezes contém notícias pessoais ou conselhos específicos para indivíduos. Ela é seguida pela última saudação de Paulo – nunca o cumprimento grego comum *errōsō*, mas uma bênção característica: "A graça de nosso Senhor Jesus Cristo esteja convosco!" (1Ts 5,28; Gl 6,18; Fl 4,23; 1Cor 16,23; 2Cor 13,13; Rm 16,20.[24]; Fm 25).

9 (II) As "cartas" de Paulo. Tendo estabelecido as categorias "carta" e "epístola", Deissmann classificou os escritos de Paulo como cartas, e não como epístolas literárias. Embora peque por uma certa simplificação excessiva, ele estava basicamente correto, porque os escritos de Paulo são fundamentalmente "cartas", compostas para uma ocasião específica, geralmente elaboradas às pressas e escritas, na maioria das vezes, de forma completamente independente das outras. Filêmon é uma carta privada enviada a um indivíduo; Gálatas uma carta destinada a um grupo de igrejas locais e imbuída com a preocupação pessoal de Paulo por seus convertidos. De forma semelhante, 1 Coríntios, 1 Tessalonicenses, Filipenses, apesar de todas as grandes verdades que expõem, são basicamente "cartas" que tratam de assuntos concretos das igrejas às quais se destinavam. Grande parte da dificuldade de 2 Coríntios vem de seu caráter de carta; contém muitas alusões que não se compreendem mais completamente, mas que expressam bem os sentimentos de Paulo sobre suas relações com essa igreja. De todas as cartas autênticas de Paulo, Romanos chega mais perto de ser uma epístola enviada a uma igreja que Paulo ainda não havia evangelizado (→ Romanos, 51:3-6); talvez a melhor denominção para ela seja carta-ensaio.

10 Mesmo com a caracterização de Deissmann, é preciso lembrar que Paulo raramente escreveu suas cartas a título privado; ele era primordialmente um apóstolo, um missionário, um pregador. Suas cartas foram enviadas a comunidades e indivíduos para expressar sua presença e autoridade apostólica na edificação de igrejas cristãs. Ele utilizou o gênero da carta como um meio de difundir sua compreensão do evangelho cristão e especialmente de aplicá-la aos problemas concretos que surgiram nas áreas que ele não podia visitar pessoalmente na ocasião. Parte de sua genialidade consistiu em adotar uma forma administrável de escrita para sua finalidade evangelística. Assim, a melhor forma de caracterizar seus escritos é chamando-os de "cartas apostólicas". Embora Paulo seja constantemente chamado de o primeiro teólogo cristão, ele não escreveu com a precisão de alguém que estivesse apresentando uma teologia sistemática, uma definição conciliar ou uma legislação canônica. Mais simplesmente, ele moldou seu ensino apostólico em forma de carta.

11 Nessa forma Paulo introduziu – às vezes de maneira um tanto tosca – outros subgêneros literários: fragmentos do protoquerigma (1Ts 1,9-10; 1Cor 15,1-7; Rm 1,3-4; 4,25; 10,8-9); homilias (Rm 1,18-32); exortações (Gl 5,19-24 [lista de vícios e virtudes]; cf. 2Cor 12,20); hinos (Fl 2,6-11; Rm 8,31-39; 1Cor 13,1-13); fórmulas litúrgicas (1Cor 11,24-25; 12,3; 16,22); *midráshes* (Gl 4,21-31; 2Cor 3,4-18; Rm 4,1-24); *testimonia* (*i.e.*, cadeias de textos probatórios do AT, Rm 3,10-18; 15,9-12); "diatribes" (no sentido antigo, Rm 2,1-3,9). Em muitos casos, o material assim introduzido se deriva da incipiente tradição da igreja (1Cor 11,23; 15,3), mas era remodelado pelo próprio ensinamento e pregação de Paulo (Rm 3,24-26). Assim, embora uma composição de Paulo seja basicamente uma "carta", o exame cuidadoso de suas partes muitas vezes revela outras formulações homiléticas, retóricas e literárias que devem ser respeitadas na interpretação.

12 **(III) O corpus paulino.** No NT 13 cartas são atribuídas nominalmente a Paulo. Este número aparece também no Cânone Muratoriano (linhas 39-63; *EB* 4; → Canonicidade, 66:84). Desde a época de Cirilo de Jerusalém (*Catech*. 4.36; PG 33. 499 [aproximadamente 348 d.C.]), 14 cartas foram atribuídas a ele, incluindo Hebreus. Pesquisadores modernos, entretanto, seguindo o exemplo de autores antigos como Orígenes, abandonam a autoria paulina de Hebreus (→ Hebreus, 60:2). Quanto à autenticidade, as cartas de Paulo se dividem em três categorias: (a) escritos autênticos: 1 Tessalonicenses, Gálatas, Filipenses, 1 e 2 Coríntios, Romanos e Filêmon; (b) escritos de autenticidade duvidosa: 2 Tessalonicenses, Colossenses e Efésios – chamados às vezes de "cartas deuteropaulinas", isto é, escritas por um discípulo de Paulo; e (c) escritos pseudônimos: 1 e 2 Timóteo, Tito (veja as introduções às várias cartas para obter detalhes; → Canonicidade, 66:87-89).

13 Diversas passagens paulinas sugerem, entretanto, que ele escreveu outras cartas além das 13 assim atribuídas a ele. Em 1Cor 5,9 Paulo se refere a uma carta escrita anteriormente à igreja de Corinto; 2Cor 2,3-4 menciona uma "carta escrita em meio a muitas lágrimas", aparentemente composta entre 1 Coríntios e 2 Coríntios. Visto que esta última é indubitavelmente uma combinação de textos distintos, a "carta escrita em meio a muitas lágrimas" talvez faça parte dela (→ 2 Coríntios, 50:3). Em Cl 4,16 se menciona uma carta aos laodicenses; uma carta com este nome e uma outra endereçada aos alexandrinos são rejeitadas como não canônicas no Cânone Muratoriano (linha 64; EB 5). Debate-se se Rm 16 foi escrito como uma carta separada (→ Romanos, 51:10), e Filipenses possivelmente também seja uma carta que combina textos distintos (→ Filipenses, 48:4). As referências, contidas em cartas canônicas de Paulo, a outras cartas provocaram a construção literária de cartas apócrifas de Paulo (veja *HSNTA* 2. 128-66). 2 Tesssalonicenses 2,2 pode até mesmo se referir a tal construção.

14 O próprio Paulo estava ciente (2Cor 10,10) de que algumas de suas cartas estavam sendo amplamente lidas e provocando comentários. Ao final do séc. I d.C., as cartas já estavam sendo reunidas (→ Canonicidade, 66:58). 2 Pedro 3,15-16 se refere a "todas as cartas" de "nosso amado irmão Paulo" e talvez aluda a um *corpus* paulino coletado. A mais antiga indicação clara de um *corpus* nos é dada por Marcião, que compilou em Roma, por volta de 144 d.C., um cânone dentro do qual admitiu 10 cartas, aparentemente na seguinte ordem: Gálatas, 1 e 2 Coríntios, Romanos, 1 e 2 Tessalonicenses, Efésios (= para ele "Aos laodicenses"), Colossenses, Filipenses, Filêmon (veja Epifânio, *Pan* 42.9.4; GCS 31. 105).

15 Das 13 cartas atribuídas a Paulo no cânone, Filipenses, Filêmon, Colossenses e Efésios são frequentemente chamadas de "cartas do cativeiro" porque o aprisionamento é mencionado nelas (Fl 1,7.13.14; Fm 1.9.10.23; Cl 4,3.18; Ef 3,1; 4,1; 6,20). "Cartas pastorais" é o título para 1 e 2 Timóteo e Tito por causa de sua preocupação em estabelecer a disciplina eclesiástica, inclusive hierárquica. A ordem das cartas paulinas nas Bíblias modernas segue a da Vulgata e não é cronológica; as cartas às sete igrejas precedem as quatro dirigidas a indivíduos. Esta ordem foi muitas vezes considerada como uma ordem baseada no critério da dignidade – uma explicação plausível para a precedência geral de Romanos, mas não para a precedência de Gálatas sobre Efésios ou de Filipenses sobre 1 Tessalonicenses. O fator puramente material do comprimento é, mais provavelmente, a razão da ordem dentro dos grupos, pois o comprimento das cartas diminui de Romanos a Filêmon. De acordo com algumas contagens, Efésios é ligeiramente mais longa do que Gálatas (veja O. Roller, *Das Formular* 38); e Efésios precede Gálatas no Papiro Chester Beatty (P[46] do séc. III, → Textos, 68:179). Observe que Hebreus, apesar de sua extensão, maior do que a maioria das cartas, é deixada significativamente fora do grupo paulino tradicionalmente ordenado dessa maneira; no P[46], porém, essa carta vem logo após Romanos.

(Bahr, G. J., "Paul and Letter Writing in the Fifth [*sic!*] Century", *CBQ* 28 [1966] 465-77; "The Subscriptions in the Pauline Letters", *JBL* 87 [1968] 27-41. Berger, K., "Apostelbrief und apostolische Rede/Zum Formular frühchristlicher Briefe", *ZNW* 65 [1974] 190-231. Bjerkelund, C. J., *Parakalô* [Oslo, 1967]. Dahl, N. A., "The Particularity of the Pauline Epistles as a Problem in the Ancient Church", *Neotestamentica et patristica* [Festschrift O. Cullmann; ed. W. C. van Unnik; NovTSup 6; Leiden, 1962] 261-71. Finegan, J., "The Original Form of the Pauline Collection", *HTR* 49 [1956] 85-103. Friedrich, G., "Lohmeyers These über das paulinische Briefpräskript kritisch beleuchtet", *TLZ* 81 [1956] 343-46. Funk, R. W., "The Apostolic *Parousia:* Form and Significance", in *Christian History and Interpretation* [Festschrift J. Knox; ed. W. R. Farmer, *et al.*; Cambridge, 1967] 249-68. Gamble, H., "The Redaction of the Pauline Letters and the Formation of the Pauline Corpus", *JBL* 94 [1975] 403-18. Knox, J., "A Note on the Format of the Pauline Corpus", *HTR* 50 [1957] 311-14. L ohmeyer, E., "Briefliche Grussüberschriften", *ZNW* 36 [1927] 158-73. Milton, C. L., *The Formation of the Pauline Corpus of Letters* [London, 1955]. O'Brien, P. T., *Introductory Thanksgivings in the Letters of Paul* [NovTSup 49; Leiden, 1977]. Roller, O., *Das Formular der paulinischen Briefe* [BWANT 58; Stuttgart, 1933]. Schubert, P., *Form and Function of the Pauline Thanksgivings* [BZNW 20; Berlin, 1939].)

16 (IV) Hebreus e as epístolas católicas. "Epístola" é um título mais adequado para Hebreus e as outras sete epístolas do NT, com exceção de 2 João e de 3 João, que são "cartas" (mesmo que "a Senhora eleita e seus filhos" [2Jo 1] talvez se refira a uma comunidade, e não a um indivíduo). Hebreus é mais um sermão exortativo, rico em exposição teológica e exegese alexandrina do AT; ao contrário das cartas de Paulo, suas exortações estão dispersas por todo o escrito. Não há indícios de que alguma vez tenha tido uma fórmula de abertura, e a seção derradeira com sua saudação e seu pedido finais (13,24) lhe dá um pouco de forma epistolar, mas que talvez seja secundária em relação ao conjunto da composição (→ Hebreus, 60:5). Tiago, 1 e 2 Pedro e Judas são "epístolas", porque são homilias em forma de carta: 1 Pedro talvez seja fruto de uma homilia para uma liturgia batismal; Tiago está escrita no estilo da parênese judaica helenística; Judas e 2 Pedro são homilias didáticas repletas de admoestação e exortação. 1 João é mais difícil de ser classificada, uma vez que lhe faltam todos os elementos do gênero da carta (veja *BEJ* 86-87).

17 As "epístolas católicas" (Tiago, 1 e 2 Pedro, 1 a 3 João e Judas) são distinguidas pelo nome do escritor a quem são atribuídas textual ou tradicionalmente, e não pelo nome dos destinatários. Eusébio (*HE* 2.23.25; GCS 9.174) foi o primeiro a falar das "sete chamadas católicas". Só se chegou ao número de sete para estas epístolas após uma longa e variegada história (→ Canonicidade, 66:70-80).

O título *katholikē epistolē* foi, aparentemente, usado pela primeira vez em relação a 1 João por Apolônio, um antimontanista (aproximadamente 197 d.C.; veja Eusébio, *HE* 5.18.5; GCS 9. 474; cf. o texto corrompido do Cânone Muratoriano, linha 69; *EB* 5). De 1 João o título parece ter se espalhado para o grupo. A Vulgata Sixto-Clementina, contudo, usa-o somente para Tiago e Judas. O significado do título é debatido: no Oriente ele significava "dirigidas a todas as igrejas", ao passo que no Ocidente as sete foram chamadas *epistulae canonicae* [epístolas canônicas], sugerindo que aí "católico" era compreendido como "canônico", isto é, reconhecido em *todas* as igrejas. Se o título no sentido oriental for considerado mais apropriado, ele é mais difícil de justificar, visto que 2 e 3 João e 1 Pedro são endereçadas a comunidades específicas.

18 Em listas orientais (veja Atanásio, *Ep.* 39.85; PG 26.1177, 1437) as epístolas católicas seguem o livro de Atos e precedem o *corpus* paulino; parecem ter sido consideradas mais importantes, sendo atribuídas a apóstolos ou membros originais da igreja-mãe de Jerusalém. Em listas latinas, porém, elas se seguem às cartas de Paulo, que são consideradas mais antigas e mais importantes. Dentro do grupo, a ordem atual (Tiago, 1 e 2 Pedro, 1 a 3 João, Judas) talvez dependa da ordem dos nomes em Gl 2,9. Uma ordem diferente encontrada nos decretos dos concílios de Florença e de Trento (*EB* 47, 59; DS 1335, 1503) reflete uma avaliação da dignidade em uso no Ocidente: 1 e 2 Pedro, 1 a 3 João, Tiago, Judas.

19 (V) Escrita ou ditado. Quatro modalidades de escrita de cartas eram usadas na Antiguidade: (1) escrever de próprio punho; (2) ditar palavra por palavra, sílaba por sílaba; (3) ditar o sentido, deixando a formulação por conta de um secretário; (4) fazer com que alguém escrevesse em nome da pessoa, sem indicar os conteúdos. As modalidades mais comumente usadas eram (1) e (3). Escritores da Antiguidade se queixavam da modalidade fatigante do ditado (2), especialmente quando o escriba não era apto.

20 Que método Paulo usou? Romanos 16,22 sugere um ditado para Tércio (isso se refere somente a Rm 16? [→ Romanos, 51:10-11, 134]). Em 1Cor 16,21, Paulo acrescenta a saudação de seu próprio punho, o que pode implicar que o restante tenha sido ditado. Veja também Gl 6,11, onde ele compara sua escrita com a de um escriba formado, que escreveu o que precede. Cf. 2Ts 3,17; Gl 4,18. O ditado foi do tipo (2) ou (3)? Impossível dizer. Esta última modalidade poderia explicar a diferença de estilo nas deuteropaulinas. Filêmon 19 pode significar que Paulo escreveu a carta inteira de seu próprio punho. Anacolutos, incoerências no estilo e falta de terminologia consistente podem ser explicados pelo ditado; devem ter ocorrido distrações que também teriam afetado o estilo. Uma carta longa como Romanos ou 1 Coríntios dificilmente teria sido terminada de uma assentada ou em um dia somente. Pouco pode ser dito sobre a escrita de outras epístolas do NT. 1 Pedro 5,12 talvez implique a atuação de Silvano como escriba.

21 Os autores do NT teriam ditado aos escribas que usavam algum tipo de estenografia? A estenografia era conhecida no mundo romano. Pensa-se geralmente que ela não foi praticada por escribas gregos antes de aproximadamente 155 d.C. Veja, porém, o texto estenográfico ainda indecifrado em Mur 164 (DJD 2. 275-79) de uma data possivelmente anterior (→ Apócrifos, 67:119).

46
A Primeira Carta aos Tessalonicenses

Raymond F. Collins

BIBLIOGRAFIA

1 Best, E., *A Commentary on the First and Second Epistles to the Thessalonians* (HNTC; New York, 1972). Black, D. A., "The Weak in Thessalonica", *JETS* 25 (1982) 307-21. Boers, H., "The Form-Critical Study of Paul's Letters: 1 Thessalonians as a Case Study", *NTS* 22 (1975-76) 140-58. Broer, L., "'Anti-semitismus' und Judenpolemik im Neuen Testament", *BN* 20 (1983) 59-91. Bruce, F. F., *1 & 2 Thessalonians* (WBC 45; Waco, 1982). Collins, R. F., *Studies on the First Letter to the Thessalonians* (BETL 66; Leuven, 1984). Ellis, P. F., *Seven Pauline Letters* (Collegeville, s.d. [1982]). Friedrich, G., *Die Briefe an die Galater, Epheser, Philipper, Kolosser, Thessalonicher und Philemon* (NTD 8; 15ª ed.; Göttingen, 1981) 203-51. Harnisch, W., *Eschatologische Existenz* (FRLANT 110; Göttingen, 1973). Henneken, B., *Verkündigung und Prophetie im 1 Thessalonicherbrief* (SBS 29; Stuttgart, 1969). Hock, R. F., "The Working Apostle: An Examination of Paul's Means of Livelihood" (tese de doutorado, Yale; New Haven, 1974). Klijn, A. F. J., "1 Thessalonians 4,13-18 and Its Background in Apocalyptic Literature", *Paul and Paulinism* (Festschrift C. K. Barrett; ed. M. D. Hooker e S. G. Wilson; London, 1982) 67-73. Koester, H., "1 Thessalonians: Experiment in Christian Writing", *Continuity and Discontinuity in Church History* (Festschrift G. H. Williams; SHCT 19; Leiden, 1979) 33-44. Laub, F., *Eschatologische Verkündigung und Lebensgestaltung nach Paulus* (BU 10; München, 1973). Marshall, I. H., *1 and 2 Thessalonians* (NCB; Grand Rapids, 1983). Marxsen, W., *Der erste Brief an die Thessalonicher* (ZBK NT 11/1; Zürich, 1979). Pearson, B. A., "1 Thessalonians 2,13-16: A Deutero-Pauline Interpolation", *HTR* 64 (1971) 79-94. Plevnik, J., "The Parousia as Implication of Christ's Resurrection", *Word and Spirit* (Festschrift D. M. Stanley; Willowdale, 1975) 199-277; "1 Thess 5,1-11: Its Authenticity, Intention and Message", *Bib* 60 (1979) 71-90. Reese, J. M., *1 and 2 Thessalonians* (NTM 16; Wilmington, 1979). Rigaux, B., *Les épîtres aux Thessaloniciens* (EBib; Paris, 1956); "Tradition et rédaction dans l Th. v. 1-10", *NTS* 21 (1974-75) 318-40. Staab, K., *Die Thessalonicherbriefe* (RNT 7; 4ª ed.; Regensburg, 1965) 7-63. Whiteley, D. E. H., *Thessalonians in the Revised Standard Version* (NClarB; London, 1969).

IDBSup 900. Kümmel, *INT* 255-62. Wik-Schm, *INT* 399-404.

INTRODUÇÃO

2 (I) A Igreja em Tessalônica. Tessalônica era uma cidade portuária na Macedônia (ao norte da Grécia moderna). Localizada na cabeceira do Golfo Termaico, ela foi fundada por volta de 315 a.C., no sítio da antiga Terma, por Cassandro, um general de Alexandre Magno. Cassandro nomeou a cidade em homenagem à sua esposa, meiairmã de Alexandre. Depois que os romanos assumiram o controle da cidade, após a batalha de Pidna (168 a.C.), ela cresceu em importância. Em 146 a.C., Tessalônica tornou-se a capital da província romana da Macedônia. A cidade apoiou Otávio na batalha de Filipos (42 a.C.) e, desse modo, conseguiu o *status* de "cidade livre", tendo seus próprios magistrados e servindo como sede do governo.

Na época de Paulo, Tessalônica era uma cidade importante por razões econômicas, comerciais e políticas. Por causa de seu porto e de sua posição na Via Egnácia, a principal estrada romana que atravessava os Bálcãs, Tessalônica havia se transformado num próspero centro comercial. O comércio atraiu uma população cosmopolita. A população judaica de Tessalônica tinha uma sinagoga, na qual, de acordo com At 17,1-2, Paulo pregou. Foram descobertos santuários egípcios e romanos entre os restos arqueológicos. Ísis, Serápis, Osíris e Anúbis estavam entre as divindades orientais veneradas, e havia também algum culto ao imperador.

3 De acordo com Atos, Paulo, Silvano e Timóteo foram a Tessalônica durante a segunda missão de Paulo, mais provavelmente no ano 50 d.C. Sendo expulsos de Filipos (At 16,16-40), situada a quase 160 km a leste de Tessalônica, eles passaram por Anfípolis e Apolônia, mas não se demoraram nestes lugares, aparentemente porque nenhum deles tinha sinagoga. A população judaica de Tessalônica era, entretanto, grande o bastante para manter uma. Lucas relata que Paulo e seus companheiros encontraram alojamento na casa de Jasão, que ele pregou na sinagoga por três semanas e que houve um tumulto entre a população judaica por causa do êxito de sua pregação. Paulo e Silvano foram expulsos da cidade, de onde partiram para Bereia (At 17,1-9). O relato de Lucas sobre a atividade de Paulo em Tessalônica é composto à maneira estilizada de Atos; não fornece uma descrição histórica completa ou exata da atividade de Paulo em Tessalônica. A julgar pela intensidade da afeição de Paulo pelos cristãos de Tessalônica, pareceria que ele permaneceu na cidade bem mais do que as duas ou três semanas indicadas por Atos. A carta de Paulo não sustenta a noção de que Jesus como Messias foi o foco primordial de sua pregação. A carta, de fato, silencia acerca da pregação de Paulo na sinagoga de lá. Entretanto, ela sugere claramente que os cristãos de Tessalônica eram gentios, isto é, convertidos do paganismo.

4 (II) Ocasião, data e lugar de composição. De acordo com Lucas, a oposição judaica a Paulo o seguiu até Bereia. Sozinho Paulo fugiu para Atenas (At 17,10-15). Silvano e Timóteo uniram-se a Paulo ali mais tarde, onde ele ansiava visitar novamente os tessalonicenses. Impossibilitado de fazê-lo, Paulo enviou Timóteo em seu lugar (1Ts 2,17-3,3). Neste ínterim, Paulo foi para Corinto, onde Timóteo acabou se juntando a ele (At 18,5). Timóteo trouxe boas notícias sobre a situação da igreja em Tessalônica, mas aparentemente indicou que havia algum mal-entendido sobre a fé entre os membros da comunidade tessalonicense no tocante ao destino dos que haviam morrido (4,13). Enquanto muitos que sustentam este ponto de vista pensam que a questão estava contida no relato oral de Timóteo (*p.ex.*, B. N. Kaye, F. F. Bruce), alguns (*p.ex.*, E. Fuchs) pensam que a questão foi apresentada a Paulo por escrito.

5 1 Tessalonicenses foi motivada pelo relato de Timóteo a Paulo. É praticamente certo que foi escrita de Corinto quase que imediatamente depois da chegada de Timóteo lá, vindo de Tessalônica. A impressão dada em Atos de que os acontecimentos da segunda missão de Paulo estavam transcorrendo rapidamente neste momento de sua vida é confirmada por 1 Tessalonicenses. Paulo escreve sobre sua separação dos tessalonicenses por um breve período (1Ts 2,17). Ele se lembra frequentemente de sua presença pessoal na comunidade tessalonicense ("o tema da lembrança", 2,1). Parece, então, que só um tempo relativamente curto, provavelmente de alguns meses, separou a evangelização de Tessalônica por Paulo e a escrita de 1Tessalonicenses. A carta foi escrita, muito provavelmente, em 50 d.C. (B. Schwank, A. Suhl), mas alguns biblistas continuam a datá-la em 51 d.C. (→ Paulo, 79:39).

6 (III) **Autenticidade, unidade e integridade**. Embora alguns pesquisadores do final do séc. XVI, em particular F. C. Baur e alguns membros de sua Escola de Tübingen (G. Volkmar, C. F. Holsten), tenham duvidado da autenticidade de 1 Tessalonicenses, a autoria paulina de 1 Tessalonicenses é reafirmada quase unanimemente na atualidade.

7 Existe menos unanimidade entre os biblistas a respeito da unidade e da integridade da carta (Collins, *Studies* 96-135). Em 1909, R. Scott dividiu a carta em duas partes, caps. 1 a 3 e 4 e 5, em que ele discerniu respectivamente a influência de Timóteo e de Silvano. Desde 1961, dúvidas mais sérias sobre a unidade de 1 Tessalonicenses foram levantadas por um grupo de pesquisadores (especialmente K.-G. Eckart, W. Schmithals, H.-M. Schenke, K. M. Fischer e R. Pesch), que sustentam que a 1Tessalonicenses canônica representa uma compilação de duas cartas escritas por Paulo aos tessalonicenses. Esses biblistas têm opiniões variadas sobre quais partes de 1Tessalonicenses vêm de uma ou outra dessas hipotéticas cartas anteriores. Schmithals atribui 1,1-2,12 e 4,2-5,28 a uma carta e 2,13-4,1 a outra; mas as concepções de outros são mais complicadas. W. G. Kümmel (1965) levantou objeções sérias contra as teorias de compilação da época. Relativamente poucos pesquisadores fora do mundo alemão sustentam que 1Tessalonicenses seja um composto de textos mais antigos, mas a opinião continua sendo sustentada por alguns alemães.

8 Uma questão bem diferente é a da integridade da carta. Ao longo do séc. XX, uma opinião científica substancial tem sustentado que 2,13-16 é uma interpolação (*p.ex.*, J. Moffatt, M. Goguel, K.-G. Eckart, B. A. Pearson, D. Schmidt e H. Koester). Os principais argumentos para esta concepção são o forte tom antijudaico da perícope e o fato de que 2,17 parece se seguir naturalmente a 2,12. O debate sobre a questão continua. Os biblistas que sustentam a autoria paulina de 2,13-16 geralmente chamam a atenção para o fato de que os principais argumentos contra a autoria paulina são mais de natureza teológica e ideológica do que histórica e literária (*p.ex.*, J. Coppens, G. E. Okeke).

A pertença de 5,1-11 à carta também foi questionada recentemente (G. Friedrich, W. Harnisch). Os principais argumentos que sustentam a concepção de que este trecho não era uma parte original de 1 Tessalonicenses se baseiam em uma análise do vocabulário e do estilo da passagem. Diz-se também que 5,1-11 é uma repetição de 4,13-18. Sérias críticas a esta opinião foram feitas por J. Plevnik, entre outros. O número dos autores que acreditam que 5,1-11 representa um acréscimo posterior à carta é muito menor do que o número daqueles que optam pela nãoautenticidade de 2,13-16. O comentário de Friedrich é praticamente o único a sustentar que 5,1-11 é um acréscimo, enquanto a concepção de que 2,13-16 é um acréscimo é sustentada por diversos comentários modernos.

9 (IV) **A importância da carta.** A data em que 1Tessalonicenses foi composta faz dela o primeiro livro escrito do NT. Uma vez que utiliza material tradicional, especialmente as fórmulas confessionais (1,9-10; 4,14; 5,10), ela serve de testemunha importante do evangelho no período entre a morte e a ressurreição de Jesus e as obras escritas do NT (isto é, 30-50 d.C.). A carta fornece a mais antiga prova literária da importância atribuída à morte e ressurreição de Jesus pelos primeiros cristãos.

10 De um ponto de vista doutrinário, as seções escatológicas da carta (4,13-18;

5,1-11) são as mais frequentemente discutidas. Paulo escreveu sobre a parúsia (4,13-18) e o Dia do Senhor (5,1-11). Estas passagens falam das expectativas escatológicas dos primeiros cristãos, mas são expressas com uma terminologia apocalíptica. Em grande parte, a linguagem apocalíptica é simbólica. Há uma distância considerável entre o símbolo e aquilo para o qual o símbolo aponta. Assim, as passagens não podem ser tidas como uma descrição literal dos acontecimentos do fim dos tempos. Não obstante, conservadores e fundamentalistas entendem as passagens como se elas oferecessem literalmente uma descrição factual do fim dos tempos.

11 Do ponto de vista literário, 1Tessalonicenses é especialmente valiosa como o mais antigo documento cristão à nossa disposição. Após a morte e a ressurreição de Jesus, vários fatores históricos, sociais e religiosos se uniram para impedir o desenvolvimento de uma literatura especificamente cristã. Esses fatores não impediram a escrita de cartas, que são literatura (porque são escritas), mas não literárias (no sentido de serem composições particularmente artísticas). Assim, são chamadas de *Kleinliteratur* (literalmente, literatura de menor importância) na pesquisa alemã. Como a mais antiga das cartas cristãs existentes, 1 Tessalonicenses é um "experimento em escrita cristã" (H. Koester). Em oposição às opiniões daqueles biblistas que consideram 1 Tessalonicenses uma carta parenética (especialmente A. J. Malherbe), é preferível ver a carta como um tipo de carta pessoal que Paulo escreveu de acordo com as normas da escrita de cartas pessoais no mundo helenístico (→ Epístolas do NT, 45:4-8). A estrutura essencial de 1 Tessalonicenses é semelhante às cartas pessoais da época, embora o conteúdo seja decididamente cristão e evangélico. Por ter a forma de uma carta pessoal, ela deve ser lida como uma carta, ou seja, uma comunicação essencialmente *ad hoc*.

12 (V) Esboço. 1 Tessalonicenses pode ser esboçada da seguinte forma:

(I) Saudação (1,1)
(II) Ação de graças (1,2-3,13)
   (A) Primeiro período da ação de graças: a recepção do evangelho pelos tessalonicenses (1,2-2,12)
   (B) Segundo período da ação de graças (2,13-3,13)
(III) Exortação (4,1-12)
   (A) Sobre a castidade (4,1-8)
   (B) Sobre a caridade (4,9-12)
(IV) Escatologia (4,13-5,11)
   (A) Primeira revelação apocalíptica: a parúsia (4,13-18)
   (B) Segunda revelação apocalíptica: a existência escatológica (5,1-11)
(V) Exortação final (5,12-22)
   (A) Primeiro período: exigência de ordem na comunidade 5,12-13)
   (B) Segundo período: exigência de várias funções (5,14-22)
(VI) Desejos e saudação finais (5,23-28)

COMENTÁRIO

13 (I) Saudação (1,1). A primeira carta de Paulo começa na forma típica das cartas helenísticas, mencionando o(s) autor(es), os destinatários e com uma saudação. 1 Tessalonicenses é apresentada como tendo sido escrita por Paulo, Silvano e Timóteo. O uso da 1ª pessoa do plural em toda a carta (com exceção de 2,18; 3,5; 5,27) mostra que não somente as saudações, mas também o conteúdo vem de todos os três (2,7). O uso ocasional do singular mostra que Paulo compôs efetivamente a carta, embora um escriba cujo nome não é indicado tenha provavelmente sido responsável pela escrita da carta propriamente dita. *Silvano:* deve ser identificado com o "Silas" de At 17,4, um dos principais membros da comunidade cristã em Jerusalém. Enviado inicialmente à Antioquia (At 15,22), Silas acompanhou Paulo em suas viagens missionárias após a separação de Barnabé e Marcos de Paulo (At 15,36-41). *Timóteo:* "aquele que honra a Deus"; o principal auxiliar e emissário de confiança de Paulo no trabalho de evangelização. *à igreja de Tessalônica:* a carta é endereçada a um grupo, e não a um indivíduo. A expressão sugere que os destinatários estavam reunidos (5,27), provavelmente na casa de um dos cristãos tessalonicenses. É improvável que os tessalonicenses recém-evangelizados estivessem cientes das ricas conotações bíblicas (LXX) da palavra "igreja" (→ Teologia paulina, 82:134). *de Tessalônica:* isto sugere que os cristãos eram um grupo eleito (1,4) entre os tessalonicenses. *Pai:* a menção do relacionamento da igreja com o Pai e com Jesus Cristo distingue a reunião cristã de outras reuniões de tessalonicenses, talvez, especificamente, da sinagoga judaica. Deus é reconhecido como Pai na literatura bíblica e extrabíblica, mas Paulo relaciona especificamente a paternidade de Deus com seu relacionamento com Jesus. *Jesus Cristo:* Jesus é o nome do judeu histórico de Nazaré; os títulos "Cristo" e "Senhor" identificam-no respectivamente como o objeto de expectativas messiânicas e como o Ressurreto. *graça e paz:* a saudação de Paulo é incomum na literatura epistolar. Em vez de usar o simples *chairein* das cartas helenísticas, Paulo provavelmente empregou uma fórmula litúrgica (→ Epístolas do NT, 45:8 A).

14 (II) Ação de graças (1,2-3,13).

(A) Primeiro período da ação de graças: a recepção do evangelho pelos tessalonicenses (1,2-2,12). 2-5. No texto grego de Paulo, os vv. 2-5 formam um único período. Paulo começa sua carta com uma expressão de ação de graças (→ Epístolas do NT, 45:8 B). As ações de graças de Paulo são diferentes de outras ações de graças epistolares por causa de seu destinatário e da razão para seu agradecimento. *Deus:* Paulo dirigiu seu agradecimento a "Deus", isto é, o Deus da tradição monoteísta judaica; sua razão é a recepção frutífera do evangelho pelos cristãos tessalonicenses. *Ho theos* é normalmente um nome pessoal, que designa Deus Pai. **2-3.** A ação de graças de Paulo é expressa em orações formais, onde o nome de Deus é invocado. *orações: proseuchē* é uma palavra genérica que implica invocação. Em oração, Paulo comemora o *ethos* cristão da comunidade tessalonicense – sua fé ativa, seu amor manifesto e sua esperança constante. *aos olhos de Deus, nosso Pai:* Paulo acredita que a vida cristã dos tessalonicenses tem lugar sob a providência de Deus. Sua vida é de uma fé dinâmica: isto é, a crença expressa na vida diária; de amor manifesto, isto é, um amor expresso em ações que às vezes são difíceis; e uma esperança constante, isto é, uma expectativa paciente da vinda do Senhor Jesus apesar das tribulações do momento (1,6; 3,3). **4.** *irmãos:* a maneira de Paulo se dirigir aos tessalonicenses reflete sua afeição para com eles. Usado 19 vezes em 1 Tessalonicenses, *adelphos* também reflete a situação sociorreligiosa do primeiro século. *amados de Deus:* este epíteto recorda a descrição bíblica do relacionamento de Iahweh com Israel e enfatiza a constância do amor de Deus para com os tessalonicenses. Esse amor é a fonte da eleição divina da igreja em Tessalônica. *que sois do número dos eleitos:* este termo é rico em nuanças da história da salvação (Dt 7,6-8). A prova da eleição da igreja dos tessalonicenses é sua recepção do evangelho. **5.** *nosso evangelho vos foi pregado: euangelion* designa o ato de proclamar a boa nova; outras vezes designa o conteúdo da boa nova (→ Teologia paulina, 82:31-36). A última parte do versículo enfatiza o estilo de vida dos apóstolos como um testemunho importante da autenticidade de sua mensagem. Paulo acentua que o poder do evangelho não reside na força de sua própria retórica, mas no poder do Espírito de Deus (1Cor 2,1-5). *grande eficácia, no Espírito Santo, toda convicção:* três expressões praticamente sinônimas. Para Paulo, a proclamação do evangelho é uma expressão do poder de Deus tanto quanto a realização de milagres.

15 **6-8.** Estes versículos formam um só período no texto grego de Paulo. *imitadores:* a fé dos cristãos tessalonicenses se expressa no fato de eles terem se tornado imitadores dos apóstolos e do Senhor (1Cor 11,1). Embora W. Michaelis (*TDNT* 4. 659-74) destaque a obediência dos tessalonicenses, a maioria dos autores enfatiza seu compartilhar da aflição escatológica e/ou da proclamação do evangelho. Na medida em que os tessalonicenses se tornaram imitadores de Paulo e do Senhor, eles, por sua vez, tornaram-se exemplos para outros "crentes" (*pisteuousin*, um particípio presente; cf. v. 3, "a atividade de vossa fé"). *tribulações: thlipsis* é quase um termo técnico para denotar a aflição escatológica, descrita às vezes em outras obras literárias como uma batalha final, o ataque tanto do mal físico quanto do mal moral, ou os "ais" messiânicos. *alegria.* Ela é uma realidade escatológica, dom do Espírito (Gl 5,22). A experiência da alegria sugere que a pessoa está na presença de Deus (3,9); denota a realização proléptica de um dom escatológico por causa da proclamação da boa nova. **7.** *Macedônia e Acaia:* Paulo escreve entusiástica e hiperbolicamente a respeito do efeito de sua evangelização dos tessalonicenses. Que o evangelho seja recebido em meio à aflição e, mesmo assim, com alegria confirma que a proclamação e a recepção do evangelho são um acontecimento escatológico.

16 **9-10.** Paulo observa que a conversão dos cristãos tessalonicenses foi uma parte da boa nova anunciada na Macedônia e na Acaia: a propagação do evangelho faz parte da mensagem do evangelho. A descrição paulina da conversão dos cristãos tessalonicenses usa fórmulas empregadas tradicionalmente nos discursos missionários do judaísmo helenístico. *convertestes:* o termo focaliza uma conversão real (o *šûb* bíblico: "tornar", "voltar"), isto é, um movimento de se afastar de uma direção e de se aproximar de outra. *ídolos:* a conversão dos tessalonicenses foi um afastamento dos "ídolos", um termo que, por si só, significa "representações", mas que tinha adquirido conotações pejorativas na pregação dos profetas para os quais os "ídolos" eram deuses falsos. Para Paulo, os ídolos não eram "deuses" (1Cor 8,4-5); ele relacionaria o culto aos ídolos com demônios (1Cor 10,20). *a Deus:* o movimento "de aproximação" dos tessalonicenses se concentrou no único Deus (monoteísmo). *vivo e verdadeiro:* no uso apologético, estas qualificações distinguem o Deus monoteísta de deuses falsos e inertes (Sl 15). O pano de fundo bíblico de Paulo teria significado que esses termos tinham uma significação bem mais rica em sua própria mente. "Vivo" é uma descrição tipicamente bíblica de Deus, que conota sua ação na história humana e seu papel como criador. "Verdadeiro" sugere a fidelidade de Deus (5,24), especialmente sua fidelidade à aliança. Para Paulo, a conversão ao Deus vivo e verdadeiro tem uma implicação cristológica e escatológica. **10.** Este versículo é um complemento cristão às categorias tradicionais da apologética judaica helenística. *Filho: Huios* é usado como título para designar o Cristo ressurreto (cf. Rm 1,4); este título não ocorre em outros lugares nesta carta (→ Teologia paulina, 82:50). *a quem ele ressuscitou dentre os mortos:* Paulo emprega uma fórmula confessional protocristã para reafirmar que Deus ressuscitou Jesus dos mortos. Quanto à ressurreição de Jesus como ato do Pai, → Teologia paulina, 82:59. No judaísmo (*p.ex.*, 1Mc 2,60), o próprio Deus é apresentado como o libertador. A ressurreição identifica Jesus como aquele por meio de quem Deus efetuará a salvação. *nos livra:* Paulo usa um particípio presente para enfatizar não somente que Jesus é o agente de Deus no livramento, mas que o livramento já começou, embora sua manifestação final ainda não tenha ocorrido. *ira futura:* a ira escatológica de Deus, já atuante na história (2,16; Rm 1,18; → Teologia paulina, 82:38). Com a ressurreição, Deus capacita Jesus a cumprir uma função divina; por causa da ressurreição, os cristãos são capacitados a perceber quem é Jesus.

17 **2,1-12**. Confissão autobiográfica de Paulo. O texto grego do v. 1 recapitula parte da terminologia do cap. 1, mostrando, desse modo, a estreita conexão existente entre esta seção e o capítulo precedente. A tendência da exegese mais antiga desta passagem era considerá-la uma apologia, como se Paulo tivesse necessidade de se defender (v. 2). W. Marxsen (*Der erste Brief* 43) entende a passagem como uma apologia do evangelho. As semelhanças entre a autoapresentação de Paulo nesta perícope e as descrições que alguns filósofos helenísticos forneceram de si mesmos tornam preferível considerar os vv. 1-12 uma "confissão autobiográfica", semelhante em alguns aspectos às confissões de Jeremias.

18 **1.** *bem sabeis:* Paulo reflete sobre sua presença entre os tessalonicenses (1,9a) e observa, usando uma lítotes e o tempo verbal no pretérito perfeito, que sua evangelização dos tessalonicenses continua produzindo efeito. Ele apela para a própria experiência deles como prova da fertilidade de sua proclamação do evangelho. **2.** *que sofremos:* a menção do sofrimento físico e moral dos apóstolos em Filipos (At 16,19-40) serve não somente para lembrar os tessalonicenses das circunstâncias que levaram os apóstolos até eles, mas também para salientar a afirmação anterior de Paulo de que o poder do evangelho se encontra em Deus (1,5). *no meio de grandes lutas:* o primeiro uso de imagens do atletismo por parte de Paulo (veja 1Cor 9,24-27) para descrever a propagação do evangelho. O motivo do *agōn* (ou da luta) lembra o uso semelhante entre os filósofos estoicos e cínicos que comparavam a exposição filosófica à luta de um gladiador. *confiados: parrhēsia*, nas categorias da retórica grega, geralmente sugere a liberdade de expressão desfrutada em assembleias democráticas. No NT, *parrhēsia* conota a ousadia profética. O termo sugere o dom de Deus a figuras proféticas por meio do qual elas proclamam sua mensagem com liberdade interior e coragem exterior (At 4,13.29.31; Mt 10,20.26; cf. S. B. Marrow, *CBQ* 44 [1982] 431-46).

19 **3-4.** Paulo usa duas vezes a *contradictio* ("não isto, mas aquilo") para enfatizar o que pretende destacar, a saber, a integridade do evangelho que ele e seus companheiros proclamaram. Suas palavras oferecem uma explanação de sua ousadia. *nossa exortação:* a mensagem que fora proclamada é descrita como *paraklēsis*, uma palavra usada comumente na literatura protocristã para se referir à pregação cristã (2Cor 5,20; At 2,40), provavelmente com base no anúncio de consolo para Israel feito por Deuteroisaías (o verbo *parakaleō* é usado em Is 40,1). *enganosas:* Paulo afirma que sua mensagem de consolo não foi corrompida por erro nem comprometida por motivos espúrios. Uma vez que o vocabulário de Paulo é comparável ao da literatura estoico-cínica, ele está implicitamente comparando sua proclamação do evangelho com as preleções de filósofos itinerantes. *evangelho:* o que é singular em relação à proclamação de Paulo e de seus companheiros – ele continua a empregar o plural – é que a eles foi confiado o evangelho. A terminologia de Paulo lembra a do tribunal ateniense. Os ocupantes de cargos públicos são avaliados primeiro, antes de serem incumbidos com a responsabilidade política. De modo semelhante, Paulo e seus companheiros foram avaliados por Deus antes de serem incumbidos da missão de proclamar o evangelho. O termo usado sugere que os apóstolos são assistentes de confiança de Deus. *agradar:* Paulo, de fato, reafirma a lealdade deles a Deus. Não buscam agradar aos seres humanos, mas a Deus. Uma alusão a Jr 11,20 sugere que o papel dos apóstolos é semelhante ao dos profetas bíblicos.

20 **5-8.** Um período complicado em grego concentra a atenção na relação entre os apóstolos e os cristãos tessalonicenses. Nos vv. 3-4 Paulo explicou o que significava para ele e seus companheiros serem apóstolos, terem sido enviados por Deus. Nos vv. 5-8 ele descreve as implicações do apostolado para as pessoas a quem os apóstolos são enviados. Usa um juramento suave para enfatizar a veracidade do que está sendo dito. **5.** *adulações:* Paulo rejeita a ideia de que os apóstolos tivessem adulado os tessalonicenses ou que buscassem dinheiro ou glória. Embora Paulo reafirme os direitos dos apóstolos de serem sustentados (1Cor 9,4-15), eles não buscaram o apoio financeiro dos tessalonicenses. **6.** *elogio [glória]: doxa* talvez se refira a dinheiro neste contexto (1Tm 5,17). **7.** *apóstolo: apostoloi* (plural) aparece no texto grego, mas no v. 6 em muitas traduções modernas; como substantivo no plural, descreve Paulo, Silvano e Timóteo. **8.** *até a própria vida:* em vez de serem um fardo para os tessalonicenses, os apóstolos estavam dispostos a compartilhar com eles não somente a mensagem, mas também suas próprias vidas. Tal era a intensidade do amor dos apóstolos pelos tessalonicenses. No v. 7, Paulo emprega uma metáfora mista para descrever a situação dos apóstolos entre os tessalonicenses. Ele usa a ilustração da ama de leite. Alguns manuscritos gregos trazem *ēpioi*, "gentis", no começo do verso; outros trazem *nēpioi*, "filhinhos". Em qualquer uma das duas leituras, a sugestão é que os tessalonicenses não foram coagidos pelos apóstolos.

21 **9.** *vos lembrais:* o uso do tema da lembrança convida os tessalonicenses a considerar de maneira realista a conduta dos apóstolos entre eles. Paulo os lembra que os apóstolos sustentaram a si mesmos. No judaísmo, esperava-se que os rabinos exercessem um ofício, mas Paulo provavelmente usava a oficina onde exercia sua atividade artesanal (At 18,3) como um local para proclamar o evangelho (R. Hock). *o evangelho de Deus:* isto é, o evangelho que vem de Deus e proclama o que Deus fez. **10.** *e Deus também:* um outro juramento suave sustenta a reafirmação da integridade pessoal dos apóstolos. *puro, justo e irrepreensível:* praticamente sinônimos. O uso dessa repetição de sinônimos é característico de um estilo de oratória que se encontra frequentemente em 1Tessalonicenses (*p.ex.*, 1,5; 2,3). **11.** *pai:* uma outra imagem destaca a natureza da relação dos apóstolos com os tessalonicenses. As mães alimentam (v. 7); os pais instruem. **12.** *viver de maneira digna:* a instrução do pai incide na conduta (*peripatein*, "andar", reflete o termo hebraico *hālak* como uma descrição do comportamento) de seus filhos (4,1-2). A finalidade desta instrução é que os tessalonicenses respondam fielmente ao chamado de Deus para entrar em seu reino e glória. *Basileia* é um termo usado raramente por Paulo, mas é frequente nos sinóticos. Tanto "reino" quanto "glória" designam o reinado escatológico de Deus.

22 **(B) Segundo período da ação de graças (2,13-3,13). 13.** A ação de graças de Paulo repete essencialmente as noções de 1,2-10. *por terdes acolhido sua Palavra, que vos pregamos:* no grego, uma expressão complicada emprega um termo técnico, *paralabontes*, "receber", usado para designar a aceitação de ensino tradicional (1Cor 15,1-3), para destacar o fato de que o evangelho ("palavra de Deus", Rm 9,6; 1Cor 14,36; 2Cor 2,17; 4,2) vem de Deus através de uma mensagem que é ouvida (literalmente: "palavra para ser ouvida"; veja Rm 10,14-17; → Teologia paulina, 82:31-36, 109).

23 **14.** *imitadores:* como as igrejas na Macedônia e Acaia imitaram a igreja em Tessalônica (1,7), assim a igreja em Tessalônica imitou as igrejas de Deus na Judeia. O movimento do evangelho se efetua pela palavra e pelo exemplo. *igreja de Deus:* esta expressão, que talvez reflita o termo bíblico *qĕhal yhwh*, "assembleia de Iahweh", designava originalmente a comunidade cristã judaica em Jerusalém (1Cor 15,9; Gl 1,13). Por extensão, era aplicada a outras igrejas também, especialmente às da Judeia. *tivestes de sofrer:* a aceitação e a proclamação da palavra de Deus implicam a possibilidade real de perseguição (Mt 5,11-12; Jo 15,20). Na Judeia, a perseguição dos cristãos vinha dos judeus (At 8,1-3; 9,1-2; 12,1-4), assim como em Tessalônica (At 17,5.13).

Em uma passagem (vv. 13-16) que muitos biblistas julgam não ser autêntica, Paulo enumera uma série de queixas contra os judeus: mataram Jesus e os profetas, perseguiram Paulo e seus companheiros, desobedecem a Deus e desagradam aos seres humanos, impedem que o evangelho chegue aos gentios para que se salvem. Algumas destas queixas são semelhantes àquelas articuladas até mesmo por alguns judeus (cf. Lc 11,49; 1QS 1,21-26; 1QH 4,30; CD 20,29), mas também por alguns autores pagãos (*p.ex.*, Tácito, *Hist.* 5.5; Filostrato, *Vida de Apolônio* 5.33). Este é o único lugar nas cartas de Paulo onde a morte de Jesus é atribuída aos judeus (cf. 1Cor 2,8). **15.** *Senhor:* este título destaca a gravidade do ato. **16.** *enchem a medida de seus pecados:* terminologia judaica (Dn 8,23; 2Mc 6,13-16) que expressa uma concepção específica da história: Deus estabeleceu determinados momentos para a punição dos pecados e outros para recompensar a conduta reta. O atraso na punição é um forte sinal do desagrado divino. A linguagem de Paulo reflete uma perspectiva apocalíptica. *ira:* a ira escatológica de Deus (veja o comentário sobre 1,10). O uso da linguagem apocalíptica torna impossível afirmar que haja referência a um acontecimento histórico específico (*p.ex.*, qualquer um dos diversos acontecimentos tumultuosos por volta do ano 49 d.C.: a fome, o edito de Cláudio expulsando os judeus de Roma, o massacre nos pátios do templo durante a Páscoa). Quem interpreta os vv. 13-16 como uma interpolação frequentemente identifica a destruição de Jerusalém como o acontecimento que manifesta a ira divina. *acabe:* a expressão *eis telos*, que consta no original grego, às vezes é traduzida como "por fim" ou "finalmente" e às vezes como "completamente" ou "ao máximo". Cf. Rm 9-11 para uma outra concepção paulina sobre Israel; em 2,13-16 ele se refere aos judeus que impediram a propagação do evangelho, não a todos os judeus.

24 A parúsia apostólica (2,17-3,13). Uma das funções da carta helenística era expressar o desejo do autor de estar presente junto às pessoas que recebiam a carta.

Paulo relativiza o tema da presença sugerindo que quer estar presente em sua função apostólica. Uma segunda relativização ocorre no final da perícope, onde a presença do apóstolo é transcendida pela presença (parúsia) de Cristo.

25 **17-20.** Paulo retoma sua revisão da relação dos apóstolos com os tessalonicenses. **17.** *privados por um momento de vossa companhia:* os apóstolos se sentem como pais que perderam seus filhos. O número das palavras reunidas enfatiza a intensidade de suas emoções. **18.** *eu mesmo:* Paulo enfatiza seu desejo pessoal de visitar os tessalonicenses, diferentemente de Timóteo e Silvano, talvez por causa de sua decisão de enviar Timóteo a Tessalônica (3,1-5). *Satanás me impediu:* a verdadeira natureza do obstáculo que impediu que Paulo realizasse seu desejo é desconhecida; ele o atribui a Satanás, uma força hostil personificada presente na teologia do judaísmo incipiente. **19-20.** As perguntas retóricas de Paulo articulam o orgulho que sente por causa de seus convertidos (3,9), sua alegria e coroa de glória (Fl 4,1). **19.** *coroa de glória:* esta é outra metáfora atlética (2,2; veja Gl 2,2; 1Cor 9,25). Estes versículos tecem um comentário sobre os vv. 17-18 destacando um aspecto subjacente ao desejo dos apóstolos.

26 **3,1-5.** A missão de Timóteo. **1-3a.** O vocabulário do v. 1 continua expressando a intensidade do desejo do apóstolo. O v. 2 é uma afirmação missionária, e contém um anúncio da missão, uma descrição das credenciais do emissário e a finalidade da missão. *nosso irmão e ministro de Deus na pregação do evangelho de Cristo:* estas credenciais enfatizam o relacionamento de Timóteo com os outros apóstolos e seu relacionamento com Deus (2,4). "Colaborador [ministro na BJ] de Deus" é uma descrição tão impactante que foi substituída por uma linguagem menos vigorosa em muitos manuscritos gregos. *Cristo:* o conteúdo da boa nova. **3.** *nestas tribulações:* a finalidade da missão é oferecer apoio aos tessalonicenses que vivem sua fé em meio à tribulação escatológica (1,6). *fomos destinados:* a tribulação escatológica alcançará inevitavelmente as pessoas que proclamam o evangelho. **5.** Este versículo é essencialmente um resumo de 2,17-3,4. *[eu] mandei:* pela segunda vez (2,18) Paulo enfatiza a intensidade de suas emoções. *trabalho: kopos* é quase um termo técnico usado para descrever a atividade apostólica (veja 1,3; cf. 1Cor 3,8; 2Cor 6,5), que não deveria deixar de produzir frutos (2,1; Fl 2,16). *temendo:* a ansiedade de Paulo é que o tentador, o Satanás de 2,18 (cf. 1Cor 7,5), torne a proclamação do evangelho infrutífera inibindo a fé dinâmica dos tessalonicenses.

27   6-10. Relato sobre a missão. **6.** Reencontrando Paulo e Silvano em Corinto, Timóteo é portador de boas notícias. *fé e caridade:* elas resumem a vida cristã (1,3; 5,8; Gl 5,6). *guardais ... lembrança:* os tessalonicenses nutrem sentimentos intensos pelos apóstolos. **7.** *muita angústia e tribulação:* a acumulação de termos é típica da linguagem apocalíptica. **8.** *estais firmes:* Paulo escreve frequentemente sobre estar firme na fé (1Cor 16,13; Gl 5,1; Fl 1,27). Os vv. 9-10 são "um relato de oração", que introduz a primeira oração de intercessão de Paulo (vv. 11-13). A motivação de suas ações de graças (1,2-5) é agora a perseverança contínua dos tessalonicenses na fé. **10.** *rogamos:* a oração dos apóstolos é uma mistura de ação de graças e súplica. O desejo dos apóstolos de visitar os tessalonicenses foi confirmado, e talvez intensificado, pelo relato de Timóteo. *completarmos o que ainda falta:* em vez de meramente diminuir a ansiedade dos apóstolos, a visita desejada teria uma finalidade específica, a saber, oferecer mais instruções em áreas específicas.

28   11-13. Oração de intercessão. O estilo epistolar da Antiguidade impossibilitava a inclusão de uma oração direta em uma carta; então, a oração é expressa em forma de bênção. Ela contém três petições: por uma visita de retorno, pelo crescimento do amor entre os tessalonicenses e pela consumação da vida cristã deles. **11.** *Deus, nosso Pai, e nosso Senhor Jesus:* a primeira petição é dirigida ao Pai e ao Senhor Jesus, mas o verbo está no singular, como se o Pai e Jesus devam agir como se fossem um só. **12.** *Senhor:* a segunda petição é dirigida a Cristo, como o Senhor ressurreto e escatológico, e pede um amor superabundante (1,3; 3,6; 5,8) voltado tanto para o interior da comunidade (4,9-10) quanto para além dela. *a exemplo do que nós vos temos:* os apóstolos servem de exemplo (1,5-6) neste aspecto. **13.** *confirmar:* a terceira petição se concentra na parúsia de Jesus como Senhor (1,10; 4,16-17). *Vinda [parúsia]:* literalmente, "presença". Este termo técnico é usado por Paulo (2,19; 4,15; 5,23) e alguns escritos posteriores do NT (2Ts 2,1.8.9; Mt 24,3.27.37.39; Tg 5,7.8; 2Pd 1,16). *com todos os santos:* veja 4,17; cf. Zc 14,5 LXX. *vossos corações:* → Teologia paulina, 82:106. Ser irrepreensível e santo são qualidades da existência escatológica plenamente realizada.

29   (III) Exortação (4,1-12).
(A) Sobre a castidade (4,1-8). 1-2. Introdução à parênese de Paulo. **1.** *Finalmente:* uma expressão transicional. *pedimos e exortamos:* a linguagem diplomática de Paulo implica sua autoridade. *no Senhor Jesus:* designa a fonte dessa autoridade. *tendo ouvido:* Paulo lembra sua instrução anterior, identificada como ensinamento tradicional (veja o comentário sobre 2,13), aparentemente apresentada dentro de um marco de referência judaico – a repetição dupla do verbo viver, "deveis viver" e "viveis" (literalmente: "caminhar", *hālak*) como uma descrição de comportamento, tendo "para agradar a Deus", isto é, a obediência a Deus, como seu alvo. A atitude de Paulo é pastoral; ele elogia e incentiva. **2.** *conheceis:* o motivo da recordação; Paulo reitera instruções dadas anteriormente. **3-6.** O tema de Paulo é a santidade, cuja fonte é o Espírito Santo (v. 8). Os vv. 3-6 são um só período no grego, envolvendo o uso de cinco particípios. **3.** *a vontade de Deus:* esta ideia fazia parte do vocabulário do discurso moral do

judaísmo incipiente. *luxúria:* a santificação implica evitar a *porneia,* "luxúria", a falta de castidade. **4.** *tratar a própria esposa:* literalmente: "tomar um vaso". *Skeuos ktasthai* reflete provavelmente uma expressão idiomática hebraica com o sentido de "tomar uma esposa", mas alguns comentaristas interpretam a metáfora de Paulo no sentido de "manter o corpo (ou mais especificamente o órgão masculino) sob controle" (veja Collins, *Studies* 311-19, 326-35). *com santidade:* para Paulo, o casamento santifica (1Cor 7,7.14; cf. Ef 5,22-32). **5.** *que não conhecem a Deus:* por causa de sua falta de experiência de Deus, presume-se que os pagãos caiam na imoralidade (Rm 1,18-32). **6.** *nessa matéria:* literalmente, "na coisa"; provavelmente no sentido de castidade, mas alguns comentaristas interpretam *to pragma* como "em questões de negócios". *ninguém fira ou lese a seu irmão:* provavelmente no sentido de que o adultério era considerado uma violação dos direitos do marido, embora alguns comentaristas entendam que a expressão se refira a fraude econômica. *se vinga:* a última parte do versículo introduz o primeiro elemento de uma motivação tripla: o juízo vindouro (v. 6b), a conclamação à santidade (v. 7) e o dom do Espírito (v. 8). *Senhor:* este título provavelmente se refere a Jesus em sua parúsia, embora alguns o entendam como uma referência a Deus por causa da alusão ao Sl 94,2 LXX. **7.** O chamado de Deus (2,12; 5,24) é resultante de sua eleição e santificação. **8.** *não despreza um ser humano, mas a Deus:* as ofensas sexuais não são simplesmente ofensas contra outros seres humanos; são ofensas contra Deus. Para um desenvolvimento posterior, veja 1Cor 6,16-20. *vos infundiu seu Espírito Santo:* o uso do particípio presente enfatiza a continuidade do dom do Espírito. O Espírito Santo é uma realidade presente e ativa na vida dos tessalonicenses.

30 (B) Sobre a caridade (4,9-12).
9-10a. *amor fraterno:* Paulo introduz um tema novo (*philadelphia*) por meio de uma fórmula clássica ("sobre"), enfatizando-a por meio do artifício retórico da paralipse. O amor fraterno entre os cristãos é uma marca da existência cristã (Rm 12,10; Jo 13,34; 15,12.17) e era provavelmente um tema da catequese batismal. *Aprendestes pessoalmente de Deus:* talvez uma referência a essa catequese (veja, porém, Is 54,13; Jr 31,33-34). A *philadelphia* não exclui o amor aos outros; com efeito, ela deveria transbordar em amor pelos outros (3,12). A atitude dos apóstolos continua sendo a de elogio pastoral. **10b.** *vos exortamos:* a exortação continua (veja v. 1) na medida em que os apóstolos explicitam algumas das implicações do amor dentro da comunidade. **11.** *empenhai-vos:* um oximoro ("ambicionai ser sem ambição") é usado para dar ênfase. Embora alguns comentaristas vejam aqui uma alusão ao "entusiasmo" gnóstico, não é necessário fazer isto; os apóstolos simplesmente instam os tessalonicenses a permanecerem tranquilos em sua nova situação religiosa. Como uma expressão concreta de sua preocupação uns pelos outros, os tessalonicenses são instados a se ocuparem com seus próprios ofícios (veja o comentário sobre 2,9). **12.** *dos de fora:* embora haja uma distinção nítida entre os cristãos e os de fora (4,5; 1Cor 5,12), espera-se que o estilo de vida cristão cause uma impressão nos de fora (1Cor 14,23.25.40; cf. Jo 13,35; 1Tm 3,7; Cl 4,5). *não tereis necessidade de ninguém:* a autossuficiência é uma primeira expressão de preocupação com os outros (Rm 13,8; cf. 2Ts 3,6-15; 1Tm 5,13), e não uma expressão de independência e autonomia.

31 (IV) Escatologia (4,13-5,11).
(A) A primeira revelação apocalíptica: a parúsia (4,13-18). É fácil dividir a perícope em quatro seções, correspondendo a seus quatro períodos no grego: (a) anúncio do tema e da finalidade da exposição (v. 13); (b) recordação do credo e uma afirmação acerca de suas implicações (v. 14); (c) explicação baseada em uma palavra do Senhor (vv. 15-17); (d) exortação final (v. 18). **13.** O tema, aqueles que jazem adormecidos, é introduzido formalmente ("o que

se refere a"). *mortos:* literalmente, "aqueles que jazem adormecidos", que é uma imagem bíblica para se referir àqueles que morreram (Sl 13,4 LXX). Paulo provavelmente tem em mente os mortos cristãos (v. 16). Aparentemente, alguns dos cristãos de Tessalônica tinham morrido no intervalo entre a evangelização dos apóstolos e a visita de Timóteo. O querigma apostólico não incluía uma consideração sobre a morte. A falta de esperança pode muito bem ter incluído um elemento de preocupação com seu próprio destino por parte dos cristãos tessalonicenses. Os de fora podem não ter esperança, mas espera-se que os cristãos sejam um povo com esperança (1,3).

32 **14.** *cremos:* Paulo emprega um lema formal para introduzir uma fórmula confessional protocristã. A fórmula bipartite destaca a morte e a ressurreição de Jesus e atribui implicitamente a ressurreição de Jesus à ação de Deus (veja o comentário sobre 1,10). Embora uma fórmula confessional ampliada se encontre em 1Cor 15,3-7, uma fórmula simples é usada aqui. A fórmula introdutória enfatiza a fé comum dos apóstolos, dos recém convertidos em Tessalônica e das comunidades cristãs anteriores. *Jesus morreu e ressuscitou:* o uso da fórmula confessional fundamenta a exposição paulina sobre a esperança cristã. Como Deus ressuscitou Jesus dos mortos, assim ele trará com Jesus as pessoas que morreram nele (→Teologia paulina, 82:59).

33 **15-17.** Na explicação, Paulo cita uma palavra do Senhor e emprega vários motivos apocalípticos. **15.** *palavra do Senhor:* embora alguns comentaristas continuem pensando em ditos do Jesus histórico, ou num dito semelhante a Mt 24,30 ou um *agraphon*, e outros sugiram uma revelação pessoal a Paulo, é preferível pensar que Paulo esteja empregando um *dictum* do profetismo protocristão. A afirmação profética se encontra nos vv. 16-17, enquanto o v. 15b oferece a reflexão do próprio Paulo sobre a situação de que havia ficado ciente. *os vivos,* *os que ainda estivermos aqui:* Paulo supõe que a parúsia vá ocorrer logo (a "expectativa iminente"). Ele reafirma que os vivos não terão vantagem sobre os mortos quando ela ocorrer (v. 17). **16-17.** A afirmação profética, repleta de motivos apocalípticos, pode ser resultado de uma afirmação apocalíptica judaica anterior sobre a vinda do Filho do Homem. *ao sinal dado, à voz do arcanjo e ao som da trombeta divina:* (Veja Ap 14; 17; 19; 20.) Estes detalhes enfatizam a iniciativa divina no acontecimento. *para o encontro com o Senhor:* uma corrente da exegese, a "interpretação helenística", cita a entrada solene dos reis numa cidade (conquistada) como o modelo para o cenário (E. Peterson). Uma outra corrente da exegese sustenta que a descrição bíblica da teofania no Sinai fornece o exemplo para esta descrição da parúsia (J. Dupont, M. Sabbe). *os mortos em Cristo ressuscitarão primeiro:* o mesmo verbo é usado tanto para designar a ressurreição dos mortos cristãos no v. 16 quanto a ressurreição de Jesus no v. 14; assim, enfatizam-se tanto a semelhança dos acontecimentos, como atos de Deus, quanto a ressurreição dos cristãos em consequência da ressurreição de Jesus. A ressurreição dos mortos é citada como o meio empregado por Deus para assegurar que as pessoas que morreram em Cristo o acompanharão em sua parúsia. *primeiro:* a ordem é uma característica típica das descrições apocalípticas; nos vv. 16-17 a ordem é expressa em forma processional. *estaremos para sempre com o Senhor:* a realidade da salvação definitiva é estar com o Senhor (4,4; Fl 1,23; cf. 1Ts 5,10). *nas nuvens:* tipicamente, um meio para o transporte celestial (Dn 7,13). O encontro dos cristãos com o Senhor implica tanto o arrebatamento quanto alguma forma de transformação (1Cor 15,51-54a). **18.** *consolai-vos, pois, uns aos outros:* um convite ao incentivo mútuo se encontra também em 5,11; aqui, o aspecto do consolo mútuo é especialmente importante.

34 **(B) A segunda revelação apocalíptica: a existência escatológica (5,1-11).**

É fácil dividir a perícope em três subunidades: (a) anúncio do tema (vv. 1-3); (b) parênese (vv. 4-10); (c) exortação final (v. 11). Porque esta perícope parece ser uma repetição de 4,13-18, ainda que de uma perspectiva um tanto diferente, alguns autores consideram-na uma retificação interpolada na carta por um autor posterior (→ 8 *acima*). É melhor interpretar a perícope como um complemento instrutivo a 4,13-18. Lá Paulo entrega o destino dos mortos a Deus; aqui ele reflete sobre as implicações do *eschaton* para os que estão vivos.

35 1-3. Anúncio do tema. 1. Paulo usa uma paralipse para introduzir seu tema: o dia do Senhor. **2.** *o dia do Senhor:* uma imagem bíblica tirada da tradição profética (Am 5,18; Jl 2,1; Sf 1,7) e usada no NT (At 2,20; 1Cor 5,5). Em escritos paulinos posteriores ele é identificado como o dia do Senhor Jesus (Fl 1,6.10). A natureza tradicional do "dia do Senhor" implica que *kyrios* [Senhor] = Deus, e não Jesus. A especulação sobre a vinda do fim dos tempos é característica de uma cosmovisão apocalíptica; alguns escritos apocalípticos focalizam esta vinda mediante a periodização da história humana (Dn 9,2.24-27; 2Esd 14,5). *ladrão noturno:* a imagem tradicional (Mt 24,43-44; Lc 12,39-40) simboliza o caráter repentino do acontecimento. **3.** *paz e segurança:* o dito tem uma conotação proverbial (Jr 6,14; Ez 13,10.16) e pode ser um motivo apocalíptico tradicional retomado por Paulo (B. Rigaux). *mulher grávida:* em contraste com a complacência implicada pelo provérbio, o motivo da mulher grávida acrescenta dimensões de caráter repentino, precário e inevitável à vinda do dia do Senhor.

36 4-10. Parênese. 4-5. *luz, trevas:* a descrição metafórica da condição cristã feita por Paulo usa o tema da luz e das trevas (comum na literatura religiosa, *p.ex.*, Jó 22,11; 1QS 3,13-14; 1QM passim; *T. Naph.* 2,7-10) e do dia e noite (talvez sua própria criação). *filhos da luz:* um semitismo é usado para distinguir a condição cristã da de outras pessoas (filhos das trevas); esta linguagem excludente também se encontra na LQ (1QS 1,9-10; 3,13-22; 1QM 1). **6-8.** Nos vv. 6-7 Paulo se vale de típica linguagem apocalíptica para exortar os cristãos a vigiar. *quem dorme ... quem se embriaga:* metáforas tradicionais. **8.** *couraça, capacete:* a imagem da armadura do guerreiro é uma adaptação de Is 59,17 (cf. Sb 5,17-23; Ef 6,14). Caracterizando a existência cristã por meio de fé, amor e esperança, a imagem pode sugerir que os cristãos estão envolvidos em um confronto escatológico final. Muitos biblistas acreditam que esta exortação (vv. 4-8) reflete a catequese batismal cristã. **9.** *nos destinou:* em sua exposição do fundamento cristológico da existência cristã, Paulo usa uma expressão semita para indicar que os cristãos são destinados (mas não predestinados) para a salvação (em distinção à ira escatológica). A salvação é realizada através do Senhor Jesus Cristo (1,10). O relacionamento especial entre os cristãos e o Senhor constitui o fundamento da salvação deles. **10.** Paulo usa outra fórmula confessional fragmentária (veja 1,10; 4,14) para atribuir valor salvífico à morte de Jesus. A salvação cabe a todos, quer estejam vivos, quer não (4,14.16-17). **11.** *Consolai-vos uns aos outros:* a exortação que conclui a perícope é semelhante a 4,18, mas acrescenta uma reflexão – que o consolo mútuo edifica a comunidade – e uma recomendação pastoral (4,1.10).

37 (V) Exortação final (5,12-22).
(A) Primeiro período: exigência de ordem na comunidade (5,12-13). 12-13. Estes versículos estão relacionados com a edificação da comunidade (v. 11). *Afadigar-se* (3,6), *cuidar* (Rm 12,8), *admoestar:* embora muitos comentaristas distingam estas três funções e as atribuam aos líderes da comunidade tessalonicense, J. Hainz (*Ekklesia* [BU 9; München, 1972] 37-42) sustenta que elas falam cumulativamente a respeito do ministério de cuidar da comunidade e implicam que todos os membros da comunidade estão envolvidos nesse ministério. *no Senhor:* ele é a autoridade e a norma para o ministério

(4,1-2). **13.** *amor especial:* uma dimensão da *philadelphia* (veja o comentário sobre 4,9). *paz:* isto implica a noção bíblica do bem-estar completo, não simplesmente a ausência de dissensão dentro da comunidade.

38 (B) Segundo período: exigência de várias funções (5,14-22). Uma série de instruções é dada em forma de *staccato* (C. Roetzel fala em "parênese do tipo forçada"). **14.** *os indisciplinados:* um tipo geral de comportamento, e não um vício específico (= indisciplinados, C. Spicq). *pusilânimes:* um *hapax legomenon* [palavra que aparece uma só vez] no NT. *os fracos:* isto é, as pessoas que necessitam de constância em meio à aflição e são exortadas a vigiar nos vv. 1-11 (D. A. Black). A paciência é um fruto do Espírito (Gl 5,22). **15.** Uma exortação semelhante à não retaliação se encontra em Rm 12,17 (Mt 5,44-48; Lc 6,27-36). A caridade cristã deve ser colocada em prática (1,3; 4,10-11); ela se dirige tanto aos membros da comunidade quanto aos de fora (3,12; 4,9-10). **16-18.** Exortações gerais sobre o estilo de vida cristão (a vontade de Deus, cf. 4,3). **16.** *alegrai-vos sempre:* veja Fl 4,4; a alegria é um fruto do Espírito (Gl 5,22; cf. Rm 14,17). **17.** *orai sem cessar:* veja Lc 18,1; Ef 6,18; a oração procede do Espírito (Rm 8,15-16). *por tudo dai graças:* a ação de graças e a oração estão estreitamente associadas (3,9-10); veja Fl 4,6; cf. Cl 2,7; 3,15-17. **19-22.** Exortações sobre carismas e sobre o discernimento. **19-20.** *Espírito, profecias:* os paralelos judaicos e helenísticos indicam que as passagens se referem à atividade carismática da própria pessoa e de outras. A comunidade em Tessalônica talvez seja "carismaticamente" ordenada, mas Paulo não usa ainda o termo técnico "carisma" para descrever os dons do Espírito (1Cor 12,4-11). **21-22.** *discerni:* o próprio discernimento de carismas é uma atividade carismática (1Cor 12,10). *bom, mal:* alguns autores interpretam os vv. 21b-22 como uma referência à profecia verdadeira e falsa, enquanto outros pensam que se trata de uma referência ao discernimento moral (Is 1,16.17).

39 (VI) Desejos e saudação finais (5,23-28). 23. Uma segunda oração intercessória (veja 3,11-13) tem a forma de bênção homilética. Suas duas partes se caracterizam por um paralelismo sinonímico, isto é, o conteúdo básico é o mesmo em cada uma das duas. *O Deus da paz:* um epíteto tradicional (Jz 6,24) retomado por Paulo (Rm 15,33; 1Cor 14,33). Todas as bênçãos procedem de Deus, inclusive a santificação última (4,1-8). *Sejam guardados de modo irrepreensível:* a segunda parte da oração usa a voz passiva "teológica" (*ZBG* § 236) para falar da salvação última (*i.e.*, na parúsia). *espírito, alma, corpo:* comentaristas antigos e modernos têm sugerido que Paulo expressou uma forma de antropologia tripartida. Mais comum é a opinião de que os três termos designam a totalidade da pessoa humana sob um ou outro aspecto. Esta opinião seria consistente com a antropologia judaica típica (veja o comentário sobre 3,13), na qual o "espírito" identifica essencialmente a pessoa como criatura; a "alma", a pessoa como ser vital; e o "corpo", a pessoa como ser corporal e social. Outros comentaristas (*p.ex.*, P. A. van Stempvoort, J. O'Callaghan) veem a pessoa humana identificada como "alma e corpo" e dão uma nuance independente a "espírito".

40 24. Uma reafirmação da fidelidade de Deus, já implícita no epíteto "Deus da paz". **25.** *orai por nós:* como Paulo orou pelos tessalonicenses (1,2; 3,11-13; 5,23), pede que orem por ele (Rm 15,30-32; Fl 1,19; Fm 22). **26.** *ósculo santo:* veja o comentário sobre Rm 16,16. *todos:* isto talvez seja enfático se, de fato, a comunidade estivesse começando a se dividir, como pensam alguns autores (veja o comentário sobre o entusiasmo gnóstico em 4,11). **27.** *conjuro-vos:* pela terceira vez (2,18; 3,5) Paulo escreve no singular, e sua linguagem expressa autoridade. A leitura de um texto cristão era aparentemente uma prática nova na assembleia cristã (cf. Cl 4,16; veja Collins, *Studies* 365-70). **28.** Uma saudação solene conclui todas as cartas autênticas de Paulo (→ Epístolas do NT, 45:8D).

47
A Carta aos Gálatas

Joseph A. Fitzmyer, S. J.

BIBLIOGRAFIA

1 BARRETT, C. K., *Freedom and Obligation: A Study of the Epistle to the Galatians* (London, 1985). BETZ, H. D., *Galatians* (Herm; Philadelphia, 1979). BONNARD, P., *L'Epître de saint Paul aux Galates* (CNT 9; 2ª ed.; Neuchâtel, 1972). BORSE, U., *Der Brief an die Galater* (RNT; Regensburg, 1984); *Der Standort des Galaterbriefes* (BBB 41; Bonn, 1972). BRINSMEAD, B. H., *Galatians – Dialogical Response to Opponents* (SBLDS 65; Chico, 1982). BRUCE, F. F., *The Epistle to the Galatians* (NIGTC; Grand Rapids, 1982). BURTON, E. de W., *The Epistle to the Galatians* (ICC; New York, 1971). EBELING, G., *The Truth of the Gospel: An Exposition of Galatians* (Philadelphia, 1985). ECKERT, J., *Die urchristliche Verkündigung im Streit zwischen Paulus und seinen Gegnern nach dem Galaterbrief* (BU 6; Regensburg, 1971). GUTHRIE, D., *Galatians* (NCB; London, 1974). HOWARD, G., *Paul: Crisis in Galatia* (SNTSMS 35; Cambridge, 1979). LIETZMANN, H., *An die Galater* (HNT 10; 4ª ed., rev. P. VIELHAUER; Tübingen, 1971). LYONNET, S., *Les épîtres de Saint Paul aux Galates, aux Romains* (SBJ; 2ª ed.; Paris, 1959). MUSSNER, F., *Der Galaterbrief* (HTKNT 9; 2ª ed.; Freiburg, 1974). OEPKE, A., *Der Brief des Paulus an die Galater* (THKNT 9; 2ª ed., rev. E. FASCHER; Berlin, 1964). RIDDERBOS, H. N., *The Epistle of Paul to the Churches of Galatia* (NICNT; 8ª ed.; Grand Rapids, 1953). ROUX, H., *L'Evangile de la liberté* (Genève, 1973). SCHLIER, H., *Der Brief an die Galater* (MeyerK; 14ª ed.; Göttingen, 1971). SCHNEIDER, G., *The Epistle to the Galatians* (NTSR 15; New York, 1969). VIARD, A., *Saint Paul: Epître aux Galates* (SB; Paris, 1964).

DBSup 7.211-26. *IDBSup* 352-53. KÜMMEL, *INT* 294-304. WIK-SCHM, *ENT* 409-20.

INTRODUÇÃO

2 (I) Autenticidade. Com exceção de alguns questionadores casuais (F. R. McGuire, *HibJ* 66 [1967-68] 52-57; G. Ory, *CahCER* 32 [1984] 139-47), ninguém duvida seriamente da autoria paulina de Gálatas atualmente, assim como ela não foi questionada até o séc. XIX (veja Kümmel, *INT* 304; Wik-Schm, *ENT* 419).

3 (II) Destino. Paulo escreve às "igrejas da Galácia" (1,2). Os *Galatai*, originalmente uma tribo indo-ariana da Ásia, eram relacionados aos celtas ou gauleses ("que em sua própria língua são chamados *Keltae*, mas em nossa *Galli*" [J. César, *Bell. gall.* 1.1]). Aproximadamente em 279 a.C. alguns deles invadiram a área mais baixa do Danúbio e a Macedônia, descendo até mesmo à península grega. Após terem sido detidos pelos etolianos em 278, um remanescente fugiu pelo Helesponto para a Ásia Menor. Eles atacaram essa área extensamente até que Átalo I, rei de Pérgamo, os derrotou (aproximadamente em 239 a.C.) e fixou a terra deles entre os rios Sangarius e Halis ao redor das três cidades de Ancira,

Pessino e Távio. Eles continuaram a importunar seus vizinhos até que o romano Mânlio Vulso os subjugou em 189 a.C. Roma usou-os posteriormente como Estado tampão contra Pérgamo. Nas guerras mitridáticas permaneceram leais a Roma, e como recompensa seu território foi expandido gradualmente. Por volta de 40 a.C., algumas áreas da Pisídia, da Frígia, da Licaônia e da Isáuria tornaram-se parte da Galácia. Quando o último rei da Galácia, Amintas, legou sua terra a Roma, ela foi incorporada ao império em 25 a.C., tornando-se uma província, Galácia. Como tal incluía mais do que "o país" original "da Galácia" no norte da Ásia Menor, abrangendo também uma grande parte do sul e do centro. Na região sul, situavam-se Antioquia da Pisídia, Icônio, Listra e Derbe. A população de toda essa região era bastante mista: gálatas, gregos, galogregos, romanos e judeus (veja *DKP* 2.666-70; *OCD* 453-54).

4 Em que sentido Paulo usou a palavra "Galácia"? Na Antiguidade, os comentaristas entendiam que o termo se referia ao norte da Galácia, à área ao redor de Ancira, Pessino e Távio. Em 1748, J. J. Schmidt propôs "a teoria da Galácia do sul", esposada mais tarde por E. Renan, T. Zahn e W. M. Ramsay; ela ainda está consideravelmente em voga entre os biblistas do NT. De acordo com ela, Paulo escreveu às igrejas da Antioquia, Icônio, Listra e Derbe (fundadas na primeira missão [At 13,14.51; 14,6] e visitadas outra vez na segunda missão [At 16,1-2]). As razões para a teoria da Galácia do sul são principalmente as seguintes: (1) Ao contrário de Lucas, Paulo usa normalmente os nomes oficiais romanos das províncias para designar as regiões que ele cita, em vez do nome dos países (*p.ex.*, Acaia [Rm 15,26]; Macedônia [1Ts 1,7-8], Ásia [Rm 16,5]). (2) Nem At 16,6 nem 18,3, que mencionam a passagem de Paulo pela Galácia, sugerem a fundação de comunidades cristãs no norte da Galácia. (3) Paulo provavelmente não falava a língua dos gálatas, que, no tempo de Jerônimo, era ainda uma forma do idioma celta. (4) Gl 3,2-3.13-14.23-24; 4,2.5; 5,1 parecem pressupor leitores judeus cristãos, que somente se encontrariam nas cidades helenizadas do sul da Galácia.

5 Mas algumas dessas razões são realmente válidas? A propósito de (1), em Gl 1,21 Paulo usa "Síria e Cilícia", nomes de países, não de províncias; em Gl 1,17 ele fala da "Arábia", que se transformou numa província somente em 106 d.C. Se é possível hesitar quanto a "Galácia" (1,2), há muito pouco espaço para hesitação sobre o significado de *Galatai* (3,1), o nome de uma raça de bárbaros, que o próprio Paulo, nativo do sul da Ásia Menor, dificilmente aplicaria às cidades helenizadas da Pisídia e da Licaônia. (2) O argumento se baseia no silêncio de Atos, em que muitos dos relatos de Lucas são, reconhecidamente, resumos sucintos. Atos 18,23, de fato, pressupõe comunidades já estabelecidas. Novamente, a explicação normal de At 16,6 é que Paulo passou de Listra e Icônio para a Frígia e "o país dos gálatas" – observe a expressão, que também se encontra em 18,23. (3) Se os gálatas do norte falavam uma língua diferente, provavelmente não foi o único lugar onde Paulo precisou de um intérprete; cf. At 14,11. (4) Finalmente, nenhum dos versículos citados de Gálatas necessita ser interpretado como se judeus cristãos distintos dos judaizantes fossem realmente membros das comunidades da Galácia. De fato, Gl 4,8; 5,2-3; 6,12-13 sugerem, antes, um contexto pagão para a maioria dos leitores. Em Antioquia, Listra, etc., onde se sabe que viviam judeus, é provável que o problema da relação do cristianismo com a lei tenha sido enfrentado até mesmo antes disso. O fascínio com as práticas judaicas pressupostas por Gl 1,6 parece ter sido mais recente. Assim, Paulo escreveu Gálatas, mais provavelmente, às comunidades predominantemente gentílicas do norte da Galácia. A longo prazo, esta questão é de menor importância, uma vez que a mensagem de Paulo é compreensível, quer o destinatário possa ser claramente estabelecido, quer não.

(BETZ, *Galatians* 1-5; BONNARD, *Galates* 9-12. BRUCE, F. F., "Galatian Problems: 2. North or South Galatians?" *BJRL* 52 [1970] 243-66; *Galatians* 3-18. KÜMMEL, *INT* 296-98. WIK-SCHM, *ENT* 410-13.)

6 (III) Data. Gálatas não é fácil de ser datada – 4,13 pode sugerir que a carta foi escrita após uma segunda visita à Galácia (provavelmente aquela de At 18,23 na terceira missão). Éfeso é o lugar onde, provavelmente, foi escrita. De qualquer forma, Gl pertence ao período de maior confronto de Paulo com os judaizantes na protoigreja, quando ele escreveu também 1Cor, 2Cor e Rm, e provavelmente Fl. É quase certo que Gl precedeu Rm (aproximadamente 58 d.C.); sua relação com 1Cor e 2Cor é problemática, mas provavelmente também as precedeu. Uma data provável é aproximadamente 54 d.C., não muito depois da chegada de Paulo a Éfeso no começo da terceira missão (→ Paulo, 79:40). Uma data anterior é indicada frequentemente para Gl por proponentes da teoria da Galácia do sul (veja Bruce, *Galatians* 43-56), mas é difícil conciliar esta data com todos os dados. C. H. Buck (*JBL* 70 [1951] 113-22) e C. E. Faw (*BR* 4 [1960] 25-38) defendem uma data que situe Gl entre 2Cor e Rm.

7 (IV) Ocasião e finalidade. Logo depois da segunda visita de Paulo às igrejas gálatas, ele soube em Éfeso que "alguns perturbadores" (1,7) na Galácia estavam contestando sua autoridade como apóstolo (1,1.12 – aparentemente porque sua comissão não veio de Cristo); eles também alegavam que Paulo não pregava o verdadeiro evangelho (1,7), porque não insistia na observância de normas mosaicas: a circuncisão (até mesmo para os cristãos gentílicos, 6,12), a celebração das festas dos judeus (4,10, dias, meses, estações e anos). Podem também tê-lo acusado de oportunismo por ter permitido a circuncisão uma vez (5,11). Assim, ele estaria reduzindo as exigências do evangelho por causa dos gentios convertidos. Ao saber da ação destes agitadores e da confusão que criavam nas igrejas da Galácia, Paulo escreveu esta enérgica carta para advertir seus seguidores cristãos contra este "evangelho diferente" (1,7) que estava sendo, de fato, pregado a eles por essas pessoas. Paulo defendeu sua posição como "apóstolo" e sustentou com firmeza que o evangelho que pregara, sem a observância das práticas mosaicas, era a única concepção correta do cristianismo, conforme os acontecimentos recentes haviam mostrado. Gálatas transformou-se, assim, na primeira exposição do ensino de Paulo sobre a justificação pela graça mediante a fé, independentemente das ações prescritas pela lei; é o manifesto de Paulo acerca da liberdade cristã. Embora tenha chamado os gálatas de "insensatos" (3,1), ele ainda encontrou espaço em seu coração para "meus filhos" (4,19) e "irmãos" (4,12; 5,11; 6,18).

8 Quem eram os agitadores na Galácia? Embora alguns comentaristas (M. Barth, J. Munck) tenham tentado especular que eram cristãos gentílicos ou mesmo gnósticos (W. Schmithals), é melhor identificá-los como judeus cristãos da Palestina, de um contexto judaico ainda mais rígido que o de Pedro, Paulo ou Tiago, ou até mesmo dos "falsos irmãos" (2,4) de Jerusalém, com quem Paulo havia se encontrado lá. (O relato em At 15,5 identificaria estes últimos como "alguns que tinham sido da seita dos fariseus".) Além disso, é improvável que tenham tido qualquer coisa a ver com "alguns vindos da parte de Tiago" (Gl 2,12), que causaram problemas em Antioquia. Os agitadores na Galácia eram judaizantes, que insistiam, não na observância completa da lei mosaica, mas pelo menos na circuncisão e na observância de algumas outras práticas judaicas. Paulo, por esta razão, advertiu os cristãos gentílicos da Galácia de que o fascínio deles com a "circuncisão" iria obrigá-los a observar "toda a lei" (5,3). Os agitadores podem ter sido sincretistas de alguma espécie: cristãos de pano de fundo judaico, talvez essênio, afetados por algumas influências anatolianas. (Muito antes da descoberta dos rolos do Qumran, J. B. Lightfoot relacionou a "heresia colossense" à seita dos essênios [*Saint Paul's Epistles to the Colossians and to Philemon* (London, 1890) 80-103; sua sugestão encontrou apoio em parte da LQ: sobre Cl 1,12-13, veja 1QS 11,7-8; sobre Cl 2,16, veja 1QS 10,1-8; CD 8,15].) Mesmo que Cl possa ser deuteropaulina (→ Epístolas do NT, 45:12), os ensinos dos agitadores da Galácia podem ter estado relacionados a influências anatolianas semelhantes.

(Eckert, *Die urchristliche Verkündigung*. Jewett, R., "The Agitators and the Galatian Congregation", *NTS* 17 [1970-71] 198-212. Schmithals, W., "Die Häretiker in Galatien", *ZNW* 47 [1956] 25-66; "Judaisten in Galatien?" *ZNW* 74 [1983] 27-58.)

9 (V) Relação de Gálatas com Romanos. Claramente, Gl não é meramente um esboço ou um rascunho de Rm, pois uma diferença de perspectiva marca as duas cartas. Em Rm, Paulo apresenta ironicamente suas reflexões apostólicas e missionárias sobre a possibilidade histórica agora oferecida à humanidade por meio da pregação do evangelho – uma exposição da justiça e do amor de Deus que concretizam a justificação e a salvação humana, um estilo de vida cristão que deve ser inaugurado pela fé. Em Gl, entretanto, Paulo escreve uma carta polêmica, para advertir as igrejas da Galácia contra o erro dos judaizantes: não há outro evangelho além daquele que o próprio Paulo lhes anunciou. Ele insiste na liberdade da lei que foi ganha para a humanidade em Cristo Jesus. Embora, como em Rm, a justificação pela fé seja ensinada, a ênfase de Paulo em Gl recai especialmente sobre a liberdade que os cristãos ganharam em Cristo Jesus. Novamente, nada em Rm corresponde a Gl 1,1–2,14, mas o resumo do evangelho de Paulo em Gl 2,15-21 parece um esboço de Rm 1-8, com o mesmo progresso positivo de pensamento.

(Hübner, H., "Identitätsverlust und paulinische Theologie: Anmerkungen zum Galaterbrief", *KD* 24 [1978] 181-93. Kertelge, K., "Gesetz und Freiheit im Galaterbrief", *NTS* 30 [1984] 382-94. Mood, D. J., "'Law', 'Works of the Law', and Legalism in Paul", *WTJ* 45 [1983] 73-100. Stagg, F., "Freedom and Moral Responsibility without License or Legalism", *RevExp* 69 [1972] 483-94.)

10 (VI) Esboço. Gl pode ser esboçada da seguinte maneira (estou seguindo, com uma leve adaptação, a análise retórica de H. D. Betz, *NTS* 21 [1974-75] 353-79):

(I) Introdução (1,1-11)
  (A) *Praescriptio*: fórmula introdutória (1,1-5)
  (B) *Exordium*: admiração (1,6-7), anátema (1,8-9), transição (1,10-11)
(II) *Narratio*: o chamado histórico de Paulo para pregar o evangelho (1,12-2,14)
  (A) O evangelho de Paulo não é de origem humana (1,12-24)
  (B) O evangelho de Paulo foi aprovado pelos líderes da igreja de Jerusalém (2,1-10)
  (C) O evangelho de Paulo contestou a incoerência de Pedro em Antioquia (2,11-14)
(III) *Propositio*: o evangelho de Paulo é apresentado (2,15-21)
(IV) *Probatio*: no plano de Deus, a humanidade é salva pela fé, não pela lei (3,1-4,31)
  (A) Prova 1: a experiência dos gálatas ao receber o Espírito Santo (3,1-5)
  (B) Prova 2: a experiência de Abraão e as promessas de Deus a ele (3,6-26)
  (C) Prova 3: a experiência dos cristãos no batismo (3,27-29)
  (D) Prova 4: a experiência dos cristãos como filhos de Deus (4,1-11)
  (E) Prova 5: a experiência dos gálatas em seu relacionamento com Paulo (4,12-20)
  (F) Prova 6: a alegoria de Sara e Agar (4,21-31)
(V) *Exhortatio*: seção exortatória (5,1-6,10)
  (A) Conselho: manter a liberdade que tendes em Cristo (5,1-12)
  (B) Advertência: andar não segundo a carne, mas segundo o Espírito (5,13-26)
  (C) Recomendação: a maneira correta de usar a liberdade cristã (6,1-10)
(VI) *Postscriptio*: a "assinatura" e o resumo de Paulo; bênção final (6,11-18)

COMENTÁRIO

11 (I) Introdução (1,1-11).
(A) Praescriptio: fórmula introdutória (1,1-5). Paulo expande a *praescriptio* incorporando-lhe os temas da própria carta: a defesa de seu apostolado (sua independência e origem divina); o plano de Deus para a justificação da humanidade através de Cristo. **1.** *Paulo, apóstolo*: Paulo argumenta contra a ideia de que, pelo fato de não ser um dos Doze, ele não tem verdadeira autoridade. Aqui ele assume deliberadamente o título "apóstolo" para enfatizar sua igualdade com eles, porque sua comissão autoritativa vem do Senhor ressuscitado. A palavra *apostolos*, raramente encontrada no grego extrabíblico ou na LXX, desenvolveu um matiz cristão específico sob a influência da instituição judaica contemporânea do šĕlîaḥ, "enviado": um agente comissionado enviado com plenos poderes para realizar uma certa missão (jurídica, profética ou missionária) (veja K. H. Rengstorf, *TDNT* 1. 437-43; → Pensamento do NT, 81:149-152). *Deus Pai que o ressuscitou*: a comissão de Paulo para pregar o evangelho vem diretamente de Deus e não é delegada por seres humanos. Sua origem encontra-se naquele que colocou o selo final de aprovação sobre a missão do próprio Cristo (4,4). Observe que a ressurreição de Cristo é atribuída ao Pai (→ Teologia paulina, 82:59). **3.** *graça e paz*: a graça de Paulo invoca uma participação nas bênçãos messiânicas (→ Epístolas do NT, 45:8), derivadas tanto do Pai quanto de Cristo; compare seu anátema (1,8-9). **4.** *que se entregou a si mesmo*: a mensagem principal da carta aparece aqui: a salvação através de Cristo de acordo com o plano ou a vontade do Pai (→ Teologia paulina, 82:41). *do presente mundo mau*: a teologia judaica contemporânea contrastava "este mundo (era)" com "o mundo (era) que há de vir". Paulo reflete esse contraste e vê o mundo presente dominado por Satanás (veja 2Cor 4,4). O fato de Cristo se "entregar a si mesmo" provocou o encontro das duas eras (1Cor 10,11) e libertou os seres humanos "desta era".

12 (B) Exordium: admiração (1,6-7), anátema (1,8-9), transição (1,10-11). Em vez de suas tradicionais ações de graças (→ Epístolas do NT, 45:8B), Paulo expressa sua surpresa e desgosto com a instabilidade dos gálatas. Denunciando qualquer outro ensino como um evangelho espúrio, ele afirma que somente seu evangelho é o verdadeiro "evangelho de Cristo". **6.** *tão depressa*: no sentido de "tão logo após vossa conversão (e minha evangelização)" ou de "tão facilmente". Sua admiração é branda, quando comparada à maldição invocada sobre aqueles que confundem os gálatas. *aquele que vos chamou*: o Pai, uma vez que Paulo normalmente tem *theos* como o sujeito de "chamou" (Gl 1,15; 1Cor 1,9; Rm 4,17; 8,30; 9,24); o plano do Pai é executado mediante a graça (benevolência) de Cristo. Uma interpretação possível, mas menos provável, seria: "vos desvieis de Cristo, que vos chamou pela graça". **7.** *não haja outro [evangelho]*: uma vez que o evangelho é uma "força para a salvação" (Rm 1,16) e emana de Cristo, que não é dividido (1Cor 1,13), somente pode haver um evangelho, aquele que Paulo já proclamou a eles. *há alguns*: os agitadores judaizantes (→ 7-8 *acima*). **8.** *um anjo do céu*: cf. 2Cor 11,4. Em Gl 3,19-20, Paulo refere-se à crença judaica de que a lei mosaica foi decretada por anjos. Mesmo que um *deles* aparecesse outra vez com um evangelho modificado, não deve ser ouvido – de fato, Paulo amaldiçoa tal ser. *anátema*: a palavra denotava originalmente uma "oferta votiva apresentada em um templo" (cf. Lc 21,5; cf. *BAGD* 54), mas com o tempo, especialmente sob a influência da LXX (Nm 21,3; Dt 7,26), veio a significar "objeto de uma maldição". Assim, Paulo a usa para expressar uma maldição solene sobre os judaizantes (veja 1Cor 12,3; 16,22; Rm 9,3). **10.** Este versículo e o v. 11 são transicionais.

É porventura o favor dos seres humanos que agora eu busco, ou o favor de Deus?: Paulo rejeita a acusação implícita de que está diluindo o evangelho para ganhar conversos (veja 1Ts 2,4; 2Cor 5,11). *ou procuro agradar aos seres humanos?*: como anteriormente, na época antes de sua conversão, quando perseguia a igreja de Deus (1,13). Agora o serviço de Cristo o libertou dessa motivação e vanglória. *servo de Cristo*: sua conversão o libertou do "jugo da escravidão", que era a lei mosaica (5,1), com sua ênfase na realização humana. Ele se tornou um servo de Cristo, pronto para lhe obedecer (Rm 6,16-20). Pode também haver outro matiz. Em Fl 1,1; Rm 1,1, Paulo chama a si mesmo de "servo", possivelmente como grandes figuras do AT que serviram fielmente a Iahweh (Moisés, 2Rs 18,12 LXX; Josué, Jz 2,8; Abraão, Sl 104,42). Se ele estivesse buscando o favor humano, não seria fiel a esse chamado. **11.** *eu vos faço saber*: a mesma reafirmação solene introduz o fragmento querigmático que Paulo "recebeu" e "anunciou" em 1Cor 15,1. Mas seu "evangelho" é de Cristo; como em 1Ts 2,13, sua origem é "de Deus". *o evangelho por mim anunciado*: a essência do que Paulo gosta de chamar de "meu/nosso evangelho" (1Ts 1,5; 2Cor 4,3; Rm 2,16) é que a salvação é possível para todos os seres humanos por meio da fé em Cristo (→ Teologia paulina, 82:31-36).

13 **(II) Narratio: o chamado histórico de Paulo para pregar o evangelho (1,12-2,14).** Os judaizantes aparentemente tinham acusado Paulo de ter derivado sua mensagem não de Cristo, porque ele nunca havia testemunhado o ministério de Jesus, mas de outros pregadores e de tê-la diluído para os gentios, eliminando a obrigação das práticas judaicas. Ele responde reafirmando sua comissão apostólica histórica e explicando sua relação com a igreja-mãe de Jerusalém.

14 **(A) O evangelho de Paulo não é de origem humana (1,12-24).** Em vez disso, ele procede do próprio Deus. **12.** *mas por revelação de Jesus Cristo*: o genitivo pode ser ou objetivo (que revela Cristo, veja 1,16) ou subjetivo (Cristo que revela o evangelho, não os seres humanos). A revelação próxima a Damasco (→ Paulo, 79:20-22) iluminou Paulo acerca de Cristo e seu sentido para a humanidade – acerca do caráter essencial do evangelho, não necessariamente acerca de sua "forma". O v. 12 não significa que os fatos sobre a vida de Jesus foram comunicados a Paulo para que ele nunca tivesse de depender de uma tradição anterior procedente da igreja de Jerusalém (→ Teologia paulina, 82:16-20).

15 **13.** *minha conduta de outrora no judaísmo*: a antiga maneira de viver de Paulo dificilmente produziu o pano de fundo psicológico a partir do qual seu evangelho pudesse ter se desenvolvido naturalmente. Como fariseu (Fl 3,5-6), ele teria rejeitado resolutamente o que era oposto à lei de Moisés e às tradições dos patriarcas (*i.e.*, as interpretações farisaicas da Torá; veja Mc 7,1-13). *perseguia sobremaneira e devastava a Igreja de Deus*: veja 1Cor 15,9 (cf. At 8,3; 9,1-2). Sobre a expressão "Igreja de Deus", → Teologia paulina, 82:134-35. **15.** *desde o seio materno*: uma expressão da LXX. Como Jeremias (Jr 1,5) ou mesmo o Servo de Iahweh (Is 49,1), Paulo tinha sido destinado para o chamado pelo Pai, anterior à sua própria existência. Paulo considerava-se um outro servo de Iahweh? (veja D. M. Stanley, *CBQ* 16 [1954] 385-425). **16.** *revelar em mim seu Filho*: literalmente, "em mim"; mas *en* com o dativo pode equivaler ao dativo do objeto indireto (*BDF* 220.1; cf. 1,12; 2,20; 1Cor 15,10). Paulo insistiu que tinha "visto" o Senhor (1Cor 9,1; 15,8) e era, consequentemente, um apóstolo. Uma outra tradução, "através de mim", é possível, mas parece redundante em vista da frase seguinte. *para que eu o evangelizasse entre os gentios*: veja 2,7. Paulo conecta sua comissão apostólica com a revelação de Cristo, mas suas palavras não nos forçam a concluir que esses dois fatos aconteceram simultaneamente (veja B. Rigaux, *The Letters to St. Paul* [Chicago, 1968] 40-67). Quanto a Cristo como o conteúdo do evangelho, veja Rm 1,2-5. *não consultei carne* *nem sangue*: literalmente, "carne e sangue", uma expressão do AT (Eclo 14,18; 17,31), usada outra vez em 1Cor 15,50. A negação enfática da origem humana de sua comissão é explicada pelos detalhes cronológicos e geográficos que seguem. **17.** *a Jerusalém*: sua compreensão básica de Cristo não se originou no centro tradicional do qual saiu a "palavra do Senhor" (Is 2,3; Lc 24,48). *apóstolos antes de mim*: Paulo tinha consciência de que era "o menor" dos apóstolos (1Cor 15,9), mas isso não significa que fosse um simples apóstolo de segunda categoria. *à Arábia*: provavelmente o reino do nabateu Aretas IV Filopatris (2Cor 11,32; cf. G. W. Bowersock, *JRS* 61 [1971] 219-42; *Roman Arabia* [Cambridge MA, 1983]; J. Starcky, *DBSup* 7. 886-1017) na Transjordânia, a leste e sul de Damasco e que se estendia para o oeste, no sul da Palestina, para Suez. A natureza e a duração deste retiro não são indicadas, e a estada de Paulo nessa região não é mencionada em Atos (→ Paulo, 79:7-8).

16 18. *em seguida, após três anos*: contados a partir do retorno de Paulo a Damasco após sua viagem à Arábia. *para avistar-me com Cefas*: o significado do infinitivo grego *historēsai* é controvertido; literalmente, significa "inquirir sobre" (uma pessoa, uma coisa), "ir e examinar" (uma coisa). Muitos intérpretes gregos e latinos antigos compreenderam-no simplesmente como "ver" (Vulgata, *videre*) interpretado frequentemente como "fazer uma visita (social)" a Cefas. Contudo, há pouca comprovação para esse significado. A interpretação preferível: Paulo visitou Cefas com a finalidade de inquiri-lo (LSJ 842) para obter informações dele sobre o ministério de Jesus (veja G. D. Kilpatrick, "Galatians 1,18, *historēsai Kēphan*", *New Testament Essays* [Festschrift T. W. Manson; Manchester, 1959] 144-49; cf. J. D. G. Dunn, *NTS* 28 [1982] 461-78; *ZNW* 76 [1985] 138-39; O. Hofius, *ZNW* 75 [1984] 73-85). Durante os quinze dias passados com Cefas, Paulo provavelmente aprendeu as "tradições" da igreja de Jerusalém (1Cor 11,2.23-25; 15,3-7). Ainda que a identidade entre Cefas e Pedro tenha sido questionada (por K. Lake, D. W. Riddle, C. M. Henze; veja Betz, *Galatians* 97), ela é amplamente aceita (veja O. Cullmann, *Peter* [Philadelphia, 1953] 18 n. 7; *TDNT* 6. 100-12). *Kēphas*, forma grega do nome aramaico *kēpā'*, "rocha", "pedra", que agora sabemos ter sido usada como nome próprio (veja *BMAP* 8,10; cf. J. A. Fitzmyer, *TAG* 112-24), foi dada a Simão como um título e denotava o caráter do portador (como Macabeu, "martelo"). Em virtude deste título, Simão é uma "rocha" no templo escatológico (= a igreja); é também uma das "colunas" (2,9) da igreja de Jerusalém. **19.** *mas somente Tiago*: ou possivelmente "exceto Tiago". A conjunção *ei mē* pode ser adversativa, "mas" (como em Gl 2,16; Mt 12,4), ou exclusiva (veja *ZBG* § 470). No primeiro significado, que parece preferível, Tiago se distingue dos apóstolos; no segundo, Tiago é um dos apóstolos. Mas então ele não deve ser identificado com Tiago, filho de Zebedeu, ou Tiago, filho de Alfeu, membros dos Doze (Mc 3,17-18). Paulo o chama de "o irmão do Senhor", que foi considerado o primeiro "bispo" de Jerusalém (Eusébio, *HE* 2.23.1; → Pensamento do NT, 81:143). *o irmão*: no grego clássico e helenístico, *adelphos* significa "irmão de sangue". Na LXX, traduz o hebraico *'āḥ*, até mesmo quando usado no sentido de parente (Gn 13,8; 29,12-15; veja <u>BAGD</u> 16); nos papiros gregos procedentes do Egito, ele também tem o sentido amplo de "parente" (veja J. J. Collins, *TS* 5 [1944] 484-94; cf. J. A. Fitzmyer, WA 221). Em vista do problema criado por Mc 6,3 e 15,40.47; 16,1, onde "Maria, mãe de Tiago, o menor, e de José" dificilmente pode ter sido usado pelo evangelista para designar a mãe do crucificado no Calvário, *adelphos*, usado em relação a Tiago, é melhor compreendido como "parente". **21.** *Síria e Cilícia*: isto inclui provavelmente Tarso, a cidade natal de Paulo, que foi o lugar de uma estada por diversos anos, possivelmente até de apostolado; em consequência disso, ele não era pessoalmente conhecido como cristão por parte das "igrejas da Judeia".

17 (B) O evangelho de Paulo foi aprovado pelos líderes da igreja em Jerusalém (2,1-10). 1. *em seguida, quatorze anos mais tarde, subi novamente*: a tradução usual, "14 anos mais tarde", tem sido questionada (*p.ex.*, por S. Giet, *RSR* 41 [1953] 323-24) porque, em outros lugares, Paulo usa *dia* com o genitivo para significar "durante (o curso de)". Este significado, mais o uso de "novamente", parece implicar uma contagem a partir da data da conversão de Paulo (aproximadamente 36 d.C.). A correlação desta visita a Jerusalém com os dados que constam em Atos constitui um dos problemas exegéticos mais difíceis do NT. Entretanto, não se pode escapar da impressão de que Gl 2 se refere ao mesmo acontecimento que consta em At 15 (pelo menos nos vv. 1-12) – não obstante todas as tentativas de identificá-lo de outra maneira. Contudo, muitos problemas permanecem (→ Paulo, 79:25, 32, 35-37). *Barnabé*: veja 1Cor 9,6. De acordo com At 4,36, ele era um levita cipriota chamado José, a quem os apóstolos chamavam de Barnabé (com a etimologia popular "filho da consolação"). Atos 13,1 o apresenta como um profeta ou um mestre de Antioquia, que se torna o companheiro de Paulo durante sua primeira missão (até o "Concílio" de Jerusalém). *Tito*: um cristão gentílico (veja v. 3), companheiro de Paulo durante a terceira missão, que apazigua as relações entre Paulo e a comunidade de Corinto (veja 2Cor 2,13; 7,6.13-14; 8,6.16.23; 12,18). **2.** *em virtude de uma revelação*: quem a teve? Se foi Paulo, ele a está mencionando pelo menos para mostrar que não foi convocado pelos apóstolos de Jerusalém. (Em At 15,2 a razão da visita é uma decisão da comunidade de Antioquia.) *expus-lhes – em forma reservada aos notáveis*: seu argumento deprecia ligeiramente as "colunas" de Jerusalém, que eram apóstolos antes dele (1,16). **3.** *nem Tito... foi obrigado a circuncidar-se*: Paulo quer dizer que Tito não era de fato circuncidado ou que ele não foi "obrigado" a se circuncidar, mas concordou em se submeter à circuncisão? O teor geral da passagem favoreceria a resposta de que o argumento de Paulo a favor da não circuncisão dos gentios convertidos se impôs. **4.** *falsos irmãos*: em At 15,5, judeus cristãos convertidos semelhantes, dos quais se diz serem de ascendência farisaica, insistem para que os gentios sejam circuncidados e obrigados a observar a lei de Moisés. *a liberdade que temos em Cristo Jesus*: a Carta Magna de Gl: em Cristo Jesus fomos libertos da lei (5,1.13). **5.** *aos quais não cedemos sequer um instante*: Paulo se jacta como se tivesse influenciado a assembleia. Mas At 15,7-11 dá o crédito a Simão. **6.** *eram tidos por notáveis*: Tiago, Cefas e João (2,9). *o que na realidade eles fossem*: uma afirmação difícil, que forma um parêntesis, parecendo significar que Paulo não se intimidou com o prestígio das "colunas" por terem sido testemunhas oculares do ministério de Jesus. Tal experiência e tal prestígio não podiam suplantar a verdade do evangelho dado por Deus. *nada me acrescentaram*: o evangelho de Paulo foi reconhecido pelas colunas *como não deficiente*, apesar das alegações dos judaizantes. (Quanto à relação de "nada" com At 15,19-29, → Paulo, 79:33, 35-37.) **7.** *como a Pedro o dos circuncisos*: assim Paulo foi reconhecido como o par de Pedro, e o campo da missão foi dividido entre eles (Rm 15,17-21; cf. At 15,12). A divisão deve ser compreendida geograficamente, não etnicamente, pois Paulo muitas vezes iniciava sua evangelização de uma área com os judeus (1Cor 9,23-24; Rm 2,10-11; cf. At 13,46; 17,1-8; 18,4). Enquanto Paulo usa normalmente "Cefas" (1Cor 1,12; 3,22; 9,5; 15,5; Gl 1,18; 2,9.11.14), aqui ele usa "Pedro" (2,7-8), talvez citando a terminologia usada no debate da assembleia (veja Betz, *Galatians* 97). **9.** *Tiago, Cefas e João*: Tiago, o "bispo" de Jerusalém, é citado antes de Cefas e João, filho de Zebedeu. A ordem também sugere que até mesmo o cabeça da comunidade de Jerusalém concordou com o evangelho e a missão de Paulo. Os três são chamados *styloi*, "colunas", porque eram um triunvirato que governava a igreja-mãe de Jerusalém? (Veja C. K. Barrett, in *Studia paulina* [Festschrift J. de Zwaan; ed. J. N. Sevenster *et al*.; Haarlem, 1953] 1-19.)

10. *lembrar dos pobres*: a única recomendação oficial do "Concílio". São provavelmente os "santos de Jerusalém que estão na pobreza" (Rm 15,26), isto é, aqueles economicamente pobres quando comparados com os cristãos gentílicos das cidades helenísticas, mas também os seguidores da piedade palestinense cristã-judaica dos *'ănāwîm* (veja J. Dupont, *Les Béatitudes* [3 vols.; Paris, 1958-69] 2. 13-51). Sobre se podem ou não ser relacionados com os *'ebyônîm* de Qumran, veja L. E. Keck, *ZNW* 56 (1965) 100-109.

18 (C) O evangelho de Paulo contestou a incoerência de Pedro em Antioquia (2,11-14). Não somente as colunas da igreja de Jerusalém aprovaram o evangelho de Paulo, mas na igreja de Antioquia, de membros gentílicos e judaicos, ele provou ser a única resposta. **11.** *eu o enfrentei abertamente*: apesar da franqueza de sua afirmação, Paulo aparentemente considerava Cefas uma pessoa de mais importância do que ele mesmo (veja PNT 24-32). Provavelmente Cefas e Paulo foram a Antioquia logo após a decisão sobre a circuncisão tomada no "Concílio" de Jerusalém. *porque ele se tornara digno de censura*: por suas próprias ações, explicadas em 2,12-13. Paulo não faz nenhuma referência aqui, nem em outro lugar, aos relatos de Lucas de que ele fez Timóteo ser circuncidado (At 16,3), ou de que ele próprio se submeteu mais tarde ao ritual do voto de nazireu (At 21,20-26). Embora ele exponha um princípio orientador em 1Cor 9,20 (cf. Rm 14,21), uma questão mais importante estava em jogo em Antioquia, envolvendo a unidade da própria igreja. **12.** *alguns vindos da parte de Tiago*: eles dificilmente são "os falsos irmãos" de 2,4, porque o assunto diz respeito agora às leis alimentares judaicas, completamente distinto da questão da circuncisão, que tinha sido resolvida em Jerusalém (2,3-9; cf. At 15,1-12). No "Concílio", o assunto dos alimentos não foi discutido nem resolvido (embora o relato composto em At 15 possa, *prima facie*, sugerir isto; → Paulo, 79:33-37). *subtraía*: Cefas recusou-se a continuar a comer com os cristãos gentílicos e deu a impressão de que somente os cristãos de origem judaica, que ainda observavam leis como as de Lv 17,8-9.10-12.15, eram cristãos verdadeiros. *com medo dos circuncisos*: não está claro por que Cefas "temia", mas sua atitude é compreendida por Paulo como sinal de falta de convicção quanto ao evangelho. **13.** *outros judeus*: judeus cristãos. *começaram também a fingir junto com ele*: embora a influência de Cefas sobre uma minoria da comunidade de Antioquia pudesse ser explicada de várias maneiras, Paulo a viu como incoerência e conciliação política. Por isso, ele repreendeu a Cefas publicamente. **14.** *a verdade do evangelho*: a "liberdade que temos em Cristo Jesus" (2,4-5), não somente do costume da circuncisão, mas também das leis alimentares judaicas. Paulo criticou Cefas porque este "não andava retamente segundo a verdade", isto é, não era ortodoxo em sua conduta (veja G. D. Kilpatrick, em *Neutestamentliche Studien* [Festschrift R. Bultmann; ed. W. Eltester; BZNW 21; Berlin, 1954] 269-74). *se tu, sendo judeu, vives à maneira dos gentios*: veja 2,12. *por que forças os gentios a viverem como judeus?*: uma vez que o exemplo de Cefas já tinha confundido Barnabé e outros, tenderia a afetar de forma análoga os cristãos gentílicos. A repreensão de Paulo funcionou? A passagem sugere que sim; ele cita sua oposição a Cefas para estabelecer a validade e a lógica de seu próprio evangelho. Ele apresentou sua tese a Cefas. Se a questão dos regulamentos alimentares foi resolvida em Antioquia com esse incidente é um outro assunto. Ela parece ter surgido outra vez após a partida de Cefas e Paulo, e a igreja da Antioquia pediu instruções a Tiago em Jerusalém (At 15,13-33; → Paulo, 79:35-37).

19 (III) Propositio: o evangelho de Paulo é apresentado (2,15-21). Paulo propõe agora um resumo conciso de seu ensino sobre a fé e sobre as observâncias judaicas; ele pode representar uma reformulação das palavras de Paulo a Cefas em Antioquia. **15.** *nós*: primordialmente Cefas e Paulo.

judeus de nascimento: literalmente, "por natureza", ou condição natural (veja Rm 2,27). Paulo reconhece, assim, sua própria procedência judaica. *não pecadores da gentilidade*: Paulo contrapõe ironicamente seu privilégio (que reflete a reivindicação de seus oponentes judaizantes) à sorte dos pagãos, que não somente não observam a lei mosaica, mas nem sequer a possuem. Sendo *anomoi*, "sem-lei", eles eram pecadores (Rm 2,12); contudo, Paulo sabia que os judeus e os gregos eram igualmente pecadores (Rm 3,9.23). **16.** *ninguém será justificado*: o passivo do verbo *dikaioun* expressa o *status* dos seres humanos que estão diante do tribunal de Deus; expressa o aspecto jurídico daquilo que somente a benevolência divina pode realizar para a humanidade como resultado da fé (→ Teologia paulina, 82:68-70). *pelas obras da Lei*: isto é, executando atos prescritos pela lei de Moisés. Quanto a esta expressão ou lema, → Teologia paulina, 82:100. *justificados pela fé em Cristo Jesus*: literalmente, "por meio da fé de Cristo Jesus"; o genitivo geralmente é entendido como objetivo, por causa da frase seguinte; cf. Rm 3,22, onde se encontra um genitivo semelhante e em cujo contexto (3,28) a "fé" é a de um ser humano que crê (*anthrōpos*). Veja ainda Betz, *Galatians* 117; Bonnard, *Galates* 53. Para tentativas de compreender a "fidelidade de Cristo", veja G. Howard, *HTR* 60 (1967) 459-65; L. T. Johnson, *CBQ* 44 (1982) 77-90. *nós também*: Paulo apela à convicção compartilhada por ele e por Cefas, em suas conversões, de que um judeu percebe plenamente sua incapacidade de conseguir a justificação pelas "obras da lei". *ninguém será justificado*: o Sl 143,2 é citado implicitamente: "Frente a ti nenhum vivente é justo". Paulo omite o "frente a ti", diminuindo a nuança forense do salmista, mas acrescenta "pelas obras da lei". O sentido do salmo é, assim, bastante restringido (cf. Rm 3,20).

20 **17.** *em Cristo*: à primeira vista, *en Christō* parece ser a fórmula paulina para designar a união com Cristo (→ Teologia paulina, 82:121), mas aqui, em contraposição a "pelas obras da lei", ela é mais provavelmente instrumental. *nos revelamos pecadores*: isto é, como os pagãos (2,15), porque como "cristãos" somos "sem-lei". *não seria então Cristo ministro do pecado?*: esta tradução compreende a partícula *ara* como interrogativa (BAGD 104), mas ela poderia também ser inferencial (BAGD 103): "Então Cristo é...". Por causa da exclamação seguinte, a pergunta é preferível. *De modo algum!*: uma enérgica resposta negativa usada após perguntas retóricas (veja Rm 3,4.6.31). Paulo rejeita resolutamente a sugestão e a volta para o oponente imaginário. Submeter-se à lei outra vez seria envolver-se novamente com o pecado. **18.** *se volto a edificar o que destruí*: a primeira razão para justificar a rejeição. Os comentaristas discutem seu significado preciso: ou Paulo admitiria que, ao restaurar a lei como uma norma de conduta, ele teria pecado ao abandoná-la; ou, menos provavelmente, ele se comprometeria, ao restabelecer a lei como norma, com uma vida de transgressão certa (Rm 7,21-23; 4,15). Seja qual for o caso, não é Cristo, mas o judaizante que é o verdadeiro "ministro do pecado". **19.** *pela lei morri para a lei*: a segunda razão. A pista para este versículo difícil encontra-se no reconhecimento de que o próprio Cristo não é "um ministro do pecado", e que o cristão, crucificado com ele, vive agora para Deus. Viver para Deus não é pecaminoso, mas este *status* do cristão foi possibilitado por meio da crucificação com Cristo. Assim, pela crucificação, morre-se para a lei ("está morto para a lei", Rm 7,6; cf. 2Cor 5,14-15). Mas como este *status* resultou "por causa da lei"? Sua causa imediata é a crucificação do próprio Cristo, mas sua causa remota é a lei, cuja maldição foi dirigida contra Cristo (3,13). A lei mosaica e a mentalidade que ela gerou entre os seres humanos foram responsáveis pela recusa de fé em Cristo e por sua crucificação – e assim, indiretamente, pela emancipação dos cristãos que acreditam nele. *fui crucificado junto com Cristo*: veja Rm 6,8-11. O cristão foi identificado (verbo grego no tempo perfeito, expressando o *status* de identificação), através da fé e do batismo, com as fases da paixão, morte e ressurreição de Cristo (→ Teologia paulina, 82:120) e, assim, pode "viver para Deus". **20.** *Cristo vive em mim*: a perfeição da vida cristã é expressa aqui; ela não é meramente uma existência dominada por uma nova motivação psicológica ("viver para Deus"), uma vez que a fé em Cristo não substitui uma nova meta de ação. Em vez disso, ela reestrutura os seres humanos, proporcionando-lhes um novo princípio de atividade no nível ontológico de seu próprio ser. O resultado é uma simbiose do cristão com Cristo, o *Kyrios* glorificado, que se transformou, por conta da ressurreição, no "espírito que dá vida" (1Cor 15,45), o princípio vital da atividade cristã. *vivo-a pela fé no Filho de Deus*: a profunda compreensão de Paulo sobre a experiência cristã: a reconfiguração inclusive da vida humana física pela influência transcendente da habitação de Cristo. Ela deve penetrar na própria consciência psicológica da pessoa, de modo que ela perceba na fé que a vida verdadeira vem somente da entrega redentora e vicária do Filho de Deus. **21.** *Não invalido a graça de Deus*: como faziam os judaizantes, que insistiam nas obrigações legais e na realização humana, implicando, desse modo, a ineficácia da entrega de Cristo.

21 (IV) Probatio: no plano de Deus, a humanidade é salva pela fé, não pela lei (3,1-4,31). Paulo dá agora a base para a tese que acabou de propor nos vv. 15-21. Ele apelará para a experiência dos gálatas e usará argumentos das Escrituras para demonstrar sua tese sobre o reino da fé e a liberdade cristã.

(A) Prova 1: a experiência dos gálatas ao receber o Espírito Santo (3,1-5). O primeiro argumento é proposto em cinco perguntas retóricas. **1.** *a vós ante cujos olhos foram delineados os traços de Jesus Cristo crucificado*: Paulo tinha pregado o Cristo crucificado (1Cor 1,23; 2,2) de maneira tão eloquente que o "afixou" num cartaz diante dos gálatas, talvez como fez Moisés com a serpente de bronze (Nm 21,9). A posição do particípio "crucificado" no final é enfático; o tempo perfeito expressa a condição iniciada no calvário. **2.** *recebestes o Espírito?* Paulo apela à experiência da conversão dos gálatas, quando receberam o Espírito aceitando na fé sua mensagem (veja 4,6; Rm 8,7-17). Neste aspecto eles eram como outras comunidades cristãs (2Cor 1,22). Alguns comentaristas restringem o significado de *pneuma* aos dons carismáticos, como em 1Cor 12,4-11, mas Paulo não faz a distinção clara da teologia posterior entre os dons criados e os dons não criados do Espírito que habita na pessoa; *pneuma* aqui designa, antes, o Espírito derramado em um sentido pleno, escatológico (→ Teologia paulina, 82:65). Após mencionar o *pneuma*, Paulo, valendo-se de palavras-chave como elos, propõe um outro significado da palavra, agora em contraposição a *sarx*, "carne". Porque "as obras da lei" nunca podem estar no mesmo nível do Espírito (2Cor 3,6-8), elas devem pertencer ao âmbito da "carne", isto é, dos seres humanos terrenos não regenerados. Contudo, "carne" ainda tem uma outra conotação aqui, porque Paulo alude desdenhosamente à exigência judaizante da circuncisão como algo feito à carne. Visto que o *pneuma* era o poder com o qual começaram a viver como cristãos (5,18; Rm 8,14-15), como podem abandonar este dom em troca de um sinal na carne? **4.** *foi em vão que experimentastes*: um retorno "às obras da lei" significaria que o Espírito foi recebido sem nenhum proveito. *Se é que foi em vão*: expressão enigmática que revela a esperança de Paulo de que os gálatas não cedam a este novo fascínio. Uma outra tradução possível: "na medida em que realmente seria em vão" (BAGD 152), que expressaria o pesar de Paulo **5.** *aquele que vos concede o Espírito e opera milagres entre vós*: o sujeito é Deus, como em 1Ts 4,8; Gl 4,6; 1Cor 12,6; 2Cor 1,22. Aqui *dynameis*, "milagres", são dados junto com o Espírito; em outros lugares procedem do Espírito (1Cor 12,11; Rm 15,19). São usados em um sentido complementar, pois nenhum dom foi dado aos gálatas porque realizaram "as obras da lei". Sua própria experiência testifica isto.

22 **(B) Prova 2: a experiência de Abraão e as promessas de Deus a ele (3,6-26).** Paulo desenvolve agora seu argumento escriturístico a favor de sua tese; é um *midrásh* acerca de detalhes da história de Abraão em Gn. Ele representa, provavelmente, uma reformulação de um argumento teológico usado frequentemente em seu trabalho missionário entre os gentios ou cristãos gentílicos sob pressão da oposição judaica. Na carta aos gálatas, ele adapta o argumento à sua situação (veja W. Koepp, *WZUR* 2 [1952-53] 181-87). O tema de seu primeiro argumento é este: as pessoas que têm fé são os verdadeiros filhos de Abraão e os herdeiros das promessas feitas por Deus a ele. Os cristãos da Galácia são como Abraão, que era justo diante de Deus não por causa das "obras", mas por causa da fé. Paulo não sugere que Abraão foi um pecador antes de acreditar em Iahweh e que depois somente foi considerado justo por alguma ficção jurídica. Ele simplesmente insiste que a condição de Abraão como justo foi resultado de sua fé (cf. Rm 4,3). Observe a inclusão que marca a primeira parte deste argumento: *ek pisteōs* (3,7a) e *dia tēs pisteōs* (3,14c). **6.** *foi assim que Abraão creu em Deus*: uma citação implícita de Gn 15,6. **7.** *os que são pela fé*: literalmente, "aqueles da fé", uma expressão vaga, sem especificar objeto algum. **8.** *a Escritura preanunciou*: uma conhecida personificação judaica das Escrituras (Str-B 3. 358) implica sua origem divina; assim, Paulo sugere que desde os tempos antigos a justiça por meio da fé fazia parte do plano divino para a salvação de todos os seres humanos. Seu evangelho, pregado agora igualmente aos judeus e aos gregos (Rm 1,16), foi anunciado primeiramente a Abraão, o patriarca. *Em ti serão abençoados*: uma alusão a Gn 18,18 ou 12,3. Em Gn, a promessa de Iahweh significava, imediatamente, uma descendência numerosa e a posse de Canaã. O significado do verbo na forma hebraica da bênção em Gn é objeto de discussão (→ Gênesis, 2:20). Paulo o compreende como passivo, refletindo uma compreensão comum do texto no judaísmo (veja Gn 48,20; cf. Jr 29,22).

Os gentios deveriam compartilhar das bênçãos prometidas a Abraão, desde que adorassem a Iahweh e se submetessem à circuncisão. Paulo, entretanto, insiste que as Escrituras preanunciaram que os cristãos compartilhariam das bênçãos de Abraão, como filhos de Abraão, pela fé em Cristo Jesus. **9.** *juntamente com Abraão, que teve fé*: um epíteto favorito dos judeus para referir-se a Abraão, *pistos*, "fiel", "leal" (1Mc 2,52; 2Mc 1,2; Eclo 44,20; Filo, *De post. Caini* 173), é usado por Paulo com matiz próprio: aqueles que *creem* como Abraão são seus "filhos" (3,7) e compartilharão, assim, de suas bênçãos prometidas.

23 **10.** *os que são pelas obras da lei*: esta expressão de Paulo (literalmente, "aqueles [que são] das obras da lei"), que é um paralelo a outra expressão sua, "aqueles [que são] da fé" (3,7). *esses estão debaixo de maldição*: isto é explicado por Dt 27,26; cf. 28,58-59. Para Paulo, a lei não podia transmitir as bênçãos de Abraão; impunha, pelo contrário, uma maldição, obrigando as pessoas sujeitas a ela a carregarem o fardo de ter de observar cada palavra dela. Esta obrigação foi colocada extrinsecamente sobre a humanidade, sem que se oferecesse ajuda para observá-la (veja Rm 8,3). Depois de citar o texto do AT que coloca uma maldição sobre as pessoas que não obedecem à lei, Paulo passa a mostrar que o próprio AT ensina que a verdadeira vida vem pela fé. **11.** *o justo viverá pela fé*: o argumento escriturístico continua com a citação de Hab 2,4, citado como em Rm 1,17 (→ Romanos, 51:21; cf. J. A. Fitzmyer, *TAG* 236-46). A vida, para uma pessoa justa, se deriva da fé, não da observância da lei. Paulo está usando a LXX e compreende *pistis* em seu próprio sentido incisivo de fé cristã. Essa "fé" produzirá a "vida" no mais pleno sentido. **12.** *a lei não é pela fé*: seu princípio é, ao contrário, a observância universal de suas prescrições; cf. Lv 18,5: "quem as cumprir encontrará nelas a vida". Embora o texto de Lv ensine que a vida vem a quem observa a lei, e Paulo admita isso em um outro contexto (Rm 2,13), sua atenção aqui está centrada na expressão "por elas" (*i.e.*, "pelas obras da lei em seus detalhes"). Estas coisas insiste Paulo, nada têm a ver com a fé. Os cristãos gentílicos, que acreditam em Cristo e vieram a ter fé nele como *Kyrios*, não podem agora recorrer a uma busca da justiça por meio da observância desses detalhes, sejam poucos ou muitos. **13.** *Cristo nos [especialmente os judeus cristãos] resgatou da maldição da lei*: a lei com suas múltiplas prescrições escravizava os judeus (5,1), e a humanidade foi "resgatada" por Cristo desta escravidão (1Cor 6,10; 7,23). Assim como Iahweh no AT libertou os hebreus do cativeiro no Egito e, através de sua aliança, "adquiriu" seu povo (Ex 19,5-6; Is 43,21; Sl 73,2), da mesma forma Cristo, por meio do sangue de sua aliança, que derramou na cruz, "comprou" seu povo. Esta compra libertou o povo de Deus da lei e de sua maldição (5,1). Sobre o verbo *exagorazein*, → Teologia paulina, 82:75. *tornando-se maldição por nós*: fazendo uma associação livre, Paulo passa agora de um sentido de "maldição" para outro: da "maldição" declarada sobre quem não observa todas as prescrições da lei (Dt 27,26) à "maldição" específica expressa na lei sobre quem é pendurado no madeiro (Dt 21,23, que depois é citada por Paulo). Esta maldição era dirigida contra o cadáver de um criminoso executado, exposto como uma forma de dissuadir da prática do crime (Js 10,26-27; 2Sm 4,12). Como amaldiçoado diante de Deus, ele manchava a terra de Israel; assim, não deveria permanecer pendurado além do pôr-do-sol. No tempo dos romanos, quando a crucificação se transformou em medida punitiva frequente, este versículo do AT foi aplicado à mesma (veja J. A. Fitzmyer, *TAG* 125-46). A protoigreja considerava a crucificação uma "suspensão" em um madeiro (At 10,39; cf. 1Pd 2,24), e esta ideia constitui a base da referência de Paulo à cruz de Cristo como "maldição". Ao citar Dt 21,23, Paulo omite sutilmente "por Deus" e, assim, exclui claramente a sugestão oferecida por comentaristas posteriores de que Cristo foi amaldiçoado pelo Pai.

A imagem de Paulo é ousada; mesmo que ofereça somente "uma analogia remota e material" (Lyonnet) com um cadáver suspenso após a morte, ela não deveria ser suavizada. O versículo deve ser compreendido em relação a 2,19: Cristo foi crucificado "pela lei". Ao morrer como alguém sobre quem recaiu uma maldição da lei, Paulo vê Cristo como quem corporifica a totalidade da maldição da lei "por nós" (ele não diz de que maneira!). Cristo morreu para a lei, e em sua morte nós morremos vicariamente (2Cor 5,14). **14.** *pela fé recebamos o Espírito prometido*: prometido não a Abraão, mas ao povo de Israel através dos profetas (Ez 36,26; 37,14; 39,29; Jl 2,28).

24   15. Outro *midrásh* da história de Abraão (3,15-26). *ninguém o pode invalidar nem modificar*: somente o testador pode fazê-lo, por cancelamento ou um codicilo, e ninguém mais. *A fortiori*, a vontade de Deus, manifesta em suas promessas e aliança, não pode ser alterada pela lei, que veio mais tarde e foi promulgada por anjos (3,19). Paulo joga com o significado de *diathēkē*, que no grego helenístico significava "última vontade e testamento". Os tradutores da LXX o tinham usado (em vez de *synthēkē*, "tratado") para expressar o termo hebraico *bĕrît*, "aliança", provavelmente porque caracterizava com mais exatidão o tipo de aliança que Deus tinha feito com Israel, em que, como em um tratado de vassalagem, estipulações foram determinadas pelo soberano a que Israel deveria obedecer. Paulo começa sua exposição usando *diathēkē* no sentido helenístico, mas passa gradualmente para o sentido da LXX (3,17). **16.** *a Abraão e à sua descendência*: literalmente, "sua semente" (coletivo singular). Cf. Gn 15,18; 17,7-8; 22,16-18. No hebraico, o plural de *zeraʻ* não é usado para designar descendentes humanos, mas no grego o plural *spermata* é usado desta forma. Paulo joga, assim, com a diferença e interpreta o singular *zeraʻ* hebraico como uma referência ao Cristo histórico. Este versículo interrompe o argumento iniciado em 3,15, mas está preparando o terreno para 3,19b, insinuando que as promessas da aliança são a base real do relacionamento dos seres humanos com Deus. **17.** *quatrocentos e trinta anos depois*: este é o tempo indicado em Ex 12,40-41 (TM) para a permanência de Israel no Egito. A LXX indica a mesma extensão de tempo para a permanência de Israel no Egito e em Canaã; mas cf. Gn 15,13; At 7,6. Na verdade, o cálculo pode conter um erro de uns 200 anos (→ Êxodo, 3,24), mas isto não afeta o argumento de Paulo. A disposição unilateral (*diathēkē*) feita a Abraão não foi alterada por obrigações subsequentes impostas na lei moisaica. Rejeita-se, assim, a tese dos judaizantes de que as promessas da aliança foram subsequentemente condicionadas ao cumprimento das "obras da lei". **18.** *porque se a herança vem pela lei, já não é pela promessa:* ela se transformaria num acordo bilateral, destruindo a própria noção de promessa. Na LXX, *klēronomia* é o termo por excelência para designar a "herança" da terra de Canaã; aqui, porém, ele denota as bênçãos prometidas a Abraão, em geral. **19.** *foi acrescentada para que se manifestassem as transgressões*: literalmente, "por causa das transgressões". Alguns comentaristas antigos tentaram interpretar esta expressão como "restringir as transgressões", mas seu sentido é claro a partir de Rm 4,15; 5,13-14.20; 7,7-13. Uma lei é feita para deter crimes, mas não para deter as transgressões de uma prescrição legal, que só pode começar com a lei. *até que viesse a descendência*: a lei foi uma medida temporária usada por Deus; veja 3,24-25. *promulgada por anjos*: eco de uma crença judaica contemporânea segundo a qual os anjos, e não o próprio Iahweh, deram a lei a Moisés (veja Dt 33,23 LXX; Josefo, *Ant.* 15.5.3 § 136; *Jub.* 1:27-29; At 7,53; Hb 2,2). A lei não era somente uma medida provisória, mas a modalidade de sua promulgação revela sua inferioridade, quando é comparada com as promessas feitas diretamente por Deus. *pela mão de um mediador*: Moisés; veja as vagas alusões em Lv 26,46; Dt 5,4-5. Esta é a mais provável interpretação de uma expressão muito controvertida (veja A. Vanhoye, *Bib* 59 [1978] 403-11 para uma outra interpretação). **20.** *não existe mediador quando se trata de um só*: como princípio, isto não é necessariamente verdade porque um indivíduo pode usar um agente, mas Paulo pensa nos anjos promulgadores como uma pluralidade, e como seres que lidaram com Israel, outra pluralidade. Assim, eles necessitavam de um mediador. Dessa forma, a lei é inferior às promessas da aliança, que Iahweh fez diretamente sem mediador (veja J. Bligh, *TS* 23 [1962] 98). **21.** *capaz de comunicar a vida*: esta é a concepção paulina da deficiência básica da lei: ela diz às pessoas o que devem fazer, mas não pode "dar a vida"; veja 3,11; Rm 8,3. **22.** *Escritura*: especialmente a lei e os textos citados em Rm 3,10-18. *encerrou tudo debaixo do pecado*: Rm 11,32 sugeriria que "tudo" se refere aos seres humanos, mas *panta*, sendo neutro, pode se referir aos efeitos mais amplos sobre toda a criação do estado em que as pessoas existiram antes de Cristo (cf. Rm 8,19-23). **23.** *para a fé que haveria de se revelar*: o reinado da lei foi ordenado divinamente como preparação para o reinado da liberdade cristã (veja 4,3). **24.** *nosso pedagogo*: literalmente, "mestre", "discipulador", um escravo encarregado de levar um menino à escola e trazê-lo para casa e cuidar de seus estudos e sua conduta enquanto ainda era um menor. O término dessa disciplina veio com Cristo, o "fim da lei" (Rm 10,4). A liberdade dessa disciplina veio com a justificação pela fé em Cristo. **26.** *filhos de Deus*: a adoção como filhos é a nova relação dos cristãos com Deus, alcançada "através de Cristo Jesus", ou possivelmente "na união com" ele. A expressão *en Christō* não depende de *pisteōs*; não significa "fé em Cristo Jesus". A fórmula sugere, antes, a modalidade da união com Cristo, o Filho, como resultado da fé e do batismo (veja A. Grail, *RB* 58 [1951] 506).

25 (C) **Prova 3: a experiência dos cristãos no batismo (3,27-29).** A experiência que os gálatas tiveram na fé e no batismo sustenta a tese de Paulo. **27.** *que fostes batizados em Cristo*: o batismo é o complemento sacramental da fé, o ritual por meio do qual a pessoa consegue a união com Cristo e manifesta publicamente seu compromisso. A preposição *eis* expressa um movimento inicial de incorporação: → Teologia paulina, 82:119. *vestistes de Cristo*: como uma roupa. Neste ponto Paulo toma emprestada uma figura das religiões mistéricas gregas, em que o novato se identificava com o deus vestindo suas vestes (veja *BAGD* 264), ou usa uma expressão do AT para designar a adoção da disposição ou perspectiva moral de outra pessoa (Jó 29,14; 2Cr 6,41). A partir de seu uso por Paulo em Rm 13,14, ela parece ter o último matiz (veja V. Dellagiacoma, *RivB* 4 [1956] 114-42). **28.** *vós sois um só em Cristo Jesus*: as diferenças secundárias desaparecem pelo efeito desta incorporação primária dos cristãos no corpo de Cristo, por "um só Espírito" (lCor 12,13); veja ainda M. Boucher, *CBQ* 31 (1969) 50-58; J. J. Davis, *JETS* 19 (1976) 201-8. Essa unidade em Cristo não implica a igualdade *política* na Igreja ou na sociedade.

26 (D) Prova 4: a experiência dos cristãos como filhos de Deus (4,1-11). Esta seção contém uma defesa escriturística adicional do evangelho de Paulo, um outro *midrásh* da história de Abraão. Para tornar-se herdeiro das promessas feitas a Abraão, não é necessário cumprir as "obras da lei", mas ter fé, o que torna a pessoa seu descendente no sentido verdadeiro. Isto é ilustrado por costumes jurídicos helenísticos e palestinos sobre herança. **1.** *um herdeiro menor*: Paulo usa *nēpios*, "infante", isto é, uma pessoa que ainda não fala; em sua menoridade, ela não fala por si mesma. **2.** *debaixo de tutores e curadores*: uma comparação do *status* dos seres humanos com o de um filho livre nascido órfão explica o caráter provisório da lei. Paulo não está pensando na lei romana, mas no uso palestino. O pai teria nomeado um *epitropos*, "guardião", que cuidaria das posses da criança em seu interesse (veja S. Belkin, *JBL* 54 [1935] 52-55; cf. J. D. Hester, em *Oikonomia* [Festschrift O. Cullmann; Hamburg, 1967] 118-25). Exteriormente, e por um certo tempo, o filho menor não era livre. **3.** *debaixo dos elementos do mundo*: o significado de *stoicheia tou kosmou* (4,9; Cl 2,8.20) é muito controvertido: *stoicheia* poderia significar "elementos", "rudimentos" (da aprendizagem, como em Hb 5,12); ou "substâncias elementares" (terra, ar, fogo, água); ou "sinais elementares" (do zodíaco); ou "elementos espirituais" (seres celestiais que controlam os elementos físicos do mundo; cf. Ap 16,5). No primeiro caso, o termo conotaria "escravos de formas rudimentares de pensamento e conduta". Mas a opinião atual parece favorecer o último significado, "escravos dos elementos espirituais" (veja Betz, *Galatians* 204-5), uma vez que estes parecem ser vistos como seres pessoais, paralelamente aos "guardiães" e "tutores", e são descritos como "não-deuses por natureza" (4,8). **4.** *plenitude do tempo*: a partir da "data estabelecida" pelo pai (4,2), Paulo amplia a aplicação de sua comparação ao ponto na história quando a intervenção salvífica de Deus aconteceu. A liberdade humana veio com Cristo. *enviou Deus seu Filho*: o verbo *(ex)apostellein* desenvolveu um significado religioso específico na protoigreja: enviar alguém a serviço do reino com autoridade plenamente fundamentada em Deus (veja *TDNT* 1. 406). O "envio" é funcional; a missão do Filho é expressa na oração subordinada final. Nada é dito explicitamente sobre a preexistência do filho, que está, no máximo, implícita (→ Teologia paulina, 82:49-50). *nascido de mulher*: o particípio *genomenon* é aoristo, enfatizando a assunção da condição humana para a missão. A expressão é derivada do AT (Jó 14,1; 15,14; 25,4; cf. 1QH 13,14). Nascido desta forma, Jesus se submeteu à lei mediante a circuncisão e tornou-se, assim, capaz de cair sob sua maldição. Mas para evitar que os gálatas tirem uma conclusão errada, Paulo não menciona a circuncisão de Jesus. Em vez de *genomenon*, "nascido", alguns escritores patrísticos leram *gennōmenon* e compreenderam este particípio como referência à concepção virginal de Maria; mas esta é uma interpretação anacrônica (veja

MNT 37-38, 42). **6.** *e porque sois filhos*: a conjunção *hoti* pode significar "porque", e então tornar-se filho por adoção seria a base para o envio gratuito do Espírito. Entretanto, Rm 8,14-17 parece sugerir que o dom do Espírito constitui a filiação cristã; assim, muitos comentaristas preferem esse sentido aqui também: "o fato de que" (cf. S. Zedda, *L'adozione a Figlio di Dio* [Roma, 1952]). *o Espírito de seu Filho*: o Espírito é também o objeto de uma missão do Pai (*ho theos*); em outros textos ele é o dom do *Kyrios* ressuscitado. (Quanto à pertinência desta expressão diante da falta de uma distinção clara entre o Filho e o Espírito por parte de Paulo, → Teologia paulina, 82:61-64.) *Abba, Pai*: o Espírito vivificador do Filho ressuscitado é o princípio dinâmico da filiação adotiva (veja Rm 1,3; 8,15-17). Ele autoriza a convicção mais íntima do cristão como quem exclama, referindo-se a Deus, "Pai!". Sem o Espírito, o cristão nunca poderia fazer isto. O termo aramaico *'abbā'*, literalmente, "o pai", era usado como vocativo; quando a palavra foi assumida em comunidades gregas, seu equivalente literal no grego, *ho patēr*, foi adicionado, e a combinação se tornou uma fórmula litúrgica (veja J. A. Fitzmyer, "*Abba* and Jesus' Relation to God", *À cause de l'évangile* [Festschrift J. Dupont; ed. R. Gantoy; LD 123; Paris, 1985] 57-81). **7.** *já não és escravo*: o cristão está livre da lei. *graças a Deus*: alguns manuscritos inferiores leem "através de Cristo" ou "herdeiro de Deus através de Cristo". **8.** *não conhecendo Deus*: a origem pagã dos gálatas é recordada (cf. 5,2-3; 6,12-13). Como os judeus antes da vinda de Cristo, os pagãos também eram escravos, mas dos ídolos (1Ts 4,5; 1Cor 12,2). **9.** *sendo conhecidos por Deus*: cf. 1Cor 8,3. O conhecimento de Deus por parte dos gálatas não surgiu simplesmente de dentro deles; ele é resultado da predileção divina (uma ideia do AT, veja Gn 18,19; Am 3,2; Jr 1,5; Sl 139). *como é possível voltardes novamente?*: adotar práticas judaicas não é paganismo aberto, mas valorizar tais práticas materiais, sujeitando os praticantes aos anjos da lei (3,19), seria uma volta à reverência aos elementos espirituais. **10.** *observais cuidadosamente dias, meses, estações, anos*: isto se refere a dias como o sábado e o *Yôm hakkippûrîm*; meses como "a lua nova"; estações como a Páscoa e o Pentecostes; anos como os anos sabáticos (Lv 25,5). Essas observâncias seriam as práticas materiais de 4,9; Paulo não consegue ver nenhuma razão para um cristão gentílico observar essas datas.

27 (E) Prova 5: a experiência dos gálatas em seu relacionamento com Paulo (4,12-20). 12. *me tornei como vós*: liberto da escravidão à lei e, consequentemente, "sem lei" (1Cor 9,21), Paulo começou a pregar aos gentios. Ele apela agora aos gálatas diretamente (vv. 12-20), como quem considerou adequado abandonar tudo: "Sede meus imitadores, como eu mesmo o sou de Cristo" (1Cor 11,1; cf. D. M. Stanley, *Bib* 40 [1959] 859-77). **13.** *uma doença*: a primeira evangelização de Paulo aos gálatas aconteceu por alguma tribulação (desconhecida) (BDF 223.3). *pela primeira vez*: a expressão *to proteron* pode implicar que mais de uma visita à Galácia precedeu a escrita desta carta (veja Hb 4,6; *Herm. Vis.* 3.12.1; *Sim.* 9.1.3; cf. BAGD 722). **14.** *não mostrastes desprezo nem desgosto*: alusão a uma enfermidade física repulsiva? Paulo nunca mais explica isso (cf. 2Cor 12,7). *um anjo de Deus*: Paulo usa *angelos* não no sentido de "mensageiro", mas de "anjo" (1,8; 3,19; 1Cor 4,9; 11,10; 13,1). Este caso é surpreendente em vista de sua atitude para com os anjos em outras seções de Gálatas. **15.** *teríeis arrancado os olhos para dá-los a mim*: embora isto possa sugerir que Paulo estivesse sofrendo de uma enfermidade nos olhos, a hipérbole é óbvia: eles teriam dado a ele o que lhes era mais precioso. **16.** *dizendo-vos a verdade*: no passado, os gálatas ficaram muito alegres com sua evangelização; agora Paulo teme que esta carta, em que ele os alerta sobre o perigo dos judaizantes, os afaste. **17.** *querem é separar-vos*: da comunidade cristã, pregando um "outro evangelho". Seu alvo é que vós os considereis autoridades e mestres.

19. *por quem sofro as dores de parto até que Cristo seja formado em vós*: o remodelar dos cristãos segundo a forma ou modelo de Cristo é o objetivo dos esforços missionários de Paulo. Seu interesse por seus "filhos" espirituais provêm de um instinto quase maternal; cf. 1Ts 2,7-8; 1Cor 3,2.

28 (F) Prova 6: a alegoria de Sara e Agar (4,21-31). Talvez o uso da metáfora materna tenha sugerido a Paulo um outro *midrásh* da história de Abraão, uma alegoria sobre Sara, mãe do verdadeiro herdeiro, Isaac. **22.** *Abraão teve dois filhos*: Ismael, nascido de Agar, a serva egípcia (Gn 16,1-6); Isaac, filho de sua esposa Sara (Gn 21,2-5). Paulo ignora os filhos de Abraão com Cetura (Gn 25,2). **23.** *nasceu segundo a carne*: Gn 16,4.15. *em virtude da promessa*: não a promessa geral feita a Abraão (Gn 12,2), mas a especial de Gn 15,4;17,16-21. A intervenção de Deus, por conta da promessa, deu a vida a Isaac. **24.** *isto foi dito em alegoria*: Paulo diz a seus leitores que as figuras históricas do relato de Gn têm um significado mais profundo para ele (quanto a *allēgorein*, veja *TDNT* 1. 260-63; *NIDNTT* 2. 754-56). *elas, com efeito, são as duas alianças*: Agar representa a aliança do Sinai, e Sara representa a aliança feita com Abraão. Os judeus e os judaizantes podem se orgulhar do pacto feito no monte Sinai; para Paulo, ele "escravizou" os filhos nascidos de Abraão "segundo a carne" – como a descendência de Agar, nascida na escravidão. Os cristãos orgulham-se da aliança real feita por Deus com Abraão, pois são filhos de Abraão "segundo a promessa" – como a descendência de Sara, "sem lei" e livre. **25.** *é Agar (porque o Sinai está na Arábia)*: esta é a *lectio difficilior*, preferida por N-A[26]. Mas o mais antigo manuscrito das cartas de Paulo (P[46]) e diversos outros leem: "pois o Sinai é um monte na Arábia". Em ambos os casos, desejando enfatizar que a escravidão introduzida pela lei foi a condição do filho rejeitado de Abraão, Paulo identifica Agar com o pacto do Sinai e "a Jerusalém de agora". O v. 25a é um detalhe geográfico que explica como Agar, embora ligada a um lugar sagrado fora da terra prometida, é ainda assim igualada com "a Jerusalém de agora". Geograficamente, Agar representa um lugar na Arábia, mas mesmo assim ela representa a escravidão e corresponde a Jerusalém. Mas por que Paulo menciona a Arábia? Possivelmente porque o Monte Sinai está na Arábia, que é território ismaelita; assim, ele associa o pacto do Sinai com o patriarca epônimo de tribos árabes (veja Gn 25,12-18). Paulo sugere, assim, que a própria lei se origina de uma situação extrínseca à terra prometida e aos reais descendentes de Abraão. Os ex-correligionários judeus de Paulo não ficariam contentes com esta alegoria. *corresponde à Jerusalém de agora*: a Jerusalém terrena era para os judeus o que o Sinai foi uma vez, o lugar de onde "a palavra de Iahweh" sai (Is 2,3; Mq 4,2). **26.** *a Jerusalém do alto*: a Jerusalém "celestial" (Ap 3,12; 21,2; cf. Ez 40; Zc 2; Ag 2,6-9) é identificada implicitamente com Sara e sua descendência, os filhos de Abraão nascidos da livre. **27.** *segundo está escrito*: literalmente, "foi escrito", uma fórmula introdutória comum; veja J. A. Fitzmyer, *ESBNT* 9. Isaías 54,1 é citado da LXX (parecido com o TM). As palavras do profeta são dirigidas à Sião abandonada, dizendo-lhe para se alegrar com o retorno dos exilados. Paulo aplica as palavras de Isaías à Sara alegorizada, à "Jerusalém do alto". **29.** Em Gn 21,10, Sara, vendo Ismael "brincar" com Isaac e considerando-o o rival em potencial da herança de Isaac, expulsa-o com sua mãe. Em Gn nada é dito sobre a "perseguição" de Ismael em relação a Isaac, mas Paulo pode estar interpretando o "brincar" como uma explicação hagádica palestinense de Gn 21, 9 (veja Josefo, *Ant.* 1.12.3 § 215; Str-B 3. 575-76). **30.** *"expulsa a serva"*: Paulo cita as palavras de Sara (Gn 21,10), como se fossem as de Deus. Ao adequar o texto, Paulo ordena aos gálatas que se livrem dos judaizantes – e, ironicamente, que obedeçam à própria Torá. **31.** *não somos filhos da serva, mas da livre*: assim, o próprio AT sustenta a tese de Paulo de que, em Cristo, reina a nova liberdade de Deus. Adotar as práticas dos judaizantes é colocar a perder esta liberdade cristã. Cf. M. McNamara, *Mstud* 2 (1978) 24-41.

29 (V) Exhortatio: seção exortatória (5,1-6,10). Da exposição anterior Paulo extrai certas conclusões práticas. Esta seção tem três partes.

(A) Conselho: manter a liberdade que tendes em Cristo (5,1-12). 1. *para a liberdade que Cristo nos libertou*: a posição enfática do dativo final (*eleutheriā*) resume a seção doutrinária da carta: não a licenciosidade, mas a liberdade da lei e suas observâncias materiais. **2.** *Cristo de nada vos servirá*: cf. 2,21. Os gálatas precisam escolher um ou outro: Cristo e a liberdade, ou a lei e a escravidão. **3.** *toda a lei*: os judaizantes insistiam na adoção de determinados costumes judaicos (→ 7 acima), mas Paulo adverte: se aceitar o "sinal" dos judeus, você se obriga a viver inteiramente à maneira deles (cf. Tg 2,10). Isto não é andar de acordo com a verdade do evangelho (2,14). **5.** *a esperança da justiça*: a medida plena da justiça humana é ainda uma coisa que pertence ao futuro escatológico (cf. Rm 5,19). *Elpis* é "algo esperado", e *dikaiosynēs* é um genitivo epexegético (ZBG § 46). **6.** *nem a circuncisão tem valor, nem a incircuncisão*: literalmente, "nem a circuncisão nem o prepúcio". Poder-se-ia replicar: "Então por que opor-se à circuncisão?" As palavras de Paulo devem ser compreendidas à luz de 5,2 (cf. 3:28). *mas somente a fé agindo pela caridade*: o princípio da justiça é a fé agindo pela caridade, segundo o próprio Cristo (2,20; Rm 5,5-8; → Teologia paulina, 82:111). No grego do NT, *energein* com um sujeito impessoal ocorre sempre na voz média, pelo que significa "a fé atuando (expressando-se) através do amor" (BAGD 265; cf. BDF 316.1) **7.** *corríeis bem*: muitas vezes, Paulo compara o esforço cristão ao de um corredor em uma corrida (2,2; 1Cor 9,24-26). Mas os judaizantes estão atrapalhando o caminho. Seguir o conselho deles é ignorar o chamado de Deus (veja 1,6). **9.** *um pouco de fermento*: um provérbio (cf. 1Cor 5,6) enfatiza o poder de se espalhar da influência dos judaizantes. **11.** *se ainda prego a circuncisão*: os judaizantes podem ter afirmado que o próprio Paulo admitia a validade da circuncisão, quando lhe era conveniente (1Cor 9,20). Paulo responde: se ele ainda pensasse daquela maneira, não estaria sofrendo a oposição dos judaizantes (cf. 2,3). *estaria eliminado o escândalo da cruz*: a pregação da cruz tornou desnecessária a circuncisão, mesmo que tenha se transformado numa pedra de tropeço para os judeus (cf. 1Cor 1,23, para uma outra razão; Fl 3,18). **12.** *que se façam mutilar*: o sarcasmo de Paulo (cf. Fl 3,2) talvez aluda ao ritual de castração dos *galloi*, sacerdotes de Cibele-Átis, sem dúvida conhecido dos gálatas.

30 (B) Advertência: andar não segundo a carne, mas segundo o Espírito (5,13-26): A admoestação de Paulo ilustra o amor do qual ele falou em 5,6. **13.** *pretexto para a carne*: leia-se *poieite*, "não façais da liberdade um pretexto". Se a lei está eliminada, os cristãos não podem entregar-se à conduta terrena, material e ímpia. Sua liberdade deve servir, pelo contrário, ao amor, deve ser uma liberdade a favor dos outros. **14.** *toda a lei*: veja Lv 19,18. Paulo está pensando diretamente em Lv, em um resumo judaico conhecido (veja Str-B 1. 907-8), ou no resumo de Jesus (Mt 7,12)? Qualquer que seja a resposta, nem aqui nem em Rm 13,8-10 Paulo inclui o amor a Deus. Em Lv, o "próximo" é outro israelita; para Paulo, "não há distinção entre judeu e grego" (Rm 10,12). **16.** *conduzi-vos pelo Espírito*: literalmente, "caminhar de acordo com", no sentido semítico: "portar-se". O Espírito, como o princípio da filiação cristã, é também o princípio da atividade cristã (5,18; cf. Rm 8,14). **17.** *que não fazeis*: o cristão em união com Cristo e dotado com o Espírito ainda luta contra a "carne" (→ Teologia paulina, 82:103), o símbolo de toda oposição humana a Deus. Veja Rm 7,15-23. **18.** *guiar pelo Espírito*: Sob a influência do Espírito que habita no cristão, este tem um princípio interior para neutralizar a "carne" e não se confronta mais meramente com a norma extrínseca da lei. **19-21.** Um catálogo de vícios

(→ Teologia paulina, 82:142). **22-23.** Um catálogo de virtudes (cf. 2Cor 6,6-7). Observe como Paulo fala das "obras" (*erga*) da carne, mas do "fruto" (*karpos*) do Espírito; "fruto" pode ser aplicado à carne, mas "obras" nunca se aplica ao Espírito (cf. Rm 6,21; 7,5). Este catálogo mostra que as "boas obras" são importantes na vida cristã. *contra estas coisas não existe lei*: não há necessidade de decretar uma lei contra esses "frutos", pois a lei "foi acrescentada por causa das transgressões" (3,19). **24.** *crucificaram a carne*: o cristão, crucificado com Cristo (2,19) na fé e no batismo, morreu não somente para a lei, mas também para o *sarx-eu* carnal, para as tendências terrenas, degradantes deste (6,14). Paulo fala no nível ontológico, isto é, da reorientação básica do cristão a Deus, e não meramente da consciência psicológica. É por isso que se deve continuar a "mortificar as obras do corpo" (cf. Rm 6,6; 8,9.13).

31 (C) Recomendação: a maneira correta de usar a liberdade cristã (6,1-10). 1. *vós, os espirituais*: os cristãos maduros são interpelados, aqueles guiados pelo Espírito (1Cor 3,1); eles devem corrigir aqueles "apanhados em falta". **2.** *a lei de Cristo*: quanto ao uso figurativo de *nomos*, → Teologia paulina, 82:90.2. Liberto da obrigação da lei mosaica, o cristão passa a estar *ennomos Christou*, "sob a lei de Cristo" (1Cor 9,21). A "lei de Cristo" é "a lei do Espírito da vida" (Rm 8,2). Neste contexto, ela é especificada como a lei do amor, mediante a qual os cristãos devem carregar os fardos uns dos outros, corrigindo-se fraternalmente. **3.** *se alguém pensa ser alguma coisa*: seja porque acredita que não tem pecados ou porque é caridoso o suficiente para corrigir um cristão apanhado em alguma falta. **5.** *carregará o seu próprio fardo*: isto não deve ser confundido com os "fardos" de 6,2; este "fardo" provavelmente se refere às responsabilidades comuns da vida diária. **6.** *toda sorte de bens*: uma manifestação prática do amor a ser mostrado ao catequista da comunidade; cf. 1Cor 9,11.14; Fl 4,15; Rm 15,27. **8.** *colherá a vida eterna*: este versículo resume 5,16-26. A "vida eterna" equivale aqui ao "reino de Deus" (5,21). A expressão anterior é caracteristicamente joanina, ocorrendo muito raramente em Paulo (Rm 2,7; 5,21; 6,22-23).

32 (VI) Postscriptio: a "assinatura" e o resumo de Paulo; bênção final (6,11-18): 11. *de próprio punho*: Até aqui a carta foi ditada a um escriba (→ Epístolas do NT, 45:20); agora o próprio Paulo acrescenta a conclusão através de sua "assinatura". **12.** *para não sofrerem perseguição por causa da cruz de Cristo*: os judaizantes temem que, se pregarem a verdadeira "mensagem da cruz" (veja nota em 5,11), sejam perseguidos pelos judeus ou por outros judaizantes; eles preferem fazer uma boa exibição diante dos outros pregando a circuncisão. **13.** *nem mesmo os que se fazem circuncidar*: o particípio perfeito *peritetmēmenoi* parece ser a leitura preferível (P[46], B, tradição textual koinê); outros manuscritos leem o particípio presente "aqueles que estão sendo circuncidados". Neste contexto, isto deve referir-se aos judaizantes. *nem mesmo...observam a lei*: embora os judaizantes insistam na circuncisão e em outras obrigações da lei, não observam a lei em sua totalidade (por isso, o alerta de Paulo em 5,3). **14.** *gloriar-me senão na cruz do nosso Senhor Jesus Cristo*: à vaidade (6,12) dos judaizantes Paulo opõe sua própria jactância: não confiança em si mesmo, mas dependência da graça e do favor de Deus (cf. 1Cor 3,31; 2Cor 11,16-12,10). *cruz*: o evento Cristo como um todo (→ Teologia paulina, 82:67). *por quem o mundo está crucificado para mim e eu para o mundo*: aqui *kosmos* denota tudo que está em inimizade com Deus, a esfera do prazer e da ambição relacionados à carne, em que os judaizantes encontram sua jactância. Para tudo isso foi que Paulo morreu (2,19; 5,24), não por alguma experiência psicológica ou mística interior, mas pelo evento histórico do calvário, que é o cumprimento do plano de salvação do Pai para a humanidade. O tempo verbal no perfeito expressa a circunstância em que Paulo se encontra por sua participação no evento Cristo pela fé e pelo batismo (Rm 6,3-11). **15.** *nem a circuncisão é alguma coisa, nem a incircuncisão*: um eco de 5,6; cf. 1Cor 7,8-19. *mas a nova criatura*: esta nova remoldagem ontológica da existência humana não vem por alguma norma extrínseca de conduta, mas através de um princípio energizante que recria a vida (veja 1Cor 15,45; → Teologia paulina, 82:79). A palavra *ktisis* tem o sentido ativo de "criação" somente em Rm 1,20; aqui e em outros textos a ênfase está mais na "criação" como "coisa criada" (cf. 1Cor 7,19; 15,47-49; Rm 6,3-4). **16.** *o Israel de Deus*: o povo cristão de Deus, como a nova "descendência de Abraão" (3,29; cf. Fl 3,3; Rm 9,6), em contraposição ao "Israel segundo a carne" (1Cor 10,18). Assim, Paulo modifica as últimas palavras do Sl 125,5 ou 128,6, "paz sobre Israel". **17.** *as marcas de Jesus*: o termo grego *stigmata* não significava o que esta palavra [estigma] geralmente significa hoje em português. Paulo havia sofrido tanto com enfermidades (4,13; 2Cor 12,7), flagelações (2Cor 11,25), "animais" (1Cor 15,32), e "tribulações" (2Cor 1,8) por causa de Cristo que ele podia falar das provas desse sofrimento como "marcas" que o identificariam para sempre como "o escravo de Cristo Jesus" (Gl 1,10; cf. Rm 1,1). Na Antiguidade, *stigmata* muitas vezes designava as marcas usadas para identificar um escravo ou um animal como posse de alguém. De tais "marcas" em sua carne Paulo alegremente se orgulharia diante daqueles que tentam se gloriar de uma marca diferente na carne (circuncisão). **18.** Cf. Fl 4,23; Fm 25. *irmãos*: → 7 *acima* (fim).

48
A Carta aos Filipenses

Brendan Byrne, S. J.

BIBLIOGRAFIA

1 BARTH, G., *Der Brief an die Philipper* (ZBK NT 9; Zürich, 1979). BARTH, K., *The Epistle to the Philippians* (London, 1962). BEARE, F. W., *A Commentary on the Epistle to the Philippians* (BNTC; London, 1959). BONNARD, P., *L'épître de Saint Paul aux Philippiens* (CNT 10; Neuchâtel, 1950). CAIRD, G. B., *Paul's Letters from Prison* (Oxford, 1976). COLLANGE, J.-F., *The Epistle of Saint Paul to the Philippians* (London, 1979). DIBELIUS, M., *An die Thessalonicher I, II; an die Philipper* (HNT 11; 3ª ed.; Tübingen, 1937). FRIEDRICH, G., *Der Brief an die Philipper* (NTD 8; 9ª ed.; Göttingen, 1962). GETTY, M. A., *Philippians and Philemon* (NTM 14; Wilmington, 1980). GNILKA, J., *Der Philipperbrief* (HTKNT 10/3; 3ª ed.; Freiburg, 1980). HOULDEN, J. L., *Paul's Letters from Prison* (Harmondsworth, 1970). LOHMEYER, E., *Der Brief an die Philipper* (MEYERK 9/1; 14ª ed. [W. SCHMAUCH]; Göttingen, 1974). MARTIN, R. P., *Philippians* (NCB; Grand Rapids, 1980). MENGEL, B., *Studien zum Philipperbrief* (Tübingen, 1982). MICHAEL, J. H., *The Epistle of Paul to the Philippians* (MNTC; 5ª ed.; New York, 1928; reimpr. 1954). PESCH, R., *Paulus und seine Lieblingsgemeinde* (Freiburg, 1985). SCHENK, W., *Die Philipperbriefe des Paulus* (Stuttgart, 1984). VINCENT, M. R., *The Epistles to the Philippians and Philemon* (ICC; 3ª ed.; Edinburgh, 1897; reimpr.1922).

DBSup 7. 1211-33. *IDBSup* 665-66. KÜMMEL, *INT* 320-35. WIK-SCHM, *ENT* 496-507.

INTRODUÇÃO

2 **(I) Filipos: a cidade e a comunidade cristã.** Na época de Paulo, Filipos era uma das principais cidades da província romana da Macedônia, situada na planície que se estende a leste do monte Pangeu, e por ela passava a *Via Egnatia* (que unia o Adriático com o Egeu). Fundada em 358-357 a.C. por Filipe II da Macedônia, foi dominada pelos romanos em 167 a.C. e ganhou fama como local da vitória de Marco Antônio sobre Bruto e Cássio, em 31 a.C.. No tempo devido, veteranos dos exércitos romanos foram assentados em Filipos, e a cidade, agora constituída de romanos e macedônios, recebeu o elevado *status* de *colonia* romana, desfrutando, assim, do *ius italicum* – uma dignidade mencionada em At 16,12 e importante para a compreensão de Fl. Em Filipos, Paulo começou a fase europeia de seu trabalho missionário (aproximadamente em 50 d.C. na segunda viagem missionária; → Paulo, 79:39). Atos 16,11-40 descreve, com alguns retoques lendários, a fundação da igreja. Uma vez que a cidade não tinha sinagoga judaica, Paulo começou sua pregação num "local de oração" perto do rio Crenides. O exorcismo de uma jovem escrava levou-o a ser preso e açoitado. Um terremoto durante a noite deu a Paulo a oportunidade de escapar da prisão. Em vez disso, ele justificou publicamente sua causa revelando sua cidadania romana. As mulheres parecem ter tido um papel importante na comunidade desde o princípio (particularmente Lídia [At 16,14-15.40]; Evódia e Síntique [Fl 4,2-3]). Os nomes próprios que aparecem em Fl sugerem que a comunidade era predominantemente composta por gentios.

(COLLART, P., *Philippes, ville de Macédoine* [Paris, 1937]. DAVIES, P. E., "The Macedonian Scene of Paul's Journeys", *BA* 26 [1963] 91-106. LEMERLE, P., *Philippes et la Macédoine orientale à l'époque chrétienne et byzantine* [2 vols.; Paris, 1945].)

3 (II) Autenticidade. A autoria paulina de Fl, contestada pela Escola de Tübingen (no séc. XIX), não é questionada atualmente.

4 (III) Unidade. Existe atualmente uma concepção difundida, embora não unânime, de que Fl representa a junção de duas ou três cartas originalmente separadas. Policarpo, um autor do séc. II, de fato, menciona "cartas" que Paulo escreveu aos filipenses – embora este uso do plural não seja conclusivo (*Fil* 3,2). Mais convincente é a prova interna. (1) Seguindo o que parece ser uma conclusão típica de uma carta paulina, uma mudança brusca no tom e no conteúdo ocorre em 3,2, onde Paulo começa uma passagem polêmica alertando contra uma série de adversários não mencionados ainda. (2) Depois de uma conclusão semelhante em 4,2-9, Paulo parece reiniciar em 4,10, reconhecendo longamente a ajuda dos filipenses. (3) O imperativo "alegrai-vos" em 4,4 flui de modo bem natural do tema semelhante que se encontra em 3,1. Uma divisão típica pode ser fixada da seguinte forma: *Carta A*: 4,10-20 (uma carta agradecendo por uma ajuda); *Carta B*: 1,1-3,1a; 4,4-7.21-23 (uma carta exortando à unidade e alegria); *Carta C*: 3,1b-4,3.8-9 (corpo de uma carta polêmica). Os defensores da unidade de Fl indicam conexões consideráveis na linguagem, nas ideias e na construção formal em todas as supostas partes, bem como a dificuldade de explicar o processo de compilação; mas a quebra brusca em 3,2 continua sendo um obstáculo grave.

(Garland, D. E., "The Composition and Unity of Philippians", *NovT* 27 [1985] 141-73 [ampla bibliografia]. Mengel, B., *Studien zum Philipperbrief* [Tübingen, 1982], Rahtjen, B. D., "The Three Letters of Paul to the Philippians", *NTS* 6 [1959-60] 167-73.)

5 (IV) As cartas aos Filipenses no contexto da vida de Paulo. Pelo menos duas das cartas contidas em Filipenses (A e B) pressupõem que Paulo esteja na prisão. Tradicionalmente, esta prisão foi identificada como a "prisão domiciliar" em Roma mencionada no final do livro de Atos (28,16-30). Referências ao pretório (1,13) e à "casa do imperador" (4,22) parecem confirmar isto. Embora a origem romana de Fl tenha tido defensores recentemente (F. W. Beare; C. O. Buchanan; G. B. Caird; L. Cerfaux; C. H. Dodd), atualmente esta concepção é rejeitada por grande parte dos estudiosos. (1) As afinidades doutrinárias de Fl parecem se dar com as cartas que se originaram em um estágio anterior da vida de Paulo, como Rm e 1 e 2 Cor. (2) Fl pressupõe uma facilidade na comunicação entre Filipos e o lugar da escrita que é incoerente com a distância entre a Macedônia e Roma. (3) O confinamento de Paulo refletido em Fl parece mais restritivo do que a "prisão domiciliar" de At 28. (4) As cartas A e B sugerem que Filipos não foi revisitada por Paulo, ao passo que At 20,1-6 registra duas visitas subsequentes antes de sua viagem como prisioneiro para Roma. (5) Em Fl 1,26 e 2,24, Paulo espera revisitar Filipos, enquanto o plano esboçado antes do aprisionamento em Roma, em Rm 15,23-28, sugere que ele considera terminado seu trabalho no Oriente.

6 Como alternativas para Roma como lugar do encarceramento foram propostas Cesareia e Corinto, mas a maioria dos biblistas modernos atribui o encarceramento à longa estada do apóstolo em Éfeso durante sua terceira viagem missionária (At 19,1-20,1; → Paulo, 79:40). (l) Não temos nenhum registro paulino explícito de um confinamento em Éfeso, mas ele se lembra de várias prisões (2Cor 11,23) e fala (sem dúvida metaforicamente) de ter "lutado contra animais em

Éfeso" (1Cor 15,30-32; cf. 2Cor 1,8-10). (2) Inscrições em Éfeso mencionam *praetorian* [pretorianos]*i* e também uma "associação" de funcionários públicos que compunham a *familia Caesaris* [família de César]. (3) Filipos encontra-se relativamente próxima de Éfeso.

7 (V) Finalidade e ocasião das cartas aos Filipenses. *Carta A*, Fl 4,10-20: os filipenses haviam enviado dinheiro a Paulo, na prisão, através de um dos irmãos da comunidade, Epafrodito. Fl 4,10-20 representa o agradecimento imediato de Paulo por essa ajuda.

8 *Carta B*, Fl 1,1-3,1a; 4,4-7.21-23: esta carta seguiu algumas semanas após a Carta A. Epafrodito ficara doente, mas agora já havia se recuperado e estava ansioso para retornar a Filipos. Paulo elabora uma resposta mais extensa sobre o que ele havia ouvido sobre a situação em Filipos. Os filipenses estão sofrendo uma hostilidade considerável de seus concidadãos (1,28-30). Paulo vê a capacidade deles de resistir seriamente enfraquecida por divisões internas, causadas pelo egoísmo e pelo orgulho. Com grande amor, ele os incita a trabalharem juntos e a encontrarem uma unidade mais profunda por meio do altruísmo. Ao mesmo tempo, refletindo sobre seu próprio destino, ele desenvolve uma mística do sofrimento pela causa do evangelho para confortá-los: assim como compartilham de seu sofrimento, deveriam compartilhar também da alegria que emana da união mais profunda com Cristo que esse sofrimento traz. A carta gira em torno da ideia da *koinōnia*, "participação comum", "comunhão": a *koinōnia* no sofrimento intensifica a união entre o apóstolo e a comunidade; ao mesmo tempo, a *koinōnia* básica em Cristo deveria modelar e determinar seus relacionamentos mútuos.

9 *Carta C*, 3,1b-4,3.8-9: esta admoestação polêmica parece se originar de um período posterior à libertação de Paulo da prisão e seguir a visita a Filipos proposta em 2,24 (cf. 1,26; At 20,1-2). Paulo vê uma ameaça grave à comunidade representada por missionários cristãos itinerantes de cunho judaizante. Então ele escreve (possivelmente de Corinto: cf. At 20,2-6; Rm 15,24-26) para enfrentar este perigo, baseando sua argumentação em sua descoberta pessoal do que significa a conversão a Cristo e onde se encontra a verdadeira "perfeição".

10 (VI) Data. De acordo com o esquema esboçado acima, as Cartas A e B datariam do período final da estada de Paulo em Éfeso (54-57 d.C.), e a Carta C de alguns meses mais tarde (57-58 d.C.).

(BUCHANAN, C. O., "Epaphroditus' Sickness and the Letter to the Philippians", *EvQ* 36 [1964] 157-66. DUNCAN, G. S., "Were St. Paul's Imprisonment Epistles Written from Ephesus?", *ExpTim* 67 [1955-56] 163-66. KOESTER, H., "The Purpose of the Polemic of a Pauline Fragment (Phil III)", *NTS* 8 [1961-62] 317-32. PESCH, R., *Paulus*. SCHMITHALS, W., in *Paul and the Gnostics* [Nash, 1972] 65-122.)

11 (VII) Esboço. A carta aos Filipenses pode ser esboçada da seguinte maneira.

(I) Introdução (1,1-11) [C. B]
   (A) Fórmula introdutória - saudações (1,1-2)
   (B) Ação de graças (1,3-8)
   (C) Oração (1,9-11)
(II) Parte I: Notícias e instruções (1,12-3:1a) [C. B]
   (A) A situação pessoal de Paulo (1,12-26)
   (B) Exortação à comunidade (1,27-2,18)
     (a) Unidade e firmeza (1,27-30)
     (b) Humildade e altruísmo (2,1-11)
     (c) Obediência e testemunho ante o mundo (2,12-18)
   (C) Avisos sobre Timóteo e Epafrodito (2,19-30)
   (D) Conclusão (3,1a)
(III) Parte II: Advertência contra os falsos mestres (3,1b-4,1) [C. C]
(IV) Parte III: Exortações à unidade, alegria e paz (4,2-9)
   (A) Chamado à unidade (4,2-3) [C. C]
   (B) Chamado à alegria e à paz de espírito (4,4-7) [C. B]
   (C) Chamado à imitação de Paulo (4,8-9) [C. C]
(V) Parte IV: Agradecimento pelo auxílio da comunidade (4,10-20) [C. A]
(VI) Conclusão (4,21-23) [C. B]

COMENTÁRIO

12 (I) Introdução (1,1-11).
(A) Fórmula introdutória – saudações (1,1-2). A introdução segue um padrão familiar na convenção epistolar no mundo antigo empregado por Paulo (com algumas modificações) em todas as suas cartas (→ Epístolas do NT, 45:8A). *Paulo e Timóteo*: Timóteo não é coautor da carta, mas Paulo o inclui para enfatizar a importância de alguém que, de acordo com 2,19-24, será seu representante credenciado. *a todos os santos em Cristo Jesus que estão em Filipos*: os cristãos são "santos" na medida em que constituem, "em Cristo", o povo santo de Deus, o Israel escatológico. *os seus epíscopos e diáconos*: somente nesta carta Paulo dá destaque a um grupo distinto de ocupantes de cargos, *episkopoi* e *diakonoi*, no âmbito da comunidade – talvez porque tenham sido responsáveis pelo presente enviado a ele. Estes dois termos tinham um uso secular difundido no mundo da língua grega; *episkopos* denota a supervisão ou a administração (cf. o *mĕbaqqēr* de Qumran [1QS 6,11.20; CD 14,8-11]), e *diakonos* tem o sentido de "servidor" ou de "assistente". Os *episkopoi* aqui correspondem aos *presbyteroi*, "anciãos", das igrejas pós-paulinas (At 20,17.28; 1Pd 5,1.2; Tt 1,5-9). Os *diakonoi* talvez tenham sido encarregados da assistência aos pobres, embora Paulo também considere a pregação uma *diakonia*. Apesar de estes termos terem um significado distante do que lhes foi atribuído posteriormente na igreja, sua menção aqui marca o alvorecer do ministério permanente.

13 (B) Ação de graças (1,3-8). 3. *Dou graças ao meu Deus*: a ação de graças de Paulo segue uma fórmula-padrão: → Epístolas do NT, 45:8B. **4.** *com alegria*: a alegria é constante em Fl (1,18.25; 2,2.17.18.28.29; 3,1; 4,1.4.10). **5.** *vossa participação no evangelho*: os filipenses tiveram uma participação (*koinōnia*; veja J. Hainz, *EWNT* 2. 749-55) no evangelho mediante sua conversão, o apoio que deram a Paulo e seu próprio testemunho custoso da fé. **6.** *o dia de Cristo*: isto é, a "parúsia", quando estiver concluída sua tarefa de "submeter" o mundo à glória de Deus (Fl 3,21), Cristo aparecerá em glória para entregar o reino ao Pai (1Cor 15,24-28). **7.** *na defesa e afirmação do evangelho*: o julgamento vindouro de Paulo representará uma ocasião para que o poder do evangelho seja mostrado. *comigo vos tornastes participantes da graça*: a tradução é difícil. Surgem dois pontos: (1) O fato de Paulo estar acorrentado não é algo maligno, mas uma graça especial, conforme ao mistério do evangelho, que demonstra seu poder na fraqueza externa e no sofrimento (2Cor 4,7-15; 6,3-10). (2) Os filipenses compartilham desta graça não só por sua preocupação e apoio tangível a Paulo, mas também porque, como comunidade, eles arcaram de modo semelhante com o custo da evangelização (1,29-30). **8.** *com a ternura*: o termo grego *splanchna* denota os órgãos internos (coração, pulmões, fígado) vistos como a sede das mais profundas emoções.

(C) Oração (1,9-11). 10. *no dia de Cristo*: veja o comentário sobre 1,6. **11.** *na plena maturidade do fruto da justiça*: a justiça, para Paulo, é estar na condição escatológica justa diante de Deus, já outorgada aos crentes (Rm 5,1). A vida ética cristã é, em sua totalidade, fruto deste novo relacionamento (→ Teologia paulina, 82:68-70, 140).

14 (II) Parte I: Notícias e instruções (1,12- 3,1a).
(A) A situação pessoal de Paulo (1,12-26). Presumindo que a comunidade esteja informada sobre os aspectos externos de sua situação, Paulo compartilha com ela suas reações e reflexões mais profundas. **12.** *redundou em progresso do evangelho*: longe de ser um obstáculo, a prisão de Paulo promoveu o trabalho da evangelização. *minhas prisões se tornaram conhecidas em Cristo*: a prisão de Paulo conquistou notoriedade, e isso, mediante a disposição de Cristo, serviu para fomentar o evangelho. *por todo o Pretório*: como é usual no NT (Mt 27,27 par.; Jo 18,28.33; At 23,35),

o *praitõrion* refere-se aos arredores do palácio do governador romano, onde os guardas estavam aquartelados e os prisioneiros eram mantidos. **14.** *encorajados no Senhor pelas minhas prisões, proclamam a Palavra*: a graça de Deus encorajou outros a preencher o "vácuo" no trabalho da pregação por conta da restrição imposta a Paulo. **15.** *alguns*: o tema da discussão de Paulo neste breve excurso (vv. 15-18) não é o conteúdo da pregação, mas a motivação de alguns pregadores, que parecem estar se aproveitando de sua prisão de maneira calculista e insensível, talvez a considerando uma desgraça. **17.** *acrescentar sofrimento*: eles causam a Paulo um sofrimento mental que se soma ao fardo de seu confinamento físico. **18.** *com isso me regozijo*: o zelo pelo evangelho converte o sofrimento de Paulo em alegria.

15   19-26. Paulo agora passa a refletir sobre o que o espera. **19.** *me redundará em salvação*: Paulo reflete Jó 13,16 LXX, identificando-se tanto com o sofrimento de Jó quanto com sua esperança. "Salvação" aqui não significa a absolvição em seu julgamento vindouro, mas a vindicação no tribunal escatológico, que, seja qual for o veredito terreno, sustentará sua fidelidade diante de Deus. *pelo socorro do Espírito de Jesus Cristo*: a tradição sinótica também promete ajuda do Espírito aos cristãos processados nos tribunais terrenos (Mc 13,11; Mt 10,20; Lc 12,12). **20.** *Cristo será engrandecido*: o poder do Senhor ressuscitado, atuante por meio do Espírito, será tão eficaz que exigirá reconhecimento público. *no meu corpo*: aqui *sõma*, como ocorre frequentemente em Paulo, denota não meramente o corpo físico, mas toda a *apresentação* externa de uma pessoa (→ Teologia paulina, 82:102). O significado aqui é "em toda a minha aparência pública". *pela vida ou pela morte*: Paulo enfrenta a gravidade e a incerteza vinculadas a seu julgamento. **21.** *para mim o viver é Cristo*: através do batismo, Paulo morreu para sua antiga vida e vive agora uma vida totalmente entregue a Cristo (Gl 2,19-20; 3,27-28; Fl 3,7-11; Rm 6,3-11), a qual transcende a barreira da morte física. *e o morrer é lucro*: a morte é lucro, não – como em determinadas correntes filosóficas gregas – no sentido da libertação bem-vinda da existência corporal, mas como intensificação da união com Cristo, que já passou pela morte para a ressurreição. A ressurreição permanece o objetivo último (3,11.21). **22.** *trabalho frutífero*: permanecer vivo traz mais oportunidades para pregar o evangelho e colher seus frutos. **23.** *partir*: isto significa simplesmente "morrer" – sem nenhuma implicação da separação entre a alma e o (fardo do) corpo. *ir estar com Cristo*: Paulo parece pensar aqui em um "estar com Cristo" em algum estado (incorpóreo) antes da ressurreição geral (cf. 2Cor 5,2-4). Se isso representa um afastamento da escatologia judaica em direção às ideias gregas é duvidoso. (Veja F. W. Beare, *NTS* 17 [1970-71] 314-27. P. Siber, *Mit Christus Leben* [Zürich, 1971] 86-94). *pois isso me é muito melhor*: veja o comentário sobre o v. 21. **24.** *é mais necessário por vossa causa*: a consideração pragmática, mas não menos digna, das exigências do apostolado suplanta a opção pessoal de Paulo pela morte. **25.** *sei*: a convicção do que é "mais necessário" de um ponto de vista pastoral transforma-se (apesar de 1,20) em confiança a respeito de sua sobrevivência. **26.** *continuarei com todos vós*: visitas subsequentes de Paulo a Filipos são mencionadas em At 20,1-6.

16   (B) Exortação à comunidade (1,27-2,18). A interpretação paulina de sua própria situação à luz do evangelho serve como prelúdio para a exortação que segue agora. O evangelho faz exigências semelhantes aos filipenses.

(a) *Unidade e firmeza* (1,27-30). **27.** *vivei vida digna*: o verbo grego *politeuesthai* tem seu sentido específico original de "desempenhar o dever de cidadão" (E. C. Miller, *JSNT* 15 [1982] 86-96). Cf. o uso do cognato *politeuma*, "cidadania", em 3,20, e também o *status* cívico de Filipos (→ 2 *acima*). *do evangelho de Cristo*: para Paulo, a ética cristã flui do *status* diante de Deus efetuado mediante a fé no evangelho. *estais firme num só espírito*:

Paulo apela para o tipo de firmeza que procede das fileiras cerradas em uma linha de batalha. *pela fé no evangelho*: para defender e propagar a fé que receberam. **28.** *vossos adversários*: o que se tem em vista é, provavelmente, o assédio cotidiano por parte de concidadãos nãocristãos, e não uma perseguição direta. *o que para eles é sinal de ruína, mas, para vós, de salvação*: a frente unida e inabalável apresentada pela comunidade indica aos oponentes que eles estão se opondo a uma força mais do que humana, o próprio Deus, um fato que prenuncia, ao mesmo tempo, sua desgraça escatológica e o destino da comunidade à salvação. **29.** *não só de crer, mas também de por ele sofrer*: o compromisso com Cristo pela fé conduz inevitavelmente a compartilhar do conflito em que ele se envolveu e, assim, sofrer nas mãos do mundo ainda não reconciliado. Dentro da perspectiva da fé, esse sofrimento conduz não à amargura, mas a um sentimento de ser agraciado. **30.** *no mesmo combate*: a experiência de Paulo é paradigmática para a comunidade, uma vez que ele e eles compartilham (*koinōnein*) do mesmo sofrimento e da mesma graça.

17 (b) *Humildade e altruísmo* (2,1-11). **1.** *portanto, pelo...*: Paulo invoca uma série de qualidades que, para ele, caracterizam essencialmente a vida "em Cristo" e, assim, deveriam regular as relações na comunidade. *comunhão no Espírito*: a "comunhão" entre os cristãos se baseia numa participação comum (*koinōnein*) no dom escatológico do Espírito (cf. 1Cor 12,13; quanto à *koinōnia*, veja o comentário sobre 1,5; cf. também 1,7; 3,10; 4,13.15). **2.** *no mesmo... num só pensamento*: o termo grego *phronein*, no uso de Paulo, vai além da reflexão racional e inclui a "mentalidade" que resulta em determinado padrão de comportamento. **3.** *humildade*: no mundo greco-romano, *tapeinophrosynē*, "humildade", denotava simplesmente uma condição desprezível e deplorável; no AT, uma postura humana apropriada diante de Deus. No cristianismo (com alguma prefiguração em Qumran: 1QS 5,3-4), a adoção livre de uma conduta humilde e não assertiva diante dos seres humanos se tornou uma virtude distintiva, segundo o padrão estabelecido por Cristo (vv. 5-11). **4.** *nem cuidando cada um só do que é seu*: para Paulo, o amor cristão flui da livre disposição de destituir o autointeresse como força motriz da vida e substituí-lo pela preocupação prática pelos outros (cf. 1Cor 13,5). **5.** *tende em vós o mesmo sentimento*: veja o comentário sobre o v. 2. *de Cristo Jesus*: com base nesta interpretação, introduz-se o exemplo histórico de humildade e amor altruísta de Cristo, narrado na passagem a seguir, como um modelo para a imitação cristã; cf. 2Cor 8,9; Rm 15,1-8; 1Cor 11,1. Mas "em Cristo Jesus" pode ter o sentido técnico paulino que denota a esfera da influência que emana do Senhor ressuscitado na qual a vida cristã é vivida (→ Teologia paulina, 82:121). Então se poderia traduzir (suprindo alguma forma do verbo *phronein*): "que também é apropriado para vós ter, em vista de vossa existência em Cristo Jesus".

18 O hino cristológico (vv. 6-11). As qualidades distintivas desta passagem – caráter rítmico, uso de paralelismo (como nos salmos e na poesia do AT), ocorrência de uma linguagem pouco frequente e não-característica – conduziram, desde o estudo fundamental de Lohmeyer (*Kyrios Jesus: Eine Untersuchung zu Phil. 2.5-11* [SHAW Phil.-hist. Kl. 1927-28/4; 2ª ed.; 1961]), à opinião generalizada de que Paulo sustenta sua exortação ao altruísmo citando um hino composto independentemente de Fl (possivelmente de original aramaico: veja P. Grelot, *Bib* 54 [1973] 176-86). O hino tem uma estrutura básica em duas partes: os vv. 6-8 descrevem a humilhação de Cristo; os vv. 9-11, sua exaltação. Além desta divisão fundamental, os biblistas oferecem uma grande variedade de análises mais detalhadas. Esta, descrita abaixo, adere bastante à sugerida por Lohmeyer. Ela entende o hino original como composto de seis estrofes, cada uma contendo três cólons e resumindo um estágio completo do drama. As estrofes 1-3 (vv. 6-8) são, cada uma, construídas ao redor de um verbo principal, qualificado por orações participiais. Nas estrofes 4-6 (vv. 9-11), o padrão verbal se altera para expressar o objetivo ou a consequência da ação divina.

19 6. *na forma de Deus*: literalmente, "estando na forma (*morphē*) de Deus". *Morphē* denota o modo de ser ou aparência a partir do qual o caráter essencial ou o *status* de algo pode ser conhecido. O que é dito aqui sobre Cristo é que ele desfrutava de um modo de ser semelhante a Deus. *En morphē theou* recorda a descrição da dignidade humana no relato da criação em Gn 1,26-27 (cf. 2,15), mas a LXX, *kat' eikona theou*, tem uma formulação diferente. *ser tratado como Deus*: a formulação grega (adv. *isa* em vez de *ison*) indica, de novo, a semelhança com Deus, e não a igualdade estrita. Na tradição judaica, ser como Deus significava imunidade à morte (Sb 2,23). *não usou de seu direito*: a palavra rara *harpagmos* é atestada em outras passagens somente no sentido ativo de "roubo", que não faz sentido neste contexto. Por analogia com o cognato e mais comum *harpagma*, é preferível um sentido passivo, seja no sentido de algo tomado (*res rapta*) ou de algo a ser tomado (*res rapienda*). O contexto exige realmente para o primeiro o sentido de algo tomado e retido (*res rapta et retinenda*). O segundo (*res rapienda*) é favorecido por aqueles que veem a atitude de Cristo sendo contraposta aqui à de Adão. Mas o que Cristo, já "na forma de Deus", tinha para tomar? De fato, a expressão inteira (incluindo "não usou") provavelmente reflete uma expressão proverbial que significa "explorar algo em benefício próprio" (veja R. W. Hoover, *HTR* 64 [1971] 95-119). A expressão significa, então, que o semelhante a Deus não utilizou seu *status* exaltado para fins puramente egoístas. Uma contraposição a Adão neste contexto (como propõem P. Bonnard, O. Cullmann, J. Héring, M. D. Hooker, J. Murphy-O'Connor) é difícil de provar (veja T. F. Glasson, *NTS* 21 [1974-75] 133-39).

20 7. *mas se despojou*: esta expressão contribuiu para o desenvolvimento de cristologias "kenóticas", mas aqui ela provavelmente tem um sentido metafórico semelhante ao uso paulino do mesmo verbo (*kenoun*) na voz passiva para significar "ser tornado impotente, ineficaz" (cf. Rm 4,14).

O HINO CRISTOLÓGICO*

I	(6)	Ele, estando na forma de Deus, não usou de seu direito de ser tratado como Deus,	**Status e atitude originais**
II	(7)	mas se despojou, tomando a forma de escravo. Tornando-se semelhante aos seres humanos e reconhecido em seu aspecto como um ser humano,	**Humilhação 1**
III	(8)	abaixou-se, tornando-se obediente até a morte, à morte sobre uma cruz.	**Humilhação 2**
IV	(9)	Por isso Deus soberanamente o elevou e lhe conferiu o nome que está acima de todo nome,	**Exaltação**
V	(10)	a fim de que ao nome de Jesus todo joelho se dobre nos céus, sobre a terra e debaixo da terra,	**Homenagem 1**
VI	(11)	e que toda língua proclame que o Senhor é Jesus Cristo para a glória de Deus Pai.	**Homenagem 2**

O significado seria, então, que Cristo livremente se destituiu do poder – exatamente como um escravo não tem poder. *tomando a forma de escravo*: segundo o hino (cf. Gl 4,1-11; 4,21-5,1; Rm 8,15), a existência humana não redimida é essencialmente uma escravidão, uma servidão a poderes espirituais, terminando na morte. Alguns

---

* Texto da BJ.

traduzem *doulos* aqui como "servo", em vez de "escravo", encontrando também na expressão anterior uma alusão ao "Servo" de Is 53,12 ("visto que entregou a si mesmo à morte"). Embora linguisticamente plausível, isto perturba a sequência das ideias na medida em que precede, em vez de seguir, a referência a se tornar humano na expressão seguinte; anula também a contraposição que o hino parece estabelecer entre as extremidades do senhorio (vv. 9-11) e da servidão. *tornando-se semelhante aos seres humanos*: *homoiōma* pode significar tanto "cópia idêntica" como "(mera) semelhança". O primeiro sentido é, muito provavelmente, o pretendido aqui, ressaltando o paradoxo do semelhante a Deus e, assim, imortal que assume uma existência humana plena destinada à morte. A implicação clara nesta expressão e na seguinte de que aquele semelhante a Deus "assumiu" a condição humana cria uma grande dificuldade para aqueles (*p.ex.*, C. H. Talbert, J. Murphy-O'Connor) que pensam que o hino tem como única perspectiva a existência terrena de Cristo. *e sendo encontrado em forma humana*: a terminologia (*heurētheis*, "sendo encontrado", *schēma*, "forma") enfatiza a maneira na qual ele agora apareceu à vista de Deus e dos seres humanos, isto é, simplesmente como um homem. **8.** *abaixou-se*: a atitude altruísta de Cristo, demonstrada em sua disposição original de assumir a forma de escravo, a condição humana mortal, continua em sua história humana. Sobre "abaixar-se" (*tapeinoun* no grego), veja o comentário sobre o v. 3. *tornando-se obediente até a morte*: durante toda a sua vida, Cristo viveu perfeitamente as exigências da existência humana diante de Deus. A morte não foi simplesmente o ponto final de sua obediência; era a consequência inevitável de ser plenamente humano e totalmente obediente em um mundo alienado de Deus. *à morte de cruz*: esta expressão, um tanto intrusiva na estrutura do hino esboçada acima, provavelmente foi acrescentada ao original por Paulo. A crucificação, a forma de execução reservada para escravos e pessoas que tinham perdido todos os direitos civis, assinalava o extremo da humilhação humana.

9. *por isso Deus*: o ato de abnegação de Cristo é correspondido pela resposta ativa de Deus. Sua obediência é "recompensada", não no sentido de ter forçado Deus, mas de que Deus, em sua fidelidade, agiu para vindicar, "justificar" aquele que havia se colocado totalmente à disposição divina. *soberanamente o elevou*: Além da exaltação outorgada a todos os justos, a Cristo é dado o *status* único de Senhor sobre todo o universo. Não há menção à ressurreição; o hino se move em outras categorias de contraposição: humilhação/exaltação; escravidão/senhorio. *lhe conferiu*: o altruísmo de Cristo deu espaço à graça vitoriosa de Deus, que age plenamente onde a vontade do ser humano não alcança. *O nome que está acima de todo nome*: sua menção explícita é retida até o clímax (v. 11), mas o "nome" é claramente *Kyrios*, o "Senhor", que substituiu o inefável *yhwh* em cópias cristãs da LXX. Se o próprio Deus "conferiu" o nome *Kyrios* a Jesus, ele o porta sem detrimento algum para o monoteísmo estrito. **10.** *a fim de que ao nome de Jesus*: a menção de "Jesus" agora conota inextricavelmente também o título e a autoridade do Senhor universal. *todo joelho se dobrará*: aludindo a Is 45,23, o hino transfere ao Cristo exaltado a homenagem escatológica universal prestada lá somente a Deus (cf. Rm 14,11). *nos céus, sobre a terra e debaixo da terra*: a enumeração tripartite enfatiza a universalidade da homenagem. **11.** *que o Senhor é Jesus Cristo*: o clímax do hino resume uma confissão cristã antiga (veja 1Cor 12,3; Rm 10,9). Aquele que, em obediência altruísta, assumiu a impotência de um escravo detém agora, em virtude da missão e investidura divinas, o senhorio universal (1Cor 3,21-23; Rm 14,9). *para a glória de Deus Pai*: o objetivo final da sequência inteira é recuperar o universo para a soberania e glória de Deus. O papel e a dignidade de Cristo são meios e estão subordinados a isso (veja 1Cor 15,28; Rm 6,10-11).

22 Conclusão: se Paulo compôs este hino, é uma questão que continua em aberto (cf. a qualidade poética de passagens como 1Cor 1,20-25; 13,1-13). Em sua forma original, o hino situa teologicamente a "história" de Jesus no marco total do plano escatológico de Deus para recuperar o universo para si, vendo a obediência altruísta histórica de Cristo prefigurada em sua "trajetória" pré-temporal. Embora um aspecto de imitação ética não seja necessariamente excluído, Paulo mais provavelmente cita o hino para exortar os filipenses a viver a atitude altruísta (*phronein*) que deveria brotar de dentro deles por estarem "em Cristo". Desta maneira, suas vidas serão inseridas no ritmo, escopo e vitória definitiva do mesmo plano divino.

(GEORGI, D., "Der vorpaulinische Hymnus, Fl, 2.6-11", *Zeit und Geschichte* [Festschrift R. BULTMANN; ed. E. DINKLER; Tübingen, 1964] 263-93. HENRY, P., "Kénose", *DBSup* 5.7-161. HOFIUS, O., *Der Christushymnus Philipper 2,6-11* [WUNT 17; Tübingen, 1976]. KÄSEMANN, E., "A Critical Analysis of Philippians 2.5-11", *God and Christ* [JTC 5; New York, 1968] 45-88. MARTIN, R. P., *Carmen Christi: Philippians 2.5-11 in Recent Interpretation* [ed. rev.; Grand Rapids, 1983] [bibliografia completa]. MURPHY-O'CONNOR, J., "Christological Anthropology in Phil., II.6-11", *RB* 83 [1976] 25-50. WRIGHT, N. T., "*Harpagmos* and the Meaning of Philippians 2:5-11", *JTS* 37 [1986] 321-52.)

23 (c) OBEDIÊNCIA E TESTEMUNHO ANTE O MUNDO (2,12-18). **12.** *como sempre tendes obedecido*: Paulo reforça sua exortação à unidade através da deferência humilde apelando à obediência irrepreensível dos filipenses a ele até o momento. Sua ausência física deveria aumentar, e não enfraquecer, a fidelidade deles neste tocante. *com temor e tremor*: esta expressão comum do AT denota simplesmente nas cartas de Paulo uma atitude de humildade diante dos outros seres humanos (veja 1Cor 2,3; 2Cor 7,15; cf. Ef 6,5; veja S. Pedersen, *ST* 32 [1978] 1-31). *operai vossa salvação*: o imperativo é comunitário: uma atitude humilde para com os outros cristãos (cf. vv. 3-4) entra essencialmente na passagem coletiva da comunidade à salvação. **13.** *pois é Deus quem opera em vós*: o poder criador divino irá mais do que compensar a ausência do apóstolo (cf. v. 12). *o querer*: o contexto sugere que ele quer dizer "querer" de um para com outro (e não o querer de Deus). **14.** *sem murmurações nem reclamações*: essas queixas eram características da comunidade do êxodo: veja especialmente Ex 15-17; Nm 14-17. Paulo alude às dificuldade que Moisés teve com Israel para destacar, mediante contraste negativo, a cooperação (*i.e.*, obediência) que ele espera dos filipenses. **15.** *filhos de Deus, sem defeito* ...: a linguagem neste caso procede da censura de Moisés a Israel em Dt 32,5 (LXX). Paulo convoca os filipenses a serem o que os israelitas antigos não foram, aplicando a denúncia final ("perversa e depravada") ao mundo não crente que rodeia a comunidade. *brilhais como astros no mundo*: Deus fez brilhar a luz de seu evangelho em um mundo em trevas e elegeu os cristãos para serem os portadores desta luz (cf. Mt 5,14.16). Para Paulo, este é um elemento essencial da jornada cristã rumo à salvação. **16.** *mensageiros da Palavra de vida*: esta tradução ("missionária") corresponde melhor ao contexto do que a alternativa "apegando-se à...". *no dia de Cristo*: veja o comentário sobre 1,6. **17.** *for derramado em libação*: esta imagem é padrão no mundo antigo para designar a morte livremente aceita. *em sacrifício e serviço de vossa fé*: o cálice para a libação era derramado sobre ou em torno dos sacrifícios. Paulo, indicando que sua "ausência" (v. 12) talvez seja final, sugere que sua morte, caso ocorra, ornamentará, desta maneira, o sacrifício já constituído pela vida de fé dos filipenses, que tem seu próprio aspecto custoso (veja 1,29-30).

24 (C) **Avisos sobre Timóteo e Epafrodito (2,19-30). 19.** *Timóteo*: veja At 16,1-3; 17,14-15; 19,22. Quanto a recomendações semelhantes de Timóteo como representante de confiança de Paulo, veja 1Cor 4,17; 1Ts 3,2. **23.** *como vão as coisas comigo*: a partida de Timóteo depende do resultado do julgamento de Paulo. **25.** *Epafrodito*: o portador da ajuda da comunidade a Paulo (4,18). Paulo parece sentir-se constrangido a justificar seu retorno a Filipos. **26.** *esteve doente*: não sabemos a causa desta doença, mas cf. v. 30.

25 **(D) Conclusão (3,1a).** *regozijai-vos*: os filipenses, unidos com Paulo em seu sofrimento (1,5.30), são encorajados mais uma vez (veja 2,18), na conclusão da Carta B, a compartilhar também de sua alegria.

26 **(III) Parte II: Advertência contra os falsos mestres (3,1b-4,1).** A mudança abrupta de tom e conteúdo que ocorre agora sugere que esta parte de Fl origina-se de uma comunicação posterior de Paulo (Carta C; → 4, 9 *acima*). Os adversários parecem ser pregadores cristãos itinerantes que, em nome de uma "perfeição" maior (vv. 12-16), tentam impor aos gentios convertidos o que, aos olhos de Paulo, é a essência de um judaísmo superado pelo ato de Deus em Cristo. **2.** *os cães*: o fato de Paulo empregar este termo corrente para designar abuso desdenhoso em relação a outros cristãos – reservado nos círculos judaicos para designar os gentios, os impuros e não judeus em geral – reflete a intensidade de sua convicção acerca da corrupção do evangelho por parte deles; cf. v. 18. *falsos circuncidados*: os adversários não têm permissão sequer de usar o termo "circuncisão". O ritual carnal que eles ostentam é simplesmente "mutilação" (*katatomē*) da carne; cf. a prática dos profetas de Baal (1Rs 18,28). **3.** *os circuncidados somos nós*: uma "circuncisão" espiritual e moral do "coração", mais agradável a Deus do que o ritual externo, é prevista na tradição judaica (Jr 4,4; 9,24-25; Lv 26,41; Dt 10,16; 30,6; Ez 44,7; cf. 1QS 5,5.26). Paulo admite somente a circuncisão interna como válida para a era escatológica e apropria-se dela para a comunidade cristã (Rm 2,25-29; cf. Cl 2,11). *prestamos culto pelo Espírito de Deus*: a pessoa é qualificada para "o culto agradável" na vida diária (Rm 12,1) não por marcas físicas, mas pela circuncisão do coração (nova vida moral), que o Espírito cria naqueles que estão "em Cristo" (Rm 2,29; 8,1-13). *não confiamos na carne*: *sarx* denota a natureza humana não redimida e que não responde à graça escatológica de Deus (→ Teologia paulina, 82:103). A circuncisão física pertence irremediavelmente a este âmbito. **4.** *eu poderia, até*: Paulo refuta as reivindicações dos judaizantes relatando sua própria descoberta de como elas foram substituídas total e irreversivelmente por Cristo. Ele aumenta o impacto aceitando por um momento os critérios-chave dos judeus: em tais termos ele tem credenciais impecáveis e até superiores. **5.** *circuncidado...*: cf. a lista semelhante em 2Cor 11,22. *hebreu*: isto é, um judeu de fala grega que também falava "hebraico" (= aramaico; cf. At 21,40). *fariseu*: Paulo aderiu ao partido religioso do judaísmo mais notável pelo zelo pela lei e sua aplicação à vida diária. **6.** *perseguidor*: a "credencial" última de Paulo; veja At 8,3; 9,1-2; 22,4-5; 26,9-11; 1Cor 15,9; Gl 1,13. *justiça que há na lei*: a retidão escatológica diante de Deus baseada na adesão fiel à lei. *irrepreensível*: esta reivindicação nos adverte contra a compreensão do conflito sob a lei, registrado em Rm 7,7-25, de maneira estritamente autobiográfica. **7.** *o considerei [tive-o, BJ]*: usando a linguagem do "perder-e-ganhar", Paulo relata agora a reviravolta total em sua vida, ocorrida quando de sua conversão. *por amor de Cristo*: em contraposição aos inúmeros privilégios e lealdade associados com sua vida anterior, coloca-se aqui simplesmente a pessoa de Cristo. **8.** *excelência do conhecimento de Cristo*: esse "conhecimento" vai além do conhecimento intelectual e inclui, no sentido do AT, a experiência e o envolvimento pessoal profundo; ele também transforma o sujeito na semelhança daquele que é conhecido (Cristo) (cf. 2Cor 3,18). *perdi tudo*: a imagem comercial continua: esse "conhecimento" de Jesus relativiza o valor de todos os laços anteriores, de modo que se pode livremente e, de fato, alegremente, deixá-los (cf. Mt 13,44-46). *e tudo tenho como esterco*: o termo grego *skybala* significa "lixo" ou "excremento" – de qualquer forma, trata-se de algo que é irremediavelmente jogado fora. **9.** *e ser achado nele*: Paulo espera comparecer diante de Deus no julgamento escatológico como alguém totalmente identificado com Cristo. *não tendo como minha justiça*: aqui começa um resumo conciso, mas notavelmente adequado da doutrina da justificação tão central em Romanos e Gálatas (→ Teologia paulina, 82:68-70). *que vem da lei*: para Paulo, a lei em si é "santa, justa e boa" (Rm 7,12), mas, por causa do pecado, que ela não pode remediar, permanece um caminho fatalmente incapaz de levar à justificação, conduzindo à morte. *mas aquela pela fé em Cristo Jesus*: o evangelho proclama que a verdadeira retidão escatológica vem unicamente pela aceitação, na fé, da oferta divina de um relacionamento renovado com Deus, feita de forma livre e graciosa em Cristo (Rm 3,21-26). *em Cristo*: o grego também poderia ser compreendido no sentido da fé do próprio Cristo; cf. sua "obediência" (Rm 5,19; Fl 2,8). *aquela que vem de Deus*: toda a justiça humana se origina, em última análise, da justiça do próprio Deus, isto é, de sua fidelidade salvadora à criação, que o impeliu a ir em sua direção e oferecer livremente a aceitação e a salvação a um mundo não merecedor. Os crentes recebem sua justiça "de Deus" na medida em que, abstendo-se de todas as reivindicações independentes de retidão, permitem-se ser conduzidos, em Cristo, à esfera e espaço da justiça do próprio Deus (2Cor 5,21). **10.** *para conhecê-lo, conhecer o poder de sua ressurreição*: "Conhecer a Cristo" significa experimentá-lo como "Espírito que dá a vida" (1Cor 15,45; 2Cor 3,17), aquele que está vencendo aqui e agora as forças da morte e preparando os cristãos para a ressurreição (cf. v. 21; veja Fitzmyer, *TAG* 202-17). *participação nos seus sofrimentos*: é precisamente na fraqueza do sofrimento que se experimenta mais fortemente o poder que está operando a ressurreição; veja especialmente 2Cor 4,7-18. *conformando-me com ele na sua morte*: o caminho do cristão para a ressurreição segue o de Cristo: quanto mais perfeita a "confor- midade", mais certo é o alcance do objetivo (cf. Rm 6,3-4; 8,17).

27 **12.** *não ... que já seja perfeito*: contra as falsas afirmações dos adversários, Paulo contesta que a "perfeição" seja algo atingível nesta vida. Usa a imagem de uma corrida para mostrar que o importante é deixar as conquistas passadas irrevogavelmente para trás e colocar a atenção naquilo que se encontra adiante. **14.** *para o prêmio da vocação do alto*: no final de uma corrida, o juiz chamava o vencedor pelo nome e título para subir e receber a coroa de vencedor. Por "vocação", aqui, Paulo quer dizer o chamado de Deus ao cristão, quando a "corrida" escatológica estiver concluída, para subir e unir-se a Cristo na vida eterna; este e somente este é o momento da "perfeição" (veja V. C. Pfitzner, *Paul and the Agon Motif* [NovTSup 16; Leiden, 1967] 139-53). **18.** *inimigos da cruz*: os adversários são "inimigos da cruz" porque, ao pregar algo (circuncisão) que nega sua eficácia, anulam o autossacrifício custoso de Cristo (Gl 2,21). **19.** *destruição*: ruína escatológica. *seu deus é o ventre*: isso se refere ao zelo para com as leis alimentares judaicas, ou ao egoísmo em geral (Rm 16,18). *no que é vergonhoso*: jactar-se da circuncisão (vv. 2-3) é "gloriar-se" em algo (o órgão sexual), que, no mais, se esconde modestamente (cf. 1Cor 12,23). *no que está sobre a terra*: tudo o que pertence à era antiga, agora suplantada por Cristo. **20.** *nossa cidade está nos céus*: embora ainda não tenham chegado plenamente ao novo éon, os cristãos já estão inscritos como cidadãos da "cidade celestial" (cf. Gl 4,24-27; Ef 2,19); veja o comentário sobre 1,27. **21.** *transfigurará nosso corpo humilhado*: os corpos dos cristãos, agora participantes da mortalidade da vida presente, não podem entrar na glória final sem "transformação"; veja 1Cor 15,50. *conformando-o a seu corpo glorioso*: o Cristo ressuscitado é o modelo bem como o agente da verdadeira humanidade que Deus pretendeu para os seres humanos desde o princípio (Rm 8,19-21.29-30). *poder de submeter a si todas as coisas*: Paulo faz alusão ao Sl 8 (v. 7), que, para ele, fala do reinado messiânico de Cristo (1Cor 15,25-28; Rm 8,20; cf. Ef 1,22; Hb 2,6-9; 1Pd 3,22). **4,1.** *permanecei firmes*: uma exortação final para não serem desviados da nova existência agora desfrutada "no Senhor".

28 (Parte III): Exortações à unidade, alegria e paz (4, 2-9).
(A) Chamado à unidade (4,2-3). 2. *Evódia e Síntique*: Duas mulheres proeminentes na comunidade (v. 3), apesar de desconhecidas por nós (W. D. Thomas, *ExpTim* 83 [1971-72] 117-20). **3.** *Sízigo*: outro desconhecido. A palavra pode simplesmente ser um título carinhoso, "companheiro", que Paulo usa para designar algum líder na comunidade. *livro da vida*: o registro celestial do povo escatológico de Deus (cf. Dn 12,1).

(B) Chamado à alegria e à paz de espírito (4,4-7). 5. *o Senhor está próximo*: cf. a aclamação antiga *marana tha* (1Cor 16,22; cf. Ap 22,20). **7.** *paz de Deus...*: ela "excede toda compreensão", seja como aquilo que está além do que o poder de compreensão da mente humana, seja como aquilo que realiza muito mais do que se pode imaginar (cf. Ef 3,20).

(C) Chamado à imitação de Paulo (4,8-9). 8. *com tudo...*: Paulo recomenda à comunidade, que deve dar testemunho diante do mundo (cf. 2,15-16), uma série de virtudes inconfundivelmente gregas (estoicas).

29 (V) Parte IV: Agradecimentos pelo auxílio da comunidade (4,10-20). Esta seção de Fl contém a resposta inicial de Paulo à comunidade (→ 7 *acima*). **10.** *foi grande minha alegria*: Paulo é claramente grato pela preocupação que motivou o auxílio (veja também v. 14). Mas não há nenhuma expressão explícita de agradecimento pela ajuda em si. Isto provoca uma certa ambiguidade em toda a sua resposta. **11-13.** *tenho aprendido ser independente*: Paulo reafirma em um breve excurso seu princípio de independência financeira por causa do evangelho (1Ts 2,5-9; 1Cor 9,4-18; 2Cor 11,7-10; 12,13-18). **14.** *fizestes bem*: embora se opusesse estritamente a este princípio, o que os filipenses fizeram estava certo. **15-16.** *no início da pregação do evangelho*: Paulo começou a fase europeia de seu trabalho missionário em Filipos (At 16,9-10). *nenhuma igreja*: o fato de Paulo ter recebido – e ter estado disposto a aceitar – apoio dos filipenses marca a singularidade do relacionamento que tinha com eles (→ Paulo, 79:29). *teve contato comigo em relação a dar e receber, senão vós somente*: Paulo usa linguagem comercial, talvez aludindo a uma forma de parceria jurídica (*societas consensual*) difundida na sociedade greco-romana (veja J. P. Sampley, *Pauline Partnership in Christ* [Philadelphia, 1980]). **17.** *fruto que se credite em vossa conta*: a ajuda material dos filipenses lhes deu "crédito espiritual". **18.** *tenho tudo em abundância*: empregando uma expressão usada para endossar um recibo, Paulo sugere que ficaria embaraçado por receber mais presentes neste momento. *perfume de suave odor...*: a terminologia sacra, extraída do AT, sugere que o verdadeiro destinatário do favor é o próprio Deus. **19.** *segundo sua riqueza*: Deus, em sua fidelidade, reembolsará os filipenses naquilo em que é sumamente rico, ou seja, em glória. A glória é o poder e a presença divinos, realizando a transformação escatológica dos seres humanos na semelhança do próprio Deus (3,21; cf. 2Cor 3,17-18; Rm 5,2; 8,18-25, 29-30).

30 (VI) Conclusão (4,21-23). Inclui uma despedida (4,21-22) e uma bênção final (4,23; → Epístolas do NT, 45:8D). **22.** *casa do imperador*: o corpo de funcionários e servos, na maior parte homens livres e escravos, envolvido na casa e na administração imperiais, não somente em Roma, mas também nas grandes cidades. Inscrições registram sua presença em Éfeso (*CIL* 3. 6082, 6077; *CIL* 6. 8645, 8653, 8654).

49
Primeira Carta aos Coríntios

Jerome Murphy-O'Cornnor, O. P.

BIBLIOGRAFIA

1 ALLO, E.-B., *Saint Paul: Première épître aux Corinthiens* (EBib; 2ª ed.; Paris, 1956). BARRETT, C. K., *The First Epistle to the Corinthians* (HNTC; New York, 1968). CONZELMANN, H., *1 Corinthians* (Herm; Philadelphia, 1975). FASCHER, E., *Der erste Brief des Paulus an die Korinther: Kapitel 1-7* (THK 7/1; 2ª ed.; Berlin, 1980). GODET, F., *La première épître aux Corinthiens* (2ª ed.; Neuchâtel, 1965). HURD, J. C., *The Origin of 1 Corinthians* (New York, 1965). LIETZMANN, H., *An die Korinther I-II* (HNT 9; 4ª ed.; Tübingen, 1949). MURPHY-O'CONNOR, J., *St. Paul's Corinth: Texts and Archaeology* (GNS 6; Wilmington, 1983). ROBERTSON, A. e A. PLUMMER, *The First Epistle of St. Paul to the Corinthians* (ICC; 2ª ed.; Edinburgh, 1914). RUEF, J., *Paul's First Letter to Corinth* (PC; Philadelphia, 1977). SENFT, C., *La première épître aux Corinthiens* (CNT 2/7; Neuchâtel, 1979). THEISSEN, G., *The Social Setting of Pauline Christianity: Essays on Corinth* (Philadelphia, 1982). THRALL, M. E., *I and II Corinthians* (Cambridge NEB; Cambridge, 1965). WEISS, J., *Der erste Korintherbrief* (MeyerK; Göttingen, 1910; reimpressão 1970). WENDLAND, H. D., *Die Briefe an die Korinther* (NTD 7; Göttingen, 1963). WOLFF, C., *Der erste Brief des Paulus an die Korinther: Kapitel 8-16* (THK 7/2; Berlin, 1982).

DBSup 7. 171-83. *IDBSup* 180-83. KÜMMEL, *INT* 269-79. WIK-SCHM, *ENT* 420-32.

INTRODUÇÃO

2 (I) Corinto. Situada em um platô no extremo sul do estreito istmo e sustentada pelo monte Acrocorinto, de 573 m de altura, Corinto controlava a rota terrestre do Peloponeso ao continente grego e tinha acesso aos mares Egeu e Adriático através de seus portos em Cencreia e Lechaeum, respectivamente. Desde a Antiguidade remota, os impostos tributados sobre o comércio das rotas norte-sul e leste-oeste lhe deram o epíteto de cidade "rica" (Homer, *Iliad* 2.570; J. B. Salmon, *Wealthy Corinth* [Oxford, 1984]). Escavações iniciadas em 1896 pela Escola Americana de Estudos Clássicos em Atenas (publicadas na série *Corinth*) suplementam os muitos textos clássicos que revelam sua história.

3 Destruída pelo general romano Lúcio Múmio em 146 a.C., a cidade foi restaurada por Júlio César em 44 a.C. e nomeada *Colonia Laus Julia Corinthiensis*. Seus primeiros colonizadores eram, na maior parte, homens livres (Estrabo, *Geogr.* 8.6.23; Apião, *Hist.* 8.136), provenientes originalmente da Grécia, Síria, Egito e Judeia. Quarenta anos depois, alguns dos principais comerciantes tinham-se tornado suficientemente ricos para patrocinar os jogos ístmicos, que tinham sido transferidos para Sicião em 146 a.C. Celebrados a cada dois anos, na primavera, no santuário de Poseidon em Ístmia, este grande festival pan-helênico era o segundo em importância, perdendo apenas para os jogos olímpicos. A intensa competitividade que inspirou esse êxito comercial fez surgir o provérbio "a viagem para Corinto não é para todos" (Horácio, *Ep.* 1.17.36; Estrabão, *Geogr.* 8.6.20). Seu etos era o de uma cidade aberta em pleno crescimento sem os fardos de uma tradição pesada ou de uma classe patrícia hereditária. Apesar de muitos projetos a partir do séc. VI a.C., a riqueza de Corinto nunca foi suficiente para a construção de um canal; em vez disso, os barcos pequenos eram conduzidos através do istmo sobre o *diolcos* (Plínio, *Nat. Hist.* 4.10).

4 Provas indiretas indicam que Corinto era a capital da província senatorial da Acaia, governada por um procônsul enviado anualmente de Roma. Em 51-52 d.C., o cargo era exercido por Lúcio Júnio Gálio (→ Paulo, 79:9). O governo municipal era uma cópia em miniatura do da Roma republicana. Os cidadãos com direito a voto elegiam anualmente quatro magistrados que, na aposentadoria, se transformavam em membros do conselho da cidade. Os *duoviri* [duoviros], os magistrados superiores, eram assistidos por dois *aediles* [edis]. Uma inscrição em um passeio ao leste do teatro diz: "Erasto, em retribuição a seu cargo de edil, pavimentou (a área) por conta própria". Este indivíduo é identificado com o Erasto cristão que era o tesoureiro da cidade na época de Paulo (Rm 16,23).

5 Por volta do início do séc. I d.C., Corinto tinha uma pujante comunidade judaica (Filo, *De legat.* 281), mas o único vestígio material é uma padieira sem data com a inscrição [*Synagōgē Hebraiōn*]. Outros grupos religiosos estão bem representados. Templos dedicados ao culto do imperador, às várias deidades gregas e aos deuses egípcios destacam a diversidade religiosa e a complexidade étnica da cidade que Paulo iria tornar um dos centros mais importantes do protocristianismo.

6 A reputação de Corinto como cidade do pecado por excelência se baseia na afirmação de Estrabo de que o templo de Afrodite tinha mais de 1000 prostitutas sagradas (*Geogr.* 8.6.20) e no uso do nome da cidade para formar palavras que denotam licenciosidade sexual, por exemplo, *korinthiastēs*, "devasso", *korinthiazesthai*, "fornicar", *korinthia korē*, "prostituta". Essas palavras, entretanto, aparecem somente nas obras de escritores atenienses do séc. IV a.C. e nunca se tornaram parte da linguagem corrente. A história de Estrabo, que, além disso, narra eventos da cidade anteriores a 146 a.C., tem se mostrado totalmente desprovida de fundamentos. A posição bastante secundária de Afrodite no panteão de Corinto é enfatizada pelo fato de que os dois templos dedicados a ela, um no Acrocorinto, o outro na Ágora, eram pequenos e não especialmente importantes. Em termos de moralidade sexual, Corinto não era pior do que qualquer outra cidade portuária do Mediterrâneo.

(CONZELMANN, H., "Korinth und die Mädchen der Aphrodite: Zur Religionsgeschichte der Stadt Korinth", *NAWG* 8 [1967] 247-61. FURNISH, V. P., *II Corinthians* [AB 32A; GC, 1984] 4-22. MURPHY--O'CONNOR, J. *St. Paul's Corinth*, ROUX, G., *Pausanias en Corinthie (Livre II, 1 à 15)* [Paris, 1958]. SAFFREY, H. D., "Aphrodite à Corinth: Réflexions sur une idée reçue", *RB* 92 [1985] 359-74. WISEMAN, J., "Corinth and Rome I: 228 BC-AD 267", *ANRW* II/7.1, 438-548.)

7 (II) A composição da igreja. Existem mais dados disponíveis sobre a estrutura social da igreja coríntia do que sobre qualquer outra. Os nomes de 16 de seus membros são mencionados em At 18, 1Cor 16 e Rm 16, e detalhes sobre eles, explícitos ou implícitos, podem ser analisados de várias maneiras. Havia um núcleo sólido de judeus, mas muitos pagãos. O ponto mais alto e o mais baixo da escala social greco-romana estão ausentes. O *status* social da maioria é ambíguo; eles estão no topo em algumas áreas e na base em outras, por exemplo, uma pessoa rica, mas mulher (Febe), um funcionário da cidade, mas ex-escravo (Erasto), um artesão profissional, mas judeu com uma esposa de nível social superior (Áquila). Estimulados pela frustração, esses indivíduos não cessavam de questionar e examinar após terem aceitado o cristianismo, gerando, assim, uma diversidade maior de problemas para Paulo do que qualquer outra igreja. Em especial, eles acolhiam outras visões do cristianismo e competiam entre si por prestígio espiritual.

(JUDGE, E. A., *The Social Pattern of Christian Groups in the First Century* [London, 1960]. MEEKS, W. A., *The First Urban Christians* [New Haven, 1983], em Port.: *Os primeiros cristãos urbanos*, Editora Academia Cristã/Paulus, 2011. THEISSEN, G., *The Social Setting of Pauline Christianity*.)

8 (III) Data e lugar de origem. O próprio Paulo nos diz que 1 Cor foi escrita na primavera em Éfeso (16,8), mas o ano é uma questão controvertida. As datas sugeridas variam de 52 a 57 d.C., e a maioria opta por uma data próximo do meio desse período de tempo. Quando se levam em conta todas as relações complexas de Paulo com os coríntios, a data mais provável é a primavera de 54 d.C. (assim também Barrett, Furnish, Georgi, *KINT* 2. 120-26; mas → Paulo, 79:41). A autenticidade de 1 Cor não é objeto de discussão.

9 (IV) Ocasião e finalidade. 1 Coríntios é uma reação complexa a dois conjuntos de dados sobre a situação em Corinto. Em uma carta (7,1), provavelmente levada por Estéfanas e outros (16,17), os coríntios informaram Paulo sobre uma série de problemas a respeito dos quais pediam seu conselho. Essa informação oficial era complementada por mexericos. As pessoas da casa de Cloé (1,11), em seu retorno a Éfeso, depois de uma viagem de negócios a Corinto, relataram a Paulo os aspectos da vida da igreja que os surpreenderam, mas que aparentemente não eram problemáticos para os coríntios. Estas observações mostraram a Paulo certas falhas básicas na compreensão dos coríntios acerca da comunidade cristã. Consequentemente, ele integrou suas respostas às perguntas que lhe fizeram em um esforço para conduzi-los a uma compreensão verdadeira da vida autêntica em Cristo.

10 (V) Esboço. Os conteúdos de 1 Cor são organizados da seguinte maneira:

(I) Introdução: saudação e ação de graças (1,1-9)
(II) Parte I: Divisões na comunidade (1,10-4,21)
   (A) Grupos rivais na comunidade (1,10-17)
   (B) Deus tem padrões diferentes (1,18-31)
   (C) O poder da pregação de Paulo (2,1-5)
   (D) A verdadeira sabedoria e a linguagem do amor (2,6-3,4)
   (E) A atitude correta em relação aos pastores (3,5-4,5)
   (F) Aplicação aos coríntios (4,6-13)
   (G) A visita de Timóteo (4,14-21)
(III) Parte II: A importância do corpo (5,1-6,20)
   (A) Um caso de incesto (5,1-8)
   (B) Esclarecendo um mal-entendido (5,9-13)
   (C) Processos entre cristãos (6,1-11)
   (D) Promiscuidade sexual (6,12-20)
(IV) Parte III: Respostas às perguntas dos coríntios (7,1-14:40)
   (A) Problemas relativos à condição social (7,1-40)
     (a) Relações sexuais no casamento (7,1-9)
     (b) Casamento e divórcio (7,10-16)
     (c) Mudanças na condição social (7,17-24)
     (d) Mudanças de *status* sexual (7,25-40)
   (B) Problemas provenientes do ambiente pagão (8,1-11,1)
     (a) Alimentos oferecidos aos ídolos (8,1-13)
     (b) Paulo renuncia a seus direitos (9,1-27)
     (c) Os perigos do excesso de confiança (10,1-13)
     (d) O significado de gestos sociais (10,14-22)
     (e) Os escrúpulos dos fracos (10,23-11,1)
   (C) Problemas nas assembleias litúrgicas (11,2-14,40)

(a) Vestes nas assembleias litúrgicas (11,2-16)
(b) A eucaristia (11,17-34)
(c) Os dons do Espírito (12,1-11)
(d) O corpo necessita de muitos membros (12,12-31)
(e) Amor, o maior dom (13,1-13)
(f) A profecia é mais importante do que as línguas (14,1-25)
(g) Ordem no uso dos dons espirituais (14,26-40)
(V) Parte IV: A ressurreição (15,1-58)
(A) O credo da igreja (15,1-11)
(B) As consequências de teses diferentes (15,12-28)
(a) A tese dos coríntios (15,12-19)
(b) A tese de Paulo (15,20-28)
(C) Argumentos *ad hominem* em favor da ressurreição (15,29-34)
(D) O corpo ressuscitado (15,35-49)
(E) A necessidade de transformação (15,50-58)
(VI) Conclusão (16,1-24)
(A) A coleta para Jerusalém (16,1-4)
(B) Os planos de viagem de Paulo (16,5-9)
(C) Algumas recomendações (16,10-18)
(D) Saudações finais (16,19-24)

COMENTÁRIO

11 **(I) Introdução: saudação e ação de graças (1,1-9). 1-3.** A fórmula introdutória segue o modelo habitual (→ Epístolas do NT, 45:8 A). **1.** *apóstolo*: este título enfatiza a autoridade de Paulo como enviado de Cristo. *Sóstenes*: possivelmente o indivíduo mencionado em At 18,17. A ausência do nome de Timóteo (2Cor 1,1) sugere que ele já estava a caminho de Corinto (4,17; 16,10-11). **2.** *igreja de Deus*: → Teologia paulina, 82:134-135. *chamados a ser santos*: a fórmula sumamente densa *klētois hagiois* significa que os crentes foram separados por Deus, não que sejam intrinsecamente santos. É neste sentido que foram "santificados" em Cristo (→ Teologia paulina, 82:77) e devem esforçar-se para serem dignos da oportunidade dada a eles (1Ts 4,3-7). *com todos os que em qualquer lugar invocam o nome de nosso Senhor Jesus Cristo*: diversas interpretações são possíveis (Barrett), mas o sentido geral de 1 Cor sugere que Paulo está simplesmente lembrando aos coríntios que eles não são os únicos cristãos (11,16; 2Cor 1,1). Isto excluiria a possibilidade de que "lugar" signifique igreja doméstica (Barrett; veja U. Wickert, *ZNW* 50 [1959] 73-82). *Senhor deles e nosso*: "lugar" é o antecedente próximo, mas isto seria banal. Todos os cristãos servem a um único Senhor.

12 **4-9.** Uma ação de graças é normal neste ponto das cartas de Paulo (→ Epístolas do NT, 45:8 B). **4.** *graça*: a base da gratidão de Paulo é o dom de Deus por meio de Cristo, que deve ser manifesto. **5.** *todas as riquezas ... da palavra e do conhecimento*: a sugestão de que foram dotados com dons espirituais (veja 1Cor 12-14) lisonjearia os coríntios, mas aqui Paulo os está censurando com um leve elogio. Em outras comunidades, a graça se manifesta como fé, esperança e amor (1Ts 1,3), fé (Rm 1,8) ou parceria no evangelho (Fl 1,5) – qualidades que não eram notavelmente evidentes em Corinto. **6.** *o testemunho de Cristo*: uma vez que o contexto exige que isso seja algo que Deus fez – observe a forma do passivo teológico "tornou-se" (ZBG § 236) – a favor dos coríntios, é provável que esta expressão muito controvertida queira dizer "dar testemunho de Cristo" (veja G. W. MacRae in *Harry M. Orlinsky Volume* [ErIsr 16; Jerusalem, 1982] 171-75). **7.** *a tal ponto que nenhum dom vos falte*: os coríntios estão adequadamente equipados com os dons espirituais. *a vós que esperais*: os coríntios tendiam a centrar-se no entusiasmo do presente, de forma que Paulo tem de lembrá-los que a plenitude está reservada para o futuro. *revelação*: a parúsia ou a segunda vinda de Cristo. **8.** *vos fortalecerá*: aqui temos a forma ativa do verbo do v. 6. Deus é novamente o sujeito da ação. *irrepreensíveis*: se os crentes receberem um julgamento escatológico favorável, será graças à assistência divina.

Veja o comentário sobre 10,13. *dia de nosso Senhor Jesus Cristo*: a adaptação cristã do dia de Iahweh (Am 5,18; Jl 3,4 = At 2,20); veja também 1Cor 3,13; 4,3. **9.** *é fiel o Deus*: Deus não abandonará o que ele começou (1Cor 10,13; 1Ts 5,24). *que vos chamou*: os membros da igreja são frequentemente denominados *hoi klētoi*, "chamados" (1Cor 2,2.24; Rm 1,6.7; 8,28), e *kalein* é um termo técnico para designar a totalidade do processo da salvação (veja K. L. Schmidt, *TDNT* 3. 492). Implícito no chamado à salvação (1Cor 7,15.22; Gl 1,6; 5,13; 1Ts 4,7) está o chamado à glória (Rm 8,28-30; Fl 3,14; 1Ts 2,12), cujo autor é sempre Deus *ho kalōn* (Gl 5,8; 1Ts 5,24; veja J. Murphy-O'Connor, *Paul on Preaching* [Chicago, 1964] 21-26). *comunhão*: Paulo usa *koinōnia* para falar da união vital dos crentes entre si, que é sua união com Cristo. Sua existência compartilhada como membros do corpo de Cristo (1Cor 12,12-27) é destacada na eucaristia (1Cor 10,16-17). (Veja G. Panilulam, *Koinōnia in The New Testament* [AnBib 85; Rome, 1979].)

13   (II) Parte I: Divisões na comunidade (1,10-4,21).

(A) Grupos rivais na comunidade (1,10-17). Uma vez que a base da vida cristã e sua única expressão autêntica é a *koinōnia*, Paulo é particularmente sensível a qualquer falta de unidade na comunidade e, assim, lida primeiramente com este aspecto da situação em Corinto. **10.** *guardai a concórdia uns com os outros*: a referência é aos *slogans* no v. 12, que mostram que os coríntios são "irmãos" somente no nome. Não compartilham de uma visão comum. **11.** *existem rixas*: as facções eram hostis umas com as outras. Até agora não havia separação completa. *pessoas da casa de Cloé*: empregados ou escravos de uma comerciante gentílica (cf. At 16,14), provavelmente com residência em Éfeso, e assim sensível às aberrações em uma outra comunidade. **12.** *Paulo*: este grupo provavelmente se formou como uma reação aos outros. Paulo podia enfatizar seu próprio exemplo (1Cor 4,17; 11,1), sem observar sempre que seu modelo era Cristo (Fl 4,9; Gl 4,12). *Apolo*: originário de Alexandria (At 18,24-19,1), pregou em Corinto na ausência de Paulo (1Cor 3,6) e estava com Paulo em Éfeso quando esta carta foi escrita (1Cor 16,12). Pessoas que pretendiam ser sofisticadas talvez tenham achado sua eloquência mais a seu gosto do que o estilo rude de Paulo. Talvez ele tenha sido o canal pelo qual a especulação sapiencial filônica penetrou na comunidade. *Cefas*: do aramaico *kēpā'*, "rocha" (Jo 1,42; Mt 16,18; veja J. A. Fitzmyer, *TAG* 112-24); nome pelo qual Paulo chamava Pedro (1Cor 3,22; 9,5; 15,5; Gl 1,18; 2,9.11.14), mas ele também usava a forma grega *Petros* (Gl 2,7-8). É possível que Cefas tenha visitado Corinto. Se não, os judeus cristãos podem ter invocado seu nome para legitimar uma forma de cristianismo mais voltada para a observância da lei, não palatável a Paulo (veja C. K. Barrett, "Cephas and Corinth", *Abraham unser Vater* [Festschrift O. Michel; ed. O. Betz et al.; *AGJU* 5; Leiden, 1963] 1-12). *Cristo*: esta é a mais misteriosa facção. Os ultraespirituais podem ter repudiado a mediação da igreja ou do querigma e feito profissão de lealdade diretamente a Cristo.

14   1. *Cristo estaria assim dividido?*: a forma da pergunta exige uma resposta afirmativa, que é inteligível somente se "Cristo" significa a comunidade, como em 1Cor 6,15; 12,12. A igreja prolonga a missão do Jesus histórico; é a presença no mundo do Cristo ressuscitado. As duas perguntas seguintes contêm a partícula *mē*, que indica que se espera uma resposta negativa. **14-16.** Ninguém deve reivindicar uma posição privilegiada porque foi batizado por Paulo. Presumivelmente, ele batizava os primeiros convertidos de uma certa área e depois delegava a responsabilidade a outros. **14.** *Crispo*: o chefe de uma sinagoga em Corinto (At 18,8). *Gaio*: um homem rico cuja casa podia conter a igreja inteira (Rm 16,23; 1Cor 14,23), uma assembleia composta de igrejas domésticas menores (1Cor 16,19). **15.** Expressa o resultado prático, não a intenção de Paulo naquele momento. **16.** *Esté-*

fanas: veja o comentário sobre 16,15. *família*: uma vez que a família, quase certamente, incluía crianças, este texto tem sido usado para provar que a protoigreja batizava crianças (veja J. Jeremias, *Infant Baptism in the First Four Centuries* [Philadelphia, 1960-]). Esta interpretação, entretanto, é excluída pela limitação da *oikos* [casa] de Estéfanas aos adultos em 16,15 (veja A. Strobel, *ZNW* 56 [1965] 91-100; P. Weigandt, *NovT* 6 [1963] 49-74). **17.** Somente a partir desta perspectiva da compreensão de Paulo a respeito de sua obrigação principal, o batismo é um tanto quanto diminuído. *sem recorrer à sabedoria*: a pregação autêntica (veja o comentário sobre 2Cor 4,7-12) libera a força do evangelho (Rm 1,16). Essa força é anulada por tentativas de torná-lo razoável mediante argumentos inteligentes ou atraente mediante artifícios retóricos, que o rebaixam ao nível da humanidade caída.

15 (B) Deus tem padrões diferentes (1,18-31). Os crentes devem se distanciar dos critérios da humanidade caída – a causa das divisões em Corinto – para compreender como Deus se relaciona com eles. Várias tentativas (examinadas por V. Branick, *JBL* 101 [1982] 251-69) para mostrar que Paulo começa aqui a reutilizar um material composto para destinatários diferentes não são convincentes. **18.** O fato da aceitação ou da rejeição constitui a base da divisão da humanidade em dois grupos. Deus não predestinou alguns para a salvação e outros para a condenação. No futuro, o *status* de um membro de qualquer um dos grupos poderia mudar (1Cor 5,5; 10,12). **19.** A sabedoria do mundo que rejeita o evangelho foi condenada por Deus em Is 29,14 (LXX). **20.** O significado das perguntas retóricas (inspiradas por Is 19,11; 33,18; 44,25; Jó 12,17) é esclarecido somente pelos dois versículos seguintes, cada um introduzido por *epeidē*, "visto que". **21.** *sabedoria de Deus*: isto não se refere a um plano divino, pois isto tiraria toda a força do argumento, mas à organização e à beleza da criação (Rm 1,19-20). *por meio da sabedoria*: especulações racionais, que para o mundo parecem sabedoria, não conseguiram perceber que Deus agiu através de um Salvador sofredor. *loucura da pregação*: esta é a palavra da cruz (1,18). **22.** *pedem sinais*: a exigência por milagres é uma recusa de confiar em Deus e disfarça o contentamento com o *status quo*. *gregos*: visto que *ethnoi* ocorre no versículo seguinte, a referência deve ser aos gentios em geral (Gl 3,28). *busca de sabedoria*: eles constroem um sistema religioso cujas exigências estão dispostos a aceitar. **23.** A loucura de Deus é o Cristo crucificado, que é rejeitado pelos judeus por causa de suas expectativas messiânicas e pelos gentios por causa de seu racionalismo. **24.** *aqueles que são chamados*: mesmo que o evangelho seja para todos, Paulo reserva o termo *klētoi* às pessoas que o aceitaram (veja o comentário sobre 1,9). *Cristo*: a autêntica humanidade de Jesus torna visível o propósito de Deus para a humanidade e irradia uma força de atração que possibilita a resposta. **25.** O paradoxo é levado ao extremo para enfatizar que os caminhos de Deus não são os caminhos dos seres humanos (Rm 11,33).

(K. Müller, "1 Kor 1:18-25: Die eschatologisch-kritische Funktion der Verkündigung des Kreuzes", *BZ* 10 [1966] 246-72. R. Penna, "La *dynamis theou*: Riflessioni in margine a 1Cor 1:18-25", *RivB* 15 [1967] 281-94. U. Wilckens, *Weisheit und Torheit* [BHT 26; Tübingen, 1959] 21-41.)

16 26-31. Os membros da comunidade de Corinto exemplificam o paradoxo de 1,25. Deus não chamou as pessoas que o mundo selecionaria para levar adiante seu plano para a humanidade. **26.** Este versículo poderia ser interpretado como uma pergunta que espera uma resposta afirmativa (W. H. Wuellner, *SE VI* 666-72), mas fazer isto significaria destruir o argumento de Paulo. *segundo a carne*: pelos padrões da humanidade caída. **27-28.** *no mundo*: de acordo com a opinião comum. **29.** *vangloriar-se*: no vocabulário de Paulo, isto significa autoconfiança pecaminosa, que ignora a pergunta em 1Cor 4,7. O que foi realizado em Corinto não se deve a quaisquer das qualidades dos crentes. **30.** *é por ele que vós sois em Cristo Jesus*: o verbo deveria ser acentuado *esté* (Allo) porque se trata de uma nova modalidade de existência, fundamentalmente de uma maneira nova de olhar a realidade. *para nós sabedoria*: esta percepção nova é comunicada aos crentes pela sabedoria revelada na humanidade de Cristo, cujo conteúdo é esclarecido pelos três termos que estão em aposição. Ao serem separados dos pecadores (santificação), os crentes são tirados do controle do pecado (redenção) e então se tornam aquilo que deveriam ser diante de Deus (justificação; veja W. Bender, *ZNW* 71 [1980] 263-68; → Teologia paulina, 82:68-70, 75, 77). **31.** Embora apresentado como uma citação do AT, somente *ho kauchōmenos* e *kauchasthō* procedem de Jr 9,24 ou 2Sm 2,10. *no Senhor*: a referência é à atividade de Deus na história. A mesma fórmula aparece em 2Cor 10,17 (veja Meeks, *First Urban Christians* 51-73), em Port.: *Os primeiros cristãos Urbanos*, Editora Academia Cristã/Paulus, 2011.

17 (C) O poder da pregação de Paulo (2,1-5). Paulo demonstra sua fidelidade ao princípio enunciado na última seção ao desenvolver 1,17. **1.** *o testemunho de Deus*: o termo *martyrion*, "testemunho", é mais provável do que *mystērion*, "mistério [como na BJ]", igualmente bem atestado (Barrett). O testemunho dado por Deus, ou o segredo revelado por Deus, é Cristo, que Paulo recusou adornar com artifícios retóricos ou argumentos sagazes. **2.** *não quis saber outra coisa entre vós*: toda a atenção de Paulo estava focalizada no Cristo crucificado, que não era o tipo de Salvador que os judeus ou gentios esperavam. **3.** O comportamento de Paulo era a antítese dos filósofos itinerantes que ganhavam muito bem com a credulidade das pessoas simples. **4.** *persuasiva linguagem*: algumas testemunhas introduzem o adjetivo "humano" antes da sabedoria a fim de enfatizar que este último termo tem uma conotação pejorativa aqui. *demonstração de Espírito e poder*: Paulo, mais uma vez, argumenta partindo do efeito para chegar até a causa. O poder do Espírito (*hendiadys* [dois substantivos para expressar um só conceito]) é a única explicação para a convicção que se apoderou dos coríntios enquanto Paulo falava. **5.** Uma fé baseada em uma apresentação persuasiva está à mercê de argumentos melhores. *no poder de Deus*: o objeto da fé cristã não é Deus *in se* [em si], mas Deus atuante na história.

18 (D) A verdadeira sabedoria e a linguagem do amor (2,6-3,4). A sugestão de que 2,6-16 forma uma interpolação (M. Widmann, *ZNW* 70 [1979] 44-53) é menos provável do que a opinião de que Paulo, nestes versículos, volta contra seus adversários suas próprias ideias e terminologia. Eles eram influenciados não pelo gnosticismo (contra Schmithals, *Gnosticism in Corinth* [New York, 1971]), mas pela especulação helenístico-judaica sobre a sabedoria associada com Filo, que Apolo (At 18,24-28) pode ter introduzido em Corinto. Alguns cristãos acreditavam possuir uma "sabedoria" que os tornava "maduros" ou "perfeitos" e lhes dava o direito de considerar os outros como "crianças". Estes últimos eram "pessoas psíquicas" interessadas somente com o corpo e suas necessidades, ao passo que os perfeitos eram "pessoas espirituais" que especulavam acerca de Cristo como "o Senhor da glória" e valorizavam a eloquência.

(Davis, J. A., *Wisdom and Spirit* [Lanham, 1984]. Horsley, R. A., "*Pneumatikos* versus *Psychikos*: Distinctions of Status among the Corinthians", *HTR* 69 [1976] 269-88; "Wisdom of Word and Words of Wisdom in Corinth", *CBQ* 39 [1977] 224-39. Pearson, B., *The Pneumatikos-Psychikos Terminology in 1 Corinthians* [SBLDS 12; Missoula, 1973]. Winter, M., *Pneumatiker und Psychiker in Korinth* [MarTS 12; Marburg, 1975].)

19 6. As palavras de abertura são pura ironia, inteligíveis somente à luz de 3,1; entre os crentes não há nenhuma distinção baseada no conhecimento reservado a algumas almas escolhidas. *sabedoria*: o significado paulino aparece no versículo seguinte. O julgamento de Paulo sobre a especulação que atraiu os coríntios aparece nas duas expressões restritivas. *deste mundo*: veja o comentário sobre Gl 1,4. *príncipes deste mundo*: das três interpretações correntes – governantes humanos, poderes demoníacos e governantes humanos como instrumentos dos poderes demoníacos – a primeira é a mais provável (veja M. Pesce, *Paolo e gli arconti a Corinto* [Testi e ricerche di scienze religioze; Brescia, 1977].) As opiniões da humanidade caída se refletem na estrutura de uma sociedade corrupta, que só está sendo levada para a destruição. **7.** *sabedoria de Deus*: o plano divino de salvação é a única sabedoria autêntica e é inacessível à especulação racional (2,11-12). *para nossa glória*: com a queda, a humanidade perdeu a capacidade de glorificar a Deus (*ApMo*. 20,1-2; 21,6; Rm 3,23). Cristo tinha esta capacidade, e as pessoas que pertencem a ele passam a tê-la gradualmente (2Cor 3,18). É neste sentido que a glória é o objetivo do plano de salvação (veja J. Coppens, *ETL* 46 [1970] 389-92). **8.** *a*: o antecedente mais próximo é glória, mas o bom senso indica que a referência é ao plano de salvação. Se as autoridades arrogantes tivessem o conhecimento de que ele seria realizado mediante a morte humilhante de Jesus, teriam tentado frustrá-lo, deixando-o viver. *Senhor da Glória*: esse é um título divino em *1Henoc* 63,2 e equivalentemente em Sl 24,8, mas aqui ele indica o aspecto de Cristo no qual as "pessoas espirituais" em Corinto prefeririam se concentrar. O Jesus crucificado, entretanto, é a verdade do Cristo ressuscitado (Ef 4,21; veja I. de la Potterie, *SPC* 2. 45-57).

20 **9.** *como está escrito*: ao contrário da prática comum de Paulo (1,31; 2Cor 8,15; 9,9; Rm *passim*), esta fórmula não introduz uma citação do AT. O testemunho mais antigo da primeira parte é Pseudo-Filo, *Bib. Ant.* 26,13 (para versões posteriores, veja K. Berger, *NTS* 24 [1977-78] 271-83). A combinação das duas partes pode refletir uma evolução complicada (veja H. Ponsot, *RB* 90 [1983] 229-42), mas a presença estranha de *hosa*, o pronome relativo no v. 9b, sugere, antes, que a segunda parte não pertence à citação, mas é um comentário de Paulo. Fazer do amor o critério se encaixava em seu propósito (Rm 8,28; veja J. B. Bauer, *ZNW* 50 [1959] 106-12). **10.** *Deus o revelou*: o objeto é expresso no v. 9. **11.** O argumento se baseia na condição humana. Em cada pessoa há áreas em que ninguém de fora pode penetrar. Somente a autoconsciência de cada um pode revelá-las. De igual forma, somente a autoconsciência divina (Espírito de Deus) pode penetrar a profundidade de Deus. **12.** *o espírito do mundo*: se esta é a mentalidade de uma sociedade corrupta, "o Espírito que vem de Deus" somente pode ser a mentalidade de uma comunidade cristã autêntica. Os mistérios são apreendidos apenas através do compromisso. **13.** Os meios de comunicação correspondem à modalidade de conhecimento. *linguagem... que o Espírito ensina*: a transformação dos crentes em nova criatura (1,30) deve-se à iniciativa de Deus, e, assim, tanto o conhecimento instintivo dado com ela quanto a linguagem na qual se expressa devem ser-lhe atribuídos. *pneumatikois pneumatika synkrinontes*: combinações de significados diferentes são possíveis (veja Robertson-Plummer, *The First Epistle* 47), mas o contexto sugere "interpretando verdades espirituais em termos espirituais" (Barrett, Conzelmann). **14.** Paulo vira a distinção feita pelos próprios coríntios contra eles (→ 18 *acima*). Se os "espirituais" não o compreendem, eles é que são "pessoas psíquicas". O princípio subjacente à distinção é explicado por Filo em *Quod det.* 86. **15.** No contexto, este princípio coríntio (Filo, *Leg. alleg.* 1.94), que teve uma influência perniciosa na história da igreja, deve significar que Paulo é imune aos julgamentos de seus adversários; veja o comentário sobre 4,3-5. **16.** A força de Is 40,13 LXX somente se torna clara se os vv. 10 e 12 são mantidos em mente. Se os adversários de Paulo não conheceram a Deus, como podem compreender suas obras, ou seja, os espiritualmente perfeitos? *pensamento de Cristo*: Deus é conhecido somente através de Cristo, cuja mente não está interessada em especulações, mas na obediência e no serviço (Fl 2,5-7).

21 **3,1-4.** Abandonando a ginástica mental que visava a desconcertar os coríntios, Paulo articula agora sua objeção básica à atitude deles. Eles não podem ser cristãos maduros, uma vez que não perceberam a natureza de uma comunidade autêntica. **1.** *homens carnais*: dominados ainda pelos critérios de um mundo caído; veja R. Bultmann, *TNT* 1. 232-39. **3.** *ainda sois carnais*: em oposição a *kata theon* (2Cor 7,9-10), *kata anthrōpon* (1Cor 9,8; 15,32; Gl 3,15; Rm 3,5) significa a avaliação humana comum. Aceitando a inveja e a contenda como normais, eles revelam sua aceitação do julgamento comum a respeito do que é possível para a humanidade. **4.** *meramente humana*: Através de seu uso de *slogans* partidaristas (1,12), eles mostram ser pessoas comuns e não os líderes espirituais iluminados que reivindicam ser.

22 **(E) A atitude correta em relação aos pastores (3,5-4,5).** O tema principal enunciado em 3,5-9 retorna em 4,1-5. Neste ínterim (3,10-23) há uma digressão menos diretamente relevante para o tema em questão. **5.** *quem*: usado deliberadamente aqui e no v. 7 para enfatizar o caráter instrumental do ministério. *pelos quais fostes levados à fé*: embora seja um dom divino (12,9), a fé não deixa de usar os canais encarnacionais. Um instrumento defeituoso pode obstruir ou distorcer a ação da causa principal (1,17). **6.** Cronologicamente Paulo e Apolo estavam relacionados como evangelista e catequista. **7.** Deus não necessita de instrumentos humanos, mas em sua sabedoria decidiu empregá-los. **8.** *são iguais entre si*: em vista de seu efeito, Paulo e Apolo formam um único instrumento complexo. Que tolice, então, colocá-los um contra o outro! *cada um receberá seu próprio salário*: mesmo que todo crédito deva ir para Deus, Paulo reconhece a realidade da contribuição dos ministros. **9.** *cooperadores de Deus*: contra a opinião de V. P. Furnish (*JBL* 80 [1961] 364-70), a ideia é a cooperação divino-humana (1Ts 3,2), o modo da atividade divina inaugurado em Cristo. *seara ... edifício de Deus*: a associação destas imagens é muito comum (veja Conzelmann, *1 Corinthians* 75). Na Palestina pedregosa, limpar os campos significava construir muros (Jr 1,10).

23 **10.** A imagem do edifício leva Paulo a fazer uma digressão sobre a qualidade das contribuições ministeriais, que ele espera seja dada por outros. **11.** Uma alusão parentética a uma reivindicação do partido de Cefas de que a igreja deve ser fundamentada em Pedro (Mt 16,18); veja o comentário sobre 1,12. **13.** *o dia*: o fogo é um elemento consistente (Is 26,11; Dn 7,9-11; Ml 4,1) no cenário do dia escatológico de Iahweh (Is 2,12; Jr 46,10; Am 5,18), que Paulo usa aqui para denotar a segunda vinda de Cristo (4,5; 5,5). **14.** *uma recompensa*: a aprovação por parte de Deus, do uso pleno dos talentos pessoais em contribuições apropriadas à natureza da igreja. **15.** Dar equivocadamente (*p.ex.*, a tentativa do partido de Cefas de impor costumes judaicos à igreja) ou inadequadamente em termos dos talentos pessoais merecerá a salvação – mas somente como quem sai correndo de uma casa em chamas. Não há qualquer referência ao purgatório (veja S. Cipriani, *RivB* 1 [1959] 25-43; J. Gnilka, *Ist 1 Kor 3:10-15 ein Schriftzeugnis für das Fegfeuer?* [Düsseldorf, 1955]. J. Michl, *SPC* 1. 395-401). **16.** Da imagem da construção Paulo salta para o edifício em si. *templo de Deus*: em oposição aos essênios, que relacionam este conceito ao sacrifício espiritual (1QS 8,4-9; 9,3-5), Paulo faz da presença de Deus a base (6,19; 2Cor 6,16; veja G. Klinzing, *Die Umdeutung des Kultus in der Qumrangemeinde und im Neuen Testament* [SUNT 7; Göttingen, 1971] e minha resenha desta obra, *RB* 79 [1972] 435-40). **17.** *o templo de Deus é santo*: a comunidade é destruída por falta de santidade (veja I. de la Potterie e S. Lyonnet, *La vie selon l'Esprit* [Paris, 1965] cap. 7).

24 **18.** A santidade é serviço amoroso, a antítese das divisões promovidas pelas especulações sapienciais coríntias que seguiam padrões mundanos. *torne-se louco*: aceitando a loucura da cruz (1,18-25).

19. Aqui, como em Rm 11,35, Paulo usa uma tradução de Jó 5,13 que não faz parte da LXX. Os que os coríntios consideram sabedoria é somente astúcia. **20.** Ao citar o Sl 94,11, Paulo substitui "homens" por "sábios". **21-22.** Seguindo o princípio estoico de que "todas as coisas pertencem ao sábio" (Diógenes Laércio, *Vit.* 7.125), os coríntios deveriam ter invertido seus *slogans* (1,12). **23.** O caráter *ad hominem* do argumento dos vv. 21-22 é destacado pela afirmação formal da relação de todos com Cristo e por sua subordinação a Deus (15,28).

25 **4,1.** Para concluir, Paulo diz diretamente como os coríntios deveriam ver seus pastores. *servidores*: *hypēretēs* normalmente tem a conotação de "testemunha oficial" (veja Murphy-O'Connor, *Paul on Preaching* 60-64). *administradores*: este termo também era aplicado aos funcionários religiosos (veja H. Cadbury, *JBL* 50 [1931] 47-51; J. Reumann, *JBL* 77 [1958] 339-49). **2-3.** Visto que Paulo não designou a si mesmo, e que os coríntios não o nomearam, o julgamento deles não tem sentido. **4.** *minha consciência de nada me acusa:* Paulo não experimenta a dor da transgressão (veja C. A. Pierce, *Conscience in the NT* [SBT 15; London, 1955] 21, 28), mas isto não garante que o Juiz verdadeiro vá concordar. **5.** *antes que venha*: este momento é fixado pela referência seguinte à parúsia. "Em vista deste *último* julgamento, todos os julgamentos humanos devem ser prejulgamentos" (Barrett, *First Epistle* 103). Um elemento hiperbólico fica evidente.

26 **(F) Aplicação aos coríntios (4,6-13). 6.** Paulo emprega metáforas (3,6; 4,1) a si mesmo e a Apolo para esclarecer suas funções (veja M. Hooker, *NTS* 10 [1963-64] 131). *"não ir além do que está escrito":* J. Strugnell demonstrou (*CBQ* 36 [1974] 555-58) que *to mē hyper ha gegraptai* é o comentário marginal de um copista em cujo exemplar faltava um *mē*, "não", que ele introduziu antes de *heis*. **7.** De si mesmos os coríntios não têm nada para recomendá-los a um líder partidário. **8-13.** De sarcástico, Paulo se torna causticamente irônico. Em contraste com os pregadores, que só têm consciência de sofrimento e luta, os coríntios se imaginavam possuidores do reino escatológico de Deus. Sua escatologia defeituosa (veja A. C. Thiselton, *NTS* 24 [1977-78] 510-26) era reforçada pela ideia estoica de que os sábios são reis (Weiss).

27 **(G) A visita de Timóteo (4,14-21). 14.** Após a severidade, docilidade. **15.** *paidagōgos*: literalmente, "condutor de menino", geralmente um escravo que supervisionava a conduta de um jovem, mas não era seu mestre (veja o comentário sobre Gl 3,24). *fui eu quem pelo evangelho vos gerou*: o efeito do poder de Cristo (1,24) mediado pelo Evangelho de Paulo (1,17) é a vida nova (1,30; veja P. Gutierrez, *La paternité spirituelle selon saint Paul* [EBib; Paris, 1968].) **16.** Veja o comentário sobre 11,1. **17.** *Vos enviei Timóteo*: o aoristo não é epistolar, como demonstram 1,1 e 16,11. Timóteo era conhecido em Coríntio (1Ts 3,2). Sua missão em maio de 54 d.C. provavelmente foi a reação inicial de Paulo aos mexericos trazidos por pessoas da casa de Cloé (1,11). *minhas normas de vida em Cristo*: minha maneira de viver como cristão. **18.** O receio por Timóteo faz Paulo irar-se mais uma vez. **19.** *em breve irei ter convosco*: essa declaração acalorada não está em contradição com o detalhado plano de viagem em 16,5-9. **20.** A realidade do reino de Deus está em seu poder transformador, não na especulação (Rm 14,17-18). **21.** O amor paternal pode ser demonstrado através da ternura ou do castigo (Jó 37,13; veja C. Spicq, *RB* 60 [1953] 509-12).

28 **(III) Parte II: A importância do corpo (5,1-6,20).** Os três problemas, que se encaixam segundo a estrutura sexo-processos-sexo, ilustram todos a crença coríntia de que nenhuma ação física tem significado moral (6,18b). Para Paulo, o corpo é a esfera na qual se concretiza o compromisso com Cristo; não existe um cristianismo puramente espiritual.

29 (A) Um caso de incesto (5,1-8). **1.** O casamento ou concubinato com a madrasta era condenado tanto pelos judeus (Lv 18,8; 20,11; *m. Sanh.* 7,4) quanto pelos gentios (Caio, *Inst.* 1.63). **2.** *vós estais cheios de orgulho*: a comunidade sentia um orgulho infantil (3,1) por ser diferente, quando, na verdade, deveriam ter ficado pesarosos e mostrado sua sinceridade (o *hina* é explicativo) expulsando o pecador. Já que a mulher não é mencionada, provavelmente ela não era cristã. **3.** *presente em espírito*: visto que purificar-se era um dever da comunidade, Paulo só poderia ter voz no conselho da comunidade reivindicando uma presença espiritual. *aquele que perpetrou tal ação em nome do Senhor Jesus*: os coríntios justificaram o ato como uma expressão de sua nova liberdade em Cristo (veja J. Murphy-O'Connor, *RB* 86 [1977] 239-45). **4.** *reunidos em assembleia*: a decisão deve ser tomada por toda a comunidade. **5.** *entreguemos*: *chrē ou dei*, "é necessário", deve ser suprido antes do infinitivo *paradounai*. Paulo está indicando a atitude que deseja, não a está impondo. *Satanás*: uma força maligna personificada relacionada por Paulo exclusivamente com os crentes (veja T. Ling, *The Significance of Satan* [London, 1961]). *a perda de sua carne*: o objetivo negativo da expulsão do homem de sua comunidade é a extinção de sua falsa orientação, o que não significa necessariamente morte ou doença (veja A. C. Thiselton, *SJT* 26 [1973] 204-28). *a fim de que o espírito seja salvo*: positivamente, a excomunhão tem a função de promover uma orientação autêntica na direção de Deus. A ação de Satanás também produz o bem em 2Cor 12,7. *no Dia*: veja o comentário sobre 1,8; 4,5. **6.** *um pouco de fermento leveda*: o mau exemplo de um ameaça contaminar todos os outros; todo pecado tem uma dimensão social (Rm 14,7; cf. Gl 5,9). **7.** *velho fermento*: os restos de nosso passado pecador que já deveriam ter sido removidos (3,17).

(COLLINS, A. Y., "The Function of 'Excommunication' in Paul", *HTR* 73 [1980] 251-63. DERRETT, J. D. M., "'Handing over to Satan': An Explanation of 1 Cor 5:1-7", *RIDA* 26 [1979] 11-30. FORKMAN, G., *The Limits of the Religious Community* [ConBNT 5; Lund, 1972]. ROETZEL, C. J., *Judgement in the Community* [Leiden, 1972].)

30 (B) Desfazendo um mal-entendido (5,9-13). 9. Essa carta anterior foi perdida. **10.** Os coríntios haviam dado uma interpretação excessivamente rigorosa à sua orientação, a fim de ignorá-la. **11.** A igreja não pode cumprir sua missão se seu comportamento não for distintivamente melhor do que o da sociedade. *o nome do irmão*: alguém conhecido como um cristão meramente nominal por seu comportamento. **12.** *os que estão fora*: a associação com pessoas que não creem não é proibida (10,27). **13.** *o mau*: o indivíduo condenado nos vv. 1-5. A formulação evoca Dt 17,7.

(DAHL, N. A., "Der Epheserbrief und der verlorene, erste Brief des Paulus an die Korinther", *Abraham unser Vater* 65-77. ZAAS, P. S., "'Cast Out the Evil Man from Your Midst' (1 Cor 5:13b)", *JBL* 103 [1984] 259-61.)

31 (C) Processos entre cristãos (6,1-11). A menção do julgamento e de não integrantes da igreja lembra Paulo de uma questão não relacionada a problemas sexuais (*contra* P. Richardson, *NovT* 25 [1983] 37-58). **1.** *aos injustos*: não se trata de juízes corruptos, mas simplesmente de não crentes. A comunidade deveria testemunhar a um mundo divisivo ao demonstrando sua capacidade de reconciliar seus próprios membros (veja W. C. van Unnik, "Die Rücksicht auf die Reaktion der Nicht-Christen als Motiv in der altchristlichen Paränese", *Judentum – Urchristetum – Kirche* [Festschrift J. Jeremias; ed. W. Eltester; *BZNW* 20; Berlin, 1960] 221-34). **2.** Se os eleitos participarão do julgamento escatológico (Dn 7,22; Sb 3:8; IQpHab 5,4; *Jub.* 24,29; Mt 19,28; 1Ts 4,16-17), certamente serão competentes para deliberar sobre casos corriqueiros. **3.** Os anjos maus serão julgados na parúsia (Jd 6; 2Pd 2,4; cf. *1Henoc* 91,15). **4.** *aqueles que a igreja despreza*: para embasar seu argumento, Paulo adota a perspectiva daqueles coríntios que desprezavam seus irmãos cristãos (→ 18 acima). *A fortiori*, eles desprezariam os não crentes. **5.** O caráter pretensioso dos "sábios" e "perfeitos" é revelado brutalmente; eles admitem ser incapazes de realizar um simples julgamento! **7.** Após ter indicado como os casos deveriam ser julgados, Paulo vai além ao dizer que eles nem mesmo deveriam surgir. *isto contra vossos irmãos*: esta é a incongruência básica. A unidade do corpo é de tal natureza (12,12-27) que um cristão que processa um irmão processa a si próprio (Rm 12,5). As duas perguntas evocam Mt 5,39-42. **9-10.** A lista de vícios de 5,10-11 é ampliada com mais quatro termos [dois deles não aparecem na BJ]. Se "ladrões" cabe bem aqui (v. 7), "adúlteros" aparecerá em 6,12-20, e "depravados" (veja D. F. Wright, *VC* 38 [1984] 125-53) pode estar fazendo uma preparação para os vv. 11,2-16 (veja S. Wibbing, *Die Tugend- und Lasterkataloge im NT* [BZNW 25; Berlin, 1959]). *reino de Deus*: neste caso é uma realidade futura como em 15,50 e em Gl 5,21, mas também pode ser presente (4,20; 15,24; Rm 14,17; 1Ts 2,12). **11.** *Eis o que vós fostes, ao menos alguns*: uma outra indicação da origem da comunidade coríntia; a lista não é mera repetição de material tradicional. *Mas vós vos lavastes*: eles pediram o batismo. *mas fostes santificados, mas fostes justificados*: Deus os separou em Cristo (1,2) e, dessa forma, os tornou agradáveis a ele em princípio. Deus, Cristo e o Espírito são mencionados, mas o pensamento ainda não é trinitário.

(DELCOR, M., "The Courts of the Church of Corinth and the Courts of Qumran", *Paul and Qumran* [ed. J. MURPHY-O'CONNOR; London, 1968] 69-84. MEURER, S., *Das Recht im Dienst der Versöhnung und des Friedens* [ATANT 63; Zürich, 1972]. VISCHER, L., *Die Auslegungsgeschichte von I Kor. 6:1-11* [BGBE 1; Tübingen, 1955].)

32 (D) Promiscuidade sexual (6,12-20). O tema da libertinagem sexual na lista de vícios leva Paulo de volta ao tipo de problema tratado em 5,1-8. **12.** *tudo me é permitido*: um lema coríntio (veja Hurd, *Origin* 68), cuja aplicação é restringida por Paulo, visto que nem tudo edifica a comunidade; algumas coisas a destroem (Gl 4,9). **13a.** *os alimentos ... aqueles e este*: um segundo lema coríntio destinado a provar que as ações físicas não têm valor moral. **13b-14.** A resposta de Paulo combina com cada elemento do lema. Se nossos corpos serão ressuscitados, Deus deve dar importância às atitudes realizadas no corpo e através dele. Embora seja usado intercambiavelmente com "nós" e "vós", *sōma* é sempre físico (veja R. H. Gundry, *Sōma in Biblical Theology* [SNTSMS 29; Cambridge, 1976]); é como tal que ele é um meio de comunicação (veja B. Byrne, *CBQ* 45 [1983] 608-16). **15.** *Cristo*: assim como em 12,12, "Cristo" designa a comunidade cristã, a presença física dele no mundo. O compromisso com sua missão é negado ao se usar uma outra pessoa na promiscuidade sexual. **16.** O prazer transitório, sem comunicação autêntica, nega a união plena que é a intenção do Criador para o ato físico em Gn 2,24. **17.** Uma contraposição puramente formal inspirada por "uma só carne" no v. 16 e destinada a evocar o compromisso dos coríntios com o Espírito (→18 *acima*). **18.** *Fugi da fornicação*: essa é a conclusão de Paulo, mas ele recorda imediatamente um terceiro lema coríntio. *Todo outro pecado que o homem cometa exterior a seu corpo*: somente o motivo conta, não a ação (veja v. 13a). *aquele, porém, que se entrega à fornicação peca contra o próprio corpo*: ao se recusar a se envolver com a outra pessoa, ele perverte a intenção do mais íntimo ato físico. **19.** *vosso corpo*: porque *sōma* está no singular e *hymōn* no plural, poderia se tratar de uma referência ao corpo de Cristo, mas o contexto exclui esta possibilidade; *sōma* é um singular distributivo (2Cor 4,10; Rm 8,23). *templo do Espírito Santo*: a santidade da comunidade (3,16-17) deve se refletir no comportamento de cada membro. *não pertenceis a vós mesmos*: porque estão possuídos pelo Espírito e pertencem a Cristo (3,23). **20.** *Alguém pagou alto preço*: é a imagem do resgate (1,30) de um escravo ou de um prisioneiro (Gl 5,1). *glorificai, portanto, a Deus*: usando o corpo sexualmente em seu sentido pretendido por Ele (v. 16), mas também para servir a outros (Gl 5,13).

(KEMPTHORNE, R., "Incest and the Body of Christ: A Study of 1Cor 6:12-20", *NTS* 14 [1967-68] 568-74. MILLER, J. I., "A Fresh Look at 1Cor 6:16f", *NTS* 27 [1980-81] 125-27. MURPHY-O'CONNOR, J., "Corinthian Slogans in 1Cor 6:12-20", *CBQ* 40 [1978] 391-96. ROMANIUK, K., "Exégèse du Nouveau Testament et ponctuation", *NovT* 23 [1981] 195-209.)

33 (IV) Parte III: Respostas às perguntas dos coríntios (7,1-14,40). Em resposta à carta coríntia (7,1), Paulo aborda uma ampla variedade de perguntas, mas o tratamento não é aleatório. Primeiramente ele trata dos problemas relativos à condição social (7,1-40), depois, de outros que surgem do contato com o ambiente pagão (8,1-11,1) e, finalmente, daqueles relacionados às assembleias litúrgicas (11,2-14,40). O tom e o tratamento são modificados de acordo com a natureza do problema.

34 (A) Problemas relativos à condição social (7,1-40). Paulo começa (7,1-16) e conclui (7,25-40) com problemas relacionados com a sexualidade, mas a parte central (7,17-24) se ocupa com a situação dos circuncidados/não circuncidados e escravos/homens livres. A combinação evoca Gl 3,28; cf. Cl 3,11.

35 (a) *Relações sexuais no casamento* (7,1-9). **1.** *aos pontos sobre os quais me escrevestes*: perguntas novas feitas pelos coríntios são introduzidas por *peri de* em 7,25; 8,1; 12,1; 16,1. *é bom ao homem não tocar em mulher*: esta não é a opinião de Paulo, mas a de certos coríntios que acreditavam de maneira idealista que os casados deveriam se abster de relações sexuais (veja Hurd, *Origins* 68; W. E. Phipps, *NTS* 28 [1982] 126-31). **2.** *tenha*: como em 5,1, *echein* tem uma conotação sexual. A pergunta não se refere ao fato de estar casado, mas às relações normais dentro do casamento. **3-4.** Em termos de relações sexuais (o único aspecto da união com que Paulo está preocupado aqui), o corpo de cada um é uma dádiva ao outro; portanto, é devido ao outro, criando uma "dívida" (veja B. Bruns, *MTZ* 33 [1982] 177-94). **5.** Portanto, a abstinência só pode acontecer através de acordo mútuo e por tempo limitado. Na lei judaica, o marido podia tomar uma decisão unilateral (Str-B 3. 37-72). *Para que vos entregueis à oração*: um exemplo do tipo de coisa que justificaria a abstinência. *Satanás*: veja o comentário sobre 5,5.

36 6. *isto*: o pronome *touto* (como nos vv. 26.35) aponta para o que vem a seguir, não para trás (veja N. Baumert, *Ehelosigkeit und Ehe im Herrn* [FB 47; Würzburg, 1984] 48-63). Paulo está simplesmente aconselhando. **7.** *fossem como sou*: na época da escrita, Paulo estava solteiro, mas J. Jeremias (*ZNW* 25 [1926] 310-12; 28 [1929] 321-23) sustenta que ele era viúvo (→ Paulo 79:19). *Cada um recebe de Deus o seu dom particular*: Paulo não imporá o celibato, da mesma forma que não insiste no casamento. O que a pessoa escolhe instintivamente manifesta a dádiva de Deus. Portanto, ele toma como certo que os casados não são chamados ao celibato. **8-9.** Os solteiros têm uma opção que deve se basear em considerações práticas. *é melhor casar-se do que ficar abrasado*: paixão frustrada ardente (segundo F. Lang, *TDNT* 6. 948-51; contra M. L. Barré, *CBQ* 36 [1974] 193-202) é um obstáculo para a vida cristã.

37 (b) *Casamento e divórcio* (7,10-16). **10-11.** Esses versículos não são uma declaração geral de princípios, mas a aplicação da diretriz do Senhor sobre o divórcio a um caso extremamente específico (veja J. Murphy-O'Connor, *JBL* 100 [1981] 601-6). **10.** *não eu, mas o Senhor*: a invocação da diretriz do Senhor é uma explicação posterior. *a mulher não se separe do marido*: quanto a este significado da voz passiva no grego, veja *BDF* 314. A esposa deve resistir ao divórcio. **11.** *se, porém, se separar*: o divórcio pendente poderia ter se consumado até que a carta tivesse chegado a Corinto. *não se case de novo, ou reconcilie-se com o marido*: se tivesse sido forçada ao divórcio por um marido que aceitava o princípio coríntio (v. 1b), a esposa naturalmente pensaria em um segundo matrimônio, mas isto a impossibilitaria de lhe perdoar plenamente (veja *Herm. Man.* 4.1), quando, como Paulo esperava, o marido voltasse a si. *e o marido não repudie sua esposa*: a proibição do divórcio por Jesus (Mt 19,9; Lc 16,18) é dirigida ao marido, o único que, na lei judaica, tinha o direito de pedir o divórcio (*m. Yebam.* 14,1; *m. Ketub.* 7,9 -10; *m. Git.* 9,8).

38 12-16. Alguns em Corinto propunham que casamentos em que somente um dos parceiros tivesse se tornado cristão deveriam ser rompidos, presumivelmente porque achavam que eles traziam o mundo do pecado para perto demais da igreja (2Cor 6,14-7,1). A resposta de Paulo é estabelecer uma distinção. **12-13.** A boa vontade mostrada pelo cônjuge pagão em viver com o convertido deve ser aproveitada (veja v. 16). Assim, o casamento deveria ser mantido. **13.** Em contraposição aos vv. 10-11, a esposa é, aqui, considerada capaz de iniciar um divórcio, como no direito grego e romano (veja *RAC* 4. 707-19). **14.** *o não cristão é santificado*: há muitas interpretações diferentes (veja G. Delling, *Studien zum Neuen Testament und zum hellenistischen Judentum* [Göttingen, 1970] 257-60); a mais simples é que Paulo considera o não crente santo porque, ao decidir manter o casamento, ele ou ela está agindo de acordo com o plano divino (Gn 2,24 = 1Cor 6,17) e com a diretriz do Senhor em 7,10-11 (veja J. Murphy--O'Connor, *RB* 84 [1977] 349-61). *pelo esposo ... pela esposa*: a decisão de manter o casamento envolvia necessariamente o cônjuge cristão. *Se não ... vossos filhos seriam impuros*: a fim de esclarecer a aplicação de "santo" a um pagão com base em seu comportamento, Paulo evoca as crianças da comunidade que, como não crentes e não batizadas, seriam, teoricamente, "impuras". Porém, visto que seu comportamento era modelado pelo comportamento dos pais cristãos, elas eram, de fato, "santas". *Akatharsia* e *hagiōsynē* (ou um termo cognato) caracterizam os dois modos de estar aberto à humanidade em 1Ts 4,3-7 e Rm 6,19-22 (cf. Rm 12,1-2). **15.** Em clara oposição à proibição de Jesus, que era dirigida a judeus (Mt 19,3) e aplicada a toda a humanidade (Mt 19,4-6), Paulo permite um divórcio pleno, o que, tanto na lei pagã (veja *PW* 5. 1241-45, 2011-13) quanto na judaica (*m. Git*, 9,3), significava o direito a um novo casamento (contra D. Dungan, *The Sayings of Jesus in the Churches of Paul* [Philadelphia, 1971] 89-99; J. K. Elliott, *NTS* 19[1972-73] 223-25). *não estão ligados*: a certidão de divórcio era um ato de libertação (*m. Git*. 9,3). *foi para viver em paz que Deus vos chamou*: a ausência da conjunção *gar* indica que esta sentença acompanha a seguinte. **16.** *como podes ter certeza ... que salvarás ...*: a intenção da expressão é positiva (veja J. Jeremias, "Die missionarische Aufgabe in der Mischehe (I Kor 7:16)", *Neutestamentliche Studien für R. Bultmann* [ed. W. Eltester; BZNW 21; Berlin, 1954] 255-60; contra S. Kubo, *NTS* 24 [1978] 539-44). A situação é ilustrada por 1Pd 3,1-2.

39 (c) *Mudanças na condição social* (7,17-24). A irrelevância essencial de cada situação jurídico-social é mostrada pelo fato de que o chamado de Deus (veja o comentário sobre 1,9) se dirige a indivíduos em todas as situações. Nenhuma mudança, portanto, fará uma pessoa crescer em estima diante de Deus. As concepções de Paulo sobre a igualdade social (*p.ex.*, Gl 3,28) podem ter sido interpretadas como um programa para ação social por alguns coríntios (veja E. Neuhäusler, *BZ* [1959] 43-60). **21.** Para que *mallon chrēsai* seja inteligível, um objeto deve ser suprido. Muitos sugerem *tē douleia*, *p.ex.*, "mas mesmo que possas te tornar livre, prefere permanecer onde estás" (Conzelmann). Em conformidade com o princípio do v. 20, um escravo, mesmo que lhe fosse oferecida a liberdade, deveria permanecer na escravidão. Um escravo, porém, não tinha opção no caso da manumissão; esta era uma mudança de *status* sobre a qual ele não tinha nenhum controle (e, assim, há um paralelo com o v. 15). Dessa forma, é preferível suprir *tē eleutheria*; *p.ex.*: "Porém, se podes te tornar livre, faze uso da oportunidade" (Robertson-Plummer; S. S. Bartchy, *Mallon Chrēsai* [SBLDS 11; Missoula, 1973; P. Trummer, *Bib* 56 [1975] 344-68). Um escravo não deveria recusar a manumissão por causa do princípio do v. 20. **22.** Em termos de resposta ao chamado divino, não importa se a pessoa é livre ou escrava. **23.** *Alguém pagou alto preço por vosso resgate*: a ideia de redenção (6,20 → Teologia paulina, 82:75) evoca o estado pré-batismal de escravidão ao pecado (Rm 3.9). *escravos dos seres humanos*: isto não é uma crítica à escravidão como tal, mas às atitudes da humanidade caída (veja o comentário sobre 3,3-4).

40 (d) *Mudanças de status sexual* (7,25-40). **25.** *a propósito das pessoas virgens*: esta formulação introduz um novo tópico levantado pelos coríntios (veja em 7,1). O significado de *parthenoi* é controverso e a certeza dificilmente será possível. A opção é entre noivos e casais comprometidos com o celibato no casamento, mas pode haver referência a cada um deles em pontos diferentes da exposição. **26.** *é bom para o homem ficar assim*: este princípio prático é a tese da seção, mas Paulo permitirá exceções. **28.** *não pecarás*: isto parece implicar a quebra de um voto (Weiss) e, assim, aponta para o casamento espiritual (veja o comentário sobre o v. 36). *tribulações na carne*: no mínimo, uma vida mais complicada, mas talvez também uma crítica por parte dos ascetas de Corinto (veja o comentário sobre 7,1). **29-30.** Paulo esperava uma parúsia iminente (1Ts 4,16-17; 1Cor 15,51-52) e não recomendou fingimento, mas desapego. Seria tolo assumir novos compromissos quando tudo está para terminar. **32.** *isentos de preocupações*: a preocupação ansiosa é uma característica da existência não redimida (veja R. Bultmann, *TDNT* 5. 589-93). *Quem não tem esposa*: ainda que voltada às coisas do Senhor, sua preocupação não é boa; ela sugere uma servilidade bajuladora enraizada numa falta de confiança no amor de Deus.

Barrett interpreta este trecho corretamente como uma crítica ao ascetismo em voga em Corinto. **33.** *quem tem esposa*: Paulo não tem em mente o amor entre marido e mulher (Gl 5,13-14), mas a completa absorção que os recém-casados sentem um pelo outro. Tendo em vista que o homem casado é membro de uma comunidade de amor, sua esposa tem o primeiro, mas não o exclusivo, direito à sua afeição. **34.** Fica claro que, para Paulo, homens e mulheres são iguais pelo fato de ele dizer precisamente a mesma coisa à mulher. *a mulher não casada e a virgem*: a formulação sugere que *parthenos* está sendo usado em um sentido técnico. E, assim sendo, só pode designar alguém que contraiu um casamento espiritual (veja *Herm. Sim.* 9.11). **35.** Paulo dá conselhos claros, mas não impõe soluções. Sua atitude contrasta vividamente com as posições doutrinárias adotadas por alguns em Corinto. **36-38.** As opiniões sobre o significado do caso particular discutido neste trecho estão incisivamente divididas (veja W. G. Kümmel, "Verlobung und Heirat bei Paulus (I Kor 7,36-38), *Neutestamentliche Studien für R. Bultmann* 275-95; J. J. O'Rourke, *CBQ* 20 [1958] 292-98). **36.** *sua virgem*: a expressão pode designar a filha, a noiva ou a esposa espiritual. Embora mais tradicional, o primeiro sentido é o menos provável; sua única sustentação é *gamizein* (v. 38), mas isso não significa necessariamente "dar em casamento" (veja *BDF* 101). A probabilidade de a palavra significar "noiva" fica bastante reduzida pela alusão ao pecado (veja v. 28). Por que se teria pensado que seria pecado para um casal de noivos contrair matrimônio? Além disso, este problema foi tratado em 7,8-9. Portanto, o caso diz respeito a um casamento espiritual; Paulo aconselha que, se não puderem controlar seu desejo sexual, eles não deveriam hesitar em estabelecer um relacionamento matrimonial normal. Ele quer que não tenham preocupações (v. 32), distrações (v. 35). **37.** *sem coação*: as pessoas capazes de sustentar um casamento espiritual deveriam manter seu compromisso. **38.** *procede bem*: é uma questão do que é bom para o indivíduo e não do que é melhor em princípio, mas Paulo não resiste mencionar sua preferência pessoal pela condição de solteiro (7,7-8). A razão não é uma superioridade intrínseca, mas sim o fator tempo (7,28-31). **39.** *livre para esposar*: através da associação de ideias, Paulo passa para a pergunta sobre o segundo matrimônio, embora já tenha tratado do problema em 7,8-9. O ideal é a permanência no casamento, mas a morte confere plena liberdade ao cônjuge que está vivo (Rm 7,2). *no Senhor apenas*: *i.e.*, recordando que ela é cristã, talvez uma sugestão para que não se envolva em um casamento misto. **40.** *julgo que também eu possuo o Espírito de Deus*: uma afirmação eufemística aparentemente irônica.

(ADINOLFI, M., "Motivi parenetici del matrimonio e del celibato in 1Cor 7", *RivB* 26 [1978] 71-91. BYRON, B., "1Cor 7:10-15: A Basis for Future Catholic Discipline on Marriage and Divorce?" *TS* 34 [1973] 429-45. CARTLIDGE, D. R., "1Cor 7 as a Foundation for a Christian Sexual Ethic", *JR* 55 [1975] 220-34. FORD, J. M., "St. Paul the Philogamist (1 Cor. VII in Early Patristic Exegesis)", *NTS* 11 [1964-65] 326-48. GLAZER, J. W., "Commands-Counsels: A Pauline Teaching?", *TS* 31 [1970] 275-87. MOISER, J., "A Reassessment of Paul's View of Marriage with Reference to 1Cor 7", *JSNT* 18 [1983] 103-22. NIEDERWIMMER, K., *Askese und Mysterium* [FRLANT 113; Göttingen, 1975].)

41 (B) Problemas provenientes do ambiente pagão (8,1-11). Paulo começa (8,1-13) e termina (10,23-11,1) com uma exposição sobre a atitude cristã em relação à carne oferecida a ídolos. Os princípios teológicos implicados são aprofundados na análise de tópicos aparentemente desconexos em 9,1-10,22. De forma geral, na Antiguidade, a carne só se encontrava disponível após grandes festas, quando os sacerdotes vendiam o excedente da carne das vítimas sacrificais que lhes cabia (veja J. Casabona, *Récherches sur le vocabulaire des sacrifices en Grec* [Paris, 1966] 28-38). Em Corinto, os "fortes" e os "fracos" (terminologia provinda de Rm 15,1) tinham opinião contrária quanto à moralidade de comer tal carne; os primeiros aprovavam, os últimos repugnavam revoltados. Também se aborda esse problema em Rm 14,1-15,13.

(FEE, G. D., "*Eidolothyta* Once Again: An Interpretation of 1Cor 8-10", *Bib* 61 [1980] 172-97. HORSLEY, R. A., "Consciousness and Freedom among the Corinthians: 1Cor 8-10", *CBQ* 40 [1978] 574-89. LORENZI, L. DE [ed.], *Freedom and Love* [Benedictina 6; Rome, 1981].)

42 (a) *Alimentos oferecidos aos ídolos* (8,1-13). **1.** *no tocante às carnes sacrificadas aos ídolos*: um novo questionamento apresentado pelos coríntios (veja 7,1). *todos temos a ciência*: uma afirmação dos fortes de Corinto que será esclarecida no v. 4. *a caridade que edifica*: o conhecimento cristão autêntico deve estar enraizado no amor (Fl 1,9-10). **3.** *é conhecido por Deus:* a eleição divina (Rm 8,28-30) é manifestada pela resposta de amor. Paulo diminui a importância do conhecimento. **4.** Para justificar o consumo de carne sacrificada dos ídolos, os fortes se baseavam no monoteísmo, o qual é expresso positiva e negativamente. *o ídolo nada é no mundo*: se os ídolos não têm existência real (veja C. H. Giblin, *CBQ* 37 [1975] 530-32), o alimento oferecido a eles não pode ter sido modificado. *não há outro Deus*: a convicção básica do AT (Dt 6,4; Is 44,8; 45,5). **5.** *são chamados de Deus*: ainda que objetivamente os ídolos não existissem, para muitos eles eram subjetivamente reais. Os fortes ignoravam este aspecto prático. **6.** *um só Deus*: Paulo corrige o monoteísmo abstrato dos fortes citando uma aclamação (veja E. Peterson, *Heis Theos* [FRLANT 41; Göttingen, 1926]), provavelmente proveniente de uma liturgia batismal, que ressalta o papel de Cristo. Verbos de movimento ("ir" e "vir") devem ser supridos, e não formas do verbo "ser" (veja F. M. M. Sagnard, *ETL* 26 [1950] 54-58). *tudo*: a interpretação cosmológica (veja E. Norden, *Agnostos Theos* [Leipzig, 1913] 240-50) é menos provável do que a soteriológica, mais próxima do uso de Paulo (Rm 11,36; 1Cor 2,10-13; 12,4-6; 2Cor 4,14-15; 5,18; veja J. Murphy-O'Connor, *RB*

85 [1978] 253-67). Não há alusão à preexistência de Cristo (veja J. D. G. Dunn, *Christology in the Making* [London, 1980] 179-83).

43 **7.** *habituados, até há pouco, ao culto de ídolos*: gentios convertidos ainda não haviam assimilado emocionalmente sua conversão intelectual ao monoteísmo. *Sua consciência, que é fraca*: os fortes podem ter qualificado a resposta objetivamente errônea dos fracos dessa maneira. *syneidēsis*, que Paulo usa aqui pela primeira vez, significa a consciência de que se pecou (veja R. Jewett, *Paul's Anthropological Terms* [AGJU 10; Leiden, 1971] 402-39; → Teologia paulina, 82:146). **8.** *não é um alimento que nos fará comparecer para julgamento diante de Deus*: de acordo com seu princípio (6,13), os fortes proclamam que os alimentos são moralmente neutros. *Se deixarmos de comer, nada perdemos; e se comemos, nada lucramos*: esta é a interpretação preferível, e há uma alusão a carismas. Eles não são aumentados no caso de quem se abstém, nem diminuídos no caso de quem come a carne (veja J. Murphy-O'Connor, *CBQ* 41 [1979] 292-98). **9.** Paulo se recusa a aceitar o critério proposto pelos fortes. O impacto que a própria ação tem sobre os outros deveria guiar a decisão cristã. **10.** *sentado à mesa em templo de ídolo*: o fato de que os fortes participavam de banquetes nos templos colocava os fracos em uma posição insustentável no que tange aos convites, *p.ex.*, a encontros familiares em que a carne oferecida aos ídolos seria servida (veja J. Murphy-O'Connor, *St. Paul's Corinth* 161-65). *a consciência dele, que é fraco*: não se trata mais da "consciência fraca" do v. 7. Paulo está tentando inspirar preocupação por um indivíduo necessitado. *será induzida*: o tom é marcadamente irônico e só pode ser explicado se os fortes estivessem insistindo que "a consciência fraca deveria ser moralmente induzida". Eles acreditavam que isso pudesse ser alcançado através da instrução, mas Paulo percebeu que a reação dos fracos tinha raízes muito mais profundas na personalidade. **11.** *esse irmão*: o "fraco" do v. 10 se torna agora um irmão em Cristo e, portanto, merecedor do mesmo amor que Cristo mostrou. *perecerá*: destruído pela tensão não resolvida entre o instinto e a ação. **12.** *é contra Cristo que pecais*: no contexto, isso equivale a destruir Cristo, e, portanto, "Cristo" deve designar a comunidade (veja o comentário sobre 6,15; 12,12), a qual é dilacerada pela falta da caridade que une a todos em perfeita harmonia (cf. Cl 3,14). **13.** Paulo não impõe uma maneira de agir aos fortes. Ele simplesmente focaliza os elementos de reflexão que lhes deu ao informá-los sobre o que ele mesmo faria.

44 (b) *Paulo renuncia a seus direitos* (9,1-27). Com a finalidade de enfatizar a ideia central do último versículo, Paulo destaca outras áreas de sua vida em que aceitou limitações em sua liberdade para o benefício de outros. Os tópicos são introduzidos pelas duas perguntas de abertura, com as quais ele lida em ordem inversa. Ele expõe seu ministério apostólico nos vv. 1c-18 e sua liberdade nos vv. 19-27.

45 **1-2.** Paulo é apóstolo porque viu o Senhor ressurreto (15,8) e foi comissionado por ele (Gl 1,15-16). Os coríntios deveriam ter deduzido isso, já que ele foi o canal do poder divino (2,4; 2Cor 4,7) que deu a existência à comunidade. **3.** *minha resposta*: a condição pessoal de Paulo como apóstolo foi questionada. **4.** *o direito*: visto que Paulo não usou o direito do apóstolo de ser sustentado pela comunidade, alguns concluíram que ele não tinha direito e, consequentemente, não era apóstolo. **5.** A irrelevante menção de uma esposa ocorre devido à referência anterior a comer e a beber. "Come, bebe, regala-te" (Lc 12,19) era uma tríade comum, cujo último elemento constituía um eufemismo para designar o ato sexual (2Sm 11,11; Tb 7,10; veja o comentário sobre 1Cor 10,6; veja J. B. Bauer, *BZ* 3 [1959] 94-102). Os indivíduos mencionados na comparação sugerem que a oposição a Paulo se originou em Jerusalém. *irmãos do Senhor*: o único nomeado por Paulo é Tiago (Gl 1,19; cf. Mc

3,31; 6,3; Ac 1,14). *Cefas*: veja o comentário sobre 1,12. **6.** *Barnabé*: veja Gl 2,1.13. Devido ao termo inicial *monos*, "sozinho", estar no singular, Paulo deve ter recordado repentinamente um outro apóstolo cuja prática refletia a sua própria. *o direito de sermos dispensados de trabalhar*: Paulo emprega quatro argumentos (vv. 7.8.13.14) para justificar o direito ao sustento. **7.** O argumento tirado do bom senso também é usado em 2Tm 2,3-6. **8.** *baseado apenas em considerações humanas*: isso caracteriza o argumento do v. 7 como a avaliação comum (veja o comentário sobre 3,3; cf. C. J. Bjerkelund, *ST* 26 [1972] 63-100; D. Daube, *The New Testament and Rabbinic Judaism* [London, 1956] 394-400). **9-10.** A citação de Dt 25,4 é interpretada segundo o princípio de que, se Deus se importa com os animais, se importa muito mais com os seres humanos (Mt 6,26). **11.** A conclusão dos dois primeiros argumentos é colocada como um *quid pro quó* (Gl 6,6). **12a.** A reciprocidade mencionada há pouco foi aceita de fato pelos coríntios. Outros missionários, além de Paulo, e opostos a ele (veja sobre vv. 4-5), haviam pelo menos passado por Corinto. **12b.** Para dar o valor de testemunho a seu compromisso e se distinguir dos charlatões, que ganhavam bem às custas da credulidade dos simples (veja A. D. Nock, *Conversion* [Oxford, 1933] 77-98), Paulo sustentava a si próprio (4,12; cf. 1Ts 2,9).

46   13-15. A estrutura é idêntica à dos vv. 7-12. **13.** Um argumento baseado na prática cultual da Antiguidade, tanto judaica quanto pagã. **14.** *que vivam do evangelho*: a ordem, que é dirigida aos pregadores e não a seus ouvintes, resume uma diretriz dada para a missão palestinense (Mc 6,8-9par.; cf. 1Tm 5,18). Aqui encontramos um outro indício da origem dos adversários de Paulo. **15.** *não me vali de nenhum desses direitos*: os argumentos dos vv. 7, 8 e 13 davam a Paulo um privilégio ao qual ele estava livre para renunciar, mas a diretriz do Senhor impunha uma obrigação. O fato de que ele não obedeceu indica que, para ele, mesmo ordens do Senhor não eram preceitos obrigatórios (veja o comentário sobre 7,15). **16.** *anunciar o evangelho*: a pregação é a expressão paulina do ser cristão; por ela, portanto, ele não merece crédito especial. **17-18a.** *se eu o fizesse por iniciativa própria, teria direito a um salário; mas, já que faço por imposição, desempenho um encargo que me foi confiado. Qual é então meu salário?* A questão do v. 16 é retomada mais uma vez de uma maneira complicada que causou muita discussão. **18b.** *gratuitamente*: Paulo responde à pergunta com um gracejo sem graça. O salário de alguém que não tem direito a salário é trabalhar gratuitamente! *sem usar dos direitos*: o verbo composto *katachraomai* (*BAGD* 420) é usado deliberadamente para ocultar uma reserva mental, porque, enquanto esteve em Corinto, Paulo foi sustentado pela Macedônia (2Cor 11,7-9).

(DAUTZENBERG, G., "Der Verzicht auf das apostolische Unterhaltsrecht: Eine exegetische Untersuchung zu 1 Kor 9", *Bib* 50 [1969] 212-32. DUNGAN, D., *Sayings of Jesus* 3-80. KÄSEMANN, E., *NTQT* 217-35. LÜDEMANN, G., *Paulus, der Heidenapostel: II. Anti-Paulinismus im frühen Cristentum* [FRLANT 130; Göttingen, 1983] 105-15. PESCH, W., "Der Sonderlohn für die Verkündiger des Evangeliums", *Neutestamentliche Aufsätze* [Festschrift J. SCHMID; ed. J. BLINZLER *et al.*; Regensburg, 1963] 199-206. THEISSEN, G., *Social Setting* 27-67.)

47   19. Paulo se volta agora ao tema da liberdade anunciado no v. 1. *livre em relação a todos*: ele não está sujeito às restrições dos dependentes financeiramente, porque assegura seus próprios meios de subsistência. **20.** *como judeu*: quando estava entre aqueles que acreditavam estar sob a lei, Paulo se comportava como um judeu, tanto em termos sociais, quanto religiosos. Seu princípio está expresso em Gl 4,12. *como se estivesse sujeito à lei*: a lei de Moisés não tinha relevância para os cristãos. **21.** *aqueles que vivem sem a lei*: a referência primordial é aos gentios, mas o versículo seguinte mostra que também há uma alusão aos fortes "sem lei" em Corinto, que proclamavam *panta exestin* (6,12; 10,23). *sob a lei de Cristo*: não se trata de uma referência a um novo código de preceitos (contra C. H. Dodd, *More New Testament Studies* [Grand Rapids, 1968] 134-48), e sim à lei do amor exemplificada por Cristo (Gl 6,2). *Christou* é um genitivo objetivo (*BDF* 167). **22.** *fiz-me fraco*: em 8,13, Paulo se submete à consciência dos fracos. *a fim de ganhar os fracos*: como ficará claro em 10,23-11,1, o coração dos fracos também necessita ser mudado. *tornei-me tudo para todos*: a base da integridade de Paulo é o amor às pessoas, independentemente de sua situação religiosa ou social. **23.** *para dele me tornar participante*: visto que seu ser consiste em ser apóstolo (9,16), Paulo só pode usufruir dos frutos do evangelho levando-o aos outros. **24-27.** Além de se subordinar às necessidades de outros, a liberdade de Paulo é restringida pela necessidade de autodisciplina. A conversão é somente o começo de um processo, que pode ser abortado pelo pecado (veja o comentário sobre 10,1-22). **27.** *trato duramente meu corpo*: a metáfora do espancamento não deve ser interpretada de forma a tornar Paulo um defensor de práticas penitenciais. Para ele o corpo não era mau, mas o meio do compromisso e o instrumento do amor. O corpo deve ser treinado para responder mais às necessidades dos outros do que a suas próprias.

(BORNKAMM, G., in *StLA* 194-207. BRONEER, O., "The Apostle Paul and the Isthmian Games", *BA* 25 [1962] 1-31. CHADWICK, H., "'All Things to All Men' (1Cor ix.22)", *NTS* 1 [1954-55] 261-75. PFITZNER, V. C., *Paul and the Agon Motif* [NovTSup 16; Leiden, 1967]. RICHARDSON, P., "Pauline Inconsistency: 1Cor 9:19-23 and Gl 2:11-14", *NTS* 26 [1979-80] 347-62.)

48 (c) *Os perigos do excesso de confiança* (10,1-13). Usando exemplos do AT, Paulo adverte os coríntios de que mesmo as pessoas chamadas por Deus podem ser condenadas por infidelidade. **1-4.** Paulo estabelece um paralelo entre a situação dos israelitas no deserto e a dos coríntios. Ele pressupõe que seus leitores estão familiarizados com a narrativa do Êxodo e utiliza a ordem desta narrativa: nuvem (Ex 13,21), mar (14, 21), maná (16, 4.14-18), água (17,6) e rebelião (32,6).

1. *sob a nuvem*: assim como no Sl 105,39 LXX. **2.** *batizados em Moisés*: uma interpretação puramente cristã inspirada por "batizados em Cristo" (Gl 3,27; Rm 6,3). **3-4.** *alimento/bebida espiritual*: o adjetivo *pneumatikon* evoca sua origem miraculosa, e a alusão é evidentemente à eucaristia. *uma rocha espiritual que os acompanhava*: não há sugestão de movimentação da rocha no AT, mas isso está presente em uma lenda desenvolvida com base em uma interpretação judaica de Nm 21,17 (veja E. E. Ellis, *JBL* 76 [1957] 53-56). *essa rocha era Cristo*: para intensificar a compreensão das situações paralelas pelos coríntios, eles deveriam ver a rocha de então como um equivalente ao Cristo de agora; o termo intermediário é a continuidade do oferecimento, e não a identificação da rocha com a Sabedoria feita por Filo (*Leg. alleg.*, 2.86). O tempo verbal no passado é usado não porque Cristo existiu no passado, mas porque a rocha não se encontra no presente (veja Dunn, *Christology* 183-84). **6.** *esses fatos aconteceram para nos servir de exemplo*: Paulo vem se baseando no sentido típico do Êxodo (→ Hermenêutica, 71:46-48). **7.** *não vos torneis idólatras*: embora os coríntios não adorassem deuses pagãos, alguns participavam de refeições cultuais pagãs (veja 8,10; 10,14-22). *levantaram-se para se divertir*: a tradição judaica explicava o verbo hebraico subjacente a *paizein* de várias maneiras (*t. Soṭa* 6,6), incluindo a imoralidade sexual, o qual, conforme indica a referência subsequente à fornicação, deve ser o sentido neste caso (veja 9,5). **8.** De acordo com Nm 25,1-9, o número era 24.000. **9.** Nm 21,4-6. Os coríntios estavam pondo Deus à prova com seu egoísmo imaturo. **10.** Provavelmente Nm 17,10. *Exterminador*: o termo não aparece na LXX. Com base em Ex 12,23; 2Sm 24,16; 1Cr 21,15; Sb 18,20-25, os rabinos acreditavam haver um anjo destruidor especial (Str-B 3. 412). **11.** Veja comentário sobre o v. 6. *nós que fomos atingidos pelo fim dos tempos*: não há nenhuma explicação realmente satisfatória para o uso do plural, mas o sentido é que os cristãos estão vivendo o último período da história humana (→ Teologia paulina, 82:42). **12.** Este é o sentido da seção inteira. **13.** *as tentações que vos acometeram tiveram medida humana*: os coríntios, dentre os quais alguns se consideravam espiritualmente superiores, falharam nas provações que geralmente acometem a humanidade. Mas poderiam ter resistido. Deus permitirá que sejam provados, mas nunca de uma maneira em que o fracasso seja inevitável.

(GOPPELT, L., "Paul and Heilsgeschichte: Conclusions from Rm 4 and 1Cor 10,1-13", *Int* 21 [1967] 315-26. MARTELET, G., "Sacrements, figures et exhortation en 1Cor x, 1-11", *RSR* 44 [1956] 323-59, 515-59. MEEKS, W. A., "'And Rose up to Play': Midrásh and Paraenesis in 1Cor 10,1-22", *JSNT* 16 [1982] 64-78. PERROT, C., "Les exemples du désert (1 Co 10,6-11)", *NTS* 29 [1983] 437-52.)

49 (d) *O significado de gestos sociais* (10,14-22). Os fortes não tinham a intenção de adorar ídolos ao participar de banquetes nos templos (8,10), mas Paulo acreditava que esses gestos sociais tinham um significado objetivo que era independente das intenções das pessoas que os realizavam. Ele tinha argumentado da mesma maneira no tocante ao ato da relação sexual em 6,12-20. **14.** *fugir*: observe o paralelo com 6,18a. **15.** *pessoas sensatas*: apela-se à razão, mas a premissa básica é uma questão de fé. **16.** *comunhão*: Paulo começa estabelecendo um terreno comum. Os coríntios aceitam a identificação do pão e do vinho da eucaristia com Cristo e acreditam que a partilha desta refeição produz uma união comum ou uma união partilhada (*koinōnia*), chamada dessa forma porque tem dois focos, Cristo e outros crentes. A ordem usual do pão e do cálice (11,23-29) é invertida para facilitar a transição ao versículo seguinte. **17.** *um único pão*: compartilhando da fonte uma da vida, o pão que é o corpo de Cristo, os crentes se tornam um corpo cuja diversidade está enraizada em uma unidade orgânica. **18.** *Israel*: como ilustração adicional do mesmo tipo de fenômeno, Paulo evoca o sacrifício de comunhão israelita (veja R. de Vaux, *Studies in Old Testament Sacrifice* [Cardiff, 1964] 27-51), no qual a vítima era dividida entre Deus (representado pelo altar), o sacerdote e a pessoa que fazia a oferta (Lv 3 e 7; 1Sm 9,10-24). A partilha era compreendida como criadora de um elo entre todos os envolvidos. **19.** *que os ídolos mesmos sejam alguma coisa*: Paulo se antecipa a uma objeção. A não existência de ídolos (8,4) não afeta a validade de sua analogia. **20-21.** A ausência de uma dimensão vertical real na adoração dos ídolos não anula a dimensão horizontal estabelecida pelo gesto da partilha. Assim, ao participar dos banquetes nos templos, os fortes participavam de uma "comum-união" com pagãos que, por sua crença, davam aos ídolos uma existência subjetiva, que facilitava a ação das forças contrárias a Deus que andavam soltas no mundo ("demônios"). Os fortes se tornavam "sócios dos demônios" na medida em que destruíam outros cristãos e iniciavam a destruição da comunidade (8,10-12). Eles nunca intencionaram isto, mas era, na verdade, a consequência de sua ação. **22.** Deus é mais forte do que os fortes.

50 (e) *Os escrúpulos dos fracos* (10,23-11,1). Tendo lidado com a atitude dos fortes em relação à carne oferecida aos ídolos, diretamente em 8,1-13 e indiretamente em 9,1-10,22, Paulo se volta neste trecho para a posição dos fracos, que também tem aspectos censuráveis. **23.** O lema coríntio de 6,12 é criticado outra vez, mas desta vez a partir de uma perspectiva comunitária. *edifica*: *oikodomein*, no original, refere-se primordialmente à edificação da comunidade (veja caps. 12-14). **24.** *do próximo*: no contexto, isto significa a pessoa de quem eu discordo instintivamente (Barrett); isto se aplica igualmente tanto aos fortes quanto aos fracos. **25.** *tudo*: o total pragmatismo deste conselho ("o que você não sabe não lhe fará mal") mostra o quanto Paulo se distanciou do princípio judaico de que "uma pessoa ignorante não pode ser santa" (*m. 'Abot* 2,6; cf. 4,13). **26.** A citação do Sl 24,1 era usada pelos judeus para justificar a bênção dos alimentos (veja E. Lohse, *ZNW* 47 [1956] 277-80), mas certamente não para legitimar o comer qualquer coisa ou tudo. **27.** *se algum gentio vos convidar*: à luz da proibição de 10,20-21, isto deve ser um convite para uma refeição em uma moradia privada. **28-29a.** Paulo repentinamente se dá conta de que suas palavras também seriam lidas pelos fortes e, portanto, faz uma digressão para lembrá-los de que a regra de conduta enunciada em 8,13 continua tendo validade. *em atenção a quem vos chamou a atenção*: como em 8,11, Paulo enfatiza a pessoa (10,24), mas acrescenta uma referência à *syneidēsis* (veja o comentário sobre 8,7), o termo preferido pelos coríntios, mas que ele precisa restringir imediatamente a fim de evitar um equívoco. Comer essa carne seria penoso apenas para a consciência dos fracos, a quem os informantes pertenciam. **29b-30.** Paulo passa para a primeira pessoa do singular como em 8,13 e fala a partir da perspectiva dos fortes que haviam sido atacados pelos fracos. *Por que a minha liberdade haveria de ser julgada por outra consciência?*: os fracos supunham que os fortes também estivessem agindo contra sua consciência e os difamavam publicamente (veja J. Murphy-O'Connor, *RB* 85 [1978] 555-56). Os fortes, chocados, respondiam a essa atitude com a pergunta: "Por que estou sendo acusado?" O fato de os fortes abençoarem seu alimento agradecendo a Deus indicava que estava agindo de boa fé. Ao se colocar na posição dos fortes, Paulo censurou a falta de caridade dos fracos. **31.** *fazei tudo para a glória de Deus*: observe a exortação paralela que conclui 6,20; veja o comentário sobre 2,7. **32.** *não vos torneis ocasião de escândalos, nem para os judeus, nem para os gregos*: como indica o versículo seguinte, a comunidade tem uma responsabilidade missionária (14,3; Fl 2,14-16). Ela deve viabilizar positivamente a conversão e não apenas evitar a criação de empecilhos. **33.** *me esforço para agradar*: este resumo de sua postura missionária (veja o comentário sobre 9,19-23) não contradiz Gl 1,10 ou 1Ts 2,4. **11,1.** Cristo é o ideal de humanidade que todos os crentes buscam alcançar, porém, já que não podem vê-lo, o comportamento de Paulo deve espelhar "a vida de Jesus" (2Cor 4,10). Esta é a única hermenêutica autêntica. Este tema aparece em referência a cada comunidade que conheceu Paulo pessoalmente (1Cor 4,16; Gl 4,12; Fl 3,17; 4,9; 1Ts 1,6; 2,14).

(Veja bibliografia, → 41 *acima*. BETZ, H. D., *Nachfolge und Nachahmung Jesu Christi im Neuen Testament* [BHT 37; Tübingen, 1967]. CADBURY, H. J., "The Macellum of Corinth", *JBL* 53 [1934] 134-41. DE BOER, W. P., *The Imitation of Paul* [Kampen, 1962], STANLEY, D. M., "Become Imitators of Me': The Pauline Conception of Apostolic Tradition", *Bib* 40 [1959] 859-77.)

51 (C) Problemas nas assembleias litúrgicas (11,2-14,40). Em contraposição à questão relativa aos dons espirituais (12,1), as duas temáticas tratadas em 11,2-34 não foram levantadas na carta coríntia (7,1). Elas são do tipo de informação que Paulo recebeu oralmente (1,11; → 9 *acima*). Paulo, entretanto, se refere à carta em 11,2 (veja Hurd, *Origins* 68). Os coríntios talvez tenham concluído sua exposição sobre as carnes oferecidas aos ídolos dizendo: "Nós nos recordamos de tudo o que você nos disse e mantemos as tradições da maneira como você no-las transmitiu. Em particular, nos reunimos para orar e celebrar a eucaristia". Isso explica bem a transição, mas, tendo acabado de tratar de ocasiões sociais que envolviam pagãos (10,14-22.27), Paulo pode simplesmente ter decidido tratar de ocasiões sociais dentro da comunidade cristã a esta altura.

52 (a) *Vestes nas assembleias litúrgicas* (11,2-16). As tentativas de W. O. Walker (*JBL* 94 [1975] 94-110) e G. W. Trompf (*CBQ* 42 [1980] 196-215) de provar que esta seção não provém da pena de Paulo não são convincentes (veja J. Murphy-O'Connor, *JBL* 95 [1976] 615- 21; *CBQ* 48 [1986] 87-90). A maneira pela qual certos homens e, possivelmente, algumas mulheres usavam seu cabelo sugeria tendências homossexuais. A resposta de Paulo é ressaltar a importância da diferença entre os sexos (para mais detalhes sobre todos estes aspectos, veja J. Murphy-O'Connor, *CBQ* 42 [1980] 482-500).

53 3 *cabeça*: o termo grego *kefalē* nunca conota autoridade ou superioridade (contra S. Bedale, *JTS* 5 [1954] 211-15); "origem" (LSJ 945) é o único significado apropriado aqui. *a origem de todo homem é Cristo*: Paulo evoca o papel de Cristo (veja o comentário sobre 1,30; 4,15) na nova criação (2Cor 5,17). O contexto geral do pensamento de Paulo exige que *anēr* seja compreendido genericamente (veja A. Oepke, *TDNT* 1. 360-62). *a cabeça da mulher é o homem*: veja o comentário sobre o v. 8. *a cabeça de Cristo é Deus*: para Paulo, Cristo é aquele que é enviado (Gl 4,4-5; Rm 8,3) para uma missão de salvação (1Ts 1,10; Gl 2,20; Rm 8,29.32); trata-se da questão de seu ser como Salvador. **4.** *ore*: em voz alta e em público, possivelmente com um papel de liderança. *profetize*: um ministério da palavra (14, 3.22.31) derivado de um conhecimento profundo dos mistérios de Deus (13,2) baseado nas Escrituras (veja C. Perrot, *LumVie* 115 [1973] 25-39). *de cabelos longos*: a referência é a um cabelo comprido, como no v. 14, usado pelos homossexuais masculinos a fim de que pudesse ser arrumado de forma refinada (veja Filo, *De spec. leg.* 3.36). *desonra sua cabeça*: *kefalē* significa aqui a pessoa como um todo (veja H. Schlier, *TDNT* 3. 674). **5.** A estrutura em paralelismo indica que os termos comuns têm o mesmo significado do v. 4. *com cabeça descoberta*: seu cabelo não está sendo usado corretamente (veja o v. 15). *é o mesmo que ter a cabeça raspada*: a mulher parece um homem. Paulo tem de prosseguir para se explicar. **6.** *Se a mulher não se cobre, mande cortar os cabelos*: o cabelo desarrumado em uma mulher era pouco feminino somente em um sentido muito genérico. Ele não conotava um desvio da sexualidade, como o cabelo longo nos homens, mas Paulo paraleliza os dois casos. Se uma mulher não cuidar de seu cabelo, pode muito bem ir ao outro extremo e se assemelhar a um homem, cujo cabelo normalmente curto era, às vezes, raspado para determinadas festas (veja Apuleio, *Metamorfoses* 11.10).

54 **7-10.** O primeiro argumento de Paulo contra a prática coríntia se baseia na intenção divina revelada em Gn 2; a variação no modo da criação prova que Deus queria que homens e mulheres fossem diferentes. **7.** *quanto ao homem, não deve cobrir a cabeça*: isso seria pouco masculino. A conclusão paralela a respeito da mulher aparece no v. 10. *ele é a imagem e a glória de Deus*: visto que a humanidade perdeu a glória de Deus com a queda (veja o comentário sobre 2,7), Paulo está invocando aqui o estado prístino da humanidade. *a mulher é a glória do homem*: na tradição judaica, com a qual Paulo estava perfeitamente familiarizado, a mulher também era a imagem (Gn 1,27; veja J. Jervell, *Imago Dei* [FRLANT 76; Göttingen, 1960]) e glória de Deus (*ApMo.* 20,1-2). Mas Paulo não poderia dizer isso aqui. Ele tinha de encontrar uma fórmula que sublinhasse a diferença entre os sexos, e a ideia de que a mulher proporcionava glória ao homem (veja A. Feuillet, *RB* 81 [1974] 161-82) era justificada por Gn 2,18, a que ele se refere no v. 9. De acordo com Gn 2,21-23, a mulher foi criada da costela do homem, enquanto o homem foi criado do pó da terra (Gn 2,7). Paulo quer insinuar que, se Deus houvesse intencionado que homens e mulheres fossem iguais, os teria criado da mesma maneira. **10.** *a mulher deve ter uma autoridade sobre sua cabeça*: a formulação de Paulo é tão condensada que o significado só pode ser deduzido do contexto. *Exousian echein* somente pode significar autoridade a ser exercida, e Paulo pressupõe que mulheres desempenhem um papel de liderança na comunidade (v. 5). Ela desfruta desta autoridade exatamente como mulher e, assim, deve destacar seu sexo através do penteado. *por causa dos anjos*: com o intuito de não escandalizar enviados de outras igrejas. O mesmo uso de Gl 4,14; Lc 7,24; 9,52; contraponha a Gl 1,8. **11-12.** A base do argumento de Paulo nos vv. 7-10 era a narrativa da criação, que os judeus usavam para provar que a mulher era inferior ao homem (Josefo, *Contra Apião* 2.24 § 201; veja J. B. Segai, *JJS* 30 [1979] 121-37). Paulo recusa totalmente essa interpretação agora. **11.** *a mulher não existe sem o homem*: na comunidade cristã, a mulher de forma alguma é inferior ao homem (veja J. Kürzinger, *BZ* 22 [1978] 270-75). **12.** *tudo vem de Deus*: o fato de que a mulher é a origem do homem (contraponha a v. 3b) é também uma manifestação da intenção divina e anula a interpretação judaica de Gn 2,21-23 (veja Filo, *Quaest. Gen.* 1.16).

55   13-15. A segunda linha de argumentação de Paulo se baseia na canonização da convenção corrente que muitas vezes é tida como lei natural. **14.** *é desonroso para o homem trazer cabelos compridos*: é um sinal de homossexualidade. **15.** *porque a cabeleira lhe foi dada como véu*: imagens do séc. I mostram mulheres com o cabelo longo preso com tranças em torno da cabeça (veja E. Pottier, M. Albert e E. Saglio, "Coma", *Dict. des antiquités grecques et romaines* [Paris, 1887] 1361, 1368-70). **16.** O argumento final de Paulo é a prática de outras igrejas. Ele podia ter certeza de que todos concordariam que os homens devem se parecer com homens e as mulheres com mulheres.

(ADINOLFI, M., "Il velo della donna e la rilettura paolina di 1Cor 11:2-16", *RivB* 23 [1975] 94-110. BOUCHER, M., "Some Unexplored Parallels to 1Cor 11:11-12 and Gl 3:28", *CBQ* 31 [1969] 50-58. MARTIN, W. J., "1Cor 11:2-16: An Interpretation", *Apostolic History and the Gospel* [Festschrift F. F. BRUCE; ed. W. W. GASQUE *et al.*; Exeter, 1970] 231-41. MEIER, J. P., "On the Veiling of Hermeneutics (1Cor 11:2-16)", *CBQ* 40 [1978] 212-26. PADGETT, A., "Paul on Women in the Church: The Contradiction of Coiffure in 1Cor 11:2-16", *JSNT* 20 [1984] 69-86. PAGELS, E., "Paul on Women: A Response to Recent Discussion", *JAAR* 42 [1974] 538-49. SCROGGS, R., "Paul and the Eschatological Woman", *JAAR* 40 [1972] 283-303; "Paul and the Eschatological Woman: Revisited", *JAAR* 42 [1974] 532-37.)

56   (b) *A eucaristia* (11,17-34). Paulo passa a um outro problema das assembleias sociais cristãs (→ 51 *acima*). O essencial de sua reação é que não pode haver eucaristia em uma comunidade cujos membros não amem uns aos outros. **17.** *dito isto*: a transição um tanto desajeitada tem o olhar voltado para trás, para o v. 16, nesta expressão, enquanto o restante do versículo tem em vista o que está por vir. **18.** *há entre vós divisões*: a situação foi relatada a Paulo, provavelmente pelos da casa de Cloé (1,11). As divisões neste caso (vv. 21-22) têm uma origem diferente das facções partidárias de 1,12. *em parte, o creio*: ele aceita a notícia relutantemente. **19.** *é preciso que haja até mesmo cisões*: isto não é uma simples resignação perante o inevitável, mas a articulação de uma necessidade escatológica (observe o uso de *dei* em 15,25.53), que tem aqui a função de uma advertência. O comportamento de cristãos inadequados ressalta o comportamento dos crentes autênticos e, dessa forma, facilita o julgamento de Deus. **20.** *o que fazeis não é comer a ceia do Senhor*: mesmo que as palavras do ritual (vv. 24-25) fossem proferidas, a falta de amor (vv. 21-22) significava que, na realidade, não havia eucaristia. **21.** A refeição era realizada privadamente em uma casa (Rm 16,23) cujos aposentos eram pequenos demais para conter toda a comunidade num único cômodo. A divisão assim imposta pode ter sido exacerbada pelo costume romano de classificar os convidados socialmente e dar pouco ou nada àqueles considerados inferiores (veja J. Murphy-O'Connor, *St. Paul's Corinth* 153-61). *cada um se apressa por comer sua própria ceia*: somente os membros mais ricos da comunidade tinham recursos para chegar cedo e estavam preocupados exclusivamente com a satisfação de seus próprios desejos. *Enquanto um passa fome*: os membros mais pobres da comunidade talvez tivessem trabalhado o dia inteiro sem comer. **22.** *não tendes casas para comer e beber?*: se tudo o que lhes interessava era comer e beber, deveriam ter ficado em suas casas e não se entregar à farsa de uma refeição comum. *aqueles que nada têm*: muitos crentes coríntios eram pobres (1,26), e a humilhação da dependência era agravada pela negligência desdenhosa.

57   23. Paulo se apresenta como um elo na corrente da tradição que remonta a

Jesus, cuja autoridade continua presente na igreja. **24-25.** A versão paulina das palavras da instituição é mais próxima da de Lucas (22,15-20), mas não depende dela. O apóstolo introduziu modificações pequenas em um texto que já havia passado por um desenvolvimento litúrgicos (veja *EWJ*). Quanto ao significado da eucaristia, → Teologia paulina, 82:128-32. **25.** Em contraposição a Lucas, que menciona *anamnēsis* somente a propósito do pão (22,19), Paulo também inclui uma exortação (pela qual ele talvez seja responsável) a propósito do cálice. O significado da fórmula "Fazei isto em memória de mim" tem causado muita discussão (veja F. Chenderlin, *"Do This as My Memorial"* [*AnBib* 99; Rome, 1982]), mas, neste contexto, o sentido é determinado pelo v. 26, que é o comentário de Paulo que visa a confrontar os coríntios com o significado existencial da eucaristia. **26.** *anunciais a morte do Senhor*: a morte de Jesus, que é um ato de amor (Gl 2,20), é proclamada existencialmente (2Cor 4,10-11) em e através do comer e do beber compartilhados (10,16). A recordação autêntica é imitação de Cristo (11,1), por meio de quem o amor salvífico de Deus (Rm 8,39) se faz efetivamente presente no mundo. A partir desta perspectiva, fica claro por que o comportamento dos coríntios (v. 21) impossibilitava uma eucaristia autêntica (v. 20). *até que ele venha*: até que Cristo retorne em glória (15,23).

58 **27.** Paulo aplica agora esta compreensão da eucaristia à situação em Corinto. *todo aquele que comer do pão ou beber do cálice do Senhor indignamente*: Paulo tem em mente a falta de preocupação amorosa de uns com os outros manifestada pelos coríntios (v. 21). O genitivo *tou kyriou* obviamente se aplica tanto ao pão quanto ao cálice. *será réu do corpo e do sangue do Senhor*: se os participantes da refeição eucarística não estiverem unidos em amor (v. 26), eles se colocarão entre as pessoas que mataram Jesus (Dt 19,10; cf. Hb 6,4-6; 10,29). **28.** Daí a importância do autoexame que leva à reconciliação (Mt 5,23-24) antes da participação na eucaristia.

29. *discernir o corpo*: este é o critério pelo qual os crentes devem julgar a si mesmos. Eles precisam avaliar a autenticidade de seus relacionamentos com outros membros do corpo de Cristo, um tema já conhecido dos coríntios (6,15) e mencionado em 10,17. **30.** *débeis e enfermos*: contra o pano de fundo judaico de associação do pecado com a doença (Mc 2,1-12; Jo 9,1-2), Paulo interpreta uma epidemia em Corinto como punição divina. *muitos*: muitos (*hikanoi*, veja *BAGD* 374) haviam morrido, e muitos ficaram debilitados. **31.** *se nos examinássemos a nós mesmos*: a autocorreção é a única maneira de prevenir a punição divina. **32.** *mas por seus julgamentos o Senhor nos corrige*: a aceitação de experiências desagradáveis como advertências educativas é um incentivo para evitar o tipo de comportamento que faz por merecer a condenação. *com o mundo*: o egoísmo demonstrado por alguns coríntios era o comportamento típico das pessoas que "se perdem" (1,18). **33.** *esperai uns aos outros*: esta é uma maneira prática de "discernir o corpo" (v. 29) e evitar o egoísmo (v. 21) que destruía a partilha que deveria caracterizar a eucaristia. **34a.** Quando entendido conjuntamente com o v. 22, isto parece uma solução conciliatória destinada a diminuir o impacto das diferenças sociais na vida da comunidade. Os ricos poderiam se regalar em casa, mas na refeição eucarística deveriam se limitar à comida comum. **34b.** *quanto ao mais*: Paulo estava descontente com outros aspectos das assembleias litúrgicas, mas eram coisas de menor importância e poderiam esperar até sua chegada.

(KÄSEMANN, E., "The Pauline Doctrine of the Lord's Supper", *ENTT* 108-35. KLAUCK, H.-J., *Herrenmahl und hellenistischer Kult* [NTAbh 15; Münster, 1982]. LÉON-DUFOUR, X., *Le partage du pain eucharistique selon le Nouveau Testament* [Paris, 1982]. MURPHY-O'CONNOR, J., "Eucharist and Community in 1Cor", *Worship* 50 [1976] 370-85; 51 [1977] 56-69. THEISSEN, G., *Social Setting* 145-74.)

59 (c) *Os dons do Espírito* (12,1-11). A introdução com *peri de* indica uma pergunta feita pelos coríntios. A resposta de

Paulo, que vai até 14,40, sugere que ela diz respeito à hierarquia dos dons espirituais. Ele discerniu uma competitividade egocêntrica que era danosa à unidade da igreja. **1-3.** O critério pelo qual as manifestações do Espírito devem ser julgadas. **2.** *éreis irresistivelmente arrastados*: em um certo estágio, o êxtase autenticava a adoração dos ídolos pelos coríntios pagãos. **3.** *Anátema seja Jesus*: havia traços de desprezo na maneira como os "espirituais" negligenciavam as lições da vida do Jesus histórico (2Cor 5,15), e Paulo, provavelmente, criou esta fórmula chocante para cristalizar as implicações da atitude deles. *Jesus é Senhor*: Paulo solapa todo elitismo espiritual ao recordá-los de que todos haviam feito essa confissão batismal (Rm 10,9). Veja J. M. Bassler, *JBL* 101 (1982) 415-18; → Teologia paulina, 82:52-54. **4-7.** Visto que todos os dons têm uma origem comum, eles devem servir a uma finalidade comum. **8-10.** A lista dos dons (cf. 12,27-30; Rm 12,6-8; Ef 4,11) não é exaustiva, e definições precisas são impossíveis. Muitos dos significados supostos por grupos carismáticos são arbitrários. **11.** Já que o Espírito tanto dá quanto "opera" o dom, ninguém deveria se encher de orgulho (veja J. Koenig, *Charismata* [Philadelphia, 1978].)

60 (d) *O corpo necessita de muitos membros* (12,12-31). Embora muito difundida no mundo antigo, é improvável que a ideia da sociedade como um corpo tenha sido a fonte do conceito paulino (→ Teologia paulina, 82:122-27). Ele via a sociedade, acima de tudo, como caracterizada por divisões (Gl 3,28) e qualificava a comunidade cristã como "corpo" a fim de enfatizar sua unidade orgânica. O uso que Paulo fez desse conceito pode ter sido indiretamente provocado por ex-votos de partes do corpo humano depositados no santuário de Asclépio em Corinto (veja Murphy-O'Connor, *St. Paul's Corinth* 165). **12.** *muitos membros*: a diversidade está enraizada na unidade. Os membros diferentes partilham todos de uma existência comum. *Cristo*: como em 6,15, o nome é qualificativo da comunidade.

13. *todos bebemos de um só Espírito*: o fato de o verbo *potizein* estar no aoristo vai contra a ideia de uma referência à eucaristia (3,6-8). O Espírito está dentro da Igreja (3,16; 6,19). **14.** *um só membro*: esta é a afirmação-chave no contexto. Assim como o corpo humano necessita de membros diferentes (vv. 14-20), também a Igreja necessita de uma diversidade de dons espirituais, e cada um contribui de uma maneira específica. **21.** *não preciso de ti*: a perspectiva muda ligeiramente. Agora a questão é que os membros necessitam uns dos outros. **23-25.** Em termos de vestimenta, os órgãos genitais recebem mais atenção do que as orelhas ou o nariz. O instinto de modéstia revela o plano divino para assegurar que os olhos (por exemplo) não recebam toda a consideração. **27.** *cada um por sua parte*: o alcance preciso do termo *ek merous* não está claro. Coletivamente os coríntios são o corpo, mas individualmente são seus membros (cf. Rm 12,5). **28-30.** Paulo aplica o v. 14 aos dons espirituais. **28.** Os três primeiros dons, separados dos outros por estarem numerados e personalizados, constituem o triplo ministério fundamental da palavra através do qual a igreja é fundamentada e edificada. *profetas*: veja o comentário sobre 14,3. *doutores*: sua função talvez tenha sido diferente da dos profetas por ter sido exercida fora do contexto da assembleia litúrgica (veja os comentários sobre Rm 12,6-7). **31.** *aos dons mais altos*: ou os três primeiros dons do v. 28, se o verbo estiver no imperativo, ou aqueles estimados equivocadamente pelos coríntios, se o verbo estiver no indicativo.

61 (e) *Amor, o maior dom* (13,1-13). À primeira vista, o cap. 13 parece romper a conexão entre os caps. 12 e 14. Por isso, ele foi considerado: (a) uma interpolação não paulina (E. L. Titus, *JBR* 27 [1959] 299-302); (b) uma parte deslocada de uma das cartas combinadas em 1 Coríntios (W. Schenk, *ZNW* 60 [1969] 219-43); (c) um texto composto para outra ocasião e inserido aqui por Paulo (Barrett, Conzelmann). As duas primeiras hipóteses não têm fundamento.

A terceira se recomenda pela qualidade da escrita (Weiss) e pelo uso da forma literária helenística "louvor à maior virtude" (cf. U. Schmid, *Die Primael der Werte im Griechischen von Homer bis Paulus* [Wiesbaden, 1964]), que se introduziu na tradição sapiencial judaica (*p.ex.*, Sb 7,22-8,1; 1Esd 4,34-40). Apesar disto, as ligações com o contexto imediato e a situação de Corinto são tão específicas que praticamente impõem a concepção de que o cap. 13 foi escrito para o lugar que ocupa atualmente em 1 Coríntios.

62 **1-3.** As três afirmações são construídas com base no mesmo modelo. Em cada caso, a prótase condicional contém uma alusão a um carisma mencionado no cap. 12, ou seja, línguas (v. 1 = 12,28), profecia (v. 2 = 12,10.28), conhecimento (v. 2 = 12,8), fé (v. 2 = 12,9), assistência (v. 3 = 12,28). Há uma progressão do menor dom, línguas (14,6-12), passando pelos dons intelectuais e pela fé capaz de operar milagres, até atos de suprema devoção em benefício de outras pessoas. **2.** *nada seria*: somente amando o cristão existe autenticamente (1,30). **3.** *meu corpo às chamas*: é preferível ler *kauthēsomai* a *kauchēsōmai* (R. Kieffer, *NTS* 22 [1975-76] 95-97). Após a entrega das posses, resta somente a do corpo. Morrer queimado era o tipo de morte considerado mais horrível. **4-7.** Em vez de definir o amor, Paulo o personifica. Todos os quinze verbos envolvem outra pessoa e foram escolhidos a fim de destacar virtudes negligenciadas pelos coríntios. Os fortes não eram "pacientes e prestativos" (8,1-13). Os ascetas sexuais tendiam a "procurar seus próprios interesses" (7,1-40). A comunidade "se alegrava com a injustiça" (5,1-8). **8-13.** Paulo contrapõe o presente ("agora") em que os coríntios supervalorizam os dons espirituais, com um futuro ("então") em que eles darão suprema importância às virtudes essenciais da fé, da esperança e do amor (veja E. Miguens, *CBQ* 37 [1975] 76-97). **10.** *quando vier a perfeição, o que é limitado desaparecerá*: esta interpretação da contraposição *to teleion – to ek merous* é recomendada pelo versículo seguinte. Paulo considerava os coríntios infantis (3,1; 14,20) e desejava que eles "amadurecessem" (14,20). **12.** *veremos face a face*: a metáfora não diz mais do que *epignōsomai*, "conhecerei realmente", e é usada no AT para expressar a qualidade do conhecimento que Moisés tinha de Deus (Ex 33,11; Nm 12,8; Dt 34,10) nesta vida presente. Não há referência à visão beatífica. *como sou conhecido*: veja 8,3: Gl 4,9; Rm 8,29. **13.** A fé e a esperança são incompatíveis com a visão beatífica, mas, juntamente com o amor, são essenciais para a vida cristã (1Ts 1,3; 2Ts 1,3-4; Cl 1,4-5).

(KIEFFER, R., *Le primat de l'amour* [LD 85; Paris, 1975]. SANDERS, J. T., "1Cor 13: Its Interpretation since the First World War", *Int* 20 [1966] 159-87. SPICQ, C., *Agapè dans le Nouveau Testament*, II [EBib; Paris, 1959] 53-120.)

63 (f) *A profecia é mais importante do que as línguas* (14,1-25). A crítica de Paulo às línguas indica que os coríntios davam uma importância indevida a este dom. O misterioso balbuciar de sons ininteligíveis era visto como o mais claro sinal de possessão pelo Espírito e, portanto, aumentava o prestígio social. O individualismo latente é mostrado pela avaliação de Paulo em termos de utilidade para a comunidade, que ele enfatiza através da contraposição entre línguas e profecia. **1.** *aspirai*: há um certo realismo na sugestão de que os crentes tendem a receber os dons que querem. **2.** *línguas*: embora audível, a glossolalia é inteligível somente a Deus, o autor do dom, e, dessa forma, é completamente diferente das línguas estrangeiras de At 2,4-11 (contra R. H. Gundry, *JTS* 17 [1966] 299-307). **3.** *profetiza*: a profecia é definida por seu efeito na comunidade. A revelação no sentido de uma nova percepção do mistério da salvação é efetivada na orientação e instrução pastoral; veja o comentário sobre 1Ts 5,19-21; Rm 12,6. **5.** *a menos que este as interprete*: neste caso, não há diferença entre a glossolalia e a profecia; veja o comentário sobre o v. 13 e os vv. 27-28. **6-12.** Paulo usa três argumentos para provar que o som sem inteligibilidade não contribui em nada: seu próprio ministério (v. 6); instrumentos musicais (vv. 7-8); e línguas estrangeiras (vv. 10-11). **11.** *serei como um bárbaro para aquele que fala*: Contudo, na comunidade de fé o outro deveria ser um irmão (8,11-12)! A glossolalia rompe a unidade da comunidade. "Estrangeiro" é a tradução de *barbaros*, "bárbaro"; → Romanos, 51:18. **13-19.** As línguas podem dar uma contribuição para a comunidade contanto que sejam acompanhadas pelo exercício da mente, que as torna inteligíveis. **13.** *aquele que fala em línguas, deve orar para poder interpretá-las*: não há dom de "interpretação" dado a outros que não os falantes em línguas. Estes devem aspirar a um dom adicional que tornaria inteligível sua experiência rudimentar de Deus (veja A. C. Thiselton, *JTS* 30 [1979] 15-36). **14.** *meu espírito*: o Espírito Santo atuante na pessoa como dom e operando através de canais psicológicos distintos da *mente* racional. **15.** A atividade não articulada do Espírito deveria chegar à mente e tornar-se inteligível. *cantarei também com a minha inteligência*: veja Cl 3,16. **16.** *se deres graças*: Deus é louvado na "ação de graças" (*eucharistia*) por sua graça, *p.ex.*, 2Cor 1,3-4; 2,14. *o ouvinte não iniciado*: um crente confuso com o que está se passando ou um não cristão. *dizer "Amém"*: o cristianismo herdou do judaísmo o costume de assentir à prece respondendo "Amém" (Dt 27,14-26; 1Cr 16,7-36; Ne 5,13; 8,6). "Sublinha-se a responsabilidade da igreja como um todo por ouvir, compreender, examinar e controlar" (Barrett). **20-25.** Tendo tratado da dimensão intracomunitária da glossolalia, Paulo passa para seu relacionamento com o apostolado da comunidade. **21.** Paulo cita Is 28,11-12 em uma tradução parecida com a de Áquila. Visto que os israelitas não querem escutar o profeta, ele os ameaça com "a terrível linguagem inarticulada dos invasores estrangeiros" (Robertson-Plummer), a qual não conseguem compreender. **22.** Num estilo de diatribe (→ Teologia paulina, 82:12), Paulo coloca uma inferência a partir da citação na boca de um oponente imaginário, que sustenta que, se a glossolalia (em contraposição à profecia) é ineficaz dentro da Igreja, sua finalidade deve consistir em ser um sinal apologético para as pessoas de fora (veja B. C. Johanson, *NTS* 25 [1978-79] 180-203). **23.** Paulo retoma seu argumento (quanto a este significado de *oun*, veja *BDF* 451.1) e contradiz seu interlocutor. *simples ouvintes e os incrédulos*: os dois termos se referem aos aspectos objetivo (simples ouvintes) e subjetivo (incrédulos) do mesmo grupo; a ordem será invertida no versículo seguinte. *que estais loucos?*: um juízo que colocaria o cristianismo no mesmo patamar dos cultos mistéricos pagãos extáticos. **24-25.** A preocupação mútua expressa na edificação, no incentivo e na consolação (14,3) é tão obviamente boa e tão evidentemente diversa do egocentrismo do "mundo" que a pessoa de fora é eficazmente desafiada a perceber a presença ativa de Deus na comunidade.

64 (g) *Ordem no uso dos dons espirituais* (14,26-40). Assembleias litúrgicas desordenadas ou demasiadamente longas não edificariam a comunidade. Paulo, em consequência disso, tem de desconsiderar a concepção de que a posse de um dom autorizava um indivíduo a se impor em uma reunião. **26.** *um cântico*: não um salmo do AT, mas uma composição espontânea, talvez como Fl 2,6-11 ou 1Tm 3,16. *uma revelação*: a base da fala profética. **27b-28.** *E que alguém as interprete. Se não há intérprete, cale-se o irmão na assembleia*: veja o comentário sobre 14,13. **29.** *os outros julguem*: Paulo se refere a todos os que estão presentes (14,16; 1Ts 5,19-22), e não meramente a outros profetas (contra D. E. Aune, *Prophecy* 219-22). O critério é certamente a harmonia entre o que é dito e a fé da comunidade. **34-35.** Estes versículos não são um lema coríntio, como alguns sustentaram (N. Flanagan e E. H. Snyder, *BTB* 11 [1981] 10-11; D. W. Odell-Scott, *BTB* 13 [1983] 90-93), mas uma interpolação pós-paulina (G. Fitzer, *Das Weib schweige in der Gemeinde* [TEH 110; Munich, 1963]). O apelo à lei (possivelmente Gn 3,16) não só é não paulino, mas estes versículos também contradizem 11,5. As ordens refletem a misoginia de 1Tm 2,11-14 e provavelmente provêm do mesmo círculo. Alguns manuscritos colocam esses versículos após o v. 40. **36.** *porventura*: as perguntas retóricas, intensificadas pela partícula disjuntiva *ē*, são uma reação negativa à situação sugerida nos vv. 26-33. **37.** *Do Senhor*: Paulo tinha a autoridade de sua comissão (15,8-11) e do pensamento de Cristo (2,16). Embora atestado por P[46], *entolē*, "preceito", não é autêntico (veja G. Zuntz, *The Text of the Epistles* [London, 1953] 139-40). **38.** *não o reconhecer*: Paulo se recusa a admitir que ele seja inspirado (cf. v. 29).

(AUNE, D. E., *Prophecy in Early Christianity and the Ancient Mediterranean World* [Grand Rapids, 1983]. COTHENET, E., *DBSup* 8. 1222-337. GRUDEM, W. A., *The Gift of Prophecy in 1Cor* [Washington, 1982]. HILL, D., *New Testament Prophecy* [Atlanta, 1979].)

65 **(V) Parte IV: A ressurreição (15,1-58).** Há diferentes opiniões sobre o problema que Paulo enfrentava (veja J. H. Wilson, *ZNW* 59 [1968] 90-107), mas a mais provável hipótese (veja R. A. Horsley, *NovT* 20 [1978] 203-31) é a de que os "espirituais" negavam a ressurreição (v. 12) (→ 18 *acima*) e que, sob a influência de especulações sapienciais filônicas, acreditavam que já possuíam a vida eterna (*p.ex.*, *De spec. leg.* 1.345). A ressurreição do corpo teria sido sem sentido para as pessoas que não atribuíam importância ao corpo (veja 6,12-20). É incerto como o problema chegou até os ouvidos de Paulo.

66 (A) O credo da Igreja (15,1-11). 1. *o evangelho*: a base da resposta de Paulo é a crença da Igreja na ressurreição de Jesus. Visto que ele realmente ressuscitou dos mortos, a ressurreição não é mais apenas uma teoria possível a respeito de como seria a sobrevivência após a morte (→ Pensamento do AT, 77:173-74). **2.** A extrema concisão do texto torna impossível uma tradução exata; ao menos seis construções diferentes foram propostas (veja Conzelmann, *1 Corinthians* 250). *se o guardais como vo-lo anunciei*: a fórmula precisa usada por Paulo é importante.

3a. *transmiti-vos*: uma introdução ao credo que Paulo recebeu e transmitiu. **3b-5.** Nada comprova que este credo antiguíssimo tenha sido traduzido de uma língua semítica, mas é quase certo que se originou em uma comunidade palestinense. Paulo introduziu o triplo *kai hoti*, "e que". **3b.** *morreu por nossos pecados, segundo as Escrituras*: a interpretação da morte de Jesus nos termos de Is 53,5 pode remontar ao próprio Jesus (veja *JNTT* 287-88). **4.** *Foi sepultado*: isso garantia a realidade de sua morte. *ressuscitou ao terceiro dia, segundo as Escrituras*: a única referência precisa é Os 6,2, mas a tradição judaica posterior considerava o terceiro dia como o dia da salvação (*Gen. Rab.* 5b a respeito de Gn 22,4-5; H. Friedman e M. Simon, *Midrásh Rabbah* [London, 1939] 1, 491). **5.** *Apareceu*: o verbo *ōpthē* deve ser compreendido não como voz passiva, mas como voz média (veja A. Pelletier, *Bib* 51 [1970] 76-79). A ênfase está na iniciativa de Jesus e não na experiência subjetiva dos beneficiários. **6.** O objetivo deste acréscimo de Paulo é sublinhar que ainda havia testemunhas oculares que poderiam ser questionadas. Não se trata de uma repetição do evento de Pentecostes (veja C. F. Sleeper, *JBL* 84 [1965] 389-99). **7.** *a Tiago, e, depois, a todos os apóstolos*: um fragmento tradicional introduzido por Paulo para servir de transição à sua própria experiência. Da mesma maneira que Paulo, Tiago, "o irmão do Senhor" (Gl 1,19), não havia sido discípulo de Jesus (cf. At 1,21-22). Uma aparição a Tiago é narrada em *Ev. Hebreus* 7 (*HSNTA* 1.165). **8.** *como a um abortivo*: possivelmente um insulto usado pelos adversários de Paulo, que zombavam de sua aparência física (2Cor 10,10) e negavam seu apostolado (1Cor 9,1-18). **10.** *Trabalhei mais do que todos eles*: esta observação polêmica indica uma alusão à situação tratada em 9,1-18.

(KREMER, J., *Das älteste Zeugnis von der Auferstehung Christi* [SBS 17; Stuttgart, 1966]. LEHMANN, K., *Auferweckt am dritten Tag nach der Schrift* [QD 38; Freiburg, 1968]. MURPHY-O'CONNOR, J., "Tradition and Redaction in 1Cor 15:3-7", *CBQ* 43 [1981] 582-89.)

67 (B) As consequências de teses diferentes (15,12-28). Tendo lançado o fundamento, Paulo confronta os coríntios com as consequências de sua negação e os benefícios de sua aceitação.

(a) *A tese dos coríntios* (15,12-19). Paulo mostra aos coríntios que, se a tese deles (v. 12) estiver correta, devem-se tirar quatro conclusões: (1) Cristo não ressuscitou (vv. 13.16); (2) Paulo prega em vão (v. 14) e está sujeito à acusação de ser falsa testemunha de Deus (v. 15); (3) a fé dos coríntios não tem sentido e eles continuam sendo pecadores (vv. 14.17); (4) as pessoas que morreram como cristãos estão irremediavelmente perdidas (v. 18). Ele conclui com uma observação um tanto emotiva (v. 19). **12-13.** Se aqui e nos vv. 15-16 Paulo tira uma conclusão a respeito de um indivíduo específico, Cristo, o sentido da afirmação coríntia deve ser de que não existe a ressurreição dentre os mortos; ela não fazia parte do plano de Deus para a humanidade. **14.** *vazia*: no vocabulário de Paulo (1Cor 15,10.58; 2Cor 6,1; Fl 2,16; 1Ts 2,1; 3,5), *kenos* significa "improdutivo". Sua pregação não criou nada de novo, e os coríntios não estão mudados. **17.** *ilusória*: ao usar *mataia* (veja 3,20), Paulo intensifica a força de *kenos*. Este versículo é o argumento-chave e o que tem a maior probabilidade de afetar os coríntios. Eles se consideravam repletos de sabedoria (→ 65 *acima*) precisamente como cristãos (veja 2,8; 6,4). Através da conversão a Cristo, eles haviam sido transformados, elevados a um novo nível de ser (veja o comentário sobre 1,30; 4,15), mas se Cristo não fosse como Paulo dizia, nada teria sido alterado. Eles eram como o restante da humanidade. Ao negar a ressurreição, eles minavam os fundamentos do *status* que tanto estimavam (veja o comentário sobre 2,6-16). **18.** *aqueles que adormeceram em Cristo*: aqueles que morreram (1Ts 5,10) como cristãos (1Ts 4,16) estão perdidos (o mesmo verbo é usado em 1,18 para designar não crentes), mesmo que se considerassem "espirituais". Esta é uma conclusão adicional a partir di v. 17. **19.** *Se temos esperança em Cristo somente para esta vida*: muitos pagãos tinham o que Paulo considerava uma esperança infundada em um futuro estado de beatitude. Negar a ressurreição de Cristo (que para Paulo transformou a possibilidade teórica de sobrevivência após a morte em uma possibilidade real) reduzia os cristãos ao mesmo nível miserável.

(BACHMANN, M., "Zur Gedankenführung in 1 Kor 15:12ff.", *TZ* 34 [1978] 265-76. BUCHER, T. G., "Die logische Argumentation in 1 Kor 15:12-20", *Bib* 55 [1974] 465-86; "Nochmals zur Beweisführung in l Kor 15:12-20", *TZ* 36 [1980] 129-52.)

68 (b) *A tese de Paulo* (15,20-28). Nesta seção, a lógica humana dá lugar à paixão do profeta que proclama uma convicção que transcende a razão e a experiência. **20.** *primícias*: o que foi feito por Cristo pode ser feito por outros, e a bondade de Deus indica que será. **21-22.** Veja Rm 5,12-21. O paralelo entre Adão e Cristo se fundamenta nas ideias de pertença (a Adão por natureza; a Cristo por decisão) e causalidade (através de Adão, que infectou a sociedade com o pecado e a morte; através de Cristo, que dá a vida). **23.** *por ocasião de sua Vinda*: a ressurreição geral ocorrerá na segunda vinda de Cristo (1Ts 4,16). **24-26.** Tendo sido exaltado à condição de Senhor através de sua ressurreição (15,45; Rm 1,3-4; 14,9), Cristo precisa continuar sua obra destruindo os poderes hostis (2,6b), que mantêm os vivos em cativeiro, e, então, a Morte, a senhora dos mortos. O Reino ainda não é perfeito, e os coríntios ainda não reinam (4,8). **24.** *todo Principado, toda Autoridade, todo Poder*: expressões mitológicas para designar forças hostis à humanidade autêntica. Veja Rm 8,38; cf. Cl 1,16; 2,10; Ef 1,21. **25.** *pois é preciso que ele reine*: a necessidade é a do plano divino, revelado em um salmo profético, Sl 110,1b, que se cita implicitamente. **26.** A personificação da Morte está bem atestada no AT, *p.ex.*, Sl 33,19; 49,14; Jr 9,20-22; Hab 2,5; veja N. J. Tromp, *Primitive Conceptions of Death and the Netherworld in the OT* (BibOr 21; Rome, 1969). **27.** O Sl 8,7 também é associado com o Sl 110,1 em Ef 1,20-22. Em ambas as citações do salmo, a ênfase está em "tudo", o que permite a extensão à Morte, mas poderia provocar um equívoco. Assim, Paulo continua: "Tudo está submetido (a Cristo), mas evidentemente excluir-se-á aquele (Deus) que tudo lhe submeteu." **28.** *o próprio Filho*: dentro da história, Cristo exerce a soberania de Deus, mas quando a história chegar ao fim (v. 24a), não haverá mais luta (v. 24b), e, então, ele devolverá às mãos de seu Pai a autoridade que lhe foi dada para sua missão de salvação. A subordinação de Cristo a Deus (3,23) traz problemas para os teólogos dogmáticos.

(BARTH, G., "Erwägungen zu 1 Kor 15:20-28", *EvT* 30 [1970] 515-27. COTHENET, E., *DBSup* 10. 173-80. LAMBRECHT, J., "Paul's Christological Use of Scripture in 1Cor 15:20-28", *NTS* 28 [1982] 502-27. SCHENDEL, E., *Herrschaft und Unterwerfung Christi* [BGBE 12; Tübingen, 1971]. WILCKE, H. A., *Das Problem eines messianischen Zwischenreiches bei Paulus* [Zürich, 1967].)

69 (C) Argumentos *ad hominem* em favor da ressurreição (15,29-34). Paulo retorna abruptamente a uma abordagem intransigente, semelhante à dos vv. 12-19. Ele argumenta a partir (1) de seu próprio compromisso apostólico (vv. 29-32a) e (2) das inevitáveis consequências éticas de uma negação da ressurreição.

70 29. As interpretações deste versículo são inúmeras (Foschini, Rissi), mas a concepção mais comum entende que Paulo se refere a membros da comunidade que foram batizados em nome de amigos ou parentes falecidos que morreram sem serem crentes (esta é a posição de Barrett, Conzelmann, Senft *et al.*). A teologia sacramental de Paulo, entretanto, jamais lhe teria permitido aprovar tal superstição, muito menos usá-la como argumento. Além disso, o contexto antecedente sugere que o v. 29 deveria evocar o ministério de Paulo de maneira geral, e isto é confirmado pelos vv. 30-32a. Nesta perspectiva se traduziria assim: *por que eles estão se destruindo por causa das pessoas que estão mortas (para verdades espirituais mais elevadas)? Se as pessoas que estão realmente mortas não ressuscitam, por que eles estão sendo destruídos por causa delas?* Os "espirituais" em Corinto – as pessoas que negavam a ressurreição (→ 65 *acima*) – zombaram de Paulo por causa do esforço que ele dispendera com as pessoas que eles consideraram meramente "psíquicas" (→ 18 *acima*). Ao radicalizar o escárnio na segunda pergunta, Paulo chama a atenção deles para as implicações de tal esforço. Ele não teria trabalhando tão exaustivamente se não estivesse absolutamente convencido de que os mortos ressuscitariam.

(FOSCHINI, B. M., "'Those Who Are Baptized for the Dead' [1Cor 15:29]", *CBQ* 12 [1950] 260-76, 379-99; 13 [1951] 46-78, 172-98, 276-83. RISSI, M., *Die Taufe für die Toten* [ATANT 42; Zurich, 1962]. MURPHY-O'CONNOR, J., '"Baptized for the Dead' [1Cor 15:29]. A Corinthian Slogan?", *RB* 88 [1981] 532-43.)

71 30. *a todo momento nos expomos ao perigo*: o efeito exaustivo dessa tensão confirma o sentido bem atestado postulado para *baptizontai* no v. 29 (veja Oepke, *TDNT* 1. 530). **31.** *vós sois minha glória*: a aparente contradição sugeriu uma interpolação (D. R. MacDonald, *HTR* 93 [1980] 265-76), mas o pronome possessivo *hymetera* corporifica a ambiguidade do genitivo (*BDF* 285) e deve ser compreendido objetivamente como em Rm 11,31. Os coríntios são a glória de Paulo (9,2; 2Cor 3,2). **32a.** *lutar contra os animais*: com esta expressão (veja o comentário sobre 9,8), Paulo indica que a alusão à luta com as bestas em Éfeso deve ser compreendida figurativamente, como "ser salvo da boca do leão" (Sl 22,21; 1Mc 2,60; 2Tm 4,17; 1QH 5,9.11.19). Veja A. J. Malherbe, *JBL* 87 (1968) 71-80. **32b.** *se os mortos não ressuscitam*: se esta vida é a única, por que deveríamos dedicá-la aos outros? O referente imediato é Paulo, mas a aplicação é muito mais ampla. A citação de Is 22,13 deve ter evocado ditos epicuristas, e os "espirituais" em Corinto não teriam querido ser associados com esses materialistas. **33.** *Não vos deixeis iludir*: aqui Paulo se dirige à comunidade como um todo. A citação de Menandro (*Thais* frg. 218) tinha o *status* de um provérbio, e, aqui, "más companhias" significa as pessoas que negam a ressurreição. **34.** *Pois alguns dentre vós tudo ignoram a respeito de Deus*: trata-se, provavelmente, de uma alusão ao slogan de 8,1 e sugere uma certa sobreposição entre os fortes e os "espirituais" aos quais esse versículo é dirigido.

72 (D) O corpo ressuscitado (15,35-49). Paulo trata de duas questões associadas aqui. Com que se parece o corpo ressurreto (vv. 35-44a)? Que razão temos para pensar que tal corpo realmente exista (vv. 44b-49)?

73 35. As perguntas em estilo de *diatribe* (→ Teologia paulina, 82:12) são, na realidade, uma objeção. Se nada pode ser dito sobre o corpo ressurreto, é inútil falar sobre a ressurreição. *Com que corpo voltam?*: esta pergunta surgiu primeiramente no judaísmo em *2 Apoc. Bar.* 49,2, que foi escrito uns trinta anos após 1 Coríntios. **36-38.** A planta que brota tem um corpo diferente da semente que foi enterrada. A forma do corpo da planta é determinada por Deus, e ninguém poderia adivinhar sua intenção a partir da forma do corpo da semente, particularmente porque muitos tipos diferentes de plantas surgem de sementes muito semelhantes. **39-41.** A questão aqui é que palavras como "carne", "corpo" e "glória" não são termos unívocos. Existem tipos diferentes de cada, e, portanto, as realidades às quais aplicamos esses termos podem não ser as únicas realidades às quais eles podem ser aplicados. **40.** *corpos celestes*: na tradição judaica, as estrelas eram consideradas seres animados (*1 Henoc* 18,13-16; 21,3-6; Filo, *De plant.* 12). **42-44a.** Tendo preparado, assim, a mente de seu interlocutor imaginário, Paulo responde a pergunta do v. 35 simplesmente transformando quatro qualidades negativas do corpo presente em qualidades positivas. As qualidades negativas selecionadas teriam sido todas fervorosamente aprovadas por seus oponentes, e a escolha pode ter sido um gesto cheio de tato da parte de Paulo. O verbo "semear" é usado para aplicar a ideia desenvolvida nos vv. 36-38, a saber, que a continuidade pode ser acompanhada por mudança radical. A imagem, naturalmente, deriva-se do enterro. **44a.** *corpo psíquico*: o adjetivo é derivado de *psychē*, "alma", que poderia ser concebida como um princípio puramente material de animação (Filo, *Quis rer. div.* 55). "Corpo terrestre" teria sido uma expressão menos ambígua, mas Paulo já a havia utilizado (e sua antítese) em um outro sentido no v. 40. *corpo espiritual:* o corpo humano adaptado pelo Espírito de Deus para um modo de existência completamente diferente (veja o comentário sobre os vv. 51-53).

74 44b. *há também um corpo espiritual*: nesta parte, Paulo começa a responder à pergunta: "Como sabemos que existe de fato um corpo de ressurreição?" A forma de sua tese implica algum terreno comum com seus adversários, que ele pode usar como ponto de partida. A fim de reconciliar as duas narrativas da criação, Filo distinguiu o homem celestial de Gn 1 do homem terrestre de Gn 2 (*Leg. alleg.* 1.31-32) e sustentou que o segundo, o homem histórico, era uma cópia do primeiro, o homem ideal (*De op. mund.* 134). Paulo aceita a distinção, mas afirma (obviamente se referindo a Cristo) que a relação deveria ser compreendida diferentemente. **45.** *o primeiro homem, Adão, foi feito alma vivente*: ao acrescentar "Adão" à citação de Gn 2,7b, Paulo aceita o caráter histórico desta figura. Ao acrescentar "primeiro", ele se afasta da exegese de Filo. *o último Adão tornou-se espírito que dá vida*: em virtude de uma crença de que o fim corresponderia ao início, a teologia judaica garantia a Adão um papel no *eschaton* (*1 Henoc* 85-90; *ApMo.* 21,6; 39,2; 41,1-3). Isso permitiu que Paulo apresentasse Cristo como o último Adão. Através de sua ressurreição, ele se tornou Senhor (Rm 1,3-4; 14,9) e, desta forma, em contraposição ao primeiro

Adão, é apresentado como um doador e não um receptor de vida. **46.** *primeiro*: já que para Filo o homem celestial era incorpóreo e incorruptível (*De op. mund.* 134), seu corpo poderia ser descrito como "espiritual". Para Paulo, esta qualidade somente poderia ser atribuída ao corpo ressurreto de Cristo. Assim, ele inverte a ordem de Filo, subvertendo, assim, a posição de seus adversários, que teriam aceito a ideia de um homem celestial, e confirmando, dessa maneira, sua tese no v. 44b. **47.** Paulo amplia o que disse há pouco, mas com termos que refletem a terminologia de Filo. *da terra, do céu*: no contexto, essas expressões polivalentes visam a indicar a esfera a que pertencem Adão e Cristo, *p.ex.*, certas qualidades estão implícitas quando se diz que alguém é "da Irlanda". **48-49.** Estes versículos reiteram o pensamento dos vv. 21-22, mas de uma perspectiva ligeiramente diferente. Adão e Cristo representam, cada um, uma possibilidade de existência humana, possibilidades que são reais porque todos são o que Adão era e poderão se transformar no que Cristo é. **49.** *traremos a imagem*: ter o mesmo tipo de corpo.

(ALTERMATH, F., *Du corps psychique au corps spirituel* [BGBE 18; Tübingen, 1977]. BARRETT C. K., *From First Adam to Last* [London, 1961]. DUNN, J. D. G., "1Cor 15:45 – Last Adam, Life-giving Spirit, "*Christ and Spirit in the New Testament* [Festschrift C. F. D. MOULE; ed. S. S. SMALLEY *et al.*; Cambridge, 1973] 127-41. MORISSETTE, R., "La condition de ressuscité, 1Cor 15:35-49: Structure littéraire de la péricope", *Bib* 53 [1972] 208-28. PEARSON, B., *The Pneumatikos-Psychikos Terminology in 1 Corinthians*. SCROGGS, R., *The Last Adam* [Oxford, 1966]. SHARP, J. L., "The Second Adam in the Apocalypse of Moses", *CBQ* 35 [1973] 35-46. STEMBERGER, G., *Der Leib der Auferstehung* [AnBib 36; Rom, 1972].)

75 (E) A necessidade de transformação (15,50-58). 50. J. Jeremias (*NTS* 2 [1955-56] 151-59) considera as duas partes deste versículo como complementares, porque entende que "carne e sangue" significam os vivos, e "corrupção" as pessoas que já morreram. Talvez seja mais provável que "corrupção" explique por que "carne e sangue" são incompatíveis com um reino eterno. **51.** *mistério*: uma verdade oculta revelada para e através de Paulo, a respeito do que acontecerá no fim (Rm 11,25). *nem todos (nós) morreremos*: a menos que *pantes ou* seja compreendido como idêntico a *ou pantes* (BDF 433), Paulo esperava que a parúsia viesse antes que mais coríntios morressem. Alguns manuscritos suprimem o negativo a fim de remover a expectativa não realizada de Paulo de que ele viveria para ver a parúsia. **52.** A distinção entre vivos e mortos serve somente para reforçar a igualdade no destino de ambos os grupos; ela está relacionada à natureza da pessoa humana. *ao som da trombeta final*: a trombeta fazia parte das imagens apocalípticas judaicas (Jl 2,1; Sf 1,16; 4Esd 6,23; cf. 1Ts 4,13-18). **53.** Estritamente falando, *aphtharsia*, "incorruptibilidade", e *athanasia*, "imortalidade", não são sinônimos. O primeiro termo só pode ser aplicado a seres materiais (Sb 2,23; cf. J. Reese, *Hellenistic Influence on the Book of Wisdom and Its Consequences* [AnBib 41; Roma, 1970] 65-66), mas Paulo o atribui a Deus em Rm 1,23. Neste versículo, ele especifica o tipo de mudança pela qual os vivos precisam passar. **54b.** Para seu clímax, Paulo combina dois textos do AT. Somente Teodócio se aproxima da versão paulina de Is 25,8 (veja A. Rahlfs, *ZNW* 20 [1921] 182-99), que o influenciou a introduzir "vitória" em Os 13,14. **56.** O pecado, a morte e a lei não desempenharam qualquer função na teologia de Paulo até este momento, mas eles são conceitos-chave em Rm (→ Teologia paulina, 82:82-100). Este versículo pode ter sido originado como uma nota marginal posterior a Paulo. **57.** Como é típico, Paulo ressalta que nossa vitória sobre a morte se deve a Jesus Cristo. **58.** *sede firmes, inabaláveis*: a exortação evoca "se o guardais como vo-lo anunciei" (v. 2), criando uma hábil inclusão.

76 (VI) Conclusão (16,1-24).
(A) A coleta para Jerusalém (16,1-4).
1. *Quanto à*: a fórmula indica uma pergunta feita pelos coríntios (7,1). A coleta para os

pobres de Jerusalém (Rm 15,26) foi decidida na conferência de Jerusalém (Gl 2,10) no início do outono de 51 d.C., após a viagem descrita em At 15,36-18,22 (veja J. Murphy-O'Connor, *RB* 89 [1982] 71-91; ou possivelmente em 49 d.C.; → Paulo, 79:31-33). Paulo esperava que este gesto de boa vontade diminuísse o crescente abismo entre as alas judaica e gentílica da igreja (Rm 15,25-31). *igrejas da Galácia*: Paulo deve ter informado os gálatas quando os visitou pela segunda vez (At 18,23) em sua jornada terrestre a Éfeso. *segui também vós*: o auxílio dos coríntios deve ter sido solicitado durante sua longa estadia em Éfeso (At 19,8-10), possivelmente na carta anterior (1Cor 5,9), porque a pergunta deles dizia respeito a como fazer a coleta. Nenhum contato direto entre Corinto e Galácia está implícito, porque Paulo continua repetindo as instruções dadas aos últimos. **2.** *No primeiro dia da semana*: domingo (veja W. Rodorf, *Sunday* [Philadelphia, 1968]). A comunhão expressa na assembleia litúrgica deveria ser um lembrete para ser generoso com outras pessoas. *cada um de vós*: nenhum crente de Corinto estava na indigência (1,26), mas a impressão que se tem é de que o dinheiro que sobrava era limitado. A fim de que a quantia total honrasse a Igreja, dever-se-ia poupar um pouco cada semana. Quanto a como eles reagiram, veja os comentários sobre 2Cor 8-9. **3-4.** Essas instruções refletem a preocupação de Paulo de que o dinheiro não deveria obscurecer o valor testemunhal de seu ministério (9,15; 1Ts 2,5-9). As sugestões de que ele havia sido acusado de má administração financeira são infundadas.

(GCORGI, D., *Die Geschichte der Kollekte des Paulus für Jerusalem* [TF 38; Hamburg, 1965]. NICKLE, K. F., *The Collection* [SBT 48; London, 1966].)

77 **(B) Os planos de viagem de Paulo (16,5-9). 5-7.** As circunstâncias forçaram Paulo a mudar este plano (→ 2 Coríntios, 50:9). **8.** Este versículo fixa o lugar da composição de 1 Coríntios.

78 **(C) Algumas recomendações (16,10-18). 10-11.** Timóteo já partiu, e a preocupação de Paulo com sua recepção em Corinto é manifesta (4,17). **12.** *Apolo*: os coríntios haviam colocado Apolo contra Paulo (1,12; cf. 3,5-9; 4,6); Paulo deixa claro que não foi devido a qualquer recusa de sua parte que Apolo deixou de retornar a Corinto. **15-18.** Estéfanas, Fortunato e Acaico talvez tenham trazido a carta de Corinto (7,1). Se assim aconteceu, eles poderiam ter confirmado os boatos trazidos pelos da casa de Cloé (1,11). **15.** *a família de Estéfanas*: mencionado como tendo sido batizado por Paulo (1,16), portanto um dos primeiros convertidos de Corinto (cf. At 17,34). *Acaia*: região meridional e central da Grécia, província romana desde 27 a.C. (Estrabão, *Geogr.* 17.3,25). *se devotaram ao serviço dos santos*: vendo uma necessidade, satisfizeram-na. **16.** A base da autoridade cristã é o serviço eficaz à comunidade. Paulo urge os coríntios a reconhecer a real situação implicada no v. 15. **17.** *Acaico*: este apelido ("o homem da Acaia") sugere que ele era um liberto que havia vivido fora da Grécia por algum tempo.

79 **(D) Saudações finais (16,19-24). 19.** *Áquila e Priscila*: Priscila é mencionada antes de seu marido em Rm 16,3 (→ Romanos, 51:132), bem como em At 18,18.26. A implicação é que ela tinha um *status* mais elevado do que seu marido (veja Meeks, *First Urban Christians* 59, em Port.: *Os primeiros cristãos urbanos*, Editora Academia Cristã/Paulus, 2011). *a igreja que se reúne na casa deles*: esse tipo de reunião deve ser distinguido da assembleia da Igreja como um todo (14,23; Rm 16,23). Os subgrupos eram uma necessidade virtual em vista da quantidade de espaço disponível numa casa média (veja o comentário sobre 11,21). **20.** *com ósculo santo*: veja o comentário sobre Rm 16,16. O beijo passou claramente a fazer parte da liturgia cristã no séc.II d.C. (veja K.-M. Hofmann, *Philema Hagion* [BFCT 2; Gütersloh, 1938]), mas só era possivelmente assim na época de Paulo (veja G. Stählin, *TDNT* 9. 139-40). Assim, a ordem não garante que suas cartas fossem lidas na assembleia litúrgica. **21.** Visto que cartas eram escritas por escribas diferentes (Rm 16,22; veja G. Bahr, *CBQ* 28 [1966] 465-77), elas tinham de ser autenticadas por Paulo (Gl 6,11; Fl 19; Cl 4,18; veja G. Bahr, *JBL* 87 [1968] 27-41). As falsificações não eram desconhecidas (2Ts 2,2; cf. 3,17); → Epístolas do NT, 45:19-22. **22.** *Se alguém não ama o Senhor*: o uso de *philein* em vez de *agapan*, mais usual em Paulo, indica a presença de uma fórmula cristã tradicional, possivelmente de origem litúrgica (veja C. Spicq, *NovT* 1 [1956] 200-4). *seja anátema*: veja o comentário sobre 12,3.

Maran atha: a expressão *maranatha*, muito discutida (*Did.* 10,6), é provavelmente uma transcrição de uma elisão do *māránā' 'āthā'* aramaico. Até agora não há indício contemporâneo para a forma do imperativo, mas o substantivo sufixado é atestado em 4QHen^b 1 iii 14 (veja Fitzmyer, *TAG* 223-29). A fórmula é derivada da liturgia e ora pela segunda vinda (4,5; 5,5; 11,26; 15,23). **24.** *com todos vós está meu amor em Cristo Jesus*: apesar de todos os problemas que os coríntios lhe causaram, a nota de afeição paternal é evidente (4,14-15; 2Cor 12,14).

50
Segunda Carta aos Coríntios

Jerome Murphy-O'Connor, O.P.

BIBLIOGRAFIA

1 Allo, E.-B., *Saint Paul: Seconde épître aux Corinthiens* (EBib; 2ª ed.; Paris, 1956). Barrett, C. K., *The Second Epistle to the Corinthians* (HNTC; New York, 1973). Bultmann, R., *The Second Letter to the Corinthians* (Minneapolis, 1985). Collange, J.-F., *Enigmes de la deuxième épître aux Corinthiens* (SNTSMS 18; Cambridge, 1972). Fallon, F. T., *2 Corinthians* (NTM 11; Wilmington, 1980). Furnish, V. P., *II Corinthians* (AB 32A; Garden City, 1984). Hanson, R. P. C., *The Second Epistle to the Corinthians* (TBC; London, 1967). Héring, J., *The Second Epistle of St. Paul to the Corinthians* (London, 1967). Hughes, P. E., *Paul's Second Epistle to the Corinthians* (NICNT; Grand Rapids, 1962). Martin, R. P., *2 Corinthians* (WBC; Waco, 1986). Plummer, A., *The Second Epistle of St. Paul to the Corinthians* (ICC; Edinburgh, 1915). Prümm, K., *Diakonia Pneumatos* (2 vols.; Rome, 1960, 1967). Rissi, M., *Studien zum zweiten Korintherbrief* (ATANT 56; Zürich, 1969). Schelkle, K. H., *The Second Epistle to the Corinthians* (New York, 1981). Tasker, R. V. G., *The Second Epistle of Paul to the Corinthians* (TynNTC; Grand Rapids, 1958). Windisch, H., *Der zweite Korintherbrief* (MeyerK 6; 9ª ed.; ed. G. Strecker; Göttingen, 1970). Para comentários combinando 1 e 2 Coríntios, → 1 Coríntios, 49:1. *DBSup* 7. 183-95. *IDBSup* 183-86. Kümmel, *INT* 279-93. Wik-Schm, *ENT* 432-48.

INTRODUÇÃO

2 (I) Autenticidade e unidade. Exceto por 6,14-7,1, que muitos consideram uma interpolação pós-paulina, a autenticidade de 2Cor é inconteste. Sua unidade, entretanto, é motivo de alguma controvérsia. Embora a integridade de 2Cor tenha seus defensores (Allo, Hughes, Lietzmann; W. H. Bates, *NTS* 12 [1965-66] 56-69; N. Hyldahl, *ZNW* 64 [1973] 289-306), a maioria dos comentadores acredita que se trate de uma coleção de cartas de Paulo. A concepção mais influente é a de G. Bornkamm (*NTS* 8 [1961-62] 258-64), que divide 2 Coríntios em cinco cartas datadas na seguinte ordem: (A) 2,14-7,4 menos 6,14-7,1; (B) 10-13, a carta das lágrimas; (C) 1,1-2,13 mais 7,5, a carta de reconciliação; (D) 8,1-24, uma carta a Corinto a respeito da coleta para Jerusalém; (E) 9,1-15, uma carta circular para a Acaia sobre a coleta. Esta hipótese está baseada no que se consideram transições bruscas no presente texto de 2 Coríntios. Os detalhes serão expostos no comentário, mas, concordando com muitos intérpretes, não acredito que as rupturas nos caps. 1 a 9 representem tamanho grau de descontinuidade a ponto de exigir uma hipótese de divisão. Os caps. 10 a 13, no entanto, não podem ser a continuação dos caps. 1 a 9; é psicologicamente impossível que Paulo tivesse passado tão abruptamente da celebração da reconciliação (1-9) para uma reprimenda dura e autodefesa sarcástica (10-13). Logo, 2 Coríntios certamente é uma combinação de duas cartas.

3 Por causa do tom áspero, alguns biblistas (Bornkamm, Georgi, *KINT* 2. 126-30) identificam os caps. 10 a 13 com a carta das lágrimas (2Cor 2,4; 7,8) e, portanto, datam-na como anterior aos caps. 1 a 9. Essa hipótese é insustentável. A carta das lágrimas foi motivada pelo comportamento de um único indivíduo (2Cor 2,5-8), o qual não é sequer citado nos caps. 10 a 13, que falam sobre os danos causados à comunidade por falsos apóstolos. É mais provável (Barrett, Furnish, Windisch) que os caps. 10 a 13 (Carta B) tenham sido ocasionados por algum acontecimento em Corinto subsequente ao envio dos caps. 1 a 9 (Carta A). As sementes do problema que tornou necessária a Carta B podem ser detectadas na carta A.

4 (II) Época e local de composição. A sequência de acontecimentos ocorridos entre 1 e 2 Coríntios é tratada em outro lugar (→ Paulo, 79:41-43), mas eu reduziria as datas lá indicadas em uns três anos. A Carta A foi escrita um ano após 1Cor (2Cor 8,10; 9,2; cf. 1Cor 16,1-4), consequentemente, na primavera de 55 d.C., na Macedônia (2Cor 2,13; 7,5; 8,1; 9,2), onde Paulo passou o inverno em Tessalônica ou Filipos. Tito, que foi o portador da carta das lágrimas (2Cor 7,6), porque esteve presente na conferência de Jerusalém (Gl 2,1; veja o comentário sobre 1Cor 16,1) e poderia falar com autoridade sobre a atitude da Igreja mãe em relação à missão aos gentios, também foi incumbido da entrega da Carta A (2Cor 8,16-17), que deu um final feliz a um episódio desagradável que ocorreu na relação entre Paulo e Corinto.

Tendo passado o inverno com as igrejas da Macedônia, havia pouco a ser feito ainda por Paulo lá; portanto, no verão do 55 d.C., ele seguiu para um território virgem (2Cor 10,16) na Ilíria (Rm 15,19). A uma certa altura, recebeu a notícia de uma deterioração grave da situação em Corinto. A Carta B foi escrita no calor de seu desapontamento e sua ira.

5 (III) Os oponentes. As cartas A e B refletem estágios diferentes do desenrolar de uma situação em Corinto. A oposição a Paulo, que é apenas sugerida na carta A, fica explícita na carta B. Há um consenso sobre dois pontos: os intrusos eram judeus cristãos, e eles atacavam a autoridade apostólica de Paulo. Persiste discordância, no entanto, a respeito das origens desses adversários e do papel deles em Corinto, porque os indícios apontam em direções diferentes. Algumas pistas indicam judaizantes de origem palestinense, cuja atitude para com a lei era mais positiva do que Paulo considerava aceitável. Outras pistas, entretanto, parecem sugerir pregadores itinerantes judaico-helenísticos, que estavam convencidos de que sua posse do Espírito se mostrava em sua eloquência, suas experiências extáticas e seu poder para operar milagres. Tem havido uma tendência de enfatizar um conjunto de pistas às custas do outro, resultando na existência de duas escolas de pensamento dominantes. Para uma delas, os oponentes são judaizantes; para a outra, propagandistas judaico-helenísticos. As formas como cada grupo se empenha para integrar os elementos contrários à sua hipótese básica resistem a uma apresentação sistemática. A posição adotada aqui é uma modificação dos enfoques que foram sugeridos pela primeira vez por Windisch e Barrett. Os intrusos eram judaizantes palestinenses. Em Corinto, eles se uniram aos "espirituais" (→ 1 Coríntios, 49:18), que haviam criado problemas para Paulo anteriormente. No desenrolar do processo, ambos os grupos passaram por alguma mudança. A situação se tornou mais complicada pelo fato de a igreja de Corinto, que tinha de decidir entre Paulo e seus rivais, tendia a adotar os critérios usados por seus contemporâneos pagãos para julgar as figuras religiosas. Isto, por sua vez, influenciou não somente os adversários de Paulo, mas também o próprio apóstolo. Eles adaptaram seus modos de apresentação em graus variáveis para cumprir as expectativas da comunidade.

(BARRETT, C. K., "Paul's Opponents in II Corinthians", *NTS* 17 [1970-71] 233-54. FRIEDRICH, G., "Die Gegner des Paulus im 2 Korintherbrief", *Abraham unser Vater* [Festschrift O. MICHEL; ed. O. BETZ *et al.*; AGJU 5; Leiden, 1963] 181-215. GEORGI, D., *The Opponents of Paul in Second Corinthians* [Philadelphia, 1984]. LÜDEMANN, G., *Paulus, der Heidenapostel: II. Antipaulinismus im frühen Christentum* [FRLANT 130; Göttingen, 1983] 125-42. MACHALET, C., "Paulus und seine Gegner", *Theokratia* 2 [1973] 183-203.)

6 (IV) Esboço. Em ambas as cartas combinadas em 2 Coríntios, Paulo está na defensiva. Irrupções de paixão, estimuladas por um sentimento de mágoa, substituem a lógica fria que permitia divisões claras em 1 Coríntios. Os temas são conectados por meio de ligações associativas que ocasionam digressões e repetições, que tornam impossível um esboço preciso. As divisões propostas são numerosas, e a divisão apresentada aqui tenta apenas destacar o que parece ser o aspecto dominante das várias partes das cartas.

Carta A (1-9)

(I) Introdução: saudação e bênção (1,1-11).
(II) Parte I: Uma visita cancelada a Corinto (1,12-2,13).
  (A) O plano de Paulo (1,12-22).
  (B) As consequências de uma mudança de planos (1,23-2,13).
(III) Parte II: Apostolado autêntico (2,14-6,10).
  (A) Apostolado: teoria e prática (2,14-3,6).
  (B) Ministério: antigo e novo (3,7-4,6).
  (C) Ministério e mortalidade (4,7-5,10)
    (a) A manifestação de Jesus (4,7-15)
    (b) Enfrentando o temor da morte (4,16-5,10)
  (D) Reconciliação em uma nova criação (5,11-6,10)
    (a) A nova criação (5,11-17)
    (b) O ministério da reconciliação (5,18-6,10).
(IV) Parte III: Relações com Corinto (6,11-7,16).
  (A) Um apelo à sinceridade (6,11-7,4).
  (B) Os resultados da missão de Tito (7,5-16).
(V) Parte IV: A coleta para Jerusalém (8,1-9,15).
  (A) Um pedido desafiador (8,1-15).
  (B) A recomendação de representantes (8,16-9,5).
  (C) As recompensas da generosidade (9,6-15).

Carta B (10-13)

(VI) Parte I: Um apelo à obediência total (10,1-18).
  (A) As consequências da desobediência (10,1-6).
  (B) A autoridade de Paulo como fundador da comunidade (10,7-18).
(VII) Parte II: Paulo fala como um insensato (11,1-12,13).
  (A) Sua justificação por ser insensato (11,1-21a).
  (B) Paulo se gloria de si mesmo (11,21b-12,10).
    (a) Seus sofrimentos (11,21b-33).
    (b) Suas visões e revelações (12,1-10).
  (C) Outra justificação de sua insensatez (12,11-13).
(VIII) Parte III: Uma advertência prepara uma visita (12,14-13,10).
  (A) Novamente a questão do apoio financeiro (12,14-18).
  (B) Os coríntios precisam se corrigir (12,19-13,10).
(IX) Conclusão: Palavras e saudação finais (13,11-13).

COMENTÁRIO

CARTA A

7 (I) Introdução: saudação e bênção (1,1-11). 1-2. A forma de tratamento é estereotipada (→ Epístolas do NT, 45:8A). *Timóteo:* veja o comentário sobre 1Cor 4,17. *santos:* veja o comentário sobre 1Cor 1,2. *Acaia:* veja o comentário sobre 1Cor 16,15. Nada se sabe a respeito de outras comunidades que não Corinto. **3-11.** O uso de uma bênção em vez da ação de graças usual (→ Epístolas do NT, 45:8B) revela o reconhecimento, por parte de Paulo, da bondade de Deus em salvá-lo de perigo mortal na Ásia. **3.** *consolação:* este substantivo e seu verbo correspondente aparecem 25 vezes na

Carta A. Eles não implicam uma consolação solidária, mas um fortalecimento ativo para resistir às "tribulações", termo mencionado 12 vezes na Carta A. **4.** Paulo pode fortalecer a outros porque ele mesmo foi fortalecido. **5.** *os sofrimentos de Cristo:* os sofrimentos da comunidade (Fl 3,10-11; Cl 1,24), que é "Cristo" (veja o comentário sobre 1Cor 6,15; 12,12), refletem os do Jesus histórico (veja B. Ahern, *CBQ* 22 [1960] 1-32; C. M. Proudfoot, *Int* 17 [1963] 140-60). *é copiosa nossa consolação:* Deus fortalece a Paulo na mesma proporção de seus sofrimentos, os quais fizeram a comunidade surgir e dos quais seus membros fazem parte. Tribulação não implica desonra ou derrota. **7.** As pessoas que compartilharam da dor e da consolação podem enfrentar o futuro com confiança apesar dos problemas atuais. **8-11.** Paulo torna o tema da fortaleza na tribulação mais concreto ao evocar uma terrível experiência pessoal na Ásia. **8.** *Não queremos, irmãos, que o ignoreis:* esta fórmula de revelação (veja T. Y. Mullins, *NovT* 7 (1964) 44-50) introduz novas informações. *a tribulação que padecemos na Ásia:* não são dados detalhes porque, para Paulo, o que importava era o significado. A formulação exclui uma enfermidade grave (como em Gl 4,13). Paulo fora preso em Éfeso (→ Filipenses, 48:5-6), a capital da província romana da Ásia (na moderna Turquia ocidental), mas tal fato é menos provável que um incidente violento como a revolta dos ourives (At 19,23-20,1). *a ponto de perdermos a esperança de sobreviver:* parecia não haver jeito de escapar da situação. **9.** *sentença de morte:* a formulação sugere menos uma condenação jurídica do que a convicção de Paulo de que seus dias estavam contados. *não se pudesse fundar em nós mesmos:* a confiança em Deus se baseia na experiência de seu poder. **10.** *de tal morte:* o episódio em Éfeso era apenas a mais recente de muitas ameaças contra a vida de Paulo (4,11; 11,23). A leitura no plural de P[46] é preferível à amplamente aceita leitura no singular. **11.** Até agora ninguém conseguiu desvendar a sintaxe deste versículo. Paulo espera que a oração intercessora dos coríntios, assim como sua própria, em vista de uma libertação futura se transforme em ação de graças por um livramento bem sucedido.

(Hofius, O., "'Der Gott allen Trostes': *Paraklēsis* und *parakalein* in 2 Kor 1:3-7", *TBei* 14 [1983] 217-27. Watson, N. M., "'... to Make Us Rely not on Ourselves but on God Who Raises the Dead': 2Cor 1:9b as the Heart of Paul's Theology", *Die Mitte des Neuen Testaments* [Festschrift E. Schweizer; ed. U. Luz *et al.*; Göttingen, 1983] 384-98.).

8 (II) Parte I: Uma visita cancelada a Corinto (1,12-2,13). Os problemas de Paulo com a comunidade em Corinto foram agravados pela quebra de uma promessa de visitá-los, que seus inimigos distorceram como prova de que Paulo não era digno de confiança.

(A) O plano de Paulo (1,12-22). 12-14. Paulo introduz o tema delicado apelando para uma leitura atenta e indulgente desta carta. **12.** *este testemunho de nossa consciência:* Paulo não tem nada com o que reprovar a si mesmo (veja 1Cor 4,4*). com a simplicidade e a pureza que vêm de Deus:* contra a opinião de M. E. Trhall (*Studies in NT Language and Text* [Festschrift G. D. Kilpatrick; ed. J. K. Elliott; *NovTSup* 44; Leiden, 1976] 366-72), o contexto exige a leitura *haplotēti* (8,2; 9,11.13; cf. J. Amstutz, *Haplotēs* [Theophaneia 19; Bonn, 1968]). Paulo fora acusado de falsidade. *não com sabedoria carnal, mas pela graça:* suas decisões estão arraigadas em seu senso de missão e não nos cálculos próprios da humanidade caída. *no mundo:* em relação aos não crentes, como indica o contraste com "vós". **13.** Os coríntios devem prestar atenção ao que Paulo realmente fala e não distorcer suas palavras (*p.ex.*, 1Cor 5,9-11) ou encontrar ofensas onde não havia intenção de ofender (*p.ex.*, 1Cor 4,14). **14.** *somos para vós motivo de glória, como sereis o nosso:* sem Paulo a igreja em Corinto não teria surgido (1Cor 3,5; 4,15); sua existência autentica o ministério dele (1Cor 9,2; 2Cor 3,2-3).

9 15. *graça: charis* significa aqui o benefício espiritual e humano da presença de Paulo, como em Fl 1,25-26 e Rm 1,11; 15,29. **16.** *a seguir:* o *kai* inicial é explicativo (veja *BDF* 442.9), pois este versículo explica os termos obscuros "primeiramente" e "segunda" do v. 15. A referência é à visita intermediária (12,14; 13,1-2). Paulo tinha ido a Corinto por mar, partindo de Éfeso, e, enquanto estava lá, informara a comunidade de seu plano de retornar após uma visita à Macedônia (uma província romana no norte da Grécia), onde existiam igrejas em Tessalônica (a capital) e Filipos. Ele não executou este projeto (v. 23), que já era uma modificação do plano anunciado em 1Cor 16,5-6. **17.** As perguntas retóricas articulam a reação dos coríntios a tais cortes e mudanças; ela deve ter sido comunicada a Paulo por Tito (7,7). *o sim e o não:* embora evoque Mt 5,37 e Tg 5,12, o significado é diferente. Paulo não dizia "sim, sim" avidamente quando achava que seus leitores esperavam que concordasse, ou "não, não" quando queriam uma resposta negativa. O que ele dizia era dito com sinceridade. **18-22.** Uma digressão teológica. O Deus fiel, revelado em um Cristo totalmente dedicado e em um evangelho claro, não teria incumbido Paulo se este não fosse completamente confiável. **18.** *nossa palavra:* faz referência primordialmente à pregação de Paulo (v. 19), mas, neste contexto, também a seus planos de viagem a serviço desse evangelho. A primeira dependia da confiabilidade deste último. **19.** *Filho de Deus:* somente neste versículo este título tradicional (Rm 1,4; Gl 2,20) é combinado com o nome Jesus Cristo, o que facilita a transição do v. 18 para o v. 21. *Silvano:* uma forma latinizada de Silas. Sua presença em Corinto é confirmada por 1Ts 1,1 e At 18,5; cf. At 15-17. *Timóteo:* veja o comentário sobre 1Cor 4,17. *mas unicamente sim:* o adjunto adverbial ressalta a força do perfeito *gegonen.* Cristo não vacilou em seu compromisso. O evangelho é igualmente inequívoco. **20.** *Todas as promessas de Deus encontraram nele seu sim:* Cristo tornou realidade na história todas as variadas formas pelas quais Deus havia prometido a salvação. Ele é a descendência de Abraão (Gl 3,16), o Messias davídico (Rm 1,4), o último Adão (1Cor 15,45), vida, sabedoria, justiça e santificação (1Cor 1,30). *que dizemos "Amém":* o assentimento litúrgico da comunidade (1Cor 14,16; cf. G. Delling, *Worship in the New Testament* [Philadelphia, 1962] 71-75) prolonga o assentimento do Filho que proclama a fidelidade do Pai. **21.** *Aquele que nos fortalece convosco em Cristo:* a comunicação constante da fidelidade de Deus conforma Paulo e os coríntios ao Cristo fiel. *nos dá a unção:* para expressar o jogo de palavras (*chriein/Christos*), dever-se-ia traduzir "tendo nos cristoado". Os crentes são outros cristos (4,10; Rm 8,29). Eles são ungidos pela fé. **22.** *o qual nos marcou com um selo e pôs em nossos corações o penhor do Espírito:* a linguagem comercial é utilizada para expressar o efeito do batismo (Ef 1,13-14), que marca publicamente os crentes como pessoas pertencentes a Cristo (1Cor 3,23; 6,19) e dá o Espírito (5,5) como promessa de cumprimento futuro.

(FEE, G. D., "Charis in II Corinthians 1:15: Apostolic Parousia and Paul-Corinth Chronology", *NTS* 24 [1977-78] 533-38. DINKLER, E., "Die Taufterminologie in 2 Kor l,21f.", *Neotestamentica et patristica* [Festschrift O. CULLMANN; ed. W. C. VAN UNNIK; *NovTSup* 6; Leiden, 1962] 173-91. HAHN, F., "Das Ja des Paulus und das Ja Gottes", *Neues Testament und christliche Existenz* [Festschrift H. BRAUN; ed. H. D. BETZ *et al.*; Tübingen, 1973] 229-39. LAMPE, G. W. H., *The Seal of the Spirit* [London, 1951]. POTTERIE, I. de la, "L'Onction du chrétien par la foi", *Bib* 40 [1959] 12-69. UNNIK, W. C. VAN, "Reisepläne und Amen-sagen", *Studia Paulina* [Festschrift J. DE ZWAAN; ed. J. N. SEVENSTER *et al.*; Haarlem, 1953] 215-34.)

10 (B) As consequências de uma mudança de planos (1,23-2,13). Depois da digressão de 1,18-22, Paulo tem de explicar por que substituiu a visita prevista por uma carta. Ele é claro a respeito de sua reação subjetiva, mas o que realmente aconteceu durante a visita intermediária (v. 16) tem de ser deduzido de escassos indícios em 2,5-11 e 7,8-12. Aparentemente ele foi insultado por um visitante cristão, e os coríntios não o defenderam, mas mantiveram uma posição neutra. Veja C. K. Barrett, *"Ho Adikēsas* (2Cor 7-12), *Verborum Veritas* (Festschrift G. Stählin, ed. O. Böcher *et al.*, Wuppertal, 1970) 149-57. **23.** A razão é indicada em 2,1. **24.** Paulo faz novamente uma digressão com receio de ser mal compreendido. "O poder de poupar implica o poder de castigar, e isto parece implicar uma reivindicação de controlar todas as coisas. Ele se apressa em assegurar que não faz tal reivindicação" (Plummer). **2,1.** Uma vez longe de Corinto, Paulo reconheceu que voltar com sua mágoa e ira causaria mais danos do que benefícios. O risco de piorar as coisas era muito grande. Consequentemente, ele prosseguiu sua viagem da Macedônia (1,16) para Éfeso (v. 12). **2.** *quem?:* o singular denota que é um coríntio qualquer. Se Paulo entristecesse os coríntios, eles não poderiam transmitir alegria a ele. **3-4.** Em vez de fazer a visita planejada, Paulo escreveu a carta das lágrimas (agora perdida) (→ 3 *acima*). *Estou convencido, no que vos diz respeito:* a profissão de amor de Paulo por toda a comunidade que o magoou sugere que seus membros não foram os principais responsáveis pela situação – daí a hipótese de que um cristão visitante tenha sido o culpado.

11 **5-11.** A maioria dos comentaristas da Antiguidade e alguns modernos identificam erroneamente o autor da ofensa com o homem condenado em 1Cor 5,1-5. As diferenças são destacadas por Furnish, *II Corinthians* 164-66. **5.** Embora Paulo tenha sido a vítima ostensiva, em sua opinião a vítima real foi toda a comunidade (v. 10; 7,12). **6.** *a censura:* o termo grego *epitimia* poderia designar desde uma reprimenda verbal (Barrett) até uma excomunhão (Windisch), mas a indicação da duração (v. 7) sugere que a comunidade se recusou a se associar com este indivíduo (1Cor 5,11). *pela maioria:* a comunidade como tal finalmente tomara uma atitude, talvez tardiamente devido a uma minoria dissidente. *basta:* em termos de duração (v. 7), não de severidade. **7-8.** O castigo deixa de corrigir se for excessivamente prolongado. **9-10.** A ausência de qualquer menção de arrependimento por parte do autor da ofensa deixa claro que a atitude da comunidade para com Paulo é sua principal preocupação. **11.** A reconciliação de Paulo com os coríntios os tornava menos vulneráveis às forças hostis que faziam a obra do arqui-inimigo de Deus (veja 1Cor 10,20; 2Cor 11,12-15). *Satanás:* veja comentário a 1Cor 5,5.

12 **12-13.** A ruptura com o trecho anterior não é tão abrupta quanto poderia parecer. A preocupação de Paulo com Tito (7,6-7), por quem ele sacrificou uma missão promissora, é uma prova indireta de seu amor pelos coríntios. Ele ansiava ter notícias deles. **12.** *Trôade:* uma grande cidade costeira (At 16,6-10; 20,1-12) a mais ou menos 300 km ao noroeste de Éfeso, que se tornou colônia romana sob Augusto (veja C. J. Hemer, "Alexandria Troas", *TynBul* 26 [1975] 79-112; J. M. Cook, *The Troad* [Oxford 1973]). A partida de Éfeso deve ter sido ditada por circunstâncias extraordinárias (veja o comentário sobre 1,8). *me tivesse aberto uma grande porta:* ao usar a voz passiva, Paulo dá a Deus o crédito pelo frutífero campo de missão que encontrou em Trôade (1Cor 16,9; cf. Cl 4,3). **13.** Só o fim iminente da estação de navegação em outubro (At 27,9) explica a partida abrupta para a Macedônia (At 16,11). Se ele partisse tarde demais, ficaria separado de Tito, que retornava de Corinto por terra, por vários meses. *Tito:* o portador da carta das lágrimas (→ 4 *acima*). *Macedônia:* veja o comentário sobre 1,16. Na concepção de Paulo, esse termo evocava igrejas cujo próprio ser era apostólico (1Ts 1,6-8; Fl 1,5.27; 2,14-16), e, assim, desencadeou a sequência de ideias desenvolvidas na próxima seção (veja J. Murphy-O'Connor, *JSNT* 25 [1985] 99-103). Portanto, não é necessário ver 2,14 como o começo de uma nova carta (→ 2 *acima*).

13 **(III) Parte II: Apostolado autêntico (2,14-6,10).** As reflexões de Paulo sobre seu ministério são uma réplica aos intrusos que atacaram sua autoridade, os quais comparavam Paulo desfavoravelmente consigo mesmos e ressaltavam as fraquezas dele.

(A) Apostolado: teoria e prática (2,14-3,6). Iniciando com uma visão elevada do apostolado (2,14-16), Paulo retorna rapidamente à realidade de sua atual situação (2,17-3,6). **14.** *nos carrega sempre em seu triunfo:* do muito discutido verbo *thriambeuein*, que conota um triunfo romano, Paulo retém somente a ideia de movimento em completa dependência de uma autoridade superior. *o perfume de seu conhecimento:* a imagem é influenciada por Eclo 24,15; cf. *2 Apoc. Bar.* 67,6. *dele:* Deus revelado em Cristo (4,6). **15.** *somos ... o bom odor de Cristo:* Cristo, como a sabedoria de Deus (1Cor 1,24), não somente é pregado por seus ministros (5,20), mas também se manifesta em seus ministros (4,10-11). *aqueles que se salvam e aqueles que se perdem:* veja o comentário sobre 1Cor 1,18. *da morte leva à morte:* da existência inautêntica (Cl 2,13) à destruição definitiva (Rm 7,5). *da vida leva à vida:* da existência autêntica (4,10) à bem-aventurança eterna (5,4; Rm 2,7). Esse uso da contraposição morte-vida em mais de uma camada é bem atestado em Filo (*p.ex., De fuga et inv.* 55). *Quem estaria à altura?:* uma reação resignada (cf. Jl 2,11) à imensa responsabilidade colocada sobre Paulo (1Cor 9,16-18).

(CARREZ, M., "Odeur de mort, odeur de vie à propos de 2Cor 2:16", *RHPR* 64 [1984] 135-42. MCDONALD, J. I. H., "Paul and the Preaching Ministry", *JSNT* 17 [1983] 257-70. MARSHALL, P., "A Metaphor of Social Shame: *thriambeuein* in 2Cor 2:14", *NovT* 25 [1983] 302-17. THRALL, M. E., "A Second Thanksgiving Period in II Corinthians", *JSNT* 16 [1982] 101-24.)

14 17. *falsificam a palavra de Deus:* a conotação de *kapēleuein* era extremamente pejorativa (veja H. Windisch, *TDNT* 3. 603-5). Na opinião de Paulo, seus opositores optaram pelo ministério para obter lucros pessoais e valorizavam erroneamente, mas ele, incumbido por Deus, falava como Cristo (12,19; 13,3; 15,18). **3,1.** *a nos recomendar:* os adversários de Paulo o acusavam de se autorrecomendar, o que ele tinha feito para se distinguir de outros pregadores itinerantes (1Ts 2,1-12), ao passo que eles tinham vindo recomendados por outra igreja, provavelmente a de Jerusalém. *cartas de recomendação:* ilustradas por Rm 16,1-2 e mencionadas em At 9,2; 18,27. **2.** A existência da comunidade garantia a autenticidade do ministério de Paulo (1Cor 9,2). *escrita em vossos corações:* a versão melhor atestada, "vossos corações", não faz sentido (Barrett, Bultmann). O coração é compreendido como a fonte de toda a atividade humana. **3.** *carta de Cristo:* por ser de uma espécie diferente, a carta de Paulo vem de uma autoridade muito mais alta. *entregue a nosso ministério:* uma fórmula vaga que implica somente mediação. *tábuas de pedra:* veja Ex 24,12; 31,18. A mudança do esperado "não em peles" (para corresponder a "não com tinta") deve-se à insistência dos opositores em relação à lei. *em tábuas de corações de carne:* veja Ez 11,19; 36,26; Jr 31,33. **5.** Deus empodera Paulo (4,7) a executar sua missão, que está além da capacidade da natureza humana caída. **6.** *uma aliança nova, não da letra, e sim do Espírito:* Paulo é forçado a distinguir dois tipos de nova aliança (1Cor 11,25), porque seus adversários estavam usando o tema da nova aliança para insistir na lei (Jr 31,33). Nesta medida a nova aliança tinha parte no poder destrutivo ("a letra mata"; cf. Rm 7,10) da antiga (3,14). *o Espírito comunica a vida:* Cristo (1Cor 15,45) dá a nova vida (2,16) da humanidade autêntica.

(BAIRD, W., "Letters of Recommendation: A Study of 2Cor 3:1-3", *JBL* 80 [1961] 166-72. CHAN-HIE KIM, *Form and Structure of the Familiar Greek Letter of Recommendation* [SBLDS 4; Missoula, 1972]. KÄSEMANN, E., *PP* 138-68. KREMER, J., "'Denn der Buchstabe tötet, der Geist aber macht lebendig'", *Begegnung mit dem Wort* [Festschrift H. ZIMMERMANN; ed. J. ZMIJEWSKI *et al.*; BBB 53; Bonn, 1979] 219-50. LUZ, U., "Der alte und der Neue Bund bei Paulus und im Hebräerbrief", *EvT* 27 [1967] 318-36. WESTERHOLM, S., "Letter and Spirit: The Foundation of Pauline Ethics", *NTS* 30 [1984] 229-48.)

15 (B) Ministério: antigo e novo (3,7-4,6). Paulo destaca as características de seu ministério (esplendor, audácia, poder) contrapondo-o ao de Moisés em Ex 34,27-35. A proeminência dada a Moisés provavelmente se deve a uma ênfase de seus adversários. Não se trata de um *midrásh* em sentido estrito (contra a opinião de Windisch), muito menos um *midrásh* composto por Paulo para outra ocasião (contra a opinião de Lietzmann, Fitzmyer); ele tampouco está corrigindo um documento preexistente de seus opositores (contra a opinião de Schulz, Georgi).

16 **7-11.** Em uma linguagem inusitadamente impessoal, Paulo contrapõe o esplendor (*doxa*) de seu ministério, não de sua pessoa (cf. v. 1), ao esplendor do ministério representado por Moisés. **7a.** *o ministério da morte:* chamado de "ministério da condenação" no v. 9. A compreensão dos judeus sobre o papel da lei (Rm 7,10) os tornava existencialmente "mortos" (veja o comentário sobre 2,16). **7b.** *passageiro:* com exceção do esplendor do semblante de Moisés, o que Paulo afirma contradiz Ex 34,29-35, mas tem uma conexão com a interpretação de Filo (*De vita Mosis* 2.70). **8-9.** A base da posição de Paulo fica patente. O que era verdade a respeito do menor deve ser mais plenamente comprovado no maior (em termos rabínicos, *qal wāḥômer*; cf. H. L. Strack, *Introduction to the Talmud and Midrásh* [New York, 1969] 94). **8.** *o ministério do Espírito:* Paulo abandona o conceito de nova aliança. **9.** *o ministério da justiça:* por ser permeado pelo Espírito, coloca a humanidade em sua relação correta com Deus (5,21). **10.** *mesmo a glória que então se verificou já não pode ser considerada glória:* em contraposição à glória do ministério do Espírito, a glória do ministério mosaico é tão insignificante como se não existisse. **11.** *o que é passageiro:* aqui a glória passageira de Moisés é transferida para toda a dispensação que ele representava (v. 7). *o que permanece:* Cristo é a revelação definitiva de Deus (1Cor 1,24), de modo que o que o precedeu deve ter sido essencialmente transitório, por mais exaltado que tenha sido.

17 **12-13.** Paulo contrapõe sua atitude à de Moisés; uma intenção polêmica ou apologética não deveria ser descartada tão facilmente. **12.** *tal esperança:* a glória maior do ministério cristão capacita Paulo a falar e agir com sinceridade autoritativa *(parrhēsia)*.Veja S. B. Marrow, *CBQ* 44 [1982] 431-46. **13.** *um véu:* o fato de Moisés velar seu rosto é o único elemento de Ex 34,33-35 conservado por Paulo, cuja interpretação da ação de Moisés se baseia em sua posição exposta nos vv. 7-11. Moisés foi forçado a dissimular porque sabia que seu ministério era transitório. **14-18.** Correspondendo à diferença entre Paulo e Moisés, existe uma diferença entre seus seguidores: um grupo está aberto, o outro fechado. **14.** *este mesmo véu:* as pessoas que não veem a face velada de Moisés estão cegas. *seus espíritos se obscureceram:* veja Is 6,9-10; 29,10; Dt 29,3; Rm 11,7. *a antiga aliança:* esse termo para designar a lei foi inventado por Paulo para sublinhar o caráter superado da dispensação mosaica. *é em Cristo que ele desaparece:* a libertação do cativeiro da antiga aliança só acontece através de Cristo e em Cristo. **15.** *sobre seu coração:* a imagem do véu muda novamente, nuançando a crítica à lei feita no v. 14. *leem Moisés:* como em At 15,21, este é um modo de se falar do "livro de Moisés" (2Cr 25,4; Ne 13,1; Mc 12,26). **16.** *pela conversão ao Senhor: i.e.,* converter-se (1Ts 1,9; cf. Dt 4,30; Eclo 5,7; Is 19,22) ao Deus revelado em Cristo (v. 14; 4,6). Somente a partir desta perspectiva se percebe a intenção de Deus em sua palavra. Existe uma crítica implícita às pessoas (v. 3,6) que davam à lei uma interpretação que Paulo negava. **17.** *o Senhor é o Espírito:* as opiniões se dividem, mas é provável que Paulo esteja pensando diretamente em Deus (mas → Teologia paulina, 82:61). Deus é identificado com o Espírito para se negar que ele ainda atue através da letra da lei (v. 6). *está a liberdade:* as pessoas que são guiadas pelo Espírito não estão mais sob a lei (Gl 5,18). Uma nota polêmica fica evidente. **18.** *nós todos que, com a face descoberta:* as pessoas que cumpriram a condição do v. 16, *i.e.,* todos os crentes, e não só Paulo e seus colaboradores. *contemplando como em um espelho:* os indícios linguísticos (*BAGD* 424) são contra traduzir *katoptrizomenoi* por "refletindo como em um espelho" (a opinião defendida por J. Dupont, *RB* 56 [1949] 392-411). *a glória do Senhor:* como o último Adão (1Cor 15,45), Cristo é a imagem e a glória de Deus (1Cor 11,7). Deus é refletido em Cristo (4,6). *somos transfigurados nessa mesma imagem:* a salvação é um processo cuja meta é estar em conformidade com Cristo (Rm 8,29; quanto à antítese, cf. Rm 12,2). Sua autêntica humanidade deve se manifestar progressivamente nos crentes (veja 4,10-11). *cada vez mais resplandecente:* o significado de *doxa* vai de "esplendor" a "glória" (veja 1Cor 2,7). À medida que os crentes vão se conformando com Cristo, eles se tornam ainda mais capazes de prestar a ele a honra que é devida a Deus. *pela ação do Senhor, que é Espírito:* o agente da transformação é Deus agindo através do Espírito.

(CARREZ, M., "Présence et fonctionnement de l'AT dans l'annonce de l'évangile", *RSR* 63 [1975] 325-41. ECKERT, J., "Die geistliche Schriftauslegung des Apostels Paulus nach 2 Kor 3:4-18", *Dynamik im Wort* [ed. Kath. Bibelwerk; Stuttgart, 1983] 241-56. HANSON, A. T., "The Midrásh in 2Cor 3: A Reconsideration", *JSNT* 9 [1980] 2-28. HICKLING, C. J. A., "The Sequence of Thought in 2Cor 3", *NTS* 21 [1974-75] 380-95. HUGEDÉ, N., *La métaphore du miroir dans les épîtres de saint Paul aux Corinthiens* [Neuchâtel, 1957]. LAMBRECHT, J., "Transformation in 2Cor 3:18", *Bib* 64 [1983] 243-54. MOLINA, M. A., "La remoción del velo o el acceso a la libertad", *EstBib* 41 [1983] 285-324. SCHULZ, S., "Die Decke des Moses", *ZNW* 49 [1958] 1-30. ULONSKA, H., "Die Doxa des Mose", *EvT* 26 [1966] 378-88. WAGNER, G., "Alliance de la lettre, alliance de l'Esprit: Essai d'analyse de 2Cor 2:14-3:18", *ETR* 60 [1985] 55-65. WONG, E., "The Lord is the Spirit (2Cor 3:17a)", *ETL* 61 [1985] 48-72.)

18 4,1-6. Tanto o tema quanto o tom desta seção recordam 3,1-6. Paulo enfrenta as pessoas que denegriram seu ministério. **1-2.** A questão introduzida em 3,12 é desenvolvida. **1.** *por misericórdia:* antes de se converter (3,5-6) Paulo perseguira os cristãos (1Cor 15,9; Gl 1,13.23). *não perdemos a coragem:* outro modo de expressar a *parrhēsia* de 3,12, que refuta a acusação de 10,9-11. **2.** *Dissemos "não":* a rara voz média de *apeipon* distancia Paulo de seus adversários (2,17; 3,13), embora implique autoelogio (3,1). O significado é que eles deveriam ter renunciado às práticas que se seguem, e não que ele alguma vez as tenha empregado (cf. 1Ts 2,1-12). *procedimentos secretos e vergonhosos:* as coisas que se espera que jamais sejam reveladas. As próximas duas orações explicam o que Paulo tem a refutar (12,16). *procedemos sem astúcia:* ao escrever 1Cor 9,19-23, Paulo tinha se exposto à acusação de disposição inescrupulosa de adotar qualquer meio para alcançar seu fim. *falsificamos a palavra de Deus:* o verbo *doloun* é diferente do de 2,17, mas o significado é o mesmo. *pela manifestação da verdade:* a revelação do evangelho por parte de Paulo é plena e completa (Gl 2,5.14), sem dissimular ou omitir nada, como afirmavam seus adversários. *consciência:* a faculdade do discernimento autêntico (veja M. E. THRALL, *NTS* 14 [1967-68] 123-25), talvez equivalente a "amor à verdade" (2Ts 2,10). **3.** *se nosso evangelho permanece velado:* a admissão de que sua pregação foi parcialmente ineficaz implica uma acusação, possivelmente de que ele não conseguiu converter muitos judeus (3,14-15). *para os que se perdem:* identificados no v. 4 como incrédulos (veja o comentário sobre 2,15). **4.** *o deus deste mundo:* possivelmente Beliar (6,15), que deve ser distinguido de Satanás (veja o comentário sobre 1Cor 5,5). Mas é mais provável que se trate de um genitivo de conteúdo (BDF 167); então se traduziria "o deus que é este mundo" (cf. Fl 3,19). O pecado desempenha o mesmo papel em Rm 3,9; 6,6-23. *obscureceu a inteligência:* compare com 3,14. *a luz do evangelho:* o evangelho é uma força que ilumina (Rm 1,16), porque apresenta a *glória de Cristo,* que reflete (3,18) a glória de Deus (4,6), e é contraposta a Moisés (3,7), o mediador da antiga aliança (3,14). *a imagem de Deus:* a definição da humanidade autêntica (Gn 1,26-27) é aplicada somente a Cristo e a Adão antes da queda (1Cor 11,7). **5.** *não* *proclamamos a nós mesmos:* uma indicação de que outros, em sua mensagem, davam mais proeminência a si próprios do que a Cristo (veja o comentário sobre 12,12). *Cristo Jesus, Senhor:* Paulo se apropria de uma fórmula confessional (1Cor 12,3; Fl 2,10-11; Rm 10,9). **6.** *Deus, que disse:* a citação livre de Gn 1,3 identifica o Criador, que permanece atuante para iluminar (Is 9,2). A contraposição deliberada ao deus deste mundo (v. 4) ressalta a necessidade da graça na recepção do evangelho. *na face de Cristo:* a contraposição a Moisés (3,7) é deliberada. Na realidade, Paulo está dizendo a seus adversários que não é ele que deveria ser comparado com Moisés, mas sim Cristo.

(FITZMYER, J. A., "Glory Reflected on the Face of Christ [2Cor 3:7-4:6] and a Palestinian Jewish Motif", *TS* 42 [1981] 630-44. LAMBRECHT, J., "Structure and Line of Thought in 2Cor 2:14-4:6", *Bib* 64 [1983] 344-80. RICHARD, E., "Polemics, OT, and Theology: A Study of 2Cor 3:1-4:6", *RB* 88 [1981] 340-67. THEOBALD, M., *Die überströmende Gnade* [FB 22; Würzburg, 1982] 167-239.)

19 (C) Ministério e mortalidade (4,7-5,10). Os adversários de Paulo interpretavam suas provações e tribulações como contradição com sua reivindicação de ser apóstolo. Tal debilidade não poderia ministrar o poder salvador de Deus. Ao replicar, Paulo insiste que sofrer é parte integrante do apostolado autêntico e da vida cristã.

20 (a) *A manifestação de Jesus* (4,7-15). O que é oferecido neste trecho é "uma interpretação do *curriculum vitae Pauli* [currículo da vida de Paulo] como o *curriculum mortis et vitae Iesu* [currículo da morte e vida de Jesus]" (Furnish, *II Corinthians* 288). Os sofrimentos de Paulo o assemelham a Jesus e lhe possibilitam demonstrar a humanidade autêntica que Jesus encarnou. **7.** *vasos de argila:* a fraqueza e a debilidade da existência humana contrastam tão vivamente com o que os apóstolos realizaram que o poder divino deve ter estado em ação (3,5; 13,4). **8-9.** Catálogos de dificuldades semelhantes se encontram em 6,4-5; 11,23-29; 12,10; 1Cor 4,9-13, mas a formulação antitética aqui visa a confirmar o v. 7. **10.** *a morte de Jesus:* a existência terrena do Jesus histórico como um ser entregue à morte. *a vida de Jesus:* a humanidade autêntica manifestada pelo Jesus histórico (2,16). *em nosso corpo:* trata-se do comportamento de Paulo (1Cor 11,1) como complemento de sua pregação verbal. **11.** *nós, embora vivamos:* as pessoas que estão tanto física quanto existencialmente vivas (Rm 6,11; Cl 2,13) estão continuamente em perigo mortal. Este trecho explica o v. 10a. *em nossa carne mortal: sarx* tem o mesmo significado que *sōma* no v. 10 e foi escolhido por causa do adjetivo. O termo enfatiza a vulnerabilidade da existência física. **12.** *a morte trabalha em nós:* Paulo está sendo triturado pelo sofrimento (v. 16), mas isto faz parte de plano do Deus. *a vida, porém, em vós:* o novo ser da humanidade autêntica (v. 10) é a meta do ministério (1Cor 4,15c; Gl 4,19). **13.** *espírito de fé:* uma fé ativa imbuída do poder do Espírito. *a respeito do qual está escrito:* isto introduz uma citação exata do Sl 116,10 (LXX 115,1). *cremos também nós, e por isso falamos:* a interpretação que Paulo faz de seus sofrimentos (vv. 10-11) está arraigada na fé, e não na razão. **14.** *ressuscitará também a nós:* o pensamento da morte conduz Paulo à recompensa da ressurreição que priva a morte de seu poder. **15.** A ação de graças da comunidade cresce proporcionalmente ao número crescente das pessoas que aceitam a mensagem cheia de graça de Paulo (3,5-6) e, assim, tornam-se capazes de dar glória a Deus (veja 1Cor 2,7).

(FRIDRICHSEN, A., "Zum Thema 'Paulus und die Stoa'", *ConNT* 9 [1944] 27-31. SPICQ, C., "L'Image sportive de 2Cor 4:7-9", *ETL* 13 [1937] 209-29.)

21 (b) *Enfrentando o temor da morte* (4,16-5,10). Paulo reafirma sua confiança contrapondo o que é de valor permanente ao que é somente transitório. **16.** *não nos deixamos abater:* veja o comentário sobre 4,1. *o ser humano exterior/interior:* a pessoa inteira considerada em termos de visibilidade (v. 18). A deficiência cada vez maior de Paulo pode ser vista, já sua fé e esperança crescentes, não. O uso de "ser humano interior" em Rm 7,22 é diferente (veja H. P. Rüger, *ZNW* 68 [1977] 132-37). **17.** A vasta desproporção entre a humilhação e a recompensa é articulada em termos de tempo e peso. **18.** *coisas que se veem/não se veem:* a distinção é feita entre o que não é importante (*p.ex.*, a aparência externa), que os opositores de Paulo tendem a enfocar (5,12), e as coisas que realmente importam (Fl 1,10).

22 5,1-10. Interpretações muito divergentes foram propostas para este parágrafo, devido à discordância a respeito do tema em debate (veja Allo, *Seconde épître* 137-55; F. G. Lang, *2 Kor 5:1-10 in der neueren Forschung* [BGBE 16; Tübingen, 1973]). A maioria talvez veja o problema como se tratando da existência corpórea no período entre o sepultamento e a ressurreição e, portanto, interprete as imagens antropológica e individualmente. O contexto, porém, sugere que Paulo está preocupado em mostrar que os sofrimentos presentes não são um critério válido do apostolado, porque a verdadeira morada de todas as pessoas que creem está em outro lugar. As imagens, em consequência, deveriam ser interpretadas existencialmente.

23 1. *sabemos:* o que se segue é uma explicação de 4,18. Existe uma alternativa à existência terrena. *tenda:* a imagem destaca o caráter efêmero e frágil do corpo humano, o "vaso de argila" de 4,7. *for destruída:* pela morte como culminação dos sofrimentos (4,8-9.16). *um edifício, obra de Deus:* a imagem antitética pode ter sido influenciada pela ideia do templo escatológico (*2Apoc. Bar.* 4,3; 2Esd 10,40-57) sob o estímulo de Mc 14,58 e Jo 2,19-21. Ela simboliza uma nova existência (Fl 3,12-21), e não o corpo da ressurreição. *temos:* o tempo presente expressa a certeza da esperança. **2.** *Tanto assim:* esta expressão provavelmente é causal (1Cor 4,4) e, portanto = "dessa maneira". *gememos: i.e.*, com desejo esperançoso, como "pelo desejo" deixa claro. *revestir por cima:*

a metáfora da vestimenta de 1Cor 15,53-54 não combina bem com a imagem da construção. O denominador comum é uma nova modalidade de existência; cf. "vestistes de Cristo" (Gl 3,27; Rm 13,14), que, no entanto, se refere a esta vida. **3.** *o que será possível: ei ge* seguido por *kai* introduz um pressuposto necessário (veja M. E. Thrall, *Greek Particles in the New Testament* [NTTS 3; Grand Rapids, 1962] 86-91); deste modo, expressa certeza, e não dúvida. *não nus:* a imagem não sugere o desnudar do corpo na morte, como na tradição filosófica grega, mas, junto com a metáfora da vestimenta, refuta a concepção de que não há vida após a morte. **4.** Uma reiteração do pensamento do v. 2. *estamos nesta tenda:* vivendo neste mundo. *acabrunhados:* isto não se refere ao peso do corpo (como em Sb 9,15), mas aos sofrimentos apostólicos de Paulo, que intensificam seu anseio por outro modo de existência. *revestir a outra por cima:* Paulo espera que a parúsia chegue antes que ele seja morto (1Cor 15,51; 1Ts 4,15). **5.** A esperança de Paulo se baseia no que Deus já realizou através do Espírito (1,22).

(LAMBRECHT, J., "La vie engloutit ce qui est mortel", *La pâque du Christ* [Festschrift F. DURRWELL; ed. M. BENZERATH *et al.*; LD 112; Paris, 1982] 237-48. THRALL, M. E., "'Putting on' or 'Stripping off' in 2Cor 5:3", *New Testament Textual Criticism* [Festschrift B. METZGER; ed. E. J. EPP *et al.*; Oxford, 1981] 221-37. WONNEBERGER, W., *Syntax und Exegese* [BBET 13; Frankfurt, 1979] 180-201.)

24 6-7. O anacoluto no v. 6a acontece porque Paulo percebe que aquilo que acabou de dizer (vv. 1-5) poderia ser interpretado como um denigrimento da existência corpórea num sentido agadável para alguns dos coríntios (veja o comentário sobre 1Cor 6,18b). Assim, ele cita uma afirmação de Corinto introduzida por *eidotes hoti*, "sabendo que" (1Cor 8,1-4), no sentido de que a existência corpórea é um obstáculo para a união com Cristo (veja J. Murphy-O'Connor, *RB* 93 [1986] 214-21). **8.** *preferimos:* Paulo indica sua preferência por uma reformulação do lema coríntio.

Ao substituir *ek* e *pros* por *en* e *apo*, ele transforma uma oposição estática em um movimento unificado. **9.** *em nossa mansão:* a utilidade da imagem da residência é negada. O importante é agradar ao Senhor (1Ts 2,25; 4,1). **10.** *o tribunal:* isto enfatiza a importância do corpo ao fazer de suas atividades a base do julgamento final.

(AONO, T., *Die Entwicklung des paulinischen Gerichtsgedankens bei den Apostolischen Vätern* [EHS 23/137; Bern, 1979]. BAUMERT, N., *Täglich sterben und auferstehen: Der Literalsinn von 2 Kor 4:12-5:10* [SANT 34; München, 1973]. LILLIE, W., "An Approach to 2Cor 5:1-10", *SJT* 30 [1977] 59-70. PENNA, R., "Sofferenze apostolice, anthropologia ed escatologia in 2Cor 4:7-5,10", *Parola e Spirito* [Festschrift S. CIPRIANI; ed. C. C. MARCHESELLI; Brescia, 1981] 1. 401-31.)

25 (D) Reconciliação em uma nova criação (5,11-6,10). Paulo conclui seu longo desenvolvimento sobre o apostolado autêntico destacando seu fundamento cristológico e seu objetivo último.

(a) *A nova criação* (5,11-17). **11.** *convencer:* em 1Cor 2,4 e Gl 1,10 *peithein* tem uma conotação pejorativa. Ao usar o termo aqui, Paulo aceita e restringe a descrição de seu ministério feita por seus adversários. *vossa consciência:* veja o comentário sobre 4,2. **12.** *não nos recomendamos:* veja o comentário sobre 3,1. *a fim de que possais responder aos que se gloriam apenas pelas aparências:* Paulo pretende dar armas aos coríntios contra seus adversários, os quais se concentram nas aparências superficiais. **13.** *fora do bom senso:* a afirmação de que o êxtase religioso diz respeito somente a Deus pode ser uma refutação das pessoas que reivindicavam que ele validava seu ministério. A posse plena dos próprios sentidos é um pré-requisito para o amor. **14.** *a caridade de Cristo:* o amor mostrado por Cristo (Gl 2,20; Rm 8,35-38) como o modelo da existência autêntica (v. 15). *nos compele:* Paulo acha que não tem opção senão imitar a abnegação de Cristo. *um só morreu por todos:* esta modificação de uma fórmula tradicional (veja o comentário sobre 1Cor 15,3) destaca o número de pessoas que se beneficiaram com a morte de Cristo. *todos morreram:* o efeito do ato salvífico de Cristo, a vida nova (1Cor 15,22; Rm 5,12-21), é expresso em termos de seu pré-requisito, a morte para tudo o que é hostil a Deus (Rm 8,13). **15.** Essa vida nova (4,10-12) precisa se expressar em comportamento voltado para os outros, como foi o de Cristo (Gl 2,20). A maneira como ele morreu é a mesma como os cristãos devem viver. **16.** *a ninguém conhecemos segundo a carne:* Paulo condena o julgamento de outras pessoas baseado nos critérios convencionais de um mundo caído (veja o comentário sobre 1Cor 3,1-4). A humanidade de Cristo é a verdadeira pedra de toque. *se conhecemos Cristo segundo a carne:* como fariseu, Paulo julgara Cristo erroneamente por causa de sua aceitação acrítica da opinião judaica corrente. *já não o conhecemos assim:* deve haver uma mudança radical semelhante no modo como os crentes avaliam outros seres humanos. **17.** *se alguém está em Cristo:* qualquer pessoa que pertença à nova comunidade crente, a qual é Cristo (1Cor 6,15; 8,12; 12,12). *nova criatura:* para ligar esta expressão com a que vem antes é preciso acrescentar ou "ele/ela é" ou "há" (→ Teologia paulina, 82:79). A primeira destaca o efeito, a última a causalidade, de um novo ato de criação, que no judaísmo apocalíptico (*1Henoc* 72,1; *2Apoc. Bar.* 32,6; *Jub.* 4,26; 1QS 4,25; 1QH 11,10-14; 13,11-12) inaugurava o *eschaton. Passaram-se as coisas antigas; eis que se fez realidade nova:* dado o contexto epistemológico, a referência primordial deve ser ao critério de julgamento. A mudança radical acontece pela aceitação vivenciada do critério de humanidade representado por Cristo (v. 15).

(FRASER, J. W., "Paul's Knowledge of Jesus: 2Cor 5:16 Once More", *NTS* 17 [1970-71] 293-313. KUHN, H.-W., *Enderwartung und gegenwärtiges Heil* [SUNT 4; Göttingen, 1966] 48-52, 75-78. MARTYN, J. L., "Epistemology at the Turn of the Ages: 2Cor 5:16", *Christian History and Interpretation* [Festschrift J. KNOX; ed. W. R. FARMER *et al.*; Cambridge, 1967] 269-87. SJÖBERG, E., "Wiedergeburt und Neuschöpfung im palästinischen Judentum",

ST 4 [1951] 44-85; "Neuschöpfung in den Toten-Meer-Rollen", ST 9 [1955] 131-36. STUHLMACHER, P., "Erwägungen zum ontologischen Charakter der *kainē ktisis* bei Paulus", *EvT* 27 [1967] 1-35.)

26 (b) *O ministério da reconciliação* (5,18-6,10). Paulo passa a explicar agora o processo pelo qual o amor salvador de Deus toca as vidas humanas. No plano divino, agentes humanos medeiam a graça (veja 1Cor 3,5-9). **18-19.** Paulo cita e interpreta uma fórmula tradicional (v. 19ab), que mencionava o criador (Deus), o agente (Cristo) e o meio de reconciliação (perdão dos pecados). Somente quando é restaurada à autenticidade a humanidade está em paz com Deus. Paulo responde à pergunta sobre como isso acontece, que surge a partir dos particípios presentes contidos na fórmula, ao apresentar os mediadores que tornam a ação de Cristo real para seus contemporâneos. **20.** *exercemos a função de embaixadores:* os ministros não são meramente representantes oficiais (1Cor 1,17; Rm 10,15), mas prolongam a missão de Cristo de maneira singular (veja 4,10-11). *é Deus mesmo que vos exorta:* o verbo sublinha o respeito de Deus pela liberdade de suas criaturas, que é mantida nas palavras do próprio Paulo: "suplicamo-vos". *reconciliai-vos:* o imperativo corresponde ao indicativo dos vv. 18-19 (→ Teologia paulina, 82:72). **21.** Este versículo expande os vv. 18-19 explicando o papel de Cristo na reconciliação. *Aquele que não conhecera o pecado, Deus o fez pecado:* como Messias (Is 53,9; *Sl Sal* 17,40-43; *T. Jud.* 24,1; *T. Levi* 18,9), Cristo era reconhecido como sem pecado (Hb 4,15; 1Pd 2,22; Jo 8,46; 1Jo 3,5); ainda assim, por opção de Deus (Rm 8,3), "ele passou a estar naquela relação com Deus que normalmente é o resultado do pecado" (Barrett). Ele se tornou parte da humanidade pecadora (Gl 3,13). *a fim de que, por ele, nos tornemos justiça de Deus:* "Através do ato amoroso de Deus em Cristo, [nós] passamos a estar naquela relação com Deus que é descrita pelo termo justiça, ou seja, somos inocentes em seu tribunal, justificados, reconciliados" (Barrett). Só como humanidade justa a humanidade é o que pode e deveria ser (→ Teologia paulina, 82:68-70).

(HAHN, F., "'Siehe, jetzt ist der Tag des Heils': Neuschöpfung und Versöhnung nach 2 Kor 5,14-6,2", *EvT* 33 [1973] 244-53. HOFIUS, O., "Erwägungen zur Gestalt und Herkunft des paulinischen Versöhnungsgedankens", *ZTK* 77 [1980] 186-99; "'Gott hat unter uns aufgerichtet das Wort von der Versöhnung' [2 Kor 5,19]", *ZNW* 71 [1980] 227-32. HOOKER, M. D., "Interchange in Christ", *JTS* 22 [1971] 349-61. LYONNET, S. e L. SABOURIN, *Sin, Redemption, and Sacrifice* [AnBib 48; Rome, 1970] 187-296. THRALL, M. E., "2Cor 5,18-21: Reconciliation with God" *ExpTim* 93 [1981-82] 227-32. WALTER, N., "Christusglaube und heidnische Religiosität in paulinischen Gemeinden", *NTS* 25 [1978-79] 422-42.)

27 **6,1.** *somos colaboradores com ele:* Paulo, Timóteo e Apolo são colaboradores de Deus (1Cor 3,9; 1Ts 3,2). *não recebais a graça de Deus em vão:* a cooperação humana é essencial para que o poder do evangelho (Rm 1,16) atue eficazmente (1Cor 15,10). Quanto a *kenos*, veja o comentário sobre 1Cor 15,14. A advertência implícita é desenvolvida em 1Cor 10,1-13. **2.** A citação reproduz exatamente Is 49,8 LXX. O caráter parentético deste versículo é sublinhado pela série de particípios dos vv. 3-10 dependentes da expressão "exortamo-vos" do v. 1. **3.** *motivo de escândalo:* os ministros podem anular o poder do evangelho (veja 1Cor 1,17). **4a.** A autorrecomendação de Paulo (3,1; 4,2) é a antítese da de seus opositores (5,12), destacando o sofrimento (veja 4,10-11) e as atitudes interiores em lugar dos ornamentos exteriores do poder espiritual (→ 5 *acima*). **4b-10.** Outro catálogo de sofrimentos apostólicos (veja 4,8-9) dividido em quatro estrofes (vv. 4b-5.6-7a.7b-8a.8b-10). Um caráter apologético fica particularmente claro na última estrofe. **8b.** *enganadores:* veja o comentário sobre 1,15-2,2. **9.** *desconhecidos:* veja 3,1. Cf. 1Cor 4,13. *como moribundos e, não obstante, eis que vivemos:* esta expressão resume 4,7-5,10. **10.** *tristes:* veja o comentário sobre 2,1-4. *indigentes:* a recusa de Paulo em aceitar apoio dos coríntios tinha sido usada por seus adversários para provar que ele não era apóstolo (veja o comentário sobre 1Cor 9,1-18; 2Cor 11,7-11; 12,14-18; cf. W. Schrage, "Leid, Kreuz und Eschaton", *EvT* 34 [1974] 141-75).

28 (IV) Parte III: Relações com Corinto (6,11-7,16). Paulo retorna ao tema de 1,1-2,13. Tendo se reconciliado com Deus, os coríntios deveriam se reconciliar com aqueles que lhes levaram o evangelho.

(A) **Um apelo à sinceridade (6,11-7,4).** A linha de raciocínio é complicada pela junção de dois temas. O apelo salvífico de 6,1-2 é prolongado em 6,11 e 6,14-7,1, onde se enfoca a relação dos coríntios com Deus, que agiu tão graciosamente a favor deles. Nos vv. 12-13, a associação de ideias leva Paulo a mencionar seu sentimento de injúria; o tema é retomado em 7,2-4. O *status* de 6,14-7,1 é controverso (Furnish, *II Corinthians* 375-83), mas estudos recentes (Fee, Lambrecht, Murphy-O'Connor, Thrall) concluem que esse trecho não é antipaulino (Betz) ou não-paulino (Fitzmyer), mas citado pelo apóstolo (Furnish); também não faz parte da carta mencionada em 1Cor 5,9 (Hurd). Paulo o escreveu para este lugar em 2 Coríntios.

(BETZ, H. D., "2Cor 6:14-7:1: An Anti-Pauline Fragment?", *JBL* 92 [1973] 88-108. DERRETT, J. D. M., "2Cor 6:14: A Midrásh on Dt 22:10", *Bib* 59 [1978] 231-50. FEE, G. D., "2Cor 6:14-7:1 and Food Offered to Idols", *NTS* 23 [1976-77] 140-61. FITZMYER, J. A., "Qumran and the Interpolated Fragment in 2Cor 6,14-7,1", *ESBNT* 205-17. HURD, J. C., *The Origin of 1Cor* [New York, 1965] 235-39. LAMBRECHT, J., "The Fragment 2Cor 6:14-7:1: A Plea for Its Authenticity", *Miscellanea Neotestamentica* [ed. T. BAARDA *et al.*; NovTSup 48; Leiden, 1978] 2. 143-61. MURPHY-O'CONNOR, J., "Relating 2Cor 6,14-7,1 to Its Context", *NTS* 33 [1987] 272-75. THRALL, M. E., "The Problem of 2Cor 6:14-7:1 in Some Recent Discussion", *NTS* 24 [1977-78] 132-48.)

29 11. Paulo fala com liberdade (3,12) e com um coração generoso (Dt 11,16 LXX). *coríntios:* cf. Gl 3,1; Fl 4,15. **12.** Qualquer constrangimento na relação vem dos sentimentos deles para com Paulo. **13.** *como a filhos:* esta expressão poderia ser crítica (1Cor 3,1; 14,20) ou de afeição (12,14-15; 1Cor 4,14). **14-16a.** A resposta a Deus dever ser exclusiva. Pode também ser uma crítica implícita do uso de critérios mundanos, por parte dos coríntios, para julgar seus ministros (→ 5 *acima*). **14.** *com os incrédulos:* os "espirituais" (→ 5 *acima*) exibiram descrença prática através do envolvimento com a iniquidade, ídolos e demônios (1Cor 5,1; 8,10; 10,20). Filo usa as mesmas antíteses (*De spec. leg.* 1.279; 2.204) e aplica Lv 19,19 em *De spec. leg.* 4.204. **15.** *Beliar:* um espírito maligno (*T. Levi* 19,1). *Fiel/incrédulo:* veja Filo, *Her.* 93-94; *De Abr.* 269. **16a.** *templo de Deus:* veja 1Cor 3,16; 6,19 (cf. 1QS 2,11; 8,5-9). **16b-18.** A afirmação do v. 16b é sustentada por uma coleção de textos do AT (Lv 26,12 ou Ez 37,27; Is 52,11; Jr 51,45; Ez 20,34; 2Sm 7,14.27; → Romanos, 51:35). **7,1.** O imperativo final, calorosamente pastoral, está arraigado no indicativo do v. 16b. **2a.** Paulo volta para 6,13. **2b.** Acusações de seus adversários são negadas. **3.** *não é para vos condenar:* Paulo parece fazer uma distinção entre a comunidade e seus adversários (veja 3,1). *já o afirmei:* provavelmente algo como 2,4c. *para a vida e para a morte:* uma fórmula de amizade permanente, cuja ordem pode ter sido invertida por Paulo para dar-lhe um significado mais profundo (Rm 6,8). **4.** *consolo/tribulação:* veja o comentário sobre 1,3-7.

(KER, R. E., "Fear or Love? A Textual Note", *ExpTim* 72 [1960-61] 195-96. LAMBRECHT, J., "'Om samen te sterven en samen te leven' uitleg von 2Cor 7:3", *Bijdr* 37 [1976] 234-51. OLIVIER, F., "*Synapothnēskō:* D'un article de lexique à saint Paul, 2Cor 7:3", *RTP* 17 [1929] 103-33. STÄHLIN, G., "'Um mitzusterben und mitzuleben", *Neues Testament und christliche Existenz* [Festschrift H. BRAUN; ed. H. D. BETZ *et al.*; Tübingen, 1973] 503-21.)

30 (B) Os resultados da missão de Tito (7,5-16). A menção do consolo divino (v. 4) lembra Paulo do recente exemplo destacado da benevolência de Deus, as boas notícias trazidas por Tito a respeito dos efeitos da carta das lágrimas (2,4). Não existe justificativa para considerar 7,5 como continuação de 2,13 (→ 1 *acima*). Tal conexão é tanto gramaticalmente complicada (a passagem do singular para o plural) quanto psicologicamente implausível. O aspecto da situação tratado aqui (o arrependimento dos coríntios) é logicamente anterior ao aspecto tratado em 2,5-11 (as medidas tomadas em relação ao culpado).

31 **5.** *fora/dentro:* isto pode estar se referindo à pessoa de Paulo ou às comunidades com as quais ele trabalhou. **6.** *Tito:* veja o comentário sobre 2,13. **7.** Se Paulo se alegrou por ver Tito a salvo, ele ficou radiante de alegria com a reação dos coríntios à sua delicada missão. **8.** *a carta:* o artigo definido a identifica com a de 2,4. O constrangimento e a preocupação de Paulo são revelados pela estrutura complicada da oração em que ele tenta expressar tanto arrependimento quanto alegria. **10.** *tristeza segundo Deus/segundo o mundo:* a primeira produz arrependimento (*metanoia*), que dá vida (v. 11), enquanto a última produz ressentimento destrutivo. **11.** O termo repetido *alla*, "mas", dá à frase uma tremenda força retórica (BDF 448.6). *que desculpas:* eles se defenderam (*apologia*) demonstrando que não tinham instigado o culpado nem desculpado sua ofensa. *que temor:* apreensão nervosa a respeito do desfecho de todo o triste episódio (v. 15). *que punição:* as medidas tomadas em 2,6. *Demonstrastes de todos os modos que estáveis inocentes:* o arrependimento deles (vv. 9-10) não era por "uma falta que eles mesmos tivessem cometido, mas por uma falta cometida por outrem" (Barrett). **12.** *aquele que sofreu a injúria:* certamente o próprio Paulo. Timóteo também pode ter sofrido, mas foi o relato dele que causou a visita intermediária durante a qual se deu o incidente. A esta altura Timóteo estava na Macedônia (At 19,22) substituindo Paulo (1Cor 16,5). *aquele que injuriou:* um indivíduo em particular cometeu um erro (2,5-8). A resposta positiva de Paulo à comunidade como um todo (v. 14) sugere que o culpado não era um membro permanente, mas isto é controvertido (Furnish).

32 **13.** *a alegria de Tito:* os caps. 10-13 mostram que ou Paulo ou Tito estava otimista demais. Houve indícios de que Paulo ainda estava sendo alvo de crítica (1,15-22). **14.** *eu me gloriei um pouco de vós:* isto implica que a missão de Tito foi seu primeiro contato com os coríntios e de maneira alguma sugere que sua missão (8,6) estivesse totalmente desconectada do episódio da carta de lágrimas. Nessa última hipótese, a ansiedade de Paulo (2,13) fica sem explicação. **15.** *temor e tremor:* o fato de Paulo não retornar como havia planejado (1,16-23) induziu a uma apreensão nervosa relativa a suas intenções (será que os teria abandonado para sempre?), que foi aliviada pela chegada de seu emissário. **16.** *Regozijo-me por poder contar convosco:* um resumo apropriado do presente estado de espírito de Paulo, que prepara o caminho para o apelo seguinte.

(Barrett, C. K., "Titus", *Neotestamentica et semitica* [Festschrift M. Black; ed. E. E. Ellis *et al.*; Edinburgh, 1969] 1-14; "*Ho Adikēsas* (2Cor 7,12)", *Verborum Veritas* [Festschrift G. Stählin; ed. O. Böcher *et al.*; Wuppertal, 1970] 149-57.)

33 **(V) Parte IV: A coleta para Jerusalém (8,1-9,15).** Os caps. 8 e 9 são um elemento chave no debate sobre a integridade de 2Cor (→ 1 *acima*). Embora nenhum argumento sério tenha sido invocado para separar o cap. 8 dos caps. 1-7, os argumentos que negam a unidade dos caps. 8 e 9 (Georgi, *Kollekte* 56-57) exigem uma análise cuidadosa. (1) 9,1 não é a continuação de 8,24 e anuncia um novo assunto. (2) A relação entre os macedônios e os coríntios está invertida em 8,1-5 e 9,2. (3) A finalidade do envio dos delegados difere em 8,20 e 9,3-5. (4) Acaia, mencionada em 9,2, não aparece em nenhum lugar no cap. 8. Embora eles destaquem ênfases diferentes, o comentário mostrará que nenhum destes pontos implica o tipo de contradição que exigiria que o cap. 9 fosse considerado uma carta separada.

Quanto à natureza da coleta e à reação inicial dos coríntios a ela, veja o comentário sobre 1Cor 16,1-4.

34 (A) Um pedido desafiador (8,1-15). Usando o exemplo da generosidade dos macedônios, Paulo desafia delicadamente os coríntios a passar da aceitação ávida da ideia da coleta a uma doação efetiva. Tito deve tê-lo informado que o mecanismo estabelecido em 1Cor 16,2 não estava funcionando (veja v. 12), e Paulo podia contrapor isto à abnegação dos tessalonicenses e dos filipenses, entre os quais ele tinha vivido por seis meses (→ 4 acima). **1.** *a graça que Deus concedeu:* dada a situação esboçada nos vv. 2-3, somente o poder divino poderia explicar a resposta dos macedônios. **2.** *sua pobreza extrema:* possivelmente como resultado de perseguição ou em comparação com a riqueza de Corinto. **3.** *além de seus meios:* existe um contraste deliberado com o que ele exigiu dos coríntios (v. 12; cf. 1Cor 16,2). Romanos 15,26 parece sugerir que a contribuição da Macedônia excedeu a da Acaia. **5.** *ultrapassando mesmo nossas esperanças:* o ponto de referência é a expectativa de Paulo. *primeiramente:* a expressão implica que doações de fato tinham sido feitas. *deram-se:* em termos teológicos, os donativos deles tinham valor como expressão de amor (v. 8). **6.** Tito deve ter levantado o assunto da coleta quando viu a resposta dos coríntios (7,15). Teria sido um momento apropriado para sugerir que eles agissem em relação a uma questão que era muito cara a Paulo.

35 7. *fé, eloquência, ciência:* mencionar dons espirituais (1Cor 12,8-9) na realidade é censurar com um leve elogio (veja em 1Cor 1,5), mas os coríntios não devem ter entendido dessa forma. *a caridade que vos inspiramos:* esta leitura (P46, B) é certamente mais difícil do que a amplamente atestada, "vosso amor por nós", e reflete a avaliação realista que Paulo faz da situação (6,11-13). **8.** *não ... para vos impor uma ordem:* Paulo não quer dar a impressão de que os esteja intimidando (1,12; 1Cor 7,6), mas a razão teológica é indicada em 9,7 (cf. Fm 8,14). *a sinceridade de vossa caridade:* Paulo tem suas dúvidas. O amor é seriedade em ação. **9.** Escolhendo uma imagem apropriada para a situação, Paulo anuncia o princípio teológico de 5,21, cujo significado prático é indicado em 5,15. A preexistência de Cristo não está implicada (veja J. D. G. Dunn, *Christology in the Making* [London, 1980] 121-23). **10.** *é o que convém:* para preservar a honra da comunidade. Paulo evita criticar diretamente a omissão deles. *não somente a realizar, mas também a querer realizar:* esperar-ser-ia a ordem contrária (Fl 2,13). O aoristo *to poiēsai* parece se referir a uma ação específica, *i.e.*, ao início de uma coleta que foi interrompida por alguma razão (v. 12), enquanto o presente *to thelein* evoca um desejo contínuo de agir. Este desejo de agir era mais importante para Paulo. *desde o ano passado:* é improvável que Paulo tenha tido em mente um calendário específico. "Já no ano passado" melhor representa sua intenção (9,2). **11.** O desejo deveria ser traduzido em ação. **12.** *com os recursos que temos:* a afirmação de Paulo de que qualquer coisa que eles tivessem condições de dar seria aceitável parece implicar que os coríntios tinham adiado a doação até que pudessem oferecer uma quantia elevada. **13-14.** Não se espera que os coríntios doem tudo que possuem, mas que compartilhem a riqueza que têm em excesso, por menor que seja. Neste momento é Jerusalém que passa necessidade, um dia poderiam ser eles. **15.** Cita-se Ex 16,18, em que o verbo "recolher" tem de ser suprido a partir do contexto.

36 (B) A recomendação de representantes (8,16-9,5) Como um passo prático em direção à realização do v. 11, Tito e dois irmãos são enviados a Corinto para ajudar na organização da coleta (vv. 16-24), e Paulo explica por que ela tem de ser feita agora (9,1-5). **17.** A razão principal do retorno de Tito a Corinto não é o pedido de Paulo, mas seu próprio amor pela comunidade. **19.** *foi designado pelas igrejas:* as igrejas em questão são presumivelmente as da Macedônia, mas é improvável que o indivíduo tenha sido um nativo daquela região (9,4). Talvez tenha sido um coríntio que se estabelecera lá como missionário (v. 18) e seria reconhecido em Corinto. *para a glória do Senhor e realização de nossas boas intenções:* a coleta glorifica a Deus e manifesta a disposição de Paulo de ajudar Jerusalém. **20-21.** Provavelmente esse indivíduo foi selecionado a pedido de Paulo (1Cor 16,3) como uma garantia de que não houvesse suspeita de qualquer impropriedade. Desde o início Paulo tomou precauções para não ser acusado de ser interesseiro (1Ts 2,1-12; 1Cor 9,1-18). **21.** Há uma alusão a Pr 3,4. **22.** *nosso irmão:* o segundo delegado também era membro de uma das igrejas da Macedônia (v. 23) e pode ter ajudado Paulo durante sua estada lá. *deposita em vós plena confiança:* tal conhecimento da comunidade de Corinto sugere que ele poderia ser conhecido lá. **23.** *meu companheiro e colaborador:* "meu" diferencia Tito dos outros dois. Ele era um membro permanente da companhia de Paulo, assim como Timóteo (1Cor 16,10; Fl 2,19-22; cf. 1Ts 3,2). *enviados das igrejas:* este uso de *apostolai* é paralelo ao de Fl 2,25 e ao de Rm 16,7. *a glória de Deus:* eles honram a Deus por sua integridade. **24.** O apelo dos vv. 7,11 é reiterado. A resposta dos coríntios ao amor de Paulo confirmará o que ele havia dito sobre eles.

37   9,1. *a propósito do: peri de* seguido por um genitivo é comum em 1 Coríntios como introdução de um tema novo (1Cor 7,1; 8,1.4; 12,1; 16,1). Mas aqui Paulo não está respondendo a uma pergunta e, em oposição à fórmula estereotipada de 1 Coríntios, a expressão contém *gar* e *men*. O primeiro se refere a 8,24 e deveria ser traduzido por "certamente, de fato" (*BAGD* 152). Paulo não tem de recomendar a coleta porque os coríntios estão entusiasmados com a ideia (v. 2; cf. 8,10-11). O termo *men* se refere ao *de* do v. 3. **2.** *A Acaia está preparada desde o ano passado:* Paulo cita a expressão que vem usando para estimular a generosidade dos macedônios, mas que agora sabe que não é verdadeira (8,10-12; 9,5). Ele tinha achado que a vontade significava ação. O uso da Acaia (veja 1Cor 16,15) foi ocasionado pela menção da Macedônia **3-5.** Longe de ser uma contradição, estes versículos pressupõem 8,16-24. O artigo definido antes de "irmãos" supõe que eles tenham sido identificados. **4.** Se os coríntios não estivessem dispostos, fariam de Paulo um mentiroso e se mostrariam pouco caridosos (8,8,24). **5.** *um sinal de genuína liberdade:* uma terceira razão para enviar os delegados. Se Paulo pedisse donativos na presença de membros de outras igrejas (v. 4), isto poderia parecer extorsão. A reação se daria devido a pressão e, portanto, não seria um dom (v. 7).

38   (C) As recompensas da generosidade (9,6-15). Aos argumentos muito humanos baseados no orgulho (8,8-10) e na preocupação com sua reputação (9,3-5) o apóstolo acrescenta agora a promessa da recompensa. **6.** *semeia ...colherá:* um lugar comum da sabedoria popular (Gl 6,7-9) responde a pergunta sobre quanto doar. **7.** Voltando-se para a atitude do doador, Paulo insiste em uma decisão pessoal tomada em total liberdade (8,8; Fm 9,14; Rm 12,8). Um dom oferecido simplesmente porque fosse ordenado não agradaria a Deus. *Deus ama a quem dá com alegria:* quase uma citação de Pr 22,8a LXX, não do TM (cf. Eclo 35,9; Dt 15,10). **8.** *tenhais sempre e em tudo:* o termo *autarkeia* expressa o ideal grego de "autossuficiência", a liberdade e o contentamento de não estar em dívida com ninguém. Paulo introduz duas modificações. A riqueza é dom de Deus (Dt 8,17-18) e sua finalidade é fazer o bem aos outros (Rm 14,7). **9.** A citação é do Sl 112,9. As pessoas que ajudam os pobres participam da justiça de Deus (veja 5,21). **10.** *semente ao semeador e pão para o alimento:* a citação implícita de Is 55,10 faz referência à chuva, que é usada para ilustrar a eficácia da palavra divina, apontando, portanto, para Deus como o sujeito.

As imagens refletem o v. 6. *os frutos de vossa justiça:* uma alusão a Os 10,12.

39 11-15. O pensamento de Paulo passa da ideia de recompensa para um horizonte mais amplo e mais teológico. A generosidade glorifica a Deus. **11-12.** Já que a graça é sua causa (8,1), a reação à generosidade coríntia será a ação de graças dirigida a Deus (cf. 1,11; 4,15). **13.** *vossa comprovada virtude exercida nesse serviço:* a coleta é uma demonstração da realidade do amor autêntico (8,8). *darão glória a Deus:* o particípio poderia se aplicar ou aos coríntios ou aos receptores de sua dádiva. A última hipótese é recomendada pelos vv. 11-12. Agradecer a Deus é reconhecer seu poder e, consequentemente, glorificá-lo. *pela obediência que professais em relação ao evangelho de Cristo:* o sentido é explicado na expressão seguinte. A generosidade para com outras pessoas em imitação a Cristo (5,15; 9,9) é a proclamação existencial da obediência da fé (Rm 1,15). Paulo esperava que a coleta provasse aos crentes de Jerusalém que os gentios eram tão cristãos quanto eles. Tal otimismo tinha diminuído até certo ponto na época em que ele escreveu Rm 15,31 em Corinto. **14.** Paulo esperava que a reação dos pobres de Jerusalém fosse uma oração intercessória por eles e o reconhecimento de que os gentios tinham sido agraciados por Deus. **15.** *seu dom inefável:* a graça de Deus (8,1), que capacita a generosidade do amor.

(BERGER, K., "Almosen für Israel: Zum historischen Kontext der paulinischen Kollekte", *NTS* 23 [1976-77] 180-204. BETZ, H. D., *Second Corinthians 8 and 9* [Philadelphia, 1985]. BUCHANAN, G., "Jesus and the Upper Class", *NovT* 7 [1964] 195-209. GEORGI, D., *Die Geschichte der Kollekte des Paulus für Jerusalem* [TF 38; Hamburg, 1965]. MORGAN-WYNNE, J. E., "2Cor 8:18f. and the Question of a Traditionsgrundlage for Acts", *JTS* 30 [1979] 172-73. NICKLE, K. E., *The Collection* [SBT 48; London, 1966].)

CARTA B

40 Como na Carta A (→ 1-2 *acima*), o tema fundamental é o apostolado de Paulo, mas ele é abordado de modo radicalmente diferente. Em contraposição ao tom moderado e à linguagem cuidadosa da Carta A, na qual a polêmica e os elementos apologéticos estão subordinados à exposição didática da compreensão de seu ministério por parte de Paulo, a Carta B é uma explosão de indignação na qual tanto a autojustificação quanto o abuso dos adversários são amargamente destemperados. O tato gentil da Carta A, que revela o sentimento que Paulo tinha de estar com a situação sob controle, é substituído por uma angústia desesperada quanto ao futuro da comunidade. As expressões de confiança nos coríntios, que caracterizavam a Carta A, estão manifestamente ausentes na Carta B. Nenhum autor que esperasse o êxito do apelo dos caps. 8-9 teria acrescentado a ele tal ataque aos contribuintes em potencial. Assim, algo muito grave deve ter acontecido em Corinto nos quatro a cinco meses passados desde a escrita da Carta A.

41 A polêmica se dirige contra um grupo de intrusos, a cuja presença já se alude na Carta A (3,1-6). O que eles fizeram para conseguir tanta ascendência sobre os coríntios é matéria de especulações, mas um cenário muito plausível foi sugerido por Furnish (*II Corinthians* 45). Notando que os coríntios não estavam dispostos a participar da coleta (8,10-12), os intrusos se aproveitaram da Carta A (veja o comentário sobre 10,9-10) para chamar a atenção para o que parecia ser a atitude suspeitosamente ambígua de Paulo em relação ao dinheiro. Ele havia se recusado a aceitar apoio financeiro da comunidade (1Cor 9,1-18), mas, não obstante, tinha solicitado verbas a ela duas vezes (1Cor 16,2; 2Cor 8-9). Talvez Paulo pretendesse utilizar o dinheiro para seus próprios fins (12,14-18)! Intrusos provenientes de Jerusalém talvez tenham até afirmado não ter conhecimento do acordo feito na conferência realizada naquela cidade (Gl 2,10). Em um mundo onde a doação de dinheiro era sinal de prestígio e poder, recusar uma doação era afronta grave ao benfeitor (veja MacMullen, *Social Relations* 106-7). Dada esta convenção social, teria sido fácil para os intrusos apresentarem a recusa de Paulo em aceitar o apoio como um insulto premeditado à comunidade, particularmente se houvesse o conhecimento de que, enquanto estava em Corinto, Paulo tinha sido um cliente secreto dos macedônios (11,7-9). Com Paulo desacreditado dessa maneira, a pretensão dos intrusos de que eles seriam os apóstolos autênticos passou a receber mais atenção do que nunca antes (→ 5 acima). Este era o mais preocupante aspecto da situação, de modo que a preocupação de Paulo é restabelecer sua autoridade.

(BETZ, H. D., *Der Apostel Paulus und die sokratische Tradition* [BHT 45; Tübingen, 1972]. FORBES, C., "Comparison, Self-praise and Irony: Paul's Boasting and the Conventions of Hellenistic Rhetoric", *NTS* 32 [1986] 1-30. FUCHS, E., "La faiblesse, gloire de l'apostolat selon Paul", *ETR* 55 [1980] 231-53. KÄSEMANN, E., "Die Legitimität des Apostels", *ZNW* 41 [1942] 33-71. MACMULLEN, R., *Roman Social Relations, 50 BC-AD 284* [New Haven, 1974]. TRAVIS, S. H., "Paul's Boasting in 2Cor 10-12", *SE* VI 527-32.)

42 (VI) Parte I: Um apelo à obediência (10,1-18). O endereçamento, que deve ter sido semelhante a 1,1-2, foi omitido pelo editor que combinou as Cartas A e B. Dada a ira de Paulo (como em Gálatas), é improvável que a Carta B jamais tivesse uma ação de graças ou uma bênção (→ Epístolas do NT, 45:8B). Paulo vai direto ao cerne da questão baseando um apelo à obediência reafirmando sua autoridade. Seus adversários formam um grupo (vv. 2.12) que por vezes é evocado através do singular típico (vv. 7.10).

43 (A) As consequências da desobediência (10,1-6). O apelo à obediência destina-se a preparar o caminho para uma visita iminente, que será como uma campanha militar caso a situação em Corinto não seja corrigida. **1a.** *Eu mesmo, Paulo:* a formulação revela urgência intensa (1Ts 2,18; Gl 5,2). *pela mansidão e pela bondade de Cristo:* aparentemente, uma maneira curiosa de reafirmar autoridade, mas *praytēs* é uma característica do rei messiânico (Zc 9,9 LXX = Mt 21,5; cf. Mt 11,29) e *epieikeia* é atribuída a Deus em Sb 12,18 e 2Mc 2,22; 10,4. Assim, Paulo prepara seus leitores para uma compreensão correta da "fraqueza" dele. Ela talvez camufle o mesmo poder. **1b.** Em um parêntese, Paulo refere-se com ironia à acusação mencionada no v. 10. *eu tão humilde:* esta tradução de *tapeinos* é exigida pelo contexto (contraponha 7,10; 11,7). Quando ele parecia servil e fraco, estava apenas refletindo a atitude de Cristo (Fl 2,8; veja o comentário sobre 13,3-4). **2.** *os que nos julgam como se nos comportássemos segundo critérios carnais:* Paulo nunca dignifica seus adversários nomeando-os (3,1). Eles são distinguidos da comunidade ("vós"). Na Carta A, Paulo usa duas vezes *kata sarka* em contextos que implicam críticas a seu comportamento (1,12.17) O sentido não é o paulino usual (quanto a este, veja *TNT* 1. 236-38), mas o de "não-espiritual", *i.e.*, sem as experiências êxtáticas que seus adversários reivindicavam (12,1). **3.** *vivamos na carne: en sarki* é uma fórmula neutra que expressa a corporeidade da existência humana; ela = "no mundo" (1,12). **4.** *ao serviço de Deus, o poder de destruir fortalezas:* a imagem subjacente é a da tática do sítio militar (1Mc 5,65), também utilizada metaforicamente em Pr 21,22. A palavra "fortalezas" é esclarecida no próximo versículo. **5.** *Destruímos os raciocínios presunçosos e todo poder altivo:* Paulo alude ao raciocínio de seus opositores, que adotaram critérios falsos do apostolado e uma falsa sabedoria. Talvez eles pareçam tão sólidos como os baluartes que constituem uma fortaleza, mas não podem resistir a seu poder dado por Deus. *o conhecimento de Deus:* definido neste versículo como "obediência a Cristo", o qual é a sabedoria divina precisamente como crucificado (1Cor 1,23-24). Este aspecto de Cristo, enfatizado no v. 1, era recusado pelos "espirituais" em Corinto (1Cor 2,8). *Tornamos cativo todo pensamento:* os habitantes são cercados tão logo as fortificações sejam rompidas, e as forças estão prontas para rechaçar qualquer levante. **6.** Quando a obediência dos coríntios ao Cristo apresentado em seu evangelho for perfeita, então o apóstolo lidará com os que pregam outro evangelho (11,4).

(LEIVESTAD, R., "'The Meekness and Gentleness of Christ' 2Cor 10:1", *NTS* 12 [1965-1966] 156-64. MALHERBE, A. J., "Antisthenes and Odysseus, and Paul at War", *HTR* 76 [1983] 143-73. TANNER, R. G., "St. Paul's View of Militia and Contemporary Social Values", *Studia Biblica 1978, III* [ed. E. A. LIVINGSTONE; JSNTSup 3; Sheffield, 1980] 377-82.)

44 (B) A autoridade de Paulo como fundador da comunidade (10,7-18). A polêmica dos vv. 1-6 é intensificada. Paulo leva a guerra para o campo inimigo explicando aos coríntios o que esteve acontecendo debaixo de seus narizes. **7.** *alguém:* um membro qualquer (v. 10) do grupo de opositores (vv. 2,12). *de pertencer a Cristo:* uma referência ou ao partido de Cristo (1Cor 1,12) ou ao *status* de cristão (1Cor 3,23; 15,23) não é plausível. Os adversários devem ter reivindicado uma relação singular com Cristo (11,13.23), possivelmente baseada em conhecimento do Jesus histórico (5,16) ou em seu comissionamento por pessoas que o tinham conhecido. *assim como ele pertence a Cristo, nós também lhe pertencemos:* a oposição de Jerusalém a Paulo estava centrada em Tiago (Gl 2,12), cujo *status vis-à-vis* do Jesus terreno era idêntico ao de Paulo (veja o comentário sobre 1Cor 15,7-8). **8.** *do poder que Deus nos deu:* como em 13,10, Paulo evoca seu comissionamento por Cristo (1Cor 9,1; Gl 1,12) para fundar comunidades (vv. 13-16) em termos extraídos de Jr 1,9-10. **9.** *não quero dar a impressão:* a conexão com o v. 8 não é inteiramente clara. **10.** Paulo cita uma crítica zombeteira dos coríntios que contrapõe suas cartas enérgicas e exigentes à sua presença física pouco impressionante e sua oratória pouco sofisticada (1Cor 2,3-4). Os adversários estavam apelando a expectativas helenísticas de que os oradores deveriam combinar habilidade retórica com uma presença dignificante (*p.ex.*, Luciano, *Sonho* 13) a fim de destacar a falta do poder dado pela posse do Espírito por parte de Paulo. **11.** *estamos ausentes:* se Paulo escreveu uma carta severa (2,4; 7,8), foi simplesmente pelo fato de não poder estar presente e não porque tivesse medo de aparecer. **12.** Com ironia contundente, Paulo se distancia de seus rivais. Eles podem se recomendar porque se comparam uns com os outros, ignorando o critério verdadeiro, que é Cristo (veja o comentário sobre 5,16-17; 13,5). *tornam-se insensatos. Quanto a nós:* estas palavras foram acidentalmente omitidas no texto ocidental (→ Textos, 68:167, 173).

45 13-18. Da ideia da jactância ilimitada (v. 8) Paulo passa a outro senso de "limite", o território atribuído a ele por Deus, no qual seus inimigos são intrusos sem mandato. **13.** *como medida, da regra:* a formulação de Furnish é, talvez, a que melhor traduz a difícil expressão *metron tou kanonos*, que implica tanto o critério de medição quanto o objeto a ser medido. *a de termos chegado até vós:* a autorização divina dada a Paulo para evangelizar os gentios fora aprovada por Jerusalém, mas em uma fórmula que não excluía uma missão judaico-cristã aos judeus na Diáspora (Gl 2,9). **14.** *Não nos estendemos indevidamente:* mas seus adversários sim, ao aparecer em Corinto. *fomos ter convosco anunciando-vos o evangelho de Cristo:* isto dava a Paulo direitos paternais (12,14; 1Cor 4,15) não desfrutáveis por ninguém que chegasse depois. **15.** *em trabalhos alheios:* ao contrário de Paulo, que buscava territórios virgens (Rm 15,17-20), seus rivais assemelhavam-se a ladrões que tentam se apossar de propriedade alheia. A expansão missionária não deveria tomar a forma de roubo. *cresceremos mais e mais segundo nossa regra:* posto que a fé autêntica é obediência a Cristo (v. 6; 13,5; cf Rm 1,5), a esperança de Paulo é que os coríntios cheguem a compreender corretamente sua relação com Cristo (4,10-11), liberando-o, assim, para seu trabalho real, a formação de novas comunidades, e não a manutenção das já estabelecidas (1Cor 1,17). **16.** *levando mesmo o evangelho para além dos limites de vossa região:* Paulo talvez já estivesse pensando na Espanha (Rm 15,23-24; cf. Fl 3,13-14). *Sem entrar em campo alheio para nos gloriarmos de trabalhos lá realizados por outros:* outra zombaria dirigida a seus adversários (v. 15), que estavam reivindicado os êxitos obtidos por Paulo como seus próprios. **17.** A citação favorita de Paulo, Jr 9,21 (1Cor 1,31), que implica que há uma forma autêntica de se jactar (Fl 3,3; Gl 6,4). **18.** Este versículo está diretamente dirigido aos intrusos, que chamavam a atenção para qualificações que Paulo julgava irrelevantes (v. 12; 4,18; 5,12) e o desafiavam a mostrar o mesmo tipo de prova (13,3).

(HENNING, J., "The Measure of Man: A Study of 2Cor 10:12", *CBQ* 8 [1946] 332-43. KRÄMER, H. "Zum sprachlichen Duktus in 2 Kor 10,9 und 12", *Das Wort und die Wörter* [Festschrift G. FRIEDRICH; ed. H. BALZ *et al.*; Stuttgart, 1973] 97-100. STRANGE. J., "2Cor 10:13-16 Illuminated by a Recently Published Inscription", *BA* 46 [1983] 167-168)

46 (VII) Parte II: Paulo fala como um insensato (11,1-12,13). Desafiando sua própria recusa em jactar-se (10,17) ou em aceitar a comparação como critério válido (10,12), Paulo decide adotar o procedimento de seus adversários. A situação em Corinto (11,3) lhe deixava poucas opções. Embora soubesse que era insensatez (11,1.16; 12,13), ele tinha de mostrar que podia derrotar seus rivais no próprio terreno deles (4,18; 5,12; 11,18), como já o fizera com os "espirituais" (veja o comentário sobre 1Cor 2,6-16). Agindo de tal forma, ele contradiz a acusação de 10,10c (cf. 11,6) ao mostrar os conhecimentos que tinha das convenções retóricas de seu tempo, particularmente autoexibição, comparação, ironia e paródia. Sua forma de pregação (1Cor 2,1-5) era fruto de uma opção e não da necessidade.

(SPENCER, A. B., "The Wise Fool (and the Foolish Wise)", *NovT* 23 [1981] 349-60. ZMIJEWSKI, J., *Der Stil der paulinischen "Narrenrede"* [BBB 52; Köln, 1978].)

47 (A) Sua justificação por ser insensato (11,1-21a). A apreensão de Paulo em relação à tática por ele escolhida se revela pela "prolixidade nervosa" (Furnish) de sua introdução ao "discurso do insensato" propriamente dito (11,21b-12,10). Ele faz, de fato, uma digressão tal que precisa começar novamente em 11,16. **1.** *me suportais:* solicitar indulgência no início indica que o que se seguirá talvez não agrade a seus leitores. **2.** Paulo justifica sua preocupação paternal (12,14; 1Cor 4,15) com sua comunidade virgem em termos dos costumes matrimoniais judaicos (Gn 29,23; Dt 22,13-2, cf. Ef 5,23-32). **3.** *a serpente seduziu Eva:* na tradição judaica (v. 14), a serpente é identificada com o diabo (Sb 2,24; Ap 12,9), cujo interesse por Eva era de natureza sexual (*2Henoc* 31,6). Eva simboliza aqui a credulidade de toda a comunidade (contraste com 1Tm 2,13-14). *vossos pensamentos se corrompam:* a discrepância de Paulo com seus oponentes é que eles estavam pregando um evangelho não autêntico (Rm 16,17-18), que apresentava uma falsa visão de Cristo.

48 4. Esta é, talvez, a pista mais importante para descobrir a identidade dos oponentes de Paulo. *se vem alguém:* seus adversários vinham de fora de Corinto (3,1; 10,14-16). *vos proclama outro Jesus diferente daquele que vos proclamamos:* a súbita mudança de "Cristo" (10,1.5.7.14; 11,2.3) para "Jesus" dá a este termo uma importância especial; a ênfase recai sobre sua existência humana. Como os intrusos reivindicavam "pertencer a Cristo", eles devem ter compartilhado a tendência dos "espirituais" de minimizar a importância da humanidade de Cristo, que foi exibida em serviço, sofrimento e morte (veja o comentário sobre 1Cor 2,8; 12,3). A postura moral desse grupo (1Cor 3,3-4; 6,12-20) é evocada em 12,20-21. *um Espírito diverso ... um evangelho diverso:* aqui a polêmica latente de 3,1-18 vem à tona. Os judaizantes (3,3) pregavam um outro evangelho (Gl 1,6-9). Como o evangelho de Paulo era um "ministério do Espírito" (3,8) e da liberdade (3,17), seus oponentes devem ter aderido a um outro Espírito, o da nova aliança, entendida por eles de uma maneira inaceitável para Paulo (veja o comentário sobre 3,6). Os judaizantes devem ter tido pontos em comum com os "espirituais" (→ 1 Coríntios, 49:18) na medida em que a tradição sapiencial destes últimos estava arraigada na lei. **5.** *eminentes apóstolos:* as opiniões se dividem sobre se estes seriam os intrusos ou seus mestres em Jerusalém, *i.e.,* os apóstolos "colunas" liderados por Tiago (Gl 2,9). O contexto recomenda a primeira alternativa, mas a aceitação de seu *status* por parte de Paulo como igual a seu próprio (12,11) indica uma atitude mais positiva do que aquela que ele mostra para com os intrusos (11,13-15). **6.** Embora Paulo talvez não fosse capaz de se expressar muito bem (→ 46 *acima*), ele sabe do que estava falando, e sua percepção espiritual se manifestou de várias maneiras.

49 **7-11.** Paulo dá um exemplo particular de sua percepção extraído de suas relações com os coríntios e, ao fazer isso, aborda um ponto em relação ao qual foi atacado. **7.** *falta minha:* exagero irônico destinado a forçar seus leitores a avaliarem a convenção social sob a qual ele tinha sido julgado (→ 41 *acima*). *humilhando-me:* o trabalho manual através do qual Paulo se mantinha (1Cor 4,12; 1Ts 2,9) era visto por muitos como servil e degradante (veja R. F. Hock, *JBL* 97 [1978] 555-64). **8.** *despojei outras igrejas:* isto poderia ser um mero floreio retórico, mas se Paulo sabia que os coríntios tinham conhecimento de que ele andara recebendo apoio da Macedônia (v. 9), seria uma afirmação de que ele não tinha se tornado cliente daquelas igrejas apenas por aceitar um presente. **9.** *minha penúria:* qualquer artesão da época achava difícil se sustentar (veja R. F. Hock, *The Social Context of Paul's Ministry* [Philadelphia, 1980] 34). Paulo tinha outros afazeres que demandavam seu tempo e energia, mesmo quando seu ofício estava bom. *a ninguém fui pesado:* esta a visão de Paulo sobre sua posição (12,14), que era interpretada de forma muito diferente pelos coríntios (12,16-18). Seu princípio, aparentemente, era o de aceitar subsídios apenas de igrejas nas quais ele não estivesse fisicamente presente (Fl 4,15-16). Isso reduzia o perigo da relação patrono-cliente. *evitei ser-vos pesado, e continuarei a evitá-lo:* dado o estado atual da relação entre eles, ele não tocaria no dinheiro deles mesmo que fossem a última igreja do mundo. **10.** *este título de glória:* isto só pode se referir à sua independência financeira, o que confirma a segunda interpretação do v. 8. **11.** O motivo de Paulo para agir desta forma era o oposto daquele que os coríntios imputavam a ele (12,15). Veja W. Pratscher, "Der Verzicht des Paulus auf finanziellen Unterhalt durch seine Gemeinden", *NTS* 25 (1978-1979) 284-98.

50 **12-15.** A atitude que Paulo acabou de explicar se torna a base para um ataque contra seus opositores. **12.** *todo pretexto:* a menos que os intrusos adotem a mesma atitude com relação ao apoio financeiro, eles serão sempre inferiores a Paulo em matéria de desinteresse. A implicação clara é que eles estavam sendo sustentados pelos coríntios, assim como os opositores em 1Cor 9,1-18. **13.** Paulo repudia a reivindicação dos intrusos de serem *apostoloi Christou* (cf. v. 23), tachando-os de "falsos apóstolos" e "operários enganadores". Ele se baseia na atividade dos mesmos descrita no v. 4. **14.** Na tradição judaica (cf. v. 3), Satanás se transformou em um anjo reluzente com o intuito de seduzir Eva (*ApMo.* 17,1-2; *VidAd* 9,1 [latim] 38,1 [eslavo]). **15.** *seus ministros:* eles fazem a obra de Satanás (veja 1Cor 10,20; Rm 16,17-20). Na opinião de Paulo, eles se opõem diametralmente ao plano de salvação de Deus (Gl 1,8). *servidores da justiça:* isto evoca 3,9 e sugere que Paulo tem em vista a mesma situação (veja o comentário sobre o v. 4).

(BARRETT, C. K., "*Pseudapostoloi* (2Cor 11:13)", *Mélanges bibliques* [Festschrift B. RIGAUX; ed. A. DESCAMPS *et al.*; Gembloux, 1970] 377-96. MCCLELLAND, S. E., "Super-Apostles, Servants of Christ, Servants of Satan: A Response", *JSNT* 14 [1982] 82-87. THRALL, M. E. "Super-Apostles, Servants of Christ, Servants of Satan" *JSNT* 6 [1980] 42-57).

51 16. Percebendo sua digressão, Paulo retoma o apelo do v. 1. **17.** *O que direi, não o direi conforme o Senhor:* ele reconhece que tal gloriar-se é "mundano" (v. 18); contraponha a "falar em Cristo" (2,17; 12,19). **18.** *muitos se gloriam de seus títulos humanos:* eles ressaltam as aparências externas (4,18; 5,12). **19.** *de boa vontade suportais os insensatos:* eles deram ouvidos aos opositores de Paulo, uma atitude curiosa para pessoas "sábias" (1Cor 2,6-16; 4,10; 6,4-5). **20.** Os coríntios que haviam se estabelecido como juízes entre Paulo e seus rivais (13,3) e estavam inclinados a tomar o partido destes, são apresentados com violenta ironia como as vítimas voluntárias da tirania e exploração. Nenhum dos verbos deveria ser entendido literalmente. **21a.** Mas se este é o tipo de coisa que os coríntios preferem, Paulo ironicamente lamenta o fato de ser "fraco" demais para dominar.

52 (B) Paulo se gloria de si mesmo (11,21b-12,10). Deve-se presumir que as reivindicações de Paulo de alguma maneira sejam ecos das de seus rivais. Portanto, estes devem ter acentuado (1) seu caráter de judeus, (2) suas realizações e, particularmente, (3) suas visões e revelações. Um forte elemento paródico revela a recusa de Paulo em levar a concorrência a sério.

(a) *Seus sofrimentos* (11,21b-33). **22.** A reivindicação de seus rivais de "boa origem" – um lugar comum retórico – é rapidamente tratada. *Hebreus ... israelitas:* os termos também são justapostos em Fl 3,5. "Hebreu" provavelmente tem aqui, devido à associação com "israelita", uma conotação linguística, *i.e.,* falante de hebraico ou aramaico (At 6,1), e aponta para a origem palestinense (veja W. Gutbrod, *TDNT* 3. 388-91). *descendentes de Abraão:* judeus cristãos poderiam ter baseado na promessa a Abraão uma missão aos gentios caracterizada pela observância da lei (Gn 12,1-3). Veja J. L. Martyn, *Michigan Quarterly Review* 22 (1983) 21-36. **23.** *ministros de Cristo:* Paulo já expôs sua opinião sobre a reivindicação deles de representar Cristo (veja v. 13), e desenvolve, então, a ideia de serviço não em termos de honras obtidas (como faziam seus rivais), mas em termos da dor sofrida.

53 24-27. Catálogos semelhantes de sofrimentos já apareceram em 4,8-9; 6,4-5 e aparecerão novamente em 12,10 (cf. 1Cor 4,9-13; Rm 8,35). **24.** *quarenta golpes menos um:* a base jurídica está expressa em Dt 25,1-3. As transgressões são desconhecidas. **25.** *fui flagelado:* uma forma especificamente romana de punição. Um exemplo é conhecido de Filipos (1Ts 2,2; At 16,37). *apedrejado:* em Listra, por uma multidão (At 14,19). **26.** *numerosas viagens:* a jornada de ida e volta entre Jerusalém e Corinto era de aproximadamente 4.897 km. *perigos dos ladrões:* unidades armadas eram usadas ocasionalmente para eliminar bandos de assaltantes, mas não havia em lugar algum forças que exercessem funções de polícia (veja F. Millar, *JRS* 71 [1981] 66-69). *perigos na cidade:* Paulo era sempre o forasteiro vulnerável. *perigos por parte dos meus irmãos de estirpe:* em Gl 2,4 *pseudadelphoi* se refere às pessoas que desejavam impor a lei aos cristãos gentílicos (veja o comentário sobre 12,7). **27.** Os problemas de um viajante passando por terreno inóspito que não consegue chegar a uma pousada antes do anoitecer. **28.** Suas preocupações (v. 29) com as igrejas que fundou e teve de deixar eram um sofrimento interior que acompanhava todas as dores exteriores. **30.** Só para o caso de os leitores não terem compreendido o sentido de sua paródia, Paulo formula a perspectiva a partir da qual todo o trecho deve ser entendido. **32-33.** Este incidente é perfeitamente adequado para ilustrar graficamente a humilhação (contra quem o considera uma interpolação, *p.ex.* Windisch, Betz). Trata-se do único episódio mencionado por Paulo que pode ser datado (→ Paulo, 79:8, onde, no entanto, a especificação de 39 d.C. é questionável; poderia ser um ou dois anos antes; veja R. Jewett, *A Chronology of Paul's Life* [Philadelphia, 1979] 30-33, 99).

(BARRÉ, M. L., "Paul as 'Eschatological Person': A New Look at 2Cor 11:29", *CBQ* 37 [1975] 500-26. CASSON, L., *Travel in the Ancient World* [London, 1974]. COLLINS J. N., "Georgi's 'Envoys' in 2Cor 11:23", *JBL* 93 [1974] 88-96. KNAUF, E. A., "Zum Ethnarchen des Aretas, 2Cor 11:32", *ZNW* 74 [1983] 145-47. MURPHY-O'CONNOR, J., "On the Road and on the Sea with St. Paul", *Bible Review* 1 [verão 1985] 38-47).

54 (b) *Suas visões e revelações* (12,1-10). Paulo passa agora para uma outra área em que seus rivais reivindicavam superioridade. **1.** *visões e revelações:* a falta de artigo indica um tema geral. A fórmula pode ser oriunda de seus adversários. *do Senhor:* provavelmente um genitivo de origem, "concedido pelo Senhor" (vv. 2-4). **2a.** *conheço um homem em Cristo:* Paulo fala de si mesmo na 3ª pessoa (v. 5) por não estar disposto a reivindicar uma experiência religiosa privada como prova de um mandato apostólico. *há quatorze anos:* isto seria mais ou menos a metade do tempo entre sua conversão e sua chegada a Corinto. A precisão visa a sublinhar a efetividade da experiência, idêntica à do v. 3. **2b-3.** *foi arrebatado:* o agente é Deus (cf. 1Ts 4,17, Sb 4,11; *1Henoc* 39,3-4). A viagem a outro mundo é um tema comum da literatura apocalíptica (veja *Semeia* 14 [1979]). *ao terceiro céu:* aqui, identificado com o paraíso, como em *2Henoc* 7 e *ApMo.* 37,5. O número de céus varia muito na literatura judaica. **4.** Paulo foi proibido de expressar o indizível. Isso poderia simplesmente estar em conformidade com a convenção da revelação selada (cf. Dn 12,4; Ap 10,4; 13,2-3), mas poderia ser também uma forma de mostrar a irrelevância da experiência em termos apostólicos (cf. 1Cor 14,19).

(BIETENHARD, H., *Die himmlische Welt im Urchristentum und Spätjudentum* [WUNT 2; Tübingen, 1951]. CROWNFIELD, D. R., "The Self Beyond Itself?", *JAAR* 47 [1979] 245-67. LINCOLN, A. T., '"Paul the Visionary': The Setting and Significance of the Rapture to Paradise in 2Cor 12:1-10", *NTS* 25 [1978-79] 204-20. PRICE, R. M., "Punished in Paradise (An Exegetical Theory on 2Cor 12:1-10)", *JSNT* 7 [1980] 33-40. SAAKE, H., "Paulus als Ekstatiker", *Bib* 53 [1972] 404-10. SCHÄFER, P., "NT and Hekhalot Literature: The Journey into Heaven in Paul and the Merkavah Mysticism", *JJS* 35 [1984] 19-35. SPITTLER, R. S., "The Limits of Ecstasy: An Exegesis of 2Cor 12:1-10", *Current Issues in Biblical and Patristic Interpretation* [Festschrift M. C. TENNEY; ed. G. F. HAWTHORNE *et al.*; Grand Rapids, 1975] 259-66.)

55 **6.** A realidade da experiência nos vv. 2-4 leva Paulo a dizer que ele de fato poderia se gloriar de outras coisas que não sua fraqueza, se assim o quisesse. *àquilo que vê em mim ou me ouve dizer:* a única prova autêntica de um apóstolo é a medida em que ele manifesta a Cristo, primordialmente no comportamento (4,10-11) e secundariamente em suas palavras (2,17; 12,19; 13.3). **7a.** A sintaxe é problemática (veja J. Zmijewski, *BZ* 21 [1977] 265-72). **7b.** *um espinho [aguilhão, BJ] na carne:* isto é amplamente interpretado como uma enfermidade psíquica ou física, que, de acordo com a tradição judaica, era causada por um demônio ou Satanás (veja K. L. Schmidt, *TDNT* 3. 819). As duas expressões, contudo, não estão relacionadas causalmente, mas se encontram em aposição, sugerindo uma fonte exterior e pessoal de aflição, o que se confirma pelo uso do termo "espinhos" no AT para designar inimigos (*p.ex.*, Nm 33,55; veja T. Y. Mullins, *JBL* 76 [1957] 302). A alusão poderia ser ao tipo de perseguição evocada pelos catálogos de sofrimentos, mas a ligação com 11,14-15 ("ministros de Satanás") sugere que Paulo pensa em hostilidades que vinham do interior de suas próprias comunidades. **8.** *pedi:* Paulo havia orado fervorosamente por libertação em uma determinada fase, mas não o faz mais. **9a.** A formulação da percepção como um oráculo divino não é uma explicação de como Paulo chegou a ela. *graça:* definida como "força", mas sua relação com "fraqueza" é interpretada de formas diversas (veja G. O'Collins, *CBQ* 33 [1971] 528-37). O contexto, à luz de 4,7, sugere que a "fraqueza" (v. 10) é a condição para que a força exibida em Paulo seja reconhecida como de origem divina. *manifesta todo o seu poder: i.e.*, torna-se eficazmente presente (cf. 1Jo 4,12). **9b.** *minhas fraquezas:* a aceitação da fraqueza aparece agora como o meio pelo qual o poder é adquirido. *para que pouse sobre mim:* o mesmo verbo (*episkēnoun*) aparece em Jo 1,14. **10.** *Pois quando sou fraco, então é que sou forte:* Paulo não quer dizer que a fraqueza seja força ou que os fracos se tornarão fortes (como em Lc 1,46-55), mas que sua fraqueza apostólica revela o poder outorgado a ele para seu ministério (3,5-6).

(BARRÉ, M. L., "Qumran and the 'Weakness' of Paul", *CBQ* 42 [1980] 216-27. BETZ, H. D., "Eine Christus-Aretologie bei Paulus (2 Kor 12,7-10)", *ZTK* 66 [1969] 288-305. MINN, H. R., *The Thorn that Remained* [Auckland, 1972]. PARK, D. M., "Paul's *skolops tē sarki*: Thorn or Stake?", *NovT* 22 [1980] 179-83.)

56 (C) Outra justificação de sua insensatez (12,11-13). Este epílogo ao "discurso do insensato" reflete a justificativa da jactância apresentada em sua introdução (11,1-21a). **11.** *recomendar-me:* a honra que Paulo reclama para si deveria ter sido oferecida pelos coríntios. *Pois em nada fui inferior a esses "eminentes apostólos":* o aoristo *hysterēsa* deve ser entendido como aoristo de constatação (*BDF* 332) para alinhá-lo com o perfeito *hysterēkenai*, que, por sua vez, deve ser entendido como presente (*BDF* 341) em 11,5 (veja comentário). É bem improvável que Paulo tenha em mente sua visita intermediária (→ 10 *acima*), a única ocasião em que ele poderia ter sido comparado com os intrusos. Este versículo não é uma objeção à identificação dos "super-apóstolos" com o grupo de Tiago em Jerusalém. *nada:* os adversários de Paulo podem tê-lo descrito como uma completa nulidade (cf. 10,10b). **12.** *os sinais que distinguem o apóstolo:* os coríntios, tentando julgar entre Paulo e seus rivais (cf 13,3), tinham estabelecido critérios, um dos quais seria a capacidade de operar milagres. Esta é uma inferência a partir da reação de Paulo. *realizaram-se:* um passivo teológico; veja *ZBG* § 236. Paulo não aceita reconhecimento pessoal. *paciência a toda prova:* no contexto de fraqueza e sofrimentos, as principais características do ministério de Paulo. *sinais milagrosos, prodígios e atos portentosos:* os dois primeiros são muitas vezes combinados no AT (*p.ex.*, Ex 7,3; Dt 34,11; Is 8,18; cf. Rm 15,19), e os três aparecem juntos em At 2,22; 2Ts 2,9; Hb 2,4. **13.** O comportamento de Paulo em Corinto foi o mesmo que ele adotou em todas as outras igrejas, o que é um lembrete salutar aos coríntios de que eles não eram os únicos cristãos (veja o comentário sobre 1Cor 1,2). A única exceção foi que Paulo não fez qualquer pedido de apoio financeiro a eles mesmo quando ausente (veja 11,7-11).

(NIELSEN, H. K., "Paulus' Verwendung des Begriffes *Dynamis*", *Die paulinische Literatur und Theologie* [ed. E. PEDERSEN; Teologiske Studier 7; Aarhus, 1980] 137-58.)

57 (VIII) Parte III: Uma advertência prepara uma visita (12,14-13,10). Dois problemas preocupam Paulo durante os preparativos para a visita crucial que decidirá o destino da igreja coríntia: (1) a questão financeira, que tanto envenenara o ambiente, e (2) indicações de que o estilo de vida de alguns membros era incompatível com o evangelho.

58 (A) Novamente a questão do apoio financeiro (12,14-18). 14a. *eis que estou pronto a ir ter convosco pela terceira vez:* esta interpretação do texto grego um tanto ambíguo é exigida por 13,1-2 (contra H. Hyldahl, *ZNW* 64 [1973] 303). Essa é a visita que Paulo havia planejado (1,16), mas adiou depois da visita desagradável (2,1). **14b.** Ele manterá a decisão expressa em 11,9, justificando-a em termos do relacionamento paterno exposto em 1Cor 4,15. **16.** Se Paulo entendia sua recusa em aceitar ajuda financeira como um ato de amor, que deveria ser recíproco (v. 15), ela recebeu uma interpretação diferente em Corinto. *astuto como sou, conquistei-vos fraudulentamente:* a forma como essa acusação é repudiada nos vv. 17-18 dá a entender que Paulo tinha conhecimento apenas de uma imputação genérica de desonestidade, não de uma acusação específica. **17.** Sabendo-se inocente, Paulo inicialmente considera a possibilidade de um de seus agentes ter solicitado dinheiro em seu lugar. A forma com que a pergunta é formulada mostra que ele esperava uma resposta negativa. **18a.** *Tito:* a referência é à sua missão de encaminhar a coleta (veja 8,6). *o irmão:* provavelmente alguém nomeado por Paulo para acompanhar Tito (8,22), pois o outro foi nomeado pelas igrejas (8,18-19), estando, assim, acima de qualquer suspeita. **18b.** A forma da primeira pergunta exige uma resposta negativa, a das outras duas, uma resposta positiva. Paulo na verdade está desafiando os coríntios a que mostrem provas de fraude.

59 (B) Os coríntios precisam se corrigir (12,19-13,10). A aparição súbita de uma advertência sobre conduta imprópria, tanto social quanto sexual, é surpreendente. A fim de manter a unidade temática da Carta B, deve-se inferir que Paulo pensa naqueles setores da comunidade mais receptivos aos intrusos. **19.** Paulo nega qualquer intenção apologética no que escreveu, para que não pareça que as acusações tenham fundamento ou que ele esteja motivado menos por preocupação com a comunidade do que por seu próprio interesse. **20a.** *não vos encontre tais como vos quero:* isto se explica nas duas listas de vícios. *me encontrareis tal como não quereis:* com a intenção de punir, e não de mostrar amor paterno (13,2.10; cf. 1Cor 4,21). **20b.** Os oito vícios são, de certa forma, convencionais, e os primeiros quatro aparecem na mesma ordem em Gl 5,20. À luz do versículo subsequente e de 13,2, isto é menos significativo do que o aparecimento de "inveja", "dissensão" e, por implicação, a existência de facções em 1Cor 3,3-4, que faz parte da crítica feita por Paulo aos "espirituais" (→ 1 Coríntios 49,18). **21.** *muitos daqueles que pecaram anteriormente e não se terão convertido da impureza:* isto exclui a possibilidade de Paulo estar pensando no estado pré-batismal da comunidade (como em 1Cor 6,9-10). A expressão "e a todos os outros" em 13,2 confirma que ele se refere a um grupo particular em Corinto. *fornicação:* 1Cor 6,15-16 proporciona uma ilustração perfeita de *porneia*. *desordens:* 1Cor 5,1-5 é um caso de imoralidade pública flagrante. Em Corinto, a primeira certamente era justificada pela atitude dos "espirituais" para com o corpo (veja o comentário sobre 1Cor 6,18); portanto, muito provavelmente a segunda também.

60   13,1. *Toda questão será decidida sobre a palavra de duas ou três testemunhas:* o contexto torna improvável uma alusão às acusações movidas contra Paulo (12,16). Deuteronômio 19,15 foi ampliado para significar que os infratores deveriam ser advertidos da possibilidade de punição (veja H. van Vliet, *No Single Testimony* [Studia theologica rhenotraiectina 4; Utrecht, 1958] 43-62), e isto combina perfeitamente com o próximo versículo. **2.** Dois cenários temporais complicam o período. "Já o disse" acompanha "por ocasião de minha segunda visita" e se refere a um tempo anterior ao presente. "Torno a dizer hoje" acompanha "estando ausente" e evoca o presente contraposto ao futuro. O aspecto essencial é que os coríntios receberam as advertências necessárias, e, em consequência, Paulo estará livre para puni-los caso eles não tenham mudado quando de sua chegada. *Hoti*, "que", introduz o que Paulo disse durante sua segunda visita. **3.** *pois procurais uma prova de que é Cristo que fala em mim:* a reivindicação de Paulo (2,17; 5,20; 12,19) será comprovada pelo exercício de sua autoridade para punir. **4.** Como Cristo é tanto fraco quanto forte, quando visto de perspectivas diferentes, também o é Paulo. Se os coríntios estão convencidos do primeiro aspecto (10,10b), não deveriam ter dúvidas quanto ao segundo.

(JACKSON, B. S., "Testes Singulares in Early Jewish Law and the New Testament", *Essays in Jewish and Comparative Legal History* [SJLA 10; Leiden, 1975] 172-201.)

61 **5.** *Examinai-vos a vós mesmos:* às pessoas que queriam examiná-lo, Paulo salienta que seria mais apropriado que elas examinassem a si mesmas. Será que entenderam Cristo corretamente? Só quando tiverem chegado a uma compreensão correta de Cristo (veja o comentário sobre 1Cor 2,8), valorizarão a forma pela qual Paulo exerce seu ministério. **6.** Paulo aplica o mesmo critério a si mesmo. **7.** *Pedíamos a Deus:* sua preocupação, no entanto, é com o êxito da comunidade, e não com seu próprio. A ira de Paulo quase perdeu a força. **8.** *a verdade:* no contexto, esta máxima genérica (cf. 1Esd 4,35.38) tem de modificar a possibilidade do fracasso de Paulo sugerida no v. 7. **9.** Paulo não se importa que eles o considerem fraco (contraponha 1Cor 4,10), contanto que sejam fortes na fé (v. 5). Este resumo do conteúdo dos caps. 10-13 é bastante incompatível com o conteúdo dos caps. 1-9, confirmando assim a divisão de 2 Coríntios em duas cartas. A formulação reflete 10,8.

62 **(IX) Conclusão: Palavras e saudação finais (13,11-13). 11.** *alegrai-vos, procurai a perfeição, encorajai-vos. Permanecei em concórdia, vivei em paz:* os imperativos revelam tanto a preocupação de Paulo com os coríntios quanto seu reconhecimento do problema existente no relacionamento com eles. **12a.** *o ósculo santo:* veja o comentário sobre Rm 16,16. **12b.** *todos os santos:* a maioria das traduções protestantes (*p.ex.*, *RSV, NEB, NVI*) numeram esta frase como v. 13. *santos:* os cristãos (veja o comentário sobre 1Cor 1,2) da Macedônia ocidental ou Ilíria (→ 4 *acima*). **13.** Apenas Ef 5,23 é comparável a esta bênção triádica, que não é uma fórmula trinitária no sentido dogmático. *a graça do Senhor Jesus Cristo:* veja 1Cor 16,23; Fl 4,23; 1Ts 5,28; Rm 16,23. *o amor de Deus:* o amor que flui de Deus se manifesta na graça poderosa (12,9) dada por Cristo, que cria "a união comum do Espírito Santo". A força do genitivo é controvertida, mas a comunhão dada pelo Espírito precisa resultar em *koinōnia* com o Espírito (cf. Fl 2,1).

(PANILULAM, G., *Koinōnia in the NT* [AnBib 85; Rome, 1979]. RIESENFELD, H., "Was bedeutet 'Gemeinschaft des heiligen Geistes'? Zu 2 Kor 13,13; Fl 2,1 und Rm 8,18-30", *Communio Sanctorum* [Festschrift J.-J. VON ALLMEN; ed. A. DE PURY; Genève, 1982] 106-13. SCHNEIDER, B., "*Hē koinōnia tou hagiou pneumatos* (2Cor 13:13)", *Studies Honoring I. G. Brady* [ed. R. S. ALMAGNO *et al.*; Franciscan Inst. Pub. Theol. Series 6; New York, 1976] 421-447.)

51
A Carta aos Romanos

Joseph A. Fitzmyer, S. J.

BIBLIOGRAFIA

1 ACHTEMEIER, P. J., *Romans* (Interpretation; Atlanta, 1985). ALTHAUS, P., *Der Brief an die Römer* (NTD 6; 9ª ed.; Göttingen, 1959). BARRETT, C. K., *A Commentary on the Epistle to the Romans* (BNTC; London, 1971). CRANFIELD, C. E. B., *A Critical and Exegetical Commentary on the Epistle to the Romans* (2 vols.; ICC; Edinburgh, 1975, 1979); *Romans: A Shorter Commentary* (Grand Rapids, 1985). HUBY, J., *Epître aux Romains* (ed. rev., S. LYONNET; VS 10; Paris, 1957). KÄSEMANN, E., *Commentary on Romans* (Grand Rapids, 1980). KERTELGE, K., *The Epistle to the Romans* (NTSR 12; New York, 1972). KUSS, O., *Der Römerbrief* (3 partes, não concluído; Regensburg, 1963-78). LAGRANGE, M.-J., *Epître aux Romains* (EBib; Paris, 1950). LEENHARDT, F., *The Epistle to the Romans* (London, 1961). LIETZMANN, H., *An die Römer* (HNT 8; Tübingen, 1928). LYONNET, S., *Epître aux Romains* (SBJ; Paris, 1954) 43-132; *Quaestiones in epistulam ad Romanos* (2 vols.; Roma, 1962). MICHEL, O., *Der Brief an die Römer* (MeyerK 4; Göttingen, 1966). PESCH, R., *Römerbrief* (NEchtB 6; Würzburg, 1985). ROBINSON, J. A. T., *Wrestling with Romans* (Philadelphia, 1979). SANDAY, W. e HEADLAM, A. C. *The Epistle to the Romans* (ICC; 5ª ed.; Edinburgh, 1902). SCHLATTER, A., *Gottes Gerechtigkeit* (2ª ed.; Stuttgart, 1952). SCHLIER, H., *Der Römerbrief: Kommentar* (HTKNT 6; Freiburg, 1977). SCHMIDT, H. W., *Der Brief des Paulus an die Römer* (THK 6; Berlin, 1962). TAYLOR, V., *The Epistle to the Romans* (London, 1955). VIARD, A., *Epître aux Romains* (SB; Paris, 1975). WILCKENS, U., *Der Brief an die Römer* (3 vols.; EKKNT 6; Neukirchen, 1978-82). ZELLER, D., *Der Brief an die Romer* (RNT; Regensburg, 1985).

DBSup 10. 739-863. *IDBSup* 752-54. KÜMMEL, *INT* 305-20. WIK-SCHM, *ENT* 449-62.

INTRODUÇÃO

2 (I) **Data e local de composição.** Embora estas questões estejam implicadas no problema da integridade de Romanos (→ 10 *abaixo*), o cap. 15 sugere que Paulo escreveu Romanos pouco antes de sua última viagem a Jerusalém (15,25). Ele provavelmente a escreveu em Corinto ou Cencreia, a uma certa altura do inverno de 57-58 d.C., após a evangelização da Ilíria (15,19) e da Macedônia e Acaia (15,26; cf. 1Cor 16,5-7; At 20,3). Romanos 16,30 fala de Gaio como seu anfitrião; cf. 1Cor 1,14.

3 (II) **Ocasião e finalidade.** Paulo escreveu Romanos consciente de que seu apostolado no leste do Mediterrâneo tinha terminado. Tendo pregado "desde Jerusalém e arredores até a Ilíria" (15,19), ele dirigiu seu olhar à Espanha. Planejava visitar a igreja de Roma a caminho, para satisfazer um desejo antigo (1,13; 15,22.24.28). Antes de se dirigir ao oeste, ele tinha de cuidar de um último assunto: levar pessoalmente a Jerusalém a coleta feita nas igrejas dos gentios fundadas por ele (15,25; cf. 1Cor 16,1), a fim de manifestar à igreja-mãe judaico-cristã a solidariedade existente entre os "pobres" daquela comunidade e os cristãos gentílicos da Galácia, Macedônia e Acaia. Esses cristãos gentílicos haviam contribuído para a coleta, percebendo que tinham "participado dos bens espirituais" da igreja-mãe (15,27). Então, antes de partir de Corinto para Jerusalém, Paulo escreveu à igreja de Roma para anunciar sua futura visita. Escrevendo como "apóstolo das nações" (11,13), ele desejava se apresentar a essa igreja que ainda não o conhecia pessoalmente. Consciente também de sua incumbência apostólica, escreveu esta carta de apresentação como um resumo de sua compreensão do evangelho (1,16-17), que ele também estava ansioso para pregar em Roma (1,15), sobre a qual muito ouvira falar.

4 Romanos não é um "compêndio da doutrina cristã" (F. Melanchthon), ou "o último desejo de Paulo e seu testamento" (G. Bornkamm), ou mesmo um resumo da própria doutrina de Paulo. Alguns de seus ensinamentos importantes (*p.ex.*, a igreja, a eucaristia, a ressurreição do corpo, mesmo a escatologia) estão ausentes. Trata-se mais de uma carta-ensaio que contém suas reflexões missionárias sobre a possibilidade histórica da salvação, arraigada na retidão e no amor divino, agora oferecidos a todos os seres humanos através da fé em Jesus Cristo. Em vista de seu apostolado no Oriente, e especialmente da crise judaizante (já superada então), Paulo veio a compreender que a justificação e a salvação não dependem das ações prescritas pela lei, mas da fé em Jesus Cristo, o Filho a quem o amor paterno não poupou. Através da fé e do batismo, os seres humanos participam dos efeitos do evento Cristo, no plano de salvação concebido pelo Pai e levado a cabo na morte e ressurreição de Jesus Cristo (→ Teologia paulina, 82:41-48).

5 Um clímax do ministério de Paulo no Oriente foi a entrega pessoal da coleta a favor de Jerusalém. Preocupado em saber de que forma ela seria aceita, Paulo suplica aos cristãos romanos para que orem no sentido de garantir que a ajuda fosse bem recebida pelas pessoas em Jerusalém (15,31). Em Jerusalém, desconfiava-se de Paulo, ainda conhecido entre os judeus como o ex-fariseu que estava abolindo a lei. Então, a coleta não se destinava apenas a ajudar os pobres; deveria servir como sinal de solidariedade dos gentios convertidos com os primeiros cristãos judeus. Seria a coleta bem compreendida? Romanos também pode representar (indiretamente) uma formulação do "evangelho" de Paulo tal qual seria apresentado aos judeus cristãos de Jerusalém que ainda o viam com reservas.

6 Romanos expõe alguns dos mesmos tópicos de Gálatas (→ Gálatas, 47:9), mas, enquanto Gálatas foi composta em um ambiente de polêmica, Romanos foi escrita em atitude irênica. Ela é mais um tratado do que propriamente uma carta; introduz elementos de estilo literário e retórica grega e de diatribe estoica. Romanos não lida mais com a reivindicação dos judaizantes como tal, embora procure implicitamente vindicar a comissão apostólica de Paulo para a evangelização do mundo gentílico. Ela está para Gálatas como a deuteropaulina Efésios está para Colossenses. Embora Paulo esteja escrevendo para uma igreja que não conhece pessoalmente e partes da seção parenética em Romanos reflitam problemas com os quais Paulo já se havia deparado em outros lugares de seu ministério, suas instruções para os "fracos" e para os "fortes" (14,1-15,13) são provavelmente seus comentários sobre a situação dos romanos da qual tinha ouvido falar. Esses dois grupos foram plausivelmente identificados com os judeus cristãos e os cristãos gentílicos de Roma. Suas diferenças conflitantes não eram mais o antigo problema dos judaizantes (como nas igrejas da Galácia), mas, antes, os problemas relacionados à alimentação e ao calendário. Quando os judeus e judeus cristãos foram obrigados a deixar

Roma por causa do decreto de Cláudio (49 d.C.; → Paulo 79:10), os cristãos gentílicos foram deixados para trás. Essa comunidade de cristãos gentílicos teria se desenvolvido por meios próprios, independentemente da influência dos judeus cristãos. Porém, quando os judeus cristãos voltaram a Roma, após a morte de Cláudio (54 d.C.), e a esposa do imperador seguinte (Nero) tinha uma atitude favorável aos judeus, eles provavelmente encontraram uma situação diferente daquela que tinham deixado para trás. Os cristãos gentílicos já não se importavam então com regulamentações relativas à alimentação e ao calendário; eles eram os "fortes", enquanto que os judeus cristãos, para quem essas regulamentações eram importantes, representavam os "fracos". Paulo deve ter, de algum modo, ouvido falar dessa situação na igreja de Roma e escreve sobre isso. Veja ainda W. Marxen, *Introduction to the New Testament* (Philadelphia, 1968) 99-101; K. P. Donfried (ed.), *The Romans Debate* (Minneapolis, 1977).

7 (III) A igreja romana. O costume de Paulo no Oriente era estabelecer comunidades cristãs nas principais cidades do império (Filipos, Tessalônica, Corinto, Éfeso). Embora estivesse ansioso por pregar o evangelho também em Roma, Paulo sabia que a igreja romana havia sido fundada por outro (15,20; cf. 1,8.13). Ele não menciona por quem. Mas, escrevendo Romanos da forma como o fez, não é provável que Paulo considerasse Pedro seu fundador (cf. Gl 2,7-8). Provavelmente, essa comunidade foi formada por convertidos emigrados da Síria e da Palestina bastante cedo (cf. At 2,10; Ambrosiastro, *In ep. ad Rom.*, prólogo; PL 17, 47-48; Tácito, *Ann.* 15.44). Pedro provavelmente não chegou a Roma antes da década de 50; ele ainda se encontrava em Jerusalém para o "concílio" (aproximadamente 49 d.C.). Áquila e Prisca, judeus cristãos obrigados a deixar a Itália pelo edito de Cláudio, chegaram a Corinto (aproximadamente 49 d.C.). Veja Wik-Schm, *ENT* 588.

8 Os comentaristas frequentemente sustentam que a composição da igreja romana é importante para a compreensão de Romanos. Nos tempos modernos, a Escola de Tübingen, E. Renan, T. Zahn, W. Manson, F. Leenhardt consideravam-na como sendo predominantemente judaico-cristã. Seu argumento central são as constantes citações do AT, especialmente da história de Abraão. Isso sugere que Paulo visava principalmente a leitores de origem judaica. Havia certamente um grande segmento de população judaica na Roma do séc. I (veja S. Lyonnet, *Quaestiones* 1. 17-23; H. J. Leon, *The Jews of Ancient Rome* [Philadelphia, 1960]), que teria sido uma matriz natural para a igreja cristã. Embora exilados em grande escala por Cláudio, eles puderam retornar após a morte do imperador. Entretanto, muitos outros (C. K. Barrett, S. Lyonnet, O. Michel, J. Munk) acreditam que a igreja romana fosse predominantemente composta de gentios. Isso parece preferível, uma vez que Paulo inclui seus leitores entre os gentios para cuja salvação foi comissionado como apóstolo (veja 1,5-7.12-14; 11,11-13; 15,16).

9 (IV) Autenticidade e integridade de Romanos. Hoje em dia, a autoria paulina de Romanos é universalmente aceita, assim como foi na Antiguidade. As vozes dissidentes do séc. XIX (E. Evanson, B. Bauer, A. D. Loman) foram "relegadas ao setor de curiosidades da pesquisa do NT" (Cranfield, *Romans* 2).

A autenticidade da doxologia final (16,25-27), no entanto, é questionada. (1) Sua posição varia em manuscritos gregos: nas tradições textuais hesiquianas (ℵ, B, C) e ocidental (D), depois de 16,23; na tradição textual koinê (L e minúsculos), depois de 14,23; em P^{46} (o mais antigo texto de Romanos), após 15,33; nos manuscritos A, P, 5, 33, após 14,23 e 16,23; e nos manuscritos G, g e Marcião, ela foi completamente omitida (embora tenha restado um espaço para ela após 14,23 em G, g). (2) Seu estilo é periódico, lembrando fraseologia litúrgica e hínica – características não presentes no resto do texto de Romanos. (3) O termo "mistério" aplicado à salvação dos gentios encontra-se nos escritos deuteropaulinos, mas não em Romanos. Nenhum desses fatores é decisivo, mas os comentaristas, em sua maioria, consideram a doxologia um acréscimo posterior, possivelmente feita quando o *corpus* de suas cartas foi juntado. Veja J. Dupont, *RBén* 58 (1948) 3-22; H. Gamble, *The Textual History of the Letter to the Romans* (SD 42; Grand Rapids, 1977).

10 Romanos 16,1-23 apresenta um outro problema. A autoria de Paulo é comumente aceita, mas seria esse trecho parte integrante de Rm? Marcião e alguns escritores patrísticos (Tertuliano, Cipriano, Irineu) conheceram uma versão de Rm sem os caps. 15-16. No P^{46}, a doxologia segue 15,33, um versículo que parece a conclusão de uma carta (cf. 1Cor 16,23-24; 2Cor 13,11; Fl 4,9). Além disso, Rm 16,1-16 se parece com uma carta de recomendação para Febe, uma diaconisa da igreja de Cencreia. O trecho lembra uma antiga carta de recomendação (*epistolē systatikē*). Veja o comentário sobre 16,1. Será que era originalmente destinado à igreja romana? Muitas vezes se sustentou que o destino era Éfeso (por D. Schultz, J. Moffatt, T. M. Taylor, *et al.*). Teria, dessa forma, sido destinado a uma igreja que Paulo conhecia bem. Em 16,3, ele saúda Prisca e Áquila, que se encontravam em Éfeso (At 18,18.26), onde estavam com uma comunidade reunida em torno deles (1Cor 16,19). 2Tm 4,19 parece indicar que eles ainda estavam em Éfeso mais tarde. Novamente, Paulo saúda Epêneto, "primícias da Ásia" (16,5). Paulo saúda também pelo menos 25 outras pessoas (23 nominalmente) – um grande número de conhecidos para uma igreja que ele não conhece pessoalmente! Ele estava até mesmo familiarizado com grupos que se reuniam na igreja doméstica (16,5). Por fim, a advertência em 16,17-20, tão diferente no tom do restante de Romanos, parece estranhamente destinada a uma igreja que ele não conhece intimamente. Ainda assim, nenhum desses argumentos é decisivo em última análise. Da forma como Prisca e Áquila se deslocavam, poderiam estar na própria Roma no momento em que Paulo redigia sua epístola (após a morte de Cláudio). Por que Epêneto, o primeiro convertido da Ásia, teve de permanecer lá? Paulo poderia ter sido informado sobre a igreja doméstica de Roma através de Prisca e Áquila. 16,17-20 não é de tom totalmente repreensivo; pode simplesmente lembrar seu estilo hortativo em outras cartas (cf. 1Cor 5,9.11). Mas a razão decisiva para se considerar 16,1-23 como parte integrante de Romanos é que, de outra forma, Rm 1-15 seria a única carta do *corpus* paulino que não teria uma conclusão epistolar. Veja H. Gamble, *The Textual History*, 56-95.

11 O final problemático de Romanos, assim como a omissão de *en Rōmē*, "em Roma", em 1,7.15 em alguns manuscritos (G, g, 1908), evocou a teoria de que Romanos foi realmente composta como uma "carta circular", destinada a mais de uma igreja (T. W. Manson, *BJRL* 31 [1948] 197-200). Desse ponto de vista, Rm 1-15, com a doxologia como em P^{46}, teria sido enviada a Roma, enquanto o cap. 16 teria sido enviado a Éfeso. A expressão *en Rōmē* representaria, portanto, o verdadeiro endereço no primeiro caso, mas sua omissão em alguns manuscritos se explicaria pelo fato de outros exemplares terem outro destinatário. Mas esta intrigante sugestão se baseia em frágeis indícios contidos em manuscritos, uma vez que os melhores manuscritos gregos atestam uma forma de Romanos com 16 capítulos. Tampouco existe um paralelo real, neste caso, entre Romanos e Efésios (→ Efésios 55:2).

12 (V) A importância de Romanos. Romanos teve mais impacto na teologia cristã do que qualquer outro livro do NT. Poucas áreas da teologia escaparam à influência de seus ensinamentos. Sente-se sua influência até mesmo em outros escritos do NT (1 Pedro, Hebreus, Tiago) e em obras subapostólicas (Clemente, Inácio, Policarpo, Justino). Comentários patrísticos e escolásticos sobre Rm são abundantes, começando por Orígenes; os maiores intérpretes foram Crisóstomo, Teodoreto, João Damasceno, Ecumênio, Teofilato, Ambrosiastro, Pelágio, Hugo de São Vítor, Abelardo e Tomás de Aquino. Incomensurável é o papel de Romanos nos debates da Reforma. Famosos comentários sobre Romanos foram escritos por M. Lutero, F. Melanchthon e J. Calvino. O pensamento religioso moderno também foi bastante afetado pelos comentários teológicos de K. Barth (*Epistle to the Romans* [London, 1933]), A. Nygren (*Commentary on Romans* [London, 1952]), H. Asmussen (*Der Römerbrief* [Stuttgart, 1952]) e E. Brunner (*Der Römerbrief* [Leipzig, s/d]). A contribuição dada por Romanos ao pensamento cristão ocidental moderno é inestimável.

13 (VI) Esboço. Muitos comentaristas modernos concordam quanto às divisões evidentes de Rm (introdução, seção doutrinária, seção parenética, conclusão [com ou sem o cap. 16]), mas os debates se acirram quanto às subdivisões da seção doutrinária. Deve-se subdividi-la em duas ou três subseções? O cap. 5 se encaixa com o precedente ou com o subsequente? Paulo incorporou a Romanos alguns excertos formulados para outras ocasiões e já utilizados como unidades (3,10-18; 5,12-21; 9,1-11,36)? Para alguns comentaristas, essas passagens parecem ter sido abruptamente introduzidas, mas, na forma como estão, devem ser entendidas como partes integrantes do desenvolvimento de Romanos. Para maiores detalhes, veja *abaixo* os lugares correspondentes. O esboço apresentado aqui é uma modificação do de Lyonnet, mas é muito próximo aos de Cranfield e Käsemann.

(I) Introdução (1,1-15)
  (A) Endereço e saudação (1,1-7)
  (B) Ação de graças (1,8)
  (C) Proêmio: o desejo de Paulo de ir a Roma (1,9-15)
(II) Parte I: Seção doutrinária – O evangelho de Deus de Jesus Cristo nosso Senhor (1,16-11,36)
  (A) A retidão divina é revelada pelo evangelho como a que justifica a pessoa de fé (1,16-4,25)
    (a) O tema da carta: o evangelho é a poderosa fonte de salvação para todos, revelando a retidão divina (1,16-17)
    (b) O tema explicado negativamente: sem o evangelho a ira de Deus se manifesta contra todos os seres humanos (1,18-3,20)
      (i) A ira de Deus contra os gentios (1,18-32)
      (ii) O julgamento de Deus contra os judeus (2,1-3,20)
    (c) O tema explicado positivamente: a retidão divina é manifestada através de Cristo e apreendida pela fé (3,21-31)
    (d) O tema ilustrado: no AT, Abraão foi justificado pela fé (4,1-25)
  (B) O amor de Deus assegura salvação às pessoas que são justificadas pela fé (5,1-8,39)
    (a) O tema anunciado: o cristão justificado, reconciliado com Deus, será salvo, participando, com a esperança, na vida ressurreta de Cristo (5,1-11)
    (b) O tema explicado: a nova vida cristã produz uma tríplice libertação (5,12-7,25)
      (i) Liberdade do pecado e da morte (5,12-21)
      (ii) Liberdade do eu através da união com Cristo (6,1-23)
      (iii) Liberdade da lei (7,1-25)
    (c) O tema desenvolvido: a vida cristã é vivida no Espírito e está destinada à glória (8,1-39)
      (i) A vida cristã capacitada pelo Espírito (8,1-13)
      (ii) Através do Espírito, o cristão se torna filho de Deus, destinado à glória (8,14-30)

(iii) Hino ao amor de Deus manifestado em Cristo (8,31-39)
(C) Esta justificação/salvação não contradiz as promessas de Deus ao antigo Israel (9,1-11,36)
  (a) Lamento de Paulo por seus ex-correligionários (9,1-5)
  (b) A difícil situação de Israel não é contrária à direção da história por parte de Deus (9, 6-29)
  (c) O fracasso de Israel deriva de sua própria recusa (9,30-10,21)
  (d) O fracasso de Israel é parcial e temporário (11,1-36)
(III) Parte II: Seção parenética – As exigências da vida reta em Cristo (12,1-15,13)
  (A) A vida cristã deve ser um culto a Deus no Espírito (12,1-13,14)
  (B) Os fortes devem caridade aos fracos (14,1-15,13)
(IV) Conclusão (15,14-33)
(V) Carta de recomendação para Febe (16,1-23)
(VI) Doxologia (16,25-27)

COMENTÁRIO

14 (I) Introdução (1,1-15). A fórmula de abertura, a saudação de Paulo aos romanos, é a mais solene *praescriptio* [prefácio] de suas cartas (→ Epístolas do NT, 45:8). Só ele enviou a carta. Pelo fato de se dirigir a uma igreja que ainda não conhecia pessoalmente, ele desejava apresentar a si mesmo e também sua pregação. A primeira sentença da fórmula de abertura (1,1-7a) é ampliada a fim de incluir uma tripla descrição de si mesmo, ecos do querigma primitivo e motivos a serem discutidos na carta (o evangelho, o recurso ao AT, o favor divino, a eleição, a fé, o Cristo ressurreto).

15 (A) Endereço e saudação (1,1-7).
1. *servo de Cristo Jesus*: a primeira descrição de Paulo. *Doulos* o designa não no sentido genérico de cristão, "servo de Cristo" (1Cor 7,22), porém, mais especificamente, como pregador do evangelho que serve a comunidade cristã. (cf. Gl 1,10; Fl 1,1; 2,22). O uso que faz de *doulos* reflete não só o costume veterotestamentário segundo o qual certas pessoas se intitulavam "servas" de Iahweh (Sl 27,9; 31,17; 89,51), mas também o emprego desse termo para designar grandes figuras que serviram a Iahweh na história da salvação (Moisés, 2Rs 18,12; Josué, Jz 2,8; Abraão, Sl 105,42). Paulo, como "servo de Cristo", insere-se na mesma tradição. *chamado para ser apóstolo*: a segunda descrição reforça a origem divina de sua missão. O evento ocorrido nas proximidades de Damasco pode ser interpretado como seu chamado ao apostolado (veja B. Rigaux, *The Letters of Saint Paul* [Chicago, 1968] 40-67). Em Gl 1,15, Paulo considera seu "chamado" como a continuação da vocação divina de figuras do AT (Jeremias, o Servo de Iahweh). Sobre "apóstolo", veja o comentário sobre Gl 1,1. *escolhido para anunciar o evangelho de Deus*: a terceira descrição de si mesmo: Gl 1,15 explica como Paulo foi designado para essa missão antes mesmo de seu nascimento. O particípio "separado" deve ser um jogo de palavras com o termo aramaico *pĕrîš*, "escolhido", a palavra subjacente a "fariseu". Paulo pode estar sugerindo que seu passado de fariseu tenha sido um pano de fundo divinamente ordenado para seu apostolado. Isto significa, ao menos, que Paulo foi designado por Deus, mesmo antes de seu nascimento, para seu papel na história da salvação. Trata-se do "evangelho de Deus" porque sua fonte última é o Pai (15,16; 2Cor 11,7). **2.** *que ele já tinha prometido*: desde o começo de Romanos, Paulo afirma que esse "evangelho" da salvação faz parte de um plano divino e antigo, no qual inclusive o AT estava inserido. Ele não é marcionita, mas vê a nova dispensação surgir da mesma fonte que a antiga. *por meio de seus profetas*: não só os três maiores e os doze profetas menores do AT, mas todas as pessoas do AT vistas pela protoigreja como portadoras de afirmações aplicáveis a Cristo. **3.** *diz respeito a seu Filho*: o evangelho de

Deus e as promessas feitas por Deus no AT se referem a Jesus, que tem uma relação única com Deus como "seu Filho" (cf. 8,3.32; Gl 4,4). Paulo não se refere aqui à constituição ontológica de Cristo, mas irá afirmar duas coisas sobre o Cristo ressurreto: ele possui uma relação filial com Deus, e sua preexistência está implícita. Nesse ponto começa também o fragmento do querigma primitivo introduzido por Paulo. *nascido da estirpe de Davi segundo a carne*: a primeira afirmação situa Jesus como descendente de Davi na linhagem de descendência natural e física (cf. Rm 4,1; 9,5); ele era um descendente com o direito à unção sagrada de um herdeiro davídico. A expressão *kata sarka* "segundo a carne" estabelece um contraste com *kata pneuma hagiōsynēs* "segundo o Espírito de santidade", a base da segunda afirmação de Paulo; deste ponto de vista, o Cristo ressurreto possui uma qualidade ainda maior.

16 **4.** *estabelecido Filho de Deus com poder*: três problemas complicam a compreensão desta expressão: (1) O que significa o particípio aoristo *horisthentos*? (2) O que a expressão *en dynamei* modifica? (3) Qual é o sentido de "Filho de Deus"? (1) O termo *horisthentos* com o sentido de "predestinado" certamente deve ser rejeitado (Vulgata, Agostinho, Pelágio), pois *horizein*, "limitar, definir", difere de *proorizein*, "predeterminar". Crisóstomo e outros autores gregos explicaram o particípio como "manifestado, exposto". Esse sentido, embora tolerável, era, com demasiada frequência, entendido a partir da discussão posterior sobre as naturezas de Cristo. Comentaristas modernos usualmente preferem o significado "nomeado, constituído, estabelecido" (veja At 10,42; 17,31). (2) A expressão *en dynamei* tem sido compreendida como um advérbio modificador do particípio, "declarado decisivamente" (Goodspeed, Sanday--Headlam), ou "com um ato poderoso" (*NEB*), mas a posição da expressão não permite tal interpretação. O contraste de Paulo exige que, embora Jesus fosse descendente direto de Davi no plano natural, ele foi designado como "o Filho de Deus com poder" no plano do Espírito (quando da ressurreição). (3) Ao dizer "Filho de Deus com poder", Paulo não está pensando na inter-relação trinitária entre Filho e Pai (como na teologia posterior), mas na relação singular entre Cristo e Deus no processo da salvação. Para Paulo, a ressurreição fez um diferença nesse processo, embora não tenha sido ela que *tenha feito* de Cristo o Filho de Deus (cf. 2Cor 4,4; 8,9; Fl 2,6). Antes, Cristo era o Filho nascido da linhagem de Davi, agora, ele é o "Filho de Deus com poder" (sobre a omissão do artigo antes de *en dynamei*, veja BDF 272). Assim como a protoigreja via na ressurreição o evento da vida de Jesus em que ele se tornou "Senhor" e "Messias" (At 2,36) e em função dela lhe aplicou o Sl 2,7 ("Tu és meu filho, eu hoje te gerei"), assim, para Paulo, Cristo recebeu um poder vivificante com a ressurreição (Fl 3,10), tornando-se um "Espírito que dá a vida" (1Cor 15,45; → Teologia paulina, 82:60-64). *segundo o Espírito de santidade*: esta expressão não se encontra em nenhum outro escrito de Paulo e pertence à fórmula primitiva empregada. Poderia significar "o Espírito Santo", em uma tradução literal de *rûaḥ haqqōdeš* (Is 63,11), expressão empregada ocasionalmente na literatura de Qumran (1QS 4,21; 9,3), revelando seu uso palestino. Alguns comentaristas patrísticos e modernos compreenderam a expressão como a atividade do Espírito Santo desencadeada, por assim dizer, pelo Cristo ressurreto. Mas o evidente paralelismo da expressão com *kata sarka* sugere que Paulo considerava isso como algo pertencente ao próprio Cristo. Não é simplesmente sua natureza divina (R. Cornely, J. Bonsirven), mas, antes, a fonte transcendente, dinâmica de santidade em seu estado glorificado em virtude do qual ele vivifica os seres humanos (cf. 1Cor 15,45). *por sua ressurreição dos mortos*: a preposição *ex* denota tanto tempo quanto causalidade. Temporalmente, poderia representar o novo modo de existência dinâmica de Cristo com sua ressurreição; do ponto de vista causal, designaria a ressurreição em si como influência na atividade salvífica de Cristo (veja M.-E. Boismard, *RB* 60 [1953] 5-17; D. M. Stanley, *Christ's Resurection in Pauline Soteriology* [AnBib 13; Rome, 1961] 165, J. A. Fitzmyer, *TAG* 202-17). **5.** *a graça e a missão de pregar:* literalmente, "graça e apostolado". O chamado de Paulo para ser o apóstolo dos gentios veio a ele pelo Cristo ressurreto (Gl 1,12, 16). *a obediência da fé:* o genitivo é apositivo. Paulo compreende a fé como algo que se inicia com *akoē*, "ouvir" (10,17), e termina com um compromisso ou submissão pessoal (*hypakoē;* → Teologia paulina, 82:109). **7.** *em Roma:* a capital do mundo greco-romano da época de Paulo (→ 11 *acima). chamados à santidade:* literalmente, "chamados santos" ou, possivelmente, "chamados (para serem) santos". A expressão plural de Paulo lembra o singular *klētē hagia* da LXX (= em hebraico, *miqrā' qōdeš*), "assembleia santa", usada para designar os israelitas no êxodo (Ex 12,16*).* O termo os designava como um povo posto à parte, consagrado a Iahweh (Lv 11,44; 19,2). Paulo lisonjeia os cristãos romanos adaptando essa expressão do AT e insinuando o novo sentido no qual eles são, agora, os "chamados santos".

17 (B) Ação de graças (1,8). Paulo usa uma fórmula epistolar (cf. 1Ts 1,8) semelhante à que se encontra nas cartas gregas dessa época (→ Epístolas do NT, 45:8B). Sua oração pelos romanos é dirigida a Deus através de Jesus Cristo (cf. Rm 7,25; 11,36; 1Cor 5,57).

18 (C) Proêmio: o desejo de Paulo de ir a Roma (1,9-15). A futura visita de Paulo à igreja romana será uma fonte de benefícios mútuos, além de uma oportunidade de pregar o evangelho em Roma. **9.** *a quem presto um culto:* Paulo compara seu trabalho de serviço ao evangelho a um ato sacerdotal de adoração oferecido a Deus; cf. 15,16. *espiritual:* esta expressão tem sido interpretada diversificadamente, mas, provavelmente, significa que Paulo se entregou completamente à evangelização. **10.** *com o beneplácito de Deus:* embora Paulo sentisse que sua próxima viagem a Jerusalém não estava livre de riscos (15,31-32), sua viagem final a Roma é destinada pelo próprio Deus. **13.** *E não escondo:* literalmente, "não quero que ignoreis", uma das expressões prediletas de Paulo para dar ênfase (11,25; 1Ts 4,13; 1Cor 10,1; 12,1; 2Cor 1,8). *e fui impedido até agora:* impedido pelo quê? Em 15,18-22, ele menciona seu apostolado no Oriente e seu respeito por uma comunidade não fundada por ele. Como a voz passiva é, muitas vezes, usada como uma circunlocução para designar Deus (a "passiva teológica", *ZBG* § 236), Paulo talvez esteja sugerindo que o atraso era da vontade divina. **14.** *a gregos e a bárbaros:* como o apóstolo dos gentios, sua missão era levar o evangelho a todos os não judeus. Ele designa o mundo não grego com uma palavra onomatopaica grega *bar-bar-oi*, dividindo os gentios entre os que falavam grego (o que incluía muitos romanos na época) e os que não falavam. **15.** *em Roma:* → 11 *acima.*

19 (II) Parte I: Seção doutrinária – O evangelho de Deus, de Jesus Cristo nosso Senhor (1,16-11,36). A introdução já havia mencionado o evangelho de Deus e o papel de Paulo em sua proclamação. Esta seção expõe a possibilidade histórica, singular, de salvação a todos os seres humanos, que Deus torna conhecida neste Evangelho. A seção fica melhor subdividida em três partes: (A) 1,16-4,25; (B) 5,1-8,39; (C) 9,1-11,36.

20 (A) A retidão divina é revelada pelo evangelho como a que justifica a pessoa de fé (1,16-4,25). O orgulho de Paulo por seu papel na proclamação desse evangelho introduz o tema da primeira parte.

(a) *O tema da carta: o evangelho é a poderosa fonte de salvação para todos, revelando a retidão divina* (1,16-17). Dada a natureza do evangelho, Paulo não se envergonha de pregá-lo, mesmo na capital do mundo civilizado – um grandioso eufemismo (cf. 1Cor 2,3-6). **16.** *do evangelho:* veja o comentário sobre 1,3; → Teologia paulina, 82:31-36. *força de Deus:* esta descrição inicial do evangelho destaca que não se trata de uma mera mensagem, de filosofia ou de um sistema de pensamento passível de ser aprendido; ele é a "história da cruz" (1Cor 1,18). A "força de Deus" é uma abstração, que expressa a força (*dynamis*) por meio da qual Deus afeta o curso da história humana (cf. 1Cor 2,4; 4,20). *para a salvação de todo aquele que crê*: a força divina, que é o evangelho, destina-se à "salvação" do crente. Significativamente, Paulo expressa a finalidade do evangelho em termos de "salvação", e não de "justificação", nesta formulação da proposição de Rm. *Sōtēria* significa "libertação, resgate" do mal (de qualquer tipo; → Teologia paulina, 82:71). No NT, normalmente significa livrar das ameaças ao destino cristão e (positivamente) a promoção das condições que garantem sua obtenção. Em outras partes de Rm (5,9-10; 8,24; 10,9-13; 11,11-26; 13,11), faz referência a uma realidade escatológica futura, conceitualmente distinta de justificação ou reconciliação. *em primeiro lugar do judeu, mas também do grego*: a palavra "primeiro" está ausente de alguns manuscritos (B, G). Deve ser mantida, já que está de acordo com o pensamento de Paulo a respeito do privilégio de Israel (2,9-10; 3,9). O Messias foi prometido para tal povo (9,5), e os judeus foram os primeiros a ter fé nele. Ainda que completamente consciente desse privilégio histórico, Paulo agora reafirma a possibilidade concedida a toda a humanidade de participar, pela fé, dessa salvação (10,12; 1Cor 1,24; 12,13).

21 17. *A retidão de Deus se revela*: o evangelho manifesta agora, como nunca antes, a atitude fundamental de Deus em relação à humanidade, seu poder e atividade a favor dela, aceitando-a através de Cristo, pois à parte deste evangelho somente a ira divina se revela dos céus (1,18-3,20). O contraste entre "retidão" (1,17) e "ira" (1,18) sugere que Paulo está falando sobre qualidades ou atributos de Deus. Em 1,17, Paulo fala de *diakaiosynē theou*, a "retidão divina". Ela é muitas vezes traduzida por "a justiça de Deus", que às vezes parece conotar sua justiça própria. A Vulgata traduziu essa expressão grega por *iustitia Dei*, que muitas vezes aparece em versões católicas mais antigas (ou nas traduções das línguas românicas) como "a justiça de Deus". Essa tradução, no entanto, foi frequentemente mal compreendida como "justiça vindicativa e punitiva" de Deus, assim como o monge Lutero certa vez a compreendeu (veja LWks 34.336-37). Devido a esses problemas, sigo a tradução de E. J. Goodspeed, "a retidão [*uprightness*] de Deus" (Rm 3,5; *The Complete Bible: An American Translation* [Chicago, 1960] NT, 143). Ela denota a qualidade divina pela qual Deus absolve seu povo, manifestando-lhe seu poder gracioso num julgamento justo. O sentido da expressão como atributo de Deus também se encontra em 3,5.21.22.25.26; e provavelmente em 10,3 (→ Teologia paulina, 82:39), embora o sentido não seja sempre esse nas cartas de Paulo (cf. 2Cor 5,21 e Fl 3,9 – onde claramente denota um "dom de Deus"). Aqui, Paulo quer dizer que o evangelho é a forma pela qual esse aspecto de Deus se revela. *da fé para a fé*: esta tradução literal revela o problema de uma expressão muito debatida. As interpretações de Tertuliano e Orígenes certamente são inadequadas, "da fé na lei à fé no evangelho", pois o uso das duas preposições *ek* e *eis* com a mesma palavra normalmente supõe que o sentido da palavra regida por elas seja o mesmo (cf. 2Cor 2,16; 3,18). Duas interpretações são mais correntes: (1) "de uma fé inicial a uma fé mais perfeita" (Lagrange, Huby), que explora a noção de progresso frequentemente associada a essa expressão preposicional (Sl 84,8); a economia divina da salvação é partilhada cada vez mais por um ser humano à medida que a fé cresce. (2) "pela fé e para a fé". Esta interpretação pressupõe o desenvolvimento em 3,21-22, onde percebemos uma linha de raciocínio semelhante: "através (*ek*) da fé" expressaria o meio pelo qual um ser humano participa da salvação; "para (*eis*) a fé", o propósito do plano divino. Em ambos os casos, a salvação não é mais uma questão de lei, e sim de fé, do começo ao fim, e a retidão divina se revela apenas no âmbito da fé (E. Käsemann, *Romans*, 31). *conforme está escrito*: na Escritura. Paulo introduz uma citação do AT, utilizando uma fórmula introdutória judaica corrente (veja J. A. Fitzmyer, *ESBNT* 8-10). *O justo viverá da fé*: a citação de Hab 2,4 não está de acordo com o TM ("O reto deverá viver por sua fidelidade") nem com a LXX (mss. B, S: "O reto deverá viver por minha fidelidade"; mss. A, C: "Meu reto viverá pela fé"). No original, os invasores caldeus, cujo deus é seu poderio militar, são contrastados com Judá, cuja libertação se funda na fidelidade a Iahweh. Ordena-se a Habacuc que registre a mensagem de Iahweh: Aquele que se gloriar (por excesso de confiança) fracassará, mas o reto viverá por sua fidelidade (a Iahweh). Paulo, entretanto, omite o pronome possessivo e adota a tradução da LXX do hebraico *'ĕmûnâ*, "fidelidade", o grego *pistis*. A "vida" prometida a Judá era a libertação temporal do invasor. Paulo amplia o sentido tanto de "vida" quanto de "fé" em termos do destino cristão. Veja J. A. Emerton, *JTS* 28 (1977) 1-18; J. A. Fitzmyer, *TAG* 236-46; O. P. Robertson, *Presbyterian* 9 (1983) 52-71. Alguns intérpretes (*p.ex.*, Cranfield, Kuss) vinculam "pela fé" com "reto" (*i.e.*, aquele que é justificado pela fé [*NEB*]). Isso pode concordar com o pensamento de Paulo, mas força o significado da expressão em Hab e não é tão satisfatório; veja H. C. C. Cavallin, *ST* 32 (1978) 33-43.

22 (b) *O tema explicado negativamente: sem o evangelho a ira de Deus se manifesta contra todos os seres humanos* (1,18-3,20). A proposição de 1,16-17 é primeiramente explicada por uma consideração antitética: o que acontece aos seres humanos sem o evangelho. Paulo acusa tanto o paganismo quanto o judaísmo por deixarem de possibilitar que as pessoas alcancem a retidão moral. Deixados por sua própria conta, os gregos pagãos não chegariam a conhecer Deus e, consequentemente, cairiam em perversão moral. Sem o evangelho, os judeus não conseguem encontrar a retidão diante de Deus, apesar da vantagem de possuírem a lei mosaica. Em ambos os casos o resultado é a alienação para com Deus; a ira de Deus se manifesta contra ambos. Essa é a condição humana sem o evangelho de Jesus Cristo.

23 (i) *A ira de Deus contra os gentios* (1,18-32). O. Michel (*Römer* 60) plausivelmente sugere que este parágrafo é um exemplo de um sermão missionário tal como Paulo o pregava aos pagãos. No sermão, Paulo reflete um julgamento do mundo pagão corrente entre os judeus de sua época. Sua sentença principal é o v. 18; o julgamento é: "dignos de morte" (1,32).

18. *a ira de Deus*: a reação de Deus ao pecado humano e à conduta má é expressa vividamente pelo uso de uma imagem antropomórfica do AT (Is 30,27-28; → Teologia paulina, 82:38; Pensamento do AT, 77:99-102). A imagem era uma maneira protológica de descrever a firme reação do Deus vivo à ruptura da aliança por Israel (Ez 5,13; Os 5,10) ou à opressão do povo pelas nações (Is 10,5-11; Ez 36,5-6). Ela também é uma maneira de dizer que Deus "deixa a sociedade pagã sofrer as consequências de seus erros" (Robinson, *Wrestling* 18). Relacionada ao "dia de Iahweh" (Sf 1,14-18), a imagem adquire uma nuança escatológica. Paulo afirma que ela se revela "do alto do céu" contra os pagãos que estão sem o evangelho.

19. *o que se pode conhecer de Deus*: em outras partes no NT (e na LXX), *gnōstos* significa "conhecido" e não "pode ser conhecido", e Crisóstomo e a Vulgata preferiram o significado "o que se conhece sobre Deus". Mas essa interpretação cria uma tautologia com o predicado "é manifesto entre eles". Portanto, a maioria dos comentaristas modernos segue Orígenes, Tomás de Aquino *et al.* na interpretação "capaz de ser conhecido" (BAGD 164; Bultmann, *TDNT* 1. 719; Cranfield, *Romans* 113). *é manifesto entre eles*: literalmente, "está claro neles". Mas "para eles" dificilmente significa "para a mente deles" (Lyonnet, Huby). Antes, ou (1) "entre eles", já que Paulo insiste na externalidade das manifestações (Michel, Cranfield), ou melhor (2) "para eles", já que a partícula *en* com o dativo ocasionalmente é igual ao dativo simples (Gl 1,16; 2Cor 4,3; 8,1; BDF 220; *ZBG* § 120). Paulo explica o "que se pode conhecer" no v. 20.

24 20. *sua realidade invisível*: literalmente, "suas propriedades não vistas", as qualidades específicas que serão nomeadas no fim deste versículo. *desde a criação do mundo:* cf. Jó 40,6-42,6; Sl 19,1-6; Is 40,12-31. Frequentemente no NT, *ktisis* significa "o que é criado, criatura" (na Vulgata, *a creatura mundi*). Como essa tradução seria tautológica aqui, muitos comentaristas preferem o sentido temporal, ativo da "criação" (como em Mt 24,21; 25,34; cf. Cranfield, *Romans* 114). *inteligível*: literalmente, "sendo intelectualmente apreendido é percebido". Um oximoro, contra a opinião de Käsemann, *Romans* 40. Ao contemplar o mundo criado e refletir sobre ele, o ser humano percebe, através de sua fachada multicolorida, o grande "Não Visto" que está por trás dele – a onipotência e o caráter divino de seu criador. Embora essencialmente invisíveis, essas qualidades estão espelhadas nas "grandes obras" (*poiēmata*) realizadas por Deus. Não está em pauta aqui ou o conhecimento através de uma revelação primordial positiva ou o conhecimento pela fé. *de sorte que não têm desculpa*: Paulo reflete uma ideia judaica corrente na época sobre a culpabilidade dos pagãos por não reconhecerem e não reverenciarem Deus como deveriam ter feito; veja Sb 13,1-9; *AsMos* 1,13 (*AOT* 607). A expressão grega pode conotar finalidade ou resultado. Sanday-Headlam, Barrett, Michel preferem a ideia de finalidade (condicional): Deus não pretendia que os pagãos pecassem; mas se pecassem, ele intencionava que não tivessem desculpa. Muitos estudiosos (Cornely, Lietzmann, Cranfield, *et al.*), reconhecendo que, no grego do NT, o sentido consecutivo da expressão predomina sobre o final (*ZBG*§ 351-52; BDF 402.2), argumentam que o sentido de resultado se aplica melhor ao contexto atual. Em ambos os casos, a condição humana, desde a criação, aponta contra uma atitude ateísta. **21.** *tendo conhecido a Deus*: após a enunciação do princípio geral em 1,20, Paulo passa ao pecado específico dos pagãos. Neste trecho, ele parece admitir que, de alguma forma, eles "haviam conhecido a Deus" – apesar do que os judeus aparentemente pensavam (Jr 10,25; Sl 79,6; Sb 14,12-22) e do que o próprio Paulo parece ter dito em 1Cor 1,21, "visto que o mundo por meio da sabedoria não reconheceu a Deus". O que se nega nessas passagens é um conhecimento real e afetivo de Deus que inclua amor e reverência. Nessa discussão quase filosófica, a palavra *gnontes* conota uma espécie de informação inceptiva, especulativa sobre Deus que Paulo acredita que os pagãos teriam, querendo ou não. O caráter inconsequente desse conhecimento, que não se tornou reconhecimento religioso real, é a raiz do seu pecado. Paulo não está falando meramente de filósofos pagãos, muito menos de alguma primitiva revelação positiva (*p.ex.*, da lei, *2Esd.* 7,21-24), ou apenas de alguns primeiros pagãos (contra A. Feuillet, *LumVie* 14 [1954] 71-75). Ele está falando de todos os pagãos, pelo menos até os de sua época. *não o honraram*: a queixa de Paulo não está centrada somente na ignorância pagã, mas também na omissão em manifestar reverência e gratidão, que deveriam ter brotado do conhecimento que tinham dele; em vez disso, eles reverenciavam coisas criadas. *se perderam em vãos arrazoados*: seguem as três consequências do fracasso deles: a futilidade do raciocínio autossuficiente, o obscurecimento da visão em outras questões religiosas e a idolatria. **23.** *trocaram a glória do Deus incorruptível por imagens*: alusão ao Sl 106,20, "eles trocaram sua glória pela imagem de um boi, comedor de capim", que se refere ao bezerro de ouro de Ex 32. Paulo aplica essa alusão aos pagãos. Preferem-se os ídolos à *doxa* de Iahweh, a manifestação externa resplandecente de sua presença (em hebraico *kābôd*, Ex 24,17; 40,34-35). Paulo reflete Dt 4,16-18 aqui.

25 (Na constituição dogmática do Concílio Vaticano I, *De fide catholica*, cita-se Rm 1,20 para embasar a tese de que Deus pode ser conhecido com certeza pela luz natural da razão humana a partir das coisas criadas [DS 3004]. Tal uso deste texto não significa que Paulo esteja dizendo exatamente a mesma coisa. O concílio se opunha ao fideísmo e ao tradicionalismo e afirmava a possibilidade de tal conhecimento de Deus, à parte da fé e à parte de uma revelação positiva. A diferença entre os textos de Paulo e do Vaticano I é que este último trata da *capacidade* (potência ativa) da mente humana de reconhecer Deus e prescinde do uso *de facto* dessa capacidade, ao passo que Paulo afirma o fato de que Deus é intelectualmente percebido e conhecido a partir das coisas criadas. Ele fala também da "impiedade e injustiça dos seres humanos" [1,18] e de seu não reconhecimento correto de Deus [1,28]; o concílio prescindiu de tais atitudes. A pergunta teológica adicional sobre a capacidade humana de conhecer a Deus sem qualquer assistência divina [*p.ex.*, a graça] está além da perspectiva de Paulo. Veja Lyonnet, *Quaestiones*, 1ª ser., 78-88).

26 **24.** *os entregou*: o tríplice uso retórico do verbo *paradidonai* (veja também os vv. 26.28) introduz a punição protologicamente atribuída à ira de Deus. Paulo busca estabelecer uma relação intrínseca entre pecado e castigo; a impiedade traz sua própria retribuição (veja Sb 11,15-16; Ez 23,28-30). A idolatria, consequência de não honrar a Deus devidamente, é a fonte da imoralidade, pois ela é a "grande mentira" (Sb 14,22-31). **25.** *trocaram a verdade de Deus*: um reflexo de 1,18.22-23. O que é, é verdade; o que não é, é falso (veja Jr 10,14). *que é bendito pelos séculos. Amém.*: Paulo revela sua origem judaica ao mencionar espontaneamente uma doxologia no ápice da menção de Deus, o Criador (veja 2Cor 11,31). **26.** *mudaram as relações naturais*: o contraste entre o "feminino" e o "masculino" (1,27) mostra que a perversão sexual de que Paulo fala é a homossexualidade. (Só uma "eisegese" moderna poderia distorcer palavras de Paulo e fazê-las se referirem à contracepção feminina). O caráter depravado da perversão é a consequência merecida da impiedade pagã; por terem trocado o verdadeiro Deus por um falso (1,25), os pagãos trocaram inevitavelmente suas funções naturais verdadeiras por outras pervertidas (cf. Filo, *De Abr.* 135; *De spec. leg.* 2.50; 3.37). **28.** *o que não convém*: a idolatria não conduz somente à perversão sexual, mas a toda espécie de conduta imoral. Paulo acrescenta um catálogo de vícios (→ Teologia paulina, 82:142), reflexo da *didachē* da protoigreja. **32.** *a sentença de Deus*: em 2,14-15, Paulo mostrará que a consciência pagã às vezes percebe algumas ordens prescritas na lei mosaica. Lembrando 1,21 (*gnontes, epignontes*), Paulo formula seu veredito contra os pagãos e explica por que eles não "têm desculpa". *dignos de morte*: a princípio pode parecer que essa expressão se refira à morte física como punição para os vícios listados, mas é difícil estabelecer que as consciências pagãs reconheceriam isto para todos aqueles vícios. Provavelmente, Paulo está pensando na morte total (5,12.19), o destino de todos os pecadores; a saber, a exclusão do reino de Deus (1Cor 6,10; Gl 5,21). *aprovam os que praticam semelhantes ações*: dessa forma, revela-se o estado abismal do pagão, não somente em deixar de honrar a Deus e viver retamente, mas também em aprovar a mesma conduta em outros.

27 Em toda esta seção, Paulo não diz que todo excluir pagão antes da vinda de Cristo era um fracasso moral. Ele fala coletivamente e descreve uma situação *de facto*; não quer dizer que o paganismo era, *de iure*, incapaz da retidão moral. Quando os teólogos cristãos ensinam a necessidade do auxílio divino para a perseverança em uma vida boa e natural, eles vão além da perspectiva de Paulo e têm em mente a condição caída do indivíduo. A base de seu ensinamento, no entanto, é paulina: a humanidade não pode viver sem o evangelho (veja 7,7-25).

28 (ii) *O julgamento de Deus contra os judeus* (2,1-3,20). Paulo se volta para um ouvinte imaginário que aplaude ruidosamente sua descrição do fracasso moral dos pagãos. Esse indivíduo não é melhor do que o pagão, pois, apesar de ter uma cultura moral superior, não faz o que se espera dele. Portanto, ele não escapará do juízo divino.

A identidade do *anthrōpos* em 2,1-16 é controvertida. Para Crisóstomo e Teodoreto, tratava-se de um juiz secular ou de uma autoridade romana; para Orígenes, de um bispo, sacerdote ou diácono cristão; para T. Zahn, de um filósofo ou moralista pagão. Mas muitos intérpretes modernos o identificam com um judeu que se julga superior ao pagão por causa dos privilégios de seu povo. Em 2,17, o judeu é mencionado explicitamente, e os vv. 1-16 parecem ser apenas uma preparação para essa identificação. Os vv. 12-16 mostram que o conhecimento das ordens divinas não é exclusivo dos judeus; algumas prescrições da Torá são conhecidas até mesmo por pagãos. O judeu é, assim, comparado implicitamente. Porém, estes versículos dão a sustentação para 2,9-10, onde judeus e gregos são postos em pé de igualdade diante de Deus; os vv. 1-8 preparam para esta concepção. Assim, 2,1-16 é uma denúncia indireta do judaísmo que se torna clara e patente no v. 17; por fim ela obriga os judeus a se pronunciarem culpados. Ao desenvolver seu raciocínio, Paulo enuncia o princípio geral do juízo imparcial de Deus (2,1-11), mostrando que a posse da lei não é garantia contra a ira divina (2,12-16) e anunciando que ela condenará tanto os judeus quanto os gentios (2,17-24) – e isto, apesar da circuncisão (2,25-29). Veja Sb 11-15; cf. Cranfield, *Romans* 137-42; J. M. Bassler, *Divine Impartiality* (SBLDS 59; Chico, 1982). Os versículos 1-11 e 17-29 são frequentemente considerados um exemplo de *diatribē* (→ Teologia paulina, 82:12).

29 **1.** *Por isso*: normalmente a partícula *dio* introduz uma conclusão do que a precede; neste versículo, ela faz uma transição e introduz um tópico novo. *que te ar-voras em juiz*: literalmente, "ó, cada homem que julga". Esse uso de *anthrōpos* em uma interpelação é característico de diatribes em Epicteto (veja também 2,3; 9,20). *condenas a ti mesmo*: a sentença principal desta seção: você mesmo é pecador e objeto da ira de Deus. **2.** *o julgamento de Deus*: o substantivo *krima* pode significar simplesmente "litígio" (1Cor 6,7) ou "decisão, juízo" (Rm 11,33), mas ele muitas vezes significa "condenação, sentença adversa" (3,8; 13,2; Gl 5,10), como aqui. Essa condenação recai "com razão" (literalmente: "segundo a verdade") sobre os que praticam o mal, sem acepção de pessoas (2,11). **3.** *que julgas*: a primeira de duas perguntas destaca a ilusão do crítico; uma vez feita, ela responde a si mesma. **4.** *ou desprezas...*: não se trata somente de uma questão de ilusão, mas até mesmo de desprezo. Desprezar o retardamento da parte de Deus em punir o pecado – o que deveria conduzir ao arrependimento – é manifestar negligência culposa (veja Sb 11,23; 2Esd 7,74). **5.** *acumulas contra ti um monte de ira*: i.e., razão para a reação adversa de Deus; veja o comentário sobre 1,18. *o justo julgamento de Deus*: a palavra *dikaiokrisia* acentua a equidade da decisão divina a ser dada no dia da ira; fica claro que se trata de algo diferente de *dikaiosynē theou* (veja o comentário sobre 1,17). Paulo dá a entender que o judeu impenitente não percebe a relação do presente com o julgamento de Deus que está por vir. **6.** *retribuirá a cada um segundo suas obras*: uma alusão a Sl 62,13 ou a Pr 24,12. Paulo não toma simplesmente emprestada essa afirmação em um momento de explosão retórica; trata-se de uma parte importante de seu ensinamento. Significativamente, ela é reafirmada aqui em Rm mesmo antes de sua exposição sobre a justificação pela graça através da fé (3,23-26; cf. 14,10; 2Cor 5,10). Mas a retribuição de acordo com os feitos deve ser compreendida contra o pano de fundo da justificação pela fé (Käsemann, *Romans* 58; → Teologia paulina, 82:138). **7.** *a vida eterna*: a recompensa das pessoas que fazem pacientemente boas ações é uma vida a ser desfrutada "para sempre com o Senhor" (1Ts 4,17; cf. Rm 5,21; 6,22-23). Quanto ao pano de fundo do AT, veja Dn 12,2. É vida no *aiōn*, "eternidade", que está por vir. **8.** *egoístas*: uma expressão difícil, frequentemente mal compreendida por comentaristas. Etimologicamente, *eritheia* está relacionada com *erithos*, "pagamento de mercenário"; Aristóteles (*Pol.* 5.3) usou *eritheia* para denotar "egoísmo, ambição egoísta" em um contexto político (veja Barrett, *Romans* 47). Mas, frequentemente, ela ocorre em contextos de "contenda" (*eris*) e era bastante confundida com esta última no uso popular (veja Gl 5,20; Fl 1,17; 2,3; 2Cor 12,20). Partindo daí, alguns comentaristas entendem que, neste trecho, significa "rebeldes" (Lagrange, Lietzmann, Lyonnet). De fato, ambos os significados se encaixam no contexto: não são pessoas que buscam pacientemente o bem, e recompensa delesa é a ira divina. **9.** *Tribulação e angústia*: uma expressão protológica do AT (Dt 28,53.55.57) que denota o descontentamento divino com os seres humanos nesta vida (cf. Rm 8, 35). Os vv. 9-10 reformulam os vv. 7-8, aplicando em ordem inversa os efeitos da ira a todos que fazem o mal; eles também reformulam, em termos dos judeus e gregos, o que foi dito em 1,18. *para toda pessoa*: literalmente, "alma" (*psychē*). De acordo com Lagrange, essas punições devem afetar principalmente a "alma", mas trata-se de uma interpretação demasiado helenística. É mais provável que Paulo use *psychē* no sentido de *nepeš* do AT (Lv 24,17; Nm 19,20) para designar um aspecto do "ser humano" (→ Teologia paulina, 82:104). *para o judeu em primeiro lugar, mas também para o grego*: veja o comentário sobre 1,16. Por ter recebido privilégios singulares na história da salvação, os judeus são mais responsáveis quando pecam; porém, quando fazem o que é correto, são os primeiros a receber a recompensa. Os gentios não são negligenciados. **11.** *Porque Deus não faz acepção de pessoas*: literalmente, "não há parcialidade em Deus". Paulo usa o termo *prosōpolēmpsia*, "parcialidade", uma palavra que se encontra somente em documentos cristãos, mas foi criada a partir de uma expressão da LXX, *prosōpon lambanein*, uma tradução do hebraico *pānîm nāśā*, "levantar o rosto". Essa expressão denota o ato benevolente de alguém que levanta o rosto de uma pessoa mostrando-lhe favor (Ml 1,8; Lv 19,15). Essa atitude não se encontra em Deus. Dessa forma, Paulo resume o princípio subjacente à sua exposição em 2,1-11: Deus não faz acepção de pessoas; seja lá quais forem seus privilégios, os judeus não estarão em melhores condições que os gentios, a menos que façam o que se espera deles.

12. *sem Lei*: a expressão não quer dizer simplesmente "sem uma lei", mas especificamente sem a lei mosaica. O contexto trata de gentios que viviam sem o benefício da legislação mosaica. Se pecam sem o conhecimento das prescrições daquela lei, eles podem perecer independentemente dela; seu pecado carrega sua própria condenação, mesmo que a lei não lhes seja aplicada. Neste ponto, Paulo contraria as ideias judaicas correntes. *aqueles que pecaram com Lei*: a expressão *en nomō* (sem artigo) se refere à mesma lei mosaica. Algumas vezes, os comentaristas tentaram estabelecer uma distinção entre o uso que Paulo faz do termo *ho nomos*, "a lei (mosaica)", e *nomos*, "lei" (em um sentido geral ou mesmo de lei "natural"); mas essa distinção não encontra sustentação filológica sólida (contra *ZBG* § 177; → Teologia paulina, 82:90). A maneira como os seres humanos agem será o critério pelo qual serão julgados, e este raciocínio é explicado nos dois versículos seguintes. **13.** *os que ouvem a lei*: o judeu não é reto diante de Deus simplesmente por conhecer as prescrições da Torá através das leituras de cada sábado. Paulo utiliza uma famosa distinção parenética entre o conhecimento e a ação. *os que cumprem a Lei*: Paulo adota uma perspectiva judaica em sua argumentação e lembra implicitamente Lv 18,5 ("quem os cumprir encontrará neles a vida"). *serão justificados*: o tempo verbal no futuro permite ver a natureza escatológica e forense da justificação, esperada no julgamento, de acordo com a perspectiva judaica adotada (→ Teologia paulina, 82:68). **14.** *Quando então os gentios, não tendo a lei*: este versículo e o seguinte explicam por que os gentios, sem o conhecimento da lei mosaica, serão punidos (2,12). *fazem naturalmente o que é prescrito*: literalmente, "por natureza" (*physei*), i.e., pela ordem regular e natural das coisas (BAGD 869), antes de qualquer revelação positiva. Seguindo a orientação da *physis*, os gentios formulam as regras de conduta para si mesmos e conhecem ao menos algumas das prescrições da Torá judaica. *o que é prescrito pela Lei*: literalmente, "as coisas da lei", uma expressão que não deve ser interpretada muito rigidamente, como se cada um dos preceitos da Torá estivesse subentendido. Pois, embora Paulo admita que os gentios observam "as coisas da lei", essa afirmação está proposta em uma oração temporal indeterminada, "quando". *não tendo lei*: i.e., o benefício de uma legislação revelada, tal como os judeus tiveram. *para si mesmos são lei*: porque eles têm a *physis* como guia para sua conduta, um guia que "não é somente relativo ou psicológico, mas absoluto e objetivo" (Michel, *Römer* 78). Paulo fala de *ethnē*, "gentios"; ele não quer dizer "todo gentio", nem se refere à observância perfeita de todos os preceitos. Ele usa o termo *physei* em um contexto que se refere, antes de mais nada, ao conhecimento: mesmo sem a lei, os gentios sabem instintivamente o que deve ser feito. Sua terminologia não significa "por natureza" como algo distinto de "por graça"; portanto, seu ponto de vista não é o da problemática teológica posterior, se a vontade do pagão é suficiente para a *physis* a fim de obedecer a lei natural. **15.** *eles mostram a obra da lei gravada em seus corações*: literalmente, "a ação da lei está escrita". Paulo usa o singular da expressão que, em outra parte, emprega no plural em sentido pejorativo, *erga nomou*, "as obras da lei" (3,20.28; Gl 2,16; 3,2.5.10), ou simplesmente *erga* (4,2.6; 9,12.32; 11,6). São as obras que a lei prescreve. Sobre esse quase *slogan*, → Teologia paulina, 82:100. Paulo reafirma esse conhecimento como uma condição efetiva atual da consciência do gentio. *dando disto testemunho sua consciência e seus pensamentos que alternadamente se acusam ou defendem*: essa versão de uma frase difícil pressupõe que *metaxy allēlōn*, "entre uns e outros", refere-se ao embate dos pensamentos na consciência do gentio; o debate seria sobre a conduta do gentio (Cranfield, *Romans* 162; Käsemann, *Romans* 66). Alguns comentaristas (Sanday-Headlam, Lyonnet) entendem a expressão como uma referência aos pensamentos que criticam ou defendem as ações dos outros, "em suas relações mútuas". Esta interpretação, entretanto, não tem fundamento. **16.** Logicamente, este versículo é a sequência de 2,13; alguns comentaristas sugerem que os vv. 14-15 são parenéticos ou, até mesmo, que estejam deslocados. A sequência, entretanto, é constante na tradição dos manuscritos. Paulo não quer dizer que a consciência dos gentios atuará somente no dia do julgamento, mas que testemunhará especialmente nesse dia. "Tal autocrítica antecipa o dia do julgamento, como em Sb 1,5-10" (Käsemann, *Romans* 66). *no dia em que Deus – segundo meu evangelho – julgará, por Cristo Jesus*: os judeus daquela época esperavam que Iahweh realizasse o julgamento através de seu Eleito (*1Henoc* 45,3-6). Paulo aplica essa crença a Jesus. A expressão preposicional *dia Christou* se refere à mediação de Cristo em seu papel escatológico (→ Teologia paulina, 82:118). *segundo meu evangelho*: a proclamação do papel de Cristo no julgamento escatológico faz parte da "boa nova" da salvação apresentada por Paulo (→ Teologia paulina, 82:31-36). Para Paulo se trata de julgamento salvífico.

31   17. *se tu te denominas judeu*: o crítico imaginário é identificado pelo nome comum da Diáspora para designar um membro do povo eleito. Esta é a primeira de duas séries de cinco e quatro expressões escarnecedoras parataticamente alinhadas, em que Paulo resume a reivindicação judaica: sou judeu; confio na lei; minha glória está em Iahweh (cf. Jr 9,23; *SalSl* 17,1); compreendo sua vontade; instruído pela lei, sei o que está certo e errado. **19-20.** Quatro outras zombarias revelam a atitude do judeu em relação ao próximo. Paulo não nega os privilégios de Israel (9,4-5), mas vê muito claramente a mentira contida na habitual complacência judaica. **21.** *não ensinas a ti mesmo!*: a complexa sentença iniciada em 2,17 não é concluída; Paulo rompe a sequência e se dirige diretamente aos judeus com cinco perguntas mordazes (2,21-23) que revelam o abismo entre o ensino judeu e as suas próprias ações (Sl 50,16-21). *não se deve furtar*: Ex 20,15.

32 25. Paulo prevê uma objeção: "Talvez nós, judeus, não observemos a lei como deveríamos, mas, ao menos, somos circuncidados." Paulo rejeita esse argumento também. *circuncisão*: o "sinal da aliança" (Gn 17,10-11; *Jub.* 15,28; cf. Rm 4,11) integrava um homem ao povo eleito de Deus e lhe assegurava a vida na era vindoura (J. P. Hyatt, *IDB* 1. 629-31). Paulo não nega o valor da circuncisão e a herança de Israel denotada por ela, mas ela significa pouco sem a observância da lei (Lv 18,5; Dt 30,16). **26.** *tua circuncisão torna-se incircuncisão*: a pergunta corajosa de Paulo, igualando um pagão bom a um judeu circuncidado, seria abominável aos ouvidos de um fariseu (cf. Gl 5,6). **27.** Este versículo lembra 2,14-15. **28.** *o verdadeiro judeu*: o clímax do pensamento de Paulo: ele contrapõe às atitudes religiosas judaicas contemporâneas o princípio da motivação interior das ações humanas – a circuncisão do coração, já proclamada no AT (Dt 10,16; 30,6; Jr 4,4; 9,24-25; Ez 44,9). Pois Deus não trata com os seres humanos de acordo com aparências externas, mas julga "por Cristo Jesus" "as ações ocultas" (2,16) que eles apreciam. **29.** *a verdadeira circuncisão é a do coração, segundo o espírito e não segundo a letra*: em 2Cor 3,6, o contraste entre o Espírito e a letra é uma maneira sucinta de resumir as diferentes realidades das duas dispensações, a antiga e a nova. A antiga era regida por um código escrito, uma norma extrínseca a ser observada e estimada; a nova é vitalizada pela dádiva divina do Espírito, um princípio intrínseco que reestrutura os seres humanos e transforma sua conduta. Assim, a ideia veterotestamentária da circuncisão do coração adquire uma nova nuança; não se trata somente de uma circuncisão espiritual do coração humano, mas de uma circuncisão que se origina do Espírito do próprio Cristo. *aí está quem recebe louvor, não dos homens, mas de Deus*: o verdadeiro judeu é o israelita com o coração circuncidado, que será conhecido como tal por Deus e dele receberá o louvor. Esse indivíduo não se importa com o elogio dos mortais que consigam notar sua fidelidade à Torá. Paulo pode estar jogando com o termo hebraico para designar "judeu", *yĕhûdî*, derivado do nome patriarcal Judá (*Yĕhûdâ*). Na etimologia popular, o termo era explicado como a voz passiva de *hôdâ*, "elogiado". A pessoa de coração circuncidado é aquela "elogiada" por Deus, o verdadeiro "judeu".

33 A exposição anterior de Paulo poderia dar a entender que os judeus realmente não têm nenhuma vantagem sobre os gentios, apesar de seu desejo de lhes conceder uma certa precedência (1,16; 2,9-10). Agora, no cap. 3, ele responde a um crítico imaginário, reafirmando seu ponto de vista e retornando à sua tese: a despeito dos oráculos divinos de salvação gravados em seus livros sagrados, a ira de Deus também recairá sobre os judeus. Os vv. 1-9 formam o primeiro parágrafo do cap. 3. Esse parágrafo é um desenvolvimento integrante do raciocínio de Paulo, no qual ele leva em conta as objeções que podem vir de um judeu. Não se trata nem de uma digressão (contra M. Black, *Romans* [Grand Rapids, 1981] 62; C. H. Dodd, *The Epistle of Paul to the Romans* [New York, 1932] 46; Käsemann, *Romans* 78), nem de falta de unidade ou de coerência. Trata-se de um argumento dialógico no qual Paulo confronta seu ensinamento sobre a fé cristã com a fidelidade à Torá de um judeu de sua época. Paulo controla o diálogo e, como os mestres antigos que usavam a diatribe (→ Teologia paulina, 82:12), guia o debate com um interlocutor judeu imaginário. O v. 3 propõe a pergunta principal que domina toda a discussão. Os vv. 1-4 estabelecem a vantagem dos judeus quanto à fidelidade de Deus a suas próprias promessas e oráculos; os vv. 5-8 lidam com a objeção da libertinagem, e o v. 9 permite que Paulo reformule sua tese básica no conjunto do desenvolvimento negativo de seu tema: todos os seres humanos, tanto judeus quanto gregos, estão sob o poder do pecado quando estão sem o evangelho. Em todos estes nove versículos, a primeira pessoa do plural (nós, nosso) deve ser compreendida como Paulo e o judeu imaginário com quem ele está dialogando. Veja S. K. Stowers, *CBQ* 46 (1984) 707-22.

34 **1.** *Que vantagem há então em ser judeu?*: se a posse da lei e a circuncisão nada significam, que vantagem tem um membro do povo eleito? **2.** *Em primeiro lugar*: portanto, Paulo admite muitas vantagens, ao iniciar sua explanação, mas nunca indica um segundo ou um terceiro ponto. Muito pelo contrário, essa primeira vantagem evoca comentários adicionais sobre a infidelidade de Israel. *os oráculos de Deus*: a posse deles é uma vantagem óbvia. Na LXX, a expressão *ta logia tou theou* (Sl 106,11; Nm 24,4.16) denota os "oráculos de Deus" recebidos pelos profetas para serem transmitidos a seu povo; eles incluem não só revelações e promessas, mas também regras de conduta. Como em outras passagens do NT (Hb 5,12; 1Pd 4,11), a expressão se refere ao AT em geral como as palavras de Deus sobre a salvação. Nada na expressão em si, ou no contexto, restringe seu significado às promessas messiânicas. **3.** *E que acontece se alguns deles negaram a fé?*: visto que o termo *apistein* pode significar "negar-se a crer" ou "ser infiel" (BAGD 85), qualquer um ou ambos os sentidos poderiam ser encaixados aqui, pois existem numerosos exemplos no AT que poderiam ser citados da incredulidade histórica de Israel (Nm 14; Ex 15,22-16,36) ou de sua infidelidade (1Rs 18,21; Os 4,1-2). Somente "alguns" foram infiéis. Paulo não faz de maneira alguma restrições temporais e nem mesmo está pensando no "resto" (9,27; 11,5) que aceitou Cristo e se transformou na igreja judaico-cristã. *A infidelidade deles não anulará a fidelidade de Deus?*: como depositários dos oráculos divinos, os judeus possuíam os protestos de fidelidade que Iahweh fez ao povo de sua aliança (Ex 34,6-7; Os 2,19-23; Nm 23,19). Sua fidelidade a esses oráculos não dependia da fidelidade de Israel a ele? **4.** *De modo algum!*: a sugestão da infidelidade de Deus é rejeitada pela expressão negativa e indignada *mē genoito* (realmente um juramento negativo, "que não seja assim!", BDF 384). Na LXX, ela traduz o hebraico *ḥălîlâ*, "que fique distante de (mim)". A fidelidade de Deus não é medida pela fidelidade humana – isso é básico no ensino de Paulo sobre a retidão. Deus é sempre reto e justificará Israel (3,26). *Deus é veraz, enquanto todo homem é mentiroso*: ao usar *alēthēs* para Deus, Paulo joga com seus dois significados: (1) "verdadeiro, honesto"; (2) "fiel, leal". Embora o segundo fique bastante óbvio no contexto, o primeiro não pode ser ignorado devido à alusão ao Sl 116,11 (LXX 115,2), que chama os seres humanos de mentirosos. *conforme a Escritura*: veja o comentário sobre 1,17. Paulo cita o Sl 51,6, não de acordo com o TM ("que sejas justificado em tua sentença, justificado quando condenas"), mas de acordo com a LXX ("que sejas justificado em tuas palavras e vitorioso quando julgado"). No TM, o salmista admite que, mesmo quando a sentença divina recai sobre Davi por seu pecado com Betsabeia, o povo saberá que Deus é reto. Na LXX, porém, a conotação do termo "sentença" é perdida, e "por suas palavras" se refere aos "oráculos" (como em Rm 3,2), de modo que mesmo em sua infidelidade, Davi aprende sobre a fidelidade de Deus, "jamais mentirei a Davi!" (Sl 89,36). Paulo cita o salmista para embasar sua afirmação de que Iahweh sempre se mostra fiel à sua palavra. **5.** *se nossa injustiça realça a retidão de Deus*: a diatribe se dirige a uma conclusão lógica que poderia ser extraída do debate de Paulo. Se a infidelidade de Davi não anula a fidelidade de Deus, mas, pelo contrário, a tornou manifesta, então a injustiça humana causa a manifestação da retidão de Deus (como atributo; veja o comentário sobre 1,17; cf. A. Schlatter, *Gottes Gerechtigkeit*). *Não cometeria Deus uma injustiça desencadeando sobre nós sua ira?*: não há contradição na manifestação da retidão e da ira divina. Subjacente à objeção está a sugestão de que, se a injustiça humana realça a retidão e fidelidade absolvedora de Deus, então ele seria injusto ao infligir a ira. **6.** *De modo algum!*: Paulo mais uma vez rejeita enfaticamente a noção de uma graça barata a Israel; veja o comentário sobre 3,4. *Se assim fosse, como poderia Deus julgar o mundo?*: uma crença judaica fundamental considerava Iahweh como o juiz escatológico do mundo (Is 66,16; Jl 3,12; Sl 94,2; 96,13). **7.** *a verdade de Deus*: é a mesma objeção de 3,5, simplesmente acrescentando um terceiro atributo. **8.** Paulo não hesita em refutar o sofisma envolvido na acusação feita contra ele (ou contra os cristãos em geral). Em um aparte parentético, ele simplesmente rejeita a alegação (veja Cranfield, *Romans* 185-87). **9.** *E daí? Levamos vantagem? De modo algum!*: três dificuldades estão presentes no v. 9a. (1) Um problema textual. A leitura preferida nas edições críticas do NT é *ti oun; proechometha; ou pantōs* (duas perguntas e uma resposta, como nos mss. ℵ, B, 0219 e na tradição textual koinê). Mas os manuscritos A, L leem *proechōmetha* como um subjuntivo (como uma pergunta deliberativa), enquanto os manuscritos D, G, Ψ, 104 e alguns escritores patrísticos trazem *prokatechomen; perisson*, "Nós temos uma vantagem precedente? Abundantemente!". Esta última leitura foi proposta por causa da ambiguidade de *proechometha*. (2) A pontuação. Um ponto de interrogação deveria vir após *tí oun* (marcando uma repreensão em forma de diatribe) ou não (considerando, assim, *tí* como o objeto do verbo, "que vantagem, então, nós temos?")? A primeira opção é preferida pela maioria dos comentaristas. (3) A voz do verbo *proechometha*. Na forma ativa, *proechein* significa "sobressair, distinguir-se, ter vantagem" (veja Josefo, *Ant.* 7.10.2 § 237). Mas *proechometha* é uma forma médio-passiva, e muitos comentaristas tentaram entendê-la como média com força ativa (esta é a posição de Barrett, Cranfield, Käsemann, Lagrange, C. Maurer, *TDNT* 6. 692-93), "Nós (judeus) temos vantagem? De modo algum!" Embora, em geral, esse uso da voz médio-passiva seja possível (BDF 316.1), nenhum uso de *proechein* nessa forma está atestado. Juntamente com uma minoria de comentaristas (Goodspeed, Lightfoot, Sanday-Headlam, Stowers), eu prefiro o sentido passivo de *proechometha*: "Nós (os judeus) somos sobrepujados (por outros)?". Esse significado não é impróprio após os vv. 1-8; pelo contrário, é a pergunta culminante do diálogo de Paulo com um judeu de sua época, permitindo que Paulo afirme o que afirma no v. 9b. *Pois acabamos de provar que todos, tanto os judeus como os gregos, estão debaixo do pecado*: essa é a tese fundamental de Paulo sobre a condição humana sem o evangelho (3,23; 5,12). O "pecado" é mencionado dessa maneira pela primeira vez em Rm. Paulo o personifica como um senhor que domina um escravo; ele escraviza os seres humanos (→ Teologia paulina, 82:82-88; Pensamento do AT, 77:125-31).

35 **10-18.** Após o diálogo com um outro judeu nos vv. 1-9, Paulo cita uma série de textos do AT para provar seu ponto de vista. Paulo usa um subgênero literário, chamado *testimonia*, que reúne versículos do AT para ilustrar um tema comum. Seu uso era comum no judaísmo palestinense pré-cristão e foi encontrada na literatura de Qumran (4QTestim; → Apócrifos, 67:91; cf. Fitzmyer, *ESBNT* 59-89). Neste trecho, passagens de Salmos e Profetas são encadeadas para ilustrar o tema da pecaminosidade de todos os seres humanos. Possivelmente Paulo emprega uma série que já existia (cf. M. Dibelius, *TRu* 3 [1931] 228). Os textos são extraídos de Sl 14,1-3 (ou 53,2-4); 5,10; 140,4; 10,7; 36,2 e Is 59,7-8; estão conectados pela menção das partes do corpo: garganta, língua, lábios, boca, pés, olhos. Assim, todo o ser humano está envolvido no pecado aos olhos de Deus. Ao citar esses textos, Paulo usa os próprios oráculos dos judeus para mostrar que também eles, assim como os gentios, estão "debaixo do pecado".

36   **19.** *a Lei*: embora nenhuma das citações em 3,10-18 venha da Torá, Paulo, nesse trecho, denomina todo o AT de "a lei" (cf. 1Cor 14,21), nomeando-o à maneira judaica segundo sua parte mais autoritativa. *para os que estão sob a Lei*: no próprio AT, que se dirige acima de tudo aos judeus, Paulo encontra sustentação para sua tese. *o mundo inteiro se reconheça réu em face de Deus*: literalmente, "possa estar sujeito ao julgamento de Deus". A universalidade do fracasso moral humano sem o evangelho é enfatizada pelo triplo uso de *pas*, "todos, cada", em 3,19-20. Assim, o v. 9b é solenemente reformulado. **20.** *pelas obras da Lei*: literalmente, "a partir dos feitos da Lei (mosaica)"; veja o comentário sobre 2,15. Não se trata simplesmente de "boas obras", mas daquelas executadas em obediência à lei e consideradas pelos judeus como meios para alcançar a retidão diante de Deus. *Diante dele ninguém será justificado*: uma citação implícita do Sl 143,2, um salmo de lamento pessoal no qual o salmista, consciente de seus pecados e da retidão transcendente de Deus, confessa sua incapacidade para se justificar. Em vez disso, ele apela, para sua vindicação, à "fidelidade" (do gr., *alētheia* = *'ĕmûnâ* do hebraico) e "retidão" (em grego: *dikaiosynē* = *ṣedeq* em hebraico) características de Deus. Veja o comentário sobre 1,17. O TM do Salmo diz: "Diante de ti nenhum ser vivo é reto", mas Paulo cita a LXX, que tem o tempo verbal futuro e muda "ser vivo" para "carne", usando um hebraísmo (Is 40,5). Além disso, ele acrescenta significativamente "pelas obras da Lei". Consequentemente, ele adapta a lamentação do salmista a um problema específico: a aquisição da retidão através da lei. Cf. Gl 2,16. O fato de nenhum ser humano ser reto diante de Deus é também um princípio da Literatura de Qumran (1QS 11,9-12; 1QH 4,29-31; 7,16; 12,19). *pois da Lei vem só o conhecimento do pecado*: a exposição sobre o papel da lei na história humana (7,7-8,4) é prenunciada aqui. A lei dá aos seres humanos uma percepção real (*epignōsis*) do pecado; → Teologia paulina, 82:94. Sem a lei, os seres humanos praticaram o mal, mas seus erros não eram considerados transgressões (4,15; 5,3), *i.e.*, atos de rebeldia contra a vontade expressa de Deus. Porém, se a lei declara que todos são pecadores e os torna conscientes de sua condição, então *a fortiori* os judeus, a quem a lei está dirigida, são objetos da ira divina tanto quanto os pagãos, cuja perversão e degradação moral revelam sua condição.

37   (c) *O tema explicado positivamente: a retidão divina é manifestada através de Cristo e apreendida pela fé* (3,21-31). Paulo desenvolveu seu tema de forma antitética ao demonstrar como a condição real dos seres humanos sem o evangelho provoca a ira de Deus, imparcialmente tanto sobre os judeus quanto sobre os gregos. Agora ele mostrará que um novo período da história humana começou com a vinda de Jesus Cristo, cuja missão era a manifestação da retidão divina. O evangelho que proclama sua vinda e os efeitos dela são, portanto, "a força de Deus para a salvação de todo aquele que crê" (1,16). Paulo explica agora de forma positiva como isso acontece. Os vv. 21-31 são a parte mais importante de Rm, que formulam, com efeito, a essência do evangelho de Paulo: a salvação através da fé no evento Cristo. Nesses versículos, o tema da manifestação da retidão divina é desenvolvido na medida em que Paulo lida com (1) sua relação com a lei (3,21); (2) sua destinação universal (3,22); (3) sua necessidade (3,23); (4) sua natureza e gratuidade (3,24a); (5) seu modo de manifestação (3,24b-25a); (6) sua finalidade (3,25b-26); e (7) suas consequências polêmicas (3,27-31).

38   **21.** *Agora, porém*: o advérbio "agora" é temporal e marca a nova era inaugurada. Ela substitui a lei, a circuncisão e as promessas. O período da ira também dá lugar ao período da retidão de Deus. Este é o primeiro uso do "agora' escatológico" em Rm; veja ainda 3,26; 5,9.11; 6,22; 7,6; 8,1.18; 11,5.30.31; 13,11. *independentemente da Lei*: Paulo insiste: a lei mosaica não tem nada a ver com esta nova manifestação da retidão de Deus – pelo menos não diretamente (cf. Gl 2,19). A dispensação cristã da justificação é independente da lei e foi destinada a substituí-la e a cumpri-la (Rm 10,4). *se manifestou a justiça de Deus: i.e.*, a qualidade divina da retidão foi revelada; veja o comentário sobre 1,17 (cf. U. Wilckens, *An die Römer* 1.187). É por meio de sua abundante e poderosa retidão que Deus absolve seu povo pecador em um julgamento justo (→ Teologia paulina, 82:39). *testemunhada pela Lei e pelos profetas*: o AT foi privilegiado para preparar essa manifestação da retidão de Deus (Rm 1,2; Gl 3,23-25). Na verdade, ele ainda testemunha (particípio presente, expressando a contemporaneidade com o verbo principal); Rm 4,1-25 ilustrará isto. Sobre a "lei e os profetas" que representam o AT, veja At 13,15; 24,14; 28,23; Mt 5,17; 7,12; 11,13 (cf. Käsemann, *Romans* 93). **22.** *pela fé em Jesus Cristo*: literalmente, "através da fé de Jesus Cristo". O sentido do genitivo é controvertido. Alguns o entendem como subjetivo (G. Howard, *HTR* 60 [1967] 459-65; *ExpTim* 85 [1973-74] 212-15; L. T. Johnson, *CBQ* 44 [1982] 77-90), de forma que significaria "através da fidelidade (ou obediência) de Jesus Cristo". Embora isso talvez pareça plausível, vai contra as principais tendências da teologia paulina, de modo que muitos comentaristas preferem compreender o genitivo como objetivo, como em 3,26; Gl 2,16.20 (segundo Cranfield, *Romans* 203; Käsemann, *Romans* 94; Wilckens, *An die Römer* 1.188, *et al*.). Paulo não está pensando na fidelidade de Cristo ao Pai, nem a propõe como um modelo da conduta cristã. O próprio Cristo é, antes, a manifestação concreta da retidão divina, e os seres humanos se apropriam dos efeitos dessa retidão manifesta pela fé que têm nele. De fato, essa retidão divina é compreendida somente pelas pessoas que têm os olhos da fé (→ Teologia paulina, 82:109-10). *em favor de todos os que creem*: a destinação universal dos efeitos da retidão de Deus. Essa forma breve da expressão (*eis pantas*) é normalmente preferível a uma leitura inferior em alguns manuscritos (D, G) e na Vulgata, "para todos e sobre todos os que ..." (*eis pantas kai epi pantas*). *não há diferença*: entre judeus e gregos (veja 10,12).

39 23. *todos pecaram*: a salvação cristã, que abarca todos os seres humanos, enfrenta a universalidade do pecado entre eles. Paulo está pensando primordialmente nos dois grupos históricos da humanidade, judeus e gregos; contudo, sua formulação absoluta conota a ideia de "todos os indivíduos". O termo grego *hamartanein* mantém no NT seu significado básico, "errar o alvo" (*i.e.*, deixar de alcançar o objetivo moral), como no grego clássico e na LXX; mas ele também conota a transgressão contra um costume, lei ou vontade divina. "Pecar" significa cometer atos pessoais, individuais, em pensamento ou atos, dos quais resulte o mal (*TDNT* 1. 296-302, 308-11; *EWNT* 1.157-65; → Teologia paulina, 82:82). (Não há nenhuma referência aqui ao pecado original ou ao pecado como *habitus*). *privados da glória de Deus*: todos os seres humanos permanecem, por causa de seus pecados, sem participação na glória de Deus. Quanto à "glória", veja o comentário sobre 1,23. Para Paulo, ela se torna uma maneira de expressar o destino escatológico dos seres humanos; entende-se que a *doxa* é comunicada a eles na medida em que se aproximam de Deus (2Cor 3,18; 4,6). Afastados da presença íntima de Deus pelo pecado, eles são privados daquilo a que haviam sido destinados; em consequência, ficam sem a parte da presença de Deus a eles destinada. O termo grego *hysterein* significa "chegar atrasado demais, perder devido à própria falha"; portando "faltar, estar sem" (a voz média usada aqui implica que os seres humanos, por suas ações, não atingiram este objetivo moral). Não parece haver qualquer razão para pensar que Paulo esteja se referindo à noção judaica contemporânea de Adão (e Eva) vestido de glória antes de seu pecado (*Ap Mo.* 20:2 [*AOT* 163]; cf. 1QS 4:23; CD 3:20).

40 24. Os vv. 24-26a são frequentemente considerados inserção de uma afirmação pré-paulina sobre a justificação com a seguinte forma: "São justificados gratuitamente através da redenção que está em Cristo Jesus, a quem Deus entregou como meio de expiação por seu sangue, para a manifestação da retidão de Deus, para a remissão dos pecados (cometidos) na tolerância de Deus" (veja J. Reumann, *"Righteousness" in the New Testament* [Philadelphia, 1982] 36-38; cf. K. Kertelge, *"Rechtfertigung" bei Paulus* [NTAbh ns 3; Münster, 1967] 48-62). As modificações desta afirmação feitas por Paulo consistem no acréscimo de três expressões "por sua graça" (acrescentada após "gratuitamente" no v. 24a), "(para ser recebida) mediante a fé" (acrescentada após "sangue" no v. 25a) e "ele queria manifestar sua retidão no tempo presente para mostrar-se justo e para justificar a pessoa (que vive) pela fé em Jesus" (v. 26b-c). Para mais informações veja S. K. Williams, *JBL* 99 (1980) 241-90; *Jesus' Death as Saving Event* (HDR 2; Missoula, 1975); B. F. Meyer, *NTS* 29 (1983) 198-208. *são justificados*: ou "tornam-se retos" através da poderosa declaração de absolvição proferida por Deus. Os seres humanos atingem o *status* de retidão diante do tribunal de Deus que os judeus da dispensação de outrora buscavam alcançar através da observância da lei. Eles percebem, entretanto, que isso não pode ser alcançado por algo que esteja dentro deles ou dentro de seu próprio poder. Paulo afirma isso à luz de sua própria experiência de conversão e das subsequentes controvérsias judaizantes e continua a expressar o novo relacionamento dos seres humanos com Deus em termos legais e jurídicos. Paulo quer dizer que um ser humano pecador não é somente "declarado reto", mas é tornado reto (veja 5,19), pois a justificação, como efeito do evento Cristo, também pode ser vista como "uma nova criação", na qual o pecador se transforma na própria "justiça de Deus" (2Cor 5,17-21; → Teologia paulina, 82:68-70). *gratuitamente: i.e.*, "livremente, em troca de nada". Esse termo pré-paulino exclui a possibilidade de que um indivíduo mereça a justificação por si próprio; trata-se de um dom de Deus. *por sua graça*: essa explicação redundante de "gratuitamente" foi acrescentada por Paulo à formulação adotada. Ele vê a dispensação cristã como totalmente devida à benevolência misericordiosa e gratuita de Deus Pai. Ao usar o termo *charis*, Paulo não está pensando na noção veterotestamentária de *ḥesed*, "benevolência", a raiz do relacionamento pactual de Deus com seu povo. Uma ideia semelhante se encontra na literatura de Qumran (1QH 6,9; 7,27). *em virtude da redenção realizada em Cristo Jesus*: ao usar essa formulação pré-paulina, Paulo adota um segundo modo de expressar um efeito do evento Cristo; os seres humanos não são somente "justificados" por Cristo Jesus, mas também "redimidos" por ele. O termo grego *apolytrōsis*, "redenção", denotava no mundo greco-romano o ato de comprar "de volta" um escravo ou cativo pelo pagamento de um resgate (*lytron*, BAGD 96; cf. *EWNT* 1.331-36). Se a noção é unicamente de fundo greco-romano é uma questão controvertida; → Teologia paulina, 82:75. Em todo caso, o termo denota a libertação ou o resgate da humanidade por Cristo Jesus (veja 8,23; 1Cor 1,30), uma ampliação da libertação realizada pelo próprio Deus para Israel no êxodo (Sl 78,35). Esse resgate já ocorreu em princípio na morte e na ressurreição de Jesus (3,25), mas ainda se espera sua fase definitiva (8,23). Isso está insinuado também nesta passagem, onde Paulo usa o título "Cristo", um título com conotações escatológicas (→ Teologia paulina, 82:51).

41 25. *Deus o expôs*: o sentido do verbo *proetheto* não é claro e tem sido debatido desde a Antiguidade. Ele poderia significar "Deus o destinou a ser..." (Orígenes, Lagrange, *NEB*, Cranfield), *i.e.*, se propôs a si mesmo, quando planejou a salvação humana. Mas se se colocar mais ênfase no prefixo *pro-*, o significado passaria a ser "Deus o expôs", *i.e.*, o expôs publicamente. Tratar-se-ia, então, não tanto de uma referência ao plano divino de salvação, mas sim de uma referência à crucificação (cf. Gl 3,1); Sanday-Headlam, Michel, Käsemann e F. F. Bruce o compreendem dessa maneira, e esta é a compreensão preferível por causa de outras referências à exposição pública nesses versículos. De qualquer maneira, a redenção é atribuída ao Pai (*ho theos*). *como instrumento de propiciação*: Deus expôs Cristo na cruz como *hilastērion*. Se essa palavra grega for compreendida como um adjetivo masculino, significaria "como expiador"; se for compreendida como um substantivo neutro, significaria "como meio de expiação". Mas em que sentido? Embora a palavra esteja relacionada ao termo grego *hilaskesthai*, "aplacar, propiciar" (um deus irado), nem o pano de fundo do AT nem o uso paulino sugerem que *hilastērion* tenha tal significado, ainda que seja bem atestado no grego clássico e helenístico. O termo não significa um "sacrifício propiciatório" (contra Cranfield, *Romans* 201, 214-18; → Teologia paulina, 82:73-74). Na LXX, *hilaskesthai* se refere ou ao perdão do pecado por Deus ou a uma remoção ritual da impureza cultual que impede a comunhão de uma pessoa ou de um objeto com Deus. Já que o termo *hilastērion* é o nome para designar o "propiciatório" no Santo dos Santos (Lv 16,2.11-17;→ Instituições, 76,32), Paulo está dizendo indubitavelmente que o Cristo crucificado se tornou o propiciatório da nova dispensação, o meio de expiação (= purificação) dos pecados que afastaram os seres humanos de Deus. *mediante a fé*: esta expressão críptica, de difícil tradução, rompe a exposição de Paulo. Ele a acrescentou à afirmação herdada, e ela é crucial para sua argumentação: embora o mais importante aspecto da salvação cristã seja o que Jesus fez ao morrer e ser ressuscitado, só "pela fé" se tem parte em seus benefícios. *manifestar sua justiça*: esta é a primeira de duas proposições paralelas que revelam a finalidade da cruz. A morte expiatória de Cristo torna pública a generosa absolvição do Pai, e a retidão humana deve fluir da retidão do próprio Deus. Os essênios de Qumran também atribuíam a absolvição dos pecadores à retidão de Deus (1QH 4:37; 11:30-31); isto está, de fato, enraizado no próprio AT (Sl 143,1-2,11; Esd 9,13-15; Dn 9,16-18). Na literatura de Qumran, é uma absolvição esperada no *eschaton*, porém, em Paulo, o ato de absolvição ocorreu em Cristo. *pelo fato de ter deixado sem punição os pecados de outrora:* nesta difícil expressão utiliza-se a rara palavra *paresis*: ela foi compreendida por comentaristas antigos como "remissão", um sentido que se encontra no grego extrabíblico (BAGD 626), e é preferida por Lietzmann, Kümmel e Käsemann. Desta forma, a morte de Cristo teria sido uma demonstração da retidão divina que poderia redimir os pecados cometidos em tempos antigos – pecados que esperavam a expiação nesse grande "Dia da Expiação" (cf. At 13,38-39; Hb 9,15). Muitos comentaristas, no entanto, preferem traduzir a expressão como "por ter deixado sem punição os pecados de outrora" (*RSV*, Barrett, Cranfield, Huby, Kuss, Michel). Este significado etimológico se deriva do verbo cognato *parienai*, "passar por cima, ignorar", um significado só duvidosamente atestado para o substantivo. Neste caso, a morte de Cristo demonstraria a retidão de Deus na absolvição dos pecados, em contraposição à tolerância mostrada anteriormente ao passar por cima dos pecados do passado. Veja W. G. Kümmel, *ZTK* 49 (1952) 165; J. M. Creed, *JTS* 41 (1940) 28-30; para uma interpretação mais complexa, porém menos convincente, veja S. Lyonnet, *Bib* 38 (1957) 40-61; *Romains* 83. **26.** *(cometidos) no tempo da paciência de Deus*: embora até a vinda de Cristo os seres humanos pecadores estivessem sujeitos à ira de Deus (1,18), essa ira nem sempre se manifestou na punição dos pecados, pois ela é realmente escatológica. A tolerância de Deus se baseava em seu plano, de acordo com o qual ele sabia que estes pecados seriam expiados na morte de Cristo no devido tempo. Até mesmo a expiação dos pecados no Dia da Expiação anual só fazia sentido ao prefigurar a expiação manifesta pelo derramamento do sangue de Cristo na cruz.

42 *manifestar sua justiça no tempo presente*: o "agora" escatológico (veja o comentário sobre 3,21) é associado ao *kairos* "tempo (crítico)", como em 11,15. Este versículo contém a segunda asserção sobre a finalidade da cruz de Cristo; seus efeitos não se limitam ao passado, mas valem também "agora". *para mostrar-se justo*: com a exposição pública de Cristo, seu Filho, na cruz, Deus vindicou sua afirmação de ser o absolvidor e salvador de seu povo (Is 59,15-20). Ele conduziu, desta forma, a humanidade a uma condição de retidão, inocência e absolvição. *para justificar aquele que apela para a fé em Jesus*: comentaristas antigos, que entendiam *dikaiosynē theou* como justiça vingativa de Deus, davam normalmente uma força concessiva ao particípio *dikaiounta*, "de forma a ser justo, embora ele justifique...". Isto implicava a exigência de que Cristo morresse para a satisfação dos pecados humanos. O contexto, no entanto, parece ser contrário a essa interpretação. Paulo está, antes, dizendo que a recente intervenção divina na história demonstra a retidão divina; ele até mesmo torna retos os seres humanos pela fé na morte expiatória de Cristo.

43 27-31. As polêmicas consequências da manifestação da retidão divina, em particular o papel da fé. Nenhum ser humano pode se jactar por ter realizado sua salvação. **27.** *Em força de que lei?*: literalmente, "através de que lei?" a jactância e a autoconfiança humana são excluídas? Paulo joga com a palavra *nomos*. O judeu podia se gloriar da observância da lei, mas Paulo descarta uma "lei das obras", aceitando apenas uma "lei da fé", de fato, lei nenhuma; daí a tradução "o princípio da fé" (→ Teologia paulina, 82:90). **28.** *é justificado pela fé*: veja Gl 2,16; Fl 3,9. Eis a afirmação principal da justificação paulina. Os seres humanos não devem se gloriar, porque sua retidão perante Deus não é produto de uma realização sua. Neste ponto, Lutero introduziu o advérbio "só", em sua tradução de 1522 ("alleyn durch den Glauben"). Isto se tornou um dos principais temas da Reforma, o que, no entanto, não deixa de ter antecedentes na tradição teológica anterior (veja Hilary, *Comm. in Matt.* 8.6; PL 9: 961; Ambrosiastro, *In ep. ad Rom.* 3.24; CSEL 81/1. 119; Tomás de Aquino, *Expos in I ad Tim.* 1.3; Parma 13.588). Quanto dessa tradição foi influenciada por Tg 2,24? Lutero e seus predecessores queriam dizer a mesma coisa com isso? *sem a prática da Lei*: literalmente, "sem as obras da lei" (veja o comentário sobre 2,15). Paulo nunca negou a relação das ações feitas após a conversão cristã com a salvação (veja Gl 5,6; Rm 2,6, Fl 2,12-13 → Teologia paulina, 82:111), mas, como ele às vezes omite o genitivo *nomou*, sua expressão adquiriu um sentido mais genérico, "obras". Isto, aparentemente, acontecia também na protoigreja, pois Tg 2,24 representa um protesto, não contra os ensinamentos de Paulo, mas contra a caricatura de seus ensinamentos a que a expressão desprotegida estava exposta (veja Reumann, *"Righteousness"*, # 270-275, 413). **29.** *Ou acaso ele é Deus só dos judeus?*: nenhum judeu teria negado que Iahweh era o Deus de toda a humanidade, mas, embora a salvação fosse para todos, Israel era favorecido. Paulo tira proveito de tal convicção a seu favor. **30.** *há um só Deus*: a única forma de salvação ao alcance de todos, tanto judeus como gregos, é vinculada à sua origem monoteísta. **31.** *eliminamos a Lei através da fé?*: a pergunta que tinha de ser feita em última análise. Há um sentido no qual o evangelho de Paulo "confirma" ou "apoia" a lei. Ele dedicará todo o cap. 4 a uma explicação dessa matéria e retornará a ela posteriormente no cap. 10. *Nomos*, aqui, significa todo o AT. Insistindo em um único princípio de salvação – a fé – e ligando-o ao único Deus, Paulo reafirma a mensagem central do AT e, em particular, a da própria lei mosaica, corretamente compreendida.

44 (d) *O tema ilustrado: no AT Abraão foi justificado pela fé* (4,1-25). Para demonstrar que a justificação de todo ser humano pela graça mediante a fé confirma a lei, Paulo argumenta que o princípio já se verificava no AT. Abraão é usado como exemplo: ele foi considerado justo devido à sua fé (4,1-8); não devido à sua circuncisão (4,9-12), nem em dependência da lei, mas em virtude de uma promessa (4,13-17). Como resultado, ele é nosso pai, sua fé é o "tipo" da fé cristã (4,18-25).

45 **1.** *Que diremos, pois, de Abraão?*: o texto grego não é seguro. Muitos comentaristas (Leenhardt, Lyonnet) e versões (Goodspeed, *RSV, NEB*) leem o texto assim, omitindo o problemático infinitivo *heurēkenai* (dos mss. B, 6, 1739). A leitura mais difícil (dos mss. ℵ, A, C, D, E, F, G) conserva o infinitivo: "que diremos que Abraão encontrou?", *i.e.*, que tipo de retidão foi a sua? (Cranfield, Käsemann, Wilckens). Um outro grupo de manuscritos (K, L, P) vincula o infinitivo com *kata sarka*: "que diremos que Abraão ... encontrou segundo a carne?" *i.e.*, o que conseguiu por suas faculdades naturais? Esta última leitura, além da comprovação tênue, é inconsistente com a doutrina paulina. Pode-se dizer muito a favor de cada uma das outras duas. *nosso antepassado segundo a carne*: (veja 4,13). Descender de Abraão era motivo de orgulho entre os judeus (Mt 3,9, Lc 3,8). **2.** *pelas obras*: o judaísmo daquela época descrevia Abraão como um observante antecipado da lei (Eclo 44,20 [um *midrásh* de Gn 26,5]; *Jub.* 6,19), e mesmo em um sentido mais amplo falava de suas "obras" (a derrota dos reis [Gn 14]; sua prova [Gn 22, 9-10]) como fonte de sua retidão (1Mc 2,52; Sb 10,5; cf. Tg 2,21). Mas dizendo *ex ergōn* apenas, Paulo quis dizer "obras da lei" (veja o comentário sobre 2,15); apenas este sentido se encaixa no contexto. De fato, Paulo rejeita a concepção dos judeus de sua época de que Abraão foi um observante da lei. *tem do que se gloriar*: diante dos seres humanos. **3.** *creu em Deus, e isto lhe foi levado em conta de justi-* *ça*: Gn 15,6 (cf. Gl 3,6). Abraão acreditou na promessa de Iahweh de uma prole numerosa, e essa fé "contou em seu favor". Essa citação não vem do TM ("Abraão acreditou em Iahweh, que creditou isto a ele como retidão"), mas da LXX (com o verbo na voz passiva). Por "fé" entende-se a aceitação de Iahweh, por parte de Abraão, com base em Sua palavra, e a disposição dele de ser fiel a ela. A fé implicava sua confiança pessoal e incluía a esperança em uma promessa que não poderia ser garantida por nenhum mero ser humano (4,18). O texto do AT prova, para Paulo, que Abraão foi justificado independentemente de suas obras e não possuía qualquer razão para se gloriar de nada. O verbo *elogisthē*, "foi-lhe creditado", é um termo contábil aplicado figurativamente à conduta humana (Dt 24,13; Sl 106,31); pensava-se que as obras boas e más seriam registradas em livros (Est 6:1; Dn 7,10). Para Paulo, a fé de Abraão contava como retidão, pois Deus vê as coisas como são. A manifestação da fé de Abraão foi, *de se* [a partir de si], justificadora (→ Teologia paulina, 82:70). **4.** *não é considerado como gratificação, mas como um débito*: o trabalhador que trabalha pelo salário tem pleno direito a ele. Paulo introduz essa comparação para ilustrar o v. 2. Deus nunca esteve em débito com Abraão, e sua justificação não deve ser vista como o pagamento de uma dívida. **5.** *mas crê naquele que justifica o ímpio*: não se trata aqui de uma expressão teórica da fé de Abraão, nem tampouco quer dizer que Abraão fosse *asebēs*, "ímpio", antes de ter depositado sua fé em Iahweh. A tradição judaica considerava Abraão um *gēr*, "estrangeiro", "forasteiro" (Gn 23,4), chamado do paganismo. Visto que, no momento de sua fé em Iahweh, da qual Paulo fala, Abraão já havia sido chamado e dificilmente seria um "ímpio", a expressão "que justifica o ímpio" é uma descrição paulina genérica de Deus.

46 **6.** *Davi*: assim como seus contemporâneos judeus, Paulo via em Davi o autor dos Salmos, embora o salmo a ser citado seja normalmente considerado tardio (de ação de graças individual). No TM, ele traz o antigo título "De Davi". *independentemente das obras*: estas palavras importantes são colocadas na posição enfática ao final da sentença, precedendo imediatamente as palavras do próprio salmo. **7.** *Bem-aventurados aqueles...*: Sl 32, 1-2 (LXX). O texto dá sequência à argumentação de Paulo que se iniciara com Gn 15,6. Assim como Deus havia creditado a Abraão retidão independentemente de atos meritórios, também um ser humano pode ser aceitável a Deus independentemente de tais obras. No primeiro caso, Paulo argumentou prescindindo das obras; agora ele argumenta mostrando que a ausência de atos meritórios não constitui obstáculo para a justificação divina. Os verbos no salmo citado, "perdoar, cobrir, não levar em conta," são formas de expressar a remoção dos pecados, o obstáculo para a retidão humana perante Deus. Eles expressam, por assim dizer, o lado negativo da experiência cristã. Mas o salmo também enfatiza a gratuidade da clemência divina; apenas o Senhor (Iahweh; cf. 9,28) é capaz de produzir esses efeitos, e os seres humanos devem confiar nele e se cercar de sua bondade (Sl 32,10). As palavras do salmo não significam necessariamente que os pecados permaneçam, e que a benevolência de Deus apenas os encubra. Trata-se de metáforas sobre a remissão dos pecados. Assim, ambas as testemunhas, Abraão e Davi, mostram que o próprio AT dá sustentação à tese de Paulo sobre a justificação por graça mediante a fé. Dessa maneira, seu ensino "consolida" a lei (3,31).

47 9-12. Abraão foi justificado antes de sua circuncisão, portanto, independentemente dela. **9.** *também para os incircuncisos*: a bem aventurança proferida por Davi não se destinava exclusivamente aos judeus circuncidados, apesar dos ensinamentos de alguns rabinos (Str-B 3. 203). Para provar seu ponto de vista, Paulo utiliza um princípio exegético judaico, *gĕzĕrâ šāwâ* (que palavras idênticas, que aparecem em dois lugares diferentes na Escritura, servem de base para uma interpretação recíproca). O verbo *logizesthai* aparece no Sl 32 e em Gn 15,6, referindo-se a Abraão quando ele ainda não era circuncidado. Consequentemente, o termo "bem-aventurados" do Salmo 32 também pode ser aplicado aos pecadores não circuncidados (veja J. Jeremias, *Studia paulina* [Festschrift J. de Zwaan; Haarlem, 1953] 149-51). **10.** *quando ainda incircunciso:* Paulo argumenta a partir da sequência do próprio Gênesis: em Gn 15, a fé de Abraão foi tida como retidão, mas ele só veio a ser circuncidado em Gn 17. Dessa forma, a circuncisão não teve nada a ver com sua justificação. **11.** *selo da justiça*: em Gn 17,11, a circuncisão é chamada de "o sinal da aliança" entre Iahweh e a família de Abraão (cf. At 7,8). Rabinos posteriores a identificaram com o selo da aliança mosaica, pois ela servia para distinguir Israel das nações (Jz 14,3; 1Sm 14,6). Significativamente, Paulo evita mencionar a aliança, e o "sinal da aliança" torna-se para ele o "selo da retidão". Ele parece ter identificado a aliança demasiadamente com a lei; aqui insinua que a verdadeira aliança de Deus foi feita com as pessoas crentes. *pai de todos aqueles que creem*: quando Abraão creu em Iahweh e foi justificado, ele era tão incircunciso quanto qualquer gentio. Sua paternidade espiritual é então estabelecida para com todos os gentios crentes (Gl 3,7). **12.** Também os judeus devem seguir o exemplo de seu antepassado, imitando sua fé, para serem vistos daqui em diante como seus descendentes. A paternidade espiritual de Abraão é um aspecto importante do plano salvífico de Deus para todos. Daí, a expressão de propósito contida no final do v. 11 (*eis to* + inf.; veja BDF 402.2).

48 13-17. Abraão recebeu uma promessa independentemente da lei. **13.** *a promessa*: a promessa de um herdeiro que nasceria de Sara (Gn 15,4; 17,16.19) e de uma posteridade numerosa (Gn 12,2; 13,14-17; 17,8; 22,16-18) ampliou-se na tradição judaica, com base na universalidade de "todas as famílias da terra" (Gn 12.13), à significação de que "o mundo todo" era herança de Abraão (veja Str-B 3.209). *não foi mediante a Lei: i.e.*, a lei mosaica (veja o comentário sobre 2,12); Paulo critica implicitamente a concepção judaizante de que todas as bênçãos chegaram a Abraão devido ao mérito dele em obedecer à lei, a qual conhecia de antemão (veja o comentário sobre 4,2). *por meio da justiça da fé: i.e.* A retidão baseada na fé. Em 4,11, Paulo contrapõe esta característica cardinal à reivindicação da circuncisão; agora, no entanto, dirige-a contra a própria lei mosaica. **14.** *se os herdeiros fossem os da Lei*: se a condição única e exclusiva para tal herança fosse a observância da lei, então, a fé não significaria nada; a promessa de Deus não seria promessa, pois uma condição estranha à própria natureza de uma promessa teria sido introduzida (cf. Gl 3,15-20). **15.** *o que a Lei produz é a ira*: este versículo é parentético, mas expressa uma profunda convicção de Paulo. Honram-se as prescrições da lei mais na transgressão do que na observância; e assim, promovendo transgressões (Gl 3,19), a lei promove o reinado do pecado. Provoca, assim, a retribuição descrita em Rm 2-3 (veja 7,7-11; → Teologia paulina, 82:94). *onde não há lei, não há transgressão*: sem lei, um mal talvez só seja vagamente compreendido, mas não como *parabasis*, "transgressão" (cf. 3,20; 5,13). Como a transgressão, responsável pela ira divina, só ocorre num contexto jurídico, Paulo conclui implicitamente que o mundo necessita de uma dispensação independente da lei. **16.** *por conseguinte, a herança vem pela fé*: esta afirmação críptica retoma o pensamento de 4,13. Já que a lei e a promessa não podem coexistir, a lei precisa se render. A fé é o elemento mais importante, que implica a promessa graciosa de Deus. Quem vive pela fé, vive por graça, e a promessa é válida não apenas para os judeus, mas também para todas as pessoas que compartilham a fé de Abraão, como ensina o AT. **17.** *pai de uma multidão de nações:* Gn 17,5 (LXX). Em Gênesis, o nome do patriarca aparece primeiramente como *Abrão*, "Exaltado em relação ao Pai", ou seja, "o pai deste filho é grande". A fonte P preserva o relato da mudança de Abrão para Abraão bem como sua etimologia popular: '*Abrāhām* significa "Pai de uma multidão de nações (*'ab hămôn gôyîm* que explora o *h*, mas omite o *r*). A "multidão de nações" se refere aos descendentes de Isaac, Ismael e aos filhos de Cetura (Gn 25,1-2), mas Paulo a entende como os gentios em geral, que são filhos de Abraão pela fé. *em face de Deus*: embora o argumento encerre com a citação do AT, Paulo acrescenta um pensamento, aludindo ao colóquio de Abraão com Deus (Gn 17,15-21). *o qual faz viver os mortos*: esta expressão e a seguinte podem ser derivadas, em última análise, de uma fórmula litúrgica judaica. Na forma como aparece aqui, a expressão é semelhante a *Shemoneh Esreh* 2: "Tu, oh Senhor, és poderoso para sempre, tu que fazes viver o morto" (*NTB* 159). No contexto de Paulo, porém, ela se refere ao poder divino pelo qual a estéril Sara veio a conceber Isaac (Gn 17,15-21). De forma mais remota, a expressão é uma preparação para 4,24-25. *chama à existência as coisas que não existem*: a fórmula é semelhante a *2 Apoc. Bar.* 48,8, "Com uma palavra tu chamas à vida o que não era e com grande poder reténs o que ainda não chegou a ser" (*AOT* 866). Neste contexto, ela se refere ao Isaac não ainda nascido; em um contexto remoto, conota a influência de Deus sobre os numerosos gentios destinados a serem filhos de Abraão.

49   18-25. A fé de Abraão é o "tipo" da fé cristã. **18.** *esperando contra toda a esperança, creu*: literalmente, "contra toda expectativa (humana), com esperança creu (em Deus)". Embora Abraão tivesse muitos motivos humanos para se desesperar de jamais ter uma posteridade, ele creu, confiante naquilo que a promessa divina inspirava nele. Ele apostou que Deus cumpriria sua palavra e creu no poder criador de Deus para fazer aquilo que parecia impossível. Isaac, então, se tornou um "nascido de uma promessa" (Gl 4,23; cf. Gn 17,16,19; 18,10). **19.** *considerou seu corpo já morto*: desconsiderando Gn 25,1-2, que menciona seis outros filhos nascidos a Abraão de Cetura, Paulo alude somente a Gn 17,1-21: Abraão caiu com o rosto em terra e riu diante da notícia de que ele, um homem de noventa e nove anos, com o corpo próximo da morte, poderia ter um filho. Além disso, Sara também tinha noventa anos e era estéril. **20.** *Ante a promessa de Deus, ele não se deixou abalar pela desconfiança:* Paulo passa sobre o fato de que Abraão se contorceu de rir, incidente que, na tradição judaica tardia, viria a ser entendido como grande alegria (*Jub.* 16,19). *dando glória a Deus*: uma expressão retirada do AT (1Sm 6,5; 1Cr 16,28) formula a reação de gratidão e reconhecimento de Deus por parte de Abraão. Sua retidão é agora atribuída a esta reação. Pela terceira vez, Paulo cita Gn 15,6 (veja 4,3.9). **24.** *mas também para nós:* Paulo evocou o incidente de Abraão para aplicá-lo a seus leitores. Portanto, ele emprega uma característica da interpretação *midráshica*, a tendência a modernizar ou atualizar o AT através de sua aplicação a novas situações (R. Bloch, *DBSup* 3. 1263-65). Compare com o *midrásh* posterior: "Tudo o que está registrado sobre Abraão é repetido na história de seus filhos" (*Gen. Rab.* 40,8). Veja ainda 1Cr 9,9-10; 10,6-11. A fé de Abraão é o modelo para a fé cristã porque seu objeto é o mesmo: a crença no Deus que faz viver os mortos. *mas também para nós*: a retidão, contanto tenhamos a fé de Abraão, será registrada como crédito nosso no julgamento escatológico. *naquele que ressuscitou dos mortos Jesus, nosso Senhor*: a fé de Abraão em Deus, que faz com que os mortos vivam (4,17), prefigurava a fé cristã em Deus, que, em um sentido singular, ressuscitou a Jesus dos mortos. A efetivação da ressurreição é atribuída ao Pai (como acontece frequentemente em Paulo; → Teologia paulina, 82:59). O Cristo ressurreto é também saudado como *Kyrios* (veja 10,9). **25.** *foi entregue por nossas faltas e ressuscitado para nossa justificação*: este versículo é, muito provavelmente, um fragmento da pregação querigmática pré-paulina. Ele é uma alusão a Is 53,4-5.11-12 e sugere o caráter vicário do sofrimento de Cristo em seu papel como Servo de Iahweh, que remove o pecado humano e consegue a justificação para os seres humanos. Em Is 53,11 (LXX), os pecados (*hamartias*) e a justificação (*dikaioun*) são semelhantemente contrapostos, e, em 53,12, o Servo "levou sobre si os pecados de muitos". Os dois verbos usados por Paulo na voz passiva provavelmente devem ser entendidos como "passivas teológicas", uma perífrase para designar Deus (*ZBG* § 236). O uso duplo da mesma preposição *dia* torna claro o paralelismo de Paulo. O sentido da preposição, porém, é controverso. Taylor a traduz como "por causa de" em ambos os casos, sem explicações adicionais para este uso. Michel tem razão em rejeitar este significado na segunda parte, pois então Jesus teria ressuscitado porque nós fomos justificados através de sua morte (Schlatter). Muitos comentaristas distinguem o uso, compreendendo o primeiro *dia* como causal ("por causa de nossas faltas") e o segundo como final ("para nossa justificação"); é o que fazem Cranfield, Käsemann, Kuss, Leenhardt, Michel e Wilckens. Já que a cruz e a ressurreição são duas fases intimamente ligadas do mesmo acontecimento salvífico, sua justaposição aqui é o resultado da retórica do paralelismo antitético (Käsemann, *Romans* 129). Ele não deve ser interpretado como se a morte de Cristo se destinasse somente à remoção dos pecados humanos e sua ressurreição apenas à justificação. Paulo nem sempre relaciona explicitamente a justificação com a ressurreição (3,24-26; 5,9-10). A reafirmação do papel desempenhado pela morte e ressurreição de Cristo tendo na redenção objetivada humanidade forma uma conclusão apropriada à parte A da seção doutrinária de Rm. Veja S. Lyonnet, *Greg* 39 (1958) 295-318; Stanley, *Christ's Resurrection* 171-73,261.

(KÄSEMANN, E., "The Faith of Abraham in Romans 4", *Perspectives on Paul* [Philadelphia, 1971] 79-101. OEMING, M., "Ist Genesis 15,6 ein Beleg für die Anrechnung des Glaubens zur Gerechtigkeit?", *ZAW* 95 [1983] 182-97. WILCKENS, U., "Die Rechtfertigung Abrahams nach Römer 4", *Rechtfertigung als Freiheit: Paulusstudien* [Neukirchen, 1974] 33-49.)

50 (B) O amor de Deus assegura salvação às pessoas que são justificadas pela fé (5,1-8,39). Tendo estabelecido a justificação dos seres humanos através da fé em Jesus Cristo, Paulo começa a expor a experiência cristã em si mesma e explica como a salvação é assegurada para as pessoas justas.

A posição do cap. 5 na estrutura literária de Romanos é objeto de debate, no qual sobressaem quatro concepções principais: (1) O cap. 5 conclui a parte A. A justificação é o tema principal de 1,18-5,21; a santificação é o tema de 6,1-8,39 (Feine-Behm, M. Goguel, Huby, Lagrange, Pesch, Sanday--Headlam, Wilckens). (2) O cap. 5 introduz a parte B. A justificação é tratada em 1:18-4,25; a condição e vida dos justificados em 5,1-8,39, que alguns estendem até mesmo a 11,36 (Cerfaux, Cranfield, Dahl, V. Jacono, Käsemann, Kümmel, Lamarche, Michel, Minear, F. Prat, Viard, Wikenhauser-Schmid). (3) 5,1-11 conclui a parte A, ao passo que 5,12-21 introduz a parte B (P. Bonnard, Feuillet, Leenhardt, Zahn). (4) O cap. 5 é uma unidade isolada (Althaus, Barrett, J. Cambier, Dupont, Kuss, Taylor). A certeza neste debate é impossível.

As principais razões para relacionar o cap. 5 ao que segue são: (1) 5,1-11 anuncia de forma breve o que 8,1-39 desenvolverá (veja N. A. Dahl, *ST* 5 [1951] 37-48; cf. Jeremias, *Studia Paulina* 146-49). (2) A exposição em 1,16-4,25 está centralizada nos judeus e nos gregos, que sequer são mencionados em 5,1-8,39. (3) Enquanto o atributo divino dominante em 1,16-4,25 é a *dikaiosynē*, "retidão", na seção seguinte é *agapē*, "amor" (5,5.8; 8,28.35.37.39). (4) As divisões nos caps. 5 a 8 são indicadas por variações da mesma fórmula conclusiva que lembra 1,5. Assim, 5,21, "graça ... através de Jesus Cristo, nosso Senhor"; 6,23, "graça ... em Cristo Jesus, nosso Senhor"; 7,24-25, "graças sejam dadas a Deus, por Jesus Cristo Senhor nosso". (5) 1,18-4,25 tem um tom jurídico, enquanto 5,1-8,39 é mais ético (veja S. Lyonnet, *RSR* 39 [1951] 301-16; P. Rolland, *Bib* 56 [1975] 394-404).

51 (a) *O tema anunciado: o cristão justificado, reconciliado com Deus, será salvo, participando, com a esperança, na vida ressurreta de Cristo* (5,1-11). Uma vez justificado, o cristão é reconciliado com Deus e experimenta a paz que as tribulações aflitivas não podem perturbar, uma esperança que não conhece desapontamentos e a confiança da salvação. **1.** *justificados pela fé*: um resumo da parte A (→ 13 *acima*) que serve como transição para o novo tópico. *estamos em paz com Deus*: o primeiro efeito da justificação na experiência cristã é a paz – a reconciliação substitui a alienação. O presente do indicativo *echomen*, "temos (paz)" é a melhor leitura. O subjuntivo *echōmen*, "tenhamos", ainda que melhor atestado, é uma óbvia correção de copista. O indicativo confirma o efeito, enquanto o subjuntivo significaria "evidenciemos esta salvação por uma vida de paz com Deus". *por nosso Senhor Jesus Cristo*: em diferentes formas, Paulo faz uso frequente desta expressão no cap. 5 (vv. 2.9.11.17.21; cf. 1,5; 2,16). A locução prepositiva *dia Christou* expressa a mediação de Cristo no plano salvífico do Pai (→ Teologia paulina, 82:118) e reafirma sua influência presente e real sobre os seres humanos como o *Kyrios* ressurreto. **2.** *por quem tivemos acesso*: a paz que os cristãos experimentam se deriva do fato de serem introduzidos na esfera do favor divino por Cristo, que, por assim dizer, reconciliou os cristãos conduzindo-os à sala de audiências real e à presença divina. Alguns manuscritos acrescentam "pela fé", mas esta leitura não está solidamente atestada. *nos gloriamos na esperança da glória de Deus*: o segundo efeito da justificação é uma esperança confiante. Esta afirmação é um paradoxo tipicamente paulino: o cristão, que tem motivos para se gloriar, deposita o gloriar-se em algo que está totalmente além dos poderes humanos comuns – na esperança. Mas a esperança é, de fato, tão gratuita quanto a própria fé. No longo prazo, o gloriar-se se baseia em Deus. O que os cristãos esperam é a glória comunicada de Deus (veja o comentário sobre 3,23), ainda a ser obtida, embora os cristãos já tenham sido introduzidos na esfera da "graça". A relação entre *charis* e *doxa* deveria ser observada aqui, mas ela não deve ser transferida tão imediatamente (e sem distinções adequadas) às categorias teológicas posteriores da *gratia* e *gloria*. **3.** *também nas tribulações*: o favor divino como base da esperança cristã é suficientemente forte para dar confiança, mesmo face a *thlipseis* "sofrimentos", que talvez tendessem a separar o ser humano do amor de Cristo (veja 8,35; 1Cor 4,11-13; 7,26-32). Paulo não está defendendo aqui alguma forma de pelagianismo quando diz que as tribulações produzem a perseverança, a perseverança o caráter, e o caráter a esperança, porque a base de tudo é a graça divina. **5.** *a esperança não decepciona*: uma alusão aos Sls 22,6; 25,20 enfatiza que a esperança da glória de Deus não é ilusória, mas se fundamenta no amor de Deus pelos seres humanos. Consequentemente, o cristão nunca será envergonhado por uma esperança frustrada. Aqui há uma comparação implícita com a esperança meramente humana que pode enganar. *o amor de Deus*: não "nosso amor a Deus", como muitos comentaristas antigos o compreenderam, mas "o amor de Deus por nós" (genitivo subjetivo), como o contexto tornará claro (→ Teologia paulina, 82:40). No AT, o "derramar" de um atributo divino é lugar comum: "misericórdia" (Eclo 18,11); "sabedoria" (Eclo 1,9); "graça" (Sl 45,3); "ira" (Os 5,10; Sl 79,6); veja especialmente Jl 3,1-2: o derramar do Espírito. *pelo Espírito Santo*: o dom do Espírito não é apenas a prova, mas também o meio do derramamento do amor de Deus (8,15-17; Gl 4,6). Ele significa, por excelência, a presença divina para o justificado (→ Teologia paulina, 82:64).

52 **6.** *quando ainda éramos fracos*: dessa maneira Paulo descreve a condição da pessoa não justificada: ela é incapaz de fazer qualquer coisa para alcançar a retidão diante de Deus. *no tempo marcado*: a expressão *kata kairon* provavelmente não significa mais do que "neste tempo", a despeito das tentativas de interpretá-la como "no tempo decisivo, no tempo certo" (veja J. Barr, *Biblical Words for Time* [SBT 33; Naperville, 1962] 47-81; J. Baumgarten, *EWNT* 2. 572). *Cristo ... morreu*: Paulo reafirma o evento histórico em um contexto teológico de sofrimento vicário. O contexto como um todo enfatiza o caráter gratuito e espontâneo da morte de Jesus. **7.** *Dificilmente alguém dá a vida por um justo*: para provar o aspecto que quer destacar, Paulo argumenta *a fortiori*. Contudo, ele se corrige rapidamente, admitindo que por uma pessoa realmente boa, um benfeitor, alguém pudesse dar sua vida. O comentário traz à tona o caráter completamente gratuito do altruísmo implicado no fato de que Cristo morreu pelos "ímpios". Há muita controvérsia quanto a este versículo: se a segunda parte é uma glosa ou uma correção feita por Paulo e mantida por Tércio, o amanuense, etc. (veja G. Delling, *Apophoreta* [Festschrift E. Haenchen; BZNW 30; Berlin, 1964] 85-96; L. E. Keck, *Theologia crucis – Signum crucis* [Festschrift E. Dinkler; ed. C. Andresen e G. Klein; Tübingen, 1979] 237-48; F. Wisse, *NTS* 19 [1972-73] 91-93). **8.** *Deus demonstra seu amor para conosco*: esta afirmação descarta completamente qualquer doutrina da cruz que coloque Deus e Cristo um contra o outro (Taylor, *Romans* 38). E já que *ho theos* é o Pai e seu amor é o que é "derramado pelo Espírito" (5,5) e agora é manifestado na morte de Cristo, este texto triádico é um ponto de partida paulino para o dogma trinitário posterior. Não há um *quid pro quo* no amor manifestado: o amor divino é demonstrado ao pecador sem qualquer indicação de que se esteja retribuindo um amor mostrado anteriormente. **9.** *por seu sangue*: em 4,25, a justificação tinha sido atribuída à ressurreição de Cristo, enquanto aqui ela é atribuída à sua morte. Sobre "sangue", → Teologia paulina, 82:74. *seremos por ele salvos da ira*: um favor ainda maior será manifestado ao cristão justificado na salvação escatológica vindoura. **10.** A repetição de 5,8 de uma forma mais positiva. O pecador não é simplesmente um "fraco" ou um "ímpio", mas realmente um "inimigo" de Deus. Contudo, a morte de Cristo produz a reconciliação desse inimigo. A "reconciliação", ou seja, a restauração do pecador alienado à amizade e à intimidade com Deus, não é mais do que outro modo de expressar a "paz" de 5,1 (2Cor 5,18-20; → Teologia paulina, 82:72). *seremos salvos por sua vida*: o terceiro efeito da justificação é uma participação na vida ressurreta de Cristo, que traz a salvação. Ainda que a justificação seja algo que acontece agora, a salvação ainda será alcançada – ela está arraigada na vida ressurreta de Cristo (→ Teologia paulina, 82:71). **11.** *nos gloriamos em Deus*: a terceira expressão culminante de gloriar-se no parágrafo, seguindo 5,2.3. O efeito da justificação é que os cristãos se gloriam no próprio Deus, ao passo que antes temiam sua ira. Tendo experimentado o amor de Deus na morte de Cristo, agora podem exultar só ao pensar em Deus.

(Fitzmyer, J. A., "Reconciliation in Pauline Theology", *TAG* 162-85. Furnish, V. P., "The Ministry of Reconciliation", *CurTM* 4 [1977] 204-18. Käsemann, E., "Some Thoughts on the Theme 'The Doctrine of Reconciliation in the New Testament'", *The Future of Our Religious Past* [Festschrift R. Bultmann; ed. J. M. Robinson; New York, 1971] 49-64).

53 (b) *O tema explicado: a nova vida cristã outorga uma tríplice libertação* (5,12-7,25).

(i) *Liberdade da morte e do pecado:* (5,12-21). Paulo começa sua descrição da condição do cristão justificado e reconciliado comparando-a com a condição da humanidade antes da vinda de Cristo. Ela implica a comparação de Adão, o primeiro pai, com Cristo, o cabeça da nova humanidade. Essa comparação, porém, não é estruturada de forma simples, já que Paulo também quer esclarecer a dissimilaridade e a superabundância da graça de Cristo que agora reina no lugar do pecado e da morte que estiveram no controle desde Adão. Assim como o pecado veio ao mundo através de Adão (e, com o pecado, a morte, que afeta todo ser humano), através de Cristo veio a retidão (e, com ela, a vida eterna). Este seria o caminho natural da comparação se Paulo não sentisse a necessidade de expor seu novo ensinamento sobre Adão e quebrar o paralelismo, afirmando enfaticamente que foi o *pecado* de Adão que afetou toda a humanidade (5,12c-d.13.14; → Teologia paulina, 82:84-85). Por causa desta inserção, um anacoluto aparecerá no final de 5,14, e sua verdadeira conclusão será expressa apenas indiretamente. A comparação implica um paralelismo antitético entre a morte produzida por Adão e a vida trazida por Cristo. A antítese é reformulada em 5,15-17, onde Paulo enfatiza a qualidade superior da obra de Cristo quando comparada à influência de Adão. Cristo, o novo Adão e o novo cabeça da humanidade, foi incomparavelmente mais benéfico para a humanidade do que Adão foi maléfico. O mesmo ensinamento é repetido em 5,18-19, sendo este último versículo um eco de 5,12. Em 5,20, a antítese é proposta novamente, desta vez em termos legais. Exceto pelo final em tom de fórmula em 5,21, Paulo não usa a primeira pessoa do plural em 5,12-21, como o faz em 5,1-11 e 6,1-8. Este fato, aliado à impressão de unidade que este parágrafo dá no tratamento que Paulo dá a Adão e Cristo, sugere a muitos que ele pode ter incorporado aqui parte de um escrito composto para outra ocasião.

54 Os principais problemas exegéticos se encontram em 5,12d e estão concentrados no significado das três expressões: "morte", "todos pecaram" e a expressão *eph' hō*. **12.** *Eis por que*: o parágrafo começa com *dia touto*, "por esta razão", e poderia, à primeira vista, ser uma conclusão ao v. 11, embora deva ser melhor entendido como uma conclusão aos vv. 1-11 (Cranfield, *Romans* 271). Contudo, se o parágrafo foi realmente composto para outra ocasião, então o antecedente desta expressão se perdeu; consequentemente, ela seria agora apenas transicional (veja o comentário sobre 2,1). *como*: assim começa a comparação. A conclusão não é introduzida por *kai houtōs*, o "assim" do v. 12c, ainda que L. Cerfaux (*ChrTSP* 231-32) e Barrett (*Romans* 109) tenham tentado entendê-la deste modo. Mais lógica seria, neste caso, a expressão *houtōs kai*. A conclusão da comparação está implicada na última oração do v. 14. *por meio de um só homem*: observe a ênfase sobre "um só homem" que ocorre 12 vezes neste parágrafo. A contraposição entre "um" e "muitos" ou "todos" evoca a universalidade da influência implicada. Aqui, "um homem" é Adão, o homem de Gn 2-3 cuja transgressão desobediente liberou na história humana uma força maligna ativa, o pecado. *o pecado entrou no mundo*: *hamartia* é um poder maligno personificado (com P maiúsculo?), que é hostil a Deus e aliena dele os seres humanos; ele entrou no cenário da história humana na época da transgressão de Adão (6,12-14; 7,7-23; 1Cor 15,56; → Teologia paulina, 82:84-85). *pelo pecado, a morte*: outra personificação é *thanatos*, um ator no mesmo palco, que desempenha o papel de tirano (5,14.17) e domina todos os seres humanos descendentes de Adão. "Morte" não é o mero fenômeno físico, a morte corporal (a separação do corpo e alma), mas inclui a morte espiritual (a separação definitiva do ser humano de Deus, a única fonte da vida) como 5,21 esclarece (cf. 6,21.23; 8,2.6). É uma força cósmica (8,38, 1Cor 3,22), o "último inimigo" a ser vencido (1Cor 15,56). Paulo pode estar fazendo uma alusão a Sb 2,24, "foi por inveja do diabo que a morte entrou no mundo", onde *thanatos* tem o mesmo sentido.

55 Paulo alude ao relato de Gn 2-3, mas prescinde de seus detalhes dramáticos para utilizar a verdade teológica da escravidão dos seres humanos ao pecado e à morte. O caráter inequivocamente etiológico deste relato (→ Teologia paulina, 82:83) sugere que o pecado de Adão e Eva foi a causa da miséria humana universal. A afirmação de Paulo, porém, é a primeira enunciação clara do efeito destrutivo universal do *pecado* de Adão sobre a humanidade. Paulo não explica como tal efeito se dá, nem faz menção a seu caráter hereditário (como Agostinho faria mais tarde). Em 1Cor 15,21-22, o efeito da "morte" é explicado pela incorporação dos seres humanos "em Adão", mas aqui Paulo vai além e reafirma a conexão causal entre a transgressão de "um homem" e a condição pecaminosa de toda a humanidade. Ainda que Paulo esteja primordialmente interessado na contraposição entre a universalidade do pecado e da morte e a universalidade da vida em Cristo, ele indica não apenas a origem desses fenômenos universais, mas também a causalidade do cabeça (Adão ou Cristo). Mas também está consciente de que nem toda a pecaminosidade humana se deve a Adão somente, e deixa isto claro em 5,12d.

56 *assim*: o advérbio é importante porque estabelece a conexão entre o pecado de Adão e "todos os seres humanos". *a morte passou a todos os seres humanos*: que "todos" deveria incluir as crianças é uma definição mais exata que surge de controvérsias posteriores, a qual Paulo não tem em vista. *porque*: ou "já que". O significado exato da expressão *eph' hō* é muito controverso. As interpretações menos convincentes a entendem no sentido de uma oração subordinada adjetiva restritiva: (1) "em quem" (incorporação), um significado baseado na antiga tradução latina *in quo*, comumente usada na igreja ocidental desde Ambrosiastro e Agostinho (veja G. I. Bonner, *SE* V 242-47). Esta interpretação era desconhecida dos Padres gregos anteriores a João Damasceno. Se Paulo quisesse dizer "em quem", ele teria escrito *en hō*, como fez em 1Cor 15,22. Além disso, o antecedente pessoal do pronome relativo está por demais afastado dele. (2) "Por causa de que" é uma interpretação que entende a "morte" como antecedente (Zahn e Schlier). Este significado é difícil de reconciliar com 5,21; 6,23, onde a morte é o resultado do pecado e não sua origem. (3) "Por causa daquele pelo qual" (= *epi toutō eph' hō*) é uma interpretação que explica a expressão elíptica e faz com que o pronome se refira a Adão. Deste modo, ela implicaria um "relacionamento entre o estado pecaminoso e seu iniciador" (Cerfaux, *ChrTSP* 232). Porém, não está claro se a expressão é elíptica e se a preposição *epi* deveria assumir dois significados diferentes, "por causa de" e "por". (4) A maioria dos comentaristas modernos entendem *eph' hō* como equivalente a uma conjunção, "já que, visto que, porque", uma interpretação comumente usada pelos Padres gregos e baseada em 2Cor 5,4; Fl 3,12; 4,10 (BAGD 287; BDF 235.2). Assim, ela atribuiria a todos os seres humanos uma responsabilidade individual pela morte (Bruce, Cranfield, Huby, Käsemann, Lagrange, Pesch, Wilckens). (5) "Tendo em vista o fato de que", "sob a condição de", uma interpretação que emprega o sentido de oração condicional da conjunção no grego clássico e helenístico (R. Rothe, J. H. Moulton, S. Lyonnet, *Bib* 36 [1955] 436-56). Porém, *eph' hō*, enquanto expressão de condição, rege o infinitivo ou o futuro do indicativo (ocasionalmente um subjuntivo ou um optativo no grego tardio). O único exemplo de seu uso com um aoristo indicativo, para comparar com o uso de Paulo aqui, se encontra em uma carta do séc. IV do bispo Sinésio (*Ep.* 73) – dificilmente um paralelo válido. Além disso, a condicional parece estar atribuindo a Paulo a ideia de que a morte passou para todos os seres humanos sob a condição de que eles pecassem após a entrada da morte no mundo. Porém, se a ênfase recair sobre o pretérito indicativo, então o sentido diferiria pouco da quarta hipótese. A dificuldade que se sente no significado proposto pela quarta hipótese, "tendo em vista que", é que ela parece fazer Paulo dizer em 5,12c-d algo contraditório ao que ele diz em 5,12a-b. No início do v. 12, o pecado e a morte são atribuídos a Adão, e agora a morte parece se dever a atos humanos. Todavia, não se deve perder de vista o advérbio *houtōs*, "assim" (5,12c), que estabelece uma conexão entre o pecado de "um homem" e a morte de "todos os seres humanos". Assim, no v. 12, Paulo está atribuindo a morte a duas causas, não sem relação entre si: a Adão e a todos os pecadores humanos.

57 *todos pecaram*: veja o comentário sobre 3,23. O verbo *hēmarton* não deveria ser traduzido por "pecaram coletivamente" ou "pecaram em Adão", já que isso seria um acréscimo ao texto. O verbo se refere aos pecados pessoais e efetivos dos seres humanos, como o sugere o uso paulino em outros lugares (2,12; 3,23; 1Cor 6,18; 7,28.36; 8,12; 15,34) e como os Padres gregos o entenderam (veja S. Lyonnet, *Bib* 41 [1960] 325-55). A última oração do v. 12 expressa, então, uma causalidade secundária dos pecados reais dos seres humanos em sua condenação à "morte". A causalidade universal do pecado de Adão é pressuposta em 5,15a.16a.17a.18a.19a. Seria então ir contra a linha geral do parágrafo interpretar 5,12 como se estivesse querendo dizer que a condição humana antes da vinda de Cristo se devia unicamente aos pecados pessoais.

58   13. *Pois até a Lei havia pecado no mundo*: a prolongação da digressão introduz uma precisão adicional. De Adão a Moisés, a fonte da "morte" foi o pecado de Adão. Os seres humanos, é claro, cometeram o mal (veja Gn 6,5-7, ao qual Paulo jamais faz referência), mas eles não foram acusados desse mal naquele período. *o pecado, porém, não é levado em conta quando não existe lei:* Paulo enuncia um princípio geral que concorda com 4,15; 3,20, mas que explica o reinado da morte. **14**. *desde Adão até Moisés:* Paulo viu a história humana dividida em três períodos (→ Teologia paulina, 82:42). O primeiro período, de Adão até Moisés, foi o período sem lei (5,13; cf. Gl 3,17), quando os seres humanos praticaram o mal, mas não transgrediram uma lei. No segundo período, de Moisés até o Messias, "a lei interveio" (Gl 3,19; cf. Rm 5,20), e o pecado humano foi entendido como uma transgressão dela. Neste período havia, além da influência do pecado de Adão, o fator contribuinte das transgressões individuais agora imputadas por causa da existência da lei. No terceiro período (o do Messias) há liberdade da lei através da graça de Cristo (8,1), *aqueles que não pecaram de modo semelhante à transgressão de Adão*: literalmente, "a imitação da transgressão de Adão". Aqui, *hamartia*, "pecado", e *parabasis*, "transgressão", são distinguidos, sendo esta última o aspecto formal de um ato mau, considerado como violação de um preceito. A Adão tinha sido dado um preceito (Gn 2,17; 3,17), mas as pessoas que viveram no primeiro período (o período sem lei) não cometeram males como ele, já que não violaram preceitos. Novamente Paulo desconsidera a chamada legislação de noáquica (Gn 9,4-6) e expõe apenas a questão da lei mosaica. Sua perspectiva aqui não tem nada a ver com a de 2,14, ainda que não contradiga a concepção apresentada ali. A sentença termina com um anacoluto, na medida em que Paulo tenta concluir a comparação iniciada em 5,12. *Adão, que é a figura daquele que devia vir*: literalmente, "que é o tipo do vindouro (Adão)", *i.e.*, Cristo, o "último Adão" (1Cor 15,45) ou o Adão do *eschaton*. Embora Adão prefigure Cristo como cabeça da humanidade, a semelhança entre tipo e antítipo não é perfeita. Existem diferenças, e o restante do parágrafo as trará à tona. O antítipo reproduz o tipo em certo sentido, porém de um modo mais perfeito.

59 (Romanos 5,12-14 tem sido objeto de debate teológico ao longo dos séculos, já que Paulo parece afirmar a existência do pecado hereditário. De fato, a tradição exegética católica romana tem interpretado de forma quase unânime este texto, especialmente 5,12, em termos da causalidade universal do pecado de Adão na pecaminosidade dos indivíduos humanos. Esta tradição encontrou sua expressão conciliar formal no *Decretum de peccato originali* tridentino, Sess. V,2-4. Refletindo o cânone 2, tanto do 16º Concílio de Cartago [418 d.C.; DS 223] como do 2º Concílio de Orange [529 d.C.; DS 372], ele decreta que "o que diz o Apóstolo, 'Por um homem entrou o pecado no mundo e, por este pecado, a morte, e assim a morte passou a todos os seres humanos, em quem todos pecaram', não deve ser entendido de forma diferente daquela em que a Igreja Católica o entendeu em toda parte e sempre" [DS 1514; cf. 1512]. Este decreto deu ao texto paulino uma interpretação definitiva, no sentido de que suas palavras ensinam uma forma do dogma sobre o pecado original – um texto raro que desfruta de tal interpretação [veja *DAS* § 47; *RSS* 102; → Hermenêutica, 71:83]).

É necessário, porém, ter cuidado ao entender o que Paulo está dizendo, de forma a não transformar tão facilmente sua expressão na linguagem precisa do desenvolvimento dogmático posterior. Ele não fala de "pecado original", um termo que revela sua origem teológica ocidental na época de Agostinho como tradução de *peccatum originale*. O Concílio de Trento, em seu decreto, apelou para o sentido das palavras paulinas como elas foram entendidas em todas as épocas e lugares. Existiam diferenças em sua tradição com respeito a detalhes ou à compreensão de palavras individualmente, mas houve concordância quanto ao fato do pecado e sua extensão. Entretanto, mesmo as próprias diferenças são importantes porque elas mostram que a formulação de Paulo deve ser entendida por aquilo que ela é. Como a *Humani generis* 21 [DS 3886] o colocou: os teólogos devem esclarecer o modo segundo o qual [*qua ratione*] o ensinamento da igreja está contido na Escritura. Neste sentido, o ensinamento de Paulo é seminal, aberto para o desenvolvimento dogmático posterior.

60 15. *a multidão*: literalmente, "os muitos", o que equivale a "todos" (cf. 5,18; 12,5; 1Cor 10,17). *o dom gratuito*: o favor benevolente de Deus que assegura a justificação (veja o comentário sobre 3,24). *com quanto maior profusão*: para que a comparação com Adão não parecesse uma afronta a Cristo, Paulo enfatiza a qualidade superior da influência de Cristo sobre a humanidade. A primeira forma de expressar essa superabundância é a manifestação do favor de Deus muitíssimo além de qualquer misericórdia que o pecado poderia ter evocado de outra forma. **16.** *a graça (de Deus), a partir de numerosas faltas, resultou em justificação*: a segunda forma contrapõe o veredicto de condenação, pronunciado sobre todos os seres humanos por causa de um pecado, à justificação (ou o veredicto de absolvição) para todos os condenados, não apenas por causa da transgressão de Adão, mas também por causa de suas próprias ofensas. **17.** *muito mais ... reinarão na vida*: a terceira forma contrapõe a morte enquanto efeito da ofensa de um homem (Adão) ao dom da vida justificada obtido através de um homem (Cristo). Observe a ênfase sobre "um homem" nos três versículos; nisso reside a semelhança entre Adão e Cristo. A relação entre "um" e "muitos" é paralela porque tanto Adão quanto Cristo exerceram causalidade sobre os "muitos".

61 18. *pela falta de um só ... da obra de justiça de um só*: dado o contexto precedente, no qual o pronome *henos* se refere a "um homem", será melhor preservar este sentido aqui e entendê-lo como masculino. Entretanto, Paulo pode estar variando sua formulação e pretendendo que *henos* seja neutro, "por uma única ofensa ... do mesmo modo um só ato de justiça". *justificação que traz a vida*: literalmente, "para a justificação da vida" (o genitivo é apositivo). O ato gracioso que manifesta o dom divino da retidão (5,17) não apenas inocentou os seres humanos, mas também lhes garantiu a participação na "vida". Esta "vida" é explicada no cap. 8. **19.** Chega-se ao clímax da comparação; ela lembra 5,12 e enuncia formalmente a contraposição básica entre Adão e Cristo. *todos se tornaram pecadores*: o efeito formal da desobediência de Adão (Gn 3,6) foi tornar os seres humanos não apenas suscetíveis de punição, mas efetivamente pecadores. Um intérprete sagaz como Taylor afirmou: "Ninguém pode ser feito pecador nem feito justo" (*Romans* 41). Mas é isso mesmo o que Paulo está dizendo, e ele não está falando de atos pecaminosos pessoais. O verbo *katestathēsan* não significa "foram considerados (pecadores)", mas "foram feitos, se lhes fez ser" (*BAGD* 390; cf. J.-A. Bühner, *EWNT* 2. 554-55; F. W. Danker, "Under Contract", *Festschrift to Honor F. Wilbur Gingrich* [Leiden, 1972] 106-7). A desobediência de Adão colocou a humanidade em uma condição de alienação de Deus. O texto não está sugerindo que eles tenham se tornado pecadores simplesmente imitando a transgressão de Adão; eles foram, antes, afetados por ele. *todos se tornarão justos*: em outros lugares, o processo da justificação parece ser entendido como ocorrido no passado (5,1), mas aqui o tempo futuro se refere ao julgamento escatológico, quando a fase final desse processo será atingida na glória. "Os muitos serão constituídos justos através da obediência de Cristo no sentido de que, já que Deus se identificou com os pecadores em Cristo e tomou sobre si mesmo a responsabilidade por seu pecado, eles recebem, como dom gratuito de Deus, aquele *status* de justiça que somente a obediência perfeita de Cristo fez por merecer" (Cranfield, *Romans* 291). **20.** *a Lei interveio*: como em Gl 3,19, a lei mosaica é vista como um meio de multiplicar as ofensas na história religiosa da humanidade. Ela faz isto ao ajudar o ser humano a "conhecer o pecado" (3,20; cf. 7,13). Como no caso de *hamartia* e *thanatos*, também *nomos* é personificado e tratado como um ator no palco da história humana. Em vez de ser uma fonte de vida para os judeus, ela demonstrou ser apenas a delatora e acusadora deles, trazendo a condenação (→ Teologia paulina, 82:91-94). **21.** *vida eterna, através de Jesus Cristo, nosso Senhor*: a mediação de Cristo (veja o comentário sobre 5,1), cabeça da humanidade reconciliada, é enfatizada no final da primeira subdivisão desta parte da carta (→ 50 *acima*). O *Kyrios* ressurreto traz à humanidade uma participação na "vida eterna", a vida do Filho de Deus, cuja vitalidade procede de seu Espírito. O adjetivo "eterna" indica a qualidade da vida, não sua duração; ela é a vida do próprio Deus.

(CARAGOUNIS, C. C., "Romans 5.15-16 in the Context of 5.12-21: Contrast or Comparison?" *NTS* 31 [1985] 142-48. CASTELLINO, G. R., "Il peccato di Adamo", *BeO* 16 [1974] 145-62. CRANFIELD, C. E. B., "On Some of the Problems in the Interpretation of Romans 5.12", *SJT* 22 [1969] 324-41. GRELOT, P., *Péché originel et rédemption* [Paris, 1973]. HAAG, H., *Is Original Sin in Scripture?* [New York, 1969] 95-

108. MUDDIMAN, J., "Adam, the Type of the One to Come", *Theology* 87 [1984] 101-10. VANNESTE, A., "Où en est le problème du péché originel?" *ETL* 52 [1976] 143-61. WEDDERBURN, A. J. M., "The Theological Structure of Romans v. 12", *NTS* 19 [1972-73] 339-54.)

62 (ii) LIBERDADE DO EU ATRAVÉS DA UNIÃO COM CRISTO (6,1-23). A descrição da experiência cristã avança mais um passo. O cristão recebeu uma nova vida por meio de Cristo (5,12-21), que agora reina onde antes reinavam o pecado e a morte. Esta nova vida, porém, significa uma reestruturação dos seres humanos. Através do batismo, eles são identificados com a morte e a ressurreição de Cristo, e seu próprio ser ou "eu" é transformado. A perspectiva da pessoa recém justificada é tal que exclui de sua conduta o pecado. Como introdução à sua explicação, Paulo levanta uma questão já anunciada em 3,5-8: por que não fazer o mal se o bem pode vir dele? Se o pecado humano evoca a justiça de Deus (3,23-24), então, por que não dar a Deus uma oportunidade maior para manifestá-la? Se Deus realiza a salvação da humanidade através de Cristo e tudo isso é puro dom, então por que alguém deveria tentar excluir o mal de sua vida? Paulo rejeita estas ideias com veemência: se alguém está em união com Cristo, tal pessoa está "morta para o pecado e viva para Deus".

63 **1.** *permanecer no pecado?*: a objeção imaginária reflete 3,5-8. Se a retidão vem da fé e não das obras, então por que os cristãos precisam se preocupar com atos maus? **2.** *De modo algum*: veja o comentário sobre 3,4. *Nós que morremos para o pecado*: os cristãos morreram para o pecado (5,12-21) e não têm mais nada a ver com ele. Não são eles que vivem, mas é Cristo que vive neles (Gl 2,20). **3.** *Ou não sabeis?*: os cristãos romanos, instruídos na catequese apostólica, já deveriam estar informados a respeito dos efeitos sublimes do batismo. *todos os que fomos batizados*: no NT *baptizein* se refere ou aos rituais judaicos de lavagem (Mc 7,4; Lc 11,38) ou à ablução de João Batista ou ainda ao batismo cristão (Jo 1,25,28; Gl 3,27). Aqui se pode entender a exposição de Paulo a respeito deste último mais facilmente a partir do sentido de imersão, mas não é certo que os protocristãos administrassem o batismo dessa forma (veja C. F. Rogers, "Baptism and Christian Archaeology", *Studia biblica et ecclesiastica* [Oxford, 1903] 5. 239-361; cf. E. Stommel, *JAC* 2 [1959] 5-14). *em Cristo Jesus*: a expressão *eis Christon* não reflete simplesmente a imagem da imersão, nem é uma mera abreviação de algum termo tomado de empréstimo da linguagem contábil (*eis to onoma Christou*, "em nome de, em consideração a Cristo"), como se o batismo estabelecesse a propriedade de Cristo sobre a pessoa batizada. Como em outras locuções preposicionais de Paulo, ela formula um aspecto do relacionamento do cristão com Cristo que ocorre mais frequentemente com palavras que denotam "fé" ou "batismo" e conota o movimento de incorporação pelo qual se nasce para a vida "em Cristo" (→ Teologia paulina, 82:119). *é na sua morte que fomos batizados*: o ritual da iniciação cristã introduz o ser humano na união com o Cristo que sofre e morre. A expressão de Paulo é audaciosa; ele está dizendo que o cristão não apenas está identificado com o "Cristo que morre" que obteve a vitória sobre o pecado, mas que ele é introduzido no próprio ato pelo qual a vitória foi alcançada. Consequentemente, o cristão está "morto para o pecado" (6,11), porque foi associado com Cristo exatamente no momento em que ele se tornou, formalmente, o Salvador.

64 **4.** *sepultados com ele na morte*: o rito batismal é a representação simbólica da morte, sepultamento e ressurreição de Cristo. O convertido desce ao banho do batismo, é coberto com suas águas e emerge para uma nova vida. Neste ato, passa-se pela experiência de morrer para o pecado e ser ressuscitado assim como aconteceu com Cristo. Paulo usa um de seus verbos compostos favoritos, *synthaptein*, composto de *syn-*, "com" ("cossepultado"). Como resultado disso, o cristão vive em união com o Cristo ressurreto, uma união que encontrará seu termo quando o cristão, um dia, estiver "com Cristo" na glória (*syn Christō*; → Teologia paulina, 82:120). *pela glória do Pai*: a efetivação da ressurreição é atribuída ao Pai (veja o comentário sobre 4,24), e especificamente à sua *doxa*, "glória". Como no AT (Ex 15,7.11; 16,7.10) os milagres do êxodo foram atribuídos à *kābôd* de Iahweh (veja o comentário sobre 3,23), assim também o é a ressurreição de Cristo (veja Fitzmyer, *TAG* 202-17). De fato, a *doxa* do Pai brilha na face do Cristo ressurreto (2Cor 4,6) e o cobre com "poder" (Rm 1,4) de "dar a vida" (1Cor 15,45). Isto transforma o cristão (2Cor 3,18), que é glorificado juntamente com Cristo (Rm 8,17). *também nós vivamos vida nova*: literalmente, "caminhemos em novidade de vida". O batismo conduz à identificação do cristão com o Cristo glorificado, permitindo-lhe viver, de fato, com a vida do próprio Cristo (Gl 2,20), uma "nova criação" está envolvida (→ Teologia paulina, 82:79). "Caminhar" é outra das expressões favoritas de Paulo, tomada de empréstimo do AT (2Rs 20,3; Pr 8,20), para designar a conduta ética consciente do cristão. Identificado com Cristo através do batismo, ele ou ela está capacitado a levar uma nova vida consciente que não pode conhecer pecado.

65 **5.** *Porque*: os vv. 5-8 afirmam acerca do cristão batizado aquilo que Paulo dirá sobre o próprio Cristo nos vv. 9-10. Assim, estes dois últimos versículos fornecem a base cristológica para a verdade exposta sobre a vida cristã. *também por ressurreição semelhante (por união) à sua*: o pronome "sua" é o complemento lógico de *symphytoi*, "crescido junto" – como um ramo novo enxertado em uma árvore cresce junto com ela e é nutrido por ela. Esta imagem audaciosa expressa a comunicação da vida de Cristo ao cristão. *por morte semelhante à sua*: literalmente "pela semelhança de sua morte", dativo instrumental. O batismo (6,3) é o meio pelo qual os cristãos crescem junto com Cristo, que morreu e ressuscitou de uma vez por todas. Alguns comentaristas (Käsemann, Kuss, Lietzmann, Sanday-Headlam, Wilckens)

entendem que o dativo *tō homoiōmati* depende diretamente de *symphytoi* e traduzem "se fomos conformados à imagem de sua morte...", *i.e.*, crescemos em união com o rito semelhante à morte. Esta compreensão é gramaticalmente possível, mas como é possível crescer com uma imagem ou semelhança? Normalmente, para Paulo, o cristão é unido com o próprio Cristo (ou seu "corpo") e não com uma imagem do evento salvífico (cf. F. A. Morgan, *ETL* 59 [1983] 267-302). *também por ressurreição semelhante à sua*: literalmente, "seremos então (crescidos junto com ele) através da (semelhantemente à) ressurreição também". Já que o contexto descreve a experiência presente do cristão, o tempo futuro é, provavelmente, lógico e expressa uma consequência da primeira parte do versículo, pois o batismo identifica a pessoa não apenas com o ato de morrer de Cristo, mas também com sua ressurreição. Mas o futuro pode também se referir a uma participação no destino escatológico. **6.** *nosso velho homem*: o eu sob o domínio do pecado e exposto à ira divina, oposto ao "novo homem" que vive em união com Cristo e é libertado, através dele, do pecado e de qualquer consideração dele. *foi crucificado com ele*: veja Gl 2,20; 5,24; 6,14. *destruído este corpo de pecado*: literalmente, "com o corpo do pecado". Esta expressão não denota apenas a parte material do ser humano, enquanto oposta à alma, mas o todo de um ser terreno dominado pela predisposição ao pecado (como o restante do versículo o mostrará). Em 7,24. Paulo falará de um "corpo de morte" (cf. Cl 1,22). Nos dois casos, o genitivo expressa o elemento que domina o ser humano terreno, natural (→ Teologia paulina, 82:102). *e assim não sirvamos mais ao pecado*: a verdadeira resposta à objeção levantada em 6,1. A destruição do "eu" pecaminoso através do batismo e da incorporação em Cristo significa a libertação da escravidão ao pecado. Consequentemente, a perspectiva da pessoa não pode mais estar enfocada no pecado.

66 **7.** *quem morreu ficou livre do pecado*: há duas explicações correntes para o difícil verbo *dedikaiōtai*. Entendido no sentido forense, ele significaria que, do ponto de vista da lei, a pessoa morta é absolvida ou inocentada, já que o pecado não tem mais nenhuma demanda nem acusação contra ela. Possivelmente, então, Paulo estaria evocando uma noção judaica: a morte da pessoa culpada encerra todo o litígio (veja Str-B 3. 232; cf. K. G. Kuhn, *ZNW* 30 [1931] 305; G. Schrenk, *TDNT* 2. 218). A outra explicação procura interpretar o verbo à parte da conotação forense (Lyonnet, *Romains* 89; Cranfield, *Romans* 310-11): quem morreu perdeu o próprio meio de pecar, o "corpo do pecado", e, portanto, está definitivamente livre do pecado. Em qualquer caso, o resultado é uma mudança de condição – a velha condição é levada ao fim na morte batismal e uma nova condição se inicia. **8.** *morremos com Cristo: i.e.*, através do batismo: *temos fé*: a nova vida do cristão não é objeto de percepção sensível ou de consciência imediata. Ela é percebida apenas com os olhos da fé, e o batismo é sinal dela. *também viveremos com ele:* Paulo está pensando primordialmente na forma futura e definitiva da nova vida *syn Christō*, "com Cristo" (→ Teologia paulina, 82:120). Porém, o cristão já desfruta de uma participação nessa vida, como sugere 6,4 (2Cor 4,10-11). **9.** *já não morre*: a ressurreição de Cristo trouxe o cristão à esfera da "glória" e o libertou da esfera do pecado e da morte. Embora Cristo tenha vindo em semelhança de carne pecaminosa (8,3), ele rompeu o domínio do pecado através de sua própria morte e ressurreição. Esta vitória é o fundamento da libertação do cristão batizado. Pois Cristo foi ressuscitado da morte, não somente para tornar pública sua boa nova ou para confirmar seu caráter messiânico, mas para introduzir os seres humanos em um novo modo de vida e dar-lhes um novo princípio de atividade vital, o Espírito. *a morte não tem mais domínio sobre ele: i.e.*, tendo se tornado o *Kyrios* na ressurreição (Fl 2,9-11), Cristo, e não o *thanatos* personificado, é quem reina. **10.** *morreu para o pecado uma vez por todas*: sua morte foi um evento singular, a

ser jamais repetido (*ephapax*), porque, através dela, Jesus entrou na esfera definitiva de sua glória como *Kyrios*. Assim fazendo, ele morreu para o pecado, ainda que "não conhecesse o pecado" (2Cor 5,21). Esta é a base cristológica para a resposta que Paulo dá em 6,6 ao opositor imaginário de 6,1. *ele vive para Deus*: desde a ressurreição, Cristo desfruta de um novo relacionamento com o Pai, no qual ele também introduz aquelas pessoas que são batizadas (Gl 2,19). **11.** *considerai-vos mortos para o pecado*: a conclusão do argumento de Paulo. Ele expressa concepção do problema da integração da vida cristã. Ontologicamente unido com Cristo através do batismo, o cristão deve aprofundar continuamente sua fé de modo a tornar-se psicologicamente consciente desta união. Então, conscientemente orientado para Cristo, o cristão jamais poderá considerar novamente o pecado sem uma ruptura básica dessa união. *em Cristo Jesus*: o parágrafo termina com esta significativa expressão de união, uma descrição breve da concepção paulina da relação do cristão com o *Kyrios* ressurreto. "Em Cristo", o cristão é incorporado ao corpo de Cristo pelo Espírito Santo e, consequentemente, compartilha de sua vitalidade (veja E. Schweizer, *NTS* 14 [1967-68] 1-14).

67 **12-23.** Uma exortação, baseada na exposição doutrinária precedente sobre o batismo e seus efeitos. Será que ela reflete um sermão pregado no passado por ocasião de uma liturgia batismal? **12.** *Portanto, o pecado não impere mais em vosso corpo mortal*: embora o cristão tenha sido batizado e libertado do pecado, esta liberdade ainda não é definitiva. O cristão ainda pode ser tentado e pode sucumbir à sedução do pecado (O Concílio de Trento, seguindo Agostinho, explicou o "pecado" neste caso como concupiscência [DS 1515]; entretanto, como observa Lagrange [*Romains* 153], embora esta possa ser uma transposição teológica exata, tal precisão ainda não se encontra neste texto). Para Paulo, *hamartia* é a força ativa personificada que entrou na história humana com Adão, reinou sobre os seres humanos até a vinda de Jesus e ainda tenta continuar a manter seu reinado. Ela também pode seduzir os cristãos. *sujeitando-vos às suas paixões: i.e.*, as paixões corporais. Esta é a leitura preferível, ainda que em P[46] (o texto mais antigo de Romanos), D, G, Irineu e Tertuliano, o texto seja "obedecer-lhe", *i.e.*, ao pecado. De fato, esta é a forma mais lógica de acordo com o contexto, porém as variantes não alteram muito o sentido. **13.** *como armas de injustiça*: ou "como armas da maldade". A expressão é uma figura militar, como a segunda parte do versículo também sugere. A expressão "armas da retidão" alude ao AT (Is 11,5; 59,17). Os cristãos devem ser instrumentos a serviço de Deus e não da causa do mal. O contraste entre "iniquidade" e "retidão" também se encontra na literatura de Qumran [LQ] (1QS 3:20-21), onde *ṣedeq*, "retidão", está intimamente ligado à observância da lei, ao passo que, para Paulo, ela assumiu todas as conotações da "nova" vida cristã. **14.** *E o pecado não vos dominará*: pois tal domínio está relacionado à morte. O tempo futuro expressa uma proibição categórica (BDF 362). *não estais debaixo da Lei, mas sob a graça*: a lei nunca está longe do pensamento de Paulo. Aqui ele a vincula momentaneamente com o pecado, e ainda desenvolverá a relação amplamente ao longo do cap. 7. A nova condição cristã pode ser chamada de "retidão", mas não está associada com a lei; antes, ela é o efeito do favor benevolente de Deus (veja 3,24).

15. A pergunta de 6,1 é repetida e, novamente, rejeitada com veemência. **16.** *escravos*: a figura militar de 6,13 cede passagem a outra, retirada da instituição social da escravidão, que combina melhor com a ideia da lei. Mas o que subjaz à comparação de Paulo não é tanto a "escravidão" como tal, mas o serviço. Ele insiste na liberdade do cristão em relação à lei (Gl 5,1), ainda que nunca tenha concebido tal liberdade como uma licença ou liberdade para pecar (Gl 5,13). Ela é, antes, um serviço prestado a Cristo, ao qual os cristãos estão dedicados agora. Houve uma mudança de *kyrioi*, e o cristão, através do batismo, tornou-se "escravo de Cristo" (veja o comentário sobre Rm 1,1; cf. 1Cor 6,11). **17.** *vos submetestes de coração à forma de doutrina à qual fostes entregues*: esta parte do v. 17 e também o v. 18 são, às vezes, consideradas uma glosa não paulina, mas sua autenticidade é, com frequência, fortemente mantida (veja Cranfield, *Romans* 323). A dificuldade reside no fato de que, no texto grego, a oração é elíptica, entendida aqui como significando *hypēhousate ... tō typō didachēs eis hon paredothēte*. A palavra crucial é *typos*, que basicamente significa a "impressão visível" (de uma pincelada ou um corante), "marca, cópia, imagem". Mas ela também era usada para designar uma "apresentação resumida e sucinta" de algum tópico (Platão, *Rep*. 414a, 491c). Ligada a *didachē*, "ensino", ela parece ter sido usada por Paulo neste último sentido. Assim, parece referir-se a um resumo batismal sucinto da fé à qual o convertido se entregava livremente após ter renunciado a toda escravidão do pecado. Neste caso, o verbo "entregues" poderia se referir não à transmissão da doutrina tradicional (cf. 1Cor 11,23; 15,3), mas à transferência de escravos de um senhor para outro, sem conotação pejorativa (1Cor 5,5; Rm 1,24). Esta seria uma alusão ao costume do mundo helenístico, no qual a transferência de escravos era frequentemente feita com seu consentimento (veja J. Kürzinger, *Bib* 39 [1958] 156-76; F. W. Beare, *NTS* 5 [1958-59] 206-10, onde são indicadas outras interpretações menos prováveis). **18.** *livres do pecado*: este versículo torna explícita a ideia contida nos versículos precedentes e, de fato, no capítulo como um todo. Pela primeira vez em Rm, Paulo fala da liberdade cristã, que, de agora em diante, torna-se uma noção operacional (6,20.22; 7,3; 8,2.21; → Teologia paulina, 82:76). Na verdade, desde 5,12 ele vem falando de alguma forma de liberdade cristã. **19.** *linguagem humana*: Paulo se desculpa pelo uso de uma figura derivada de uma instituição social para expressar uma realidade cristã, mas quer estar certo de que seu discurso sobre a liberdade cristã não seja mal compreendido. Esta liberdade não é libertinagem, mas serviço a Cristo motivado pelo amor que procede "do coração". *da impureza e da desordem:* estas podem parecer vícios tipicamente pagãos (veja Gl 2,15), mas os essênios de Qumran repudiavam a mesma coisa em seus membros (1QS 3:5; 4:10.23-24). *santificação:* o resultado final da consagração a Deus em Cristo Jesus (→ Teologia paulina, 82:77).

69 20. *livres em relação à justiça:* o jogo com a palavra "liberdade" neste e nos versículos seguintes enfatiza que o ser humano pode ser iludido por aquilo que pensa ser liberdade. Os vv. 20-23 enfatizam a incompatibilidade das duas formas de viver. **21.** *E que fruto colhestes então?:* a pontuação deste versículo é controversa. Poder-ser-ia traduzir "que proveito, então, tivestes das coisas das quais agora vos envergonhais?". O sentido, porém, é pouco afetado em qualquer um dos dois casos. A afirmação importante é que a morte resulta destas coisas – e não somente a morte física, mas também a espiritual. **22.** *vosso fruto para a santificação:* ser escravo de Deus significa estar dedicado a ele, o que trará consigo o afastamento do profano e da ligação com o pecado. Essa dedicação não remove a pessoa do mundo, mas a faz viver nele como alguém dedicado a Deus. O objetivo desta dedicação é a "vida eterna", uma participação na esfera da própria divindade (veja os comentários sobre 2,7; 5,21). Embora esse objetivo já tenha se iniciado em certo sentido, seu "fim" ainda está por vir. **23.** *o salário do pecado é a morte:* Paulo volta a uma figura militar e utiliza *opsōnion*, a "ração (de dinheiro)" paga ao soldado. Com isto pretende sublinhar a ideia de pagamento regular e recorrente. Quanto mais se serve ao pecado, mais pagamento na forma de morte se receberá. Este "salário" é pago como morte às pessoas que servem ao pecado (veja H. Heidland, *TDNT* 5. 592; C. C. Caragounis, *NovT* 16 [1974] 35-57). *a graça de Deus:* em

contraposição ao "salário do pecado" que é merecido (4,4), a "vida eterna em Cristo Jesus, nosso Senhor" é dada gratuitamente ao cristão pelo próprio Deus. Não há aqui um *quid pro quo*, e a graça de Deus, por fim, realiza uma assimilação do cristão ao próprio Deus (2Cor 3,18). *Cristo Jesus:* fórmula conclusiva (→ 50 *acima*).

(BYRNE, B., "Living out the Righteousness of God: The Contribution of Rom 6,1-8,13 to an Understanding of Paul's Ethical Presuppositions", *CBQ* 43 [1981] 557-81. DUNN, J. D. G., "Salvation Proclaimed: VI. Romans 6,1-11: Dead and Alive", *ExpTim* 93 [1981-82] 259-64. SCHLIER, H., "Die Taufe nach dem 6. Kapitel des Römerbriefes", *Die Zeit der Kirche* [5ª ed.; Freiburg, 1972] 47-56. TANNEHILL, R. C., *Dying and Rising with Christ* [BZNW 32; Berlin, 1967] 7-43. WAGNER, G., *Pauline Baptism and the Pagan Mysteries* [Edinburgh, 1967]. WEDDERBURN, A. J. M., "Hellenistic Christian Traditions in Romans 6?", *NTS* 29 [1983] 337-55.)

70 (iii) LIBERDADE DA LEI (7,1-25). Paulo iniciou sua descrição da nova situação do cristão justificado explicando como Cristo colocou um fim ao reinado do pecado e da morte (5,12-21) e então como a "nova vida em Cristo Jesus" significou uma reorientação da pessoa, de modo que não poderá mais nem mesmo pensar em pecar (6,1-23). Em 6,14, ele introduziu a relação da lei com esta liberdade, assombrado pelo problema que se colocava: qual o papel ainda desempenhado pela lei na vida humana? Ele manifestara sua preocupação com este problema antes em Romanos (3,20.31; 4,15; 5,13.20), mas agora pretende enfrentá-lo de forma direta. Qual é a relação entre a lei e o pecado? Como a lei pode ser o ministro da morte e da condenação (2Cor 3,7.9)? Qual é a relação entre o cristão e esta lei? Os vv. 1-6 são a introdução a estas respostas, reafirmando a liberdade cristã da lei, e os vv. 7-25 explicam a relação entre a lei e o pecado. Aqui, Paulo afirma a bondade básica da lei e mostra que ela foi usada pelo pecado como instrumento para dominar a pessoa de "carne". Ele encontra a resposta a este problema não na própria lei, mas na incapacidade do ser humano fraco, natural e terreno em arcar com suas exigências.

71 Em 7,1-6, Paulo entretece dois argumentos: (1) A lei diz respeito somente aos vivos (7,1.4a) e, consequentemente, o cristão que morreu "através do corpo de Cristo" não está mais vinculado a ela. (2) A esposa é libertada, pela morte de seu marido, das prescrições específicas da lei que a vinculam a ele; o cristão é como a esposa judia cujo marido morreu. Assim como ela está livre da "lei do marido", através da morte o cristão é libertado da lei (7,2.3.4b). O segundo argumento é somente uma ilustração do primeiro, além de não ser uma ilustração perfeita. Não se deveria forçá-lo a virar uma alegoria, como propôs Sanday-Headlam (*Romans* 172): a esposa = o verdadeiro eu (ego); o (primeiro) marido = a antiga condição do homem; a "lei do marido" = a lei que condena a antiga condição; o novo casamento = a união com Cristo. Na verdade, o argumento de Paulo é diferente. É a mesma pessoa que morre e é libertada da lei. Ele usa a ilustração por um motivo apenas: a obrigação da lei cessa quando ocorre a morte. Já que o cristão experimentou a morte, a lei não mais tem direito sobre ele ou ela. Este é o argumento dele aqui no cap. 7.

72 1. *irmãos*: este é o primeiro uso desta forma de tratamento desde 1,13. *versados em lei*: ainda que Weiss, A. Jülicher e E. Kühl pensem que Paulo, ao se dirigir aos cristãos romanos, estava se referindo à lei romana, e alguns outros (Lagrange, Lyonnet, Sanday--Headlam, Taylor) interpretem *nomon* (sem artigo) como "lei em geral", a maioria dos comentaristas entende corretamente a expressão como uma referência à lei mosaica (veja o comentário sobre 2,12), pelo fato de que há alusões a ela em 7,2.3.4b e porque o versículo retoma 5,20 e 6,14. Como observou Leenhardt (*Romans* 177), se o argumento de Paulo se baseasse num princípio jurídico pagão, ele perderia muito de sua força demonstrativa. De fato, Paulo sustenta que o próprio Moisés previu uma situação na qual cessaria o poder vinculante da lei. *a lei domina o homem só enquanto está vivo*: literalmente, "tem senhorio sobre", *i.e.*, mantém cativa uma pessoa com a obrigação de observá-la. A conclusão desta ideia é tirada no v. 4a. Ela é ilustrada agora pela lei do casamento. **2.** *a mulher casada*: cf. Nm 5,20.29; Pr 6,29. De acordo com a lei do AT, a mulher era considerada propriedade de seu marido, e sua infidelidade era adultério (Ex 20,17; 21,3.22; Lv 20,10; Nm 30,10-14; cf. R. de Vaux, *AI* 26). *lei do marido*: a prescrição individual da lei mosaica, que vincula a mulher com seu proprietário (o marido). **3.** *se for viver com outro homem*: literalmente, "se pertencer a outro (homem)". A expressão procede de Dt 24,2; Os 3,3. A liberdade da esposa vem com a morte do marido e, obviamente, nada tem a ver com divórcio. **4.** *pelo corpo de Cristo: i.e.*, através do corpo crucificado do Jesus histórico (veja Gl 2,19-20). Pelo batismo, o cristão foi identificado com Cristo (6,4-6), compartilhando de sua morte e ressurreição. Quando Cristo morreu por todos em "em carne semelhante à do pecado" (8,3), então todos morreram (2Cor 5,14). *para pertencerdes a outro*: o "segundo marido" é o Cristo ressurreto e glorificado que, como *Kyrios*, de agora em diante governa o cristão. *produzirmos frutos para Deus*: a união de Cristo com o cristão foi descrita em termos de casamento, e, agora, Paulo continua a desenvolver sua figura: espera-se que essa união produza os "frutos" de uma vida reformada.

73 5. *Quando estávamos na carne*: ou seja, no passado sem Cristo. Este modo de existência é contraposto implicitamente à vida "no Espírito" (8,9), à qual Paulo alude em 7,6. *paixões pecaminosas*: a propensão ao pecado resultante de fortes impressões sensoriais (veja Gl 5,24). *através da lei*: a lei estimula as paixões humanas dominadas pela "carne" e, assim, se torna ocasião para o pecado. Outro aspecto dela aparece no v. 7. *produziram frutos de morte*: a expressão denota o resultado e não o propósito (veja o comentário sobre *eis to* + infinitivo, 1,20). As paixões não foram destinadas a contribuir para a morte, mas o fazem instigadas pela lei (veja 6,21). **6.** *Agora, porém*: na nova dispensação cristã (veja o comentário sobre 3,21). *tendo morrido para o que nos mantinha cativos*: ainda que alguns comentaristas tentem fazer com que o pronome "o que" se refira à dominação das paixões, ele é, antes, outra referência à lei recém mencionada. *e assim podermos servir em novidade de Espírito*: o Espírito, como princípio dinâmico da nova vida iniciada no batismo (6,4), é radicalmente diferente do código escrito. A expressão foi sugerida a Paulo pela menção da "carne" no v. 5. Deste modo, carne e Espírito servem como trampolim para uma outra contraposição, o Espírito e a letra (= a vida sob a lei mosaica; cf. 2Cor 3,6-8, um excelente comentário sobre este versículo).

74 Nos vv. 7-13, Paulo trata da relação entre a lei e o pecado. **7.** *a Lei é pecado?*: Paulo está, claramente, se referindo à lei mosaica (veja 7,1), pois inclusive a cita no final deste versículo. Alguns comentaristas, porém, tentaram entender *nomos* aqui como (1) a lei natural (Orígenes, E. Reuss) ou (2) toda a lei dada desde o início, inclusive a "ordem" dirigida a Adão (Teodoro de Mopsuéstia, Teodoreto, Cajetano, Lietzmann, Lyonnet). Para apoiar estas ideias, apela-se a Eclo 17,4-11, que, supõe-se, mostraria que os judeus daquela época estendiam a noção de lei a todos os preceitos divinos, mesmo aqueles impostos a Adão (Eclo 17,7, lembrando Dt 30,15.19) e a Noé. Eclesiástico 45,5(6) fala da lei dada a Moisés em termos de *entolai*, "preceitos", a mesma palavra utilizada em 7,8. Diz-se que Abraão observou a lei de Deus (Eclo 44,20), e o posterior *TgPsJ* (sobre Gn 2,15) diz que Adão foi colocado no Éden para observar os mandamentos da lei (uma concepção aceita também por Teófilo de Antioquia, *Ad Autolycum* 2:24; PG 6.1092; Ambrósio, *De Paradiso* 4; CSEL 32. 282). Nenhuma destas razões, porém, prova que Paulo tinha um conceito de lei mais amplo do que a lei mosaica. Quando muito, elas refletem a crença de alguns judeus de que a lei mosaica já era conhecida a Abraão ou a pessoas de épocas mais antigas. Paulo não compartilha dessa crença (4,13; Gl 3,17-19). Pelo contrário, ele está preocupado com a conclusão que poderia ser tirada de alguns de seus comentários sobre a lei. Ela pode parecer pecaminosa em si mesma, já que "interveio" para aumentar as faltas (5,20), fornece "conhecimento do pecado" e "produz ira" (4,15). Ele rejeita categoricamente esta conclusão (veja o comentário sobre 3,4). *eu não conheci o pecado senão através da Lei*: o que foi apreendido pela consciência como mau veio a ser considerado como rebelião e transgressão formal através da lei. Como em 3,20, a lei aparece como um denunciante moral.

75 Paulo agora muda para a primeira pessoa do singular, e esta mudança despertou um problema exegético histórico. A quem se refere este "eu"? (1) De acordo com A. Deissmann, Dodd, Bruce, Kühl *et al.*, Paulo está falando de forma autobiográfica. No entanto, esta interpretação não convence, já que ela entra em conflito com o que Paulo diz sobre seu próprio pano de fundo psicológico como fariseu e sobre sua experiência antes de sua conversão com a lei (Fl 3,6; Gl 1,13-14). Ela também não percebe uma perspectiva genérica dominante que Paulo adota aqui, já que ele reflete sobre as fases da história humana. (2) De acordo com P. Billerbeck, Davies, M. H. Franzmann *et al.*, Paulo estaria pensando no jovem judeu piedoso que, aos doze anos, era obrigado a observar a lei. No entanto, esta ideia de inocência infantil é por demais restrita para a exposição de Paulo como um todo. (3) De acordo com Metódio de Olímpia, Teodoro de Mopsuéstia, Caetano, Dibelius, Lyonnet, Pesch *et al.*, Paulo estaria se referindo a Adão, confrontado com o "mandamento" de Gn 2,16-17. Mas, ainda que esta ideia dê à passagem a perspectiva global que ela necessita e ainda que Paulo possa estar fazendo alusão a Gn 3,13 em 7,11, ela não explica por que ele se referiria a Adão como "eu". Além disso, a alusão no v. 11 é isolada. De fato, quando Paulo cita um preceito divino, não é o de Gn 2,16 ou 3,3, mas um dos mandamentos do Sinai. (4) De acordo com Agostinho, Tomás de Aquino, Lutero, Barth, Althaus, Nygren *et al.*, Paulo estaria falando de sua própria experiência como cristão confrontado com os regulamentos de sua nova vida como convertido. Mas é preciso, neste caso, perguntar por que Paulo fala tanto da lei. Esta exposição tende a fazer de Paulo um jovem Lutero. (5) De acordo com Käsemann e muitos outros, Paulo está usando uma figura retórica, o eu, para dramatizar de forma íntima e pessoal a experiência comum a toda a humanidade não regenerada em confronto com a lei mosaica e confiante em seus próprios recursos para cumprir suas obrigações. Em vez de usar *anthrōpos*, "ser humano", ou *tis*, "alguém", ele prefere falar de eu, mais ou menos como o fez em 1Cor 8;13; 13,1-3.11-12; 14,6-19; Rm 14,21; Gl 2,18-21. Este dispositivo retórico "se encontra não apenas no mundo grego, mas também nos salmos de ação de graças do AT nos momentos em que se confessa a libertação divina da culpa e do perigo da morte" (Käsemann, *Romans* 193).

A insistência trivial sobre apenas um aspecto do problema do eu tende a obscurecer a profunda percepção de Paulo. A confrontação do eu com o pecado e a lei não é considerada por ele em um nível pessoal nem psicológico, mas do ponto de vista histórico e coletivo. Paulo contempla a história humana na forma como ela se tornou conhecida a ele através dos olhos de judeus e cristãos – sem Cristo e com Cristo (veja E. Stauffer, *TDNT* 2.358-62). Algumas de suas afirmações nesta passagem são susceptíveis de aplicação a experiências além de sua própria perspectiva imediata. O que ele diz nos vv. 7-25 é, indubitavelmente, a experiência de muitos cristãos em confronto com a lei divina, eclesiástica ou civil. Quando estes versículos são lidos sob esta ótica, poucas pessoas deixarão de perceber seu significado. Mas, para entender o que Paulo está dizendo, é importante ter em mente *sua* perspectiva.

76 *não cobiçarás:* desta forma se resume a lei mosaica (Ex 20,17; Dt 5,21). Esta expressão revela a essência da lei, ensinando os seres humanos a não se deixarem atrair pelas coisas criadas, mas, antes, pelo Criador. Através deste preceito, a consciência moral indolente é tornada consciente da possibilidade de violação da vontade de Deus assim manifestada. **8.** *mas o pecado, aproveitando da situação, através do preceito*: o "preceito" pode parecer uma alusão à ordem dada a Adão em Gn 2,16, mas ele se refere à proibição específica da lei mosaica recém citada. Aqui dever-se-ia evocar a concepção paulina da história da salvação (→ Teologia paulina, 82:42). De Adão a Moisés, as pessoas cometeram males, mas não violaram preceitos como o fez Adão. Seus atos maus se tornaram violações com o advento da lei e, portanto, esta se tornou uma *aphormē*, "ocasião, oportunidade" (*BAGD* 127), para o pecado formal. **9.** *sem a Lei, o pecado está morto*: como um cadáver, ele estava sem poder para fazer qualquer coisa, sem poder para tornar o mal revolta flagrante contra Deus (veja 4,15; 5,13b). **9.** *Outrora eu vivia sem lei*: esta não é uma alusão à feliz e inocente infância de Paulo, nem uma alusão ao estado de Adão antes que comesse o fruto, mas uma referência irônica à vida levada por qualquer pessoa sem Cristo e ignorante da real natureza da má conduta. A expressão "morto", usada para o pecado (v. 8), provavelmente sugeriu a Paulo o contraste com o "eu vivia" seguinte; porém, a ênfase principal está na expressão "sem a lei". A vida vivida deste modo não era, com efeito, aquela vida de união com Deus em Cristo, nem era a rebelião aberta contra Deus na transgressão formal. *o pecado reviveu*: com a intervenção da lei, a condição humana diante de Deus mudou, pois os "desejos" se converteram então em "cobiça", e sua busca, em rebeldia contra Deus. Se o verbo *anezēsen* for entendido literalmente "voltou à vida", será difícil perceber como isto poderia se aplicar a Adão. Mas talvez signifique simplesmente "surgir" (*BAGD* 53). O pecado "estava vivo" na transgressão de Adão e "surgiu" novamente nas transgressões da lei mosaica. **10.** *e eu morri*: a morte aqui não é a de Gl 2,19, por meio da qual o cristão morre para a lei através da crucificação de Cristo, de forma que ela não mais tem qualquer direito sobre ele ou ela. Esta morte é, antes, a condição resultante do pecado como uma violação da lei. Através das transgressões formais, os seres humanos são submetidos à dominação de *thanatos* (5,12). *o preceito, dado para a vida*: a lei mosaica prometeu vida às pessoas que a observassem: "quem os cumprir encontrará neles a vida" (Lv 18,5; cf. Dt 4,1; 6,24; Gl 3,12; Rm 10,5). *por meio dele me matou*: a lei mesma não matou, mas foi um instrumento usado pelo pecado para levar o ser humano à morte. Ela foi não somente uma ocasião do pecado (7,5) ou um delator moral (7,7), mas também provocou uma condenação à morte contra quem não lhe obedece (Dt 27,26; cf. 1Cor 15,56; 2Cor 3,7.9; Gl 3,10). **11.** *me seduziu*: assim como a ordem de Deus deu à serpente tentadora sua oportunidade, o pecado usou a lei para seduzir os seres humanos e incitá-los ao que era proibido. Paulo está se referindo a Gn 3,3, mas não de forma tão explícita como em 2Cor 11,3. A sedução aconteceu quando a autonomia humana foi confrontada com a ordem divina de submissão. Como fez a serpente, também o pecado induziu os seres humanos assim confrontados a reafirmar sua autonomia e se fazer "como Deus". **12.** *santo, justo e bom*: visto que a lei foi dada por Deus e destinada a dar vida às pessoas que lhe obedecessem (7,10.14; Gl 3,24). A lei nunca mandou os seres humanos fazerem o mal. Em si mesma ela era boa. **13.** *uma coisa boa se transformou em morte para mim?*: a anomalia da lei! Paulo, novamente, rejeita com veemência o pensamento de que uma instituição dada por Deus seja a causa direta da morte (veja o comentário sobre 3,4). *foi o pecado que, para se revelar pecado*: o verdadeiro culpado, a causa direta da morte de todos, foi o pecado (5,12; 6,23), que usou a lei como um instrumento. Uma vez que isso seja compreendido, torna-se claro que a lei não era o equivalente do pecado (cf. 2Cor 3,7) e que o pecado demonstra ser aquilo que de fato é, revolta contra Deus.

77 14-25. A explanação de Paulo ainda não está completa; agora ele a aprofunda. Como poderia o pecado usar algo bom em si mesmo para destruir os seres humanos? O problema não está na lei, mas nos próprios seres humanos. **14.** *a Lei é espiritual*: por causa de sua origem divina e de seu propósito de levar os seres humanos a Deus. Assim, ela não pertencia ao âmbito da humanidade terrena natural. Enquanto *pneumatikos*, ela pertencia à esfera de Deus e se opunha ao que é *sarkinos*, "carnal", "pertencente à esfera da carne". **15.** *não consigo entender o que faço*: o enigma procede de um conflito nas profundezas da humanidade, a ruptura entre o desejo dominado pela razão e a atuação real. *não pratico o que quero, mas faço o que detesto:* a aspiração moral e a atuação não estão integradas ou coordenadas. As melancólicas palavras do poeta romano Ovídio são frequentemente citadas em conexão com esta afirmação: "Eu percebo o que é melhor e o aprovo, mas busco o que é pior" (*Metamorfose* 7.19). Os essênios de Qumran explicavam o mesmo conflito interior dizendo que Deus tinha colocado dois espíritos nos seres humanos para governá-los até o tempo de sua visitação, um espírito da verdade e um espírito da perversão (1QS 3:15-4:26). Paulo, porém, atribui a ruptura não a espíritos, mas aos próprios seres humanos. **16.** *reconheço que a Lei é boa*: o desejo de fazer o que é correto é um reconhecimento implícito da bondade e da excelência da lei naquilo que ela impõe. **17.** *o pecado que habita em mim: hamartia* veio ao mundo para "reinar" sobre a humanidade (5,12.21) e, ao se alojar nos seres humanos, os escraviza. Este versículo é, de fato, uma correção de 7,16a: o pecado é responsável pelo mal que os seres humanos praticam. Pode parecer que Paulo quase absolve os seres humanos da responsabilidade pela conduta pecaminosa (veja 7,20), mas ela é um pecado humano (5,12d). **18.** *o bem não mora em mim, isto é, em minha carne*: a restrição adicional é importante, já que Paulo encontra a raiz da dificuldade no eu humano considerado como *sarx*, a fonte de tudo o que se opõe a Deus. Do eu considerado *sarx* procedem as coisas detestáveis que se praticam. Porém, o eu como verdadeira instância volente está desassociado daquela instância que se tornou vítima da "carne" (→ Teologia paulina, 82:103). **19-20.** Uma repetição de 7,15.17 de um ponto de vista diferente.

78 21. *Verifico, pois, esta lei:* todas as pessoas aprendem, pela experiência, como são as coisas. Em 7,21-25, *nomos* sofre uma mudança em sua nuança. Paulo está jogando com outros significados da palavra que usou até agora para designar a lei mosaica. Agora, *nomos* denota um "princípio" (BAGD 542), ou o "padrão" vivenciado da atividade da pessoa. **22.** *comprazo-me na lei de Deus segundo o ser humano interior*: não é o cristão que está dizendo isso, mas, como os versículos seguintes tornam claro, a "mente" (*nous*) da humanidade não regenerada. Embora dominados pelo pecado quando considerados como "carne", todos ainda experimentam o desejo daquilo que Deus deseja. A mente ou razão reconhece o ideal apresentado pela lei, a lei de Deus. **23.** *mas percebo outra lei ... que peleja contra a lei de minha razão*: o *nomos* no qual o eu racionante se compraz se opõe a outro *nomos* que, no final das contas, torna o eu cativo. (6,13.19). Este *nomos* não é outro senão o pecado que habita no interior do ser humano (7,17) e o escraviza de modo que o eu volente, aquele que se compraz na lei de Deus, não está livre para observá-la. **24.** *Infeliz de mim!*: o clamor angustiado de todas as pessoas que estão oprimidas pelo fardo do pecado e impedidas por ele de alcançar o que desejam. É um clamor desesperado pelo socorro de Deus. *Quem me libertará deste corpo de morte?*: veja o comentário sobre 6,6. Ameaçado pela derrota neste conflito, o ser humano encontra libertação na generosa misericórdia de Deus manifestada em Cristo Jesus. **25.** *Graças sejam dadas a Deus*: no manuscrito D e na Vulgata, a resposta à pergunta do v. 24 é a "graça de Deus", mas esta é uma leitura inferior. O v. 25 é uma exclamação que expressa a gratidão do eu a Deus, que antecipa a verdadeira resposta a ser dada em 8,1-4. A gratidão é expressa "por Jesus Cristo nosso Senhor", usando o refrão desta parte de Rm (→ 50 *acima*). Talvez seja preferível separar a exclamação (Graças a Deus!) da expressão seguinte, entendendo esta última como uma expressão inicial da resposta à pergunta do v. 24: "(Isso é feito) por Jesus Cristo..." *pela razão*: o eu racional submete-se, de boa vontade, à lei de Deus e se contrapõe ao eu carnal, a pessoa escrava do pecado. Assim, Paulo termina sua exposição das três formas de liberdade alcançadas para a humanidade em Cristo Jesus.

(BENOIT, P., "The Law and the Cross according to St. Paul, Romans 7:7-8:4", *Jesus and the Gospel*, Volume 2 [London, 1974] 11-39. BORNKAMM, G., *Early Christian Experience* [Philadelphia, 1969] 87-104. BRUCE, F. F., "Paul and the Law of Moses", *BJRL* 57 [1974-75] 259-79. HÜBNER, H., *Law in Paul's Thought* [Edinburgh, 1984]. KÜMMEL, W. G., *Römer 7 und die Bekehrung des Apostels* [UNT 17; Leipzig, 1929]. RÄISÄNEN, H., *Paul and the Law* [WUNT 29; Tübingen, 1983].)

79 (c) *O tema desenvolvido: a vida cristã é vivida no Espírito e está destinada à glória* (8,1-39). Em 5,1-11, Paulo anunciou que, como resultado do amor de Deus manifestado nos atos libertadores de Cristo, os cristãos justificados foram capacitados a viver uma nova vida. Agora que aconteceu a libertação do pecado, da morte e da lei, eles são capazes de viver esta vida "para Deus", cujo amor é derramado através do princípio dinâmico dessa vida – o Espírito do próprio Deus. O cap. 8 começa respondendo a pergunta colocada em 7,24: Cristo resgatou os seres humanos da escravidão e tornou possível que eles vivam "segundo o Espírito" (8.1-4). Esta resposta serve como introdução para o desenvolvimento do tema anunciado em 5,1-11, que explica como a existência cristã é dominada pelo Espírito e não pela carne (8,5-13). Por causa do dom do Espírito, o cristão é filho de Deus, adotado e destinado à glória da presença íntima de Deus (8,14-30). Finalmente, ao contemplar o plano da salvação, Paulo recorre à retórica e glorifica o amor de Deus manifestado em Cristo Jesus (8,31-39).

80 (i) *A VIDA CRISTÃ CAPACITADA PELO ESPÍRITO* (8,1-13). **1.** *não existe mais condenação para aqueles que estão em Cristo Jesus*: a condenação não é mais dirigida pela lei contra as pessoas que não a observam, nem há mais qualquer condenação resultante do pecado. "Condenação" aqui tem o mesmo significado que a "maldição" de Gl 3,10 (cf. Dt 27,26). Ela se apegou aos seres humanos não regenerados divididos em dois, já que eles eram "carne" e eram dominados pelo pecado (5,16-18), embora ainda tivessem uma "mente" que reconhecia a lei de Deus. Esta condição, porém, não afeta o cristão, que não vive mais sob a dispensação da "condenação" (2Cor 3,9) ou da "morte" (2Cor 3,7). **2.** *A Lei do Espírito da vida:* definida desta maneira, *nomos* não se refere mais à lei mosaica. Paulo se permite o oximoro e aplica *nomos* ao Espírito, o "princípio" dinâmico da nova vida, ainda que ele não seja, de fato, nomos, visto que dá a vitalidade que a lei mosaica jamais poderia dar. É o poder vivificante do próprio Deus. "Espírito" ocorre 29 vezes no cap. 8, mas somente 3 vezes nos caps. 1 a 7. *te libertou*: a liberdade cristã é alcançada ou "através" de Cristo (instrumental) ou "em Cristo" (unitivo). A leitura melhor é "te", ainda que alguns manuscritos importantes tragam "me", o que, apesar de ser uma resposta mais direta ao clamor do eu em 7,24, é, claramente, a correção de um copista. *da lei do pecado e da morte*: novamente *nomos* é usado em sentido amplo como "princípio", embora não se deveria deixar de observar o arranjo das três palavras-chave – lei, pecado e morte, que resumem a exposição dos caps. 5 a 7 e cuja tirania é quebrada.

81 **3.** *coisa impossível à Lei:* "Isto Deus fez", ou uma expressão semelhante, deve ser suprida para que se possa esclarecer o anacoluto. Paulo está se referindo à incapacidade da lei mosaica em colocar o ser humano em um estado de retidão diante de Deus e libertá-lo do pecado e da morte. *porque enfraquecida pela carne*: ou "na medida em que ela estava...". O bem que a lei poderia ter alcançado foi tornado sem efeito pela "pessoa" dominada pelo pecado que nela habita (7,22-23). Embora ela dissesse o que os seres humanos deveriam e o que não deveriam fazer, ela não fornecia o poder para superar a oposição a ela que vem da inclinação humana para o pecado. *Deus, enviando o seu próprio Filho*: a expressão enfática "seu próprio Filho" é mais forte do que a fórmula estereotipada "Filho de Deus" e enfatiza a origem divina da tarefa a ser realizada por aquele que tem um relacionamento de proximidade filial com Deus. Isto implica não apenas um vínculo singular de amor entre o Pai e o Filho, que é a fonte da salvação, mas também a preexistência divina de Cristo (→ Teologia paulina, 82:50), cuja tarefa era realizar aquilo que a lei não poderia fazer. O "envio" não se refere ao todo da encarnação redentora, mas a seu clímax na cruz e na ressurreição (Gl 3,13; 2Cor 5,19-21; Rm 3,24-25). *em carne semelhante à do pecado*: esta não é uma descrição docética, sugerindo que o Filho só parecesse ser humano. Antes, ele foi enviado como homem, nascido de uma mulher, nascido sob a lei (Gl 4,4). Paulo evita dizer que o Filho veio com carne pecaminosa, assim como em 2Cor 5,21 ele restringe sua afirmação que Deus fez Cristo "pecado" por nós acrescentando "aquele que não conhecera pecado" (cf. Hb 4,15). Ele veio em uma forma como a nossa na medida em que experimentou os efeitos do pecado e sofreu a morte como alguém "amaldiçoado" pela lei (Gl 3,13). Então, em sua própria pessoa, ele enfrentou o poder do pecado. *em vista do pecado*: literalmente, "por causa do pecado", *i.e.*, para removê-lo, para expiá-lo (*BAGD* 644; cf. Gl 1,4; 1Pd 3,18; Nm 8,8). Este foi o propósito da missão do Filho. Alguns comentaristas, porém, entendem *peri hamartias* no sentido de "como oferenda pelo pecado", já que *hamartia* ocorre neste sentido na LXX (Lv 4,24; 5,11; 6,18; cf. 2Cor 5,21). Embora a imagem fosse diferente, a ideia subjacente ainda é a mesma. *condenou o pecado na carne*: o Pai, assim, proferiu o julgamento definitivo sobre o poder que a transgressão de Adão desencadeou no mundo (5,12) e, desta forma, quebrou seu domínio sobre os seres humanos. Ele realizou isso "na carne". Como? De acordo com Kühl, Lagrange e Zahn, Paulo se refere à encarnação, quando o Pai, pelo envio do Filho "na carne", implicitamente proferiu a sentença sobre o pecado. Foi uma condenação em princípio, na medida em que o Filho assumiu a condição humana sem pecado e viveu uma vida sem pecado. Porém, uma vez que em outros lugares Paulo associa a atividade redentora de Jesus à sua paixão, morte e ressurreição, é melhor entender a expressão como referência à "carne" crucificada e ressurreta (de acordo com Benoit, Käsemann *et al.*). Na carne que compartilhou com a humanidade, Jesus passou pela experiência da morte em favor dela e foi ressuscitado da morte pelo Pai. Identificado com Cristo no batismo, o cristão compartilha desse destino e vitória, o que marca o final do reinado do pecado na vida humana.

82   **4.** *a fim de que o preceito da Lei se cumprisse:* através do poder do Espírito, o princípio divino da nova vida, a retidão que a lei exigia é, finalmente, obtida. A palavra-chave aqui é *dikaiōma*, cujo significado é controverso; o mais provável é que este termo signifique "exigência, mandamento" da lei, *i.e.*, uma exigência ideal (veja 2,26; cf. BAGD 198; K. Kertelge, *EWNT* 1. 809). *em nós que ... vivemos ... segundo o Espírito:* a lei propunha um ideal, mas não capacitava os seres humanos a alcançá-lo. Agora tudo isso mudou. O Espírito capacita-os a sobrepujar a carne e alcançar o objetivo que a lei propôs. O particípio grego com o *mē* negativo fornece à expressão uma força de ressalva ou condicional – "desde que não andemos de acordo com a carne". Assim, insinua-se que a vida cristã não é algo que flua automaticamente do batismo; requer-se a cooperação com a graça de Deus assim conferida. A contraposição entre "carne" e "Espírito" será desenvolvido nos vv. 5-13. **5.** *os que vivem segundo a carne: i.e.*, cuja motivação na vida é um interesse autocentrado. **6.** *o desejo da carne é a morte*: todo o empenho do ser humano natural está focado na morte (a morte total; veja o comentário sobre 5,12). Compare Gl 5,21: "Os que praticam tais coisas não herdarão o reino de Deus". A aspiração do Espírito, "vida e paz", é radicalmente oposta a isso. Paulo está dizendo que a tendência da humanidade não regenerada é a inimizade com Deus, o que ele formula explicitamente em 8,7. Através do Espírito, porém, o ser humano pode encontrar reconciliação e paz com Deus. **7.** *não se submete à lei de Deus*: este versículo reformula 7,22-25, mas vai mais longe ao afirmar que o ser humano de propensão terrena é fundamentalmente incapaz de obedecer à lei de Deus, faltando-lhe o poder de transcender o conflito interior quando confrontado com a lei. Esta hostilidade para com Deus é responsável pela transgressão aberta das prescrições da lei. **8.** *não podem agradar a Deus:* Paulo escolhe uma forma neutra para expressar o objetivo da vida humana: agradar a Deus. Este é o objetivo tanto dos judeus quanto dos cristãos (cf. 2Cor 5,9), mas ele não pode ser obtido por alguém dominado pelo "eu" ("na carne"); é preciso estar "no Espírito", *i.e.*, viver "segundo o Espírito" (8,5).

83   **9.** *se é verdade que o Espírito de Deus habita em vós*: o Espírito, enquanto novo princípio da vitalidade cristã, vem de "Deus", a mesma fonte de todas as outras manifestações da salvação. O cristão batizado não apenas está "no Espírito", mas também se diz que o Espírito habita nele. Essas expressões do relacionamento mútuo entre o Espírito e a pessoa "espiritual" previnem qualquer interpretação simples da participação humana na vida divina em um sentido excessivamente local ou espacial. Ambas as formas expressam a mesma realidade básica. No início da oração,

Paulo usou a conjunção *eiper* traduzida como "se", mas que também pode significar "desde que, na realidade". *o Espírito de Cristo*: note como Paulo intercambia "o Espírito de Deus", "o Espírito de Cristo" e "Cristo", à medida que tenta expressar a realidade multifacetada da experiência cristã de participação na vida divina (quanto às implicações deste uso múltiplo no desenvolvimento da teologia trinitária, → Teologia paulina, 82:61-62). *não pertence a ele*: a ligação com Cristo somente é possível pela "espiritualização" dos seres humanos, o que não é mera identificação externa com a causa de Cristo, ou mesmo o grato reconhecimento daquilo que ele fez pela humanidade. Antes, o cristão que pertence a Cristo é a pessoa capacitada a "viver para Deus" (6,10) em virtude da influência vitalizante De seu Espírito. **10.** *Se, porém, Cristo está em vós*: ou o Espírito (8,9); cf. Gl 2,20; 2Cor 5,17. *o espírito é vida*: Paulo joga com os significados de *pneuma*. Em 8,9, significa claramente "Espírito de Deus", mas ele está consciente de seu sentido como componente humano que pode ser contraposto a "carne" (→ Teologia paulina, 82:105). Sem o Espírito, a fonte da vitalidade cristã, o "corpo" humano é como um cadáver por causa da influência do pecado (5,12), mas, em união com Cristo, o "espírito" humano vive, porque o Espírito ressuscita o ser humano morto através do dom da retidão (veja Leenhardt, *Romans* 209; cf. M. Dibelius, *SBU* 3 [1944] 8-14). **11.** *o Espírito daquele que ressuscitou Jesus*: como em 8,9, *pneuma* é o Espírito do Pai, a quem é atribuída a efetivação da ressurreição (veja os comentários sobre 4,24; 6,4). O poder que vivifica o cristão é, deste modo, atribuído à sua fonte última, porque o Espírito é a manifestação da presença e do poder do Pai no mundo desde a ressurreição de Cristo e através dela. *dará vida também a vossos corpos mortais*: o tempo futuro expressa o papel vivificador do Espírito na ressurreição escatológica dos cristãos. Em sua ressurreição, Cristo se tornou, através da glória do Pai (6,4), o princípio da ressurreição dos cristãos (veja 1Ts 4,14; Fl 3,10.21;

1Cor 6,14; 2Cor 4,14; → Teologia paulina, 82:58-59). *mediante seu Espírito*: as edições modernas do NT grego leem *dia* com genitivo, que expressa a instrumentalidade do Espírito na ressurreição dos seres humanos (assim fazem os mss. א, A, C). Outra leitura fortemente atestada é *dia* com acusativo, que acentuaria a dignidade do Espírito (assim fazem os mss. B, D, G e a Vulgata), "por causa de seu Espírito". De qualquer modo, "seu" é uma referência a Cristo (*ZBG* § 210; *BDF* 31.1), já que é o Espírito relacionado com o Cristo ressurreto que é o princípio vivificador. **13.** *fizerdes morrer as obras do corpo*: este versículo, juntamente com o anterior, conclui a exposição precedente e forma uma transição para a próxima seção. Paulo dá a entender que o cristão batizado ainda poderia estar interessado nos "feitos, atos, ocupações" de uma pessoa dominada pela *sarx*. Daí sua exortação: façam uso do Espírito que receberam; esta é a dívida para com Cristo.

84 (ii) *Através do Espírito, o cristão se torna filho de Deus, destinado à glória* (8,14-30). O Espírito não só dá nova vida, como também estabelece para os seres humanos uma relação de filho adotivo e herdeiro. A criação material, a própria esperança e o Espírito, todos testemunham este destino glorioso. **14.** *filhos de Deus*: a mortificação, embora necessária para a vida cristã (8,13), não a constitui realmente. Antes, o Espírito anima e ativa o cristão e o torna filho de Deus. Esta é a primeira aparição do tema da filiação em Rm; através dele, Paulo tenta descrever o novo *status* do cristão em relação a Deus. **15.** *não recebestes um espírito de escravos:* Paulo joga com os significados de *pneuma* (Espírito/espírito). Os cristãos receberam o Espírito (de Cristo ou de Deus), mas este não é o "espírito" no sentido de uma índole ou mentalidade própria de um escravo. Animado pelo Espírito de Deus, o cristão não pode ter a atitude de um escravo, pois o Espírito liberta. É bem verdade que, às vezes, Paulo fala do cristão como um "escravo" (6,16; 1Cor 7,22), mas isso é para ressaltar um aspecto. Na realidade, ele considera o cristão um filho (cf. Gl 4,7), que recebeu do Espírito a capacidade de recorrer ao próprio Deus como Pai. *recebestes um espírito de filhos adotivos:* ou "o Espírito de adoção". Já que Paulo está jogando com a palavra *pneuma* é difícil dizer exatamente a que nuança ele visa aqui; talvez sejam as duas. O Espírito constitui a filiação adotiva ao colocar os cristãos em um relacionamento especial com Cristo, o Filho Unigênito, e com o Pai. A palavra *huiothesia*, "adoção", é aplicada a Israel em Is 9,4 com referência especial ao fato de ter sido eleito por Deus (cf. Ex 4,22; Is 1,2; Jr 3,19; Os 11,1), mas ela não se encontra na LXX, provavelmente porque a adoção não era uma instituição muito praticada entre os judeus. Paulo tomou esta palavra emprestada da linguagem jurídica helenística da época e a aplicou aos cristãos (cf. M. W. Schoenberg, *Scr* 15 [1963] 115-23). Ela indica que o cristão batizado foi introduzido na família de Deus e tem um *status* nela, não o de escravo (que, de fato, pertencia à família antiga), mas de filho. A atitude dos cristãos deveria, portanto, corresponder ao *status* do qual agora desfrutam. *pelo qual clamamos*: ou "no qual clamamos". Embora o verbo *krazein* seja usado na LXX em várias situações nas quais se recorre a Deus (Sl 3,5; 17,6; 88,2.10), ele também significa "clamar em alta voz" na proclamação (Rm 9,27). Este pode ser o sentido aqui: através do Espírito, os cristãos proclamam que Deus é Pai. *Abba, Pai*: veja o comentário sobre Gl 4,6. O clamor usado por Jesus no momento de sua suprema confiança terrena em Deus (Mc 14,36), preservado pela protocomunidade palestinense, tornou-se para Paulo, também nas comunidades gentílicas, a expressão de tratamento distintiva dos cristãos.

85 **16.** *O próprio Espírito se une ao nosso espírito para testemunhar*: o verbo *symmartyrein* significa "testemunhar junto com" ou simplesmente "testemunhar, certificar". Este último significado denotaria que o Espírito torna o cristão cônscio de sua filiação adotiva, "testemunhando ao nosso espírito que...". Mas o primeiro caso tem mais a ver com o verbo composto. Paulo não pretende dizer que uma pessoa não regenerada, sem a influência do Espírito, poderia chegar ao conhecimento da filiação adotiva, de modo que o Espírito apenas cooperaria com o espírito humano que reconhece isso. O contexto precedente deixa claro que o dinamismo vital do Espírito constitui a própria filiação e confere o poder para que se reconheça tal *status*. Agora, Paulo vai mais longe e enfatiza que o Espírito coopera com os cristãos quando reconhecem ou proclamam na oração esta relação especial com o Pai. Paulo está indo além de Gl 4,6. **17.** *E se somos filhos, somos também herdeiros*: o cristão, enquanto filho adotivo, não apenas é admitido na família de Deus, mas também, em razão da mesma adoção gratuita, recebe o direito de se tornar o senhor dos bens de seu pai. Ainda que ele não tenha um direito natural a isso, ele adquire esse direito pela adoção (cf. Gl 4,7). *coerdeiros com Cristo*: Cristo, o Filho Único, já recebeu uma parte dos bens do Pai (a glória). O cristão está destinado a, um dia, também compartilhar desta glória (veja o comentário sobre 3,23). Observe a conexão, afirmada explicitamente, entre a paixão de Cristo e sua ressurreição. O duplo uso de verbos compostos com *syn-*, "com", expressa, uma vez mais, a participação do cristão nestas fases da atividade redentora de Cristo (→ Teologia paulina, 82:120).

86 **18.** *Penso, com efeito ...*: este versículo introduz o tríplice testemunho dado sobre o destino do cristão, que é fortemente contraposto aos sofrimentos que acabam de ser mencionados. *a glória que deverá revelar-se em nós*: Paulo lembra a seus leitores que, embora os sofrimentos sejam um sinal da experiência cristã autêntica, eles são apenas a transição à glória certa que aguarda o cristão no *eschaton*. **19.** *a criação em expectativa anseia pela revelação dos filhos de Deus*: Paulo expõe sua concepção do mundo criado, que, em seu estado caótico, manifesta seu anseio cósmico pelo mesmo objetivo estabelecido para a própria humanidade. Deste modo, ele reafirma a solidariedade do ser humano com o mundo sub-humano na redenção de Cristo. Ela evoca a promessa de Iahweh a Noé sobre a aliança a ser feita "entre mim e vós e todos os seres vivos que estão convosco" (Gn 9,12-13). Neste contexto, o substantivo *ktisis* denota a "criação material" à parte do seres humanos (veja 8,23; cf. Cranfield, *Romans* 414; Wilckens, *An die Römer 2*. 153). Criada para os seres humanos, a criação foi amaldiçoada como resultado do pecado de Adão (Gn 3,15-17) e, desde então, tem se mantido em um estado de anomalia ou frustração, estando, ela própria, sujeita à corrupção ou à decadência. Entretanto, Paulo a vê compartilhando o destino da humanidade, libertada de alguma forma dessa inclinação à decadência.

87   20. *mas por vontade daquele que a submeteu – na esperança* **21.** *de ela também ser libertada da escravidão da corrupção*: três aspectos são problemáticos nestas orações: (1) o sentido da preposição *dia* na expressão *dia ton hypotaxanta*; (2) o significado da expressão *eph' helpidi*, "na esperança de"; e (3) o significado da conjunção *hoti* ou *dioti* (v. 21). Uma interpretação, usada com algumas variantes por Crisóstomo, Zahn, W. Foerster, Lyonnet, Wilckens *et al.*, considera *dia* como causal, um sentido que é frequente nos escritos paulinos (2,24; Gl 4,13; Fl 1,15): "por causa daquele que a submeteu". Isto seria uma referência a Adão, cuja transgressão causou a desordem da criação material. Mas, então, a questão que se levanta é: como Adão a sujeitou "na esperança de"? Esta expressão, que não se encontra no relato de Gênesis, deve ser, então, entendida como elíptica, "(entretanto, foi com a) esperança de que". A conjunção preferível no v. 21 é *dioti* (lida pelos mss. ℵ, D*, F, G, 945), "porque (a própria criação)". Ainda que esta explicação pareça defensável, ela não explica realmente a fonte da esperança que Paulo acrescentou na alusão a Gênesis. Outra explicação, usada por Käsemann, Lagrange, Leenhardt, J. Levie, Lietzmann, Pesch, Sanday-Headlam *et al.*, entende que

dia denota ação, "aquele que a submeteu", e seria uma referência não a Adão, nem a Satanás (a serpente), mas a Deus, que amaldiçoou a terra e a quem Paulo agora atribui a "esperança" (que não foi expressada em Gn). Então a oração do v. 21, introduzida pela conjunção *hoti* (lida pelos mss. P[46], A, B, C, D[2], etc.), expressaria o objeto de tal esperança, "que (a própria criação)". Esta interpretação parece fazer mais sentido, ainda que o uso de *dia* + acusativo para indicar ação seja raro (veja BAGD 181; cf. Eclo 5,11; Jo 6,57). Paulo estaria dizendo que Deus, embora tenha amaldiçoado a terra por causa do pecado de Adão, ainda deu a ela a esperança de compartilhar da redenção ou libertação humana. Esta "esperança" não deveria ser identificada facilmente com Gn 3,15, que expressa, antes, uma inimizade permanente. Na verdade, Paulo é o primeiro escritor bíblico a introduzir a nota de "esperança". *corrupção*: não só a corrupção moral, mas o domínio da dissolução e da morte que se na criação física. A criação material, assim, não será mera espectadora da glória e liberdade triunfante da humanidade, mas deverá tomar parte nelas. Quando os filhos de Deus forem, finalmente, revelados na glória, o mundo material também será emancipado do "último inimigo" (1Cor 15,23-28).

88   22. *a criação inteira geme e sofre as dores de parto até o presente*: os filósofos gregos constantemente compararam o renascimento primaveril da natureza com o parto de uma mulher. Paulo adota esta imagem para expressar as convulsões da criação material frustrada, da forma como ele a vê. Ela geme com esperança e expectação, mas também geme de dor. O verbo composto *synōdinei* expressa a agonia conjunta do universo em todas as suas partes. Alguns comentaristas sustentam que o verbo expressa o gemido da criação "juntamente com a humanidade", já que ela também espera a revelação da glória. Esta ideia é possível, mas a primeira interpretação parece melhor, porque a humanidade somente poderá ser introduzida no versículo seguinte. **23.** *também nós*:

não é apenas a criação material que dá testemunho do destino cristão, mas os próprios cristãos também o fazem através da *esperança* que têm, uma esperança baseada no dom do Espírito já recebido. *primícias do Espírito*: o Espírito é comparado com os primeiros frutos da colheita, que, quando oferecidos a Deus (Lv 23,15-21), indicavam a consagração de toda a colheita. Mas "primícias" era usado frequentemente no sentido de "penhor, garantia" daquilo que haveria de vir (cf. *arrabōn*, 2Cor 1,22; 5,5; cf. G. Delling, *TDNT* 1. 486; A. Sand, *EWNT* 1. 278-80). *gememos interiormente*: o segundo testemunho do destino cristão é a esperança que os próprios cristãos têm dele. *suspirando pela redenção de nosso corpo*: o texto grego deste versículo é controverso: os manuscritos P⁴⁶, D, F, G, 614 etc. omitem o substantivo *huiothesian*, "filiação adotiva". Embora seja difícil explicar como a palavra foi introduzida em outros manuscritos, sua omissão parece preferível, já que em nenhum outro lugar Paulo fala de tal filiação como uma forma de redenção escatológica. O cristão já é filho de Deus (cf. 8,15), e isso ele se tornou pelo Espírito recebido. Com tais "primícias", o cristão espera pela colheita plena da glória, a redenção do corpo (segundo Lyonnet, *Romains* 98; P. Benoit, *RSR* 39 [1951-52] 267-80). Se, porém, "filiação" deve ser mantida como *lectio difficilior* [leitura mais difícil], então Paulo estaria se referindo a uma fase da filiação ainda a ser revelada. **24.** *nossa salvação é objeto de esperança*: o aoristo usado no original grego expressa o aspecto passado da salvação já realizada pela morte e ressurreição de Cristo, mas também pode ser um aoristo gnômico, expressando uma verdade geral (BDF 333). "Na esperança" incrementa essa salvação com um aspecto escatológico (→ Teologia paulina, 82:71). *alguém espera o que vê?*: a leitura preferível deste texto deficientemente transmitido é *ho gar blepei tís elpizei* (P⁴⁶, B*), que se traduz por "quem espera por aquilo que vê?" (mss. D, G). Outros leem: "Pois como alguém ainda pode esperar o que vê?" Em última instância, o sentido é pouco afetado. **25.** *é na perseverança que aguardamos*: a esperança capacita o cristão a suportar os "sofrimentos do tempo presente" (8,18), assim como faz dele uma testemunha, ao mundo, de uma fé viva na ressurreição (veja 1Cor 2,9; 2Cor 5,7).

89 26. *também o Espírito socorre nossa fraqueza*: o terceiro testemunho da nova vida e do destino glorioso dos cristãos. As aspirações humanas correm o risco de se tornar ineficazes por causa da fraqueza natural da carne, mas o Espírito acrescenta sua intercessão, transcendendo essa fraqueza (*hyperentynchanei*, "intercede sobre e *acima*"). O resultado é que o cristão exprime aquilo que, de outra forma, seria inexprimível. Para que o cristão ore "Abba, Pai", o Espírito precisa assisti-lo dinamicamente (8,15; Gl 4,6). O cristão que ora desta forma está consciente de que o Espírito manifesta sua presença a ele. **27.** *aquele que perscruta os corações*: uma expressão do AT para designar Deus (1Sm 16,7; 1Rs 8,39; Sl 7,11; 17,3; 139,1). Apenas o próprio Deus compreende a linguagem e a mente do Espírito e reconhece essa oração assistida pelo Espírito. *é segundo Deus que ele intercede*: fazia parte de seu plano da salvação que o Espírito desempenhe tal papel dinâmico nas aspirações e orações dos cristãos. Este plano será agora esboçado brevemente nos vv. 28-30.

90 28. *Deus coopera em tudo para o bem daqueles que o amam*: o acréscimo ou a omissão de *ho theos*, "Deus" (como o sujeito do verbo), em vários manuscritos resultou em três interpretações diferentes deste versículo: (1) Caso se leia *ho theos* (com os mss. P⁴⁶, B, A) e o verbo *synergei* for entendido em sentido intransitivo com um objeto indireto, "coopera com", então obter-se-á a tradução: Deus coopera "em tudo" (*panta*) com aqueles que o amam, e isto é visto como a realização de seu plano amoroso de salvação. Esta interpretação foi usada por muito comentaristas patrísticos e modernos. (2) Caso se leia *ho theos*, mas o verbo *synergei* for entendido transitivamente com *panta* como seu objeto direto, então "Deus faz todas as coisas conspirarem para o bem daqueles que o amam". Assim fazem BDF 148.1, Lagrange, Levie, Prat, mas não se oferece nenhum paralelo do uso transitivo de *synergein*. (3) Caso se omita *ho theos* (como o fazem os manuscritos ℵ, C, D, G, a tradição textual koinê e a Vulgata), e *panta* for entendido como o sujeito do verbo, então "todas as coisas cooperam para o bem daqueles que amam a Deus". A primeira e a segunda interpretações acrescentam uma nuança explícita àquilo que está implícito na terceira: o propósito e o plano de Deus são o que está, de fato, por trás de tudo o que acontece aos cristãos, porque na realidade ele tem o controle. *daqueles que são chamados segundo o seu desígnio*: o "plano" de Deus é descrito nos vv. 29-30 – e a partir da perspectiva divina. Esta expressão não deve ficar restrita somente aos cristãos predestinados. A aplicação dela à predestinação individual vem da interpretação de Agostinho. A concepção de Paulo é, antes, coletiva, e a expressão é um complemento a "daqueles que o amam", *i.e.*, os cristãos que responderam a um chamado divino (cf. Rm 1,6; 1Cor 1,2). **29.** *conheceu ... predestinou:* Paulo enfatiza a proveniência divina do processo da salvação. Sua linguagem antropomórfica não deveria ser transposta muito facilmente aos *signa rationis* de um sistema teológico posterior da predestinação. *a serem conformes à imagem do seu filho*: de acordo com o plano divino de salvação, o cristão deve reproduzir em si mesmo a imagem de Cristo através da participação progressiva em sua vida glorificada (veja 8,17; 2Cor 3,18; 4,4-6; Fl 3,20-21; cf. A. R. C. Leaney, *NTS* 10 [1963-64] 470-79). **30.** *também os glorificou*: é a forma de indicar outro efeito do evento Cristo (→ Teologia paulina, 82:80). O plano de Deus, envolvendo chamado, eleição, predestinação e justificação, visa, no destino final, à glória para todas as pessoas que colocam sua fé em Cristo Jesus.

91 31-39. Tendo exposto vários aspectos da nova vida em união com Cristo e com seu Espírito, assim como as razões que dão uma base para a esperança cristã, Paulo conclui esta seção com uma passagem (um hino?) retórica sobre o amor de Deus manifestado em Cristo Jesus. A passagem se caracteriza por uma linguagem emotiva e expressões rítmicas. **31.** *quem estará contra nós?*: a terminologia é a de um tribunal de justiça, semelhante aos debates de Jó ou Zc 3. O plano salvífico de Deus torna claro para os cristãos que Deus está de seu lado. **32.** *não poupou seu próprio Filho*: veja 5,8; 8,3. Isto talvez seja uma alusão a Gn 22,16, a Abraão, que não poupou Isaac. Deste modo, Deus, o juiz, já pronunciou a sentença em nosso favor e, consequentemente, não há razão para esperar qualquer coisa diferente dele daqui em diante. **33-35.** A pontuação das sentenças destes versículos é controversa. É preferível entendê-las como perguntas retóricas; mas cf. uma pontuação diferente na *RSV*. **33.** *Quem acusará os eleitos de Deus? É Deus quem justifica*: a resposta implícita, logicamente, é ninguém. Uma possível alusão a Is 50,8-9 faz com que alguns comentaristas entendam esta sentença como uma afirmação, para a qual o versículo seguinte é a pergunta em forma de reação. **34.** *ou melhor, que ressuscitou*: a atenção é deslocada para a ressurreição de Cristo (cf. 4,24-25), à qual Paulo acrescenta uma rara referência à exaltação de Cristo (sem a alusão à ascensão). *intercede por nós:* Paulo atribui ao Cristo glorificado uma atividade que dá continuidade ao aspecto objetivo da redenção humana: ele ainda apresenta sua súplica ao Pai em favor dos cristãos. Em Hb 7,25; 9,24, esta intercessão está ligada ao sacerdócio de Cristo, uma noção que não se encontra no *corpus* paulino. Cf. 1Jo 2,1. **35.** *do amor de Cristo: i.e.*, do amor que Cristo tem por nós. Nenhum dos perigos ou tribulações da vida pode fazer o verdadeiro cristão esquecer-se do amor de Cristo tornado conhecido aos seres humanos em sua morte e ressurreição. **36.** *Segundo está escrito*: veja o comentário sobre 1,17. Paulo cita Sl 44,23, uma lamentação coletiva que se queixa da injustiça infligida ao Israel fiel por seus inimigos, recorda sua fidelidade a Iahweh e busca sua ajuda e libertação. O salmo é citado para mostrar que as tribulações não são uma prova de que Deus não ame os perseguidos; pelo contrário, elas são a prova de seu amor. **37.** *àquele que nos amou:* ou é Cristo, como em 8,35, ou é Deus, como em 5,5.8. **38.** Duas séries de obstáculos para o amor de Deus (ou de Cristo) foram citadas nos vv. 33-34.35-37. Agora uma terceira é indicada. *anjos... principados... poderes:* espíritos de diferentes categorias. Se são bons ou maus, não está claro, mas, de qualquer modo, mesmo esses seres não separarão os cristãos do amor de Deus. Paulo pode estar listando aqueles poderes que os povos antigos consideravam hostis aos seres humanos. **39.** *nem a altura, nem a profundeza:* estes são, provavelmente, termos da astrologia antiga, que designam a maior proximidade ou distância da estrela de seu zênite, pelas quais se media sua influência. Mesmo estas forças astrológicas não podem separar os cristãos desse amor divino. *do amor de Deus manifestado em Cristo Jesus, nosso Senhor*: o amor de Deus manifestado no evento Cristo é, assim, a base inabalável da vida e da esperança cristã. Este final resume o tema desta seção (desenvolvido a partir de 8,1). Mais uma vez Paulo termina com o refrão notado anteriormente (→ 50 *acima*).

(COETZER, W. C., "The Holy Spirit and the Eschatological View in Romans 8", *Neotestamentica* 15 [1981] 180-98. DAHL, N. A., "The Atonement – An Adequate Reward for the Akedah? (Ro 8:32)", *Neotestamentica et semitica* [Festschrift M. BLACK; Edinburgh, 1969] 15-29. GOEDT, M. de, "The Intercession of the Spirit in Christian Prayer", *Concilium* 79 [1972] 26-38. GIBBS, J. G., *Creation and Redemption* [NovTSup 26; Leiden, 1971] 34-47. ISAACS, M. E., *The Concept of the Spirit* [London, 1976]. OSTEN-SACKEN, P. VON DER, *Römer 8 als Beispiel paulinischer Soteriologie* [FRLANT 112; Göttingen, 1975]. RENSBURG, J. J. J. VAN, "The Children of God in Romans 8", *Neotestamentica* 15 [1981] 139-79. VÖGTLE, A., *Das Neue Testament und die Zukunft des Kosmos* [Düsseldorf, 1970].)

92   (C) Essa justificação/salvação não contradiz as promessas de Deus ao antigo Israel (9,1-11,36). Tendo desenvolvido no cap. 8 o tema anunciado em 5,1-11, Paulo agora se volta a um problema adicional específico que seu evangelho da nova retidão, obtida através da fé em Cristo Jesus, levantou, que é o relacionamento do judaísmo com este modo de justificação ou salvação. A exposição paulina deste problema é altamente escriturística, na medida em que procura estabelecer a relação entre o ensino do AT e seu evangelho. Com efeito, esta parte de Rm demonstra ser uma ilustração bíblica do tema desenvolvido na parte B, algo semelhante à exposição da justificação de Abraão e da lei no cap. 4 e sua relação com os caps. 1 a 3. Para alguns comentaristas, porém, Rm 9-11, embora seja uma composição paulina autêntica, é um "corpo estranho" na carta, acrescentado, talvez, por algum editor posterior, já que se pensa que interrompe a continuidade de Rm 12-15 com Rm 5-8. As razões para se considerar Rm 9-11 um corpo estranho, porém, têm sido pouco convincentes. Há séculos, J. Calvino expressou sucintamente a conexão de Rm 9-11 com a parte precedente da epístola: "Se isto [o ensino dos caps. 1 a 8] é a doutrina da Lei e dos Profetas, por que os judeus a rejeitam?" (*Comm. in Rom.,* 9.1). A mesma pergunta deve ter sido feita a Paulo por contemporâneos seus. Esta parte de Rm pode ser subdividida em quatro seções: 9,1-5; 9,6-29; 9,30-10,21; 11,1-36. É importante perceber logo de início, nesta parte de Rm, que a perspectiva de Paulo é coletiva. Ele não está expondo a responsabilidade de indivíduos. Além disso, ele não está discutindo o problema moderno da responsabilidade dos judeus pela morte de Jesus. Nenhuma destas questões deveria ser importada para a interpretação destes capítulos.

(AAGESON, J. W., "Scripture and Structure in the Development of the Argument in Romans 9-11", *CBQ* 48 [1986] 265-89. CAMPBELL, W. S., "The Freedom and Faithfulness of God in Relation to Israel", *JSNT* 13 [1981] 27-45. DAVIES, W. D., "Paul and the People of Israel", *NTS* 24 [1977-78] 4-39. KÄSEMANN, E., *NTQT* 183-87. LORENZI, L. de [ed.],

Die Israelfrage nach Rom 9-11 [Benedictina Abt. 3; Rome, 1977]. MUNCK, J., *Christ & Israel* [Philadelphia, 1967]. STENDAHL, K., *Paul among Jews and Gentiles* [Philadelphia, 1976].)

93 (a) *Lamento de Paulo por seus ex-correligionários* (9,1-5). Paulo inicia esta seção de Rm expressando sua angústia por causa da situação dos judeus, seus "irmãos" e "parentes" que não aceitaram Jesus como o Messias de Deus. Sua tristeza é pungente porque ele está consciente das prerrogativas de Israel no passado como povo eleito de Deus. Ao expressar esta angústia, ele formula, de forma breve, o problema com que se confronta na pregação de seu evangelho. **1.** *em Cristo:* Paulo fala sinceramente como cristão, sem qualquer ressentimento contra judeus que podem lhe ter causado problemas ou que o acusaram de deslealdade (2Cor 2,17; 11,31; 12,19). **3.** *anátema*: ou "maldito" (veja o comentário sobre Gl 1,8). Paulo até estaria disposto a sofrer o pior dos destinos possíveis, ser "separado de Cristo", em favor de seus irmãos judeus. Nesse sentido ele faz lembrar a oração de Moisés pelos israelitas rebeldes (Ex 32,32) que pedia: "Risca-me, peço-te, do livro que escreveste", para que eles pudessem ser perdoados. **4.** *israelitas:*em vez do título político comum *Ioudaioi*, "judeus", Paulo, prontamente, faz uso do título religioso honorífico conferido antigamente pelo próprio Iahweh a seu povo (Gn 32,28; cf. 2Cor 11,22). Então, ele segue contando as prerrogativas históricas associadas a este nome – aliás, sete prerrogativas: *adoção filial*: a adoção de Israel como "filho de Deus" (Ex 4,22; Dt 14,1; Os 11,1); veja o comentário sobre *huiothesia*, 8,15. *glória*: a segunda prerrogativa era a manifestação resplandecente da presença de Iahweh a Israel no deserto e no templo de Jerusalém (Ex 16,10; 40,34; 1Rs 8,10-11); veja o comentário sobre *doxa*, 3,23. *alianças*: se o plural *diathēkai* for a leitura feita, esta terceira prerrogativa seriam as "alianças" feitas com os patriarcas (Gn 15,18; Ex 24,7-8; Sir 44,12.18). Porém, manuscritos importantes (P[46], B, D, G) trazem o singular *diathēkē*, que seria, então, uma referência ao pacto do Sinai. *legislação*: a quarta prerrogativa era a *tôrâ*, a expressão da vontade de Deus dada a Moisés (Ex 20,1-17; Dt 5,1-22). *o culto*: a adoração reverente a Iahweh no templo, tão diferente dos cultos idólatras dos vizinhos de Israel, que frequentemente incluíam prostituição e sacrifícios humanos, era a quinta prerrogativa de Israel. *promessas*: a sexta prerrogativa consistia das promessas feitas a Abraão (Gn 12,2; 21,12), Moisés (Dt 18,18-19) e Davi (2Sm 7,11-16). **5.** *patriarcas*: a sétima prerrogativa de Israel era sua herança ancestral, pois Israel ainda cultuava o Deus de seus pais, Abraão, Isaac e Jacó (veja Rm 11,28). A este resumo dos privilégios históricos de Israel, Paulo acrescenta, como um clímax, um oitavo: *Cristo*, o descendente por excelência. O Messias é o maior de seus direitos à glória, porém, infelizmente, não é reconhecido como tal.

94 *que está, acima de tudo, Deus bendito pelos séculos! Amém*: parte do problema neste meio versículo é sua pontuação. Há quatro possibilidades principais: (1) "... de quem é o Cristo por descendência física, que está acima de tudo, Deus bendito pelos séculos! Amém". Assim o entendeu a grande maioria dos intérpretes de Rm nos primeiros oito séculos e também muitos comentaristas modernos (Althaus, Cranfield, Cullmann, Kuss, Leenhardt, Michel, Pesch, Nygren, Sanday-Headlam). Esta pontuação (a vírgula antes de "que está") proclama a Cristo como Deus (embora não como *ho theos*) e como bendito pelos séculos. (2) "... de quem é o Cristo por descendência física. Deus, que está acima de tudo, seja bendito pelos séculos! Amém". Desta forma o entenderam alguns escritores a partir do séc. IV, Erasmo (que introduziu a discussão moderna) e muitos exegetas atuais (Barrett, Bultmann, Cerfaux, Dodd, Feine, Goodspeed. Käsemann, Lietzmann, Robinson, Wilckens; *NEB, RSV*). Esta pontuação (ponto antes de "Deus") cria uma doxologia dirigida a Deus, à maneira das doxologias judaicas; Paulo bendiz a Deus na menção do Messias.

(3) "... dos quais é o Cristo segundo a descendência física, que é acima de tudo. Deus seja bendito pelos séculos! Amém". Esta pontuação (a vírgula após "física" e ponto antes de "Deus") divide o louvor entre Cristo e Deus. (4) "dos quais descende o Cristo segundo a carne e a quem pertence Deus, que está acima de tudo. Amém". Assim o leem J. Weiss e, num primeiro momento, K. Barth. Esta interpretação inverte, de forma conjectural, as palavras *ho ōn* (para *hōn ho theos*) e introduz um outro privilégio, fazendo de Deus mesmo uma prerrogativa de Israel. As duas últimas interpretações são improváveis e pouco recomendadas. A escolha da melhor interpretação fica entre a primeira e a segunda. A preferência pela primeira se baseia principalmente em três considerações: (i) O sentido normal deste meio versículo em seu contexto; a expressão *to kata sarka*, "por descendência física", exige alguma contraposição. (ii) Não se emprega a fraseologia normal de uma doxologia, na qual "bendito" deveria preceder *theos*. Nos escritos de Paulo, tal doxologia nunca é ligada assindeticamente com o que precede ou com o sujeito expresso anteriormente (veja Gl 1,5; 2Cor 11,31; Rm 1,25; 11,36; cf. Ef 3,21; 2Tm 4,18; 1Pd 4,11; Hb 13,21). (iii) O uso de *theos* referindo-se a Cristo é compatível com o ensino de Paulo, embora este título não se encontre em outros lugares. Outras afirmações paulinas tornam esta atribuição não injustificável (veja 1Cor 8,6; Fl 2,6; cf. Tt 2,13 para uma possível ampliação posterior de seu pensamento). De qualquer forma, não se poderia argumentar apoditicamente sobre esta questão (veja O. Cullmann, *Christology* 311-14; Cranfield, *Romans* 464-70; Kuss, *Römerbrief* 679-96; Michel, *Römer* 197-99).

95 (b) *A difícil situação de Israel não é contrária à direção da história por parte de Deus* (9,6-29). A primeira explicação de Paulo sobre o problema que causou sua angústia enfatiza o papel desempenhado por Deus na situação difícil. (1) As promessas de Deus a Israel provêm todas de sua eleição gratuita de Israel como seu povo; portanto, sua palavra não falhou (9,6-13). (2) Através do exemplo veterotestamentário de Moisés e do faraó, Paulo insiste no direito soberano de Deus sobre suas criaturas; ele até faz uso da indocilidade humana para alcançar seus fins (9,14-24). (3) Deus não age arbitrariamente, já que o chamado de Israel, bem como sua infidelidade e o resto de Israel, formam parte do que foi anunciado no AT (9,25-29).

96 6-13. O problema da rejeição de Israel não significa que a palavra de Deus tenha falhado; suas promessas se originam de sua graciosa eleição de Israel como seu povo. **6.** *E não é que a palavra de Deus tenha falhado*: esta é a proposição da subseção. Paulo rejeita a ideia de que o *logos* dirigido a Israel nas promessas de Iahweh (9,4.9) tenha sido, de algum modo, frustrado pela recusa de seus compatriotas de aceitar a Cristo. *nem todos os descendentes de Abraão são seus filhos*: o argumento segue a seguinte linha: Deus prometeu que Israel seria o recebedor de bênçãos, mas agora que os gentios estão se tornando os recebedores, poderia parecer que as promessas de Deus vacilam. Se os argumentos de Paulo em Rm 1-8 dependem das promessas de Deus, então talvez eles sejam tão duvidosos quanto elas. Não, replica Paulo, as promessas do AT não foram feitas a Israel no sentido de descendência física, mas ao Israel da fé. **7.** *seus filhos [de Abraão]*: apenas a descendência física não garante a herança, pois Abraão teve muitos filhos (Gn 15,2; 16,15; 21,2, 25,1), mas a promessa patriarcal de salvação somente foi transmitida através de Isaac (Gn 21,12). **8.** *filhos de Deus*: os verdadeiros descendentes de Abraão são os nascidos em virtude da promessa e não de uma relação *kata sarka*, "segundo a carne", *i.e.*, por descendência física. **9.** *promessa:* Paulo não está pensando na promessa genérica de progênie numerosa (Gn 15,5), mas na promessa específica do nascimento de Isaac (Gn 18,10.14 combinados). Se esta promessa tivesse dependido apenas da *sarx*, Isaac nunca teria nascido da estéril Sara. **10.** *Também Rebeca*: outro exemplo confirma a alegação de Paulo: Deus outorga gratuitamente favor a quem ele quer. Neste caso, já não é mais uma escolha entre mães (Sara ou Agar, alegorizadas em Gl 4,21-31), mas entre filhos da mesma mãe, entre os gêmeos Jacó e Esaú, nascidos do patriarca Isaac. Entretanto, Deus mostrou favor a Jacó, fazendo uma escolha que condicionou livremente a história de Israel (Gn 25,21-23). **11.** *nada tinham feito de bem ou de mal*: a eleição de Jacó foi inteiramente gratuita e não dependeu de méritos ou deméritos. Este versículo é crucial para o argumento de Paulo, porque o chamado dos gentios à fé cristã é igualmente gratuito. *a fim de que ficasse firme a liberdade da escolha de Deus*: literalmente, "para que o propósito de Deus de acordo com a eleição pudesse continuar". Jacó foi favorecido para tornar conhecida a execução de um plano divino que procede de acordo com a eleição gratuita. **12.** *foi-lhe dito*: veja Gn 25,23. Dos gêmeos, o primogênito deveria servir o outro. Israel descendeu do favorecido Jacó, e Esaú se tornou o ancestral de Edom (e dos idumeus posteriores), cujos habitantes nunca foram considerados verdadeiros judeus, ainda que João Hircano os tenha derrotado (aproximadamente 108 a.C.) e forçado a se circuncidar assim como a seguir a lei mosaica. Josefo (*Ant.* 13.9.1 § 257; 14.15.2 § 403) chama-os de "meio judeus". Quão diferente foi o destino de Edom em relação ao de Israel! **13.** *Amei a Jacó*: veja Ml 1,2. O profeta registra o amor de Iahweh para com Israel e então indica a razão das cinco grandes repreensões que seguem este protesto de amor. Paulo usa esta citação para enfatizar o papel de Israel no plano salvífico em contraposição ao papel de Edom. Jacó e Esaú são representantes de seus grupos étnicos e instrumentos na execução do plano divino. *aborreci Esaú: i.e.*, "amei menos" – um exagero do antigo Oriente Próximo.

97   **14-24.** O exemplo de Moisés diante do faraó também revela o direito soberano de Deus de escolher. **14.** *há injustiça por parte de Deus?*: poderia parecer que Deus está envolvido em uma *adikia* ao escolher um irmão em vez do outro – ou ao escolher os gentios como seu povo após séculos de serviço por parte dos judeus. **15.** *ele diz a Moisés:* Paulo cita Ex 33,19, a resposta de Iahweh a Moisés após o incidente com o bezerro de ouro. Após esta infidelidade, Iahweh ainda poderia manifestar sua misericórdia, favorecendo a Israel como seu instrumento escolhido. Através de Israel, ele continuaria a tornar conhecida sua vontade à humanidade. Este versículo é explicado em 9,18. **16.** *depende ... de Deus, que faz misericórdia*: a conclusão de Paulo é tirada do fato de que somente a "misericórdia" de Deus é mencionada no texto do AT citado. Sem ela, todos os esforços humanos são vãos. Paulo, porém, não diz que, uma vez dada a graça auxiliadora de Deus, tais esforços sejam inúteis; em outros lugares, ele enfatiza a necessidade deles. Sua ênfase aqui é, antes, na graça de Deus tendo em vista o problema específico do qual está tratando. **17.** *a Escritura diz ao faraó*: enquanto que o Deus transcendente de Israel falou a Moisés diretamente (9,15), ele fala aos pagãos apenas indiretamente, através da Escritura. *para mostrar em ti (em meu tratamento para contigo) meu poder*: veja Ex 9,16, especialmente de acordo com a LXX, manuscrito A. Assim, o faraó se tornou um instrumento no plano de Deus, assim como o era Moisés. Sua própria obstinação foi um meio usado por Deus para libertar Israel. No final, o faraó de coração endurecido contribuiu para a proclamação do nome de Deus no mundo. **18.** *endurece a quem quer*: no AT, o endurecimento do coração do faraó é, às vezes, atribuído a Deus (Ex 4,21; 7,3; 9,12) e, outras vezes, ao próprio faraó (Ex 7,14; 8,11.15.28). O "endurecimento do coração" por Deus é uma forma protológica de expressar a reação divina à obstinação humana persistente contra ele – uma selagem de uma situação que ele não criou. Não é, portanto, o resultado de alguma decisão arbitrária ou mesmo planejada por parte de Deus, mas o modo como o AT expressa o reconhecimento divino de uma situação que emana de uma criatura que

rejeita o convite de Deus. Mas ele realça o controle total de Deus sobre a história humana. O êxodo do Egito foi uma etapa da história salvífica, e o faraó que se opôs à partida de Israel foi uma personagem que preparou o cenário para o controle divino dos eventos. Veja ainda E. Brandenburger, ZTK 82 (1985) 1-47. **19.** *por que ele ainda se queixa?*: se Deus pode fazer uso da indocilidade humana para alcançar seus objetivos, por que ele haveria de se queixar dos seres humanos? Lembre-se das objeções de 6,1.15. **20.** *quem és tu?*: Paulo não tenta silenciar seu opositor imaginário, mas, antes, colocar a discussão em seu nível apropriado. O controle de Deus sobre o mundo não pode ser julgado por uma visão humana míope. *Acaso a obra dirá ao artífice*: usa-se uma figura familiar no AT (veja Is 29,16; 45,9; 64,8; Jr 18,6; Sb 15,7; cf. 1QS 11,22), que Paulo adapta a seus próprios propósitos. A figura pretende descrever Deus como criador e governador do universo. Os antigos oleiros usavam uma roda colocada em rápido movimento pelos pés, enquanto os dedos hábeis moldavam rapidamente, da massa disforme de argila, vasos finos e delicados. Desta atividade os antigos derivaram a noção de Deus como um oleiro que molda o mundo e os seres humanos como lhe apraz (veja *ANEP* 569). A figura enfatiza o poder, o domínio e a liberdade de Deus. *Por que me fizeste assim?*: não "por que me fizeste de barro", mas "por que me fizeste um pote disforme e não um belo vaso?". A ênfase recai sobre a função do objeto moldado. **21.** *massa*: o termo grego *phyrama* foi traduzido para o latim como *massa*, de onde saiu o termo pejorativo *massa damnata* [massa condenada] das controvérsias sobre a predestinação (veja Agostinho, *Ep.* 190.3-9).

98   **22.** *querendo*: embora alguns comentaristas (Jerônimo, Tomás de Aquino, Barrett, Cranfield, Michel) entendam o particípio *thelōn* de forma causal, "porque quis", parece melhor, pelo contexto (especialmente em vista da expressão "com muita paciência"), entendê-lo de forma concessiva, "embora tenha querido", *i.e.*, embora sua ira pudesse tê-lo levado a tornar conhecido seu poder, sua bondade amorosa o conteve. Deus deu ao faraó tempo para que se arrependesse. *vasos de ira:* Paulo usa uma expressão de Jr 50,25, que se encaixa no contexto do oleiro (9,21, "vaso"). Ao mesmo tempo, ele joga com o sentido mais amplo de *skeuos*, que também significa "objeto, ferramenta, instrumento" (veja A. T. Hanson, *JTS* 32 [1981] 433-43). O faraó era um "objeto" pelo qual a ira divina poderia ser demonstrada. *prontos para a perdição*: o particípio perfeito expressa o estado no qual esses "vasos" se encontram – "prontos" para o monte de lixo. Este versículo expressa a incompatibilidade radical de Deus com os seres humanos rebeldes e pecaminosos. Ele contém, também, uma nuança da predestinação, e a formulação de Paulo é mais genérica do que o exemplo com o qual ele iniciou; é por isso que estas palavras foram utilizadas nas controvérsias posteriores sobre a predestinação. Entretanto, não se deveria perder de vista sua perspectiva coletiva. **23.** *que fosse conhecida a riqueza de sua glória*: as pessoas que foram escolhidas para desempenhar um papel na história da salvação foram destinadas por Deus para compartilhar de sua abundante glória (veja o comentário sobre 3,23.29), e este destino não está limitado ao povo judeu. Porém, como mostra 11,22, não se trata de uma predestinação absoluta. Se Deus foi paciente, é porque ele quer conceder a Israel tempo para que se arrependa, de modo que ele possa manifestar mais ainda sua misericórdia para com Israel. **24.** *para conosco, que ele chamou*: um anacoluto. Paulo jamais dá uma resposta direta para as perguntas feitas nos vv. 19-21. Ele meramente insiste na liberdade de escolha de Deus e sua paciência em esperar pelos instrumentos que ele utilizaria para manifestar a utilidade deles. A expressão "vasos de misericórdia" inclui não apenas os judeus, mas também os gentios.

99   **25-29.** O chamado, a infidelidade e o resto de Israel são todos anunciados no

próprio AT. Paulo usa novamente o subgênero literário *"testimonia"* (veja o comentário sobre 3,10). As citações combinadas procedem de Oseias e Isaías (mencionado no v. 27). **25-26.** Veja Os 2,25 (que Paulo adapta para seus propósitos, já que sua formulação não concorda nem com o TM, nem com a LXX, nem com qualquer versão antiga) e 2,1 (da LXX). No texto original, as palavras se referem à restauração divina das dez tribos de Israel após elas terem cometido "adultério" (= idolatria) e deixado de ser seu povo. Oseias prometeu sua restauração, mas para Paulo as palavras se referem aos gentios. Da forma como ele as aplica, elas ilustram a eleição de Deus e, especialmente, sua escolha das pessoas que foram indignas para se tornar as privilegiadas. **27.** *Isaías:* veja Is 10,22-23 (abreviando a LXX). Paulo só está interessado na expressão "o resto é que será salvo". Apesar de todas as infidelidades de Israel e dos castigos consequentes, vislumbra-se um raio de esperança. As palavras foram usadas originalmente por Isaías a respeito do cativeiro assírio; Paulo as aplica aos judeus chamados para aceitar a Cristo e ao resto que o aceitou. **29.** Veja Is 1,9 (segundo a LXX). O profeta falava do castigo do Israel infiel. O ônus destas citações do AT é que o AT, o livro que dá a Israel a base de sua esperança, testificou que a Israel aconteceria o mesmo que aconteceu a Sodoma e Gomorra no passado, exceto por um resto que preservaria seu nome e sua semente. Veja J. A. Battle, *GTJ 2* (1981) 115-29.

100 (c) *O fracasso de Israel deriva de sua própria recusa* (9,30-10,21). Paulo concluiu a primeira parte de seu argumento e agora sustenta que a causa do fracasso de Israel se encontra não em Deus, mas no próprio Israel. Seu argumento avança em quatro passos. (1) Israel preferiu seu próprio caminho de retidão ao caminho de Deus (9,31-33). (2) Paulo expressa sua tristeza pelo fato de Israel ter deixado de reconhecer que Cristo é o fim da Lei e que a retidão foi tornada acessível através dele (10,1-4). (3) O antigo modo de obter a retidão era difícil, enquanto o novo modo é fácil, está ao alcance de todas as pessoas e é anunciado a todas pessoas, como o mostra a Escritura (10,5-13). (4) Israel não aproveitou essa oportunidade oferecida pelos profetas e pelo evangelho, e, portanto, a culpa é dele mesmo (10,14-21).

31-33. Israel preferiu seu próprio caminho de retidão. **31.** *não alcançou a Lei:* Paulo enfatiza a ironia da situação porque os gentios foram bem sucedidos em sua busca de retidão crendo em Cristo Jesus. **32.** *fé... obras:* veja 3,20.28 e o comentário sobre 2,15. **33.** Uma combinação de Is 28,16 e 8,14-15 desconsidera os contextos originais e interliga expressões que fazem com que o AT quase diga o oposto daquilo que ele realmente diz. A pedra colocada por Iahweh no Sião (o monte a leste de Jerusalém sobre o qual o templo foi construído) era símbolo da salvação para as pessoas que confiavam nele. Da forma como Paulo a usa, "pedra" se refere a Cristo, e a rejeição dele faz com que ela se torne uma pedra de tropeço. Porém, as pessoas que creem nele (o resto e os gentios) não sentirão pesar por causa dessa pedra. Os essênios de Qumran também aplicavam Is 28,16 a si mesmos, considerando sua comunidade um templo (1QS 8,5-8).

(BARRETT, C. K., "Romans 9,30-10,21: Fall and Responsibility of Israel", *Die Israelfrage* 109-21. BRING, R., "Paul and the Old Testament", *ST* 25 [1971] 21-60. CRANFIELD, C. E. B., "Romans 9,30-10,4", *Int* 34 [1980] 70-74; "Some Notes on Romans 9,30-33", *Jesus und Paulus* [Festschrift W. G. KÜMMEL; Göttingen, 1975] 35-43. REFOULÉ, F., "Note sur Romains IX, 30-33", *RB* 92 [1985] 161-86.)

101 **1-4.** Uma expressão de tristeza abre o cap. 10, na medida em que Paulo afirma que Israel deixou de reconhecer que a retidão vem através de Cristo, o fim da lei. **1.** *que sejam salvos:* a oração de Paulo inclui explicitamente os judeus em sua concepção do plano divino de salvação (cf. 1Ts 5,9; Rm 1,16). **2.** *zelo por Deus:* Paulo podia falar por experiência própria (Gl 1,13-14; Fl 3,9; cf. 1Mc 2,26-27). *não é zelo esclarecido:* literalmente, "não segundo o conhecimento" (*epignōsis*), *i.e.*, um conhecimento real que

reconhece a relação efetiva da humanidade com Deus agora revelada em Cristo Jesus.
3. *Desconhecendo a justiça de Deus*: esta expressão tem sido constantemente entendida como a comunicação da retidão aos seres humanos, *i.e.*, os judeus não compreendem que o *status* genuíno da retidão diante de Deus não é alcançado através de seus esforços, mas é conferido por Deus como um dom. Este é o sentido de Fl 3,9, "a justiça (que vem) de Deus" (cf. 2Cor 5,21; → Teologia paulina, 82:39). Mas Paulo não usa a expressão preposicional aqui e fala, antes, de um entendimento errôneo da "retidão de Deus", o atributo divino (como em outros lugares de Rm: 1,17; 3,5.21-26). Os judeus não entenderam o verdadeiro significado do poder perdoador de Deus e, consequentemente, recusaram-se a se submeter a ele.
4. *a finalidade da Lei é Cristo*: o significado desta oração é muito controverso. O grego *telos* pode significar (1) "fim, cessação", (2) "última parte, conclusão" ou (3) "objetivo, finalidade, *finis*" (BAGD 811). O significado (2) é irrelevante aqui, de modo que a disputa fica entre Cristo ser a "cessação" da lei ou o "alvo ou finalidade" da lei. No primeiro sentido, *telos* é entendido temporalmente como o fim do período da *torâ*; Cristo seria a cessação de todo esforço humano para alcançar a retidão diante de Deus através da observância da lei mosaica (segundo *NEB*, Bultmann, Käsemann, Pesch, Robinson). Embora Paulo nunca use esta oração em Gálatas, este sentido concordaria com Gl 4,2-6 (→ Teologia paulina, 82:96-97). Mas é possível perguntar se ele se ajusta à exposição em Rm, e, por isso, alguns comentaristas preferem o terceiro sentido: Cristo seria o objetivo da lei, aquilo a que ela visava num sentido final (segundo Cerfaux, Cranfield, Flückiger, Howard). Este sentido final se baseia na conexão entre 10,4 e 9,31-33, onde a "busca" da retidão dos gentios implica um "objetivo". Também o "zelo" de 10,2 pressupõe esse sentido, e esta é, provavelmente, a razão pela qual Paulo insiste, em 3,31, que seu evangelho da justificação por graça mediante a fé "consolida" ou "confirma" a lei. Para um entendimento correto da fé paulina, "a fé agindo pela caridade" (Gl 5,6), que é a "plenitude da lei" (Rm 13,10;→ Teologia paulina, 82:98), explica como Paulo não somente considera Cristo como o objetivo da lei, como também vê a justificação pela fé em Cristo como uma maneira de cumprir a própria lei e manter tudo o que ela representa. *para a justificação de todo o que crê*: o desejado *status* de justificação diante de Deus está agora disponível a todos através da fé (veja 1,16).

(CAMPBELL, W. S., "Christ the End of the Law: Romans 10:4", *Studia biblica III* [JSOTSup 3; Sheffield, 1978] 73-81. CRANFIELD, C. E. B., "St. Paul and the Law", *SJT* 17 [1964] 43-68. FLÜCKIGER, F., "Christus, des Gesetzes *telos*", *TZ* 11 [1955] 153-57. HOWARD, G. E., "Christ the End of the Law", *JBL* 88 [1969] 331-37. REFOULÉ, F., "Romains, X,4: Encore une fois", *RB* 91 [1984] 321-50. RHYNE, C. T., "*Nomos dikaiosynēs* and the Meaning of Romans 10:4'", *CBQ* 47 [1985] 486-99.)

102 5-13. O novo caminho da retidão, aberto a todos, é fácil, como mostra a Escritura. **5.** *Moisés, com efeito, escreveu:* Lv 18,5, também citado em Gl 3,12, promete a vida às pessoas que se esforçam com vistas à retidão legal. A observância prática das prescrições da lei era uma condição necessária para a vida assim prometida. Na citação está implícita a natureza árdua dessa condição. Em contraposição a essas exigências, o novo caminho da justificação não requer dos seres humanos nada que seja tão árduo. Para ilustrar esta questão, Paulo alude às palavras de Moisés em Dt 30,11-14. Assim como Moisés tentou convencer os israelitas de que a observância da lei não exigia que se escalassem as alturas ou que se descesse aos abismos, também Paulo joga com as palavras de Moisés aplicando-as, em um sentido adaptado ao próprio Cristo. As alturas foram escaladas e as profundezas foram esquadrinhadas, já que Cristo veio ao mundo dos seres humanos e foi ressuscitado dos mortos. De ninguém se exige uma encarnação ou uma ressurreição; pede-se somente que se aceite na fé o que já foi feito pela humanidade e que se identifique com o Cristo encarnado e ressurreto. Paulo acrescenta uma alusão ao Sl 107,26 em sua explicação *midráshica* de Deuteronômio. Nesta explicação, "Cristo" substitui a "palavra" da Torá. **9.** *se confessares:* deve-se proferir a confissão básica de fé cristã e levá-la a sério. Paulo passa a citar a fórmula confessional (talvez até querigmática) da protoigreja palestinense, *Kyrios Iēsous*, "Jesus é Senhor" (cf. 1Cor 12,3; Fl 2,11). Exige-se uma fé interior que guiará a pessoa como um todo, mas ela inclui também uma concordância com uma expressão dessa fé. Paulo reafirma novamente a atividade do Pai na ressurreição de Cristo (→ Teologia paulina, 82:58-59). **10.** Este versículo formula retoricamente a relação da retidão e salvação humana com a fé e a profissão desta. A proporção enfatiza os diferentes aspectos daquele ato básico de adesão pessoal a Cristo e os efeitos desta adesão. Entretanto, não se deveriam exagerar as diferenças entre justificação e salvação. **11.** *Quem nele crê não será confundido:* Is 28,16 é usado novamente; cf. 9,33. Paulo modifica a citação acrescentando *pas*, "todo", enfatizando deste modo a universalidade da aplicação: "não... todos" = "ninguém". Em Isaías, as palavras se referem à preciosa pedra angular colocada por Iahweh em Sião, mas em Paulo elas são adaptadas para se referir à fé em Cristo e são usadas para assegurar a salvação da pessoa que crê em Cristo. O acréscimo de *pas* prepara para o próximo versículo. **12.** *não há distinção entre judeu e grego:* todos têm a oportunidade de compartilhar de modo igual da nova retidão pela fé (3,22-23). *ele é Senhor de todos:* inicialmente, *Kyrios* parece referir-se a Iahweh, já que Paulo usa expressões judaicas "o Senhor de todos" (Josefo, *Ant.* 20.4.2 § 90), "todos os que o invocam" (1Sm 12,17-18; 2Sm 22,7) e se refere explicitamente a Jl 3,5 no v. 13. No contexto (especialmente após 10,9), porém, *Kyrios* só pode referir-se a Jesus, que é o Senhor ressurreto dos judeus e dos gregos (cf. 9,5; Fl 2,9-11). No AT, os que "invocam o nome do Senhor" designavam israelitas piedosos e sinceros. No NT, o termo é transferido aos cristãos. Os vv. 12-13 são um testemunho eloquente da adoração a Cristo como o *Kyrios* por parte da protoigreja.

103 14-21. Israel, porém, não aproveitou a oportunidade oferecida a ele pelos profetas e pelo evangelho, de modo que a culpa é dele mesmo. A oportunidade de crer em Cristo foi oferecida a todos, mas especialmente a Israel; Israel não pode alegar que não ouviu seu evangelho. Paulo propõe para si mesmo quatro dificuldades ou objeções, talvez refletindo comentários de sermões missionários entre judeus, e propõe uma resposta breve a cada uma delas citando a Escritura: (1) Como as pessoas podem crer no evangelho se ele não foi proclamado integralmente? (10,14-15). (2) O evangelho, porém, não foi aceito por todos! (10,16-17). (3) Talvez os judeus não o tenham ouvido! (10,18). (4) Mas talvez não o tenham entendido! (10,19-21).

104 14. *em quem não creram*: a primeira dificuldade é múltipla e começa com a pressuposição de que o culto a Cristo precisa fundamentado na fé nele. *naquele que não ouviram*: a pergunta não se refere aos judeus da Palestina, que talvez tenham testemunhado o ministério de Jesus, mas aos judeus que não o ouviram diretamente. *sem pregador*: a fé se fundamenta em uma pregação autorizada, no testemunho das pessoas que foram encarregadas da missão de tornar conhecida a palavra de Deus. Aqui, como no v. 17, o passo inicial em toda a fé é "ouvir" a mensagem proposta. O objeto da fé, formulado de forma proposicional, é, assim, apresentado primeiro (→ Teologia paulina, 82:109). **15.** *se não forem enviados*: a pregação autorizada, a base da fé, pressupõe uma missão. Paulo usa o verbo *apostellein*, aludindo à origem apostólica do testemunho da igreja cristã e sua pregação autorizada do evento Cristo. A esta objeção, Paulo responde com Is 52,7 (de uma forma mais próxima ao TM do que à LXX). *anunciam boas notícias*: em Isaías, o texto se refere às boas notícias anunciadas aos judeus deixados na Jerusalém em ruínas de que a libertação do cativeiro babilônico estava chegando e que a restauração de Jerusalém estava próxima. Da forma como é utilizado por Paulo, o texto adquire o tom de suas boas notícias, o "evangelho". Sua resposta à primeira dificuldade, então, é a citação de Isaías e a demonstração de que o "evangelho" foi, de fato, pregado a Israel. **16.** *não obedeceram ao Evangelho:* à segunda dificuldade Paulo responde com a citação de Is 53,1. Indiretamente, ele afirma que, já que nem todos os judeus aceitaram as boas notícias, isso não significa que elas não tenham sido pregadas a eles, pois uma recusa comparável da fé foi prevista por Isaías em sua própria missão. **17.** *pela palavra de Cristo*: esta expressão vaga pode ser interpretada de várias maneiras, e Paulo não a explica. Ela poderia significar a mensagem que Cristo mesmo trouxe ou (mais provavelmente neste contexto) a mensagem sobre Cristo. Veja R. R. Rickards, BT 27 (1976) 447-48. **18.** *será que eles não ouviram?*: a terceira dificuldade, cujo sentido é: talvez eles não tenham tido a oportunidade de ouvir as boas notícias; talvez os pregadores apostólicos não tenham cumprido sua tarefa. A isso Paulo responde com o Sl 19,5. No texto original, o salmista canta a respeito da natureza, proclamando a glória de Deus em todo lugar. Paulo adapta as palavras à pregação do evangelho. De fato, ele nega que Israel não tenha tido a oportunidade de crer em Cristo. **19.** *Israel não teria entendido?*: a quarta dificuldade: talvez os pregadores apostólicos tenham falado de forma inteligível, e Israel não compreendeu sua mensagem. Novamente Paulo responde com a Escritura, citando Dt 32,21 e Is 65,1-2, primeiramente a Torá e, então, os Profetas. As palavras de Deuteronômio são tiradas do cântico de Moisés, no qual Iahweh – através de Moisés – tenta ensinar Israel e anuncia que ele será humilhado por pagãos. Ao citar assim Deuteronômio, Paulo sugere uma comparação da situação do Israel de seu tempo com a do tempo do exílio. Se Israel foi humilhado no passado, quão maior haveria de ser sua humilhação agora; os gentios entendem a mensagem do evangelho, mas Israel não a compreende. **20.** No contexto original de Is 65,1-2, as palavras do profeta têm em vista as mesmas pessoas nestes dois versículos, sejam samaritanos, judeus apóstatas ou simplesmente judeus (isto é controvertido entre os comentaristas do AT). Paulo, porém, influenciado pela LXX, que fala de *ethnos*, "nação", no v. 1 e de *laos*, "povo", no v. 2, separa as referências nos dois versículos. A primeira é aplicada aos gentios, e a segunda aos judeus. O contraste é óbvio entre os gentios, "a nação ignorante", que aceita Cristo na fé, e os judeus, "o povo desobediente e rebelde", que se recusa a crer nele. Assim terminam as acusações que Paulo faz a Israel.

(BLACK, M., "The Christological Use of the Old Testament in the New Testament", *NTS* 18 [1971-72] 1-14. DELLING, G., "'Nahe ist dir das Wort,'" *TLZ* 99 [1974] 401-12. HOWARD, G. E., "The Tetragram and the New Testament", *JBL* 96 [1977] 63-83. LINDEMANN, A., "Die Gerechtigkeit aus dem Gesetz", *ZNW* 73 [1982] 231-50. SUGGS, M. J., "'The Word is Near You': Romans 10:6-10 within the Purpose of the Letter", *Christian History and Interpretation* [Festschrift J. KNOX; ed. W. R. FARMER *et al.*, Cambridge, 1967] 289-32.)

105 (d) *O fracasso de Israel é parcial e temporário* (11,1-36). O quadro pintado por Paulo nos caps. 9 e 10 não é agradável: a incredulidade de Israel combina com ao plano de Deus baseado na eleição gratuita (cap. 9), mas tem, na verdade, sua causa não em Deus, mas no próprio Israel (cap. 10). Mesmo em 9,27, porém, Paulo tinha insinuado um raio de esperança quando disse que "o resto é que será salvo". Agora ele retorna a este aspecto do problema e explica ainda que a desobediência de Israel é apenas parcial (11,1-10), que é apenas temporária (11,11-24), e que no plano de Deus a misericórdia deve ser mostrada a todos, inclusive aos judeus (11,25-32). No final desta seção, Paulo irrompe em um hino à misericordiosa sabedoria de Deus (11,33-36).

106 **1-10.** A incredulidade de Israel é apenas parcial. **1.** *Não teria Deus, porventura, repudiado seu povo?*: se o plano de Deus é de eleição gratuita e Israel foi infiel, e se os gentios agora estão aceitando o evangelho ao passo que Israel não o aceita, então aparentemente Deus repudiou aquele que, uma vez, foi seu povo eleito (cf. Sl 94,14). *De modo algum!*: negação enfática, quase indignada; veja o comentário sobre 3,4. *israelita*: veja o comentário sobre 9,4. *descendência de Abraão*: "segundo a carne"; veja o comentário sobre 1,3. *da tribo de Benjamim*: veja Fl 3,5. Benjamim era, frequentemente, considerada como a mais israelita das tribos, "o amado de Iahweh" (Dt 33,12). Dela procedeu Saul, o primeiro rei da monarquia unida, de quem Paulo tomou o nome. Paulo e outros judeus cristãos foram chamados e convidados a crer em Cristo, o que prova que Deus não rejeitou seu povo. **2.** *Elias*: veja 1Rs 19,9-18. Após sua jornada de 40 dias e noites para chegar ao Horebe, o monte de Deus, o profeta buscou abrigo em uma caverna onde se queixou amargamente a Iahweh das infidelidades de Israel. Iahweh anunciou o castigo vindouro de seu povo, mas também a libertação de 7.000 em Israel que não tinham dobrados seus joelhos a Baal. Assim como Elias não estava só, também Paulo não está só entre os judeus em sua fé em Cristo Jesus. **3.** Paulo usa 1Rs 19,10 de forma abreviada e invertida. O exemplo de Elias é tomado da história de Israel para revelar o plano de Deus também na presente situação. **4.** Aqui 1Rs 19,18 é citado livremente, nem de acordo com o TM, nem com a LXX. Paulo está interessado em apenas uma questão: 7.000 mantiveram-se fiéis a Iahweh. Israel não foi inteiramente repudiado, nem antes nem agora. **5.** *um resto segundo a eleição da graça: i.e.*, sem levar em consideração sua fidelidade à lei. Os essênios de Qumran também se consideravam *bĕḥîrê rāṣôn*, "os escolhidos pela benevolência (divina)" (1QS 8,6; cf. E. Vogt, "'Peace among Men of God's Good Pleasure' Lk 2.14", *The Scrolls and the New Testament* [ed. K. Stendahl; New York, 1957] 114-17). **6.** *não é pelas obras*: veja 3,24; 4,4; 9,16. A existência deste resto é a evidência da benevolência de Deus e não do mérito humano. **7.** *Aquilo a que tanto aspira, Israel não conseguiu*: a maioria dos judeus, com exceção do resto, não obteve a retidão que buscava (9,30-31). Este é o motivo da tristeza que Paulo expressa em 9,1-2. *conseguiram-no, porém, os escolhidos*: literalmente, "a eleição", *i.e.*, usa-se o abstrato para expressar o concreto. Embora esses escolhidos incluam os gentios e o resto, Paulo está pensando apenas neste último quando o contrapõe aos *hoi loipoi*, "o restante". *ficaram endurecidos*: este efeito sobre os judeus resulta de sua resistência ao evangelho, mas mesmo este endurecimento tem sua função providencial no plano de Deus. **8.** *Como está escrito*: veja o comentário sobre 1,17. Sobre a combinação das citações do AT usadas aqui, veja o comentário sobre 3,10. Paulo conecta Dt 29,3; Is 29,10; Sl 69,23-24. As palavras de Dt 29,3, não citadas literalmente, foram dirigidas por Moisés a Israel, que tinha testemunhado todas as maravilhas enviadas por Deus contra o faraó em seu favor, mas que jamais apreciara toda a importância destas maravilhas: "Contudo, até o dia de hoje Iahweh não vos tinha dado um coração para compreender, olhos para ver e ouvidos para ouvir". Paulo modifica sua citação livre com um acréscimo de Is 29,10, "espírito de torpor", tomado de uma passagem na qual Isaías falou sobre a cegueira espiritual e a perversidade de Israel. Os textos combinados servem ao propósito de Paulo para descrever a reação de Israel a Cristo, mas não se deveria deixar de perceber a forma como Paulo utiliza o AT (veja J. A. Fitzmyer, *ESBNT* 44-45; J. Schmid, *BZ* 3 [1959] 161-73). **9.** *Davi*: o nome de Davi se encontra no cabeçalho do Sl 69 no AT, que é uma súplica por libertação de uma tribulação pessoal. As palavras que vinculam estes versículos aos precedentes são "olhos... para não ver". Não é necessário tentar decidir a que os outros detalhes se referem (mesa, etc.), porque a questão principal é o selo que Deus coloca na situação real (veja o comentário sobre

9,18) – uma situação que não é nem total nem final.

107 11-24. A incredulidade de Israel é apenas temporária. 11. *tropeçado para cair*: Israel tropeçou sobre Cristo, mas não caiu completamente de modo que não possa se recompor. De fato, o tropeço de Israel foi providencial, já que os apóstolos passaram dele para os gentios (cf. At 13,45-48; 18,6). No longo prazo, o tropeço de Israel despertaria nele um ciúme dos gentios, que estavam obtendo a retidão diante de Deus que Israel mesmo estava buscando. **12.** *sua totalidade*: o significado do termo grego *plērōma* é controverso. Mais provavelmente significa "aquilo que é levado à plenitude, o número completo, complemento", como em 11,25. Alguns comentaristas, porém, o entendem como "seu cumprimento (da exigência divina)" (veja BAGD 672). Paulo aponta para os imensos benefícios que viriam para o mundo com a aceitação plena de Jesus como o Messias por parte dos judeus; se a ação deles até agora resultou em benefícios tão incríveis, então o que significará sua aceitação plena?

108 13. *E a vós, nações*: veja 1,5. Os gentios não devem ficar presunçosos ou arrogantes por terem aceitado a Cristo. Eles não têm o direito de menosprezar Israel. *apóstolo das nações*: o epíteto comumente dado a Paulo deriva de seus próprios escritos (veja Gl 2,7-8; cf. At 9,15; 22,21). Ele se esgota neste ministério com apenas um propósito: estimular seus compatriotas e, assim, salvar alguns deles. Embora cristão, Paulo ainda se vê como membro da raça dos judeus. Ele os chama literalmente de "minha carne" e dá, com isso, uma expressão vívida de sua solidariedade com eles. **15.** *sua rejeição*: embora alguns comentaristas (Cranfield, Wilckens) entendam esta expressão como um genitivo objetivo, "sua rejeição" (temporária) por parte de Deus, é melhor entendê-la, tendo em vista o que Paulo diz em 11,1, como um genitivo subjetivo, a rejeição do evangelho pelos judeus. *na reconciliação do mundo*: veja 2Cor 5,19. O aspecto providencial da "rejeição" de Israel foi a reconciliação de todos os outros com Deus – e, possivelmente, até uma extensão cósmica dos efeitos desta reconciliação a todo o universo (→ Teologia paulina, 82:72). Esta reconciliação terá o efeito de despertar o ciúme nos judeus e atraí-los para Cristo. *a vida que vem dos mortos*: o significado desta expressão é muito controvertido. Orígenes, Cirilo de Alexandria, muitos comentaristas medievais, Barrett, Cranfield, Käsemann. Lagrange, Lietzmann, Lyonnet, Michel e Sanday-Headlam entendem *zōē ek nekrōn* como uma referência à ressurreição geral dos mortos no final dos tempos. Se a conversão dos gentios representa a primeira fase da redenção, ou seja, a "reconciliação", então a "aceitação" do evangelho por parte dos judeus representará seu estágio definitivo. O argumento apela para os vv. 25-26 para dar suporte a esta referência à ressurreição geral na parúsia, e os comentaristas que a defendem frequentemente acrescentam que Paulo não está necessariamente afirmando uma conexão temporal aqui. Outros intérpretes, como Teofilato, Fócio, Eutímio, Cornely, Huby e Wilckens, entendem *zōē ek nekrōn* em sentido figurativo: "A conversão de Israel em massa será um evento de grande proveito e alegria para os gentios" (Huby). Esta interpretação é a preferível já que Paulo não escreve *anastasis nekrōn*, a expressão que usa em outros lugares para designar "ressurreição dos mortos" (1Cor 15,12.13.21.42; Rm 6,5) quando se refere a ela. Ainda outros, como Leenhardt e Stanley, consideram que a imagem se refira ao próprio povo judeu; sua aceitação do evangelho significará para eles a passagem do *status* de morte para a vida. Haveria aqui uma alusão ao efeito da identificação dos judeus com Cristo, como no batismo (6,4) e, acima de tudo, à nova vida que seria deles como resultado de sua "aceitação". Esta última interpretação parece preferível. **16.** *E se as primícias são santas, a massa também o será*: a figura de Paulo é mista (massa e raiz). Primeiramente ele está dizendo que "se os primeiros frutos são santos, então o todo da massa o é", referindo-se a Nm 15,18-21. Já que a primeira porção da farinha é separada para o Senhor (*i.e.*, dada aos sacerdotes no Templo [Josefo, *Ant.* 4.4.4. § 70]), a fornada como um todo adquire pureza legal, tornando-se adequada para ser consumida pelo povo de Deus (cf. Lv 19,23-25). Então Paulo usa outra imagem: *se a raiz é santa*: veja Jr 11,16-17. Esta imagem expressa a mesma ideia que a anterior, porém a que se refere "raiz"? Para Orígenes e Teodoro de Mopsuéstia, a primeira porção de massa e a raiz são Cristo, cuja santidade garante bênçãos para todo o Israel. Para Barrett e Weiss, ela se refere, antes, ao resto convertido – uma interpretação que se adapta ao contexto precedente. Para Käsemann, Lagrange, Michel, Pesch, Sanday-Headlam e Wilckens, a "raiz" é uma referência aos patriarcas, porque no v. 17 será usada novamente para designar o antigo Israel no qual os gentios foram enxertados. Qualquer destas interpretações é possível, mas talvez seja melhor dividir as imagens em duas interpretações (como Cranfield, Leenhardt): a primeira porção de massa representa o "resto", que já aceitou a Cristo, e a raiz representa os "patriarcas". Assim fica estabelecido um vínculo tanto com o contexto precedente quanto com o seguinte.

109 **17.** *E se alguns dos ramos foram cortados:* Paulo, ainda se dirigindo aos cristãos de origem gentílica, adverte-os a não ficarem presunçosos por causa de sua situação favorecida. Eles não devem menosprezar os judeus incrédulos que foram cortados da fonte da vida. *oliveira silvestre*: em parte, a figura depende do AT (Jr 11,16; Os 14,6), mas também da prática dos antigos horticultores de enxertar um galho de oliveira jovem em uma velha que vinha dando bons frutos (Columella, *De re rustica* 5.9,16). Os gentios são a oliveira silvestre enxertada em Israel no lugar dos ramos podados (= os judeus incrédulos). **18.** *a raiz sustenta a ti*: o Israel do passado ainda ocupa a posição privilegiada de portador da salvação ao mundo. **20.** *Muito bem!:* Paulo não nega que a defecção de Israel facilitou a conversão dos gentios, mas Israel não foi cortado para que os gentios fossem enxertados no tronco. Pelo contrário, a incredulidade de Israel resultou em sua poda, mas isto não tinha conexão intrínseca com a eleição dos gentios que, na verdade, foram enxertados no lugar dos ramos cortados. *tu estás firme pela fé*: a situação dos gentios se deve à eleição gratuita de Deus e sua resposta de fé, e não a quaisquer méritos dos quais os cristãos gentílicos possam se orgulhar. **21.** *não poupou os ramos naturais*: se os ramos pertencentes à árvore *kata physin*, "por natureza", puderam ser podados (por causa de sua infidelidade), também o poderão aqueles que foram simplesmente enxertados (se também forem infiéis). **22.** *a bondade e a severidade de Deus*: estas duas noções estão o mais próximo daquilo que tradicionalmente foi chamado de "misericórdia e justiça" de Deus, mas para expressá-las Paulo usa os termos *chrēstotēs* e *apotomia*. É significativo que ele não use *eleos* ou *dikaiosynē*, que, por causa de seu pano de fundo veterotestamentário, têm uma conotação notavelmente diferente (→ Teologia paulina, 82:39). *se perseverares na bondade*: a eleição de Deus, embora gratuita, está condicionada pelo cumprimento responsável, pelos cristãos gentílicos, de suas obrigações. **23.** *serão enxertados:* Paulo explica finalmente como os ramos podados terão condições de encontrar vida no tronco parental de Abraão. *Deus é capaz de os enxertar novamente: a fortiori* – se ele fosse capaz de enxertar um ramo selvagem. Ao longo de todo o argumento baseado no ramo de oliveira silvestre, Paulo sugere que os ramos naturais podados não foram jogados no monte de lixo, pois Israel não foi rejeitado definitivamente por Deus (11,1). **24.** *da oliveira silvestre ... na oliveira cultivada*: a contraposição sugere a natureza transcendente da vocação para a qual os cristãos gentílicos foram chamados. A restauração dos judeus, porém, será mais fácil do que a vocação dos gentios. Assim, a rejeição de Israel não é definitiva, mas temporária.

(BOURKE, M. M., *A Study of the Metaphor of the Olive Tree in Romans XI* [Studies in Sacred Theology 2/3; Washington, 1947]. RENGSTORF, K. H., "Das Ölbaum-Gleichnis in Röm 11,16ss.", *Donum gentilicium* [Festschrift D. DAUBE; ed. E. BAMMEL, *et al.*; Oxford, 1978] 127-64.)

110 25-32. No plano de Deus, a misericórdia deve ser mostrada a todos, incluindo os judeus. **25.** *para que não vos tenhais na conta de sábios*: os cristãos gentílicos não deveriam concluir que sua concepção da história humana é a única válida; Paulo prefere desvendar a eles aspectos do *mystērion* divino, há muito tempo escondido em Deus, mas agora revelado (→ Teologia paulina, 82:33-34). Este "segredo" tem três aspectos: (1) o "endurecimento parcial" de Israel (veja o comentário sobre 11,7; Paulo volta ao que diz em 11,1-10); (2) "a plenitude das nações" (o terceiro aspecto aguardará o *plērōma* dos gentios, *i.e.*, sua "entrada" como enxerto no tronco da oliveira que é Israel; veja o comentário sobre 11,12). (3) **26.** *e assim todo Israel será salvo*: assim Paulo expressa sua firme convicção sobre o destino coletivo definitivo de seus compatriotas – um eco de Is 60,21-22. Mas *como* eles "serão salvos"? Há duas explicações correntes: (1) a teológica e (2) a cristológica. De acordo com a primeira, proposta por F. Mussner (*Kairos* 18 [1976] 241-55) e K. Stendahl (*Paul among Jews and Gentiles* [Philadelphia, 1976] 3-4), o verbo *sōthēsetai* deveria ser entendido como uma passiva teológica (*ZBG* § 236), "será salvo", *i.e.*, por Deus, num ato misericordioso independente de qualquer aceitação de Jesus como o Messias ou de uma conversão em massa anterior à parúsia. Eles seriam resgatados de seu "endurecimento parcial" (v. 25c) pelo "Libertador" (v. 26b; cf. Is 59,20), que seria o próprio Iahweh, já que Cristo não é mencionado em toda esta seção desde 10,17. A "aliança" (v. 27) seria entendida como diferente daquela descrita em Jr 31,33. Esta seria, então, uma salvação dos judeus independentemente de Cristo. De acordo com a explicação cristológica, proposta por W. D. Davies (*NTS* 24 [1977-78] 23-29) e muitos outros comentaristas modernos, o verbo *sōzein* deveria ser usado no sentido de 1Cor 9,22 (com uma nuança de conversão); o "Libertador" de Is 59,20 seria aplicado a Cristo na parúsia (como em 1Ts 1,10) e a "aliança" do v. 27 seria a de Jr 31,33 em seu estágio definitivo. Assim, na parúsia, "todo Israel" seria perdoado de seu "endurecimento" culpável, aceitaria a Jesus como o Messias e teria seus pecados "apagados" no cumprimento da aliança de Jr 31,33 (citado em 1Cor 11,25; 2Cor 3,6). A explicação cristológica é preferível, já que Paulo dificilmente teria em vista dois tipos diferentes de salvação – uma realizada por Deus para os judeus e outra por Cristo para os gentios, o que estaria contra toda a sua tese sobre a justificação pela graça através da fé. Acima nesta seção, Paulo citou o AT contra Israel; agora ele o faz a seu favor. A citação é, mais uma vez, composta: veja o comentário sobre 3,10. Is 59,20-21 (citado de acordo com a LXX com pequenas mudanças) é unida com Is 27,9 para ilustrar o "segredo" escondido em Deus e agora revelado. As palavras mostram que Deus, ao anunciar sua nova aliança, levou em consideração a infidelidade de Israel; elas são agora aplicadas a Cristo. Veja ainda C. M. Horne *JETS* 21 (1978) 329-43; D. G. Johnson, *CBQ* 46(1984)91-103; F. Refoulé, "... *et ainsi tout Israel sera sauvé: Romains 11,25-32*" (LD 117; Paris, 1984); P. Stuhlmacher, "Zur Interpretation von Römer 11,25-32", *Probleme biblischer Theologie* (ed. H. W. Wolff; Munich, 1971) 555-70. **28.** *eles são inimigos*: por deixarem, temporária e parcialmente, de aceitar a Jesus como o Messias. *por vossa causa*: um resumo de 11,11-14. *eles são amados, por causa de seus pais*: a eleição de Israel, manifestada no favor mostrado aos patriarcas, é irrevogável na história humana – uma prerrogativa que os gentios não têm. **30.** *vós outrora fostes desobedientes a Deus*: a concepção de Paulo acerca dos antigos gentios é a mesma que a de seus patrícios judeus. A desobediência dos gentios era incredulidade em Deus. A atitude dos judeus para com Cristo representa o mesmo tipo de desobediência.

Mas, como a desobediência dos judeus foi um fator na demonstração da misericórdia divina para com os gentios, assim a misericórdia demonstrada a eles será usada para com os judeus. **32.** *Deus encerrou todos na desobediência:* todos, judeus e gregos, têm, coletivamente, sido infiéis a Deus, que faz uso desta infidelidade para manifestar a todos eles sua bondade e misericórdia, ou seja, revelar o tipo de Deus que ele realmente é (veja 3,21-26; Gl 3,22). Agora Paulo passa a uma exclamação sobre a sabedoria misericordiosa de Deus.

111 33-36. Hino à sabedoria misericordiosa de Deus. **33.** *como são ... impenetráveis seus caminhos:* Paulo exclama, não em espanto e temor, mas em assombro e gratidão diante da ilimitada providência de Deus na assistência mútua de judeus e gentios na obtenção da salvação. De outra forma, não se teria suspeitado do papel de Israel no plano divino da salvação. **34.** Paulo une Is 40,13 e Jó 41,3 (?) para acentuar que Deus não é devedor a ninguém, seja por seus planos, seja por seus dons à humanidade. Tudo procede de sua bondade graciosa; ele não precisa de consultores nem de assistentes de pesquisa. Paulo cita o texto de Is de acordo com a LXX, com leve mudança na ordem das palavras. Em Isaías, as palavras se referem à libertação dos judeus do exílio por Iahweh e exaltam sua glória por causa desse ato. A passagem de Jó não é certa, pois 41,3 está corrompido no TM, e é quase impossível decidir qual texto Paulo teria seguido. Alguns comentaristas pensam que ele está aludindo a Jó 35,7 ou 41,1. **36.** Uma doxologia a Deus (o Pai) como o criador, sustentador e alvo do universo. A preposição *ex* denota "origem", *dia* (com o genitivo) o "originador" de uma ação ou condição e *eis* (com o acusativo) o "fim, alvo". A oração expressa a dependência absoluta de Deus por parte de toda a criação. A formulação de Paulo pode ter sido influenciada pelo pensamento filosófico helenístico (cf. Marco Aurélio, *Medit.* 4.23; H. Lietzmann, *An die Römer* 107). Cf. 1Co 8,6; 11,12.

112 (III) Parte II: Seção parenética – As exigências da vida reta em Cristo (12,1-15,13). Paulo agora acrescenta à seção doutrinária uma exortação dirigida à igreja romana, ainda que ela fosse praticamente desconhecida para ele. Rm 12-13 formam uma unidade catequética, bastante similar a 1Ts 4-5. Ela reflete a tendência da protoigreja de unir a parênese com exposições querigmáticas ou doutrinárias. Esta seção parenética não é exatamente um tratado ético por causa de seu caráter assistemático e, às vezes, divagador. Pela forma como está colocada em Romanos, ela implica que, ainda que as prescrições legais mosaicas não sejam mais a norma de conduta cristã, ainda há exigências feitas aos cristãos, e o princípio atuante em todas elas é o amor ou caridade. Muitos dos tópicos desta seção são generalidades, refletindo problemas que Paulo teve de enfrentar no passado em outras igrejas fundadas por ele e, talvez, mesmo em Corinto, de onde ele envia esta carta. Embora os tópicos não estejam estreitamente relacionados, eles dizem respeito, em geral, à relação do cristão justificado com a sociedade na qual vive.

113 (A) A vida cristã deve ser um culto a Deus no Espírito (12,1-13,14). A unidade da comunidade cristã exige que os indivíduos se esforcem para vencer o mal com o bem. A busca comum do bem é esperada das pessoas que são membros do corpo de Cristo e cuja vida deve ser um sacrifício oferecido a Deus. **1.** *Exorto-vos:* Paulo fala como apóstolo autorizado (1,5; 11,13). *pela misericórdia de Deus:* literalmente, "misericórdias"; o plural sugere as múltiplas manifestações da misericórdia descritas nos caps. 9 a 11, especialmente em 11,30-32. *ofereçais vossos corpos:* (→ Teologia paulina, 82:102). O verbo não significa somente colocar alguma coisa à disposição de outrem, mas tem também a nuança de "oferecer, apresentar" algo em um contexto sacrifical (BAGD 628). *como sacrifício vivo:* os cristãos que se esforçam para fazer o que é correto dão um sentido cultual a suas vidas. Paulo os compara implicitamente com os animais sacrificados no culto judaico ou nos cultos pagãos, mas acrescenta uma nota distintiva: o auto-oferecimento dos cristãos é "vivo", e não realizado através de animais mortos. *culto espiritual*: é guiado pelo *logos*, a razão, e condiz a um ser humano. **2.** *E não vos conformeis com este mundo*: "este mundo" é passageiro e imperfeito (1Cor 7,31). Paulo alude à distinção judaica entre "este mundo/era" e o "mundo/era por vir", que foi adotada pela protoigreja e recebeu uma nuança cristã. O próprio Paulo pensa que o "mundo/era por vir" já começou; as "eras" se encontraram no início da dispensação cristã (1Cor 10,11). Em consequência, o cristão, embora "neste mundo", deve viver para Deus e não se conformar a nenhum outro padrão. *transformai-vos*: veja 2Cor 3,18. A metamorfose não é exterior, mas interior, implicando a renovação da *nous* humana, e é efetuada pela presença do Espírito de Deus que habita no cristão.

114 **3-13.** O culto a ser prestado a Deus deveria se manifestar concretamente numa vida em sociedade baseada na humildade e na caridade. Ele exige um uso apropriado e desinteressado dos dons espirituais recebidos. Como fundador apostólico de igrejas cristãs, Paulo percebia muito bem o perigo que representavam para as comunidades os membros que superestimassem seu valor. **3.** *da graça que me foi concedida*: veja 1,5; 15,15. *de acordo com a medida da fé*: a norma pela qual se julga deve ser a *pistis*, que não é a "fé" carismática de 1Cor 13,2, já que a exortação é dirigida a todos os cristãos, mas pode ser, antes, a resposta ativa do crente (*fides qua creditur* [a fé pela qual se crê]) ou ainda o objeto da fé (*fides quae* [a fé que se crê]), que, concretamente, é Jesus Cristo. Cada cristão, em vez de pensar demasiadamente de si mesmo, deveria medir-se pelo padrão daquilo em que crê (veja Cranfield, NTS 8 [1961-62] 345-51). **5.** *formamos um só corpo em Cristo*: em cartas anteriores, Paulo se referiu à união dos cristãos com Cristo e à sua unidade mútua nele com a figura do corpo de Cristo (1Cor 6,15-20; 10,16-17; 12,12-31). Como em 1Cor 12,12-31, a expressão "um só corpo" provavelmente não sugere outra coisa que uma união moral dos membros que conspiram juntos para o bem comum do todo, como no Estado. Temos de procurar em outros lugares nuanças adicionais deste pensamento sobre o assunto (→ Teologia paulina, 82:122). Note que aqui Paulo não diz que nós somos "o corpo de Cristo" nem menciona o "um só corpo" em conexão com a igreja. Nós somos "um só corpo" porque estamos "em Cristo". Dever-se-iam preservar as nuanças deste pensamento em várias passagens.

115 **6.** *Tendo, porém, dons*: os diferentes dons da graça que os cristãos recebem do Espírito, como resultado da fé, se destinam ao benefício da comunidade. Cada pessoa deve perceber o caráter social dos dons ou talentos dados por Deus e fazer uso deles para o bem comum, sem inveja ou ciúme. Paulo enumera sete deles, primeiramente em termos abstratos e depois em nomes que designam pessoas. *Profecia*: entendida no sentido neotestamentário (1Cor 12,10; 13,2; 14,3-6.24; 1Ts 5,20). *segundo a proporção de nossa fé*: o termo grego *analogia* significa "relacionamento correto, proporção" (BAGD 56) e cria pouco problema aqui. A palavra *pistis* é mais problemática; veja o comentário sobre o v. 3 *acima*. É melhor entendê-la aqui como *fides quae*, o corpo das crenças cristãs. **7.** *serviço*: o segundo dom é a *diakonia*, que, provavelmente, designa a administração de ajuda material ou a distribuição de esmolas da comunidade (veja 1Cor 16,15, At 6,1). Nada neste contexto relaciona a palavra com uma classe distinta de pessoas (= "diáconos"). *quem o do ensino*: o terceiro dom é o ensino da doutrina cristã, uma tarefa diferente da pregação e do serviço mencionados anteriormente (veja também 1Cor 12,28; cf. Ef 4,11). **8.** *quem o da exortação*: o quarto dom é possuído pelo "pai espiritual" da comunidade. *Aquele que distribui seus bens*: o quinto dom é o da pessoa que "distribui" riqueza privada por meio de esmolas; espera-se que tal filantropista o exerça com "generosa simplicidade" (veja 2Cor 9,11.13 e o comentário sobre 2Cor 8,2). *aquele que preside*: o sexto dom pertence ao *ho proistamenos*, "aquele que está à frente" da comunidade, um ocupante de cargo ou administrador (veja 1Ts 5,12). Se a ordem dos dons é significativa, o lugar do "líder" na lista é digno de nota. Outra tradução, utilizada às vezes, é "aquele que contribui" (*RSV*; cf. BAGD 707), mas neste caso é difícil distinguir este dom do segundo ou do quinto. *com diligência*: a atenção diligente deveria caracterizar o governo do líder. *aquele que exerce misericórdia*: o sétimo dom pertence à pessoa que pratica atos de misericórdia; dela se espera que o faça alegremente. O espírito no qual se fazem os atos é mais importante do que os atos em si.

(ELLIS, E. E., "'Spiritual' Gifts in the Pauline Community", *NTS* 20 [1973-74] 128. KÄSEMANN, E., *ENTT* 63-94.)

116   9. *Que vosso amor seja sem hipocrisia*: o amor sem fingimento ou hipocrisia é explicado por uma série de instruções ou máximas sobre atos caritativos. **10.** *com amor fraterno*: a caridade sincera deve ser mostrada sobretudo a membros da comunidade cristã. Paulo usa *philadelphia* para distingui-la das obrigações mais amplas do *agapē*. *considerando os outros como mais dignos de estima*: o sentido desta expressão é controverso. A tradução usada aqui segue a de algumas versões antigas, mas também poderia ser: "No tocante à honra, cada qual deve ter o outro em estima mais elevada" (veja BDF 150). **11.** *servindo ao Senhor*: esta é a motivação para toda conduta cristã. Em vez de *kyriō* alguns manuscritos (D, G) trazem *kairō*, "servindo a hora". Se isto estivesse correto, os cristãos estariam sendo conclamados a cumprir as exigências do tempo em que vivem (veja O. Cullmann, *Christ and Time* [Philadelphia, 1950] 42). **13.** *necessidades dos santos:* Estaria Paulo sugerindo aos cristãos romanos que eles também deveriam pensar em ajudar a comunidade cristã de Jerusalém com esmolas (veja 15,25)?

117   14-21. Nestes versículos, Paulo recomenda a caridade para com todos, até mesmo os inimigos. **14.** *abençoai os que vos perseguem*: este conselho reflete as palavras de Jesus (Mt 5,44; Lc 6,27-28). Alguns manuscritos importantes (P^{46}, B, 1739) omitem "vos", o que daria um sentido mais geral, "abençoai os que perseguem". Não há razão para pensar que Paulo esteja ciente de qualquer perseguição oficial dos cristãos em Roma naquele tempo. **16.** *Tende a mesma estima uns pelos outros*: recomendação de consideração mútua para que haja concórdia na comunidade (veja 15,5); também é uma advertência contra qualquer falsa autoestima. *sentindo-vos solidários com os mais humildes*: esta tradução entende o termo grego *tapeinois* como masculino, mas, tendo em vista a ordem precedente (não ter pretensões de grandeza), ela poderia ser: "Dediquem-se a tarefas humildes" (neutro). *não vos deis ares de sábios*: veja Pr 3,7, citado livremente. **17.** *A ninguém pagueis o mal com o mal*: a advertência de Paulo pode ser um reflexo das palavras de Jesus (Mt 5,39.43-44). *seja vossa preocupação fazer o que é bom:* Pr 3,4 adaptado (cf. 2Cor 4,2; 8,21). **19.** *Não façais justiça por vossa conta:* tanto desejar vingança contra inimigos (de fora) quanto buscá-la estão excluídos da conduta cristã. O direito de se vingar não faz parte da derrota do mal, a despeito de qualquer primeira impressão. O amor deve reinar em tudo. *dai lugar à ira:* deem oportunidade à ira (escatológica) de Deus, que se manifestará contra o pecado. Paulo cita imediatamente Dt 32,35 (em uma forma próxima ao TM), tornando certa a referência à ira de Deus. O cristão deveria deixar a retribuição do mal com Deus e buscar somente o bem. **20.** Paulo cita Pr 25,21-22 (LXX, ms. B), fazendo destes versículos sua própria recomendação. *estarás acumulando brasas sobre a cabeça dele*: o significado desta expressão do AT é obscuro. Ao seguir a LXX, Paulo fala claramente de amontoar brasas "sobre a cabeça" (contra M. Dahood, *CBQ* 17 [1955] 19-23; L. Ramaroson, *Bib* 51 [1970] 230-34). Várias explicações são dadas para a figura usada por Paulo: (1) Para

Ambrosiastro, Agostinho e Jerônimo, as brasas eram símbolos do sofrimento ardente da vergonha. O inimigo seria levado pela bondade à vergonha e ao remorso, que queimariam sobre sua cabeça como brasas em chama. Este significado simbólico, porém, não está atestado em qualquer outro lugar. (2) Para S. Morenz (*TLZ* 78 [1953] 187-92), as brasas são símbolo do arrependimento. Ele deriva este significado simbólico de uma alusão remota a um ritual egípcio descrito em um texto demótico do séc. III a.C., de acordo com o qual um penitente carrega sobre sua cabeça uma tigela de carvões em brasa para expressar arrependimento por ter prejudicado alguém. Assim, a bondade demonstrada a um inimigo o faria demonstrar seu arrependimento diante de Deus (cf. W. Klassen, *NTS* 9 [1962-63] 337-50, que usa a explicação de Morenz de modo nuançado). (3) Alguns Padres gregos (Orígenes e Crisóstomo) entendiam as brasas como símbolo de um tipo mais nobre de vingança: se alguém alimentar seu inimigo e ele permanecer hostil, então este se torna passível de uma punição mais grave por parte de Deus; assim se amontoam brasas da punição divina sobre a cabeça do inimigo. Mais uma vez, porém, este significado simbólico não é atestado em qualquer outro lugar. (4) K. Stendahl (*HTR* 55 [1962] 343-55) modificou esta última interpretação comparando o princípio geral de Paulo com afirmações da LQ [Literatura de Qumran] que defendem a não retaliação do mal feito por inimigos e o adiamento da retribuição para o dia da vingança de Deus (veja 1QS 10:17-20; 9:21-22; 1:9-11). O uso paulino de Dt 32 e Pr 25, portanto, sugeriria um modo qualificado de aumentar a medida dos pecados de um inimigo.

(CRANFIELD, C. E. B., *A Commentary on Romans 12-13* [Edinburgh, 1965]. CULPEPPER, R. A., "God's Righteousness in the Life of His People: Romans 12-15", *RevExp* 73 [1976] 451-63. SCHELKLE, K.-H., "Der Christ in der Gemeinde: Eine Auslegung von Rom 12", *BK* 28 [1973] 74-81.)

118 13,1-7. Os deveres dos cristãos para com as autoridades civis. Como Paulo escreve à igreja romana, ele tem consciência de que esta comunidade estaria ciente, mais do que as outras, da autoridade imperial. Até a época em que Paulo escreve Rm, não há perseguição oficial ao cristianismo em Roma, mas um conflito interno na comunidade judaica de lá (provavelmente entre judeus e judeus cristãos; → Paulo, 79:10) foi resolvido pela expulsão dos judeus de Roma por Cláudio (At 18,2). Este fato era conhecido de Paulo, mas sua exposição dos deveres dos cristãos para com as autoridades civis permanece no nível de princípios gerais. Como cidadãos de outro mundo (Fl 3,20), eles poderiam estar inclinados a questionar sua relação com as autoridades civis, especialmente quando elas eram pagãs. A solução de Paulo para o problema está relacionada aos princípios de Pr 8,15 e Mt 22,16-21.

119 1. *Cada um*: literalmente, "cada alma", um hebraísmo (veja o comentário sobre 2,9). A prescrição não está restrita aos cristãos. Em alguns manuscritos (P^{46}, D *, G) e na *Vetus Latina*, a palavra "alma" é omitida, e há um imperativo simples: "obedeça a todas as autoridades". *Autoridades*: literalmente, "autoridades altamente posicionadas, governantes" (BAGD 841). O substantivo plural *exousiai* é comumente usado para designar "autoridades" humanas no grego profano e no NT (Lc 12,11). O. Cullmann, porém, sustentou que *exousiai* tem outro significado, os "poderes angélicos invisíveis que estão por trás do governo estatal", ou inclusive um significado duplo, "o Estado empírico *e* os poderes angélicos" (*The State in the New Testament* [New York, 1956]); cf. 1Cor 2,8; 1Pd 3,22. Mas é muito improvável que Paulo tenha se referido a algo assim. Ele está falando de autoridades civis humanas comuns, das quais os cristãos são dependentes e às quais eles devem obediência. *não há autoridade que não venha de Deus*: mesmo a autoridade imperial romana vem de Deus, ainda que Roma relute em admiti-lo. Indiretamente, Paulo reconhece o Pai como fonte de todo o bem-estar e paz proporcionados pelo governo imperial romano. **2.** *aquele que se revolta contra a autoridade, opõe-se à ordem estabelecida por Deus*: um princípio geral é deduzido do versículo precedente. A obediência às autoridades civis é uma forma de obediência ao próprio Deus, porque a relação dos seres humanos com Deus não se limita à esfera religiosa ou cultual. A suposição que perpassa os vv. 1-7 é que as autoridades civis estejam se conduzindo corretamente e procurando os interesses da comunidade. Não se tem em vista a possibilidade de um governo tirânico ou de um governo que deixe de enfrentar uma situação onde os direitos justos de cidadãos individualmente ou de um grupo minoritário são negligenciados ou violados. Paulo insiste em apenas um aspecto da questão: o dever dos súditos para com a autoridade legítima. Ele não expõe aqui o dever das autoridades civis. **4.** *pois ela é instrumento de Deus para te conduzir ao (teu) bem*: esta é uma reformulação do v. l, enfatizando o caráter delegado da autoridade civil; tem em vista somente um governo civil que cumpre de forma apropriada suas funções. A expressão *eis to agathon*, "para o bem", expressa o *finis* [finalidade] da atividade civil. *não é à toa que ela traz a espada*: a espada é introduzida como símbolo da autoridade penal, do poder legitimamente possuído pelas autoridades civis para coagir cidadãos rebeldes no esforço de manter a ordem e na busca pelo objetivo comum. *instrumento de Deus para fazer justiça e punir quem pratica o mal*: o contexto mostra que a ira é divina, como em 12,19, pois, de outra forma, essas autoridades não seriam instrumentos de Deus. **5.** *por dever de consciência*: outro motivo para a obediência é introduzido; Paulo sabe que o medo do castigo nem sempre impedirá os cidadãos de violarem regulamentos civis. Seu apelo à consciência sugere uma obrigação moral, e não apenas legal ou penal, de obedecer às leis civis. Ele liga a reação humana aos governantes civis com a origem divina da própria autoridade civil. **6.** *É também por isso que pagais impostos:* Paulo toma como certo que os cristãos romanos estejam pagando impostos. Pela terceira vez ele enfatiza a natureza delegada da autoridade civil (13,l.4) – aqui, na questão dos impostos. **7.** cf. Mc 12,17.

(BRUCE, F. F., "Paul and 'the Powers That Be'", *BJRL* 66 [1983-84] 78-96. DYCK, H. J., "The Christian and the Authorities in Romans 13,1-7", *Direction* 14 [1985] 44-50. HULTGREN, A. J., "Reflections on Romans 13,1-7: Submission to Governing Authorities", *Dialog* 15 [1976] 263-69. HUTCHINSON, S., "The Political Implications of Romans 13:1-7", *Biblical Theology* 21 [1971] 49-59.)

120 8-10. Dos deveres cristãos para com as autoridades civis, Paulo passa para a obrigação do amor que resume toda a lei mosaica na nova dispensação. **8.** *Não devais nada a ninguém, a não ser o amor mútuo*: esta é a suma de todas as obrigações da vida cristã. Paulo não faz do amor ou da caridade um tipo de dever para com alguém, mas o expressa desta forma para enfatizar seu papel em toda a conduta cristã; ele não está restrito apenas aos demais cristãos. *cumpriu a Lei*: como em outros lugares em Rm (veja o comentário sobre 2,12), isto se refere à lei mosaica, como as citações seguintes tornam claro. **9.** *preceitos:* Paulo cita expressões do Decálogo (Ex 20,13-17; Dt 5,17-21). A ordem das proibições individuais difere da do TM, mas é a mesma da LXX de Dt 5,17-18 (ms. B); cf. Lc 18,20; Tg 2,11; Filo, *De dec.* 120, 132. *se resumem nesta sentença: Amarás...* Este pode ser um reflexo da afirmação de Jesus (Mc 12,28-34) que resume a lei mosaica com Dt 6,4-5; Lv 19,18. Outros judeus também estavam acostumados a resumir a lei de formas similares (veja Str-B 1. 907-8), já que entendiam os regulamentos específicos (os 613 mandamentos e proibições da Torá) como desdobramentos dessas passagens do AT. Em Lv 19,18, entretanto, "próximo" significa o compatriota judeu, mas é usado por Paulo com um sentido mais amplo. **10.** *a caridade é a plenitude da Lei*: embora esta frase pareça ser apenas uma formulação abstrata da precedente, Paulo está enunciando seu próprio princípio básico. Se Cristo é o "alvo da lei" (10,4), então o "amor", que motivou toda a sua existência e atividade soteriológica (8,35), pode ser descrito como o cumprimento da lei. O amor torna-se a norma para a conduta cristã e, quando aplicado adequadamente, alcança tudo o que a lei representava. Veja A. L. Bencze, *NTS* 20 (1973-74) 90-92.

121 11-14. Uma exortação escatológica dirigida aos cristãos de Roma: eles devem perceber que já estão vivendo no *eschaton*, porque as duas eras se encontraram (1Cor 10,11). **11.** *em que tempo vivemos*: o período da existência cristã é *kairos*, um tempo em que os cristãos são chamados a manifestar, por suas ações, quem eles são e a se comportar adequadamente. Em outros lugares, Paulo usa a motivação escatológica em exortações morais (1Ts 5,6; 1Cor 7,26.28-30); cf. Cl 4,5; Ef 5,16. Embora o que Paulo diz em 11,25 sobre a conversão de Israel possa sugerir que o estágio definitivo da salvação é ainda algo futuro, o *kairos* já começou com a ressurreição e a morte de Cristo. Este é o tempo para que os cristãos se apropriem, pela fé "que age pela caridade" (Gl 5,6), dos efeitos daquilo que Cristo Jesus alcançou no passado para todos. *a hora de acordar*: veja 1Ts 5,6; 1Cor 15,34; cf. Ef 5,14. *nossa salvação está mais próxima agora*: a libertação escatológica dos cristãos como cumprimento do penhor (2Cor 1,22) ou dos primeiros frutos (Rm 8,23) foi garantida pela habitação do Espírito. Agora ela está mais próxima do que estava quando os cristãos depositaram, pela primeira vez, sua fé em Cristo. **12.** *A noite avançou:* Paulo está querendo dizer que não muito tempo separa os cristãos de seu destino escatológico. *deixemos as obras das trevas*: a contraposição entre dia e noite, luz e trevas simboliza o bem e o mal, assim como em 1Ts 5,5-8 (cf. Ef 5,8-11). Estas contraposições são comumente usadas em escritos apocalípticos judaicos da época, especialmente na literatura essênia de Qumran (1QS 2:7; 3:20-4:1; 1QM 15:9, "nas trevas estão todas as suas obras", *i.e.*, as obras dos filhos das trevas que estão dominados pelo príncipe dos demônios, Belial).

vistamos a armadura da luz: os cristãos não podem permanecer na condição de sonolentos quase despidos em um tempo que exige o uso de "armadura". A armadura não é descrita aqui, mas em 1Ts 5,8 ela é descrita como fé, amor e esperança; cf. Ef 6,15-17. **13.** Uma lista de vícios que são as "obras das trevas" (veja o comentário sobre 1,28; → Teologia paulina, 82:142). **14.** *vesti-vos do Senhor Jesus Cristo:* deixai que Cristo seja vossa armadura. Através do batismo, o cristão já se "vestiu de Cristo" (Gl 3,27). Mas essa identificação ontológica do cristão com Cristo precisa produzir frutos na vida consciente da pessoa; à medida que esta se torna mais e mais consciente da identidade cristã, deveria se afastar cada vez mais do pecado. Esta perspectiva psicológica, uma vez cultivada, extinguirá todos os desejos do ego sujeito ao pecado. Veja E. Lövestamm, *Spiritual Wakefulness in the New Testament* (Lund, 1963).

122 (B) Os fortes devem caridade aos fracos (14,1-15,13). A segunda parte desta seção hortatória se preocupa imediatamente com questões secundárias como o consumo de carne e a observância de dias santos. Mais fundamentalmente, porém, ela trata do antigo problema da consciência escrupulosa *versus* a esclarecida, ou da conservadora *versus* a progressista. Parece que Paulo ouviu falar alguma coisa sobre a igreja romana, e nesta parte de Rm aborda um problema de lá (→ 6 *acima*). Entretanto, ele o faz apenas em termos genéricos, provavelmente porque não está intimamente familiarizado com esta igreja. Embora não seja tão importante em si mesmo, este problema dá a Paulo a oportunidade de formular princípios prudentes baseados na convicção (14,1.22.23), no amor (14,15), no exemplo de Cristo (14,9.15; 15,3.7-8) e na lealdade dos cristãos a ele (15,13). A exposição de Paulo termina com uma apelo à unidade baseado em ideias importantes do trecho doutrinário.

1. *Acolhei o fraco na fé*: provavelmente Paulo ouviu falar de judeus cristãos escrupulosos cujos julgamentos se baseiam em uma fé insuficientemente esclarecida. Essas pessoas não compreenderam realmente o que significa a retidão pela fé e procuram, em vez disso, obter segurança através de práticas adicionais. Mas mesmo estas pessoas pertencem à comunidade cristã. Sobre *pistis*, "convicção" ou "fé", veja o comentário sobre 14,23. *sem querer discutir suas opiniões*: literalmente, "não com a finalidade de brigar por causa de opiniões". A pessoa "fraca" deveria ser recebida da forma como Deus a receberia; ela não deveria estar sujeita a disputas inúteis, já que elas enfraquecem a confiança por parte de todos os lados. **2.** *verdura*: o primeiro exemplo de Paulo implica um tabu alimentar. Enquanto os "fortes" comem todo tipo de alimento, os "fracos" comem apenas verdura, talvez por causa de seu passado pré-cristão (cf. Dn 1; Jt 8,6). Uma vez que se perceba que essa questão não está relacionada com os aspectos essenciais da fé cristã, a obrigação da caridade mútua se torna clara. Cada um deveria aceitar o outro assim como Deus o faria. **4.** *que julgas o servo alheio*: uma advertência é dirigida ao cristão "fraco": a pessoa que se consideraria negligente é, na verdade, um membro da família de Deus, e apenas Deus, como senhor desta pessoa, irá julgar seu fracasso ou êxito. De Deus vem tanto a aceitação dos fracos quanto o *status* dos fortes.

123 **5.** *Há quem faça diferença entre dia e dia*: outro exemplo de escrupulosidade tem a ver com a celebração de dias santos ou dias de jejum (veja Zc 7,5; 8,19). Os protocristãos jejuavam nas quartas e nas sextas feiras (*Did.* 8,1; *Herm. Sim.* 5.3.7). De qualquer forma, os cristãos "fracos" de Roma continuavam a distinguir esses dias dos dias normais, enquanto os cristãos "fortes" não estavam tão preocupados com estas distinções. Não há mal nenhum em se ter convicções diferentes a respeito destas matérias, e Paulo exclui resolutamente disputas ou juízos críticos sobre elas. **6.** *para o Senhor*: o que importa em tudo isso é a motivação, sejam os dias observados ou não, contanto que o Senhor seja servido com isto. De um membro da família de Deus se espera que sirva a seu Senhor. **7.** *Pois ninguém de nós vive e ninguém morre para si mesmo*: o ato libertador de Cristo, livrando os seres humanos da escravidão da lei, do pecado e da morte (8,2), capacitou-os a viver para Deus (6,10-11; Gl 2,19). Isto implica o serviço a Deus em todas as coisas, além de ser a base da vida cristã em sociedade. **8.** *pertencemos ao Senhor*: os cristãos pertencem a Cristo como o *Kyrios* e devem reconhecer sua relação com ele (veja 1Cor 6,20; 7,23; 8,6). **9.** *o Senhor dos mortos e dos vivos:* Paulo formula a finalidade da paixão, morte e exaltação de Cristo, enfatizando sua soberania sobre os mortos e os vivos obtida após sua ressurreição. Trate-se de um domínio universal apropriado do *Kyrios* sobre todas as coisas (cf. 1Ts 5,10; Fl 2,11). Os cristãos, que compartilham desta redenção através da fé e do batismo, compartilharão, no futuro, da glória do próprio Senhor ressurreto (2Cor 5,14-15). **10.** *julgas*: o cristão não deve julgar os outros cristãos, sejam eles fracos ou fortes. *Pois todos nós compareceremos ao tribunal de Deus*: um argumento adicional é introduzido, refletindo os pontos de vista de 14,4. **11.** Ele é apoiado por uma combinação de citações do AT tiradas de Is 49,18 e 45,23 (LXX). Esta última passagem é usada em Fl 2,10-11 de uma forma muito próxima do sentido original, quando Paulo reconhece Cristo como *Kyrios*. Aqui, porém, o verbo *exomologēsetai* é entendido no sentido de "admitir, confessar" o que se fez diante de Deus como juiz: dobrar os joelhos e confessar os pecados são o que os cristãos diante de Deus. Neste caso, eles não deveriam ter a presunção de julgar uns aos outros.

124 **14,13-15,6.** Esta é a parte principal da exortação de Paulo, dirigida aos "fortes". Os princípios enunciados, porém, são genéricos e podem ser aplicados a todos. **14.** *nada é impuro em si*: este versículo, um tanto parenético, expõe um princípio operativo no restante da exposição, podendo

estar relacionado com o de 14,6. Talvez ele reflita as palavras de Jesus (Mt 15,11) sobre a distinção farisaica entre as coisas "puras" e as "impuras" ("comuns" ou "não comuns") (cf. Lv 17,15; Str-B 1. 718). As coisas criadas, em si mesmas, não são puras nem impuras; o que guia a ação é o valor que a pessoa atribui a elas. **15.** *já não procedes com amor*: este versículo retoma a ideia de 14,13, mas aqui Paulo introduz a consideração principal, a caridade ou o amor. Ainda que, para os fortes, nenhum alimento seja impuro, a preocupação com um "irmão" (= outro cristão) fará com que os fortes considerem os aspectos sociais do julgamento e das ações. *Não faças perecer por causa do teu alimento alguém pelo qual Cristo morreu!*: o "irmão" fraco, que segue os ditames de sua consciência, pode ficar aflito ao ver cristãos comer certos tipos de alimento. Ao se vangloriar diante dos fracos por sua consciência esclarecida ou emancipada, os fortes não estão professando a caridade. Paulo conclama aos cristãos a renunciar seu legítimo direito à liberdade por causa daquele que é fraco (veja 14,20). **16.** *Que o vosso bem não se torne alvo de injúrias*: literalmente, "não deixeis que vosso bem seja qualificado de mal". O "bem" é a liberdade cristã, que Paulo reconhece plenamente, mas se recusa a permitir que seja reafirmada causando aflição a outro. Neste caso, a liberdade poderia perder a qualidade que lhe é atribuída e ficar desacreditada.

125 17. *justiça, paz e alegria no Espírito Santo*: a essência do reino não consiste na liberdade coisas como regras alimentares, *p.ex.*, mas na liberdade do cristão para reagir às incitações do Espírito que nele habita. Três qualidades – duas das quais refletem ideias-chave da seção doutrinária de Rm, retidão/justiça (caps. 1-4) e paz (5,1; 8,6) – procedem das incitações do Espírito e são as condições da conduta cristã no reino. Em Gl 5,13, Paulo aconselha os cristãos a serem escravos uns dos outros no amor por causa de sua liberdade cristã (veja 1Cor 8,1; 10,23). **20.** *por uma questão de comida*: Paulo repete o v. 15b substancialmente. Mais importante do que o direito de comer ou celebrar é a obrigação cristã de não destruir a "obra de Deus" fazendo um irmão fraco tropeçar. No contexto, "obra de Deus" provavelmente se refere ao irmão fraco, mas talvez se refira à unidade da comunidade cristã, que poderia ser desfeita pela insistência em reivindicações extravagantes de liberdade sem respeito aos outros (cf. 1Cor 3,9). **21.** Veja 1Cor 8,13. **22.** *A fé esclarecida que tens, guarda-a para ti diante de Deus*: a percepção clara e a firme convicção que o cristão "forte" tem da bondade moral de um determinado ato deveria orientar a pessoa sempre que examinar sua conduta aos olhos de Deus. Esta é a norma, quando uma ação é considerada entre a pessoa e Deus. Mas considerações sociais podem compelir a pessoa a modificar sua conduta diante dos outros. *Feliz aquele que não se condena na decisão que toma*: uma bem-aventurança é dirigida à pessoa que não tem problemas de consciência quanto a uma decisão prática, seja de comer ou não comer. **23.** *Pois tudo o que não procede da boa fé é pecado*: literalmente, "tudo o que não é de convicção". *Pistis* tem aqui a mesma força que nos vv. 1 e 22. Contra E. Käsemann (*Romans* 379), aqui não se trata da fé que justifica, mas o termo deve ser entendido como "convicção" (com O. Bardenhewer, E. Best, Cranfield, Lietzmann, Sanday-Headlam). Além disso, "tudo" deve ser entendido em um sentido restrito, como referência aos exemplos que Paulo citou neste parágrafo. Então, *pistis* é a perspectiva que capacita o cristão a julgar ações do ponto de vista de Deus em tais casos. Deste modo, tudo o que é feito contra a convicção da própria consciência da pessoa seria pecaminoso (→ 9 *acima*).

126 15,1. O exemplo de Cristo é proposto aos "fortes", que são mencionados agora pela primeira vez, embora a exortação a eles tenha começado em 14,13. Paulo identifica-se com eles. *devemos carregar as fragilidades dos fracos*: o verbo *bastazein* significa "carregar" (um fardo) ou "suportar" (BAGD 137). O primeiro implicaria que os fortes são conclamados a ajudar os fracos carregando o fardo de seus escrúpulos, e o segundo aconselharia a paciente indulgência para com a atitude imatura dos fracos. **2.** *para edificar: i.e.,* a vida da comunidade. A expressão *pros oikodomēn* é frequentemente entendida como "para edificá-lo", referindo-se ao desenvolvimento pessoal de um próximo cristão. Mas, já que Paulo constantemente usa a metáfora da edificação em sentido coletivo (veja 1Cor 14,12; Rm 14,19; cf. G. W. MacRae, *AER* 140 [1959] 361-76), a expressão tem, indubitavelmente, um sentido social e coletivo aqui também. **3.** *Cristo não buscou sua própria satisfação*: o sacrifício de Cristo ao entregar sua própria vida foi motivado por seu amor aos seres humanos (8,32-35). O amor, portanto, deveria motivar o cristão a procurar agradar aos outros e contribuir para a edificação de todos. Paulo aplica o Sl 69,10 a Cristo, um verículo de um salmo de lamento individual de um israelita justo que sofreu opróbrio por causa de seu zelo pela casa de Deus. Aplicado a Cristo, ele significa que Cristo suportou as repreensões dirigidas a Deus. Mas o sentido original do salmo não é muito pertinente para a situação que Paulo tem em vista e, por isso, ele tenta justificar o sentido adaptado que lhe dá. **4.** Veja Rm 4,23, que também ressalta que as Escrituras do AT têm significado para os cristãos de hoje. *tenhamos a esperança*: quando o sofrimento de Jesus é visto contra o pano de fundo da história sagrada, ele adquire um significado mais profundo. Visto nesta perspectiva mais ampla, ele dá aos cristãos uma base para sua esperança. **5-6.** Oração de Paulo pedindo harmonia.

127 **7-13.** Um apelo à unidade, baseado no padrão estabelecido por Cristo. **7.** *também Cristo vos acolheu*: a conclusão que se segue da ordem do próprio Cristo (Jo 13,34; 15,12). *para a glória de Deus*: o motivo por trás de toda a atividade redentora de Cristo (veja Fl 1,11; 2,11; cf. 1Q*19* 13:1; 1QSb 4:25; 1QS 10:9). **8.** *se fez ministro dos circuncisos*: literalmente, "da circuncisão" (veja em Gl 2,8-9 a mesma forma de designar o povo judeu). Jesus tinha de ser judeu e servir aos judeus a fim de confirmar as promessas de Deus aos patriarcas e, deste modo, evidenciar a "verdade" divina (= fidelidade; veja o comentário sobre 3,4). Mas, da forma como Paulo entende essas promessas, tanto os judeus quanto os gentios compartilham delas, e é nisto que ele encontra a unidade da comunidade cristã a despeito da origem étnica de seus membros. **9.** *as nações glorificam a Deus pondo em realce sua misericórdia*: elas também estavam incluídas nas promessas do AT, como mostrarão os textos citados das Escrituras. Ainda que o ministério de Cristo tenha se dirigido aos judeus, os gentios seriam incluídos em seu reino no devido tempo, como indicam as promessas do AT. *eu te confessarei entre as nações:* Sl 18,50 (= 2Sm 22,50). Novamente Paulo usa testemunhos da Torá, dos Profetas e dos Salmos para apoiar sua afirmação (veja o comentário sobre 3,10). Observe a ideia que estabelece um elo de ligação: *ethnē*, "nações", ou *laoi*, "povos". **10.** Veja Dt 32,43 (LXX). **11.** Veja Sl 117,1. **12.** Veja Is 11,10 (LXX). **13.** *esperança ... alegria ... paz*: a bênção final, que conclui este trecho hortatório, emprega as ideias-chave das passagens do AT recém citadas; além disso, ela reflete as do trecho doutrinário. *o Deus da esperança*: o Deus no qual tanto judeus quanto gentios focam sua esperança.

128 (IV) Conclusão (15,14-33). Paulo envia notícias sobre si mesmo, seu apostolado e seus planos. Agora que seus labores no Oriente chegaram ao fim, ele precisa visitar Jerusalém com o sinal da boa vontade e solidariedade que suas igrejas gentílicas estão oferecendo à igreja-mãe. Depois que isso tiver sido feito – ele pede aos cristãos romanos que orem para que este sinal seja aceito no espírito correto –, ele pretende visitar Roma em seu caminho para a evangelização do Ocidente. Paulo aproveita a ocasião para cumprimentar os romanos pelas coisas boas que ouviu a respeito deles. Ele está orgulhoso de escrever a eles como "apóstolo dos gentios", ainda que até agora não tenha tido qualquer influência sobre a fé em Cristo da comunidade de Roma. **14.** *estou convicto*: embora tenha acabado de finalizar a exortação à unidade dos cristãos romanos (15,7-13), Paulo ressalta a convicção permanente (tempo verbal perfeito) que ele tem de sua bondade e de seu entendimento da fé cristã. **15.** *vos escrevi, e em parte com certa ousadia*: como em 1,5.13, Paulo se desculpa por escrever a uma igreja não fundada por ele, mas está motivado a fazê-lo porque recebeu uma comissão para evangelizar os gentios, o que faz com que os cristãos romanos fiquem sob seu cuidado apostólico. *em virtude da graça que me foi concedida*: o carisma dado por Deus (= a *gratia gratis data* [graça data gratuitamente] da teologia posterior) de conclamar os gentios à fé em Cristo (1,5; 12,3; Gl 2,7-8; 1Cor 4,6). **16.** *de ser ministro de Cristo Jesus:* Paulo descreve seu papel com uma linguagem litúrgica, usando não *diakonos*, "servo", como em 2Cor 3,6, nem *oikonomos*, "mordomo", "administrador", como em 1Cor 4,1, mas *leitourgos*, "ministro cultual". Em sua missão aos gentios, ele vê sua função como semelhante à dos sacerdotes judeus que serviam no templo de Deus. Se toda a vida cristã deve ser considerada um culto prestado a Deus (12,1), a disseminação do evangelho de Cristo pode ser facilmente comparada com o papel de um ministro sagrado nesse culto (veja K.-H. Schelkle, *TQ* 136 [1956] 257-83). Paulo dá a entender que a pregação da palavra de Deus é um ato litúrgico em si mesma. Se Clemente de Roma (*Ad Cor.* 8,1) podia considerar os profetas do AT ministros cultuais da graça de Deus, isto pode ser aplicado mais ainda aos apóstolos e profetas do NT (cf. 11,13; 2Cor 3,3; Fl 2,17). *A fim de que as nações se tornem oferta agradável*: o genitivo objetivo no original grego implica que são os gentios evangelizados que são consagrados e oferecidos a Deus como sacrifício aceitável. Já que o *finis* [a finalidade] de todo sacrifício é produzir, de alguma forma, o retorno dos seres humanos pecadores para Deus, Paulo vê sua obra entre os gentios como uma forma de sacrifício, pois a conversão deles alcançou justamente este propósito. O apóstolo oferece a Deus não animais imolados, mas seres humanos penitentes. **17.** *naquilo que se refere a Deus*: o orgulho e a jactância de Paulo estão arraigados onde deveriam estar – em Cristo (veja 5,2).

129 **18.** *coisas que Cristo não tivesse realizado por meio de mim:* Paulo está consciente de que é somente um instrumento na conversão dos gentios, já que o retorno deles a Deus é realmente obra de Cristo. **19.** *pela força de sinais e prodígios*: a retórica de Paulo, sua força física e, especialmente, os feitos extraordinários realizados por Cristo através dele foram elementos que serviram à evangelização dos gentios. Quanto à expressão *sēmeia kai terata*, veja 2Cor 12,12; cf. At 2,19, 22,43; 15,12. *desde Jerusalém e arredores até a Ilíria*: os dois extremos da atividade apostólica de Paulo no Oriente. Ela começou em Jerusalém, a cidade da qual a "palavra do Senhor" parte (Is 2,3), e chegou até a província romana da Ilíria (na costa oeste da península dos Balcãs, incluindo as antiga Iugoslávia e Albânia). **20.** *para não construir sobre alicerces lançados por outros:* Paulo não está se referindo a Cristo como o único fundamento da vida cristã, como em 1Cor 3,11, mas à obra de outros apóstolos e profetas que fundaram igrejas. Sua ambição é levar o nome de Cristo a áreas onde ele é desconhecido (2Cor 10,15-16). **21.** Is 52,15 é citado de acordo com a LXX, que introduz o "dele" em sua tradução. Assim, o texto da LXX é mais adequado do que o TM para o uso do versículo com referência a Cristo que Paulo faz. No Deuteroisaías, o versículo faz parte de um cântico do Servo de Iahweh (cf. Rm 10,16).

130 **22.** Veja Rm 1,10-13. **23.** *não tendo mais campo para meu trabalho nestas regiões:* Paulo sabe, é claro, que ainda não converteu todos os gentios da área leste do Mediterrâneo, mas parece considerar sua função como a de alguém que lança os fundamentos. Outros poderão construir sobre eles (1Cor 3,6.10). **24.** *irei quando for para a*

Espanha: como em 15,28, ficamos sabendo apenas dos planos de Paulo de visitar a Espanha. Teria ele chegado até lá? (→ Paulo, 79:52). *ser por vós encaminhado para lá:* ser, no mínimo, enviado com suas orações e bons votos, se não também com suas esmolas. **25.** *a serviço dos santos*: literalmente, "levar ajuda para os santos". A coleta, levantada nas igrejas gentílicas fundadas na Galácia, Acaia e Macedônia (Gl 2,10; 1Cor 16,1-4; 2Cor 8,1-9,15), precisa ser levada pessoalmente por Paulo a Jerusalém a despeito de seu desejo de visitar o oeste. Ele dava muita importância a esta coleta, que visava a estabelecer boas relações entre a comunidade-mãe judaico-cristã em Jerusalém e as igrejas gentílico-cristãs recém-formadas. Ela seria um sinal da solidariedade delas. **26.** *Os pobres [que estão na pobreza, BJ]*: este é um termo para designar os necessitados entre os cristãos de Jerusalém, não sendo um título para designar a comunidade enquanto tal (como o uso do termo *'ebyônîm* para os essênios de Qumran, 4QpPsᵃ 1-2 ii 9; 1,3-4 iii 10); veja L. E. Keck, ZNW 56 (1965) 100-29. **27.** *eles lhes eram devedores*: embora a coleta fosse o resultado de ofertas voluntárias, os cristãos gentílicos estão reconhecendo com ela sua dívida para com a igreja-mãe em Jerusalém. Os cristãos gentílicos compartilharam dos benefícios espirituais dos judeus cristãos, os primeiros convertidos a Cristo; assim, agora eles partilham seus benefícios materiais com os pobres de Jerusalém. Subjacente a esta partilha está o reconhecimento de que "a salvação vem dos judeus" (Jo 4,22; cf. Rm 9,4-5). Paulo pode também estar sugerindo delicadamente aos romanos que eles também deveriam pensar de forma semelhante (veja 12,13). **28.** *tiver entregue oficialmente o fruto da coleta:* literalmente: "tendo selado ou carimbado o fruto". Paulo faz uso da figura do agricultor arrendatário. Quando o arrendatário entregava os frutos da colheita ao proprietário, eles eram marcados com o selo do agricultor como identificação. Paulo quer que se saiba que a coleta provém das igrejas fundadas por ele na colheita do Senhor. Ele também sugere que ainda é visto com suspeita em Jerusalém. Isto o leva a pedir à igreja romana que ore por três coisas (vv. 30-32): que nenhum perigo da parte dos incrédulos da Judeia venha a atingi-lo, que sua coleta seja recebida pelos santos no espírito correto e que ele possa, finalmente, ir a Roma com um coração jubiloso. **33.** Bênção final de Paulo aos romanos.

(Cranfield, C. E. B., "Some Observations on the Interpretation of Romans 14,1-15,13", *ComViat* 17 [1975] 193-204. Dupont, J., "Appel aux faibles et aux forts dans la communauté romaine [Rom 14,1-15,13]", *SPC* 1. 357-66. Lorenzi, L. de [ed.], *Freedom and Love* [Benedictina 6; Rome, 1981]. Nickle, K. F., *The Collection: A Study in Paul's Strategy* [SBT 48; London, 1966].)

131 (V) Carta de recomendação para Febe (16,1-23). Quanto à relação deste capítulo com a totalidade de Rm, → 9-11 *acima*. **1.** *Recomendo-vos:* Paulo usa *synistēmi*, uma expressão epistolar habitual para apresentar um amigo a outros conhecidos (veja 1Mc 12,43; 2Mc 4,24; cf. C.-H. Kim, *Form and Structure of the Familiar Greek Letter of Recommendation* [SBLDS 4; Missoula, 1972]. *Febe*: cristã desconhecida, portadora desta carta. *nossa irmã*: veja 1Cor 7,15; 9,5; Fm 2. Ela não é uma impostora. *diaconisa*: talvez (como gênero comum) *diakonos* designe o membro de um grupo especial da igreja de Cencreia ou talvez seja apenas uma designação genérica, "serva, assistente". Não há como saber com certeza se, nesta época, o termo já designava uma "ordem" especial de ministros. Quanto ao uso genérico do termo, veja 1Ts 3,2; 2Cor 3,6; 11,23. Entretanto, Fl 1,1 e 1Tm 3,8.12 começam a apontar na direção de um grupo específico ou uma função específica. *igreja em Cencreia*: Cencreia era um dos dois portos da antiga Corinto e estava situada no lado leste do istmo de Corinto, no Golfo de Sarônica, enquanto Lecaeum era o do lado oeste (veja J. Murphy-O'Connor, *St. Paul's Corinth* [Wilmington, 1983] 17-21). A carta de recomendação pode ter sido escrita ou de Corinto ou de Cencreia. Em Rm, Paulo usa *ekklēsia* apenas no cap. 16 e sempre no sentido de "igreja local" (vv. 1.4.5.16.23). **2.**

no Senhor: Febe deve ser recebida na comunidade como um de seus membros. *de modo digno, como convém a santos:* veja o comentário sobre 1,7. Paulo lisonjeia seus leitores associando-os com os "santos", chamados e escolhidos anteriormente, e com a protoigreja-mãe de Jerusalém, que desfrutava deste título por excelência (veja 1Cor 16,1; 2Cor 8,4; 9,1). *ela ajudou a muitos:* literalmente, "benfeitora". Paulo reconhece o serviço que Febe prestou a ele e a outros cristãos de Cencreia. Nós podemos apenas especular sobre o tipo de assistência: hospitalidade? defendendo a causa dos cristãos diante de autoridades seculares? fornecendo dinheiro para a viagem de Paulo a Jerusalém?

132 **3-16.** Paulo envia saudações pessoais para, pelo menos, 26 conhecidos. **3.** *Prisca e Áquila:* em 1Cor 16,19; 2Tm 4,19, a esposa de Áquila é chamada de *Priska*, como aqui, mas em At 18,2.18.26 usa-se o diminutivo *Priskilla*. Eles eram judeus cristãos, expulsos de Roma por Cláudio (→ Paulo, 79:10). Havendo se estabelecido em Corinto, eles se ocuparam em fabricar tendas. Quando Paulo chegou a Corinto pela primeira vez, eles lhe deram hospitalidade (At 18,1-2). Mais tarde, viajaram com Paulo para Éfeso, onde fixaram residência e instruíram, entre outros, Apolo, o retórico alexandrino (At 18,26). Quando escreveu 1 Cor de Éfeso, Paulo enviou saudações à igreja coríntia da parte dos cristãos que se reuniam na igreja doméstica de Prisca e Áquila (16,19). Esta notícia em Rm sugere que o casal já havia retornado a Roma. *meus colaboradores em Cristo:* ou na cidade de Corinto (At 18,3) ou em Éfeso (At 18,26). *para salvar minha vida expuseram a cabeça:* Paulo evoca com gratidão alguma interferência corajosa de Prisca e Áquila em seu favor em Éfeso (na revolta dos ourives, At 19,23) ou durante algum aprisionamento naquela cidade, ao qual ele talvez faça referência em 1Cor 15,32; 2Cor 1,8-9. Cf. Rm 16,7. **5.** *a igreja que se reúne em sua casa:* comunidades locais se reuniam para o culto em casas grandes de algum protocristão (antes que prédios especiais fossem erguidos para esta finalidade); veja 1Cor 16,19; Fm 2. Cf. M. Gielen, *ZNW* 77 (1986) 109-25. *Epêneto:* um cristão desconhecido. *primícias na Ásia para Cristo:* Paulo reflete sobre a conversão de Epêneto como aquela que levou à conversão de muitos outros na província romana da Ásia (a extremidade oeste da Ásia Menor, que tinha Éfeso como sede governamental). Sua conversão "consagrou" o restante da Ásia para Cristo (veja o comentário sobre 11,16). **6.** *Maria:* Desconhecida.

133 **7.** *Andrônico e Júnia:* protocristãos judeus convertidos que, embora desconhecidos, estão relacionados com Paulo por algum tipo de parentesco. Júnias é nome de homem, mas *Iounian* poderia também ser o acusativo de "Júnia", um nome feminino, que antigos comentaristas às vezes entendiam como sendo a esposa de Andrônico. Além disso, o P[46] e algumas versões (Vulgata, bo, eth) leem "Júlia". *companheiros de prisão:* em Éfeso (1Cor 15,32) ou em Filipos (At 16,23) ou em outro lugar (2Cor 11,23)? *apóstolos exímios:* isso pode sugerir que Andrônico e Júnia desfrutavam da estima daqueles que eram apóstolos, ou pode significar que eles estavam, de fato, entre aqueles que eram "apóstolos", já que este título foi dado, na protoigreja, a outros além dos Doze (→ Pensamento do NT, 81:154-57). **8-16.** *Amplíato, Urbano, Estáquis, Apeles, Aristóbulo, Herodião, Narciso, Trifena, Trifosa, Pérside, Rufo, Asíncrito, Flegonte, Hermes, Pátrobras, Hermas, Filólogo, Júlia, Nereu, Olimpas:* muitos desses são nomes bem conhecidos de escravos, encontrados em inscrições por todo o Império Romano. Identificar Rufo com o filho de Simão de Cirene (Mc 15,21) e Narciso com o famoso liberto da família de Cláudio, condenado à morte no reinado de Nero (Tácito, *Ann.* 13.1), é pura especulação. **16.** *ósculo santo:* veja 1Ts 5,26; 1Cor 16,20; 2Cor 13,12. Paulo frequentemente termina suas cartas deste modo, usando, talvez, em um contexto epistolar, um gesto litúrgico (usado na Ceia do Senhor, de acordo com Justino, *Apol.* 1.65,2).

134 **17-20.** Uma advertência à comunidade contra a influência de estranhos que queriam introduzir dissensão e escândalo. O tom deste parágrafo difere do restante de Rm, parecendo muito semelhante a Gl 6,12-17. **18.** *servem ... ao próprio ventre*: veja Fl 3,19; Gl 5,7-12 para um sarcasmo semelhante na polêmica com os judaizantes. "Ventre" pode ser uma referência sarcástica ao problema alimentar dos caps. 14 e 15. W. Schmithals (*ST* 13 [1959] 51-69) identifica esses estranhos como gnósticos judaicocristãos, mas será que existiam nesta época? **19.** *Vossa obediência: i.e.*, fé (veja 1,5; 15,18; cf. 16,26). **20.** *o Deus da paz*: veja 15,33. *esmagar Satanás debaixo de vossos pés:* Satanás deve ser entendido como a personificação de toda desordem, dissensão e escândalo na comunidade. Deus, que guia os caminhos humanos na paz, eliminará esses perigos que a ameaçam. Não é improvável que Paulo esteja fazendo aqui uma alusão a Gn 3,15. Após a despedida com a qual este versículo encerra, há outras saudações, mas elas são de pessoas que estão junto de Paulo (vv. 21-23). **21.** *Timóteo*: veja o comentário sobre At 16,1-3; 2Cor 1,1. *Lúcio*: não necessariamente Lúcio de Cirene (At 13,1). *Jasão*: não necessariamente Jasão de Tessalônica (At 17,5-9). *Sosípatro*: o mesmo Sosípatro de Bereia (At 20,4)? **22.** *Tércio*: o escriba de Paulo, que pode ter acrescentado estes poucos versículos. **23.** *Gaio*: provavelmente o mesmo Gaio de 1Cor 1,14 (cf. At 19,20). *Erastro*: o administrador da cidade é, possivelmente, o mesmo edil que, por sua própria conta, pavimentou uma praça em Corinto no séc. I, de acordo com uma inscrição latina ainda *in situ* [no local] (veja Murphy-O'Connor, *St. Paul's Corinth* 37). **24.** Omitido nos melhores manuscritos gregos, por ser mera repetição de 16,20b.

135 (VI) Doxologia (16,25-27). Quanto à posição desta doxologia nos diversos manuscritos de Rm, → 9 *acima*. *Àquele que tem o poder de vos confirmar:* "Paulo" bendiz a Deus, que assegura o evangelho de Cristo aos seres humanos e também a constância na vida cristã. *meu evangelho*: as boas novas que "Paulo" torna conhecidas (→ Teologia paulina, 82:31-36). *a mensagem de Jesus Cristo*: a proclamação que anuncia Cristo Jesus. *revelação do mistério:* → Teologia paulina, 82:33-34. *escritos proféticos*: o AT e os escritos apocalípticos judaicos que têm ligação com o mistério mencionado. *por disposição do Deus eterno:* "Paulo" pode estar aludindo a seu comissionamento como apóstolo aos gentios de modo que ele pudesse tornar este mistério, agora revelado, conhecido de todas as nações. *à obediência da fé*: genitivo apositivo; veja o comentário sobre 1,5. **27.** *a Deus, o único sábio*: este é o clímax da doxologia (veja 11,33-36; cf. Jd 24; Ap 15,4). Uma vez mais, o louvor é prestado a Deus Pai, através de seu Filho, Jesus Cristo. (Veja J. Dupont, *ETL* 22 [1946] 362-75; *RBén* 58 [1948] 3-22; L.-M. Dewailly, *NTS* 14 [1967-68] 111-18; J. K. Elliott, *ZNW* 72 [1981] 124-30).

52
A Carta a Filêmon

Joseph A. Fitzmyer, S.J.

BIBLIOGRAFIA

1 BENOIT, P., *Lês épîtres de saint Paul aux Philippiens, à Philemon, aux Colossiens, aux Éphésiens* (SBJ; 3ª ed.; Paris, 1959) 39-46. CAIRD, G. B., *Paul's Letters from Prison* (NClarB; Oxford, 1976). CARSON, H. M., *The Epistles of Paul to the Colossians and Philemon* (TynNTC; Grand Rapids, 1960) 103-12. ERNST, J., *Die Briefe an die Philipper, an Philemon ...* (RNT; Regensburg, 1974) 123-39. FRIEDRICH, G., "Der Brief an Philemon," *Das Neue Testament Deutsch* (14th ed.; Göttingen, 1976) 8. 277-86. GNILKA, J., *Der Philemonbrief* (HTKNT 10/4; Freiburg, 1982). LOHSE, E., *A Commentary on the Epistles to the Colossians and to Philemon* (Herm; Philadelphia, 1971) 185-208. MOULE, C. F. D., *The Epistles of Paul the Apostle to the Colossians and Philemon* (CGTC; Cambridge, 1957) 140-49. MÜLLER, J. J., *The Epistles of Paul to the Philippians and to Philemon* (NICNT; Grand Rapids, 1961). SCOTT, E. F., *The Epistles of Paul to the Colossians, to Philemon and to the Ephesians* (MNTC; London, [1930]). STÖGER, A., *The Epistle to Philemon* (NTSR; New York, 1971) 54-100. STUHLMACHER, P., *Der Brief an Philemon* (EKKNT 18; Einsiedeln, 1975). THOMPSON, G. H. P., *The Letters of Paul to the Ephesians, to the Colossians and to Philemon* (CBC; Cambridge, 1967) 172-92.

DBSup 7. 1204-11. *IDBSup* 663. KÜMMEL, *INT* 348-50. WIK-SCHM, *ENT* 475-79.

INTRODUÇÃO

2 **(I) Filêmon.** O destinatário era um jovem bem de vida e um respeitado cristão de uma cidade do Vale do Lico na Ásia Menor, provavelmente Colossas. Paulo o saúda juntamente com Ápia (provavelmente a esposa de Filêmon) e Arquipo (seu filho?) e com "a igreja que se reúne na tua casa" (2). Filêmon, aparentemente, foi convertido por Paulo (19) durante seu ministério em Éfeso.

3 **(II) Ocasião e propósito:** O escravo Onésimo tinha fugido e causado considerável dano ao seu senhor (11,18). Em sua fuga, ele acabou por chegar ao local onde Paulo era mantido prisioneiro, talvez já tendo conhecimento da amizade de seu senhor por Paulo. De qualquer modo, Paulo planejou dar-lhe refúgio (ver E. R. Goodenough, *HTR* 22 1929, 181-83) e enfim convertê-lo ao cristianismo ("meu filho Onésimo, que gerei na prisão", v. 10). Finalmente, Paulo percebeu que Onésimo era um escravo de Filêmon e, embora quisesse mantê-lo consigo para auxiliá-lo no trabalho de evangelização, ele reconheceu o direito de Filêmon e decidiu devolver Onésimo (14,16). Em uma carta muito semelhante a duas outras escritas por Plínio, o Jovem (*Ep* 9.21 e 24) Paulo pediu que Filêmon recebesse o escravo fugitivo "não mais como escravo, mas bem melhor do que como escravo como irmão amado" (16). Na verdade Paulo está pedindo a

Filêmon que não inflija a Onésimo os severos castigos permitidos pela lei (ver Coleman-Norton, "The Apostle Paul" [→ 11 *abaixo*] 174-77; cf. Gnilka, *Philemonbrief* 54-81). Paulo também prometeu restaurar o dano que Onésimo tinha causado, ainda que não seja dito como ele pretendia fazer isso da prisão. Paulo ainda sugere que seria de seu agrado receber Onésimo de volta para trabalhar com ele (20). Estaria Paulo tentando dizer com isso que Filêmon deveria emancipar o escravo? É possível que sim.

4 (III) Onésimo. A partir de Cl 4,9 alguns concluíram que Onésimo era colossense. J. Knox *(Philemon among the Letters of Paul* [rev. ed.; New York, 1959]) afirmou que ele era o escravo de Arquipo, também mencionado em Cl 4,17, que Cl e Fm foram compostas ao mesmo tempo, que Fm é "a carta que escrevi aos de Laodiceia" (Cl 4.16) e que Filêmon era, na verdade, morador desta cidade a quem Paulo enviou esta carta aproveitando de sua influência sobre Arquipo de Colossas. Finalmente, Knox sugeriu que Onésimo teria retornado a Paulo como um auxiliar, que ele teria, eventualmente, se tornado bispo de Éfeso (ver Inácio, *Aos Efésios,* 1:3-6:2) e que desempenhou um importante papel na junção das cartas de Paulo em um *corpus.* A última sugestão tem alguma plausibilidade mas o restante da teoria de Knox é bastante incerta. É muito improvável que Fm e Cl tenham sido escritas ao mesmo tempo, havendo entre elas um período de, "pelo menos, quinze anos" (J. Gnilka, *Philemonbrief* 5; → Colossenses, 54:7). Mesmo uma leitura rápida de Fm 1-4 revela que Filêmon é considerado por Paulo como o senhor de Onésimo e que o "tua" e o "ti" (2,4) se referem a Filêmon. Iria Paulo escrever a favor de Onésimo em termos delicados na carta a Filêmon, somente para pressionar o próprio Arquipo em uma carta pública separada (Cl) a observar o "ministério que recebeste do Senhor, cumprindo-o bem", *i.e.,* a emancipação de Onésimo? (ver F. F. Bruce, *BJRL* 48 [1965-66] 91-96; Lohse, *Colossians and Philemon* 186-87)

5 (IV) Data e lugar de composição. De Marcião em diante, a autenticidade paulina de Fm foi geralmente admitida e não há razões para questioná-la. Paulo escreveu Fm de uma prisão (1.,9-10.13.23) mas é quase impossível dizer onde ele estava preso. A visão tradicional (assumida por W. Bieder, F. F. Bruce, C. F. D. Moule, *et al.*) localiza a prisão de Paulo em seu recolhimento doméstico na cidade de Roma (61-62 a.D.), mas alguns comentaristas preferem o aprisionamento em Cesareia (M. Dibelius; H. Greeven), *i.e.,* cerca de 58-60 a.D. Mais recentemente, os comentaristas têm estado favoráveis a um aprisionamento de Paulo em Éfeso (→ Paulo, 79:40), *i.e.,* cerca de 56-57 (assim G. A. Deissmann, G. Friedrich, J. Gnilka, E. Lohse, *et. al.*). Esta última opinião tem a vantagem de manter Filêmon (em Colossos) e Paulo (em Éfeso) dentro de um perímetro plausível e explica mais facilmente os planos de Paulo de visitar Filêmon (22), o que seria bem mais difícil na hipótese romana.

6 (V) Significado. Os antigos comentaristas ficaram admirados com o fato de uma carta fortemente pessoal e com poucas referências pastorais e corporativas, ter se tornada canônica (ver, Jerônimo, *In Ep. ad Philem.*, prol.; PL 26. 637). Fm, porém, é dirigida a outras pessoas além de Filêmon, inclusive à igreja doméstica. Se Paulo não reivindica sua autoridade apostólica para exigir a obediência de Filêmon (8), ele o confronta com o argumento do amor (8-11; 21). A despeito do caráter formal de uma carta que trata de assuntos privados, Fm incorpora uma atitude para com a escravidão que merece a atenção dos cristãos. Primeiramente, ela manifesta os afetos amorosos e pastorais de Paulo por Onésimo. Em segundo lugar, ao enviar Onésimo de volta a Filêmon, Paulo não está tentando mudar a estrutura social vigente. Os cristãos modernos repudiam a ideia de escravidão mas essa perspectiva é, talvez, um desenvolvimento do princípio que Paulo tenta advogar nesta carta – ao mesmo tempo que percebe a futilidade de tentar abolir o sistema da escravidão. Em terceiro lugar, a solução do próprio Paulo era transformar ou interiorizar a estrutura social, o que evoca 1Co 7,20-24; 12,13. Ele recomenda que Filêmon receba Onésimo de volta como um "irmão", porque ele é um "liberto do Senhor" (1Co 7,22), especialmente na perspectiva daquilo que Paulo ensina em Gl 3,27-28. Além disso, a recomendação é feita "invocando a caridade" (9) ainda que tenha levado séculos até que o princípio paulino tenha sido colocado em prática, mesmo no Ocidente cristão. À luz deste princípio, Fm é, antes de tudo, "um escrito apostólico" sobre um indivíduo (ver U. Wickert, *ZNW* 52 [1961] 230-38).

7 (VI) Esboço. Filêmon é estruturada como segue:

(I)   Introdução: prefácio e saudação (1-3)
(II) Ação de graças: agradecimento a Deus pela fé e pelo amor de Filêmon (4-7).
(III) Corpo: apelo à boa vontade de Filêmon em receber Onésimo de volta e sugestão de sua utilidade para Paulo (8-20).
(IV) Conclusão: instruções finais, saudações e bênção (21-25).

COMENTÁRIO

8 (I) Introdução: prefácio e saudação (1-3). 1. *prisioneiro:* Paulo não escreve como um apóstolo, como o faz em Rm, 1 e 2 Co ou Gl. Ele apela como alguém em uma condição tão humilde quanto Filêmon (ver 9-10). *Timóteo:* O coremetente; ver comentário a Fp 1,1 e 2Co 1,1. **2.** *Arquipo:* Ver Cl 4,17. Não há qualquer razão clara para considerá-lo o senhor de Onésimo. **3.** *Graça e paz:* → As Epístolas do NT, 45:8A.

9 (II) Ação de graças: agradecimento a Deus pela fé e pelo amor de Filêmon (4-7). 6. *a tua generosidade, inspirada pela fé:* O significado desta frase é obscuro; ver Moule, *Colossians and Philemon* 142-43 e admite várias interpretações. Parece que seu significado é o seguinte: Paulo ora para que um senso de solidariedade de Filêmon, ao lado da fé em Cristo, sejam produtores de um conhecimento de todo o bem que vem aos "santos" através de sua incorporação em Cristo (→ Teologia Paulina, 82:116-27). Isto é, fé envolve amor ativo (Fm 5; cf. Gl 5,6).

10 (III) Corpo: apelo à boa vontade de Filêmon em receber Onésimo de volta e sugestão de sua utilidade para Paulo (8-20). 8. Paulo não exige a obediência de Filêmon, mas apela para seu amor e boa vontade. **9.** *velho:* Todos os mss. trazem *presbytēs*, "um homem de idade avançada", entre os 50 e 60 anos (→ Paulo, 79:14); cf. Lc 1,18. Paulo apela para o jovem Filêmon em virtude de seu *status* de pessoa mais velha. Alguns comentaristas preferem ler *presbeutēs*, tornando Paulo "um embaixador" de Cristo (cf. 2Co 5,20) ou insistem que a própria forma *presbytēs* possa ter este significado (ver 2Mc 11,34). Mas este significado é inadequado neste contexto (ver G. BORNKAMM, *TDNT* 6. 683). **10.** *em favor do meu filho Onésimo, que gerei na prisão:* Paulo está se referindo à conversão de Onésimo (cf 1Co 4,15-17; Gl 4,19). Outra tradução possível seria: "a quem eu gerei como Onésimo", jogando com o nome do escravo, já que *Onēsimos* significa "alguém útil" e se coloca como contraste ao adjetivo *achrēstos*, "inútil" (11). Paulo subentende que este escravo, agora um cristão, será digno de seu nome. No v. 20 há outro jogo com este nome, envolvendo o próprio Filêmon. **14.** *sem teu consentimento:* Paulo reconhece os direitos máximos do senhor sobre o escravo, mas sugere que gostaria de receber Onésimo de volta para trabalhar com ele (ver 21). **15.** *para sempre:* O sentido deste advérbio é duplo: A separação providencial entre Filêmon e Onésimo significa que o escravo agora retornará mais fiel do que nunca, mas Paulo também alude ao novo relacionamento existente entre eles. Ambos agora são cristãos, relacionados de uma forma que nem mesmo a morte pode aniquilar. **16.** *irmão:* Onésimo é chamado assim porque ele é, como Filêmon (20), um filho adotivo de Deus através do batismo (Gl 4,5; Rm 8,15). **18.** *Eu, Paulo, escrevo do meu punho:* Provavelmente toda esta breve carta (→ Epístolas do NT, 45:20).

11 (IV) Conclusão: Instruções Finais, Saudações e Bênção (21-25). 21. *farás ainda mais do que te peço:* Estaria Paulo pedindo que Filêmon emancipe Onésimo? Paulo sugere que Filêmon deveria permitir a Onésimo retornar e trabalhar com ele. **22.** Paulo espera por sua própria libertação da prisão em breve. **23.** *Epafras, Marcos, Aristarco, Demas e Lucas:* Ver Cl 4,10-14. **25.** Ver comentário a Gl 6,18.

(COLEMAN-NORTON, P. R., "The Apostle Paul and the Roman Law of Slavery," *Studies in Roman Economic and Social History* [Fest. A. C. JOHNSON; Princeton, 1951] 155-77. PREISS, T., *Life in Christ* [SBT 13; London, 1954] 32-42. ROLLINS, W. G., "Slavery in the NT," *IDBSup* 830-32. WESTERMANN, W. L., *The Slave Systems of Greek and Roman Antiquity* [Philadelphia, 1955] 150.)

53

A Segunda Carta aos Tessalonicenses

Charles Homer Giblin, S.J.

BIBLIOGRAFIA

1 Aus, R. D., "God's Plan and God's Power, Isaiah 66 and the Restraining Factors of 2Ts 2,6-7", *JBL* 96 (1977) 537-53; "The Liturgical Background of the Necessity and Propriety of Giving Thanks According to 2 Thes 1,3", *JBL* 92 (1973) 432-38. Bailey, J. A., "Who Wrote II Thessalonians?", *NTS* 25 (1978-79) 131-45. Barnouin, M., "Les problèmes de traduction concernant II Thess. ii. 6-7", *NTS* 23 (1976-77) 482-98. Bassler, J. M., "The Enigmatic Sign, 2 Thessalonians 1,5", *CBQ* 46 (1984) 496-510. Best, E., *A Commentary on the First and Second Epistles to the Thessalonians* (HNTC; New York, 1972). Coppens, J., "Miscellanées bibliques LXVI, Les deux obstacles au retour glorieux du Sauveur", *ETL* 46 (1970) 383-89. García-Moreno, A., "La realeza y el señorío de Cristo en Tesalonicenses", *EstBib* 39 (1981) 63-82. Giblin. C. H., *The Threat to Faith: An Exegetical and Theological Re-examination of 2 Thessalonians 2* (AnBib 31; Rome, 1967). Kaye, B. N., "Eschatology and Ethics in l and 2 Thessalonians", *NovT* 17 (1975) 47-57. Laub, F., *1. und 2. Thessalonicherbrief* (NEchtB; Würzburg, 1985). Marín, F., "2 Tes 2,3-12: Intentos de comprensión y nuevo planteamiento", *EstEcl* 54 (1979) 527-37. Marshall, I. H., *1 and 2Thessalonians* (NCB; Grand Rapids, 1983. Edição brasileira Vida Nova). Marxsen, W., *Der zweite Thessalonicherbrief* (ZBK NT; Zurich, 1982). Rigaux, B., *Les épitres aux Thessaloniciens* (EBib; Paris, 1956). Scott, J. J., "Paul and Late-Jewish Eschatology – A Case Study, I Thessalonians 4,13-18 and II Thessalonians 2,1-12", *JETS* 15 (1972) 133-43. Trilling, W., *Untersuchungen zum zweiten Thessalonicherbrief* (Erfurter theologische Studien 27; Leipzig, 1972); *Der zweite Brief an die Thessalonicher* (EKKNT; Neukirchen, 1980).

IDBSup 900-1. Kümmel, *INT* 262-69. Wik-Schm, *ENT* 404-9.

INTRODUÇÃO

2 **(I) Autenticidade.** Por volta do primeiro terço do séc. II a carta já era aceita como paulina. A crítica literária (sobretudo a germânica) tem, recentemente, tendido à consideração de 2Ts como pseudoepígrafa, *i.e.*, seu autor apelou para a autoridade de Paulo para manter, contra os impostores, as tradições paulinas ou outras tradições autênticas relacionadas à segunda vinda de Cristo.

3 As evidências literárias intrínseca, tomadas não apenas de forma cumulativa, mas também com respeito à composição integral da carta como um todo, pesa decididamente a favor da ideia da pseudonímia. De qualquer forma, quer se opte pelo próprio Paulo como o autor, ou por um autor pseudônimo, as circunstâncias precisas do assunto central (a vinda triunfal do Senhor

[*parúsia*]) manterão aberto o debate. A datação de 2Ts (entre 51 e 100 d.C.) coloca dificuldades para qualquer hipótese crítica. Ultimamente, a forma de interpretar a carta têm sido, elas mesmas, afetadas pelas hipóteses concernentes à autenticidade, já que há um debate sobre a posição teológica do autor: se, como Paulo o faria, ele escreve diretamente a partir de seu ponto de vista ou, como o faria um autor pseudônimo, a partir de sua compreensão pessoal de Paulo e da tradição eclesiástica mais ampla.

4 Em uma primeira leitura, certas similaridades notáveis de estrutura, vocabulário e tema geral ocorrem entre as duas cartas. Semelhanças estruturais emergem no início, na fórmula de abertura (2Ts 1,1-2; 1Ts 1,1) e na ação de graças de abertura (2Ts 1,3-12; 1Ts 1,2-10); no meio, com as ações de graças repetidas (2Ts 2,13-14; 1Ts 2,13) e a oração por firmeza (2Ts 2,16-17; 1Ts 3,11-13); e no final com as seções parenéticas (2Ts 3,1-18; 1Ts 4,1-5,28), com o introdutório [*to*] *loipon*, "para o futuro", o desejo da paz (2Ts 3,16; 1Ts 5,23-24), as saudações finais (2Ts 3,17; 1Ts 5,26-27), e a bênção (2Ts 3,18; 1Ts 5,28). A similaridade no vocabulário também é notável, especialmente quando se tem em vista a extensão relativamente curta de 2Ts (ver J. A. Bailey, *NTS* 25 [1978-79] 133-34). Ambas as cartas demonstram um notável interesse na perspectiva escatológica da compensação pela perseguição (2Ts 1,4-10; 1Ts 1,10; 2,14-16) e na reunião com o Senhor em sua vinda (2Ts 2,1-15; 1Ts 1,10; 2,19; 4,13-18). Ambas as cartas também atendem a problemas peculiares à correspondência tessalonicense, a saber, *ataktoi*, "vida desordenada" (2Ts 3,6-13; 1Ts 5,14).

5 Um exame mais minucioso, porém, revelará que as similaridades ocultam diferenças consideráveis que afetam a substância e o alcance da segunda carta, cm relação à primeira. Assim, as similaridades verificadas no vocabulário ocorrem naquelas porções de 2Ts que servem como elementos formais da estrutura (*p.ex.*, a fórmula de abertura e a bênção de conclusão) e como "passagens estruturadas" para temas que serão desenvolvidos de outras formas (como *p.ex.*, 2Ts 1,3-4 e 1,11-12 cercada por 1,5-10). As ações de graças de 2Ts 2,13-14, embora sejam uma reminiscência do uso paulino, não estão corretamente inseridas (*de, v.* 13) no contexto mais amplo que é definido por uma dupla inclusão (vv. 2 e 15; ver Giblin, *Threat to Faith* 45-46). Embora 2Ts use o paralelismo extensivamente, tal paralelismo é primariamente sinônimo, mais raramente sintético e quase nunca antitético – consequentemente, contrário ao estilo próprio de Paulo (Trilling, *Untersuchungen* 52-53). A linguagem de 2Ts (*p.ex.*, "Nós, porém, sempre agradecemos" [2,13] e "para vos tornardes dignos" [1,5]) sugere a terminologia de um período posterior (ver J. A. Bailey, *NTS* 25 [1978-79] 134). Mesmo a ênfase teológica em Cristo como o Senhor (*kyrios*), ao invés de ao Pai (*ho theos*) como o originador das ações ou das bênçãos (1Ts 1,4 e 2Ts 2,13; 1Ts 5,24 [cf. 1Co 1,9; 10,13] e 2Ts 3,3; 1Ts 5,23 [cf. 1Co 14,33; 2Co 13,11; Rm 15,33 e 16,20; Fp 4,9] e 2Ts 3,16; 1Ts 3,11 e 2Ts 3,5) e a ordem das bênçãos em 2Ts 2,16 sugerem, para a autoria, uma geração ou duas após a época de Paulo.

6 Além disso, embora a escatologia apareça como tema maior em ambas as cartas, ela é tratada de forma diferente em cada uma delas. Em 1Ts, Paulo supõe expressamente que os tessalonicenses não estão preocupados com a agenda cronológica do Dia do Senhor (5,1-3) e então ele os encoraja a permanecerem preparados (5,4-11). Ele já havia lhes assegurado (4,13-18) que os fiéis mortos desfrutam ou desfrutarão de uma prioridade definitiva sobre aqueles que ainda aguardam, com esperança, a vinda do Senhor, provavelmente (pela visão otimista de Paulo quanto ao futuro) em seu próprio tempo de vida. Em contraste, ao mesmo tempo em que mantém com mais vigor o foco sobre o Dia do Senhor, fazendo-o o tema doutrinário central, 2Ts quase oficialmente desaprova o

entusiasmo vinculado cronologicamente à presença ou à proximidade da parúsia do Senhor. A segunda carta chama a atenção aos sinais ou às condições que se estabelecem como pré-requisitos para a vinda triunfal do Senhor e os apresenta de uma forma altamente sóbria (1,5-10; 2,1-15). Ela também trata deste tema de um ponto de vista muito mais ligado ao ensino oficial e tradicional, do que da esperança compartilhada e ardente. Ao contrário de 1Ts 5,19-20, 2Ts não encoraja a profecia e o reter *(katechein)* o que é bom. Antes, ela confronta de forma específica a ameaça que a falsa profecia coloca sobre a estabilidade doutrinal e a contínua perseverança paciente da comunidade.

7 Toques tipicamente paulinos, como planos pessoais de viagem e mesmo sua própria assinatura aparecem sob uma luz diferente em 2Ts. 2Ts 3,7-9 fala de forma breve e bastante desapaixonada sobre os contatos prévios com os tessalonicenses (contraste com 1Ts 1,6-2,12) e evita referências ao cumprimento ou à frustração do intenso desejo de Paulo de manter contato pessoal com os tessalonicenses (1Ts 2,17-20; 3,9-11). Em outros lugares, quando Paulo conclui seu próprio escrito (Gl 6,11-18; 1Co 16,21-24), ele inclui uma mensagem pessoal cheia de vida; porém, 2Ts 3,17 aduz a assinatura apenas para autenticar o documento tendo em vista a tradição que ele contém (cf. 2,2,15; 3,6). Em consequência, o autor de 2Ts modifica o apelo ao exemplo do "apóstolo de Cristo" (em 1Ts 2,7), não reivindicando para si mesmo a fundação de igrejas, mas apelando mais insistentemente à "imitação" de um modelo tradicionalmente reconhecido *(typos,* 2Ts 3,9). Finalmente, em contraste com as cartas paulinas (mesmo 1Ts 4,14; 5,10; cf. 1,6; 2,15), uma consciência vívida da "teologia da cruz" está surpreendentemente ausente em 2Ts. Mesmo ao relembrar a instrução básica, o tom de 2Ts (2,5; cf. 1Ts 1,5; 2,5) carece da vitalidade paulina. Resumindo, em contraste com o próprio Paulo, o escritor de 2Ts não está pessoalmente engajado no processo de comunicação.

8 Em contraste com aquilo que se pode inferir da correspondência do próprio Paulo, as referências estreitas a 1Ts nesta carta fazem supor que o autor de 2Ts tinha em mãos uma cópia de uma carta prévia à comunidade e baseou-se nela, sobretudo para prover um contexto para suas próprias recomendações em vista de uma nova situação. Esta situação estava relacionada com a expectativa escatológica, um tópico mais facilmente desenvolvido no contexto de 1Ts. O autor de 2Ts está confrontando, ou uma visão gnóstica incipiente de que o Dia do Senhor já ocorreu (e que a parúsia é irrelevante), ou a ressurgência da expectativa apocalíptica de sua iminência dentro de um calendário datável (dependendo em grande medida da forma como se interpreta *enestēken* em 2,2). Em qualquer caso, o autor se situa em uma visão apocalíptica que ele pretende autenticar. Dificilmente ele estaria tentando substituir 1Ts (como defende Marxsen) ao desenvolvê-la sem contradição mas com um novo foco, linguagem e temas. Ao se dirigir aos problemas dos "tessalonicenses" ele escreve de uma perspectiva mais ampla da que se encontra nas cartas paulinas (3,17, "minhas cartas"). A mais provável circunstância de sua comunicação, como supõem os estudiosos, é a Ásia Menor na última década do séc. I, quando o *corpus* paulino estava tomando forma.

9 Autoria pseudônima não justifica evolução doutrinária negativa. É exatamente como pseudoepígrafa que 2Ts atesta o processo do desenvolvimento teológico conscientemente perseguido em relação à finalidade da vida cristã: o julgamento final contra os ímpios (os impostores e enganados impenitentes) e a segurança final do fiel através da vinda do Senhor Jesus Cristo. Tal desenvolvimento teológico está baseado na tradição passada, mesmo que ele não consiga recuperar brio. No entanto, encontra novamente os temas chaves de modo a

encorajar o sóbrio entendimento da fé (1,10; 2,2a) e da esperança na conduta prática da vida (2,16-17).

10 (II) Esboço. 2 Tessalonicenses é esboçado como segue:

(I) Fórmula de abertura (1,1-2)
(II) A prova da perseguição conduz à glória do Senhor no julgamento (1,3-12)
    (A) Ação de graças (1,3-10)
    (B) Oração (1,11-12)
(III) A compreensão apropriada da parúsia (2,1-17)
    (A) O triunfo do Senhor sobre o engano (2,1-15)
    (B) Oração por fortalecimento (2,16-17)
(IV) Duas séries de exortações e orações conclusivas (3,1-5.6-16)
(V) Saudações finais (3,17-18)

COMENTÁRIO

11 (I) Fórmula de abertura (1,1-2). 1. *à igreja... em Deus, nosso Pai, e no Senhor Jesus Cristo:* A condição da igreja proporciona as razões para a saudação ampliada de maneira semelhante. **2.** *graça e paz:* As bênçãos messiânicas no agora e no porvir encontram sua fonte nas pessoas do Pai e do Senhor Jesus Cristo e são a base para a existência da comunidade (→ Epístolas do NT, 45,8A).

12 (II) A prova da perseguição conduz à glória do Senhor no julgamento (1,3-12).
(A) Ação de graças (1,3-10). A ação de graças (vv. 3-10) e a oração (vv. 11-12) formam uma longa sentença. O processo de perseguição (v. 4) ajuda a indicar o julgamento divino que está por vir e a fim de provar a dignidade dos tessalonicenses ao seu chamado (vv. 5,11). Consequentemente, o autor ora para que Deus realize neles a glória do Senhor Jesus. A ação de graças emerge daquilo que é reto (vv. 3b-5) e justo (vv. 6-10). Sua formulação sugere as orações padronizadas judaicas e cristãs em tempos de tribulação (ver R. D. Aus, *JBL* 92 [1973] 432-38.

13 3b-5. *sentimo-nos obrigados a dar continuamente graças a Deus:* A razão é dupla: o aumento da fé e do amor (v. 3cd) e os motivos do escritor para se orgulhar entre as igrejas de Deus pela perseverança e fidelidade pacientes no meio das perseguições e tribulações pelas quais os tessalonicenses estavam passando. **4.** *perseverança: Hipomonē*, o aspecto passivo de *elpis*, "esperança", está intrinsecamente associada (pelo mesmo artigo) com *pistis*, "fidelidade". As perseguições têm uma qualidade genérica aqui. Em 1Ts 2,14-16 Paulo tinha sido mais específico. *nosso orgulho:* O orgulho de Paulo, mais regularmente, olha para o estágio final do período escatológico (*p.ex.*, 1Ts 2,19), mas o escritor também olha para a situação presente, já que ele considera as aflições correntes relacionadas com sua resolução futura. **5.** *Elas são o sinal do justo julgamento de Deus:* O propósito último de seus sofrimentos não é apenas a sobrevivência, mas habilitá-los a se tornarem dignos do reino de Deus, *i.e.*, qualificá-los a desfrutar do governo pleno de Deus alcançado na parúsia. Ainda que o dom da fé não seja condicionado às realizações humanas, uma vez recebido, ele deve ser exercitado na fidelidade e na perseverança.

14 6-10. *Justo é que Deus pague:* O duplo aspecto antecipado do justo julgamento de Deus (ver v. 5) está relacionado tanto com os perseguidores quanto com o fiel. *o repouso juntamente conosco:* O repouso final (*anesis*) tanto para o escritor quanto para seus leitores, virá somente com a manifestação do Senhor. O "repouso juntamente conosco" é concebido sobretudo em termos, não de uma vida após a morte, mas da clara demonstração da condenação do ímpio por parte de Deus. Como para Paulo, o julgamento condenatório de Deus, executado através do Senhor Jesus (Rm 1,18-2,16), é concebido como um bem, como algo merecido e não como imposto arbitrariamente. **7-8.** *vindo do céu, com os anjos do seu poder, no meio de uma chama ardente:* As frases descritivas tipicamente apocalípticas são usadas de forma suficientemente econômica para indicar a manifestação pública culminante do poder divino, com irresistível força consumidora. **8-10.** O autor dirige sua atenção para a manifestação divina. **8.** *daqueles que não conhecem a Deus:* Os pagãos de todos os séculos são considerados culpavelmente ignorantes por não reconhecer o Senhor religiosamente (Rm 1,18-32; Sb 13,1-9). *que não obedecem ao evangelho de nosso Senhor Jesus:* Uma classe mais ampla do que a anterior (etnicamente, se não numericamente) é acrescentada no contexto da pregação universal do evangelho. **9.** *o castigo deles será a ruína eterna:* O escritor não está falando de tormento físico (como o fez com a expressão "chama ardente" [v. 8]), mas de uma demissão definitiva e eterna ao confrontar-se com a face do Senhor. A glória do Senhor é seu poder único, soberanamente efetivo. **10.** *para ser glorificado na pessoa dos seus santos:* A glória do Senhor é demonstrada especialmente no poder transformador da ressurreição. Embora por si só "santos" possa sugerir os anjos, o paralelismo com o v. 10b e a frase subsequente em 2,14 sugerem a ressurreição do fiel, enquanto reconhecida e apreciada (v. 10b). Como se tornaram imortais (não como "espíritos"), eles compartilharão do *status* angélico (cf Lc 20,35-36; 1Co 6,2). *vós acreditastes em nosso testemunho:* parenteticamente, porém enfaticamente, esta manifestação da glória do Senhor está arraigada na adesão do cristão fiel ao testemunho apostólico.

15 (B) Oração (1,11-12). *todo o bem desejado, e torne ativa a vossa fé:* O cumprimento moral depende do próprio poder de Deus. É sua graça que tornará o fiel digno do chamado do Pai. Consequentemente, este cumprimento conduzirá à glorificação mútua (a manifestação poderosa) na parúsia de seu relacionamento íntimo e pessoal com o Senhor Jesus. Jesus é descrito no v. 12 com linguagem tomada de Is 66,5 e usada aqui para se referir ao Deus único, o próprio Iahweh. De forma similar, *charis*, "graça" no v. 12b descreve o dom soberano tanto de Deus (o Pai), quanto do Senhor Jesus Cristo. Os dois sujeitos pessoais sob um único artigo (desenvolvendo 1,1-2) têm o efeito de unidade.

16 (III) Compreensão apropriada da parúsia (2,1-17).

(A) O triunfo do Senhor sobre o engano (2,1-15). A parte central da carta (cap. 2) consiste em uma advertência explicada, mantida como uma unidade através de uma inclusão nos vv. 2 e 15 e seguida por uma oração por fortalecimento (vv. 16-17). O escritor demonstra um consistente interesse em instilar uma tradição cristã (paulina), apresentando a experiência de seus destinatários e seus perigos como parte de um processo divino contra o engano diabólico. Ele trata pastoralmente da sobrepujante ameaça à fé e não especula o cenário do final dos tempos nem provê contagem regressiva para ele.

17 1-3a. *Quanto à vinda:* O escritor apela para o julgamento sóbrio acerca da vinda triunfal de Cristo, que ele considera não como uma data, mas (pela ligação dela com a "nossa reunião com ele" sob um mesmo artigo) como o cumprimento da vida cristã. **2.** *não percais tão depressa a serenidade de espírito:* Ele os adverte sobre a inconstância de suas mentes *(apo tou noos)*. Esta linguagem enérgica não usual poderia ser uma alusão a um tipo de mania dionisíaca. A alusão é irônica como as referências paulinas à feitiçaria ("olho mau") em Gl 3,1 (cf. Gl 1,6-7; 5,10b). Possíveis fontes deste alarme insano sugerem um contexto litúrgico (cf. 1Co 14,26-33a; 1Ts 5,27). *um espírito*: ou um falso oráculo, ou, ao contrário, seu suposto agente sobre-humano (BJ = *pessoa alguma*). *palavra profética:* Ou uma descrição oral *(logos)* ou um sermão, ou alguma carta forjada. **3.** *Não vos deixeis seduzir de modo algum:* O perigo do engano no final dos tempos e mesmo antes disso, figura proeminentemente na apocalíptica do NT (Mc 13,5-7; Lc 21,8-9; 17,22-24; Ap 13,13-34; 20,7-8; 2,24-25).

18 No pensamento apocalíptico o mal deve chegar a certa medita antes que o tempo esteja maduro para o justo julgamento de Deus [ver Giblin, *Threat to Faith* 131-39; cf. Rev 22,11). Uma necessidade fundamental para a vinda do Senhor é a manifestação do mal em sua pior forma concebível, de acordo com a imaginação bíblica e o propósito pastoral criativos do escritor. Em consequência disso é que serão construídos os "sinais". **3b-4.** *porque deve vir primeiro a apostasia, e aparecer o homem ímpio, o filho da perdição, o adversário, que se levanta contra tudo que se chama Deus, ou recebe culto, chegando a sentar-se pessoalmente no templo de Deus, querendo passar por Deus:* Estes sinais funcionam como pré-condições para aquilo que o v. 2 tinha deixado incerto, "que o Dia do Senhor não está próximo". A "apostasia" é a perda da fé da parte dos próprios cristãos (ou dos que se assumiram como tal). A deserção do verdadeiro culto a Deus foi ampla no tempo das perseguições de Antíoco IV Epífanes (1Mc 2,15; Dn 9,14). A descrição do "homem ímpio" está em débito com a descrição profética do déspota histórico que causaria a apostasia (Dn 11,36-37). Como os vv. 8-10 tornarão claro, este rebelde *(ho anomos)* é uma figura simbólica imaginária, representando o mal real, a antítese da fé. Ele é, ao mesmo tempo, anti-Deus (v. 4), Anticristo (vv. 8-9a) acompanhado por uma pseudo-parúsia, e o falso profeta por excelência (vv. 9b-10). O "templo de Deus" *(naos)* pode ser uma referência à comunidade cristã enquanto objetivo do anti-Deus, já que, "querendo passar por" *(hōste* + infinitivo), no contexto do ato rebelde de auto-engrandecimento, pode ser entendido como incoativo e não como algo realizado. Contudo também se pode entendê-lo como sendo simplesmente uma "imagem clássica" referindo-se à usurpação das prerrogativas de Deus por parte do rebelde. Nenhum interesse pelo Templo de Jerusalém (destruído em 70 d.C.) é requerido por este cenário visionário. **5.** *Não vos lembrais?:* Interrompendo suas declarações (anacoluto, v. 4) o escritor se apressa em lembrar a seus destinatários as instruções básicas dadas previamente: não há detalhes quanto ao cenário apocalíptico, mas a exortação de que o fiel esteja preparado para enfrentar a ameaça à sua fé (cf. Mc 13; Mt 24-25; Lc 21,5-36).

19 6-7. O autor alude a uma manifestação corrente, não culminante do anti-Deus, uma ameaça pseudoprofética discernível no contexto da instrução precedente. Então ele indica a continuidade entre esta ameaça pseudoprofética corrente e sua manifestação culminante futura, e encerra com uma nota sobre a eliminação da ameaça corrente. **6.** *Agora também sabeis que é que ainda o retém, para aparecer só a seu tempo:* "O que o retém" traduz *to katechon* (particípio neutro singular de *katechein*, que normalmente significa "possuir", "segurar", "manter", e não "reter"). Na verdade ele nunca tem o sentido de "deter", "impedir" (que teria uma forma de *kolyein). Agora também:* Refere-se às consequências lógicas e temporais das instruções anteriores sobre o perigo do engano. Dificilmente o escritor estaria aludindo a uma figura críptica conhecida apenas de seus leitores gregos supostamente esotéricos, particularmente se está implícita uma alusão a fraseologia hebraica. *Sabeis: oidate* tem o aspecto particular de conhecimento experimental e não de mera identificação (pois o escritor não diz o que é *to katechon*, o que exigiria *tí to katechon* [*estin*]). Outros intérpretes supõem a tradução "força detentora" que identificam, ou com a pregação do evangelho, ou com o poder de Deus, ou com a autoridade civil, ou com algum tipo de poder benéfico. O particípio substantivado *katechon* não precisa supor um objeto. A maioria dos intérpretes supre o pronome "o" (de "o detém") para construir um objeto (significando o Homem Ímpio). O conhecimento experimental presente de tentativas de "possessão" maníaca (mântica) é de forma muito tênue, porém integral, relacionado com a futura manifestação de um "clássico" anti-Deus, Anticristo, a figura pseudoprofética *(eis to* + infinitivo articular, "para que", *i.e.*, "tendo em vista a"). "O que o retém" é, mais provavelmente uma alusão a um tipo de demônio ou espírito (cf. v. 2) maníaco, de caráter dionisíaco, que manteria os leitores fora de suas mentes. Esta alusão concorda com o interesse pastoral do escritor ao tratar do problema que tem nas mãos, e não precisa supor um excurso especulativo, menos ainda um que não possa ser construído racionalmente por seus leitores. *para aparecer só a seu tempo:* O autor se refere ao momento temporal *(kairos)* da destruição do ímpio, ligando a menção do "condenado" (v. 2) com aquilo que será desenvolvido nos vv. 8-10a. **7.** O escritor então explica a continuidade entre a presente experiência de aflição e a que está no futuro. *o mistério da impiedade já age: energeitai,* "está ativo", figura como um termo chave. A noção idêntica *(energeia)* é repetida nos vv. 9 e 11. O explicativo v. 7 milita contra a identificação de *to katechon* como algo beneficente ou neutro. A presente ameaça à estabilidade da fé é o antegozo de um futuro muito pior que o Senhor triunfantemente resolverá (cf. as tribulações presentes como indicações do julgamento por vir, 2Ts 1,4c-5). *só é necessário que seja afastado aquele que ainda o retém:* O escritor agora usa o particípio masculino, *ho katechon* (que, novamente, se encaixa bem como alusão a um "falso espírito" enganador ou seu agente humano). A VL corretamente percebeu que a cláusula (introduzida pelo grego *monon)* tinha de ser imperativa e, assim, corretamente acrescentou *teneat.* O retentor deve ser ou deve (tentar) "reter", "possuir" no presente, até que ele seja colocado fora do caminho ou desapareça de outra forma. Distúrbios tais como divisões no meio da comunidade (1Co 11,19), são inevitáveis, como o são as informações falsas (cf. Lc 21,7-9: *dei ... genesthai prōton).* De certo modo, a comunidade pode se ver livre do problema simplesmente estando alerta a ele. De qualquer maneira, o autor, assim como Paulo em Gl 5,10, não toma qualquer medida adicional para resolver o problema, talvez pela mesma razão de Paulo: ele não conhece o responsável.

20 **8-10.** Após relacionar (vv. 6-7) a fase presente do engano com seu futuro cumprimento apocalíptico que ele já tinha evocado (vv. 3b-5), o escritor faz sua descrição do Dia do Senhor como o triunfo sobre o engano. **8.** *Então aparecerá o ímpio:* Ele terá uma falsa parúsia (concebida como uma afronta ao próprio Senhor de quem é a verdadeira vinda) e será eliminado facilmente pelo Espírito do Senhor (cf. Is 11,4). *o suprimirá pela manifestação da sua vinda:* A eliminação *(katargēsei)* do ímpio por parte do Senhor é, novamente um jogo com a palavra *energeia.* **9-10.** A pseudo parúsia do ímpio é o resultado de uma atividade satânica *(energeia).* Então, a revelação ou a manifestação do ímpio prova ser o desmascarar do processo de engano (o mistério da impiedade) que já está operando na atividade pseudo-profética (cf. "portentos, milagres e prodígios"). Este processo não é necessariamente fatal. **10.** *e por todas as seduções da injustiça, para aqueles que se perdem, porque não acolheram o amor da verdade, a fim de serem salvos:* A despeito das faltas humanas, a salvação permanece uma esperança real, quando se dá uma resposta livre e amorosa ao evangelho.

21 **11-14.** *É por isso que Deus lhes manda... Nós, porém, sempre agradecemos a Deus por vós:* As ações contrastadas da parte de Deus mostram que, na verdade, é ele quem controla todo o processo (sob o aspecto de governo e convite, e não de "predeterminação"). **11-12.** Uma das linhas de ação de Deus resulta no julgamento condenatório, que é uma coisa boa já que é merecido. Utilizando imagens reminiscentes de 2Rs 22,19-23, o autor aponta o controle de Deus mesmo sobre os poderes do engano (seu "mandá-lo"). Ao mesmo tempo, ele supõe que os seres humanos podem passar por esta prova se genuinamente acolherem a verdade (cf. vv. 11.12) e não se deleitarem nas más ações que se seguem a uma compreensão distorcida de Deus (cf. Rm 1,18-32). **13-14.** A outra linha, colocada de forma encorajadora como ação de graças, olha para a salvação. **13.** *escolheu desde o princípio:* Esta frase (melhor do que "escolhidos como primícias") enfatiza a iniciativa de Deus. **14.** *a tomar parte na glória de nosso Senhor Jesus Cristo:* A salvação, equivalente a "tornar-se posse gloriosa do Senhor", segue-se à santidade moral e à fidelidade doutrinal de acordo com a vocação cristã. **15.** *ficai firmes; guardai as tradições que vos ensinamos oralmente ou por escrito:* A comunicação por um "espírito" (cf. v. 2) parece ser sugestivamente omitida. *epistolē* aqui é genérico – o escritor supõe mais de uma carta (cf. 3,17).

22 (B) Oração por fortalecimento (2,16-17). Sem a oração, constantemente incluída nesta carta, o escritor parece pensar que suas exortações poderiam ser estéreis. Mais uma vez ele visa a estabilidade (v. 16; cf. v. 15a) em contraste com a instabilidade (v. 2) que surge de qualquer forma de engano **16.** *a boa esperança pela (sua) graça: Elpis agathē,* "boa esperança" era usado pelas religiões de mistério para descrever a felicidade após a morte, mas recebe uma dimensão cristã ao ser unida com "nos deu a eterna consolação" e com "pela graça". O novo contexto, cristão, muda seu foco para a parúsia do Senhor (cf. 1,12).

23 (IV) Duas séries de exortações e orações conclusivas (3,1-5.6-16). A terceira parte de 2Ts consiste de dois conjuntos de exortações um tanto convencional, cada um dos quais fechando com uma oração.
1-5. No primeiro conjunto, o escritor pede orações pelo ininterrupto êxito de seu trabalho apostólico em face dos malevolentes infiéis. Esse trabalho não é exatamente seu, mas é o triunfo progressivo da palavra do Senhor. De forma similar, sua confiança na interrupta e boa obra dos fiéis está fundamentada na própria fidelidade do Senhor em fortalecê-los e guardá-los.

24 6-16. A série de exortações trata dos desordeiros (*ataktoi,* não simplesmente "inativos" ou "preguiçosos"). Estas pessoas não aceitam, na prática, a tradição na qual o escritor insiste e podem bem estar entre aqueles que criaram a confusão religiosa mencionada em 2,l-3a. O próprio exemplo apostólico é a norma prática da tradição. Os desordeiros, por não quererem trabalhar, não apenas falham em modelarem-se por eles, mas também interferem na vida estável dos outros. A oração pela paz no v. 16 apropriadamente equilibra a oração pelo progresso no v. 5.

25 (V) Saudações finais (3,17-18). As saudações um tanto efusivas características das cartas de Paulo (exceto Gl por razões compreensíveis) estão notavelmente ausentes aqui. O escritor está interessado, por outro lado, em autenticar sua comunicação com base em uma tradição que deve ser referir a mais do que uma das cartas paulinas que nós temos. **17.** *minhas cartas:* Ele não apenas assume 1Ts (que Paulo não indica como uma que ele mesmo assinou) como também supõe no mínimo outras duas cartas nas quais Paulo escreveu seus próprios comentários (dos quais nós temos claras evidências somente em 1Co, Gl, Fm). Sua bênção final, minimamente amplificada, está precisamente padronizada por 1Ts 5,28.

54
Carta aos Colossenses

Maurya P. Horgan

BIBLIOGRAFIA

1 BENOIT, P., *Les épîtres de saint Paul aux Philippiens, à Philémon, aux Colossiens, aux Éphésiens* (SBJ; 3ª ed.; Paris, 1959). BRUCE, F. F., *The Epistles to the Colossians, to Philemon, and to the Ephesians* (NICNT; Grand Rapids, 1984). CAIRD, G. B., *Paul's Letters from Prison* (NClarB; London, 1976). CANNON, G. E., *The Use of Traditional Materials in Colossians* (Macon, 1983). CONZELMANN, H., *Der Brief an die Kolosser* (NTD 8; 14ª ed.; Göttingen, 1976). DIBELIUS, M., *An die Kolosser, Epheser; an Philemon* (NHT 12; 3ª ed., rev. H. GREEVEN; Tübingen, 1953) 1-53. GABATHULER, H. J., *Jesus Christus: Haupt der Kirche - Haupt der Welt* (Zurich, 1965). GNILKA, J., *Der Kolosserbrief* (HTKNT 10/1; Freiburg, 1980). HOULDEN, J. L., *Paul's Letters from Prison* (PC; Philadelphia, 1978). LÄHNEMANN, J., *Der Kolosserbrief* (SNT 3; Gütersloh, 1971). LIGHTFOOT, J. B., *St. Paul's Epistles to the Colossians and to Philemon* (London, 1892). LINDEMANN, A., *Der Kolosserbrief* (ZBK NT 10; Zurich, 1983). LOHMEYER, E., *Die Briefe an die Philipper, an die Kolosser und an Philemon* (MeyerK 9/2; 11ª ed.; Göttingen, 1956) 1-170. LOHSE, E., *A Commentary on the Epistles to the Colossians and to Philemon* (Herm; Philadelphia, 1971). MARTIN, R. P., *Commentary on Colossians and Philemon* (NCB; Grand Rapids, 1981. MASSON, C., *L'Épître de Saint Paul aux Colossiens* (CNT 10/2; Neuchâtel, 1950). MOULE, C. F. D., *The Epistles of Paul the Apostle to the Colossians and to Philemon* (CGTC; Cambridge, 1958). PERCY, E., *Die Probleme der Kolosser- und Epheserbriefe* (Lund, 1946). SCHWEIZER, E., *The Letter to the Colossians* (Minneapolis, 1982).

DBSup 7. 157-70. *IDBSup* 169-70. KÜMMEL, *INT* 335-48. WIK-SCHM, *ENT* 463-75.

INTRODUÇÃO

2 (I) Colossas. Localizada no sul da Frígia, na parte superior do vale do rio Lico, Colossas era uma importante cidade da Antiguidade tardia (Heródoto, *Hist.* 7.30.1; Xenofontes, *Anab.* 1.2.6). Ela possuía uma florescente indústria lanígera e têxtil, e seu nome era usado para designar uma tintura de lã vermelho-escura (*colossinus*) (Estrabão, *Geogr.* 12.8.16; Plínio, *Hist. Nat.* 21.51). As ruínas de Colossas foram descobertas em 1835, mas o sítio não foi escavado. Por volta do início da era cristã, Colossas tinha sido eclipsada em importância por sua cidade vizinha Laodiceia (→ Apocalipse, 63:28). Em 60/61, d.C. um terremoto destruiu parte do Vale do Lico, incluindo provavelmente Colossas. Não há indícios de quando Colossas tenha sido reconstruída, mas se sabe que Laodiceia foi restaurada (Tácito, *Ann.* 14.27.1; *OrSib* 4:101-2; cf. 3:471; 5:318).

3 A população de Colossas compreendia frígios nativos, gregos e uma considerável comunidade de judeus – talvez chegasse a dez mil em todo o Vale do Lico (Cícero, *Pro Flacc.* 28; Josefo, *Ant.* 12.3.4 §149-50). A comunidade cristã em Colossas, composta principalmente de gentios (1,21.27; 2,13), foi, provavelmente, fundada por Epafras (1,7; 4,12), um nativo daquela cidade. O escravo Onésimo também era de Colossas, assim como, provavelmente, também seu senhor, Filêmon (→ Filêmon, 52:2-4; veja F. F. Bruce, *BSac* 141 [1984] 3-15; B. Reicke, *RevExp* 70 [1973] 429-38).

4 (II) Autenticidade. O mais antigo indício da autoria paulina, fora a carta em si mesma (1,1.23; 4,18), é da segunda metade do séc. II (cânone marcionita; Irineu, *Adv. Haer.* 3.14.1; cânone muratoriano). Esta concepção tradicional permaneceu inquestionada até 1838, quando E. T. Mayerhoff negou a autenticidade de Cl, argumentando que ela estava repleta de ideias não paulinas e dependia de Ef. A partir de então, outros encontraram argumentos adicionais contra a autoria paulina. O debate enfocou duas áreas de comparação com as cartas paulinas sobre as quais não há controvérsia: linguagem e estilo, e as ideias teológicas.

5 O vocabulário de Cl mostra as seguintes peculiaridades: 34 *hapax legomena* [termos que aparecem uma única vez] no NT, 28 palavras que não aparecem nas cartas indiscutivelmente paulinas, apenas 10 palavras em comum com Ef, 15 palavras que ocorrem em Cl e Ef, mas não em outros escritos do NT. Além disso, alguns dos termos mais caracteristicamente paulinos não aparecem em Cl: justiça, crer, lei, salvar e muitos dos conectivos e partículas usuais em Paulo. A saudação "irmãos" ou "meus irmãos", frequente nos escritos paulinos sobre os quais não há controvérsia (*p.ex.*, Rm 1,13; 1Cor 1,10; 2Cor 1,8; Gl 1,11), não aparece em Cl ou Ef. Referências ao Espírito não são frequentes em Cl. Estas peculiaridades são um tanto contrabalançadas por outros indícios: expressões tipicamente paulinas são usadas na introdução, ação de graças, saudação e conclusão. Além disso, muitos dos termos singulares de Cl aparecem no hino tradicional (1,15-20) e na seção polêmica (2,6-23), que extrai seu vocabulário daquele usado pelos adversários.

Entre as características não paulinas do estilo de Cl se encontram as seguintes: o estilo hínico-litúrgico em contraposição ao estilo de debate de Rm e Gl; frequente coordenação de sinônimos (1,9.11.22.23.26; 2,7; 3,8.16; 4,12); séries de genitivos dependentes (1,5.12.13.20.24.27; 2,2.11.12); substantivos ligados a expressões com *en* (1,6.8.12.29); infinitivos ligados frouxamente indicando finalidade ou resultado (1,10.22.25; 4,3.6); períodos longos com muitas orações subordinadas. Alguns estudiosos sugerem que essas diferenças representam o estilo que Paulo desenvolveu em anos posteriores, ou que as diferenças resultam da incorporação de uma grande quantidade de material tradicional na carta. (Veja Lohse, *Commentary* 84-91; Percy; e W. Bujard, *Stilanalytische Untersuchungen zum Kolosserbrief* [Göttingen, 1973].)

6 As áreas teológicas geralmente escolhidas para fins de comparação são a cristologia, a escatologia e a eclesiologia. A cristologia de Cl se baseia no hino tradicional de 1,15-20, de acordo com o qual Cristo é a imagem do Deus invisível (l,15; cf. 2Cor 4,4), o primogênito de toda a criação (1,15; cf. Rm 8,29), anterior a tudo (1,17), o princípio (1,18), o primogênito dos mortos (1,18), aquele em quem, por quem e para quem tudo foi criado (1,16), aquele em quem habita toda a plenitude (1,19; cf. Ef 3,19), aquele por quem todos os seres foram reconciliados (1,20, cf. Rm 5,10; 2Cor 5,18-19), a cabeça do corpo, da igreja (1,18; cf. Ef 1,22; 4,15; 5,23). Estes temas são desenvolvidos ao longo de toda a carta, e se acrescentam outras afirmações cristológicas que não têm paralelo nas cartas indiscutivelmente paulinas: que Cristo é o mistério de Deus

(1,27; 2,2-3); que os crentes foram ressuscitados com Cristo (2,12); que Cristo perdoa os pecados (1,13-14; 3,13; cf. Ef 1,7); que Cristo venceu os principados e autoridades (2,15). Contudo, algumas ideias cristológicas caracteristicamente paulinas aparecem efetivamente na carta: Cristo é o Filho no qual os crentes têm a redenção (1,13-14; cf. Rm 3,24, 1Cor 1,30); os crentes são sepultados com Cristo no batismo (2,12; cf. Rm 6,4); Cristo está sentado à direita de Deus (3,1; cf. Rm 8,34) (→ Teologia paulina, 82:48-60, 67-80; veja J. C. O'Neill, *NTS* 26 [1979-80] 87-100; W. A. Meeks, "In One Body", *God's Christ and His People* [Festschrift N. A. Dahl; ed. J. Jervell e W. A. Meeks; Oslo, 1977] 209-21; F. O. Francis, "The Christological Argument of Colossians", *ibid.* 192-208).

A escatologia de Cl é descrita como já realizada. Há uma diminuição da expectativa escatológica em Cl, enquanto Paulo esperava a parúsia no futuro próximo (1Ts 4,15; 5,23; 1Cor 7,26). A ideia do retorno futuro de Cristo aparece efetivamente em Cl (3,4), mas os crentes são incentivados a tornar "as coisas do alto" uma realidade presente (3,1-2). A congregação já ressuscitou dos mortos com Cristo (2,12; 3,1), enquanto nas cartas indiscutivelmente paulinas a ressurreição é uma expectativa futura (1Cor 6,14; 2Cor 4,14). Em Cl, a esperança, que é o conteúdo do evangelho (1,23) e o mistério (1,27), já está reservada no céu (1,5) enquanto em Paulo (*p.ex.*, Rm 5,2; 8,24; 2Cor 1,10; Gl 5,5) a esperança está dentro do crente e orientada para o futuro (→ Teologia paulina, 82:44-47). A diferença na orientação escatológica entre Cl e as cartas sobre cuja autoria paulina não há controvérsia resulta em uma teologia diferente do batismo (→Teologia paulina, 82:112-15). Enquanto em Rm 6,1-4 o batismo está voltado para o futuro, em Cl ele está voltado para o passado, para uma salvação concluída. No batismo, os crentes não apenas morreram com Cristo, mas também ressuscitaram com ele.

A principal diferença entre a eclesiologia de Cl e a dos escritos indiscutivelmente paulinos é que, enquanto nestes últimos o termo "igreja" designa usualmente a igreja local de uma forma específica e concreta, em Cl a igreja é uma entidade universal, o corpo do qual Cristo é a cabeça (1,18.24; 2,19; 3,15; mas cf. 4,15.16, que se refere a igrejas locais). Neste aspecto a eclesiologia está ligada à cristologia, e que o que é dito a respeito de Cristo como cabeça do corpo pode, por consequência, ter significação para os membros deste corpo. O papel dos crentes na igreja é se ater à cabeça (2,19), ensinar e admoestar uns aos outros (3,16). Não há descrição de cargos ou estruturas especiais dentro da igreja. Paulo se designa como apóstolo (1,1) e ele, Epafras e Tíquico são chamados de ministros (1,7.23; 4,7).

7 O peso cumulativo das muitas diferenças em relação às epístolas paulinas sobre as quais não há controvérsia persuadiu a maioria dos biblistas modernos de que Paulo não escreveu Cl (Lohse, Gnilka, Meeks, Francis, Käsemann, Lindemann [→ Epístolas do NT, 45:12-15]). Entre os que defendem a autenticidade da carta estão Martin, Caird, Houlden, Cannon e Moule. Outros, como Masson e Benoit, acreditam que a carta seja paulina, mas dizem que ela sofreu muitas interpolações e intervenções editoriais. Schweizer sugere que Cl foi escrita em conjunto por Paulo e Timóteo. A posição assumida aqui é de que Cl é deuteropaulina; ela foi composta depois da morte de Paulo, entre os anos 70 (Gnilka) e 80 (Lohse) d.C. por alguém que conhecia a tradição paulina. Lohse considera Cl como o produto de uma escola de tradição paulina, provavelmente localizada em Éfeso.

8 (III) Os adversários. O propósito de Cl era fortalecer a fé da comunidade (1,3-14; 2,2-3) e corrigir erros da igreja de Colossas dos quais o autor fora informado (2,4.8.16.18-22). Uma das principais áreas de estudo sobre Cl tem sido a tentativa de identificar os adversários que estavam desencaminhando a comunidade de Colossas. De acordo com a carta, o falso ensinamento é uma filosofia vã e um engano (2,8), uma tradição humana (2,8); ela diz respeito aos elementos do universo (2,8) e a anjos (2,18); exige a observância de regras sobre alimentos e festas, luas novas e o sábado (2,14.16.20.21); e também incentiva práticas ascéticas.

Uma vez que os adversários são acusados de "ignorar a cabeça", o erro deve ter surgido dentro da comunidade dos crentes. Parece que elementos judaicos e helenísticos estão mesclados naquilo que se pode inferir do erro. Um sincretismo complexo que incorporava características do judaísmo, do paganismo, do cristianismo, magia, astrologia e religião mistérica forma o pano de fundo cultural da carta (Lähnemann, *Kolosserbrief* 82-100), e, consequentemente, talvez seja impossível identificar os opositores em Colossas com um grupo específico.

Traços que sugerem algum tipo de relação do erro com cultos pagãos ou com religiões de mistério incluem a aparente referência a um rito de iniciação (2,11); a expressão *stoicheia tou kosmou*, "elementos do mundo", bem atestada nas especulações oriental, helenística e gnóstica (→ 20 *abaixo*); e a palavra "mistério" (1,27; 2,2; 4,3). Além disso, Hierápolis, a cidade vizinha de Colossas e Laodiceia, era conhecida como centro frígio de cultos de mistério (Estrabão, *Geogr.* 13.4.14). Paralelos com a filosofia helenística foram observados por Schweizer, que faz referência a um texto pitagórico que contém todos os elementos do erro colossense com exceção das regras sobre bebidas e o sábado.

Muitos elementos do erro colossense têm sido conectados com o gnosticismo, *p.ex.*, o ascetismo, a plenitude de Deus, a sabedoria, o conhecimento, o dualismo, a negação das coisas do mundo; porém, a maioria dos comentaristas adverte que o uso do termo gnosticismo pode induzir ao erro, já que, a rigor, ele designa uma heresia do séc. II. Por isso se usam termos como "protognóstico", "pré-gnóstico", "gnosticismo incipiente" para descrever esta tendência em Cl.

A maioria dos pesquisadores vincula, de alguma forma, o erro ao judaísmo, já que inclusive os elementos que podem estar ligados aos cultos pagãos, às religiões de mistério, à filosofia helenística ou ao "gnosticismo incipiente" também se encontram no diversificado judaísmo da época, como o evidenciam os escritos tardios do AT, escritos apocalípticos judaicos, literatura sapiencial, os manuscritos do Mar Morto e outros escritos intertestamentais. Em 1875, muito antes da descoberta dos manuscritos do Mar Morto, J. B. Lightfoot sugeriu que os adversários colossenses tinham alguma conexão com o essenismo. De fato, há pontos de contato entre a literatura de Qumran e aquilo que pode ser inferido de Cl sobre os opositores: regras sobre alimentos, preocupação com o calendário, festas e o sábado.

(BRUCE, F. F., *BSac* 141 [1984] 195-208. EVANS, C. A., *Bib* 63 [1982] 188-205. FRANCIS, F. O., *LTQ* 2 [1967] 71-81. FRANCIS, F. O. e W. A. MEEKS [eds.], *Conflict at Colossae* [Cambridge MA, 1973]. GUNTHER, J. J., *St. Paul's Opponents and Their Background* [Leiden, 1973]. ROWLAND, C., *JSNT* 19 [1983] 73-83.)

9 (IV) Composição e estrutura da carta. Colossenses é uma carta composta cuidadosamente que incorpora as principais características estruturais das cartas indiscutivelmente paulinas (saudação, ação de graças, exposição, exortação, mensagens e conclusão; → Epístolas do NT, 45:8) e também blocos de material tradicional (um hino, 1,15-20; catequese batismal, 2,6-15; listas de vícios e virtudes, 3,5-17; um catálogo de normas domésticas, 3,18-4,1). O material tradicional é integrado à carta por meio de seções de aplicação e transição (1,12-14.21-23; 2,1-5; 3,1-4; 4,2-6), que resumem os temas que as precedem, geralmente fazendo referência específica à comunidade em Colossas, e introduzem o assunto a ser tratado na próxima seção.

(V) Esboço.

(I) Saudações (1,1-2)
(II) Ação de graças e oração (1,3-23)
    (A) Ação de graças (1,3-8)
    (B) Oração (1,9-11)
    (C) Aplicação e transição (1,12-14)
    (D) Hino (1,15-20)
    (E) Aplicação e transição (1,21-23)
(III) O ministério de Paulo (1,24-2,5)
    (A) Os sofrimentos de Paulo (1,24-25)
    (B) O mistério revelado e pregado (1,26-29)
    (C) Aplicação e transição (2,1-5)
(IV) A vida no corpo de Cristo, na teoria (2,6-3,4)
    (A) A tradição de Cristo Jesus (2,6-15)
    (B) A tradição humana (2,16-23)
    (C) Aplicação e transição (3,1-4)
(V) A vida no corpo de Cristo, na prática (3,5-4,6)
    (A) Vícios (3,5-10)
    (B) Virtudes (3,11-17)
    (C) Catálogo de normas domésticas (3,18-4,1)
    (D) Aplicação e transição (4,2-6)
(VI) Mensagens e conclusão (4,7-18)

COMMENTÁRIO

10 (I) Saudações (1,1-2). Seguindo a forma das cartas antigas, Cl começa nomeando o(s) remetente(s) o(s) destinatário(s) e incluindo uma saudação (→ Epístolas do NT, 45:6, 8A). **1.** *Paulo, apóstolo*: veja o comentário sobre Gl 1,1. O conteúdo da carta, especialmente a instrução destinada a corrigir o ensinamento errôneo, é apresentado com a autoridade do apostolado de Paulo, que é o tema de 1,24-2,5. **2.** *santos ... irmãos fiéis*: em contraposição ao início de outras cartas (Rm 1,7; 1Cor 1,2; 2Cor 1,1; Ef 1,1; Fl 1,1), "santo" aqui é um adjetivo coordenado com "fiéis", e não com o substantivo "santos". No AT, Israel é um povo santo (*qādôš*), embora *qĕdōšîm* ("os santos") frequentemente seja uma referência à assembleia celestial (*p.ex.*, Zc 14,5; Sl 89,6). Os membros da comunidade de Qumran se designavam como "os santos" (1QM 3:5; 6,6; 10,10; 16,1). *em Cristo:* → Teologia paulina, 82:121. A expressão *en Christō* expressa a união do fiel com Cristo em muitos níveis, e isto é um tema importante em Cl (1,4.14.16.17.19.28; 2,3.6.7.9.10.11.12; 3,18.20; 4,7).

11 (II) Ação de graças e oração (1,3-23).
(A) Ação de graças (1,3-8). A ação de graças, uma característica comum das cartas greco-romanas, está presente na maioria das cartas do NT (→Epístolas do NT, 45:8B). Estes versículos formam um único e longo período que inclui fatos sobre o relacionamento entre o(s) remetente(s) e o(s) destinatário(s), sobre a comunidade e sobre a situação da carta: o evangelho foi levado à comunidade por Epafras (1,7); a comunidade está crescendo e produzindo frutos (1,6); e essas informações foram levadas a Paulo (1,4). **3.** *nosso Senhor Jesus Cristo:* → Jesus, 78:42; → Teologia paulina, 82:51-54. **4-5.** *fé, amor e esperança*: esta tríade aparece com frequência nas epístolas do NT e provavelmente fazia parte da antiga tradição pré-paulina (Caird). A tríade se torna um tema que é ampliado no ensinamento da carta. A fé em Cristo Jesus (1,4; veja também 2,5.7) é desenvolvida em 1,23 como a condição para ser apresentado santo e irrepreensível diante de Cristo, e em 2,12 como um dos meios pelos quais os crentes foram ressuscitados com Cristo. O amor é a prática dentro da comunidade cristã que mantém o corpo unido (1,4.8; 2,2; 3,14). A esperança, em contraposição às duas disposições anteriores dos crentes, é algo que está fora deles (1,5.23.27; → *6 acima*; veja Rm 8,24 e comentário).

12 (B) Oração (1,9-11) e (C) Aplicação e transição (1,12-14). Gramaticalmente estes versículos são uma unidade na qual o verbo principal, "não cessamos", é seguido por três gerúndios, "orando" (l,9), "pedindo" e "dando graças" (1,12). Retomando os temas da ação de graças, a oração amplia as ideias de fé, amor e esperança. **9.** *conhecimento ... sabedoria ... discernimento*: estas palavras-chave indicam um objetivo prático e não especulativo: o conhecimento exige obediência à vontade de Deus. Os três termos hebraicos correspondentes, *da'at, ḥokmâ* e *bînâ*, encontram-se muito frequentemente na literatura de Qumran [LQ] (1QH 1:19-21, onde os três estão associados à revelação de mistérios [cf. Cl 1,27-28; 2,2-3], 1QS 4,2-8, que conta os caminhos do Espírito da Verdade, que incluem humildade e paciência; discernimento, conhecimento e sabedoria; zelo pelas ordenanças justas, inclinação firme e discrição quanto aos mistérios [cf. Cl 2,18.23; 3,12-13]). **12.** *participar da herança dos santos na luz*: isto lembra novamente os ensinos da LQ: o dualismo ético "luz e trevas" (veja Cl 1,13) e a ideia de "sorte" ou "destino" (em hebraico: *gôrāl* [1QM 13:9-10; 1QH 3:22-23; 6:12-13; 11,11-12]), que é um destino predeterminado dado aos seres humanos (veja P. Benoit, "Qumran and the NT", *Paul and Qumran* [ed. J. Murphy-O'Connor; Chicago, 1968] 18-24; "*Hagioi* in Colossiens 1.12", *Paul and Paulinism* [Festschrift C. K. Barrett; ed. M. D. Hooker e S. G. Wilson; London, 1982] 83-101; neste último artigo, ele sugere que "santos" talvez seja uma referência tanto à comunidade fiel quanto a seres celestiais). **12-14.** Estes versículos, entendidos por alguns como introdução ou até mesmo como parte do hino cristológico dos vv. 15-20, formam uma das seções transicionais da carta (→ 9 *acima*). Eles estão ligados, tanto gramaticalmente quanto pelo conteúdo, à ação de graças precedente e ao hino que segue. **14.** *a remissão dos pecados: aphesis hamartiōn* não ocorre nos escritos indiscutivelmente paulinos; veja Ef 1,7; Hb 9,22; 10,18; →Teologia paulina, 82:75 (final).

13 (C) **Hino (1,15-20).** Independentemente de como os vv. 12-14 sejam interpretados, há muito se reconheceu que os vv. 15-20 são uma unidade independente que tem o caráter de um hino cristão primitivo. Outras passagens poéticas nas cartas do NT se encontram em Fl 2,6-11; 1Tm 3,16; 1Pd 2,22-25. Elas provavelmente tiveram sua origem na liturgia (veja B. Vawter, *CBQ* 33 [1971] 68-70). Tanto o estilo quanto o conteúdo desses versículos também podem ser comparados com os hinos ou *Hôdāyôt* de Qumran (1QH) e com o prólogo do Evangelho de João (J. M. Robinson, *JBL* 76 [1957] 278-79; *BGJ* 20. Diferenças de linguagem, estilo e pensamento em relação ao restante de Colossenses e a outras cartas indiscutivelmente paulinas sugerem que esta seção hínica não foi composta pelo autor da carta, mas, era, em sua maior parte, material tradicional adaptado pelo autor de Cl para servir às finalidades instrucionais da carta. (Benoit, porém, pensa que o autor de Cl compôs o hino, e E. Käsemann sustentou que as origens do hino eram gnósticas, e não cristãs).

As muitas tentativas de identificar o pano de fundo do hino incluem as seguintes descrições do material: um hino estoico transmitido pelo helenismo (E. Norden); um midrásh judaico sobre Gn 1,1 à luz de Pr 8,22 (C. F. Burney, seguido por W. D. Davies); material judaico relacionado com o Dia da Expiação (Lohmeyer); um hino cristianizado dirigido a uma figura gnóstica de redentor (Käsemann); especulação sapiencial judaica (J. T. Sanders); teologia missionária judaica e cristã desenvolvida a partir do pensamento do AT (N. Kehl). Essas descrições, assim como as do erro colossense, precisam ser ponderadas levando em conta a atmosfera de sincretismo que permeava a Ásia Menor naquele tempo. Muitos elementos de diversos ambientes podem estar entremeados no hino, mas a maioria dos comentaristas estão de acordo que motivos sapienciais judaicos são proeminentes.

Embora se concorde que temos um hino nesta passagem, há muitas sugestões diferentes quanto à sua estrutura. As duas questões principais são: (1) se o hino começa com o v. 12 (→ 12 *acima*; assim pensam, *p.ex.*, Lohmeyer, Norden, Käsemann, Lohse, Schille e Kehl) ou com o v. 15 (assim pensam, *p.ex.*, Schweizer, Bruce, Martin, Masson,

Gnilka, Benoit, Conzelmann, Gabathuler, Lindemann, Aletti); (2) que elementos no hino são redacionais. Esta última questão, porém, não afeta o hino na forma como consta em Cl, mas é importante para quem tenta resgatar o hino original ou determinar a teologia do redator. (Para um resumo das concepções dos comentaristas modernos em relação aos elementos redacionais, veja o quadro em Benoit, "L'hymne" 238.) Quase todos (com exceção de Kehl) concordam que "a igreja" em 1,18a é um acréscimo, e a maioria considera "pelo sangue de sua cruz" em 1,20b como redacional. Há algumas repetições dentro do hino que são indicações claras das divisões principais: o pronome relativo *hos estin* (l,15a.18b); *prōtotokos*, "primogênito" (1,15b.18b); orações que começam com *hoti en autọ̄*, "porque nele" (1,16.19); orações com *di' autou*, "por ele" (1,16b.20).

15 Ele é a imagem do Deus invisível,
   o Primogênito de toda criatura,
16 porque nele foram criadas todas as coisas
   nos céus e na terra,
   as visíveis e as invisíveis:
   Tronos, Soberanias,
   Principados, Autoridades,
   tudo foi criado por ele e para ele.
17 É antes de tudo e tudo nele subsiste.
18 É a Cabeça da Igreja,
   que é seu Corpo.
   É o Princípio,
   o primogênito dos mortos,
   tendo em tudo a primazia,
19 pois nele aprouve a Deus
   fazer habitar toda a Plenitude
20 e reconciliar por ele e para ele todos os
   seres, os da terra e os dos céus,
   realizando a paz pelo sangue de sua cruz.

15-16. O tema é o papel de Cristo na criação, que alude a motivos sapienciais do AT. Em Pr 3,19, a sabedoria é descrita como atuante na criação; em Pr 8,22-31, a sabedoria, a primeira a ser criada, é colaboradora na obra de Iahweh (cf. Sb 7,22; 9,2-4). *Imagem*: quanto a Cristo como imagem de Deus, veja 2Cor 4,4; em outros lugares, Paulo fala dos seres humanos à imagem de Cristo ou de Deus (Rm 8,29 [veja o comentário]; 1Cor 11,7; 15,49; 2Cor 3,18). *Tronos, Soberanias, Principados, Autoridades*: estas entidades criadas são apresentadas em Cl como seres angélicos subordinados a Cristo (esses termos são também usados para designar poderes terrenos [veja o comentário sobre 2Pd 2,10; Jd 8]). No ensinamento errôneo de Colossas, essas realidades talvez tenham sido concebidas como rivais de Cristo ou seres que ofereciam poder complementar ao de Cristo (2,10.15). Esta crença se formou a partir de uma angelologia complexa e altamente desenvolvida que estava disseminada naquela época. Este é o único lugar do NT onde "tronos" constitui uma categoria de seres angélicos; os outros termos aparecem efetivamente: "soberanias", Ef 1,21; "principados", Rm 8,38 [veja comentário]; 1Cor 15,24; Ef 1,21; "autoridades", 1Cor 15,24; Ef 1,21; 2,10 (→ Teologia paulina, 82:89; veja também W. Carr, *Angels and Principalities* [Cambridge, 1981]; M. Black, "*Pasai exousiai autọ̄ hypotagēsontai*", *Paul and Paulinism* [→ 12 *acima*] 74-82). **17.** *antes de tudo*: o hino apresenta a Cristo como preexistente, outro reflexo de especulação sapiencial no judaísmo helenístico (→Teologia paulina, 82:49-50; veja o comentário sobre 1Cor 8,4-6; R. G. Hamerton-Kelly, *Pre-Existence, Wisdom, and the Son of Man* [Cambridge, 1973]). **18.** *a Cabeça da Igreja, que é seu Corpo*: veja também 2,19. A expressão redacional "a igreja" transforma a ideia de Cristo como a cabeça do corpo cósmico na ideia de Cristo como a cabeça da igreja, um tema importante em Cl (1,24.27; 2,17.19; 3,15). A comunidade como corpo é um tema presente também nas cartas paulinas em que não há controvérsia sobre a autoria (1Cor 6,15; 10,16-17; 12,12-27; Rm 12,4-5 [veja o comentário]), porém, a imagem de Cristo como a cabeça do corpo representa um desenvolvimento em relação à ideia paulina (Ef 1,23; 4,15-16; 5,23; → Teologia paulina, 82:122-27). *o Princípio*: pode haver aqui um jogo de palavras entre *archē*, "princípio", referindo-se à preexistência de Cristo e seu papel na criação, e *archē*, "principado", que proclama a Cristo como o soberano por excelência sobre as entidades mencionadas no v. 16 (veja 2,10.15). *o primogênito dos mortos*: cf. Rm 8,29; 1Cor 15,20; Ap 1,5. **19.** *nele aprouve a Deus fazer habitar toda a Plenitude*: cf. 1Cor 8,6. Alguns comentaristas explicam "plenitude" como sendo "de Deus", a partir de 2,9 (assim faz a *RSV*), mas "plenitude" é usado aqui sem um genitivo qualificativo. O *plērōma* teria importância especial se, no ensinamento errôneo de Colossas, estivessem presentes ideias gnósticas. No gnosticismo, o *plērōma* era todo o corpo de poderes celestiais e emanações espirituais procedentes de Deus (J. Ernst, *Pleroma und Pleroma Christi* [Regensburg, 1970]). **20.** *reconciliar*: o verbo *apokatallassō* ocorre somente em Cl e Ef. Paulo usa *katallassō* com o mesmo significado em Rm 5,10; 2Cor 5,18.19 (→ Teologia paulina, 82:72).

(ALETTI, J.-N., *Colossiens 1,15-20* [AnBib 91; Rome, 1981]. BENOIT, P., "L'hymne christologique de Col 1,15-20", *Christianity, Judaism and Other Greco-Roman Cults* [Festschrift M. SMITH; ed. J. NEUSNER; Leiden, 1975] 1. 226-63. BRUCE, F. F., *BSac* 141 [1984] 99-111. DEICHGRÄBER, R., *Gotteshymnus und Christus-hymnus in der frühen Christenheit* [Göttingen, 1967] 146-52. GABATHULER, *Jesus Christus*. KÄSEMANN, E., "A Primitive Christian Baptismal Liturgy", *ENTT* 149-68. KEHL, N., *Der Christus-hymnus im Kolosserbrief* [Stuttgart, 1967]. NORDEN, E., *Agnostos Theos* [Leipzig, 1913]. SCHILLE, G., *Früchristliche Hymnen* [Berlin, 1965]. VAWTER, B., *CBQ* 33 [1971] 62-81.)

14   (E) Aplicação e transição (1,21-23). Esta seção retoma os temas da oração (vv. 9-14) e do hino (vv. 15-20) e demonstra a relevância deles para a comunidade. **21.** *estrangeiros e inimigos pelo pensamento e pelas obras más:* antes que o evangelho fosse levado à comunidade por Epafras, sua situação era o oposto daquilo por que o autor ora nos vv. 9-14: conhecimento, sabedoria e discernimento espiritual (v. 9), em contraposição ao fato de eles terem sido estrangeiros e inimigos pelo pensamento; agora eles dão "frutos em boas obras" (v. 10), em contraposição às "obras más" de outrora. **22.** *seu corpo de carne*: veja também 2,11. Para K. G. Kuhn ("New Light on Temptation, Sin, and Flesh in the New Testament", *The Scrolls and the New Testament* [ed. K. Stendahl; New York, 1957] 107), este é um *terminus technicus* [termo técnico] do judaísmo que tem o significado neutro de "corpo humano comum" ou "corporalidade" (cf. 1QpHab 9,2). Em Cl, a importância e a dignidade do corpo humano de Jesus em sua função salvífica se contrapõe à depreciação do corpo que parece ter feito parte do ensinamento errôneo de Colossas (2,18.21.23), lembrando novamente o importante tema do corpo de Cristo. *pela morte*: a reconciliação através da morte de Jesus é uma ideia frequente nos escritos paulinos; veja o comentário sobre Rm 5,10. **23.** *esperança do evangelho*: ou seja, a esperança e o evangelho são a mesma coisa (→ 6 *acima*). *a toda criatura*: o evangelho é universal, em contraposição à exclusividade dos cultos secretos. *eu, Paulo, fui feito ministro*: o autor deuteropaulino introduz uma a nota de autenticidade e conclui a transição para a próxima seção, que tratará do ministério de Paulo (→ 6 *acima*).

15   (III) O ministério de Paulo (1,24-2,5). A autoridade apostólica de Paulo é estabelecida antes da instrução cristológica principal e das advertências que serão apresentadas em 2,6-23. Como na seção precedente, esta parte da carta entrelaça temas que foram apresentados anteriormente (a igreja como corpo de Cristo, a tríade fé, esperança e amor; a sabedoria, o conhecimento e o discernimento) e introduz temas novos que serão desenvolvidos ao longo do restante da carta: o mistério (1,26.27; 2,2; 4,3) e o ensinamento errôneo (2,4.8-23).

16   (A) Os sofrimentos de Paulo (1,24-25). 24. *completo o que falta às tribulações de Cristo em minha carne pelo seu Corpo*: os intérpretes têm debatido duas questões quanto a esta frase: (1) o sentido de "completar aquilo que está faltando"; e (2) o significado de "tribulações de Cristo". Já que o hino proclamou a Cristo como aquele através de quem todos são reconciliados – o que é repetido pelo autor em 1,22 –, não se deveria pensar que o v. 24 esteja dizendo que a obra de Cristo foi, de alguma maneira, insuficiente. A palavra *thlipsis*, que jamais é usada para falar da paixão de Jesus, mas é usada regularmente para descrever os sofrimentos das pessoas que proclamam o evangelho (Rm 5,3; 8,35; 2Cor 1,4.8; 2,4; 4,17; 6,4; 7,4), sugere que as tribulações são de Paulo, e não de Cristo (Schweizer, Lindemann). (Um uso semelhante do genitivo "de Cristo" se encontra em 2,11, "a circuncisão de Cristo", *i.e.*, não a circuncisão feita em Jesus, mas a circuncisão metafórica da comunidade cristã [W. A. Meeks, "In One Body" [→ 6 *acima*] 217 n. 8]). Este versículo reflete a crença de que as pessoas que proclamam teriam de suportar sofrimentos e aflições.

17 (B) O mistério revelado e pregado (1,26-29). 26. *o mistério*: em contraposição a "os mistérios", *i.e.*, cultos sincretistas helenísticos ou judaicos nos quais o conhecimento de segredos cósmicos ou religiosos estava disponível a um pequeno grupo de iniciados privilegiados, "o mistério" aqui é uma revelação universal, aberta a todas as pessoas, a palavra de Deus, "Cristo em vós, a esperança da glória". "Mistério" é também uma ideia-chave nos escritos sectários da literatura de Qumran (em hebraico e aramaico, *rāz;* cf. Dn 2,18.19.27-30.47; 4,6). Na LQ, *rāz* é um mistério revelado por Deus a certas pessoas, *p.ex.*, o Mestre de Justiça (1QpHab 7,1-5). O mistério nos escritos proféticos, apocalípticos e sapienciais judaicos está associado com a introdução dos profetas antigos na assembleia celestial, através de suas visões, onde ficam sabendo dos secretos planos divinos para a história (veja R. E. Brown, *CBQ* 20 (1958) 426-48; 40 (1959) 70-87; J. M. Casciaro Ramirez, *Scripta Theologica* 8 (1976) 9-56; Benoit, "Qumran and the New Testament" [→ 12 *acima*] 21-24). O mistério se refere ao plano divino da história, em contraposição a seu uso nos chamados cultos místéricos, onde os mistérios eram segredos cósmicos, metafísicos ou filosóficos. **27.** *quis Deus tornar conhecida*: a revelação do mistério vem de Deus (cf. 1QpHab 7,1-5). *a riqueza da glória deste mistério*: cf. Rm 9,23. *a esperança da glória:* → 6 *acima*. **28.** *advertindo os homens e instruindo-os*: aqui esta é a tarefa do apóstolo, mas em 3,16 os membros da comunidade são instruídos a ensinar e admoestar uns aos outros.

18 (C) Aplicação e transição (2,1-5). 1. *quero que saibais*: esta afirmação enérgica inicia a transição para uma confrontação direta com o erro colossense (cf. formulações semelhantes: Rm 11,25; 1Cor 10,1; 11,3; 1Ts 4,13). Esta seção repete os temas do amor (cf. 1,4.10), do conhecimento, da sabedoria e do discernimento (cf. 1,9), de Cristo como o mistério de Deus, da alegria do apóstolo (1,24) e da fé da comunidade (1,4.23).

19 (IV) A vida no corpo de Cristo, na teoria (2,6-3,4). O principal ensinamento cristológico da carta (2,6-15) é seguido pela refutação do ensinamento errôneo presente em Colossas (2,16-23). Após uma transição (vv. 6-8), que exorta a comunidade a guardar o ensinamento que recebeu e a alerta para o perigo do erro, a seção cristológica se baseia nos temas do hino (a plenitude da divindade que habita em Cristo e Cristo como a cabeça) e culmina, nos vv. 11-15, no ensinamento sobre o batismo, boa parte do qual é tomado de material batismal da tradição (Schille, Cannon, Lohse, Käsemann). No confronto com os opositores nos vv. 16-23, palavras-chave, regras e práticas deles são entrelaçadas com a reação do autor a eles.

20 (A) A tradição de Cristo Jesus (2,6-15). 6. *Portanto*: a partícula *oun* marca a transição, como também o faz em 2,16; 3,1.5.12. *assim como recebestes Cristo Jesus o Senhor*: o verbo *paralambanō* é um termo técnico para designar o recebimento de uma tradição, e a escolha desta palavra aqui é significativa. Ela segue a seção sobre o ministério de Paulo, que estabelece a autoridade a partir da qual eles receberam a tradição. Além disso, o conteúdo da tradição é Cristo Jesus o

Senhor, em contraposição à tradição humana dos adversários (2,8). *nele andai*: o resultado do recebimento da tradição é prático: os cristãos vão "andar", *i.e.*, manifestar em sua conduta, a união íntima descrita como estar "em Cristo" (→ 10 *acima*). **8.** *Tomai cuidado*: aqui a comunidade está sendo alertada sobre o perigo, e os adversários são descritos com o verbo raro *sylagōgeō*, como pessoas que "capturam" a comunidade e "a levam como um despojo". *elementos do mundo*: o significado de *stoicheia tou kosmou* é muito controvertido; veja o comentário sobre Gl 4,3. No sincretismo helenístico, esta palavra designava espíritos concebidos como poderes pessoais, e esta deve ter sido uma das características do erro colossense. Esses "elementos" eram concebidos como poderes angélicos que exerciam alguma função de mediação entre Deus e o mundo e tinham algum controle sobre a ordem cósmica (Lohse, *Commentary* 96-98; A. J. Bandstra, *The Law and the Elements of the World* [Kampen, 1964]). Em Cl, esses poderes são contrapostos a Cristo. **9-10.** *nele*: esta expressão se encontra em posição enfática e, assim, liga de forma vigorosa a proclamação com a contraposição, expressa na passagem imediatamente precedente, entre "os elementos" e Cristo. A expressão é repetida várias vezes no ensino batismal dos vv. 11-15. *toda a plenitude da divindade:* enquanto que, no hino, aprouve à plenitude habitar em Cristo, aqui "plenitude" é explicada como plenitude divina. *fostes levados*: em Rm 15,13, Paulo ora para que a comunidade seja cumulada (no futuro). Aqui, o que Paulo pedia já foi cumprido. *a cabeça*: no hino (1,18), Cristo é a cabeça do corpo, da igreja; aqui ele é a cabeça de todo principado e autoridade. Todos os espíritos que a filosofia reverenciava estão sujeitos a Cristo. **11-15.** Geralmente se reconhece que algum tipo de formulação litúrgica ou hínica está por trás destes versículos (Lohse, Cannon, Schille, Martin, Gnilka, Käsemann). O tema é a participação na morte e ressurreição de Cristo através do batismo. O v. 11 equipara o batismo à circuncisão, uma equação figurativa sem paralelo no NT. A circuncisão é usada figuradamente no AT (Dt 10,16, Jr 4,4; Ez 44,7), na literatura de Qumran (1QS 5:5) e no NT (Rm 2,28.29; Fl 3,3). A circuncisão cristã de que fala o autor de Cl não é feita com mãos; é um desvestir da corporeidade humana. Esta ideia de "desvestimento" talvez aluda a práticas dos cultos de mistério nos quais as roupas da pessoa que estava sendo iniciada eram colocadas à parte durante o rito (Lohse). Uma prática semelhante pode ter feito parte de um ritual de batismo (Gl 3,27 [veja o comentário]). **12.** *sepultados com ele no batismo ... ressuscitastes pela fé*: veja o comentário sobre Rm 6,3-6. Enquanto em Rm 6,5 as pessoas que morreram com Cristo no batismo serão unidas com ele na ressurreição futura, em Cl esta ressurreição já aconteceu. **13.** *Vós*: a mudança para a segunda pessoa do plural dirige a proclamação cristológica aos membros da comunidade, descrevendo o resultado da união com Cristo, o perdão dos pecados (1,14; cf. At 2,38, onde o perdão dos pecados é ligado com o batismo; veja também Mt 6,9-15 e paralelos). **14.** *apagou ... o título de dívida que existia contra nós*: o sujeito é Deus, que realizou a união com Cristo. *Cheirographon*, "nota manuscrita", não aparece em nenhum outro lugar do NT. Ela introduz a imagem do devedor e do credor, usada frequentemente no AT e no NT para descrever a relação entre Deus e os seres humanos. Esta talvez seja uma formulação tradicional (Lohse), e a expressão "que existia contra nós" pode ser uma interrupção redacional com a finalidade de focar o sentido da fórmula na situação específica dos colossenses. As regras, as exigências da filosofia, serão atacados nos vv. 16 e 20. As vigorosas imagens da vitória neste versículo – despojar os principados e autoridades, fazendo deles um espetáculo público e levando-os em cortejo triunfal – lembram a imagem bélica do perigo com a qual esta seção começou (v. 8), o perigo de que a filosofia os capturasse e levasse como um despojo.

21 (B) A tradição humana (2,16-23). Novamente a partícula *oun*, "portanto", marca a transição para uma nova seção. **17.** *sombras das coisas que haviam de vir, mas a realidade é o corpo de Cristo*: o critério para o julgamento no v. 16, a observância de regras, é uma sombra daquilo que está por vir, o critério último para o julgamento, a saber, a pertença ao corpo de Cristo (cf. 1Cor 13,10). Estas ideias se intensificam até o v. 19, no qual os adversários são acusados de não se aterem à cabeça. (O uso explicativo da partícula *de* tem paralelos em Rm 3,22; 9,30; Fl 2,8). A segunda parte deste versículo é geralmente traduzida como "mas a substância (*sōma*) pertence a Cristo". O versículo é interpretado como um exemplo da contraposição sombra/substância bem atestada em escritos filosóficos helenísticos. Pode haver uma alusão a essa contraposição aqui, mas já que o corpo de Cristo é um tema importante nesta carta, o significado primordial do versículo deveria ser buscado no desenvolvimento deste tema (Lähnemann, *Kolosserbrief* 135-37). Esta é, portanto, uma afirmação escatológica vigorosa sobre a comunidade que é refinada em 2,19, que fala do desenvolvimento do corpo, e em 3,4, onde é se diz que os crentes aparecerão com Cristo na glória (cf. Rm 5,14). **18.** *ninguém vos prive do prêmio, com engodo de humildade, de culto aos anjos*: em 3,12, "humildade" é uma das virtudes cristãs, mas aqui ela tem algo a ver com as práticas inaceitáveis da filosofia. Lohse a traduz como "disposição para servir", sugerindo que se trata de uma atitude cultual. Ela também poderia significar jejum ou algum tipo de humilhação própria. A humildade era uma das práticas exigidas dos essênios (1QS 2:24; 3:8; 4:3; 5:3,25; N. Kehl, *ZKT* 91 [1969] 364-94). *culto dos anjos*: a questão levantada pelo genitivo "dos anjos" é se os anjos são o objeto do culto ou se os adversários veem a si mesmos como estando unidos aos anjos no culto à deidade. A maioria dos estudiosos o entende como genitivo objetivo e o vincula à proeminência dos seres celestiais no ensinamento errôneo – os espíritos elementares, os principados e autoridades. Isso sugeriria que os adeptos da filosofia cultuavam esses seres. A expressão é entendida aqui como genitivo subjetivo que se refere à união com os anjos no culto (veja F. O. Francis, "Humility and Angelic Worship in Col 2,18", *Conflict at Colossae* [→ 8 *acima*] 163-95). Há indícios em Qumran de uma crença em hierarquias de anjos na adoração a Deus (veja C. Newsom, *Songs of the Sabbath Sacrifice* (HSS 27; Atlanta, 1985). Este versículo denuncia que os adversários estavam praticando certas disciplinas a fim de obter acesso ao céu para se juntar ao culto angélico (F. O. Francis, *LTQ* 2 [1967] 71-81; C. Rowland, *JSNT* 19 [1983] 73-83). **20-23**. As restrições da filosofia são contrapostas à liberdade dos crentes, que foram libertados da tradição humana de regras morrendo com Cristo no batismo.

22 (C) Aplicação e transição (3,1-4). O início de uma nova seção é assinalado novamente pela partícula *oun*. Estes versículos resumem o ensinamento da seção precedente como fundamento para as detalhadas instruções éticas que seguem. **1.** *sentado à direita de Deus*: esta afirmação em forma de credo, baseada no Sl 110,1, era usada na protoigreja para mostrar que as promessas messiânicas tinham sido cumpridas em Cristo. **3-4.** Embora a ressurreição já tenha acontecido, ainda não estão presentes todas as condições do final dos tempos. Há ainda uma defasagem entre o que existe na terra e o que existe no céu, e a consumação do corpo de Cristo está oculta "com Cristo em Deus", mas, por fim, Cristo e os crentes aparecerão em glória.

23 (V) A vida no corpo de Cristo, na prática (3,5-4,6). A seção hortatória é uma seção- padrão nas cartas do NT (→ Epístolas do NT, 45:8C). Este trecho consiste de duas listas de vícios, uma lista de virtudes e um catálogo de normas domésticas; todos são, em sua maior parte, material da tradição. Listas de vícios e virtudes eram comuns nos escritos filosóficos helenísticos, e listas semelhantes também ocorrem nos manuscritos do Mar Morto, *p.ex.*, 1QS 4:3-5;

CD 4:17-19. Há uma série de exemplos no NT: vícios, Rm 1,24.26.29-31; 13,13; 1Cor 5,10.11; 6,9.10; Ef 4,31; 5,3-5; 1Pd 4,3.4; virtudes, Mt 5,3-11; 2Cor 6,6.7; Ef 6,14-17; Fl 4,8. No NT, essas listas são gerais e não têm a intenção de oferecer instruções que sejam específicas ao contexto em que ocorrem.

24 (A) Vícios (3,5-10). Em Cl, as listas de vícios (vv. 5.8) estão situadas em um contexto escatológico (v. 6), e as imagens batismais que faziam parte da instrução na carta são repetidas: "mortificai", "destruí a velha natureza", "fazei surgir a nova natureza". A primeira lista (v. 5) enumera pecados do corpo e paixões, e a segunda (v. 8) inclui os pecados que surgem no intelecto. É por causa desses pecados – que são parte da velha natureza e não do corpo de Cristo – que sobrevém a ira de Deus.

25 (B) Virtudes (3,11-17). A exortação à virtude começa com a fórmula que W. A. Meeks chama de "fórmula de reunificação batismal" (cf. Gl 3,28; 1Cor 12,13; Gl 6,15; 1Cor 15,28; Ef 1,23; veja Meeks, *HR* 13 [1974] 180-83) e que culmina com a proclamação "Cristo é tudo em todos".

26 (C) Catálogo de normas domésticas (3,18-4,1). Como as listas dos vícios e virtudes, o catálogo de normas domésticas é um tipo genérico de exortação e instrução que se encontra na filosofia helenística popular. Ele foi incorporado em várias passagens do NT (Ef 5,22-6,9; 1Pd 2,13-3,7; Tt 2,1-10; 1Tm 2,8-15; 6,1-2; veja também *1Clem*. 21,6-9; →Teologia paulina, 82:145) e recebeu uma perspectiva ética cristã. O catálogo reflete os costumes sociais da época e não se destina especificamente à situação dos colossenses. Os destinatários da exortação são três pares: esposas e maridos, filhos e pais, e escravos e senhores. Em cada par, o membro subordinado é admoestado a "se sujeitar", e depois se atribui responsabilidade ao outro membro do par. Todos esses costumes devem ser colocados em prática "como convém no Senhor" (3,18), "pois isso é agradável ao Senhor" (3,20), "no temor do Senhor" (3,22), "a quem servis" (3,24). W. A. Meeks vê a inclusão desses códigos de conduta nos escritos tardios do NT como prova de que a parênese deuteropaulina estava preocupada com a estrutura dos grupos cristãos numa sociedade ordeira e com o lar como a célula básica da missão paulina (*The First Urban Christians* [New Haven, 1983] 76-77, 106), em Port.: *Os primeiros cristãos urbanos*, Editora Academia Cristã/Paulus, 2011.

(BALCH, D., *Let Wives Be Submissive* [SBLMS 26; Chico, 1981]. CROUCH, J. E., *The Origin and Intention of the Colossian Haustafel* [FRLANT 109; Göttingen, 1972]. MÜLLER, K., "Die Haustafel des Kolosserbriefes und das antike Frauenthema", *Die Frau im Urchristentum* [Freiburg, 1983] 263-65. VERNER, D. C., *The Household of God* [SBLDS 71; Chico, 1983].)

27 (D) Aplicação e transição (4,2-6). A exortação final conclama à oração e à vigilância. Na transição às mensagens finais, o autor de Cl, adotando a identidade de Paulo, pede orações, faz novamente referência a seu ministério de proclamação do mistério de Cristo e menciona seu aprisionamento (4,3).

28 (VI) Mensagens e conclusão (4,7-18). 7-9. Tíquico e Onésimo são enviados a Colossas para levar notícias e incentivar a comunidade. **10-14.** Enviam-se saudações de Aristarco, Marcos, primo de Barnabé, Jesus, chamado Justo, Epafras, Lucas, o médico amado, e Demas. **15-16.** Também se enviam saudações a Laodiceia com a instrução de que as duas igrejas troquem cartas. **17.** Uma mensagem específica é enviada a Arquipo. **18.** O autor deuteropaulino conclui com uma nota final de autenticidade (cf. Gl 6,11; 2Ts 2,2; 1Cor 16,21; → Epístolas do NT, 45:8D). As semelhanças existentes entre as mensagens que constam aqui e no final de Fm sugerem que o autor de Cl talvez tenha imitado a essa carta autêntica neste trecho final.

55
Carta aos Efésios

Paul J. Kobelski

BIBLIOGRAFIA

1 ALLAN, J. A., *The Epistle to the Ephesians* (London, 1959). BARTH, M., *The Epistle to the Ephesians* (2 vols.; AB 34, 34A; GC, 1974). BEARE, F. W. e T. O. WEDEL, "The Epistle to the Ephesians", *IB* 10 (1953) 595-749. BENOIT, P., *Les épîtres de saint Paul aux Philippiens, à Philémon, aux Colossiens, aux Éphésiens* (SBJ; 3ª ed.; Paris, 1959). BRUCE, F. F., *The Epistles to the Colossians, to Philemon, and to the Ephesians* (NICNT; Grand Rapids, 1984). CAIRD, G. B., *Paul's Letters from Prison* (NClarB; Oxford, 1976). CONZELMANN, H., *Der Brief an die Epheser* (NTD 8; 9ª ed.; Göttingen, 1962). DIBELIUS, M., *An die Kolosser, Epheser; an Philemon* (HNT 12; 3ª ed.; rev. H. GREEVEN; Tübingen, 1953) 54-100. FOULKES, F., *The Epistle of Paul to the Ephesians* (TynNTC; Grand Rapids, 1963. Edição brasileira Vida Nova. GNILKA, J., *Der Epheserbrief* (HTKNT 10/2; 3ª ed.; Freiburg, 1982). GOODSPEED, E. J., *The Key to Ephesians* (Chicago, 1956); *The Meaning of Ephesians* (Chicago, 1953). HOULDEN, J. L., *Paul's Letters from Prison* (PC; Philadelphia, 1978). KÄSEMANN, E., "Epheserbrief", *RGG* 2. 517-20. KIRBY, J. C., *Ephesians: Baptism and Pentecost* (Montreal, 1968). MITTON, C. L., *Ephesians* (NCB; Greenwood, 1976); *The Epistle to the Ephesians* (London, 1951). PERCY, E., *Die Probleme der Kolosser- und Epheser-briefe* (Lund, 1946). SCHLIER, H., *Der Brief an die Epheser* (6ª ed.; Düsseldorf, 1968). SCHNACKENBURG, R., *Der Brief an die Epheser* (EKKNT; Neukirchen, 1982). SWAIN, L., *Ephesians* (NTM 13; Wilmington, 1980). ZERWICK, M., *The Epistle to the Ephesians* (NTSR; New York, 1969).

DBSup 7. 195-211. *IDBSup* 268-69. KÜMMEL, *INT* 350-66. WIK-SCHM, *ENT* 479-96.

INTRODUÇÃO

2 (I) Destinatário. A partir do final do séc. II, a tradição cristã identificou esta carta como sendo "Aos efésios" (Cânone Muratoriano, Irineu, Clemente de Alexandria). Embora o sobrescrito "Aos efésios" esteja presente em todos os manuscritos do NT, a expressão "em Éfeso" está ausente de 1,1 no P^{46} (o mais antigo texto de Efésios), dos originais dos importantes códices Vaticano e Sinaítico do séc. IV e dos minúsculos 424 (corrigido) e 1.739.

Citações patrísticas antigas de Ef indicam o conhecimento da ausência de "em Éfeso" em 1,1 (Marcião, Tertuliano, Orígenes), e Basílio (*Adv. Eunom.* 2.19) afirmou que as palavras não estavam presentes nos textos conhecidos por ele. Marcião (de acordo com Tertuliano, *Adv. Marc.* 5.11.16) entendeu que a carta fora endereçada aos laodicenses (veja Cl 4,16).

A melhor explicação da ausência de "em Éfeso" é a suposição de que Ef seja uma carta encíclica ou circular, destinada a várias igrejas na província romana da Ásia. Esta teoria foi proposta pela primeira vez pelo arcebispo J. Ussher no séc. XVII. A proposta adicional de Ussher de que um espaço em branco foi deixado intencionalmente em 1,1 para ser preenchido pela comunidade que estivesse usando a carta não foi amplamente aceita por causa da falta de paralelos deste fenômeno em outros lugares no mundo antigo. A introdução de "em Éfeso" em 1,1 e o sobrescrito posterior "Aos efésios" podem ser atribuídos à importância de Éfeso entre as igrejas para as quais a carta foi enviada, ou pelo acréscimo de "em Éfeso" em uma cópia do original usada em Éfeso, ou pela associação de Ef 6,21-22 com a nota em 2Tm 4,12 de que "enviei Tíquico a Éfeso".

3 (II) Autenticidade. De modo geral desde o séc. II até o séc. XVIII, a atribuição de Ef ao apóstolo Paulo não foi questionada. No final do séc. XVIII, a autoria paulina começou a ser contestada. Entre os estudiosos modernos que defendem a autoria de Paulo estão Barth, Benoit, Bruce, Caird, Dahl (*STK* 21 [1945] 85-103; *TZ* 7 [1951] 241-64), Foulkes, Percy, Rendtorff, Schlier e Zerwick. Alguns defensores da autenticidade modificam sua posição sustentando que um núcleo paulino da carta foi expandido ou alterado por um discípulo, um escriba ou um interpolador (Benoit; L. Cerfaux, in *Littérature et théologie pauliniennes* [ed. A. Descamps; RechBib 5; Bruges, 1960] 60-71; M. Goguel, *RHPR* 111 [1935] 254-85; 112 [1936] 73-99; A. van Roon, *The Authenticity of Ephesians* [NovTSup 39; Leiden, 1974] 205-6; Swain). Entre os que sustentam a pseudonimidade estão Allan, Beare, Conzelmann, Dahl *(IDBSup)*, Dibelius, Gnilka, Goodspeed, Käsemann, Kirby, Mitton e Schnackenburg (→ Epístolas do NT, 45:12, 15, 19-20). O questionamento da autoria paulina se baseia no conteúdo, no vocabulário e estilo, nas diferenças teológicas em relação às cartas paulinas incontestes, na dependência literária do *corpus* paulino e na dependência literária em relação a Cl.

4 (A) Conteúdo. Que Paulo seja mencionado como o escritor da carta (1,1; 3,1) e que haja referências a suas experiências pessoais deve ser visto à luz do que conhecemos acerca da pseudonimidade na Antiguidade (veja K. Aland, *JTS* 12 [1961] 39-49; B. M. Metzger, *JBL* 91 [1972] 3-24; veja também Gnilka, *Epheserbrief* 20-21 e 20 n. 3). Além disso, há afirmações na carta como "ao ouvir a respeito da vossa fé" (1,15) e "sabeis da dispensação da graça de Deus que me foi dada" (3,2), que sugerem um público que não tinha familiaridade direta com a pregação de Paulo (veja também 3,5; 4,21).

5 (B) Vocabulário e estilo. A frequência de *hapax legomena* [termos que ocorrem uma única vez] em Ef não é incomum quando comparada com sua frequência nas cartas paulinas incontestes que tenham uma extensão comparável (P. N. Harrison, *The Problem of the Pastoral Epistles* [London, 1964] 20-48). Mais significativos são termos como *ta epourania*, "nos céus" ou "lugares celestiais" (1,3.20; 2,6; 3,10; 6,12), ao lado do termo mais usualmente paulino como *hoi ouranoi*, "céus"; *diabolos*, "diabo" (4,27; 6,11), no lugar do paulino *satanas*; palavras que ocorrem nos escritos tardios do NT e nos primeiros padres da igreja (*p.ex.*, *asōtia*, *hosiotēs*, *politeia*; veja Schnackenburg, *Der Brief* 22 e n.19; Kümmel, *INT* 358); e palavras como *mystērion*, *oikonomia* e *plērōma* que aparecem com significados diferentes dos das cartas indiscutivelmente paulinas.

A carta é marcada por períodos longos e complexos (1,3-4.15-23; 2,1-7; 3,1-9; 4,1-6; 5,7-13), pela abundância de orações adjetivas entrelaçadas e construções participiais (*p.ex.*, 1,3-14; 2,1-7), e pela junção de sinônimos com o caso genitivo (*p.ex.*, *eudokian tou thelēmatos autou* [1,5]; *en tō kratei tēs ischyos autou* [6,10]). Muitas dessas características de vocabulário e estilo têm paralelos em casos isolados nos escritos paulinos incontestes (Percy, *Probleme* 19-35), mas nenhuma das cartas incontestes é marcada por tantas destas características verbais e estilísticas.

6 (C) Diferenças teológicas.
(a) *A igreja*. Em Ef, a igreja é vista como um fenômeno universal, cósmico em ex-

tensão e influência, corporificando toda a criação (1,21-23; 3,9-11), enquanto nas cartas paulinas incontestes predomina a visão da igreja como comunidade local (veja 1Cor 1,2; Gl 1,2; Fm 2; mas veja 1Cor 12,28; 15,9; Gl 1,13 para uma compreensão mais ampla da igreja). Em Ef, a igreja é "edificada sobre o fundamento dos apóstolos e profetas" – uma postura que exigiria mais distância da primeira geração de líderes da igreja do que é possível para Paulo; em 1Cor 3,11, Cristo é identificado como o único fundamento da igreja. A compreensão, em Ef, de Cristo como a cabeça da igreja, que é seu corpo (1,22-23; 5,23), é um desenvolvimento significativo que vai além da imagem dos membros variegados que compõem o corpo de Cristo em 1Cor 12,31; Rm 12,4-8.

7 (b) *Os gentios*. A polêmica sobre a admissão dos gentios na comunidade cristã não interessa ao autor de Ef. Ele não considera a conversão dos gentios um meio de provocar ciúme em Israel de modo que, um dia, todo o Israel fosse restaurado à sua posição legítima(Rm 11; → Teologia paulina, 82:43). No lugar desta esperança em uma restauração futura de Israel, em Ef se encontram os judeus e os gentios juntos, reconciliados "ambos com Deus em um só corpo, por meio da cruz" (2,16), tornando-se "um só ser humano novo" (2,15), porque agora foi "derrubado o muro da separação" (2,14).

8 (c) *Escatologia*. Em Ef, não há referências explícitas à espera da parúsia nem ao fim iminente do mundo. A ênfase recai sobre a participação presente na ressurreição de Cristo por cristãos que foram "vivificados", "ressuscitados" e que agora estão "assentados nos lugares celestiais com Cristo Jesus" (2,5-6), e para os quais se vislumbra um longo futuro na igreja (2,7; 3,21). Nas cartas paulinas incontestes, diz-se que os cristãos compartilham da morte de Cristo, porém sua participação na ressurreição é ainda uma esperança não cumprida (Rm 6,5; Fl 3,10-11; → Teologia paulina, 82:46-47, 58-60).

9 (d) *Casamento*. A imagem da igreja como noiva de Cristo e a concepção elevada do casamento em Ef 5,22-31 estão em contraste com a apresentação do casamento em 1Cor 7,8-9.25-40.

10 **(D) Relação com Colossenses.** Semelhanças verbais e estruturais são evidentes no endereçamento (Ef 1,1-2; Cl 1,1-2), na ação de graças (Ef 1,15-17; Cl 1,3-4.9-10) e na conclusão (Ef 6,21-22; Cl 4,7-8). Certos elementos doutrinários e parenéticos de Ef são desenvolvidos em dependência do pensamento de Cl: a ressurreição com Cristo (Ef 2,5-6; Cl 2,12-13); o despir-se da velha natureza e o revestir-se da nova (Ef 4,17-24; Cl 3,5-15); o culto repleto do Espírito (Ef 5,17-20; Cl 3,16-17); os catálogos de normas domésticas (Ef 5,22-25; 6,1-9; Cl 3,18-4,1); a necessidade de oração incessante (Ef 6,18; Cl 4,2); e o pedido de oração pelo pregador (Ef 6,19; Cl 4,3). Muitas das semelhanças verbais ocorrem em seções de Ef que não têm paralelo temático em Cl (*p.ex.*, na bênção [*hagious kai amōmous*: Ef 1,4; Cl 1,22]; no trecho sobre a reconciliação de judeus e gentios em Cristo [o uso de *apallotrioō* em Ef 2,12 e Cl 1,21 e de *apokatallassō* em Ef 2,16 e Cl 1,20.22]).

Contudo, a relação verbal não consegue esconder diferenças de perspectiva entre as duas cartas. O foco doutrinal de Ef é a eclesiologia e não a cristologia como em Cl. Esta diferença pode ser detectada não apenas nas ricas imagens usadas para descrever a igreja, mas também na forma distintiva pela qual termos que têm significado cristológico em Cl, como por exemplo *mystērion* e *plērōma*, são aplicados à igreja em Ef. Da mesma forma, na parênese de Ef a ênfase passa da exortação a uma conduta "celestial" (oposta a uma conduta "terrena") para uma conduta que se distingue daquela do mundo pagão (Ef 4,17-19; 5,7-8; cf. Cl 3,1-2.5; veja Schnackenburg, *Der Brief* 28). O autor de Ef usou Cl como fonte para sua composição, mas, de modo livre e independente, desenvolveu temas e introduziu ideias que se ajustassem a seus próprios propósitos.

11 (III) Autoria. Estas considerações (→ 4-10 *acima*) apontam para uma composição deuteropaulina desta carta. A sugestão de que as muitas diferenças no estilo e na teologia refletem o desenvolvimento do pensamento de Paulo em seus anos tardios levanta problemas: ela não explica o tempo durante o qual tal evolução poderia ter acontecido, e não leva em conta a impressão de que a carta olha para trás, para uma geração anterior e reverenciada de apóstolos (entre os quais estava Paulo) e profetas que lançaram os fundamentos para a família de Deus do período pós-paulino (2,20; 3,2-11; 4,11-14).

O autor deuteropaulino de Ef estava inteiramente instruído na literatura paulina. Há reminiscências claras do pensamento paulino ao longo de Ef (cf. Ef 2,8 e Rm 3,24; Ef 2,17-18; 3,11-12 e Rm 5,1-2; Ef 4,28 e 1Cor 4,12; Ef 3,14; 4,5 e 1Cor 8,5-6; veja Mitton, *The Epistle* 120-33). Assim como o autor de Cl, o autor de Ef talvez tenha pertencido a uma escola paulina (em Éfeso?) que estava imbuída do pensamento de Paulo e familiarizada com as tradições litúrgicas, parenéticas e catequéticas que tinham se desenvolvido nas áreas da missão paulina no período pós-paulino.

12 (IV) Interpretação da carta. H. Schlier e E. Käsemann abriram o debate moderno sobre a interpretação gnóstica de Ef. Eles viam a linguagem da carta como um reflexo de um mito gnóstico pré-cristão a respeito do homem celestial que desce à terra para redimir a si mesmo e seus membros. O problema com as várias formas da teoria gnóstica é a dificuldade de mostrar que esse pensamento gnóstico desenvolvido, particularmente o mito do redentor, já existia antes do séc. II. (Veja H. Schlier, *Christus und die Kirche im Epheserbrief* [Tübingen, 1930; embora suas concepções anteriores são modificadas em *Der Brief* 19-20, especialmente 19 nota 1, onde ele altera sua compreensão dos elementos gnósticos mencionando o dualismo de Qumran]; E. Käsemann, *Leib und Leib Christi* [BHT 9; Tübingen 1933]; A. Lindemann, *Die Aufhebung der Zeit* [Gütersloh, 1975]).

Efésios também tem sido interpretada como um documento representativo do protocatolicismo. E. Käsemann, em particular, patrocinou uma concepção negativa do protocatolicismo – a de que Ef, juntamente com outros escritos, como Lucas-Atos, as Pastorais, Judas e 2 Pedro, representa uma regressão na teologia da igreja neotestamentária caracterizada por uma igreja abstrata e universal, que é objeto de sua própria teologia; pelo desaparecimento da expectativa de um fim iminente; por uma ênfase na estrutura e autoridade da igreja em detrimento do entusiasmo e do carisma; e por uma ênfase na ortodoxia e no sacramentalismo. Avaliações mais positivas do protocatolicismo de Ef se encontram em H. Merklein, *Christus und die Kirche* (Stuttgart, 1973); J. H. Elliott, *CBQ* 31 (1969) 213-23, e J. Gager, *Kingdom and Community* (EC, 1975) 66-92.

(HARRINGTON, D. J., "Ernst Käsemann on the Church in the New Testament", *Light of All Nations* [GNS 3; Wilmington, 1982]; "The 'Early Catholic' Writings of the New Testament", *ibid.* 61-78. KÄSEMANN, E., "Paul and Early Catholicism", *NTQT* 236-51; "Ephesians and Acts", *StLA* 288-97.)

O estudo recente de Ef tem enfatizado suas conexões com o mundo do judaísmo helenístico e, em particular, seu contato estreito com um tipo de judaísmo representado pelos manuscritos do Mar Morto. Ideias como a cosmovisão de Ef, o homem cósmico, a especulação sobre o *logos* e o matrimônio sagrado podem também estar relacionadas com a especulação filosófica representada por Filo de Alexandria (veja, *p.ex.*, Gnilka, *Epheserbrief* 38-45, 63-66, 122-28, 290-94; veja também C. Colpe, "Zur Leib-Christi-Vorstellung im Epheserbrief", *Judentum – Urchristentun – Kirche* [Festschrift J. Jeremias; ed. W. Eltester; 2ª ed.; Berlin, 1964]; H. HEGERMANN, *Die Vorstellung vom Schöpfungsmittler im hellenistischen Judentum und Urchristentum* [TU 82; Berlin,

1961]). De forma semelhante, observou-se a contribuição que a literatura de Qumran [LQ] dá para esclarecer a linguagem de Ef (Gnilka, *Epheserbrief* 123-25, 27-29; K. G. Kuhn, "The Epistle to the Ephesians in the Light of the Qumran Texts", *Paul and Qumran* [ed. J. Murphy-O'Connor; Chicago. 1968] 115-31; F. Mussner, "Contributions Made by Qumran to the Understanding of the Epistle to the Ephesians", *Paul and Qumran* 159-78). Em anos recentes também se deu atenção maior à diversidade de tradições litúrgicas e catequéticas usadas pelo autor de Ef. O reconhecimento desta diversidade de tradições – paulinas, colossenses, do AT, judaicas, litúrgicas, catequéticas – levou E. Käsemann a fazer a seguinte descrição de Ef: esta carta é "um mosaico composto de amplos e também minúsculos elementos da tradição, e a destreza do autor reside, principalmente, na seleção e organização do material" ("Ephesians and Acts" 288; veja também M. Barth, *NTS* 30 [1984] 3-25; A. T. Lincoln, *JSNT* 14 [1982] 16-57).

13 (V) Data e finalidade. O uso de cartas paulinas autênticas e de Cl feito pelo autor sugere uma data tardia no séc. I (80-100 d.C.), após a junção dos escritos paulinos em um *corpus*.

Embora Ef possua os elementos estruturais de uma carta (→ Epístolas do NT, 45:6, 8), ela é um discurso teológico dirigido a várias igrejas (provavelmente na Ásia Menor, dado seu relacionamento com Cl). O discurso recorda a seus leitores, em termos familiares a eles a partir das tradições catequéticas e litúrgicas, a exaltação de Cristo e da igreja sobre todos os poderes celestiais e terrenos e a reconciliação de judeus e gentios na igreja sob a liderança de Cristo, e os incentiva a celebrar sua unidade através de uma conduta apropriada.

14 (VI) Esboço. A primeira parte da carta (1,3-3,21) é estruturada como uma extensa oração de intercessão com um padrão que pode ser detectado na literatura devocional judaica e protocristã: bênção – ação de graças – oração de intercessão – doxologia conclusiva (GNILKA, *Epheserbrief* 26-27; DAHL, *IDBSup* 268-69). A segunda parte (4,1-6,20) exorta os cristãos a se comportarem de forma condizente com seu *status* exaltado como filhos da luz e membros da igreja – que é a família de Deus e noiva de Cristo.

(I) Introdução: destinatários e saudações (1,1-2)
(II) Primeira parte: o plano de Deus revelado e cumprido (1,3-3,21)
   (A) Benção (1,3-14)
   (B) Ação de graças e oração de intercessão (1,15-23)
   (C) Outrora mortos, agora vivos com Cristo (2,1-10)
   (D) A união de judeus e gentios (2,11-22)
   (E) Paulo como intérprete do mistério revelado (3,1-13)
   (F) Oração (3,14-19)
   (G) Doxologia conclusiva (3,20-21)
(III) Segunda parte: exortações a uma conduta digna (4,1-6,20)
   (A) Unidade e diversidade na igreja (4,1-16)
   (B) Conduta cristã e não cristã (4,17-5,20)
   (C) Código de conduta para a família de Deus (5,21-6,9)
   (D) A vida cristã como guerra contra o mal (6,10-20)
(IV) Conclusão: notícias pessoais e bênção (6,21-24)

COMENTÁRIO

15 (I) Introdução: destinatários e saudações (1,1-2). A identificação do remetente como Paulo nesta carta pseudônima medeia sua autoridade e presença a uma geração pós-paulina. Os destinatários e a saudação seguem o padrão usual (→ Epístolas do NT, 45:6, 8A). **1.** *aos santos e fiéis*: o autor designa os leitores tanto como "santos" (uma designação usada ao longo de toda esta carta [1,4.15.18; 2,19; 3,8.18; 4,12; 5,3; 6,18] e nas cartas paulinas [*p.ex.*, Rm 1,7; 1Cor 1,2; 6,2) quanto como fiéis (cf. 1,15). Sua identificação como santos não apenas faz deles membros do povo santo de Deus, mas também sugere sua participação na assembleia celestial – um tema que será desenvolvido posteriormente em Ef (veja o comentário sobre 1,18). Importantes manuscritos apoiam a omissão de *en Ephesō* ibid., que deixa a construção esquisita (→ 2 *acima*), mas mesmo sua presença após *tois hagiois* não seria usual porque a expressão seguinte *kai pistois* pareceria, então, identificar um grupo diferente dos "santos". A proposta de que um espaço em branco foi deixado após *tois hagiois*, o qual seria então preenchido com o nome da comunidade que usava a carta, não resolve o problema sintático.

(BEST, E., "Ephesians 1.1 Again", *Paul and Paulinism* [Festschrift C. K. BARRETT; ed. M. D. HOOKER e S. G. WILSON; London, 1982] 273-79. DAHL, N., "Adresse und Proömium", *TZ* 7 [1951] 241-64. LINDEMANN, A., "Bemerkungen zu den Adressaten und zum Anlass des Epheserbriefes", *ZNW* 67 [1976] 235-51.)

16 (II) Primeira parte: o plano de Deus revelado e cumprido (1,3-3,21).

(A) Benção (1,3-14). Uma grande bendição (cf. 1Cor 1,3-7; → Epístolas do NT, 45:8B) precede a ação de graças. A benção é de composição do autor e reflete expressões de Cl, bem como anuncia os temas que serão desenvolvidos na primeira parte de Ef (P. T. O'Brien, *NTS* 25 [1978-79] 504-16). Tentativas de distinguir na benção uma disposição estrófica formal não foram satisfatórias (Dibelius, Schille). Uma área de investigação mais produtiva tem sido a comparação da benção com os *Hôdāyôt* de Qumran, mostrando semelhanças de linguagem, conteúdo e estrutura (J. T. Sanders, *ZNW* 56 [1965] 215-32, especialmente 227-228). **3.** *Bendito seja*: a benção começa com uma conhecida fórmula do AT e comum em orações judaicas e protocristãs (cf. Tb 13,1; 1QH 7:20; 10:14; 1Pd 1,3). *com toda a sorte de bênçãos espirituais*: cf. 1QSb 1:5. *em Cristo*: esta importante expressão ocorre frequentemente ao longo da carta (de várias formas – *en autō, en hō*) em contextos referentes à unidade entre judeus e gentios (*p.ex.*, 2,15; 3,11). J. Allan (*NTS* 5 [1958-59] 54-62) sustentou que *en christō* deveria ser entendido em Ef instrumentalmente, e não em seu sentido tipicamente paulino de incorporação em Cristo (→ Teologia paulina, 82:121). *nos céus*: o grego *en tois epouraniois* também pode ser traduzido por "entre os seres celestiais", e seu significado espacial em outras passagens de Ef (1,20; 2,6; 3,10; 6,12) sugere que, também aqui, o termo indica localização. É uma expressão muito característica de Ef que introduz o tema da união dos mundos celestial e terreno. **4.** *nos escolheu*: a conjunção comparativa *kathōs* é usada num sentido causal (BDF 453.2) no início da enumeração das razões para se bendizer a Deus. O tema do povo eleito de Deus é tomado do AT (*p.ex.*, Dt 14,2; → Pensamento do AT, 77:81) e desenvolvido amplamente no judaísmo pré-cristão (1QH 13:10; 15:23; 1QS 1:4; 11:7; 1QSb 1:2; 1QM 10:9). *santos e irrepreensíveis*: cf. Cl 1,22. A mesma expressão é usada em 5,27 para descrever a noiva imaculada de Cristo, a igreja, purificada no batismo. Os termos em Ef designam as qualidades morais da santidade e da pureza exigidas dos eleitos de Deus. Na comunidade de Qumran, exigia-se pureza física "por causa da presença dos anjos na congregação" (1QSa 2:8-9). Este pensamento está relacionado com o de Ef, que também enfatiza o envolvimento da igreja com o âmbito celestial (2,6; 3,10). **5.** *(no amor) ele nos predestinou*: a expressão *en agapē* também pode ser lida junto com "santos e irrepreensíveis diante dele" no final do v. 4. Lida junto com "ele nos predestinou", ela faz referência ao amor de Deus e cria um paralelo formal com "toda sabedoria e inteligência, dando-nos a conhecer" nos vv. 8-9. A ideia de predestinação não é estranha ao pensamento paulino (veja Rm 8,28-29 e comentário) e também se encontra na literatura de Qumran [LQ] (*p.ex.*, 1QH 15,14-17; cf. 1QS 3,15-18 quanto à ideia de que Deus determinou o destino de todas as pessoas através de seu plano inalterável). *seus filhos adotivos*: através de sua associação com Cristo e com a igreja, os cristãos são membros da família de Deus (veja Rm 8,14-17 e comentário). *beneplácito*: cf. CD 3,15. **6.** *no Amado*: a identificação de Cristo com o Amado de Deus evoca a cena do batismo nos evangelhos, na qual a voz do céu identifica Jesus como *ho agapētos* (Mc 1,11 e paralelos). Observe também o uso de *eudokeō* ("me comprazo") na cena batismal e seu cognato *eudokia* no v. 5.

17 **7.** *é pelo sangue deste que temos a redenção*: cf. Cl 1,14.20. A redenção e o perdão são possíveis por causa da morte de Cristo, na qual o cristão é incorporado através do batismo. A menção nos vv. 5-7 de filhos adotivos, Amado, beneplácito, perdão de transgressões e a referência posterior ao selar com o Espírito (1,13) sugere dependência de tradições batismais. As ressonâncias batismais ao longo da carta levaram N. Dahl à hipótese de que o propósito de Ef é lembrar aos novos convertidos as implicações de seu batismo (*TZ* 7 [1951] 241-64). Ele definiu a carta como *anamnēsis* (memória) e *paraklēsis* (exortação) batismais (*Zur Auferbauung des Leibes Christi* [Festschrift P. Brunner; Kassel, 1965] 64). *riqueza de sua graça*: o equivalente hebraico desta expressão ocorre frequentemente na LQ em várias formas (*p.ex.*, 1QS 4,4; 1QH 1,32). **8-9.** *toda sabedoria e inteligência, dando-nos a conhecer*: veja o comentário sobre o v. 5. Sabedoria e inteligência são qualidades divinas que subjazem à revelação do mistério da vontade de Deus. Entretanto, não é impossível interpretá-las com o precedente "ele derramou profusamente sobre nós" como o faz a *NEB*, e compreendê-las como qualidades humanas conferidas pela "riqueza de sua graça". Ef 3,10 apoia a interpretação delas como qualidades divinas, porque liga explicitamente a sabedoria de Deus com a revelação (*gnōristhē*) do mistério à humanidade e aos poderes celestiais (3,9-10). **9.** *o mistério de sua vontade*: o conteúdo do mistério tem um foco eclesiológico em Ef: em 1,10, ele se refere à reunião de todas as coisas em Cristo em favor da igreja (1,22-23); em 3,4-6, refere-se à união dos gentios e judeus na igreja; em 5,32, à interpretação de Gn 2,24 como a união entre Cristo e a igreja. O pano de fundo apropriado para entender *mystērion* em Ef é a crença do judaísmo da Antiguidade tardia de que todas as coisas são reguladas de acordo com os mistérios de Deus (R. E. Brown, *The Semititic Background of the Term "Mystery" in the New Testament* [FBBS 21; Philadelphia, 1967]). O Deus do conhecimento controla todas as coisas, porque o curso inalterável dos acontecimentos foi decretado por ele antes de toda a eternidade (1QS 3-4, especialmente 3,9-10). Não apenas o mundo dos seres humanos (1QH 1,5), mas também os âmbitos angélico (1QM 14,14) e cósmico (1QH 1,11-15) foram determinados por ele. Esses mistérios foram revelados a intérpretes escolhidos (1QH 1,21; 1QpHab 7,4-5; cf. Ef 3,4-6; → Teologia paulina, 82:33-34). **10.** *conforme decisão*: em Cl 1,25, *oikonomia* se refere ao comissionamento de Paulo para pregar a palavra; aqui em Ef, o termo descreve as disposições ou medidas que fazem parte do plano de Deus de reunir todas as coisas em Cristo. Em Cl 1,19; 2,19, *plērōma* designa a totalidade da divindade; aqui em Ef, identifica o tempo no qual os propósitos eternos de Deus são realizados e cumpridos. *encabeçar todas as coisas*: o abarcamento cósmico de Cristo que compreende as realidades celestiais e terrenas é o alvo do plano eterno de Deus. Toda a realidade encontra seu significado e completude em Cristo. **11-14.** O autor descreve a posição ocupada pelos destinatários da carta no plano de Deus; eles são os beneficiários do plano de Deus em Cristo. A seção foi composta usando palavras e expressões de Cl 1,13-14: "herança", "esperança", "palavra da verdade", "evangelho", "vontade", "glória" e "redenção". A contraposição entre "nós" e "vós" presente nestes versículos foi compreendida como referência aos judeus ("nós") e gentios ("vós"). Se fosse assim, a expressão *hēmas ... proēlpikotas en tọ Christọ* no v. 12 deveria ser traduzida por "nós que esperamos antes no Messias [antes que os gentios o fizessem, ou antes da vinda de

Cristo]". Também é possível interpretar o "nós" como referência a todos os cristãos e "vós" como referência aos destinatários da carta. Neste caso, *proēlpikotas* poderá ser traduzido por "nós que depositamos nossa esperança [de cumprimento] em Cristo" (*BAGD* 705). Esta última interpretação de "nós" e "vós" é apoiada pela primeira parte do hino, que usa *hēmeis* para designar todos os cristãos. Além disso, o autor de Ef certamente inclui gentios entre aqueles que foram "predestinados e escolhidos para serem herança".

18   11. *nele predestinados ... fomos feitos sua herança*: veja o comentário sobre 1,5. O verbo *klēroō*, traduzido aqui por "fomos feitos sua herança", evoca a identificação recorrente dos filhos da luz na literatura de Qumran [LQ] como pertencentes à "herança de Deus" (*p.ex.,* 1QS 2,2; 1QM 1,5; cf. Ef 5,8). Há um paralelo próximo em 1QH 3,22-23: "Tu deste uma herança eterna aos seres humanos ... de modo que eles louvem juntos teu nome com alegria". **13.** *tendo ouvido ... crido ... fostes selados*: a sequência de verbos é um reflexo de relatos missionários como os de At 8,12-17; 10,34-48; 19,2. A conexão entre o crer e receber o Espírito Santo e o batismo nestas passagens sustenta as alusões batismais desta parte da benção. A ideia do ser selado com o Espírito Santo, "o penhor de nossa herança", também ocorre em 2Cor 1,22. Como penhor da herança futura, o selo do Espírito Santo torna a salvação uma realidade presente. **14.** *a redenção do povo que ele adquiriu*: é difícil determinar o significado desta expressão. *Apolytrōsis* pode ser usado no sentido de "comprar de volta" o que foi propriedade escravizada e pode ser uma referência à liberdade alcançada pela morte de Cristo sobre os espíritos malignos do universo (veja Ef 2,2-3).

(CAMBIER, J., "La bénédiction d'Éphésiens 1,3-14", *ZNW* 54 [1963] 58-104. COUTTS, J., "Eph. 1,3-14 and 1 Pet. 1,3-12", *NTS* 3 [1956-57] 115-27. DEICHGRÄBER, R., *Gotteshymnus und Christushymnus in der frühen Christenheit* [Göttingen, 1967] 146-52. LYONNET, S., "La bénédiction de Eph 1,3-14 et son arrière-plan judaïque", *À la rencontre de Dieu* [Festschrift A. GELIN; Le Puy, 1961] 341-52. MAURER, C., "Der Hymnus von Eph l als Schlüssel 0zum ganzen Briefe", *EvT* 11 [1951/52] 151-72. SCHILLE, G., *Früchristliche Hymnen* [Berlin, 1965] 65-73.)

19   (B) Ação de graças e oração de intercessão (1,15-23). A ação de graças e o início da oração (vv. 15-16) foram compostos imitando Fm 4-5 (cf. Cl 1,3-4.9-10). O restante da oração recorre livremente ao vocabulário de Cl e à bendição de Ef (cf. Ef 1,18 e Cl 1,12.27; Ef 1,20 e Cl 2,10.12; Ef 1,21 e Cl 1,16; Ef 1,22-23 e Cl 1,18-19.24), mas também incorpora ideias dos Sl 110 e 8 para fazer afirmações distintivas sobre a exaltação de Cristo e a igreja. **18.** *entre os santos*: em Ef, *hagioi* pode designar a congregação terrena (1,1.15) ou a congregação celestial, os anjos (veja P. Benoit, "*Hagioi* en Colossiens 1,12", *Paul and Paulinism* [→ 15 *acima*] 83-101). Aqui o termo designa os anjos com os quais a congregação terrena que foi reunida em Cristo. Este pensamento tem paralelos próximos na LQ (1QSb 3,25-4,26; 1QH 3,21-23). **19.** *a extraordinária grandeza de seu poder*: cf. 1QH 4,32; 1QS 11,19-20. **20-23.** O poder de Deus se revela na ressurreição e ascensão de Cristo e sua exaltação sobre todas as forças angélicas. O autor usa afirmações de credos protocristãos que formularam o evento Cristo partindo dos Sl 110,1 e 8,7 para inculcar em seus leitores a posição gloriosa para a qual foram chamados em Cristo. *acima de qualquer Principado*: veja o comentário sobre Cl 1,15-16. **22.** *e o pôs, acima de tudo, como Cabeça*: o autor anuncia uma metáfora importante que permeará toda a carta: Cristo é a cabeça do corpo, da igreja. Isto é um desdobramento do conceito paulino de muitos membros diversos que formam juntos o corpo de Cristo (1Cor 12,12-17; → Teologia paulina, 82:122-27). A igreja é a beneficiária do plano de Deus que a tudo abarca e, como beneficiária de seu senhorio sobre todas as coisas e sobre todos os poderes angélicos, a igreja, o corpo de Cristo, participa do domínio de sua cabeça. **23.** *seu Corpo: a plenitude daquele que ple-*

nifica tudo em tudo: o particípio *plēroumenou* poderia ser ou passivo ("aquele que é plenificado") ou ativo ("aquele que plenifica"). Ef 4,10 ("a fim de plenificar todas as coisas") apoia a interpretação do particípio como ativo aqui. De qualquer modo é difícil compreender a imagem, que talvez se refira a Cristo como a fonte e o alvo do crescimento do corpo, assim como 4,15-16 o descreve.

(BATES, R., "A Re-examination of Ephesians 1²³", *ExpTim* 83 [1972] 146-51. BENOIT, P., "The *pleroma* in the Epistles to the Colossians and the Ephesians", *SEA* 49 [1984] 136-58. HOWARD, G., "The Head/Body Metaphors of Ephesians", *NTS* 20 [1974] 350-56. DE LA POTTERIE, I., "Le Christ, plérôme de l'église (Ep 1,22-23)", *Bib* 58 [1977] 500-24.)

20 (C) Outrora mortos, agora vivos com Cristo (2,1-10). Este é o grandioso plano de Deus na forma como ele afeta a humanidade (cf. 1QH 11:8-14; 3:19-23; F. Mussner, "Contributions Made by Qumran" [→ 12 *acima*] 174-76). Como em 1,11-14, há um problema aqui na interpretação de "nós" e "vós". Embora o "nós" possa se referir aos judeus cristãos e o "vós" aos gentílicos, não há uma alusão clara à distinção entre judeus e gentios antes de 2,11-22. Todos os usos não ambíguos de "nós" nesta carta se referem a todos os cristãos" (2,14; 3,20; e frequentemente nos caps. 4 a 6), e "nós" deveria ser entendido aqui neste mesmo sentido. O autor usa "vós" quando se dirige diretamente aos destinatários da carta. Em linguagem que lembra Ef 2,1-3, a literatura de Qumran fala de um período de tempo no qual seria permitido ao espírito das trevas exercer autoridade sobre a humanidade (1QS 3,20-23; 11QMelch 2,4-6) até que o mal seja destruído e triunfe a justiça (1QS 4,18-23; 1QM 13,14-16; 17,5-9). Sobre este pano de fundo, o autor de Ef descreve a condição pecaminosa da humanidade que anda sob o poder do mal. **1.** *mortos em vossos delitos*: veja Rm 12,21 e o comentário. **2.** *o eon deste mundo*: a justaposição do príncipe do poder do ar com a "índole deste mundo (*aeon*)" sugere que *aiōna* seja um poder maligno (BAGD 28; cf. 2Cor 4,4). *o espírito que agora opera*: cf. 1QS 3,20-25. **3.** *desejos de nossa carne:* → Teologia paulina, 82:103. *filhos da ira*: cf. 1QH 3,27-28. **5-6.** *nos vivificou*: o que foi dito a respeito de Cristo em 1,20 é agora atribuído a todos os cristãos: eles foram ressuscitados e entronizados com ele nas alturas celestiais. Sua solidariedade com ele e com sua exaltação é indicada pelos verbos gregos usados em 1,20 que agora são compostos com a preposição *syn*, "juntamente com" (→ Teologia paulina, 82:120). **8-10.** Com dependência do vocabulário paulino ("graça", "fé", "obras", "gloriar-se"; veja A. T. Lincoln, *CBQ* 45 [1983] 617-30), mas com uma mudança de ênfase em relação à descrição paulina da justificação pela fé sem as obras da lei, Ef fala da salvação como resultado do dom de Deus somente (→ Teologia paulina, 82:71). A dicotomia não é mais aquela entre fé e obras (Rm 3,28), mas entre graça de Deus e boas ações humanas.

21 (D) A união de judeus e gentios (2,11-22). Os gentios e judeus agora formam uma nova humanidade, criada em Cristo e reconciliada entre si e com Deus (vv. 13-18). **11.** *circuncidados*: a circuncisão, uma característica reconhecida do judaísmo no mundo helenístico, é o símbolo da distinção entre judeus e gentios. **12.** *excluídos da cidadania em Israel*: o autor usa a imagem política da cidadania para descrever a exclusão dos gentios do povo de Deus. Alienados do Deus de Israel, os gentios não tinham acesso à aliança, que prometia a salvação (veja Rm 9,4-5; → Pensamento do AT, 77:81; → Teologia paulina, 82:43). **13.** *longe ... perto:* Imagens espaciais (veja Is 57,19 e Zc 6,15) descrevem a antiga condição dos gentios e a nova situação resultante da morte de Cristo. Nos escritos paulinos (Rm 5,10-11; 2Cor 5,18-20), a reconciliação alcançada através da morte de Cristo trouxe paz e união com Deus (→ Teologia paulina, 82:72). Em Ef, essa compreensão de reconciliação é ampliada para incluir a paz e a unidade entre gentios e judeus. **14.** *Ele é* *nossa paz*: este pode ser o início de um fragmento de um hino protocristão que vai até 2,16 e o autor incorporou em sua carta (veja Schille, *Frühchristliche Hymnen* [→ 18 *acima*] 23-27; J. T. Sanders, *ZNW* 56 [1965] 216-18). **14.** *tendo derrubado o muro de separação*: ainda que essa possa ser uma referência figurativa ao muro que separava os gentios do pátio interior do templo de Jerusalém (Josefo, *Ant.* 15.11.5 §417), o substantivo justaposto, *echthron*, "inimizade", sugere que a imagem pretende descrever o fim da hostilidade étnica entre os dois grupos (veja At 10,28). **15.** *a fim de criar em si mesmo*: a antiga humanidade estava defeituosa e alienada de Deus por causa do pecado de Adão (Rm 5,12-17), mas a nova humanidade criada em Cristo foi reconciliada com Deus através da cruz. O autor usa a tipologia Adão-Cristo dos escritos paulinos (→ Teologia paulina, 82:82-85) para descrever a nova situação dos gentios e judeus juntos, formando a nova humanidade em um só corpo. **16.** *em um só Corpo*: cf. Cl 1,22. Ao omitir a especificação de Cl de que este corpo é o corpo crucificado de Cristo, o autor interpreta *sōma* como a nova humanidade, a igreja. **17.** *anunciou paz a vós que estáveis longe*: veja Is 57,19. (Veja N. J. McEleny, *NTS* 20 [1973-74] 319-41; P. Tachau, *"Einst" und "Jetzt" im Neuen Testament* [FRLANT 105; Göttingen, 1972]). **19-22.** Uma série de metáforas expressivas e interpenetrantes referentes à igreja descreve a situação da nova humanidade. **19.** *concidadãos dos santos*: a cidadania na *pólis* de Deus transcende as fronteiras políticas de cidades e províncias e inclui a comunhão com os anjos (veja 1,18). *família de Deus*: a unidade social básica da sociedade greco-romana era a família, na qual estavam incluídos os pais, os filhos e os escravos. Os cristãos, como membros da família de Deus (5,1), são chamados de filhos amados de Deus (5,1), tendo direito à rica herança (1,18; 2,7) que o pai lhes dá generosamente (1,7-8). **20.** *edificados sobre o fundamento*: a unidade social da família é concretizada como um edifício, no qual os apóstolos e profetas fornecem as pedras do alicerce e Cristo é a pedra angular (cf. 1Cor 3,11). **21.** *bem articulado, todo o edifício se ergue*: a metáfora da igreja como edifício se funde com a imagem do corpo para criar um quadro de um prédio construído com pedras vivas que crescem e se transformam no lugar da habitação de Deus, o templo (cf. 4,15-16; 1Pd 2,4-5). A compreensão da comunidade como o templo de Deus desenvolve a ideia paulina do corpo como templo de Deus e tem um paralelo estreito com a autocompreensão da comunidade de Qumran como o templo de Deus (B. Gärtner, *The Temple and the Community in Qumran and the New Testament* [SNTSMS 1; Cambridge, 1965]; R. Schnackenburg, "Die Kirche als Bau: Epheser 2,19-22 unter ökumenischen Aspekt", *Paul and Paulinism* [→ 15 *acima*] 258-70).

22 (E) Paulo como intérprete do mistério revelado (3,1-13). A percepção paulina do mistério de Cristo é que os gentios são participantes plenos na igreja. Esta seção depende de Cl 1,23-29. **1.** *Por esta razão, eu, Paulo*: o início é um anacoluto. O pensamento iniciado no v. 1 é retomado na oração do v. 14; a conexão é feita no v. 14 por *toutou charin*, "por esta razão", que é uma repetição do v. 1. A autoridade de Paulo, o prisioneiro de Cristo Jesus, e os sofrimentos pelos quais ele passou são lembrados a ouvintes gentílicos pós-paulinos para assegurá-los de seu lugar no plano eterno de Deus. **2.** *certamente sabeis*: o autor parte do pressuposto de que o que ele lhes dirá sobre o papel de Paulo no anúncio do plano de Deus é algo de que seus ouvintes deveriam estar cientes. **3.** *me foi dado a conhecer o mistério*: cf. 1QpHab 7,4-5; 1QH 1,21. *como atrás vos expus sumariamente*: referência à revelação do mistério de Cristo mencionado em 1,9; 2,13-17. Goodspeed interpretou *en oligō* como uma referência à coletânea das cartas paulinas e encontrou nesta interpretação o apoio para considerar Ef uma introdução ao *corpus* paulino. **4.** *a percepção que tenho*: o conteúdo da percepção de Paulo é expresso no v. 6 – a participação total e em pé de igualdade dos gentios na igreja. **5.** *santos* *apóstolos*: cf. Cl 1,26; o autor de Ef deseja evocar o fundamento sólido sobre o qual a igreja está construída (2,20) e sublinha o papel desempenhado pelos apóstolos e profetas. **6.** *coerdeiros, membros do mesmo corpo e coparticipantes*: os três substantivos foram compostos com o prefixo *syn*, "junto com", descrevendo a participação plena e em pé de igualdade de gentios e judeus no único corpo. **7-9.** A aplicação prática da percepção de Paulo fez dele o apóstolo dos gentios. **8.** *o menor de todos os santos*: cf. 1Cor 15,9. **9.** *em Deus, criador de todas as coisas*: na criação, Deus estabeleceu seu controle providencial sobre o cosmo, e somente agora, na era presente, através da revelação deste mistério a seus intérpretes escolhidos, seus desígnios estão se tornando conhecidos. **10.** *por meio da Igreja*: a igreja não é apenas o conteúdo e a beneficiária do mistério; ela é também o meio pelo qual é anunciada aos poderes celestiais a sabedoria que está por trás do plano. Os poderes celestiais identificados aqui são forças malignas (veja Ef 6,12) que antes da morte de Cristo exerciam autoridade sobre a humanidade (veja o comentário sobre 2,1-3; cf. 1Cor 2,6-8). Mas a sabedoria de Deus pôs fim ao domínio deles (cf. 1QS 4,18-23) através da sujeição de todas as coisas a Cristo (1,20). Este fim é revelado através da igreja, que sinaliza o fim da alienação dos seres humanos em relação a Deus (2,16) e dos gentios em relação aos judeus (2,15; 3,6). Cf. 1Cor 2,6-8. **12.** *por quem ousamos nos aproximar com toda confiança*: os cristãos, libertos da dominação dos poderes celestiais, são agora capazes de se aproximar de Deus com ousadia.

23 (F) Oração (3,14-19) e (G) Doxologia conclusiva (3,20-21). Esta seção retoma a oração intercessória que começou em 1,15-20, foi retomada novamente em 3,1 e interrompida em 3,2-13 pela descrição do papel de Paulo na revelação do mistério. Ela conclui com uma doxologia solene que também encerra a parte doutrinária de Ef. **15.** *de quem toma o nome toda a família*: Deus, o criador de todas as famílias de seres, estabeleceu seu poder e controle sobre toda a criação no ato de nomear seus integrantes (Sl 147,4; Is 40,26; cf. Gn 2,19-20). **16.** *no ser humano interior*: a expressão é paulina (Rm 7,22-23; 2Cor 4,16) e deve ser vista como um paralelo a "coração" no v. 17 (→ Teologia paulina, 82:106). **18.** *a largura e o comprimento*: não está claro a que estas dimensões se referem. Às vezes elas foram entendidas como referências às dimensões do Templo de Jerusalém ou à própria Jerusalém (Ez 42, 47, 48; Ap 21,9-27). Neste contexto, porém, elas talvez descrevam o plano salvífico de Deus ou, mais provavelmente, o amor de Cristo, que é mencionado nos versículos precedentes e subsequentes. **19.** *plenitude de Deus*: a petição final da oração intercessória especifica o objetivo da humanidade na igreja: o desenvolvimento até chegar à plenitude da divindade. O autor completa o círculo de sua identificação de Deus no v. 14, onde ele é a fonte de toda a vida, até aqui, onde Deus é o alvo da humanidade. **21.** *na igreja e em Cristo Jesus*: a menção tanto da igreja quanto de Cristo preserva a distinção entre o corpo e a cabeça, porém identifica ambos como as fontes da glória de Deus.

24 (III) Segunda parte: exortações a uma conduta digna (4,1-6,20). As exortações a uma conduta digna resultam das afirmações anteriores sobre a unidade de todas as coisas em Cristo e a sujeição de todas as coisas a ele (1,10.22-23), sobre a nova humanidade criada através do sacrifício de Cristo (2,15-16) e sobre a unidade dos gentios e judeus na igreja (3,4-6). Esses temas anteriores são lembrados aos leitores com exortações à preservação da unidade da igreja (4,3-6), à sujeição de uns para com os outros (5,21), à renúncia aos antigos comportamentos ímpios (4,17-18) e ao reconhecimento do senhorio de Cristo (5,21; 6,10-12). A seção parenética é particularmente rica em linguagem batismal (W. A. Meeks, "In One Body", *God's Christ and His People* [Festschrift N. A. Dahl; ed. J. Jervel e W. A. Meeks; Oslo, 1977] 209-21).

25 (A) Unidade e diversidade na igreja (4,1-16). 1-6. No início da seção parenética, a imagem de Paulo, prisioneiro no Senhor, é novamente invocada para conferir autoridade às exortações. A unidade da nova humanidade criada em Cristo (2,14-16) é exemplificada pela unidade da igreja, promovida pelas virtudes que fazem da vida em comum uma realidade: humildade, mansidão, paciência e longanimidade. A passagem está inspirada em Cl 3,12-15. **4-6.** *um só Corpo*: a menção do chamado a ser um só corpo em Cl 3,15 leva a uma afirmação de sete partes acerca da unidade abrangente que deve caracterizar a vida cristã. **5.** *um só Senhor*: cf. 1Cor 8,6. Esta expressão é particularmente importante por causa do pano de fundo gentílico dos leitores e por causa da insistência do autor na sujeição de todos os poderes celestiais a Cristo (1,20-22). *uma só fé, um só batismo*: a unidade da fé pode ser considerada, nesta carta, como unidade de crença. Ela denota os ensinamentos endossados por todos os membros da igreja. À medida que o cristianismo institucional surge no período pós-apostólico, a fé se torna a aceitação de uma tradição apostólica autoritativa (veja 2,20), que pode ser distinguida da falsa doutrina (4,14). A referência à unidade no batismo aqui se encaixa na perspectiva eclesiológica de Ef (→ Teologia paulina, 82:125-126). A nova vida à qual os cristãos são chamados na igreja (4,1) tem sua entrada pelo batismo, que é a iniciação formal no corpo (cf. Cl 2,9-12). **6.** *acima de todos, por meio de todos e em todos*: uma declaração de monoteísmo (cf. Dt 6,4; Rm 3,30; 1Cor 8,5-6) é o ponto culminante da série. A transcendência e presença total de Deus são descritas pela quádrupla repetição de *panta*, "todos". **7-16.** A unidade do corpo nos vv. 3-6 proporciona o contexto para a exposição da diversidade dos cargos dentro da igreja. **8.** *tendo subido às alturas*: o autor cita o Sl 68,19 em uma forma que não corresponde a nenhum manuscrito bíblico em hebraico ou em grego (que leem "recebeste" no lugar de "concedeu"). A tradição rabínica posterior interpretou a passagem como a subida de Moisés ao monte Sinai e a entrega da lei (Str-B 3. 596). O autor de Ef a interpreta de maneira afim como uma referência à ascensão de Cristo e à subsequente concessão de dons à igreja. **9.** *as profundezas da terra:* "as profundezas" são uma referência ou ao descenso ao Hades, que era a habitação dos mortos (cf. Rm 10,7; Fl 2,10; 1Pd 3,19; 4,6), ou à encarnação na terra. A cosmologia do autor, na qual todos os seres não humanos, bons ou maus, estão localizados nas alturas (1,20-22; 3,9-10; 6,10-20), apoia a interpretação de *tēs gēs*, "a terra", como um genitivo apositivo ("as regiões inferiores", ou seja, "a terra" [para uma opinião diferente, veja BDF 167]), e o descenso como a encarnação. As profundezas, *ta katōtera*, são contrapostas às alturas celestiais, *ta epourania*. **11.** *ele é que concedeu a uns ser apóstolos*: após a interpretação cristológica da citação da Escritura, o autor acrescenta a dimensão eclesiológica interpretando os "dons" do Sl 68,19 como cargos na igreja. Em primeiro lugar estão os apóstolos e profetas, os quais, para o autor, pertencem ao passado e são o fundamento da igreja (2,20). Eles são seguidos pelos pregadores do evangelho, pastores e mestres, que eram cargos eclesiásticos proeminentes na época do escritor. Esta lista de cargos deve ser distinguida de listas semelhantes existentes nas cartas paulinas (Rm 12,6-8; 1Cor 12,8-11.28), que enumeram carismas concedidos a indivíduos pelo Espírito. *pastores*: como título para designar um cargo na igreja, "pastor" não é usado em qualquer outro lugar do NT. Alusões a este cargo, porém, ocorrem em exortações dirigidas a líderes da igreja (At 20,28; Jo 21,15-17; 1Pd 5,7) para que cuidem do rebanho e também na imagem de Jesus como o bom pastor (Jo 10,11). Esses cargos equipam a igreja para o ministério e contribuem para o desenvolvimento do corpo. **13.** *a estado de Homem Perfeito*: a ênfase do termo grego *anēr* neste contexto não é a masculinidade, mas a idade adulta, em contraposição à infância mencionada no versículo seguinte (BAGD 66 [2]). Esta idade adulta plena é mensurada em relação à "medida da estatura da plenitude de Cristo". **14.** *todo vento de doutrina:* falsas doutrinas ameaçam a unidade da fé; veja o comentário sobre 4,5. **15-16.** *cresceremos em tudo em direção àquele que é a cabeça*: o autor volta a imagens usadas primeiramente em 1,23 e depois em 2,20-22, descrevendo o corpo como um organismo vivo que tem em Cristo a fonte e o alvo de seu crescimento. **16.** *com a operação harmoniosa de cada uma de suas partes*: o crescimento e o desenvolvimento do corpo dependem de que cada membro realize as tarefas que lhe são próprias.

26 (B) Conduta cristã e não cristã (4,17-5,20). Esta longa seção parenética contrapõe condutas ímpias dos gentios às implicações éticas da vida no corpo de Cristo. As admoestações são em boa medida tradicionais, e a maior parte delas se expressa por prescrições negativas. Elas tratam de expectativas gerais da conduta cristã e não apresentam indícios de abordar problemas específicos. **17-19.** A passagem reitera a concepção judaica comum da conduta moral pagã; veja Rm 1,21-25. **22-24.** *a remover vosso modo de vida anterior*: cf. Cl 3,9-10. Em linguagem batismal (→ Teologia paulina, 82:112-114), o autor exorta os leitores a se conduzirem de forma condizente com a nova humanidade (2,14-16). **4,25-5,2.** Esses versículos apresentam uma série de exortações morais que ilustram o tipo de conduta apropriada ao cristão que, no batismo, revestiu-se de uma nova natureza (4,24). A motivação é a condição comum de membro em um só corpo (4,25), o cuidado com os pobres (4,28), a edificação dos irmãos (4,29) e, especialmente, a imitação de Deus (5,1) e de Cristo (5,2). **30.** *não entristeçais o Espírito Santo*: a natureza das exortações, centralizadas na comunidade, indica que qualquer ofensa contra um co-irmão é uma ofensa contra o Espírito Santo, já que todos os cristãos juntos formam um templo vivo no qual o Espírito habita (2,21-22). *pelo qual fostes selados*: veja Ef 1,13. **31.** *toda amargura...*: elementos de uma lista tradicional de vícios são incorporados na parênese. Tais listas são comuns nos tratados morais helenísticos, assim como em outros lugares do NT (*p.ex.*, Rm 1,29-31; Gl 5,19-21) e na LQ (*p.ex.*, 1QS 4,3-5; CD 4,17-19; veja S. Wibbing, *Die Tugend- und Lasterkataloge im Neuen Testament* [BZNW 25; Berlin, 1959]). Os vícios listados aqui são aqueles que provocam rupturas na vida comunitária. **32.** *perdoando-vos mutuamente*: o pensamento lembra a petição no Pai-Nosso de que Deus perdoe às pessoas que perdoam a outras, mas aqui o imperativo e a condição estão invertidos. **5,1.** *Tornai-vos, pois, imitadores de Deus, como filhos amados*: cf. 1Cor 11,1; 1Ts 1,6. Existe um modo de vida que caracteriza a condição de membro na família de Deus (2,19). Uma das características que define os cristãos como membros da família de Deus é o amor ao próximo, tendo como modelo o amor que o Filho de Deus manifestou em sua morte sacrifical (5,2). **3-5.** Ao descrever a conduta das pessoas que estão fora da família de Deus, o autor incorpora novamente uma lista de vícios (veja o comentário sobre 4,31), que inclui três *hapax legomena*: *aischrotēs*, "falta de vergonha"; *mōrologia*, "tolices"; e *eutrapelia*, "zombarias". Cf. 1QS 10,22-24; 7:9,14; veja Kuhn, "The Epistle to the Ephesians" (→ 12 *acima*) 122. **6-20.** Utilizando nos vv. 6-17 um vocabulário que lembra a literatura de Qumran, o autor contrapõe os filhos da desobediência/trevas aos filhos da luz (cf. 1QS 5,1-2; 3,10-11; 1,5; 2,24-25). Como em Qumran, o dualismo luz-trevas é inteiramente ético e não ontológico, como o será no gnosticismo posterior. **11.** *denunciai-as*: a responsabilidade de corrigir pecadores também era importante em Qumran (1QS 5,24-6,1; cf. Mt 18,15-17). **14.** *Ó tu que dormes, desperta*: as palavras *dio legei*, "É por isso que se diz", introduzem o que parece ser uma parte de um antigo hino batismal. **15-17.** *sábios ... tolos*: cf. 1QS 4:23-24. **18-19.** Exortações adicionais para que a comunidade seja plena do Espírito de Deus e uma exortação a exercitar-se nas práticas relacionadas com uma vida plena do Espírito (cf. Cl 3,16-17) concluem esta seção.

27 (C) Código de conduta para a família de Deus (5,21-6,9). Cf. Cl 3,18-4,1. Códigos familiares ou catálogos de normas domésticas, que no NT se encontram apenas nas deuteropaulinas e em 1 Pedro, foram adaptados da filosofia popular greco-romana por autores do NT para auxiliar na instrução moral dos cristãos. Os códigos descrevem a família cristã como uma unidade social hierarquicamente estruturada e talvez tenham servido para responder acusações de que o cristianismo, por sua reivindicação de igualdade entre seus adeptos, minava o tecido social. Na literatura greco-romana, assim como aqui em Ef, o código familiar tratava das relações entre maridos e esposas, filhos e pais, e escravos e senhores como relações de subordinados e superiores. No NT, a motivação especificamente cristã é apresentada como base para os imperativos expressos no código. O código em Ef, de forma semelhante ao de Cl, é integrado no pensamento geral da carta pela ampliação relacionada a Cristo e à igreja em 5,22-23. O senhorio de Cristo sobre o corpo é apresentado como o modelo para o marido como cabeça da mulher. Uma ampliação adicional nos vv. 25b-33 enfoca o amor de Cristo pela igreja e a imagem da igreja como a noiva de Cristo. Tendo como pano de fundo os matrimônios sagrados dos deuses do antigo Oriente Próximo, o autor apresenta Jesus como o noivo (cf. Mc 2,19-20 e paralelos) que purifica a igreja, sua noiva, nas águas do batismo, de forma que, vestida com seu dote de santidade e pureza, ela pode agora comparecer diante dele (veja J. P. Sampley, "*And the Two Shall Become One Flesh*" [SNTSMS 16; Cambridge, 1971]). **26.** *pela Palavra*: esta talvez seja uma alusão à fórmula batismal que acompanhava a lavagem ritual. **27.** *santa e irrepreensível*: veja o comentário sobre 1,4. **28.** *os maridos devem amar suas próprias mulheres*: o amor de Cristo por seu corpo, a igreja, é o modelo para o amor do marido pela esposa. **31.** *Por isso deixará o homem*: o autor cita Gn 2,24 e continua apresentando uma interpretação da Escritura que é semelhante à encontrada nos *pěšārîm* de Qumran. **32.** *É grande este mistério*: os *pěšārîm* afirmam que os mistérios do plano de Deus, que estão ocultos nas Escrituras, são revelados aos intérpretes escolhidos de Deus. O verdadeiro significado da passagem da Escritura não se encontrava em seu contexto original, mas no presente ou no fim dos tempos. Para o autor de Ef, o verdadeiro significado do mistério pelo qual duas pessoas se tornam uma só carne e que está oculto em Gn 2,24 é a união de Cristo com a igreja, que, no catálogo de normas domésticas, é o modelo para a união em uma só carne entre maridos e esposas. **6,1-4.** A admoestação aos filhos é ampliada pela citação do mandamento veterotestamentário de honrar pai e mãe (Ex 20,12; Dt 5,16) por parte do autor. A exortação para que os pais providenciem uma boa criação cristã para seus filhos sugere que a expectativa do retorno iminente de Jesus não dava mais a motivação para a instrução e a conduta. Antes, a vida cristã estava se ajustando ao dia a dia contínuo da comunidade humana. **6,5-9.** Embora as prescrições dirigidas aos escravos sejam mais desenvolvidas do que as dirigidas aos senhores, o autor conclui esta seção recordando aos senhores a igualdade de todos aos olhos de Deus.

28 (D) A vida cristã como guerra contra o mal (6,10-20). A parênese conclusiva sublinha a tensão existente em Ef entre as seções doutrinais e as parenéticas. A doutrina enfatizou o triunfo que Deus alcançou em Cristo, a sujeição de todas as coisas, incluindo os poderes celestiais, a Cristo (1,19-22), a participação da igreja na exaltação de Cristo nos céus (2,5-6), sendo a igreja o sinal para os poderes celestiais de que o plano de Deus foi cumprido em Cristo (3,9-12). A parênese lembrou os leitores de que o triunfo ainda precisa ser apropriado por eles, como membros individuais do corpo, na esfera humana. A existência cristã é retratada como uma guerra constante contra os espíritos malignos nos céus (veja o comentário sobre 2,2). Aos cristãos é ordenado vestir a armadura de Deus para resistir aos ataques do maligno. **11.** *armadura de Deus*: a mesma armadura com a qual Deus se veste no AT (Is 11,5; 59,17; veja também Sb 5,17-20) deve ser a dos cristãos (6,14-17). Esta armadura divina é a garantia de êxito para os cristãos. **20.** *sou o embaixador em cadeias*: os versículos finais desta parênese conclusiva evocam a imagem de Paulo como prisioneiro por causa do evangelho. Ainda que esteja "em cadeias", ele proclama o evangelho livremente. Este paradoxo visa a confrontar os leitores com o paradoxo de sua própria situação: embora eles estejam sob a influência das forças espirituais do mal (6,12), como membros do corpo de Cristo eles, na verdade, foram libertados do domínio do mal e participam do triunfo de Cristo (1,22-23; 2,5-7). Assim, Paulo, como prisioneiro, serve de modelo para a existência cristã (veja R. A. Wild, *CBQ* 46 [1984] 284-98).

29 (IV) Conclusão: notícias pessoais e bênção (6,21-24). 21-22. As notícias pessoais reproduzem quase literalmente Cl 4,7-8. **23-24**. Uma saudação paulina conclui a carta (→ Epístolas do NT, 45:8D).

56
As Cartas Pastorais

Robert A . Wild, S.J.

BIBLIOGRAFIA

1 BARRETT, C. K., *The Pastoral Epistles* (NClarB; Oxford, 1963). BROX, N., *Die Pastoralbriefe* (RNT 7/2; 4ª ed.; Regensburg, 1969). DIBELIUS, M. e H. CONZELMANN, *The Pastoral Epistles* (Herm; Philadelphia, 1972). HANSON, A. T., *The Pastoral Epistles* (NCB; Grand Rapids, 1982). HASLER, V., *Die Briefe an Timotheus und Titus (Pastoralbriefe)* (ZBK NT 12; Zürich, 1978). HOLTZ, G., *Die Pastoralbriefe* (THKNT 13; 2ª ed.; Berlin 1972). HOULDEN, J. L., *The Pastoral Epistles* (PC; Harmondsworth, 1976). JEREMIAS, J. e A. STROBEL, *Die Briefe an Timotheus und Titus. Der Brief an die Hebräer* (NTD 9; Göttingen, 1975). KARRIS, R. J., *The Pastoral Epistles* (NTM 17; Wilmington, 1979). KELLY, J. N. D., *The Pastoral Epistles* (London, 1963). LOCK, W., *The Pastoral Epistles* (ICC; Edinburgh, 1924). SPICQ, C., *Les épîtres pastorales* (Ebib; 4ª ed.; Paris, 1969). TRUMMER, P., *Die Paulustradition der Pastoralbriefe* (BBET; Frankfurt, 1978). VERNER, D. C., *The Household of God: The Social World of the Pastoral Epistles* (SBLDS 71; Chico, 1983).

DBSup 6. 1-73. KÜMMEL, *INT* 366-87. WIK-SCHM, *ENT* 507-41.

INTRODUÇÃO

2 **(I) Nome, destinatários, ordem das cartas e situação.** Pelo fato de estas cartas serem os únicos documentos do NT endereçados a pastores de comunidades cristãs e por tratarem da vida e prática da igreja (*i.e.*, da teologia "pastoral"), 1Tm, 2Tm e Tt foram chamadas, a partir do séc. XVIII, de "cartas pastorais".

3 Seus destinatários explícitos, Timóteo e Tito, foram dois dos companheiros mais próximos de Paulo. De acordo com At 16,1-3, Timóteo, que nascera de um casamento misto entre judeu e pagão, tornou-se cristão e começou a seguir Paulo após se encontrar com ele em Listra. Timóteo serviu como representante de Paulo em missões a Tessalônica (1Ts 3,2.6), a Corinto (1Cor 4,17; 16,10-11) e, provavelmente, também a Filipos (Fl 2,19-23). Ele manteve contato estreito com Paulo durante o encarceramento deste em Éfeso (Fm 1) e também estava com ele em Corinto, onde Rm foi escrita (Rm 16,21). Ele é listado como coautor de quatro das cartas autênticas de Paulo (2Cor 1,1; Fl 1,1; 1Ts 1,1; Fm 1). (At 17,14-15; 18,5; 19,22; 20,4; Cl 1,1; 2Ts 1,1; e Hb 13,23 também mencionam Timóteo). Tito, um gentio convertido, foi com Paulo à conferência de Jerusalém em cerca de 49 d.C., e Paulo, subsequentemente, afirmou que, naquela época, recusara sua circuncisão (Gl 2,1.3-5). Mais tarde, Tito realizou uma missão delicada em Corinto para reatar as relações entre Paulo e a

comunidade (2Cor 12,18; 2,13; 7,6-7.13-16) e, então, serviu ali como representante de Paulo com relação à coleta para Jerusalém (2Cor 8,6.16-24).

4 A sequência atual das pastorais – 1Tm, 2Tm e Tt – quase certamente não é original, mas provavelmente deriva da esticometria, *i.e.*, em um determinado agrupamento de textos, os que têm mais *stichoi* ou linhas precedem os que têm menos (*p.ex.*, 1-3 Jo). Visto que 2Tm é, do ponto de vista formal, um testamento espiritual e prevê a morte iminente de Paulo (2Tm 4,6-8), ela deve ter sido em outro tempo a última carta. Breve como é, a carta de Tito tem uma saudação com 65 palavras (Tt 1,1-4). Das epístolas do NT, somente Rm e Gl têm saudações mais longas (Rm 1,1-7; Gl 1,1-5). Isto sugere que Tt foi pensada como a primeira carta no *corpus* das pastorais, uma conclusão que é reforçada pela observação de que 1Tm não tem uma seção propriamente conclusiva e, assim, conduz sem dificuldade para 2 Tm. As pastorais, portanto, foram originalmente lidas na seguinte ordem: Tt – 1Tm – 2Tm.

5 A sequência narrativa original das Pastorais (sobre seu valor histórico, → 13 *abaixo*) presume um lapso de tempo de, no mínimo, dois anos. Diz-se que Paulo deixa Creta (Tt 1,5) e aparentemente segue viagem para Éfeso. O plano de Paulo do possível envio de Tíquico a Creta (Tt 3,12) implica Éfeso como esse destino, pois no NT esse indivíduo normalmente está associado à Ásia Menor e a Éfeso (At 20,4; Cl 4,7; 2Tm 4,12). Paulo depois rumou para o norte e o oeste em direção à Macedônia – diz-se que 1 Tm foi enviada nesse período (1Tm 1,3) – e então mais para o oeste ainda, em direção a Nicópolis em Éprio, onde pretendia passar o inverno (Tt 3,12). Dali ele foi (com Tito – veja Tt 3,12; 2Tm 4,10) para Roma. Outros também se juntaram a Paulo em Roma (2Tm 4,10-12) antes ou durante o período de seu encarceramento e julgamento (2Tm 4,16-18, etc.). A notícia das dificuldades de Paulo chegou então a Éfeso; muitos de lá o abandonaram (2Tm 1,15), mas Onesíforo deixou sua família e juntou-se a seu mestre em Roma (2Tm 1,17). 2 Timóteo relata que Paulo havia enviado recentemente Tíquico, que tinha vindo até ele (de Creta? de Éfeso?), de volta para Éfeso (2Tm 4,12). Em 2Tm, Paulo pede a Timóteo que venha rapidamente a Roma via Trôade antes da chegada do inverno (2Tm 4,9.13.21). Dois invernos são claramente mencionados nas Pastorais. É todo esse deslocamento através do Mediterrâneo que requer a passagem de, pelo menos, mais um inverno no esquema temporal da narrativa e, assim, a passagem de dois ou mais anos ao todo.

(QUINN, J., "Paul's Last Captivity", *Studia Biblica* 1978 [JSOTSup 3; Sheffield, 1980] 289-99).

6 (II) Autoria. Se Paulo fosse o autor efetivo das Pastorais, a reconstrução cronológica acima precisaria então ser encaixada em toda a história de vida do apóstolo. Entretanto, embora não haja completa unanimidade, desde o início do séc. XIX muitos exegetas sustentaram que estas cartas são criações pseudonímicas de algum discípulo posterior de Paulo. Estes argumentos parecem ser bem convincentes. Embora sejam bastante semelhantes uma à outra no vocabulário, no uso gramatical e no estilo, 1 e 2Tm e Tt divergem amplamente em todos esses sentidos das cartas paulinas claramente autênticas. Muitos termos teológicos centrais usados nas Pastorais não aparecem em Paulo (*p.ex.*, "piedade", "boa consciência", "epifania", "sã doutrina", "palavra confiável"), e muitas palavras importantes nos escritos paulinos não se encontram nas Pastorais, mesmo onde as esperaríamos (*p.ex.*, "corpo" [de Cristo, etc.], "cruz", "liberdade", "aliança"). A ausência coletiva destes termos é notável. Além disso, como um grupo, as Pastorais contêm um grande número de palavras que não se encontram em nenhum outro lugar no *corpus* das cartas paulinas ou no NT. O mais importante é observar a divergência entre Paulo e as Pastorais no uso de vários advérbios, conjunções e partículas gregas que são comuns e recorrentes, pois tais características linguísticas estão menos sujeitas ao controle consciente. Por exemplo, o uso de *kai*, "e", nas pastorais difere consideravelmente do uso típico de Paulo. Em geral, enquanto Paulo preferia um estilo apaixonado e explosivo, com pensamentos inseridos e orações inacabadas, as Pastorais são bem mais formais e contidas. Elas apresentam Paulo explicando questões básicas em uma linguagem bastante incisiva a colegas com longo tempo de convivência a quem ele deixou há pouco (1Tm 1,3; Tt 1,5) e a quem em breve veria de novo (1Tm 3,14; Tt 3,12), um fenômeno que, se, de fato, Paulo mesmo fosse o autor, só pode ser chamado de estranho.

7 As pessoas que defendem a autenticidade das Pastorais oferecem várias explicações dessas características. Algumas sugerem que a idade avançada de Paulo e seus sofrimentos na prisão explicam estas mudanças. Entretanto, de acordo com o cálculo usual adotado pelos defensores da autenticidade, estas cartas teriam sido compostas não mais do que cinco anos depois de Rm. Isto torna difícil explicar todas as divergências, especialmente as mudanças gramaticais e sintáticas, com base em tais determinantes psicológicos.

A hipótese mais popular, porém, é que Paulo disse a um secretário que temas ele desejava abordar e delegou a essa pessoa o trabalho efetivo de redigir as três cartas (→ Epístolas do NT, 45:19-20). Contudo, quando Paulo de fato fez uso de secretários (veja Rm 16,22; 1Cor 16,21; Gl 6,11-18), seu próprio estilo típico não se alterou. Se um secretário compôs as Pastorais – elas mesmas não fazem referência a tal pessoa –, este indivíduo recebeu de Paulo uma liberdade incomum. Além do mais, Paulo tinha de ter feito uso do mesmo secretário tanto no Oriente como em Roma durante todo o período de tempo necessário para a composição das Pastorais, pois estas três cartas possuem uma coerência estilística extraordinária. Este tipo de teoria do secretário, que é, no máximo, uma hipótese improvável, resulta, no final das contas, em algo muito parecido com a ideia da pseudonímia efetiva.

8 As Pastorais não se encaixam bem na estrutura biográfica da vida de Paulo e, assim, também são suspeitas por esta razão (→ Paulo, 79:49-51). Todos concordam que o encarceramento romano de 2 Tm não pode ser correlacionado com o de At 28. Paulo, então, precisaria ter sido libertado desse encarceramento inicial, viajado de volta para Creta e Éfeso (1Tim e Tt) e então retornado a Roma, onde foi novamente preso (2Tm) e finalmente executado. Entretanto, Paulo falou apenas de sua ida à Espanha e insinuou fortemente que seu trabalho no Oriente tinha se encerrado (Rm 15,17-29). Além disso, o paralelismo estreito que se encontra em Lc-At entre a jornada de Jesus a Jerusalém para sofrer sua crucificação e a jornada de Paulo a Roma parece supor que as viagens deste último também o tenham levado à morte.

As Pastorais também apresentam uma ordem eclesiástica muito mais desenvolvida do que aquela que se encontra nas cartas paulinas claramente autênticas, uma expectativa menos acentuada de um *eschaton* iminente e uma cristologia que enfatizava o nascimento e a ressurreição de Jesus, mas não, pelo menos não tanto quanto em Paulo, sua crucificação. Embora desdobramentos certamente tenham ocorrido no cristianismo ainda durante a vida de Paulo, mudanças como estas, tomadas em conjunto, tendem a apontar para um período posterior à época do próprio Paulo. Veja Brox, *Pastoralbriefe* 22-60; Hanson, *Pastoral Epistles* 2-11.

9 (III) O propósito das cartas. Embora escritas por outra pessoa em nome de Paulo, as Pastorais não são "falsificações". Dentro da tradição filosófica greco-romana, a escrita de epístolas pseudonímicas era uma tradição de longa data. Em tal caso, o escritor procurava estender o pensamento de seu mestre intelectual para os problemas de uma época posterior. O escritor dizia, na verdade: "O mestre certamente teria dito isto se tivesse se defrontado com tais problemas e questões". É bem provável que os leitores originais das Pastorais soubessem muito bem que Paulo não era o autor "efetivo" e que as cartas representavam um esforço para estender sua herança para uma geração posterior (→ Canonicidade, 66:87-89).

Embora a palavra *filosofia* não apareça nas Pastorais, o vocabulário, o modo de argumentação, a tendência parenética e o estilo geral destas cartas as situam firmemente dentro do ambiente geral do discurso filosófico greco-romano. O autor das Pastorais vê o cristianismo paulino como a única filosofia ou modo de vida verdadeiro. Ele conclama os líderes da igreja e, por extensão, todos os cristãos (observe o plural na fórmula da bênção ao final de cada carta) a um compromisso e entusiasmo renovado para com este ensinamento. O que Paulo disse e o que ele fez são propostos como a exemplificação deste modo de vida; de fato, as Pastorais não fazem referência à existência de nenhum apóstolo exceto Paulo. As pessoas que se opõem a Paulo e seu evangelho – 1 e 2 Tm, em particular, envolvem-se em uma polêmica contra tais mestres heréticos – são tratadas como "sofistas", e grande parte da linguagem usada contra elas é uma invectiva tradicional que se encontra também em uma variedade de escritos filosóficos contemporâneos.

10 Somente os traços da polêmica das Pastorais que não são de caráter comum ajudarão a identificar a heresia ou as heresias em questão. Os opositores se chamavam de "doutores da lei" (1Tm 1,7), e o autor das Pastorais os atacou como instigadores de "debates sobre a lei" (Tt 3,9) e defensores de "mandamentos humanos" (Tt 1,14). Eles também estavam interessados em "fábulas judaicas" (Tt 1,14; veja 1Tm 1,4). Entretanto, embora estas características apontem para uma forma aberrante de cristianismo judaico, outros elementos não se encaixam tão bem neste quadro: a promoção de um ascetismo extremo que se opunha ao casamento e exigia abstinência de certos alimentos (1Tm 4,3-5), a crença de que a ressurreição dos crentes já se realizou (2Tm 2,18) e um interesse em "genealogias" (Tt 3,9). Pelo fato de tais preocupações se encontrarem no gnosticismo do séc. II, pesquisadores supõem que o autor das Pastorais estivesse lutando contra algum tipo de cristianismo judaico de tendência gnóstica. Todavia, visto que estes mesmos gnósticos do séc. II tinham uma concepção muito negativa da lei e do Deus (inferior) que deu a lei, é mais provável que o autor das Pastorais estivesse preocupado ou com vários tipos de heresia ou, então, desejasse oferecer uma espécie de polêmica abrangente contra a heresia em geral. De qualquer forma, ele não tinha interesse em refutar tais ensinamentos, mas somente em apontar sua insensatez.

11 O que o autor das Pastorais pretendia efetivamente era exortar os líderes da igreja a valorizar e manter a ordem e estrutura eclesiástica e social. Para ele, o cristianismo verdadeiro (*i.e.*, paulino) não era um movimento contracultural parecido com o cinismo antigo. Ao contrário, ele defendia o valor fundamental da sociedade romana, a *eusebeia*, "piedade", *i.e.*, a devida manutenção de relacionamentos apropriados entre o âmbito celeste e o humano e entre as várias ordens da sociedade humana. Tanto a compreensão do autor acerca da intenção salvífica de Deus ("Deus quer que todos os seres humanos sejam salvos" [1Tm 2,3-4]) quanto sua preocupação em resistir à heresia e à divisão empurraram-no para essa direção. Ele via o cristianismo como um movimento mundial e plenamente unificado que cumpria as mais profundas aspirações de harmonia cívica e familiar da cultura contemporânea.

Tanto Tt como 1Tm explicam, de maneira bastante repetida, procedimentos para a manutenção adequada da "casa de Deus", a igreja (1Tm 3,15). Alguns sustentam que as regras contidas em Tt podem ter sido direcionadas a igrejas mais recentes e aquelas em 1 Timóteo a igrejas mais estabelecidas. Embora esta seja uma razão possível para a duplicidade existente nas duas cartas, estes textos diferem mais claramente quanto às motivações teológicas que propõem. Tito enfatiza o tema da salvação – as palavras "salvador" e "salvação" se repetem com frequência –, enquanto 1Tm defende vigorosamente a bondade de toda a criação de Deus (1Tm 4,1-5). Como "testamento" espiritual, 2Tm propõe Paulo como modelo para todos os mestres que procuram transmitir sua tradição.

(FOERSTER, W., "*Eusebia* in den Pastoralbriefen", *NTS* 5 [1958-59] 213-18. JOHNSON, L., "II Timothy and the Polemic Against False Teachers", *JRelS* 6-7 [1978-79] 1-26. KARRIS, R. J., "The Background and Significance of the Polemic of the Pastoral Epistles", *JBL* 92 [1973] 549-64. QUINN, J., "Parenesis and Pastoral Epistles", *De la Tôrah au Messie* [Festschrift H. CAZELLES; ed. M. CARREZ *et al.*; Paris, 1981] 495-501. WILKEN, R., *The Christians as the Romans Saw Them* [New Haven, 1984] 48-67).

12 (IV) Tempo e lugar de composição. Em termos geográficos, as Pastorais enfocam igrejas cristãs na região do Egeu e, especialmente, na Ásia Menor. Isto levou a maioria dos biblistas a supor que as pastorais tenham se originado em algum lugar desta região, talvez em Éfeso.

As datas propostas para estas cartas, porém, abrangem um período amplo (de aproximadamente 60 a 160 d.C.). Tanto a ordem eclesiástica mais desenvolvida que se encontra nas Pastorais (um ritual de ordenação; regras para a nomeação de bispos, diáconos, viúvas, etc.) quanto o uso de linguagem derivada (embora quase certamente por intermédio de fontes judaicas) da filosofia greco-romana contemporânea sugerem uma data mais tardia e não anterior. Entretanto, apesar de Tt 1,7, as Pastorais ainda não parecem conhecer o monoepiscopado, uma instituição que já se encontrava em algumas igrejas da Ásia Menor quando Inácio de Antioquia escreveu cartas a elas (em aproximadamente 110 d.C.). Em resumo, uma data um pouco antes ou em torno do ano 100 d.C. parece uma conjectura razoavelmente sólida.

13 (V) Fontes utilizadas. O autor das Pastorais certamente recorreu aos escritos de seu mestre, Paulo, embora não seja certo que ele conhecesse todas as suas cartas. As pastorais oferecem numerosas alusões claras a Rm e a 1Cor e, possivelmente, uma referência ou duas a Fl. Tito 3,3-7 faz uso de Ef 2,3-12 ou uma tradição próxima. Há muitas alusões e citações da Escritura (*i.e.*, do AT), e 1Tm 2,11-14 utiliza um extenso argumento baseado em Gn 2-3. Em determinado lugar, cita-se diretamente um dito proverbial do sábio pagão Epimênides de Creta (Tt 1,12). Além disso, as Pastorais citam – muitas vezes com a fórmula "Fiel é esta palavra" – vários fragmentos de hinos e credos, ditos tradicionais etc.

Atos de Paulo e Tecla, um texto cristão do séc. II, compartilha em larga medida com 2Tm um conjunto de personagens e um contexto geográfico comum (→ Apócrifos, 67:54). Além do mais, as Pastorais se opõem exatamente ao tipo de ensinamento atribuído a Paulo por *Atos de Paulo e Tecla*, a saber, a exigência de que todos os cristãos se abstenham do casamento e pratiquem um ascetismo rigoroso. Embora, por diversas razões, seja improvável que um texto tenha usado o outro como fonte direta, o autor das Pastorais provavelmente se baseou em tradições também empregadas em *Atos de Paulo e Tecla*. Elas representavam uma perspectiva sobre o pensamento de Paulo que se desenvolveu ao longo de um período de tempo. O que estava em jogo, portanto, era uma batalha pela herança paulina. O autor das Pastorais assinalou, pelo uso destas tradições, sua consciência desta concepção rival de Paulo, uma concepção que passaria a rejeitar como inautêntica.

As numerosas referências biográficas a Paulo que se encontram nas Pastorais levaram alguns a supor que estas cartas contenham trechos extraídos de cartas de Paulo que teriam se perdido (= a chamada hipótese dos fragmentos). Afirmada desta forma, a teoria é difícil de sustentar, uma vez que o estilo das Pastorais é coerente do início ao fim. Portanto, os pontos iniciais e finais destas supostas fontes textuais não podem ser detectados. É provável, contudo, que o autor das Pastorais tenha se baseado em tradições sobre Paulo conhecidas por ele, mas não registradas em outras fontes do NT. Seu interesse, entretanto, não era o de corrigir relatos biográficos paulinos em circulação, mas desenvolver uma imagem teologicamente útil de Paulo, e ele usou as tradições biográficas de que dispunha, quer historicamente acuradas, quer não, para alcançar este objetivo. Uma vez que a biografia serve constantemente a fins teológicos e não históricos, é difícil avaliar o valor histórico das informações fornecidas nas Pastorais. Algumas possivelmente registrem memórias autênticas das atividades de Paulo.

(BROX, N., "Zu den persönlichen Notizen der Pastoralbriefe", *BZ* 13 [1969] 76-94. COLLINS, R., "The Image of Paul in the Pastorals", *LTP* 31 [1975] 147-73. LINDEMANN, A., *Paulus im ältesten Christentum* [BHT 58; Tübingen, 1979] 134-49. MACDONALD, D., *The Legend and the Apostle* [Philadelphia, 1983]. TRUMMER, P., " 'Mantel und Schriften' (2Tm 4,13)", *BZ* 18 [1974] 193-207; *Paulustradition*. WILD, R. A., "Portraits of Paul Created by Some of His Early Christian Admirers", *Chicago Studies* 24 [1985] 273-89).

COMENTÁRIO SOBRE A CARTA A TITO

14 Esboço. A carta a Tito pode ser esboçada da seguinte maneira:

(I) Destinatário e saudação (1,1-4)
(II) Líderes para a igreja em Creta (1,5-9)
   (A) A tarefa de Tito (1,5)
   (B) Qualidades exigidas do presbítero (1,6-9)
(III) Ensino falso e ensino verdadeiro (1,10-3,8)
   (A) A índole dos falsos mestres (1,10-16)
   (B) O que o verdadeiro mestre deve ensinar (2,1-3,8)
     (a) Deveres cristãos no lar (2,1-15)
       (i) A tarefa básica (2,1)
       (ii) Deveres dos membros da casa (2,2-10)
       (iii) Razão: a ação salvadora de Deus (2,11-14)
       (iv) A tarefa básica repetida (2,15)
     (b) Deveres cristãos na sociedade (3,1-8)
       (i) Deveres (3,1-2)
       (ii) Razão: a ação salvadora de Deus (3,3-8)
(IV) Contendas e divisões devem ser evitadas (3,9-11)
(V) Recomendações práticas e bênção final (3,12-15)

15 (I) Destinatário e saudação (1,1-4). Esta saudação desproporcionalmente longa serviu para introduzir as pastorais como grupo, e não apenas para Tt (→ 4 *acima*). *servo de Deus:* o NT limita este título comum no AT a indivíduos com uma missão profética (Lc 2,29; Ap 1,1; 22,6; At 4,29; 16,17). *para levar os eleitos de Deus à fé:* o ensino de Paulo está em continuidade com a fé de todas as pessoas escolhidas por Deus (os "eleitos" = a comunidade cristã) e amplia e sustenta esta fé. *o conhecimento da verdade:* esta é uma fórmula nas Pastorais que se refere à verdade revelada por Deus (veja 1Tm 2,4; 2Tm 2,25; 3,7; em Epicteto [*Diss*. 2.20.21], um sinônimo para a "verdadeira filosofia"). Tal conhecimento é oposto à chamada ciência (1Tm 6,20) ensinada pelos falsos mestres. *conforme a piedade: eusebeia*, "piedade" ou "reverência", *i.e.*, a conduta correta para com Deus e a sociedade humana, é uma exigência essencial da revelação de Deus. **2.** *na esperança da vida eterna:* cf. 3,7. Esta é a vida que Deus prometeu e que constitui tanto o suporte quanto a meta da vida ética. *antes dos tempos eternos: i.e.*, desde toda a eternidade. **3.** *manifestou sua palavra:* é Deus que promete a vida eterna. *de que fui encarregado:* a missão de Paulo é vista como parte integrante do plano de salvação divino.

4. *a Tito, meu verdadeiro filho na fé comum:* Tito é o verdadeiro herdeiro de Paulo porque aceita e promoverá a fé proclamada por Paulo. Isto o liga com a cadeia traditiva em desenvolvimento (quanto a outros elos nesta cadeia, veja 1,5; 2Tm 2,1-2). *Cristo Jesus, nosso Salvador:* as Pastorais usam o título "Salvador" para designar tanto Deus quanto Cristo. A menção, aqui, da função de Cristo como Salvador é singular nas bênçãos introdutórias das cartas paulinas e, assim, serve para sinalizar a centralidade do tema da salvação em Tito.

16 (II) Líderes para a igreja em Creta (1,5-9).

(A) A tarefa de Tito (1,5). Esta é a única menção de uma visita missionária de Paulo à ilha de Creta; At 27,8-12 registra somente uma breve escala em um lugar chamado Bons Portos. *constituas presbíteros em cada cidade:* grupos colegiais (veja 1Tm 4,14) de anciãos ou presbíteros deveriam ser estabelecidos em cada cidade. Esta estrutura eclesial foi emprestada do judaísmo. *como te prescrevi:* a autoridade de Paulo, insiste o autor, fundamenta esta instituição. Cf. At 14,23.

17 (B) Qualidades exigidas do presbítero (1,6-9). Os vv. 6-8 (cf. 1Tm 3,2-4) talvez se baseiem em uma lista já tradicional dos requisitos deste cargo. Se for este o caso, o v. 9 foi acrescentado pelo autor das Pastorais. **6.** *esposo de uma única mulher:* provavelmente isto não é, como pensam algumas pessoas, uma exclusão dos viúvos que se casaram novamente, mas uma exigência de fidelidade conjugal comum. Supõe-se que o candidato fosse casado. Seus filhos também tinham de ser crentes e não insubordinados ou indisciplinados e dissolutos (linguagem tradicional; veja Pr 28,7). O candidato a ecônomo da casa de Deus (1,7) tinha de ser capaz de tomar conta de sua própria família (1Tm 3,5). **7.** O autor das Pastorais equiparava (como em At 20,17.28) presbíteros e *episkopoi, i.e.,* "supervisores" ou "bispos". Paulo não menciona *presbyteroi,* mas ele conhecia *episkopoi* (Fl 1,1); os dois cargos talvez tenham tido histórias distintas. O v. 7 não se refere a um único bispo encarregado de toda uma cidade. Entretanto, visto que as casas (ricas) da Antiguidade eram administradas por um único *oikonomos,* "ecônomo", a referência ao "ecônomo das coisas de Deus" sugere que cada igreja talvez tenha sido liderada por apenas um presbítero/bispo. *nem beberrão:* as Pastorais constantemente mostram preocupação com o alcoolismo (veja 2,2.3; 1Tm 3,2.3.8.11), mas o autor rejeita a visão de que as bebidas alcoólicas sejam um mal em si mesmas (veja 1Tm 5,23). *nem ávido de lucro desonesto:* veja também 1Tm 3,3.8; 6,17-19; mas observe em 1Tm 5,17-19 a preocupação de que os líderes da igreja recebam um apoio financeiro suficiente. A ganância por dinheiro, uma acusação dirigida contra os falsos mestres nas Pastorais (Tt 1,11; 1Tm 6,6-10), é uma polêmica comum nos ataques da filosofia greco-romana contra os sofistas. **8.** *ponderado, justo, piedoso e disciplinado:* esta é uma versão das quatro virtudes cardinais da Antiguidade greco-romana. O candidato deve ser um homem plenamente virtuoso. **9.** Para o autor das Pastorais, a fidelidade ao ensino paulino e a capacidade de comunicá-lo eram de importância primordial.

18 (III) Ensino falso e ensino verdadeiro (1,10-3,8).

(A) A índole dos falsos mestres (1,10-16). A menção dos que "contradizem" no v. 9 serve de introdução a esta seção, mas o argumento passa rapidamente para uma contraposição entre a verdade paulina e a falsidade herética. Muitas das acusações, *p.ex.,* "verbosos" (v. 10), que ensinam "com objetivo de lucro ilícito" (v. 11; veja 1Tm 6,5), eram lugares-comuns nas acusações de uma escola de filosofia a outra. **10.** *insubmissos:* como pessoas que desobedecem à autoridade e tradição da igreja, os falsos mestres são comparados a "filhos insubordinados" (1,6). *no partido da circuncisão:* judeus cristãos. **11.** *pois pervertem famílias inteiras:* isto talvez seja uma referência a igrejas domésticas, e não famílias comuns (cf. 2Tm 3,6). *com objetivo de lucro ilícito:* veja 1,7. **12.** Aqui o autor cita Epimênides de Creta (séc. VI a.C.), adivinho e sábio que ele chama de profeta. *os cretenses são sempre mentirosos:* a concordância enfática do autor com esta opinião é uma boa indicação de que a carta não estava realmente destinada a ser lida para os cristãos de Creta. A mentira arquetípica dos antigos cretenses era a afirmação de que Zeus estava morto e fora enterrado em Creta (Luciano, *Philopseudes* 3; *Anth. Pal* 7.275). Portanto, os cretenses provavelmente aparecem aqui como tipos dos cristãos heréticos. **13-14.** As Pastorais não têm interesse em debater com os falsos mestres. Todavia, a esperança por sua conversão jamais é abandonada (veja também 2Tm 2,25-26). *que eles sejam sãos:* o verdadeiro filósofo era visto muitas vezes como um médico da alma. As Pastorais compartilham a concepção de que a falsidade é uma doença que somente a verdade pode curar. (Veja A. Malherbe, in *Texts and Testaments* [ed. W. March; San Antonio, 1980] 19-35.) *fábulas judaicas:* embora "ensinar mitos ou fábulas" fosse uma acusação típica feita contra os poetas pelos filósofos (cf. Platão, *Phd* 61B; *Tim.* 26E; Plutarco, *De glor. Ath.* 348 A-B), a natureza judaico-cristã dos falsos mestres é novamente enfatizada. **15.** *todas as coisas são puras:* um dito que foi aceito por Paulo, mas com reservas (Rm 14,20; cf. 1Cor 6,12; 10,23). As Pastorais fundamentam este princípio na bondade da criação de Deus (1Tm 4,4). *tanto a mente como a consciência deles:* estes são, respectivamente, os meios para descobrir a verdade nas esferas teórica e prática; caso fossem "contaminados", a verdade seria inalcançável. **16.** *incapazes para qualquer boa obra:* este é o estado irônico de hereges que mostram tal interesse na observância da lei. "Preparado para qualquer boa obra" (2Tm 2,21; 3,17; Tt 3,1; cf. 1Tm 5,10) é um sinal dos crentes verdadeiros.

19 **(B) O que o verdadeiro mestre deve ensinar (2,1-3,8).**
(a) *Deveres cristãos no lar* (2,1-15).
(i) *A tarefa básica* (2,1). Em contraposição a isso, Tito deve oferecer a "sã doutrina". A repetição da palavra-chave "falar" (*lalei*) em 2,15 delimita a unidade textual.

20 (ii) *Deveres dos membros da casa* (2,2-10). Nesta *Haustafel*, "lista de deveres domésticos" (cf. Cl 3,18-4,1; Ef 5,21-6,9; 1Pd 2,18-3,7), as virtudes e vícios são estereotípicos com relação aos cinco grupos mencionados. Todos, menos um grupo, são conclamados à virtude cardinal da "moderação" (2,2.4.5.6). **2.** *na fé, na caridade e na perseverança:* a palavra "perseverança" substitui "esperança" na tríade tradicional (1Cor 13,13). **3.** *mestras da virtude* [no original]: o autor das Pastorais, porém, não queria que as mulheres ensinassem aos homens ou ensinassem num contexto de culto (1Tm 2,11-12). **4-5.** A ênfase aqui nas virtudes domésticas não é desvinculada do fato de que algumas das mulheres mais novas aparentemente tinham se envolvido na divulgação de ensinamentos falsos (1Tm 5,13). A moralidade social da Antiguidade pressupunha a submissão das esposas a seus maridos. **7.** *modelo:* como Timóteo (1Tm 4,12; 5,1; 2Tm 2,22), Tito é descrito como um jovem, provavelmente a fim de fazer dele um tipo para a próxima geração de líderes da igreja depois de Paulo. **9.** *os servos:* embora 1Tm 6,1-2 insinue que muitos senhores de escravos não eram cristãos, a comunidade das Pastorais contava com membros mais ricos (cf. 1Tm 2,9; 6,17-19) que provavelmente possuíam escravos. **10.** A menção de um vício estereotipado de escravo, como "furtar", e a ausência de uma lista dos deveres dos senhores sugere um viés oculto a favor dos possuidores de escravos.

21 (iii) *Razão: a ação salvadora de Deus* (2,11-14). Nós cristãos, diz o autor das Pastorais, somos capacitados a viver virtuosamente no presente e com esperança em relação ao futuro pelo poder salvador de

Deus em Cristo. Tanto a filosofia popular helenística (veja os vv. 11-12) quanto a Bíblia (v. 14) influenciaram a linguagem deste trecho (veja S. Mott, *NovT* 20 [1978] 22-48). **11.** *a graça de Deus se manifestou para a salvação de todos os seres humanos:* como em Filo, um atributo divino abstrato, "favor" ou "graça" de Deus, é personificado. Em outras passagens nas Pastorais é sempre Cristo que "aparece" (2,13; 1Tm 6,14; 2Tm 1,10; 4,1.8); assim ele se torna aqui a efetivação histórica do "favor salvador de Deus". Este dom salvador não é apenas para algumas pessoas, mas para "todos os seres humanos" (veja 3,2.8; 1Tm 2,1.4; 4,10). **12.** *ela nos ensina:* Deus realiza para os crentes algo que era muito valorizado na sociedade greco-romana, a verdadeira educação (*paideia*). Ela se opõe à "impiedade", o vício oposto à piedade/lealdade/devoção (*eusebia*), e promove uma vida plenamente virtuosa (as três virtudes cardinais de moderação, justiça e piedade representam as virtudes em geral). **13.** *nosso grande Deus e Salvador, Cristo Jesus:* as Pastorais veem Cristo como subordinado a Deus, mas, ao mesmo tempo, atribuem a ele, como manifestação de Deus já vinda e também ainda por vir, os mesmos títulos que a Deus. Aqui ele recebe o nome do próprio Deus. **14.** O autor usa linguagem formular à qual acrescenta uma referência à necessidade de uma resposta ética à obra redentora de Cristo. *para remir-nos de toda iniquidade, e para purificar um povo que lhe pertence:* promessas bíblicas feitas por Deus (Ez 37,23; Sl 130,8; Ex 19,5) são cumpridas através da entrega que Cristo fez de si mesmo.

(iv) *A tarefa básica repetida* (2,15). Veja 2,1. *ninguém te despreze*: será isto uma referência ao fato de Tito ser jovem? Cf. 1Tm 4,12. Aqueles que transmitem o ensinamento de Paulo merecem o mesmo respeito prestado ao próprio apóstolo.

22 (b) *Deveres cristãos na sociedade* (3,1-8).
(i) Deveres (3,1-2). **1.** *devem ser submissos aos magistrados e às autoridades:* isto é desenvolvido em 1Tm 2,2 (cf. Rm 13,1-7; 1Pd 2,13-17). *estar sempre prontos para qualquer trabalho honesto:* veja 1,16. **2.** As Pastorais insistem que os cristãos se relacionem com outras pessoas, inclusive com os não crentes, de maneira gentil e amável.

(ii) Razão: a ação salvadora de Deus (3,3-8) O uso aqui do esquema comum "antes/agora" (seu vocabulário reflete Ef 2,1-10; também Rm 6,17-18; 1Cor 6,9-11; Cl 3,7-8) serve para lembrar os cristãos de que antigamente eles eram como aquelas pessoas descrentes, mas foram resgatados graciosamente pelo poder de Deus. **3.** *insensatos:* vários dos males listados aqui também são atribuídos aos falsos mestres (veja 1,16; 1Tm 6,4; 2Tm 3,3.6). **4.** Como em 2,11, as manifestações de Deus são personificadas e vinculadas, via linguagem da "aparição", com a vinda de Cristo. Esta passagem, porém, descreve Cristo como instrumento de Deus (v. 6). *bondade e amor de Deus:* estas características divinas são diretamente relacionadas às exigências éticas de 3,1-2. **5.** *atos justos:* a linguagem da justificação que se encontra aqui provavelmente não se deriva diretamente do próprio Paulo, mas de Ef 2,8-9 (ou de um resumo popular anterior utilizado em ambos os textos). *lavados pelo poder regenerador e renovador: i.e.,* o batismo. O autor usa um lugar-comum da linguagem religiosa helenística, *palingenēsia,* "regeneração", para expressar a noção paulina de "nova criação". **7.** Um resumo padronizado do ensino de Paulo sobre a justificação (→ Teologia paulina, 82:68-70). **8.** *esta é mensagem fiel:* uma fórmula usada nas Pastorais (veja 1Tm 1,15; 3,1; 4,9; 2Tm 2,11) para declarar que o próprio Paulo garante a tradição em questão (3,3-7). *belas obras:* elas são novamente enfatizadas como tarefa dos crentes; mas são uma resposta ao agir salvífico anterior de Deus (veja Fl 2,13).

23 **(IV) Contendas e divisões devem ser evitadas (3,9-11).** Como modelo de líder da igreja, Tito é instruído sobre seu próprio comportamento com relação aos falsos mestres e sua mensagem. **9.** *genealogias:* a referência é incerta. Em 1Tm 1,4, a palavra é associada com "fábulas" em um contexto negativo; o gnosticismo do séc. II desenvolveu extensos relatos de famílias de *éons* divinos dentro da "plenitude" (da divindade). *dissensões:* judeus cristãos conservadores continuavam a exigir a total aplicabilidade da lei.

24 (V) Recomendações práticas e bênção final (3,12-15). Quanto à geografia e aos movimentos temporais atribuídos a Paulo, → 5 *acima*. **12.** *Ártemas:* não é mencionado em outro lugar. *Tíquico:* ele aparece em vários textos como companheiro de Paulo (At 20,4; Cl 4,7; Ef 6,21; 2Tm 4,12). **13.** *Zenas:* não é mencionado em outro lugar. *Apolo:* possivelmente idêntico ao colega relativamente independente de Paulo (1Cor 1,12; 3,4-6). **14.** *atender às necessidades urgentes:* provavelmente irônico. As verdadeiras "necessidades urgentes" não são preocupações físicas, mas as exigências da vida ética cristã. **15.** *saudações:* a fórmula final tem em vista um número maior de ouvintes da carta do que apenas Tito. Colossenses, 1Tm e 2Tm usam a mesma bênção final, mas omitem a palavra "todos".

COMENTÁRIO SOBRE A PRIMEIRA CARTA A TIMÓTEO

25 Esboço. A primeira carta a Timóteo pode ser esboçada como a seguir:

(I) Destinatário e saudação (1,1-2)
(II) Introdução: principais temas da carta (1,3-20)
  (A) A ordem de Paulo a Timóteo (1,3-5)
  (B) Os adversários como falsos mestres (1,6-11)
  (C) Paulo como o verdadeiro mestre (1,12-17)
  (D) Resumo (1,18-20)
(III) Culto e liderança na igreja (2,1-3,13)
  (A) A conduta da comunidade no culto (2,1-15)
    (a) A oração (2,1-7)
    (b) Como os homens deveriam agir (2,8)
    (c) Como as mulheres deveriam agir (2,9-15)
  (B) A liderança na comunidade (3,1-13)
    (a) O princípio básico (3,1)
    (b) Requisitos para os epíscopos (3,2-7)
    (c) Requisitos para os diáconos (3,8-12)
    (d) Conclusão (3,13)
(IV) Finalidade e perspectiva teológica de 1 Timóteo (3,14-4,10)
  (A) Finalidade: a conduta na casa de Deus (3,14-16)
  (B) Perspectiva: a bondade da criação (4,1-10)
    (a) A afirmação básica (4,1-5)
    (b) Estas coisas devem ser ensinadas (4,6-10)
(V) Ensinamentos para diferentes grupos na igreja (4,11-6,2)
  (A) Introdução (4,11)
  (B) Timóteo como tipo do líder da igreja (4,12-16)
  (C) O líder e várias faixas etárias (5,1-2)
  (D) As viúvas (5,3-16)
  (E) Os presbíteros (5,17-25)
  (F) Os escravos (6,1-2)
(VI) Síntese (6,3-16)
  (A) A situação dos falsos mestres (6,3-10)
  (B) Como Timóteo deve agir (6,11-16)
(VII) Reflexão complementar sobre os ricos (6,17-19)
(VIII) Exortação final a Timóteo (6,20-21a)
(IX) Bênção final à comunidade (6,21b)

26 (I) Destinatário e saudação (1,1-2). 1. *por ordem de*: ao usar *kat' epitagēn*, o autor designa a revelação divina em contraposição à ordenança humana (1Cor 7,6.25; cf. também Rm 16,26). *Deus, nosso Salvador, e de Cristo Jesus, nossa esperança:* os dois títulos retomam o tema da salvação que é tão proeminente em Tito (cf. Tt 1,1-4). **2.** *a Timóteo, meu verdadeiro filho na fé:* como Tito, Timóteo também é verdadeiro herdeiro de Paulo (cf. Tt 1,4). *graça, misericórdia e paz:* somente aqui e em 2Tm 1,2 a palavra "misericórdia" aparece na fórmula inicial de uma carta paulina (→ Epístolas do NT, 45:8A).

27 (III) Introdução: principais temas da carta (1,3-20).
(A) A ordem de Paulo a Timóteo (1,3-5).
3. *como eu te recomendei permanecer... Macedônia:* A sentença grega não tem verbo principal, mas o *kathōs* introdutório, "como", pode indicar um mandamento implícito ("faz como te recomendei" [BAGD 391]). Quanto à movimentação geográfica de Paulo, → 5 *acima. foi para admoestares alguns:* o verbo grego *parangellō*, "eu ensino", "ordeno", "exorto", e seu substantivo correlato, *parangelia*, "ordem, preceito, instrução", são palavras-chave em 1Tm (o verbo: 1,3; 4,11; 5,7; 6,13.17; o substantivo: 1,5.18), mas não aparecem em 2Tm e Tt. O v. 5 define a finalidade de tal instrução. **4.** *fábulas e genealogias sem fim:* quanto a "fábulas", veja o comentário sobre Tt 1,14; quanto a "genealogias", veja o comentário sobre Tt 3,9. Estas talvez sejam mais acusações típicas do que descrições de uma heresia específica. *mais as discussões do que o desígnio de Deus:* as Pastorais insistem que uma teologia cristã válida deve afetar a conduta no mundo real (*p.ex.*, Tt 1,1). O "plano de Deus" é literalmente o "modo de administrar a casa de Deus" (*oikonomia theou*). 1 Timóteo pretende expor a conduta apropriada na "casa de Deus" (3,15). **5.** *a finalidade desta admoestação é a caridade, que procede de coração puro, de boa consciência e de fé sem hipocrisia:* este é um resumo da finalidade da instrução ética cristã. A expressão "um coração puro" provavelmente procede do Sl 51,10 (onde ele é visto como dom de Deus). Duas expressões sinônimas se seguem: a expressão mais helenística "uma boa consciência" (veja Tt 1,15; 2Tm 1,3; 2,22) e a referência a uma "fé sem hipocrisia", *i.e.*, uma fé que é vivida na prática.

28 (B) Os adversários como falsos mestres (1Tm 1,6-11). 7. *doutores da lei:* o contexto indica que eles são judeus cristãos ("eles se desviaram", *i.e.*, da verdade do cristianismo), e esta é a maneira que se descrevem a si mesmos. Na concepção do autor, eles não o são, já que não têm conhecimento verdadeiro. **8.** *sabemos, com efeito, que a lei é boa:* uma combinação de Rm 7,14 e 16. Entretanto, um aspecto diferente é destacado aqui, a saber, que as pessoas boas não precisam de uma lei para guiar sua consciência (assim também Gl 5,18). Somente os maus têm essa necessidade. **9-10.** A lista de vícios quase certamente se baseia nos mandamentos, embora, em vários casos, extremos sirvam como exemplos. Os quatro pares que finalizam com "parricidas e matricidas" ilustram a primeira "tábua" dos mandamentos (cf. Filo, *De Dec.* 51). Os dois mandamentos finais não são mencionados (veja N. McEleney, *CBQ* 36 [1974] 204-10). **11.** Como é comum nas Pastorais, Paulo é descrito aqui como tendo uma responsabilidade singular pela transmissão do evangelho (veja Tt 1,3).

29 (C) Paulo como o verdadeiro mestre (1,12-17). Uma construção concêntrica formada por duas (quase) doxologias (vv. 12 e 17) e a afirmação repetida "mas obtive misericórdia" (vv. 13 e 16) servem para focar a atenção na "palavra fiel" sobre a obra salvadora de Cristo (v. 15). O esquema "antes/agora" (veja Tt 3,3-8) é aplicado a Paulo aqui. Ele mesmo nunca descreveu sua conversão em termos tão duros (veja Gl 1,11-16; Fl 3,4-8; mas cf. At 9,1-19). **13.** *blasfemo:* Paulo era o que os hereges são agora (v. 20). Ao contrário deles, porém, naquela época Paulo tinha a "ignorância" (v. 13) como desculpa (cf. At 3,17; 17,30). Todavia, a comparação aponta para a frente, para a esperança de sua conversão expressa no v. 20. **15.** *Cristo Jesus veio ao mundo para salvar os pecadores:* as variantes desta "palavra fiel" nos evangelhos incluem Jo 3,17; Lc 19,10; Mt 9,13 par. **16.** *como exemplo para quantos nele hão de crer:* Paulo é o "primeiro" (v. 15) a ser libertado por Cristo; sua conversão é um modelo para todos os crentes que vierem depois dele (veja também 2Tm 1,13). **17.** A transcendência de Deus é destacada.

30 (D) Resumo (1,18-20). A tarefa da "admoestação" (veja v. 5) é agora formalmente "confiada" (*paratithemai* – quanto ao substantivo correlato *parathēkē*, "depósito", veja 1Tm 6,20; 2Tm 1,12.14) por Paulo a Timóteo (v. 18). Este último é lembrado da necessidade da "fé e uma boa consciência" (v. 19; cf. v. 5). Os esforços de Timóteo devem contrastar radicalmente com os dos falsos mestres. **18.** *segundo as profecias pronunciadas outrora sobre ti:* uma referência à ordenação de Timóteo (1Tm 4,14). **20.** *Himeneu e Alexandre, os quais entreguei a Satanás, a fim de que aprendam a não mais blasfemar:* Himeneu é unido, em 2Tm 2,17, a Fileto como falso mestre. O mesmo Alexandre é (provavelmente) descrito em 2Tm 4,14 como inimigo e acusador de Paulo. Quanto ao procedimento de "entregar a Satanás", veja 1Cor 5,4-5; em ambos os casos, espera-se a salvação final do indivíduo.

31 (III) Culto e liderança na igreja (2,1-3,13).
(A) A conduta da comunidade no culto (2,1-15).
(a) *A oração* (2,1-7). A ênfase nesta seção recai sobre o desejo de Deus de salvar todos os seres humanos (veja também 1Tm 4,10; Tt 2,11; 3,2.8). Os vv. 5-6 dão uma argumentação teológica para esta insistência, e o v. 7 indica que Paulo especificamente aceitou esta missão. **1.** *recomendo:* todo ser humano deve ser incluído nas orações de intercessão e ação de graças da comunidade. **2.** *pelos reis:* como os judeus, os cristãos não participavam da adoração cívica aos deuses, e isso os tornava suspeitos. Em parte para compensar tal suspeita, os dois grupos deixavam claro que oravam pelo bem-estar do imperador e outras autoridades cívicas. O autor das Pastorais, porém, não recomenda tal oração a partir de uma preocupação com o patriotismo como tal, mas com base em um desejo de que tais autoridades permitissem que os cristãos vivessem em paz ("a fim de que levemos uma vida calma e serena" [v. 2]) e de uma esperança (implícita) de que estas autoridades chegassem ao "claro conhecimento da verdade" (vv. 3-4). *piedade:* veja Tt 1,1. **4.** *cheguem ao conhecimento da verdade:* veja Tt 1,1. **5-6.** Grande parte, ou a totalidade desta seção, parece ser uma fórmula tradicional. *um só Deus:* se Deus é um só, ele deve se interessar por todos os povos, e não apenas por este ou aquele grupo ou nação. *e um só mediador entre Deus e os seres humanos, um ser humano, Cristo Jesus:* a repetição da palavra "um" vincula Cristo com Deus. Mas sua humanidade é enfatizada aqui tanto pelo uso da palavra *anthrōpos*, "ser humano", quanto pela designação "mediador" (aplicada a Moisés em Gl 3,19-20; cf. Filo, *De vita Mos.* 2.166). **6.** *que se deu em resgate por todos:* cf. Mc 10,45. A ênfase recai novamente sobre a universalidade da obra de Cristo. *este é o testemunho dado nos tempos estabelecidos:* o "testemunho" de Cristo certamente se refere à sua morte (veja 2Tm 1,8), mas também é provável que, dada a formulação no plural, "tempos estabelecidos" se refira ao conjunto de sua atividade. O que Cristo fez testemunha o cumprimento da promessa de Deus (veja Tt 1,2-3; 2Tm 1,1). **7.** *digo a verdade, não minto:* a função essencial de Paulo no plano salvífico de Deus (Tt 1,3; 2Tm 1,11) é enfatizada aqui por esta fórmula de asseveração, baseada em Rm 9,1.

32 (b) *Como os homens deveriam agir* (2,8). *em todo lugar:* uma expressão formular, usada na legislação cultual (cf. também *Did.* 14.3) e baseada em Ml 1,11. *erguendo mãos santas:* na arte protocristã, esta é a postura normal de uma pessoa em oração, ou seja, de pé, com as mãos estendidas e com as palmas das mãos viradas para o alto, para o céu, a fim de indicar receptividade aos dons de Deus. *sem ira e sem animosidade:* cf. Fl 2,14. De acordo com o autor das Pastorais, os falsos mestres se caracterizavam por fomentar controvérsias e discussões (1Tm 6,4; 2Tm 2,14.23).

33 (c) *Como as mulheres deveriam agir* (2,9-15). Como em 1Cor 11,5, pressupõe-se que as mulheres têm o direito de orar em voz alta no culto cristão. Mas o autor está claramente preocupado com a conduta das mulheres, pois algumas delas parecem ter exercido um papel de ensino e pregação (veja 1Tm 5,13). As mulheres nas igrejas paulinas tinham posições de responsabilidade (*p.ex.*, Febe [Rm 16,1-2], Prisca [Rm 16,3; 1Cor 16,19], Júnia [? Rm 16,7]) e são descritas pregando (1Cor 11,5) e ensinando (At 18,26; *AtPaulo e Tecla*). **9-10.** A preocupação quanto à falta de modéstia na aparência é comum na filosofia greco-romana. Mesmo assim, a comunidade das Pastorais provavelmente tinha membros ricos que podiam ter pérolas, joias de ouro, etc. **11-12.** 1Cor 14,33b-35, um provável acréscimo ao texto original de 1Cor, é semelhante a este texto na linguagem e na postura. O autor das Pastorais descreve explicitamente só a conduta das mulheres no culto cristão, mas talvez intencione uma aplicação mais geral. *ou domine o homem*: na concepção do autor, isto é uma violação de Gn 3,16. **13-14.** *Adão*: argumento escriturístico baseado na linguagem de Gn 2-3 LXX. Dois aspectos são ressaltados: o varão tem prioridade porque foi criado primeiro e, como em Gn 3,13, onde o "engano" é afirmado explicitamente quanto à mulher, mas não quanto ao varão, é mais provável que as mulheres se desviem e, assim, não deveriam ser mestras (veja também Eclo 25,24). O próprio Paulo prefere atribuir a culpa a Adão (como contraparte de Cristo – veja Rm 5,12-21; 1Cor 15,45-49; → Romanos, 51:53). *ela será salva pela sua maternidade*: isto não é uma postura puramente machista, mas deve ser lido à luz de 1Tm 4,3-5: os falsos mestres proíbem o casamento, mas a fé verdadeira insiste na bondade da sexualidade humana como algo criado por Deus. De fato, as mulheres serão salvas, diz o autor das Pastorais, justamente por aquilo que os falsos mestres rejeitam.

34 (B) A liderança na comunidade (3,1-13).
(a) *O princípio básico* (3,1). Alguns sugerem que a "palavra fiel" (veja Tt 3,8) se referiria a 2,13-14, mas parece, isto sim, como genuína tradição paulina, fundamentar o que vem imediatamente a seguir. *epíscopo: episkopē* é um termo genérico e ainda não significa "episcopado" no sentido moderno.

(b) *Requisitos para os epíscopos* (3,2-7). Tanto este texto como Tt 1,6-8 parecem se valer de listas anteriores de requisitos. O autor das Pastorais provavelmente alterou esta tradição anterior de vários modos. O v. 7 parece, certamente, ser tal tipo de acréscimo. **2.** *o epíscopo: i.e.*, qualquer epíscopo/supervisor. Este indivíduo provavelmente era uma espécie de "pastor" responsável por uma igreja doméstica (veja o v. 5 e Tt 1,7), mas possivelmente também tinha responsabilidades mais amplas. *esposo de uma única mulher*: veja Tt 1,6. *sóbrio*: isto se refere primordialmente à temperança referente a comida e bebida, mas pode ter um significado mais geral. Veja Tt 1,7. **3.** *desprendido do dinheiro [desinteresseiro, na BJ]*: veja Tt 1,7. **4-5.** Presume-se que o epíscopo seja casado e tenha filhos. Visto que o autor das Pastorais vê a assembleia dos crentes como "a casa de Deus" (1Tm 3,15), a administração da própria família pelo candidato é considerada um bom indicador de sua provável atuação como bispo. **7.** A preocupação característica das Pastorais de que a comunidade cristã seja atraente para as pessoas de fora deriva da percepção de que Deus quer que todas as pessoas sejam salvas (veja 1Tm 2,1-7).

(c) *Requisitos para os diáconos* (3,8-12). **8.** *os diáconos:* normalmente no NT, a palavra grega *diakonos* tem o sentido genérico de "servo" ou "ministro", mas ocasionalmente, como aqui, designa um cargo na igreja (como em Fl 1,1 e possivelmente também em Rm 16,1; cf. At 6,1-6). O papel exato dos diáconos neste período inicial é difícil de determinar, pois os diáconos/servos de At 6 também pregavam (At 7; 8,4-8.26-40). **9.** *o mistério da fé*: os diáconos devem ser crentes e praticantes da palavra. **11.** *as mulheres*: como as qualidades exigidas das "mulheres" (ou "esposas" [*i.e.*, dos diáconos – o termo grego *gynaikas* é ambíguo]) são praticamente idênticas às listadas nos vv. 8-9, e como não há uma referência semelhante às esposas dos bispos ou dos anciãos, aqui o autor provavelmente está se referindo a diaconisa. **12.** Presume-se que também os diáconos sejam casados e tenham filhos (veja Tt 1,6-7; 1Tm 3,4-5).

(d) *Conclusão* (3,13). Embora esteja ligado à exposição precedente sobre os diáconos pelo particípio (no grego) "exercem bem", este versículo aparentemente serve para explicar por que desejar o "episcopado" (3,1) é uma "boa obra".

35 (IV) Finalidade e perspectiva teológica de 1 Timóteo (3,14-4,10).

(A) Finalidade: a conduta na casa de Deus (3,14-16). 15. *todavia, se eu tardar*: os leitores originais sabiam que a morte de Paulo causara um longo atraso! Ainda assim, ele deu à igreja instruções adequadas para sua conduta. *casa de Deus*: esta é uma expressão bíblica que se refere a Israel, mas com mais frequência ao Templo de Jerusalém. Aqui ela também reflete deliberadamente o caráter familiar das comunidades protocristãs, as quais normalmente se reuniam em casas privadas. **16.** *aparecido ... na glória*: uma antiga formulação poética do querigma. Três pares de expressões estão organizados para justapor acontecimentos celestiais/espirituais e terrenos. Com uma exceção, as seis expressões gregas têm quase o mesmo número de sílabas. *o mistério*: como em Cl 1,26-27 e 2,2, o "mistério" da revelação de Deus (*i.e.*, a revelação, no tempo, do momento da salvação outrora oculto) é identificado com Cristo. *manifestado na carne:* algum tipo de preexistência divina parece estar implicado. *justificado [ou vindicado] no Espírito*: isto se refere à ressurreição de Cristo.

(REUMANN, J., *"Righteousness" in the New Testament* [Philadelphia, 1982] 30. SCHWEIZER, E., "Two Early Christian Creeds Compared", *CINTI* 166-77.)

36 (B) Perspectiva: a bondade da criação (4,1-10).

(a) *A afirmação básica* (4,1-5). **1.** Como também em 2Tm 3,1-5, as atividades dos falsos mestres (aqui claramente identificados como estando dentro da comunidade cristã) são vistas como sinais dos últimos tempos preditos pelo espírito profético de Deus. **2.** *marcada por ferro quente*: os escravos, especialmente os fugitivos, eram às vezes marcados com ferro quente. A imagem aponta para a condição cativa, escravizada, das pessoas que rejeitam a verdade. **3-4.** O falso ensino, agora identificado com precisão, parece muito semelhante ao atribuído a Paulo em *AtPaulo e Tecla* (→13 *acima*), onde Paulo é descrito como proclamador de uma doutrina de "abstinência e ressurreição" (5), e ele e seus seguidores vivem em um túmulo e se alimentam de pão, verdura e água (23-25). Aparentemente, visto que o autor das Pastorais usou Gn 1,4.10.12 para insistir que toda a criação de Deus é boa e, portanto, pode ser utilizada pelos cristãos, os falsos mestres insistiam numa retirada do mundo material como algo mau, uma perspectiva que se encontrava amplamente no gnosticismo e em outras correntes. **5.** *é santificado*: a criação é boa em si mesma. A palavra de Deus, a oração e a ação de graças (vv. 3-4) são meios que permitem aos cristãos reconhecerem que o mundo criado procede da mão de Deus.

(b) *Estas coisas devem ser ensinadas* (4,6-10). Timóteo e todos os líderes cristãos devem seguir o exemplo de Paulo (v. 10), ensinando o ponto de vista apresentado nos vv. 3-5 ("estas coisas", v. 6) e rejeitando a heresia. **6.** *que tens seguido*: isto é desenvolvido em 2Tm 3,10. **7.** *coisas de pessoas caducas*: conquanto esta seja uma expressão estereotipada (cf. EPÍTETO, *Diss*. 2,16.39; Luciano, *Philops*. 9), o autor está preocupado com o envolvimento de mulheres no falso ensino (*p.ex.*, 1Tm 5,13). **8.** *piedade*: veja Tt 1,1. *pois contém a promessa da vida presente e futura*: o provérbio com dois membros de 8a parece ser tradicional. Não é uma rejeição do exercício atlético, mas do "exercício corporal" (*i.e.*, a abstinência corporal) defendido pelos heréticos. **10.** *Salvador de todos os seres humanos, sobretudo dos que têm fé*: esta é uma das mais fortes reafirmações bíblicas da vontade salvífica universal de Deus. Os crentes desfrutam de um direito especial, mas não singular. Veja Tt 2,11; 3,2.8; 1Tm 2,1.4.

37 (V) Ensinamentos para diferentes grupos na igreja (4,11-6,2).
(A) Introdução (4,11). 1Timóteo 6,2 termina com uma linguagem muito semelhante; portanto, os dois versículos emolduram a seção.
(B) Timóteo como tipo do líder da igreja (4,12-16). Embora obrigações eclesiais específicas sejam enumeradas (v. 13), o que se enfatiza é o estilo de vida exemplar exigido do líder da igreja. **12.** *que ninguém despreze tua jovem idade*: que Timóteo fosse "jovem" (como em 1Tm 5,1) é historicamente improvável. Em vez disso, sua "juventude" faz dele um símbolo de todo líder de igreja que vem depois de Paulo (*i.e.*, cada "nova geração"). Cf. Tt 2,15. *na pureza*: veja aspectos específicos em 1Tm 5,2. **13.** *à leitura, à exortação e à instrução*: a "leitura" era a leitura pública do AT, e a "exortação" se refere à homilia. As duas práticas procedem da sinagoga judaica. **14.** *a imposição das mãos:* 2 Timóteo 1,6 enfatiza a ligação direta de Timóteo com Paulo na cadeia da tradição. Este texto, porém, reflete os ritos de ordenação conhecidos na comunidade das Pastorais, *i.e.*, o uso da profecia para descobrir o carisma de um candidato e o envio do candidato através do ritual (judaico) da imposição de mãos pelos anciãos (cf. Nm 27,18-23; Dt 34,9). **15.** *progresso*: veja Fl 1,25. O líder tampouco pode ficar parado, mas deve progredir e assim incentivar a outros.

38 (C) O líder e várias faixas etárias (5,1-2). 1. *o ancião*: a palavra grega *presbyteros*, aqui contraposta a *neōterous*, "jovem", refere-se antes a "homem mais velho" do que a um "ancião" ou "presbítero".
(D) As viúvas (5,3-16). A comunidade das Pastorais conhecia a instituição de "viúvas inscritas"; nos vv. 9-10, o autor provavelmente cita regulamentações mais antigas relativas à sua inscrição. Está claro que o autor acredita que esta instituição cresceu demais, e ele indica três modos (vv. 3-8.9-15.16) para limitar seus membros àquelas "que são verdadeiramente viúvas" (vv. 3, 5). Sua preocupação tem a ver não somente com as exigências financeiras (v. 16), mas também com a atividade de algumas "viúvas" na disseminação do erro (vv. 13, 15; veja J. Bassler, *JBL* 103 [1984] 23-41). **4.** *aprendam primeiramente: i.e.*, os filhos ou os netos. As viúvas com parentes vivos deveriam ser cuidadas por eles. **5.** *aquela que é verdadeiramente viúva:* ela é definida como alguém que está verdadeiramente sozinha no mundo. Embora seja mais provável que tais mulheres tivessem obrigações específicas de oração, etc., dentro da comunidade e formassem, assim, uma espécie de "ordem religiosa", a linguagem do v. 5b talvez sirva meramente para enfatizar sua total dependência exclusivamente de Deus. **6.** Estas viúvas não devem ter relacionamentos sexuais irregulares. **7-8.** Dirigidos aos parentes vivos das viúvas. **9-10.** O fato de que a forma destas regulamentações lembra Tt 1,6-9 e 1Tm 3,2-7.8-12 fortalece a impressão de que as "viúvas inscritas" constituíam um ofício específico dentro da comunidade. *esposa de um só marido*: isto não proíbe um segundo casamento (veja v. 14). Quanto ao sentido, veja Tt 1,6. *criou filhos ... toda boa obra*: como em outros lugares nas Pastorais, o cuidado da família, a hospitalidade e o socorro aos necessitados são enfatizados. **11-12.** O autor quer que as viúvas mais jovens (*i.e.*, aquelas com menos de 60 anos) se casem novamente e voltem à vida doméstica organizada (veja v. 14). *querem casar-se*: aparentemente o celibato era exigido das viúvas inscritas. É fácil perceber por que os mestres que "proíbem o casamento" (1Tm 4,3) poderiam querer aumentar o número de tais viúvas. **13.** *falando o que não devem*: em Tt 1,11, quase as mesmas palavras são aplicadas aos falsos mestres. *correndo de casa em casa*: esta expressão certamente (cf. Tt 1,11) implicava não só simples fofoca, mas a disseminação de ensinamentos que eram abomináveis para o autor das Pastorais (cf. v. 15). **14.** A estrutura disciplinada da casa greco-romana é vista como um antídoto efi-

caz a tais atividades (cf. também 1Tm 2,9-15). **16.** *se uma fiel tem viúvas em sua família: pistē* se refere a uma mulher cristã que assumiu o sustento de uma ou mais viúvas que não são parentes suas.

39 (E) Os presbíteros (5,17-25). 17. *os presbíteros*: alguns "anciãos" (*presbyteroi* – veja o v. 1) "presidem" e são, assim, líderes da igreja em sentido formal. Aqueles que realizam "bem" este ministério merecem "dupla renumeração" da comunidade. Isto se aplica especialmente àqueles presbíteros que têm uma responsabilidade especial pela "palavra" e pela "instrução". (Veja J. Meier, *CBQ* 35 [1973] 325-37). **18.** O autor segue a Paulo (1Cor 9,9) no uso de Dt 25,4 para insistir no sustento financeiro dos ministros da igreja. *O operário ... de seu salário*: em Lc 10,7 isto é um dito de Jesus. Aqui este dito é tratado como um texto da Escritura (cf. 1Cor 2,9). **19.** *testemunhas*: a lei bíblica (Dt 19,15; cf. 2Cor 13,1; Mt 18,16) determina a recepção de acusações contra anciãos. **20.** Os culpados devem ser repreendidos a fim de que os demais deixem de fazer o que é errado. **21.** O favoritismo não deveria determinar o tratamento dos anciãos. **22.** *a ninguém imponhas apressadamente as mãos*: como em 1Tm 4,14 e 2Tm 1,6, isto é uma referência à ordenação. *conserva-te puro*: provavelmente os falsos mestres sustentavam a "pureza" como uma virtude especial; a digressão do v. 23, portanto, insiste que a verdadeira "pureza" não é um ascetismo que nega o mundo (veja 1Tm 4,3-5). **24.** *os pecados*: as obras boas e más de alguns candidatos ao presbiterato são evidentes, enquanto as de outros somente vêm à luz após uma investigação cuidadosa.

(F) Os escravos (6,1-2). Quanto à perspectiva geral, veja Tt 2,9-10. **1.** *para que o nome de Deus ... não sejam blasfemados*. Uma referência a Is 52,5 conforme citado em Rm 2,24; o autor acrescentou a expressão "e a doutrina". **2.** Embora na experiência das Pastorais a maioria dos senhores de escravos não fossem cristãos (v. 1), havia alguns cristãos mais ricos que tinham escravos (veja o comentário sobre Tt 2,9). *eis o que deves ensinar e recomendar*: isto retoma a linguagem de 4,11 e conclui esta unidade de pensamento.

40 (VI) Síntese (6,3-16).
(A) A situação dos falsos mestres (6,3-10). Grande parte da linguagem desta seção, especialmente a acusação de amor ao dinheiro, é jargão da polêmica dos filósofos contra seus opositores. Como nos diálogos platônicos, estes últimos são, via de regra, descritos como "sofistas" que ensinam em troca de dinheiro e procuram mais agradar as pessoas do que expor a verdade. **3.** Várias palavras lembram 1,3-4. *sãs palavras*: quanto à aplicação das imagens de saúde/enfermidade – observe também o v. 4 – ao ensino, veja Tt 1,13; 2,1. *conforme a piedade*: veja o comentário sobre Tt 1,1. **4.** *nada entende*: na tradição filosófica, *epistēmē* é a mais elevada forma do conhecimento, o conhecimento da própria verdade. Os falsos mestres não a possuem. Cf. Tt 1,1. *inveja ... más suposições*: um estado de coisas diretamente oposto ao amor produzido pela "instrução" de que fala 1,5. **6.** *A piedade é de fato grande fonte de lucro*: os falsos mestres de estilo sofista, diz o autor, ensinam uma suposta piedade para conseguir ganhos financeiros. Eles não possuem a virtude filosófica da *autarkeia*, "autossuficiência", *i.e.*, o contentamento com os bens que possuem (veja v. 8), e assim não obtêm o lucro verdadeiro (*i.e.*, espiritual). **7.** Esta postura aparece em muitas fontes antigas (cf. Jó 1,21; Filo, *De spec. leg.* 1.294-95; *Anth. Pal.* 10.58; Sêneca, *Ep.* 102.25). **8.** *contentemo-nos com isso*: 2 Timóteo 4,13 descreve Paulo como exemplo de simplicidade em sua necessidade de vestuário. **10.** *o amor ao dinheiro ... males*: este era um dito comum na Antiguidade.

41 (B) Como Timóteo deve agir (6,11-16). O verdadeiro líder eclesial atuará de forma bem diferente da do falso mestre. **11.** *homem de Deus*: o uso de um título aplicado com frequência aos profetas no AT (*p.ex.*, Dt 33,1; 1Sm 2,27) chama a atenção para o poder espiritual possuído pelo líder da igreja. **12.** *o bom combate*: a vida do próprio Paulo exemplificou como este combate deveria ser travado (2Tm 4,7). *a bela profissão*: provavelmente uma referência à profissão de fé feita no batismo, e não, como pensam alguns, à ordenação. **13.** *testemunho*: a conduta do próprio Jesus ao enfrentar sua paixão e morte quando Pilatos era governador exemplifica a verdadeira fidelidade. **14.** *o mandamento*: a palavra grega *entolē* não designa aqui, como o faz geralmente, um "mandamento" específico de Deus, mas todo "mandamento" divino dado a Timóteo. *até a aparição*: veja Tt 2,11.13. **15-16.** Uma doxologia em louvor a Deus, parcialmente paralela à que se encontra em 1,17. É de inspiração judaico-helenística e enfatiza a transcendência de Deus e sua superioridade a todos os governantes terrenos.

42 (VII) Reflexão complementar sobre os ricos (6,17-19). O surgimento da questão do dinheiro em 6,6-10 pode ter levado à inclusão desta digressão parenética dirigida aos membros mais prósperos da comunidade, aparentemente um grupo nada insignificante (veja 2,9; 6,2; Tt 2,9-10). **17.** *mas em Deus, que nos provê tudo com abundância para que nos alegremos*: seguindo o pensamento de 4,3-5, o dinheiro é incluído entre os dons criados por Deus. **18-19.** O dinheiro até oferece oportunidades espirituais às pessoas que o têm, caso o usem de maneira correta. A prosperidade crescente entre os cristãos incentivou o desenvolvimento de tais concepções.

43 (VIII) Exortação final a Timóteo (6,20-21a). 20. *guarda o depósito*: a palavra grega *parathēkē* pode designar um "depósito", *p.ex.*, de dinheiro, que uma pessoa deve devolver exatamente como recebeu (veja o comentário sobre 1,18). Tendo em vista a forma dinâmica com que as Pastorais lidam com a tradição paulina, a ênfase aqui reside na "preservação de um bem dado em confiança". *as contradições de uma falsa ciência*: os falsos mestres aparentemente chamavam seus ensinamentos de "ciência [conhecimento]" (*gnōsis*), um nome que talvez os associe ao gnosticismo em desenvolvimento (→ 10 *acima*). Para o autor das Pastorais, o verdadeiro cristianismo é, em contraposição a isto, "conhecimento claro" (*epignōsis* – cf. Tt 1,1; 1Tm 2,4; 2Tm 2,25; 3,7).

(IX) Bênção final à comunidade (6,21b). Uma bênção para um grupo maior de leitores, como indica o plural "convosco" (como também em Tt 3,15 e 2Tm 4,22).

COMENTÁRIO SOBRE A SEGUNDA CARTA A TIMÓTEO

44 Esboço. A segunda carta a Timóteo pode ser esboçada como a seguir:

(I) Destinatário e saudação (1,1-2)
(II) Ação de graças (1,3-5)
(III) Exortação a Timóteo para renovar os dons espirituais de poder, amor e instrução ética (1,6-2,13)
   (A) Introdução: reavivar o carisma divino (1,6-7)
   (B) O poder capacita a suportar os sofrimentos (1,8-12)
   (C) O amor possibilita a fidelidade a Paulo (1,13-18)
   (D) A instrução ética possibilita a transmissão fiel do evangelho (2,1-10)
      (a) A necessidade de preservar o depósito da fé (2,1-2)
      (b) Três exemplos para a imitação (2,3-6)
      (c) A fidelidade exemplar de Paulo a Cristo (2,7-10)
   (E) Resumo: "fiel é esta palavra" (2,11-13)
(IV) O verdadeiro ensinamento *versus* o falso ensinamento (2,14-4,8)
   (A) Quatro antíteses que distinguem o verdadeiro do falso mestre (2,14-26)
   (B) Recursos disponíveis ao líder da igreja em meio aos males dos últimos tempos (3,1-17)

(a) A conduta dos falsos mestres contrastada com o exemplo virtuoso de Paulo (3,1-12)
(b) Os erros dos falsos mestres contrastados com a verdade da Escritura (3,13-17)
(C) Exortação conclusiva (4,1-8)
(V) Situação e necessidades de Paulo (4,9-21)
(A) Timóteo deve se encontrar com Paulo (4,9-13)
(B) A situação jurídica de Paulo (4,14-18)
(C) Saudações e outros assuntos (4,19-21)
(VI) Bênçãos finais a Timóteo e aos leitores (4,22)

45 (I) Destinatário e saudação (1,1-2). **1.** *por vontade de Deus*: o papel de Paulo como emissário de Cristo era, para as Pastorais, uma parte do plano divino da salvação (cf. 1Tm 2,7; 2Tm 1,11; Tt 1,3). *segundo a promessa da vida*: um resumo de Tt 1,2-3. Quanto ao significado duplo da preposição grega *kata*, veja o comentário sobre Tt 1,1. *em Cristo Jesus*: i.e., não qualquer "vida", mas a vida que se encontra dentro da comunidade cristã. **2.** *a Timóteo, meu filho amado*: como em 1Cor 4,17, a linguagem enfatiza o relacionamento estreito de Timóteo com Paulo.

(II) Ação de graças (1,3-5). Típica ação de graças epistolar (→Epístolas do NT, 45:6, 8B), desenvolvida com a ajuda de Rm 1,8-11. A fé, tanto de Timóteo quanto de Paulo, depende de cadeias traditivas que remontam inclusive à fé de Israel. **3.** *em continuidade com meus antepassados:* Paulo lembra seus pais e mães (judeus) na fé (cf. At 24,14-15; 26,6). **4.** *lembrado de tuas lágrimas*: provável referência a uma cena de partida semelhante à registrada em At 20,37-38. **5.** *em tua avó Lóide e em tua mãe Eunice*: Atos 16,1 indica que a mãe de Timóteo era "uma mulher judia que abraçara a fé", *i.e.*, uma cristã judaica, mas em relação à avó não há registro. As Pastorais e o livro de Atos utilizam uma tradição comum aqui; presumivelmente por ser pagão (At 16,1.3), o pai de Timóteo não recebeu menção. A "cadeia de tradição" (cf. também 2,1-2; Tt 1,4-5) exemplifica como a fé é transmitida corretamente (cf. 3,14-15).

46 (III) Exortação a Timóteo para renovar os dons espirituais de poder, amor e instrução ética (1,6-2,13).
(A) Introdução: reavivar o carisma divino (1,6-7). 6. *a reavivar o dom espiritual:* 2 Timóteo descreve Paulo em seus dias finais; seus herdeiros espirituais devem continuar sua missão. *pela imposição de minhas mãos*: isto não é um reflexo da prática de ordenação usada pela comunidade das Pastorais (veja 1Tm 4,14), mas um esforço para deixar claro que somente Paulo autenticou a missão de Timóteo. Nada é dito aqui que restrinja os dons carismáticos à imposição das mãos. **7.** A estrutura da sentença é estreitamente paralela a Rm 8,15. *um espírito ... de instrução* [no original]: a palavra *sōphronismos* designa literalmente a comunicação da virtude cardeal da moderação (*sōphrosynē*) e assim, por extensão, o ensino eficaz da virtude em geral. Esta capacidade é vista como dom de Deus.

47 (B) O poder capacita a suportar os sofrimentos (1,8-12). Seguindo o exemplo de Paulo, que não "se envergonha" de seu sofrimento – o vocabulário nos vv. 8 e 12 lembra Rm 1,16 – Timóteo, como tipo do líder da igreja, não deve ter "vergonha", mas compartilhar com Paulo seu sofrimento pelo evangelho. As referências ao "poder" de Deus nos vv. 8 e 12 e a lembrança do querigma dão uma base para a confiança. **8.** *testemunho de nosso Senhor*: a despeito desta referência à paixão de Jesus, é Paulo e não Jesus que é proposto como o modelo primordial para imitação. *nem de mim, seu prisioneiro*: esta é uma afirmação um pouco irônica; se Paulo é prisioneiro de Cristo, então ele é, de fato, livre (cf. 1Cor 7,22). **9-11.** Grande parte da linguagem deste "esquema de revelação" se encontra em outros lugares nas cartas paulinas; quanto ao padrão, veja Tt 1,2-3; Ef 3,5-7.9-11; Rm 16,25-26. *que nos salvou*: para o próprio Paulo a salvação é normalmente um acontecimento futuro (mas veja Rm 8,24-25; → Teologia paulina, 82:71). *não em virtude de nossas obras ... em Cristo Jesus*: uma postura muito paulina (veja Rm 9,11; Gl 2,16; Ef 2,8-9). *antes dos tempos eternos*: veja Tt 1,2. *aparição de nosso Salvador*: veja o comentário sobre Tt 1,4; 2,11.13. *que destruiu a morte*: em 1Cor 15,26 isto é descrito como um acontecimento futuro. **11.** *fui constituído pregador*: quanto ao papel essencial de Paulo na economia da salvação, veja Tt 1,3; 1Tm 2,7. **12.** *guardar meu depósito*: quanto a *parathēkē*, veja o comentário sobre 1Tm 6,20.

48 (C) O amor possibilita a fidelidade a Paulo (1,13-18). O v. 15 ilustra negativamente, e os vv. 16-18, positivamente, o princípio articulado nos vv. 13-14. Paulo e seu ensinamento seguem sendo o modelo para a comunidade cristã. **15.** *me abandonaram*: Tito 1,14 vê o "abandono" como apostasia. Provavelmente isso ocorreu quando a notícia de que Paulo estava preso chegou a Éfeso (→ 5 *acima*). *Figelo*: não se encontra em outra fonte. *Hermógenes*: com Demas (veja 4,10), ele aparece em *AtPaulo e Tecla* como um seguidor apóstata de Paulo. **16.** *Onesíforo*: conhecido somente a partir de *AtPaulo e Tecla*, onde ele também é descrito como amigo fiel de Paulo. **18.** *que o Senhor lhe conceda achar misericórdia junto ao Senhor*: provavelmente o primeiro uso da palavra "Senhor" se refere a Cristo, e o segundo a Deus, mas a questão não é clara. Fala-se de Onesíforo como se ele estivesse morto.

49 (D) A instrução ética possibilita a transmissão fiel do evangelho (2,1-10).

(a) *A necessidade de preservar o depósito da fé* (2,1-2). O autor vê Paulo vislumbrando (no mínimo) três gerações de líderes cristãos: Timóteo ("meu filho", v. 1), os "homens fiéis ... idôneos" (v. 2), e os "outros", que serão ensinados por eles. Cf. *1Clem*. 42,44. **2.** *na presença de muitas testemunhas*: talvez isto seja uma referência à ordenação de Timóteo (1,6; 1Tm 1,18; 4,14), mas veja também Dt 19,15. *confia-o*: veja 1Tm 1,18; 6,20.

(b) *Três exemplos para a imitação* (2,3-6). Os exemplos são lugares-comuns provenientes da tradição filosófica (cf., *p.ex.*, Epicteto, *Diss.* 3.10.8; 3.24.31-37) e foram empregados também, embora em um sentido um pouco diferente, por Paulo (1Cor 9,7.24-27). Aqui o soldado ensina a necessidade da mente focada em um único objetivo, o atleta ensina a abnegação, e o agricultor, o esforço intenso.

(c) *A fidelidade exemplar de Paulo a Cristo* (2,7-10). **7.** O poder de Deus possibilita a compreensão da palavra exterior da revelação. **8.** A procedência paulina desta fórmula confessional é explícita. *segundo meu Evangelho*: veja Rm 1,1; 2,16; 16,25. A formulação provavelmente procede de Rm 1,3-4. Curiosamente, a ressurreição de Cristo é mencionada antes de seu nascimento. **9-10.** Nas Pastorais não há pensamento de outros apóstolos que atuariam se o trabalho do próprio Paulo fosse impedido.

(E) Resumo: "fiel é esta palavra" (2,11-13). Trecho de um hino usado nas igrejas paulinas. Tem uma estrutura de a,b,a´,b´,c,d,c´,d´ com uma coda acrescentada (*não pode renegar-se a si mesmo*), talvez pelo autor das Pastorais. **11.** *fiel é esta palavra*: veja Tt 3,8. O restante do v. 11 é linguisticamente bastante semelhante a Rm 6,8. **13.** O elemento (d´) (*ele permanece fiel* [*i.e.*, a Deus]) é a base teológica para o elemento (d) (*ele nos renegará)*; os outros elementos paralelos do hino são sinônimos.

50 (IV) O verdadeiro ensinamento versus o falso ensinamento (2,14-4,8). Veja L. Johnson, *JRelS* 6-7 (1978-79) 1-26.

(A) Quatro antíteses que distinguem o verdadeiro do falso mestre (2,14-26). Cada uma das antíteses (2,14-15.16-21.22.23-26) destaca ações a serem evitadas e exorta, direta ou implicitamente, para a conduta correta contrária. O estilo de parênese antitética ("faça isto, evite aquilo") segue um modelo corrente da Antiguidade. **14.** *atestando diante de Deus*: a recorrência desta expressão em 4,1, *i.e.*, no fim da unidade principal, ajuda a unificar o argumento. *é preciso evitar as discussões de palavras*: de acordo com 1Tm 6,4-5, esta é uma atividade característica dos mestres que não têm a verdadeira compreensão. **15.** *que dispensa com retidão a* *palavra da verdade*: a imagem grega utilizada é a do "traçar uma linha reta" para a palavra. **16.** *palavreado vão e ímpio*: esta expressão, repetida de 1Tm 6,20, descreve uma característica do "suposto conhecimento" possuído pelos falsos mestres. *impiedade: asebeia*, o oposto de *eusebeia*, "piedade", frequentemente elogiada pelo autor (veja Tt 1,1). **17.** *Himeneu e Fileto*: em 1Tm 1,20, Himeneu também aparece como adversário de Paulo; nesta passagem ele aparece junto com Alexandre. Fileto não é conhecido de outra parte. **18.** *a ressurreição já se realizou*: em *AtPaulo e Tecla* 14, um par diferente dos opositores de Paulo, Demas (veja 2Tm 4,10) e Hermógenes (veja 2Tm 1,15), ensina que a "ressurreição, que Paulo diz ser vindoura, já se realizou nos filhos que temos, e que nós ressuscitamos [*i.e.*, já] porque conhecemos o Deus verdadeiro". **19-20.** A linguagem de 1Cor 3,10-12 e Rm 9,21 é combinada para criar a imagem um tanto mista de uma grande casa (*i.e.*, a igreja) construída sobre um fundamento sólido e que contém vários tipos de vasos. **19.** *o fundamento colocado por Deus*: enquanto 1Cor 3,10-11 identifica o fundamento simplesmente como "Jesus Cristo", Ef 2,20 pensa mais nos "apóstolos e profetas", tendo Cristo como "pedra fundamental" do fundamento. Aqui a ideia, provavelmente, é a de que a igreja é construída sobre a revelação verdadeira de Deus. *selo*: dois textos servem como "selo" ou marca distintiva deste "sólido fundamento". O primeiro, Nm 16,5, procede do relato da destruição divina de Coré e outros opositores de Moisés: "Deus conhece os seus" – e destrói aqueles que não o são! O segundo, possivelmente, é uma combinação de Eclo 35,3 (ou 7,2) com Lv 24,16 e alerta os verdadeiros cristãos a evitarem os erros. **21.** *vaso*: embora a igreja seja uma mistura de membros valiosos e de membros ignóbeis (os vários "vasos"), os últimos também podem se tornar valiosos se forem purificados. *preparado para toda boa obra*: para as Pastorais, esta é uma marca do verdadeiro crente (veja Tt 1,16; 3,1; 2Tm 3,17). **22.** A terceira antítese: fuja das paixões da mocidade e busque a virtude. *de coração puro*: veja 1Tm 1,5, cf. 1Tm 3,9; 2Tm 1,3. **23.** Linguagem semelhante à de Tt 3,9-10 (cf. 1Tm 6,3-5), que se refere especificamente à conduta dos falsos mestres. **24-26.** Por contraste, o verdadeiro líder da igreja ("servo do Senhor", v. 24) não deve ser um polemista contencioso, mas um mestre amável. **25.** *Deus lhes dará não só a conversão para o conhecimento da verdade*: a despeito da hostilidade do autor das Pastorais contra os falsos mestres (*p.ex.*, Tt 1,10-16; 3,9-11; 1Tm 1,19-20; 6,9-10), ele permanece convencido de que "Deus quer salvar a todos" (1Tm 2,4; cf. 1Tm 1,12-17). *o conhecimento da verdade*: veja 1Tm 2,4 e o comentário sobre Tt 1,1. **26.** *cativos de sua vontade*: os pronomes gregos são ambíguos quanto a seu(s) antecedente(s), mas os dois provavelmente se referem ao diabo.

51 **(B) Recursos disponíveis ao líder da igreja em meio aos males dos últimos tempos (3,1-17).**

(a) *A conduta dos falsos mestres contrastada com o exemplo virtuoso de Paulo* (3,1-12). Os malfeitores são sinais dos "últimos dias" (3,1-5), pessoas que "guardarão as aparências da piedade" (v. 5), mas não sua realidade. Eles são personagens reais, os falsos mestres atuantes na comunidade das Pastorais (3,6-9). Timóteo (e qualquer outro líder da igreja) não deve seguir o exemplo deles, mas o de Paulo (3,10-12). **2-5.** A assonância e aliteração, e não uma ordem lógica bíblica mais profunda, determinam a organização desta lista grega de vícios. *soberbos, blasfemos ... rebeldes com os pais ... sem afeto*: estes vícios são mencionados quase na mesma ordem em Rm 1,30-31. *guardarão as aparências da piedade*: Rm 2,20 emprega uma expressão semelhante. Com estes paralelos com Romanos, o autor das Pastorais talvez queira indicar que quem se desviou da verdade recai no estado maligno das pessoas antes da vinda de Cristo. **6.** *nas casas: oikia*, "casa" ou "família", refere-se claramente em 2,20 à "casa" dos crentes; talvez também signifique isso (*i.e.*, "igreja doméstica") em suas duas outras aparições nas Pastorais, 1Tm

5,13 e aqui. *cativar mulherzinhas: gynaikaria* é um diminutivo depreciativo. Embora sustentar que o falso ensinamento apelava às mulheres fosse uma acusação comum na Antiguidade, 1Tm 5,13 sugere que algumas mulheres ajudaram a espalhar o ensinamento cristão não-ortodoxo combatido pelo autor das Pastorais (cf. 1Tm 2,9-15; 5,15; talvez também 4,7). *carregadas de pecados, possuídas de toda sorte de desejos*: o estado de escravidão próprio dos não crentes, e não dos crentes (veja Tt 3,3). **8-9.** *Janes e Jambres*: os nomes dados na tradição posterior (CD 5,18-19; veja também Plínio, *Nat. Hist.* 30.11; Apuleio, *Apol.* 90; Numênio, frag. 9 [= Eusébio, *Praep. Evang.* 9.8.1-2]) aos magos que se opuseram a Moisés em Ex 7,11-12. Assim como nem estes homens e nem Coré e seus aliados (2,19 *acima*) tiveram êxito contra o verdadeiro representante de Deus, os falsos mestres também estão fadados ao fracasso (v. 9). **10-11.** O verdadeiro líder da igreja imitará Paulo, especialmente ao suportar qualquer sofrimento que resulte da fidelidade ao evangelho. *em Antioquia, em Icônio, em Listra:* Paulo mesmo nunca destaca sua atividade nestas cidades. Veja At 13,50; 14,5-6, 19. Em *AtPaulo e Tecla*, o trabalho de Paulo estava focado nessas três localidades. *e de todas me livrou o Senhor*: provavelmente uma referência ao Sl 34,20, que insiste na vindicação do justo. Como Moisés (2,19; 3,8), Paulo também foi vindicado por Deus. Cf. 4,18. **12.** Este é um princípio generalizado: todos os cristãos verdadeiros sofrerão perseguição. *viver com piedade*: veja Tt 1,1; 2,12.

52 (b) *Os erros dos falsos mestres contrastados com a verdade da Escritura* (3,13-17). **13.** A penosa situação dos falsos mestres. *impostores: i.e.,* eles são como Janes e Jambres (3,8). A palavra também é um epíteto comum para designar os opositores filosóficos. *progredirão no mal*: eles estão no mesmo estado que os não crentes (veja 3,6; Tt 3,3). **14.** *tu, porém, permanece firme:* "permanecer, ficar, resistir" (*menein*) é oposto ao estado dos falsos mestres, "perdidos" ou "desencaminhados". *de quem o aprendeste:* "de quem" é plural; Timóteo foi ensinado não somente por Paulo, mas também por sua família (1,5). **15.** *pela fé em Cristo Jesus*: a Escritura – o autor está pensando no AT – é capaz de oferecer instrução verdadeira, mas somente se for lida no contexto da fé da comunidade cristã. **16.** *toda Escritura é inspirada por Deus e útil*: visto que o autor provavelmente não poderia imaginar textos escriturísticos que não fossem inspirados, a outra tradução possível, "cada texto da escritura inspirado por Deus também é útil", deveria ser rejeitada por causa do contexto. Quanto a *theopneustos,* veja *TDNT* 6. 453-55. O v. 16 é constantemente citado em discussões sobre a inspiração bíblica (→ Inspiração, 65,9-16). **17.** *homem de Deus*: veja 1Tm 6,11. *qualificado para toda boa obra*: veja Tt 1,16.

53 (C) **Exortação conclusiva (4,1-8).** **1.** *Eu te conjuro, diante de Deus e de Cristo Jesus*: a repetição da linguagem de 2,14 encerra a unidade de pensamento. *sua aparição*: veja Tt 2,11.13. **2.** *no tempo oportuno e no inoportuno*: este é um conselho atípico, visto que os antigos em geral exortavam a falar somente em "tempo oportuno". Mas os "tempos" estão nas mãos de Deus (veja Tt 1,3; 1Tm 2,6; 6,15), e o orador, portanto, pode deixar a "oportunidade" para Deus (veja A. Malherbe, *JBL* 103 [1984] 235-43). **3-4.** *pois virá tempo*: cf. 3,15. Este "tempo" faz de fato parte da experiência presente da comunidade. *sã doutrina*: veja Tt 1,13; 2,1. **4.** *fábulas*: veja Tt 1,14. **5.** *sê sóbrio em tudo*: a linguagem lembra 3,14. Os vv. 3-5 continuam o padrão da exortação por antíteses, característica de 2Tm. *suporta o sofrimento, faze o trabalho de evangelista*: em 2,9, Paulo fala de "meu evangelho, pelo qual sofro, até às cadeias". Em 1,8, Timóteo foi convidado a "participar (com Paulo) do sofrimento pelo evangelho". A responsabilidade pela mensagem cristã está sendo passada de Paulo para a próxima geração de líderes da igreja. *teu ministério:* anteriormente foi o "ministério" de Paulo (1Tm 1,12). **6-8.** A morte de Paulo é descrita como iminente, e, assim, ele passa seu legado a Timóteo e a outros líderes futuros. As imagens se encontram nas cartas do próprio Paulo: libação (Fl 2,17); competição e coroa (1Cor 9,25); corrida (1Cor 9,24; Fl 3,12).

54 (V) Situação e necessidades de Paulo (4,9-21). Esta é uma das mais longas seções de encerramento que se encontram no *corpus* paulino (→ Epístolas do NT, 45:8D). Visto que Paulo não escreveu as Pastorais, provavelmente é melhor interpretar este trecho como características de Paulo como modelos dignos de imitação. Quanto ao contexto geográfico e o curso proposto dos acontecimentos, → 5 *acima*.

(A) Timóteo deve se encontrar com Paulo (4,9-13). 10. *Demas*: em Fm 24; Cl 4,14, um seguidor fiel de Paulo; mas veja o comentário sobre 2,18. *Crescente*: não é conhecido de outras fontes. *Galácia*: a região da Ásia Menor. Alguns manuscritos leem *Gallia*, "Gália". **11.** *Lucas*: veja Fm 24; Cl 4,14 ("Lucas o médico"). Quando a morte se aproxima, Paulo sofre o abandono de quase todo mundo, assim como o próprio Jesus (Mt 26,56; Mc 14,50). *Marcos*: provavelmente o Marcos de Fm 24; Cl 4,10, "o primo de Barnabé". João Marcos, companheiro de Barnabé (At 12,12.25; 15,37-39), é provavelmente a mesma pessoa, embora seja descrito como um dos que abandonaram Paulo a uma certa altura (At 13,13; 15,38). **12.** *Tíquico*: veja Tt 3,12. **13.** Este versículo ilustra a prática da virtude filosófica da autossuficiência por Paulo (veja 1Tm 6,6-8 e compare, *p.ex.*, Epicteto, *Diss.* 3.22.47-48) e seu interesse nas coisas da mente e do espírito, e não nas do corpo. A única necessidade material de Paulo é sua grossa capa de inverno; além disso, ele pede somente seus livros e pergaminhos. *Carpo*: não é conhecido de outras fontes.

55 (B) A situação jurídica de Paulo (4,14-18). 14-15. A relação entre a hostilidade de Alexandre e a defesa jurídica inicial de Paulo (v. 16) é incerta, mas o verbo *enedeixato*, "mostrou, ofereceu como prova", pode ter um sentido jurídico. Se isso estiver correto, o v. 15b deveria então ser traduzido por "ele se opôs fortemente a nossas palavras". *Alexandre, o fundidor*: será o mesmo mencionado em 1Tm 1,20? Em *AtPaulo e Tecla* 1, Hermógenes "o ferreiro" se opõe a Paulo (→ 13 *acima*). *O Senhor lhe retribuirá segundo suas obras*: cf. Pr 24,12; Sl 62,12. **16-18.** Imagina-se que Paulo esteja escrevendo 2Tm no intervalo entre seu primeiro e segundo julgamentos. Embora abandonado por "todos" (veja o comentário sobre 4,11), ele não é abandonado por seu Senhor. Todavia, sua vida continua em perigo (veja 4,6-8). *da boca do leão*: veja Sl 22,22. O Sl 22 conta como Deus vindica a pessoa justa que sofre perseguição. *me libertará*: veja 3,11. Tal "libertação" não excluía a possibilidade da morte física para Paulo!

56 (C) Saudações e outros assuntos (4,19-21). 19-20. *Prisca e Áquila*: um casal que trabalhou junto com Paulo (veja Rm 16,3; 1Cor 16,19; At 18,2.18.26). *Erasto*: veja Rm 16,23; At 19,22. *Trófimo*: provavelmente Trófimo de Éfeso (At 20,4; 21,29). Mileto fica bastante próximo de Éfeso. **21.** Os quatro indivíduos mencionados não são conhecidos de outras fontes.

(VI) Bênçãos finais a Timóteo e aos leitores (4,22). *com teu espírito*: na 2ª pessoa do singular. *a graça esteja com todos vós*: veja Tt 3,15; 1Tm 6,21; aqui se usa o plural.

57
Primeira Epístola de Pedro

William J. Dalton, S.J.

BIBLIOGRAFIA

1 BEARE, F. W., *The First Epistle of Peter* (3ª ed.; Oxford, 1970). BEST, E., *1 Peter* (NCB; London, 1971). BIGG, C., *The Epistles of St. Peter and St. Jude* (ICC; 2ª ed.; Edinburgh, 1902) 1-198. BROX, N., *Der erste Petrusbrief* (EKKNT 21; Zurich, 1979). CRANFIELD, C. E. B., *The First Epistle of Peter* (London, 1958). DALTON, W. J., *Christ's Proclamation to the Spirits: A Study of 1 Peter 3:18-4:6* (AnBib 23; Rome, 1965). ELLIOTT, J. H., *A Home for the Homeless* (Philadelphia, 1981), em Port.: *Um lar para quem não tem casa: Uma interpretação sociológica da Primeira Carta de Pedro*, Editora Academia Cristã/Paulus, 2011. FRANCO, R., "Primera carta de San Pedro", *La Sagrada Escritura* (BAC 214; Madrid, 1962) 219-97. GOPPELT, L., *Der erste Petrusbrief* (MeyerK 12/1; ed. F. HAHN; Göttingen, 1978). HUNTER, A. M., "The First Epistle of Peter", (*IB* 12; New York, 1957) 75-159. KELLY, J. N. D., *A Commentary on the Epistles of Peter and Jude* (London, 1969) 1-221. LEANEY, A. R. C., *The Letters of Peter and Jude* (CBC; Cambridge, 1967) 3-73, MARGOT, J. C., *Les épîtres de Pierre* (Geneva, 1960) 1-91. MICHL, J. C., *Die Katholischen Briefe* (RNT 8/2; 2ª ed.; Regensburg, 1968) 94-152. PERROT, C. (ed.), *Études sur la première lettre de Pierre* (Paris, 1980). REICKE, B., *Epistles of James, Peter and Jude* (AB 37; GC, 1964) 67-139. SCHELKLE, K. H., *Die Petrusbriefe; der Judasbrief* (HTKNT 13/2; 3ª ed.; Freiburg, 1967) 39-99. SCHRAGE, W., *Der erste Petrusbrief* (NTD 10; Göttingen, 1973) 59-117. SCHWEIZER, E., *Der erste Petrusbrief* (Prophezei, 3ª ed.; Zurich, 1972). SELWYN, E. G.; *The First Epistle of Peter* (2ª ed.; London, 1947), SPICQ, C.; *Les Épîtres de Saint Pierre* (SB; Paris, 1966) 9-182. STIBBS, A. M. e A. F. WALLS, *The First General Letter of Peter* (TynNTC; Grand Rapids, 1959). WINDISCH, H., *Die Katholischen Briefe* (HNT 15; 3ª ed., rev. H. PREIKER; Tübingen, 1951) 49-82.

DBSup 7. 1415-55. KÜMMEL, *INT* 416-24. WIK-SCHM, *ENT* 589-602.

INTRODUÇÃO

2 (I) Autoria. A afirmação da epístola de ter sido escrita por Pedro (1,1) foi aceita desde Eusébio (*HE* 4.14.9) até o séc. XIX. Muitos biblistas modernos, porém, não aceitam a autoria petrina. Eles explicam a epístola ou como o trabalho posterior de uma "escola" petrina (*p.ex.*, Best, Goppelt, Elliott) ou como uma obra puramente pseudoepígrafa (*p.ex.*, Brox). Os argumentos contra a autenticidade são os seguintes: (1) O estilo grego em 1Pd e as citações da LXX não poderiam vir de Pedro. (2) Há uma forte dependência dos escritos paulinos. (3) É improvável que Pedro conhecesse os destinatários da Ásia Menor. (4) Não havia um estado universal de perseguição da igreja na época de Pedro (veja 5,9). (5) As igrejas às quais 1Pd foi enviada não teriam existido na época de Pedro. Quanto a (1), era prática comum nos tempos do NT uma pessoa dar a um secretário uma liberdade considerável na composição das cartas (*p.ex.*, 5,12; → Epístolas do NT, 45:19; cf. W. G. Doty, *Letters in Primitive Christianity* [Philadelphia, 1973] 41). Quanto a (2), a influência de Paulo na protoigreja tem sido exagerada (veja R. E. Brown e J. P. Meier, *Antioch and Rome* [New York, 1983] viii). Quanto a (3), Pedro certamente esteve em Roma e faleceu lá. Como no caso de *1 Clemente*, não era necessário ter conhecimento pessoal dos destinatários. Com o início da revolta judaica, a igreja romana bem poderia ter começado a exercer a liderança antes provinda de Jerusalém. Quanto a (4), a perseguição era um exemplo do assédio dos cristãos pela população local experimentado em geral por toda a igreja. Quanto a (5), existem indícios da existência de cristãos muito cedo na Bitínia (veja Plínio, *Ep.* 10.96). Nós simplesmente não sabemos em que momento a igreja se desenvolveu em outros lugares da Ásia Menor. A favor da autenticidade depõem o caráter primitivo da teologia de 1Pd (escatologia, cristologia do servo) e a ordem eclesial. Além disso, se 1Pd foi escrita logo após a morte de Pedro, é difícil explicar por que não há indícios da horrenda perseguição da igreja romana por Nero em 64 a.C., nem do martírio de Pedro (cf. 4,12; 2Pd 1,14-15; *1Clem*. 5,4). As pessoas que preferem ver em 1Pd uma obra pseudoepígrafa posterior deveriam estabelecer as condições que tornariam viável tal hipótese (veja N. Brox, *Der erste Petrusbrief* 43-47; "Tendenz und Pseudepigraphie im ersten Petrusbrief", *Kairos* 20 [1978] 110-20; *Falsche Verfasserangaben: Zur Erklärung der frühchristlichen Pseudepigraphie* [Stuttgart, 1975]).

3 (II) Data, ocasião e propósito. Vimos que há uma boa razão para datar 1Pd pouco antes da morte de Pedro, que provavelmente se deu em 65 a.C. com a perseguição de Nero (Eusébio, *HE* 2.25.5). A carta é endereçada a "estrangeiros da Dispersão" (1,1), "estrangeiros e viajantes" (2,11), termos que indicam a condição precária dos cristãos no mundo pagão. Eles eram principalmente de origem pagã (veja 1,14.18; 2,9.10; 4,3-4), provavelmente recém convertidos (veja 1,14; 2,2; 4,12) e sob o risco de desistir da fé cristã face à hostilidade pagã. Não há indicação de uma perseguição oficial: a carta aconselha o respeito ao governo e ao imperador (2,13-17). Ao lembrar a grandeza de sua vocação e ao mostrar que a perseguição é um sinal de seu chamado, o escritor incentiva e exorta seus leitores a permanecerem firmes (5,12). As pessoas que são vistas pelo mundo como estrangeiros e viajantes encontram um lar na comunidade cristã.

4 (III) Gênero literário. Há muita discussão, desde a época de A. von Harnack, sobre o gênero literário de 1Pd. Alguns pesquisadores veem em 1,3-4,11 uma homilia ou liturgia batismal, tendo 1,1-2 e 4,12-5,14 como acréscimos posteriores. R. Bultmann afirma ter descoberto no texto um hino (2,21-24) e uma confissão de fé (3,18-19,22) ("Bekenntnis- und Liedfragmente im ersten Petrusbrief", *ConNT* 11 [Festschrift A. Fridrichsen; 1947] 1-14), e M.-É. Boismard desenvolveu esta linha de pesquisa para descobrir quatro hinos (1,3-5; 2,22-25; 3,18-22; 5,5-9); veja sua obra *Quatre hymnes baptismales dans la première épître de Pierre* (Paris, 1965).

Pesquisadores modernos admitem que muito material confessional e hínico foi incorporado em 1 Pd, mas veem nela uma carta autêntica com sua própria unidade literária e propósito (veja Dalton, *Christ's Proclamation* 76-77; Kelly, *A Commentary* 21).

5 (IV) Doutrina. 1 Pedro é um documento pastoral. Ao enfatizar a dignidade da vocação cristã, que proporciona um "lar" dado por Deus (*oikos*, 2,5; 4,17) aos "sem lar" (*paroikoi*, 2,11; cf. 1,17), e o valor positivo de partilhar da paixão de Cristo através da perseguição, o escritor incentiva seus leitores a permanecerem fiéis. Estes dois temas perpassam toda a carta, mas alcançam pontos culminantes em textos como 2,4-10 (o "edifício espiritual") e

2,18-25 (diretamente relacionado aos escravos, mas válido para todos os cristãos). O clímax da carta parece estar em 3,18-4,6, que vê a confiança dos cristãos durante a perseguição como baseada no relato dos atos salvíficos de Cristo.

(Para uma visão geral da teologia de 1 Pedro, veja A. Vanhoye, "1 Pierre au carrefour des théologies du Nouveau Testament", *Études* [ed. C. Perrot] 97-128).

6 (V) Esboço. A Primeira Epístola de Pedro pode ser assim esboçada:

(I) Introdução: destinatário e saudação (1,1-2)
(II) Parte I: a dignidade da vocação cristã e suas responsabilidades (1,3-2,10)
  (A) A vocação cristã (1,3-25)
    (a) A salvação realizada pelo Pai, através do Filho, revelada pelo Espírito (1,3-12)
    (b) Exortação à santidade (1,13-25)
  (B) Responsabilidades da vocação cristã (2,1-10)
    (a) Exortação: vivei como filhos de Deus (2,1-3)
    (b) A nova casa de Deus (2,4-10)
(III) Parte II: o testemunho da vida cristã (2,11-3,12)
  (A) A conduta em um mundo pagão (2,11-12)
  (B) Catequese tradicional (2,13-3,7)
    (a) Concernente a autoridade civil (2,13-17)
    (b) Código de conduta doméstica (2,18-3,7)
  (C) Acima de tudo, amor e humildade (3,8-12)
(IV) Parte III: o cristão e a perseguição (3,13-5,11)
  (A) A atitude cristã frente à perseguição (3,13-4,11)
    (a) Confiança durante a perseguição (3,13-17)
    (b) Cristo é a base da confiança (3,18-4,6)
      (i) A vitória de Cristo sobre o pecado aplicada aos cristãos pelo batismo (3,18-22)
      (ii) O cristão, através do sofrimento, renuncia ao pecado (4,1-6)
    (c) A vida cristã e a parúsia (4,7-11)
  (B) A perseguição enfrentada realisticamente (4,12-5,11)
    (a) Alegria durante a perseguição (4,12-19)
    (b) Exortação aos anciãos e aos fiéis (5,1-5)
    (c) Exortação final; confiai em Deus que, do sofrimento, vos leva à glória (5,6-11)
(V) Conclusão: esta é a verdadeira graça de Deus: permanecei firmes nela; despedida (5,12-14)

(Para uma discussão do esboço de 1Pd, veja Dalton, *Christ's Proclamation* 72-83).

COMENTÁRIO

7 (I) Introdução: destinatário e saudação (1,1-2). Aqui temos um tipo de fórmula de abertura comum na correspondência oficial judaica (→ Epístolas do NT, 45:6-8A) **1.** *Pedro*: a versão grega do termo aramaico *Kēpā'*, "rocha" (veja Mt 16,17-18). Sua posição central na protoigreja se reflete nos evangelhos (*p.ex.*, Mt 16,16-19; Lc 22,32; Jo 21,15-19). Ele é o líder dos primeiros apóstolos (Mc 3,16 par.; Gl 1,18). *aos estrangeiros eleitos*: o termo "estrangeiros" significa, mais tecnicamente, "estrangeiros visitantes". Este termo, junto com os "estrangeiros residentes [viajantes]" de 2,11, designa os cristãos como uma classe social inferior sem os direitos de cidadãos. *da Diáspora [ou Dispersão]*: este é um termo técnico para designar os judeus que viviam em grupos fora da Terra Santa nos tempos helenísticos (Dt 28,25 LXX; 30,4), aplicado aos cristãos (Tg 1,1) e aqui a comunidades cristãs em grande parte gentílicas. *do Ponto, da Galácia, da Capadócia, da Ásia e da Bitínia*: isto são ou províncias romanas (Ponto e Bitínia formavam uma só província) ou nomes que denotavam antigos distritos. **2.** *segundo a presciência de Deus Pai, pela santificação do Espírito, para obedecer a Jesus Cristo*: a eleição do cristão para a nova aliança (cf. Ex 24,8) implica a cooperação do Pai, do Espírito e do Filho. Esta referência trinitária é expandida em 1,3-12. *graça e paz*: além da saudação habitual, a fórmula tipicamente judaica "vos sejam concedidas abundantemente" é acrescentada (veja Dn 4,1; 6,25).

8 (II) Parte I: a dignidade da vocação cristã e suas responsabilidades (1,3-2,10).
(A) A vocação cristã (1,3-25).

(a) *A salvação realizada pelo Pai, através do Filho, revelada pelo Espírito* (1,3-12). **3.** *bendito seja o Deus e Pai de nosso Senhor Jesus Cristo, que ... nos gerou de novo*: a iniciativa do Pai na eleição dos cristãos é celebrada na forma de uma bênção comum na tradição judaica (veja Gn 9,26; Sl 66,20; 68,20; 72,18; 1Rs 1,48; 2Mc 15,34). Ele se revela e faz todas as coisas através de seu Filho. Os cristãos entram na nova vida através "da viva e incorruptível palavra de Deus" (1,23), "a palavra que foi levada a eles" (1,25). *para a esperança viva*: este é um tema dominante de 1Pd, muito mais profundo do que uma contagem da ocorrência da palavra sugere (1,3.13.21; 3,5.15). *pela ressurreição*: isto não só se refere a "viva", mas também a "nos gerou de novo". **4.** *para a herança incorruptível*: as promessas feitas a Israel são vistas como cumpridas também na igreja cristã. No AT, a herança é, primordialmente, a terra de Israel (Dt 15,4). Diferentemente da terra, a herança cristã é "imperecível". *reservada nos céus para vós*: cf. Cl 1,5; Fl 3,20; Gl 4,26. **5.** *mediante a fé*: "fé" tem uma ampla gama de significados em 1 Pd (1,5.7.9.21; cf. 1,8.21; 2,6.7). Aqui ela designa aquela confiança em Deus que é essencial para a salvação. *salvação prestes a revelar-se*: a salvação escatológica (veja 1,9.10; 3,21) é iminente (veja 1,20; 4,5.13.17; 5,10). **6.** *nisso deveis alegrar-vos*: "nisso" refere-se ao pensamento como um todo (1,3-5). "Alegrar-vos" expressa alegria religiosa, escatológica (veja 4,13; Mt 5,12; Jd 24; Ap 19,7). Observe a inclusão formada por este versículo e 4,12-13. *provações*: em 1 Pd, a experiência cristã do deslocamento social em um mundo pagão é geralmente chamada de "sofrimento" (tanto na forma nominal quanto na verbal): 1,11; 4,13; 5,9; 2,19.20; 3,14.17; 4,1.15.19; 5,10. Este sofrimento é ligado aos "sofrimentos" de Cristo (5,1; 2,21.23; 3,18; 4,1). **8.** *não o tenhais visto*: o autor de 1Pd é apresentado em 1,1 como um dos apóstolos originais que havia "visto" Jesus (cf. At 1,21-22). **9.** *alcançais o fim de vossa fé, a saber, a salvação de vossas almas*: as realidades escatológicas são inauguradas no presente, na igreja, pela fé. "Alma" em 1 Pd (1,9.22; 2,11.25; 3,20; 4,19) tem o significado de "pessoa" (→ Teologia paulina, 82:104). **10.** *a respeito dessa salvação*: a palavra "salvação" é um elo de ligação para indicar um novo tema, o papel do Espírito (cf. 1,10-12; 1,2). *os profetas*: este termo não se refere aos profetas cristãos, mas aos do AT (veja Mt 1,22-23; Rm 1,2; 4,23; At 3,18). **11.** *o Espírito de Cristo*: esta referência é, mais provavelmente, ao Espírito Santo (veja 1,12; Rm 8,9; Fl 1,19; At 16,7). *os sofrimentos que haviam de sobrevir a Cristo, e as glórias que viriam depois*: a paixão de Cristo e os estágios de sua glorificação incidem na mensagem de 1Pd (veja 1,6-7; 4,13). **12.** *a eles foi revelado*: os profetas deveriam servir a um povo a quem "agora", no tempo da igreja, o evangelho foi proclamado. *ao qual os anjos desejam ardentemente perscrutar*: a imagem é aquela de tentar ver através de uma janela (cf. *1 Henoc* 9,1 [grego]).

9 (b) *Exortação à santidade* (1,13-25). **13.** *com prontidão de espírito*: a imagem de um homem prendendo suas vestes no cinto e se preparando para a ação (veja 1Rs 18,46; Jr 1,17; Lc 17,8) é aplicada aqui à prontidão para a parúsia (veja Lc 12,35). **14.** *obediência*: os cristãos devem obedecer à lei de santidade da nova aliança (cf. 12). *de outrora, do tempo de vossa ignorância*: a maioria dos destinatários havia se convertido do paganismo (veja 1,18; 4,3-4). **15.** *santo*: o significado básico é "separado", "dedicado", o oposto de "profano". A relação pactual com Deus não apenas separava Israel, mas também exigia padrões éticos. **16.** Veja Lv 11,44; 19,2; 20,7.16. **17.** *chamais Pai*: a intimidade dos cristãos com Deus Pai não é desculpa para uma conduta desregrada (cf. 4,17; Hb 12,5-11; At 10,34; Rm 2,10-11). *tempo de vosso exílio*: isto não se refere a um exílio da "morada celestial", mas sim ao deslocamento social que os cristãos experimentam em um mundo pagão. **18.** *não fostes resgatados ... com prata*: uma alusão a Is 52,3 (veja o comentário sobre Rm 3,24). **19.** *sangue precioso ... de Cristo*: no conceito judaico de sacrifício, o sangue representava a vida (veja Lv 17,14). Aqui se faz referência ao sangue do cordeiro pascal (veja Ex 12,7.13; Ap 5,9, Ef 1,7; Hb 9,12; cf. 1Cor 5,7; Jo 1,29; 19,36). *como de cordeiro sem defeitos*: isto era exigido de toda oferenda (veja Lv 22,19-25) e particularmente do cordeiro pascal (veja Ex 12,5). **20.** *conhecido antes da fundação do mundo, mas manifestado*: trata-se provavelmente de um fragmento de um antigo credo ou hino (cf. 2Tm 1,9-10; veja M. -E. Boismard, *Quatre hymnes* 57-109). O plano eterno de Deus (cf. Rm 16,25-26; 1Cor 2,7; Cl 1,26; Ef 3,9-10; Tt 1,2-3) é "manifestado" pela encarnação na inauguração do "fim dos tempos" (veja o comentário sobre Rm 5,14; 1Cor 10,11). **21.** *de modo que vossa fé e vossa esperança estivessem postas em Deus*: veja W. J. Dalton, *Reconciliation and Hope* [Festschrift L. L. Morris; ed. R. J. Banks; *Exeter*, 1974] 262-74. 1,22-25 é acrescentado a fim de completar a tríade de fé, esperança e amor. **23.** *regenerados*: o recebimento do evangelho pela fé (cf. 1,24) produz o novo nascimento (cf. 1,3). *viva ... permanece para sempre*: estes epítetos devem ser unidos a "palavra" e não a "Deus". **24.** Is 40,6-8 (LXX).

10 (B) Responsabilidades da vocação cristã (2,1-10).

(a) *Exortação: vivei como filhos de Deus* (2,1-3). **1.** *rejeitando*: este é um termo técnico da exortação batismal (cf. Rm 13,12; Ef 4,22.25; Cl 3,8; Tg 1,21). **2.** *crianças recém-nascidas*: a imagem de 1,3.23 é desenvolvida neste trecho. A implicação é que as pessoas a quem o texto se dirige eram recém convertidos ao cristianismo. *o leite não adulterado da palavra*: "não adulterado" também significa "sem engano" e, portanto, se opõe à "mentira" (2,1). O termo grego *logikos*, neste caso, significa "da palavra" e não "espiritual" (cf. 1,23-25). **3.** *já que provastes que o Senhor é bondoso*: proveniente do Sl 34,9, um salmo bastante usado em 1Pd, *p.ex.* 2,4; 3,10-12.

11 (b) *A nova casa de Deus* (2,4-10). **4.** *a pedra viva ... eleita e preciosa*: o escritor antecipa sua citação de Is 28,16 e Sl 118,22 em 2,6-7 ao iniciar sua descrição da igreja como o novo "edifício espiritual" (2,5). **5.** *pedras vivas ... edifício espiritual*: por compartilhar da vida do Senhor ressuscitado, os cristãos se tornam, com ele, um edifício formado pelo Espírito Santo (cf. 4,17). *para um sacerdócio santo ... sacrifícios espirituais*: os cristãos, vistos coletivamente como um corpo de sacerdotes (2,9), apresentam sua vida de fé e amor a Deus como um sacrifício (cf. Rm 12,1; Ef 5,2; Fl 4,18). **6.** Trata-se de uma forma adaptada de Is 28,16 (LXX). **7.** *para vós que credes ... um tesouro*: "tesouro" tem a ver com o termo traduzido por "preciosa" em 2,6. As citações do Sl 118,22 e Is 8,14 indicam o destino das pessoas que "não creem na palavra" (2,8). **8.** *para o que também foram destinados*: os incrédulos foram destinados por Deus para o "tropeço". Neste contexto, eles são os perseguidores pagãos (cf. 4,5.17-18).

12 **9.** *raça eleita*: neste versículo, quatro títulos veterotestamentários de Israel são aplicados à nova casa de Deus, indicando sua dignidade singular. O primeiro é tomado de Is 43,20. Básica para esta dignidade é a eleição divina (cf. 1,1; 5,13). *sacerdócio real*: veja o comentário sobre 2,5. Esta expressão é melhor entendida quando vista como dois substantivos ("casa real, corpo de sacerdotes") e não como um substantivo e um adjetivo ("sacerdócio real") (cf. Ap 1,6; 5,10; Ex 19,6 LXX). *nação santa*: o terceiro título também foi tomado de Ex 19,6. Assim como Israel era santo, separado e amado por Deus (Dt 7,6-9), o novo povo de Deus também o é. Quanto ao termo "santo", veja o comentário sobre 1,15. *povo de Deus*: literalmente, "um povo como possessão", é uma combinação de Is 43,21 e Ml 3,17 (cf. At 20,28; Tt 2,14). Os cristãos se tornaram "possessão" de Deus pelo derramamento do precioso sangue de Cristo (veja 1,19). *a fim de que proclameis as excelências*: uma adaptação da segunda parte de Is 43,21 (LXX). Para a nova casa de Deus, seus feitos poderosos se acham na morte e ressurreição de Cristo. Esta proclamação se refere ao testemunho cristão do evangelho (cf. 2,5). *daquele que vos chamou*: Deus, e não Cristo, é quem chama (1,15; 2,21; 3,9; 5,10). *das trevas ... luz*: isto tem mais a ver com os convertidos do paganismo (1,18; 4,3). **10.** *não éreis povo, mas agora sois o povo de Deus*: uma aplicação de Os 1,6.9.10; 2,25 à igreja cristã.

(Sandevoir, P., "Un royaume de Prêtres?" *Études* [ed. C. Perrot] 219-29, Elliott, J. H., *The Elect and the Holy* (NovTSup 12; Leiden, 1966). Brox, *Der erste Petrusbrief* 108-10).

13   Parte II: o testemunho da vida cristã (2,11-3,12).

(A) A conduta em um mundo pagão (2,11-12). 11. *estrangeiros e viajantes*: veja o comentário sobre 1,1. Por terem se tornado cristãos, os destinatários também foram reduzidos a uma classe social inferior (cf. Hb 10,32-34). Em 1Pd, diferentemente de Hb, o verdadeiro lar do cristão não é tanto o mundo por vir, mas sim a comunidade cristã. **12.** *comportamento*: uma das palavras favoritas de 1Pd (1,15.18; 2,12; 3,1.2.16; em forma verbal: 1,17). O testemunho cristão pode acabar levando os pagãos a Deus.

14   (B) Catequese tradicional (2,13-3,7).

(a) *Concernente a autoridade civil* (2,13-17). **13.** *sujeitai-vos*: esta é a atitude cristã básica quanto ao comportamento social (cf. 2,18; 3,1; 5,5), refletindo a ordem determinada por Deus para a sociedade. *a toda a instituição humana*: no grego ordinário, o termo *ktisis* é usado para designar a "fundação" de uma cidade. Na LXX e no NT, este termo indica algo criado por Deus. Aqui, ambas as ideias parecem estar incluídas: as instituições humanas provêm de Deus (cf. Rm 13,1). *por causa do Senhor*: isto se refere ao Cristo ressuscitado. **15.** *ignorância dos insensatos*: os cristãos deveriam ter o objetivo de causar uma boa impressão nos pagãos hostis mediante uma vida irrepreensível (cf. 3,15-16). **16.** *como homens livres*: cf. Mt 17,26; Lc 4,18-21; Jo 8,32; Rm 8,2; 1Cor 7,22; 2Cor 3,17; Gl 5,1. *como servos de Deus*: a liberdade cristã é a libertação do pecado e a prontidão para fazer a vontade de Deus. O comportamento antissocial sob o pretexto da liberdade é uma aberração. **17.** *honrai a todos*: estas ordens se dividem em dois pares, sendo que o último é uma adaptação de Pr 24,21 (cf. Mt 22,21). A atitude favorável à autoridade pública mostrada nesta passagem lança luz sobre a datação de 1Pd (cf. Rm 13,1-7; → 3 *acima*).

15   (b) *Código de conduta doméstica [ou catálogo de normas domésticas]* (2,18-3,7). Nesta seção temos instruções quanto ao comportamento dos escravos (2,18-28), esposas (3,1-6) e maridos cristãos (3,7). Códigos semelhantes se encontram em Cl 3,18-4,1; Ef 5,22-6,9 (cf. 1Tm 2,1.8-15; Tt 2,1-10). Veja Goppelt, *Der erste Petrusbrief* 163-79; D. L. Balch, *Let Wives Be Submissive* (SBLMS 26; Chico, 1981). **18.** *criados*: apesar do que o NT ensina sobre a liberdade (veja o comentário sobre 2,16), a protoigreja não viu a escravidão como um mal social inerente (cf. 1Cor 7,21; Ef 6,5-8; Cl 3,22-25). Veja M. Carrez, "L' Esclavage dans la Première Épître de Pierre" *Études* (ed. C. Perrot) 207-16. *respeito*: reverência a Deus, não medo dos seres humanos. **19.** *por amor de Deus*: o termo grego *syneidēsis*, geralmente traduzido por "consciência", pode ter várias acepções, conforme o contexto (cf. 3,16.21; → Teologia paulina 82:144). **21.** *para isto é que fostes chamados*: isto introduz uma seção (2,21b-25) que é comumente entendida como parte de um hino protocristão baseado em Is 53,4-12 (veja Goppelt, *Der erste Petrusbrief* 204-7). **22.** Cf. Is 53,9. **23.** *punha sua causa nas mãos daquele que julga com justiça*: no texto grego não há objeto para o verbo "punha".

É melhor deixar o sentido em aberto. **24.** *sobre o madeiro, levou nossos pecados*: cf. Is 53,6. "Madeiro" é um termo muito antigo que designa a cruz (veja At 5,30; 10,39; 13,29; Gl 3,13). **25.** *Pastor e guarda*: o Servo Sofredor, vindicado por Deus na ressurreição (cf. Is 52,13; 53,11), torna-se o Bom Pastor (cf Jo 10,11; 13,10; veja também Sl 23; Is 40,11; Ez 37,24). "Pastor" e "bispo" (*episkopos*) posteriormente se tornaram termos eclesiásticos (cf. 5,2-4; At 20,28).

16 **3,1**. *quando alguns não creiam na Palavra*: as mulheres cristãs podem ter a esperança de conquistar seus maridos pagãos, não pela pregação, mas pelo bom exemplo. **2.** *comportamento casto e respeitoso*: literalmente, "comportamento casto com temor (a Deus)" **3.** *vosso adorno*: cf. 1Tm 2,9. **4.** *mas nas qualidades pessoais internas*: "pessoais" é tradução do termo *anthrōpos*, "ser humano" (cf. "o ser humano interior" de Rm 7,22; 2Cor 4,16; Ef 3,16). **6.** *Sara*: a mãe de Israel (cf. Is 51,2). *chamando-lhe senhor*: em Gn 18,12, o título "senhor" é meramente convencional, mas a tradição judaica o interpretou como uma indicação da obediência de Sara a Abraão. **7.** *sede compreensivos em vossa vida conjugal*: os maridos não devem exercer os direitos absolutos que a sociedade pagã lhes dá, devendo agir com amor compreensivo (cf. 1Ts 4,4-5; Ef 5,25). *tributando a vossas esposas a honra devida a companheiras de constituição mais delicada*: esta atitude representa o sistema patriarcal do mundo antigo, para o qual as mulheres, por serem fracas, deveriam receber honra especial (cf. 1Cor 12,22-23). *coerdeiros da graça da vida*: este conceito auxiliou a transformar o casamento na sociedade cristã (cf. Gl 3,28). *para evitar que vossas orações fiquem sem resposta*: um relacionamento conjugal apropriado não pode ser separado da relação com Deus expressa na oração.

17 **(C) Acima de tudo, amor e humildade (3,8-12)**. **8.** *todos unânimes*: no texto grego, cinco adjetivos sintetizam o ideal tradicional da vida comunitária cristã. **9.** *não pagueis mal por mal*: cf. Rm 12,17; 1Ts 5,15; 1Cor 4,12. *bendizei*: o termo aqui significa "invocai as bênçãos de Deus". *para serdes herdeiros da bênção*: os cristãos são os herdeiros das bênçãos do AT (cf. Gn 27,29; 49,25-26). **10-12.** Sl 34,13-17 (LXX, com pequenas mudanças). Os termos "paz", "vida" e "dias felizes" recebem um sentido mais profundo enquanto realidades da existência cristã.

18 **(IV) Parte III: o cristão e a perseguição (3,13-4,11)**. Após vagas referências à perseguição (1,6-7; 2,12.15.19-20; 3,9), o autor passa a tratar o tema explicitamente.

(A) A atitude cristã frente à perseguição (3,13-4,11).

(a) *Confiança durante a perseguição (3,13-17)*. **13.** *quem vos há de fazer mal*: o mal aqui é o enfraquecimento ou a perda da fé cristã. **14.** *se sofreis por causa da justiça*: o "se" não implica que a possibilidade do sofrimento seja remota, mas é, isto sim, uma forma suave de introduzir um assunto doloroso. *bem-aventurados*: cf. Mt 5,10-11. **15.** *santificai a Cristo, o Senhor*: o "Senhor" de Is 8,13 é Deus; aqui o título é aplicado a Cristo. *prontos a dar a razão*: isto não implica um tribunal. *a esperança*: cf. Cl 1,27. **16.** *sejam confundidos aqueles*: os acusadores pagãos, sendo "confundidos", acabarão desistindo de causar mal aos cristãos. **17.** *será melhor que sofrais ... por praticardes o bem do que o mal*: neste texto, "melhor" tem o sentido de "preferível" e não de "moralmente melhor". O escritor está consciente do fato de que alguns cristãos podem, por sua má conduta, dar fundamento à hostilidade pagã.

19 (b) *Cristo é a base para a confiança (3,18-4,6)*.

(i) *A vitória de Cristo sobre o pecado aplicada aos cristãos pelo batismo (3,18-22)*. O contexto aqui é o de uma exortação aos cristãos, que correm perigo por causa de sua alienação social, para que se mantenham fiéis. Na interpretação proposta aqui, os espíritos aos quais Cristo proclamou são os pecadores angelicais arquetípicos, os quais, de acordo com a tradição judaica, instigaram o "pecado original" dos seres humanos, por ocasião do dilúvio, e continuam a induzir os seres humanos à prática do mal. A proclamação de Cristo para estes pecadores, por ocasião de sua ascensão, é uma forma mítica de dizer que, por sua morte e ressurreição, ele derrotou todo o mal: ele anunciou a si mesmo como o Ressurreto. A associação destes espíritos com o dilúvio dá ao autor a oportunidade de um desenvolvimento tipológico (3,20-22): assim como Noé foi resgatado do mundo mau de sua época pela água, da mesma forma os cristãos são resgatados através da água do batismo. No novo pacto, os cristãos assumem o compromisso de viver de acordo com a vontade de Deus. Isto se dá de forma efetiva apenas por intermédio do poder do Cristo ressurreto e triunfante (3,21-22).

20 No Credo Apostólico lemos o seguinte: "desceu ao inferno". Este é um modo de dizer que Jesus realmente morreu, que ele foi até a habitação dos mortos (cf. Rm 10,6-7; Hb 13,20; At 2,24.31; Mt 12,40). Especulações posteriores se preocuparam com a atividade de Jesus na habitação dos mortos. A interpretação proposta aqui defende que 1Pd 3,19 não tem nada a ver com o descenso de Cristo.

O que se segue é um esboço da história da interpretação deste texto. (1) Até a época de Clemente de Alexandria (150-215 d.C.), não há uma ligação clara entre 1Pd 3,19 e o descenso de Cristo. (2) Clemente entendeu o texto como uma pregação do evangelho feita pela alma de Cristo, no mundo dos mortos, para as almas dos pecadores do dilúvio (*Strom.* 6:6; CGS 15. 454-55). Esta concepção é proposta, de forma modificada, por alguns biblistas modernos (Goppelt, Vogels). (3). De acordo com Agostinho, Cristo, em sua preexistência divina, pregou por intermédio de Noé aos pecadores do dilúvio (*Ep.* 164; CSEL 44. 521-41). (4) Roberto Belarmino supôs que os pecadores do dilúvio tivessem se arrependido de seus pecados antes de morrerem. A alma de Cristo, por ocasião do descenso, teria anunciado a libertação deles do limbo.

(5) Uma concepção posterior, proposta por F. Spitta (*Christi Predigt an die Geister* [Göttingen, 1890]), sustentou que os espíritos desobedientes não eram seres humanos, mas sim os anjos rebeldes que, na tradição judaica, instigaram o pecado humano que provocou o dilúvio. Alguns autores situam a proclamação de Cristo durante seu descenso (Selwyn, Recke); outros (Geschwind, Dalton), por ocasião da ascensão de Cristo. Esta última explicação é a usada aqui. Os vv. 18-22 são, provavelmente, a conjugação de um credo ou hino (3,18-22) e de um trecho catequético sobre o batismo (3,19-21).

21 18. *Cristo sofreu ["morreu" na BJ]*: a leitura melhor atestada *apethanen*, "morreu", provavelmente se deve à harmonização com a habitual afirmação confessional no NT: "Cristo morreu por nossos pecados" (cf. Rm 5,6; 6,10). O vocabulário de 1Pd e o contexto exigem a leitura "sofreu" (cf. 3,14.17; 4,1). *na carne ... no espírito*: esta distinção não é a de "corpo" e "alma" que se encontra na filosofia grega. Deste modo, 3,19 não se refere à atividade da "alma" de Cristo. O texto se refere a duas esferas da existência de Cristo, a de sua vida terrena e a de seu estado como Senhor ressurreto, transformado pelo Espírito (cf. Rm 1,3; 1Cor 15,45; 1Tm 3,16). **19.** *no qual*: alguns traduzem a expressão *en hō kai* como "nesta ocasião", mas a proximidade do pronome relativo *hō* ao substantivo "espírito", a expressão "no espírito", muito comum no NT, e a interpretação universal do termo por parte dos comentaristas antigos de língua grega favorecem a tradução "no qual" como equivalente a "e em seu espírito". Cristo fez sua proclamação como Senhor ressurreto. *aos espíritos em prisão*: no uso do NT, "espíritos", sem uma expressão identificadora (cf. Hb 12,23), significa "seres sobrenaturais" e não "almas humanas". Em *1 Henoc*, um livro bastante popular na época do protocristianismo, Henoc, em uma missão recebida de Deus, foi e anunciou aos anjos rebelados (cf. Gn 6,1-2) que eles tinham sido condenados à prisão (veja *1 Henoc* 6,11; 12-16; cf.

OTP 1. 15-22). Nesta tradição, a rebelião dos anjos é expressamente ligada com o dilúvio (*T. Naph* 3,5 [*OTP* 1.812]). Em um desenvolvimento posterior, Henoc cruza os céus e se encontra com os anjos rebeldes aprisionados no segundo céu (2*Henoc* 7,1-3; 18,3-6 [*OTP* 1. 113-14, 131-32]). A história de Henoc é aplicada ao Cristo ressurreto em 1Pd 3,19, o qual, em sua ascensão, atravessou "todos os céus" (veja Ef 4,8-10; Hb 4,14; cf. 1Tm 3,16; Fl 2,9; Ef 1,20; 6,12; Hb 7,26). Todos os espíritos hostis foram sujeitados a ele (cf. Ef 1,20-22; 4,8; 1Pd 3,22). *foi*: este verbo se refere à atividade de Cristo após sua ressurreição corpórea. Tal "ida" foi entendida naturalmente como sua ascensão ao céu (cf. 3,22; At 1,10-11). *pregar*: o verbo *ekēryxen* significa "atuar como arauto" (*kēryx*). Ele é comumente usado no NT para designar a proclamação do evangelho. Aqui, Cristo proclama a si mesmo como "Senhor" (cf. Fl 2,11). Assim como em 3,22, declara-se que o poder dos espíritos hostis chegou ao fim. Tanto em 3,19 como em 3,22, o autor não está interessado na reação psicológica dos espíritos, mas unicamente na libertação dos seres humanos do poder desses espíritos.

22 20. *que foram incrédulos*: na tradição judaica posterior, o obscuro texto de Gn 6,1-2 foi transformado num relato detalhado. Os "filhos de Deus" eram anjos que pecaram com mulheres, sendo os responsáveis pela corrupção moral dos seres humanos que provocou o dilúvio. Esta é uma versão do "pecado original": "Toda a terra foi corrompida pelo ensino de Azazel sobre suas ações; e atribuí a ele todo tipo de pecado" (*1 Henoc* 10,8 [*OTP* 1.18], cf. Josefo, *Ant.* 1.3.1§ 73; *1 Henoc* 15,1; *Jub.* 5). A palavra *apethein*, "desobedecer", é usada em outras passagens de 1Pd (2,8; 3,1) para designar a rejeição do evangelho. *quando Deus, em sua longanimidade*: na tradição judaica posterior, "Deus amaldiçoou os guardiões (anjos) no dilúvio" (*T. Naph*. 3,5). A história deles e a dos seres humanos pecadores estão inseparavelmente vinculadas. Noé (veja 2Pd 2,5) advertiu seus contemporâneos pecaminosos do castigo vindouro, na esperança de que eles se arrependessem. *oito*: o número oito (cf. 2Pd 2,5) é um símbolo da ressurreição (cf. Justino, *Dial*. 138. 1-2). *foram salvas por meio da água*: a imagem é aquela de Noé e sua família sendo salvos em meio às águas (cf. 1Cor 10,1-2; *Midr. GenR* 7,7). **21**. *batismo*: os cristãos são salvos ao "passarem" pelas águas do batismo. Neste sentido, as águas do batismo são a contraparte, o "antítipo", das águas do dilúvio. *não aquele que consiste na remoção da imundície do corpo*: literalmente, "o ato de não tirar a sujeira da carne". Esta seria uma forma estranha de designar o mero ato de se lavar. A linguagem combina melhor com o rito judaico da circuncisão. Como a igreja de Roma provavelmente foi fundada a partir de Jerusalém, esta comparação poderia ter sido uma parte normal de sua catequese (cf. Cl 2,11; 3,8-9; Ef 4,22; Dalton, *Christ's Proclamation* 215-24). *no compromisso solene da boa consciência*: o termo grego *eperōtēma* significa "pergunta", mas se tornou um termo técnico para designar o fechamento de um contrato. O termo grego *syneidēsis*, muitas vezes traduzido por "consciência", não se refere aqui a um estado subjetivo, mas sim a uma disposição ou atitude objetiva. *ressurreição*: veja 1,3; 3,18; cf. Rm 6,3-9). **22**. *tendo subido ao céu*: aqui se usa o verbo grego *poreutheis*, como em 3,19. *à direita de Deus*: uma aplicação do Sl 110,1 a Cristo (cf. Mt 22,24; At 2,33-35; Rm 8,34; Hb 8,1). *sujeitos os anjos*: um tema semelhante àquele da "proclamação aos espíritos" de 3,19. Os cristãos, por meio do batismo, compartilham a vitória de Cristo sobre todos os espíritos hostis (cf. Fl 2,10; 1Cor 15,24.27; Ef 1,21; 6,2; Cl 2,10.15).

(DALTON, *Christ's Proclamation*. GSCHWIND, K., *Die Niederfahrt Christi in die Unterwelt* [NTAbh 2/3-5; Münster, 1911]. REICKE, B., *The Disobedient Spirits and Christian Baptism* [Copenhagen, 1946] VOGELS, H.-J., *Christi Abstieg ins Totenreich und das Läuterungsgericht an den Toten* [FTS 102; Freiburg, 1976]. PERROT, C., "La descente aux enfers et la prédication aux morts", *Études* 231-46. BROX, *Der erste Petrusbrief* 182-89).

23 (ii) *O cristão, através do sofrimento, renuncia ao pecado* (4,1-6). **1**. *Cristo sofreu*: o tema do sofrimento de Cristo (3,18) é retomado como motivação para a vida cristã. *também vós ... desta convicção*: é melhor entender isto como referência ao contexto anterior. O termo subsequente *hoti* deve, portanto, ser traduzido como "porque" (cf. 2,21; 3,18). O cristão que assume uma vida de sofrimento (*pathōn*) com Cristo está, portanto, dedicado a uma vida moral que rejeita o pecado (cf. 1Jo 3,6; Rm 6,1-11). **4**. *agora estranham*: temos aqui um quadro vívido da situação dos novos convertidos cristãos que sofrem pressão para voltar ao paganismo. **5**. *julgar os vivos e os mortos*: trata-se de uma formulação confessional que apresenta o Cristo ressurreto na parúsia como juiz de todos os seres humanos, tanto daqueles que vivem na terra quanto dos que já morreram (cf. At 10,42; Rm 14,9; 2Tm 4,1). **6**. *foi pregada*: o uso do NT favorece a tradução "ele foi pregado" (veja At 5,42; 8,35; 11,20; Gl 1,16; cf. 1Cor 15,12; 2Cor 1,19). *também aos mortos*: a pregação sobre Cristo é a pregação normal do evangelho na terra. O objetivo deste texto é a vindicação daqueles cristãos que haviam aceitado o evangelho na terra, mas que entrementes tinham morrido (cf. 1Ts 4,13-18). Este tema é bem diferente do de 3,19.

24 (c) *A vida cristã e a parúsia* (4,7-11). **7**. *o fim*: cf. 1,5.7; 2,12; 4,5.17; 5,4.10; Lc 21,36; 1Cor 7,29; Tg 5,8. **8**. *o amor cobre uma multidão de pecados*: provérbio cristão derivado do TM de Pr 10,12. Neste, os pecados "cobertos" são os das pessoas amadas; aqui, são os da pessoa que ama (cf. Tg 5,20 Lc 7,47; 1Cor 13,7;). **9**. *hospitaleiros*: cf. Rm 12,13; Hb 13,2; Jo 5-8; Mt 25,23; Lc 7,44-47; 11,5-10; 14,12. *bons despenseiros*: os cristãos são mordomos (*oikonomoi*) na casa (*oikos*) de Deus (veja 2,5; 4,17). **11**. *se alguém fala*: os mestres e pregadores da comunidade deveriam transmitir a mensagem autêntica do evangelho (cf. 1Ts 2,13; 2Cor 5,20). *a quem*: esta doxologia é dirigida ao Pai (como em Rm 16,27; Ap 1,6).

25 (B) **A perseguição enfrentada realisticamente (4,12-5,11)**. Ao longo da carta, o autor prepara o leitor para este confronto com a perseguição (veja 1,6-7; 2,12-24; 3,14.17; 4,1).

(a) *Alegria durante a perseguição* (4,12-19). **12**. *não vos alarmeis*: isto indica uma época anterior à perseguição habitual por parte do Estado. *para vossa provação*: a imagem de 1,6-7 é retomada. **13**. *participais do sofrimento de Cristo*: vamos além da imitação (2,21) dos sofrimentos de Cristo, para uma participação mais profunda (2,24-25; 3,18; 4,1). **14**. cf. 3,14. *o Espírito de glória, o Espírito de Deus*: este texto, inspirado por Is 11,2 (LXX), é bastante difícil de interpretar e talvez esteja corrompido. Temos aqui um eco de 1,8: "vos rejubilais com alegria inefável e gloriosa". **15**. *malfeitor*: o termo grego *allotriepiskopos* é muito raro e indica uma pessoa que se envolve nos assuntos de outra (cf. At 16,20-21). **16**. *como cristão*: cf. At 11,26; 26,28. Isto não significa que ser cristão fosse um crime público. A situação é a mesma de 2,15; 3,16; 4,4. *não se envergonhe*: os cristãos não estão enfrentando a morte, mas o opróbrio público. **17**. *julgamento*: os atuais sofrimentos dos cristãos são os primórdios do julgamento escatológico, uma purificação da "casa de Deus" (cf. Mc 13,8-13; 1Cor 11,31-32; Ml 3,1-6). Este julgamento será terrível para os pagãos incrédulos (cf. 2Ts 1,5-10). **18**. Pr 11,31 (LXX). **19**. *confiam suas almas ao fiel Criador*: não há referência ao martírio. Esta é a única vez no NT que Deus é chamado de Criador.

26 (b) *Exortação aos anciãos e aos fiéis* (5,1-5). Este acréscimo ao código de conduta 2,13-3,7 (cf. 1Tm 3,13; 5,4-19) revela uma estrutura eclesial relativamente pouco desenvolvida. *anciãos*: este cargo de liderança pastoral se baseava no judaísmo contemporâneo. *ancião com eles*: o termo foi cunhado pelo autor para indicar a solidariedade existente entre o apóstolo (veja 1,1) e os anciãos, como os "colaboradores" de Paulo (Rm 16,3.9.21; Fl 2,25; 4,3; Fm 24; Cl 4,11; 2Cor 8,23). *testemunha*: alguém que testemunha, não necessariamente "testemunha ocular" (cf. Lc 24,48; At 1,8; 22,15.20; Ap 2,13; 17,6). **2.** *rebanho*: em 5,2-33 temos o retrato de um pastor ideal (cf. Jo 21,15-17; At 20,28; Ef 4,11). Os líderes da igreja eram pagos (cf. At 20,33-34; 1Cor 9,7-14; 2Cor 12,13-18; 1Tm 5,17-18; Mt 10,10); daí, a advertência contra a avareza (cf. Tt 1,7; 1Tm 3,8). Alguns manuscritos acrescentam o termo *episkopountes*, "supervisionando" (cf. 2,25). **4.** *supremo pastor*: cf. 2,25. Cristo chama outros pastores para compartilhar seu ministério e glória. **5.** *jovens*: o termo "anciãos" designa tanto a idade quanto o cargo. O termo "jovens" se refere à idade e não a algum ministério subordinado. *revesti-vos todos*: a imagem por trás do verbo grego pouco comum *enkombōsasthe* é a de um escravo colocando um avental de trabalho. A citação é de Pr 3,34 (LXX); cf. Tg 4,6-10.

27 (c) *Exortação final: confiai em Deus que, do sofrimento, vos leva à glória* (5,6-11). **6.** *humilhai-vos*: uma palavra que estabelece uma ligação com "humildade" de 5,5. *a poderosa mão de Deus*: uma imagem que recorda os grandes atos divinos de libertação (veja Ex 3,19; 6,1; Dt 9,26), mas que aqui se refere mais à disciplina que Deus impõe a seu povo (veja Jó 30,21; Sl 32,4; Ez 20,34-35). **7.** Citação do Sl 55,23 (LXX) com um eco de Sb 12,13 (cf. Mt 6,25-34). **8.** *sede vigilantes*: cf. 1,13; (1Ts 5,6; Mt 24,42; Lc 21,34-36; Rm 13,11-12). *vosso adversário*: o grego *antidikos* significa "oponente" em um processo jurídico. *o diabo*: na LXX, o termo grego *diabolos*, "diabo", traduz o hebraico *šāṭān*, "acusador" (Jó 1-2), e foi posteriormente aplicado ao líder dos anjos caídos. *leão a rugir*: veja Sl 22,14; como tal, o diabo incita os pagãos em sua perseguição aos cristãos. **9.** *vossos irmãos espalhados pelo mundo*: cristãos de todas as partes estavam enfrentando o mesmo problema de alienação e perseguição. **10.** *o Deus de toda a graça*: este versículo resume alguns dos principais elementos da carta: "sofrimento", "graça", "vocação", "glória".

28 **(V) Conclusão: esta é a verdadeira graça de Deus; permanecei firmes nela; despedida (5,12-14).** Estes versículos bem que poderiam ser do punho de Pedro (cf. 1Cor 16,14; Gl 6,11; Cl 4,18; 2Ts 3,17). **12.** *Silvano*: companheiro de Paulo (cf. 1Ts 1,1; 2Ts 1,1; 2Cor 1,19; chamado de "Silas" em At 15,22.27.32.40; 16,19.25.29; 17,4.10.14.15; 18,5). *vos escrevi*: em grego, "escrever por meio de alguém" pode significar "enviar uma carta usando alguém como mensageiro". *em poucas palavras*: isto se refere à composição da carta. *a verdadeira graça*: a perseguição é um dom de Deus (cf. 2,19). *na qual deveis permanecer firmes:* apenas aqui nas cartas do NT o termo grego *eis* significa "em", possivelmente um sinal da imperfeição do grego de Pedro (cf. *ZBG* § 99-111). **13.** *a que está em Babilônia*: a igreja de Roma (cf. 2 Jo 13). "Babilônia" era um criptograma para designar Roma (cf. Ap 14,8; 2 *ApBar*. 11,1-2; 67,7; *2 Esd* 3,12.28; *OrSib* 5,143.159). *Marcos, meu filho*: João Marcos, originalmente de Jerusalém (At 12,12-17), associado mais tarde com Pedro na escrita do Evangelho de Marcos (veja Eusébio, *HE* 3.39-15), também conhecido no NT como colaborador de Paulo (At 12,25; 2Tm 4,11). **14.** *ósculo*: veja o comentário sobre Rm 16,16.

58
Epístola de Tiago

Thomas W. Leahy, S.J.

BIBLIOGRAFIA

1 ADAMSON J. B., *The Epistle of James* (NICNT; Grand Rapids, 1976); *James: The Man and His Message* (Grand Rapids, 1986). CANTINAT, J., *Lés épîtres de Saint Jacques et de Saint Jude* (SB; Paris, 1973). CHAINE, J., *L'Épître de Saint Jacques* (EBib; Paris, 1927). DAVIDS, P., *Commentary on James* (NIGTC; Grand Rapids, 1982). DIBELIUS, M., *James* (rev. H. GREEVEN; Herm; Philadelphia, 1975). FRANCIS, F., "The Form and Function of the Opening and Closing Paragraphs of James and I John", *ZNW* 61 (1970) 110-26. HOPPE, R., *Der theologische Hintergrund des Jakobusbriefes* (FB 28, Würzburg, 1977). HORT. F. J. A., *The Epistle of St. James* (London, 1909). KUGELMAN. R., *James and Jude* (NTM 19; Wilmington, 1980). LAWS, S., *The Epistle of James* (HNTC; San Francisco, 1980). LUCK, U., "Die Theologie des Jakobusbriefes", *ZTK* 81 (1984) 1-30. MAYOR, J., *The Epistle of St. James* (London, 1982). MUSSNER, F., *Der Jakobusbrief* (HTKNT 13/1; Freiburg, 1964). ROPES, J. H., *A Critical and Exegetical Commentary on the Epistle of St. James* (ICC; Edinburgh, 1916). SIDEBOTTOM, E. M., *James, Jude and 2 Peter* (NCB; London, 1967). VOUGA, F., *L'Épître de Saint Jacques* (CNT 2/13a; Geneva, 1984). WARD, R. B., "*The Communal Concern of the Epistle of James*" (tese de doutorado, Harvard; Cambridge MA, 1966). WUELLNER, W., "Der Jakobusbrief im Licht der Rhetorik und Textpragmatik", *LB* 8/43 (set. 1978) 5-65. ZMIJEWSKI, J., *Christliche "Volkommenheit": Erwägungen zur Theologie des Jakobusbriefes* (SUNT A5; Göttingen, 1980).

DBSup 4. 783-95. *IDBSup* 469-70. KÜMMEL, *INT* 403-16. WIK-SCHM, *ENT* 563-77.

INTRODUÇÃO

2 **(1) Autenticidade**. De acordo com seu versículo de abertura, esta primeira das Epístolas Católicas (→ Epístolas do NT, 45:17) é escrita por "Tiago, servo de Deus e do Senhor Jesus Cristo". Quem é este Tiago? Será ele realmente o autor da epístola? O uso do título "servo", que sugere um dirigente da igreja, o fato de ele destinar a carta às "doze tribos da Dispersão" e o tom inequivocamente autoritativo de toda a epístola indicam alguém que exerça autoridade, bem conhecido na igreja. Esta conclusão é reforçada por Jd 1, onde o autor se designa como "irmão de Tiago". Essa pessoa pode ser identificada no NT como Tiago, "irmão do Senhor" (Gl 1,19; cf. Mt 13,55; Mc 6,3) e líder da protoigreja em Jerusalém (At 12,17; 15,13; 1Cor 15,7; Gl 2,9.12), conhecido na tradição posterior como "Tiago, o Justo" (Eusébio, *HE* 2.23.4). Esta identificação tem sido tradicionalmente aceita na igreja e é em geral sustentada pelos biblistas modernos. Embora a igreja ocidental tradicionalmente tenha identificado este Tiago de Jerusalém com o apóstolo Tiago (filho de Alfeu) (Mc 3,18; At 1,13), este ponto de vista foi praticamente abandonado hoje em dia (Wik-Schm, *ENT* 574).

3 Teria este Tiago escrito a epístola atribuída a ele? A opinião moderna está dividida: uma maioria crescente de pesquisadores contemporâneos opta pela ideia de um autor pseudônimo (→ Canonicidade, 66:88), baseando-se principalmente nas seguintes razões: o excelente estilo grego da carta, a falta de testemunho de sua canonicidade antes do séc. III (e mesmo depois); indicações de uma data substancialmente posterior à vida de Paulo (enquanto Tiago teria morrido por volta de 62 d.C.) e a aparente ausência, na carta, tanto de ensinamentos especificamente cristãos quanto do legalismo e ritualismo rigorosos que as tradições sobre Tiago, o Justo nos fariam esperar. Embora respostas perspicazes tenham sido dadas a cada uma destas questões por parte de autores como Davids, Mussner, Chaine e seus predecessores, a concepção da maioria atualmente é de que um cristão versado tanto no helenismo quanto no judaísmo escreveu a carta na segunda metade do séc. I d.C. sob o nome de Tiago de Jerusalém. A concepção mediadora (Davids, Cantinat) segundo a qual uma tradição antiga procedente de Tiago de Jerusalém foi atualizada e publicada por um desconhecido mestre cristão de uma geração posterior tem muito a seu favor.

4 (II) Propósito e destinação. A epístola consiste em uma longa série de exortações, a maioria delas breves e ligadas de forma tênue, algumas bastante desenvolvidas. O traço comum que dá à carta uma qualidade distintiva é a preocupação de que a fé de seus destinatários não seja meramente teórica ou abstrata, mas implementada na ação, em todos os aspectos da vida deles. Em uma situação em que tribulações e tentações abundam e os pobres sofrem nas mãos dos ricos, Tg os exorta à alegria, persistência, sabedoria, oração confiante e resposta fiel à palavra libertadora de Deus em um mundo hostil, enquanto esperam a vinda do Senhor. Julgando a partir da carta como um todo, os destinatários parecem ser comunidades judaico-cristãs situadas fora da Palestina, mas que moravam em uma área onde o nome de Tiago tinha autoridade.

5 (III) Data e local de composição. Uma data provável parece ser o início ou meados dos anos 60, após o ensino de Paulo sobre fé e obras, mas anterior à destruição de Jerusalém no ano 70. Neste caso, Jerusalém poderia muito bem ter sido o local da composição. Se, contudo, a carta é posterior ao ano 70, Antioquia ou Alexandria seriam os locais mais prováveis.

6 (IV) Esboço. A Epístola de Tiago pode ser esboçada como segue:

(I) Fórmula introdutória (1,1)
(II) Exortação inicial (1,2-18)
   (A) Alegria nas provações (1,2-4)
   (B) Oração confiante pedindo sabedoria (1,5-8)
   (C) Atitudes dos humildes e dos ricos (1,9-11)
   (D) A paciência obtem a coroa da vida (1,12)
   (E) A genealogia do pecado e da morte (1,13-15)
   (F) Nosso nascimento na palavra de Deus (1,16-18)
(III) Sejam praticantes da palavra (1,19-27)
   (A) A disposição correta (1,19-21)
   (B) O preceito: sejam praticantes, não meros ouvintes (1,22)
   (C) A símile do espelho (1,23-25)
   (D) A religião verdadeira (1,26-27)
(IV) Evitem a acepção de pessoas (2,1-13)
   (A) O preceito (2,1)
   (B) Exemplo hipotético (2,2-4)
   (C) Vários argumentos (2,5-13)
(V) A fé sem obras está morta (2,14-26)
   (A) Tese principal (2,14-17)
   (B) Vários exemplos (2,18-26)
(VI) Controle da língua (3,1-12)
(VII) Qualidades da sabedoria (3,13-18)
(VIII) Causas de discórdia; remédios (4,1-12)
(IX) Contra a presunção nos negócios (4,13-17)
(X) Ais contra os ricos (5,1-6)
(XI) A espera paciente pela vinda do Senhor (5,7-11)
(XII) Orientações para circunstâncias variadas; fim da carta (5,12-20)

COMENTÁRIO

7 (I) Fórmula introdutória (1,1) *Tiago:* em grego *Iakōbos* = em hebraico *Yā'āqōb* (quanto à identidade de Tiago, → 2-3 *acima*). *servo de Deus:* o escritor aplica a si mesmo um título dado no AT a líderes religiosos como Moisés, Abraão, Jacó e os profetas. Ele indica, assim, a base de sua autoridade, em virtude da qual exortará seus leitores. *Senhor Jesus Cristo:* a aplicação do termo *Kyrios*, "Senhor", a Jesus e a proximidade entre os termos Deus e Cristo indicam que o autor compartilha da fé cristã. Isto é de especial importância em vista da parcimônia de referências específicas a Cristo em Tiago. *às doze tribos:* desde o cativeiro assírio das dez tribos do norte, esta expressão passara a representar a esperança escatológica da restauração de Israel. Aqui ela é aplicada à igreja cristã como a continuação do povo de Deus. *Dispersão:* veja 1Pd 1,1. *saudações:* a fórmula grega (*chairein*) usada aqui não se encontra em nenhum outro lugar do NT (exceto At 15,23 e 23,26), embora fosse normal no estilo epistolar helenístico (→ Epístolas do NT, 45:6).

8 (II) Exortação inicial (1,2-18). Uma série de exortações breves, vinculadas mais por calculadas conexões verbais do que por conceitos, introduz temas que serão retomados e desenvolvidos posteriormente na carta.

(A) Alegria nas provações (1,2-4). 2. *grande alegria:* a palavra "alegria", *chara*, não apenas estabelece uma ligação verbal com a saudação anterior (*chairein*), mas também, por sua posição estratégica no início da carta, introduz um tom dominante de otimismo cristão, servindo para compensar o tom condenatório de grande parte da carta. *meus irmãos:* Tiago usa 11 vezes esta forma normal de tratamento cristão (tirada do judaísmo), inclusive quatro vezes com o termo "amados", transmitindo um sentimento de seriedade afetuosa. *múltiplas provações:* o tema da alegria nas provações é recorrente no NT, originando-se nas bem-aventuranças de Jesus (Mt 5,10-12; Lc 6,20-23; At 5,41; Rm 5,3; 1Ts 1,6). O tema da perseverança paciente, introduzido aqui, será desenvolvido mais amplamente em 5,7-11. **3**. *vossa fé, bem provada:* a imagem implícita é a do ouro testado e purificado pelo fogo (assim como no AT e em 1Pd 1,7), referindo-se às provações e perseguições que ameaçavam a fé. *perseverança:* a palavra *hypomonē* não implica um mero suportar passivo, mas o espírito ativo de resistência à defecção característico dos mártires. **4**. *é preciso que a perseverança produza obra perfeita:* a expressão grega é vaga, mas sua intenção é esclarecida pelo que segue: "a fim de serdes perfeitos e íntegros". Faz-se referência tanto às lutas presentes quanto ao cumprimento escatológico. O conceito de perfeição é importante em Tg (ocorrendo também em 1,17.25; 3,2), como o é no AT, em Qumran e em outros lugares do NT. Ele inclui aspectos de maturidade, completude e consumação. J. Zmijewski (*Christliche "Vollkommenheit"* 50-78) considera a perfeição o conceito-chave e o princípio unificador de Tg (veja também B. Rigaux, *NTS* 4 [1957-58] 237-41, 248). Os vv. 3-4 empregam o recurso estilístico do "clímax", no qual o final de uma frase se reflete no início da próxima. As semelhanças de vocabulário e pensamento entre estes versículos e 1Pd 1,6-7 e Rm 5,3-5 provavelmente não se devem a uma dependência literária, mas a um repertório primitivo comum de material parenético. (Veja Dibelius, *James* 74-77.)

9 (B) Oração confiante pedindo sabedoria (1,5-8). Este trecho introduz vários temas que serão desenvolvidos mais tarde: sabedoria (3,13-18), oração (4,2-3; 5,13-18), Deus como doador de todo bem (1,17-18), fé (2,14-26), instabilidade (4,1-8). **5**. *falta de sabedoria:* a interligação verbal das orações continua: "falta" (*leipetai*, 1,5) lembra a "deficiência" (*leipomenoi*, 1,4). A conexão lógica é menos óbvia, mas parece dependente de temas sapienciais do AT, que unem estreitamente sabedoria, provação, tribulação e perfeição (veja Sb 9,6; Eclo 4,17) e enfatizam a necessidade de sabedoria (Sb 9,10-18). *generosamente a todos, sem recriminações:* esta característica de Deus se contrapõe ao tipo relutante de doação repreendido em Eclo 18,15-18; 20,10-15. **6.** *peça com fé:* o objeto implícito desta fé é a prontidão de Deus para atender orações (veja 1,5). *sem duvidar:* isto provavelmente depende de ditos de Jesus, como Mt 21,21-22; Mc 11,23-24.

10 (C) **Atitudes dos humildes e dos ricos (1,9-11)**. O interesse do autor no significado religioso da humildade e pobreza, por um lado, e da riqueza, por outro, visto aqui pela primeira vez, aparece também em 1,27; 2,1-7.15-17; 4,10.13-16; 5,1-6. Trata-se de um tema dominante da carta. Ele se deriva da compreensão veterotestamentária dos pobres e oprimidos – os *'ănāwîm* – que são os objetos da preocupação especial de Deus e que veem em Deus sua única esperança de refúgio diante da aflição. Este tema, representado de maneira ampla e variada no período intertestamentário, também se encontra na literatura de Qumran e no NT, especialmente em Lucas (→ 43:23). Esta preocupação inclui a condenação da opressão ou negligência para com os pobres, a reafirmação de sua exaltação efetiva e a garantia de sua vindicação escatológica. **9.** A ligação entre este versículo e o precedente pode ser a de que este versículo é uma aplicação particular da exortação geral de 1,2, e talvez também de uma percepção paradoxal obtida através da sabedoria descrita no v. 5. *exaltação*: a nota de alegria do v. 2 retorna aqui. Veja Rm 5,3. A base dessa exultação é dada em 2,5. **10a.** *o rico:* o paralelismo entre os vv. 9 e 10 indica que os ricos também são membros da comunidade. *em sua humilhação: i.e.,* na natureza transitória de seu *status* de riqueza, descrita nas frases que seguem. Do ponto de vista da escatologia cristã, a única esperança do rico está na percepção de sua total pobreza e insignificância diante de Deus. **10b-11.** A imagem da efemeridade da relva – particularmente apropriada na Palestina – é bem conhecida no AT (veja Is 40,6-7; veja um uso diferente em 1Pd 1,24-25). *no meio de seus negócios:* a palavra para designar "negócios" também pode ser traduzida por "viagens". Veja a imagem semelhante em 4,13-15.

11 (D) **A paciência obtém a coroa da vida (1,12)**. Este versículo forma uma espécie de *inclusio* apogística com os vv. 2-4, dando um senso de coerência à seção. *bem-aventurado o ser humano que:* a forma desta "beatitude" reflete o AT (Sl 1,1) e os evangelhos (Mt 5,3-10 par.). *coroa da vida:* a coroa é escatológica, mas a bem-aventurança é uma realidade presente. *aos que o amam:* esta expressão, que ocorre também em 2,5, é tradicional no contexto da recompensa divina para a fidelidade (Ex 20,6; Dt 5,10; Rm 8,28; 2Tm 4,8; na literatura de Qumran, veja 1QH 16,13). A semelhança de pensamento e expressão de 1,2-3,12 com 1Pd 1,6-9 e Rm 5,3-5 pode indicar dependência de um hino protocristão, talvez proveniente da liturgia batismal (veja M.-É. Boismard, *RB* 64 [1957] 162-67).

(E) **A genealogia do pecado e da morte (1,13-15). 13.** *"É Deus que me prova":* o autor destaca a antiga falácia de se atribuir a culpa dos próprios pecados a Deus em vez de a si mesmo. Veja Eclo 15,11-20; 1Cor 10,13. **14.** *pela própria concupiscência:* a tentação é causada por algo que está no interior da pessoa, mas isto é representado como algo distinto dela, pois a engoda assim como um caçador faz com sua presa. **15.** A imagem muda para a imagem de descendência genealógica. *tendo concebido: i.e.,* quando se dá consentimento à tentação. *atingindo o termo:* isto indica o destino escatológico ao qual o pecado conduz. A sequência de concupiscência, pecado e morte é o equivalente negativo de provação, paciência provada e coroa da vida (1,12). O versículo lembra parcialmente o Sl 7,15.

12 (F) **Nosso nascimento na palavra de Deus (1,16-18)**. **17.** Visto que talvez isto seja uma citação de um provérbio poético bastante conhecido, parece melhor (segundo H. Greeven, *TZ* 14 [1958]1-13) considerar estas palavras uma sentença completa: "Todo dom é bom, e toda dádiva é perfeita". Seu significado seria a de uma opinião familiar: o que importa em um presente não é seu valor, mas a intenção de quem presenteia. Um significado mais profundo é acrescentado, explicando a fonte de toda bondade criada: todo dom provém do alto. *Pai das Luzes:* a expressão parece intencionar designar a Deus como criador das luminárias celestes, o exemplo primordial de seus dons benéficos. Este mesmo título ocorre em *ApMos* 36.5. *no qual não há mudança nem sombra de variação:* diferentemente dos corpos celestiais, cujos movimentos de acordo com os tempos e as estações resultam em variações correspondentes na luz que emitem, seu criador é imutável; portanto, sua bondade nunca diminui. **18.** *por vontade própria:* a liberdade da iniciativa divina com a qual Deus dá à luz seus filhos se contrapõe à força cega do desejo que dá à luz o pecado (vv. 14-15). *ele nos gerou:* por si mesma, esta expressão pode ser entendida no contexto veterotestamentário de Dt 32,18. Que ela deva ser compreendida no sentido especificamente cristão (como em Jo 1,12-13) é indicado por uma comparação do v. 18 com 1Pd 1,23, em que o sentido é obviamente cristão. Entretanto, uma alusão à criação também pode ter sido pretendida. Assim como a primeira criação (em Gn) ocorreu mediante a palavra de Deus, também a nova criação aconteceu por meio dela. *pela palavra de verdade:* isto provavelmente se refere à aceitação da mensagem do evangelho. Quanto ao uso de "palavra", veja o comentário sobre 1,21.

13 (III) Sejam praticantes da palavra (1,19-27). A palavra pela qual Deus nos deu à luz precisa ser ouvida, os obstáculos precisam ser removidos, e a palavra tem de ser implementada em atos.

(A) A disposição correta (1,19-21). 19. *esteja pronto para ouvir, mas lento para falar e lento para encolerizar-se:* estas três admoestações são de um tipo frequente no AT e na literatura de Qumran (Eclo 5,11-13; 1QH 1,34-37). Elas serão desenvolvidas, respectivamente, em 1,22-25; 3,13-18; e 1,20 + 4,1-2. *lento para falar:* este tema é retomado em 1,26 e desenvolvido de forma ampla em 3,1-12. **20.** A razão para a última das três admoestações do v. 19 é dada aqui. *a justiça de Deus: i.e.,* exigida por Deus, como em Mt 5,20; 6,33. **21.** *recebei com docilidade a palavra que foi plantada:* o termo grego *emphytos*, "implantada", normalmente significa "inata" – um significado que parece logicamente inadmissível no presente contexto. Esta implantação da palavra se refere, isto sim, à aceitação da fé cristã no batismo, incluindo as exigências éticas por ela implicadas. O uso de "palavra" (*logos*) em 1,18.21-23 reflete o uso típico do NT. É a revelação salvadora de Deus, prefigurada na palavra dada aos profetas e na palavra que é sinônimo de lei (*tôrâ*), mas só se expressa plenamente em Cristo e no evangelho.

14 (B) O preceito: sejam praticantes, não meros ouvintes (1,22). Este versículo é um bom resumo de toda a carta. Ele é notavelmente semelhante a Rm 2,13. O tema geral de uma "religião da ação", tão característico de Tg, é proeminente em outros escritos do NT. Veja Mt 7,24-27; Lc 8,21; 11,28. Quanto ao pano de fundo do AT, veja Dt 4,5-6; 28,13-15; Ez 33,31-32. *enganando-vos a vós mesmos:* para um exemplo deste autoengano veja o v. 26.

(C) A símile do espelho (1,23-25). 23. *no espelho:* a "palavra" é como um espelho: apresentando a conduta humana ideal, ela revela as deficiências do ouvinte, assim como um espelho revela as imperfeições do rosto. Se a pessoa que se olha no espelho esquece o que viu, deixará de remediar a situação – não será um "praticante". **25.** Mais uma vez Tg introduz um tema ("a lei") que também reaparecerá mais tarde em uma exposição mais ampla (2,8-12) e em uma breve menção em 4,11. *Lei perfeita de liberdade:* por causa da estreita ligação deste versículo com o anterior, a "lei" (como em 2,8-12; 4,11) deve ser identificada com a "palavra" dos versículos anteriores. Tiago não faz a distinção paulina entre o evangelho e a lei, mostrando, antes, uma afinidade com o espírito de Mt 5,17-19 especificado no Sermão do Monte. O fato de ele não se referir simplesmente à lei antiga parece ser indicado pelas qualificações "perfeita" e "de liberdade" (veja 2,12), bem como pela ausência, na carta, de qualquer ênfase no cumprimento de prescrições rituais. De fato, Tg não manifesta um legalismo rígido do tipo atribuído a "Tiago o Justo" pela tradição posterior (veja Eusébio, *HE* 2.23).

15 (D) A verdadeira religião (1,26-27). A exortação do v. 22 recebe agora uma aplicação prática. **26**. *refreia a língua:* a preocupação com o comedimento na fala, que já apareceu em 1,19, será desenvolvida de forma mais detalhada em 3,1-12. Veja também 4,11. *se engana a si mesmo:* literalmente: "seu coração" – um hebraísmo derivado da LXX. **27**. *pura e sem mácula:* estas qualidades, geralmente rituais e cultuais, são aplicadas sagazmente à prática de obras exteriores de caridade e à integridade interior. Não se visa a dar uma definição completa da religião aqui, mas apenas a enfatizar certos aspectos sem os quais a prática da religião fica sem sentido. (Veja Is 58, Mt 23.) *diante de Deus, nosso Pai:* o título é escolhido por causa do cuidado paterno de Deus para com os órfãos e as viúvas (Sl 67,6). *órfãos e viúvas:* estes são os objetos naturais da caridade na comunidade; veja Dt 27,19; Eclo 4,10; At 6,1. *do mundo:* este sentido pejorativo de "mundo" (oposição a Deus) ocorre também em Paulo, 2 Pd, Jo, 1 Jo (veja BAGD 7).

16 (IV) Evitem a acepção de pessoas (2,1-13). Esta seção é uma explanação adicional da exortação de 1,22: "tornai-vos praticantes da Palavra". A breve menção a órfãos e viúvas em 1,27 leva a uma consideração mais ampla dos pobres na comunidade. O desenvolvimento é o seguinte: advertência contra a acepção de pessoas (2,1); um exemplo concreto (vv. 2-4); e razões contra a acepção de pessoas (vv. 5-13).

(A) O preceito (2,1). **1**. *meus irmãos:* veja o comentário sobre 1,2. *acepção de pessoas:* veja o comentário sobre Rm 2,11. *nosso Senhor Jesus Cristo glorificado:* literalmente: "nosso Senhor da glória". A grande glória do Senhor em quem cremos deveria anular todas essas ideias de *status* ou *ranking* mundano, pois elas conduzem à acepção de pessoas.

(B) Exemplo hipotético (2,2-4). O caráter vívido deste exemplo talvez não aluda a um incidente real. Tais exemplos são característicos do estilo retórico da "diatribe" (veja Dibelius, *James* 124-26; → Teologia paulina, 82:12). *em vossa assembleia* [sinagoga, no original]: este exemplo, singular no NT, de uma extensão cristã do termo *synagōgē* é uma indicação do pano de fundo judaico-cristão. Tanto o homem rico quanto o pobre são vistos como estranhos na comunidade, de modo que seu *status* social é reconhecido apenas por sua aparência. **3**. Ao homem rico é oferecido um local de honra (veja Mt 23,6; Mc 12,39; Lc 11,43; 20,46).

(C) Vários argumentos (2,5-13). **5**. *não escolheu Deus os pobres?:* veja 1,19 e o comentário correspondente. A crença veterotestamentária de que os pobres são o objeto do cuidado especial de Deus (Sl 35,10) e das bênçãos messiânicas (Is 61,1) também é proeminente na literatura de Qumran (1QM 13,14; 1QH 18,14) e nos evangelhos (Mt 5,3; Lc 6,20; Mt 11,5). 1Coríntios 1,17-19 dá a explicação de Paulo a respeito dessa "opção preferencial" divina. Os pobres, em razão de sua fé, são ricos. *herdeiros do reino:* esta referência singular ao "reino" lembra a primeira bem-aventurança (Mt 5,3; Lc 6,20). *que prometeu:* o conceito de promessa divina, com as ideias estreitamente associadas de eleição e herança, bem como o da resposta amorosa a Deus, é o próprio fundamento da teologia do AT e do NT. *aos que o amam:* veja o comentário sobre 1,12. *desprezais o pobre:* a conduta deles é a própria antítese da conduta atribuída a Deus no versículo anterior. *não são os ricos que vos oprimem?:* isto implica que os leitores estão entre os pobres. Os ricos opressores são considerados como uma classe, caracterizada não apenas pela riqueza, mas também pela opressão e impiedade, em termos que lembram os profetas do AT (Am 8,4; veja Sb 2,10). *vos arrastam aos tribunais:* em vista do v. 7, provavelmente está incluída aqui uma referência à perseguição religiosa, ao lado de várias formas de opressão social e econômica. **7.** *blasfemam contra o nome sublime que foi invocado sobre vós:* ser chamado por um nome (literalmente: "ter um nome invocado sobre si") é ser designado como quem pertence à pessoa cujo nome é chamado. Perseguir cristãos batizados em nome de Jesus (At 2,38) é desonrar seu nome exaltado (veja Fl 2,10).

17 **8.** *lei régia:* visto que a lei mosaica vem de Deus, o rei universal, ela é corretamente chamada de régia. Tiago também está aludindo à ordem de amar o próximo (Lv 19,18) citada na pregação de Jesus sobre o reino (Mt 22,39; L. Johnson, "Leviticus 19 in James", *JBL* 101 [1982] 391-401). Ao cumprir a ordem de amar o próximo, cumpre-se toda a lei. Isto foi explicitado em Rm 13,8-10; Gl 5,14. **9.** Esta é uma antítese equilibrada do que vem antes. A relação implícita entre pecado, lei e transgressão parece estar basicamente em harmonia com o desenvolvimento mais refinado de Paulo (veja Rm 4,15; 5,13-14; 7,7-21; Gl 3,19). **10.** *torna-se culpado da transgressão da lei inteira*: a transgressão de um único preceito da lei coloca o indivíduo na categoria de transgressores da lei. Este princípio está implícito em Mt 5,18-19; Gl 3,10; 1QS 8,3; ele se encontra na tradição rabínica. Segundo M. O'R. Boyle ("The Stoic Paradox of James 2,10", *NTS* 31 [1985] 611-17), também reflete uma tradição estoica. **12.** *hão de ser julgados:* em 1,12 Tiago apelou ao motivo da recompensa futura; agora apela ao motivo do julgamento futuro (veja 3,1; 4,12; 5,9). Esta motivação, em conexão com o preceito do amor ao próximo, ocorre também em Mt 5,22.25; 7,1-2; 25,31-46. *pela lei de liberdade:* veja o comentário sobre 1,25. Apenas uma autodedicação livre à lei como vontade de Deus (e oposta a um mero constrangimento externo) é adequada para assegurar uma observância integral de todos os preceitos. Este espírito de alegre e livre dedicação à lei de Deus encontra expressão no AT (Sl 1,2; 40,9; 119,21) e na literatura de Qumran. **13.** *a misericórdia desdenha o julgamento:* isto reflete o ensinamento de Jesus em Mt 6,15; 18,23-35; 25,41-46, um ensinamento que também ocorre no AT e na literatura sapiencial apócrifa.

18 **(V) A fé sem obras está morta (2,14-26).** Esta seção é singular devido a seu desenvolvimento unificado e extenso de um único tema. Ela constitui o coração da carta, que fornece a base teórica para as exortações práticas. Todavia, a aparente contradição com o ensino paulino da justificação pela fé tendeu a dar uma proeminância exagerada a esta seção. Foi em grande parte por causa desta aparente contradição que Lutero desejou excluir este livro do cânone (veja Mussner, *Jakobusbfrief* 42-47).

19 (A) Tese principal (2,14-17). 14. *disser que tem fé:* Tiago não está sugerindo aqui a possibilidade de a fé verdadeira existir sem atos, mas meramente a de fazer tal reivindicação. Julgando a partir da presente passagem e de 1,3.6; 2,1.5; 5,15, Tiago entende por fé a aceitação livre da revelação salvífica de Deus. *mas não tem obras:* por "obras" ele entende a implementação obediente da vontade revelada de Deus em cada aspecto da vida, ilustrado pelas numerosas exortações práticas da própria epístola. *a fé poderá salvá-lo:* i.e., pode tal "fé" salvar alguém do julgamento? (veja 2,13 e o comentário sobre 5,15). **17.** *assim:* o sentido da analogia anterior é explicitado. *também a fé:* sem estar acompanhada por atos – portanto, o contrário da "fé que age pelo amor" (Gl 5,6). *é morta:* é incapaz de salvar para a vida eterna (veja 2,14). Observe que Tg não está contrapondo fé e obras, mas fé viva e fé morta.

20 (B) Vários exemplos (2,18-26). 18. *alguém poderá objetar-lhe:* a interpretação deste versículo tem sido objeto de considerável disputa. O melhor parece ser considerá-lo uma objeção genuína. Entenda o "tu" e o "eu" não como Tiago e o objetor, respectivamente, mas simplesmente no sentido de que alguns se especializam na fé, enquanto outros, nas obras. A frase seguinte, "mostra-me tua fé..." é a resposta de Tiago ao objetor, desafiando-o a provar a existência da fé à parte das obras. Sua próxima asserção, "eu ... por minhas obras", sustenta que, onde poderia parecer que as obras existem sem a fé, um exame mais acurado mostraria que a fé está subjacente às obras. **19.** *crês que há um só Deus?:* a ênfase veterotestamentária na unicidade de Deus como a verdade básica da fé (Dt 6,4) se encontra também no NT (Mc 12,29; 1Cor 8,4.6; Ef 4,6). *ótimo:* o tom de *kalōs* ("bem") é irônico (veja Mc 7,9; Jo 4,17; 2Cor 11,4). *também os demônios creem, mas estremecem:* apesar de sua "crença" estéril na unicidade de Deus, eles são objetos da ira divina. O sentido deste exemplo é que o mero conhecimento de verdades religiosas de nada serve quando a vontade está apartada de Deus. **20.** *a fé sem obras é estéril:* em grego, isto implica um jogo de palavras entre "sem obras" (*chōris ergōn*) e "estéril" (*argē*, proveniente de *a-ergos*). Este versículo serve como introdução às provas seguintes da Escritura.

21 21. *nosso pai Abraão:* título favorito para designar Abraão entre os judeus. De acordo com Paulo (Rm 4; Gl 3-4), Abraão é o pai de todos os crentes. Apesar das ênfases diferentes que se encontram em Paulo e Tiago, ambos seguem uma venerável corrente da tradição judaica ao citar Abraão como exemplo de fidelidade e retidão diante de Deus (Eclo 44,19-21; Sb 10,5; 1Mc 2,52; *Jub.* 17-19; CD 3,2; Hb 11,8-12.17-19). *justificado pelas obras:* a voz passiva implica que Deus é o agente. As "obras" são o o oferecimento de Isaac sobre o altar. A "justificação" parece significar que Abraão agradou a Deus e, por isso, foi confirmado na promessa (Gn 22,16-18). Tiago combinou a afirmação sobre a justificação de Abraão (Gn 15,6) com a de sua obediência (Gn 22). A base para esta combinação vem na sequência. **22.** *a fé concorreu para suas obras:* a obediência de Abraão à difícil palavra de Deus indica o caráter ativo de sua fé. *e pelas obras a fé se realizou plenamente:* crer na promessa divina de descendência diante da morte da única fonte visível dessa descendência aperfeiçoou sua fé na promessa inicial de Deus. Isto demonstra que a fé é inseparável das obras. **23.** *se cumpriu a Escritura:* Gn 15,6 é interpretado como uma profecia cumprida pelos acontecimentos de Gn 22 (veja 1Mc 2,52). *amigo de Deus:* este título de Abraão, que não se acha em Gn, ocorre em Is 41,8; 2Cr 20,7 e na literatura de Qumran (CD 3,2). **24.** *o ser humano é justificado:* agora uma conclusão é extraída das Escrituras: o que era verdade no caso de Abraão é universalmente verdadeiro. *pelas obras e não simplesmente pela fé:* como fica claro a partir do próprio contexto, isto não significa que a fé autêntica seja insuficiente para a justificação, mas que a fé desacompanhada das obras não é autêntica. Não há, pois, basicamente um desacordo entre Tiago e Paulo, para quem a fé "age pelo amor" (Gl 5,6).

Ainda assim, resta um problema. Não só existe uma grande diferença de ênfase entre Paulo e Tiago no que diz respeito à fé e às obras, mas há também uma notável quase identidade de vocabulário e de ênfase em Abraão (cada um cita Gn 15,6 em favor de seu próprio argumento), juntamente com uma aparência superficial de contradição mútua (veja Rm 3,28; também 1,17; 3,20-27.30; 4,2-5.16-24; Gl 2,16; 3,6-12.24), de modo que algum tipo de ligação, por meio de refutação ou correção, parece ser postulada. A hipótese mais satisfatória é que Tg está procurando corrigir uma compreensão corrente pervertida do ensinamento paulino sobre a justificação pela fé, a qual, diferentemente da doutrina paulina autêntica, não faria exigências morais ao crente.

22 25. *Raab, a prostituta:* Tiago não menciona a fé dela, uma vez que isto fica evidente em Js 2,11. Seus concidadãos também tinham uma espécie de fé (2,9-11), mas somente ela agiu com base em sua fé e, por isso, foi justificada – agradou a Deus e foi salva (Js 6,22-25). Um uso semelhante do exemplo de Raab em Hb 11,31 e (mais extensamente) em *1 Clem* 12 indica a popularidade deste tema na Antiguidade. **26.** A comparação entre o corpo e o espírito sintetiza o tratamento do tema, indicando bem que a fé e as obras são igualmente indispensáveis. Formando uma *inclusio* semítica com o v. 14, ela indica o encerramento deste trecho.

(BURCHARD, C., "Zu Jakobus 2,14-16", *ZNW* 71 [1980] 27-45. BURTCHAELL, J., "A Theology of Faith and Works: The Epistle to the Galatians – A Catholic View", *Int* 17 [1963] 39-47. JACOBS, I., "The Midráshic Background for Jas ii. 21-23", *NTS* 22 [1975-76] 457-64. JEREMIAS, J., "Paul and James", *ExpTim* 66 [1954-55] 368-71. MUSSNER, *Jakobusbrief* 133-36, 146-50, 152-57. REUMANN, J., *"Righteousness" in the New Testament* [Philadelphia, 1982] 270-75, 413.

23 (VI) Controle da língua (3,1-12). Esta seção é claramente definida e bem desenvolvida, desdobrando o tema mencionado anteriormente em 1,19 e 26. **1.** *não queirais ser mestres:* o papel dos mestres na protoigreja era importante e honorável (At 13,1; 1Cor 12,28; Ef 4,11), mas suscetível de abusos caso fosse buscado por motivos indignos. Tiago reflete as advertências de Jesus (Mt 5,19; 23,7-8). *estamos sujeitos:* Tiago se considera um "mestre" na igreja. **2-12.** Uma vez que o ensino se faz mediante a fala, Tg passa a uma longa admoestação acerca do uso da língua. **2.** *todos tropeçamos frequentemente:* este é um tema bastante conhecido nas Escrituras (Ecl 7,20; Eclo 19,16; 1Jo 1,8.10; 2Ed 8,35). *aquele que não peca no falar:* conselhos acerca do uso correto e incorreto da fala são frequentes na literatura sapiencial do AT (veja Pr 15,1-4.7.23.26.28; Eclo 5,11-6,1; 28,13-26) e na literatura de Qumran (1QS 7,4-5; 10,21-24). *homem perfeito:* a palavra *teleios* é usada aqui especificamente para designar a perfeição moral cristã (Mt 5,48; 19,21; Cl 1,28; 4,12). Veja o comentário sobre 1,4. **3-4.** Duas analogias ilustram a afirmação do versículo anterior. O freio e o leme são comparados à língua, porque, apesar de pequenos (veja v. 5a), ambos são instrumentos da vontade (do cavaleiro e do timoneiro).

24 6. Este versículo é uma forte denúncia dos males da língua. Ele contém obscuridades na estrutura e no significado que intrigam os exegetas. *fogo:* veja Eclo 28,22-23. *mundo do mal:* a expressão obscura *ho kosmos tēs adikias* poderia significar "a soma de toda a iniquidade" (veja BAGD 8). *inflamada como é pela geena: phlogizousa ton trochon tēs geneseōs* é "uma das expressões mais difíceis da Bíblia" (Hort). Expressões semelhantes se encontram na literatura helenística, especialmente em conexão com os ritos órficos. *geena:* a forma grega *geenna* (= em hebraico *gê hinnōm*, "Vale do Hinom") ocorre no NT apenas nos Sinóticos e neste texto de Tg. Portanto, este versículo faz uma transição repentina do jeito grego para o judaico de se expressar. **7.** As quatro categorias de animais são bíblicas (ocorrem na mesma ordem em Gn 9,2; Dt 4,17-18; 1Rs 4,33). **9.** *bendizemos ao Senhor, nosso Pai:* no costume judaico, "Bendito seja" era um termo acrescentado a qualquer menção a Deus, bem como a outras bênçãos litúrgicas. *à semelhança de Deus:* veja Gn 1,26; 9,6; Eclo 17,3; Sb 2,23. **10.** A exortação segue a tradição cristã de Lc 6,28; Rm 12,14; 1Pd 3,9. **11.** A imagem é característica da Palestina, onde as fontes de água são de grande importância na estação seca. Em 4Esd 5,9, uma combinação de água doce e salobra é considerada um sinal da aproximação do fim. **12.** A imagem da figueira, da oliveira e da vinha também é típica da Palestina, como de outros países do Mediterrâneo. A figura é semelhante – mas não idêntica – à usada em Mt 7,16 par.

25 (VII) Qualidades da sabedoria (3,13-18). O tema da sabedoria, brevemente mencionado em 1,5, é agora retomado numa unidade própria e bem delimitada. Ele também pode se referir ao tema do "mestre" em 3,1, já que do ponto de vista judaico o mestre é quase idêntico ao "sábio". **13.** *quem dentre vós é sábio:* uma compreensão verdadeira da sabedoria está claramente expressa nestes versículos. Ela é essencialmente a da literatura sapiencial do AT, mas também lembra a concepção paulina em 1Cor 1-4. *mostre:* esta estrutura de um imperativo após uma interrogação, tendo a força de uma oração condicional, é bíblica; veja Dt 20,5-8. *suas obras:* o ensinamento de 2,14-26 é aplicado ao conceito da sabedoria. *docilidade:* o importante conceito cristão de "docilidade" (*praytē*) inclui delicadeza, moderação, cortesia, humildade. Ele ocorre frequentemente em Paulo (2Cor 10,11; Gl 5,23) e é proeminente no ensino e exemplo de Jesus (Mt 5,5; 11,29). **14.** *a verdade:* julgando pelo presente contexto, bem como por 1,18 e 5,19, "verdade" significa a revelação cristã, colocada em prática pelo "sábio" cristão. **15.** *vem do alto:* quanto à origem celestial da sabedoria, veja Pr 2,6; 8,22-31; Sb 7,25; 9,4.9; Eclo 1,1-4,24. *terrena, animal e demoníaca:* em 1 Cor, a sabedoria oposta à sabedoria divina é a "do mundo" (1,20); ela caracteriza o homem que não é espiritual (2,14). A sabedoria divina é desconhecida dos "príncipes deste mundo" (2,8) – expressão que pode incluir anjos pecadores. **16.** *inveja e preocupação egoística:* estas expressões ocorrem na lista de vícios em 2Cor 12,20; elas eram uma característica da parênese protocristã. **17.** Em termos que enfatizam o contraste com a sabedoria terrena, Tiago apresenta aqui um esboço magistral da sabedoria cristã, inspirado nos sinóticos (veja as bem-aventuranças, Mt 5,3-10) e em Paulo (veja Gl 5,22-23). **18.** Ainda que a "sabedoria" não seja mencionada no versículo, a formulação recorda a associação feita pela LXX entre sabedoria, paz e retidão (Pr 3,9.17.18; 11,30; LXX). O versículo também lembra a bem-aventurança em Mt 5,9 e forma uma conclusão adequada para este pequeno tratado sobre a sabedoria.

26 (VIII) Causas de discórdia; remédios (4,1-2). Visto que os erros da língua (3,2-12) e a falsa sabedoria (3,13-16) provocam contendas na comunidade, Tiago considera agora suas causas (4,1-6) e remédios (4,7-10), concluindo a seção com palavras sobre a lei e o julgamento (4,11-12). **1.** *guerras ... lutas:* os dois termos gregos muitas vezes ocorrem juntos com o sentido figurativo de contendas, disputas e coisas do gênero. Eles formam uma contraposição enfática à última palavra da seção anterior, "paz". *dos prazeres:* veja Tt 3,3. **2.** A generalidade do v. 1 é agora especificada com exemplos concretos. *porque não pedis:* isto reflete, de forma negativa, as exortações dos evangelhos sobre a oração (Mt 7,7-11; Mc 11,24; Jo 14,13-14). *pedis mal:* a abordagem adequada à oração é indicada logo a seguir (4,7-10). Veja também 1Jo 5,14; Mt 6,33. (Quanto à oração em Tiago, veja também 1,5-8; 5,13-18 e os comentários). **4.** *adúlteros:* este epíteto surpreendentemente áspero reflete a representação profética da infidelidade a Deus como adultério no AT (Jr 3,9; Ez 16; Os 3,1), talvez lembrando o uso de Jesus (Mt 12,39; 16,4). *mundo:* veja o comentário sobre 1,27. *é inimizade com Deus:* um estado de inimizade entre Deus e as pessoas difere daquele implicado nas relações humanas comuns, porque a atitude permanente de amor da parte de Deus não é interrompida por isso.

27   5. *a Escritura diz:* este texto não pode ser encontrado no AT. Tiago pode estar citando um apócrifo ou uma variante perdida de uma versão grega do AT. *o espírito:* esta é a vida interior dada por Deus, soprada para dentro do homem quando de sua criação (veja 2,26). **6.** *Deus resiste aos soberbos, mas dá graça aos humildes:* Tiago está citando Pr 33,4 (LXX) no v. 6 e irá fazer um comentário do texto e aplicá-lo nos vv. 7-10 – um procedimento que L. Alonso Schökel chama de "anúncio de tema" (*Bib* 54 [1973] 73-76). **7-10.** Estes versículos, com seus dez imperativos, formam um desenvolvimento altamente estruturado que se baseia em Pr 33,4 (veja Davids, *James* 165). O fato de 1Pd 5,5-9 citar a mesma passagem de Pv em um contexto semelhante de submissão a Deus e rejeição do diabo é um ótimo exemplo da dependência destas duas cartas (e de outros escritos protocristãos) de um repertório comum de parênese baseada nas Escrituras. **10**. *humilhai-vos diante do Senhor, e ele vos exaltará:* a primeira parte deste versículo forma uma *inclusio* unificadora com o v. 7. O versículo como um todo reflete o ensino de Jesus (Mt 23,12; Lc 14,11; 18,4).

28   11-12. O tema dos pecados da língua, já tratado em 1,26 e 3,2-10, é retomado aqui, em conexão com o julgamento dos outros, uma vez que estas práticas também contribuem para criar contendas na comunidade. No vocabulário e na estrutura, estes dois versículos formam uma seção independente e bem unificada. **11**. *irmãos:* o termo afetuoso contrasta com o áspero "adúlteros" precedente (v. 4). *aquele que fala mal de um irmão ou julga seu irmão:* a crítica severa contra o julgamento se encontra em outros lugares do NT (Mt 7,1-5; Lc 6,37-42; Rm 2,1; 14,4.10), mas a razão dada aqui – que isso significa menosprezar e julgar a lei – é singular em Tg. A "lei" que se julga ao falar contra um irmão é o "segundo grande mandamento", o amor ao próximo (veja 2,8). **12**. *salvar ou destruir:* veja Mt 16,25; Lc 6,9; no AT, Deus é aquele que dá e tira a vida (Dt 32,39; 1Sm 2,6; 2Rs 5,7). *tu, porém, quem és:* a pergunta retórica enfatiza a enormidade da presunção escondida na prática tão comum de julgar o próximo. Essa prática equivale a "usurpar o lugar de Deus" (Davids, *James*).

29   (IX) Contra a presunção nos negócios (4,13-17). Esta passagem e a seguinte (5,1-6) são paralelas na medida em que cada uma é introduzida de forma idêntica – "e agora" (*age nyn*) – e emprega o discurso direto. Elas diferem na medida em que 4,13-17 é uma repreensão enérgica, provavelmente dirigida a cristãos, enquanto 5,1-6 é uma condenação duríssima dos ricos opressores que, aparentemente, não são considerados cristãos. **13**. Ainda que este versículo pareça introduzir uma mudança abrupta de tema, ele pode ser considerado um desenvolvimento da questão anterior: "quem és?".

14. *não sabeis nem mesmo o que será de vossa vida amanhã:* veja Pr 27,1; Mt 6,34. A queixa da carta não é contra o comércio como tal, mas contra um falso sentimento de segurança. *não passais de vapor:* esta imagem da fragilidade e transitoriedade da existência humana é comum no AT (Sl 39,6.7.12; Sb 2,1-5). *que se vê ... se desfaz:* em grego, isto constitui um jogo de palavras (*phainomenē ... aphanizomenē*). **15**. *se o Senhor quiser:* expressões semelhantes a esta famosa *conditio Jacobea* [condição de Tiago] eram de uso comum entre os antigos gregos e romanos. A fórmula não ocorre no AT nem em escritos rabínicos. Aparentemente foi emprestada do uso pagão e "cristianizada" por escritores do NT. Ela se expressa no termo islâmico comum *inshallah*. **17**. Este "conselhos aos mercadores" é concluído com um provérbio incisivo, semelhante a Lc 12,47; Jo 9,41; 15,22.24. É uma expressão mais abstrata da verdade de que a fé sem obras está morta (2,26).

30   (X) Ais contra os ricos (5,1-6). Veja o comentário sobre 4,13-17. Esta denúncia severa dos ricos injustos lembra os profetas do AT (*p.ex.*, Am 8,4-8). Ela não tem a intenção de influenciar os ricos, a quem é retoricamente dirigida, mas é, antes, uma advertência salutar aos fiéis a respeito do destino terrível das pessoas que abusam das riquezas e, talvez, também uma palavra de consolo às que são agora oprimidas pelos ricos (2,5-7). **1**. *desgraças que estão por sobrevir:* a perda da riqueza (vv. 2-3) e o julgamento terrível que vingará suas cruéis injustiças (vv. 3-6). **2**. *apodreceu:* o tempo perfeito deste verbo e dos dois seguintes provavelmente indica a presente inutilidade da riqueza. *vestes:* estas eram uma das principais formas de riqueza na Antiguidade (veja Horácio, *Ep.* 1.6.40-44; Mt 6,19; At 20,33). **3**. *enferrujados:* ainda que a prata e o ouro não enferrujem de fato, esta expressão indica sua inutilidade básica. *testemunhará contra vós:* a ferrugem e a decadência de suas posses provarão que seus donos deixaram de usá-las a favor dos pobres. *devorará vossas carnes ... como fogo:* os objetos da riqueza acumulada são, metonimicamente, representados como instrumentos de punição vindicativa – sem dúvida, com uma alusão à "geena de fogo" (Mt 5,22). *nos tempos do fim:* em vista da alusão à vinda do Senhor nos vv. 7 e 9, Tiago provavelmente salienta o absurdo do cuidado excessivo para com as coisas terrenas, uma vez que os últimos dias estão próximos (veja At 2,16-17). Outros entendem que ele se refere ao futuro julgamento de ira que o rico "entesourou" para si mesmo.

31 4. *o salário ... dos trabalhadores:* denúncias de retenção de salários ou outras formas de fraudar trabalhadores são um tema importante tanto no AT quanto no NT (veja Lv 19,13; Dt 24,14; L. Johnson, *JBL* 101 [1982] 391-401; Davids, *James*). *aos ouvidos do Senhor:* estas palavras são tomadas literalmente de Is 5,9 (LXX), que está em um contexto semelhante ao de Tg. 5. *dia da matança:* esta expressão, extraída de Jr 12,3, enfatiza a proximidade do juízo escatológico. É irônico que seu excessivo deleite torne os ricos mais vulneráveis aos tormentos vindouros. 6. *condenastes o justo e o pusestes à morte:* Tiago pode estar aludindo a Eclo 34,26: "Mata o próximo o que lhe tira o sustento, derrama sangue o que priva do salário o diarista". Esta acusação apogística talvez também alude a Sb 2 e 3, onde os ímpios tramam a destruição do pobre justo (veja especialmente Sb 3,3-5,16). Finalmente, também pode estar incluída aqui uma referência à morte de Cristo. *ele não vos resiste:* o significado é incerto. Uma vez que a palavra *antitassetai*, "resiste" – um termo raro no NT – ocorre também em 4,6, o verbo em 5,6 pode bem ser entendido como uma evocação da ocorrência anterior, onde Deus é, de forma explícita, o sujeito, visando, portanto, a emoldurar e unificar a seção interveniente (veja L. Alonso Schökel, "James 5:2 [*sic* – leia-se 5:6] e 4,6", *Bib* 54 [1973] 73-76).

32 (XI) A espera paciente pela vinda do Senhor (5,7-11). 7. *sede, pois, pacientes:* estas palavras iniciais resumem toda a seção. Elas se aplicam não apenas diante de injustiça ultrajante (5,4-6), mas também nas provações ordinárias da vida (5,9.12.13.14.19). *a vinda do Senhor:* a parúsia do Senhor é citada com frequência no NT (1Ts 2,19; 4,15; 2Ts 2,1.8.9; Mt 24,3; 2Pd 1,16; 3,4.12; 1Jo 2,28). Provavelmente "o Senhor" aqui significa Cristo, como em outros lugares (segundo Ropes, Chaine, Dibelius, Mussner, Law, Davids), e não Deus Pai (segundo *JB*; veja vv. 10 e 11). *o lavrador:* Tiago emprega novamente uma ilustração imaginativa (veja 1,6.11.23-24; 3,3-4,11-12). *chuvas temporãs e as serôdias:* esta é uma expressão veterotestamentária muitas vezes usada na enumeração das dádivas de Deus (*p.ex.,* Dt 11,14). A importância das chuvas temporãs (outubro-novembro) e serôdias (abril-maio) para o agricultor era característica da Palestina e da Síria meridional. Tiago manifesta, pois, conhecimento desse aspecto da vida na Palestina. 8. *esperai com paciência:* repetindo o preceito que abre esta seção, Tiago agora aplica a ilustração precedente a seus ouvintes. O objeto da paciência é constituído apenas pelos vários sofrimentos, ou também pelo retardamento na vinda do Senhor? Os vv. 7-8 parecem indicar este último caso (veja 2Pd 3,3-13). *fortalecei vossos corações:* veja 1Ts 3,13. *a vinda do Senhor está próxima:* outras expressões da proximidade da parúsia ocorrem em Fl 4,5; Hb 10,25.37; 1Jo 2,18; Ap 22,10.12.20. Na maioria destes casos, ela é um motivo de esperança e força em meio às tribulações presentes. Uma vez que no NT a parúsia se refere à volta do Cristo ressurreto, esta passagem é uma das poucas em que Tg apresenta de forma explícita uma doutrina especificamente cristã (veja 1,1; 2,1). Esta doutrina vai claramente além do ensino do AT e do judaísmo contemporâneo. Entretanto, o fato de refletir amplamente ditos de Jesus e outras partes do NT identifica o texto de Tg como um documento inteiramente cristão.

33 **9.** A exortação passa de forma bem abrupta para o tema das relações mútuas na comunidade, referindo-se a 4,11-12 (veja 1,19; 3,2-10). A vinda do Senhor é agora vista como a vinda do juiz. *para que não sejais julgados:* veja Mt 7,1-2. *está às portas:* veja Ap 3,20; Mc 13,29. **10.** *tomai como exemplo:* Tiago já usou personagens do AT como exemplo (Abraão e Raab, 2,21-25); agora os profetas são representados como mártires (veja Mt 23; 29-31; At 7,52). A perseguição dos cristãos é vista como prolongação da dos profetas em Mt 5,12 e 23,29-39. **11.** *temos por bem-aventurados os que perseveram pacientemente:* o próprio Tiago fez isso (1,12). Combinações de "bem-aventurados" (*makarios*) e "perseverança" (*hypomonē*) ocorrem também em Dn 12,12 (Teodócio); 4Mc 7,22. *a paciência de Jó:* Ezequiel 14,14.20 ilustra a fama de Jó como exemplo de virtude, inclusive independentemente do livro que leva seu nome. Veja também o apócrifo *Testamento de Jó*. *qual o fim que Deus lhe deu:* este é o significado provável da expressão resumida *to telos kyriou* (um semitismo – veja Davids, *James*). Ela implica que os leitores estão familiarizados com os detalhes das provações, a paciência e o livramento providencial de Jó. *o Senhor é misericordioso e compassivo:* uma expressão do AT: Ex 34,6; Sl 103,8; 111,4; 145,8. Tiago se afasta do texto da LXX ao introduzir a palavra *polysplanchnos*, "compassivo", não atestada no uso grego anterior, mas que é uma tradução acertada do termo hebraico *rāḥûm* do TM. Em contraposição à virtude autossuficiente do estoicismo, a perseverança cristã se baseia na convicção da misericórdia divina e na esperança da vinda do Senhor.

34 (XII) Orientações para circunstâncias variadas; fim da carta (5,12-20). Três temas concluem a carta: instrução sobre juramentos (5,12), sobre a oração (5,13-18) e sobre a conversão de quem se desvia (5,19-20). **12.** *antes:* a expressão grega (*pro pantōn*) ocorre na parte final de algumas cartas entre os papiros helenísticos descobertos no Egito (veja F. X. Exler, *The Form of the Ancient Greek Letter* [Washington, 1923] 110). Esta breve admoestação não tem ligação com o que precede e o que segue, exceto o fato de que a advertência contra a condenação é semelhante à de 5,9. Entretanto, Exler (*Form* 127-32) salientou que uma "fórmula de juramento" ocorre muitas vezes na parte final das cartas helenísticas. *não jureis:* veja Mt 5,33-37. O pensamento e a expressão são semelhantes, embora o grego de Mateus seja mais semítico. Em ambas as passagens, os juramentos não são proibidos de maneira absoluta, mas apenas seu abuso (veja Eclo 23,9-11). *seja o vosso sim, sim, e o vosso não, não:* Tiago não especifica o modo de asseveração, como o faz Mt 5,37 ("Seja vosso 'sim', sim, e vosso 'não', não"). Ele apenas exorta à veracidade. Sendo assim, não é o uso de juramentos, mas sim a falta de veracidade que faz incorrer no perigo de julgamento. Se tanto Mt quanto Tg apresentam formas variantes de um dito original de Jesus, a forma da seção "sim-não" de Tiago é, provavelmente, mais original.

35 13-18. O tema da oração, mencionado brevemente em 1,5-8 e 4,2-3, é agora desenvolvido de modo bem organizado e abrangente. **13.** *está alguém alegre?:* uma vez que o sofrimento e a alegria, como termos gerais, podem ser considerados como incluindo as vicissitudes da vida humana e uma vez que "cantar louvores" é uma forma de oração, o conselho aqui corresponde ao "orai sem cessar" de Ef 6,18. A alegria e a oração estão associadas em Rm 12,12; 1Ts 5,16-17. **14.** *doente:* o verbo *astheneō* é, às vezes, usado para designar as pessoas que estão à beira da morte (Jo 4,46-47; 11,1.4.14; At 9,37). *alguém dentre vós:* isto se refere aos membros da comunidade cristã. *mande chamar:* o homem está doente o bastante para ser confinado ao leito, mas ainda não está *in extremis*. *presbíteros da igreja:* na comunidade protocristã, os *presbyteroi*, "anciãos", eram estreitamente associados aos apóstolos no tocante à autoridade (At 15,2.4.22-23; 16,4). Os anciãos também eram nomeados para presidir as igrejas missionárias (At 14,23;

20,17; 1Tm 5,17.19; Tt 1,5). Deste modo, o termo não significa meramente pessoas em idade avançada, mas uma posição oficial de autoridade na igreja local. *para que orem sobre ele:* a oração pela cura no caso de doença é recomendada em Eclo 38,9-10, juntamente com o arrependimento do pecado. *ungindo-o com óleo:* o uso do óleo como agente terapêutico se encontra também no AT, na literatura rabínica e entre os gregos. Um exemplo neotestamentário ocorre em Lc 10,34. *em nome do Senhor:* assim, a unção não é um mero remédio, mas simboliza, como em Mc 6,13, a presença e o poder terapêuticos do Senhor, *i.e.*, de Jesus Cristo (cf. batizar "em nome do Senhor", At 19,5). **15.** *a oração da fé:* aqui, novamente, não se trata de um mero tratamento médico. *salvará o doente:* em outras passagens desta carta, o termo *sōzein*, "salvar", designa a salvação escatológica da pessoa (1,21; 2,14; 4,12; 5,20). Nos evangelhos, este termo é usado para designar tanto a salvação da pessoa quanto a restauração da saúde (veja BAGD) e frequentemente está ligado ao termo "fé" (Mc 5,34 par.; 10,52 par.; Lc 7,50; 17,19; Rm 10,9). Neste contexto, a ênfase recai sobre a restauração da saúde. *o Senhor o porá de pé:* o mesmo verbo é usado para designar as curas de Jesus em Mc 1,31; 9,27. Como no v. 14, "o Senhor" provavelmente se refere a Cristo, ainda que, em ambos os casos, a palavra possa ter sido adaptada de expressões judaicas que faziam referência a Deus. *se tiver cometido pecados:* em vista de 3,2, os pecados são, obviamente, mais do que as faltas inevitáveis cometidas por todos. *estes lhe serão perdoados:* a cura física e o perdão dos pecados estão estreitamente associados também em Mc 2,3-12 e Jo 5,14. A formulação da passagem de Mc tem forte semelhança com a desta passagem.

36 O Concílio de Trento, em sua Sessão XIV, definiu a extrema-unção como "verdadeiramente [...] um sacramento instituído por Cristo Nosso Senhor e promulgado pelo bem-aventurado apóstolo Tiago" (DS 1716; veja 1694-1700). Isto não quer dizer que todos os detalhamentos da teologia sacramental posterior se encontrem em Tg. Entretanto, os pontos seguintes são importantes com respeito à identidade substancial do que Tiago está recomendando aqui com o sacramento da unção dos doentes na igreja: a distinção em relação à mera cura carismática (1Cor 12,9.29.30), evidenciada pelo papel cultual dos *presbyteroi*; a unção com óleo de oliva; a invocação do nome do Senhor e a oração de fé; a consequente melhora e o perdão dos pecados. Também é significativo observar, como ressalta M. Dibelius, que, de acordo com seu estilo parenético, é bastante claro que Tiago não pretende introduzir um novo procedimento, mas pressupõe sua existência.

(COPPENS, J., "Notes exégètiques: Jacques 5,13-15", *ETL* 53 [1977] 201-7. COTHENET, E., "La maladie et la mort du chrétien (Jc 5,13-16)", *EspV* 85/41 [1974] 561-70. EMPEREUER, J., *Prophetic Anointing* [Wilmington, 1982].)

37 5,16-18. A ligação com o antecedente é obscura. Tendo falado do perdão dos pecados da pessoa doente, Tiago parece se voltar aos membros da comunidade em geral, a fim de lembrar-lhes como seus pecados podem ser perdoados. As ideias da oração e cura também parecem criar uma ligação com o que precede este trecho. **16.** *confessai, pois ... vossos pecados:* a confissão de pecados é um tema do AT (Lv 5,5; Nm 5,7; Sl 32,5; Dn 9,4-20; Esd 9,6-15), também conhecido no NT (Mt 3,6; At 19,18) e na protoigreja (*Did.* 4,14; *Barn.* 19,12; *1Clem* 51,3). *uns aos outros:* isto provavelmente significa "na assembleia litúrgica", como na *Did*. Visto que na *Did.* e em *Barn*. a confissão de pecados é considerada um preparativo necessário para a oração eficaz, o mesmo relacionamento pode estar sendo visado aqui. *orai uns pelos outros:* este preceito cristão básico (implícito em Mt 5,44 e nas petições da segunda metade do Pai-Nosso [Mt 6,11-13] e exemplificado em At 12,5; Cl 3,4; 1Ts 5,25; 2Ts 3,1; Hb 13,18, bem como nas frequentes afirmações de Paulo de que ele ora em favor de seus leitores) não recebe, aparentemente, uma formulação explícita nas Escrituras a não ser neste versículo. No presente contexto, provavelmente se deve entender a oração mútua como estando motivada pela confissão mútua dos pecados (o que é exemplificado agora no "rito penitencial" na abertura da liturgia). *para que sejais curados:* de acordo com a interpretação de que Tiago está agora se dirigindo não apenas aos doentes, mas à comunidade em geral, a palavra "cura" deve ser entendida no sentido espiritual de perdão dos pecados – um sentido que ela também tem em outros trechos do NT e nos padres apostólicos. Uma referência secundária à cura dos enfermos também pode estar presente. *a oração fervorosa do justo tem grande poder:* outros traduzem: "a oração de uma pessoa justa é poderosa em seus efeitos". A ideia geral se encontra em Sl 34,16.18; Pr 15,29. A intenção do versículo é tanto incentivar a confiança no poder da oração cristã quanto exortar ao fervor em sua prática (veja G. Bottini, "Confessione e intercessione in Giacomo 5,16", SBFLA 33 [1983] 193-226; F. Manns, "Confessez vos péchés les uns aux autres", RSR 58 [1984] 233-41).

38 **17**. *Elias:* os exemplos veterotestamentários de Abraão e Raab foram usados como modelos de boas obras (2,21-25), e Jó, como modelo de paciência (5,11); Elias é apresentado agora como modelo de oração eficaz (veja 1Rs 17,1.7; 18,1.41-45). Seu papel em relação à fome é recordado também em Eclo 48,2-3 e 4Esd 109. *que era homem semelhante a nós:* a nuança do termo grego *homoiopathēs* é bem expressa na paráfrase da *New English Bible* [NEB]: "era um homem com fraquezas humanas como as nossas". Tiago antecipa a objeção de que a oração daquele santo heroico deve ser admirada e não imitada. *orou com insistência:* 1Reis narra a profecia de Elias acerca da seca e da chuva sem, contudo, dizer que elas se deveram a suas orações. Tiago segue a tradição de Eclo e 4Esd. *três anos e seis meses:* esta especificação da duração da seca é mais precisa do que 1Rs 18,1. Reflete uma tradição judaica que também se encontra em Lc 4,25 e provavelmente está ligada ao apocalíptico "três e meio", a metade de sete (Dn 7,25; 12,7; Ap 11,2.9; 2,6.14; veja também G. Bottini, *La preghiera di Elia in Giacomo 5,17-18* [Studium Biblicum Franciscanum, Analecta 16; Jerusalem, 1981]).

39 **5,19-20**. Embora esta passagem final, como várias outras anteriores, comece de forma abrupta, há uma continuidade nos temas do perdão e do pecado. **19**. *se desviar da verdade: alētheia* neste caso, como já em 1,18 e 3,14, e frequentemente no Evangelho e nas Epístolas de João, tem o sentido veterotestamentário de fidelidade eficaz à palavra de Deus, e não a ênfase grega na compreensão intelectual da realidade. **20**. *salvará sua alma* (= "pessoa" ou "si mesmo") *da morte:* o sentido aqui é o da morte espiritual e escatológica, como em Rm 5,12. Os comentaristas divergem quanto ao pronome "sua". Seria a alma do pecador ou de quem salva? Em função de uma provável influência de Ez 3,20-21 e 33,9, a expressão pode muito bem incluir ambas as ideias. *cobrirá uma multidão de pecados:* a formulação é muito semelhante a 1Pd 4,8. Provavelmente ambos os versículos se derivam de uma tradição parenética judaica baseada em Pr 10,12 (no TM, não na LXX). O "cobrir" dos pecados é uma metáfora para o perdão (veja Sl 32,1-2 [LXX] e seu uso em Rm 4,7-8). Os pecados assim "cobertos" incluem os do irmão que se desvia, mas também podem ser entendidos de forma mais inclusiva. Tiago não tem uma saudação epistolar de encerramento. Mas F. X. Exler (*Form* 69) salientou que um grande número de cartas gregas oficiais não contêm tal saudação final. Os últimos versículos de Tg servem bem como conclusão. Nos problemas ameaçadores abordados na carta, reflete-se a possibilidade horrível de apostasia, mas a nota alegre na abertura da carta é retomada no final na perspectiva de que os cristãos, como praticantes e não meros ouvintes da palavra, resgatem os irmãos ameaçados em uma esperança comum de salvação última.

59
Epístola de Judas

Jerome H. Neyrey, S.J.

BIBLIOGRAFIA

1 Bigg, C., *Epistles of St. Peter and St. Jude* (ICC; 2ª ed.; Edinburgh, 1902). Ellis, E. E., *Prophecy and Hermeneutic in Early Christianity* (Grand Rapids, 1978) 221-36. Eybers, I. H., "Aspects of the Background of the Letter of Jude", *NeoT* 9 (1975) 113-23. Kelly, J. N. D., *The Epistles of Peter and of Jude* (London, 1969). Osborn, C. D., "The Christological Use of 1 Henoch i.9 in Jude 14-15", *NTS* 23 (1976-77) 334-41; "The Text of Jude 5", *Bib* 62 (1981) 107- 15. Rowston, D. E., "The Most Neglected Book in the New Testament", *NTS* 21 (1974-75) 554-63. Wisse, F., "The Epistle of Jude in the History of Heresiology", *Essays on the Nag Hammadi Texts* (Festschrift A. Böhlig; ed. M. Krause; Leiden, 1972) 133-43.

DBSup 4. 1285-98. Kümmel, *INT* 425-29. Wik--Schm, *ENT* 579-84.

INTRODUÇÃO

2 (I) Autenticidade. O autor declarado é "Judas... irmão de Tiago" (v. 1), que é, presumivelmente, Tiago, "o irmão do Senhor" (Gl 1,19) e líder da igreja de Jerusalém (At 15,13-21). Judas não é o apóstolo Judas (Lc 6,16). Alguns biblistas acreditam que se trata de uma carta pseudonímica, pelas seguintes razões: (1) a data tardia da carta (o v. 17 fala dos "apóstolos de nosso Senhor" como se eles fossem figuras de um passado distante); (2) a percepção da formalização da "fé, uma vez por todas confiada aos santos" (v. 3), que é uma característica dos escritos "protocatólicos"; (3) o excelente estilo grego, considerado impossível para um judeu seguidor de Jesus; e (4) a convenção existente na igreja posterior de validar o ensino mediante sua atribuição a um personagem da protoigreja.

3 (II) Ocasião, propósito, destino. O autor aponta a presença de escarnecedores na comunidade (v. 18), os quais contestam doutrinas centrais, como a autoridade de Deus (v. 4), e cuja teologia errônea conduz à imoralidade. Entretanto, como observa F. Wisse ("Heresiology"), a descrição deles feita por Jd é geral demais para nos permitir uma reconstrução de sua heresia. Quanto à ocasião da carta, diz-se que uma antiga predição de falsos mestres é cumprida (vv. 17-18), uma convenção evocada a fim de magnificar o que Jd percebe como uma crise. Esta carta não é dirigida a uma igreja específica, mas sim a todas as igrejas, não descrevendo uma heresia particular em uma dada igreja, mas alertando todas elas acerca de um problema geral. Nada em Jd nos permite datar a carta com qualquer precisão, e, deste modo, somos obrigados a considerá-la uma carta pseudonímica que expressa uma preocupação geral com a presença de pontos de vista divergentes nas igrejas do final do séc. I.

4 (III) Tipo de igreja. Conforme salientou E. E. Ellis (*Prophecy and Hermeneutic*), Judas mostra um conhecimento notável de materiais diversos, tanto de documentos quanto de percepções e expressões tradicionais muito difundidas. Ele alude à *Assunção de Moisés* (v. 9), cita *1 Henoc* (vv. 14-15) e predições apostólicas (vv. 18-19); tira exemplos de Gênesis (5-7) e conhece a tradição judaica (v. 11). Isto sugere uma igreja sofisticada, com grandes recursos, que está agora no processo de reafirmar a consistência de uma "fé dada de uma vez por todas" usando materiais bíblicos e cristãos. Nada em Jd permite uma datação segura. Uma vez que esta carta foi usada por 2 Pd, que é datada tentativamente por volta de 100 d.C., Judas deve ter sido escrita antes, provavelmente nos anos 90 d.C.

5 (IV) Relação entre Judas e 2 Pedro. Visto que há uma concordância geral de que 2Pd emprestou texto de Jd, é melhor estudar a questão da relação próxima destes dois documentos no contexto do comentário sobre 2 Pd (→ 2 Pedro, 64:5).

6 (V) Esboço. Segundo as convenções epistolares, Judas pode ser esboçada da seguinte forma:

(I) Introdução da carta (1-2)
(II) Ocasião da carta (3-4)
(III) Advertências acerca do julgamento (5-15)
    (A) Julgamentos de Deus no passado (5-7)
    (B) Declaração do julgamento de Deus (8-10)
    (C) Exemplos de julgamento (11-13)
    (D) Predição de julgamento (14-15)
(IV) Pecadores e santos (16-23)
    (A) Características dos pecadores (16-19)
    (B) Características dos santos (20-23)
(V) Conclusão da carta: doxologia (24-25)

COMENTÁRIO

7 (I) Introdução da carta (1-2). 1. *Judas:* como servo de Jesus Cristo, Judas se encontra ao lado de outros servos, como Moisés (Dt 34,5), Davi (2Sm 7,5-29), Paulo (Fl 1,1) e Pedro (2Pd 1,1) e, desta forma, ele é um agente autorizado e fiel de Jesus. *irmão de Tiago:* Judas reivindica ortodoxia em virtude de sua relação íntima com um dos "pilares da igreja" (Gl 2,9). *chamados:* não se fala a uma igreja específica, mas "todos os que foram chamados" sugere a intenção católica ou universal do documento. A igreja à qual se fala é um grupo bem definido, claramente distinto de outros grupos no mundo: (a) "chamados por Deus", portanto, um grupo específico; (b) "amados", ou seja, membros de um grupo pactual; (c) "guardados em Jesus Cristo", isto é, participantes do grupo de Jesus. Este rótulos referentes a um grupo específico deveriam ser ligados a outros na carta que, dialeticamente, servem para distingui-lo de um grupo heterodoxo. *misericórdia, paz e caridade:* um aumento do amor pactual, a concórdia comunitária e a solidariedade grupal são o objeto da oração, que é compreensível à luz da evidente divisão existente no grupo (→ Epístolas do NT, 45:8A).

8 (II) Ocasião da carta (3-4). 3. *tive de fazê-lo:* o autor enfatiza seu papel de expositor da fé com uma percepção da necessidade de exortá-los a lutar em defesa da fé, que é um sistema claro de ensinamentos. *confiada:* este é um termo técnico para designar a tradição (veja 1Cor 11,23 e 15,3). Em uma cultura que aceita o passado como normativo, o apelo à fé transmitida uma vez por todas serve como uma reivindicação de ortodoxia contra ensinamentos novos (veja o v. 5; cf. Mc 7,13). **4.** *infiltraram-se entre vós:* se o passado foi uma época de concórdia, os mestres heterodoxos não pertenciam à igreja desde o início, mas se infiltraram mais tarde como sedutores ou ladrões. Na medida em que estão "há muito marcados", sua aparição já fora levada em conta (veja vv. 17-18). *uns ímpios:* um sinônimo de pecadores (Pr 11,31; 1Tm 1,9), que são sempre censurados (Rm 1,18); o julgamento destas pessoas ímpias vai se tornar um tema proeminente nos vv. 15.18. *convertem a graça de nosso Deus num pretexto:* o pior vício é a perversão da graça (veja 2Pd 2,20-22); embora chamados e salvos, os hereges transformam a graça em pecado. Típico dessa cultura, o resultado final de uma má teologia é a queda em relação ao espírito e a volta à carne, até mesmo à libertinagem sexual (veja Rm 1,24-27). *negam ... nosso Senhor:* como em 2Pd 2,1, estes hereges são como os escarnecedores dos Salmos que negam que Deus saiba o que eles fazem ou dão a entender que Deus é impotente para julgá-los; a falta de respeito para com as leis do Senhor é vista como uma "negação" do poder e da jurisdição dele. Não está claro se os hereges negam formalmente o julgamento de Jesus ou se o autor percebe isso como uma das implicações do erro deles.

9 (III) Advertências acerca do julgamento (5-15). Há menos interesse em refutar a doutrina heterodoxa do que em invocar o juízo sobre seus proponentes. Judas apela às Escrituras e a outras tradições como ilustrações do julgamento vindouro dos hereges.

(A) Julgamentos de Deus no passado (5-7). 5. *trazer-vos à memória:* se a tradição da fé é um fato do passado, então "recordá-la" corretamente vem a ser uma das tarefas princiPadres da Igreja (veja Jo 2,22; Lc 24,6). Os exemplos das Escrituras nos vv. 5-7 servem como prova contra os pecadores do presente. Refletindo a advertência de 1Cor 10,5-13, Judas alude a exemplos do justo julgamento da geração do êxodo por parte de Deus. Libertos da escravidão e tornados povo santo de Deus, eles pecaram e foram destruídos no deserto. **6**. *anjos:* eles também caíram da graça, do céu para o inferno, da luz para as trevas (Gn 6,1-4). A natureza exemplar destas referências reside no fato de que eles já estão encarcerados, aguardando o Grande Veredito. *presos em cadeias:* um princípio de *quid pro quo* [compensação] subjaz ao v. 6; os anjos não guardaram seus lugares e, por isso, são "guardados" por Deus em outro lugar. **7**. *Sodoma e Gomorra:* um terceiro exemplo enfatiza não tanto uma queda da graça, mas simplesmente crime e castigo: Sodoma se dedicou aos piores vícios (homossexualidade [Gn 19,4-8] e fornicação), vícios dos quais o autor acusa os hereges nos vv. 4.8.12. *castigo de fogo:* destruída pelo fogo, Sodoma pode servir como prova do julgamento ardente do Senhor (veja Mt 3,10; Mc 9,43-48), um julgamento que é definitivo e não tem fim.

10 (B) Declaração do julgamento de Deus (8-10). 8. *agem do mesmo modo:* o v. 8 inculca a lição dos vv. 5-7: os hereges são como as pessoas julgadas no AT em termos de: (a) seu crime (assim como Sodoma e os anjos caídos, estas pessoas "conspurcam a carne") e (b) sua punição. Eles são "sonhadores", um rótulo usado para designar os falsos mestres em Dt 13,1 e Jr 27,9. *desprezam a Autoridade:* eles negam a autoridade, provavelmente o julgamento futuro dos pecadores por Jesus (veja v. 4); isto leva à libertinagem sexual, isto é, à "conspurcação da carne". Os vv. 4 e 8, portanto, formam uma *inclusio*:

Versículo 4	Versículo 8
A. imoralidade sexual	A. conspurcam a carne
B. negam nosso único Senhor	B. rejeitam a autoridade.

injuriam as Glórias: trata-se de um terceiro pecado; já que "blasfemar" não é o mesmo que "conspurcar" a santidade da igreja, as glórias aqui não são os santos da igreja (v. 3). Elas são, ao contrário, anjos de Deus, os querubins de glória (Hb 9,5; *TestLevi* 18,5). A blasfêmia contra os anjos de Deus significa negar o Senhor e rejeitar sua autoridade; deste modo, se os hereges rejeitam a lei e o julgamento de Deus, eles também negam qualquer menção aos anjos como doadores da lei de Deus ou agentes do juízo celestial (veja v. 14). **9**. *Miguel ... diabo:* o argumento dos vv. 9-11 talvez aluda a *AsMos* (→ Apócrifos 67:49). Um ser glorioso, Miguel, disputou com Satanás – uma situação tradicional de batalha cósmica (veja Dn 10,13; Ap 12,7). A palavra de Miguel é o sentido da alusão, uma declaração do juízo de Deus: "O *Senhor* te repreenda" (cf. Zc 3,2). O cenário simboliza a situação do autor: assim como Miguel, o autor reafirma o julgamento do Senhor; diferentemente de Miguel, que não se atreveu a "pronunciar uma sentença injuriosa contra ele", este autor censura os hereges por sua "blasfêmia" contra todos os agentes do juízo. Como no v. 8, o exemplo é explicado: assim como eles blasfemaram contra as Glórias, agora blasfemam contra o que não conhecem; os vv. 8, 9 e 10 são unidos pelo termo-chave "blasfêmia". **10**. *animais irracionais:* chamando seus opositores de ignorantes e irracionais, o autor os considera menos do que humanos, "animais selvagens", cuja natureza é ser capturados ou mortos (ou julgados).

11   (C) **Exemplos de julgamento (11-13).** **11**. *ai deles:* como os julgamentos em Is 5,8.11.18 ou Mt 11,23-24, uma maldição é pronunciada sobre os hereges. Este versículo compara os hereges a três pecadores bíblicos, um trio ocasionalmente reunido por ser formado por "aqueles que não terão parte no mundo vindouro" (*'Abot Rabino Natã* 41). Esta comparação está em um paralelismo rigoroso: "o caminho de Caim ... aos desvarios de Balaão ... na revolta de Coré". Por que estes três? Segundo a tradição, Caim negou o justo julgamento de Deus (veja Gn 4,13; cf. "negam ao Senhor", v. 4); Balaão, um profeta de Deus, perverteu seu ofício ao amaldiçoar a Israel em troca de dinheiro (veja Nm 22-24; 31,16); e Coré se rebelou contra Moisés, a autoridade legítima de Deus na comunidade da aliança (veja Nm 16; cf. "desprezam a Autoridade", no v. 8). Assim como Deus castigou este trio de pecadores, punirá também os hereges. **12**. *escolhos:* a concepção expressa aqui é bem semelhante à perspectiva de Paulo em 1Cor 5 de que a impureza corrompe uma comunidade santa: assim como o fermento do pecado contaminou o altar de Deus (1Cor 5,6-8), estes hereges são máculas das refeições sagradas e agem de forma inescrupulosa em suas festas solenes. *apascentando-se a si mesmos:* assim como alguns de Corinto, eles ignoram a santidade e a integridade do grupo, preocupando-se apenas consigo mesmos (veja 1Cor 13,5; 10,29; Fl 2,4.21). O divisionismo, portanto, é uma ameaça a um corpo sadio e santo (veja 1Cor 1,11-13). *nuvens sem água ... árvores que não dão fruto:* para equilibrar a comparação anterior, quatro metáforas agora rotulam os hereges: nuvens, árvores, ondas e estrelas. A escolha é determinada por vários fatores: (a) as nuvens não têm água, as árvores não têm fruto; e visto que pelos frutos se pode conhecer a árvore, os hereges são estéreis, sem frutos e condenados; (b) as nuvens são "levadas pelo vento", as ondas "espumam sua própria impudência", e as estrelas são "errantes", sugerindo o desrespeito à lei e o comportamento descontrolado dos hereges; (c) as ondas espumam sua impudência, assim como os hereges contaminam (v. 12); e (d) assim como as árvores são arrancadas pela raiz e os astros são trancados, um julgamento será pronunciado sobre estes pecadores.

12   (D) **Predição de julgamento (14-15).** **14**. *Henoc:* a importância de Henoc está no conteúdo de sua citação e em sua função argumentativa. *1 Henoc* (1,9), assim como Mc 8,38 e 13,24, descreve a vinda do Senhor com anjos para julgar os pecadores (veja *AOT* 185; → Apócrifos, 67:7-15). Judas chega a dizer que Henoc estava "profetizando" contra estes mesmos hereges, e, deste modo, a citação funciona como mais um julgamento tradicional contra os opositores de Jd, juntamente com os exemplos bíblicos de julgamento nos vv. 5-7.11. *o sétimo: i.e.,* a sétima geração desde Abraão (veja em Gn 5,18-23 o relato bíblico de Henoc; cf. sua posição na genealogia lucana de Jesus [Lc 3,27; *FGL* 494, 503]). **15.** *ímpios:* três vezes os hereges são chamados de *asebeis,* o que vincula isto com acusações anteriores relativas à sua impiedade (v. 4) e com predições dela (v. 18). A impiedade conota rebelião (Is 1,28; veja Coré no v. 11) e transgressão da lei (veja negação de autoridade e domínio nos vv. 4, 8).

13 (IV) Pecadores e santos (16-23). Os hereges são contrastados com os membros ideais da igreja santa de Judas.

(A) Características dos pecadores (16-19). Nestes versículos encontramos um resumo das maldades atribuídas aos hereges, justapostas à lista das características dos membros ortodoxos da comunidade nos vv. 20-23. Dois resumos de seus vícios (vv. 16 e 19) formam uma *inclusio* ao redor de uma predição apostólica da vinda deles: (A) primeira lista de maldades (v. 16), (B) predição dessas maldades (vv. 17-18), (A') segunda lista de maldades (v. 19). **16.** *murmuradores:* assim são os hereges (veja Ex 15,24; 17,3): queixosos descontentes, libertinos, bajuladores verbosos; eles não se encaixam na igreja regulamentada e obediente. **19.** *que não têm o Espírito:* por isso são sensualistas carnais e, pior de tudo, causam a divisão da igreja una (veja 1Cor 1,11-13; 3,3). **18.** *surgirão escarnecedores:* a presença de hereges é perturbadora, mas isto é suavizado pela lembrança de uma profecia apostólica convencional: o Paulo lucano predisse que lobos atacariam a igreja (At 20,29-30), assim como Pedro (2Pd 3,3). Sustenta-se que a heresia não se situa no início ideal da igreja (v. 3), mas se insinua depois, "nos últimos dias". A profecia, portanto, funciona como uma advertência convencional a respeito de tempos atribulados, como uma forma de rotular os adversários (escarnecedores, ímpios) e como um apelo para se ater à antiga e correta tradição da fé dada de uma vez por todas.

14 (B) Características dos santos (20-23). 20. *vós:* os fiéis são descritos em marcante contraste com os hereges. *santos* [no original]: os crentes são santos em virtude de sua fé correta e porque oram no Espírito Santo. Os hereges, por sua vez, não têm o Espírito, sendo, portanto, impuros ou ímpios. **21.** *guardai-vos:* os fiéis guardam o amor de Deus, em contraposição às pessoas que não mantêm a graça e o favor de Deus (vv. 4.6a) e são, assim, guardados para o julgamento (vv. 6.13). *pondo vossa esperança:* os santos esperam pela misericórdia de Cristo obedecendo à lei de Deus e se preparando para uma inspeção divina (2Cor 5,10), enquanto os hereges negam o julgamento de Deus (v. 4). *para a vida eterna:* os cristãos de Jd entrarão na vida eterna, em contraposição às trevas eternas preparadas para os ímpios (v. 13). **22-23.** Como o povo santo deveria lidar com o ímpio? Judas distingue entre aqueles que têm remédio e os que não têm (veja 1Jo 5,16-17). Os primeiros deveriam ser salvos do fogo do julgamento. Os últimos, entretanto, são um outro caso: a igreja deveria lidar com eles "com temor" e detestar o contato até mesmo superficial com eles, com suas vestes ou sua pele. Judas diz à igreja duas vezes que tenha "misericórdia deles". Editores posteriores deste texto leem-no como "condenem-nos", que, embora não seja a leitura textual correta, transmite o sentido da ordem. As pessoas que estão sendo condenadas são as que entram em disputas (veja v. 9). Elas mancharam suas vestes, o que é um reflexo do v. 12: elas são pessoas sujas que mancham a igreja.

15 (V) Conclusão da carta: doxologia (24-25). Assim como Rm 16,25-27, esta carta termina com uma doxologia. **24.** *guardar-vos:* o Deus cristão é o Deus único, que pode nos guardar (veja v. 1). *irrepreensíveis:* Deus nos guarda dos tropeços, isto é, de apostatar da fé verdadeira (1Cor 10,32); Deus nos faz permanecer firmes, isto é, nos aproximar do trono do julgamento divino não-humilhados e confiantes. Deus nos mantém irrepreensíveis ou sem pecado (1Ts 5,23). **25.** *glória, majestade, poder e domínio:* a glória é dada regularmente a Deus, à qual Judas liga três outros atributos – majestade, poder e domínio – provavelmente reafirmando o que os hereges negam (veja v. 4.8) e confirmando a doutrina tradicional do justo juízo de Deus (veja vv. 5-7.9.14-15). *antes de todos os séculos, agora e por todos os séculos:* o Deus verdadeiro é eterno no passado e no futuro; esta nota teológica também se encontra em Is 41,4 e Ap 1,4.8 e 4,8.

60
A Epístola aos Hebreus

Myles M. Bourke

BIBLIOGRAFIA

1 ATTRIDGE, H. W., *Hebrews* (Hermeneia; Philadelphia, 1989). BONSIRVEN, J., *Saint Paul: Épître aux Hébreux* (VS 12; Paris, 1943). BRUCE, F. F., *The Epistle to the Hebrews* (NICNT; Grand Rapids, 1964); "Hebrews", *IDBSup* 394-95. BUCHANAN, G. W., *To the Hebrews* (AB 36; Garden City, 1972). GRÄSSER, E., "Der Hebräerbrief 1938-1963", *TRu* 30 (1964) 138-236. HÉRING, J., *The Epistle to the Hebrews* (London, 1970). HUGHES, P. E., *A Commentary on the Epistle to the Hebrews* (Grand Rapids, 1977). KUSS, O., *Der Brief an die Hebräer* (2ª ed.; RNT 8/1; Regensburg, 1966). MANSON, W., *The Epistle to the Hebrews* (London, 1951); MICHEL, O., *Der Brief an die Hebräer* (6ª ed.; MeyerK 13; Göttingen, 1966).

MOFFATT, J., *A Critical and Exegetical Commentary on the Epistle to the Hebrews* (ICC; New York, 1924). MONTEFIORE, H., *A Commentary on the Epistle to the Hebrews* (HNTC; New York 1964). SPICQ, C., *L'Épître aux Hébreux* (2 vols.; EBib; Paris, 1952-53); *L'Épître aux Hébreux* (SB; Paris, 1977). STROBEL, A., *Der Brief an die Hebräer* (NTD 9; Göttingen, 1975). VANHOYE, A., *La structure littéraire de l'Épître aux Hébreux* (StudNeot 1; Paris. 1963). WESTCOTT, B. F., *The Epistle to the Hebrews* (London, 1909). WINDISCH, H., *Der Hebräerbrief* (2ª ed.; HNT 13; Tübingen, 1931).

DBSup 3. 1409-40. *IDBSup* 394-95. KÜMMEL, *INT* 388-403. WIK-SCHM, *ENT* 542-62.

INTRODUÇÃO

2 (I) Autenticidade. A identidade do autor de Hb é desconhecida. Com exceção de 1Jo, esta é a única epístola do NT que inicia sem uma saudação que mencione o nome do autor. Sua atribuição a Paulo remonta pelo menos ao final do séc. II, na igreja de Alexandria. De acordo com Eusébio, ela era aceita como obra de Paulo por Clemente, que, neste tocante, seguiu o ponto de vista de Panteno. Clemente acreditava que Paulo tinha escrito esta epístola em hebraico para os hebreus e que Lucas a tinha traduzido para o grego (*HE* 6.14.2-4). Orígenes aceitou a autoria paulina apenas em sentido amplo, pois observou que "qualquer pessoa capaz de discernir diferenças de estilo" não deixaria de ver a dessemelhança entre a carta e os escritos de Paulo. Ele achava que os pensamentos eram paulinos, mas "o estilo e a composição pertencem a alguém que recordou os ensinamentos do apóstolo"; "só Deus sabe" quem foi essa pessoa (cit. ap. Eusébio; *HE* 6.25.11-14). As concepções de Alexandria influenciaram o resto do Oriente e, por fim, o Ocidente. Clemente de Roma muito provavelmente utilizou Hb em sua carta aos Coríntios (aproximadamente 95 d.C.; veja cap. 36), mas não dá qualquer pista sobre sua autoria. Hebreus não figura no Cânone Muratório (aproximadamente 200 d.C., → Canonicidade 66:84). O mais antigo ponto de vista de sua autoria é o de

Tertuliano, que a atribuiu a Barnabé. Entretanto, por volta do final do séc. IV e início do séc. VI, a igreja ocidental tinha aceitado a epístola como paulina e canônica. Em 1516, Erasmo levantou sérias dúvidas acerca da autoria de Paulo, "provavelmente o primeiro a fazer isso depois de o livro ter sido aceito no cânone" (cf. K. Hagen, *A Theology of Testament in the Young Luther* [Leiden, 1974] 23). A opinião dos biblistas atuais, quase sem exceção, é a de que Paulo não é nem direta nem indiretamente o autor da carta. Quanto a detalhes, veja Kümmel, *INT* 392-94, 401-3.

3 Os principais argumentos contra a autoria paulina são as diferenças no vocabulário e estilo em comparação com Paulo, a diferença na estrutura da epístola (o entrelaçamento da doutrina e da exortação), a maneira diferente de introduzir citações do AT e o uso da LXX para fazer citações da Escritura (dando preferência à forma do texto representado pelo Códice Alexandrino [→ Textos, 68:96]). Ainda que haja diferenças teológicas importantes em relação a Paulo, nem todas elas são argumentos tão decisivos contra uma autoria paulina quanto às vezes se pensa; *p.ex.*, a ênfase do autor na entrada de Jesus no céu, e não em sua ressurreição, é evidentemente ditada por sua preocupação com o sacerdócio celestial de Cristo. Entretanto, a maioria das razões indicadas para negar a autoria paulina têm tanto peso que são convincentes. Certas semelhanças teológicas entre Hb e as cartas paulinas (*p.ex.*, quanto à cristologia) não apontam necessariamente para uma influência de Paulo ou do querigma paulino sobre o autor, pois ele e Paulo poderiam ter se valido de uma tradição comum (veja Grässer, "Hebräerbrief" 186-88).

Entre as razões para pensar que o autor era de proveniência helenística está seu uso consistente da contraposição entre as esferas celestial e terrena da realidade, sendo esta última entendida como mera sombra da primeira. Esta é uma concepção platônica, e ainda que tenha paralelos em fontes do antigo Oriente Próximo, no AT (Ex 25,9.40) e no judaísmo apocalíptico (*TestLev* 5,1) em termos de comparação entre locais de culto terreno e celestial (cf. G. W. MacRae, "Heavenly Temple and Eschatology in the Letter to the Hebrews", [*Semeia* 12 (1979) 179-99]), o amplo uso, por parte de Hb, da contraposição entre a natureza eterna, estável e permanente e a natureza transitória e imperfeita de tudo quanto está fora desta esfera fez com que muitos pesquisadores sustentassem que o mundo intelectual do autor era o platonismo médio, o mesmo mundo intelectual do filósofo judaico helenístico Filo de Alexandria (veja S. Sowers, *The Hermeneutics of Philo and Hebrews* [Basel Studies of Theology 1; Richmond, 1965]; L. Dey, *The Intermediary World and Patterns of Perfection in Philo and Hebrews* [SBLDS 25; Missoula, 1975]; J. Thompson, *The Beginnings of Christian Philosophy* [CBQMS 13; Washington, 1982]). Isto pode explicar as muitas semelhanças verbais entre Hb e os escritos de Filo, embora não seja provável que Hb dependa deles diretamente (Spicq, *Hébreux* 2.39-91). De qualquer modo, o forte interesse histórico do autor pela obra redentora de Cristo, bem como sua fidelidade à escatologia judaico-cristã, representa uma grande diferença entre sua compreensão do cumprimento do AT e o alegorismo filosófico de Filo; veja G. Hughes, *Hebrews and Hermeneutics* (SNTSMS 36; [Cambridge, 1979] 26): "[...] quaisquer que sejam os ecos de ideias platônicas que encontremos na concepção do autor acerca do arquétipo celeste e da cópia terrena, é inegável o fato de que as duas alianças [...] também se encontram em relação sequencial ou horizontal como aliança anterior e posterior".

Pelo fato de o autor ser um cristão helenístico cuja obra tem mérito literário e mostra conhecimento dos recursos da retórica grega, muitos desde M. Lutero pensaram que ele teria sido Apolo (cf. At 18,24). O máximo que pode ser dito em favor desta opinião é que ela é plausível, mas nada depõe decisivamente em seu favor.

Ainda que tenham surgido hipóteses sobre a perda do final original e do acréscimo posterior do cap. 13, a integridade de Hb é admitida de modo geral; alguns poucos biblistas ainda sustentam que 13,22-25 é um acréscimo destinado a dar um toque paulino à obra.

4 (II) Os destinatários. A demonstração de Hb de que a antiga aliança, especificamente o culto da antiga aliança, foi substituída pelo sacrifício de Jesus está ligada com a exortação contra o abandono da fé cristã (*p.ex.*, 2,1-3; 3,12; 6,4-6). Isto torna razoável a conjetura de que a epístola se destinava a cristãos judaicos, embora muitos pesquisadores proponham um grupo gentílico-cristão; e até se propôs a concepção de que a obra se destinava a um grupo de judeus que haviam rompido com o judaísmo ortodoxo, mas ainda não estavam convencidos de que Jesus era o Messias. Os argumentos em favor desta última posição não são persuasivos, mas podem-se supor cristãos gentílicos como destinatários se a atração pelo culto sacrifical do AT manifestado pelas pessoas interpeladas pode ser de fato atribuída a eles, como pode ser no caso dos cristãos gentílicos que eram os destinatários da *Epístola de Barnabé*. Mas independentemente de os destinatários serem judeus cristãos ou gentílicos, a insistência do autor na natureza imperfeita e transitória do sacrifício do AT é difícil de explicar com base na concepção de que "em parte alguma se percebe" que "os leitores evidenciassem uma inclinação para o judaísmo" (Kümmel, *INT* 399). Embora a questão da origem étnica dos destinatários possa ser deixada em aberto sem prejuízo para a opinião de que sua atitude para com o sacrifício do AT constituía um perigo para sua fé cristã, é mais provável que essa atitude existisse entre judeus cristãos do que entre cristãos gentílicos. (Quanto a uma valiosa discussão das variedades teológicas dentro dos diferentes grupos judeus cristãos e gentílicos na igreja do séc. I, veja R. E. Brown e J. P. Meier, *Antioch and Rome* [New York, 1983] 1-9). O título "Aos Hebreus" encontra-se pela primeira vez no manuscrito P[46] (ms. Chester Beatty, séc. III [→ Textos, 68:179]). A observação frequentemente repetida de que ele se derivava do que seu autor pensava que fosse o conteúdo da epístola (Wik-Schm, *ENT* 547) provavelmente está certa, mas as tentativas de mostrar que essa era uma compreensão equivocada não são convincentes para muitos biblistas que sustentam que o título é uma dedução acurada do conteúdo.

Quanto à concepção de que Hb se destinava a ex-sacerdotes judeus convertidos ao cristianismo (At 6,7), entre os quais alguns até podem ter sido essênios, e quanto a afinidades de Hb com a literatura de Qumran [LQ], veja Y. Yadin, ScrHier 4 (1958) 36-55; C. Spicq, *RevQ* 1 (1958-59) 365-90; cf. J. Coppens, *NRT* 84 (1962) 128-41, 257-82 (= ALBO 4/1).

5 (III) Forma literária, data e lugar da composição. Devido à sua composição cuidadosa e intricada e seu tema principal do sacerdócio de Cristo, Hb tem sido considerada um tratado teológico. Entretanto, a principal finalidade do autor não era expor doutrinas como fim em si mesmo, mas afastar a apostasia que era um perigo real para as pessoas a quem estava escrevendo. A obra é chamada de "palavra de exortação" (13,22), designação também dada a um sermão feito na sinagoga em At 13,15. Provavelmente, Hb é uma homilia escrita à qual o autor deu um final epistolar (13,22-25). Por haver referências a "falar" (*p.ex.*, 2,5; 5,11; 6,9; 9,5), alguns sugerem que a homilia de destinava a ser proferida oralmente. Isto é pouco provável, e o final, provavelmente original, opõe-se claramente a esta hipótese.

O fato de a obra ter sido muito provavelmente usada por Clemente de Roma indica o *terminus ad quem* [limite cronológico] para a época de sua composição. As referências em 10,32-34 e 12,4 à perseguição sofrida pelos destinatários são imprecisas demais para indicar uma perseguição específica que possa ser datada com segurança. Alguns veem em 10,32-34 uma possível referência à perseguição de Nero aos cristãos romanos (64 d.C.) e um argumento para datar a epístola em torno de 85 a.C. (veja R. H. Fuller, *A Critical Introduction to the New Testament* [London, 1966] 145). Mas como esta passagem não diz nada acerca do martírio, ela dificilmente se presta à referência que esta opinião propõe. Uma vez que, em sua descrição do culto oferecido sob a antiga aliança, o autor se baseia principalmente no relato veterotestamentário do tabernáculo mosaico e sua liturgia e não menciona o Templo de Jerusalém, o uso do verbo no tempo presente para descrever aquele culto não pode provar que ele tenha escrito antes da destruição do Templo de Jerusalém em 70 d.C. e que o culto no Templo ainda estava em andamento na época em que ele escreveu. Muitos comentaristas favorecem uma datação posterior ao ano 70, geralmente 80-90. Mas a razão pela qual o autor fala da liturgia do tabernáculo, e não do Templo, é determinada pela finalidade de sua escrita. Ele deseja mostrar que o sacrifício de Jesus substituiu o culto sacrifical do AT e se refere a este último em sua mais venerável e autorizada expressão, a legislação do texto bíblico sagrado. No tocante a seu valor, é irrelevante se ele ainda estava em andamento ou terminou por causa da destruição do Templo. Entretanto, a destruição do Templo teria sido uma confirmação de sua posição, e, se escrevesse após esse acontecimento, seu silêncio acerca dele seria difícil de explicar.

As saudações enviadas aos leitores "pelos da Itália" (13,24) têm sido consideradas uma indicação de que Hb foi escrita em Roma, mas o texto talvez só signifique que pessoas nativas da Itália estivessem na companhia do autor quando ele escreveu. Veja F. V. Filson, *'Yesterday'* (SBT 2/4; Naperville, 1967) 10-11; BAGD 87; cf. Grässer, "Hebräerbrief" 156. Para uma sólida defesa de Roma como destino, veja Brown e Meier, *Antioch and Rome* [→ 4 *acima*] 142-49.

6 (IV) Esboço. A Epístola aos Hebreus pode ser esboçada como na sequência:

(I) Introdução (1,1-4)
(II) O Filho é maior do que os anjos (1,5-2,18)
  (A) A entronização do Filho (1,5-14)
  (B) Exortação à fidelidade (2,1-4)
  (C) A exaltação de Jesus através da humilhação (2,5-18)
(III) Jesus, sumo sacerdote misericordioso e fiel (3,1-5,10)
  (A) Jesus, o Filho fiel, superior a Moisés (3,1-6)
  (B) Advertência baseada na infidelidade de Israel (3,7-4,13)
  (C) Jesus, o sumo sacerdote misericordioso (4,14-5,10)
(IV) O sacerdócio e o sacrifício eternos de Jesus (5,11-10,39)
  (A) Exortação à renovação espiritual (5,11-6,20)
  (B) Jesus, sacerdote segundo a ordem de Melquisedec (7,1-28)
    (a) Melquisedec e o sacerdócio levítico (7,1-10)
    (b) O sacerdócio levítico substituído (7,11-28)
  (C) O sacrifício eterno (8,1-9,28)
    (a) A antiga aliança, o tabernáculo e o culto (8,1-9,10)
      (i) O sacerdócio celestial de Jesus (8,1-6)
      (ii) A antiga aliança contraposta à nova (8,7-13)
      (iii) O tabernáculo da antiga aliança (9,1-5)
      (iv) O culto na antiga aliança (9,6-10)
    (b) O sacrifício de Jesus (9,11-28)
      (i) O sacrifício no santuário celestial (9,11-14)
      (ii) O sacrifício da nova aliança (9,15-22)
      (iii) O sacrifício perfeito (9,23-28)
  (D) O sacrifício de Jesus, motivo de perseverança (10,1-39)
    (a) Os muitos sacrifícios e o sacrifício único (10,1-18)
    (b) Asseveração, julgamento e retomada do passado (10,19-39)
(V) Exemplos, disciplina e desobediência (11,1-12,29)
  (A) A fé dos antepassados (11,1-40)
  (B) O tratamento de Deus para seus filhos (12,1-13)
  (C) Os castigos da desobediência (12,14-29)
(VI) Exortação final, bênção e saudações (13,1-25)

(Quanto a uma outra forma de esboçar Hebreus, veja A. Vanhoye, *Structure littéraire*).

COMENTÁRIO

7 **(I) Introdução (1,1-4). 1.** *muitas vezes e de modos diversos*: alguns comentaristas não veem diferença entre estas duas maneiras de designar o fato de Deus falar no passado e consideram a expressão um exemplo de hendíade. Entretanto, é mais provável que cada uma delas faça referência respectivamente à natureza fragmentária da revelação do AT e à variedade de formas pela qual esta se deu. *aos Pais*: os ancestrais de Israel. Isto não significa necessariamente que a epístola tenha sido destinada a pessoas de origem judaica, pois a mesma linguagem é usada em 1Cor 10,1 para cristãos gentílicos. Por sua conversão a Cristo, o descendente de Abraão, os gentios foram introduzidos na coletividade do Israel espiritual (Gl 3,29). *pelos profetas*: não só aqueles cuja mensagem está preservada nos livros do AT que levam seus nomes, mas todas as pessoas na história de Israel pelas quais Deus falou, *p.ex.*, Abraão (Gn 20,7), Moisés (Dt 18,18), Natã (2Sm 7,2) e Elias (1Rs 18,22). **2.** *agora, nestes dias que são os últimos*: literalmente: "no fim destes dias"; a expressão grega traduz na LXX o termo hebraico *bĕ' aḥărît hayyāmîn*, "no fim dos dias". Aqui "estes" é acrescentado à fórmula da LXX, que nem sempre significa o "fim dos tempos", a era final, mas este é seu significado usual (cf. Is 2,2; Jr 23,20; Ez 38,16; Dn 10,14). O autor de Hb, juntamente com a protocristandade em geral, considerava a era final como inaugurada pelo evento Cristo, principalmente pelo sacrifício redentor de Jesus (cf. 9,26), e ele fala dos cristãos como pessoas que experimentaram "as forças do mundo que há de vir" (6,5). *por meio do Filho*: literalmente: "por um filho", *i.e.*, alguém que é filho. O ato de Deus falar através de seu Filho é primordialmente a revelação de seu propósito salvador no que diz respeito ao gênero humano por meio da vinda de Jesus e da "redenção eterna" (9,12), alcançada por meio de sua morte e exaltação. "Cristo é a última palavra de Deus para o mundo; a revelação nele é completa, final e homogênea" (Moffatt, *Hebrews* 2). *herdeiro de todas as coisas, e pelo qual fez os séculos*: trata-se do papel do Filho como redentor e mediador da criação. Embora venha no final dos tempos, a redenção é mencionada primeiro. O fato de ele ter sido feito herdeiro não é um acontecimento fora do tempo, anterior à encarnação; ocorreu quando ele entrou na glória após sua paixão (cf. Rm 8,17). A ligação de "herdeiro" e "herdou" (v. 4) mostra que o fato de o Filho ter sido feito "herdeiro de todas as coisas" está associado com o fato de ter herdado o "nome que excede o dos anjos" que recebeu após sua humilhação (Fl 2,6-11). Entretanto, ele existia antes de aparecer como ser humano: por meio dele Deus "criou os séculos" (*tous aiōnas*). O termo grego *aiōn* pode significar ou "mundo" ou "século", mas seu emprego em 11,3 em associação com a criação do universo sugere o primeiro significado aqui. A não ser que o plural deva ser considerado carente de sentido (BDF 141.1), aqui aparece a concepção de mundos, o visível e o invisível, sendo este último os vários céus (cf. *TestLevi* 3,1-9; 2Cor 12,2; Hb 4,14; veja J. Bonsirven, *Lê judaïsme palestinien* [2ª ed., Paris, 1934] 1. 158). J. D. G. Dunn (*Christology in the Making* [Philadelphia, 1980] 51-56, 206-9) sustenta que a designação do Filho como mediador da criação e as afirmações subsequentes do v. 3 apontam para a "preexistência talvez mais de uma ideia e propósito na mente de Deus do que de um ser divino pessoal" (56). Em oposição a isto, veja J. P. Meier, "Symmetry and Theology in the Old Testament Citations of Hb 1,5-14", *Bib* 66 (1985) 504-33, especialmente 531-33.

8 Muitos biblistas pensam que os vv. 3-4 (alguns incluem o v. 2) contêm um hino litúrgico que o autor incorporou (cf. U. Luck, "Himmlisches und irdisches Geschehen im Hebräerbrief", *Charis kai Sophia* [Festschrift K. H. Rengstorf; Leiden, 1964]) 192-215), ou pelo menos os elementos de um hino desses (cf. J. Jervell, *Imago Dei* [FRLANT 76; Göttingen, 1960] 198 n. 99); quanto a uma crítica disto, veja Meier, "Simmetry" 524-28. A descrição do Filho como mediador da criação no v. 2 o assimila à Sabedoria personificada do AT (Pv. 8,30; Sb 7,22), e este versículo continua na mesma linha. Ele é a "refulgência" (*apaugasma*) da "glória" do Pai (Sb 7,26). *Apaugasma* pode ser entendido ativamente (radiância) ou passivamente (reflexo, refulgência); em vista da dependência de Sb 7,26 e da designação seguinte, o significado passivo é mais provável aqui. *a expressão [charaktēr] de sua substância*: isto lembra a outra descrição da Sabedoria como "imagem" (*eikōn*) da bondade de Deus (Sb 7,26). *Charaktēr* provavelmente tem o mesmo significado de *eikōn*, que é aplicado a Cristo em Cl 1,15 (veja R. Bultmann, *TNT* 1.132; E. Käsemann, *The Wandering People of God* [Minneapolis, 1984] 102-104). *sustenta o universo*: ele guia e sustenta tudo o que foi criado por meio dele (cf. Cl 1,17), assim como a Sabedoria "se estende com vigor de um extremo ao outro do mundo e governa o universo com bondade" (Sb 8,1). *depois de ter realizado a purificação dos pecados*: a atenção passa agora do papel cosmológico do Filho preexistente para a obra redentora do Jesus glorificado. Uma justaposição semelhante se encontra em Cl 1,15-20; no AT, o papel da sabedoria é tanto cosmológico quanto soteriológico (Pr 8,22-36; Sb 9,9-18). *da Majestade*: uma perífrase reverente para designar Deus, semelhante ao termo "poder" em Mc 14,62 (quanto a esta terminologia judaica, veja Bonsirven, *Judaïsme* [→ 7 *acima*]. Em 1,13, a "entronização" de Jesus "à direita" de Deus é vista como cumprimento do Sl 110,1. Este texto é frequentemente usado no NT para descrever a glorificação de Jesus (At 2,34-36; Rm 8,34; Cl 3,1; 1Pd 3,22); veja também D. M. Hay, *Glory at the Right Hand* (SBLMS 18; Nashville, 1973). Aquela glorificação está ligada imediatamente à ressurreição, e não se deveria ver qualquer significado no fato de Hb não se referir de forma explícita à ressurreição exceto em 13,20,

pois ela é pressuposta quando se menciona a exaltação de Jesus (veja O. Kuss, *Auslegung und Verkündigung* [Regensburg, 1963] 1. 320; Thompson, *Beginnings* [→ 3 *acima*] 131 n. 15).

9 4. *tão superior aos anjos*: em sua exaltação, Jesus "herdou o nome que excede o deles". No pensamento semítico, o nome designava o que a pessoa era, e o recebimento de um novo nome indicava alguma mudança na pessoa que o recebia. Aqui o nome é "Filho"; cf. O. Hofius, *Der Christushymmus Philliper 2,6-11* (WUNT 17; Tübingen, 1976) 79; J. Dupont, "Filius meus es tu", *RSR* 35 (1948) 522-43. A. Vanhoye salienta com razão que isto não pode ser concluído apenas dos vv. 1-4 e que o fato do nome "Filho" ser "herdado" por Jesus por ocasião de sua exaltação só se torna claro a partir do versículo seguinte (veja *Situation du Christ* [Paris, 1969] 93-148). Que o fato de ele ter recebido o nome quando de sua exaltação não deva ser entendido num sentido adocionista é bem expresso pela afirmação de Hofius (citado *acima*) de que, "como Exaltado, o Filho se torna o que já é como o Preexistente". A razão para introduzir a superioridade de Jesus em relação aos anjos tem a ver com o propósito de Hb: os destinatários correm o perigo de se desviarem da palavra de Deus falada por meio de seu Filho. As consequências disso seriam temíveis, muito piores que o castigo recebido pelos hebreus que desobedeceram à palavra falada por meio dos anjos (2,2), a lei mosaica, porque o Filho é superior aos anjos mediadores da lei. (Quanto aos anjos mediadores da lei, veja At 7,53; Gl 3,19; Josefo, *Ant.* 5.15.3 § 136). Entretanto, a contraposição primordial que Hb estabelece entre a antiga e a nova aliança é que esta última tem um sacerdócio novo e superior, cujo santuário não está na terra, mas no céu (8,1-2). O sacerdócio da antiga aliança ao qual o da nova é contraposto é o sacerdócio levítico, mas o autor talvez também tenha levado em conta a concepção judaica de que os sacerdotes que serviam no santuário celestial eram anjos (cf., *p.ex., TestLevi* 3,4-6; também *b. Hag.* 12b, onde esta função é atribuída ao arcanjo Miguel). Ao enfatizar a superioridade de Jesus em relação aos anjos, ele provavelmente tinha em mente o interesse principal de Hb, o sacerdócio celestial de Jesus, e deseja dizer que Jesus, e não um anjo, é o sacerdote que serve no santuário celestial (veja H. Bietenhard, *Die himmlische Welt im Urchristentum und Spätjudentum* (WUNT 2; Tübingen, 1951] 129 n. 1). Finalmente, estes versículos introdutórios de Hb apresentam semelhanças notáveis com os escritos de Filo, nos quais o Logos é a imagem (*eikōn*) de Deus (*De spec. leg.* 1.81) e o instrumento por meio do qual o universo foi criado (*De cher* 127; *De sacr. Ab.* 8). O termo grego *charaktēr*, que ocorre no NT apenas em Hb 1,3, é frequente em Filo, sendo usado muitas vezes para designar a alma humana, mas também o Logos (*De plant.* 18).

10   (II) O Filho é maior do que os anjos (1,5-2,18).
(A) A entronização do Filho (1,5-14).
5. A superioridade de Jesus em relação aos anjos é agora mostrada por uma série de sete textos do AT. O primeiro, Sl 2,7, faz parte de um dos Salmos reais que celebra, provavelmente, a entronização do rei de Judá. De acordo com 2Sm 7,14, o segundo texto da série, a relação entre Deus e o soberano davídico era a de pai e filho; consequentemente, o dia da ascensão do rei ao trono era o dia em que ele era "gerado" como filho de Deus. A interpretação messiânica destes textos, resultado da crença de que o Messias seria da linhagem de Davi, encontra-se no texto pré-cristão 4 QFlor 1,11-13 (→ Apócrifos, 67:92), explicitamente no caso de 2Sm 7,14 e implicitamente no de Sl 2,7, uma vez que o Florilégio se refere aos vv. 1-2 desse salmo, mas o "Ungido" desses versículos é aquele a quem se dirige o v. 7. O autor de Hb entendeu o "hoje" do Sl 2,7 como o dia da exaltação do Cristo ressurreto (cf. At 13,33). **6.** A terceira citação, que é uma combinação de Dt 32,43 (LXX) e Sl 97,7, é introduzida por "ele diz" (quanto à justificação da tradução "ele" [pronome masculino] em vez de "aquele" [neutro: o livro] e sua importância, veja M. Barth, "The Old Testament in Hebrews", *CINTI* 58-61). Não é certo a que acontecimento o v. 6 está se referindo. Alguns biblistas pensam que ele se refere à parúsia (Héring, *Hebrews* 9). Se "novamente" é entendido como uma modificação do verbo ("ao introduzir novamente o Primogênito no mundo [no original]"), essa interpretação recebe um forte apoio, ainda que não seja conclusivo. Entretanto, o termo "novamente" talvez seja simplesmente a introdução para um novo argumento escriturístico, como no v. 1,5 (cf. 2,13; 10,30); o fato de ele ocorrer em uma oração temporal não exclui esta possibilidade (cf. Sb 14,1). Neste caso, o termo provavelmente faz referência à exaltação de Jesus; o mundo para o qual ele é levado é o "mundo vindouro", o qual é submetido a ele e não aos anjos (2,5). Como o Filho encarnado foi "feito, por um pouco, menor que os anjos" (2,9), é pouco provável que isso se refira ao nascimento de Jesus (cf. Montefiore, *Hebrews* 45).

11   7. A formulação do Sl 104 na LXX oferece ao autor uma afirmação sobre os anjos que serve para ressaltar a contraposição entre eles e o Filho. O sentido do texto da LXX, que é diferente daquele do TM, provavelmente é que Deus transforma os anjos em vento e fogo, o que é um conceito que se encontra em 4Esd 8,21-22. Isto se encaixa bem no propósito do autor: os anjos são seres mutáveis e transitórios, diferentemente do Filho, cujo reinado é para toda a eternidade. **8.** *teu trono, ó Deus*: isto poderia ser traduzido por "Deus é teu trono". Uma vez que o Filho está assentado à direita de Deus (1,3.13), tal tradução não se encaixaria no contexto, nem seria fácil entender o que ela poderia significar. A principal razão para o autor citar o Sl 45,7 parece ser simplesmente para ressaltar a permanência do reino do Filho. Por si mesma, a aplicação do nome "Deus" a ele não tem muita importância; o salmo já tinha aplicado este título ao rei hebreu a quem ele estava dirigido. Sem dúvida, o autor de Hb viu nesse nome mais do que era transmitido pelo estilo palaciano do original, mas sua compreensão precisa ser derivada do que ele já disse acerca do Filho preexistente. O tema de todo o trecho sugere que o que o autor visa é o reinado eterno do Filho resultante de sua entronização. **10-12.** A próxima citação, tirada do Sl 102,26-28, atribui ao Filho a obra da criação; o próprio salmo dirige estas palavras a Deus. Uma vez que o autor falou do Filho como mediador da criação, isto não surpreende. A permanência que o Salmo atribuiu a Deus é atribuída aqui: os céus perecerão, mas ele permanecerá (cf. Is 51,6). **13.** A última citação do AT é o Sl 110,1, ao qual o autor já aludiu no v. 3. Estas palavras não foram ditas a nenhum anjo. **14.** Em contraposição ao Filho entronizado, os anjos são apenas servidores, "espíritos ministrantes" (cf. Filo, *De virt.* 73). Talvez a menção de que o ministério deles está a serviço dos seres humanos esteja dirigida contra uma tendência de considerá-los objetos adequados de adoração (cf. Cl 2,18). Veja K. J. Thomas, "The Old Testament Citations in Hebrews", *NTS* 11 (1964-65) 303-25.

12 Alguns afirmam que os vv. 5-13 refletem um hino no qual, semelhantemente a Fl 2,9-11 e 1Tm 3,16, os estágios da exaltação de Jesus são indicados em uma ordem correspondente àquela das cerimônias de entronização no antigo Oriente Próximo, especialmente no Egito (veja J. Jeremias, *Die Briefe an Thimoteus und Titus* [NTD 9; Göttingen, 1975] 27-29; F. Schierse, *Verheissung und Heilsvollendung* [MTS 9; München, 1955] 96 nota 100; Hay, *Glory* [→ 8 *acima*]. Os três estágios da cerimônia são: (1) a elevação do novo rei ao *status* divino; (2) sua apresentação aos deuses do panteão; (3) sua entronização e recebimento do poder real. Com a modificação exigida por uma religião monoteísta, diz-se que tal sequência poderia ser discernida nestes versículos: (1) a elevação de Jesus à condição de Filho de Deus a quem os anjos devem adorar (vv. 5-6); (2) a proclamação do senhorio eterno (vv. 7-12); (3) a entronização (v. 13). Quanto a uma opinião contrária ao uso desse padrão ritual em Hb, veja Meier, "*Symmetry*" [→ 7 *acima*] 521 n. 55.

13 (B) Exortação à fidelidade (2,1-4). Aqui o autor passa da exposição para a exortação. A transição alternada de uma para outra é característica da epístola. A advertência contra a apostasia (2,1-3a) é repetida várias vezes em Hb, e o argumento *a fortiori* [com muito mais motivo] destes versículos é usado com frequência (cf. 7,21-22; 9,13-14; 10,28-29; 12,25; veja Spicq, *Hébreux* 1. 53 quanto a paralelos em Filo). Aqui ele se baseia na inferioridade da "palavra promulgada por anjos" (a lei mosaica; veja o comentário sobre 1,4) em comparação com aquela que os cristãos receberam. **3-4.** A salvação que eles devem herdar (cf. 1,14) teve sua origem na palavra "anunciada pelo Senhor" e "transmitida por aqueles que a ouviram". O autor se encontra claramente na mesma posição das pessoas às quais está falando no tocante ao conhecimento dessa palavra: ele também a recebeu de testemunhas. Mas a distinção entre "nós" e "aqueles que ouviram" não deveria ser usada como argumento de que o autor e seus contemporâneos faziam parte da segunda geração de cristãos (veja B. Hunt, *SE* II 410). A confirmação não veio apenas por meio daqueles que tinham ouvido, mas também por Deus ter colocado seu selo na verdade dela "por meio de sinais, de prodígios e de vários milagres e por dons do Santo Espírito, distribuídos segundo sua vontade". Sinais e prodígios são mencionados em At como confirmação da pregação apostólica (4,30; 14,3; 15,12); a tríade "sinais, prodígios e milagres" é o testemunho que Deus dá do próprio Jesus (At 2,22) e é mencionada por Paulo como indicação de seu apostolado verdadeiro (2Cor 12,12).

14 (C) A exaltação de Jesus através da humilhação (2,5-18). 5. *o mundo futuro*: ele foi sujeitado ao Filho glorificado como clímax de um movimento ascendente que iniciou na humilhação de sua vida terrena, do sofrimento e da morte. (Quanto à concepção de que o mundo presente está sob o domínio de anjos, veja Dt 32,8 LXX; Dn 10,13). **6-9**. A citação do AT, Sl 8,5-7, é introduzida pela fórmula "a esse respeito, houve quem afirmasse". Sua imprecisão se deve à indiferença do autor para com o autor humano do texto – toda Escritura é palavra de Deus. Um modelo semelhante de introdução se encontra em Filo (*De ebr.* 61). O Sl também é aplicado a Jesus em 1Cor 15,27; Ef 1,22; e provavelmente em 1Pd 3,22. Este uso por parte de tamanha variedade de autores sugere que a aplicação fazia parte de uma tradição protocristã comum de interpretação do AT (veja C. H. Dodd, *According to the Scriptures* [New York, 1953] 32-34. Possivelmente a origem da aplicação foi o fato de que o v. 5 fala do "filho do homem". Esta expressão está em paralelismo sinonímico com o termo "homem" da linha anterior, mas para os cristãos ela teria lembrado a designação de Jesus como Filho do Homem (→ Jesus, 78:38-41). O Sl inicia contrapondo a grandeza de Deus à relativa insignificância dos seres humanos, mas continua refletindo sobre quão grandes são os seres humanos em relação ao resto da criação; eles são, de fato, "por um pouco menores que os anjos", mas tudo o mais foi submetido a eles. O autor de Hb toma essa sujeição assim afirmada como ponto de partida de sua argumentação. No momento, "ainda não vemos que tudo esteja submisso" à humanidade, exceto no caso de Jesus, o Filho do Homem. **7**. *por um pouco*: as palavras gregas (*brachy ti*) podem significar tanto pouco em termos de grau quanto em termos de tempo; o primeiro é seu sentido no salmo, mas em Hb ele é entendido no segundo sentido. Jesus foi feito, por pouco tempo, menor do que os anjos, em sua vida terrena, mas agora ele é coroado com glória e honra; e todas as coisas, inclusive os anjos, estão sujeitas a ele. Aqui o autor considera todas as coisas já sujeitas a Jesus em virtude de sua exaltação; quanto à mesma concepção, veja Ef 1,22. Paulo usa o Sl 8 em 1Cor 15,25-27 com um sentido diferente: o reinado de Jesus já começou, mas a sujeição de todas as coisas (especificamente, de todos [os seus] inimigos) só será concluída quando ocorra seu triunfo final na parúsia. Esta concepção também se encontra em Hb 10,13, embora ali o Sl 8 não seja usado em associação com ela. Uma vez que a supremacia e o triunfo de Jesus podem ser considerados a partir de diferentes perspectivas, as duas concepções não são incompatíveis, e não é surpresa ver que ambas sejam sustentadas pelo mesmo autor. **9**. *provou a morte em favor de todos*: esta é, no original grego, uma oração que expressa finalidade, mas o que se quer dizer ao afirmar que Jesus foi coroado de honra e de glória a fim de provar a morte? A opinião de H. Strathmann de que o coroamento não se refere à exaltação de Jesus, mas à sua consagração como sumo sacerdote em preparação para sua morte sacrifical (*Der Brief an die Hebräer* [NTD 9; Göttingen, 1968] 85), é difícil de aceitar tendo em vista a parte precedente do versículo em que o coroamento de Jesus parece ser a consequência de ele ter sofrido a morte ("por causa dos sofrimentos da morte"); cf. também 5,4-5, onde sua honra e glória como sumo sacerdote são associadas à sua exaltação; cf. 12,2. J. Héring sugere que a oração que expressa finalidade deveria ser entendida em associação com a expressão "por causa dos sofrimentos da morte", que explicaria esta última (*Hebrews* 17); veja também a exposição em P. Hughes (*Hebrews* 90), que vê o v. 9 como interpretado quiasticamente, estando a oração que expressa finalidade (o quarto elemento do quiasma) associada em termos de sentido com a primeira ("fizeste-o, por um pouco, menor que os anjos"). *pela graça de Deus*: esta leitura (*chariti theou*) é atestada excelentemente em vários manuscritos e se encaixa bem no v. 10, que fala da iniciativa de Deus na obra salvadora de Jesus. Entretanto, alguns poucos manuscritos leem *chōris theou*,"à parte de Deus". Apesar de sua pouca atestação, esta leitura pode estar correta, com base no princípio de que a leitura mais difícil deve ser preferida, especialmente porque um escriba poderia tê-la mudado devido a um escrúpulo teológico. Ela expressa o sentimento de abandono de Jesus por ocasião de sua morte (cf. Mc 15,34). *provou a morte*: este é um semitismo que designa a vivência da morte (cf. Mc 9,1).

15 10. *convinha*: este uso do argumento *ex convenientia* [baseado na conveniência] em relação a Deus é "uma inovação na Bíblia" (Spicq, *Hébreux* 2. 36), ainda que ocorra frequentemente em Filo (*p.ex.*, *Leg. alleg.* 148; *De conf. ling..* 175). *por quem e para quem todas as coisas existem*: este conceito de Deus como o Criador em quem tudo o que ele fez encontra sua finalidade também se encontra em 1Cor 8,6 e Rm 11,36. *conduzir muitos filhos à glória, levasse à perfeição, por meio de sofrimentos, o Iniciador da salvação deles:* o particípio grego *agagonta*, "conduzir", provavelmente se refere a Deus, ainda que alguns o apliquem a Jesus ("para tornar perfeito, por intermédio do sofrimento, o líder da salvação deles, aquele que leva muitos filhos à glória"). O argumento em favor desta última interpretação se baseia no fato de que o particípio está no caso acusativo, enquanto o pronome que se refere a Deus ("convinha a ele") está no dativo. Mas isto não é conclusivo (veja ZBG § 394; BDF 410). A melhor forma de explicar o tempo do particípio é vê-lo como um aoristo ingressivo que indica o ponto de partida da ação de Deus (Michel, *Hebräer* 148; Héring, *Hebrews* 18-19). A designação de Jesus como líder anuncia um tema importante de Hb: a jornada do povo de Deus rumo ao local de repouso (4,11), o santuário celestial, seguindo as pegadas de Jesus, seu "precursor" (6,20). R. Bultmann entende que isto esteja relacionado com o motivo gnóstico da jornada da alma ao mundo da luz (TNT 1. 177), como faz E. Käsemann (*Wandering* 87-96, 128-177). *levasse à perfeição*: o verbo grego *teleioō*, "tornar perfeito", ocorre nove vezes em Hb, três das quais indicam que Jesus é tornado perfeito (2,10; 5,9; 7,28). Ele é usado na LXX para designar a consagração sacerdotal, traduzindo uma expressão em hebraico, "encher [as mãos]" (Ex 29,9.29.33.35; Lv 16,32; 21,10; Nm 3,3); quanto ao substantivo correspondente "perfeição" (*teleōsis*), veja Lv 8,33. Esta noção cultual de perfeição certamente está presente em Hb (veja G. Delling, "*Teleioō*", *TDNT* 8. 82-84; M. Dibelius, *Botschaft und Geschichte* [Tübingen, 1956] 2. 106-76; Vanhoye, *Situation* [→ 9 *acima*] 325-27). Mas a consagração sacerdotal de Jesus implicou sua obediência aprendida pelo sofrimento (5,8-10) e seu aperfeiçoamento significa também que, por meio dessa obediência, ele alcançou "a perfeição moral plena de sua humanidade" (Westcott, *Hebrews* 49). D. Peterson defende uma compreensão "vocacional" do conceito de perfeição em Hb, no sentido de que Jesus, por meio dos sofrimentos de sua vida e morte obediente e através de sua exaltação, foi qualificado para ser a fonte de salvação para as pessoas que lhe obedecem; e ele sustenta que, embora haja "indícios" de uma "perspectiva cultual" em 2,11-12, eles não são "suficientes para exigir uma compreensão cultual da perfeição em 2,10" (*Hebrews and Perfection* [SNTSMS 47; Cambridge, 1982] 72). Mas ele continua dizendo que "a transição para a apresentação da obra de Cristo em termos sumo sacerdotais em 2,17 é altamente significativa" (p. 73). Será que esses termos não lançam luz sobre o sentido de 2,10? **11.** *pois tanto o Santificador quanto os santificados*: Jesus é aquele que consagra. O verbo grego *hagiazō*, "consagrar", é, assim como "tornar perfeito", um termo cultual; cf. Ex 28,41; 29,33. O fato de Jesus ter sido tornado perfeito como sumo sacerdote lhe dá condições de tornar perfeito seu povo (cf. 10,4 [onde os termos "tornar perfeito" e "consagrar" são usados em conjunto]; 11,40; 12,23). "Por meio da consagração sacerdotal de Cristo, os próprios crentes são tornados perfeitos e consagrados" (Dibelius, *Botschaft* 2. 172). O autor de Hb enfatiza a singularidade do sacerdócio de Jesus e não atribui a seus seguidores o que é singularmente dele. Mas o elemento comum das duas consagrações é que cada uma traz a possibilidade do acesso a Deus. Como sumo sacerdote, Jesus entrou no Santo dos Santos (9,12), no próprio céu, para aparecer perante Deus a nosso favor (9,24); e os crentes têm condições de entrar confiantemente atrás dele e se aproximar de Deus (7,19). *todos descendem de um só*: literalmente: "todos são de um só". A maioria dos comentadores entende o "um só" como Deus; outros, como Abraão (cf. 2,16), mas a argumentação sugere que isto se refira a Adão (cf. O. Procksch, "*Hagiazō*", *TDNT* 1. 112). Não é verdade que haja uma implicação de que "o elo comum de Cristo com a humanidade remonta ao período anterior à encarnação" (Moffat, *Hebrews* 32); a encarnação do Filho é o que faz dos seres humanos seus irmãos (cf. 2,14). Pelo fato de ter se associado com eles ao se tornar "carne e sangue", ele tem condições de ser seu sumo sacerdote (2,17). A base da argumentação é que ele pode ajudá-los porque compartilha seu destino e é um deles, *i.e.*, porque, como eles, ele é filho de Adão. *não se envergonha de os chamar irmãos*: pelo fato de ele compartilhar a natureza daqueles a quem consagrou.

16 **12-13**. Três textos do AT são citados agora que mostram a união entre o Filho e aqueles a quem ele veio salvar. O primeiro é Sl 22,23, tirado de um salmo amplamente aplicado na protoigreja a Cristo em sua paixão (cf. Mt 27,43.46; Mc 15,34; Jo 19,24). O Sl pertence à categoria da "lamentação individual"; no v. 23 inicia o motivo da "certeza de ser ouvido", comum a essa categoria. O autor de Hb coloca o louvor alegre do sofredor nos lábios de Jesus. Provavelmente a principal razão para fazer isso foi o uso do termo "irmãos" naquele versículo, mas não seria um exagero dizer que o autor está pensando no louvor dado a Deus pelo Cristo glorificado "em plena assembleia (*ekklēsia*)" das pessoas que ele consagrou. A segunda e a terceira citações são provenientes de Is 8,17 e 18, respectivamente. A finalidade da segunda não é clara. Caso aceitemos a concepção de Dodd de que, quando textos do AT são citados no NT, a referência não é simplesmente ao(s) versículo(s) citado(s), mas a seu contexto (*According to the Scriptures* [→ 14 *acima*] 61), a razão da citação pode ser que Isaías estava afirmando sua confiança na verdade dos oráculos divinos que haviam sido rejeitados pela maioria das pessoas. De forma semelhante aqui, o Cristo exaltado é apresentado como aquele que aguarda a vindicação de sua obra, cujo significado não é evidente agora, exceto para quem crê nele (cf. 10,13). Entretanto, parece improvável que este seja o sentido da citação; neste estágio de Hb, o autor está tratando da solidariedade existente entre Jesus e seus seguidores. É mais provável que ele queira apresentar Jesus como um exemplo, em sua vida mortal, daquela confiança em Deus que é necessária para as pessoas que ele consagrou e que agora necessitam de uma confiança semelhante para não se "transviar" (2,1). A terceira citação é surpreendente porque parece significar que os crentes são filhos de Jesus. Esta concepção não se encontra em nenhum outro lugar do NT (Jo 13,33 e 21,5 não são exceções). Várias são as tentativas de aceitar esse sentido e explicar satisfatoriamente seu uso peculiar (veja Bruce, *Hebrews* 48; Michel, *Hebräer* 154). Os filhos são do próprio Deus ou, mais provavelmente, de Adão; "o mesmo pai" [no original] seria, assim, Adão, e não Deus (2,11). Em ambos os casos, há um afastamento do texto do AT, onde os filhos são de Isaías.

17 **14**. *uma vez que os filhos têm em comum carne e sangue, por isso também ele participou da mesma condição*: no sentido bíblico, "carne" significa a natureza humana considerada em sua fragilidade e fraqueza, e como tal ela é contraposta a "espírito" e Deus (cf. Sl 56,5; 78,39; Is 31,3; 2Cr 32,8). A expressão "carne e sangue" como referência aos seres humanos ocorre no AT apenas em Eclo 14,18; 17,26; quanto ao NT, cf. Mt 16,17; Gl 1,16; Ef 6,12. Aqui o autor fala da natureza humana sob a maldição da morte e vê a morte associada ao diabo. É difícil imaginar que ele não relacione esta noção com o relato da queda e não se encontre em uma tradição que via uma conexão entre a morte e o pecado no Éden (Eclo 25,23; 4 Esdras 3,7; *2Apoc. Bar.* 23,4). Consequentemente, é necessário questionar a concepção de E. Schweizer de que em Hb o conceito de carne jamais é ligado à ideia de pecado ("Sarx", *TDNT* 4. 142). *a fim de destruir, pela morte, o dominador da morte, isto é, o diabo*: a concepção de que a morte não fazia parte do plano de Deus para o ser humano e tinha sido introduzida no mundo pelo diabo era defendida no judaísmo helenístico (Sb 1,13; 2,23-24). Devido a essa ligação entre o pecado e a morte, o poder da morte foi quebrado quando Cristo, por meio de sua obra sumo sacerdotal, removeu o pecado (2,17). O paradoxo de que a morte foi anulada pela morte de Cristo é semelhante ao de Rm 8,3, onde Paulo diz que Deus condenou o pecado ao enviar seu Filho "em carne semelhante à do pecado". O autor não apresenta outra razão além de afirmar que convinha que Deus agisse assim.

18 **15.** *libertar os que passaram toda a vida em estado de servidão, pelo temor da morte*: este medo da morte não deve ser considerado como o medo natural que geralmente é experienciado pelos seres humanos. (Tampouco há qualquer sugestão de que a liberdade signifique uma liberdade da compulsão de fazer o mal a fim de evitar a morte [segundo Bruce, *Hebrews* 51]). Trata-se, antes, de um medo religioso baseado na crença de que a morte é um rompimento na relação com Deus (cf. Is 38,18; Sl 115,17-18), mas também baseado num reconhecimento adequado de que a morte, por estar ligada ao pecado, é mais do que um mal físico (cf. 1Cor 15,26, onde a morte é o último inimigo a ser destruído por Cristo). O medo que Jesus sentiu ante a perspectiva da morte (cf. 5,7) só pode ser explicado pelo fato de que ele, melhor que qualquer outro, estava ciente deste último aspecto. Mas por meio de sua morte o caminho para a vida interminável com Deus foi aberto para todas as pessoas que lhe obedecem. **16.** *pois não veio ele ocupar-se com anjos, mas, sim, com a descendência de Abraão*: o verbo *epilambanetai* é entendido como uma referência à encarnação por C. Spicq (*Hébreux* 2.46), seguindo muitos comentaristas patrísticos. Todo o trecho trata da encarnação, mas parece que este versículo tem uma referência mais ampla. O verbo *epilambanomai* é usado em 8,9 (em uma citação de Jr 31,32 [LXX 38,32]) com o sentido de "conduzir pela mão" uma pessoa para ajudá-la, que pode muito bem ser o sentido aqui. O tempo presente sugere uma ajuda contínua, e não o acontecimento único da encarnação. Os descendentes de Abraão são as pessoas que acreditam em Cristo. **17.** *para ser, em relação a Deus, sumo sacerdote, misericordioso e fiel*: esta é a primeira menção do tema central de Hb: o papel de Jesus como sumo sacerdote. Ao designá-lo como "fiel", o autor segue uma tradição que exige essa qualidade de um sacerdote (cf. 1Sm 2,35), mas que ele tenha de ser "misericordioso" é uma noção peculiar a Hb. Quando o motivo da misericórdia do sumo sacerdote é retomado novamente em 4,15 e em 5,1-3, ele se baseia, como aqui, em sua solidariedade com os seres humanos. Nada na tradição do AT enfatiza tal qualidade; provavelmente ela se deriva da reflexão do autor sobre a maneira em que Jesus viveu sua vida terrena, seu sofrimento e sua morte. No tocante à misericórdia, Cristo não se enquadrava em uma concepção preestabelecida; a definição (5,1-3) se baseava, pelo contrário, no conhecimento do autor a respeito do que Jesus tinha sido. *para expiar assim os pecados do povo*: o verbo grego *hilaskesthai*, "expiar", ocorre frequentemente na LXX, onde usualmente traduz o termo hebraico *kippēr*. Ele expressa a remoção do pecado ou corrupção, por parte de Deus ou de um sacerdote, através dos meios estabelecidos por Deus para tal finalidade (veja C. H. Dodd, *The Bible and the Greeks* [London, 1935] 82-95; → Teologia paulina, 82: 73-74); a concepção de Dodd de que a palavra não expressa também a ideia de "aplacar" a ira de Deus, *i.e.*, a ideia da "propiciação", tem sido contestada; cf. L. Morris, *The Apostolic*

Preaching of the Cross (Grand Rapids, 1955) 125-85; D. Hill, *Greek Words and Hebrew Meanings* (SNTSMS 5; Cambridge, 1967) 23-48. **18**. As tentações (provas) de Jesus, que o qualificaram para ajudar aqueles que passam por tentações, foram não apenas a perspectiva dos sofrimentos de sua paixão, mas as tentações experimentadas ao longo de toda a sua vida (4,15; Lc 22,28). A tradição dos evangelhos indica que a fidelidade à sua missão foi um objeto central de tentação (Mt 4,1-11; Lc 4,1-13; cf. J. Dupont, *NTS* 3 [1956-57] 287-304). A tentação das pessoas às quais o texto se refere era a apostasia, fundamentalmente o mesmo impulso à infidelidade que ele experimentou.

19 (III) Jesus, sumo sacerdote misericordioso e fiel (3,1-5,10).

(A) Jesus, o Filho fiel, superior a Moisés (3,1-6). Agora o autor começa a falar sobre a misericórdia e fidelidade de Jesus numa ordem inversa daquela exposta em 2,17. **1**. *meus santos irmãos e companheiros da vocação celeste*: os cristãos são "santos" por serem consagrados por Jesus e "irmãos" devido à sua relação comum com ele (2,11). Eles são chamados a segui-lo para dentro do santuário celestial onde ele agora atua como sumo sacerdote em favor deles. *considerai atentamente Jesus*: o verbo é um aoristo ingressivo. O perigo de se afastar do cristianismo se deve ao esquecimento do que Cristo fez por eles; agora ele precisa estar constantemente na visão espiritual deles. *o apóstolo e sumo sacerdote*: este é o único lugar no NT onde Jesus é chamado de "apóstolo". O significado é que ele é aquele foi enviado por Deus, como sua palavra final aos seres humanos (1,2). Uma vez que o interesse do autor reside principalmente na obra sacerdotal de Jesus, e não em seu ensino, o acontecimento-palavra é a referência primordial aqui. Isto pode explicar a omissão do artigo junto de "sumo sacerdote"; os dois títulos provavelmente constituem uma unidade (K. Rengstorf, "Apostolos", *TDNT* 1.423-24); entretanto, não precisamente como Rengstorf concebe a unidade (apóstolo--revelador-palavra: sumo sacerdote-expiador-obra). *de nossa profissão de fé*: ou "de nossa confissão de fé". Aqui, pela primeira de três vezes (cf. 4,14; 10,23) o autor fala de uma *homologia*, "confissão", feita pelas pessoas a quem se dirige. Ele está, provavelmente, referindo-se a um reconhecimento batismal de Jesus como o Filho de Deus (observe o tom batismal do contexto). Seu ensinamento sobre Jesus como "apóstolo e sumo sacerdote" significa uma nova interpretação do que os cristãos confessaram em seu batismo (cf. G. Bornkamm, *Studien zu Antike und Christentum* [BEvT 28; München, 1963] 188-203; Michel, *Hebräer* 173). Entretanto, a preocupação do autor aqui não é com o conteúdo da confissão, e sim com seu poder de dar aos ouvintes força e apoio nas provações deles (cf. V. Neufeld, *The Earliest Confessions* [NTTS 5; Grand Rapids, 1963] 133-37.

20 2. A comparação entre Jesus e Moisés provavelmente se deve ao fato de Jesus ser mediador da nova aliança (9,15), assim como Moisés foi da antiga. A mediação de Moisés não estava desassociada do sacerdócio e do sacrifício; seu sacrifício quando do estabelecimento da aliança é lembrado em 9,19-20, ainda que a designação "sacerdote" não seja dada a ele em Hb. Quando o autor trata do sacrifício de Jesus, o antítipo do AT não é Moisés, mas o sumo sacerdote aarônico em sua função no Dia da Expiação (9,6-15). Entretanto, Filo fala do sumo sacerdócio de Moisés (*Quis rer. div.* 182; *De praem.* 53), e possivelmente o autor pensou nisso ao fazer a contraposição Jesus-Moisés aqui. *a quem o constituiu*: esta não é uma referência à origem de Jesus, mas sim à sua nomeação ao cargo (cf. Schierse, *Verheissung* [→ 12 *acima*] 109). O verbo é usado com esse sentido em 1Sm 12,6: "Foi Iahweh quem suscitou Moisés e Aarão...". A fidelidade de Moisés "em toda a sua casa [de Deus]" se deriva de Nm 12,7; este trecho foi chamado de *midrásh* com base neste versículo (Montefiore, *Hebrews* 72). Embora veja uma alusão aquece texto aqui, M. R. D'Angelo acha que o texto do AT citado é 1Cr 17,14 (LXX) e que a citação é uma "referência deliberada ao oráculo de Natã" (*Moses in the Letter to the Hebrews* [SBLDS 42; Missoula, 1979] 69); esta concepção é rejeitada por E. Grässer (*ZNW* 75 [1984] 15 n. 66). A "casa" de Deus em que Moisés foi um servo fiel é Israel.

21 **3.** *o arquiteto tem maior honra do que a própria casa*: se este versículo e o seguinte não estivessem presentes e os vv. 5 e 6 se seguissem ao v. 2 imediatamente, a superioridade de Jesus sobre Moisés pareceria estar indicada de forma suficiente: Moisés foi o servo fiel na casa de Deus (v. 5), Cristo é o Filho fiel sobre a casa (v. 6). Entretanto, o v. 3 está estreitamente ligado às diferentes posições afirmadas nos vv. 5-6. Moisés, como servo na casa (Israel), fazia parte da casa; Cristo como Filho sobre ela era, juntamente com Deus, seu arquiteto. Como Filho preexistente, ele participou da obra criadora de Deus (1,2-3); cf. Kuss, *Hebräer* 49; O. Michel, "Oikos", *TDNT* 5. 126-27. Quanto a uma concepção semelhante ("Jesus como o Filho ... pertence à família do arquiteto"), veja W. Loader, *Sohn und Hoherpriester* (WMANT 53; Neukirchen, 1981) 77-78. **4.** *toda casa, com efeito, tem seu arquiteto; mas o arquiteto de tudo é Deus*: alguns biblistas entendem o v. 4b como um parêntese (Héring, *Hebrews* 25; Moffatt, *Hebrews* 42; Spicq, *Hébreux* 2.67), mas parece que só se se estende o parêntese a todo o versículo e se se o entende não como um "aparte edificante" (Moffatt), mas como exigido pelo argumento, o pensamento do autor flui naturalmente. A casa do v. 2 é a casa de Deus, mas ao usar Nm 12,7 o autor trocou o pronome possessivo da primeira para a terceira pessoa ("minha casa" para "sua casa"). Esta troca, tornada necessária pela transferência do discurso direto do AT, poderia ser mal interpretada; "sua casa" poderia ser entendido como casa de Moisés e não de Deus. Para evitar este mal-entendido e, assim, reforçar o argumento do v. 3 de que não foi Moisés quem construiu a casa, mas era apenas parte dela, o autor recorda aquele que a construiu – Deus, que construiu todas as coisas. **5.** *como servo, para ser testemunha das coisas que deveriam ser ditas*: não é o papel de Moisés como mediador da antiga aliança e como legislador que está sendo enfatizado aqui; antes, Moisés é aquele que predisse a dispensação cristã: *que deveriam ser ditas*: i.e., através do Filho de Deus (1,2; 2,3). **6.** A "casa" é a comunidade cristã. Sua continuidade com o antigo Israel é indicada pelo fato de que não há duas casas, mas apenas uma; a antiga tem continuidade na nova. (Quanto à metáfora dos cristãos como "a casa de Deus", veja 1Tm 3,15; 1Pd 4,17; Ef 2,19; como "o templo de Deus", veja 1Cor 3,6; na literatura de Qumran, veja 1 QS 8,5-9; 9,6). Quanto à implicação plena de Cristo como o Filho que está "sobre" a casa, veja o comentário sobre o v. 3. *se mantivermos a confiança e o motivo altaneiro da esperança*: a maioria dos manuscritos acrescentam "firmemente até o fim", mas isto não se encontra em B nem em P[46] e parece ser uma interpolação derivada do v. 14. Ainda que o termo grego *parrhēsia*, "confiança", possa significar "ousadia" e apontar para um reconhecimento aberto da fé em face do perigo e da provação (Montefiore, *Hebrews* 73), as exortações à fidelidade em Hb não parecem ser motivadas pelo perigo da perseguição, que exige uma confissão ousada, mas sim pelo perigo de "transviar-se" (2,1), que exige confiança.

22 **(B) Advertência baseada na infidelidade de Israel (3,7-4,13). 7.** *o Espírito Santo*: o espírito de Deus, inspirador das Escrituras, fala por meio delas. Conceitos trinitários não deveriam ser introduzidos nesta expressão. O versículo inicia um trecho de advertência baseado na experiência de Israel durante a peregrinação. O argumento se baseia no conceito protocristão da redenção operada por Cristo como novo êxodo. No AT, o êxodo tinha servido como símbolo do retorno dos judeus do exílio babilônico (Is 42,9; 43,16-21; 51,9-11); no NT, a obra redentora era considerada um novo êxodo, experimentado primeiramente pelo próprio Jesus (Lc 9,31) e depois por seus seguidores (1Cor 10,1-11). As pessoas a quem o texto se dirige ainda estão a caminho da meta de seu êxodo: o santuário celestial, para onde Jesus foi antes deles (6,20). Eles ficaram cansados e correm o perigo de interromper sua jornada. Daí a advertência para que, diferentemente daqueles hebreus que se rebelaram contra Deus, eles não deixem de atingir sua meta. A citação nos vv. 7b-11 provém do Sl 95,7b-11, mas difere em muitas maneiras da leitura da LXX. A principal diferença é que, embora a LXX (e o TM) ligue os "40 anos" (v. 10) com a ira de Deus (v. 10), aqui eles são ligados com "eles viram minhas obras", ainda que no v. 17 a ordem da LXX seja seguida. A razão para a transposição não está clara. **9.** *vossos pais me tentaram*: cf. Ex 17,7; Nm 20,2-5. **11.** Cf. Nm 14,1-23. *meu repouso*: a terra da Palestina; cf. Nm 20,12; Dt 12,9. Käsemann vê o motivo da jornada do povo de Deus rumo a seu fim designado em Hb como um tema gnóstico (*Wandering* [→ 8 *acima*] 67-75; contra isto, veja C. Colpe, *Die religionsgeschichtliche Schule* [FRLANT 78; Göttingen, 1961], mas o equivalente veterotestamentário parece ser uma explicação adequada da fonte a que o autor de Hb recorreu. (Quanto à concepção de que Hb não está preocupada com a jornada de Israel como tal, mas exclusivamente com a recusa dos hebreus de entrarem na terra prometida por causa de seu medo de serem mortos pelos habitantes [Nm 14,11-12.21-23.27-35], veja O. Hofius, *Katapausis* [WUNT 11; Tübingen, 1970] 116-46; de modo semelhante, Strobel, *Hebräer* 112). **12.** *o Deus vivo*: a designação de Deus como "vivo" significa que ele se manifesta em suas obras (cf. Js 3,10; Jr 10,10). A expressão "apostatar do Deus vivo" é frequentemente entendida como indicação de que Hb foi escrito não para judeus cristãos em perigo de recair no judaísmo, mas sim a conversos pagãos; pois se sustenta que um retorno ao judaísmo não seria considerado "apostatar do Deus verdadeiro". Mas o autor não fala simplesmente do Deus verdadeiro, mas sim do Deus verdadeiro como Deus vivo, *i.e.*, atuante, e especificamente manifesto em Cristo. Afastar-se do cristianismo é, portanto, uma apostasia do Deus vivo, ainda que fosse um retorno ao judaísmo, onde o ato supremo de Deus é ignorado. **13.** *enquanto ainda se disser "hoje"*: o autor antecipa o que irá dizer em 4,2-11. O "repouso" em que Israel devia entrar era apenas um prenúncio do repouso ao qual os destinatários de Hb são chamados; e este repouso ainda está aberto para eles contanto que perseverem na fé com a qual iniciaram suas vidas como cristãos. *pois nos tornamos companheiros de Cristo*: provavelmente a participação significa compartilhar o destino comum de entrar no santuário celestial.

23 **16-19.** cf. Nm 14,1-38; Dt 1,19-40. Por terem medo das possíveis batalhas contra os cananeus, os hebreus se recusaram a entrar na terra de Canaã. Como castigo, o Senhor decretou que todos morreriam no deserto sem entrar na terra prometida, exceto Calebe e Josué e aqueles que haviam nascido após a partida do Egito. O autor enfatiza a associação entre a desobediência (v. 18) e a descrença (v. 19). **4,2.** *também nós, como eles, recebemos uma boa nova*: uma vez que a promessa feita aos hebreus de entrar na Palestina prefigurava a promessa dada aos cristãos de entrar no céu, o autor usa terminologia do NT para descrever o que Israel tinha ouvido; era "evangelho". **3-4.** O "repouso" de Deus é visto numa dimensão mais profunda do que a Palestina. O Sl 95,11 chama aquela terra de repouso de Deus ("meu repouso"), por ser o local de repouso que ele daria a seu povo (em oposição a G. von Rad, que vê a espiritualização do conceito no próprio salmo; veja *Gesammelte Studien zum Alten Testament* [München, 1965] 101-8). O autor o entende como um compartilhar do mesmo repouso em que Deus entrou após concluir a obra da criação. As pessoas que são fiéis entrarão onde Deus habita, descrito aqui como um lugar de repouso e não como o santuário celestial (a designação usual do autor) ou como a cidade permanente (13,14).

24 **6-9**. O autor tenta introduzir seu sentido do repouso de Deus no salmo. O substantivo hebraico para designar "repouso" no Sl 95,11 é *měnûḥâ* e é diferente do verbo "repousar" em Gn 2,2 (*šābat*), mas a LXX usa uma palavra derivada da mesma raiz grega em cada caso: *katapausis* (Sl 95,11) e *katapauō* (Gn 2,2). Por isso, o autor de Hb descobre uma base para sua interpretação no texto do salmo. Ele sustenta que aquilo que foi prometido aos hebreus não era a Palestina, mas sim um compartilhar do repouso pós-criação do próprio Deus; cf. o conceito judaico de que o sábado, o qual reflete o repouso, é a "imagem do mundo vindouro" (*Gen Rab*. 17 [12a]). Devido à descrença, muitos dos hebreus da época do êxodo foram excluídos desse repouso, e até mesmo aqueles que entraram na Palestina sob o comando de Josué (v. 8) não entraram no repouso prometido, que é algo maior do que a terra prometida. (Como a forma grega de "Josué" é a mesma de "Jesus", o próprio substantivo expressa tanto a semelhança quanto o contraste entre a figura do AT, que conduziu os hebreus para dentro da Palestina, e Jesus, que conduz seus seguidores para o repouso celestial de Deus). Caso não fosse assim, Deus não estaria oferecendo ainda a promessa muito depois de a Palestina ter sido ocupada por eles. Entretanto, ele faz isso, como mostra a ordem dada por "Davi" aos israelitas de sua época. Esta ordem também é dirigida aos cristãos: "Hoje, se ouvirdes sua voz, não endureçais vossos corações" (Sl 95,7-8). Porque a promessa ainda é válida, "ainda fica em perspectiva para o povo de Deus um repouso de sábado" (v. 9), uma participação no repouso de sábado do próprio Deus.

25 **11**. *empenhemo-nos, portanto, por entrar*: ainda que o verbo *spoudazō*, "empenhar-se", também possa significar "apressar-se", o contexto não sugere este último significado. Não se pensa que seja preciso apressar-se para entrar no repouso, mas sim que é preciso perseverar no esforço necessário para alcançá-lo. **12-13**. Estes dois versículos dão continuidade à advertência para perseverar, pois a Palavra de Deus julga corretamente, já que nada é desconhecido dela; à luz dela, os integrantes da presente geração serão julgados dignos ou inaptos a entrarem no repouso. **12**. *a palavra de Deus*: isto se refere ao v. 7. É a Palavra que fala aos seres humanos, convidando-os à fé e à perseverança. É uma palavra salvadora, mas também julgadora, pois condena as pessoas que se recusam a ouvi-la. *viva e eficaz*: a Palavra é descrita de uma maneira calculada para ressaltar sua eficácia: ela produz vida (cf. Dt 32,47) e cumpre sua finalidade (cf. Is 55,10-11). Não parece que autor vise a mais do que uma personificação da Palavra, ainda que alguns vejam aqui uma referência à Palavra de Deus encarnada em Jesus (cf. H. Clavier, "*Ho logos tou theou* dans l'épître aux Hébreux", *New Testament Essays* [Festschrift T. W. Manson; ed. A. J. B. Higgins; Manchester, 1959] 81-93; R. Williamson, *ExpTim* 95 [1983-84] 4-8). *mais penetrante do que qualquer espada de dois gumes*: cf. Is 49,2; Pr 5,4; Sb 18,16. O poder penetrante da Palavra é descrito em linguagem filônica (cf. *Quis rer. div*. 130-31), porém nesse contexto Filo não está falando de seu poder com relação ao julgamento, como é o caso aqui. *alma e espírito*: alguns veem aqui a concepção do ser humano como ser composto de corpo, alma e espírito (E. Schweizer, "Pneuma" TDNT 6.446); é difícil concordar com F. F. Bruce de que "seria de fato precário tirar destas palavras qualquer conclusão sobre a psicologia de nosso autor" (*Hebrews* 82). Estes componentes humanos, como os correlativos "junturas e medulas", estão intimamente ligados, e a afirmação de que a Palavra é penetrante o suficiente para separá-los é feita simplesmente para enfatizar seu poder penetrante. *ele julga as disposições e as intenções do coração*: o autor atribui à Palavra o conhecimento dos seres humanos que só Deus possui (cf. At 1,24; 15,8). **13**. *nu e descoberto*: o particípio grego *tetrachēlismena*, "descoberto", está relacionado com o substantivo *trachēlos*, "pescoço". O contexto sugere que se trata de um sinônimo de "nu", mas nenhuma das explicações de como ele veio a ter este significado é realmente satisfatória. As palavras gregas da última expressão deste versículo podem significar "acerca de quem estamos falando" ou "a quem devemos prestar contas". Este último sentido parece se encaixar melhor no contexto. Williamson (veja o comentário sobre o v. 12) entende que, provavelmente, o significado é "com quem o Logos (Palavra) está presente em nosso lugar" e compara a expressão com Jo 1,1.

26 (C) Jesus, o sumo sacerdote misericordioso (4,14-5,10). 14-16. Estes versículos lembram 2,16-3,1 e preparam para o desenvolvimento do sacerdócio de Jesus que segue. 14. *um sumo sacerdote eminente*: esta é a única passagem na epístola onde Jesus é designado dessa forma; geralmente o autor fala dele como sumo sacerdote ou simplesmente como sacerdote; é possível que ele queira enfatizar aqui a superioridade de Jesus frente ao sumo sacerdote judaico, com o qual o compara constantemente. A mesma designação é usada por Filo para o Logos (cf. *De somn*. 1. 214, 219). *que atravessou os céus*: veja o comentário sobre 1,2; também 2 *Henoc* 3-20. *permaneçamos firmes na profissão de fé*: veja o comentário sobre 3,2. 15. *provado em tudo como nós, com exceção do pecado*: a única diferença que o autor observa entre as tentações de Jesus e as de seus seguidores é que ele jamais sucumbiu a elas. 16. *o trono da graça*: o trono de Deus (cf. 8,1; 12,2). O reinado do Jesus exaltado é um tema em Hb, como mostra o uso frequente do Sl 110,1, e em 1,8 o autor fala do trono de Jesus. Mas a semelhança deste versículo com 10,19-22 mostra que o autor está pensando no acesso confiante a Deus que foi assegurado pela obra redentora de Jesus: "Por meio de Jesus Cristo, o verdadeiro sumo sacerdote, o trono de Deus se tornou o trono da graça" (Michel, *Hebräer* 209-10).

27 5,1. *oferecer dons e sacrifícios pelos pecados*: alguns pensam que "dons" se refere a ofertas de grãos, e "sacrifícios" a ofertas de animais, mas provavelmente o autor não pretendia fazer uma distinção desta natureza. Como aparece mais adiante (cap. 9), o rito do Dia da Expiação é o tipo veterotestamentário com o qual ele está principalmente preocupado; trata-se de uma expiação pelos "pecados", e não pelo "pecado" (cf. Lv 16,30.34); daí o plural aqui. 2. *é capaz de ter compreensão por aqueles que ignoram e erram*: o termo grego *metriopathein*, "lidar gentilmente", não aparece em nenhum outro lugar da Bíblia; ele corresponde a um termo da filosofia estoica que significa "o meio-termo correto entre a paixão e a falta de sentimentos" (Michel, *Hebräer* 217). A designação dos pecadores como "ignorantes e errantes" não significa que o autor estivesse pensando apenas naqueles que não estavam conscientes da natureza pecaminosa de seus atos ou que cometiam ofensas morais ou violações rituais menos graves. Os únicos pecados pelos quais a expiação sacrifical era impossível eram aqueles designados em Nm 15,30 como pecados cometidos "deliberadamente". É provável que estes sejam pecados perpetrados de maneira proposital, diferentemente daqueles nos quais se "caía" devido à fraqueza humana (veja H. H. Rowley, *BJRL* 33 [1950-51] 74-100); deste modo, "os que ignoram e erram" parece significar todos os pecadores, com exceção daqueles que cometem pecados deliberados. *porque ele mesmo está cercado de fraqueza*: a fraqueza é, principalmente, aquela que conduz ao pecado, como mostra o v. 3 (cf. Lv 16,6). 6. Ainda que Sl 110,1 seja frequentemente usado no NT para descrever o Jesus exaltado, o v. 4 (citado aqui) é usado apenas em Hb (cf. também 7,17.21).

28 7-8. Assim como o v. 6 mostra como o requisito de um chamado de Deus ao sumo sacerdócio se cumpre em Jesus, estes versículos mostram que ele é qualificado como alguém que pode simpatizar com pecadores. O autor não associa aqui a palavra "fraqueza" a Jesus e, posteriormente, contrapõem-no ao sumo sacerdote judaico

neste sentido (7,28). É importante, contudo, observar que a contraposição se aplica ao estado exaltado presente de Cristo. A razão para evitar o termo aqui é provavelmente que no v. 3 fraqueza e pecado são correlatos, e está claro que Jesus não pecou (4,15). Não há dúvida, entretanto, de que o autor, embora evite a palavra, considera que a capacidade de Jesus em simpatizar com os pecadores se baseia precisamente no fato de que ele conhecia a tentação, como eles conhecem, e "participou de carne e sangue" (cf. 2,14-18; 4,15). Estava familiarizado com as provações da natureza humana, *i.e.*, experimentou sua fraqueza, especialmente seu medo da morte. Após sua exaltação, ele não conhece mais a fraqueza, mas, tendo-a experimentado, é capaz de se identificar com aqueles que a conhecem. Este conceito de Hb é semelhante ao de Paulo: "foi crucificado em fraqueza, mas está vivo pelo poder de Deus" (2Cor 13,4). **7.** *nos dias de sua vida terrestre*: *i.e.*, o tempo de sua vida mortal, quando ele viveu na esfera da carne. *apresentou pedidos e súplicas ... àquele que o podia salvar da morte*: se este trecho é entendido como um único incidente, é provável que seja uma referência ao Getsêmani (cf. Mc 14,35-36). Além de Jo 12,27, não há um incidente nos evangelhos que seja semelhante a ele, e a opinião de que o autor conhecia "uma série de incidentes na vida de Jesus" que não se encontram nas narrativas dos evangelhos (Bruce, *Hebrews* 98) é, na melhor das hipóteses, uma conjetura. À parte de tal proposta, Bruce também vê, juntamente com a referência ao Getsêmani, "uma referência mais geral a toda a trajetória de humilhação e paixão de nosso Senhor" (*Hebrews* 100; de forma semelhante, A. Vanhoye, *Prêtres anciens, prêtre nouveau selon le Noveau Testament* [Parole de Dieu 20; Paris 1980] 146-47). *foi atendido por causa de sua submissão*: R. Bultmann (*"Eulabeia"*, TDNT 2. 753) aceita a emenda do texto feita por A. von Harnack, "ele não foi atendido", porque Jesus de fato morreu. Mas esta interpretação puramente conjetural não é necessária se se supõe que o autor entenda a libertação de Jesus da morte como uma referência à sua ressurreição. Uma vez que a oração de Jesus no Getsêmani foi para que ele fosse poupado da morte e não que fosse resgatado depois dela, o autor parece usar o termo "salvo da morte" com um duplo sentido. A justificação para tal suposição é que o contexto trata do sacerdócio de Jesus (é até mesmo possível que 5,7-10 reflita um hino a "Jesus o sumo sacerdote" [cf. G. Friedrich, *TZ* 18 (1962) 95-115]). Em 7,23-24, seu sacerdócio é contraposto ao dos sacerdotes levíticos precisamente pelo fato de que a morte os impedia de ficarem no cargo, ao passo que Jesus tem um sacerdócio que não morre, em virtude da "vida indestrutível" que ele recebeu em sua ressurreição. Sua morte era essencial para seu sacerdócio, mas se ele não tivesse sido salvo da morte pela ressurreição, não seria, hoje, o sumo sacerdote de seu povo. **8.** *embora fosse Filho*: veja o comentário sobre 1,4. O autor considera a filiação de Jesus de duas formas: ele se tornou Filho quando foi exaltado; ele sempre foi Filho porque existiu com o Pai antes mesmo de aparecer na terra. (Em termos da teologia posterior, a exaltação-ressurreição deu à natureza humana de Jesus participação plena em sua natureza divina). Os dois conceitos são inteiramente compatíveis, mas, ao que parece, chegou-se ao conceito do Filho preexistente posteriormente, como mostra o caráter relativamente tardio em que ele é expresso. Entretanto, se estiver correta a hipótese de que 5,7-10 é substancialmente um hino antigo, semelhante a Fl 2,6-11, não se deve exagerar o caráter tardio do conceito. Não há razão para considerar o conceito posterior como mais conforme à intenção do autor de Hebreus do que o conceito anterior, como faz R. H. Fuller (*The Foundations of New Testament Christology* [New York, 1965] 187). *aprendeu, contudo, a obediência pelo sofrimento*: o motivo do aprendizado pelo sofrimento é comum na literatura grega, mas este texto, Rm 5,19 e Fl 2,8 são os únicos lugares no NT onde a obediência de Cristo em sua paixão é mencionada explicitamente. **9.** *levado à perfeição*:

veja o comentário sobre 2,10. *princípio de salvação eterna*: a obediência de Jesus leva à sua consagração sacerdotal, a qual, por sua vez, qualifica-o para salvar as pessoas que lhe obedecem. A expressão "fonte de salvação" é comum em Filo (*De agric.* 96; *De virt.* 202; *De vita contemp.* 86), mas não é distintivamente filônica. A salvação que Jesus traz a seus seguidores é eterna porque se baseia em seu sacerdócio eterno (7,24-25). Com exceção de 6,2, os casos em que o autor usa o termo "eterno" (aqui e em 9,12.14.15; 13,20) têm a ver com realidades que permanecem porque pertencem à esfera celestial, que se caracteriza pela permanência, em oposição às realidades transitórias da terra.

29 (IV) O sacerdócio e o sacrifício eternos de Jesus (5,11-10,39).

(A) Exortação à renovação espiritual (5,11-6,20). A seção central de Hebreus inicia com uma longa exortação que é, ao mesmo tempo, uma repreensão. O sacerdócio de Jesus é um assunto difícil de tratar, especialmente porque os destinatários se tornaram desatentos e esquecidos até mesmo de verdades cristãs elementares. **11.** *muitas coisas teríamos a dizer sobre isso, e sua explicação é difícil*: o antecedente do pronome relativo não é certo. Há três possibilidades: Jesus, Melquisedec e a designação de Jesus como sumo sacerdote segundo a ordem de Melquisedec. Como indica a tradução no neutro, a última possibilidade foi escolhida aqui. **12.** *com o tempo vós deveríeis ter-vos tornado mestres*: isto foi usado como um argumento de que Hb foi endereçada a sacerdotes convertidos do judaísmo (cf. At 6,7); sua posição na comunidade cristã deveria ser semelhante à que eles tinham no judaísmo (veja Spicq, *Hébreux* 1, 228). Mas a função de mestre no judaísmo não era associada particularmente ao sacerdócio. Em todo caso, a noção de que as pessoas mais avançadas deveriam ser mestres de outras é tão bem atestada que não há necessidade de supor uma posição anterior de mestre antes da conversão (veja Moffatt, *Hebrews* 70; D. Peterson, *Hebrews and Perfection*

[→ 15 *acima*] 178, 286 n. 4). *necessitais novamente que se vos ensinem os primeiros rudimentos dos oráculos de Deus*: o termo grego *stoicheia*, "elementos" ou "rudimentos", nada tem do sentido pejorativo que apresenta em Gl 4,3-9 (cf. Cl 2,8.20); aqui ele significa ensinamento elementar, porém necessário, que os destinatários já deveriam ter deixado atrás de si há muito tempo. A expressão "os oráculos de Deus" é usada em Rm 3,2, onde provavelmente significa as Escrituras do AT; aqui ela inclui a percepção de que Deus fala no AT e, preeminentemente, no Filho. *precisais de leite, e não de alimento sólido*: a contraposição entre o leite e o alimento sólido como designações metafóricas do ensinamento adequado para pessoas espiritualmente maduras e imaturas, respectivamente, também se encontra em 1Cor 3,1-3 e é comum em Filo. As palavras que Paulo usa em 1Cor para designar ambas as classes (crianças – os perfeitos) também se encontram aqui (vv.13-14). **13.** *não pode degustar a doutrina da justiça*: não chegou a uma apreciação dos aspectos mais profundos da fé cristã. É possível, entretanto, que a expressão dê continuidade à metáfora da criança e signifique que é impossível que uma pessoa em tal estado fale de forma inteligível ("não tem experiência da forma certa de falar"). H. P. Owen sugeriu uma terceira possibilidade: a expressão significa "um princípio de retidão", isto é, um critério pelo qual se exerce julgamento moral. **14.** *os adultos ... recebem o alimento sólido*: para Owen, "adultos" (ou "perfeitos") são as pessoas que se encontram no segundo estágio da vida cristã, a prática da virtude, que resulta na capacidade de discernir o que é moralmente bom, de ter um "princípio de retidão". "Por uma série de opções morais corretas, ela constrói um padrão moral" (p. 244). Tais pessoas podem, então, progredir para o terceiro estágio, a assimilação da doutrina avançada, que é como comida sólida.

30 6,1. *por isso ... elevemo-nos à perfeição adulta, sem ter que voltar aos artigos fundamentais*: uma vez que o autor acabou de declarar que seus destinatários tinham necessidade de instrução nos rudimentos da doutrina (5,12), é estranho que ele agora não só proponha passar por cima destes e oferecer ensinamento aos maduros, mas também que sua proposta comece com a locução prepositiva "por isso". H. Kosmala resolve a dificuldade propondo que 5,11b-14 seria um acréscimo posterior, que, por seu tom incisivo e sua construção pouco rigorosa, não se encaixaria nem no contexto nem no estilo do autor (*Hebräer-Essener-Christen* [SPB 1; Leiden, 1959] 17-21). Este tratamento radical não encontra suporte nos mss. Das várias explicações dadas para o método paradoxal do autor, a melhor parece ser que ele considera que só o desafio representado pela doutrina difícil (5,11) poderá tirar os destinatários de sua letargia espiritual. "A originalidade de Hebreus é enfatizar o progresso intelectual como uma condição para a perfeição moral" (Spicq, *Hébreux* 2. 146). Ele menciona agora seis ensinamentos elementares: o arrependimento das obras mortas, a fé em Deus, o ensinamento sobre abluções rituais ("batismos"), a imposição das mãos, a ressurreição dos mortos e o julgamento eterno. A lista provavelmente provém de um catecismo tradicional e não visa a ser completa.

31 Kosmala sustenta que não há nada especificamente cristão no catecismo. "O Cristo" no v. 1 não significa Jesus, mas simplesmente "o Messias", e os seis ensinamentos são apenas aqueles aceitos por um grupo que espera a vinda do Messias. Um estudo mais acurado dos pontos indicaria que o grupo em questão era a seita de Qumran e que os destinatários, convertidos em potencial ao cristianismo, já acreditavam em tais ensinamentos (*Hebräer* [→ 30 *acima*] 31-38). Mas é duvidoso que um catecismo não cristão, ou qualquer parte dele, tivesse sido designado pelo autor de Hb como o fundamento da vida cristã, ainda que a crença em seu conteúdo talvez fosse pressuposta nas pessoas que passavam para o cristianismo vindo do grupo que seguia esse conteúdo.

Em todo caso, se a exegese de "a doutrina sobre os batismos" apresentada abaixo estiver correta, é impossível considerar os ensinamentos meramente como um fundamento judaico sectário da fé cristã. *o arrependimento das obras mortas e fé em Deus*: o arrependimento e a fé são, respectivamente, os lados negativo e positivo da primeira resposta da humanidade à palavra de Deus. (Quanto a um acoplamento semelhante destes correlatos, veja Mc 1,15). Obras mortas não significam as obras exigidas pela lei mosaica, mas pecados que conduzem à morte espiritual e dos quais a consciência necessita ser purificada (cf. 9,14). Uma expressão semelhante se encontra em 4 Esd 7,49 [119], "atos que trazem a morte". **2.** *a doutrina sobre os batismos*: o termo grego traduzido por "batismos" não é *baptisma* (provavelmente cunhado pelo cristianismo e usado regularmente no NT para designar o batismo cristão e o de João Batista, mas *baptismos*, que, nas duas outras vezes em que ocorre no NT, significa abluções rituais judaicas; 9,10; Mc 7,4 (Josefo usa o termo para se referir ao batismo de João; veja *Ant*. 18.5.2 § 117). Tal fato, bem como o uso da palavra no plural, mostra que aqui ela não significa simplesmente o sacramento cristão. Como um rito com água, o sacramento podia ser designado desta maneira; por isso, a razão pela qual a instrução acerca de abluções rituais teria feito parte da catequese cristã parece residir na necessidade de instruir os convertidos sobre a diferença entre as abluções judaicas (incluindo o batismo de prosélitos, o batismo de João e as purificações com água de Qumran; cf. 1 QS 3,4-9) e o sacramento cristão (cf. A. Oepke, "*Baptismos*", *TDNT* 1. 545; R. Schnackenburg, *Baptism in the Thought of St. Paul* [New York, 1964] 8-9). O. Michel observa que "uma vez que o plural não é usual na linguagem da igreja, ele deve ser entendido como polêmico" (*Hebräer* 239).

32 Em P[46] e B, "doutrina" é lido no acusativo (*didachēn*), uma leitura aceita por G. Zuntz (*The Text of the Epistles* [London,

1953] 93) e outros biblistas. Esta leitura poderia sugerir que "doutrina" está em aposição a "artigos fundamentais", como pensa Montefiore (*Hebrews* 105; também Bruce, *Hebrews* 110 ["provavelmente em aposição"]). Caso os artigos fundamentais sejam simplesmente o arrependimento e a fé em Deus, então os conteúdos dos "artigos fundamentais" e da "doutrina" são bem diferentes, um fato que depõe contra a sugestão de entender os dois substantivos como estando em aposição. Dever-se-ia seguir a leitura no genitivo (*didachēs*), "da doutrina", e ver isso como parte dos artigos fundamentais, ou, aceitando a leitura no acusativo, entender a "doutrina" como tendo conteúdo diferente dos artigos fundamentais, ainda que sejam semelhantes na medida em que cada um trata dos rudimentos da vida cristã.

33 *a imposição das mãos*: este rito é mencionado em At 8,17; 19,6 (em conexão com a vinda do Espírito Santo) e em At 6,6; 13,3; 1Tm 4,14; 5,22; 2Tm 1,6 (em conexão com a outorga de algum ministério ou alguma missão na igreja). Presumivelmente, temos aqui uma referência ao rito associado à concessão do Espírito. (Quanto a uma exposição da relação entre o rito e a vinda do Espírito, veja J. Oulton, *ExpTim* 66 [1955] 236-40; D. Daube, *The New Testament and Rabbinic Judaism* [London,1956] 224-46). *a ressurreição dos mortos e o julgamento eterno*: o último par de verdades rudimentares diz respeito ao término escatológico da vida cristã. O julgamento é "eterno" porque é definitivo (cf. Mt 25,46). **3.** *é isto que faremos, se a tanto Deus nos ajudar*: evidentemente o autor não quer dizer que irá "lançar novos fundamentos", que ele disse que não vai fazer (v. 1), mas que irá passar agora para a doutrina adequada para os maduros. Ele não está sugerindo que vá tratar dos rudimentos mais tarde; os versículos que seguem excluem essa possibilidade. **4-6.** Estes versículos criaram muitas dificuldades, pois tratam da impossibilidade do arrependimento após a apostasia. Muitas tentativas foram feitas para negar sua óbvia importância; *p.ex.*, sugeriu-se que, no tocante à experiência humana, os apóstatas estão além da possibilidade de se arrepender, ainda que nada seja dito acerca do que poderá acontecer se eles receberem uma graça extraordinária (cf. Bruce, *Hebrews* 118), ou que "normalmente eles não está dispostos ao arrependimento" (B. Poschmann, *Penance and the Anointing of the Sick* [New York, 1964] 13). "Essas interpretações vão contra o significado claro do grego e contra todo o teor do argumento do autor" (Montefiore, *Hebrews* 109). Kuss entende que a afirmação absoluta deveria ser julgada à luz da preocupação pastoral do autor: ele fala de uma forma exagerada para predispor seus leitores firmemente contra a apostasia (*Hebräer* 199-201); de forma semelhante C. Carlston (*JBL* 78 [1959] 296-302).

34 **4.** *de fato é impossível que, para aqueles que foram iluminados – que saborearam o dom celeste, receberam o Espírito Santo*: os particípios nos vv. 4-5 estão todos no aoristo, e *hapax*, "uma vez", provavelmente modifica todos eles e não simplesmente o primeiro. É discutível se as referências aqui são diretamente sacramentais ou se estas quatro experiências do cristão se referem simplesmente a sua chegada à fé. A designação do batismo como "iluminação" e do batizado como "iluminado" é ao menos tão antiga quanto a época de Justino Mártir (*Apol*. 1.61.12; 65.1), e é possível que "iluminado" aqui se refira ao recebimento desse sacramento (cf. Bornkamm, *Studien* [→ 19 *acima*] 190; Käsemann, *Wandering* [→ 8 *acima*] 187-88). Como base para tal ponto de vista, cf. Ef 5,14, que provavelmente é um fragmento de um hino batismal (ou "dito cultual", segundo H. Schlier, *Der Brief an die Epheser* [Düsseldorf, 1958]; cf. discussão em J. Gnilka, *Der Epheserbrief* [HTKNT 10/2; Freiburg, 1971] 259-63). Mas a iluminação de que se fala aqui talvez signifique apenas a iluminação dada pela fé em Cristo (2Cor 4,6). Em 1QH 4,5, o pacto é uma luz pela qual Deus ilumina a face de seu discípulo, e Filo fala do mandamento divino como iluminação da alma (*De fuga et inv.* 139). Tampouco se deveria descartar a possível influência de Sl 34,6, onde a LXX (Sl 33,6) apresenta a leitura "vem a ele e sê iluminado". Tal influência também é sugerida porque o autor de Hb passa a falar das pessoas que "saborearam o dom celeste", e o v. 9 deste salmo fala sobre provar quanto o Senhor é bom. Em todo caso, a natureza do saborear como acontecimento único torna improvável que "saborear o dom celeste" signifique receber a eucaristia, ainda que a expressão tenha sido interpretada deste modo (Héring, *Hebrews* 46; J. Betz, *Die Eucharistie in der Zeit der griechischen Väter* [Freiburg, 1961] 2. 156-57. "Saborear" ou "provar" é uma metáfora comum para "experimentar", e a expressão provavelmente significa apenas que os crentes experimentaram o poder da salvação trazida por Jesus (cf. Rm 5,15; 2Cor 9,15). Este dom é chamado de celeste porque é uma realidade escatológica possuída de maneira antecipatória pelo crente. "Receberam o Espírito Santo" refere-se às pessoas que possuem o Espírito como garantia da posse plena das bênçãos escatológicas no futuro (cf. 2Cor 1,22; Ef 1,14, onde o Espírito é chamado de *arrabōn*, "a primeira prestação").

35   5. *experimentaram a beleza da palavra de Deus e as forças do mundo que há de vir*: a pregação do evangelho foi acompanhada por manifestações da presença do Espírito (cf. 2,3-4; 1Cor 2,4). Esta atividade do Espírito é vista como indicação da presença, mesmo agora, do "mundo que há de vir". Esta designação do futuro escatológico é contraposta a "este século" tanto no judaísmo apocalíptico quanto no rabínico (veja Bonsirven, *Judaïsme* [→ 7 acima] 1. 312). No judaísmo tardio, o "experimentar as forças do mundo que há de vir" foi atribuído a Abraão, a Isaac e a Jacó (Str-B 3. 690), mas há uma diferença profunda entre as duas concepções. O que o judaísmo acreditava ser o privilégio de alguns poucos escolhidos é uma experiência cristã comum; mas, mais importante ainda, a era vindoura, que no pensamento judaico era absolutamente futura, é uma realidade presente para o cristão, embora ainda não realizada em sua plenitude. 6. *porque de sua parte crucificam novamente o Filho de Deus e o expõe às injúrias*: este é um retrato vívido da maldade da apostasia, que é concebida como uma crucificação e escárnio do Filho de Deus. A rejeição da fé cristã por parte dos apóstatas significa que "eles colocaram Jesus para fora de suas vidas ... ele está morto para eles" (Moffatt, *Hebrews* 80). 7-8. A advertência incisiva termina com uma comparação entre dois tipos de solo. Cada um recebe a mesma chuva enviada por Deus, mas um produz frutos e é abençoado; o outro produz espinhos, está prestes a ser amaldiçoado e, por fim, é queimado. A aplicação destas imagens ao cristão fiel e ao apóstata, respectivamente, é óbvia.

36   9. *estamos convencidos de que vós, caríssimos, estais do lado bom*: com este versículo, o tom da exortação se abranda. Pela primeira e única vez em Hb os destinatários são chamados de "caríssimos". Mas é difícil concordar que o autor não creia que haja, ao menos, apóstatas em potencial entre eles (Bruce, *Hebrews* 126); a finalidade de seu escrito é afastar um perigo que é muito real. A nova abordagem parece ser ditada pela crença de que a melhor forma de alcançar sua finalidade é através da brandura e, mais importante que isso, pelo fato de que, apesar de sua fé morna, há um sinal que dá razão à esperança de que a calamidade de sua apostasia não aconteça. Este sinal é o amor que eles têm por seus irmãos na fé, do qual fala o v. 10. 10. *não pode esquecer vossa conduta e o amor que manifestastes por seu nome, vós que servistes*: os serviços que eles prestaram no passado são mencionados em 10,33b-34a. Tais serviços são fundamentalmente uma manifestação de amor a Deus. Aqui e em 13,24, o autor usa a designação protocristã comum das pessoas que creem em Cristo, "os santos". 11. *o mesmo ardor em levar até o fim o pleno desenvolvimento da espe-*

rança: o ardor deles por obras de caridade deveria ser acompanhado pelo ardor em perseverar em sua vocação cristã, perseverança esta fundamentada na esperança. **12.** O autor inicia um tema que desenvolverá no cap. 11. Seus leitores deveriam imitar a fé confiante dos santos do AT, que "recebem a herança das promessas". A referência não parece se dirigir a outras pessoas que aquelas mencionadas no cap. 11, ainda que Montefiore pense que o autor "aponta para o exemplo de contemporâneos" (*Hebrews* 112). Esta exegese provavelmente se baseia no fato de se empregar aqui o particípio presente. Mas, como o termo grego *epangelia* pode significar ou a promessa em si ou a coisa prometida (veja J. Schniewind e G. Friedrich, "*Epangelia*", *TDNT* 2, 582 n. 59), o autor parece estar dizendo que os santos do AT, que não receberam as bênçãos prometidas durante suas vidas (11,13), estão agora de posse delas (veja o comentário sobre 11,40). O fato de passar para o caso de Abraão confirma a concepção de que ele não se refere a contemporâneos dos destinatários, mas àqueles dos quais falará no cap. 11.

37 **13.** *jurou por si mesmo*: cf. Filo, *Leg. alleg.* 3.73. A base segura para a esperança é a promessa de Deus, confirmada por seu juramento; isto é reafirmado no caso de Abraão. O episódio da história dos patriarcas ao qual isto se refere é Gn 22,16-18, a continuação da história da obediência de Abraão em sua disposição de sacrificar Isaac. Deus, então, confirmou por juramento sua promessa de que ele teria numerosos descendentes, os quais herdariam as cidades de seus inimigos e seriam uma fonte de bênção para todas as nações da terra. **15.** *viu a promessa realizar-se*: para alguns comentaristas, isto se refere ao cumprimento parcial da promessa durante a vida de Abraão (Montefiore, *Hebrews* 114), mas o cumprimento que o autor provavelmente tem em mente é aquele ao qual se referiu no v. 12: as bênçãos escatológicas presentes experimentadas pelos patriarcas do AT, às quais as promessas de bênção neste mundo estavam subordinadas. **17.** A razão para o juramento que confirmava a promessa era "tornar a garantia duplamente segura" (cf. Filo, *De Abr*. 46). O interesse do autor não parece estar focado diretamente no juramento feito a Abraão, mas naquilo que o juramento lhe lembra, ou seja, o juramento pelo qual Jesus foi constituído sumo sacerdote eterno segundo a ordem de Melquisedec. A importância desse juramento é enfatizada no cap. 7, e o sacerdócio que ele confirma, e não as promessas feitas a Abraão, constitui a base da esperança para a qual o autor exorta seus leitores. O tema do sacerdócio de Jesus foi deixado de lado para que o autor pudesse fazer sua advertência contra a apostasia. **19.** O autor usa aqui uma metáfora mista para descrever a esperança cristã: ela é uma âncora, e se estende para dentro do santuário. Ao falar do santuário, o autor alude ao que mais tarde vai desenvolver como o ponto central de sua teologia do sacerdócio de Cristo: o tabernáculo mosaico como réplica terrena do santuário celestial, e o Santo dos Santos, para além do véu que o separa do Santo (Ex 26,31-33), como equivalente terreno da morada celestial de Deus. Nesse local sagrado, "no próprio céu" (9,24), Jesus nosso sumo sacerdote entrou; lá ele fez culminar seu sacrifício expiatório. A esperança cristã reside no que Jesus fez na ordem eterna por meio de seu sacrifício. Ele não apenas entrou no santuário celestial, mas entrou ali como precursor (v. 20) de seus irmãos, cujo destino é se juntar a ele ali.

38 **(B) Jesus, sacerdote segundo a ordem de Melquisedec (7,1-28).**

(a) *Melquisedec e o sacerdócio levítico* (7,1-10). **1.** Este versículo introduz um *midrásh* sobre Gn 14,18-20 que serve para demonstrar a superioridade do sacerdócio de Jesus em relação ao do AT mediante uma demonstração detalhada da semelhança entre Jesus e Melquisedec (veja J. A. Fitzmyer, *ESBNT* 221-43). O pressuposto de que Melquisedec era um sacerdote do Deus de Israel (cf. Gn 14,22, onde Iahweh e "Deus Altíssimo" estão em aposição) é aceita pelo autor de Hb. **2.** *dízimo*: o AT não deixa claro quem pagou o dízimo a quem; ao acrescentar "Abraão" como sujeito do verbo, o autor segue uma compreensão contemporânea (cf. 1QapGen 22,17; Josefo, *Ant.* 1.10.2 § 181), como é necessário para seu argumento. Ele também aceita a etimologia popular do nome de Melquisedec, "rei da justiça" (cf. *Leg. alleg.* 3.79), e de seu título, "rei da paz" (*ibid.*). Nenhuma menção posterior é feita destas qualidades; provavelmente elas são apresentadas aqui porque Melquisedec é considerado um protótipo de Jesus, o Messias, e as bênçãos messiânicas incluem a justiça e a paz (cf. Is 9,5-6; 32,1.17). **3.** Muitos comentaristas sustentam que aqui o autor está citando um hino sobre Melquisedec. *sem pai ... eternamente*: o AT não fala sobre os ancestrais de Melquisedec, sobre seu nascimento ou morte. Segundo um princípio da exegese rabínica, aquilo que não é mencionado na Torá não existe (cf. Str-B 3.693-95). Esta é uma explicação parcial, mas provavelmente insuficiente para a atribuição da vida eterna a Melquisedec (veja P. J. Koblski, *Melchizedek and Melchireša'* [CBQMS 10; Washington, 1981] 123). Em 11QMelch Melquisedec aparece como um ser celestial "na congregação de Deus", que vai executar vingança e expiar pecados num ano de jubileu (veja M. de Jonge e A. S. van der Woude, *NTS* 12 [1965-66] 301-26). Embora não se possa estabelecer uma influência direta desse texto sobre Hb (veja J. A. Fitzmyer, *ESBNT* 267; Kobelski, *Melchizedek* 128), ambos os documentos apresentam Melquisedec como um ser celestial, e Kobelski propõe que Sl 110,4 levou à atribuição da eternidade a Melquisedec em ambos (*ibid.* 124). *se assemelha ... sacerdote eternamente*: a semelhança (Melquisedec como sacerdote eterno) se encontra no que o AT diz dele (cf. Moffatt, Hebrews 93); desse modo, Melquisedec é visto como uma prefiguração de Jesus (cf. Peterson, *Hebrews and Perfection* [→ 15 *acima*] 107; de forma semelhante, Vanhoye, *Prêtres anciens* [→ 28 *acima*] 175). Mas, embora a "eternidade" de Melquisedec tenha fornecido ao autor uma tipologia que se prestava para sua finalidade, já que proporcionava não só uma prefiguração do sacerdócio de Jesus, mas uma contraposição ao sacerdócio dos filhos de Levi (v. 8), ela também cria um problema: há, então, dois sacerdotes eternos, Melquisedec e Jesus? W. Loader sugere que o autor concebia Melquisedec como um sacerdote que ainda vivia, mas não exercia qualquer função sacerdotal (*Sohn und Hoherpriester* [→ 21 *acima*] 214-215). Mas será que um sacerdote que deixa de exercer sua função combina com a comparação entre Jesus e Melquisedec feita por Hb? E, não obstante a subordinação de Melquisedec a Jesus mostrada pela expressão que diz que ele "se assemelha ao Filho de Deus", um ponto no qual Kobelski insiste com razão (*Melchizedek* 127, 129), essa subordinação não elimina o sacerdócio eterno de Melquisedec. Talvez se tenha de concluir que a tipologia Melquisedec-Jesus, não obstante sua utilidade para o autor de Hb, também levanta uma dificuldade que ele simplesmente ignorou. Certamente se deve concordar com O. Michel de que para ele o único sacerdócio eterno é o de Cristo (*Hebräer* 260). Também se deveria observar que o uso do título "Filho de Deus" pelo autor quando fala da semelhança entre Jesus e Melquisedec não significa que não seja o Jesus encarnado, e sim "o ser eterno do Filho de Deus que se tem em vista aqui" (segundo Westcott, *Hebrews* 173). Hebreus não atribui qualquer sacerdócio ao Filho de Deus a não ser aquele que lhe pertence através de sua paixão e exaltação (cf. 5,5-10).

39 4-5. *dízimo*: a décima parte dos despojos, que Abraão pagou a Melquisedec, lembra o autor do dízimo de todos os produtos da terra que os israelitas tinham de dar aos sacerdotes levíticos (cf. Nm 18,20-32). O fato de este pagamento ser feito de acordo com a lei mosaica é expresso explicitamente porque mais adiante (7,12) o autor dirá que o sacerdócio e a lei estão tão estreitamente ligados que a mudança do sacerdócio acarreta a mudança da lei. Embora os demais judeus fossem descendentes de Abraão como eles eram, a superioridade dos sacerdotes era evidente, pois estavam autorizados a exigir o dízimo do povo. (Quanto à expressão "estar nos rins" de alguém para sugerir descendência desta pessoa, veja Gn 35,11). **6**. De forma semelhante, vê-se a superioridade de Melquisedec sobre Abraão no fato de ele receber o dízimo do patriarca. O relato de Gn não sugere que Melquisedec tivesse algum direito ao dízimo que Abraão lhe deu; foi puro dom. Mas a suposição do autor é que, assim como os outros israelitas eram obrigados a pagar o dízimo aos sacerdotes, da mesma maneira Abraão teria pago seu dízimo a Melquisedec cumprindo uma obrigação. O fato de Abraão ser o receptor das promessas de Deus é mencionado para enfatizar ainda mais a superioridade de Melquisedec: ele recebeu o dízimo até mesmo do patriarca tão altamente favorecido por Deus. **7**. *o inferior é abençoado pelo superior*: apesar do tom axiomático destas palavras, isto contradiz o que é dito no AT (cf. 2Sm 14,22; Jó 31,20), mas possivelmente o autor não apresenta um princípio geral, e sim uma regra litúrgica (veja O. Michel, *Hebräer* 267). O fato de a bênção de Abraão ser vista pelo autor como uma bênção dada ao sacerdócio levítico pelo sacerdote Melquisedec é uma explicação suficiente de por que uma consideração litúrgica deveria ser introduzida aqui. **8**. *possui a vida*: a superioridade de Melquisedec consiste em ser "eterno", enquanto que os sacerdotes levíticos, que recebem dízimos dos demais judeus, "são mortais". **9-10**. *Levi, que recebe o dízimo ... nos rins de seu antepassado*: "Levi" representa não apenas o filho "histórico" de Jacó, mas também a tribo sacerdotal que descendeu dele.

40 (b) O sacerdócio levítico substituído (7,11-28). **11**. *portanto, se a perfeição fora atingida pelo sacerdócio levítico*: a perfeição de que se fala aqui não é a consagração sacerdotal como em 2,10; 5,9 e 7,28, mas a purificação do pecado e a consequente capacidade de se aproximar de Deus (7,19), *é nele que se apoia a lei dada ao povo*: a lei foi dada a Israel como meio de união com Deus, e o sacerdócio era o instrumento pelo qual a lei deveria atingir sua finalidade. Spicq considera o princípio formulado por esta expressão como o fundamento de todo o argumento de Hb (*Hébreux* 2. 227). **12**. *mudado o sacerdócio, necessariamente se muda também a lei*: isto não é um truísmo; é peculiar à situação de Israel, onde a lei mosaica e o sacerdócio estavam inseparavelmente ligados. **13**. *aquele a quem o texto citado se refere*: Jesus, o sacerdote de acordo com a ordem de Melquisedec, sobre quem o Sl 110,4 fala (v. 17). **14**. *Judá ... tribo a respeito da qual Moisés nada diz quando se trata dos sacerdotes*: o autor conhece e aceita a tradição de que Jesus era da família de Davi (cf. Rm 1,3); ele não compartilha a expectativa de Qumran de um Messias sacerdotal descendente de Aarão e de um Messias real descendente de Judá por meio de Davi (veja R. E. Brown, *CBQ* 19 [1957] 53-82). É duvidoso que o judaísmo tivesse qualquer expectativa como a do autor de Hb, apesar da afirmação de *TestLevi* 8,14 de que "de Judá um rei surgirá e fundará um novo sacerdócio". Diz-se que esse sacerdócio é segundo o "modelo gentílico", e H. C. Kee sugere que o texto é uma alusão "aos reis-sacerdotes macabeus, com seu crescente exercício secular do papel dual" (cf. *OTP* 1. 791 n. d).

41 **15-16**. *quando se constitui outro sacerdote, semelhante a Melquisedec*: o argumento é que o sacerdócio de Jesus suplantou o dos levitas. A "eternidade" de Melquisedec é claramente o ponto principal de comparação entre ele e Jesus. *prescrição carnal*: a exigência legal que definia a sucessão do sacerdócio no AT confina-o aos descendentes de Levi que pertenciam à família de Aarão (cf. Nm 3,3.10), *vida imperecível*: não aquela que Jesus possui devido à sua divindade (contra Westcott, *Hebrews* 185; Montefiore, *Hebrews* 125-26), mas a vida que possui devido à sua ressurreição; ele é sacerdote não mediante sua "natureza divina", mas em virtude de sua exaltação (cf. 5,5-6). O autor não pode ter desconhecido que Êx 40,15 afirma que o sacerdócio aarônico deve ser eterno, ainda que ele não lide com essa objeção a seu argumento. O problema é solucionado implicitamente pela contraposição estabelecida entre a vida transitória dos sacerdotes judeus individuais e a vida eterna de Jesus (vv. 23-24) e pelo fato de o sacerdócio eterno de Jesus ter sido confirmado pelo juramento de Deus (vv. 20-21), enquanto o sacerdócio aarônico não o foi. Contudo, a razão principal da transferência do sacerdócio foi que o sacerdócio de Jesus havia atingido o que para o sacerdócio do AT era impossível: "Do fato, aceito pela fé, de que a perfeição foi trazida por Jesus o autor conclui que o sacerdócio levítico era imperfeito" (O. Kuss, *Hebräer* 95). **18.** *está ab-rogada a prescrição anterior... sem proveito*: o mandamento que definia o sacerdócio do AT era sem proveito porque o sacerdócio que ele estabeleceu não tinha o poder de purificar as pessoas do pecado e uni-las com Deus. **19.** *está introduzida uma esperança melhor, pela qual nos aproximamos de Deus*: a esperança melhor se baseia no sacrifício realizado pelo Filho de Deus, por meio do qual temos acesso ao Pai (4,16). A semelhança entre este versículo e 6,19-20 deveria ser observada. O termo "melhor" é um termo característico que Hb usa para designar a nova ordem (cf. 1,4; 7,22; 8,6; 9,23; 10,34). "Aproximar-se de Deus" é usado no AT para referir-se ao serviço sacerdotal. Em Lv 10,3, os sacerdotes são descritos simplesmente como "aqueles que se aproximam de Deus" (o verbo grego é o mesmo usado aqui). Aqui se fala da vida cristã primordialmente em termos sacerdotais; o que o AT reservava para o sacerdócio é atribuído a todos os crentes.

42 **20.** *isto não se realiza sem juramento*: o sacerdócio de Jesus é superior àquele dos sacerdotes do AT porque foi confirmado pelo juramento de Deus (cf. Sl 110,4); por isso, ele é sacerdote para sempre e eles não. **22.** *Neste sentido é que Jesus se tornou a garantia de uma aliança melhor*: a aliança do AT à qual esta "melhor" é contraposta é a aliança mosaica (cf. 9,18-20), e o papel central desempenhado pela lei mosaica na vida de Israel deve ser visto no contexto daquela aliança (cf. P. A. Riemann, *IDBSup* 192-97; L. Goppelt, *Theology of the New Testament* [Grand Rapids, 1982] 2. 256). Portanto, se uma mudança de sacerdócio implica uma mudança da lei (7,12), uma nova aliança passou a existir com o novo sacerdócio de Jesus. Ela é "melhor" que a antiga, porque permanecerá enquanto permanecer o sacerdócio no qual está fundamentada, e a eternidade desse sacerdócio foi confirmada pelo juramento de Deus. Deste modo, Jesus, o sacerdote desta nova aliança, é em si mesmo a garantia de sua permanência. **24.** A palavra grega *aparabaton* pode significar "permanente" ou "intransferível"; o contexto, que fala do sacerdócio eterno de Jesus, parece favorecer o primeiro significado, mas as ideias estão tão estreitamente ligadas que, em todo caso, uma implica a outra. **25.** *por isso é capaz de salvar totalmente aqueles que, por meio dele, se aproximam de Deus ... para interceder por eles*: a intercessão do Jesus exaltado foi interpretada como consequência de seu sacrifício concluído; ela é entendida como uma obra sacerdotal, mas diferente do sacrifício, que é considerado passado; veja O. Culmann, *The Christology of the New Testament* (Philadelphia, 1959) 99-104. A razão para esta concepção é que quem a defende considera a obra da expiação coextensiva com a morte de Jesus na cruz, que é evidentemente um acontecimento do passado. Mas a comparação feita nos capítulos seguintes entre o sacrifício de Jesus e o sacrifício oferecido pelo sumo sacerdote no Dia da Expiação sugere que o sacrifício de Jesus não pode ser visto como se se limitasse à sua morte; sua exaltação é uma parte essencial dele. Consequentemente, o sacrifício não pode ser considerado passado, uma vez que seu clímax ocorre no santuário celestial, onde as sequências terrenas de tempo estão ultrapassadas. S. Lyonnet mostrou que no judaísmo tardio o sacrifício expiatório era considerado uma intercessão (*Bib* 40 [1959] 855-90); se esse conceito se reflete neste versículo, a intercessão do Exaltado não deveria ser entendida como consequência de seu sacrifício, mas como sua presença eterna no céu. J. Moffatt, que não concorda com essa concepção, admite que neste versículo "usa-se linguagem que sugeriu que no *skēnē* celestial este sacrifício seja apresentado ou oferecido continuamente" (*Hebrews* xxxviii). A intercessão de Jesus também é mencionada em Rm 8,34 em um formulário bastante semelhante ao de Hb.

43 **26**. Este versículo parece ser um hino em honra ao Jesus exaltado, o sumo sacerdote, que corresponde ao hino a Melquisedec do v. 3. *separado dos pecadores*: isto pode estar relacionado com uma prescrição da *Mishná* (*Yoma* 1,1) de que o sumo sacerdote estivesse preparado para a oferta dos sacrifícios do Dia da Expiação ficando separado de sua própria casa durante sete dias (cf. Michel, *Hebräer* 280). Entretanto, a comparação parece forçada, pois a separação de Jesus dos pecadores não é apresentada como uma preparação para seu sacrifício, mas está vinculada com sua ascensão. *mais alto do que os céus*: isto parece ser uma referência à passagem de Jesus pelos céus intermediários rumo ao santuário celestial, a morada de Deus (4,14; 9,24; cf. H. Koester, *HTR* 55[1962] 309). **27**. Não há prescrição na lei de que o sumo sacerdote tivesse de oferecer sacrifício diário, primeiro por seus próprios pecados e depois pelos do povo. Essa prescrição se aplicava só ao Dia da Expiação (cf. Lv 16,6-19), e nenhuma das ofertas diárias ordenadas se encaixa na descrição dada aqui (cf. Ex 29,38-42; Lv 6,1-6.7-11. 12-16; Nm 28,3-8). Propuseram-se muitas soluções para a dificuldade (veja Michel, *Hebräer* 281-83). Talvez a menos insatisfatória seja a sugestão de O. Kuss de que o autor, desejando contrapor incisivamente os sacrifícios do AT aos sacrifícios de Jesus, "escolheu uma formulação ('a cada dia') que não combina exatamente com as circunstâncias efetivas" (*Hebräer* 104). *ele já o fez*: uma vez que o autor acabou de dizer que os sumos sacerdotes ofereciam sacrifícios primeiramente por seus próprios pecados e depois pelos do povo, D. Peterson fala com razão da existência de uma "certa inexatidão técnica" pelo fato de ele dizer agora que Jesus já "o" fez, o que, se fosse entendido exatamente, significaria que ele ofereceu sacrifício por seus próprios pecados e pelos do povo (*Hebrews and Perfection* [→ 15 *acima*] 117). A concepção de que é isso que o autor realmente quis dizer é defendida por G. W. Buchanan (*Hebrews* 129-31) e R. Williamson (*ExpTim* 86 [1974-75] 4-8), que entendem 4,15, onde se diz que Jesus não teve pecado, como uma referência não a toda a sua vida, mas à sua aceitação obediente da morte. Contra a limitação do escopo de 4,15, veja D. Peterson, *Hebrews and Perfection* 188-90. Aqui, pela primeira vez, Hb fala da vítima do sacrifício de Jesus: ele mesmo. A suficiência absoluta desse sacrifício é enfatizada pela expressão "uma vez por todas" (*ephapax*), um adv. que, junto com a forma simples *hapax*, ocorre 11 vezes em Hb. **28**. *A palavra do juramento ... posterior à Lei*: o autor lida com a possível objeção de que a lei mosaica colocou de lado o sacerdócio do qual fala o Sl 110. Pelo contrário: a promessa do novo sacerdócio não levítico veio muito depois da lei que estabeleceu o sacerdócio do AT, e instalou como sumo sacerdote não os sacerdotes fracos, transitórios do AT, mas o Filho que foi consagrado sacerdote para sempre.

44 **(C) O sacrifício eterno (8,1-9,28).**
(a) *A antiga aliança, o tabernáculo e o culto* (8,1-9,10).
(i) O SACERDÓCIO CELESTIAL DE JESUS (8,1-6). **1**. *o tema mais importante ... é este*: o termo grego *kefaleion*, aqui traduzido por "tema mais importante", também pode significar "resumo", mas há muitos elementos no trecho precedente que não são mencionados aqui, nem mesmo sumariamente; portanto, "o tema mais importante" parece preferível. *temos tal sacerdote*: cf. 7,26-28. *que se assentou à direita do trono da Majestade nos céus*: a referência ao Sl 110,1 lembra 1,3 e o tema da

entronização desenvolvido em 1,5-14. **2.** *ministro do santuário*: esta expressão se encontra em Filo (*Leg. alleg.* 3.135), mas com um sentido diferente, em referência ao "labor" e à "disciplina" no serviço sacerdotal, sendo este último interpretado alegoricamente. O termo grego *ta hagia*, aqui traduzido por "o santuário", também pode significar "coisas santas", e o uso do plural, talvez pareça favorecer esta interpretação. Mas em todos os outros textos de Hb onde a mesma forma do neutro plural ocorre (9,2.8.12.24.25; 10,19; 13,11), ela designa um lugar de culto. *da Tenda, a verdadeira, armada pelo Senhor*: o tabernáculo celestial no qual Cristo exerce a função de sacerdote é chamado de "verdadeiro" em contraposição ao tabernáculo terreno do judaísmo; esta contraparte terrena é, para o autor, não o Templo de Jerusalém, ao qual ele nunca se refere, mas o tabernáculo mosaico. Quanto à fonte do conceito de que o que pertence à esfera celestial é "verdadeiro" ou "real", e que tudo que pertence à esfera terrena é apenas uma sombra do real (v. 5), → 3 *acima*. Em contraposição ao tabernáculo terreno estabelecido por Moisés (Ex 25,8-9), o celestial foi estabelecido por Deus. O fato de Jesus, o sacerdote que serve neste tabernáculo celeste, ser descrito como "assentado" (v. 1) não significa que seu sacrifício esteja "feito e acabado" (segundo Moffatt, *Hebrews* 140). O autor está usando as imagens do Sl 110 e tratando do duplo papel, o real e o sacerdotal, que o Jesus exaltado exerce. O fato de estar assentado não deveria ser usado como argumento contra seu oferecer presente como sacerdote em serviço.

45 **3.** *é necessário ter ele mesmo algo a oferecer*: A. Vanhoye enfatizou com razão que o autor não diz que Jesus está oferecendo agora seu sacrifício no céu, mas simplesmente expressa a necessidade de que ele ofereça sacrifício, uma vez que é sumo sacerdote (*VD* 37 [1959] 32-38). O tempo desse oferecer não pode ser determinado a partir deste versículo. Também é verdade que aqui, bem como em outros lugares em que fala do sacrifício de Jesus, o autor usa o aoristo, o que sugere ação concluída, ao passo que, quando trata do sacerdócio em geral ou da liturgia do AT, ele usa o presente (7,27; 9,7.9.14.25.28; 10,1.2.8.12). Além disso, insiste no caráter definitivo do sacrifício único de Jesus (7,27; 9,12.26.27.28; 10,10). A partir destes fatos, e particularmente de uma consideração de 9,24-28, Vanhoye conclui que o autor em parte alguma afirma ou insinua que a oferta sacrifical de Jesus continue no céu (*ibid.*, 36), mas que, pelo contrário, os textos onde o aoristo indicativo é usado para expressar o ato de oferecer mostram de forma conclusiva que ele é um ato do passado. O argumento de Vanhoye foi aceito por E. Grässer (*TRu* 30 [1964] 222), mas parece perder força quando se leva em conta a contraposição terreno-celestial que constitui o pano de fundo do pensamento do autor. O sacrifício de Jesus é concluído no santuário celestial; ele perdura em seu momento de conclusão porque a eternidade é uma qualidade da esfera celestial. O uso do aoristo e a ênfase na unicidade do sacrifício servem, respectivamente, para mostrar que o sacrifício está concluído e que nenhum sacrifício adicional de Jesus é necessário ou possível. Isto se contrapõe aos sacrifícios constantemente repetidos do AT, nenhum dos quais era perfeito. Uma ação concluída na esfera terrena seria um acontecimento do passado, mas não ocorre o mesmo quando se trata de uma ação concluída na esfera celestial, eterna. Ainda que 8,3 não determine por si mesmo o tempo do sacrifício de Jesus, se esse sacrifício agora terminou, uma de duas conclusões igualmente inaceitáveis tem de ser tirada. Ou o autor quer dizer que o sacrifício terminou após atingir seu clímax, ou que ele não foi um acontecimento celestial. No primeiro caso, a sequência de tempo na terra seria atribuída ao céu; no último caso, Jesus seria o sumo sacerdote celestial em relação a todas as coisas, com exceção do ato distintivamente sacerdotal. (A posição de F. Schierse de que a morte de Jesus na cruz foi um acontecimento celestial [*Verheissung und Heilsvollendung*

(→ 12 *acima*) 160 n. 73; de forma semelhante Peterson, *Hebrews and Perfection* (→ 15 *acima*) 192] não tem base). A comparação que o autor fará no cap. 9 entre o sacrifício de Jesus e o do sumo sacerdote judeu no Dia da Expiação indicará com detalhes como ele concebe a relação entre a oferta iniciada na cruz e sua conclusão no céu.

46 **4.** *se Jesus estivesse na terra, não seria nem mesmo sacerdote*: o sacerdócio terreno é o levítico; Jesus não é um sacerdote deste tipo. **5.** *estes realizam um culto que é cópia e sombra das realidades celestes*: o fato de sempre se falar do culto sacerdotal do AT no tempo presente não significa, necessariamente, que Hb tenha sido escrito antes da destruição do Templo, pois o santuário terreno ao qual o autor sempre se refere é o tabernáculo mosaico. Uma vez que ele não vê dificuldade em usar o tempo presente para falar do serviço sacerdotal no tabernáculo, que certamente não existia mais, fica claro que sua descrição é conceitual e não histórica. **6.** *Cristo possui um ministério superior [ao antigo]. Pois ele é mediador de aliança bem melhor*: a íntima ligação entre sacerdócio e aliança é semelhante à que existe entre sacerdócio e lei mencionada em 7,12. A antiga aliança tinha seu próprio sacerdócio; o sacerdócio de Jesus é um elemento da nova aliança e melhor da qual ele é o mediador. O título "mediador" pertence a ele porque seu sacrifício foi o meio de união entre Deus e os seres humanos, removeu o pecado, o obstáculo para esta união, e, assim, possibilitou o novo relacionamento de aliança (9,15). Em 7,22, a superioridade da nova aliança era vista na permanência de seu sacerdócio; aqui a superioridade se baseia em promessas melhores. O que elas são é explicitado na citação de Jr 31(LXX 38),31-34.

47 (ii) A ANTIGA ALIANÇA CONTRAPOSTA À NOVA (8,7-13). **7-8.** *se a primeira aliança fora sem defeito ...*: os defeitos do povo são considerados pelo autor, em última análise, devidos ao caráter defeituoso da aliança em si, *i.e.*, à sua incapacidade de dar ao povo o poder de cumprir as leis da aliança. Sua concepção é semelhante à de Paulo em Rm 7,11-24. **8-12.** A citação de Jr segue a LXX em tudo, exceto em poucos pontos. Nos vv. 8-9, o termo grego *diatithēmi*, "dispor", que a LXX usa para apresentar Deus estabelecendo a antiga e a nova aliança, é substituído, respectivamente, por *synteleō*, "concluir", e *poieō*, "fazer". J. Swetham sustentou (*CBQ* 27 [1965] 373-90) que este último representa uma mudança significativa e lança luz sobre a muito debatida questão se em 9,15-18 o autor, como a maioria acredita, usa acepções diferentes de *diathēkē*: "aliança" (nos vv. 15.18) e "testamento" (nos vv. 16-17). A posição de Swetnam é discutível, como veremos na exposição desses versículos. Além disso, a mudança de *diatithēmi* para *synteleō* ocorre no v. 8, onde o profeta está falando da nova aliança, na qual, como sustenta Swetnam, Deus é aquele que "dispõe", e onde o verbo da LXX teria sido bem adequado para o argumento do autor. Esta mudança foi, portanto, sem importância, sugerindo que a troca para *poieō* talvez tenha sido igualmente insignificante. Este é particularmente o caso se as diferenças na citação em Hb em relação à LXX não se devam ao autor da epístola, mas já se encontravam no texto do AT que ele estava usando. **10.** *povo de Israel*: para o autor, o Israel com o qual a nova aliança será estabelecida é a comunidade cristã. *Eu serei seu Deus ... meu povo*: esta relação não constitui a novidade da aliança, pois ela também já existia na antiga (Dt 7,6). Sua novidade consiste, antes, em sua interioridade (as leis de Deus se tornarão parte do próprio ser do povo da aliança), na imediaticidade do conhecimento de Deus por parte do povo (v. 11) e no perdão dos pecados (v. 12). Estas são as "melhores promessas" (v. 6) nas quais se baseia a aliança. **13.** *o que se torna antigo e envelhece está prestes a desaparecer*: o comentário do autor foi escrito da perspectiva do profeta, não de sua própria; ele sabia que a antiga aliança já tinha desaparecido (v. 6).

48 (iii) *O TABERNÁCULO DA ANTIGA ALIANÇA* (9.1-5). **2.** *chamado Santo ... onde se encontrava o candelabro*: o autor começa a descrever o tabernáculo mosaico (cf. Ex 25-26). Este estava dividido em duas partes, separadas por um véu (Ex 26,31-35); porém, em vez de falar da seção exterior e interior do único tabernáculo, o autor fala do primeiro e do segundo tabernáculo. O termo grego *hagia*, "Santo", apresenta dificuldades. Normalmente, o autor usa esse termo (entretanto, com o artigo definido, diferentemente daqui) para designar a parte interior do tabernáculo (cf. vv. 8.25; 13,11), a parte que no v. 3 ele denomina de "Santo dos Santos" e no v. 7 de "o segundo tabernáculo". Se ele é usado aqui com o significado de "Santo" em contraposição ao "Santo dos Santos" (v. 3), é estranho que o autor não tenha mantido essa terminologia em vez de aplicar à parte interna, em textos subsequentes, a designação que dá aqui à parte externa. Fizeram-se algumas tentativas de negar a inconsistência óbvia (veja Vanhoye, *Structure Littéraire* 144, n. 1; Montefiore, *Hebrews* 144). Mas a semelhança neste tocante entre os vv. 2.3 e Ex 26,33 sugere que *hagia* e *hagia hagiōn* nestes versículos significam o mesmo, respectivamente, que *to hagion* e *to hagiōn ton hagiōn* do Ex na LXX, *i.e.*, "o Santo" e "o Santo dos Santos". **3.** *o segundo véu*: o véu que separa o Santo do Santo dos Santos é chamado de "segundo" porque havia uma cortina na entrada para o primeiro (cf. Ex 26,36). **4.** *com o altar de ouro*: o termo grego *thymiaterion*, "altar de incenso", significa "incensário" nos três lugares onde ocorre na LXX (2 Cr 26,19; Ez 8,11; 4Mac 7,11); algumas pessoas supõem que a referência diga respeito a esse utensílio do culto, usado no rito do Dia da Expiação (Lv 16,12; cf. Michel, *Hebräer* 299-301). Entretanto, a maioria dos comentaristas pensam que ele está falando do altar de incenso (cf. Ex 30,1-10). Ainda que *thyasiastērion* seja a palavra da LXX para designar esse altar, Filo (*Quis rer. div.* 226) e Josefo (*Ant.* 3.6.8 § 147) o designam como *thymiatērion*, o mesmo termo usado aqui. Mas enquanto Hb coloca esse altar no Santo dos Santos, o AT o coloca no Santo, "o primeiro tabernáculo" (Ex 30,6). Parece que o autor cometeu um erro aqui, interpretando equivocadamente o texto de Ex. De forma semelhante, o AT não diz que os objetos que o autor situa na arca da aliança estavam efetivamente dentro dela, com exceção das tábuas em que estavam escritos os Dez Mandamentos (Dt 10,5). (Quanto ao vaso, cf. Ex 16,32-34; quanto ao bastão de Aarão, cf. Nm 17,16-26). **5.** *por cima da arca, os querubins da glória ... o propiciatório*: o lugar da expiação [ou propiciatório na BJ] (em grego: *hilastērion*) era chamado desta maneira porque o sangue dos sacrifícios do Dia da Expiação era espargido sobre ele (Lv 16,14-15), e, assim, os pecados do ano anterior eram "expiados" ou removidos. (Quanto ao conceito de expiação, veja o comentário sobre 2,17). *Hilastērion* muitas vezes é traduzido por "propiciatório", mas tal tradução pode implicar que Deus fosse "apaziguado" pelo sangue. "Assento de misericórdia", uma outra tradução, é melhor, mas talvez vaga demais (→ Teologia paulina, 82:73-74).

49 (iv) *O culto da antiga aliança* (9,6-10). **6.** *os sacerdotes entram a qualquer momento*: as obrigações cultuais cumpridas no tabernáculo exterior eram o cuidado das lâmpadas no candelabro (Ex 27,21), a queima de incenso no altar toda manhã e todo crepúsculo (Ex 30,7) e a reposição semanal dos pães da proposição (Lv 24,8). **7.** *na segunda, porém, entra apenas o sumo sacerdote, e somente uma vez por ano*: a referência é aos dois sacrifícios do Dia da Expiação oferecidos pelo sumo sacerdote (Lv 16,1-14), um para expiar seus próprios pecados e os de sua família e o outro para expiar os pecados do povo. Os pecados para os quais se fazia a expiação eram chamados de "pecados de ignorância". Em 5,2 (veja o comentário), o autor tinha falado da compaixão do sumo sacerdote para com "os ignorantes", *i.e.*, aqueles que cometeram pecados desse tipo (veja Bonsirven, *Judaïsme* [→ 7 acima] 2. 92-93; *ETOT* 1. 161 n. 6; Montefiore, *Hebrews*

148). (Quanto à compreensão da *Mishná* a respeito dos pecados expiados pelos ritos do Dia da Expiação, veja *Yoma* 8,8.9). Neste versículo, o autor fala pela primeira vez em "sangue" sacrifical, um assunto com o qual ele vai se preocupar neste capítulo e no próximo. Agora se reconhece de modo geral que a morte do animal sacrifical não visava a simbolizar que a pessoa em cujo nome o sacrifício era oferecido merecesse a morte, pois (se outra razão não houvesse) a maioria dos pecados para os quais se oferecia sacrifício não estavam associados à pena de morte (cf. R. de Vaux, *AI* 158; *ETOT* 1. 165 n. 2). O propósito da matança do animal era o soltar ou liberar seu sangue. A significância do sangue foi expressa em Lv 17,11.14. O sangue era o elemento em que residia a vida. Na medida em que é vida, o sangue é o elemento peculiarmente divino na pessoa humana, e, por causa de seu caráter sagrado, ele era, quando derramado no altar ou espargido sobre o local da expiação, um símbolo eficaz da purificação do pecado e do restabelecimento da união entre Deus e o ofertante. "Espalhando o sangue, a vida era liberada, e, ao oferecê-lo a Deus, a pessoa que prestava culto acreditava que o distanciamento entre ela e a deidade era anulado, ou que a impureza que os separava era removida" (W. D. Davies, *Paul and Rabinic Judaism* [London, 1962] 235); cf. D. McCarthy, *IDBSup* 114-17; L. Sabourin, *DBSup* 10. 1494-97. Quanto a um significado diferente do sangue sacrifical, veja L. Morris, *Apostolic Preaching* [→ 18 *acima*] 108-24). O ritual do sangue era um elemento presente em todos os sacrifícios de animais do AT; já que se atribui poder expiatório ao sangue (Lv 17,11), a noção de expiação está presente em todas as várias espécies de sacrifício, e a remoção do pecado era a finalidade de todos, embora não fosse a única (veja R. de Vaux, *AI* 453). Mas não se diz no AT que o sangue é "oferecido". Ainda que alguns pesquisadores falem do ritual do sangue como uma oferta ou oferenda (W. D. Davies, *Paul* 235; *ETOT* 1. 164), outros, embora enfatizem que o ritual é uma parte do sacrifício — e até o mais essencial elemento dele — recusam-se a considerá-lo precisamente como uma oferta ou oferenda (L. Moraldi, *Espiazione sacrificale e riti espiatori* [Roma, 1956] 249-52). O ponto talvez não seja importante, mas se esta última concepção estiver correta, o fato de Hb falar aqui do sangue como sangue que está sendo oferecido significa que o autor está introduzindo em sua descrição do Dia da Expiação uma concepção que não se encontra no AT. De que fonte ele a derivou? Possivelmente estava usando a técnica de falar do tipo do AT em termos que só se aplicam adequadamente ao antítipo do NT (*p.ex.*, em 1Cor 10,2, a passagem pelo mar é chamada de batismo "em Moisés", devido a seu antítipo, o batismo "em Cristo").

50 8. *o caminho do santuário [interno] não está aberto*: o alvo do culto era o acesso a Deus. O fato de que apenas o sumo sacerdote podia entrar naquela parte do tabernáculo, a contrapartida terrena da moradia celestial de Deus, mostrava que o alvo ainda não tinha sido alcançado pelo culto do AT. **9**. *há nisso um símbolo para o tempo de agora*: o "tempo de agora" não é meramente uma indicação cronológica. Significa o mesmo que "era presente", em contraposição à "era vindoura". Mesmo agora esta última está presente, de uma forma antecipatória, e os cristãos experimentaram suas forças (6,5). *sem eficácia para aperfeiçoar a consciência de quem presta o culto*: i.e., purificá-la do pecado (cf. v. 14). **10**. *tudo são ritos carnais referentes apenas ao alimento, às bebidas, às abluções diversas*: o autor limita a eficácia dos sacrifícios do AT a uma purificação de poluções causadas pela violação de leis rituais, ou seja, as prescrições alimentares (cf. Lv 11, Nm 6,1-4) e abluções rituais (cf. Lv 14,8; Nm 19,11-21). Esta baixa avaliação de sua eficácia dificilmente seria aceita por qualquer hebreu. Para os hebreus, o sacrifício "não era meramente uma expressão do espírito da pessoa que fazia a oferta, e certamente não era uma forma vazia que não acrescentava nem subtraía nada. Ele exigia o espírito para validá-lo, mas, uma vez validado, pensava-se que estivesse carregado de poder. Jamais era meramente um apelo, seja pedindo auxílio, ou perdão, ou comunhão. Ele tinha poder para efetuar algo, seja dentro ou em favor de quem o oferecia ou de outra pessoa" (H. H. Rowley, *BJRL* 33 [1950] 87).

51 (b) *O sacrifício de Jesus* (9,11-28).

(i) *O sacrifício no santuário celestial* (9,11-14). **11**. *sumo sacerdote dos bens já vindos*: a leitura grega adotada e traduzida aqui como "bens já vindos" (*tōn genomenōn agathōn*) ["bens vindouros" na BJ] é diferente daquela de muitos mss. que leem *tōn mellontōn agathōn*, "dos bens vindouros". Para a leitura seguida aqui, veja *TCGNT* 668. *uma tenda melhor e mais perfeita, que não é obra de mãos humanas, isto é, que não pertence a esta criação*: este tabernáculo é considerado por A. Vanhoye como o corpo ressurreto de Cristo, "o templo levantado em três dias" (*Structure Literaire* 157 n. 1). Ao salientar que ele não é simplesmente o corpo do Filho encarnado sem nenhuma qualificação adicional, ele observa corretamente que, durante sua vida mortal, o corpo de Jesus não poderia ser chamado de "que não pertence a esta criação"; a ressurreição o tornou o corpo espiritual, celestial (1Cor 15,46-47). Mas parece preferível a opinião que vê este tabernáculo como as regiões celestiais, o equivalente celestial do tabernáculo externo terrestre, pelo qual Jesus passou (4,14) até o mais alto céu, a morada de Deus (9,24), o equivalente do tabernáculo interno, o Santo dos Santos (veja Michel, *Hebraër* 311-32; H. Koester, *HTR* 55 [1962] 309; Peterson, *Hebrews and Perfection* [→ 15 *acima*] 143-44). Uma objeção feita a esta interpretação é a de que ela implica entender a preposição *dia*, "por meio de", em um sentido locativo, enquanto que a mesma preposição é usada duas vezes na parte posterior do período (v. 12) em um sentido instrumental, embora o caso dos substantivos regidos pelas preposições seja o mesmo (gen.) nos três. H. Montefiore afirma que tal procedimento seria "de mal estilo e sem paralelos no uso do NT" (*Hebrews* 152). A tentativa de J. Moffatt de explicar a flutuação no sentido como uma técnica literária que se encontra em outros lugares em Hb não é pertinente, pois nas ocorrências que ele cita para justificar sua proposta (*Hebrews* 121), a diferença de sentido provém do fato de que a preposição rege casos diferentes. Mas o notável paralelo entre 9,11 e 10,20, onde *dia* é usado com um sentido locativo, confirma que ela tem este sentido também em 9,11; tanto a tenda maior e mais perfeita deste versículo quanto o véu de 10,20 são "esferas" através das quais se dá a passagem de Cristo. Não há necessidade de ver nesta concepção da passagem de Cristo através dos céus qualquer influência do mito gnóstico do retorno do redentor redimido ao mundo da luz. As concepções cosmológicas do autor, que ele compartilhava com o judaísmo apocalíptico (veja o comentário sobre 1,2), são explicação suficiente da origem do conceito. A objeção de que os céus intermediários não seriam designados como "que não pertence a esta criação" não tem relevância, pois isto é apenas uma explicação de "não é obra de mãos humanas"; a tenda maior e mais perfeita não é feita por mãos humanas, diferentemente do santuário terreno.

52 **12**. *com o próprio sangue*: assim como o sumo sacerdote tinha direito de acesso ao Santo dos Santos por carregar o sangue dos animais sacrificais, a vida de Jesus oferecida em sacrifício lhe dá o direito de acesso ao santuário celestial. Assim como o sacrifício do Dia da Expiação não pode ser concebido à parte do elemento essencial do espargir do sangue, aqui é impossível considerar a entrada de Jesus no santuário como a consequência de seu sacrifício concluído em sua morte na cruz, e não como uma parte desse sacrifício, iniciado na terra e concluído no céu. Uma vez que o autor traça um paralelo exato entre as duas entradas, é difícil entender como F. F. Bruce pode dizer que "houve expositores que, insistindo na analogia do Dia da Expiação além dos limites observados pelo próprio autor, sustentaram que a obra expiatória de Cristo não foi concluída na cruz", mas no céu (*Hebrews* 200-1; de forma semelhante, N. H. Young, *NTS* 27 [1980-81] 198-210).). Os limites observados pelo autor em sua comparação entre as duas são precisamente a razão por que é necessário procurar o equivalente celestial do espargir do sangue por parte do sumo sacerdote, que não era uma continuação do sacrifício, mas parte essencial dele. *obtendo redenção eterna*: o verbo é um particípio aoristo no grego, sendo entendido aqui como um aoristo de ação coincidente (BDF 339). A palavra *lytrōsis*, "redenção", deve ser entendida à luz de seu uso no AT. Ela pertence a um grupo de palavras (*lytron, lytrousthai, apolytrōsis*) que expressa a noção de libertação (cf. Dn 4,34 LXX), frequentemente em referência à libertação de Israel do Egito (Ex 6,6; Dt 7,8) e do cativeiro babilônico (Is 41,14; 44,22.24). O termo é usado no Sl 130,7-8 para designar a libertação do pecado. Em nenhum destes casos há qualquer noção de que o pagamento de um preço fosse exigido como condição para a libertação, e não há razão para ver tal conceito neste versículo (cf. F. Büchsel, "*Lytrōsis*" *TDNT* 4. 354), apesar da opinião de quem vê o sangue de Cristo como o preço pago (a Deus) pela redenção da humanidade (cf. A. Médebielle, *DBSup* 3. 201; A. Deissmann, *LAE* 331; → Teologia paulina, 82:75). Como a salvação de 5,9, a redenção é "eterna" por estar baseada no sacrifício eternamente aceitável de Jesus.

53 **13.** *a cinza da novilha*: estas cinzas eram misturadas com água e usadas para purificar as pessoas que tinham se maculado pelo contato com cadáveres, ossos humanos ou sepulturas (cf. Nm 19,9-14,21). *os santifica purificando seus corpos*: o sangue dos sacrifícios e a água purificadora confeririam pureza ritual exterior aos maculados. **14.** *pelo Espírito eterno se ofereceu a si mesmo a Deus como vítima sem mancha*: este espírito não é o Espírito Santo nem a natureza divina de Jesus (como pensa Spicq, *Hébreux* 2. 258). Como Paulo, o autor vê a vida terrena de Jesus como uma vida vivida na esfera da carne (cf. 2,14; 5,7; 10,20); e ainda que, diferentemente de Paulo, ele não caracterize explicitamente a vida do Cristo ressurreto como vida "no espírito", a contraposição carne-espírito está enraizada de maneira demasiado profunda na Bíblia (veja o comentário sobre 2,14) para que o segundo membro da contraposição não esteja implícito no uso do primeiro pelo autor. Uma comparação deste versículo com 7,16 mostra que o "espírito eterno" corresponde à "vida indestrutível" daquele versículo (cf. Montefiore, *Hebrews* 155). Em 7,16, a ênfase está no sacerdócio eterno de Jesus (eterno não no sentido de que não teve início, mas porque não terá fim) em contraposição ao sacerdócio transitório do AT; aqui, a ênfase está na eternidade do sacrifício único de Jesus, em contraposição aos sacrifícios anualmente repetidos do sumo sacerdote judeu no Dia da Expiação (v. 25). Isto sugere que a "vida indestrutível" de Jesus e seu "espírito eterno" são a mesma coisa. Este versículo é outra afirmação de que a oferta de si mesmo por Jesus é uma realidade celestial e não terrena, uma vez que é oferecida por meio do espírito eterno, *i.e.*, naquela nova esfera da existência em que ele entra por ocasião de sua exaltação. Está claro que o autor não questiona a importância da cruz e tampouco quer dizer que o sacrifício se encontra totalmente na esfera celestial, mas apenas que o sacrifício é consumado lá. Evitar as consequências desta concepção sustentando que a morte de Jesus "ocorreu na ordem eterna e absoluta" (Moffatt, *Hebrews* 124), ou que era um acontecimento celestial (veja o comentário sobre 8,3), é ignorar o fato de que a natureza humana de Jesus "é axiologicamente terrena até entrar no céu no término da Ascensão" (A. Cody, *Heavenly Sanctuary and Liturgy in the Epistle to the Hebrews* [St. Meinrad, 1960] 91). A designação de Jesus como vítima "sem mancha" de seu próprio sacrifício lembra a prescrição da lei de que o animal sacrifical deveria ser fisicamente perfeito (Ex 29,1); a palavra é usada aqui em um sentido moral, como em 1Pd 1,19.

purificar nossa consciência das obras mortas: enquanto que o espargir do sangue no AT produzia apenas pureza ritual, o poder purificador do sacrifício de Jesus se estende à consciência maculada e a purifica das obras mortas; veja o comentário sobre 6,1. *prestemos culto ao Deus vivo*: isto é, primordialmente, uma participação no culto sacrifical de Jesus, pelo qual os cristãos têm acesso a Deus (4,16; 7,25; 10,19-22). Também designa toda a conduta da vida cristã como uma ação cultual, uma maneira de falar que lembra o uso de Paulo (cf. Rm 12,1).

54 (ii) O SACRIFÍCIO DA NOVA ALIANÇA (9,15-22). **15**. O sacrifício de Jesus constitui a base sobre a qual ele é mediador da nova aliança (cf. 8,6). Por meio de seu sacrifício, ele trouxe libertação ("redenção", *apolytrōsis*) dos pecados cometidos sob a antiga aliança, pecados que não foram removidos pelos sacrifícios do AT. Enquanto permaneciam, os seres humanos não podiam possuir a herança prometida por Deus, *i.e.*, as "melhores promessas" (8,6), "os bens já vindos" (v. 1), que, assim como o sacrifício que tornou possível sua possessão, é eterna. **16-17**. *onde existe o testamento, é necessário que se constate a morte do testador*: nestes versículos, o autor fala da nova ordem introduzida pelo sacrifício de Jesus como a ordem produzida por um "testamento", que entrou em vigência com a morte do testador. Uma vez que o termo grego *diathēkē* pode significar tanto "aliança" quanto "testamento" e é usado nestes versículos com o último significado, mas nos vv. 15 e 18 com o primeiro, o autor foi acusado de incoerência; ou sua coerência foi defendida com o argumento de que no tempo em que Hb foi escrito *diathēkē* sempre significava "testamento" (A. Deissmann, *LAE* 341) ou de que ambos os conceitos são expressos em cada uso dessa palavra nos VV. 15-18 (J. Swetnam, *CBQ* 27 [1965] 389). Quanto à concepção de Deissmann, uma vez que a LXX usou *diathēkē* para traduzir o termo hebraico *běrît*, "aliança", é bastante improvável que qualquer autor do NT pudesse desconsiderar repetidamente a acep-

ção da LXX, "aliança", seja lá que novo significado a evolução da linguagem tivesse dado ao termo (cf. MM 148-49). Entretanto, é difícil entender como o conceito de testamento poderia ser aplicado à antiga aliança. Uma das diferenças entre a antiga aliança e a nova é que esta tem o aspecto não apenas de uma aliança, mas também de um testamento, enquanto que aquela não. O que comprova o conceito de testamento no caso da nova aliança é que ele implicou efetivamente a morte daquele que lhe deu início; por isso, ele não é só quem estabeleceu a aliança, mas também o testador. A morte das vítimas animais no sacrifício que selou a antiga aliança (Ex 24,5-8) não pode ser, de forma alguma, considerada como comprovação, ainda que imperfeita, do conceito de morte do testador (contra J. Swetnam, *CBQ* 27 [1965] 378). Mas como Deus é quem estabelece a nova aliança (cf. 8,10), como ela pode ser, ao mesmo tempo, um testamento, que exige a morte do testador? A resposta é que Jesus, o Filho eterno, que, juntamente com o Pai, estabeleceu a nova aliança, é ao mesmo tempo o testador cuja morte a fez entrar em vigor. Neste sentido ela é bastante diferente da antiga aliança; daí a diferença de significado entre *diathēkē* nos vv. 15.18 e 16-17.

55 **18**. *ora, nem mesmo a primeira aliança foi inaugurada sem efusão de sangue*: a partícula "ora" cria uma dificuldade. Ela parece indicar que o autor está tirando uma conclusão dos vv. 16-17, e, neste caso, pareceria que, para ele, a morte dos animais sacrificados na inauguração da antiga aliança correspondia de algum modo à morte de um testador. Mas se a força ilativa da partícula se aplica ao argumento geral do capítulo, e não às afirmações dos dois versículos precedentes, o problema desaparece em grande parte. O interesse principal do capítulo reside no sangue de Cristo, *i.e.*, em seu sacrifício, por meio do qual a expiação foi feita e a nova aliança inaugurada. Uma vez que o novo é o cumprimento do antigo, o autor busca um paralelo na inauguração dos dois e o encontra no relato do sacrifício apresentado em Ex 24,5-8. **19-20**. A descrição do sacrifício inaugural da antiga aliança difere daquela que se encontra em Ex. Os animais sacrificais são cordeiros e bois; fala-se de água, lã escarlate e hissopo (provavelmente derivados dos ritos de purificação que se encontram em Lv 14,3-7 e Nm 19,6-18). Moisés asperge o livro (da aliança), e não o altar. Aqui o livro é considerado representação de Deus; portanto, a significação seria a mesma (veja o comentário sobre 9,7). As palavras atribuídas a Moisés são um pouco diferentes daquelas de Ex; elas lembram as palavras de Jesus acerca do vinho eucarístico (Mc 14,24). Caso isto tenha sido uma mudança intencional, seria um argumento contra a opinião comum de que o autor nunca alude à eucaristia. **21**. *a Tenda*: em Ex 24, não há menção deste espargimento do tabernáculo com sangue, pois ele não havia sido construído ainda. No relato de sua dedicação (Ex 40,16-28), nada se diz acerca de um espargimento de sangue, ainda que isso seja mencionado por Josefo (*Ant*. 3.8.6 § 205). A finalidade deste espargimento era catártica, estreitamente vinculada com o que L. Moraldi chama de aspecto "sacramental" do rito de sangue, que expressava a união restabelecida entre Deus e a humanidade (*Espiazione* [→ 49 *acima*] 231, 248). Entretanto, o aspecto catártico está mais próximo de concepções mágicas e é menos suscetível de ser interpretado de uma maneira simbólica que eliminaria uma compreensão religiosamente primitiva do rito. **22**. *sem efusão de sangue não há remissão*: isto ignora os outros meios de perdão conhecidos no AT: jejum (Jl 2,12), doação de esmolas (Eclo 3,29), contrição (Sl 51,19). Mas o autor está pensando aqui no culto sacrifical, e, neste caso, a afirmação é verdadeira. Ele não está querendo dizer, entretanto, que o derramamento sacrifical do sangue fosse entendido como castigo vicário pelos pecados do ofertante; o que se tem em vista é o poder expiatório, unificador do sangue e a necessidade de seu derramamento para que o ritual de sangue pudesse ser realizado (cf. Thornton, *JTS* 15 [1964] 63-65).

56 (iii) *O sacrifício perfeito* (9,23-28). **23**. *as próprias realidades celestes sejam purificadas com sacrifícios bem melhores do que estes*: é difícil atribuir ao tabernáculo celestial uma necessidade de purificação; C. Spicq sustenta que, nesta segunda parte do versículo, o autor está falando não de purificação, mas de dedicação (*Hébreux* 2. 267). Mas o paralelo com a purificação do tabernáculo terreno, ao qual se refere a primeira parte do versículo, torna improvável esta interpretação. Se se aplica a afirmação aos céus intermediários, que correspondem à parte externa do tabernáculo terreno, a afirmação de Jó 15,15, "os céus não são puros aos seus olhos", pode ser pertinente (veja H. Bietenhard, *Die himmlische Welt* 130 n. 1). O plural "sacrifícios" é estranho, uma vez que o autor só conhece um sacrifício purificatório celestial, mas ele talvez tenha sido usado para corresponder ao plural "realidades celestes". **24**. *réplica do verdadeiro*: o termo "réplica" aqui é usado com o sentido de "cópia". *a fim de comparecer, agora, diante da face de Deus a nosso favor*: cf. 7,25; Rm 8,34. **25-26**. Se o sacrifício de Jesus não tivesse sido definitivo e final, mas tivesse exigido repetição constante, como os sacrifícios anualmente repetidos no Dia da Expiação, ele teria de ter sofrido muitas vezes desde a criação do mundo. O autor rejeita a noção de sacrifícios repetidos de Jesus, não a presença eterna de seu sacrifício único. A afirmação de que esse sacrifício ocorreu "no fim dos tempos" é outro indicativo da fidelidade do autor à sequência de tempo da escatologia judaica e cristã; cf. C. K. Barrett, "The Eschatology of the Epistle to the Hebrews", *BNTE* 363-93. Sua aceitação da concepção platônica da realidade celestial eterna contraposta à sombra terrena temporal é modificada por sua fé cristã fortemente histórica. Para ele, o santuário celeste sempre existiu, mas o sacrifício celeste, eternamente presente ali agora, entrou na ordem eterna em um determinado ponto do tempo. **28**. *para tirar os pecados da multidão*: cf. Is 53,12. Ao tomar sobre si os pecados, Jesus os removeu. "A ideia de carregar os pecados vicariamente é proeminente, mas não há qualquer alusão a um castigo vicário" (Montefiore, *Hebrews* 162). Quanto ao uso semita do termo "muitos" com o significado de "todos", veja J. Jeremias, *"Polloi", TDNT* 6. 536-45. *ele aparecerá a segunda vez, com exclusão do pecado, àqueles que o esperam para lhes dar a salvação*: uma referência à parúsia, (talvez) com uma alusão ao ritual do Dia da Expiação; a aparição de Jesus será como aquela do sumo sacerdote saindo do Santo dos Santos (cf. Eclo 50,5-10). A parúsia trará salvação completa e final (cf. 1,14).

57 (D) O sacrifício de Jesus, motivo de perseverança (10,1-39)

(a) *Os muitos sacrifícios e o sacrifício único* (10,1-18). **1.** *possuindo apenas a sombra dos bens futuros*: aqui o autor não está usando "sombra" como faz em 8,5, onde se visa à contraposição platônica entre o celeste e o terreno, mas no sentido de um prenúncio do que está por vir por meio de Cristo (Cl 2,17; cf. Vanhoye, *Prêtres anciens* [→ 28 *acima*] 240). *não a expressão própria*: P^{46} apresenta a leitura "e a imagem", praticamente igualando as duas. Mas o sentido normal do termo "imagem" (*eikōn*) é uma representação que, de certo modo, compartilha a realidade do que ela representa (cf. H. Kleinknecht, *"Eikōn", TDNT* 2. 388-90). Consequentemente, a leitura que contrapõe este termo a "sombra" é preferível. Os sacrifícios anualmente repetidos no Dia da Expiação não conseguiam remover o pecado; eles simplesmente prenunciavam o sacrifício de Jesus. **2.** *oferecê-los*: a própria repetição dos sacrifícios prova sua impotência. Se eles tivessem removido os pecados, os participantes do culto não teriam mais qualquer consciência de culpa e os sacrifícios teriam cessado. O argumento é fraco e ignora a evidente objeção de que aqueles sacrifícios poderiam ter expiado pecados do passado, mas pecados novos teriam exigido sacrifícios adicionais. Mas isto é meramente uma afirmação exagerada do que a fé do autor lhe assegura ser verdadeiro: o sacrifício único de Jesus trouxe libertação dos pecados passados (9,15) e, por causa

dele, ele é para sempre a fonte de salvação (5,9); devido à sua perfeição, nenhum outro sacrifício é necessário ou possível. **3-4.** *anualmente*: os sacrifícios anuais de expiação traziam os pecados do passado à lembrança (*anamnēsis*), mas não podiam apagá-los. Esta afirmação de incapacidade contradiz a crença expressa em *Jub* 5.17-18. Não parece, contudo, que a "lembrança" dos pecados signifique que o autor acreditasse que "os ritos cultuais efetivamente trazem pecados do passado para o presente" (segundo Montefiore, *Hebrews* 165; de forma semelhante J. Behm, *"Anamnēsis", TDNT* 1. 348-49). Quanto ao conceito semítico de "lembrança", muitas vezes invocado neste contexto, veja W. Schottroff, *"Gedenken" im alten Orient und im Alten Testament* (Neukirchen, 1964) 117-26, 339-41. Não está claro se é Deus ou o ofertante quem "lembra" os pecados. A primeira interpretação é sugerida por 8,12 , que aponta para o tempo da nova aliança, quando Deus não se lembrará mais dos pecados de seu povo, e pela afirmação de Filo (*De plant.* 108) de que os sacrifícios dos perversos "faziam com que Ele se lembrasse" dos pecados deles. Mas, neste caso, o autor estaria querendo dizer que todos os sacrifícios, fossem oferecidos pelas pessoas arrependidas ou os impenitentes, serviam apenas para lembrar Deus do pecado e na verdade provocavam a punição do ofertante; e o v. 4, assim como outros textos de Hb, fala apenas da ineficácia destes sacrifícios, e não de seu caráter positivamente prejudicial para o ofertante. *é impossível que o sangue de touros e bodes elimine os pecados*: L. Goppelt chama este julgamento sobre o valor do culto sacrifical de Israel de um julgamento que "dificilmente poderia ter sido mais radical" (*Theology* [→ 42 *acima*] 2. 256).

58 5-7. As palavras do Sl 40,7-9 são atribuídas aqui ao Filho em sua encarnação. A citação segue a LXX em sua substância. No v. 7b do salmo, o TM apresenta "ouvidos que cavaste para mim" (para ouvir e obedecer à vontade de Deus). A maioria dos mss. da LXX apresenta a leitura dada em Hb:

"formaste-me um corpo". O significado do salmo é que Deus prefere obediência a sacrifício; não se trata de um repúdio do ritual, mas de uma afirmação de sua relativa inferioridade. Uma vez que a obediência de Jesus foi expressa por sua oferta voluntária de seu corpo (*i.e.*, de si mesmo) na morte, a leitura de 7b feita pela LXX se aplica peculiarmente a ele, tanto assim que se chegou a pensar que a leitura talvez tenha sido introduzida na LXX sob a influência de Hb (cf. Héring, *Hebrews* 88 n. 8). **8.** *sacrifícios, oferendas, holocaustos e sacrifícios pelo pecado*: estes termos para designar sacrifício provavelmente visam a abranger os quatro tipos principais, *i.e.*, ofertas de paz ("sacrifícios"), ofertas de cereal ("ofertas"), holocaustos e ofertas pelo pecado. Este último inclui ofertas pela culpa (cf. Lv 5,6-7, onde, no TM, os nomes dos dois tipos são intercambiados). *oferendas prescritas pela lei*: isto prepara para a afirmação do v. 9 de que a lei foi anulada neste tocante. **9.** *depois, ele assegura: Eis que eu vim para fazer tua vontade. portanto, ele ab-roga o primeiro regime para estabelecer o segundo*: a preferência de Deus pelo sacrifício é interpretada como repúdio dos sacrifícios do AT e sua substituição pela auto-oferenda de Jesus. **10.** *e graças a esta vontade é que somos santificados*: "esta vontade" é a vontade de Deus, realizada por Cristo, de que ele ofereça na morte o corpo que Deus "preparou" para ele. A oferta do corpo de Jesus significa o mesmo que o derramamento de seu sangue; cada um expressa a total oferta de Cristo.

59 **11.** *todo sacerdote se apresenta, a cada dia, para realizar suas funções:* o fato de que o autor fala aqui de "todo sacerdote" e não só sobre o sumo sacerdote, e de que fala de um serviço sacerdotal prestado diariamente, indica que ele não está mais pensando no Dia da Expiação, mas em todo o ritual sacrifical do AT. **12.** *depois de ter oferecido um sacrifício único pelos pecados, sentou-se para sempre à direita de Deus*: as posturas contrastantes dos sacerdotes judeus que ficam de pé e de Cristo sentado foram invocadas com frequência contra a concepção de que o o sacrifício de Jesus perdura no céu (veja o comentário sobre 8,2-3). Mas é preciso reconhecer que as diferentes imagens usadas em Hb para descrever as funções de Cristo se sobrepõem. Como em 8,1, o fato de Jesus estar sentado aqui se refere à sua entronização. Seu estar assentado como rei é contrastado com a posição de pé dos sacerdotes do AT em sua obra sacrifical constantemente repetida. Também pretende dizer que a obra sacrifical do próprio Jesus acabou? A resposta a isso depende de quão seriamente se entende a tipologia anterior do Dia da Expiação usada para descrever o sacrifício de Jesus. Excluir a atividade sacrifical sacerdotal como aspecto essencial da existência celestial de Jesus é tornar questionável por que, afinal, o autor teria usado essa tipologia (como, *p.ex.*, na opinião de W. Loader [veja *Sohn und Hoherpriester* (→ 21 *acima*) 182-222] de que Hb só situa o sacrifício expiatório de Jesus na cruz e vê seu sacerdócio celeste unicamente como intercessão por seu povo). Mas se a tipologia do Dia da Expiação oferece uma visão do sacrifício de Jesus como sendo tanto terreno quanto celestial, poder-se-ia conceber que este último terminasse alguma vez? Para Hb, a eternidade é uma qualidade de toda a realidade celestial. Neste contexto, pode-se lembrar um comentário de Filo, que, seguindo a distinção platônica de *aiōn* como eternidade atemporal e *chronos* como o tempo sucessivo do mundo terreno (*Quod Deus imm*. 32), afirma: "O verdadeiro nome da eternidade é 'hoje'" (*De fuga et inv.* 57). Dificilmente se pode duvidar de que o fato de Jesus estar sentado é uma alusão ao Sl 110,1 (cf. 1,3; 8,1; 12,2). W. Stott o compara à situação em que Davi está assentado e orando diante do Senhor (2Sm 7,18), o que significaria que Jesus está agora "reivindicando o cumprimento das promessas da aliança feitas à descendência" (*NTS* 9 [1962-63] 62-67). Mas se autor tivesse visado a tal comparação, é estranho que, apesar de tudo que ele tem a dizer sobre a atividade celestial de Jesus, não haja uma única alusão inequívoca àquele texto de 2Sm. **13.** *espera*: o tempo entre a entronização de Jesus e a parúsia é descrito por uma alusão ao Sl 110,1b. Diferentemente de Paulo, o autor não indica quem são, para ele, os inimigos a serem sujeitados a Cristo (1Cor 15,24-26). **14.** *com esta única oferenda, levou à perfeição, e para sempre, os que ele santifica*: mediante a purificação de suas consciências de maneira que possam adorar ao Deus vivo (9,14), Jesus deu a seus seguidores acesso ao Pai; eles participam de sua própria consagração sacerdotal (veja o comentário sobre 2,10-11). **15-17.** O que foi dito é confirmado agora pelo testemunho das Escrituras ("o Espírito Santo"; veja o comentário sobre 3,7). O texto citado é extraído da profecia de Jr 31,31-34 sobre a nova aliança, usada anteriormente em 8,8-12. As duas citações diferem um pouco nos versículos em que coincidem, mas as variantes não afetam o significado. **18.** *onde existe a remissão dos pecados, já não se faz a oferenda por eles*: a conclusão é tirada das últimas palavras da profecia, de que Deus não se lembrará mais dos pecados. Eles não serão mais lembrados porque terão sido perdoados. O cumprimento disso se deu por intermédio do sacrifício de Jesus; portanto, não há mais oferenda pelo pecado agora. W. G. Johnsson faz uma objeção à tradução do termo grego *aphesis* por "perdão", sustentando que este "é uma categoria fora do esquema conceitual de Hebreus" (*ExpTim* 89[1977-78] 104-8; em oposição a isso, veja L. Goppelt, *Theology* [→ 42 *acima*] 2. 257).

60 (b) *Confiança, julgamento e recordação do passado* (10,19-39). **19.** *a liberdade de entrar no santuário*: cf. 3,6; 4,16; 6,19-20. **20.** *um caminho novo e vivo, que ele mesmo inaugurou através do véu*: o termo grego *enkainizō*, "abrir", também pode significar "inaugurar" ou "dedicar" (cf. 9,18; 1Rs 8,63). *através do véu, quer dizer, através de sua humanidade* [ou *de sua carne*]: veja o comentário sobre 9,11. A carne de Cristo não é o meio de acesso ao santuário, mas, assim como o véu diante do Santo dos Santos, é um obstáculo para a entrada (Kuss, *Hebräer* 155). É preciso observar que o autor não fala do "corpo" de Cristo, mas de sua "carne". A opinião de E. Käsemann sobre o sentido pejorativo deste último termo deve ser aceita (*Wandering* [→ 8 *acima*] 225-26); veja também os comentários sobre 2,14; 5,7; 9,13. Pode haver uma ligação entre este texto e a rasgadura do véu do Templo por ocasião da morte de Cristo (Mc 15,38). Quanto a uma interpretação diferente do versículo, veja O. Hofius, "Inkarnation und Opfertod Jesu nach Hebr 10,19f.", *Der Ruf Jesu* (Festschrift J. Jeremias; ed. C. Burchard et al.; Göttingen, 1970). 132-41. **21.** *a casa de Deus*: a comunidade cristã (cf. 3,6). **22.** *tendo o coração purificado de toda má consciência e o corpo lavado com água pura*: o espargir é uma designação metafórica do poder purificador do sacrifício de Cristo. Enquanto o ritual judaico do espargir água purificatória produzia apenas pureza externa (9,13), as pessoas que são espargidas com o sangue de Cristo são purificadas quanto à consciência (9,14). "Lavado com água pura" provavelmente se refere ao batismo (cf. 1Cor 6,11; Tt 3,5). **23.** *afirmar nossa esperança*: isto provavelmente significa a confissão feita por ocasião do batismo (veja o comentário sobre 3,1). **24.** *velemos uns pelos outros para nos estimularmos à caridade e às boas obras*: a menção ao amor neste versículo talvez vise a completar a tríade: fé (v. 22), esperança (v. 23) e caridade (segundo Westcott, *Hebrews*, 322). **25.** *nossas assembleias*: provavelmente o encontro da comunidade para o culto. Possivelmente a negligência destas assembleias se devia ao medo da perseguição, mas é mais provável que fosse apenas mais uma manifestação do afrouxamento do fervor, beirando a apostasia, contra o qual Hb se dirige. A assembleia é vista pelo autor como uma situação peculiarmente adequada para a estimulação do amor e para o incentivo mútuo. *o Dia*: a parúsia; cf. Rm 13,12; 1Cor 3,13.

61 **26.** *se pecarmos voluntariamente*: a referência é ao pecado da apostasia, como fica claro a partir do v. 29 (cf. 3,12). As reflexões do autor sobre as consequências desse pecado se assemelham a 6,4-8. **28.** *quem transgride a lei de Moisés é condenado à morte, sem piedade, com base em duas ou três testemunhas*: a "transgressão" da lei a que se faz referência aqui não é, evidentemente, qualquer pecado contra ela, mas sim o da idolatria, para o qual se aplicava a pena de morte, contanto que duas ou três testemunhas pudessem atestá-la (Dt 17,2-7). **32.** *havíeis sido iluminados*: veja o comentário sobre 6,4. A perseguição da qual o autor fala aqui e nos vv. 33-34 é difícil de identificar (→ 5 *acima*) 37-38. O autor agora cita um texto veterotestamentário para dar suporte ao que disse. Ele usa Hab 2,3-4, introduzindo-o com uma breve citação de Is 26,20, "por um pouco de tempo". A citação de Hab é quase idêntica ao texto do Códice Alexandrino da LXX, mas o autor inverte a primeira e a segunda linha do v. 4. "Aquele que vem" é Jesus; sua vinda é a parúsia, que é agora apenas uma questão de "um pouco de tempo". Enquanto isso, o homem reto deve viver pela fé, esperando o retorno de Cristo. Se ele perder sua fé e incidir em apostasia, irá desagradar a Deus. O texto de Hab foi usado em Qumran para se referir à libertação das pessoas que tinham fé no Mestre de Justiça (1QpHab 8,1-3) e foi usado por Paulo como um suporte do AT para a justificação pela fé e não pelas obras (Rm 1,17; Gl 3,11). Não está certo como o autor entende a palavra "fé" (em grego: *pistis*) ao fazer uso do texto de Hab (veja J. A. Fitzmyer, *TAG* 235-46). Ele pode estar querendo dizer "fidelidade", porém, em vista do que diz sobre *pistis* no capítulo seguinte, "fidelidade" não pode ser seu significado único ou sequer principal aqui. **39.** *somos homens da fé, para conservação de nossa vida*: como em 6,9-12, após uma advertência o autor emite uma nota de incentivo.

62 (V) **Exemplos, disciplina e desobediência (11,1-12,29).**
(A) **A fé dos antepassados (11,1-40).**
1. O sentido das duas palavras gregas *hipostasis* e *elenchos* é muito discutido. Enquanto muitos comentaristas entendem *hipostasis* como "confiança" e *elenchos* como "convicção", H. Koester pensa que nenhum desses sentidos "subjetivos" está correto e que os termos significam, respectivamente, "realidade" e "demonstração" objetiva (cf. "*Hipostasis*", *TDNT* 8. 572-89). Diz-se, portanto, aqui que a fé (*pistis*) é "a realidade" dos bens esperados, a "prova" das coisas que não se podem ver, sendo estas o mundo celestial e aqueles as coisas desse mundo. J. A. Fitzmyer está "inclinado a concordar" com esta concepção (cf. J. Reumann, J. A. Fitzmyer e J. D. Quinn, *Rightousness in the New Testament* [Philadelphia, 1982] 222-23). Que *hipostasis* signifique "realidade" (ou substância), pelo menos em Hb 1,3, está claro, mas L. Goppelt considera a leitura de 11,1 feita por Koester à luz daquele texto "um curto-circuito semântico" (*Theology* [→ 42 *acima*] 2.264). Além disso, como salienta J. Thompson, o contexto de 11,1 (10,32-39; 11,3-40) indica "uma ênfase na experiência do crente". Embora concorde com Koester que a fé, para Hebreus, é uma "realidade" e uma "prova", Thompson sustenta que ela é também conhecimento e percepção do mundo invisível, e propõe, plausivelmente, como significado do termo repetido *pistei* ("pela fé") do cap. 11, "no reconhecimento do que constitui a verdadeira realidade". Este reconhecimento também está intimamente ligado à esperança (cf. *Beginnings* [→ 3 *acima*] 70-75). **3.** *os mundos foram organizados por uma palavra de Deus*: veja o comentário sobre 1,2; Sl 33,6; Sb 9,1. Este versículo parece quebrar a continuidade do argumento, pois trata da fé do autor e dos destinatários, e não da fé dos antigos; mas ele exemplifica o segundo aspecto da fé mencionado no v. 1.

63 **4.** Quanto a uma lista de heróis semelhante a esta que começa aqui, veja Eclo 44,1-50,21. *pela fé Abel ofereceu a Deus sacrifício*: o AT nada diz sobre o motivo do sacrifício de Abel; provavelmente o autor foi influenciado por sua própria convicção de que sem fé é impossível agradar a Deus (v. 6) e pela afirmação de Gn 4,4 de que Deus se agradou com o sacrifício de Abel.

mesmo depois de morto, ainda fala: esta é possivelmente uma referência a Gn 4,10, porém mais provavelmente uma indicação do testemunho duradouro da fé dado pelo exemplo de Abel. **6.** *deve crer que ele existe e que recompensa os que o procuram*: os dois objetos da fé provavelmente deveriam ser entendidos como sinônimos, *i.e.*, não o mero fato da existência de Deus, mas sua existência como Aquele que estabeleceu relações graciosas com os seres humanos. Para a concepção oposta de que Deus não se preocupa com a conduta humana, veja Sl 53,2, onde a afirmação do insensato expressa o ateísmo prático, não especulativo. **7.** *avisado divinamente daquilo que ainda não se via*: cf. Gn 6,13. *condenou o mundo*: o autor parece ter recorrido a uma tradição mencionada em 2Pd 2,5 de que Noé avisou seus contemporâneos acerca do dilúvio iminente e os exortou ao arrependimento, embora sem êxito. O acontecimento do dilúvio vindicou a fé de Noé, que foi uma condenação da descrença deles.

64 8-9. Cf. Gn 12,1.4; 15,16.18; 26,3. 35,12). **10**. *esperava a cidade que tem fundamentos*: a jornada de Abraão em Canaã é interpretada como uma indicação de sua compreensão de que sua morada permanente não seria em lugar algum da terra, mas na cidade celestial; neste tocante ele se assemelha ao cristão (cf. 13,14). **11**. *pela fé, também Sara ... se tornou capaz de ter descendência*: o texto grego parece atribuir a Sara o papel masculino na concepção de Isaac (cf. Gn 18,1-15). Alguns entendem que o texto significa "ainda que Sara fosse estéril... (Abraão) recebeu..." ou "(Abraão), juntamente com Sara, recebeu..."; cf. *TCGNT* 672-73.

65 13-16. Foi Abraão que disse que era estrangeiro e peregrino (Gn 23,4), mas aqui o autor atribui a todos os patriarcas o reconhecimento de que sua pátria está no céu. Quanto a Deus não sentir vergonha de ser chamado de Deus deles, cf. Ex. 3,6. **17-18**. O último exemplo da fé de Abraão é sua obediência à ordem divina para oferecer Isaac em sacrifício (Gn 22,1-19). Discute-se se a crença judaica, atestada mais tarde, no poder vicariamente expiatório do sacrifício, em que Isaac teria sido uma vítima concorde, já existia na época da composição de Hb; contra essa suposição, veja P. Davis e B. Chilton, *CBQ* 40 (1978) 514-46; a favor, veja J. Swetnam, *Jesus and Isaac* (AnBib 94; Rome, 1981). 19. *como um símbolo*: alguns entendem que o grego *en parabolē* significa "falar figurativamente", uma vez que Isaac não morreu realmente. Mas parece mais provável que sua libertação da morte seja vista como um símbolo da ressurreição de Jesus.

66 23-28. Seguem-se quatro exemplos de fé ligados à história de Moisés. A glorificação de Moisés nos vv. 24-27 não corresponde à narrativa do AT (Ex 2,11-15). *a humilhação de Cristo [do Messias]*: esta é uma interpretação cristológica da opção de Moisés de participar do sofrimento de seu povo. **32-38**. O autor repassa sumariamente outros heróis do AT, alguns nomeados, outros não. É impossível saber em todos os casos a quem as referências se aplicam. Os sofrimentos dos vv. 35b-38 são principalmente aqueles suportados por israelitas fiéis na perseguição que precedeu e acompanhou a revolta dos Macabeus (cf. 1 Mac 1,60-63; 7,34; 2 Mac 6,18-31; 7,1-42). **40**. *para que sem nós não chegassem à plena realização*: o cumprimento da promessa só aconteceu quando a obra salvífica de Cristo foi concluída. Agora eles obtiveram (6,12) o que os cristãos ainda na terra possuem apenas de forma antecipatória.

67 (B) O tratamento de Deus para seus filhos (12,1-13) 2-3. Jesus é o modelo de perseverança na dificuldade. *em vez da [por causa da, no original] alegria*: alguns entendem que o termo grego *anti* significa "em vez de" e não "por causa de". Mas a exortação para que os destinatários perseverem em vista do final vitorioso do certame sugere que o autor entende o exemplo de Jesus do mesmo jeito. **5-6**. cf. Pr 3,11-12. **9**. *ao Pai dos espíritos*: cf. Nm 16,22; 27,16.

68 (C) Os castigos da desobediência (12,14-29). 15. Uma exortação a que um cuide do outro a fim de afastar o perigo da apostasia. *raiz alguma da amargura que, brotando, vos perturbe*: cf. Dt 29,17 LXX. **16.** *impuro algum ou profano, como foi Esaú*: não é certo que "impuro" se refira a Esaú. Sua profanidade se mostra no fato de ele ter aberto mão de sua primogenitura em troca de uma simples refeição (Gn 25,29-34). **17.** Esaú é um exemplo não apenas de apostasia, mas também da impossibilidade de arrependimento após tal pecado (cf. 6,4-6). **18-21**. A primeira parte de um contraste entre a assembleia de Israel quando a antiga aliança foi feita e a assembleia daqueles que entraram na nova aliança. A antiga aconteceu na terra; quanto a suas circunstâncias extraordinárias, cf. Ex 19,12-13.16-19; 20,18-21. **22**. A assembleia do povo da nova aliança é no céu. O autor fala às pessoas que ainda estão a caminho de lá, mas, como elas já possuem os benefícios do sacrifício de Jesus, ele pode falar delas como já tendo chegado lá. **23**. *primogênitos*: estes podem ser os anjos do v. 22 (segundo Spicq, *Hébreux* 2. 407), ou toda a assembleia dos fiéis cristãos (segundo J. Lécuyer, *SPC* 2. 161-68). *dos espíritos dos justos que chegaram à perfeição*: os santos do AT; cf. 11,40. **24.** O sangue de Abel clamou por vingança (Gn 4,10); o de Jesus traz acesso a Deus (10,19). **25**. Haverá uma punição maior para as pessoas que rejeitam a advertência de Deus que vem do céu do que para aquelas que rejeitaram sua advertência dada no Sinai. 26. Cf. Ag 2,6.

69 (VI) Exortação final, bênção e saudações (13,1-25). 2. Cf. Gn 18,1-8. **7-8.** Os antigos dirigentes da comunidade, cuja fé deve ser imitada, morreram, mas Jesus permanece o sumo sacerdote dela para sempre (cf. Filson, '*Yesterday*' [→ 5 *acima*] 30-35). **9**. *doutrinas ecléticas e estranhas*: estas estão associadas a "comidas", que, em contraposição à graça, não podem beneficiar as pessoas que vivem delas. O termo grego *brōma*, "comida", é usado em Hb apenas ainda em 9,10. G. Theissen entende ambos os versículos como uma denegração do culto sacramental cristão; a aparente polêmica antijudaica de 9,9-10 é apenas um modo de reduzir a eucaristia cristã ao nível de ritual do AT (*Untersuchungen zum Hebräerbrief* [SNT 2; Gütersloh, 1969] 69-79). H. Koester afirma que "o que está sendo atacado aqui como *bromata* é a doutrina cristã – porém herética – da comunhão direta com o divino no sacramento ou em quaisquer outras regras e rituais" (*HTR* 55 [1962] 315). Quanto à crítica destas concepções, veja J. Thompson, *Beginnings* (→ 3 *acima*) 141-51. O v. 10 sugere que os "alimentos" inúteis talvez sejam as refeições sacrificais do judaísmo. **10**. *temos um altar ... não podem se alimentar*: a posição enfática das primeiras palavras implica que esta é uma resposta à acusação de que os cristãos estão em desvantagem no tocante ao sacrifício. O "altar" provavelmente significa o sacrifício de Cristo, do qual os crentes participam. Não há razão convincente para entender isto como uma referência à eucaristia (cf. Kuss, *Auslegung* [→ 8 *acima*] 1.326-28; R. Williamson, *NTS* 21 [1974-75] 300-12. Se, como parece, o autor não fala de eucaristia nem aqui nem em outro lugar, a razão pode ser que ele não a considerasse um sacrifício. Isto parece mais provável do que a sugestão (Williamson, *ibid.* 309-10) de que o autor pertencesse a uma comunidade que não tinha qualquer celebração eucarística. **11**. Cf. Lv 16,27. **12**. Uma comparação bastante inexata entre o ritual do Dia da Expiação e o sofrimento de Jesus "do lado de fora da porta" de Jerusalém. **20**. A única referência explícita à ressurreição em Hb; mas veja o comentário sobre 1,3. *o grande Pastor de ovelhas*: cf. Is 63,11. **22-25**. Estes versículos, em conjunto com o v. 19, talvez constituam o final epistolar de Hb, acrescentado quando a homilia estava sendo enviada a algum grupo de cristãos (→ 5 *acima*). **22**. *palavra de exortação*: → 5 *acima*. *Timóteo*: → Cartas pastorais, 56:3. **24**. *os da Itália*: → 5 *acima*.

61
Evangelho Segundo João

Pheme Perkins

BIBLIOGRAFIA

1 BARRETT, C. K., *The Gospel according to John* (2ª ed.; Philadelphia, 1978). BECKER, J., "Aus der Literatur zum Johannesevangelium", *TRu* 47 (1982) 279-312. BOISMARD, M.-É. e A. LAMOUILLE, *L'Evangile de Jean* (Paris, 1977). BROWN, R. E., *The Community of the Beloved Disciple* (New York, 1979) [em port.: *A comunidade do discípulo amado*, 4ª ed., Paulus, São Paulo, 1999]; *The Gospel according to John* (AB 29, 29A; Garden City, 1966, 1970). BRUCE, F. F., *The Gospel of John* (Grand Rapids, 1983). BULTMANN, R., *The Gospel of John* (Philadelphia, 1971). CARSON, D. A., "Recent Literature on the Fourth Gospel", *Themelios* 9 (1983) 8-18. CULLMANN, O., *The Johannine Circle* (Philadelphia, 1976). CULPEPPER, R. A., *The Johannine School* (SBLDS 26; Missoula, 1975). DAUER, A., *Johannes und Lukas* (Würzburg, 1984). DODD, C. H., *Historical Tradition in the Fourth Gospel* (Cambridge, 1963); *The Interpretation of the Fourth Gospel* (Cambridge, 1953) [em port.: *A interpretação do Quarto Evangelho*, 1ª ed., Paulus/Teológica, São Paulo, 2003]. DUNN, J. D. G., "Let John Be John", *Das Evangelium und die Evangelien* (ed. P. STUHLMACHER; WUNT 18; Tübingen, 1983). FORESTELL, J. T., *The Word of the Cross* (AnBib 57; Rome, 1974). GNILKA, J., *Johannesevangelium* (Würzburg, 1983). HAACKER, K., *Die Stiftung des Heils* (AzT 1/97; Stuttgart, 1972). HAENCHEN, E., *John* (2 vols.; Herm; Philadelphia, 1984). JONGE, M. de, *Jesus: Stranger from Heaven* (SBLSBS 11; Missoula, 1977). KÄSEMANN, E., *The Testament of Jesus* (Philadelphia, 1968). KLEIN, G., "'Das wahre Licht scheint schon': Beobachtungen zur Zeit und Geschichtserfahrung einer urchristlichen Schule", *ZTK* 68 (1971) 261-326. KYSAR, R., *The Fourth Evangelist and his Gospel* (Minneapolis, 1975); "The Gospel of John in Current Research", *RelSRev* 9 (1983) 314-23. LANGBRANDTNER, W., *Weltferner Gott oder Gott der Liebe* (BBET 6; Frankfurt, 1977). LINDARS, B., *The Gospel of John* (NCB; London, 1972). MAIER, G., *Johannes-Evangelium. 1 Teil* (Stuttgart, 1984). MARTYN, J. L., *History and Theology in the Fourth Gospel* (2ª ed.; Nashville, 1979). POTTERIE, I. DE LA, *La vérité dans saint Jean* (AnBib 73-74; Rome, 1977). SCHNACKENBURG, R., *The Gospel According to St. John* (3 vols.; New York, 1968-82); *Das Johannesevangelium, IV. Teil* (HTKNT 4; Freiburg, 1984). SEGOVIA, F. F., *Love Relationships in the Johannine Tradition* (SBLDS 58; Missoula, 1982). SMALLEY, S. S., *John* (Nashville, 1978). SMITH, D. M., *The Composition and Order of the Fourth Gospel* (New Haven, 1965); *Johannine Christianity* (Columbia, 1984). THYEN, H., "Aus der Literatur zum Johannesevangelium", *TRu* 42 (1977) 211-70; 43 (1978) 328-59. VOUGA, F., *La cadre historique et l'intention théologique de Jean* (Paris, 1977). WITACRE, R. A., *Johannine Polemic* (SBLDS 67; Chico, 1982).

DBSup 4.815-43. *IDBSup* 482-86. KÜMMEL, *INT* 188-247. WIK-SCHM, *ENT* 299-344.

INTRODUÇÃO

2 (I) Fontes e composição. O Evangelho de João difere dos sinóticos no estilo e no conteúdo das palavras de Jesus, que não focalizam mais o reino de Deus, usam provérbios e parábolas ou aparecem em apotegmas. Em vez disto, Jesus fala em discursos simbólicos, que, muitas vezes, referem-se a seu relacionamento com o Pai. Cronologicamente, João difere ao apresentar o ministério de Jesus ao longo de um período de três anos e situar a morte de Jesus no dia da preparação antes da Páscoa. Geograficamente, João apresenta o ministério de Jesus alternando entre a Galileia e a Judeia, enfocando principalmente as confrontações na Judeia. Este modelo se afasta do quadro dos sinóticos, que apresentam um ministério relativamente extenso na Galileia seguido por um breve período em Jerusalém antes da prisão de Jesus na Páscoa.

João coincide com os sinóticos em afirmar que Jesus curou pessoas, multiplicou os pães e resgatou os discípulos de uma tempestade no mar, mas ele jamais inclui o exorcismo entre as curas de Jesus. Muitos dos milagres do Evangelho de João oferecem a ocasião para uma percepção simbólica da identidade de Jesus. Os sinóticos fazem com que a percepção de que Jesus é o Messias seja o clímax de seu ministério na Galileia (Mc 8,31), enquanto que em João os discípulos confessaram esta verdade desde o início (1,41-49).

Apesar de suas diferenças, João recorre claramente a tradições sobre o ministério de Jesus que estão relacionadas àquelas que se encontram nos sinóticos e em suas fontes. A existência de transições geográficas, cronológicas e literárias desajeitadas neste Evangelho torna provável que várias fontes tenham sido introduzidas em sua composição. Ainda que se discuta a determinação precisa do que foi retirado de uma fonte e do que foi composto pelo evangelista, vários tipos de material tirado de fontes parecem ter sido usados. Os relatos de milagres provavelmente foram derivados de uma coletânea de milagres de Jesus. É possível que milagres avulsos já tenham sido elaborados com discursos acerca de sua importância por parte de cristãos joaninos antes de eles terem sido incorporados ao Evangelho. A fonte dos milagres é muitas vezes chamada Fonte dos Sinais (ou *sēmeia*). Alguns biblistas sugeriram que os discursos em João talvez tenham resultado da ampliação de uma coletânea de ditos de Jesus diferente daquela que está por trás dos evangelhos sinóticos. Outros propuseram que João adotou um padrão bem definido de discursos revelatórios de fontes nãocristãs, chamado de Fonte dos Discursos Revelatórios. Em vez de pressupor tal fonte, parece mais plausível que o material dos discursos reflita padrões e unidades de pregação que tinham sido desenvolvidos dentro da comunidade joanina. Finalmente, João deve ter recorrrido a um relato mais antigo da paixão de Jesus e a tradições acerca do túmulo vazio e das aparições do Jesus ressurreto.

3 Em vários pontos, João tem pontos de ligação com tradições presentes em Marcos, Lucas e, em grau menor, Mateus. Alguns pesquisadores sustentam que João dependeu de um ou mais dos sinóticos, mais comumente de Marcos. Outros sugerem que o impulso para colocar as tradições joaninas sobre Jesus na forma de um evangelho resultou da aparição de evangelhos em outras comunidades, que o evangelista pode ter tido algum conhecimento de um ou mais dos sinóticos, mas que o Quarto Evangelho se baseia em uma linha independente de tradição preservada nas igrejas joaninas. Esta é a hipótese adotada aqui. Alguns dos episódios mais importantes que ocorrem tanto no Evangelho de João quanto nos sinóticos são os seguintes: o ministério e testemunho de João Batista (Jo 1,19-36; Mc 1,4-8); a purificação do Templo (Jo 2,14-16); a alimentação da multidão (Jo 6,1-13; Mc 6,34-44); a caminhada sobre o mar (Jo 6,16-21; Mc 6,45-52); o pedido de um sinal (Jo 6,30; Mc 8,11); a confissão de Pedro (Jo 6,68-69; Mc 8,29); a unção de Jesus (Jo 12,1-8; Mc 14,3-9); a entrada em Jerusalém (Jo 12,12-15; Mc 11,1-10); a Última Ceia e as predições da traição (Jo 13,1-30; Mc 14,17-26); a prisão (Jo 18,1-11; Mc 14,43-52); a paixão (Jo 18,12-19,30; Mc 14,53-15,41); o sepultamento e o túmulo vazio (Jo 19,38-20,10; Mc 15,42-16,8);

Jesus aparece a mulheres (Jo 20,11-18; Mt 28,9-10); Jesus aparece a discípulos em Jerusalém (Jo 20,19-23; Lc 24,36-49); Jesus aparece a discípulos na Galileia (Jo 21,1-19; Mt 28,16-20, a aparição na Galileia; Lc 5,1-11; a pesca maravilhosa). A cura do filho de um funcionário real em Jo 4,46-54 tem uma relação mais distante com as curas em Mt 8,5-13 e em Lc 7,1-10, e a cura do homem cego de nascença narrada em Jo 9 é paralela a curas de cegos nos sinóticos (*p.ex.*, Mc 8,22-26; 10,46-52).

Alguns dos ditos de Jesus também aparecem em versões sinóticas e joaninas: palavras de João Batista (Jo 1,27; Mc 1,7 par.; João 1,33; Mc 1,8 par.; João 1,34; Mc 1,11 par.); o nome "Cefas" para Pedro (Jo 1,42; Mc 3,16 par.); um dito sobre o Filho do Homem (Jo 1,51; Mc 14,62 par.?); um dito acerca do Templo (Jo 2,19; Mc 14,58 par.; Mc 15,29 par.); um dito sobre "tornar-se criança" para entrar no reino de Deus (Jo 3,35 ["nascido de novo" em vez de criança]; Mc 10,15; Lc 18,17?); comentário sobre a colheita abundante (Jo 4,35; Mt 9,37-38); profeta em sua própria terra (Jo 4,44; Mc 6,4 par.); perder e ganhar a vida (Jo 12,25; Mc 8,35 par.); servo e senhor (Jo 13,16; 15,20; Mt 10,24); quem envia e quem recebe (Jo 13,20; Mt 10,40; Lc 10,16; Mc 9,37; Lc 9,48); perdão dos pecados (Jo 20,23; Mt 18,18; 16,19).

João não cita o AT com frequência. Das 18 citações explícitas (1,23; 2,17; 6,31.45; 7,38.42; 8,17; 10,34; 12,15.38.40; 13,18; 15,25; 17,12; 19,24.28.36.37), apenas cinco são claramente paralelas a citações nos sinóticos: João Batista como a "voz que clama no deserto" (Is 40,3; Jo 1,23; Mc 1,3 par.); "a vinda do rei", entrada em Jerusalém (Zc 9,9; Jo 12,15; Mt 21,5); o endurecimento dos corações (Is 6,9-10; Jo 12,40; Mc 4,12 par.); o traidor (Sl 41,10; Mc 14,18 [alusão]); o sorteio das vestes de Jesus (Sl 22,19; Jo 19,24, Mc 15,24 par. [sem identificação como citação]). Algumas das outras citações são derivadas de passagens que eram usadas com frequência na protoigreja: Jo 2,17; 15,25; 19,28 e 19,29 se referem ao Sl 69, um salmo citado comumente em relação ao sofrimento; Jo 6,31 e talvez 7,38 se referem ao Sl 78,16.20.24.

4 Exegetas apontaram problemas de transição e duplicação dentro do Evangelho como prova de que ele é o resultado de vários estágios de editoração ou redação. Os exemplos mais claros de acréscimos ao Evangelho ocorrem nos caps. 15-17 e 21. Ambos se seguem ao que parecem ser conclusões formais (14,31; 20,30-31). João 16,5 contradiz Jo 14,4. As funções atribuídas ao Paráclito em Jo 14,16-17 e 14,26 diferem daquelas que constam em Jo 16,7-11 e 16,13-14. João 21,20-23 contém uma referência à morte do Discípulo Amado, que é identificado com a testemunha que está por trás da tradição joanina em Jo 21,24. Estas passagens parecem ser material que estivera circulando na comunidade joanina e foi acrescentado ao Evangelho nos locais apropriados a fim de preservá-lo. A "idade" relativa de cada elemento específico da tradição teria de ser determinada com base em outras razões.

Frequentemente também se sugere que algumas passagens mais breves que parecem estar "desconexas" podem ter sido acrescentadas no processo de editoração. João 3,31-36, que inicia repentinamente sem nenhuma transição após uma passagem na qual João Batista está falando pode representar um resumo editorial para concluir o capítulo. Mas também é visto como um paralelo a uma troca anterior para a voz do narrador, deixando as palavras de Jesus, em Jo 3,16-21. João 6,51-59 amplia o discurso acerca do pão da vida com uma referência clara à celebração eucarística; também situa o discurso na sinagoga de Cafarnaum (v. 59) e não junto ao mar (v. 22). A afirmação em 5,24-26 de que a resposta presente às palavras de Jesus é o tempo do julgamento no qual se passa para a vida eterna está desajeitadamente próxima a uma referência à vinda futura do Filho do Homem (5,27-29). João 12,44-50 é um fragmento isolado de discurso, já que o ministério público parece terminar com a perícope sobre a dureza dos corações que impedia "os judeus" de aceitar a pregação de Jesus (12,36b-43).

Muitos biblistas resolvem as dificuldades criadas pela justaposição de uma cura em Jerusalém em Jo 5, do milagre da multiplicação e de discursos associados a ele na Galileia em Jo 6, e depois discursos novamente em Jerusalém em Jo 7, que se referem às questões de Jo 5 (em 7,15-24), presumindo que Jo 6 tenha sido "deslocado" de uma sequência de relatos referentes à Galileia. Também foi proposto que, a uma certa altura, o ministério público de Jesus se encerrava com sua retirada em 10,40-42. Mais tarde, a tradição acerca da ressurreição de Lázaro foi transformada em uma reafirmação de Jesus como "a ressurreição e a vida" e na causa que precipitou sua morte, o que levou à inserção de 11,1-12,11.20-50. Talvez o relato da purificação do Templo, que João, ao contrário dos sinóticos, coloca agora no início do ministério público, tenha sido deslocado quando este novo material foi acrescentado.

O prólogo que abre o Evangelho (1,1-18) parece aprimorar um hino antigo. Comentários sobre João Batista foram inseridos nos vv. 6-8.16 e sobre a revelação através de Jesus, em contraposição a Moisés, nos vv. 17-18. O resto do Evangelho não fala de Jesus como o Verbo preexistente, criador. Por isso, alguns intérpretes sugerem que a introdução hínica foi acrescentada após o Evangelho ter sido concluído.

Este comentário se baseia no texto joanino em sua forma presente. As dificuldades que levaram às várias teorias de fontes e redações tornam provável que o Evangelho tenha sido retrabalhado na comunidade joanina, mas é difícil separar a redação do Evangelho do desenvolvimento de relatos e discursos semelhantes aos dos sinóticos para sua forma joanina antes da composição de uma narrativa do Evangelho. Tampouco parece possível derivar a "formulação" de fontes anteriores ao Evangelho em sua forma atual. Este comentário também pressupõe que a redação do Evangelho ocorreu de acordo com a orientação do material joanino e não foi, como supõem alguns exegetas, uma forma de tornar um escrito cristão heterodoxo mais aceitável para algum padrão eclesiástico indefinido.

5 (II) O pano de fundo do Quarto Evangelho. Os exegetas procuraram o pano de fundo do Evangelho nos movimentos religiosos diversificados do séc. I. A complexidade desta busca se deve, em parte, à universalidade dos símbolos presentes em João. O Evangelho afirma que, qualquer que seja a compreensão de salvação de uma pessoa, essa expectativa é cumprida (e corrigida) pela revelação singular de Deus em Jesus (veja G. W. MacRae, *CBQ* 32 [1970] 13-24).

Ainda que o termo *Logos*, "Verbo" ou "Palavra", esteja ligado com o espírito divino imanente que permeia e ordena o cosmo na filosofia estoica, não há nenhuma outra alusão a terminologia filosófica no Evangelho. Tampouco as contraposições entre "acima" e "abaixo"; "celestial" e "terreno" funcionam da forma como funcionam na filosofia platônica. Por isso, as sugestões de que uma parte da perspectiva singular de João tenha sido moldada pela filosofia, mesmo por uma filosofia popular, são improváveis.

As ligações entre o Evangelho e cultos religiosos pagãos também são bastante tênues. A tradição sinótica não tem nada comparável à transformação de água em vinho (Jo 2,1-11). Mas diz-se que o deus Dionísio era responsável por transformar água em vinho (*p.ex.*, Eurípides, *As bacantes* 704-7; Pausânias, *Descr. da Grécia* 6.26. 1-2). Este milagre parece ter sido "representado" em rituais em santuários de Dionísio, e alguns leitores do Quarto Evangelho talvez tenham associado o milagre de Caná e o culto a Dionísio (veja E. Linnermann, *NTS* 20 [1973-74] 408-18). Mas com exceção das substâncias transformadas, não há nada mais no relato joanino a sugerir que o culto a Dionísio tenha sido responsável pela atribuição desse milagre a Jesus.

A imagem joanina de "renascimento" (1,13; 3,3.5) e as afirmações de que os crentes possuem a vida eterna são, por vezes, ligadas com os cultos de mistérios ou com os escritos herméticos. Mas a história de Jesus é bem diferente da representação de uma história mítica da morte ou do cativeiro no Hades e da restauração (geralmente parciais) da divindade, que constitui o que é conhecido publicamente dos deuses e deusas de tais cultos. Além disso, alguns pesquisadores acham que as promessas feitas aos iniciados nos mistérios tinham muito menos a ver com a imortalidade do que geralmente se supõe. A prosperidade, a amizade com a deusa ou o deus e a proteção nesta vida são temas igualmente importantes nos mistérios (veja R. MacMullen, *Paganism in the Roman Empire* [New Haven, 1981] 133-37). Alguns dos elos entre João e os escritos herméticos, como o uso do Logos em um mito da criação (*C. H.* 1.5-6), devem-se à incorporação de Gn no sistema sincretista da obra hermética. O mistério do renascimento em *C. H.* 13 pressupõe uma visão salvífica na qual o iniciado é transformado na divindade. O Quarto Evangelho nunca sugere que o cristão seja transformado "em Deus". Apenas Jesus tem esse relacionamento especial com o Pai.

6 À medida que os biblistas recuperam a diversidade do judaísmo do séc. I, o pano de fundo judaico do Quarto Evangelho é enfocado com mais precisão. Ainda que João não cite o AT tão frequentemente como o fazem os sinóticos, alusões a textos e imagens do AT parecem estar entretecidas nos discursos (veja G. Reim, *Studien zum alttestamentlichen Hintergrund des Johannesevangeliums* [SNTSMS 22; Cambridge, 1974]). As referências aos patriarcas Jacó (4,5-6; 1,51) e Abraão (8,31-58) refletem tradições que tinham se desenvolvido no judaísmo do séc. I. A exposição sobre o pão da vida em 6,30-59 tem sido comparada com a exposição homilética dos *midrāšîm* (veja P. Borgen, *Bread from Heaven* [NovTSup 10; Leiden, 1965]). Outras referências ao AT em João podem ter sido derivadas de tradições targúmicas (veja G. Reim, *BZ* 27 [1983] 1-13). Tradições mosaicas são retomadas nas alusões à aliança de Jo 1,17-18; na tipologia da serpente em 3,14; no discurso sobre o maná/pão da vida e nas imagens do povo "murmurando" contra Jesus em Jo 6; na subordinação de Moisés a Jesus em 5,45-47 e 9,28-29, e na afirmação de que Jesus é o profeta mosaico de Dt 18,15 (1,21.25; 4,19; 6,14; 7,40).

Até mesmo as expressões joaninas para designar o relacionamento especial de Jesus com Deus passam a ser inteligíveis contra um pano de fundo judaico. A afirmação hínica de Jesus como o Verbo divino atuante na criação reflete a descrição da tradição a respeito da Sabedoria de Deus como agente da criação (Pr 8,22-30; Sb 9,1-9). Segundo a descrição, a Sabedoria sai de sua morada com Deus para estar com os seres humanos. Assim como Jesus é rejeitado pelos "seus" (Jo 1,11), a Sabedoria não encontra morada no meio dos seres humanos (*1 Henoc* 42,2). Embora as tradições do AT não falem da Sabedoria como "Verbo", os dois termos são equiparados em Filo de Alexandria, e Sabedoria e Verbo ou a lei muitas vezes aparecem em paralelismo. O Jesus joanino também se identifica com o "Eu Sou" divino (*p.ex.*, 8,24.28.58; 13,19). A LXX do Dt-Is entende claramente a expressão *egō eimi*, "Eu Sou", como o nome divino (Is 51,12; 52,6). O simbolismo do AT também subjaz a outra espécie de ditos com "Eu Sou", em que um predicado dá a descrição figurativa de Jesus (6,35.51; 8,12 [9,15]; 10,7.9; 10,11.14; 11,25; 14,6; 15,1-5; → Teologia joanina, 83:41-49).

Finalmente, o Evangelho apresenta a reivindicação de Jesus de falar por Deus e ser recebido como Deus porque ele é o agente de Deus. As tradições legais do judaísmo sustentam que o agente é "como aquele que o enviou" (veja P. Borgen, "God's Agent in the Fourth Gospel", *Religions in Antiquity* [Festschrift E. R. Goodenough; ed. J. Neusner; Leiden, 1968] 137-47).

Os Manuscritos do Mar Morto [= MMM] provocaram questões adicionais sobre o relacionamento entre o Quarto Evangelho e tradições judaicas. As semelhanças entre o dualismo de luz e trevas nos MMM e em João sugerem que uma parte do simbolismo do Evangelho deriva de círculos sectários judaicos. O grupo de antíteses, luz/trevas (1,5; 3,19-21; 8,12; 12,35-36.46); verdade/mentira (8,44-45); carne/espírito (1,13; 3,6; 6,63), têm, todas elas, paralelos no imaginário religioso dos MMM. A imagem joanina de um adversário, "príncipe deste mundo" (12,31; 14,20; 16,11), ou o "diabo", senhor das pessoas que lhe pertencem (8,41.44), tem uma contrapartida na imagem do "anjo das trevas" dos MMM, que é senhor dos "filhos das trevas" e tenta enganar os "filhos da luz" (1QS 3,18b-4,1; → Teologia joanina, 83:31-32).

Outras semelhanças têm sido sugeridas entre a doutrina do Espírito no Quarto Evangelho e os MMM. Os MMM contêm alusões ao relacionamento entre água e a concessão do Espírito (cf. Jo 3,5; 7,37-38; 1QS 4,19-28). A expressão "Espírito da Verdade" (Jo 14,17; 15,26; 16,13) aparece em 1 QS 3,6-7. Alguns exegetas sugeriram que a figura misteriosa do Paráclito, especialmente como aquele que vem para condenar o mundo em Jo 16,8-11, foi derivada de alguma forma de imagens dos defensores angelicais e celestiais de Israel, Miguel ou Melquisedec, apresentadas nos MMM.

As diferenças entre João e os MMM tornam improvável que o evangelista tenha forjado sua visão teológica simplesmente assumindo o sistema de símbolos de uma seita batismal judaica do séc. I. A antítese vida/morte, proeminente em João (*p.ex.*, 5,24; 8,51; 6,49.58; 11,25), não desempenha um papel tão notável nos MMM. Ao passo que a pureza e a obediência à lei distinguem os "filhos da luz" dos das "trevas", o Quarto Evangelho torna a fé em Jesus como aquele que veio de Deus e revela a Deus o divisor de águas. Há, todavia, semelhanças suficientes para dar suporte à sugestão de que, a certa altura, deve ter ocorrido algum contato entre a tradição joanina e o tipo de simbolismo religioso que tinha se desenvolvido nesses círculos sectários judaicos.

7 O relato de convertidos samaritanos em Jo 4,7-42 pode oferecer uma pista para uma outra tradição religiosa que está no pano de fundo do Quarto Evangelho. Este relato reflete expectativas samaritanas de um "profeta como Moisés" e da restauração escatológica do culto verdadeiro a Deus no Monte Gerizim. Josefo relata que estas expectativas tinham levado uma multidão a seguir um homem que prometera revelar onde Moisés tinha enterrado os vasos sagrados (*Ant.* 18.4.1 § 85; veja M. F. Collins, *JSJ* 3 [1972] 97-116). A expectativa de um "profeta como Moisés" não estava limitada aos samaritanos. Ela também se encontra nos MMM (4QTestim, 1QS 9,11). A acusação de que Jesus é um samaritano "possuído por um demônio" em Jo 8,48 foi entendida como sugestão de que a igreja protojoanina incorporou um grupo de samaritanos convertidos (Brown, *Community* 37-38). Já que os detalhes das crenças dos samaritanos do séc. I sobre o profeta vindouro não são claros, alguns exegetas advertem contra inferências refinadas a respeito da influência de expectativas samaritanas sobre o Quarto Evangelho (veja M. Pamment, *ZNW* 73 [1982] 221-30).

8 Algumas características do retrato joanino de Jesus não parecem estar completamente representadas no material das fontes judaicas que serviram de pano de fundo. A mais notável é o foco do Evangelho em Jesus como aquele que veio do céu com uma revelação de Deus que não era "conhecida" por ninguém mais. As proclamações do tipo "Eu Sou" do Evangelho encontram seus paralelos nas declarações revelatórias das figuras de reveladores gnósticas. Uma vez que os escritos gnósticos existentes datam de depois do Evangelho, seu valor como pano de fundo para o surgimento da cristologia joanina é controvertido. O discurso revelatório na primeira pessoa por parte de um revelador celeste, o qual emprega pronunciamentos no estilo do "Eu Sou", está bem representado em obras como *Trovão, Mente perfeita* e *Protenoia trimórfica* (*NHLE*

271-77, 461-70). Tanto a *Protenoia trimórfica* quanto o *Tratado tripartido* empregam o termo "Verbo" como uma das manifestações do revelador divino. Mas estes discursos revelatórios estão ligados a figuras derivadas de uma tríade divina de Pai-Mãe-Filho e inseridas num contexto mítico. Qualquer contato entre o Quarto Evangelho e o gnosticismo teria de ser entre tradições joaninas e aquelas correntes da exegese judaica heterodoxa e da elaboração de mitos e filosofia pagã que foram reunidas em sínteses gnósticas posteriores (veja G. W. MacRae, "Nag Hammadi and the New Testament", *Gnosis* [Festschrift H. Jonas; ed. B. Aland; Göttingen, 1978] 144-57; Y. Janssens, "The Trimorphic Protennoia and the Fourth Gospel", *The New Testament and Gnosis* [Festschrift R. McL. Wilson; ed. A. H. B. Logan *et al.*; Edinburgh, 1983] 229-44).

Tradições sapienciais judaicas também tiveram seu papel na formação de relatos gnósticos a respeito da Sofia (Sabedoria) divina e da revelação rejeitada (veja G. W. MacRae, *NovT* 12 [1970] 86-101). Alguns pesquisadores sustentam que os escritos gnósticos do séc. II já pressupõem o mito de um revelador celestial, que vem para salvar a humanidade trazendo "o conhecimento de Deus e do mundo divino" aos seres humanos presos na ignorância. Esta história estava, sugerem eles, ligada a Set ou ao Adão celestial ou à Sabedoria. Ela surgiu de tradições judaicas heterodoxas da exegese de Gn em algum ponto do séc. I (veja K. Rudolph, *Gnosis* [SF, 1983] 113-59). Ainda que seja possível distinguir a cristologia do Quarto Evangelho dos sistemas gnósticos do séc. II, seu retrato de Jesus como revelador divino talvez esteja muito mais próximo das histórias sobre o redentor que estavam surgindo em círculos gnosticizantes do final do séc. I.

Entretanto, muitas vezes é possível sustentar que o processo de mitologização gnóstica foi influenciado pelo desenvolvimento de reivindicações cristãs acerca de Jesus como revelação de Deus. Pode-se encontrar uma intensificação da conexão entre Jesus, o Logos, e o redentor à medida que autores gnósticos do séc. II procuram apresentar uma fachada mais explicitamente cristã. Assim, o autor gnóstico "cristão" de *Conceito de nosso grande poder* diz a respeito de Jesus: "Quem é este? O que é este? Seu Logos aboliu a lei do éon. Ele é proveniente do Logos do poder da vida. E foi vitorioso sobre o domínio dos arcontes, e eles não conseguiram reinar sobre ele" (42,4-11). O Logos vence os poderes do mundo inferior (cf. Jo 12,31; 14,30-31; 16,11.33b). No *Apocalipse de Adão*, que praticamente não foi cristianizado, encontramos o Logos atribuído à décima terceira geração, a última do mundo inferior (92,10-17). Sugeriu-se que esta obra setiana tem conhecimento da cristologia joanina e situou o reino de Jesus diretamente no mundo material governado por Sakla. Apenas os gnósticos não são escravizados por Sakla, são uma raça sem rei sobre eles (92.19-20). Este autor, portanto, parece estar rejeitando a possibilidade de assimilar o Logos joanino ao gnosticismo de forma a reivindicar que a redenção veio por meio de um Jesus gnóstico (veja G. A. Stroumsa, *Another Seed* [NHS 24; Leiden, 1984] 96-103).

9 (III) A comunidade joanina. Uma abordagem para "ordenar" os padrões complexos de fontes, redação ou editoração e panos de fundo apresentados pelo Quarto Evangelho consiste em formular um conjunto de hipóteses sobre as origens, o desenvolvimento e o contexto social da igreja joanina (como em W. A. Meeks, "The Man from Heaven in Joanine Sectarianism", *JBL* 91 [1972] 44-72; Martyn, *History and Theology*, Brown, *Community*; → Teologia joanina, 83, 9-14).

A mais característica divisão no Evangelho é aquela entre Jesus como aquele que veio "de cima" e o que é deste mundo. A segunda metade do Evangelho se concentra no retorno de Jesus para o Pai de quem ele veio. O esquema de descenso e retorno também estabelece a identidade da comunidade joanina (veja G. C. Nicholson, *Death as Departure: The Johannine Descent-Ascent Schema* [SBLDS 63; Chico, 1983]). O Evangelho sugere que havia ao menos três grupos contra os quais a comunidade tinha de traçar seus limites: (a) seguidores de João Batista (1,35-37; 3,22-30; 4,1-3; 10,40-42); (b) os judeus, que tomaram medidas para expulsar das sinagogas as pessoas que acreditavam em Jesus (9,22-23; 16,1-14a), e (c) outros "cristãos", que tinham sido seguidores de Jesus, mas que agora se separaram da comunidade, aparentemente por causa das reafirmações cristológicas da divindade de Jesus (6,60-65).

Pistas adicionais acerca do "mundo social" da comunidade joanina foram retiradas do próprio Evangelho de João. João 4,4-42 alude à conversão de um grupo significativo de samaritanos. A vinda dos gentios em Jo 12,20-26 sugere que a comunidade tinha abandonado a missão aos judeus, em grande parte infrutífera, e procurava evangelizar os gentios. Apesar da proibição judaica da presença de cristãos nas sinagogas, um acontecimento que alguns pesquisadores associam à formulação da benção contra os hereges (*birkat hammînîm*) por volta do ano 90 d.C., João insiste que havia crentes e simpatizantes dentro da comunidade judaica (12,42-43). João 16,1-4a implica que a perseguição continuou além da expulsão judaica da sinagoga (veja B. Lindars, "The Persecution of Christians in John 15,18-16,4a", *Suffering and Martyrdom in the New Testament* [Festschrift G. M. Styler; ed. W. Horbury *et al.*; Cambridge, 1981] 48-69).

Finalmente, a figura de Pedro no Quarto Evangelho parece representar os cristãos das comunidades apostólicas fora da igreja joanina. Pedro é caracterizado como o líder dos Doze. A redação final do Evangelho estabelece o lugar de Pedro como "pastor" em um comissionamento feito pelo Senhor ressurreto (22,15-17). Ao mesmo tempo, a "fé" de Pedro e sua proximidade a Jesus são sempre inferiores às do Discípulo Amado (13,23; 20,4-8; 21,7). Enquanto At 1,14 sustenta que a mãe de Jesus fazia parte do círculo dos Doze em Jerusalém, Jo 19,26-27 afirma que Jesus confiou sua mãe ao Discípulo Amado, o único discípulo presente junto à cruz. Alguns exegetas sustentam que Jo 21 foi criado para moderar a rejeição de um modelo petrino de pastores autoritativos na comunidade joanina, que tinha baseado sua tradição de liderança no Discípulo Amado "inspirado pelo Paráclito" (veja A. H. Maynard, *NTS* 30 [1984] 531-48).

10 R. E. Brown (*Community*) propôs uma hipótese que liga o desenvolvimento da igreja joanina com a história traditiva do Evangelho. O Evangelho foi composto após a crise causada pela expulsão de cristãos da sinagoga. A severidade de sua condenação "dos judeus" indica que a perseguição tinha sido custosa. Talvez ela até tenha sido seguida de uma mudança geográfica, por parte da comunidade joanina original, da Palestina para um local na Diáspora como Éfeso, *p.ex.*, que é o local atribuído aos cristãos joaninos em tradições posteriores da igreja.

A preservação de detalhes precisos sobre a Palestina, que não se encontram nos sinóticos, e a ênfase numa avaliação apropriada de João Batista apontam para as origens da comunidade entre as seitas diversificadas do judaísmo palestino. Duas importantes fontes do Evangelho remontam a este período: (a) a coleção de títulos messiânicos judaicos e a afirmação de que Jesus cumpre a Escritura, que formam agora a base de Jo 1,19-51; (b) a coleção inicial dos milagres de Jesus, que neste período provavelmente eram expostos como prova para a crença em Jesus como o Messias e Filho de Deus (veja M.-É. Boismard, *ETL* 58 [1982] 357-64).

A uma certa altura, membros da comunidade joanina converteram um certo número de samaritanos. A missão em Samaria pode ter coincidido com a ênfase em Jesus como substituto do Templo (2,13-22), dos rituais de purificação (2,6) e das outras festas do calendário judaico, como, *p.ex.*, a Páscoa e as Tendas. Isso também teria trazido para o primeiro plano os temas mosaicos: Jesus é a verdadeira fonte das bênçãos da aliança, o único a ter "visto

Deus" e o profeta mosaico que restaura o verdadeiro culto de Deus.

Após a expulsão da sinagoga e possivelmente uma transferência da Palestina para Éfeso(?), o esforço missionário da comunidade se concentra nos gentios. João 7,35 e 12,20-22 talvez indiquem o êxito inicial desse empreendimento. Neste período (na década de 90) também ocorre a elaboração da tradição da comunidade em escritos. A extensa ampliação homilética das tradições dos milagres, o hino do Logos no prólogo e a narrativa da paixão confeccionada com esmero provavelmente precedem a composição de um relato narrativo da missão de Jesus. Uma parte do material discursivo agora preservado nos caps. 15-17 também pode ter sido moldada neste período.

Finalmente, perto da virada do século, vemos a comunidade joanina dividida pelo cisma nas epístolas joaninas. Alguns biblistas encontram ecos desse cisma até no Evangelho (*p.ex.*, na exortação de permanecer na videira em 15,1-17; segundo F. F. Segovia, *JBL* 101 [1982] 115-28). A editoração final do Evangelho que reconhece o "pastor" nas igrejas petrinas também pode ter acontecido neste período.

11 As epístolas joaninas apresentam um retrato da igreja joanina como um conjunto de "igrejas domésticas" reunidas em torno de uma área central e ligadas por missionários itinerantes. Elas sugerem que o cisma entre os cristãos joaninos resultou de interpretações divergentes do significado da tradição herdada. Alguns exegetas veem esta cisão interna como evidência de que a comunidade joanina tinha levado a cabo a simbologia do sistema dualístico e se tornado uma seita. O cisma talvez só intensifique o processo de rígida autoidentificação e isolamento. O reconhecimento da autoridade petrina em Jo 21 talvez tenha possibilitado que algumas igrejas joaninas se amalgamassem com cristãos provenientes de outras igrejas. Mas para outros, o sistema simbólico joanino poderia levar à espécie de "ontologia mitologizadora" proposta pelos gnósticos do séc. II.

12 (IV) Autoria do Quarto Evangelho. O "registro por escrito" da tradição joanina fez claramente parte da vida contínua da comunidade. Ele pode ter sido o resultado de uma "escola joanina" de discípulos do Discípulo Amado e mestres dentro das igrejas joaninas. Há uma unidade suficiente na composição literária e no ponto de vista narrado no Evangelho para justificar a afirmação de que um único indivíduo foi responsável pela estrutura da narrativa do Evangelho. Mas a importância da história de fé da comunidade na moldagem da tradição joanina faz com que a preocupação com um único autor joanino seja inapropriada nos dias de hoje.

A apropriação de João por parte de gnósticos fez com que fosse importante para a igreja antiga se ocupar com a questão de sua autoria apostólica. Alguns cristãos desconfiavam de João porque ele era muito popular entre grupos heréticos e muito diferente dos outros evangelhos. Se fosse possível mostrar que o Evangelho tinha origens apostólicas, os cristãos ortodoxos poderiam adotá-lo. Um dos mais fortes oponentes do gnosticismo, o bispo Irineu de Lyon († em 202), defendeu a apostolicidade de João e sua inclusão no cânone cristão de quatro evangelhos apelando para a tradição que circulava na Ásia Menor em sua época. Ele afirma que o Evangelho foi composto pelo Discípulo Amado, chamado João, em Éfeso, próximo ao final de sua vida. Irineu ouviu dizer que João tinha vivido até os dias de Trajano, *i.e.*, o início do séc. II d.C. (*Adv Haer.* 3.1.2; 3.3.4; 2.33.3; veja também Eusébio *HE* 3.23.3; 5.20.4-8). Mas Irineu também parece ter confundido o apóstolo João, o filho de Zebedeu, com um presbítero da Ásia Menor conhecido como João. Uma vez que Irineu afirma ter recebido sua informação quando criança de Policarpo, o bispo de Esmirna († em 156), não deveríamos nos surpreender demais com a confusão. O historiador da igreja Eusébio também reconheceu que

Irineu tinha confundido duas pessoas diferentes conhecidas como "João".

Os cristãos de Éfeso veneravam João, filho de Zebedeu, no séc. II d.C. De fato, Eusébio relata que eles tinham dois túmulos diferentes, e se dizia que ambos eram seu local de repouso. Eusébio sugere que talvez o túmulo extra fosse realmente o do profeta cristão chamado João que tinha escrito o Apocalipse (*HE* 3.31.3; 3.39.6). Por volta do final do séc. II, conheciam-se em Alexandria (veja Eusébio, HE 6.14.7) e em Roma (Cânone Muratoriano 9-16, 26-33) variantes da tradição de que o Quarto Evangelho foi composto pelo apóstolo João em Éfeso. Feita esta identificação apostólica, o lugar do Quarto Evangelho no cânone cristão ortodoxo estava assegurado. Mesmo na Antiguidade, Eusébio reconheceu que havia confusão em torno de várias pessoas chamadas João associadas com o cristianismo em Éfeso. O autor de Jo 21 claramente não identifica o Discípulo Amado, que é a fonte da tradição joanina, com o João filho de Zebedeu. João 21,2 se refere a "os filhos de Zebedeu", enquanto que 21,7-20 se refere ao Discípulo Amado. Em outras passagens, o Evangelho também parece separar os Doze de outros discípulos do Senhor, incluindo o Discípulo Amado. Outra dificuldade para a opinião de que o João filho de Zebedeu foi o autor do Quarto Evangelho é a suposição de Mc 10,39 de que os dois irmãos sofreriam o martírio. João 21,20-23 atesta de forma bem clara que o Discípulo Amado não morreu como mártir como morreu Pedro. Finalmente, os exegetas modernos observam que os desdobramentos na cristologia e a escatologia realizada do Quarto Evangelho estão bem além do que seria provável para um pescador da Galileia.

Ainda que os biblistas atualmente deem uma resposta bem diferente à questão da autoria do Quarto Evangelho, esta solução não precisa debilitar o aspecto básico ressaltado pela reafirmação da autoria apostólica. O Quarto Evangelho não é uma obra inerentemente herética, um "batismo" oculto de um mito não cristão a respeito de um redentor ou uma apresentação docética de Jesus como o Cristo celestial. Trata-se de um testemunho do desenvolvimento legítimo da fé apostólica. Como tal, ele tinha um lugar legítimo dentro do cânone dos evangelhos ortodoxos, como insistiu Irineu.

13 (V) Características literárias do Quarto Evangelho. Os pesquisadores também procuram entender o Evangelho assim como ele se apresenta diante de nós. Que características especiais de composição e estilo foram usadas pelo autor? Como os personagens e suas relações são retratadas? Qual é o "enredo" que orienta o relato do início até seu término? (veja R. A. Culpepper, *Anatomy of the Fourth Gospel* [Philadelphia, 1983]).

Os discursos joaninos são moldados pela repetição de palavras fixas, formulação de antíteses, inclusão e estruturação de versículos dentro de uma unidade segundo um padrão de quiasma. Estas características são ilustradas por Jo 8,12-20. Um dito do tipo "Eu Sou" introduz o discurso sobre testemunho e julgamento (v. 12). Jesus se opõe à objeção dos fariseus com uma tese contrária. A passagem se desenvolve então em torno de uma série de palavras-chave. O v. 14 introduz uma oposição: "sei de onde venho ... vós, porém, não sabeis [de onde Jesus veio e para onde está indo]". O v. 15 cria uma oposição variante: "vós julgais conforme a carne, mas eu a ninguém julgo". O v. 16 retorna à objeção do v. 13 de que Jesus não testificava "verdadeiramente" e também introduz o que o leitor joanino sabe ser verdade acerca das origens de Jesus: sua ligação com o Pai. Ao mesmo tempo, a referência ao julgamento verdadeiro retém sua ligação com o versículo anterior. O v. 17, então, invoca a lei segundo a qual o testemunho de duas pessoas é verdadeiro. O v. 18 inicia com a expressão do tipo "Eu Sou" e nomeia as duas testemunhas. Tanto o v. 16 quanto o v. 18 colocam a palavra "Pai" em uma posição enfática no final da frase. O v. 19 inicia com uma objeção formulada como pergunta, "onde" está teu Pai, que Jesus responde com outra afirmação que o distingue dos fariseus em termos de conhecimento, "não conheceis nem a mim, nem a meu Pai", uma expressão que receberá uma ênfase adicional pela repetição, "se me conhecêsseis, conheceríeis também meu Pai". Então, o evangelista/narrador intervém para levar a unidade a uma conclusão (v. 20). Ao mesmo tempo, ele dirige nossa atenção ao alvo do enredo, a "hora" em que Jesus será preso e retornará ao Pai na crucificação.

Esta passagem também reflete uma outra técnica joanina: a deliberada compreensão errônea do que Jesus diz por parte de seus oponentes. A compreensão errônea fica evidente na pergunta: "Onde está teu Pai?". Os mal-entendidos muitas vezes estão ligados a um sentido duplo que pode ser atribuído a uma palavra ou expressão específica usada por Jesus. Os principais exemplos de tais mal-entendidos são: 2,19-21, "o Templo", a morte e ressurreição de Jesus; 3,3-5, "nascer de novo/do alto", tornar-se filho de Deus; 4,10-15, "água viva", o Espírito que vem de Jesus [7,38]; 4,31-34, "comida", fazer a vontade do Pai; 6,32-35, "pão do céu", a revelação salvadora de Jesus; 6,51-53, "minha carne", a morte salvadora de Jesus; 7,33-36, "onde eu estou ... vós não podeis vir", a glorificação de Jesus; 8,21-22, "eu vou", a glorificação; 8,31-35, "vos libertará", a libertação dada por Jesus às pessoas que se tornam filhos de Deus; 8,51-53, "morte", vida eterna; 8,56-58, "por ver meu Dia", Jesus revela a Deus; 11,11-15, "sono", morte e vida eterna; 11,23-25, "teu irmão ressuscitará", Jesus é a vida; 12,32-34, "elevado", glorificação na cruz; 13,36-38, "aonde vou", a glorificação; 14,4-6, "para onde vou", a glorificação; 14,7-9, "o vistes", Jesus revela a Deus; 16,16-19, "um pouco de tempo", a morte de Jesus e o retorno aos discípulos (veja G. W. MacRae, "Theology and Irony in the Fourth Gospel", *The Word in the World* [Festschrift F. L. Moriarty; ed. R. J. Clifford *et al.*; Cambridge MA, 1973] 83-96; D. A. Carson, *TynBul* 33 [1982] 59-91).

Também é característica do narrador interromper a narrativa e falar com sua própria voz. Ele explica nomes (1,38-42) e símbolos (2,21; 12,33; 18,9); corrige possíveis equívocos (4,2; 6,6); lembra ao leitor acontecimentos afins (3,24; 11,2) ou reidentifica personagens (7,50; 21,20). As interjeições do narrador fazem dele o intérprete autorizado das palavras de Jesus (2,21; 6,6.71; 7,39; 8,27; 12,33; 13,11; 18,32; 21,19.13). Algumas vezes o narrador faz um comentário retrospectivo que indica a compreensão que a comunidade joanina havia alcançado após a ressurreição (2,22; 12,16; 13,7; 20,9).

14 O enredo do Evangelho se concentra na "hora" da glorificação de Jesus, seu retorno ao Pai por ocasião da crucificação. Resumos lembram o leitor da missão que Jesus foi enviado pelo Pai para cumprir (1,11-12; 18,37). O significado do ministério de Jesus de revelar o Pai e trazer "graça e verdade", as bênçãos da aliança (não trazidas por Moisés), é enunciado em 1,14.18. A oração em Jo 17 é o anúncio triunfante de que a missão de Jesus alcançou seu objetivo. Ele revelou o Pai à comunidade de discípulos, e por meio deles a outros. Ele agora retorna à "glória" que tinha tido com o Pai (17,4.6.26).

Ao mesmo tempo em que o enredo se encaminha para a glorificação de Jesus, a narrativa passa por ciclos de aceitação e de rejeição. A primeira metade do Evangelho, caps. 1-12, se divide em duas seções. Ainda que existam alusões prolépticas à "hora", à fé inadequada e à rejeição de Jesus, os caps. 1-4 são essencialmente afirmações positivas a respeito da vinda de Jesus para as pessoas que o recebem. Embora Nicodemus não se torne crente, ele mantém uma disposição positiva para com Jesus e até mesmo sofrerá a acusação de ser um dos discípulos de Jesus (3,1-15; 7,45-52; 19,39). Os diálogos com Nicodemos e a mulher samaritana introduzem o leitor no "significado duplo" do discurso joanino e na ideia de que Jesus é o *locus* de toda salvação. Os caps. 5-12, entretanto, contam a história de conflitos sobre a identidade de Jesus e sua rejeição progressiva. A narrativa apresenta uma escalada de conflitos em torno da crença/descrença. Diferentemente dos relatos dos sinóticos, não há outra forma de conflito no enredo: não há demônios a derrotar, batalha com forças hostis da natureza, conflito com os discípulos. As compreensões equivocadas por parte dos discípulos são apresentadas como um componente necessário para uma fé que precisa permanecer incompleta até que Jesus tenha concluído sua missão e retornado ao Pai.

Os caps. 13-17 oferecem um interlúdio, ainda que claramente marcado pela partida iminente de Jesus (13,2). Depois que Judas saiu do cenáculo, "era noite" (13,30). Jesus volta a falar com seus discípulos sobre sua partida, o sofrimento e a futura alegria deles quando ele "retornar" para ficar com eles, quando o Paráclito vier para guiá-los ou quando eles, por fim, virem a glória que Jesus teve com o Pai desde o começo. Depois disso, os acontecimentos da paixão começam a se desenrolar em uma série cuidadosamente elaborada de cenas curtas até que o Jesus moribundo declara sua missão concluída (19,30). As tradições da ressurreição anexadas ao Evangelho levam então o leitor para a missão futura dos discípulos, para a qual eles haviam sido comissionados nos discursos da ceia. Os temas do comissionamento são mais fortes na disposição atual do Evangelho, que inclui os caps. 15-17 e 21, do que teriam sido na proposta de versão inicial, que incluía apenas Jo 13,31-14,31. Aquele discurso está dirigido primordialmente a relações internas entre os discípulos, Jesus, o Pai e o Paráclito. Também se pode dizer que os relatos da ressurreição em Jo 20 estabelecem a fé dentro da comunidade. O episódio de Tomé prepara o caminho para a afirmação do narrador de que o Evangelho deve nos conduzir à fé em Jesus (20,30-31). Mas os discursos de Jo 15-17 estabelecem a comunidade dos discípulos naquele padrão de luta em torno da crença/descrença no "mundo" que tinha marcado o ministério de Jesus.

15 Nenhuma das caracterizações presentes no Quarto Evangelho suscita tanta controvérsia quanto seu retrato dos "judeus" (veja W. A. Meeks, "'Am I a Jew?' Johannine Christianity and Judaism", *Christianity, Judaism and Other Greco-Roman Cults* [Festschrift M. Smith; ed. J. Neusner; SJLA 12; Leiden, 1975] 1. 163-83; U. von Wahlde, *JBL* 98 [1979] 231-53; J. Ashton, *NovT* 27 [1985] 40-75). Na época em que o Evangelho foi composto, parece que já havia desaparecido qualquer possibilidade de conversões dentre os "judeus". Com exceção de expressões tradicionais, como "rei dos judeus", ou referências de passagem a festas ou costumes judaicos (2,6.13; 7,2), as referências genéricas aos "judeus" parecem ser obra do evangelista. Tanto o narrador quanto Jesus falam dos "judeus" como *outsiders*. "Os judeus" causam medo no povo (9,22); eles são claramente distinguidos dos discípulos (13,33) e seguem "sua lei" (7,19; 8,17; 15,25; cf. 10,34).

Quando a expressão "os judeus" nada tem a ver com uma diferenciação étnica (os judeus em contraposição aos samaritanos, 4,22), religiosa ou geográfica (habitantes da Judeia, e não da Galileia, alguns dos quais creem em Jesus, 11,19.31.33.36; 12,9.11), ela é emblemática da descrença. Algumas das passagens entre a expressão aparentemente neutra "os judeus" e "os judeus" como inimigos hostis de Jesus talvez tenham sido ditadas pela ênfase da narrativa na crise crescente da descrença. O uso genérico da expressão "os judeus" por parte de João como antagonistas no relato eliminou muito da diversidade dos indivíduos judeus que aparecem nas tradições sinóticas. As explicações da descrença não se fundamentam nas peculiaridades do judaísmo, mas nas oposições fundamentais do mundo simbólico criado pelo Evangelho. Eles não "ouviram nem viram o Pai" (5,37); não querem "vir a Jesus para ter a vida" (5,40); ter "em si o amor de Deus" (5,42); receber Jesus (5,43) ou buscar a glória de Deus (5,44). Em última análise, eles são "de baixo" enquanto Jesus é "do alto" (8,23). Nem todos os que são judeus na narrativa se enquadram nestas categorias negativas, pois alguns creem. Além disso, as convicções de que a crença tem de ser "dada" pelo Pai (6,37.39.44.65; 10,3) mitigam parte da severidade presente na descrição da descrença. Uma vez que o evangelista claramente moldou a caracterização "dos judeus" ao enredo de seu relato a respeito da crença e da descrença, não se pode derivar de suas afirmações uma justificação canônica para o antissemitismo entre os cristãos hoje.

16 (VI) A cristologia no Quarto Evangelho. A investigação da cristologia joanina é estimulada pelo do próprio Evangelho. João 20,31 aponta para a fé em Jesus como "Filho de Deus" como a fonte de vida eterna. A mesma ligação é feita na primeira predição de que Jesus seria "levantado" como "Filho do Homem" em Jo 3,15. A conclamação a "crer" que ecoa ao longo de todo o Quarto Evangelho tem caracteristicamente Jesus como seu objeto (*p.ex.*, "eu", 6,35; 7,38; 11,25.26; 12,44; 14,1.12; 16,9; "nele", 2,11; 4,39; 6,40; 7,5.31.39.48; 8,30; 10,42; 11,45.48; 12,37.42; "Jesus", 12,11; "seu nome", 1,12; 2,23; "aquele que ele enviou", 6,29; "a luz", 12,36; "o Filho", 3,15.16.18.36; "Filho do Homem", 9,35). O Evangelho deixa claro que esta fé é a condição da salvação. Ele pressupõe que "crer em" Jesus implica perceber a relação especial existente entre Jesus e o Pai, a qual é o ponto central dos discursos no Evangelho (→ Teologia joanina, 83:24-37).

João 1,19-50 junta vários dos títulos messiânicos tradicionais que tinham servido de base para afirmações cristológicas nas primeiras comunidades cristãs: Messias, Elias, o profeta, Cordeiro de Deus, Filho de Deus, rei de Israel. Essas afirmações messiânicas são, então, relativizadas pela promessa de "coisas maiores" em um dito que promete uma visão do Filho do Homem sobre quem os anjos de Deus sobem e descem (1,51). Este dito transforma as imagens apocalípticas do Filho do Homem e dos anjos do céu e o relato da visão de Jacó em Betel em uma expressão pela qual Jesus tanto "cumpriu" quanto transcendeu quaisquer expectativas que poderiam ter estado associadas a essas esperanças messiânicas tradicionais. A reinterpretação de João é determinada por sua visão mais ampla de Jesus como o Logos/"Filho" enviado como a revelação salvadora do Pai (veja F. J. Moloney, *The Johannine Son of Man* [Biblioteca di Scienze Religiose 14; 2ª ed.; Rome, 1978]).

Este padrão de transformação é evidente nas disputas em que as expectativas de Jesus como Messias ou profeta mosaico estão sob discussão. Uma discussão midráshica da afirmação inicial culmina em um dito a respeito do Filho do Homem (*p.ex.*, 3,13-14; 6,35.38.53.62; 8, 28; 9,35-41). Um processo semelhante pode ser encontrado na coleção de ditos revelatórios que começam com "Eu Sou". Eles formam um veículo mediante o qual Jesus se apropria de grandes símbolos religiosos, mas no sentido absoluto, como o "nome de Deus", esses ditos mostram que Jesus é aquele que revela a Deus em contraposição às reivindicações concorrentes de "conhecer a Deus" (8,24.28.51). A conexão entre o divino "Eu Sou" e a glorificação de Jesus na cruz (8,24.28) é pressuposta no uso do "Eu Sou" como consolo em Jo 13,19.

17 A cristologia joanina parece ser mais do que uma simples ampliação de possibilidades já presentes em fontes judaicas ou protocristãs. Não é possível deixar de perceber a novidade do uso, por parte do evangelista, de categorias previamente consideradas apropriadas apenas para designar a realidade transcendente de Deus em conjunção com uma narrativa que descreve a trajetória terrena de um ser humano. A cristologia joanina coloca o problema da redefinição do monoteísmo (veja Dunn, "Let John Be John" 309-39).

Com a introdução de uma cristologia do Logos no prólogo do Evangelho, João apresenta ao leitor uma imagem da preexistência que implica o ser pessoal de Jesus com Deus. João 1,18 faz a ligação entre as cristologias do Logos e do Filho. As referências ao retorno de Jesus à glória que ele tinha tido com o Pai (17,4.24) asseguram a conexão entre a palavra preexistente e o Jesus da narrativa. O Quarto Evangelho rejeita soluções "simples" para o problema da identidade de Jesus. Ele não limita sua afirmação sobre Jesus a predicados como o profeta escatológico, que poderia ser entendido em relação a qualquer humano, ainda que a alguém cujo papel no plano de salvação de Deus tem uma posição última ou final. O Evangelho tampouco resolve o problema como os gnósticos o fariam mais tarde simplesmente fazendo de Jesus o traje terreno para a figura de um redentor celestial, que não tem essencialmente qualquer conexão com as realidades históricas ou humanas deste mundo. Ao recusar ambas as antíteses, o Quarto Evangelho estabelece os parâmetros para uma cristologia encarnacional. Talvez ele também tenha esgotado as possibilidades da narrativa de expressar esta cristologia, uma vez que contar histórias depende de nossa capacidade de interligar acontecimentos e pessoas em padrões tirados da experiência humana. Mas o Jesus joanino não vem para clarear a experiência humana. Ele vem para revelar o Pai (veja J. D. Dunn, *Christology in the Making* [Philadelphia, 1980] 213-68).

18 (VII) O texto do Quarto Evangelho. Os principais códices do NT dos sécs. IV e V, o Vaticano, o Bezae, o Sinaítico, que está mais próximo ao Vaticano em Jo 1-7 e nas outras partes está mais próximo ao códice Bezae, foram complementados por vários papiros gregos do séc. II ao VII, que contêm seções significativas do Evangelho. Os papiros mais importantes são o P^{52} (de aproximadamente 130 d.C.; contém 18,31-33,37-38); P^{66} (do início do séc. III d.C.; contém os caps. 1 a 14 bastante completos; fragmentos do cap. 21); e o P^{75} (de aproximadamente 200 d.C.; contém os caps. 1 a 12 quase completos; fragmentos do cap. 13 e 14,9-30; 15,7-8). O P^{75} é mais próximo ao Vaticano, enquanto que o P^{66} é um tanto mais próximo ao Sinaítico. A concordância entre estes dois papiros pode constituir um forte argumento para uma leitura, mas sua divergência mostra que formas diferentes do texto de João já estavam em circulação. O próprio P^{66} talvez seja o resultado da tentativa de algum escriba de criar uma versão a partir de um tipo de texto egípcio e uma forma do texto ocidental (→ Textos, 68:179).

A Antiguidade do fragmento de João no P^{52} teve um impacto importante na datação do Evangelho. Antes de sua descoberta, a cristologia complexa de João e a falta de citações claras do Evangelho nos Padres da igreja do início do séc. II tinham levado algumas pessoas a sustentar que o Evangelho fora de fato composto no séc. II. Agora que as provas dos papiros sugerem a circulação de textos variantes do Evangelho no Egito a partir do primeiro quarto do séc. II, essas teorias devem ser rejeitadas por não serem plausíveis. Se ainda se presume que João tenha sido composto na Ásia Menor, e não no Egito, e numa comunidade relativamente fechada, deve-se calcular um tempo para que ele passasse a circular de modo geral no Egito. Por isso, a mais tardia data plausível para a composição do Evangelho seria aproximadamente 100 d.C. Mas se a expulsão da sinagoga a que o Evangelho se refere deve ser associada com a promulgação da bendição contra os hereges por volta do ano 90, então o período no qual o Evangelho foi escrito é muito provavelmente a década de 90.

Algumas passagens que foram incorporadas posteriormente ao texto do Evangelho não são apoiadas pelos testemunhos mais antigos. A mais significativa é a perícope sobre a mulher flagrada em adultério (7,53-8,11). Literariamente, este relato apresenta mais o estilo dos sinóticos do que do Quarto Evangelho. Ela será tratada aqui como um *agraphon* "solto", que acabou sendo copiado para mss. joaninos. Os mais antigos mss. também não apoiam a presença de 5,4, a explicação do anjo que agitava a água da piscina, que agora é omitido das edições em grego do texto e aparece como nota de rodapé em algumas traduções também.

19 (VIII) Destino e finalidade do Quarto Evangelho. As abordagens do destino e da finalidade do Evangelho dependem do que se decide sobre as fontes e a composição de João e sobre a história da comunidade joanina. Ainda que a "fonte dos milagres" usada no Evangelho possa ter sido moldada para servir à finalidade de converter outros a uma fé em Jesus como Filho de Deus, seu uso presente como parte de uma apresentação complexa da identidade de Jesus como Filho em conflito com objeções judaicas dificilmente parece apropriado para um tratado missionário. Também a formulação da disputa com "os judeus" nos discursos parece ter a intenção de conquistar pessoas que são judias para a crença em Jesus. A intensificação das reivindicações a respeito da identidade de Jesus nos discursos parece, antes, destinada a confirmar os piores temores das pessoas apresentadas como antagonistas de Jesus. A dinâmica literária do Evangelho, tanto em seu uso de uma linguagem especial de duplo sentido e de simbolismo quanto nos apartes feitos pelo narrador, sugere uma obra que visava a circular na comunidade de cristãos joaninos. Os discursos de despedida falam claramente para as experiências interiores da comunidade joanina. As questões do retorno de Jesus, a orientação da comunidade pelo Paráclito, a missão da comunidade "no mundo" ao qual ela não mais pertence e o problema da perseguição contínua são todas questões bem além das dificuldades representadas pela hostilidade judaica e pela expulsão da sinagoga.

É possível também ter alguma ideia a respeito do público ao qual o Evangelho é dirigido a partir de uma análise do leitor implícito no próprio Evangelho. O que a narrativa presume que o leitor saiba? Presume-se que os leitores saibam quem são o "nós", que vinculamos à escola joanina (1,14.16; 21,24). Aparentemente, eles estão familiarizados com o hino ao Logos usado no prólogo. Os leitores talvez também estejam familiarizados com João Batista. É possível que o cuidado com que o narrador define o lugar de João Batista como testemunha de Jesus indique que ele pensa que seu público talvez tenha uma estima alta demais por ele. O leitor também sabe que João Batista foi encarcerado (3,24). Talvez o evangelista também queira corrigir uma impressão de que aquele acontecimento tivesse ocorrido antes do início do ministério de Jesus.

Presume-se que o conhecimento do público sobre o judaísmo varie. Passagens das Escrituras, especialmente citações proféticas, são familiares, assim como alguns símbolos da Escritura e os principais heróis do período patriarcal e Moisés. Mas a maneira como as festas judaicas são identificadas sugere que nem o autor nem os leitores observam tais festas. O leitor deve ter algum conhecimento mínimo sobre a Páscoa, o significado do sábado, instituições como o sumo sacerdócio e o sinédrio, ainda que ritos de purificação e costumes funerais não sejam necessariamente familiares. Embora o leitor não conheça o significado de "Messias", outros títulos cristológicos como "Filho do Homem" aparecem sem explicação.

O Quarto Evangelho aparentemente presume que grande parte da história sobre Jesus, suas pessoas e lugares, já seja conhecida dos leitores. Aparentemente, eles também estariam familiarizados com crenças cristãs como aquelas representadas nos títulos cristológicos, o batismo, a ceia do Senhor e o Espírito. O leitor joanino, então, deve ser imaginado como cristão. Se aquele leitor cristão tem de ter compartilhado todas as nuances da teologia joanina ou poderia ter sido uma pessoa cuja fé, de certa forma, estava sendo "edificada" ou "corrigida" pelo Evangelho é mais difícil de dizer. Foi sugerido que, levando em conta o ponto de vista cristológico vigoroso defendido no Evangelho, o leitor talvez não compartilhasse desta concepção. Talvez os leitores do Evangelho sejam vistos como pessoas que se enquadram em uma ou mais compreensões equivocadas representadas por personagens do relato (veja Culpepper, *Anatomy* [→ 13 *acima*] 206-27).

20 (IX) Esboço: o Evangelho de João é esboçado como segue:

(I) Prólogo: O Verbo vem ao mundo (1,1-18)
(II) Livro dos sinais: "Os seus não o receberam..." (1,19-12,50)
    (A) A escolha dos discípulos (1,19-4,54)
        (a) O testemunho de João (1.19-51)
            (i) João não é o Messias (1,19-28)
            (ii) Jesus é o Cordeiro de Deus (1,29-34)
            (iii) André e Pedro (1,35-42)
            (iv) Filipe e Natanael (1,43-51)
        (b) Caná: Os discípulos contemplam sua glória (2,1-12)
        (c) Judeia: A purificação do Templo (2,13-25)
            (i) Sinal da ressurreição (2,13-22)
            (ii) Comentário: A fé rejeitada (2,23-25)
        (d) Nicodemos: O novo nascimento e a vida eterna (3,1-36)
            (i) Diálogo: O dom da vida eterna (3,1-15)
            (ii) Comentário: Deus enviou o Filho para dar vida (3,16-21)
            (iii) João testifica de Jesus (3,22-30)
            (iv) Comentário: Deus enviou Jesus para dar vida (3,31-36)
        (e) Retirada para a Galileia (4,1-3)
        (f) Samaria: O salvador do mundo (4,4-42)
            (i) Diálogo: A água viva (4,6-15)
            (ii) Diálogo: O Messias-Profeta (4,16-26)
            (iii) Diálogo: A colheita (4,27-38)
            (iv) Crentes samaritanos (4,39-24)
        (g) Galileia: O filho de um funcionário real (4,39-42)
            (i) O retorno de Jesus à Galileia (4,43-54)
            (ii) A cura do filho do funcionário (4,46-45)
    (B) Disputas acerca das obras e palavras de Jesus: Ele vem de Deus? (5,1-10,42)
        (a) Jerusalém: A cura do paralítico: vida e julgamento (5,1-47)
            (i) Um paralítico é curado no sábado (5,1-8)
            (ii) A autoridade do Filho para dar vida (5,19-30)
            (iii) O testemunho sobre Jesus (5,31-40)
            (iv) A falta de fé é condenada (5,41-47)
        (b) Galileia: O pão da vida (6,1-71)
            (i) A multiplicação dos pães (6,1-15)
            (ii) Jesus caminha sobre as águas (6,16-21)
            (iii) Diálogo: Jesus é o pão que vem do céu (6,22-40)
            (iv) Disputa sobre as origens de Jesus (6,41-51a)
            (v) O pão é a carne de Jesus (6,51b-59)
            (vi) Disputa: Jesus perde discípulos (6,60-66)
            (vii) A confissão de Pedro (6,67-71)
        (c) Jerusalém durante a festa das Tendas (7,1-8,59)
            (i) Galileia: Jesus rejeita o conselho de ir a festa (7,1-9)
            (ii) Jesus vai à festa secretamente (7,10-13)
            (iii) Jesus ensina no templo (7,14-24)
            (iv) Divisão: Seria este o Messias? (7,25-31)
            (v) Soldados são enviados para prender Jesus (7,32-36)
            (vi) Jesus é a água viva (7,37-39)
            (vii) Divisão: Seria este o profeta? (7,40-44)
            (viii) As autoridades rejeitam a Jesus (7,45-52)
            [*Agraphon:* A mulher adúltera (7,53-8,11)]
            (ix) O Pai dá testemunho de Jesus (8,12-20)
            (x) Jesus retornará ao Pai (8,21-30)
            (xi) Os descendentes de Abraão ouvem a verdade (8,31-47)
            (xii) Antes que Abraão existisse, "Eu Sou" (8,48-59)
        (d) Jesus restaura a visão de um cego (9,1-41)
            (i) A cura de um cego de nascença (9,1-12)
            (ii) Os fariseus questionam o cego: Jesus é um profeta (9,13-17)
            (iii) Judeus questionam os pais: Medo de expulsão da sinagoga (9,18-23)
            (iv) O segundo interrogatório e a expulsão da sinagoga (9,24-34)
            (v) Jesus é o Filho do Homem (9,35-38)
            (vi) A cegueira dos fariseus (9,39-41)

- (e) Jesus, o Bom Pastor (10,1-42)
  - (i) A parábola do Bom Pastor (10,1-42)
  - (ii) Jesus, a porta e o Bom Pastor (10,7-18)
  - (iii) Divisão: Estaria Jesus possesso? (10,19-21)
  - (iv) As ovelhas de Jesus conhecem sua voz (10,22-30)
  - (v) Tentativa de apedrejar Jesus por blasfêmia (10,31-39)
  - (vi) Jesus se retira para o outro lado do Jordão (10,40-42)
- (A) Jesus dá vida e recebe morte (11,1-12-50)
  - (a) A ressurreição de Lázaro (11,1-44)
    - (i) Jesus se demora para ir até Lázaro (11,1-16)
    - (ii) Jesus, a ressurreição e a vida (11,17-27)
    - (iii) Jesus amava Lázaro (11,28-37)
    - (iv) Jesus ressuscita Lázaro (11,38-44)
  - (b) Líderes judeus condenam Jesus à morte (11,45-53)
  - (c) Jesus se retira (11,54-57)
  - (d) Jesus é ungido para "a hora" (12,1-8)
  - (e) Conspiração contra Lázaro (12,9-11)
  - (f) A entrada em Jerusalém (12,12-19)
  - (g) A hora está chegando (12,20-36)
    - (i) Gregos vêm até Jesus (12,20-26)
    - (ii) Eu estou para ser elevado (12,27-36)
  - (h) A condenação da falta de fé (12,37-50)
- (III) Livro da glória: "... deu o poder de se tornarem filhos de Deus" (13,1-20,31)
  - (A) Os discursos da última ceia (13,1-17,26)
    - (a) A última ceia (13,1-30)
      - (i) O lava-pés dos discípulos
      - (ii) Jesus prediz sua traição (13,21-30)
    - (b) Jesus retorna ao Pai (13,31-14,31)
      - (ii) O anúncio da hora (13,31-38)
      - (ii) Jesus é o caminho para o Pai (14,1-11)
      - (iii) O Paráclito e o retorno de Jesus (14,12-24)
      - (iii) Conclusão: A partida de Jesus (14,25-31)
    - (a) Jesus, a videira verdadeira (15,1-16,4a)
      - (i) Jesus é a videira verdadeira (15,1-11)
      - (ii) Os discípulos são amigos de Jesus (15,18-25)
      - (iii) O mundo odiará os discípulos (15,18-25)
      - (iv) O Paráclito como testemunha (15,26-27)
      - (v) A perseguição dos discípulos (16,1-4)
    - (d) Consolação para os discípulos (16,4-33)
      - (i) O Paráclito condenará o mundo (16,12-15)
      - (ii) O Paráclito vos guiará na verdade plena (16,12-15)
      - (iii) A partida e o retorno de Jesus (16,16-24)
      - (iv) Jesus venceu o mundo (16,25-33)
    - (e) A oração de Jesus pelos discípulos (17,1-26)
      - (i) Jesus retorna à glória (17,1-5)
      - (ii) Jesus envia seus discípulos para o mundo (17,6-19)
      - (iii) Para que eles sejam um (17,10-26)
  - (B) A narrativa da paixão (18,1-19-42)
    - (a) A prisão de Jesus (18,1-11)
    - (b) Diante do sumo sacerdote (18,12-14)
      - (i) Jesus é levado a Anás (18,12-14)
      - (ii) Pedro nega a Jesus (18,15-18)
      - (iii) Anás interroga a Jesus (18,19-24)
      - (iv) Pedro nega a Jesus (18,25-27)
    - (c) O julgamento por Pilatos (18,-19,16a)
      - (i) Cena um (18,28-31[32])
      - (ii) Cena dois (18,33-38a)
      - (iii) Cena três (18,38b-40)
      - (iv) Cena quatro (19,1-3)
      - (v) Cena cinco (19,4-7)
      - (vi) Cena seis (19,8-11)
      - (vii) Cena sete (19,12-16a)
    - (d) A crucificação de Jesus (19,16b-22)
      - (i) A acusação na cruz (19,16b-22)
      - (ii) Aos pés da cruz (19,23-27)
      - (iii) A morte de Jesus (19,28-30)
    - (e) O sepultamento de Jesus (19,31-42)
      - (i) As autoridades atestam sua morte (19,38-42)
      - (ii) José e Nicodemos sepultam Jesus (19,38-42)
  - (C) Jesus é ressuscitado (20,1-29)
    - (a) O túmulo vazio (20,1-10)

(b) O Senhor aparece a Maria Madalena (20,11-18)
(c) O Senhor aparece aos discípulos (20,19-23)
(b) O Senhor aparece a Tomé (20-24-29)
(D) Conclusão: A finalidade do Evangelho (20,30-31)
(IV) Epílogo: O Senhor aparece na Galileia (21,1-25)

(A) Aparições junto ao Mar da Galileia (21,1-14)
 (a) A pesca miraculosa (21,1-8,10.11)
 (b) A refeição (21,9.12-14)
(B) As palavras de Jesus sobre Pedro e o Discípulo Amado (21,15-23)
 (a) Pedro, pastor e mártir (21,15-19)
 (b) O Discípulo Amado (21,20-23)
(C) Conclusão: O testemunho sobre Jesus (21,24-25)

COMENTÁRIO

21 (I) Prólogo: O Verbo vem ao mundo (1,1-18). A estrutura paralela das frases neste trecho do Evangelho, o uso de *logos*, "verbo" ou "palavra", que não aparece em nenhum outro lugar no resto do Evangelho, as interrupções do narrador na estrutura (vv. 6-8.[9?].13.15) e o uso de "os seus" no v. 11 em oposição a seu significado em 13,1, tudo sugere que o prólogo adaptou material tradicional anterior. A tradição usada pelo evangelista parece se encaixar no padrão de um hino cristológico (contra a concepção de que a tradição veio em forma de hino, veja E. L. Miller, *NTS* 29 [1983] 552-61). As reconstruções do hino pré-joanino diferem (veja G. Rochais, *ScEs* 37 [1985] 5-44), ainda que uma variante do seguinte esboço seria comum: v. 1, [v. 2], vv. 3-4, [v. 5], [v. 9ab], [v. 10ab], v. 10c-11, v. 12ab, v. 14a[b]c, v. 16. O hino celebra o Verbo preexistente e sua atividade na criação (vv. 1-5); a atividade do Verbo em guiar e iluminar os seres humanos, que muitas vezes rejeitam a sabedoria divina (vv. 9ab, 10-12); e a encarnação do Verbo, que possibilitou à humanidade participar da plenitude divina (vv. 14.16; → Teologia joanina, 83:19).

22 1-2. *No princípio ... o Verbo estava com Deus*: isto lembra Gn 1,1, bem como as tradições que falam da Sabedoria com Deus por ocasião da criação (Pr 8,30; Sb 7,25). No grego helenístico, *pros* pode ser usado para designar um simples acompanhamento sem qualquer implicação de movimento "em direção de", embora alguns exegetas vejam aqui uma alusão à relação dinâmica existente entre o Verbo e Deus. *Theos*, "Deus", usado sem o artigo é um predicado. João vai além da cuidadosa formulação da tradição da Sabedoria, que nunca sugere que a Sabedoria tenha qualquer forma de igualdade com Deus (cf. *theos* usado a respeito de Jesus em 1,18[?]; 20,28; 1Jo 5,20). **3-4**. *tudo foi feito por meio dele*: não fica claro se o que "foi feito" deveria ser anexado ao final do v. 3 ou formar o início do v. 4. Anexar a expressão ao início do v. 4 pode ser entendido como uma leitura influenciada pelo quadro gnóstico de vários éons que adquirem existência no Verbo (veja em *Tri. Trac.* 76.2-104.3 um relato esmerado dos âmbitos que adquiriram existência no Logos. Anexar a expressão ao v. 3 a torna paralela a 1 QS 11,11: "E pelo Seu conhecimento tudo veio a existir, e por Seu pensamento Ele dirige tudo que existe, e sem Ele nada é feito". Tanto a vida (11,25; 14,6) quanto a luz (8,12; 9,5; 12,46) assumem um sentido soteriológico quando são identificadas com Jesus no Evangelho. **5**. *a luz brilha nas trevas*: alguns exegetas pensam que esta expressão foi acrescentada pelo evangelista antecipando as trevas da descrença (8,12; 3,19; 12,35.46). Sabedoria 7,29-30 fala de uma beleza que ultrapassa o sol e as estrelas; o pecado não pode prevalecer sobre a Sabedoria.

23 6-8. *um homem enviado por Deus*: a primeira de uma série de passagens sobre o papel de João Batista; ele não é uma figura messiânica, mas uma testemunha. Esta inserção no hino neste ponto faz o foco do que se segue passar da atividade do Logos na história da salvação para a encarnação. **9.** *a luz verdadeira*: isto pode ser um acréscimo do evangelista referente ao que se segue à encarnação. O termo *alēthinos*, "verdadeiro", é usado para designar o "real" (= a realidade dada por Deus): adoradores (4,23), pão do céu (6,32), videira (15,1) e o próprio Deus (17,3; cf. 7,28).

24 10-11. *os seus não o receberam*: a rejeição do Logos/luz ao vir para seu próprio lugar (*ta idia*) e seu próprio povo (*hoi idioi*) lembra a rejeição da Sabedoria em 1 Henoc 42,2: "A Sabedoria foi morar com o povo, mas não encontrou morada em lugar algum; (então) a Sabedoria retornou para seu lugar e se estabeleceu entre os anjos". **12.** *deu o poder de se tornarem filhos de Deus*: isto pode ter se referido originalmente à Sabedoria que encontra uma morada nas almas dos justos (*p.ex.*, Eclo 1,9-10). Foi reformulado para refletir a soteriologia do Evangelho (2,23; 3,18, creem em seu nome; → Teologia joanina, 83:55-56). **13.** *gerados ... de Deus*: João 3,3-8 atribui o renascimento "divino" à atividade do Espírito. Segundo Sb 7,2, o ser humano nascido de "sangue", da "semente do homem" e do "prazer do casamento" é idêntico a todo outro mortal e precisa pedir Sabedoria a Deus (Sb 7,7).

25 14. *o Verbo se fez carne*: trata-se de uma referência ao Verbo feito carne (*sarx*) que vai além das imagens do AT sobre a glória divina e a Sabedoria que mora com Israel (Ex 25,8-9; Jl 3,17; Zc 2,10; Ez 43,7, o "nome" de Deus deve morar entre Israel para sempre; Eclo 24,4.8.10). Isto também contraria qualquer sugestão de uma cristologia docética. *Monogenēs* reflete o hebraico *yāḥîd*, "único", "precioso", "singular" (veja Gn 22,2.12.16; Hb 11,17; cf. *EWNT* 2.1082-83). *e nós vimos*: isto se refere às testemunhas da comunidade joanina. Alguns acreditam que o v. 14b seja uma ampliação do versículo original. "Glória" aparece ao longo de João como glória de Deus vista em Jesus; também a glória preexistente de Jesus com o Pai (17,5.24). *cheio de graça e de verdade*: originalmente anexada ao v. 14a, esta expressão provavelmente reflete o *ḥesed we'ĕmet* da aliança, a misericórdia e o amor de Deus para com o povo. **15.** *João dá testemunho*: a referência ao testemunho de João Batista alude às palavras de 1,30.

26 16. *de sua plenitude nós recebemos*: este é o único uso de *plērōma*, "plenitude", em João. Provavelmente alude à plenitude da graça (Sl 5,8; 106,45) ou misericórdia de Deus (Sl 51,3). Cf. 1 QS 4,4, "a plenitude de sua graça". *Charin anti charitos*, "graça por graça", pode ser uma variante da primeira expressão ou sugerir que a antiga graça da aliança é substituída pela nova. **17.** *graça e verdade ... por Jesus Cristo*: a contraposição entre Moisés e Jesus sugere que o evangelista entende o v. 16 como referência à substituição da "antiga" revelação por Jesus. **18.** *ninguém jamais viu a Deus*: a superioridade de Jesus se fundamenta em seu relacionamento com Deus. João rejeita consistentemente as reivindicações de outros de que têm conhecimento de Deus (5,37; 6,46; 8,56; veja G. Neyrard, *NRT* 106 [1984] 59-71; J. Painter, *NTS* 30 [1984] 460-74; M. Theobald, *Im Anfang war das Wort* [SBS 106; Stuttgart, 1983]).

27 (II) Livro dos sinais: "Os seus não o receberam..." (1,19-12,50). A narrativa do ministério de Jesus culminará na rejeição dele pelos "seus", aqueles cujos corações tinham se endurecido. Eles recusam-se a acreditar na luz e, portanto, não se tornam "filhos da luz" (12,36).

28 (A) A escolha dos discípulos (1,19-4,54). Na primeira seção do ministério público, Jesus reúne discípulos, pessoas que creem nele, ainda que com uma fé inadequada; pessoas que simpatizam com a ele; e seguidores não judeus como os samaritanos e o funcionário real e sua família.

A Judeia, a Galileia e a Samaria estão todas representadas. Este trecho está interligado com indicadores cronológicos (1,29.35.43; 2,1.12.13; 3,24; 4,40.43).

29 (a) *O testemunho de João* (1,19-51). João Batista cumpre seu papel de testemunha referido no prólogo primeiramente negando quaisquer reivindicações messiânicas sobre si mesmo, depois apontando para Jesus como o "Cordeiro de Deus" e, finalmente, enviando seus próprios discípulos a Jesus. Esta seção é construída em torno de uma coleção de títulos messiânicos.

30 (i) *João não é o Messias* (1,19-28). O evangelista frequentemente cria "cenas duplas" a partir de uma tradição que tinha um só episódio. Ele criou introduções duais nos vv. 19 e 24 dividindo grupos de autoridades judaicas, "sacerdotes e levitas" (v. 19) e "alguns dos enviados eram fariseus" (v. 24). **19**. Eles vêm a pedido "dos judeus", uma expressão que João usa posteriormente para designar autoridades que instigam a oposição a Jesus, especialmente os fariseus e os sumos sacerdotes (5,10.15.16.18; 7,1.13; 8,48.52.57; 9,18.22; 10,24.31.33; 11,8; 18,12.14.31.36.38; 19,7.12.14.31.38; 20,19). As referências formais a Jerusalém como local de origem deles e a Betânia (não aquela próxima de Jerusalém, mas uma cidade na Transjordânia da qual não há traço remanescente) como o local do testemunho no v. 28 dá a todo o trecho um tom jurídico. **20**. *Messias* [Cristo na BJ]: *Māŝîaḥ* aparece primeiramente para designar um futuro agente ungido de Deus em Dn 9,25. Este uso é desenvolvido nos MMM (1QS 9,11; 1QSa 2,14.20; CD 20,1; 4QPB1ess 2,4QFlor 1,11-13 → Teologia paulina, 82:51). Lucas 3,15 também apresenta o povo perguntando se João Batista é "o Messias". **21**. *Elias*: a expectativa do retorno de Elias se baseava em Ml 3,1.23, o mensageiro enviado para preparar o Dia do Senhor; ele é identificado como Elias em 3,23. Tradições sinóticas identificam Elias com João Batista para tornar João o precursor de Jesus (Mc 9,13; MT 17,12; cf.

Lc 1,17; 7,27; João Batista deve atuar como Elias). Apenas em fontes cristãs Elias se torna o precursor do Messias e não do Dia do Julgamento de Iahweh. *o profeta*: a apresentação de Jesus como o profeta mosaico de Dt 18,18 (nos MMM, veja 1QS 9,11 "até a vinda de um profeta e dos messias de Aarão e Israel") formava um elemento importante na tradição cristológica da comunidade joanina e pode ter sido desenvolvida sob a influência de expectativas samaritanas (→ 7 *acima*). **22-23**. *a voz do que clama no deserto*: a citação de Is 40,3 é usada sobre João Batista nos sinóticos (Mc 1,3 par.), mas a forma joanina difere dos sinóticos e da LXX, usando *euthynate* em vez de *hetoimasate* para "preparar" e talvez reflita a próxima parte do versículo, *eutheias poieite*, "tornar reto", que é omitida por João. Omitindo a segunda parte, o evangelista adapta a citação ao papel de testemunhar que é atribuído a João Batista.

31 24-25. O evangelista cria uma segunda cena de testemunho fazendo com que fariseus questionem a autoridade de João para batizar, uma vez que ele não é uma figura messiânica. A pergunta presume que esse batismo expressasse arrependimento e desse purificação pelo Espírito, como no AT e nos MMM (Ez 36, 25-26; Zc 13,1-3; 1QS 4,20-21). O batismo tinha sido, sem dúvida, um ponto de contenda entre os cristãos joaninos e os seguidores de João Batista (*p.ex.*, 3,22-23; 4,1-2). **26-27**. Tradições sinóticas distinguiam Jesus e João Batista contrapondo o batismo de água e a purificação pelo Espírito e anexando o dito sobre a indignidade de João Batista em comparação com Jesus (Mc 1,7-8 par.). O Quarto Evangelho parece ter modificado esta tradição, de modo que a resposta de João Batista aponta para Jesus como aquele que é "desconhecido" aos fariseus. Assim se antecipam as discussões futuras entre Jesus e "os judeus" que não "conhecen" Jesus nem seu Pai (*p.ex.*, 8,14; 7,27 aponta para Jesus como Messias oculto). O *logion* [dito] do v. 27 é uma variante independente daquele que se encontra nos sinóticos, tendo o singular "correia da sandália" e *axios*, "digno", em vez de *hikanos*, "apto", "capaz". João 1,15.30 dá uma interpretação mais incisivamente cristológica ao dito sobre Jesus como aquele que "vem depois" de João Batista. **28**. *Betânia* [Betábara na BJ] *do outro lado do Jordão*: por ser desconhecida, o termo é trocado por Betábara em alguns manuscritos (veja Jz 7,24).

32 (ii) *Jesus é o Cordeiro de Deus* (1,29-34). Enquanto a tradição sinótica apresenta o batismo de Jesus e a vinda do Espírito sobre ele (Mc 1,11; Lc 3,22; Mt 3,17), o Quarto Evangelho tem uma cena em que João Batista dá duplo testemunho diante de "Israel" (veja G. Richter, ZNW 65 [1974] 43-52). A vinda do Espírito é o sinal divino para João Batista de que Jesus é aquele designado por Deus. A contraposição protocristã entre "batismo com o espírito" e o batismo de João com água aparece aqui (v. 33). **29**. *o Cordeiro de Deus que tira o pecado do mundo*: uma vez que o Quarto Evangelho não enfatiza a expiação pelo pecado como o propósito primordial da crucificação/exaltação de Jesus, a afirmação de João Batista deve refletir uma tradição anterior na comunidade. 1 João rejeita as pessoas que afirmam que a morte de Jesus não era uma expiação pelos pecados (1Jo 3,5). Jesus como "cordeiro" provavelmente representa uma combinação protocristã de duas imagens: (a) o Servo Sofredor de Isaías 52,13-53,12, o qual é levado para o matadouro como um cordeiro (53,7) e carrega (*pherein*) nossos pecados (53,4) e (b) a morte de Jesus como a do cordeiro pascal (Jo 19,36; 1Cor 5,7 mostra que esta interpretação da morte de Jesus é antiga). **33**. *o Espírito descer e permanecer*: esta versão da descida do Espírito provém de uma tradição independente que o evangelista moldou para fazer de João Batista sua testemunha. Ele também diz que o Espírito "descansa/permanece" sobre Jesus. O verbo *menein* pertence ao vocabulário especial de João. Ele descreve a relação permanente entre o Pai e o Filho e entre o Filho e os crentes. Ele é aplicado à "habitação" de atributos divinos. Aqui, diz-se que o Espírito "permanece com" Jesus, que será mostrado como aquele que dá o Espírito (3,5.34; 7,38-39; 20,22). Isaías 52.1 descreve o Espírito que "repousa" (*katapauein*) sobre o servo. **34**. Uma variante textual no v. 34 substitui "Filho de Deus" por "eleito de Deus". Uma vez que esta passagem seria o único uso joanino do termo "eleito" e é mais provável que "Filho de Deus" fosse introduzido na tradição, muitos biblistas entendem que essa tenha sido a leitura original. O termo "eleito" aparece como título em alguns dos trechos posteriores de *1 Henoc* (*p.ex.*, 45,3; 49,2; 50,5) e em Is 42,1 para designar o Servo Sofredor.

33 (iii) *André e Pedro* (1,35-42). O testemunho de João Batista alcança seu objetivo quando dois de seus próprios discípulos seguem a Jesus. Este segmento está dividido em dois episódios, como estão os acontecimentos paralelos do dia seguinte. No primeiro episódio de cada dia, novos discípulos são convidados por Jesus a segui-lo (vv. 35-39; 43-44). No segundo, os novos discípulos trazem uma outra pessoa até Jesus enquanto confessam sua fé nele como o Messias prometido; Jesus olha para o recém-chegado e o saúda com um nome especial (vv. 40-42; 45-50). **38-39**. *Rabi*: não era uma designação para mestres nos tempos de Jesus. João faz uso intensivo do título nos caps. 1-12, onde é, muitas vezes, um sinal de respeito combinado com uma afirmação ou pergunta que exigirá que a compreensão do indivíduo acerca de Jesus seja corrigida (1,49, correção: Filho do Homem; 3,2, correção: novo nascimento através do Espírito; [3,26, correção: a relação entre Jesus e João Batista é esclarecida]; 4,31, correção: alimento é fazer a vontade do Pai; 6,25, correção: Jesus é o pão da vida vindo do céu; 9,2, correção: o milagre mostrará que Jesus é luz). A "correção" nos vv. 38-39 é sustentada pelo sentido duplo de *meinein*, "habitar" e "permanecer" na acepção joanina especial. A promessa *opsesthe*, "vereis" ["vede" na BJ], é repetida em 1,51, onde seu conteúdo cristológico é evidente. Tanto "vir até Jesus" (*p.ex.*, 3,21; 5,40; 6,35.37.45) quanto "ver" (*p.ex.*, 5,40; 6,40.47) são indicações da fé no Quarto Evangelho.

34 40-42. A cena com dois discípulos anônimos é vinculada com o chamado de André e de Pedro identificando André como um da dupla anônima. *encontramos o Messias*: a conclamação à conversão se baseia na confissão de que Jesus é o "Messias" (→ Jesus 78:34; Pensamento do AT, 77:152-54). A primeira pessoa do plural reflete o testemunho dado pela protocomunidade. Apenas em João e Mateus (16,16-18) Jesus é o responsável pelo cognome de Simão, "rocha", que também Mateus explica como um indicador do futuro papel de Pedro na comunidade. A tradição joanina parece ter usado "pastor" para designar a função eclesiológica assumida por Pedro (*p.ex.*, 21,15-17).

35 (iv) *Filipe e Natanael* (1,43-51). A segunda cena é marcada tanto por uma troca temporal quanto por uma iminente mudança geográfica de volta à Galileia. **43.** *segue-me*: o chamado de Jesus ao discipulado lembra os relatos de vocação dos sinóticos (*p.ex.*, Mc 2,14 par.). **45-46.** *aquele de quem escreveram Moisés, na Lei, e os profetas*: não se trata de um título cristológico (ainda que alguns tenham sugerido uma ligação com a cristologia do "profeta como Moisés"), mas de uma reafirmação de uma antiga confissão cristã sobre Jesus (Lc 24,27, que indica que isto foi um desenvolvimento da fé posterior à ressurreição). *de Nazaré pode sair algo de bom?*: a pergunta soa como um provérbio local. A expressão também alude a tentativas posteriores de rejeitar Jesus com base em suas origens (6,42; 7,52) por parte das pessoas que não sabem que ele vem "de Deus". O "vem e vê" de Filipe reflete o v. 39.

36 47. *verdadeiramente um israelita*: o adv. *alēthōs*, "verdadeiramente", colocado diante de "israelita" parece equivaler ao uso de *alēthinos*, "verdadeiro", "genuíno", feito por João em outras passagens. Natanael é o israelita exemplar porque vem a Jesus em vez de rejeitá-lo como fazem outros que invocam a lei e os profetas (*p.ex.*, 7,15.27.41; 9,29). *Dolos*, "fraude", "dolo", "falsidade", tem uma conotação religiosa negativa no AT (*p.ex.*, Sl 17,1; 43,1; Pr 12,6); e nos profetas este termo pode implicar infidelidade a Deus (Jr 9,5; Zc 3,13; negado em relação ao servo de Iahweh em Is 53,9). Com o acréscimo do v. 51, a "nomeação" de Natanael também pode ser entendida no contexto de tradições acerca do patriarca Jacó, que recebeu o nome de Israel, "aquele que vê a Deus" (Gn 32,28-30). Mas, de acordo com João, ninguém jamais viu a Deus, exceto o Filho e as pessoas que receberão a revelação trazida pelo Filho. "Astúcia" também era um atributo do patriarca Jacó (Gn 27,35). **48-49.** Não se encontrou um paralelo satisfatório para a reação produzida pela afirmação de Jesus sobre "estar sentado debaixo da figueira". A melhor sugestão é que ela talvez esteja relacionada com uma tradição posterior de que os rabis estudavam a lei "debaixo de uma figueira" (*Midr. Rab. Eccl.* 5,11).

37 49. *Filho de Deus, ... Rei de Israel*: no AT, o rei é chamado de "filho de Deus" (*p.ex.*, 2Sm 7,14; Sl 89,27; 2,6-7; → Teologia joanina, 83:35-37). A passagem de 2Sm aparece em conexão com uma figura descrita como "o rebento de Davi" nos MMM (4QFlor 1-2 i 10), ainda que sem qualquer indicação clara de que o rei descrito dessa forma seja uma figura messiânica. A inscrição "Rei dos Judeus", de Pilatos, colocada na cruz (*p.ex.*, Jo 19,19), pode ter conduzido ao retrato protocristão de Jesus como Messias/Rei. O Quarto Evangelho retornará ao tema da realeza de Jesus no julgamento diante de Pilatos. **50.** *verás coisas maiores*: esta promessa é paralela ao convite "vem e vê" no v. 39. O padrão de subordinar uma reivindicação que poderia ser derivada de uma tradição judaica a "alguém maior", que só é acessível ao crente joanino, repete-se com frequência no Evangelho (*p.ex.*, 3,12; 4,21-23; 11,40). Alguns pensam que "coisas maiores" aponta para os sinais que mostram aos discípulos a glória de Jesus (*p.ex.*, 2,11).

38 **51.** *os anjos do céu subirem e descerem sobre o Filho do Homem*: a expressão formal "em verdade, em verdade" e a mudança do singular "verás" do v. 50 para o plural "vereis" sugerem que este dito foi acrescentado ao relato sobre Natanael em alguma redação subsequente do Evangelho. João 3,12-15 faz uma passagem semelhante das coisas terrenas para as celestiais ao aludir ao Filho do Homem (→ Teologia joanina, 83:38-40). O v. 13 é particularmente próximo a este versículo: "Ninguém subiu ao céu, a não ser aquele que desceu do céu, o Filho do Homem". Este versículo deve ser ligado com a mesma cristologia: não há ninguém que pudesse "ter visto a Deus" exceto o Filho. Consequentemente, a visão de Jacó (Gn 28,11-12) foi transformada em uma visão futura prometida aos crentes em que Jesus é o elo entre o céu e a terra. João 5,37 rejeita a visão de Moisés no Sinai. Em outras passagens, o Evangelho sugere que as pessoas a respeito das quais se afirma que viram a Deus nas Escrituras de fato viram o Filho (*p.ex.*, 8,56.58; 12,41).

39 *Filho do Homem*: os ditos sobre o Filho do Homem nos sinóticos fazem uma ligação do Filho do Homem celestial, "anjos acompanhantes" e "glória" com a parúsia (*p.ex.*, Mc 14,62; Mt 26,27-28). O dito sobre o julgamento em Jo 5,27 (cf. Mc 8,38; 13,26, o Filho do Homem como juiz) mostra que tais tradições faziam parte da herança joanina. Mas os discursos joaninos de despedida nunca aplicam "Filho do Homem" à expectativa do retorno de Jesus. As três predições da paixão do Filho do Homem (3,14; 8,28 12,34) diferem de suas contrapartes sinóticas (*p.ex.*, Mc 8,31) por não darem ênfase à necessidade do sofrimento do Filho do Homem, mas à necessidade de que se creia em Jesus como aquele que foi exaltado/glorificado a fim de alcançar a salvação. Um aspecto semelhante é salientado em Jo 6,62: após alguns terem abandonado a Jesus, os discípulos são advertidos: "E quando virdes o Filho do Homem subir aonde estava antes?". O padrão de descenso, rejeição e ascenso a um lugar anterior no céu ficou evidente no tema da Sabedoria no prólogo. Estas passagens sugerem que a comunidade joanina desenvolveu uma tradição independente de ditos sobre o Filho do Homem. Os que originalmente talvez se referissem à rejeição e ao sofrimento foram reformulados à luz do padrão de preexistência, descenso/ascenso do Evangelho e de sua compreensão de que Jesus é a única revelação do Pai. João 1,51 representa uma reformulação semelhante da tradição. A visão que ela promete agora é cumprida na comunidade dos crentes (veja J. Neyrey, "The Jacob Allusions in John 1:51", *CBQ* 44 [1982] 586-605).

40 (b) *Caná: Os discípulos contemplam sua glória* (2,1-12). O primeiro dos milagres no Evangelho é chamado de um dos "sinais" de Jesus e se torna ocasião para uma revelação da glória de Jesus que leva seus discípulos a crer nele (v. 11). Ainda que alguns leitores possam ter notado uma vinculação com Dionísio, o relato parece ter sido tomado pelo evangelista de uma fonte anterior, mais provavelmente de origem palestina. Dois temas podem ser ligados com um contexto "judaico": (a) a necessidade de Jesus "substituir" a água dos rituais judaicos de purificação nas talhas de pedra "vazias"; (b) a imagem do vinho como parte do banquete messiânico (Is 54,4-8; 62,4-5). Ambos os temas ocorreram na tradição sinótica independentemente de qualquer relato de milagres (*p.ex.*, Mc 2,19.22, que inclui um dito sobre "vinho novo"; 7,17). Vinho abundante é frequentemente um sinal de restauração ou do *eschaton* (cf. Am 9,13; Os 2,24; Jl 4,18; Is 29,17; Jr 31,5; *1 Henoc* 10,19; *2 Apoc. Bar.* 29,5). Alguns sugeriram que o relato do milagre deveria ser considerado uma variante do "tipo de relato de alimentação" no ciclo de Elias/Eliseu (pães, 2Rs 4,42-44; óleo 1Rs 17,1-16; 2Rs 4,1-7).

41 Quaisquer que forem suas origens, o Evangelho usa o relato para seu simbolismo acerca de Jesus. A efetiva ocorrência miraculosa é mencionada quase de passagem (v. 9) e nunca se torna uma demonstração pública do poder de Jesus. Grande parte da narrativa está livre da linguagem especial de João, embora o v. 4 se refira à "hora" de Jesus. Além disso, o milagre é descrito como o "princípio" no v. 11, e em Jo 4,54 nos é dito que a cura do filho de um funcionário real foi o "segundo sinal que Jesus fez, ao voltar da Judeia para a Galileia". Talvez a numeração incomum destes dois "sinais" tenha sido derivada de uma fonte usada pelo evangelista (→ Teologia joanina, 83:55-57). Além do v. 4, o evangelista certamente é o responsável pelo marcador temporal no v. 1, que dá continuidade à sequência de dias iniciada com 1,35; e pelos comentários explicativos, como a identificação da finalidade das talhas (v. 6); pelo comentário de que o mestre-sala não sabia "de onde vinha o vinho" (v. b) e pela conclusão, pelo menos identificando o lugar e o milagre como uma manifestação da "glória" de Jesus (v. 11; → Teologia Joanina, 83:25). A versão original do milagre pode ter contido alguma referência à fé resultante do milagre, talvez como uma demonstração do "poder" de Jesus, e não de sua "glória" **1.** *Caná.* → Arqueologia bíblica, 74:146. **4.** *que queres de mim, mulher?*: tanto o pedido de Maria no v. 3 quanto a resposta de Jesus são ambíguos. O v. 5 sugere que a mãe de Jesus (ela nunca é nomeada no evangelho) crê nele, como crerá quando aparecer depois aos pés da cruz (19,25). O evangelista pode ter acrescentado a explicação de que "a hora" de Jesus (*i.e.*, sua crucificação/glorificação) não havia chegado, a fim de resolver uma ambiguidade que percebeu em sua fonte. A expressão "que queres de mim mulher?" poderia representar a expressão hebraica *mâ-lî wālāk*, que tem uma conotação de recusa ou ao menos de indisposição em se envolver com o que está sendo pedido e preocupa a pessoa que pede (*p.ex.*, Jz 11,12; 1Rs 17,18; 2Rs 3,13; Os 14,8). A persistência após uma aparente rejeição aparece também no outro milagre ocorrido em Caná (4,47-50). Isto lembra o leitor de que não é nenhuma ação humana, apenas a vontade do Pai, que orienta o que Jesus faz em seu ministério.

42 (c) *Judeia: a purificação do Templo* (2,13-25). O Quarto Evangelho se afasta dos sinóticos situando este episódio no início do ministério de Jesus e não como a causa da hostilidade oficial contra Jesus durante a paixão (*p.ex.*, Mc 11,15-19 par.). Aqui, a autoridade de Jesus para agir como ele age é contestada imediatamente, enquanto que os sinóticos fazem algum tempo se passar entre o incidente e a contestação (Mc 11,27-28). A acusação de que Jesus predisse a destruição do Templo aparece como parte do falso testemunho contra Jesus (Mc (14,58). João reinterpretou esta tradição para aplicá-la à ressurreição de Jesus. Sua crítica ao Templo prepara o dito sobre os "verdadeiros adoradores" em 4,21. Um ataque incisivo ao Templo oferece uma ocasião mais plausível do que a ressurreição de Lázaro para que as autoridades prendam a Jesus.

43 (i) *Sinal da ressurreição* (2,13-22). O evangelista parece ter deslocado o episódio do Templo a fim de tornar a ressurreição de Lázaro a causa da morte de Jesus. A falta de paralelos verbais extensos entre João e os sinóticos demonstra que sua versão do relato veio de uma tradição independente: ele menciona "ovelhas e bois" ao lado de pombas; apresenta Jesus fazendo um chicote de cordas e depois se dirigindo aos vendedores de pombas separadamente (nos sinóticos ele também vira as mesas deles). Diferentemente dos sinóticos, a justificação de Jesus não é uma citação da Escritura (cf. Is 56,7; Jr 7,11), mas sim um dito direto do Senhor. **17.** *recordaram-se seus discípulos do que está escrito*: "recordar-se" é um termo técnico em João para designar o processo pelo qual a comunidade chegou a ver Jesus como o cumprimento da Escritura após a ressurreição. Eles fornecem uma citação do AT, Sl 69,10, ainda que o evangelista tenha mudado o tempo presente do texto do Salmo para o futuro, provavelmente pensando na amarga hostilidade que estava por surgir entre Jesus e "os judeus" (5,16.18).

44 **18-20**. Pedidos por "um sinal" aparecem durante o ministério público tanto em João (6,30) quanto nos sinóticos (Mc 8,11-12; Mt 12,38-39; 16,11; Lc 11,16.29-30). O pedido aqui parece estar mais próximo à questão da autoridade de Jesus para agir da maneira como agiu (também Mc 11,27-33). A resposta de Jesus é formulada como um dito revelatório enigmático que não poderia ter sido inteligível na situação da qual o relato procede. Como será típico dos mal-entendidos joaninos, as autoridades presumem que Jesus estivesse ameaçando destruir o magnífico Templo, que Herodes tinha começado a construir por volta do ano 20 a.C. (→ História 75:158) e cuja construção continuaria até pouco antes da revolta judaica (aproximadamente 62 d.C.; cf. Josefo, *Ant*. 15.11.1 § 380). Entendido literalmente, o dito de Jesus é absurdo. **21-22**. O evangelista esclarece para o leitor o sentido simbólico do dito de Jesus: o novo templo será o corpo ressurreto de Jesus. Os MMM falam da comunidade como o verdadeiro "templo" do Espírito de Deus (*p.ex.*, 1QS 5,5-6; 8,7-10; 1QH 6,25-28; 4QpPs[a] 2,16), uma imagem que também aparece em Paulo (*p.ex.*, 1Cor 6,19-20). Um apelo bem diferente à ressurreição aparece como resposta ao pedido por um sinal em Mt 12,38-40, o profeta Jonas. Entretanto, o evangelista não pensa na comunidade como o novo templo, e sim em Jesus. Este padrão é dominante no uso de símbolos no Evangelho. Já vimos que Jesus é "a luz". Apenas uma vez encontramos o termo democratizante "filhos da luz" para designar a comunidade (12,36). Para João, Jesus é a realidade de todos os grandes símbolos religiosos de Israel. O v. 22 também torna a palavra de Jesus paralela à da Escritura. João 20,9 dirá que os discípulos, antes de sua fé na ressurreição, ainda não sabiam "que, conforme a Escritura, ele devia ressuscitar dos mortos".

45 (ii) *Comentário: A fé rejeitada* (2.23-25). O evangelista criou estes versículos para construir uma ponte para a história de Nicodemos no próximo capítulo. Alguns sugeriram que as reservas expressas a respeito de uma fé baseada em milagres, aqui chamados de "sinais", pretendiam ser uma advertência sobre o tipo de fé que a "fonte de milagres" teria produzido. (Ela pode ter mostrado ser inteiramente inconfiável quando a própria comunidade joanina teve de se defrontar com uma perseguição). Uma rejeição semelhante de fé produzida por um milagre aparece em 6,14-15, quando a multidão reage ao milagre dos pães tentando fazer de Jesus um rei. Ali o diálogo que se segue revelará a impropriedade de sua fé (veja Z. Hodges, *Bsac* 135 [1978] 139-52; F. J. Moloney, *Salesianum* 40 [1978] 817-43). **25**. *porque ele conhecia o que havia no homem*: o conhecimento daquilo que está no coração de uma pessoa é um dos atributos de Deus (cf. 1QS 1,7; 4,25). Jesus demonstrou esta ligação com Deus de maneira positiva ao nomear Simão e Natanael (1,42.47).

46 (d) *Nicodemos: O novo nascimento e a vida eterna* (3,1-36). O evangelista intervém nesta seção com uma exposição do querigma joanino (vv. 16-21, 31-36). Alguns iniciam a primeira seção do discurso com o v. 13 para colocar a abertura das duas seções em paralelismo, uma vez que os vv. 31-32 retomam o tema do v. 13. Entretanto, os vv. 13-15 também têm uma função na "conclusão" do relato sobre Nicodemos. Eles especificam as "coisas celestiais" que se devem "ver" e colocam o relato em uma perspectiva cristológica. Este padrão é um paralelo de 1,50-51 e representa um estágio na redação do Evangelho, que reformulou narrativas tradicionais para mostrar a necessidade da cristologia de Jesus como "Filho singular". Terminar o diálogo com Nicodemos no v. 12 faz da pergunta uma condenação implícita de sua incapacidade de entender a verdade. João 5,47 conclui com um tom assim, dirigido contra os oponentes judeus de Jesus (veja J. H. Neyrey, *NovT* 23 [1981] 115-27).

47 A editoração da passagem também levanta questões acerca da teologia sacramental do evangelista. João 1,12 associa a crença em Jesus com o poder de se tornar "filhos de Deus" (M. Vellanickal, *The Divine Sonship of Christians* [AnBib 72; Rome, 1977]). O nascimento "do alto" em Jo 3,3 também poderia se referir à fé como dom divino. As explicações do que é necessário para a salvação nos vv. 13-15 e 16-21 se encaixam em um padrão semelhante. É preciso crer no Filho do Homem crucificado/exaltado para ter vida (M. Pamment, *JTS* 36 [1985] 56-66). João 3,6-8 fala do Espírito como a fonte do nascimento "do alto". Por isso, o único suporte textual para uma referência ao batismo nesta passagem está em "quem não nascer da água e do Espírito" (v. 5) e na conexão entre o episódio de Nicodemos e o trecho narrativo (vv. 22-30). Se os dois episódios tivessem se seguido um ao outro, teria sido difícil evitar a conclusão de que o episódio de Nicodemos se referia ao batismo. Omitir os vv. 31-36 traz a narrativa de volta à questão do batismo com 4,1, onde a preocupação dos fariseus com a atividade batismal de João (1,25) corresponde à sua preocupação com o "batizava mais" atribuído a Jesus. Embora se sustente às vezes que a alusão batismal no v. 5 foi criação de um redator final que buscou dar um fundamento para concepções eclesiásticas posteriores, este segmento se move em direção oposta. O que era originalmente um conjunto de relatos sobre o batismo, o Espírito e a purificação, contrapondo a prática cristã ao judaísmo, tornou-se a ocasião para uma exposição inicial da combinação joanina de cristologia e soteriologia (R. Fortna, *Int* 27 [1973] 31-47). Crer naquele que veio do céu e retornou em exaltação a partir da cruz é a chave para a salvação.

48 (i) *Diálogo: O dom da vida eterna* (3,1-15). Nicodemos é um mestre judeu simpatizante mas "descrente" (7,50-51; 19,39). Embora seja um nome grego, "Nicodemos" era um empréstimo do aramaico e está vinculado a uma família aristocrática de Jerusalém (*Naqdîmôn*). Alguns exegetas pensam que a sequência de cenas com Nicodemos visa a retratar um desenvolvimento em direção à fé. Nicodemos certamente é diferenciado da fé superficial rejeitada em 2,23, e a designação "mestre em Israel" (v. 10; cf. 1,47, "verdadeiro israelita") pode ter a intenção de distinguir Nicodemos "dos judeus", as autoridades hostis que rejeitam explicitamente a Jesus.

49 1-2. Nicodemos é identificado como *archōn*, "líder", dos judeus, presumivelmente um membro do sinédrio, que formava o "conselho" civil para a comunidade judaica em Jerusalém. *à noite*: esta nota deve ter conotações simbólicas para o leitor do Evangelho. João 3,19-21 estabelecerá o simbolismo de dois grupos, aqueles que "vêm para a luz (Jesus)" e aqueles que não querem fazer isso. Outros sugeriram que a visita à noite já indica que as pessoas devem ter tido medo de se associar com Jesus por causa dos judeus (*p.ex.*, 19,38). Ou o tempo pode indicar a estatura de Nicodemos como um mestre verdadeiro, uma vez que estuda a lei à noite (*p.ex.*, 1QS 6,7). A saudação de Nicodemos permite que os "sinais" de Jesus mostrem que ele é um mestre da parte de Deus no mesmo nível dele. Este reconhecimento se contrapõe à compreensão errônea da multidão em relação aos sinais em 2,23 e com a rejeição posterior de Jesus pelo fato de ele ser "iletrado" (7,15).

50 3-5. *quem não nascer de novo [do alto]*: um dito enigmático inicia o diálogo (cf. 4,10; 5,17.19; 6,26). O uso do duplo "em verdade" no Evangelho corresponde a grupos distintos de ditos: (1) afirmações cristológicas (5,19; 8,58; 10,7); (2) julgamentos formais contra os antagonistas de Jesus (3,11 [falado em nome da comunidade]; 6,26;

8,34; 10,1; 6,32 [implícito]; (3) condições para a salvação usando uma afirmação positiva (5,24.25; 6,47;8,51); (4) condições para a salvação usando uma afirmação negativa (3,3.5; 6,53; 12,24 [provérbio adaptado?]); (5) referências a experiências futuras de salvação na comunidade (1,51; 13,16.20; 14,12; 16,20.23); (6) predições (13,21.38; 21,18). O dito de Jesus gira em torno da ambiguidade do termo *anōthen*, que pode significar "do alto", "desde o início" ou "de novo". O leitor sabe que se visa ao primeiro sentido (1,12). Nicodemos emprega uma abertura típica para debate ao tomar o significado mais literal possível: uma pessoa teria de surgir de novo do ventre da mãe. A repetição do dito no v. 5 faz do Espírito o agente do renascimento. Este dito talvez tenha sido o mais tradicional, uma vez que fala de "entrar no reino de Deus", fraseologia típica dos ditos sobre o Reino dos evangelhos sinóticos, ao passo que o v. 3 usa "ver o Reino" (cf. "vereis o céu aberto" em 1,51). O discurso em 3,31 vai passar do Espírito para Jesus como aquele que vem "do alto". Alguns estudiosos sugeriram que estes ditos joaninos são variantes dos ditos sinóticos sobre "tornar-se como criança" a fim de entrar no Reino (*p.ex.*, Mt 18,3; → Teologia joanina, 83:58-61).

51 6-8. *o que nasceu do Espírito*: o v. 6 lembra a distinção entre carne e "tornar-se filho de Deus" em 1,12. Os escritos apocalípticos judaicos (*p.ex.*, *Jub*. 1,23: "Eu porei neles um espírito santo e os purificarei de modo que não se afastem de mim desde aquele dia até a eternidade") associavam a purificação pelo Espírito de Deus com a era messiânica. Os MMM falam da entrada na comunidade com esta purificação interior (*p.ex.*, 1QS 4,20-24; 1QH 3,21; 11,10-14) e da "carne" para descrever o ser humano como ser sujeito à fraqueza, pecaminosidade e alienação de Deus (1QS 9,7; 1QH 4,29; 8,31; 9,16). O v. 8 invoca um provérbio curto sobre o "vento", o mesmo termo usado para designar "Espírito" tanto no hebraico (*rûaḥ*) quanto no grego (*pneuma*), para explicar a atividade misteriosa do Espírito. A identificação de Espírito e água reaparece em 7,38-39, onde recebe o sentido cristológico pleno: Jesus como a fonte do "Espírito/ água viva". **9-10**. Os paralelos judaicos do séc. I às imagens usadas por Jesus tornam plausível sua repreensão de Nicodemos. **11**. *damos testemunhos do que vimos*: o "sabemos" neste dito, provavelmente criado pelo evangelista, retoma o "sabemos" usado por Nicodemos no v. 2. Os mestres judeus não querem aceitar o testemunho cristão verdadeiro sobre Jesus.

52 **12**. *se não credes quando vos falo das coisas da terra*: esta repreensão é proverbial e tem paralelos tanto em autores judaicos quanto gregos. Nos escritos judaicos, ela pode se referir aos limites da sabedoria humana, que a forçam a se basear na sabedoria de Deus (cf. Pr 30,3-4; Sb 9,16-18). **13**. O discurso se volta para a afirmação joanina de que Jesus é a única fonte de conhecimento sobre o mundo celestial. *ninguém subiu ao céu*: isto nega as reivindicações de outros visionários de ter conhecimento do que está no céu (*p.ex.*, 1 Henoc 70,2; 71,1 apresentam Henoc subindo aos céus, onde ele é identificado com a figura do Filho-do-Homem de Dn 7,14). O dito a respeito do Filho-do-Homem em 1,51 promete ao crente esta visão celestial como uma visão de Jesus. **14-15**. O primeiro dos três ditos a respeito do Filho-do-Homem para se referir à exaltação de Jesus (→ Teologia joanina, 83:28.38). A alusão a Nm 21,9-11 pode ser uma tipologia criada na igreja joanina. Sabedoria 16,6-7 fala do acontecimento como um voltar-se de Israel para a Torá e para Deus como Salvador. A conexão joanina entre crer e ter a vida eterna é aplicada ao relato no v. 15.

53 (ii) *Comentário: Deus enviou o Filho para dar a vida* (3,16-21). O evangelista intervém na narrativa com um discurso sobre o envio do Filho para trazer a vida ao mundo. A escatologia realizada da teologia joanina fica evidente na conexão entre crer no Filho e não ser julgado, mas ter a vida eterna (cf. Jo 12,46-48). Alguns exegetas sugeriram que há uma tipologia do AT atuante também nesta passagem. Estes são os únicos versículos fora do prólogo (1,16.18) que falam do Filho como *monogenēs*. Eles talvez estejam pensando em Isaac como o "único filho" a quem Abraão amava, mas estava disposto a sacrificar. Embora o Quarto Evangelho não focalize a morte de Jesus como um sacrifício, a expressão "ele [Deus] entregou seu Filho único" poderia ser entendida como uma referência à entrega de Jesus à morte (cf. Gl 1,4; 2,20; Rm 8,32) **19-21**. *quem pratica a verdade vem para a luz*: usando um dualismo ético de luz e trevas, isto explica por que as pessoas rejeitam a salvação de Deus. Nos MMM, "praticar a verdade" é uma expressão idiomática com o sentido de ser reto. A responsividade à verdade é uma função da retidão da pessoa. Em uma passagem que ocorre no contexto de um ensinamento sobre a purificação pelo Espírito, podemos ler: "Na medida em que a herança da pessoa está na verdade e retidão, ela odeia a maldade; mas na medida em que sua herança está na perversidade, ela abomina a verdade" (1QS 4,24). Este segmento de discurso joanino pode ter reelaborado material judaico anterior (→ Teologia joanina, 83:21,50-54).

54 (iii) *João testifica de Jesus* (3,22-30). Dois comentários por parte do evangelista foram inseridos na cena (vv. 24.28) para lembrar o leitor sobre a vida de João Batista e seu testemunho anterior (1,20). Seu encarceramento jamais é descrito no Quarto Evangelho. **22-23**. A introdução é desajeitada e talvez represente um fragmento de tradição geográfica inicial, ainda que a identificação dos locais mencionados não seja certa. João 4,2 corrigirá a impressão de que Jesus batizava. **25-26**. A referência a uma controvérsia sobre a purificação também é obscura. Ela talvez vise a levantar a questão do valor relativo do batismo de Jesus e do de João Batista, ainda que aquilo que se segue não fale diretamente da questão da purificação, mas sim sobre o êxito relativo dos dois homens. **27,29-30**. A primeira resposta de João toma a forma de um aforismo. O sujeito é João Batista ou Jesus? Aplicada a Jesus, uma variante deste aforismo aparece em 6,65 após seguidores terem-no abandonado. O Evangelho insiste consistentemente que os "crentes" são dados a Jesus por Deus (6,37). Marcos 2,18-19 apresenta Jesus usando um aforismo sobre a presença do noivo para justificar o fato de seus discípulos não jejuarem como os de João Batista. Essa imagem aplicada a ele implica que sua função como "padrinho" terminou. Consequentemente, deve-se esperar a diferença na reação às duas missões.

55 (iv) *Comentário: Deus enviou Jesus para dar vida* (3,31-36). Este segmento do discurso pode ser visto como um resumo de toda a seção. João Batista, claramente, não pode ser considerado alguém que falou "coisas terrenas", já que cumpriu o papel que tinha recebido de Deus, testificando de Jesus. **31**. *do alto*: este advérbio lembra os vv. 3 e 7: Jesus é agora visto como aquele que vem "do alto". *coisas terrenas* [no original]: a contraposição entre "falar coisas terrenas" e aquele que "vem do céu" e pode falar coisas celestiais reflete o v. 13. **32**. O testemunho do que ele viu, bem como a recusa de aceitar esse testemunho, lembra o v. 11, e não o testemunho imediato de João Batista. **33-34**. A passagem abrupta da condenação da descrença para o crente ocorre em 1,11-12. Rejeitar o testemunho de Jesus é rejeitar a Deus (5,23; 8,50; 12,44-45). *ele dá o Espírito sem medida*: as palavras que Jesus fala são de Deus. Deus também é a fonte do dom sem medida do Espírito. Esta referência ao Espírito lembra os vv. 6-8. **35**. O amor do Pai pelo Filho (cf. 5,20; 10,17; 15,9-10; 17,23-26) aparece aqui pela primeira vez, embora possa estar implícito no *monogenēs* de 3,16. Entre as coisas que o Evangelho diz que Deus dá ao Filho estão julgamento (5,22.27), vida (5,26), poder sobre toda "carne" para dar vida (17,2), seus seguidores (6,37; 10,29; 17,6), aquilo que ele diz (12,49; 17,8), o nome divino (17,11-12) e glória (17,22). **36.** O conjunto termina com um tom de divisão entre os crentes, os quais têm vida eterna (*p.ex.*, 12,48), e os descrentes, que estão sob julgamento divino, o que representa um tom agourento nesta apresentação de pessoas que vêm para descobrir quem Jesus é e para crer nele.

56 (e) *Retirada para a Galileia* (4,1-3). À medida que o Evangelho progride, vemos Jesus "se retirando" da hostilidade ou, como se mostra aqui, da falsa popularidade (6,15b; 7,1-2.9; 8,59; 10,40; 11,54). **2.** Um comentário entre parênteses foi acrescentado para desfazer a impressão de que Jesus tinha batizado pessoas imitando João Batista.

57 (f) *Samaria: O salvador do mundo* (4,4-42). A conversão de um grande número de samaritanos culmina na percepção cristológica de que Jesus é o "Salvador do mundo". As expectativas messiânicas dos samaritanos estão representadas na descrição de Jesus como o profeta mosaico. Enquanto que os relatos anteriores descreveram a conversão de indivíduos por um discípulo que chegara a crer em Jesus, este episódio apresenta a mulher samaritana como a primeira missionária. A conversa de Jesus com os discípulos (vv. 31-38) também focaliza a tarefa da evangelização. **4-5.** A rota usual da Judeia para a Galileia passava pela Samaria. A viagem durava cerca de três dias (Josefo, *Vida* 52 § 269; → Arqueologia bíblica, 74:114). O poço de Jacó ficava na principal bifurcação da estrada, em que uma ramificação se dirigia para o oeste, para a Samaria e a Galileia ocidental, e a outra para o nordeste, para Bete-Sean e o Lago de Genesaré. O Monte Gerizim fica a sudoeste. A aldeia, Sicar, é provavelmente a moderna Ascar, situada a menos de 1 km a noroeste do poço.

58 (i) *Diálogo: A água viva* (4,6-15). **6-9.** A cena, o poço de Jacó, oferece a base para o simbolismo no qual Jesus prova ser maior do que Jacó. Já vimos indícios dessa tipologia de Jacó em 1,51. A mulher reage ao pedido de Jesus no nível literal fazendo referência ao relacionamento tenso entre judeus e samaritanos. Lucas 9,51-55 se refere a um episódio em que se recusou hospitalidade a Jesus e seus discípulos em um vilarejo samaritano (um conflito grave no ano de 52, que até exigiu a intervenção romana, é relatado por Josefo [*Ant.* 20.6.1-3 § 118-36; *Guerra judaica* 2. 12. 3-5 § 232-46]).

59 **10-12**. *és maior que nosso pai Jacó?*: a afirmação de Jesus de que ele é o "dom de Deus" e a fonte de "água viva" leva à primeira percepção cristológica da passagem – Jesus é maior do que Jacó. João 8,53 apresenta os judeus repetindo a mesma pergunta em conexão com Abraão. Gênesis 33,19; 48,22 falam de Jacó dando Siquém a José. Lendas posteriores sobre o patriarca Jacó o associaram com um "poço itinerante" (*Pirqe R. El.* 35). A falta de vasilha também não seria problema, uma vez que Jacó também era associado com um milagre em que a água chegava até o topo do poço e transbordava continuamente (*Tg. Yer. I* Nm 21,17-18; 23,31; *Tg. Neof.* Gn 28,10. Tradições targúmicas também mostram que Nm 21,16-20 tinha sido interpretado de modo que o topônimo "Matana" fosse lido em termos de sua raiz *ntn*, "dom", combinado com a promessa em 21,16c: "Eu (= Deus) lhe darei água". O comentário de Jesus de que ele é "dom de Deus" pode ser um eco dessa tradição. O Jesus crucificado/exaltado se torna a fonte da água viva, do Espírito (7,37-39; 19,34). **13-15.** *da água que eu lhe darei*: Jesus responde que ele não apenas é "maior do que Jacó", mas suplanta a realidade que tinha sido descrita no AT (cf. 6,49-51; 11,9-10). A posse permanente de "água viva" dentro de um sistema simbólico judaico podia se referir à purificação do Espírito de Deus na comunidade dos justos (*p.ex.*, 1QS 4,21, "como águas purificadoras ele espargirá sobre ele o Espírito da Verdade"), uma conexão implícita em 3,5; ou a Deus, a "fonte de água viva" (Jr 2,13), da qual os adoradores bebem (Sl 36,8); ou à lei (como em CD 19,34; 3,16; 6,4-11); ou à

Sabedoria, a qual diz a respeito de si mesma: "Quem comer de mim ainda sentirá fome; quem beber de mim terá vontade de beber mais" (Eclo 24,23-29). O dito de Jesus talvez seja até uma inversão deliberada da reivindicação da Sabedoria.

60 (ii) *Diálogo: O Messias-Profeta* (4,16-26). **16-18.** *vai, chama teu marido*: a ordem de Jesus parece mudar de assunto. Não se deu uma explicação completamente satisfatória para os "cinco maridos". O leitor do Evangelho não se surpreende com a percepção singular das pessoas por parte de Jesus (veja 1,42. 48; 2,24-25). Parece que o leitor deve inferir que o passado da mulher seria considerado pecaminoso. Mas o tema de Jacó pode ainda estar implícito nesta passagem, já que o poço é o local de namoro no relato sobre Jacó. Jesus substitui os numerosos "maridos" que a mulher teve.

61 **19-20.** *vejo que és profeta*: a tradição samaritana esperava que "o profeta" descobrisse os utensílios perdidos do Templo e vindicasse sua própria tradição de adoração, não em Jerusalém, mas no Monte Gerizim, que eles consideravam o local da visão celestial de Jacó em Gn 28,16-18. As palavras da mulher talvez visassem a ser uma contestação. **21-22.** *nem nesta montanha nem em Jerusalém*: tradições judaicas alistavam a visão de Jacó como legitimação do culto em Jerusalém. *Jub*. 32,21-26 apresenta o anjo que mostra a Jacó as tábuas celestiais advertindo contra a construção de um templo em Betel. 4QPBless apresenta Jacó prevendo a vinda de um rei messiânico proveniente de Judá junto com o Intérprete da Lei. Um *midrásh* sobre Gn 27,27 apresenta Deus mostrando a Jacó a construção, a destruição e a reconstrução do Templo de Jerusalém (*Gen. Rab.* 65,23). Jesus proclama que na era messiânica, que acabou de raiar, a adoração de Deus não estará vinculada a um lugar sagrado. Qualquer prioridade dos judeus sobre os samaritanos implícita no v. 22 será rapidamente desfeita, à medida que se tornar claro que o verdadeiro critério da adoração é a crença em Jesus. Ele já suplantou os ritos judaicos de purificação (2,6-11; 3,25-30). O leitor foi informado de que o "Senhor ressurreto" suplanta o Templo de Jerusalém (2,13-22).

62 **23-24.** *adorá-lo em espírito e em verdade*: ainda que a importância do lugar cultual tenha sido relativizada, a adoração não o foi. Já vimos que João entende sob "Espírito" o Espírito de Deus, que purifica o crente e sua posse é permanente. Também se pode dizer que a verdade de Deus purifica a pecaminosidade e perversão humana (1QS 4,20-21). Os essênios descreviam a Torá como um poço cavado por seus mestres de onde retiravam seu conhecimento da verdade (CD 6,2-5). Para João, Jesus é a verdade, porque ele é a revelação de Deus (8,45; 14,6; 17,17-19). **25-26.** O discurso alcança sua conclusão quando a mulher sugere que Jesus poderia ser o profeta messiânico e Jesus responde "Eu Sou". Ainda que o contexto nos leve a atribuir o predicado "Messias" a "Eu Sou", qualquer cristão joanino teria reconhecido o uso absoluto da expressão "Eu Sou" para indicar o ser divino de Jesus (→ Teologia joanina, 83:41-49). Este vínculo será explicitado quando se mostrar que Jesus é maior do que Abraão (8,24.28). A base para a verdadeira adoração na comunidade joanina é a confissão de Jesus como profeta, Messias, Salvador do mundo e igual a Deus (veja J. H. Neyrey, *CBQ* 43 [1979] 419-37).

63 (iii) *Diálogo: A colheita* (4,27-38). O discurso conclui falando sobre o tema da missão. **27-30.** Os discípulos de Jesus retornam quando a mulher vai para a cidade a fim de trazer pessoas a Jesus, o Messias. A ação dela reflete o padrão estabelecido nos relatos sobre o discipulado (1,40-49). **31-34.** Jesus complementará a dádiva da água com a dádiva do pão no cap. 6. Aqui os discípulos compreendem mal as palavras de Jesus sobre o pão, assim como a mulher compreendeu mal a "água". A tradição judaica podia descrever a Torá como alimento (*p.ex.*, Pr 9,5; Eclo 24,21). Jesus faz da prática da vontade daquele que o enviou seu "alimento". Esta expressão é comum para o ministério de Jesus (cf. 5,30.36; 6,38; 17,4; → Teologia joanina, 83:22). *consumar sua obra*: esta parte se refletirá na conclusão do ministério de Jesus (17,4; 19,30), e o Jesus moribundo diz: "Está consumado".

64 Uma série de ditos proverbiais (com paralelos nas imagens agrícolas dos sinóticos) direciona os discípulos para sua própria tarefa de "ceifar" as pessoas que ainda estão por vir a Jesus. **35.** *ainda quatro meses*: Jesus corrige um provérbio sobre o tempo entre a semeadura e a colheita anunciando que o campo já está maduro. (Lembremos os samaritanos que se aproximam, v. 30). Um dito semelhante aparece em Mt 9,37-38. Alguns exegetas também apontam para o tema da colheita nas parábolas a respeito do Reino nos sinóticos (Mc 4,3-9.26-29.30-32), onde os contrastes são traçados em termos das condições perigosas, do crescimento oculto ou da pequena semente e da abundância da colheita. **36.** O fato de o semeador e o ceifeiro receberem os salários juntos se torna outro sinal da nova era. Levítico 26,5 descreve a recompensa ideal como o tempo em que a colheita do trigo, a colheita das uvas e a semeadura se seguem consecutivamente (também Am 9,13). Em João, a "colheita" missionária só se inicia na hora da crucificação/exaltação de Jesus (*p.ex.*, 12,32). A expressão "para a vida eterna" acrescentada a "fruto" torna claro que a "colheita" é a conversão à crença em Jesus. **37-38.** *um é o que semeia, outro é o que ceifa*: Jesus usa o provérbio sem suas conotações pessimistas (*p.ex.*, Mq 6,15). É difícil determinar como o provérbio está sendo aplicado aos discípulos. Ele alude a uma "missão" dos discípulos durante o ministério de Jesus (*p.ex.*, eles vão "ceifar" o que a mulher plantou entre os samaritanos?)? Ou se refere ao "envio" dos discípulos depois da ressurreição (*p.ex.*, 17,18; 20,21)? A estrutura narrativa do Evangelho favorece esta última opção. O dito adverte a comunidade para que ela não credite seu sucesso missionário a si mesma. Atos 8 distingue duas fases na conversão da Samaria, a pregação de Filipe e a chegada de Pedro e João para dar o Espírito aos novos convertidos.

65 (iv) *Crentes samaritanos* (4,39-42). Os samaritanos creem primeiramente com base nas palavras da mulher que testemunhou sobre Jesus e depois com base em sua própria experiência das palavras de Jesus. O relato tem em vista a missão da comunidade após a ressurreição. João 17,20 apresenta o Jesus que parte orando pelas pessoas que, "por meio de sua palavra, crerão em mim", e Jo 20,29b mostra o Senhor ressurreto pronunciando uma bênção sobre as pessoas que "não viram e (ainda assim) creram". **42.** *é verdadeiramente o Salvador do mundo*: o título "Salvador" ocorre apenas aqui em João e em 1Jo 4,14. "Salvador" não é um título derivado das expectativas samaritanas, mas poderia ter a intenção de mostrar que os samaritanos transcenderam suas expectativas particularizadas, assim como os judeus antagonistas de Jesus são desafiados a fazer em discursos que culminam com os ditos acerca do Filho-do-Homem. João prefere dizer que Jesus veio e deu a si mesmo para a "vida do mundo" (*p.ex.*, 1,29; 6,33.51). As duas únicas ocorrências do verbo "salvar" estão no que parecem ser fragmentos de um discurso inserido dentro da narrativa (3,17; 12,47). "Salvador" não é frequente como título para Jesus nos primeiros escritos do NT. Ele parece na narrativa lucana da infância de Jesus (2,11) e em referência ao Senhor exaltado como "Salvador" em Atos (5,31; 13,23). *Sōtēr* aparece na LXX para traduzir a palavra hebraica *môšîa'*, que é usada em referência a Deus (*p.ex.*, Is 45,15.21; Sb 16,7; Eclo 51,1; 1 Mac 4,30). Este termo também era corrente no mundo pagão como designação para divindades, reis, imperadores e outros que poderiam ser vistos como benfeitores do povo. Uma inscrição descoberta em Éfeso no ano de 48 d.C. fala de Júlio César deificado como "deus manifesto e salvador comum da vida humana". Filipenses 3,20 usa o termo "Salvador" para designar o

Jesus exaltado quando ele vem para o julgamento na parúsia. Mas "Salvador" parece ter se tornado um título comum para Jesus apenas no fim do séc. I, como fica evidente em seu uso nas Epístolas Pastorais (*p.ex.*, 1Tm 4,10; 2Tm 1,10; Tt 1,4; 2,13; 3,4.6; também 2Pd 1,1.11; 2,20; 3,2.18).

66 (g) *Galileia: O filho de um funcionário real* (4,43-54). O retorno de Jesus para a Galileia conclui esta seção com um segundo "sinal" em Caná. A cura do filho de um funcionário real tem paralelos com o pedido do centurião para que Jesus curasse seu "filho" (Mt 8,5-13) ou "servo" (Lc 7,1-10; veja F. Neirynck, *ETL* 60 [1984] 367-75). O relato sinótico conclui com uma contraposição entre a fé do centurião e a falta de fé que Jesus encontra em Israel. Uma contraposição semelhante é "encenada" durante a narrativa joanina. O leitor acaba de testemunhar a resposta espetacular dos samaritanos. A cura do filho do funcionário culmina com o que parece ter sido um epíteto-padrão para os primeiros relatos de conversão, "ele creu com toda a sua casa" (cf. At 10,2; 11,14; 16,15.31; 18,8). O próximo milagre de Jesus, em Jerusalém (5,1-18), evocará hostilidade.

67 (i) *O retorno de Jesus à Galileia* (4,43-45). Os vv. 43-45 são estranhos. O evangelista parece ter inserido um dito tradicional de Jesus (Mc 6,4, "um profeta só é desprezado em sua pátria"; Lc 4,24, "nenhum profeta é bem recebido em sua pátria")" em uma cena que, de resto, é positiva. Alguns exegetas concluem que a Judeia é a "pátria de Jesus", embora o uso hostil de "galileu" para acusar Nicodemos de ser um dos seguidores de Jesus (7,52) dificilmente apoia a concepção de que o evangelista estivesse confuso quanto ao país de origem de Jesus. A versão lucana da rejeição de Jesus em Nazaré mostra uma tensão semelhante: as pessoas que acolhem as palavras de Jesus se voltam contra ele. Parece que o evangelista, antecipando o conflito entre Jesus e a multidão da Galileia no cap. 6, onde retomará uma sequência de material com paralelos em Mc 6 e 8, criou uma passagem transicional inserindo o dito tradicional do v. 44. Esta transição é do mesmo tipo daquela em 2,23-25.

68 (ii) *A cura do filho do funcionário* (4,46-54). Embora este relato seja uma variante da cura do filho/escravo do centurião, há poucos paralelos verbais entre João e Mateus/Lucas, tornando este episódio um indício da existência de tradição joanina independente mas semelhante aos sinóticos. Todas as versões localizam o episódio em Cafarnaum (→ Geografia bíblica, 73:61). O "filho" em João e o "escravo" em Lucas poderiam ser variantes de uma tradição que, originalmente, tinha o termo *pais*, "criança", que poderia significar tanto filho quanto escravo. Enquanto que Mateus/Lucas fazem daquele que pede um centurião e, consequentemente, um representante dos "gentios" que chegam a crer em Jesus, a versão de João apresenta um "funcionário real", presumivelmente um funcionário judaico da corte de Herodes. A interação entre o(s) que faz(em) o pedido e Jesus varia. Tanto Lucas quanto João apresentam uma "segunda cena". Em Lucas, o pai envia amigos para dissuadir os que fazem o pedido de perturbarem Jesus; em João, os servos se encontram com o pai para relatar a cura do menino. Tanto Mateus quanto João correlacionam a "crença" do pai com a cura do menino no momento em que Jesus fala. A versão de João também usa a segunda cena como uma oportunidade para enfatizar a "palavra" de Jesus, na qual o homem creu, repetindo tanto as palavras quanto a afirmação de que ele creu. Esta repetição está ligada à conversão de toda a casa, que aparece apenas em João.

69 48. A rejeição do pedido por parte de Jesus difere das outras versões da história, ainda que a cura da filha da mulher siro-fenícia (Mc 7,24-30 par.) contenha uma rejeição inicial, que a mulher precisa superar. Este motivo talvez tenha feito parte da tradição joanina. Uma vez que tudo que o pai faz é repetir seu pedido, também é possível que este versículo seja inserido para lembrar o leitor da impropriedade da fé baseada em milagres. Assim como o evangelista narra, o milagre é menos importante do que o fato de que o funcionário crê na palavra que Jesus falou. O relato não foi narrado para salientar o simbolismo dessa "palavra", mas qualquer cristão joanino certamente associaria o fato de Jesus dar "vida" a um garoto próximo à morte e o milagre final no Evangelho, a ressurreição de Lázaro.

70 (B) Disputas acerca das obras e palavras de Jesus: Ele vem de Deus? (5,1-10,42). Estes capítulos passaram por um processo complexo de redação, que culminou com o acréscimo dos caps. 11-12 e, segundo a opinião de alguns biblistas, a recolocação do cap. 6 de uma posição após o cap. 4 ou sua inserção entre os caps. 5 a 7. Os caps. 5-12 têm um conjunto paralelo de relatos duplos de milagres. As curas nos caps. 5 e 9 colocam Jesus em conflito com as autoridades como aquele que viola o sábado. Na primeira, a conversão final do homem curado à crença em Jesus fica em dúvida, enquanto na segunda, o homem curado se torna um protótipo para o cristão perseguido pelas autoridades. O segundo par consiste de relatos em que Jesus, a fonte da vida, é rejeitado. O milagre dos pães, Jesus como o "pão da vida", resulta em uma perda de discípulos. A ressurreição de Lázaro, Jesus como "a ressurreição e a vida", é a ocasião para sua morte.

Jesus entra agora em conflito público e aberto com "os judeus" (5,10.15; 6,41.52; 7,15.35; 8,22.31.48.57; 10,19.24.33; 11,54). Cada capítulo contém alguma forma de hostilidade contra Jesus. Sua vida é frequentemente ameaçada (*p.ex.*, 5,16.18; 6,15a; 7,32.45; 8,59; 9,34b [contra um seguidor de Jesus]; 10,31.39; 11,16; [iminente]; 45-54 [condenação por autoridades judaicas]; 12,9-11, contra Lázaro porque Jesus o curou). Os caps. 5-12 também estão ligados por uma série de festas que iniciam com uma cujo nome não é mencionado no cap. 5, a qual, segundo os estudiosos que propõem uma transposição dos caps. 5 e 6, pode ser identificada com a de Pentecostes, anterior à festa das Tendas no cap. 7.

71 A sequência narrativa dos caps. 4 a 6 é tão desajeitada que muitos biblistas pensam que os capítulos estiveram uma vez na sequência 4, 6, 5. Já que nossos papiros mais antigos apoiam a ordem presente, só é possível presumir que qualquer reordenação dos capítulos tenha ocorrido durante a redação final do Evangelho dentro da comunidade joanina. Geograficamente, a localização do cap. 6 se encaixa no final de 4,54: Jesus foi da margem oeste para a margem leste do mar. De maneira semelhante, a palavra de advertência em 7,1 parece mais apropriada no contexto da hostilidade expressa em 5,18 do que após o cap. 6. Se o cap. 6 uma vez seguiu o cap. 4, então o esboço cronológico do ministério de Jesus está mais próximo daquele apresentado nos sinóticos. Jesus realiza uma missão na Galileia, que tem como ponto alto a alimentação da multidão, o caminhar sobre a água e a confissão de Pedro; então Jesus parte em direção a Jerusalém. A sequência presente segue o padrão de alternar entre a Galileia e a Judeia e de prolongar o ministério de Jesus com visitas a Jerusalém anteriores à sua paixão, já estabelecido no cap. 2.

72 (a) *Jerusalém: A cura do paralítico: vida e julgamento* (5,1-47). O milagre serve de ocasião para um discurso sobre o relacionamento de Jesus com o Pai e seu poder de dar a vida. O discurso também ilustra o aspecto implícito em Jo 4,50: a palavra de Jesus é a fonte real da fé, e não os sinais.

73 (i) *Um paralítico é curado no sábado* (5,1-18). Este milagre não tem um paralelo direto nos sinóticos, ainda que Jesus cure um paralítico em Mc 2,1-12. As palavras de Jesus no v. 8 são semelhantes às de Mc 2,9 e provavelmente indicam um padrão estereotipado na tradição oral; o termo raro *krabattos*, "catre", aparece apenas em Marcos e João, e a avaliação da doença como consequência do pecado aparece em Mc 2,5; em Jo 5,14, ela serve de núcleo para criar uma segunda cena entre Jesus e o paralítico no Templo. Assim como foi o caso em 4,4-42, e, em grau menor, em 1,19-51, vemos a prática do evangelista de retomar material tradicional para formar cenas curtas dentro do conjunto maior. Um segundo elemento, o conflito em torno da violação do sábado por Jesus (vv. 9c-10), foi acrescentado ao relato, mas também se encontra em conexão com alguns dos milagres de Jesus na tradição dos sinóticos (*p.ex.*, Mc 2,23-28).

74 **2**. A pesquisa arqueológica lançou alguma luz sobre a localização. Podemos resolver a discordância nos manuscritos sobre o nome do lugar em favor de "Betesda", graças a uma referência contida no Rolo de Cobre da caverna 3 de Qumran. "Perto de Betesda, na piscina onde se entra há uma bacia menor" (3 Q*15* 11:12-13). A estrutura encontrada pelos arqueólogos tinha cinco pórticos com duas piscinas – uma menor ao norte e uma maior na parte sul – circundada por quatro pórticos e por um quinto entre as piscinas. A estrutura tinha 7 a 8 metros de profundidade e juntava uma grande quantidade de água da chuva. Seu nome, "piscina das ovelhas", sugere que originalmente ela teve um uso diferente, mas a referência no Rolo de Qumran (35-65 d.C.) mostra que foi transformada em uma estrutura bastante refinada, provavelmente por Herodes o Grande. As escavações não lançam qualquer luz sobre a observação do homem de que se deveria ser a primeira pessoa a entrar na piscina quando a água era agitada para ser curado (v. 7). Alguns intérpretes pensam que pode ter havido confusão entre ela e a fonte em Siloé, que ejetava água várias vezes por dia durante a estação chuvosa, duas vezes no verão e uma no outono; ou que este efeito poderia ser causado por um sistema de tubulações usado para passar a água de uma piscina para outra. Uma solução para este problema foi dada por mms. posteriores, incluindo o Alexandrino, que têm um versículo (v. 4) que explica que um anjo de Deus vinha para agitar as águas.

75 **9c-15**. Uma série de pequenos encontros desloca nossa atenção do milagre para Jesus como alguém que viola o sábado. O tema do perdão provavelmente fazia parte da tradição. Ele aparece em Mc 2,5-10. Para João, o "pecado" é não crer em Jesus (*p.ex.*, 16,9). João usou esse tema para criar um segundo encontro entre o homem e Jesus na área do Templo, o local das principais controvérsias de Jesus com "os judeus" (*p.ex.*, 7,28; 8,20.59; 10,23). *para que não te suceda algo ainda pior*: a advertência de Jesus talvez também coloque a ação do homem ao denunciar Jesus às autoridades numa luz negativa. Ele "pecou de novo" ao delatar Jesus. O contraste entre este homem e a resposta de fé a uma dádiva de cura se tornará evidente em Jo 9, quando o homem cego defende Jesus. Dentro do contexto do simbolismo joanino, este homem está condenado no julgamento (*p.ex.*, 3,36).

76 **16-18**. *os judeus perseguiam Jesus*: a verdadeira questão, como era para os cristãos joaninos, torna-se a reivindicação de igualdade com Deus por parte de Jesus; ela talvez tenha ocorrido na tradição pré-joanina. Marcos 2,7 apresenta Jesus sendo acusado de blasfêmia por reivindicar uma prerrogativa, perdoar pecados, que pertence apenas a Deus. Estes versículos estão dirigidos ao leitor, que já sabe que Jesus foi "perseguido" e "morto" pelos judeus (vv. 16.18). O dito no v. 17 está desajeitadamente inserido entre os comentários redacionais para introduzir o tema da resposta de Jesus às acusações: ele trabalha assim como seu Pai no sábado.

77 (ii) *A autoridade do Filho para dar vida* (5,19-30). Duas seções descrevem a atividade do Filho, dar a vida e julgar, como reflexo do que ele "viu" o Pai fazer.

Os vv. 19-20a talvez sejam derivados de uma parábola breve acerca de um pai e seu filho aprendiz. Jesus insistirá que ele é o verdadeiro agente do Pai. Ele nunca age com base em sua própria autoridade, mas apenas com base no que ouve do Pai (7,18; 8,28; 14,10). **20b-23**. *obras maiores do que essas*: "obras ou coisas maiores" em João expressa o relacionamento de Jesus com Deus (20b; cf. 1,50). Elas são definidas no que segue, "dar a vida" e "julgar". João 3,31-36 já instruiu o leitor de que a missão do Filho, recebida do Pai, é "dar a vida" às pessoas que creem. As que se recusam a crer estão sob julgamento. Esta perspectiva escatológica é repetida neste trecho. Onde a passagem anterior tinha falado de "vida eterna", esta incorpora o tema da vida restaurada por meio da ressurreição dos mortos. Ambas as expressões retornarão na "obra maior" que representará a promessa de que os ouvintes verão uma "coisa maior" de Jesus, a saber, a ressurreição de Lázaro (11,1-44). A afirmação de que honrar o Filho é honrar o Pai invoca a imagem de Jesus como o agente de Deus, que merece, portanto, uma recepção apropriada para aquele de quem ele provém (veja W. A. Meeks, "The Divine Agent and His Counterfeit", *Aspects of Religious Propaganda* [ed. E. Schüssler Fiorenza; Notre Dame, 1976] 43-67).

78 **24-25**. Os ditos com o duplo "em verdade" intensificam a perspectiva da escatologia realizada no Quarto Evangelho. A pessoa que efetivamente escuta e crê "tem a vida". A morte e o julgamento não são o futuro dessa pessoa. *passou da morte à vida*: esta é uma expressão corrente na comunidade joanina para designar a chegada à salvação (cf. 1Jo 3,14). O v. 25 torna a reinterpretação joanina da mensagem escatológica tradicional ainda mais evidente por falar da ressurreição das pessoas que morreram no tempo presente. *vem a hora – e é agora*: isto apareceu em 4,23 em relação à realização da adoração messiânica no Filho. Apenas os mortos que ouvem a voz do Filho do Homem são ressuscitados para a vida.

79 A mitologia gnóstica usava o termo "morte" como metáfora para designar o estado de almas não despertas presas neste mundo. Diz-se que eles [= os que se tornam gnósticos] ouvem o chamado do revelador para acordar da morte, da embriaguêz, do sono. O *Apócrifo de João* 30,33-31,25 descreve o chamado para o despertar e a salvação feito pela *Pronoia* (previdência, providência) celestial. Ele mostra como o diálogo revelatório gnóstico representa um paralelo com temas do discurso revelatório joanino, mas os incorpora numa estrutura ontológica da prisão terrena *versus* o mundo da luz celestial que ainda não faz parte do universo simbólico do Quarto Evangelho (veja Rudolph, *Gnosis* [→ 8 *acima*] 119-21).

80 **26**. *assim como o Pai tem a vida*: isto constitui um paralelo com o v. 21 e repete sua afirmação de que o Pai deu este poder ao Filho. **27a**. *e lhe deu o poder de exercer o julgamento*: isto reflete 22b. **27b**. *porque é o Filho do Homem*: a única expressão anártrica a respeito do "Filho do Homem" no Evangelho salta para o dito sobre a chamada aos mortos no v. 25. Esta imagem do Filho do Homem remonta ao uso protocristão da figura de Dn 7,13 para descrever Jesus vindo como juiz. Entretanto, nenhum dos outros ditos sobre o Filho do Homem em João se refere a Jesus como futuro juiz escatológico. **27b-29**. O dito sobre o Filho do Homem nestes versículos é uma predição futura da ressurreição para o julgamento, que tinha suas origens no judaísmo pós-exílico (Dn 12,2; *1 Henoc* 51; 4Esd 7,32; *2ApBar* 42,7; *ApMos* 10,41) e tinha sido comumente associada com Jesus como "Senhor" ou como "Filho do Homem" no protocristianismo (*p.ex.*, 2Cor 5,10). Enquanto alguns escritos usam a ressurreição como recompensa para os retos (*p.ex.*, Fl 3,20), outros preveem uma ressurreição dual, que torna possível o julgamento (*p.ex.*, Dn 12,2). O v. 29 adota esta última concepção, enquanto que o v. 21 ligou a ressurreição dos mortos com "dar a vida", sugerindo, assim, a concepção anterior. A tensão existente entre a "escatologia futura" da ressurreição corporal para o julgamento e a "escatologia realizada" do julgamento através da reação ao chamado presente incorporado na palavra falada por Jesus sugere que estes versículos são um trecho de tradição independente. O v. 28 usa uma formulação característica de João; deste modo, o próprio dito parece ter sido formado e ter circulado nas comunidades joaninas. Alguns exegetas pensam que ele foi usado para proporcionar uma repetição do discurso anterior, que alcança então sua conclusão final com a repetição do v. 19 no v. 30. Mas outros seguem Bultmann, que pensa que este trecho da tradição foi acrescentado durante a redação final do Evangelho por parte de um discípulo. Talvez fosse necessário contrapor-se às interpretações equivocadas da escatologia joanina que estavam sendo propostas pelos sucessionistas das epístolas joaninas.

81 (iii) *O Testemunho sobre Jesus* (5,31-40). Repentinamente, o discurso passa para a questão do testemunho sobre Jesus. A objeção a que essa afirmação responde só será expressa em 8,13, onde se invoca o princípio jurídico de que ninguém pode testemunhar em seu próprio favor (Dt 19,15 diz que ninguém pode ser condenado com base no testemunho de uma só testemunha; *m. Ketub* 2,9 cita o princípio jurídico de que ninguém pode ser testemunha em causa própria). A questão do "testemunho" faz a linguagem a respeito do julgamento passar do julgamento pronunciado sobre outros para aquele que eles pronunciam sobre Jesus. Assim, as tensões narrativas do Evangelho podem ser vistas como um julgamento com dois pontos de vista. Por um lado, os humanos julgam e condenam a Jesus, já que rejeitam aqueles a quem ele apresenta como testemunhas. Por outro lado, a palavra de Jesus é o julgamento e a condenação de um mundo incrédulo, uma vez que aqueles que testificam em seu favor são de fato "verdadeiros". A real testemunha de Jesus é o Pai (vv. 32.37).

82 **33-35**. O testemunho de João Batista diante daqueles que foram enviados de Jerusalém (1,19-28) é invocado apenas para ser subitamente desconsiderado como mero testemunho "humano". *vós quisestes vos alegrar, por um momento, com sua luz*: isto pode se referir à popularidade de João Batista entre o povo (cf. Josefo, *Ant*. 18.5.2 § 118). O v. 35 parece pressupor a morte de João Batista, ainda que o evangelista não a mencione diretamente. **36**. Jesus aponta para suas "obras" como um testemunho maior que o de João Batista, aludindo indiretamente à cura do paralítico. A conexão direta entre uma "obra" de Jesus e o fato de ele ser "de Deus" é feita pelo cego (9,33). As obras de Jesus são novamente invocadas como testemunho em 10,25; 14,10-11. Na tradição sinótica, as "obras" de Jesus são indicadas como prova de que ele é o esperado em resposta a uma indagação dos discípulos de João Batista, feita em nome de seu mestre encarcerado (Mt 11,5). **37-38**. *sua palavra não permanece em vós*: a "testemunha" real em favor de Jesus é o Pai. O não recebimento do enviado de Deus é causa de condenação. As duas orações negativas sugerem que os antagonistas de Jesus são incapazes de receber esse testemunho, porque não "ouviram sua voz", não "o viram" e "sua palavra não permanece neles". **39-40**. *vós perscrutais as Escrituras*: não tendo acesso ao conhecimento de Deus que só pode vir através de Jesus, até mesmo a louvável atividade de estudar as Escrituras para ter vida é infrutífera. "Perscrutar" representa o termo hebraico *dāraš*, que é usado para designar o estudo das Escrituras. Os vv. 39-40 fazem, deste modo, o discurso retornar ao tema da vida com o qual ele se iniciara e apresentam a expectativa sombria (baseada nas experiências da comunidade joanina) de que os líderes religiosos do judaísmo não se voltariam para Jesus.

83 (iv) *A falta de fé é condenada* (5,41-47). O julgamento pronunciado nos vv. 39-40 é intensificado nesta seção na medida em que a Escritura condenará as pessoas que não creem nas palavras de Jesus. **41**. *a glória que vem dos seres humanos*: novamente o tema muda de forma abrupta, passando para um tema que será repetido em controvérsias posteriores. A acusação de procurar glória humana ou granjear o favor de um público, etc. era amplamente usada na Antiguidade contra sofistas e falsos mestres. Díon diz que o cínico ideal é uma pessoa que, "com pureza e sem engano, fala com a audácia de um filósofo, não por causa da glória, nem com pretensões falsas por causa do ganho" (*Or.* 32.11). A questão da "glória humana" em contraposição a "falar a verdade" é originária de contextos forenses, uma vez que o retórico tinha condições de fazer os ouvintes aceitarem como "verdade" o que de fato era falso. O contraste entre as pessoas que buscam sua própria glória e Jesus, junto com a acusação de que os oponentes de Jesus não estavam dando ouvidos a Moisés, reaparece em 7,18. **42-44**. Expõem-se as consequências de percepções errôneas da glória. Eles não mostram amor a Deus recebendo aquele que Deus envia. Em vez disso, prefeririam receber qualquer charlatão. João 12,43 reitera a afirmação de que o desejo da glória humana impediu que muitas pessoas que simpatizavam com Jesus se convertessem.

84 **45-47**. *Moisés é vosso acusador*: a tradição judaica descrevia Moisés como o intercessor em favor do povo, pedindo diante de Deus dia e noite (*AsMos* 11,17; 12,6; "o advogado fiel", *Exod. Rab.* 18,3 sobre Ex 12,29; Filo, *De vita Mos.* 2. 166; *Jub.* 1,19-21); ele suplica no Sinai para que o "espírito de Belial" não "domine" o povo, para que não sejam acusados diante de Deus. Moisés, o advogado ou "paráclito" (*synergos*; *paraklētos*) do povo, é, repentinamente, transformado em seu acusador. Moisés testifica a respeito de Jesus (1,45), mas aqueles que afirmam depositar sua esperança em Moisés e em seus escritos mostram que realmente não acreditam em Moisés quando rejeitam Jesus (veja U. von Wahlde, *CBQ* 43 [1981] 385-404).

85 (b) *Galileia*: *O pão da vida* (6,1-71). Esta seção é paralela à sequência de acontecimentos em Mc 6,30-54 e 8,11-33 (omitindo o milagre duplicado da multiplicação em Mc 8,1-10): (1) alimentação de cinco mil (Jo 6,1-15; Mc 6,30-44); (2) caminhada sobre o mar (Jo 6,16-24; Mc 6,45-54); (3) o pedido por um sinal (Jo 6,25-34; Mc 8,11-13); (4) o comentário sobre o pão (Jo 6,35-59; Mc 8,14-21); (5) a confissão de Pedro (Jo 6,60-69; Mc 8,27-30); (6) a paixão (Jo 6,70-71; Mc 8,31-33). Os símbolos de Jesus como aquele que dá "água viva" em Jo 4 (também 7,38-39) e o pão do céu foram desenvolvidos juntamente com a cristologia joanina de Jesus como o rei-profeta mosaico. O discurso sobre o pão provavelmente foi um *midrásh* homilético antes de ser usado no Evangelho. Para o evangelista, o discurso todo torna-se uma outra confrontação entre uma multidão de incrédulos e aquele que veio do céu com a palavra da vida. Finalmente, alguns exegetas pensam que o trecho sobre Jesus como pão na eucaristia (vv. 51-59) foi acrescentado durante a redação final do Evangelho para dar uma etiologia à celebração eucarística joanina (L. Schenke, *BZ* 29 [1985] 68-89).

86 (i) *A multiplicação dos pães* (6,1-15). **1-4**. O evangelista ampliou a introdução acrescentando o seguinte: (1) o vago marcador cronológico "depois disso"; (2) a especificação do local, (lago de) Tiberíades (→ Geografia bíblica, 73:60-61), embora esta especificação possa resultar do acréscimo de 21,1, onde é o lugar da aparição do Senhor ressurreto; (3) a motivação da multidão – eles tinham visto as curas de Jesus (os sinais); (4) e a referência à iminente "Páscoa dos judeus". **5-10**. *onde arranjaremos pão para eles comerem?*: assim como em outros relatos joaninos de milagres, a iniciativa está com Jesus. João não faz referência ao horário já avançado ou à aflição do povo (Mc 6,35; [8,2-3]). Jesus faz a pergunta a Filipe como um teste. Filipe não percebe que esta pergunta é um apelo à sua fé e simplesmente se refere à quantia de dinheiro necessária.

87 **11-13.** *distribuiu-os aos presentes*: o comentário de que Jesus distribuiu o pão aponta para o discurso sobre Jesus como o pão da vida. *depois de dar graças*: o uso da palavra *eucharistein* por parte de João (também no resumo das ações de Jesus em 6,23) tem conotações eucarísticas, embora a expressão reflita o costume judaico da bênção antes das refeições. *para que nada se perca*: a intenção simbólica da expressão acrescentada torna-se evidente em 6,27, "trabalhai, não pelo alimento que se perde". A grande quantidade que sobra provem da tradição.

88 **14-15.** *esse é, verdadeiramente, o profeta*: a multidão responde corretamente que Jesus é o profeta messiânico, mas entende mal esta afirmação. A verdadeira natureza da realeza de Jesus, que não é a de um libertador nacional, só pode ser revelada no julgamento (18,33-37; 19,12-15).

89 (ii) *Jesus caminha sobre as águas* (6,16-21). Este episódio tradicional separa ainda mais Jesus e a multidão. *Jesus ainda não viera encontrá-los*: isto presume que a história seja familiar para o leitor. Diferentemente dos sinóticos, João não conta a história como um relato que enfatiza a fé dos discípulos. *sou eu. Não temais*: os cristãos joaninos talvez entendessem esta história como uma epifania, uma vez que "Eu Sou" pode ser usado para identificar Jesus e Deus (*p.ex.*, 8,28). A conclusão desvia a atenção de Jesus como salvador divino num milagre de resgate no mar para a travessia instantânea. A tempestade tinha levado os discípulos para o meio do lago. Eles chegam subitamente ao local desejado. Alguns sugeriram que o tema da Páscoa/Êxodo neste capítulo lembraria o leitor da travessia do mar sob Moisés (veja C. H. Giblin, *NTS* 29 [1983] 96-103; H. Kruse, *NTS* 30 [1984] 508-30).

90 (iii) *Diálogo: Jesus é o pão que vem do céu* (6,22-40). A citação bíblica no v. 31 forma a espinha dorsal do discurso e de suas ampliações até o v. 59. **22-25.** *no dia seguinte*: uma transição característica (*p.ex.*, 1,29.35.43). Estes versículos formam uma transição desajeitada entre a alimentação e o discurso. O grande número de variantes textuais nesta seção mostra que ela tinha criado problemas na Antiguidade. O elo entre Tiberíades e o milagre da multiplicação (v. 23) talvez tenha sido criado por editores posteriores. As multidões inferem uma travessia misteriosa por parte de Jesus porque havia apenas um barco, o qual fora tomado pelos discípulos, enquanto elas tiveram de atravessar em barcos saindo de Tiberíades. A geografia é complicada pela presunção de que o discurso seguinte ocorre em Cafarnaum, que não fica "do outro lado do mar", mas na margem setentrional, um pouco a oeste de Tiberíades. A confusão sugere uma falta de familiaridade com a região.

91 **26-29.** A pergunta da multidão sobre "quando" Jesus chegou (v. 25) é deixada de lado. O dito de Jesus distingue entre "ver sinais" e preocupar-se com os elementos materiais. A primeira reação da multidão, "fazer Jesus rei" (v. 14), foi rejeitada pela retirada de Jesus. **27.** *trabalhai, não pelo alimento que se perde*: isto lembra o discurso sobre Jesus como água viva (4,14; 6,35 combina ambas as imagens). Em ambos os discursos, a chave para receber o dom de Jesus é constituída pela fé de que ele é aquele que vem de Deus. Assim, este versículo não se refere primordialmente ao "pão" da eucaristia, mas à palavra de revelação de Jesus. *pois Deus, o Pai, o marcou com seu selo*: isto lembra 3,33: toda pessoa que aceita o testemunho daquele que vem "do alto" coloca seu selo na veracidade de Deus. A expressão antecipa a polêmica vindoura enfatizando que é Deus quem atesta a tarefa de Jesus. **28-29.** *obras de Deus*: isto pode se referir àquilo que Deus faz e exige (*p.ex.*, CD 2,14-15). Jesus fala de si mesmo como quem faz as "obras" daquele que o enviou (9,4). Ele insiste que apenas uma "obra" é necessária, a de crer naquele que foi enviado por Deus.

92 30-31. *que sinais realizas, para que vejamos e creiamos*: o tradicional pedido de um sinal presume que a multidão entenda que Jesus estava fazendo uma reivindicação a respeito de si mesmo e lembra o leitor da afirmação do v. 26 de que ela não "viu o sinal". Ela desafia Jesus com uma alusão a Ex 16,4-5. A citação de João combina Ex com o Sl 78,24. A prova da expectativa de que, na era escatológica, o "maná" se tornaria disponível novamente deriva-se de escritos judaicos posteriores. Por exemplo, *2 ApBar* 29,8: "o tesouro do maná descerá novamente do alto, e eles comerão dele durante aqueles anos" (para exemplos posteriores, veja *Midr. Rab. Eccl* 1,9; *Midr. Tanḥuma* [*Beshallah* 21,26]). **32-33.** A resposta de Jesus reformula a citação ao insistir no seguinte: (1) não Moisés, mas meu Pai; (2) não deu, "dá"; (3) o verdadeiro (*alēthinos*) pão do céu. Então o "verdadeiro pão" é definido não como comida, e sim como "pão de Deus", aquele que vem para dar a vida ao mundo (*p.ex.*, 3,15-16; 5,24). **34-35.** O pedido da multidão faz paralelo com o da mulher samaritana (4,15). Ele é atendido com a firmação decisiva: "Eu sou o pão da vida". Tanto a sede quanto a fome são retomadas na promessa feita à pessoa que crê em Jesus. *o pão da vida*: a expressão usada para designar o pão foi gradualmente afastada do "pão do céu" do AT e passou primeiro para "pão de Deus" e agora, em conexão com a afirmação de que o "pão de Deus" dá a vida ao mundo (v. 33), para "pão da vida".

A expressão "pão da vida" não aparece em textos judaicos sobre o maná. Mas há expressões paralelas em *José e Asenet*. O judeu temente a Deus "come pão da vida abençoado e bebe o cálice abençoado da imortalidade e é ungido com o óleo abençoado da imperecibilidade". O favo de mel que é dado para a convertida Asenet comer é descrito como "branco como a neve, cheio de mel como orvalho do céu" (*Jos. Asen.* 16,8-9), uma descrição que mostra que ele é considerado semelhante ao maná do deserto (*p.ex.*, Ex 16,14.31; Sb 19,21; *Sib Or.* 3,746). Ela recebeu este alimento celestial de uma figura angelical que desce do céu atendendo suas orações (*Jos. Asen.* 14, 7-11). O anjo também promete a imortalidade às pessoas que comem do alimento celestial dado por ele. "E todos os anjos de Deus comem dele, e todos os eleitos de Deus e todos os filhos do Altíssimo, porque este é o favo da vida, e todos quantos comem dele não morrerão para sempre" (*Jos. Asen.* 16,14). Diferentemente de *Jos. Asen.*, a cristologia de João torna possível para ele identificar Jesus como "o pão", não meramente como um ser angelical que dá uma substância celestial aos piedosos na terra.

93 36-40. Estes versículos interrompem o discurso, que é retomado com a reação do público à afirmação "eu sou" no v. 41. Eles retomam a condenação dos ouvintes por sua descrença (v. 30). Também apontam para a divisão que está por vir. Apenas as pessoas escolhidas por Deus vêm até Jesus, mas nenhuma delas se perderá. Por isso, os discípulos que se escandalizarem e forem embora não pertencem aos que foram escolhidos pelo Pai; tampouco Judas pertence (6,66-70). Jesus tampouco rejeita qualquer um que vai até ele – diferentemente dos judeus, que expulsarão da sinagoga quem crê em Jesus (9,34-35). A passagem também tem em vista o discurso a respeito de Jesus como a fonte da vida em 5,24-30. **40.** *eu o ressuscitarei no último dia*: esta pode ser uma ampliação redacional para alinhar o dito com a escatologia dual: "ter a vida eterna" e "ser ressuscitado no último dia" em Jo 5.

94 (iv) *Disputa sobre as origens de Jesus* (6,41-51a). Ao murmurar, os ouvintes de Jesus aparecem como os israelitas no deserto. A "murmuração" fez com que Moisés lhes desse água (Ex 15,24) e o maná (Ex 16,2.7.12). Esse foi um exemplo de "descrença" (Is 10,12; Sl 106,24-25). **42.** João usou um episódio tradicional, a rejeição de Jesus porque suas origens são conhecidas (*p.ex.*, Lc 4,22; Mc 6,3), para apresentar a afirmação da multidão de que Jesus não pode ser "do céu" (em 7,27-28, ela representa o tipo de objeção feita contra os cristãos joaninos). *pai e mãe*: não há indícios de que João conhecesse qualquer das tradições sobre a concepção ou nascimento de Jesus em Belém. Em todo caso, essa tradição seria irrelevante, uma vez que o aspecto que se quer ressaltar é que Jesus veio do céu.

95 **43-47**. A ordem de Jesus para que parem de murmurar é seguida por uma série de ditos que resumem a teologia joanina sobre a fé. Os vv. 44-45 reiteram a afirmação de que apenas as pessoas "atraídos por Deus" creem em Jesus. Novamente, no v. 44c (como no v. 40c), encontramos uma ampliação redacional que faz de Jesus o agente da "ressurreição no último dia". **45**. João parece ter criado uma outra citação da Escritura, talvez combinando Is 54,13 e Jr 31,34, para demonstrar a afirmação de que Deus é responsável pela fé das pessoas que creem em Jesus. **46**. *não que alguém tenha visto o Pai*: não há conhecimento de Deus à parte de Jesus (*p.ex.*, 1,18; 3,33; 5,37). Não se pode ser "ensinado por Deus" à parte de ouvir a palavra de Jesus e crer nela. **47**. A série conclui com uma outra afirmação de que quem crê tem a vida eterna.

96 **48-51a**. A divisão do discurso no v. 51 é problemática. Com a sentença conclusiva no v. 51, "o pão que eu darei é minha carne", o tema muda, passando de Jesus como revelador do Pai, que veio do céu, para uma especificação do pão que Jesus dá em termos eucarísticos. Este novo tema continua até o v. 59. Alguns preferem concluir o primeiro trecho com o v. 50 e atribuir todo o v. 51 ao que segue. Optamos por dividir o v. 51 pelo fato de ser, ao menos, possível que os vv. 51b-59 não fizessem parte do discurso original, tendo sido acrescentados durante a redação final do Evangelho (veja M. Gourges, *RB* 88 [1981] 515-31; M. Roberge, *LTP* 38 [1982] 265-99. **48-49**. *vossos pais ... comeram ... e morreram*: um retorno aos vv. 32-35. A referência aos israelitas "comendo" o maná no deserto completa a exposição da citação da Escritura no v. 31. **50**. A vida que vem pelo comer do pão vindo do céu é contraposta à morte da geração do deserto. Esta sequência repete o padrão dos vv. 32-33: (a) uma afirmação negativa em referência à tradição do êxodo, "não Moisés...", "vossos pais morreram..."; (b) seguida por uma definição, "o pão de Deus é... ", "o pão que vem do céu é..." **51a**. Isto completa a passagem ao retomar a sequência no v. 35: (a) dito com "eu sou"; (b) condição: "qualquer que vier...", "qualquer que comer..."; (c) salvação "...não terá fome...", "...viverá eternamente". O v. 51a deixa claro o que está implícito nas imagens de não passar fome nem sede, a saber, vida eterna.

97 (v) *O pão é a carne de Jesus* (6,51b-59). A sugestão de que estes versículos talvez tenham sido acrescentados ao Evangelho durante sua redação final não implica necessariamente que eles representem uma "correção" do Evangelho para torná-lo aceitável para a teologia sacramental de uma ortodoxia emergente, como tinha sido sugerido por Bultmann. O refrão "eu o ressuscitarei no último dia", que parece refletir uma redação posterior, aparece novamente no v. 54. Os vv. 57b e 58b falam de ter vida com verbos no tempo futuro, mas os vv. 54a e 56b usam a linguagem da escatologia realizada. O v. 56 usa a linguagem da permanência, *permanece em mim e eu nele*, que aparece nos discursos de despedida (15,4-5; cf. 17,21.23, sem o verbo *menein*). Também parece representar material adicional do evangelista que foi acrescentado ao Evangelho. R. E. Brown (*BGJ* 287-91) propôs que este material fazia originalmente parte das tradições joaninas da ceia. Ele sugere que este material foi amplamente reformulado de modo que aquelas tradições agora se encaixam no padrão do discurso precedente sobre Jesus como o pão da vida.

Este texto dá continuidade à exposição do verbo "comer" de tal forma que os sentidos simbólicos de "comer e beber" estabelecidos na primeira parte do discurso podem agora ser aplicados ao "pão" da celebração eucarística. Quando este processo é avaliado, não se precisa concluir que este trecho, de algum modo, avilta as percepções espirituais do discurso sobre o Jesus revelador como pão com alguma forma inferior de "sacramentalismo mágico" que substitua a fé por um ritual (veja U. Wilckens, "Der eucharistische Abschnitt der johanneischen Rede vom Lebensbrot", *Neues Testament und Kirche* [Festschrift R. Schnackenburg; ed. J. Gnilka; Freiburg, 1974] 220-48). Os judeus discutem porque entendem as palavras de Jesus de maneira literal (v. 52; → Teologia joanina, 83:58-61).

98 53-56. Estes versículos ampliam o dito original (v. 51b) sobre o pão como a carne de Jesus com a expressão "carne e sangue". Cada versículo segue o mesmo padrão de fazer referência primeiro a comer a carne e beber o sangue. A afirmação de que eles são comida e bebida "reais" (*alēthēs*) lembra o v. 35. Os outros ditos seguem a afirmação de que é necessário "comer de sua carne e beber de seu sangue" com uma referência à salvação: (a) ter a vida em vós (v. 53); (b) "ter a vida eterna" [e "eu o ressuscitarei no último dia"] (v. 54); (c) "permanecer em mim e eu nele" (v. 56). À luz da forte advertência negativa do v. 54 e da fórmula de imanência "permanecer em mim" no v. 56 (cf. 15,4-5), poder-se-ia ver aqui um dito direcionado a uma crise posterior na comunidade. João 15 fala da necessidade de os discípulos permanecerem vinculados a Jesus, a videira (também um símbolo eucarístico; cf. Mc 14,25). Esta advertência pode estar dirigida a cristãos que queriam se separar da comunidade joanina, seja em decorrência de perseguição externa, seja em decorrência da cisão posterior dentro da comunidade que se evidencia nas epístolas joaninas.

99 Os ditos paralelos sobre carne e sangue parecem representar a fórmula eucarística usada na comunidade joanina. Diferentemente das fórmulas dos sinóticos e de Paulo, o corpo de Cristo é designado com o termo *sarx*, "carne", e não *"sōma"*, "corpo". "Carne" também aparece nas fórmulas de Inácio de Antioquia (*Rom.* 7:3; *Filad.* 4:1; *Esmirn.* 7:1). A fórmula joanina provavelmente também continha uma oração com "por, em favor de", que pode estar representada em "para a vida do mundo" de 6,51b.

100 57. A expressão pouco usual "Pai, que vive" pode ter sido formada em analogia com "o pão vivo" do v. 51. O leitor sabe que o Pai enviou o Filho para dar a vida (3,16-17) e que a vida que o Filho tem é a vida do próprio Pai dada ao Filho (5,26). O v. 57 estende esse tipo de relacionamento entre o Pai e o Filho ao crente que toma parte na eucaristia. Este versículo também usa um padrão de relacionamentos entre Pai-Filho e crente que cabe no contexto dos discursos de despedida (cf. 14,20-21; 17,21a). Fórmulas de imanência, desenvolvidas com base na cristologia joanina, expressam o relacionamento entre o crente e Jesus estabelecido na eucaristia. **58**. *quem come este pão viverá eternamente*: estas palavras concluem o discurso e o vinculam ao contexto mais amplo estabelecendo um nítido contraste entre a comunidade que possui o "pão do céu" e seus oponentes judeus, cujos ancestrais só tinham o maná e morreram (vv. 49-50). **59**. Esta breve nota sobre o local do ensino, a sinagoga de Cafarnaum, pode ter sido derivada da tradição de que Jesus tinha ensinado ali (*p.ex.*, Lc 4,31; 7,5).

101 (vi) *Disputa: Jesus perde discípulos* (6,60-66). As palavras de Jesus causam uma divisão na multidão, mas esta divisão não é entre a multidão" de judeus, em que um lado suspeita que as reivindicações messiânicas de Jesus sejam verdadeiras, enquanto outros as rejeitam (*p.ex.*, 7,11-12.26-27.31.40-43). Esta divisão se dirige à comunidade cristã. Alguns discípulos agora abandonam Jesus. Este abandono proporciona a ocasião para o equivalente joanino à "confissão de Pedro" na tradição sinótica. O leitor é também lembrado do contexto da comunidade pelas referências àquele que trairá Jesus

(vv. 64b. 71). O abandono de um grupo de discípulos enfatiza as exigências para permanecer na comunidade eucarística implícitas na seção anterior. Nenhum leitor joanino poderia deixar de ver a conexão entre a perda dos discípulos na narrativa e as experiências de traição e deserção por parte da própria comunidade. **60.** *essa palavra é dura*: a introdução não diz o que era escandaloso no discurso de Jesus. As preocupações comunitárias da seção anterior, a reivindicação de Jesus de dar sua carne como pão da vida e o fato de os discípulos serem os destinatários sugerem que o discurso eucarístico é a fonte da divisão. Entretanto, a reivindicação de Jesus de "dar a vida", que também é uma fonte de contenda em 5,19-47, e uma identificação de sua palavra revelatória com o "pão do céu" na parte anterior do discurso também poderiam ser o foco dessas preocupações. **61-62.** A resposta de Jesus, contrapondo uma "coisa menor" que escandaliza os ouvintes a uma verdade maior, inclina-nos a considerar todo o discurso anterior como o objeto destes comentários. É característico dessas "verdades menores" que elas possam ser entendidas como imagens usadas dentro do judaísmo. Poder-se-ia dizer que uma combinação de linguagem sapiencial e especulações sobre o maná celestial tornaria inteligível a parte anterior do discurso. Sem surpresa, a "coisa maior" que resta para ser vista é o Filho do Homem ascendendo de volta à sua glória celestial (*p.ex.*, 1,51; 3,13).

102 **63.** O versículo 63a aponta para trás, para a contraposição entre o que vem da carne e o que vem do Espírito em 3,6. Só a pessoa "nascida do Espírito" será capaz de aceitar a verdade das palavras de Jesus. O v. 63b aponta para trás, para o poder doador de vida da palavra de Jesus que tinha sido o tema do discurso anterior. **64-65.** Estes versículos parecem relativizar os efeitos destrutivos da falta de fé entre os próprios discípulos de Jesus ao repetirem a afirmação de que a fé só é possível para a pessoa atraída a Jesus pelo Pai (cf. 5,38; 6,37; 8,25.46-47;

10,25-26). **66.** Como que para ilustrar a verdade das palavras de Jesus, um grupo de discípulos o abandonam. Este versículo não só encerra a seção sobre a perda dos discípulos; ele também serve como introdução para a parte final do material da tradição que foi assumido na sequência narrativa, a confissão de Pedro.

103 (vii) *A confissão de Pedro* (6,67-71). No paralelo sinótico, a confissão de Pedro serviu para mostrar que os discípulos tinham começado a perceber Jesus como o Messias. Em João, esses títulos cristológicos tradicionais foram reconhecidos desde o início. Aqui a confissão de Pedro lembra as palavras do próprio Jesus no v. 63b. Esta é a primeira referência explícita aos "Doze". O narrador presume que o leitor saiba quem é esse grupo, que Jesus os tinha escolhido e que Pedro era seu porta-voz. O relato sinótico da confissão de Pedro concluía com o anúncio do sofrimento de Jesus e a repreensão dirigida a Pedro, chamado de "Satanás" por resistir à predição da paixão de Jesus. Aqui a escolha de Jesus parece confirmar suas palavras anteriores sobre a fonte divina da fé. Mas elas são imediatamente restringidas. Jesus sabe que um daqueles escolhidos não é tão "escolhido". O narrador fala no versículo final para lembrar o leitor do nome da pessoa a quem Jesus se refere. Ele também observa o fato horroroso de que Judas, o traidor, era um dos Doze.

104 (c) *Jerusalém durante a festa das Tendas* (7,1-8,59). O processo redatorial do material nestes capítulos parece ter sido um processo complexo, que fica evidente em transições desajeitadas, em trocas repentinas de temas e na falta de contexto para 8,12-59. Apenas o dito introdutório "eu sou a luz do mundo" (v. 12) e a referência conclusiva ao Templo (v. 59) sugerem que este discurso ocorre no final da festa das Tendas, a qual fornece a estrutura para o cap. 7. (Copistas posteriores podem ter tentado remediar esta dificuldade narrativa quando inseriram o relato não--joanino da controvérsia em torno da mulher adúltera em 7,53-8,11). João 8 é o ponto alto da autoidentificação de Jesus em sua controvérsia com "os judeus", já que aí ele reivindica o "Eu Sou" divino (vv. 28.58).

A repentina volta do debate sobre a cura de um paralítico por Jesus em 7,19-23 e observações acerca de uma conspiração contra Jesus, que não fazem parte de seu contexto narrativo imediato (vv. 1.19.25.30.32), apontam para um procedimento quase judicial contra Jesus no final do capítulo (vv. 44-52), o que cria o isolamento do material discursivo que se segue. A defesa da cura no sábado em 7,19-23 tem uma orientação muito menos cristológica do que em 5,19-47. Em vez de insistir que ele faz o que o Pai faz no sábado, Jesus aplica um argumento jurídico que parte de um caso menor para chegar a um maior, um procedimento usado nos relatos sinóticos sobre controvérsias em torno do sábado (cf. Mc 2,23-26; Mt 12,5). A disputa sobre onde Jesus obteve seu "entendimento" (7,15-17) talvez também se derivasse deste contexto. Este trecho de Jo 7 pode ter pertencido no passado ao contexto de uma cura no sábado e ter sido deslocado quando o extenso discurso sobre o relacionamento de Jesus com Deus ao dar a vida e julgar foi anexado ao milagre. A divisão das opiniões e a conspiração contra Jesus em 7,43-44 também poderiam ter feito parte do relato original do milagre. A inserção do tema da Páscoa em Jo 6 possibilita o ministério de Jesus entre a festa sem nome em Jo 5, que é na verdade uma controvérsia em torno do sábado, e o retorno dele a Jerusalém para a festa das Tendas. João usa a ocasião desta "subida" a Jerusalém para mostrar ao leitor que Jesus irá, de fato, manifestar-se em Jerusalém, mas ele não será glorificado a partir da cruz até chegar a hora. Todas as conspirações contra sua vida são fúteis à parte do tempo para o retorno de Jesus ao Pai (veja H. W. Attridge, *CBQ* 42 [1980] 160-70).

105 (i) *Galileia: Jesus rejeita o conselho de ir a festa* (7,1-9). **1-2.** A presença de Jesus na Galileia está ligada ao perigo de morte por parte dos "judeus" na Judeia (cf. 5,18). **2.** Tendas ou tabernáculos: → Instituições, 76:133-38. **3.** Os "irmãos" e "discípulos" de Jesus foram mencionados pela última vez em 2,12 como estando em Cafarnaum, o cenário do discurso acerca do pão da vida. A tradição de que os parentes de Jesus não compreenderam sua missão também aparece nos sinóticos (Mc 3,21.31-32; 6,4). O leitor já sabe que os sinais de Jesus não lhe granjearão a aprovação na Judeia que é presumida pela solicitação dos irmãos (veja 2,23-24). **4.** *manifesta-te ao mundo*: a exigência de uma demonstração pública dos poderes de Jesus parece equivalente à leitura política do milagre da multiplicação em 6,14-15. Mas a dicotomia entre um Jesus cujos "sinais" só estão abertos para quem crê e a exigência de que suas obras sejam manifestadas para o mundo talvez também reflita um argumento judaico contra a afirmação cristã de que Jesus é o Messias. R. E. Brown (*BGJ* 308) encontra nestes desafios messiânicos um padrão que corresponde à tradição sinótica da tentação por Satanás: (a) as pessoas querem fazer de Jesus um rei (Jo 6,15; oferece reinos do mundo, Mt 4,8); (b) as pessoas exigem um milagre de maná (Jo 6,31; transforma pedras em pão, Mt 4,3); (c) demonstração pública dos poderes de Jesus (Jo 7,4; lança-te do pináculo do Templo, Mt 4,5). **5.** O comentário do narrador lembra o leitor de que tal pedido mostra falta de fé. **6-7.** *meu tempo ainda não se completou*: O ódio que levará a atentados contra a vida de Jesus já existe (*p.ex.*, 8,59). Quando a "hora" da crucificação/exaltação de Jesus vier efetivamente, ela representará a conclusão do julgamento cósmico que foi iniciado por seu testemunho e provará que o mundo é culpado (esta obra é concluída pelo Paráclito, 16,8-10).

106 (ii) *Jesus vai à festa secretamente* (7,10-13). A partida "secreta" de Jesus para Jerusalém estabelece o cenário para a murmuração (cf. 6,41.61) em Jerusalém. Divisões de opiniões (também 7,40-41; 10,20-21) muitas vezes introduzem acusações contra Jesus que tinham surgido durante debates entre cristãos joaninos e seus oponentes. O v. 13 reflete essa situação ao se referir ao "medo dos judeus" que impede as pessoas de falar abertamente sobre Jesus. A passagem apresenta três grupos, nenhum deles de crentes, que aparecerão como protagonistas no ministério de Jesus em Jerusalém: (a) "discípulos", pessoas com uma fé inadequada em Jesus baseada em seus "sinais" anteriores; (b) a multidão, geralmente de opinião dividida sobre Jesus; (c) "os judeus", às vezes representados pelos fariseus, a quem o evangelista considera seus líderes, que já são inimigos declarados de Jesus.

107 A acusação crítica de que Jesus pode ser um enganador, alguém que desencaminha o povo (v. 12), é repetida em 7,47 (cf. seu uso como acusação jurídica em Lc 23,2). Fontes judaicas (*b. Sanh.* 43a.) e cristãs (Justino, *Dial.* 69,7; 108:2) posteriores relatam que os judeus condenaram Jesus como "feiticeiro" e alguém que "desencaminha o povo". Jesus é, assim, condenado como "falso profeta" sob a lei em Dt 18,18-22 (também Dt 13,1-16; *m. Sanh.* 11,5). Escritos apocalípticos descreviam a vinda de falsos profetas que desencaminhariam o povo e operariam sinais (Mc 13,22; Mt 24,11; 1QpHab 2,2; 5,9-12 sobre o "homem de mentiras"). João 7 responde a tais acusações. (O evangelista já deu uma resposta em 6,14-15 ao mostrar que Jesus não tenta reunir grandes multidões e desencaminhá-las mediante seus sinais).

108 (iii) *Jesus ensina no Templo* (7,14-24). Os elementos básicos da autodefesa de Jesus já foram enunciados: ele não fala por si mesmo, mas por Deus (vv. 17-18; 5,19.30); não faz sua própria vontade (7,17; 5,30); não busca sua própria glória (7,18; 5,41-44). A contraposição entre o "entendimento" (*grammata*) de Jesus e o que os oponentes entendem como "ensinamentos" (*grammata*) de Moisés também faz parte do debate anterior (7,15; cf. 4,47). Jesus acusa seus oponentes que desejam matá-lo, o que é contra a lei de Moisés que eles dizem defender (v. 19; 5,18). **20.** *quem procura matar-te?*: a multidão entende as palavras de Jesus como indicação de que ele "tem um demônio". A tradição sinótica apresenta essa acusação pouco depois de Jesus ter curado no sábado e em conjunto com a descrença dos parentes de Jesus, que possivelmente também é seu contexto na tradição pré-joanina (Mc 3,20-22). **22-23.** *se um homem é circuncidado em dia de sábado*: Jesus responde com um estilo mais convencional de argumento judaico do que em Jo 5. Ele argumenta indo do "caso menor", permitido por seus oponentes, a saber, a circuncisão de uma criança no sábado, para o "caso maior", a cura do homem todo. Deste modo, ele demonstra seu "entendimento" e a injustiça do juízo emitido contra ele (v. 24).

109 (iv) *Divisão: Seria este o Messias?* (7,25-31). **25-27.** *Ninguém saberá de onde será o Cristo, quando ele vier*: Justino se refere a esta crença: o Messias está oculto entre os humanos até ser "revelado" pela unção de Elias (*Dial.* 8: 4; 110:1). **28-29.** O leitor já sabe qual será a resposta a esta objeção. Jesus não é "de" os "lugares/pais" que a multidão associa com ele, mas vem do céu (6,41-42). Só as pessoas que "conhecem" o Pai que enviou Jesus podem reconhecer as origens de Jesus (cf. 6,43-45). **30-31.** A cena termina com uma outra divisão: aqueles que queriam atentar contra a vida de Jesus e aqueles que "creem" com base nos "sinais" dele.

110 (v) *Soldados são enviados para prender Jesus* (7,32-36). A divisão na multidão leva a popularidade de Jesus à atenção dos fariseus (cf. 4,1.3), os quais estão consistentemente ligados a esforços de suprimir a fé em Jesus (7,47-48; 9,13-16.24-29.40; 11,46; 12,19.42). **33-34.** *vós me procurareis e não me encontrareis*: a "hora" está se aproximando (cf. 11,9-10). Um anúncio semelhante no final do ministério público serve como dito de juízo contra as pessoas que não creram (12,35-36). Esta ameaça é explicada em

8,21.23: elas morrerão em seus pecados. **35-36**. O leitor pode discernir o significado oculto nas palavras da multidão. Quando Jesus retornar a seu Pai, atrairá outros, "os gregos", a ele (cf. 12,20-22).

111 (vi) *Jesus é a água viva* (7,37-39). O simbolismo da água no Evangelho atinge seu clímax. No sétimo dia da Festa das Tendas, os sacerdotes tomavam água da fonte de Siloé e faziam um círculo em torno do altar sete vezes. A multidão levava ramos de murta e galhos de salgueiro atados com palma na mão direita e uma sidra ou limão na esquerda como sinais da colheita. Após a circunambulação, o sacerdote subia a rampa para o altar e derramava a água através de um funil de prata no chão. Este ritual ofereceria um cenário perfeito para as palavras de Jesus. **37b-38**. O dito de Jesus contém três problemas interrelacionados: (a) Será que "aquele que crê em mim" está ligado ao v. 37b ou está ligado ao que o segue no v. 38? (b) Que texto das Escrituras João tem em mente? (c) A imagem implica que as águas fluem do crente ou de Jesus? O paralelismo entre o convite de vir a Jesus caso se esteja sedento (cf. 4,14; 6,35) e o "de seu seio" no versículo seguinte sugere que a fonte de água, em ambos os casos, é Jesus. Este tema pode ser visto como repetição do paralelismo entre Jesus e a sabedoria divina (Pr 9,5; Eclo 24,19-21; 51,23-24). "Aquele que crê em mim" fica desajeitado se é tomado junto com o v. 37b ou com o v. 38. Ele é, provavelmente, um acréscimo feito pelo evangelista para lembrar o leitor de que só o crente pode receber essa salvação de Jesus.

112 A identificação de citações joaninas da Escritura é notoriamente difícil quando elas não correspondem a uma passagem específica. Alguns paralelos sugestivos são dados por referências ao maná e à água no deserto (uma combinação mencionada na conexão com o maná em Jo 6,35; *p.ex.*, Sl 105,40-41; Sl 78,15-16.24). Também se pode apontar para textos proféticos sobre rios de água que virão do monte do Templo nos últimos dias (*p.ex.*, Ez 47,1-11; Zc 14,8). Materiais targúmicos também mostraram que alusões à água escatológica fluindo da rocha do Templo e à água da rocha no Livro de Êxodo podiam ser combinadas (*p.ex.*, *Tos. Sukk.* iii 3:18). **39**. *do Espírito:* o evangelista acrescenta, então, seu próprio comentário, explicando que o dito se referia ao Espírito, que o Cristo ressurreto concede aos crentes (*p.ex.*, Jo 20,22).

113 (vii) *Divisão: Seria este o profeta?* (7,40-44). A série incessante de perguntas sobre a identidade de Jesus continua. Este trecho é o antítipo dos breves episódios curtos em que Jesus reuniu discípulos em torno de títulos cristológicos no início do Evangelho. Aqui as perguntas messiânicas são repetidas constantemente. Elas atingirão seu clímax nos ditos do tipo "Eu Sou" no próximo capítulo. Entretanto, o desfecho é descrença e hostilidade crescente. **40-41a**. Estes versículos propõem dois títulos, "o profeta" e "o Messias". **41b-42**. *de Belém:* mais uma vez, as origens de Jesus parecem desqualificá-lo para ser o Messias davídico ungido (Mq 5,1 associa o Messias a Belém; cf. Mt 2,4-6). Natanel chegou a crer em Jesus após o ceticismo inicial por causa de suas origens em Nazaré (1,45-46). Está claro que essa pergunta fazia parte da polêmica anticristã dirigida à comunidade joanina. **43-44**. Mais uma vez, a divisão entre o povo contém as sementes da hostilidade.

114 (viii) *As autoridades rejeitam a Jesus* (7,45-52). **45-46**. *Os guardas:* ao se desculparem por não terem prendido Jesus, os guardas fazem referência ao caráter incomum do discurso dele (cf. Mc 1,22; 6,2; 7,37; 11,18). O leitor joanino sabe que eles falam a verdade, não sabendo que as palavras de Jesus são de uma fonte diferente de qualquer outra (cf. 8,40). **47-49**. *Também fostes enganados?* Os fariseus repetem a acusação de que Jesus é alguém que engana o povo. A hostilidade entre os líderes judeus e "a multidão", declarada ignorante da lei, é representada dramaticamente no testemunho do cego a respeito de Jesus em Jo 9 e provavelmente reflete as experiências dos cristãos joaninos quando foram perseguidos. **50.** *Nicodemos:* ele reaparece subitamente na cena. O evangelista nos lembra o encontro entre Jesus e Nicodemos em 3,1-12. Ele salienta a "ilegalidade" do processo contra Jesus, condenando uma pessoa sem ouvi-la (cf. *Exod. Rabb.* 21,3). *És também galileu?:* A reação dos outros é tachar Nicodemos usando um epíteto desdenhoso, "galileu", sugerindo que ele não é melhor do que a multidão que segue Jesus, e repetir a objeção de que as Escrituras excluem qualquer possibilidade de que "o profeta" venha da Galileia.

115 [*Agraphon: A mulher adúltera* (7,53-8,11)]. Este relato só entrou em mss. do Evangelho no séc. III. Embora preencha uma "lacuna" apresentando uma narrativa antes do discurso de 8,12-59, ele não tem nenhum dos traços característicos do estilo ou da teologia de João. O copista que inseriu o relato aqui talvez tenha pensado que ele ilustrava 8,15, "eu a ninguém julgo", e 8,46, "quem ... me acusa de pecado?". O relato é um "apotegma biográfico" em que os oponentes de Jesus montam uma "armadilha" da qual ele tem de escapar por meio de um dito ou ação prudente (*p.ex.*, Mc 12,13-17, sobre a moeda do tributo). O cenário pressupõe o "ensino diário no templo" ligado ao ministério de Jesus em Jerusalém em Lc 20,1; 21,1.37; 22,53. Alguns mss. do NT colocam este relato após Lc 21,38. Seu interesse no perdão dado por Jesus a uma mulher pecadora reflete um tema que aparece na tradição especial de Lucas (*p.ex.*, Lc 7,36-50; 8,2-3). **8,1.** *monte das Oliveiras:* a ida de Jesus ao monte das Oliveiras reflete Lc 21,37. Assim, muitos exegetas pensam que este relato é uma parte do material especial lucano que estava circulando na tradição. **5.** *na Lei:* Deuteronômio 22,23-24 prescreve o apedrejamento para uma mulher casada que cometa adultério. Se Jo 18,31 está certo em insistir que os romanos tinham tirado dos judeus o direito de executar a pena de morte em casos em que sua lei o exigia, então a "armadilha" pode ter sido semelhante àquela implícita no relato sobre o dinheiro do tributo (Mc 12,13-17). Segundo o pensamento dos oponentes, Jesus precisa rejeitar ou a lei de Moisés ou a autoridade de Roma. **6.** *escrevia no chão com o dedo:* não há uma indicação clara da razão pela qual Jesus escrevia no chão. Autores patrísticos sugeriram Jr 17,13, "todos os que te abandonam serão envergonhados, os que se afastam de ti serão escritos na terra", como o texto que determinou a ação de Jesus. Se este for o caso, isso é um lembrete indireto da "culpa" das pessoas que estão condenando a mulher. **7.** *seja o primeiro a lhe atirar uma pedra:* a advertência contida nas palavras de Jesus talvez implicasse uma referência à lei. Deuteronômio 17,17 reconhece que aqueles que são testemunhas contra uma pessoa têm uma responsabilidade especial pela morte dela. **11.** *Nem eu te condeno:* depois de os acusadores terem ido embora, Jesus deixa claro que não faz parte deles. A mulher está livre para ir, mas não para pecar de novo.

116 (ix) *O Pai dá testemunho de Jesus* (8,12-20). A imagem da luz talvez estivesse associada à iluminação de quatro luminárias enormes no átrio das mulheres na primeira noite da Festa das Tendas (*m. Sukk.* 5,2-4). O leitor sabe que Jesus é a luz do mundo (1,9), cuja vinda divide a humanidade entre as pessoas que "vêm para a luz" e aquelas cujas "obras más" as fazem preferir as trevas (3,19-21). Mas a finalidade de sua vinda era trazer a luz (3,16). O discurso não se concentra no simbolismo, mas no testemunho de Jesus a respeito de si mesmo e na autoridade de seu "julgamento verdadeiro" (cf. 5,30-31). A defesa de Jesus está moldada com ditos que fundamentam a verdade de seu testemunho em sua origem, "do Pai", que não é percebida por seus antagonistas (vv. 14.19). Entre essas afirmações familiares, invoca-se o tema do "julgamento" do mundo que reivindica julgar a Jesus. **16.** *meu julgamento é verdadeiro:* Jesus foi enviado para a salvação, não para o juízo (ou "condenação"; cf. 3,17; 12,47).

Ao mesmo tempo, o Pai confiou o julgamento ao Filho (5,22; 9,39). Diferentemente dos julgamentos humanos falsos (7,27), aquele julgamento é verdadeiro (5,30). **18.** *Eu dou testemunho de mim mesmo e também o Pai, que me enviou, dá testemunho de mim:* Jesus providencia testemunhas (Dt 17,6; 18,15 exigem duas testemunhas) apelando a si mesmo e ao Pai (cf. 5,37-38). **19.** *Onde está teu Pai?:* esse testemunho não pode ser recebido pelas pessoas que não "ouvem o Pai" nas palavras de Jesus; assim os antagonistas de Jesus perguntam a respeito de seu Pai com a mesma ironia amarga com que Pilatos perguntará a respeito da verdade (18,38). **20.** Este episódio termina com outra referência à impossibilidade de agir contra Jesus.

117 (x) *Jesus retornará ao Pai* (8,21-30). **21.** *morrereis em vosso pecado:* a descrença é o pecado para João (cf. 16,9). **22a.** *irá ele matar-se?:* como na "charada" da partida de Jesus (7,34-36), as palavras da multidão contêm uma verdade que ela não consegue entender. Jesus não cometerá suicídio, o que privava uma pessoa de qualquer participação na era vindoura (*p.ex.,* Josefo, *Guerra judaica* 3.8.5 § 361-82). Mas ele entregará sua vida livremente (cf. 10,11.17-18). **23.** *Vós sois daqui de baixo e eu sou do alto:* A contraposição aguda entre as origens celestiais de Jesus e as origens terrenas de seus inimigos, o que faz com que lhes seja impossível ir para onde ele vai, chega perto do dualismo de origens celestiais e terrenas em mitologias gnósticas. Autores gnósticos também poderiam usar esse dualismo para explicar o que os separa de seus adversários eclesiásticos, como é o caso no *Apocalipse de Pedro.* Pedro vê a essência do Cristo docético deixar a cruz, repleto de luz e cercado por anjos (82.5-16). Essas verdades só podem ser dadas a pessoas que são, elas próprias, de "substância imortal" (83.6-26). O que está faltando no Quarto Evangelho é qualquer vestígio de "substâncias semelhantes" entre Jesus, a luz do alto, e as pessoas que são salvas. Tal sugestão iria contrariar o foco do Evangelho de Jesus como revelação singular de Deus. A separação nítida de esferas nesta passagem aponta para a frente, para a confissão de Jesus como o "Eu Sou" divino. **24.** *morrereis em vossos pecados:* a primeira ocorrência do "Eu Sou" de Jesus é introduzida por um pronunciamento de juízo. O uso do "Eu Sou" divino num processo pactual com o mundo liga os ditos joaninos acerca do "Eu Sou" divino e as tradições proféticas de Deuteroisaías. Isaías 43,10-11 LXX é uma passagem particularmente apropriada, "a fim de que saibais e creiais em mim e possais compreender que eu sou Ele (*egō eimi*) ... eu sou o Senhor, e fora de mim não há nenhum salvador" (→ Teologia joanina, 83:41-49).

118 *Quem és tu?:* a resposta da multidão é esperada das pessoas que são incapazes de ouvir as palavras de Jesus. O que se segue nos vv. 25b-27 é complicado. *tēn archēn ho ti kai lalō hymin* (v. 25b) é uma expressão difícil em grego. *Tēn archēn*, acusativo de *archē,* "início", é, às vezes, traduzido como se fosse a expressão joanina *ap'* ou *ex archēs,* "desde o início" (*p.ex.,* 8,44; 15,27; 16,4), e o tempo presente do verbo *lalō* é desconhecido. Assim faz a Bíblia de Jerusalém: "(Eu sou) o que vos digo, desde o começo". Os padres gregos entendiam *tēn archēn* como advérbio, como se fosse equivalente a *holōs,* "afinal". Este uso é mais comum em orações negativas, embora uma negativa possa estar implícita no contexto interrogativo. Neste caso, a expressão poderia ser de exasperação: "O que é que estou dizendo a vocês, afinal?" ou "Por que estou falando a vocês, afinal?". A dificuldade com esta expressão se evidencia já muito cedo. O P[66] traz *eipon hymin,* "eu estava dizendo", antes de *tēn archēn,* para criar o sentido de "eu lhes disse no início o que estou lhes dizendo agora" (veja E. L. Miller, *TZ* 36 [1980] 257-65). **26-27.** Estes versículos irrompem no contexto com observações sobre a geração de Jesus. A palavra dele vem do Pai em julgamento contra as pessoas que não reconheceram que Deus está lhes dirigindo a palavra (veja 5,30). *Tenho muito que falar e julgar sobre nós:* isto encontrará eco nos discursos de despedida (*p.ex.*, 14,30; 16,12). Em ambos os contextos, encontramos referência ao julgamento iminente do mundo descrente, que resulta da crucificação de Jesus. João 14,31 também aponta para a crucificação como demonstração final de sua unidade com o Pai. Estes versículos talvez representem uma dupla ampliação: (a) uma explicação do fato de Jesus falar na linguagem dos discursos de despedida, que aponta para a frente, para o juízo adicional a ser proferido contra "o mundo"; (b) uma observação do redator final para esclarecer a referência das observações feitas por Jesus.

119 28a. *Então sabereis que Eu Sou:* a identidade de Jesus é finalmente declarada num dito sobre a paixão do Filho do Homem. **28b-29.** A crucificação é a manifestação da unidade de Jesus com Deus (veja 10,18; 14,31). Mas ela não é um momento de vitória para Satanás (e para as pessoas que se opõem a Jesus); tampouco é um sinal de que Deus o tenha abandonado (cf. 14,30; 16,32-33). Inserido no contexto de uma disputa áspera, o dito sobre o Filho do Homem no v. 28a tem conotações de juízo, que diferem da promessa de salvação ligada ao dito em 3,14 e 12,32.34. **30.** *muitos creram:* as conotações "salvíficas" dos ditos paralelos talvez sejam a razão pela qual o trecho chega à surpreendente conclusão de que "muitos creram".

120 (xi) *Os descendentes de Abraão ouvem a verdade* (8,31-47). **31.** A referência aos "judeus que creram" parece provir de uma camada da tradição em que a expressão "os judeus" era simplesmente usada para designar habitantes da Judeia (*p.ex.*, 1,19; 3,1; 6,52). Falar desse grupo como "discípulos" e a admoestação a "permanecer na minha palavra" (cf. 6,56b; 14,21.23-24; 15,4-10) sugerem que o narrador está pensando em judeus cristãos em sua própria época defrontados com a opção de permanecer discípulos de Jesus ou abandonar sua lealdade como "discípulos de Moisés" (cf. 9,27-28). À medida que o diálogo progride, esses "judeus cristãos" são fundidos com "os judeus" que estão atentando ativamente contra a vida de Jesus (v. 37; cf. 7,19). **32.** *e a verdade vos libertará:* Jesus coloca o desafio para seus oponentes numa afirmação incomum que associa a verdade e a liberdade. Alguns exegetas recorreram às controvérsias paulinas sobre a lei para propor o pano de fundo para a polêmica neste trecho do Evangelho (*p.ex.*, Gl 4,21-31; 2Cor 11,20-22; Rm 9,6-13; veja T. Dozeman, *CBQ* 42 [1980] 342-58). A disputa sobre quem constituía verdadeira "descendência de Abraão" fica evidente em Gl 3,16.19.29; Rm 4,13.16. Em outras passagens, João usa a palavra "verdade" para contrapor a salvação que veio através de Jesus com a de Moisés (1,14.17). Atribuída a Jesus, ela indica que ele é o único caminho para a salvação (14,6; 17,17).

121 33. *jamais fomos escravos de alguém:* está claro que as afirmações da multidão não podem estar fundamentadas na situação política. Talvez o evangelista tenha em mente esta ironia, já que Pilatos forçará os "judeus" a afirmar que eles não têm "outro rei a não ser César" (19,15). **34.** A rejeição de Jesus garantirá que os antagonistas permanecerão escravos do pecado (8,21.24). **35.** *o escravo não permanece sempre ... mas o filho permanece para sempre:* uma contraposição entre o "filho" e o "escravo" aparece em outros exemplos protocristãos da superioridade de Cristo sobre a lei/Moisés (Gl 4,1-2; Hb 3,5-6). A referência à permanência do filho e à partida do escravo da casa poderia ter sido uma polêmica contra a presunção de salvação com base no *status* de "descendente de Abraão" (cf. Mt 3,9; 8,11). **36.** *Se o Filho vos libertar:* isto é um retorno ao tema joanino de que somente o Filho pode libertar. **37-38.** Os ouvintes são identificados agora com as pessoas que procuram matar Jesus (cf. 7,19.20.25) porque não cumprem os mandamentos de Deus ou não reconhecem que Jesus fala em nome de Deus.

122 39. *praticaríeis as obras de Abraão:* matar aquele que fala por Deus não pode ser uma obra de Abraão. As pessoas que fazem tais coisas devem ter um "Pai" diferente daquele que enviou Jesus para testificar a respeito da verdade (cf. 5,33; 8,26.28b; 18,37). **41.** *não nascemos da prostituição:* Israel era descrito como "filho (primogênito) de Deus" (*p.ex.,* Ex 4,22; Dt 14,1; Jr 3,4.19; 31,9; Is 63,16); 64,7). *Porneia,* "imoralidade sexual", é comumente associada com os gentios (*p.ex.,* 1Ts 4,3.5). Esta resposta talvez seja retirada de slogans de propaganda do judaísmo helenístico. Os judeus têm orgulho da separação em relação aos pecados de idolatria e imoralidade sexual que caracterizam os pagãos. Eles não querem aceitar a sugestão de que têm algum outro "Pai". **42-43.** Estes versículos reiteram a concepção de que todas as pessoas que são "de Deus" aceitam aquele que foi enviado por Deus. Portanto, os ouvintes hostis não podem ser filhos de Deus. **44.** *Vós sois do diabo:* O único "pai" que as pessoas que procuram matar Jesus podem reivindicar é aquele que é pai de Caim, ou seja, o diabo. A tradição targúmica entendia que Caim se defrontou com a opção de controlar a "inclinação má" dentro de si e, com isso, de ser reto ou cometer pecado (veja *Tg. Neof.* Gn 4,7; G. REIM, *NTS* 39 [1984] 619-24). 1João 3,8-12 nos mostra como essa tradição era aplicada dentro da comunidade joanina. O dualismo de ser "de Deus" ou "do diabo" como Caim fica evidente nos atos de uma pessoa. Em 1Jo, os "atos" em questão se referem a amar/não amar os outros cristãos. Aqui, o fator decisivo é amar/não amar Jesus (v. 42). Os MMM contrapõem os "filhos da luz" que "andam na verdade de Deus" aos filhos de Belial (*p.ex.,* 1QS 1,18.23-24; 2,19; 3,20-21; 1QM 13,11-12). Eles também dizem que os oponentes da seita são enganados pelo Homem de Mentiras ou pelos Intérpretes do Erro (1QpHab 2,2; 5,11; CD 20,15; 1QH 2,13-14; 4,10). A verdade está com Deus; o pecado e engodo, com a humanidade (1QH 1,26-27). É importante que os cristãos reconheçam que esse dualismo pode ser usado dentro do próprio judaísmo para separar as pessoas que caminham de acordo com a lei de Deus daquelas que são pecadoras. 1João o adapta passando de uma exortação ética geral entre os cristãos para atender à situação em que os cristãos estavam divididos entre si. O discurso de despedida em Jo 14 retorna a este tema do ponto de vista dos discípulos que "amam Jesus" e, através dele, são levados a uma nova relação com o Pai (veja F. F. Segovia, *CBQ* 43 [1981] 258-72). Estas afirmações não implicam a condenação divina dos judeus como povo.

123 45-47. Esta seção repete a afirmação de que as pessoas que são "de Deus" aceitam Jesus (3,6.31;8,23.43). O v. 46 também aponta para o lado dos oponentes do grande "julgamento". Jesus não pode ser acusado de qualquer pecado. A cegueira para com Jesus prova o pecado de seus oponentes (9,41; 15,22.24; 16,9; 19,11).

124 (xii) *Antes que Abraão existisse, Eu Sou* (8,48-59). **48-51.** Estes versículos retomam uma variante da tradição de que Jesus foi acusado de estar "possesso" (cf. Mc 3,22-23), com o epíteto negativo de que ele é "samaritano". Seus oponentes "insultaram as origens de Jesus" e o ligaram ao diabo. *honro meu Pai:* Jesus responde apelando a Deus como aquele que o vindicará (cf. 5,23,41-42). A proclamação de Jesus de que o crente nunca morrerá (cf. 5,24-25) serve para provocar o mal-entendido que por fim revelará a superioridade de Jesus em relação a Abraão.

125 52-53. Numa passagem reminiscente do diálogo com a mulher samaritana (4,11-12), os judeus acusam Jesus de afirmar ser maior do que Abraão e os profetas. **54.** *se glorifico a mim mesmo:* antes de fazer a reivindicação que constitui blasfêmia para seus oponentes judeus (5,18), Jesus repete mais uma vez a defesa de que ele é o que conhece e honra a Deus, enquanto as pessoas que reivindicam ser "defensoras de Deus" são, de fato, "mentirosas". **56.** *exultou:* a tradição judaica interpretava o "riso" de Gn 17,17 como regozijo por causa da promessa de seu "filho" Isaac (*Jub.* 15,17; Filo, *De mut. nom.* 154;175) ou como alegria pelo nascimento de Isaac, cujo nome era interpretado como significando "risada" (*p.ex.*, Filo, *De mut. nom.* 131; também *Jub.* 14,21; 15,17; 16,19-20). O "regozijo" de Abraão talvez também tenha ligações com o regozijo escatológico dos patriarcas ligado à vinda do Messias e à derrota final de Satanás, como em *TestLevi* 18, que usa vários temas familiares no Quarto Evangelho para descrever o sacerdote messiânico: ele "brilhará como o sol e dissipará toda escuridão" (v. 4; Jo 1,9); "o conhecimento do Senhor encherá a terra como a água dos mares" (v. 5; Jo 1,18; 8,55); "os céus serão abertos e do templo da glória virá santificação sobre ele, com uma voz paternal, como de Abraão para Isaac" (v. 6; Jo 1,32.51); "a glória do Altíssimo irromperá sobre ele" (v. 6; Jo 8,54); "ele dará a majestade do Senhor àqueles que são verdadeiramente seus filhos para sempre" (v. 7; Jo 8,32.36; 17,22); "não haverá sucessor para ele" (v. 8; Jo 12,34); "ele concederá aos santos comer da árvore da vida. O espírito de santidade estará sobre eles" (vv. 10-11; Jo 8,51; 7,39); Belial será preso por ele (v. 11; Jo 12,31); "o Senhor se regozijará em seus filhos; ... então Abraão, Isaac e Jacó se regozijarão" (vv. 12-13). Assim, a "alegria" de Abraão está relacionada com a visão do dia da salvação.

126 **56-58.** *antes que Abraão existise Eu Sou*: outro mal-entendido dos "judeus" provoca a afirmação cristológica final neste trecho. Jesus é, de fato, maior do que Abraão: ele carrega o nome divino, "Eu Sou" (→ Teologia joanina, 83:41-49). **59.** *apanharam pedras*: a multidão entendeu a reivindicação que Jesus fez, visto que se prepara para executar a punição por blasfêmia, o apedrejamento (cf. *m. Sanh.* 7:5a).

127 (d) *Jesus restaura a visão de um cego* (9,1-41). A tarefa de dar testemunho de Jesus é assumida pelo cego. Jesus deve ser "de Deus"; não o pecador que os mestres judeus dizem que ele é. Depois de o homem ser expulso da sinagoga, Jesus revela que ele é o "Filho do Homem", e o cego vem adorar a Jesus. A cura, a hostilidade das autoridades e um segundo encontro com Jesus repetem o padrão de 5,1-18, mas este homem chega à fé verdadeira em Jesus (veja M. Gourges, *NRT* 104 [1982]381-95). Dificilmente se pode evitar a conclusão de que este relato é um exemplo para o cristão joanino de como se deveria reagir quando confrontado com autoridades hostis.

128 (i) *A cura de um cego de nascença* (9,1-12). Milagres semelhantes ocorrem nos sinóticos (*p.ex.*, Mc 10,46-52 par.; Mc 8,22-26). Os vv. 1.2.3a.6 e 7 provavelmente representam o relato derivado da fonte do evangelista; os vv. 3b-5 são o acréscimo do evangelista. Eles tornam claro o simbolismo de Jesus como luz e apontam para a aproximação da hora quando esta luz irá embora. Eles talvez tenham substituído uma resposta diferente para a questão da finalidade do milagre. O narrador também deu ao leitor uma interpretação do nome da piscina no v. 7. **11.** *o homem chamado Jesus*: diferentemente do paralítico, o cego é capaz de contar às pessoas que o indagam que Jesus é o responsável por sua cura, embora não saiba dizer "onde" ele está.

129 (ii) *Os fariseus questionam o cego: Jesus é um profeta* (9,13-17). Para criar motivos para o interrogatório, o milagre é ligado secundariamente ao sábado. **16.** *Diziam, então, alguns dos fariseus*: a primeira tentativa das autoridades judaicas de sufocar a crença em Jesus insistindo que alguém que viola o sábado (por fazer argila) não pode ser "de Deus" cria uma divisão de opinião. Como poderia um pecador fazer tais sinais (cf. 5,36, as "obras" de Jesus dão testemunho dele; também 10,25.32.33; cf. a afirmação sobre os sinais de Jesus em 3,2). **17.** *é um profeta*: o homem responde à pergunta dos fariseus com a conclusão de que Jesus é um profeta. "Profeta" provavelmente não se refere ao profeta messiânico de Jo 4 ou 7,52, mas a Jesus como alguém cujo poder vem de Deus.

130 (iii) *Judeus questionam os pais: medo de expulsão da sinagoga* (9,18-23). O questionamento dos pais do homem estabelece a identidade do cego com o que havia nascido cego (contraposição à divisão nos vv. 8-9). A recusa dos pais em se envolverem possibilita ao evangelista ligar este relato com a crise que tinha sido enfrentada pelos membros da comunidade joanina (vv. 22-23).

131 (iv) *O segundo interrogatório e a expulsão da sinagoga* (9,24-34). A cena que culmina com os fariseus chamando o homem de alguém que "nasceu em pecado" (cf. a rejeição desta interpretação por parte de Jesus nos vv. 2-3) e o expulsando da sinagoga mostra a plena força da ironia do evangelista. **24.** *dá glória a Deus*: uma fórmula usada quando as pessoas devem confessar sua culpa (*p.ex.*, Js 7,19; 1Sm 6,5; 2Cr 30,8; Jr 13,16; *m. Sanh.* 6,2). O leitor joanino sabe que ninguém pode dar "glória" a Deus chamando Jesus de pecador. É preciso crer que Jesus é aquele a quem Deus dá glória (*p.ex.*, 5,41.44; 7,18; 8,54). **26-28.** *já vos disse*: o pedido para que repetisse como foi curado leva a uma conversa áspera que coloca o homem entre os "discípulos de Jesus" e os judeus como "discípulos de Moisés". **29-33.** Os argumentos contra Jesus provavelmente refletem as disputas entre cristãos joaninos e oponentes judeus. *se esse homem não viesse de Deus*: os "judeus" alegam que Moisés falou com Deus, mas a origem de Jesus é desconhecida. O leitor sabe que Jesus é aquele que fala o que ouve de seu Pai (8,26) e é o único que viu Deus (1,18). *de Deus*: diferentemente de seus interrogadores, o homem entende o "sinal" dado pela cura de alguém cego de nascença e assim chega à conclusão de que Jesus é "de Deus".

132 (v) *Jesus é o Filho do Homem* (9,35-38). A fé do homem em Jesus não fica completa até que o segundo encontro revela que Jesus é "Filho do Homem". A vinda de Jesus para encontrar o homem pode ser uma representação do dito de Jesus em 6,37: "Todo aquele que o Pai me der virá a mim, e quem vem a mim eu não o rejeitarei". O uso de "Filho do Homem" aqui deve conter as conotações da expressão para o cristão joanino, uma vez que resulta na adoração a Jesus por parte do homem. João 12,32.34 promete que o "Filho do Homem" exaltado atrairá todos para si.

133 (vi) *A cegueira dos fariseus* (9,39-41). O tema do julgamento retorna, pois a vinda de Jesus dividiu as pessoas que veem verdadeiramente das que, como os fariseus, alegam ver, mas são cegas. **41.** *vosso pecado permanece*: isto lembra o leitor de que o "pecado" é a falta de fé (*p.ex.*, 8,24) e recorda a condenação de 3,36b: "Quem recusa crer no Filho não verá a vida. Pelo contrário, a ira de Deus permanece sobre ele".

134 (e) *Jesus, o Bom Pastor* (10,1-42). Um novo choque entre Jesus e os judeus ocorre na festa da Dedicação três meses depois da festa das Tendas (→ Instituições, 76:151-154). A divisão entre o povo (vv. 19-21) aponta para a cura do cego. A imagem do pastor reaparece nos vv. 26-29, de modo que considerar os vv. 1-21 continuação dos acontecimentos ligados à festa das Tendas não explicará a complexidade literária do capítulo. Nenhuma das propostas para reorganizar blocos de texto tem encontrado ampla aceitação.

135 (i) *A parábola do Bom Pastor* (10,1-6). **6.** *eles, porém, não entenderam*: o evangelista informa o leitor de que Jesus contou uma *paroimia*, "provérbio", ou, mais genericamente, um *māšāl* em hebraico, que pode significar "provérbio", "enigma" ou, usando o termo sinótico familiar, uma "parábola". Este comentário talvez esteja baseado em uma tradição como Mc 4,10-12. O discurso parabólico impede os "de fora" de entender e se arrepender, enquanto o discípulo sabe sobre o que Jesus está falando. A imagem do pastor aparece nos sinóticos: (a) as multidões são comparadas com ovelhas que não têm pastor (Mc 6,35); (b) a parábola da ovelha perdida é direcionada contra a crítica farisaica do ministério de Jesus para os pecadores em Lc 15,3-7; (c) os crentes são comparados com ovelhas que devem se precaver dos lobos (Mt 7,15, contra falsos profetas dentro da comunidade; 10,16); (d) os justos são "ovelhas" que são salvas no juízo (Mt 25,32-34). Além disso, há ainda uma rica tradição do AT. O Senhor é o pastor do povo (Gn 49,24; Sl 23). Ezequiel 34 censura os líderes do povo como maus pastores que engordam à custa do rebanho. O rebanho é deixado errante e disperso como presa para os lobos (34,1-10). O Senhor promete ir e reunir suas ovelhas, que estão dispersas pela terra, e trazê-las de volta para o bom pasto (34,11-16). Este capítulo de Ezequiel pode ter sido particularmente atraente para João porque termina com a afirmação de que o povo conhecerá a Deus nesta atividade: "E eles saberão que Eu Sou (*egō eimi*) o Senhor seu Deus, e eles, casa de Israel, são meu povo, diz o Senhor. Vós sois meu rebanho e o rebanho do meu pasto e Eu sou o Senhor vosso Deus" (Ez 34,30-31 LXX). (Veja P.-R. Tragan, *La parabole du "Pasteur" et sés explications* [SAns 67; Roma, 1980].)

136 Alguns exegetas encontram duas parábolas distintas nos vv. 1-5: (a) os vv. 1-3a contrapõem modos de se aproximar do rebanho. Qualquer um que não entra pela porta é malévolo; (b) os vv. 3b-5 focalizam o relacionamento entre ovelhas e pastor. Elas somente reagirão à voz de seu próprio pastor. Para o leitor que acabou de ouvir a condenação da cegueira dos fariseus, seria evidente que se estava sendo alertado para não reagir ao ensino deles.

137 (ii) *Jesus, a porta e o Bom Pastor* (10,7-18). A interpretação retoma ambas as metáforas. Jesus é a porta através da qual as pessoas têm acesso ao rebanho (vv. 7-10); e o "bom" (= ideal, modelo) pastor (vv. 11-19). Cada uma destas imagens é repetida duas vezes. **8-10**. A escolha de "porta" como símbolo messiânico pode ter sido tirada do Sl 119,20. Outros versículos do Sl 119 foram usados como profecias messiânicas no protocristianismo (cf. Jo 12,13; Mc 1,10; Mt 23,39). João insiste que Jesus é a única fonte de salvação. Os que vieram antes dele, provavelmente uma referência aos mestres judeus e à tradição à qual eles apelavam, são rejeitados como ladrões (v. 8). O contraste com os ladrões que não trazem salvação lembra Ez 34. João reformulou o dito em sua própria linguagem: Jesus veio para que eles tivessem vida (cf. 14,6, Jesus é "o caminho, a verdade e a vida").

138 11-13. *o bom pastor*: o termo grego *kalos*, "bom", significa "bom" no sentido de "nobre" ou "ideal", não simplesmente "bom em" alguma coisa. Diferentemente dos maus pastores que deixam o rebanho ser devorado por lobos, Jesus morre pelas ovelhas. Em Marcos 14,27, Jesus se refere a Zc 13,7 em relação à morte do pastor e à dispersão do rebanho. Assim, a imagem de Jesus como o pastor que morre pelas ovelhas pertence à tradição protocristã da paixão. **14**. *conheço minhas ovelhas*: o segundo dito é mais tipicamente joanino, uma vez que fala do relacionamento entre o pastor e o rebanho como análogo ao estreito relacionamento existente entre Jesus e seu Pai. Este relacionamento constitui a base do sacrifício que Jesus faz em favor do rebanho. João 15,12-17 usa a imagem da amizade para descrever a morte de Jesus no contexto desse relacionamento. **16**. *outras ovelhas que não são deste redil*: este dito interrompe a reflexão sobre as relações implícitas na imagem pastor/rebanho para se referir a "outras ovelhas" que também ouvirão a voz de Jesus. Em outros lugares no Evangelho, estas interrupções se referem às futuras gerações de crentes (*p.ex.*, 17,20; 20,29). Também é possível relacionar este dito com a vinda futura dos gentios, "os gregos", que é mencionada duas vezes (7,35; 12,20-22). Na época em que o Evangelho foi concluído, a comunidade joanina está também consciente da existência de outras comunidades cristãs, especialmente as que remontam sua tradição a Pedro (21,15-19), a quem é dado o título de "pastor". Esta poderia também ser uma referência àqueles cristãos que não fazem parte do redil joanino.

139 **17.** *o Pai me ama, porque dou minha vida*: o cristianismo primitivo enfatizou o fato de Jesus ter oferecido sua vida em obediência voluntária a Deus (revertendo, assim, a desobediência de Adão; cf. Fl 2,8; Rm 5,19; Hb 5,8). A transposição joanina do tema enfatiza o amor que existe entre o Pai e o Filho (cf. 3,35) e a liberdade soberana da morte de Cristo. Esta liberdade fica evidente no fato de que, diferentemente dos humanos condenados à mortalidade a não ser que recebam vida de Cristo, Cristo pode "retomar sua vida". A ênfase no fato de que Cristo oferece sua vida pelas ovelhas deveria deixar claro que o Quarto Evangelho não interpreta o fato de Cristo retomar sua vida como um docetismo gnosticizante em que a "essência espiritual" do Senhor nunca sofre a morte. João também previne contra a percepção errônea de que a morte de Jesus seja a vitória de seus inimigos. É provável que os cristãos joaninos se deparassem com a argumentação de seus oponentes de que Jesus nunca poderia ter tido a unidade com o Pai que alegou ter ou ter sido a fonte da vida para os seres humanos (*p.ex.*, 5,21) se ele próprio foi executado entre os mais baixos criminosos.

140 (iii) *Divisão: Estaria Jesus possesso?* (10,19-21). Apesar de estes versículos se referirem à cura do cego, o evangelista os usa como uma "cena de divisão" para realçar a importância do que Jesus acabou de dizer. **20.** *ele tem um demônio*: a acusação de que Jesus está "possesso" apareceu em 7,20, onde a multidão rejeita a afirmação de Jesus de que pessoas procuram matá-lo, apenas para admitir isto em 7,25; e em 8,48.52 em conexão com a reivindicação de Jesus de ser "maior que Abraão".

141 (iv) *As ovelhas de Jesus conhecem sua voz* (10,22-30). **22.** O cenário não só faz de outra festa judaica a ocasião para um atentado contra a vida de Jesus, mas o traz de volta ao recinto do Templo, que ele tinha deixado depois de tentarem apedrejá-lo em 8,59. **23.** *pórtico de Salomão*: ele se encontrava ao longo da parede externa no lado leste do Templo (veja At 3,11; Josefo, *Guerra judaica* 5.5.1 § 185). **24.** *abertamente*: a exigência de uma resposta "pública" (*parrhēsia*) para as perguntas sobre se Jesus é "Messias" ou não leva o leitor de volta às disputas de Jo 7-8. Jesus refutou a exigência de seus irmãos para fazer sinais em Jerusalém que mostrariam seus *status* messiânico publicamente (*parrhēsia*; 7,4). As pessoas não queriam falar publicamente sobre Jesus "por medo dos judeus" (7,13). O aparecimento público de Jesus em Jerusalém leva à especulação de que ele é o Messias (7,26). **25.** *já vo-lo disse, mas não acreditais*: isto não aponta para uma afirmação específica para a multidão; tal afirmação direta só pode ser ouvida por um crente. Jesus contou à mulher samaritana que ele é "o Messias" e ao cego que ele é "o Filho do Homem". Ambas as passagens também enfatizam o fato de que Jesus, "o que fala convosco", é aquele a respeito de quem tais reivindicações são feitas. É claro que ele fez uma afirmação pública a respeito de sua identidade na área do Templo na festa anterior, o divino "Eu Sou" em 8,24.58. O evangelista se assegura de que nos lembremos deste fato concluindo este trecho com uma reafirmação da unidade entre Pai e Filho (v. 30). As obras de Jesus são também entendidas como testemunho de sua identidade (cf. 5,36, um fato entendido corretamente pelo cego e repetido nas perguntas da multidão em 10,21).

142 **26-29.** A imagem do pastor retorna quando Jesus explica a falta de fé com outra metáfora das "origens", embora esta seja menos hostil do que a de 8,42-47. Ali, a separação entre dois grupos, "filhos de Abraão" e "do diabo", se baseava na acusação de que estes últimos procuravam matar Jesus. A multidão a quem se dirige a palavra aqui, ainda que vá se sentir ofendida por Jesus, não faz parte desta trama. Em 6,44, ninguém pode vir a Jesus que não tenha sido "chamado pelo Pai", e 6,65 refere-se a este dito para explicar por que alguns que tinham sido discípulos deixaram Jesus. Estes exemplos sugerem que a comunidade joanina usou ditos a respeito do chamamento de pessoas à fé por parte de Deus a fim de tornar inteligíveis suas experiências de rejeição, de discipulado frustrado e de perseguição ativa. Esta experiências também deixaram sua marca nesta passagem. Como Deus é quem "deu" estas ovelhas a Jesus, ninguém (nem sequer líderes religiosos agindo em nome de Deus como aqueles do cap. 9) pode arrebatá-las dele. Eles não podem frustrar o propósito de Jesus, que é a dádiva da vida eterna para as pessoas que creem (cf. 17,2.6). **30.** *Eu e o Pai somos um*: nos discursos de despedida, mostra-se que a unidade de Pai e Filho inclui a comunidade dos crentes (cf. 17,11; → Teologia joanina, 83:50-54).

143 (v) *Tentativa de apedrejar Jesus por blasfêmia* (10,31-39). **31.** *para apedrejá-lo*: como o leitor aprendeu a esperar, a reivindicação de unidade com o Pai por parte de Jesus provoca a acusação de blasfêmia. **32-33.** O apelo de Jesus a suas "boas obras" é rejeitado porque ele teria blasfemado (cf. 5,16-18). **34.** *não está escrito ...?*: Jesus apresenta um argumento escriturístico conhecido como "de um caso menor para um maior"; se a Escritura pode falar de seres humanos como "deuses" (Sl 86,6 LXX), com muito mais razão pode fazê-lo do agente consagrado do Pai. Talvez se esperasse também que o leitor se lembrasse da continuação da citação, "e todos vós sois filhos do Altíssimo". **37-38.** Ainda que Jesus tenha reivindicado uma justificação escriturística para chamar de "filho de Deus" alguém que é agente de Deus, ele precisa mostrar ainda que os ouvintes deveriam considerá-lo agente de Deus. Isto é feito com base nas obras de Jesus (cf. 5,36), mas suas obras nada são se não levarem a pessoa a reconhecer que ele e o Pai compartilham o relacionamento expresso por "habitação" (cf. 14,10-11;17,21).

144 (vi) *Jesus se retira para o outro lado do Jordão* (10,40-42). Alguns exegetas acham que uma edição mais antiga do Evangelho colocava o fim do ministério público de Jesus neste ponto, fazendo os acontecimentos terminarem onde eles tinham começado no território em que João Batista atuara a princípio e também concluindo a missão de João Batista, visto que as pessoas ali aceitam seu testemunho e creem em Jesus.

145 (C) Jesus dá vida e recebe morte (11,1-12,50). O maior "sinal" de Jesus, o dom da vida, leva ao ato decisivo da descrença, à decisão formal de que ele deve "morrer pelo povo" (11,1-57). João 12 constrói em torno de dois episódios tradicionais da narrativa da paixão, a unção de Jesus (12,1-8) e a entrada em Jerusalém (12,12-16), o tema da conspiração contra Lázaro e Jesus.

146 (a) *A ressurreição de Lázaro* (11,1-44). A cura do cego tinha demonstrado que Jesus era a "luz" do mundo. João toma agora outro milagre tradicional; Jesus é também a "vida" do mundo (veja C. F. D. Moule, *Theology* 78 [1975] 114-25). O episódio de Lázaro pode ser visto inclusive como ratificação das promessas em 5,24-29. Este sinal demonstra que o Pai deu ao Filho poder sobre a vida e a morte (5,26).

147 (i) *Jesus se demora para ir até Lázaro* (11,1-16). Os relatos sinóticos em que Jesus ressuscita alguém que morreu (Mc 5,22-23; Lc 7,11-16) referem-se a pessoas que acabaram de morrer. Mas o milagre de Lázaro é para ser um sinal de que Jesus realmente é o poder da vida evidente na ressurreição. Ele chama de volta à vida uma pessoa sepultada no túmulo. Este trecho cria o tempo necessário entre a morte de Lázaro e a chegada de Jesus de modo que não possa haver qualquer engano. Lázaro não estava em coma. Ele havia morrido há tempo suficiente para que as autoridades rabínicas tivessem dito que a alma tinha deixado as proximidades do corpo e a putrefação já estava em pleno andamento. **1.** *Lázaro, de Betânia*: o modo como o narrador identifica Lázaro sugere que ele espera que o leitor conheça "Marta e Maria". Duas irmãs, Marta e Maria, aparecem em Lc 10,38-42, onde Jesus é um hóspede que ensina na casa delas. *Betânia*: → Geografia bíblica, 73:95. **2.** *Maria*: João 12,1-8 identifica Maria como aquela (sem nome em Mc 14,3-9) que unge Jesus antes da paixão.

148 Parte da identificação de Lázaro no v. 1 talvez tenha pertencido à fonte do evangelista, que também deve ter contido um aviso de que Lázaro havia morrido ou estava a ponto de morrer (v. 3). Depois disto, a fonte pode ter pulado para a chegada de Jesus (vv. 17-18) e a questão da localização do túmulo e da ida até lá (vv. 33-34.38-39). Contrariedade com pranteadores aparece em Mc 5,38-39. O milagre termina com o grito de Jesus e a saída de Lázaro do túmulo (vv. 43-44). A fonte talvez também tenha contido a reação da multidão. João considerou esta reação a causa de as autoridades condenarem Jesus. Alguns exegetas sustentam que, se houve alguma conversa entre Jesus e uma das irmãs, teria sido com Maria, que era mais conhecida. Mas a tradição de Lucas apresentava um diálogo entre Jesus e Marta. Maria é a heroína da narrativa da unção. Parece mais provável que o evangelista tenha feito de Marta a figura-chave neste relato com base em uma tradição que já apresentava uma conversa entre ela e Jesus. Alguns também veem uma conexão entre o Lázaro deste relato e o da parábola do rico e Lázaro (Lc 16,19-31). Todavia, intérpretes desta parábola suspeitam que tanto o nome "Lázaro" quanto o desenvolvimento de um tema da ressurreição no final da parábola (vv. 30-31) sejam resultado da redação lucana, que poderia inclusive ter sido influenciada por uma história que estava circulando na tradição sobre a ressurreição de um certo "Lázaro" por Jesus.

149 4. *é ... para a glória de Deus*: a doença tem uma finalidade especial: é para tornar a "glória de Deus" manifesta de modo que o Filho venha a ser glorificado (cf. 9,3). Este tema lembra Jo 2,11 e aponta para a real glorificação na cruz (cf. 13,31-32;17,1). **5.** *Jesus amava*: isto aponta para a comunidade de discípulos cristãos como aqueles que Jesus (e o Pai) amam. João 15,13-15 mostra que "amigos" se tornara um termo usado para designar os cristãos na comunidade joanina (também 3Jo 15). A história talvez também tenha sido contada para consolar cristãos joaninos que enfrentavam, eles próprios, a morte por serem discípulos (16,1-4a). **7.** *vamos outra vez à Judeia*: a esta sugestão segue a objeção de que sua vida corre perigo lá. A resposta de Jesus usa a imagem de sua vinda (e partida iminente) como luz do mundo (cf. Jo 9,4-5). **13.** *Jesus, porém, falara de sua morte*: a conversa gira em torno de uma compreensão errônea de "dormir" como metáfora para a morte (cf. Mc 5,39). Jesus "se alegra" porque o sinal dará uma ocasião para os discípulos crerem (cf. v. 40). O diálogo conclui com uma percepção parcialmente correta da parte dos discípulos: quando Jesus retornar à Judeia, ele estará indo para sua morte. **16.** *Tomé*: → Pensamento do NT, 81:140.

150 (ii) *Jesus, a ressurreição e a vida* (11,17-27). **17-20.** O evangelista pode ter tirado a nota geográfica sobre a localização de Betânia de sua fonte, mas usou o detalhe para explicar que um grande número de testemunhas era de Jerusalém. Elas proporcionam a ligação com as autoridades de Jerusalém. Visto que Lázaro tinha sido enterrado há quatro dias, ninguém poderia questionar o fato de que ele tinha voltado "da morte". **21.** *se estivesses aqui*: Marta expressa a expectativa comum que inclusive a multidão tem. Alguém que é bem conhecido por seus milagres deveria ter sido capaz de curar Lázaro (cf. vv. 32.37). Assim, Marta confessa uma fé em Jesus que reconhece que Deus é a fonte dos poderes dele. Isto a separa das multidões que ficam assombradas com os feitos de Jesus e divididas quanto à sua identidade. **23.** *teu irmão ressuscitará*: as palavras de Jesus extraem de Marta uma expressão de sua fé na ressurreição escatológica dos mortos (*p.ex.*, 5,28-29; cf. a confissão escatológica em 4,25). **25-26**. O "Eu Sou" de Jesus se segue à confissão de fé. Então, os vv. 25b-26b explicam a "ressurreição e vida" em termos das promessas de vida para a pessoa que crê, uma formulação mais caracteristicamente joanina (cf.1,4; 3,15.16.36; 5,24.26; 6,27.40.47; 10,10.28). "Ressurreição" (*anastasis*) aparece somente aqui e em referência à ressurreição futura em 5,29. Com exceção de 20,9, o verbo correspondente *anistēmi* está limitado a expressões que se referem ao "último dia" (5,29; 6,39.40.44.54). Assim, a expressão "ressurreição e vida" une uma palavra tradicional com o epíteto usado por João para para designar Jesus, "vida". **27**. *tu és o Cristo, o Filho de Deus que vem ao mundo*: estas palavras não apontam para o que Jesus acabou de revelar, mas para três afirmações cristológicas feitas no evangelho.

151 (iii) *Jesus amava Lázaro* (11,28-37). O evangelista cria uma segunda cena em que Maria vai até Jesus. A repetição do comentário inicial de Marta emoldura uma demonstração de profunda emoção da parte de Jesus (vv. 33b.35). O verbo grego *embrimasthai* (v. 33b) refere-se a uma reação de enfado, que talvez deriva de uma descrição da reação de Jesus diante dos pranteadores presentes na fonte usada pelo evangelista. O evangelista o entende como uma emoção interior ou agitação. Inclusive a multidão é capaz de reconhecer que Jesus "amava" Lázaro (v. 36).

152 (iv) *Jesus ressuscita Lázaro* (11,38-44). **39**. *já cheira mal*: a ordem de Jesus dá uma última ocasião para lembrar o leitor há quanto tempo Lázaro está sepultado. **40**. *se creres*: somente aos discípulos fora dito explicitamente que a morte de Lázaro é para a "glória de Deus" (v. 4). Marcos 5,36 tem uma ordem paralela para Jairo. **41b-42**. Gestos de oração da parte de Jesus são sempre expressões do relacionamento entre ele e o Pai. O leitor já sabe que o Pai deu "vida" a Jesus. O evangelista deixa claro que o gesto de Jesus é uma forma de instrução para a multidão. As palavras de Jesus também lembram o leitor da afirmação de Marta de que Deus concede a Jesus qualquer coisa que ele pedir (v. 22) e que Jesus está sempre fazendo a vontade do Pai. **43-44**. Depois que toda a interpretação está concluída, o próprio milagre só necessita ser recontado brevemente para mostrar que realmente tinha acontecido. **43**. *gritou em alta voz*: os acontecimentos lembram as palavras de 5,28-29: vem a hora em que todos os que repousam nos sepulcros (como Lázaro) ouvirão sua voz e sairão; os que tiverem feito o bem, para a ressurreição da vida. Assim, o leitor também pode ver este episódio como um cumprimento das palavras anteriores de Jesus.

153 (b) *Líderes judeus condenam Jesus à morte* (11,45-53). De acordo com o Evangelho, este último "sinal" leva a uma explosão de fé em Jesus, que continua ao longo da entrada em Jerusalém (cf. 11,56; 12,9.12.17-19). Mas o Evangelho também mostra Jerusalém como um lugar onde as autoridades monitoram todas as atividades. Elas examinam João Batista (1,19.24) e investigam os milagres de Jesus (5,10.15; 9,13; 11,46). Já vimos que a maioria dos biblistas acham improvável que a ressurreição de Lázaro tenha sido a causa histórica da morte de Jesus. O ataque ao Templo implícito no episódio da purificação é uma causa muito mais provável. Todavia, no Quarto Evangelho, jamais se chega à "verdade" de um dito ou acontecimento no nível literal. O evangelista já deixou o terreno preparado para a concepção de que as "boas obras" que Jesus faz da parte do Pai, principalmente dando vida, são também a causa da hostilidade contra ele. João 7,45-52 mostrou uma reunião anterior de "fariseus e sumos sacerdotes" que declararam Jesus um blasfemo.

154 49. *Caifás, que era sumo sacerdote naquele ano*: não está claro se o evangelista tem uma compreensão confusa da nomeação do sumo sacerdote e pensa que eles exercem o cargo apenas por um ano ou quer dizer que Caifás era sumo sacerdote "naquele ano". João 18,13 sugere que Anás, o sogro de Caifás, era sumo sacerdote. Ainda que controlado por famílias aristocráticas de Jerusalém, o ocupante mantinha o cargo enquanto gozava do favor de Roma (→ História, 75: antes de 156). Caifás era sumo sacerdote desde 18 d.C. e continuaria no cargo até pouco após a queda de Pilatos do poder em 36 d.C. Ainda que o evangelista possa não ter clareza dos detalhes, preocupações com a reação de Roma a um líder popular como Jesus são introduzidas apropriadamente em conexão com um conselho que incluía membros da aristocracia sacerdotal de Jerusalém. O julgamento de Jesus perante Pilatos lhe dará a ocasião para contrapor sua realeza à de um governante terreno. As palavras de Caifás constituem o auge da ironia joanina. **50.** *é de vosso interesse*: isto é, que Jesus "morra pelo povo", mas o leitor joanino dificilmente pode deixar de observar que a morte de Jesus não impediu que os romanos viessem e destruíssem o "lugar" (= o Templo). Esta tragédia foi ocasionada pela liderança judaica durante a revolta contra Roma (66-70 d.C.). Os protocristãos consideravam a destruição de Jerusalém uma punição pela falta de reconhecimento de Jesus como o Messias (cf. Lc 13,34-35; 19,41-44; Mc 12,9-11).

155 51. *profetizou que Jesus iria morrer pela nação*: isto informa o leitor de que a afirmação de Caifás foi feita a partir de uma inspiração profética associada ao cargo de sumo sacerdote (cf. Josefo, *Guerra judaica* 1.2.8 § 68; *Ant.* 13.10.7 § 299). Isto mostra que a morte de Jesus "pelo povo", uma expressão do caráter sacrifical da morte de Jesus, não se aplica apenas à nação judaica. Jesus morre de modo que todos os que são "filhos de Deus" possam ser reunidos e constituam uma unidade (cf. 1Jo 2,2, Jesus morre "pelo mundo"). **53.** Finalmente uma sentença de morte é decretada contra Jesus, que o leitor poderia suspeitar ser ilegal a partir de 7,51. A trama contra ele é levada à sua conclusão.

156 (c) *Jesus se retira* (11,54-57). Embora não se explique como a decisão do conselho se tornou pública, o leitor deve claramente presumir que essa hostilidade motive a retirada de Jesus para o vilarejo de Efraim (a moderna et-Taiyibeh, 20 km a noroeste de Jerusalém), a um dia de jornada dali. **55-56.** Agora que a festa da Páscoa se aproxima, a multidão começa a se perguntar, como aconteceu na festa das Tendas (7,11-13), se Jesus irá aparecer ou não. **57.** *tinham ordenado*: as autoridades veicularam um aviso de que, se alguém souber onde Jesus está, elas devem ser informadas para que possam prendê-lo.

157 (d) *Jesus é ungido para "a hora"* (12,1-8). A unção de Jesus aparece em Mc 14,3-9 par. (e Lc 7,36-50, durante seu ministério galileu). Ela é precedida de tramas secretas para prender e matar Jesus (Mc 14,1-2; Mt 26,3-4, na casa de Caifás). A tradição joanina parece relacionada com aquela que está por trás de Marcos, com detalhes que se encontram em Lucas: o cenário da refeição e o fato de que a mulher ungiu os pés de Jesus e os secou com seus cabelos (embora em Lucas isto seja feito para secar as lágrimas dela antes da unção). A palavra rara *entaphiasmos* ("preparação para o túmulo", v. 7) é a forma nominal do verbo usado em Mt 26,12. João derivou o local, Betânia, e o momento, "antes da Páscoa", de sua fonte. O número de dias varia: Marcos diz que são "dois" dias; João, "seis". O óleo é descrito como genuíno *pistikos*, "perfume de nardo". Seu grande valor é descrito como *polytelēs* em Marcos e *polytimos* em João. Marcos e João também concordam que o óleo vale 300 denários. Em ambos, Jesus diz a seu(s) discípulo(s): "Deixa-a". Mateus, Marcos e João concordam que a atitude da mulher é uma preparação para o sepultamento de Jesus. Todos trazem o dito a respeito dos pobres (cf. Dt 15,11); embora em João o dito seja o clímax do relato, todos os sinóticos concluem com palavras sobre o que a mulher fez.

158 **1.** *chegou a Betânia*: o evangelista ligou este relato com a narrativa anterior acerca de Lázaro, Marta e Maria. O detalhe de Marta servindo lembra Lc 10,40. **3.** *perfume de nardo*: derivado das raízes de uma planta que cresce nas montanhas do norte da Índia, normalmente não seria usado para ungir os pés. Em Marcos a mulher unge a cabeça de Jesus, enquanto em Lucas consta que ela lavou os pés de Jesus, compensando desta maneira a hospitalidade deficiente do anfitrião de Jesus. A versão joanina talvez seja resultado da confusão de dois relatos originalmente independentes da unção de Jesus. João também especificou o peso do óleo usado, assim como irá especificar a quantidade de especiarias usadas no sepultamento de Jesus (cf. 19,39). **4-6.** *Judas Iscariotes*: embora o evangelista talvez tenha encontrado "Maria" como o nome da mulher em sua tradição, quase certamente ele colocou Judas no papel de quem protesta. João o identifica como o traidor e então explica que ele não tinha preocupação com os pobres, sendo, pelo contrário, um ladrão (cf. Mt 26,15; também Jo 13,27-29). Judas e Maria são personagens contrastantes: (a) Maria, "amiga" de Jesus (discípula verdadeira), que providenciou uma preparação cara para o sepultamento de Jesus, e (b) Judas, o traidor de Jesus (discípulo falso), um ladrão, cuja saída foi mal entendida como necessidade de fazer preparativos para a Páscoa ou dar algo aos pobres (13,29)! **7-8.** *deixa-a*: ao mudar a ordem dos ditos tradicionais, os pobres que estarão "sempre convosco" ficam em contraste mais nítido com Jesus, que não estará sempre com os discípulos (12,35-36).

159 (e) *A conspiração contra Lázaro* (12,9-11). Estes versículos colocam o relato da unção na trama contra a vida de Jesus que resultou da ressurreição de Lázaro. A multidão está tão curiosa sobre Lázaro quanto sobre Jesus. A reação superficial dela ao sinal é benigna quando contraposta à ferocidade de quem não queria matar só Jesus, mas também Lázaro.

160 (f) *A entrada em Jerusalém* (12,12-19). A multidão que testemunhou o milagre de Lázaro é identificada como aquela que aclama Jesus quando de sua entrada na cidade (vv. 17-18). O comportamento da multidão deu ainda mais razão para que os fariseus desejassem matar Jesus (cf. Lc 19,39). **19.** *vede ... todo mundo vai atrás dele*: eles confessam uma verdade irônica. João tinha deixado a multidão na expectativa quanto à vinda de Jesus para a festa em 11,55-56. O evangelista também lembra o leitor de que a aplicação das Escrituras ao que Jesus faz em Jerusalém só vem depois de Jesus ter sido glorificado (v. 16; cf. 2,22). Ou a fonte de João é mais abreviada do que os sinóticos (Mc 11,1-11; Mt 21,1-11; Lc 19,28-40), ou ele abreviou deliberadamente um relato mais longo para focar a atenção no ponto central da questão: Jesus está agora entrando em Jerusalém como cumprimento das duas profecias. **13.** *o rei de Israel*: Jesus agora entra em Jerusalém; esta é uma expressão que o evangelista acrescenta ao Sl 118,25-26 no v. 13 a fim de colocá-la em paralelo à referência à vinda do rei no v. 15. **14.** João diz somente que Jesus está "sentado" sobre o lombo do jumento, não que ele esteja "cavalgando" ou "trotando". **15.** Ele também combina citações de Zc 9,9 e Sf 3,16. As citações retratam o Messias como quem vem em paz, não com uma carruagem de guerra. A introdução de ramos de palmeira pode ter representado vitória simbólica. Como não eram nativas de Jerusalém, elas tinham de ser importadas para a festa das Tendas (2Mac 10,7). Durante a segunda revolta judaica, ramos de palmeira foram usados em moedas. A saída da multidão para ir ao encontro Jesus pode ter sido uma cópia da recepção concedida a um rei ou dignitário visitante (cf. Josefo, *Guerra judaica* 7.5.2 § 100). A verdadeira realeza de Jesus não ficará evidente até a crucificação.

161 (g) *A hora está chegando* (12,20-36). Vemos Jesus aceitando seu destino e fazendo um apelo final à multidão, que continua dividida e incapaz de fazer as reivindicações dele corresponder com suas próprias concepções sobre o Messias.

162 (i) *Gregos vêm até Jesus* (12,20-26). **20**. *alguns gregos*: as palavras irônicas do v. 19 são imediatamente cumpridas. "Gregos", isto é, gentios, chegam procurando Jesus. Josefo (*Guerra judaica* 6.9.3 § 427) informa que gentios "tementes a Deus" vinham a Jerusalém na Páscoa para adorar. A chegada deles também remete à pergunta da multidão em 7,35, se Jesus iria ensinar "os gregos" na Diáspora. A presença deles também pode sugerir a transição da evangelização entre os judeus e samaritanos para uma missão gentílica que tinha ocorrido na igreja joanina. **21**. *Filipe*: veja 1,43-48; 6,5-7. *Betsaida*: → Arqueologia bíblica, 74:144. **23**. *é chegada a hora*: as palavras de Jesus são dirigidas aos discípulos. O "agora" deste anúncio será repetido nos vv. 27 e 31. Cada um fala sobre o que ser glorificado significa para o Filho: a hora é a culminação de sua missão, e também a condenação "deste mundo" e de seu governante.

163 24. *se o grão de trigo que cai na terra não morrer*: este dito se reflete em 1Co 15,36. Provavelmente era um provérbio comum, que João adaptou à situação da morte de Jesus enfatizando o fato de que a semente "fica só" acima do solo. Somente a morte de Jesus torna possível a salvação para outros. A comunidade não "ficará só" depois da morte de Jesus, mas obterá uma nova unidade com ele e com o Pai (*p.ex.*, 14,18.28; 16,22). **25**. *quem ama sua vida a perde*: este dito ocorre com diversas variantes (cf. Lc 9,24/Mc 8,35/Mt 16,25; Mt 10,39/Lc 17,33). Os contextos sinóticos o aplicam ao sofrimento e o abandono do discipulado. João também pode ter tido em mente os sofrimentos futuros de sua comunidade (cf. 15,18-21). **26**. *e onde estou eu, aí também estará meu servo*: a identidade de Jesus e seus seguidores será enfatizada nos discursos de despedida (cf. 13,13.16;15,20). O v. 26a reflete Mc 8,34. A conclusão, "se alguém me serve, meu Pai o honrará", reaparece na linguagem de amor dos discursos de despedida (14,23; 16,27). Os ditos de juízo dos sinóticos fazem o Filho do Homem confessar ou negar diante de Deus as pessoas que o confessaram ou negaram (Mc 8,38; Mt 10,32//Lc 12,8).

164 (ii) *Eu estou para ser elevado* (12,27-36). A terceira predição joanina da paixão forma o centro de um anúncio público de que Jesus está para ser "elevado" e de um apelo final à fé. **27-30**. A segunda seção com "agora" no capítulo lembra claramente o leitor do relato a respeito do Getsêmani nos sinóticos (*p.ex.*, Mc 14,34-36). **28**. *Pai, glorifica teu nome*: cf. Lc 11,2. Para João isto expressa a unidade do propósito de Jesus com a vontade de Deus. Jesus irá glorificar a Deus na cruz e será, por seu turno, glorificado pelo Pai (cf. 13,31-32; 17,4). *uma voz*: a multidão que não pode "ouvir" a resposta de Deus a Jesus pensa que a voz é de um anjo. Como no relato sobre Lázaro, a oração é também um exemplo para ela. **30**. *para vós*: João transformou, assim, a tradição da "agonia privada" em uma manifestação pública do serviço obediente de Jesus.

165 31. *é agora o julgamento deste mundo*: o julgamento (cf. 3,18-19) culmina na crucificação. O trovão da voz divina na cena anterior também traz conotações da vinda de Deus em juízo para expulsar o "príncipe deste mundo". Aqui, João usa a expressão "o mundo" não como objeto do amor de Deus, como em 3,16, mas como símbolo de tudo que é descrente e hostil para com Deus (*p.ex.*, 8,24; 15,18-19; 16,8-11). Satanás como o governante do "mundo" em sua oposição a Deus é uma figura frequente na apocalíptica judaica (*p.ex.*, 1QM 1,1.5.13; 4,2; 11,8; 1QS 1,18; 2,19; 3,20-21). Mas João apenas usa a figura de Satanás para explicar a traição de Judas (6,70; 13,2.27) e em ditos que anunciam a vitória de Jesus (14,30; 16,11). Lucas 10,18 preserva um dito independente de Jesus que anuncia Satanás caindo do céu. **32**. *for elevado da terra*: tradições cristãs primitivas viram a exaltação de Jesus à direita de Deus como o fundamento de seu senhorio cósmico (*p.ex.*, Fl 2,9-11). O dito final acerca do Filho-do-Homem afirma que o Cristo exaltado atrai todos para si, o que é claramente uma reformulação desta antiga confissão. **33**. *de que morte*: o evangelista nos lembra que a exaltação de Cristo acontece com sua morte na cruz.

166 34. *o Cristo permanecerá para sempre*: apesar de Jesus ter usado a primeira pessoa, a multidão reformula suas palavras como um dito a respeito do Filho-do-Homem, entende que elas se referem à morte ou partida e objeta com uma expectativa comum de que o Messias "permaneceria" para sempre (*p.ex., TestLevi* 18,8). Esta é a última objeção a reivindicações cristãs de que Jesus é o Messias no Evangelho: (a) ninguém pode saber de onde o Messias vem (7,27); (b) ele fará mais sinais do que esta pessoa (7,31); (c) não da Galileia, mas de Belém, descendente de Davi (7,41-42); (d) o Messias permanece para sempre (12,34). Estas objeções representam a polêmica protocristã a respeito de Jesus como Messias (veja M. de Jonge, "Jewish Expectations about the Messiah according to the Fourth Gospel", *NTS* 19 [1972-73] 246-70). **35**. *caminhai enquanto tendes luz*: Jesus já respondeu a pergunta messiânica em sua revelação ao cego (9,35-38). Em vez disto, ele retoma a imagem da "luz" para fazer um apelo final à fé.

167 (h) *A condenação da falta de fé* (12,37-50). O evangelista assumiu textos de Isaías que já eram explicações tradicionais da incredulidade de Israel (v. 38 = Is 53,1, veja Rm 10,16; v. 40 = Is 6,10, veja Mt 13,13-15; Rm 11,8; At 28,26-27). **41**. *Isaías disse estas palavras, porque contemplou sua glória*: assim como aconteceu com Abraão (8,56), Isaías pôde ver a glória de Jesus e profetizar a respeito dele. **42-43**. *muitos chefes creram*: subitamente, o evangelista modifica este quadro de rejeição universal. Nicodemos (3,1-2; 7,50-52; 19,38-42) e José de Arimateia (19,38-42) servem como exemplos de tais simpatizantes. O evangelista conclui que mais pessoas estariam dispostas a admitir crer em Jesus se a exclusão da sinagoga e preocupações com a "glória humana" não as impedissem de confessar sua fé (veja K. Tsuchido, *NTS* 30 [1984] 609-19).

168 44-50. Um último discurso revelatório isolado foi acrescentado à conclusão do ministério público. Seu conteúdo é próximo ao fragmento de 3,16-19. Seus versículos finais talvez sejam uma alusão a Dt 18,18-19 e 31,19.26, em que as pessoas que se recusam a dar ouvidos ao profeta enviado por Deus são condenadas. Assim, este trecho é uma afirmação retumbante do tema de Jesus como o agente de Deus. Rejeitá-lo é rejeitar o Pai que o enviou, resistir à ordem do Pai e ser condenado (veja P. Borgen, *NTS* 26 [1979-80] 18-35).

169 (III) Livro da glória: "... deu o poder de se tornarem filhos de Deus" (13,1-20,31). O relato da paixão de Jesus é sobrepujado pelo material dos discursos, que parece ter sido ampliado durante a redação do Evangelho e bem pode representar situações diferentes na história posterior da comunidade joanina. Ao longo dos capítulos conclusivos do Evangelho, achamos o mesmo uso distintivo do material tradicional da paixão/ressurreição que já vimos no cap. 12. Frequentemente fica difícil determinar o quanto do relato da paixão joanina deriva de fontes pré-joaninas e quanto é obra do evangelista (→ Teologia joanina, 83:27-30).

170 (A) Os discursos da última ceia (13,1-17,26). Mesmo que exista uma ruptura clara em 14,31, o estabelecimento de outras divisões dentro destes capítulos permanece difícil. Como a predição da negação de Pedro pertence à última ceia em Lc 22,31-34, alguns situam o começo do primeiro discurso em 14,1. Visto que Jo 15,1-17 enfatiza a necessidade de permanecer em união com Jesus e amar uns aos outros, alguns exegetas veem neste discurso um reflexo da situação enfrentada pela comunidade quando as epístolas joaninas foram escritas. Uma vez que o tema do ódio por parte do mundo é subitamente introduzido em 15,18, alguns definem o início de um novo discurso ali. Poder-se-ia sustentar que ele termina com a referência à perseguição em 16,1-4a, ou talvez continue na condenação do mundo pelo Paráclito em 16,11 ou com o segundo dito acerca do Paráclito em 16,15. A maioria concorda que a oração de Jesus em Jo 17 constitui uma unidade independente. Finalmente, uma análise da teologia de trechos avulsos destes discursos produziu uma série de hipóteses complexas a respeito do desenvolvimento e da redação dos discursos dentro do círculo joanino de mestres (veja J. Becker, ZNW 61 [1970] 215-46; J. P. Kaefer, NovT 26 [1984] 253-80). Adotaremos a divisão do material do discurso proposta por R. Schnackenburg: (a) 13,31-14,31, um anúncio da hora e despedida dos discípulos; (b) 15,1-16,4a, um discurso de exortação aos discípulos com respeito a relacionamentos dentro da comunidade e diante de hostilidade externa; (c) 16,4b-33, consolação para os discípulos entristecidos; e (d) 17,1-26, a oração de Jesus por seus discípulos. Os ecos frequentes do material dos discursos de despedida nas epístolas joaninas (→ ver *abaixo*, 62:4-5) presumem que os ouvintes já tenham familiaridade com estes discursos, ao passo que é possível entender o Evangelho sem referência às epístolas. Por isso, parece improvável que trechos significativos do material dos discursos tenham sido compostos para fazer frente a esta crise. Passagens mais curtas talvez tenham sido acrescentadas na redação final do Evangelho, para enfatizar temas que a comunidade posterior tinha considerado cruciais.

171 (a) *A última ceia* (13,1-30). A comparação do relato da última ceia de João com os sinóticos levanta perguntas importantes: quando aconteceu a ceia e, consequentemente, a crucificação de Jesus? A ceia foi uma refeição pascal? Por que não há um relato da instituição da eucaristia em João? Qual o significado do lava-pés? Quem eram os participantes da ceia? A tradição joanina sustenta que Jesus morreu no Dia da Preparação (18,28), não durante a Páscoa (em contraposição aos sinóticos, *p.ex.*, Mc 14,12-16; Lc 22,15). Tentativas de harmonizar as duas tradições sustentando que a versão joanina seguiu um calendário essênio que começava com a Páscoa na terça-feira no início da noite e que o julgamento de Jesus se estendera por dois dias não tem sustentação na narrativa. O evangelista está interessado em festas judaicas e teria explorado uma tradição em que Jesus substituiu a refeição pascal se a tivesse conhecido. A sugestão de que João reorganizou a cronologia para fazer a morte de Jesus coincidir com a imolação dos cordeiros pascais é apenas uma dedução de sua cronologia e seu uso da expressão "cordeiro de Deus" em 1,29.36. A hipótese mais simples talvez seja concluir que a tradição na comunidade joanina era que Jesus foi crucificado na sexta-feira, 14 de Nisan, o dia anterior à Páscoa.

Vimos no discurso sobre o pão de vida que alguns exegetas são de opinião que a soteriologia joanina autêntica estava focada na Palavra. A salvação se fundamenta na audição obediente da Palavra da revelação e não em práticas sacramentais. Outros propuseram que 6,51b-58 foi tirado de seu local na narrativa sobre a última ceia quando o material dos discursos foi acrescentado ou que a comunidade joanina presumia que a eucaristia fosse originalmente independente da ceia e se derive da comensalidade de Jesus com seus discípulos. A dificuldade em presumir que a eucaristia provenha dessas refeições comunitárias reside nas ligações existentes entre a eucaristia e a paixão que ficam evidentes tanto nas palavras de instituição quanto na afirmação de Paulo em 1Cor 11,23 de que a eucaristia está ligada à traição do Senhor. Parece evidente que havia um relato da instituição da eucaristia na comunidade joanina, o que é pressuposto por 6,51b-58. (Veja H. Thyen, "Johannes 13 und die 'kirchliche Redaktion' dês vierten Evangeliums, *Tradition und Glaube* [Festschrift K. G. Kuhn; ed. G. Jeremias *et al.*; Göttingen, 1971] 343-56.)

A preocupação com o círculo de participantes na ceia está frequentemente vinculado ao desejo de incluir ou excluir pessoas particulares, normalmente mulheres, como celebrantes "ordenadas" da eucaristia em igrejas contemporâneas. Marcos 14,17.20 fala explicitamente dos Doze como participantes da ceia. Lucas fala dos discípulos em 22,11, mas depois os chama "os apóstolos" (22,14), o que sugere que ele também tem os Doze em mente (veja Lc 6,13). João, que conhece a existência dos Doze como grupo liderado por Pedro (veja 6,67-68), mantém o círculo mais indeterminado de "discípulos" (13,5.22-23), um grupo não limitado aos Doze, como mostra a presença do Discípulo Amado (D. J. Hawkin, *LTP* 33 [1977] 135-50). O interesse de João em todos os discursos não é a autoridade eclesiástica, mas a inclusão da comunidade posterior, que deve olhar de volta para as palavras e obras de Jesus como guia para sua própria vida.

172 (i) *O lava-pés dos discípulos* (13,1-20). A primeira seção se divide em três partes: a ação de Jesus (vv. 1-5) e duas interpretações (vv. 6-11.12-20). A segunda interpretação generaliza a ação de modo que ensina uma lição a todos os discípulos posteriores de Jesus. **1-3**. O relato começa com uma sentença desajeitada que se estende por três versículos (cf. 6,22-24). Os vv. 1 e 3 são afirmações resumidas em que o evangelista e talvez um redator posterior condensaram o significado da partida de Jesus. O Pai entregou tudo ao Filho-agente (3,35; 7,30.44; 10,28-29), para que o Filho pudesse trazer salvação a eles, morrendo por eles e, assim, mostrando seu amor (10,17). A referência à traição de Judas talvez tenha sido introduzida a partir de 13,27 em uma redação posterior. **5**. *começa a lavar os pés dos discípulos*: o lava-pés era um sinal de hospitalidade (Gn 18,4; 1Sm 25,41; Lc 7,44). Ele poderia ser feito pelos escravos do senhor quando recebia um dignitário em casa como em *Jos. Asen.* 7,1. Em *TestAbr.* 3,7-9, Abraão e Isaac lavam os pés de seu visitante angelical, Miguel.

173 6-8. Pedro questiona apropriadamente a ação de Jesus, porque ele não é um superior a quem Jesus (que não tem superior humano) poderia realizar esta tarefa como sinal de respeito. A reação inicial de Jesus lembra o leitor joanino de outros acontecimentos: o dito de Jesus sobre o Templo ou sua entrada em Jerusalém, que os discípulos não puderam entender até que se "lembraram" deles depois de sua morte e ressurreição (2,22;12,16). **8**. *não terás parte comigo*: a persistência de Pedro é confrontada com a afirmação de que ele não pode compartilhar do "lugar" que Jesus oferece a seus discípulos (cf. 14,3; 17,24), se não estiver lavado. **9**. *também as mãos e a cabeça*: este literalismo é típico dos mal-entendidos joaninos. O evangelista ligou este relato ao amor de Jesus pelos seus até o fim. A ação de Jesus representa seu sacrifício vindouro em favor de seus discípulos. Em consonância com a ênfase soteriológica do Evangelho, vemos Jesus como o meio de salvação. O v. 10 obviamente criou dificuldades na Antiguidade, pois alguns manuscritos omitem a expressão "senão os pés" [na nota "i" na BJ]. Sem esta expressão, Jesus parecia estar citando um provérbio que implicava que os discípulos estavam suficientemente limpos (exceto Judas, que não terá "parte com Jesus"). O narrador, então, intervém para lembrar ao leitor que Jesus sabe o que Judas vai fazer.

174 14. *também deveis lavar-vos os pés uns aos outros*: instruções que os discípulos devem seguir no caminho mostrado por Jesus ocorrem nos sinóticos (*p.ex.*, Mc 10,42-45 par.). Lucas 22,24-30 liga a participação dos discípulos no banquete escatológico com sua participação no julgamento de Jesus e sua disposição de seguir o exemplo dele de ser servo (*diakonos*). **16**. *o servo não é maior do que seu senhor*: uma variante joanina do dito em Mt 10,24; Lc 6,40. Ela retoma o tema daquele que envia e do agente da cristologia do Evangelho. **17**. *felizes sereis*: um macarismo é acrescentado para sublinhar a seriedade da exortação.

175 19. *digo-vos isso agora antes que aconteça*: a citação da Escritura (Sl 41,9), aplicada à predição da traição, pertence à tradição da paixão (cf. Mc 14,18). O v. 19 não pode significar que a própria traição manifestará o "Eu Sou" divino de Jesus. Deve se referir ao cumprimento da palavra de Jesus na crucificação (cf. 8,28). **20**. *quem recebe aquele que eu enviar, a mim recebe*: isto se refere ao v. 16, mas parece um tanto fora de lugar. Sua contrapartida sinótica refere-se à recompensa devida às pessoas que recebem os discípulos enviados em nome de Jesus (cf. Mt 10,40).

176 (ii) *Jesus prediz sua traição* (13,21-30). **21-22**. O anúncio da traição é muito próximo do que está nos sinóticos (Mc 14,18; Mt 26,21). Esta é a terceira vez que vemos Jesus "perturbar-se" à medida que os acontecimentos da paixão começam a se desdobrar (11,33; 12,27). **23-25**. Como que para substituir o traidor, aparece o Discípulo Amado, que é a fonte da tradição da comunidade. Ele é o que está mais próximo de Jesus, e sua pergunta ocasiona a revelação do traidor. **26**. *aquele a quem eu der o pão*: um dito de que o traidor é aquele que meter sua mão no prato comum ocorre em Mc 14,20. Em Lc 22,3, Satanás também é responsável pela ação de Judas. Mas João é o único Evangelho em que Jesus realmente entrega o pão a Judas. O evangelista talvez queira sublinhar o horror da traição diante do ato de hospitalidade de Jesus. Mas as palavras de Jesus mostram ao leitor que inclusive Satanás não ganhou poder sobre Jesus (*p.ex.*, 10,18). Jesus sabe o que está para acontecer e despede Judas. **28-29**. Estes versículos parecem ser um acréscimo explicativo para a narrativa, que indica que os outros discípulos não estão conscientes do propósito por trás das ações de Judas. **30**. *era noite*: a saída de Judas traz as palavras cujo sentido simbólico dificilmente poderia deixar de ser percebido pelo leitor do Evangelho (9,4; 11,10). (Veja A. J. Hultgren, *NTS* 28 [1982] 539-46; G. Richter, *Die Fusswaschung im Johannesevangelium* [Regensburg, 1967]; F. F. Segovia, *ZNW* 73 [1982] 31-51.)

177 (b) *Jesus retorna ao Pai* (13,31-14,31). A estrutura básica deste discurso é repetida no terceiro discurso (16,4b-33): Jesus anuncia sua partida (13,33; 16,5); há uma pergunta sobre aonde ele irá (13,36; 16,5b); uma afirmação sobre a tristeza dos discípulos (14,1; 16,6); cada um tem dois ditos sobre o Paráclito (14,16-17; 16,7-11; 14,26; 16,13-15); cada um se refere ao retorno de Jesus para os discípulos (14,18-20; 16,16); cada um fala do amor que o Pai tem pelos discípulos (14,21; 16,27); cada um promete que qualquer coisa que os discípulos pedirem o Pai concederá (14,13; 16,23); cada um prediz a infidelidade dos discípulos durante a paixão (13,38; 16,32).

R. E. Brown (*BGJ* 597-601) traça extensos paralelos entre os temas dos discursos joaninos e o gênero literário do discurso de despedida de um patriarca à beira da morte, Moisés ou outra figura reveladora, como podemos encontrar em *Test12Patr*, *1Henoc* e *Jub*. Os discursos de despedida joaninos diferem de seus modelos judaicos por ter um quadro do futuro dos "filhos" que Jesus está deixando para trás que inclui uma presença renovada do revelador que está indo embora. E, como no próprio Evangelho, eles não têm longas exortações à virtude moral ou obediência à lei. Apenas o mandamento do amor aparece como o fundamento do comportamento exigido dos fiéis uns para com os outros.

178 (i) *O anúncio da hora* (13,31-38). Estes versículos marcam uma transição entre a ceia e os discursos que se seguem. A reintrodução solene do tema da glorificação nos vv. 31-32 sugere que o discurso deveria começar aqui e não em 14,1. **31-32**. Estes versículos fazem cinco afirmações sobre a glorificação vindoura de Jesus, embora o v. 32a seja textualmente incerto. Se se omite o v. 32a, elas se enquadram em dois grupos de afirmações: a proclamação de que o Filho do Homem foi glorificado e Deus foi glorificado nele (v. 31) e que Deus o glorificará muito em breve. O v. 32a torna a glorificação futura do Filho dependente do fato de que o Filho já glorificou a Deus (ao cumprir sua missão; cf. 17,1.4-5). **33**. *filhinhos*: esta é a única ocorrência de *teknia* no Evangelho. O termo é usado para designar os cristãos em 1Jo (2,1.12.28; 3,7.18; 4,4; 5,21), provavelmente como uma variante de *tekna*, "filhos" (cf. Jo 1,12; 11,52; 1Jo 3,1.2.10). Ele talvez também tenha sido introduzido aqui a partir do gênero do discurso de despedida em que o patriarca moribundo se dirige a seus descendentes. *como eu havia dito aos judeus*: isto se refere a 7,33-34 e 8,21. Estes ditos tinham a função de oráculos de juízo contra a incredulidade.

179 34-35. *um mandamento novo: que vos ameis uns aos outros*: o mandamento se encaixa com dificuldade nesta posição, pois o que se segue lida com o tema da partida de Jesus. O mandamento retorna em 15,12-17 e é identificado como o critério da salvação e do conhecimento de Deus em 1Jo (*p.ex.*, 1Jo 2,7-8; 3,11.23). João 13,1 (também 10,11.17) estabelece a morte vindoura de Jesus como o exemplo extremo do amor. O "mandamento" de Deus também foi mencionado em conexão com a entrega de Jesus em 10,18 (também 14,31; implícito em 12,49.50). Amar a Jesus e "guardar seus mandamentos" são mencionados em 14,15.21. Assim, estes versículos talve tenham sido acrescentados para especificar a referência a "mandamentos" nestas passagens. Este "mandamento" é "novo" porque está fundamentado não nos mandamentos de amor da tradição judaica (*p.ex.*, Lv 19,18; 1QS 1,9-11), mas na entrega até a morte de Jesus. A formulação do mandamento como marca distintiva da comunidade cristã entre as pessoas de fora no v. 35 (cf. 17,23b) difere de seu uso em 1Jo para repreender os que criam divisão interna na comunidade.

180 37. *por que não posso seguir-te agora?*: a primeira pergunta de uma série que demonstra a inevitável compreensão errônea das palavras de Jesus por parte dos discípulos antes de sua glorificação (14,5.8.22). A resposta de Jesus alude a 12,26 e contém uma predição implícita da morte de Pedro (cf. 21,18-19). O evangelista usa, então, uma versão da tradição de que Jesus predisse a negação de Pedro (Mc 14,29; Lc 22,31-32) para refutar a afirmação de Pedro.

181 (ii) *Jesus é o caminho para o Pai* (14,1-11). Esta seção é emoldurada por duas ordens vigorosas para crer em Deus e em Jesus (vv. 1.11). Elas sustentam que, se alguém não quer crer nas palavras de Jesus, então suas "obras" deveriam proporcionar as razões para saber que Jesus e o Pai são um (cf. 10,37-38). **2**. *muitas moradas*: a imagem tradicional entenderia a "casa do Pai" como o céu (*p.ex.*, Filo, *De somn.* 1.256). A tradição apocalíptica de jornadas celestiais descrevia os "lugares de habitação do santo" nos céus (*p.ex.*, 1Henoc 39,4; 41,2; 45,3). 4Esdras diz que os perversos "verão como as habitações dos outros [= os justos] são guardadas por anjos em profunda paz" (7,85). **5**. *Tomé*: veja 11,16; 20,24-28. **6**. *Eu sou o Caminho, a Verdade e a Vida*: o próprio Jesus, não um curso sobre a geografia celestial apocalíptica, é o "caminho". "Verdade" e "vida" modificam a expressão "caminho" com duas das imagens soteriológicas básicas do Evangelho. Jesus não é somente um guia para a salvação; ele é a fonte da vida e verdade (5,26; 10,10.28; 11,25-26; veja I. De la Potterie, *NRT* 88 [1966] 907-42). O v. 6b repete o tema joanino de que não há acesso a Deus exceto através de Jesus (1,18; 3,13).

182 9. *quem me vê, vê o Pai*: o pedido de Filipe para ver o Pai provoca outra afirmação acerca da unidade entre Pai e Filho, que deixa claro que, quando João fala de Jesus como "o Caminho", ele não está pensando em Jesus como uma figura celestial que simplesmente leva as pessoas ao âmbito do Pai ou, como sustentariam os gnósticos, as leva ao pleroma (como em 1 *Apocalipse de Tiago* 33,1-36,1). Jesus é a revelação de Deus (cf. 6,40, "quem vê o Filho e nele crê tem a vida eterna"; 12,45, "quem me vê, vê aquele que me enviou"). A ligação entre as palavras de Jesus e as do Pai que o enviou está fundamentada na figura de Jesus como o agente do Pai (*p.ex.*, 3,34; 7,17-18; 8,28.47; 12,47-49).

183 (iii) *O paráclito e o retorno de Jesus* (14,12-24). A atenção passa agora para o primeiro conjunto de promessas que Jesus faz ao crente. **12.** *fará até maiores do que elas, porque vou para o Pai*: este dito talvez tenha se referido originalmente à possibilidade de os discípulos fazerem milagres em nome de Jesus (*p.ex.*, Lc 17,6; Mt 17,20). **13.** *e o que pedirdes em meu nome, eu o farei*: este dito aparece em uma série de variantes (Mt 7,7//Lc 9,9; Mt 7,8//Lc 9,10; Mt 18,19; 21,22). Diferentes formas desta promessa aparecem em 14,13.14; 15,16 e 16,23; 16,24 e 15,7; 16,26; e em 1Jo 3,21-22; 5,14-15. Às vezes é Jesus que atende o pedido; às vezes o Pai, quando o pedido é feito em nome de Jesus; às vezes se dirige o pedido diretamente ao Pai, e às vezes nenhum dos dois é especificado, mas se presume que se refira ao Pai. Alguns sugerem que o evangelista anexou as palavras sobre a glorificação de Jesus e a necessidade de agir em nome de Jesus ao dito acerca das "obras maiores" a fim de se opor a uma tendência a uma identificação carismática com o Paráclito por parte de membros da comunidade joanina. A única importância que quaisquer "obras" do discípulo podem ter é a mesma das obras de Jesus: elas devem servir para dar testemunho da unidade entre Jesus e o Pai.

184 As promessas desta seção reflete o modo especial pelo qual Jesus continua presente com a comunidade que crê.

A passagem contém três sequências nas quais ouvimos falar (a) do amor de Jesus (14,15. 21a. 23a [e 24a, ausência de amor a Jesus]); (b) da retribuição por este amor (14,16-17a.21b.25-26) e (c) da oposição entre os discípulos e o mundo (14,17bc,18-20.22). A inserção do mandamento do amor em 13,34-35 leva o leitor a identificar "guardar ou observar os mandamentos" de Jesus com o mandamento do amor mútuo. Mas a expressão "guardar a palavra" de Jesus ocorre nas controvérsias anteriores como uma condenação da incredulidade (*p.ex.*, 5,38; 8,51; 12,37). Esta linguagem da presença íntima talvez tenha estado originalmente vinculada à questão de "amar" ou "odiar" a Jesus durante o período de perseguição por parte das autoridades judaicas. A pergunta feita por Judas no v. 22: "Senhor, por que te manifestarás a nós e não ao mundo?" também se encaixa num contexto mais amplo de polêmica cristã (cf. At 10,40-41; repetido pelos polemistas do séc. II; veja Orígenes, *Contra Celsum* 2.63-65).

185 Em sua forma presente, as três promessas de "retorno" e presença interior ou morada não estão limitadas à vindicação de uma comunidade sob perseguição. Elas unem três tradições que a comunidade joanina tinha desenvolvido ao falar sobre seu próprio relacionamento com Deus. Em cada caso, a "presença divina" é evidente apenas para os crentes, não para os estranhos (vv. 17b.19.23b, implícito no Pai, que "só pode ser visto através do Filho", e no Filho que vêm habitar com o crente). **16.** *outro Paráclito*: a permanência do Paráclito é contraposta à partida de Jesus. *Paraklētos* aparece apenas nos cinco ditos em 14,16-17.26; 15,26; 16,7b-11.13-15, e como uma designação do Cristo exaltado como intercessor a favor dos cristãos em 1Jo 2,1-2. Embora alguns biblistas tenham tentado sustentar que os cinco ditos a respeito do Paráclito foram interpolados nos discursos de despedida como um grupo, os ditos têm funções claramente definidas dentro de seus respectivos discursos. Já vimos que o dito em 14,16-17 é exigido pela tríplice estrutura desta seção. Como intercessor celestial, "Paráclito" atribuiria a Jesus uma função semelhante à atribuída a Moisés em escritos judaicos: suplicar pelo povo pecador diante de Deus. João 5,45 faz um ataque violento aos oponentes de Jesus usando esta tradição. Moisés se voltará e acusará as pessoas que não creram em Jesus. O "Paráclito" em 16,7b-11 desempenha uma função semelhante de condenar o mundo. Contudo, os outros ditos acerca do Paráclito no Evangelho mostram que o título tinha assumido uma série de outras funções, algumas das quais talvez constituam paralelos com as atribuídas ao Espírito Santo nos sinóticos e outras que talvez tenham se desenvolvido a partir da figura apocalíptica de um protetor angelical dos justos (→ Teologia joanina, 83:52-54). *o Espírito da verdade*: nos MMM, o "Espírito da verdade", que é descrito tanto como uma figura angelical quanto como um de dois "espíritos" que lutam dentro de uma pessoa, é chamado às vezes de anjo (de luz) que se opõe a Belial (1QS 3:18-4:26). O "Espírito da verdade" é conhecido claramente apenas pelos sectários de Qumran, não por aqueles que foram desviados pelo "Anjo das Trevas". O uso da linguagem que fala dos "dois espíritos" para dividir grupos opostos fica evidente em 1Jo 4,6. A internalização dos "dois espíritos" também tornou possível atribuir uma função forense ao "Espírito da Verdade". *TestJud* 20,1-5 equipara sua atuação à consciência. Não se atribui ao Paráclito qualquer função específica nos vv. 16-17, mas ele é descrito como "sucessor" de Jesus, "um outro Paráclito". Deste modo, pode-se ver o Paráclito como quem dá continuidade às funções do ministério terreno de Jesus para os discípulos. (Veja O. Betz, *Der Paraklet* [AGJU 2; Leiden, 1963]; K. Grayston, *JSNT* 13 [1981] 67-82; G. Johnston, *The Spirit-Paraclete in the Gospel of John* [SNTSMS 12; Cambridge, 1970]; E. Malatesta, *Bib* 54 [1973] 539-50; U. B. Müller, *ZTK* 71 [1974] 31-77.)

186 **20.** *compreendereis que estou em meu Pai e vós em mim*: este dito segue o padrão de 8,28 e 10,38. Mas a conclusão aponta para a glorificação como o tempo quando os discípulos conhecerão não só a relação de Jesus com o Pai, mas que esta relação existe entre Jesus e eles mesmos. Uma expressão semelhante, incluindo referências a viver por meio de Jesus (cf. v. 19), aparece em conexão com a fórmula eucarística em 6,56. O resultado deste novo relacionamento não é meramente a presença de Jesus. Ele também leva o crente a um novo relacionamento com o Pai. **23.** *a ele viremos e nele estabeleceremos morada*: a referência final a este novo relacionamento recupera a palavra "habitação" ou "morada" do v. 2. Não existe mais qualquer "separação" dos crentes de Deus/Jesus, de modo que eles não precisam olhar para habitações celestes para experimentar a salvação na presença de Deus.

187 (iv) *Conclusão: A partida de Jesus* (14,25-31). Tendo estabelecido a vida futura da comunidade que está deixando, Jesus finalmente os admoesta a se alegrarem com seu retorno para o Pai (v. 28). Suas palavras visam a impedir que eles sejam abalados pelos acontecimentos que estão para ocorrer (v. 29; cf. 14,1). **26.** *o Paráclito, o Espírito Santo:* as palavras de Jesus devem ser complementadas pela atividade do Paráclito, aqui identificado com o Espírito Santo. O leitor sabe que "lembrar" se refere à capacidade dos discípulos de compreender o verdadeiro significado das palavras e ações de Jesus após a ressurreição (2,22; 12,16). Estes versículos deixam claro que o ensino do Paráclito implica compreender o que Jesus ensinou e fez. O Paráclito não traz ensinamento que seja independente da revelação de Jesus. **28b.** *o Pai é maior do que eu*: durante a controvérsia ariana, este dito foi usado para apoiar uma cristologia subordinacionista (C. K. Barrett, "The Father is Greater than I", *Neues Testament und Kirche* [→ 97 *acima*] 144-59). O Quarto Evangelho, que é claramente capaz de afirmar uma unidade do Pai e do Filho, dificilmente poderia ter tido tais questões em vista. A expressão, como o provérbio em 13,16, faz parte do retrato de Jesus como agente de Deus apresentado pelo Evangelho. Ele age em perfeita obediência ao que viu e de modo blasfemo ouviu do Pai e, deste modo, não está blasfemamente reivindicando "ser Deus", como acusavam seus oponentes. **31.** *que amo o Pai*: as palavras finais do discurso nos lembram de que a morte de Jesus não é nem mesmo uma "vitória" temporária – *i.e.*, até a ressurreição – de Satanás, mas um sinal da obediência amorosa do Filho ao Pai.

(LEANEY, A. R. C., "The Johannine Paraclete and the Qumran Scrolls", *John and Qumran* [ed. J. H. CHARLESWORTH; London, 1972] 38-61. SEGOVIA, F. F., "The Love and Hatred of Jesus and Johannine Sectarianism", *CBQ* 43 [1981] 258-72; "The Structure, Tendency and *Sitz im Leben* of John 13:31-14:31", *JBL* 104 [1985] 471-93. WOLL, B., "The Departure of 'The Way': The First Farewell Discourse in the Gospel of John", *JBL* 99 [1980] 225-39.)

188 (c) *Jesus, a videira verdadeira* (15,1-16,4a). Esta seção contém duas divisões principais: (1) 15,1-17, a necessidade de permanecer com Jesus, a videira, e do amor mútuo; (2) 15,18-16,4a, o "ódio" que os cristãos podem esperar do "mundo". Alguns sustentam que a primeira trata da divisão dentro da comunidade que se reflete em 1João, enquanto que a segunda trata da perseguição dos cristãos por parte dos judeus mencionada no Evangelho (veja F. F. Segovia *JBL* 101 [1982] 115-28; *CBQ* 45 [1983] 210-30). A perseguição a que se refere 16,1-4a parece ser ainda mais intensa do que a expulsão da sinagoga. João 16,2 talvez signifique que a perseguição entrou num novo estágio, no qual os cristãos estão em perigo de morte, e que a comunidade pode sofrer mais casos de apostasia. O autor procura enfrentar a situação comparando a nova situação com aquela enfrentada por Jesus e já conhecida deles em alguma forma do relato do Evangelho (15,20 refere-se a 13,16). A descrição, na primeira metade do discurso, sobre a comunidade, seu amor mútuo e sua disposição de imitar a morte de Jesus pode ser vista como uma eclesiologia adaptada para enfrentar justamente esta ameaça externa. Ao mesmo tempo, ela tem dentro de si as possibilidades simbólicas de gerar uma comunidade fechada, que está focada em seus assuntos internos e aplica a linguagem desenvolvida contra os perseguidores a seus oponentes que encontramos em 1 João (veja B. Lindars, "The Persecution of Christians" [→ 9 *acima*] 48-69).

189 (i) *Jesus é a videira verdadeira* (15,1-11). **1.** *a verdadeira videira:* João 4,23 e 6,32 usam "verdadeira" em conexão com um símbolo que proclama Jesus como a substituição da realidade do AT. As imagens de Israel como "videira" (*p.ex.*, Is 5,1-7; 27,2-6; Jr 2,21; 5,10; Os 10,1; Ez 15,1-6; 17,5-10; 19,10-14; Sl 80,8-15) fornecem a base para o uso joanino do mesmo símbolo (R. Borig, *Der wahre Weinstock* [SANT 16; München, 1967]). O símbolo do pastor no cap. 10 foi usado para assegurar que ninguém "arrebataria" qualquer uma das ovelhas pertencentes a Jesus (10,28-29); e a tradição eucarística em 6,51b-58, que talvez também tenha sido portadora da imagem da "videira" na comunidade joanina, estava ligada ao ensinamento acerca da necessidade de permanecer com Jesus. Assim como Deus é responsável pelas ovelhas que vêm a Jesus, ele também é aquele que toma conta da vinha. **2.** *ele corta*: tradições do AT falam de podar videiras infrutíferas (Jr 5,10; Ez 17,7). Este dito talvez tenha sido formulado como advertência aos cristãos que tentavam "esconder" sua fé sob perseguição (*p.ex.*, 12,43). **3.** *vós já estais puros, por causa da palavra*: uma observação parentética, que talvez faça alusão a 13,10, parece pretender assegurar aos discípulos que eles não correm o perigo de serem cortados. **5.** *aquele que permanece em mim e eu nele produz muitos frutos*: isto coloca a imagem da videira na "linguagem da presença íntima" dos discursos de despedida (*p.ex.*, 14,10-11.20). João 4,36 e 12,24 sugerem que "produzir frutos" implica atividade missionária, embora dentro do contexto do discurso isto talvez seja simplesmente uma caracterização geral da vida cristã. Nos sinóticos aparecem advertências escatológicas de que ramos infrutíferos e ervas daninhas serão queimados (p.ex., Mt 3,10; 13,30). A relação de "permanecer em Jesus" constitui a base para a confiança na oração (cf. 14,13). **8. *meu Pai é glorificado quando produzis muito fruto***: os discípulos representam Jesus no mundo agora (cf. 13,35), de modo que eles também são vistos como quem "glorifica o Pai". **9. *como o Pai me amou também eu vos amei***: este amor mútuo está fundamentado no fato de que tanto Jesus quanto os discípulos guardam os mandamentos e permanecem no amor do ente superior. **11. *minha alegria***: este versículo faz a transição para a morte de Jesus como o supremo exemplo de amor ao invocar o tema da "alegria" de 14,28.

190 (ii) *Os discípulos são amigos de Jesus* (15,12-17). O amor de Jesus "pelos seus", demonstrado em sua morte (13,1), fornece o fundamento para o amor entre os discípulos. O leitor já viu o amor que Jesus tem por seus "amigos" demonstrado no relato sobre Lázaro (11,3.11,36). O termo "amigos" aparece em Filo como designação para os "sábios" que são "amigos de Deus", e não "escravos" dele (p.ex., *De sobr.* 55; *De migr. Abr.* 45; *Leg. alleg.* 3.1). Sabedoria 7,27 também fala dos "sábios" como amigos de Deus. Aqui, esta tradição é aplicada a todas as pessoas que creem. Ela não é o privilégio de uns poucos seletos. A tradição de ser "amigos" em vez de "escravos" pode ter transparecido para os leitores joaninos na polêmica de Jo 8,32-36, que prometia que o Filho tornaria as pessoas livres. Uma outra característica de Moisés como "amigo" de Deus era que ele podia falar com Deus com "ousadia" (*parrhēsia*). Esta tradição pode estar implícita no segundo dito acerca da oração (v. 16). Como foi o caso em outras partes do Evangelho, a pessoa não "escolhe Jesus", mas já "foi escolhida" ou atraída por ele ou pelo Pai (p.ex., 6,70; 13,18). Porém, enquanto as partes anteriores do Evangelho ligavam a salvação com o crer, este trecho enfatiza "produzir frutos" como resultado do recebimento do novo *status* de "amigo".

191 (iii) *O mundo odiará os discípulos* (15,18-25). No discurso anterior, encontramos uma nítida divisão entre a comunidade de discípulos para a qual Jesus "retorna" e "o mundo" que não pode recebê-lo (14,19.22.27). Aqui, o dualismo da imagem leva a um novo patamar as alusões a "ódio" e "amor" de Jesus que se encontram no discurso anterior (14,24). O mundo "odiará" os discípulos assim como odiou a Jesus, visto que eles são agora os "agentes" que Jesus enviou. Como os vv. 18-25 repetem este tema, o leitor é constantemente lembrado da hostilidade entre Jesus e "os judeus" em 8,12-59. O "pecado" no qual o mundo incorre ao perseguir os discípulos de Jesus é o mesmo pecado e ódio a Deus demonstrados na forma como tratou Jesus. O v. 25 tem uma introdução bastante desajeitada e incomum a uma citação da Escritura que se refere a este ódio. Aparentemente a passagem visada é Sl 69,5. (Citações do Sl 69 estão ligadas à morte de Jesus em Mc 15,36; Jo 2,17; 19,29.)

192 (iv) *O Paráclito como testemunha* (15,26-27) As referências à perseguição dos cristãos nos sinóticos contêm ditos acerca da função do Espírito Santo (Mc 13,19.11; Mt 10,20). Estes versículos combinam o "testemunho" dado pelo Paráclito com o "testemunho" que os discípulos terão de dar acerca de Jesus. Se este discurso foi composto como a segunda metade do discurso anterior, então "dar testemunho" de Jesus parece estar implícito na prescrição de produzir fruto.

193 (v) *A perseguição dos discípulos* (16,1-4a). Enquanto 14,29 via as palavras de Jesus como confirmação da fé dos discípulos face à crucificação dele, 16,1 fala da possibilidade de que alguns ficarão "escandalizados". O verbo é usado em 6,61 para descrever aqueles "discípulos" que se sentiram ofendidos com o discurso a respeito do pão da vida. O perigo contra o qual este discurso procura guardar a comunidade é que a perseguição severa levará pessoas a negarem sua fé em Jesus. Eles são lembrados de que as pessoas que perseguem os cristãos não conhecem a Deus (ou a Jesus), ainda que talvez baseiem sua perseguição em razões religiosas (como nas acusações de blasfêmia e impiedade apresentadas contra Jesus no Evangelho; cf. 5,37b-38; 7,28; 8,27.55). Alguns intérpretes pensam que o v. 2 se refere à mesma expulsão da sinagoga mencionada anteriormente no Evangelho. Outros apontam para alusões à perseguição por parte de judeus na Ásia Menor que se encontram em Ap 2,3.9; 3,9 (e mais tarde os judeus são agentes no *Mart. Pol.* 13:1), como contexto para um segundo episódio de perseguição que afetou a comunidade joanina. Quaisquer que sejam as particularidades, Jo 15,18-16,4a supõe que a hostilidade por parte de um mundo incrédulo venha a ser uma faceta permanente da vida cristã.

194 (d) *Consolação para os discípulos* (16,4b-33). Este discurso está intimamente relacionado ao primeiro discurso de despedida, mas também supõe a condenação de um mundo hostil que se evidencia em 15,18-27. Os vv. 16-24 contrapõem a aflição e tribulação dos discípulos à alegria do "mundo". Ele pressupõe não só um simples "um pouco de tempo" antes de os discípulos verem Jesus novamente (como em 14,19), mas um duplo "um pouco de tempo": durante o primeiro, eles estão tristes e são perseguidos; então, veem Jesus novamente e se alegram (vv. 16-17). Esse esquema duplo parece estar muito próximo da linguagem tradicional acerca da parúsia de Jesus. Este discurso parece ter sido composto independentemente de sua localização atual. João 16,5b contradiz as amplas perguntas sobre "aonde" Jesus está indo em 13,36-14,6. Enquanto a conclusão do primeiro discurso procurava fortalecer a fé dos discípulos, 16,29-32 traz uma advertência contra a falsa confiança. Os ditos sobre o Paráclito no primeiro discurso estão completamente orientados para a função dele dentro da comunidade. Aqui, o primeiro dito recupera as associações forenses do termo para apresentar o Paráclito como quem dá continuidade à ação judicial de Jesus com o mundo (E. Bammel, "Jesus und der Paraklet in Johanes 16", *Christ and Spirit in the New Testament* [Festschrift C. F. D. Moule; ed. B. Lindars *et al.*; Cambridge, 1973] 199-217; D. A. Carson, *JBL* 98 [1979] 547-66). Este discurso serve como consolação no sofrimento, mas também pode servir para reduzir o perigo do isolamento sectário mediante a integração deste sofrimento no padrão contínuo de testemunho ao mundo (J. Painter, *NTS* 27 [1980-81] 535-43).

195 (i) *O paráclito condenará o mundo* (16,4b-11). **4b-6.** A introdução a este segmento retoma algumas formulações dos discursos anteriores: (a) uma referência a Jesus *tauta lalein*, "digo estas coisas" (14,25; 15,11; 16,1.4a), torna-se "não vos disse isso" (*tauta eipon*) em 16,4b, retomando o *eipon* de 16,4a; (b) a contraposição entre quando Jesus estava "convosco" e sua partida iminente é repetida (cf. 14,27c-28.30; 16,4b-5; (c) *ex archēs*, "desde o princípio", no v. 4b reflete o *ap'archēs* de 15,27. As palavras de Jesus como causa de aflição para os discípulos, "mas porque vos disse isto, a tristeza encheu vossos corações" (v. 6), são o oposto de 15,11, "eu vos digo isso para que minha alegria esteja em vós e vossa alegria seja plena". **7.** *é do vosso interesse*: a insistência de Jesus de que os discípulos deveriam alegrar com sua partida (cf. 14,27b-28) é repetida, onde a expressão "é do vosso interesse" se refere ao cumprimento do plano divino (cf. 11,50). *pois, se não for, o Paráclito não virá a vós*: a vinda do Paráclito poderia estar associada à dádiva do Espírito, que somente é possível após Jesus ter sido glorificado (7,39; efetuada em 20,17.22). **8-11.** As funções atribuídas ao Paráclito nestes ditos são forenses. A expressão *elenchein peri* pode significar: (a) "trazer à luz", "expor"; (b) "declarar culpado de". Embora "Paráclito" geralmente sugira um advogado ou defensor, a tradição joanina transformou o "defensor" de Israel, Moisés, no acusador de Israel. A expressão "Espírito da verdade", ligada a "Paráclito" na comunidade joanina, podia se referir tanto a um guia angélico para os justos quanto à atuação interna da consciência que "condena" o pecador. João 3,20 fala das pessoas cujas más obras as impedem de vir para a luz para que estas obras não sejam condenadas (*elenchein*), enquanto que, em 8,46, Jesus usa a mesma palavra ao desafiar seus ouvintes a culpá-lo de pecado. João 12,31 anuncia que a hora da crucificação é a hora do julgamento do "príncipe deste mundo". Com a vinda do Paráclito, o processo judicial de Jesus contra o mundo é decidido a favor de Jesus. O "pecado" do qual o mundo é considerado culpado foi "descrença" ao longo de todo o Evangelho (*p.ex.*, 3,19.36; 8.21-24; 15,22-25). **8.** *justiça*: este termo aparece somente aqui, mas Jo 5,30 afirma que Jesus, que sempre faz a vontade daquele que o enviou, julga com julgamentos "justos" (*dikaia*), e a referência a este episódio em 7,24 desafia as pessoas que queriam condenar Jesus por curar no sábado a não julgar pelas aparências, mas com julgamento "justo". Visto que Jesus retorna para o Pai, está provado que ele é o agente de Deus. Com isto se prova que a "justiça" das pessoas que o condenaram é falsa. **10.** *não mais me vereis*: estas palavras contradizem a experiência da comunidade (cf. 14,19, onde ela "vê" Jesus e tem vida a partir dele), mas refletem o julgamento pronunciado contra as pessoas que condenaram Jesus em 8,21. **11.** *príncipe deste mundo*: este versículo liga os falsos julgamentos feitos pelo mundo a "seu príncipe", que também é condenado (cf. 8,42-47, as pessoas que procuram matar Jesus estão fazendo as obras de seu pai, o diabo).

196 (ii) *O Paráclito vos guiará na verdade plena* (16,12-15). Como em 14,25-26, o Paráclito exerce um papel importante dentro da comunidade. Ele deve guiar os discípulos no futuro, visto que Jesus não conseguiu dizer a seus discípulos tudo que eles precisam saber, nem eles foram capazes de entender suas palavras e ações antes de sua glorificação (2,22; 12,16; 13,7). **13.** *na verdade plena*: a "verdade" na qual o Paráclito guia a comunidade deve ter o mesmo sentido que "verdade" em outras partes no Evangelho: fé em Jesus como a única revelação de Deus e como aquele que fala as palavras de Deus (*p.ex.*, 3,20.33; 8,40.47). O Paráclito ajuda a comunidade a cumprir a prescrição de 8,31-32: "se permanecerdes na minha palavra, sereis verdadeiramente meus discípulos, e conhecereis a verdade, e a verdade vos libertará". *anunciará as coisas futuras*: o verbo *anangellein*, "anunciar", é usado nos escritos apocalípticos para designar a revelação dos mistérios do "fim do tempo". Em 4,25, a mulher samaritana fala do profeta vindouro em termos semelhantes. Vimos que uma das manifestações da atividade do Paráclito era tornar inteligível o que Jesus disse ou fez, frequentemente ao associar estas coisas à Escritura. Uma expressão semelhante é associada à interpretação messiânica de textos proféticos em 1QpHab 7,1-3, que diz o seguinte a respeito do profeta: "Deus lhe ordenou escrever as 'coisas que estavam por vir', mas não lhes informou quando este momento seria cumprido". Pode ser que a revelação das "coisas por vir" tenha adquirido um sentido técnico já cedo na história da comunidade joanina. Ela não significava que o Paráclito pudesse fazer qualquer tipo de revelações proféticas acerca do futuro, mas que ele guiou a comunidade em sua compreensão de Jesus como o cumprimento de tudo o que fora prometido na Escritura. O autor deste trecho deixou claro que o Paráclito não é a fonte de revelação nova ou divergente ao insistir que, como Jesus, o Paráclito "não fala de si mesmo" (7,17-18; 8.28; 14.10). Sua função é glorificar a Jesus e tomar o que o Pai deu a Jesus e declará-lo aos discípulos.

197 (iii) *A partida e o retorno de Jesus* (16,16-24). Jesus retorna ao tema da tristeza e partida (vv. 5-7), **16.** *um pouco de tempo.*

Cf. 14,19; 13,33; 7,33; não "para onde" Jesus está indo, mas o que significa "um pouco de tempo" torna-se o foco de um novo enigma (vv. 16-19). **20.** *chorareis e vos lamentareis, mas o mundo se alegrará*: um pronunciamento revelatório é estruturado com base em um padrão de inversão apocalíptica (cf. Mt 5,4). **21.** A inversão é ilustrada com uma "parábola" da mulher em trabalho de parto; esta imagem foi aplicada à era messiânica no AT (*p.ex.*, Is 26,17-18 LXX; 66,7-10, as "dores de parto" de Sião no Dia do Senhor). Embora *thlipsi*s, "dores", também possa designar os "sofrimentos" enfrentados pelos fiéis nos últimos dias (*p.ex.*, Sf 1,14-15; Hab 3,16; Mc 13,19.24), a imagem aqui serve simplesmente como analogia para descrever a inversão. **23.** *nesse dia*: a nova situação dos discípulos se reflete nas promessas do que virá. **24.** *vossa alegria:* ninguém pode tirar sua "alegria" deles, o que possivelmente é uma referência à perseguição que sofrerão (15,11); eles finalmente "entenderão" o que permanece obscuro até após a glorificação (e vinda do Paráclito); e seu novo relacionamento com o Pai lhes possibilitará se aproximar dele confiantemente em oração (14,13-14; 15,7.16; quanto à expressão "pedi e recebereis", veja também Mt 7,7; Tg 4,3; 1Jo 3,22).

198 (iv) *Jesus venceu o mundo* (16,25-33). À medida que o tempo da glorificação de Jesus se aproxima, as "parábolas" nas quais ele tinha falado vão ficando mais claras. Jesus veio do Pai e está retornando para lá novamente. **27.** *o próprio Pai vos ama*: seus discípulos, que creram que ele veio "de Deus", encontrarão sua recompensa no amor que Deus tem por quem ama o Filho. **29.** *agora falas claramente*: o autor tem um episódio final de compreensão errônea. Os discípulos pensam que já entendem o que Jesus está lhes dizendo. Mas eles não entendem o modo pelo qual ele deve partir e ser glorificado. Confessam apenas a primeira parte que Jesus veio "do Pai" (v. 30b; 6,69). Sua expressão de confiança constitui um paralelo à afirmação de Pedro de estar pronto para morrer por Jesus em 13,36-37. **32.** *vos dispersareis:* Jesus faz frente à afirmação dos discípulos com uma referência à fuga deles (cf. Mc 14,31; Mt 25,31). O relato joanino da paixão não descreve o cumprimento desta profecia, visto que o Discípulo Amado está presente aos pés da cruz (19,26-27) e os discípulos permaneceram reunidos em Jerusalém (20,19). A tradição de que eles retornaram para a Galileia está representada no relato adicional da ressurreição de 21,1-14. *eu não estou só*: o autor corrige rapidamente qualquer possível impressão de que Jesus realmente pudesse estar "sozinho" ao lembrar o leitor de que o Pai está sempre com ele. **33.** *para terdes paz em mim*: como em 14,27-31, este discurso termina com uma promessa de paz aos discípulos e uma reafirmação adicional de que Jesus "venceu o mundo". A crucificação não é uma vitória daqueles que são hostis a Jesus. Tampouco a perseguição sofrida pela comunidade deveria ser um sinal da vitória deles. Depois que os discípulos entenderem o que ocorreu na glorificação de Jesus, eles verão ambas como prova de que Jesus foi vitorioso.

199 (e) *O oração de Jesus pelos discípulos* (17,1-26). Observaram-se alguns paralelos entre esta oração e o Pai-Nosso: (a) o uso de "Pai" como a forma de se dirigir a Deus; (b) glorificação de Deus e uso do nome divino (17,1.11-12); (c) fazer a vontade de Deus (v. 4); (d) uma petição para ser liberto do "mal" (v. 15; veja W. O. Walker, *NTS* 28 [1982]237-56). Como as outras cenas joaninas da oração de Jesus (11,41-42; 12,27b-28a), esta reflete a unidade do Pai e do Filho e a dedicação completa de Jesus à sua missão. Esta oração também retoma as alusões anteriores a uma unidade do Pai e do Filho com os discípulos como base sobre a qual eles continuam a estar "no mundo". A presença de uma longa oração na conclusão do trecho do discurso pode ser outro reflexo do gênero de "discurso de despedida" (→ *177 acima*). As orações proferidas pelo patriarca prestes a partir geralmente apontam para o futuro (Dt 32,43-47; *Jub* 1,19-21; *Jub* 20-22). Mas a linguagem desta oração não tem paralelos óbvios nestas orações. Ela é completamente joanina. Alguns ligaram esta oração à imagem de Jesus como agente de Deus. A oração representa seu "relatório" da missão que cumpriu. Consequentemente, Jesus até mesmo fala como se já tivesse "deixado" o mundo (v. 11). Após um pedido inicial de glorificação (vv. 1-5), Jesus volta-se primeiro a seus discípulos imediatos, que são os ouvintes implícitos da oração (vv. 6-19), e depois inclui todas as pessoas que virão a crer nele (vv. 20-26). Os leitores do Evangelho são diretamente incluídos nessa oração. Alguns exegetas se perguntam se sua ênfase na unidade, na "santificação" dos discípulos por Deus e na necessidade de guardar o que Jesus revelou reflete os perigos que o autor detecta na igreja de seus dias.

200 (i) *Jesus retorna à glória* (17,1-5). **1.** *a hora*: o anúncio inicial da hora, a reafirmação de que Jesus está para ser "glorificado" porque concluiu a obra (→ Teologia joanina, 83:23) de "glorificar" o Pai ao dar vida eterna e o pedido para que Deus "glorifique o Filho" já são familiares a partir de 13,31-32. **2.** *poder que lhe deste sobre toda carne*: isto dirige a atenção de volta para a afirmação de 5,20-27 de que o Pai deu ao Filho poder para dar vida e para julgar. **3.** Este versículo é claramente uma glosa que dá uma definição joanina de "vida eterna" como conhecer o "único Deus verdadeiro" e "Jesus Cristo". Ela lembra a ordem para crer em 14,1 e talvez tenha sido uma fórmula confessional independente na comunidade joanina. **5.** *e agora glorifica-me*: isto vai além das afirmações anteriores acerca da glória de Jesus na narrativa e nos discursos e lembra a "glória" do Verbo no prólogo (1,14), a qual, por fim, será compartilhada pelos discípulos (v. 24). Ao retornar ao prólogo, o autor deixa claro que Jesus é muito mais que um ser humano justo, perfeitamente obediente, incumbido por Deus, que foi exaltado e glorificado no "céu". Ele é, isto sim, de "Deus" em um sentido muito mais radical do que seus oponentes jamais poderiam ter imaginado.

201 (ii) *Jesus envia seus discípulos para o mundo* (17,6-19). A primeira parte deste segmento resume o que foi dado às pessoas que foram escolhidas por Jesus e receberam a revelação que ele trouxe. Elas são o resultado bem sucedido da missão dele (vv. 6-11a), mas também estão "no mundo", ao passo que Jesus não está. As intercessões da segunda metade correspondem às promessas de retorno e presença íntima nos discursos anteriores. Mas esta linguagem encontra-se notavelmente ausente aqui. Em vez disso, encontramos Jesus pedindo que o Pai guarde e santifique os discípulos, que assumirão agora o lugar "no mundo" que ele tinha ocupado (vv. 11b-19). **8.** *eles as acolheram e reconheceram verdadeiramente que saí de junto de ti*: os vv. 6-8 invertem as condenações da descrença no ministério público (8,23.28.58). Os discípulos conhecem efetivamente a verdadeira origem de Jesus e sabem que Deus é a fonte de tudo o que ele dizia e fazia. Os discursos vêm usando o termo "o mundo" como símbolo da incredulidade e do ódio com que a revelação de Jesus se depara. Portanto, descreve-se que os discípulos são dados a Jesus "do mundo" (v. 6). **9.** *não rogo pelo mundo, mas pelos que me deste*: uma divisão importante subjaz a esta afirmação. Da mesma forma como os ditos acerca do novo relacionamento dos discípulos com o Pai nos discursos anteriores supunham que somente aqueles que "amavam" e "criam" no Filho pudessem aproximar-se do Pai, assim também o mundo que rejeita a Jesus (e, com isso, a Deus) não tem lugar nesta oração. **11a.** *já não estou no mundo*: estas palavras descrevem a situação que existe com o retorno de Jesus ao Pai e também são a precondição para o novo papel que os discípulos devem exercer como "enviados por" Jesus.

202 11b. *Pai santo*: esta expressão incomum em João talvez represente um uso litúrgico (cf. *Did* 10,2), *guarda-os em teu nome*: Jesus conseguira "guardar os discípulos" no "nome" de Deus enquanto estava com eles. Esta expressão pode referir-se à imagem de

Jesus como pastor em 10,28. **12.** Um, contudo, Judas, pereceu (6,70; 13,2.27). *a Escritura:* esta talvez seja a citação em 13,18. O v. 11 também introduziu o tema da unidade, o qual será retomado novamente quando os futuros crentes forem apresentados nos vv. 20-23. O leitor do Evangelho em sua forma atual pode perfeitamente encontrar ecos da linguagem da "videira" de 15,6-10, onde os crentes são exortados a guardar as palavras/mandamentos de Jesus e a permanecer em seu amor, assim como ele permanece no amor do Pai. A linguagem do "ser um" talvez tenha raízes na história inicial da comunidade joanina. Os essênios falavam de sua nova aliança como *yaḥad,* "uma unidade", o que implicava um grupo de pessoas, separado dos de fora. O processo de entrada na aliança é descrito como *h'spm lyḥd,* "serem eles reunidos na unidade" (1QS 5,7). Mas a percepção joanina de Cristo transformou as razões de qualquer unidade como esta de um contexto sociológico ou pactual num reflexo do relacionamento entre Jesus e Deus.

203 13-16. Após uma referência à alegria que as palavras de despedida de Jesus devem trazer aos discípulos (cf. 15,11; 16,20-22.24), o discurso retorna à base da hostilidade que os discípulos experimentam "no mundo". **14.** *tua palavra:* os discípulos têm agora a "palavra de Deus" vinda de Jesus e não são "do mundo" (cf. 15,18-25). **15.** *o maligno:* diferentemente de Jesus, que não é tocado pelo "príncipe deste mundo" (12,31; 14,30; 16,33), os discípulos poderiam ser, e precisam ser mantidos a salvos do "maligno". Embora os crentes não sejam "do mundo", visto que aceitaram Jesus, eles ainda permanecem "no mundo" e estão, pelo menos potencialmente, sujeitos à sua influência.

204 17. *santifica-os na verdade:* o clímax deste trecho da oração vem com o comissionamento dos discípulos para tomar o lugar de Jesus "no mundo". A imagem da santificação tem fortes conotações na tradição cúltica de Israel (Ex 28,41; 40,13; Lv 8,30) e do sacrifício (Ex 13,2; Dt 15,19). Interpretações cultuais da morte de Jesus, como a de Hebreus, atribuem poder santificador ao sangue de Jesus (*p.ex.*, Hb 2,11; 10,10.14-29). João 10,36 diz que o Pai "santificou" e enviou o Filho ao mundo. Esta missão era para testemunhar o que ele tinha visto e ouvido do Pai (8,26; 3,32). Agora que os discípulos aceitaram a palavra que Jesus falou (17,6.14; 15,3 diz que a palavra de Jesus "purificou" os discípulos), eles são enviados para testemunhar esta palavra (J. Suggit, *JTS* 35 [1984] 104-17). **19.** *e, por eles:* quando Jesus fala de santificar-se desta forma, está descrevendo sua morte (cf. 6,51; 10,11.15; 15,13).

205 (iii) *Para que eles sejam um* (17,20-26). Repentinamente, Jesus olha para além do círculo imediato de discípulos, para as pessoas que crerão como resultado do testemunho deles. Existem duas dimensões nas expressões de unidade que emergem no Quarto Evangelho. A dimensão vertical baseia a unidade no relacionamento entre Jesus e Deus. A dimensão horizontal vê no mandamento do amor mútuo a expressão deste relacionamento entre os membros da comunidade (13,34-35; 15,12.17). Nenhuma destas fontes de unidade deveria ser entendida simplesmente como uma expressão de solidariedade humana ou a criação de uma estrutura institucional, visto que para João ambas estão enraizadas na revelação do Pai que ocorre em Jesus. O autor tampouco supõe que esta "unidade" seja uma experiência privada da comunidade que crê, visto que ela coloca um desafio para o mundo do mesmo modo que a unidade de Jesus com o Pai tinha colocado um desafio de salvação ou julgamento (vv. 21.23). Seu objeto não é desafiar o mundo com algum programa de reforma comunitária, mas com a mensagem do Evangelho acerca do relacionamento entre Jesus e o Pai. **24-26.** Jesus é aquele que leva os discípulos para a comunidade com Deus (10,38; 14,10-11.23; 15,4-5). **24.** *para que contemplem minha glória:* a culminação desta nova unidade seria a participação "na glória" que Jesus tinha com o Pai desde o principio. Este versículo deixa claro que o fundamento deste relacionamento entre Jesus e o Pai é seu amor mútuo. Deste modo, a comunidade pode continuar a cantar que viu a glória do Verbo encarnado (1,14). Ao mesmo tempo, este versículo também sugere que, até os cristãos chegarem a estar com Deus como Jesus está, eles não terão experimentado plenamente a realidade do relacionamento de Jesus com Deus.

206 (B) Narrativa da paixão (18,1-19,42). A narrativa joanina da paixão é esboçada em cenas separadas: 18,1-11; 18,12-27; 18,28-19,16a; 19,16b-30; 19,31-42. Ela apresenta questões complexas acerca da extensão das fontes de João e de sua redação delas (veja T. A. Mohr, *Markus- und Johannespassion* [ATANT 70; Zürich, 1982]). Já encontramos elementos da "agonia no jardim" sinótica em 12,27-28 e enigmas na cronologia e compreensão joanina do sumo sacerdócio. Não há um processo formal diante de um órgão judaico; o processo em 11,45-53 decidiu a questão do destino de Jesus. Uma audiência perante Anás aparece no lugar de um julgamento ou audiência judaica. Anás prepara o terreno para uma acusação religiosa. Suas perguntas apontam para a acusação de ser um "falso profeta" ou enganador (cf. Dt 18,28). O julgamento perante Pilatos concentra-se nos perigos políticos da popularidade de Jesus, que é o motivo indicado em 11,45-53 para procurar a morte de Jesus. A questão passa a ser a natureza da realeza de Jesus. Embora continue sendo uma questão bastante disputada entre os historiadores se a preponderância dos indícios do Evangelho sugere que os responsáveis pela morte de Jesus agiram por razões religiosas ou políticas, não se pode usar o material joanino para resolver esta questão ou considerá-la suficientemente respondida para usar como critério para distinguir tradição e redação na narrativa joanina. No julgamento perante Pilatos, Jesus age como o fez ao longo de todo o Evangelho. Ele mostra que é Pilatos quem realmente está sendo julgado, e, com suprema ironia, Pilatos força os judeus a mostrar sua própria deslealdade para com Deus ao declarar César como seu rei (19,14-15). O leitor do Evangelho já está bastante consciente de que a morte de Jesus não é uma humilhação ou derrota, mas um retorno glorioso ao Pai.

207 (a) *A prisão de Jesus* (18,1-11). João 18,1 parece se encaixar diretamente após 14,31, visto que o evangelista estabelece imediatamente o destino deles e que Judas conhece o local. O evangelista também pode ter realçado o fato de que Judas e seu destacamento tiveram de vir para prender Jesus com luzes e com armas, assim como ele se referiu dramaticamente ao fato de já ser noite quando Judas deixou o cenáculo em 13,30. A questão de se soldados romanos teriam sido incluídos neste destacamento ou não – claramente não se trata de uma "coorte" (*speira* geralmente significa uma coorte) em todo caso – depende da probabilidade de conluio entre as autoridades judaicas e romanas. Muitos pesquisadores pensam que seria improvável até mesmo para Caifás voltar-se tão veementemente contra um judeu. Pilatos parece desconhecer o caso quando Jesus é trazido diante dele. João 18,12 repete o termo em questão e até mesmo menciona o tribuno militar de uma coorte. Portanto, o acréscimo de soldados romanos talvez se deva a uma modificação numa fonte que originalmente se referia à polícia judaica ou a um desejo por parte do evangelista de demonstrar inequivocamente que Jesus está no controle do que acontece a ele.

208 4-9. O centro da cena consiste na dupla confrontação entre Jesus e aqueles que vieram para prendê-lo, o que é claramente obra do evangelista. **4.** *sabendo Jesus ... adiantou-se*: ele vai ao encontro do destacamento, pergunta quem eles procuram e, quando se identifica dizendo "sou eu", todos caem por terra. Jesus repete a pergunta (vv. 7-9) e usa a oportunidade para assegurar a liberdade de seus seguidores, cumprindo assim a promessa de segurança para aqueles confiados a ele (6,39; 10,28; 17,12) – exceto Judas, que se perdera do círculo dos discípulos desde que Jesus lhe ordenara que partisse (13,27). **10.** *Malco*: este é um desenvolvimento independente do relato de que um dos discípulos de Jesus cortou a orelha de um dos servos do sumo sacerdote (Mc 14,47; João e Lc 22,50 concordam ao especificar a orelha direita). Em João e Mateus Jesus fala ao discípulo. Mateus 26,53-55 apela a um provérbio sobre "viver pela espada", ao poder de Jesus para convocar anjos celestiais e à necessidade de cumprir a Escritura. **11.** *Pedro*: João já demonstrou o poder de Jesus de parar o processo; ele instrui Pedro a guardar a espada e alude à necessidade de beber o "cálice" que o Pai lhe deu. Esta alusão pareceria mais apropriada para uma fonte que continha uma "palavra sobre o cálice" no jardim (*p.ex.*, Mc 14,35-36 par.).

209 (b) *Diante do sumo sacerdote* (18,12-27). O evangelista moldou o episódio do questionamento de Jesus diante de Anás, "o sumo sacerdote", que de fato era o sumo sacerdote anterior a quem os romanos depuseram em favor de Caifás, de modo que a falta de compreensão mostrada pelo uso da espada por parte de Pedro em 18,10-11 empalidece ao lado de sua negação explícita de Jesus. Dada a perseguição enfrentada pelos cristãos joaninos, Pedro deve ter servido como exemplo negativo para os leitores do Evangelho.

210 (i) *Jesus é levado a Anás* (18,12-14). Enquanto em Mt 26,57-68 e Mc 14,53-65 Jesus é conduzido para um julgamento formal, Lc 22,54.63-65 apresenta um episódio de escárnio na casa do sumo sacerdote antes de Jesus ser levado para o sinédrio, onde ele é questionado acerca de sua messianidade, embora nenhum veredicto tenha sido alcançado (Lc 22,66-71). **14.** *Caifás:* João já recontou um "julgamento" perante o sinédrio (11,47-50). Talvez ele conhecesse uma tradição independente sobre um questionamento de Jesus na casa do sumo sacerdote e a tenha usado para estabelecer a contraposição dramática entre a negação de Pedro e a "confissão" de Jesus (R. T. FORTNA, *NTS* 24 [1977-78] 371-83).

211 (ii) *Pedro nega a Jesus* (18,15-18). A negação de Pedro é ainda mais notável em João do que nos sinóticos porque ele não é um discípulo assustado, que segue para ver o que aconteceu com Jesus depois que todos os outros fugiram. O cenário tampouco sugere que Pedro corra perigo de vida se responder a verdade. **15.** *um outro discípulo:* Pedro entra na casa em companhia de um discípulo de Jesus que é conhecido do sumo sacerdote. Embora alguns exegetas pensem que este discípulo anônimo é o Discípulo Amado, era de se esperar que ele fosse assim designado se o evangelista tivesse a intenção de que fizéssemos tal ligação (veja F. Neirynck, *ETL* 51 [1975] 113-41).

212 (iii) *Anás interroga a Jesus* (18,19-24). **19.** *o sumo sacerdote*: as perguntas de Anás parecem representar uma tentativa de mostrar que Jesus é um falso profeta e desencaminha o povo (como se acusa em Jo 7,45-52). **20.** *Jesus lhe respondeu*: a resposta de Jesus apela para as grandes controvérsias que constituem seu ministério público na narrativa do Evangelho. O leitor não deixará de perceber as conotações da missão de Jesus em testemunhar e levar "o mundo" a julgamento por não crer nas palavras dele: "falei abertamente" (ou "ousadamente", *parrhēsia*) "ao mundo". **21.** Jesus desafia Anás a responder suas próprias perguntas interrogando as multidões que o ouviram. Mas o leitor do Evangelho sabe que elas de fato não "ouviram" Jesus e que a verdadeira "testemunha" acerca do Filho é o Pai (5,30-40). **22.** *deu uma bofetada em Jesus*: o ataque físico e o escárnio de Jesus derivam da fonte do evangelista (cf. Mc 14,65). **23.** *Jesus respondeu*: a resposta é puramente joanina. Jesus deu uma resposta semelhante às pessoas que tentaram apedrejá-lo em 10,32, e desafia "os judeus" a acusá-lo de pecado em 8,46. **24.** Este versículo mostra que João sabe de um interrogatório perante Caifás.

213 (iv) *Pedro nega a Jesus* (18,25-27). **25.** *Simão Pedro:* ironicamente, um daqueles que deveriam ser mais capazes de "testemunhar" o "bem" que Jesus fez continuará a negar que tem qualquer coisa a ver com ele. A mentira atrevida implícita na ação de Pedro é intensificada pelo fato de que João identificou Pedro como o discípulo que cortara a orelha do servo (v. 10). **26.** *parente*: mesmo quando confrontado por um parente do homem ferido, que presume-se ter testemunhado o episódio, Pedro persiste em sua negação (veja C. H. Giblin, *Bib* 65 [1984] 210-31).

214 (c) *O julgamento por Pilatos* (18,28-19,16a). O julgamento perante Pilatos pode ser dividido em cenas marcadas pelas alternâncias entre "os acusadores" do lado de fora e Jesus do lado de dentro (18,29.33.38b; 19,1 [implícito]. 4.8-9.13). Somente na última cena Jesus é conduzido "para fora", ainda vestido nas "vestes reais" do escárnio dos soldados. Para aumentar a ironia, 19,13 deixa obscuro se Jesus ou (mais provavelmente) Pilatos sentou-se no trono de julgamento. Somente quando os judeus renunciaram a todos os reis exceto César, Jesus é entregue "a eles" (uma outra ambiguidade), para a crucificação (19,15-16). A confissão de que Jesus é de fato "rei de Israel" foi feita no início e no final da narrativa (1,49; 12,13.15). Jesus rejeitou o desejo da multidão de torná-lo rei (6,15). Agora que ele chegou ao julgamento, a questão de sua realeza pode ser levantada. Visto que o leitor sabe que Jesus é "de Deus", a questão política de Jesus como "rei" só pode servir de mascara irônica para a verdadeira questão; a rejeição do "rei de Israel" é rejeição de Deus. Assim como relatos anteriores foram estruturados em torno de afirmações ascendentes de fé, as acusações feitas no julgamento são forçadas a se intensificar. Elas passam de: (a) ele é um "malfeitor", a quem não temos autoridade para matar (18,30); para (b) ele se fez "Filho de Deus" (19,7); para (c) ele se faz "rei", implicando rebelião contra César (19,12).

215 (i) *Cena um* (18,28-31[32]). A cena introdutória contém vários problemas históricos não resolvidos. **28.** *era de manhã*: além da questão do dia em si, o v. 1 sugere que Jesus foi levado a Pilatos por volta do amanhecer. Embora alguns tenham sugerido uma referência simbólica a Jesus como luz depois de tudo que aconteceu durante a "noite", a manhã seria um horário comum para o governador romano fazer uma audiência como esta. Mas então a condenação de Jesus ao meio-dia (19,14) parece fora de ordem. Alguns sugerem uma referência simbólica à matança dos cordeiros pascais. *eles não entraram:* não há explicação coerente para a alegação de que os acusadores teriam ficado "contaminados" entrando no pretório. O mero contato com um gentio em um ambiente jurídico não teria constituído tal contaminação. **29.** *Pilatos, então, saiu para fora*: embora um governador romano pudesse realizar um julgamento *extra ordinem* [fora da ordem] segundo suas próprias regras, o acusado precisa ser entregue com uma "acusação mais formal" do que a feita pelos acusadores de Jesus. **31.** Há muita disputa sobre se este versículo preserva um elemento preciso de informação histórica. Era permitido aos judeus executarem os gentios que violassem o recinto do Templo. Alguns historiadores romanos pensam que era improvável que lhes fosse permitido executar qualquer outra sentença capital, especialmente na Judeia. Para o leitor joanino, este versículo é altamente irônico, visto que Jesus já acusou "os judeus" de agir contra sua própria lei ao procurar matá-lo (8,37-47); Nicodemos os acusa de condenar Jesus ilegalmente (7,51). Agora eles mostram uma súbita preocupação com "a lei de César". **32.** O comentário do evangelista lembra o leitor de que Jesus havia predito que morreria "sendo elevado" (3,14-15; 12,32-33), *i.e.,* crucificado.

216 (ii)*Cena dois* (18,33-38a). **33-34.** A conversa de Jesus com Pilatos sobre a realeza é a última ocasião em que ouvimos a palavra "verdade" no Evangelho. O leitor já sabe que Jesus testifica a "verdade" (5,33; 8,40.45.46) e que "os judeus" rejeitaram a verdade (8,44), enquanto os discípulos a recebem de Jesus (14,6; 17,17.19). O leitor também sabe que estes diálogos entre Jesus e um antagonista passam rapidamente a mostrar o caráter deste último. Pilatos não está sendo "desculpado" por seu papel na morte de Jesus. **35.** *sou, por acaso, judeu?:* o desprezo de Pilatos pelos judeus se torna evidente. **36.** *meu reino:* a resposta de Jesus à pergunta separa sua realeza de qualquer coisa que pudesse ameaçar Pilatos, visto que ele sustenta que é possível provar que sua realeza não é deste mundo. Ele não tem seguidores lutando para assegurar sua libertação. Ao mesmo tempo, a referência de Jesus a "os judeus" coloca um abismo entre ele e "os judeus", que o leitor sabe que já o rejeitaram. **37.** *então, tu és rei?:* Jesus também precisa testemunhar a verdade. Ele foi enviado como "rei", mas a pergunta de Pilatos "o que é verdade?" mostra que ele é contado entre "os judeus" como uma daquelas pessoas que não podem ouvir a voz de Jesus.

217 (iii) *Cena três* (18,38b-40). Embora Pilatos não possa ouvir as palavras de Jesus como palavras que revelam a verdade, suas ações ainda podem criar níveis adicionais de ironia na narrativa. **39.** *é costume entre vós:* João usa o episódio de Barrabás, provavelmente tirado de uma de suas fontes (*p.ex.*, Mc 15,9.13), para confrontar os judeus com uma opção: seu verdadeiro rei ou um "ladrão". O leitor do Evangelho recordará que 10,1.8 contrapôs o comportamento do verdadeiro pastor com o dos "salteadores". O termo *lēstęs*, "ladrão", era usado frequentemente para designar pessoas que incitavam à rebelião, uma acusação que Jesus negou explicitamente. Parece que Pilatos declarou que Jesus era inocente no v. 38b (assim faz Lc 23,4). Seu desprezo pelos judeus talvez esteja refletido na opção que ele lhes oferece. O leitor também pode ver este episódio como um exemplo do tipo de "justiça" pelo qual o mundo é condenado (16,9-11). Um inocente é trocado por uma pessoa que é culpada.

218 (iv) *Cena quatro* (19,1-3). **1.** *o mandou flagelar:* açoitar um prisioneiro normalmente faria parte da punição, como ocorre em Mc 15.16-20 par. João abreviou e ressituou a tradição do flagelo e do escárnio de Jesus como "rei" no centro do julgamento, de modo que no restante do processo ele aparece como "rei".

219 (v) *Cena cinco* (19,4-7). Pilatos alega novamente não ter encontrado nada para condenar Jesus e o mostra ao povo, com o comentário "eis o homem!" Dirigida a Jesus, que foi açoitado e ainda estava vestido com a coroa e o manto, a expressão talvez seja de desprezo pela infeliz vítima. Outros encontram um segundo significado nas palavras, visto que normalmente um "novo rei" seria apresentado a seus súditos em vestes reais, seu nome de trono seria anunciado e o povo ofereceria aclamações de regozijo a seu novo governante. Sugeriu-se que "o homem" (*anthrōpos*, que pode significar simplesmente "ser humano") é um nome de trono irônico derivado de uma profecia em Zc 6,12, "eis um homem cujo nome é Rebento". **6.** *crucifica-o:* as pessoas que levaram Jesus a Pilatos exigem sua morte. *tomai-o vós:* pela segunda vez, Pilatos joga a questão de volta para os judeus. **7.** Eles agora especificam a acusação de modo mais preciso: de acordo com sua lei, Jesus deveria morrer por fazer-se "Filho de Deus" (cf. 10,31-39). A reivindicação de Jesus de ter um relacionamento especial com Deus é a questão que foi contestada ao longo de todo o Evangelho (*p.ex.*, 5,18; 8,59).

220 (vi) *Cena seis* (19,8-11). **8.** *ficou ainda mais aterrado:* a razão do medo de Pilatos não está clara. Ela pode ser uma reação à verdade de que Jesus é "Filho de Deus" (cf. 18,6). **9.** *de onde és tu?:* este é o foco de controvérsias em 7,27-28; 8,14; 9,29-30. *mas Jesus não lhe deu resposta:* embora o silêncio de

Jesus perante Pilatos seja tirado da tradição (*p.ex.*, Mc 15,5), o leitor joanino sabe que ele tem um significado mais profundo. Jesus não pode revelar esta verdade a Pilatos, que já se mostrou incapaz de "ouvir" a voz de Jesus (veja o comentário sobre 18,37). Mas Jesus pode responder à falsa reivindicação de poder por parte de Pilatos. **11.** *não terias poder algum sobre mim, se não te fosse dado do alto*: a resposta de Jesus lembra o leitor novamente de que sua morte não é a vitória de seus inimigos, mas segue o plano divino (10,17-18). Por outro lado, a disposição de Jesus de oferecer-se a si mesmo não isenta de pecado nenhum dos envolvidos em produzir sua morte.

221 (vii) *Cena sete* (19,12-16a). **12.** *se o soltas, não és amigo de César!*: em épocas posteriores, "amigo de César" era um título honorífico concedido a pessoas como reconhecimento do serviço especial que prestaram ao imperador. O círculo ao redor de um rei helenístico, conhecido como "amigos do rei", geralmente compreendia pessoas de influência especial. Moedas de Herodes Agripa I traziam a inscrição *philokaisar*, "amigo de César". A fim de constranger Pilatos a executar Jesus, as autoridades passaram de sua real acusação contra Jesus, reivindicações religiosas, para uma acusação política de que ele "fazia-se rei" contra César, e ameaçam denunciar Pilatos como "traidor" ao imperador. Pilatos obtém sua vingança ao forçar os judeus, cujas ações originais se baseavam na alegação de que Jesus traria a retaliação romana e a destruição de seu Templo (11,48.50), a renunciar a qualquer rei exceto César. **14.** *eis o vosso rei!*: ironicamente Pilatos repete a "verdade" de que Jesus é "rei". Ele também deixa que a sentença de morte seja pronunciada pelos "judeus" – uma sentença que o leitor sabe que eles já pronunciaram (11,53; veja D. Rensberger, *JBL* 103 [1984] 395-411).

222 (d) *A crucificação de Jesus* (19,16b-30). Como nas seções anteriores, o relato de João sobre a crucificação segue seu próprio caminho. O crucificado é o Filho exaltado. Não há escárnio por parte da multidão ou abandono. Em vez disso, Jesus morre com sua mãe e o Discípulo Amado aos pés da cruz. Em alguns incidentes onde João apresenta paralelos aos sinóticos, ele enfatiza elementos diferentes do relato. Jesus carrega sua própria cruz (v. 17); Pilatos formulou deliberadamente a acusação inscrita na cruz (vv. 19-22); a túnica de Jesus era sem costura, de modo que os soldados tiveram que lançar sortes por ela (v. 23); a sede de Jesus é predita nas Escrituras (v. 28). A morte dele é descrita como "entrega" do Espírito (v. 30).

223 (i) *A acusação na cruz* (19,16b-22). João não apresenta nenhum dos episódios associados à jornada até o lugar da crucificação que constam nos outros Evangelhos. Ou ele não tinha tradição sobre incidentes como o de Simão sendo recrutado para carregar a cruz de Jesus (*p.ex.*, Mc 15,21), ou optou por apresentar Jesus carregando sua própria cruz como sinal de que ele ainda estava no controle de seu destino. **19.** *o rei dos judeus*: em vez de a inscrição provocar o escárnio da multidão (como em Mc 15, 26-32), ela provoca uma confrontação final entre Pilatos e "os principais sacerdotes" (v. 21). **22.** *o que escrevi...*: ao insistir que sua inscrição permaneceria como foi escrita, Pilatos reafirma a verdade acerca de Jesus que os oponentes de Jesus procuram desesperadamente rejeitar. Ele também enfatiza o caráter público e universal da inscrição, visto que ela podia ser lida por todos: judeus, gregos e romanos.

224 (ii) *Aos pés da cruz* (19,23-27). Ao passo que nos sinóticos ocorrem diversas palavras e ações ao redor de Jesus na cruz em que pessoas estranhas reagem a ele, João concentra-se em Jesus e "nos seus". Eles não estão distantes como as mulheres em Mc 15,40-41. **23.** *tomaram suas roupas*: o evangelista ampliou a tradição de que soldados dividiram as vestes de Jesus (Mc 15,24) em uma dupla ação de dividir as vestes e, a seguir, jogar os dados pela túnica sem costura. Esta dupla ação é, então, apresentada como cumprimento da Escritura (Sl 22,19). **25.** A ampliação da cena das vestes faz dela um par com a segunda cena na qual Jesus fala ao Discípulo Amado e à sua própria mãe. Na tradição sinótica, as mulheres que seguiam Jesus permaneceram distantes, e todos os outros discípulos fugiram; em João, as mulheres estão aos pés da cruz. **27.** *eis tua mãe:* João 2,3-5.12 é a única outra passagem onde se menciona a mãe de Jesus (veja I. de la Potterie, "Das Wort Jesu, 'Siehe deine Mutter' und die Annahme der Mutter durch den Jünger", *Neues Testament und Kirche* [→ 97 *acima*] 191-219). É impossível decidir qual é a relação entre esta tradição de que ela ficou sob os cuidados do Discípulo Amado e a tradição em At 1,14, que coloca a ela e os irmãos de Jesus no círculo reunido ao redor dos Doze. Tampouco está inteiramente claro quanto simbolismo deveria ser vinculado à figura da mãe de Jesus. Claramente, confiar o Discípulo Amado e sua mãe um ao outro mostra que a missão de Jesus se conclui no cuidado e nas providências que ele tomou "pelos seus". Outras sugestões recorrem à importação de símbolos, que não são diretamente sugeridos nesta passagem, como o de uma nova Eva ou da Sião messiânica gerando seus filhos. Ambas as interpretações da passagem se tornaram extremamente proeminentes na piedade mariológica do séc. XII.

225 (iii) *A morte de Jesus* (19,28-30). Jesus permanece no controle de sua morte até o fim. **28.** *tenho sede:* sua sede, que João deve ter derivado de sua fonte, e o beber do vinagre são mencionados apenas para mostrar que tudo está consumado. João não cita efetivamente a Escritura que está relacionada a este episódio. É possível que ele tenha o Sl 69,22 em mente, embora este salmo entenda a oferta de vinagre como um gesto hostil. Os exegetas também sugeriram que este gesto foi entendido por João como cumprimento das palavras acerca do beber "o cálice" que o Pai lhe deu (Jo 18,11). **30.** *está consumado:* anunciando que sua missão dada pelo Pai está agora concluída (cf. 8,29; 14,31; 16,32; 17,4), Jesus "entrega" seu espírito. Esta expressão lembra mais uma vez o leitor de que ninguém "tomou" a vida de Jesus. Ele a deu voluntariamente (*p.ex.*, 10,18).

226 (c) *O sepultamento de Jesus* (19,31-42). A narrativa de João demonstra considerável desenvolvimento no relato do sepultamento. Alguns dos detalhes, como o tratamento do corpo por parte dos soldados, podem ter vindo da fonte de João. Restos esqueléticos de um homem crucificado sugerem que as pernas da vítima podiam ser quebradas próximo à hora da morte, a fim de apressar o processo de sufocação. O v. 33 talvez reflita corretamente este procedimento. Outros, como a autenticação do "sangue e água" que saíram do lado de Jesus, talvez tenham entrado no Evangelho como parte de sua redação final (vv. 34b-35).

227 (i) *As autoridades atestam sua morte* (19,31-37). Este trecho parece estar baseado em uma fonte, que compreende os vv. 31 (sem a explicação acerca do sábado), 32-34.36.37(?). **34.** *sangue e água:* no relato original, estes elementos, que fluíam do lado da vítima, podem simplesmente ter sido um detalhe de um relato de martírio. Em 4Mac 9,20 sangue e água fluem do lado de um dos mártires. Contudo, o Evangelho já interpretou "água" como o Espírito, que o Jesus glorificado concederá a seus seguidores (Jo 7,39). **35.** Este versículo foi vinculado a esse detalhe por seu redator final. Ele prepara o caminho para a afirmação feita em 1Jo 5,6-7 que torna o "sangue" (morte) de Jesus necessário para a salvação (também 1Jo 1,7). **36-37.** A passagem é incomum por ter duas citações da Escritura no final. A segunda, Zc 12,10, só pode se aplicar ao detalhe dado nesta tradição, a saber, que os soldados traspassaram o lado de Jesus. Ela pode ter sido acrescentada pelo evangelista para fornecer uma citação para cada uma das ações dos soldados. Se a citação veio da fonte, então, como em Ap 1,7, ela deve ter se referido à crucificação como "traspassamento". O povo verá o crucificado (no julgamento). Para João, o julgamento já foi realizado na morte de Jesus. A citação não exerce a função de oráculo de juízo contra o povo. A fonte da primeira citação não é tão clara. Se a passagem pretendia estabelecer um paralelo entre Jesus e o cordeiro pascal, então a regra contra quebrar os ossos do cordeiro seria sua origem (Ex 12,10 LXX; 12,46; Nm 9,12). Se o autor apenas olha para a imagem do justo sofredor, então é possível que um dos salmos tradicionalmente associados à paixão seja a fonte da citação (*p.ex.*, Sl 22,19 [Jo 19,24]; 69,22 [Jo 19,28]).

228 (ii) *José e Nicodemos sepultam Jesus* (19,38-42). O relato sobre o sepultamento de Jesus por José parece ter sido derivado de uma tradição diferente da história anterior. Aqui José é responsável por obter o corpo de Jesus junto a Pilatos. Não há referência às ações por parte dos "judeus" no relato anterior (cf. Mc 15,42-45). Marcos torna José um membro do sinédrio que está procurando o reino; em João ele é um discípulo secreto (12,42). **39.** *Nicodemos:* alguns pensam que a figura de Nicodemos entrou originalmente na tradição joanina por meio deste relato. O evangelista lembra o leitor de que este é o Nicodemos do episódio anterior (3,1-12; 7,50-51). *mirra e aloés*: a grande quantidade de especiarias (cf. a quantidade de óleo precioso usado por Maria em 12,3) pode ter sido intencionada como sinal da grande honra devida a Jesus. **40.** *faixas de linho*: diferentemente da tradição em Mc 15,46, que presume que o corpo tenha sido colocado em uma única mortalha de linho, a tradição de João sustenta que ele foi ungido e enrolado em faixas de linho (como foi Lázaro em 11,43-44). **41.** *um sepulcro novo*: o detalhe de que o sepulcro estava em um jardim próximo e que nunca fora usado talvez tenha entrado no relato como elemento de apologética da ressurreição: quando Maria e os discípulos foram lá na manhã da Páscoa, eles não poderiam ter estado enganados a respeito da localização do túmulo.

229 (C) Jesus é ressuscitado (20,1-29). Todos os quatro Evangelhos registram que mulheres que visitaram o sepulcro de Jesus encontraram-no vazio (cf. Mc 16,1-8). Mateus 28,9-10 anexa uma aparição do Senhor às mulheres. Embora a tradição de que o Senhor apareceu aos discípulos seja muito antiga (1Cor 15,3b-5), as narrativas de aparições são tão divergentes que é difícil avaliar a provável Antiguidade de cada um dos relatos. João 20,1-29 incorpora três tipos de tradição: (1) a sepultura é encontrada vazia (vv. 1-2, 11-13); (2) confirmação do relato sobre o sepulcro por parte de Pedro (vv. 3-10; cf. Lc 24,12.24); (3) relatos de aparições de Cristo aos discípulos (vv. 14-18, 19-23.24-28 [?]). As inconsistências na narrativa tornam evidente que o evangelista refundiu fontes antigas (veja F. Neirynck, *NTS* 30 [1984] 161-87). Em 20,1, Maria Madalena chega ao túmulo sozinha, mas seu relato no v. 2 usa o plural "nós", apropriado a tradições em que várias mulheres visitaram o túmulo. Quando Maria está de volta ao túmulo no v. 11, ela aparentemente ainda não tinha olhado o interior, embora tenha relatado o roubo do corpo no v. 2. Como nos relatos sinóticos, Maria vê anjos no túmulo (v. 12), mas eles não transmitem a mensagem pascal. Maria já está diante de Jesus (vv. 14-15), quando se diz de novo que ela se voltou para ele (v. 16). Quando Pedro e o Discípulo Amado olharam para dentro do túmulo (vv. 6-7), viram as vestes na sepultura, mas não os anjos. O evangelista parece ter acrescentado o Discípulo Amado ao relato que descreve Pedro verificando o túmulo (veja R. Mahoney, *Two Disciples at the Tomb* [Bern, 1974]). No v. 2, um segundo "ao" é acrescentado para acomodá-lo. O v. 3 começa com "Pedro saiu", então acrescenta a referência ao Discípulo Amado e passa para o verbo no plural: "e se dirigiram ao sepulcro". A descrição dos conteúdos do túmulo é duplicada (vv. 5 e 6). A fé atribuída ao Discípulo Amado no v. 8 não tem relação com a ação. O v. 9 afirma que "ainda não tinham compreendido".

A aparição de Jesus a Tomé em Jo 20,24-29 não tem analogia em outra parte. A demonstração física de que o Jesus ressurreto é idêntico ao crucificado aparece na aparição aos discípulos em Lc 24,39-43. O evangelista pode ter criado a cena de Tomé a partir dessa tradição.

230 (a) *O túmulo vazio* (20,1-10). Enquanto os sinóticos apresentam um relato ampliado da ida das mulheres ao sepulcro, onde o encontram aberto, com o corpo de Jesus ausente e recebem o querigma da Páscoa e um recado para os discípulos de Jesus (Mc 16,1-8a par.; Lc 24,12.24 se referem a uma visita de Pedro ou alguns discípulos para verificar o relato), João apresenta um relato breve da descoberta de Maria seguido por um relato mais longo a respeito de Pedro e do Discípulo Amado junto ao túmulo. O paralelo estrutural à visita deles é o segundo episódio em que Maria se encontra com o Senhor ressurreto (vv. 11-18). Este episódio também contém detalhes que estavam associados ao encontro do sepulcro vazio nas outras tradições: as figuras angelicais e o recado a ser dado aos discípulos. Para o Quarto Evangelho, nem o túmulo nem as aparições transmitem o significado pleno da Páscoa. A missão de Jesus só é concluída em seu retorno para o Pai e para a glória que ele tinha "antes da fundação do mundo" (20,17; 3,13; 6,51; 7,33; 13,2-3; 14,4.28; 16,5.17.28; 17,13). O Espírito vem quando Jesus foi glorificado (7,39; 16,7).

231 1. *Maria Madalena*: ela é uma integrante do grupo que permaneceu aos pés da cruz em 19,25. Ela é a primeira citada na lista de mulheres que foi ao túmulo nos sinóticos (*p.ex.*, Mc 16,1; Mt 28,1; Lc 24,10). O plural no v. 2 sugere que na fonte de João várias mulheres foram ao sepulcro. Ele pode ter reduzido o número a Maria Madalena para combinar com a tradição em que ela vê o Senhor ressurreto. *quando ainda estava escuro*: a referência à madrugada do dia após o sábado é tradicional. O evangelista talvez tenha acrescentado a escuridão para incorporar a cena no simbolismo da luz do Evangelho. Visto que a unção de Jesus foi concluída na cena do sepultamento joanino, ela não é um motivo para a visita de Maria Madalena (cf. Mc 16,1; Lc 24,1). Alguns exegetas pensam que este episódio curto representa a mais primitiva tradição do encontro do túmulo vazio, porque a pedra estava removida, mas não há elementos de angelofania neste relato ou na visita de Pedro. Os discípulos só entenderão o significado destes acontecimentos quando o Senhor ressurreto aparecer a eles. **2.** *retiraram o Senhor do sepulcro:* por três vezes Maria expressa preocupação de que o corpo de Jesus fora tirado (vv. 2.13.15). No primeiro episódio no relato joanino do sepultamento, o corpo é entregue à custódia dos "judeus" (19,31). Embora a fonte de João possa ter entendido a preocupação de Maria como prova de que os discípulos não tinham roubado o túmulo (cf. Mt 28,13-15), o evangelista talvez pretenda que o leitor pense que "os judeus" poderiam ter removido o corpo de Jesus. "Medo dos judeus" é mencionado tanto no relato do sepultamento efetivo (19,38) quanto em conexão com a reunião dos discípulos às ocultas (20,19.26). *não sabemos onde o colocaram*: o relato pode, então, ser visto como um eco das referências anteriores ao desconhecimento de "para onde" Jesus está indo nas controvérsias com os judeus (7,11.22; 8,14.28.42), bem como à ignorância dos discípulos sobre "para onde" Jesus está indo nos discursos de despedida (13,33; 14,1-5; 16,5). O Evangelho já forneceu duas respostas à pergunta a respeito de para onde Jesus vai. Ele retorna para o Pai (13,1-3; 14,12.28; 17,21-26) e para "morar" com seus discípulos (14,3.18.20.23.28). Alguns exegetas também propuseram um tema mosaico final nestes versículos, visto que ninguém sabe onde Moisés foi sepultado (Dt 34.10). Qualquer objeção a Jesus como profeta mosaico seria respondida por estes versículos. Ele "permanece para sempre" (*p.ex.*, Jo 12,34; veja P. Minear, *Int* 30 [1976] 125-39).

232 **3.** *Pedro e o outro discípulo*: embora o evangelista pareça responsável pela inserção da figura do Discípulo Amado neste relato, é possível que uma versão da tradição apresentasse um grupo não especificado de discípulos que visitou o túmulo. Assim como o Discípulo Amado era o que estava mais perto de Jesus na ceia (13,25), seu amor exemplar por Jesus o leva a chegar ao sepulcro primeiro (v. 4) **5.** *mas não entrou*: retardando sua entrada no túmulo, o evangelista torna a afirmação de fé do Discípulo Amado o clímax da visita. **7.** *o sudário não estava com os panos de linho no chão*: o posicionamento das vestes no sepulcro mostra que o corpo não fora roubado. **9.** *a Escritura*: a conclusão original do episódio provavelmente deixava os discípulos perplexos. Como é característica do antigo credo em 1Cor 15,4, diz-se que a ressurreição de Jesus cumpre as Escrituras, mas não há indicação de qual passagem do AT foi aplicada a esta expectativa. Até a glorificação de Jesus estar concluída, os discípulos não conseguirão "lembrar" e entender o significado dos acontecimentos que ocorreram (*p.ex.*, 14,25-26; 16,12-15). O Discípulo Amado é apresentado como um exemplo de fé que percebe imediatamente a verdade dos acontecimentos da ressurreição (também 21,7). Ele serve como uma contraposição nítida às dúvidas expressas por Tomé (20,24-29).

233 (b) *O Senhor aparece a Maria Madalena* (20,11-18). A aparição de anjos no sepulcro (v. 12) e a missão de relatar a ressurreição aos discípulos (v. 17) fazem parte da tradição do túmulo vazio. Em Mt 28,9-10, o Cristo ressurreto aparece às mulheres quando elas estão deixando o sepulcro e repetem o recado dado a elas pelos anjos. Naquele episódio, as mulheres prostram-se diante do Senhor e agarram seus pés num gesto de adoração (v. 9). Aqui, Jesus proíbe um gesto semelhante ao impedir Maria de tocá-lo, visto que seu retorno para o Pai ainda não está concluído (v. 17). Este versículo também é o único lugar no qual os discípulos são chamados de "irmãos", uma expressão usada em Mt 28,10. O evangelista reelaborou um relato tradicional no qual o Cristo ressurreto aparecia a Maria Madalena sozinha ou na companhia das outras mulheres perto do túmulo. Ele reformulou a mensagem da ressurreição de modo que fica claro que o retorno de Jesus não é para os discípulos nos vários relatos de aparição. Seu retorno (14,18-19; 16,22) é sua exaltação a seu lugar com o Pai (*p.ex.*, 3,13; 6,62). **11-16.** A dupla cena com os anjos e Jesus possibilita ao evangelista enfatizar o fato de que o corpo de Jesus não fora tirado. Ela forma o prelúdio para a proibição de Maria de se agarrar ao Senhor ressurreto como se isto fosse a substância da fé na ressurreição. **17.** *subo a meu Pai:* João vê a crucificação, ressurreição, exaltação e retorno de Jesus para a glória celestial como parte de um único acontecimento (12,32-33). Não se deve conceber a ressurreição de Jesus como se ele tivesse retornado à vida e então, mais tarde, subido ao céu. Antes, Jesus passou para uma realidade inteiramente diferente. João 14,22-23 responde a pergunta sobre como Jesus se manifestará aos discípulos e não ao mundo em termos de amor e da presença em forma de morada do Pai e do Filho com os discípulos. O recado que Jesus envia aos discípulos é expresso em termos joaninos. Eles são agora os "filhos" de Deus (1,12). **18.** *vi o Senhor*: o relato de Maria usa a linguagem tradicional da ressurreição e não a dos discursos de despedida ou do esquema subida/retorno presente no Evangelho.

234 (c) *O Senhor aparece aos discípulos* (20,19-23). O evangelista tomou um relato tradicional da aparição de Jesus aos discípulos em Jerusalém para mostrar que as promessas do retorno dele estavam sendo cumpridas na "hora" de sua exaltação/glorificação (cf. Lc 24,36-43.47-48). **19.** *por medo dos judeus*: o evangelista acrescentou esta expressão à introdução do relato. A súbita aparição de Jesus no meio dos discípulos reunidos na sala e a saudação, "paz", são derivadas da tradição (cf. Lc 24,36, aceitando a leitura mais longa, que inclui a fórmula da "paz"). **20.** *mostrou-lhes*: a demonstração de que o ressurreto é o crucificado também fazia parte da tradição (*p.ex.*, Lc 24,39). Dentro do contexto da narrativa joanina, esta demonstração também responde a pergunta "onde o puseram?" "Eles" (= os judeus?) não colocaram o corpo de Jesus em lugar nenhum. Ele é levado para a glória celestial do Jesus exaltado. A alegria dos discípulos cumpre as promessas de alegria renovada (14,19; 16,16-24). **21.** *paz*: também um dom prometido (14,27). O comissionamento dos discípulos aparece em outros relatos das aparições de Jesus após a ressurreição (*p.ex.*, Lc 24,47-48; Mt 28,19-20a). Aqui ele toma a forma joanina de "envio" dos discípulos que agora representam Jesus para o mundo (*p.ex.*, Jo 13,16.20; 17,18). **22-23.** *recebei o Espírito Santo. Aqueles a quem perdoardes os pecados...*: esta instrução parece derivada da fonte do evangelista, visto que as palavras não são usadas no Evangelho. Ali o Espírito é uma expressão da presença íntima de Deus (14,17) e flui do Jesus exaltado como fonte de vida eterna (7,39). Lucas 24,47-49 liga o comissionamento dos discípulos como "testemunhas", sua pregação de perdão e o Espírito, que deve ser recebido em Pentecostes. 1João mostra que a tradição joanina falava efetivamente de perdão dos pecados (*p.ex.*, 1,9; 2,19), mas o Evangelho fala apenas do "pecado" da descrença (8,24; 9,41). A fórmula dupla constitui um paralelo ao dito sobre ligar e desligar em Mt 18,18; 16,19. Visto que João usa apenas a expressão geral "discípulos", o comissionamento nestes versículos talvez vise aplicar-se à comunidade cristã como um todo, e não a algum grupo específico dentro desta comunidade, como "os Doze". Este "poder" do perdão provavelmente se expressa na concessão do Espírito às pessoas que creem em decorrência da "missão" dos discípulos e se unem à comunidade, e não num processo de lidar com cristãos que cometeram pecado (como em Mt 18,19).

235 (d) *O Senhor aparece a Tomé* (20,24-29). Enquanto Lc 24,41-43 alonga a demonstração da identidade física de Jesus com o crucificado em resposta à incredulidade, João cria um relato separado acerca do aparecimento de Jesus a Tomé (→ Pensamento do NT, 81:128). O v. 25 recorre ao v. 20, e o v. 26 parafraseia o v. 19. Os demais elementos da cena são todos caracteristicamente joaninos: (a) a conclamação a tornar-se crente (v. 27); (b) a confissão de Tomé, "meu Senhor e meu Deus" (v. 28); (c) a bênção sobre os futuros crentes (v. 29). A confissão de Tomé é a culminação da cristologia do Evangelho, visto que reconhece o Jesus crucificado/exaltado como "Senhor e Deus" (cf. outras aclamações no Evangelho, 1,49; 4,42; 6,69; 9,37-38; 11,27; 16,30). Tomé é repreendido por exigir um sinal como este para crer (v. 25; cf. 4,48). Ele deveria crer com base na palavra que lhe foi dita por outros (*p.ex.*, 17,20). **29.** *felizes...*: a bênção final insiste que todos os cristãos que creram sem ver têm uma fé que de modo algum é diferente da dos primeiros discípulos. Sua fé está fundamentada na presença do Senhor por meio do Espírito.

236 (D) Conclusão: A finalidade do Evangelho (20,30-31). Estes versículos são semelhantes às conclusões em Jo 21,24-25 e 1Jo 5,13. Eles parecem ter sido a conclusão do Evangelho antes da redação que anexou o capítulo 21. **30.** *muitos outros sinais*: este versículo caracteriza o conteúdo da obra como "sinais", o que levou alguns a sugerirem que ele era originalmente a conclusão da coleção de milagres usada pelo evangelista. Neste contexto, a ressurreição de Jesus teria sido entendida como o "sinal" final de seu relacionamento com o Pai, embora o evangelista pareça limitar os "sinais" aos milagres que estruturam o testemunho de Jesus perante o mundo na primeira parte do Evangelho (*p.ex.*, 12,37). O v. 31, então, resume a finalidade do Evangelho como ter fé em Jesus como Messias e Filho de Deus, como a fonte da vida eterna (*p.ex.*, 3,15-16.36).

237 (IV) Epílogo: O Senhor aparece na Galileia (21,1-25). Este capítulo se valeu de vários elementos de tradição independente: uma aparição do Senhor ressurreto no Mar de Tiberíades (cf. Mt 28,16-18; → Geografia bíblica, 73:60-61), uma pesca miraculosa (cf. Lc 5,1-11), uma cena de refeição (cf. Lc 24,30-31.41-43), o comissionamento de Pedro (cf. Lc 5,10b; Mt 16,18), a predição do martírio de Pedro e o destino do Discípulo Amado (cf. Mt 10,23; 16,28; Mc 9,1; 13,30). Estes elementos de tradição foram reunidos em torno de Pedro como figura central. Seu relacionamento com Jesus como principal testemunha da ressurreição, como missionário, como pastor de ovelhas, como mártir e seu relacionamento com o Discípulo Amado são explicados nestes relatos. Embora o autor de Jo 21 pressuponha os relatos contidos no cap. 20 (*p.ex.*, vv. 1.14; bem como a referência a Tomé como Dídimo no v. 2, cf. 20,24), o Evangelho em si não exige esta continuação. O foco decididamente eclesial do cap. 21, com sua ênfase no reconhecimento do Senhor ressurreto numa refeição e o papel de Pedro em relação às ovelhas de Jesus, levou à sugestão de que ele reflete uma redação final do Evangelho à luz da crise da época das epístolas. Talvez ele represente uma acomodação entre o cristianismo joanino, que tinha visto "os seus" de Jesus confiados ao Discípulo Amado (19,26-27), e a autoridade petrina reconhecida em outras igrejas (segundo R. E. Brown, *Community* 161-62; H. Thyen, "Entwicklungen innerhalb der johanneischen Theologie und Kirche im Spiegel von Joh 21", *L'Evangile de Jean* [ed. M. de Jonge; BETL 44; Gembloux, 1977] 259-99). Os vv. 24-25 foram acrescentados como uma conclusão do conjunto.

238 (A) Aparições junto ao Mar da Galileia (21,1-14). Os vv. 1 e 14 foram usados para incorporar este material na narrativa do Evangelho, que já incluía aparições em Jerusalém. Uma antiga tradição sustentava que Jesus apareceu na Galileia (Mc 16,7), mas a única outra narrativa associada a esta aparição é a cena do comissionamento em uma montanha em Mt 28,16-20. A cena da pesca na tradição de João tem laços com o relato de Lucas a respeito de uma pesca miraculosa e do comissionamento de Pedro como "pescador de homens" (Lc 5,1-11). Às vezes, supôs-se que o relato de Lucas seja um relato da ressurreição que esteja fora de seu lugar original (veja *FGL* 561). Embora esta concepção aproxime as tradições de Lucas e de João, o desenvolvimento independente da tradição joanina torna igualmente provável que as duas tradições tenham desenvolvido um relato de uma pesca miraculosa em contextos diferentes.

239 (a) *A pesca miraculosa* (21,2-8.10-11). **2.** *Simão Pedro e Tomé* ...:A lista de nomes também pode provir do redator do Evangelho, visto que tanto Tomé quanto Natanael são identificados para o leitor em termos de sua identidade no Evangelho. **3.** *vou pescar*: a decisão de ir pescar, que não seria surpreendente se o relato originalmente tivesse sido acerca da primeira (única?) aparição a Pedro e aos discípulos, agora aparece desajeitada, já que o comissionamento em 20,21 é aparentemente ignorado. **4.** O tema do não reconhecimento, típico dos relatos das aparições (*p.ex.*, Jo 20,15; Lc 24,14-15), também se ajusta melhor a um relato de aparição independente. Vários detalhes da pesca têm paralelos no relato lucano do milagre: os discípulos pescaram a noite toda sem sucesso; a ordem de Jesus para lançar as redes; a grande quantidade de peixe; a reação espontânea de Pedro à quantidade apanhada; peixe como símbolo da missão; e a referência ao estado da rede. Contudo, os relatos divergem quanto à localização do barco, à posição de Jesus em relação ao barco, à natureza da reação de Pedro, ao real estado da rede e à presença de outros barcos para ajudar com a pesca. **7.** *é o Senhor!*: João fez do reconhecimento do estranho na praia por parte do Discípulo Amado o motivo para a ação de Pedro. Alguns exegetas traçam um paralelo com a cena de Maria Madalena; ela reconhece o Senhor quando ele a chama pelo nome (20,16). Jesus chamou os discípulos pela autodesignação da comunidade joanina, "filhos" (v. 5; cf. 1Jo

2,13.18; 3,7). **10.** *trazei alguns dos peixes que apanhastes*: isto contradiz o v. 9, mas liga a pesca à cena da refeição. **11.** *153 peixes:* o simbolismo dos 153 peixes é controverso. O paralelo com o relato lucano sugere uma referência à universalidade da missão (cf. 10,16). O narrador talvez tenha enfatizado o fato de a rede não ter se rompido para apontar para a unidade destes crentes diversificados em contraposição à divisão em torno de Jesus que tinha ocorrido nas multidões de incrédulos (*p.ex.*, 7,43; 9,16; 10,19).

240 (b) *A refeição* (21,9.12-14). A narrativa da pesca miraculosa torna-se um relato de aparição pós-ressurreição em combinação com a tradição de que Jesus é reconhecido numa refeição. Em Lc 24,43, o próprio Jesus come peixe para dissipar dúvidas. Em Lc 24,30, ele abre os olhos dos discípulos abençoando, partindo e distribuindo o pão. Pão e peixe eram os alimentos abençoados no milagre da alimentação de Jo 6,9. Outros ecos desta cena talvez se encontrem no fato de ambas as refeições ocorrerem junto ao Mar de Tiberíades (as únicas vezes que ele é mencionado no Evangelho) e na ação de Jesus de tomar e dar o alimento a seus discípulos (v. 13). João 6,11 apresenta Jesus distribuindo o alimento para a multidão. Parece provável, então, que o reconhecimento na refeição lembrasse o leitor joanino da presença de Jesus na refeição eucarística (veja R. Pesch, *Der reiche Fischfang: Lk 5,1-11/Jo 21,1-14: Wundergeschichte-Berufungserzählung-Erscheinungsbericht* [Düsseldorf, 1969]).

241 (B) As palavras de Jesus sobre Pedro e o Discípulo Amado (21,15-23). Na ceia, a pergunta de Pedro a respeito do traidor foi feita por meio do Discípulo Amado (13,23-25); enquanto Pedro negou o Senhor, o Discípulo Amado estava presente junto à cruz para receber/ser recebido pela mãe de Jesus (19,26-27); o Discípulo Amado chega ao túmulo primeiro e tem fé no Senhor ressurreto sem tê-lo visto (20,4-8); o Discípulo Amado reconhece o Senhor na praia e dá, assim, a ocasião para Pedro ir até ele (21,7). Mas, neste segmento, o papel de Pedro como pastor e mártir é estabelecido pelo Senhor ressurreto. A posição especial do Discípulo Amado é reconhecida, mas aparentemente também terminou com sua morte.

242 (a) *Pedro, pastor e mártir* (21,15-19). **15-17.** *Simão, filho de João, tu me amas mais do que estes?:* Pedro inverte sua tríplice negação em 18,17.25-26. Lucas 22,31-34 associa uma predição de que Pedro "se converteria e confirmaria seus irmãos" com a predição de Jesus a respeito da negação na ceia. Esta conversão é frequentemente ligada à posição de Pedro como o primeiro a ver o Senhor (*p.ex.*, 1Cor 15,4; Lc 24,34), uma tradição que nunca foi narrada a menos que o relato da aparição em Jo 21,1-14 remonte a um relato de uma aparição apenas a Pedro. O Evangelho liga o amar a Jesus com o guardar seus mandamentos (14,15; 15,10). Aqui a ordem estabelece Pedro como aquele que deve "apascentar" e "pastorear" as ovelhas de Jesus. Esta tradição parece pressupor o desenvolvimento de um cargo eclesiástico de "supervisor". Pastorear o rebanho também é usado em relação a bispos e anciãos em 1Pd 5,2-4 e At 20,28. O Evangelho enfatizara a preocupação do próprio Jesus com seu rebanho, que tinha sido confiado a ele por Deus (10,3-4.14.27-30; 17,6.9-12). Agora Pedro é encarregado destas preocupações. Uma tradição petrina afim é preservada no dito que designa Pedro como "rocha" em Mt 16,18-19, que muitos exegetas também consideram ser tomado de uma cena de comissionamento pós-ressurreição. **18.** *te digo:* Jesus declara agora que Pedro cumprirá sua promessa anterior (13,37-38) de seguir Jesus até a morte. *1 Clemente* 5,4 testifica o fato de que Pedro sofreu a morte como mártir sob Nero. *quando eras jovem, tu te cingias e andavas por onde querias; quando fores velho...*: um dito proverbial. O comentário do narrador no v. 19 o interpreta como uma referência à morte de Pedro. Contudo, não é claro se "estenderás as mãos" se refere simplesmente ao ato de ser amarrado como prisioneiro ou se o narrador tem em mente a tradição de que Pedro foi crucificado. Esta tradição só é atestada a partir de Tertuliano (*Scorpiace* 15.3).

243 (b) *O Discípulo Amado* (20,20-23). Esta seção é construída em torno de um dito mais antigo de Jesus que aplicava ao Discípulo Amado uma tradição semelhante à dos ditos segundo os quais o Filho do Homem viria antes de que todos os integrantes da geração de Jesus vissem a morte (v. 22; cf. Mc 9,1). O narrador criou uma introdução bastante longa no v. 21 para lembrar o leitor do relacionamento especial existente entre Jesus e o Discípulo Amado. A missão de Pedro incluirá glorificar a Deus como mártir (vv. 22b,19), mas o Discípulo Amado não morreu como mártir. A comunidade joanina usava "permanecer" em vários sentidos. O termo pode designar o novo relacionamento entre os discípulos e o Pai/Filho. Aqui ele é a ocasião para uma má compreensão. **23.** *a notícia*: este versículo diz ao leitor que tinha circulado um dito de que o Discípulo Amado não morreria. O narrador corrige este mal-entendido à luz do fato de que o Discípulo Amado morreu. Talvez ele pretendesse que o leitor entenda que o Discípulo Amado "permanece" com a comunidade na interpretação da tradição inspirada pelo Espírito, que remonta a seu testemunho e é o fundamento do Evangelho.

244 (C) Conclusão: O testemunho sobre Jesus (21,24-25). As palavras de conclusão do Evangelho lembram o leitor de que o Evangelho deve sua verdade ao testemunho que o Discípulo Amado dera a respeito de Jesus (cf. 19,35). **24.** *dessas coisas*: elas não precisam se referir a todo o Evangelho, mas podem implicar que a tradição oral procedente do Discípulo Amado e talvez algum registro por escrito desta tradição formam a base do Evangelho. O autor destas palavras afirma que o testemunho do Discípulo Amado era verdadeiro numa formulação muito parecida com a usada para falar da verdade do testemunho de Jesus no Evangelho (*p.ex.*, 5,31-32). **25.** *muitas outras coisas*: este versículo talvez tenha sido acrescentado por alguém outro. Ele é claramente dependente de 20,30, embora não tenha o foco cristológico desta passagem. Alguns sugerem que ele serve para justificar o material adicional que fora incluído no Evangelho.

62
As Epístolas Joaninas

Pheme Perkins

BIBLIOGRAFIA

1 BALZ, H. D., "Die Johannesbriefe", *Die katholischen Briefe* (NTD 10; 11ª ed.; Göttingen, 1973) 150-216. BOGART, J., *Orthodox and Heretical Perfectionism* (SBLDS 33; 1977). BONNARD, P., *Les épîtres johanniques* (Genève, 1983). BROWN, R. E., *The Epistles of John* (AB 30; Garden City, 1982). BROX, N., "'Doketismus' – eine Problemanzeige", *ZKC* 95 (1984) 301-14. BULTMANN, R., *The Johannine Epistles* (Herm; Philadelphia, 1973). COOPER, E. J., "The Consciousness of Sin in 1 John", *LTP* 28 (1972) 237-48. DODD, C. H., *The Johannine Epistles* (MNTC; London, 1946). GRAYSTON, K., *The Johannine Epistles* (NCB; Grand Rapids, 1984). HOULDEN, J. L., *A Commentary on the Johannine Epistles* (HNTC; New York, 1973). MALATESTA, E., *Interiority and Covenant* (AnBib 69; Rome, 1978). MARSHALL, I. H., *The Epistles of John* (NICNT; Grand Rapids, 1978). NAUCK, W., *Die Tradition und der Charakter des ersten Johanesbriefes* (WUNT 3; Tübingen, 1957). O'NEILL, J. C., *The Puzzle of 1 John* (London, 1966). SCHNACKENBURG, R., *Die Johannesbriefe* (HTKNT 13; 3ª ed.; Freiburg, 1965; Supl. 5ª ed. 1975). SMALLEY, S. S., *1,2,3 John* (WBC 51; Waco, 1984). WENGST, K., *Häresie und Orthodoxie im Spiegel des ersten Johannesbriefes* (Gütersloh, 1976).

DBSup 4. 797-815. *IDBSup* 486-87. KÜMMEL, *INT* 434-52. WIK-SCHM, *ENT* 613-30.

INTRODUÇÃO

2 (I) O relacionamento das epístolas. As Epístolas Joaninas representam tipos diferentes de comunicação existentes entre as igrejas. 2 e 3 João são cartas breves de alguém chamado "o presbítero" a outras comunidades. 2 João proíbe a associação entre os membros da igreja e um grupo separatista de cristãos joaninos. 3 João procura assegurar a hospitalidade a missionários associados ao presbítero por parte de Gaio, depois de um outro líder cristão, Diótrefes, a ter recusado. A formulação paralela nas frases introdutórias ("que amo na verdade", 2Jo 1; "a quem amo na verdade", 3Jo 1; "muito me alegrei por ter encontrado ... na verdade", 2Jo 4; "muito me alegrei com a chegada", 3Jo 3) e nas frases conclusivas (2Jo 12; 3Jo 13) mostra que as cartas são de um mesmo autor.

1 João não é uma carta, mas uma exortação dirigida aos cristãos joaninos (→ Epístolas do NT, 45:16). Não se dá nenhuma designação ao autor. Ele fala como o representante autoritativo de um grupo de "testemunhas" da verdadeira tradição joanina (1Jo 1,4). 1 João adverte a comunidade contra as concepções dos dissidentes. Os opositores são repreendidos por deixarem de observar o mandamento do amor, por serem sedutores e anticristos, por não

reconhecerem "a vinda de Jesus Cristo na carne" (2Jo 5-7; 1Jo 2,7; 5,3; 3,7; 2,23; 4,2; 2,18). Alguns exegetas sustentam que a inaptidão expressiva em 2 João implica que ela não foi escrita pelo autor de 1 João, mas por um dos outros mestres joaninos designados pelo "nós" de 1Jo 1,4. (Compare a acusação contra as pessoas que "avançam" a doutrina em 2Jo 9 com o paralelo em 1Jo 2,23-25.). Outros atribuem a diferença ao fato de 2 João ser uma carta particular, não uma exortação pública.

A severidade das medidas contra os dissidentes recomendadas em 2 Jo 10-11 somente é inteligível à luz da crise entre cristãos joaninos que se encontra em 1 João. Portanto, dever-se-ia manter a concepção mais comum sobre o relacionamento entre estas cartas. 1 João foi composta antes de 2 João. Alguns biblistas pensam que uma cópia de 1 João pode ter sido enviada aos destinatários de 2 João. 3 João poderia ter sido escrita em qualquer época durante este período, visto que não trata do problema dos dissidentes diretamente. Muitos exegetas presumem que se estivesse negando hospitalidade aos missionários do grupo do autor por causa da confusão criada pela pregação dos dissidentes.

3 (II) Autoria, data e contexto comunitário. Embora as epístolas tenham sido tradicionalmente atribuídas ao autor do Quarto Evangelho, sua falta de *status* autoritativo nos primeiros dois séculos sugere que elas nem sempre foram estreitamente associadas ao Evangelho de João. 1 João só é citada claramente no Ocidente e no Oriente no final do séc. II. 2 João também recebeu aceitação por volta do ano 200 d.C. A primeira referência de 3 João é de meados do séc. III (veja *BEJ* 5-13).

Comparações entre 1 João e o Quarto Evangelho sugerem que 1 João (e consequentemente 2 e 3 João) não era do autor do Evangelho. Em alguns casos, 1 João parece recorrer a tradições teológicas da comunidade joanina que não exerceram um papel significativo no Evangelho ou usar tradições de um modo menos desenvolvido teologicamente do que o Evangelho. Em decorrência disso, às vezes se sustenta que 1 João deveria ser considerada anterior ao Evangelho.

O argumento decisivo contra considerar 1 João anterior reside no contexto comunitário que ela pressupõe. O Quarto Evangelho trata dos desafios colocados pelo judaísmo e por outras pessoas fora do círculo joanino que rejeitavam a concepção da comunidade a respeito de Jesus como Filho preexistente, enviado pelo Pai. As epístolas descrevem a ruptura da comunidade joanina em si. Além disso, o choque desta ruptura, a prioridade do mandamento do amor mútuo e os apelos persistentes para permanecer com "o que tendes ouvido desde o princípio" somente são inteligíveis à luz da forma que a tradição joanina tinha tomado no Quarto Evangelho.

Por conseguinte, muitos exegetas propõem que 1 João foi composta para fornecer um marco para a compreensão da tradição presente no Evangelho. Alguns identificam o autor de 1 João como o mestre joanino que fez a redação final dos materiais do Evangelho. Eles detectam sua mão em toques editoriais como a ênfase no "sangue e água" na crucificação (Jo 19,34b-35; cf. a ênfase no testemunho do sangue e da água em 1Jo 5,6). Esta concepção, contudo, sugere que a forma canônica do Quarto Evangelho e 1 João representam uma perspectiva teológica unificada.

Se o Evangelho se origina de cerca de 90 d.C., as epístolas representariam a situação das comunidades joaninas em cerca de 100 d.C. Parece difícil situar sua composição muito mais tarde. Escrevendo por volta de 110 d.C., Inácio de Antioquia se opôs aos cristãos da Ásia Menor que negavam a importância de Jesus como ser humano ao defender uma cristologia docética, que nega que o Salvador divino realmente assumiu a forma humana. Os opositores das epístolas não parecem ter alcançado uma posição teórica como esta. Inácio reflete uma Ásia Menor na qual o episcopado petrino se tornara a norma para a organização comunitária.

As comunidades das epístolas joaninas carecem dessa autoridade centralizada. A comunidade parece ter tido mestres estabelecidos e talvez tenha designado estas pessoas como "presbíteros". Mas o autor de 1 João não pode apelar a um cargo apostólico para basear suas reivindicações de ser o verdadeiro mestre da tradição. A comunidade precisa reconhecer que aquilo que o autor escreve representa o que ela ouviu desde o princípio (→ Teologia joanina, 83:14).

Alguns biblistas sugeriram que a ênfase na reabilitação de Pedro em Jo 21,15-19 possibilitou aos cristãos joaninos reconhecer a autoridade do presbítero-bispo. No restante do Quarto Evangelho, apenas Jesus (ou o Paráclito) guia a comunidade (10,1-18); somente ele dá sua vida pelas ovelhas (10,14-18). A imagem do pastor era uma imagem popular para o presbítero-bispo na Ásia Menor (At 20,28; 1Pd 5,2; Inácio, *Rom* 9,1). Se este trecho provém do redator final do Evangelho, ele parece ter uma solução diferente para a crise de 1 João (veja *BEJ* 110-12) e aceitar o cargo eclesiástico moldado pelo exemplo de Jesus como pastor.

4 (III) A relação com o Quarto Evangelho. A concepção de que as epístolas foram escritas depois de as tradições presentes no Quarto Evangelho terem tomado forma (embora talvez não sua forma definitiva) parece se ajustar melhor ao contexto comunitário pressuposto pelo Quarto Evangelho e pelas epístolas. Embora seja difícil falar de qualquer passagem em 1 João como citação direta do Evangelho, o poder de persuasão de muitas passagens em 1 João depende de refletir o que é estabelecido claramente no Evangelho como tradição joanina. Por exemplo, 1Jo 1,1-4 alude tanto ao prólogo do Quarto Evangelho, no qual Jesus é luz e vida proveniente do Pai que se manifestaram (1,1-18), quanto a elementos presentes nos discursos de despedida do Evangelho, como a importância dos discípulos como testemunhas de Jesus "desde o princípio" (15,27). No Evangelho, os discursos de Jesus são proferidos "para que vossa alegria seja plena" (15.11). Aqui o autor escreve para que os ouvintes "tenham comunhão conosco" e "nossa alegria seja completa".

Alguns pesquisadores se perturbam com as diferenças teológicas entre o Evangelho e 1 João. Em contraposição ao Evangelho, 1 João omite qualquer referência direta à glória de Jesus. Até mesmo a ênfase em sua identidade com Deus está ausente em 1 João. Frequentemente a linguagem teológica de 1 João parece refletir um tipo de tradição que o Evangelho ultrapassou ou reformulou. Por exemplo, "Paráclito" (1Jo 2,1) se refere a Jesus como o advogado celestial, e não ao "retorno" de Jesus realizado na vinda do Paráclito como uma presença permanente que guia a comunidade. Os títulos usados para Jesus são "Justo" (1Jo 2,7-8), "Messias" (2,22) e "Filho" (1,3; 3,23). Em vez de encontrar na cruz de Jesus a revelação de sua "glória", 1 João recorre à tradição mais antiga da morte de Jesus como expiação (1,7; 2,2; 3,16; 4,10).

5 Estas diferenças levaram alguns a sustentar que 1 João foi escrita antes de ou no contexto de um dos trechos posteriores (como as crises que se refletem no discurso de despedida) do Evangelho. As seções seguintes foram propostas como versões preliminares do material que recebeu sua forma final no Evangelho: (1) 1,1-4, como preliminar ao prólogo do Evangelho; (2) 2,20.25 e 3,22, ensinamento sobre o Espírito; (3) 3,12-13, Judas; (4) 3,18, um ataque parenético contra o uso da palavra que o Evangelho substitui pela descrição do poder da palavra; (5) 3,23 sobre a fé; (6) 4,14, o mundo; (7) 5,14-17, pedir algo a Cristo; e (8) 5,20-21, o verdadeiro conhecimento de Deus (veja Grayston, *Epistles* 12-14).

Contudo, o número de passagens em 1 João que somente são compreensíveis com base na pressuposição de que o autor e os ouvintes estão familiarizados com as formulações do Evangelho (veja *BEJ* 19-35 755-59) torna difícil sustentar estas propostas. Os discursos de despedida parecem ter exercido um papel especialmente importante no estabelecimento das imagens às quais 1 João recorre. 1 João reflete os relacionamentos entre Deus (Pai, Filho, Espírito) e o cristão: o Pai ama o cristão (Jo 14,21; 1Jo 4,16); o Filho habita no cristão fiel (Jo 15,4; 1Jo 3,24); o dom do Espírito (Jo 14,16-17; 1Jo 4,13). Fatores importantes no modo pelo qual o cristão se relaciona com Deus são: a íntima presença (Jo 14,20; 1Jo 3,24); o perdão (Jo 15,3; 1Jo 1,9); a vida eterna (Jo 17,2; 1Jo 2,29); a justiça (Jo 16,10; 1Jo 2,29). Condições básicas para o discipulado cristão são reafirmadas: o crente não está "em pecado" (diferentemente do "mundo" incrédulo, Jo 16,8-9; diferentemente do falso perfeccionismo dos dissidentes, 1Jo 1,8; 3,4-9); deve-se amar a Jesus, guardar os mandamentos (Jo 14,15; 1Jo 2,3 ["conhecê-lo" em vez de amar]; 3,10.22-24); rejeitar o comportamento que seja "do mundo" (Jo 15,18, ódio do mundo aos crentes; 1Jo 2,15, não "amar o mundo"; 4,1, falsos espíritos vieram ao mundo); a fé "vence o mundo" (Jo 17,8-9; 1Jo 2,13-14; 5,5). (Veja Smalley, *1,2,3 John* xxx.)

Foi sugerido que 1 João seguiu a estrutura do Evangelho. Depois de um prólogo que reflete o Evangelho (1Jo 1,1-4), há dois trechos principais na epístola. O primeiro, a parênese sobre a obrigação de "caminhar na luz" (1Jo 1,5-3,10), reflete o "livro dos sinais" (Jo 1-12). Caminhar na luz, a resposta autêntica ao Evangelho que foi pregado "desde o princípio", separa os verdadeiros cristãos joaninos dos dissidentes. O segundo trecho, sobre a obrigação do amor mútuo (1Jo 3,11-5,12), reflete o "livro da glória" (Jo 13-21), especialmente os discursos de despedida, nos quais o mandamento do amor é estabelecido e a morte de Jesus é apresentada como a corporificação exemplar do amor divino. Uma passagem conclusiva sobre o propósito do autor também é paralela ao Evangelho (cf. Jo 20,30-31 e 1Jo 5,13). (Veja *BEJ* 124-25, 765.). Contudo, somente a introdução e a afirmação sobre o propósito refletem diretamente a linguagem do Evangelho. Poder-se-ia esperar que o Evangelho se refletisse na transição entre os dois trechos do corpo de 1 João, embora se possa propor que o julgamento final sobre o mundo que não recebe a revelação de Jesus (Jo 12,44-50) esteja relacionado à separação dos "filhos de Deus" e dos "filhos do diabo" em 1Jo 3,10.

6 (IV) Os opositores joaninos. 1 e 2 João mencionam pessoas que tinham feito parte da comunidade joanina, mas que agora se separaram dela (1Jo 2,19; 4,1; 2Jo 7). A afirmação de que pessoas se separaram da comunidade está ligada ao fato de não "confessarem" a verdade acerca de Jesus e a uma asserção de que estas pessoas são "sedutores e anticristos" que devem ser vencidos. Enquanto 1Jo 4,1-5 apresenta o tema de forma positiva – a comunidade à qual se dirige rejeitará estes "falsos espíritos" – 2 Jo 8-11 emite uma ordem para que os cristãos nem mesmo cumprimentem as pessoas associadas ao ensino dissidente (→ Teologia joanina, 83:14).

7 Se há um lapso de tempo entre 1 João e 2 João, o tom mais áspero de 2 João pode significar que a situação tinha piorado. Embora alguns intérpretes proponham que os opositores tinham começado a pregar uma compreensão docética de Jesus como instrumento terreno do revelador celestial, como encontramos em escritos gnósticos do séc. II, nenhuma das concepções peculiarmente gnósticas é atribuída aos dissidentes (→ Igreja primitiva, 80:64-80). Se as ênfases de 1 João são uma indicação das concepções dissidentes, então elas parecem ter sustentado uma soteriologia que proclamava que os crentes não têm pecado e tornava inútil qualquer representação da morte de Jesus como sacrifício. Eles também parecem alegar ter recebido "conhecimento de Deus" e o Espírito. Não sabemos como estas concepções os levaram a se separar dos cristãos que são os destinatários de 1 e 2 João.

8 Ao recusar conceder hospitalidade àqueles que vieram da parte do presbítero,

Diótrefes (3Jo 9-10) parece estar voltando a regra do presbítero para lidar com os dissidentes (2Jo 10-11) contra ele. Para alguns exegetas isto é prova de que a comunhão de igrejas domésticas ligadas por missionários itinerantes foi quebrada. 3 João não implica que Diótrefes tivesse simpatia pelos dissidentes. Ele é o líder de uma comunidade local, o qual decidiu excluir todos os missionários itinerantes.

9 (V) O gênero literário das epístolas. 2 e 3 João correspondem às convenções da escrita de cartas na Antiguidade (→ Epístolas do NT, 45:8). Elas são atípicas por não apresentarem um nome pessoal para o remetente e, em 2 João, por não dizer onde a igreja destinatária está localizada. Contudo, o conteúdo de ambas as cartas trata de problemas concretos. Elas não deveriam ser entendidas como cartas "fictícias". 2 João tem a saudação "graça, misericórdia e paz" característica das cartas do NT, mas as usa como uma afirmação, e não numa fórmula de saudação. 3 João não tem de saudação. É típica a saudação final aos destinatários por parte da igreja na qual a carta se origina.

As analogias mais próximas do NT a 1 João se encontram em tratados como Hebreus e Tiago. Mas, diferentemente desses escritos, 1 João parece ter sido provocada diretamente pelo desejo de refutar posições defendidas pelos dissidentes. Os elementos de instrução geral em 1 João provêm da tradição a que o autor recorreu para essa finalidade, e não são o propósito primordial por trás da composição da obra. (Quanto à concepção de que 1 João é primordialmente uma exortação, veja J. M. Lieu, *NovT* 23 [1981] 210-28). A estrutura interna de 1 João é mais difícil de discernir além da concordância geral de que 1 João começa com um prólogo (1,1-4) e termina com um final paralelo ao do Evangelho em 5,13, o que leva muitos comentaristas a considerar 5,14-21 um apêndice. A maioria também concorda que alguma transição está implícita em 2,28-29. Os que dividem o corpo da obra em três partes geralmente começam a terceira com 1Jo 4,1.

10 A existência de unidades formalmente estruturadas dentro de 1 João levou a diversas teorias de que 1 João representa uma reelaboração de uma fonte anterior. Estas unidades incluem: (a) 1,6-2,2, "se dissermos...", contrastando com "mas se..."; (b) 2,4-11, três sentenças com "aquele que diz...", seguidas de desenvolvimento; (c) 2,12-14, instruções paralelas a "filhos, pais, jovens"; (d) 2,15-17, parênese contra o amor ao mundo; (e) 2,29-3,10, sete orações com "todo aquele que..." seguidas por um particípio; (f) 5,18-20, três orações com "nós sabemos...". Existe pouco que mantenha estas unidades juntas como uma única fonte. Provavelmente elas representam unidades estilizadas de ensinamento tradicional.

1 JOÃO

11 Esboço. 1 João pode ser esboçada como segue.

(I) Prólogo (1,1-4)
(II) Caminhar na luz (1,5-2,29)
   (A) Exortação sobre os dois caminhos (1,5-2,17)
      (a) Deus é luz (1,5)
      (b) Liberdade frente ao pecado (1,6-2,2)
      (c) Guardar os mandamentos (2,3-11)
      (d) Tripla recomendação (2,12-14)
      (e) Rejeitar o mundo (2,15-17)
   (B) Rejeitar os anticristos (2,18-29)
      (a) A divisão como sinal da última hora (2,18-19)
      (b) A unção preserva a fé verdadeira (2,20-25)

(c) A unção ensina a comunidade (2,26-27)
(d) Confiança no juízo (2,28-29)
(III) O amor como característica dos filhos de Deus (3,1-24)
(A) O Pai nos torna filhos agora (3,1-10)
(a) Somos filhos de Deus agora (3,1-3)
(b) Quem nasceu de Deus não peca (3,4-10)
(B) Os cristãos devem amar uns aos outros (3,11-18)
(a) Caim: ódio é morte (3,11-15)
(b) A morte de Cristo: modelo de amor (3,16-18)
(C) Nossa confiança diante de Deus (3,19-24)
(a) Deus é maior que nossos corações (3,19-22)
(b) Deus permanece em quem guarda os mandamentos (3,23-24)
(IV) Mandamentos para amar e crer (4,1-5,12)
(A) Rejeitar os anticristos (4,1-6)
(a) Eles não confessam Jesus (4,1-3)
(b) Eles não venceram o mundo (4,4-6)
(B) Deus é amor (4,7-21)
(a) Cristo nos mostrou o amor de Deus (4,7-12)
(b) Nós conhecemos o amor de Deus por meio do Espírito (4,13-16a).
(c) Nossa confiança: permanecer no amor de Deus (4,16b-21)
(C) A fé no Filho (5,1-12)
(a) A fé vence o mundo (5,1-5)
(b) Testemunho: o Filho veio pela água e pelo sangue (5,6-12)
(V) Conclusão (5,13-21)
(A) Confiança na oração (5,14-17)
(B) Três afirmações sobre a confiança (5,18-20)
(C) Guardai-vos dos ídolos (5,21)

COMENTÁRIO

12 (I) Prólogo (1,1-4). No Evangelho, o Verbo preexistente na presença do Pai é a vida e a luz do mundo (Jo 1,1.4). Aqui "desde o princípio" se refere à "palavra de vida eterna", o testemunho acerca de Jesus dado na comunidade desde o início (vv. 1-3; cf. 2,7.24; 3,11). **1.** Crer no Filho como a fonte de vida eterna procede do Evangelho e aparece na conclusão (1Jo 5,13). *O que ouvimos, o que vimos ... nossas mãos apalparam:* como no Evangelho, o testemunho interrompe as afirmações sobre o que "era desde o princípio". 1 João enfatiza o caráter físico da revelação que a comunidade recebeu. **2.** *vida eterna, que estava voltada para o Pai e que nos apareceu:* a descrição de "vida eterna" como "voltada para o Pai" reflete a descrição do Evangelho a respeito da Palavra que está "com o Pai". Jesus é a "vida", que se manifestou (cf. os ditos com "Eu Sou" em Jo 11,25; 14,6). 1 João 3,5.8 também usa o aoristo passivo, "foi revelado" (*ephanerōthē*) em relação à encarnação de Jesus. **3.** *para que estejais também em comunhão conosco. E nossa comunhão é com o Pai e com seu Filho:* koinōnia, "fraternidade", "parceria", "comunhão", aparece em 1Jo 1,6-7 como correção de uma reivindicação falsa de *koinōnia* com Deus e a forma verbal em 2 Jo 11 contra a "participação" nas obras más dos dissidentes saudando-os. Nas epístolas paulinas, o termo *koinōnia* era usado para designar participação em bens materiais numa parceria missionária ou participação em sua bênção (1Cor 9,23). Ele foi ampliado para incluir a "comunhão do Espírito" divina (2Cor 13,13). O termo talvez tenha sido usado entre os missionários da comunidade joanina. Este versículo faz com que o propósito de 1 João seja assegurar a *koinōnia* entre o autor e os ouvintes, de modo que eles possam entrar na salvação, na *koinōnia* compartilhada com o Pai e o Filho (veja P. Perkins, *CBQ* 45 [1983] 631-41). Outras expressões são usadas mais frequentemente nos escritos joaninos para designar essa relação entre os crentes e Deus, como, por exemplo, "estar em Deus" (1Jo 2,5; 5,20); "permanecer" em Deus ou Deus no cristão (*p.ex.*, 2,6.24; 3,24; 4,13.15-16; ou "possuir Deus/o Filho" (2,23; 5,12; 2Jo 9; → Teologia joanina, 83:35-37). **4.** *para que nossa alegria seja completa:* isto reflete Jo 15,11 e 16,24, onde os discursos de Jesus são para completar a alegria dos discípulos. João 17,13 torna esta alegria a de Jesus.

13 As várias expressões de *koinōnia* com Deus apontam para um relacionamento recíproco entre a comunidade crente e Deus. "Permanecer em" pode ser entendido como a expressão joanina do relacionamento pactual aplicada à comunidade cristã. Esta *koinōnia* tem uma origem cristológica, visto que ela somente é possível por meio do Filho (*p.ex.*, 1Jo 2.23; 5,12.20). Mas, em oposição à concepção dos dissidentes (?), ela não é o resultado automático da afirmação de que se crê em Jesus. Há uma dimensão moral que se encontra refletida nas condições que devem prevalecer para se reivindicar *koinōnia* com Deus. Estas condições também se refletem na associação de fórmulas de *koinōnia* com os atributos de Deus: "verdade" (1,8); "sua palavra" (1,10; 2,14, cf. 2,24; 5,10); "amor" (4,12).

14 Afirmações sobre o testemunho desempenham um papel importante na fundamentação da fé na tradição joanina. Aqui o autor se associa com um grupo de testemunhas autorizadas, "nós", em contraposição aos destinatários. A linguagem realista não implica necessariamente que o autor fosse um companheiro do Jesus terreno, somente que a tradição transmitida na comunidade atesta a realidade da vida eterna manifesta em "Jesus Cristo que veio na carne" (1Jo 4,2). O autor de 1 João usa "nós" quando se associa aos guardiões da tradição (incluindo as testemunhas oculares de Jesus) e passa a tradição a outros ou quando se identifica com seus leitores em termos de sua experiência cristã básica. Ele usa "eu" frequentemente em discurso direto ou quando exorta.

15 (II)Caminharnaluz(1,5-2,29).O primeiro ataque à posição dos dissidentes contém elementos pré-formulados da parênese iniciatória da comunidade. Deve-se viver uma vida de acordo com os atributos de Deus, a verdadeira fonte de tudo o que a comunidade tem, luz (1,5), fidelidade e justiça (1,9).

(A) Exortação sobre os dois caminhos (1,5-2,17). A dicotomia entre luz e trevas reflete a divisão ética entre as pessoas que vivem de acordo com os mandamentos de Deus e as que não o fazem. A contraposição ética entre os "dois caminhos" das trevas e da luz está bem representada na Literatura de Qumran [LQ] (*p.ex.*, 1QS 3:13-4:26; → Teologia joanina, 83:31-32).

(a) *Deus é luz* (1,5). **5.** *Mensagem: angelia* ocorre aqui e em 1Jo 3,11; o verbo é usado para o anúncio de Maria em Jo 20,18. Ele se refere ao "evangelho" pregado pelos mestres joaninos e lembra os leitores do que eles ouviram quando se tornaram cristãos. *Deus é luz:* uma das três descrições de Deus: Espírito (Jo 4,24); amor (1Jo 4,8.16b). João 1,4.5.9 descreveu o Verbo ou a Palavra como a "luz da humanidade". Os crentes andam na luz. As pessoas que preferem o mal caminham nas trevas (*p.ex.*, Jo 3,19; 8,12; 12,35.46). Aqui, o foco está em Deus. O que se segue extrai consequências éticas desta afirmação.

(b) *Liberdade frente ao pecado* (1,6-2,2). Se as trevas não estão associadas a Deus, os cristãos devem livrar suas vidas do pecado. As três condições reprovadas (vv. 6.8.10) apontam para falsas reivindicações acerca da liberdade frente ao pecado. Cada afirmação é "corrigida" no contexto com uma afirmação que o cristão deveria fazer (vv. 7.9; 2,1). **6-7.** Andar nas trevas, mentir e "não praticar a verdade" são todas expressões equivalentes para designar uma vida oposta a Deus no tipo de exortação sobre os dois caminhos. A preocupação de que um cristão poderia alegar "comunhão com Deus" sem um "estilo de vida" correspondente talvez reflita a origem deste trecho na parênese de iniciação da comunidade. Ou talvez ele represente reivindicações feitas pelos dissidentes. **7.** *comunhão uns com os outros, e o sangue de Jesus nos purifica:* condições adicionais para a liberdade frente ao pecado são permanecer dentro da comunidade e a purificação do pecado mediante a morte expiatória de Jesus. O Evangelho não aprofunda a morte sacrifical de Jesus (Jo 1,29). Em outras passagens do NT encontramos a morte de Cristo entendida como uma oferta pelos pecados da humanidade (Rm 3,25; Hb 9,12-14; 10,19-22; Ap 1,5). **8-9**. A referência ao pecado no final do versículo anterior fornece a palavra-chave para a segunda jactância. *fiel e justo...*: atributos de Deus associados à aliança são invocados para reafirmar que Deus purifica as pessoas que reconhecem sua pecaminosidade. O autor parece ter em mente algum tipo de expressão pública da pecaminosidade. **1,10-2,2**. O par final concentra-se na afirmação de Jesus como expiação pelos pecados e intercessor celestial (*paraklētos*) junto a Deus. A teologia da morte de Cristo como a oferta perfeita pelo pecado por parte daquele que não era pecador ligada à convicção de que o cristão pode voltar-se para Cristo como intercessor celestial é desenvolvida de modo apurado em Hb 9-10. Cristo está sentado à direita de Deus, e seu sangue continua a purificar (9,14). Os cristãos são exortados a ter confiança ao se aproximarem do "sumo sacerdote celestial" (Hb 4,16; 10,19). Este trecho de 1 João contém todos os elementos desta tradição. A representação da morte de Cristo como sacrifício expiatório talvez tenha sido desenvolvida na fase em que a tradição joanina se encontrava no marco do cristianismo judaico.

16 *Paráclito:* "Advogado", "intercessor", "conselheiro" é peculiar da tradição joanina. No Evangelho (→ João, 61:185), o Espírito/Paráclito é moldado com base em Jesus, "um outro Paráclito" (14,16), sugerindo que o Jesus terreno tinha sido um "Paráclito" para a comunidade. 1 João 2,1 reflete um estágio mais primitivo da tradição de que Jesus é "Paráclito", o Jesus exaltado como advogado celestial em favor dos fiéis (→ Teologia joanina, 83:52).

17 O contexto original deste material parece ter sido a iniciação na comunidade. A cerimônia de iniciação, descrita em 1QS 1:18-3:22, incluía uma liturgia pactual com confissão pública da pecaminosidade do povo; advertência de que não deveria entrar ninguém que não tivesse deixado de andar nas trevas e passado a andar nos caminhos de Deus. A pessoa que não se voltasse para Deus não poderia ser purificada nem pela água nem pela expiação. Quem se unia à seita se tornaria parte de uma comunhão eterna (1QS 3:11-12). Os sectários são, então, admoestados a seguir o Espírito da Verdade e a caminhar na luz, e a não seguir o anjo das trevas, que procura enganar os filhos da luz. O NT não contém uma descrição de tal cerimônia, mas há paralelos a alguns de seus principais elementos: conversão como transferência de Satanás para Deus, das trevas para a luz, juntamente com o perdão dos pecados (At 26,18; Cl 1,13-14; Ef 5,6-11;1Pd 1,16-23).

18 (b) *Guardar os mandamentos* (2,3-11). Este trecho enfatiza a concepção bíblica de que "conhecer a Deus" significa "guardar os mandamentos de Deus". No Evangelho, "o conhecimento de Deus" separava as pessoas que criam em Jesus do mundo hostil (1,10-13; 14,7). Esta tradição poderia ser distorcida para divorciar o conhecimento de Deus da conduta ética de uma pessoa. O trecho está estruturado ao redor de três afirmações. Cada uma é "corrigida" mediante o acréscimo de uma dimensão ética: (a) se alguém diz "eu o conheço" [= "Jesus Cristo, o justo", v. 2], essa pessoa deve ser obediente (vv. 4-5); (b) se alguém diz "eu permaneço nele", essa pessoa deve andar como ele andou (v. 6); (c) se alguém diz "eu estou "na luz", essa pessoa deve amar seu irmão (v. 9). **4.** *é mentiroso, e a verdade não está nele:* isto reformula 1,6.8. Este trecho tem o uso final dos "dois caminhos" da luz e das trevas em 1 João. **5.** *o amor de Deus está realizado:* o genitivo, "de Deus", pode se referir ao amor humano por Deus ou ao amor de Deus pelos seres humanos; ou possivelmente ao amor como a essência da revelação de Deus. 1 João 4,8.16.20;

5,2-3 referem-se ao amor de Deus pela humanidade como a fonte do amor dentro da comunidade cristã. A ligação entre amor, guardar os mandamentos e permanência aparece em Jo 14,23-24. O amor de Deus é consumado na comunidade cujo amor é expresso em guardar a palavra de Jesus e tem, assim, o Pai/Filho permanecendo com ela. **6.** *deve também andar como ele andou:* o exemplo de Cristo para o crente é o de amar a ponto de morrer por nós (1Jo 3,16; 4,11).

19 **7.** *mandamento novo:* o mandamento do amor como marca da comunidade e fundamento de qualquer reivindicação de conhecer a Deus é apresentado como o "mandamento" que é "antigo" porque fazia parte da instrução que os cristãos da comunidade joanina receberam desde o princípio. Cf. Jo 13,34. A associação feita ali entre este mandamento e o exemplo de Jesus (veja também Jo 15,12) fornece o elo de ligação deste trecho com o v. 6. **8.** *já brilha a luz verdadeira:* isto amplia o v. 7 ao lembrar o leitor da "escatologia realizada" do Evangelho, na qual Cristo é a luz que brilha nas trevas (1,5; 8,12; 9,5). **11.** *as trevas cegaram seus olhos:* várias passagens no Evangelho designam as pessoas que não creem na luz como pessoas que andam nas trevas ou ficaram cegas (9,39-41; 11,9-10; 12,35.46). 1 João insiste que o crente que não ama é tão "cego" quanto as pessoas que rejeitaram a Jesus. 1 João 2,11; 3,15; 4,20 contrapõem "ódio" a "amor". No Evangelho, o "mundo" – pessoas fora da comunidade que estavam ativamente engajadas na perseguição dos cristãos – é descrito como aquele que "vos odeia" (15,18-16.4a; 17,14). Este ódio representa o "ódio a Deus" expresso na rejeição de Jesus. Aqui, este conjunto de imagens é aplicado aos relacionamentos entre os cristãos. 1 João 2,19 deixará claro que os dissidentes abandonaram a comunhão com o autor e os destinatários da epístola. O afastamento deles é uma expressão do ódio ao qual 1 João se refere.

20 (d) *Tripla recomendação* (2,12-14). Estes versículos são o primeiro de dois blocos de tradição parenética que interrompem a continuidade entre a advertência geral contra o ódio aos demais cristãos e a aplicação da advertência à situação da comunidade fraturada pelo afastamento dos dissidentes, os "anticristos" de 2,18. Este trecho prepara para esta imagem apocalíptica por sua exortação aos cristãos como pessoas que conhecem o Pai, conhecem o Filho, têm a palavra de Deus permanecendo neles e, assim, venceram "o Diabo". O padrão de três grupos baseados na idade, "filhos, pais, jovens", lembra a exortação sapiencial dirigida a pessoas em diferentes estágios da vida. Alguns exegetas sustentam que eles talvez estejam sendo usados agora para se referir à comunidade como um todo ("filhos" é frequentemente usado para designar os destinatários em 1 João) e para dois grupos dentro da comunidade, os convertidos mais antigos e os mais recentes. As admoestações aplicam-se a todos os membros da comunidade, visto que elas recordam a entrada na igreja.

21 (e) *Rejeitar o mundo* (2,15-17). Novamente 1 João associa a "fé" com a prática mediante a introdução imediata de uma pregação ética tirada da iniciação cristã. **15.** *não ameis o mundo:* o amor ao mundo e os vícios associados a ele refletem apego ao que é transitório. Amar a Deus leva o cristão a relacionar-se com o que "permanece" para sempre. (Tiago 4 é um exemplo da pregação deste tema no cristianismo judaico.). **16.** *a concupiscência da carne, a concupiscência dos olhos e o orgulho da riqueza:* uma lista tradicional de vícios. "Desejo/concupiscência da carne" pode se referir a todas as paixões humanas que são contra Deus (cf. Ef 2,3; 1Pd 2,11; *Did* 1:4, quanto à condenação da concupiscência no contexto da pregação batismal). *desejo/concupiscência dos olhos:* isto pode se referir a pecados de orgulho (Is 5,15), ganância (Sb 14,9) e imoralidade sexual (Mt 5,28). *orgulho: alazoneia* designa um orgulho arrogante e jactancioso que não tem base alguma; *bios*, "vida", significa os aspectos externos da vida, riqueza material (*p.ex.*, 1Jo 3,17; Mc 12,44). A expressão "orgulho da riqueza" pode incluir tanto a jactância arrogante dos ricos quanto o senso exagerado de segurança ligado às posses materiais (Sb. 5,8; Tg 4,16).

22 (B) Rejeitar os anticristos (2,18-29). 1 João abandona o dualismo de luz e trevas para tratar do problema dos dissidentes. As pessoas que receberam a "unção" não serão desencaminhadas pelo ensino deles.

(a) *Divisão como sinal da última hora* (2,18-19). O autor passa para uma advertência escatológica contra aqueles que deixaram a comunidade, chamados de enganadores (2,26) e falsos profetas (4,1-4). Ditos apocalípticos (cf. Mc 13,21-23) fazem do surgimento de falsos cristos e falsos profetas um sinal dos últimos dias. **18.** *anticristo:* este termo para designar o oponente do propósito messiânico de Deus ocorre somente aqui no NT. **19.** *não eram dos nossos:* a ideia de que a divisão apocalíptica prova quem são os cristãos genuínos também aparece em Paulo (1Cor 11,19).

23 (b) *A unção preserva a fé verdadeira fé* (2,20-25). A unção que os cristãos receberam quando da entrada na comunidade deveria confirmar a verdade da apresentação da tradição por parte do autor. 1 João aparentemente se refere ao Espírito/Paráclito que deve guiar a comunidade a toda verdade (Jo 16,13). **22-23.** *o que nega que Jesus é o Cristo ... nega o Pai e o Filho:* 1 João invoca a confissão cristológica que os leitores fizeram quando entraram na comunidade, e não a fórmula que reflete as concepções dos dissidentes, "negam Jesus o Messias que veio na carne". O autor está estabelecendo o fato de que os cristãos devem se ater a esta tradição se quiserem permanecer no "Filho e no Pai" e obter a recompensa prometida da vida eterna.

(c) *A unção ensina a comunidade* (2,26-27). Visto que uma afirmação ainda mais ampliada da "unção" como mestre da comunidade é anexada à advertência acerca dos dissidentes como enganadores, parece que eles baseavam seu ensino reivindicando ter o Espírito. Como Jo 14,26, 1 João insiste que o Espírito ensina o que Jesus ensinou "desde o princípio".

24 (d) *Confiança no juízo* (2,28-29). O trecho termina com uma afirmação de confiança ante o retorno de Jesus como juiz. Da mesma forma como amar os demais cristãos é um sinal de pertencer a Deus e de andar na luz, assim quem "pratica a justiça", sabendo que Deus é justo, nasceu de Deus. O v. 29 fornece uma transição para a segunda metade da carta (3,9; 4,7; 5,1.5.18).

25 (III) O amor como característica dos filhos de Deus (3,1-24). A referência à geração divina (no batismo, Jo 3,5) evoca a autodesignação da comunidade como "filhos de Deus". 1 João usa temas da seção anterior para contrapor os "filhos de Deus" e os "filhos de Satanás".

(A) O Pai nos torna filhos agora (3,1-10). Os cristãos já experimentaram a bondade de Deus ao se tornarem filhos de Deus.

(a) *Somos filhos de Deus agora* (3,1-3). Afirmar a realidade presente do amor de Deus ao fazer dos cristãos "filhos de Deus" tem três consequências. Os cristãos não pertencem ao mundo, que deixou de receber Jesus (Jo 15,18-19; 17,14-16). Os cristãos levarão uma vida de santidade como Cristo (Jo 17,17-19). Os cristãos confiam em uma salvação ainda maior no futuro (Jo 17,24). **2.** *seremos semelhantes a ele, porque o veremos tal como ele é:* um tema comum na religião helenística era que "o semelhante conhece o semelhante"; o ser humano que conhece a Deus é divinizado. Para a tradição joanina esta experiência é mediada por Jesus. Jesus possuía o nome divino e igualdade com Deus (17,11-12). Ele compartilhou este nome com os discípulos (17,6.26). Eles participaram do destino de Jesus nas mãos do mundo (Jo 15,21) e testemunharão sua glória preexistente (17,24). Paulo se refere às expectativas de uma visão futura de Deus ou glória divina (1Cor 13,12; 2Cor 3,18).

(b) *Quem nasceu de Deus não peca* (3,4-10). Esta seção está padronizada com base em uma divisão nítida entre as pessoas que pertencem a Cristo, são justas e não pecam e as "iníquas", os filhos do Diabo. **4.** *pecado é iniquidade:* 1 João parece estar se referindo à "iniquidade" associada ao governo de Satanás no final dos tempos. Pecar prova que a pessoa realmente é filho de Satanás. **6.** *todo aquele que peca não o viu:* 1 João sugere que a pessoa que peca não é de fato um cristão (cf. 2,5). **9.** *porque sua semente permanece nele; ele não pode pecar:* a ênfase na impecabilidade inerente do cristão parece estar em nítido contraste com a afirmação anterior de que não se deveria dizer: "não temos pecado" (1,8.10). Este trecho lida com a certeza da eleição e habitação divina em contraposição às pessoas que persistem em praticar o mal. Ele presume que o cristão esteja vivendo de um modo que seja coerente com o ser filho de Deus (v. 7, é justo; v. 10, ama os irmãos). Compare a distinção entre as pessoas que são hostis a Jesus (= filhos de Satanás) e aquelas que são filhos reais de Abraão (= se regozijam em Jesus) em Jo 8,39. (J. du Preez, *Neot* 9 [1975] 105-12).

26 (B) Os cristãos devem amar uns aos outros (3,11-18). 11. *a mensagem:* um segundo anúncio do "evangelho" (cf 1,5) retorna ao mandamento do amor de 2,7-11. Aqui se fala aos leitores na segunda pessoa do plural como aqueles que corporificam o amor.

(a) *Caim: ódio é morte* (3,11-15). **12.** *Caim:* a única referência ao AT em 1 João toma Caim como exemplo do ódio do irmão que conduz à morte. Judas 11 diz que as pessoas más "trilham o caminho de Caim". Tradições judaicas preservadas em autores gnósticos (*ExpVal* 38.24-38) fazem de Caim um exemplo das pessoas que assassinam. 1 João evoca a imagem daqueles "filhos de Satanás" que procuram a morte de Jesus (8,39-44) e de Judas, a quem Satanás induziu a trair a Jesus (13,2.27). O Evangelho acusa os judeus de matar cristãos (16,2) na conclusão de um bloco que começa com um paralelo a 1Jo 3,13: "Não admireis se o mundo vos odeia" (Jo 15,18). (Veja H. Thyen, "'... denn wir lieben die Brüder' [1Jo 3,14]", *Rechtf* 527-42).

(b) *A morte de Cristo: modelo de amor* (3,16-18). **16.** *sua vida por nós:* de acordo com Jo 15,13, a morte de Cristo é a expressão suprema de amizade (cf. também 10,11.15). Os cristãos devem estar dispostos a demonstrar o mesmo amor uns pelos outros. **17.** *bens deste mundo:* os cristãos podem demonstrar a profundidade apropriada de amor compartilhando bens materiais com aqueles que passam necessidade; esta é uma exortação ética comum no protocristianismo (cf. Tg 2,14-17).

27 (C) Nossa confiança diante de Deus (3,19-24). Assim como o trecho anterior termina com a demonstração da confiança que os cristãos têm diante de Deus (2,28-29), este termina com uma nota de consolo (veja W. Pratscher, *TZ* 32 [1976] 272-81).

(a) *Deus é maior que nossos corações* (3,19-22). **19.** *diante dele tranquilizaremos o nosso coração:* visto que Deus, a fonte de perdão (1,8-2,2), é "maior que nossos corações", a possibilidade de a consciência nos condenar não abala a confiança cristã. Ainda que o cristão não esteja consciente do pecado, assegura-se que Deus atende orações (cf. Jo 16,26-27). O teste de aceitação por parte de Deus é a disposição de "fazer o que lhe agrada" (cf. Jo 8,29).

(b) *Deus permanece em quem guarda os mandamentos* (3,23-24). Um resumo dos mandamentos é dado aqui de uma forma joanina típica: **23.** *crer no nome do seu Filho Jesus Cristo e amar-nos uns aos outros:* esta pode ser a versão joanina do duplo mandamento do amor de Mc 12,28-31, visto que na tradição joanina "crer" no Filho a quem Deus enviou é equivalente a amar a Deus (→ Teologia joanina 83:55-57). **24.** *ele permanece em nós, pelo Espírito que nos deu:* 2,27 aponta para a "unção" recebida quando da entrada na comunidade (cf. Jo 3,5). O Espírito é uma garantia em outras passagens do NT (Rm 8,14; 2Cor 1,22). Esta passagem também prepara para a seção seguinte, na qual o Espírito inspira a verdadeira confissão que desmascara os falsos mestres (1Jo 4,2-6: → Teologia joanina 83:50-54).

28 (IV) Mandamentos para amar e crer (4,1-5,12). Dois trechos sobre a fé emolduram a exortação final ao amor, fazendo da dupla ordem para crer em Jesus e amar os irmãos o tema final.

(A) Rejeitar os anticristos (4.1-6). A oposição entre o espírito da verdade e o espírito do erro reflete a oposição entre o espírito da verdade e o "príncipe deste mundo" em Jo 16,11. Uma nítida divisão entre os que "conhecem a Deus" e ouvem suas testemunhas verdadeiras e o "mundo" sob Satanás, que só ouve o que pertence a ele, provém de Jo 15,19.21. O espírito da verdade é enviado para testemunhar Jesus para a comunidade cristã (15,27).

(a) *Eles não confessam Jesus* (4.1-3). **1.** *examinai os espíritos:* isto se refere ao espírito que inspira o que os mestres cristãos dizem. O "teste" em questão talvez tenha implicado uma confissão pública. **2.** *que Jesus Cristo veio na carne:* a questão em jogo não é se Jesus era um ser humano, mas se há qualquer relação entre a vinda de Cristo "na carne" e a salvação. 1 João modificou a confissão tradicional "Jesus é o Cristo" para atacar os dissidentes (cf. 2Jo 7). **3.** *o espírito do Anticristo:* nos "últimos dias" haveria um aumento de falsos mestres, que desencaminhariam as pessoas (cf. 1QH 4:7,12-13; *TestJudá* 21:9; Mc 13,32; Mt 7,21-23; 24,11.24; 1Tm 4,1).

(b) *Eles não venceram o mundo* (4,4-6). **4.** *sois de Deus:* as tradições parenéticas da comunidade ensinavam que o cristão em quem a palavra de Deus permanece venceu o diabo (2,13-14). Jesus venceu o mundo (Jo 16,33), e o Espírito/Paráclito o condenou ao mostrar que seu príncipe está condenado (Jo 16,8-11). **5.** *o mundo os ouve:* o autor sugere que o êxito dos opositores ao pregar reflete o espírito do erro. O mundo rejeita Jesus, que vem de Deus, e as pessoas que pregam o verdadeiro evangelho (Jo 1,10; 15,19; 8,43-44). Todos os que pertencem à verdade ouvem a Jesus (Jo 18,37; 8,47; 10,26-27).

29 (B) Deus é amor (4,7-21). Esta seção retoma a segunda metade do mandamento duplo. Uma concentração intensiva da linguagem do amor se centra em Deus como a fonte do amor a ser mostrado pelos cristãos; → Teologia joanina, 83:20-21.

(a) *Cristo nos mostrou o amor de Deus* (4,7-12). O amor distingue a pessoa que "conhece a Deus" da que não conhece (cf. 2,4-5; 3,1.11). A morte de Cristo para expiar o pecado é invocada novamente como o exemplo da obrigação que os cristãos devem seguir (cf. 3,16). **9.** *se manifestou:* o amor de Deus não é apenas revelado ao cristão em Jesus, mas também se pode dizer que ele se revela "na" comunidade cristã, a qual agora tem a vida por meio deste amor (Jo 5,26; 6,57; 1Jo 5,11). **10.** *ele quem nos amou:* a nova ênfase neste trecho consiste em sua insistência de que o amor deve ser visto como iniciativa de Deus. Os escritos joaninos contrapõem o amor de Deus ao ódio do mundo. O amor de Deus somente pode ser conhecido por meio de Jesus, a quem Deus enviou (*p.ex.*, Jo 1,16-18; 3,16-17). **11.** *devemos, nós também, amar-nos:* o autor nunca se esquece da obrigação cristã que se segue dos atributos divinos aos quais ele se refere. **12.** *ninguém jamais contemplou a Deus:* esta é uma máxima geral que a tradição joanina tinha empregado para insistir que apenas Jesus revela o Pai (*p.ex.*, Jo 1,18; 5,37; 6,46). A presença divina permanente nas pessoas que guardam o mandamento do amor pode ser entendida como o amor de Deus alcançando sua perfeição (cf. 2,5). A contraposição entre a máxima e a realidade da presença divina realça a origem divina do amor (cf. 3,1).

(b) *Nós conhecemos o amor de Deus por meio do Espírito* (4,13-16a). **13.** *seu Espírito:* 3,24 apresentou o dom do Espírito como prova da presença interior de Deus. Este tema está associado ao discernimento dos espíritos em 4,1-6. O Espírito de Deus se evidencia no testemunho do envio do Filho, que remonta ao princípio (1,1-4). **16a.** *nós temos reconhecido o amor de Deus por nós:* isto amplia a confissão do v. 15 para tirar a conclusão enfatizada nesta seção: Nós devemos crer em Deus e agir com base em seu amor.

(c) *Nossa confiança: permanecer no amor de Deus* (4,16b-21). Mais uma vez 1 João leva uma unidade a seu fim com o tema da confiança. **17.** *nisto consiste a perfeição do amor... não há temor no amor:* isto retorna à afirmação de que o amor divino se aperfeiçoa na comunidade crente (1Jo 2,5; 3,12). Aqui 1 João enfatiza o resultado positivo: os cristãos não precisam temer o julgamento. Isto reafirma o que 1Jo 3,19-21 diz sobre a relação entre a consciência cristã e Deus. **20-21.** *quem não ama seu irmão ... a Deus ... não poderá amar:* isto retoma o exemplo do odiar/amar o irmão cristão de 5,15 e do amor como a representação de Deus, a quem não vemos, de 4,12. Como em 3,23, esta seção inclui uma ordem dupla de amar a Deus e ao outro cristão. Em 1 João há, de fato, um único mandamento, visto que não se pode pretender amar a Deus se não amar os outros (cf. uma tradição de juízo afim em Mt 25,40).

30 (C) A fé no Filho (5.1-12). Num argumento final contra os dissidentes, 1 João reunirá a obediência ao mandamento de amar, a crença em Jesus como Filho e a convicção de que a morte de Jesus pelos pecados nos traz a vida eterna.

(a) *A fé vence o mundo* (5,1-5). Este bloco liga a confissão cristológica de que Jesus é Filho de Deus (vv. 1.5) ao mandamento do amor. **1.** *ama também o que dele nasceu:* uma máxima proverbial repete a associação entre amar a Deus e amar o irmão cristão de 4,20-21. **4.** *a vitória que venceu o mundo: nossa fé:* a vitória sobre o mundo foi obtida quando os cristãos foram convertidos (2,13.14). A palavra de Deus ou a "unção" é a fonte desta vitória (4,4), uma participação na vitória obtida por Jesus.

(b) *Testemunho: o Filho veio pela água e pelo sangue* (5,6-12). A afirmação de que a fé é a fonte de vida eterna é ampliada em duas direções: (i) a fé deve incluir sua vinda pela água e pelo sangue; (ii) a fé no Filho está baseada no testemunho do próprio Deus. **6.** *não com água somente, mas com a água e o sangue:* em Jo 1,31-32, João Batista testificou que a revelação de Jesus como Filho preexistente estava ligada à descida do Espírito e ao batismo. (1 João 5,7 se refere ao testemunho dado pelo Espírito.). O envio de Jesus está associado ao dom sem limites do Espírito (Jo 3,34; 7,38-39). Os dissidentes talvez tenham associado a salvação e a vinda do Espírito à água (batismo) e não ao sangue (crucificação). João 19,35 talvez tenha sido acrescentado ao Evangelho para enfatizar que esta convicção acerca da morte de Jesus remonta ao Discípulo Amado. **9.** *o testemunho de Deus é maior:* a reivindicação de que Deus é a verdadeira testemunha de Jesus se deriva das controvérsias no Quarto Evangelho. As pessoas que rejeitam o testemunho de Jesus acerca de seu relacionamento com o Pai são confrontadas com listas de testemunhas (cf. Jo 5,31-40; 8,14-19). **10.** *tem este testemunho em si mesmo:* diversas passagens no Evangelho falam do modo pelo qual se pode dizer que o crente "tem testemunho". Deus é responsável pela resposta de fé de uma pessoa a Jesus (Jo 6,44; 10,3-4). O Espírito/Paráclito que habita dentro da comunidade serve como testemunha (Jo 14,16) e também capacita a comunidade a testemunhar ao mundo (Jo 15,26-27). **12.** *quem tem o Filho tem a vida:* o tema de que o Filho foi enviado para dar vida às pessoas que creem permeia todo o Quarto Evangelho (*p.ex.*, 3,36; 5,24.26; 6,57; 20,31).

31 *Comma Ioanneum:* Algumas versões latinas contêm uma ampliação de 1Jo 5,7-8: "porque são três que testemunham *no céu, o Pai, o Verbo e o Espírito Santo; e estes três são um só; e há três que testemunham na terra,* o Espírito, a água e o sangue, e os três tendem ao mesmo fim". Esta leitura ampliada, o chamado *comma Ioanneum* [inciso joanino], não é atestada antes do final do séc. IV d.C. Ela começa a aparecer em mss da Vulgata de procedência espanhola no séc. VIII e em algumas cópias carolíngias da Vulgata, embora um número maior de mss anteriores a 1200 d.C. careça da ampliação do que a contém. Sua presença na Vulgata levou à inclusão de uma tradução grega na 3ª edição do NT grego de Erasmo [de Roterdã] (1522), de onde passou para o *textus receptus* (1633) e para a *King James Version* e a tradução de RHEIMS. Os críticos textuais modernos concordariam com o juízo de Erasmo de que esta leitura latina não representa uma variante original do texto grego de 1 João. Ela segue uma tradição teológica atestada a partir do séc. III. Os Padres da Igreja (Cipriano, *De ecclesiae catholicae unitate* 6; CC 3.254; Agostinho, *Contra Maximinum* 2.22.3; PL 42. 794-95) apelaram para este texto em combinação com Jo 10,30 para fornecer provas escriturísticas para a doutrina ortodoxa da igualdade e unidade das pessoas na Trindade. (Veja ainda a Declaração do Santo Ofício, *EB* 135-36 [1897]; DS 3681-82 [1927].)

32 (V) Conclusão (5,13-21). A carta termina com uma conclusão que lembra o Evangelho e uma coletânea de ditos anexados acerca da confiança. **13.** *tendes a vida eterna:* cf. Jo 20,31. Diferentemente do Evangelho, 1Jo 5,13 presume que os leitores sejam crentes de fato. O v. 13 introduz o tema da certeza retomado nos ditos restantes.

(A) Confiança na oração (5,14-17). Afirmações gerais sobre a confiança na oração preparam o terreno para uma afirmação sobre como a oração deve ser aplicada ao cristão que peca. **14.** *ele nos ouve:* a afirmação de que os cristãos podem estar confiantes de que Deus ouve sua oração reflete a promessa de Jesus em Jo 15,7; 16,24 bem como 1Jo 3,22. **16.** *que ele ore e Deus dará a vida a este irmão, se, de fato, o pecado cometido não conduz à morte:* 1 João 2,1-2 apresentou o Jesus exaltado como advogado diante de Deus em favor do cristão pecador. Agora a comunidade crente pode fazer o mesmo em favor de seus membros pecadores, exceto no caso de uma pessoa cujo pecado seja mortal. (Quanto a um exemplo semelhante de oração pelo cristão pecador, veja Tg 5,15-16.20.) *um pecado que conduz à morte:* esta expressão é difícil de interpretar. O autor insistiu que o "cristão pecador" é perdoado por meio da morte expiatória de Jesus e da intercessão dele diante de Deus (1Jo 1,6-2,2; 4,10) e que o verdadeiro cristão não peca (1Jo 3,6.9). A melhor solução para a dificuldade é sustentar que o pecado em questão se refere aos dissidentes, que se separaram da comunidade. Estas pessoas "permanecem na morte" (1Jo 3,14). Contudo, em 2,19 o autor parece negar que se possa pensar que os dissidentes alguma vez tenham feito parte da comunidade. Por isso, alguns exegetas consideram este versículo um ensinamento geral contra a oração em favor das pessoas que se recusam deliberadamente a cumprir as condições para andar na luz e ser filho de Deus, inteiramente à parte de qualquer conexão com o grupo dissidente (*p.ex.*, S. S. Smalley, *1,2,3 John* 298-99; D. Scholer, "Sins Within and Sins Without", *Current Issues in Biblical and Patristic Interpretation* [Festschrift M. C. Tenney; ed. G. F. Hawthorne; Grand Rapids, 1975] 230-46). A referência a ver um irmão cristão cometendo pecado sugere uma regra comunitária geral para lidar com os cristãos pecadores como a de Mt 18,15-17. Uma regra semelhante a esta talvez também tenha sido invocada na crise ocasionada pela expulsão da sinagoga. A aplicação desta regra aos dissidentes estaria de acordo com a regra de 2Jo 10-11 de que os cristãos devem recusar hospitalidade a estas pessoas e sequer saudá-las.

33 (B) Três afirmações sobre a confiança (5,18-20). 1 João termina com três afirmações de que os cristãos "sabem" que sua salvação se baseia nos dons que Deus lhes concedeu. **18.** *aquele que nasceu de Deus não peca:* isto repete 3,9a e, então, segue com uma explicação relacionada a 4,4. A impecabilidade cristã se baseia no dom de Deus, que protege o cristão do Maligno. Esta ampliação torna claro que a "semente" de 3,9 não é entendida como alguma centelha divina inerente que seja incapaz de pecar. **19.** *sabemos que somos de Deus e que o mundo inteiro está sob o poder do Maligno:* isto reformula a distinção entre os filhos de Deus e os de Satanás (3,8-10). O "mundo" que pertence ao pecado é aquele para o qual os dissidentes foram (4,1.5) e que o Espírito/Paráclito condenou por não crer em Jesus (16,8-11). O Maligno é seu príncipe (Jo 12,31; 14,30; 16,11). **20.** *veio o Filho de Deus e nos deu a inteligência ... e nós estamos no Verdadeiro:* isto resume a obra do Filho e contrapõe a esfera à qual os cristãos pertencem ("em Deus", "no Filho") ao mundo. Conhecer a Deus e a Jesus Cristo é a base da vida eterna (cf. Jo 17,3). Alguns exegetas também viram uma conexão da sequência "veio, verdade, vida" com "caminho, verdade e vida" de Jo 14,6.

34 (C) Guardai-vos dos ídolos (5,21). Esta é uma conclusão peculiar, visto que os escritos joaninos não mencionam "ídolos" em outra parte. "Ídolos" talvez vise a ser uma contraposição ao "Deus verdadeiro" em 1Jo 5,20. Os leitores são exortados a permanecer fiéis ao relacionamento com Deus que foi possibilitado por meio de Jesus. Se a expressão se refere à situação que provocou o tratado, então as concepções dos dissidentes são consideradas como pouco mais que idolatria (J.-L. Ska, *NRT* 101 [1979] 860-74).

2 JOÃO

35 Esboço. 2 João pode ser esboçada como segue:

(I) Fórmula introdutória (vv. 1-3)
(II) Corpo da epístola (vv. 4-11)
　(A) A fidelidade dos destinatários (vv. 4-6)
　(B) Advertência contra os dissidentes (vv. 7-9)
　(C) Medidas contra os dissidentes (vv. 10-11)
(III) Conclusão (vv. 12-13)

COMENTÁRIO

36 (I) Fórmula introdutória (vv. 1-3). 2 João reflete a influência da tradição epistolar cristã na saudação "graça, misericórdia e paz da parte de Deus e de Jesus Cristo...". Seria mais comum encontrar um desejo do que uma afirmação em 2 João (→ Epístolas do NT, 45:6). **1.** *Ancião:* é difícil determinar se *presbyteros* se refere a um cargo eclesiástico e uma autoridade magisterial como cabeça de uma igreja local, como encontramos em outras partes da Ásia Menor nesta época (*p.ex.,* 1Tm 5,17; Tt 1,5; 1Pd 5,1). Se esta carta é do autor de 1 João, a autoridade magisterial parece se derivar de um grupo de testemunhas autoritativas da tradição. "Ancião" talvez tenha sido um termo geral usado para designar os membros deste grupo. *à Senhora eleita e a seus filhos:* esta é uma designação dos membros da igreja à qual a carta é dirigida, e não de uma pessoa particular. Quanto a "eleitos" como termo para designar os cristãos, veja 1Pd 1,1. **1-2.** *que amo na verdade ... por causa da verdade que permanece em nós:* a ampliação da saudação ao redor dos temas do amor e da verdade que permanece eternamente na comunidade aponta para o assunto da carta: a rejeição dos mestres dissidentes. Alguns exegetas veem uma referência à obra do Espírito que é guiar a comunidade (cf. Jo 14,16; 1Jo 4,6).

37 (II) Corpo da epístola (vv. 4-11). Alude-se às condições para viver como filhos de Deus de 1 João: "permanecer" em Deus (vv. 1.2.4.9); obedecer ao mandamento do amor (vv. 5-6); evitar os enganadores e as pessoas associadas ao "mundo" (v. 7). Os únicos elementos novos são as medidas tomadas contra os dissidentes.

38 (A) A fidelidade dos destinatários (vv. 4-6). Esta é uma *captatio benevolentiae* [obtenção de benevolência] anterior ao assunto da epístola. O caráter tradicional da linguagem do amor talvez vise a distanciar a concepção do Ancião dos desvios das pessoas que abandonaram a comunidade.

(B) Advertência contra os dissidentes (vv. 7-9). A caracterização dos dissidentes como os que saíram para o mundo, como anticristos e como pessoas que não querem confessar que "Jesus Cristo veio na carne" é paralela à descrição de 1Jo 4,1-6. **9.** *todo o que avança e não permanece na doutrina de Cristo não possui a Deus:* este é o único uso de *proagein*, "ir mais além", nos escritos joaninos. Ele talvez represente uma reivindicação que os dissidentes faziam para seu ensino. *doutrina de Cristo:* embora *didachē* designe o ensino dado por Jesus em Jo 7,17.19; 18,19, o significado aqui parece ser ensinamento acerca de Cristo, a verdadeira confissão autoritativamente transmitida pela tradição das testemunhas. Os exegetas que sustentam que esta expressão se refere ao ensinamento que vem de Cristo enfatizam o papel do Espírito/Paráclito em dar continuidade a esse ensinamento (Jo 14,16.26) e em constituir a presença de Jesus entre os cristãos.

(C) Medidas contra os dissidentes (vv. 10-11). 10. *não o recebais em vossa casa, nem o saudeis:* esta é uma proscrição contra pregadores dissidentes. O presbítero os considera claramente uma ameaça a outras comunidades, não meramente um grupo que deixou a "comunhão". Seus missionários talvez tenham difundido suas concepções alegando ensinar a tradição joanina. **11.** *participa de suas obras más:* o verbo *koinōnein* "participar", lembra *koinōnian echein*, "ter comunhão" (1Jo 1,3-7). Na linguagem de uma associação para finalidades missionárias, todos os que contribuíam "participavam" dos frutos desta associação (cf. Fp 1,5-7). A hospitalidade para os missionários itinerantes era importante para a comunhão joanina. As pessoas que ajudavam os dissidentes se tornavam, assim, participantes em ações que são como a de Caim, do Maligno (1Jo 3,12).

39 (III) Conclusão (vv. 12-13). As cartas frequentemente incluíam uma promessa de contato futuro entre as partes. Esta fórmula é repetida em 3Jo 13-14. A referência à consumação da alegria do autor forma uma *inclusio* com a introdução do corpo da carta (v. 4). Talvez ela tenha sido convencional nos círculos joaninos (cf. 1Jo 1,4). A conclusão invoca a presença dos cristãos que estão "em comunhão" com o Ancião. Ele não fala por conta própria, mas como representante de uma comunidade maior.

3 JOÃO

40 Esboço. 3 João pode ser esboçada como segue:

(I) Fórmula introdutória (vv. 1-2)
(II) Corpo da epístola (vv. 3-12)

(A) Conceder hospitalidade aos missionários (vv. 3-8)
(B) A recusa de hospitalidade por parte de Diótrefes (vv. 9-10)
(C) Solicitação de hospitalidade (vv. 11-12)
(III) Conclusão da epístola (vv. 13-15)

COMENTÁRIO

41 (I) Introdução (vv. 1-2). Uma carta pessoal dirigida a um cristão, Gaio, conhecido por sua hospitalidade para com os missionários. A saudação introdutória e o desejo de saúde ao destinatário seguem as convenções de uma carta particular (→ Epístolas do NT, 45:6). **1.** *a quem amo na verdade:* a expressão talvez signifique simplesmente "verdadeiramente", porém, dado o uso do termo "verdade" nos escritos joaninos, ela sugere que Gaio é um verdadeiro "irmão cristão" (cf. 2Jo 1b).

42 (II) Corpo da epístola (vv. 3-12). A crise criada pela recusa de hospitalidade por parte de Diótrefes é emoldurada pelo exemplo positivo do comportamento passado de Gaio e a expectativa de que ele continue a mostrar esta hospitalidade.

(A) Conceder hospitalidade aos missionários (vv. 3-8). 3-4. *muito me alegrei com a chegada dos irmãos e com o testemunho ... meus filhos vivem na verdade:* ação de graças pelo relato dado por missionários itinerantes de que Gaio é um membro fiel da comunidade joanina (cf. 2Jo 4; 1Jo 1,6-7; 2,6.11). *filhos:* este é um termo para designar os cristãos joaninos (2Jo 1.4; 1Jo 2,1.12.28; 3,7.18; 5,21) que não implica que o Ancião tivesse convertido Gaio. **5-6.** *procedes fielmente ... farás bem:* Gaio mostrou hospitalidade para com os missionários itinerantes da comunidade do Ancião. A obrigação dos missionários cristãos de dependerem da hospitalidade remonta a afirmações de Jesus (*p.ex.*, Mt 10,10; 1Cor 9,14). As pessoas que mostravam bondade para com eles a estavam mostrando para com Jesus (*p.ex.*, Mt 10,40; Jo 13,20). O elogio do Ancião contém uma exortação a continuar mostrando esta benevolência. **7.** *sem nada receber dos gentios:* os missionários joaninos deveriam depender da generosidade dos irmãos cristãos. Esta restrição talvez tenha sido uma inovação, visto que os ditos mais antigos não continham esta regra. Ela talvez pretendesse remover qualquer suspeita de que os cristãos buscassem vantagem pessoal com a pregação. **8.** *para que sejamos cooperadores da Verdade:* "cooperadores" é usado para designar pessoas envolvidas na missão paulina (cf. Rm 16,3; Fl 2,25). A pessoa que apoia a missão participa de seus "frutos", uma regra que o Ancião usou para proibir a hospitalidade para os dissidentes em 2Jo 11.

(B) A recusa de hospitalidade por parte de Diótrefes (vv. 9-10). Os "irmãos" que relataram a hospitalidade de Gaio talvez tenham sido rejeitados por Diótrefes, que se recusou a aceitar uma carta (de recomendação deles?) escrita pelo Ancião. **9.** *Diótrefes, que ambiciona o primeiro lugar, não nos recebe:* Diótrefes não reconhecia a autoridade do Ancião. Alguns exegetas presumem que Diótrefes seja um bispo local, que se recusava a ter qualquer coisa a ver com uma autoridade exterior, como a da escola joanina representada pelo Ancião. Outros tentam associá-lo de algum modo aos dissidentes e sugerem que ele está retribuindo ao Ancião com parte do próprio remédio deste. O problema apresentado em 3 João gira em torno da hospitalidade, não do ensino. A autoridade de Diótrefes em sua comunidade local talvez reflita uma transição para o tipo de liderança local corporificada nos presbíteros-bispos de outras igrejas (*p.ex.*, 1Tm 3,2; Tt 1,8, sobre a obrigação de hospitalidade do bispo). **10.** *repreenderei sua conduta, pois ele propaga palavras más contra nós:* a recusa em aceitar a autoridade do Ancião é associada a alguma forma de fofoca maliciosa, presumivelmente ligada às medidas que Diótrefes tomou contra os missionários. *impede aqueles que o desejam fazer, expulsando-os da Igreja:* Diótrefes parece empregar as mesmas táticas contra os missionários em geral que o Ancião propôs contra os dissidentes em 2 Jo 10-11. Além disso, diz-se que ele expulsava (*ekballein*) da comunidade as pessoas que queriam oferecer hospitalidade. João 9,34-35 usa o termo *ekballein* para designar o explosão dos cristãos da sinagoga. Parece improvável que Diótrefes tivesse autoridade suficiente para tomar tal medida formal. Talvez se esteja dizendo que ele faz isso voltando o restante da comunidade contra missionários itinerantes.

(C) Solicitação de hospitalidade (vv. 11-12). O autor recorre à linguagem tradicional de exortação joanina. Hospitalidade é "fazer o bem" (ao mostrar amor para com o irmão cristão) e, por isso, é um sinal de que a pessoa é "de Deus" e "conhece/vê" a Deus (cf. 1Jo 3,6.10; 4,4.6s.20). **12.** *Demétrio, todos dão testemunho ... é verdadeiro:* o Ancião solicita hospitalidade para Demétrio (possivelmente o portador da carta), que é recomendado por todos. Demétrio talvez tenha sido um membro bem conhecido do círculo missionário associado ao Ancião. O testemunho adicional do Ancião faz o peso de toda a comunidade joanina incidir neste pedido.

43   (III) Conclusão da epístola (vv. 13-15). Isto repete o padrão de 2 Jo 12-13. Omite-se a referência a uma visita que "consumaria a alegria do autor", ao mesmo tempo em que se acrescenta a possibilidade de esta visita ser "em breve". Talvez a comunidade do Ancião esteja mais próxima de Gaio do que da destinatária de 2 João e esta visita seja iminente. A saudação final acrescenta o desejo cristão de paz à saudação dos cristãos ("amigos", cf. Jo 15,13-15; 1Jo 4,11) da igreja do ancião aos associados a Gaio.

44   A confusão causada por missionários itinerantes das diferentes facções nas igrejas joaninas pode ter levado Diótrefes a expulsá-los das igrejas domésticas nas quais ele gozava de alguma autoridade. Contudo, esta carta não se refere ao ensino dos dissidentes como o problema. Rejeitar o pedido do Ancião em favor de missionários itinerantes associados ao círculo joanino de mestres que ele representa, falar mal do Ancião e proibir outros cristãos de receber os missionários parecem ter colocado em xeque a adesão de Diótrefes à verdade e seu "amor aos irmãos". Gaio aparentemente compensara a recusa de hospitalidade por parte de Diótrefes. 3 João o encoraja a dar continuidade a esta prática e, assim, continuar no amor e na verdade cristãos (veja K. P. Donfried, "Ecclesiastical Authority in 2-3 John", *L'Evangile de Jean* [ed. M. de Jonge; BETL 44; Gembloux, 1977] 325-33; A. Malherbe, "The Inhospitality of Diotrephes", *God's Christ and His People* [Festschrift N. A. Dahl; ed. J. Jervell *et al.*; Oslo, 1977] 222-32).

63
Apocalipse
*Adela Yarbro Collins**

BIBLIOGRAFIA

1 Allo, E.-B., *Saint Jean: L'Apocalypse* (EBib; 4ª ed.; Paris, 1933). Barclay, W., *The Revelation of John* (2 vols.; Philadelphia, 1976). Beasley-Murray, G. R., *Highlights of the Book of Revelation* (Nashville, 1972). Böcher, O., *Die Johannesapokalypse* (Darmstadt, 1975). Bousset, W., *Die Offenbarung Johannis* (MeyerK 16; 6ª ed., Göttingen, 1906). Caird, G. B., *A Commentary on the Revelation of St. John the Divine* (HNTC; New York, 1966). Charles, R. H., *A Critical and Exegetical Commentary on the Revelation of St. John* (2 vols.; ICC; New York, 1920). Farrer, A., *The Revelation of St. John the Divine* (Oxford, 1964). Ford, J. M., *Revelation* (AB 38; Garden City, 1975). Kiddle, M. e M. K. Ross, *The Revelation of St. John* (MNTC; London, 1940). Kraft, H., *Die Offenbarung des Johannes* (HNT 16a; Tübingen, 1974). Lohmeyer, E., *Die Offenbarung des Johannes* (HNT 16; 2ª ed., Tübingen, 1953). Minear, P. S., *I Saw a New Earth* (Washington, 1968). Mounce, R. H., *The Book of Revelation* (NICNT; Grand Rapids, 1977). Prigent, P., *L'Apocalypse de Saint Jean* (CNT 14; Lausanne, 1981). Quispel, G., *The Secret Book of Revelation* (New York, 1979). Rist, M., *The Revelation of St. John the Divine* (IB 12; New York, 1957). Schüssler Fiorenza, E., *Invitation to the Book of Revelation* (Garden City, 1981). Sweet, J. P. M., *Revelation* (Philadelphia, 1979). Swete, H. B., *The Apocalypse of St. John* (3ª ed.; London, 1909). Wikenhauser, A., *Die Offenbarung des Johannes* (RNT 9; 3ª ed.; Regensburg, 1959). Yarbro Collins, A., *The Apocalypse* (NTM 22; Wilmington, 1979). Zahn, T., *Die Offenbarung des Johannes* (2 vols.; Leipzig, 1924-26).

DBSup 1.306-25. *IDBSup* 744-46. Kümmel, *INT* 455-74. Wik-Schm, *ENT* 631-58.

INTRODUÇÃO

2 (I) Caráter literário. O Ap é um livro singular dentro do NT. Os Evangelhos e Atos dos Apóstolos são, em sua maior parte, narrativa realista. As epístolas são basicamente prosa expositiva e exortatória. O Ap difere de tudo isso por ser uma narrativa de um tipo especial. Ele narra visões e audições extraordinárias que dizem respeito a coisas que normalmente não são vistas nem ouvidas por seres humanos. O Ap é singular no NT, mas não no mundo antigo. Textos semelhantes foram preservados no AT, em outras obras literárias judaicas e na literatura cristã extracanônica (→ Apocalíptica do AT, 19:19-23; → Apócrifos, 67:4-77). Quanto ao gênero, o Ap (a) faz parte da literatura apocalíptica, embora também tenha afinidades com (b) profecia, (c) cartas e (d) drama.

---

* A autora é grata à University of Notre Dame, Institute for Scholarship in the Liberal Arts, por uma bolsa que contribuiu para possibilitar a pesquisa e a redação deste comentário.

3 (a) *O Ap começa com as palavras "Revelação de Jesus Cristo..."*. Neste contexto, a palavra grega *apokalypsis*, "revelação", expressa a ideia de que Deus, por meio de Jesus Cristo, de João e deste texto escrito, desvendou segredos acerca do céu e da terra, do passado, do presente e do futuro.

O antigo gênero do apocalipse parece ter sido fluido e impreciso. Qualquer texto que revelasse segredos acerca do céu ou do futuro se enquadrava nesta rubrica, quer sua forma fosse oracular ou visionária. Os pesquisadores modernos tentaram definir o gênero de modo mais preciso. Uma definição recente circunscreve como elementos essenciais do gênero um marco narrativo acerca de como a revelação foi recebida e o caráter mediado da revelação (*Semeia* 14 [1977] 9). A revelação é mediada no sentido de que o visionário não a recebe diretamente da divindade, como um oráculo, mas somente por meio de um outro ser celestial, como um anjo ou o Cristo ressurreto.

A revelação pode ser mediada de várias formas: epifanias, visões, audições, viagens a outro mundo ou acesso a um livro celestial. O conteúdo da revelação tem dois focos: segredos sobre o cosmo e segredos sobre o futuro. Os segredos sobre o cosmo implicam a natureza e as atividades das estrelas, do sol e da lua, incluindo a fixação do calendário e as causas do clima. Os nomes e atividades de seres angelicais são muito importantes, como são os lugares de recompensa e punição. Sobre os lugares de punição, veja M. Himmelfarb, *Tours of Hell* (Philadelphia, 1983). Os segredos sobre o futuro implicam acontecimentos políticos e históricos, bem como o destino final do povo de Deus, da humanidade, do céu e da terra.

A função dos apocalipses é uma questão que requer estudo adicional. A concepção mais comum é a de que a função do gênero era consolar pessoas aflitas durante um período de crise, como uma perseguição. Esta concepção é simples demais. A crise social é um fator no contexto de alguns apocalipses, mas é provável que nem sempre seja um fator significativo. É importante reconhecer o fator ideológico ou propagandista que parece ser universal nos apocalipses. Revelam-se segredos a fim de apresentar uma interpretação particular sobre a época e persuadir os ouvintes ou leitores a pensar e viver de um certo modo.

4 (b) *O Ap se designa como uma profecia (1,3; 22,7.10.18-19)*. João nunca se designa como um profeta, mas há uma sugestão indireta de que ele o era. O anjo que medeia a revelação a João refere-se a seus "irmãos os profetas" (22,9). Em uma outra ocasião, diz-se a João que ele deve "continuar a profetizar" (10,11). A profecia era um fenômeno importante nas comunidades protocristãs (1Cor 11,2-16; 14,1-40; Mt 7,22; 10,41; At 21,9; 1Tm 1,18; 4,14; *Did.* 11-13). Parece razoável, então, entender o Ap num contexto de profecia protocristã. Embora o livro como um todo seja um apocalipse, ele contém formas proféticas menores. As mensagens às sete congregações, por exemplo, são oráculos proféticos. Veja D. E. Aune, *Prophecy in Early Christianity and the Ancient Mediterranean World* (Grand Rapids, 1983) 274-88.

5 (c) *O Ap também contém elementos epistolares*. As referências iniciais ao livro como uma revelação ou apocalipse (1,1) e como uma profecia (1,3) ocorrem no prólogo no qual se fala de João na terceira pessoa. Na maior parte do restante do Ap, João fala na primeira pessoa. No ponto de transição da terceira para a primeira pessoa, introduzem-se elementos epistolares (1,4). Os vv. 4-5a possuem a forma padrão da fórmula introdutória das cartas típicas antigas (remetente, destinatário, saudação; → Epístolas do NT, 45:6). A saudação é desenvolvida de um modo semelhante à saudação em Gl (1,3). Em muitas cartas paulinas e deuteropaulinas, a saudação é seguida por uma ação de graças ou bênção. No Ap, a saudação é seguida por uma doxologia, um outro tipo de elemento litúrgico (vv. 5b-6). Em Gl, a saudação termina com uma doxologia (1,5).

O corpo usual de uma carta não segue a doxologia presente no Ap como seria de se esperar. Antes, ela é seguida por dois ditos proféticos isolados (1,7 e 8) e, então, por um relato sobre uma epifania de Cristo a João (1,9-3,22) e por relatos sobre outras visões e audições (4,1-22,5). Vários ditos isolados vêm a seguir em 22,6-20. O livro termina com uma bênção (22,21), que é um elemento típico no término de uma carta convencional antiga. O marco epistolar, portanto, não determina o gênero do Ap. Ele é uma espécie de envelope em que se insere o apocalipse.

O uso da forma epistolar pode ser explicado de vários modos. Ele talvez seja resultado da necessidade. Acostumado a comunicar-se pessoalmente em forma oral com as congregações da Ásia Menor ocidental, João talvez tenha recorrido à escrita e à forma de carta por causa de seu banimento para a ilha de Patmos (1,9). Uma outra possibilidade é que a carta fosse a forma autoritativa que se esperava que os líderes cristãos usassem. Paulo talvez tenha estabelecido este precedente, talvez influenciado por modelos do judaísmo ou do Império Romano. Inácio de Antioquia e Policarpo de Esmirna também escreveram cartas a comunidades cristãs na Ásia Menor. A combinação de formas apocalípticas e epistolares também se encontra em *2Apoc Bar*. Esta obra como um todo é um apocalipse, mas ela termina com uma carta do visionário (Baruc) às nove tribos e meia de Israel (78-87).

6 (d) *Drama é a literatura na qual o autor apresenta todos os personagens vivendo e agindo diante do público.* O Ap claramente não pertence ao gênero do drama, porque é narrativa, e não ação direta. No Ap, o autor descreve acontecimentos, falando em seu próprio nome. O Ap, contudo, tem algumas afinidades com o drama, especialmente com a tragédia. Segundo Aristóteles, o assunto da tragédia é sério, e não trivial ou ordinário, como na comédia (*Poética* 4.7-10.6,2). O assunto principal do Ap é, certamente, grave e grandioso, como na tragédia.

As tragédias gregas eram representadas por atores, geralmente três, e um coro (após o séc. V a.C., geralmente de 15 integrantes). O drama alternava entre episódios ou atos representados pelos atores e cânticos entoados pelo coro. Além dos cânticos entre os atos, havia ocasionalmente cânticos breves e animados que expressavam repentina alegria e outros tipos de envolvimento do coro na ação. Às vezes, um membro individual do coro cantava algumas palavras (G. Norwood, *Greek Tragedy* [New York, 1960] 78).

Quando descreve suas visões do mundo celestial e das coisas vindouras, João frequentemente retrata grupos e indivíduos falando em discurso direto. Em duas ocasiões, o que é dito é identificado como um cântico (5,9-10; 15,3-4). Em muitos casos, os ditos comentam as ações relatadas na visão (12,10-12; 16,5-7; 18,10.16-17.18-19). Convocações para o regozijo e a expressão de alegria aparecem em 18,20 e 19,6-8. Esta interação de ação relatada e comentário cantado por grupos e indivíduos pode ter sido influenciada pela tragédia grega.

Aristóteles também comenta a função da tragédia: "mediante a piedade e o medo efetuar a purgação apropriada destas emoções" (*Poética* 6.2). O enredo deveria descrever a mudança do destino de bom para mau de uma pessoa que é honesta, mas está em erro ou é frágil. Os assistentes devem compadecer-se dela devido a seu infortúnio e temer que alguma coisa semelhante possa acontecer com eles. O Ap, como os demais apocalipses, também provoca medo. Ele esclarece e enfatiza o perigo que os fiéis enfrentam neste mundo, mas também retrata os terrores do mundo vindouro para as pessoas que se mostram infiéis. Veja H. D. Betz, in *Apocalypticism in the Mediterranean World and Near East* (ed. D. Hellholm; Tübingen, 1983) 577-97 e A. Yarbro Collins, *Crisis and Catharsis* (Philadelphia, 1984) 152-54.

7 (II) Autoria. No prólogo do Ap (1,1-3), o autor é designado simplesmente como servo de Deus (v. 1). Ele não chama a si mesmo de apóstolo ou de discípulo de Jesus. Nem mesmo reivindica o título de profeta, embora seja intimamente associado a profetas e profecia no texto (10,11; 22,9). Ele autoriza sua mensagem descrevendo sua origem celestial.

O mais antigo escritor cristão a comentar a autoria do Ap é Justino Mártir. Em *Dial. Trif.*, escrito por volta de 160 d.C., ele identifica o autor do Ap como João, um "dos apóstolos de Cristo" (81). Irineu é o mais antigo escritor conhecido a dizer que tanto o Ap quanto o Quarto Evangelho foram escritos por João, o discípulo do Senhor (*Adv. Haer.* 3.11.1-3; 4.20.11). Hipólito, Tertuliano e Orígenes assumiram a mesma posição que Irineu, talvez em dependência dele. O Ap era amplamente conhecido e aceito como Escritura no Oriente e no Ocidente na segunda metade do séc. II (Swete, *Apocalypse* cviii-cxi).

Entretanto, o argumento em favor da autoria do Apocalipse por um dos Doze não é muito forte. É concebível que João o filho de Zebedeu tenha se mudado para a Ásia Menor e sobrevivido até aproximadamente 95; contudo, isto não é muito provável. A questão se complica com uma tradição de que João o filho de Zebedeu foi martirizado, provavelmente antes de 70 (Charles, *Commentary* 1. xlv-xlix).

8 A relação entre o Ap e o Evangelho de João também é um problema complexo. Muitos ressaltaram as diferenças entre as duas obras quanto ao estilo e à forma de expressão do grego e na teologia, especialmente na escatologia. Estas diferenças são tão grandes que as teorias que tentam explicá-las mediante o uso de diferentes escribas ou secretários ou pela passagem do tempo não são convincentes. Existem certas semelhanças entre os dois, como o uso do título "Cordeiro" para designar Cristo (mas as palavras gregas são diferentes: Jo 1,29.36; Ap 5,6; 6,16; etc.) e expressões como "água viva" (Jo 4,10-11; 7,38) e "água da vida" (Ap 7,17; 21,6; 22,1.17). Estas semelhanças, contudo, podem ser explicadas adequadamente pela dependência de ambas as obras de uma tradição cristã anterior ou mesmo por sua adaptação independente da tradição judaica (veja E. Schüssler Fiorenza, *NTS* 23 [1976-77] 402-27).

9 As teorias de que o Ap é uma obra pseudônima ou que foi escrito por João o Ancião (ou Presbítero; veja Eusébio, *HE* 3.39) não obtiveram amplo apoio. Parece melhor concluir que o autor foi um profeta protocristão chamado João, de resto desconhecido. A autoridade do livro reside na eficácia do texto em si e no fato de que a igreja o incluiu no cânone.

10 (III) Data. A maioria dos antigos escritores cristãos que comentam o assunto dizem que o Ap foi escrito perto do final do reinado de Domiciano (81-96 d.C.: Irineu, *Adv. Haer.* 5.30.3; Clemente de Alexandria, *Quis dives* 42; Orígenes, *In Matt.* 16.6; Vitorino, *In Apoc.* 10.11; 17.10; Eusébio, *HE* 3.18,20,23; Jerônimo, *De Viris Illustr.* 9). Algumas fontes da Antiguidade, mas que não estão entre as primeiras, datam o Ap de modo diferente. Epifânio situa o exílio e o retorno de João durante o reinado de Cláudio (*Haer.* 51.12,32; → História, 75:175). Os títulos de ambas as versões siríacas do Ap datam o desterro de João durante o reinado de Nero. Jerônimo (*Adv. Jovin.* 1.26) diz que Tertuliano atesta a datação do exílio no reinado de Nero (cf. Tertuliano, *Scorp.* 15). Teofilato associa o desterro de João a Trajano (*In Matt.* 20.22).

11 Estes comentários feitos por escritores antigos constituem provas externas para a data do Ap. As provas internas também são importantes, a saber, alusões dentro do texto a situações e acontecimentos históricos que indiquem a época da escrita. Mas estas alusões devem ser usadas com cuidado por causa da possibilidade de que João tenha incorporado tradições anteriores, até mesmo fontes com formulação fixa, em sua obra. Um princípio metodológico apropriado é o de que a obra deveria ser datada de acordo com a mais recente alusão histórica que ela contém.

Apocalipse 11,1-2 parece implicar que o Templo terreno e histórico de Jerusalém ainda estava em pé quando o Ap foi escrito. J. A. T. Robinson sustentou, principalmente com base nesta passagem, que o Ap como um todo foi escrito antes de 70 d.C. (*Redating the New Testament* [Philadelphia, 1976] 238-42). Robinson não foi bem sucedido, contudo, em refutar os argumentos de exegetas anteriores que concluíram que esta passagem é uma fonte assumida por João. É provável que ele tenha reinterpretado a referência ao Templo em um sentido espiritual (veja Yarbro Collins, *Crisis* [→ 6 *acima*] 64-69).

Outras provas internas tornam altamente improvável que o Ap como um todo tenha sido composto antes da destruição de Jerusalém em 70. Estas provas são o uso frequente de "Babilônia" e a sugestão de que Roma é o mais antigo antítipo da cidade (14,8; 16,19; 17,5; 18,2.10.21). A maioria dos comentaristas reconhece que Babilônia, no Ap, é um nome simbólico para designar Roma, mas não veem as implicações para a datação do livro. O nome "Babilônia" é comumente visto como um símbolo de poder político, de grande luxúria ou decadência. Uma interpretação historicamente sensível deste símbolo tipológico, contudo, deveria levar em conta a linguagem tipológica judaica sobre Roma do mesmo período geral. "Egito", "Quitim" e "Edom" são outros tipos de Roma ao lado de "Babilônia" em fontes judaicas do período do Segundo Templo e na literatura rabínica. A maior parte do uso de Babilônia como tipo de Roma ocorre em 2Esd 3-14, *2Apoc Bar* e *Or Sib* 5. Em cada ocorrência nestas três obras, o contexto deixa claro por que Roma é retratada como o antítipo de Babilônia (2Esd 3,1-2,28-31; *2Apoc Bar* 10,1-3; 11,1; 67,7; *Or Sib* 5:143,159). A semelhança entre as duas é seu papel comum como destruidora do Templo e de Jerusalém. É provável que João tenha aprendido esta tradição de seus compatriotas judeus ou que seu pensamento fosse análogo ao expresso nos textos citados acima. Assim, o uso desta tipologia sugere fortemente que o Ap, em sua presente forma, foi composto após 70. O restante das provas internas é compatível com uma data pós-70. Parece, portanto, não haver razão convincente para duvidar da datação tradicional do Ap atestada por Irineu e outros escritores cristãos antigos, a saber, o final do reinado de Domiciano (95-96 d.C.).

12 Mas a aceitação da datação tradicional não implica confirmação da tradição de que o Ap foi escrito em reação a uma grande perseguição dos cristãos durante o reinado de Domiciano. A tradição cristã antiga afirma que Nero foi o primeiro imperador a perseguir os cristãos e que Domiciano foi o segundo. O mais antigo escritor conhecido a assumir esta posição foi Melito de Sardes, que era bispo ali por volta de 160-170. Uma passagem de seu livro perdido *Para Antonino* é citada por Eusébio (*HE* 4.26.5-11). Esta obra era uma apologia do cristianismo dedicada ao imperador Marco Aurélio. Sua apresentação das atitudes dos imperadores para com os cristãos é tendenciosa. A tese de Melito é que apenas aqueles imperadores que tinham uma má reputação entre os próprios romanos perseguiram os cristãos, não porque houvesse algo de errado com o cristianismo, mas porque aqueles imperadores eram homens de discernimento ruim ou malevolência. Nero de fato perseguiu os cristãos e não foi popular entre os romanos da classe senatorial. Domiciano foi chamado de segundo Nero por alguns escritores latinos (Juvenal, *Sat.* 4.38; Plínio, *Paneg.* 53.3-4). Após a morte de Domiciano, o senado aprovou um decreto de *damnatio memoriae* [condenação da memória] contra ele. Isto significava que seu primeiro nome não poderia ser perpetuado por sua família, que imagens dele deviam ser destruídas e que seu nome devia ser removido das inscrições. Teria sido tentador e fácil para Melito associar os dois imperadores e fazer das ações locais ocasionais contra os cristãos uma perseguição sistemática.

Às vezes se citam nomes de cristãos perseguidos por Domiciano, mas a avaliação crítica conduz à conclusão de que eles talvez tenham sido simpatizantes do judaísmo, mas provavelmente não eram cristãos (E. M. Smallwood, *CP* 51 [1956] 1, 7-9; A. A. Bell, *NTS* 25 [1978-79] 94-96). Depois que Melito caracterizou Domiciano como perseguidor, a caracterização tornou-se tradicional. Detalhes foram acrescentados e nomes particulares citados como vítimas (veja J. Moreau, *NClio* 5 [1953] 125). Lido à luz desta tradição, o Ap de fato parece refletir uma situação de perseguição severa. Mas um olhar mais próximo revela muito poucos incidentes de verdadeira perseguição: o exílio de João (1,9), a execução de Antipas (2,13) e a expectativa de prisão de alguns cristãos em Esmirna (2,10). Estes incidentes são claramente locais e provavelmente próximos da época da escrita. As alusões a perseguição nas visões não refletem necessariamente acontecimentos locais e contemporâneos. Elas são interpretadas mais apropriadamente como reflexos de perseguições do passado, como a de Nero, e da expectativa de perseguição intensa no futuro próximo.

13 (IV) Composição e estrutura. Existe pouco consenso entre os exegetas sobre a estrutura geral do Ap. Sua estrutura é problemática devido à presença de numerosas passagens paralelas e repetições dentro do livro e devido a colapsos ocasionais no desenvolvimento consecutivo. São particularmente notáveis as passagens paralelas das sete cartas, dos sete selos, das sete trombetas e das sete taças. Os paralelos entre as trombetas e as taças são especialmente próximos. Os acontecimentos associados à sexta taça (16,12-16) parecem repetir os que se seguem à sexta trombeta (9,13-21). A sequência de um acontecimento que segue logicamente a um outro rompe-se especialmente entre 11,19 e 12,1 e entre 19,10 e 19,11. Uma questão fundamental é se a melhor forma de explicar estas anomalias é mediante a compilação de fontes (crítica das fontes), mediante uma série de edições do texto (crítica da redação e crítica da composição), ou como parte da intenção literária original do autor.

O mais antigo comentário sobrevivente sobre o Ap é o de Vitorino de Pettau (aproximadamente 275-300). Ele reconheceu a semelhança das trombetas e das taças e concluiu que ambas as séries predizem a punição escatológica dos incrédulos. Esta suposição de repetição intencional também foi feita pelo donatista Ticônio e por Agostinho. Esta abordagem, que é chamada de teoria da recapitulação, dominou a exegese do Ap por séculos.

No séc. XIX, a crítica das fontes provou ser muito proveitosa na análise do Pentateuco e dos Evangelhos sinóticos (→ Pentateuco, 1:6-8; → Problema sinótico, 40:13-34). Muitos pesquisadores passaram a crer que a crítica das fontes poderia explicar as repetições e outras anomalias no Ap melhor do que a teoria da recapitulação. Sustentaram que o Ap foi composto mediante a compilação de várias fontes apenas superficialmente editoradas pelo autor (veja o resumo de R. H. Charles, *Studies in the Apocalypse* [2ª ed.; Edinburgh, 1915] 185-90). Esta abordagem foi assumida por alguns biblistas neste século. M.-É. Boismard (*RB* 56 [1949] 507-41; 59 [1952] 178-81) sustentou que João escreveu três composições separadas, um apocalipse escrito durante o reinado de Nero, um outro apocalipse da época de Domiciano e as cartas às sete igrejas; próximo ao final do reinado de Domiciano (aproximadamente 95), um redator combinou as três para dar ao Ap sua forma presente. J. M. Ford (*Revelation*) propôs que os caps. 4-11 eram originalmente um apocalipse judaico que tomou forma oral na época e sob a influência de João Batista. Os caps. 12-22, em sua concepção, também eram um apocalipse judaico originalmente independente, composto na década de 60. Um discípulo judeu cristão de João Batista combinou estas fontes e acrescentou os caps. 1-3 e 22,16a.20b.21.

14 No final do séc. IX e no início do séc. XX vários comentaristas se opuseram às teorias da crítica das fontes devido à consistência, em todo o Ap, da perspectiva teológica, das imagens e símbolos, do estilo e linguagem (*p.ex.*, Bousset, Swete, Charles). Estudos linguísticos recentes confirmam a unidade fundamental do Ap (*p.ex.*, G. Mussies, *The Morphology of Koine Greek as Used in the Apocalypse of John* [NovTSup 27; Leiden, 1971]). Esta unidade geral sugere que o Ap deve sua forma atual a um único autor, mas isto não exclui a possibilidade de que o autor tenha usado fontes orais ou mesmo escritas, ou que a obra tenha sido editorada pelo autor uma ou mais vezes.

15 Quando a unidade básica do Ap foi restabelecida entre os pesquisadores, a teoria da recapitulação reviveu numa forma modificada como uma chave para entender a composição do Ap (G. Bornkamm, *ZNW* 36 [1937] 132-49; A. Yarbro Collins, *The Combat Myth in the Book of Revelation* [HDR 9; Missoula, 1976] 8-13, 32-44). O número sete foi visto por muitos como um princípio organizador central (Lohmeyer, *Offenbarung*; J. W. Bowman, *The Drama of the Book of Revelation* [Philadelphia, 1955]; Farrer, *Revelation*). Outros assumiram uma abordagem mais temática, tentando entender a forma e o conteúdo como uma unidade (*p.ex.*, E. Schüssler Fiorenza, *CBQ* 30 [1968] 537-69; *CBQ* 39 [1977] 344-66).

Outros tentaram explicar a estrutura das unidades mais curtas e até mesmo a composição do Ap como um todo com base em padrões corporificados em textos proféticos e apocalípticos judaicos mais antigos. A. Feuillet propôs que o princípio organizador do Ap é o padrão de ais contra Israel seguidos de ais contra as nações, um padrão que ele encontrou em Ez 25-32. Em sua concepção, Ap 4-11 descreve a ira de Deus contra Israel, e os caps. 12-22 a destruição do oponente gentílico, Roma (*Johannine Studies* [Staten Island, 1965] 183-256; *The Apocalypse* [Staten Island, 1964]). A destruição de Babilônia/Roma é, certamente, um tema importante dos caps. 12-22. A destruição de Jerusalém é objeto de alusão, pelo menos, no cap. 11. Mas não há indicação de que os selos e as trombetas se dirijam contra Israel. Cf. M. Hopkins, *CBQ* 27 (1965) 42-47.

16 (V) Esboço. O esboço que se segue se baseia nas convicções de que a estrutura do Ap corresponde à intenção literária do autor e de que a recapitulação e o número sete são dispositivos organizadores importantes. Ele também reconhece que às vezes a narrativa começa de novo, em vez de retratar os acontecimentos como se se seguissem claramente do que veio antes.

(I) Prólogo (1,1-3)
   (A) Descrição do livro (1,1-2)
   (B) Bem-aventurança concernente à recepção do livro (1,3)
(II) Marco epistolar (1,4-22,21)
   (A) Introdução (1,4-6)
   (B) Dois ditos proféticos (1,7-8)
   (C) O relato de uma experiência revelatória (1,9-22,5)
     (a) O contexto da cena (1,9-10a)
     (b) A experiência revelatória propriamente dita (1,10b-22,5)
       (i) Primeiro ciclo de visões (1,10b-11,19)
         (1) A epifania de Cristo a João com sete mensagens (1,10b-3,22)
           (*a*) A Éfeso (2,1-7)
           (*b*) A Esmirna (2,8-11)
           (*c*) A Pérgamo (2,12-17)
           (*d*) A Tiatira (2,18-29)
           (*e*) A Sardes (3,1-6)
           (*f*) A Filadélfia (3,7-13)
           (*g*) A Laodiceia (3,14-22)
         (2) O rolo com sete selos (4,1-8,5)
           (*a*) A corte celestial (4,1-11)
           (*b*) O livro e o Cordeiro (5,1-14)
           (*c*) Os primeiros quatro selos (6,1-8)
           (*d*) O quinto e sexto selos (6,9-17)
           (*e*) Duas visões inseridas (7,1-17)
             (1') 144 mil selados (7,1-8)
             (2') A salvação de uma multidão (7,9-17)

(f) O sétimo selo e a visão de um anjo oferecendo as orações dos santos (8,1-5)
(3) As sete trombetas (8,2-11,19)
  (a) As primeiras quatro trombetas (8,2.6-12)
  (b) A águia e os três ais; a quinta e a sexta trombetas (8,13-9,21)
  (c) Duas visões inseridas (10,1-11,13)
    (1') Um anjo poderoso e um livrinho aberto (10,1-11)
    (2') O Templo e duas testemunhas (11,1-13)
  (d) A sétima trombeta (11-15,19)
(ii) Segundo ciclo de visões (12,1-22,5)
  (1) Visões simbólicas que revelam segredos do passado, do presente e do futuro (12,1-15,4)
    (a) A mulher e o dragão (12,1-17)
    (b) A besta que sai do mar (13,1-10)
    (c) A besta que sai da terra (13,11-18)
    (d) O Cordeiro e os 144 mil (14,1-5)
    (e) Os três anjos (14,6-13)
    (f) Colheita e vindima (14,14-20)
    (g) A salvação dos vencedores (15,2-4)
  (2) As sete taças (15,1-19,10)
    (a) Sete anjos com as últimas pragas (15,1.5-16,1)
    (b) As primeiras quatro taças (16,2-9)
    (c) As últimas três taças (16,10-21)
    (d) Desenvolvimento da sétima taça: A natureza e a queda de "Babilônia" (17,1-19,10)
      (1') Uma mulher sentada sobre uma besta escarlate (17,1-18)
      (2') Predição apocalíptica do juízo divino sobre "Babilônia" (18,1-24)
      (3') O regozijo no céu (19,1-10)
  (3) Visões das últimas coisas (19,11-22,5)
    (a) A segunda vinda de Cristo (19,11-16)
    (b) Chamada para o "banquete" (19,17-18)
    (c) A batalha final (19,19-21)
    (d) O acorrentamento de Satanás (20,1-3)
    (e) O reinado de mil anos (20,4-10)
    (f) O juízo final (20,11-15)
    (g) Novo céu, nova terra e nova Jerusalém (21,1-8)
    (h) Desenvolvimento da visão da nova Jerusalém (21,9-22,5)
      (1') A cidade, seus portões e muros (21,9-21)
      (2') Os habitantes da cidade (21,22-27)
      (3') O rio da vida e a árvore da vida (22,1-5)
(D) Ditos isolados (22,6-20)
  (a) Dito acerca da natureza e origem do livro (22,6)
  (b) Um oráculo implicitamente atribuído a Cristo que é uma predição apocalíptica (22,7a)
  (c) Uma bem-aventurança concernente à recepção do livro (22,7b)
  (d) A identificação do visionário pelo nome (22,8a)
  (e) A reação do visionário e a resposta angélica (22,8b-9)
  (f) A instrução ao visionário da figura que se revela (22,10)
  (g) A ameaça de julgamento e promessa de salvação (22,11-12)
  (h) Oráculo de autorrevelação implicitamente atribuído a Cristo (22,13)
  (i) A promessa de salvação e ameaça de julgamento (22,14-15)
  (j) A autoidentificação da figura reveladora, Jesus (22,16)
  (k) Convite para a água da vida (22,17)

(l) A ameaça de julgamento contra as pessoas que violarem a integridade do livro (22,18-19)
(m) Um oráculo implicitamente atribuído a Cristo que é uma predição apocalíptica (22,20a)
(n) A resposta ao oráculo (22,20b)
(E) Bênção epistolar final (22,21)

(Quanto à forma literária do relato de sonho-visão, veja J. S. Hanson, *ANRW* II/23.2, 1395-1427.)

COMENTÁRIO

17 (I) Prólogo (1,1-3).
(A) Descrição do livro (1,1-2). 1. (*a*) *revelação de Jesus Cristo:* a expressão descritiva grega pode significar revelação acerca de Jesus Cristo ou a revelação que Jesus Cristo dá. O contexto imediato sugere que o significado é a revelação que Jesus Cristo dá, porque é revelação que "Deus lhe concedeu". Esta interpretação é apoiada pelo livro como um todo. Embora Jesus Cristo como ser em forma humana, o Cordeiro e a Palavra de Deus exerça um papel importante no livro, suas revelações não são primordialmente sobre ele, mas sobre as "coisas que devem acontecer muito em breve". **2.** *o qual atestou:* João deu testemunho ao escrever este livro. *como sendo a Palavra de Deus e o Testemunho de Jesus*: esta fórmula aparece também em 1,9 e 20,4. Nestas passagens, ela indica a proclamação cristã que desperta oposição por parte das autoridades. Aqui a restrição "tudo quanto viu" mostra que a "palavra" e o "testemunho" se referem ao conteúdo do Ap.

(B) Bem-aventurança concernente à recepção do livro (1,3). Esta é a primeira de sete bem-aventuranças no Ap (14,13; 16,15; 19,9; 20,6; 22,7.14). **3.** A contraposição entre o singular "o leitor" e o plural "os ouvintes" sugere que cristãos da Ásia Menor se reuniam em grupos nas várias cidades para ouvir a leitura pública do Ap. O contexto talvez tenha sido litúrgico. *O Tempo está próximo:* os destinatários são incitados a prestar atenção ao livro, porque o julgamento está se aproximando.

18 (II) Marco epistolar (1,4-22,21).
(A) Introdução (1,4-6). 4. *os sete Espíritos que estão diante de seu trono:* estes são sete anjos em posição de destaque (cf. Tb 12,15; *1 Henoc* 90,21). O número sete aqui talvez mostre uma conexão com os sete planetas, que na época de João eram considerados seres celestiais. **5.** *o Primogênito dos mortos*: a ressurreição de Jesus é o acontecimento que inaugurou a nova era; ela é o sinal de que o tempo de crise começou. *o Príncipe dos reis da terra:* a ressurreição de Jesus equivale à sua instalação como rei universal (cf. 1Cor 15,20-28). *àquele que nos ama, e que nos lavou de nossos pecados com seu sangue*: a formulação precisa desta expressão é singular no NT para o Ap, mas a ideia básica é tradição protocristã (cf. Rm 3,21-26; 8,37; Gl 2,20). **6.** *fez de nós uma Realeza de Sacerdotes*: a obra de Jesus cumpre a promessa de Ex 19,6. Ser uma realeza ou um reino significa estar sob o governo de Deus e não sob o de Satanás. Todas as pessoas que ouvem e obedecem à palavra de Deus são sacerdotes: mediadores entre Deus e o restante da humanidade. Esta doxologia talvez reflita em parte uma liturgia protocristã; veja E. Schüssler Fiorenza, *Priester für Gott* (Münster, 1972).

(B) Dois ditos proféticos (1,7-8). 7. O primeiro dito é uma predição apocalíptica que combina e adapta Dn 7,13 e Zc 12,10, ditos mais antigos interpretados como profecias do retorno do Jesus ressurreto como juiz (cf. Mt 24,30). Apocalipse 1,7 e Mt 24,30 refletem a atividade exegética protocristã (B. Lindars, *New Testament Apologetic* [Philadelphia, 1961] 122-27). **8.** O segundo dito é um oráculo divino. Esta é a primeira de apenas duas passagens no Ap nas quais Deus é explicitamente identificado como quem fala (21,5-8 é a outra). "Eu sou" é típico dos oráculos em que o revelador identifica a si mesmo.

19 (C) **O relato de uma experiência revelatória (1,9-22,5).** Esta unidade, que inclui a maior parte do Ap, é um único relato de uma experiência visionária no sentido de que se indica apenas um contexto (lugar, ocasião, circunstâncias) para o livro todo. O relato, contudo, está dividido em várias visões e audições.

(a) *O contexto da cena* (1,9-10a). **9.** *na tribulação*: um termo geral para designar aflição física e mental, tribulação frequentemente se refere aos sofrimentos relacionados à crise do final dos tempos (Dn 12,1; Mt 24,21). *realeza*: a realeza estabelecida pela morte de Jesus (v. 6). *perseverança em Jesus*: a perseverança, que tem conotações de paciência e persistência, é uma virtude enfatizada em várias das mensagens às sete igrejas. Em 13,9-10, o contexto sugere que um dos aspectos da perseverança é a aceitação paciente de medidas opressoras tomadas pelas autoridades contra os cristãos. Um outro aspecto é a perseverança na lealdade para com o estilo de vida defendido pelo Ap para evitar a punição eterna (14,9-12). *encontrava-me na ilha de Patmos, por causa da Palavra de Deus e do Testemunho de Jesus*: João estava na ilha em consequência de sua comunicação da mensagem cristã (Charles, *Commentary* 1. 21-22). O cristianismo como tal era ofensivo a muitos na época, mas o caráter escatológico do ensino de João talvez tenha sido visto como subversivo por parte das autoridades (R. MacMullen, *Enemies of the Roman Order* [Cambridge MA, 1966] 142-62). Patmos é uma pequena ilha rochosa na costa da Ásia Menor. As autoridades romanas baniam ocasionalmente indivíduos para ilhas como esta por ameaçarem o interesse público (Yarbro Collins, *Crisis* [→ 6 *acima*] 102-4). **10a.** *no dia do Senhor:* domingo, como o dia da ressurreição de Jesus, tinha um significado especial, talvez litúrgico, para João. *uma voz forte, como de trombeta*: o som de uma trombeta era tradicionalmente usado para descrever uma teofania (Ex 19,16.19). Na literatura protocristã, ele é frequentemente associado ao final dos tempos (Mt 24.31; 1Ts 4,16).

20 (b) *A experiência revelatória propriamente dita* (1,10b-22,5).

(i) *Primeiro ciclo de visões* (1,10b-11,19). Estas visões estão ligadas por expressões transicionais, por retomadas de temas anteriores e pela sequência lógica de um acontecimento seguindo-se a outro. Nenhum desses dispositivos de conexão liga 11,19 e 12,1.

(1) *A epifania de Cristo a João com sete mensagens* (1,10b-3,22). A epifania é uma visão cujos focos são a aparição e o discurso da figura reveladora. **11.** As sete localidades mencionadas estavam localizadas em sequência numa estrada importante. Assim, este apocalipse na forma de carta circular podia ser carregado facilmente de um lugar para o seguinte (W. Ramsay, *The Letters to the Seven Churches of Asia* [New York, 1904]). **13.** *alguém em forma humana* [no original]: literalmente, "como um filho de um ser humano", frequentemente traduzido por "semelhante a um filho de Homem". Isto reflete uma expressão idiomática semítica: um "filho de homem" significa simplesmente "um homem". Aqui a descrição de um ser celestial em forma humana alude a Dn 7,13; nesta passagem, esta figura recebe autoridade de Deus, "alguém que era antigo de dias" (Dn 7,9). Na tradição sinótica, esta figura é identificada com Jesus (Mt 8,20; Mc 8,31; Lc 6,5). **14-15.** *os cabelos de sua cabeça eram brancos como lã branca, como neve*: esta é uma adaptação da descrição de Deus em Dn 7,9. *seus olhos pareciam uma chama de fogo. Os pés tinham o aspecto do bronze*: alusões ao anjo de Dn 10,6. **16.** *sete estrelas*: estes são anjos associados com as sete igrejas (v. 20). A imagem das sete estrelas talvez faça alusão a uma constelação em particular, como a Ursa Menor ou Plêiades, ou aos sete planetas. Os anjos das igrejas são seus patronos e protetores celestiais (cf. Dn 10,20-11,1; 12,1). *de sua boca saía uma espada afiada, com dois gumes:* a palavra de Deus traz consigo a espada afiada da ordem de Deus (Sb 18,14-16; cf. Ap 19,13.15). A descrição do revelador nos vv. 13-16 é ambígua. Alguns elementos sugerem que é Deus; outros, que é um anjo;

e outros ainda, que é Jesus ressurreto. Esta assimilação de Jesus a Deus sugere que o Messias ressurreto foi exaltado ao *status* divino (cf. 3,21). **18.** As alusões à morte e ressurreição de Jesus deixam finalmente claro que (o) "alguém em forma humana" (v. 13) é o Senhor ressurreto. **19.** *escreve, pois, o que viste: tanto as coisas presentes como as que deverão acontecer depois destas*: esta ordem é um desenvolvimento da comissão ou incumbência dada pelo revelador a João no v. 11. É uma fórmula comum que descreve a profecia (W. C. van Unnik, *NTS* 9 [1962-63] 86-94).

21 As sete mensagens pertencem ao discurso do revelador a João em sua epifania. Elas especificam mais a ordem para escrever nos vv. 11 e 19. É altamente improvável que estas mensagens tenham existido independentemente como cartas reais enviadas às sete igrejas, porque elas não manifestam a forma literária das cartas antigas. Antes, elas são discursos proféticos (F. Hahn, em *Tradition und Glaube* [Festschrift K. G. Kuhn; ed. G. Jeremias *et al.*; Göttingen, 1971] 357-94). Cada mensagem começa com uma fórmula de comissionamento profético. No AT, esta fórmula tem um padrão básico: "Vai e dize a X, assim diz Y". Visto que João estava impossibilitado de deixar Patmos, a ordem de "ir" é substituída pela ordem de "escrever". A pessoa que fala (Y) em cada mensagem é o Jesus ressurreto. A parte central de cada mensagem é introduzida por "eu conheço". Esta seção consiste de exortações e possui semelhanças com os oráculos judaicos pós-exílicos de salvação-juízo. Este oráculo pode conter (1) louvor, (2) censura, (3) chamada ao arrependimento, (4) ameaça de juízo, (5) promessa de salvação. Cada mensagem termina com dois ditos formulares cuja ordem varia. Um é uma chamada por atenção ("quem tem ouvidos, ouça..."). Esta fórmula tem função semelhante à fórmula de proclamação profética no AT (*p.ex.*, "Escuta a palavra de Iahweh" em 1Rs 22,19). O outro é uma promessa de salvação escatológica para o vencedor (veja D. E. Aune, *Prophecy in Early Christianity* [→ 4 *acima*] 275-78). Uma outra razão para se concluir que estas mensagens foram compostas para seu contexto atual é o modo engenhoso pelo qual estão relacionadas a seu contexto imediato, a epifania de Cristo, e ao Ap como um todo. Em cada mensagem, a pessoa que fala na fórmula de comissionamento é identificada como o Jesus ressurreto por expressões tiradas da descrição em 1,13-16. As promessas ao vencedor antecipam a descrição da salvação nos caps. 21-22.

22 (*a*) **A Éfeso** (2,1-7). **2.** *puseste à prova os que se diziam apóstolos – e não são – e os descobriste mentirosos:* líderes carismáticos itinerantes que visitavam Éfeso consideravam-se comissionados pelo Senhor ressurreto ou por congregações particulares para esta obra. Esta liderança itinerante era comum na protoigreja; Paulo e o próprio João encaixavam-se neste padrão (cf. *Did* 11-13; Mt 10,41; 1Cor 9,1-7). João chama estes apóstolos de falsos porque ele rejeita seu ensino ou porque eles fazem concorrência à sua liderança ou ambas as coisas (cf. 2Cor 11,12-15). **5.** *removerei teu candelabro de sua posição*: esta ameaça figurativa alude à descrição do revelador em 1,13 e à identificação da pessoa que fala em 2,1. O significado alegórico da ameaça talvez seja que a congregação perderá sua posição proeminente se seu estilo de vida não recuperar seu caráter outrora exemplar. **6.** *dos nicolaítas*: os comentaristas antigos ligavam este grupo ao prosélito Nicolau de Antioquia, o qual, segundo At 6,5, tornou-se diácono cristão em Jerusalém. Os comentaristas modernos tendem a rejeitar esta interpretação como uma suposição. O nome talvez seja alegórico, significando "conquistador(es) do povo". É dito mais acerca deles na mensagem a Pérgamo. **7.** *o que o Espírito diz*: quem fala é identificado aqui e nas outras mensagens como o Espírito, embora cada uma das fórmulas de comissionamento identifique a pessoa que fala como o Jesus ressurreto. A implicação é que o Jesus glorificado e o Espírito são equivalentes, pelo menos em suas relações com os cristãos (cf. 2Cor 3,17-18). *ao vencedor*: o significado básico de "vencer" é prevalecer na batalha, em jogos atléticos ou em qualquer competição. No Ap, simboliza o alvo de prevalecer na batalha contra Satanás que Deus, o Jesus glorificado, o Espírito e os fiéis estão travando (cf. *Apoc Sof* 7,9; 9,1 [*OTP* 1. 513-14]). Embora os cristãos tenham sido transferidos para o reino de Deus e libertados de seus pecados e do reino de Satanás (1,5.9), o reino de Deus está sendo atacado por Satanás e seus aliados. Assim, os cristãos terão "tribulação" (1,9), porém, se "vencerem" por meio de sua persistência e perseverança (1,9), serão recompensados (cf. Mt 11,12; Ef 6,10-20). *da árvore da vida que está no paraíso de Deus*: esta promessa alude à árvore da vida que estava no Jardim do Éden (Gn 2,8-9). Ela antecipa a descrição da nova Jerusalém, que conterá a árvore da vida (22,2). A salvação escatológica do fim é moldada com base no estado ideal do início.

23 (b) **A Esmirna** (2,8-11). **8.** *o Primeiro e o Último, aquele que esteve morto mas voltou à vida:* a identificação da pessoa que fala na fórmula de comissionamento alude a 1,17-18. Visto que membros da igreja de Esmirna corriam perigo de serem presos pelas autoridades, o que poderia levar à execução, a imagem de seu Senhor morto e ressurreto serve como modelo, exortação e consolo. **9.** *tua indigência:* os cristãos de Esmirna talvez tenham sido pobres porque eram imigrantes da Galileia ou da Judeia, expulsos pela Guerra Judaica (66-74 d.C.). Uma inscrição de Esmirna do séc. II se refere a um grupo chamado de "os ex-judaítas" (A. T. Kraabel, *JJS* 33 [1982] 455). *alguns dos que se afirmam judeus mas não são – pelo contrário, são uma sinagoga de Satanás*: alguns entenderam a afirmação "mas não são" literalmente e concluíram que ela se refere a cristãos judaizantes, e citam Inácio para apoiar sua proposta (*Phld.* 6:1; 8:2; *Magn.* 8:10). É mais provável que estas observações sejam retóricas e que o direito da comunidade judaica local ao nome "judeu" esteja sendo contestado (esta é a posição de Bousset, Charles e da maioria dos comentaristas). Estas palavras atribuídas a Cristo refletem uma situação na qual o nome "judeu" está sendo reivindicado por cristãos como autodesignação na qualidade de verdadeiros herdeiros da herança judaica (e talvez também como imigrantes da Judeia, sendo "judeu" e "judaíta" equivalentes em grego [*Ioudaios*]). O ataque à comunidade judaica local como "sinagoga de Satanás" mostra que os judeus e os cristãos locais eram pelo menos hostis uns aos outros e provavelmente estavam envolvidos num conflito. Seu conflito é análogo ao existente entre a comunidade de Qumran e outros judeus (cf. 1QS 5:1-2, 10-20; 9:16; CD 1:12; 1QM 1:1; 4:9-10; 1QH 2:22; → Apócrifos, 67:97-105). *as blasfêmias:* as "blasfêmias" dos judeus podiam ser simplesmente sua reivindicação ao nome "judeu". Mais provavelmente, são sua crítica ao ensino cristão. **10.** *o Diabo vai lançar alguns dentre vós na prisão:* o diabo, "o caluniador", é idêntico a Satanás, "o adversário". Por trás dos seres humanos que se opõem aos seguidores de João, o chefe dos espíritos maus é visto como o poder e agente último. A íntima conexão entre os vv. 9 e 10 sugere que os judeus tinham acusado os seguidores de João diante das autoridades romanas (cf. At 17,1-9). Os cristãos esperavam a captura e detenção na prisão até o julgamento que se seguiria em breve. **11.** *o vencedor de modo algum será lesado pela segunda morte:* a "segunda morte" é a morte da alma ou do espírito, a morte da pessoa ressurreta, ou a punição eterna (cf. Mt 10,28; *1 Henoc* 108:3-4).

24 (c) **A Pérgamo** (2,12-17). **12.** *aquele que tem a espada afiada, de dois gumes:* a identificação da pessoa que fala prepara para a ameaça no v. 16. **13.** *o trono de Satanás:* o trono de Satanás tem sido interpretado de modo variado como o altar dedicado a Zeus na acrópole de Pérgamo, o santuário de Asclépio, o templo dedicado a Roma e Augusto, e a sede do governador romano.

O contexto imediato associa o "trono de Satanás" à morte de Antipas, a quem Cristo chama de "minha testemunha fiel". Como na mensagem a Esmirna, Satanás é visto como, em última análise, o instigador das medidas tomadas contra os cristãos pelas autoridades locais. A palavra "testemunha" sugere que Antipas foi preso e interrogado pelo governador romano. *que foi morto junto a vós*: estas palavras sugerem que o resultado foi a execução dele. O "trono de Satanás", então, é o tribunal do governador romano. Esta interpretação é apoiada pela associação de Satanás com Roma nos caps. 12-13. Embora Pérgamo não fosse mais a capital da Ásia na época de João, ela era uma das cidades em que o governador tratava regularmente de processos judiciais e tomava decisões. Como em todas as províncias, somente o governador possuía o direito da punição capital. A espada afiada de dois gumes de Cristo (vv. 12.16) se contrapõe à "espada" do governador, cujo direito de execução era chamado de "lei da espada" (cf. 20,4, onde as pessoas que morreram por sua fé são as que foram decapitadas). **14.** *a doutrina de Balaão*: expressa-se uma relação tipológica entre o mestre rival de João e o adivinho cananeu cuja interação com o antigo Israel é contada em Nm 22-24. *o qual ensinava Balac a lançar uma pedra de tropeço aos filhos de Israel*: esta é uma alusão a Nm 31,16, que sugere que Balaão e Balac incitaram os israelitas a se casarem com moabitas e a adorarem seus deuses (cf. Nm 25,1-2). *para que comessem das carnes sacrificadas aos ídolos*: este parece ser o ato que "Balac" ensinava a alguns dos cristãos de Pérgamo (cf. 1Cor 8-10). Todo um conjunto de problemas está implicado aqui: Poderia um cristão comprar, no mercado, alimento que talvez procedesse de um animal sacrificado a uma divindade greco-romana ou asiática? Poderia um cristão participar em jantares com não cristãos, em refeições que frequentemente consistiam de alimentos oferecidos a tais divindades e implicavam orações e hinos a elas, ou às vezes se realizavam em templos? (veja R. Macmullen, *Paganism in the Roman Empire* [New Haven, 1981]). O problema subjacente é a assimilação religiosa e cultural: Qual o grau de exclusividade que a fidelidade requer e quando a assimilação se torna idolatria? *e se prostituíssem*: diferentemente do comer alimentos sacrificados a ídolos, esta parte de seu ensino provavelmente não deveria ser entendida literalmente. No AT, a imoralidade sexual é uma metáfora para idolatria. O termo é muitas vezes usado metaforicamente no Ap (14,8; 17,2.4; 18,3.9; 19,2). Ele é usado literalmente em apenas uma passagem (9,21); mesmo ali a imoralidade sexual está intimamente ligada à idolatria (v. 20). O significado metafórico aqui é participar em culto não cristão e não judaico ou associar-se a gentios de um modo que pareça implicar participação em seu culto. **15.** *nicolaítas*: seu ensino é aparentemente idêntico ao de "Balaão". **17.** *do maná escondido*: segundo a tradição apocalíptica judaica, o tesouro do maná desceria no período messiânico (2*Apoc Bar* 29:8). *e lhe darei também uma pedrinha branca, uma pedrinha na qual está escrito um nome novo, que ninguém conhece, exceto aquele que o recebe*: a melhor forma de entender esta promessa pode ser no contexto da mágica popular (Charles, *Commentary* 1. 66-67). A pedra branca é um amuleto, e o "nome novo" é uma fórmula mágica poderosa. Seu poder é maior se ninguém mais o conhecer, visto que então ninguém mais pode usá-lo. Este nome é, provavelmente, um dos nomes do Jesus ressurreto e glorificado (cf. 3,12 e 19,12).

25 (*d*) **A Tiatira** (2,18-29). **20.** A igreja é criticada por permitir que um outro rival do ensino de João esteja ativo em sua comunidade. *Jezabel*: expressa-se uma relação tipológica entre este líder cristão e Jezabel, a filha do rei de Sidon que se casou com Acab, rei de Israel (1Rs 16,31). Como cananeia, ela defendeu a adoração de Baal. *que se afirma profetisa*: é provável que ela fosse reconhecida como tal, pelo menos por alguns cristãos de Tiatira. *e seduz meus servos a se prostituírem, comendo das carnes* *sacrificadas aos ídolos*: seu ensino era o mesmo de Balaão (v. 14). **24.** *as profundezas de Satanás – como dizem –*: alguns sustentaram que aos seguidores de Jezabel se ensinavam as "profundezas de Deus" e que a pessoa que fala sugere que o que eles sabem são, antes, os mistérios de Satanás, um procedimento retórico análogo à afirmação do v. 9 de que a sinagoga de Deus é, de fato, a sinagoga de Satanás. O problema com esta interpretação é a expressão "como dizem". A pessoa que fala aparentemente os está citando, não dizendo o que eles realmente sabem. Se alegavam conhecer as "profundezas de Satanás", talvez ensinassem fórmulas e práticas mágicas que podiam controlar maus espíritos. **26-27.** A promessa feita ao vencedor faz uso da imagem de um salmo real (Sl 2,8-9). A mesma imagem é usada para descrever a obra de Cristo em 12,5; 19,15. No contexto desta mensagem, a promessa implica que a futura autoridade e poder dos cristãos sobre os não cristãos faz com que sua tentativa de assimilar-se a eles pareça equivocada (cf. 1Cor 6,1-6). **28.** *dar-lhe-ei ainda a Estrela da manhã:* dar a estrela da manhã pode significar tornar a pessoa como a estrela da manhã: os fiéis serão glorificados e imortalizados (cf. Dn 12,3; Mt 13,43; 1Cor 15,40-44).

26 (*e*) **A Sardes** (3,1-6). **1.** *os sete Espíritos de Deus e as sete estrelas:* veja 1,4.16.20. O Jesus ressurreto tem poder sobre os anjos (cf. Fl 2,10; Hb 1,4-14; 2,5-9). **3.** *virei como ladrão:* em 16,15, a imagem do ladrão é usada para caracterizar a crise geral do fim. Aqui a ameaça parece ser a de um julgamento mais particular, como o contra "Jezabel" e seus seguidores (2,22-23). **4.** *em Sardes, contudo, há algumas pessoas:* o uso da palavra "pessoas" ["nomes" no original] sugere um registro ou uma lista. A alusão talvez seja ao livro da vida (veja 3,5; 13,8; 17,8; 20,12.15; 21,27). *que não sujaram as vestes:* vestes sujas podem ser um símbolo geral para a pecaminosidade (cf. Zc 3.3-5). Uma outra possibilidade é que as vestes limpas simbolizem a purificação e o novo começo do batismo, que alguns em Sardes mantiveram. *elas andarão comigo vestidas de branco, pois são dignas:* as "vestes brancas" simbolizam os corpos glorificados que os fiéis receberão após sua morte ou por ocasião da ressurreição (veja 6,11; 7,9.13; cf. 2Cor 5,4; *Asc Isa* 4:16; *Herm Sim* 8.2,3). **5.** *o livro da vida:* originalmente uma lista de nomes das pessoas que sobreviveriam à manifestação da ira de Deus (Ml 3,16-4,3); no Ap, uma lista das pessoas que entrarão na nova Jerusalém (21,27).

27 (*f*) **A Filadélfia** (3,7-13). **7.** *aquele que tem a chave de Davi, o que abre e ninguém fecha, e fechando, ninguém mais abre*: esta identificação do locutor alude a Is 22,22, onde se descreve um novo intendente com autoridade exclusiva sobre o acesso pessoal ao rei. Aqui o Jesus ressurreto é retratado simbolicamente como o único mediador entre a humanidade e Deus. **8.** *eis que pus à tua frente uma porta aberta que ninguém poderá fechar:* esta promessa dá continuidade à imagem do v. 7; por meio de Jesus os cristãos têm acesso a Deus, e ninguém pode privá-los desse acesso. Visto que os judeus são mencionados no versículo seguinte, a questão dos mediadores e do acesso a Deus talvez tenha sido assunto de controvérsia entre os cristãos e os judeus nesta localidade. **9.** *a sinagoga de Satanás:* veja o comentário sobre 2,9. *forçarei que venham prostrar-se a teus pés:* promete-se à congregação a vindicação pública sobre seus oponentes no futuro. **10.** *eu te guardarei da hora da provação:* esta promessa não significa que os cristãos de Filadélfia serão resgatados dos sofrimentos do final dos tempos ou da morte, mas que a pessoa que fala os sustentará naqueles sofrimentos a fim de que possam perseverar. **12.** *uma coluna no templo do meu Deus:* esta promessa antecipa a visão da nova Jerusalém, na qual não há templo como uma construção, mas um relacionamento direto e a habitação de Deus com as pessoas (21,22; 22,3-4).

28 (*g*) **A Laodiceia** (3,14-22). **17.** *pois dizes: sou rico:* aparentemente os cristãos de Laodiceia eram ricos e possuíam uma posição social relativamente alta na cidade. Tendo uma posição social e econômica segura, eles se tornaram complacentes. *que és tu o infeliz: miserável, pobre, cego e nu:* a audaciosa retórica aqui é o inverso da mensagem a Esmirna, onde os economicamente pobres são declarados ricos. **18.** *comprares de mim ouro purificado no fogo*: os cristãos de Laodiceia são exortados a testemunhar sua fé cristã, ainda que este testemunho acarrete rejeição social e, possivelmente, hostilidade, acusação diante das autoridades e morte. **20.** *eis que estou à porta e bato*: este dito metafórico parece se referir, a princípio, ao futuro (cf. v. 11). O que se segue, contudo, refere-se ao presente. *se alguém ouvir minha voz e abrir a porta*: pode ser que a indiferença dos cristãos laodicenses ou sua preocupação com sua posição os tenha levado a recusar hospitalidade a João quando ele viajou pela Ásia e a rejeitar seu ensino. Este dito sugere que toda pessoa que recebe um pregador como este recebe a Cristo (cf. Mt 10,41-42). *cearei com ele, e ele comigo*: a referência a uma refeição talvez faça alusão à Ceia do Senhor. **21.** *O vencedor se assentará comigo em meu trono, assim como eu também venci e estou assentado com meu Pai em seu trono:* A entronização de Jesus ao lado de Deus é uma imagem notável da igualdade deles (cf. 1,14.15.17). Na época em que João escreveu, os cristãos constituíam o reino de Deus; eles reconheciam o governo de Deus. Na nova era, eles participariam deste governo sobre a nova criação (2,26-27; 5,10; 22,5).

29 (2) *O rolo com sete selos* (4,1-8,5). Não se registra uma conclusão para a epifania de Cristo que começa em 1,10b. Quando a sétima mensagem foi ditada, João relata "Depois disso, tive uma visão..." (4,1). A falta de uma conclusão narrativa para a epifania, que descreva a partida do "semelhante a um filho de Homem" (1,13) ou o que João fez depois desta experiência revelatória, sugere que a experiência cujo começo é contado em 4,1 ocorreu na mesma ocasião. A expressão "Depois disso", contudo, separa a epifania do relato de uma visão subsequente.

(*a*) **A corte celestial** (4,1-11). Esta visão está intimamente ligada à do livro e do Cordeiro (5,1-14). Juntas elas apresentam os sete selos (6,1-8,5). O cap. 4 é uma visão de Deus entronizado, cercado de vários acompanhantes. Os precedentes significativos desta visão incluem Is 6 e Ez 1. Analogias importantes são *1 Henoc* 14 e 71; *2 Henoc* 20-21; *Apoc Abr* 18. **1.** *uma porta aberta no céu*: num apocalipse judaico, um anjo acompanha o visionário até o firmamento e por uma porta muito larga (ou portas) para o primeiro céu (*3Apoc Bar* 2,2; veja também 3,1; 11,2; Gn 28,17; 3Mac 6,18). *a primeira voz, que ouvira falar-me como trombeta*: esta afirmação se refere a 1,10-11; ela liga a epifania do "semelhante a um filho de Homem" em 1,10b-3,22 ao trecho de 4,1-8,5 ao sugerir que o revelador é o mesmo em ambos os relatos. "Sobe até aqui": esta ordem sugere que 4,1-8,5, ou mesmo 4,1-22,5, deveria ser entendido como uma jornada celestial ou viagem no céu. Alguns outros livros que contêm uma visão da divindade entronizada são viagens celestiais, *p.ex.*, *1 Henoc* 1-36; *1 Henoc* 37-71; *2 Henoc*; *Apoc Abr* Mas os dois protótipos principais, Is 6 e Ez 1, não são (e 1Rs 22,19-23 não é). Apocalipse 4,1-22,5 parece ser um tipo limítrofe. A porta aberta no céu, a chamada para subir e textos análogos apoiam a conclusão de que o Ap é, em parte, o relato de uma jornada celestial. Mas, diferentemente dos outros textos mencionados, não se descreve a subida de João, nem sua movimentação de lugar para lugar dentro do céu, nem sua descida de volta para a terra. No restante de 4,1-22,5, o ponto de vista de João não é explícito. *as coisas que devem acontecer depois destas*: uma retomada parcial de 1,19. **2.** *um trono no céu*: uma concepção judaica tradicional (1Rs 22,19; Is 6,1; Ez 1,26; *1 Henoc* 14,18.19). **3.** *um arco-íris envolvia o trono com reflexos de esmeralda:* o arco-íris provavelmente representa a auréola ou o nimbo, a luz que, de acordo com uma concepção comum, circundava os seres divinos (Charles, *Commentary* 1. 115).

30 4. *estavam dispostos vinte e quatro tronos, e neles assentavam-se vinte e quatro*

Anciãos: na literatura apocalíptica e mística judaica, todos os seres celestiais são usualmente descritos como estando em pé, exceto a divindade que está sentada (*b Hag* 15a; *3 Henoc* 16). O retrato dos anciãos sentados ao redor de Deus talvez tenha sido influenciado pela prática da corte romana. Quando o imperador examinava processos judiciais apresentados de forma oral, ele ficava sentado e cercado de senadores, homens de posição consular e outros amigos e conselheiros (D. E. Aune, *BR* 28 [1983] 8-9). Na astrologia babilônica, 24 estrelas, metade ao norte e metade ao sul do zodíaco, eram chamadas de "juízes do Universo". Se estas figuras são os protótipos dos 24 anciãos, sua presença e sua disposição num círculo ao redor da divindade simbolizam a ordem e o governo cósmicos. **5.** *sete Espíritos de Deus:* veja o comentário sobre 1,4. **6.** *um mar vítreo, semelhante ao cristal:* em 15,2, o mar vítreo é descrito como misturado com fogo. Esta combinação lembra 1 Henoc 14, onde se descreve uma "grande casa" (palácio ou templo) no céu é com um chão ou pavimento de cristal e cercada por fogo flamejante (vv. 10-12). Parece, então, que em 4,6 e 15,2 o pano de fundo da imagem é Ez 1 e o desenvolvimento e interpretação subsequentes daquela visão. **6b.** *quatro Viventes:* a imagem de quatro criaturas viventes é uma nova criação literária, embora motivos individuais sejam emprestados de Is 6 e Ez 1 (cf. *Apoc Abr* 18:3-5). **10.** *os vinte e quatro Anciãos se prostram diante daquele que está assentado no trono:* um ato de reverência que se originou na Pérsia e passou a fazer parte da cerimônia do culto ao soberano nos reinos helenísticos e, finalmente, do culto ao imperador (D. E. Aune, *BR* 28 [1983] 13-14). **11.** *digno és tu:* esta passagem, semelhante a um hino, provavelmente não foi emprestada do culto protocristão, mas foi composta para este contexto (K.-P. Jörns, *Das hymnische Evangelium* [Gütersloh, 1971] 178-79). *tu criaste todas as coisas:* a conclusão do "hino" sugere o tema subjacente do cap. 4: Deus como criador; embora o poder e o interesse de Deus pela criação nem sempre sejam evidentes, Deus é, na realidade, não apenas o Criador, mas também o Todo-Poderoso que vem para restaurar a criação (v. 8).

31 (*b*) **O livro e o Cordeiro** (5,1-14). O cap. 4 montou o cenário: a corte ou conselho celestial. No cap. 5 começa a ação. **1.** *um livro escrito por dentro e por fora e selado com sete selos:* o contexto sugere que o rolo com sete selos é um livro do destino em que se registram os acontecimentos do final dos tempos (Dn 10,21; *1 Henoc* 81,1-3). Abrir os selos equivale a fazer estes acontecimentos ocorrerem. Os acontecimentos escatológicos são descritos nas sequências de sete selos e sete trombetas. **2.** *"Quem é digno de abrir o livro?":* o conselho celestial se defronta com um problema sério. Deve-se achar alguém para romper os selos do livro e iniciar os acontecimentos do final dos tempos, por meio dos quais Deus triunfará sobre adversários preternaturais e humanos. **3.** *ninguém no céu, nem na terra ou sob a terra era capaz:* ninguém pode ser encontrado para realizar esta tarefa. **4.** *eu chorava muito, porque ninguém foi considerado digno de abrir nem de ler o livro:* as lágrimas de João expressam o dilema do conselho celestial bem como o desejo dos fiéis de conhecer os acontecimentos do final dos tempos e vê-los em execução. **5.** Por fim se encontra um campeão. *o Leão da tribo de Judá:* um título messiânico (real) (Gn 49,9-10). *o rebento de Davi:* também um título real (cf. Is 11,1.10). *venceu:* visto que o Ap é um escrito cristão, os títulos messiânicos se referem a Jesus. Em que sentido se pode dizer que Jesus é um vencedor? A alusão deve ser à sua morte, ressurreição, ou a ambas, vistas como acontecimentos intimamente relacionados. A imagem do cordeiro que aparece no v. 6 sugere uma ênfase na morte. **6.** *um Cordeiro de pé, como que imolado. Tinha sete chifres:* é incerta a origem do símbolo "Cordeiro" para designar Jesus. A descrição do Cordeiro como imolado sugere fortemente que Is 53 ou Ex 12 e tradições afins contribuíram para formação deste símbolo. A descrição do Cordeiro com chifres, a justaposição do epíteto Cordeiro com os títulos messiânicos no v. 5, e o papel do Cordeiro no Ap como um todo sugerem que o símbolo messiânico apocalíptico de uma ovelha ou carneiro com chifres também teve influência (Dn 8,20-21; *1 Henoc* 89,42; 90,9). **9.** *"Digno és tu de receber o livro":* apenas o Cordeiro é digno de possuir o rolo e abrir os selos. Isto implica que a morte e ressurreição de Jesus e a reconstituição do povo redimido de Deus são pré-requisitos essenciais para o desenrolar dos acontecimentos escatológicos. Também sugere que apenas os seguidores do Cordeiro podem conhecer os conteúdos do livro; apenas o Jesus ressurreto pode mediar o conhecimento do futuro. **11-14.** As aclamações de grande número de seres de toda espécie e o ato de prostração dos anciãos lembram as honras dadas ao imperador romano (D. E. Aune, *RB* 28 [1983] 14-20). A oferta dessas honras a Deus e ao Cordeiro, e não ao imperador, reflete a visão de João a respeito do conflito entre o domínio de Deus e o domínio de César.

32 (c) **Os primeiros quatro selos** (6,1-8). A interpretação tradicional do Ap sustentava que os sete selos representam o passado, não o presente ou o futuro, do ponto de vista de João (sobre a atualidade deste tipo de interpretação, veja E. Corsini, *The Apocalypse* [Wilmington, 1983] 118-63). Intérpretes do final do séc. IX e alguns do séc. XX encontram alusões, nos primeiros quatro selos, a acontecimentos históricos da época de João. A ampla discordância sobre quais acontecimentos são descritos sugere que esta abordagem está equivocada. A teoria de que os selos descrevem a história mundial é apoiada pelo fato de que muitos apocalipses judaicos contêm retrospectos simbólicos da história (Dn; *1 Henoc; 2 Apoc Bar*). Mas a maioria dos comentaristas concluiu corretamente que o Ap carece desta característica. Esta conclusão é apoiada pelas semelhanças entre os selos e as aflições messiânicas descritas nos Evangelhos sinóticos (L. A. Vos, *The Synoptic Traditions in the Apocalypse* [Kampen, 1965]). Os selos descrevem de forma resumida o futuro escatológico iminente, não o passado ou o presente, embora acontecimentos passados e contemporâneos talvez forneçam imagens para descrever esse futuro. A outra série de visões descreve os mesmos acontecimentos a partir de perspectivas diferentes e com detalhes variantes (→ 13-15 *acima*). Os temas principais em cada série são a perseguição dos fiéis, o julgamento de seus adversários, e a salvação dos fiéis. Os primeiros quatro selos são unidos pela imagem dos quatro cavaleiros (cf. Zc 1,8-11; 6,1-8) e pela formulação comum de suas introduções. **2.** *um cavalo branco:* um símbolo de vitória; o general que celebrava um triunfo militar frequentemente cavalgava um cavalo branco. *tinha um arco*: uma arma característica dos exércitos partos; a Pártia foi a sucessora do império persa. *uma coroa*: uma coroa era, às vezes, dada como prêmio por serviços públicos na guerra. A Pártia era a maior rival de Roma no Oriente. Os habitantes das províncias orientais, incluindo alguns judeus, que estavam descontentes com o governo romano, olhavam para a Pártia como um libertador em potencial. O cap. 17 sugere que João esperava que a Pártia invadisse e derrotasse Roma. Este primeiro selo descreve esta vitória parta, que significaria a destruição do inimigo dos cristãos, na concepção de João. O tom positivo desta visão expressa alegria diante de tal perspectiva. **4.** *outro cavalo, vermelho*: o segundo cavaleiro representa a guerra, como a descrição deixa claro. **5.** *um cavalo negro:* a cor preta estava associada à morte, talvez por causa das trevas do mundo inferior (LSJ 1095). A descrição sugere que se tem em mente a morte por fome. **6.** *um litro de trigo por um denário e três litros de cevada por um denário:* um denário era o ordenado típico de um trabalhador por um dia de trabalho. Geralmente um denário podia comprar de 8 a 16 vezes mais grãos que as quantidades mencionadas aqui. *quanto ao óleo e ao vinho, não causes prejuízo*: esta visão prediz uma época em que os cereais, o elemento principal da vida, serão escassos, e elementos adicionais como óleo e vinho serão abundantes. **8.** *um cavalo esverdeado:* a cor talvez signifique medo ou má saúde (LSJ 1995). *Morte:* a personificação da Morte era conhecida na literatura grega (LSJ 784) e na judaica (Sl 49,1; Os 13,14). *o Hades o acompanhava:* Hades era um deus grego, senhor do mundo inferior; o mundo inferior como lugar também era chamado de Hades. O termo hebraico *še'ôl* era usado do mesmo modo (Sl 49,15-16; Os 13,14). Permitir-se-á que o poder comum da Morte e do Hades aumente de modo que uma quarta parte da terra seja afetada.

33 (*d*) **O quinto e sexto selos** (6,9-17). **9.** *sob o altar:* provavelmente aqui isto se refere a um altar no céu, visto que o Templo terreno era uma cópia do original celeste (Ex 25,9; Hb 8,5). Segundo uma obra rabínica, as almas dos justos repousam sob o altar celeste (*'Abot R. Nat.*; veja Charles, *Commentary* 1. 228). *da palavra de Deus e do testemunho que dela tinham prestado:* a razão para sua morte lembra a razão do exílio de João (1,9; cf. 12,11.17; 19,10; 20,4). Este selo prediz a execução no contexto da perseguição como uma das aflições do final dos tempos. **10.** As almas clamam pela vingança de seu sangue. **11.** *a cada um deles foi dada, então, uma veste branca:* um símbolo do corpo glorificado dos mortos justos (cf. 3,4-5.18). A vingança de seu sangue não pode ocorrer até que o número predeterminado de mártires seja morto; então o julgamento pode ocorrer (A. Yarbro Collins, *JBL* 96 [1977] 241-56). Esta reação significa que as calamidades do final dos tempos são entendidas como uma punição das pessoas que perseguiram os seguidores do Cordeiro. **12-14.** A justaposição da visão do sexto selo com a do quinto sugere que a destruição cósmica é uma vingança por causa da morte dos mártires. **16.** *da ira do Cordeiro:* esta expressão é paradoxal se o Cordeiro for concebido inteiramente em termos do calmo e manso Servo de Iahweh em Is 53; ela é mais inteligível se o símbolo do Cordeiro tiver incorporado algumas das conotações do carneiro messiânico (veja o comentário sobre 5,6).

34 (*e*) **Duas visões inseridas** (7,1-17). O quinto selo predisse a perseguição dos fiéis, e o sexto, a punição de seus perseguidores. Nestas visões inseridas, expressa-se o terceiro tema principal: a salvação dos seguidores do Cordeiro. A falta de conexão entre essas duas visões e a enumeração dos selos fazem com que elas se destaquem.

(1') *144 mil selados* (7,1-8). **1.** *quatro Anjos:* no pensamento do judaísmo do Segundo Templo, Deus regula os elementos naturais por meio de seres angelicais (*1 Henoc* 60,11-22; *Jub.* 2,2). *os quatro ventos da terra:* os quatro ventos são agentes da punição divina (cf. Jr 49,36). Esta função está explícita no v. 2. **3.** *até que tenhamos marcado a fronte dos servos do nosso Deus:* esta marcação simbólica foi inspirada por Ez 9, onde um anjo faz uma marca na testa das pessoas que evitaram a idolatria, uma marca que faz com que sua vida seja poupada. De acordo com a visão das almas sob o altar, pelo menos alguns dos fiéis morrerão. O ato de selar no Ap não simboliza proteção "da" morte, mas proteção na morte e através dela (veja o comentário sobre 3,10). *a fronte:* o selo talvez seja equivalente ao nome de Deus escrito na testa dos fiéis (cf. 3,12; 14,1; 22,4). **4.** *cento e quarenta e quatro mil:* o número selado abrange 12 mil de cada uma das tribos de Israel. O uso do elemento tradicional das 12 tribos dá a impressão de seleção. Os 12 mil de cada tribo intensifica o sentido de seleção; um remanescente sobrevive, uma minoria é leal. Estes números não pretendem ser literais, mas são usados devido a suas conotações simbólicas. A membresia nas 12 tribos provavelmente também é simbólica e não literal; a membresia no povo judeu não é primordialmente uma questão de nascimento (2,9; 3,9). O uso de números, contudo, sugere que isto se refere a um grupo limitado, não simplesmente a todos os cristãos. A identidade deste grupo torna-se mais clara em 14,1-5. **5-8.** Uma peculiaridade desta lista é a ausência de Dã, provavelmente por razões teológicas. Aparentemente o AT descreve a tribo de Dã como idólatra (Jz 18; 1Rs 12,28-30). Segundo a presente forma do *Test12Patr*, o príncipe de Dã é Satanás (*TestDan* 5,6). Uma profecia de juízo está ligada a Dã em Jr 8,16-17. Estas tradições talvez tenham sido a base para o desenvolvimento da tradição cristã de que o anticristo viria desta tribo (Irineu, *Adv. Haer.* 5.30.2; veja Swete, *Apocalypse* 98).

35 (2') *A salvação de uma multidão* (7,9-17). A segunda visão inserida descreve a salvação final dos justos mais clara e dramaticamente que a primeira (7,1-8). Ela é, desse modo, o clímax dos sete selos. **9.** *uma grande multidão, que ninguém podia contar, de todas as nações:* as pessoas nesta visão são contrapostas deliberadamente às do relato anterior; o primeiro grupo é meticulosamente numerado, enquanto que o segundo é inumerável. O primeiro vem do povo de Israel; o segundo, de todas as nações. Embora os detalhes não possam ser forçados, a implicação é que o segundo grupo é de todos os fiéis que são leais até o fim e o primeiro constitui um grupo seleto dentro de um grupo maior (veja o comentário sobre 14,1-5). *com palmas na mão:* a palma era um emblema de vitória (LSJ 1948). **10.** *a salvação pertence ao nosso Deus:* O termo grego *sōtēria*, geralmente traduzido como "salvação", significa vitória aqui. Seu equivalente hebraico *yěšû'â* tem as nuanças de bem-estar, libertação, salvação e vitória. Em muitas passagens, significa "vitória" (1Sm 14,45; Hb 3,8; Sl 20,6; 44,5 [BDB 447]). A multidão inumerável entoa um cântico de vitória a Deus e ao Cordeiro (cf. Ex 15; Jz 5). Esta cena é a contraparte do cap. 5. Ali o conselho celestial se defrontou com um dilema: quem poderia abrir o livro, *i.e.*, dar inicio aos acontecimentos do final dos tempos mediante os quais os adversários de Deus seriam derrotados e punidos. Os primeiros seis selos descrevem estes acontecimentos. O triunfo de Deus e de seu agente, o Cordeiro, é celebrado aqui. **13-17.** Segue-se uma breve interpretação da visão na forma de um diálogo entre João e um dos 24 anciãos, que assume aqui o papel de anjo intérprete, comum nos textos apocalípticos (→ Apocalíptica do AT, 19:4, 20). **14.** *grande tribulação:* a crise do final dos tempos, que implica perseguição dos fiéis (cf. 1,9; 3,10). *alvejaram-nas no sangue do Cordeiro:* as vestes simbolizam o estado interior ou espiritual da pessoa, como na primeira metade de 3,4. A transformação de uma pessoa de maculada (pecadora) em purificada (santa) está intimamente relacionada à morte de Jesus entendida como sacrifício (cf. 1,5; 5,6.9). A alusão fundamental aqui parece ser ao arrependimento, conversão e batismo tomados juntos como uma transformação da pessoa. A referência à tribulação implica que a perseverança neste processo de transformação também é crucial para as pessoas que queiram participar da vitória de Deus e do Cordeiro. A perseverança pode levar à morte (martírio), mas não está implícito que todos os cristãos seguirão o Cordeiro desse modo. **15-17.** Uma descrição poética da salvação. **15.** *diante do trono de Deus:* a maior bênção é estar na presença de Deus (cf. 22,3-4). *em seu templo:* servir no Templo simboliza proximidade de Deus (cf. 3,12). **16-17.** Várias metáforas são usadas para expressar o significado da salvação; a satisfação das necessidades físicas e emocionais simboliza a realização da pessoa toda.

36 (f) **O sétimo selo e a visão de um anjo oferecendo as orações dos santos** (8,1-5). O clímax dos sete selos já foi alcançado em 7,9-17. O papel do sétimo selo é restabelecer um senso de drama e suspense e proporcionar a transição para a próxima série de visões, as sete trombetas (8,2-11,19). A transição é realizada por meio da técnica literária de interligar dois trechos do livro. A interligação ou conexão dos selos com as trombetas é realizada pela atribuição de três efeitos à abertura do sétimo selo: (1) o silêncio (8,1); (2) a aparição dos sete anjos com as sete trombetas (8,2); (3) a visão do anjo com o turíbulo de ouro (8,3-5). Desse modo, toda a série de trombetas é incluída na série de acontecimentos produzidos pela deslacração do livro (cf. 5,1). A visão do anjo com o turíbulo também liga as duas séries (veja *abaixo*). **1.** *um silêncio durante cerca de meia hora:* a duração aproximada de tempo caracteriza o silêncio não como um tempo de descanso e cumprimento, mas como um tempo de expectativa. **2.** *os sete Anjos que estão diante de Deus:* sete anjos de alta posição, talvez idênticos aos sete espíritos diante do trono de Deus (1,4; cf. 5,6) e às sete lâmpadas de fogo diante do trono (4,5). *sete trombetas:* quanto ao significado simbólico da trombeta, veja o comentário sobre 1,10.

37 A visão de um anjo oferecendo as orações dos santos (8,3-5) é inserida entre a apresentação dos sete anjos (v. 2) e a descrição de sua atividade que começa no v. 6. A visão inserida alude retroativamente ao quinto selo e projetivamente às primeiras quatro trombetas. O altar no v. 3 lembra o altar em 6,9. As orações dos santos (v. 3) lembram o clamor por vingança das almas sob o altar em 6,10. A oferta de incenso juntamente com as orações dos santos pelo anjo no v. 4 repete, sob uma imagem diferente, a oração de 6,10. O lançamento de fogo sobre a terra no v. 5 recapitula a resposta às almas em 6,11, porém, em vez de requerer uma espera, a imagem sugere a resposta divina a seu apelo (cf. Ez 10,2). O gesto do anjo prefigura as pragas sobre a terra associadas às primeiras quatro trombetas (8,6-12). Assim, a implicação é que as pragas das trombetas são punições por causa da perseguição dos fiéis.

38 (3) *As sete trombetas* (8,2-11,19). As sete mensagens esperam o juízo e a salvação do ponto de vista de comunidades cristãs particulares. Os sete selos predizem o juízo e a salvação escatológicos de um modo geral, enfatizando a perspectiva de toda a humanidade, especialmente dos fiéis. A série de visões associadas às sete trombetas também diz respeito aos acontecimentos dos últimos dias, mas a ênfase aqui é no cosmo: céu, terra, as águas e o mundo inferior. O conteúdo da série de trombetas é uma adaptação livre das dez pragas contra os egípcios que precederam o êxodo (Ex 7-10). O tratamento dos cristãos por parte de Roma é análogo à escravização dos israelitas no Egito. O juízo escatológico de Deus será como as pragas sobre a terra e o povo do Egito.

39 (*a*) **As primeiras quatro trombetas** (8,2.6-12). Como os primeiros quatro selos, as primeiras quatro trombetas formam um grupo. Juntas elas afetam o cosmo como um todo. Cada uma é breve em comparação com a quinta e sexta trombetas. **7.** *granizo e fogo, misturados com sangue:* esta catástrofe, que afeta um terço da terra, lembra a sétima praga contra os egípcios, chuva de pedras sobre a terra com fogo (Ex 9,22-26). **8.** *uma terça parte do mar se transformou em sangue*: esta catástrofe é análoga à primeira praga contra os egípcios, a transformação do rio Nilo em sangue (Ex 7,14-24). **11.** Uma terça parte das águas potáveis se transformará em absinto e, assim, se tornará amarga. Esta praga talvez tenha sido inspirada por um oráculo contra o povo infiel de Deus em Jr 9,15-16. **12.** Esta praga no céu talvez tenha sido inspirada pela nona praga egípcia das trevas (Ex 10,21-23), mas ela está mais próxima, em termos de imagens, de passagens como Am 8,9; Jl 3,15 e Is 30,26.

40 (*b*) **A águia e os três ais; a quinta e a sexta trombetas** (8,13-9,21). As primeiras quatro trombetas se dirigiam contra o cosmo. As últimas três trombetas (que são os três ais segundo 8,13) afetam mais diretamente a humanidade. **9.1-11.** A quinta trombeta desencadeia uma praga demoníaca dirigida contra os inimigos de Deus (v. 4). **1.** *uma estrela que havia caído do céu sobre a terra*: os pagãos acreditavam que as estrelas eram seres divinos; os judeus as identificavam com anjos. A queda deste anjo lembra os mitos dos anjos caídos e da rebelião de Satanás (Gn 6,1-4; Is 14,12-15; *ANET* 140; *2 Henoc* 18, 29; *Adão e Eva* 12-16). *a chave do poço do Abismo:* visto que "foi entregue a chave" ao anjo, a abertura do abismo (mundo inferior) não é uma rebelião, mas parte do plano de Deus. Esta visão é análoga às de 20,1-3 e 7-10. Os acontecimentos descritos não são idênticos, mas esta passagem antecipa o cap. 20, e este último recapitula o anterior. Ambos descrevem o desencadeamento de forças caóticas e terríveis durante os últimos dias. **3.** *gafanhotos:* a quinta trombeta alude à oitava praga contra os egípcios (Ex 10). O profeta Joel interpretou a catástrofe natural de um enxame de gafanhotos como punição de Deus para o próprio povo do Senhor. O Ap é semelhante a Ex 10 ao apresentar a praga como dirigida contra os inimigos de Deus (v. 4) e semelhante a Joel ao comparar o enxame a um exército (vv. 7.9; Jl 2,4-9). Ele vai além ao transformar os gafanhotos em criaturas demoníacas com caudas como escorpiões (vv. 3.5.10), cabeças como de seres humanos (v. 7) e dentes como de leões (v. 8), que atormentam os perversos e não devoram a folhagem (v. 4). **7.** *cavalos preparados para uma batalha:* a imagem militar da quinta trombeta é retomada na sexta. Compare os carros do v. 9 com as tropas da cavalaria no v. 17; cavalos (vv. 7.9.17.19) e couraças (vv. 9.17) aparecem em ambos. *coroas de ouro:* os únicos outros seres no Ap dos quais se diz terem coroas de ouro são seres celestiais (4,4; 14,14); como demônios ou anjos caídos, os gafanhotos são "celestiais" também. As "coroas" talvez também retomem o primeiro selo e, assim, aludam aos partos (veja o comentário sobre 6,2). **11.** *Abaddon:* o líder dos gafanhotos demoníacos não é Satanás, mas o mundo inferior personificado, ou "o Destruidor". Estes nomes retomam o Hades (mundo inferior) e a Morte na visão do quarto selo (6,8). Aqui, contudo, o aspecto principal não é a morte, mas tormento prolongado. **9.13-19.** Como a quinta, a descrição da sexta praga oscila entre o relato de uma batalha e a descrição de seres sobrenaturais que executam a ira divina sobre os perversos. A ênfase em ambas as visões reside na obra de seres angélicos ou demoníacos. **13.** *o altar de ouro:* o mesmo altar mencionado em 8,3-5. Esta alusão liga a sexta praga às orações dos santos por vingança (6,10). **14.** *sobre o grande rio Eufrates:* a menção do Eufrates antecipa a batalha associada à sexta taça (16,12-16). É provável que a sexta trombeta e a sexta taça aludam ao mesmo acontecimento a partir de pontos de vista diferentes. A descrição aqui é propositadamente velada e misteriosa (veja G. Bornkamm, *ZNW* 36 [1937] 132-49; Yarbro Collins, *Combat Myth* [→ 15 *acima*] 35-36). O Eufrates lembra os grandes impérios ao leste e ao norte da Judeia. Na época de João, a potência dominante naquela região era o Império Parta (veja o comentário sobre 6,2). **15.** *estavam prontos para a hora, o dia, o mês e o ano*: esta observação implica um plano divino predeterminado. *a terça parte dos homens:* a terça parte é uma medida característica das trombetas (8,7-12); ela representa um incremento gradativo em comparação com o quarto selo (6,8). **20-21.** A resposta típica dos habitantes da terra às pragas é amaldiçoar a Deus em vez de se arrepender (cf. 16,9.11.21). Só em Jerusalém as pessoas finalmente se arrependerão (cf. 16,9 com 11,13). **20.** *adorar os demônios*: os deuses dos gentios são identificados com demônios (cf. Dt 32,17; 1Cor 10,19-20). *ídolos de ouro, de prata, de bronze, de pedra e de madeira, que não podem ver, nem ouvir ou andar*: esta descrição dos ídolos está muito próxima de Dn 5,23. O contexto em Dn é a narrativa acerca da inscrição na parede na festa de Baltazar. Daniel a interpreta como uma revelação acerca do futuro do reino babilônico, que implicará sua divisão pelos medos e persas. Esta alusão a Dn 5 talvez indique que João esperava uma grande batalha no Eufrates que cumpriria Dn 5,28; "Babilônia" (Roma) seria vencida pelos partos (os sucessores dos persas). **21.** *seus homicídios, magias, fornicações e roubos*: uma lista tradicional de vícios (cf. Rm 1,29-31; Gl 5,19-21; 1Cor 6,9-10; Ef 5,3-5; Mc 7,21-22; *Herm Man* 8.5).

41 (c) **Duas visões inseridas** (10,1-11,13). Estas duas visões não estão associadas a nenhuma das trombetas e, assim, formam uma espécie de interlúdio duplo. Seu papel na estrutura do Ap é análogo ao das visões inseridas na série de selos (7,1-8.9-17). Diferentemente das visões do cap. 7, estas não constituem o clímax da série em que aparecem; o clímax das trombetas vem depois do soar da sétima (veja o comentário sobre 11,15-19). Em vez disso, elas antecipam alguns temas do segundo ciclo de visões (12,1-22,5) e fornecem, com isso, uma ligação entre as duas metades do livro.

(1') *Um anjo poderoso e um livrinho aberto* (10,1-11). Esta visão pode ser vista como uma introdução ao segundo ciclo de visões porque nela João recebe uma nova comissão, e se introduz um novo livro cujo conteúdo é descrito nos caps. 12-22. **1.** *outro Anjo, forte*: o único outro anjo "forte" mencionado até aqui é o anjo associado ao livro selado (5,2). *seu rosto era como o sol*: esta característica lembra a descrição do Cristo ressurreto em 1,16; veja o comentário sobre vv. 8 e 11. **2.** *na mão segurava um livrinho aberto*: esta observação é paralela a 5,1, onde se descreve Deus segurando um livro selado. O livro selado é um símbolo do primeiro ciclo de visões: fragmentário, obscuro, evidentemente velado de forma deliberada. O livro aberto simboliza o segundo ciclo de visões, no qual os personagens do drama escatológico são definidos mais nitidamente e a natureza do conflito dos últimos dias e sua solução são descritas mais vívida e coerentemente. Tanto 5,1 quanto 10,2 aludem a Ez 2,8-3,3. Em virtude de o livro de 10,2 ser pequeno, alguns afirmam que ele se refere apenas a 11,1-13. Esta hipótese é muito improvável (veja os comentários sobre 10,11 e 11,1). *pousou o pé direito sobre o mar, o esquerdo sobre a terra*: devido à semelhança entre os vv. 5-6 *abaixo* e Dn 12,5-7, parece provável que o anjo de Ap 10 seja retratado em parte segundo o anjo (Gabriel) que fala a Daniel em Dn 10-12. Enquanto Dn descreve três anjos, um em cada margem do Rio Tigre e um (Gabriel) acima de suas águas, o Ap descreve um único anjo com uma perna sobre a terra e outra sobre o mar. A visão de João é mais cósmica e universal. **6.** *não haverá mais tempo*: o fato de o livro ser pequeno ou curto talvez simboliz a proximidade do fim. **7.** *o mistério de Deus*: o plano divino para a criação; um mistério é um segredo celestial que diz respeito a uma realidade presente oculta ou ao futuro (veja o comentário sobre 17,5). *a seus servos, os profetas*: a referência pode ser aos profetas da Escritura judaica, a profetas protocristãos contemporâneos de João, ou a ambos (cf. Am 3,7; 1QpHab 7; 2Esd 13,10-12; Ap 22,9). **8-10.** A alusão ao Cristo ressurreto do cap. 1 entra em jogo agora. Em 1,11.19 e no começo de cada uma das sete mensagens, João recebe a ordem de escrever a revelação que recebeu em um livro e enviá-lo às sete congregações. Esta ordem é equivalente a uma comissão para profetizar. O protótipo escriturístico de 10,8-10 (Ez 2,8-3,3) também é uma comissão para profetizar. Por causa da íntima ligação existente entre 4,1-2 e 1,10-11, os caps. 2-11 podem ser vistos como o cumprimento da comissão do cap. 1. A comissão renovada de 10,8-10 é, então, cumprida nos caps. 12-22. **11.** *é necessário que continues ainda a profetizar*: a comissão renovada para profetizar se torna explícita. *contra muitos povos, nações, línguas e reis*: esta descrição do conteúdo da profecia renovada combina muito melhor com os caps. 12-22 do que com 11,1-13 (veja o comentário sobre o v. 2).

(2') *O Templo e duas testemunhas* (11,1-13). Como o cap. 10, esta passagem é uma inserção na série de trombetas. Ela não se segue logicamente do cap. 10, mas é simplesmente colocada depois dele como uma passagem paralela. 11,1-13 não é uma unidade, mas uma combinação de dois elementos tradicionais originalmente independentes, vv. 1-2 e 3-13. Como se observou acima, o cap. 10 introduz formalmente os caps. 12-22. 11,1-13 prepara para estes capítulos mediante a apresentação de dois motivos-chave: o limite de tempo estabelecido para o período das aflições escatológicas (vv. 2 e 3) e a besta que sobe do abismo (v. 7). **1.** *deram-me depois um caniço, semelhante a uma vara*: 11,1-13 provavelmente não pretende apresentar o conteúdo do pequeno livro (veja 10,2), porque esta passagem começa com sua própria ação simbólica (R. Bultmann, *TLZ* 52 [1927] 505-12). A importância do medir só se evidencia no v. 2. **2.** *não meças*: o átrio do Templo não deve ser medido porque foi permitido aos gentios pisotear a cidade santa; isto sugere que a medição do Templo em si, do altar e das pessoas que adoram ali significa sua preservação dos gentios. Esta profecia provavelmente se originou durante a Guerra Judaica, quando os rebeldes ocuparam o Templo e os romanos romperam os muros do Templo exterior. Josefo registra que certos profetas proclamaram que Deus viria para ajudar os rebeldes imediatamente e libertá-los desta situação terrível (*Guerra judaica* 6.5.2 § 283-86; veja Yarbro Collins, *Crisis* [→ 6 *acima*] 64-69). Quando a profecia não se cumpriu literalmente, ela foi passada adiante e recebeu interpretações espirituais (alegóricas). João provavelmente reinterpretou o contraste interior/exterior do oráculo em termos de celestial/terreno: o Templo terreno foi destruído, mas sua contraparte celestial permanece, à qual os (verdadeiros) adoradores de Deus dirigem sua atenção. *quarenta e dois meses*: na passagem a que se alude em 10,5-6, o anjo diz ao vidente que todas essas coisas seriam realizadas em "um tempo, tempos e metade de um tempo" (Dn 12,7) Aparentemente um "tempo" é um ano (veja Dn 7,25; 8,14; 9,27; 12,11-12). 42 meses equivalem aos três anos e meio sugeridos por Dn 12,7. No Ap, refere-se ao período das aflições escatológicas. Visto que é difícil correlacioná-lo aos acontecimentos históricos a que o Ap alude, é provável que seu significado não seja literal. **3.** *às minhas testemunhas, porém, permitirei que profetizem*: este versículo provavelmente foi composto por João para ligar as tradições mais antigas e independentes agora corporificadas nos vv. 1-2 e 4-13. Existem indicações de que se usou uma fonte escrita nos vv. 4-13 (Yarbro Collins, *Combat Myth* [→ 15 *acima*] 195 n. 60). O termo "testemunha" é usado também para designar Jesus (1,5; 3,14), Antipas (2,13) e outras pessoas que morreram por causa de seu testemunho (17,6). Ele ainda não era um termo técnico (*i.e.*, com o significado de "mártir") no Ap, mas tornou-se isso por volta da metade do séc. II (*Mart Pol* 2.1; 17.3; cf. N. Brox, *Zeuge und Märtyrer* [München, 1961]). *mil duzentos e sessenta dias*: equivalente aos 42 meses do v. 2. *as duas oliveiras e os dois candelabros*: cf. Zc 4,12-14. **5.** *fogo*: cf. 2Rs 1,9-12; Eclo 48,3. A atividade das testemunhas lembra Elias. **6.** *para que não caia nenhuma chuva*: outra alusão a Elias (1Rs 17-18). *todo tipo de flagelos*: uma alusão a Moisés (Ex 7-11). **7.** *a Besta que sobe do Abismo:* a imagem lembra a quinta trombeta (9,1-11), mas aqui se refere ao adversário escatológico. **8-12.** Provavelmente se pretendia que as duas testemunhas fossem entendidas como agentes escatológicos de Deus que agirão no futuro próximo. É significativo que o padrão da vida, da morte e da vida após a morte das testemunhas recapitule o padrão de Jesus Cristo e expresse de um modo extraordinário e público o destino esperado do autor e dos leitores receptivos. Quaisquer que sejam as referências que se pretendiam fazer, a função paradigmática da narrativa é evidente.

42 (*d*) **A sétima trombeta** (11-15,19). Como a série dos sete selos, as sete trombetas descrevem as aflições, o juízo e a salvação escatológicos em sua totalidade. O tema da perseguição (aflições) aparece na visão que introduz as trombetas (8,3-5) por meio da alusão à visão das almas sob o altar (6,9-11). O juízo e a salvação finais são descritos na visão após a sétima trombeta. **15.** *a realeza do mundo*: à luz de 1,5, poder-se-ia afirmar que o v. 15 descreve o que já é uma realidade presente para João. Mas 12,12 indica que o presente se caracterizava para João pelo domínio de Satanás sobre a terra. Isto sugere que 11,15-17 descreve o futuro escatológico para João. **18.** *as nações tinham-se enfurecido*: os maus-tratos dos justos provavelmente estão implícitos aqui, e assim as aflições escatológicas. *tua ira chegou*: a punição divina definitiva da prática do mal. *o tempo de julgar os mortos*: uma referência clara ao julgamento geral, o que provavelmente implica uma ressurreição geral. *recompensa*: o julgamento é bênção (salvação) para os justos. *exterminar*: o julgamento implica punição dos perversos. Como no clímax dos selos, a resolução escatológica é aclamada por seres celestiais (cf. 11,15 com 7,10-12). **19.** *o templo de Deus que está no céu se abriu, e apareceu no templo a arca de sua aliança*: a abertura do Santo dos Santos aqui expressa uma autorrevelação extraordinária de Deus. *relâmpagos ... e uma grande tempestade de granizo*: manifestações cósmicas típicas da autorrevelação ou teofania de Deus (J. Jeremias, *Theophanie* [Neukirchen, 1977]; L. Hartman, *Prophecy Interpreted* [ConBNT 1; Lund, 1966]).

43 (ii) *Segundo ciclo de visões* (12,1-22,5). Muito pouco liga o cap. 12 à série das trombetas; portanto, é preferível considerar as visões de 12,1-15,4 como a primeira série em um novo ciclo, em vez de associá-las às trombetas. O símbolo do segundo ciclo é o livro aberto (cf. 10,2).

(1) Visões simbólicas que revelam segredos do passado, do presente e do futuro (12,1-15,4). Estas visões não são numeradas explicitamente. Mas elas podem ser distinguidas umas das outras observando a combinação do uso de fórmulas visionárias (*p.ex.*, "X apareceu" ou "eu vi") e uma mudança nos personagens ou assuntos. Estes dispositivos transicionais indicam que a série contém sete visões.

(*a*) **A mulher e o dragão** (12,1-17). Este capítulo não é uma composição unitária, mas se baseia em duas fontes: uma narrativa que descreve o conflito entre uma mulher grávida e um dragão (refletida nos vv. 1-6 e 13-17) e uma narrativa que descreve uma batalha no céu (vv. 7-9). É provável que estas fontes tenham sido compostas por judeus não cristãos e que João as tenha editorado, fazendo numerosos acréscimos, inclusive o hino dos vv. 10-12 (veja Yarbro Collins, *Combat Myth* [→ 15 *acima*] 101-16). **1.** *uma Mulher vestida com o sol, tendo a lua sob os pés e sobre a cabeça uma coroa de doze estrelas*: estes atributos são típicos das grandes deusas no mundo antigo (*ibid.* 71-76), como Isis (veja Apuleio, *Metamor.* 11.2-6). A identidade da mulher foi muito discutida.

Uma interpretação católica romana tradicional é de que ela é Maria, a mãe de Jesus, que também é a nova Eva. Outras sugestões são que ela é a Jerusalém celestial, a sabedoria personificada, ou a igreja. Na fonte, a mulher personificava Israel, cujas dores de parto (v. 2) simbolizavam as aflições escatológicas que precedem o aparecimento do Messias. Na forma atual do cap. 12, a mulher é o Israel celestial, a esposa de Deus (cf. Os 1,2; 2,4-5 [RSV 2,2-3] 2,16-17 [RSV 2,14-15; Is 50,1; 54,5-8). Visto que João reivindica o nome "judeus" para os cristãos (2,9; 3,9), ele não faz distinção entre Israel e a igreja. **3.** *um grande Dragão, cor de fogo, com sete cabeças e dez chifres*: este dragão ou serpente do mar é uma besta mítica, um símbolo muito antigo do caos. A tradição babilônica inclui o tema de um monstro serpentino com sete cabeças (*ANEP* 220 n. 691). Textos cananeus mencionam uma besta semelhante (*ANET* 138). Esta besta é retratada como oponente de Deus no AT (cf. Is 27,1; 51,9; Sl 74,13; 89,11; Jó 9,13; 26,12). Na forma final do cap. 12, o dragão é identificado com a serpente de Gn 3, a qual, por sua vez, é identificada com o diabo e Satanás (v. 9). Os "dez chifres" são derivados de Dn 7,7. **4.** *sua cauda arrastava um terço das estrelas do céu, lançando-as para a terra*: este tema é semelhante a Dn 8,10. Na tradição grega, o monstro rebelde do caos ataca as estrelas (veja Nonnos, *Dionys.* 1. 163-64, 180-81). *o dragão postou-se diante da Mulher ... a fim de lhe devorar o filho*: podem-se encontrar muitos paralelos no AT e em outros textos judaicos a elementos avulsos do cap. 12. Mas o mais próximo paralelo ao enredo da narrativa sobre a mulher e o dragão é uma versão greco-romana da história do nascimento de Apolo. Leto, uma deusa, foi engravidada por Zeus. Píton, um dragão, previu que o filho de Leto o substituiria como governante do oráculo de Delfos. Assim, ele a perseguiu quando ela estava perto de dar à luz, a fim de matar a criança. Por ordem de Zeus, o vento norte e Poseidon, deus do mar, ajudaram Leto. Ela deu à luz Apolo e Ártemis. Apolo, então, matou Píton. Uma das fontes usadas por João era uma adaptação desta narrativa para descrever o nascimento do Messias. Uma vez que vários imperadores, particularmente Nero, associavam-se a Apolo, João e sua fonte sugeriram, em oposição a esta propaganda, que o Messias prometido a Israel traria a verdadeira era de ouro (veja Yarbro Collins, *Combat Myth*, [→ 15 *acima*] 61-70, 101-45). **10.** *porque foi expulso o acusador dos nossos irmãos:* o hino nos vv. 10-12 serve de comentário sobre a narrativa dos vv. 1-9 e 13-17. O dragão ou serpente da narrativa é identificado no hino como o "acusador" dos cristãos diante de Deus no tribunal celestial. Os cristãos são absolvidos neste tribunal por causa da morte de Jesus (cf. 1,5b). A absolvição no tribunal celestial é uma inversão irônica da condenação nos tribunais (romanos) terrenos ("pela palavra de seu testemunho", v. 11), que leva à execução ("pois desprezaram a própria vida até à morte", v. 11). Estes cristãos são "o resto dos seus [da mulher] descendentes" (v. 17), a quem o dragão perseguiu após a criança ser arrebatada para o céu (v. 5). **18.** [Ele, o dragão, se colocou] *depois na praia do mar*: este versículo é uma transição para a visão de 13,1-10 e associa intimamente o dragão e a besta do mar (cf. MNT 219-39).

44 (*b*) **A besta que sai do mar** (13,1-10). Esta besta e a besta da terra, no relato visionário seguinte, possuem conotações tanto míticas quanto históricas. A união de uma besta do mar com uma da terra lembra o tema mítico de Leviatã (monstro marinho) e Beemote (monstro terrestre); veja Jó 40-41. **1.** *uma Besta que subia do mar*: na LXX, *thalassa*, "mar", é usado frequentemente para traduzir o termo hebraico *yām*. Nos mitos cananeus, *Yam*, "Mar", é uma divindade em conflito com Baal, o deus da tempestade e da fertilidade. Semelhantemente, o mar é um oponente de Deus no AT (*p.ex.*, Sl 74,13). A associação da besta de Ap 13,1 com o mar a caracteriza como um símbolo mítico do caos e da rebelião. O mar como tema mítico é equivalente ao "abismo" (11,7). O abismo (as profundezas) no AT é o dilúvio original, ou os dilúvios de água, e possui conotações míticas (cf. Sl 77,17). Assim, a besta de 13,1-10 retoma a besta de 11,7 e é equivalente a ela; ela também está ligada de duas formas a Dn 7. Certos detalhes sugerem que ela é uma combinação das quatro bestas de Dn 7: os "dez chifres" (v. 1) a ligam à quarta besta (Dn 7,7-8); ela é semelhante a um leopardo, como a terceira besta (Dn 7,6); seus pés semelhantes aos do urso lembram a segunda besta (Dn 7,5); e sua boca semelhante à do leão a associa com a primeira besta (Dn 7,4). Enquanto Dn 7 está interessado em quatro reis e reinos sucessivos (Dn 7,17.23), Ap 13 concentra-se em um grande reino, a culminação de todos os terrores dos anteriores. A quarta besta de Dn 7, contudo, é o modelo primordial de Ap 13,1-10. João provavelmente entendia a quarta besta de Dn como uma profecia sobre o "reino" de sua própria época (Roma), e não como uma interpretação do reino macedônio, de acordo com o significado original do texto. Além dos "dez chifres", outros temas ligam a besta de Ap 13,1-10 a Dn 7: uma boca que fala coisas arrogantes (v. 5; cf. Dn 7,8.11), o que no Ap é entendido como blasfêmia (cf. vv. 5 e 6 com Dn 7,7.8.25); e sua opressão dos santos por três vezes e meia [três anos e meio], que é 42 meses (cf. vv. 5.7 com Dn 7,25; 8,14; veja também Ap 11,2.3). *sete cabeças*: este tema, como o mar, indica que a besta é um símbolo mítico; cf. 12,3. **3.** *uma de suas cabeças parecia mortalmente ferida, mas a ferida mortal foi curada*: como os chifres representam reis individuais em Dn 7,24, assim aqui as cabeças representam "reis" ou imperadores individuais. A observação no v. 7 de que a besta recebeu autoridade sobre toda tribo, povo, língua e nação é uma indicação clara de que, no nível histórico do significado, a besta do mar significa o Império Romano. O tema visionário da cura de uma ferida mortal da cabeça (= do imperador) provavelmente foi inspirado pela lenda de que Nero, que cometeu suicídio, retornaria para obter novamente poder sobre Roma (Suetônio, *Nero* 47-57; *Or Sib* 4:119-24, 137-48; 5:93-110, 361-84; veja Yarbro

Collins, *Combat Myth* [→ 15 acima] 176-83). A forma que esta alusão assume descreve deliberadamente o adversário escatológico em termos semelhantes aos usados para o Cordeiro (5,6). Embora não se use o termo, o adversário escatológico é descrito como um anticristo.

45 (c) **A besta que sai da terra** (13,11-18). **11.** *tinha dois chifres como um Cordeiro, mas falava como um dragão*: os dois chifres talvez tenham sido inspirados por Dn 8,3, em que o visionário vê um *krios*, "carneiro", representando o Império Medo-Persa. O uso de *arnion*, "cordeiro", sugere que esta besta é, como a besta do mar, uma contraimagem ao Cordeiro de Ap 5. Em 16,13; 19,20; 20,10, a besta da terra é descrita como um falso profeta. A caracterização em 13,11 é análoga à dos falsos profetas em Mt 7,15. Enquanto que Mt 7,15 se refere a falsos profetas cristãos (cf. *Did* 11:2,5-6,8-10), o falso profeta do Ap não é nem judeu nem cristão. **12.** *toda a autoridade da primeira Besta, ela a exerce diante desta. E faz com que a terra e seus habitantes adorem a primeira Besta*: esta caracterização sugere que, no nível do significado histórico, a besta da terra representa um representante ou agente do Império Romano que exerce um papel importante no culto imperial. Visto que o Ap provavelmente foi escrito na província romana da Ásia ou perto dela, a referência mais provável é à elite provincial, a líderes locais de família nobre e rica que, por esta época, tinham adquirido a cidadania romana e exerciam o poder político sob a supervisão do governador provincial romano. A alusão ao culto imperial lembra a liga das cidades da Ásia cujo propósito era promover o culto ao imperador e à deusa Roma. Esta liga escolhia anualmente vários asiarcas, autoridades cujos principais deveres eram proteger e promover o culto imperial. Eles vinham das mais nobres, mais ricas e mais poderosas famílias (veja D. Magie, *Roman Rule in Asia Minor* [2 vols.; Princeton, 1950]). **13.** *opera grandes maravilhas*: no v. 14, o efeito destas maravilhas é que os habitantes da terra são desencaminhados. Na tradição sinótica, falsos Cristos e falsos profetas mostrarão sinais e maravilhas com o mesmo efeito (Mc 13,22; Mt 24,24). De acordo com 2Ts 2,9, a vinda do ímpio será acompanhada por falsos sinais e maravilhas que enganarão e farão os descrentes errar. No Ap, esta tradição talvez seja especificada com referência a um culto mistérico imperial (veja S. J. Scherrer, *JBL* 103 [1984] 599-610). **15.** *fazer com que morressem todos os que não adorassem a imagem da Besta:* durante o reinado do imperador Trajano (98-117 d.C.), as pessoas que tinham sido acusadas de serem cristãos e negavam que o eram, eram instadas a invocar os deuses, adorar a imagem de Trajano e amaldiçoar a Cristo. Estas ordens visavam testar se eram verdadeiramente cristãos ou não (Plínio, *EP.* 10.96). Estes testes provavelmente foram usados antes também. **15.** Este versículo reflete esta situação de um modo intensificado e mostra quão ofensivo o culto ao imperador era para João. **17.** *a marca ... da Besta:* a "marca" provavelmente é uma alusão a moedas com a imagem, nome e insígnia do imperador (veja Yarbro Collins, *JBL* 96 [1976] 252-54). **18.** *666*: este enigma se baseia no fato de que as palavras em hebraico e grego podem ter um valor numérico, visto que cada letra também é usada como um numeral. A soma aqui provavelmente é uma alusão a Nero (veja Charles, *Commentary* 2. 364-68; cf. D. R. Hillers, *BASOR* 170 [1963] 65).

46 (d) **O Cordeiro e os 144 mil** (14,1-5). Em 13,1-10, apresentou-se uma visão da besta e seus seguidores. Aqui se registra uma visão contrastante do Cordeiro e seus seguidores. **1.** *o Cordeiro estava de pé sobre o monte Sião:* "O Cordeiro" está em contraposição à besta, e "Monte Sião" é uma contraimagem para o mar (cf. 13,1). *cento e quarenta e quatro mil*: as pessoas com o Cordeiro aqui são aquelas que foram seladas em 7,1-8. *traziam escrito na fronte o nome dele e o nome de seu Pai*: esta observação especifica a natureza do selo (cf. 7,2-3; veja também 3,12; 22,4). Ela também contrapõe os seguidores do

Cordeiro aos seguidores da besta, que têm a marca dela em suas testas (13,16). Diversos detalhes sugerem que os 144 mil são um grupo especial dentre os fiéis e não simplesmente todos os fiéis (veja o comentário sobre 7,4.9). Eles não seguem simplesmente o Cordeiro, mas o seguem aonde quer que ele vá (*i.e.*, até à morte; v. 4b). Eles não foram simplesmente redimidos como todos os cristãos, mas foram redimidos do restante da humanidade como primícias (cf. v. 4c com 5,9). **4.** *primícias:* este é, fundamentalmente, um termo sacrifical técnico (Ex 23,19; Dt 12,6). Este nível de significado sugere uma associação com as almas sob o altar (6,9) e as almas das pessoas que tinham sido decapitadas por causa de seu testemunho de Jesus (20,4). Isto sugere que os 144 mil são um grupo ideal que representa as pessoas que perdem sua vida por causa de sua fé e que serão recompensadas mediante a participação na primeira ressurreição (20,4-6). A tese de que "primícias" alude à primeira ressurreição é apoiada pelo uso análogo do termo por parte de Paulo (1Cor 15,20-23). *os que não se contaminaram com mulheres: são virgens:* é provável que esta caracterização de um grupo ideal refletisse e reforçasse tendências para a prática da continência sexual (veja Yarbro Collins, *Crisis* [→ 6 acima] 129-31). Este tema da contaminação também serve para contrapor os 144 mil aos Sentinelas. Os Sentinelas são anjos que desceram ou caíram na terra, uma mudança de *status* associada à relação sexual. Os 144 mil são seres humanos exaltados ao *status* celestial, uma transição associada à continência. Diz-se que os Sentinelas se contaminaram com mulheres (1 Henoc 7,1; 9,8; 15,1-7).

47 (*e*) **Os três anjos** (14,6-13). **6.** *que voava no meio do céu*: esta expressão é semelhante à descrição da águia em 8,13. Há uma correspondência formal entre os três ais introduzidos pela águia e as mensagens dos três anjos. *com um evangelho eterno:* o evangelho, ou a boa nova, é um anúncio de julgamento iminente (v. 7). **8.** *caiu, caiu, Babilônia, a Grande*: este anúncio enigmático de julgamento (cf. Jr 51.8) antecipa os caps. 17-18. **9-12.** A mensagem do terceiro anjo expressa as consequências do julgamento divino para a humanidade. O critério será se a pessoa seguiu a besta ou o Cordeiro. Os seguidores da besta sofrerão punição contínua e interminável pelo fogo (cf. 19,20; 20,10.14-15; 21,8). Esta descrição da punição não é uma oportunidade para os leitores exultarem com a desgraça de seus inimigos; ela serve, antes, como um incentivo para que guardem "os mandamentos de Deus e a fé em Jesus" (v. 12). As descrições do inferno em apocalipses cristãos apócrifos têm uma função semelhante (veja Himmelfarb, *Tours of Hell* [→ 3 acima]). **13.** A ameaça implícita de punição nos vv. 9-12 é contrabalançada pela sugestão de recompensa nos ditos anexados do v. 13.

48 (*f*) **Colheita e vindima** (14,14-20). **14.** *sobre a nuvem alguém sentado, semelhante a um Filho de Homem*: esta figura parece ser uma adaptação do ser angélico de Dn 7,13, embora "nuvem" esteja no singular aqui, como em Ap 10.1, e não no plural como em Dn 7,13 e Ap 1,7. Diferentemente dos Evangelhos, o Ap usa "semelhante a um Filho de Homem" descritivamente, como Dn 7,13, e não como um título (cf. "o Homem" ou "o Filho do Homem" [Mc 14,62]). De maneira alguma é óbvio que a figura em Ap 14,14 deva ser identificada com Cristo, especialmente visto que o versículo seguinte se refere a "um outro anjo". À luz de 1,13.18, contudo, é provável que esta identificação tenha sido feita (cf. Mt 13,36-43). *e nas mãos uma foice afiada*: esta visão com suas duas cenas foi inspirada por Jl 4,13. Ali as imagens da colheita e do lagar são usadas para descrever uma guerra santa entre o guerreiro divino e as nações que praticaram violência contra Judá (v. 19). No Ap, as imagens são universalizadas para se referirem ao julgamento divino sobre a terra (vv. 15.16.18.19). A referência à "cidade" no v. 20, contudo, pode ser uma limitação desta universalidade, ou pelo menos uma concentração dela. Em Jl, a batalha está associada a Sião e Jerusalém (vv. 16.17). "A cidade" em Ap 14,20, contudo, pode ser uma alusão a "Babilônia" (cf. 14,8; 16,19; 17,5; 18,2.10.21), i.e., Roma. **15.** *a seara da terra está murcha* [no original]: não está claro se o texto de Joel que João conhecia estava corrompido (veja Charles, *Commentary* 2. 22) ou se ele trocou deliberadamente a imagem de "maduro" por "murcho". **18.** *que tem poder sobre o fogo*: cf. *Jub* 2,2 e *1 Henoc* 60,11-21. **19.** *no grande lagar do furor de Deus:* a associação de um lagar com a ira de Deus talvez tenha sido inspirada por Is 63,1-6. **20.** *o lagar foi pisado*: o verbo no passivo pode ser uma adaptação do ativo, "eu pisei o lagar" (Is 63,3); neste oráculo profético, o guerreiro divino mata seus oponentes (Edom e Bosra, v. 1). *dele saiu sangue até chegar aos freios dos cavalos*: em Is 63,3, o guerreiro divino diz: "seu sangue salpicou as minhas vestes". Apocalipse 14,19-20 deixa claro que pisar o lagar é uma imagem de julgamento na forma de uma batalha. Mas a batalha é sugerida, não descrita. O relato parece terminar abruptamente. A mesma imagem é retomada novamente em 19,13.15. Estas características sugerem que 14,14-20 antecipa a grande batalha de 19,19-21.

49 (g) **A salvação dos vencedores** (15,2-4). 15,1 introduz a próxima série de visões, as sete taças (15,1-19,10). 15,5 dá continuidade ao tema introduzido pelo v. 1. Os vv. 2-4 constituem uma visão intercalada que serve como o clímax da série iniciada em 12,1. Como as outras séries, esta é dominada pelos temas da perseguição, julgamento e salvação. A perseguição é proeminente nos caps. 12-13. O tema do julgamento se manifesta de modo sutil em 14,14-20. O tema da salvação é introduzido em 14,1-5 e se expressa mais plenamente aqui na visão dos vencedores diante do trono divino. **2.** *um mar de vidro misturado com fogo:* veja o comentário sobre 4,6. *a Besta*: esta visão retrata o triunfo final de Deus e dos vencedores sobre o adversário descrito em 13,1-10. **3.** *o cântico de Moisés*: esta observação associa o cântico dos vv. 3-4 a Ex 15, o cântico de vitória sobre os egípcios. **4.** *pois tuas justas decisões se tornaram manifestas*: esta observação alude aos julgamentos de Deus anunciados pelos três anjos (14,6-13) e descritos de modo velado em 14,14-20. Ela mostra que, como Ex 15, este cântico é um cântico de vitória.

50 (2) *As sete taças* (15,1-19,10). Como se observou acima, 15,1 e 15,5-8 introduzem uma nova série de visões. A perseguição foi o tema dominante na série anterior (12,1-15,4). O tema dominante nesta série é o juízo divino sobre a terra e os perversos. Ela retoma e desenvolve os anúncios de juízo feitos pelos três anjos em 14,6-13, esclarecendo especialmente o anúncio da queda de "Babilônia" (14,8). Esta série também recapitula as visões dos sete selos e das sete trombetas; isto é, ela tem os mesmos assuntos que elas (os acontecimentos do final dos tempos), mas os descreve de uma perspectiva diferente. Como nos sete selos, os temas da justiça e da vindicação são proeminentes aqui. Como nas sete trombetas, os elementos e temas naturais de Ex têm certa importância aqui. As taças diferem das trombetas ao especificar quem são os adversários de Deus e as razões para o juízo divino.

(*a*) *Sete anjos com as últimas pragas* (15,1.5-16,1). **1.** *vi ainda outro sinal grande e maravilhoso no céu:* a formulação está próxima à de 12,1.3; o paralelo indica que uma nova série está sendo introduzida. *com sete pragas, as últimas:* a mesma palavra é usada para caracterizar os efeitos da sexta trombeta (9,18.20) e está associada ao êxodo (Ex 11,1; 12,13 LXX). *com estas o furor de Deus está consumado*: em 14,6-13, o *thymos*, "furor", de "Babilônia" foi correlacionado ao *thymos*, "furor", de Deus. Este tema é retomado aqui e torna-se proeminente nesta série (veja 15,7; 16,1.19; 18,3; cf. 19,15). O v. 1 é uma introdução e um resumo de 15,5-19,10. A descrição efetiva da visão começa no v. 5. **7.** *sete taças de ouro*: este tipo de taça (*phialē*) era usado nas ofertas. A imagem é tomada do culto e dos recipientes do

Templo (Ex 27,3). Observe que os anjos saem do Templo (vv. 5-6). **16.1.** *derramai pela terra as sete taças do furor de Deus*: cf. 8,5.

51 (*b*) *As primeiras quatro taças* (16,2-9). É provável que, nos caps. 8-9 e 16, o autor do Ap tenha feito uso de fontes que consistiam de reinterpretações escatológicas das pragas de Ex. Nas fontes, o propósito das pragas talvez tenha sido o de levar a humanidade ao arrependimento; em seu contexto atual, as pragas são punições divinas dos pecadores (H. D. Betz, *JTC* 6 [1969] 134-56; A. Yarbro Collins, *CBQ* 39 [1977] 370-74; H. P. Muller, *ZNW* 51 [1960] 268-78. As primeiras quatro taças estão associadas a elementos naturais: a terra (v. 2), o mar (v. 3), as águas doces (v. 4) e o sol (corpo celeste) (v. 8). Estes elementos representam uma cosmologia judaica tradicional (A. Yarbro Collins, *CBQ* 39 [1977] 375-76). **2.** *uma úlcera maligna e dolorosa atingiu as pessoas que traziam a marca da Besta e as que adoravam sua imagem*: o efeito da primeira praga não incide sobre a terra como tal, mas sobre os pecadores, a saber, as pessoas que dão honras divinas a Roma e ao imperador (veja 13,11-18; 14,9-11), em vez de adorarem o verdadeiro Deus (veja 14,7 onde os elementos naturais também são mencionados). Esta primeira praga é uma adaptação da sexta praga sobre os egípcios (Ex 9,8-12). **3.** *pelo mar... E este se transformou em sangue, como de um morto*: esta praga lembra a primeira das desencadeadas sobre os egípcios por Moisés (Ex 7,14-24; cf. Ap 8,8-9). *todos os seres que viviam no mar morreram*: este efeito é uma intensificação do resultado da segunda trombeta (8,9). **4.** Como a segunda, a terceira taça alude ao Nilo e a todas as águas do Egito se transformando em sangue. O relato do êxodo é um paradigma para a situação do Ap: como Deus libertou os israelitas do Egito, assim os cristãos serão libertos do poder de Roma e vindicados. **5-7.** O v. 4 é de uma fonte usada por João, enquanto que os vv. 5-7 são de sua própria composição, que serve para comentar e interpretar o relato narrativo da fonte (cf. a função dos vv. 10-12 no cap. 12). **5a.** *o Anjo das águas*: este anjo é análogo ao associado ao fogo (14,18); quanto aos deveres dos arcanjos, veja *1 Henoc* 20. **5b-6.** O discurso do anjo pode ser definido como uma doxologia de juízo ou uma fórmula de vindicação escatológica (H. D. Betz, *JTC* 6 [1969] 139; P. Staples, *NovT* 14 [1972] 284-85; A. Yarbro Collins, *CBQ* 39 [1977[368-69). Ele reafirma a justiça divina devido à antecipação da intervenção escatológica de Deus para punir os perseguidores dos fiéis. **6.** *pois estes derramaram sangue de santos e profetas, e tu lhes deste sangue a beber*: a transgressão e a punição estão correlacionadas dentro de uma perspectiva escatológica (cf. 22,18b-19; E. Käsemann, *NTQT* 66-81; A. Yarbro Collins, *CBQ* 39 [1977] 370). Cf. 17,6; 18,24; e Is 49,26.

52 (*c*) *As últimas três taças* (16,10-21). As primeiras quatro taças são unificadas por sua associação com elementos naturais que representam todo o cosmo (céu e terra, águas doces e salgadas). As últimas três taças são unificadas por suas conotações históricas e políticas comuns. Compare a estrutura dos sete selos e das sete trombetas. **10.** *o trono da Besta*: em 13,2 é dito que o dragão (Satanás) deu à besta (Roma e os imperadores) seu poder e trono e grande autoridade. Aqui, como lá, "trono" provavelmente é usado de modo figurado para significar domínio ou soberania. *seu reino ficou em trevas*: "reino" aqui significa o território governado ou o âmbito. Esta visão (a quinta taça) lembra a nona praga egípcia (Ex 10,21-29). *os homens mordiam a língua de dor*: a transição das trevas para a dor não é explicada; dores são mencionadas no v. 11, o que liga esta visão à primeira taça. Esta ligação sugere que as pessoas que são punidas por esta praga são as mesmas mencionadas no v. 2. **11.** *não se converteram de sua conduta*: o mesmo tema aparece no v. 9; cf. 9,20-21. No contexto presente, não há expectativa de que as pessoas afetadas pelas pragas (pessoas de fora) se arrependerão (veja 22,11 e acima sobre as primeiras quatro taças). Espera-se que as pessoas do próprio grupo que tenham errado, pelo contrário, se arrependam (2,5.16.21-22; 3,3.19). Os habitantes de Jerusalém são um caso especial (veja 11,13). **12.** *o sexto [anjo] derramou a taça sobre o grande rio Eufrates:* a menção do Rio Eufrates liga esta visão à sexta trombeta (9,13-21). Lá quatro anjos estão presos no rio. Quando a trombeta é tocada, eles são soltos para matar uma terça parte da humanidade. A visão, portanto, combina imagens militares e demoníacas. A significação da visão não está explícita, embora a idolatria e outros vícios sejam mencionados nos vv. 20-21. A sexta taça retoma a sexta trombeta, aparentemente descrevendo o mesmo acontecimento numa imagem mais coerente e de um modo que torna seu contexto histórico mais claro. *a água do rio secou, abrindo caminho aos reis do Oriente:* a sexta trombeta e taça se referem a uma batalha travada tanto por seres sobrenaturais (os anjos e seus exércitos demoníacos em 9,13-21 e os três espíritos impuros de 16,13-14) quanto pelos seres humanos (explícito somente na sexta taça – os reis do Oriente e da terra – vv. 12 e 14). Esta batalha sinergística ou de dois andares é típica das noções antigas de guerra santa (Jz 5,20; Dn 10,13-11,1; 1QM 1; veja A. Yarbro Collins, *JBL* 96 [1977] 242). Na época em que o Ap foi escrito, "os reis do Oriente" deve ter sido entendido primordialmente em termos dos partos (F. E. Peters, *The Harvest of Hellenism* [New York, 1970] 740-41). Veja os comentários sobre 6,1-2; 17,12-18. **13.** A menção do dragão, da besta e do falso profeta sugere que esta batalha é a mesma descrita em 19,11-21 (veja especialmente os vv. 19-20). *três espíritos impuros, como sapos*: como a praga egípcia dos gafanhotos foi transformada numa praga demoníaca na quinta trombeta, aqui as rãs de Ex 7,25-8,15 são objeto de uma breve alusão e são igualmente transformadas. **14.** *fazem maravilhas*: veja o comentário sobre 13,13. *para a guerra do Grande Dia do Deus Todo-poderoso*: este "grande dia" parece ser o mesmo descrito em 6,17. Este dia parece ser o primeiro acontecimento do último estágio dos acontecimentos finais e provavelmente coincide com o retorno do Cristo ressurreto (19,11-16). O "grande dia", formulado de modos variados em 6,17; 16,14, não parece ser um termo fixo para João, mas está relacionado à noção tradicional do Dia do Senhor (veja *IDBSup* 209-10; cf. Rm 2,5; 1Cor 1,8; 2Ts 2,2). No Ap, este dia está ligado a uma grande batalha ou guerra (cf. 1Qm 1). **15.** *eis que venho como um ladrão:* João passa repentinamente de um relato narrativo para um dito profético, as palavras de Cristo. Este dito tradicional (cf. Mt 24,43-44; Lc 12,39-40; 1Ts 5,2.4; 2Pd 3,10) apoia a hipótese de que o grande dia do v. 14 está ligado ao retorno de Cristo. *suas vestes*: cf. 3,4.18. **16.** O texto retorna para a narrativa: os espíritos impuros reuniram os exércitos dos reis da terra. *Harmagedôn:* o topônimo provavelmente significa "a montanha do Meguido" (veja *IDB* 1. 226-27). A narrativa termina abruptamente, sendo retomada mais tarde (veja 17,12-14; 19,11-21). **17-18.** A conclusão do julgamento de Deus (a sétima taça) é descrita em termos de uma teofania (cf. 11,19). **19.** O efeito deste julgamento também é descrito em termos políticos: Babilônia, de fato todas as cidades dos gentios, caiu (cf. 14,8). **20-21a.** O texto retorna à linguagem teofânica. **21b.** O tema da falta de arrependimento aparece novamente (cf. vv. 9 e 11).

53 (*d*) **Desenvolvimento da sétima taça**: A natureza e a queda de "Babilônia" (17,1-19,10). Esta seção é uma coda às sete taças. O tema dominante das taças é o julgamento sobre a besta, seus seguidores e a cidade enigmática de "Babilônia". A besta foi introduzida de modo velado e fragmentário em 11,7 e descrita plenamente no cap. 13. DE modo semelhante, a destruição de "Babilônia" é anunciada misteriosamente em 14,8 e 16,19, mas uma apresentação da natureza, caráter e papel de "Babilônia" é reservada para os caps. 17-18. Como as outras séries de visões, as taças com sua coda expressam os três principais temas do Ap: perseguição (a terceira taça, 16,4-7), o julgamento (a sétima taça, 16,19) e a salvação (o clímax e a conclusão da coda, 19,1-10).

(1') *Uma mulher sentada sobre uma besta escarlate* (17,1-18). **1.** *um dos sete Anjos das sete taças veio dizer-me:* a transição de 16,21 para 17,1 mostra que 17,1 e o que se segue são uma coda à série das taças. Não se usa fórmula visionária em 17,1 (*p.ex.*, "eu vi"), e não há mudança no assunto (cf. 17,1.5 com 16,19). A identificação de "um dos sete anjos" também liga as duas passagens. O anjo interpreta o que vê para o visionário; o papel do intérprete ou mediador angélico da revelação é típico dos apocalipses (um exemplo protoapocalíptico é Zc 1,9; veja Dn 7,16; 2Esd 10,28-59; cf. Ap 5,5). *o julgamento da grande Prostituta que está sentada à beira de águas copiosas:* no v. 5, a prostituta é identificada como "Babilônia". Assim, a prostituta representa uma cidade. A personificação de cidades pelos profetas hebreus era muito comum (Is 1,21; 66,7-16; Jr 15,9; Ez 16). Ocasionalmente Jerusalém era denunciada pelos profetas com a metáfora de prostituta (Is 1,21; Ez 16,15-45). Às vezes, a metáfora era usada para designar os inimigos de Israel e Judá (Na 3,4 para Nínive; Is 23,16-17 para Tiro). Aqui a prostituta é a cidade de Roma (veja vv. 9 e 18). A identificação de Roma com uma meretriz que é destruída não é uma alegoria simples como uma correspondência linear entre significante e significado. Antes, a metáfora condena não apenas a cidade física e histórica, mas também o que ela representava do ponto de vista do autor: a deusa Roma, a pretensão do Império Romano de dominar a terra, as iniquidades do sistema econômico romano (veja v. 4 e 18,3) e a violência implicada na imposição da soberania romana (18,24). Estas características eram manifestações das pretensões inapropriadas à eternidade e divindade por parte de Roma, que tinham os maus frutos da exploração humana. A personificação da cidade como mulher e a imagem da prostituição para caracterizar a idolatria e a riqueza excessiva têm raízes na tradição hebraica, como se observou acima. Elas também são uma resposta ao autoentendimento romano em termos da deusa Roma (R. Mellor, *Thea Romē* [Göttingen, 1975] *ANRW* II/7.2, 950-1030). No séc. XX, estas imagens não podem ser usadas acriticamente porque, *p.ex.*, reconheceram-se seus efeitos maléficos sobre a vida das mulheres (T. D. Setel, "Prophets and Pornography", *Feminist Interpretation of the Bible* [ed. L. Russell; Philadelphia, 1985] 86-95). "Águas copiosas" é um atributo da Babilônia histórica (Jr 51,13) que é interpretado alegoricamente no contexto presente (v. 15). **3.** *[o anjo] me transportou então, em espírito, ao deserto:* cf. Ez 3,12-15; 8,2-3.7; 11,1; 40,2-4; Ap 1,10. *uma mulher sentada sobre uma Besta escarlate cheia de títulos blasfemos, com sete cabeças e dez chifres:* embora se usem diferentes palavras gregas, a cor desta besta a liga ao dragão do cap. 12. Os nomes blasfemos a ligam à besta do cap. 13. Sete cabeças e dez chifres são comuns a ambas. O contexto (17,8.10-18) sugere que esta besta é idêntica ou equivalente à besta do cap. 13. **4.** *tinha na mão um cálice de ouro:* os habitantes da terra bebem deste cálice (v. 2); cf. Jr 25,15-29; 51,7, *Cebes* 5,1-2 (veja *The Tabula of Cebes* [ed. J. T. Fitzgerald e L. M. White; Chicago, 1983]). **5.** *fronte:* as prostitutas romanas usavam tiras trazendo seus nomes em sua fronte (Charles, *Commentary* 2. 65). A imagem também lembra as caracterizações dos seguidores do Cordeiro e da Besta (7,3; 9,4; 13,16; 14,1.9; 20,4; 22,4). *um mistério:* na literatura protocristã, usava-se *mysthērion* para designar um segredo celestial revelado à humanidade por Deus. Este segredo podia implicar realidades presentes, mas ocultas, o futuro, ou a interpretação de textos difíceis (geralmente a Escritura); veja Mc 4,11 par.; Rm 11,25; 16,25; 1Cor 2,7; 15,51; Ef 1,9; Cl 1,26; 2Ts 2,7; Ap 1,20; 10,7 (→ Colossenses, 54:17; Efésios, 55,17). **6.** *das testemunhas de Jesus:* veja o comentário sobre 11,3; cf. A. A. Trites, *NovT* 15 [1973] 72-80. **8.** *a Besta que viste existia, mas não existe mais; está para subir do Abismo:* a besta, como adversário escatológico, é uma imagem falsa de Deus (cf. 1,8), bem como de Cristo (cf. 13,3). Esta observação sugere também que no Ap o "anticristo" é moldado com base no imperador Nero e nas lendas associadas a ele (veja o comentário sobre 13,3). Nero existiu (ele governou Roma durante sua vida), não existe (no presente ele está morto) e está para subir (ele retornará do mundo inferior para readquirir o poder). *caminha para a destruição*: veja 19,20. **9.** *a inteligência que tem discernimento*: uma observação semelhante introduziu o enigma do 666 em 13,18. Este "discernimento" não é o de sentido comum, a sabedoria experiencial associada a provérbios, mas uma sabedoria celestial que é conhecimento dos mistérios de Deus (veja o comentário sobre o v. 5; cf. 1Cor 2,6-13; esta "sabedoria mântica" é característica da apocalíptica; veja H.-P. Müller, "Mantische Weisheit und Apokalyptik", *Congress Volume: Uppsala 1971* [VTSup 22; Leiden, 1972] 268-93). *as sete cabeças são sete montes*: a cidade de Roma era amplamente conhecida como uma cidade construída sobre "sete montes" (veja Charles, *Commentary* 2. 69). *sete reis*: é provável que os vv. 9b-10 sejam uma fonte que João reinterpretou para o contexto atual. Os sete reis são imperadores romanos (veja Yarbro Collins, *Crisis* [→ 6 *acima*] 58-64). **11.** *o oitavo e também um dos sete*: esta observação sugere que João identificou o Nero demoníaco (associado ao mundo inferior) com o adversário escatológico: aquele que tomará o poder nos últimos dias é alguém que anteriormente governou como imperador. **12.** *os dez chifres que viste são dez reis que ainda não receberam um reino. Estes, porém, receberão autoridade como reis por uma hora apenas, juntamente com a Besta*: quando o Nero histórico viu que não poderia mais permanecer no poder, ele pensou em fugir para a Pártia (Suetônio, *Nero* 47). Depois de sua morte, surgiu uma lenda de que ele não morrera e retornaria com aliados partos para recuperar o poder sobre o Império Romano e destruir seus inimigos (Charles, *Commentary* 2. 80-81). Os vv. 12-14.16-17 refletem esta lenda. A expectativa lendária era que Nero e seus aliados orientais destruiriam a cidade de Roma e que o Oriente recuperaria a hegemonia sobre o mundo mediterrâneo (veja Yarbro Collins, *Crisis* [→ 6 *acima*] 89-90). João adaptou esta lenda e a incorporou em seu esquema escatológico. A batalha de Nero e dos partos contra Roma ocorreria primeiro; este é o juízo divino contra "Babilônia" (14,8; 16,19). Esta batalha é objeto de uma alusão velada em 6,2 (o primeiro selo) e 9,13-21 (a sexta trombeta). A sexta taça (16,12-16) serve como uma introdução tanto à batalha de Nero e seus aliados contra Roma (cujo desfecho é descrito em 17,16-18) quanto à batalha imediatamente subsequente entre o Cristo exaltado e a "besta" (o Nero demoníaco ou "anticristo" e seus aliados). Esta batalha final é objeto de uma alusão no sexto selo (6,12-17), na sétima trombeta (11,15-19) e na visão da colheita e vindima (14,14-20). 17,14 começa a descrever esta última batalha; a descrição, contudo, é interrompida e retomada em 19,11. Ainda que João provavelmente tenha ligado os acontecimentos escatológicos a acontecimentos históricos especificamente esperados, ele o fez de tal modo que sua visão do presente e do futuro também seja aplicável a outras situações.

54 (2') *Predição apocalíptica do juízo divino sobre "Babilônia"* (18,1-24). Em 17,1, o anjo ofereceu-se para mostrar a João a condenação e punição de Babilônia. 17,17 alude à condenação ou sentença divina em sua observação de que os dez reis faziam a vontade de Deus. O v. 16 descreve a punição (destruição) resumidamente. O cap. 18 desenvolve ambos os temas de um modo engenhoso e irônico. **1.** *outro Anjo:* além daquele que tinha uma das sete taças (17,1). Veja também 10,1 e Ez 43,2. Os vv. 1-3 constituem o relato de uma visão ou epifania de um anjo. O foco está no discurso do anjo (vv. 2b-3). Quanto à forma, o discurso é um cântico fúnebre, mas aqui ele é usado como anúncio de juízo (A. Yarbro Collins, "Revelation 18: Taunt-Song or Dirge?" in *L'Apocalypse johannique et l'apocalyptique dans le Nouveau Testament* [ed. J. Lambrecht; BETL 53; Leuven, 1980] 192-93). **2.** *caiu, caiu*: cf. Ap 14,8; Is 21,9; Jr 51,8. *tornou-se moradia de demônios, abrigo de todo tipo de espíritos impuros, abrigo de todo tipo de aves impuras e* *repelentes*: cf. Is 13,19-22; 34,11-15; Jr 50,39-40; Br 4,35. **3.** *embriagou as nações com o vinho do furor de sua prostituição*: veja o comentário sobre 15,1. Esta imagem significa que os povos da terra, especialmente os ricos e politicamente poderosos, reconheceram as pretensões de *status* divino ou quase divino e de soberania por parte de Roma, porque podiam tirar proveito ao fazer isso (veja o comentário sobre 17,1). *os mercadores da terra se enriqueceram graças ao seu luxo desenfreado*: cf. Is 23,18. Os vv. 4-20 são compostos por diversas unidades pequenas, que juntas constituem uma audição longa e frouxamente ligada (uma voz celestial – v. 4). **4b-5.** O v. 4b é uma admoestação, e o v. 5 oferece a razão para ela. Ambos os versículos aludem a uma profecia antiga (Jr 51,45; 51,9). No contexto atual, contudo, a advertência serve como uma conclamação à exclusividade cultural, *i.e.*, à rejeição da assimilação (veja os comentários sobre 13,16-17; 2,14). **6-8.** Esta pequena unidade é uma ordem para executar o julgamento sobre a "Babilônia". As ordens de fato são dadas nos vv. 6-7a; a explicação destas ordens aparece nos vv. 7b-8. Tendo em vista que se imaginava que a guerra santa fosse travada em dois andares, provavelmente se deveria conceber a pessoa que fala e a(s) pessoa(s) a quem ela dirige a palavra como seres celestiais (cf. Ez 9,1.5-6), cujas ações constituem a contraparte celestial de 17,16 (a menção de fogo liga 17,16 e 18,8). No v. 6 está em ação a *lex talionis*, a correlação de pecado e punição (veja o comentário sobre 16,6; cf. também 7,1-2; 18,23-35; Lc 6,37-38). Nos vv. 7-8, o princípio é a inversão escatológica (cf. Lc 6,20-26). **9.** *os reis da terra, que se prostituíam com ela e compartilhavam seu luxo, chorarão e baterão no peito, ao ver a fumaça do seu incêndio*: Aqui João parece empregar um recurso dramático, de forma que a violência não é descrita diretamente, mas apenas os resultados ou reações à violência. De modo geral, os vv. 9-10 constituem um anúncio de julgamento sobre os reis secundários cujo domínio dependia do favor romano. O anúncio é irônico porque contém um cântico fúnebre expresso pelos amigos de Roma. Da perspectiva do autor, contudo, até mesmo o cântico fúnebre funciona como um anúncio de julgamento: "uma hora apenas bastou para o teu julgamento" (v. 10; compare 17,12). **11-13.** Este é um anúncio de julgamento dirigido contra os mercadores da terra (cf. v. 3). O Ap não parece condenar a profissão de mercador (em contraposição a *Ev Tom* 64). Ele sugere que a riqueza nesta era e o verdadeiro discipulado estão, pelo menos, em tensão um com o outro, se é que não são incompatíveis (3,17-20). **12.** *carregamentos:* os carregamentos dos mercadores, que ninguém comprará quando Roma for destruída, consistem principalmente de artigos de luxo. Uma das razões para o julgamento de Roma é que seus mercadores eram os "magnatas" da terra (v. 23). O que talvez esteja refletido aqui é a inquietação e a crítica de uma situação em que os ricos se tornam mais ricos e os pobres, mais pobres (cf. 6,6; veja Yarbro Collins, *Crisis*, [→ 6 acima] 88-97, 132-34). **14.** Este versículo interrompe o ritmo dos anúncios de julgamento contra os reis (vv. 9-10), mercadores (vv. 11-13), mercadores novamente (vv. 15-17a) e aqueles que ganham a vida no mar (vv. 17b-19). É um cântico fúnebre dirigido diretamente a "Babilônia" pela voz celestial (cf. v. 4). **15-17a.** Este é um segundo anúncio de julgamento contra os mercadores. Ele é dramático em termos de forma, como a cena que envolve os reis da terra (vv. 9-10). Seu cântico fúnebre (v. 16) alude às vestes luxuosas e joias da prostituta (17,4). **17a.** *numa só hora tanta riqueza foi reduzida a nada*: a "hora" retoma a "predição" em 17,12 de que os 10 reis receberão autoridade junto com a besta por uma hora (cf. 14,7.15; 18,10.19). **17b-19.** Esta unidade é um anúncio de julgamento contra marinheiros mercantes. Seus atos de lamento e cânticos fúnebres talvez sejam os mais vívidos da série. Tomada sozinha, esta unidade evocaria *pathos*, até mesmo simpatia ou pesar. Mas o contexto (a alusão ao julgamento no paralelo [v. 17a] e a conclamação a exultar [v. 20] mostra que estes sentimentos não são visados seriamente. **20.** *exultai por sua causa, ó céu, e vós, santos, apóstolos e profetas, pois, julgando-a, Deus vos fez justiça*: esta conclamação para a exultação é extraordinária após a série de cânticos fúnebres. Ela é semelhante, quanto à forma, a 12,12, que celebra a vitória cristã sobre Satanás. Aqui se pensa na vindicação das pessoas que sofreram por causa de seu testemunho de Jesus (veja 6,9-11; 16,6; 17,6; 18,24). O v. 20 conclui a longa audição que começou no v. 4. A terceira seção principal do cap. 18 é o relato de uma ação simbólica realizada por um anjo (vv. 21-24). Assim, a seção intermediária (vv. 4-20) é emoldurada por duas cenas vigorosamente visuais, e cada uma envolve um anjo (cf. vv. 1-3). Os anúncios dos anjos são paralelos quanto ao conteúdo. As imagens sinistras de desolação nos vv. 2b-3 são complementadas pelo vazio e silêncio implícitos nos vv. 22-23. Cada anúncio termina com razões para o julgamento. "Todas as nações" e "mercadores" são mencionados em cada um. Quanto a relatos proféticos de ações simbólicas, veja G. Tucker, *Form Criticism of the Old Testament* (Philadelphia, 1971) 66; K. Koch, *The Growth of the Biblical Tradition* (New York, 1969) 203, 210; W. E. March, "Prophecy", *Old Testament Form Criticism* (ed. J. H. Hayes; San Antonio, 1974) 172. Quanto ao pano de fundo deste ato simbólico, veja Jr 51,59-64; Ez 26,19-21.

55 (3') *O regozijo no céu* (19,1-10). Esta passagem se diferencia do cap. 18 por sua fórmula introdutória, "Depois disso, ouvi" (v. 1). Mas ela está ligada a ele pelo fato de que 18,20 contém uma conclamação à exultação; 19,1-8 é a resposta a esta conclamação. 19,1-10 expressa os temas da vitória divina e da salvação dos fiéis; desse modo, é paralela a 7,9-17; 11,15-19; 15,2-4; 20,4-6; e 21,1-22,5. Esta passagem tem três partes: duas unidades corais (vv. 1-5.6-8) e uma cena transicional (vv. 9-10). **1-5.** A primeira unidade coral tem uma estrutura determinada, até certo ponto, por 18,20. A conclamação à exultação em 18,20 é dirigida primeiro ao céu; 19-1-4 descreve a exultação celestial.

Em segundo lugar, os santos, os apóstolos e os profetas são incitados a exultarem em 18,20. Em 19,5, esta palavra aos seres humanos é retomada e ampliada a todas as pessoas que servem e temem a Deus. Esta unidade coral se divide em quatro partes: dois cânticos de vitória (vv. 1-2 e 3), uma cena celestial confirmatória (v. 4) e uma conclamação celestial à confirmação terrena (v. 5). **1.** *salvação*: veja o comentário sobre 7,10. **6-8.** Os paralelos verbais próximos entre o v. 1 e o v. 6 sugerem que no v. 6 começa uma nova unidade. Os vv. 1-5 concentram-se na vitória de Deus sobre "Babilônia" como juiz e guerreiro divino; os vv. 6-8 concentram-se na realeza de Deus e nas núpcias do Cordeiro. A sequência de vitória na batalha, ascensão como rei e núpcias sagradas é um padrão mítico antigo (veja Yarbro Collins, *Combat Myth* [→ 15 *acima*] 207-24). Aqui as núpcias do Cordeiro simbolizam a união escatológica do Cristo exaltado com os fiéis que perseveram até o fim. A mesma ideia é expressa numa linguagem diferente em 22,3-5. **8.** *concederam-lhe vestir-se com linho puro, resplandecente:* a salvação escatológica é um dom (cf. Is 61,10). *pois o linho representa a conduta dos santos*: os indivíduos são, não obstante, responsáveis (cf. 3,4-5.18). **9-10.** Alguns comentaristas concluem que a repetição de praticamente a mesma cena aqui e em 22,8-9 é resultado de redação (Charles, *Commentary* 2. 128-29; Kraft, *Offenbarung* 244-45). Mais provavelmente faz parte do propósito literário do autor (conforme Caird, *Commentary* 237). **10.** *sou servo como tu e como teus irmãos [e irmãs]:* a significação desta cena transicional parece ser a sugestão de que os fiéis são iguais aos anjos.

56 (3) *Visões das últimas coisas* (19,11-22,5). Esta é a última série de visões no livro. Como 12,1-15,4, ela não é numerada, mas constata-se que ela consiste de sete visões, quando se observam as fórmulas introdutórias e as mudanças no conteúdo. As sete visões em si são relatadas em 19,11-21,8. 21,9-22,5 é uma coda, semelhante quanto à forma e função a 17,1-19,10, mas antiteticamente paralela a ela quanto ao conteúdo. Nesta última série, o tema da perseguição quase desaparece (cf. 20,9). A sequência de julgamento e salvação, contudo, é recapitulada duas vezes (julgamento: 19,11-20,3 e 20,7-15; salvação: 20,4-6 e 21,1-22,5).

(*a*) **A segunda vinda de Cristo** (19,11-16). Esta passagem é uma epifania do Cristo exaltado como juiz do mundo. **11.** *vi então o céu aberto*: uma fórmula revelatória (cf. Ez 1,1; *2Apoc Bar* 22:1; Mt 3,16; At 7,56; Jo 1,51). Cf. 4,1. Embora esta passagem seja o início de um novo relato sobre o fim, ela retoma muitas das passagens anteriores no Ap. *fiel e verdadeiro*: veja 1,5; 3,14. **12.** *seus olhos são chama de fogo*: veja 1,14; 2,18. *muitos diademas*: eles mostram que este juiz é superior a Satanás (12,3) e à besta (13,1). O nome secreto lembra 2,17 (cf. 3,12). Algumas dessas interligações mostram que o juiz cósmico é o revelador de 1,9-3,22 e de todo o livro (cf. 1,5 e 1,1). Outras sugerem que esta última série retoma e completa narrativas parciais anteriores dos últimos acontecimentos. O cap. 12 descreveu a derrota de Satanás no céu; esta série, sua derrota final (20,7-10). **13.** *veste um manto embebido em sangue*: esta sentença e aquela acerca do lagar no v. 15 ligam esta visão a 14,14-20; o que foi dito ali com um conjunto de imagens é dito novamente aqui com um outro conjunto. Estas observações também sugerem que João esperava que Is 63,1-6 se cumprisse num futuro próximo e entendia que Edom era um outro nome simbólico para designar Roma (veja C.-H. Hunzinger, "Babylon als Deckname für Rom", *Gottes Wort und Gottes Land* [ed. H. G. Reventlow; Göttingen, 1965] 67-77). *Verbo de Deus*: veja Sb 18:14-16 (→ João, 61:21). **14.** *os exércitos do céu acompanham-no ... vestidos com linho de brancura resplandecente*: a imagem aqui é a de guerra santa (cf. 1QM 1; 2Mac 10,29-31). A tradição da guerra santa à parte do Ap sugeriria que estes exércitos celestiais consistem de anjos (cf. 9,14-16; Mt 13,39-42.49; 16,27; 24,30-31; 25,31). Há indicações, contudo, de que João concebia estes exércitos como compostos de seres humanos glorificados (aqueles que morreram por sua fé), bem como de anjos. Como se indicou *acima*, 17,12-13.16-17 reflete a expectativa de que *Nero redivivus* e seus aliados do Oriente destruíssem a cidade de Roma ao adquirir o controle sobre o império. 17,14, na metade deste relato, é um prenúncio da batalha subsequente entre Nero como o adversário escatológico (a besta) e o Cordeiro e suas forças (contada em 19,19-21). A observação de que o Cordeiro "é o Senhor dos senhores e o Rei dos reis" (17,14) liga claramente este versículo à epifania do Verbo de Deus em 19,11-16. Assim, os exércitos de 19,14 parecem incluir "aqueles que estão com ele", que são "os chamados, os escolhidos, os fiéis" (17,14). Estes termos combinam com seres humanos, não com anjos.

57 (*b*) **Chamada para o "banquete"** (19,17-18). Esta visão é um prelúdio dramático para a batalha descrita em 19,19-21. Ela antecipa o massacre relatado no v. 21. Ela provavelmente foi inspirada por Ez 39,17-20; nesta passagem, os cadáveres dos guerreiros e cavalos inimigos são descritos como um banquete sacrifical. Isaías 34,1-7 compartilha a noção de uma matança sacrifical com Ez 39,17-20 e Ap 19,17-18, e também compartilha com o contexto deste último a imagem da espada de Deus (cf. Ap 19,15 com Is 34,5-6). Isaías 34,7 liga a matança sacrifical à noção de fertilidade; esta ligação arcaica reflete um mito antigo (veja Yarbro Collins, *Combat Myth* [→ 15 *acima*] 225).

58 (*c*) **A batalha final** (19,19-21). Esta é a última batalha antes do reinado de mil anos de Cristo (20,4-6). É o acontecimento sugerido pela quinta e sexta trombetas, descrito fragmentariamente pela sexta taça e por 17,14, e descrito d modo velado por 14,14-20. Veja os comentários sobre os vv. 13 e 14. **20.** *a Besta, porém, foi capturada*: cf. Jó 40,25-26; (*RSV* 41,1-2). *o falso profeta: i.e.*, a besta da terra; veja 13,11-18. *o lago de fogo, que arde com enxofre*: um lugar de punição eterna (cf. 20,14-15 e 21,8 com 14,10-11). Veja Is 66,24; *1 Henoc* 18,11-16; 108,3-7.15;

2Esd 7,36-38; quanto a concepções posteriores do inferno, veja Himmelfarb, *Tours of Hell* [→ 3 *acima*].

59 (*d*) **O acorrentamento de Satanás** (20,1-3). A quinta trombeta implicava a descida de um anjo do céu para abrir o abismo, de modo que o anjo do abismo e seus demônios pudessem atormentar os habitantes da terra (9,1-11). Aqui, após a vitória do Cristo exaltado sobre a besta e o falso profeta, um outro anjo desce a fim de prender o patrono da besta, o dragão, no abismo por mil anos. **2.** *acorrentou-o:* visto que o dragão simboliza o caos e a infertilidade (veja o comentário sobre 12,3), o acorrentamento simboliza a ordem criativa e a fertilidade (veja *PGM* 4.3086-3124; H. D. Betz, [ed.], *The Greek Magical Papyri in Translation* [Chicago, 1986] 1. 98). Ele também representa uma pausa nos ataques das nações (v. 3). No Ap, este acorrentamento ocorre nos últimos dias. Num apocalipse judaico antigo, os anjos maus são acorrentados na época do dilúvio e serão presos e punidos até o julgamento final (*1 Henoc* 10,4-8; 18,11-19,3; 21,1-10; cf. Jd 6).

60 (*e*) **O reinado de mil anos** (20,4-10). Esta passagem é controversa entre os cristãos desde a protoigreja até o presente. **4.** *vi então tronos, e aos que neles se sentaram foi dado poder de julgar:* este é o primeiro julgamento; o segundo, o julgamento geral, é descrito em 20,11-15. Os juízes anônimos aqui provavelmente são seguidores fiéis de Jesus, especialmente aqueles que morreram por sua fé, "aqueles que foram decapitados por causa do Testemunho de Jesus" (veja 3,21; cf. Mt 19,28; Lc 22,28-30; 1Cor 6,1-3). *eles voltaram à vida e reinaram com Cristo durante mil anos:* tem se discutido na tradição cristã a natureza deste reinado. O tempo no passado se deve à forma da visão; João está relatando acontecimentos que "viu" numa visão, mas estes acontecimentos dizem respeito ao futuro. É provável que este domínio deva ser entendido como um reinado messiânico terreno. O v. 9 pressupõe que os santos, no final dos mil anos, estarão vivendo na terra, na cidade amada (presumivelmente Jerusalém). A primeira ressurreição deve ocorrer no início deste período (vv. 5-6). Esta é uma recompensa especial para as pessoas que foram fiéis até à morte (veja o comentário sobre 14,1-5). Elas participam especialmente do domínio de Cristo. Presumivelmente os cristãos fiéis sobreviventes também participarão. Os gentios sobreviventes serão os súditos deste domínio (cf. 22,2). Alguns protocristãos (quiliastas) acreditavam que o reinado de mil anos seria um reino terreno de bem-aventurança (H. Bietenhard, *SJT* 6 [1953] 12-30). Orígenes e Agostinho entenderam a passagem espiritualmente, e não historicamente. Agostinho associou o acorrentamento de Satanás à vinda de Jesus e o reinado de mil anos ao período da igreja (*A cidade de Deus* 20.1-9). Sua concepção foi dominante até que o milenarianismo reviveu de formas diferentes por meio de Joaquim de Fiore e os reformadores radicais (veja *ODCC* 916). **6.** *a segunda morte:* veja 21,8. *eles serão sacerdotes:* um papel sacerdotal é importante no reinado messiânico, mas não na nova Jerusalém (cf. 22,5); veja E. Schüssler Fiorenza, *Priester für Gott* [→ 18 *acima*] 338-44, 375-89. **7-8.** A soltura de Satanás e seu ataque renovado contra os fiéis refletem o caráter cíclico ou recapitulativo do conceito de história do Ap: a luta entre Deus e Satanás, ordem e caos, se renova repetidamente, até seu fim definitivo (v. 10; cf. 21,1). **8.** *Gog e Magog:* esta renovação da batalha foi inspirada por Ez 38-39. Quanto à ideia do caráter limitado do reinado messiânico, veja 2Esd 7,28-30.

61 (*f*) **O juízo final** (20,11-15). Este é o segundo julgamento ou julgamento geral (veja o comentário sobre 20,4). **11.** *o céu e a terra fugiram de sua presença, sem deixar vestígios:* o poder e a majestade da presença de Deus nesta teofania final destruirão a primeira criação (veja 21,1 e 11,19). **12.** *vi então os mortos:* esta é a segunda ressurreição (cf. 20,5). Ela é geral, *i.e.*, envolve todos os mortos (v. 13), exceto aqueles que ressuscitaram na primeira ressurreição (vv. 4.6).

A mais antiga referência clara à ressurreição na literatura judaica é Dn 12,2, onde a expectativa é que "muitos" ressuscitarão, a saber, as pessoas especialmente justas e as particularmente perversas. Espera-se uma ressurreição geral em *1 Henoc* 51,1; At 26,33; 1Cor 15,20; *Bib Ant* 3.10; 2Esd 7,32; *2Apoc Bar* 30,2; 42,8; 49-52. Como nesta passagem, a ressurreição e o julgamento estão explicitamente ligados em *Bib Ant* 3.10, 2Esd 7,32-43, *2Apoc Bar* 50,1-4. *abriram-se livros ... os mortos foram então julgados conforme sua conduta, a partir do que estava escrito nos livros*: nos escritos apocalípticos judaicos, está atestada a ideia de que os anjos registram as ações de outros anjos e dos seres humanos como provas para o juízo final (*1 Henoc* 89,61-64.68-71; 90,20; *2Apoc Bar* 24,1). *foi aberto outro livro, o da vida*: veja o comentário sobre 3,5. Toda a humanidade está dividida nas pessoas cujos nomes estão escritos no livro da vida e naquelas cujos nomes não estão escritos ali. Aquelas que estão nele foram escolhidas antes da fundação do mundo (13,8). Aquelas que não estão nele adoram a besta e, portanto, serão punidas eternamente (13,8; 17,8; 14,9-11; 20,15). A imagem do livro da vida é uma tentativa de explicar por que algumas pessoas se voltam para o Deus verdadeiro e outras não. Esta imagem de eleição e não eleição é colocada lado a lado com a imagem da responsabilidade humana (os livros nos quais os atos estão registrados). Não se percebe nenhuma contradição entre elas. **14.** *a Morte e o Hades foram então lançados no lago de fogo*: cf. 1Cor 15,26.

62 (*g*) **Novo céu, nova terra e nova Jerusalém** (21,1-8). Esta, a sétima visão na última série, concentra-se na salvação. **1.** *vi então um céu novo e uma nova terra*: cf. Is 65,17-25. Uma descontinuidade radical está implícita aqui, visto que o velho céu e a velha terra são destruídos (cf. 20,11). *o mar já não existe*: a descontinuidade também está implícita aqui. Esta afirmação deixa claro o caráter mítico e simbólico do mar no Ap (veja o comentário sobre 13,1). O desaparecimento do mar é equivalente ao eterno confinamento e punição do dragão (Satanás), da besta ("anticristo") e do falso profeta (19,20; 20,10) e da eliminação da Morte e do Hades (20,14). A eliminação do mar simboliza a vitória completa da criação sobre o caos, da vida sobre a morte. **2.** *vi também descer do céu, de junto de Deus, a Cidade santa, uma Jerusalém nova, pronta como uma esposa que se enfeitou para seu marido*: esta visão da salvação foi escrita numa época em que a Jerusalém histórica havia sido destruída recentemente, e foi escrita por um homem que não estava à vontade em qualquer cidade de sua cultura. Ela foi inspirada por Is 54, mas, como 2Esd 9,38-10,59, não espera uma restauração histórica. A cidade é retratada como a esposa do Cordeiro (v. 9); assim, ela é um outro símbolo da união escatológica dos fiéis com seu Senhor (veja o comentário sobre 19,6-8). **3.** Uma voz vinda do trono interpreta a visão retomando e renovando antigas promessas (veja Lv 26,11-12; Ez 37,27; cf. 2Cor 6,16). **4.** *ele enxugará toda lágrima dos seus olhos*: veja Is 25,8 e Ap 7,17. *nunca mais haverá morte*: veja Is 25,8 e Ap 20,13. **5-8.** Pela segunda vez no Ap, citam-se palavras de Deus (veja também 1,8). **6.** *a quem tem sede eu darei gratuitamente da fonte de água viva*: esta promessa é inspirada por Is 55,1; ela não alude necessariamente ao batismo (veja o comentário sobre 7,16-17).

63 (*h*) **Desenvolvimento da visão da nova Jerusalém** (21,9-22,5). Este trecho é uma coda para as sete visões de 19,11-21,8. Ela desenvolve uma das imagens de salvação contida na sétima visão, a nova Jerusalém (21,2).

(1') *A cidade, seus portões e muros* (21,9-21). **9.** *um dos sete Anjos das sete taças*: esta introdução cria um paralelo deliberado entre esta coda e a que segue as sete taças (17,1-19,10). Este paralelo literário realça um paralelo simbólico antitético entre as duas cidades e o que elas representam: "Babilônia" e "Jerusalém". **10.** veja 17,3. **11.** *como o de uma pedra preciosíssima*: veja Is 54,11-12. **12.** *das doze tribos de Israel*: veja o comentário sobre 7,4. **14.** *dos doze Apóstolos do Cordeiro*: esta observação olha retrospectivamente para a época dos apóstolos e não teria sido escrita por um dos discípulos de Jesus (→ *7-9 acima*). A menção das 12 tribos e dos 12 apóstolos sugere que a cidade simboliza um povo, mas não há uma simples equiparação da nova Jerusalém e do povo de Deus. A cidade representa, antes, uma realidade transcendente e futura: Deus habitando com as pessoas, face a face. **18-20.** Os 12 fundamentos do muro estão adornados com 12 pedras preciosas. Elas correspondem às 12 pedras do peitoral do sumo sacerdote. Na época de João, estas pedras eram associadas às 12 constelações do zodíaco. Elas são listadas aqui, contudo, na ordem inversa (Charles, *Commentary* 2. 164-70). Esta inversão não significa necessariamente que João rejeitasse as crenças correntes acerca de fenômenos astrais, mas sugere que elas deveriam ser reinterpretadas.

64 (2') *Os habitantes da cidade* (21,22-27). **22.** *não vi nenhum templo nela, pois o seu templo é o Senhor, o Deus Todo-poderoso, e o Cordeiro:* Muito provavelmente o Apocalipse foi escrito depois do Templo em Jerusalém ter sido destruído (→ *10-12 acima*). Em 3,12 já há uma sugestão de que o Templo terreno e físico não é de importância última em si mesmo (veja o comentário sobre 11,1-2). Ele continua a ter importância, contudo, como símbolo do relacionamento íntimo entre os seres humanos e Deus que é objeto de esperança. Na visão da salvação em 7,9-17, o serviço no Templo celestial tem a mesma significação simbólica (v. 15). Nesta visão, o Templo continua a ter significação simbólica como um modo de expressar a presença plena e direta de Deus e do Cordeiro (cf. Ez 48,35). **24-26.** Cf. Is 60. **27.** *nela jamais entrará algo de imundo:* um sinônimo (*bebēlos*) do grego *koinon*, "comum", é usado em Ez 44,23. A ideia da separação do sagrado e do comum ou profano ainda está presente no Ap. O aspecto principal é que o âmbito do sagrado foi ampliado. No passado, apenas o Templo e o que entrava nele tinha de ser santo; agora toda a cidade é santa (veja Zc 14,20-21). *nem os que praticam abominação e mentira*: a referência é primordialmente às pessoas que adoram o que não é verdadeiramente Deus, *i.e.*, às pessoas cujos nomes não estão no livro da vida (veja o comentário sobre 20,12).

65 (3') *O rio da vida e a árvore da vida* (22,1-5). **1.** *um rio de água viva... que saía do trono de Deus e do Cordeiro*: em 21,10 está implícito que a nova Jerusalém desceria sobre um grande e alto monte; esta montanha é o Monte Sião idealizado, identificado com a montanha cósmica do mito antigo (Caird, *Commentary* 269-70). O "rio de água viva" reflete a ideia tradicional de que uma torrente sagrada sai da montanha cósmica (cf. Ez 47,1-10; J. Levenson, *Theology of the Program of Restauration of Ezekiel 40-48* [Missoula, 1976] 11-14). **2.** *de um lado e do outro do rio ... e suas folhas servem para curar as nações:* esta visão escatológica incorpora a bem-aventurança original do Éden (Gn 2,9) e a esperança de restauração de Ezequiel (47,12). **3.** *nunca mais haverá maldições*: esta observação talvez implique uma reversão das maldições de Gn 3,14-19. Ela pode significar que a nova Jerusalém não está mais ameaçada de destruição como punição pela idolatria, como em Zc 14,11 (cf. Ex 22,20; Dt 13,12-18). Ou talvez o que se queira destacar é que Deus se reconcilia com as nações, em vez de amaldiçoá-las e condená-las à destruição (cf. Is 34,2.5).

66 (D) **Ditos isolados (22,6-20).** Estes ditos constituem uma espécie de epílogo ao livro. Muitos deles lidam com a origem e autoridade do Ap; outros recapitulam aspectos de sua mensagem.

(a) *Dito acerca da natureza e origem do livro* (22,6). *disse-me então*: a princípio parece que a pessoa que fala é o anjo que mostrou a nova Jerusalém a João (cf. 21,9.15; 22,1). Mas quando ela continua dizendo: "eis que eu venho em breve" (v. 7), torna-se claro que é Jesus (cf. v. 20). *estas palavras são fiéis e verdadeiras:* o conteúdo do Ap é confiável porque foi dado a todos os cristãos (servos de Deus) por meio de um anjo enviado por Deus. *o que deve acontecer muito em breve:* o conteúdo do Ap se refere ao que João esperava que acontecesse num futuro próximo.

(b) *Um oráculo implicitamente atribuído a Cristo que é uma predição apocalíptica* (22,7a). Cf. 2,16; 3,11; 22,12.20.

(c) *Uma bem-aventurança concernente à recepção do livro* (22,7b). Esta é a sexta das sete beatitudes no Ap (→ 17 *acima*). Tomados juntos, estes três ditos podem ser considerados uma fórmula de legitimação (Aune, *Prophecy in Early Christianity* [→ 14 *acima*] 332-33).

67 (d) *A identificação do visionário pelo nome* (22,8a). Esta menção da autoridade humana para o conteúdo do Ap complementa as observações acerca de sua origem divina no v. 6 (cf. 1,1-2).

(e) *A reação do visionário e a resposta do anjo* (22,8b-9). Esta passagem é semelhante a 19,10. Aqui os profetas são mais enfatizados, mas o resultado final ainda é a sugestão de que qualquer ser humano que responder apropriadamente à palavra de Deus revelada por meio da profecia é igual aos anjos.

(f) *A instrução ao visionário da figura que se revela* (22,10). Esta ordem é o oposto de Dn 12,4, mas o efeito é o mesmo, visto que Dn foi de fato escrito perto da época do fim esperado.

(g) *A ameaça de julgamento e promessa de salvação* (22,11-12). **11.** *que o injusto cometa ainda a injustiça e o sujo continue a sujar-se; que o justo pratique ainda a justiça e que o santo continue a santificar-se:* estas observações indicam que João tem pouca esperança de que os perversos se arrependam (veja os comentários sobre 9,20-21; 16,2-9; cf. *1 Henoc* 81,7-8).

(h) *Oráculo de autorrevelação implicitamente atribuído a Cristo* (22,13). Este oráculo identifica o Cristo ressurreto com Deus; cf. 1,8.17; 21,6.

(i) *A promessa de salvação e ameaça de julgamento* (22,14-15). **14.** *felizes os que lavaram suas vestes*: em 7,14, as pessoas que lavaram suas vestes são as que vieram da grande tribulação e alvejaram suas vestes no sangue do cordeiro. Embora todos os crentes sejam salvos pelo sangue do cordeiro (1,5b), são declarados felizes especialmente aqueles que morrem pela fé (cf. 12,11). **15.** Veja o comentário sobre 21,27; cf. também 21,8; 9,20-21.

68 (j) *A autoidentificação da figura que se revela, Jesus* (22,16). *Eu, Jesus enviei meu Anjo para vos atestar estas coisas a respeito das Igrejas:* "vos" refere-se aos membros das sete congregações (cf. 2,10.13). *o rebento da estirpe de Davi*: veja 3,7; 5,5. *a brilhante Estrela da manhã*: esta estrela era uma divindade na religião do antigo Oriente Próximo e do mundo greco-romano (Yarbro Collins, *Combat Myth* [→ 15 *acima*] 81; *CBQ* 39 [1977] 379-80).

(k) *Convite para a água da vida* (22,17). *a esposa*: a esposa não é simplesmente uma metáfora para a comunidade cristã. Como o Espírito, ela é um aspecto do divino que chama a humanidade para a salvação (veja o comentário sobre 21,6).

69 (l) *A ameaça de julgamento contra as pessoas que violarem a integridade do livro* (22,18-19). Charles propôs que estes versículos foram acrescentados ao Ap por um redator posterior (*Commentary* 2. 222-23). Seu argumento mais forte é que, visto que João esperava o fim para breve, dificilmente ele se preocuparia com a transmissão de seu livro por um longo período de tempo. Mas as observações nos vv. 18-19 nada dizem sobre um longo período. Se ele considerava que sua obra continha a revelação divina necessária para os fiéis se prepararem adequadamente para o fim, ele pode muito bem ter estado preocupado que ela fosse transmitida corretamente durante o curto período de tempo restante. Uma outra função destas observações é reforçar a reivindicação, feita em outras partes do livro, de que seu conteúdo se origina em Deus (veja 1,1). Em escritos judaicos não apocalípticos mais antigos que o Ap ou aproximadamente contemporâneos a ele, é tomada uma atitude semelhante em relação às Escrituras (Dt 4,2; 13,1 [*RSV* 12,32]; *Ep. Arist.* 310-11; Josefo, *Ag. Ap.* 1.8 § 42. Numa obra judaica apocalíptica, expressa-se uma atitude como esta para com a obra em si (*1 Henoc* 104,9-13).

(m) *Um oráculo implicitamente atribuído a Cristo que é uma predição apocalíptica* (22,20a). A expectativa iminente do fim é enfatizada colocando esta predição muito próxima do final do livro (cf. vv. 7.12).

(n) *A resposta ao oráculo* (22,20b). Esta é a forma grega de uma oração protocristã preservada em aramaico transliterado como *maranatha* em 1Cor 16,22b (→ 1 Coríntios, 49:79). G. Bornkamm sustentou que o final do Ap, assim como o final de 1Cor, reflete a liturgia eucarística (*Early Christian Experience* [New York, 1969] 171-172).

70 **(E) Bênção epistolar final (22,21).** Esta conclusão corresponde aos elementos epistolares do cap. 1 e ajuda a caracterizar o Ap como uma carta apocalíptica (→ 5 *acima*). Cf. 1Ts 5,28; Gl 6,18; Fl 4,23; Fm 25.

64
Segunda Epístola de Pedro

Jerome H. Neyrey, S.J.

BIBLIOGRAFIA

1 BAUCKHAM, R. J., "2 Peter: A Supplementary Bibliography", *JETS* 25 (1982) 91-93. BOOBYER, G. H., "The Indebtedness of 2 Peter to 1 Peter", *New Testament Essays* (Festschrift T. W. MANSON; ed. A. J. B. HIGGINS, Manchester, 1959) 34-53. DANKER, F., "2 Peter 1: A Solemn Decree", *CBQ* 40 (1978) 64-82. FORNBERG, T., *An Early Church in a Pluralistic Society* (Uppsala, 1977). HIEBERT, D. E., "Selected Studies from 2 Peter", *BSac* 141 (1984) 43-54, 158-68, 255-65, 330-40. HUPPER, W. G., "Additions to 'A 2 Peter Bibliography'", *JETS* 23 (1980) 65-66. KÄSEMANN, E., "An Apology for Primitive Christian Eschatology", *ENTT* 169-96. KELLY, J. N. D., *A Commentary on the Epistles of Peter and of Jude* (London, 1969). MAYOR, J. B., *The Epistle of St. Jude and the Second Epistle of St. Peter* (London, 1907). NEYREY, J. H., "The Apologetic Use of the Transfiguration in 2 Peter 1:16-21", *CBQ* 42 (1980) 504-19; "The Form and Background of the Polemic in 2 Peter", *JBL* 99 (1980) 407-31. SPICQ, C., *Les épîtres de Saint Pierre* (Paris, 1966).

DBSup 7.1455-63. KÜMMEL, *INT* 429-34. WIK-SCHM, *ENT* 602-13.

INTRODUÇÃO

2 (I) Autenticidade. Apesar de 1,1.12-15; 3,1, os biblistas consideram esta uma carta pseudonímica porque: (a) 2 Pedro incorpora Judas, o que enfraquece reivindicações de autenticidade; (b) ela alude a uma "coleção" de cartas de Paulo (3,15-16), que não existia até o final do século, na melhor das hipóteses; (c) refere-se a "vossos apóstolos" (3,2), sugerindo que não pertence a este grupo mais antigo; (d) a carta se baseia em uma ampla gama de tradições acerca de Pedro, que vêm de correntes muito diversas de tradição, pressupondo uma apreciação posterior e sintética desses materiais. Ela não é endereçada a uma igreja local; antes, "Pedro" escreve de acordo com a percepção crescente de seu papel como pedra fundamental da tradição teológica, ao lado de seu papel de liderança na estrutura missionária e administrativa da protoigreja (veja Mt 16,16-19). Provavelmente escrita por volta da virada do séc. I, 2Pd é uma carta "católica", confirmando a doutrina tradicional para todas as igrejas em toda parte para todos os tempos (→ Epístolas do NT, 45:17-18).

3 (II) Conteúdo. O influente ensaio de Käsemann ("An Apology") avalia negativamente 2Pd como uma tediosa apologia "protocatólica" para a escatologia, por causa de sua falta de foco cristológico e sua concepção antropocêntrica de recompensas e punições. Käsemann não atinou com as questões centrais desta carta: que ela aborda o problema da teodiceia, o justo juízo de

Deus, juntamente com a demora da parúsia de Cristo. 2 Pedro deveria ser vista ao lado dos debates gregos e judaicos do séc. I a respeito da providência e do juízo de Deus; conhecemos os ataques habituais contra a teodiceia por parte dos epicuristas e hereges judaicos que sustentam que não há providência/juízo de Deus, nem vida após a morte nem, portanto, recompensas e punições depois da morte (veja Neyrey, "Form", 407-14). 2 Pedro reflete esta polêmica e responde com apologias tradicionais. A questão é o justo juízo de Deus (1,3-4; 2,3.4-9; 3,3-7.8-9), não simplesmente a cristologia; a preocupação é com a teodiceia, não simplesmente com a parúsia. Nenhum mito, termo ou argumento gnóstico é mencionado ou refutado; antes, o ensejo é constituído por um típico debate sobre a providência e o justo juízo de Deus.

4 (III) Igreja. A carta é escrita a uma igreja pluralista de convertidos judeus cristãos e gregos. Os exemplos bíblicos citados nos caps. 2-3 têm paralelos próximos na literatura greco-romana (anjos e titãs; Noé e Deucalião; Sodoma e Faetonte). A linguagem utilizada é um bom grego que dá atenção especial a termos intelectuais técnicos, como "natureza divina" (1,4), "testemunha ocular" (1,16), "Tártaro" (2,4) e os quatro vícios cardeais. Os argumentos a favor e contra o justo juízo de Deus assemelham-se aos que se encontram em *De sera numinis vindicta* de Plutarco, bem como no *midrásh* targúmico sobre Caim e Abel em Gn 4. A descrição do fogo cósmico e da renovação pareceria congenial aos estoicos, bem como às pessoas instruídas nas tradições bíblicas. O interesse pastoral de tornar tradições escatológicas igualmente inteligíveis a judeus e gregos sugere um ambiente urbano, onde uma igreja nova e mista apresenta-se em continuidade com a sabedoria dos tempos antigos, tanto judaica quanto grega. Ela mostra uma autoconsciência de sua própria cadeia de autoridade (1,12-15; 3,1-2), da sacralidade de sua própria tradição passada – tradições dos Evangelhos bem como das "cartas" de Paulo, e da necessidade de estabelecer por escrito uma interpretação normativa de sua tradição (1,12-15). Embora não haja indícios sólidos para se datar 2Pd, uma data plausível é aproximadamente 100 d.C., pois 2Pd assemelha-se bastante à discussão de *De sera numinis vindicta* de Plutarco (datada de 96 d.C.). Ela também menciona "todas as cartas de Paulo", as quais, segundo os biblistas, foram coletadas por volta da virada do século (→ Epístolas do NT, 45:14).

5 (IV) A relação de 2 Pedro com Judas. Com o florescimento da crítica da redação, a relação de Judas e 2 Pedro ressurge novamente (H. C. C. Cavallin, *NovT* 21 [1979] 263-70). Diversos blocos de material em 2 Pd são idênticos ou semelhantes a Judas:

2 Pedro	Judas	2 Pedro	Judas
2,1.3b	4	2,13.15	11-12
4.6	6-7	17	12b-13
5	5	18	16
10-11	8-9	3,1-4	17-18
12	10	10-13	14-15
		14-18	20-25

Quem depende de quem? O problema é agravado pelo caráter geral da polêmica de Judas, o que levou F. Wisse a desistir de descrever com alguma precisão os oponentes de Judas ("The Epistle of Jude in the History of Heresiology", *Essays on the Nag Hammadi Tracts* [Festschrift A. Böhlig; ed. M. Krause; Leiden, 1972] 133-43). Mas a versão em 2Pd descreve com cuidado um ataque à teodiceia divina e uma defesa dela, de modo que parece que ele editorou um documento generalizado (Jd) para combinar com uma situação específica. Normalmente se considera que um documento mais longo absorve um mais curto, pois é difícil imaginar como Jd descartaria dois terços de 2Pd e reduziria o que permaneceu a uma polêmica genérica. A ausência de *1 Henoc* e *AsMos* em 2Pd provavelmente aponta para uma fixação de tradições com a exclusão de certos materiais inaceitáveis. Ela também se apresenta conscientemente como uma harmonia coerente de tradições estabelecidas de Jesus, Paulo e "vossos apóstolos" (3,2), inclusive Judas.

6 **(V) Esboço.** Convenções epistolares servem de estrutura para a apologia de 2 Pedro:

(I) Introdução à epístola (1,1-11)
  (A) Abertura da epístola (1,1-2)
  (B) As obras de Deus (1,3-4)
  (C) Escatologia e ética (1,5-11)
    (a) Uma boa teologia leva a uma boa conduta (1,5-7)
    (b) Dois caminhos (1,8-11)
(II) Cenário fictício da epístola: o testamento de Pedro (1,12-15)
(III) Primeira apologia: a profecia da parúsia (1,16-21)
  (A) Criação de mitos (1,16a)
  (B) Transfiguração e parúsia (1,16b-18)
  (C) A transfiguração como profecia (1,19)
  (D) Interpretação inspirada (1,20-21)
(IV) Polêmica contra os hereges (2,1-22)
  (A) O juízo certo de Deus (2,1-11)
  (B) O erro leva ao vício (2,12-16)
  (C) Falsas promessas (2,17-19)
  (D) Queda da graça (2,20-22)
(V) Segunda apologia: o fim do mundo (3,1-7)
  (A) Lembrança fiel (3,1-2)
  (B) Ataque contra o juízo predito (3,3-4)
  (C) Refutação: prova tirada da história (3,5-7)
(VI) Terceira apologia: a "demora" como dom (3,8-9)
(VII) Escatologia e ética novamente (3,10-13)
  (A) Ladrão na noite (3,10)
  (B) O dia de Deus (3,11-13)
(VIII) Pedro e Paulo concordam (3,14-16)
(IX) Conclusão da epístola (3,17-18)

COMENTÁRIO

7 **(I) Introdução à epístola (1,1-11).**
(A) Abertura da epístola (1,1-2). O remetente identifica-se como Simão Pedro, unindo o antigo nome, Simeão (At 15,14), ao novo nome de liderança, Pedro, que Jesus lhe deu (Mt 16,18). *servo ... apóstolo*: na tradição hebraica "servo" designa um agente obediente e legítimo de Deus, como Moisés (Dt 34,5) ou Davi (2Sm 7,5-29); ele também é o primeiro "apóstolo" de Jesus Cristo em virtude de sua comissão especial (Mt 16,16-19; Jo 21,15-19). Os destinatários não são identificados especificamente, uma característica incomum das cartas do NT, o que expressa universalidade e implica que o conteúdo da carta é dirigido a *todos* os cristãos que têm a fé padrão. 2. *graça e paz:* esta saudação típica (→ Epístolas do NT, 45:8A) é adaptada à ocasião, pois o autor ora para que seus ouvintes cresçam na plenitude do conhecimento de Deus, o que alude à finalidade central da carta – uma exposição definitiva da doutrina cristã da teodiceia, o justo juízo de Deus. *Deus e salvador:* o fundamento de nossa membresia se baseia na justiça de Deus e em Jesus como salvador, o que, no contexto da carta, implica o justo juízo de Deus (veja Rm 1,17-3,20) e o papel de Jesus como salvador, não apenas dos pecados passados (Rm 3,21-26), mas especialmente da ira futura de Deus (Rm 5,9-11; 1Ts 1,10).

8 **(B) As obras de Deus (1,3-4).** Cartas típicas contêm uma oração de ação de graças (cf. 1Pd 1,3-9; → Epístolas do NT, 48:6, 8B) na qual se estabelecem os principais temas e o tom da carta. Embora a oração formal esteja ausente em 1,3-4, o autor recita os benefícios concedidos por Deus (veja F. Danker, *CBQ* 40 [1978] 64-82). 3. *todas as condições:* o primeiro benefício é o dom complexo de ser membro da aliança de Deus na qual a pessoa encontra todas as coisas necessárias para a vida e a santidade. Esta é uma conclamação a um mundo novo e especial, o âmbito de glória e excelência do próprio Deus. Este dom transfere os cristãos de um mundo corrupto e transitório para um mundo santo e permanente, de um âmbito de paixão para um âmbito de santidade. 4. *grandíssimas promessas:* o que constitui um verdadeiro membro?

O conhecimento verdadeiro daquele que nos chamou, que nesta carta está centrado nas promessas preciosas e sublimes relacionadas com a doutrina correta do justo juízo de Deus e da parúsia de Jesus. Os verdadeiros membros, então, são as pessoas que têm ideias completas e corretas sobre Deus.

9 (C) Escatologia e ética (1,5-11).

(a) *Uma boa teologia leva a uma boa conduta* (1,5-7). O autor exorta os verdadeiros membros a serem o que de fato são, incitando-os a deixar sua verdadeira fé em Deus se desdobrar mais e mais no exercício de ações justas. Num apelo que guarda certa semelhança com Tg 2,17-26, ele afirma que a doutrina correta e a fé verdadeira mostram-se na retidão moral (a boa "teologia" conduzirá à boa "ética"). Assim, a excelência interior deve expressar-se em uma conduta exterior correta, um argumento habitual no NT (1Ts 2,12). *fé, esperança e amor:* a fé, *i.e.*, a doutrina verdadeira, deveria levar à virtude, especialmente ao autodomínio, perseverança (esperança), piedade e amor. Todavia, mesmo nesta cadeia de boas ações, sente-se uma ênfase sutil na lealdade à doutrina do justo juízo de Deus: autodomínio de modo a ser irrepreensível diante de Deus, perseverança na expectativa da vinda de Cristo e piedade ou santidade de vida.

10 (b) *Dois caminhos* (1,8-11). Pedro contrapõe as pessoas que agem segundo a verdadeira fé com as que não o fazem. **8.** *inúteis nem infrutíferos:* os verdadeiros membros não serão inúteis ou infrutíferos, enquanto aqueles de fé inadequada são cegos e esquecidos (veja 3,3.8) de sua transição original do *status* de estranho para o de membro, do ser pecador para tornar-se participante da natureza divina. **11.** *Reino eterno:* a exortação termina com um apelo para ser um membro genuíno confirmando o chamado de Deus com uma vida santa (veja 1Ts 4,3-7). Não é suficiente começar bem; somente a perseverança levará ao *status* permanente e pleno de membro, na medida em que a fé correta e o comportamento autêntico possibilitam a entrada definitiva no reino celestial (veja Mt 25,31-46). Jesus falava do reino de Deus (veja Mc 10,15; Jo 3,3), mas aqui o autor se refere ao reino de nosso Senhor e Salvador Jesus Cristo.

11 (II) Cenário fictício da carta: o testamento de Pedro (1,12-15). Tanto os judeus como os gregos conheciam o gênero do testamento, as últimas observações de um líder ou patriarca moribundo (*p.ex.*, o testamento de Sócrates na *Apologia* de Platão, os testamentos de Jacó [Gn 49], dos 12 filhos de Jacó [*Test12Patr*], de Moisés [Dt 32-34], de Josué [Js 24], até mesmo de Jesus [Jo 13-17; Lc 22,14-36] e de Paulo [At 20,17-35]). Esta carta constitui o testamento de Pedro, dado por ocasião de sua morte iminente (1,14); ela deixa à igreja um legado que consiste na recordação exata da doutrina do juízo de Deus e da parúsia de Jesus. **14.** *despojar-me:* o autor alude a uma tradição na qual Jesus predisse a morte de Pedro (Jo 21,18-19), que é expressa de modo convencional como um despojar-se desta "tenda" terrena (veja 2Cor 5,1.4). **15.** *vos lembreis:* a classificação deste legado como um "lembrete" é uma outra convenção (veja 1Ts 2,9) que serve para legitimar uma afirmação mediante o apelo à sua Antiguidade, o que constitui um valor numa sociedade orientada pela tradição (veja 3,1-2).

12 (III) Primeira apologia: a profecia da parúsia (1,16-21).

(A) Criação de mitos (1,16a). Alguns rejeitam as profecias tradicionais sobre a parúsia futura de Jesus como mitos inventados por seres humanos para controlar a vida de outros, não diferentes das histórias greco-romanas de recompensas e punições no mundo inferior (Lucrécio, *R. N.* 3.830-1094). Atacando suas fontes, os escarnecedores também pretendem minar seus conteúdos (veja 3,3-4). Este argumento polêmico comum (*mito* versus *verdade*) é comumente tratado por apologistas judaicos (Filo, *De fuga et inv.* 121; *De Abr.* 243), gregos (Plutarco, *De Pyth. orac.* 398D) e cristãos (1Tm 1,4; 4,7; Tt 1,14); uma vez que este autor é acusado de criar mitos, ele dirige a mesma acusação contra seus adversários em 2,3.

13 (B) Transfiguração e parúsia (1,16b-18). 16b. *testemunhas oculares:* em resposta, Pedro oferece a melhor prova forense, sua própria experiência do anúncio da profecia da parúsia, a transfiguração de Jesus (veja Neyrey, "Apologetic Use" 509-14). **17.** *glória:* como os relatos sinóticos da transfiguração, Pedro fala de um monte santo, de testemunhas apostólicas oculares, Pedro em particular, da aparência gloriosa de Jesus, da presença numinosa de Deus e da proclamação de Deus: "Este é o meu Filho amado". Tradicionalmente creditam-se a Pedro revelações especiais (Mt 16,17), visões especiais (Mt 28,16-20), profecias especiais (Mc 13,1-3; 14,27-31) e uma presença especial no exercício de poder por parte de Jesus (Mc 5,37-43). Ele é, portanto, uma fonte de tradições sobre Jesus especialmente bem informada e digna de confiança.

14 (C) A transfiguração como profecia (1,19). Nos Evangelhos, a transfiguração é ligada com uma vinda futura do reino de Deus (Mc 9,1). Segundo os Padres da Igreja, a predição de Jesus de que alguns não provariam a morte até verem a vinda do reino de Deus foi cumprida na visão do poder e glória de Jesus na transfiguração. Mas em escritos como o *Apocalipse de Pedro* (HSNTA 2. 663-83), a própria transfiguração era uma profecia da parúsia de Jesus, não o cumprimento de uma profecia anterior. Lembrando as predições de Jesus em Mc 13, este texto contém a resposta de Jesus a perguntas sobre sua parúsia e o fim do mundo; sua resposta é um pastiche de afirmações dos Evangelhos que descrevem a parúsia, o retorno do Filho do Homem, mas especialmente punições e recompensas futuras. O apocalipse termina com a glorificação de Jesus na presença de Moisés e Elias, em cujo quadro final Jesus instrui especialmente a Pedro. O relato termina com a ascensão de Jesus ao céu em glória, o que serve para descrever seu retorno futuro. De acordo com isso, a transfiguração é não apenas a ocasião na qual Pedro foi instruído acerca da parúsia de Jesus e do juízo futuro, mas também uma predição deste acontecimento futuro. É a este sentido da transfiguração como profecia da parúsia que o autor apela na discussão em 1,17-18. *mais firme a palavra dos profetas:* a melhor forma de entender esta expressão é como "nós temos uma palavra profética muito confirmada". Embora *bebaioteros* seja um adjetivo no grau comparativo, ele pode ser traduzido no grau superlativo (ZBG § 148), com o resultado de que o material da transfiguração em 1,17-18 não é comparado com outras profecias (3,3-4), mas representa a melhor profecia sobre a parúsia. A confirmação de promessas e profecias é um tema recorrente nos escritos judaicos; as promessas de Deus a Abraão (Gn 22,16-17) são "confirmadas" por um juramento (veja Filo, *Leg. alleg.* 3.203-8); esta mesma promessa é confirmada exatamente porque o Deus verdadeiro e fiel a proferiu (*De Sacr. Ab.* 93). Paulo fala de uma promessa de Deus confirmada em Rm 4,16, que oferece um paralelo imediato a 1,19. *estrela d'alva:* a profecia da parúsia na transfiguração é confirmada porque foi enunciada por Deus, de modo que ela pode servir de luz nas trevas para as pessoas que aguardam que a luz final, "a estrela d'alva" (veja Ap 2,28), surja com a parúsia de Cristo (veja 1Ts 5,4).

15 (D) Interpretação inspirada (1,20-21). 20. *nenhuma profecia da Escritura:* no AT as profecias verdadeiras, quando corretamente entendidas, eram pouco confortáveis, até mesmo ameaçadoras (veja Jr 6,14; Ez 13,10), uma tradição que é repetida por Paulo a propósito das profecias da parúsia. Quando as pessoas disserem "paz e segurança", Jesus virá como o ladrão na noite (1Ts 5,2-4). Os falsos mestres que o autor censura são como os falsos profetas de Israel (2,1), que não receberam a palavra desafiadora de Deus nem a entenderam; por exemplo, eles torcem as palavras de Paulo sobre o tema em questão (3,16). **21.** *da parte de Deus:* diferentemente deles, o autor reivindica inspiração da parte de Deus tanto em sua recepção da profecia da parúsia quanto em sua exposição da mesma, uma reivindicação comparável à tradição da recepção de uma revelação de Jesus como "Cristo, filho de Deus" por parte de Pedro (Mt 16,17). Sua profecia não está sujeita a interpretações novas, carismáticas, um processo observado na reinterpretação de alguns ditos e ações de Jesus (veja Jo 14,26; 16,12-14), mas é a mesma profecia que ele sempre foi inspirado a receber e interpretar (veja At 3,18-26). Ele está, então, apto para a tarefa porque é testemunha ocular, inspirado para entender o que recebeu. Isto serve para se opor a insinuações existentes na tradição segundo as quais Pedro não entendeu o que viu ou ouviu (veja Lc 9,32-33).

16 (IV) Polêmica contra os hereges (2,1-22). O capítulo 2, que incorpora a maior parte da polêmica generalizada de Jd, contém os ataques tradicionais deste autor contra seus adversários, não um exame e refutação detalhados das ideias deles.

(A) O juízo certo de Deus (2,1-11). 1. *falsos profetas:* após defender-se, o autor contrapõe sua legitimidade à dos falsos mestres que perturbam a igreja. Ele os compara a falsos profetas que, segundo Jeremias e Ezequiel, não estavam autorizados a falar e pregavam paz e segurança quando reforma e arrependimento eram necessários (Jr 5,12; 6,14; Ez 13,10). *negando o Senhor:* o autor não quer dizer que membros da igreja sejam ateus, mas, antes, que rejeitam o juízo de Deus. Os Salmos falam de pecadores que rejeitam o conhecimento que Deus tem de suas ações e, portanto, o juízo sobre elas (Sl 10,11. 13; 14,1; 73,11). Segundo Tt 1,16, a rejeição da lei de Deus significa rejeição do legislador. O v. 1 amplia a acusação do autor em 1,16-19 de que alguns negam a tradição da parúsia de Cristo e do juízo justo de Deus. *heresias perniciosas:* esses falsos mestres escandalizam a igreja, um mal condenado em Mc 9.42 e 1Cor 8,11-13. **2.** *dissolutas:* uma má teologia só pode acarretar uma má moralidade, neste caso a "dissolução", o pior vício segundo esta cultura (veja Rm 1,26-27). Destruindo-se a si mesmos, eles desonram o "caminho da verdade" cristão (At 18,25-26), tanto o Deus verdadeiro quanto as formas éticas de honrar a Deus, e, assim, desacreditam o cristianismo diante do mundo (veja 1Ts 4,12; 1Cor 14,23; Cl 4,5). **3.** *discursos fingidos:* o autor chama a atenção para a doutrina falsa; visto que seus adversários o acusavam de "criar fábulas sutis" (1,16), ele devolve o favor com a crítica de seus "argumentos artificiosos", imputando-lhes o motivo ignóbil da ganância, uma polêmica comum contra falsos filósofos e pregadores (1Tm 6,5; Tt 1,11; R. J. Karris, *JBL* 92 [1973] 549-64). *não tarda:* o autor cita de volta contra seus adversários o próprio *slogan* deles ("O juízo é indolente! A perdição dorme!"), mas o nega. Era comum aos escarnecedores da providência de Deus observar zombeteiramente que "Deus dorme" (1Rs 18,27), mas aos crentes insistir que Ele não dorme (Sl 121,4) e se levantará para executar o juízo (Sl 9,19; 68,1; 74,22). Após acusar os hereges de maldade (v. 3a), o autor pronuncia a punição sobre eles (v. 3b).

17 4. *Deus não poupou:* se o v. 3 afirma que o juízo divino não tarda, uma prova é necessária. Recorre-se a exemplos clássicos de juízo divino no passado: se Deus não poupou estas figuras no passado, então certamente o juízo justo deve ser esperado no presente. Nos vv. 4-9, o autor toma emprestado material de Jd 5-7, mudando a ordem e a significação dos exemplos:

Judas 5-7	2 Pedro 2,4-8
geração do deserto	Anjos
Anjos	Noé e sua geração
Sodoma e Gomorra	Ló e Sodoma e Gomorra

2 Pedro os organiza cronologicamente segundo as Escrituras; ele substitui o juízo sobre os peregrinos do êxodo pela salvação de Noé e acrescenta a observação sobre o resgate de Ló ao juízo sobre Sodoma. Enquanto Jd enfatiza que os abençoados por Deus caíram da graça e enfrentaram o juízo (veja 1Cor

10,5-13), 2Pd enfatiza a providência de Deus, tanto para recompensar os justos (Noé, Ló) quanto para punir os ímpios (anjos e Sodoma). As pessoas que "negam o Senhor", *i.e.*, negam o juízo de Deus, estão simplesmente equivocadas. O v. 9 resume os três exemplos, afirmando a crença tradicional de que Deus resgata merecidamente os justos, mas mantém os ímpios sob juízo, ainda que este ajuste de contas não seja evidente na terra.

18 **4.** *do Tártaro:* os exemplos do juízo de Deus têm apelo universal tanto para os judeus quanto para os gregos. Os anjos foram "lançados ao Tártaro", lembrando Gn 6,3 e o mito pagão dos Titãs; a salvação de Noé do dilúvio é paralela à fuga de Deucalião; o juízo através do fogo contra Sodoma assemelha-se à punição de Faetonte. Escritores judeus observaram estas semelhanças, defendendo a Antiguidade, veracidade e universalidade das Escrituras (Filo, *De praem.* 23; Josefo, *Ant.* 1.3.1 § 73). Ao usar exemplos comuns, o autor dá continuidade a um argumento católico em defesa de uma tradição aceita por todos os povos de todas as épocas.

19 **9.** *o Senhor sabe:* o autor toca na crise presente insistindo que Deus julga especialmente pecadores como os que agora perturbam a igreja. **10.** *desprezam a autoridade:* isto repete basicamente a compreensão do autor acerca dos erros dos falsos mestres: eles desprezam a autoridade, especialmente o justo juízo de Deus (veja 2,1), mas também uma autoridade da igreja como Pedro. A tradição indica que as pessoas que rejeitam o agente de Deus também rejeitam a Deus (Jo 12,48; 1Ts 4,8). *seguem a carne:* eles seguem um caminho carnal de desejo e prazer (2,2.13), dois dos famosos quatro vícios que os pregadores censuravam regularmente (Diógenes Laércio 7.110-15). *paixões imundas:* a má teologia leva à má moralidade e à contaminação; os cristãos são chamados à santidade ("Sede santos, porque eu sou santo", 1Pd 1,16; 1Ts 4,3-7), o que significa uma separação completa e permanente de todos os pecados e do mal anteriores (veja 1Cor 5,8; 1Pd 4,1-6). Se por seus frutos as pessoas serão reconhecidas, estes hereges certamente estão errados, porque seus erros levam a vícios e contaminação. O argumento é tradicional: as pessoas que negam o juízo de Deus fazem-no como pretexto para a ilegalidade e a imoralidade (Sl 13,1-4; 64,6-7). **11.** *ao passo que os anjos:* um outro aspecto da doutrina dos falsos mestres: eles negam que os anjos de Deus agem como agentes do juízo divino (veja Mt 13,41-42; 24,31; Ap 8,6-12).

20 **(B) O erro leva ao vício (2,12-16).** Continua o ataque contra os falsos mestres em termos gerais. A polêmica começa e termina com referência à recompensa vindoura deles por praticarem o mal (2,12.15), insistindo no juízo que eles negam. **12.** *animais irracionais:* os falsos mestres são comparados a animais por causa de sua ignorância; eles não passam de criaturas de natureza corruptível, não participantes da natureza imperecível de Deus, como o são os verdadeiros crentes (1,4); como animais, estão destinados por natureza a serem capturados e mortos. Por praticarem o mal, eles sofrerão o mal. **13.** *impuros e pervertidos:* os pecadores geralmente se envergonham de seus pecados e os cometem sob a cobertura da noite, mas estes exibem seus males em plena luz do dia. O autor os chama de imundície (2,10), impureza e perversão que corrompe as reuniões santas dos santos de Deus (veja 1Cor 5,7-8), e, assim, eles deveriam ser denunciados como impostores e julgados (1Cor 5,11). **14.** *olhos cheios de adultério:* mostra-se que sua falsa doutrina leva à imoralidade, adultério, pecado incessante e ganância, indicando uma corrupção total do coração. **16.** *uma besta muda:* Balaão é citado como exemplo, pois ele foi um falso profeta, ganancioso, repreendido por um jumento por causa de sua malícia e castigado por Deus por sua perversidade; ele serve como mais um exemplo tradicional do justo juízo de Deus sobre os pecadores (veja Jd 11; Nm 22-24; 31,16).

21 **(C) Falsas promessas (2,17-19). 17.** *fontes ... nuvens:* os hereges são comparados a cisternas vazias, que prometem algo que não têm (Jr 2,13; 14,3), ou a nuvens vazias impelidas para lá e para cá por paixão e cobiça. O juízo está reservado para eles. Seu delito? Palavras falsas, negação da tradição (1,16; 2,1; 3,3-4) e propagação de doutrina falsa. **19.** *liberdade:* eles prometem liberdade: liberdade da lei, da autoridade e do juízo. Neste sentido são comparados aos iníquos (2,8) e são acusados de iniquidade (2,10. 21), uma maldade singular condenada tanto pelos Evangelhos (Mt 7,23; 13,41) quanto por Paulo (Rm 2,12; 6,19). *escravos da corrupção:* o autor descreve sarcasticamente como as promessas deles de liberdade conduzem, em vez disso, à escravidão, à servidão da corrupção e à destruição. As promessas dele, pelo contrário (1,4; 3,9), ensinam a pessoa a escapar da corrupção e da destruição mediante a fidelidade à lei de Deus e a expectativa do juízo justo de Deus. O resultado da promessa dos hereges é o retorno a um mundo carnal, não à natureza impoluta de Deus.

22 **(D) Queda da graça (2,20-22). 20.** *depois de fugir:* a conversão significa uma ruptura definitiva com o pecado (veja 1Pd 4,1-2), uma transição do pecado para a graça, da morte para a vida, das trevas para a luz. A pior coisa que poderia acontecer seria voltar ao âmbito anterior, um horror contra o qual advertem o Evangelho (Mt 12,43-45), Paulo (Rm 6,6-11) e outros escritos cristãos (Hb 6,1-6; 10,38). **22.** *cão ... porca:* esta queda é comparada a um cão que volta a seu vômito (Pr 26,11) e a uma porca que retorna à sua lama, corroborando a afirmação de 2,12 de que os hereges são "animais", não participantes da natureza divina. Como Mc 14,21, melhor seria nunca terem sido salvos.

23 **(V) Segunda apologia: o fim do mundo (3,1-7).** O autor retorna às doutrinas dos escarnecedores, tratando primeiro das objeções deles à predição do final do mundo.

(A) Lembrança fiel (3,1-2). 1. *segunda carta:* aparentemente a primeira carta era 1Pd (Boobyer, "The Indebtedness" 34-53), que estava preocupada em descobrir a mensagem correta dos profetas (veja 1Pd 1,10-13).

vosso pensamento sadio: como em 1,13-15, esta recordação está focada na interpretação correta (*eilikrinē dianoia*) da tradição escatológica, especialmente em face das disputas em torno dela (veja 1,16.20; 3,4.16). A tradição acerca da parúsia e do juízo está de acordo com as palavras dos profetas do passado (veja referências ao AT em 2,4-8.15-16) bem como com a palavra do Senhor proferida por meio de seus apóstolos. **2.** *vossos apóstolos:* isto sugere que Pedro não escreveu esta carta, pois este autor percebe uma grande distância entre os porta-vozes primitivos e autênticos e ele mesmo. *trazer à memória:* a insistência em trazer à memória e na lembrança, aqui, distingue o autor dos escarnecedores, que se esquecem propositadamente da verdade (3,5.8).

24 **(B) Ataque contra o juízo predito (3,3-4). 3.** *escarnecedores:* aqui está a referência mais clara à doutrina dos hereges. Segundo as convenções dos testamentos, o líder moribundo prediz dificuldades para seus seguidores, até mesmo ataques a eles (veja At 20,29). Como falsos mestres (2,1), eles escarnecem das tradições do grupo (1,16); o autor desabona isto ao afirmar que o escárnio deles nasce da concupiscência, o que é uma outra referência aos quatro vícios cardeais (1,4; 2,10.18). **4.** *promessa:* seu escárnio se concentra mais uma vez nas promessas da parúsia, que o autor vem defendendo continuamente (1,4; 3,9). *em que ficou...?:* uma pergunta típica que questiona o poder e a intenção de um deus estrangeiro (Dt 32,37; 2Rs 18,34) ou do Deus de Israel (Jz 6,13; Sl 42,4.11). Além de atacar a fonte da profecia da parúsia (1,16), os escarnecedores oferecem argumentos contra ela a partir da experiência: não há prova do juízo de Deus no mundo, desde a criação até a mais recente morte de Padres da Igreja. *pais:* provavelmente figuras do NT que receberam predições acerca da iminência da parúsia que parecem não ter se cumprido (veja Mt 10,23; Mc 9,1). Parodiando o axioma de que "tudo flui", os escarnecedores afirmam que "tudo permanece imutável". E, assim, eles levantam objeções às profecias da parúsia por duas razões: (a) negação do juízo de Deus (2,3b; 3,9) e (b) negação da ação de Deus na criação (3,4).

25 (C) Refutação: prova tirada da história (3,5-7). 5. *fingem não perceber:* o autor acusa os hereges de ignorância culpável. Seu escárnio, que nasceu de desejos maus (3,3), é um esquecimento deliberado daquilo que todos conhecem. *estabelecida:* a apologia para a promessa da parúsia se baseia na doutrina judaica tradicional dos poderes criador e executivo de Deus. Todas as suas ações são regularmente resumidas sob estes dois títulos abrangentes (Filo, *Leg. alleg.* 2.68; *De cher.* 27-28; Rm 4,17; veja N. A. Dahl, *JSJ* 9 [1978] 1-28). Assim como Deus tem poder para criar (v. 5), Ele tem poder para julgar. *palavra de Deus:* visto que a questão é a confiabilidade da palavra de Deus, salienta-se que Ele criou o céu e a terra por uma palavra e exercerá poder executivo sobre eles por uma palavra. **6-7.** *água ... fogo:* segundo 2,4-8, Deus julgou Noé e sua geração com água, e Ló e Sodoma e Gomorra com fogo. Assim, o juízo de Deus no mundo já foi provado. *reservados:* Deuteronômio 28,12 fala dos bons tesouros divinos da chuva e fertilidade, mas Filo fala do tesouro divino do juízo (*Leg. alleg.* 3.105-6).

26 (VI) Terceira apologia: a "demora" como dom (3,8-9). 8. *um dia:* enfatizando a certeza da palavra de Deus (3,7), o autor trata de outro argumento explícito dos escarnecedores: "Deus tarda (em julgar)!" (veja 2,3b). Quando se ataca a providência de Deus em abençoar e julgar, apresentam-se vários argumentos típicos: (1) um Deus providente não poderia criar criaturas inúteis ou nocivas; (2) a presciência de Deus destruiria a liberdade humana; e (3) Deus é tardio em recompensar os justos e punir os ímpios. Ao insistir na demora de Deus, os gregos e judeus heterodoxos argumentavam contra o juízo futuro de Deus (veja Plutarco, *De sera num. vind.* 548D, 549D). *para o Senhor:* o autor responde à crítica acerca da demora de Deus de duas formas. Ele indica que o tempo divino é misterioso para os seres humanos e incalculável: 1.000 dias = 1 ano, 1 ano = 1.000 dias (veja Sl 90,4). Este texto foi entendido em relação ao julgamento postergado de Adão. Embora em Gn 2,17 Deus tenha dito: "Porque no dia em que dela comeres terás que morrer", Adão viveu outros 1.000 anos. Este adiamento do juízo foi explicado como dom de Deus para Adão se arrepender e ser salvo (*Gen. Rab.* 22:1; *Jub.* 4:29-30). **9.** *demora ... paciência:* a demora de Deus não deveria ser vista como um argumento contra a teodiceia, mas sim como paciência divina para com os pecadores, um tema que se encontra regularmente nas Escrituras (Sb 12:10), em escritos judaicos (Filo, *Leg. alleg.* 3.106), escritos cristãos (Rm 2,4) e debates greco-romanos (Plutarco, *De sera num. vind.* 551C,D). Ele se baseia na revelação feita a Moisés em Ex 34,6-7 de que Deus é "lento para a cólera", uma expressão que foi traduzida na LXX como "Deus é paciente" (*makrothymia*: Nm 14,18; Ne 9,17; Sl 86,15). Deus, que é tanto criador quanto executor do mundo, é misericordioso e justo, com ênfase especial em sua paciência para com os pecadores.

27 (VII) Escatologia e ética novamente (3,10-13).

(A) Um ladrão na noite (3,10). *dia do Senhor:* contrabalançando a observação acerca da demora com vistas ao arrependimento encontra-se a afirmação sobre a vinda segura, mas incognoscível, de Jesus como um ladrão na noite (Mt 24,43-44; 1Ts 5,1; Ap 3,3). *céus ... terra:* quando de sua vinda, toda a criação – céus, elementos intermediários e terra – desaparecerão com um estrondoso barulho, possivelmente a trombeta e o sinal dado mencionados em 1Ts 4,16 ou o bramido do fogo consumidor. *consumida:* a terra será "descoberta" no sentido forense de examinada e "desmascarada" (veja 1Cor 3,13-15; F. Danker, *ZNW* 53 [1962] 82-86).

28 (B) O dia de Deus (3,11-13). 11. *santidade do vosso viver e da vossa piedade:* a doutrina afeta a vida, e assim se faz referência ao comportamento moral consoante a crença no justo juízo de Deus. Devemos viver uma vida de santidade e reverência para com Deus, de modo a subsistir no dia final (veja 1Ts 3,13; 5,23; Fl 2,15-16). **12.** *apressais ... o dia:* quão diferentes são os crentes e os escarnecedores: os crentes aguardam e apressam o dia, enquanto os escarnecedores zombam de sua demora e o desprezam; os crentes interpretam a demora como dom da paciência de Deus, enquanto os escarnecedores a voltam contra o juízo de Deus; os crentes vivem uma vida irrepreensível, enquanto os escarnecedores chafurdam em paixões pervertidas (2,10.13-14). *o dia de Deus:* esta expressão enfatiza um aspecto diferente daquele salientado em 3,10 acerca do dia do Senhor (Jesus). Agora a ênfase está no poder de Deus para agir na criação e no juízo. Este dia assemelha-se a descrições bíblicas do dia de Deus (veja Is 43,4; Mc 13,24-25; Ap 16,8-9), onde se prediz que os céus se desfarão e fogo virá sobre o mundo. **13.** *novos céus ... nova terra:* a consumação ardente resultará numa nova criação, novos céus e nova terra, assim como os profetas predisseram (Is 65,17; 66, 22; Ap 21,1; cf. Mt 19,28). Purificados pelo fogo, somente os santos participarão do reino de justiça de Deus; os ímpios serão destruídos (3,7).

29 (VIII) Pedro e Paulo concordam (3,14-16). 14. *irrepreensível:* os versículos seguintes extraem as implicações da crença no juízo de Deus: os cristãos são zelosos por serem imaculados e irrepreensíveis, enquanto os escarnecedores são descritos em 2,12 como maculados e culpáveis. *ele vos encontre:* os crentes serão examinados e considerados dignos, uma repetição da observação em 3,10 de que o mundo também será examinado por Deus (veja Mt 24,46; Mc 13,36). **15.** *longanimidade:* os crentes sabem como interpretar a demora do juízo como paciência (3,9), uma dádiva de tempo para se arrepender e ser salvo. *a sabedoria que lhe foi dada:* o autor se refere às cartas de Paulo, evidentemente porque alguns pensam encontrar nelas argumentos contra a tradição defendida por Pedro. Primeiro, o autor afirma que Paulo era inspirado e autorizado em virtude da sabedoria dada a ele por Deus (Rm 12,3; 1Cor 3,10; Gl 2,9). Visto que Pedro também é um profeta inspirado (1,12-15.16-21), a tradição acerca da parúsia se baseia na palavra de duas testemunhas confiáveis. Segundo, apesar do suposto desacordo entre Pedro e Paulo em Gl 2,12-14, o autor reafirma que a tradição escatológica sempre foi sustentada por todos em todas as igrejas. Terceiro, o autor admite que Paulo é difícil de entender e está de fato sendo mal interpretado por esses escarnecedores, um erro talvez baseado na má compreensão da proclamação de Paulo sobre a liberdade (Gl 5,1; veja 2Pd 2,19) e sua percepção da ressurreição com Jesus no batismo (Rm 6,1-11), que implica que os crentes já estão além do exame e do juízo (1Cor 4,7; Jo 3,17-19). Uma interpretação correta (veja 3,2) incluiria as observações de Paulo sobre a vinda de Cristo para julgar (1Cor 1,7), nossa necessidade de sermos imaculados naquele dia (1Ts 3,13; 5,23) e o julgamento no tribunal de Deus (2Cor 5,10; Rm 14,9-12). Paulo reafirmou o justo juízo de Deus (Rm 2,5-9), até mesmo os dois poderes de criação e julgamento de Deus (Rm 4,17), e a paciência dele como tempo para arrependimento (Rm 2,4). **16.** *em todas as cartas:* não podemos dizer quantas cartas de Paulo este autor conhecia; parece que seguramente conhecia Rm e 1Ts e as considerava "Escritura" para esta igreja, um aspecto que sugere uma data tardia deste escrito.

30 (IX) Conclusão da carta (3,17-18). Como em Mc 13,5.23, a carta termina com advertências acerca das dificuldades futuras. **17.** *precavei-vos:* os destinatários devem permanecer firmes na tradição (1Cor 10,12; 1Ts 3,13) e não ser arrebatados pelo engano (2,3a.19; 2Tm 4,3-4). **18.** *crescei na ... conhecimento:* esta é uma *inclusio* com 1,3, onde o conhecimento de Deus concede tudo que diz respeito à vida e à santidade; este conhecimento agora inclui especialmente a compreensão correta da parúsia de Jesus. *dia da eternidade:* este é um código resumido para o tema principal da carta, o dia do juízo de Deus e o dia da parúsia de Jesus, que é um dia de destruição cósmica, mas também de um novo céu e uma nova terra.

65
Inspiração

Raymond F. Collins

BIBLIOGRAFIA

1 ABRAHAM, W. J., *The Divine Inspiration of Holy Scripture* (Oxford, 1981). ACHTEMEIER, P. J., *The Inspiration of Scripture: Problems and Proposals* (Philadelphia, 1980). ALONSO SCHÖKEL, L., "Inspiration", *Sacramentum Mundi* (ed. K. RAHNER et al.; New York, 1969) 3.145-51; *The Inspired Word: Scripture in the Light of LANGUAGE and Literature* (New York, 1965); "The Psychology of Inspiration", *The Bible in Its Literary Milieu* (ed. V. L. TOLLERS e J. R. MEIER; Grand Rapids, 1979) 24-56. BEA, A., "Deus Auctor Sacrae Scripturae: Herkunft und Bedeutung der Formel", *Ang* 20 (1943) 16-31. BENOIT, P., "Inspiration", *R-T*, 9-59; *Inspiration and the Bible* (London, 1965). BROMILEY, G. W., "Inspiration, History of the Doctrine of", *ISBE* 2.849-54. BURTCHAELL, J. T., *Catholic Theories of Biblical Inspiration since 1810* (Cambridge, 1969). CASSEM, N. H., "Inerrancy after 70 Years: The Transition to Saving Truth", *ScEs* 22 (1970) 189-202. COLLINS, R. F., *Introduction to the New Testament* (Garden City, 1983) 317-55. DESROCHES, A., *Jugement pratique et jugement spéculatif chez l'écrivain inspiré* (Ottawa, 1958). GNUSE, R., *The Authority of the Bible* (New York, 1985). HARRINGTON, R., *Record of Revelation: The Bible* (Chicago, 1965) 20-53. HARRIS, R. L., *Inspiration and Canonicity of the Bible: Contemporary Evangelical Perspectives* (ed. rev.; Grand Rapids, 1969). HOFFMAN, T. A., "Inspiration, Normativeness, Canonicity, and the Unique Sacred Character of the Bible", *CBQ* 44 (1982) 447-69. LOHFINK, N., "Über die Irrtumslosigkeit und die Einheit der Schrift", *SZ* 174 (1964) 161-81; digesto em inglês em *TD* 13 (1965) 185-92. LORETZ, O., *Das Ende der Inspirations-Theologie* (2 vols.; Stuttgart, 1974-76); *The Truth of the Bible* (New York, 1968). MCCARTHY, D. J., "Personality, Society, and Inspiration", *TS* 24 (1963) 553-76. MARSHALL, I. H., *Biblical Inspiration* (London, 1982). RAHNER, K., *Inspiration in the Bible* (2ª ed.; New York, 1964). SCULLION, J., *The Theology of Inspiration* (TToday 10; Cork, 1970). STANLEY, D. M., "The Concept of Biblical Inspiration", *ProcCTSA* 13 (1958) 65-95. SYNAVE, P. e P. BENOIT, *Prophecy and Inspiration* (New York, 1961) esp. 84-145. TURNER, G., "Biblical Inspiration and the Paraclete", *New Blackfriars* 65 (1984) 420-28. VAWTER, B., *Biblical Inspiration* (Philadelphia, 1972); VOGELS, W., "Inspiration in a Linguistic Mode", *BTB* 15 (1985) 87-93. WARFIELD, B. B., "Inspiration", *ISBE* 2.839-49.

2 ESBOÇO

O Concílio Vaticano II (§ 3-7)
A tradição protocristã e judaica (§ 8-31)
  (I) O Novo Testamento
    (A) 2Tm 3,16-17 (§ 9-16)
    (B) 2Pd 1,19-21 (§ 17)
  (II) O judaísmo (§ 18-22)
  (III) Os Padres da Igreja
    (A) Explicações da inspiração (§ 25)
    (B) Orígenes (§ 26)
    (C) Agostinho (§ 27)
    (D) Fórmulas importantes (§ 28-31)
      (a) Condescendência (§ 28)
      (b) Ditado (§ 29-30)
      (c) "Deus o Autor" (§ 31)

O modelo profético de inspiração (§ 32-37)
(I) A instrumentalidade causal (§ 33-35)
(II) A inspiração verbal plena (§ 36-37)

O tratado sobre a inspiração (38-53)
(I) No catolicismo romano
 (A) O impacto da crítica textual (§ 39)
 (B) O impacto da crítica histórica (§ 40-41)
(II) Inspiração plena e parcial
 (A) Lessius (§ 43)
 (B) Jahn e Haneberg (§ 44)
 (C) O Vaticano I; papa Leão XIII (§ 45)
 (D) Newman (§ 46)
 (E) Franzelin (§ 47)
 (F) Lagrange (§ 48-49)
(III) Teorias da inerrância
 (A) Entre os católicos (§ 50)
 (B) Entre os protestantes conservadores (§ 51-53)

Abordagens contemporâneas da inspiração (§ 54-65)
(I) Entre os protestantes
 (A) A teoria cooperativa (§ 54-55)
 (B) O comportamento consequente (§ 56)
 (C) A Neo-ortodoxia (§ 57)
(II) Entre os católicos romanos
 (A) Teorias psicológicas (§ 59)
 (B) Teorias sociais (§ 60-61)
 (C) Abordagens literárias (§ 62-64)
 (D) Aspectos eclesiais

Corolários da doutrina da inspiração (§ 66-72)
O uso eclesial da Escritura (§ 66)
A palavra de Deus (§ 67-69)
A verdade da Bíblia (§ 70-71)
O futuro da teoria da inspiração (§ 72)

O CONCÍLIO VATICANO II

3 "A inspiração divina e a interpretação da Sagrada Escritura" foi o título do cap. 3 da Constituição Dogmática sobre a Revelação Divina do Vaticano II (*Dei Verbum*, 18 de nov. de 1965). No texto, a inspiração é uma forma específica de falar sobre o caráter sagrado singular das Escrituras, o que tem importantes implicações para o modo pelo qual os crentes devem considerar os livros do AT e do NT.

4 O texto-chave do documento conciliar é o seguinte:

As coisas reveladas por Deus, contidas e manifestadas na Sagrada Escritura, foram escritas por inspiração do Espírito Santo [*Spirito Santo afflante consignata sunt*]. Com efeito, a santa mãe Igreja, segundo a fé apostólica, considera como santos e canónicos os livros inteiros do Antigo e do Novo Testamento com todas as suas partes, porque, escritos por inspiração do Espírito Santo [*Spirito Santo inspirante conscripti*] (cf. Jo. 20,31; 2 Tim. 3,16; 2 Ped. 1,19-21; 3,15-16), têm Deus por autor, e como tais foram confiados à própria Igreja (1). Todavia, para escrever os livros sagrados, Deus escolheu e serviu-se de homens na posse das suas faculdades e capacidades (2), para que, agindo Ele neles e por eles (3), pusessem por escrito, como verdadeiros autores, tudo aquilo e só aquilo que Ele queria (4). E assim, como tudo quanto afirmam os autores inspirados ou hagiógrafos [*quod auctores inspirati seu hagiographi asserunt*] deve ser tido como afirmado pelo Espírito Santo, por isso mesmo se deve acreditar que os livros da Escritura ensinam com certeza, fielmente e sem erro a verdade que Deus, para nossa salvação, quis que fosse consignada nas sagradas Letras (5). Por isso, "toda a Escritura é divinamente inspirada e útil para ensinar, para corrigir, para instruir na justiça: para que o homem de Deus seja perfeito, experimentado em todas as obras boas" (2 Tim. 3,7-17 gr.). [Versão do *site* oficial do Vaticano].

5 Claramente, o Vaticano II pretendia recapitular o ensinamento tradicional sobre a inspiração. O texto faz referência a quatro passagens do NT frequentemente citadas na história da longa discussão da igreja sobre a inspiração, especialmente 2Tm 3,16 e 2Pd 1,19-21. Num estágio relativamente tardio da discussão conciliar sobre a inspiração, e em resposta a uma intervenção de Dom B. C. BUTLER, 2Tm 3,16-17 foi incorporado, de modo que não pudesse haver equívoco quanto à maneira como os padres conciliares entendiam a doutrina da inspiração das Escrituras e qual era seu propósito para eles. Eles pretendiam recapitular o ensinamento das próprias Escrituras (NT). Sob este aspecto, a declaração do Vaticano II sobre a inspiração concorda com as concepções de muitos cristãos evangélicos, que consideram as Escrituras do NT, especialmente 2Tm 3,16-17 e 2Pd 1,19-21, como as testemunhas centrais de como a inspiração deve ser entendida e enunciada.

6 O desejo dos padres conciliares de resumir o ensinamento tradicional sobre a inspiração é evidenciado ainda pelo fato de suas notas de rodapé fazerem referência a Hb 1,1; 4,7; 2Sm 23,2; ao uso de fórmulas de citação por Mateus (*p.ex.*, Mt 1,22); e a Agostinho (*De genesi ad litteram* 2.9.20; *Ep.* 82.3) e a Tomás de Aquino (*De veritate* 1.12, a.2). As notas de rodapé também se referem ao Concílio de Trento e ao Vaticano I, bem como a duas importantes encíclicas que surgiram no intervalo entre o Vaticano I e o II, a saber, a *Providentissimus Deus* de Leão XIII (1893) e a DAS de Pio XII (1943). A preocupação do Vaticano II de recapitular a tradição sobre a inspiração torna-se ainda mais significativa à luz do esboço (*esquema*) regressivo sobre a inspiração que fora apresentado no início do concílio, bem como das extensas discussões que levaram não apenas à rejeição daquele esquema, mas também a várias revisões do texto que finalmente se tornou parte da *Dei Verbum* (→ Pronunciamentos da Igreja, 72:7, 13-16).

7 Nove artigos adicionais da *Dei Verbum* (7,8,9,14,16,18,20,21,24) fazem referência explícita à inspiração das Escrituras. O texto conciliar afirma que o AT (3,14), o NT (4,16), os Evangelhos (5,18), as epístolas de Paulo e outros escritos apostólicos (5,20) são inspirados. Algumas passagens conciliares citam a inspiração como uma qualidade dos textos bíblicos (2,8; 6,21.24), enquanto outras ou atribuem a inspiração àqueles que estiveram envolvidos na composição da Bíblia ou dizem que os textos forma escritos sob a inspiração do Espírito Santo (2,9; 4,14; 5,20; cf. 2,7; 5,18). Deus é "o inspirador e autor de ambos os Testamentos" (4,16); em outras partes, a inspiração é atribuída especificamente ao Espírito (2,7.9; 5,18.20). Repetidamente, a inspiração é citada como a base para a consideração de que as Escrituras são (ou contêm) a palavra de Deus (2,9; 4,14; 6,21.24). Os Evangelhos se beneficiaram do carisma da inspiração de modo excepcionalmente preeminente (3,11; 5,18).

A TRADIÇÃO PROTOCRISTÃ E JUDAICA

8 **(I) O Novo Testamento.** O que, então, a tradição diz acerca da inspiração? As duas passagens mais importantes da Escritura são 2Tm 3,16-17 e 2Pd 1,19-21. Em ambas, a Vulgata latina usa *inspirare* (lit., "inspirar"), da qual deriva não apenas a palavra "inspirar" em português, mas também seus equivalentes nas línguas românicas e germânicas modernas. Inicialmente a passagem de 2 Timóteo, que fala da inspiração da Escritura, parece ser mais significativa que a passagem de 2 Pedro, que fala da inspiração da profecia.

9 **(A) 2Tm 3,16-17.** "Toda Escritura é inspirada por Deus e útil para instruir, para refutar, para corrigir, para educar na justiça, a fim de que o homem de Deus seja perfeito, qualificado para toda boa obra" (BJ – *Bíblia de Jerusalém*). (Para a provável pseudonímia pós-paulina de 2 Timóteo, → Pastorais, 56:6-8).

O contexto imediato (3,10-17) incentiva Timóteo, como homem de Deus e líder da congregação, a seguir o exemplo de Paulo e a dar continuidade à tradição do ensinamento paulino. Timóteo é lembrado dos

"Escritos Sagrados" com os quais estava familiarizado desde sua juventude. Claramente, estes "Escritos Sagrados" são as Escrituras judaicas (embora um cânone judaico definitivo ainda não estivesse estabelecido quando 2Tm foi escrito; → Canonicidade, 66:35). Estes Escritos Sagrados "têm o poder de comunicar-te a sabedoria que conduz à salvação pela fé em Cristo Jesus" (2Tm 3,15). Seu propósito é salvífico, mas a chave para seu propósito salvífico é Cristo Jesus.

10 À parte desta referência a Cristo, a atitude do autor para com os Escritos Sagrados foi formada dentro da tradição judaica. Os dois mais importantes autores judaicos helenísticos cujos escritos foram preservados falam das Escrituras judaicas como "escritos sagrados" (Filo, *De vita Mosis* 2.292; Josefo, *Ant.* 10.10.4 § 210). Os homens judeus eram formados nas Escrituras desde os 5 anos de idade, segundo a Mishná (*'Abot* 5;21). Embora a referência à fé em Cristo Jesus (2Tm 3,15) manifeste claramente uma perspectiva cristã, a exegese "atualizadora" sugerida por 2Tm é consistente com a interpretação escriturística que se encontra no *pesher* de Qumran e no *midrásh* rabínico (→ Hermenêutica, 71:31-34).

11 Os versículos 16-17 fornecem uma reflexão explicativa sobre o v. 15, *i.e.*, sobre a utilidade dos Sagrados Escritos para fins educacionais. O autor menciona a razão por que os Sagrados Escritos serem valiosos (v. 16a) e, a seguir, especifica o uso que pode ser feito deles (vv. 16b-17). O texto grego não é completamente claro, como demonstra a variedade de traduções. Existem três ambiguidades principais: (1) o significado de *pasa graphē* ("toda Escritura"), (2) o significado de *theopneustos* ("inspirada"), e (3) a função gramatical de *theopneustos*.

12 A ambiguidade de *pasa graphē* é facilmente apreendida a partir das traduções que variam desde "a Bíblia toda" (*Living Bible*) até "cada Escritura inspirada" (NEB – *New English Bible*) e a tradução literalmente acurada "toda Escritura". Em si mesmo, *graphē* pode significar um único versículo escrito, um livro todo ou toda a coleção das Escrituras. *Pasa* pode ser entendido num sentido inclusivo ("toda") ou distributivo ("cada uma"). Visto que o NT não usa "Escritura" para designar um único livro, esta última possibilidade deve ser excluída. Uma vez que ainda não existia uma coleção das Escrituras cristãs na época em que 2Tm foi escrita (→ Canonicidade, 66:55), a expressão "toda Escritura" se refere (somente) às Escrituras judaicas, como evidencia também a expressão paralela "Sagrados Escritos" no v. 15. Finalmente, visto que *pasa graphē* não possui o artigo definido, é mais provável que signifique cada passagem da Escritura.

13 *Theopneustos* (uma palavra rara) é normalmente traduzida como "inspirada por Deus", mas também encontramos simplesmente "inspirada" (NEB – *New English Bible*) e a expressão um tanto desajeitada "soprada por Deus" (NVI – *Nova Versão Internacional*). Composta de *theo*, de *theos*, "Deus", e *pneustos*, de *pneō*, "soprar, respirar", encontra-se uma vez no NT, nunca na LXX, e apenas quatro vezes nos escritos gregos ainda existentes. Entendida em sentido ativo, ela sugere que a Escritura está cheia do sopro ou espírito de Deus (= inspiradora). Entendida em sentido passivo, *theopneustos* sugere que a Escritura foi expirada por Deus (= inspirada). A grande maioria dos comentaristas e traduções, antigos e modernos, entende este adjetivo de modo passivo, de modo que *pasa graphē theopneustos* significa a Escritura que é inspirada.

14 Ainda resta o problema da função gramatical de *theopneustos*. Este termo é usado como predicativo (RSV – *Revised Standard Version*: "toda Escritura é inspirada") ou como adjunto adnominal (algumas versões antigas e NEB – *New English Bible*: "cada Escritura inspirada")? O problema gramatical é que falta no versículo grego um verbo principal, de modo que um verbo de ligação ("é") precisa ser colocado dentro da sentença. O peso das considerações exegéticas parece favorecer o entendimento de "inspirada" como predicativo. Assim, 2 Timóteo está afirmando que cada passagem das Escrituras judaicas é inspirada; em consequência disto, estas Escrituras são úteis para ensinar, repreender, corrigir e instruir na justiça. Porque as Escrituras vêm de Deus, elas podem ser proveitosamente usadas tanto para fins de instrução quanto de exortação moral.

15 Uma vez que todos os outros usos conhecidos de *theopneustos*, "inspirada", aparecem na literatura escrita após 2Tm (Plutarco, Vettius Valens, Pseudo-Focílides e *Or. Sib.*), alguns pensam que "inspirada" é uma palavra cunhada pelo autor de 2Tm a fim de realçar a origem divina das Escrituras (veja C. SPICQ, *"theodiaktoi, theopneustos", Notes de lexicographie néotestamentaire* [Göttingen, 1978] 1.372-74). Entretanto, a opinião dominante dos estudiosos é que "inspirada" é uma palavra emprestada de antigas descrições helenísticas da experiência extática dos profetas mânticos.

16 Embora *theopneustos* não seja usada por Filo, sua descrição de Moisés como "o maior de todos os profetas" (*De vita Mosis* 2.187-91) é um tanto semelhante à experiência condensada em *theopneustos* pelos *Or. Sib.* e outros textos helenísticos. Para Filo, a função de Moisés, como profeta, era "declarar por inspiração [*thespizē*] o que não pode ser apreendido pela razão". Filo distingue três tipos de afirmações divinas: (1) O profeta serve de intérprete da afirmação divina. (2) A afirmação ocorre num diálogo entre o profeta e Deus. (3) "O orador aparece sob aquela possessão divina [*enthousiōdes*] em virtude da qual ele é especialmente, e em sentido estrito, considerado um profeta".

Filo considera outros profetas, além de Moisés, como inspirados (*Quis rerum* 265; *De vita Mosis* 1.281; *De mutatione nominum* 120). Quanto a este aspecto, ele reflete concepções geralmente sustentadas no judaísmo do séc. I. Josefo escreveu sobre Balaão: "Assim ele falou por inspiração divina, como se não estivesse em seu próprio poder [*epetheiazen oukōn em heautō tō de theiō pneumati*], mas foi levado a dizer o que disse pelo espírito divino" (*Ant.* 4.6.5 § 118). Anteriormente, a regra da comunidade essênia de Qumran estimulara os sectários a agirem "de acordo com o que os profetas revelaram pelo espírito de sua santidade" (1QS 8,16; veja 1QpHab 2,2; CD 2,12-13).

Quanto aos protocristãos, um dito tradicional atribui a Jesus a concepção de que Davi foi inspirado pelo Espírito Santo (Mt 22,43; Mc 12,36). Diz-se que o Espírito Santo falou por meio de Davi (At 1,16) ou de um profeta (At 28,25). Deus falou por meio dos profetas (Lc 1,70) ou de Moisés (Mc 12,26; cf. Mt 22,31; Lc 20,37). Estes textos indicam que os protocristãos compartilhavam da concepção comum entre os judeus de seu tempo de que os profetas, dos quais Moisés era um exemplo singular, foram inspirados pelo Espírito Santo.

17 (B) **2Pd 1,19-21.** "Temos, também, por mais firme a palavra dos profetas [...]. Antes de mais nada, sabei isto: que nenhuma profecia da Escritura resulta de interpretação particular, pois que a profecia jamais veio por vontade humana, mas os profetas impelidos pelo Espírito Santo falaram da parte de Deus" (BJ). (Para a pseudonímia de 2 Pedro, → 2 Pedro, 64:2.)

O contexto imediato (1,12-21) garante a esperança cristã. Tendo refletido sobre a transfiguração (vv. 12-18), o autor cita "a palavra profética" (*ton prophētikon logon, i.e.*, toda a Lei, os Profetas e os Escritos – as três divisões das Escrituras hebraicas; → Canonicidade, 66:22) como um firme fundamento da esperança, na medida em que Deus confirma sua veracidade, e sua mensagem estava no processo de ser realizada. Os pensamentos do autor sobre os falsos profetas (2,1-3) são introduzidos pela admoestação de 1,20-21: não é permitido interpretar os ditos proféticos contidos na Escritura (*pasa prophēteia graphēs*) segundo o capricho subjetivo de cada um. O motivo é que a profecia vem do Espírito Santo.

18 (II) O judaísmo. A inspiração dos profetas é uma coisa; a inspiração das Escrituras (*i.e.*, obras escritas) é outra. Nunca é dito explicitamente nas Escrituras judaicas que os escritos que contêm as palavras dos profetas eram inspirados, ainda que elas afirmem constantemente que o Espírito Santo esteve profundamente envolvido na atividade e proclamação dos profetas (2Sm 23,2; Os 1,1; Jl 3,1-2 etc.).

19 Filo refletiu a crença tradicional do judaísmo: "Um profeta não fala por si mesmo, mas tudo o que fala vem de outra parte, são os ecos de uma outra voz. O perverso nunca pode ser o intérprete de Deus, de modo que nenhuma pessoa indigna é 'inspirada por Deus' [*enthousia*] no sentido próprio do termo" (*Quis rerum* 259; cf. *De praemiis* 55). Como o autor de 2 Pedro, Filo distingue o profeta verdadeiro e inspirado do falso. Ele atribui o dom da profecia a Moisés, Noé, Isaac e Jacó, mas acima de tudo a Moisés, que é "celebrado como profeta por toda parte" (*Quis rerum* 262).

20 Na opinião de Filo, as palavras de Moisés e dos patriarcas eram inspiradas, e todas as coisas nos livros sagrados (*hosa en tais hierais bibliois*) são oráculos proferidos por meio de Moisés. Consequentemente, a Torá ou lei, tradicionalmente atribuída a Moisés, contém profecia inspirada. O Talmude babilônico vai além, ao falar da Torá como "divinamente revelada". De fato, os rabinos ensinavam que a legislação de Nm 15,31: "Desprezou a palavra de Iahweh e violou o seu mandamento. Este indivíduo deverá ser eliminado", aplica-se àquele "que afirma que a Torá não provém do céu" (*b. Sanh.* 99a).

21 A doutrina da inspiração profética se encontra claramente na raiz da doutrina judaica da inspiração das Escrituras. Toda a *tĕnāk* (*i.e.*, a Torá, os Profetas e os Escritos; → Canonicidade, 66:22) era considerada inspirada, uma vez que todas as três unidades derivavam de expressão profética. É quase óbvio que tanto a Torá, que vem de Moisés, o profeta por excelência (Dt 15,18), quanto os livros proféticos resultam de expressão profética. Passagens ocasionais sugerem que até mesmo a expressão dos sábios deveria ser interpretada como expressão profética inspirada (Is 11,2; Ex 15,20-21; 2Cr 15,1-5).

22 É com base nesta tradição judaica que o autor de 2Pd afirma que *ton prophētikon logon* é tornada mais firme – "a palavra profética" na terminologia judaica helenística, onde ela indica toda a *tĕnāk*. Estas Escrituras permanecem firmes porque elas começaram a ser realizadas em Jesus Cristo. Assim, o protocristianismo compartilhava com a tradição judaica a noção de que as Escrituras (judaicas) eram inspiradas, como atesta a virtual permutabilidade de "está escrito" (At 13,33) e "ele [= Deus] diz" (13,34-35).

23 (III) Os Padres da Igreja. O testemunho do NT era tal que os primeiros Padres consideravam a inspiração das Escrituras quase evidente por si mesma, refletindo a linguagem tradicional em suas descrições. Durante os sécs. II e III, contudo, o termo "as Escrituras" (*hai graphai*) passou a ser usado para designar também os escritos cristãos autoritativos, que finalmente seriam incorporados ao cânone. Esta ampliação do termo usado para designar os escritos judaicos indicava uma fonte divina. Na escola de Alexandria, Clemente (ca. 150-215) escreveu sobre os "escritos sagrados" (*hiera grammata*) e os "livros sagrados" (*hagiai biblioi*), afirmando que as Escrituras eram obra de "autores divinos" (*theiōn graphōn*). Orígenes (ca. 185-254), discípulo de Clemente, escreveu acerca dos "livros sagrados" (*hierai biblioi*) derivados "da inspiração" (*ex epipnoias*). Contemporaneamente, em Antioquia, Teófilo escreveu sobre as "santas Escrituras" (*hai hagiai graphai*) e citou seus autores como "portadores do Espírito" (*pneumatophoroi*).

24 Estas concepções patrísticas salientavam a autoridade das Escrituras judaica e cristã. Clemente de Alexandria, *p.ex.*, escreveu sobre a possibilidade de citar inúmeros textos das Escrituras das quais "não será omitido nem um só 'i', uma só vírgula" (Mt 5,18), porque foram pronunciados pela boca do Senhor, o Espírito Santo, "que os falou" (Is 1,20; *Protrepticus* 9.82.1). Embora reconheça que as Escrituras não fornecem respostas a todas as nossas perguntas, Irineu de Lião (ca. 130-200) observou que as Escrituras são perfeitas, porque foram dadas pela palavra de Deus e pelo Espírito (*Adv. Haer.* 2.28.2). Entre os padres capadócios, Gregório de Nazianzo (329-389) queria que se desse atenção até aos mais breves textos da Escritura, visto que todos são atribuíveis ao cuidado escrupuloso do Espírito (*Oratio* 2.105; PG 35. 504).

25 (A) Explicações da inspiração. Uma outra questão, bem diferente, era a forma como os padres entendiam a inspiração. Alguns padres mais antigos a consideravam resultado de um fenômeno extático. Teófilo comparou os profetas às sibilas, pois eles "foram possuídos por um Espírito santo [*pneumatophoroi pneumatos hagiou*] e se tornaram profetas [*kai prophētai genomenoi*], sendo inspirados e instruídos pelo próprio Deus [*hyp' autou tou theou empneusthentes kai sophisthentes*]" (*Ad. Autolycum* 2.9; PG 6. 1064). Justino Mártir (ca. 100-165) escreveu: "Quando escutares as profecias, faladas como em nome [de alguém], não penses que elas foram proferidas pelos profetas inspirados por sua própria iniciativa, mas pela Palavra de Deus que os impeliu" (*Apol.* 1.36). Justino, de fato, raramente cita o nome de um profeta individualmente (veja, porém, *Dial.* 118, que nomeia Natã, Ezequiel e Isaías). A predição de eventos futuros era um dom concedido aos profetas (*Apol.* 1.31; *Dial.* 7), e a inspiração era quase uma questão de ditado divino. Concepções um tanto semelhantes foram defendidos por Atenágoras, o apologista cristão do séc. II. Explorando a raiz grega *pneu-* (*pnein*, "soprar"; *pneuma*, "espírito") e antecipando a doutrina escolástica da causalidade instrumental na exposição da inspiração, ele escreveu acerca dos ensinamentos "de Moisés, ou de Isaías e Jeremias e dos demais profetas que, no êxtase de seus pensamentos, movidos pelo Espírito divino, disseram o que foram inspirados a dizer, sendo que o Espírito fazia uso deles como um flautista sopra uma flauta" (*Legatio* 9; PG 6. 905-8).

26 (B) Orígenes. No Oriente, Orígenes, um dos primeiros autores cristãos a retomar amplamente a noção de inspiração, demonstrou uma tendência contra a concepção de que uma experiência extática estivesse na origem da profecia e da inspiração escriturística. Sua obra principal, *Dos princípios* (*Peri Archon*; *De principiis*), contém um capítulo intitulado "Inspiração da Escritura divina". Ele escreveu sobre os testemunhos "extraídos das Escrituras, que cremos serem divinas, tanto do que é chamado de Antigo Testamento quanto do Novo" (4.1; PG 11. 341). Referindo-se aos "escritos sagrados" e ao "caráter divino" das Escrituras, Orígenes pensava ser impossível aceitar que muitas afirmações escriturísticas "fossem proferidas por um homem" (4.22; PG 11. 391). "Quem se aproxima das palavras proféticas com cuidado e atenção [...] será convencido por seus próprios sentimentos que as palavras que cremos serem de Deus não são composições de homens" (4.6; PG 11. 353). O Espírito Santo "iluminou" (*tō phōtizonti pneumati*) o escritor inspirado (4.14; PG 11. 372) com uma ação dirigida à mente, vontade e memória humanas (*Contra Celsum* 7.3-4; PG 11. 1424-25). Entretanto, para Orígenes, os profetas bíblicos "colaboraram voluntária e conscientemente com a palavra que veio a eles" (*Hom. in Ezech.*, frag. 6.11; PG 13. 709), e os evangelistas foram capazes de expressar suas próprias opiniões. De fato, ele distinguiu entre a palavra da revelação e o comentário sobre esta palavra que vem do autor humano das Escrituras. Esta distinção levou Orígenes a admitir a possibilidade de erro por parte de um profeta do AT ou de um autor do NT.

A maior contribuição de Orígenes provavelmente consiste na ênfase que ele colocou na inspiração do texto em si, distinta da ênfase anterior na inspiração dos profetas. Esta mudança no sentido de enfatizar que o texto em si era a palavra de Deus se deveu, pelo menos em parte, à luta de Orígenes contra os remanescentes do montanismo, que enfatizava exageradamente a condução dos profetas pelo Espírito. Orígenes também admitiu vários níveis ou graus de inspiração, uma posição sustentada mais tarde pelo teólogo antioqueno Teodoro de Mopsuéstia (ca. 350-428), mas que em geral não era aceita pelos Padres orientais.

27 (C) Agostinho. Entre os padres ocidentais, Agostinho (354-430) tratou extensamente da importância das Escrituras, especialmente em *A harmonia dos evangelhos* e *Da doutrina cristã*. Ele enfatizou o significado das Escrituras intencionado pelo autor: "Nosso objetivo deveria ser nada menos que determinar qual é a opinião e a intenção da pessoa que fala" (*Harmonia* 2.12; PL 34. 1092; cf. *Doutrina cristã* 1.36; PL 34. 34). Em geral, Agostinho sustentou que as Escrituras foram ditadas aos autores humanos pelo Espírito Santo: "o autor (por meio do qual o Espírito Santo produziu a Sagrada Escritura)", e o Espírito de Deus "que produziu estas palavras por meio dele" (*Doutrina cristã* 3.27; PL 34. 80). Ele conferiu um grande papel aos autores humanos, que "usaram todas aquelas formas de expressão que os gramáticos chamam pelo termo grego *tropes*" (tropos, figuras de linguagem; *Doutrina cristã* 3.29; PL 34. 80). O evangelista pode introduzir um tema sem o desenvolver extensamente, ou fazer algum acréscimo por conta própria, "mas não no tema em si, e sim nas palavras pelas quais ele é expresso". "Talvez ele não seja completamente bem sucedido [...] em recordar e recitar de novo, com a mais literal precisão, as mesmas palavras que ouviu na ocasião" (*Harmonia* 2.12; PL 34. 1091).

28 (D) Fórmulas importantes. Enquanto os padres, do Oriente e do Ocidente, em geral reafirmavam a inspiração das Escrituras e, contudo, tentavam lidar realisticamente com os problemas de interpretação, de seus escritos surgiram três fórmulas significativas, que dominaram boa parte da discussão posterior, a saber, condescendência, ditado e "Deus o autor das Escrituras".

(a) *Condescendência*. Tendo um antecedente na "acomodação" (*simperihora*) de Orígenes, a noção de "condescendência" (*sinkatabasis*), proveniente de João Crisóstomo (ca. 347-407), teve o valor mais duradouro na discussão sobre a inspiração (Vawter, *Biblical* 40). Esta noção continua a ser citada em documentos eclesiásticos, *p.ex.*, DAS (EB 559; RSS p. 98) e *Dei Verbum* (3.13) do Vaticano II. O último cita Crisóstomo ao falar sobre Gn 3,8 (*Homilia* 17.1; PG 53. 134), proclamando a condescendência da sabedoria divina "para que possamos aprender a amável bondade de Deus, que palavras não podem expressar, e até onde Ele chegou ao adaptar sua linguagem, com cuidadosa preocupação, à nossa natureza humana fraca". Ele vê isto como algo análogo à encarnação da Palavra de Deus, uma analogia frequentemente usada para explicar a inspiração e sugerida pelo próprio Crisóstomo (*Homilia* 15.3 sobre João; PG 59. 100). Crisóstomo usou frequentemente a "condescendência" divina para expressar que as Escrituras foram escritas por autores humanos, que ocasionalmente expressaram seus pensamentos por metáfora e hipérbole, ou de modo a obter uma recepção favorável por parte de seus leitores (*captatio benevolentiae*). Veja R. C. Hill, *Compass Theology Review* 14 (1980) 34-38.

29 (b) *Ditado*. A afirmação de que as Escrituras foram "ditadas" (verbo latino: *dictare*) se encontra em padres ocidentais como Agostinho (*p.ex., En. in Ps.* 62.1; PL 36. 748) e Jerônimo (Romanos, de Paulo, foi ditada pelo Espírito Santo; *Epist.* 120.12; PL 22. 997). Mesmo nas controvérsias da Reforma do séc. XVI, o ditado das Escrituras pelo Espírito Santo servia para descrever a inspiração em ambos os lados. Para os católicos, em 1546 o Concílio de Trento percebeu claramente que "esta verdade e regra estão contidas nos livros sagrados e nas tradições orais que chegaram até nós, tendo sido recebidas pelos apóstolos da boca do próprio Cristo, ou dos apóstolos pelo ditado do Espírito Santo [*Spiritu Sancto dictante*], e foram transmitidas, por assim dizer, de mão em mão" (DS 1501) – uma passagem citada textualmente em 1870 pelo Vaticano I (*Dei Filius*; DS 3006).

30 Na mesma linha, "os reformadores assumiram inquestionavelmente e sem reservas o enunciado sobre a inspiração, e de fato a inspiração verbal, da Bíblia, como está explícita e implicitamente contida naquelas passagens paulinas que tomamos como nossa base, incluindo até mesmo a fórmula de que Deus é o autor da Bíblia, e ocasionalmente *fazendo uso da ideia do ditado* por meio dos escritores bíblicos" (grifo nosso); K. Barth, *Church Dogmatics* 1.2.520). Com relação a até que ponto a Bíblia é a palavra de Deus, Barth encontra nos reformadores a concepção de que "Deus ou o Espírito Santo é seu *autor primarius*; seu conteúdo é 'dado' aos profetas e apóstolos [...]; ela é *mandata, inspirata, dictata*, etc. por 'impulso' divino [...] na composição de seus escritos os profetas e os apóstolos atuaram como *amanuenses* [...] ou como *librarii* [...] ou como *actuarii*" (1.2.523).

João Calvino (1509-1564) frequentemente usou o termo "ditado" para descrever a autoria divina das Escrituras e "escribas" para descrever o papel dos autores humanos. Tudo que Daniel "expressou foi ditado pelo Espírito Santo" e os autores do NT foram "incontestáveis e autênticos amanuenses do Espírito Santo" (*Institutas* 4.8.9). Isaías e Moisés foram "instrumentos do Espírito de Deus que nada ofereceram de si mesmos" (24º *sermão sobre 2Tm*; *Corpus Reformatorum* 54. 285-86). Entretanto, quando Calvino falava da Escritura como "ditada" e dos "escribas", para ele ditado não era mera estenografia. Ele admite, *p.ex.*, que os autores escriturísticos foram afetados pela obscuridade de sua época (*Institutas* 2.11.6) e que até mesmo Paulo não citou as Escrituras sem errar.

31 (c) *"Deus o Autor"*. Usada por reformadores como Calvino, esta terminologia está bem atestada em declarações de fé e doutrina da Igreja Católica, *p.ex.*, aos valdenses no séc. XIII (DS 790) e ao imperador Miguel Palaeologos (DS 854), no Concílio de Trento, no Vaticano I e II (DS 1501, 3006; *Dei Verbum* 3:11). O primeiro uso eclesiástico oficial foi numa profissão de fé dos futuros bispos nos chamados Estatutos Antigos da Igreja (450-500 d.C.): "Há um só e mesmo autor e Deus do Novo e Antigo Testamentos, isto é, da Lei, dos Profetas e dos Apóstolos" (DS 325). Aparentemente, a fórmula se originou em controvérsias africanas com os maniqueus do séc. V, opondo-se polemicamente ao dualismo. Assim, Agostinho escreveu sobre a "veneração de Deus como o autor de ambos os Testamentos" (*Contra Adimantum* 16.3; PL 42. 157). Semelhantemente, Ambrósio, mostrando a correlação entre o AT e o NT, escreveu sobre o único autor do conhecimento (*Exp. in Ps 118* 8; PL 15. 1320). Esta origem polêmica é relembrada no *Decreto para os jacobitas* do séc. XV, que liga explicitamente Deus, como autor, com a inspiração. A Igreja Romana "professa um só e mesmo Deus como o autor do Antigo e do Novo Testamentos [...] visto que os santos de ambos os Testamentos falaram com a inspiração do mesmo Espírito Santo [...] Anatematiza-se a loucura dos maniqueus, que estabeleceram dois princípios essenciais, um do visível e outro do invisível; e eles disseram que há um Deus do Novo Testamento, e um outro Deus do Antigo Testamento" (DS 1334).

A fórmula do "autor" indica que Deus é a fonte última de ambos os Testamentos, mas não atribui necessariamente autoria *literária* a ele. O termo latino *auctor* tem uma gama de significados muito mais ampla que o português "autor", descrevendo a pessoa que produz algo, seja um prédio, uma ponte ou uma obra literária. Na tradição eclesiástica sobre a autoria divina da Escritura, *auctor* possui o significado mais genérico de gerador ou fonte; *p.ex.*, na profissão de fé para Miguel Palaeologos, o termo latino *auctor* é traduzido pelo grego *archēgos*, "princípio, fundador, autor". (→ Canonicidade, 66:89).

O MODELO PROFÉTICO DE INSPIRAÇÃO

32 Desde os tempos da escrita do NT até a Reforma e o Concílio de Trento, foi dominante um modelo profético de inspiração, e a inspiração das Escrituras era considerada análoga à (e dependente da) inspiração dos profetas. Esta abordagem se encontra no filósofo judaico Maimônides (1135-1204), em Tomás de Aquino (1225-1274), bem como nos reformadores do séc. XVI. W. Whitaker (1548-1595), um teólogo calvinista de Cambridge, escreveu: "Nós confessamos que Deus não falou por si mesmo, mas por outros. Contudo, isto não diminui a autoridade da Escritura. Pois Deus inspirou os profetas no que eles disseram, e fez uso de suas bocas, línguas e mãos: a Escritura, portanto, é a voz de Deus até em sentido imediato. Os profetas e apóstolos eram apenas os órgãos de Deus."

33 **(I) A instrumentalidade causal.** Tomás de Aquino considerava a inspiração "algo imperfeito dentro do gênero da profecia". Os escolásticos usaram as categorias da filosofia aristotélica na tentativa de entender a inspiração, especialmente a categoria da causalidade e seus quatro tipos: eficiente, material, formal e final. Dentro da categoria da causalidade eficiente, pode-se distinguir entre a causa eficiente principal (Deus ou o Espírito) e uma causa eficiente instrumental (autor humano). Na composição da Escritura, um papel distinto, porém interligado, pode ser atribuído a Deus e aos escritores humanos, assim como um papel distinto, porém interligado, pode ser atribuído ao carpinteiro (causa eficiente principal) e ao serrote (causa eficiente instrumental) no ato de serrar madeira.

34 Embora a maioria dos escolásticos antes dele considerassem a profecia um *habitus*, *i.e.*, um dom quase permanente que conferia uma nova natureza ao profeta, Tomás de Aquino sustentava que a profecia é um *motio*, um dom dado por Deus a um profeta temporariamente para uma função específica. Este dom diz respeito aos fatores humanos cognitivos, não colocando o profeta em contato imediato com a realidade de Deus (o *speculum aeternitatis*), mas fornecendo iluminação divina mediante "semelhanças" (*Suma* II 2q.173,1). A profecia não está vinculada a uma maneira específica de aquisição de conhecimento; antes, é uma questão de julgar se algum conhecimento é a palavra de Deus. É uma *gratia gratis data*, *i.e.*, um dom concedido ao profeta não por causa de sua santificação pessoal, mas por causa da comunidade.

35 A teoria profética da inspiração, com a concomitante noção de ditado, continuou a influenciar o pensamento cristão por toda a Idade Média, a Reforma e a Contra-Reforma, e é sustentada por muitos cristãos contemporâneos, especialmente os mais conservadores. Ela dá margem a alguma variação, de acordo com o modo pelo qual se entende o relacionamento entre o profeta e Deus. Alonso Schökel (*Inspired Word*, 58-73) distingue três possibilidades: o orador é (1) o instrumento pelo qual Deus fala, (2) uma pessoa a quem Deus dita, ou (3) um

mensageiro de Deus que desempenha certo papel na formulação da mensagem. A segunda possibilidade foi a mais dominante e deu origem ao que é conhecido como inspiração plena (verbal).

36 (II) A inspiração verbal plena. Melquior Cano, teólogo sistemático dominicano do séc. XVI, explicou: "Cada coisa, grande ou pequena, foi escrita pelos autores sagrados por ditado do Espírito Santo [*Spiritu Sancto dictante esse edita*]" (*De locis theologicis* 2.17). Não muito distante está a *Fórmula helvética de consenso*, reformada (1675), que sustentava que não apenas as palavras, mas também as próprias letras das Escrituras eram inspiradas. A teoria da inspiração verbal plena tem consequências importantes de ordem prática: (1) Toda Escritura é a palavra de Deus. (2) Visto que Deus não é falso, cada palavra na Escritura deve ser verdadeira. (3) A verdade da Bíblia é, em última análise, proposicional. (4) A unidade da Bíblia impede qualquer contradição real entre os textos bíblicos. (5) Pelo menos para alguns protestantes conservadores, a Bíblia não apenas contém ou testemunha a revelação; antes, a própria Bíblia é revelação.

37 *Crítica*. Uma leitura séria do AT e do NT suscita objeções persuasivas contra uma teoria ingênua ou simplista da inspiração verbal plena: (1) A teoria faz a dúbia suposição de que a mensagem que os profetas receberam de Deus tenha vindo na forma de uma mensagem verbal. Este foi comumente ou alguma vez o caso? Certamente os profetas transmitiram, às vezes, a mensagem divina por meio de um gesto profético não-verbal, e não por meio de um oráculo verbal. (2) Não são os *eventos* da história da salvação revelatórios? Não são os eventos do êxodo e de Jesus formas primárias da comunicação de Deus com seu povo? (3) Os próprios textos bíblicos sugerem claramente que processos humanos normais de escrita estiveram em ação na produção das Escrituras. Esdras citou arquivos persas (Esd 7,11-26). Existem autocorreções (1Cor 1,16; Jo 4,2). Lucas pesquisou os registros escritos sobre Jesus e buscou informações de testemunhas oculares e ministros da palavra (Lc 1,1-2). Estas objeções levaram muitos críticos eruditos contemporâneos a abandonar a teoria da inspiração verbal plena.

O TRATADO SOBRE A INSPIRAÇÃO

38 (I) No catolicismo romano. O período patrístico popularizou certas fórmulas de articular a inspiração bíblica (→ 28-31 *acima*); o período escolástico desenvolveu modelos proféticos de inspiração mediante noções filosóficas de instrumentalidade causal (→ 33-34 *acima*); os reformadores e contra-reformadores compartilharam boa parte desta herança, e seus sucessores desenvolveram, de modo independente, suas implicações em termos de inspiração plena de cada detalhe da Escritura (→ 35-36 *acima*). Finalmente, na teologia católica romana do séc. XIX, surgiu um tratado sistemático sobre a inspiração bíblica, sob o ímpeto de questões suscitadas pela crítica textual e pelo método histórico-crítico, subprodutos dos avanços nas ciências histórica e natural.

39 (A) O impacto da crítica textual. Os sécs. XVIII e XIX presenciaram um grande incremento no número de textos e versões da Bíblia disponíveis para o estudo, bem como uma habilidade amadurecida na comparação da autoridade das leituras divergentes. Isto veio a ser fatal para o entendimento simplista da inspiração verbal (plena). Na ausência do autógrafo de qualquer obra bíblica e com a existência de milhares de diferenças textuais, qual é o texto inspirado? A ideia – comumente sustentada no protocristianismo e ocasionalmente depois (até o presente em algumas igrejas orientais) – de que a LXX era inspirada foi abandonada pela maioria. As más traduções e outras variantes na LXX, comparadas ao TM, tornam impossível afirmar que um ou outro sempre representa precisamente o texto inspirado do AT. Felizmente, a hipótese da inspiração da Vulgata não gozou de muita popularidade, embora tenha sido adotada por alguns poucos teólogos católicos após o Concílio de Trento. O *textus receptus* do NT grego também deixou de ser considerado o guia mais seguro para o texto original, inspirado (→ Textos, 68:160-61, 168).

40 (B) O impacto da crítica histórica. O advento da chamada "alta crítica" (→ Crítica do AT, 69:6; Crítica do NT, 70:5) tornou os biblistas cônscios de que não apenas o Pentateuco, mas também os Evangelhos sinóticos foram compostos mediante a utilização de documentos ou fontes anteriores, e não simplesmente por ditado. O impacto foi variado: um endurecimento da posição da inspiração verbal dentro da ortodoxia protestante; o virtual abandono da teoria da inspiração pelos protestantes liberais; e a modificação das formulações tradicionais da inspiração por muitos católicos romanos. O método histórico-crítico de interpretação bíblica foi filho do iluminismo, onde o ceticismo metódico era a característica geral da revolução científica. O "caso Galileu" no séc. XVII foi um marco inicial na confrontação entre a verdade científica e a "verdade" aparente das Escrituras, que sugeria que o sol se movia ao redor da terra. O aumento de informações acerca da origem da terra e do gênero humano conduziu à incompatibilidade entre o conhecimento científico e uma leitura ingênua e literal das narrativas da criação (Gn 1,2-2,25).

41 Em defesa da tradição, a autoridade eclesiástica católica romana reagiu de um modo um tanto negativo. Mesmo a moderadamente progressista *Providentissimus Deus* (1893), de Leão XIII, reagiu fortemente às dificuldades representadas pelos avanços nas ciências natural e histórica:

Devemos lutar contra aqueles que, fazendo mau uso da ciência natural, escrutam minuciosamente os livros sagrados a fim de detectar erro dos autores e aproveitar da ocasião para vilipendiar seus conteúdos. [...] Para o professor das Sagradas Escrituras, um conhecimento da ciência natural será de grande ajuda para detectar tais ataques aos livros sagrados e refutá-los. De fato, nunca pode haver qualquer discrepância real entre o teólogo e o físico, contanto que cada um se restrinja a sua própria área e que ambos sejam cuidadosos, como nos adverte Santo Agostinho "a não fazer afirmações apressadas [...]". O intérprete católico [...] deveria mostrar que estes fatos da ciência natural que os pesquisadores afirmam ser inteiramente certos agora não são contrários à Escritura corretamente explicada. [...]. Os princípios expostos se aplicarão às ciências cognatas, e especialmente à história. [...]. Segue-se que aqueles que sustentam que é possível um erro em qualquer passagem genuína dos escritos sagrados ou pervertem a noção católica de inspiração ou fazem de Deus o autor de tal erro. [...]. Sustentem eles fielmente que Deus, o Criador e Soberano de todas as coisas, é também o Autor das Escrituras – e que, portanto, nada pode ser provado, quer pela ciência natural, quer pela arqueologia, que possa realmente contradizer as Escrituras. (→ Pronunciamentos da Igreja, 72:17).

42 (II) Inspiração plena e parcial. Antes de suas observações sobre o uso perverso das descobertas científicas para atacar a credibilidade das Escrituras, Leão XIII citou os problemas causado por alguns proponentes da "alta crítica". Ele também reafirmou a inspiração da totalidade das Escrituras. "É absolutamente errado e proibido limitar a inspiração apenas a certas partes da Sagrada Escritura ou admitir que o escritor sagrado tenha errado." Esta reafirmação da inspiração plena da Escritura visava neutralizar algumas tentativas católicas de sustentar tanto uma doutrina da inspiração bíblica (porque era tradicional) quanto o princípio do conhecimento científico (porque era racional fazê-lo) limitando a inspiração bíblica de um modo ou de outro.

43 (A) Lessius. Reações católicas romanas contra a concepção simplista da inspiração bíblica como ditado estenográfico ocorreram mais cedo. A faculdade de teologia de Lovaina censurara as propostas liberais do jesuíta L. Lessius (1554-1623), *p.ex.*: (1) Para algo ser Sagrada Escritura, suas palavras não precisam ser individualmente inspiradas pelo Espírito Santo. (2) As verdades e afirmações individuais não precisam ser imediatamente inspiradas no escritor pelo Espírito Santo. (3) Se um livro (*p.ex.*, 2Mac) fosse escrito mediante o esforço puramente humano, sem a assistência do Espírito Santo, que mais tarde certificaria que não havia nada de falso nele, o livro se tornaria Sagrada Escritura. Lessius escreveu o seguinte ao arcebispo de Malines sobre (2):

> É suficiente que o escritor sagrado seja divinamente levado a escrever o que vê, ouve ou conhece de outro modo; que ele goze da assistência infalível do Espírito Santo para impedi-lo de cometer erros, mesmo em assuntos que ele conhece com base na palavra de outros, ou por sua própria experiência, ou por meio de seu próprio raciocínio natural. É esta assistência que dá à Escritura sua verdade infalível.

No séc. XIX, esta teoria da *assistência negativa* reapareceria: o Espírito Santo atua sobre um autor humano de tal modo a preservá-lo de erro. Próximos a (3) estavam alguns autores do séc. XIX com sua teoria da inspiração que propunha a *aprovação subsequente*. O aspecto principal de (1) é semelhante à teoria da *inspiração do conteúdo* (distinta da inspiração verbal), que também apareceu no séc. XIX entre as exposições sobre a inspiração.

44 (B) Jahn e Haneberg. J. Jahn, um premonstratense, publicou dois volumes (1802, 1804) nos quais sustentou que a inspiração era simplesmente "a assistência divina para evitar erros" – a teoria da assistência negativa. Em meados de 1800, o bispo beneditino de Speyer, D. B. Haneberg, propôs que, embora a inspiração fosse, às vezes, anterior à composição das obras escriturísticas e consistisse, às vezes, de uma influência concomitante sobre um autor humano que o preservava do erro, aconteceu, às vezes, que a inspiração tomou a forma da aprovação da obra por parte da igreja, por ocasião de sua canonização – a teoria da aprovação subsequente.

45 (C) O Vaticano I; papa Leão XIII. Cada uma destas abordagens foi expressamente desaprovada pelo Concílio Vaticano I: "Estes [os livros do AT e NT] a Igreja sustenta serem sagrados e canônicos, não porque, tendo sido cuidadosamente compostos por mero esforço humano, tenham sido aprovados posteriormente por sua autoridade nem meramente porque contenham a revelação sem erros, mas porque, tendo sido escritos mediante a inspiração do Espírito Santo, têm Deus por seu autor e foram entregues como tais à igreja" (DS 3006). O ensinamento conciliar levou Haneberg a revisar radicalmente a 4ª edição (1876) de sua obra *Versuch einer Geschichte der biblischen Offenbarung*. Este ensinamento foi adotado textualmente pela *Providentissimus Deus* (EB 125; RSS p. 24). Leão XIII também discordou "daqueles que, a fim de se desembaraçarem destas dificuldades, não hesitam em admitir que a inspiração divina diz respeito a questões de fé e moral, e nada mais" (EB 124; RSS p. 24). Dois livros que adotavam essa concepção foram publicados no intervalo entre o Vaticano I (1870) e a encíclica de Leão XIII (1893). Em 1872, A. Rohling publicou *Natur und Offenbarung*, restringindo a inspiração a questões de fé e moral. Em 1880, F. Lenormant publicou *Les origines de l'histoire d'après la Bible*, limitando a inspiração a ensinamentos sobrenaturais.

46 (D) Newman. Pensou-se que os escritos de J. H. Newman (1801-1890) limitavam a inspiração segundo o conteúdo, por causa de suas repetidas referências às "observações de passagem" (*obiter dicta*) que se encontram nas Escrituras. Em seu período anglicano, Newman escreveu:

> De que forma a inspiração é compatível com esta atuação pessoal por parte de seus instrumentos, que a composição da Bíblia evidencia, nós não sabemos; mas, se algo é certo, é isto – que, embora a Bíblia seja inspirada e, portanto, em certo sentido, escrita por Deus, trechos muito grandes dela, se não a maior parte, são escritos de um modo livre e natural e (aparentemente) com pouca consciência de um ditado ou restrição sobrenatural por parte de Seus instrumentos terrenos, como se ele não participasse da obra. (*Tract 85*; *Lectures on the Scripture Proofs of the Doctrine of the Church* 30).

Em 1884, quase 40 anos após ele se tornar católico romano e cinco anos após ser nomeado cardeal, Newman afirmou que a Palavra estava moralmente separada das palavras dos autores humanos, porque a Palavra consiste daqueles trechos da Bíblia que tratam da fé e da moral.

Em 1861 Newman observou: "A inspiração plena da Escritura é uma questão peculiarmente protestante, não católica" (C. S. Dessain, ed., *The Letters and Diaries of John Henry Newman* [Londres, 1969] 19. 488). Ainda assim, a inspiração escriturística continuou a fascinar o Newman católico. Embora sustentasse a inspiração da palavra escrita (do *Verbum Scriptum*) Newman escreveu:

> A fórmula da inspiração funciona assim: a Bíblia é a palavra de Deus em virtude de ser completamente escrita, ou ditada, ou impregnada, ou dirigida pelo Espírito da Verdade, ou pelo menos por ter partes escritas, partes ditadas, partes impregnadas, partes dirigidas, e ser completamente preservada de erro formal, pelo menos de erro substancial, pelo Espírito da Verdade. (J. Holmes, ed., *The Theological Papers of John Henry Newman on Biblical Inspiration and on Infallibility* [Oxford, 1979] 81).

Ele observou que a inspiração era "um dom vinculado ao *Verbum Scriptum*" (*ibid.*, 70) e que "uma grande variedade de ensinamento é tanto concebível quanto admissível sobre o tema da inspiração divina da Sagrada Escritura" (68), e novamente que "a inspiração propriamente dita [...] admite graus" (74).

47 (E) Franzelin. Algumas pessoas pensam que as ideias de Newman sobre a inspiração foram rejeitadas pela *Providentissimus Deus*; contudo, elas estavam próximas às ideias eclesiasticamente aprovadas de J. B. Franzelin (1816-1886), um perito do Vaticano I. Em *De Divina Traditione et Scriptura* (1870), Franzelin expôs sua ideia fundamental de Deus como autor mediante uma teoria de causalidade instrumental que fazia distinção entre o *conteúdo* e a verdade bíblicas (a *res et sententia*, ou conteúdo formal) e a *formulação* bíblica (a *res*, ou palavras da Escritura).

> A inspiração bíblica parece consistir essencialmente num carisma livremente concedido de iluminação e estímulo, por meio do qual a mente dos homens inspirados se propôs a escrever aquelas verdades que Deus quis comunicar à sua Igreja mediante a Escritura, e sua vontade foi levada a registrar por escrito todas estas verdades, e somente elas; e os homens assim levados a ser causas instrumentais à disposição de Deus, a causa principal, levaram a efeito este propósito divino com veracidade infalível. Deste modo, distinguimos entre a inspiração, que se estende às verdades e à "palavra formal", e a assistência, que deve se estender mais além, até mesmo às expressões e "palavras materiais".

48 (F) Lagrange. Embora as concepções de Franzelin tenham gozado do endosso implícito do Vaticano I e da *Providentissimus Deus*, sua importância para a pesquisa católica romana diminuiu na última década do séc. XIX, juntamente com a crescente popularidade das concepções de M.-J. Lagrange (1855-1938). Lagrange acreditava que a exposição de Franzelin sobre a inspiração bíblica sofria de uma deficiência tanto metodológica quanto histórica. Metodologicamente, ela separava a Bíblia em duas partes, uma divina e uma humana, criando uma dificuldade quase inextricável de distinguir entre a essência do conteúdo e os detalhes relativamente sem importância de sua expressão. Historicamente, estudos dos concílios de Florença, Trento e do Vaticano levaram Lagrange a endossar a prioridade lógica e teológica da inspiração sobre a noção de autoria divina. A teoria do próprio Lagrange acerca da inspiração verbal dependia, em grande medida, do modelo tomista de inspiração profética. Como uma "iluminação intelectual" (*illuminatio iudicii*), a inspiração era um dom divino que capacitava o autor bíblico a escolher certas ideias (qualquer que fosse sua fonte imediata), a entender e julgá-las, e a moldá-las numa unidade literária. Deste modo, as Escrituras eram totalmente obra de Deus e totalmente obra do autor humano. Deus era a causa eficiente principal; o autor humano, a causa eficiente instrumental.

49 A reação católica romana oficial ao modernismo, no início do séc. XX (→ Pronunciamentos da Igreja, 72:5), lançou uma sombra sobre a teoria da inspiração de Lagrange. Os modernistas compararam a inspiração bíblica à "inspiração" de poetas e oradores talentosos, e algumas pessoas encontravam nisso uma semelhança suspeita com a ênfase de Lagrange no elemento humano da composição da Bíblia. Entretanto, suas ideias fundamentais foram ressuscitadas e esclarecidas na obra de P. Benoit (→ 59 *abaixo*), da Escola Bíblica dominicana de Jerusalém, que Lagrange fundara. Deve-se continuar a creditar a Lagrange a ênfase de que um entendimento da inspiração deve começar com o *próprio texto escrito*. As noções de autoria divina, autoridade bíblica, inerrância e canonicidade são apenas corolários deste dado primário de todo estudo sobre a inspiração, o qual, consequentemente, deve proceder *a posteriori* e não *a priori*.

50 (III) Teorias sobre a inerrância. Há algumas pessoas, entretanto, que continuam a trabalhar com a doutrina da inerrância bíblica como dado ou foco primário.

(A) Entre os católicos. O tratado teológico sobre a inspiração foi situado dentro do tratado sobre autoridades teológicas (*De locis theologicis*), e assim se colocou mais ênfase nos resultados do que na natureza da inspiração. A "verdade" inerrante da Bíblia foi considerada importantíssima na medida em que a Bíblia é uma fonte principal e normativa da reflexão teológica. Esta abordagem ainda dominava no esquema *preparatório De Revelatione* apresentado para deliberação ao Vaticano II, mas foi rapidamente rejeitado. Como vimos (→ 4 *acima*; Pronunciamentos da Igreja, 72:14), o Vaticano II apresentou apenas uma afirmação de que "os livros da Escritura ensinam com certeza, fielmente e sem erro a verdade que Deus, para nossa salvação, quis que fosse consignada nas sagradas Letras", como resultado da inspiração. Desde então, a "verdade" inerrante da Bíblia não recebeu ênfase primordial nos círculos católicos romanos. Esta é uma mudança que resultou de um entendimento mais adequado da natureza das Escrituras (não *primordialmente* uma fonte para a doutrina), bem como da diretriz conciliar (→ 70-71 *abaixo*).

51 (B) Entre os protestantes conservadores. "Tanto evangelicais como fundamentalistas insistem na 'inerrância da Escritura' como o fundamento mais básico de todos" (M. Marty, em *The Evangelicals* [ed. D. e J. Woodbridge; Nashville, 1975] 180). O papel dos autores humanos é completamente obscurecido pela ideia do poder divino.

A inerrância provém da autoridade divina, ponto final. Pois tudo quanto Deus expressa é sem erro. E a Bíblia é a palavra de Deus. Portanto, a Bíblia não contém erro. Mas se isto é assim, a inerrância da Bíblia não pode se perder pelo simples acréscimo da dimensão humana. Na medida em que é a palavra de Deus, ela é, por isso, inerrante, quer seja, ou não, palavras de homens também. (N. L. Geisler, "Inerrancy and Free Will", EvQ 57 [1985] 350-51).

"A Escritura não pode ser anulada" (Jo 10,35) é citado como uma garantia escriturística da doutrina da inerrância, pois, se um único erro for encontrado nas Escrituras, a autoridade do todo é minada.

52 Os fundamentalistas esclarecidos, contudo, não são insensíveis às discrepâncias nos mss bíblicos (→ 39 *acima*), ou nas narrativas paralelas do AT e dos Evangelhos detectadas pela crítica histórica (→ 40 *acima*). Num artigo seminal ("Inspiration", *Presbyterian Review* 2 [1881] 225-60), A. A. Hodge e B. B. Warfield formularam três critérios que devem ser cumpridos para que algo seja considerado um erro a ponto de destruir a inspiração-inerrância das Escrituras. O erro deve (1) ocorrer no "autógrafo original" do texto bíblico; (2) implicar o significado e a intenção verdadeiros do texto, "determinado de modo definitivo e certo"; e (3) tornar este significado verdadeiro "direta e necessariamente inconsistente" com algum fato da história ou da ciência "conhecido seguramente". Mas estes critérios privam a inerrância bíblica de verificação racional, pois (1) diz respeito a um texto que não existe mais.

53 Em 1978, o International Council on Biblical Inerrancy emitiu a Declaração de Chicago, que afirmava a verdade e fidedignidade total da Escritura, que sempre deveria ser interpretada como infalível e inerrante. Os "escribas" de Deus não estavam limitados ao conhecimento disponível em sua época. Embora se deva lidar com inconsistências, irregularidades e discrepâncias, a Escritura permanece inerrante "no sentido de fazer suas reivindicações e alcançar aquela medida de verdade focada que seus autores almejavam". Uma posição conservadora-fundamentalista mais popular sustenta que a inerrância é uma qualidade dos textos bíblicos tal como eles existem em formas editadas ou traduzidas (e não apenas dos autógrafos). Várias harmonizações e leituras metafóricas podem manter a inerrância verbal.

ABORDAGENS CONTEMPORÂNEAS DA INSPIRAÇÃO

54 (I) Entre os protestantes.
(A) A teoria cooperativa. B. B. Warfield (*The Inspiration and Authority of the Bible* [London, 1951]) e J. I. Packer (*Fundamentalism and the Word Of God* [London, 1958]) são seus representantes articulados. Packer usou o termo "ação cooperativa" para denotar o papel do Espírito na composição da Bíblia. Assim como o processo de causa/efeito e a doutrina da criação/providência são modos diferentes de falar sobre a existência do universo físico, a inspiração e a composição humana são modos diferentes de falar da existência das Escrituras. São os entendimentos teológico e humano do mesmo fenômeno material; eles não existem no mesmo plano. Assim como a criação/providência é uma afirmação teológica de que cosmo tem sua origem em Deus, a inspiração é uma afirmação teológica de que as Escrituras têm sua origem em Deus. A doutrina não dá aos crentes cristãos uma explicação de *como* ocorreu a inspiração, assim como a doutrina da criação/providência não lhes dá uma explicação de como ocorreu a criação.

55 I. H. Marshall explica a ação cooperativa da seguinte forma:

> Num nível humano, podemos descrever a composição da Bíblia em termos dos vários processos orais e literários que estão por trás

dela – a coleta de informações de testemunhas, o uso de fontes escritas, a escrita e a publicação destas informações, a composição de cartas espontâneas, a colocação de mensagens proféticas na forma escrita, a reunião dos vários documentos, e assim por diante. Ao mesmo tempo, contudo, no nível divino podemos afirmar que o Espírito, que se movia sobre a face das águas na Criação (Gn 1,2), esteve atuante em todo o processo, de modo que a Bíblia pode ser considerada tanto as palavras de homens quanto a Palavra de Deus. Esta atividade do Espírito pode ser descrita como "cooperativa" com as atividades humanas por meio das quais a Bíblia foi escrita (*Biblical Inspiration*, 42).

56 (B) O comportamento consequente. A pesquisa protestante conservadora produziu a maior parte da literatura recente sobre a inspiração; os protestantes liberais com frequência negam eficazmente a inspiração por meio do silêncio. Uma contribuição singular foi feita por W. J. Abraham (*Divine Inspiration*), um evangélico que parte do significado da palavra inglesa "inspire" [inspirar], em vez de partir da própria Escritura ou da inerrância. Um excelente professor pode inspirar os estudantes de tal modo que eles sejam levados a um comportamento consequente (que inclui, talvez, a produção de um texto). Analogamente, Deus, por meio de sua atividade revelatória e salvadora, inspirou de tal modo os autores bíblicos que eles foram levados a um comportamento consequente, especificamente escrevendo os livros bíblicos.

57 (C) A Neo-ortodoxia. As concepções sobre a inspiração de K. Barth (1886-1968) foram seguidas por muitos pensadores protestantes das igrejas históricas. Barth confere um lugar singular à Bíblia na medida em que ela testemunha o ato revelatório de Deus em Jesus Cristo, que é a palavra de Deus em sentido primordial. A inspiração não é uma qualidade do texto bíblico em si, mas uma reafirmação de uma capacidade divina de usar a Escritura para comunicar a revelação aos seres humanos, quer individualmente ou em grupo.

58 (II) Entre os católicos romanos. Um realismo caracteriza os escritos católicos romanos recentes sobre a inspiração. Uma parte integrante do entendimento do Vaticano II sobre os textos bíblicos era uma valorização de sua qualidade humana e dos processos pelos quais eles foram produzidos. Estes textos, que são a "palavra de Deus", são palavras humanas. As várias metodologias exegéticas servem apenas para realçar a humanidade das Escrituras. Com esta humanidade como ponto de partida, as recentes teorias católicas sobre a inspiração se concentram em um dos quatro aspectos seguintes.

59 (A) Teorias psicológicas. O influente P. Benoit distinguiu a inspiração escriturística (que levou os autores a produzir textos) da inspiração dramático-histórica (que ocorreu nos eventos da história da salvação) e a inspiração profético-apostólica (que ocorreu na proclamação oral desses eventos). Usando categorias tomistas (algumas das quais foram abandonadas em seus escritos posteriores) e herdando o legado de Lagrange (→ 48 *acima*), Benoit faz da psique humana o lócus da inspiração. Logicamente subsequente à revelação com a qual está relacionada, a inspiração é um impulso para escrever e produzir um livro. Ela tem a ver com o julgamento do autor sobre quais assuntos serão incluídos, como eles serão formulados e organizados. Deus está atuante em todo o processo como a causa originadora da obra escriturística. (A ênfase de Benoit recai essencialmente nos autores bíblicos individuais.)

60 (B) Teorias sociais. A crítica das formas (→ Crítica do AT, 69:38; Crítica do NT, 70:42) demonstrou que, em grande medida, os livros bíblicos não podem ser simplesmente considerados a produção literária de indivíduos isolados, como os livros atuais. Os escritores enquanto indivíduos eram membros de comunidades de fé que tiveram mais que uma influência passageira sobre a formação da literatura bíblica em si. Este é o âmago das várias teorias sociais da inspiração, as quais retomam uma concepção mais antiga do autor como funcionário de uma comunidade, que se valia de suas tradições e escrevia para edificá-la. J. Barr, um crítico do fundamentalismo, afirma:

> Se, afinal, há inspiração, ela deve se estender sobre todo o processo de produção que levou ao texto final. A inspiração, portanto, deve se referir não só a um pequeno número de pessoas excepcionais [...] ela deve se estender sobre um grande número de pessoas anônimas [...] deve ser considerada como pertencente mais à comunidade como um todo. (*Holy Scripture: Canon, Authority, Criticism* [Philadelphia, 1983]).

Dentro dos círculos católicos romanos, as teorias sociais da inspiração estão associadas principalmente aos nomes de J. L. McKenzie (CBQ 24 [1962] 115-24), D. J. McCarthy (→ 1 *acima*) e K. Rahner (esp. *Inspiration*).

61 Uma abordagem baseada na critica das das formas enfatiza a interdependência entre um autor bíblico e sua comunidade, e os críticos mais radicais querem reduzir o "autor" a praticamente um escriba anônimo. Isto levou ao abandono prático das teorias psicológicas da inspiração. Se a literatura bíblica é a expressão complexa da fé da comunidade, a inspiração é muito mais complexa do que influência divina sobre um autor individual. Esta forma desconcertante de considerar a composição da Bíblia praticamente silenciou as exposições sobre a inspiração por parte dos biblistas e teólogos dentro das igrejas históricas. Felizmente, o surgimento da crítica da redação (→ Hermenêutica, 71:28; → Crítica do NT, 70:80) corrigiu algumas das insuficiências de uma abordagem (exclusivamente) baseada na crítica das formas. O autor que produziu o livro bíblico final, embora fosse influenciado por seus predecessores e pela comunidade e se valesse deles, foi um autor e um teólogo no sentido propriamente dito da palavra.

62 (C) Abordagens literárias. Algumas abordagens recentes no estudo da Bíblia, como, por exemplo, a estruturalista e a literária (→ Hermenêutica, 71:55-70), enfatizam a realidade do texto em si, abrindo assim o caminho para uma forma de teorizar sobre a inspiração centrada no texto. Embora um texto goze de certa autonomia semântica, duas atividades humanas essenciais estão relacionadas a ele: *escrever* (e reescrever) e *ler* (quase uma forma de reescrita mental). A doutrina da inspiração reafirma que o Espírito Santo é responsável pelo texto bíblico como texto, *i.e.*, com referência a essas duas dimensões humanas. Quanto à escrita, o Espírito está atuante no longo processo pelo qual um texto bíblico foi produzido dentro de uma comunidade da fé (*i.e.*, incluindo a formulação das tradições, textos parciais, rascunhos iniciais e reescrita). Quanto à leitura, a inspiração é atribuída ao texto bíblico justamente porque há uma comunidade de fé que, sob a influência do Espírito, lerá e se identificará com este texto bíblico. Até este ponto, uma teoria literária da inspiração reflete o significado ativo do *theopneustos* de 2Tm 3,16 (→ 13 *acima*) e acentua dimensões da inspiração realçadas por Calvino e Barth.

63 Outras dimensões da textualidade são importantes para um entendimento pleno da inspiração, *p.ex.*, as três funções básicas da linguagem: informar, expressar e impressionar. A Bíblia poderá informar seus leitores transmitindo conhecimento e comunicando a verdade, mas esta é apenas uma de suas funções. Ela também expressa algo da realidade dinâmica de Deus e afeta ou impressiona o(s) receptor(es) da comunicação pela linguagem de vários modos. O Espírito que inspira estaria implicado na totalidade destas funções da linguagem. De fato, a maior contribuição das abordagens literárias para um entendimento da inspiração pode ser sua ênfase na realidade *total* do texto.

64 Uma outra dimensão da textualidade para a qual a análise literária chama a atenção é o fato de que o texto é "uma produção de significado" (R. Barthes). Frequentemente, os textos derivam parte de seu significado da unidade textual maior à qual pertencem. Um dito avulso de Jesus faz parte de um Evangelho, que faz parte do NT, que faz parte da Bíblia. Esta realidade está em consonância com a doutrina tradicional que atribui inspiração aos "livros do AT e NT em sua inteireza, com todas as suas partes" (Vaticano II; → 4 *acima*). A Bíblia como um todo é inspirada, e assim, por implicação, as partes são inspiradas. A tradição *não* afirma que, pelo fato de as sentenças avulsas (= textos) da Bíblia serem inspiradas, a Bíblia é considerada inspirada (A concentração na inspiração de um texto isolado pode produzir um tipo de fundamentalismo.). Este entendimento holístico da textualidade tem muito a ver com um entendimento adequado da noção de verdade bíblica. A inerrância deveria ser relacionada à concepção bíblica total acerca de um tema.

Muitos fatores realçados pela análise literária recente apoiam a noção de G. Turner de que a doutrina da inspiração qualifica a Bíblia como "literatura paraclética". Ele explica ("Biblical Inspiration" 427): "A Bíblia enquanto paracleto é um advogado no sentido de que é uma testemunha de Jesus Cristo. Ela é frequentemente usada como uma espécie de conselheiro; seguramente ela é um ajudador, consolador e confortador."

65 (D) Aspectos eclesiais. Outras teorias sobre a inspiração se concentram no relacionamento entre as Escrituras e a igreja, uma vez que a inspiração é um "carisma da comunicação escrita da palavra de Deus como elemento constitutivo da igreja" (Collins, *Introduction* 345). As teorias teológico-eclesiais da inspiração não deixam de ter analogia com as teorias consequentes da inspiração (→ 43-44 *acima*). Rahner escreveu:

> Visto que a Escritura é algo derivado, ela deve ser entendida a partir da natureza essencial da igreja, que é a permanência escatológica e irreversível de Jesus Cristo na história. [...] Portanto, ele [Deus] é o inspirador e o autor da Escritura, embora a inspiração da Escritura seja "apenas" um momento dentro da autoria primordial da igreja. (*Foundations of Christian Faith* [New York, 1978] 371, 375 [edição em português: *Curso fundamental da fé*, Paulus, 1989]).

A perspectiva de Rahner coloca a autoria divina da Escritura no contexto de um entendimento mais amplo e mais acurado de "autoria", mas sua abordagem foi criticada por muitos proponentes da inspiração da composição por se concentrar demasiado exclusivamente em Jesus, de quem as Escrituras dão testemunho.

COROLÁRIOS DA DOUTRINA DA INSPIRAÇÃO

66 (I) O uso eclesial das Escrituras. Um primeiro corolário ou consequência da inspiração das Escrituras pelo Espírito Santo é que elas têm autoridade para os cristãos e para a igreja. Isto foi reconhecido historicamente pela formulação do cânone bíblico, *i.e.*, a coleção que a igreja considera uma regra (→ Canonicidade, 66:5-11). A autoridade bíblica também se reflete no uso das Escrituras na liturgia da igreja, como uma fonte e norma para a reflexão teológica e para a piedade pessoal e o desenvolvimento espiritual dos cristãos individualmente.

67 (II) A palavra de Deus. Um segundo corolário importante é que as Escrituras são a palavra de Deus. Esta fórmula tradicional, aparentemente simples, é extremamente complexa e polivalente. Alguns evangélicos protestantes reafirmam uma identidade quase física entre as Escrituras e as palavras realmente faladas por Deus, rejeitando como inadequada a concepção de que as Escrituras *atestam* a palavra de Deus. Outros cristãos podem reafirmar que a Bíblia é a palavra de Deus embora sustentem que Deus nunca se comunicou em palavras (nem mesmo palavras internas; veja R. E. Brown, *The Critical Meaning of the Bible* [New York, 1981] 1-44). Alguns teólogos protestantes reafirmam que a palavra de Deus é uma realidade dinâmica; consequentemente, Jesus é de modo preeminente a Palavra de Deus (Barth). As Escrituras são verdadeiramente a palavra de Deus quando elas se tornam vivas na proclamação e a pregação (Bultmann).

68 O cardeal C. Martini distingue proveitosamente os vários sentidos da expressão "palavra de Deus". Basicamente (especialmente como conceito trinitário), ela sugere comunicabilidade divina. Assim, ela pode se referir a (1) os eventos da história salvífica, porque o termo hebraico *dābār* significa "palavra, acontecimento, realidade"; (2) a mensagem oral de emissários divinos, especialmente dos profetas e de Jesus; (3) a pessoa de Jesus que é a Palavra de Deus (especialmente Jo 1,1); (4) a pregação cristã; (5) a mensagem de Deus aos seres humanos; (6) a Bíblia. (Veja *La Parola di Dio alle Origini della Chiesa* [Roma, 1980] 56-58.).

69 Embora canonizada pelo uso, a expressão "palavra de Deus" não deveria ser usada para designar as Escrituras sem uma reflexão hermenêutica adicional. De fato, ela realça a origem divina da comunicação bíblica e expressa sua realidade e força. Entretanto, a "palavra de Deus" nas tradições judaica e cristã é radicalmente diferente dos oráculos divinos das antigas religiões helenísticas e do Oriente Próximo – ela visa não apenas comunicar a verdade, mas encorajar, consolar, desafiar, etc. Uma vez que as palavras contidas nas Escrituras são, na única realidade escrita que elas possuem, palavras humanas, "palavra de Deus" necessariamente é linguagem analógica. Deve-se manter conceitualmente uma distância entre a expressão escriturística e a autocomunicação de Deus em si mesma, mesmo no caso dos profetas. Teologicamente é menos confuso afirmar que as Escrituras *testemunham* a palavra de Deus.

70 (III) A verdade da Bíblia. Embora algumas teorias protestantes conservadoras sobre a inspiração fazem da verdade da Bíblia (sua inerrância ou infalibilidade) o aspecto mais essencial da inspiração bíblica (→ 51 *acima*), I. H. Marshall, um evangélico, observou algumas questões pertinentes:

> 1. Primeiro, a Bíblia usa a linguagem de um modo muito variado. [...] 2. A seguir, há o fato de que a questão da verdade pode ser respondida de diferentes modos em diferentes níveis de entendimento. [...] 3. Um entendimento da Bíblia como "verdade proveniente de Deus" também poderá fazer com que se deixe de apreciar passagens onde Deus não está falando ao homem. [...] 4. Uma pergunta adicional acerca da verdade bíblica pode ser – "verdade para quem?"

Ele conclui que "o conceito de 'verdade' é complexo, e não é fácil aplicá-lo a cada parte da Bíblia" (*Biblical Inspiration* 54-57).

A concentração na inerrância tende a reduzir a discussão teológica acerca da inspiração a um conceito que foi introduzido pela primeira vez na discussão teológica no séc. XIX. O termo "inerrância" nunca apareceu num texto conciliar (embora se encontre em encíclicas papais e no esquema inicial sobre a revelação do Vaticano II que foi rejeitado). No Vaticano II, o cardeal Koenig apontou erros nos livros bíblicos, que "são deficientes quanto à exatidão em relação a questões históricas e científicas" (*Commentary on the Documents of Vatican II* [ed. H. Vorgrimler; New York, 1969] 3. 205). Na verdade, as próprias Escrituras nunca reivindicam ser inerrantes, Finalmente, a reflexão filosófica séria sobre a natureza da "verdade" e do "erro" bíblicos deve levar plenamente em consideração a forma literária e o nível e função da linguagem.

71 Todavia, há muito a ser ganho a partir de uma reflexão positiva sobre a verdade da Bíblia, que é, no final das contas, verdade salvífica. Cristãos de várias tendências deveriam ser capazes de aprovar e aceitar a linguagem do Vaticano II que diz que a Escritura ensina sem erro a verdade que Deus quis colocar nos escritos sagrados por causa de nossa salvação (→ 4 *acima*; Pronunciamentos da Igreja, 72:14) – uma solução conciliatória entre as pessoas que desejavam reafirmar a verdade das Escrituras sem restrição adicional e aquelas de orientação querigmática que visam toda a realidade das Escrituras dentro do contexto da história da salvação. A perspectiva querigmática já fora esposada pelo texto da Pontifícia Comissão Bíblica intitulado "Instruções sobre a verdade histórica dos evangelhos" (→ Pronunciamentos da Igreja, 72:35): "É evidente que a doutrina e a vida de Jesus não foram simplesmente registradas com a única finalidade de serem lembradas, mas foram 'pregadas' [...]." Quanto à "verdade" no sentido bíblico, "a 'verdade' (*emeth*) de Deus está primordialmente ligada à sua fidelidade" (Loretz, *Truth* 83-84). A partir desta perspectiva, a antítese não é mero erro, mas engano ou infidelidade. A verdade das Escrituras não consiste tanto em que suas passagens não contêm erro, mas em que, através delas, Deus manifesta sua fidelidade a seu povo, levando-o a uma união amorosa consigo mesmo.

72 (IV) O futuro da teoria da inspiração. É ainda legítimo teorizar acerca da inspiração das Escrituras? Loretz escreveu *Das Ende der Inspirationstheologie* [O fim da teologia da inspiração]. Ainda mais radicalmente, os irmãos exegetas protestantes A. T. e R. P. C. Hanson declararam: "A antiga doutrina da inspiração e inerrância da Bíblia não é apenas incompreensível para as pessoas inteligentes de hoje, mas representa um desvio na doutrina cristã, qualquer que tenha sido o uso salutar feito dela no passado pelo Espírito Santo, que frequentemente usa os erros humanos para fins proveitosos" (*Reasonable Belief: A Survey of the Christian Faith* [Oxford, 1980] 42).

Ainda que rejeitemos isto como exagero, o cardeal C. Martini (*Parola* 42) observou corretamente que ainda está faltando um tratado completo sobre a inspiração na igreja (o que é muito desejável). Qualquer tratamento adequado da inspiração deveria começar com a realidade da própria Escritura. Uma vez que o entendimento das Escrituras ainda está "em processo", um entendimento da inspiração também deve estar necessariamente "em processo".

66
Canonicidade

*Raymond E. Brown, S.S. e Raymond F. Collins**

BIBLIOGRAFIA

1 Cânone em geral: Carson, D. A. e J. D. Woodbridge (eds.), *Herm'eneutics, Authority, and Canon* (Grand Rapids, 1986). Coats, G. W. e B. O. Long, *Canon and Authority* (Philadelphia, 1977). Frank, J., *Der Sinn der Kanonbildung* (Freiburg, 1971). Gnuse, R., *The Authority of the Bible* (New York, 1985). Howorth, H. H., "The Origin and Authority of the Biblical Canon in the Anglican Church", *JTS* 8 (1906-7) 1-40; "The Origin and Authority of the Biblical Canon According to the Continental Reformers", *JTS* 8 (1906-7) 321-65; *JTS* 9 (1907-8) 186-230; "The Origin and Authority of the Canon Among the Later Reformers", *JTS* 10 (1908-9) 183-232. Keck, L. E., "Scripture and Canon", *Quarterly Review* 3 (1983) 8-26. McDonald, L. M., *The Formation of the Christian Biblical Canon* (Nash, 1988). Maichle, A., *Der Kanon der biblischen Bücher und das Konzil von Trient* (Freiburg, 1929). Preuschen, E., *Analecta; Kürzere Texte zur Geschichte der alten Kirche und des Kanons* (Tübingen, 1910). Reuss, E. W. E., *History of the Canon of the Holy Scriptures in the Christian Church* (Edinburgh, 1891). Von Campenhausen, H. F., *The Formation of the Christian Bible* (Philadelphia, 1972). Westcott, B. F., *The Bible in the Church* (New York, 1905). Zarb, S., *De Historia Canonis Utriusque Testamenti* (Roma, 1934). Também → Textos, 68:1-3.

2 Cânone do AT: Beckwith, R. T., *The Old Testament Canon of the New Testament Church* (Grand Rapids, 1985). Blenkinsopp, J., *Prophecy and Canon* (Notre Dame, 1977). Childs, B. S., *Introduction to the Old Testament as Scripture* (Philadelphia, 1979). Eissfeldt, O., *EOTI* 560-71. Freedman, D. N., "Canon of the OT", *IDBSup* 130-36. Henshaw, T., *The Writings* (London, 1963). Jepsen, A., "Zur Kanongeschichte des Alten Testaments", *ZAW* 71 (1959) 114-36. Jugie, M., *Histoire du canon de l'Ancien Testament dans l'église grecque et l'eglise russe* (Paris, 1909). Katz, P., "The Old Testament Canon in Palestine and Alexandria", *ZNW* 47 (1956) 191-217. Leiman, S. Z., *The Canonization of Hebrew Scripture: The Talmudic and Midráshic Evidence* (London, 1976). Loisy, A., *Histoire du canon de l'Ancien Testament* (Paris, 1890). Ruwet, J., "Le canon alexandrine des Écritures", *Bib* 33 (1952) 1-29. Ryle, H. E., *The Canon of the Old Testament* (2ª ed.; London, 1895). Sanders, J. A., *Torah and Canon* (Philadelphia, 1972). Smith, W. R., *The Old Testament in the Jewish Church* (London, 1902). Sperber, A., *New Testament and Septuagint* (New York, 1940). Sundberg, A. C., *The Old Testament of the Early Church* (Cambridge MA, 1964). Tabachovitz, D., *Die Septuaginta und das Neue Testament* (Lund, 1950). Zeitlin, S., *An Historical Study of the Canonization of the Hebrew Scriptures* (Philadelphia, 1933).

3 Cânone do NT: Aland, K., *The Problem of the New Testament Canon* (Londres, 1962). Aletti, J.-N., "Le canon des Écritures. Le Nouveau Testament", *Études* 349 (1978) 102-24. Best, E. J., "Scripture, Tradition and the Canon of the New Testament", *BJRL* 61 (1978-79) 258-89. Bewer, J. A., *The History of the New Testament Canon in the Syrian Church* (Chicago, 1900). Childs, B. S., *The*

---

*As seções 5-19, 44-47 e 86 deste artigo são de R. F. Colins; o restante é de R. E. Brown.

New Testament as Canon (Philadelphia, 1985). DUNGAN, D. L., "The New Testament Canon in Recent Study", *Int* 29 (1975) 339-51. FARMER, W. R. e D. M. FARKASFALVY, *The Formation of the New Testament Canon* (New York, 1983). GAMBLE, H. Y., *The New Testament Canon* (Philadelphia, 1985). GOODSPEED, E. J., *The Formation of the New Testament* (Chicago, 1926). GRANT, R. M., *CHB* 1.284-307. GREGORY, C. R., *The Canon and Text of the New Testament* (New York, 1907). GROSHEIDE, F. W., *Some Early Lists of Books of the New Testament* (Textus Minores 1; Leiden, 1948). HARNACK, A. VON, *The Origin of the New Testament* (London, 1925). HENNECKE, E., *HSNTA* 1.19-68. KNOX, J., *Marcion and the New Testament* (Chicago, 1942). LAGRANGE, M.-J., *Histoire ancienne du canon du Nouveau Testament* (Paris, 1933). MARXSEN, W., *The New Testament as the Church's Book* (Philadelphia, 1972). METZGER, B. M., *The Canon of the New Testament* (Oxford, 1987). MITTON, C. L., *The Formation of the Pauline Corpus* (Londres, 1955). MOULE, C. F. D., *The Birth of the New Testament* (3ª ed.; SF, 1981) 235-69. NICOL, T., *The Four Gospels in the Earliest Church History* (Edinburgh, 1908). Oxford Soc. of Hist. Theology, *The New Testament in the Apostolic Fathers* (Oxford, 1905). SAND, A., *Kanon* (Freiburg, 1974). SCHMIDT, K. L., *Kanonische und Apokryphe Evangelien* (Basel, 1944). SOUTER, A., *The Text and Canon of the New Testament* (ed. rev.; Naperville, 1954). WAINWRIGHT, G., "The New Testament as Canon", *SJT* 28 (1975) 551-71. WESTCOTT, B. F., *A General Survey of the History of the Canon of the New Testament* (London, 1875).

4 ESBOÇO

O cânone em geral (§ 5-19)
 (I) A palavra "cânone" (§ 5-10)
 (II) A listagem canônica da Escritura (§ 11-14)
 (III) Reflexões teológicas (§ 15-19)

O cânone do Antigo Testamento (§ 20-47)
 (I) A formação de Escritos Sagrados no judaísmo
  (A) A Lei (§ 24-26)
  (B) Os Profetas (§ 27-28)
  (C) Os Escritos (§ 29-30)
 (II) O fechamento do cânone no judaísmo palestinense
  (A) Critérios (§ 32)
  (B) Época
   (a) Esdras (§ 33)
   (b) A Grande Sinagoga (§ 34)
   (c) Jâmnia (§ 35)
 (III) O cânone de Qumran (§ 36-37)
 (IV) O cânone de Alexandria (§ 38-39)
 (V) O antigo cânone cristão do AT (§ 40-41)
 (VI) O cânone no Concílio de Trento (§ 42-43)
 (VII) O cânone no protestantismo (§ 44-46)
 (VIII) O cânone nas igrejas orientais (§ 47)

O cânone do Novo Testamento (§ 48-86)
 (I) Observações gerais
  (A) Motivos que levaram a escrever obras cristãs (§ 49-50)
  (B) Critérios de preservação e aceitação (§ 51-54)
 (II) Composição e coleção das obras do Novo Testamento
  (A) O *corpus* paulino (§ 56-59)
  (B) Os Evangelhos (§ 60-65)
  (C) Outras obras
   (a) Atos (§ 66)
   (b) Apocalipse (§ 67-68)
   (c) Hebreus (§ 69)
   (d) Epístolas Católicas (§ 70-80)
 (III) Problemas concernentes à formação do cânone
  (A) O conceito de um Novo Testamento (§ 81)
  (B) O valor das citações patrísticas (§ 82-83)
  (C) O valor das listas antigas (§ 84)
  (D) As igrejas orientais (§ 85)
 (IV) O cânone na Reforma (§ 86)

Problemas permanentes na canonicidade (§ 87-101)
 (I) Autoria, pseudonímia e canonicidade (§ 87-89)
 (II) O caráter final do cânone do Concílio de Trento (§ 90)
 (III) A Vulgata e a canonicidade (§ 91)
 (IV) O cânone dentro do cânone (§ 92-97)
 (V) Reações recentes ao cânone (§ 98-101)

O CÂNONE EM GERAL

5 (I) A palavra "cânone". Uma transliteração do grego *kanōn*, "cânone", deriva-se da palavra semítica para designar "cana" (*qanû* em assírio, *qaneh* em hebraico, *qn* em ugarítico). Classicamente, *kanōn* era uma vara ou barra reta – uma ferramenta usada para medir. Por ser uma vara de medição pedreiro ou do carpinteiro, *kanōn* conotava metaforicamente uma regra, norma ou padrão (de excelência). Na cronologia, *kanones* (plural) eram as principais épocas ou períodos da história, e *kanōn* (singular) designava uma tabela cronológica. Ocasionalmente, contudo, *kanōn* significava simplesmente "série" ou "lista".

6 Na LXX, *kanōn* aparece apenas em Mq 7,4; Jz 13,6 e 4Mac 7,21 – sendo esta última uma referência metafórica a uma regra filosófica. No NT, o termo é usado quatro vezes, sempre metaforicamente. Em 2Cor 10,13.15.16, ele designa limites territoriais; em Gl 6,16, a regra de vida cristã, aparentemente em oposição a padrões não cristãos.

7 No uso protoeclesiástico, *kanōn* se referia à regra de fé, à norma da verdade revelada. (Veja W. R. Farmer, *Second Century* 4 [1984] 143-70.). A "gloriosa e santa regra [*kanōn*] de nossa tradição", em contraposição a "interesses vazios e tolos", é a norma orientadora para a pregação e o *ethos* cristão (*1 Clem.* 7,2; 96 d.C.). Irineu (em ca. 180) menciona frequentemente a "regra da verdade" que as Escrituras e a tradição atestam, mas é pervertida pelos hereges (*Adv. Haer.* 3.2.1; 3.11.1; etc.). No início do séc. IV, Eusébio empregou o termo *kanones* para designar as listas que ele compilou, *p.ex.*, as datas dos monarcas assírios, hebreus, egípcios *et al*. Os famosos cânones eusebianos são listas de referências aos Evangelhos contidas em sua carta a Carpião: a primeira cita passagens paralelas que se encontram em todos os quatro Evangelhos; a segunda, passagens paralelas nos Evangelhos exceto João; e assim por diante até a décima, que cita passagens que se encontram em apenas um Evangelho. Eusébio listou os livros do NT (*HE* 3.25; 6.25), mas chamou esta lista de "catálogo" (*katalogos*). As decisões do Concílio de Nicéia (325 d.C.) foram designadas como cânones, bem como as decisões disciplinares dos sínodos, que funcionavam como regras pelas quais os cristãos deviam viver.

8 Em sua 39ª carta festiva (Páscoa, 367), Atanásio contrapôs "os livros incluídos no cânone [*ta kanonizomena*], e transmitidos e creditados como divinos", aos "livros chamados de apócrifos [*apokrypha*]", que os hereges misturavam com os livros da Escritura divinamente inspirada (PG 26. 1436). A distinção de Atanásio entre livros "canônicos" e "apócrifos" lembra uma tríplice distinção feita por Eusébio (em ca. 303) em referência aos livros "testamentários" (*endiathēkos*; *HE* 3.3 e 3.25); os *homologoumena*, que eram aceitos indiscutivelmente por todos, os *antilegomena* ou obras discutíveis e os *notha* ou obras claramente espúrias. (Eusébio atribuiu uma divisão semelhante a Clemente de Alexandria [em ca. 200], mas a maioria dos pesquisadores contemporâneos considera esta atribuição uma ficção de Eusébio, que procurava um precedente para sua própria obra.). Os livros canônicos de Atanásio e os *homologoumena* testamentários de Eusébio são em grande parte, mas não totalmente, iguais.

9 Na terminologia atual, um livro canônico é aquele que a igreja reconhece como pertencente à sua lista de livros sagrados, como inspirados por Deus e como tendo um valor regulador (regra) para a fé e a moral (→ 17 *abaixo*). Na terminologia católica romana, os livros do AT são divididos em livros protocanônicos (39) e deuterocanônicos (7). Os últimos são Tobias, Judite, 1 e 2 Macabeus, Sabedoria, Eclesiástico, Baruc (mais partes de Ester e Daniel). Esta distinção, que parece ter sido uma contribuição de Sixto de Siena (1520-1596), não implica que os livros protocanônicos sejam mais canônicos que os deuterocanônicos, ou que foram canonizados primeiro. Antes, os livros protocanônicos foram aceitos com pouco ou nenhum debate, enquanto que houve sérios questionamentos acerca dos livros deuterocanônicos.

10 Atanásio (→ 8 *acima*) distinguiu livros canônicos de livros apócrifos. Este último termo definia originalmente escritos ocultos ou secretos destinados a serem lidos apenas pelas pessoas iniciadas numa dada seita (cristã), mas veio a designar livros semelhantes (quanto ao conteúdo, forma ou título) aos livros escriturísticos, mas não aceitos no cânone (→ Apócrifos, 67:4-6). Nas Bíblias protestantes publicadas "com os Apócrifos", este termo abrange os livros deuterocanônicos das Bíblias católicas romanas (mas geralmente impressos separadamente dos Testamentos e com o acréscimo de 1-2 Esdras, Oração de Manassés e, às vezes, 3-4 Macabeus). O termo "pseudepígrafos" é dado aos livros não-bíblicos que os católicos romanos chamam de apócrifos, ainda que o significado básico de *pseud + epigrapha* sugira que ele deveria ser limitado a obras atribuídas a autores que não as escreveram. A situação terminológica insatisfatória e confusa pode ser apresentada simplesmente assim:

AT protocanônico católico = AT canônico protestante
AT deuterocanônico católico = Apócrifos protestantes
Apócrifos católicos = Pseudepígrafos protestantes

11 (II) A listagem canônica da Escritura. Por volta do final do séc. IV, o termo "cânone" como descrição de uma coleção de livros bíblicos se tornou de uso eclesiástico comum no Oriente e no Ocidente. Havia listas mais antigas dos livros bíblicos, *p.ex.*, no séc. II, o Fragmento Muratoriano (*EB* 1-2) e o de Melito; e, no séc. III, a de Orígenes (→ 84 *abaixo*). Mas agora as listas assumiram *status* eclesiástico e se tornaram mais fixas quanto ao conteúdo, o que deu origem ao duplo sentido de "cânone" que dominou a teologia subsequente (*norma* para a igreja e *lista*). Além das de Eusébio e de Atanásio, encontram-se listas em Cirilo de Jerusalém, Epifânio, Crisóstomo, Gregório de Nazianzo, Anfilócio de Icônio, Jerônimo, no Cânone 59/60 do Concílio de Laodiceia (em ca. 360), e no decreto do papa Damaso (de 382). Uma lista básica foi endossada pelos concílios de Hipona (em 393; *EB* 16-17), Cartago (em 397) e Cartago IV (em 419).

12 Em relação ao conteúdo da lista, os debates no judaísmo e na igreja (Marcião) serão expostos abaixo, assim como o ímpeto teológico para selecionar e rejeitar. Atanásio é a mais antiga testemunha da citação dos 27 livros do NT. Tanto ele quanto Jerônimo listam 22 livros das Escrituras judaicas que correspondem ao número de letras do alfabeto hebraico. Visto que os 12 Profetas Menores eram considerados um só livro, e havia cinco livros duplos (= 10: 1 e 2 Samuel; 1 e 2 Reis; 1 e 2 Crônicas; Esdras-Neemias; Jeremias-Lamentações), e Rute foi juntado a Juízes, seus 22 livros correspondem aos 39 livros (protocanônicos) das Bíblias atuais. Em *De doctrina Christiana* 2.8.13 (396-97 d.C.), Agostinho listou 44 livros do AT (= 46, visto que Lamentações e Baruc faziam parte de Jeremias), que incluíam os livros deuterocanônicos (→ 9 *acima*), e sua grande estatura tendeu a pôr fim à discussão sobre a extensão do cânone no Ocidente. Assim, os concílios ocidentais mencionados *acima* (→ 11 *acima*) e a carta do papa Inocente I em 405 (DS 213; *EB* 21-22) concordaram sobre uma lista de 46 livros do AT e 27 do Novo Testamento. Contudo, a reprodução de diversas listas em 692, no Concílio Quinisexto de Constantinopla, conhecido como Trulo II (Grosheide, *Some Early Lists* 20-21), adverte contra ser simplista demais acerca da fixidez do consenso que existia no final do séc. IV (→ 41 *abaixo*).

13 Em continuidade com a tradição dominante, havia 46 livros do AT e 27 do NT (73 no total) listados na bula *Cantate Domino* do Concílio (ecumênico) de Florença, promulgada em 1442 como um documento de união entre Roma e os cristãos coptas (jacobitas; *DS* 1335; *EB* 47). As discussões no Concílio de Trento revelaram dúvidas acerca da força vinculante da bula; e assim, reagindo ao questionamento protestante, em 1546 este concílio promulgou em sua quarta sessão a *De Canonicis Scripturis* (→ Pronunciamentos da Igreja, 72:11), "de modo que não reste nenhuma dúvida quanto a quais livros são reconhecidos". O Concílio de Trento listou como sagrados e canônicos "com todas as suas partes", e como inspirados pelo Espírito Santo, 73 livros, que incluíam os livros do AT (deuterocanônicos) não aceitos por muitos judeus e protestantes (→ 35 e 44 *abaixo*).

14 O Vaticano I (*Dei Filius*, 1870; → Pronunciamentos da Igreja, 72:12) falou de "livros sagrados e canônicos [...] escritos pela inspiração do Espírito Santo", mas deixou a identidade desses livros para a lista do Concílio de Trento. A canonicidade implica o reconhecimento da qualidade inspirada dos livros pela igreja (DS 3006). O Vaticano II (*Dei Verbum*, 1965; → Pronunciamentos da Igreja, 72:13-16) afirmou: "Mediante a mesma tradição [apostólica], a igreja conhece o cânon inteiro dos livros sagrados" (2:8). Também "a santa mãe igreja, segundo a fé apostólica, considera como santos e canônicos todos os livros do AT e do NT com todas as suas partes, porque, escritos sob a inspiração do Espírito Santo [...] têm Deus por autor e foram confiados à própria igreja" (3:11). Sem ir muito além do Concílio de Trento (que deu ao catolicismo seu cânone definitivo), o concílio reúne o cânone, a tradição e a inspiração de um modo semelhante a Atanásio (→ 8 *acima*).

15 (III) Reflexões teológicas. Canonicidade e inspiração designam realidades diferentes: um livro do período bíblico é canônico na medida em que ele faz parte de uma coleção fechada que tem um *status* singular na igreja; um livro é inspirado na medida em que o Espírito Santo foi sua fonte. Todavia, há um relacionamento um tanto circular: a inspiração precedeu a canonicidade, mas não poderia ser reafirmada com segurança por todos sem o reconhecimento canônico. Ao conceder este reconhecimento canônico, a igreja teve que refletir sobre a tradição que ela pensa ter origem apostólica. Os livros do NT, por exemplo, foram compostos para igrejas do séc. I; mas a "igreja católica" (Inácio de Antioquia) ou a "grande igreja" preservou estes livros e os organizou em coleções, usando-os em sua liturgia. Num processo contínuo, outras obras foram rejeitadas por não serem provenientes dos tempos apostólicos ou por conterem concepções não consoantes com a regra de fé. Vários debates produziram uma listagem dos livros bíblicos. Depois de solenemente categorizados, estes livros tornaram-se uma norma ainda mais decisiva para julgar os desdobramentos na fé e na moral.

16 Desse modo, da composição à canonização, o processo bíblico teve um forte impulso da comunidade – uma observação teológica paralela à crescente ênfase nos elementos sociais e comunitários da inspiração (→ Inspiração 65:60-61) e ao desenvolvimento da crítica do cânone (→ Hermenêutica 71:71-74). Se não se concebe mais a inspiração exclusivamente como o ato em que Deus move um escriba isolado em uma escrivaninha, e se não se define o significado exclusivamente como o que aquele escriba pretendia e transmitiu no momento em que escreveu, não se pensa que, num dado momento no séc. I, os apóstolos puderam listar os livros inspirados pelo título.

17 K. Rahner (*Inspiration in the Bible* [2ª ed.; New York, 1964]) sustenta que a revelação dos livros inspirados foi implícita e não direta – inerente ao conhecimento da igreja de que certos livros eram reflexos autênticos de sua fé. (Algo do mesmo processo teria ocorrido em Israel em relação a seus escritos sagrados, que a igreja aceitou mais tarde como seu AT.). O processo de articular a revelação numa listagem oficial teria levado séculos, tendo sido governado pela necessidade, inata à existência e vida contínua da igreja. Assim, há uma interação entre "cânone" como a norma ou regra de fé da igreja (→ 7 *acima*) e a formação de um cânone bíblico que, por sua vez, constitui uma norma da fé e prática da igreja – de fato, uma "norma não-normatizada" (*norma non normata*). Pode-se encontrar um exemplo interessante do funcionamento das normas num concílio como o de Trento, que, em certo sentido, exerceu a soberania da igreja ao reconhecer quais livros eram canônicos, mas citou constantemente os livros bíblicos como um guia definitivo para os pontos da fé que estava definindo. Em termos mais práticos, contudo, as Escrituras frequentemente exercem sua normatividade na liturgia, pois a leitura pública dentro da igreja lhes dá "um púlpito" a partir do qual elas podem guiar a vida das pessoas.

18 O paradoxo da história e das inter-relações da canonicidade pode ser percebido nas seguintes afirmações. Agostinho, *Contra epistolam Manichaei* 5.6 (PL 42. 176):
"Eu não creria no Evangelho se a autoridade da Igreja Católica não me levasse a isso." Vaticano II, *Dei Verbum* 2:10: "O magistério vivo da igreja [...] não está acima da palavra de Deus, mas sim a seu serviço." Esta mesma seção da *Dei Verbum* interrelaciona a Escritura e a tradição como "um único depósito sagrado da palavra de Deus."

19 O quadro teológico global, embora útil, encobre grandes dificuldades quanto a exatamente como e por que livros individuais foram considerados canônicos, tendo as decisões às vezes favorecido livros sem grande interesse teológico (Judas). A ausência de critérios de canonicidade formais ou universalmente aceitos e os fatos de que alguns livros são realmente coleções anônimas (Malaquias), de que muitos livros não foram escritos pelas autoridades cujos nomes estão vinculados a eles (todos ou a maioria dos Evangelhos), que teologias muito diversas operam dentro do mesmo cânone, que alguns valores foram deixados de fora na rejeição dos apócrifos – estes e outros fatores fazem do estudo do cânone algo extremamente complicado, como a exposição detalhada abaixo revelará. Depois de ter sido um assunto que juntava teias de aranha e bocejos, a canonicidade se tornou em campo de investigação muito instigante.

O CÂNONE DO ANTIGO TESTAMENTO

20 Como indicou nossa exposição dos livros deuterocanônicos (ou apócrifos; → 9-10 *acima*), a Igreja Católica Romana e algumas Igrejas ortodoxas orientais (→ 47 *abaixo*) aceitam um cânone do AT mais longo (46 livros) do que o reconhecido pela maioria dos protestantes (39) e pelos judeus (também 39, mas organizados de modo diferente). A diferença se concentra em Tobias, Judite, 1 e 2 Macabeus, Sabedoria, Eclesiástico, Baruc (que inclui a Carta de Jeremias) e partes de Ester e Daniel. Uma tese clássica até agora defendida para explicar isto é que havia dois cânones ou listas de livros sagrados no judaísmo por volta do final do séc. I d.C., um cânone palestinense mais curto feito pelos rabinos de Jâmnia e um cânone alexandrino mais longo representado pela LXX. A igreja protocristã adotou o cânone alexandrino, mas os reformadores, seguindo uma concepção minoritária entre os padres da Igreja, decidiram voltar ao cânone palestinense. Os respectivos resultados foram os cânones católico romano e protestante. Quase todos os detalhes desta tese passaram por sérios questionamentos e modificações.

21 (I) A formação dos Escritos Sagrados no judaísmo. A composição do AT foi um processo que durou mais de mil anos. As primeiras composições poéticas, *p.ex.*, o Cântico de Maria (Ex 15,1-18) e o Cântico de Débora (Jz 5), provavelmente remontam ao séc. XII a.C. Os últimos livros do cânone judaico-protestante, Daniel e Ester, foram compostos durante o séc. II a.C.; os últimos livros do cânone católico romano, 2 Macabeus e Sabedoria, foram compostos aproximadamente em 100 a.C. Durante este longo período de composição, houve um acúmulo gradativo de material em livros e depois em coleções de livros. Além dos livros que foram aceitos no cânone, existiam outros, alguns compostos durante o período em que os livros bíblicos estavam sendo escritos, alguns compostos ligeiramente mais tarde. Alguns destes outros livros se perderam; alguns foram preservados, mas não aceitos.

22 A divisão da Bíblia Hebraica aceita pelo judaísmo é tripartida: a Lei, os Profetas e os Escritos. A Lei (*Tôrâ*) consiste dos cinco livros do Pentateuco. Os Profetas (*Nĕbî'îm*) são subdivididos em Profetas Anteriores (Josué, Juízes, Samuel, Reis) e Profetas Posteriores (Isaías, Jeremias, Ezequiel, os Doze [= Profetas Menores]) – oito livros ao todo. Os Escritos (*Kĕtûbîm*) são em número de 11: Salmos, Provérbios, Jó, os cinco Megilot ou rolos (= Cântico dos Cânticos, Rute, Lamentações, Eclesiastes, Ester), Daniel, Esdras/Neemias, Crônicas. Isto dá um total de 24 livros, embora, mediante várias combinações, o número às vezes tenha sido indicado como 22, que é o número de letras no alfabeto hebraico. O moderno acrônimo hebraico TNK (vocalizado como *tĕnāk*), que significa "a Bíblia", origina-se de *Tôrâ*, *Nĕbî'îm* e *Kĕtûbîm*.

Quando esta divisão tripartida se tornou padrão, e quando as três coleções avulsas foram estabelecidas? A concepção geralmente aceita é que cada divisão ou coleção – Lei, Profetas e Escritos – representa um estágio no desenvolvimento da Bíblia, de modo que a Lei foi estabelecida antes dos Profetas, etc. Há um outro ponto de vista, preferido por Hölscher (*Kanonisch und Apokryph* [Naumberg, 1905]), segundo o qual as três divisões cresceram mais ou menos simultaneamente e a fixação de toda a coleção tripartida ocorreu de uma só vez. Embora seja verdade que livros avulsos pertencentes a cada uma das três divisões foram compostos ao mesmo tempo, é difícil negar os indícios de que uma coleção foi fixada antes da outra. Para as datas das coleções, veja a tabela na seção 23.

23 Obras do período do Antigo Testamento: datas aproximadas de composição ou coleção

Séculos a.C.	A Lei	Os Profetas		Os Escritos	Deutero-canônicos e apócrifos*
		Profetas posteriores	*Profetas anteriores*		
XIII-XI	Trajetória de Moisés? Tradições subjacentes ao Pentateuco tomam forma; antigos códigos legais Poesia antiga (Ex 15).		Relatos da conquista da Palestina. Tradições subjacentes a Juízes e 1 Samuel. Poesia antiga (Jz 5).		

Séculos a.C.	A Lei	Os Profetas		Os Escritos	Deutero-canônicos e apócrifos*
X	Tradição J colocada na forma escrita	Relatos sobre Davi, esp. "Histórias da Corte" (2Sm 9-20, 1Rs 1-2).		Começa o uso de Salmos no culto no templo. Cultivo da sabedoria proverbial na corte de Jerusalém sob Salomão.	
IX	Composição da tradição E.	Preservação dos anais reais de Judá e de Israel (fonte de 1-2Rs, 1-2Cr); ciclos de Elias e Eliseu (1Rs 17-2Rs 10).		Rute? Cânticos matrimoniais posteriormente refletidos em Cântico dos Cânticos.	
VIII	J e E são fundidos (sob o reinado de Ezequias, ca. 700?).	Preservação dos anais reais de Judá e de Israel.	Amós e Oseias em Israel. Isaías e Miquéias em Judá.	Ezequias é um patrono tradicional da sabedoria proverbial (Pr 25).	
VII	O núcleo do Deuteronômio forma a base da reforma de Josias (ca. 622). O Código de Santidade (Lv 17-26) é editado.	Preservação dos anais reais de Judá.	Oráculos de Isaías são colecionados pelos discípulos e editados. Sofonias, Naum e Habacuc. Jeremias dita a Baruc.		
VI	P é compilado a partir de fontes anteriores e dá a estrutura ao emergente Pentateuco.	História deuteronomista editada no exílio.	Ezequiel na Babilônia. Deuteroisaías (em ca. 550). Edição do *corpus* profético pré-exílico. Oráculos pós-exílicos de Ageu, Zacarias (1-9) e Trito-isaías.	Lamentações. Jó(?)	
V	Pentateuco concluído (em ca. 400?).		Malaquias Abdias(?)	Memórias de Neemias e ou Esdras. Pr 1-9 escrito como prefácio a Pr 10ss.	

Séculos a.C.	A Lei	Os Profetas	Os Escritos	Deutero-canônicos e apócrifos*
IV e III		Jonas(?) Joel(?) Apocalipse de Isaías (24-27[?]). Deuterozacarias (9-14[?]).	História do Cronista. Ditos do Coélet (Ecl) editados por alunos. Coleção de Salmos (?).	
II			Ester (?) Daniel.	Sirácida (em ca. 190) *1 Henoc* *Jubileus* Baruc (composto) Tobias Judite *Ep. Aristeias* *Testamento dos 12 Patriarcas* (?) Ester em grego Partes gregas de Daniel 1 Macabeus
I				2 Macabeus Sabedoria 3 Macabeus* 1 Esdras* 3-5 *Salmos de Salomão*

Escritos judaicos do séc. I e início do séc. II a.C. incluem: 4Mc*; *Assunção de Moisés*; 4 Esdras* (2Esd 3-14); *2-3 Apocalipse de Baruc*; Oração de Manassés*; *Testamento dos 12 Patriarcas**(?); *Oráculos Sibilinos* (livros 3-5); *Antiguidades Bíblicas* * (Ps.-Filo).

(?) = Data incerta. Um asterisco e itálicos indicam apócrifos.

24 (A) A Lei. Na opinião da pesquisa moderna, os mais antigos códigos de leis hebraicos, preservados no Pentateuco (o Decálogo de Ex 20,1-17, o Código da Aliança de Ex 20,22-23,19; e o Decálogo Ritual de Ex 34,11-26), foram compostos nos sécs. XII e XI a.C. O código de leis mais recente, a Coleção Sacerdotal, era pós-exílico (ca. séc. V a.C.). Assim, o Pentateuco provavelmente foi concluído por volta de 400 a.C. Na verdade, há uma menção anterior a um livro de leis em 2Rs 22,8ss., quando, em 622, o sacerdote Helcias descobriu no Templo "o livro da lei". Este provavelmente era o núcleo de Deuteronômio (12-26). Mais tarde, aproximadamente em 400, somos informados por Ne 8,1 que o escriba Esdras leu para a assembleia do povo "o livro da lei de Moisés, que Iahweh havia prescrito para Israel", presumivelmente a lei que Esdras trouxera da Babilônia (Esd 7,14). Muitos pesquisadores pensam que isto era uma recensão do Pentateuco; outros pensam que era justamente a Coleção Sacerdotal de leis.

25 Um argumento usado para apoiar a teoria de que a Lei era uma coleção concluída por volta de 400 a.C. provavelmente deveria ser rejeitado, ainda que a teoria em si seja aceita. Referimo-nos ao argumento baseado no fato de que os samaritanos possuem um Pentateuco substancialmente igual ao Pentateuco hebraico. O raciocínio é que, uma vez que o cisma samaritano ocorreu no séc. V a.C., eles já deveriam possuir este Pentateuco antes do rompimento. Pensava-se que o hebraico antigo, no qual o Pentateuco samaritano foi escrito, era um sinal desta Antiguidade, e que esta escrita foi mantida pelos samaritanos como protesto contra a inovação judaica de empregar a escrita aramaica (a escrita que geralmente associamos à Bíblia hebraica). Os estudos paleográficos de F. M. Cross, com base nos achados de Qumran, mostram, contudo, que este hebraico antigo foi recuperado no séc. II a.C., e que a escrita samaritana era um ramo da escrita do séc. II (*BANE* 189 n. 4). Estas observações tornam *possível* que o cisma samaritano só tenha ocorrido no séc. II a.C., uma data anterior na qual sabemos que a Lei já se encontrava aceita no judaísmo (→ Textos, 68:17-18, 38-39).

26 Se a Lei foi aceita por volta de 400 a.C., talvez devêssemos modificar nosso entendimento do que significava esta aceitação. Mesmo após esta data, um livro como *Jubileus* (→ Apócrifos, 67:17) foi composto e era lido por vários grupos de judeus, *p.ex.*, os sectários de Qumran, embora em alguns pontos e leis ele não estivesse em harmonia com o Pentateuco.

27 (B) Os Profetas. O que a tradição judaica chama de *Profetas Anteriores* é identificado hoje como a História Deuteronômica (Js, Jz, Sm, Rs), uma coleção histórica concluída nos anos 600-560 (→ 1 e 2 Reis, 10:2-3). De acordo com 2Mc 2,13, Neemias (em ca. 440) reuniu "os livros acerca dos reis e profetas, e os escritos de Davi, e as cartas de reis sobre as oferendas votivas" – talvez esta referência represente uma tradição popular acerca da coleção dos Profetas Anteriores. Além do material histórico que passou a fazer parte desta coleção, havia antigos escritos históricos israelitas que não sobreviveram para tornarem-se canônicos, como o próprio AT testifica. Josué 10,13 fala do Livro do Justo (de Jasar). O material dos anais reais dos reinados dos reis foi extraído dos Livros das Crônicas dos Reis de Judá e de Israel (1Rs 14,29; 15,7.31; 16,5). O Cronista parece ter conhecimento de coleções de material profético, *p.ex.*, a história ou visões dos profetas Natã, Aías, Semaías, Isso (2Cr 9,29; 12,15; 13,22). Não há razão para se pensar que estas obras perdidas não foram outrora consideradas como sagradas; de fato, se elas tivessem sobrevivido, provavelmente teriam se tornado parte do AT. Assim, nos livros escritos antes do exílio, a sobrevivência à catástrofe nacional foi, provavelmente, o critério que determinou a aceitação canônica. Não sabemos de nenhum livro pré-exílico que tenha sobrevivido e não foi aceito.

Os *Profetas Posteriores* é uma coleção mais heterogênea, cujos livros avulsos foram compostos entre 750 (Amós) e cerca de 400-300 (os últimos Profetas Menores, *i.e.*, Malaquias, Joel, Jonas, Deuterozacarias; e talvez o "Apocalipse de Isaías", Is 24-27). Na época de Jesus ben Sira (em ca. 190 a.C.) já era comum falar dos Doze Profetas (Eclo 49,10), e isto significa, praticamente com certeza, que a coleção dos Profetas Posteriores já estava concluída.

28 Por volta do séc. II a.C., toda a coleção profética já tinha alcançado a posição de livros sagrados. Por exemplo, o autor de Daniel (em ca. 165) se refere a Jeremias como um dos "livros" (9,2). Era comum colocar a Lei e os Profetas lado a lado ao se mencionar os livros sagrados (Prefácio de Eclo; 2Mc 15,9). Ao avaliar esta atitude judaica para com os Profetas, contudo, devemos estar cientes de que a aceitação pode não ter sido absoluta, pois o Talmude (*b. Šabb.* 13b; *b. Ḥag.* 13a; *b. Menaḥ* 45a) registra objeções posteriores a Ezequiel por causa das patentes contradições entre este livro e a Lei. Além disso, não estamos certos de que todas as referências antigas aos Profetas são precisamente àqueles livros que finalmente vieram a ser aceitos como os Profetas Anteriores e os Posteriores. Veremos que Josefo contava 13 livros proféticos, provavelmente incluindo livros posteriormente considerados como Escritos (deste modo Thackeray, LCL 1. 179; Beckwith, *OT Canon* 119).

29 (C) Os Escritos. Esta é a mais heterogênea das coleções e a que causou mais debates. Os livros finalmente aceitos como Escritos na Bíblia Hebraica provavelmente eram todos pós-exílicos quanto à composição, sendo Daniel e Ester (séc. II a.C.) os últimos. Por volta do final do séc. II, como testifica o Prefácio de Eclesiástico, os judeus falavam não apenas da Lei e dos Profetas, mas também do "restante dos livros de nossos ancestrais". A referência ligeiramente posterior em 2Mc 15,9, contudo, menciona apenas a Lei e os Profetas. Não sabemos precisamente o que constituía "o restante dos livros" na referência de Eclesiástico; este não cita Esdras, Ester ou Daniel.

No séc. I d.C. encontramos uma maior especificação do que estes outros livros poderiam ter sido, pois Lc 24,44 atesta esta combinação: "na Lei de Moisés, nos Profetas e nos *Salmos*". Isto está em harmonia com a referência de Filo (*De vita contemp*, 3.25) à Lei, às palavras proféticas e a "*hinos e outras obras* pelos quais o conhecimento e a piedade podem ser aumentados e aperfeiçoados". Josefo (*Ag. Ap.* 1.8 § 39-41) conhece os 5 livros da lei de Moisés, os 13 livros dos Profetas e 4 livros que continham "*hinos* a Deus *e preceitos* para a conduta da vida humana". Considera-se que esta última menção é a Salmos, Cântico dos Cânticos, Provérbios e Eclesiastes. Até então nenhum nome fora vinculado a esta última classificação, mas a designação posterior de "Escritos" se encontra no Talmude (*b. B. Bat.* 14b; *b. Ketub.* 50a), e isto pode refletir o uso anterior. A imprecisão das referências a estes "outros livros" no séc. I d.C. é um sinal

de que o judaísmo ainda não tinha alcançado o estágio de uma coleção nitidamente definida. Também pode ser que, como retardatários, os Escritos não gozavam do mesmo nível de respeito conferido à Lei e aos Profetas. Todavia, claramente as três seções são Escrituras sagradas.

30 Para algumas pessoas, a afirmação de Josefo talvez pareça ter decidido a questão do cânone, ou lista fixa de livros, dentro do judaísmo, e por esta razão sua afirmação merece mais atenção. No mínimo pode-se dizer que os 22 livros enumerados por Josefo gozavam de ampla aceitação entre os judeus. Uma outra questão é até que ponto Josefo pretendia excluir outros livros ou refletia o pensamento judaico universal ao fazê-lo. Em seus próprios escritos, Josefo cita a LXX e usa livros que, praticamente com certeza, não faziam parte de sua lista de 22, *p.ex.*, 1 Macabeus, 1 Esdras e os acréscimos a Ester. Ele inclui entre os Profetas livros que mais tarde foram contados entre os Escritos. Poucos anos após 90 d.C., a data da obra de Josefo, 4 Esdras menciona 24 livros aceitos publicamente pelos judeus; não é certo se esta é apenas uma enumeração diferente dos 22 livros de Josefo ou uma diferença real na lista de livros.

Certamente, encontramos nas observações de Josefo algo que está mais perto de um cânone do que qualquer coisa com que nos deparamos até agora. É interessante observar o que ele diz acerca dos livros que lista. Eles são livros sagrados, devendo ser distinguidos de outros livros por causa de sua origem divina. Não podem ser adulterados nem se deve acrescentar outro a eles. Josefo pensa que eles foram compostos nos 3 mil anos entre Moisés e Artaxerxes I (450 a.C. – um governante aparentemente ligado a Ester). Seu juízo histórico é, obviamente, impreciso; diversos livros que ele inclui não foram escritos senão 300 anos depois de Artaxerxes.

31 (II) O fechamento do cânone no judaísmo palestinense. Se duvidarmos que Josefo represente um cânone definitivamente fechado, precisamos enfrentar o problema de por que e como o cânone foi encerrado no judaísmo normativo.

32 (A) Critérios. O problema é difícil, porque sequer estamos seguros dos critérios precisos usados para decidir sobre a canonicidade. Algumas pessoas supõem que alguns livros tenham sido recebidos por causa de seu caráter jurídico ou sua relação com a Lei, pois a Lei é o cânone pelo qual tudo é julgado. Um outro fator que certamente exerceu um papel importante foi o pensamento de que alguns livros continham a palavra de Deus e eram inspirados por ele, mas não é fácil verificar este atributo num livro.

Foi proposto por G. Östborn (*Cult and Canon* [Uppsala, 1955]) que um livro era considerado canônico por causa de seu tema específico, *i.e.*, se ele de algum modo celebrava ou registrava a atividade de Iahweh. Este tema dotava o livro de valor cultual e permitia seu uso nas celebrações religiosas da sinagoga. A hipótese de Östborn, apesar de atraente, deixa de produzir convicção total, porque o esforço para encontrar um tema fundamental que percorra todos os livros do AT torna-se forçado. Mas é correto dar atenção ao uso cultual dos livros como um fator em sua aceitação, *p.ex.*, o uso de Salmos na liturgia do Templo. Todavia, não sabemos se, por volta do séc. I d.C., havia um ciclo anual ou trianual no lecionário fixo do Pentateuco e leituras proféticas para a sinagoga (veja a controvérsia entre A. Guilding, *The Fourth Gospel and Jewish Worship* [Oxford, 1960] e L. Morris, *The New Testament and the Jewish Lectionaries* [Londres, 1964].). Mais tarde, os cinco Megilot vieram a ser lidos nas principais festas judaicas; este costume pode refletir uma prática anterior em alguns casos.

33 (B) Época. Encontramos na tradição judaica três sugestões principais.

(a) *Esdras*. Cria-se em certa época que a coleção dos livros do AT foi decisivamente realizada por Esdras (em ca. 400 a.C.). A evidência de Josefo pode estar relacionada com esta teoria porque ele coloca o término da escrita do AT no séc. V. A evidência precisa vem de 4 Esdras (→ Apócrifos, 67:41), uma obra escrita entre 90 e 120 d.C. Em 14,45, é descrito como Deus fala a Esdras sobre 24 livros sagrados que estavam disponíveis a todo o povo, diferentemente dos 70 livros que deviam ser mantidos em segredo (→ 10 *acima*). Obviamente esta lenda tardia tem pouco valor histórico, porque muitos dos livros canônicos foram escritos após o tempo de Esdras. No máximo, o Esdras histórico concluiu a coleção da Lei.

Uma forma singular de atribuição do cânone a um único homem é a que Beckwith faz a Judas Macabeu que "recolheu todos os livros para nós" (2Mc 2,14-15; veja *OT Canon* 152, 312), de modo que Daniel teria se tornado canônico três anos depois de sua composição final!

34 (b) *A Grande Sinagoga*. Uma outra sugestão é de que o AT foi determinado pelos "homens da Grande Sinagoga", que trabalharam sob o ímpeto de Esdras. Um erudito escritor judaico, Elias Levita, com base em passagens do Talmude, sugeriu pela primeira vez esta teoria em seu livro *Massoreth ha Massoreth* (1538); subsequentemente ela recebeu aprovação de muitos estudiosos cristãos. Ela exerceu influência particularmente sobre o pensamento protestante até o final do séc. XIX, justificando a aceitação protestante do cânone hebraico mais curto. Brian Walton escreveu o seguinte sobre os homens da Grande Sinagoga: "Seu trabalho de estabelecimento do Cânone possuía verdadeiramente autoridade divina [...]." (Ryle, *Canon* 263). Esta hipótese, contudo, foi abalada por questionamentos acerca da própria existência da Grande Sinagoga (→ Apócrifos 67:135). Mesmo que alguma forma da Grande Sinagoga já tenha existido na época posterior a Esdras, o pensamento de que ela exerceu um papel decisivo no processo de canonização não é nada plausível. O AT, Josefo, Filo e os apócrifos nada relatam sobre tal órgão e sua atividade canonizadora. De fato, a mais antiga referência à Grande Sinagoga encontra-se na Mishná do séc. II d.C. (*Pirqe Aboth* 1:1). Além disso, a datação tradicional da Grande Sinagoga (séc. IV a.C.) impediria qualquer cânone completo.

35 (c) *Jâmnia*. A maioria dos especialistas reconhecem que o cânone não foi concluído até a era cristã, e muitos sugerem que a rivalidade representada pelos livros cristãos foi um estímulo ao fechamento do cânone judaico. Outros preferem encontrar o estímulo nas disputas dentro do judaísmo, particularmente entre os fariseus e algumas das seitas judaicas mais apocalípticas. Em particular, sugere-se frequentemente que o cânone foi encerrado em Jâmnia (Jabne ou Jabneel, uma cidade próxima ao Mediterrâneo, a oeste de Jerusalém), onde o rabino Yohanan ben Zakkai restabeleceu sua escola por ocasião da queda de Jerusalém. Depois de uma década, Gamaliel II tornou-se o líder da escola, e, no período de 80-117 d.C., ele e Eleazar ben Azarias foram os principais mestres. Foi proposto que, em cerca de 90-100, o concílio de rabinos em Jâmnia estabeleceu de uma vez por todas a lista definitiva de livros inspirados, a saber, "o cânone palestinense", que consistia dos livros chamados atualmente de protocanônicos. Todavia, esta tese foi submetida a uma crítica altamente necessária (J. P. Lewis, *JBR* 32 [1964] 125-32; Leiman, *Canonization* 120-24).

Quatro pontos de precaução devem ser observados: (1) Embora os autores cristãos pareçam pensar em termos de um concílio eclesiástico formal em Jâmnia, não houve "concílio de Jâmnia". Havia em Jâmnia uma escola para o estudo da Lei, e os rabinos de Jâmnia exerciam funções jurídicas na comunidade judaica. (2) Não há prova de que qualquer lista de livros foi redigida em Jâmnia. Certamente os rabinos reconheciam que alguns livros eram singularmente sagrados e "maculavam as mãos", de modo que era necessária a purificação após seu uso (*m. Yad.* 3:2). Mas esta atitude talvez represente a aceitação popular de 22 ou 24 livros que vimos em Josefo e em 4 Esdras aproximadamente no mesmo período. Ela não se refere necessariamente a um cânone definido (veja Leiman, *Canonization*). (3) Uma discussão específica a respeito de aceitação em Jâmnia é atestada apenas para Eclesiastes e Cântico dos Cânticos, e mesmo nestes casos as disputas persistiram no judaísmo por décadas após o período de Jâmnia. Houve também debates subsequentes sobre Ester. (4) Não sabemos de livros que tenham sido excluídos em Jâmnia. Um livro como o Eclesiástico, que finalmente não fez parte da Bíblia Hebraica (baseada num suposto cânone de Jâmnia), foi lido e copiado pelos judeus após o período de Jâmnia. A Tosefta (*Yad.* 2:13) registra que o Eclesiástico foi declarado um livro que não macula as mãos, mas não diz onde e quando esta decisão foi tomada.

A afirmação mais segura acerca do encerramento do cânone judaico é aquela que reconhece que, embora no séc. I d.C. houvesse a aceitação de 22 ou 24 livros como sagrados, não existia um cânone hebraico exclusivo, rigidamente fixo, até o final do séc. II. Neste período, vários grupos judaicos continuaram a ler livros não incluídos na contagem de 22/24 como sagrados.

36 (III) **O cânone em Qumran.** A descoberta dos Manuscritos do Mar Morto (→ Apócrifos, 67:80) trouxe mais indícios para nossa discussão do cânone entre os judeus no séc. I a.C. e no séc. I d.C. A situação patente nos livros preservados nas coleções de Qumran revela o tipo de liberdade acerca do cânone que delineamos acima (P. Skehan, *BA* 28 [1965] 89-90). Dentre os livros que finalmente entraram na Bíblia Hebraica, apenas Ester está ausente dos manuscritos e fragmentos de Qumran. Certamente isto pode ter sido acidental, embora vários fatores sugiram que os essênios de Qumran tenham rejeitado o livro: ele não faz menção a Deus e enfatiza a festa de Purim (o que pode não ter satisfeito a rígida perspectiva de Qumran a respeito do calendário e das festas). Ester também está ausente em algumas listas cristãs até a época de Gregório de Nazianzo (em 380). A Lei e os Profetas parecem ter sido aceitos em Qumran, com cada coleção organizada na ordem que se tornaria padrão, embora frequentemente em versões revisadas diferentes do TM (→ Textos, 68:20). Dentro da coleção que se tornou conhecida como os Escritos, Salmos tem a melhor comprovação; Esdras/ Neemias e Crônicas, a pior. Embora os essênios provavelmente conhecessem o Saltério canônico, se a coleção dos Salmos era considerada rigidamente fechada durante o tempo de vida da comunidade de Qumran é uma questão em aberto. Em diversos mss., salmos não canônicos encontram-se misturados aos canônicos (→ Textos, 68:31).

37 O fator realmente importante concernente ao cânone é que os sectários de Qumran preservaram cópias de muitos outros livros. Dentre os livros deuterocanônicos, a Carta de Jeremias (Ep Jer = Br 6), Tobias e Eclesiástico encontram-se representados, os últimos dois em várias cópias. Além disso, há muitas cópias de *Jubileus*, *1 Henoc* e vários documentos sectários. Não podemos estar seguros de que se fazia uma distinção essencial entre estas obras e as obras "bíblicas". Não é válida a tese de que os escribas de Qumran usaram um tipo diferente de escrita e formato ao copiarem os livros "bíblicos". De fato, alguns dos livros canônicos foram copiados em papiro, uma prática posteriormente proibida no judaísmo, porque apenas o pergaminho (pele) era considerado adequado a um livro bíblico (→ Textos, 68:14). A conclusão de Skehan é digna de citação: "Em geral, a biblioteca de Qumran dá a impressão de uma certa seletividade, mas dificilmente de qualquer distinção nítida entre um cânone fechado e todos os outros textos."

38 (IV) O cânone de Alexandria. Falamos da tese de que havia dois cânones no judaísmo antigo: o cânone palestinense mais curto, estabelecido em Jâmnia, e o cânone alexandrino mais longo (→ 20 *acima*). Assim como a fixação do cânone em Jâmnia foi posta em dúvida, também a tese de um cânone alexandrino sofreu intenso questionamento (veja Sundberg, *OT*). Esta tese, aparentemente proposta pela primeira vez por J. E. Grabe em cerca de 1700, está intimamente relacionada com a aceitação da LXX pela protoigreja.

Três argumentos em favor do cânone alexandrino não encontram mais aceitação. (1) Reconhecemos agora a qualidade lendária das informações dadas pela *Carta de Aristeias* (→ Apócrifos 67:33) concernente à composição da LXX. Nem o Pentateuco nem todo o AT foram traduzidos para o grego de uma só vez (*i.e.*, em 72 dias, em ca. 275 a.C.) por 72 ou 70 tradutores que trabalharam sob o patrocínio de Ptolomeu II Filadelfo (→ Textos 68:63). Se esta lenda fosse verdadeira, um número fixo de livros seria plausível. Mas quando consideramos que a LXX foi o produto de vários séculos, tanto de tradução quanto de composição original, a questão de um número fixo de livros torna-se mais problemática. (2) Pensou-se, outrora, que os livros extras (deuterocanônicos) do cânone alexandrino foram compostos em grego e não em hebraico ou aramaico, as línguas sagradas conhecidas na Palestina. Na verdade, um bom número dos livros deuterocanônicos foi originalmente composto em hebraico (Eclesiástico, Judite, 1 Macabeus) ou aramaico (Tobias). As descobertas de Qumran provam que alguns destes livros estavam em circulação na Palestina e eram aceitos por grupos judaicos ali. O fato de os códices da LXX não isolarem os livros deuterocanônicos como um grupo, mas misturá-los com os Profetas (Baruc) e com os Escritos (Eclesiástico, Sabedoria), mostra que não havia consciência de que esses livros tivessem uma origem singular, como haveria se fossem considerados acréscimos posteriores e estranhos a uma coleção já fixada traduzida do hebraico. (3) A tese de que os judeus de Alexandria tinham uma teoria sobre a inspiração diferente da teoria compartilhada pelos judeus de Jerusalém é sem fundamento. (Veja P. Katz *ZNW* 47 [1956] 209.)

39 Além disso, o caráter rígido do cânone de Alexandria está aberto a questionamento, porque os testemunhos cristãos desta coleção supostamente fixa, incluindo os grandes códices da LXX, não estão em acordo. Sundberg (*OT* 58-59) mostra isto em tabelas. Por exemplo, quanto à questão de Macabeus (→ Apócrifos, 67:34), o Códice Vaticano não contém os livros de Macabeus, o Sinaítico contém 1 e 4 Macabeus, e o Alexandrino tem todos os quatro. Consequentemente, é difícil rejeitar a tese de Sundberg de que os judeus de Alexandria não possuíam uma lista fixa de livros. Eles estavam na mesma situação que seus parentes na Palestina no séc. I d.C., *i.e.*, tinham um grande número de livros sagrados, alguns dos quais eram reconhecidos por todos como mais antigos e mais sagrados que outros. Não foram os judeus de Alexandria, mas a igreja cristã que, trabalhando com a LXX, finalmente definiu um cânone exclusivo. De fato, quando os judeus alexandrinos finalmente aceitaram um cânone, eles, como os demais judeus, aceitaram o cânone fixado pelas discussões do final do séc. II nas escolas rabínicas da Palestina. Na verdade, após o despovoamento do gueto de judeus egípcios na revolta de 115-117 d.C., o restabelecimento pode ter ocorrido por meio de imigração da Palestina.

40 (V) O antigo cânone cristão do Antigo Testamento. A conclusão de que não havia um cânone rigidamente fechado no judaísmo no séc. I e início do séc. II d.C. significa que, quando a igreja se encontrava em seu período formativo e usava os livros sagrados dos judeus, não havia um cânone fechado para a igreja adotar. Esta é exatamente a situação no NT. Os autores do NT citam os livros sagrados que finalmente entraram no cânone hebraico, especialmente a Lei, os Profetas e os Salmos. Mas eles também refletem alguns dos livros deuterocanônicos. As alusões detectadas pelo NT grego de Nestle (Sundberg, *OT* 54-55) incluem Eclesiástico, Sabedoria, 1 e 2 Macabeus e Tobias. Podem-se acrescentar as obras apócrifas de *Salmos de Salomão*, *1-2 Esdras*, *4 Macabeus* e *Ascensão de Moisés*. Judas 14 cita claramente *1 Henoc*; e apesar da afirmação de que Judas não o está citando como Escritura, não podemos mostrar que o autor queria fazer tal distinção. (*Barn.* 16,5 chama *1 Henoc* de "Escritura"; cf. 4,3 também.). Em 2Cor 6,14, Paulo parece citar implicitamente uma obra com afinidades com Qumran (J. A. Fitzmyer, *CBQ* 23 [1961] 271-80).

41 Após o período do NT (*i.e.*, 50-150), a igreja cristã continuou a citar as Escrituras de acordo com a LXX; e visto que a própria LXX refletia a falta de um cânone rigidamente fixo no judaísmo, os antigos autores cristãos não tinham uma diretriz nítida. A tese, frequentemente repetida, de que desde o começo todos os cristãos concordavam quanto ao cânone exato e que apenas mais tarde surgiram dúvidas acerca de certos livros tem pouco a recomendá-la. Esta tese se baseia na suposição de que o conteúdo do cânone foi revelado aos apóstolos – uma suposição não-comprovada, que provavelmente se originou de um entendimento errôneo do princípio de que a revelação estava concluída na era apostólica (→ 17 *acima*).

As primeiras tentativas de estabelecer um cânone rigidamente fechado do AT para a cristandade aparentemente refletiram os debates judaicos acerca do cânone palestino no séc. II. Na metade do séc. II, encontramos Justino, em sua discussão com os judeus, sensível às diferenças entre o AT cristão e as Escrituras judaicas (*Dial.* 68.7-8; 71ss.; PG 6.631-36, 641-46); e Tertuliano (*O adorno das mulheres* 1.3; PL 1.1307) está ciente de que, ao argumentar a partir de *1 Henoc*, ele não estava usando um livro aceito pelos judeus. A maioria dos autores cristãos (Clemente de Roma, Policarpo, Hermas, Irineu e o autor de *Barn*.) parece usar livremente um grande número de livros sagrados judaicos, inclusive obras apócrifas. No final do séc. IV, a igreja ocidental, como é testemunhado pelos concílios norte-africanos de Hipona e Cartago, aceitava um número fixo de livros do AT que incluía alguns deuterocanônicos encontrados nos mss. da LXX. Mas os autores da igreja oriental estavam mais cônscios do cânone bíblico mais curto definido pelos judeus. Melito de Sardes (170-190) nos dá a mais antiga lista cristã de livros do AT – uma lista muito parecida com a que finalmente se tornou a lista hebraica padrão (Ester é omitida). Orígenes menciona que os hebreus têm 22 livros; Atanásio, que teve mestres judeus, insiste que os cristãos deveriam ter 22 livros como os hebreus; e, certamente, Jerônimo fez o possível para propagar o cânone hebraico na igreja ocidental. Alguns autores favoráveis ao cânone curto citam, entretanto, os livros deuterocanônicos. Foi proposta uma distinção entre "canônico" e "eclesiástico" a fim de classificar os livros, sendo que "eclesiástico" deve ser entendido como obras que serviam para a edificação da igreja. Dúvidas acerca dos livros deuterocanônicos são recorrentes na história da igreja entre pessoas que estão cônscias do cânone judaico. Entre as que preferem o cânone mais curto ou expressam dúvidas acerca do *status* canônico pleno dos deuterocanônicos encontram-se Cirilo de Jerusalém, Gregório de Nazianzo, Epifânio, Rufino, Gregório o Grande, João Damasceno, Hugo de São Vítor, Nicolau de Lira e o cardeal Caetano. (Veja A. C. Sundberg, *CBQ* 30 [1968] 143-55.)

42 (VI) O cânone no Concílio de Trento. Como se mencionou anteriormente (→ 13 *acima*), o Concílio de Trento aceitou de forma definitiva os deuterocanônicos e o fez em oposição direta à preferência protestante pelo cânone judaico. Embora os católicos aceitem a declaração do concílio como vinculante quanto à fé, é prudente conhecer algumas das dificuldades que a cercam (veja P. Duncker, *CBQ* 15 [1953] 277-99; H. Jedin, *A History of the Council of Trent* [London, 1961] 2. 52-98.). Até as vésperas do concílio, a concepção católica não se encontrava absolutamente unificada, como a menção a Caetano no parágrafo precedente indica claramente. Edições católicas da Bíblia publicadas na Alemanha e na França em 1527 e 1530 continham apenas os livros protocanônicos. Os padres conciliares sabiam que os concílios africanos do séc. IV tinham aceito os livros deuterocanônicos e sabiam também da posição assumida em Florença (→ 11-13 *acima*), mas na época do Concílio de Trento não havia ferramentas históricas suficientes para reconstruir o verdadeiro quadro do cânone no séc. I. R. H. Charles, um protestante, recorda a avaliação (muito severa e por demais simplificada) feita por B. F. Westcott sobre a capacidade dos padres conciliares tridentinos: "Este decreto do Concílio de Trento foi ratificado por 53 prelados, 'entre os quais [Westcott, *Bible in the Church* 257] não havia nenhum alemão, nenhum erudito ilustre pela ciência histórica, nenhum que estivesse preparado, mediante estudo especial, para o exame de um assunto no qual a verdade só poderia ser determinada pela voz da Antiguidade'" (*APOT* 1.*x*.n). Contudo, curiosamente, parece que o Concílio de Trento, mediante a aceitação de um cânone mais longo, preservou uma memória autêntica da época das origens cristãs, enquanto outros grupos cristãos, numa tentativa professa de retornar ao protocristianismo, aceitaram um cânone judaico mais limitado que, se pesquisadores cristãos como A. C. Sundberg e J. P. Lewis estão corretos, foi a criação de um período posterior. Afinal, os padres conciliares tridentinos não determinaram o cânone com base na reconstrução histórica, mas sobre bases teológicas: o uso consistente de certos livros por parte da igreja.

43 Mesmo em Trento, contudo, os padres conciliares não tentaram forçar especificamente os detalhes do uso por parte da igreja para além do período de Jerônimo, pois usaram a Vulgata como a norma para o uso da igreja, condenando "qualquer um que não aceite estes livros inteiros com todas as suas partes, conforme o texto geralmente lido na Igreja Católica e como eles se encontram na antiga Vulgata latina" (DS 1504). Há muitas dificuldades aqui que exigem investigação. (1) No período anterior à Vg, não houve uso consistente por parte da igreja, como vimos. Ironicamente, Jerônimo, o tradutor da Vg, era muito claro em sua preferência pelo mesmo cânone curto que o Concílio de Trento rejeitou em nome da Vg. A Vg foi introduzida no Ocidente sob muitos protestos (inclusive de Agostinho) que afirmavam que a tradução do hebraico feita por Jerônimo era uma inovação contra o uso eclesiástico de tradução da LXX. (2) Da época de Jerônimo em diante, a Vg não é um testemunho perfeito do uso eclesiástico, pois se passaram vários séculos até que a Vg obtivesse aceitação na igreja. E mesmo então, a Vg foi uma norma apenas do eclesiástico *ocidental*. Embora Trento fosse um concílio ecumênico, os padres conciliares eram ocidentais, e talvez tenha sido dada atenção insuficiente ao uso das igrejas orientais. (3) Se o uso por parte da igreja foi a norma para a escolha dos livros do cânone, então vários livros que eram usados na igreja foram omitidos. Por exemplo, 1 Esdras foi mais usado pelos padres conciliares do que o Esdras/Neemias canônico, e a liturgia do réquiem citava 2 Esdras. Cópias da Vg frequentemente continham 1 e 2 Esdras e a Oração de Manassés – livros não aceitos pelo Concílio de Trento. Nenhuma dessas dificuldades enfraquece a força vinculante do decreto tridentino (o objeto de fé é o decreto, não a argumentação por trás dele), mas talvez elas ilustrem as dificuldades frequentemente expressas por não católicos.

44 (VII) O cânone no protestantismo. Anteriormente a Bíblia de Wycliffe (de 1382) tinha um cânone do AT de 39 livros (como Jerônimo). Entretanto, no debate sobre o purgatório com J. Maier de Eck (1519), foi Lutero que rompeu com a tradição da igreja e começou uma nova era na discussão sobre o cânone do AT. (Já em 1518, A. Bodenstein de Karlstadt, argumentando contra Eck, colocou a autoridade escriturística acima da autoridade da igreja.). Confrontado com 2Mc 12,46 (Vg) como "prova escriturística" para a doutrina do purgatório, Lutero rejeitou 2 Macabeus como Escritura. Ele negou o direito da igreja de decidir sobre a canonicidade, sustentando que a qualidade inerente do livro bíblico atesta seu *status* canônico e escriturístico. A polêmica endureceu Lutero em sua posição até que ele reconheceu como livros do AT apenas aqueles 39 citados na lista de Jerônimo (→ 12 *acima*). Quando publicou suas Escrituras em alemão, em 1534, ele agrupou Judite, Sabedoria, Tobias, Eclesiástico, Baruc, 1 e 2 Macabeus e trechos de Ester e Daniel como "Apócrifos" (→ 10 *acima*): "Livros que não estão em pé de igualdade com as Sagradas Escrituras e, contudo, são úteis e bons para leitura." Publicando os apócrifos imediatamente após o AT, Lutero influenciou o cânone protestante.

45 Os primeiros reformadores não queriam rejeitar inteiramente os apócrifos, visto que eles tinham estado em uso eclesiástico por mais de um milênio. Como concessão, estes livros foram relegados a um *status* secundário como apêndice ao AT na Bíblia de Zurique de Zwínglio (1529), na Bíblia olivetana calvinista (1534-1535) e nas Bíblias inglesas (Coverdale, 1536; Matthew, 1537; 2ª ed. da *Great Bible*, 1540; a de Bishop de 1568; *KJV*, 1611; → Textos, 68:194-98). Mas havia também uma linha mais dura. Os apócrifos foram excluídos da Bíblia na Confissão Galicana (1559), Confissão Belga (1561), Confissão Anglicana (1563), 2ª Confissão Helvética (1566) e na de Gomaro e Deodato (Sínodo Reformado Holandês em Dort, 1618-1619). A Confissão Puritana afirmou que os apócrifos eram de natureza meramente secular. A Confissão de Westminster (1648) afirmou: "Os livros comumente chamados de apócrifos, não sendo de inspiração divina, não fazem parte do cânone da Escritura; não têm, portanto, autoridade para a igreja de Deus, nem podem ser aprovados ou usados senão como escritos humanos.". O famoso erudito John Lightfoot (1643) falou dos "miseráveis apócrifos".

46 Ainda que uma Bíblia em inglês sem os apócrifos tenha sido publicada em 1629, o costume de imprimir os apócrifos nas Bíblias de língua inglesa continuou até 1825, quando o Comitê de Edimburgo da Sociedade Bíblica Britânica e Estrangeira declarou que os escritos apócrifos não deveriam ser traduzidos e enviados aos pagãos. Em 3 de maio de 1827, a sociedade concordou, e assim, depois disso, as Bíblias protestantes inglesas passaram a ser publicadas sem os apócrifos. Desde o Vaticano II, contudo, têm sido publicadas "Bíblias ecumênicas" contendo os apócrifos (→ 10 *acima*; Textos, 68:201). Agora, de modo muito amplo, a pesquisa e o ensino nos seminários protestantes enfatizam a importância dos livros apócrifos (deuterocanônicos) como chave para o pensamento religioso judaico no período entre os dois Testamentos. Este desenvolvimento foi facilitado pela crescente sutileza quanto à teologia que se encontra nos apócrifos. Por exemplo, com relação ao purgatório (→ 44 *acima*), os protestantes começam a reconhecer que a concepção judaica antiga sobre a vida após a morte era mais complexa do que apenas céu e inferno. Os católicos romanos começam a reconhecer que a doutrina do purgatório da igreja ocidental não era exatamente a mesma que a das diversas concepções judaicas de um estado intermediário.

47 (VIII) O cânone nas igrejas orientais. A igreja bizantina parece ter aceito os livros deuterocanônicos (veja Jugie, *Histoire*) No princípio, a igreja síria aparentemente omitiu 1 e 2 Crônicas e os livros deuterocanônicos. Sob a influência do cristianismo grego, contudo, o uso sírio posterior (a Peshita; → Textos, 68:125) foi harmonizado com a LXX. As igrejas nestorianas, refletindo Teodoro de Mopsuéstia (ca. 350-428), geralmente duvidavam do valor de Ester e usavam o cânone mais curto. Na direção oposta, os coptas deram *status* (não necessariamente canônico) a algumas obras apócrifas, bem como aos livros deuterocanônicos. Uma tendência semelhante se encontra entre os etíopes, cujo cânone do AT de 46 livros inclui *Jubileus*, 1 *Henoc*, 4 *Esdras* e o Pseudojosefo (Josippon).

A Reforma influenciou algumas abordagens canônicas do AT nas igrejas orientais. Em 1627, Zacharios Greganos, um grego que estudara em Wittenberg, rejeitou os livros deuterocanônicos. Embora concepções semelhantes tenham sido sustentadas por alguns outros, os ramos grego e eslavo da igreja bizantina continuaram a defender aqueles livros. O Sínodo de Jerusalém, reunido em Belém em 1672 pelo patriarca Dositheus para repudiar tendências em direção ao calvinismo, decretou especificamente que Tobias, Judite, Eclesiástico, Sabedoria, 1 e 2 Macabeus e os acréscimos a Daniel deviam ser considerados canônicos. Naquela época, os decretos do sínodo tiveram a intenção de representar a ortodoxia oriental como um todo. Dentro da igreja grega, apesar das objeções ocasionais dos teólogos, o cânone mais longo do AT foi aceito, incluindo 2 Esdras e 3 Macabeus. Desde o séc. XIX, contudo, os teólogos ortodoxos russos em geral não aceitam os livros deuterocanônicos. Todavia, uma Bíblia de 1956, publicada em Moscou, os contém. Uma minuta de declaração proposta ao Grande Concílio da Igreja Ortodoxa (*Towards the Great Council* [London, 1972] 3-4) opta pelo cânone mais curto, como o faz a negociação entre os ortodoxos e os católicos antigos (Beckwith, *OT Canon* 14).

O CÂNONE DO NOVO TESTAMENTO

48 (I) Observações gerais. Hoje, os católicos romanos, os ortodoxos e os protestantes aceitam todos o mesmo cânone do NT de 27 livros. É insustentável a teoria de que estes livros foram aceitos desde os primeiros tempos do cristianismo e que dúvidas só surgiram depois; esta teoria está relacionada à ideia, não mais aceita, de que os conteúdos específicos do cânone eram conhecidos na era apostólica. Os primeiros seguidores de Jesus tinham Escrituras que eles consideravam sagradas, mas estas eram escritos que chegaram até eles em virtude de sua herança judaica. Para os primeiros 100 anos de cristianismo (30-130 d.C.) o termo AT é um anacronismo (contudo, veja 2Cor 3,14); a coleção de escritos sagrados de origem judaica só seria designada como "Antiga" depois de haver uma coleção "Nova" da qual ela diferia. (O judaísmo moderno não fala de um AT; visto que os judeus rejeitam o NT, para eles há apenas uma coleção sagrada). Quando os cristãos começaram a escrever suas próprias composições e por quê? Quando elas foram colocadas em pé de igualdade com as antigas Escrituras judaicas? O que determinou quais obras cristãs deviam ser preservadas e aceitas? Quando ocorreu a aceitação? Estas são as perguntas com as quais demos de lidar agora.

49 (A) Motivos que levaram a escrever obras cristãs. O cristianismo, muito mais que o judaísmo, é uma religião com sua origem em uma pessoa. O que Deus faz está centrado em Jesus, de modo que os protocristãos podiam dizer que Deus estava em Cristo Jesus (2Cor 5,19) – os judeus não pensavam em Moisés nestes termos. Para pregar o reino de Deus, que se fizera presente no ministério de Jesus, os apóstolos foram comissionados (para a diferença entre os apóstolos e os Doze, → Pensamento do NT, 81:153-57). Ao contrário de algumas teorias modernas, o NT retrata os apóstolos como o elo vivo entre os crentes cristãos e o Jesus em quem eles criam (→ Protoigreja, 80:15, 19). Consequentemente, nos primeiros tempos em que os cristãos estavam próximos aos apóstolos – tanto geográfica quanto cronologicamente – não havia necessidade premente de escritos cristãos. De fato, não temos provas claras da existência de escritos cristãos importantes do período de 30-50 d.C. Durante esta época, a fé cristã foi comunicada, preservada e fomentada oralmente (Rm 10,14-15). A pregação teve um papel maior no cristianismo do que teve no judaísmo; e, para os primeiros cristãos, o que era "canônico" era o que Pedro (Cefas), Tiago e Paulo pregavam em continuidade com o que Jesus havia proclamado (1Cor 15,11). Provavelmente a distância foi o fator mais influente na mudança da situação, de modo que a escrita se tornou importante.

50 (1) A distância geográfica. Com a decisão tomada em Jerusalém, em 49 d.C., de permitir a aceitação de gentios sem a circuncisão (At 15), o extenso mundo gentílico, já invadido por Paulo, tornou-se um campo missionário aberto. A fundação de comunidades cristãs a grandes distâncias umas das outras e a movimentação contínua dos apóstolos fizeram da comunicação escrita uma necessidade. Uma igreja cujos limites estavam próximos a Jerusalém era coisa do passado, e a instrução apostólica frequentemente tinha que vir de longe. Esta necessidade foi primeiro satisfeita com cartas e epístolas (→ Epístolas do NT, 45:3-5), e as cartas paulinas são os mais antigos escritos cristãos importantes que conhecemos com certeza.

(2) A distância cronológica. A existência de testemunhas oculares de Jesus marcou os primeiros anos do cristianismo; mas, à medida que os apóstolos se dispersaram, e após a morte deles, a preservação da memória dos atos e palavras de Jesus tornou-se um problema. Além disso, necessidades catequéticas

exigiam a organização dos testemunhos orais em unidades compactas. Isto deu origem a coleções pré-Evangelhos, orais e escritas, e os Evangelhos fizeram uma seleção destas coleções como fonte. Mas mesmo os Evangelhos, depois de escritos, não substituíram o testemunho oral, como ouvimos de Pápias, que, no início do séc. II, ainda procurava testemunho oral, embora conhecesse vários Evangelhos, canônicos e não canônicos (Eusébio, *HE* 3.39.4; Garden CityS 9/1. 286). Outras exigências, como a ameaça de heresia, perseguição e a necessidade de reafirmar a fé, produziram escritos cristãos adicionais.

51 (B) Critérios de preservação e aceitação. Depois que havia escritos cristãos, qual fator determinou quais deviam ser preservados e considerados singularmente sagrados? Pois, como veremos, alguns escritos do séc. I não foram preservados, e outras obras antigas que foram preservadas não foram aceitas. Os seguintes fatores foram importantes. (1) A origem apostólica, real ou suposta, foi muito importante, particularmente para a aceitação. A canonicidade de Apocalipse e Hebreus foi discutida precisamente porque havia dúvida se tinham sido escritos por João e Paulo, respectivamente. Hoje percebemos que a origem apostólica deve ser entendida no sentido muito amplo que "autoria" tinha na discussão bíblica (→ 89 *abaixo*). Frequentemente, isto não significa mais do que uma ligação tradicional que um apóstolo teve com uma dada obra. Pelos padrões mais estritos correntes hoje, pode-se questionar legitimamente se qualquer obra do NT vem diretamente de algum dos Doze.

52 (2) A maioria das obras do NT se dirigia a comunidades cristãs em particular, e a história e a importância da comunidade implicada teve muito a ver com a preservação e até mesmo com a aceitação final dessas obras. Aparentemente, nenhuma obra que surgiu diretamente da comunidade palestinense foi preservada, embora algumas das fontes dos Evangelhos e de Atos provavelmente fossem palestinenses. A razão desta perda provavelmente está no rompimento da comunidade cristã palestinense durante a guerra judaico-romana de 66-70. A Síria parece ter tido melhor sorte, pois aparentemente comunidades sírias foram as destinatárias de Mateus, Tiago e Judas. As igrejas da Grécia e da Ásia Menor parecem ter preservado a maior porção do material do NT, *i.e.*, os escritos paulinos, os joaninos e, talvez, os lucanos. A igreja de Roma preservou Marcos, Romanos e, talvez, Hebreus, e os escritos lucanos. Para Ireneu (em ca. 180), que enfrentou as reivindicações gnósticas de origem apostólica para seus escritos, a ligação dos apóstolos com igrejas conhecidas da Ásia Menor, Grécia e, acima de tudo, Roma era um argumento importante em favor do NT canônico (veja Farkasfalvy, *Formation* 146).

53 (3) A conformidade com a regra de fé (→ 7 *acima*) foi um critério de aceitação. As dúvidas acerca do milenarismo provocaram suspeitas sobre o Apocalipse, e um evangelho apócrifo como *Ev. Ped.* foi rejeitado justamente como constituindo um perigo doutrinário (→ 65 *abaixo*). Farmer (*Formation* 35ss.) relaciona a perseguição e o martírio à regra de fé. O fato de que alguns gnósticos questionavam o valor do martírio era enfrentado com um apelo aos Evangelhos, Atos e cartas que realçam a morte de Jesus na cruz e aos sofrimentos de Pedro e Paulo.

54 (4) Até que ponto o acaso teve um papel na preservação? Algumas pessoas sustentariam, a partir de uma teoria da inspiração, que o acaso não podia ter papel algum: Deus não teria inspirado uma obra e depois permitido que ela se perdesse. Mas este argumento pressupõe que cada obra inspirada tinha de ter um valor permanente. Não poderia a tarefa para a qual Deus inspirou uma obra em particular ter sido realizada quando foi recebida? Um bom exemplo pode ser a carta perdida de Paulo que pronunciava julgamento sobre um indivíduo de Corinto (1Cor 5,3). Além disso, o argumento pressupõe que Deus sempre protege as obras que ele motivou contra as vicissitudes humanas – uma pressuposição que não se comprova na história de Israel e da igreja. Consequentemente, muitos pesquisadores que defendem uma teoria da inspiração ainda creem que o acaso exerceu um papel na preservação de obras menos importantes, como Filêmon, embora obras mais importantes tenham sido perdidas (parte da correspondência coríntia, e os *logia* de Jesus em aramaico que Pápias atribui a Mateus). Mesmo entre as obras que foram preservadas houve disputas e lentidão na aceitação universal de algumas obras importantes (Hebreus, Apocalipse, Tiago) – mais que no caso de Filêmon.

55 (II) Composição e coleção das obras do Novo Testamento. Todas as obras finalmente aceitas no NT provavelmente foram escritas antes de 150 d.C. São difíceis de especificar as datas de sua reunião em grupos reconhecidos (veja a tabela *abaixo*). Além disso, quando estas obras foram reconhecidas como sagradas ou escritos inspirados, elas não foram necessariamente colocadas na mesma categoria que as Escrituras do AT. Mesmo quando foi dado este último passo, autores eclesiásticos do séc. II que falavam das obras do NT como "Escrituras" às vezes citavam juntamente com elas (mas menos frequentemente) outros evangelhos e escritos – uma indicação de que não ainda havia se desenvolvido uma percepção de cânone fechado. Deste modo, deve-se distinguir o reconhecimento dos escritos cristãos como obras sagradas, como Escritura, e como canônicos (Keck, "Scripture").

56 (A) O corpus paulino.
(a) *Composição.* A maioria das cartas e epístolas paulinas foram escritas como instruções e encorajamento às igrejas que Paulo mesmo evangelizou (Romanos é uma exceção notável). Os grupos e as datas *tradicionais* (muito comuns nos livros-texto católicos romanos do período pré-Vaticano II) eram estes: no início dos anos 50, foram escritas 1 e 2 Tessalonicenses, e no final dos anos 50 as Grandes Cartas (Gálatas, 1 e 2 Coríntios, Romanos). Às vezes, Filipenses era incluída nelas; às vezes, com as cartas escritas na prisão (Filêmon, Colossenses, Efésios), escritas no início dos anos 60. As Cartas Pastorais (1 e 2 Timóteo, Tito) foram escritas antes da morte de Paulo na metade dos anos 60. Ao todo, 13 cartas ou epístolas trazem o nome de Paulo como autor (uma reivindicação não feita por Hebreus, a qual acabou sendo atribuída a Paulo como a 14ª carta). Numericamente, este *corpus* constitui metade da coleção de 27 livros do Novo Testamento.

Os estudiosos modernos duvidaram que Paulo tenha escrito seis dessas obras, sustentando frequentemente que elas são deuteropaulinas, redigidas por um discípulo de Paulo após sua morte. Os pesquisadores críticos estão quase uniformemente divididos sobre Colossenses, que possui um tom retórico e enfatiza *a* igreja, o que está ausente nas cartas paulinas indisputadas. A maioria sustenta que Efésios é pós-paulina, visto que seu autor parece adaptar os temas de Colossenses e de outras epístolas. A grande maioria dos eruditos considera as Cartas Pastorais como pós-paulinas, sendo que alguns deles as situam na metade do séc. II e as distanciam do discipulado paulino imediato. Não é realmente decisivo que as Pastorais foram escritas a indivíduos e não a igrejas, como as mencionadas nas outras cartas paulinas (mesmo Filêmon é para uma igreja doméstica), pois Timóteo e Tito são tratados como exercendo autoridade sobre igrejas. Mais importante é a fascinação das Pastorais com uma emergente ordem eclesiástica de bispos e diáconos, o que está além das circunstâncias de vida de Paulo (→ Protoigreja, 80:27). Talvez uma maioria ainda esteja a favor da escrita paulina de 2 Tessalonicenses, ainda que sua referência a "minhas cartas" (3,17) não se ajuste bem à datação tradicional, que a torna uma das primeiras cartas paulinas. A datação depende da identificação das figuras apocalípticas do cap. 2.

Obras do Novo Testamento: Datas Aproximadas de Composição

Início dos anos 50	Metade/Final dos anos 50	Início dos anos 60	Metade dos anos 60	Anos 70-80	Anos 90	Após o ano 100
1 Tessalonicenses	Gálatas	Filêmon (?)	Marcos	Mateus	João	2 Pedro
2 Tessalonicenses (?)	1 Coríntios	Colossenses (?)	Tito (?)	Lucas	Apocalipse	
	2 Coríntios	Efésios (?)	1 Timóteo (?)	Atos	1 João	
	Romanos		2 Timóteo (?)	Colossenses (?)	2 João	
	Filipenses		1 Pedro (?)	Judas (?)	3 João	
	Filêmon (?)		Tiago (?)	Tiago (?)	Judas (?)	
			Hebreus (?)	Hebreus (?)	2 Tessalonicenses (?)	
				1 Pedro (?)	Efésios (?)	
					Tito (?)	
					1 Timóteo (?)	
					2 Timóteo (?)	

Corpus **paulino**

Primeiras Cartas
- 1 Tessalonicenses — 51
- 2 Tessalonicenses — 51 ou anos 90

Grandes Cartas
- Gálatas — 54-57
- Filipenses — 56-57
- 1 Coríntios — 57
- 2 Coríntios — 57
- Romanos — 58

Cartas escritas na prisão
- Filêmon — 56-57 ou 61-63
- Colossenses — 61-63 ou 70-80
- Efésios — 61-63 ou 90-100

Cartas Pastorais
- Tito — 65 ou 95-100
- 1 Timóteo — 65 ou 95-100
- 2 Timóteo — 66-67 ou 95-100

Evangelhos

- Marcos — 65-70
- Mateus — anos 70-80
- Lucas — anos 70-80
- João — anos 90

Epístolas Católicas

- 1 Pedro — 64 ou anos 70-80
- Tiago — 62 ou anos 70-80
- Judas — anos 70-90
- 1 João — anos 90
- 2 João — anos 90
- 3 João — anos 90
- 2 Pedro — 100-150

Outros escritos

- Atos — anos 70-80
- Hebreus — anos 60 ou anos 70-80
- Apocalipse — anos 90

(?) Data incerta. Este quadro não tenta incluir as datas propostas minoritariamente. Exceto os primeiros escritos paulinos, uma aproximação de uma década governa a maioria das datações, *p.ex.*, Mateus e Lucas poderiam ter sido escritos nos anos 90.

57 (b) *Coleção*. Existem muitas dificuldades acerca da formação da coleção paulina. As cartas foram escritas para lidar com problemas específicos em igrejas específicas. Apenas Romanos e Efésios exibem conscientemente um escopo maior. Uma tendência posterior de reduzir o caráter particular e local das cartas de Paulo, a fim de torná-las aplicáveis a um contexto eclesiástico mais amplo aparece na omissão de "em Roma" (Rm 1,7), do cap. 16 de Rm, o qual está repleto de nomes, e da destinação geográfica em Ef 1,1. Isto significa que, mesmo na Antiguidade, havia um mal-estar quanto à aceitação de tais documentos temporais para todas as épocas. Em Cl 4,16, Paulo recomenda a troca e circulação de suas cartas entre igrejas vizinhas; mas o que instigou uma circulação mais ampla, de modo que perto do fim do séc. I as cartas paulinas eram lidas em igrejas muito distantes das destinatárias originais? Por um lado, Paulo falava como apóstolo com uma ênfase apocalíptica e escatológica (→ Teologia Paulina, 82:45); por outro lado, o próprio Paulo alguma vez teria esperado que sua correspondência fosse lida séculos após sua morte como um guia para a fé cristã universal? Algumas cartas paulinas não escaparam do destino que seu caráter temporal poderia ter acarretado para todas (→ Epístolas do NT, 45:13): houve uma carta aos Laodicenses (Cl 4,16) e provavelmente várias cartas perdidas aos Coríntios (→ Paulo, 79:41). A. von Harnack postulou um processo deliberado de seleção e rejeição ao lidar com as cartas paulinas, mas a preservação de Filêmon, em contraposição a essas perdas, torna isto improvável.

Como então as cartas paulinas foram reunidas? Segundo a teoria de K. Lake, uma comunidade tomava sua carta de Paulo e acrescentava a ela cartas endereçadas a igrejas vizinhas. Este processo teria produzido diversas coleções diferentes de escritos paulinos, e isto é confirmado pela falta de acordo na ordem das cartas que se evidencia em Marcião, no Fragmento Muratoriano, em Tertuliano e Orígenes. Esta teoria, contudo, não explica nem o fato de que uma carta paulina editada é a mesma em várias coleções, nem a existência de escritos póspaulinos. Raramente as igrejas editavam ou redigiam de novo. Outros sugeriram um discípulo individual de Paulo como colecionador e editor. E. J. Goodspeed propôs que, no começo, havia falta de interesse nas cartas paulinas e somente depois de 90 d.C., com a publicação de Atos, a importância da contribuição de Paulo para o cristianismo foi compreendida. Esta compreensão levou a uma tentativa sistemática de reunir seus escritos, alguns dos quais já tinham se perdido. Segundo J. Knox e C. L. Mitton, Onésimo (Fm 10), um discípulo de Paulo, começou a reunir os escritos logo após a morte de Paulo; ele redigiu Efésios como uma introdução a este *corpus*. Esta teoria não explica as outras cartas pós-paulinas nem o fato de Efésios *não* aparecer como a primeira carta nas várias coleções. *GNTI* (1. 255-69) propõe Timóteo como o a pessoa que reuniu o *corpus*, enquanto que H.-M. Schenke pensa na atividade de uma escola paulina (*NTS* 21 [1975-76] 505-18). Uma escola de discípulos que deu continuidade à obra de Paulo poderia explicar a edição de fragmentos preservados da correspondência de Paulo, bem como a composição de várias cartas pós-paulinas. W. Schmithals (*Paul and the Gnostics* [Nash, 1972] 239-74) propôs que havia um tema antignóstico nesta coleção; mas outros temas também estariam presentes, *p.ex.*, a necessidade de estruturar pastoralmente as igrejas paulinas. É também possível que a atividade de uma escola de discípulos durante um certo período explique a existência de coleções paulinas que diferiam em número e ordem.

58 Quando as cartas de Paulo foram reunidas em uma coleção? 2Pd 3,15 indica que um grupo de cartas paulinas era lido no mesmo nível das "outras Escrituras"; mas notoriamente é difícil datar 2 Pedro. Goodspeed insiste que a reunião ocorreu logo após a escrita de Atos; pois, se o autor de Atos conhecesse os escritos paulinos, ele os citaria. Mas Knox (em *StLA* 279-87) sustenta que Atos foi escrito em cerca de 125 contra um mau uso marcionita do *corpus* de escritos paulinos já existente. Há referências a cartas de Paulo em autores antigos como Clemente de Roma (96) e Inácio (110); mas D. K. Rensberger ("As the Apostle Teaches" [diss. Ph. D.; Yale, 1981]) sustenta que estes autores conheciam apenas duas cartas cada um. Na metade do séc. II há indícios claros de uma coleção maior (Policarpo conhecia pelo menos 8; Marcião, 10). As Pastorais foram rejeitadas por Marcião ou eram desconhecidas dele e aparentemente estavam ausentes do P^{46} (de ca. 200; → Textos, 68:179). O Fragmento Muratoriano (→ 84 *abaixo*), presumivelmente representando a aceitação romana em cerca de 200, sabia de 13 cartas paulinas. Hebreus como a 14ª era usada no Oriente. Veja A. Lindemann, *Paulus im ältesten Christentum* (BHT 58; Tübingen, 1978).

59 Apareceram outras epístolas que traziam o nome de Paulo. O Fragmento Muratoriano rejeita a *Epístola aos Laodicenses* e a *Epístola aos Alexandrinos*, que exibem tendências pró-marcionitas. Uma *Epístola aos Laodicenses* diferente foi objeto de ataque no séc. IV. Ela está preservada no Códice Fuldense, um ms. do NT da Vg concluído em 546; na Idade Média, esta epístola continuou a aparecer nas Bíblias latinas e era aceita como genuína por alguns autores latinos. Nos *Atos de Paulo* (de ca. 150-180) encontramos uma *Terceira Epístola aos Coríntios*, a qual era aceita no séc. IV na Síria e, mais tarde, na igreja armênia. Uma cópia em grego desta correspondência apócrifa coríntia, do séc. III, aparece no papiro Bodmer X. Indicações de correspondência não preservada feitas pelo próprio Paulo sugeriram algumas das epístolas pseudopaulinas (1Cor 5,9; 2Cor 2,4; 10,10; Cl 4,16).

60 (B) Os Evangelhos.
(a) *Composição*. Paulo demonstra um conhecimento de instruções do Senhor que têm mais autoridade que as suas (1Cor 7,10.12) e de alguns detalhes da trajetória de Jesus (11,23-26; 15,3-5). Se as palavras e ações de Jesus foram registradas por escrito um pouco depois das cartas de Paulo, isto não é reflexo de sua Antiguidade nem do que era mais sagrado para os protocristãos. As palavras de Jesus podiam ser mais autoritativas que as Escrituras judaicas (Mt 5,21-48). Quanto às cartas cristãs, problemas imediatos da comunidade tinham de ser respondidos pelo apóstolo; não havia necessidade semelhante de registrar por escrito as palavras do Senhor, que, ele mesmo, não se comunicou por escrito. De fato, mesmo após as palavras e ações de Jesus serem registradas por escrito, houve um respeito contínuo pela tradição oral acerca dele (→ 50 *acima*).

Na opinião de pesquisadores, a tradição escrita sobre Jesus antedata os Evangelhos canônicos, *p.ex.*, "Q", proto-Marcos, fontes pré-joaninas – plausivelmente atribuídas aos anos 50 (*dez anos a mais ou a menos – uma restrição que orienta a datação temporal da tradição pré-evangélica e a dos Evangelhos*). Além disso, a coleção dos ditos do Senhor atribuída por Pápias a Mateus foi considerada pré-marcana por Ireneu (Eusébio, *HE* 3.39.16; 5.8.2). Lucas 1,1 afirma que muitos outros já tinham compilado uma narrativa das coisas realizadas por Jesus. Estas fontes pré-evangélicas escritas, agora perdidas, mas às vezes reconstruídas pelos pesquisadores, já devem ter representado um desenvolvimento considerável em relação às *ipsissima verba et facta* de Jesus [palavras e ações do próprio Jesus]. Quão fiel é a linha de desenvolvimento que se estendeu de Jesus via os escritos pré-evangélicos até os Evangelhos canônicos? (Para critérios históricos, → Jesus, 78:7; para o ensinamento da igreja, → Pronunciamentos da Igreja, 72:35.)

61 Os Evangelhos canônicos foram escritos no período entre 65-100. Muito provavelmente Marcos (→ Problema sinótico, 40:6-12) foi o mais antigo, tendo sido escrito entre 65 e 75. Nele a tradição pré-evangélica escrita foi sistematizada em termos cronológicos e teológicos. O material a ser narrado foi encaixado numa sequência simplificada do ministério público de Jesus (batismo, ministério na Galileia, ministério fora da Galileia, viagem para Jerusalém, paixão, morte e ressurreição), sendo que o evangelista coloca os incidentes onde eles parecem encaixar-se *logicamente* – não necessariamente com base numa cronologia histórica correta. A escolha do material a ser incorporado e a orientação dada a ele foram determinadas pela perspectiva teológica do evangelista e pelas necessidades da comunidade para a qual Marcos foi escrito.

No período entre 75-90, um cristão desconhecido escreveu o Evangelho que chegou até nós como o Evangelho segundo Mateus (algumas pessoas sugeriram que a explicação do nome está no fato de o evangelista ter sido um discípulo de Mateus ou ter se valido de uma coleção anterior de ditos feita por Mateus). No período entre 80-

95, um outro autor (identificado mais tarde, correta ou incorretamente, como Lucas, um companheiro de Paulo) empreendeu um projeto esmerado que levou à produção não apenas de um Evangelho que tinha pretensões históricas mais formais, mas também de uma história da origem e expansão do cristianismo no período pós-ressurreição (Atos). A orientação teológica é mais clara em Mateus e Lucas que em Marcos, justamente por causa das mudanças que estes evangelistas fizeram ao usar Marcos (para a crítica da redação, → Hermenêutica, 71:28). O desenvolvimento da tradição pré-joanina provavelmente durou várias décadas, e o Evangelho segundo João foi escrito numa forma substancial em cerca de 90. (Uma redação final de João pode ter ocorrido uns dez ou 15 anos mais tarde, depois de 1-2-3 João.). Permanece um ponto disputado entre os pesquisadores por que o nome de João foi associado a este Evangelho: poucos identificam o escritor como o filho de Zebedeu ou identificam o discípulo amado (a fonte da tradição joanina) como um dos Doze. Embora João preserve algumas reminiscências históricas acerca de Jesus (perdidas ou simplificadas demais nos Evangelhos mais antigos), ele repensou e reescreveu profundamente a tradição sobre Jesus. Grande parte da perspectiva peculiarmente joanina pode ser explicada em termos da história singular da comunidade que preservou esta tradição (→ Teologia joanina, 83:9-17).

62 (b) *Coleção*. Na perspectiva mais antiga, havia apenas um evangelho (2Cor 11,4; → Teologia paulina, 82:31), e isto é implicitamente reconhecido na introdução de Marcos: "Princípio do Evangelho de Jesus Cristo, Filho de Deus" (1,1). Quando um outro Evangelho foi escrito, presumivelmente ele se tornou *o* Evangelho para a comunidade à qual se destinava. Não há indicação de que qualquer um dos quatro evangelistas esperasse que seu público lesse um outro Evangelho além do escrito por ele, e provavelmente esta é a razão por que Mateus e Lucas incorporaram Marcos em vez de escreverem suplementos. Assim, um Evangelho escrito individual era considerado a variação local do único evangelho básico (como se reflete no título "O Evangelho segundo..."); o uso do plural "Evangelhos" aparentemente pertence ao período pós 125, *p.ex.*, Justino, *Apol.* 1. 66-67. A percepção de um único evangelho provavelmente explica a tentativa de Taciano, em ca. 170, de harmonizar os quatro Evangelhos em um só em sua *Diatessaron* (→ Textos, 68:122), a qual substituiu os quatro Evangelhos no uso da igreja síria por algum tempo. A igreja como um todo, contudo, tomou um outro rumo, extraordinário, de finalmente incluir quatro Evangelhos diferentes em sua seleção da Escritura, nada fazendo para harmonizar suas diferenças. (Veja R. Morgan, *Int* 33 [1979] 376-88.). Por quê?

63 Esta pergunta está intimamente relacionada com o problema da não aceitação final de outros evangelhos como canônicos (→ 64 *abaixo*). Encontramos, na metade do séc. II, uma pista para a seleção daqueles que foram aceitos, *i.e.*, a identidade ou associação apostólica de seus autores (Justino, *Dial.* 103.7: "as Memórias de que falo foram compostas por seus apóstolos e por aqueles que os seguiram"; → 49, 51 *acima*). Mas este foi um reconhecimento crescente – aparentemente Taciano não foi considerado tão audacioso em seu projeto de criar um evangelho harmonizado não composto por um apóstolo. Além disso, em cerca de 125, Pápias, embora conhecesse os Evangelhos apostólicos escritos, ainda desejava aperfeiçoá-los com material oral de testemunhas oculares. Finalmente, contudo, a aura apostólica venceu, e a igreja ficou orgulhosa de ter dois Evangelhos (Mateus e João) originados dos Doze, além de Marcos relacionado a Pedro e de Lucas relacionado a Paulo. A importância das comunidades com as quais estes Evangelhos estavam associados também pode ter contribuído em sua sobrevivência (→ 52 *acima*): Mateus provavelmente foi endereçado a uma comunidade síria na região de Antioquia; pensava-se que Marcos foi escrito em Roma e preservado em Alexandria; Lucas era relacionado de modo variado com Antioquia, Grécia ou Roma; pensava-se que João foi composto em Éfeso. Por causa das nítidas diferenças de João em relação aos sinóticos e por causa do uso deste Evangelho no início do séc. II pelos gnósticos, João teve considerável dificuldade em ser aceito; e ainda havia oposição a ele em Roma em 200 (Epifânio, *Panarion* 51 [Garden CityS 31. 248ss.]). Mas, progressivamente, no último quarto do séc. II, a ideia de quatro, e então de apenas quatro, se impôs (→ 65 *abaixo*).

64 Uma consequência de se reconhecer este desenvolvimento gradual é o reconhecimento de que, juntamente com Marcos, Mateus, Lucas e João, material *oral* sobre Jesus sobreviveu do séc. I até o séc. II. (Apesar de reivindicações extravagantes, não foi demonstrado que qualquer material não canônico *escrito* ainda existente sobre Jesus data do séc. I; antes, esta tradição oral antiga foi registrada por escrito no séc. II e mais tarde.). Uma narrativa antiga sobre Jesus, o relato a respeito da adúltera, foi preservada ao ser finalmente inserida em João (7,53-8,11), talvez 100 anos depois que o Evangelho foi composto (e em alguns mss. de Lucas após 21,38). Alguns ditos autênticos de Jesus sobreviveram na forma de citações patrísticas; para estas "agrapha", veja J. Jeremias, *Unknown Sayings of Jesus* (London, 1957) [*Palavras desconhecidas de Jesus*, Editora Academia Cristã, São Paulo, 2007]. Mas a fonte mais importante para o material extracanônico antigo sobre Jesus está nos evangelhos apócrifos. Alguns ditos autênticos de Jesus provavelmente estão preservados no *Ev. Tomé* (→ Apócrifos, 67:67), bem como algumas formas de parábolas menos desenvolvidas que se encontram de modo mais esmerado nos Evangelhos canônicos. (J. D. Crossan [*Sayings Parallels* (Philadelphia, 1986)] compara material canônico e apócrifo.). Mas deve-se exercer extrema cautela ao distinguir o que poderia ser proveniente de Jesus ou da primeira proclamação de Jesus nos (relativamente poucos) escritos apócrifos que plausivelmente contém material antigo. Os apócrifos são muito mais úteis para conhecer os desdobramentos acontecidos na teologia, eclesiologia e piedade popular no séc. II. Afirmações nos meios de comunicação sobre um novo Jesus, ou um novo cristianismo, baseadas em descobertas feitas nos apócrifos, necessitam ser tratadas com ceticismo; exemplos passados de propostas como estas não conseguiram obter aceitação por parte da maioria dos especialistas.

65 Se uma quantidade, ainda que limitada, de material antigo sobre Jesus sobreviveu em alguns apócrifos, por que esse material foi finalmente rejeitado no cânone? Depreende-se da história de Serapião, bispo de Antioquia em cerca de 190, que a reivindicação de origem apostólica não era o fator decisivo (Eusébio, *HE* 6.12.2; → Apócrifos, 67:72). Ele descobriu que em Rosos pessoas liam um *EvPed.*; porém, meditando sobre o fato de que os docetistas interpretavam este evangelho de modo a apoiar sua teologia, Serapião proibiu qualquer uso dele na igreja. Esta história ilustra duas coisas: (1) A leitura pública dos Evangelhos na igreja equivalia a uma espécie de reconhecimento canônico, e esta leitura era determinada pelas autoridades da igreja. (2) A origem ou o uso herético dos escritos produzia suspeita, independentemente do nome do apóstolo que estivesse associado a estas obras. De fato, a posição do arqui-herege Marcião (em ca. 150) de aceitar apenas uma forma de Lucas (sem os caps. 1-2), ainda que refletisse o costume muito antigo de se ter apenas um evangelho, pode ter sido um dos fatores que levaram os bispos e teólogos ortodoxos antimarcionitas a optarem pela pluralidade dos Evangelhos. (As pessoas que sustentam que estes personagens eclesiásticos não tinham o direito de determinar o que era ortodoxo e quais escritos deveriam ser aceitos estão de fato questionando a função da igreja no cristianismo, e para isto o pro-

blema do cânone tem sido um teste clássico. A objeção de que os bispos não representam a igreja às vezes se origina de uma tese muito simplificada de que o cristianismo era, segundo a intenção de Jesus, igualitário e que o desenvolvimento da autoridade, supervisora da fé e do comportamento, foi um jogo de poder político; → Protoigreja, 80:19-20). De qualquer modo, a partir de cerca de 200, a aceitação de quatro – e apenas quatro – Evangelhos estava assegurada nas igrejas grega e ocidental. Irineu (*Adv. Haer.* 3.11.8) sustentou que podia haver apenas quatro, e, como o expressou Orígenes (Eusébio, *HE* 6.25.4), esses Evangelhos "são os únicos inegavelmente autênticos na igreja de Deus sobre a terra". A crescente concordância entre as igrejas oriental grega e a ocidental sobre o cânone da Escritura, em cerca de 200 (não apenas o que foi exposto acima, mas o que será exposto *abaixo* [→ 81]), originou-se do crescente contato por meio de viagens: *p.ex.*, Orígenes foi a Roma; Irineu veio do Oriente. (Veja Farmer, *Formation* 21.). A igreja síria preferiu usar o *Diatessaron* nos sécs. III e IV, adotando os quatro evangelhos apenas no séc. V.

Até aqui, lidamos com as cartas paulinas e os Evangelhos – dois conjuntos separados da literatura protocristã. O pensamento de que os dois tipos de literatura se originavam do testemunho apostólico talvez seja um dos fatores que causaram sua junção. O primeiro exemplo desta junção aparece em Marcião, que aceitava 10 epístolas paulinas e uma forma de Lucas, utilizando este *Apostolikon* e *Euangelion* para apoiar sua tese de que as Escrituras hebraicas deviam ser rejeitadas. Entre 150 e 200, a "Grande Igreja" reagiu a isto ao insistir de modo crescente em uma coleção mais ampla de obras apostólicas (pelo menos 13 epístolas paulinas) e quatro Evangelhos, que ela colocou em continuidade com as Escrituras procedentes do judaísmo.

66 (C) Outras obras. Temos menos informações ainda sobre a reunião das obras restantes que se tornaram parte do NT. Esta falta de informações representa uma dificuldade semelhante à apresentada pelo terceiro grupo das obras do AT – os Escritos – para a questão do cânone do AT.

(a) *Atos*. A concepção tradicional é que foi Lucas, um companheiro de Paulo, que compôs Lucas e Atos na mesma época, em ca. 63, quando o relato de Atos chega ao fim. Ainda se mantém no âmbito da investigação a autoria comum de ambas as obras, mas agora Lucas-Atos é geralmente datado nos anos 80 ou inclusive depois. As discrepâncias entre o relato sobre Paulo em Atos e os dados das cartas paulinas levaram muitas pessoas a questionarem se o autor realmente foi companheiro de Paulo (→ Paulo, 79:6-13). Lucas e Atos não foram preservados como uma unidade. Marcião aceitava apenas Lucas, e é interessante que Atos só passou a ter uso frequente após a heresia de Marcião. Ao dar proeminência aos Doze, ao apresentá-los como o padrão de apostolado e ao demonstrar uma continuidade deles até Paulo, Atos compensou de maneira eficaz a ênfase unilateral de Marcião em Paulo. (Relativamente poucos aceitam a teoria de J. Knox de que Atos foi escrito muito depois de Lucas [em ca. 125], para combater o abuso protomarcionita das cartas paulinas e de Lucas.). Há provas de que Atos foi aceito como canônico em alguns círculos a partir do ano 200. Manuscritos (P^{45} e Códice Beza; → Textos, 68:179, 157) apontam para uma associação antiga de Atos com os quatro Evangelhos – uma associação cujo efeito foi colocar uma história das obras dos seguidores de Jesus no mesmo nível dos relatos sobre o próprio Jesus, enfatizando implicitamente, deste modo, o papel da igreja na continuação do papel de Cristo. Por outro lado, a utilidade de Atos como acompanhante das cartas paulinas no que poderia ser chamado de *Apostolikon* ortodoxo favoreceu sua canonização.

Estavam também em circulação atos apócrifos de apóstolos avulsos (→ Apócrifos, 67:54). Alguns deles eram relatos altamente românticos da trajetória de apóstolos como João, André e Tomé; alguns possuíam elementos gnósticos. Tertuliano (*De baptismo* 17; *CSEL* 20 215) fala de como, em um período anterior a 190, o sacerdote que produziu os *Atos de Paulo* foi preso e punido. A lista latina (de ca. 300), no Códice Claromontano, incluía os *Atos de Paulo*, mas aparentemente os coloca em posição questionável juntamente com *Herm.* e *Barn.* Eusébio (*HE* 3.25.4) os lista como espúrio.

67 (b) *Apocalipse*. A designação grega desta obra, *Apokalypsis*, deu nome a um gênero literário que era familiar aos primeiros cristãos como parte de sua herança judaica (→ AT Apocalíptica, 19). Dois apocalipses judaicos, escritos por volta da mesma época que o Apocalipse (final do séc. I d.C.), 2 *Apoc. Bar.* e 4 Esdras, eram pseudônimos, usando nomes de homens famosos que viveram séculos antes. Mas não há razão para se pensar que Ap 1,4.9 não deva ser entendido literalmente ao descrever o autor como um profeta cristão, de outro modo desconhecido, chamado João. (Um período posterior o identificou por demais simplesmente como João, filho de Zebedeu – que, por sua vez, foi identificado simplesmente como o autor de um Evangelho e três epístolas.). Além dos elementos claramente apocalípticos do livro, há um forte acento profético, uma característica que não se encontra nos apocalipses judaicos, *i.e.*, nas cartas introdutórias que admoestam as sete igrejas da Ásia Menor. Esta característica pode indicar que os cristãos já estavam acostumados a escritos epistolares. As cartas levaram algumas pessoas a relacionar o Apocalipse ao *corpus* paulino, mas também há semelhanças com o Evangelho de João, e a obra pode ter tido ligações *remotas* com a tradição joanina.

O primeiro indício do uso cristão do Apocalipse encontra-se no *Dial*. 81.4 de Justino, na metade do séc. II. No Ocidente, por volta do final deste século, ele era aceito pelo Fragmento Muratoriano, Ireneu e Tertuliano, sendo (junto com o Evangelho de João) apenas atacado pelos alogianos (em ca. 200?) por razões teológicas. No Oriente, diz-se que Melito de Sardes (em 170-190) escreveu um comentário sobre ele (Eusébio, *HE* 4.26.2) e Orígenes o endossou. Contudo, Dionísio de Alexandria (em ca. 250) sustentou de modo perceptivo que o autor de João (que ele considerava ser o filho de Zebedeu) não escreveu o Apocalipse. A preocupação de Dionísio com o uso do Apocalipse pelos heréticos quiliastas (milenaristas) resultou no enfraquecimento de sua aceitação como livro bíblico na igreja grega. Eusébio (*HE* 3.25.2-4) hesitou em listar o Apocalipse como genuíno ou espúrio. Ele não foi incluído na lista de Cirilo de Jerusalém (em 350) ou no Cânone 59/60 de Laodiceia (→ 11 *acima*) ou na lista de Gregório de Nazianzo, que foi aceita pelo Trulo II (em 692; → 12 *acima*). O Apocalipse não foi aceito na igreja síria. Lutero mostrou hesitação acerca do milenarismo do Apocalipse (→ 86 *abaixo*).

68 Também havia apocalipses apócrifos (→ Apócrifos, 67:55). O mais importante deles foi o *Apoc. Ped.*, que o Fragmento Muratoriano mencionou com uma nota de que algumas pessoas não desejavam lê-lo na igreja. Escrito em cerca de 125-150, parece que foi aceito como canônico por Clemente de Alexandria (Eusébio, *HE* 6.14.1). A lista latina (de ca. 300) do Códice Claromontano o listou por último em contexto questionável, e em cerca de 325 Eusébio (*HE* 3.25.4) o colocou entre os livros espúrios, afirmando (3.3.2) que nem nos tempos antigos nem em seu tempo qualquer autor ortodoxo fazia uso dele. Jerônimo também o rejeitou, mas no séc. V ele ainda era usado na liturgia da Sexta-Feira da Paixão na Palestina.

69 (c) *Hebreus*. Embora um respeitável número de estudiosos date esta obra no final dos anos 60, em virtude de não haver menção à destruição do Templo de Jerusalém, a maioria opta pelos anos 70-80. Provavelmente o autor foi um cristão judeu formado no estilo oratório grego semelhante ao de Alexandria. Suas opiniões sobre a total substituição do culto judaico pelo sacrifício de Jesus na cruz encontravam-se na extremidade radical do espectro das relações judaico-cristãs, próxima das concepções de João (→ Protoigreja, 80:17). Hebreus tem pouco do formato de carta, exceto na saudação final, mas a menção a Timóteo (companheiro de Paulo) e o grande número de cartas paulinas canônicas influenciaram o modo pelo qual Hebreus foi categorizado. Provavelmente a obra foi enviada para a Itália, talvez Roma (Hb 13,24), e o conhecimento mais antigo sobre ela encontra-se em documentos da igreja romana (implícito em *1 Clem.* e *Herm.*). A percepção em Roma de que Hebreus não era de Paulo (associada à sua severa recusa de perdão para pecados graves cometidos após a iluminação batismal [6,4]) explica por que não foi listado como Escritura nas listas ocidentais (Fragmento Muratoriano; Códice Claromontano [de ca. 300]; Cânone Africano de 360). No Oriente, contudo, a lista de Orígenes mencionava Hebreus, embora duvidando que fosse do punho do próprio Paulo (Eusébio, *HE* 6.25.11-14). Uma ampla aceitação de Hebreus no Oriente foi atestada por Eusébio (*HE* 3.3.5, embora ele soubesse que a igreja romana negava que fosse de Paulo) e pelos cânones de Cirilo de Jerusalém (em 350), Atanásio (em 367) e Gregório de Nazianzo (em 400). Deste modo, Hebreus teve um destino oposto ao do Apocalipse (que era aceito no Ocidente e rejeitado no Oriente). A aceitação de Hebreus no Ocidente, no final do séc. IV, ocorreu por meio dos esforços de Hilário, Jerônimo e Agostinho, que eram influenciados pelas ideias orientais. Ele aparece nas listas dos concílios de Hipona e Cartago, do norte da África; foi também aceito pela igreja síria.

Nos tempos modernos, quando o problema da autoria foi dissociado do da canonicidade (→ 87-89 *abaixo*), a diferença nítida entre o estilo de Hebreus e o de Paulo convenceu quase todos que Paulo não é o autor. O decreto da PCB, em 1914 (→ Pronunciamentos da Igreja, 72:28v), que defende a paulinidade de Hebreus ao enfatizar que Paulo usou um escriba para escrevê-lo, é agora seguido por muito poucos católicos romanos. Quando muito, o autor pode ter tido alguma familiaridade com um pensamento como o de Paulo (→ Hebreus, 60:2-3).

70 (d) *Epístolas Católicas*. Esta designação, que significa universal ou geral, foi dada a sete obras (Tiago, 1 e 2 Pedro, 1, 2 e 3 João, Judas) já em 300 d.C. (Eusébio, *HE* 2.23.25), embora o termo aparentemente já fosse aplicado a 1 João em 200 (*HE* 5.18.5). No Oriente, a designação era geralmente entendida como descrição dos receptores: estas obras não eram endereçadas a uma comunidade em particular, como ocorria com as epístolas paulinas, mas enciclicamente a grupos maiores e dispersos ou até mesmo aos cristãos em geral (à igreja católica). No Ocidente, aparece uma outra interpretação pela qual "universal, católica" se referia à aceitação geral dessas obras; daí uma outra designação: "Epístolas Canônicas" (Junilius, PL 68, 19C). Nenhuma explicação satisfaz: 1 Pedro e 2 e 3 João estão endereçadas a grupos em particular; estas obras não foram aceitas universalmente; e 1 João não tem características de uma carta ou epístola. Quanto aos nomes individuais, é duvidoso que alguma delas tenha sido escrita pelo personagem a quem é atribuída, com a possível exceção de 1 Pedro.

71 (i) *Composição. 1 Pedro*: Uma respeitável minoria de especialistas atribui a composição a Pedro (por meio do escriba Silvano: 5,12) em cerca de 65, mas a maioria opta pelos anos 80. Uma veneração, tanto de Pedro quanto de Paulo, que morreram em Roma nos anos 60, poderia explicar por que a igreja romana escreveria, em nome de Pedro, uma carta com afinidades à teologia de Paulo. O endereçamento a cristãos do norte da Ásia Menor pode significar que Roma estava tomando sobre si a responsabilidade pelas áreas evangelizadas pela missão judaica enviada de Jerusalém, agora que a Igreja-mãe se encontrava espalhada por causa da revolta judaica contra Roma no final dos anos 60 (R. E. Brown, *Antioch and Rome* [New York, 1983] 128-39).

O apelo a uma dignidade e santidade dadas aos cristãos mediante o batismo (basicamente na linguagem do AT) pode ter pretendido tranquilizar os gentios separados de seus concidadãos pagãos mediante a conversão a esta seita nova e desprezada (J. H. Elliott, *Um lar para quem não tem casa*, Editora Academia Cristã/Paulus, 2011.

72 *2 Pedro*. O uso de uma linguagem teológica abstrata e a referência a todas as cartas de Paulo em 2Pd 3,16 levaram a maioria dos pesquisadores a pensar que esta obra foi escrita relativamente tarde e bem depois do período de vida de Pedro. Comumente propõe-se uma data entre 100 e 150 (o que faz desta a última obra do NT), dependendo de qual adversário se pensa que o autor teve em mente (gnósticos, Marcião?). O conhecimento de 1 Pedro pode significar composição em Roma, o que estaria em harmonia com o apelo desta carta a Pedro como a autoridade maior, mas numa relação fraternal com Paulo (3,15). O uso implícito de Judas (escrita pelo "irmão de Tiago", Jd 1) pode refletir o caráter de ponte atribuído a Pedro no final do séc. I e no séc. II, reconciliando tradições relacionadas a Paulo e a Tiago (→ Protoigreja, 80:26).

73 *Cartas joaninas*. Estas epístolas foram compostas dentro da mesma tradição de João, mas aparentemente mais tarde (90-100) e não pelo próprio evangelista. Em 1 e 2 João, a luta não é mais contra "os judeus", mas contra cristãos anteriormente joaninos que abandonaram a comunidade. O autor se opõe à sua cristologia excessivamente "elevada", na qual a trajetória humana de Jesus tem pouca importância e tudo que importa é a descida do Filho divino ao mundo. Semelhantemente, os separatistas parecem ter atribuído pouco valor moral à vida vivida após o recebimento da vida divina pela fé. Provavelmente estas concepções separatistas eram derivadas de uma (má) interpretação de João; e 1 João responde insistindo numa cristologia e numa ética que foram sustentadas "desde o princípio", aparentemente antes que João fosse escrito – uma cristologia e uma ética que insistem na importância da "carne", *i.e.*, da vida no mundo. Em 3 João, para desgosto do autor, que reflete a falta de interesse joanina na estrutura de autoridade, surgiu um supervisor chamado Diótrefes numa igreja joanina local. Esta carta talvez reflita a complicada aceitação da estrutura da "igreja católica" por parte do cristianismo joanino.

74 *Tiago*. O importante "irmão do Senhor" foi martirizado em Jerusalém em cerca de 62, mas a maioria dos estudiosos não o têm como o autor (veja Jerônimo, *De viris Illust.* 2; PL 23. 609). A invocação de seu nome, o endereçamento "às doze tribos da Dispersão", os paralelos com a tradição mateana e o uso competente do grego sugerem uma situação judaico-cristã na região siro-palestinense onde Tiago fora influente (veja At 15,23). Há nela uma correção de slogans paulinos sobre fé e obras que parece ter sido citados sem compartilhar o entendimento paulino de fé; todavia, não há hostilidade pessoal explícita a Paulo, como a que se encontra no cristianismo judaico do séc. II. Frequentemente sugere-se uma data nos anos 80. O formato é semelhante ao de uma diatribe estoica.

75 *Judas*. Marcos 6,3 apresenta Tiago e Judas entre os "irmãos" de Jesus, mas nesta carta Judas se identifica como "irmão de Tiago", não de Jesus. Poucos têm Judas como o verdadeiro autor, mas claramente esta obra foi escrita numa região onde o nome de Tiago tinha influência. A polêmica contra certas pessoas ímpias que foram admitidas à fé é forte e vívida, mas é tão genérica que nem estes adversários nem a data do escrito podem ser identificados. As referências a *1 Henoc* e a *As.Mo.* refletem uma época em que os limites do cânone judaico ainda não estavam nitidamente estabelecidos.

76 (ii) *Aceitação*. Apesar da referência de Eusébio às "sete [epístolas] chamadas católicas" (→ 70 *acima*), ele mesmo não estava seguro da canonicidade de todas. A aceitação geral das sete nas igrejas grega e latina só veio no final do séc. IV. Antes disto, 1 Pedro e 1 João foram as primeiras a ter aceitação geral. Parece que ambas eram conhecidas por Pápias (Eusébio, *HE* 3.39.17) e por Policarpo. O Fragmento Muratoriano listava "duas [epístolas] com o título de 'João'"; sua omissão de 1 Pedro pode provir da má preservação do texto muratoriano. Orígenes aceitava 1 Pedro e uma breve epístola de João (1 João?). 1 Pedro e 1 João aparecem em todas as listas subsequentes. Juntamente com Tiago, elas constituem as três epístolas aceitas pela igreja síria no séc. V.

77 Tiago era conhecida na época de Orígenes, mas não sabemos quando ela começou a ter *status* canônico. Ela está ausente do Fragmento Muratoriano, é listada como contestada por Eusébio, está incluída na lista do Códice Claromontano, mas está ausente no Cânone Africano de 360. No final dos anos 300, ela obteve aceitação no Ocidente por meio de Agostinho, Jerônimo e dos concílios de Hipona e Cartago. Na igreja grega do mesmo período, ela se encontra listada nos cânones de Cirilo de Jerusalém, Atanásio e Gregório de Nazianzo.

78 Curiosamente, os indícios a favor do conhecimento antigo de Judas são melhores do que os de Tiago. Judas era conhecida pelo autor de 2 Pedro (implicitamente), por Policarpo (aparentemente), por Clemente de Alexandria e pelo Fragmento Muratoriano. Contudo, Orígenes estava cônscio de que havia dúvidas sobre esta carta, e Eusébio a colocou entre os livros contestados. Sua aceitação na última parte do séc. V seguiu um padrão semelhante ao de Tiago, mas Judas não recebeu aceitação final pela igreja síria, e uma lista, adotada pelo Trulo II (em 692) indicava incerteza sobre seu *status*.

79 Talvez por causa de seus conteúdos relativamente insignificantes, 2 e 3 João não foram citadas com frequência pelos autores cristãos. Ireneu e o Fragmento Muratoriano conheciam 2 João. De acordo com Eusébio (*HE* 6.25.10), Orígenes conhecia 2 e 3 João, mas também afirma que nem todos as consideravam genuínas. Um século mais tarde, o próprio Eusébio (*HE* 3.24.17) listou 2 e 3 João entre os livros controversos, e uma disputa contínua sobre eles é patente no Cânone Norte-Africano de 360. Elas foram finalmente aceitas nas igrejas grega e latina no final do séc. IV, mas não plenamente na igreja síria.

80 Dentre todas as Epístolas Católicas, 2 Pedro possui o pior histórico de aceitação. Ela nunca foi claramente citada antes de Orígenes, que a considerava duvidosa (Eusébio, *HE* 6.25.9). Disputas acerca de 2 Pedro foram registradas pelo próprio Eusébio e pelo Cânone Norte-Africano; Jerônimo a aceitou, embora soubesse que havia dúvidas. Ela teve a mesma aceitação final que as outras Epístolas Católicas controversas.

81 (III) Problemas concernentes à formação do cânone. Por volta de 200, então, os Evangelhos, as epístolas paulinas, Atos, 1 Pedro e 1 João gozavam de aceitação geral. Por volta do final do séc. IV, havia, nas igrejas grega e latina, aceitação geral dos 27 livros do cânone do NT. Este desenvolvimento esconde algumas dificuldades que precisam ser discutidas e podem ajudar a explicar por que K. Aland (*A History of Christianity* [Philadelphia, 1985] 1. 111) pôde dizer que "até o séc. VII, em algumas partes da igreja, ou existia um cânone mais breve ou as pessoas possuíam um cânone mais extenso mediante a aceitação de escritos apócrifos".

(A) O conceito de um Novo Testamento. Acima (→ 55 *acima*) insistimos que, ao expor o reconhecimento de escritos cristãos, deve-se fazer distinção entre sua avaliação como obras sagradas, como Escritura e como canônicos. Agora perguntamos quando se passou a considerar a coleção desses escritos que acabamos de descrever constituía um NT comparável às Escrituras judaicas, que, a partir desse momento, se converteram em AT. Este problema é complicado pelo fato de que *diathēkē* significa tanto "aliança" quanto "testamento", e Hb 8,7 já falava de uma primeira e uma segunda aliança. 2 Pedro 3,16 coloca os escritos de Paulo em pé de igualdade "com as demais Escrituras", mas não estamos certos de que isto indique igualdade total com o AT. Por volta da metade do séc. II, Justino (*Apol.* 1.67) atesta o fato de que os Evangelhos e os escritos dos apóstolos eram lidos em conjunto com o AT nas celebrações litúrgicas cristãs. *2 Clem.* 4 cita Isaías e, a seguir, Mateus como "uma outra Escritura". Marcião, ao rejeitar o AT em favor de uma coleção incompleta de 10 epístolas paulinas e Lucas, ajudou, por oposição, a fomentar a crença de que os escritos cristãos formavam uma unidade com o AT. (A oposição a Marcião catalisou, mas não criou esta concepção; veja Farkasfalvy, *Formation*.). Em cerca de 170-190, Melito de Sardes (Eusébio, *HE* 4.26.14) falou das Escrituras judaicas como "os livros da Antiga Aliança", mas este ainda não era claramente um conceito de AT e de NT. Em cerca de 200, no Oriente, Clemente de Alexandria e, no Ocidente, Tertuliano desenvolveram a linguagem básica de dois Testamentos. No mesmo período geral, o Fragmento Muratoriano e Orígenes fizeram listas dos livros do NT – um sinal de que o conceito de uma coleção de *Escrituras* cristãs tinha se estabelecido.

82 (B) O valor das citações patrísticas. Ao expor a formação do NT, com frequência recorremos a citações de um livro do NT feitas por um dos padres da igreja para mostrar que um dado livro era conhecido e usado com alguma autoridade. De fato, as citações e as listas patrísticas de livros são os dois principais critérios de julgamento do cânone. Todavia, nenhum dos dois critérios é totalmente satisfatório. Por exemplo, quando Clemente de Roma ou Inácio ou Policarpo cita um livro que acabou sendo reconhecido como canônico, que autoridade ele estava exatamente dando a este livro, uma vez que não sabemos se o conceito de um NT ou de um cânone já estava formulado? Frequentemente, nas discussões passadas, simplesmente supunha-se que estes antigos Padres tivessem um conceito de canônico e não canônico. E, na verdade, mesmo mais tarde, quando já havia um conceito de NT, encontramos fenômenos estranhos nas citações patrísticas. Orígenes citou 2 Pedro pelo menos seis vezes; todavia, em sua lista canônica (Eusébio, *HE* 6.25.8), duvidava se 2 Pedro deveria ser incluída. Em outras palavras, mesmo uma citação patrística de um livro, finalmente aceito como canônico, no séc. III não significa que este pai o considerasse canônico. Por outro lado, a ausência de citação de um livro do NT (*p.ex.*, durante o séc. II) não significa necessariamente que os Padres não conhecessem o livro ou não o considerassem de valor. Haveria pouca ocasião para citar alguma das obras mais breves do NT, como Filêmon e 2 e 3 João.

83 Já mencionamos alguns evangelhos, epístolas e atos apócrifos que receberam aceitação por um certo período. Deveríamos observar que os escritos subapostólicos, como 1 e 2 Clemente, Didaquê, Pastor de Hermas e Barnabé, continuaram a ser considerados Escritura mesmo nos sécs. IV e V. Parece que os Padres alexandrinos consideravam *1 Clem* como Escritura. O Códice Sinaítico, do séc. IV, continha *Barn.* e *Herm.* juntamente com os livros que consideramos canônicos. O Códice Alexandrino, do séc. V, tinha *1-2 Clem.* E podemos perceber por que estas obras eram altamente estimadas. Muitas delas tinham nomes de discípulos de apóstolos, *p.ex.*, Barnabé foi amigo de Paulo; Clemente era considerado o Clemente mencionado em Fl 4,3 e sucessor de Pedro em Roma. Além disso, obras subapostólicas antigas, como *1 Clem.* e *Did.*, bem que podem ter sido escritas antes de obras do NT como 2 Pedro. A verdadeira dificuldade não é por que tais obras foram concebidas como canônicas, mas por que a igreja não as aceitou finalmente como canônicas.

84 (C) O valor das listas antigas. Se as citações patrísticas nada nos revelam sobre a canonicidade no sentido estrito, mas apenas que um livro era considerado digno de respeito, as listas canônicas (→ 11-12 *acima*) são mais úteis. A formação de uma lista implicava a aceitação de um livro listado como um tipo particular de livro e, visto que as listas dos livros do NT encontram-se, às vezes, ligadas a listas de livros do AT, a aceitação como Escritura. Mas discussões anteriores sobre o cânone por vezes negligenciaram a consideração de que uma lista pode representar nada mais que o julgamento do próprio autor ou o costume de sua igreja local. O fato de que as listas não são unânimes de região para região enfraquece seu testemunho da prática universal da igreja.

Aquela que é considerada nossa lista mais antiga, o Fragmento Muratoriano (*HSNTA* 1. 42-45 – considerado representativo do uso romano no final do séc. II), não inclui 1 e 2 Pedro, Tiago e uma das epístolas joaninas, mas inclui Sabedoria (como um livro do NT!) e *Ap.Ped.*, acerca do qual admite haver controvérsia. A. C. Sundberg (*HTR* 66 [1973] 1-41) questionou a datação usual deste fragmento e sugeriu que ele cabe no séc. IV. Isto significaria que um cânone incompleto perdurou em Roma até mais tarde do que se pensava anteriormente. Embora aceita por alguns (R. F. Collins), a tese de Sundberg foi amplamente rejeitada (*p.ex.*, Gamble, *NT Canon* 32; E. Ferguson, *StudP* 17 [1982] 2. 677-83). Orígenes, em *Hom. sobre Josué 7.1*, parecia aceitar todos os 27 livros do NT; mas esta homilia se encontra preservada apenas 150 anos depois no latim de Rufino. Segundo Eusébio (*HE* 6.25.3-14), a lista de Orígenes levantava dúvidas sobre 2 Pedro e duas epístolas joaninas. No início do séc. IV, encontramos dois cânones orientais, de Eusébio e de Cirilo de Jerusalém, e dois cânones latinos (presumivelmente norte-africanos), levemente posteriores, e estes não concordam. Eusébio (*HE* 3.25.3) lista Tiago e Judas como controversos; todavia, em outro lugar (2.23.25), ele afirma que esses livros eram usados regularmente em muitas igrejas, testificando com isso que sua lista não representava o uso universal. Só com as listas do final do séc. IV, a saber, as de Atanásio, Agostinho e dos concílios de Hipona (393) e de Cartago (397), encontramos indícios de comum acordo em boa parte da igreja. Como já indicamos, contudo, ainda restam exceções, *p.ex.*, o Códice Alexandrino, com suas inclusões não canônicas, e o concílio Quinisexto (Trulo II de 692), que incluiu uma lista de 26 livros (sem o Apocalipse) feita por Gregório de Nazianzo, bem como uma outra lista que levantava dúvidas sobre Hebreus, quatro Epístolas Católicas e o Apocalipse.

85 (D) As igrejas orientais. No Oriente, o quadro permaneceu mais complexo. No séc. IV, quando as igrejas grega e latina começavam a encaminhar-se na direção de um cânone-padrão de 27 livros, o NT da igreja síria incluía o *Diatessaron* (não os quatro Evangelhos), Atos e 15 epístolas paulinas (inclusive Hebreus e *3 Cor*). Assim, um cânone de 17 livros foi usado por Efraim (320-373) e considerado autoritativo na *Doutrina de Adai* (de ca. 370) em Edessa. No início do séc. V, os quatro Evangelhos substituíram o *Diatessaron* (→ Textos, 68:123), *3 Cor* foi omitida, e três Epístolas Católicas (Tg, 1Pd e 1Jo) obtiveram aceitação. A igreja síria, contudo, nunca aceitou completamente as outras Epístolas Católicas ou o Apocalipse. Listas do NT copta continham *1-2 Clem.*; e a igreja etíope parece ter tido um cânone de 35 livros; os oito adicionais incluíam decretos, chamados de Sínodos, e alguns escritos clementinos. Além disso, pode-se legitimamente perguntar se estas listas representavam uma prática universal nas respectivas igrejas. Sobre o cânone etíope, veja R. W. Cowley, *Ostkirchliche Studien* 23 (1974) 318-23; S. P. Kealy, *BTB* 9 (1979) 13-26.

Estas considerações deveriam deixar claro ao leitor o quanto se generaliza ao falar sobre o cânone neotestamentário da protoigreja.

86 (IV) O cânone na Reforma. O movimento protestante em geral manteve o cânone tradicional do NT de 27 livros. Alguns humanistas do séc. XVI, contudo, reviveram as hesitações anteriores acerca de alguns livros do NT. Erasmo, cujo NT grego serviu essencialmente como base para a tradução de Lutero para o alemão, foi censurado pela Sorbonne por não refutar antigas dúvidas acerca da origem apostólica de Hebreus, Tiago, 2 Pedro, 2 e 3 João e o Apocalipse. Lutero, que julgava os livros canônicos segundo sua qualidade inerente e valorizava os livros do NT quanto ao grau em que eles proclamavam Jesus Cristo, avaliou Hebreus, Tiago, Judas e o Apocalipse como de menor qualidade que os "livros principais", *i.e.*, "os verdadeiros e autênticos, principais livros do Novo Testamento". Desta forma, em suas edições alemãs mais antigas, ele colocou estes livros após o restante do NT. Ecolampádio tinha uma classificação inferior para o Apocalipse, Tiago, Judas, 1 Pedro e 2 e 3 João.

O prólogo de Tyndale ao NT, impresso em Colônia em 1525, enumerava 23 livros do NT. Separados da lista por um espaço e denteação especial, e sem número determinado, estavam Hebreus, Tiago, Judas e Apocalipse. Embora o prefácio tenha sido omitido da edição de Tyndale de 1525 (Worms), ele e seus sucessores seguiram o esquema inicial dos livros do NT de Lutero, até a *Great Bible* de 1539 reverter à ordem tradicional. Subsequentemente, as Bíblias inglesas têm seguido a ordem tradicional, e se pode dizer que a cristandade ocidental concorda em um cânone do NT de 27 livros.

PROBLEMAS PERMANENTES NA CANONICIDADE

87 (I) Autoria, pseudonímia e canonicidade. Vimos que o julgamento da protoigreja sobre o caráter sagrado e a canonicidade dos livros era constantemente determinado pela tradição acerca de seus autores. Aceitar o cânone que surgiu destes antigos julgamentos não significa estar obrigado a aceitar o raciocínio por trás dos julgamentos. A pesquisa moderna concorda que os Padres da Igreja com frequência estavam completamente errados na identificação dos autores dos livros bíblicos. O problema de quem escreveu um livro é uma questão histórica a ser resolvida por meio de critérios científicos de estilo e conteúdo; não é uma questão religiosa como são a inspiração e a canonicidade. Deste modo, a igreja sabiamente se absteve de declarações dogmáticas acerca da autoria ou escrita dos livros bíblicos. Mesmo as respostas da PCB de 1905-1915 que lidam com a autoria não eram dogmáticas, mas precautórias, e subsequentemente se concedeu completa liberdade aos estudiosos católicos romanos com referência àquelas respostas (→ Pronunciamentos da Igreja, 72:25). O fato de, 50 anos após sua produção, aquelas respostas não estarem mais em harmonia com o consenso da pesquisa centrista acerca da autoria é uma boa indicação das complexidades do problema e do perigo de se assumir posições oficiais (mesmo precautórias) quanto a ele. De fato, não há mais uma posição católica romana oficial acerca da identidade do autor de qualquer livro bíblico.

88 Pseudonímia, *i.e.*, o uso de um nome falso, é um termo empregado para descrever a autoatribuição de um livro a alguém (geralmente de renome) que de fato não o escreveu. (Observe que a pseudonímia é uma questão de autoatribuição. Se é certo ou provável que Hebreus não foi escrito por Paulo, nem Mateus por Mateus, estes não são casos de pseudonímia, porque as próprias obras não fazem reivindicação quanto a seus autores. Os pesquisadores de hoje simplesmente rejeitaria as atribuições excessivamente simplificadas do séc. II ao negar a suposta autoria destas obras.). Quando houver casos que combinem com a definição de pseudonímia, este termo deve ser aplicado com sérias reservas aos livros bíblicos. A reivindicação de autoria, em livros sagrados judaicos e cristãos, por parte de personagens famosos que não os escreveram foi feita sem qualquer intenção de enganar; refletia, antes, a crença de que os livros foram escritos fielmente segundo a tradição ou escola dos "autores" mencionados. Assim, chamar Efésios de pseudonímica é uma distorção se isto implicar que a epístola não tem nada a ver com Paulo ou seu pensamento. Admitida esta reserva, o AT certamente contém obras pseudônimas: Moisés não escreveu todo o livro de Deuteronômio (apesar de 1,1); Salomão não escreveu Eclesiastes (apesar de Ec 1,1) ou Sabedoria (apesar do cap. 7). Se os fatos o justificam, então, em princípio não pode haver objeção à designação de 2 Pedro, Tiago, Judas, as Pastorais, Colossenses, Efésios e 2 Tessalonicenses como pseudonímicas.

89 Algumas distinções deveriam ser feitas no conceito de autoria aplicado aos livros bíblicos, especialmente quanto ao relacionamento entre autoridade e escrita. (1) Um autor podia escrever um livro com seu próprio punho – talvez o autor de Lucas-Atos. (2) Um autor podia ditar um livro ou carta a um escriba que copiava servilmente. Este não era um modo popular de se escrever, visto que era cansativo (para Paulo e o ditado, → Epístolas do NT, 45:19-21). (3) Um autor podia fornecer ideias e afirmações a um outro que escreveria a obra (o equivalente a um "ghost-writer" moderno). Algumas pessoas que não pensam que 1 Pedro seja pseudonímica sustentam que Pedro, um pescador galileu, compôs esta carta bem escrita em grego usando Silvano dessa maneira (5,12). Estas três primeiras categorias mereceriam a designação de "autor" no linguajar moderno também. (4) Na Antiguidade, alguém podia ser considerado autor se uma obra fosse escrita por discípulos cujo pensamento era guiado tanto pelas palavras anteriores do mestre quanto por seu espírito (ainda que muito tempo depois de sua morte). Tal autoria é exemplificada na composição de partes de Isaías, Jeremias e, provavelmente, em 2 Pedro e nas Pastorais. Algumas pessoas que sustentam que Mateus ou o filho de Zebedeu foram fontes da tradição explicariam a autoria dos respectivos Evangelhos em sua forma final deste modo, mas esta sugestão é mais discutível. (5) No sentido mais amplo, alguém podia ser considerado autor se uma obra fosse escrita segundo a tradição literária pela qual ele era famoso. Toda a Lei (Pentateuco) podia ser atribuída a Moisés, o legislador, como autor, ainda que a redação final de partes só tenha ocorrido 800 anos após sua morte. A autoria davídica dos Salmos e a autoria salomônica da literatura de sabedoria se encaixam nesta categoria. Na avaliação moderna, estas duas últimas classificações (4 e 5, que claramente implicam pseudonímia) não satisfazem os padrões de autoria; a quarta é uma questão de autoridade; a quinta, de patronato.

(Sobre pseudonímia, veja artigos em *The Authorship and Integrity of the New Testament* [SPCK Theol. Coll. 4: London, 1965] de K. ALAND, 1-13; e D. GUTHRIE, 14-39. Também BROX, N., *Falsche Verfasserangaben* [SBS 79; Stuttgart, 1975]. Idem (ed.), *Pseudepigraphie in der heidnischen und jüdisch--christlichen Antike* [WF 484; Darmstadt, 1977]. MEADLE, D. G., *Pseudonymity and Canon* [WUNT 39; Tübingen, 1986]. METZGER, B. M., *New Testament Studies* (NTTS 10; Leiden, 1980) 1-22. SMITH, M., *Entretiens* 18 [1971] 191-215.)

90 (II) O caráter final do cânone do Concílio de Trento. Este concílio foi firme quanto a que livros que, juntamente com suas partes, deveriam ser aceitos como canônicos e inspirados. Mas o Concílio de Trento não disse que esses eram os únicos livros inspirados, e a pergunta, às vezes levantada, é se alguns livros perdidos podem ter sido inspirados, *p.ex.*, escritos perdidos de Paulo. (Para o possível papel do acaso na preservação de livros bíblicos, → 54 *acima*.). Que julgamento sobre a inspiração seria produzido pela igreja se uma epístola perdida de Paulo fosse descoberta hoje? O problema torna-se acadêmico quando compreendemos que o critério para a inspiração considerado aplicável em Trento era o longo uso dos livros da Escritura na Igreja (evidenciado na Vg). Uma vez que livros recentemente descobertos dificilmente teriam um longo uso, qual seria o critério da igreja para determinar a inspiração? A autoria paulina não seria realmente suficiente, pois, se a falta de autoria apostólica não exclui a inspiração, a autoria apostólica não deveria implicá-la automaticamente. Um problema menos romântico é o da possível inspiração de antigas obras consideradas sagradas por autores do NT ou pelos primeiros padres, mas não aceitas no cânone do Concílio de Trento (*1 Henoc, Did.* etc.). Por não terem sido aceitos em Trento, atualmente estes livros não podem mais reivindicar um longo uso como Escritura na Igreja, e quase certamente nunca serão reconhecidos como inspirados. Mas eles continuam sendo testemunhas importantes da ação salvífica de Deus nos períodos intertestamentário e imediatamente pós-testamentário.

91 (III) A Vulgata e a canonicidade. O Concílio de Trento insistiu em sua lista de livros "como sagrados e canônicos em sua inteireza, *com todas as suas partes*, de acordo com o texto usualmente lido na Igreja Católica e como eles se encontram na antiga Vulgata latina" (DS 1504). Entre as "partes" mencionadas na discussão estavam Marcos 16,9-20; Lucas 22,43-44; João 7,53-8,11 (Jedin, *History of the Council of Trent* 2. 81) – perícopes que estão ausentes em muitas testemunhas textuais. Embora tenham usado a Vg como padrão, os padres conciliares de Trento e as autoridades em Roma que aprovaram o decreto estavam cientes de haver erros na tradução da Vg, e de não haver concordância entre todas as cópias da Vg. Até mesmo a Vg Sixto-Clementina oficial (1592), produzida em resposta ao pedido de Trento por uma Vg cuidadosamente editada, deixa muito a desejar pelos padrões modernos; e em muitos lugares ela não é fiel à Vg original de Jerônimo (→ Textos, 68:144-147). Que Vg deve servir como guia quando perguntamos se certas passagens ou versículos são Escritura canônica?

Tanto a Vg de Jerônimo quanto a Vg Sixto-Clementina continham o final longo de Marcos e a perícope a respeito da adúltera (Jo 7,53-8,11), e os biblistas católicos romanos não têm de fato nenhum problema em aceitar estas passagens como Escritura (embora originalmente não fizessem parte de seus respectivos Evangelhos e tenham sido acrescentadas num período muito posterior – temos aqui novamente a distinção entre canonicidade e autoria). Mas em outros casos, onde a Vg Sixto-Clementina tem passagens que a Vg de Jerônimo não tinha (Jo 5,4, o anjo agitando as águas; 1Jo 5,7-8, as aspas joaninas), o problema da aceitação deveria ser resolvido com base na pesquisa científica, e não por meio de uma aplicação mecânica do princípio de Trento, que não pretendia resolver todas as dificuldades nem por fim à discussão científica. (Para um esclarecimento da autoridade da Vg pela *DAS [Divino afflante Spiritu]*, → Pronunciamentos da Igreja, 72:20). Os católicos romanos devem resolver os problemas textuais como os outros o fazem, a saber, mediante as leis da crítica – um princípio que também se aplica a outras questões também (autoria, datação, história). A orientação da igreja abrange primordialmente o significado da Escritura para a fé e a moral.

92 (IV) O cânone dentro do cânone. Como mencionamos acima (→ 44-46, 86), a Reforma levantou incisivamente a questão dos graus de canonicidade. E mesmo quando se concorda sobre quais livros da Escritura são inspirados e canônicos, será que alguns são mais autoritativos que outros? Obviamente, alguns possuem mais valor que outros e tratam mais diretamente de questões religiosas formais que outros. Obviamente, também, alguns livros reivindicam provir mais diretamente de Deus que outros; *p.ex.*, os profetas reivindicam transmitir a palavra de Deus vinda a eles, enquanto os autores sapienciais, embora inspirados, parecem dar-nos o fruto de suas próprias experiências humanas. Finalmente, em sua liturgia a igreja usa alguns livros bíblicos extensivamente e outros apenas raramente, formando assim um "cânone efetivo" dentro do cânone formal.

93 Esta questão tornou-se mais aguda quando reconhecemos que há perspectivas heterogêneas e teologias divergentes nos livros da Escritura. Quando estas diferenças existem entre os dois Testamentos, é possível resolvê-las em termos de nova revelação, *p.ex.*, a negação formal e explícita de uma vida após a morte por parte de Jó (14,7-22), contraposta com a clara reafirmação dela por parte de Jesus (Mc 12,26-27). Mas, mesmo dentro do NT, obras de aproximadamente o mesmo período contêm teologias divergentes. A perspectiva sobre a lei em Rm 10,4 certamente não é a mesma da que se encontra em Mt 5,18. Pode-se explicar que não há *contradição* entre Rm 3,28 ("justificado pela fé, sem a prática da Lei") e Tg 2,24 ("justificado pelas obras e não simplesmente pela fé"); mas dificilmente se pode imaginar que a atitude de Paulo fosse a mesma de Tiago. A tese de que houve um desenvolvimento uniforme e harmonioso da compreensão teológica desde a época de Pentecostes até o final da era apostólica não é apoiada pela leitura crítica do NT (veja R. E. Brown, *New Testament Essays* [New York, 1982] 36-47). Mas então surge a seguinte pergunta: Se há duas concepções divergentes no NT, qual deve ser considerada autoritativa? Dentro do cânone da Escritura e em particular dentro do NT, qual é o cânone ou a regra do que devemos crer?

94 Os biblistas modernos do NT fizeram desta pergunta uma questão importante. (Para alguns o problema é ainda mais agudo, visto que eles forçam as divergências, como aquela entre Tiago e Romanos, até elas se tornarem uma contradição, ao passo que uma compreensão católica da inspiração escriturística parece impedir contradições.). Se nos concentrarmos no tema do *protocatolicismo* no NT, poderemos perceber a importância da questão do cânone dentro do cânone. "Protocatolicismo" designa os estágios iniciais do sacramentalismo, da hierarquia, da ordenação, do dogma – em suma, o início dos aspectos distintivos do cristianismo *católico*. A. von Harnack sustentava que não havia protocatolicismo no NT; antes, tal teologia e organização eclesiástica foram um desenvolvimento do séc. II que distorceu o caráter evangélico primitivo do cristianismo (ao qual a Reforma retornou; *What is Christianity?* [orig. 1900; Harper Torchbook ed., New York, 1957] 190ss.). Mas E. Käsemann (→ Crítica do NT, 70:65), um protestante, reconheceu que há "protocatolicismo" no próprio NT, particularmente em 2 Pedro, nas Pastorais e em Atos. Neste caso, estes desdobramentos protocatólicos são normativos para o cristianismo? A solução de Käsemann foi recorrer ao cânone dentro do cânone, ou "o centro do NT". Assim como Paulo distinguia entre a letra e o Espírito (2Cor 3), o cristão não pode considerar o NT canônico uma autoridade infalível, mas precisa distinguir o verdadeiro Espírito dentro do NT. Para Käsemann, isto não se encontra em escritos deuteropaulinos como as Pastorais, com seu protocatolicismo, mas nas Grandes Cartas, como Gálatas e Romanos, com seu espírito de justificação pela fé. Aí está o ensinamento realmente autoritativo.

95 Uma resposta católica romana foi dada por H. Küng (*Structures of the Church* [New York, 1964] 151-69); ele acusou Käsemann de julgar a canonicidade com base em um viés protestante apriorístico. Küng argumentou que, se há protocatolicismo no NT, então somente os católicos podem aceitar todo o NT. A teoria de um cânone dentro do cânone significa uma rejeição implícita de alguns livros. Contudo, a resposta talvez não seja tão simples; e mais tarde em sua trajetória Küng provavelmente teria sido mais matizado. Tudo que tentaremos aqui é fazer algumas observações. Se os católicos romanos aceitam os desdobramentos "protocatólicos" nos livros posteriores do Novo

Testamento e os consideram normativos para o cristianismo, não estão eles, até certo ponto, estabelecendo um cânone dentro do cânone? Afinal, eles não estão rejeitando implicitamente a organização mais frouxa da igreja do período primitivo e a teologia menos dogmática dos primeiros tempos? Em outras palavras, para opor-se ao cânone reduzido de Käsemann, que depende grandemente das obras mais primitivas do NT, faz-se um cânone que consiste das obras mais desenvolvidas do NT?

Talvez estejamos abordando o problema nos termos errados quando falamos de preferir livros posteriores a livros anteriores. Se alguns aspectos do protocatolicismo, proeminentes nos livros posteriores do NT, tornaram-se característicos da Igreja Católica Romana, não foi porque a igreja preferiu conscientemente um grupo de livros do NT a outro. Foi, antes, porque aspectos como o sacramentalismo, a hierarquia e o dogma eram significativos dentro da vida da igreja. Num processo de desenvolvimento, a igreja fez desses aspectos uma parte de si mesma, de modo que o que foi verdadeiramente normativo não foi um grupo de escritos, mas o Espírito atuante dentro da igreja viva. Foi o uso da igreja que levou o Concílio de Trento a determinar quais livros deveriam ser aceitos como canônicos; assim também é o uso da igreja que determina o grau de autoridade normativa (canonicidade) a ser atribuído a uma prática ou doutrina do NT.

96 Todavia, temos de restringir esta compreensão do uso da igreja como fator normativo. Se o Espírito de Deus guiou a Igreja em seu uso, também houve um fator humano no processo histórico do desenvolvimento cristão, de modo que não podemos simplesmente equiparar o uso da igreja à vontade de Deus. A Escritura pode ser de grande ajuda na distinção entre o que é do Espírito e o que é humano no desenvolvimento do uso da igreja. Portanto, obtemos um quadro de dois lados: o uso da igreja é um guia para o que é normativo na Escritura; porém, de certo modo, a própria igreja está sob o julgamento da Escritura ("Este magistério vivo da igreja [...] não está acima da palavra de Deus, mas sim a seu serviço" [Vaticano II, *Dei Verbum* 2:10]). Em particular, a igreja deve constantemente repensar seu uso à luz daquelas teologias bíblicas que ela *não* seguiu, a fim de certificar-se de que Deus quis ensinar-lhe por meio destas concepções teológicas não se perca. Por exemplo, se a igreja escolheu seguir a estrutura eclesiástica atestada nas Pastorais como normativa (bispos/presbíteros, diáconos), ela precisa se perguntar se continua a proporcionar justiça ao espírito carismático e mais livre do período anterior. Foi necessária uma escolha entre as duas, e cremos que esta escolha foi guiada pelo Espírito de Deus; mas a estrutura que não foi escolhida ainda tem algo a ensinar à igreja e pode servir como corretivo modificador da escolha que foi feita. Somente assim a igreja é fiel a todo o NT. Nos tempos do NT, a igreja foi ecumênica o suficiente para acolher as pessoas que, embora compartilhassem da única fé, tinham concepções teológicas muito diferentes.

97 O reconhecimento de que, na prática, a igreja não aceita todo o NT como igualmente normativo está relacionado ao problema da distinção entre as limitações temporais dos autores bíblicos e a revelação divina que eles transmitiam. Os autores bíblicos falaram como pessoas de sua época, e nem todas as suas afirmações religiosas têm valor duradouro. Por exemplo, o leitor da Bíblia tem de exercer prudência em relação a afirmações apocalípticas. Se os autores do NT descrevem a futura vinda do Senhor em termos de toque de trombetas e cataclismas celestiais, estas descrições não constituem necessariamente revelação a ser crida. O problema da distinção entre o que é revelação e o que não é torna-se agudo no caso de temas delicados. Na questão do "pecado original", quanto de revelação e quanto de perspectiva condicionada pela época do séc. I encontramos na descrição de

Paulo (Rm 5) de um Adão que, enquanto indivíduo, cometeu um pecado que levou a morte a todos? A exegese cuidados pode descobrir o que Paulo pensava; mas somente a igreja, guiada pela pesquisa científica e guiando a mesma, pode nos dizer quanto do pensamento de Paulo é revelação de Deus para seu povo.

Talvez uma palavra de cautela seja necessária aqui. A percepção de que há muito na Escritura que reflete a mentalidade condicionada pela época de seus autores não deveria levar os leitores a supor que eles possam rápida ou facilmente reconhecer esta mentalidade. Com frequência, há a tendência de se pensar que tudo quanto na Bíblia não concorda com o espírito dos tempos modernos pode ser descartado como condicionado pela época e irrelevante. Por exemplo, algumas pessoas querem pôr de lado todos os imperativos morais divino com base no princípio de que as ordens éticas de Deus na Bíblia refletem os costumes da época. Tais generalizações se baseiam com mais frequência na inclinação do que numa exegese cuidadosa e têm o efeito de privar a Escritura de seu valor corretivo. Uma boa regra prática para evitar autoenganar-se neste assunto é dar mais atenção à Escritura quando ela discorda do que nós queremos ouvir do que quando ela concorda. Quando a Bíblia discorda do espírito de nossa época, não é sempre porque os autores bíblicos estejam expressando uma concepção limitada e obsoleta; frequentemente é porque os caminhos de Deus não são os nossos.

(Sobre o protocatolicismo e o cânone dentro do cânone, veja BEST, E. J., *BJRL* 61 [1978-79] 258-89. ELLIOTT, J. K., *Una Sancta* 23 [1966] 3-18. HARRINGTON, D. J., in: *The Word in the World* [Fest. F. L. MORIARTY; ed. R. J. CLIFFORD e G. W. MACRAE; Cambridge MA, 1973] 97-113. KÄSEMANN, E., *ENTT* 95-107. MARXSEN, W., *Der Frühkatholizismus im Neuen Testament* [Neukirchen, 1958].)

98   (V) Reações recentes ao cânone.
No último quarto do séc. XX, houve muita discussão científica sobre o cânone, às vezes apoiando-o, às vezes minando-o. B. S. Childs e outros, mediante o desenvolvimento de uma teoria da crítica canônica (→ Hermenêutica, 71:71-74), enfatizaram a importância do cânone de um modo singular. Contra uma crítica exagerada das fontes, eles insistiram que a forma final de um livro bíblico é o que nós possuímos e é um objeto de estudo bem mais confiável do que antecedentes reconstruídos de modo discutível. Além disso, mesmo um livro individual não era realmente bíblico até fazer parte de uma Bíblia em geral e de um cânone do AT ou do NT em particular. A tendência de tratar passagens ou livros isoladamente negligencia o contexto da comunidade canonizante (Israel e a igreja), que ouviu as diferentes vozes teológicas dos autores não isoladamente, mas em tensão construtiva. No NT, por exemplo, a igreja não aceitou O Verbo preexistente joanino sem a modificação do Jesus marcano que não sabia certas coisas e não queria ser chamado de "bom" porque este era um termo que somente podia ser aplicado a Deus (Mc 10,17-18). Esta abordagem canônica foi útil de modo geral, embora, na opinião de muitos, o próprio Childs tenha exagerado seu valor ao negligenciar os consideráveis resultados teológicos obtidos pela análise histórica.

99   No extremo oposto do espectro da pesquisa científica, houve sérios questionamentos da validade do cânone do NT em particular. Um tipo de questionamento veio de um uso dos escritos canônicos que visava reconstruir um estilo anterior de cristianismo considerado preferível ao cristianismo que se reflete nos próprios escritos canônicos, de modo que os escritos do NT poderiam ser vistos como escritos que distorcem um cristianismo anterior (e melhor). Seguem-se alguns exemplos de teorias que tiveram o efeito (não necessariamente a intenção) de ir nesta direção: G. Theissen (*The Social Setting of Pauline Christianity* [Philadelphia, 1982]) sustentou que, porque o radicalismo ético de Jesus não servia às congregações paulinas organizadas, Paulo suprimiu esse radicalismo não citando as palavras de Jesus. W. Kelber (*The Oral and the Written Gospel* [Philadelphia, 1983]) propôs que o Evangelho escrito de Marcos limitou a gama muito mais ampla de apresentação oral sobre Jesus e, de fato, desacreditou os mais plausíveis transmissores da tradição oral dos Evangelhos, *i.e.*, os discípulos e a família, inclusive a mãe de Jesus. Para L. Schottroff (*EvT* 38 [1978] 289-313), o Magnificat e as Bem-Aventuranças pré-lucanos representam uma teologia na qual ricos eram realmente humilhados, e Jesus quis, por sua atuação, destruir a ordem social existente, invertendo radicalmente as iniqüidades da riqueza e do poder. Lucas espiritualizou tudo isto.

100 Um outro tipo de questionamento do cânone veio do recurso aos evangelhos apócrifos como testemunhas de um cristianismo anterior, temporal e espiritualmente, aos escritos canônicos. H. Koester, seguido por J. D. Crossan (*Four Other Gospels* [Minneapolis, 1985]), sugeriu que obras como *O Evangelho secreto de Marcos* e o *Evangelho de Tomé* fazem parte de um estágio tão antigo no desenvolvimento da literatura evangélica que, no todo ou em parte, eles são anteriores aos evangelhos canônicos. Visto que os apócrifos, às vezes, mostram pouco interesse na morte e ressurreição de Jesus ou no papel dos Doze, mas muito interesse nos elementos fantasticamente maravilhosos, sua pretensa anterioridade foi usada para reconstruir um cristianismo primitivo com uma teologia e eclesiologia muito diferentes das que se encontram em grande parte do Novo Testamento. Assim, eles foram usados aventureiramente para apoiar temas do igualitarismo, socialismo e feminismo protocristão.

101 Os questionamentos do cânone descritos acima (→ 99, 100 *acima*), não podem ser postos de lado sem uma discussão técnica dos indícios que supostamente justificam as propostas. O sensacionalismo que cercou as reivindicações acerca de um cristianismo anterior e melhor dificultou, às vezes, um julgamento crítico, pois quem as considera desfavoravelmente pode ser tachado de apoiador reacionário da teologia ou da eclesiologia tradicionais. Na verdade, há tanto preconceito na busca do novo quanto há numa desconfiança instintiva do novo. Mais importante é que tanto a crítica do cânone quanto o questionamento contemporâneo do cânone tiveram o efeito de sublinhar a existência de um relacionamento íntimo entre o cânone e a igreja. A igreja que formou o cânone é responsável perante o cânone: quem mudar o cânone estará a caminho de uma igreja diferente e até mesmo um cristianismo e/ou um judaísmo diferente. A questão do cânone passou da periferia da pesquisa científica para o centro da relevância da Escritura (veja R. E. Brown, *NTS* 33 [1987] 321-43; P. Perkins, *ProcCTSA* 40 [1985] 36-53.).

67
Apócrifos, Manuscritos do Mar Morto e Outros Tipos de Literatura Judaica

Raymond E. Brown, S.S., Pheme Perkins e Anthony J. Saldarini*

1 ESBOÇO GERAL

Apócrifos

Apócrifos judaicos
 (I) O termo "apócrifos" (§ 4-6)
 (II) A literatura de Henoc
   (A) Livros eslavo e hebraico (§ 8)
   (B) Henoc Etíope ou 1 Henoc (§ 9-15)
 (III) Livro dos Jubileus (§ 16-24)
 (IV) Testamento dos Doze Patriarcas (§ 25-31)
 (V) (Carta de) Aristeias a Filócrates (§ 32-33)
 (VI) Literatura macabeia
   (A) 3 Macabeus (§ 35)
   (B) 4 Macabeus (§ 36)
 (VII) Oração de Manassés (§ 37)
 (VIII) Literatura de Esdras
   (A) 1 Esdras (§ 39)
   (B) 2 Esdras (§ 40-42)
 (IX) Literatura de Baruc
   (A) 2 Baruc (§ 44)
   (B) 3 Baruc (§ 45)
 (X) Salmos de Salomão (§ 46-48)
 (XI) Assunção de Moisés (§ 49)
 (XII) Antiguidades bíblicas de (Pseudo-) Filo (§ 50)
 (XIII) Oráculos sibilinos (§ 51-52)

Evangelhos apócrifos cristãos
 (I) Apócrifos cristãos
   (A) Obras não evangélicas (§ 54-55)
   (B) Evangelhos (§ 56-58)
 (II) Evangelhos fragmentários
   (A) Evangelho dos Ebionitas (§ 59)
   (B) Evangelho dos Hebreus (§ 60)
   (C) Evangelho dos Nazarenos (§ 61)
   (D) Papiro Egerton (§ 62)
   (E) Evangelho secreto de Marcos (§ 63)
 (III) Evangelhos da infância
   (A) Protoevangelho de Tiago (§ 64)
   (B) Evangelho da infância de Tomé (§ 65)
 (IV) Evangelhos de ditos
   (A) Evangelho de Tomé (§ 67)
   (B) Tomé o atleta (§ 68)
   (C) Apócrifo de Tiago (§ 69)
   (D) Diálogo do Salvador (§ 70)
 (V) Evangelhos da paixão/ressurreição
   (A) Atos de Pilatos (§ 71)
   (B) Evangelho de Pedro (§ 72)
   (C) Apocalipse de Pedro (§ 73)
 (VI) Diálogos da ressurreição
   (A) Evangelho de Maria (§ 75)
   (B) *Epistula Apostolorum* (§ 76)
 (VII) Escritos gnósticos intitulados "Evangelhos" (§ 77)

---

* As seções 57-61, 64-71 e 73-77 deste artigo são de P. PERKINS; as seções 124-143 são de A. J. SALDARINI; o restante é de R. E. BROWN.

Manuscritos do Mar Morto
Bibliografia anotada (§ 78)

Qumran
- (I) As descobertas (§ 79-81)
- (II) Principais escritos de Qumran (§ 82-95)
  QS, QSa, QSb, QH, CD, QM, Pesharim, 4QTestimonia, 4QFlorilegium, 1QapGen, 3Q15 (o Rolo de Cobre), 11QTemplo
- (III) História da seita
  - (A) Identidade (§ 96)
  - (B) Origem (§ 97)
  - (C) O Mestre de justiça (§ 98-100)
  - (D) História subsequente (§ 101-105)
- (IV) Características da vida e do pensamento de Qumran
  - (A) Vida comunitária (§ 106-109)
  - (B) Organização comunitária (§ 110-112)
  - (C) Escatologia e messianismo (§ 113-117)

Outros sítios
- (I) Khirbet Mird (§ 118)
- (II) Murabba'at (§ 119)
- (III) Vales entre Engadi e Massada
  Nahal Hever (§ 121)
  Nahal Se'elim (§ 122)
- (IV) Massada (§ 123)

Outros tipos de literatura judaica
Escritores do período bíblico
- (I) Filo (§ 124-126)
- (II) Flávio Josefo (§ 127-130)

Literatura rabínica
- (I) Observações gerais (§ 131-135)
- (II) Escritos específicos
  - (A) Mishná (§ 136-137)
  - (B) Tosefta (§ 138)
  - (C) Talmud (§ 139)
  - (D) Midrásh (§ 140-142)
  - (E) Targum (§ 143)

Apócrifos

BIBLIOGRAFIA

2 Apócrifos judaicos: Traduções Completas: *AOT; APOT; JSHRZ; OTP.* Riessler, P., *Altjüdisches Schrifttum ausserhalb der Bibel* (2ª ed.; Heidelberg, 1966). Sacchi, P., *Apocrifi dell Antico Testamento* (Torino, 1981). **Estudos:** Bartlett, J. R., *Jews in the Hellenistic World: Josephus, Aristeas, The Sibylline Oracles* (Cambridge, 1985). Caquot, A. et al., *La littérature intertestamentaire* (Paris, 1985). Charlesworth, J. H., *The Pseudepigrapha and Modern Research* (com supl.; Chicago, 1981); *Pseudepigrapha: Prolegomena* (SNTSMS 54; Cambridge, 1985). Collins, J. J., *The Apocalyptic Imagination* (New York, 1984). De Jonge, M., *Outside the Old Testament* (Cambridge, 1985). Delling, G. (ed.), *Bibliographie zur jüdisch-hellenistischen und intertestamentarischen Literatur 1900-1970* (TU 106; 2ª ed.; Berlin, 1975). Denis, A. M., *Fragmenta Pseudepigraphorum quae supersunt Graeca* (PVTG 3; Leiden, 1970); *Introduction aux pseudépigraphes grecs de l'Ancien Testament* (SVTP 1; Leiden, 1970). *EJMI* 239-436. Harrington, D. J., "Research on the Jewish Pseudepigrapha during the 1970s", *CBQ* 42 (1980) 147-59. Leaney, A. R. C., *The Jewish and Christian World 200 BC to AD 200* (Cambridge, 1984). Nickelsburg, G. W. E., *Jewish Literature Between the Bible and the Mishná* (Philadelphia, 1981). Rost, L., *Judaism Outside the Hebrew Canon* (Nashville, 1976). Rowley, H. H., *The Relevance of Apocalyptic* (3ª ed.; London, 1963). Schürer, *HJPAJC* 3.1/2. Stone, M. E. (ed.), *Jewish Writings of the Second Temple Period* (CRINT 2; Philadelphia, 1984).

3 Apócrifos cristãos. Barnstone, W., *The Other Bible* (San Francisco, 1984). Beyschlag, K., *Die verborgene Überlieferung von Christus* (München, 1969). Cameron, R., *The Other Gospels* (Philadelphia, 1982). Charlesworth, J. H. (ed.), *The New Testament Apocrypha and Pseudepigrapha* [bibliografia] (Metuchen, 1987). Crossan, J. D., *Four Other Gospels* (Minneapolis, 1985). De Santos Otero, A., *Los Evangelios Apocrifos* (Madri, 1984). Erbetta, M. (ed.), *Gli Apocrifi del Nuovo Testamento* (4 vols.; Torino, 1966-81). Finegan, J., *Hidden Records of the Life of Jesus* (Philadelphia, 1969). Funk, R., *New Gospel Parallels* (Philadelphia, 1985). Grossi, V. (ed.), *Gli Apocrifi cristiani e cristianizzati* (Augustinianum 23.1-2; Roma, 1983). *HSNTA.* James, M. R., *The Apocryphal New Testament* (Oxford, 1924). Jeremias, J., *Unknown Sayings of Jesus*

(2ª ed.; London, 1964). JUNOD, E., "Apocryphes du NT...", *ETR* 58 (1983) 409-21 com bibliografia. KOESTER, H., "Apocryphal and Canonical Gospels", *HTR* 73 (1980) 105-30. QUÉRÉ, F., *Évangiles Apocryphes* (Paris, 1983). RESCH, A., *Agrapha* (TU 15.3-4; 2ª ed.; Leipzig, 1906). ROBINSON, *NHLE*. Quanto à série CC Apocryphorum, veja J.-D. DUBOIS, *Second Century* 4 (1984) 29-36. Quanto aos apócrifos gnósticos, → Protoigreja, 80:4.

APÓCRIFOS JUDAICOS

4 (I) O termo "apócrifos". Os rabinos sabiam da existência de "Livros de Fora", (*hişônîm*) i.e., livros fora da coleção sagrada e usados pelos hereges e samaritanos. Contudo, o termo "apócrifos", que veio a designar os livros que são expostos aqui, deriva-se do termo grego *apokryphos*, "oculto". Originalmente, o significado do termo pode ter sido elogioso, visto que era aplicado a livros sagrados cujos conteúdos eram elevados demais para serem disponibilizados ao público em geral. Em Dn 12,9-10 ouvimos falar de palavras que se encontram seladas até o fim dos tempos – palavras que os sábios entenderão e os ímpios não. Além disso, 4Esd 14,44ss menciona 94 livros, dos quais 24 (o AT) deviam ser publicados e 70 deviam ser entregues apenas aos sábios entre o povo (= apócrifos). O termo "apócrifos" adquiriu gradualmente uma conotação pejorativa, pois a ortodoxia destes livros ocultos era, com frequência, questionável. Orígenes (*Comm. in Matt.* 10.18; PG 13. 881) fazia uma distinção entre livros que deviam ser lidos no culto público e livros apócrifos. Devido ao fato de esses livros secretos serem frequentemente preservados ou até mesmo compostos em círculos heréticos, vários Padres da Igreja passaram a usar o termo "apócrifos" para designar as obras heréticas cuja leitura era proibida. Na época de Jerônimo (cerca de 400), "apócrifos" assumira a conotação mais neutra de não canônico, e este é o uso do termo aqui.

5 Na terminologia protestante, "os apócrifos" são 15 obras, todas de origem judaica, exceto uma, e que se encontram na LXX (partes de 2Esd são cristãs e de origem latina). Embora algumas delas tenham sido compostas na Palestina, em aramaico ou hebraico, elas não foram aceitas pelo cânone judaico mais exclusivo do final do séc. II d.C. (→ Canonicidade, 66:31-35). Os reformadores, influenciados pelo cânone judaico, não consideraram esses livros como estando no mesmo nível do resto das Escrituras do AT; surgiu assim o costume de colocar os apócrifos numa seção separada nas Bíblias protestantes, ou, às vezes, até mesmo de omiti-los completamente (→ Canonicidade, 66:44-46). A concepção católica, expressa como doutrina de fé no Concílio de Trento, é que 12 dessas 15 obras (numa enumeração diferente, contudo) são Escritura canônica; elas são chamadas de livros deuterocanônicos (→ Canonicidade, 66:10, 20, 42-42). Os três livros dos apócrifos protestantes que não são aceitos pelos católicos são: 1 e 2 Esdras e Oração de Manassés.

6 Na terminologia católica, o termo "apócrifos" veio a designar antigos livros judaicos ou cristãos do período bíblico (ou pretensamente do período bíblico) que não foram aceitos como Escritura genuína pela igreja. Descobertas recentes de livros antigos até agora perdidos ampliaram grandemente o alcance do termo. Se os livros que os católicos chamam de deuterocanônicos são chamados de apócrifos pelos protestantes, os apócrifos (pelo menos os de origem judaica) dos quais falamos agora são com frequência chamados de pseudepígrafos pelos protestantes; daí o título da famosa coletânea de R. H. Charles, *The Apocrypha and Pseudepigrapha of the Old Testament* (= *APOT*; quanto a pseudepígrafe ou pseudonímia, → Canonicidade, 66:88-89). Na verdade, nenhuma designação dessas obras judaicas não canônicas é completamente satisfatória. O termo "apócrifos" sugere que elas lidam com segredos ou questões esotéricas, embora várias delas sejam história relativamente despretensiosa (1Esd); "pseudepígrafos" é aplicável apenas aos livros que se apresentam falsamente como escritos por um personagem antigo muito conhecido, p.ex., a literatura de Henoc e Baruc. Contudo, na falta de um termo melhor, usaremos doravante o termo "apócrifos" no sentido comum entre os católicos. Os livros deuterocanônicos se encontram, obviamente, comentados entre os outros livros da Escritura (particularmente → Daniel, 25:8, 35-38; → 1-2 Macabeus, 26:3; → Eclesiástico, 32:6; → Tobias, 38:5, 26, 50).

7 (II) A literatura de Henoc. Henoc (BJ: "Henoc"; "Enoque" em outras versões) foi o pai de Matusalém: "Henoc andou com Deus, depois desapareceu, pois Deus o arrebatou" (Gn 5,24). A ideia de que Henoc foi levado para o céu (também Eclo 44,16; 49,14) produziu muitas lendas sobre ele, e a duração de sua vida, 365 anos, provocou especulações astronômicas. (Veja H. Odeberg, *TDNT* 2. 556-59). Não está claro se o relato bíblico é a fonte ou o resumo de uma lenda exuberante. Além do que vem a seguir, veja *Jub* 4,17-25; 7,38; 10, 17; 19,24-27; 21,10; e P. Grelot, *RevScRel* 46 (1958) 5-26, 181-210.

8 (A) Livros eslavo e hebraico. Dos três livros de Henoc, os dois primeiros abaixo são de importância menor e é menos certo que provenham do período bíblico.

(a) *Henoc Eslavo ou 2 Henoc*. Também chamado de *O livro dos segredos de Henoc*. Preservado em cópias eslavas dos sécs. XIV ao XVII, existem duas versões dele, das quais a mais curta é, em geral, mais original, tendo sido traduzida do grego (perdido, semitizado, original?). Nesta obra apocalíptica com elementos semelhantes a testamento (→ 25 *abaixo*), Henoc sobe ao sétimo céu (vendo o paraíso e o inferno no caminho), torna-se um anjo, resume 366 livros celestiais e, então, retorna à terra para dar instruções éticas a seus filhos e a outros. Em 33,1-2 dá-se uma duração de 7 milênios à história da terra, sendo o oitavo o fim. No capítulo 71, o descendente sacerdotal de Henoc, Melquisedec, concebido sem pai terreno, nasce do corpo morto de sua mãe. *2 Henoc* veio de círculos sectários (judaicos ou não) dos primeiros séculos d.C. que fizeram uso da lenda de Henoc. A ausência de testemunhos anteriores ao séc. XIV é enigmática. Estão em declínio as propostas a favor de uma data tardia e de dependência do zoroastrismo ou do cristianismo (Hb 7); veja A. Rubenstein, *JJS* 13 (1967) 1-21. A. Vaillant editou a versão eslava com uma tradução para o francês (Paris, 1952); traduções para o inglês podem ser encontradas em *APOT* 2 (Forbes); *AOT* (Pennington); e *OTP* 1 (Andersen – a melhor).

(b) *Henoc Hebraico ou 3 Henoc*. *Sefer ha-Hekhaloth*. Um relato de como o rabino palestinense Ismael (cerca de 132 d.C.) subiu ao sétimo céu, viu os palácios celestiais (*hêkalôt*) e aprendeu de Metatron (arcanjo supremo, vice-regente de Iahweh, que também é Henoc). Em 1928 H. Odeberg publicou o texto hebraico e a tradução, datando *3 Hen* no séc. III d.C.; mas J. T. Milik (1976) opta pelo séc. X. G. G. Scholem, em *Major Trends in Jewish Mysticism* (New York, 1941) sugere os sécs. V e VI; P. Alexander, em um estudo importante (*OTP* 1), concorda.

9 (B) Henoc Etíope ou 1 Henoc. Com frequência, chamado simplesmente de Henoc, sem qualquer especificação adicional.

(a) *História e texto*. Material variado de Henoc (principalmente em aramaico) circulou entre os judeus até o séc. II d.C., quando o fracasso de sucessivos movimentos revolucionários levou os rabinos a suspeitar de esperanças apocalípticas extravagantes em relação ao futuro. Consequentemente, *1Hen* caiu em desgraça no judaísmo, e o texto original desapareceu. Em grego, *1Hen* influenciou obras cristãs antigas (Judas, *Barnabé*, Ireneu); mas, apesar de Tertuliano considerá-lo Escritura, Hilário, Agostinho e Jerônimo não o fizeram. A versão grega também desapareceu (deixando apenas resumos de Jorge Syncellus, o cronista bizantino), mas entre 350 e 650 o texto grego de *1Hen* foi traduzido para uso da igreja etíope. Só em 1773, quando James Bruce levou a versão etíope para a Europa, o Ocidente viu *1Hen* (1ª ed. em 1821). A versão etíope (em duas recensões) ainda é a mais completa; mas encontram-se disponíveis agora fragmentos em grego de 33 por cento de *1Hen* (1-32; 97-107), um fragmento em latim de 106 e fragmentos aramaicos de cinco por cento provenientes de 11 mss de Qumran. Estudos importantes, com tradução para o inglês, foram feitos por M. A. Knibb (de um ms etíope; 2 vols.; Oxford, 1978) e especialmente por M. Black (de uma versão etíope modificada de modo crítico; SVTP 7; Leiden, 1985). Veja também *APOT* 2 (Charles); *AOT* (Knibb; *OTP* 1 (Isaac).

10 (b) *Conteúdo e datação*. O material reunido em *1Hen* é de Antiguidade e origem variada. Conforme se encontra preservado em etíope, o livro pode ser convenientemente dividido em cinco seções:

Seção 1 (caps. 1-36). Chamado por Syncellus "O livro dos vigilantes". Cinco mss fragmentários de Qumran (o mais antigo datado paleograficamente em 200-150 a.C.); provavelmente compostos no séc. III a.C. *Conteúdo:* Capítulos 1-5: visão introdutória do juízo final. Capítulos 6-16: corrupção dos seres humanos pelos "vigilantes" (Dn 4,13) ou anjos caídos – composto, outrora independente, pode antedatar a redação final de Gn 6,1-4. Capítulos 17-36: passeios cósmicos de Henoc, guiado por um anjo, que mostra o Xeol, o Jardim da Justiça e fenômenos astronômicos. Veja L. Hartman, *Asking for a Meaning: Study of 1 Henoch 1-5* (ConBNT 12, Lund, 1979); C. A. Newsom, *CBQ* 42 (1980) 310-29.

Seção 2 (caps. 37-71). "O livro das parábolas ou similitudes" – discursos refinados que contêm visões, profecias e poemas que informam Henoc sobre realidades celestiais. Nenhum ms em Qumran; nunca é citado pelos Padres; nenhuma prova de sua existência antes da versão etíope – daí a teoria de alguns de que seja um acréscimo cristão a *1Hen*. *Data:* Milik sugere 270 d.C. e dependência dos *Oráculos Sibilinos*; mas Charles e Stone argumentam a favor do séc. I a.C.; e Black, Collins, Knibb, Nickelsburg e Suter a favor do séc. I d.C. Uma tese sobre a origem judaica (Black: em hebraico) parece estar ganhando força. *Conteúdo:* Primeira parábola (caps. 38-44): o julgamento vindouro e alguns segredos astronômicos, inclusive um papel igual para o sol e a lua no cap. 41 (um fator que poderia ter ofendido a preferência de Qumran pelo sol). Segunda parábola (caps. 45-57): o Ancião de Dias e o Filho do Homem preexistente (→ 15 *abaixo*). Terceira parábola (caps. 58-69): a bem-aventurança dos santos e o julgamento pelo Eleito. Veja J. C. Greenfield e M. E. Stone, *HTR* 70 (1977) 51-65; M. Delcor, *EstBib* 38 (1978-80) 5-33; D. W. Suter, *Tradition and Composition in the Parables of Henoch* (SBLDS 47; Missoula, 1979).

Seção 3 (caps. 72-82). "O livro astronômico dos luminares celestiais". Quatro mss fragmentários em Qumran (o mais antigo datado paleograficamente em cerca de 200 d.C.) fazem parte de um relato mais longo que o preservado na versão etíope, provavelmente compostos no séc. III, constituindo, desse modo, o mais antigo material sobrevivente de Henoc. O cap. 80 prediz a desordem dos corpos celestiais no julgamento; o 82 contém um calendário solar semelhante ao de *Jub* (→ 18 *abaixo*) e ao de Qumran.

Seção 4 (caps. 83-90). "O livro dos sonhos". Quatro mss fragmentários em Qumran (o mais antigo datado paleograficamente em cerca de 125 a.C.); talvez compostos antes da morte de Judas Macabeu, em 161 a.C. (90,6-15; veja 2Mc 11,1-12). *Conteúdo:* Primeira visão em sonho (caps. 83-84) sobre o dilúvio que punirá o mundo. Segunda visão em sonho (caps. 85-90) com uma alegoria animal que abrange a história desde a criação até o final dos tempos – refere-se à Nova Casa de Jerusalém que substituirá a Antiga (90,28-29), a um touro branco no final (Messias? Segundo Adão?) e a um búfalo ou boi selvagem com chifres que é o primeiro entre todos (90,38).

Seção 5 (caps. 91-108). "A epístola de Henoc" é um composto. Dois mss fragmentários em Qumran, de 100 e 50 a.C., o último com um texto mais longo que o etíope, confirmando a suposição de Charles de que o Apocalipse das Semanas precisa ser reordenado (91,11-17 após 93,1-10). Embora Milik date o Apocalipse em cerca de 100 a.C., uma referência em *Jub* sugere 200-175 a.C. (Black, Collins, Nickelsburg) – talvez outrora independente, agora entre o material posterior. O ms mais antigo de Qumran contém parte dos caps. 104-7, inclusive o nascimento de Noé – talvez a conclusão original, visto que não há traço do 108 no grego ou aramaico. Veja F. Dexinger, *Henochs Zehnwochenapokalypse* (SPB 29; Leiden, 1977); M. Black, *VT* 28 (1978) 464-69; G. W. E. Nickelsburg, *JJS* 33 (1982) 333-48; J. C. VanderKam, *CBQ* 46 (1984) 511-23.

11 Há também fragmentos de Qumran de "O livro dos gigantes" (descendentes dos vigilantes), que, segundo Milik, era originalmente um dos cinco livros (o Pentateuco de Henoc). Ele sugere que, tendo sido substituída no grego e no etíope pelo "Livro das parábolas" (cristão), a seção "Gigantes" foi preservada apenas entre os maniqueus. Esta tese foi amplamente criticada – unida ao material restante de Henoc, "Gigantes" não era claramente um livro separado em Qumran. A estrutura de cinco livros pode ter surgido apenas na tradução para o grego, que implicou resumo e seleção.

12 (c) *Análise*. O Henoc Etíope (extraído do grego) reúne material henoquiano judaico que existira em aramaico (e hebraico?) em outras combinações e formas, composto entre 300 a.C. e 70 d.C. Embora partes dele tenham passado mais tarde por redação qumrânica e cristã, seções mais antigas tomaram forma antes das divisões sectárias judaicas do séc. II a.C. (Paralela, aqui, é a tradição apocalíptica de Daniel, originalmente maior que o Daniel bíblico e aproximadamente contemporânea com a literatura de Henoc.). Outras partes da lenda de Henoc, em combinação com elementos de *1Hen*, ou independentes deles, encontram-se refletidas em *2Hen*, *3Hen* e em escritos maniqueus. Ideias que se encontram nela (a descida de um revelador do céu) podem se assemelhar ou refletir no cristianismo, em *Poimandres*, no mito de Prometeu e em escritos gnósticos, às vezes em combinação com temas personificados da Sabedoria (→ Literatura sapiencial, 27:15-17). A rebelião dos vigilantes contra Deus e o pecado que ela produziu (uma história outrora independente de Henoc) é um paradigma da rebelião diagnosticada pelos autores em sua época. O dilúvio (daí as abundantes seções sobre Noé) e o futuro julgamento final são acontecimentos gêmeos. As descrições celestiais detalhadas têm a função religiosa de descrever lugares de bênção e punição eternas como parte da ordem estabelecida. O conhecimento revelado ao justo Henoc, que ascende ao *status* celestial, contrapõe-se ao conhecimento perverso transmitido por anjos que desceram indevidamente ao *status* terreno. Os justos na terra que aceitam a revelação de Henoc são um resto dentro do judaísmo; os reis desta terra (helenísticos e, mais tarde, romanos) se destacam entre os ímpios.

13 (d) *Ensinamentos importantes*. *1 Henoc* provavelmente é o livro mais importante dos pseudepígrafos para entender ideias do NT. Todavia, a natureza combinada da literatura significa que as posições teológicas contidas nos diferentes "livros" de *1Hen* não são sempre consistentes. Descrições da vida após a morte permitem *tanto* a geração de filhos *quanto* um tornar-se como os anjos (10,17; 51,4: cf. Mc 12,18-27). Há quatro destinos diferentes para graus variados de santidade e pecado (22,9-14), o que implica a sobrevivência do espírito até o julgamento, mais uma expectativa da ressurreição dos mortos. Diferentemente de Eclo 24,14, em *1Hen* 42 não há lugar na terra onde a

Sabedoria possa habitar, de modo que ela retorna a uma habitação no céu – isto dá à revelação transmitida a Henoc um *status* superior ao da Lei.

14 *Angelologia*. Em 54,6 Satã é aquele a quem os anjos maus estão sujeitos, mas mais de um anjo age como satã (plural: 40,7) ou adversário principal. Gadreel desencaminhou Eva (69,6); Semihazah é o líder dos vigilantes (6,3) que teve relações sexuais com mulheres e gerou os gigantes maus, enquanto Asael (8,1) revelou mistérios proibidos (*CBQ* 20 [1958] 427-33) aos homens, que usaram as armas daí resultantes para a guerra, e às mulheres, que usaram joias e cosméticos para seduzir. (Estas são formas variantes do pecado "original".). As forças poderosas do mal são contrabalançadas por uma miríade de anjos identificados pelo nome e, acima de tudo, arcanjos. Além dos três arcanjos "bíblicos" – Gabriel e Miguel de Dn 8,16; 10,13; Rafael de Tobias – Uriel é o guia do passeio celestial da Seção 3, enquanto que Fanuel (Seção 2) ocupa o quarto lugar em 54,6. Eles, e não Deus (Gn 6,5), detectam o mal na terra. Intercedendo junto ao Senhor dos senhores, é-lhes dito em 9-10 para amarrar Asael numa cova escura e julgar Semihazah e os gigantes, destruindo toda injustiça na terra (C. Kaplan, *ATR* 12 [1930] 423-37).

15 *Filho do Homem*. Em Dn 7,13-14 um "filho do homem" (homem ou anjo?), representando o povo piedoso de Israel, é apresentado sobre as nuvens ao Ancião de Dias, para receber o domínio e o reino. Em *1Hen* (Seção 2) "o Filho do Homem" é identificado com o Eleito e o Justo (= Servo de Is 42,1; 53,11), o Ungido do Senhor (Messias, 48,10; 52,4), que recebe o espírito de sabedoria (cf. Is 11). (O NT também combina figuras esperadas.). Três expressões etíopes diferentes são traduzidas por "Filho do Homem" em *1Hen*. Em 71,14 Henoc recebe este título, enquanto que em 48,2-4 o Filho do Homem é designado antes da criação e é a luz das nações. Ele é o juiz supremo (61,8), que destrói os perversos e governa sobre tudo (62,1-6), que se banqueteia com os justos no último dia (62,13-14). Estas concepções diversificadas talvez representem um desenvolvimento no qual Henoc se torna um anjo e a personificação da sabedoria de Deus. A datação controversa da Seção 2 deixa incerteza quanto a se esta é uma concepção pré-NT (e, desse modo, possivelmente conhecida de Jesus ou dos evangelistas). Veja J. Coppens, *Le Fils d'homme vétero- et intertestamentaire* (BETL 61; Louvain, 1983); também M. Black, *ExpTim* 88 (1976) 5-8; P. Grelot, *Sem* 28 (1978) 59-83.

(Barr, J., "Aramaic-Greek Notes on the Book of Henoch", *JSS* 23 [1978] 184-98; 24 [1979] 179-92; Black, M., *Apocalypsis Henochi Graece* [Leiden, 1970]. Milik, J. T., *The Books of Henoch, Aramaic Fragments of Qumrân Cave 4* [Oxford, 1976]. Nickelsburg, G. W. E., "The Books of Henoch in Recent Research", *RelSRev* 7 [1981] 210-17. VanderKam, J., *Henoch and the Growth of Apocalyptic Tradition* [CBQMS 16; Washington, 1984].)

16 (III) Livro dos Jubileus. Chamado de "O livro das divisões do tempo em seus jubileus e semanas" por CD 16,3-4, e também de *Pequeno Gênesis*, talvez seja idêntico ao *Apocalipse de Moisés* e (em parte) ao *Testamento de Moisés*. Embora se apresente como ditado a Moisés no Monte Sinai por um anjo da presença, *Jub* é, de fato, uma reformulação da história contida no trecho de Gn 1 a Ex 14. Às vezes ele copia literalmente, e em outros lugares omite seções ofensivas (a mentira de Jacó de que era Esaú) e amplia em estilo de midrásh, incorporando ordenanças legais, tradições populares e apocalípticas. Oradores expressam o ponto de vista do autor no livro.

17 (A) Texto, data e origem. O livro foi originalmente composto em hebraico (não em aramaico). Havia fragmentos de um ms hebraico em Massada (→ 123 *abaixo*) e de 11 mss. hebraicos entre a literatura de Qumran (que contêm os caps. 4, 5, 12, 23, 27, 35, 46; veja J. VanderKam, *Textual and Historical Studies in the Book of Jubilees*

[Missoula, 1977] 18-91). *Jubileus* foi traduzido para o grego (antes de 220 d.C., mas restam apenas citações patrísticas) e para o siríaco (em cerca de 500). Foi feita uma tradução para o latim a partir do grego (cerca de um quarto do livro, no séc. V [?]) e para o etíope (em cerca de 500). Apenas esta última preserva o livro todo e, como sabemos agora, com razoável precisão. A versão etíope foi editada por Charles com todas as evidências disponíveis na época (Oxford, 1885; comentário, 1902). Sua tradução para o inglês está publicada em *APOT* 2 (revisada por C. Rabin em *AOT*); veja agora a de O. J. Wintermute em *OTP* 2.

As mais antigas cópias de *Jub* em Qumran são datadas paleograficamente por F. M. Cross em cerca de 100 a.C., e as citações bíblicas contidas em *Jub* representam formas não-TM da Bíblia hebraica – um *status* que está em consonância com a Palestina do séc. II a.C. Aparentemente *Jub* foi escrito após as primeiras partes astronômicas de *1Hen* (veja 4,17), mas antes de partes da literatura de Qumran, pois era conhecido dos autores de CD, 1QapGen e 11QPs^a. Uma forte oposição às pressões da helenização (veja *abaixo*) é curiosamente combinada com a ausência de referência específica à profanação realizada por Antíoco Epífanes (→ História, 75:133), ou a uma ruptura com o restante de Israel. Isto se ajusta a 176-168 a.C. como data de composição (Albright, Nickelsburg), mas VanderKam (seguido por Wintermute) opta por 161-140, vendo referências às vitórias de Judas Macabeu em *Jub* 34; 38. O autor (que se valeu de tradições mais antigas) provavelmente fazia parte dos hassidins ou "piedosos" descritos em 1Mc 2,29-42; um grupo deles constituiu os ancestrais imediatos do movimento essênio de Qumran, enquanto outro acabou fluindo para o movimento fariseu.

18 (B) Tema básico. A característica mais notável de *Jub* é o interesse no calendário. O livro divide a história do mundo, desde a criação até a época da aliança no Sinai, em 49 períodos de 49 anos (um jubileu equivale a 49 anos, daí o nome), ampliando e retocando a narrativa de Gênesis dentro desta estrutura de calendário. O calendário anual básico pressuposto por *Jub* é um calendário solar de 364 dias (6,32 – 12 meses de 30 dias cada, e 4 dias intercalados). Este é um calendário fixo enraizado na ordem da criação revelada a Henoc (4,17; *1Hen* 72,1, por Uriel), onde cada ano e cada semana começa na quarta-feira, e as mesmas datas caem no mesmo dia da semana a cada ano.

A. Jaubert (*The Date of the Last Supper* [New York, 1965]) sustentou que este calendário solar era um calendário antigo, aparentemente usado pelos últimos redatores do Pentateuco, por Ezequiel e pelo cronista. Talvez originário do Egito, o calendário solar pode ter sido o calendário religioso pré-exílico, que permaneceu em uso no Templo até o período helenístico. (Contudo, na vida civil pós-exílica, o calendário solar foi substituído por um calendário lunar de origem babilônica.). Durante o período dos macabeus, o partido pró-helenístico tentou substituir o calendário solar no culto no Templo; Dn 7,25 se refere à tentativa de Antíoco Epífanes de mudar "os tempos" e a lei em cerca de 170 – o período de composição de *Jub*. Apesar de sua firme oposição aos helenistas, ao conquistarem o sumo sacerdócio (152), parece que os macabeus conservaram o calendário lunar recentemente introduzido. Como *Jub*, a comunidade de Qumran (essênios), que se separara do movimento macabeu em cerca de 150 (→ 99 *abaixo*), defendia firmemente o calendário solar.

19 *Jubileus* mostra desprezo pelas inovações helenísticas do início do séc. II a.C. ao insistir na observância do sábado (2,17ss.), das leis alimentares (6,7ss.; 7,31ss.) e da circuncisão (15,25ss.); também ao atacar a idolatria (20,7ss.), o casamento com estrangeiros (30,7-23) e a nudez praticada pelos gregos nas competições atléticas (3,31) – todas questões importantes que provocaram a reforma macabeia. A ênfase no amor fraternal é comovente (36,4: "Amai uns aos outros; ama teu irmão como um homem ama sua própria alma"), mas este amor fica estritamente dentro do judaísmo – os gentios impuros devem ser evitados (22,16).

20 O estilo básico do livro é midráshico, *i.e.*, embelezar o relato bíblico com histórias e lendas tradicionais (*p.ex.*, Jacó matou Esaú, 38,2) e infundindo-o com o espírito do judaísmo da época do autor. (Quanto a uma obra midráshica semelhante sobre Deuteronômio, veja DJD 1. 91-97.) Uma parte do material em *Jub* que não possui antecedente bíblico talvez advenha de tradição histórica perdida. Albright (*FSAC* 277) sugere que o relato das guerras dos reis amorreus contra Jacó em *Jub* 34 reflete a conquista hebraica da Palestina central e setentrional, não descrita em Josué.

21 (C) Ensinamentos importantes. Como Qumran, que tinha origem sacerdotal, *Jub* dá muita atenção à *tribo sacerdotal de Levi*. *Jubileus* 31,15 promete que os filhos de Levi "serão juízes e príncipes e chefes sobre todos os descendentes dos filhos de Jacó". A reivindicação do poder civil e do religioso reflete a situação no período pós-exílico tardio, quando o sumo sacerdote era efetivamente o governante de Israel (embora sob os macabeus e sob os hasmoneus este poder régio tenha se tornado mais explícito). Não há referência em *Jub*, contudo, a um messias sacerdotal; a única referência a uma figura messiânica é a um príncipe que descende de Judá (31,18). *Jubileus* coloca mais ênfase na salvação por meio da observância da lei (23,26-29) do que num libertador messiânico.

22 A *angelologia* não é tão proeminente como a de *1Hen* (→ 14 *acima*). Não são dados os nomes pessoais de anjos, mas distinguem-se várias classes deles. Há duas classes superiores: anjos da presença e anjos de santificação; há também uma classe inferior colocada sobre as forças da natureza (2,2; 15,27). Como em Daniel e *1Hen*, existem vigilantes (tanto bons quanto maus, 4,15.22). *Jubileus* 35,17 menciona que Jacó tinha um anjo da guarda. Como em *1Hen*, os anjos maus fornicaram com mulheres (4,22ss.), e o mal na terra remonta a este pecado. Mastema (Satã) é o governante de um reino organizado de anjos maus (10,8-9). Espíritos governam as nações e as desencaminham, mas somente Deus governa Israel (15,31-32).

23 Quanto à *vida após a morte*, enfatiza-se não a ressurreição do corpo, mas a imortalidade da alma (23,31): "Seus ossos repousarão na terra, mas seus espíritos terão muito júbilo." Esta é a mais antiga atestação na Palestina da ideia de uma "imortalidade" após a morte, um conceito que Sb 2,23ss mostra ter circulado entre os judeus alexandrinos contemporâneos.

24 Se o judaísmo rabínico sustenta tanto uma lei escrita (Pentateuco) quanto uma lei oral (por fim a Mishná), a lei em *Jub* é considerada eterna, escrita em tabuletas celestiais (1,29; 3,31; 6,17). O sábado (e aparentemente a circuncisão também!) é obrigatório para os anjos desde a criação (2,18-21; 15,26-28). A revelação consiste meramente em tornar conhecida a lei que é a verdade eterna. O próprio livro de *Jub* contém esta lei perfeita e completa (33,16). Contudo, o autor de *Jub* enuncia leis individuais diferentes das do Pentateuco (e das da Mishná). Por exemplo, no tocante à punição por assassinato, a idade do casamento e a nudez, *Jub* reflete um espírito legal mais rigoroso comparável ao de Qumran. Em C. Rabin, *The Zadokite Documents* (2ª ed.; Oxford, 1958) 85-86, encontramos uma impressionante lista de paralelos entre *Jub* e CD de Qumran.

(BERGER, K., *Das Buch der Jubiläen* [Gütersloh, 1981]. DAVENPORT, G. L., *The Eschatology of the Book of Jubilees* [SPB 20; Leiden, 1971]. DENIS, A. M., e Y. JANSSENS, *Concordance Latine du Liber Jubilaeorum* [Louvain, 1973]. ENDRES, J., *Biblical Interpretation in the Book of Jubilees* [CBQMS 18; Washington, 1981]. TESTUZ, M., *Les idées religieuses du livre des Jubilés* (Genève, 1960]. VANDERKAM, J., "Henoch Traditions in Jubilees...", *SBLASP* [1978] 229-51].

25 (IV) Testamentos dos Doze Patriarcas. A forma literária do testamento ou discurso de despedida era bem conhecida no judaísmo e no mundo helenístico, *i.e.*, um discurso feito por personagens famosos pouco antes de sua morte, no qual eles deixam um legado, espiritual ou material, para os filhos ou seguidores. Com frequência o legado é completado a partir do conhecimento de um autor posterior acerca do que aconteceu exatamente às pessoas que receberam o legado. A relação de testamento com aliança é importante (veja K. Baltzer, *The Covenant Formulary* [Philadelphia, 1971] 137-63; também J. Munck em *Aux sources de la tradition chrétienne* [Festschrift M. Gouguel; Neuchâtel, 1950] 155-70; A. B. Kolenkow, *JSJ* 6 [1975] 57-71). A bênção de Moisés sobre as tribos em Dt 33 e o último discurso de Jesus em Jo 13-17 são outros exemplos de testamentos. (Sobre testamentos, veja *EJMI* 259-85.). O padrão imediato aqui é a bênção de Jacó sobre seus 12 filhos (= patriarcas) em Gn 49. Os *Test12Patr* apresentam o testamento de cada um desses 12 a seus próprios filhos.

Ele encontra-se preservado em cerca de 20 manuscritos gregos, nenhum anterior a 900. Uma edição crítica em grego de M. de Jonge *et al.* (PVTG I,2; Leiden, 1978) supõe que a mais curta das duas tradições textuais seja frequentemente derivada da mais longa por meio de editoração – uma opinião muito diferente da edição grega de R. H. Charles (Oxford, 1908), que favoreceu o texto mais curto e postulou que o grego refletia duas recensões hebraicas diferentes. Uma tradução para o armênio nos sécs. VI a X se encontra em uns 50 mss, nenhum anterior ao séc. XIII, que representam quatro tipos diferentes de texto. De Jonge pensa que a edição armênia frequentemente abreviava a grega e não deve ser usada para reconstruir um original mais curto. (Cf. M. Stone, *RB* 84 [1977] 94-107.). A citação cristã mais antiga se encontra em Orígenes; assim, os *Test12Patr* em grego já existiam por volta de 200 d.C. Comentários importantes: H. W. Hollander e M. de Jonge (SVTO 8 Leiden, 1985); tradução para o inglês: *APOT* 2 (Charles); *AOT* (de Jonge); *OTP* 1 (Kee).

26 (A) Composição. Fragmentos de um *Documento de Levi* em aramaico foram encontrados na Geniza do Cairo (→ Textos, 68:43) e em Qumran (*RB* 72 [1955] 398-406); eles têm paralelos com *inserções* num manuscrito grego dos *Test12Patr* do Monte Atos. Este *Levi* aramaico era mais longo que o *TestLevi* nos *Test12Patr*, mas pode tê-lo contido. (Veja J. C. Greenfield e M. E. Stone, *RB* [1979] 214-30). Um fragmento hebraico de um *Documento de Neftali* também estava em Qumran, e Milik, com base em indícios discutíveis, quis detectar outros fragmentos referentes a Judá e José. Estes vários fragmentos, alguns dos quais talvez representem obras pré-qumranianas, eram de testamentos ou de outro tipo de literatura patriarcal (*p.ex.*, *Levi* se relaciona com escritos sacerdotais)? Eles favorecem a probabilidade de que os *Test12Patr* fossem um escrito judaico pré-cristão (em grego [Brecker, Kell] ou em hebraico [Charles]) editado por cristãos? Ou representam o tipo de fontes usadas (direta ou indiretamente mediante uma tradução para o grego) pelos autores cristãos dos sécs. I e II que compuseram os *Test12Patr* em grego (segundo de Jonge)? As respostas a estas perguntas afetam o valor dos *Test12Patr* para o estudo *bíblico*. Dois fatos são certos: não foi encontrado nenhum original semítico dos *Test12Patr* atuais; a forma atual possui elementos judaicos e cristãos, embora estes últimos sejam geralmente menos encontrados em escritos cristãos do séc. II. As seções individuais diferem umas das outras quanto ao estilo e à teologia (o *TestLevi* é mais apocalíptico; os *TestJudá* e *TestJosé* são mais narrativos; o *TestAser* é mais dualístico – como a literatura de Qumran). É mais seguro relatar a respeito da *obra existente como um todo*, mesmo que continuemos incertos quanto a se toda esta obra era redação judaica antiga com redação cristã, ou uma composição cristã posterior a partir de fontes judaicas.

27 (B) Conteúdo. Com uma exceção ocasional, os 12 testamentos seguem um padrão claro ao relatar as últimas palavras de cada um dos filhos de Jacó a seus filhos: (1) uma rubrica que descreve o patriarca moribundo, geralmente indicando sua idade; (2) um relato pseudo-histórico da vida, provação e visões do patriarca; (3) uma seção parenética muito importante que recorre àquela vida para advertir os filhos contra o mal e incentivar a virtude, sendo José particularmente virtuoso. A ética elevada, comparável à de Eclo e 4Mc, não está isenta de problemas: todas as mulheres são más no *TestRuben* 5,1; 6,1; e a abstinência sexual é superior no *TestIssacar* 2,1; *TestJosé* 6,7 (quanto à ética, veja H. W. Hollander em *Studies* 47-104 de Nickelsburg [ed.]; H. C. Kee, *NTS* 24 [1977-78] 259-71); (4) uma conclusão que instrui os filhos para o futuro – com frequência isto implica uma referência à obediência a Levi e Judá e à vinda do sumo sacerdote e Messias, ou uma referência à apostasia, punição ou exílio, e retorno; (5) uma rubrica sobre a morte do patriarca. A consistência do formato sugere uma editoração ou composição maciça feita por uma única mão.

28 O material cristão é proeminente. O *TestBenjamim* 10,8 diz sobre o Senhor: "Quando ele apareceu como Deus na carne para libertá-los, eles não creram nele". O *TestLevi* 14,2 fala dos principais sacerdotes, "que colocarão suas mãos [violentamente] sobre o Salvador do mundo". O *TestSimeão* 6,7 diz que Deus assumira um corpo e comerá com pessoas e salvará pessoas. Algum material outrora considerado cristão, contudo, pode ser de origem judaica intertestamentária (agora conhecido, por exemplo, em Qumran), mas com paralelos no NT, *p.ex.*, a menção do pão e do vinho no *TestLevi* 8,4-5 (veja Charles, *APOT* 2. 392; M. Philonenko, *Les interpolations chrétiennes des Testaments des Douze Patriarches* [Paris, 1960]). A importância de se saber se algumas afirmações refletem o judaísmo pré-cristão é muito grande, *p.ex.*, a referência ao conquistador de Judá como um cordeiro (*TestJosé* 19,8). Poderíamos ter um antecedente notável para a doutrina de Jesus sobre o perdão (Mt 18,15) se a passagem em *TestGad* 6,3 for pré-cristã: "Amai-vos uns aos outros de coração. Se alguém pecar contra ti, fala pacificamente a ele. [...] Se ele se arrepender e confessar, perdoa-o." O *TestDã* 5,3 diz: "Amai ao Senhor vosso Deus por toda a vossa vida, e uns aos outros com um coração verdadeiro" (cf. Mc 12,30-31).

29 (C) Ensinamentos importantes. Em certas partes, o *Test12Patr* aparentemente apoia a expectativa de *dois Messias*. Há referências tanto a um esperado sumo sacerdote ungido descendente da tribo de Levi (*TestRúben* 6,7-12) quanto a um esperado rei ungido de Judá (*TestJudá* 24,5-6). O *TestJudá* 21,2ss. concede supremacia ao Messias levítico. Charles atribuiu estas expectativas aos diferentes estágios de composição, mas a partir de Qumran temos agora indícios de expectativas simultâneas de dois Messias, um sacerdotal e um régio (→ 117 *abaixo*). O nível cristão final dos *Test12Patr* fundiu estas duas figuras em uma – Cristo (*TestJosé* 19,6; *TestSimeão* 7,8). Veja G. R. Beasley-Murray, *JTS* 48(1947) 1-47; M. Black, *ExpTim* 60 (1949) 321-22. Visto que M. de Jonge trabalha com a forma final dos *Test12Patr*, na qual a figura de Jesus Cristo é tanto sacerdotal quanto régia, ele rejeitou a tese de que, tomada em si mesma e sem reconstrução histórica, a obra tem uma teoria de dois messias (in *Tradition and Interpretation* [Festschrift J. C. Lebram; ed., J. W. von Henten *et al.*; Leiden, [1986] 150-62).

30 Há uma *demonologia* bem desenvolvida. Beliar (mutação de "Belial" – no AT um substantivo abstrato que significa "indignidade") é o líder personificado das forças do mal e um adversário de Deus. Ele é o senhor das trevas (*TestJosé* 20,2). No fim, o sumo sacerdote de Levi guerreará com ele (*TestDã* 5,10), o amarrará e pisoteará os espíritos maus (*TestLevi* 18,2) que serão lançados no fogo eterno (*TestJudá* 25,3).

As semelhanças com a demonologia do NT são óbvias, e "Beliar" também aparece como nome para designar Satã em Qumran e em 2Cor 6,15. Em outras partes dos *Test12Patr*, as forças que se opõem são espíritos internalizados da verdade e do erro (*TestJudá* 20,1) ou dois impulsos (*TestAser* 1,3-5).

Quanto à *ressurreição* dos justos, eles ressuscitarão à direita em alegria, enquanto que os perversos estarão à esquerda (*TestBenjamim* 10,6-8). Os justos residirão na Nova Jerusalém (*TestDã* 5,12), embora não esteja claro se ela está na terra ou no céu. Veja *TestJudá* 25,1-5; *TestZabulon* 10,2.

31 (D) Outros materiais testamentários. O midrásh hebraico *Wayyisa'u* tem paralelos importantes com *TestJudá* 2ss. Existe um *TestNeftali* hebraico medieval, mas não é idêntico a esta seção dos *Test12Patr*. Outros testamentos antigos são: *TestJó* (grego, 100 a.C a 100 d.C.); *TestAbraão* (não é de fato um discurso de despedida; grego, 100 d.C.); e *TestMoisés* ou *AsMos* (→ 49 *abaixo*). Um pouco posteriores são: *TestIssacar*, *TestJacó*, *TestSalomão* e *TestAdão*. Veja *APOT* 1. 829-995; *AOT* 393-452; 617-48; 733-52; *OTP* 1. 829-995.

(BECKER, J., *Die Testamente der zwölf Patriarchen* [JSHRZ 3.1; 2ª ed.; Gütersloh, 1980]. DE JONGE, M., *Studies on the Testaments of the Twelve Patriarchs* [SVTP 3; Leiden, 1975]; "The Main Issues in the Study of the Testaments...", *NTS* 26 [1979-80] 508-24. HULTGÅRD, A., *L'Eschatologie des Testaments des Douze Patriarches* [2 vols.; Uppsala, 1971]. NICKELSBURG, G. W. E. (ed.), *Studies in the Testament of Joseph* [SBLSCS 5; Missoula, 1975]. SLINGERLAND, H. D., *The Testaments of the Twelve Patriarchs: A Critical History of Research* [SBLMS 21; Missoula, 1977].)

32 (V) (Carta de) Aristeias a Filócrates. Até aqui tratamos de apócrifos plausivelmente palestinenses pré-cristãos; as próximas obras expostas aqui mudam o cenário para a Diáspora dos judeus que viviam fora da Palestina, especialmente para a grande colônia em Alexandria e seus apócrifos pré-cristãos. Na Bíblia (deuterocanônica) em si, há tentativas alexandrinas de justificar a lei e a sabedoria judaicas como uma forma de filosofia superior ao pensamento grego (Sabedoria, 2 Macabeus); as obras apócrifas que consideraremos agora representam outras tentativas judaicas de obter tolerância, aceitação ou *status* no sofisticado mundo helenístico.

33 *Aristeias* se apresenta como um livro pequeno (não é uma carta, apesar do nome frequentemente dado a ele) escrito em grego a "seu irmão" Filócrates por Aristeias, um cortesão gentílico do soberano egípcio Ptolomeu II Filadelfo (285-246). Na verdade, o autor foi um judeu que escreveu pelo menos um século mais tarde (séc. II a.C.) a outros judeus. Um texto grego crítico, traduzido para o francês com notas, foi publicado por A. Pelletier (SC 89; Paris, 1962). Existem traduções para o inglês em *APOT* 2, *OTP* 2; M. Hadas (JAL; New York, 1951). Bibliografia em *HJPAJC* 3/1. 686-87.

A história, que diz respeito à origem lendária da tradução grega do Pentateuco, será contada em referência à LXX (→ Textos 68:63); veja também S. Jellicoe, *JTS* 12 (1961) 261-71. É uma lenda que obteve considerável predileção na tradição judaica (Filo e Josefo) e cristã posterior. *Aristeias* era popular em círculos cristãos porque ajudava a mostrar a origem miraculosa da LXX, a Bíblia cristã. Para dar cor à sua narrativa ficcional, o autor provavelmente se valeu de fontes que lhe davam algum conhecimento sobre o pano de fundo egípcio no séc. III. Veja N. Meisner, *Untersuchungen zum Aristeasbrief* (2 vols.; Berlin, 1972); O. Murray, StudP 12 (1975) 1. 123-28.

34 (VI) Literatura macabeia. Além dos deuterocanônicos 1 e 2 Macabeus, há dois livros não canônicos que trazem o nome dos macabeus. Compostos originalmente em grego, o texto de ambos se encontra no Códice Alexandrino da LXX (→ Textos, 68:96); 4 Macabeus aparece no Códice Sinaítico; nenhum dos dois está na Vulgata. O texto grego está reproduzido na *Septua-*

ginta vol. 1 de Rahlfs, e com uma tradução para o inglês e notas no volume de M. Hadas na série JAL (New York, 1953). Há uma tradução de 3 Macabeus em *APOT* 1 (Emmet), uma de 4 Macabeus em *APOT* 2 (Townshend) e de ambas em *OTP* 2 (Anderson); também nos Apócrifos da *RSV* (desde 1977).

35 **(A) 3 Macabeus** ou *Ptolemaica*. A designação "Macabeus" é incorreta porque toda a ação ocorre no séc. III a.C., 50 anos antes da revolta macabeia. O livro relata três incidentes na luta entre o rei egípcio Ptolomeu IV Filopátor (221-203) e os judeus. *Primeiro* (1,1-2,24), após sua vitória sobre os sírios em Ráfia (217), Ptolomeu tenta profanar o Templo de Jerusalém, mas fica sem sentido por causa da intercessão do sumo sacerdote Simão II (219-196). Isto é semelhante à história sobre o general sírio Heliodoro no Templo, no ano de 176, contada em 2Mc 3. *Segundo* (2,25-33), Ptolomeu insiste que todos os cidadãos de Alexandria sacrifiquem aos deuses, e os judeus que se recusarem perderão sua cidadania, serão marcados a ferro e registrados como escravos. Apenas uns poucos judeus aquiescem. Tentativas semelhantes de helenizar os judeus sob o domínio sírio aparecem em 2Mc 4,9; 6,1-9. *Terceiro* (3-7), no hipódromo de Alexandria, o rei tenta matar os judeus cujas casas ficam no interior do Egito, mas eles são poupados mediante acontecimentos fantásticos (um dos episódios envolve elefantes bêbados!). O rei se arrepende, oferece uma festa aos judeus e os envia para casa. A relação com a história de Ester é óbvia.

Embora o autor tenha tido acesso a algum material histórico sobre Ptolomeu IV e talvez recorde uma perseguição – não mencionada em nenhuma outra parte – dos judeus no Egito durante aquele reinado, grande parte do material é lendário, proveniente de variantes de histórias helenísticas (*p.ex.*, Est, 2Mc) e moldado no padrão de um romance grego (*p.ex.*, de Chariton). O livro foi composto em grego, no séc. I a.C., por um judeu alexandrino para incentivar seus compatriotas (em face das dificuldades esperadas da parte dos romanos?) e como pano de fundo para uma festa semelhante ao Purim. A obra foi pouco usada pelos cristãos.

36 **(B) 4 Macabeus** ou *Sobre a supremacia da razão* (falsamente atribuído, sob este título, a Josefo). Este livro é um discurso filosófico ou "diatribe" sobre a supremacia da razão religiosa sobre as paixões e sofrimentos humanos. Ele começa dizendo: "Inteiramente filosófico é o assunto que vou expor". No cap. 1 o autor explica sua tese geral; a seguir conta histórias do AT e da história judaica para ilustrar o aspecto que pretende destacar, *p.ex.*, José venceu o apetite sexual no incidente com a esposa de Potifar; Moisés venceu a ira. Nos caps. 5-6 e 8-18 ele narra duas histórias de martírio (Eleazar; a mãe com sete filhos), ilustrando como velhos e jovens venceram o sofrimento para ganhar a imortalidade. O fato de que estas histórias de 2Mc 6-7 constituem três quartos de 4Mc explica o título.

A genuinidade de trechos de 4Mc (17,23-24;18,6-19) foi questionada, mas a obra como um todo foi composta em grego por um judeu da Diáspora (Antioquia? Alexandria?) no início do séc. I d.C., provavelmente em cerca de 40. O autor valeu-se de 2Mc e, possivelmente, também de Jasão de Cirene (a fonte de 2Mc). As histórias bíblicas são consideravelmente embelezadas, e o estilo de toda a obra é declamatório. Aparentemente o propósito era recordar mártires judeus, talvez para uma festa anual em honra deles. Juntamente com Sab e Filo, é um excelente exemplo de como o pensamento e a moralidade judaicos tradicionais foram moldados em padrões filosóficos gregos (veja P. Redditt, *CBQ* 45 [1983] 249-70), e como um sistema como o estoicismo era considerado deficiente aos olhos judaicos. Encontramos em 4Mc 6,27-29 uma magnífica ilustração da teologia do sofrimento vicário no martírio (A. P. O'Hagan, *SBFLA* 24 [1974] 94-120). Esta obra ofereceu incentivo à prática da igreja de honrar a memória dos mártires cristãos, e foi citada de modo favorável por muitos Padres. Há uma paráfrase em latim, *Passio ss. Machabeorum* (aproximadamente do séc. IV).

37 (VII) Oração de Manassés. Preservado em grego nas *Constituições Apostólicas* e no Códice Alexandrino, esta obra nos encaminha para o campo da literatura devocional. A Oração de Manassés é um belo salmo penitencial de 15 versos, e em alguns manuscritos gregos aparece como um dos cânticos anexados aos Salmos. É uma tentativa pseudônima de completar a oração do rei Manassés (687-642) mencionada em 2Cr 33,11-13; de fato, em Bíblias latinas ela foi frequentemente colocada no final de 2Cr. A justiça e o misericordioso perdão de Deus exaltados aqui seriam muito necessários para o ímpio Manassés (→ Cronista, 23:77).

A piedade é a do judaísmo incipiente, semelhante à deuterocanônica Oração de Azarias (Dn 3,24-90). Embora não seja impossível um original semita, a maioria postula uma composição em grego feita por um judeu no séc. I a.C ou d.C. Nossa forma mais antiga existente está nas *Didascálias* sírias do séc. III. Ausente dos mss antigos da Vulgata, a Oração de Manassés aparece em Vulgatas medievais e é um suplemento na Vulgata Sixto-Clementina (após Trento deixar de listá-la como canônica). Thomás de Aquino a relacionou com o sacramento da Penitência, e Lutero a propôs como modelo de súplica. Para os protestantes, ela é um dos "Apócrifos", embora não fizesse parte da LXX. Charlesworth a traduz do siríaco em *OTP* 2. 626-33.

38 (VIII) Literatura de Esdras. O destino canônico de 1 e 2 Esdras foi semelhante ao da Oração de Manassés. Os títulos dos vários livros de Esdras são confusos. (O nome hebraico do escriba bíblico *'Ezrā'* aparece como Esdras em grego e latim.). *Na Bíblia Hebraica* havia originalmente um livro de Esdras, que continha o que agora são os livros canônicos de Esdras e Neemias. Foi apenas na Idade Média que manuscritos hebraicos começaram a separar este material em dois livros. *Na LXX*, representada nos Códices Alexandrino e Vaticano, existem dois livros de Esdras: Esdras A – um livro que veio a ser considerado apócrifo (nosso 1 Esdras *abaixo*); Esdras B – uma versão em grego do Esdras/Neemias canônico da Bíblia Hebraica.

Em *latim* existem quatro livros de Esdras:

I Esdras – Esdras canônico

II Esdras – Neemias canônico

"Esdras" e "Neemias", a designanação padrão em português destes livros, está sendo aceita atualmente pelos católicos. "Esdras" continua designando os Apócrifos.

III Esdras – o apócrifo que é o Esdras A na LXX (1 Esdras *abaixo*).

IV Esdras – um outro apócrifo (2 Esdras *abaixo*); a parte apocalíptica deste apócrifo também é conhecida como 4 Esdras.

39 (A) 1 Esdras (o Esdras A da LXX; o III Esdras da versão latina). O principal texto deste livro está em grego e se encontra em todas as edições modernas da LXX. A forma em latim, na Vulgata Sixto-Clementina, é uma tradução da Latina Antiga a partir do grego. Há também uma tradução siríaca do grego. Para a tradução para o inglês, veja os Apócrifos da *RSV* e também *APOT* 1 (Cook).

Em resumo, este livro contém o material de 2Cr 35-36, do Esdras canônico e de Ne 7-8 (1 Esdras e o Esdras canônico apresentam seus materiais em ordem diferente). No passado pensou-se que se tratasse de uma tradução livre do material bíblico do TM; 1 Esdras é agora geralmente considerado a tradução original da LXX de uma edição revisada hebraica de Esdras/Neemias, diferente do Esdras/Neemias do TM. (Quanto a este fenômeno na mais antiga tradição da LXX, → Textos, 68:68.). Neste caso o Esdras B da LXX, que está mais próximo do TM, representa uma edição revisada posterior da LXX (→ Textos, 68:69-77). Esta explicação deixa claro por que 1 Esdras (final do séc. II a.C.?) precede Esdras B nos Códices Alexandrino e Vaticano.

Parece que 1 Esdras gozava de maior popularidade do que Esdras B entre os que citavam a Bíblia grega. Josefo o usou, e parece que os primeiros Padres da Igreja o consideravam Escritura. De fato foi Jerônimo, com seu amor pela Bíblia Hebraica, que estabeleceu o precedente para a rejeição de 1 Esdras porque não estava de acordo como o Esd/Ne hebraico. Ele contém pouca coisa que não esteja no Esd/Ne canônico, exceto a história em 3,1-5,6, que narra uma competição entre três pagens judaicos na corte persa de Dario (520 a.C.). Zorobabel venceu: seu prêmio foi a permissão de levar os judeus de volta para Jerusalém. A história, em sua forma presente (cerca de 100 a.C.?), talvez tenha sido adaptada de uma narrativa pagã (→ Cronista, 23:83), talvez em aramaico. O triunfo de um sábio judaico numa corte pagã lembra Dn 1-6.

(Tradução para o inglês: *APOT* 1 [Cook]; Apócrifos da *RSV*. Coggins, R. J., e M. A. Knibb, *The First and Second Books of Esdras* [CBC NEB; Cambridge, 1979]. Klein, R. W., "Old Readings in 1 Esdras", *HTR* 62 [1969] 99-107. Muraoka, T., *A Greek-Hebrew/Aramaic Index to 1 Esdras* [SBLSCS 16; Chicago, 1984]. Myers, J. M., *I and II Esdras* [AB 42, Garden City, 1974]. Pohlmann, K.-F., *3. Ezra-Buch* [JSHRZ 1.5; Gütersloh, 1980].)

40 **(B) 2 Esdras** (o IV Esdras da Vulgata). Esta é uma obra composta de três partes independentes que datam do final do séc. I ao séc. III d.C. Toda a obra foi preservada apenas em latim e se encontra no apêndice da Vulgata Sixto-Clementina. 2 Esdras nada tem a ver com a narrativa do Esd/Ne canônico e é pseudepígrafo.

Seção Um (caps. 1-2). Esta é claramente uma obra cristã, composta em grego, provavelmente no séc. II d.C., para servir de introdução à Seção Dois *abaixo*. Ela existe apenas em latim. Na narrativa, Deus fala a Esdras e repreende o povo judeu pela infidelidade no passado. Refletindo o tema do NT, Deus promete que rejeitará Israel e se voltará para os gentios. Aparentemente falando à igreja (2,15), Deus lhe dá instruções sobre como cuidar de seu novo povo. "Repouso eterno" e "luz eterna" são prometidos em 2,34-35 – a fonte das expressões usadas na liturgia fúnebre da igreja –, e a imortalidade é a recompensa das pessoas que confessam o Filho de Deus (2,47). Veja G. N. Stanton, *JTS* ns 28 (1977) 67-83.

41 *Seção Dois* (caps. 3-14). Este é o *Apocalipse de Esdras*, geralmente chamado de 4 Esdras. De longe a mais importante parte de 2 Esdras, ela é uma obra judaica de cerca de 90-120 d.C. Os textos hebraicos ou aramaicos originais se perderam, bem como a versão grega, que presumivelmente foi a base para todas as traduções antigas existentes. A tradução em latim é a mais importante, publicada por B. Violet (Garden CityS 18/1; Leipzig, 1910) e por A. F. J. Klijn (TU 131; Berlin, 1983). As traduções siríaca (ed. R. J. Bidawid na Peshita de Leiden 4.3 [1973]), a armênia (M. E. Stone, Armenian Texts 1 da Universidade da Pensilvânia; Missoula, 1979) e a etíope também são de valor. Quanto à questão da língua original, veja J. Bloch, *JQR* 48 (1958) 279-84. Questionou-se a unidade da obra, mas provavelmente sem razão; veja Rowley, *Relevance* 156-59; E. Breech, *JBL* 92 (1973) 267-74; M. E. Stone, *JBL* 102 (1983) 229-43. A obra contém sete cenas (diálogos e visões) que envolvem Salatiel (cf. Esd 3,2 e 1Cr 3,17, o pai ou tio de Zorobabel), que é identificado na glosa de 3,1 como Esdras (que, de fato, viveu pelo menos um século mais tarde!). Assim, a obra situa erradamente Esdras 30 anos após a queda de Jerusalém, em 587. Os primeiros quatro diálogos (caps. 3-10) dizem respeito ao problema do mal, aos sofrimentos de Israel, ao plano de Deus para os últimos tempos e à Nova Jerusalém. A verdadeira crise na vida do autor, para a qual ele encontra um paralelo em seu ambiente fictício, é a destruição de Jerusalém pelos romanos em 70 d.C. A fascinante história do texto latino perdido após 7,35 é contada por B. Metzger em *JBL* 76 (1957) 153-56. A quinta cena, ou visão de "águia" dos caps. 11-12, usa simbolismo para descrever os perseguidores romanos dos judeus, da maneira como o contemporâneo Apocalipse do NT descreve Roma como um dragão. Na sexta visão (cap. 13), um Homem maravilhoso emerge do mar – é o Messias preexistente que vem para travar guerra contra os gentios. Esta passagem tem algumas semelhanças com a descrição do Filho do Homem em *1 Henoc* (→ 15 *acima*). Veja G. K. Beale, *NovT* 25 (1983) 182-88. Na sétima visão (cap. 14), Esdras recebe ordens para escrever os 24 livros do AT e os 70 livros ocultos (os Apócrifos). Esdras é elevado ao céu. Este livro dá continuidade à corrente apocalíptica judaica que se estende de Daniel e Henoc, passando pela literatura de Qumran, até a literatura de Baruc.

(Tradução para o inglês de 2 Esdras: *OTP* 1 (METZGER); Apócrifos da *RSV*. Apenas de 4 Esdras: *APOT* 2 (Box). Além das de COGGINS e MYERS sob o § 39 acima: BRANDENBURGER, E., *Die Verborgenheit Gottes im ... 4 Esrabuch* [ATANT 68; Zürich, 1981]. SCHREINER, J., *Das 4. Buch Esra* [JSHRZ 5.4; Gütersloh, 1981]. THOMPSON, A. L., *Responsibility for Evil in the Theodicy of IV Ezra* [SBLDS 29; Missoula, 1977].)

42 *Seção Três* (caps. 15-16). Esta é uma conclusão cristã, talvez do séc. III d.C., acrescentada às partes acima. Restam apenas três versículos dos 15 do original grego; a versão em latim é a única existente. O tema diz respeito ao julgamento de Deus contra as nações, especialmente contra Roma.

43 (IX) Literatura de Baruc. Assim como Esdras, anacronisticamente antedatado à queda de Jerusalém (587), tornou-se o herói da apocalítpica pseudonímica escrita após a queda de Jerusalém diante dos romanos (70 d.C.), também o foi Baruc, secretário de Jeremias, que pelo menos foi datado corretamente. Além do livro deuterocanônico de Baruc (1Br), existem livros apócrifos, dentre os quais dois são de maior importância.

44 (A) 2 Baruc, ou *Apocalipse siríaco de Baruc*. Toda a obra era conhecida em apenas um manuscrito de uma versão siríaca, feita a partir de uma versão grega perdida (os Papiros de Oxirrinco contêm um fragmento grego dos caps. 12-14). Recentemente foi descoberta uma tradução árabe livre, baseada na siríaca, no monastério do Sinai (nº 589). Alguns encontram uma citação de 2*ApBar* em *Barn* 11,9. Traduções para o inglês: *APOT* 2 (Charles); *AOT* (Brockington); *OTP* 1 (Klijn). Traduções para o francês: P. Bogaert (2 vols.; SC 144-45; Paris, 1969). Quanto ao texto, veja B. Violet (Garden CityS 18/2; Leipzig, 1924) e S. Dedering na Peshita de Leiden 4.3 (1973). A maioria data este apocalipse judaico em 95-120 d.C., sendo que alguns postulam uma dependência literária de 4Esd, outros de uma fonte comum. Charles e outros propuseram um original hebraico, mas Bogaert pensa em um original grego. Charles postula seis fontes separadas anteriores a 70 d.C., algumas pessimistas e outras otimistas quanto ao destino de Israel; de modo crescente, contudo, os pesquisadores optam pela unidade literária e um plano coerente. Na obra, que consiste de sete partes, Baruc jejua sete vezes após a queda de Jerusalém, lamenta, profere advertências proféticas e recebe três visões que explicam a tragédia. Os caps. 78-87 contêm uma carta aos judeus dispersos que enfatiza a obediência aos ditames de Deus – uma carta que tinha *status* bíblico entre os cristãos sírios e existe em 36 cópias siríacas. 4 Esdras e 2*ApBar* apresentam respostas judaicas diferentes à conquista romana de Jerusalém, da mesma forma que uma resposta cristã é dada pelo Apocalipse (outra coletânea de profecias, visões apocalípticas e cartas).

(MURPHY, F. J., *The Structure and Meaning of Second Baruch* [SBLDS 78; Chico, 1985]. SAYLER, G. B., *Have the Promises Failed?* [SBLDS 72; Chico, 1984].)

45 (B) 3 Baruc, ou o *Apocalipse grego de Baruc*. M. R. JAMES publicou um manuscrito grego em 1899; um segundo ms contribuiu para a edição de J.-C. Picard (PVTG 2; Leiden, 1967). Duas versões eslavas em 12 manuscritos são extraídas do grego (ed. H. E. Gaylord). Traduções para o inglês: *APOT* 2 (Hughes); *AOT* (Argyle); *OTP* 1 (Gaylord, do grego e do eslavo). Tradução para o alemão de ambos de W. Hage (JSHRZ 5.1; Gütersloh, 1974). A obra foi composta em grego, talvez no Egito, entre 70 e 150 d.C. James considerou a obra cristã, mas a maioria defende uma interpolação e/ou edição cristã de uma composição basicamente judaica. Há paralelos com *2Hen* e *Paralipômenos de Jeremias*. Na referência de Orígenes (*De principiis* 2.3.6), ele menciona a passagem de Baruc por sete céus (veja 2Cor 12,2), mas apenas cinco céus são mencionados no texto grego. *3ApBar* influenciou a literatura eslava e búlgara (movimento dos bogomilos).

46 (X) Salmos de Salomão. Nunca citado pelos Padres da Igreja, mas listado no séc. V como tendo sido anexado ao final do NT no Códice Alexandrino, *SalSl* aparece em algumas listas cristãs posteriores do cânone. A obra só foi redescoberta e tornada disponível para os pesquisadores ocidentais no séc. XVII. Escrita em hebraico (agora perdido), está preservada, no todo ou em parte, em 11 manuscritos gregos medievais e em quatro manuscritos siríacos (sempre precedidos pelas *Odes de Salomão* – uma composição siríaca [judaico-cristã] do séc. II com leves tons gnósticos). Veja J. Begrich, *ZNW* 38 (1939) 131-64; R. R. Hann, *The Manuscript History of the Psalms of Solomon* (SBLSCS 13; Chicago, 1982). O texto grego foi editado (com versificações diferentes) por H. E. Ryle (Cambridge, 1891) e O. von Gebhard (TU 13.2; Leipzig, 1895; veja também A. Rahlfs, *Septuaginta* [5ª ed.; Stuttgart, 1952] 2. 471-89). O texto siríaco foi editado por J. R. Harris (Cambridge, 1909; rev. Manchester, 1916); W. R. Barr na Peshita de Leiden 4.6 (1972). A maioria dos pesquisadores pensa que a versão siríaca foi traduzida do grego, mas veja J. L. Trafton, *The Syriac Version of the Psalms of Solomon* (SBLSCS 11; Chicago, 1985); também *JBL* 105 (1986) 227-37. Tradução para o inglês: *APOT* 2 (Gray); *AOT* (Brock); *OTP* 2 (Wright).

47 Dois salmos do Saltério canônico (72; 127) são associados pelo título com Salomão; e 1Rs 5.12 fala de seus 1.005 cânticos. Nenhum dos poemas individuais no apócrifo atual reivindica ter sido escrito por Salomão, e a atribuição da coleção como um todo a Salomão (uma tentativa pseudepígrafa de encontrar patrocínio; → Canonicidade, 66:88-89) provavelmente se tornou necessária devido ao fato de que a atribuição mais óbvia a Davi ficou impedida porque o saltério davídico já estava encerrado. Estes 18 salmos foram efetivamente compostos na Palestina (Jerusalém) em cerca de 60-40 a.C. Os *Salmos de Salomão* se referem em 8,15-21 ao cerco de Jerusalém por Pompeu em 63 a.C., e 2,16-37 parece sugerir conhecimento da morte de Pompeu em 48. Não sendo litúrgicos, mas didáticos e polêmicos, os *SalSl* veem esta invasão estrangeira como punição de Deus sobre Israel pelo mundanismo de seus governantes (hasmoneus; → História, 75:139-42). Esta oposição aos governantes sacerdotais saduceus levou a maioria dos estudiosos a atribuir *SalSl* aos fariseus; mas outros grupos, como os essênios de Qumran, igualmente faziam oposição aos saduceus. Quanto a alguns paralelos com Qumran, veja J. O'Dell, *RevQ* 3 (1961) 241-57; R. B. Wright em SBLSCS 2 (Missoula, 1972) 136-54. S. Holm-Nielsen, *Die Psalmen Salomos* (JSHRZ 4.2; Gütersloh, 1977) oferece uma explicação matizada do pano de fundo farisaico. Quanto à escatologia dos *SalSl*, → Pensamento do NT, 81:38.

48 A teologia dos *SalSl* foi tratada por H. Braun, *ZNW* 43 (1950) 1-54; J. Schüpphaus, *Die Psalmen Salomos* (Leiden, 1977). Ela inclui a justiça de Deus, a livre escolha entre o bem e o mal, a retribuição divina, a vida após a morte. *Salmos de Salomão* 17 e 18 contêm uma oração pela vinda de um Messias davídico que colocará os gentios sob seu jugo. Homem sem pecado e perfeito, o Messias renovará Jerusalém e estabelecerá Israel como o reino de Deus. Este é um tipo de messianismo que parece estar presente nas expectativas populares sugeridas nos evangelhos – uma mistura de aspirações políticas e espirituais que Jesus não aceita (→ Jesus, 78:34).

49 (XI) Assunção de Moisés. A Antiguidade conhecia tanto um *Testamento de Moisés* quanto uma *Assunção de Moisés*, uma pertencente à literatura testamentária (→ 25, 31 *acima*) e a outra presumivelmente apocalíptica. A obra sem título em latim de que estamos tratando foi chamada de "Assunção" por A. N. Ceriani, que foi o primeiro a editá-la em 1861, mas seu conteúdo sugere mais o *Testamento* do que a *Assunção*. Provavelmente o original foi escrito em hebraico ou aramaico (perdido), traduzido para o grego (também perdido) e finalmente traduzido para o latim (preservado num manuscrito incompleto do séc. VI). Traduções para o inglês: *APOT* 2 (Charles); *AOT* (Sweet); *OTP* 1 (Priest). Veja E.-M. Laperrousaz, *Le Testament de Moïse* (Semitica 19; Paris, 1970). Quanto à escatologia da *AsMos*, → Pensamento do NT, 81:39).

Moisés, pouco antes de sua morte, fala a Josué e lhe revela a história futura de Israel desde a entrada em Canaã até o início da era abençoada. (A popularidade deste tipo de "predição" pseudepígrafa, que de fato é um resumo retrospectivo feto a partir da época do próprio autor, é atestada, na Bíblia, em Dn) Os acontecimentos descritos, facilmente datáveis, chegam ao final no cap. 6, com os filhos de Herodes o Grande e uma intervenção por parte do romano Quintílio Varo, no séc. IV a.C. Mas isto é seguido, em capítulos subsequentes, por detalhes acerca de governantes ímpios, uma segunda visitação por um rei dos reis que crucifica aqueles que professam a circuncisão e, então, no cap. 9, pela aparição de um levita chamado Taxo com sete filhos. Sua recusa em concordar com o édito do rei parece produzir o fim dos tempos no cap. 10. Como datar a obra?

Alguns estudiosos, seguindo a sequência dos capítulos, datam a perseguição pelo rei dos reis em conflitos romano-judaicos no início do séc. II d.C. (veja S. Zeitlin, *JQR* 38 [1947-48] 1-45). A maioria dos pesquisadores, contudo, identifica o rei como Antíoco Epífanes e enquadra Taxo num contexto macabeu de cerca de 170 a.C. Para explicar a presente sequência, onde Taxo vem depois de Herodes o Grande, Charles data a obra no início do séc. I d.C., mas reorganiza os capítulos, colocando 8 e 9 entre 5 e 6. J. Licht (*JJS* 12 [1961] 95-103), seguido por G. Nickelsburg (*Studies on the Testament of Moses* [SBLSCS 4; Cambridge, MA, 1973]), data a composição original da obra na revolta macabeia e postula uma editoração no início do séc. I d.C. Laperrousaz propõe uma origem essênia para a obra, e M. Delcor (*RB* 62 [1955] 60-66) vê uma relação entre Taxo e o "Pesquisador da Lei" dos manuscritos do Mar Morto (CD 8:5).

A *Assunção de Moisés* perdida, até onde podemos reconstruí-la a partir de referências patrísticas (Denis, *Fragmenta* 63-67), trata da morte de Moisés e sua assunção ao céu após uma luta entre Miguel e Satã por seu corpo. Aparentemente, é a esta lenda que Jd 9 se refere.

50 (XII) Antiguidades bíblicas de (Pseudo-) Filo. Esta obra nunca é mencionada pelos cristãos antes da Idade Média ou por judeus antes do séc. XVI. Mais de 20 manuscritos em latim do todo e de partes (todos de origem alemã/austríaca) a partir do séc. XI oferecem o texto do *Liber Antiquitatum Biblicarum*, editado pela primeira vez em 1527 por J. Sichardus numa coletânea de traduções de Filo para o latim. Uma análise que serve de referência foi produzida por L. Cohn, *JQR* 10 (1898) 277-332. O latim ocasionalmente corrupto se origina do grego (perdido), que, por sua vez, pode ter sido traduzido do hebraico (perdido; excertos em hebraico num manuscrito de Oxford do séc. IV das *Crônicas de Yerahme'el* são apenas uma retradução medieval do latim; veja D. J. Harrington, *The*

Hebrew Fragments of Pseudo-Philo [SBLTT 3; Cambridge, MA, 1974]). Traduções para o inglês: M. R. James (London, 1917); D. J. Harrington (*OTP* 2, baseado na edição francesa com texto e comentário em latim em SC 229-30 [Paris, 1976]). A obra foi composta por um judeu no séc. I d.C., antes ou depois da destruição do Templo em 70 d.C. (19,7). Ela não está relacionada a Filo. Apesar de algumas indicações antissamaritanas, há pouco distintivamente sectário em *AntBib*; ela está mais perto do pensamento farisaico, mostra grande apreço pela lei, ataca fortemente a idolatria, exibe uma crença em anjos e numa vida após a morte, onde a alma será julgada pelos atos que fez nesta vida (44,10) e irá para a paz ou para a punição (51,5).

Ela reconta a história bíblica desde Adão até Davi, às vezes abreviando ou omitindo, frequentemente ampliando de maneira imaginativa. Uma ênfase na fidelidade pactual de Deus a seu povo é dramatizada com uma coloração midráshica das trajetórias dos heróis bíblicos que efetuaram salvação, *p.ex.*, Abraão e até mesmo Cenes ou Quenaz (Jz 1,13; *AntBib* 25-28). Discursos querigmáticos são fornecidos para que eles interpretem seus papéis. Esta é uma obra que ilustra o tipo de recordação bíblica que poderia ter sido intencionada por autores do NT. Por exemplo, a narrativa da infância de Jesus por parte de Mateus conta a história do nascimento de Jesus tendo o pano de fundo do nascimento de Moisés e a história de Balaão, mas com frequência pressupõe ampliações destas histórias para além dos livros bíblicos; veja *AntBib* caps. 9 e 18. O paralelo mais próximo de tal renarrativa e ampliação da Bíblia se encontra em Josefo, *Ant.* (→ 129 *abaixo*), uma obra contemporânea a Pseudo-Filo.

51 (XIII) Oráculos sibilinos. Em cerca de 500 a.C., Heráclito de Éfeso fez menção de Sibila, uma profetisa de Cumas. Mais tarde o conceito de mulheres (idosas) que estavam cheias do espírito divino para se tornar canais para os oráculos dos deuses se espalhou por todo o mundo helenístico, e as sibilas atuavam em pelo menos dez santuários diferentes, *p.ex.*, Delfos e Eritreia. Os oráculos atribuídos a estas sibilas foram compostos em forma de poesia grega (hexâmetro) e colecionadas ao longo dos séculos, mas a maioria das coleções oficiais e privadas muito antigas foi destruída, *p.ex.*, a grande coleção romana em 83 a.C. Os judeus e os cristãos imitaram os pagãos compondo seus próprios "oráculos sibilinos". A coletânea judaica e cristã exposta aqui consiste de duas edições (1-8 e 9-14) que foram juntadas, dando um total de 12 livros, visto que 9-10 são duplicatas do material que está em 4; 6-8. A faixa de tempo é de cerca de 150 a.C. até 650 d.C.; os livros individuais consistem de materiais díspares; e nem sempre é possível distinguir os oráculos judaicos dos cristãos. A versão grega foi editada de modo crítico por J. Geffcken (Garden CityS 8; Leipzig, 1902); também A. Kurfess (Berlin, 1951). Traduções para o inglês: *APOT* 2 (Lanchester); *OTP* 1 (Collins). Veja V. Nikiprowetzky, *La Troisième Sibylle* (Paris, 1970); *HUCA* 43 (1972) 29-76 sobre os livros 4 e 5; J. J. Collins, *The Sibylline Oracles of Egyptian Judaism* (SNLDS 13; Missoula, 1974).

52 Os mais antigos oráculos judaicos se encontram nos livros 3-5. O livro 2 talvez contenha oráculos pagãos adaptados por judeus no séc. II a.C. e finalmente editados junto com outros materiais entre 50 a.C. e 70 d.C. O livro 4 nos conduz ao final do séc. I d.C. e possivelmente reflete atitudes anti-Templo nos vv. 24-30 (Collins). O livro 5 provavelmente se estende até o reinado de Adriano antes de 130 d.C. Estes oráculos serviam como propaganda judaica. A Sibila é identificada como nora de Noé (3,827); seus oráculos esboçavam o curso da história mundial, prediziam a destruição de Beliar, o triunfo judaico final e a vinda do Messias. Em 3,63ss. e 4,137-39 talvez tenhamos um paralelo interessante do Apocalipse do NT, pois aí parece que Nero Redivivo aparece juntamente com a figura da mulher perversa que domina o mundo (→ Apocalipse, 63:44,53). Há paralelos interessantes entre a Quarta Écloga de Virgílio (40 a.C.) e 3,367, 652, 746, 788, que falam de um rei enviado por Deus para vencer seus inimigos e trazer paz idílica. Os *OrSib* podem ter sido um canal pelo qual as expectativas proféticas isaiânicas alcançaram o mundo gentílico, e, por sua vez, a Écloga de Virgílio criou uma atmosfera na qual os gentios poderiam apreciar a narrativa lucana do nascimento de Jesus (*BBM* 564-70).

Os oráculos eram muito populares entre escritores cristãos. Agostinho admitiu a Sibila na *Cidade de Deus* (18.23), e Miguel Ângelo pintou sibilas na Capela Sistina em frente dos profetas do AT. Há um debate entre os estudiosos sobre quantos dos livros desta coletânea são de origem cristã.

EVANGELHOS APÓCRIFOS CRISTÃOS

53 (I) Apócrifos cristãos. Como já vimos nos casos de *1 Hen*, *Test12Patr* e *2Esd*, os cristãos se sentiam livres para interpolar temas cristãos nos apócrifos judaicos; mas aqui nos voltaremos para obras compostas diretamente por cristãos. Se definirmos os apócrifos cristãos como a literatura que outrora reivindicou – plausível ou implausivelmente – ser considerada canônica, deveríamos tratar sob este título algumas obras pós-apostólicas antigas, como *Did*, *1-2 Clem*, *Herm* e *Barn*, as quais foram tratadas, algumas vezes, como Escritura nos primeiros séculos (→ Canonicidade, 66:83). Hoje, contudo, estas obras são estudadas como escritos da igreja antiga (→ Protoigreja, 80:34-43), e "apócrifos cristãos" é um termo usado num sentido mais estreito para designar livros não canônicos mais intimamente relacionados, quanto à forma e ao conteúdo, a escritos do NT.

54 (A) Obras não evangélicas. Numa famosa coletânea de apócrifos cristãos (*HSNTA*) são expostas mais de 100 obras. Desta imensa literatura optamos por tratar apenas dos evangelhos, pois esta é a seção dos apócrifos que tem a melhor chance de preservar material autêntico do período do NT. Mas vamos mencionar brevemente as outras formas ou gêneros de apócrifos cristãos (*HSNTA*, 2 vols.), a maioria das quais está estreitamente padronizada segundo as formas de literatura que aparecem no Novo Testamento. Há a correspondência pseudopaulina, *p.ex.*, *Aos Laodicenses*, *Aos Coríntios*, *A Sêneca*, frequentemente escritas sob o pretexto de serem as cartas (perdidas) mencionadas por Paulo em sua correspondência canônica (→ Canonicidade, 66:59). Moldados com base no livro dos Atos dos Apóstolos canônico (que de fato trata apenas de Pedro e Paulo), há atos apócrifos de apóstolos individuais, *p.ex.*, *de João*, *de Pedro*, *de Paulo*, *de André*, *de Tomé*, descrevendo pretensamente suas trajetórias após a ascensão de Jesus e, desse modo, completando a história que falta no NT. Houve debates sobre o *status* escriturístico de alguns deles (→ Canonicidade, 66:66). Eles enfatizam os poderes miraculosos dos apóstolos; a vida ascética para a qual os cristãos são conclamados, frequentemente exigindo a renúncia ao casamento; as terras distantes para as quais os apóstolos viajam; seus confrontos com inimigos e reis; e seu martírio. Estes materiais também foram lidos e produzidos dentro de círculos gnósticos, como demonstram elementos contidos em *Atos de Tomé* e *Atos de João*. Outros "Atos" foram encontrados na coleção de Nag Hammadi: *AtPe e dos 12 Apóstolos* e *EppPeFl*. Alguns desses atos forneceram material para as "biografias" dos apóstolos que se encontram em martirologias e nas lições do breviário. Veja F. Bovon (ed.) *Les Actes apocryphes des apôtres* (Genève, 1981); *Semeia* 38 (1986).

55 Há apocalipses apócrifos moldados segundo o Apocalipse do NT, *p.ex., de Pedro* (→ Canonicidade, 66:68), *de Paulo, de Tomé*. Eles respondem à curiosidade popular quanto às atividades no mundo vindouro deixando a imaginação compensar a falta de revelação. Outro tipo de apocalipse cristão se vê nas interpolações e acréscimos cristãos a apócrifos judaicos. A *Ascensão de Isaías* merece menção. Da mesma forma como autores do NT encontraram na livre interpretação das palavras de (protoisaías e deuteroisaías um pano de fundo veterotestamentário muito valioso para entender o mistério de Jesus, assim nesta obra apócrifa são concedidas a Isaías visões da vida de Jesus e da igreja. Estas visões são acrescentadas ao apócrifo judaico *Martírio de Isaías*, um midrásh sobre 2Rs 21,16 que conta como Isaías foi serrado ao meio por ordem do rei Manassés. As visões interpoladas de origem cristã se concentram acentuadamente, como o faz o Apocalipse canônico, na luta entre a igreja e o príncipe sobrenatural do mal (Beliar ou Samael; → 30 *acima*).

56 (B) Evangelhos. Estes constituem grande parte da literatura, ocupando todo o vol. I da obra *HSNTA*. Muitos são conhecidos apenas por meio de fragmentos citados pelos primeiros escritores cristãos. Contudo, vários dos escritos designados como "evangelhos" se tornaram disponíveis mediante uma descoberta feita em Nag Hammadi, uma região do Egito a cerca de 460 km ao sul do Cairo, em dezembro de 1945. Esta descoberta incluiu um cântaro que continha 13 códices coptas enterrados em cerca de 400 d.C., representando uns 50 tratados distintos. Os códices eram provavelmente provenientes de um monastério do séc. IV associado a São Pacômio (292-348), talvez Chenoboskion, onde ele começou sua vida como eremita, ou Pabau, que estava num raio de 8 km da descoberta. Embora o próprio Pacômio fosse ortodoxo, há indícios de que gnósticos se infiltraram em alguns monastérios; e muitos dos escritos de Nag Hammadi têm tons gnósticos (→ Protoigreja, 80:74).

Eles constituem com frequência traduções de textos compostos em grego durante o florescente crescimento de seitas gnósticas de meados do séc. II até o séc. III. Veja *BA* 42 (n. 4, 1979).

57 No NT, "evangelho" se refere à "boa nova" da salvação (*p.ex.*, 1Ts 3,2; 1Cor 4,15; 2Cor 2,12; Rm 1,1; 15,16). O termo é usado de modo semelhante para designar a pregação de Jesus a respeito do reino (Mc 1,1; Mt 4,23). Em cerca de 150, Justino Mártir observa que as "memórias compostas pelos apóstolos" são chamadas de "evangelhos" (*Apol.* 1.66); nessa época, portanto, o gênero "evangelho" era livremente definido como uma recordação apostólica sobre Jesus. Os quatro evangelhos canônicos seguem um padrão estabelecido: (1) João Batista e o batismo de Jesus; (2) o chamamento dos discípulos; (3) ensinamentos e curas de Jesus, que implicam controvérsias com oponentes judaicos; (4) dias finais em Jerusalém; (5) narrativa da paixão; (6) história do túmulo vazio; (7) aparição(ões) do Senhor aos discípulos (exceto em Marcos).

Os evangelhos apócrifos não estão presos a este mesmo padrão narrativo ou ao significado mais antigo do "querigma". Em geral eles desenvolvem elementos particulares da tradição dos evangelhos canônicos: (1) evangelhos da infância, o nascimento milagroso e a infância incomum de Jesus; (2) "evangelhos de ditos", coletâneas de ditos e ensinamentos de Jesus; (3) evangelhos da "paixão/ressurreição", que tratam destes acontecimentos; (4) "diálogos da ressurreição", que reivindicam relatar revelações e ensinamentos dados pelo Jesus ressurreto a seus discípulos, frequentemente por um período extenso de tempo posterior à ressurreição.

58 A importância desses evangelhos apócrifos para o estudo do NT reside nos indícios que eles oferecem do crescimento e da apropriação das tradições sobre Jesus. Não é fácil decidir quando eles representam apropriações e expansões imaginativas do material dos Evangelhos canônicos, quando representam combinações de material dos Evangelhos canônicos com tradição oral popular que não foi incluída nos Evangelhos canônicos e quando preservam material pré-canônico escrito. Particularmente, alguns pesquisadores (*p.ex.*, Koester, Cameron, Crossan) sustentam que o material contido em "evangelhos de ditos" representa uma variante primitiva da tradição sobre Jesus com afinidades com a tradição em desenvolvimento por trás de João. Eles defendem uma data no final do séc. I para estes escritos (descobertos em copta em Nag Hammadi) ou sua fonte de "material de ditos" (que tinha paralelos com Q [→ Problema sinótico, 40:13]). Contudo, a ampla reelaboração gnóstica do material que se evidencia nestes textos e a falta de critérios seguros para analisar os desdobramentos orais e escritos das tradições neste período tornam difícil sustentar essa proposta de uma data antiga. Cada exemplo precisa ser submetido ao escrutínio histórico-traditivo em termos próprios. Passamos agora a uma análise dos vários evangelhos apócrifos. Podem-se encontrar traduções para o inglês de todos em *HSNTA* 1, exceto do *Marcos secreto* mais recente (→ 63 *abaixo*).

59 (II) Evangelhos fragmentários. Alguns evangelhos se encontram preservados apenas em fragmentos e/ou breves citações por parte dos Padres da Igreja. Neste último caso é impossível saber o tipo de narrativa a que estas citações pertenciam; e às vezes o Padre da Igreja é vago quanto a se viu o ms ou apenas ouviu falar do evangelho, se os cristãos judaicos que estão usando o evangelho o têm em grego (que pode ser o original ou uma tradução) ou em semítico, e se este semítico (ainda que ele fale de "dialeto hebraico") é hebraico, aramaico ou até mesmo siríaco. Veja A. F. J. Klijn, in *Text and Interpretation* (Festschrift M. Black; Cambridge, 1979) 160-77.

(A) Evangelho dos Ebionitas. Esta obra judaico-cristã está preservada em algumas poucas citações de Epifânio (séc. IV), mas o título original se perdeu. Ele parece ter se baseado em Mateus e Lucas. As citações de Eusébio tratam da aparição de João Batista, do batismo de Jesus (o pedido de João Batista de que Jesus o batize é colocado após a voz celestial), da escolha dos discípulos, o dito acerca da verdadeira família de Jesus, um dito contra o sacrifício e outro acerca de Jesus comer a Páscoa, onde aparentemente Jesus instrui seus discípulos a não preparar um cordeiro pascal.

60 (B) Evangelho dos Hebreus. Este evangelho judaico-cristão, independente de Mateus, aparentemente era conhecido de Papias. Ele sobrevive em citações feitas por Clemente de Alexandria, Orígenes, Cirilo e Jerônimo. Trata da descida do Cristo preexistente em Maria, a vinda do Espírito Santo sobre Jesus em seu batismo, uma aparição pós-ressurreição do Senhor a Tiago numa refeição eucarística e ditos sapienciais de Jesus. Uma dessas máximas era aparentemente um *logion* que circulava livremente, visto que aparece também no *Ev. Tom* (Clemente de Alexandria, *Strom.* 2.9.45; 5.14.96; *EvTom* 2).

61 (C) Evangelho dos Nazarenos. Sabe-se que este evangelho existiu em uma versão aramaica ou siríaca (Hegésipo, Eusébio, Epifânio e Jerônimo). Os ditos preservados em Orígenes, Eusébio e Jerônimo são variantes de ditos em Mateus, alguns deles talvez produto de exegese. A mãe e os irmãos de Jesus iniciam a viagem até João Batista em busca de "remissão dos pecados", enquanto Jesus declara sua impecabilidade (Jerônimo, *Adv. Pelag.* 3.2). O adjetivo que qualifica o "pão" no Pai-Nosso é entendido com o significado de "do futuro" (Jerônimo, *In Matt.* sobre 6,11). O homem com a mão mirrada precisa ser restaurado de modo que possa ganhar seu sustento como pedreiro (Jerônimo, *In Matt.* sobre 12,13). Referências ao relato da paixão também estão incluídas nestas citações: diz-se que o nome de Barrabás significa "filho do seu mestre"; o véu do Templo não foi rasgado, mas uma grande verga ruiu.

62 (D) Papiro Egerton 2. Em 1935, H. I. Bell e T. C. Skeat publicaram quatro *Fragmentos de um evangelho desconhecido* a partir de um códice em papiro do Museu Britânico, em uma escrita de não depois de cerca de 150 d.C. Dois dos três fragmentos legíveis têm paralelos nos evangelhos canônicos (sinóticos e joanino) entretecidos. A maioria dos biblistas pensa se tratar de memórias tomadas primordialmente de João mescladas com um evangelho sinótico e algum material não canônico que o autor considerou de valor (→ Canonicidade, 66:64). Outros, como Mayeda, Koester e Crossan, sustentam a independência e prioridade de Egerton. Veja *Evangelho secreto de Marcos* e *EvPe* (→ 63, 72 *abaixo*) para outras mesclas antigas de material canônico e não canônico.

(Braun, F.-M., *Jean le théologien* [Paris, 1939] 1. 87-94, 404-6. Dodd, C. H., *New Testament Studies* [Manchester, 1953] 12-52. Mayeda, G., *Das Leben-Jesu-Fragment Papyrus Egerton 2* [Bern, 1946]; com uma resposta de H. I. Bell, *HTR* 42 [1949] 53-63. Neirynck, F., *ETL* 61 [1985] 153-60.)

63 (E) Evangelho secreto de Marcos. Uma cópia fragmentária de uma carta em grego, do séc. XVIII, de "Clemente [de Alexandria] ... para Teodoro" foi encontrada em 1958 no monastério de Mar Saba, perto de Belém, por M. Smith, da Universidade Columbia. Com notáveis exceções (Nock, Munck, Kümmel, Musurillo, Quesnell), a maioria aceitou a autoria de Clemente, em cerca de 175-200. Ele relata que (1) enquanto Pedro esteve em Roma, Marcos escreveu os "Atos do Senhor" (= Marcos canônico) para catecúmenos, mas não registrou os atos secretos (*mistikai*) de Jesus; (2) após a morte de Pedro, Marcos levou para Alexandria suas próprias notas e as de Pedro para complementar seu primeiro livro para as pessoas que progrediam no conhecimento (*gnōsis*); este evangelho espiritual secreto (= *SGM – Secret Gospel of Mark*) guardado pela igreja alexandrina para as pessoas que "estavam sendo iniciadas nos grandes mistérios" (3) vazou para Carpócrates (um gnóstico, em cerca de 125), que acrescentou mentiras, distorcendo-o para práticas libertinas. Isto sugere que o *ESM* (= Evangelho Secreto de Marcos) foi composto não muito depois do início do séc. II. Os dois fragmentos do *ESM* citados estão situados após Mc 10,34 e 10,46, no estilo marcano, mas o assunto em pauta lembra João: em Betânia Jesus trouxe para fora do túmulo o irmão de uma mulher, que, por amar Jesus, foi até ele seis dias depois, à noite, com um pano de linho sobre seu corpo nu (veja Jo 11,1-44; Mc 14,51-52). A maioria dos pesquisadores considera o *ESM* como um pastiche dos evangelhos canônicos. Smith pensa que ele reflete uma fonte aramaica antiga da qual tanto Marcos quanto João se valeram e na qual Jesus praticava uma iniciação mágica (e talvez sexual) no reino do céu. Koester e Crossan sustentam que o Marcos canônico eliminou cenas do *ESM* mais completo. Talvez, como ocorre com o *EvPe*, o *ESM* preserve uma tradição que se desenvolveu independentemente dos evangelhos canônicos em um ambiente menos controlado pela orientação apostólica; todavia, um conhecimento (escrito de Marcos, oral de João) dos evangelhos canônicos influenciou a redação final.

(Texto, traduções e comentários em M. Smith, *Clement of Alexandria and a Secret Gospel of Mark* [Cambridge, MA, 1973]; bibliografia em M. Smith, *HTR* 75 [1982] 459-61. Brown, R. E., *CBQ* 36 [1974] 466-85. Koester H., in *Colloquy on New Testament Studies* [ed. B. Corley; Macon, 1983] 35-57. Neirynck, F., *ETL* 55 [1979] 43-66.)

64 (III) Evangelhos da infância. Estes contos sobre o nascimento miraculoso de Jesus e seus poderes igualmente miraculosos quando criança eram extremamente populares, como sugere o número de fragmentos e traduções para outras línguas. Eles deram à piedade popular e à arte reafirmações da virgindade perpétua e da origem "régia" de Maria.

(A) Protoevangelho de Tiago. Esta obra sobrevive em um manuscrito grego do séc. III (Papiro Bodmer V), que parece já ter passado por considerável desenvolvimento textual. Numerosos fragmentos e traduções posteriores (para o siríaco, armênio, etíope, saídico) sobrevivem, embora as traduções para o latim aparentemente tenham sido destruídas quando o livro foi rejeitado como não canônico. A tradição de que "Tiago, o irmão do Senhor" tinha informações especiais sobre a concepção e o nascimento virginal de Jesus aparece numa forma diferente num relato gnóstico do martírio de Tiago (*2ApTg* 50.1-52.1), onde é dito que Maria explicou que Jesus era meio-irmão de Tiago. Um outro tratado gnóstico, *TriTrac* (115.9-34), refere-se à "encarnação sem pecado" do Logos, que foi gerado sem paixão. As referências de Justino ao nascimento de Jesus numa caverna (*Dial.* 78) e de Clemente de Alexandria à virgindade perpétua de Maria (*Strom.* 6.16.93) sugerem que *ProtoTg* circulava em meados do séc. II. Ele diz que os pais de Maria se chamavam Joaquim e Ana, descreve o nascimento miraculoso de Maria do casal idoso e sua apresentação no Templo. A obra enfatiza a virgindade de Maria ao dar à luz fazendo-a se sujeitar a testes e escrutínio por parte de autoridades desconfiadas. José tinha filhos de um casamento anterior, por isso se mencionam "os irmãos de Jesus" nos evangelhos. O *ProtoTg* teve um papel importante no desenvolvimento da mariologia.

65 (B) Evangelho da infância de Tomé. O original em grego sobrevive apenas em uns poucos mss recentes, que diferem em extensão (sécs. XIV e XV). Textos em latim e siríaco sobrevivem a partir do séc. V, e restam outros fragmentos em georgiano e etíope. A atribuição da obra a "Tomé o israelita" sugere que ela não se derivou das tradições sírias de Tomé que geraram a literatura gnóstica de Tomé, *EvTom* e *AtTom*, onde Tomé é descrito como gêmeo de Jesus. Este evangelho consiste de vários episódios lendários que visam a mostrar os poderes miraculosos do menino Jesus dos 5 aos 12 anos de idade. Veja I. Hanever, *TBT* 22 (1984) 368-72.

66 (IV) Evangelhos de ditos. A hipótese de pesquisadores de que Mateus e Lucas usaram uma coleção escrita de ditos de Jesus como fonte (Q) é apoiada pela existência contínua de "evangelhos de ditos" no material apócrifo de círculos gnósticos. Como seus equivalentes sinóticos, os autores gnósticos remoldaram e ampliaram as coleções de ditos. Aqui, contudo, o contexto para a elaboração dos ditos do Senhor não é uma narrativa da vida de Jesus, mas uma revelação esotérica a ser preservada para os "eleitos", *i.e.*, os gnósticos como os verdadeiros herdeiros do ensinamento de Jesus. Esta revelação é geralmente atribuída ao Senhor ressurreto. Em vários casos, autores gnósticos usam material dos evangelhos de ditos como o conteúdo do tipo de "diálogo revelatório".

67 (A) Evangelho de Tomé. Esta coleção de ditos do Jesus "vivo" está preservada num manuscrito copta da literatura de Nag Hammadi e em três fragmentos gregos (POxy. 1. 654; 655) que são paralelos do material no *EvTom*, ditos 1-7, 26-39, e são datados no início do séc. III. Dos 114 ditos nos quais os biblistas modernos dividem o *EvTom*, 79 possuem algum paralelo nos sinóticos. Onze são variantes de parábolas dos sinóticos (20; 9a; 65a [66]; 21d; 96; 64a; 107; 57; 109; 76a; 8a; 63a). Três outros são parábolas não atestadas (21ab; 97; 98). O *EvTom* não tem a interpretação da Parábola do Semeador (9a) e da do Trigo e Joio (57) que se encontra nos sinóticos. Mas *EvTom* 64b interpreta a Parábola da Grande Ceia (onde os sinóticos não o fazem) acrescentando a ela um dito contra homens de negócio entrarem no reino. Uma ampliação semelhante aparece nos ditos sobre a riqueza ligados à Parábola do Administrador Infiel em Lc 16,1-13. Como na versão lucana da Parábola da Grande Ceia, as desculpas são explicadas detalhadamente (embora com um matiz antiempresarial relacionado a elas); como em Mateus, os servos são enviados apenas uma vez. Estes paralelos fazem do *EvTom* um recurso inestimável para o estudo da evolução da(s) tradição(ões) dos ditos. Outros ditos no *EvTom* refletem o espírito gnóstico do editor final: somente a revelação de Jesus salva as pessoas do mundo (28; 29); condena-se a dependência da alma em relação ao corpo (87; 112); um rito da "câmara nupcial" é mencionado (75), e a "mulher" (exemplificada por Maria Madalena) deve "tornar-se homem" a fim de entrar no reino (114); a autoridade de Tomé para dar a interpretação esotérica do ensino de Jesus é estabelecida numa variante da "confissão de Pedro" (13).

68 (B) Tomé o atleta. Esta obra sobrevive apenas em sua versão cóptica. Como o *EvTom*, ela inicia com a reivindicação de apresentar as "palavras secretas" do Salvador (palavras copiadas por Matias). Mas aqui a preocupação gnóstica com a tradição esotérica tem uma influência mais direta, e a obra mostra pouca ligação com o conteúdo da tradição dos ditos. Uma parênese sapiencial ascética que insiste na completa rejeição do corpo e seus prazeres forma a base para as palavras do Senhor.

69 (C) Apócrifo de Tiago. Existente apenas numa versão cóptica, o escrito é prefaciado por uma carta de Tiago que reivindica transmitir uma revelação secreta dada pelo Senhor ressurreto a ele e a Pedro. Aparentemente ele é contraposto às "memórias" que os discípulos estavam escrevendo sobre o que o Senhor terreno dissera a eles, individualmente e como grupo, inclusive uma memória de Tiago (1.29-2.23). A revelação ocorre 550 dias após a ressurreição e tem seu clímax na ascensão final do Senhor para o céu (16.3-30, que reflete dissensão acerca do ensino de Jesus entre as autoridades). O *ApocrTg* contém um tipo misto de tradição dos ditos, que inclui paralelos com o material sinótico (4,22-37, recompensa dos discípulos [Mc 10,28-30]; 5,31-6,11, necessidade da cruz [Mc 8,31-37]; 7,1-10, falar em parábolas [Mc 4,10-12]; 8,10-27, plantar a semente e zelo pela palavra [Mc 4,13-20]; 9,24-10,6, ai contra falsas reivindicações de salvação [Mt 3,7-10]; 12,20-30, semente lançada num campo [Mc 4,27-29]). Há também ditos que refletem uma linguagem mais característica da tradição joanina, e o *ApocrTg* pode fornecer pistas sobre o desenvolvimento deste tipo de material. Ele também contém uma lista de parábolas supostamente expostas pelo Senhor ressurreto (8,5-10) e parábolas não atestadas, como a sobre a tamareira (7,22-35).

(CAMERON, R., *Sayings Traditions in the Apocryphon of James* (HTS 34; Philadelphia, 1984].)

70 (D) Diálogo do Salvador. Existente apenas num ms copta muito mutilado, este diálogo pós-ressurreição seleciona Mateus, Tiago e Maria para uma revelação especial. Sua condição torna difícil a interpretação. Parece incluir material sapiencial cosmológico, um apocalipse sobre a ascensão das almas e algum material mítico cosmogônico. Seus ditos talvez sejam derivados de uma tradição relacionada ao *EvTom* (p.ex., 125,18-126,2 pode ser uma reinterpretação gnóstica de Lc 11,34-36 mediada pela variante do *EvTom* 33). Uma lista dos ditos de Jesus (139,8-12) é apresentada como evidência da "gnose" de Maria.

71 (V) Evangelhos da Paixão/Ressurreição. Os cristãos também tentaram preencher as lacunas que cercavam a morte e ressurreição de Jesus, uma vez que nem o julgamento de Jesus nem sua efetiva saída do túmulo são objeto do relato de uma testemunha ocular nos evangelhos canônicos.

(A) Atos de Pilatos. Esta é a primeira parte do *Evangelho de Nicodemos*, um título dado à combinação de *AtPil* e uma segunda obra sobre a descida de Cristo ao inferno – uma combinação que se encontra em manuscritos latinos após o séc. X. Nem os manuscritos gregos nem os fragmentos coptas usam este título. *Atos de Pilatos* afirma ser um antigo registro em hebraico feito por Nicodemos e encontrado por um guarda romano convertido, Ananias. Vários milagres resultantes das contestações hostis dos judeus deveriam ter provado a inocência de Jesus. A referência à esposa de Pilatos (Mt 27,19) é ampliada. Pilatos também desafia os judeus em defesa de Jesus. O relato sobre a morte de Jesus na cruz amplia os de Lucas e João, enquanto as lendas sobre o guarda no túmulo ampliam o de Mateus.

72 (B) Evangelho de Pedro. No Nilo, 96 km ao norte do monastério fundado por Santo Pacômio em Chenoboskion (Nag Hammadi; → 56 *acima*), estava seu monastério em Panópolis (Akhmim). Em 1886, seu cemitério revelou um pequeno códice do séc. VIII ou IX que continha 174 linhas ou 60 versículos de uma narrativa da paixão/ressurreição em grego na qual Pedro fala na primeira pessoa. Dois fragmentos do Papiro Oxirinco, de cerca de 200 (nº 2949, ed. R. A. Coles [1972]), com umas 16 palavras discerníveis em cerca de 20 linhas, têm uma semelhança estreita, mas parcial, com o texto de Akhmim, confirmando a suposição dos pesquisadores de que a obra teve origem não depois de cerca de 150. A maioria dos estudiosos foi a favor da identificação do texto de Akhmim como o *Evangelho de Pedro* lido na igreja em Rossos, na Síria, em cerca de 190, defendido por docetas, mas rejeitado pelo bispo Serapião de Antioquia (Eusébio, HE 6.12.2-6). Orígenes (*Comm. in Matt.* 10.17 [ANF 10.424]) relatou que, segundo o *EvPe*, José, esposo de Maria, tinha filhos de um casamento anterior (= irmãos de Jesus). No *EvPe* de Akhmim, Herodes executa Jesus, e dois homens descem do céu, na manhã do domingo, para tirar do túmulo um Jesus cuja cabeça vai além dos céus e cuja cruz segue, por si mesma, atrás dele! Muitos pesquisadores o consideram um pastiche imaginativo dependente de todos os quatro evangelhos, mas sua independência, no todo ou em parte, é defendida por Harnack, Gardner-Smith, Koester *et al.* Crossan sustenta que o *EvPe* em parte (1,1-6,22; 7,25-11,49) constitui a narrativa original da paixão da qual os quatro evangelistas se valeram. Talvez o *EvPe* represente desdobramentos populares e fluidos de antigas tradições fora do controle do querigma apostólico (*p.ex.*, o papel de Herodes contra Jesus). Estes relatos ampliados imaginativamente podem ter sido escritos e combinados com histórias lembradas por se ter ouvido ou lido os evangelhos canônicos.

(Texto, tradução para o francês, comentário e bibliografia em M. G. MARA [SC 201; Paris, 1973]. BROWN, R. E., *NTS* 33 [1987] 321-43. DENKER, J., *Die theologiegeschichtliche Stellung des Petrusevangeliums* [Bern, 1975].)

73 (C) Apocalipse de Pedro. Preservada em copta, esta obra narra uma experiência visionária na qual Jesus mostra a Pedro os acontecimentos verdadeiros (docéticos) que cercaram a crucificação. O Salvador imortal e espiritual escarnece da fútil tentativa de matá-lo (81,3-83,15), adverte Pedro sobre a oposição aos gnósticos por parte das autoridades da igreja e o estabelece como o fundamento da revelação gnóstica.

74 (VI) Diálogos da ressurreição. Este gênero caracteristicamente gnóstico inclui evangelhos de ditos e de diálogos nos quais uma aparição pós-ressurreição do Senhor aos discípulos constitui o marco para o ensino gnóstico. Este ensino não tem qualquer conexão com os ditos ou narrativas sobre Jesus além das alusões na "visão da ressurreição" que estrutura a história. No *ApJo*, *1ApTg* e *EpPeFl* da LNH, os diálogos da ressurreição estão embutidos num marco maior dos "atos" dos apóstolos que estão prestes a serem dispersos para pregar; veja também *Sofia de Jesus Cristo*. Diálogos da ressurreição de um período um tanto posterior da gnose foram preservados nos códices coptas Askew e Bruce: *Pistis Sofia* (duas revelações independentes); *1 e 2 Jeu* (→ Protoigreja, 80:73).

75 (A) Evangelho de Maria. Preservado apenas no códice copta de Berlim e num fragmento grego (Ryl. 563), faltam no texto a introdução e várias páginas intermediárias. Aparentemente um diálogo acerca da ressurreição entre Jesus e os discípulos, com uma segunda visão da ascensão da alma, este texto é uma revelação privada de Jesus a Maria (Madalena), colocada no marco da comissão pós-ressurreição para pregar dada aos discípulos.

76 (B) Epistula Apostolorum. Sobrevivendo em copta, latim (fragmentos) e etíope, este escrito (séc. II?) era uma "resposta ortodoxa" aos diálogos gnósticos a respeito da ressurreição. Ele reivindica preservar as revelações autênticas do Jesus ressurreto dadas aos apóstolos como grupo, com alusões a todos os quatro evangelhos, a algumas epístolas do NT e talvez até mesmo a escritos cristãos antigos, como os dos Padres Apostólicos.

77 (VII) Escritos gnósticos intitulados "Evangelhos". Vários textos da LNH intitulados "evangelhos" são tratados ou discursos sobre o ensinamento gnóstico. O *EvVer* usa a expressão "evangelho" em sua introdução (16,31) no sentido de "boa nova" (que no copta aparece em 34,35). O *EvFl* é transmitido com este título no colofão, como ocorre com o *EvEg*, cujo título oficial provavelmente era *O santo livro do Grande Espírito Invisível*. Nestes casos, a introdução de títulos canônicos como "evangelho" ou "carta" provavelmente reflete a cristianização de textos gnósticos.

Manuscritos do Mar Morto

BIBLIOGRAFIA ANOTADA

78 O termo "Manuscritos do Mar Morto", usado no sentido mais amplo, designa mss e fragmentos descobertos de modo independente, a partir de 1947, em meia dúzia de sítios arqueológicos nos despenhadeiros a oeste do Mar Morto. Em seu sentido mais estreito, ele se refere ao que foi descoberto perto de Qumran, o sítio arqueológico original e mais importante. Parte desta bibliografia geral se refere exclusivamente aos achados de Qumran.

(I) Bibliografias dos MMM. JONGELING, B., *A Classified Bibliography of the Finds in the Desert of Judah 1958-1969* (Leiden, 1971). FITZMYER, J. A., *The Dead Sea Scrolls: Major Publications and Tools for Study* (2ª ed.; SBLSBS 8, Missoula, 1979). KOESTER, C., "A Qumran Bibliography: 1974-1984", *BTB* 15 (1985) 110-20. A *RevQ* publica uma bibliografia sistemática em cada número.

(II) Textos. BURROWS, *DSSMM*. CHARLESWORTH, J. H., Princeton ed. (3 vols.; 1991). CROSS, F. M. *et al.*, *Scrolls from Qumran Cave I* (Jerusalém, 1972). DE VAUX, R. *et al.*, DJD 1 (1955), 2 (1961), 3 (1962), 4 (1965), 5 (1968), 6 (1977), 7 (1982). SUKENIK, *DSSHU*. Edições convenientes para estudantes do texto hebraico com tradução para o latim feita por P. BOCCACCIO (Roma): lQpHab; IQS; lQSa; 1QM. Para o texto hebraico vocalizado, veja E. LOHSE (ed.), *Die Texte aus Qumran* (München, 1971).

(III) Concordâncias. KUHN, K. G., *Konkordanz zu den Qumrantexten* (Göttingen, 1960) com complemento na *RevQ* 4 (1963) 163-234.

(IV) Traduções. A mais completa, com notas científicas, é a de J. CARMIGNAC *et al.*, *Les Textes de Qumran* (2 vols.; Paris, 1961-63). A melhor tradução para o inglês é a de G. VERMES, *The Dead Sea Scrolls in English* (3ª ed.; Sheffield, 1987). Literária, mas livre, é a de T. H. GASTER, *The Dead Sea Scriptures in English Translation* (3ª ed.; Garden City, 1976). Existem traduções nos 2 vols. de BURROWS mencionados *abaixo*. JONGELING, B. *et al.*, *Aramaic Texts from Qumran with Translations* (Leiden, 1976). [A edição de F. G. MARTÍNEZ, traduzida por VALMOR DA SILVA e publicada pela Editora Vozes (1995), oferece praticamente todo o material encontrado.]

(V) Estudos. Gerais: J. T. MILIK, *Ten Years of Discovery in the WILDERNESS of Judaea* (SBT 26; London, 1959). F. M. CROSS Jr., *The Ancient Library of Qumran* (Anchor; 2ª ed.; Garden City, 1961). E.-M. LAPERROUSAZ *et al.*, "Qumran", *DBSup* (1978) 9. 737-1014. M. DELCOR, *Qumrân: Sa piété, sa théologie* *et son milieu* (Paris, 1978). G. VERMES, *The Dead Sea Scrolls: Qumran in Perspective* (Philadelphia., 1981). B. Z. WACHOLDER, *The Dawn of Qumran* (Cincinnati, 1983). M. WISE, "The Dead Sea Scrolls", *BA* 49 (1986) 140-54, 228-43. J. MURPHY-O'CONNOR, *EJMI* (1986) 119-56; M. A. KNIBB, *The Qumran Community* (Cambridge, 1987). Tratamentos longos de concepções antigas se encontram em M. BURROWS, *The Dead Sea Scrolls* (New York, 1955); *More Light on the Dead Sea Scrolls* (New York, 1958). Arqueologia: P. R. DAVIES, *Qumran* (CBW; Guilford, 1982). R. DE VAUX, *L'archéologie et les manuscrits de la Mer Morte* (Oxford, 1961). E.-M. LAPERROUSAZ, *Qoumrân* (Paris, 1976). Também *BASOR* 231 (1976) 79-80; *RevQ* 10 (1980) 269-91. Um resumo acessível da teologia se encontra em H. RINGGREN, *The Faith of Qumran* (Philadelphia, 1963).

(VI) Relação com o NT. Levantamentos de R. E. BROWN, *ExpTim* 78 (1966-67) 19-23; J. A. FITZMYER, *NTS* 20 (1973-74) 382-407; *TD* 29 (1981) 31-37. Coletâneas de artigos em: *The Scrolls and the New Testament* (ed. K. STENDAHL; New York, 1957); *La secte de Qumran et les origines du Christianisme* (RechBib 4; Bruges, 1959); *The Scrolls and Christianity* (ed. M. BLACK; Theological Collections 11; London, 1969); *Paul and Qumran* (ed. J. MURPHY-O'CONNOR; London, 1968); *John and Qumran* (ed. J. H. CHARLESWORTH; London, 1972). Estudos em inglês são os de H. H. ROWLEY (1957); M. BLACK (1961); L. MOWRY (1962); J. DANIÉLOU (1963); altamente imaginativos são os livros de B. E. THIERING sobre os evangelhos e a origem da igreja (Sydney, 1980, 1983). H. BRAUN, *Qumran und das Neue Testament* (2 vols.; Tübingen, 1966) é muito abrangente.

QUMRAN

79 (I) As descobertas. O wadi que os árabes chamam de Qumran deságua na extremidade noroeste do Mar Morto, 16 km ao sul de Jericó. A cerca de 1,6 km do mar, sobre um planalto de calcário adjacente ao wadi, estão as ruínas escavadas por R. de Vaux e G. L. Harding entre 1951 e 1956. Originalmente o lugar de uma fortaleza construída nos sécs. VIII e VII a.C., as ruínas de Qumran mostram indícios de ocupação comum num período inicial, desde 135-110 a.C. até 67-31 a.C., e novamente no séc. I d.C. até 68. O enclave possuía edifícios e salas destinados a atender as necessidades de uma comunidade: um sistema de abastecimento de água completo, com tubos e cisternas; uma cozinha, uma despensa e uma ampla sala de jantar; armazéns; uma sala para copistas; oficinas de cerâmica e cemitérios de 1.200 sepulturas. Os prédios do período inicial mostram um começo lento, mas depois houve um aumento na ocupação a partir de cerca de 110 a.C.; este período parece ter terminado com um incêndio seguido por um terremoto. O segundo período chegou ao fim com a destruição por exércitos romanos, que ocuparam o local por breves intervalos depois disso. Em 1956 e 1958, de Vaux também escavou uma outra série de construções a cerca de 2,4 km ao sul de Qumran, numa fonte chamada Ain Feshkha; aparentemente eram estruturas construídas pela comunidade de Qumran para satisfazer suas necessidades econômicas.

80 Em onze cavernas no perímetro de poucos quilômetros das construções de Qumran foram encontrados os restos de uns 600 manuscritos, consistindo de cerca de dez rolos completos e milhares de fragmentos. De fato, foi a descoberta, em 1947, de rolos na caverna 1 que atraiu o interesse dos arqueólogos para a área. Cerca de um quarto dos manuscritos são bíblicos. Sete dos rolos da caverna 1 e o Rolo do Templo da caverna 11 estão no Santuário do Livro de Jerusalém; o restante do material encontra-se no Museu da Palestina em Jerusalém oriental (sob controle israelense desde junho de 1967). No museu, uma "equipe" internacional e interconfessional de pesquisadores preparou o material das cavernas 2-11 para publicação no DJD [*Discovery in the Judaean Desert*]; entre eles estavam R. de Vaux †, J. T. Milik, J. Strugnell, P. Skehan †,

F. M. Cross, J. Starcky †, J. M. Allegro †, D. Barthélemy e M. Baillet.

81 Nas páginas seguintes há um inventário das cavernas numeradas conforme a ordem de sua descoberta; observe que os documentos são designados pelo número da caverna na qual foram achados. As cavernas 1, 4 e 11 são as "principais", cujo material é abundante e precisa de publicação separada; o restante são cavernas "secundárias", cujo material foi publicado junto no DJD 3. Para uma explicação do sistema usado para designar os documentos de Qumran, → Textos, 68:23; também a bibliografia de Fitzmyer, 3-8.

82 (II) Principais escritos de Qumran. Os manuscritos bíblicos de Qumran serão tratados separadamente em outra parte (→ Textos, 68:14-33); aqui nos preocuparemos com obras de origem peculiarmente sectária. Todas as obras abaixo, exceto 1QapGen e 3Q15, são escritos compostos pela seita de Qumran e expressam sua teologia e piedade.

83 QS: *Serek ha-Yaḥad* = o Manual de Disciplina, ou a Regra da Comunidade. Encontrou-se uma cópia de 11 colunas bem preservada na caverna 1, que foi publicada por M. Burrows em *DSSMM* 2/2 (1951). Estudos em inglês foram feitos por W. H. Brownlee (1951), P. Wernberg-Møller (1957), A. R. C. Leaney (1966); em francês por J. Pouilly (1976); em hebraico moderno por J. Licht (1965). Veja a bibliografia elaborada por H. Bardtke, *TRu* 38 (1974) 257-91. Um fragmento de um manuscrito da caverna 5 está no DJD 3. 180-81. Dez cópias da caverna 4 são expostas por J. T. Milik em *RB* 67 (1960) 410-16.

Paleograficamente, 1QS data de 100-75 a.C. (Cross, *Library* 119-20); todavia, uma comparação com 4QS mostra que 1QS sofreu considerável editoração, especialmente nas cols. 5, 8 e 9. Provavelmente o ms 4QS^e deve ser datado antes de 100 a.C. Assim, uma data de composição para QS entre 105 e 125 o torna uma composição sectária muito antiga. G. Jeremias o atribui ao Mestre de Justiça (→ 98 *abaixo*). Contudo, ele talvez reflita estágios de desenvolvimento na vida comunitária; veja J. Murphy-O'Connor, *RB* 76 (1969) 528-49; também *RB* 82 (1975) 522-51; *RevQ* 11 (1982) 81-96.

Evidentemente o rolo QS era o livro de regras essencial para a vida da comunidade. Seu tema é que a comunidade representa a Nova Aliança entre Deus e a humanidade profetizada por Jr 32,37-41. A entrada na comunidade da aliança é descrita nas cols. 1-2. Nas cols. 3-5 há uma descrição gráfica de duas formas opostas de vida: a forma dominada pelo espírito da luz e da verdade, e a forma dominada pelo espírito das trevas e da falsidade. Seguem-se, então, as regras que regem efetivamente a vida da comunidade. O padrão é, em grande parte, o de Israel durante as peregrinações pelo deserto na época de Moisés, e a ideia é que, retirando-se para o deserto (Qumran), esta comunidade se prepara para ser o núcleo do novo Israel que, no tempo de Deus, será levado para a terra prometida. Este é o primeiro exemplo conhecido do que, no cristianismo, transformar-se-ia em regras para a vida monástica.

O rolo QS da caverna 1 tinha dois apêndices, publicados no DJD 1. 107-30. Estes são:

84 QS^a. *Serek ha-ʿēdâ* = a Regra da Congregação. Esta obra de duas colunas começa dizendo: "Esta é a regra para toda a congregação de Israel nos últimos dias". Embora a regra seja modelada segundo a vida diária dos sectários, esta vida é vista como portadora de significação escatológica. O documento termina com a descrição de um banquete no qual o *sacerdote*, que é o cabeça de toda a congregação de Israel, e o *messias* de Israel abençoam o pão e o vinho. A menção de mulheres e crianças neste escrito (1,4) levou à sugestão (Cross, *Library* 79ss.) de que a *ʿēdâ*, ou congregação, refere-se à totalidade dos sectários, incluindo tanto aqueles que estavam na comunidade monástica do deserto (*yaḥad*) em Qumran quanto aqueles que se encontravam em outros lugares e circunstâncias, *p.ex.*, em acampamentos e cidades.

85 QS^b: uma Coleção de Bênçãos. Esta obra de seis colunas foi mal preservada. Ela contém o texto para a bênção de grupos ou de indivíduos na seita. Parece haver uma bênção especial para o sacerdote, bem como uma para o príncipe (*nāśî'*) da congregação; mas veja R. Leivestad, *ST* 31 (1977) 137-45.

Não há indícios claros de que estas obras foram anexadas a qualquer outra cópia de QS, e elas bem podem ser composições do período em que o ms de 1QS foi copiado (100-75 a.C.).

DOCUMENTOS ENCONTRADOS NAS CAVERNAS DE QUMRAN

Caverna 1: descoberta por beduínos; escavada por G. L. Harding e R. de Vaux e fev.-mar. de 1949. Produziu manuscritos relativamente completos (três ainda num cântaro), bem como 600 fragmentos de uns 70 outros manuscritos.

1QSIsa^a – o texto hebraico de Isaías um pouco divergente do TM quanto à ortografia e leitura (→ Textos, 68:17, 27).
1QS – a regra de vida para a comunidade que vivia em Qumran (→ 83 *acima*).
1QpHab – um comentário livre e interpretativo (*pēšer*) sobre Habacuc, adaptando o pensamento do livro à comunidade de Qumran (→ 89-90 *abaixo*).
1QapGen – uma elaboração apócrifa de Gênesis em aramaico (→ 93 *abaixo*).
(Os quatro manuscritos acima foram tirados da Jordânia por determinação de Mar Atanásio Yeshue Samuel, um prelado sírio que os tinha obtido dos beduínos. Eles foram em parte publicados no *DSSMM* [exceto 1QapGen] e, mais tarde, através de um intermediário, vendidos a Israel por 250.000 dólares).
1QIsa^b – uma cópia mais fragmentária de Isaías, mais próxima do TM (→ Textos, 68:27).
1QH – salmos de louvor (*hôdāyôt*) compostos na comunidade (→ 86 *abaixo*).
1QM – uma descrição imaginativa da guerra final a ser travada entre as forças do bem e do mal (→ 88 *abaixo*).
(Os três manuscritos acima foram obtidos de negociantes de Antiguidades por E. L. Sukenik da Universidade Hebraica antes da partição da Palestina. Foram em parte publicados na *DSSHLU*.)
Fragmentos de outros mss publicados no DJD 1. Os mais importantes são dois apêndices destacados de 1QS, a saber, 1QSa e 1QSb (→ 84, 85 *abaixo*).

Caverna 2: descoberta pelos beduínos em fev. de 1952. Os fragmentos mais importantes que ela produziu são do texto hebraico perdido de Eclesiástico (→ Textos, 68:33).

Caverna 3: descoberta por arqueólogos em março de 1952. Ela produziu dois cilindros de cobre muito oxidados que originalmente faziam parte de um só rolo. Eles foram abertos em fatias em 1956 e publicados no DJD 3 (→ 93 *abaixo*).

Caverna 4: descoberta pelos beduínos e escavada por arqueólogos em setembro de 1952. De muitas formas a caverna mais importante, ela produziu fragmentos de cerca de 520 mss. Estava próxima da colônia e pode ter servido de esconderijo para a biblioteca da comunidade quando os romanos chegaram. Quanto ao trabalho nos fragmentos desta caverna, veja *BA* 19 (1956) 83-96. Alguns dos achados são:

– Alguns manuscritos de livros do AT que remontam ao séc. III a.C., nossos mais antigos exemplares da Escritura (→ Textos, 68:11).

– Mss bíblicos com um texto hebraico diferente do TM, mas próximo do texto hebraico subjacente à LXX (→ Textos, 68:18-19).

– Fragmentos de Tobias no original aramaico (até então perdido) (→ Textos, 68:33).

– Fragmentos na língua original (hebraico ou aramaico) de apócrifos importantes, até então preservados apenas em traduções posteriores, *p.ex.*, *1Hen*, *Jub*, *Test12Patr* (→ 9, 17, 26 *acima*).

– Fragmentos de centenas de mss que lançam luz sobre a crença e a prática da comunidade de Qumran, inclusive cópias mais antigas de obras encontradas na caverna 1 (QS, QH, QM). Há comentários bíblicos, calendários, livros apocalípticos e livros em código.

Cavernas 5, 6, 7, 8, 9, 10: publicada no DJD 3; as cavernas 5 e 6 foram escavadas em 1952 em relação à caverna 4; as cavernas 7-10 foram descobertas em 1955 perto da colônia de Qumran. Uma tentativa de J. O'Callaghan de identificar alguns fragmentos gregos de 7Q como NT é quase universalmente rejeitada; veja K. Aland, *NTS* 20 (1973-74) 357-81; P. Benoit, *RB* 80 (1973) 5-12; todavia, C. P. Thiede, *Bib* 65 (1984) 538-59.

Caverna 11: descoberta pelos beduínos em 1956. Esta caverna, como a caverna 1, produziu extensos trechos de manuscritos. Parte do material foi publicado por pesquisadores holandeses.

11QPs^a – um rolo de salmos, publicado por J. A. Sanders como DJD 4; veja também sua obra *The Dead Sea Psalms Scroll* (Ithaca, 1976) com um pós-escrito que contém o texto de um fragmento adicional (→ Textos, 68:31). Quanto aos salmos não canônicos, veja artigos de P. Auffret e J. Magne, *RevQ* 8, 9, 10 (1975-80); E. M. Schüller, *Non-Canonical Psalms from Qumran* (HSS 28; Atlanta, 1986).

11QPs^b – uma outra coleção de salmos (J. van der Ploeg, *RB* 74 [1967] 408-12).

11QPsAp^a – uma obra que contém salmos bíblicos e apócrifos (J. van der Ploeg, *RB* 72 [1965] 210-17; *Tradition und Glaube* [Festschrift K. G. Kuhn; ed. G. Jeremias; Göttingen, 1971] 128-39).

11QpaleoLev – parte de Levítico em escrita paleo-hebraica (→ Textos, 68:17).

11QEz – uma cópia mal preservada de Ezequiel, de cerca de 55 a 25 a.C., com um texto hebraico próximo do texto do TM (W. Brownlee, *RevQ* 4 [1963] 11-28). Apenas poucos fragmentos são legíveis.

11QtgJob – uma cópia do séc. I d.C. de um targum, provavelmente composta no séc. II a.C. (→ Textos, 68:104).

11QMelch – Fragmentos de um midrásh escatológico de cerca de 50-25 a.C. A figura de Melquisedec, agora um ser celestial acima dos anjos, aparece num cenário extraído da descrição do ano do jubileu em Lv 25; ele terá certa importância no dia do julgamento. Veja P. J. Kobelski, *Melchizedek and Melchireša'* (CBQMS 10; Washington, 1981). Quanto à relevância para o NT, → Hebreus, 60:38.

11QTemplo – um longo rolo sectário com regras cultuais (→ 95 *abaixo*).

11QJub – Fragmentos de *Jub* (→ 17 *acima*).

86 QH: os *Hôdāyôt* = Hinos de Ação de graças. O mal preservado 1QH foi publicado por E. L. Sukenik no *DSSHU* 35-38, e fragmentos adicionais foram publicados por J. T. Milik no DJD 1. 136-38. Bibliografia em H. Bardtke, *TRu* 40 (1975) 210-26. Estudos em inglês foram produzidos por S. Holm-Nielsen (Aarhus, 1960), M. Mansoor (Grand Rapids, 1961), E. H. Merrill (Leiden, 1975) e B. P. Kittel (SBLDS 50; Chicago, 1981); em francês por M. Delcor (Paris, 1962). Um estudo em hebraico moderno elaborado por J. Licht (Jerusalém, 1959) é excelente em suas sugestões para preencher lacunas, verificadas em fragmentos de seis outras cópias da obra da caverna 4. J. Carmignac (veja *Textes*, 1. 145) demonstrou que o material da caverna 1 procedia de dois rolos e que Sukenik publicara as colunas na ordem errada: as cols. 13-16 pertenciam ao primeiro rolo, enquanto que as cols. 17 e 1-12 ao segundo. Três escribas copiaram 1QH, e paleograficamente ele data do período de 1-50 d.C.

QH descende do livro de hinos bíblicos, o Saltério. Contudo, o período clássico da poesia hebraica havia passado, e os poemas de QH lembram os hinos preservados em 1 e 2Mc e os hinos lucanos do NT (*Magnificat* e *Benedictus*). Veja *EJMI* 411-36. Eles são basicamente mosaicos de expressões bíblicas, escolhidas particularmente dos Salmos e de Isaías – um estilo chamado de antológico. Uma metáfora bíblica é com frequência transformada em uma alegoria plena. O autor do hino fala na primeira pessoa e medita diante de Deus sobre a bondade divina para consigo. Há muitas reflexões históricas extraídas da vida do autor (J. Carmignac, *RevQ* 2 [1959-60] 205-22). Quanto à teologia de QH, veja J. Licht, *IEJ* 6 (1956) 1-13, 89-101.

Holm-Nielsen sugeriu uma origem inteiramente litúrgica dos hinos, mas o caráter pessoal da meditação torna isto improvável. É interessante o que Filo (*De vita contemp.* 29, 80, 83, 84) diz sobre os *therapeutae*, aparentemente um ramo do movimento essênio. Estes sectários possuíam hinos compostos pelos primeiros chefes de sua seita; em particular, hinos eram compostos por indivíduos para serem recitados na festa de Pentecostes (que em Qumran era a grande festa da renovação da aliança). Tem muitos adeptos a sugestão correspondente de que QH foi composto, pelo menos em parte, pelo Mestre de Justiça. Isto significaria uma data de cerca de 150-100 a.C., provavelmente após QS.

87 D ou CD: o documento de Damasco ou a(s) Obra(s) Sadocita(s). Dois mss medievais desta obra (ms A com cols. 1-16; ms B com cols. 19-20; B 19 = A 7-8), que datam dos sécs. X e XII, foram encontrados na Geniza do Cairo (→ Textos, 68:43), em 1896-1897, e editados como *Documents of Jewish Sectaries* por S. Schechter (1910; KTAV ed. 1970, com prolegômeno de Fitzmyer); veja *BARev* 8 (1982) 38-53. A melhor edição é a de C. Rabin (2ª ed.; Oxford, 1958). Em Qumran foram encontrados fragmentos de nove mss da obra; assim, os mss medievais representam claramente uma obra de Qumran. Fragmentos de 5Q e 6Q encontram-se no DJD 3. 181-31; também M. Baillet, *RB* 63 (1956) 513-23. Milik (*Ten Years*, 38, 151-52; *BA* 19 [1956] 89) trata de fragmentos de sete mss de 4Q; veja *RB* 73 (1966) 105; *JJS* 23 (1972) 135-36; *Sem* 27 (1977) 75-81. Houve várias revisões de CD; o material de Qumran tende a concordar com o ms A medieval; a cópia mais antiga de Qumran data de 75-50 a.C. O principal estudo foi elaborado por P. R. Davies (JSOTSup 23; Sheffield, 1983); veja J. Murphy-O'Connor, *RB* 92 (1985) 223-46, 274-77.

A obra consiste de duas partes: (1) Admoestações extraídas da história se encontram nas cols. 1-8 do ms A, mais 19-20 do B. Uma introdução a esta seção aparece no material não publicado de Qumran. O autor investiga a história de Israel até a ascensão da comunidade de Qumran, extraindo lições para incentivar a comunidade. Ele é repetitivo e oratório, mas faz alusões úteis à história da seita. Na época em que CD foi escrito, o Mestre de Justiça já estava morto há alguns anos (20,14). (2) Nas cols. 15-16 e 9-14 do ms A, há leis a serem observadas pelos membros da comunidade que vivem em acampamentos. As cols. no A estão fora de ordem, e tanto o início quanto o final da seção da lei se perderam. Nas cópias de 4Q há material que dá continuidade à col. 14, bem como uma cerimônia final de renovação da aliança. Estas leis abrangem a entrada na comunidade, comportamento, purificações, organização e punições. Se tomarmos as duas partes juntas, a obra toda bem pode ter sido um manual para uma cerimônia de renovação da aliança, com uma exortação histórica e um lembrete das leis.

Milik sugere uma data de composição em cerca de 100 a.C., e dois fatores apoiam esta data: a ausência de menção aos romanos na seção histórica, e a paleografia da mais antiga cópia. As leis diferem até certo ponto das de QS, mas isto pode ser explicado pela diferença na época da composição (QS é mais antigo) ou pela diferença nas circunstâncias das pessoas que viviam em acampamentos (distintas das pessoas que viviam na comunidade do deserto). CD 6,5 menciona "os convertidos de Israel que saíram de Judá para residir temporariamente na terra de Damasco"; e a obra é dirigida aos membros da Nova Aliança na terra de Damasco (7,19; 8,21). Alguns pesquisadores (Cross, *Library* 82-83) creem que Damasco é um nome figurativo da área de Qumran, mas Milik entende o termo literalmente e pensa em um ramo da comunidade de Qumran que habitava em acampamentos na área de Damasco/Haurã. Um argumento em favor da primeira opinião é o número de cópias de CD encontrado em Qumran. J. Murphy-O'Connor (*RB* 77-81 [1970-74]), que equipara Damasco à Babilônia, propõe uma origem pré-Qumran da primeira parte de CD (documento missionário essênio e memorando incentivador), que foi juntado em 100-75 a.C. a material posterior. (Veja M. A. Knibb, *JSOT* 25 [1983] 99-117.). Davies pensa que uma forma substancial de CD já existia antes do período de Qumran.

88 QM: *Serek ha-Milḥāmâ* = a Regra para a Guerra, ou a Guerra dos Filhos da Luz contra os Filhos das Trevas. O 1QM gravemente mutilado foi publicado no *DSSHU*, e um fragmento separado, 1Q33, foi publicado no DJD 1. Há fragmentos de mais seis mss no material da caverna 4 publicado no DJD 7. Há estudos elaborados em francês por J. van der Ploeg (1957), J. Carmignac (1958) e B. Jongeling (1962); em inglês por Y. Yadin (1962) e P. R. Davies (BibOr 32; Rome, 1977). Intitulada "Para os Sábios – a Regra para a Guerra", a obra propõe um plano para o exército e a campanha da guerra final de 40 anos, quando Deus esmagará as forças do mal e das trevas neste mundo. Embora pareça que o autor se valeu da terminologia militar de sua época, a guerra é travada mais segundo intenções teológicas do que segundo uma estratégia militar científica. O tema dominante é que se as forças do bem (ou da luz) se organizarem conforme o esquema semilitúrgico apropriado e se seus estandartes e trombetas estiverem adequadamente inscritos com orações, Deus as favorecerá e a vitória estará assegurada. Os acampamentos dos filhos da luz são organizados segundo as orientações de Nm 2,1-5,4; as tropas recebem ardentes sermões da parte dos sacerdotes, que também fazem soar os sinais de batalha. O anjo Miguel, com a ajuda de Rafael e Sariel, lidera as forças da luz, enquanto que Belial guia as forças das trevas. As cols. 2-14 oferecem as regras gerais, e 15-19 parecem prever a batalha real – embora alguns vejam aqui uma duplicação (o sinal de que uma obra mais curta passou por trabalho editorial).

Todas as cópias existentes de QM são do séc. I d.C., mas J. J. Collins (*VT* 25 [1975] 596-612) postula uma origem pré-sectária no dualismo persa (veja seu debate com Davies em *VT* 28-30 [1978-80]). As propostas para a composição se estendem desde 110 a.C. (Carmignac – pelo Mestre de Justiça) até 50 a.C.-25 d.C. (a maioria dos pesquisadores), ou ao período todo (Davies). Yadin argumenta que as táticas e os equipamentos militares são romanos, e os oponentes são designados como "kittim", um termo aplicado aos romanos em outros DSS. Alguns veem QM como uma junção de duas obras diferentes (Dupont-Sommer, Gaster, Van der Ploeg), mas Carmignac e Yadin defendem um único autor. Se a obra é um escrito sectário mais tardio, pode ter sido composta quando o grupo foi infectado por um espírito mais marcial. Ela não contém uma espera clara de um Messias davídico; o papel dominante é o do sumo sacerdote.

89 Pesharim, ou Comentários. Veja M. P. Hargan, *Pesharim* (CBQMS 8; Washington, 1979) quanto a traduções e interpretações. Os comentários bíblicos de Qumran (no sing.: *pēšer*; no pl.: *pěšārîm*) exibem uma técnica exegética peculiar. Eles estudam o texto bíblico versículo por versículo, em busca de um significado aplicável à vida da seita, a suas circunstâncias passadas e presentes, e à sua esperança futura. A pressuposição parece ser a de que o antigo profeta ou salmista que escreveu a obra bíblica se dirigia não a seu próprio tempo, mas ao futuro, e que este futuro era a história da comunidade de Qumran. Quando Habacuc falou do justo em cerca de 600 a.C., ele na verdade se referiu ao Mestre de Justiça de Qumran. Quando falou do Líbano, referiu-se ao conselho da Comunidade de Qumran. Às vezes o comentarista de Qumran lê as palavras do texto que está comentando de uma forma totalmente diferente do sentido gramatical pretendido pelo autor original. O procedimento dos *pesharim* difere visivelmente do de outras obras de Qumran relacionadas com a Bíblia, as quais simplesmente aplicam ou embelezam de um modo midráshico a narrativa bíblica em uma direção que é mais fiel à intenção do autor original. (Quanto ao tipo de interpretação evidenciada em citações isoladas do AT, veja o estudo de J. A. Fitzmyer, *NTS* 7 [1960-61] 297-333).

O pano de fundo mental da exegese dos *pesharim* é o apocalíptico. Em vez de ter mensagens para seu próprio tempo, os profetas e salmistas estão preocupados com os últimos dias, dos quais a comunidade de Qumran é o sinal. O estilo da exegese parece originar-se do Mestre de Justiça; pois, segundo 1QpHab 2,8-10, Deus lhe deu entendimento para interpretar tudo que foi previsto por meio dos profetas e (7,4-5) revelou a ele todos os mistérios por trás das palavras dos profetas, assim como um *pesher* de uma visão misteriosa foi revelado a Daniel (Dn 5,26). A maioria dos *pesharim* data paleograficamente de após 50 a.C. Nunca há mais de uma cópia de um *pesher*; isto pode significar que os manuscritos que chegaram até nós são os autógrafos, *i.e.*, os originais (Cross, *Library* 114-15). Embora tenham autores diferentes, o estilo da exegese é muito semelhante. Isto indica que os vários comentaristas foram instruídos numa tradição comum de interpretação, talvez vinda do Mestre de Justiça.

90 O *pesher* mais importante é 1QpHab, um comentário de 14 cols. Ele foi publicado por M. Burrows no *DSSMM* 1. A caverna 1 também produziu alguns *pesharim* fragmentários sobre Miqueias, Sofonias, Salmos 57 e 68, publicados no DJD 1. 77-82; a caverna 3 tinha um *pesher* sobre Isaías (DJD 3. 95-96). *Pesharim* incompletos, provenientes da caverna 4, sobre Isaías, Oseias, Miqueias, Naum, Sofonias e Salmos foram publicados por Allegro no DJD 5 – um volume severamente criticado (veja J. Strugnell, *RevQ* 7 [1969-71] 163-276).

91 4QTestimonia, ou os Testemunhos "Messiânicos". Publicados por J. M. Allegro no DJD 5 (4Q175). A cópia que possuímos é de 100-75 a.C., do mesmo escriba que copiou 1QS. A obra consiste de quatro citações bíblicas feitas uma após a outra.

Allegro identificou as citações como segue: (1) Dt 5,28-29, mais 18,18-19, uma referência ao profeta semelhante a Moisés; (2) Nm 24,15-17, o oráculo de Balaão sobre uma estrela vinda de Jacó e um cetro de Israel; (3) Dt 33,8-11, que glorifica Levi; (4) Js 6,26, acompanhada de um *pesher* extraído dos "Salmos de Josué", uma obra de Qumran até então desconhecida, agora atestada na caverna 4 – o *pesher* condena o homem de Belial e seu irmão. Não há razão aparente para a ordem dos textos identificados por Allegro; seu tema tampouco é evidente. Allegro sugeriu um tema escatológico, a saber, destruição para as pessoas que não aceitam o ensinamento sobre as figuras messiânicas da seita de Qumran. Outros pesquisadores se concentraram na descoberta de uma série de figuras messiânicas nas quatro citações. Deste modo, eles combinam as três primeiras citações com as três figuras que Qumran esperava nos últimos dias: (1) o profeta; (2) o Messias davídico; (3) o Messias sacerdotal (→ 116-17 *abaixo*). Pensa-se que o quarto texto se refira ao grande inimigo. Segundo esta interpretação, a obra pertence a uma espécie de *testimonia* messiânica. ("Testimonia", um termo tomado do título de uma obra de Cipriano, é a designação aplicada a coletâneas sistemáticas de passagens do AT, geralmente de significação messiânica, que se pensa terem sido usadas pelos protocristãos em suas disputas com os judeus. Estes eram textos probatórios escolhidos do AT para mostrar que Jesus era o Messias. O uso do título para esta obra de Qumran sugere, por analogia, que a seita coletou textos para evidenciar suas expectativas messiânicas. Veja J. A. Fitzmyer, *TS* 18 [1957] 513-37; P. Prigent, *Les testimonia dans le christianisme primitif* [Paris, 1961].)

Esta análise da obra de Qumran provavelmente está incorreta. A primeira das quatro citações foi identificada erroneamente. P. Skehan (*CBQ* 19 [1957] 435-40) mostrou que é uma citação de Ex 20,21 de acordo com uma tradição textual protossamaritana (→ Textos, 68:21, 38-39). Com esta mudança, a razão para a ordem das passagens se torna clara; elas foram escolhidas a partir dos livros em sua ordem bíblica (Ex, Nm, Dt, Js). O arranjo elegante dos personagens messiânicos também desmorona quando se percebe que a estrela e o cetro da segunda citação se referem a duas figuras diferentes. A estrela é um (ou o) sacerdote; o cetro é o Messias real davídico (CD 7,18-20). E, desse modo, a obra não é claramente uma coletânea de *testimonia* messiânicos, e a interpretação original do tema básico como escatológico proposta por Allegro é mais plausível.

92 4QFlorilegium, ou Midrásh Escatológico. Publicada por J. M. Allegro no DJD 5 (4Q174). A cópia é datada paleograficamente em 1-50 d.C. Esta obra incompleta contém textos bíblicos acompanhados de uma interpretação. Allegro acha que ela pertence à literatura dos *testimonia*, mas neste caso se dá uma interpretação junto com a citação bíblica. Presumivelmente o tema que domina a coletânea seria uma referência aos últimos dias.

W. R. Lane (*JBL* [1959] 343-46) contestou corretamente a análise de Allegro (que continua a ser reproduzida de modo não crítico). A obra em si deixa claro que há três passagens bíblicas principais a serem discutidas (2Sm 7,10-14; Sl 1,1; Sl 2,1) – qualquer outra citação bíblica é feita apenas para interpretar essas passagens principais. Além disso, a obra faz uma pausa entre a exposição de 2 Samuel e a dos Salmos. Em ambos os trechos a interpretação é descrita como um *pesher*; o termo *midrásh* aparece apenas na introdução do assunto do Sl 1,1. Aqui, a técnica ordinária do *pesher* (→ 89 *acima*) é levemente modificada porque a interpretação não é feita nas palavras do autor do documento, mas é dada pelo uso de outros textos bíblicos. Conforme P. Skehan (*CBQ* 25 [1963] 121), a obra é um *pesher* sobre as primeiras linhas de uma série de salmos; a passagem de 2 Samuel serve de introdução, por ser uma passagem que exalta Davi, que é considerado o compositor do Saltério. Veja D. R. Schwartz, *RevQ* 10 (1979) 83-91 quanto aos templos mencionados na obra; também G. J. Brooke, *Exegesis at Qumram: 4QFlorilegium* (JSOTSup 29; Sheffield, 1985).

93 1QapGen: o Gênesis Apócrifo (anteriormente chamado de Apocalipse de Lamec). Cinco colunas (2 e 19-22) do texto aramaico deste rolo foram publicadas, juntamente com uma tradução para o inglês, por N. Avigad e Y. Yadin, em 1956; um fragmento foi publicado por J. T. Milik como 1Q20 no DJD 1. 86-87. Existe um estudo abrangente, em inglês, de J. A. Fitzmyer (Rome, 1971). A cópia é datada paleograficamente em 25 a.C.-25 d.C., e nenhuma outra cópia foi encontrada.

A obra é um tipo de midrásh hagádico (→ 140-41 *abaixo*) sobre Gn 1-15. Vários patriarcas (Lamec, Noé, Abraão) narram experiências que são embelezamentos da narrativa bíblica, pois as lacunas são preenchidas mediante a imaginação e o folclore. Descreve-se o nascimento miraculoso de Noé. A obra não é um *pesher*, pois não há referências históricas à comunidade de Qumran. De fato, a obra não é necessariamente de origem qumrânica, e pode ser simplesmente um apócrifo judaico. Aparentemente ela depende do modo como Gênesis é tratado em *Jub* e em *1Hen* 106 (segundo Fitzmyer; os editores colocam a dependência na direção oposta). Desse modo, indica-se uma data no séc. I a.C., e a qualidade de seu aramaico confirma esta data (E. Y. Kutscher em ScrHier 4 [Jerusalém, 1958] 1-35).

94 3Q15: o Rolo de Cobre. Quanto à descoberta e ao corte das duas partes deste rolo, veja J. M. Allegro, *The Treasure of the Copper Scroll* (2ª ed., Anchor, brochura; New York, 1964). Quanto à infeliz história da publicação, veja R. de Vaux, *RB* 68 (1961) 146-47. A publicação oficial dos textos foi feita por J. T. Milik no DJD 3. 201ss. Tanto Milik quanto Allegro ofereceram traduções, muito diferentes em certos lugares (veja R. E. Brown, *CBQ* 26 [1964] 251-54). O rolo está escrito em hebraico mishnáico, *i.e.*, o tipo de hebraico empregado na Mishná (→ 136 *abai-*

xo), aqui num dialeto e em seus primeiros estágios; e assim, o rolo é muito importante para a história da língua hebraica. Cross data a escrita do documento em 25-75 d.C.; Milik o data em 30-130 d.C., de modo que não fazia parte do LQ (não há referências à seita), mas foi um depósito independente colocado na caverna após a destruição da colônia de Qumran.

O rolo contém uma longa lista de lugares, na Palestina, onde estavam escondidos tesouros e, desse modo, dá uma importante contribuição para nosso conhecimento da topografia palestinense. Por exemplo, em 11,11-13, uma passagem que descreve uma área próxima ao templo, lê-se: "Em Bete--Esdataim, na piscina, onde se entra em sua bacia menor...". Se a leitura de Milik estiver correta, esta é a primeira referência à piscina de Betesda de Jo 5,2 em descrições antigas (→ João, 61:74).

Quanto aos tesouros, as quantias são fantasticamente grandes, *p.ex.*, cerca de 4.600 talentos de prata e ouro. Allegro (*Treasure* 44) reduz o valor dos itens listados no rolo a uma sexta ou quinta parte de seu valor normal, o que lhe possibilita levar a lista a sério como um registro dos tesouros do templo de Jerusalém escondidos em 68 d.C. pelos zelotes, que controlavam Jerusalém, antes da destruição romana. À procura deste tesouro, Allegro escavou alguns lugares mencionados no rolo, sem sucesso. Milik sustenta que a lista representa folclore baseado nas riquezas fabulosas do Templo de Jerusalém. Para Laperrousaz, os tesouros estão relacionados à revolta de Bar Kokhba/Kochba (→ 119 *abaixo*).

95 11QTemplo: o Rolo do Templo. Este texto talvez seja a Segunda Torá ou o Livro da Lei selado dos sectários, escondido até o surgimento de Sadoc (CD 5,2-5; 4Q *177* [Catena] 1-4,14). A cópia 11Q tem cerca de 9 metros de comprimento, contendo as bases de 66 colunas preservadas; ela data do séc. I d.C. (mas um fragmento de 4Q sugere uma composição em cerca de 135 a.C.). Adquirido pelo governo israelense em 1967, o rolo foi publicado por Y. Yadin (*The Temple Scroll* [3 vols.; Jerusalém, 1983; em hebraico, 1977]). Quanto à análise, veja artigos de J. Milgrom (bibliografia de Koester); Wacholder, *Dawn*; Y. Yadin, *The Temple Scroll* (New York, 1985). Provavelmente a obra tinha o *status* de revelação (a Moisés), pois Deus fala na primeira pessoa. As exigências de pureza cultual são mais rigorosas do que na tradição farisaica. Deus descreve como o Templo terreno deverá ser construído (veja 1Cr 28,19), em três pátios quadrados concêntricos (diferentemente dos templos salomônico e herodiano; → Instituições, 76:43), com portões nos muros trazendo os nomes das tribos, e tendas nos muros exteriores (das quais 270 eram para sacerdotes levitas em serviço). Na "cidade do Templo" a pureza não permite latrinas. Regras rigorosas vinculam o rei, a quem se proíbem poligamia e divórcio. Veja *BA* 41 (1978) 105-20; 48 (1985) 122-26; *BARev* 10 (n. 5, 1984) 32-49).

96 (III) História da seita.

(A) Identidade. Existem inumeráveis teorias acerca da identidade do grupo responsável pela colônia em Qumran e pelos manuscritos encontrados nas cavernas. Eles são identificados como fariseus, saduceus, essênios, zelotes, ebionitas, caraítas – em suma, como quase todas as seitas judaicas conhecidas que vicejaram num período de mil anos (200 a.C.-800 d.C.). Se tivermos a permissão de reduzir todo o debate, não há razão séria para duvidar que as ruínas de Qumran representam a cidade essênia no deserto descrita por Plínio, o Velho (*Nat. Hist.* 5.17.73) como situada na costa ocidental do Mar Morto ao norte de Engadi (C. Burchard, *RB* 69 [1962] 533-69). O que sabemos sobre a vida da comunidade de Qumran a partir de seus documentos combina muito bem com o que sabemos sobre os essênios a partir de Plínio, Filo e Josefo (J. Strugnell, *JBL* 77 [1958] 106-15; Cross, *Library* 70ss.). Há diferenças secundárias, mas elas podem ser explicadas se levarmos em consideração que deve ter havido diferentes formas de vida essênia no decurso de 200 anos de existência e se nos lembrarmos que um autor como Josefo simplificou o retrato dos essênios a fim de torná-los inteligíveis a um público gentílico. Portanto, suporemos que os sectários de Qumran tenham sido essênios; nenhuma outra tese pode explicar tão bem os indícios de que dispomos. (Cf. R. de Vaux, *RB* [1966] 212-35.)

97 (B) Origem. A teoria a seguir, apoiada por Cross, Milik, Strugnell, Skehan, de Vaux, Vermes e outros, é a que tem mais aceitação. Variantes importantes são propostas por H. Stegemann, *Die Entstehung der Qumrangemeide* (Bonn, 1971) e J. Murphy-O'Connor, *RB* 81 (1974) 215-44; *BA* 40 (1977) 100-24; veja J. H. Charlesworth, *RevQ* 10 (1980) 213-33.

O movimento de reforma religiosa e nacional que acabaria originando a seita de Qumran apareceu em cerca de 167 a.C. Pelos cálculos de sua história feitos pela própria seita, sugere-se uma data no início do séc. II. Em CD 1,5-8 é dito que 390 anos após a queda de Jerusalém diante de Nabucodonosor (587), Deus fez uma nova planta sair de Israel. Isto seria em cerca de 190 a.C., mas o número 390 pode ser simbólico (veja Ez 4,5) ou aproximado. Outra passagem da LQ (= Literatura de Qumran) sugere que o reinado de Antíoco Epífanes (175-164), o grande perseguidor dos judeus, foi exatamente a época da origem da seita. O autor de 4QpNah fala de um período "da época de Antíoco até a vinda dos soberanos dos *kittim* [romanos]" – este provavelmente é o período de existência da seita até a época em que o autor escreve, *i.e.*, o período romano.

Em particular, a seita de Qumran provavelmente deve ser relacionada com o ramo hassideu da revolta dos macabeus contra Antíoco (→ História, 75:134ss). Em 1Mc 2,42 lemos que os hassideus (*Ḥasîdîm*, ou "piedosos") uniram-se a Matatias, o pai de Judas Macabeu. Eles ficaram enfurecidos com as blasfêmias religiosas dos judeus helenizados favoráveis a Antíoco, e especialmente com a substituição de Jasão, o sumo sacerdote da legítima linhagem de Sadoc, em 172, por Menelau, um não sadocita. É interessante observar que a maioria dos pesquisadores modernos derivam o nome grego *essēnoi* (variante: *essaioi*) das formas pl. (*ḥasēn, ḥasayyā'*) de *ḥasyā'*, o aramaico oriental equivalente ao hebraico *ḥasîd*; assim, até mesmo pelo nome os essênios podem ser descendência dos hassideus (Milik, *Ten Years* 80 n. 1; Cross, *Library* 51-52 n.).

Os hassideus apoiaram os macabeus por um tempo; mas o interesse dos hassideus era primordialmente religioso, enquanto que os macabeus adquiriram uma orientação cada vez mais política, com a ambição de estabelecer uma dinastia. Em cerca de 162, quando os sírios designaram o traiçoeiro Alcimo como sumo sacerdote, os hassideus o aceitaram como "um sacerdote, da linhagem de Aarão", ainda que Judas Macabeu se opusesse (1Mc 7,9-16). Este período de aliança tíbia com os macabeus é descrito em CD 1,9-10 como "os 20 anos nos quais eles foram como homens cegos que apalpam seu caminho". Mas então Deus "suscitou para eles um Mestre de Justiça para guiá-los no caminho de seu coração". Aparentemente os essênios de Qumran se originaram diretamente daqueles hassideus que abandonaram os macabeus e seguiram o Mestre de Justiça. Murphy-O'Connor sustenta que judeus conservadores retornaram para a Palestina vindos da Babilônia após as primeiras vitórias de Judas Macabeu em 165 a.C., e que deles se derivou o grupo de Qumran.

98 (C) O Mestre de Justiça. A identidade do Mestre de Justiça continua sendo um mistério. Nossas fontes para esse período são pró-macabeias e dão pouca atenção a seus inimigos dentro do judaísmo (pelo menos até cerca de 100 e a revolta dos fariseus). O Mestre era um sacerdote da linhagem sadocita. Se ele foi o autor de QH, era um homem de grande piedade pessoal. As alegações de que ele era um messias, de que foi crucificado, de que voltou à vida ou de que foi o precursor de Jesus Cristo são totalmente infundadas. (Uma exposição exaustiva se encontra em J. Carmignac, *Christ and the Teacher of Righteousness* [Baltimore, 1962] e G. Jeremias, *Der Lehrer der Gerechtigkeit* [Göttingen, 1963].). O título hebraico dado a esta figura, *môreh ha-ṣedek*, frequentemente traduzido por "Mestre de Justiça", provavelmente deve ser entendido tanto no sentido de que ele mesmo é justo quanto no sentido de que ensina a justiça. Este é um título tradicional, pois Jl 2,23 diz: "Ele vos deu o mestre da justiça [*môreh liṣdākâ*] e fez cair a chuva sobre vós"; veja também Os 10,12.

99 O incidente que provocou a ruptura entre o Mestre e os macabeus provavelmente ocorreu durante o período da liderança de Jônatas, após a morte de seu irmão Judas (160). Em 152, Jônatas aceitou ser nomeado sumo sacerdote dos judeus pelo rei sírio Alexandre Balas (1Mc 10,18-21; → História, 75:137). Esta ação por parte de um macabeu que não era sadocita legítimo deve ter constituído um pecado imperdoável aos olhos dos hassideus que se uniram à revolta por causa da tentativa séria de substituir o sacerdócio sadocita. Em 1QpHab ouvimos falar de um "Sacerdote Ímpio" que foi fiel no início de seu período, mas, quando se tornou soberano de Israel, traiu os mandamentos. Embora o epíteto possa ter sido aplicado a mais de uma pessoa, a maioria concorda com Milik e Skehan de que o Sacerdote Ímpio era Jônatas (contra Cross, que opta por Simão Macabeu). Murphy-O'Connor sugere que o Mestre de Justiça era o sacerdote sadocita anônimo que teria sucedido Alcimo, após sua morte, como sumo sacerdote em 159-152 (→ História, 75:136-37: Josefo, *Ant.* 20.9.3 § 237). O Sacerdote Ímpio perseguiu o Mestre de Justiça (1QpHab 5,10-11; 9,9) e foi atrás dele até mesmo em seu local de exílio no Dia da Expiação (11,4-8). A menção desta festa solene demonstra que o Sacerdote e o Mestre seguiam calendários diferentes; pois, embora o dia deste ultraje possa ter sido a festa da Expiação para o Mestre, não poderia ser um dia de festa para o Sacerdote – a violação de um dia santo como este escandalizaria a todos. Isto confirma outro indício (→ 18 *acima*) de que os macabeus ofenderam os hassideus seguidores do Mestre não apenas na questão da sucessão sadocita, mas também por seguirem o calendário lunar introduzido no culto do Templo por Antíoco Epífanes, em vez de restaurar o antigo calendário solar.

O Sacerdote Ímpio não foi bem sucedido em sua campanha contra o Mestre de Justiça. Deus entregou o Sacerdote nas mãos dos gentios, onde ele sofreu uma morte por tortura (4QpPs37 1,18-20; 1QpHab 9,9-12). Isto combina com a trajetória de Jônatas, que foi preso em 143-142 pelo general sírio Trifo e morreu na prisão (1Mc 12,48; 13,23). Simão, o irmão e sucessor de Jônatas, ampliou a cisão com o Mestre e seus seguidores; pois em 140 Simão aceitou das mãos dos judeus o sumo sacerdócio perpétuo para si mesmo e para seus filhos, negando assim as reivindicações sadocitas publicamente (1Mc 14,41-48; → História, 75:139). O texto de "Salmos de Josué" preservado em 4QTestim 24-29 condena Jônatas e Simão em conjunto: "Eis que um homem maldito, um homem de Belial, ergueu-se para se tornar uma armadilha para seu povo e uma causa de destruição para todos os seus vizinhos. E [seu irmão] ergueu-se [e governou], sendo ambos instrumentos de violência" (cf. P. Skehan, *CBQ* 21 [1959] 75).

100 O Mestre parece ter sobrevivido a seus dois inimigos macabeus. É difícil determinar o momento exato em que ele levou seus seguidores para Qumran, um acontecimento que parece estar descrito em CD 6,5: "Os convertidos de Israel saíram da terra de Judá para habitar na terra de Damasco". (Se não deve ser entendido literalmente, "Damasco" pode ser um nome figurativo para designar o deserto de Qumran [veja C. Milkowsky, *RevQ* 11 (1982) 97-106] ou a Babilônia [Murphy-O'Connor].). As mais antigas moedas encontradas em Qumran datam de cerca de 130. O início desta primeira fase da ocupação de Qumran foi muito pequeno (talvez

50 pessoas). O Mestre provavelmente morreu de morte natural durante o reinado do filho de Simão Macabeu, João Hircano (135-104). O Mestre deixou seus seguidores esperando pelo envio derradeiro do(s) Messia(s) por parte de Deus para libertá-los (CD 19,35-20,1; 20,13-14).

101 (D) História subsequente.
(a) **Século I a.C.** Perto do final do reinado de João Hircano, pouco antes da virada do século, o complexo de Qumran foi ampliado (para talvez 200 pessoas). Milik (*Ten Years* 88) sugere de modo plausível que esta afluência foi o resultado da perseguição dos fariseus por parte de Hircano. Os fariseus eram outra ramificação dos hassideus que tinha permanecido fiel à causa macabeia-hasmoneia até que não puderam mais tolerar a ganância e a insensibilidade religiosa de Hircano, o qual era mais um príncipe secular do que um sumo sacerdote (Josefo, *Ant.* 13.10.5 § 288-98; → História, 75:140, 147). Ao descrever o Sacerdote Ímpio como quem roubava riquezas e as juntava, 1QpHab 8,12 pode ter atribuído as características de João Hircano a seu tio Jônatas; pois Josefo (*Ant.* 13.8.4 § 249) relata os meios cruéis de Hircano acumular riquezas. Milik (*Ten Years* 88) pensa que Hircano é a pessoa a que se faz referência em CD 1,14ss. como um mentiroso que perseguiu os apóstatas (= fariseus) e sugere que os sectários de Qumran consideravam Hircano um falso profeta (Josefo, *Ant.* 13.10.7 § 299, refere-se ao dom de profecia de Hircano). Muitos dos fariseus desiludidos talvez tenham aderido à causa essênia, reconhecendo que os essênios tinham razão ao se oporem à corrupção macabeia quando ela se tornou evidente pela primeira vez.

102 Durante este período florescente da colônia após 100 a.C., os essênios de Qumran continuaram se opondo aos sacerdotes-governantes hasmoneus em Jerusalém. Encontramos em 4QpNah "o furioso leãozinho [...] que pendura homens vivos" – uma referência a Alexandre Janeu (103-76), que crucificou muitos judeus, especialmente os fariseus (Josefo, *Ant.* 13.14.2 § 380). Esta mesma obra menciona a tentativa de "Demétrio, rei da Grécia" [Demétrio III Eukairos] de invadir Jerusalém em 88 a.C. a pedido dos judeus que se opunham a Janeu (*Ant.* 13.13.5-14 § 376ss.). Um calendário encontrado na caverna 4 menciona o nome de Salomé Alexandra (76-67), esposa e sucessora de Janeu, e também fala de um massacre comandado por "Emílio" Scarus, o primeiro governador romano da Síria (Milik, *Ten Years* 73). Várias obras de Qumran se referem à vinda dos terríveis "kittim", *i.e.*, os romanos, os quais representavam o julgamento de Deus sobre a família hasmoneia (1QpHab 2,12ss.). Estas obras claramente foram escritas após a entrada de Pompeu em Jerusalém, em 63 a.C.

103 Indícios arqueológicos apontam para uma violenta destruição da comunidade de Qumran pelo fogo, seguida por um terremoto. Isto provocou um abandono de 30-40 anos, começando com a invasão romana em 67-63 a.C. (Dupont-Sommer, Laperrousaz), ou em 40-37 a.C. e a invasão parta (Milik, Mazar), ou antes do grande terremoto no Vale do Jordão de 31 d.C. (de Vaux). Enquanto alguns relacionam o abandono a Herodes o Grande (37-4 a.C.), que talvez não quisesse ter fanáticos religiosos tão perto de seus alojamentos de inverno em Jericó, outros datam a reocupação de Qumran em seu reinado. Supõe-se que em geral ele fosse favorável aos essênios (Josefo, *Ant.* 15.10.4-5 § 372-79); e era contrário aos sumos sacerdotes hasmoneus inimigos de Qumran.

104 (b) **Século I d.C.** A restauração da comunidade, que ocorreu antes do início da era cristã, durou até 68 d.C. Não sabemos o que deu origem a esta reconstrução, mas os sectários renovados agora eram contra os romanos. Em QM os *kittim* são retratados no lado das trevas na guerra escatológica entre os filhos da luz e os filhos das trevas. A colônia de Qumran foi destruída pela última vez no verão de 68 pela *Legio X Fretensis* romana, quando os conquistadores apertaram o cerco aos centros de resistência judaica. Os manuscritos da comunidade foram depositados (escondidos?) em cavernas antes desta destruição, especialmente na caverna 4, e algumas moedas enterradas. Parece que alguns essênios foram para o sul e juntaram-se à derradeira resistência na fortaleza de Massada (→ 123 *abaixo*). Os romanos, que estabeleceram acampamentos militares nas ruínas de Qumran, evidentemente toparam com os ms acumulados, pois muitos dos documentos foram brutalmente mutilados na Antiguidade.

105 Na época de Orígenes (início do séc. III) manuscritos gregos e hebraicos foram encontrados num jarro perto de Jericó. Outra descoberta em cerca de 785 é atestada numa carta do patriarca nestoriano Timóteo. Evidentemente, uma dessas descobertas produziu manuscritos que alcançaram a seita judaica dos caraítas e influenciaram seu pensamento. Foi entre os remanescentes lacrados da biblioteca de uma sinagoga caraíta no Cairo (a Geniza do Cairo; → Textos, 68:43-44) que S. Schechter encontrou em 1896-1897 documentos, como CD e o Eclesiástico hebraico, que agora sabemos estarem relacionados ao material de Qumran. (N. Wieder, *The Judean Scroll and Karaism* [London, 1962].)

106 (IV) Características da vida e do pensamento de Qumran. Tomamos por certo que havia vários tipos de essênios e que sua vida deve ter variado, dependendo de estarem associados à colônia principal em Qumran ou de morarem em "acampamentos" e cidades. Conhecemos melhor a vida em Qumran.

(A) Vida comunitária. Evidentemente, as construções escavadas em Qumran por R. de Vaux eram usadas como centro comunitário por várias centenas de sectários que habitavam em cabanas e tendas (e cavernas?) nas proximidades. A admissão a esta comunidade da nva aliança era regulamentada rigorosamente. Os candidatos tinham de ser israelitas e ser examinados por um "supervisor". A cerimônia de admissão (1QS 1-3) implicava fazer um juramento vinculante de observar a lei da forma como ela era interpretada infalivelmente na tradição sadocita pelo Mestre de Justiça (5,7-9). Uma purificação ritual também era feita em conexão com a admissão à aliança (3,6-12; 5,13). Contudo, como 3,4-6 deixa claro, esta purificação pela água não substituía a pureza de coração – as duas andavam de mãos dadas: "Ele será purificado de todos os seus pecados pelo espírito de santidade. [...]. E sua carne se tornará limpa pela humilde submissão de sua alma aos preceitos de Deus, quando sua carne for borrifada com água purificadora e santificada pela água limpadora" (3,7-9).

107 Durante o primeiro ano (6,16-17) os novatos não participavam das refeições solenes ou dos ritos de purificação da comunidade. Eles conservavam suas próprias posses. (Vermes sugere que este não era apenas um estágio de desenvolvimento, mas também um estágio permanente para muitos que nunca avançavam além dele. Estas pessoas ganhavam a vida por conta própria e pagavam tributos à comunidade. Elas também devem ter sido os membros casados da comunidade.). No final do ano (3,18-20) havia um outro exame, e os novatos que passavam era solicitados a colocar suas posses sob os cuidados do "supervisor". Eles não eram admitidos às refeições comunitárias ainda, e apenas quando se completasse o segundo ano (3,21-23) se tornavam membros plenos da comunidade. Então suas posses eram acrescentadas ao fundo comum. Havia regras para castigar aqueles que violassem preceitos da comunidade e para expulsar transgressores graves.

108 Quão extenso era o celibato entre os essênios de Qumran? (Veja H. Hübner, *NTS* 17 [1971] 155-67; A. Steiner, *BZ* 15 [1971] 1-28; A. Marx, *RevQ* 7 [1972] 323-42.).

Todos os autores antigos, Josefo, Filo e Plínio, mencionam o celibato essênio. Isto está de acordo com a descoberta de que havia apenas esqueletos masculinos no principal cemitério de comunidade de Qumran. Contudo, há menção a mulheres e crianças em CD, QM e 1QSa; e esqueletos femininos foram encontrados na periferia do cemitério. Provavelmente um grupo (a elite, ou os sacerdotes, ou os plenamente iniciados) praticavam o celibato, pelo menos durante períodos de sua vida – a linhagem sacerdotal precisava ter continuidade –, mas o restante se casava. Isto concorda com a afirmação de Josefo de que havia essênios não casados e casados (Bell 2.8.2 e 13 § 120, 160). Evidentemente, tanto em suas constantes abluções rituais quanto em seu celibato, os membros plenos da comunidade imitavam a pureza que o AT exigia dos sacerdotes antes do sacrifício. Sua aversão ao divórcio estava próxima à de Jesus (J. R. Mueller, *RevQ* 10 [1980] 247-56). Não está claro se os essênios praticavam ou não o sacrifício de animais em Qumran. (Esqueletos de animais foram encontrados sepultados, mas eles representam sacrifício [Duhaime] ou resíduo [Laperrousaz]? – *RevQ* 9 [1977-78] 245-51, 569-73.). Certamente havia uma tendência por parte dos sectários de considerar toda a sua existência em Qumran como portadora de valor sacrifical.

109 Deve ter sido muito exigente a vida em Qumran no grande calor do Vale do Jordão. Após seu trabalho diário, os sectários se reuniam à noite para orar, estudar e ler (1QS 6,7-8). Suas refeições estavam imbuídas de significado religioso; daí a exclusão dos não plenamente iniciados. Em 1QSa se descreve uma refeição de pão e vinho num contexto escatológico e se menciona a possibilidade da aparição do Messias. A partir disto, alguns inferem que as refeições comunitárias eram consideradas antecipações espirituais do banquete messiânico. Veja L. F. Badia, *The Dead Sea Peoples' Sacred Meal and Jesus' Last Supper* (Washington, 1979); L. H. Schiffman, *RevQ* 10 (1979) 45-56.

A semelhança entre a vida de Qumran e a da igreja de Jerusalém descrita em Atos foi observada por diversos pesquisadores (S. E. Johnson, *ZAW* 66 [1954] 106-20, reproduzido em K. Stendahl [ed.], *The Scrolls and the New Testament* 129-42; J. A. Fitzmyer em *StLA* 233-57; R. E. Brown, *ExpTim* 78 [1966-67] 19-23).

110 (B) Organização comunitária. A graduação na comunidade era definida rigidamente, e nas refeições era exigido que os sectários se sentassem e falassem seguindo a ordem. A principal divisão era entre a Casa de Aarão (clérigos) e a Casa de Israel (leigos). A maior parte da autoridade estava investida nos sacerdotes; somente eles "têm autoridade nas questões de justiça e propriedade, e eles terão o julgamento decisivo concernente aos homens da comunidade" (1QS 9,8). Havia uma divisão simbólica da comunidade em 12 tribos, bem como uma divisão em unidades numéricas de 1.000, 100, 50 e 10 (1QSa 1,29-2,1).

Parece que o governo era exercido por grupos judicial, legislativo e executivo distintos. Menciona-se a presença de juízes, mas não sabemos muito sobre eles. Temos mais informações sobre a Assembleia Geral da comunidade e seu Supremo Conselho. A Assembleia de todos os membros maduros da comunidade, "a Sessão dos Muitos" (1QS 6,8ss.), aparentemente era o órgão pelo qual ela governava a si mesma, pois a Assembleia tinha tanto autoridade judicial quanto executiva. Reunia-se pelo menos uma vez por ano, em Pentecostes (2,19), para renovar a aliança e receber novos membros. Dentro dessa Assembleia havia um órgão superior e permanente, a saber, o Supremo Conselho, que consistia de 12 homens e três sacerdotes (8,1). Não está claro se o total era 15 ou apenas 12, com os três sacerdotes constituindo uma subdivisão. Os 12 homens parecem ter sido representantes das 12 tribos, e talvez os demais representassem os três clãs de Levi. Veja J. M. Baumgarten, *JBL* 95 (1976) 59-78.

111 Além da Assembleia e do Conselho, havia funcionários específicos com autoridade. Aqui temos de descrever a situação em CD e em QS separadamente. CD 13,2-7 enfatiza que mesmo para os menores grupos de sectários (dez) devia haver duas autoridades: um *sacerdote* instruído no "Livro da Meditação", e um supervisor (*měbaqqēr*) instruído na lei. O sacerdote cuidava da liturgia, e as tarefas do supervisor são descritas em 13,7ss.: ele deve instruir a congregação, ser como um pai e um pastor para eles, e examinar e aprovar os recém-chegados. Se esta é a organização de pequenos grupos, CD 14,7-9 propõe uma organização semelhante para toda a congregação. Aqui, novamente, é o sacerdote que registra (*yipqōd*, da raiz *pqd*) a congregação e é instruído no "Livro da Meditação", e ao lado dele está o supervisor de todos os acampamentos. Este último parece ter tido grande autoridade na direção individual dos membros e na resolução de disputas entre eles. Todos os rendimentos da comunidade eram colocados nas mãos do supervisor, que, ajudado pelos juízes, distribuía ajuda aos órfãos e aos necessitados. Vermes sugere que este supervisor chefe era um levita (distinto do sacerdote) e tinha o título de *maśkîl* (*i.e.*, mestre ou instrutor; 1QS 9,12ss. apresenta um conjunto de regras para o *maśkîl*, que devia escolher, instruir e julgar os membros).

Se nos voltarmos agora para a organização proposta em 1QS, não teremos certeza se os funcionários são idênticos aos propostos por CD ou se há uma adaptação para uma situação comunitária diferente. Para os grupos de dez havia, novamente, dois funcionários: o *sacerdote* que presidia nas deliberações e abençoava o alimento; e *o homem que estudava a lei* e se preocupava com a conduta dos membros (1QS 6,3-7). Presumivelmente este último é idêntico ao "supervisor" de CD. Contudo, 1QS é mais vago quanto às autoridades de toda a comunidade. Ele fala de um "supervisor dos muitos" (6,12), que exercia um papel importante nas assembleias e cuidava dos bens da comunidade (6,20). Há também "aquele que preside" [*pāqîd*, da raiz *pqd*] na chefia dos muitos" (6,14) e examina os candidatos. A partir de 1QS, pode-se facilmente ter a impressão de que este líder *pāqîd* é idêntico ao supervisor chefe (*měbaqqēr*), embora em CD o sacerdote que registra (*yipqōd*) seja distinto do *měbaqqēr*.

112 Apresentamos a organização de Qumran com muitos detalhes porque ela oferece paralelos extremamente importantes para a organização da protoigreja cristã. Esta igreja também tinha uma Assembleia Geral (a "multidão" dos discípulos de At 6,2.5; 15,12, muito semelhante à Sessão dos Muitos de Qumran). Ela também tinha um órgão especial de Doze, os seguidores íntimos de Jesus. Além disso, o bispo cristão é um excelente paralelo do supervisor de Qumran. *Episkopos*, "superintendente" ou "supervisor", poderia ser uma tradução literal quer de *pāqîd*, quer de *měbaqqēr*; e as funções atribuídas ao bispo são muito parecidas às do supervisor de Qumran, *p.ex.*, pastorear o rebanho, ser despenseiro e administrador da propriedade da comunidade, e inspecionar a doutrina dos fiéis (1Pd 2,25; At 20,28; Tt 1,7-9; 1Tm 3,2-7; veja R. E. Brown, *New Testament Essays* [3ª ed.; New York, 1982] 25-30; L. Arnaldich, *Salmanticencis* 19 [1972] 279-322; B. E. Thiering, *JBL* 100 [1981] 59-74; C. K. Kruse, *RevQ* 10 [1981] 543-51).

113 (C) Escatologia e messianismo. A comunidade de Qumran vivia num contexto escatológico. Deus preparara esta comunidade da nova aliança por toda a história de Israel. Se Habacuc (2,4) prometera que o justo viveria pela fé, 1QpHab 813 explica que "isto diz respeito a todos os que, entre os judeus, observam a lei, a quem Deus libertará do julgamento por causa de seus sofrimentos e por causa de sua fé no Mestre de Justiça". Em outras palavras, toda pessoa que é justa acabará se unindo à seita. 1QpHab 7,1-8 identifica a época em que a comunidade vive como o final dos tempos, mas diz que esta época está sendo prolongada segundo o plano misterioso de Deus.

114 O messianismo de Qumran tem sido muito discutido: J. Starcky (*RB* 70 [1963] 481-505) procurou reconstruir um desenvolvimento no pensamento messiânico de Qumran, mas há dificuldades (veja R. E. Brown, *CBQ* 28 [1966] 51-57; também E.-M. Laperrousaz, *CahCER* 31 [n. 128, 1983] 1-11).

O Mestre de Justiça, embora não seja o messias no sentido comum e não use qualquer título messiânico, considerava sua obra como o oferecimento a Israel de sua grande chance de salvação. (É questionável se ele se valia ou não da imagem do Servo Sofredor de Deuteroisaías para explicar seu papel e o de sua comunidade; J. Carmignc [*RevQ* 11 91961) 365-86] apresenta uma conclusão negativa.). Portanto, não é surpresa que os escritos mais antigos de Qumran, escritos na excitação do entusiasmo pelo que estava sendo realizado por Deus por meio do Mestre, não falem da vinda futura de um messias. Isto vale para as mais antigas cópias de QS e de QH.

115 A morte do Mestre de Justiça (em cerca de 120-110 a.C.) parece ter servido de catalisador para as expectativas messiânicas de Qumran. Uma ênfase no messianismo neste período também pode ter sido instigada pela entrada de muitos fariseus na seita. E assim CD 19,35-20,1 prevê um espaço de tempo desde a morte do Mestre de Justiça até o surgimento do messias de Aarão ou de Israel. Quando este documento foi escrito (em cerca de 100), a comunidade se deu conta de que sua libertação não fora realizada durante o período de vida do Mestre e estava vivendo num período anterior à intervenção final de Deus e ao surgimento do(s) escolhido(s) ou ungido(s) (= messias) por ele para consumar a vitória final. Eles provavelmente esperavam que este período fosse curto a princípio. CD 20,14-15 menciona 40 anos desde a morte do Mestre até a destruição de todos os homens de guerra que tinham desertado para o mentiroso (João Hircano?). Se isto for entendido literalmente, significa a vitória divina dentro de uma geração. Mas os sectários logo aprenderam algo melhor; e 1QpHab, escrito após o surgimento dos romanos em 63, fala do prolongamento do período por parte de Deus.

116 Quais eram exatamente as expectativas messiânicas neste período? 1QS 9,11 (uma cópia escrita em 100-75 a.C.) contém uma passagem que não se encontra numa cópia anterior de QS da caverna 4; esta passagem fala da "vinda de um profeta e dos Messias de Aarão e de Israel". Quem são essas figuras? (1) "Um profeta". As duas identificações mais plausíveis para esta expectativa são o Profeta semelhante a Moisés de Dt 18,15.18, e o profeta Elias tal como é descrito em Ml 4,5 (3,23). Ambas as expectativas estavam vivas na Palestina um século mais tarde, como vemos a partir do NT (→ Jo 1,21; 7,40; Mt 18,10). Visto que 1QS fala de guardar a lei da comunidade até a vinda deste profeta, o contexto apoia a identificação como o Profeta semelhante a Moisés. Contudo, Qumran também estava interessada em Elias, como sabemos a partir de um documento da caverna 4 (J. Starcky, *RB* 70 [1963] 497-98) que parafraseia a passagem de Malaquias.

117 (2) "Os Messias de Aarão e de Israel". Observe o plural. Como precaução geral, podemos avisar o leitor que em qualquer documento judaico "messias" não possui todas as conotações que o termo tem nos escritos cristãos, onde houve uma reinterpretação radical à luz de Jesus. No entanto, é adequado escrever a palavra com inicial maiúscula ao referir-se às expectativas de Qumran, pois os sectários esperavam indivíduos particulares, separados e ungidos por Deus para realizarem sua obra. O Messias de Aarão seria o Sumo Sacerdote ungido, e o Messias de Israel seria o rei davídico ungido. (Este último é confirmado por 4QPatriarchal Blessings, onde uma exegese *pesher* de Gn 49,10 fala do "Messias justo, rebento de Davi". Deveríamos observar, contudo, que nem todos os pesquisadores aceitam esta interpretação do messianismo de Qumran, *p.ex.*, R. Laurin, *RevQ* 4 [1963] 39-52; B. Vawter, *BCCT* 83-99.). R. E. Brown (*CBQ* 19 [1957] 63-66) mostra como as expectativas dessas duas figuras, uma sacerdotal e uma davídica, podem ter surgido no judaísmo pós-exílico. Zacarias 4,14 retrata dois personagens ungidos na presença do Senhor, Zorobabel da linhagem davídica e o sacerdote Josué; veja também a discussão de Zc 6,11. É bem plausível que num grupo sacerdotal como a comunidade de Qumran a esperança por um Messias sacerdotal fosse acompanhada por uma esperança mais geral por um Messias davídico. Se a expectativa davídica se baseava na aliança eterna entre Deus e Davi de 2Sm 7,12-13, haveria praticamente a mesma evidência a favor de uma aliança eterna com o sacerdócio (cf. Eclo 45,15.24; Ex 29,9; 40,15).

Ouvimos falar mais das duas figuras extraordinárias da expectativa de Qumran em 1QSa, onde, no banquete com tons messiânicos, os dois que presidem e abençoam são o Sacerdote e o Messias de Israel. As bênçãos em 1QSb parece incluir tanto o Sacerdote (não mencionado pelo nome) quanto "o Príncipe [*nāśî'*] da congregação" – este último, com base na analogia do uso de "príncipe" por parte de Ezequiel e com base no uso de CD 7e20, é o Messias davídico de Israel. 4QFlor associa o Ramo de Davi e o Intérprete da Lei (uma figura cuja tarefa, pelo menos, é sacerdotal) no final dos tempos. 4QpIsa[a] parece apresentar o Rebento de Davi sendo instruído por um sacerdote. Nas últimas obras da comunidade de Qumran, *p.ex.*, QM, é dado um papel escatológico maior ao Sumo Sacerdote do que ao Messias davídico; mas é possível que o fato de não se mencionar este último seja porque as cópias que chegaram até nós estão incompletas.

A teoria dos dois Messias também se encontra em *Test12Patr* (G. R. Beasley-Murray, *JTS* 48 [1947] 1-17, embora de Jonge discorde), mas não temos certeza de até que ponto este apócrifo preservado em grego está relacionado com a LQ (→ 25-29 *acima*). N. Wieder (*JSS* 6 [1955] 14-25) demonstrou que havia uma expectativa de dois Messias entre os caraítas medievais, uma seita influenciada pelo pensamento de Qumran (→ 105 *acima*). O NT apresenta claramente Jesus como o Messias davídico, mas há também indicações de uma teologia de Jesus como o Sumo Sacerdote ungido dos tempos escatológicos, *p.ex.*, em Hebreus. Há alguns ecos de Jesus como duplo Messias também em escritos patrísticos. Veja T. A. Donaldson, *JETS* 24 (1981) 193-207.

OUTROS SÍTIOS ARQUEOLÓGICOS

118 As descobertas feitas em Qumran e a percepção de que mss antigos podiam sobreviver no calor seco da área do Mar Morto resultaram em pesquisas mais amplas na margem ocidental e nas montanhas adjacentes. Exporemos essas áreas no sentido norte-sul.

(I) Khirbet Mird. Este sítio, 14 km a sudeste de Jerusalém, encontra-se em Buqei'a, a região no deserto de Judá sobre os desfiladeiros atrás de Qumran, uns 10 km a oeste do Mar Morto. Foi outrora uma fortaleza hasmoneia (hircaniana) e mais tarde o monastério cristão de Castelião (ou Marda – o termo aramaico para designar fortaleza e a forma da qual se deriva o nome atual). Este monastério foi fundado em 492 por São Sabas, e sua biblioteca foi a fonte de muitos fragmentos de mss encontrados nas ruínas por beduínos em julho de 1952. Ali foi feita uma escavação belga sob a direção de R. de Langhe, de Louvain, em fevereiro-abril de 1953, ocasião em que mais fragmentos foram encontrados numa cisterna. A paleografia aponta para uma data entre os sécs. VI e IX para estes fragmentos.

Os mss representados estão em árabe, grego e aramaico palestinense cristão. A. Grohmann publicou *Arabic Papyri from Hirbet el-Mird* (Louvain, 1963). O material grego incluía fragmentos de códices bíblicos unciais dos sécs. V a VIII (Sab, Mc, Jo, At), algumas obras não canônicas e um fragmento da *Andromache* de Eurípedes seis séculos anterior às cópias conhecidas anteriormente. O material aramaico palestinense atraiu alguma atenção (→ Textos, 68:130): J. T. Milik publicou uma inscrição e uma carta em *RB* 60 (1953) 526-39; C. Perrot publicou um fragmento de Atos do séc. VI em *RB* 70 (1963) 506-55. A arqueologia de Khirbet Mird é discutida por G. R. H. Wright em *Bib* 42 (1961) 1-21; veja também 21-27.

119 (II) Murabba'at. As quatro cavernas do Wadi Murabba'at encontram-se a 24 km a sudeste de Jerusalém, a cerca de 3,2 km do Mar Morto e aproximadamente 19 km ao sul de Qumran e 16 km ao norte de Engadi. Beduínos começaram a comercializar fragmentos dessas cavernas em 1951, e R. de Vaux e G. L. Harding conduziram uma expedição para escavar o sítio inacessível em janeiro-fevereiro de 1952. Duas cavernas produziram material escrito, e é provável que muito mais tenha sido destruído na década de 1920, quando os beduínos recolhiam esterco de morcego, um adubo valioso, destas cavernas. As cavernas foram usadas como habitação, permanente ou temporária, desde o período calcolítico até o árabe; mas nosso interesse principal está em seu uso no período de 132-135 d.C., o período da Segunda Revolta Judaica contra os romanos (→ História, 75:191-93; também A. Kloner, *BA* 46 [1983] 210-21). Do período mais antigo mencionaremos apenas o fragmento Mur 17, um palimpsesto com texto do séc. VIII a.C., que é o mais antigo papiro conhecido inscrito numa língua semítica setentrional.

Estas cavernas, juntamente com outras a serem mencionadas abaixo, serviram de lugar de refúgio para os soldados de Bar Kochba, o líder da revolta, quando o exército romano começou a destruir seus acampamentos mais permanentes, *p.ex.*, o de Engadi. Quanto à história da Segunda Revolta Judaica, veja J. A. Fitzmyer em *BCCT* 133-68; também *BTS* 29, 33 (1960); 58 (1963); Y. Yadin, *Bar-Kokhba* (London, 1971). Estas tropas trouxeram consigo seus livros religiosos, seus registros de ordens recebidas do quartel general, documentos pessoais, etc.; e os fragmentos destes escritos variados foram publicados no DJD 2.

Os fragmentos bíblicos em hebraico, incluindo um rolo dos Profetas Menores de cerca de 100 d.C., encontrados por beduínos em 1955, representam uma tradição textual muito próxima da do TM. (Quanto à sua importância, → Textos, 68:36.). Vários dos documentos fazem parte da correspondência da Segunda Revolta, e incluem duas cartas (nº 43, 44) do líder revolucionário Simão ben Kosibah a seu tenente Yešua' ben Galgula (Mur 43 pode ser do próprio punho de ben Kosibah). Estas cartas fornecem o verdadeiro nome de Simão; ele é conhecido na história como Bar Kochba, do nome bar Kôkĕbâ, "filho da estrela", supostamente dado a ele pelo rabino Aqiba como uma designação messiânica (veja Nm 24,17); rabinos posteriores o chamaram de ben Kôzibâ, "filho da mentira", porque sua revolta messiânica desencaminhou Israel. Como salientou Fitzmyer, o documento Mur 24 é importante para se datar a revolta em 132-135. Havia também documentos comerciais e jurídicos datados, importantes para entender a situação econômica e sociológica, bem como para fins linguísticos e paleográficos. Uns poucos documentos, principalmente listas de cereais, estão escritos em grego.

120 (III) Vales entre Engadi e Massada. Em 1960-1961, um grupo de pesquisadores israelenses (Y. Aviram, N. Avigad, Y. Aharoni, P. Bar-Adon, Y. Yadin) organizou expedições para investigar cavernas em diversos vales nesta área de 16 km de Israel.

Os relatórios foram publicados em *IEJ* 11 (1961) 3-96; 12 (1962) 165-262; também Y. Yadin, *BA* 24 (1961) 34-50, 86-95; *BTS* 29, 33 (1960) 58 (1963).

121 *Naḥal Ḥever* (Wadi Khabra) está a cerca de 5 km ao sul de Engadi e 11 km ao norte de Massada. Em 1960 e 1961, Yadin fez importantes descobertas de mss do período da Segunda Revolta aí. (Um fragmento mais antigo dos Sl 15-16 data de cerca de 100 d.C. e é da tradição textual do TM.). Em 1960, na "Caverna das Cartas" (cavernas 5/6), ele encontrou um lote de papiros dentro de um odre de água; estes continham 15 cartas em aramaico, hebraico e grego de Simão ben Kosibah para seus tenentes na área de Engadi. Um deles (5/6Hev8) traz o nome de Kosibah em grego e confirma a vocalização. Evidentemente o líder revolucionário tinha seu acampamento próximo a Jerusalém (Bete-ter) e fez de Engadi seu principal porto de abastecimento no Mar Morto. Em uma carta (5/6Hev15) ele pede folhas de palmeira e cidreiras para serem utilizadas na Festa dos Tabernáculos. Em 1961, nesta mesma Caverna das Cartas, Yadin encontrou um esconderijo de 35 documentos que representavam registros familiares e documentos jurídicos de um certo Babata, certamente parente de um soldado que tinha fugido para a caverna. Estes documentos, resumidos em *IEJ* 12 (1962) 235-48, 258-60, abrangem um período de 93 a 132 d.C. e estão em nabateu, aramaico e grego. Eles são importantes para o estudo da língua e do direito, e também para o pano de fundo da revolta de ben Kosibah. Yadin encontrou seis outros documentos jurídicos da Segunda Revolta (*IEJ* 12 [1962] 248-57), semelhantes ao material encontrado em Murabba'at. Para uma comparação entre os achados de Murabba'at e de Naḥal Ḥever, veja M. Lehmann, *RevQ* 4 (1963) 53-81. Yadin contou a história detalhadamente em *The Finds from the Bar Kochba Period in the Cave of the Letters* (Jerusalém, 1963). Está claro agora que alguns fragmentos bíblicos e documentos em aramaico, grego e nabateu que foram levados pelos beduínos para a Jordânia no início da década de 1950 e que foram publicados por J. Starcky e J. T. Milik (*RB* 61 [1954] 161-81, 182-90; *Bib* 38 [1957] 245-68) vieram da Caverna das Cartas em Naḥal Ḥever (→ Textos, 68:36).

Numa outra caverna deste vale, a "Caverna dos Horrores" (caverna 8), onde muitos dos revolucionários judaicos morreram, a expedição de Y. Aharoni (*IEJ* 12 [1962] 197-98, 201-7) encontrou fragmentos de um rolo grego dos Profetas Menores. Eles provinham do mesmo rolo que os beduínos haviam tirado desta caverna (até então identificada apenas como um lugar desconhecido no deserto da Judeia) e que D. Barthélemy publicara em *RB* 60 (1953) 18-20 e em *Les devanciers d'Aquila* (VTSup 10; Leiden, 1963). (Quanto à grande importância deste rolo grego para os estudos textuais da LXX, → Textos, 68:67, 70-72.)

122 *Naḥal Ṣe'elim* (Wadi Seiyal) está a cerca de 13 km ao sul de Engadi e a 4 km ao norte de Massada. Aqui, em 1960, a expedição de Y. Aharoni encontrou alguns fragmentos de mss na "Caverna dos Rolos", outra caverna que serviu de refúgio para os guerreiros de Bar Kochba. Foram descobertos dois filactérios em pergaminho, um dos quais tem um texto hebraico de Ex 13,2-10 próximo ao texto hebraico subjacente à LXX. Havia também papiros gregos com listas de nomes (*IEJ* 11 [1961] 21-24, 53-58).

123 (IV) Massada. Exatamente ao sul do meio do Mar Morto, oposta à península de Lisan, encontra-se a imponente fortaleza-rochedo de Massada. Subindo abruptamente com rochedos íngremes de ambos os lados, Massada é um lugar tão inexpugnável quanto a natureza pode produzir. Fortificada pelos macabeus, adornada com palácios por Herodes, usada pelos romanos como fortaleza, Massada caiu em poder dos zelotes em 66 d.C. Numa narrativa dramática, Josefo relata a história da resistência dos zelotes aos romanos (*Bell* 7.8ss. § 252). Os zelotes aguentaram até o ano de 74 e morreram todos, sem exceção – o último suspiro da Primeira Revolta Judaica. Os israelitas realizaram expedições e escavações entre 1953 e 1965.

Em 1964, uma escavação conduzida por Y. Yadin encontrou alguns manuscritos entre as ruínas da ocupação zelote, manuscritos que obviamente devem ser anteriores a 74. Estes incluem (1) um óstraco ou caco, inscrito em aramaico, que trata de transações monetárias; (2) um rolo dos Sl 81-85 com um texto idêntico ao do TM; (3) uma cópia do original hebraico de Eclesiástico do séc. I a.C. (→ Textos, 68:34); (4) uma cópia de uma obra representada na caverna 4 de Qumran que descrevia as liturgias celestes. Ela parece ter sido uma obra sectária de Qumran, pois pressupõe o calendário solar que era um pilar da teologia de Qumran (→ 18 *acima*). Pode-se argumentar que outros grupos na Palestina seguiam este calendário e que a obra em pauta pode ter sido comum a muitos grupos, inclusive os zelotes; mas isto não parece provável. Josefo (*Bell* 3.2.1 § 11) relata que os essênios tomaram parte na resistência aos romanos; e assim, após a destruição de Qumran em 68 d.C., alguns essênios podem ter fugido com seus mss para Massada. Portanto, a descoberta de Yadin não prova a tese de que os sectários de Qumran eram zelotes e não essênios. (Veja Y. Yadin, *IEJ* 15 [1965] 1-120; *Massada: Herod's Fortress and the Zealots' Last Stand* [New York, 1966]; W. Eck, *ZNW* 60 [1969] 282-89.)

Outros Tipos de Literatura Judaica

AUTORES DO PERÍODO BÍBLICO

124 (I) Filo, o Judeu. Nascido em cerca de 25-20 a.C. em uma família judaica rica em Alexandria, Filo morreu depois de 41 d.C. Formado tanto na tradição judaica quanto nos estudos seculares gregos, especialmente a filosofia, ele estava na posição ideal para construir uma ponte entre os dois conjuntos de conhecimento. Ao enfrentar a tarefa de confrontar o judaísmo com o mundo helenizado, Filo fez o que escritores cristãos também teriam de fazer com sua herança judaico-cristã. Pouco se sabe sobre a vida de Filo. Parece que no início ele se dedicou ao estudo e à contemplação, mas mais tarde se envolveu mais na vida ativa da comunidade dos judeus alexandrinos. Foi a Roma em cerca de 40 d.C. liderando uma delegação enviada para apresentar ao imperador Calígula as queixas dos judeus alexandrinos, que se recusavam a adorar imagens imperiais (→ História, 75:173-74).

125 Em todos os seus escritos, Filo se refere explicitamente ou utiliza implicitamente as Escrituras e a filosofia grega. Seus *tratados filosóficos* tentam integrar a filosofia e os princípios bíblicos e estão apenas implicitamente relacionados com a Escritura. As *obras apologéticas* de Filo, que defendem seus correligionários de Alexandria contra a calúnia, refletem a vida de uma importante comunidade judaica da Diáspora, contemporânea de Jesus e da protoigreja. Elas também revelam a avaliação de Filo a respeito da providência de Deus e da vida virtuosa. *Embaixada a Gaio* e *Flacos* revelam as relações sociais externas dos judeus, e *Vida contemplativa* descreve um grupo de judeus ascetas, os terapeutas, uma seita semelhante aos essênios da Palestina (e de Qumran; → 86 *acima*).

Os *estudos bíblicos* de Filo interpretam a Bíblia, especialmente o Pentateuco, de modo alegórico a fim de mostrar a compatibilidade da tradição judaica com a sabedoria filosófica dos gregos, em particular dos médio-platônicos e dos estoicos. Visto que Filo provavelmente sabia pouco ou nada de hebraico, suas interpretações bíblicas se baseiam na LXX e não no texto hebraico. Em sua *Alegoria da lei judaica*, originalmente muito mais extensa do que os 21 livros atuais, Filo fala aos iniciados que conseguem entender a Bíblia figuradamente. *Perguntas e respostas sobre Gênesis e Êxodo* indica tanto o sentido literal quanto o alegórico das passagens bíblicas. *Exposição da lei* parece uma obra dirigida tanto a judeus quanto a gentios e associa sistematicamente a tradição bíblica judaica e o pensamento grego. Filo sustenta, em toda a sua interpretação bíblica, a validade de ambos os níveis de interpretação, o literal e o alegórico. A exegese alegórica filônica influenciou grandemente a interpretação bíblica cristã da escola de Alexandria (→ Hermenêutica, 71:34-35). Quanto às *Antiguidades bíblicas* erroneamente atribuídas a Filo, → 50 *acima*.

126 Discute-se se Filo influenciou o pensamento do NT, especialmente o Prólogo de João e a descrição de Cristo como o Logos: afirmativamente, veja R. G. Hamerton-Kelly, *Preexistence, Wisdom, and the Son of Man* (Cambridge, 1973) 207-15; negativamente, veja R. M. Wilson, *ExpTim* 65 (1953-54) 47-49. Filo escreveu sobre o Logos (Palavra), uma irradiação do Único (Deus) que o relaciona aos seres humanos, e atribuiu a este Logos atributos pessoais de justiça e misericórdia. Provavelmente tanto o Logos filônico quanto o joanino estão independentemente relacionados com a Sabedoria personificada (*Sophia*) dos escritos sapienciais judaicos (→ Literatura sapiencial, 27:15-17) e com o universo ideativo do judaísmo helenístico. Também se debate sobre a relação entre o pensamento de Filo, o de Paulo e o de Hebreus (→ Hebreus, 60:3).

(Texto e traduções em F. H. COLSON e R. MARCUS, *Philo* [12 vols.; LCL; 1029-53. Análise de P. BORGEN em STONE [ed.], *Jewish Writings* [→ 2 *acima*] 233-82; e em *ANRW* II/21.1, 98-154 [bibliografia completa; levantamento da pesquisa]. Veja também SCHÜRER, *HJPAJC* 3.2 809ss. De *status* clássico são E. R. GOODENOUGH, *Introduction to Philo Judaeus* [2ª ed.; Oxford, 1962] e H. A. WOLFSON, *Philo* [Cambridge, MA, 1947]. R. RADICE e D. T. RUNIA, *Philo of Alexandria: An Annotated Bibliography 1937-1986* [Leiden, 1988].)

127 (II) Flávio Josefo. Nascido na Palestina em um clã sacerdotal, em 37-38 d.C., Josefo ben Matthias morreu depois de 94, provavelmente em Roma. Como jovem de 16 anos, ele sustenta ter estudado as "seitas" judaicas dos fariseus, dos saduceus e dos essênios, e ter passado três anos com o eremita Bannus antes de finalmente se tornar fariseu. Durante uma viagem a Roma, em 64, fez importantes contatos com romanos (*p.ex.*, com Pompeia, esposa de Nero) e ficou convencido do poder de Roma. Embora tenha aconselhado os judeus a não se rebelarem, ele acabou aderindo à revolta de 66-70 e se tornou comandante das forças judaicas na Galileia (→ História, 75:181-84). A lealdade de Josefo nesta função foi questionada por alguns dos revolucionários (*p.ex.*, João de Giscala); de qualquer forma, após a derrota de suas forças pelos romanos em Jotapata, em 67 (uma derrota na qual Josefo foi um dos poucos judeus sobreviventes), rendeu-se ao general romano Vespasiano. Vespasiano o libertou em 69, após ele ter predito acertadamente que Vespasiano se tornaria imperador.

Vespasiano foi o primeiro da família flaviana de imperadores, e a partir de 69 Josefo foi seu cliente; daí o nome *Flávio* Josefo. Tito, filho de Vespasiano e conquistador de Jerusalém, levou Josefo para Roma e o instalou num palácio real, concedendo-lhe uma pensão real e os direitos de cidadão. Suas obras escritas em Roma são nossa principal fonte de conhecimento da história judaica no período que vai dos macabeus/hasmoneus até a queda de Massada, em 73 d.C.

128 A Guerra Judaica. Este livro, escrito na década de 70 como propaganda para mostrar a futilidade de se revoltar contra os romanos, é uma edição em grego, traduzida com a ajuda de colaboradores, de uma obra que Josefo escreveu primeiro em aramaico. A versão eslava, erroneamente considerada por alguns pesquisadores como representante mais fiel do original aramaico, é uma obra secundária baseada no texto grego. O Livro 1 examina a história dos judeus no período helenístico-romano, valendo-se de uma biografia de Herodes (perdida) feita por Nicolau de Damasco. Os Livros 2-7 narram a guerra dos judeus contra Roma e se valem das memórias do próprio Josefo, bem como de registros militares romanos que lhe foram disponibilizados. A maior parte do relato é confiável, embora o tom seja deliberadamente pró-romano e o papel do próprio Josefo seja apresentado com simpatia.

129 Antiguidades Judaicas. Moldada segundo as *Antiguidades romanas* de Dionísio de Halicarnasso, a obra de 20 vols. de Josefo foi publicada em 93 ou 94 d.C. Este importante empreendimento é uma história dos judeus desde a época patriarcal até a romana. Os Livros 1-10 abrangem o período até o cativeiro babilônico. As informações são basicamente extraídas da Bíblia LXX e complementadas por tradições judaicas populares posteriores. Nos Livros 11-20 Josefo tinha não apenas material pós-bíblico, mas também informações extraídas de histórias gregas e romanas. A referência a Jesus em *Ant.* 18.3.3 § 63-64, o *Testimonium Flavianum*, é considerada uma interpolação por muitos pesquisadores; mas L. H. Feldman, o tradutor do vol. pertinente na LCL, conclui (9. 49): "A opinião mais provável parece ser que nosso texto representa substancialmente o que Josefo escreveu, mas que algumas alterações foram feitas por um interpolador cristão" (→ Jesus, 78:5). No passado, esta referência contribuiu para fazer da *Ant.* uma acompanhante da Bíblia em muitos lares cristãos. A obra fornece conhecimento indispensável do período intertestamentário.

130 Obras Secundárias. Escrita como um apêndice a *Ant.*, a obra intitulada *Vida* de Josefo é uma autojustificação por seu comportamento como comandante na Galileia. *Contra Apião*, em dois livros, é uma defesa do judaísmo contra calúnias pagãs contemporâneas.

(A tradução para o inglês de WILLIAM WHISTON (1734) quase se tornou *a* tradução de Josefo. Ela está suplantada agora pelos 9 vols. da LCL, tradução de H. ST. J. THACKERAY, R. MARCUS, A. WIKGREN e L. H. FELDMAN [1926-65] baseada no texto grego crítico de B. NIESE [Berlim, 1885-95]. **Ferramentas:** FELDMAN, L. H., *Josephus and Modern Scholarship* [bibliografia; Berlin, 1984]. RENGSTORF, K. H., *A Complete Concordance to Flavius Josephus* [5 vols.; Leiden, 1973-83]. **Estudos:** ATTRIDGE, H. W., "Josephus and His Works", em STONE [ed.] *Jewish Writings* [→ 2 *acima*] 185-232; *The Interpretation of Biblical History in the Antiquitates* [HDR 7; Missoula, 1976]; *EJMI* 311-43. COHEN, S., *Josephus in Galilee and Rome* [Leiden, 1979] RAJAK, T., *Josephus: The Historian and His Society* [Philadelphia, 1984]. THACKERAY, H. ST. J., *Josephus, the Man and the Historian* (New York, 1929].)

LITERATURA RABÍNICA

131 (I) Observações gerais. Em virtude da oposição dos evangelhos aos fariseus, da atitude de Paulo para com a lei em Romanos e de preconceitos modernos contra o legalismo, os cristãos frequentemente têm uma compreensão unilateral e incorreta da literatura rabínica e das tremendas contribuições espirituais e religiosas que o estudo da lei deu ao judaísmo (B. S. Rajak, *JJS* 30 [1979] 1-22). No espírito de Deuteronômio (*p.ex.*, 30,15) a lei tem sido a fonte de vida para o judaísmo. Na literatura rabínica, Torá se refere não apenas à lei, mas a toda a literatura sagrada (a Bíblia, a Mishná, os midráshim e os talmudes com comentários e códigos posteriores), ao estudo e interpretação desses documentos e à revelação em si. A Torá se tornou o símbolo central do judaísmo e o resumo do que os judeus creem e de como vivem. A má compreensão da natureza da lei e de seu papel no judaísmo por parte dos cristãos persiste nos estudos e na teologia no NT até nossos dias, de modo que o judaísmo rabínico é falsamente avaliado como "tardio", decadente ou legalista (veja E. P. Sanders, *Paul and Palestinian Judaism* [Philadelphia, 1977] 33-59; C. Klein, *Anti-Judaism in Christian Theology* [Philadelphia, 1978]).

132 A lei se desenvolve em cada sociedade à medida que esta sociedade enfrenta novas situações. Nos primórdios de Israel, do êxodo (cerca. de 1250 a.C.) até o início do período pós-exílico (cerca de 500 a.C.), há um desenvolvimento da lei que deixou suas marcas na Bíblia. O Decálogo representava o cerne da experiência da aliança do Sinai. A aplicação do espírito do Decálogo a novas situações na vida e história de Israel produziu os vários códigos de leis preservados no Pentateuco, desde o Código da Aliança até a Coletânea Sacerdotal (→ Pensamento do AT, 77:86ss.). Mesmo depois da conclusão e coleção do Pentateuco (séc. V ou depois), novas leis e costumes entraram em vigor quando o judaísmo emergente enfrentou situações como a helenização, a conquista por Roma, o movimento cristão e a tarefa de sobreviver como povo sem pátria nos impérios romano e sassânida. O desenvolvimento jurídico deste período é quase uma crônica da história do judaísmo e uma notável atestação do vigor do povo que Deus escolheu como seu. Podem-se encontrar traços do desenvolvimento das leis após 500 a.C. nos relativamente poucos livros bíblicos deste período, mas com mais frequência na literatura não canônica. Nas exposições sobre os Apócrifos (*p.ex.*, *Jub*) e sobre os Manuscritos do Mar Morto acima, vimos posturas legais assumidas por várias seitas judaicas. Aqui nos preocupamos com um desenvolvimento particular que levará ao florescimento da literatura rabínica dos séculos cristãos.

133 Os principais conjuntos de literatura rabínica são a Mishná, a Tosefta, os Talmudes palestinense e babilônico e as coleções midráshicas, especialmente os midráshim haláquicos, o *Midrásh Rabbah*, a *Pesiqta de Rab Kahana* e a *Pesiqta Rabbati*.

Esta literatura recebeu sua forma escrita entre 200 d.C. e o início da Idade Média, mas mesmo quando os textos já estavam escritos eles continuaram a sofrer mudanças. Por exemplo, a Mishná foi revisada por vários séculos após sua formação (J. N. Epstein, *Mabo le-Nusah Ha-Mishná* [Jerusalém, 1964]), e o Talmude babilônico contém revisões e acréscimos feitos pelos estudiosos conhecidos como *seboraim*. Diferentes mss dessas obras podem conter variantes cuja relação com o desenvolvimento dos documentos ainda não foi definida. De fato, alguns manuscritos dos midráshim contêm uma versão inteiramente diferente da obra, e não simplesmente uma variante de um texto original. Em termos de conteúdo, esta literatura rabínica contém mais do que normalmente chamaríamos de lei. Um modo tradicional de descrever o conteúdo é como *halaka* (do verbo "andar"), que designa o material legal, e *haggada* ou *agada* (do verbo "narrar"), que abrange o material não legal e homilético, como histórias, exortações, etc. A maior parte da literatura rabínica contêm ambos os tipos de material.

134 Uma dificuldade significativa na pesquisa ao lidar com a literatura rabínica implica a tarefa de investigar o que está por trás da autoapresentação dos documentos. Os rabinos de cerca de 200 em diante conceberam as leis que eles tinham desenvolvido e codificado na Mishná como leis que foram dadas a Moisés no Sinai e transmitidas oralmente (diferentemente da lei escrita, que foi preservada no Pentateuco). Eles pensavam que a "lei oral" protegia e especificava a lei bíblica escrita ao determinar exatamente o que se exigia e ao assegurar que a prática efetiva não infringisse a lei bíblica. (O mesmo fenômeno ocorreu dentro do catolicismo no desenvolvimento de costumes e, depois, de um código do Direito Canônico que, em sua autocompreensão, é frequentemente uma especificação e proteção da revelação dada em Cristo. Secularmente, o direito americano é com frequência considerado uma interpretação e aplicação da constituição a novas situações.). De fato, como foi dito acima, a lei oral realmente representava novas decisões em face de novas situações. Apesar da data relativamente tardia dos documentos rabínicos, algumas leis, costumes, tradições midráshicas e histórias nesta literatura datam de séculos antes de serem escritas, como testemunham paralelos com o NT, Josefo, os manuscritos do Mar Morto e outros tipos de literatura intertestamentária. No entanto, a redação na Mishná e nos midráshim é completa e constante, de modo que é muito difícil a identificação literária de camadas e tradições mais antigas. As atribuições de tradições a um sábio ou rabino renomado (que frequentemente variam de obra para obra e de ms para ms) *não* são orientações históricas confiáveis. As hipóteses concernentes a fontes dos sécs. I e II para documentos rabínicos não foram confirmadas adequadamente. Consequentemente, a literatura rabínica deve ser usada com muito cuidado no estudo do NT e nunca se deve *supor* que ela reflita a situação social, religiosa e intelectual do séc. I d.C. (veja P. A. Alexander, ZNW 74 [1983] 237-46; e J. Neusner, *Ancient Judaism* [Chicago, 1984]). Ainda mais especificamente, uma aplicação de informações rabínicas à situação da época de Jesus deve levar em conta a substancial reorientação no judaísmo ocorrida após a destruição do Templo e de Jerusalém em 70 d.C. É muito difícil recuar da literatura rabínica de 200 d.C. até a situação pré-70 (veja G. Vermes, *Jesus and the World of Judaism* [Philadelphia, 1983] 58-88). Uma regra geral é que os textos tirados da literatura rabínica deveriam ser submetidos à crítica literária, histórica e redacional, e seu significado específico no contexto deveria ser averiguado antes de eles serem utilizados como indícios para a interpretação do NT.

135 Se a literatura rabínica não pode ser usada sem grande cuidado para a reconstrução da situação cristã, ela tampouco pode ser usada de modo não crítico para a reconstrução da história judaica no período de Esdras até 200 d.C. Esta literatura posterior do judaísmo "normativo" ou "formativo" tendia a retrojetar seus próprios costumes e estruturas sociais às gerações anteriores. Assim, os sábios ou os rabinos do séc. II d.C. e de mais tarde aparecem no estilo dos escribas (*sopherim*) do período pré-cristão no judaísmo. Um sinédrio rabínico é retrojetado criativamente como a Grande Assembleia ou Sinagoga. Pares de mestres são retratados como líderes sociais antes de 70 d.C., já que os fariseus com suas escolas de Hillel e Shammai recebem função idêntica às dos rabinos posteriores. De fato, contudo, os rabinos só começaram a obter poder real sobre toda a sociedade judaica no séc. III d.C., e os fariseus e grupos semelhantes nunca alcançaram controle direto sobre o Templo ou o governo dominados pelos sacerdotes e pelos anciãos de famílias poderosas. As estruturas sociais judaicas, grupos de líderes e formas de viver a lei variavam conforme o local e a época. Entre os fariseus, que atuavam tanto como uma seita quanto como um partido político, não houve uniformidade ao longo do tempo, quer na forma interna, quer nas relações externas.

136 (II) Escritos específicos

(A) Mishná (em hebraico: "repetição, estudo"). Esta coleção de 63 tratados de leis rabínicas está organizada em seis divisões temáticas que abrangem o dízimo agrícola, festas, casamento (inclusive acordos econômicos e divórcio), delitos (inclusive procedimentos judiciais), sacrifícios no Templo e ritual de pureza. A Mishná foi editada pelo rabino Judá o Príncipe na Palestina em cerca de 200 d.C. Os tratados repetem leis bíblicas, expandem-nas para novas áreas e desenvolvem novos tópicos jurídicos que estão apenas vagamente baseados na Bíblia. A Mishná como um todo tem semelhanças tanto com um código de leis quanto com um livro-texto. Algumas leis e pareceres legais são apresentados anonimamente, e outras o são em nome de sábios dos sécs. I e II. As controvérsias e pareceres conflitantes manifestam os muitos lados da interpretação jurídica, e listas de casos tornam clara a aplicação dos princípios legais. Embora algumas histórias sejam narradas como parte da argumentção jurídica (Hagadá; → 133 *acima*), a parte principal é da Halacá. Em geral, a aceitação dos princípios dominantes da vida e pensamento judaicos, derivados da Bíblia, é presumida e não exposta, e a atenção se concentra na aplicação detalhada de pontos particulares da lei.

137 J. Neusner (*Judaism: The Evidence of the Mishná* [Chicago, 1981]) sustentou que a Mishná foi inteiramente editada até formar um todo unificado para apresentar um judaísmo ideal, tendo o santo Templo em seu centro e um povo puro prestando culto nele e vivendo na terra santa. Consequentemente, nenhuma coleção da Mishná dos sécs. I ou II pode ser detectada no texto atual; e a teoria talmúdica de que Aqiba, Meir e outros sábios desenvolveram as coleções da Mishná que foram usadas por Judá o Príncipe na elaboração de sua Mishná não pode ser verificada pelos métodos da crítica da forma. A lógica da argumentação na Mishná e suas tradições atestadas permite apenas um vislumbre incerto de algumas das leis que foram desenvolvidas antes de 200. O desenvolvimento de algumas leis depende logicamente de outras. Se uma lei é colocada num período anterior a 200 e é presumida por leis atribuídas a uma geração posterior, ou se uma tradição é atribuída a um estudioso anterior e então citada por um posterior, é provável que a tradição *logicamente* anterior ou atestada seja mais antiga. A obra de Neusner sugere que só a divisão da Mishná que diz respeito à pureza ritual estava com a agenda completa antes de 70 d.C. Outros interesses parcialmente desenvolvidos diziam respeito ao dízimo de produtos para refeições, morte de animais para alimento, observância do sábado e regras para o casamento, o divórcio e consequentes regras de propriedade. Neusner teoriza que estas regras foram desenvolvidas por um grupo semelhante a uma seita. Entre a Primeira Revolta (66-70 d.C.) e a Guerra de Bar Kochba (132-135), e especialmente mais tarde no séc. II, foi desenvolvida uma agenda mais completa para a nação como um todo.

138 (B) Tosefta (em aramaico: "acréscimo"). Esta coleção de leis e comentários está organizada em tratados paralelos aos da Mishná. Claramente destinada a ser um suplemento da Mishná, ela também apresenta tradições que estão em contradição com a Mishná ou reúne histórias e exegese escriturística ligadas a temas da Mishná. Provavelmente compilada no séc. III ou 4, a Tosefta é tradicionalmente associada ao rabino Hiyya e ao rabino Oshaia (início do séc. III), embora não exista prova de sua autoria. Não são claras as relações literárias existentes entre a Tosefta e os Talmudes, onde aparecem algumas das mesmas tradições.

139 (C) Talmude (em hebraico: "ensino, estudo, aprendizado, uma lição"). Os dois Talmudes, o palestinense e o babilônico, são comentários longos e discrepantes sobre a Mishná. O comentário chamado *Gemara* (em aramaico: "conclusão", "tradição"), consiste de uma análise atomística das palavras e frases da Mishná, comparações minuciosas de uma mishná com outra, exposição dialética de todas as interpretações possíveis da Mishná, juntamente com uma seleção de tradições complementares à Mishná, interpretações da Escritura, histórias acerca dos rabinos e longas digressões sobre temas vários. Os comentários talmúdicos estão escritos nos idiomas nativos da época, aramaico palestinense e babilônico; mas muitas *Baraitas* (em aramaico: tradição "exterior") e outros materiais são citados em hebraico. O Talmude palestinense abrange as primeiras quatro ordens da Mishná e foi completado no séc. V. O Talmude babilônico abrange as ordens 2 a 5 da Mishná e foi concluído no séc. VI, com alguns acréscimos e alterações feitos mais tarde. O Talmude babilônico é mais bem redigido e elegante do que o palestinense e tornou-se normativo para a maior parte do judaísmo por causa da dominância da comunidade babilônica até o período islâmico. Veja J. Neusner, *BTB* 14 (1984) 99-109.

140 (D) Midrásh (em hebraico: "inquirição, interpretação"). Este termo pode designar genericamente um tipo de interpretação bíblica que se encontra na literatura rabínica; especificamente, midráshim são comentários ou coleções rabínicas de interpretação da Escritura. R. Bloch (em *Approaches to Ancient Judaism* [ed. W. S. Green; Missoula, 1978] 29-75), seguido por R. Le Déaut e, com modificações, por G. Vermes e J. A. Sanders, entende midrásh como um conjunto de atitudes e um processo que resulta em várias interpretações da Escritura (veja *Midrásh and Literature* [ed. G. Hartmann e S. Budick; New Haven, 1986]). O midrásh rabínico pode ser definido como "um tipo de literatura, oral ou escrita, que está em relação direta com um texto canônico fixo, tido como autoritativo e como a palavra revelada de Deus pelo midráshista e seus ouvintes, e em que este texto canônico é citado explicitamente ou em que há uma alusão clara a ele" (G. Porton, "Defining Midrásh", em *The Study of Ancient Judaism* (ed. J. Neusner; New York, 1981] 1. 62). A interpretação midráshica esclarece peculiaridades e obscuridades no texto bíblico e, com frequência, usa estas reflexões para tornar o texto revelante para as questões, necessidades e interesses de seus ouvintes. Muitas das técnicas midráshicas foram ressaltadas no NT, e alguns biblistas sustentam que trechos de livros do NT se baseiam em midráshim mais antigos ou até mesmo que livros inteiros são midráshim. Nesta discussão, o termo "midrásh" não é autoexplicativo, e qualquer interpretação escriturística assim identificada deve ser descrita claramente e avaliada em comparação com outra interpretação bíblica anterior, inclusive o midrásh rabínico. Para um exemplo específico do problema, veja *BBM* 557-62.

141 Os midráshim (haláquicos) mais antigos (*Mekilta* para Êxodo, *Sipra* para Levítico; *Sipre* para Números e Deuteronômio) comentam versículo por versículo os trechos dos livros bíblicos. Eles contêm muita discussão haláquica, juntamente com substanciais trechos hagádicos (→ 133 *acima*). Estes midráshim e vários semelhantes descobertos em mss são atribuídos às escolas de Ismael ou Aqiba do séc. II, mas as variações de terminologia e conteúdo se explicam melhor por autores, editores e tradições de transmissão diferentes. Estes midráshim mencionam apenas sábios tanaíticos (sécs. I e II) e geralmente são datadas entre os sécs. III e V, embora acréscimos tenham sido feitos mais tarde.

142 O *Midrásh Rabá* contém coleções midráshicas, tanto antigas quanto mais recentes, baseadas no Pentateuco e nos cinco rolos que são lidos na liturgia judaica. Os dois mais antigos midráshim de *Rabbah* (perto do fim do período talmúdico, cerca de 500) tratam de Gênesis e Levítico. *GenRab* divide o texto em seções e fornece um comentário expositivo versículo por versículo mais preocupado com questões hagádicas do que haláquicas. *LevRab* consiste de sermões temáticos que expõem o primeiro versículo de uma seção. Cada seção desses dois midráshim é introduzida por um proêmio ou, no caso de *LevRab*, por uma série de proêmios. Um proêmio começa com um versículo distante do versículo pentateucal e expõe uma cadeia de versículos e interpretações que terminam com o primeiro versículo da seção pentateucal. Estes proêmios se encontram em outras coleções midráshicas, especialmente *Pesiqta Rabbati* e *Pesiqta de Rab Kahana*, as quais são ciclos de sermões para as principais festas judaicas. Coleções midráshicas posteriores, como *Tanhuma*, *Yalqut*s e *Midrásh Ha-Gadol*, desenvolveram algumas formas novas e reuniram uma ampla variedade de exegeses mais antigas.

143 (E) Targum (em hebraico: "tradução, interpretação"). Vários dos *targumim* (targuns) ou traduções aramaicas das

Escrituras hebraicas contêm traduções interpretativas que se encontram em outras partes da literatura rabínica e deveriam ser estudados juntamente com essa literatura. Propostas de uma data no séc. I para alguns dos targuns levaram biblistas do NT a fazer amplo uso deles. Contudo, nem dados linguísticos nem tradições targúmicas tornam óbvia uma data antiga, e os targuns, na forma como os temos, encontram-se no fim de um longo processo de transmissão. O uso de targuns para o estudo do séc. I está sujeito à mesma cautela que se aplica à literatura rabínica (→ 134 *acima*; também → Textos, 68:103-15).

(**Textos [em traduções]**: *Mishná*: H. DANBY [Oxford, 1933]; P. BLACKMAN [7 vols.; London, 1951-56]; J. NEUSNER [43 vols.; Leiden, 1974-85].

Tosefta: J. NEUSNER [New York, 1977-]. *Talmude palestinense*: J. NEUSNER [Chicago, 1982-]. *Talmude babilônico*: I. EPSTEIN [Soncino ed.; London, 1935-53]; L. GOLDSCHMIDT [não censurada, com tradução para o alemão; 9 vols.; Leipzig, 1897-1909]. *Midrásh Rabbah*: H. FREEDMANN e M. SIMON [London, 1939]. Outras traduções se encontram na Yale Judaica Series e Jewish Publication Society. **Introduções**: MOORE, G. F., *Judaism in the First Centuries of the Christian Era* [3 vols.; Cambridge MA, 1930-32]. NEUSNER, J., *A History of the Jews in Babylonia* [para o Talmude babilônico; Leiden, 1965-70]; *Judaism in Society* [para o Talmude palestinense; Chigaco, 1983]. SALDARINI, A. J., "Reconstructions of Rabbinic Judaism", *EJMI* 437-77. SCHÜRER, *HJPAJC* 1. 68-118. STRACK, H. e G. STEMBERGER, *Einleitung in Talmud und Midrasch* [7ª ed.; München, 1982]. STRACK, H., *Introduction to the Talmud and Midrásh* [Philadelphia, 1931; da 5ª ed. alemã]. URBACH, E. E., *The Sages* [2 vols.; Jerusalém, 1975].)

68
Textos e Versões

*Raymond E. Brown, S.S., D. W. Johnson, S.J.
e Kevin G. O'Connell, S.J.**

BIBLIOGRAFIA

1 Geral: Best, E. (ed.), *Text and Interpretation* (Festschrift M. Black; Cambridge, 1979). Bruce, F. F., *The Books and the Parchments* (4ª ed.; Old Tappan, NJ, 1984). Kenyon, F. G., *Our Bible and the Ancient Manuscripts* (5ª ed.; New York, 1959); *The Story of the Bible* (ed. rev.; London, 1964). Kenyon, F. G. e A. W. Adams, *The Text of the Greek Bible* (3ª ed.; London, 1975). Metzger, *MMGB*. Reumann, J., *The Romance of Bible Scripts and Scholars* (Englewood Cliffs, 1965). "Bible IV: Texts and Versions", *NCE* 2. 414-91.

2 Antigo Testamento: Ap-Thomas, D. R., *A Primer of Old Testament Text Criticism* (2ª ed.; Oxford, 1964). Barthélemy, D. L. (ed.), *Critique textuelle de l'Ancien Testament* (OBO 50/1-2; Fribourg, 1982-86); "Text, Hebrew, History of", *IDBSup* 878-84. Childs, B. S., *Introduction to the Old Testament as Scripture* (Philadelphia, 1979) 84-106. Deist, F. E., *Towards the Text of the Old Testament* (Pretoria, 1978). Eissfeldt, *EOTI* 669-721. Kahle, P. E., *The Cairo Geniza* (2ª ed.; Oxford, 1959). Klein, R. W., *Textual Criticism of the Old Testament* (Philadelphia, 1974). McCarter, P. K., Jr., *Textual Criticism: Recovering the Text of the Hebrew Bible* (Philadelphia, 1986). Noth, M., *The Old Testament World* (Philadelphia, 1966) 301-63. Roberts, B. J., *The Old Testament Text and Versions* (Cardiff, 1951).

Talmon, S., "The Old Testament Text", *CHB* 1. 159-99. Tov, E., "The Text of the Old Testament", in *The World of the Old Testament* (ed. A. S. van der Woude et al.; Bible Handbook 1; Grand Rapids, 1986) 156-90. Weingreen, J., *Introduction to the Critical Study of the Text of the Hebrew Bible* (Oxford, 1982). Wonneberger, R., *Understanding BHS: A Manual for the Users of Biblia Hebraica Stuttgartensia* (Subsidia Biblica 8; Rome, 1984). Würthwein, E., *The Text of the Old Testament* (4ª ed.; Grand Rapids, 79). Yeivin, I., *Introduction to the Tiberian Masorah* (SBLMasS 5; Missoula, 1980).

3 Novo Testamento: Aland, *ATNT* (essencial). Aland, K. (ed.) *Die alten Übersetzungen des Neuen Testaments, die Kirchenväterzitate, und Lektionare* (ANTF 5; Berlin, 1972). Duplacy, J., *Études de critique textuelle du Nouveau Testament* (ed. J. Delobel; BETL 78; Louvain, 1987); *Où en est la critique textuelle du Nouveau Testament* (Paris, 1959); "Bulletin de critique textuelle", frequentemente em *RSR* até sua morte em 1983. Elliott, J. K. (ed.), *Studies in New Testament Language and Text* (Festschrift G. D. Kilpatrick; NovTSup 44; Leiden, 1976); *A Survey of Manuscripts Used in Editions of the Greek New Testament* (NovTSup 57; Leiden, 1987). Finegan, J., *Encountering New Testament Manuscripts* (Grand Rapids, 1974). Greenlee,

---

* As seções 2, 6-147, 153-155 deste artigo são de K. G. O'Connell; as seções 148-152 são de D. W. Johnson. (Ambos os autores preservaram o que era permanente na obra de seus predecessores do *Jerome Biblical Commentary*, respectivamente P. W. Skehan [falecido em 1980] e G. W. MacRae [falecido em 1985].). As seções 1, 3, 4, 156-216 são de R. E. Brown.

J. H., *Introduction to New Testament Textual Criticism* (Grand Rapids, 1964). GREGORY, C. R., *The Canon and Text of the New Testament* (New York, 1907). MARTINI, C. M., "Text, NT", *IDBSup* 884-86. METZGER, B. M., *TCGNT*; *Chapters in the History of New Testament Textual Criticism* (NTTS 4; Leiden, 1963); *The Early Versions of the New Testament* (Oxford, 1977); *The Text of the New Testament* (2ª ed.; New York, 1968). SOUTER, A., *The Text and Canon of the New Testament* (ed. rev.; Naperville, 1954). VÖÖBUS, A., *Early Versions of the New Testament* (Stockholm, 1954).

4 Bíblias em inglês: BRUCE, F. F., *History of the Bible in English* (3ª ed.; New York, 1978). BUTTERWORTH, C. C., *The Literary Lineage of the King James Bible 1340-1611* (Philadelphia, 1941). HAMMOND, G., *The Making of the English Bible* (Manchester, 1982). KUBO, S., e W. F. SPECHT, *So Many Versions?: Twentieth Century English Versions of the Bible* (2ª ed.; Grand Rapids, 1983). LEVI, P., *The English Bible 1534 to 1859* (Grand Rapids, 1974). LEWIS, J. P., *The English Bible from KJV to NVI* (Grand Rapids, 1982). ROBERTSON, E. H., *The New Translations of the Bible* (London, 1959). SIMMS, P. M., *The Bible in America* (New York, 1936). Também *McCQ* 19 (maio de 1966); *RevExp* 76 (verão de 1979); *Austin Sem. Bull.* 96 (maio de 1981); *BARev* 8 (6, 1982) 56-67. Quanto a Bíblias atuais em várias línguas, veja *CHB* 3.

5 ESBOÇO

Introdução (§ 6-9)

O texto hebraico do Antigo Testamento (§ 10-61)
(I) Textos do período antigo
  (A) Formato e idade dos manuscritos (§ 14-15)
  (B) Os manuscritos de Qumran (§ 16-33)
    (a) Origens, escritas, ortografia (§ 16-18)
    (b) Características textuais (§ 19-33)
      (i) Os livros históricos (§ 24-26)
      (ii) Os Profetas Maiores (§ 27-28)
      (iii) Os Profetas Menores (§ 29)
      (iv) Os Escritos (§ 30-32)
      (v) Os livros deuterocanônicos (§ 33)
  (C) Os manuscritos de Massada e outras áreas (§ 34-37)
(II) Textos dos períodos pós-bíblico e medieval
  (A) O Pentateuco Samaritano (§ 38-39)
  (B) A segunda coluna de Orígenes (§ 40-41)
  (C) Manuscritos medievais vocalizados (§ 42-51)
    (a) Códices-modelo (§ 45-48)
    (b) Manuscritos com outros sistemas de vocalização (§ 49-51)
  (D) Manuscritos de Eclesiástico na Genizá do Cairo (§ 52)
  (E) Manuscritos medievais de Tobias e Judite (§ 53)
(III) Edições do período moderno
  (A) O *Textus Receptus* (§ 55)
  (B) Edições críticas (§ 56-58)
  (C) Compilações de variantes (§ 59-61)

Versões gregas do Antigo Testamento (§ 62-100)
(I) A Septuaginta antes de 100 d.C.
  (A) A origem lendária (§ 63)
  (B) O problema da origem unificada (§ 64-65)
  (C) A edição mais antiga da LXX e as revisões posteriores (§ 66-77)
    (a) A LXX em Alexandria (§ 68)
    (b) A primeira revisão palestinense: a "protoluciana" (§ 69)
    (c) Outra revisão palestinense: a "prototeodociana" (§ 70-74)
    (d) Outras indicações de revisão antiga (§ 75-77)
(II) Traduções posteriores e a obra de Orígenes
  (A) Áquila (§ 79-80)
  (B) Símaco (§ 81)
  (C) Teodocião (§ 82)
  (D) A *Hexapla* de Orígenes (§ 83-86)
  (E) Luciano de Antioquia (§ 87)
(III) Manuscritos e edições da LXX
  (A) Manuscritos (§ 88-98)
    (a) Papiros (§ 92)
    (b) Os Grandes Códices Unciais (7 93-97)
      (i) O Códice Vaticano (§ 94)
      (ii) O Códice Sinaítico (§ 95)
      (iii) O Códice Alexandrino (§ 96)
      (iv) O Códice Marchaliano (§ 97)
    (c) Manuscritos minúsculos (§ 98)
  (B) Edições impressas (§ 99-100)
    (a) Edições de importância histórica (§ 99)
    (b) Empreendimentos críticos modernos (§ 100)

Outras versões antigas da Bíblia (§ 101-155)
(I) Versões em aramaico e siríaco
    (A) A língua aramaica (§ 101-102)
    (B) Os targuns (§ 103-115)
        (a) Origem (§ 103-105)
        (b) Targuns babilônicos (§ 106-107)
        (c) Targuns palestinenses (§ 108-115)
    (C) Versões siríacas (§ 116-130)
        (a) Origem (§ 116)
        (b) Igrejas de uma tradição de siríaca (§ 117-120)
        (c) Versões da Bíblia (§ 121-130)
            (i) O Diatessarão de Taciano (§ 122-123)
            (ii) A Bíblia Siríaca Antiga (§ 124)
            (iii) A Bíblia Peshitta (§ 125-127)
            (iv) O AT Siro-Hexaplárico (§ 128)
            (v) O NT Harcleano (§ 129)
            (vi) A Bíblia Siro-Palestinense (§ 130)
(II) Versões em latim
    (A) O AT da *Vetus Latina*, traduzido do grego (§ 132-134)
    (B) Saltérios em latim (§ 135-138)
    (C) O AT da Vulgata traduzido do hebraico (§ 139-140)
    (D) O NT em latim (§ 141-143)
        (a) A Vulgata (§ 141)
        (b) A *Vetus Latina* (§ 142-143)
    (E) A história posterior da Vulgata (§ 144-147)
(III) Versões em copta
    (A) A língua copta (§ 148-149)
    (B) O AT em copta (§ 150)
    (C) O NT em copta (§ 151-152)
(IV) Outras versões orientais
    (A) Versão em etíope (§ 153-154)
    (B) Versões da Ásia ocidental (§ 155)

O texto grego do Novo Testamento (§ 156-188)
(I) O problema do melhor texto (crítica antes do séc. XX)
    (A) Os Grandes Códices Unciais (§ 157-159)
    (B) O *Textus Receptus* (§ 160-161)
    (C) A diferenciação das tradições textuais (§ 162-169)
        (a) Primeiras tentativas (§ 163-166)
        (b) Westcott e Hort (§ 167-169)
(II) O problema do texto mais antigo (crítica textual no séc. XX)
    (A) Classificação revisada das tradições (§ 171-177)
    (B) Novas descobertas (§ 178-187)
        (a) Papiros (§ 178-180)
        (b) Versões antigas (§ 181-183)
        (c) Citações patrísticas (§ 184-188)

A Bíblia em inglês (§ 189-216)
(I) Antes da impressão (§ 189-191)
(II) Bíblias impressas: protestantes
    (A) Traduções do séc. XVI (§ 193-197)
        (a) A Bíblia de Tyndale (§ 193)
        (b) A Bíblia de Coverdale (§ 194)
        (c) A Grande Bíblia (§ 195)
        (d) A Bíblia de Genebra (§ 196)
        (e) A Bíblia dos Bispos (§ 197)
    (B) A tradição da King James (§ 198-201)
        (a) Authorized Version (§ 198)
        (b) Revised Version (§ 199)
        (c) Revised Standard Version (§ 200-201)
    (C) Novas traduções (§ 202-206)
        (a) A "Bíblia de Chicago" (§ 202)
        (b) New English Bible (§ 203)
        (c) Today's English Version (§ 204)
        (d) New International Version (§ 205)
        (e) The Living Bible (§ 206)
(III) Bíblias impressas: católicas
    (A) A partir da Vulgata (§ 208-211)
        (a) Douay-Rheims (§ 208)
        (b) A Revisão de Challoner (§ 209)
        (c) A Revisão do NT da Confraternidade (§ 210)
        (d) A Bíblia de Knox (§ 211)
    (B) A partir das línguas originais (§ 212-215)
        (a) A Versão de Westminster (§ 212)
        (b) O NT de Kleist-Lilly (§ 213)
        (c) New American Bible (§ 214)
        (d) A tradução da Bíblia de Jerusalém (§ 215)
(IV) Bíblias impressas: judaicas (§ 216)

INTRODUÇÃO

6 Um entendimento detalhado de como os diferentes livros do AT e NT foram preservados e transmitidos é mais possível agora do que em qualquer época desde a composição inicial e a reunião gradativa destes livros na Bíblia que conhecemos hoje.

Isto se deve em parte a uma inesperada série de descobertas de mss. (que inclui vários papiros gregos antigos, especialmente a partir de 1920, e dos Manuscritos do Mar Morto a partir de 1947), e em parte porque cópias impressas, boas reproduções fotográficas e edições críticas tornaram as fontes textuais mais acessíveis à análise dos pesquisadores.

7 É importante o conhecimento da história desta transmissão: (1) para a apreciação adequada do cuidado com que a comunidade crente preservou, copiou e, às vezes, corrigiu os livros sagrados durante os séculos e, desse modo, a integridade substancial do texto recebido; (2) para um entendimento do desenvolvimento do texto canônico nas mãos dos escribas; (3) para um discernimento das oportunidades e problemas que as evidências textuais oferecem para as pessoas que traduzem e explicam a Bíblia; e (4) para um entendimento das questões de crítica textual que certamente surgem em textos que tiveram um período tão longo de cópia e tradução. Este conhecimento não pode ser estático, visto que a análise das evidências textuais prossegue, e novas descobertas podem ser esperadas. Ela sempre permanecerá incompleta, visto que muitas evidências textuais estão irremediavelmente perdidas.

8 Para o AT o material a ser descrito consiste de evidências textuais para a forma original hebraica e aramaica da maioria dos livros, para a tradução grega da "Septuaginta" ou LXX (a maior parte pré-cristã, e que inclui alguns livros compostos ou principalmente preservados em grego), e para várias outras versões antigas (aramaica judaica, siríaca, latina, copta, etc.).

9 Quanto ao NT grego, nosso conhecimento do modo pelo qual seus livros foram preservados e transmitidos tornou-se verdadeiramente científico no final do séc. XIX, um pouco mais cedo do que para o AT. Mas aqui também houve descobertas importantes no séc. XX, especialmente de cópias antigas de livros do NT em papiro. Novamente, as versões antigas acrescentam evidências importantes que são úteis para determinar o tipo de texto grego do qual elas foram traduzidas. Deste modo, em ambos os Testamentos a ciência da crítica textual fez rápido progresso em nossos dias.

O TEXTO HEBRAICO DO ANTIGO TESTAMENTO

10 Não existe nenhum ms. escrito efetivamente pelo autor ou redator de qualquer livro do AT; todas as cópias existentes são obra de escribas posteriores. Embora a tradição judaica, especialmente no período posterior, colocasse grande ênfase na fidelidade na transmissão dos materiais orais e escritos (E. A. Speiser, *IEJ* 7 [1957] 201-16), a Antiguidade de uma cópia em particular não tinha importância especial. De fato, qualquer ms. gasto demais para continuar a ser usado publicamente era relegado a uma genizá ou repositório de textos sagrados descartados. Para os pesquisadores modernos, tais materiais, recuperados acidentalmente da Genizá do Cairo (→ 43 *abaixo*), foram um presente não pretendido nem desejado pelas pessoas que os deixaram ali.

11 Exceto pela bênção sacerdotal (Nm 6,24-26) em amuletos de prata de cerca de 600 a.C. (→ 35 *abaixo*), nenhum livro do AT composto no todo ou em parte antes do exílio babilônico (587-539 a.C.) chegou até nós, nem mesmo num fragmento realmente escrito naquela época. Os mais antigos textos existentes são da caverna 4 de Qumran (→ Apócrifos, 67:81), e eles representam o período de cerca de 250-175 a.C. Para livros posteriores do AT, como Ecl, Dn e Eclo, foram descobertos rolos incompletos (*p.ex.*, 4QQoh^a, 4QDan^c e MasSir), escritos apenas cerca de 100 anos após a composição original.

Não muito tempo atrás, seria impossível apontar com segurança para qualquer ms. hebraico do AT escrito dentro de um período de 1.000 anos após seu conteúdo ser composto; o mais antigo ms. que inclui a data de sua própria preparação é o dos Profetas do Cairo de 895 d.C. (→ 46 *abaixo*).

12 Exporemos agora, sucessivamente, os períodos antigo, medieval e moderno na transmissão do texto do AT. Visto que falaremos com frequência do texto hebraico, talvez seja digno de nota que os trechos limitados do AT transmitidos em aramaico participam em todos os aspectos da história dos livros hebraicos dos quais fazem parte. Um padrão de referência frequente será o TM. Este termo designa os textos consonantais hebraico e aramaico fixos estabelecidos próximo ao final do séc. I d.C. e cuidadosamente transmitidos até o período medieval (→ 36-37, 43 *abaixo*).

13 (I) Textos do período antigo (aproximadamente 250 a.C.-135 d. C). Durante este período não era hábito dar a qualquer livro do AT um título separado ou acrescentar o nome de seu copista e a data. Consequentemente, à parte das considerações arqueológicas gerais ligadas a suas descobertas, a datação de mss. bíblicos antigos depende da análise paleográfica. Embora inevitavelmente aproximados, os resultados para períodos de rápido desenvolvimento no estilo de escrever podem ser bastante precisos, e quanto ao período antigo como um todo eles produzem relativa certeza (com uma tolerância máxima de aproximadamente 50 anos nos casos difíceis). O estudo mais significativo é o de F. M. Cross em *BANE* 133-202.

14 (A) Formato e idade dos mss. Exceto pelo Papiro Nash (→ 35 *abaixo*), os mss. conhecidos deste período foram todos encontrados a partir de 1947. A escrita é em colunas e cobre somente um lado das peles ou, muito raramente, folhas de papiro (veja Jr 36); não se conhece nenhum códice hebraico (livros com páginas escritas em ambos os lados) anterior ao período medieval. As superfícies escritas são pautadas (verticalmente para as colunas e horizontalmente para as linhas) com uma ponta-seca. As peles eram costuradas (e as folhas de papiro, coladas) lado a lado para formar rolos. O rolo completo de Is de Qumran (1QIsa^a) é um excelente exemplo: 17 tiras de couro bem preparado foram costuradas para formar um rolo que tem 7,47 m de comprimento quando desenrolado e 26,7 cm de altura; seu texto está em 54 colunas, com uma divisão principal intencional após a coluna 27 (*i.e.*, após o cap. 33, na metade do livro de 66 caps.); as colunas têm em média 30 linhas cada. As colunas em outros textos deste período contêm de 9 a 65 (ou mais) linhas. Quanto à escrita em papiro, veja *Arch* 36 (4, 1983) 31-37.

15 Perto de 200 mss. do AT deste período antigo foram recuperados de vários lugares no deserto da Judeia: das cavernas ao redor de Qumran, no Wadi Murabba'at, no Naḥal Ḥever e da fortaleza de Massada (→ *Apócrifos*, 67:119-23). Os mss. mais antigos são três da caverna 4 de Qumran que foram datados por F. M. Cross como segue: 4QExod^f, aproximadamente 250 a.C.; 4QSam^b, aproximadamente 200 a.C.; e 4QJer^a, aproximadamente 175 a.C. Por razões externas, os mais recentes mss. de Qumran não são posteriores a 68 d.C., os de Massada não posteriores a 73 d.C., e os do Murabba'at e Ḥever não posteriores a 135 d.C. São raros mss. anteriores ao séc. I a.C.; talvez a maioria dos mss. de Qumran date deste século, mas o séc. I d.C. também está bem representado. Os mss. do séc. II de Murabba'at ocupam um lugar à parte e precisam ser descritos separadamente (→ 36 *abaixo*).

16 (B) Os mss. de Qumran.
(a) *Origens, escritas, ortografia*. O abundante material de Qumran, que inclui aproximadamente 130 cópias incompletas de livros do AT somente da caverna 4, mostra uma extraordinária variedade quanto

a idade, formato, escrita, ortografia e filiação textual. Apesar das evidências de um *scriptorium* em Qumran, ainda precisa ser provado que algum ms. bíblico existente foi copiado ali a partir de um outro ms. sobrevivente. Visto que as regras do grupo estabeleciam uma propriedade comunitária (→ Apócrifos, 67:107), os materiais de Qumran provavelmente incluem muitos mss. trazidos por seus ex-proprietários para a posse da comunidade, mas outros provavelmente foram copiados no local. Assim, por exemplo, E. C. Ulrich sustentou (*BASOR* 235 [1979] 1-25) que 4QSam^c foi produzido pelo mesmo escriba da Regra da Comunidade (1QS), seus apêndices (1QSa, 1QSb) e 4QTestim. A idade dos fragmentos dos rolos estende-se por três séculos inteiros, de aproximadamente 250 a.C. até 68 d.C. Reis, Is, Dn e Tb em hebraico (bem como Ex e Lv em grego) são conhecidos em papiro, mas quase todos os textos do AT estão em couro de espessura e qualidade variadas. Alguns mss. têm colunas largas, algumas estreitas; e o número de letras em uma linha varia de cerca de 15 a mais de 70. Quanto à variação no número de linhas por colunas, → 14 *acima*.

17 Dois alfabetos separados foram usados, pelo menos até o séc. I a.C., para os mss. hebraicos: o arcaico, agora rotulado de "paleo-hebraico" (derivado do alfabeto cananeu empregado desde tempos pré-exílicos) e várias formas em desenvolvimento da escrita "aramaica" judaica (conhecido em seus últimos estágios como o alfabeto de letras quadradas das Bíblias hebraicas impressas). Uns poucos mss. do AT e alguns não bíblicos combinam os dois alfabetos ao empregar normalmente a escrita quadrada e mudar para as letras arcaicas no nome sagrado de *YHWH* apenas ou em várias combinações de nomes divinos. Esta prática, provavelmente não mais antiga que a época herodiana, também ocorre no mais recente período de Qumran e encontra reflexo em alguns manuscritos gregos do AT (veja P. W. Skehan, *BIOSCS* 13 [1980] 14-44).

Ambos os alfabetos apresentam o padrão de 22 letras do sistema de consoantes da escrita hebraica. Em ambos, a ortografia pode ser notavelmente esparsa, de modo que as letras fracas – *waw, heh, yod* e *alef* – são usadas raramente para representar vogais. Em outros lugares, contudo, ambos podem exibir uma ortografia ampliada, na qual (como no siríaco) cada vogal *o* ou *u*, por mais fraca ou leve, é representada por um *waw* no texto consonantal, e as terminações das palavras podem oferecer um inesperado *heh* acrescentado a sufixos pronominais, ou um *alef* extra em qualquer palavra terminada em *i, o* ou *u*. Quando foi encontrada pela primeira vez no rolo completo de Is, esta ortografia ampliada intrigou os pesquisadores, mas é agora reconhecida como uma tentativa feita nos últimos séculos a.C. de fornecer orientações mais completas de pronúncia do que fazia a ortografia padrão. Até certo ponto também pode representar um dialeto distinto na fala das pessoas que o usavam.

18 Parece que nem a escrita nem a ortografia foram condicionadas pelo tipo de texto copiado. A escrita paleo-hebraica é usada por 12 mss.; todos os livros do Pentateuco estão representados (Lv em quatro mss.), mas também Jó; possivelmente havia alguns fragmentos não bíblicos na mesma escrita. Dos dois textos de Ex na escrita arcaica, um está muito próximo do texto padrão, enquanto o outro está na recensão "samaritana" mais completa (→ 38-39 *abaixo*) e, às vezes, possui o tipo ampliado de ortografia. Alguns mss. na escrita aramaica mais comum exibem uma ortografia conservadora, outros uma desenvolvida; de fato, o mesmo livro do AT pode estar representado de ambos os modos em textos que são, de outra forma, muito semelhantes. A publicação final detalhada pode demonstrar a tendência a uma cópia menos cuidadosa em mss. com ortografia desenvolvida, mas isto ainda não é certo.

19 (b) *Características Textuais*. Os mss. de Qumran iniciaram um novo período na história do texto. Contudo, eles estão tão incompletos que um ms. que oferece dez poro cento do texto completo de um livro bíblico é contado entre as testemunhas mais importantes. Em contraposição aos textos integrais massorético e samaritano, conhecidos desde o período medieval, e com as evidências indiretas da LXX, os mss. de Qumran oferecem uma amostra – e um meio de investigação – dos antecedentes destas outras testemunhas, e não uma base separada para futuras edições do texto.

20 O fato de que a amostra é de extraordinária variedade, até mesmo textualmente, não significa que muitas variantes reais (à parte dos erros dos escribas, harmonizações, etc.) tenham surgido além das anteriormente conhecidas. Antes, muitas leituras alternativas e ampliações para as quais os manuscritos hebraicos medievais na tradição do TM não oferecem contraparte, mas que frequentemente já eram conhecidas a partir de fontes gregas ou samaritanas, encontram-se aqui juntamente com outros textos com leituras muito próximas do TM. Também, pela primeira vez, é possível verificar em mss. hebraicos o que sempre já se sabia, tanto a partir da natureza da coleção como tal quanto a partir das evidências indiretas da LXX, a saber, que *cada livro do AT tem sua própria história individual de transmissão*.

21 Ilustraremos, a partir dos manuscritos de Qumran, como um tipo importante de variante textual, as ampliações explicativas, se desenvolveu. Muitos escribas que copiaram os livros do AT durante este período antigo aparentemente sentiram-se livres para incorporar alguns resultados de seus próprios estudos, enquanto nos tempos modernos estas interpolações apareceriam como notas de rodapé ou remissões recíprocas. Desse modo, no mais antigo ms. que possuímos (4QExod^f), Ex 40,17 reza: "No primeiro dia do segundo ano *após sua partida do Egito*, o Tabernáculo foi erigido". A referência à partida do Egito não aparece no TM deste versículo, mas Ex 16,1 e 19,1 a contêm. Embora a expressão se encontre não apenas em nossa mais antiga testemunha de Qumran, mas também nos textos samaritano e grego, ela talvez seja uma ampliação para tornar a formulação mais clara e explícita. Semelhantemente, num manuscrito de Qumran (4QDeut^n), no texto dos Dez Mandamentos, as razões indicadas no TM para a guarda do dia de sábado são ampliadas mediante a inserção, após Dt 5,15, de uma passagem afim (Ex 20,11) com uma razão acrescentada. Até mesmo o texto samaritano de Dt carece desta ampliação, embora na tradição grega ela retorne como uma inserção em Dt 5,14 no Códice Vaticano (apenas). Para uma expressão difícil em Is 34,4 que foi traduzida como "E todas as hostes do céu se desfarão" (uma expressão omitida pelo mais antigo tradutor da LXX), o rolo de 1QIsa^a supre, a partir de Mq 1,4, as palavras "e os vales se dividirão", provavelmente porque os contextos sejam semelhantes, mas talvez porque as letras hebraicas da expressão em Is 34,4 do TM também possam sugerir a alternativa em Mq 1,4. Este tipo de cópia não indica que o texto fosse considerado de algum modo menos sagrado, visto que as palavras usadas para completar ou revisar uma passagem particular são as da própria Bíblia, mas ele está longe de uma adesão rígida a consoantes inalteráveis de um texto padronizado. Uma adesão como esta se tornaria a regra universal logo após 70 d.C.

22 A publicação completa dos textos deste período antigo levou muito tempo. Por volta de 1985 (com a obra sobre 11Qpaleo-Lev de D. N. Freedman e K. A. Mathews), todos os rolos e fragmentos bíblicos decifráveis das cavernas principais 1 e 11 e das cavernas secundárias 2-3, 5-10 foram publicados. Os extensos materiais encontrados na caverna 4 encontravam-se, em geral, num estado ruim e eram mais difíceis de serem tratados. A tarefa de preparar o volume sobre os rolos maiores, 4QpaleoExod^l e 4QpaleoExod^m, que fora em grande parte concluída em forma de rascunho por P. W. Skehan († em 1980), foi confiada a E. C. Ulrich. A publicação final de milhares de fragmentos da caverna 4 foi lenta.

23 Desenvolveu-se um sistema permanente de referência para os mss. de Qumran. Assim, 4Qexod^f significa que, de todos os mss. da quarta caverna de Qumran, se faz referência à sexta (f) cópia de Ex. Se um texto está em papiro (pap), encontra-se na escrita paleo-hebraica (paleo), ou é uma tradução (LXX, tg [= targum]) ou interpretação (p [= *pesher*]), este fato é incluído antes do nome do livro bíblico (por exemplo, 4QpaleoExod^m para um manuscrito na escrita antiga da caverna 4; 1QpHab para uma interpretação de Hab da caverna 1; 4QLXXNum para um ms. da LXX para Nm da caverna 4). Outras abreviações identificam o material de Massada (Mas), do Murabba'at (Mur) e do Naḥal Ḥever (Hev).

24 (i) *Os livros históricos*. Os 15 mss. incompletos de Gn encontrados em Qumran mostram um texto comparativamente uniforme. Existem leituras que coincidem com o material da LXX, mas um alto grau de padronização para o texto de Gn precede claramente todas as nossas evidências. Em Ex até o final de Dt, por outro lado, há grande variação nos testemunhos de Qumran. Às vezes, eles estão muito próximos do TM; de modo razoavelmente frequente, mostram concordância regular ou esporádica com leituras conhecidas a partir da tradição grega, seja a LXX primitiva ou a "protoluciânica" (→ 69 *abaixo*); e, outras vezes, incluem as ampliações sistemáticas que se encontram no texto samaritano (→ 38-39 *abaixo*). Êxodo existe em 15 manuscritos, Lv em 9, Nm em 6 e Dt em 25. 4QpaleoExod^m, do início do séc. II a.C., é notável; ele contém trechos de umas 40 colunas de textos (de um original de 57) na forma ampliada repetida conhecida anteriormente apenas a partir de fontes samaritanas (J. E. Sanderson, *An Exodus Scroll from Qumran: 4QpaleoExod^m and the Samaritan Tradition* [HSS 30; Atlanta,

1986]). Quanto a 11QpaleoLev, veja K. A. Mathews, *CBQ* 48 (1986) 171-207. O texto amplamente preservado de 4QNum^b concorda com o texto samaritano em uma série de ampliações, mas também concorda com muita frequência com as mais antigas camadas de textos da LXX contra o TM, mesmo onde o samaritano e o TM coincidem. Entre os textos de Dt encontra-se um fragmento (4QDeut^q) que contém apenas a conclusão (32:37-43) do Cântico de Moisés (organizado conforme linhas ou meia-linhas poéticas); ele testifica a existência de leituras da LXX não apoiadas por nenhuma fonte hebraica conhecida anteriormente. A discussão sobre este texto mostra que leituras semelhantes são confirmáveis em Qumran na introdução do Cântico e em trechos centrais também (P. W. Skehan, *BASOR* 136 [1954] 12-15).

25 Em geral, o texto palestinense desses livros pode ser visto como um tipo que amplia e harmoniza, distinto do TM recebido, e mostra algum tipo de parentesco com a reelaboração "protoluciânica" da LXX (→ 69 *abaixo*). Uma combinação interessante de elementos ocorre em 5Q1, um ms. de Dt datado por J. T. Milik no início do séc. II a.C. Até onde está preservado, seu texto original está próximo do TM, mas cerca de um século mais tarde ele foi "corrigido" em quatro pontos com base num texto hebraico com associações com a LXX!

26 Os manuscritos de Js, Jz e Rs de Qumran são comparativamente limitados em número (dois ou três mss.) e na extensão de seu texto preservado; em todos os casos, parece haver um parentesco claro com fontes da LXX. Os quatro mss. de Sm existentes são excepcionais tanto pela qualidade do texto preservado em 4QSam^a (final do séc. I a.C.) quanto pela idade da mais antiga testemunha (4QSam^b, final do séc. III a.C.). Como no Pentateuco (→ 24 *acima*), pelo menos três tipos de texto são agora atestados para Sm-Rs: o texto hebraico que está por trás da tradução original da LXX (→ 68 *abaixo*);

o texto hebraico mais completo do ms. 4QSam que se reflete na recensão protolucianica da LXX (→ 69 *abaixo*); e o texto hebraico representado pelo TM atual, uma forma antiga do qual serviu como orientação para a revisão *Kaige* ou "prototeodociana" da LXX feita no séc. I d.C. (→ 70-74 *abaixo*). Foram as evidências de Qumran para Sm, juntamente com o rolo grego dos Profetas Menores do Naḥal Ḥever (8HevXII gr, → 67 *abaixo*), que forneceram a chave para explicar de modo mais adequado os complexos problemas de transmissão de texto que há muito se sabia serem particularmente críticos em 1-2 Sm.

27 (ii) *Os Profetas Maiores*. Em Qumran, Is é representado por duas testemunhas substanciais: 1QIsa^a, um rolo completo do início do séc. I a.C., e 1QIsa^b, mais fragmentado, da última parte do mesmo século. O rolo completo, cujos formato e ortografia incomuns foram descritos acima (→ 14, 17), diverge em muitos aspectos do TM. No início, ele deu origem a esperanças exageradas de dar acesso a um estágio antigo até agora inatingível na transmissão do livro. Embora interessante e instrutivo, o ms. é textualmente muito decepcionante; é secundário ao TM na maioria dos casos em que os dois divergem e não tem parentesco genuíno com o protótipo hebraico do Is da LXX. Ele é singular em suas divergências entre os 18 mss. de Is de Qumran, os quais de outro modo se combinam para estabelecer que a tradição textual do livro já estava padronizada por volta do séc. II a.C. a um ponto tal que só se observa no caso de Gn. Semelhantemente superestimado, a princípio, mas por motivos diferentes, foi 1QIsa^b, repetidamente considerado muito próximo do TM. Bastante sóbrio em sua ortografia, 1QIsa^b é muito menos fiel ao transmitir o texto estritamente padronizado de Is do que o é qualquer bom ms. hebraico medieval do livro, e qualidades como estas que 1QIsa^b possui são mais apreciadas por contraste com 1QIsa^a do que por quaisquer critérios mais exatos.

28 Em Jr, do qual Qumran fornece quatro mss., o fato significativo foi o surgimento em 4QJer^b de uma edição mais curta que era conhecida anteriormente apenas a partir do Jr da LXX. Tomada junto com a variedade textual observável em Ex-Dt e Sm de Qumran (→ 24-26 *acima*), as evidências divididas para Jeremias apoiam a hipótese de que o texto mais completo do Jr do TM representa principalmente uma reelaboração, presumivelmente feita na Palestina, de uma edição curta mais antiga (veja J. G. Janzen, *Studies in the Text of Jeremiah* [HSM 6; Cambridge MA, 1973]). Esta reelaboração teria ocorrido segundo a técnica harmonizante e ampliadora observável em testemunhas textuais daqueles outros livros (→ 21 *acima*) e vistas em sua plenitude no Pentateuco Samaritano (→ 39 *abaixo*). Nada digno de menção se originou ainda do estudo dos seis mss. de Ez de Qumran; se a hipótese da ampliação tem algum mérito, ele pode ser de que toda a tradição de Ez em hebraico, incluindo Qumran, representa uma edição ampliada e reelaborada deste profeta.

29 (iii) *Os Profetas Menores*. Todas as partes dos Profetas Menores (inclusive Hab 3) estão representadas entre oito mss. Onde diferentes livros dos 12 Profetas existem no mesmo ms., as evidências de Qumran são a favor da ordem dos livros do TM, não a da LXX. No comentário de Hab da caverna 1 (1QpHab, → Apócrifos, 67:89-90), as *lemmata*, ou citações de texto contínuo, nem sempre contêm as mesmas leituras supostas pela discussão que as segue; este tipo de evidências para textos divergentes é bastante frequente em materiais posteriores em muitas línguas.

30 (iv) *Os Escritos*. Os quatro mss. de Jó (um na escrita arcaica) e os dois rolos de Pr, todos sobreviventes em fragmentos, exibem um texto que está próximo do TM. O targum de Jó da caverna 11 (→ 104 *abaixo*) testemunha o arranjo padrão dos caps. no TM, apesar dos problemas dos caps. 23-27 (Jó 30:83-96); somente no cap. 42 o aramaico sugere uma forma hebraica variante, mais curta como sua base.

31 Há mss. de cerca de 30 Salmos em Qumran, mas muitos são muito limitados na quantidade de texto que sobreviveu; 11QPs^a, do séc. I d.C., publicado por J. A. Sanders (DJD 4), é o mais extenso. Seu texto existente contém partes tanto de 39 Salmos canônicos (93, 101-5, 118-9, 121-50) quanto de outros materiais. Estes incluem o Sl 151 da LXX (originalmente duas composições distintas, uma também sobrevivente como o Sl 1 na Siríaca); Eclo 51,13-30; 1Sm 23,7; dois hinos conhecidos anteriormente como os Sl II-III na Siríaca e agora como os Sl 154-155; três textos tardios parecidos com salmos ("Súplica por libertação", "Apóstrofe a Sião" e "Hino ao Criador"); e uma passagem em prosa que credita a Davi 4.050 obras poéticas. Embora haja leves indicações de que o compilador deste material conhecia a ordem canônica do Saltério, a ordem que se encontra em 11QPs^a é consideravelmente diferente. A "Apóstrofe a Sião" de 11QPs^a, que se parece com um salmo, também foi identificada por J. Starcky como uma das três partes não bíblicas (ao lado de pelo menos três Salmos canônicos) em 4QPs^f. Para o restante, embora os Salmos estejam frequentemente copiados em ordem irregular e mostrem muitas variantes (geralmente inferiores), nosso conhecimento da história textual do Saltério bíblico dificilmente será ampliado em qualquer grau notável por estes textos.

32 Conhecem-se oito mss. de Dn (veja *BASOR* 268 [1987] 17-37). A transição do hebraico para o aramaico e de volta para o hebraico ocorre como no TM; os trechos do Dn da LXX que não estão no TM estão excluídos nas evidências de Qumran. Atestam-se quatro dos cinco livros meguilot do cânone hebraico (→ Canonicidade, 66:22) (dois manuscritos para Ecl, quatro de cada para Rt, Ct e Lm); apenas Est está ausente. Talvez os sectários de Qumran excluíssem Ester por princípio, porque ele conflitava com suas concepções sobre o calendário religioso e era significativo para seus inimigos macabeus/asmoneus (→ Apócrifos, 67:99). Há um manuscrito de Esd e um de Cr (e uma quantidade limitada de texto).

33 (v) *Os livros deuterocanônicos.* Baruc não é atestado entre essas obras (→ Canonicidade, 66:9-10), embora um pequeno trecho da Epístola de Jeremias em grego (Br 6 na Vg) tenha sido encontrado na caverna 7. Não se encontraram Sb, Jt e 1 e 2Mc; todos eles não combinariam bem com os interesses da comunidade de Qumran. Conhecem-se quatro manuscritos do texto original aramaico de Tb, e um em hebraico. Suas evidências apoiam a forma longa do livro na *Vetus Latina* e no Códice Sinaítico em grego como primária. Alguns trechos pequenos de Eclo estão escritos esticometricamente (por linhas de verso) em 2Q18, e fragmentos de Eclo 51,13-30 aparecem nas cols. 21-22 de 11QPs^a (veja J. A. Sanders, *McCQ* 21 [1968] 284-98). Vários manuscritos gregos do AT da caverna 4 serão mencionados *abaixo* (→ 66).

34 (C) **Os manuscritos de Massada e outras áreas.** O material de Qumran tem paralelos em descobertas de mss. em Massada, em 1963/1964 (→ Apócrifos, 67:123). O mais notável é o rolo incompleto de Eclo (Y. Yadin, *The Ben Sira Scroll from Masada* [Jerusalem, 1965]), que contém partes de sete colunas de texto, com dois hemistíquios por linha, de Eclo 39,27 a 44,17. Datado paleograficamente no início do séc. I a.C., ele já mostra muitas diferenças revisionais que aparecem também em mss. siríacos medievais em hebraico e nas versões (→ Eclesiástico, 32:5). Diz-se que uma cópia do Sl 150 proveniente de Massada conclui um ms. (semelhante à ordem do Saltério canônico), e também há fragmentos de Gn, Lv, Dt, Ez e Sl 81-85.

35 O Papiro Nash, do Egito (aproximadamente 150 a.C.), não estritamente um ms. bíblico, contém os Dez Mandamentos e

Dt 6,1ss. Publicado por S. A. Cook em 1903, só muito mais tarde foi corretamente datado por W. F. Albright como pertencente à época dos macabeus (*JBL* 56 [1937] 145-76). Também são dignos de nota manuscritos antigos em miniatura, quer para serem usados por pessoas (filactérios), quer para serem colocados nos umbrais das casas (mezuzás); eles contêm excertos do Pentateuco (e às vezes variam do TM e diferem daqueles especificados por regulamentos judaicos posteriores). Muito mais antigas (escrita dos sécs. VII e VI a.C.) são duas minúsculas tiras de prata, enroladas, descobertas em 1979 num sepulcro (caverna 25), no declive ocidental do Vale de Hinom, em Jerusalém. Provavelmente usadas originalmente como amuletos, elas foram encontradas por G. Barkay e contêm versões da bênção sacerdotal de Nm 6,24-26. Diz-se que o texto em uma é quase idêntico ao do TM, enquanto que a outra aparentemente combina a segunda e a terceira sentenças da bênção. (Veja *BARev* 9 [2, 1983] 14-19; *Qad* 17 [1984] 94-108; *BK* 42 [1987] 30-36.)

36 O último grupo de mss. antigos a ser mencionado consiste de cinco mss. do Wadi Murabba'at, todos publicados, e seis ou sete mss. do Naḥal Ḥever (→ Apócrifos, 67:119, 121), a maior parte não publicada. Um ms. grego dos Profetas Menores, do Naḥal Ḥever, é discutido junto com a LXX (→ 67, 70 *abaixo*). Um ms. hebraico de Sl, do séc. I d.C., do mesmo lugar, tem algumas variantes do TM, mas os outros mss. hebraicos dali (um de Gn, dois ou três de Nm, e um de Dt) mostram um texto e uma escrita semelhantes aos dos mss. do Murabba'at. Estes últimos foram publicados por P. Benoit e J. T. Milik (DJD 2) e incluem Gn--Ex-Nm (Mur 1), Dt (Mur 2), Is (Mur 3), um filactério com partes de Ex e Dt (Mur 4) e os Profetas Menores (Mur 88). O último mencionado é de longe o mais extenso e contém o texto de dez dos 12 Profetas Menores. Ele está em pleno acordo com a tradição do TM e mostra apenas três variantes significativas. Os outros mss. confirmam que a estabilização do texto hebraico, tradicionalmente associada à escola judaica em Jabné ou Jâmnia (→ Canonicidade, 66:35) próximo ao final do séc. I d.C., já era decisiva para estas cópias deixadas por refugiados da Segunda Revolta Judaica em 132-35 d.C.

37 Por volta do séc. II d.C., portanto, o texto hebraico consonantal estava fixado na forma em que ainda é transmitido hoje. Antes disto, contudo, as evidências de Qumran (e, para Eclo, de Massada) mostram um período de relativa fluidez do texto que variou em grau de um livro do AT para outro. Na verdade, as evidências textuais gregas e samaritanas, juntamente com o testemunho indireto do NT, Filo e Josefo, sempre tornaram necessário supor uma situação assim.

(Quanto à bibliografia sobre a Literatura de Qumran, → Apócrifos 67:78, especialmente sob (V) quanto a CROSS e MILIK. CROSS, F. M. Jr., "The History of the Biblical Text in the Light of Discoveries in the Judean Desert", *HTR* 57 [1964] 281-99; idem [ed. com S. TALMON], *Qumran and the History of the Biblical Text* [Cambridge MA, 1975]. EISSFELDT, *EOTI* 669-95, 778-83. GOSHEN-GOTTSTEIN, M. H., *Text and Language in Bible and Qumran* [Jerusalém, 1960]. GREENBERG, M., "The Stabilization of the Text of the Hebrew Bible", *JAOS* 76 [1956] 157-67. ORLINSKY, H. M., "The Textual Criticism of the Old Testament", in *BANE* 113-32. PISANO, S., *Additions or Omissions in the Books of Samuel: The Significant Pluses and Minuses in the Masoretic, LXX and Qumran Texts* [OBO 57; Fribourg, 1984]. SANDERS, J. A., "Pre-Masoretic Psalter Texts", *CBQ* 27 [1965] 114-23; "Palestinian Manuscripts 1947-1967", *JBL* 86 [1967] 431-40. SKEHAN, P. W., "The Scrolls and the Old Testament Text", *McCQ* 21 [1968] 273-83. *Textus: Annual for the Hebrew University Bible Project* 1 [1960-]. TOV, E., [ed.], *The Hebrew and Greek Texts of Samuel* [Anais da IOSCS; Jerusalem, 1980].)

38 **(II) Textos dos períodos pós-bíblico e medieval** (135-1476 d.C.).

(A) O Pentateuco Samaritano. Esta sobrevivência singular até a Idade Média de um texto hebraico não sujeito à padronização realizada pelos sábios judaicos no final do séc. I d.C. chegou ao conhecimento dos pesquisadores europeus pela primeira vez após 1616, quando Pietro della Valle obteve um ms. dele em Damasco. Ele está agora representado em bibliotecas europeias por cópias cuja idade vai desde o séc. XII até o 20 d.C. O mais antigo exemplar conhecido, reagrupado secundariamente a partir de partes de datas variadas, é o "Rolo Abisha", que é conservado pela comunidade samaritana em Nablus (→ Geografia Bíblica, 73:101); sua parte antiga é do séc. XI d.C. Os samaritanos sustentam que este texto foi preparado "13 anos após a conquista de Canaã por Josué". Os pesquisadores do Ocidente que datam o cisma samaritano na época de Neemias no séc. V a.C., tendem a dar a este texto revisado também uma data no séc. V. Contudo, a forma da escrita, a natureza do texto e a história dos samaritanos, todas conspiram para fazer-nos ver nele um texto palestinense desenvolvido, de modo algum sectário quanto à origem, que começou sua história separada entre os samaritanos não antes da época de João Hircano, no final do séc. II a.C. O manuscrito 4QpaleoExod^m de Qumran, que não é sectário, é aproximadamente desta data. Ele mostra que a tradição textual samaritana simplesmente se apropriou de uma das formas de texto revisionais em uso (judaico) corrente e permaneceu notavelmente fiel a seu protótipo revisional pré-cristão (→ 24 *acima*).

39 Mencionou-se a natureza harmonizante e ampliadora do texto samaritano. Ele completa as narrativas sobre as pragas em Ex, de modo que cada vez que o Senhor dá a Moisés uma mensagem para o faraó, Moisés a repete palavra por palavra antes da narrativa continuar. Semelhantemente, seções de Dt que ampliam temas já apresentados em Ex são transpostas no texto de Ex; Nm sofre tratamento harmonizante semelhante, como faz o próprio Dt. Estas ampliações sistemáticas dentro do marco do texto bíblico conhecido não são de interesse especial; antes, esta recensão é valiosa porque, com frequência em acordo com a LXX, ela preserva leituras palestinenses antigas de palavras ou expressões que variam do TM. Onde estas variantes não meramente simplificam a leitura do TM ou o tornam mais explícito, elas precisam ser avaliadas individualmente. A tradição samaritana é apoiada tanto por targuns aramaicos (→ 112 *abaixo*) quanto pelo *Samareitikon* grego. Fragmentos conhecidos deste último e sua tradução siro-hexaplar mostram o mesmo texto ampliado. Esta recensão ampliada foi ocasionalmente citada no NT, particularmente em At 7. A pronúncia hebraica tradicional entre os samaritanos foi explorada, com vários graus de precisão e sucesso, por diversos pesquisadores à procura de esclarecimento sobre a pronúncia do hebraico anterior à obra dos massoretas judaicos (→ 43 *abaixo*).

(BAILLET, M., "La récitation de la loi chez les Samaritans", *RB* 69 [1962] 570-87. BOWMAN, J., *The Samaritan Problem: Studies in the Relationships of Samarianism, Judaism, and Early Christianity* [PTMS 4; Pittsburgh, 1975]. COGGINS, R. J., *Samaritans and Jews: The Origins of Samaritanism Reconsidered* [Atlanta, 1975]. GIRON BLANC, L. F., [ed.], *Pentateuco hebreo-samaritano, Genesis* [Madrid, 1976]. PÉREZ CASTRO, F., *Sefer Abiša* [Madrid, 1959; veja E. ROBERTSON, *VT* 12 (1962) 228-35]. PUMMER, R., "The Present State of Samaritan Studies", *JSS* 21 [1976] 39-61; 22 [1977] 24-47. PURVIS, J. D., *The Samaritan Pentateuch and the Origin of the Samaritan Sect* [HSM 2; Cambridge MA, 1968]; "Samaritan Pentateuch", *IDBSup* 772-75; "Samaritans", *IDBSup* 776-77. SADAQA, A. e R. SADAQA [eds.], *Jewish and Samaritan Version of the Pentateuch* [Jerusalem, 1965]. VON GALL, A., *Der hebräische Pentateuch der Samaritaner* [5 vols.; Giessen, 1914-18; reimpr. em 1 vol., Berlin, 1966].)

40 (B) A segunda coluna de Orígenes. A *Hexapla* de Orígenes, uma compilação (geralmente em seis colunas) de fontes hebraicas e gregas para o estudo do texto do AT, será exposta em detalhes *abaixo* (→ 83). Aqui nos concentraremos na transliteração (não tradução), na segunda coluna da obra, do texto hebraico consonantal padronizado do séc. II d.C. para letras gregas. Visto que o alfabeto grego não é muito apropriado para transcrever consoantes hebraicas, o resultado é de valor limitado. Contudo, ele oferece aos pesquisadores uma ideia da pronúncia do hebraico na época de Orígenes. Veremos, na próxima seção, como os massoretas judaicos de séculos posteriores desenvolveram sistemas para indicar a pronúncia. Sua língua materna não era o hebraico, mas uma forma desenvolvida de aramaico, e isto influenciou sua pronúncia. As evidências da segunda coluna de Orígenes e os materiais mais antigos, descobertos mais recentemente (→ 17 *acima*), oferecem padrões vocálicos e estruturas de sílabas hebraicos de importância para a história da língua e para um entendimento dos ritmos poéticos do AT.

41 As evidências sobreviventes para a segunda coluna de Orígenes são principalmente dos Salmos e são melhor conhecidas a partir da escrita original num ms reutilizado (palimpsesto) da Biblioteca Ambrosiana em Milão que foi identificado pelo cardeal G. Mercati em 1896 e publicado por ele como *Psalterii hexapli reliquiae* I (Cidade do Vaticano, 1958). Ele afirmou que a ortografia deste material era contemporânea à compilação de Orígenes (aproximadamente 245 d.C.). É uma suposição perspicaz (T. W. Manson, seguido por P. E. Kahle) a de que o texto transliterado de Orígenes seguiu uma prática mais antiga de preparar materiais semelhantes a fim de ensinar aos judeus de fala grega da Diáspora a leitura pública correta de rolos hebraicos normais nas sinagogas.

42 (C) Mss. medievais vocalizados. Pertencem ao período medieval todos os mss. hebraicos do AT preservados em bibliotecas e em muitos museus, ou por congregações judaicas, anteriores à difusão da imprensa. Os rolos de textos de couro continuaram sendo usados para fins litúrgicos por todo o período medieval até o moderno, mas códices ou livros com páginas escritas em ambos os lados (→ 89-90 *abaixo*) serviam para cópias particulares. O texto podia ser escrito em duas ou três colunas por página ou podia ser da largura da página. A escrita, a formulação, a divisão em parágrafos e o formato do manuscrito eram tão rigidamente padronizados que os critérios paleográficos são difíceis de aplicar.

43 O impulso para indicar vogais sistematicamente acrescentando símbolos à grafia consonantal usada para se escrever as línguas semíticas, inclusive o hebraico, parece ter surgido na Síria, durante os sécs. VI e VII. Esta técnica, aplicada primeiramente à Bíblia siríaca e ao Alcorão muçulmano, foi imitada por estudiosos judaicos (massoretas) na Babilônia e na Palestina. A ascensão de diversos sistemas massoréticos (o termo hebraico *massōret* significa "tradição") pode ser reconstituída hoje principalmente com base em uma descoberta feita no final do séc. IX no Cairo. No quarteirão mais antigo da cidade, encontra-se um prédio que era a igreja melquita de São Miguel antes de 969 d.C. e que foi subsequentemente adquirida pela comunidade judaica (sectária) dos caraítas para ser sua sinagoga. Dentro do prédio uma sala foi isolada para servir de genizá (lugar de conservação) para manuscritos sagrados que não tinham mais utilidade, visto que a prática judaica proibia sua destruição. Entre aproximadamente 1890 e 1898, foram recuperados e trazidos para o Ocidente mss. acumulados por séculos nesta sala, principalmente mediante os esforços de S. Schechter, então residente na Inglaterra, mais tarde nos EUA (veja *BARev* 8 [5, 1982] 38-53). A descoberta entre esses materiais de uma grande parte do texto hebraico original de Eclo (→ 52 *abaixo*), que estivera perdido por séculos, causou sensação. A genizá também forneceu evidências para a história dos livros protocanônicos do AT e dos targuns; *Cairo* de Kahle é uma boa introdução aos vários problemas implicados.

44 Com base em milhares de páginas dispersas de mss. desta genizá (agora preservadas em Cambridge, Oxford, Paris, Nova Iorque e em outras partes), Kahle esboçou o desenvolvimento, tanto na

Babilônia quanto na Palestina, de sistemas crescentemente refinados para representar a pronúncia tradicional do texto hebraico para a recitação pública na sinagoga. Estes mss. também são testemunhas razoavelmente antigas do texto consonantal, mas não são tão importantes quanto os mss. mais antigos descritos acima (→ 15-37). Os vários sistemas de pronúncia que eles representam são instrutivos para a história da transmissão da língua hebraica e para os detalhes da interpretação textual implícita na maneira como um texto era formulado e lido. Contudo, o único sistema de uso geral hoje é o desenvolvido pela família ben Asher, de Tiberíades na Galileia, no séc. IX e início do séc. X. Recorre-se às outras fontes primordialmente para complementar e dar um contexto para o aparato tiberiano.

45 (a) **Códices-modelo**. Às vezes designados manuscritos "coroa" (*keter* em hebraico), estes são modelos para o estudo do texto e aparato que foram desenvolvidos pela família ben Asher e ainda são usados como a base para edições críticas da Bíblia Hebraica impressa.

46 *Profetas do Cairo* (C) foi escrito e dotado de seus pontos vocálicos por Moses ben Asher em 895 d.C.; uma nota conclusiva do copista o estabelece como o mais antigo ms. hebraico datado do AT agora existente. C contém tanto os Profetas Anteriores (Js, Jz, Sm, Rs) quanto os Profetas Posteriores (Is, Jr, Ez e os 12 Profetas Menores) do cânone hebraico. Originalmente propriedade da comunidade judaica caraíta de Jerusalém, C foi confiscado durante a Primeira Cruzada e finalmente cedido pelo rei Baldwin aos caraítas do Cairo. Seu aparato não mostra o desenvolvimento pleno do sistema massorético usado por Aaron ben Asher na geração seguinte; aparentemente ele está mais próximo da tradição rival de ben Nefthali do que dos textos posteriores de ben Asher, embora as diferenças não sejam grandes. C foi consultado tanto pela *BHK* quanto pela *BHS* (→ 56 *abaixo*) e conferido de novo para o Projeto Bíblico da Universidade Hebraica (→ 58 *abaixo*). Começando em 1979, o texto bíblico e a massorá de C foram editados numa série em Madri, sob a direção de F. Pérez Castro.

47 O *Códice de Alepo* (A) era originalmente um AT hebraico completo que tinha sido dotado de pontos vocálicos e acentos (orientações sobre a formulação e a inflexão na recitação) por Aaron ben Moses ben Asher em cerca de 930. Foi dado primeiro, como C, para a comunidade caraíta de Jerusalém e, enquanto estava em sua posse, foi conhecido e endossado por Maimônides († em 1204) como um guia confiável para certas características do texto padrão. A presença de A em Alepo é atestada desde 1478, mas durante o levante antijudaico nesta cidade em 1947 ele foi gravemente avariado e (por certo tempo) considerado perdido. De forma incompleta (faltando o Pentateuco até Dt 28,1, bem como partes de 2Rs, Jr, os Profetas Menores, 2Cr; Sl 15,1-25,2; Ct 3,11-final; e todo Ecl, Lm, Est, Dn, Esd e Ne), ele chegou a Israel por volta de 1958. Publicou-se uma edição fotográfica do ms. sobrevivente (Jerusalem, 1976), e A foi empregado pela primeira vez como uma base para o texto da Bíblia na edição crítica da Universidade Hebraica (→ 58 *abaixo*; também M. Goshen-Gottstein, *BA* 42 [1979] 145-63).

48 O *Códice de Leningrado* (L), datado em 1009 d.C., é um AT completo trazido da Crimeia por A. Firkowitsch em 1839. Uma nota de escriba no final diz que o ms. foi dotado de vogais e outros aparatos a partir de mss. corrigidos e anotados por Aaron ben Moses ben Asher. Os pontos vocálicos mostram evidências de revisão antiga na direção da conformidade com o padrão ben Asher conhecido a partir de outras fontes. Este era o melhor ms. disponível para a *BHK* e a *BHS* (→ 56 *abaixo*), e suas leituras estão sendo relatadas novamente no empreendimento da Universidade Hebraica (→ 58 *abaixo*).

49 (b) Manuscritos com outros Sistemas de Vocalização. Estudo e cotejo preliminares de um número limitado de fragmentos de genizá do AT (→ 43-44 *acima*) com sistemas palestinenses bastante rudimentares de pontuação vocálica foram feitos por P. E. Kahle, *Masoreten des Westens* (Stuttgart, 1927-30); A. Díez Macho e outros deram continuidade a esta obra.

50 As amplas evidências de genizá para dois sistemas de vogais babilônicos (um antigo e mais simples, o outro posterior e mais complicado) foram apresentadas por Kahle em seu livro *Masoreten des Ostens* (Leipzig, 1913), num álbum de fotografias oferecido como suplemento a *ZAW* 46 (1928) e no prefácio da *BHK*. Em contraposição ao TM, a pontuação destes materiais dos sécs. VIII a X era supralinear (*i.e.*, seus símbolos aparecem acima do texto consonantal). O aparato da *BHK* incluiu variantes de uns 120 manuscritos deste grupo, mas elas não foram relatadas em tais detalhes na *BHS*. Começando em 1976, publicou-se, em Madri, uma edição da Bíblia Hebraica segundo fragmentos com a pontuação babilônica (*Biblia Babilonica*).

51 Alguns mss. foram atribuídos por Kahle à escola de ben Nefthali (rival da família de ben Asher; → 44 *acima*), mas vários deles possuem aspectos divergentes dos quais mss. verdadeiros de ben Nefthali não compartilhariam; e, assim, eles provavelmente são intermediários entre o mais antigo sistema massorá palestinense e o sistema tiberiano desenvolvido. Eles incluem o *Códice Reuchliano* de 1105 d.C., atualmente em Karlsruhe, e um Pentateuco (no. 668 de G. B. de Rossi) e um AT completo (nota 2 de em Rossi), atualmente preservados em Parma. A nova avaliação destes mss. reduziu o número real de diferenças entre as escolas massoretas de ben Neftali e de ben Asher a cerca de 900 pontos referentes a detalhes, quase todos no uso de um único acento secundário (o *meteg*).

52 (D) Manuscritos de Eclesiástico da Genizá do Cairo. Está de acordo com o estado disperso e fragmentário dos materiais da Genizá do Cairo (→ 43-44 *acima*) o fato de que, embora a primeira folha do Eclo hebraico identificada e publicada da fonte tenha aparecido em 1896, um dos cinco manuscritos de Eclo conhecidos só foi editado em 1931, e folhas avulsas de dois outros mss. só foram publicadas em 1958 e 1960. A avaliação desses materiais por parte de A. A. Di Lella (*The Hebrew Text of Sirach* [The Hague, 1966]) concluiu que, de cerca de 1.616 linhas de texto representadas na LXX para o Eclo, 1.098 sobreviveram nos cinco mss. hebraicos. Os textos de Qumran e Massada do livro (→ 33-34 *acima*), publicados entre 1962 e 1965, estabeleceram conclusivamente que o texto do ms. do Cairo é antigo. Visto que as cópias reais do Cairo datam dos sécs. XI e XII d.C., eles foram frequentemente rejeitados como retraduções medievais do grego e siríaco para o hebraico, ou talvez até mesmo do persa. Contudo, o texto de Eclo de Massada, do séc. I a.C., e a forma do livro na LXX se combinam para mostrar que, quando o mais apurado dos mss. medievais (ms. B do Cairo) preserva leituras variantes em sua margem, às vezes *tanto* a leitura do texto *quanto* a leitura alternativa na margem originaram-se em período pré-cristão. Uma outra característica do ms. B do Cairo que é atestada como genuinamente antiga tanto pelo rolo de Massada quanto por 2Q*18* é a cópia em linhas de versos, e não de prosa contínua. Em contraposição a isso, para o poema acróstico alfabético em Eclo 51,13-30, o texto melhor de sua primeira metade preservado em 11QPs[a] (→ 31 *acima*) mostra claramente que a forma medieval se deve à retradução do siríaco.

53 (E) Manuscritos medievais de Tobias e Judite. Os textos medievais de Tb e Jt existentes, tanto em hebraico quanto em aramaico judaico, não são comparáveis aos mss. de Eclo; eles são completamente secundários e não oferecem acesso à forma original desses dois livros.

54 (III) Edições do período moderno (1477d.C. –). As edições impressas do AT hebraico, desde os Salmos com o comentário de D. Kimchi (Bologna, 1477) e o mais antigo AT completo (Soncino, 1488) até o ano de 1525, baseavam-se principalmente numa escolha limitada de mss., alguns não mais existentes. O texto delas varia dentro da mesma faixa dos próprios mss. medievais, e elas foram verificadas posteriormente (junto com as evidências dos mss.) como testemunhas mais ou menos independentes, frequentemente não muito boas.

55 (A) O Textus Receptus (1525-1929). Após a publicação de uma primeira *Bíblia rabínica* (Venice, 1518) – o texto do AT com massorá, targum e uma seleção de comentaristas judaicos medievais combinados em páginas do tipo fólio (em hebraico: *miqrā'ôt gĕdôlôt*, "Escrituras grandes") – o mesmo editor, D. Bomberg, lançou uma segunda Bíblia rabínica em 1524/25. O organizador foi Jacob ben Chayim, um cuidadoso estudante da Massorá que teve sua obra dificultada por causa das modificações e refinamentos introduzidos na tradição durante os seis séculos entre Aaron ben Asher e sua própria época. O texto que ben Chayim estabeleceu tornou-se, para o bem ou para o mal, a norma para quase todas as Bíblias hebraicas até anos recentes. Seus 400 anos de domínio a tornam comparável ao *Textus Receptus* do NT grego (→ 160-61 *abaixo*).

56 (B) Edições críticas. Produzida durante os anos de 1966-1977, a *BHS* substituiu a *BHK* (1929-1937). Ambas se baseavam no Códice de Leningrado (→ 48 *acima*) e tinham notas de rodapé que abrangem um amplo conjunto de leituras alternativas extraídas de mss. hebraicos e versões. Mas a *BHS* abandonou a distinção feita pela *BHK* entre um aparato para "variantes leves e informações menos importantes..." e um outro para "verdadeiras mudanças textuais e outras questões mais significativas". O número de leituras conjecturais e retraduções foi grandemente reduzido. Por causa dessas mudanças, a *BHS* tornou-se a melhor fonte disponível para um texto fidedigno combinado com uma indicação das variantes sugeridas pela crítica textual, ainda que suas notas precisassem de constante verificação e avaliação (como qualquer livro-texto). A divisão dos textos poéticos em linhas de sentido na *BHS* (como na *BHK*) resulta de julgamento editorial moderno; ela não é a apresentação judaica tradicional dos manuscritos (onde apenas Ex 15,1-17 e Dt 32,1-43 são sempre dispostos como poesia, e Sl, Pr e Jó mais raramente). Embora frequentemente úteis, estas disposições poéticas do texto também podem ser muito enganosas se aceitas de modo acrítico. Finalmente, a *BHS* aperfeiçoou a apresentação marginal da Masora Parva ("pequena massorá") da *BHK* e a complementou com um novo aparato que se refere diretamente à documentação de apoio da Masora Magna de Leningrado (L) (grande massorá) que foi publicada na *BHS* (vol. 2; Stuttgart, 1971) e como o primeiro de vários volumes sobre a *Massorah Gedolah* (Masora Magna; Roma, 1971).

57 Carecendo tanto dos riscos quanto das vantagens da *BHK* e da *BHS*, temos o AT Hebraico da Sociedade Bíblica Britânica e Estrangeira, editado por N. H. Snaith (London, 1958). O editor baseou sua obra num ms. de Lisboa de 1438, mas ele também levou em consideração um pequeno grupo de mss. (principalmente de origem espanhola) e os estudos massoréticos de S. Y. de Norzi (1742). O próprio Snaith observou que seu texto estava muito próximo do da *BHK* e seu protótipo de Leningrado. A edição britânica segue em geral a disposição tradicional do texto; ela imprime Sl, Pr e Jó em colunas duplas, com duas unidades de meio-verso (hemistíquios) por linha.

58 O importantíssimo Projeto Bíblico da Universidade Hebraica começou em 1975 com Isaías. O texto básico para a edição é o Códice de Alepo (→ 47 *acima*), com suas próprias notas massoréticas abreviadas na margem direita e variantes nas marcas de vogais e acentos (de um pequeno grupo de mss. antigos) na esquerda. Na parte inferior da página estão três outros blocos de aparatos: o primeiro cita as evidências das versões, com avaliação concisa e cuidadosa; o segundo oferece variantes a partir dos manuscritos de Qumran e da literatura rabínica; e o terceiro lista leituras de mss. hebraicos medievais, inclusive do Códice de Leningrado (→ 48 *acima*) e dos Profetas do Cairo (→ 46 *acima*), de forma seletiva.

59 (C) Compilações de variantes. A compilação básica de variantes consonantais de mss. hebraicos medievais e antigas edições encontra-se no *Vetus Testamentum hebraicum cum variis lectionibus* de B. F. Kennicott (2 vols.; Oxford, 1776-80). Ele reproduz o *Textus Receptus* e oferece variantes de aproximadamente 600 mss. e 50 edições do AT, ou de partes dele, juntamente com uma comparação de 16 mss. do Pentateuco Samaritano com o texto desta recensão reimpressa a partir da Bíblia Poliglota de Londres de 1657. A obra foi feita durante um período de dez anos, em parte mediante a correspondência com pesquisadores em várias cidades da Europa continental onde se guardavam mss. importantes; seu resultado, porém, foi tão decepcionante que desencorajou outras tentativas de rever o mesmo material ou material comparável em quaisquer termos semelhantes.

60 Um empreendimento mais seletivo, feito por G. B. de Rossi, intitulado *Variae lectiones Veteris Testamenti* (4 vols. e suplemento; Parma, 1784-88, 1798; reimpr. em 2 vols., Amsterdam, 1969-70), teve, ao mesmo tempo, uma base mais ampla. De Rossi não imprimiu texto, presumiu a mesma base de conferência de Kennicott e publicou evidências apenas para passagens cujas variantes existentes julgou importantes. Ele registrou variantes na vocalização, bem como no texto consonantal. Aos dados de Kennicott, que ele repetiu em detalhes sempre que eles incidiam nas leituras que estudou, de Rossi comparou mais 800 mss., alguns deles dignos de nota. Ele também registrou as evidências indiretas das versões. Embora seu material necessite ser reavaliado à luz de estudos críticos posteriores – e para as versões ele nunca pode ser citado por seu valor declarado –, este foi o mais instrutivo repertório de dados textuais sobre o AT antes do séc. XX.

61 A obra de C. D. Ginsburg (*The Old Testament ... Diligently Revised* [3 vols. em 4; London, 1908-26]) cobriu parte do mesmo terreno das duas compilações precedentes e relacionou as evidências de aproximadamente 70 mss. e 19 edições do texto hebraico recebido. Ela não representou nenhum avanço particular e foi pouco útil. Semelhantemente, uma edição israelense atribuída aos estudos de M. D. Cassuto foi publicada por outros (1953) após a morte do pesquisador, e há pouco a ser dito em seu favor.

(ORLINSKY, H. M., "The Masoretic Text: Fact or Fiction?" Prolegomena [45 p.] à reimpressão fac-símile de C. D. GINSBURG, *Introduction to the Massoretico-Critical Edition of the Hebrew Bible* [New York, 1966]. PÉREZ CASTRO, F., "Estudios masoreticos", *Sef* 25 [1965] 289-317. ROBERTS, B. J., "The Hebrew Bible Since 1937", *JTS* 15 [1964] 253-64. YEIVIN, I., *Introduction to the Tiberian Masorah* [SBLMasS 5; Missoula, 1980].)

VERSÕES GREGAS DO ANTIGO TESTAMENTO

62 (I) A Septuaginta antes de 100 d.C. Na época em que o prefácio de Eclo foi escrito, em aproximadamente 116 a.C. (→ Eclesiástico, 32:3, 9), a maior parte do AT já circulava em grego, na tradução conhecida como Septuaginta (LXX). Além de seu interesse corrente para a história e crítica do texto, a LXX é de grande importância por ter fornecido o ambiente cultural e o veículo literário para a pregação do protocristianismo ao mundo gentílico. Ela foi e continua sendo o texto litúrgico do AT usado por milhões de cristãos orientais por séculos. A LXX não é apenas a forma na qual o AT circulou mais amplamente nos tempos apostólicos, mas ela também transmite o texto original de alguns livros (deutero)canônicos (Sb, 2Mc) e a forma básica de outros, quer em parte (Est, Dn, Eclo), quer como um todo (Tb, Jt, Br, 1Mc). De fato, alguns pesquisadores católicos afirmam que a LXX é diretamente inspirada, pelo menos naquilo que ela acrescenta, mesmo nos livros do cânone hebraico (mas → Inspiração, 65:39).

63 (A) A origem lendária. A história de como o Pentateuco foi traduzido para o grego é contada na fictícia *Carta de Aristeias a Filócrates*, que data do séc. II a.C. (→ Apócrifos, 67:32-33). Na história, Demétrio de Falero, o bibliotecário de Ptolomeu II Filadelfo (285-246 a.C.), deseja incluir uma cópia da lei judaica na famosa biblioteca do rei egípcio em Alexandria. Atendendo ao desejo do bibliotecário real, Filadelfo pede ao sumo sacerdote de Jerusalém que envie um grupo de 72 anciãos ao Egito (seis de cada tribo), a fim de fazer uma tradução. A obra é concluída para a satisfação de todos os interessados, inclusive a comunidade judaica de Alexandria. Apesar da constante repetição nos círculos judaico e cristão, apenas um fato saliente pode ser extraído desta narrativa propagandística essencialmente apologética, a saber, que a compilação de uma tradução completa da Torá foi feita no início do séc. III a.C. Mas "Septuaginta", que reflete o termo latino para designar 70 e deriva do número (arredondado) de tradutores do relato de Aristeias, veio a designar não apenas o Pentateuco em grego, mas – pelo menos desde o séc. IV em círculos cristãos – todo o conjunto de traduções e composições gregas do AT desde os primórdios, possivelmente antes de 300 a.C., até pouco antes da obra de Áquila, de aproximadamente 130 d.C. (→ 79-80 *abaixo*).

64 (B) O problema da origem unificada. A LXX contém traduções que variam grandemente, quanto à precisão e ao estilo, de um livro para o outro e às vezes até mesmo dentro de um mesmo livro. Embora a tradução do Pentateuco seja geralmente fiel, competente e idiomática, várias seções são produto de cerca de seis tradutores diferentes. As diferenças entre o texto fornecido pelo TM e o suposto pela LXX são comparativamente limitadas em Gn, e as evidências para Gn mostram um alto grau de uniformidade na tradição dos mss. Para Ex até Dt, contudo, as variações são muito grandes; e a LXX de Ex 35-40 é notavelmente mais curta e organizada de modo diferente do TM e da recensão samaritana. Os outros livros históricos da LXX foram desenvolvidos durante um período de pelo menos dois séculos. Onde se podem comparar fragmentos hebraicos de Qumran, eles tendem a apoiar leituras a partir do grego contra as do TM. Mas as complexidades da transmissão textual são muitas, e cada livro e passagem deve ser estudada por si mesma. Assim, a tradução de Is da LXX é excelente grego idiomático e tende a abreviar o original (o qual ela nem sempre entende), mas a tradução de Jr da LXX é consideravelmente mais curta que o TM e evidencia ser uma edição mais antiga e melhor (→ 28 *acima*).

65 As diferenças evidentes em vários livros da LXX sugerem uma pergunta: Em 1941, P. E. Kahle começou a questionar insistentemente se aquilo que se encontra preservado em nossos manuscritos e edições da LXX é uma única tradução pré-cristã ou uma seleção arbitrária, quase fortuita, de muitas traduções orais, como os antigos targuns palestinenses (→ 103 *abaixo*). Kahle apontou para citações do AT em Filo, Josefo, no NT e em escritores como Justino Mártir († em cerca de 165) que seriam incompatíveis com uma linha contínua de transmissão do texto grego a partir de uma origem unitária até os grandes códices da LXX dos sécs. IV e V e até nossas Bíblias impressas.

66 (C) A edição mais antiga da LXX e revisões posteriores. Apesar das dificuldades muito reais levantadas por Kahle, que não podem ser todas resolvidas com base num só aspecto, as evidências a favor de uma continuidade estrita, na maioria dos livros do AT, entre uma única tradução pré-cristã e o texto existente da LXX em nossos códices são avassaladoras. Além de traduções muito antigas do grego para o latim, o copta e (um pouco mais tarde) o etíope, todas as quais oferecem apoio detalhado ao texto da LXX que conhecemos, há agora vários fragmentos de mss. de data pré-cristã com textos em grego, tanto da Palestina quando do Egito, que se encaixam na mesma tradição textual. Eles incluem trechos de Ex (7Q1), Lv (4QLXXLev^{a,b}), Nm (4QLXXNum), Dt (4QLXXDeut, Pap. Rylands grego 458, Pap. Fuad inv. 266) e a Epístola de Jeremias (7Q2 = Br 6 na Vg). Os fragmentos abrangem, quanto à data, do séc. II a.C. até a virada do milênio. (Veja A. R. C. Leaney, in Elliott [ed.], *Studies* 283-300.)

67 Os fragmentos do séc. I d.C. de um rolo grego dos Profetas Menores do Naḥal Ḥever, no deserto da Judeia, são mais extensos que estes resíduos pré-cristãos (→ Apócrifos, 67:121); eles foram publicados por D. Barthélemy em *Les devanciers d'Aquila* (VRSup 10; Leiden, 1963). Estes fragmentos (e o estudo deles feito por Barthélemy) contribuem muito para resolver as dificuldades levantadas por Kahle, porque eles nos apresentam não os Profetas Menores da LXX Alexandrina, mas uma *recensão sistemática* desta tradução no séc. I d.C. As evidências de Barthélemy convergem com dados dos mss. hebraicos de Sm de Qumran (→ 26 *acima*), estudados por F. M. Cross (por exemplo, *HTR* 57 [1964] 281-99) e E. C. Ulrich (*The Qumran Text of Samuel and Josephus* [HSM 19; Missoula, 1978]). Abaixo seguiremos esta reconstrução como hipótese de trabalho, que parece segura em suas linhas principais. Ela amplia consideravelmente as perspectivas históricas anteriores sobre o estado do texto grego do AT antes e depois da obra de Orígenes († em 254 d.C.).

68 (a) *A LXX em Alexandria.* A mais antiga tradução grega do AT, feita com interesses litúrgicos e apologéticos subjacentes, empregou o idioma grego alexandrino, um tanto florido. Embora a tradução tenha, em geral, buscado uma equivalência palavra por palavra, ela se mostrou indiferente à presença ou ausência de elementos secundários no texto hebraico, como partículas reforçadoras ("de fato"), sinais que identificam objetos verbais e pronomes para indicar uma retomada não exigidos pela sintaxe grega. Os mss. hebraicos nos quais ela se baseia diferiam em muitos aspectos dos posteriormente escolhidos como protótipos para o TM. Bons exemplos disso estão disponíveis em Dt e Is (mas, em cada um dos casos, não no Códice Vaticano [B] ou em edições baseadas nele, visto que o texto B para esses livros foi retrabalhado com base no hebraico); um outro bom exemplo é Jr. Quanto a Sm-Rs, visto que a antiga versão (bem representada em B) sobrevive apenas por duas seções (1Sm 1,1-2Sm 11,1 e 1Rs 2,12-21[TM 20],43), pode ser que o propósito apologético ou edificador dos tradutores tenha sido satisfeito mediante a apresentação de apenas estas partes dos livros hebraicos.

69 (b) *A primeira revisão palestinense: a "protoluciânica".* Um estágio subsequente, identificado para Sm-Rs por Cross como resultado de seu trabalho sobre os textos hebraicos de Qumran, pode ser rotulado como "protoluciânico". Ele representa a acomodação de material mais antigo da LXX a textos hebraicos um tanto mais desenvolvidos (ainda muito diferentes da forma do TM) que circulavam nos séc. II e 1 a.C. A recensão buscou uma escolha de termos e formulação que estivesse mais próxima do hebraico. Para partes de Sm-Rs, ela de fato substituiu o grego anterior na maioria dos mss. da LXX. Em virtude de seu tipo de texto, conjectura-se que a obra tenha sido feita na Palestina, atribuída subsequentemente ao patrocínio de Luciano de Antioquia († em 312); ela está ligada com a Síria-Palestina e combina com mss. hebraicos palestinenses de Qumran. A investigação desta fase da transmissão textual da LXX requer muita análise crítica cuidadosa das evidências em vários livros do AT, e a tarefa ainda está inconclusa.

70 (c) *Outra revisão palestinense: a "prototeodociana"*. O rolo dos Profetas Menores mencionado acima (→ 67) foi apresentado por Barthélemy como evidência de uma atividade revisional distinta na Palestina, relacionada a regras de interpretação textual formuladas pelos rabinos perto da virada do milênio. A tradução revisada buscou consistência desenvolvendo equivalentes gregos para muitos elementos lexicais hebraicos e representando certos elementos hebraicos importantes para a exegese. Barthélemy identificou nove aspectos característicos da recensão que foram posteriormente adotados por Áquila (→ 79-80 *abaixo*), bem como uma dezena a mais que Áquila modificou ou rejeitou (*Les devanciers* 31-88). A mais proeminente, o grego *kaige* para representar o hebraico *wgm* ("e também"), deu o nome "recensão *Kaige*" à obra como um todo.

71 Numa análise posterior da recensão *Kaige* em Sm-Rs, J. D. Shenkel propôs dez características adicionais (*Chronology and Recensional Development in the Greek Text of Kings* [HSM 1; Cambridge MA, 1968] 13-18, 113-16). O estudo de K. G. O'Connell sobre Ex produziu mais 36 (*The Theodotionic Revision of the Book of Exodus* [HSM 3; Cambridge MA, 1972] 286-91), e outros pesquisadores sugeriram algumas outras (por exemplo, W. R. Bodine, *The Greek Text of Judges: Recensional Developments* [HSM 23; Chico, 1980] 47-91, 187-89; L. J. Greenspoon, *Textual Studies in the Book of Joshua* [HSM 28; Chico, 1983] 269-377; J. A. Grindel, *CBQ* 31 [1969] 499-513; M. Smith, *Bib* 48 [1967] 443-45).

72 Barthélemy datou a recensão em aproximadamente 30-50 d.C. e a atribuiu a um certo Jônatas ben Uziel mencionado na literatura rabínica em conexão com os targuns (aramaicos). Ele também equiparou este Jônatas ao Teodocião a quem foi atribuída uma recensão da LXX no final do séc. II d.C. Embora a necessidade de um predecessor mais antigo do Teodocião posterior seja evidente a partir do material em mãos, a data sugerida por Barthélemy é um tanto menos segura – embora certamente não seja tardia demais. A proposta de identificação com Jônatas, contudo, explica uma figura já obscura encaixando-a numa lenda deturpada. Conclusões firmes dependem do exame contínuo de todas as evidências gregas para Teodocião e da antiga recensão à qual ele está relacionado de algum modo.

73 Seja como for, o que importa sobre a recensão *Kaige* são sua data antiga (o rolo dos Profetas Menores é do séc. I d.C.), o amplo conjunto de textos ao qual ela pode ser relacionada e a crescente série de critérios pelos quais pode ser identificada na tradição dos mss. de vários livros do AT. Para os Profetas Menores, Barthélemy mostrou (1) que o ms. não continha uma tradução nova, mas uma reelaboração deliberada da LXX Alexandrina mais antiga à luz de um texto hebraico, e (2) que a mesma reelaboração é evidenciada nas citações que temos da *quinta editio* da *Hexapla* de Orígenes (→ 83 *abaixo*), bem como num ms. grego dos Profetas Menores na coleção Freer em Washington, na tradução secundária saídica do grego para o copta e no texto citado por Justino Mártir, nascido em Neápolis (Nablus), na Palestina († em cerca de 165). Em edições impressas do AT grego, a recensão *Kaige* fornece o texto de Lm e (provavelmente) de Rt da "LXX"; ela também pode ter dado origem ao texto "teodociano" de Dn (que substituiu a forma grega antiga do AT em praticamente todas as testemunhas da LXX, e que já se encontra citada no NT e por Clemente de Roma no final do séc. I d.C.). Mas outros afirmam que o Dn "teodociano" é de uma fonte antiga diferente que forneceu uma nova tradução para o texto hebraico/aramaico: segundo L. F. Hartman e A. A. Di Lella (*The Book of Daniel* [AB 23; Garden City, 1977] 81-82; valendo-se de J. Ziegler (*Susanna, Daniel, Bel et Draco* [LXX 16.2; Göttingen, 1964] 61); e A. Schmitt (*Stammt der sogenannte "θ'"-Text bei Daniel wirklich von Theodotion?* [MSU 9; Göttingen, 1966]). Veja também S. P. Jeansonne, *The Old Greek Translation of Daniel 7-12* (CBQMS 19; Washington, 1988). As formas de Jr e Jó da LXX, ambas mais curtas que o TM, foram completadas segundo as técnicas próprias da recensão *Kaige*; os complementos aparecem regularmente no Jó grego e em alguns mss. e edições de Jr.

74 Em Sm-Rs, a recensão *Kaige* fornece 2Sm 11,2-1Rs 2,11; 1Rs 22 e todo o livro de 2Rs em B e na maioria dos outros mss. da LXX, bem como nas edições impressas. Esta reelaboração de Sm-Rs já fora isolada por H. St. J. Thackeray (*The Septuagint and Jewish Worship* [2ª ed.; London, 1923] 16-28, 114-15). Embora ele não tivesse as evidências para datar a obra, conseguiu isolar critérios para identificá-la.

75 (d) *Outras indicações de revisão antiga.* Depois que se reconhece a existência de extenso trabalho revisional feito no texto grego do AT no séc. I a.C. e no séc. I d.C., uma série de outros elementos da história textual da LXX começam a se encaixar. Assim, E. Tov (*The Septuagint Translation of Jeremiah and Baruch* [HSM 8; Missoula, 1976]) mostrou que o AT grego de Jr 29-52 e Br 1,1-3,8 foi completamente substituído por uma recensão que pode datar do final do séc. II ou início do séc. I a.C. O Papiro Beatty-Scheide 967, do séc. III d.C., contém uma reelaboração do Ez da LXX datada do séc. I d.C. (veja J. Ziegler, *ZAW* 61 [1945-48] 76-94). Dos cinco "Rolos" (Meguilot) no cânone hebraico, apenas Est em grego é seguramente de data pré-cristã na forma recebida de seu texto (quanto a Lm e Rt em grego → 73 *acima*); Ct em grego sempre foi considerado tardio, e Ecl em grego é corretamente atribuído (novamente por Barthélemy) a Áquila do séc. II d.C. (→ 79-80 *abaixo*). Em todos os mss., Pr 1-9 inclui diversas traduções duplas e outras ampliações; e visto que uma tradução secundária de Pr 2,11 já foi usada por Clemente de Roma (*1 Clem.* 14:4), presumivelmente estes materiais datam em geral do séc. I d.C. ou antes. Semelhantemente, a reelaboração secundária de Eclo em grego, que se encontra em alguns manuscritos da LXX e em todas as evidências da *VT* (= *Vetus Latina*), inclui um texto de Eclo 12,1 que já é empregado na *Did.* 1:6; mais uma vez temos evidências do séc. I para um texto revisado.

76 Por meio destas reelaborações da LXX, quando elas podem ser datadas aproximadamente, é possível não apenas explicar historicamente muitas das dificuldades apontadas por Kahle, mas também ter uma ideia da situação textual dos mss. hebraicos nos quais elas se basearam. Embora frequentemente estejam mais próximas do TM do que dos protótipos da antiga LXX Alexandrina, não é de fato o texto hebraico consonantal *preciso* estabilizado no final do séc. I d.C. que elas pressupõem.

77 Podem-se acrescentar aqueles casos em que livros inteiros do AT grego estão presentes nos mss. em mais de uma forma: dois textos de Jz nos Códices B e A (tão diferentes que sua origem comum não é aceita universalmente); traduções alexandrinas de Esd (1Esd ou Esd A) e de Dn, que enfatizam conjuntamente a origem tardia e distintiva de Esd-Ne (Esd B em grego; → Apócrifos, 67:38) e do Dn "teodociano" (bem como da tradução grega semelhante de 1 e 2Cr); e duas formas separadas de Est e três de Tb em grego. Assim fica claro que a unidade básica da tradução da LXX está sujeita a muitas restrições e que seu uso como testemunha textual, estimulado por indicações nos mss. hebraicos de Qumran, sempre implica o estudo cada vez mais cuidadoso e instruído de cada livro individual.

Por exemplo, o Saltério em grego parece ser uma colcha de retalhos muito apurada baseada numa tradução originalmente inferior. De modo algum ele foi ajudado por tornar-se o Saltério litúrgico que conhecemos em grego, latim ou outras línguas como o árabe. Nos Sl, como nos Profetas Menores, o texto *quinta* de Orígenes (→ 83 *abaixo*) era a recensão "prototeodociana" do séc. I (→ 70-74 *acima*).

78 (II) Traduções posteriores e a obra de Orígenes. A descrição tradicional das traduções judaicas do AT para o grego do séc. II d.C., da reunião, no séc. III, destes e de outros materiais por parte de Orígenes em sua *Hexapla*, e da atividade ainda posterior de Luciano de Antioquia († em 312), necessita de revisão em vários pontos à luz do que foi dito acima. Os estágios podem agora ser esboçados como segue.

79 (A) Áquila. Em aproximadamente 130 d.C., este prosélito judaico do Ponto revisou a recensão "prototeodociana" (→ 70-74 *acima*) para obter uma correspondência muito mais previsível entre o texto hebraico e sua representação grega. Foram escolhidos equivalentes gregos únicos para as raízes verbais hebraicas, e a seguir foram encontrados (às vezes até mesmo criados) termos gregos afins para representar derivados reais ou aparentes da base hebraica inicial. Esta procura por uma equivalência exata com frequência levou a expressões gregas deselegantes ou a traduções que deixaram de captar o verdadeiro significado de uma expressão hebraica. A sintaxe e o idioma grego foram violentados a fim de fornecer equivalentes distintos para partículas hebraicas incidentais. Este processo já havia começado na recensão *Kaige* (onde o termo grego *kaige* representava o hebraico [*w*]*gm*, "(e) também", e onde o grego *egō eimi*, "eu sou", duas palavras separadas, representava o pronome hebraico "eu" numa forma mais longa [*'nky*] que se tornara arcaica); mas a recensão de Áquila foi mais adiante. Um famoso exemplo é o advérbio *syn*, possivelmente um homônimo arcaico da preposição *syn*, "com", que foi repetidamente usada para o marcador hebraico do acusativo *'t* (presumivelmente porque esta forma se parecia com a preposição hebraica *'t*, "com"). Visto que a LXX era amplamente usada nos círculos cristãos e muitas vezes não correspondia de forma exata aos rigorosamente padronizados mss. hebraicos do séc. II e seguintes, a recensão de Áquila substituiu a LXX como a versão grega do AT aceita pelos judeus dos impérios romano e bizantino posteriores. Porque, por exemplo, ela traduziu o hebraico *'almâ* em Is 7,14 por *neanis* ("mulher jovem") e não pelo *parthenos* ("virgem") da LXX, a versão de Áquila entrou na controvérsia judaico-cristã.

80 À parte da tradução da "LXX" de Ecl, que é na verdade de Áquila, sua obra sobreviveu apenas em fragmentos: partes de Rs e Sl, leituras marginais extraídas da *Hexapla* de Orígenes (→ 83 *abaixo*) em alguns mss. da LXX, e citações na literatura patrística (veja J. Reider, *An Index to Aquila*, completado e revisado por N. Turner [VTSup 12; Leiden, 1966]). O nome de Áquila, transformado em Onkelos, foi associado na tradição judaica aos targuns aramaicos (→ 106-7 *abaixo*); de fato, porém, ele nada tem a ver com eles. Detalhes sobre Áquila em Epifânio (*De mens. et pond.* 14-15) o tornam um parente do imperador Adriano que foi convertido em Aelia Capitolina (Jerusalém) por cristãos de Pela, mas foi excomungado mais tarde. Segundo esses registros aparentemente lendários, Áquila empreendeu sua recensão do AT com um propósito explicitamente anticristão.

81 (B) Símaco. Perto do final do séc. II d.C., talvez durante o reinado de Cômodo (180-192), este escritor produziu uma tradução grega do AT cuidadosa, mas completamente idiomática. Embora Símaco tenha trabalhado depois de Áquila e empregado como sua base, pelo menos em alguns livros (segundo D. Barthélemy), a mesma recensão do séc. I d.C. a partir da qual Áquila trabalhou, ele procedeu com base em princípios inteiramente diferentes. A versão é particularmente interessante porque ela serviu, em vários casos, como um modelo léxico e estilístico para o AT de Jerônimo a partir do hebraico. Ela sobrevive apenas em fragmentos hexaplárics de Orígenes e em citações (→ 83 *abaixo*). Em Ecl, onde a versão de Áquila ocupou a coluna "LXX" na edição de Orígenes, Símaco ficou na posição usual de Áquila; atribuições errôneas de suas leituras resultaram desta causa e de outras semelhantes. Acerca do próprio autor, o detalhe mais provável que temos é que Orígenes recebeu o texto de sua tradução de uma certa Juliana, que a recebera pessoalmente de Símaco. Sua suposta origem samaritana (Epifânio, *De mens. et pond.* 15) e conexão com um *Evangelho de Mateus* ebionita (Eusébio, *HE* 6.17; Garden CityS 9/2. 554-56) são altamente duvidosas (→ Apócrifos, 67:59).

82 (C) Teodócião. Este nome cobre um grande conjunto de material revisional do séc. I (→ 70-74 *acima*) que se relaciona com muitas, se não com todas, partes do AT da LXX. Irineu (*Adv. Haer.* 3.21.1) coloca Teodocião antes de Áquila, e esta é a ordem de prioridade correta para a maior parte do material agora conhecido. O que resta para o tradicional tradutor Teodocião do final do séc. II, um prosélito judaico supostamente de Éfeso, permanece uma questão de análise minuciosa renovada dos dados complexos e fragmentários. Visto que a "(proto) teodociana" (frequentemente = recensão *Kaige*) é a fonte ordinária da qual Orígenes se vale para completar correspondências com o texto hebraico que estavam ausentes na LXX mais antiga, é a partir desta recensão que edições impressas do AT grego fornecem Dn, Lm, Rt, 2Sm 11,2-1Rs 2,11, 1Rs 22 e todo o livro de 2Rs, possivelmente Ct, e os extensos complementos no grego de Jó e (às vezes) de Jr. Em Sm-Rs, a recensão se baseia na "protoluciânica" (→ 69 *acima*); e, onde quer que elas possam ser comparadas, a "(proto)teodociana" é desenvolvida por Áquila, que leva ao extremo suas tendências na direção de uma tradução mecânica e imitação da ordem hebraica das palavras. Outros materiais afins são a recensão *quinta* (→ 83 *abaixo*) de Sl, aparentemente um texto minúsculo de Jz (i, r, u, a_2), os Profetas Menores do Naḥal Ḥever (→ 67, 73 *acima*) e muitos (mas não todos) excertos conhecidos a partir da coluna "Teodocião" da *Hexapla*. O nome Teodocião ("dom de Deus") pode ser facilmente equiparado a Jônatas ("dom de Deus"); mas dificilmente parece suscetível de prova a tese de que a recensão grega do séc. I atribuída a Teodocião foi de fato produzida pelo Jônatas ben Uziel da tradição judaica (→ 72 *acima*).

83 (D) A Hexapla de Orígenes. Em Cesareia, na Palestina, antes de 245 d.C., Orígenes reuniu sua famosa compilação de materiais hebraicos e gregos para o estudo do texto do AT. Conhecido como os *Hexapla Biblia* ("Livros Sêxtuplos"), o texto foi organizado em seis colunas verticais (usualmente), das quais duas diziam respeito ao texto hebraico e quatro a versões gregas, assim: (1) o texto consonantal hebraico nos caracteres hebraicos padronizados correntes desde o séc. II; (2) o mesmo texto hebraico transliterado (até onde possível) em letras gregas; (3) Áquila; (4) Símaco; (5) a LXX tradicional (com os elementos ausentes supridos por comparação com o hebraico, geralmente de "Teodocião"); e (6) Teodocião. Para alguns livros (por exemplo, Sl) existiam formas adicionais em grego além das quatro: a *quinta* (V[a]), *sexta* (VI[a]) e até mesmo a *septima* (VII[a]) *editio*; nestes casos, o número de colunas aumentava para sete ou oito (a *quinta* para os Sl ocupava o lugar usual de Teodocião, e a *septima* talvez nunca tenha sido mais que anotações marginais).

84 Descreveu-se acima o hebraico transliterado da coluna dois de Orígenes (→ 40-41). As evidências dos fragmentos dos Salmos de Mercati parecem indicar que a coluna cinco, a coluna para a LXX da

Hexapla, não continha ela mesma as marcações críticas (para comparação com o hebraico) que eram uma característica especial da obra de Orígenes. Contudo, quando a coluna da LXX foi copiada para circular separadamente, ela foi equipada com o asterisco (*), para assinalar passagens ausentes na LXX mais antiga que tinham sido supridas (geralmente a partir do grego de "Teodoção") a fim de fazer a LXX se conformar a um texto hebraico recebido mais completo. O óbelo (÷) foi introduzido antes das passagens da LXX para as quais não havia equivalente hebraico. No ponto onde a LXX e o hebraico começavam novamente a coincidir, um metóbelo (Y) marcava o final da variante precedente (de qualquer tipo).

85 Cópias da *Hexapla* completa sempre devem ter sido raras, se de fato alguma foi feita; também se menciona uma *Tetrapla* (as quatro colunas gregas sem as duas colunas hebraicas). Até aproximadamente 600 d.C., o protótipo sobreviveu em Cesareia, na biblioteca fundada pelo mártir Panfílio, onde foi consultado por Jerônimo (entre outros); não se conhece seu destino final. Hoje temos apenas fragmentos da *Hexapla* de Sm-Rs e Sl, excertos de leituras inseridos nas margens de mss. da LXX, citações de escritores patrísticos em várias línguas e extensos trechos da coluna para a LXX com suas marcações críticas em várias traduções secundárias (particularmente a síriaca e a árabe). Esforços notáveis para reunir estes dados novamente foram feitos por F. Field (*Origenis hexaplorum quae supersunt* [2 vols.; Oxford, 1875]) e no aparato das edições de Cambridge e Göttingen (→ 100 *abaixo*).

86 A tarefa de restabelecer as leituras hexapláricas exatas é complicada, porque as marcações críticas eram frequentemente mal colocadas ou se perderam na transmissão, e porque a atribuição a uma ou outra coluna é, às vezes, errônea em nossas testemunhas, quer porque as abreviações foram mal entendidas, quer porque até mesmo no protótipo o conteúdo de uma dada coluna às vezes variava de livro para livro. Assim, nos trechos de Sm-Rs onde "Teodoção" ocupava a coluna cinco, a coluna normal da LXX (2Sm 11,2-1Rs 2,11; 1Rs 22; 2Rs), a forma "protoluciânica" entrou na coluna seis; em Ecl, onde a coluna cinco (coluna para a LXX) na verdade continha Áquila, era Símaco que aparecia na coluna três; nos Sl, *quinta* ocupava o lugar de Teodoção. Em tais casos o resultado são citações erradas. Extratos abreviados da obra principal aumentaram a confusão mais tarde.

87 (E) Luciano de Antioquia. Em seu prefácio a Cr da Vg, escrito em aproximadamente 396, Jerônimo observou que em sua época havia três tradições de textos da LXX comumente recebidas: uma no Egito que estava ligada ao nome de Hesíquio, uma segunda de Cesareia na Palestina que refletia a obra de Orígenes, e uma terceira (que em outro lugar [*Epist.* 106, *Ad Sunniam*] ele caracterizou como a *koinē* ["comum"] ou forma vulgata) que estava ligada a Antioquia e à obra de Luciano († em 312). O caráter do texto atribuído a Hesíquio é muito difícil de se determinar agora (veja S. Jellicoe, *JBL* 82 [1963] 409-18). Quanto a Luciano (→ *acima*), em Sm-Rs pelo menos, o texto creditado a ele foi isolado com sucesso num grupo de mss. minúsculos (b, o, c_2, e_2) que comprovam, ao serem estudados mais de perto, estarem estreitamente relacionados ao texto usado por Josefo no final do séc. I e aos mss. hebraicos incompletos de Qumran. Parentesco semelhante entre um grupo de mss. "luciânicos" e as citações em Josefo e em escritores antioquenses como João Crisóstomo também é confirmado para outros livros do AT. Portanto, seja qual for a função que possa ser atribuída ao trabalho pessoal de Luciano no texto grego do NT (→ 175 *abaixo*), e por mais retoques, por razões estilísticas ou outras, que a LXX tenha recebido de suas mãos, a mais significativa característica concernente ao grupo de textos antioquenses com os quais ele está associado é que eles nos abrem uma porta ao estado da LXX e do texto hebraico subjacente na Síria-Palestina *antes* da padronização da tradição consonantal hebraica do final do séc. I d.C.

88 (III) Manuscritos e edições da LXX. (A) Manuscritos. Além dos textos fragmentários de antes de 100 d.C. agora disponíveis (→ 66-67 *acima*), há aproximadamente 1.800 manuscritos da LXX existentes de um período posterior. Eles geralmente são divididos com base no material usado (papiro e pergaminho) ou no estilo da escrita (uncial e minúscula).

89 O papiro, feito no Egito, vinha de uma planta alta semelhante ao junco (*Cyperus papyrus*). O caule (miolo) era fatiado longitudinalmente em tiras que eram colocadas lado a lado para formar uma camada, e as camadas eram prensadas em ângulo reto para formar uma folha. Depois de seco, o papiro se tornava uma superfície boa e barata para a escrita, tornando-se, porém, quebradiço com o tempo. As folhas de papiro eram coladas para formar um rolo, o qual podia ser enrolado em uma vareta para constituir um volume. Visto que os rolos mediam cerca de 10 m de comprimento, eles eram inconvenientes de usar. Uma passagem próxima do começo de uma obra somente podia ser consultada ao se desenrolar todo o rolo. No início do séc. II d.C. tornou-se popular um novo formato de livro (aparentemente para o uso na igreja em particular); era o códice, em que as folhas eram costuradas como nos livros modernos. Alguns dos mais antigos fragmentos sobreviventes de obras cristãs vêm de códices de papiros.

90 O pergaminho (ou *velum*), denominado segundo Pérgamo, onde ele foi desenvolvido no séc. II a.C., era um material de escrita mais durável (e mais caro). Ele consistia de peles de ovelha que tinham sido raspadas e alisadas. Sua durabilidade o tornava mais apropriado para livros que seriam lidos repetidamente, e desse modo os principais códices bíblicos foram escritos em pergaminho.

91 Quanto ao tipo de caligrafia, embora a escrita cursiva ou corrida (onde uma letra segue até a próxima) fosse usada para documentos do cotidiano, as obras literárias eram escritas em letras de forma maiúsculas mais formais ou unciais (letras grandes separadas uma das outras). Este foi o modo de escrita usado para a Bíblia grega até o séc. IX d.C., mas então se introduziu em Constantinopla uma forma de escrita que empregava letras menores (minúsculas) escritas de modo corrido. Esta reforma na caligrafia significou que os manuscritos bíblicos podiam ser copiados mais rapidamente e num espaço menor; isto aumentou grandemente o número de cópias. Veja *MMGB* 22-29.

92 (a) *Papiros* (sécs. II a IX). Descobertas feitas no Egito a partir da década de 1980 aumentaram substancialmente os recursos disponíveis para o conhecimento da LXX tal como ela circulou antes ou independente da obra de Orígenes. A coleção de papiros Chester Beatty, publicada por F. G. Kenyon (8 vols.; London, 1933-58), inclui fragmentos de Nm-Dt e Jr do séc. II d.C., bem como partes substanciais de Gn e Is-Ez-Dn-Est do séc. III. A coleção Freer, em Washington, possui 33 folhas de um Profetas Menores do séc. III. Também são do séc. III trechos de Gn, Sl, Pr, Sb e Eclo que estão em Oxford, Genebra e Londres. O número de papiros existentes torna-se maior com o séc. IV, e se podem contar aproximadamente 200 que são anteriores a 700 d.C. Referências a papiros da LXX na literatura sofrem da falta de um método uniforme de listá-los.

93 (b) *Os Grandes Códices Unciais* (sécs. IV a X). Estes códices, escritos em *velum*, começaram a aparecer no séc. IV d.C.; eles continuam sendo as cópias mais completas e, com frequência, as mais cuidadosas da LXX. Eles tem sido o fundamento para quase todas as edições impressas e cotejos das evidências dos mss., e vários foram reproduzidos em publicações fotográficas fac-símile completas; eles geralmente são pandectas

(Bíblias completas). Letras maiúsculas, normalmente romanas, são os símbolos usados para designar os manuscritos unciais individuais. Alguns desses códices contêm também o NT (→ 157 *abaixo*), mas os mais significativos para o estudo da LXX são os seguintes:

94 (i) *O Códice Vaticano* (B) é datado da metade do séc. IV. Nele faltam apenas Gn 1,1-46,8, alguns versículos de 2Sm 2 e cerca de 30 Salmos; ele nunca conteve 1 e 2Mc. Este códice provou estar numa classe à parte como a melhor testemunha da mais antiga forma da LXX.

95 (ii) *O Códice Sinaítico* (S ou ℵ) também data do séc. IV. Aproximadamente 156 de suas folhas encontram-se atualmente no Museu Britânico em Londres, e outras 43 em Leipzig; existem, porém, algumas lacunas notáveis. Sua ortografia é surpreendentemente negligente; o texto do qual ele é testemunha está próximo ao de B, mas em Tb ele é a única testemunha grega da forma mais longa e mais próxima do texto original do livro. Ele tem 1 e 4Mc, mas nunca teve 2-3Mc (H. C. Milne e T. C. Skeat, *Scribes and Correctors of the Codex Sinaiticus* [London, 1979]; *BA* 46 [1983] 54-56).

96 (iii) *O Códice Alexandrino* (A), também no Museu Britânico, data do séc. V. Ele possui pequenas lacunas em Gn e 1Sm, e também faltam cerca de 30 Salmos. Com frequência o texto diverge de B (de modo impressionante em Jz) e inclui 3-4Mc bem como os livros canônicos. Influências "protolucianicas" e hexaplaricas foram identificadas em seu texto.

97 (iv) *O Códice Marchaliano* (Q) é um manuscrito dos Profetas, do séc. VI, que está na Biblioteca do Vaticano. Ele é especialmente notável pelas citações marginais de variantes gregas posteriores de Áquila, Símaco e Teodocião.

98 (c) *Manuscritos minúsculos* (do séc. IX em diante). Estes mss., em torno de 1.500 ao todo, ocasionalmente preservam um texto de considerável Antiguidade que não é atestado em qualquer uncial, como os códices "luciânicos" em Sm-Rs (→ 87 *acima*). Em torno de 300 desses mss. foram comparados em busca de variantes, com diferentes graus de exatidão, para a edição de R. Holmes e J. Parsons (*Vetus Testamentum graecum cum variis lectionibus* [5 vols.; Oxford, 1788-1827]). Os números atribuídos a vários mss. minúsculos nesta edição foram incorporados à lista padrão de mss. da LXX por A. Rahlfs (*Verzeichnis der griechischen Handschriften des Alten Testaments* [Berlin, 1914]), para fins de referência. Para os livros históricos, contudo, os editores de Cambridge (→ 100 *abaixo*) seguiram seu próprio sistema e empregaram letras minúsculas para a seleção de mss. minúsculos a partir dos quais relataram leituras.

99 (B) **Edições impressas.**

(a) *Edições de importância histórica.* As duas edições mais antigas da LXX foram a Aldine (Veneza, 1518), baseada em mss. minúsculos, e a da Poliglota Complutense da Espanha (1521), onde o texto é basicamente do tipo "luciânico". O Concílio de Trento exigiu textos críticos da Bíblia para publicação, e no que diz respeito à LXX o resultado foi a edição Sixtina de 1587. Esta edição estabeleceu um padrão significativo para a publicação e o estudo crítico posterior, visto que se baseou em grande parte no Códice B. A edição de Oxford (1707-1720) de J. E. Grabe foi uma edição notável baseada no Códice A. A edição de Holmes e Parsons (mencionada *acima*) valeu-se de 20 unciais, cerca de 300 minúsculos, das evidências de versões filhas a partir do grego e de citações patrísticas. Para Pr, Ecl e Ct, ela continua sendo o único repertório substancial de leituras da LXX ainda hoje. Uma edição manual da LXX, feita por C. von Tischendorf (1850), foi cotejada com B e S por E. Nestle (6ª ed., 1980). Edições manuais frequentemente usadas são as de H. B. Swete (Cambridge, diversas impressões e três edições desde 1894) e de A. Rahlfs (Stuttgart, 1935-).

O texto de Swete é o de B onde está disponível, A para Gn e S para a lacuna nos Sl, com variantes de outros unciais. O texto de Rahlfs é eclético, e suas fontes nem sempre podem ser verificadas; os unciais cotejados geralmente são em número menor do que em Swete. Nenhum dos dois é um instrumento crítico adequado hoje. P. de Lagarde projetou uma edição luciânica, mas o resultado – um primeiro volume apenas (1883) – não foi bem sucedido e é antiquado.

100 (b) *Empreendimentos críticos modernos.* Destes existem três: (1) A Septuaginta maior de Cambridge maior de A. E. Brooke, N. Mclean, H. St. J. Thacheray e outros, publicou evidências abrangentes para todos os livros históricos de Gn (1906) até 1 e 2Cr (1932) e 1Esd-Esd-Ne (1935), bem como Est--Jt-Tb (1940). A comparação se baseia em B, mesmo quando este manuscrito (Dt, Cr) não é uma boa testemunha. As evidências requerem interpretação constante do usuário, visto que o aparato não oferece orientações reais quanto ao caráter dos mss. citados. (2) O projeto *Septuaginta* da Academia de Ciências de Göttingen (1931-) possui um texto contínuo, estabelecido pelo editor moderno (*p.ex.*, R. Hanhart, J. Wevers, J. Ziegler); e os mss. são citados por grupos de famílias sempre que possível. Vários volumes são acompanhados por uma história textual separada. (3) Uma edição produzida por computador, valendo-se das duas primeiras e de todos os dados disponíveis (e convenientemente suscetíveis de manipulação eletrônica adicional) são as CATSS (Computer Assisted Tools for Septuagint Studies), que, em 1986, dirigidas por R. A. Kraft e E. Tov, produziram seu primeiro volume, *Rute* (SBLSCS 20; Atlanta). A história e os procedimentos das CATSS são explicados ali, acompanhados de concordâncias grego-hebraico e hebraico-grego de Rute. Ele apresenta o TM não vocalizado da *BHS* em colunas paralelas (→ 56 *acima*), o texto da LXX de Rahlfs (→ 99 *acima*) e as variantes das edições da Septuaginta maior de Cambridge e de Göttingen (conforme estão disponíveis).

(BIOSCS 1- [1968-]. DEVREESSE, R., *Introduction a l'etude des manuscrits grecs* [Paris, 1954]. HATCH, E. e H. A. REDPATH, *A Concordance to the Septuagint* [2 vols. e Suplem.; Oxford, 1897-1906; reimpr. em 2 vols., Graz, 1954]. HYVÄRINEN, K., *Die Übersetzung von Aquila* [ConBOT 10; Lund, 1977]. JELLICOE, S., "Aristeas, Philo, and the Septuagint Vorlage", *JTS* 12 [1961] 261-71; *The Septuagint and Modern Study* [Oxford, 1968]; [ed.], *Studies in the Septuagint: Origins, Recensions, and Interpretation* [New York, 1974]. KAHLE, P. E., "Die von Origenes verwendeten griechischen Bibelhandschriften", StudP 4 [TU 79; 1961] 107-17. O'CONNELL, K. G., "Greek Versions [Minor]", *IDBSup* 377-81. SWETE, H. B., *An Introduction to the Old Testament in Greek* [ed. rev. 1914; reimpr. New York, 1968]. TOV, E., *A Computerized Data Base for Septuagint Studies: The Parallel Aligned Text of the Greek and Hebrew Bible* [CATSS 2; *JNSL* Suplem. 1; Stellenbosch, 1986]; *The Text-Critical Use of the Septuagint in Biblical Research* [Jerusalem, 1981]. TOV, E. e R. A. KRAFT, "Septuagint", *IDBSup* 807-15. WALTERS, P., *The Text of the Septuagint* [Cambridge, 1973]. WEVERS, J. W., "An Apologia for Septuagint Studies", *BIOSCS* 18 [1985] 16-38. ZIEGLER, J., *Sylloge: Gesammelte Aufsätze zur Septuaginta* [MSU 10; Göttingen, 1971].)

OUTRAS VERSÕES ANTIGAS DA BÍBLIA

101 (I) Versões em aramaico e siríaco.
(A) A língua aramaica. O aramaico está tão próximo do hebraico quanto o espanhol do italiano. No final do segundo milênio a.C., ele era falado por povos pastoris, seminômades, que entravam no norte da Mesopotâmia, nos contrafortes anatolianos e no interior da Síria. Por volta do séc. X a.C., vários estados arameus floresceram nesta região, e a língua aramaica assumiu gradualmente importância internacional. Os mensageiros de Ezequias, rei de Judá, propuseram usá-la nas conversações com os sitiadores assírios de Jerusalém em 701 a.C. (2Rs 18,26). Sob o Império Neobabilônico (627-538 a.C.) e ainda mais sob o Império

Persa (538-331 a.C.), ela se tornou primeiramente a língua da diplomacia e da administração e, finalmente, a língua materna dos ex-territórios assírio-babilônicos (inclusive sírio-palestino). O aramaico começou a substituir o hebraico como língua materna do povo judeu no exílio babilônico, após a queda de Jerusalém em 586 a.C. Ele é empregado no próprio AT em Gn 31,47 (duas palavras); Jr 10,11; Esd 4,8-6,18; 7,12-26; Dn 2,4-7,28. O uso do hebraico e dos dialetos fenícios afins falados nas cidades costeiras vizinhas decresceu progressivamente no decorrer de alguns séculos. Por volta de 135 d.C., o hebraico era, de fato, uma língua morta, e mesmo antes dessa época ele estava limitado principalmente à Judeia, enquanto que na Galileia, em Samaria e nas áreas a leste do Jordão se falava o aramaico.

102 Até após o surgimento do islamismo no séc. VII d.C., o aramaico continuou sendo a língua vernacular e literária dominante entre o Mar Mediterrâneo e o Golfo Pérsico, embora sob pressão do grego (especialmente nas cidades). Por volta do início da era cristã, começou a fazer-se sentir uma cisão em dialetos. Até a leste da grande curva do Eufrates, um sucessor aramaico ocidental direto da língua mais antiga foi usado por cristãos, judeus e samaritanos. A leste deste ponto, literaturas aramaicas que se distinguiam principalmente ao longo das linhas religiosas se originaram entre os cristãos (siríaco), judeus (aramaico judaico babilônico), sectários gnósticos (mandeano) e pagãos de fala aramaica oriental. Estes dialetos orientais compartilhavam todos um pequeno grupo de inovações nas formas da língua (e diferenças mais amplas na dicção) que as separavam do aramaico do ocidente.

103 (B) Os targuns.
(a) *Origem*. Nos últimos séculos a.C., em virtude do declínio do hebraico como língua falada pelos judeus não só na Babilônia (onde muitos permaneceram), mas também na Palestina, os textos hebraicos do AT começaram a ser traduzidos oralmente para o aramaico durante a leitura pública da Lei e dos Profetas na liturgia da sinagoga. A partir do início desta prática ou, pelo menos, antes da virada do milênio, traduções escritas em aramaico ou targuns (em hebraico: *targûmîm*) foram preparadas para esta finalidade, embora os rabinos tenham oficialmente considerado, por algum tempo, o uso destes textos de maneira desfavorável.

104 A história do Talmude (*b. Šabb.* 115 a) de que Rabban Gamaliel I mandou murar um targum de Jó durante uma operação de construção no Monte do Templo no séc. I d.C. é surpreendentemente ilustrada pela descoberta de um targum muito literal de Jó em Qumran (11QtgJob) que data de meados do mesmo século. Uma outra parte de targum de Jó foi recuperada da caverna 4 de Qumran, e Jó 42,17b da LXX também pressupõe um targum de Jó escrito em aramaico de perto da virada do milênio. Um fragmento de Lv 16,12-21 em aramaico de Qumran (4QtgLev) traduz "cobertura" como o equivalente de *kappōret*, o nome do "propiciatório" de metal que estava sobre a arca; isto traz luz nova para uma controvérsia antiga (→ Teologia paulina, 82-73). Embora o embelezamento aramaico do Gn de Qumran (1QapGen; → Apócrifos, 67:93) inclua histórias estranhas ao texto bíblico, ele também possui um fio contínuo de tradução bastante cuidadosa mediante o qual as ampliações são unidas.

105 Targuns escritos de Est e de outros livros que já são objeto de alusão na Mishná (*Meg.* 2:1; *Yad.* 4:5) devem antedatar 200 d.C.; e para alguns elementos existentes dos targuns palestinenses se inferiu que pelo menos sua formulação oral deve datar do final do séc. II a.C. Sempre que materiais targúmicos verdadeiramente antigos podem ser recuperados, eles têm algum valor para o estudo textual, mas são ainda mais importantes por razões exegéticas e para o pano de fundo do NT e, especialmente, para o uso neotestamentário dos textos do AT. Duas tendências nos targuns, uma a aderir rigorosamente ao texto original, outra a desenvolver e introduzir material narrativo que vai além do texto, aparentemente são igualmente antigas.

106 (b) *Targuns babilônicos*. Os targuns que foram impressos e estudados em tempos modernos vêm, em sua maioria, de mss. tardios. Enquanto a base de todos os targuns existentes foi quase certamente fornecida na Palestina, duas compilações principais, *Targum de Onkelos para o Pentateuco* e o *Targum de Jônatas para os Profetas* (Anteriores e Posteriores), foram retrabalhadas extensivamente nas escolas judaicas da Babilônia por volta do séc. V d.C. O *Targum de Onkelos* foi o único targum aprovado oficialmente pelos estudiosos do período talmúdico (antes de aproximadamente 650 d.C.). Numa reelaboração que o adaptou aos detalhes do texto hebraico consonantal recebido, ele perdeu ampliações midráshicas e indícios de leituras textuais variantes que talvez tenha tido em tempos mais antigos. Isto se aplica, aproximadamente no mesmo grau, para o *Targum de Jônatas* dos Profetas (*i.e.*, de Js, Jz, Sm, Rs e os Profetas Literários), que tem uma história semelhante. Ambos os targuns foram publicados por A. Sperber em novas edições (*The Bible in Aramaic*, vols. I-III [Leiden, 1959-62]) que incluem variantes de vários mss. existentes e de diversas edições impressas antigas.

107 Onde ampliações midráshicas sobrevivem nos targuns babilônicos, elas podem ser de grande interesse. Assim, o targum de Is 9,5 diz sobre a criança que é predita: "Seu nome desde a Antiguidade é Maravilhoso Conselheiro, Poderoso Deus, que vive ao longo das eras, o Messias, em cuja época abundará a paz para nós". Isaías 11,1 e 6, no mesmo targum, também são explicitamente messiânicos (→ Pensamento do AT, 77:158-59). Semelhantemente, um excerto sobrevivente do *Targum de Jerusalém* (→ 108 *abaixo*) de Is 11,3 diz: "Eis que o Messias que está por vir será aquele que ensina a Lei e julgará no temor do Senhor". Os comentários bíblicos de Qumran têm um tom semelhante (*i.e.*, os *pesharim*; → Apócrifos, 67:89, 117). Onkelos e Jônatas, os autores tradicionais dos targuns babilônicos, são apenas reflexos do verdadeiro Áquila e do – um tanto mais obscuro – Teodocião (um nome que, como Jônatas, significa aproximadamente "dom de Deus"); eles produziram revisões de traduções gregas (*não* aramaicas) do AT (→ 79-80, 82 *acima*).

108 (c) *Targuns palestinenses*. Os materiais targúmicos de origem diretamente palestinense são mais difíceis de se obter, mas são basicamente de maior importância para fins textuais, literários e históricos. Uma cópia completa, do séc. XVI, do *Targum de Jerusalém para o Pentateuco* foi identificada (1949) no códice *Neofiti 1*, da Biblioteca do Vaticano, por A. Díez Macho. Ele anunciou a descoberta em 1956 e produziu uma *editio princeps* de cinco volumes (*Neophyti1:Targum Palestinense* [Madrid-Barcelona, 1968-78]). Seria extraordinário se o conteúdo deste targum de Jerusalém fosse uniformemente proveniente do séc. II d.C. (com raízes anteriores, mas sem contaminação posterior), como se reivindicou, mas o targum não precisa se conformar plenamente a tal estimativa para ser de grande valor. No final do séc. XI d.C., R. Nathan ben Yehiel usou um texto targúmico praticamente idêntico ao *Neofiti 1* ao compor um dicionário chamado *Aruk*. Fragmentos de targuns da Genizá do Cairo (→ 43 *acima*) que em essência concordam com *Neofiti 1*, alguns do final do séc. VII, foram publicados por Kahle (*Masoreten des Westens* II [→ 49 *acima*] e por Díez Macho, *Sef* 15 [1955] 31-39).

109 O targum de "pseudo-Jônatas" do Pentateuco (Museu Britânico, Mss._Add. 27031) está baseado no *Onkelos*, com o qual foram combinados, no período medieval, trechos de materiais palestinenses mais antigos e grosseiros para produzir um targum mais extenso que o *Neofiti 1* (→ 108 *acima*) ou os "targuns incompletos" (→ 110 *abaixo*). Uma publicação do texto foi preparada por

E. G. Clarke (*Targum Pseudo-Jonathan of the Pentateuch: Text and Concordance* [Hoboken, 1984]).

110 Trechos do tipo de targum palestinense mais completo do Pentateuco também sobrevivem em mss. medievais dos chamados targuns fragmentários (coleções especiais de materiais targúmicos para fins que não são mais claros). Uma publicação, baseada em cinco fontes primárias, é a de M. L. Klein (*The Fragment-Targums of the Pentateuch According to their Extant Sources* [2 vols.; AnBib 76, Rome, 1980]). Outras evidências de targuns palestinenses vêm de glosas ao *Onkelos* e de citações rabínicas dos sécs. II a XVI.

111 Uma edição crítica das principais autoridades textuais para o targum palestinense do Pentateuco foi preparada por uma equipe liderada por A. Díez Macho († em 1984). Um volume modelo (Madrid, 1965) foi seguido por volumes sobre Ex-Dt (Madrid, 1977-80). Veja também M. L. Klein, *Genizah Manuscripts of Palestinian Targum to the Pentateuch* (2 vols.; Cincinatti, 1986).

112 Também existem targuns samaritanos do Pentateuco, transmitidos na escrita arcaica usada para o texto hebraico samaritano; eles se encontram em estado muito fluido, e não há dois mss. avulsos que apresentem a mesma forma.

113 O targum palestinense dos Profetas é basicamente desconhecido. Para a seção "Escritos" do cânone hebraico do AT, os materiais targúmicos conhecidos são menos sistemáticos e posteriores (sécs. VIII e IX d.C.). Embora ofereçam mais sugestões para as variantes hebraicas subjacentes do que o fazem o *Onkelos* ou *Jônatas*, é menos certo que suas leituras possuam uma tradição aramaica contínua por trás delas. O targum de Jó é diferente dos de Qumran (→ 104 *acima*); o targum de Salmos mostra combinações e traduções duplas. Ambos estão linguisticamente relacionados com o targum de Crônicas. O targum de Provérbios é simplesmente a Peshitta siríaca (→ 125-27 *abaixo*) transposta para a escrita quadrada. Daniel e Esd-Ne, que contêm trechos aramaicos em seu texto básico, não têm targuns para nenhuma parte. Há vários targuns para Est, mas apenas um permanece próximo do texto; os outros targuns de Est, juntamente com os dos outros quatro "Rolos" (Ct, Lm, Ecl e Rt), são muito perifrásticos e bastante recentes quanto à origem.

114 A *editio princeps* dos Profetas e dos "Hagiographa" ou Escritos [Sagrados] na versão aramaica e na tradução para o latim, originalmente preparada por A. de Zamora (e destinada à Poliglota Complutense de 1514-1517), foi publicada na série Bibliotheca Hispana Bíblica (ed. L. Díez Merino; Madrid, 1982). Targuns de Rt (AnBib 58; Roma, 1973), Jn (Jerusalem, 1975) e Lm (Jerusalem, 1976) foram editados por E. Levine, e um de Cr por R. Le Déaut e J. Robert (2 vols.; AnBib 71, Rome, 1971); todos estão baseados no Códice Vaticano Urb. Ebr. 1. A. Van Der Heide editou oito mss. iemenitas disponíveis para o targum de Lm (SPB 32; Leiden, 1981); eles diferem da versão em mss. não iemenitas e talvez reflitam uma versão babilônica perdida. Sperber republicou o ms. de Berlim do targum de Cr (publicado primeiramente por M. F. Beck em 1680), bem como o texto do targum de Rt de ben Chayim e o Ms. Or. 2375, do Museu Britânico, para os targuns de Ct, Lm, Ecl e Est (*The Bible in Aramaic*, vol. IV-A [Leiden, 1968]; ele afirmou que os elementos midráshicos, simplesmente introduzidos nos targuns de Cr e Rt, foram fundidos com a tradução nos targuns de Ct-Lm-Ecl, enquanto o targum de Est era indistinguível do midrásh. B. Grossfeld (*The First Targum to Esther according to the Ms Paris Hebrew 110 of the Bibliotheque Nationale* [New York, 1983]) apresenta um manuscrito de meados do séc. V que difere do targum de Est publicado por Sperber.

115 Uma série de traduções críticas para o inglês de todos os targuns existentes,

The Aramaic Bible (The Targums), foi preparada para publicação sob a supervisão de M. McNamara (19 vols. planejados; Wilmington, 1987-89).

(BOWKER, J., *The Targums and Rabbinic Literature* (London, 1969]. CHURGIN, P., *Targum ketubim* (hebraico; New York, 1945]. DIAZ, R., "Ediciones del Targum samaritano", *EstBib* 15 (1956) 105-8. DÍEZ MACHO, A., "The Recently Discovered Palestinian Targum", *Congress Volume: Oxford 1959* [VTSup 7; Leiden, 1960] 222-45. GROSSFELD, B., *A Bibliography of Targum Literature* [New York, 1972]; *A Bibliography of Targum Literature II* [New York, 1977]; *A Critical Commentary on Targum Neofiti I to Genesis* [New York, 1978]. KUIPER, G. J., *The Pseudo-Jonathan Targum and Its Relationship to Targum Onkelos* [Studia Eph. "Augustinianum" 9; Rome, 1972]. LE DÉAUT, R., "The Current State of Targumic Studies", *BTB* 4 [1974] 1-32. MCNAMARA, M., *Targum and Testament* [Shannon, 1972]; "Targums", *IDBSup* 856-61; *The New Testament and the Palestinian Targum to the Pentateuch* [2ª ed. com Suplem.; AnBib 27A; Rome, 1978]. *Newsletter for Targumic and Cognate Studies* [Department of Near Eastern Studies, University of Toronto]. ROSENTHAL, F., *Die aramäistische Forschung* [Leiden, 1937]. SMOLAR, L., *et al.*, *Studies in Targum Jonathan to the Prophets* (New York, 1978]. TAL, A., *The Samaritan Targum of the Pentateuch* [Tel Aviv, 1980-83]. VAN DER PLOEG, J. P. M. e A. S. VAN DER WOUDE, *Le Targum de Job de la grotte XI de Qumrân* [Leiden, 1971].)

116 (C) Versões siríacas.
(a) *Origem*. A tradução das Escrituras para o siríaco tem suas raízes no desenvolvimento dos targuns aramaicos pré-cristãos dos livros do AT levados por pregadores judeus e cristãos dos sécs. I e II d.C. da Palestina para o distrito de Adiabene (nos arredores de Irbil, no atual Iraque) e para as vizinhanças de Edessa (Urfa na atual Turquia). O dialeto literário siríaco do aramaico oriental (→ 102 *acima*) tornou-se padronizado durante o mesmo período. Embora amplamente usado para uma grande variedade de fins, este dialeto aramaico sobrevive principalmente numa copiosa literatura religiosa cristã composta entre o final do séc. II e o começo do séc. XIV. Até certo ponto ele é distinto, quanto à forma e ainda mais quanto à dicção, do aramaico ocidental da Palestina que foi usado por Cristo e pelos apóstolos. A Bíblia Siríaca está neste dialeto oriental, e seu NT é totalmente traduzido do grego. As afirmações de que os Evangelhos em siríaco são a forma na qual Jesus proferiu seu ensino – afirmações frequentemente feitas por pessoas que têm todos os motivos para saber que isso não é assim – são sem fundamento.

117 (b) *Igrejas com uma tradição de siríaco*. O siríaco permanece hoje a língua litúrgica em várias igrejas desde o Líbano até a costa de Malabar na Índia, e a maioria de seus membros fala correntemente o árabe ou o malaio (na Índia); ambas as Américas, do Norte e do Sul, possuem números substanciais de imigrantes dessas várias comunidades.

118 Elas incluem os maronitas no Líbano, que estão unidos a Roma desde a época das Cruzadas, pelo menos, até os dias atuais (e cuja tradição nega que eles tenham sido monotelitas num período anterior, embora este seja o entendimento da maioria dos historiadores). Os melquitas não monofisitas na Síria e no Líbano foram privados de sua liturgia antioquiense anterior e da opção de usar o aramaico no séc. XIII – ela foi substituída pela liturgia bizantina em grego ou em árabe. Eles incluem ortodoxos e católicos.

119 Existem muitos "ortodoxos sírios", também conhecidos como sírios ocidentais, jacobitas ou monofisitas, na Síria, Palestina e Índia. Há um grande número de sírios unidos a Roma, especialmente ao redor de Alepo, que seguem o mesmo rito siro-antioquiense que os sírios ocidentais ortodoxos. Na Síria, Iraque, Irã e Índia há cristãos sírios orientais que herdaram as concepções teológicas de Nestório e chamam a si mesmos de assírios; eles compartilham um antigo rito sírio oriental com os "caldeus" (suas contrapartes unidas a Roma). Entre os cristãos da Índia que se uniram a Roma, os malabareses mantêm o rito sírio oriental, os malancareses o sírio ocidental; existem divisões semelhantes entre os grupos separados de Roma.

120 As diferenças dialetais entre a língua litúrgica dos sírios orientais e a dos sírios ocidentais e maronitas são secundárias e dizem respeito a qualidades vocálicas divergentes dentro de uma língua uniforme, com uma Bíblia comum (a Peshitta). O aramaico ocidental falado (distinto da tradição literária siríaca) sobrevive até hoje em Malula nas Montanhas do Antilíbano, a cerca de 56 km de Damasco, mas a língua principal de seus aproximadamente 2 mil habitantes é, de fato, o árabe (A. Spitaler, *ZDMG* 32 [1957] 299-339). Mais para o leste, diversos dialetos parecidos com o siríaco sobrevivem na Síria, Iraque, Irã e províncias asiáticas da União Soviética; estas línguas aramaicas orientais que sobrevivem estão muito sobrepostas pelo vocabulário estrangeiro de línguas vizinhas, e algumas são hoje quase irreconhecíveis como basicamente aramaicas.

121 (c) *Versões da Bíblia*. No decorrer dos anos, várias traduções diferentes, geralmente independentes, do AT e do NT circularam em siríaco.

122 (i) *O Diatessarão de Taciano* (= "[Um] por meio de quatro"). Esta era uma harmonia contínua que combinou o material dos quatro Evangelhos com um pouco de material apócrifo (da *História de José, o Carpinteiro* e de um "Evangelho Hebreu"). Taciano era um sírio da Mesopotâmia, nasceu por volta de 110, viveu muitos anos em Roma e foi discípulo de Justino Mártir. Acusado de ascetismo exagerado de tendência encratita, Taciano deixou Roma algum tempo depois de 165 e retornou para o Oriente. Por volta desta época, em Roma ou na Síria, ele compôs sua harmonia. Não se sabe se a escreveu originalmente em grego ou em siríaco; se foi em grego, ela foi logo traduzida para o siríaco. A forma grega se perdeu, exceto por um fragmento do séc. III, que consiste de 14 linhas, descoberto em 1933 em Dura-Europos, junto ao Eufrates (*ATNT* 58).

123 O Diatessarão circulou amplamente na igreja síria, tornou-se aparentemente o texto sírio oficial dos Evangelhos (e não os quatro Evangelhos) e foi comentado por Efraim († em 373). Contudo, ele finalmente pereceu (por causa de oponentes como o bispo Teodoreto de Cyr [Cirros], que, suspeitando de heresia por parte de Taciano, destruiu todas as cópias disponíveis) e foi substituído pelos quatro Evangelhos em siríaco. O comentário de Efraim (há muito conhecido numa tradução armênia) é uma ferramenta útil na reconstrução do *Diatessarão* siríaco; cerca de metade do original siríaco está disponível na publicação do ms. C. Beatty 709 de L. Leloir (Dublin, 1963). Chegaram até nós harmonias semelhantes ao *Diatessarão* ou traduções dele em árabe, persa, latim (Códice Fuldense), holandês medieval e italiano. As traduções armênia e georgiana dos Evangelhos foram influenciadas por ele, e traços podem ser encontrados em citações patrísticas. A reconstrução de leituras do *Diatessarão* é uma arte difícil, contudo (→ 183 *abaixo*). (Quanto a edições, veja Metzger, *Chapters* 97-120. Há uma tradução do árabe para o inglês na coleção *Ante-Nicene Fathers* 9. 33-138. Quanto à ordem das passagens no *Diatessarão*, veja L. Leloir, CSCO 227, 1-11. Há estudos feitos por T. Baarda, *Early Transmission of Words of Jesus* [Amsterdam, 1983].)

124 (ii) *A Bíblia Siríaca Antiga*. Desta tradução (SA) dos livros do AT, conhecemos apenas o que sobrevive em citações incidentais, mais as evidências da influência targúmica inicial e de origem judaica ou judaico-cristã que foi transferida em forma reelaborada para a Peshitta. Os Evangelhos separados da SV são conhecidos a partir de dois mss. do séc. V: um está no Museu Britânico, tendo sido publicado por W. Cureton em 1842; o outro foi descoberto no monastério de Santa Catarina, no Monte Sinai, em

1892, por duas gêmeas britânicas, A. Smith Lewis e M. M. Dunlop Gibson, e publicado em 1910. (Ele foi fotografado novamente com novos métodos por J. H. Charlesworth em 1985.). Dependentes do grego, estes Evangelhos *não* oferecem acesso direto ao aramaico falado por Jesus (→ 116 *acima*). Os dois mss. oferecem formas divergentes de um único texto siríaco básico que parece ter uma origem posterior ao *Diatessarão*; o grego subjacente é de um tipo de texto arcaico e "ocidental" dos Evangelhos (→ 167, 173 *abaixo*). Citações de At e do *corpus* paulino em escritores antigos apontam para um *status* semelhante desses livros, mas nenhum texto da Siríca Antiga contínuo existe atualmente.

125 (iii) *A Bíblia Peshitta*. Tanto no AT como no NT, a Peshitta é uma compilação e uma reelaboração cuidadosa de materiais mais antigos. Ela foi estabelecida de modo firme no início do séc. V e permaneceu a Bíblia de todos os cristãos de língua síria, apesar dos movimentos nestoriano e monofisita e do rompimento da unidade que os acompanhou. O AT da Peshitta, embora basicamente uma tradução do hebraico, mostra influências secundárias claras da LXX especialmente naqueles livros que eram mais usados na liturgia (Is, Sl). Suas traduções de vários grupos de livros do AT são irregulares quanto à qualidade e foram preparadas por muitas mãos diferentes. Livros como Jt e Br foram traduzidos independentemente a partir do grego, e Tb era desconhecido em siríaco até muito depois. É digno de nota que Eclo estava baseado em um texto hebraico.

126 O nome de Rabbula, bispo de Edessa (falecido em 435), está unido à produção da Peshitta (particularmente de seus Evangelhos) *sem garantia*. Embora o texto existisse em sua época, ele próprio não fez uso dele (todavia, veja T. Baarda, *VC* 14 [1960] 102-27). Se a Peshitta do AT mostra a persistência de influências targúmicas antigas, seu NT (uma excelente tradução com uma adaptação ao tipo bizantino dos mss. gregos correntes em cerca de 400 d.C.; → 167, 175 *abaixo*) mostra sobreviventes (por exemplo, em At) de algumas leituras "ocidentais" e outros aspectos antigos. O Apocalipse e quatro cartas menores (2Pd, 2-3Jo, Jd) não foram transmitidas nos mss. da Peshitta; as versões siríacas em edições modernas são de origem posterior.

127 Para o NT, em particular, a transmissão textual da Peshitta foi notavelmente fiel e precisa, e existem bons mss. antigos para ambos os Testamentos; os de fontes sírias orientais tendem a ter um texto levemente melhor. Começando em 1961 com uma lista preliminar de mss., o Peshitta Institute de Leiden produziu, em forma de fascículos (1972-), uma edição crítica do AT da Peshitta. Para o NT, uma edição da Sociedade Bíblica Britânica e Estrangeira (London, 1905-1920) aproxima-se de padrões críticos, mas não publicou nenhum aparato a partir de mss. variantes além dos Evangelhos.

128 (iv) *O AT Siro-Hexaplárico*. A Héxapla Síria [ou Siro-Héxapla] foi produzida entre cerca de 612 ou 615 e 617 d.C. por uma equipe aparentemente supervisionada pelo bispo Paulo de Tella, o tradutor de Rs, no monastério situado "no nono marco" (Enaton) fora de Alexandria, no Egito. Onde ela sobrevive, a Siro-Héxapla é frequentemente nossa melhor testemunha existente do conteúdo e das marcações críticas da coluna 5 na *Hexapla* de Orígenes (→ 84 *acima*); seu aparato de leituras marginais (principalmente de Áquila, Símaco e Teodocião) foi transposto do grego para um siríaco rígido e apurado que reflete a ordem das palavras, as formas e até mesmo as partículas incidentais da fonte. A obra foi transmitida desde a Antiguidade em dois volumes manuscritos, mas apenas o segundo (com Sl, os livros sapienciais e os Profetas) chegou até o presente. Numerosos excertos do primeiro volume perdido foram encontrados em testemunhas incompletas, e um ms. pentateucal dos sécs. XI e XII, descoberto em 1964, foi publicado em fac-símile por A. VÖÖBUS (CSCO 369; Subsidia 45; Louvain, 1975); o Pentateuco também sobrevive numa tradução secundária para o árabe.

129 (v) *O NT Harcleano*. Na mesma época e lugar do AT Siro-Hexaplárico foi produzida uma tradução do NT semelhantemente rígida e mecânica; por causa de seu editor, Thomas de Harkel, bispo de Hierápolis (Mabbug), na Síria, ela é conhecida como o NT Harcleano. Esta versão se baseou numa recensão da Peshitta feita um século antes (507-508 d.C.) por um certo Policarpo, por instância de Filoxeno, bispo anterior de Hierápolis. A maior parte do material que foi identificado como "filoxeniano" de fato é da versão harcleana, embora seja possível que os textos das quatro epístolas curtas e do Ap, na edição da Peshitta de Londres de 1905-1920, venham deste empreendimento intermediário do séc. VI. Em séculos posteriores, o NT harcleano foi usado nos lecionários das igrejas sírias ocidentais, mas seu texto foi suavizado e reelaborado à luz da Peshitta familiar. De qualquer forma, o NT Harcleano é recente demais para ser uma testemunha textual importante. (Veja P. Harb, *OrChr* 64 [1980] 36-40.)

130 (vi) *A Bíblia Siro-Palestinense*. Esta versão aramaica ocidental (*não* siríaca) é conhecida por nós quase que exclusivamente como um texto de lecionário para aqueles cristãos melquitas (→ 118 *acima*) que seguiam as liturgias de Antioquia e Jerusalém em seu aramaico materno e não em grego. Embora em grande medida adaptado à tradição da LXX, o AT Siro-Palestinense (do qual conhecemos o Pentateuco, Jó, Pr, Is e outros livros em forma fragmentária) tem suas raízes em textos siríacos e (possivelmente) judaicos em aramaico mais antigos. Uma nova edição do AT Siro-Palestinense foi iniciada com um volume do Pentateuco e dos Profetas por M. H. Goshen-Gottstein (Jerusalem, 1973). Lecionários siro-palestinenses existentes dos Evangelhos (desde 1029 d.C. e depois) têm um texto que foi adequado à forma bizantina comum, mas evidências fragmentárias aparentemente da mesma versão do NT (em 1952-1953, proveniente do monastério abandonado de Castellion, ou Khirbet Mird, no deserto da Judeia; → Apócrifos, 67:118) levam-nos de volta ao séc. VI. Sua data de origem e base textual permanecem obscuras (veja B. M. Metzger in *Neotestamentica et Semitica* [Festschrift M. Black; eds., E. E. Ellis e M. Wilcox; Edinburgh, 1969] 209-20).

(ALBREKTSON, B., *Studies in the Text and Theology of the Book of Lamentations*, com uma edição crítica do texto da Peshitta [Studia Theologica Lundensia 21; Lund, 1963]. BAUMSTARK, A., *Geschichte der syrischen Literatur* [Bonn, 1922]. DUVAL, R., *La littérature syriaque* [3ª ed.; Paris, 1907]. ENGLERT, D. M. C., *The Peshitto of Second Samuel* [SBLMS 3; Philadelphia, 1978; reimpr. da ed. de 1949]. GEORGE, K. A., "The Peshitto Version of Daniel: A Comparison with the Massoretic Text, the Septuagint and Theodotion" [tese; Hamburg, 1973]. KOSTER, M. D., *The Peshitta of Exodus: The Development of Its Text in the Course of Fifteen Centuries* [SSN 19; Assen, 1977]. ORTIZ DE URBINA, I., *Patrologia syriaca* [Roma, 1958]. ROSENTHAL, F., *Die aramäistische Forschung* [Leiden, 1937], esp. 106-14 sobre a língua de Jesus. VAN PUYVELDE, C., *DBSup* 6.834-84. VÖÖBUS, A., *Studies in the History of the Gospel Text in Syriac* [Louvain, 1951]; "Syriac Versions", *IDBSup* 848-54; *The Hexapla and the Syro-Hexapla* [Papers of the Estonian Theological Society in Exile 22; Stockholm, 1971]; "Bible IV: Texts and Versions: 12. Syriac Versions", *NCE* 2. 433-36. *Das Neue Testament in syrischer Überlieferung* [ed. B. ALAND e A. JUCKEL; ANTF; Berlin, 1986-]. Quanto a edições, veja EISSFELDT, *EOTI* 699, 783; METZGER, *Text* 68-71.)

131 (II) Versões em latim. Exceto pelo AT de Jerônimo do hebraico, todas as traduções do AT e do NT antigas foram feitas do grego para o latim. Embora alguns afirmem que surgiu um idioma cristão em Roma na metade do séc. II (Metzger, *Early Versions* 289-90), as mais antigas evidências para o NT em latim vêm do norte da África, em época posterior desse mesmo século. Os *Atos dos Mártires Cilitanos* (180 d.C.) já falam de um ms. das "cartas de Paulo, um homem justo", presumivelmente em latim.

Não muito depois Tertuliano cita textos em latim de ambos os Testamentos, e Cipriano de Cartago († em 258) cita diretamente cerca de uma nona parte do NT. A tradução da carta de Clemente de Roma aos Coríntios para o latim dá testemunho do uso das Escrituras em latim na Europa no séc. II. O lugar de origem dos Evangelhos em latim e, de fato, de muitas partes da *Vetus Latina* (VL) não pode mais ser estabelecido com certeza; as evidências existentes mostram uma interdependência entre formas do texto norte-africano e europeu, e na Europa sugerem-se Roma e Gália como antigos centros das Escrituras em latim.

132 (A) O AT da *Vetus Latina* traduzida do grego. Não temos mais um AT latino completo traduzido a partir do grego feito neste período inicial, nem podemos determinar com confiança até que ponto tradutores judaicos começaram esse trabalho. Jerônimo († em 420) afirmou que, em sua época, havia "tantas formas do texto para os leitores do latim quanto havia manuscritos" (*Praef. in Josue*), e algo deste caos de textos diversificados resta para nós. Os cinco livros do AT que melhor conhecemos na forma da *Vetus Latina* são os que Jerônimo pretendeu excluir de seu próprio empreendimento e se recusou a revisar ou retraduzir, porque os considerava não canônicos. Visto que eles foram preservados pela igreja de qualquer forma e tornaram-se parte da Vulgata (= livros deuterocanônicos), possuímos para cada um deles um texto completo que, de fato, é basicamente produto de um único tradutor; seu estudo crítico sistemático está bem avançado. Eles incluem 1 e 2Mc (ed. D. de Bruyne; Maredsous, 1932), Sb, Eclo e Br. Tanto Sb como Eclo são claramente traduções africanas (exceto para Eclo 44-50 e o Prólogo a Eclo, que foram passados para latim por dois tradutores europeus distintos); eles foram editados com um aparato de variantes de mss. como vol. 12 (1964) do projeto Vulgata Beneditina (→ 144 *abaixo*). São conhecidas, a partir de mss., quatro formas variantes do texto em latim de Baruc; elas parecem remontar, passando por várias reelaborações, a um único tradutor original.

133 À parte de Sl, que possui uma história textual complicada, os outros livros do AT traduzidos do grego sobrevivem mais ou menos por acidente. Embora o Pentateuco da VT com Js e Jz seja bem conhecido no trabalho de um único tradutor, grande parte do restante teve de ser juntado a partir de trechos copiados nos mss. da Vulgata, a partir de glosas em mss. da Vulgata, e a partir de citações na literatura cristã latina. Já no séc. XVI, o trabalho minucioso de reunir este material fragmentário foi empreendida por F. de Nobili (*Vetus Testamentum sec. LXX*, Roma, 1588) em conexão com a edição da LXX Sixtina de 1587 (→ 99 *acima*); e no séc. VIII Maurist P. Sabatier publicou *Bibliorum sacrorum latinae versionis antiquae*... (3 vols. Rheims, 1739-49; reed. Paris, 1751), uma obra que, para certos livros, nem sequer hoje foi suplantada. Os extensos arquivos de J. Denk († em 1927) foram confiados à arquiabadia de Beuron, na Alemanha, onde um projeto de *Vetus Latina*, dirigido por B. Fischer, publicou Gn (1951-54) e Sb (1977-85), ambos com exaustivo apoio de mss. e fontes patrísticas. (Os anos entre os dois vols. do AT foram dedicados ao NT da *Vetus Latina* ; → 142 *abaixo*.). A. F. J. Klijn (*Der lateinische Text der Apokalypse des Esra* [TU 131; Berlin, 1983]) ofereceu uma nova edição de 4Esd 3-14 (baseada em dez manuscritos), na qual um palimpsesto do séc. VII é usado pela primeira vez. Um inventário abrangente dos mss. e edições do AT da VT existentes, mais referências a todos os textos patrísticos que são fontes para citações da VT, também foi publicado a partir de Beuron (*Vetus Latina I: Verzeichnis der Sigel*, 1949; ed. rev. 1963, com suplementos contínuos).

134 Rute sobrevive apenas no Códice Complutense dos sécs. IX e X (Universidade de Madri, ms 31) e em algumas citações patrísticas. Esdras-Neemias e 3-4Esd apócrifo são conhecidos completamente, como o são 2Cr (ed. R. Weber) e Ct (ed. D. de Bruyne). Ester está bem representado nos mss., mas a edição de B. Motzo (1928) não abrange todas as fontes. Nossas evidências são especialmente escassas para Sm-Rs, 1Cr, Jó, Pr, Ecl e os Profetas. Alguns livros do AT foram reelaborados por Jerônimo com base em material hexaplárico (→ 83-86 *acima*) antes de ele empreender sua tradução mais original do hebraico; diz-se que incluem 1 e 2Cr (existe apenas o prefácio), Pr, Ecl, Ct e Jó (este último ainda existe). Também sabemos que ele revisou o Pentateuco, Js e Sl (→ 135 *abaixo*) do mesmo modo. Em geral, as versões da VT, que ainda encontram eco em muitos textos litúrgicos, chegaram até nós em formas que foram reelaboradas nos séculos seguintes à época de Jerônimo e em tradições textuais que refletem contaminação mútua da Vg e da VT.

135 (B) Saltérios em latim. Ao longo dos séculos, a maior parte da cristandade ocidental tem empregado em sua liturgia e transmitido em suas Bíblias o chamado *Saltério Galicano*, assim denominado em virtude da região de sua popularidade inicial. Esta é a segunda revisão de Jerônimo (baseada na *Hexapla*) de um saltério da *Vetus Latina*, concluída durante os primeiros anos de sua residência em Belém (antes de 389 d.C.). Ele compartilha das limitações básicas de qualquer saltério que dependa da LXX e contribui com suas próprias limitações. É grosseiro e confuso pelos padrões modernos, apesar das associações piedosas com as quais até mesmo muitas de suas irrelevâncias foram cercadas no decorrer dos tempos. Contrariamente à intenção de Jerônimo, este saltério substituiu sua tradução do hebraico nas Bíblias Vulgata. Foi editado como o vol. 10 (1953) do projeto Vulgata da Comissão Beneditina Romana (→ 144 *abaixo*).

136 Formas mais antigas do saltério da VT, traduzidas do grego, estão disponíveis para estudo adequado na edição de R. Weber, *Psalterium Romanum*... (CBL 10; Roma, 1953), que resume o que se conhece das 14 tradições de textos diferentes. É improvável que qualquer uma delas possa ser ligada à primeira revisão (superficial) feita por Jerônimo, embora esta reivindicação tenha sido habitualmente feita em favor do saltério litúrgico usado na Basílica de S. Pedro em Roma. E. A. Lowe (*Scriptorium* 9 [1955] 177-99) relatou sobre um saltério da VT (com um apêndice de 18 cânticos litúrgicos de outra origem que constam no texto bíblico da *Vetus Latina* que sobrevive num mss. do Monte Sinai (*slav.* 5), e suas variantes encontram-se registradas na edição do CCL [Corpus Christianum – Series Latina] da *En. in Ps* de Agostinho (ser. lat. 38-40; Turnholt, 1956). As publicações do saltério de T. Ayuso Marazuela (entre 1957 e 1962), embora sejam notáveis compilações de mss. e de evidências dos mss. e da patrística, com frequência executam a mesma função das edições mencionadas e, às vezes, refletem a tradição de mss. em espanhol a ponto de excluir material pertinente de origem diferente.

137 O *Saltério a partir do hebraico* de Jerônimo, um dos primeiros resultados de sua decisão de produzir uma nova versão do AT, é um exercício um tanto rígido e formal que se vale de modo mensurável de Áquila e Símaco para o significado de palavras hebraicas incomuns. Ele não é de fato mais apropriado para o uso litúrgico do que o próprio Saltério Galicano. A melhor edição é a de H. de Ste. Marie (CBL 11; Roma, 1954).

138 O presente levantamento de versões em latim não lidará com as muitas traduções de qualquer parte da Bíblia do séc. VI e posteriores, mas duas exceções importantes devem ser feitas: (1) O *Liber Psalmorum cum Canticis* foi sancionado para uso em breviário pelo papa Pio XII em 1945. Preparado por professores do Pontifício Instituto Bíblico, em Roma, ele oferece uma tradução direta do texto hebraico (corrigido, embora com restrições, de outras fontes) para o latim clássico. Ele foi criticado por deixar de preservar em seu estilo as associações em "latim cristão" de saltérios anteriores e por ser menos fácil de cantar; ambas as críticas são relativamente subjetivas e passíveis de questionamento. De qualquer modo, é desejável que textos litúrgicos em outras línguas que não o latim se aproveitem da clareza do Saltério de Pio XII, mas sem estarem presas nem mesmo a suas convenções de estilo em latim. (2) Semelhantemente, o papa Paulo VI ordenou uma nova edição da Vulgata, não apenas valendo-se da pesquisa erudita, mas adaptada às revisões pós-Vaticano II na liturgia romana, à leitura pública e ao cântico em coro. Esta *Nova Vulgata* completa foi publicada em um volume sob o selo do Vaticano em 1979.

139 (C) O Antigo Testamento traduzido do hebraico. Começando por volta de 389 d.C., Jerônimo rompeu com a tradição da VL para dar à cristandade ocidental uma tradução baseada diretamente no texto hebraico preservado entre os judeus. Os livros de Sm-Rs, Jó, Sl e os Profetas foram produzidos por volta de 392; Esd-Ne por volta de 394; 1 e 2Cr por volta de 396; Pr, Ct e Ecl por volta de 398; e o Pentateuco, Js, Jz, Rt, Jt, Est e Tb por volta de 405. O progresso do trabalho pode ser acompanhado, em parte, pelos próprios prefácios de Jerônimo aos vários grupos de livros. Seu conhecimento de hebraico era bom; do aramaico do AT, um pouco menos. Ele teve a assistência oral de fontes judaicas e mostra familiaridade com a exegese incorporada nos vários targuns. Supriu as partes de Est e Dn, não incluídas no cânone judaico, a partir do grego; para Dn valeu-se da forma "teodociana" do livro (→ 73 *acima*), e ela também influenciou fortemente sua tradução dos trechos em aramaico. A organização de Est na Vulgata, com as partes traduzidas do grego colocadas numa série de apêndices, é uma mistura confusa (→ Tobias, 38:50-53). Tobias e Jt foram traduzidos com base em revisões aramaicas, não mais existentes, que se afastaram muito dos originais perdidos (aramaico para Tb, hebraico para Jt).

140 A Vulgata enfatiza fortemente as implicações messiânicas pessoais do AT. Assim, *et erit sepulchrum ejus gloriosum* (Is 11,10) relembra a Basílica da Ressurreição constantiniana; estão presentes na Vulgata de Is 45,8; 62,1-2; Hab 3,18 referências messiânicas que vão além dos termos efetivos do texto hebraico. Embora isto possa acalentar a piedade cristã, pode também limitar o valor apologético desejado por Jerônimo para sua versão com vistas ao diálogo com os estudiosos judeus. Seja como for, o AT da Vulgata dá testemunho duradouro da palavra inspirada.

141 (D) O Novo Testamento em latim. (a) *Vulgata*. Origina-se também de Jerônimo a revisão da Vulgata dos Evangelhos, preparada em Roma em 383-384 d.C., por incumbência do papa Dâmaso. Ela foi basicamente a correção e adaptação do texto existente da VL à luz de bons mss. gregos. Embora os demais livros do NT da Vulgata tenham sido frequentemente atribuídos a Jerônimo, não é clara a extensão de sua influência sobre eles. H. J. Frede sugeriu que, perto do final do séc. IV, um único editor, que não foi nem Jerônimo nem Pelágio, reuniu os textos em latim de At até Ap que se tornaram a forma da Vulgata (sobre Pelágio, veja K. T. Schäfer, *NTS* 9 [1963] 361-66). Este NT em latim combinado, do final do séc. IV, foi o alvo pretendido pela edição crítica de J. Wordsworth e H. J. White (3 vols.; Oxford, 1898-1954).

142 (b) *A Vetus Latina*. Foi necessária muita investigação erudita, pois nenhum ms. contém o NT inteiro da VL. Estágios iniciais do NT em latim estão representados na *Vetus Itala* (4 vols.; Berlin, 1938-64; 2ª ed., década de 1970) onde A. Jülicher, A. Matzkaw e K. Aland apresentam as evidências dos mss. para formas pré-Jerônimo dos Evangelhos. O título *Vetus Itala* vem de uma exposição sobre textos latinos de

Agostinho, mas ele não oferece qualquer pista útil quanto ao lugar de origem dos Evangelhos em latim. A *Vetus Latina* de Beuron publica, desde 1956, volumes de um texto das epístolas editado criticamente. Duas séries, a *Old Latin Biblical Texts* (7 vols.; Oxford, 1883-1923) e a CBL (14 vols.; Rome, 1912-72) apresentam as evidências de mss. individuais. Juntamente com suas evidências para o NT da Vulgata recebido, a edição de Wordsworth-White cita muitas evidências da *Vetus Latina* e, assim, substitui o NT da obra mais antiga de Sabatier (→ 133 *acima*), exceto por citações patrísticas.

143 Quanto à origem das várias partes do NT da VL, o *corpus* de 13 epístolas paulinas (excluindo Hb) remonta a um único e antigo tradutor. Sob as formas variantes de At, parece ter havido uma antiga tradução norte-africana. Há duas traduções conhecidas de Hb; e há formas independentes norte-africana e europeia de Ap, às quais H. J. Vogels acrescenta uma terceira. As evidências para as Epístolas Católicas são escassas, e para os Evangelhos elas são confusas. Influências antigas sobre a VL da parte de Marcião e Taciano são suspeitas, mas em nenhum dos casos o problema está resolvido; os exemplos citados são curiosidades textuais sem importância doutrinária.

144 (E) A história posterior da Vulgata. Uma Pontifícia Comissão para a Definição do Texto da Vulgata, instalada pelo papa Pio X em 1907, estava localizada na Abadia de San Girolano (S. Jerônimo) em Roma. Começando com Gn (1926), os editores beneditinos de sua *Bíblia Sacra juxta Latinam Vulgatam Versionem* publicaram os volumes do AT que incluem a maioria das traduções de Jerônimo a partir do texto hebraico, mais seu Saltério Galicano (→ 135 *acima*), bem como Tb, Jt, Sb e Eclo (de várias origens). Como se observou acima (→ 137), o *Psalterium juxta Hebraeos* de Jerônimo encontra-se no CBL. A edição de Wordsworth-White (→ 141 *acima*) oferece um equivalente apropriado do NT. Todo o texto da Vulgata também foi editado por R. Weber *et al.* para a Württembergische Bibelanstalt (2 vols., 2ª ed.; Stuttgart, 1975); o Saltério Galicano e o *juxta Hebraeos* estão impressos em páginas opostas.

145 Estas tentativas de se recuperar a forma arquetípica da Vulgata (de aproximadamente 400 d.C.) são dificultadas pela falta de mss. suficientemente antigos. Em geral, podemos recuperar apenas uma forma de texto intermediária entre os arquétipos perdidos e os empreendimentos revisionais iniciais de Alcuíno († em 804), Teodolfo de Orleans († em 821) e a tradição espanhola concentrada no séc. VIII, o *Códice Toletano*. A multiplicação de cópias na Idade Média tornou necessárias outras tentativas de padronização, e um texto desenvolvido (associado à Universidade de Paris e acompanhado de várias listas de *correctoria*) tornou-se a base para a forma da Vulgata na maioria das Bíblias impressas, inclusive a primeira (a Bíblia de Gutemberg de 1452-58). Este texto possuía diversos elementos não incluídos por Jerônimo: uma série de excertos de 1-2 Sm da VL (*p.ex.*, stravitque Saul in solario et dormivit, 1Sm 9,25) que tinham sido inseridos pelo bispo espanhol Peregrino; o anjo mexendo a água na piscina de Betesda, em Jo 5,4 (→ João 61:74); um empréstimo de Jo 19,24 em Mt 27,35; e a "Vígula Joanina" em 1Jo 5,7-8 (→ 1-3 João, 62:32).

146 O Concílio de Trento requereu uma edição crítica da Vulgata patrocinada oficialmente (→ Pronunciamentos da Igreja, 72:11), mas (apesar do trabalho sério neste sentido durar cerca de 30 anos, no final do séc. XVI) nem a edição Sixtina de 1590 nem os textos (Sixto-)Clementinos de 1592-1598 podem ser realmente considerados bem sucedidos no cumprimento desta orientação. O texto Clementino tornou-se a Vulgata católica oficial, e uma edição em um volume (Turim, 1959) tem um aparato muito restrito, mas útil, de variantes a partir dos textos reconstituídos do AT da Abadia de S. Jerônimo (→ 144 *acima*) e do NT de Wordsworth-

-White (→ 141 *acima*). Uma característica especial desta edição é sua apresentação paralela de três saltérios (Galicano, *juxta Hebraeos* e Pio XII).

147 O Antigo Testamento traduzido por Jerônimo a partir do hebraico está quase inteiramente baseado no texto hebraico consonantal recebido; seu valor em relação ao original é, portanto, principalmente exegético. As várias traduções da VL a partir do grego, por outro lado, representam um estágio na transmissão de seus protótipos que frequentemente não pode ser alcançado diretamente por meio de qualquer manuscrito grego existente. Até mesmo poucos dos mais antigos papiros do NT grego (→ 179 *abaixo*) podem reivindicar uma Antiguidade comparável à das traduções do NT da (VL), mas as evidências em latim devem ser cuidadosamente examinadas por causa de retoques e contaminações posteriores. Para a história da LXX e a reconstituição de suas formas de texto antigas, a VL é de importância especial em Sm, Tb, Sl, 1 e 2Mc, Sb e Eclo; e ela é instrutiva sempre que pode ser recuperada em uma forma relativamente antiga.

(BERGER, S., *Histoire de la Vulgate pendant les premiers siècles du Moyen Age* [Paris, 1893]. BOGAERT, M., "Bulletin de la Bible latine", *RBén* – bibliografia contínua. BOTTE, B., *DBSup* 5. 178-96. EISSFELDT, *EOTI* 716-19, 785. FISCHER, B., *Beiträge zur Geschichte der lateinischen Bibeltexte* [Vetus Latina; Freiburg, 1986]; *Lateinische Bibelhandschriften im frühen Mittelalter* [Vetus Latina; Freiburg, 1985]; [ed.], *Novae Concordantiae Bibliorum Sacrorum Iuxta Vulgatam Versionem Critice Editam* [5 vols.; Stuttgart, 1977]. GRIBOMONT, J., "Latin Versions", *IDBSup* 527-32. METZGER, *Text* 72-79. PEEBLES, B. M., "Bible IV: Texts and Versions 13. Latin Versions", *NCE* 2. 436-56. PLATER, W. E. e H. J. WHITE, *A Grammar of the Vulgate* [Oxford, 1926]. SOUTER, A., *A Glossary of Later Latin to 600 AD* [Oxford, 1949]. STRAMARE, T., "Die Neo-Vulgate: Zur Gestaltung des Textes", *BZ* ns 25 [1981] 67-81. STUMMER, F., *Einleitung in die lateinische Bibel* [Paderborn, 1928]. THIELE, W., "Beobachtungen zu den eusebianischen Sektionen und Kanonen der Evangelien", *ZNW* 72 [1981] 100-11. TREBOLLE BARRERA, J. C., "From the 'Old Latin' through the 'Old Greek' to the 'Old Hebrew' (2 Kings 10:23-25)", *Textus* 11 [1984] 17-36; "Textos 'kaige' en la *Vetus Latina* de Reyes (2 Re 10:25-28)", *RB* 89 [1982] 198-209. ULRICH, E. C., "The Old Latin Translation of the LXX and the Hebrew Scrolls from Qumran", in *The Hebrew and Greek Texts of Samuel* [ed. E. Tov; Anais da IOSCS; Jerusalem, 1980] 121-65.)

148 (III) Versões em copta.
(A) A língua cóptica. O copta é a mais tardia forma da língua egípcia escrita, não em hieróglifos ou símbolos demóticos, mas no alfabeto grego, acrescido de um dígrafo (*ti*) e de seis letras que representam sons consonantais egípcios que não se encontram no grego. Ele começou a ser usado no séc. II d.C. e se desenvolveu como uma língua quase exclusivamente cristã com numerosas palavras emprestadas do grego. De fato, a maior parte da literatura copta antiga consiste de traduções do grego. O termo "copta" reflete o nome árabe para designar os habitantes cristãos do Egito, *qubt*, que se deriva do termo grego *aigyptos*.

149 Existem dois dialetos principais do copta (saídico e boaírico) e vários outros secundários. O saídico, o dialeto do Alto Egito, ou do sul, foi o principal dialeto literário até ser suplantado, no séc. XI, pelo boaírico, o dialeto do Baixo Egito, ou do norte (o Delta do Nilo), que sobreviveu como a língua litúrgica da igreja copta. Os outros dialetos locais nos quais livros ou fragmentos bíblicos são conhecidos são: acmímico e subacmímico, ambos parentes do saídico e substituídos por ele numa data antiga; faiúmico, uma língua intermediária entre o saídico e o boaírico, falado em Fayum, no oeste do Egito; e o médio egípcio, representado por apenas alguns manuscritos, particularmente Mt (Códice Scheide) e At (Códice Glazier). Às vezes, os dialetos encontram-se misturados nas traduções bíblicas. Um bom exemplo é a mistura de traços saídicos e acmímicos, juntamente com vários outros elementos, numa versão antiga (sécs. IV e V) de Pr publicada por R. KASSER, *Papiro Bodmer VI* (CSCO 194-95; Louvain, 1960).

150 (B) O Antigo Testamento em copta. O AT completo não sobreviveu em qualquer dialeto copta, embora possa ter existido no saídico, pelo menos. Todas as traduções foram feitas a partir de partes individuais da Bíblia grega e, aparentemente, de diferentes revisões delas. As muitas versões coptas existentes de livros e fragmentos separados são mais importantes para o estudo da transmissão da versão grega do que, pelo menos diretamente, para o estudo do texto do AT. As mais antigas versões coptas foram feitas, contudo, para o uso de pessoas comuns que não conheciam o grego, e os tradutores não hesitaram em simplificar ou alterar os textos, quase como os targuns com relação ao texto hebraico. Às vezes, eles simplesmente entendiam mal o grego. Apenas num período posterior fizeram-se tentativas de comparar as versões e corrigi-las; a tradução boaírica de Pr distingue-se por sua fidelidade ao grego subjacente. Um outro problema que a crítica textual deve levar em conta é a estrutura peculiar da língua em si, o tipo de construção e circunlocução que ela usa na tradução do grego. Frequentemente é muito difícil recuperar a formulação original. Manuscritos bíblicos antigos em copta são razoavelmente numerosos, mas notoriamente difíceis de se datar. Existem manuscritos dos sécs. IV e V disponíveis nos dialetos antigos. Contudo, é possível que traduções tenham começado a ser feitas já no início do séc. III. Vários livros históricos (Cr, Esd, Ne e Mq) do AT em saídico estão perdidos. Vários livros históricos e sapienciais posteriores não estão representados na versão boaírica; e para alguns outros livros é necessário se basear nas citações em textos litúrgicos. As versões em dialetos secundários estão muito incompletas. Em geral, os livros melhor atestados são o Pentateuco, Sl, Jó, Pr e os Profetas. M. K. H. Peters publicou *A Critical Edition of the Coptic (Bohairic) Pentateuch* (Atlanta, 1983-).

151 (C) O Novo Testamento em copta. No que diz respeito ao NT, a crítica textual tem em mãos versões publicadas completas do NT saídico e boaírico e algumas publicações de livros individuais em todos os dialetos. Mas é necessário cautela na avaliação de suas evidências, visto que a maior parte das edições não são críticas. Estão disponíveis manuscritos completos em boaírico, mas todos são da Idade Média tardia; eles foram editados por G. Horner entre 1898 e 1905. O NT saídico de Horner, que foi publicado em 1911-1924, é um mosaico de manuscritos incompletos que variam em muitos séculos quanto à data. Desde a conclusão das edições de Horner uma série de livros individuais muito importantes vieram a lume em diversas coleções coptas. As publicações mais significativas incluem uma versão subacmímica de Jo do séc. IV, publicada por H. Thompson; o Papiro Bodmer III, que contém Jo e Gn 1-4,2 em boaírico, em um notável ms. antigo (séc. IV; R. Kasser, *Muséon* 74 [1961] 423-33); um papiro de Jo em faiúmico (ou, pensam alguns, em médio egípcio) do início do séc. IV (Michigan 3521); e Mc, Lc e Jo em saídico do início do séc. V, publicado por H. Quecke.

152 As várias versões coptas do NT são potencialmente de grande importância para o estudo da difusão de tipos de texto do NT no Egito, nos sécs. II e III. Em geral, as traduções coptas de NT são razoavelmente literais em contraposição às do AT e tendem a refletir o tipo de texto alexandrino muito padronizado (→ 167, 172 *abaixo*). Mas alguns mss. fornecem evidências para a difusão da chamada revisão ocidental, com suas muitas variantes (→ 173 *abaixo*); um bom exemplo é a cópia de At 1-15,3 em médio egípcio descrita por T. C. Petersen em *CBQ* 27 (1964) 225-41. As mais antigas versões coptas do NT nos dão traduções independentes, feitas a partir de textos gregos mais antigos que os mss. gregos nos quais nosso NT crítico está baseado (→ 181 *abaixo*).

(BELLET, P., "Bible IV: Texts and Versions 14. Coptic Versions", *NCE* 2. 457-58. BOTTE, B.,

DBSup 6.818-25. HALLOCK, F. H., "The Coptic Old Testament", *AJSL* 49 [1932-33] 325-35. KAHLE, P. B., *Bala'izah* I [London, 1954] 269-78, contém uma lista de todos os fragmentos coptas conhecidos até o séc. VI. KAMMERER, W., *A Coptic Bibliography* [Ann Arbor, 1950]. SCHMITZ, F.-J. e G. MINK [eds.], *Liste der koptischen Handschriften des Neuen Testaments* [ANTF 8; Berlin, 1986-]. Anuário de bibliografias coptas em *Or* 18ss. [1949-76]; *Enchoria* 1ss. [1971-]. Veja também METZGER, *Versions* 99-152.)

153 (IV) Outras versões orientais.
(A) Versão em etíope. O etíope é uma língua semítica, como o hebraico, o aramaico, o assírio-babilônico e o árabe; ele é mais próximo ao árabe. No início da era cristã, a língua do sudoeste da Arábia era diferente da usada em outras partes da península, e é deste ramo árabe do sul que se origina a língua etíope. Seu dialeto bíblico e litúrgico clássico, não mais falado, é o ge'ez. O amárico atual possui muitas características desenvolvidas na África, mas alguns dialetos eritreus estão muito mais próximos da forma antiga. Desde a época de Atanásio († em 373) e Frumêncio (o primeiro apóstolo da Etiópia), a igreja do país está ligada por laços estreitos à igreja do Egito, a qual seguiu no movimento separatista monofisita, no séc. V. A lenda palaciana segundo a qual a ex-família real da Etiópia remontava até Salomão e a "rainha de Sabá" era fictícia. Alguns etíopes, os falashas, são judeus por religião desde a Idade Média, mas sua fé é adotada, e sua literatura, emprestada.

154 O AT etíope vem do grego e, às vezes, é uma boa testemunha da LXX Alexandrina não revisada, especialmente quando coincide com o Códice Vaticano em grego (→ 94 *acima*) contrariando todas as revisões posteriores; ele também preserva intactos os livros apócrifos de *1 Henoc* e *Jub* (→ Apócrifos, 67:9,17), conhecidos apenas em fragmentos. Muitos pesquisadores datam a origem do NT etíope no séc. V (traduzido em parte do grego, em parte do siríaco); mas dentre os aproximadamente 300 manuscritos do NT etíope pouquíssimos antedatam o séc. IV (Metzger, *Versions* 223). No séc. XIII, os Evangelhos em etíope foram drasticamente reelaborados sob influência árabe proveniente do Egito; são conhecidos apenas dois mss. da tradução não revisada dos Evangelhos do séc. V. Os estudos críticos da versão etíope são limitados quanto ao escopo.

155 (B) Versões da Ásia ocidental. A tradução armênia do início do séc. V depende muito de formas siríacas pré-Peshitta, mas ela foi subsequentemente reelaborada a partir do grego. Uma edição crítica de Dt em armênio foi publicada por C. E. COX (Univ. of Penn. Armenian Texts and Studies 2; Chico, 1981). A versão ibero-georgiana teve um primeiro período, no séc. V, quando se baseou principalmente em textos armênios de origem siríaca, mas a partir do séc. VII todos os textos georgianos se conformaram a modelos gregos. As versões árabes, embora de interesse histórico e úteis na reconstrução do *Diatessarão* e da tradução siro-hexaplar do AT (→ 122-23, 128 *acima*), são recentes demais para ter valor muito direto para a crítica textual. Elas representam um amplo conjunto de protótipos em grego, hebraico, siríaco, copta e (para Tb) até mesmo em latim.

("Bible IV: Texts and Versions 15. Ethiopic [E. CERULLI]; 16. Armenian, and 17. Georgian [L. LELOIR]; 18. Arabic [P. P. SAYDON]", *NCE* 2. 458-62. BOTTE, B. e L. LELOIR, *DBSup* 6. 807-18, 825-34. LYONNET, S., "Contribution récente des littératures arménienne et géorgienne à l'exégèse biblique", *Bib* 39 [1958] 488-96. MACOMBER, W. F., *Catalogue of Ethiopian Manuscripts* [muitos vols.; Collegeville, 1975-]. METZGER, *Text* 82-84; *Versions* 153-262. MOLITOR, J., "Die Bedeutung der altgeorgischen Bibel für die neutestamentliche Textkritik", *BZ* 4 [1960] 39-53. ULLENDORFF, E., *Ethiopia and the Bible* [London, 1968]. Quanto a um catálogo de mss. bíblicos armênios, veja A. WIKGREN, *JBL* 79 [1960] 52-56 e referências ali.)

O TEXTO GREGO DO NOVO TESTAMENTO

156 Podemos estudar da melhor forma o problema do texto do NT grego vendo sua formulação no final do séc. IX e a solução clássica então oferecida. Isto nos possibilitará entender qual foi a contribuição das descobertas do séc. XX para solucionar o problema. A dificuldade básica que surge da história do texto do NT é simples. Os livros do NT aceitos como canônicos foram compostos principalmente durante o séc. I d.C., e as coleções importantes (Epístolas paulinas, Evangelhos; → Canonicidade, 66:58, 62) tomaram forma durante o séc. II. Mas as mais antigas cópias do NT grego disponíveis aos pesquisadores do séc. IX eram os Grandes Códices Unciais dos sécs. IV e V. Estes códices não tinham a mesma leitura em algumas passagens do NT. O primeiro problema, então, era determinar qual dos códices continha o melhor texto existente do NT. O segundo problema era determinar quanta alteração ocorrera nos 200 a 300 anos entre a composição e coleção dos livros do NT (em aproximadamente 50-150 d.C. para os livros mais importantes) e as mais antigas cópias remanescentes (350 d.C.). Em outras palavras, quando se tinha descoberto o "melhor" texto, quão fiel ele era ao original?

157 (I) O problema do melhor texto. Sob este título, trataremos da crítica textual antes do séc. XX.

(A) Grandes Códices Unciais. Estes foram mencionados na exposição sobre a LXX (→ 93-97 *acima*), pois estes códices geralmente contêm toda a Bíblia em grego. Aqui listamos os quatro mais importantes para o estudo do NT, indicando com cada um a letra comumente usada para designá-lo e o tipo de texto que representa (quanto a estes tipos de texto, → 167, 171-76 *abaixo*). Quanto a páginas fac-símile e breve análise, veja *MMGB* 74-79, 86-91.

O Códice Vaticano (B): meados do séc. IV. O mais antigo dos grandes códices, ele perdeu a última parte do NT (Hb 9,14 em diante; Pastorais e Ap). Um escriba copiou todo o NT, mas um corretor posterior reescreveu cada letra, omitindo letras e palavras que considerava incorretas. Ele é alexandrino quanto à origem e ao tipo de texto. No séc. XIV, foi levado por gregos de Constantinopla para o Concílio de Florença (→ Pronunciamentos da Igreja, 72:10), provavelmente como um presente para o papa, daí sua presença na Biblioteca do Vaticano. Um volume em fac-símile fotográfico do NT (1968) foi dado a cada bispo do Concílio Vaticano II. Veja C. Martini, *Il problema* (→ 179 *abaixo*); J. Šagi, *DthomP* 75 (1972) 3-29; T. C. Skeat, *JTS* 35 (1984) 454-65.

O Códice Sinaítico (S ou ℵ): meados do séc. IV. Este é o único grande códice que contém todo o NT, mais *Barn* e *Herm* (→ A Protoigreja, 80:41, 43). Dos três escribas da mesma escola que o escreveram, um copiou quase todo o NT aparentemente por ditado. Houve equívocos ortográficos e omissões, e nada menos de nove correções entre os sécs. IV e 12. Ele foi descoberto por C. von Tischendorf, em 1844, no monastério de Santa Catarina, na Península do Sinai, levado para a Rússia e, então, vendido ao Museu Britânico em 1933. Novas páginas foram descobertas no monastério de Santa Catarina em 1975. (Veja J. Bentley, *Secrets of Mt. Sinai* [Garden City, 1986]; Reumann, *Romance* 145-62.). O texto de S concorda com B (Alexandrino) nos Evangelhos e em At, embora em outras partes tenha leituras ocidentais. Veja G. D. Fee, *NTS* 15 (1968) 22-44.

O Códice Alexandrino (A): início do séc. V. Embora contivesse outrora todo o NT, partes como Mt 1-24; Jo 7-8; 2Cor 4-12 se perderam. O códice também continha 1 *Clem*, 2 *Clem* (agora parcialmente perdida) e *SlSal* (perdido). Pelo menos dois escribas o copiaram, com diversos corretores (um contemporâneo com o original). Nos Evangelhos, A tem um texto bizantino; no restante do NT, ele é alexandrino (com B e S); um corretor introduziu leituras ocidentais. Ele foi enviado pelo patriarca de Alexandria como um presente ao rei inglês (chegando em 1627 sob Carlos I).

O Códice de Beza (D): séc. V. Este códice (sem o AT), escrito no norte da África ou Egito, contém Mt, Jo, Lc, Mc, 3Jo e At – em latim e grego em páginas opostas. Aparentemente ele foi copiado por um escriba, que não dominava em ambas as línguas e assimilou o texto grego ao latino e vice-versa. Houve nove corretores. Ele foi adquirido em 1562 por T. de Bèze (Beza), o reformador francês de Genebra, daquilo que foi saqueado do monastério de Santo Irineu e apresentado à Universidade de Cambridge em 1581. Nenhum manuscrito conhecido do NT possui tantas leituras peculiares; porém, embora misturado, ele é o principal representante da tradição textual "ocidental". Veja C. K. Barrett in Best (ed.), *Text* 15-27; E. J. Epp, *The Theological Tendency of Codex Bezae Cantabrigiensis* (Cambridge, 1966); G. E. Rice, *PRS* 11 (1984) 39-54; J. D. Yoder, *Concordance to the Distinctive Greek Text of Codex Bezae* (NTTS 2; Leiden, 1961).

158 Existem também alguns códices menos importantes que o estudante deveria conhecer. (Quanto a uma lista mais completa, veja *ATNT* 102-25.)

O Códice Ephraemi Rescriptus (C): séc. V. Como sugere o nome, este é um palimpsesto – uma escrita anterior lavada ou raspada, sendo a pele reutilizada para uma escrita posterior. Neste caso, a escrita posterior consistiu das obras de Efraim, copiadas no séc. XII; a anterior era uma cópia da Bíblia em grego do séc. V, com cerca de três quintos do NT preservados. Houve dois corretores, nos sécs. VI e IX. Fez-se uma coleção de suas leituras do NT em 1716. O texto é frequentemente bizantino. Veja R. W. Lyon, *NTS* 5 (1958-59) 266-72; *ATNT* 12.

O Códice Washingtoniense I (W): final do séc. IV ou início do séc. V. É o mais importante ms. bíblico nos Estados Unidos (Smithsonian). Adquirido no Egito, em 1906, por C. L. Freer, ele contém os quatro Evangelhos na ordem ocidental (Mt, Jo, Lc, Mc). Foi copiado a partir de vários mss. mais antigos diferentes. Sua conclusão de Mc (após 16,14) é peculiar e importante. Veja *MMGB* 84-85.

O Códice Koridetiano (Θ): séc. IX. Escrito numa caligrafia imperfeita, ele recebe seu nome do monastério do escriba Koridethi, situado próximo ao extremo leste do Mar Negro. Contém os Evangelhos e leituras significativas, especialmente em Mc. H. von Soden chamou a atenção dos pesquisadores para ele em 1906; ele deu apoio à tese da existência de uma família textual cesariana. Veja *MMGB* 100-1.

159 Qual foi a importância destes códices para o estudo textual e para a tradução antes dos tempos modernos? Infelizmente, os mais antigos e melhores dos grandes códices (B e S) se tornaram disponíveis aos pesquisadores apenas no séc. XIX – S não era conhecido até então; B não esteve disponível em cópias precisas até a edição de 1867 (fac-símile fotográfico em 1889-90). Por outro lado, os códices D e A estavam disponíveis desde a Reforma, mas mesmo eles não foram o principal suporte de estudos do NT grego mais antigos.

160 (B) O Textus Receptus. A chave para o estudo do NT grego, do séc. VI ao XIX, é o *Textus Receptus* (TR), mas para explicar sua origem temos de examinar a história do NT após a escrita dos Grandes Códices. Vimos *acima* (→ 91) que houve uma revolução na caligrafia no séc. IX, quando os escribas passaram de unciais para minúsculas. Vê-se o impacto prático disto no fato de que, em comparação com aproximadamente 260 mss. unciais distintos do NT grego que sobreviveram, conhecem-se em torno de 2.800 mss. minúsculos. Assim, o número de mss. dos 500 anos entre a mudança na escrita e a invenção da imprensa (em 1450) é mais de dez vezes maior que o número de manuscritos sobreviventes dos 500 anos antes da mudança. Quando a imprensa foi inventada, havia muitos manuscritos do NT grego disponíveis, mas a maioria deles representava uma tradição textual posterior e inferior (como se tornaria evidente aos pesquisadores séculos mais tarde).

161 Em 1514, o cardeal Ximenes foi responsável pela primeira impressão do NT grego, como parte de sua Bíblia Poliglota Complutense (hebraico-aramaico-grego-latim em colunas paralelas), mas ela só foi publicada em 1522. O primeiro NT grego impresso foi o do católico holandês Erasmo, em 1516 – uma edição baseada em apenas seis ou sete mss., e cheia de erros de impressão. Em vez de tentar um texto grego independente, Erasmo estava oferecendo ao leitor da versão em latim a oportunidade de descobrir se ela era apoiada pelo grego (veja H. J. de Jonge, *JTS* ns 35 [1984] 394-413). Para as pequenas partes do NT para as quais não tinha nenhum manuscrito grego, Erasmo simplesmente traduziu da Vulgata o que pensava ser o grego! O editor-impressor protestante Robert Estienne, ou Estéfano, produziu edições de Erasmo de 1546 em diante, baseado numa forma corrigida posterior, mas usando mais mss. e introduzindo um aparato crítico para indicar leituras diferentes encontradas em vários manuscritos. A edição de 1557 foi a primeira a incluir uma enumeração dos versículos dentro dos capítulos. O texto grego de Erasmo e de Estéfano tornou-se o *Textus Receptus* no qual todas as traduções vernaculares protestantes se basearam até o séc. IX (B. Reicke, *TZ* 22 [1966] 254-65). Lutero usou a 2ª edição erasmiana de 1519 (veja Reumann, *Romance* 55-92). Na Inglaterra, a 3ª edição de Estéfano (1550) tornou-se muito popular em círculos eruditos.

Infelizmente esta tradição textual muito influente não estava baseada no que hoje consideraríamos bons mss. Popularizada nos mss. minúsculos, ela foi a tradição dominante em Constantinopla a partir do séc. V e foi usada por toda a igreja bizantina (daí o nome "bizantina" dada à tradição). Ela representava um texto do NT fortemente revisado no qual os escribas procuraram suavizar dificuldades estilísticas e combinar leituras variantes. Isto significa, nas palavras do prefácio da *RSV*, que o NT da *KJV* "se baseou num texto grego que estava desfigurado por equívocos, contendo erros acumulados de 14 séculos de cópia manuscrita". Curiosamente, em muitas passagens, particularmente nos Evangelhos, os católicos estavam melhor supridos com leituras corretas que os protestantes, pois, embora o NT católico de Rheims (→ 208 *abaixo*) fosse uma tradução de "segunda mão" do latim, os Evangelhos da Vulgata frequentemente refletiam um texto grego melhor do que aquele que estava por trás da *KJV* (→ 141 *abaixo*).

162 (C) A diferenciação das tradições textuais. O reconhecimento das limitações do TR veio lentamente. Quando o Códice A tornou-se disponível no século seguinte (XVII), ele apenas reforçou o respeito pelo TR, pois quis o destino que nos Evangelhos A fosse o mais antigo exemplo do mesmo texto bizantino inadequado. É verdade que o Códice D tinha um texto diferente, mas D era tão peculiar que foi considerado uma anomalia produzida por corrupção. T. Beza, o proprietário de D, publicou nove edições do NT grego entre 1565 e 1604; e, embora oferecesse mais aparato textual que Estéfano, ele popularizou o TR no corpo de seu texto. Foi por meio das edições de Beza de 1588-89 e 1598 que o TR influenciou os tradutores da *KJV*. Os irmãos Elzevir publicaram um NT tirado da edição de Beza e, no prefácio à sua edição de 1633, eles falaram do *"textum...* nunc ab omnibus *receptum"*, daí o nome *"Textus Receptus"*.

163 (a) *Primeiras tentativas.* Um século mais tarde, na Inglaterra, E. Wells publicou o primeiro NT grego completo (1709-19) que abandonou o TR em favor de mss. mais antigos. Sua obra, a de R. Bentley (1720 – que tachou o TR de Estéfano de "o papa protestante") e a de D. Mace (1729) sofreram severa oposição dos apoiadores do TR e logo foram esquecidas. O apoio ao TR tornou-se uma marca de ortodoxia religiosa!

164 Um estágio totalmente novo na crítica textual do NT grego teve início quando se tornou claro para os pesquisadores que havia *tradições* (e não meramente mss.) diferentes da que era representada pelo TR, e que os mss. deveriam ser classificados como pertencentes a uma ou a outra tradição. Em 1725, o luterano J. A. Bengel iniciou a classificação textual distinguindo entre a "nação" africana de documentos mais antigos e a nação asiática posterior (constantinopolitana). O NT grego de Bengel (1734) mostrava em sua margem com que frequência as leituras dos mss. mais antigos deveriam ser preferidas às do TR. Ele também padronizou a pontuação do NT e dividiu o NT em parágrafos. J. J. Wettstein (1751-52) começou a usar letras romanas maiúsculas para indicar mss. unciais – um sistema ainda usado. Mais tarde, no mesmo século, J. S. Semler adaptou a classificação de Bengel a uma distinção entre uma recensão oriental feita por Luciano de Antioquia e uma ocidental ou egípcia feita por Orígenes (→ 87 *acima*). Finalmente, Semler e seu aluno J. J. Griesbach aceitaram um triplo agrupamento em tradição ocidental, alexandrina e constantinopolitana.

165 De fato, é possível dizer que Griesbach (1745-1812) colocou a crítica textual sobre bases verdadeiramente científicas e lançou os fundamentos de todas as obras subsequentes. Ele ofereceu 15 cânones de crítica textual que capacitaram os pesquisadores a decidir sobre a melhor leitura. Um desses cânones era: "A leitura mais curta [a não ser que careça inteiramente da autoridade de testemunhas antigas e importantes] deve ser preferida à mais prolixa". Ele reconheceu em sua tripla classificação das tradições que a constantinopolitana, representada nos Evangelhos pelo Códice A e seguida pelo TR, era uma compilação posterior feita a partir dos textos alexandrino e ocidental.

166 No século XIX, na Alemanha, K. Lachmann publicou um NT grego (1831) que rompeu claramente com o TR e foi construído diretamente a partir de manuscritos antigos. O mesmo se aplicava ao NT de S. P. Tregelles na Inglaterra (1857-72). Os mss. descobertos por C. von Tischendorf – por exemplo, o Códice S – deram aos pesquisadores muito mais recursos para trabalhar, de modo que Metzger (*Text* 126) não hesita em descrever Tischendorf como "o homem a quem a moderna crítica textual do Novo Testamento mais deve". A própria edição de Tischendorf do NT grego (8ª ed., 1869-72) deu grande importância a S. (→ Crítica do NT, 70:15; I. A. Moir, *NTS* 23 [1976-77] 108-15.)

167 (b) *Westcott e Hort*. Este progresso atingiu seu ponto culminante na esplêndida contribuição dos pesquisadores de Cambridge B. F. Westcott e F. J. A. Hort (por isso W-H), uma contribuição monumentalizada no *The New Testament in the Original Greek* (1881-82). Com os Códices B e S agora disponíveis, W-H conseguiram classificar as testemunhas do texto do NT em quatro grupos principais (quanto à importância e nomenclatura do agrupamento dos manuscritos do NT, veja E. C. Colwell, *NTS*4 [1957-58] 73-92):

(i) *Neutro*, representado por B, S e alguns minúsculos. Esta era a forma mais pura e mais antiga do texto, pois ele não tinha sido revisado sistematicamente. Era a propriedade comum de toda a igreja oriental (o nome "neutro" sugere que suas variantes não podem ser atribuídas a uma situação histórica ou localidade particular).

(ii) *Alexandrino*. O texto Neutro, preservado no centro literário grego de Alexandria, passou por um retoque na linguagem e no estilo nas mãos dos escribas. Isto é evidente nas citações escriturísticas dos Padres alexandrinos (Orígenes, Cirilo), no Códice C e nas versões coptas.

(iii) *Ocidental*, representado por D, SA e VL (→ 124, 142 *acima*). Esta tradição surgiu muito cedo, talvez antes de 150, e foi usada por Taciano, Marcião, Justino e os Padres ocidentais. Os escribas da tradição ocidental exibiam considerável liberdade tanto para mudar quanto acrescentar. O texto surgiu num período em que o NT era usado para a edificação, e se fazia necessária a explicação. Por isso, glosas explicativas foram introduzidas no texto. Leituras apoiadas apenas pela tradição ocidental devem ser rejeitadas.

(iv) *Sírio*, representado por A nos Evangelhos, pelos minúsculos e por toda a tradição bizantina. Esta forma textual apareceu no final do séc. IV em Antioquia, talvez originada do trabalho redacional de Luciano († em 312; → 87 *acima*). Ele foi levado para Constantinopla (por João Crisóstomo?) e então disseminado por todo o império bizantino. Ele era fortemente marcado por leituras combinadas, *i.e.*, se o texto Neutro tinha uma leitura e o Ocidental outra, o Sírio combinava as duas. Foi a última das quatro tradições textuais e a mais deficiente.

168 Esta teoria de W-H representou uma contestação frontal do TR, pois este era obviamente uma testemunha da tradição síria. O NT de W-H dependia fortemente de B e S e diferia do TR em um grande número de versículos. A teoria foi duramente atacada, mas ela produziu frutos práticos na *Revised Version* (*RV*; → 199 *abaixo*) da Bíblia em inglês. Se a *King James* era uma tradução do *TR*, a *RV* e a subsequente *RSV* foram fortemente influenciadas por princípios semelhantes aos do NT de W-H. Como o expressa Greenlee (*Introduction* 78): "A teoria textual de W-H subjaz virtualmente a todo trabalho na crítica textual do NT". (Veja B. M. Metzger, *Cambridge Review* [nov. 1981] 71-76; G. A. Patrick, *ExpTim* 92 [1981] 359-64.)

169 Na Alemanha (1894-1900), Bernhard Weiss editou um NT grego, também fortemente dependente de B, e, embora seus métodos críticos fossem próprios, o produto final foi muito semelhante ao de W-H. Isto foi importante, porque a edição popular de bolso de Nestle (que reflete a obra de Eberhard Nestle e, subsequentemente, de Erwin Nestle, na primeira metade do séc. XX) originou-se das edições de Tischendorf, W-H e Weiss e, assim, de uma tradição que rejeitava o TR – mas, atenção, uma tradição fortemente dependente da pesquisa do séc. XIX. Por outro lado, o NT de A. Souter (1910) na Inglaterra, o de H. von Soden (1913) na Alemanha e a edição católica de H. J. Vogels (1920; 4ª ed. 1955) levaram mais seriamente em conta a tradição textual síria. Em particular, o extraordinário trabalho de Soden na crítica do NT identificou três tradições: o texto *Koine* (= Sírio de W-H), o texto Hesiquiano (= Neutro e Alexandrino) e o texto de Jerusalém (= Ocidental e outros); e von Soden aceitou com frequência o acordo de dois (quaisquer que fossem) dos três dando assim bastante peso à *Koine*. Outras edições católicas críticas, a de A. Merk (1933; 9ª ed. 1964, de autoria de C. M. Martini) e a de J. M. Bover (1943; 5ª ed. 1968), são mais ecléticas, mas não satisfatórias em seus aparatos críticos. (J. O'Callaghan revisou o texto de Bover para sua inclusão no *Nuevo Testamento Trilingüe* [Madrid, 1977].). O leitor observará que, ao acompanhar a história do TR, passamos rapidamente para o séc. XX, o assunto de nossa próxima seção. E, ainda assim, nosso tratamento não chegou realmente a ser uma antecipação, pois, embora seus aparatos críticos fossem melhores, as edições críticas publicadas neste século até 1965 ainda não tinham colocado em prática as descobertas e percepções de nossa época e foram, em grande parte, filhos de seus ancestrais do séc. XIX. (Veja K. Aland em *SE* I. 717-31; também in Best *Texts* 1-14; J. K. Elliott, *Theology* 75 [1972] 338-43; 77 [1974] 338-53; E. J. Epp, *JBL* 93 [1974] 386-414; R. L. Omanson, *BT* 34 [1983] 107-22; F. Pack, *ResQ* 26 [1983] 65-79. Tabelas comparativas em *ATNT* 25-30.)

170 (II) O problema do texto mais antigo. Se W-H estabeleceram definitivamente que, em geral, a tradição "Neutra" de B e S deve ser preferida à tradição Síria de A (nos Evangelhos) e dos minúsculos, sua teoria, no entanto, teve de ser modificada em sua suposição de que a tradição de B e S seja verdadeiramente neutra e verdadeiramente o texto mais antigo. Esta modificação aconteceu mediante um estudo mais detalhado do agrupamento dos mss. e mediante uma série de novas descobertas. E, assim, chegamos ao segundo dos dois problemas que vimos no início dessa exposição (→ 156 *acima*), cuja resposta nos possibilita examinar a crítica textual no séc. XX. (Levantamentos em H. H. Oliver, *JBR* 30 [1962] 308-20; B. M. Metzger, *ExpTim* 78 [1976] 324-27, 372-75; E. J. Epp, *HTR* 73 [1980] 131-51; quanto a novas edições críticas do NT, → 187 *abaixo*.)

171 (A) Classificação revisada das tradições. Os nomes dados aos grupos de mss. por W-H foram mudados e os grupos, reavaliados. A obra de B. H. Streeter, *The Four Gospels: A Study of Origins* (1924), é extremamente importante aqui.

172 (i) *Alexandrino*. A divisão de W-H entre Neutro e Alexandrino foi abandonada, e se prefere o nome "Alexandrino" para designar o grupo combinado. Nenhum grupo de textos possui uma descendência não contaminada dos originais. Já havia muita editoração no texto representado por B, ainda que ele já existisse por volta do final do séc. II. S é apenas parcialmente Alexandrino; por exemplo, em Jo 1-8, S tem muitas leituras Ocidentais. Quanto à possibilidade de um texto Alexandrino tardio diferente daquele que consta em B, veja C. M. Martini, *NTS* 24 [1977-78] 285-96.

173 (ii) *Ocidental*. W-H usaram esta classificação para designar tudo que não se encaixasse no Neutro e no Sírio. A listagem das versões da SA [= Siríaca Antiga] aqui era curiosa, pois ela significava que a tradição textual mais oriental pertencia ao grupo Ocidental. (Isto era explicado rastreando-se o elemento Ocidental na versão siríaca até Taciano [→ 122 *acima*], que tinha vivido em Roma.). Mas outras dúvidas acerca da unidade da tradição foram levantadas pelo reconhecimento de leituras Ocidentais em S, um códice egípcio, e em P[66] (→ 179 *abaixo*), um papiro egípcio do final do séc. II. Num levantamento da pesquisa sobre o texto Ocidental, A. F. J. Klijn (*NovT* 3 [1959] 1-27, 161-73) afirmou que todo manuscrito Ocidental exibe mistura e que nunca houve um texto Ocidental, embora haja leituras ocidentais. (Veja também as dúvidas em *ATNT* 54-55.). Em todo caso, sabemos que alguns dos elementos que W-H consideraram Ocidentais são tão antigos e estão tão radicados no Egito quanto a tradição Alexandrina. Quanto à Antiguidade, entre os que atribuem o texto Ocidental mais longo de At ao próprio Lucas estão M.-É Boismard e A. Lamouille, *Le texte occidental des Actes des Apôtres* (2 vols.; Paris, 1984-85), e R. S. Mackenzie, *JBL* 104 (1985) 637-50. Mas a preferência de W-H por algumas leituras Ocidentais mais curtas nos Evangelhos ("Não-Interpolações Ocidentais") foi amplamente rejeitada; veja K. Snodgrass, *JBL* 91 (1972) 369-79; G. E. Rice in *Luke-Acts: New Perspectives* (ed. C. H. Talbert; New York, 1984) 1-16; porém cf. M. C. Parsons, *JBL* 105 (1986) 463-79.

174 (iii) *Cesariana*. Esta é uma nova família textual. Em 1877, W. H. Ferrar e T. K. Abbott isolaram quatro mss. minúsculos medievais dos Evangelhos (13, 69, 124, 346), chamados de Grupo ou Família Ferrar 13, que possuíam uma ascendência comum. Em 1902, K. Lake isolou um outro grupo de mss. dos Evangelhos (1, 118, 131, 209), chamado de Grupo ou Família Lake. Em 1906, chamou-se atenção para o Códice Koridetiano (→ 158 *acima*), que teria conexão com ambas as famílias. Streeter sustentou que todos eram testemunhas de um tipo de texto dos Evangelhos usado por Orígenes quando esteve em Cesareia, daí o nome dado à tradição. Lake e outros (*HTR* 21 [1928] 207-404) corrigiram a hipótese de Streeter ao mostrar que o texto veio de Alexandria. Eles também salientaram que o texto "Cesariano" era a base das versões Armênia Antiga, Georgiana Antiga e Siro-Palestinense (→ 155, 130 *acima*). Subsequentemente, a publicação de P[45] (→ 179 *abaixo*) acrescentou um papiro às testemunhas para o texto "Cesariano", mas era uma testemunha egípcia que antedatava a estada de Orígenes em Cesareia! Muitos pesquisadores contestaram a identificação desta tradição textual por parte de Streeter-Lake, e, num estudo cuidadoso, B. M. Metzger (*Chapters* 42-72) mostrou que ela precisava ser modificada. A testemunha "Cesariana" pode ser dividida em dois grupos, um pré-cesariano do Egito (Fayum e Gaza), e o outro propriamente cesariano. (Veja T. Ayuso, *Bib* 16 [1935] 369-415; K. e S. Lake, *RB* 48 [1939] 497-505; A. Globe, *NTS* 29 [1983] 233-46; *NovT* 26 [1984] 97-127.). O chamado texto Cesariano de fato surgiu no Egito, no séc. II, e depois foi levado para Cesareia. Os mss., versões e citações patrísticas que o testemunham, testemunham todo um processo de desenvolvimento textual, e não um único texto. Quanto a suas características, este desenvolvimento se situa entre as tradições Alexandrina e Ocidental.

175 (iv) *Bizantino*. Este nome é um tanto preferível a Sírio, Antioquense, Luciânico ou Constantinopolitano. Em 1902, H. von Soden submeteu esta tradição textual a uma análise minuciosa, que revelou como eram complicados os relacionamentos entre suas testemunhas (17 subgrupos!). Em sua edição do NT grego, ele deu valor proporcional a esta tradição, que chamou de *Koine* ou "comum". A suposição de W-H de que o texto Bizantino fosse necessariamente recente, porque combinava leituras Ocidentais e "Alexandrinas" (na terminologia de W-H), teve de ser modificada pela nova apreciação da Antiguidade das leituras ocidentais e sua presença no Egito do séc. II. A ligação de Crisóstomo com o texto Bizantino não é tão simples como se pensava, visto que Crisóstomo também preservou algumas leituras ocidentais. Além disso, a obra de Luciano de Antioquia, considerada a base do texto Bizantino, precisa ser reavaliada em relação ao NT bem como em relação à LXX (→ 87 *acima*). A obra luciânica preservou de muitas maneiras o antigo texto usado no séc. III em Antioquia, como mostram algumas das leituras "Bizantinas" em P^{45} e P^{46} (→ 179 *abaixo*). Em resumo, embora o texto Bizantino e o TR não possam ser preferidos em geral ao texto Alexandrino, algumas das leituras Bizantinas são genuinamente antigas (veja G. D. Kilpatrick em *The New Testament in Historical and Contemporary Perspective* [ed. por H. Anderson e W. Barclay; Festschrift G. H. C. MacGregor; Oxford, 1965] 189-208). Em um importante artigo sobre a recensão luciânica, B. M. Metzger (*Chapters* 39) diz: "[...] a negligência geral para com as leituras antioquenses, que tem sido tão comum entre muitos críticos textuais, é completamente injustificada".

176 M.-É. Boismard (*RB* 64 [1957] 365-67) defende vigorosamente uma quinta classificação, pelo menos nos Evangelhos: o Texto Curto. Este se encontra principalmente no *Diatessarão* de Taciano (→ 122 *acima*), mas é confirmado pelas versões *Vetus Latina*, Siríaca Antiga, Georgiana, Persa e Etíope. Há também traços no latim de D e nas citações dos Evangelhos por parte de Crisóstomo e de Nono de Panópolis. Como o nome indica, ele se caracteriza por leituras curtas, isentas de expressões e palavras explicativas que tornam o fluxo da linguagem mais suave. Boismard considera este Texto Curto muito antigo e antedata os esclarecimentos dos escribas visíveis em todos os nossos códices e papiros. Ele possui muito mais leituras ocidentais do que o texto Alexandrino posterior. Numa série de artigos na *RB* (57 [1950] 388-408; 58 [1951] 161-68), Boismard defendeu estas leituras mais curtas em João, exemplificadas na tradução de *LSB/BJ*. Veja sua obra *Synopse des Quatre Evangiles: Tome III, Jean* (Paris, 1977). Observe que o Texto Curto é frequentemente reconstruído a partir de outras línguas e citações patrísticas (→ 184-86 *abaixo*); ele não pode ser confirmado *consistentemente* em qualquer ms. grego existente.

177 As quatro ou cinco classificações amplamente usadas que mencionamos acima não são as únicas possibilidades. (*ATNT*

155-60 classifica os mss. em cinco categorias que são semelhantes apenas em parte.). Porém, no esforço atual de reorganizar os agrupamentos de W-H, constatamos que todas as tradições consideradas possuem raízes antigas, pois havia no ano 200 d.C. mss. dos Evangelhos, no Egito, com algumas leituras características de cada tradição textual. O problema de como tais leituras diferentes se desenvolveram entre a composição das obras do NT e 200 encontra uma resposta no que aprendemos da transmissão nos Manuscritos do Mar Morto (→ 37 *acima*), a saber, que no período inicial há menos uniformidade na transmissão de uma obra sagrada – apenas mais tarde um texto *fixado* torna-se parte do entendimento do texto sagrado. (Veja J. A. Sanders, "Text and Canon...", in *Mélanges D. Barthélemy* [ed. P. Casetti *et al.*; Fribourg, 1981] 375-94.). O séc. II também foi um período em que a situação social do cristianismo favorecia mais a cópia particular do que o trabalho mais exato de escribas profissionais. Assim, *ATNT* (51) descreve o séc. II como uma época em que ampliações livres eram permitidas, visto que o *texto* do NT ainda não era canônico, ainda que os livros do NT estivessem se tornando canônicos. Quando um grande códice foi copiado no séc. IV (na igreja após Constantino), os escribas instruídos escolheram o melhor texto disponível daquele período, por exemplo, os escribas do Códice Vaticano tinham um tipo de texto P^{75} para os Evangelhos, mas um tipo de texto P$^{45-46}$ mais livre para as epístolas paulinas, de modo que a parte dos Evangelhos no códice é melhor, pelos padrões modernos, que a parte das Epístolas. (Quanto a estes tipos de textos em papiro, → 179 *abaixo*). Em outras palavras, qualquer códice do séc. IV ou ms. posterior reflete as variações textuais introduzidas no período inicial. Mas estamos nos antecipando, pois necessitamos expor as descobertas que tornaram possível esse discernimento.

178 (B) Novas descobertas. Enquanto os Grandes Códices Unciais dos sécs. IV e V permaneceram as principais testemunhas da tradição textual, a distância entre a composição/coleção do NT e as mais antigas cópias disponíveis era grande demais para permitir muita precisão quanto à origem das diferenças nas cópias. Os principais fatores que mudaram a situação foram as descobertas de mss. de papiro do texto do NT, análises confiáveis das versões antigas e uma apreciação correta das citações patrísticas.

179 (a) *Papiros*. É relativamente pequena a probabilidade da descoberta de grandes códices em pergaminho do NT mais antigos que B ou S, visto que a maioria das bibliotecas que poderiam tê-los abrigado foram vasculhadas pelos pesquisadores. Mas o Egito produziu e continua produzindo um número notável de fragmentos de papiros e cópias de livros individuais do NT. Desde 1890, descobriram-se em torno de 90 mss. de papiro de livros do NT, datando do séc. II ao séc. VIII. (Veja K. Aland, *Repertorium der griechischen christlichen Papyri* [Berlin, 1976]; W. Grunewald [ed.] *Das Neue Testament auf Papyrus* [ANTF 6; Berlin, 1986-].). Quanto a uma listagem completa de papiros, veja *ATNT* 96-101; alguns dos mais importantes são:

P^5: (Museu Britânico, Papiro 782), encontrado em Oxirrinco em 1896. Ele consiste de duas folhas de um códice em papiro do séc. III com o texto de Jo 1 e 20. Concorda com B e S.

P^{45}: (Chester Beatty, Papiro I), publicado em 1933. Ele consiste de trechos de 30 folhas de um códice do início do séc. III, que preserva partes dos Evangelhos e At. Seu texto é intermediário entre o Alexandrino e o Ocidental, e em Mc ele está mais perto do Cesariano.

P^{46}: (Chester Beatty, Papiro II), em parte em Dublin, em parte na Universidade de Michigan. Ele consiste de 86 folhas de um códice (por volta de 200) que continha as epístolas paulinas, inclusive Hb (após Rm – em ordem decrescente de extensão), mas não as Pastorais. O texto deste papiro, quase

150 anos mais antigo que B ou S, está muito próximo da tradição Alexandrina, exceto em Rm, onde há muitas leituras ocidentais. A doxologia de Rm (16,25-27) aparece no final do cap. 15! (*MMGB* 64-65; J. D. Quinn, *CBQ* 36 [1974] 379-85).

P^{52}: (Rylands, Papiro 457), publicado em 1935. Ele consiste de um pequeno fragmento sobre o qual estão escritos quatro versículos de Jo 18. Sua importância está em sua data, cerca de 135 – a mais antiga cópia de um livro do NT já encontrada, que tornou impossíveis as teorias de uma data no final do séc. II para Jo (*MMGB* 62-63).

P^{66}: (Bodmer, Papiro II), publicado em 1956, 1958 e revisado em 1962. Ele contém trechos consideráveis de Jo de aproximadamente 200; é uma mistura de tipos textuais, mas talvez mais próximo de S (G. D. Fee, *Papyrus Bodmer II* [SD 34; Salt Lake City, 1968]; M. Mees, *BZ* 15 [1971] 238-49; K. Aland, *NTS* 20 [1973-74] 357-81; *MMGB* 66-67).

P^{72}: (Bodmer, Papiros VII-VIII), publicados em 1959. Datados dos sécs. III e IV, estes códices em papiro contêm Jd e 1-2Pd misturadas com obras não canônicas, refletindo talvez o fato de que estas epístolas ainda não tinham alcançado *status* canônico. Aparentemente preparada mais para o uso particular do que o eclesiástico, foi obra de quatro escribas. O texto concorda com B e o copta saídico (veja F. W. Beare, *JBL* 80 [1961] 253-60).

P^{75}: (Bodmer, Papiros XIV-XV), publicados em 1961. Este códice em papiro, do início do séc. III, contém Lc 2,18-18,18 e Lc 22,4 a Jo 15,8. Ele concorda com B e o saídico. (Veja C. L. Porter, *JBL* 81 [1962] 363-76; C. M. Martini, *Il problema della recensionalità del codice B alla luce del papiro Bodmer XIV* [AnBib 26; Roma, 1966]; K. Aland, *NTS* 22 [1975-76] 375-96; S. A. Edwards, *NovT* 18 [1976] 190-212; *MMGB* 68-69; M. C. Parsons, *JBL* 105 [1986] 463-79.)

180 Que luz esses papiros lançaram sobre a teoria de Westcott e Hort? Primeiro, eles provam que W-H estavam certos na hipótese de que o texto encontrado em B do séc. IV realmente se originou de um período muito mais antigo. P^{72} e P^{75} são evidências de que um texto muito semelhante ao de B já existia por volta de 200 d.C. e até antes. Mas uma comparação entre P^{66} e P^{75} é muito instrutiva. Ambos são mss. de Jo, de cerca de 200, mas enquanto P^{75} concorda com B, P^{66} frequentemente concorda com S (o qual em Jo 1-8 está próximo a D e à tradição Ocidental). Se P^{66} mostra a Antiguidade de algumas leituras ocidentais, P^{45} é útil em mostrar a existência e a Antiguidade de leituras cesarianas. Assim, de um outro modo, os papiros também exigiram algumas mudanças essenciais na classificação de Westcott e Hort.

181 (b) *Versões Antigas*. As versões do NT da Siríaca Antiga e da *Vetus Latina* datam do final do séc. II; a versão copta saídica data do início do séc. III. Desse modo, essas versões são quase 200 anos anteriores aos Grandes Códices Unciais e são contemporâneas de muitos papiros. Se pudermos estabelecer o tipo de NT grego do qual foram traduzidas, elas poderão ser instrumentos realmente úteis na busca pelo texto mais antigo. Os pesquisadores compreenderam a importância das versões no estabelecimento do texto do NT grego muito antes do séc. XX. O estudo das peculiaridades da VL influenciou a primeira diferenciação da tradição textual feita por Bengel (→ 164 *acima*). Mas somente no séc. XX foi possível usar as versões de um modo realmente científico. Uma rápida olhada na exposição sobre a SA, a VL e particularmente a copta acima (→ 124, 142, 151) mostrará que, na maioria dos casos, as descobertas básicas ou a publicação de edições críticas dessas versões pertencem ao séc. XX. Veja, por exemplo, J. K. Elliott, *NovT* 26 (1984) 225-48 quanto ao uso da LA.

182 É interessante o impacto dos estudos atuais destas versões sobre a teoria de Westcott e Hort. As versões coptas saídica e boaírica apresentam evidências de leituras de várias tradições textuais. Em Jo, por exemplo, em geral elas tendem ao uso do Alexandrino, concordando com B e P^{75}, mas nos capítulos iniciais de Jo também há leituras que concordam com S e, assim, com uma tradição Ocidental. Já mencionamos leituras ocidentais na cópia de At do médio egípcio (→ 152 *acima*). A VL, especialmente os manuscritos africanos, tendem às leituras ocidentais, concordando com D, mas há certos manuscritos da VL, como o Códice Veronense em Jo 9,22ss., que concordam em parte com a tradição Alexandrina. Em geral, a SL tende às leituras ocidentais. As versões Armênia Antiga e Georgiana Antiga (→ 155 *acima*), antes de serem retocadas, tinham muitas leituras cesarianas. Desse modo, como no caso dos papiros, as evidências das antigas versões mostram que os textos gregos nos quais estavam baseadas eram de tradições diferentes.

183 Recentemente deu-se particular atenção ao *Diatessarão* de Taciano (→ 123 *acima*). Para H. von Soden, Taciano foi a fonte das corrupções e das ampliações que existiram nos mss. gregos posteriores. Mas Boismard procurou mostrar que Taciano usou um Texto Curto muito antigo de passagens dos Evangelhos e exerceu grande influência sobre a VL e a SA. Certamente, se o texto perdido de Taciano fosse descoberto ou reconstruído com segurança, ele talvez fornecesse a chave para explicar por que existiram tradições tão divergentes por volta de 200 d.C., pois Taciano surge precisamente entre o período de composição/coleção e o de nossos mais antigos grandes mss. em papiro. Mas a maioria dos pesquisadores estão menos dispostos que Boismard a depender tão grandemente de um *Diatessarão* que tem de ser reconstruído com base nas evidências contaminadas agora disponíveis. Quanto à dubiedade das leituras do *Diatessarão*, veja O. C. Edwards, *StudP* 16 (TU 129; Berlin, 1985) 88-92.

184 (c) *Citações Patrísticas*. Muitos Padres escreveram nos 200 anos que antecedem os Grandes Códices Unciais, e suas citações do NT são valiosas na reconstrução das formas do texto grego que circulava neste período mais antigo. Mais uma vez, um estudo de citações patrísticas do NT não constitui uma novidade. De fato, visto que se sabia que os Padres estavam associados a cidades antigas, seu uso de um texto específico foi o mais importante fator avulso na decisão quanto ao local com que uma tradição textual deveria estar ligada. Assim, o uso geral dos Padres alexandrinos determinou o nome "Alexandrino" do texto representado pelo Códice B e pelos mss. coptas. Vimos que a estadia de Orígenes em Cesareia deu um nome um tanto incorreto à tradição Cesariana (→ 174 *acima*). O fato de Cipriano ter sido bispo no norte da África e o texto que ele usou ter sido o mesmo do Códice Bobiense da VL sugeriu a divisão dos manuscritos da VL em africanos e europeus.

185 No séc. XX, contudo, havia armadilhas não descobertas no discernimento do texto grego exato subjacente às citações patrísticas. O Padre estava citando as Escrituras de memória, por aproximação ou alusão, ou tinha um texto escrito diante de si? Mesmo no último caso, sua época era a de fluidez textual, anterior à de um texto "canônico" fixado? Há também o perigo de que, ao copiar um escrito patrístico, um escriba posterior tenha completado as citações da Escritura a partir do texto disponível a ele (e, assim, de um texto posterior). (Este é um modo de explicar como a mesma citação aparece de formas diferentes nos escritos do mesmo Pai.). Com frequência, os Padres comentam as Escrituras de modo sistemático, indicando no título de uma homilia ou de um capítulo a passagem que estavam comentando. Mas escribas posteriores adaptaram estes títulos escriturísticos à forma da Escritura em uso em sua própria época, e somente um estudo cuidadoso da própria homilia ou comentário dará a entender que o Padre não estava usando a forma exata da passagem que agora está no título de seu tratado. Um índice de vários vols. de citações patrísticas da Escritura foi editado por A. Benoit e P. Prigent (Paris, 1975-). *ATNT* (166-80) contém advertências metodológicas e uma lista descritiva dos Padres da Igreja gregos; uma lista de Padres latinos e orientais está nas páginas 210-17.

186 M.-É Boismard apelou às citações patrísticas para apoiar sua teoria do Texto Curto dos Evangelhos (→ 176 *acima*). Por exemplo, Boismard e outros sustentam, com base num testemunho da *Vetus Latina* e de diversas citações patrísticas, que Jo 1,13 reza "aquele que foi gerado" e não "aqueles que foram gerados". O efeito disto é aplicar o v. 13 a Cristo, e não aos cristãos. Mas não há apoio em ms. grego para esta leitura, e pode-se argumentar que tanto a versão quanto as evidências patrísticas às vezes interpretam de um modo livre e pastoral, dando significados cristológicos a passagens que não os têm. Houve considerável crítica ao uso das citações patrísticas por parte de Boismard: G. D. Fee, *JBL* 90 (1971) 163-73; *Bib* 52 (1971) 357-94; B. M. Metzger, *NTS* 18 (1971-72) 379-400.

187 Podemos encerrar esta exposição sobre a crítica textual do NT grego chamando a atenção para uma tendência dominante que produziu um novo "Texto Padrão" (*ATNT* 31-36). K. Aland tornou-se um personagem importante no progresso na edição contínua do NT grego de bolso de Nestle (→ 169 *acima*), por volta de 1950, e introduziu gradativamente novos procedimentos na coleção, classificação e avaliação dos mss., centralizada no Instituto de Pesquisa Textual do NT dirigido por ele e por sua esposa, Bárbara, em Münster. Por volta da mesma época (1955), um comitê internacional, sob o patrocínio das Sociedades Bíblicas Americana, Escocesa e Alemã, começou a trabalhar em um NT grego crítico. A 25ª ed. de Nestle-Aland (1963) e a 1ª ed. do NT grego das Sociedades Bíblicas Unidas (1966) foram, em certo sentido, ambas provisórias, e diferiam uma da outra. Nos anos subsequentes, elas se aproximaram uma da outra e se afastaram mais da abordagem de W-H. A 26ª ed. Nestle-Aland (1979) e a 3ª ed. das Sociedades Bíblicas Unidas (1975) apresentaram o mesmo NT grego (com aparatos diferentes). O número e a qualidade dos colaboradores para este texto padronizado garantiram ampla aceitação, mas outros pesquisadores apontaram dificuldades, até mesmo alertando para o perigo de um outro *Textus Receptus* (Veja H.-W. Bartsch, *NTS* 27 [1980-81] 585-92; J. K. Elliott, *NovT* [1978] 242-77; *JTS* 32 [1981] 19-49; *NovT* 25 [1983] 97-132; *RB* 92 [1985] 539-56.) H. Greeven, ao revisar a *Synopsis of the First Three Gospels* de Huck (Tübingen, 1981), imprimiu um texto grego divergente (*ETL* [1982] 123-39). Em 1984, o Projeto NT Grego Internacional, que trabalhara durante mais de 33 anos para preparar um aparato crítico completo para o *Textus Receptus*, finalmente produziu seus primeiros volumes (sobre Lucas – *NTS* 29 [1983] 531-38). Obviamente, ainda há muito trabalho a ser feito. Veja também B. D. Ehrman quanto a perfis de grupos de documentos (*JBL* 106 [1987] 465-86).

188 Metzger oferece exemplos das regras para a crítica textual aplicadas aos versículos individuais do NT grego (*Text* 207-46) e *ATNT* (275-92). O *TCGNT* de Metzger indica cada problema textual digno de nota versículo por versículo. Por um lado, vale a pena observar que as leituras diferentes, por mais numerosas que sejam, não tocam em qualquer questão essencial da fé cristã. Em termos da quantidade de cópias antigas preservadas e da fidelidade no processo de copiar, o NT é notável, especialmente quando comparado com as obras-primas da literatura greco-romana. Por outro lado, ao passarmos agora a tratar das Bíblias em inglês, a importância prática da exposição acima sobre o texto grego pode ser vista nas mudanças nas edições da *RSV*. Por exemplo, a fórmula eucarística de Lc 22,19c-20, na 1ª ed., foi relegada a uma nota de rodapé, enquanto que a 2ª ed. a colocou no texto do Evangelho – refletindo o afastamento da pesquisa em relação à posição de W-H.

A BÍBLIA EM INGLÊS

Embora um conhecimento das línguas bíblicas originais seja desejável, para a maioria dos leitores a Bíblia será familiar nas traduções. De fato, a reação de alguém a novas traduções da Bíblia é frequentemente um teste de quão bem entende as implicações da moderna crítica bíblica, textual e histórica. Por esta razão é importante um conhecimento da história da Bíblia em inglês, até mesmo além de todas as outras razões de natureza literária e estética.

189 (I) Antes da impressão. O período anglo-saxão presenciou muitas tentativas de traduzir a Bíblia para a língua do povo. No período de um século após a conversão da Inglaterra (em 600 d.C. por Agostinho), surgiram paráfrases e traduções poéticas e em prosa da Bíblia (Caedmon, Aldhelm). Beda providenciou que as Escrituras fossem entregues ao povo comum em sua própria língua; mesmo em seu leito de morte (735), ele se ocupou com a tradução de João. O rei Alfredo (849-901) e o abade Aelfric (955-1020) são outros nomes associados a traduções anglo-saxãs. A conquista normanda (1066) criou a necessidade de uma tradução em anglo-normando, e uma Bíblia completa naquela língua foi produzida.

190 O inglês ainda era a língua do povo, e por volta do séc. IV houve um ressurgimento do inglês como a língua de todas as classes. O período de 1340-1400, a era de Chaucer, presenciou o florescimento do inglês médio. Não há evidências anteriores a 1350 de uma tradução de grandes trechos da Bíblia para o inglês, mas entre 1350 e 1400, mesmo à parte do movimento wyclifita, parece que trechos consideráveis da Bíblia, especialmente do Novo Testamento, foram traduzidos para vários dialetos ingleses. (H. Hargreaves, "From Bede to Wycliffe: Medieval English Translations", *BJRL* 48 [1965] 118-40.)

191 A primeira tradução completa da Bíblia (Vulgata) para o inglês está associada a John Wycliffe e data de aproximadamente 1382-84. Parte do AT foi feita por Nicholas Hereford; é incerto quanto do restante da Bíblia foi feito pelo próprio Wycliffe (1330-1384), mas a obra toda surgiu do círculo de apoiadores de Wycliffe. Uma revisão foi concluída em cerca de 1397 por John Purvey, secretário de Wycliffe. As questões da prioridade, *status* e aceitabilidade da Bíblia de Wycliffe têm sido frequentemente discutidas em uma atmosfera de polêmica católico-protestante. Wycliffe, que tinha sido professor do Balliol College, Oxford, foi reivindicado como o primeiro protestante inglês, visto que se opunha à taxação papal e defendia concepções consideradas heréticas (movimento dos lolardos) pelas autoridades. À reivindicação de que foi necessário um protestante para produzir a primeira Bíblia em inglês, os católicos frequentemente reagiram insistindo na prioridade das traduções mencionadas acima, das quais só possuímos restos fragmentários. Mas nenhuma delas alcançou a popularidade ou o *status* da tradução de Wycliffe, que se tornou a Bíblia de língua inglesa na Inglaterrra do séc. V e início do séc. XVI. Thomas More provavelmente se confundiu em sua afirmação de que tinha visto Bíblias em inglês anteriores à de Wycliffe. Tampouco podemos apoiar a tentativa do cardeal Gasquest (1894) de mostrar que a Bíblia de Wycliffe era realmente obra da hierarquia inglesa leal a Roma. Por outro lado, a oposição da hierarquia à tradução de Wycliffe não deve ser interpretada como um desejo de sonegar as Escrituras ao povo. O concílio provincial de Oxford, em 1408, deixou claro que traduções para o vernáculo poderiam receber a aprovação da igreja; contudo, *de facto*, havia uma ligação entre a circulação das Escrituras no vernáculo e a propaganda herética, tanto na Inglaterra quanto no Continente. Embora a tradução da Bíblia de Wycliffe fosse razoavelmente fiel à Vulgata e não fosse doutrinariamente tendenciosa, o Prólogo na edição de Purvey fez com que Thomas More a caracterizasse como herética. De qualquer modo, como Kenyon (*Our Bible* 280-81) deixa claro, nem todos os bispos se opuseram a Wycliffe.

192 (II) Bíblias impressas: protestantes. A próxima grande era na tradução da Bíblia para o inglês veio no início do séc. XVI. Em 1505, foi publicado um texto dos Salmos Penitenciais traduzidos da Vulgata por John Fisher. Contudo, foi o movimento da Reforma na Inglaterra, com suas complicadas correntes pró-protestantes e anglicanas, que produziu a série de traduções que constituíram o pano de fundo da *King James Version*. Temos de nos contentar em mencionar as mais importantes.

193 (A) Traduções do século XVI.
(a) A *Bíblia de Tyndale* (1525-31). William Tyndale (1490-1536) estudou em Oxford. Ele já era suspeito de heresia em 1520 e deixou a Inglaterra quando o bispo de Londres se recusou a patrocinar seu esforço de tradução. Na Alemanha, Tyndale foi um partidário declarado de Lutero e ali ele concluiu seu NT a partir do grego, impresso em Colônia e Worms em 1525. Embora exemplares tenham sido contrabandeados para a Inglaterra, o anticatolicismo virulento das notas e a inclinação teológica da tradução a tornaram suspeita entre a hierarquia. Parte do AT, a partir do hebraico, foi publicada em 1530-31, mas Tyndale morreu como mártir protestante antes de terminar a obra. O NT foi revisado em 1534; e depois da ruptura ocorrida entre Henrique VIII e Roma, a oposição à tradução não foi tão forte quanto anteriormente. O inglês vigoroso de Tyndale deixou uma marca permanente na história da Bíblia em inglês. Veja S. L. Greenslade, *The Work of William Tyndale* (London, 1938); J. F. Mozley, *William Tyndale* (London, 1937).

194 (b) A *Bíblia de Coverdale* (1535). Cromwell, secretário de Estado de Henrique VIII, encomendou a publicação da primeira Bíblia em inglês completa; mas diferentemente da Bíblia de Tyndale, ela não foi inteiramente traduzida a partir das línguas originais. A página de rosto diz que era uma tradução do holandês (= alemão, *i.e.*, tradução de Lutero) e do latim; porém, para o NT, o Pentateuco e Jonas, grande parte da obra de Tyndale foi assumida por Miles Coverdale. O restante do AT foi uma tradução provisória de fontes secundárias. Os "Apócrifos" (= livros deuterocanônicos) foram colocados após o NT como livros de valor menor. Impressa em Zurique, em 1535, foi reimpressa na Inglaterra dois anos mais tarde com permissão do rei. (H. Guppy, *BJRL* 19 [1935] 300-28; J. F. Mozley, *Coverdale and His Bibles* [London, 1953].)

195 (c) A *Grande Bíblia* [*Great Bible*] (1539-41). Em 1537, John Rogers, um amigo de Tyndale, produziu em Antuérpia, sob o pseudônimo de Thomas Matthew, uma edição na qual o trecho de Gn a 2Cr foi traduzido a partir de notas não publicadas de Tyndale e o restante do AT era de Coverdale. Esta edição, por sua vez, foi usada e revisada por Coverdale com base no latim. O resultado, a "Grande Bíblia", foi colocada em cada igreja da Inglaterra e, assim, tornou-se a primeira Bíblia oficial da igreja na língua inglesa. Seu Saltério era o usado no *Livro de Oração Comum*. Alguns clérigos reconheceram que, por meio da Grande Bíblia, a obra de Tyndale tinha recebido aprovação na Inglaterra e, assim, continuaram se opondo a ela. Veja Bruce, *History* 72-74, que apresenta uma comparação de Coverdale, Matthew e a Grande Bíblia.

196 (d) A *Bíblia de Genebra* (1560). Durante a restauração católica de Maria Tudor (1553-1558), os protestantes exilados em Genebra produziram uma revisão da Bíblia de Tyndale e da Grande Bíblia, trabalhando sob a influência do eminente pesquisador de textos T. Beza. Calvinista quanto ao tom e com notas controversas e anticatólicas, a Bíblia de Genebra nunca recebeu autorização para ser usada nas igrejas da Inglaterra, mas tornou-se a Bíblia comumente usada para a leitura privada. Em muitos aspectos a melhor das Bíblias antes da King James, esta foi a Bíblia de Shakespeare, Bunyan e dos puritanos. (B. M. Metzger, *TToday* 17 [1960] 339-52; L. Lupton, *A History of the Geneva Bible* (8 vols.; London, 1966-76].)

197 (e) *A Bíblia dos Bispos* (1568). Patrocinada pelo arcebispo Matthew Parker de Cantuária e feita por muitos clérigos, esta foi uma revisão da "Grande Bíblia" feita à luz da Bíblia de Genebra. Ela mitigou o calvinismo desta última (veja C. C. Ryrie, *BSac* 122 [1965] 23-30), mas a falta de consulta entre os revisores produziu desigualdades, de modo que ela nunca foi tão popular quanto a Bíblia de Genebra. Ela substituiu a Grande Bíblia como a Bíblia oficial da igreja inglesa.

198 (B) A tradição da King James.
(a) *Authorized Version* (Versão Autorizada, King James, 1611). Planejada em 1604 e iniciada em 1607 por uma comissão indicada por James I, esta revisão da Bíblia dos Bispos representou o esforço dos melhores pesquisadores da Inglaterra, que trabalharam em grupo em Westminster, Oxford e Cambridge. Observe-se que não foi uma tradução inteiramente nova, e grande parte do inglês pode ser atribuído a edições anteriores, inclusive a tradução católica feita em Rheims em 1582 (→ 208 *abaixo*). Embora a princípio tenha havido crítica por parte dos pesquisadores e alguns contemporâneos considerassem seu inglês grosseiro, esta revisão foi recebida favoravelmente pelas autoridades e *autorizada* a ser lida nas igrejas. Ela substituiu rapidamente a Bíblia dos Bispos no uso oficial, mas travou uma luta de 50 anos para substituir a Bíblia de Genebra em termos de popularidade. Gradualmente a linguagem passou a ser considerada como classicamente bela, e a *AV* [*Authorized Version*] teve uma influência importante na literatura inglesa. Entre muitos protestantes a *AV* tornou-se tão sacrossanta que eles consideravam blasfêmia mudá-la ou indicar as impropriedades dos conhecimentos em que se baseou à luz dos critérios modernos. (D. Daiches, *The King James Version of the Bible* [Chicago, 1941].)

Uma modernização na pontuação, nos pronomes e no vocabulário arcaico foi publicada sob o título *New King James Version* [Nova Versão King James] em 1979-82.

199 (b) *Revised Version* (1881-85). Iniciada em 1870 e feita por competentes pesquisadores protestantes britânicos (americanos foram consultados), a *RV* foi a primeira grande revisão da *AV* após 250 anos de uso. Ela visou a mudar apenas onde mudanças eram imperativas devido ao melhor conhecimento textual ou bíblico, ou devido ao desenvolvimento da língua inglesa. O NT, que foi publicado em 1881, foi muito melhorado em relação à *AV* por causa da dependência do texto grego de W-H (→ 168 *acima*); o AT, publicado em 1884, foi menos satisfatório do ponto de vista textual. Os Apócrifos foram publicados em 1895. A reação imediata à *RV*, especialmente dos literatos, não foi favorável; mas a *AV* estava arraigada demais para perecer sem luta. A *American Standard Version, i.e.*, a *RV* com leituras preferidas por pesquisadores americanos, foi publicada em 1901. Uma revisão conservadora foi publicada como a *New American Standard Version* em 1963-70.

200 (c) *Revised Standard Version* (1946-52; 1990). Autorizada pelo Conselho Nacional de Igrejas, esta obra americana foi de longe a revisão mais importante da *AV*. Usando a pesquisa moderna e uma boa percepção do inglês, ela permaneceu, entretanto, fiel à *AV* onde era possível e afirmou claramente que "não era uma nova tradução na linguagem atual". O NT foi publicado em 1946; o AT em 1952; os Apócrifos em 1957. Revisões secundárias do NT ocorreram em 1952, 1959, 1971 (2ª ed.); e 3Mc, 4Mc e Sl 151 foram acrescentados aos Apócrifos em 1976. Uma revisão significativa de tudo (por exemplo, o abandono do pronome "thou" e da linguagem abertamente sexista), que foi realizada na década de 1980, produziu a *New Revised Standard Version*. A popular *Reader's Digest Bible* (1982, supervisionada por B. M. Metzger) era uma abreviação da *RSV*, cortando cerca de 50% do AT e 25% do NT (veja D. J. Harrington, *TBT* 21 [1983] 110-15).

201 A *RSV* recebeu o *imprimatur* católico do cardeal Cushing de Boston na forma inalterada em que o texto aparece na *Oxford Annotated Bible* (ed. de 1966). Em 1965-66 houve um *imprimatur* dado a uma edição católica britânica da *RSV* com algumas mudanças no texto do NT, por exemplo: Os "brothers" [irmãos] foram mudados para "brethren" [confrades] de Jesus (a fim de favorecer a virgindade perpétua de Maria – nada foi feito com as "irmãs" de Jesus); "cheia de graça" foi mudado para "repleta de favor" na saudação do anjo a Maria (Lc 1,28). Alguns pesquisadores católicos americanos condenaram estas mudanças como não científicas – as referências a doutrinas deveriam vir nas notas de rodapé e não ser artificialmente inseridas no texto.

Dever-se-ia observar neste contexto geral que o cânone 1.400 do Código de Direito Canônico de 1918 permitia aos católicos lerem edições não católicas da Bíblia, mesmo sem uma aprovação como a dada à *RSV*, se os católicos estivessem de algum modo engajados no estudo das Escrituras e se as edições fossem completas e fiéis e sem notas que constituíssem um ataque ao dogma católico. A maioria das Bíblias não católicas modernas famosas satisfaziam essas exigências. O problema parece ter desaparecido após o Vaticano II, pois no Código de Direito Canônico de 1983 encontra-se apenas (825.2) que, com a permissão da Conferência dos Bispos, pesquisadores católicos podem colaborar com "irmãos e irmãs separados" no preparo e publicação de traduções das Sagradas Escrituras anotadas com explicações apropriadas. Isto é virtualmente um convite a Bíblias ecumênicas, que se tornaram mais frequentes na última parte do séc. XX. Quanto às diretrizes do Vaticano para o trabalho interconfessional, veja *BT* 19 (1968) 101-10; quanto à "Bíblia Comum" ["Common Bible"], veja W. M. Abbott, *TBT* 37 (1968) 2553-66.

202 (C) Novas traduções. Elas são incontáveis, e devemos nos limitar àquelas amplamente lidas hoje. Quanto ao *Phillips NT* (1958, rev. 1973), veja *JBC* 69:165; Kubo, *So Many* 69-88. (Para uma comparação de algumas delas, veja *BARev* 9 [6, 1982] 56-67.)

(a) A *"Bíblia de Chicago"* (1931). E. J. Goodspeed publicou o NT em 1923; em 1927, um AT foi publicado; os dois foram combinados como *The Bible: An American Translation* em 1931; e os Apócrifos de Goodspeed foram acrescentados em 1939. Goodspeed era um defensor eloquente da tradução para o inglês moderno, e seu NT foi importante tanto científica e quanto estilisticamente. Os auspícios da Universidade de Chicago lhe deram seu nome popular. (E. J. Goodspeed, *The Making of the English New Testament* [Chicago, 1925].)

203 (b) *New English Bible* (1961-70; 1989). Quando a *RSV* estava sendo publicada nos Estados Unidos, as igrejas protestantes britânicas empreenderam uma tradução totalmente nova. C. H. Dodd foi o subdiretor para o NT, G. R. Driver para o AT (que ficou muito idiossincrático), e G. D. Kilpatrick para os Apócrifos. O vigoroso inglês britânico contemporâneo da *NEB* despertou comentários hostis por parte das pessoas apegadas ao inglês da *KJV*, algumas das quais quais insistiam numa excelência literária na tradução, mesmo para os livros bíblicos que têm um original deficiente neste sentido. T. S. Eliot observou certa vez: "Aqueles que falam da Bíblia como um 'monumento da prosa inglesa' estão simplesmente admirando-a como um monumento sobre a sepultura do cristianismo". Veja G. Hunt, *About the New English Bible* (Oxford, 1970); e quanto à avaliação, *The New English Bible Reviewed* (ed. D. Nineham; London, 1965); J. Barr, *HeyJ* 14 (1974) 381-405. Fizeram-se mudanças secundárias em edições subsequentes, e uma revisão completa foi empreendida na década de 1980, sendo publicada em 1989 como a *Revised English Bible*.

204 (c) *Today's English Version* – Good News Bible (1966-79). A Sociedade Bíblica Americana patrocinou esta tradução muito popular feita por R. C. Bratcher para o inglês americano contemporâneo (embora uma edição para o uso britânico também tenha sido publicada). Ainda mais livre que a *NEB* e publicada atrativamente, esta versão ganhou muitos seguidores para a leitura privada por causa de sua fácil inteligibilidade, ainda que haja alguma verdade na afirmação de que ela tornou claras algumas passagens que não são claras no original. Há uma edição com um *imprimatur* (→ 201 *acima*).

205 (d) *New International Version* (1973-78). Patrocinada pela Sociedade Bíblica Internacional de Nova Iorque e feita por biblistas de 34 grupos religiosos diferentes, que trabalharam em 20 equipes, a *NIV* teve a maior primeira tiragem para uma Bíblia em inglês. Ela foi considerada uma alternativa conservadora à *RSV*: por exemplo, "virgem" em Is 7,14, e não "mulher jovem". Cuidadosa, clara, mais literal que a *NEB*, a *NVI* evitou os coloquialismos da *TEV*. É muito útil para o estudo. (K. Barker [ed.], *The NIV* [Grand Rapids, 1986].)*

206 (e) *The Living Bible* (1962-71). Este esforço de K. A. Taylor, um empresário conservador com uma experiência na Inter-Varsity Fellowship, era declaradamente uma paráfrase: "Uma reformulação do pensamento do autor, usando palavras diferentes das que ele usou". Seu estilo loquaz a tornou o livro mais vendido nos Estados Unidos em 1972, e exemplares gratuitos foram distribuídos pela Associação Evangélica Billy Graham. O guia básico de Taylor foi a *ASV*, mas seu viés teológico (que ele caracterizou como "uma posição evangelical rígida") criou leituras cristológicas extraordinárias, por exemplo, a substituição de Filho do Homem por Messias e de "o Verbo" por Cristo em Jo 1,1. Lewis (*English* 246) expressa a típica avaliação científica desta Bíblia quando, usando palavras de Thomas More, sugere que seus erros são tão frequentes como a água no mar.

O problema de parafrasear as Escrituras surgiu também no lado liberal do cristianismo nas tentativas de evitar o que algumas pessoas julgam linguagem racista ou sexista nas traduções estabelecidas, por exemplo, remover as designações masculinas de Deus. Veja o intenso debate no *Inclusive Language Lectionary* (Philadelphia, 1983; patrocinado por uma divisão do Conselho Nacional de Igrejas) em *BTB* 14 (1984) 28-35.

207 (III) Bíblias impressas: católicas. Devido à insistência do Concílio de Trento na Vulgata como "a edição autêntica para a leitura, disputas, sermões e explicações públicos (→ Pronunciamentos da Igreja, 72:11), foi prática usual que as traduções católicas oficiais para o vernáculo fossem feitas a partir da Vulgata. (Quanto à atitude de Trento para com as Bíblias no vernáculo, veja R. E. McNally, *TS* 27 [1966] 204-27.). Somente com a encíclica *DAS* do papa Pio XII, em 1943, 400 anos após Trento, a política da igreja mudou e se incentivaram traduções para o vernáculo a partir das línguas originais (→ Pronunciamentos da Igreja, 72:20). O Concílio Vaticano II tornou possível o uso destas traduções a partir das línguas originais para perícopes da Missa no vernáculo (Instrução da Congregação dos Ritos para a Interpretação da Constituição do Vaticano II sobre a Sagrada Liturgia 1.11.40a). A hierarquia católica americana aprovou a tradução a partir das línguas originais para uso tanto na Missa como no breviário em inglês. Este histórico explica por que devemos distinguir entre dois tipos de traduções católicas.

---

* Nota do Editor: em Português *Nova Versão Internacional* [*NVI*] traduzida pela Editora Vida.

208 (A) A partir da Vulgata.
(a) *Douay-Rheims* (1582-1609). Esta tradução foi feita por Gregory Martin, um pesquisador formado em Oxford no círculo de exilados católicos ingleses no Continente, sob o patrocínio de William (mais tarde cardeal) Allen. O NT foi publicado em Rheims em 1582; o AT em Douay, em 1609. A tradução, embora competente, mostrava uma predileção por latinismos que não era incomum na escrita inglesa da época, mas parecia excessiva aos olhos das gerações posteriores. O NT influenciou a *AV*.

209 (b) *A revisão de Challoner* (1749-63). A versão católica oficial sofreu uma revisão anterior à de seu equivalente protestante, a *AV*. O bispo Richard Challoner, coadjutor em Londres, revisou o NT em 1749 e 1752, e o AT em 1750 e 1763. Esta foi uma revisão considerável, modernizando marcantemente o estilo. A revisão de Challoner permaneceu em uso quase universal por 200 anos entre os católicos de língua inglesa.

210 (c) *A revisão do NT da Confraternidade* (1941). Se a necessidade de uma revisão da Bíblia adaptada ao séc. XX afetou o protestantismo (→ 200 *acima*), círculos católicos nos EUA e na Inglaterra sentiram a mesma necessidade. Nos EUA, o Comitê Episcopal para a Confraternidade da Doutrina Cristã [*Confraternity of Christian Doctrine*, daí a designação *CCD*] patrocinou uma revisão do NT de Rheims-Challoner. As notas de rodapé examinavam o original grego, mas o texto seguiu a Vulgata Sixto-Clementina (→ 146 *acima*), mesmo onde ela não era fiel à Vulgata original de Jerônimo. Ela permaneceu dominante na igreja até dezembro de 1964, quando se introduziu a Missa em inglês, que empregava uma outra tradução. Uma revisão do AT da Douay-Challoner foi iniciada, mas abandonada depois que Pio XII permitiu e incentivou traduções oficiais a partir das línguas originais (→ Pronunciamentos da Igreja, 72:20).

211 (d) *A Bíblia de Knox* (1944-50). Na Grã-Bretanha, a hierarquia católica aprovou uma nova tradução da Vulgata. Esta foi a obra de Ronald Knox, um distinto convertido que fora formado nos clássicos em Oxford e era conhecido como talentoso estilista inglês. Embora Knox tenha traduzido do latim, ele examinava as línguas originais em suas notas de rodapé. Seu domínio do grego era muito melhor que do hebraico; e sem dúvida o NT (especialmente as Epístolas paulinas), com seu estilo vívido, era a melhor parte da obra. (Veja T. M. Klein, "The Stature of Knox", *AER* 142 [1960] 399-409; R. Knox, *On Englishing the Bible* [London, 1949].)

212 (B) A partir das línguas originais.
(a) A *Versão de Westminster* (1935-49). Um projeto britânico, sob a editoria do jesuíta C. Lattey, concluiu o NT em 1935, mas deixou o AT inconcluso em 1949. A pesquisa era razoavelmente científica, mas o estilo era opressivamente cerimonioso e arcaico. Uma tradução não publicada do NT, feita por J. Bligh, que apareceu num missal (1961) foi identificada como uma revisão da Versão de Westminster.

213 (b) NT de Kleist-Lilly (1950-54). Nos Estados Unidos, dois sacerdotes, J. A. Kleist († em 1949) e J. L. Lilly († em 1952), com a mesma intenção de Goodspeed (→ 202 *acima*), reproduziram um NT "num estilo que acompanha os desdobramentos modernos na língua inglesa". O estilo de Kleist nos Evangelhos era elegantemente direto e vigoroso, melhor que a tradução das Epístolas feita por Lilly. A pesquisa crítica era ocasionalmente fraca e teologicamente tendenciosa. (Veja J. L. McKenzie, *CBQ* 16 [1954] 491-500).

214 (c) *New American Bible* (1952-70; 1987). O abandono da revisão do AT de Douay-Challoner feita pela CCD à luz da *DAS* (→ 210 *acima*) levou o Comitê Episcopal a planejar uma tradução inteiramente nova de toda a Bíblia a partir das línguas originais (e não da Vulgata), em linguagem contemporânea, para os católicos americanos. Ela começou com o AT; e embora Gn fosse irregular e muito conservador (e teve de ser revisado para a publicação final), de modo geral o AT era muito bom. T. Meek do projeto Bíblia de Chicago (→ 202 *acima*) comentou em *CBQ* 18 (1956) 314: "Ela é muito mais moderna em seu inglês e muito mais fiel ao original que a altamente alardeada RSV". Uma parte do NT foi cuidadosamente feita num comitê, mas a pressão para tê-lo pronto para o Lecionário da Missa em inglês produziu uma editoração irregular que frequentemente nunca era mostrada aos pesquisadores que fizeram a tradução. Assim, embora de boa leitura, o NT apresentava inconsistências significativas. Uma tradução totalmente nova do NT (ainda que chamada de revisão) foi publicada em 1987, feita em cooperação protestante, assim como a revisão da *RSV* teve cooperação católica.

215 (d) *A tradução da Bíblia de Jerusalém* (1966; 1985). Em 1948-54, com R. de Vaux como editor geral, os dominicanos franceses de Jerusalém produziram *La Sainte Bible* (que sofreu revisões posteriormente). As copiosas introduções e notas de rodapé a tornaram um marco da renascente pesquisa bíblica católica após *DAS*. A tradução para o inglês (1966), feita a partir da abreviação em um volume da obra francesa, foi orientada por A. Jones e tornou-se um texto valioso para os estudiosos. Apesar de seus enormes pontos fortes, ela tinha sérios problemas: no NT havia leituras idiossincráticas influenciadas pela teoria de Boismard a respeito do Texto Curto e citações patrísticas (→ 176, 186 *acima*); a pesquisa das introduções do NT reflete a situação ainda bastante conservadora de 1950 (por exemplo, se as Pastorais não eram de Paulo, elas teriam de ser "falsificações"); o estilo muito britânico do inglês era inadequado para a leitura pública nos Estados Unidos; a tradução para o inglês era irregular ao levar em conta as línguas bíblicas e era menos científica que a tradução para o francês. Uma nova edição em francês foi publicada em 1973, bastante revisada, e ela orientou (com muito trabalho adicional) uma *New Jerusalem Bible* significativamente aperfeiçoada (1985), tendo H. Wansbrough como editor. Esta corrigiu muitos defeitos da edição de 1966. (Veja P. Benoit, *RevExp* 76 [1979] 341-49.). A tradução em língua portuguesa foi publicada pela Paulus Editora, no Brasil em 1973. A nova edição francesa de 1998, revista e ampliada foi publicada no Brasil em 2002.

216 (IV) Bíblias impressas: judaicas. Para os judeus americanos, a Bíblia foi traduzida para o inglês por I. Leeser (1845-53), que se valeu muito da pesquisa alemã. A Sociedade Judaica de Publicações, após patrocinar uma tentativa fracassada sob a direção de M. Jastrow, em 1892-1903, produziu com sucesso *The Holy Scriptures According to the Massoretic Text* sob a direção de M. L. Margolis, em 1917. Competente e literal, ela mostrava a influência da *AV*. Em 1955, assim como os católicos e protestantes, os judeus sentiram a necessidade de uma outra tradução. Patrocinados pela Sociedade Judaica de Publicações, H. M. Orlinsky *et al.* produziram a *New Jewish Publication Society Bible* (*NJPS* [1962-82]). Ela é uma tradução de alta erudição, vigorosa e contemporânea; permanece textualmente muito próxima do TM, com ocasional dependência de leituras targúmicas. Desse modo, por volta do final do séc. XX, adeptos das três principais confissões bíblicas tinham as Escrituras disponíveis em traduções para o inglês muito responsáveis e agradáveis de ler, cada uma feita sem reivindicações ácidas em relação às outras.

---

* Nota do Editor: para história da tradução de João Ferreira de Almeida e outras traduções modernas e revisadas recomendamos acessar o site da Sociedade Bíblica do Brasil: www.sbb.org.br.

** Para conhecer quando foi traduzida a TEB [Tradução Ecumênica da Bíblia] recomendamos acessar o site da Edições Loyola: www.edicoesloyola.com.br.

69
Crítica Moderna do Antigo Testamento

Alexa Suelzer, S.P. e John S. Kselman, S.S.*

BIBLIOGRAFIA

1 ANDERSON, G. W. (ed.), *Tradition and Interpretation* (Oxford, 1979). BARTON, J., *Reading the Old Testament: A Study in Method* (Philadelphia, 1984). *BHMCS*. BUSS, M. J. (ed.), *Encounter with the Text: Form and History in the Hebrew Bible* (Philadelphia, 1979). *CHB*. CLEMENTS, R. E., *One Hundred Years of Old Testament Interpretation* (Philadelphia, 1975). COATS, G. W. (ed.), *Saga, Legend, Tale, Fable, Novella* (JSOTSup 35; Sheffield, 1985). ENGELS, H., *Die Vorfahren Israels in Ägypten* (Frankfurt, 1979). FOGARTY, G. P., *American Catholic Biblical Scholarship ... to Vatican II* (San Francisco, 1989). GRANT, R. M. e D. TRACY, *A Short History of the Interpretation of the Bible* (2ª ed.; Philadelphia, 1984). GUNNEWEG, H. J., *Understanding the Old Testament* (Philadelphia, 1978). HAHN, H. F., *The Old Testament in Modern Research* (ed. rev.; Philadelphia, 1966). HARRINGTON, W. J., *The Path of Biblical Theology* (Dublin, 1973). HASEL, G., *Old Testament Theology: Basic Issues in the Debate* (3ª ed.; Grand Rapids, 1982). HAYES, J. H. e F. PRUSSNER, *Old Testament Theology: Its History and Development* (Atlanta, 1985). KING, P. J., *American Archaeology in the Mideast* (Philadelphia, 1983). KNIGHT, *HBMI*. KRAELING, E. G., *The Old Testament Since the Reformation* (New York, 1969). KRAUS, H.-J., *Die biblische Theologie: Ihre Geschichte und Problematik* (3ª ed.; Neukirchen, 1982); *Geschichte der historisch-kritischen Erforschung des Alten Testaments* (3ª ed.; Neukirchen, 1982). KRENTZ, E., *The Historical-Critical Method* (Philadelphia, 1975). LAURIN, R. (ed.), *Contemporary Old Testament Theologians* (Valley Forge, 1970). MCKANE, W., *Studies in the Patriarchal Narratives* (Edinburgh, 1979). MILLER, J. M., *The Old Testament and the Historian* (Philadelphia, 1976). PERLITT, L., *VATKE und WELLHAUSEN* (BZAW 94; Berlin, 1965). REVENTLOW, H. G., *The Authority of the Bible and the Rise of the Modern World* (Philadelphia, 1984); *Problems of Old Testament Theology in the Twentieth Century* (Philadelphia, 1985); *Problems of Biblical Theology in the Twentieth Century* (Philadelphia, 1986). ROGERSON, J. W., *Old Testament Criticism in the Nineteenth Century* (Philadelphia, 1985). SMEND, R., *Das Mosebild von Heinrich EWALD bis Martin Noth* (BGBE 3; Tübingen, 1959). SPRIGGS, D. S., *Two Old Testament Theologies: A Comparative Evaluation of the Contributions of Eichrodt and von RAD to Our Understanding of Old Testament Theology* (SBT 30; London, 1974). STUHLMACHER, P., *Historical Criticism and Theological Interpretation of Scripture* (Philadelphia, 1977). THOMPSON, R. J., *Moses and the Law in a Century of Criticism since GRAF* (VTSup 19; Leiden, 1970). WEIDMANN, H., *Die Patriarchen und ihre Religion im Licht der Forschung seit JULIUS WELLHAUSEN* (FRLANT 94; Göttingen, 1968).

---

* O artigo 70 de autoria de A. SUELZER no *Jerome Biblical Commentary* foi revisado e atualizado por J. S. KSELMAN, a quem devem ser creditadas todas as mudanças e acréscimos. As seções completamente novas são 1, 26, 50, 54, 62-80.

2 ESBOÇO

Da pré-crítica até o séc. XVIII (§ 3-17)
(I) Período pré-crítico
 (A) Estudo do AT antes de 1650 (§ 3)
 (B) Pano de fundo dos movimentos influentes (§ 4-5)
  (a) Racionalismo e empirismo (§ 4)
  (b) Deísmo (§ 5)
(II) Primórdios da crítica moderna
 (A) R. Simon (§ 6)
 (B) Crítica textual (§ 7-11)
  (a) J. Morinus e L. Capellus (§ 7)
  (b) J. Leclerc (§ 8)
  (c) Crítica textual inglesa (§ 9)
  (d) A. Schultens e W. Schröder (§ 10)
  e) W. Gesenius (§ 11)
(III) A crítica no séc. XVIII
 (A) A ascensão do método histórico (§ 12-15)
  (a) J. D. Michaelis (§ 12)
  (b) J. Astruc (§ 13)
  (c) J. S. Semler (§ 14)
  (d) J. G. Hamann (§ 15)
 (B) A transição para o séc. XIX (§ 16-17)
  (a) J. G. Herder (§ 16)
  (b) J. G. Eichhorn (§ 17)

Crítica histórica no séc. XIX (§ 18-36)
(I) O desenvolvimento do método histórico
 (A) W. M. L. de Wette (18)
 (B) A influência hegeliana (§ 19-21)
  (a) W. Vatke (20)
  (b) Ataques contra o AT (§ 21)
 (C) H. Ewald (§ 22)
(II) Triunfos do método histórico
 (A) Predecessores de Wellhausen (§ 23)
 (B) A teoria documental de J. Wellhausen (§ 24)
 (C) Os estudos de B. Duhm sobre os profetas (§ 25)
 (D) O wellhausianismo na Inglaterra (§ 26)
(III) *Religionsgeschichte*
 (A) Desenvolvimento e importância (§ 27)
 (B) Aplicação à Bíblia (§ 28-29)
  (a) O pan-babilonismo de H. Winckler (§ 28)
  (b) *Schöpfung und Chaos* de H. Gunkel (§ 29)
(IV) Reação à alta crítica
 (A) A reação protestante (§ 30-32)
  (a) Primeiras respostas (§ 30)
  (b) J. von Hofmann (§ 31)
  (c) Franz Delitzsch (§ 32)
 (B) A pesquisa católica da Bíblia (§ 33-36)
  (a) *Dictionnaire de la Bible* (§ 34)
  (b) M.-J. Lagrange (§ 35)
  (c) A. van Hoonacker (§ 36)

Pesquisa no séc. XX (§ 37-80)
(I) A influência dos métodos de H. Gunkel
 (A) As contribuições de Gunkel (§ 37-40)
  (a) O método da crítica das formas (§ 38)
  (b) Estudos dos Salmos (§ 39)
  (c) Avaliação da crítica das formas (§ 40)
 (B) Os seguidores de Gunkel (§ 41-44)
  (a) H. Hofmann (§ 41)
  (b) G. von Rad (§ 42)
  (c) M. Noth (§ 43)
  (d) A. Alt (§ 44)
(II) A escola escandinava
 (A) Principais representantes (§ 45-47)
  (a) J. Pedersen; H. S. Nyberg (§ 45)
  (b) S. Mowinckel (§ 46)
  (c) I. Engnell (§ 47)
 (B) Crítica (§ 48)
(III) Tendências na história e na teologia
 (A) A historiografia do AT (§ 49-50)
  (a) M. Noth; G. von Rad (§ 49)
  (b) W. F. Albright e seus alunos (§ 50)
 (B) Teologia do Antigo Testamento (§ 51-54)
  (a) W. Eichrodt (§ 52)
  (b) G. von Rad (§ 53)
  (c) Outras teologias do AT (§ 54)
(IV) Crítica bíblica católica
 (A) Efeitos do modernismo (§ 55)
 (B) Antes da *Divino Afflante Spiritu* (§ 56-58)
  (a) J. Touzard (§ 56)
  (b) Difusão da pesquisa católica (§ 57)
  (c) A. Bea (§ 58)
 (C) Após a *Divino Afflante Spiritu* (§ 59-61)
  (a) J. Chaine (§ 59)
  (b) A Escola de Jerusalém (§ 60)
  (c) Outros críticos católicos (§ 61)
(V) A crítica judaica da Bíblia

(A) A pesquisa da Bíblia em Israel (§ 63-64)
    (a) U. (M. D.) Cassuto (§ 63)
    (b) Y. Kaufmann (§ 64)
(B) Arqueologia israelense (§ 65)
(VI) Desdobramentos recentes na pesquisa do AT
    (A) Progresso em áreas tradicionais (§ 66)
    (B) Crítica retórica (§ 67-69)
    (C) Crítica canônica (§ 70-72)
        (a) B. S. Childs (§ 71)
        (b) J. A. Sanders (§ 72)
    (D) O AT e as ciências sociais (§ 73-76)
        (a) N. K. Gottwald (§ 74)
        (b) R. R. Wilson (§ 75)
        (c) Outras contribuições (§ 76)
    (E) Estudos feministas do AT (§ 77-79)
        (a) P. Trible (§ 78)
        (b) Outras contribuições (§ 79)
(VII) Conclusão (§ 80)

DA PRÉ-CRÍTICA ATÉ O SÉCULO XVIII

3 (I) Período pré-crítico.

(A) Estudo do AT antes de 1650. Pode-se dizer que o período moderno da interpretação bíblica começou em cerca de 1650. Até esta data, a maior parte da exegese cristã considerava a Bíblia uma coleção de escritos enviados do céu, um relato de acontecimentos que era independente de seu ambiente cultural e histórico. Uma concepção estreita de inspiração negligenciava o papel do autor sagrado na composição dos livros e ignorava a possibilidade de desenvolvimento na revelação do AT (→ Inspiração, 65:29-30). A crítica desta época tinha um cunho dogmático e teológico. Havia, certamente, indivíduos que questionavam um ou outro ponto de vista tradicional, mas estes pesquisadores isolados não conseguiram chamar a atenção ou o interesse de seus contemporâneos.

4 (B) Pano de fundo dos movimentos influentes. Por volta de 1650, contudo, novas correntes intelectuais tinham reunido ímpeto suficiente para modificar as ciências bíblicas. As novas tendências dependiam de uma maré crescente de imanentismo filosófico que não colocava mais o absoluto metafísico em Deus, mas na natureza e na humanidade. (O imanentismo sustenta que a realidade pode ser explicada pelos princípios da própria natureza; havendo leis científicas formuladas com êxito, podemos conhecer a realidade imediatamente.). O humanismo da Renascença tinha exaltado o intelecto e os sentidos humanos a tal ponto que a filosofia ficou mais preocupada com o conhecimento humano da realidade (alcançável pelas impressões intelectuais e sensoriais) do que com a realidade em si. A mudança na ênfase anunciou a subsequente substituição do problema da metafísica pelo problema do conhecimento, como em Descartes e Kant.

(a) *Racionalismo e Empirismo*. A exaltação do conhecimento humano tomou duas formas, a saber, o racionalismo e o empirismo, que até certo ponto caracterizaram todo o pensamento durante os sécs. XVII e XVIII. A Era do Iluminismo – *Aufklärung* – ao longo de todo o séc. XVIII constituiu o clímax do desenvolvimento do racionalismo empírico. A glorificação da razão anunciou a alvorada de uma nova era em que, como se esperava otimisticamente, as trevas passadas seriam dissipadas e a razão correta determinaria toda a atividade humana – religiosa, civil e artística. Levado à sua conclusão lógica, o racionalismo terminou na completa rejeição do sobrenatural e no panteísmo; o empirismo extremo, no subjetivismo e no ceticismo.

Não obstante, o racionalismo e o empirismo deram um tremendo impulso ao desenvolvimento de várias disciplinas intelectuais durante estes séculos, inclusive ramos do conhecimento que incidiam no estudo da Bíblia. Os avanços nas ciências naturais (especialmente durante o início do séc. XVII) suscitaram questões sobre a cosmogonia bíblica e, consequentemente, contestaram a inerrância da Escritura. Os historiadores estavam descobrindo outras fontes para a cronologia da história do mundo além do AT. As investigações arqueológicas que influenciaram profundamente os estudos contemporâneos da Bíblia tinham origens discerníveis em antigos relatos de viagens, e estes relatos mostravam uma preocupação crescente com a apresentação científica da geografia e topografia palestinense (→ Geografia bíblica, 73:8-9). A partir do séc. XVIII, novos métodos de estudo e análise de literaturas antigas prepararam o caminho para a alta crítica – a análise da literatura em termos de origem, bem como de conteúdo – e para o subsequente estudo da Bíblia de acordo com os critérios usados na crítica da literatura profana.

5 (b) *Deísmo*. Talvez a mais significativa consequência do racionalismo tenha sido o surgimento do deísmo, sob a tutela de Lord Herbert de Cherbery (1642), e sua difusão a partir da Inglaterra para o Continente. Os deístas tinham pouco a dizer sobre as Escrituras, embora John Toland (*Christianity Not Mysterious*, 1696) e alguns outros atacassem a integridade da Bíblia insistindo que não há nada no evangelho contrário à razão ou acima dela. A ênfase deísta na religião natural, juntamente com uma negação da revelação e uma rejeição do sobrenatural, criou uma atmosfera de estudo bíblico hostil à interpretação tradicional da Bíblia. Filósofos deístas como Thomas Hobbes (1651) tentaram confiantemente fazer crítica da Bíblia, enquanto Baruch Spinoza (1670) rejeitava uma Bíblia que seja concebida como uma revelação inspirada da verdade divina, sustentando que ela era apenas uma coleção de livros históricos cujo conteúdo deve ser examinado sob o critério da razão.

(REVENTLOW, *Authority* 289-401. CRAIGIE, P. C., "The Influence of Spinoza in the Higher Criticism of the Old Testament", *EvQ* 50 [1978] 23-32. SULLIVAN, R. P., *John Toland and the Deist Controversy* [Cambridge MA, 1982].)

6 (II) Primórdios da crítica moderna.
(A) R. Simon. Convertido do protestantismo e sacerdote oratoriano, Richard Simon (1638-1712) inaugurou o período da crítica moderna da Bíblia com sua obra em três volumes *Histoire critique du Vieux Testament* (1678; também → Crítica do NT, 70:4). O exame, feito por Simon, dos manuscritos orientais na biblioteca oratoriana em Paris e seu trabalho com as literaturas bíblica, rabínica e patrística lhe possibilitaram produzir este estudo da Bíblia baseado na análise literária e histórica. No volume 1, Simon lidou com a autoria dos vários livros da Bíblia. Particularmente significativa foi sua conclusão de que Moisés não era o único autor do Pentateuco. Uma história das principais traduções da Bíblia, juntamente com regras para a crítica textual e para traduções mais exatas, preencheram os volumes 2 e 3. De capital importância foi o reconhecimento de Simon de que tradições não escritas estavam na base da história literária – uma contribuição que passou despercebida de seus contemporâneos. O estudo crítico de Simon atraiu o furor de outros teólogos e exegetas franceses. Bossuet foi particularmente impiedoso em seus ataques, baseando seus argumentos na teologia e se recusando a seguir Simon em áreas críticas em que os escritos deveriam ser julgados por padrões gramaticais e literários. Bossuet não estava sozinho ao deixar de distinguir entre teologia e crítica literária como disciplinas autônomas e ao se dar conta de que uma posição teológica não garante a autenticidade de uma passagem bíblica em particular. Os inimigos de Simon foram vitoriosos temporariamente, e em 1682 a *Historie critique* foi colocada no *Índex* [lista de livros proibidos pela igreja]. A obra de Simon provocou grande interesse fora da França; ela foi traduzida para o inglês (Londres, 1682) e mais tarde para o alemão por J. S. Semler.

(AUVRAY, P., *Richard Simon* (1638-1712) [Paris, 1974]. STEINMANN, J., *Richard Simon et les origenes de l'exégèse biblique* [Bruges, 1960].)

7 (B) Crítica textual.

(a) *J. Morinus e L. Capellus*. Um fundamento para a crítica textual defendida por Simon já fora estabelecido no primeiro quarto do séc. XVII. Oratoriano francês, Morinus afirmou (1633) que a LXX fornece uma leitura melhor e uma tradição mais frutífera do que o TM; de fato, o TM está tão repleto de erros que não pode se manter como norma para o estudo da Bíblia. Capellus, protestante francês, mostrou (*Critica sacra*, publicado pela primeira vez em 1658) que a vocalização do TM é de origem tardia e que seu texto consonantal está preservado de modo imperfeito. Por volta da mesma época, o calvinista H. Grotius (1583-1645) foi o pioneiro de uma exegese gramatical e histórica livre de todas as considerações dogmáticas; ele apoiou fortemente a interpretação literal da Bíblia, especialmente dos oráculos proféticos do AT.

8 (b) *J. Leclerc*.

Após o lançamento da sensacional *Historie critique* de Simon, Leclerc (1657-1736) ajudou a propagar a hipótese histórico-literária de Simon mediante uma revisão magistral da *Historie critique*. Embora diferindo de Simon em muitos pontos, Leclerc compartilhava as concepções do oratoriano acerca da necessidade da crítica textual. Sua própria obra principal, *Ars critica* (1697), desenvolveu regras para esta crítica, especialmente para a reconstrução do texto hebraico. Sua obra representa uma síntese do esforço crítico na véspera do iluminismo.

9 (c) *Crítica textual inglesa*.

Durante o restante do séc. XVIII, estudiosos ingleses assumiram a liderança na pesquisa textual, fazendo do TM o principal objeto de estudo. B. F. Kennicott, para mencionar apenas um, declarou que os textos hebraicos são relativamente tardios, mas geralmente mais fiéis ao original do que os textos gregos (→ Textos, 68:59; W. McKane, *JTS* 28 [1977] 445-64). Apesar do número crescente de estudos textuais, porém, as expectativas otimistas iniciais de estabelecer um texto hebraico definitivo fracassaram.

10 (d) *A. Schultens e W. Schröder*.

A obra de Schultens (1733) utilizou os estudos gramaticais precedentes para chegar à afirmação de que o hebraico é uma das línguas semíticas. Ao contestar desse modo o conceito do hebraico como *lingua sacra* singular, Schultens abriu o caminho para a exegese científica crítica. Schröder (1776) popularizou a obra de Schultens; ele separou a língua hebraica de sua associação arbitrária com a mecânica do latim e mostrou o caráter distintivo das línguas semíticas.

11 (e) *W. Gesenius*.

Os labores de Schultens e Schröder foram coroados pelas realizações de Gesenius (1786-1842). Como clímax de dois séculos de desenvolvimento dos estudos gramaticais e filológicos, sua obra lançou os fundamentos para a exegese do séc. XIX. Uma de suas maiores realizações foi uma apresentação abrangente e magistral da gramática hebraica em seu desenvolvimento histórico (1817). Seu dicionário de hebraico, publicado pela primeira vez em 1810, passou por 17 edições e revisões; ele continua sendo um instrumento valioso, ainda que léxicos modernos complementem boa parte de sua obra. Sob influências racionalistas, Gesenius se esforçou para separar a pesquisa gramatical das considerações dogmáticas e assim libertou o hebraico das últimas conotações de ser uma língua sagrada e singular.

O desenvolvimento bem sucedido dos estudos do hebraico fortaleceu a tendência à exegese gramatical. Num sentido, essa tendência representava uma vantagem ao focar a atenção no sentido literal dos textos sagrados; deve-se admitir, contudo, que as premissas racionalistas do iluminismo tiveram uma influência dessecante sobre a exegese e provocaram rapidamente uma reação, quando o iluminismo se rendeu ao romantismo (Rogerson, *Criticism* 50-57).

12 (III) A crítica no século XVIII.
(A) A ascensão do método histórico.

(a) *J. D. Michaelis*. Um dos mais importantes personagens na história da pesquisa bíblica do séc. XVIII, Michaelis (1717-1791) foi professor de línguas orientais em Göttingen. Embora ele estivesse familiarizado com as tendências contemporâneas do racionalismo e do deísmo, submeteu-se à teologia ortodoxa nas conclusões de sua pesquisa da Bíblia. Esta tensão entre o compromisso teológico e a pesquisa científica era característica do iluminismo, no qual o racionalismo contestava a ortodoxia. Escritor prolífico, as principais contribuições de Michaelis ao estudo da Bíblia foram nas ciências auxiliares, como a filologia, estudos sobre o Oriente, geografia e arqueologia. Entretanto, ele também se dedicou à exegese; em 1769 começou uma tradução da Bíblia que propunha a exatidão filológica e a interpretação geográfica, histórica e teológica adequada como seu objetivo. A obra de 13 volumes foi concluída em 1786.

13 (b) *J. Astruc.* Em 1753, no apogeu da carreira de Michaelis, foram publicadas as *Conjectures* de Jean Astruc, médico na corte de Luís XIV. Astruc observou que a variação nos nomes de Deus em Gênesis indica o uso de duas memórias distintas como fontes; ele atribuiu a estas as siglas A e B. A obra do médico francês teve pouco efeito sobre seus contemporâneos, possivelmente por causa da reação desfavorável de Michaelis à hipótese proposta. (Quarenta anos mais tarde, contudo, o católico inglês A. Geddes observou as mesmas variações que tinham chamado a atenção de Astruc. Ele as atribuiu não à justaposição de documentos contínuos, mas à amalgamação de numerosos fragmentos.). A tentativa de análise de Astruc foi um marco no estudo do AT, visto que forneceu a base para a teoria documental refinada que fez do Pentateuco o foco da pesquisa escriturística no séc. XIX. (Veja E. O'Doherty, *CBQ* 15 [1953] 300-4; R. C. Fuller, *Alexander Geddes: 1737-1802* [Sheffield, 1984].)

14 (c) *J. S. Semler.* A tensão patente na obra de Michaelis foi resolvida por Semler, seu contemporâneo (1721-1791). Semler não via proveito na ortodoxia, que identificava com a autocracia papista, nem no pietismo de P. Spener e sua escola, que contrapunha um misticismo emotivo ao dogmatismo atrofiado. Ele buscou a renovação do estudo protestante da Bíblia no espírito de uma nova gnose; mas sua reforma tinha pouco a ver com a compreensão da Bíblia ou os alvos de Lutero ou de Calvino. Desvinculado do conceito dogmático comum de inspiração, o estudo de Semler a respeito do cânone e de seu desenvolvimento histórico o levou a rejeitar completamente a noção de um cânone fixo na igreja primitiva. Fez uma distinção radical entre o conteúdo divino da Bíblia e os escritos nos quais as verdades divinas são expressas. O conteúdo é a palavra de Deus, absoluta e já realizada; mas os próprios escritos são relativamente falíveis e passageiros, um veículo para a mensagem divina. Com base nesta distinção, somente são autoritativos aqueles livros que servem para o aperfeiçoamento moral do ser humano na época; por isso, o que é "canônico" para uma geração pode ser bastante corretamente rejeitado por uma outra. Por meio desta teoria da acomodação, as pessoas têm condições de preservar a partir da Bíblia as verdades especulativas e práticas que constituem a religião genuína.

A insistência de Semler, em cada caso, em árbitros humanos da mensagem divina preparou o terreno para uma abordagem crescentemente racionalista, antropocêntrica do estudo e interpretação da Escritura. Além disso, segundo a ideia de canonicidade de Semler, a contraposição entre o AT (limitado, nacionalista, judaico) e o NT (expansivo, universal, eterno) era intensificada, e mais tarde esta tendência levou os cristãos a questionarem a relevância do AT (→ 21 *abaixo*; G. Hornig, *Die Anfänge der historisch-kritischen Theologie: Johann Salomo Semlers Schrifverständnis...* [Göttingen, 1961]; W. Schmittner, *Kritik und Apologetik in der Theologie J. S. Semlers* [München, 1963]).

15 (d) *J. G. Hamann.* Mas mesmo quando o iluminismo alcançava o auge de sua influência, não faltaram vozes de protesto. Um gênio sibilino, pouco conhecido, chamado "o vidente do Norte", Hamann (1730-1788) tornou-se o oponente do racionalismo e o expoente da emoção e da percepção intuitiva como a chave para o conhecimento. Sua influência se fez sentir principalmente no campo da literatura alemã, mas ele também foi um personagem notável no estudo da Bíblia. Importante por seus próprios méritos, a obra de Hamann adquiriu uma importância adicional por causa de seu efeito sobre os críticos que o seguiram, particularmente o poeta Herder. Na metade de sua carreira, Hamann descobriu a chave para o verdadeiro significado da Bíblia, a saber, uma percepção de que Deus se manifestou por meio da instrumentalidade humana numa revelação bíblica que alcançou seu clímax na encarnação do Filho de Deus. Hamann esperava assim opor-se ao antropocentrismo crasso de Semler ao enfatizar uma economia divina que empregava seres humanos para a realização de seus desígnios. Embora seja adequado falar de Hamann como humanista, ele diferia de outros estudiosos humanistas do iluminismo pelo fato de que seu humanismo estava enraizado numa profunda crença na encarnação. Era intenção de Hamann integrar o humanismo da época à fé ortodoxa tradicional (veja R. G. Smith, *J. G. Hamann* [New York, 1960]).

16 (B) A transição para o século XIX.

(a) *J. G. Herder*. Sob a tutela de Hamann, Herder (1744-1803) adquiriu um amor pelo AT e desenvolveu seu inconfundível "humanismo hebraico". Sendo primordialmente um poeta, Herder, como seu contemporâneo Lessing e seu aluno Goethe, não hesitou em assumir os papéis de filósofo e teólogo. Insatisfeito com a concepção de Semler a respeito da Bíblia e com o conceito de acomodação da Bíblia às necessidades humanas, Herder considerou a concepção de Hamann mais apropriada; entretanto, não esposou o conceito de Hamann a respeito de um papel humano distintivo na realização da história da salvação. Tanto para Hamann quanto para Herder, os seres humanos são de fato a imagem de Deus; mas, para Herder, é na natureza humana à parte de Jesus Cristo que reside o segredo da semelhança divina.

Herder abordou a Bíblia como uma obra estética, um rico depósito de literatura no qual o gosto instruído podia se demorar. Interesses estéticos instigaram seus esforços hermenêuticos iniciais. Uma edição alemã da avaliação literária da poesia hebraica do bispo R. Lowth, *De sacra poesi Hebraeorum* (1753; → Poesia hebraica, 12:6), publicada por Michaelis em 1780, impressionou Herder e o levou a começar sua grande obra sobre o espírito da poesia hebraica (1782-1783). Herder foi além da análise da forma de Lowth e penetrou no caráter espiritual da poesia como expressão de uma experiência religiosa viva. As palavras do autor sagrado, ganhando alma pela força vital dinâmica por trás delas podiam, assim, falar aos leitores da Bíblia. A chave para a análise bíblica de Herder era, desse modo, a empatia estética com a poesia hebraica, uma penetração no mundo bíblico da Antiguidade, não por meio da investigação arqueológica ou científica, mas mediante a engenhosidade, simplicidade de coração e resposta emocional. Sua avaliação dos escritos sagrados como a expressão da experiência do divino feita por Israel levou a seu famoso dito de que quanto mais humanamente se lê a palavra de Deus, mais perto se chega de seu verdadeiro significado, pois ela é um livro escrito por pessoas para pessoas.

Romântico e intuitivo, Herder mitigou o racionalismo de sua época ao recomendar um novo encontro com a mensagem bíblica que seria compatível com o espírito clássico, panteístico e humanístico da época. Tanto os críticos ortodoxos quanto os racionalistas saudaram a abordagem de Herder como um corretivo bem-vindo e necessário ao tratamento dogmático e não espiritualizado da Escritura. Embora Herder evitasse o racionalismo mais grosseiro como o de Semler, sua abordagem estética da Bíblia foi um passo a mais em direção à posição da alta crítica: o estudo da Bíblia como literatura de modo algum é diferente do das obras literárias profanas. Seguindo Herder, biblistas tentaram uma interpretação intuitiva semelhante; a carência de exegese científica digna de nota na segunda metade do séc. XVIII pode ser atribuída em parte à influência de Herder. Os efeitos duradouros desta influência se encontram na obra de Hermann Gunkel (→ 37 *abaixo*). Chamado de Herder científico, Gunkel empregou a apreciação estética para penetrar na mensagem bíblica. Na verdade, a teoria de Gunkel sobre as formas literárias reflete a afirmação de Herder de que a poesia tende a ser expressa em formas especialmente adaptadas a uma finalidade particular (veja A. Baker, *CBQ* 35 [1973] 429-40).

17 (b) *J. G. Eichhorn*. Como já observamos, o fermento intelectual dos sécs. XVII e XVIII tinha gerado tensão entre a ortodoxia e o racionalismo, entre a tradição e o iluminismo. Mais patente em Michaelis, a tensão era evidente também na obra de Semler e Herder, cujos estudos eram um tanto experimentais e tateantes. Sobrou para Eichhorn (1752-1827) sintetizar os resultados das novas tendências e estabelecer os princípios de uma análise histórico-crítica que dominaria os dois séculos seguintes da pesquisa da Bíblia. Eichhorn foi aluno de Michaelis em Göttingen, mas logo se tornou independente de seu mestre. Ensinou línguas orientais em Jena por um certo tempo e, mais tarde, tornou-se professor de filosofia em Göttingen.

Eichhorn propôs libertar-se de todo compromisso com a ortodoxia e reconhecer o AT historicamente como uma fonte singular para o conhecimento da Antiguidade, pois ele achava que as preocupações teológicas tinham impedido gravemente uma compreensão verdadeira do AT. Para alcançar este fim, Eichhorn usou tanto a abordagem racionalista de Semler a respeito dos fatores históricos e geográficos na avaliação do texto quanto as percepções românticas de Herder acerca do valor espiritual da doutrina apresentada. Ele reconheceu sua dívida para com ambos, mas foi particularmente Herder, seu amigo vitalício, que influenciou sua crítica da Bíblia. A famosa obra pioneira de Eichhorn, *Einleitung in das Alte Testament* (1780-83), forneceu o padrão para as introduções gerais e especiais que logo se tornaram a característica distintiva da pesquisa histórico-crítica. O primeiro volume, uma introdução geral, examinava o conteúdo, a redação, a autenticidade e a canonicidade dos livros do AT; o segundo volume tratava da história do texto; e o terceiro fornecia auxílios introdutórios especiais para um tratamento crítico do AT e expunha os livros individualmente.

O nome de Eichhorn está associado principalmente a concepções que dizem respeito ao Pentateuco. Utilizando a obra praticamente esquecida de Astruc, Eichhorn ampliou a análise até o Levítico e reafirmou a presença de dois documentos distintos (J e E – mais tarde E^1 e E^2), propondo assim de maneira bem sucedida uma teoria documental. Contrariamente à moda do séc. XVIII de negar que Moisés tenha existido, Eichhorn reafirmou firmemente a autoria mosaica do Pentateuco; ele insistiu, contudo, que Moisés fizera amplo uso de fontes escritas fixas.

O trabalho de Eichhorn sobre o Pentateuco obscureceu um pouco sua contribuição para a interpretação dos profetas. Sua análise dos escritos proféticos foi fortemente influenciada pela compreensão de Herder a respeito das características humanas dos profetas e suas inclinações poéticas e místicas. Eichhorn foi cuidadoso em considerar o ambiente histórico e se esforçou para transportar os leitores para os tempos antigos e fazê-los confrontar-se com a literatura profética na época do próprio profeta. Um século mais tarde, Duhn, em sua obra sobre os profetas hebreus (→ 25 *abaixo*), reconheceu a influência de Eichhorn, cujos estudos iniciais forneceram o estímulo para os empreendimentos da pesquisa posterior. Eichhorn fez uso das percepções embrionárias de Herder acerca da poesia e forma literária hebraicas para determinar *Gattungen* (categorias, gêneros, formas) poéticas. Ele assumiu parcialmente a noção de tradição de Simon e a ampliou com o conceito da importância da tradição oral na transmissão dos materiais bíblicos. Além disso, viu nos elementos míticos da história primitiva mais do que adorno poético ou uma acomodação à época; estes estudos preliminares sobre o mito foram de grande importância na obra de Gunkel (→ 29, 37 *abaixo*; E. Sehmsdorf, *Die Prophetenauslegung bei J. G. Eichhorn* [Göttingen, 1971]).

CRÍTICA HISTÓRICA NO SÉCULO XIX

18 (I) O desenvolvimento do método histórico.

(A) W. M. L. de Wette. A exegese gramático-histórica da época estava longe de satisfazer de Wette (1780-1849) – nem gramática nem histórica, praticamente sem merecer o nome de exegese. Após uma brilhante tese de doutoramento (1805), na qual separou o documento deuteronômico no Hexateuco e em Reis (→ Deuteronômio, 6:3), de Wette voltou sua atenção para o problema da metodologia na crítica bíblica. Ele admirava grandemente as realizações de Eichhorn no campo da crítica literária, mas encontrou um incentivo ainda maior para sua própria pesquisa na consideração do ambiente bíblico por parte de Eichhorn. Em seu *Manual de introdução histórico-crítica à Bíblia* (1817), de Wette falou tão decisivamente sobre as exigências da crítica histórica que ele é merecidamente considerado o pai deste método no estudo da Bíblia. O objetivo para o qual dirigiu seus esforços era o de entender os fenômenos bíblicos em seu verdadeiro interrelacionamento histórico. Sua questão básica na análise bíblica era histórica: o que a Bíblia é e como ela se desenvolveu? Para responder esta pergunta, de Wette tratou, em sua *Introdução*, os acontecimentos da Bíblia como fenômenos comparáveis a outros fenômenos históricos e sujeitos às mesmas leis da pesquisa histórica.

O entusiasmo de de Wette pela história foi ocasionado, em parte, pelo nascimento e desenvolvimento da pesquisa crítica, científica e histórica no início do séc. XIX, principalmente na Alemanha. Em nome da razão, os pesquisadores do iluminismo tinham ignorado o passado religioso e social com suas lendas e tradições, consideradas características de uma época ignorante. Consequentemente negou-se valor à história como um fator no progresso humano. Os estudiosos estavam preocupados principalmente com uma filosofia da história; e quando eles dirigiam seu olhar para povos estranhos e instituições não familiares, faziam-no sem se dar conta de que era necessário um grande esforço de entendimento. Com o alvorecer do romantismo, contudo, a história – um progresso mensurado a partir de instituições primitivas até sistemas sábios – passou a ser apreciada como um fator vital na civilização.

O método histórico-crítico imaginado por de Wette e praticado por seus sucessores combinava crítica literária e histórica. A crítica literária procura estabelecer limites textuais e determinar os gêneros e características especiais das fontes subjacentes; ela estuda o conteúdo sob o triplo aspecto da linguagem, composição e origem. A crítica histórica tenta determinar o valor dos escritos sagrados como documentos históricos, tanto no tocante aos fatos quanto ao ensino. Este método procura reconstruir a vida, as ideias e o ambiente do autor mediante o uso de ciências auxiliares como a filologia, a arqueologia e a geografia. A obra de de Wette esclareceu e fortaleceu estas duas tendências críticas correntes no início do séc. XIX. Na organização de sua *Introdução*, para alcançar a compreensão plena do escrito sagrado, de Wette usava primeiro todos os meios gramaticais e retóricos possíveis para penetrar na mensagem bíblica. Após esta análise literária, ele passava à investigação histórica das circunstâncias que produziram a obra – o ambiente do autor, os pensamentos, as concepções, as esperanças e os medos que ele compartilha com seus contemporâneos.

De Wette reafirmou frequentemente a irrelevância de premissas dogmáticas na pesquisa bíblica, embora fosse moderado no meio da polêmica contra a ortodoxia e tolerasse juízos religiosos que estivessem de acordo com as conclusões de seu método histórico. Na verdade, ele considerava a sensibilidade espiritual dos exegetas muito importante. As capacidades dos exegetas serão maiores, dizia de Wette, em proporção à pureza e perfeição de suas concepções religiosas – em suma, proporcionalmente ao grau em que eles são cristãos. Em consonância com sua rejeição do dogmatismo, de Wette afirmava que não era necessário ou até mesmo possível nenhuma concepção teológica fixa para a exegese, visto que tal compromisso bloqueia o caminho para a análise objetiva. De Wette estava restaurando aqui as premissas rejeitadas do iluminismo e do romantismo.

Como crítico dos salmos, de Wette mostrou a influência da apreciação estética de Herder. Eichhorn introduzira o termo *Gattung*, "gênero", em referência aos tipos de salmos, mas não tentara nenhuma classificação. De Wette dividiu os salmos em seis categorias, antecipando assim a análise mais completa de Gunkel (→ 39 *abaixo*; Rogerson, *Criticism* 28-49).

19 (B) A influência hegeliana. Justamente quando de Wette defendia o uso da crítica histórica na exegese bíblica, o filósofo G. W. F. Hegel (1770-1831) desenvolvia um sistema de dialética que teve uma influência imediata e revigorante como base para a interpretação da história. Aplicada à história, a dialética hegeliana reafirma o progresso através do antagonismo e do conflito; o desenvolvimento ocorre porque uma situação particular (tese) produz inevitavelmente seu oposto (antítese). O conflito resultante termina na fusão das duas – uma síntese – que por sua vez se torna a tese do estágio seguinte do conflito. A *Filosofia da história* de Hegel (1831) se tornou a palavra final no pensamento metafísico. Depois de 1850, contudo, sua hipótese perdeu terreno por causa dos ataques da ciência materialista. Dentro de duas gerações, o progresso do iluminismo passou do desenvolvimento dialético de Hegel para a teoria evolutiva da segunda metade do séc. XIX. (Thompson, *Moses* 37-41).

20 (a) *W. Vatke*. Discípulo zeloso de Hegel, Vatke (1806-1882) criticou a concepção de de Wette a respeito da pesquisa bíblica histórica por ser insuficientemente dinâmica. Ele lamentou o fato de Wette não apreciar o papel vital que o Absoluto de Hegel desempenhava na história. No primeiro volume de sua teologia bíblica, *A religião de Israel* (1835), Vatke aplicou a dialética de Hegel ao estudo da forma como a religião se desenvolveu em Israel. Os fatos históricos individuais precisam ser relacionados às verdades eternas da razão para formar um *continuum* histórico. A religião e a história – a verdade eterna e o momento histórico – precisam se combinar na *Heilsgeschichte*, "história da salvação". A verdadeira religião foi revelada lentamente mediante sucessivos estágios de símile, alegoria e mito, culminando na revelação histórica de Jesus Cristo.

Vatke sustentava que a teologia bíblica é uma disciplina histórica, que não deve ser determinada por considerações dogmáticas; ela depende exclusivamente da palavra escrita. Mas por refletir a coloração dogmática de uma época em particular, a teologia bíblica compartilha do destino de toda análise histórica, variando de acordo com os estágios do desenvolvimento dogmático. Visto que os acontecimentos históricos são sempre espelhados na consciência presente, o que aparece como história é um *continuum* das manifestações da verdadeira religião entendida aqui e agora. É mais adequado chamar os escritos bíblicos de uma história da consciência humana do que de um registro científico dos acontecimentos passados. Consequentemente, concluiu Vatke, nunca pode existir uma teologia bíblica completamente objetiva. Seu conceito idealista de que as aparências históricas são apenas manifestações do Absoluto dissolve a realidade da história e também a da revelação (Rogerson, *Criticism* 60-78; Perlitt, *Vatke*).

21   (b) *Ataques contra o AT*. Para Hegel, o cristianismo é a religião absoluta, o estágio final do processo dialético. A religião dos hebreus (como as religiões pagãs) era meramente um momento necessário na evolução do Absoluto. Por ser transitória, ela era válida e útil apenas para seu próprio período; quando a religião evolui das formas mais imperfeitas da magia para o cristianismo perfeito, a religião do AT se torna vazia. Vatke, como Hegel, sustentava que o AT era inferior ao NT porque o cristianismo é o clímax do processo de desenvolvimento. Mas Vatke opôs o paganismo tanto ao AT quanto ao NT: o paganismo é naturalístico; o judaísmo é ideal; o cristianismo elevou o idealismo da religião hebreia à realidade concreta.

Esta sutil denigração do AT foi acentuada por Friedrich Schleiermacher (1768-1834), o filósofo religioso do romantismo, que sustentou que o abismo entre a consciência hebraica e a cristã é tão vasto quanto aquele entre a consciência pagã e a cristã. Consequentemente, sem rejeitar os escritos do AT, ele lhes atribuiu uma posição decididamente inferior, antecipando assim as questões modernas sobre a relevância do AT (→ Hermenêutica, 71:25).

22   (C) H. Ewald. A crítica histórica inaugurada por de Wette e Vatke foi levada adiante por Ewald (1803-1875), que foi professor em Göttingen (onde fora aluno de Eichhorn) e Tübingen. Orientalista, filólogo e teólogo, a obra mais influente de Ewald não tratou de nenhum desses campos, mas da história. Sua *História do povo de Israel* (1843-55) foi a primeira obra em alemão a lidar com a história israelita com um espírito secular. Mediante uma investigação esmerada das fontes, Ewald conseguiu apresentar um retrato completo e coerente da história de Israel, embora se deva admitir que sua obra fez pouco uso da história do Oriente Próximo e do estudo comparado das religiões. A história de Ewald foi tão popular que entre 1864 e 1868 ele publicou uma 3ª edição. No pensamento de Ewald, o cerne da história hebraica se encontra no incansável esforço de Israel para alcançar a religião verdadeira e perfeita, um objetivo que apenas os hebreus, entre todos os povos da Antiguidade, atingiram. Assim, Ewald enfatizou que a história de Israel é essencialmente uma história religiosa. Teoricamente, os pesquisadores histórico-críticos realizam suas pesquisas numa atmosfera de pura objetividade; o método de Ewald revela, contudo, que este historiador crítico trocou um compromisso por outro. A história da salvação (→ 20 *acima*) amalgamava a revelação e a história; de modo semelhante Ewald amalgamou a verdadeira religião e a história.

Ewald considerava os profetas como o centro espiritual da busca de Israel pela religião verdadeira, que tinham o poder de trazer à vida as sementes da consciência latentes em cada um. Juntamente com os escritos de Herder, a pesquisa de Ewald continuou decisiva para o estudo dos profetas no final do séc. XIX; nem Duhm nem Gunkel podiam ignorá-la (→ 25, 37 *abaixo*; Rogerson, *Criticism* 91-103).

23   (II) Triunfos do método histórico. O trabalho estreitamente relacionado de de Wette, Vatke e Ewald dirigiu firmemente o estudo do AT pela trilha da crítica histórica. Todavia, embora estivessem preocupados com a importância das circunstâncias históricas para a compreensão dos escritos sagrados, eles não formularam uma concepção geral da história israelita. Esta formulação seria o trabalho significativo de Reuss, Graf, Kuenen e Wellhausen.

(A) Predecessores de Wellhausen. E. Reuss (1804-1891), professor em Estrasburgo, foi mais influente por suas palestras do que por suas obras escritas; com efeito, foi por meio de suas aulas que muitos biblistas franceses se familiarizaram com a pesquisa bíblica. Já no ano de 1833, Reuss observou que os regulamentos de rituais em Levítico não correspondem às condições da época da peregrinação pelo deserto e que os profetas nada tinham a dizer sobre estes regulamentos. Portanto, Reuss concluiu que as leis cultuais israelitas são de composição tardia. Sua conclusão forneceu simultaneamente um novo retrato da história hebreia: os profetas são mais antigos do que a lei e os salmos são mais recentes do que ambos. Esta concepção (que Reuss caracterizou como "meu sistema") foi explicada na obra de seus sucessores.

K. H. Graf, o aluno mais famoso de Reuss (1815-1869), deve muito ao pensamento de seu mestre em seu estudo *Os livros históricos do Antigo Testamento* (1866). Como precursor dos estudos de Wellhausen, o livro de Graf marcou uma nova fase na história da crítica do AT. Ele aperfeiçoou as intuições de Reuss e resolveu em termos precisos o problema da formulação histórica do Pentateuco: P é o mais recente (pós-exílico) documento do Pentateuco, uma proposição estabelecida mais firmemente pelos estudos de W. H. A. Kosters (1868). Graf aproveitou também os estudos críticos de Abraham Kuenen (1828-1891), um estudioso holandês muito brilhante que esteve entre os primeiros biblistas a tentar difundir os métodos histórico-críticos entre os não especialistas (veja S. De Vries, *JBL* 82 [1963] 37-57).

24 (B) A teoria documental de J. Wellhausen. O terreno estava agora preparado para uma síntese da crítica histórica por parte de Julius Wellhausen (1844-1918). Uma série de artigos sobre o Hexateuco (1876) e sua obra *Prolegômenos à história de Israel* (1883) apresentam seu sistema. Visto que suas concepções não diferiam radicalmente das de seus predecessores imediatos, o êxito de Wellhausen pode ser atribuído, pelo menos em parte, à sua apresentação lógica e convincente. Com Ewald como seu professor em Göttingen, Wellhausen se dedicou ao estudo da história bíblica concebida como um processo vital no qual a religião israelita cresceu e amadureceu. Ele devia a Reuss, Graf e H. Hupfeld aspectos de sua crítica literária; e a Vatke e, por trás dele, a Hegel os conceitos filosóficos.

Visto que a teoria documental de Wellhausen teve repercussões em todos os campos da pesquisa bíblica e influenciou a trajetória da crítica bíblica até o presente, segue um breve resumo dela. Wellhausen propôs quatro documentos principais no Hexateuco: J, E, D e P, nesta ordem cronológica. Ele situou as seções narrativas antigas de J e E em cerca de 870 ou 770 respectivamente. Sua redação (em cerca de 680) foi seguida pelo Deuteronômio (pelo menos o cerne, caps. 12-22) e outros elementos de D que foram descobertos em 621. A composição de P começou com o exílio e continuou até a redação final do Hexateuco durante as reformas de Esdras e Neemias em cerca de 450 (→ Pentateuco, 1:6).

Na raiz desta exposição clássica se encontram algumas pressuposições também presentes em outras áreas da pesquisa do séc. XIX: (1) um ceticismo geral com relação à historicidade dos relatos que registram acontecimentos não contemporâneos; (2) a suposição de que a cultura e a religião dos povos da Antiguidade tenham evoluído gradativamente a partir de antigas formas primitivas; (3) uma rejeição *a priori* de todos os elementos sobrenaturais na religião de Israel. Havia pontos fracos adicionais que o tempo revelaria, *p.ex.*, uma negligência da influência dos vizinhos de Israel sobre a história hebreia e uma desconsideração das provas arqueológicas na reconstrução da história de Israel.

Estas deficiências, contudo, não impediram a ampla e entusiasmada aceitação da teoria documental. Atribuir os escritos proféticos a um período anterior à composição do Hexateuco mudou radicalmente o conceito da missão dos profetas: eles se tornaram os originadores do monoteísmo, e não seus renovadores. Esta inversão constituía um ponto chave na teoria de Wellhausen, e seu impacto foi sentido em todos os campos de estudo do AT. Como era de se esperar, os estudos do Hexateuco ocuparam o centro do palco da pesquisa. Os proponentes entusiásticos da teoria das quatro fontes levaram a análise adiante, dividindo e redividindo as fontes até que elas foram praticamente atomizadas (veja Perlitt, *Vatke*; também *Semeia* 25 [1982] 1-155).

25 (C) Os estudos de B. Duhm sobre os profetas. Se Wellhausen propôs erigir a história religiosa de Israel sobre uma investigação das fontes do Hexateuco, Bernard Duhm (1847-1928) considerou a teologia dos profetas a base para reconstruir o desenvolvimento da religião do AT. A obra de Wellhausen foi de suprema importância para Duhm, pois ele adotou a cronologia de Wellhausen, na qual o ensino profético pressupunha a legislação sacerdotal e deuteronômica. Além da influente obra *A teologia dos profetas* (1875), Duhm também publicou um comentário sobre Isaías (1892) e *Os profetas de Israel* (1916). No final do séc. XVIII, J. C. Döderlein (1745-1792) foi o primeiro a questionar a autoria de Isaías 40-55 (→ Deuteroisaías, 21:2); mas Duhm foi além da análise de Döderlein e identificou o Tritoisaías, caps. 56-66, atribuindo a composição à época de Malaquias (→ Deuteroisaías, 21:50). Ele também separou os Cânticos sobre o Servo de Deuteroisaías, complicando assim o problema do Servo de Iahweh (→ Deuteroisaías, 21:6).

Num período anterior, Herder, Eichhorn e Ewald tinham indicado o caráter distintivo do fenômeno profético e sua relação com o ambiente histórico. Duhm se valeu dos estudos deles para construir um padrão coerente de desenvolvimento religioso em Israel. A realização dos profetas se baseava em novas percepções religiosas que romperam os laços da antiga religião naturalista de Israel. Esta obra não foi realizada em uma geração, pois os profetas mais antigos, disse Duhm, ainda estavam enraizados no naturalismo. Somente com Amós é que o novo elemento foi introduzido: ênfase na ação de Deus. Por causa dos profetas, a religião de Israel não se baseava mais numa relação naturalista de Deus com Israel; a religião foi transferida do âmbito da natureza para uma esfera moral. Por meio da orientação moral dos profetas, a monolatria da época de Moisés se tornou o monoteísmo ético.

A moralidade, portanto, segundo Duhm, era a força que estava por trás do desenvolvimento da religião hebreia. A análise dos profetas de Duhm pressupunha e utilizou a teoria hegeliana do desenvolvimento do culto. Ao enfatizar dessa forma a influência moral da pregação profética, Duhm contribuiu para um desinteresse nos elementos cultuais e jurídicos da religião hebreia. Seus sucessores enfatizaram ainda mais fortemente a oposição entre a lei e os profetas; apenas em anos recentes é que os estudiosos demonstraram que a tese da "rejeição" profética da lei e do culto foi grandemente exagerada (A. R. Johnson, *The Cultic Prophet in Ancient Israel* [Cardiff, 1962]; R. Murray, "Prophecy and the Cult", *Israel's Prophetic Tradition* [Festschrift P. R. Ackroyd; ed. R. Coggins *et al.*; Cambridge, 1982] 200-16; → 48 *abaixo*).

26 (D) O wellhausianismo na Inglaterra. À parte da publicação, em 1860, da controversa obra *Essays and Reviews* (uma coletânea de sete ensaios que lidavam principalmente com a interpretação bíblica a partir de uma perspectiva cautelosamente crítica), a situação pré-1880 no estudo inglês da Bíblia foi marcada pela resistência à pesquisa alemã por causa de seu caráter racionalista. A situação mudou de maneira notável após 1880 principalmente por causa da obra de S. R. Driver (1846-1914) e W. Robertson Smith (1846-1894). Estes dois destacados pesquisadores introduziram o estudo histórico-crítico do AT a partir da perspectiva de Wellhausen na Inglaterra (e com isso indiretamente no mundo de fala inglesa) e mostraram a compatibilidade do estudo crítico da Bíblia com a fé cristã. Professor régio de hebraico em Oxford desde 1883, Driver publicou em 1891 *An Introduction to the Literature of the Old Testament*, uma obra ainda valiosa mais de um século mais tarde. Também foram notáveis sua obra sobre lexicografia hebraica, seus comentários sobre Deuteronômio (1895) no *International Critical Commentary* [ICC] (para cuja série ele foi o editor britânico do AT) e sobre Gênesis (1904), e sua merecidamente famosa obra *Notes on the Hebrew Text and Topography of the Books of Samuel* (1890). Smith foi um pesquisador escocês e professor de AT no Free Church College de Aberdeen até sua demissão em 1881 por causa de sua falta de ortodoxia. Ele passou o restante de seus anos em Cambridge. Sua defesa da posição de Wellhausen foi vigorosa e brilhante em obras como *The Old Testament in the Jewish Church* (1881) e *The Prophets of Israel* (1882). Em 1889 ele publicou sua obra mais original, *Lectures on the Religion of the Semites*, aplicando dados antropológicos e sociológicos à religião do antigo Oriente Próximo (uma área de interesse renovado hoje; → 73-76 *abaixo*).

(BRUCE, F. F., *ExpTim* 95 [1983-84] 45-49. MCHARDY, W. D., *ExpTim* 90 [1978-79] 164-67. Riesen, R. A., *Criticism and Faith in Late Victorian Scotland* [Lanham, MD, 1985]. ROGERSON, *Criticism*, 273-89; *ExpTim* 90 [1978-79] 228-33.)

27 (III) Religionsgeschichte.

(A) Desenvolvimento e importância. O uso do método histórico-crítico na exegese bíblica teve um paralelo na aplicação do método histórico ao estudo da religião antiga em geral. O racionalismo que alcançara seu apogeu no iluminismo concentrou a atenção na religião divorciada das premissas teológicas e de todas as teorias de revelação sobrenatural, mas o estudo desta religião natural era basicamente especulativo e caracterizado por amplas generalizações. Por volta da metade do séc. XIX, contudo, o ímpeto dado pelo romantismo à pesquisa histórica levou os estudiosos a examinar as manifestações históricas das religiões efetivas. Esta disciplina, *Religionsgeschichte* (para a qual a tradução "história das religiões" é inadequada), teve uma grande influência indireta sobre o estudo da Bíblia. A maior parte da nova disciplina era realizada com base em princípios positivistas, *i.e.*, princípios sujeitos a verificação científica. O objetivo de sua pesquisa era o fato não colorido pela interpretação filosófica ou teológica. A religião bíblica, consequentemente, foi investigada no mesmo plano das outras religiões, pois todas as religiões eram concebidas como produto da cultura humana.

A recuperação de literaturas religiosas do Oriente Próximo, bem como os rápidos avanços na arqueologia, antropologia e etnologia, facilitaram grandemente o progresso do novo ramo de conhecimento científico. A teoria evolutiva do desenvolvimento religioso que sucedera o conceito hegeliano de progresso contínuo encontrou ampla colaboração na investigação das religiões primitivas. A tarefa do historiador das religiões era reconstruir a manifestação da crença e prática religiosa desde as formas primitivas até as altamente desenvolvidas. Este trabalho era facilitado por uma comparação de tendências paralelas em religiões diferentes e por uma determinação das influências mútuas.

Enquanto o estudo e a comparação das religiões antigas estavam se desenvolvendo, os pesquisadores da escola de Wellhausen estavam ocupados quase que totalmente com os problemas literários da crítica do Hexateuco e, de modo geral, deixaram de apreciar e utilizar as conclusões da *Religionsgeschichte*. Não obstante, o novo estudo provaria ser um corretivo valioso para as deficiências das fórmulas de Wellhausen. Ao reconhecer o intercâmbio intelectual, cultural e religioso entre os povos do Oriente Próximo, inclusive de Israel, os estudiosos que pesquisavam as religiões primitivas conseguiram construir um retrato mais acurado da religião israelita no qual se podia basear a interpretação bíblica. Consequentemente, a ênfase na crítica puramente literária diminuiu à medida que o antigo Oriente Próximo fornecia novos materiais para a investigação e comparação.

28 (B) Aplicação à Bíblia.

(a) *O pan-babilonismo de H. Winckler.* Como se poderia esperar no início de uma nova ciência, estudos iniciais exageraram a universalidade do ambiente cultural no Oriente Próximo. A teoria "pan-babilônica" de Hugo Winckler (1863-1913), por exemplo, atribuiu os elementos superiores ou distintivos da religião hebreia, até mesmo o monoteísmo, a influências assírio-babilônicas. As concepções de Winckler foram explicadas por Friedrich Delitzsch (1850-1922) nas palestras publicadas como *Babel und Bibel* (1904). Mas a teoria pan-babilônica logo desapareceu por várias razões: os egiptólogos não podiam aceitá-la; a amalgamação de diversos conceitos em um único padrão de pensamento babilônico era muito artificial; e, finalmente, a teoria não levava em consideração o fato inegável do desenvolvimento que houve na religião hebreia. Além disso, os biblistas modernos estão cientes de que as influências que moldaram as instituições israelitas são bem mais numerosas e complexas do que se supunha originalmente. As tabuinhas ugaríticas, por exemplo, descobertas em Ras Shamra em 1929, revelaram uma forte influência cananeia. (Veja H. B. Hofmann, *Michigan Quarterly Review* 22 [1983] 309-20.)

29 (b) *Schöpfung und Chaos de H. Gunkel.* Muitos biblistas se interessaram pela religião primitiva sobre bases puramente comparativas, registrando semelhanças e diferenças. O verdadeiro profissional, contudo, buscava reconstruir as tradições históricas de povos diferentes a fim de mostrar que uso distintivo Israel fez em última análise das influências heterogêneas exercidas sobre ele. Possivelmente a mais equilibrada e significativa obra bíblica no campo da história das religiões foi *Schöpfung und Chaos* de Gunkel (1895; → 37-39 *abaixo*). Esta investigação sóbria da mitologia popular subjacente à apresentação bíblica da criação e do fim do mundo revelou que a apresentação bíblica pode se derivar de antigos relatos babilônicos dos mesmos fenômenos. Gunkel foi além do registro de semelhanças; ele levou em consideração o ambiente oriental sem negligenciar a realização do próprio Israel na reelaboração dos materiais. O que Gunkel tinha feito em sua análise de Gênesis e Apocalipse, H. Hofmann tentou fazer com os escritos proféticos, reconstruindo as ideias mitológicas que se encontram nos trechos escatológicos (→ 41 *abaixo*).

30 (IV) Reação à alta crítica. Apesar da difundida aceitação do método histórico, não foi permitido aos defensores da nova crítica fazer tudo o que queriam. Mesmo antes do triunfo da alta crítica na teoria de Wellhausen, levantaram-se vozes de protesto. Tanto protestantes quanto católicos ficaram afrontados com as afirmações de que o sobrenaturalismo dogmático é insustentável e de que os cânones da crítica devem ser independentes da teologia. Além disso, a sugestão de que o desenvolvimento religioso de Israel fora influenciado por tradições religiosas de culturas mais antigas foi considerada uma contestação da singularidade da religião hebreia.

(A) A reação protestante.

(a) *Primeiras respostas*. Ao atacar a interpretação bíblica racionalista, R. Stier (1800-1862) censurou a unilateralidade da exegese gramatical-histórica. H. Olshausen (1796-1839) criticou os excessos tanto da exegese gramatical quanto da alegórica; ele defendeu uma interpretação que empregasse todas as ciências auxiliares e, ainda assim, reconhecesse a origem do texto inspirado na revelação. A. Hahn (1792-1863) continuou o trabalho de Olshausen. Outro contra-ataque significativo foi o de J. T. Beck (1804-1878). Diferentemente de muitos biblistas que se satisfaziam em reiterar posições dogmáticas tradicionais, Beck tentou achar um substituto para a inspiração verbal numa teoria dos dons carismáticos de expressão dados por Deus aos autores bíblicos. Ele também afirmou que a Bíblia é um todo orgânico, um sistema de verdade completo; e, assim, a unidade e a continuidade do AT se encontram no fio da história da salvação – *heilige Geschichte* era o termo usado por ele – que atravessa todos os escritos sagrados. O mais formidável oponente da análise gramatical-crítica e histórico-crítica do AT foi E. W. Hensgstenberg (1802-1869). Inimigo inveterado do racionalismo e do idealismo, ele fez pouco caso da história autêntica do AT e interpretou a antiga dispensação inteiramente em termos cristológicos (veja Rogerson, *Criticism* 79-90).

31 (b) *J. von Hofmann.* Este estudioso conservador (1810-1877) concebia o AT como *historia sacra* – a história da redenção na qual e por meio da qual Deus trouxe salvação ao mundo. Para von Hofmann, a revelação é história, não dogma; um acontecimento, não um ensinamento. Não é suficiente reafirmar a inspiração dogmaticamente; ela também precisa ser justificada por meios históricos. A história é o veículo da revelação divina; a literatura do AT oferece conhecimento tanto da história quanto da revelação; de fato, a literatura bíblica em si faz parte desta revelação.

32 (c) *Franz Delitzsch* (1813-1890), pai do especialista em temas babilônicos Friedrich Delitzsch e possivelmente o mais influente dos exegetas protestantes, inicialmente se opôs à escola histórico-crítica de pesquisa; mas no decorrer de seus estudos acabou aceitando muitas de suas conclusões, *p.ex.*, Deuteroisaías e a data tardia de P. A influência de Delitzsch sobre professores e alunos era tão grande que sua aceitação de certas conclusões do método histórico possibilitou a entrada deste método em alguns círculos conservadores. Como convertido do judaísmo, Delitzsch estava mais consciente do que seus contemporâneos da necessidade de um encontro com o judaísmo moderno como meio para uma compreensão mais plena do AT (Rogerson, *Criticism* 104-20).

33 (B) A pesquisa católica da Bíblia. Durante o crescimento constante da nova crítica nos dois séculos após Richard Simon, a pesquisa bíblica católica estava em decadência. Quando se mencionam os nomes de Simon, Astruc, Morinus Leclerc e Geddes, a lista de biblistas católicos influentes termina. Certamente os estudiosos católicos estiveram engajados na pesquisa da Bíblia; mas a maior parte deles dirigiu seus estudos para assuntos secundários e questões seguras, deixando de enfrentar os problemas bíblicos essenciais do séc. XIX. Os exegetas deram pouca atenção à teoria documental em seus estágios originais; contudo, confrontados com a exposição convincente de Wellhausen, os católicos começaram a se dar conta das implicações da crítica racionalista. Em geral, eles rejeitaram o sistema; uma concessão era considerada solução conciliatória, e não se fazia distinção entre os métodos e as conclusões da nova crítica e a filosofia racionalista na qual o sistema se baseava. A oposição católica meramente repetia as velhas posições. Os cinco volumes do *Manuel biblique* (1876) de F. Vigouroux e M. Bacuez foi um exemplo da exegese severamente tradicional corrente entre os biblistas católicos. O *Cursus Scripturae Sacrae* (1886ss.), editado por R. Cornely, J. Knabenbauer e F. von Hummelauer, também pode ser citado, embora alguns volumes desta série (especialmente os de von Hummelauer) mostrassem uma disposição de abandonar posições que a crítica contemporânea demonstrara serem insustentáveis.

34 (a) *Dictionnaire de la Bible.* A obra de Cornely e Vigouroux serviu, contudo, para familiarizar os católicos franceses com os resultados da nova crítica. Vigouroux iniciou em 1891 o *Dictionnaire de la Bible*, concluído finalmente em 1912. Cautelosa e conservadora, a obra, não obstante, assinalou um passo à frente na pesquisa bíblica católica.

(Os suplementos atuais ao dicionário [DB-Sup] são cientificamente críticos e valiosos na pesquisa bíblica.). Embora quase universalmente conservadoras quanto ao tom, as publicações bíblicas católicas do final do séc. XIX revelavam uma consciência crescente dos problemas da crítica moderna na interpretação do AT.

35 (b) *M.-J. Lagrange*. Nem todos os críticos católicos permaneceram num estado de sítio. O dominicano Marie-Joseph Lagrange (1855-1938) optou enfrentar a alta crítica em seu próprio terreno. Num congresso científico católico reunido em Friburgo, Suíça, em 1897, ele defendeu uma resposta positiva aos desafios da alta crítica. Limitando-se à crítica do Pentateuco, questionou a legitimidade e irrefutabilidade das objeções feitas à investigação das fontes do Pentateuco. A nova crítica exige corretamente, afirmou Lagrange, que os críticos substituam seus modernos conceitos ocidentais por conceitos semíticos de autoria e autenticidade. Além disso, no testemunho da autoria mosaica fornecido pela Escritura e pela tradição, deve-se distinguir entre o testemunho literário e o histórico; ambos são válidos, mas a tradição literária não é tão concludente quanto a histórica.

Cinco anos mais tarde, Lagrange ampliou seu campo do Pentateuco para o AT como um todo e fez um apelo em favor da crítica de acordo com um método histórico sólido. Em sua obra *Historical Criticism and the Old Testament* (1905), ele demonstrou a aplicação deste procedimento aos problemas insistentes da exegese católica: a relação da crítica com o dogma, a ciência e a história. A obra de Lagrange visava a diminuir os temores das pessoas que estavam convencidas de que o uso do método histórico iria contra o que consideravam o primeiro dever do crítico católico – submissão à autoridade da igreja. Lagrange mostrou, por exemplo, como o exegeta, embora sustente a imutabilidade da verdade, pode, ainda assim, lidar com o fato óbvio da existência de um desenvolvimento dogmático, especialmente no AT; embora incapaz de subscrever a teoria evolucionista da religião, o exegeta não poder ignorar o evidente desenvolvimento da doutrina na Escritura. Para reconstituir este desenvolvimento deve-se empregar o método histórico no estudo da Escritura.

De modo semelhante, Lagrange examinou a relação da ciência com a narrativa bíblica, reafirmando que não se deve esperar instrução científica nos escritos sagrados. Para as pessoas preocupadas com os ataques críticos contra a historicidade dos registros bíblicos, Lagrange insistiu que a primeira tarefa na avaliação do valor de trechos que têm a aparência de história é analisar seus gêneros literários. O esboço inicial das formas literárias feito por Lagrange foi ampliado e sancionado mais tarde na *Divino Afflante Spiritu* de Pio XII (→ Pronunciamentos da igreja, 72:20-23). Lagrange não se contentou em propor teorias aos biblistas católicos; em seus escritos na *Revue Biblique* (que estabeleceu em 1892), ele aplicou incansavelmente os princípios da pesquisa científica à interpretação bíblica. A crítica bíblica católica avançou tanto depois de Lagrange que facilmente se pode deixar de valorizar tanto a perspicácia de seus conceitos críticos quanto sua coragem de expressá-los. Se o curso que ele estabeleceu tivesse sido seguido, a crítica católica do início do séc. XX teria sido bem diferente.

(Veja R. DE VAUX, *The Bible and the Ancient Near East* [London, 1972] 270-84; M.-J. LAGRANGE, *Père Lagrange: Personal Reflections and Memoirs* [New York, 1985]; A. PARETSKY, *Ang* 63 [1986] 509-31. Também → 55, 60 *abaixo*; Crítica do NT, 70:37.)

36 (c) *A. van Hoonacker*. A pesquisa de van Hoonacker (1857-1933), professor em Lovaina, é outro marco na história da exegese católica. Ele defendeu a metodologia proposta por Lagrange para a interpretação do AT, e seu estudo histórico-crítico do Hexateuco, *De compositione et de origine Mosaica Hexateuchi* (Bruges, 1949), é de particular interesse. O manuscrito foi composto entre 1896 e 1906. Considerando-se o progresso dos estudos bíblicos nos 40 anos decorridos entre a composição e publicação póstuma, não é surpresa que *De compositione* nada tenha a dizer sobre muitas questões e métodos vitais na pesquisa atual. É surpreendente, contudo, que um estudo tão antigo antecipe as análises e conclusões de biblistas posteriores, muito à frente de sua época. Van Hoonacker resumiu suas descobertas sob dois tópicos: (1) não há dúvida da existência de documentos e subdocumentos no Hexateuco; (2) o papel de Moisés na composição das fontes primárias exige que ele seja reconhecido como o autor da essência do Pentateuco. Veja J. Lust in *Das Deuteronomium* (ed. N. Lohfink; BETL 68; Louvain, 1985) 13-23. Van Hoonacker também deu importantes contribuições para a reconstrução do judaísmo pós-exílico ao propor que Neemias precedeu Esdras em Jerusalém (*Néhémie et Esdras* [1890]; → História de Israel, 75:121; → Cronista, 23:82).

PESQUISA NO SÉCULO XX

37 (I) A influência dos métodos de H. Gunkel. Quando as impropriedades do wellhausenismo se tornaram mais óbvias, até mesmo os biblistas que não tinham objeções por razões dogmáticas começaram a duvidar que os métodos analíticos de Wellhausen realmente ajudassem a alcançar os objetivos da exegese. A esterilidade de grande parte da pesquisa bíblica, nos últimos anos do séc. XIX, fez com que os críticos se perguntassem se tudo fora dito e feito quando o rigoroso escrutínio literário dividiu nitidamente os escritos sagrados em suas partes constituintes.

(A) As contribuições de Gunkel. Dentre todas as reações à metodologia clássica do séc. XIX, a crítica das formas de Hermann Gunkel (1862-1932) foi a mais impressionante, mas sua oposição à análise histórico-literária não deveria ser exagerada. Gunkel só assumiu as tarefas propostas em seu novo método porque considerava o trabalho da análise literária concluído com sucesso. Ele não tinha qualquer disputa com a crítica literária como tal, mas lamentava que esta indispensável crítica literária tivesse se limitado a fazer uma crítica do estado e da origem das fontes, juntamente com uma minuciosa análise filológica delas. Esta abordagem dos escritos sagrados, afirmou Gunkel, pressupõe que o crítico está lidando com um assunto transmitido de forma escrita. Na obra de Otto Eissfeldt, um biblista notável por sua análise literária do AT, fica evidente que os críticos atuais levaram a sério a advertência de Gunkel contra a exclusividade da crítica literária; ele dedicou quase um quinto de sua obra *EOTI* a uma exposição das formas pré-literárias do Antigo Testamento.

38 (a) *O método da crítica das formas*. Gunkel insistiu que a exegese deve estar fundamentada em reconhecidas tradições pré-literárias e orais separadas, a partir das quais os documentos escritos acabaram se desenvolvendo. Para entender os escritores sagrados e sua obra – uma realização que Gunkel considerava o objetivo da exegese – , o crítico precisa complementar a análise literária com um estudo completo da história que está por trás da produção literária final. Gunkel sabia da impossibilidade de se estabelecer uma sequência literária cronológica; na verdade, ele reafirmou nossa ignorância quanto às datas e à autoria de quase todo o AT. Mas o candidato a historiador da literatura israelita precisa separar as unidades da tradição de um contexto secundário na obra final e chegar até os dados originais que estão por trás dele. Este processo não ignora o papel dos compositores enquanto indivíduos; ainda assim, deve-se observar que a religião hebraica, conservadora quanto à forma e ao conteúdo, está mais preocupada com o elemento típico do que com o individual e expressa este interesse em categorias ou gêneros convencionais formais (*Gattungen*). Portanto, segundo Gunkel, a história da literatura israelita é a história das *Gattungen* [gêneros] israelitas, e a primeira tarefa do historiador é determinar a forma na qual o pensamento é revestido. Uma unidade particular – *p.ex.*, cântico de escárnio, cântico fúnebre ou lenda popular – é definida com base nos elementos estilísticos, nos conteúdos e no interesse. Para determinar a forma, é indispensável conhecer a situação existencial (o *Sitz im Leben*) que deu origem a ela.

Uma vez isolados e situados num ambiente da vida, os dados orais originais precisam ser acompanhados no processo em que se desenvolvem e fundem em ciclos maiores e, finalmente, passam a fazer parte do todo que se encontra na Bíblia. Reconstituir este desenvolvimento é um processo delicado e tedioso, indispensavelmente assistido pelos resultados da investigação arqueológica e da recuperação da literatura do antigo Oriente Próximo. Impressionantes paralelos extra-bíblicos da vida e literatura israelita foram utilizados em grau crescente na investigação dos gêneros hebraicos, embora talvez nem sempre com o devido reconhecimento das modificações bíblicas. Em seu estudo das formas, Gunkel trabalhava necessariamente com pequenos blocos de tradição; mas ele nunca perdeu de vista o fato de que o efeito total dos complexos de tradições deve ser levado em conta para que o "livro" resultante seja plenamente entendido. (Veja M. J. Buss, *ZAW* 90 [1978] 157-70; J. H. Hayes [ed.], *Old Testament Form Criticism* [San Antonio, 1974]; K. Koch, *The Growth of the Biblical Tradition* [New York, 1968].)

Para complementar a análise da crítica do séc. XIX, Gunkel propôs uma abordagem literária e estética do AT (ele foi chamado de "Herder científico"; → 16 *acima*). A verdadeira exegese tem de fazer mais do que fornecer uma exposição do texto; ela também precisa revelar as variadas situações e as personalidades complexas cujas interações produziram o escrito em sua forma definitiva. Assim, para Gunkel, a exegese era mais uma arte do que uma ciência; entretanto, as considerações estéticas, embora importantes, eram secundárias para ele. O AT faz parte da herança literária humana; mas ele também é a expressão de uma experiência religiosa singular, a qual, sustentava Gunkel, pode ser melhor apreendida pela apreciação *literária*. As principais características de seu sistema foram apresentadas em seu comentário sobre Gênesis (1901), cuja introdução foi publicada em separado em inglês sob o título *The Legends of Genesis*. Na obra *Reden und Aufsätze* (1931), uma coletânea de ensaios e palestras, ele desenvolveu e aperfeiçoou seu método. (Veja P. Gibert, *Une théorie de la legende: Hermann Gunkel...* [Paris, 1979]; W. Klatt, *Hermann Gunkel* [FRLANT 100; Göttingen, 1969].)

Gunkel concebeu seu método enquanto estava envolvido em estudos de história da religião que salientavam as bases populares da religião, especialmente ilustradas na literatura popular como mitos e lendas (→ 29 *acima*). Uma primeira tentativa sobre o mito no AT já tinham sido feitas por Eichhorn; de fato, os críticos do séc. XIX que negavam a historicidade científica dos registros bíblicos viam mito em toda parte. Gunkel negou, contudo, que se possa encontrar na Bíblia o verdadeiro mito. Embora os elementos míticos abundem nas lendas, o monoteísmo israelita os descoloriu e eliminou seus aspectos mais crassos. A crítica atual questiona a definição que considera o mito necessariamente politeísta e sugere que o mito diz mais respeito à maneira de pensar do que ao conteúdo (→ Pensamento do AT, 77:23-31; J. W. Rogerson, *Myth in Old Testament Interpretation* [BZAW 134; Berlin, 1974]).

39 (b) *Estudos dos Salmos*. Após sua análise dos gêneros na prosa do AT, Gunkel empreendeu uma investigação semelhante da poesia. Seus estudos dos salmos se tornaram o fundamento clássico para a pesquisa subsequente na poesia hebraica. Anos de pesquisa produziram sua monumental obra *Einleitung in die Psalmen* (1928-33), dedicada aos problemas do tipo literário, às características distintivas e ao desenvolvimento histórico dos salmos. Usando como base aspectos cultuais, ele classificou os salmos de acordo com seus temas gerais, *p.ex.*, ação de graças, lamentação ou louvor (→ Salmos, 34:8-13). A seguir, após estudar as características comuns dos salmos numa dada categoria, chegou a uma série de formas literárias convencionais nas quais a maior parte da poesia religiosa da Bíblia pode ser encaixada. Visto que as formas evidenciavam um longo período de desenvolvimento, Gunkel concluiu que muitos salmos se originaram numa data antiga, ainda que só tenham adquirido sua forma final pouco antes do exílio. Naturalmente, os salmos pós-exílicos exibem o padrão final e não mostram traços de um longo período de desenvolvimento (→ Salmos, 34:6). A comparação dos salmos com outras literaturas antigas revelou também que muitas formas outrora consideradas originais dos hebreus tinham suas contrapartes na poesia religiosa da Babilônia, do Egito e de Ugarit.

(Obras de GUNKEL em inglês: *What Remains of the Old Testament* [New York, 1928]; *The Psalms: A Form-Critical Introduction* [FBBS 19; Philadelphia, 1967]; "Israelite Prophecy from the Time of Amos", *Twentieth Century Theology in the Making 1* [ed. J. PELIKAN; London, 1969] – tradução de artigo em *RGG* [2ª ed. 1927-32] 48-75.)

40 (c) *Avaliação da crítica das formas*. Dificilmente é um exagero dizer que o método de crítica das formas de Gunkel definiu a direção do curso da pesquisa da Bíblia no séc. XX. Enfatizando a tradição oral e utilizando materiais arqueológicos e literários do Oriente Próximo, seu método chegou mais perto da situação de vida que produziu os escritos bíblicos do que o fez a crítica literária estática. Gunkel antecipou a obra de Dibelius e Bultmann na metodologia que estes propuseram para a análise das formas literárias no NT (→ Crítica do NT, 70:44-45). Não obstante, o sistema de Gunkel não está isento de deficiências próprias. Por exemplo, Gunkel sustentou corretamente que as tradições primitivas eram orais, mas, visto que a apresentação oral coloca limites à extensão de uma dada unidade, ele tornou a brevidade um critério de idade, sustentando que os relatos mais breves são necessariamente os mais antigos. À medida que as formas primitivas se desenvolviam, afirmou Gunkel, elas perdiam necessariamente vida e nitidez. Em consonância com seu ponto de vista de que é impossível escrever uma história literária cronológica de Israel, ele também afirmou que não se deveriam procurar elementos objetivos da história nos escritos sagrados. Muitos atualmente criticariam posições gerais como estas.

41 (B) Os seguidores de Gunkel.
(a) *H. Hofmann*. Seguidores entusiásticos de Gunkel aplicaram as técnicas da crítica das formas a outros gêneros no AT. Como principal colaborador de Gunkel, Hofmann (1877-1927) explorou incansavelmente a influência dos povos do Oriente Próximo sobre Israel, especialmente no campo da religião; e sua coleção de textos e imagens relacionados ao AT deu aos biblistas materiais pertinentes para estudos comparativos. Ao examinar o desenvolvimento religioso israelita, ele colocou mais ênfase nos elementos míticos do que o fizera Gunkel, asseverando que eles preservaram intacto seu valor primitivo. Hofmann também usou as técnicas da crítica das formas em sua análise do gênero histórico. A história bíblica escrita representa a redação final de muitas unidades, todas dependentes de uma tradição oral primitiva até a qual o crítico deve chegar. Quando as técnicas de Hofmann foram assumidas por outros, houve uma tendência de reduzir os livros históricos do AT a fragmentos.

42 (b) *G. von Rad*. Em seu uso da crítica das formas, Gerhard von Rad (1901-1971) tornou-se agudamente consciente da falsificação que pode resultar da preocupação com os blocos de tradição individuais. Para von Rad, era tão importante conhecer o todo quanto diferenciar os componentes. Portanto, o crítico deve examinar não apenas a tradição primitiva, mas também a significação que ela adquire na composição final, pois a importância de uma tradição pode ser alterada quando ela é inserida num tema mais abrangente. Von Rad admitia que a análise é essencial – tanto a literária quanto a da crítica das formas. Mas a análise precisa ser seguida pela síntese, e aqui reside a dificuldade: como explicar a fusão de materiais tão divergentes nos livros sagrados? A solução de von Rad consistia na postulação de tradições chave, como o êxodo, a conquista da terra e a aliança, que resumiam os atos salvadores de Iahweh em favor de Israel. A celebração cultual desses atos salvadores implementou as tradições originais e, então, as transmitiu às gerações seguintes. Os críticos questionam certas afirmações de von Rad, como a primazia da tradição da conquista da terra ou o papel do Javista na amalgamação das tradições. Não obstante, a ênfase de von Rad no processo pelo qual as tradições se tornaram composições literárias e sua atenção aos propósitos orientadores que estão por trás da seleção e amalgamação dos materiais foram uma reação saudável contra a fragmentação da literatura bíblica. Os princípios e a metodologia de von Rad podem ser vistos em seus comentários (*Genesis* [Philadelphia, 1976]; *Deuteronomy* [Philadelphia, 1966]); *Studies in Deuteronomy* (SBT 9; London, 1953); e em *PHOE*. Quanto à sua obra na historiografia e teologia do AT, → 49, 53 *abaixo*. (Veja J. L. Crenshaw, *Gerhard von Rad* [Waco, 1978]. F. Moriarty, "*Gerhard von Rad's Genesis*", *BCCT*, 34-45.)

43 (c) *M. Noth*. A pesquisa do AT de Martin Noth (1902-1968) se concentrou acentuadamente no Pentateuco, ou, mais propriamente, no Tetrateuco, visto que ele considerava o Deuteronômio como parte da história deuteronomística que se estendia de Deuteronômio a 2 Reis (→ 1-2 Reis, 10:2-3). Noth se propôs a tarefa de determinar a história das tradições que estão por trás dos documentos bíblicos; ele realizou isto isolando os temas e voltando até os mais antigos estágios da tradição. Noth era cético quanto à possibilidade de reconstruir a história primitiva, porque a história israelita somente começou com o assentamento das tribos em Israel. Para Noth, toda a história hebraica estava vinculada à federação tribal israelita (a anfictionia; → História, 75:58); veja sua obra *Das System der zwölf Stämme Israels* (Stuttgart, 1930). Esta instituição serviu para conectar incontáveis elementos do AT que uma crítica mais antiga entendia apenas como parte de um esquema evolucionista. Não obstante, provavelmente Noth levou sua hipótese longe demais ao atribuir à federação tribal características da anfictionia grega posterior; além disso, certamente a federação hebraica se modificou mais acentuadamente com o passar do tempo do que Noth admitia (→ Pensamento do AT, 77:82). As obras de Noth incluem *The Deuteronomistic History* (Sheffield, 1981; em alemão: 1943); *The Chronicler's History* (Sheffield, 1987; em alemão: 1943); *A History of Pentateuchal Traditions* (Englewood Cliffs, 1972; em alemão: 1948); *Exodus* (OTL; Philadelphia, 1962); *The Laws in the Pentateuch and Other Essays* (Edinburgh, 1966); → 49 *abaixo*.

44 (d) *A. Alt*. Os estudos do direito hebraico também sofreram a influência do método da crítica das formas. Mediante o exame cuidadoso das prescrições contidas nos códigos do Pentateuco, Albrecht Alt (1883-1956) classificou a legislação bíblica segundo a forma, o conteúdo e a situação na vida. O resultado de sua pesquisa, publicado em 1934, contribuiu para uma compreensão da natureza e origem da legislação bíblica e forneceu a distinção clássica entre leis apodíticas e leis casuísticas (→ Pensamento do AT, 77:87). Visto que os códigos bíblicos de leis são amalgamações de unidades menores independentes, a técnica da crítica das formas de estudar pequenas unidades literárias foi extremamente bem sucedida na análise do direito hebraico. A pesquisa motivada pelo trabalho pioneiro de Alt continuou a estabelecer a cronologia e reconstruir a situação na vida, que, pelo menos no caso do direito apodítico, parecem ter tido as observâncias cultuais nos santuários hebreus. Veja *AEOT* 103-71; sobre Alt, veja R. Smend, *ZTK* 81 (1984) 286-321.

45 (II) A escola escandinava. A metodologia de Gunkel sofreu grandes mudanças nas mãos dos pesquisadores escandinavos. Mediante uma ênfase crescente na tradição oral e pela concentração nos aspectos cultuais do mito, os biblistas do norte da Europa alteraram o sistema de Gunkel de tal modo que formaram uma escola separada.

(A) Principais representantes.

(a) *J. Pedersen; H. S. Nyberg.* A primeira indicação da direção que estes pesquisadores estavam tomando foi dada por Pedersen ao rejeitar a teoria documental de Wellhausen e acentuar o fator sociológico da situação de vida que deu origem a várias tradições (veja *Israel: Its Life and Culture* [2 vols.; London, 1926, 1940]). Uma ruptura posterior com a teoria documental ocorreu com a afirmação de Nyberg a respeito da prioridade das tradições orais. Sua obra pioneira, um estudo de Oseias (1935), tinha como objetivo resgatar as *ipsissima verba* [próprias palavras] do profeta mediante uma análise de suas tradições subjacentes. Na teoria de Nyberg, as tradições não são rígidas; elas sofrem alterações e deteriorações, mas têm a vantagem de dar ao crítico material vivo, e não textos mortos (J. R. Porter, *ExpTim* 90 [1978-79] 36-40.)

46 (b) *S. Mowinckel.* Após Wellhausen ter descartado o culto hebraico como um fator relativamente tardio e sem importância no desenvolvimento da religião hebraica, poucos biblistas se sentiram atraídos por estudos do culto. A recuperação de textos do Oriente Próximo revelou, contudo, a tremenda importância do culto na vida religiosa da Antiguidade. Com a descoberta de materiais adicionais, Sigmund Mowinckel (1884-1965), um dos mais brilhantes alunos de Gunkel e crítico literário também, foi muito além de Gunkel em sua análise dos aspectos rituais do mito, especialmente como os que se encontram nos salmos hebreus. Em sua obra *Psalmenstudien* (1921-24), de seis volumes, ele postulou uma festa de entronização no Ano Novo em Israel (→ Instituições, 76:139-46; → Salmos, 34:6), semelhante à entronização de Marduc conhecida na Babilônia. As concepções de Mowinckel tiveram grande influência sobre estudiosos britânicos cuja abordagem bíblica era antropológica. Os membros desta "escola cultual" – principalmente S. A. Cook e S. H. Hooke – asseveraram que o culto semítico estava baseado no mito comum a todos os povos do Oriente Próximo e que as estruturas rituais supostamente distintas podiam ser reduzidas ao mesmo esquema (S. H. Hooke, *Myth, Ritual and Kingship* [Oxford, 1958]; D. R. Ap-Thomas, *JBL* 85 [1966] 315-25; A. Kapelrud, *ASTI* 5 [1966-67] 4-29). As obras de Mowinckel incluem *Prophecy and Tradition* (Oslo, 1946); *He That Cometh* (Oxford, 1959 – sobre o messianismo); *The Psalms in Israel's Worship* (New York, 1962).

47 (c) *I. Engnell.* A importância cultual do rei, sugerida pela primeira vez pela tese de Mowinckel a respeito de uma festa de Ano Novo israelita, foi mais enfatizada na obra *Studies in Divine Kingship in the Ancient Near East* (1943, 2ª ed. Oxford, 1967), de Ivan Engnell (1907-1964). Ele considerava o conceito de monarquia divina como central para o culto oriental; além disso, usou esta mesma ideia para elucidar muitos trechos da Bíblia além dos salmos, *p.ex.*, para explicar o Servo sofredor (→ Deuteroisaías, 21:43-46) em termos de monarquia divina. De forma ainda mais radical, Engnell declarou a completa impropriedade da crítica literária e até mesmo da crítica das formas na medida que admite fontes e redações escritas. Para obter resultados válidos, afirmou Engnell, o crítico deve trabalhar somente com os blocos de tradição oral, que são sempre cultuais em sua origem. O método histórico-traditivo defendido por Engnell e seus compatriotas procura reconstruir uma história da formação da literatura a partir da tradição oral. Veja sua obra *A Rigid Scrutiny* (Nash, 1969); também J. T. Willis, *TZ* 26 (1970) 385-94.

48 (B) Crítica. As principais características da escola escandinava – a primazia da tradição oral e do culto – são também seus principais pontos fracos. A tradição oral, especialmente no que diz respeito à estabilidade, raramente pode sustentar o fardo que os críticos escandinavos colocam sobre ela. Além disso, se o assunto falado é determinado com clareza, ele constitui uma fonte semelhante aos documentos rejeitados pelos estudiosos da história da tradição. Sua descrição do culto israelita presume, às vezes, instituições e observâncias para as quais não há prova convincente e, às vezes, negligencia o uso peculiar que Israel fez daquilo que tomou emprestado.

O próprio Mowinckel, embora tenha exercido profunda influência sobre a escola escandinava, difere incisivamente do grupo quanto à estabilidade da transmissão oral e à validade exclusiva do método histórico-traditivo. Não obstante, embora as suposições e excessos da escola cultual tenham sido censurados com razão, sua premissa básica sobre a importância do culto está sendo estabelecida cada vez mais firmemente. A obra dos profetas, por muitos anos considerada independente do culto e até mesmo hostil a ele, agora é geralmente vista num contexto cultual (→ 25 *acima*; → Literatura profética, 11:14). Esta ênfase nos fatores cultuais tornou menos significativa a distinção entre sacerdotes e profetas feita no séc. XIX. Estes últimos não repudiavam o culto como tal; seu ataque se dirigia contra o divórcio entre o culto e a moralidade.

(AHLSTRÖM, G. W., *HTR* 59 [1966] 69-81. ANDERSON, G. W., *HTR* 43 [1950] 239-56. KNIGHT, D., *Rediscovering the Traditions of Israel* [SBLDS 9; Missoula, 1975]. MERRILL, A. R. e SPENCER, J. R., in *In the Shelter of Elyon* [Festschrift G. W. AHLSTRÖM; ed. W. B. BARRICK *et al.*; Sheffield, 1984] 13-26. MORIARTY, F., *Greg* 55 [1974] 721-48.)

49 (III) Tendências na história e na teologia.
(A) A historiografia do AT. Já foi observado que o historicismo do séc. XIX operava com base no princípio de que as antigas narrativas são reflexos da época em que foram compostas, mas não são fontes confiáveis para a época anterior que elas registram; por isso, negou-se o valor histórico de relatos como as narrativas sobre os patriarcas. Reforçada pelo conceito da evolução religiosa, esta concepção reduziu a antiga religião hebraica a uma retrojeção do javismo posterior. As descobertas arqueológicas alteraram esta conclusão. Incontáveis textos contemporâneos aos primórdios de Israel forneceram marcos para a avaliação histórica das tradições bíblicas. Por exemplo, embora os achados arqueológicos não confirmem qualquer acontecimento específico das narrativas sobre os patriarcas, eles forneceram paralelos e corroboraram detalhes, mostrando, assim, que alguns relatos devem ser levados a sério como retrato de instituições do período dos patriarcas e que, consequentemente, refletem uma memória plausível ou possível do passado (→ História, 75:34-41).

(a) *M. Noth; G. von Rad*. Entretanto, alguns pesquisadores não admitem que as narrativas bíblicas sejam fontes confiáveis de história. M. NOTH, um dos mais influentes desses críticos, concordava que as tradições sagradas contêm efetivamente informações históricas, mas elas não podem ser qualificadas como uma narrativa histórica coerente. Até que ponto elas podem ser tomadas como fontes históricas é um problema a ser resolvido apenas pelo exame de cada unidade de tradição em separado. Noth valorizava as descobertas arqueológicas, mas seu testemunho é, afinal, indireto e, portanto, não pode determinar a exatidão histórica das narrativas. (Veja *NHI*.)

G. von Rad compartilhava das concepções de Noth até certo ponto; mas, ao passo que Noth enfatizava a impossibilidade de se determinar o conteúdo histórico, von Rad enfatizava a irrelevância de tal determinação. Um cerne histórico certamente se encontra em muitos dos relatos bíblicos, mas a preocupação histórica genuína é a relação de Deus com Israel. Consequentemente, dizia von Rad, a fé dos hebreus deve ser explicada em termos do que Israel pensava de sua relação com Iahweh, e não pelos resultados dos estudos das relações de Israel com seus vizinhos nem pelos fatos históricos (→ 42-43 *acima*; 53 *abaixo*).

50 (b) *W. F. Albright e seus alunos*. Embora concordasse com Noth e seus seguidores de que não se encontra história científica nos registros bíblicos, William Foxwell Albright (1891-1971; → Arqueologia bíblica, 74:15) era mais otimista em sua avaliação das narrativas bíblicas como fontes da história israelita, quando os registros bíblicos são lidos no contexto proporcionado pela arqueologia. Embora ele nunca tenha publicado uma história de Israel completa, suas concepções estão representadas em diversas obras (*AP*, *ARI*, *BP*, *FSAC* e em seu último livro *Iahweh and the Gods of Canaan* [London, 1968]). Uma história abrangente de Israel a partir da perspectiva de Albright foi escrita por seu aluno John Bright, cuja *History of Israel* (1959) foi publicada numa 3ª edição em 1981 [a edição revista foi publicada em português pela Paulus). Duas outras obras importantes escritas por alunos de Albright sobre a história da religião de Israel devem ser mencionadas aqui: F. M. Cross, *Canaanite Myth and Hebrew Epic* (Cambridge MA, 1973) e G. E. Mendenhall, *The Tenth Generation* (Baltimore, 1973). O trabalho arqueológico de Albright foi o foco de G. E. Wright (1909-1974), que formou uma geração de arqueólogos siro-palestinenses.

(FREEDMAN, D. N., *The Published Works of William Foxwell Albright* [Cambridge MA, 1975] RUNNING, L. G. e FREEDMAN, D. N., *William Foxwell Albright* [New York, 1975]. CAMPBELL, E. F. e MILLER, M., *BA* 42 [1979] 37-47. DEVER, W. G., *HTR* 73 [1980] 1-15.)

51 (B) **Teologia do Antigo Testamento**. Enquanto o séc. XIX produziu trabalho duradouro na história da religião israelita, foi o séc. XX que assistiu à produção de importantes tratados de teologia do AT. Uma questão perene na apresentação da teologia das Escrituras hebraicas é metodológica: qual é o princípio de organização para uma obra como esta? O belga católico P. van Imschoot representa aqueles que acharam este princípio nas categorias tradicionais da teologia sistemática cristã. Sua *Théologie de l'Ancien Testament* (2 vols.; Tournai, 1954-56; o primeiro volume foi traduzido para o inglês como *Theology of the Old Testament God* [New York, 1965]) organizou a teologia do AT conforme a sequência tradicional de Deus em si mesmo e em relação ao mundo, especialmente Israel (vol. 1); os seres humanos, sua natureza e destino, seus deveres para com Deus e a humanidade, e o pecado (vol. 2); e a soteriologia (que deveria ser o tópico do vol. 3 da obra de van Imschoot). Veja D. A. Hubbard, em Laurin, *Contemporary* 193-215; Harrington, *Path* 81-86.

52 (a) *W. Eichrodt*. As categorias da teologia dogmática acabaram sendo abandonadas, e procuraram-se diretrizes no próprio AT. Extremamente significativa foi a *Theology of the Old Testament* de Walter Eichrodt (Philadelphia, 1961-67; em alemão: 1934, em português: Editora Hagnos, 2004). Combinando o método histórico com a interpretação teológica, Eichrodt (1890-1978) tentou apresentar a religião hebraica como um todo cuja unidade orgânica pode ser vista na noção central da aliança (→ Pensamento do AT, 77:74ss.). Todos os aspectos característicos da teologia do AT se originaram da noção básica da aliança com Iahweh que se originou na época de Moisés. Eichrodt não negava que a crença de Israel tivesse passado por um desenvolvimento no decorrer dos anos, mas a orientação do processo de desenvolvimento fora determinada inicialmente pelo relacionamento pactual de Israel com Deus. Em reação ao clássico de Eichrodt, alguns críticos questionaram a fundamentação das complexidades da teologia do AT em um único conceito, não importa quão abrangente. Veja Hayes e Prussner, *Old Testament* 179-84.

53 (b) *G. von Rad.* A *Old Testament Theology* de von Rad (New York, 1962-65; em alemão: 1957-60; em português: ASTE/ Targumim, 2006 [ed. rev.]) ofereceu uma alternativa que se opôs à noção de "centro". Em vez disso, a obra se concentrou nas múltiplas teologias encontradas no AT pela pesquisa histórico-traditiva. A maior parte do volume 1 é dedicada ao Hexateuco, que se desenvolveu a partir de credos históricos breves (Dt 26,5b-10; 6,20-24; Js 24,2b-13), confissões cultuais nas quais o adorador recitava a história sagrada dos ancestrais, a libertação do Egito e o assentamento na terra. As tradições do Sinai tiveram uma origem e história de transmissão separadas, até que o Javista, reagrupando e refinando este antigo material cultual, juntou o material do Sinai às tradições da libertação e do assentamento, criando uma história marcada pela dialética da lei e do evangelho. O volume 1 termina com uma seção sobre a resposta de Israel, onde von Rad lida com os Salmos e a Sabedoria (magistralmente tratada em seu último livro, *Wisdom in Israel* [Nash, 1972]). O volume 2 é dedicado aos profetas.

(As ideias seminais de VON RAD foram apresentadas pela primeira vez em *PHOE* 1-78; quanto a bibliografia, → 42 *acima*. Sobre as concepções de VON RAD, veja HAYES e PRUSSNER, *Old Testament* 233-39; SPRIGGS, *Two*; HYATT, J. P., in *Translating and Understanding the Old Testament* [Festschrift H. G. MAY; ed. H. T. FRANK *et al.*; Nashville, 1970] 153-70.)

54 (c) *Outras teologias do AT.* Para completar esta exposição das contribuições do séc. XX para a teologia do AT, vários outros estudos merecem menção. Na tradição de Eichrodt, W. Zimmerli (*Old Testament Theology in Outline* [Atlanta, 1978] encontrou o centro dinâmico do AT no nome de Deus. S. Terrien (*The Elusive Presence* [New York, 1978]) viu uma teologia da presença divina como o centro unificador do AT, uma presença mediada através da proclamação do nome divino e da visão da glória divina. Com Eichrodt, G. E. Wright (→ 50 *acima*) viu a aliança como central e fundamental na teologia do AT (*The Old Testament and Theology* [New York, 1969] especialmente o cap. 4), embora numa obra anterior (*God Who Acts* [SBT 8; Londres, 1952], em português: 1967) ele estivesse mais perto das ênfases características de von Rad, como mostra o subtítulo (*Biblical Theology as Recital* [A teologia bíblica como narrativa]) (R. L. Hicks, *ATR* 58 [1976] 158-78). C. Westermann organizou sua apresentação da teologia do AT em torno dos dois polos de salvação e bênção. Deus como Salvador se encontra na intervenção divina, em atos de libertação e redenção, como nos acontecimentos do êxodo. O Deus que abençoa, que sustenta e cuida providencialmente do mundo, encontra-se na criação (*What Does the Old Testament Say About God?* [Atlanta, 1979]; *Elements of Old Testament Theology* [Atlanta, 1982], em português: *Fundamentos da teologia do AT*, Editora Academia Cristã, 2011). Retomando uma preocupação de B. S. Childs (→ 71 *abaixo*), R. E. Clements defendeu uma atenção mais cuidadosa à forma canônica da literatura do AT (*Old Testament Theology: A Fresh Approach* [London, 1978]). Num nível popular, J. L. McKenzie ofereceu *A Theology of the Old Testament* (Garden City, 1974), e uma esplêndida contribuição judaica foi dada por J. Levenson, *Sinai and Zion* (Minneapolis, 1985). Veja a síntese histórica de G. Hasel [publicada pela Academia Cristã, *Teologia do Antigo Testamento*, 2007]; também *JSOT* 31 (1985) 31-53; R. Martin-Achard, *TD* 33 (1986) 145-48.

55 (IV) **Crítica bíblica católica.**
(A) **Efeitos do modernismo.** Infelizmente, as precauções adotadas para combater a heresia do modernismo (→ Pronunciamentos da Igreja, 72:5) tinham detido os auspiciosos primeiros passos dados por Lagrange (→ 35 *acima*) e outros. Quando algumas das obras de Lagrange ocasionaram uma advertência da Sagrada Congregação do Consistório (1912), ele desistiu da pesquisa do AT e transferiu seus interesses para a investigação do NT. Pouco antes de sua morte, contudo, retornou ao AT num artigo sobre as fontes do Pentateuco (*RB* 47 [1938] 163-83).

Se os decretos antimodernistas impuseram sérias restrições à pesquisa do AT, no lado bom eles impediram os biblistas católicos de aumentar o número de críticas irrefletidas e irresponsáveis geradas pelo wellhausianismo. Entretanto, a segurança foi obtida a um alto preço para a pesquisa. Veja H. Wansbrough, "Père Lagrange and the Modernist Crisis", *CIR* 62 (1977) 446-52.

56 (B) Antes da Divino Afflante Spiritu.
(a) *J. Touzard*. Visto que os críticos enfatizavam o Hexateuco durante as décadas que se seguiram à exposição da teoria documental por parte de Wellhausen, os estudiosos católicos do AT que desejavam enfrentar o desafio da alta crítica em seu próprio terreno aplicaram-se aos estudos do Hexateuco. Uma contribuição importante para a pesquisa católica nesta área foi "Moïse et Josué", de J. Touzard (*DAFC* 3 [1919] 695-755), uma análise abrangente da teoria documental. Touzard reiterou o apelo de Lagrange em favor da distinção entre os fatos estabelecidos pelas provas literárias e o sistema racionalista em favor do qual os dados literários eram empregados. As concepções de Touzard eram conservadoras pelos padrões modernos, mas em sua época o Santo Ofício as censurou por não serem seguras o suficiente para serem ensinadas.

57 (b) *Difusão da pesquisa católica*. A criação de periódicos dedicados à pesquisa escriturística e a instituição de publicações de séries bíblicas, juntamente com traduções coletivas da Bíblia para línguas vernaculares, deu aos críticos facilidades crescentes para expressar suas concepções. Em 1920, o Pontifício Instituto Bíblico iniciou três periódicos: *Biblica, Orientalia* e *Verbum Domini,* cada um preocupado com um aspecto diferente dos estudos da Bíblia. A série *Études bibliques,* iniciada por Lagrange em 1902, continuou com prestígio durante todo o século. Séries bíblicas semelhantes sob auspícios católicos foram publicadas por toda a Europa. Em 1935, L. Pirot (sucedido por A. Clamer) começou a publicar uma nova tradução da Bíblia para o francês (*PSBib*). Na Alemanha, F. Feldmann e H. Herkenne iniciaram, em 1923, traduções e comentários sobre os livros do AT intitulados *Die heilige Schrift des Alten Testaments,* mas popularmente conhecidos como a *Bonner-Bibel.* A qualidade desses esforços certamente variava, mas eles prestaram o valioso serviço de divulgar as novas correntes nos estudos católicos da Bíblia. Nos Estados Unidos, o estabelecimento da *CBQ* (1938), o órgão oficial da Catholic Biblical Association, deu aos estudiosos americanos uma publicação própria e familiarizou os católicos de língua inglesa com a moderna pesquisa bíblica. Veja o esboço histórico da CBA feito por F. S. Rossiter no Suplemento a *CBQ* 39 (1977) 1-14; também Fogarty, *American*.

58 (c) *A. Bea*. Muitos exegetas católicos permaneceram hostis à nova crítica, mesmo quando ela foi temperada pelos conceitos mais moderados adotados pelos biblistas não católicos após 1918. Uma certa tensão pode ser vista nas primeiras obras do cardeal Augustin Bea, S. J. Sua obra *De Pentateucho* (Roma, 1933) tinha duas preocupações: estabelecer a autoria mosaica do Pentateuco e refutar o sistema documental racionalista que a negava. Ele desenvolveu esta refutação sob três tópicos: filosófico, crítico-literário e histórico-arqueológico. A exposição positiva de Bea a respeito da origem do Pentateuco o levou a concluir que Moisés fez uso de muitas fontes orais e escritas na composição do Pentateuco. Embora Bea estivesse completamente familiarizado com os métodos críticos modernos e tenha se tornado um defensor da liberdade na pesquisa bíblica católica (especialmente ativo no Vaticano II), suas publicações demonstravam cautela ao lidar com a crítica contemporânea. Ele viu na crítica das formas um aliado contra a exegese racionalista; todavia, as boas vindas que deu a ela não foram completamente entusiásticas, porque, segundo ele, ela foi mais eficaz em demolir velhas doutrinas do que em propor novas soluções. Além disso, a atenção excessiva que as técnicas da crítica das formas dão aos blocos individuais de tradição fez com que se negligenciasse a personalidade do autor sagrado.

59 (C) Após a Divino Afflante Spiritu.
(a) *J. Chaine*. Os avanços fenomenais na arqueologia e na linguística oriental começaram a exercer crescente influência sobre a crítica católica após 1930. Contudo, foi só depois da encíclica do papa Pio XII sobre os estudos da Bíblia, *Divino Afflante Spiritu*, de 1943, e da encorajadora resposta da Pontifícia Comissão Bíblica ao cardeal Suhard, em 1948 (→ Pronunciamentos da Igreja, 72:2-23, 31), que a pesquisa escriturística católica seguiu confiantemente em frente. A tradução e comentário de Chaine, *Le livre de la Genèse* (LD 3; Paris, 1951), revelou a nova liberdade desfrutada pelos biblistas; pois, dispensando uma longa e cautelosa investigação do sistema documental clássico, ele simplesmente afirmou que reconhecia a presença de três documentos distintos em Gênesis. A obra de Chaine era bastante liberal para a época, ainda que ele mostrasse um conceito dos documentos um tanto rígido e mecânico, evidenciando pouca preocupação com o conceito mais flexível de tradições que já se tornara uma preocupação de biblistas não católicos.

60 (b) *A Escola de Jerusalém*. A École Biblique em Jerusalém, fundada por Lagrange, continuou a ser um centro vital para o estudo católico do AT graças à pesquisa de dominicanos como F.-M. Abel (→ Geografia bíblica, 73:13), L.-M. Vincent e R. de Vaux (→ Arqueologia bíblica, 74:12, 18). De Vaux (1903-1971) editou a *RB*, dirigiu a escola e presidiu a equipe internacional de estudiosos encarregada de traduzir os Manuscritos do Mar Morto (→ Apócrifos, 67:80). O fruto de seus longos anos de pesquisa pode ser visto em suas obras *AI* (*Instituições do Antigo Israel*, 2003) e *EHI*, esta última inconclusa. A escola tem mostrado um respeito pela tradição combinado com as mais recentes percepções arqueológicas, como fica evidente nas notas da monumental tradução que patrocinou, *La Sainte Bible* [Bíblia de Jerusalém em português: *BJ*].

61 (c) *Outros críticos católicos*. Na França, E. Podechard produziu um importante estudo crítico dos Salmos (*Le Psautier* [Lyons, 1949-54]), enquanto os sulpicianos Albert Gelin, André Feuillet e Henri Cazelles (secretário da Pontifícia Comissão Bíblica na década de 1980) escreveram sobre vários segmentos do AT. Na Bélgica, J. Coppens, aluno e sucessor de van Hoonacker em Lovaina, ocupou-se com as áreas da história primitiva, do messianismo, da reforma de Josias e da história da crítica do AT. Estudiosos católicos americanos produziram a *New American Bible* (1970) a partir das línguas originais (→ Textos, 68:214). P. W. Skehan, L. F. Hartman, J. L. McKenzie, B. Vawter, R. E. Murphy e M. Dahood convenceram seus colegas protestantes e judeus de que a pesquisa católica do AT atingira a maioridade. R. MacKenzie teve um papel similar no cenário canadense.

62 (V) A crítica judaica da Bíblia. Com a crescente ênfase na distinção (mas não no divórcio) entre o pensamento bíblico e os desdobramentos religiosos subsequentes, os estudos da Bíblia de diversas origens religiosas têm tido mais em comum, usando os mesmos métodos e ferramentas, do que fica evidente nos comentários interreligiosos AB. Não se pode esperar dar nem mesmo um breve panorama do trabalho dos pesquisadores judeus na filologia e linguística semítica, na crítica textual, nos estudos de Qumran, na arqueologia bíblica e nos comentários. Para isto teremos de confiar nas bibliografias do *NCBSJ*, enquanto aqui simplesmente chamaremos a atenção para uns poucos personagens importantes.

63 (A) A pesquisa da Bíblia em Israel. Embora o Israel contemporâneo seja representado por muitos pesquisadores associados a universidades, dois personagens da primeira metade do séc. XX merecem menção especial.

(a) *U. (M. D.) Cassuto*. Nascido em Florença, Cassuto (1883-1951) lecionou nas universidades de Florença e Roma antes de ser designado professor de Bíblia na Universidade Hebraica em Jerusalém, em 1939. Seu trabalho bíblico foi marcado pela oposição às teorias associadas a Wellhausen (→ 24 *acima*). Ele propôs, no lugar da hipótese documental, a evolução do Pentateuco a partir da tradição oral e diversas obras épicas poéticas antigas; colocou em prática essas teorias em seus comentários bíblicos. Cassuto também se deu conta da importância das descobertas ugaríticas para a interpretação do AT e publicou vários estudos importantes nesta área. Suas obras incluem *The Documentary Hypothesis* (1961); *A Commentary on the Book of Genesis* (2 vols.; em hebraico: 1944, 1949; em inglês 1961, 1964; sobre Gn 1,1-13,7); *A Commentary on the Book of Exodus* (em hebraico: 1951; em inglês: 1967); *The Goddess Anath* (em hebraico: 1951; em inglês: 1971); e 2 volumes de artigos, *Biblical and Oriental Studies* (em inglês: 1973, 1975).

64 (b) *Y. Kaufmann*. Nascido na Ucrânia, Kaufmann (1889-1963) foi designado professor de Bíblia na Universidade Hebraica em 1949. Como Cassuto, foi um oponente do wellhausianismo e tentou propor uma alternativa, especialmente em sua grande obra *Toledot ha'emuna hayyisra'elit* ([História da religião de Israel]; em hebraico: 1937-56; em inglês, uma condensação das partes 1-7 em *The Religion of Israel* [Chicago, 1960], em português: 1989; a parte 8 em sua totalidade em *The History of the Religion of Israel IV: From the Babylonian Captivity to the End of Prophecy* [New York, 1977]). Ao rejeitar a abordagem evolutiva da religião de Wellhausen e sua compreensão do desenvolvimento da literatura de Israel, Kaufmann sustentou que o monoteísmo, longe de ser uma inovação dos profetas, remonta aos primórdios de Israel no período mosaico. A influência dominante do monoteísmo no pensamento de Israel pode ser vista na incapacidade de Israel de entender o paganismo e a idolatria e na ausência de mitologia a partir da Bíblia (ausência de teogonias ou teomaquias). Contra a história da literatura israelita de Wellhausen, Kaufmann propôs que a Torá e o profetismo eram desdobramentos paralelos e independentes da fé monoteística de Israel. As obras de Kaufmann incluem seus comentários sobre Josué (em hebraico: 1959) e Juízes (em hebraico: 1962) e *The Biblical Account of the Conquest of Palestine* (1953). Estas obras defendem a historicidade básica das descrições bíblicas dos períodos da conquista e pré-monárquico. (S. Talmon, *Conservative Judaism* 25 [1971] 20-28; J. D. Levenson, *ibid.* 36 [1982] 36-43.)

65 **(B) Arqueologia israelense.** As importantes contribuições dos muitos arqueólogos israelenses não podem ser examinadas adequadamente aqui; → Arqueologia bíblica, 74. Nesta seção será feita uma breve menção de dois personagens que fizeram importante trabalho arqueológico. Y. Yadin (1917-1984) atuou em muitas áreas da vida pública em Israel, inclusive no serviço militar e governamental. Seu trabalho arqueológico incluiu escavações em Hazor (1955-1959, 1968), em Megido (1960-1971) e em Massada (1963-1965). Dois desses sítios arqueológicos foram expostos por ele em livros não técnicos escritos para o leitor geral: *Masada: Herod's Fortress and the Zealots' Last Stand* (New York, 1966) e *Hazor: The Rediscovery of a Great Citadel of the Bible* (New York, 1975). Dentre suas muitas outras obras mais técnicas dever-se-iam mencionar suas publicações sobre os manuscritos de Qumran: → Apócrifos, 67:88, 93, 95. Veja *BARev* 10 (n. 5, 1984) 24-29. Um outro personagem importante na arqueologia israelense foi Y. Aharoni (1919-1976), que escavou em Arad (1962-1978) e em Laquis (1966-1968). Ele foi o autor de livros importantes como *LBib* e *The Archaeology of the Land of the Bible* (Philadelphia, 1982), bem como de uma excelente edição dos achados epigráficos: *Arad Inscriptions* (Jerusalem, 1981).

66 (VI) Desdobramentos recentes na pesquisa do AT.
(A) Progresso em áreas tradicionais. Na área do método, a série Forms of Old Testament Literature (Grand Rapids, 1981-) previa um exame crítico-formal de todo o AT em 24 volumes. Na teologia do AT, a contribuição individual mais importante é o multivolume *TDOT* (em alemão: 1970-; em inglês: 1977-). Também → 54 *acima*; e a obra de B. S. Childs (→ 71 *abaixo*). Quanto à sempre frutífera produção de comentários, o leitor precisará consultar as bibliografias do *NCBSJ*. Duas séries são de especial importância: na Anchor Bible, M. Dahood sobre Salmos (1966-70), e, em Hermeneia, W. Zimmerli sobre Ezequiel (1979-83) ilustram a qualidade contínua.

Este mesmo período assistiu também ao surgimento de novos interesses, como a interpretação feminista do AT, e novas metodologias, como a crítica retórica, o estruturalismo, a crítica canônica e a aplicação das descobertas das ciências sociais ao AT. É a estes novos desdobramentos que nos voltaremos agora. (Coats, *Saga*; S. Terrien, *BTB* 15 [1985] 127-35.)

67 (B) Crítica retórica. Em seu discurso presidencial à Society of Biblical Literature em 1968, J. Muilenburg (1896-1974) conclamou a uma renovada atenção ao AT como literatura; e ele denominou a metodologia para o exame da forma final do texto de "crítica retórica" (*JBL* 88 [1969] 1-18). Certamente, desde Herder (→ 16 *acima*) havia estudiosos que lidavam com a estilística e a estética do texto bíblico, mas os benefícios da pesquisa histórico-crítica a partir do séc. XVIII foram tão significativos e revolucionários que o estudo apreciativo do AT como literatura se tornou uma disciplina secundária. A conclamação de Muilenburg dirigiu a atenção dos pesquisadores do AT de novo à abordagem literária do texto, bem como de críticos literários que não eram biblistas profissionais.

68 R. Alter se enquadra na segunda categoria mencionada acima. Crítico literário altamente respeitado, e não biblista profissional, ele deu duas contribuições notáveis e provocativas. Em *The Art of Biblical Narrative* (New York, 1981), estudou materiais como a história de José em Gênesis e algumas das tradições sobre Davi em 1-2 Samuel com as mesmas ferramentas e técnicas ("leitura atenta") que usaria para o estudo da ficção narrativa em prosa moderna. A importância do livro fica evidente nas reações que provocou (*JSOT* 27 [1983]), algumas incisivamente críticas (*BA* 46 [1983] 124-25). O volume de Alter que o acompanhou foi *The Art of Biblical Poetry* (New York, 1985). *BR* 31 (1986) foi dedicado à discussão de sua teoria.

69 Muitos outros estudiosos (*p.ex.*, D. J. A. Clines, J. Fokkelman, D. M. Gunn, C. Conroy) estudaram Gênesis e 1-2 Samuel do ponto de vista da crítica literária, mas suas percepções dizem respeito aos artigos comentários do *NCBSJ* Novo Comentário Bíblico São Jerônimo]. As seguintes coletâneas de ensaios contêm diversos estudos que empregam técnicas literárias na interpretação do AT: D. J. A. Clines *et al.* (eds.), *Art and Meaning* (JSOTSup 19; Sheffield, 1982); J. J. Rajak *et al.* (eds.), *Rhetorical Criticism* (Festschrift J. Muilenburg: Pittsburgh, 1974). Uma obra geral é a de D. Robertson, *The Old Testament and the Literary Critic* (Philadelphia, 1977); veja também M. Sternberg, *The Poetics of Biblical Narrative* (Bloomington, 1985). O estruturalismo, com seu interesse numa leitura sincrônica do texto final (→ Hermenêutica, 71:16), demorou a causar impacto nos estudos do AT. Dignas de menção são as obras de D. Jobling, *The Sense of Biblical Narrative* (JSOTSup 7; Sheffield, 1978) e R. Polzin, *Moses and the Deuteronomist* (New York, 1980).

70 (C) Crítica canônica. Como na crítica retórica, o interesse da crítica canônica é a forma final do texto. Contudo, este interesse é teológico, e não literário; o foco não está na Bíblia como "literatura", mas como Escritura autoritativa para a sinagoga e a igreja.

71 (a) *B. S. Childs*. Childs expressou primeirmente sua insatisfação com os resultados da crítica histórica em sua obra *Biblical Theology in Crisis* (Philadelphia, 1970), na qual examinou o fracasso do movimento de teologia bíblica da metade do séc. XX e propôs em seu lugar uma teologia bíblica baseada firmemente na forma canônica ou final do texto aceito como autoritativo para a fé e a vida na comunidade de fé. Childs não rejeitou a pesquisa histórico-crítica; propôs, antes, um desenvolvimento adicional com objetivos diferentes. Em *The Book of Exodus* (Philadelphia, 1974), ele apresentou uma aplicação de seu método em forma de comentário, o qual começa com um estudo textual e histórico-crítico do texto, continua com uma história da exegese e termina com uma reflexão teológica sobre a forma canônica final do texto. Veja também seus livros *CIOTS* e *Old Testament Theology in a Canonical Context* (Philadelphia, 1986).

72 (b) *J. A. Sanders*. Em contraposição a Childs, Sanders sustentou que a crítica canônica não deveria se concentrar simplesmente no produto final, na forma final, estabilizada (canônica) do texto. Em *Torah and Canon* (Philadelphia, 1972), *Canon and Community* (Philadelphia, 1984) e *From Sacred Story to Sacred Text* (Philadelphia, 1987), Sanders investigou o *processo* canônico por meio do qual certas tradições e valores se tornaram autoritativos e, assim, foram preservados pela comunidade de fé, porque em algum sentido a comunidade encontrou nelas sua identidade e orientação para seu estilo de vida. Nesta investigação Sanders empregou o "midrásh comparativo", a descoberta e o exame da reutilização de tradições anteriores em novos contextos bíblicos. Quanto à vívida discussão que Childs e Sanders produziram, → Hermenêutica, 71:71-74.

73 **(D) O AT e as ciências sociais.** Não é inteiramente novo o uso da sociologia e da antropologia como ferramentas interpretativas no estudo do AT, como demonstra a obra de W. Robertson Smith (→ 26 *acima*). Desde meados da década de 1970, contudo, tem havido um aumento marcante no estudo da história e instituições antigas de Israel por meio da ótica dos dados e hipóteses das ciências sociais.

74 (a) *N. K. Gottwald*. Em seu volumoso e audaciosamente concebido estudo do Israel pré-monárquico (*The Tribes of Iahweh: A Sociology of the Religion of Liberated Israel, 1250-1050 B.C.A.* [Maryknoll, 1979]; publicado em português pela Paulus), Gottwald adotou o modelo de "revolta dos camponeses" proposto por G. E. Mendenhall como explicação do surgimento de Israel em Canaã. Em sua reconstrução sociológica das origens de Israel, Gottwald entendeu a revolta interna da classe camponesa nativa cananeia como uma rejeição da cidade-estado cananeia e a substituição de seus valores e sistema imperiais-feudais por uma sociedade igualitária. Tanto a hipótese da revolta quanto sua ampliação com a análise marxista feita por Gottwald são questionadas por alguns estudiosos (→ Arqueologia bíblica, 74:82; → História, 75:56).

75 (b) *R. R. Wilson*. Em seu primeiro livro (*Genealogy and History in the Biblical World* [New Haven, 1977]), Wilson demonstrou a importância da antropologia moderna para a compreensão das funções das genealogias bíblicas. Em *Prophecy and Society in Ancient Israel* (Philadelphia, 1980 [editada em português pela Paulus/Targumim em 2006, edição revista]), ele forneceu uma análise completa do fenômeno do profetismo em Israel a partir da perspectiva da sociologia e da antropologia. Com o uso de dados reunidos por estudos de campo de intermediários em outras sociedades, Wilson descreveu os intermediários israelitas (profetas) e sua interação com a sociedade, especialmente com aqueles grupos na sociedade que apoiavam, meramente toleravam ou rejeitavam ativamente os intermediários. A seguir ele usou a hipótese da intermediação periférica e central (*i.e.*, a distância ou a proximidade para com as instituições religiosas e civis da sociedade) para descrever a história e o desenvolvimento do profetismo em Israel e Judá. G. A. Herion (*JSOT* 34 [1986] 3-33) criticou tanto Gottwald quanto Wilson.

76 (c) *Outras contribuições*. O surgimento da monarquia e das instituições a ela associadas foi descrito a partir de uma perspectiva antropológica por J. Flanagan, numa série de importantes artigos, *p.ex.*, *JAAR* 47 (1979) 223-44; *JSOT* 20 (1981) 47-73; veja *Semeia* 37 (1986) sobre a monarquia. Também é digno de nota F. S. Frick, *The Formation of the State in Ancient Israel* (Sheffield, 1985). Como Wilson, vários estudiosos se concentraram no estudo do profetismo com a ajuda das ciências sociais. Em *The Roles of Israel's Prophets* (JSOTSup 17: Sheffield, 1981), D. L. Petersen perguntou se "êxtase" (comportamento de transe ou possessão) é uma designação apropriada para a atividade profética israelita. Embora aceitasse as categorias de profetas periféricos e centrais, ele divergiu de Wilson em sua aplicação aos personagens proféticos do AT. R. P. Carroll, em *When Prophecy Failed* (New York, 1979), apresentou a teoria da dissonância cognitiva (a partir do campo da psicologia social) para incidir sobre o problema da profecia preditiva não cumprida e reinterpretada no AT. B. O. Long, M. Buss e T. W. Overholt contribuíram nas investigações da profecia do AT a partir das ciências sociais.

(KSELMAN, J. S., "The Social World of the Israelite Prophets: A Review Article", *RelSRev* 11 [1985] 120-29. LANG, B. [ed.] *Anthropological Approaches to the Old Testament* [Philadelphia, 1985]. ROGERSON, J. W., *Anthropology and the Old Testament* [Atlanta, 1979]. WILSON, R. R., *Sociological Approaches to the Old Testament* [Philadelphia, 1984]. WORGUL, G. S., "Anthropological Consciousness and Biblical Theology", *BTB* 9 [1979] 3-12. *Semeia* 21 [1981] e *Int* 36 [1982] discutem o uso das ciências sociais na interpretação bíblica.

77 (E) **Estudos feministas do AT.** Num exame das importantes contribuições contemporâneas feitas por mulheres para os estudos bíblicos, duas abordagens são possíveis. Uma abordagem consideraria exemplos importantes da interpretação bíblica produzida por mulheres. A outra abordagem, escolhida aqui, concentra-se no trabalho (feito por mulheres e homens) que demonstra a crítica feminista do viés presente na Bíblia e na pesquisa bíblica e em trabalhos que estudam a Bíblia com uma hermenêutica feminista. Não surpreende que a interpretação feminista do AT use ferramentas recentes como a crítica retórica e a reconstrução sociológica e antropológica da comunidade que está por trás do texto bíblico. A hermenêutica do feminismo (definida por Phyllis Trible como "uma crítica da cultura à luz da misoginia") nos alerta para as reafirmações contraculturais da dignidade e valor das mulheres mesmo dentro do suposto e, em sua maior parte, não examinado patriarcado da tradição bíblica. Assim, ela tem a função negativa de expor o viés androcêntrico ou a intenção opressora do texto bíblico. Mas a hermenêutica feminista também tem a função positiva de realçar os elementos contraculturais presentes na tradição, por exemplo, histórias que revelam e celebram a fé, a coragem e os talentos das mulheres. Esta recuperação de uma palavra libertadora para as mulheres contemporâneas na Bíblia é descrita como a estratégia do "remanescente". Apesar de seu valor, a pergunta levantada por pesquisadoras feministas é se tal remanescente de texto que honra a mulher é suficiente para se opor ao androcentrismo prevalecente da Bíblia. Nas palavras de Mary Ann Tolbert: "As feministas podem ficar satisfeitas com a descoberta do ocasional ou excepcional numa religião patriarcal?" (*Semeia* 28 [1983] 124). Tendo esta questão em mente, voltamo-nos agora para um exame de algumas das importantes contribuições feministas ao estudo do AT.

78 (a) *P. Trible*. Empregando a crítica retórica e a hermenêutica feminista, P. Trible produziu dois livros importantes que tratam do tema de homens e mulheres no AT. Em *God and the Rhetoric of Sexuality* (Philadelphia, 1978) ela examinou textos como Gênesis 2-3, o Cântico dos Cânticos e Rute, textos que podem falar uma palavra reafirmadora e libertadora para as mulheres. Gênesis 2-3 nos confronta com uma crítica do que nos

tornamos (uma sociedade que oprime e exclui as mulheres, tornando-as quase invisíveis na tradição bíblica) com base naquilo que deveríamos ser (uma sociedade de igualdade e mutualidade entre mulheres e homens). Gênesis 2-3 salienta que o que Deus pretendia foi frustrado pelo pecado humano, mas a preservação no texto da vontade divina de igualdade torna possível a crítica feminista da desigualdade. Na história de Rute e Noemi temos duas das muitas "mulheres valentes" na tradição bíblica. Contudo, estas histórias de alegria e celebração devem ser equilibradas dialeticamente com narrativas mais sombrias de mulheres vitimadas que suportaram crueldade e violência, mulheres como Agar (Gn 16 e 21), Tamar (2Sm 13), uma concubina sem nome (Jz 19) e a filha de Jefté (Jz 11). Trible recontou eloquentemente as histórias delas em seu segundo livro, *Texts of Terror* (Philadelphia, 1984).

79 (b) *Outras contribuições*. J. Cheryl Exum relacionou a crítica retórica com textos do AT como Ex 1,8-2,10, onde as mulheres agem como salvadoras para o salvador Moisés (*Semeia* 28 [1983] 63-82). Carol M. Meyers, em vários artigos importantes, usou as ciências sociais para extrair uma concepção equilibrada do *status* das mulheres num *corpus* bíblico predominantemente patriarcal. Ela mostrou como os resultados da arqueologia moderna, combinados com percepções derivadas da antropologia e da sociologia, podem fazer-nos entrar na comunidade do antigo Israel e dar-nos a possibilidade de considerar os esquivos e pouco documentados papéis e experiências das mulheres naquela sociedade (*p.ex.*, *BA* 41 [1978] 91-103; *JAAR* 51 [1983] 569-93). Artigos programáticos destas e de outras estudiosas podem ser encontrados nas seguintes coletâneas: *JSOT* 22 91982) 3-77; *Semeia* 28 (1983) Adela Yarbro Collins (ed.), *Feminist Perspective on Biblical Scholarship* (Chicago, 1985); Letty M. Russel (ed.) *Feminist Interpretation of the Bible* (Philadelphia, 1985).

(BIRD, P., "Images of Women in the Old Testament", *Religion and Sexism* [ed. R. R. RUETHER; New York, 1974] 41-88. BRENNER, A., *The Israelite Woman* [Sheffield, 1985]. JOHNSON, E. A., *TS* 45 [1984] 441-65. MILLER, J. W., *CBQ* 48 [1986] 609-16. [uma crítica de TRIBLE].)

80 (VII) Conclusão. Mais de 250 anos se passaram desde o início da pesquisa bíblica moderna. Durante este período, o mais importante e duradouro desenvolvimento foi o surgimento do método histórico-crítico e sua crescente aplicação ao material bíblico. O uso inicial da crítica histórica pelos racionalistas e deístas do séc. XVIII frequentemente implicava a negação da ordem sobrenatural e a depreciação da autoridade divina da Bíblia. No séc. XIX, personagens altaneiros como Vatke e Wellhausen deram continuidade ao método histórico-crítico do AT e o refinaram, introduzindo a ótica do hegelianismo. Consequentemente, a crítica histórica foi vista como uma ameaça à fé e sofreu oposição de muitas pessoas nas igrejas. Mas desde o início houve aquelas que entenderam que o racionalismo, o deísmo e o hegelianismo de alguns dos primeiros defensores da crítica histórica não eram inerentes ao método. Em suas mãos, o estudo histórico-crítico do AT se tornou uma ferramenta que poderia ajudar a pessoa crente a ouvir a palavra de Deus na Bíblia.

O séc. XX foi marcado pelo desenvolvimento de novos métodos – crítica das formas, história da tradição, crítica retórica, crítica canônica e várias outras – e pela luz lançada sobre o AT dentro de seu contexto do antigo Oriente Próximo pela arqueologia. Ele foi marcado também pelo surgimento de várias gerações da pesquisa bíblica católica romana, aceita como participante plena e parceira de diálogo na tarefa ecumênica da interpretação bíblica. O futuro contém a promessa de cooperação contínua por parte de mulheres e homens de diferentes crenças bíblicas, cujos esforços interpretativos permitirão ao AT falar às gerações vindouras de um modo sempre novo.

70
Crítica Moderna do Novo Testamento

John S. Kselman, S.S. e Ronald D. Witherup, S.S.*

BIBLIOGRAFIA

1 ANDERSON, H., *Jesus and Christian Origins* (Oxford, 1964). *Bible de tous les temps* (8 vols.; Paris, 1984-). *BHMCS*. BOERS, H., *What Is New Testament Theology?* Philadelphia, 1973). *CHB*. COLLINS, R. F., *Introduction to the New Testament* (Garden City, 1983). DOTY, W. G., *Contemporary New Testament Interpretation* (Englewood Cliffs, 1972). FURNISH, V. P., "The Historical Criticism of the New Testament: A Survey of Origins", *BJRL* 56 (1974) 336-70. GEORGE, A. e P. GRELOT (eds.), *Introduction à la Bible, Édition nouvelle* (Paris, 1976-). GRANT, R. M. e D. TRACY, *A Short History of the Interpretation of the Bible* (2ª ed.; Philadelphia, 1984). HASEL, G., *New Testament Theology: Basic Issues in the Current Debate* (Grand Rapids, 1978). HENRY, P., *New Directions in New Testament Study* (Philadelphia, 1979). KEEGAN, T. J., *Interpreting the Bible: A Popular Introduction to Biblical Hermeneutics* (New York, 1985), KRAUS, H.-J., *Die biblische Theologie: Ihre Geschichte und Problematik* (Neukirchen, 1970). KRENTZ, B., *The Historical-Critical Method* (Philadelphia, 1975). KÜMMEL, W. G., *The New Testament: The History of the Investigation of Its Problems* (Nashville, 1972). MARSHALL, I. H. (ed.), *New Testament Interpretation: Essays on Principles and Methods* (Grand Rapids, 1977). NEILL, S., *The Interpretation of the New Testament 1861-1986* (2ª ed.; Oxford, 1988). *NTMI*. NOLL, M. A., "Review Essay: The Bible in America", *JBL* 106 (1987) 493-509. ROHDE, J., *Rediscovering the Teaching of the Evangelists* (Philadelphia, 1968). SMALLEY, B., *The Study of the Bible in the Middle Ages* (Notre Dame, 1964). SOULEN, R. N., *Handbook of Biblical Criticism* (2ª ed.; Atlanta, 1981). STUHLMACHER, P., *Historical Criticism and Theological Interpretation of Scripture* (Philadelphia, 1977). WILDER, A. N., "New Testament Studies, 1920-1950", *JR* 64 (1984) 432-51. Para outras bibliografias pertinentes, → Jesus, 78:1.

2 ESBOÇO

Período pré-crítico até o séc. XIX (§ 3-13)
 (I) Introdução
  (A) Período pré-crítico (§ 3)
  (B) Estudos críticos antes do séc. XIX (§ 4)
   (a) R. Simon
   (b) H. S. Reimarus
 (II) Nascimento da crítica no séc. XIX
  (A) Escola de Tübingen (§ 5-7)
   (a) D. Strauss (§ 6)
   (b) F. C. Baur (§ 7)
  (B) Reação a Tübingen (§ 8-13)
   (a) J. B. Lightfoot (§ 9)
   (b) B. F. Westcott (§ 10)
   (c) F. J. A. Hort (§ 11)
   (d) A. von Harnack (§ 12)
   (e) A. Schlatter (§ 13)

---

* O artigo 41 elaborado por J. KSELMAN para foi revisado e atualizado por R. D. WITHERUP, a quem devem ser creditadas todas as mudanças e acréscimos. Material completamente novo se encontra nas seções 3, 13, 71-84.

A transição para o séc. XX (§ 14-31)
(I) Estudos sobre língua e pano de fundo
  (A) A língua do NT (§ 14-16)
    (a) C. von Tischendorf (§ 15)
    (b) (G.) A. Deissmann (§ 16)
  (B) O pano de fundo do NT (§ 17-20)
    (a) E. Hatch (§ 18)
    (b) R. H. Charles (§ 19)
    (c) W. M. Ramsay (§ 20)
(II) Evangelhos sinóticos: crítica e desenvolvimento
  (A) A prioridade de Marcos e a teoria das duas fontes (§ 21-23)
    (a) K. Lachmann (§ 22)
    (b) C. H. Weisse (§ 23)
  (B) Crítica científica das fontes (§ 24-25)
    (a) H. J. Holtzmann (§ 24)
    (b) B. H. Streeter (§ 25)
  (C) Origem dos evangelhos: a questão do aramaico (§ 26-31)
    (a) G. Dalman (§ 27)
    (b) C. C. Torrey (§ 28)
    (c) C. F. Burney (§ 29)
    (d) J. Jeremias (§ 30)
    (e) M. Black (§ 31)

Crítica no séc. XX (§ 32-84)
(I) Novos rumos
  (A) Abandono da busca liberal do Jesus histórico (§ 33-35)
    (a) W. Wrede (§ 34)
    (b) A. Schweitzer (§ 35)
  (B) Primeira reação católica ao estudo crítico (§ 36-38)
    (a) M.-J. Lagrange (§ 37)
    (b) A. Loisy (§ 38)
  (C) Escola da história das religiões (§ 39-41)
    (a) R. Reitzenstein (§ 40)
    (b) W. Bousset (§ 41)
  (D) Origem da crítica das formas (§ 42-45)
    (a) K. L. Schmidt (§ 43)
    (b) M. Dibelius (§ 44)
(II) Crítica e teologia: a obra de Rudolf Bultmann
  (A) Bultmann como crítico das formas (§ 49)
  (B) Bultmann como teólogo (§ 50-52)
    (a) Demitologização do NT (§ 51)
    (b) Bultmann sobre João (§ 52)
(III) Reações a Bultmann
  (A) Reação da pesquisa alemã conservadora (§ 55-58)
    (a) K. Barth (§ 56)
    (b) O. Cullmann (§ 57)
    (c) W. Pannenberg (§ 58)
  (B) Reação da pesquisa britânica (§ 59-63)
    (a) E. Hoskyns (§ 60)
    (b) V. Taylor (§ 61)
    (c) R. H. Lightfoot (§ 62)
    (d) C. H. Dodd (§ 63)
  (C) Reação da escola de Bultmann: os pós-bultmannianos (§ 64-70)
    (a) E. Käsemann (§ 65)
    (b) E. Fuchs (§ 66)
    (c) G. Bornkamm (§ 67)
    (d) H. Conzelmann (§ 68)
    (e) J. M. Robinson (§ 69)
    (f) G. Ebeling (§ 70)
(IV) Surgimento da pesquisa crítica católica
  (A) Pesquisa Francesa (§ 73)
  (B) Pesquisa Belga (§ 74)
  (C) Pesquisa Alemã (§ 75)
  (D) Pesquisa Americana (§ 76-77)
(V) Desdobramentos recentes na pesquisa do Novo Testamento
  (A) Pesquisas das comunidades do NT (§ 79)
  (B) Crítica da redação (§ 80)
  (C) Outras formas de crítica (§ 81)
  (D) O NT e as ciências sociais (§ 82)
  (E) Outras tendências (§ 83-84)

DO PERÍODO PRÉ-CRÍTICO ATÉ O SÉCULO XIX

3 (I) Introdução. A aplicação dos princípios da crítica literária (estudo do conteúdo do NT) e da crítica histórica (estudo do NT como documento histórico) ao NT possui uma história que se estende desde o séc. II até o presente.

(A) Período pré-crítico. Embora a crítica da Bíblia seja um empreendimento claramente moderno, na protoigreja houve estudiosos que deram os primeiros passos na direção do estudo científico do NT. O primeiro personagem importante foi Marcião (cerca de 150), um herege que repudiava o AT e o judaísmo e produziu um cânone "recortado" do NT para estar de acordo com seu ensinamento. Ao fazer isso, ele levou a Igreja a se opor a seu ensinamento produzindo um cânone ortodoxo do NT

(→ Canonicidade, 66:58, 81). Taciano (cerca de 175), um sírio convertido ao cristianismo, foi outro pioneiro do séc. I que tentou fazer uma crítica do NT. Seu *Diatessarão* foi a primeira harmonia dos quatro evangelhos apresentada como uma narrativa única e contínua (→ Textos, 68:122-23).

O maior estudioso pré-nicênico na igreja foi Orígenes (cerca de 185-254), o líder da famosa escola de Alexandria. Ele deu duas contribuições notáveis ao estudo da Bíblia. A primeira foi sua *Hexapla*, a mais antiga tentativa cristã de crítica textual do AT (→ Textos, 68:83). A segunda foi sua percepção da importância da hermenêutica; embora excessiva, sua interpretação alegórica das Escrituras foi um esforço sério de torná-las relevantes e significativas para seus contemporâneos (→ Hermenêutica, 71:36; J. W. Trigg, *Origen: The Bible and Philosophy in the Third-Century Church* [Atlanta, 1983]).

O primeiro historiador da igreja, Eusébio (cerca de 260-340), deu muitas informações antigas e valiosas sobre o NT em sua *História eclesiástica* (324). Ele também dividiu os evangelhos em pequenas seções numeradas (ainda impressas no NT grego de Nestle) e criou um conjunto de tabelas para mostrar paralelos entre os vários evangelhos (H. K. McArthur, *CBQ* 27 [1965] 250-56).

Agostinho (354-430), o maior teólogo do Ocidente, traçou em sua obra *De consensu evangelistarum* [O consenso dos evangelistas] (cerca de 400) os princípios que afetaram o tratamento das diferenças dos evangelhos sinóticos durante mais de um milênio; ele estava ciente de que às vezes a ordem das narrativas dos evangelhos reflete mais a recordação geral do que a história estritamente cronológica e que as palavras de Jesus são frequentemente relatadas com uma precisão que preserva apenas seu sentido, e não um registro literal.

Apesar de a Idade Média, especialmente o grande período escolástico, ter contribuído para uma melhor compreensão da Escritura (→ Hermenêutica, 71:39-40), as contribuições para a verdadeira crítica do NT não foram importantes. (Quanto às implicações críticas das "vidas de Jesus" medievais, veja H. K. McArthur, *The Quest Through the Centuries* [Philadelphia, 1966] 57-84.)

No séc. XVI a Reforma fez aumentar o interesse pela Bíblia, especialmente nas igrejas reformadas, embora esse interesse fosse mais dogmático do que crítico. O personagem mais importante foi Martinho Lutero (1483-1546), cujo princípio da *sola scriptura* [somente a Escritura] se tornou a marca da interpretação bíblica protestante. A despeito do tom polêmico de suas obras, Lutero deu uma contribuição importante para o estudo do NT. Ele enfatizou a necessidade de se estudar a Bíblia nas línguas originais e de se prestar atenção cuidadosa aos detalhes literários e históricos. Todavia, em virtude de a Bíblia ser o meio pelo qual se conhece a Cristo, ele cria que a Bíblia não deveria se restringir aos acadêmicos, mas deveria ser amplamente disseminada. Sua tradução da Bíblia a partir das línguas originais para o alemão exerceu grande influência em sua própria época e nos séculos seguintes. Outro personagem importante neste período foi A. Osiander (1498-1552), um dos primeiros reformadores luteranos, que publicou uma harmonia dos evangelhos em 1537 que estabeleceu o estilo das harmonias protestantes dos séculos seguintes. Sua abordagem foi muito mais rígida do que a de Agostinho, e, para ele, diferenças secundárias na sequência ou nos detalhes significavam acontecimentos diferentes (Kümmel, *New Testament* 20-39).

4 (B) Estudos críticos antes do século XIX. Contra o pano de fundo do racionalismo e do iluminismo, o séc. XVIII assistiu ao surgimento do método científico. Quando este método foi aplicado ao estudo da história, e particularmente à história bíblica, originou-se a ciência da crítica histórica da Bíblia.

(a) *R. Simon*. Sacerdote oratoriano francês, Simon (1638-1712) foi o primeiro a aplicar o método crítico ao NT nos três volumes de sua *Historie critique do NT* (1689-92; → Crítica do AT, 69:6). J. D. Michaelis

(1717-1791) se baseou na obra de Simon para produzir a primeira introdução verdadeiramente histórica e crítica do NT (1750). (→ Crítica do AT, 69:12.)

(b) *H. S. Reimarus*. Como indica o título em alemão (*Von Reimarus zu Wrede*[De Reimarus a Wrede]) da obra *The Quest of the Historical Jesus* [A busca do Jesus histórico], de A. Schweitzer, Reimarus (1694-1768) é um personagem chave na história da crítica do NT. Em 1778 foram publicados postumamente excertos de sua obra *Von dem Zweck Jesu und seinen Jünger* [A intenção de Jesus e de seus discípulos]. Nela, Reimarus distinguiu entre o Jesus histórico (um revolucionário judaico que fracassou em sua tentativa de estabelecer um reino messiânico terreno) e o Cristo que se encontra nos evangelhos e é pregado pela Igreja (uma fraude criada pelos discípulos que roubaram o corpo de Jesus do túmulo e inventaram as doutrinas da ressurreição e da parúsia). Embora afetado pelo preconceito da rejeição racionalista do sobrenatural, Reimarus foi o primeiro a tentar ir além do dogma cristológico dos evangelhos e chegar até o verdadeiro Jesus histórico, uma preocupação que nada perdeu de sua urgência no séc. XX. Veja C. H. Talbert (ed.) *Reimarus: Fragments* (Philadelphia, 1970).

5 (II) Nascimento da crítica no séc. XIX. Partindo do trabalho de seus predecessores, os estudiosos do séc. XIX deram continuidade ao estudo do NT em duas direções: criticamente, eles estavam preocupados com a questão do valor histórico do NT; teologicamente, estavam preocupados com seu significado. Estas duas direções moldaram a história subsequente da crítica do NT.

(A) Escola de Tübingen. Poucas escolas foram tão influentes na interpretação do NT quanto aquela que tomou seu nome da Universidade de Tübingen. As questões formuladas pelos líderes da Escola de Tübingen e as percepções fundamentais que eles propuseram foram determinantes para toda a crítica posterior do NT. (H. Harris, *The Tübingen School* [Oxford, 1975].)

6 (a) *D. Strauss*. Em 1835, Strauss (1808-1874), um aluno de F. C. Baur, publicou sua *Das Leben Jesu* [A vida de Jesus], uma interpretação radical dos relatos dos evangelhos sobre Jesus. As vidas de Cristo anteriores ou eram interpretações ortodoxas que aceitavam a intervenção do sobrenatural na história humana ou explicações racionalistas de acontecimentos apenas aparentemente sobrenaturais. Strauss acrescentou uma terceira alternativa, a interpretação mítica: os evangelhos nos dão uma base de fatos históricos transformada e embelezada pela fé da Igreja. Strauss concluiu sua obra confessando a impossibilidade de escrever uma vida de Jesus, tanto porque os evangelhos se recusam a ver Jesus simplesmente como uma parte da história quanto porque eles só nos dão fragmentos desconexos, sendo a ordem imposta pelos evangelistas. (R. S. Cromwell, *David Friedrich Strauss and His Place in Modern Thought* [Fairlawn, 1974]; H. Harris, *David Friedrich Strauss and His Theology* [Cambridge, 1973].)

A obra de Strauss influenciou profundamente dois outros autores do séc. XIX. B. Bauer (1809-1882) removeu o fundamento histórico admitido por Strauss e deixou apenas o mito, concluindo que Jesus e Paulo eram ficções literárias não históricas. E. Renan (1823-1892), em sua *La vie de Jesus* [A vida de Jesus] (1863), equiparou o sobrenatural ao irreal e ofereceu a seus leitores um Jesus puramente humano.

7 (b) *F. C. Baur*. Um dos mais importantes pesquisadores do NT do séc. XIX e professor de Strauss foi Baur (1792-1860), indubitavelmente o líder inconteste da Escola de Tübingen. Embora poucas das soluções propostas por ele sejam aceitas hoje em dia, as questões que ele levantou são de importância duradoura, e ele elevou a crítica do NT a um nível verdadeiramente científico.

Segundo a concepção hegeliana de Baur, a história do cristianismo de cerca de 40 até 160 d.C. foi uma história de tensão, conflito e reconciliação final. O conflito foi entre o *libertarianismo paulino*, com sua mensagem de libertação da lei e da universalidade da missão da Igreja, e o tacanho *legalismo judaico*, representado pelos apóstolos primitivos liderados por Pedro, com sua insistência nas supostas prerrogativas do judaísmo. Desta tese-antítese surgiram a Igreja Católica e o cânone do NT, que suavizou as diferenças ao colocar Pedro e Paulo em pé de igualdade, um processo que podemos ver em Atos. Esta síntese surgiu no séc. II como resultado do esfriamento gradativo das hostilidades e da emergente ameaça comum do gnosticismo.

O efeito das hipóteses da Baur sobre a formação e datação do NT foi de longo alcance. Antes de 70, existiam apenas as epístolas "autênticas" de Paulo (Rm, 1-2Cor, Gl). O judaísmo de Mateus era um argumento para datá-lo com anterioridade aos demais evangelhos; o paulinismo de Lucas versus o judaísmo de Mateus produziu Marcos como síntese; Atos e João deviam ser datados na metade do séc. II.

A aplicação rigorosa de princípios hegelianos e a ênfase exagerada sobre a influência do judaísmo no cristianismo primitivo eram defeitos óbvios na obra de Baur. Mas as contribuições dadas por ele ao estudo do NT foram apreciáveis. A primeira e mais importante: ele estudou o NT como parte da história do cristianismo, mostrando que ele foi produto da história da protoigreja e testemunha do espírito de uma época definida. A segunda: este mesmo discernimento histórico o levou a ver que o estudo do NT deve começar com os indícios mais antigos, os escritos de Paulo. A terceira: ele deu a merecida proeminência a Paulo e sua teologia. Finalmente, fez uma clara distinção entre os evangelhos sinóticos e João. (P. C. Hodgson, *The Formation of Historical Theology* [New York, 1966]; R. Morgan, *ExpTim* 90 [1978] 4-10.)

8 (B) Reação a Tübingen. Após o trabalho crítico de Strauss e Baur parecia haver apenas duas alternativas: ou uma sacralização ingênua da Bíblia e uma recusa fundamentalista de sujeitá-lo ao estudo crítico, ou uma aceitação da crítica alemã, a qual parecia significar a destruição do cristianismo ortodoxo. A tarefa da pesquisa do NT na segunda metade do séc. XIX era apresentar uma outra alternativa: uma aceitação do método histórico-crítico, mas sem as pressuposições e conclusões de Baur. Na Inglaterra, esta tarefa coube aos três de Cambridge; na Alemanha, a A. von Harnack.

A resposta dos três grandes acadêmicos de Cambridge foi tentar fazer um comentário crítico de todo o NT, um comentário que fosse histórica e filologicamente correto, contra o pano de fundo de sua própria época e baseado numa edição crítica do NT grego. Embora este comentário proposto nunca tenha sido concluído, seria difícil superestimar o legado que os três de Cambridge deixaram para a pesquisa do NT. (P. C. N. Conder, *Theology* 77 [1977] 422-31; Neil, *Interpretation* 33-76; G. A. Patrick, *ExpTim* 90 [1978] 77-81.)

9 (a) *J. B. Lightfoot*. Percebendo, como Baur, que um estudo crítico do NT precisa começar com Paulo, Lightfoot (1828-1889) dedicou-se primeiro a uma série de comentários sobre as epístolas de Paulo, da qual ele concluiu seus comentários sobre Gálatas (1865), Filipenses (1868) e Colossenses e Filêmon (1875). A obra de Lightfoot sobre Paulo o tornou agudamente ciente do problema de datação do NT. A pesquisa crítica do NT aceitara basicamente as datas tardias que Baur atribuía aos livros do NT. Mas as teorias de Tübingen entrariam em colapso caso se pudesse estabelecer uma data mais antiga para um corpo da literatura pós-NT. Lightfoot encontrou este ponto de partida nas cartas de Inácio de Antioquia e na epístola de Clemente de Roma, uma literatura que alude à maioria dos livros do NT. O resultado de seu labor sobre Inácio foi publicado em 1885, e sua edição de Clemente foi publicada postumamente em 1890. Em virtude da cuidadosa investigação histórica de Lightfoot, a data da epístola de Clemente foi estabelecida no final do séc. I, e as sete cartas autênticas de Inácio foram atribuídas ao início do séc. II. Além de oferecer um ponto fixo no tempo a partir do qual podemos datar o NT, esta literatura nos dá um retrato da vida da igreja no final do séc. I e início do séc. II d.C. em três igrejas centrais, Antioquia, Éfeso (Inácio) e Roma (Clemente). E em vez de oferecer alguma indicação sobre o prolongado e amargo conflito entre os partidos paulino e petrino, tanto Inácio quanto Clemente ligam os nomes dos dois grandes apóstolos, uma prática que, segundo Baur, não ocorreu até meados do séc. II. (B. N. Kaye, *NovT* 26 [1984] 193-224.)

10 (b) *B. F. Westcott*. O verdadeiro exegeta entre os três era Westcott (1825-1901). Seu comentário sobre o Evangelho de João, uma notável mescla de crítica e teologia, publicado pela primeira vez em 1880, foi reeditado até recentemente, em 1958. Também *Epistles of St John* (reimpresso em 1966).

11 (c) *F. J. A. Hort*. Das poucas obras publicadas de Hort (1828-1892), dois livros sobre a história da protoigreja são especialmente dignos de nota: *Judaistic Christianity* (1894) e *The Christian Ecclesia* (1897). Ele acrescentou apenas sua obra sobre 1 Pedro 1,1-2,17 (1898) ao comentário proposto.

Contudo, a fama de Westcott e Hort não se assenta nas obras acima, mas sobre a grande edição crítica do NT grego que eles prepararam (→ Textos, 68:167). Anteriormente, o estudo do NT tinha de se basear no *textus receptus*, essencialmente o texto de Erasmo do séc. XVI, impresso em 1516 e fundamentado em provas de manuscritos inadequadas (→ Textos, 68:160-61). Tendo formulado um método genuinamente científico de crítica textual, Westcott e Hort publicaram o texto crítico do NT em 1881, com uma importante introdução sobre a ciência da crítica textual.

12 (d) *A. von Harnack*. Talvez o maior teólogo protestante do séc. XIX, Harnack (1851-1930) era um pesquisador universal, versado no estudo da Bíblia, da patrística, história da igreja e teologia sistemática.

Como Baur, Harnack se aproximou dos documentos do NT como historiador da protoigreja. Diferentemente de Baur, ele contestou a nova ortodoxia de Tübingen com o clamor de "Volta à tradição!". Esta não era uma conclamação ao abandono dos métodos histórico-críticos nem a uma aceitação ingênua do NT meramente com base na autoridade de eras anteriores da Igreja. Pelo contrário, usando habilmente o método crítico, Harnack examinou as provas e concluiu que Baur rejeitara precipitada e acriticamente as concepções tradicionais concernentes à origem e ao desenvolvimento do NT.

Uma ilustração do método de Harnack se encontra em sua grande trilogia sobre os escritos lucanos: *Lucas, o médico* (1906), *Atos dos Apóstolos* (1908) e *A data de Atos e dos evangelhos sinóticos* (1911). Nestas obras, o estudo crítico de Harnack sustentou a concepção tradicional de que o autor era Lucas, companheiro de Paulo, uma posição que ficara abandonada por 60 anos por causa da crítica de Baur. A obra mais famosa de Harnack não é nenhum de seus muitos estudos críticos, mas uma série de palestras populares publicadas como *O que é cristianismo?* (1900), a exposição clássica do protestantismo liberal. Segundo Harnack, a essência do cristianismo consistia em certas verdades éticas pregadas por Jesus: a paternidade de Deus, a fraternidade da humanidade, o valor infinito da alma humana. Foi esta posição que Schweitzer atacaria com sua afirmação de que Jesus não pregou um conjunto de princípios atemporais, mas o fim iminente da ordem de seu mundo. (G. W. Glick, *The Reality of Christianity* [New York, 1967]; R. H. Hiers, *Jesus and Ethics* [Philadelphia, 1968] 11-38.)

13 (e) *A. Schlatter*. Um personagem difícil de classificar, Schlatter (1852-1938) foi influenciado por Harnack e pelas questões levantadas pela Escola de Tübingen; todavia, sua abordagem do NT apresentou um estilo singular e independente. Ele era versado em dogmática e no estudo da Bíblia.

Embora sua abordagem fosse considerada conservadora para a época, parte de sua obra antecipou desdobramentos posteriores na pesquisa. Por exemplo, seu comentário sobre Mateus (*Der Evangelist Matthäus* [1929]) é considerado o mais significativo, apesar do fato de sustentar a prioridade de Mateus. Sua referência frequente ao "evangelista" no comentário demonstrou sua consciência do papel editorial dos evangelistas no avanço do desenvolvimento da crítica redacional. Sua compreensão da importância da história no estudo da Bíblia, seu conhecimento excepcionalmente amplo tanto no NT quanto no AT e sua insistência de que a Bíblia conduz à fé pessoal' são contribuições que explicam a atração duradoura de Schlatter e a disponibilidade contínua de suas obras impressas: *p.ex.*, *Die Geschichte des Christus* (1923), *Die Theologie der Apostel* (1922 – ambas originalmente como uma só obra, *Die Theologie des Neuen Testaments* [1909-10]) e *Gottes Gerechtigkeit* (1935). (G. Egg, *Adolf Schlatters kritische Position* [Stuttgart, 1968]; P. Stuhlmacher, *NTS* 24 [1978] 433-46.)

A TRANSIÇÃO PARA O SÉCULO XX

14 (I) Estudos sobre língua e pano de fundo. Começando com as percepções de Baur e ao longo das obras de Harnack e dos Três de Cambridge, a questão teológica do significado religioso do NT cresceu cada vez mais. Mas antes que esta questão pudesse ser tratada adequadamente, o estudo mais prosaico sobre a língua e o pano de fundo do NT tinha de progredir.

(A) A língua do Novo Testamento. Numa palestra proferida em 1863, Lightfoot afirmou que, se pudéssemos recuperar cartas que refletissem o modo como as pessoas comuns do séc. I falavam e escreviam, nossa compreensão da língua do NT aumentaria enormemente. A suposição de Lightfoot foi profética – manuscritos e papiros antigos, descobertos na segunda metade do séc. XIX, foram de enorme proveito.

15 (a) C. von Tischendorf. Em 1859, Tischendorf (1815-1874) fez uma das mais importantes descobertas na história dos estudos da Bíblia. Ele descobriu, num monastério no Monte Sinai, um dos dois mais antigos manuscritos bíblicos que possuímos, o *Codex Sinaiticus*, que contém o NT completo (→ Textos, 68:95, 157). A contribuição de Tischendorf para o estudo do texto do NT se iguala em importância à de Westcott e Hort.

16 (b) (G.) A. Deissmann. No final do séc. XIX foram encontrados papiros em número crescente no Egito, onde o clima seco os preservou. Estes papiros eram principalmente documentos populares – cartas, faturas, recibos –, exatamente o tipo de material de que Lightfoot falara. Os documentos estavam escritos em koiné, a forma comum da língua grega falada nos tempos do NT. O pioneiro em aplicar ao NT o novo conhecimento adquirido a partir destas descobertas foi Deissmann (1866-1937). O subtítulo de seu livro *Estudos bíblicos* (em alemão: 1895; em inglês: 1901) é um bom resumo de sua obra: *Contribuições de papiros e inscrições para a história da língua, literatura e religião do judaísmo helenístico e do cristianismo primitivo*. Este livro foi seguido por um outro com o mesmo objetivo, *Luz do Oriente antigo* (1907; → Epístolas do NT, 45:4).

17 (B) O pano de fundo do NT. Além do progresso nos estudos linguísticos, o estudo do NT se beneficiou, neste período de transição, do aumento contínuo de nosso conhecimento do mundo do qual o NT veio, sua história, sua geografia, seu governo, sua religião, suas formas de pensamento e suas formas literárias – em suma, todos elementos classificados sob a rubrica de pano de fundo.

18 (a) *E. Hatch.* O nome de Hatch (1835-1889) estará para sempre ligado ao de H. A. Redpath, com quem ele produziu uma monumental concordância da LXX, publicada em 1897. Mas nosso interesse aqui é com um livro menos conhecido publicado em 1889 (e reeditado em 1957), cuja importância foi imediatamente reconhecida por Harnack. Nesta obra, intitulada *The Influence of Greek Ideas on Christianity*, Hatch examinou um assunto de contínuo interesse para os estudiosos do NT: a questão da interação do cristianismo com seu ambiente helenístico e da distinção entre os elementos semíticos e helenísticos na fé e pensamento cristãos. A relevância deste assunto pode ser vista no impacto que ela produziu na escola da história das religiões, que constituiu uma das influências decisivas sobre o pensamento de R. Bultmann.

19 (b) *R. H. Charles.* A apocalíptica é uma forma literária um tanto estranha ao mundo moderno; mas uma compreensão dela é absolutamente necessária para a interpretação do NT, o qual proveio de um mundo permeado por formas de pensamento e literatura apocalípticas judaicas. Charles (1855-1931) foi o grande estudioso da literatura apocalíptica e da literatura apócrifa judaica em particular. Ele foi o editor e um importante colaborador dos dois volumes da obra *The Apocrypha and Pseudepigrapha of the Old Testament in English* (1913). Charles fez bom uso de seu conhecimento da apocalíptica quando, em 1920, produziu seu importante comentário sobre Apocalipse, em dois volumes, para o ICC.

20 (c) *W. M. Ramsay.* Arqueólogo, historiador e explorador infatigável da Ásia Menor, a primeira sede do cristianismo, Ramsay (1851-1939) é melhor conhecido por dois livros importantes: *St. Paul the Traveller and the Roman Citizen* (1895) e *The Cities of St. Paul* (1907), nos quais trata do pano de fundo histórico, político e geográfico de Atos. Apesar de Ramsay ser cético quanto ao valor histórico de Atos, seu estudo histórico e arqueológico da Ásia Menor que Paulo conheceu e em que viajou o convenceu da exatidão e confiabilidade de Lucas como historiador contemporâneo – à luz dos indícios arqueológicos os escritos lucanos realmente refletem as condições da segunda metade do séc. I. Os estudos de Ramsay sobre Paulo e o mundo greco-romano no qual ele se movimentou contribuíram muito para recriar para nós o apóstolo como um homem vivo. Menos conhecido, mas significativo para o estudo de Apocalipse é seu livro *Letters to the Seven Churches of Asia* (1904), que enfatizou a importância do culto imperial como pano de fundo da perseguição da igreja na Ásia proconsular e a influência da geografia histórica no retrato das sete igrejas de Ap 2-3. Veja W. W. Gasque, *Sir William M. Ramsay* (Grand Rapids, 1966).

21 (II) Evangelhos sinóticos: crítica e desenvolvimento. Havia dois problemas cruciais e interrelacionados na interpretação do NT que o séc. XIX não considerou adequadamente: a questão sinótica e as questões ligadas aos relatos do NT sobre a vida e morte de Jesus Cristo. Ambos os assuntos iriam ocupar a atenção dos pesquisadores do séc. XX.

(A) A prioridade de Marcos e a teoria das duas fontes. Por muito tempo Marcos tinha sido o menos examinado dos quatro evangelhos na história da interpretação do NT. Agostinho o considerou uma abreviação de Mateus. No séc. XIX, em resposta ao ataque de Strauss ao fundamento histórico do cristianismo, estudiosos do NT começaram a se voltar para Marcos numa tentativa de preservar o cristianismo como religião histórica, baseada numa figura histórica, Jesus de Nazaré. Usou-se o método histórico-crítico como um instrumento para descobrir as fontes subjacentes aos relatos neotestamentários sobre Jesus. Uma preparação importante para esta busca foi a obra de J. Griesbach (1745-1812), que reconheceu a diferença entre João e os primeiros três evangelhos. Ele viu a possibilidade de organizar Mateus, Marcos e Lucas numa sinopse, e a impossibilidade de construir uma harmonia, visto que os evangelistas, com toda a probabilidade, não estavam preocupados com a ordem cronológica.

22 (a) *K. Lachmann.* Um avanço real veio em 1835, quando Lachmann (1793-1851) publicou "De ordine narrationum in evangeliis synopticis" [A ordem narrativa nos evangelhos sinóticos], em que propôs a prioridade literária de Marcos e sustentou que ele estava mais próximo da tradição original do que os outros evangelhos, estabelecendo, com isso, Marcos como a fonte básica para qualquer tentativa de voltar às origens do cristianismo.

23 (b) *C. H. Weisse.* Em 1838, Weisse (1801-1866) promoveu a hipótese de Lachmann ao acrescentar uma outra fonte, uma fonte de ditos comum a Mateus e Lucas (que acabaria sendo chamada de fonte Q). Assim, por volta de 1838 tinham sido propostas as principais linhas da clássica "teoria das duas fontes" (→ Problema sinótico, 40:12-13).

24 (B) Crítica científica das fontes. Lachmann e Weisse agiram por intuição. A tarefa seguinte da crítica do NT seria testar suas teorias cientificamente.

(a) *H. J. Holtzmann.* Em 1863, Holtzmann (1832-1910) publicou os resultados de seu diligente estudo para verificar cientificamente a teoria das duas fontes, *Die synoptischen Evangelien.* Ele concluiu que Marcos foi o documento apostólico original e que por trás de Mateus e Lucas se encontrava um outro documento escrito, uma coleção muito antiga de ditos e ensinamentos de Jesus, que provavelmente incluía algumas narrativas (*p.ex.*, relatos do batismo e da tentação).

25 (b) *B. H. Streeter.* Passamos agora ao séc. XX e ao pesquisador que deu à crítica das fontes sua exposição clássica. Streeter (1874-1937) teve duas vantagens em seu trabalho: a edição do NT de Westcott e Hort e a obra de Holtzmann. Diante de um pano de fundo da aceitação quase universal da hipótese das duas fontes, Streeter propôs um refinamento desta teoria em *The Four Gospels: A Study of Origins* (1924). Ele teorizou assim: se Roma tinha uma coleção de tradições sobre Jesus conservada em Marcos, escrito em cerca de 65-70, não seria provável que os outros três grandes centros cristãos do séc. I também tivessem tais tradições locais? Trabalhando a partir desta hipótese, Streeter atribuiu Q (cerca de 50) a Antioquia; o material peculiar a Lucas (cerca de 60) teve sua origem em Cesareia; e Jerusalém foi o lar da tradição especial de Mateus (cerca de 65). Com base nisto, Streeter datou Lucas, em sua forma final, em cerca de 80, e Mateus em cerca de 85.

A importante contribuição de Streeter foi uma demonstração de que quatro fontes, e não duas, estavam por trás dos evangelhos sinóticos. O que é questionável é seu conceito de quatro documentos escritos. Os biblistas atuais tenderiam a falar de ciclos de tradição oral em vez de documentos escritos. A obra de Streeter foi a palavra final sobre a crítica das fontes em dois sentidos, pois por ocasião da publicação de seu livro os estudiosos estavam voltando sua atenção da crítica das fontes para a crítica das formas. (*ExpTim* 72 [1960-61] 295-99.)

26 (C) Origens dos evangelhos: a questão do aramaico. A interação das influências semítica e grega no Novo Testamento é um assunto que continuou a prender a atenção dos críticos. Talvez a maior indicação deste interesse perene seja o comentário do NT preparado por H. L. Strack e P. Billerbeck, a partir de fontes rabínicas, em 5 volumes, intitulado *Kommentar zum Neuen Testament aus Talmud und Midrasch* (1922-61); também J. Bonsirven, *Textes rabbiniques des deux premiers siècles chrétiens pour servir à l'intelligence du Nouveau Testament* (Roma, 1955); W. D. Davies, *Paul and Rabbinic Judaism* (2ª ed.; London, 1955); e E. P. Sanders, *Paul and Palestinian Judaism* (Philadelphia, 1977).

27 (a) *G. Dalman*. Sob o grego dos evangelhos, a crítica das fontes detectou muita coisa que era de caráter aramaico. O pioneiro nesta área foi Dalman (1855-1941), um grande estudioso do aramaico, representante da posição conservadora ou minimalista sobre a influência aramaica no NT. Seu livro mais importante foi *The Words of Jesus* (em alemão: 1898; em inglês: 1902). Embora a hipótese de um original aramaico subjacente à tradição sinótica não fosse impossível, Dalman estabeleceu que Jesus sem dúvida falava em aramaico a seus discípulos; as palavras de Jesus, registradas nos evangelhos, mostram claramente influência aramaica.

28 (b) *C. C. Torrey*. A teoria maximalista da origem aramaica encontrou um hábil defensor em Torrey (1863-1956). Em duas obras, *The Four Gospels* (1933) e *Our Translated Gospels* (1936), ele sustentou que os evangelhos foram traduzidos de escritos aramaicos primitivos. Sua tese não conseguiu convencer a maioria dos pesquisadores do NT.

29 (c) *C. F. Burney*. Burney (1868-1925) concentrou sua atenção particularmente em João, supostamente o evangelho mais helenizado, e prestou ao estudo do NT o serviço de apontar suas qualidades semíticas em *The Aramaic Origin of the Fourth Gospel* (1922). Maximalista como Torrey, ele afirmou que João era uma tradução de um original em aramaico.

30 (d) *J. Jeremias*. Aluno de Dalman, Jeremias (1900-1979) demonstrou a importância do aramaico como uma ferramenta de estudo do NT em *The Parables of Jesus* (em alemão: 1947; em inglês: 1954; em português: 1994) e em *The Eucharistic Words of Jesus* (em alemão: 1949; em inglês: 1955). Em ambas as obras Jeremias tentou recuperar as "ipsissima verba Christi" [as palavras ditas pelo próprio Cristo] reconstruindo, a partir dos relatos gregos da igreja primitiva, o aramaico original falado por Jesus.

31 (e) *M. Black*. Em 1946 foi publicada sua importante pesquisa *An Aramaic Approach to the Gospels and Acts* (3ª ed., 1976). A posição mediana de Black modificou os extremos de Torrey e Burney: visto que os aramaísmos são mais fortes e frequentes nas palavras de Jesus, uma fonte de ditos em aramaico, oral ou escrita, está por trás da tradição sinótica. Outras obras de G. Vermes e, especialmente, de J. A. Fitzmyer (*ESBNT, TAG, WA*) tornaram os estudiosos mais cautelosos acerca do uso do aramaico judeu de documentos posteriores como prova do aramaico da época de Jesus. Para um exame da questão até Black, veja S. Brown, *CBQ* 26 (1964) 323-39.

CRÍTICA NO SÉCULO XX

32 (I) **Novos rumos.** A herança do séc. XIX deu um aspecto multifacetado aos estudos no séc. XX, mas os problemas históricos surgidos a partir dos relatos a respeito de Jesus no Novo Testamento permaneceram dominantes. Até que ponto a confissão da protoigreja coloriu ou moldou a apresentação de Jesus? A resposta dada a esta questão histórica obviamente afeta o significado teológico e a importância atribuída aos relatos. A busca da crítica das formas pelo "evangelho por trás dos evangelhos" foi uma resposta da crítica do séc. XX.

Um subproduto foi que a teologia ganhou o devido reconhecimento, como indica o dicionário teológico (*TWNT, TDNT*) iniciado em 1932 sob a direção de G. Kittel (1888-1948), contando com todos os pesquisadores alemães importantes do NT entre seus colaboradores. Embora os artigos sejam de qualidade desigual, a obra provou ser uma das grandes contribuições para a teologia neotestamentária do século. (Veja a condensação em 1 volume [Grand Rapids, 1985].). Para entender melhor a aliança da crítica com a teologia, começaremos com algumas vozes proféticas que se levantaram no começo do século.

33 (A) Abandono da busca liberal do Jesus histórico. A tentativa de Strauss de escrever uma vida de Jesus foi, como ele mesmo admitiu, um fracasso, como será fatalmente qualquer tentativa como esta, em sua opinião, em vista da natureza das fontes. Numa analogia a ser posteriormente aperfeiçoada pela escola da crítica das formas, Strauss cria que as perícopes, as histórias e ditos individuais dos quais nossos evangelhos são compostos, são, como um colar de pérolas sem fio, fragmentos que receberam uma ordem artificial por parte dos evangelistas.

Este ceticismo pareceu injustificado mais tarde no séc. XIX. Primeiro, a descoberta e o estabelecimento científico da teoria das duas fontes pareciam tornar disponível duas fontes, Marcos e Q, as quais estavam muito próximas da tradição apostólica original. Segundo, a escola liberal, sob a liderança de Harnack, cria que, com o uso do método histórico-crítico, podia-se remover dos evangelhos o dogma cristológico, para o qual Reimarus chamara a atenção, e chegar até o Jesus histórico por trás do Cristo da fé proclamado no NT. Consequentemente, a última metade do séc. XIX assistiu à produção de uma série de vidas de Jesus baseadas nos fatos estabelecidos da crítica do séc. XIX: duas fontes primitivas que podiam ser despojadas de seus ornamentos dogmáticos.

34 (a) W. Wrede. A primeira contestação séria desta presumida factualidade veio de um clássico de 1901 de Wrede (1859-1906), *Das Messiasgeheimnis in den Evangelien* (*The Messianic Secret* [Greenwood, SC, 1971]). Usando o mesmo método crítico empregado pelos liberais, ele demonstrou o caráter não científico do retrato de Jesus que eles construíram. Ele sustentou ainda que Marcos, como os outros evangelhos, não era uma simples biografia, mas uma profunda interpretação teológica do significado de Jesus. Literalmente desde as palavras introdutórias de seu evangelho, o evangelista nos mostra não um Jesus humano, mas um Jesus completamente divino. A tese de Wrede sobre a messianidade é a seguinte: o Jesus histórico nunca fez qualquer reivindicação de ser o Messias. Somente após a ressurreição é que os discípulos se deram conta de que Jesus era o Cristo. Então eles retrojetaram a messianidade na vida terrena de Jesus e criaram o "segredo messiânico" (o encobrimento de sua messianidade por parte de Jesus) para explicar o fato de que sua messianidade era desconhecida deles e dos judeus de modo geral antes de sua morte. O segredo messiânico foi, portanto, uma tradição criada pela comunidade protocristã e assumida por Marcos, que não escreveu como historiador objetivo, mas do ponto de vista da fé cristã. Wrede desferiu assim o primeiro golpe na busca otimista do Jesus da história por parte dos liberais. O golpe de misericórdia seria ministrado poucos anos mais tarde por Schweitzer. Veja J. L. Blevins, *The Messianic Secret in Markan Research 1901-1976* (Washington, 1981); também Boers, *What* 45-60.

35 (b) A. Schweitzer. Em 1901, Schweitzer (1875-1965) também publicou um estudo sobre o segredo messiânico, intitulado *Das Messianitäts- und Leidensgeheimnis* (em inglês: 1914; *The Mystery of the Kingdom of God*), no qual defendeu a historicidade do segredo messiânico, sustentando que ele não era uma criação da Igreja, mas uma convicção de Jesus. Porém sua obra mais memorável foi a *The Quest of the Historical Jesus* (em alemão: 1906; em inglês: 1910; em português: 2002), um levantamento exaustivo da pesquisa sobre a vida de Jesus desde Reimarus até Wrede. Após uma crítica incisiva do retrato liberal de Jesus, o mestre de ética apresentado de modo tão atraente por Harnack em *What Is Christianity?*, Schweitzer reconstruiu o que ele considerava ser o verdadeiro retrato do Jesus histórico. Seguindo as diretrizes que J. WEISS propôs em *Jesus' Proclamation of the Kingdom of God* (em alemão: 1892; em inglês: Philadelfia, 1971), SCHWEITZER enfatizou o elemento escatológico e apocalíptico na vida e ensino de Jesus, que foi uma figura heroica, um fanático nobre mas delirante convencido de que era o Messias. Ele pregou uma mensagem apocalíptica sobre o fim iminente do mundo e morreu para realizá-la.

Embora poucos aceitariam a reconstrução do Jesus histórico feita por Schweitzer, há um acordo geral de que sua obra anunciou a morte da busca liberal pelo Jesus histórico e apontou para a importância do pano de fundo e marco apocalíptico do ensinamento de Jesus. (Veja D. E. Nineham em *Explorations in Theology 1* [Londres, 1977] 112-33; L. H. Silberman, *JAAR* 44 [1976] 498-501.)

36 (B) Primeira reação católica ao estudo crítico. Até o séc. XX, a crítica bíblica quase não teve impacto sobre os estudos católicos; a tradição crítica que produziu Strauss e Baur era vista com desconfiança. Indiferença, na melhor das hipóteses, e até mesmo hostilidade manifesta foram as posturas caracteristicamente defensivas assumidas por todos, exceto uns poucos pioneiros. (Na verdade, foi somente com a encíclica *DAS* de Pio XII, em 1943, que os biblistas católicos romanos puderam começar a ocupar seu lugar na vanguarda do estudo sério do NT; → Pronunciamentos da igreja, 72:2-23.)

37 (a) M.-J. Lagrange. O maior dos pioneiros nos estudos católicos da Bíblia foi o dominicano Lagrange (1855-1938; → Crítica do AT, 69:35). Ele se tornara ciente do estudo crítico alemão enquanto estudava línguas orientais na Universidade de Viena. Em 1890, quase sem apoio material ou financeiro, Lagrange fundou a École Pratique D'Études Bibliques em Jerusalém (mais conhecida como a École Biblique). O principal objetivo da École era promover o estudo da Bíblia não apenas como a palavra inspirada de Deus, mas também como uma obra literária que podia ser examinada com a ajuda do método histórico-crítico desenvolvido no séc. XIX. Em 1892, Lagrange fundou a *Revue Biblique*, a primeira revista católica proeminente de estudos da Bíblia. Em 1902, ele lançou a *Études Bibliques*, uma série de comentários bíblicos tanto doutrinários quanto científicos. Em suma, a realização notável de Lagrange foi que ele levou os estudos católicos para um campo onde a pesquisa protestante, às vezes racionalista e cética, dominara e, ao fazê-lo, demonstrou que o uso do método histórico-crítico não era necessariamente contrário à fé. Veja M.-J. Lagrange, *Père Lagrange: Personal Reflections and Memoirs* (New York, 1983); também H. Wansbrough, *ClR* 62 (1977) 446-52.

38 (b) A. Loisy. Outro pesquisador importante, cuja trajetória infelizmente terminou no modernismo, Loisy (1857-1940) era um filólogo e exegeta talentoso. Foi um notável professor de Escritura no Institut Catholique em Paris, de 1884 a 1893. Ele escreveu sua tese de doutorado, que concluiu em 1890 e em que se podia sentir o impacto da crítica, sobre a história do cânone do AT. Loisy aceitou em sua obra os princípios e conclusões da escola crítica e logo começou a inclinar-se em direção à ala hipercrítica e cética desta escola. Sua associação com o modernismo e os consequentes conflitos com a autoridade eclesiástica acabaram levando à sua excomunhão em 1908. Loisy trouxe suspeição até mesmo contra estudiosos ortodoxos e eclesiásticos leais como Lagrange.

A obra mais importante de Loisy foi *L'Évangile et l'Église* (1902; *The Gospel and the Church* [Philadelphia, 1976]), sua resposta à obra *What Is Christianity?* de Harnack. Neste livro Harnack propusera que, visto que a essência do cristianismo era a percepção interior e individual de Deus na alma humana, o cristianismo não necessitava de uma igreja; de fato, a igreja podia se tornar um obstáculo e uma deformação do verdadeiro cristianismo. Contra esta posição, Loisy defendeu a igreja como uma organização que verdadeiramente medeia a Deus para a humanidade, mas negou que a igreja tenha sido fundada por Cristo na forma que assumiu mais tarde. Embora a igreja tenha se desenvolvido de acordo com os desígnios de Deus, Jesus jamais poderia ter previsto o que ela se tornaria. Loisy desenvolveu mais estas ideias em duas obras posteriores, *Le Quatrième Évangile* (1903) e *Les Évangiles Synoptiques* (1908), nas quais dissociou o Jesus histórico, inconsciente de sua divindade, e o Cristo da fé, e viu a comunidade protocristã como um biombo entre o crente e o acontecimento. (B. Readon, *Liberalism and Tradition* [Cambridge, 1975] 249-81.)

39 (C) **Escola da história das religiões.** Esta escola (*Religionsgeschichtliche Schule*) aplicou os princípios da religião comparada e considerou o cristianismo como um fenômeno religioso entre os muitos no Império Romano. Paralelos como as lavagens rituais, refeições sagradas, a adoração de um deus morto e ressuscitado e a certeza da vida eterna mediante a união com o deus sugeriam um processo gradual de sincretismo e interpenetração mútua do cristianismo e das religiões de mistérios populares do Oriente. A abordagem da história das religiões marcou a interpretação do NT especialmente mediante a influência que exerceu sobre Bultmann e sua escola. (K. Müller, *BZ* 29 [1085] 161-92; Neil, *Interpretation* 157-90.)

40 (a) *R. Reitzenstein*. Uma das doutrinas chaves da *Religionsgeschichte* [história das religiões] encontrou um expositor importante em Reitzenstein (1861-1931). Em *Die hellenistischen Mysterienreligionen* (1910; *The Hellenistic Mystery Religions* [Pittsburgh, 1978]) Reitzenstein reconstruiu esse suposto processo helenizante ao longo da história protocristã e ofereceu três conclusões que afetaram o estudo do NT: (1) que a religião helenística e a oriental exerceram uma profunda influência sobre a teologia do NT, especialmente sobre a de Paulo; (2) que a proclamação e o culto da protoigreja dependiam das religiões de mistérios e do gnosticismo; (3) que a ideia protocristã da redenção mediante a morte e ressurreição de Cristo foi tomada de empréstimo de um mito gnóstico pré-cristão a respeito do redentor.

41 (b) *W. Bousset*. O mais influente estudioso da escola da história das religiões foi, sem dúvida, Bousset (1865-1920). Sua grande obra foi *Kyrios Christos* (1913; em inglês: Nashville, 1970), um esboço do desenvolvimento do pensamento cristão até Irineu. Bousset reconheceu a importância do culto na igreja primitiva. Segundo Bousset, Paulo ou seus sucessores transformaram o cristianismo primitivo num culto de mistérios. Muitos dos grupos protocristãos no mundo helenístico tinham sido comunidades mistéricas, que agora simplesmente cultuavam um novo deus, Jesus, como o *Kyrios*, um título comumente dado ao deus-herói no culto e ritual dos mistérios.

Devido à sua influência sobre a escola bultmanniana, resumiremos aqui as teses fundamentais da *Religionsgeschichtliche Schule*. (1) Já mencionamos a hipótese de um mito do redentor que se encontrava numa suposta forma pré-cristã de gnosticismo. (2) Postula-se uma forma distintamente gentílica de cristianismo (*Heidenchristentum*) independente das tradições da igreja judaica e sincretisticamente influenciada por grupos religiosos não cristãos com os quais teve contato. (3) Pode-se encontrar até mesmo no cânone do NT indícios de um "protocatolicismo" (*Frühkatholizismus*), o desenvolvimento de uma igreja institucional como mediadora externa e visível da salvação (*Heilsanstalt*), um processo que é considerado uma deformação do cristianismo paulino genuíno. (Boers, *What* 60-66.)

42 (D) **Origem da crítica das formas.** A crítica das fontes foi a realização marcante do séc. XIX no estudo do NT. Entre suas contribuições importantes estavam o estabelecimento da prioridade de Marcos, a identificação de Q e o uso dessas fontes em Mateus e Lucas. Mas a crítica das fontes não podia ir além disso, pois, por definição, ela estava limitada ao estudo dos documentos à disposição. A crítica do séc. XX propôs uma outra pergunta: podemos ir até atrás dos documentos escritos e chegar até o período entre os acontecimentos e os primeiros registros escritos (cerca de 30-60 d.C.), quando ao relatos das palavras e obras de Jesus circularam em aramaico?

Este é o objetivo da crítica das formas (ou *Formgeschichte* = história das formas), que tenta investigar e analisar a origem e a história da tradição oral, pré-literária, que está por trás de nossos evangelhos escritos. A premissa é que os evangelhos são compostos de muitas perícopes menores, as quais circularam como unidades separadas nas comunidades protocristãs antes de os evangelhos serem escritos. A crítica das formas está preocupada com as formas ou padrões destas histórias e ditos e as razões de sua preservação nos evangelhos. O impulso original para este estudo veio do grande biblista do AT H. Gunkel, que desenvolvera técnicas na interpretação do AT pelas quais tentou estabelecer as tradições orais subjacentes por trás dos documentos e a *Sitz im Leben* (situação de vida) destas tradições (→ Crítica do AT, 69:38). A crítica das formas do NT desenvolveu a percepção de Gunkel, e podemos distinguir três níveis na formação e preservação do material dos evangelhos. (1) A *Sitz im Leben Jesu* (situação na vida de Jesus) é o contexto e o significado de um relato ou dito avulso na vida terrena de Jesus sempre que este contexto seja recuperável. (2) A *Sitz im Leben der Kirche* (a situação na vida da igreja) é a situação ou contexto de um relato ou dito avulso de Jesus vida da protoigreja). O que fez a protocomunidade preservar esta lembrança específica da vida de Jesus e qual significado ela lhe deu? (3) A *Sitz im Evangelium* (a situação no Evangelho) é o contexto de um dito ou história do Senhor no evangelho em si. O que o evangelista quis ensinar ao registrar este acontecimento particular neste ambiente particular? Esta última pergunta marca a transição da *Formgeschichte* [história das formas] para a *Redaktionsgeschichte* [história da redação] (→ Hermenêutica, 71:28; também → 80 abaixo; E. W. McKnight, *What Is Form Criticism?* [Philadelphia, 1969]).

43 (a) *K. L. Schmidt*. O período da crítica das formas começou em 1919 com a publicação, por parte de Schmidt (1891-1956), da obra *Der Rahmen der Geschichte Jesu* (O marco da história de Jesus). A tese de Schmidt era que os evangelhos sinóticos eram coletâneas, parecidas com mosaicos, de episódios curtos da vida de Jesus, os quais tinham circulado como unidades independentes no período da transmissão oral e dos quais poucos tinham qualquer indicação de tempo ou lugar de origem. (A exceção importante era a narrativa da paixão, que parece ter existido como uma narrativa contínua e coerente muito cedo.). Marcos forneceu um marco de elos de conexão e "passagens pontes" (*Sammelberichte*, resumos generalizantes como 1,14-15; 21-22; 2,13 etc.) para estas unidades separadas e completas. Este marco é um produto das preocupações teológicas de Marcos, e não um retrato da vida de Jesus. Na terminologia da crítica das formas, Marcos não reflete a *Sitz im Leben Jesui* [situação na vida de Jesus], e sim a *Sitz im Leben der Kirche* [situação na vida da igreja] e a *Sitz im Evangelium* [situação no evangelho]. A comunidade protocristã para a qual e na qual Marcos escreveu seu evangelho preservou e adaptou histórias relevantes para sua vida, seu culto, suas preocupações pastorais e missionárias.

44 (b) *M. Dibelius*. O ano de 1919 também assistiu à publicação da obra *Die Formgeschichte des Evangeliums* (*From Tradition to Gospel* [ed. rev.; New York, 1965]), de Dibelius (1883-1947). O ponto de partida de Dibelius foi que a atividade missionária e as necessidades da igreja primitiva ajudaram a moldar as tradições primitivas. Em sua exposição da tradição, ele propôs dois princípios que foram aceitos como axiomáticos pela crítica das formas posterior: (1) que os evangelhos sinóticos não eram obras literárias no sentido estrito da palavra, mas *Kleinliteratur* [literatura menor], literatura destinada ao consumo popular; (2) que os evangelistas sinóticos não eram verdadeiros autores, mas compiladores de material preexistente. (O primeiro princípio foi matizado pela crítica literária mais sutil; o segundo foi contestado pela crítica da redação; → 80 *abaixo*).

45 O último personagem no grande triunvirato da crítica das formas inicial foi R. Bultmann, cujo estudo crítico-formal da tradição sinótica será examinado *abaixo* (→ 49). Por razões de conveniência, contudo, resumiremos aqui os princípios com base nos quais a crítica da forma geralmente opera. Como foi mencionado, os críticos da forma postulam um período de transmissão oral antes dos evangelhos escritos, durante o qual as histórias e ditos da tradição circularam como unidade separadas. Estas unidades separadas podem ser descobertas nos evangelhos e podem ser classificadas segundo sua forma literária. O fator determinante em sua preservação se encontra nas necessidades e interesses da comunidade cristã. Estas tradições têm pouco valor histórico. Os críticos da forma pressupunham, além disso, que os protocristãos não estavam interessados na história. Assim, os evangelhos não são biografias, que nos dessem um retrato histórico consistente da vida de Jesus, mas reflexos da fé e da vida da protoigreja. De fato, a comunidade cristã tinha tão pouco interesse na história que não fazia grande distinção entre a história do Jesus terreno e sua história pós-ressurreição e presença com a igreja, a quem ele ainda falava por seu Espírito. Sem as restrições da história e com sua segurança da presença de Jesus, a protoigreja podia adaptar livremente a tradição e até mesmo fazer acréscimos criativos a ela, se as necessidades eclesiais de pregação, apologética e culto, etc., assim o exigissem. Para um tratamento mais amplo dessas importantes conclusões da crítica das formas dos evangelhos, veja K. Koch, *The Growth of the Biblical Tradition* (New York, 1968); McKnight, *What* (→ 42 *acima*); e Neill, *Interpretation* 236-91.

46 (II) Crítica e teologia: a obra de Rudolf Bultmann. Certamente Bultmann (1884-1976) foi o personagem mais influente no estudo do NT no séc. XX, combinando uma imensa erudição e pesquisa com um desejo profundamente pastoral de pregar uma mensagem significativa e relevante a seus contemporâneos num mundo onde não é mais fácil ter fé. Marburgo, o cenário da carreira docente de Bultmann, tornou-se uma Tübingen moderna na influência que exerceu sobre a teologia protestante. Em termos de mero volume, o trabalho de Bultmann se estendeu por um período de quase 50 anos e provocou o surgimento de uma biblioteca de literatura pró e contra: Boers, *What* 75-84; B. Jaspert, (ed.) *Rudolf Bultmanns Werk und Wirkung* (Darmstadt, 1984); C. W. Kegley (ed.) *The Theology of Rudolf Bultmann* (New York, 1966); N. Perrin, *The Promise of Bultmann* (Philadelphia, 1969).

Existem diversas influências dominantes distinguíveis no pensamento de Bultmann. De Strauss, Bultmann tomou o conceito de mito como a chave para a interpretação do NT. Ele aceitou a concepção de Wrede sobre o caráter não messiânico da vida de Cristo e o gênio criador da protocomunidade cristã. A escola da história da religião contribuiu com sua concepção sincretista da origem do cristianismo e com a suposição da influência penetrante do gnosticismo no mundo do NT. A crítica das formas contribuiu para a falta de interesse de Bultmann no Jesus histórico. Mas por baixo desses diversos elementos e como fator produtor de sua unidade básica, podem-se encontrar no cerne do pensamento de Bultmann e presente em toda a sua obra, duas influências principais: um luteranismo consistente e o existencialismo de M. Heidegger (1889-1976).

47 O luteranismo é uma constante no pano de fundo e na orientação do pensamento de Bultmann. Ele pode ser discernido facilmente em sua forte ênfase evangélica na pregação da palavra. Mas o luteranismo de Bultmann ia mais fundo, pois ele entendia seu próprio empreendimento teológico como uma conclusão lógica da doutrina reformada da justificação somente pela fé. Aqui reside a razão teológica da falta de interesse de Bultmann no Jesus histórico, pois procurar uma base histórica para a fé seria trair o princípio da *sola fide* [somente pela fé]. A desconfiança de Bultmann na busca por uma base objetiva para a fé subjaz, assim, a seu profundo ceticismo a respeito da historicidade dos relatos dos evangelhos e sua consequente desistorização do querigma. Em sua concepção, a única história que encontramos no querigma é *Dass*, o mero fato da existência e da morte por crucificação do homem Jesus de Nazaré. A Palavra que nos interpela no querigma é, portanto, o fundamento, bem como o objeto, da fé. A definição bultmanniana da fé em termos de opção e decisão pessoal, como um ato da vontade e não do intelecto, é um legado tanto de Lutero quanto de Heidegger. O conceito bultmanniano atenuado de igreja como pouco mais do que a arena na qual a palavra é pregada e ouvida tem suas raízes no individualismo de Lutero.

48 Heidegger e Bultmann foram colegas em Marburg de 1923 a 1928, e Bultmann admitia prontamente a influência que o pensamento de Heidegger, particularmente formulado em *Ser e tempo* (em alemão: 1927; em inglês: 1961; em português: 1985), teve sobre sua teologia. Uma análise do impacto do existencialismo de Heidegger sobre Bultmann está além do alcance desta exposição. Um bom tratamento deste assunto, recomendado pelo próprio Bultmann, é J. Macquarrie, *An Existentialist Theology: A Comparison of Heidegger and Bultmann* (1955). Um exemplo, a título de ilustração, é a interpretação de Bultmann acerca da teologia paulina mediante o conceito heideggeriano da transição da existência inautêntica para a autêntica. Tanto Heidegger quanto Bultmann distinguiam a existência inautêntica (vida humana cativa da ilusória segurança de um mundo moribundo) e a existência autêntica, que, para Heidegger, se alcança pela decisão pessoal. Para Bultmann, a existência autêntica é um dom de Deus alcançado pelo abandono da adesão a este mundo e pela abertura à palavra da graça perdoadora anunciada no querigma. Observamos que entre os discípulos de Bultmann a filosofia de Heidegger permaneceu uma questão candente. (Veja J. M. Robinson e J. Cobb, [eds.], *The Later Heidegger and Theology* [NFT 1; New York, 1963]; → Hermenêutica, 71:54.)

49 (A) Bultmann como crítico das formas. Trabalhando a partir das conclusões de Schmidt e Dibelius, Bultmann aplicou o método da crítica das formas em *História da tradição sinótica* (em alemão: 1921; em inglês: 1963). Contrariamente à abordagem mais conservadora de Dibelius, as investigações críticas das formas de Bultmann não são apenas um meio de classificação literária, mas devem levar a juízos sobre a historicidade dos relatos e a genuinidade dos ditos que se encontram na tradição. Seu ceticismo com relação à confiabilidade histórica se evidencia no fato de que ele atribui a maior parte da tradição à imaginação criadora das comunidades protocristãs. Ele encontra o material genuíno principalmente nos ditos de Jesus. Mas esta genuinidade não se estende aos contextos desses ditos nos evangelhos, a *Sitz im Evangelium* [situação no evangelho], que é criação da tradição posterior, especialmente dos próprios evangelistas.

50 (B) Bultmann como teólogo. A contribuição teológica mais notável de Bultmann foi na área da hermenêutica. Embora muitos discordem violentamente de suas propostas de solução, todos admitem que Bultmann lidou com um problema real, a saber, a dificuldade de comunicar a mensagem cristã no séc. XX. Como teólogo, a principal preocupação de Bultmann era que a mensagem do NT deveria desafiar as pessoas, e não impedi-las de tomar uma decisão existencial por causa de sua linguagem mitológica. (P. J. Cahill, *TS* 38 [1977] 231-74; G. Stanton, *ExpTim* 90 [1979] 324-28.)

51 (a) *Demitologização do NT*. O manifesto de Bultmann, "O Novo Testamento e a mitologia", publicado pela primeira vez em 1941, tornou-se o foco de agitação de um debate contínuo, frequentemente acompanhado de mal-entendidos. Duas observações iniciais: (1) Por mito, Bultmann não entende uma história imaginária ou algum tipo de conto de fadas, mas o uso de imagens para expressar o sobrenatural em termos deste mundo. (2) Dever-se-ia reconhecer a intenção profundamente pastoral da conclamação de Bultmann à demitologização, *i.e.*, a interpretar o NT em termos existencialistas. Para Bultmann, a demitologização não é uma redução do NT, mas o único modo de tornar sua mensagem salvadora acessível hoje em dia.

Bultmann sustentava que a interpretação é necessária porque atualmente as pessoas não acham digna de crédito a cosmovisão mitológica obsoleta do NT. Portanto, para que elas sejam desafiadas a uma decisão pelo querigma, o NT precisa ser demitologizado; o marco mítico do NT precisa ser interpretado, para expor a compreensão de vida humana contida nele. Bultmann encontrou no existencialismo de Heidegger uma ferramenta adequada para esta interpretação do NT. Além disso, para Bultmann esta interpretação é válida não apenas porque a própria natureza do mito a exige, mas também porque podemos ver este processo tendo início no próprio NT, especialmente em Paulo e João. Um exemplo desta demitologização no NT é a "escatologia realizada" de João, *i.e.*, sua ênfase na vida eterna aqui e agora, não em algum futuro distante. Finalmente, o aspecto pastoral da demitologização se torna claro quando se percebe que a eliminação da pedra de tropeço desnecessária da mitologia ajuda Bultmann a expor a verdadeira pedra de tropeço, a ofensa do evangelho que proclama que o ato escatológico de Deus "por nós e para nossa salvação" ocorreu na vida e morte de Jesus Cristo.

A reação perceptiva discordante de Bultmann (distinta da reação fundamentalista) não se dirigiu contra a necessidade básica de reinterpretar, decodificar, "demitologizar" algumas das imagens míticas do NT, mas contra o juízo de Bultmann sobre o que constitui imagem ou mito inaceitáveis. Por exemplo, a ressurreição dos mortos e o miraculoso, que, para Bultmann, não são mais significativos atualmente, continuam significativos no juízo de outros pesquisadores

(Uma tradução para o inglês de "Novo Testamento e mitologia" está disponível em BULTMANN, R., *New Testament and Mythology and Other Basic Writings* [ed. S. M. OGDEN; Philadelphia, 1984] 1-43 [em português: in *Demitologização*, São Leopoldo: Sinodal, 1999). JOHNSON, R. A., *The Origins of Demythologizing* [NumenSup 28; Leiden, 1974]. PAINTER, J., *Theology as Hermeneutics: R. Bultmann's Interpretation of the history of Jesus* [Sheffield, 1986].)

52 (b) *Bultmann sobre João*. Bultmann escreveu sobre João durante um longo período de tempo, começando em 1923. Sua obra prima foi seu comentário de 1941 para a série MeyerK (*The Gospel of John* [Philadelphia, 1971]). Com sua penetrante exegese crítica, este comentário confirmou Bultmann como um exegeta muito influente na história do estudo da Bíblia, ainda que muitos discordem de suas conclusões. Segundo Bultmann, o primeiro passo na formação de João foi a obra do *evangelista*, muito possivelmente um gnóstico convertido à fé cristã. Ele extraiu o conteúdo de seu evangelho de três fontes principais e independentes umas das outras: (1) uma fonte de sinais (*Semeia-Quelle*), uma coletânea de milagres, mais simbólicos do que históricos, atribuídos a Jesus; (2) discursos revelatórios (*Offenbarungsreden*), uma coletânea de discursos poéticos de origem gnóstica oriental; e (3) uma fonte da paixão-ressurreição, paralela à tradição sinótica, mas independente dela.

Após a morte do evangelista veio a obra do *redator*, ou editor, cujo trabalho consistiu principalmente em organizar e harmonizar o material. A organização era necessária porque o redator encontrou uma desordem terrível no trabalho do evangelista. Ele fez o melhor que pôde para organizar o material em sequência, mas não foi totalmente bem sucedido. Bultmann via sua própria tentativa de reconstruir a ordem original de João como uma continuação da obra do redator. Uma vez que o redator conhecia a tradição sinótica, ele tentou harmonizar a obra do evangelista com esta tradição. Mais importante ainda, ele tinha harmonizar a obra do evangelista com o ensinamento padrão da igreja a fim de torná-la aceitável à sua ortodoxia; ele o fez acrescentando, *p.ex.*, as referências sacramentais à obra antissacramental do evangelista e a escatologia tradicional para equilibrar e corrigir a escatologia demitologizada do evangelho. Essa harmonização teológica era necessária por causa da inclinação gnóstica do evangelista que usou conceitos gnósticos demitologizados para interpretar o significado do Cristo para seus contemporâneos. O mito do redentor gnóstico é demitologizado ao ser unido à pessoa histórica de Jesus de Nazaré; o dualismo gnóstico é demitologizado ao ser transformado de um dualismo metafísico em um dualismo ético.

Bultmann enfatizou fortemente Jesus como o Revelador, cuja revelação não é a comunicação de segredos gnósticos sobre o mundo superior, mas simplesmente a pessoa do próprio Jesus. Assim, a questão principal em João não é a ação salvífica realizada por Jesus, mas suas palavras: ele é a verdade, ele é a luz, e ele tem de ser aceito. Todos os que o *conhecem* são salvos. Não há mais necessidade de história da salvação, pois Jesus oferece sempre, aqui e agora, a oportunidade de decisão.

(BROWN, *BGJ* 1. xxix-xxxiii [fontes de João], lii-lvi [gnosticismo]. SMITH, D. M., *The Composition and Order of the Fourth Gospel* [New Haven, 1965], uma análise lúcida da abordagem bultmanniana de João. Para um resumo da teologia de João segundo BULTMANN, veja sua obra *TNT* 2. 3-92)

53 (III) Reações a Bultmann. Uma medida da influência de Bultmann sobre o estudo do NT é a extensão das reações – tanto favoráveis quanto hostis – causadas por sua obra. Estas reações cobrem todo o espectro do pensamento cristão, desde um conservadorismo fundamentalista que rejeita totalmente sua obra até o liberalismo representado por F. Buri, que acusou Bultmann de não ir suficientemente longe na demitologização porque reteve a realidade do ato de Deus em Cristo. Na Europa, católicos como L. Malevez e G. Hasenhüttl tornaram-se autoridades importantes na teologia de Bultmann.

54 A escola escandinava da história das tradições, em particular, forneceu corretivos importantes ao negativismo da crítica das formas de Bultmann. A abordagem da história das tradições era bem conhecida no estudo do AT mediante a obra de estudiosos como S. Mowinckel (→ Crítica do AT, 69:45-46), e a escola de interpretação de Uppsala começou a aplicá-la ao NT, como no importante estudo de B. Gerhardsson intitulado *Memory and Manuscript: Oral Tradition and Written Transmission in Rabbinic Judaism and Early Christianity* (1961). Gerhardsson sustentou que as narrativas dos evangelhos são o resultado não de um processo criador, mas preservador, através de uma instituição na protoigreja destinada à transmissão da tradição dos evangelhos, semelhante a uma instituição rabínica contemporânea destinada à transmissão controlada da Torá escrita e oral. A obra de Gerhardsson foi uma alternativa bem-vinda ao juízo negativo sobre a historicidade característico de grande parte do estudo da crítica das formas (J. A. Fitzmyer, *TS* 23 [1962] 442-57). Veja também *The Gospel Tradition* de Gerhardsson (ConBNT 15; Lund, 1986).

De interesse mais amplo, contudo, foram as alternativas ao radicalismo de Bultmann propostas por teólogos alemães e britânicos mais conservadores, bem como os debates travados na Alemanha pelos ex-alunos de Bultmann.

55 (A) Reação da pesquisa alemã conservadora. A teologia de Bultmann não ficou sem oponentes na Alemanha, os quais fizeram objeções a seu ceticismo excessivo e encontraram a chave hermenêutica para o NT não no existencialismo heideggeriano, mas na própria Bíblia.

56 (a) *K. Barth*. Mais teólogo sistemático do que pesquisador do NT, Barth (1886-1968) foi inicialmente aliado de Bultmann. A 1ª Guerra Mundial o fez perceber o caráter inadequado da teologia liberal, e ele expressou seu desencanto em seu memorável e vigoroso comentário sobre a Epístola aos Romanos (em alemão: 1918; em inglês: 1933; em português: 2001), que se concentrou na importância teológica de Romanos, enfatizando a Bíblia como a palavra de Deus. Um estudo histórico-crítico científico era, na melhor das hipóteses, apenas uma preliminar à verdadeira tarefa da exegese teológica, "pneumática". Enquanto os estudos de Bultmann diziam respeito ao lado humano do relacionamento entre Deus e a humanidade (como podemos receber a revelação), Barth enfatizava o lado divino (Deus como a fonte de revelação). Bultmann foi inicialmente um defensor de Barth, com quem ele concordava quanto ao princípio, mesmo que não quanto à metodologia. Contudo, a hermenêutica demitologizadora e existencial de Bultmann não se deparou com a concordância de Barth. (Para uma bibliografia de Barth e sobre ele, veja sua obra *Faith of the Church* [New York, 1958]. S. W. Sykes [ed.] *Karl Barth* [Oxford, 1979].)

57 (b) *O. Cullmann*. Na Universidade de Basileia, Cullmann (1902-1992) se tornou o principal proponente da história da salvação (*Heilsgeschichte*) como a chave para a compreensão do NT. Ele propôs esta alternativa à escola de Bultmann em dois livros importantes. *Cristo e o tempo* (em alemão: 1946; em inglês: 1951, rev. 1962; em português: 2003; cf. *ExpTim* 65]1953-54] 369-72) e *Salvation in History* (alemão 1965; inglês 1967). A abordagem histórico-salvífica concebe a história como uma série de épocas redentivas, sendo o evento Cristo o ponto central de uma linha do tempo que inclui um período anterior de preparação, o estágio presente da igreja e o futuro escatológico. Toda a história bíblica está marcada pela tensão permanente entre promessa e cumprimento, o "já" e o "ainda não". Contrariamente ao pensamento de Bultmann, Cullmann sustentou que a história da salvação não é uma distorção lucana, mas está enraizada no ensino de Jesus. A história da salvação é, assim, uma característica de todo o NT, do próprio Jesus até João. Cullmann defendeu o caráter apropriado da história da salvação como ferramenta exegética para se chegar ao significado original do NT destacando que Jesus e a protoigreja se basearam no AT e seu conceito de história.

Também se deveria mencionar a importante contribuição de Cullmann para a teologia bíblica, o livro *A cristologia do Novo Testamento* (em alemão: 1957; em inglês: 1959; em português: 1999). Nesta obra Cullmann tentou definir a cristologia da protoigreja expressa no NT, sem as interpretações mais desenvolvidas da teologia subsequente. Ele examinou dez títulos aplicados a Jesus no NT, que se referem à obra terrena de Jesus, sua obra escatológica futura, sua obra contemporânea na igreja e sua preexistência. Cullmann enfatizou exclusivamente o aspecto funcional da cristologia e evitou as categorias estáticas da teologia greco-romana, com suas noções mais desenvolvidas de pessoa e natureza, como além dos limites da exegese.

Para dar uma ilustração de seu método, podemos examinar o título Senhor (*Kyrios*), que Cullmann expõe no tópico da obra contemporânea de Cristo na igreja. Ele concorda com Bousset que a experiência da igreja no culto da presença de Jesus o Senhor deu proeminência a este título, mas, contra Bousset, Cullmann mostra que este título cristológico mais desenvolvido tem suas raízes no cristianismo palestinense e não é o resultado do encontro da igreja com os cultos de mistérios helenísticos. Sobre Cullmann, veja Hasel, *New Testament* 111-19.

58 (c) *W. Pannenberg*. Este estudioso apresentou uma outra contestação de Bultmann com sua obra *Revelation as History* [A revelação como história] (em alemão: 1961; em inglês: New York, 1968) e *Jesus – God and Man* [Jesus – Deus e homem] (em alemão: 1964; em inglês: 2ª ed.; Philadelphia, 1977). Pannenberg propõe uma alternativa à falta de interesse na história característica da teologia barthiana da Palavra e à transferência bultmanniana da revelação ao querigma e não à história. Segundo Pannenberg, a autorrevelação de Deus não vem a nós imediatamente (como pensam Barth e Bultmann) nem por meio de uma história redentiva especial (como propõe Cullmann), mas mediata e indiretamente, espelhada nos acontecimentos da história. Visto que a história se torna o local da revelação, a revelação é verificável pelos métodos da pesquisa histórica. E se a história revelatória pode ser conhecida pela razão, então a fé não produz, mas pressupõe o conhecimento racional. A fé não nos dá o significado interior de acontecimentos da história passada, mas é confiança orientada para o futuro, para o fim da história universal antecipado no evento Cristo.

(Braaten, C. E., *History and Hermeneutics* [Philadelphia, 1966]. Galloway, A. D., *Wolfhart Pannenberg* [London, 1973]. Neie, H., *The Doctrine of the Atonement in the Theology of Wolfhart Pannenberg* [New York, 1979]. Robinson, J. M. e J. Coob [eds.] *Theology as History* [NFT 3; New York, 1967].). Em Português a recém lançada obra: *Teologia Sistemática* (3 vols.) pelas Editoras Paulus e Academia Cristã em 2009.

59 (B) Reação da pesquisa britânica. Tradicionalmente mais conservadora do que a alemã quanto à teologia e exegese, a pesquisa britânica rejeitou, em sua maior parte, o ceticismo radical de Bultmann e sua hermenêutica existencial. A crítica das formas, contudo, recebeu uma atenção mais positiva, e os estudiosos britânicos do NT se apressaram em fazer bom uso das percepções da crítica das formas.

60 (a) *E. Hoskyns*. O maior responsável por trazer a crítica e a teologia alemãs para um público britânico foi Sir Edwyn Hoskyns (1884-1937). Foi ele que traduziu o comentário sobre Romanos de Barth para o inglês. No livro *The Riddle of the New Testament* (1931), Hoskyns atacou a noção liberal de que a crítica podia chegar a um retrato não teológico de Jesus na mais antiga tradição. Como os críticos das formas, Hoskyns se deu conta de que o problema crucial no NT, o "enigma", era a relação entre o Jesus de Nazaré e a igreja cristã primitiva. Mas ele tinha mais confiança do que eles na capacidade da crítica científica de alcançar o Jesus histórico por trás dos evangelhos. Sua maior obra, contudo, foi seu comentário sobre João, editado e publicado postumamente por F. N. Davey, *The Fourth Gospel* (1940), um comentário na melhor tradição britânica do estudo crítico sólido e interpretação profundamente teológica.

61 (b) *V. Taylor*. Um outro pesquisador não menos ciente do que Hoskyns da importância da teologia continental, especialmente da influência de Bultmann, foi Vincent Taylor (1887-1968). Logo após a publicação de *The Riddle of the New Testament* de Hoskyns, Taylor publicou *The Formation of the Gospel Tradition* (1933), sua avaliação magistral dos valores e excessos da crítica das formas. Ainda uma excelente introdução ao assunto, essa obra é um tratamento eminentemente justo, crítico das conclusões extremamente negativas, mas disposto a aceitar as contribuições positivas, da crítica das formas. Taylor percebeu que a crítica das formas, longe de conduzir inevitavelmente ao ceticismo, podia fornecer uma confirmação valiosa da historicidade básica da tradição dos evangelhos. Reconhecendo plenamente a natureza teológica dos evangelhos, Taylor foi um defensor vigoroso da confiabilidade histórica dos evangelhos como fontes para as palavras e ações autênticas de Jesus.

Esta confiança é evidente em sua trilogia sobre a cristologia do NT, *The Names of Jesus* (1953), *The Life and Ministry of Jesus* (1954) e *The Person of Christ in New Testament Teaching* (1958). Embora Taylor, como Bultmann, tenha percebido a importância do Cristo pregado, o Senhor exaltado da fé cristã, ele também reconheceu a indispensabilidade do Jesus histórico para a cristologia.

A obra mais famosa de Taylor foi certamente seu comentário *The Gospel According to St. Mark* (1952), onde ele empregou as ferramentas da ciência bíblica para oferecer uma alternativa ao ceticismo de Wrede com relação à historicidade de Marcos. Revisado em 1966, este comentário é uma obra padrão no estudo dos sinóticos. Para a biografia e uma apreciação da obra de Taylor, veja sua coletânea *New Testament Essays* (Grand Rapids, 1972) 5-30.

62 (c) *R. H. Lightfoot*. Muito mais simpático à exegese alemã do que seus colegas britânicos de estudo do NT, Lightfoot (1883-1953) foi o defensor da crítica das formas na Inglaterra. O título de um estudo publicado em 1935, *History and Interpretation in the Gospels* [História e interpretação nos evangelhos], indica a abordagem que ele adotou, concebendo os Evangelhos mais como interpretação teológica do que como uma biografia do Jesus de Nazaré. A abordagem de Lightfoot em *The Gospel Message of St. Mark* (1950) foi uma exceção significativa da aceitação britânica tradicional da historicidade de Marcos. Ele foi autor de um comentário sobre João, *St. John's Gospel*, publicado postumamente em 1956.

63 (d) *C. H. Dodd*. A preocupação com a relevância na comunicação da mensagem do NT não foi reserva exclusiva da escola de Bultmann. Já na década de 1930, Dodd (1884-1973) conclamou a um fim da atomização crítica do NT, embora este estudo tenha sido necessário; e ele próprio deu os primeiros passos na direção de uma síntese. Embora não fosse membro da escola da crítica das formas, Dodd contribuiu para nosso conhecimento do evangelho por trás dos evangelhos em *The Apostolic Preaching and Its Developments* (1936), uma investigação da pregação mais antiga da igreja, especialmente em Atos e em Paulo. Dodd encontrou neste querigma apostólico primitivo a unidade subjacente do NT, e nisto ele foi seguido por muitos exegetas católicos.

Não menos influente foi sua obra *The Parables of the Kingdom* (1935), uma tentativa, frequentemente bem sucedida, de chegar até atrás das parábolas como as encontramos nos evangelhos (a *Sitz im Evangelium* [situação no evangelho]) e até as parábolas como foram proferidas originalmente por Jesus (a *Sitz im Leben Jesu* [situação na vida de Jesus]). Jeremias, em seu estudo sobre as parábolas, admitiu livremente sua dívida para com a obra de Dodd. Dodd também formulou neste livro sua teoria amplamente discutida da "escatologia realizada", o fato de que o reino pregado por Jesus nas parábolas era mais uma realidade presente do que futura (→ Pensamento do NT, 81:34, 65).

Dodd deu aos estudos joaninos dois livros brilhantes. O primeiro deles, *The Interpretation of the Fourth Gospel* (1953; em português: 1988), é um estudo do pano de fundo, dos conceitos principais e da estrutura de João. Uma crítica ao livro é que Dodd enfatiza excessivamente o helenismo como o universo ideativo que produziu João, uma posição que precisa de sérias modificações em vista das descobertas de Qumran. Dez anos mais tarde, Dodd publicou *Historical Tradition in the Fourth Gospel* (1963), um estudo sobre a relação entre João e os sinóticos e uma defesa da confiabilidade de João, que Dodd mostrou estar baseado numa tradição paralela, mas independente, à sinótica e que merece ao menos o mesmo respeito histórico. Em todo o seu trabalho, Dodd mostrou um alto grau da competência histórica e teológica que se tornou uma marca registrada da melhor pesquisa britânica do NT. Veja F. W. Dillistone, *C. H. Dood* (Grand Rapids, 1977).

A pesquisa britânica continuou depois dos nomes citados acima, mas as peculiaridades de tons nacionais empalideceram na última terça parte do séc. XX. Métodos comuns, ferramentas comuns e uma sociedade internacional (Societas Novi Testamenti Studiorum) que reunia anualmente estudiosos de todas as nações tenderam a tornar a distintividade menos caracteristicamente britânica, alemã, etc.

64 (C) Reação da escola de Bultmann: os pós-bultmannianos. A mais conhecida reação à ortodoxia bultmanniana certamente foi a que surgiu entre seus próprios discípulos. Apesar do individualismo destes ex-alunos de Bultmann, esta reação foi suficientemente bem definida para introduzir uma nova fase pós-bultmanniana na exegese. Duas áreas nas quais os pós-bultmannianos se basearam no trabalho de Bultmann, apenas para reexaminar de modo crítico algumas de suas teses fundamentais, foram toda a questão do Jesus histórico e a importância e relevância da filosofia posterior de Heidegger para a exegese e a teologia. Devido à complexidade da segunda questão, limitaremos nossa exposição à nova busca do Jesus histórico, e para a questão heideggeriana remetemos o leitor para a bibliografia e exposição em R. E. Brown e P. J. Cahill, *Biblical Tendencies Today: An Introduction to the Post-Bultmannians* (Corpus Papers; Washington, 1969); → Hermenêutica, 71:54.

Para Bultmann, a natureza querigmática do evangelho impedia qualquer tentativa de alcançar o Jesus histórico por meio da confissão de fé da igreja primitiva em Cristo, o Senhor ressurreto. Segundo Bultmann, a protoigreja não tinha interesse biográfico no Jesus de Nazaré histórico, mas concentrou seu olhar exclusivamente no Cristo da fé proclamado no querigma. O Jesus histórico era, portanto, irrelevante para a fé cristã.

Mas, não obstante todo o seu ceticismo teórico com relação a uma busca histórica que chegasse até atrás do querigma, em *The History of the Synoptic Tradition* e em *Jesus and the Word* (em alemão: 1926; em inglês: 1934) Bultmann fez um grande esforço para averiguar as palavras e os atos de Jesus. É esta direção na obra do próprio Bultmann que os pós-bultmannianos alegam ser promovida em sua nova busca do Jesus histórico. M. Kähler (1835-1912) foi um dos precursores desta nova busca com a obra *The So-Called Historical Jesus and the Historic Biblical Christ* [O chamado Jesus histórico e o Cristo bíblico histórico] (em alemão: 1892; em inglês: 1964), um livro que foi reimpresso em 1956, durante o estágio inicial da reação pós-bultmanniana.

65 (a) *E. Käsemann*. A nova busca foi formalmente lançada em 1953 por Käsemann (1906-1988), de Tübingen, num artigo intitulado "The Problem of the Historical Jesus" [O problema do Jesus histórico]. Käsemann salientou três aspectos importantes neste artigo: (1) Se não há conexão entre o Senhor glorificado da fé cristã e o Jesus terreno, histórico, então o cristianismo se torna um mito não histórico. Käsemann atinge aqui o perigo inerente à demitologização bultmanniana do querigma – o perigo de um querigma docético, não histórico. (2) Se a protoigreja estava tão desinteressada na história de Jesus, por que os quatro evangelhos foram escritos, afinal? Os evangelistas certamente criam que o Cristo que eles pregavam não outro senão o Jesus terreno, histórico. (3) Embora os evangelhos sejam produto da fé pascal e seja, portanto, difícil chegar até o Jesus histórico, a fé cristã exige a confiança na identidade do Jesus terreno e do Senhor exaltado do querigma.

Além desta defesa teórica da necessidade da nova busca, Käsemann indicou princípios metodológicos pelos quais a nova busca poderá ser realizada. (1) Para estabelecer qualquer dito ou ato de Jesus como autêntico, precisamos eliminar todo material dos evangelhos que possua um tom querigmático. Tais ditos não são necessariamente inautênticos, mas visto que se assemelham à proclamação da igreja, eles não podem ser provados como ditos autênticos de Jesus. Sua *Sitz im Leben* [situação na vida] poderia ser uma situação ou fé pós-pascal. (2) Deve-se excluir qualquer coisa que tenha paralelo no judaísmo contemporâneo, *p.ex.*, na tradição rabínica ou na apocalíptica judaica contemporânea, por não ser demonstravelmente autêntica. (3) Um dito autêntico de Jesus deveria refletir traços aramaicos. Käsemann modificou um pouco sua posição mais tarde, substituindo o gnosticismo de Bultmann pela apocalíptica judaica como pano de fundo da teologia cristã primitiva. Após a aplicação rigorosa destes critérios, Käsemann encontrou no ensinamento de Jesus elementos que provêm inquestionavelmente do próprio Jesus. Suas ideias básicas sobre isto se encontram em seus livros *Essays on New Testament Themes* (SBT 41; London, 1964; em português: 1986) e *New Testament Questions of Today* (Philadelphia, 1969). Outras obras significativas são *Perspectives on Paul* (Philadelphia, 1971; em português: 2003) e *Commentary on Romans* (Grand Rapids, 1980).

(HARRINGTON, D., *Light of All Nations* [Wilmington, 1982] caps. 1 e 3. HARRISVILLE, R. A., *RelSRev* 11 [1986] 256-58. SCROGGS, R., *ibid.* 260-63. → Canonicidade, 66:94-95.)

66 (b) *E. Fuchs*. Em 1956, um outro pós-bultmaniano, Fuchs (1903-1983), de Marburgo, publicou em *ZTK*, a revista dos pós-bultmannianos, um artigo intitulado "A busca do Jesus histórico", no qual propôs seus cânones para a nova busca. Fuchs procurou no comportamento ou conduta (*Verhalten*) de Jesus algo que seja histórico e relevante para a fé. Especialmente em sua graciosa comunhão de mesa com os excluídos, seu comer e beber com os pecadores, Jesus viveu eficaz e autoritativamente o que pregou nas parábolas: a atividade redentora presente do Deus próximo. Esta declaração do amor de Deus pelos pecadores era autoritativa porque, ao receber os pecadores, Jesus se colocou no lugar de Deus, identificando sua vontade com a de Deus. Assim, encontramos na conduta de Jesus a chave para sua autocompreensão de quem e o que ele era: o representante escatológico de Deus. A confiança de Fuchs na historicidade dos registros dos evangelhos acerca da atividade de Jesus estava fundamentada na crença de que a igreja estaria menos propensa a mudar os atos do que as palavras de Jesus. Veja seu livro *Studies of the Historical Jesus* (SBT 42; London, 1964); R. N. Soulen, *JAAR* 39 (1971) 467-87; → Hermenêutica, 71:54).

67 (c) *G. Bornkamm*. Trinta anos depois da obra *Jesus and the Word* de Bultmann, Bornkamm (1905-1990), de Heidelberg, publicou *Jesus de Nazaré* (em alemão: 1956; em inglês: 1960; em português: 1994), o primeiro estudo pós-bultmaniano sobre o Jesus histórico. Como Käsemann e Fuchs, Bornkamm considerava a incomparável autoridade de Jesus como historicamente válida e relevante para a fé cristã. Käsemann encontrou esta autoridade manifestada no ensino de Jesus; Fuchs, em sua conduta. Bornkamm afirmou que a impressão mais forte que os evangelhos dão é a autoridade imediata e sem paralelo de Jesus, uma autoridade que é absoluta e está presente tanto nas palavras quanto nos atos de Jesus. Esta autoridade tem sua fonte no Jesus histórico e não é um produto da fé. Embora a fé a tenha reconhecido e a proclamado, não a criou.

Além dessa experiência de autoridade, podemos estabelecer os seguintes fatos acerca do Jesus histórico. Jesus era judeu, filho do carpinteiro José, de Nazaré na Galileia. Ele pregou em cidades ao longo do Lago da Galileia, curou e fez boas obras, e lutou contra a oposição dos fariseus. Por fim, foi crucificado em Jerusalém. Mais importante, porém, do que estes simples fatos históricos que dizem respeito ao ministério de Jesus era sua importância existencial – o fato de que, no ministério, a hora crucial, escatológica estava presente, chamando-nos a uma decisão. Um encontro histórico com Jesus era, portanto, um encontro escatológico com Deus. (L. Keck, *JR* 49 [1969] 1-17 também *Early Christian Experience* de Bornkamm [New York, 1969].)

68 (d) *H. Conzelmann*. Em *RGG* (3ª ed.; 3. 619-53), em 1959, Conzelmann (1915-89) ofereceu um outro estudo pós-bultmanniano sobre Jesus (*Jesus* [Philadelphia, 1973]). Ele também foi uma síntese muito positiva do que pode ser conhecido sobre o Jesus histórico. Para Conzelmann, Jesus é a confrontação da humanidade com Deus; a proclamação de Jesus, em seu ministério, da vinda do reino de Deus já nos envolve. Sua palavra é a palavra definitiva de Deus; seus atos tornam o reino de Deus presente.

A obra *Theology of Saint Luke*, de Conzelmann (em alemão: 1954; em inglês: reimpr. Philadelphia, 1982) dá uma percepção da *Redaktionsgeschichte* [história da redação] praticada pelos pós-bultmannianos (→ 80 *abaixo*). Conzelmann sustentou que Lucas tinha um ponto de vista teológico definido, à luz do qual reescreveu a história de Jesus e acrescentou um volume complementar que lida com a história da protoigreja. Segundo Conzelmann, os protocristãos pensavam que a vinda de Jesus significava absolutamente o fim da história e que, portanto, o período entre a ressurreição-ascensão e a parúsia seria muito curto. Com o atraso da parúsia, a protoigreja teve de repensar toda a sua teologia. Nesta tarefa de repensar, sustenta Conzelmann, Lucas modificou deliberada e radicalmente a perspectiva escatológica de Jesus e das fontes mais primitivas (*p.ex.*, de Marcos) ao introduzir a perspectiva da história da salvação na teologia protocristã, com o ministério público de Cristo como período intermediário entre o de Israel e o da igreja. Conzelmann, e os pós-bultmannianos em geral, veem a concepção de Lucas como secundária e errônea, na verdade como uma falsificação e distorção do evangelho original. (É aqui que Cullmann discorda dos pós-bultmannianos, ao sustentar que a concepção lucana da história é primária e está enraizado no ensinamento de Jesus, cuja perspectiva escatológica foi seriamente superenfatizada por Conzelmann.). Outras obras suas são *An Outline of the Theology of the New Testament* (New York, 1969); *History of Primitive Christianity* (Nashville, 1973).

69 (e) *J. M. Robinson*. Representante americano da escola pós-bultmanniana, Robinson sustentou que havia dois caminhos de acesso à pessoa de Jesus. Além do querigma, a historiografia existencial desenvolvida pelo filósofo alemão W. Dilthey (1833-1911) e por R. G. Collingwood (1889-1943) em sua obra, publicada postumamente, *The Idea of History* (1946), nos oferece a possibilidade de um encontro com o Jesus histórico, que renunciou completamente ao apoio deste mundo mau presente para viver somente para Deus. Esta filosofia existencial da história torna a nova busca não apenas possível, mas também legítima. (J. M. Robinson, *A New Quest of the Historical Jesus* [SBT 25; London, 1959]; também P. J. Achtemeier, *An Introduction to the New Hermeneutic* [Philadelphia, 1969].)

70 (f) *G. Ebeling*. Historiador da igreja e teólogo sistemático, Ebeling (1912-2001), de Tübingen, se preocupou especialmente com o problema da fé em suas muitas ramificações: a relevância do Jesus histórico para a fé e a teologia; o problema da transição do Jesus da história para a fé em Jesus como o Senhor exaltado; e o ensinamento de Jesus sobre a fé. Ebeling distinguia os seguintes elementos no ensinamento de Jesus como históricos: a proximidade do reino de Deus como o âmago de sua mensagem; a identeficação de sua vontade com a de Deus, de modo que ele não apela para Moisés (como os rabinos) nem mesmo para Deus (como os profetas), mas usa as palavras inéditas "em verdade *eu* vos digo"; obediência à vontade de Deus que liberta a humanidade do legalismo e da casuística; e uma conclamação à conversão e ao discipulado com alegria. Veja sua obra *Word and Faith* (London, 1963); *The Nature of Faith* (London, 1961); *The Problem of Historicity* (Philadelphia, 1967). Também D. W. Hardy, *ExpTim* 93 (1981-82) 68-72.

(A reação de BULTMANN à nova busca aparece em "The Primitive Christian Kerigma and the Historical Jesus", *The Historical Jesus and the kerigmatic Christ* [ed. C. E. BROWN et al.; New York, 1964] 15-42. Veja também HARVEY, V. A., *The Historian and the Believer* [New York, 1967] 164-293. JEREMIAS, J., [→ 30 *acima*] *ExpTim* 69 [1957-58] 333-39. SOBOSAN, J. G., *Thomist* 36 [1972] 267-92. Além disso, → Jesus, 78:1.)

71 (IV) Surgimento da pesquisa crítica católica. Os primeiros 40 anos do séc. XX, desde a época da crise modernista e de Lagrange e Loisy (→ 37 *acima*) até a redação da *DAS* em 1943 (→ Pronunciamentos da igreja, 72:20), foi uma época de trevas para a pesquisa bíblica católica (→ Pronunciamentos da igreja, 72:5-6). A crítica significativa do NT só ressurgiu após a encíclica de Pio XII. Para uma avaliação do período entre 1955-1980, veja *BHMCS* 211-55; também G. P. Gogarty, *American Catholic Biblical Scholarship ... to Vatican II* (San Francisco, 1989).

A pesquisa crítica católica desde a *DAS* até 1970 foi marcada por crescimento intenso. Inicialmente, a pesquisa de modo geral permaneceu à direita do centro, muito mais em acordo com Cullmann, Taylor e Dodd, por exemplo, do que com as escolas bultmanniana ou pós-bultmanniana. Todavia, esta nova abordagem crítica era vista como chocante por muitos dentro da igreja e só recebeu tolerância com muitas reservas.

Os biblistas católicos receberam incentivo oficial da igreja por meio de dois documentos principais, a "Instrução sobre a verdade histórica dos evangelhos" da Pontifícia Comissão Bíblica (1964) e da *Dei Verbum* do Vaticano II (Constituição dogmática sobre a revelação divina, de 1965). O primeiro documento, em particular, reconheceu que os evangelhos consistiam de diversas camadas de tradição e, assim, não são relatos literais ou cronológicos sobre a vida de Jesus. Esta posição confirmou os resultados da pesquisa bíblica, ao mesmo tempo em que preparou o terreno para desdobramentos ulteriores no estudo científico e crítico do NT entre os biblistas católicos (→ Pronunciamentos da igreja, 72:9, 15, 35; R. E. Brown, *Biblical Reflections on Crises Facing the Church*, New York, 1975] 3-19.)

72 Partindo de uma seleção e combinação criteriosa de elementos aceitáveis da pesquisa protestante, a pesquisa neotestamentária católica estabeleceu de modo crescente sua própria marca no estudo do NT. Ela conseguiu convencer os católicos mais instruídos de que as posições ultraconservadoras do passado não eram mais sustentáveis e que as novas abordagens tinham valores próprios que poderiam fomentar o culto e a espiritualidade. Incorporou os resultados do estudo científico do NT na discussão de assuntos com implicações dogmáticas, como, *p.ex.*, as limitações do conhecimento de Jesus em relação a si mesmo, ao futuro e à igreja; restrições quanto à confiabilidade de Atos como guia de como a igreja surgiu historicamente; o alcance da criatividade exercida na formação da tradição dos evangelhos; a historicidade limitada das narrativas sobre a infância de Jesus. Nas últimas décadas do séc. XX, a pesquisa católica do NT não era mais vista como uma mera enteada da protestante. Todavia, apesar dos tremendos avanços feitos desde a *DAS* de Pio XII, esta abordagem crítica do NT continuou a despertar muito debate e controvérsia por parte de católicos liberais e conservadores. (Veja a avaliação em R. E. Brown, *Biblical Exegesis and Church Doctrine* [New York, 1985].)

Antes de descrever a situação contemporânea, faremos um levantamento sumário de alguns dos nomes mais importantes no desenvolvimento da pesquisa católica descrita acima.

73 (A) Pesquisa francesa. No período inicial, os escritores franceses foram os mais produtivos de todos os estudiosos católicos do NT. Isto se deu basicamente devido à herança de M.-J. Lagrange, da École Biblique de Jerusalém e da *RB* (→ 37 *acima*; → Crítica do AT, 69:60). No NT o manto de Lagrange ficou para P. Benoit (1906-1987) e M.-É. Boismard. Benoit publicou uma avaliação inicial e cautelosa, mas favorável, da crítica das formas na *RB* 53 (1946) 489-512. Ele se tornou mais conhecido por artigos sobre o *sensus plenior* [sentido mais pleno] (→ Hermenêutica, 71:49-51), a inspiração (→ Inspiração, 65:59), os relatos da paixão, da eucaristia, da ressurreição e ascensão, e o conceito de corpo em Paulo; muitos desses artigos estão reunidos nos quatro volumes de *Exégèse et théologie* (Paris, 1961-82). Boismard trabalhou amplamente no campo dos escritos joaninos, *p.ex.*, *St. John's Prologue* (London, 1957), *Du baptême à Cana* (Paris, 1956) e *Synopse des quatre évangiles*, obra com vários volumes. (Quanto a importantes contribuições textuais, → Textos, 68:176, 186.). Os jesuítas franceses (ambos cardeais) J. Daniélou (1905-1974) e H. de Lubac (1896-1991) deram importantes contribuições sobre a história do sentido espiritual da Escritura (→ Hermenêutica, 71:45-48). Em Roma, S. Lyonnet (1902-1986) escreveu amplamente no campo dos escritos paulinos, especialmente sobre Romanos. Os sulpicianos franceses produziram diversos estudiosos notáveis de toda a Bíblia (A. Robert [1883-1955], A. Gelin [1902-1960], H. Cazelles). No NT, A. Feuillet se destacou por seus estudos sobre a parúsia (*DBSup* 6. 1331-1419), *Johannine Studies* (New York, 1965) e *The Apocalypse* (New York, 1964). Para alguns, suas obras mais tardias pareceram defensivamente conservadoras. C. Spicq (1901-1993) escreveu comentários notáveis sobre Hebreus e as Pastorais em EBib, e uma investigação em quatro volumes sobre *agapē* no NT (Paris, 1955-59), que foi traduzida para o inglês de forma abreviada (St. Louis, 1963-66). Gradualmente, contudo, a vanguarda da pesquisa católica do NT se deslocou da França para um espectro mais amplo. Embora estudiosos como X. Léon-Dufour e P. Grelot tenham dado continuidade à grande tradição, a situação na França na década de 1980 foi obscurecida por um movimento reacionário liderado por C. Tresmontant, J. Carmignac e R. Laurentin. Veja R. E. Brown, *USQR* 40 (1985) 99-103.

74 (B) Pesquisa belga. Enquanto a maior parte do catolicismo ainda estava sob a sombra do medo lançada pela dura repressão do modernismo, a Universidade de Lovaina preservou sua orgulhosa tradição nas publicações de Msr. L. Cerfaux (1883-1968). Sua coletânea de ensaios em três volumes (*Recueil L. Cerfaux* [Louvain, 1954-62]) mostrava uma ampla gama de interesses e competências, mas ele é mais conhecido por sua trilogia sobre a teologia paulina: *ChrTSP*, *ChTSP* e *The Christian in the Theology of St. Paul* (New York, 1967). Seus alunos deram continuidade à tradição de Lovaina, *p.ex.*, A. Descamps (1916-1980), que mais tarde foi bispo, reitor da universidade e secretário da PCB romana. Sua obra mais conhecida foi *Les Justes et la Justice* (Louvain, 1950); veja M. Giblet, *RTL* 12 (1981) 40-58. I. de la Potterie, um jesuíta belga atuante no Instituto Bíblico em Roma, escreveu amplamente sobre João (veja sua coletânea de ensaios junto com S. Lyonnet, *The Christian Lives by the Spirit* (New York, 1971]; *La Vérité dans Saint Jean* [AnBib 73, 74; Roma, 1977]), como o fez o belga dominicano F.-M. Braun (1893-1980), famoso por sua obra *Jean le Théologien* (Paris, 1959-72). J. Dupont, prolífico autor beneditino, contribuiu com *Les Beatitudes* (Louvain, 1954-73) e uma série de obras sobre Atos: *The Sources of Acts* (New York, 1964); *Le discours de Milet* (Paris, 1962); *The Salvation of the Gentiles* (New York, 1979); *Nouvelles Études sur les Actes des Apôtres* (Paris, 1984). F. Neirynck deu contribuições significativas ao estudo dos evangelhos sinóticos, inclusive *Duality in Mark* (BETL 31; Leuven, 1972); *The Minor Agreements of Matthew and Luke against Mark* (BETL 37; Leuven, 1974);

e sua coletânea de ensaios *Evangelica* (BETL 60; Leuven, 1982).

75 (C) Pesquisa alemã. Induzidos pelo exemplo e pela pesquisa de suas contrapartes protestantes, os católicos alemães do séc. XX produziram alguns excelentes comentários do NT. De particular importância são as séries RNT e HTKNT. Na primeira os volumes sobre os evangelhos sinóticos de J. Schmid (1893-1975) foram valiosos, bem como os sobre João e Atos de A. Wikenhauser (1883-1960), cuja "Introdução ao Novo Testamento" continuou sendo por muitos anos a melhor introdução crítica católica ao NT. Na série HTKNT, R. Schnackenburg, provavelmente o mais proeminente dos estudiosos católicos alemães, produziu um importante comentário em três volumes, *The Gospel according to St. John* (New York, 1968-82); e R. Pesch escreveu dois volumes sobre Marcos (Freiburg, 1984). Schnackenburg também foi o autor de *The Church in the New Testament* (New York, 1965); *God's Rule and Kingdom* (New York, 1963); *Baptism in the Thought of St. Paul* (New York, 1964); *The Moral Teaching of the New Testament* (New York, 1965). De valor duradouro são os comentários da EKKNT produzidos por um empreendimento cooperativo entre católicos e protestantes. Esta série conjunta simboliza o progresso ecumênico no estudo da Bíblia feito na última metade do séc. XX (→ 80 *abaixo*).

76 (D) Pesquisa americana. Do outro lado do Atlântico, a pesquisa católica do NT consistiu inicialmente em artigos e estudos específicos que, muitas vezes, traduziam tendências católicas francesas e alemãs para o inglês. No final da década de 1950, contudo, a pesquisa católica americana do NT começou a encontrar sua própria identidade e a produzir impacto. Dos muitos "pioneiros" iniciais, dois merecem menção particular. O jesuíta canadense D. Stanley escreveu muitos artigos, na década de 1950, que introduziram tendências da Europa continental para leitores de língua inglesa. Stanley enfrentou uma reação inicial fundamentalista dos católicos às novas ideias (uma reação que foi particularmente severa nos Estados Unidos no período de 1959-1962). Juntamente com ele, E. Siegman (1908-1967) lutou bravamente para introduzir a crítica moderna do NT; como editor da *CBQ*, de 1951 a 1958, ele colocou a revista num nível científico.

77 Ao mesmo tempo, numerosos jovens estudiosos católicos americanos estavam sendo formados nos métodos críticos em instituições de prestígio tanto nos Estados Unidos (*p.ex.*, Johns Hopkins, Harvard, Yale) quanto no estrangeiro. Muitos desses pesquisadores ganharam projeção nacional e internacional e contribuíram com textos para no comentário (*JBC*, 1968). Os mais notáveis foram R. E. Brown e J. A. Fitzmyer; ambos se tornaram membros da PCB romana. Brown, um sulpiciano que lecionou no Union Theological Seminary (Nova Iorque), foi o primeiro católico americano a tornar-se presidente da prestigiosa sociedade internacional Societas Novi Testamenti Studiorum. Suas obras incluem os comentários da série AB sobre João (*BGJ*) e as Epístolas Joaninas (*BEJ*), bom como um longo estudo sobre as narrativas da infância de Jesus, *The Birth of the Messiah* (Garden City, 1977). Ele teve grande impacto na disseminação e aceitação da pesquisa crítica do NT entre os católicos por suas extensivas palestras e publicações populares. Fitzmyer, um jesuíta que lecionou na Catholic University, notabilizou-se por seus estudos do aramaico (→ 31 *acima*) e por seu comentário sobre Lucas em dois volumes da série AB (*FGL*), bem como por ser editor dos periódicos *JBL* e *CBQ*. Veja *CBQ* 48 (1986) 375-86.

Embora se hesite em escolher nomes, é possível perceber o quanto a pesquisa católica americana do NT cresceu desde o Vaticano II em sua contínua capacidade de produzir estudiosos do NT de estatura considerável: *p.ex.*, J. Donahue, D. Harrington, J. Meier, P. Perkins, D. Senior, entre outros. Além de indivíduos, a Catholic Biblical

Association e seu periódico científico, *CBQ*, asseguraram o lugar da pesquisa católica americana em pé de igualdade com prestigiosas sociedades como a Society of Biblical Literature e a Societas Novi Testamenti Studiorum. Em suma, a pesquisa católica americana do NT demonstrou sua vitalidade e deixou sua marca internacionalmente. (Quanto a outros fatores presentes na pesquisa bíblica católica americana, veja R. E. Brown, *The Critical Meaning of the Bible* [New York, 1981].)

78 (V) Desdobramentos recentes na pesquisa do NT. Nos últimos 30 anos do séc. XX, a tecnologia moderna, incluindo as concordâncias e as bibliografias computadorizadas, acelerou o progresso em muitas áreas do estudo do NT. Ao diagnosticar os rumos que o estudo tomou, podemos oferecer apenas um levantamento amplo, dando preferência às tendências mais novas. O leitor deveria estar ciente, é claro, de que o trabalho padrão das críticas das fontes, das formas e das tradições continuou seguindo as linhas de desenvolvimento que vinham da parte anterior do século. Comentários significativos continuaram a ser escritos, *p.ex.*, na série AB, V. Furnish sobre 2 Coríntios (1984), e na série Herm, H. D. Betz sobre Gálatas (1979). *Introduction to the New Testament*, de H. Koester, em dois volumes (Philadelphia, 1982; em português: 2004), causou considerável discussão pela audácia de muitas de suas posições. Um valioso estudo sobre o pano de fundo foi *Judaism and Hellenism*, de M. Hengel (Philadelphia, 1981). A publicação de *The Nag Hammadi Library in English* (1977) provocou uma avalanche de livros que relacionavam as obras apócrifas e gnósticas ao NT (→ Apócrifos, 67:56ss.), alguns deles beirando o sensacionalismo, como, *p.ex.*, E. Pagels, *The Gnostic Gospels* (New York, 1979). J. D. Crossan, *Four Other Gospels* (Minneapolis, 1985), tentou provar que quatro evangelhos não canônicos (três deles incompletos) eram mais antigos do que os evangelhos canônicos!

79 (A) Pesquisa das comunidades do NT. Embora os estudiosos sempre tenham se interessado em detectar o pensamento e a vida dos cristãos que são os destinatários e os temas dos escritos do NT, um desenvolvimento recente tem sido a descrição detalhada das comunidades do séc. I. Em *History and Theology in the Fourth Gospel* (1968; 2ª ed., Nashville, 1979), J. L. Martyn descreveu vívida e persuasivamente como, num determinado nível, João reflete as tribulações e defesas de uma comunidade que está sendo expulsa da sinagoga por causa das reivindicações divinas que faz acerca de Jesus. Outros trabalhos que reconstroem a história da comunidade joanina são as publicações *The Gospel of John in Christian History*, de Martyn (New York, 1978), e *The Community of the Beloved Disciple*, de R. E. Brown (New York, 1979; em português: 1990). A história da comunidade de Mateus exerceu um papel importante nos vários livros de J. P. Meier sobre Mateus, e uma literatura considerável foi gerada nos debates fortemente discordantes sobre a situação de vida pressuposta por Marcos. Este evangelho foi escrito para diminuir a importância dos apóstolos que estavam sendo tratados como celebridades pelos cristãos com uma fixação em Jesus como operador de milagres? Os nomes de T. Weeden, W. H. Kleber e E. Best estão entre os participantes do debate. Relacionado a esta busca estava o estudo dos grandes centros cristãos feito de uma maneira diferente da dos tempos passados (→ 25 *acima*), como, *p.ex.*, R. E. Brown e J. P. Meier, *Antioch and Rome* (New York, 1983), e W. R. Schoedel, *Ignatius of Antioch* (Philadelphia, 1985).

80 (B) Crítica da redação. As origens desta abordagem do NT, que tem recebido muita atenção, encontram-se em três estudiosos que escreveram no num período anterior do séc. XX: G. Bornkamm i, *Tradition and Interpretation in Matthew* (em alemão: 1948; Philadelphia, 1963); H. Conzelmann, *The Theology of St. Luke* (em alemão: 1954; New York, 1960); e W. Marxsen, *Mark the*

Evangelist (em alemão: 1956; New York, 1969). A crítica da redação enfatiza o papel criador que os evangelistas tiveram na moldagem do material que herdaram. O crítico deve detectar o que os evangelistas fizeram com suas fontes ao editá-las e combiná-las, visto que esta atividade redacional deixa indicações das preocupações específicas do redator e da comunidade deste. (Assim, a crítica da redação contribui para a busca das comunidades do NT.). A técnica também foi aplicada a Atos e a Paulo. (→ Hermenêutica, 71:28-29; também Rohde, *Rediscovering*; R. H. Stein, *JBL* 88 [1969] 45-54.)

81 (C) Outras formas de crítica. O artigo deste comentário sobre hermenêutica (→ 71:53-75) chama a atenção do leitor para a florescência de muitos tipos diferentes de "crítica" no final do séc. XX: crítica literária, estruturalismo, crítica canônica, crítica retórica etc. O artigo sobre a crítica do AT (→ 69:67-72) mostra como elas foram aplicadas ao AT. Ambos os artigos contêm bibliografias, e elas não precisam ser repetidas aqui; vamos pressupor as exposições anteriores e simplesmente dar uns poucos exemplos destacados. As técnicas dos modernos críticos literários foram aplicadas aos evangelhos com alguns resultados interessantes na década de 1980 (a Marcos por D. Rhoads e D. Michie, a João; por R. A. Culpepper, a Mateus por J. D. Kingsbury). Certamente esta abordagem chama a atenção para os aspectos dos livros bíblicos como um todo que teriam sido ignorados por uma análise puramente diacrônica. A abordagem estruturalista mais complicada, no juízo de muitos, não foi particularmente produtiva, e a terminologia enigmática tem afugentado os leitores. Uma área em particular, a narrativa da paixão, recebeu considerável atenção por parte dos estruturalistas: *p.ex.*, O. Genest, *Le Christ de la passion* (Montreal, 1978), e L. Marin, *The Semiotics of the Passion* (Pittsburgh, 1980). Quanto à crítica canônica, o trabalho principal foi feito no Antigo Testamento, mas B. S. Childs, em *The New Testament as Canon* (Philadelphia, 1985), provocou uma discussão considerável. Uma coisa é considerar o significado que um livro neotestamentário tem dentro do contexto de todo o Testamento ou de ambos os Testamentos; outra é deixar essa questão anular quase completamente o que o livro significava para o autor que o escreveu e aos primeiros leitores.

82 (D) O NT e as ciências sociais. S. J. Case, S. Matthews e F. Grant foram os pioneiros no uso da sociologia e antropologia no estudo do NT; mas esta abordagem ganhou nova vida no início da década de 1970, atestada por *Kingdom and Community*, de J. G. Gager (Englewood Cliffs, 1975), e *Sociology of Early Palestinian Christianity*, de G. Theissen (Philadelphia, 1978; em português: 1992). Prudentemente ou não, termos como "o movimento Jesus", "sectários milenaristas" e "carismáticos itinerantes" tornaram-se lugares-comuns fáceis usados para descrever os protocristãos. Entre as contribuições americanos notáveis estão J. H. Elliott, *A Home for the Homeless* (Philadelphia, 1981; em português: 1996); A. Malherbe, *Social Aspects of Early Christianity* (2ª ed.; Philadelphia, 1983); e W. Meeks, *The First Urban Christians* (New Haven, 1983; em português: 2000). A primeira (um estudo do contexto social de 1 Pedro) ilustra a afinidade desta pesquisa com a busca pelas comunidades do NT (→ 79 *acima*).

(ANDERSON, B. W., *TToday* 42 [1985] 292-306. BEST, T. F., *SJT* 36 [1983] 181-94. HARRINGTON, D. J., *Light of All Nations* 148-61. KEE, H. C., *Christian Origins in Sociological Perspective* [Philadelphia, 1980]. OSIEK, C., *What Are They Saying About the Social Setting of the New Testament?* [New York, 1984]. SCROGGS, R., *NTS* 26]1979] 164-79. STAMBAUGH, J. E. e D. L. BALCH, *The New Testament is Its Social Environment* [Philadelphia, 1986; em português: 2003]. Também *BTB* 16 [1986] 107-15; *Semeia* 35 [1985].)

83 (E) Outras tendências. Se os estudiosos se tornaram mais interessados no contexto social dos primeiros cristãos que produziram e liam o NT, alguns também se interessaram pelos cristãos contemporâneos que estão lendo o NT, como parte de uma hermenêutica em que o sentido implica o leitor contemporâneo. O crescente número de pesquisadoras do NT (A. Yarbro Collins, B. R. Gaventa, P. Perkins, S. Schneiders, M. A. Tolbert) trouxe novas sensibilidades ao estudo do NT em relação às atitudes masculinas opressivas, tanto na Antiguidade quanto hoje. Uma tentativa ambiciosa de articular uma crítica radical feminista da origem do NT foi a obra *In Memory of Her* (New York, 1983), de E. Schüssler Fiorenza. Através de sua ótica de uma hermenêutica da suspeita, ela reconstruiu um movimento inicial de Jesus de caráter igualitário que existiu antes da introdução de hierarquias masculinas opressoras. É discutível, contudo, se este cristianismo alguma vez existiu e não é uma projeção de sensibilidades atuais (veja W. S. Babcock, *Second Century* 4 [1984] 177-84). Semelhantemente, teólogos da libertação da América do Sul e de outras partes escreveram livros sobre o NT (*p.ex.*, F. Belo, *A Materialist Reading of the Gospel of Mark* [Maryknoll, 1981]; L. Boff, *Jesus Christ Liberator* [Maryknoll, 1978; original em português: 1974]; J. Sobrino, *Christology at the Crossroad* [Mariknoll, 1978; em português: 1983]). Eles descobriram elementos de libertação e uma opção pelos pobres como elementos dominantes no "movimento de Jesus". Outros interesses do Terceiro Mundo também ingressaram na pesquisa do NT na medida em que pesquisadores da Índia, do Japão e da África deram suas contribuições. Talvez as décadas iniciais do séc. XXI sejam capazes de distinguir entre reconstruções válidas e retrojeções exageradas em muitas das questões levantadas (Harrington, *Light* [→ 82 *acima*] 186-94).

84 Um desenvolvimento particularmente promissor para o séc. XXI foi o florescimento da pesquisa ecumênica na sequência do Vaticano II. Estudiosos protestantes e católicos, de igual competência e formados com os mesmos métodos, foram incentivados pelas igrejas a trabalharem juntos em traduções e comentários do NT com patrocínio eclesiástico (sobre o EKKNT, → 75 *acima*; a França produziu a *TOB*; no Brasil: TEB). Nos Estados Unidos, para fins de diálogo (patrocinado por luteranos e católicos), estudos ecumênicos de assuntos sensíveis foram feitos por grupos de pesquisadores de muitas igrejas: *Peter in the New Testament* e *Mary in the New Testament* ed. R. E. Brown *et al.*; New York, 1973, 1978); *Righteousness in the New Testament* (ed. J. Reumann *et al.*; Philadelphia, 1982) – obras traduzidas para muitas outras línguas. P. J. Achtemeier, um estudioso de tradição reformada, foi o primeiro presidente não católico da Catholic Biblical Association, assim como os católicos R. E. Brown e J. Fitzmyer foram presidentes da Society of Biblical Literature. Biblistas católicos do NT passaram a lecionar nos mais proeminentes cursos de pós-graduação protestantes, e vice-versa. Dentro do contexto mais amplo da pesquisa interreligiosa do NT, um número crescente de exegetas judeus com formação profissional nas abordagens críticas do NT tem enriquecido a compreensão de documentos escritos por judeus que criam em Jesus. E um enriquecimento ulterior veio da insistência de que os programas de doutorado em NT para os cristãos precisam incluir familiaridade com os escritos do protojudaísmo, inclusive o midrásh e Talmude. Estas tendências prenunciam um bom futuro.

71
Hermenêutica

Raymond E. Brown, S.S. E e Sandra M. Schneiders, I.H.M.*

BIBLIOGRAFIA

1 *L'Ancien Testament et les chrétiens* (Paris, 1951). BARR, J., *Old and New in Interpretation* (London, 1966); *Holy Scripture: Canon, Authority, Criticism* (Philadelphia, 1983). BROWN, R. E., *The Critical Meaning of the Bible* (New York, 1981). CARSON, D. A. e J. D. WOODBRIDGE (eds.), *Hermeneutics, Authority, and Canon* (Grand Rapids, 1986). CERFAUX, L., J. COPPENS e J. GRIBOMONT, *Problemes et méthode d'exégèse théologique* (Louvain, 1950). COPPENS, J., *Les harmonies des deux testaments* (Tournai, 1949). DANIÉLOU, J., *From Shadow to Reality* (Westminster, 1960). DE LUBAC, H., *L'Écriture dans la tradition* (Paris, 1966). EAGLETON, T., *Literary Theory: An Introduction* (Minneapolis, 1983) 1-16. FERGUSON, D. S., *Biblical Hermeneutics* (Atlanta, 1986). FUNK, R. W., *Language, Hermeneutic, and Word of God* (New York, 1966). GRECH, P., *Ermeneutica e Teologia biblica* (Roma, 1986). HARRINGTON, D. J., *Interpreting the New Testament* (NTM 1; Wilmington, 1979); *Interpreting the Old Testament* (OTM 1; Wilmington. 1981). HAYES, J. H. e C. HOLLADAY, *Biblical Exegesis* (ed. rev.; Atlanta, 1986). KEEGAN, T., *Interpreting the Bible* (New York, 1985). KNIGHT-TUCKER (eds.), *HBMI*. MARLÉ, R., *Introduction to Hermeneutics* (New York, 1967). MCKNIGHT, E., *The Bible and the Reader* (Philadelphia, 1985). MILLER, D. G. (ed.), *The Hermeneutical Quest* (Festschrift J. L. MAYS; Allison Park, PA, 1986). NINEHAM, D. E. (ed.), *The Church's Use of the Bible Past and Present* (Londres, 1963). REESE, J., *Experiencing the Good News* (Wilmington, 1984). RICOEUR, P., *Interpretation Theory* (Fort Worth, 1976). RUSSELL, D. A., *Criticism in Antiquity* (Berkeley, 1981). STUHLMACHER, P., *Historical Criticism and Theological Interpretation of Scripture* (Philadelphia, 1977). TUCKETT, C., *Reading the New Testament* (London, 1987). VANDER GOOT, H., *Interpreting the Bible in Theology and Church* (New York, 1984).

2 ESBOÇO

Introdução (§ 3-8)
  (I) Significado de hermenêutica (§ 3-4)
  (II) Observações gerais (§ 5-8)

O sentido literal da Escritura (§ 9-29)
  (I) Definição (§ 9-13)
  (II) Problemas gerais na determinação do sentido literal
    (A) Atitudes diferentes para a exegese (§ 14-19)

    (B) A questão da relevância (§ 20-22)
    (C) A determinação do gênero literário (§ 23-26)
    (D) História literária e redação (§ 27-29)

Sentidos supraliterais (§ 30-77)
  (I) História da exegese supraliteral
    (A) Até o final da época neotestamentária (§ 31-34)
    (B) Período patrístico (§ 35-38)

---

* As seções 55-70 deste artigo são de S. M. SCHNEIDERS; o restante do artigo é de R. E. BROWN.

(C) Idade Média (§ 39-40)
   (D) Séculos XVI e XVII (§ 41-42)
   (E) Passado recente (§ 43-52)
       (a) Fundamentalismo (§ 44)
       (b) Preservação de elementos da tipologia patrística (§ 45-48)
       (c) O *sensus plenior* (§ 49-51)
       (d) Interpretação cristã do AT (§ 52)
 (II) A situação contemporânea
   (A) A nova hermenêutica (heideggeriana) (§ 54)
   (B) Crítica literária (§ 55-70)
       (a) Da crítica histórica à crítica literária (§ 57-58)
       (b) O problema da referência (§ 59)
       (c) Abordagens não contextuais: estruturalismo; desconstrução (§ 60-62)
       (d) Abordagens contextuais: crítica retórica; crítica sociológica e psicanalítica; crítica fenomenológica (§ 63-69)
       (e) Conclusão (§ 70)
   (C) Crítica canônica (§ 71-74)
   (D) Contribuições variadas (§ 75-76)
       (a) Exegese para uma transformação pessoal (§ 75)
       (b) Exegese advocatória (§ 76)
   (E) Observações finais (§ 77)

Temas relacionados (§ 78-92)
 (I) Acomodação (§ 78-79)
 (II) Interpretação autoritativa pela igreja (§ 80-87)
 (III) Autoridade exegética dos Padres (§ 88-89)
 (IV) A divulgação das opiniões críticas modernas (§ 90-92)

INTRODUÇÃO

3 (I) Significado de hermenêutica. A palavra grega *hermēneia* abrangia um amplo escopo de interpretação e esclarecimento – um escopo que os estudiosos modernos estão tentando recuperar e expandir em seu entendimento da tarefa hermenêutica (→ 54 *abaixo*). Primeiro, ela pode se referir à interpretação pela própria *fala*, na medida em que a língua expressa e interpreta o que está na mente de alguém (consciente e inconsciente), ou até mesmo o que constitui a identidade, o ser e a pessoa de alguém. (Deveríamos conceber esse processo dinamicamente, e não estaticamente; pois não apenas uma intenção ou identidade estabelecida encontra expressão precisa na linguagem, mas no próprio ato da comunicação linguística a identidade e a intenção de alguém podem crescer ou até mesmo vir a ser). Na exposição bíblica temos de enfrentar a complexidade adicional da capacidade da linguagem bíblica (humana) de expressar a "mente", "vontade" e "pessoa" de Deus (termos usados analogamente a respeito Deus; → 7 *abaixo*). Segundo, *hermēneia* pode designar o processo de *tradução* de uma língua para outra – um processo que vai além dos equivalentes mecânicos de palavras e implica a questão da transferência de uma cultura e cosmovisão para outra. Isto é pertinente ao estudo da Bíblia porque muitos protocristãos conheciam o AT não em seu original hebraico, mas na LXX grega, e porque os evangelhos comunicaram a mensagem de Jesus não em sua própria língua semítica, mas em grego. Um aspecto específico da tradução é o de uma língua ininteligível para uma inteligível, *p.ex.*, a *hermēneia* de línguas em 1 Cor 12,10, que era um dom carismático com uma dimensão revelatória. Terceiro, *hermēneia* pode ser usada para designar a interpretação mediante *comentário e explicação*, que é um aspecto mais formal.

4 Os manuais de uma geração anterior muitas vezes perdiam este sentido amplo de *hermēneia* ("hermenêutica") que abrangia a fala, a tradução e o comentário. Para eles, a "hermenêutica" (plural em latim: *hermeneutica*) implicava reflexões teóricas sobre o significado, diferentemente da "exegese", uma arte onde as regras detectadas na hermenêutica eram aplicadas na prática. Entendido desta maneira, a "ciência" da hermenêutica era comumente dividida em três áreas: (1) noemática, que lidava com os vários sentidos da Escritura; (2) heurística, que explicava como descobrir o sentido de uma passagem; (3) proforística, que oferecia regras para se expor o sentido de uma passagem da Escritura a outros. Estas divisões são consideradas rígidas e demasiado especulativas e raramente são usadas hoje. Entretanto, a discussão acerca da hermenêutica continua difícil visto que ela implica a filosofia do ser, a psicologia da linguagem e, às vezes, a sociologia. Em particular, há uma tendência desconcertante a atribuir nuanças novas e altamente especializadas aos termos (*p.ex.*, a imaginação, metonímia, mito, metáfora, narrativa) e a distinguir com precisão entre termos que são comumente considerados sinônimos (*p.ex.*, entre interpretação e hermenêutica, fala e linguagem, sinal e símbolo, autor e narrador). Até mesmo os especialistas nem sempre concordam entre si acerca do significado particular destes termos, e a maioria dos leitores não os entenderia sem explicações técnicas. Exceto quando indicado de outra forma, por causa da inteligibilidade, estes termos são usados aqui em seu sentido que se encontra no dicionário, e não no sentido esotérico proposto por especialistas em hermenêutica – uma decisão difícil que de modo algum rejeita a necessidade da crítica literária e retórica de desenvolver seu próprio vocabulário.

5 (II) Observações gerais. Embora estejamos interessados com o significado dos *textos* bíblicos escritos, é importante compreender que inicialmente nem Israel nem a comunidade cristã eram uma "religião do livro". Um conjunto de experiências consideradas como uma libertação divina do Egito, a eleição de um povo, a formação de uma aliança e a promessa de uma terra deram identidade a Israel antes que houvesse relatos escritos que se tornaram a Torá ou o Pentateuco. Uma comunidade veio a crer na presença e ação escatológica de Deus em Jesus antes que houvessem os evangelhos escritos. (Para ser preciso, os protojudeus cristãos estavam em uma posição intermediária: mesmo antes de eles terem circulado de modo amplo escritos de sua própria composição, a tarefa de relacionar Jesus aos escritos já aceitos em Israel [mais tarde chamados de AT] era uma questão hermenêutica importante. De modo significativo, ao enfrentar este problema, eles não escreveram comentários detalhados sobre os livros do AT [do modo como fizeram os sectários dos Manuscritos do Mar Morto; → Apócrifos, 67:89], aplicando-os a Jesus; antes, descreveram e proclamaram Jesus na terminologia e nas imagens extraídas do AT. Embora houvesse uma mutualidade, Jesus era visto como a chave para se entender o "livro", e não o "livro" como a chave para entender Jesus; → 33 *abaixo*.). Quando os "livros" que descrevem a experiência religiosa passaram a existir, alguns deles rapidamente se tornaram um fator altamente formativo na vida, prática e pensamento de Israel e da igreja, respectivamente. Observe a palavra "alguns", pois certos escritos alcançaram o *status* de sagrados como testemunhas da revelação mais rapidamente do que outros – a lei e os profetas em Israel, e os escritos paulinos e os evangelhos individuais no cristianismo – parte de um processo de definição do cânone que se estendeu por séculos. No cristianismo, uma "regra de fé" (não escrita, mas também não independente das Escrituras aceitas por primeiro) às vezes julgava quais obras seriam aceitas como Escritura. Após o séc. IV e um cânone neotestamentário relativamente finalizado, a Bíblia cristã escrita alcançou um novo *status* quanto à autoridade para a fé da igreja. Mesmo assim pode-se sustentar que a hermenêutica do "livro" nunca se tornou tão diretamente determinante antes de 1500 quanto o foi após a Reforma, ou especialmente como ela se tornou nos últimos séculos nas correntes fundamentalistas do protestantismo norte-americano.

6 Diversos outros fatores complicam a hermenêutica aplicada à Bíblia. Um evangelho canônico é uma apresentação autoritativa de Jesus a uma comunidade cristã e (por meio do cânone) a toda a igreja. Todavia, em um outro sentido, a autoridade da apresentação escrita nunca substituiu totalmente a autoridade do próprio Jesus, ainda que ele só seja, em grande parte, cognoscível por meio de tais escritos. O estágio escrito do testemunho cristão não dispensa o estágio pré-escrito. Além disso, embora enfatizemos abaixo a importância duradoura do que o livro bíblico transmitiu quando foi escrito inicialmente, um elemento na crítica literária moderna (→ 63 *abaixo*) enfatiza que um texto, uma vez escrito, assume vida própria e pode comunicar significado ou ter importância além da intenção original do autor. Assim, há um estágio pós-escrito que também não pode ser negligenciado.

7 Talvez uma complicação singular na hermenêutica bíblica seja a crença de que a Bíblia teve uma autoria divina assim como uma autoria humana, de modo que as Escrituras escritas são a palavra de Deus. Isto está relacionado ao conceito de inspiração (→ Inspiração, 65:67-69). Às vezes isto é entendido de maneira simplista como se Deus falasse ou ditasse as palavras que as pessoas escreveram. A fala, contudo, é um meio de comunicação *humano*, e assim as palavras da Escritura foram escolhidas e escritas por seres humanos; é melhor ver a contribuição divina em termos da comunicação autorreveladora que se expressa nessas palavras. (Isto tem sido descrito como "palavra de Deus nas palavras de homens", mas se "palavra" for entendida de maneira adequada, "palavra de Deus" descreve tanto o componente humano quanto o divino.). Deus como autor da Escritura pode ser entendido em termos da *autoridade* que dá origem aos livros bíblicos, e não no sentido de autor *que escreve.*

8 A hermenêutica é ativamente discutida hoje, com uma concomitante profusão de literatura nova. A tentativa de fazer justiça elementar a questões atuais num espaço restrito faz este artigo no Novo Comentário Bíblico São Jerônimo omitir ou reduzir drasticamente questões que precisavam ser enfatizadas quando o Comentário Bíblico São Jerônimo foi escrito (*JBC* 71:54-79; 93-99). Um modo de tratar da hermenêutica bíblica seria por meio da exposição das diferentes *formas de pesquisa* empregadas na busca do significado das Escrituras, *i.e.*, as "críticas": crítica textual, crítica histórica, crítica das fontes, crítica das formas, crítica da redação, crítica canônica, crítica dos destinatários, crítica sociológica, crítica literária, crítica da estrutura (estruturalismo, semiótica), crítica narrativa, crítica retórica, etc. Contudo, estas abordagens nem sempre são entendidas do mesmo modo, e tradicionalmente a discussão se concentra nos *sentidos* descobertos pelas "críticas", que podem, por razões de conveniência, ser divididas em literal e supraliteral.

O SENTIDO LITERAL DA ESCRITURA

9 **(I) Definição.** Como o termo era usado na Idade Média (Tomás de Aquino, *Quodl.* 7, q.6, a.14), o *sensus litteralis* era o significado transmitido pelas palavras (*litterae* ou *verba*) da Escritura, diferentemente do sentido contido nas "coisas" da Escritura (o *sensus spiritualis* ou sentido típico que flui da *res* [literalmente: coisa]; → 47 *abaixo*). Os primeiros escritores da igreja muitas vezes não estavam excessivamente conscientes do autor humano ou preocupados com a intenção consciente desse autor; assim, eles designavam como "literal" tudo que as palavras pareciam transmitir. Por outro lado, isto criou uma famosa confusão terminológica acerca do metafórico: se Cristo fosse designado "leão de Judá", para eles o sentido literal seria que ele era um animal, o que explica a rejeição ocasional do sentido literal da Escritura. Por outro lado, os escritores da igreja interpretavam o sentido literal da Bíblia com grande liberdade,

pois não tinham de justificar uma correspondência entre o significado que eles encontravam no texto e a intenção original do autor. Esta última perspectiva se reflete na reação sofisticada de alguns críticos literários modernos contra a busca histórico-crítica da intenção do autor, que consideram incognoscível. Para eles, "literal" se refere ao sentido percebido na leitura, visto que o significado flui do diálogo entre o texto e o leitor. Sem denegrir as contínuas possibilidades interpretativas do texto bíblico (que alguns críticos literários designam, de modo menos confuso, como "literário" em vez de "literal"), muitos exegetas, se podemos julgar a partir dos comentários sobre a Escritura, estariam trabalhando com uma definição do sentido literal muito parecida com a seguinte: *o sentido que o autor humano pretendeu diretamente e que as palavras escritas comunicavam.* O advérbio "diretamente" distingue este sentido das ramificações que as palavras do autor humano podem ter tomado posteriormente (no contexto mais amplo da Bíblia ou quando lidas em outras situações e ocasiões), mas das quais o autor não estava ciente. Dois elementos na definição, "autor" e "comunicado por palavras", necessitam de uma qualificação cuidadosa para mantermos aberta a comunicação entre os críticos históricos e os críticos literários.

10 *Autor.* O entendimento de autor na Antiguidade era mais amplo do que a concepção popular moderna de escritor. Com referência aos livros bíblicos, por exemplo, a designação "autor" abrange pelo menos cinco relações diferentes entre a pessoa cujo nome está ligado a um livro e a obra atribuída a esta pessoa (→ Canonicidade, 66:89). Pelos padrões modernos, a maior parte dos livros bíblicos são anônimos ou pseudônimos, sendo que muitos deles são o produto de um desenvolvimento complexo e uma contribuição coletiva. Nenhum dos escritores dos evangelhos canônicos identifica a si mesmo pelo nome. (O uso do pronome masculino para se referir aos escritores bíblicos finais não precisa representar um uso descuidado da linguagem sexista ou um preconceito consciente; nós carecemos de provas internas e externas que constitua um argumento convincente de que qualquer um dos autores bíblicos fosse mulher. – REB) Apesar de todas estas complicações, a referência à intenção do autor na definição reafirma que as pessoas que produziram os livros bíblicos tinham, em sua época, uma mensagem para transmitir a seus leitores e que é importante ter esta mensagem em mente quando lemos os textos e perguntamos o que eles significam para nós agora. *O que o texto significa agora* poderá ser mais abundante, mas deveria ter alguma relação com o que *o texto significou* para os primeiros leitores. A busca implícita na definição se harmoniza com a declaração de Pio XII na *DAS [Divino Afflante Spiritu]* (*EB* 550): "Que os intérpretes tenham em mente que seu primeiro e maior esforço deveria ser discernir e definir claramente o sentido das palavras bíblicas que é chamado de literal [...] de modo que a intenção do autor se torne clara."

11 Podemos rejeitar o ceticismo sistemático dos críticos literários acerca de jamais conhecer a intenção de um autor não presente (veja E. D. Hirsch, *Validity in Interpretation* [New Haven, 1967], que sustenta que uma acusação de "falácia intencional" é ela mesma uma falácia). Todavia, o bom senso sugere que nossos esforços nesta direção serão dificultados por nossa distância de livros escritos de 3000 a 1.900 anos atrás em línguas antigas, conhecidas agora apenas de modo imperfeito, em concepções de mundo significativamente diferente das nossas, e frequentemente em contexto psicológicos estranhos a nós. Parte da tarefa da pesquisa crítica é tornar não apenas o leitor, mas também o comentarista consciente das diferenças. (Até mesmo comentaristas perspicazes podem inconscientemente moldar os autores bíblicos à imagem da pesquisa moderna, por não apreciar suficientemente, por exemplo, o contexto menos rígido da tradição oral e da lembrança ou por impor abordagens teológicas e antropológicas organizadas a pensadores bíblicos não sistemáticos como Paulo.). Um debate inteligente se concentra em como aplicar o termo "autor" na discussão de livros onde duas figuras, o escritor substancial e o editor/redator, estavam separados por considerável distância de tempo e/ou perspectiva. Durante o "período bíblico" de composição (mais ou menos até 150 d.C.), frequentemente encontramos um trabalho redacional considerável de obras escritas anteriormente. A composição do livro de Isaías cobriu um espaço de pelo menos 200 anos (→ Deuteroisaías, 21:2-3); não apenas foram acrescentadas novas seções às partes originais que vieram do tempo de vida de Isaías, mas também alguns acréscimos resultaram numa modificação do significado do original. Os últimos versículos de Amós talvez sejam um acréscimo; eles dão uma conclusão otimista ao livro de resto pessimista (Am 13,24). Em casos como este, a busca pelo sentido literal inclui tanto o sentido que as partes tinham originalmente antes da editoração quanto o sentido do livro após a editoração (→ 28 *abaixo*).

12 *Comunicado por meio de palavras escritas.* Esta parte da definição do sentido literal dá prioridade ao texto, pois a intenção do autor não se torna um sentido da Escritura até que seja efetivamente comunicada por escrito. (A distinção entre o universo de pensamento do autor e a mensagem que ele transmite em forma escrita é importante na discussão dos limites da inerrância bíblica.). Em particular, deve-se observar que, embora o que o próprio Jesus pretendeu por meio de suas palavras seja importante, a intenção não é em si um sentido da *Escritura*, pois Jesus não foi escritor de evangelho. De fato, visto que na maioria das vezes não sabemos o contexto em que Jesus realmente disse suas palavras, talvez seja impossível dizer exatamente o que as palavras significavam quando foram ditas pela primeira vez. O sentido literal de uma passagem de um dos evangelhos é o significado atribuído às palavras de Jesus pelo respectivo evangelista, o que quer dizer que as mesmas palavras podem ter significados diferentes de acordo com os contextos diferentes em que os evangelistas as colocaram (→ Pensamento do NT, 81:79). Na interpretação dos evangelistas temos entendimentos das palavras de Jesus que o Espírito Santo inspirou para a igreja – uma inspiração que assegura aos crentes de que mesmo quando os evangelistas vão além do ensino do próprio Jesus, eles não distorceram gravemente a Jesus.

13 Implícita na noção de "comunicado por palavras escritas" está a compreensão dos ouvintes/leitores visados pelo autor. A reflexão sobre este fator poderá conter propostas demasiado imaginosas acerca do que o autor quis dizer. As interpretações baseadas em relações refinadas entre palavras e passagens bíblicas amplamente dispersas (detectadas por meio de concordâncias) têm de ser julgadas levando em conta se o autor antigo poderia ter esperado que seus ouvintes/leitores, que não tinham concordância, fizessem as devidas conexões. Um debate quanto a se o véu rasgado em Mc 15,38 era o véu exterior ou interior do santo dos santos do Templo pode ser iluminado perguntando acerca da composição do público de Marcos, a quem ele tinha de explicar costumes judaicos simples de purificação (7,3). Marcos teria esperado que ouvintes/leitores como estes soubessem que havia dois véus ou onde eles estavam colocados?

14 **(II) Problemas gerais na determinação do sentido literal.** Não enfatizaremos aqui as regras usuais para se determinar o sentido de qualquer autor e livro (tradução correta de palavras; atenção à estrutura de frases e períodos; contexto; estilo e uso peculiar; etc.). Antes, nos preocuparemos com algumas questões gerais na abordagem da Bíblia, questões que refletem tanto a situação religiosa quanto a da pesquisa atual.

(A) Atitudes diferentes para a exegese. Um entusiasmo que impulsiona todos à leitura, ao conhecimento e ao entendimento das Escrituras pode rapidamente tropeçar no fato incontornável de que determinar o que um autor antigo quis dizer frequentemente não é uma tarefa simples. Embora o sentido literal seja, às vezes, chamado de sentido evidente, ele talvez só se torne evidente após grande esforço. As tabelas do mercado de ações nos jornais são lucidamente claras, mas somente para as pessoas que fizeram o esforço de aprender a lê-las. Pode-se pensar que uma Bíblia milenar seja mais fácil de ler do que o jornal publicado esta manhã? Como Pio XII reconheceu em *DAS* (*EB* 35-36), "o sentido literal de uma passagem nem sempre é tão óbvio nos discursos e escritos dos autores antigos do Oriente quanto é nas obras de nossa própria época". Tentativas de minimizar ou evitar os passos necessários implicados nisso produzirão confusão fundamentalista. Entretanto, a leitura proveitosa das Escrituras não precisa se tornar um privilégio elitista para pessoas de letras. Ao se considerar este impasse, deve-se dar o devido respeito às diferentes expectativas proporcionais às diferentes capacidades dos leitores. Deixemos de lado as exigências universitárias formais para o estudo da Bíblia em nível de pós-graduação por parte de futuros professores que formarão mestres e clérigos, e concentremo-nos em dois importantes grupos de estudantes e leitores da Bíblia: profissionais e os leitores comuns.

15 *Leitores profissionais*. As pessoas que pregarão e ensinarão (clérigos, catequistas, dirigentes de grupos de estudo bíblico) – aquelas cujo conhecimento da Bíblia pode afetar de maneira notável a maneira como comunicam a palavra de Deus a outras têm de fazer esforços realistas para compreender o que os autores da Escritura estavam tentando comunicar. De outra forma elas imporão aos autores ideias e concepções crassamente anacrônicas. (A questão aqui não é a validade de um sentido mais que literal ou supraliteral, mas evitar um literalismo simplista que apresenta impressões superficiais como o sentido literal, *p.ex.*, quando se supõe que uma teoria antievolucionista pseudocientífica se conforme às intenções do autor de Gênesis, o qual de fato não tinha um conhecimento cosmológico científico e cuja concepção da criação era tão simbólica que seria igualmente estranha aos evolucionistas e aos não evolucionistas.). Extremamente útil para s pessoas que necessitam de um grau de conhecimento profissional são informações auxiliares básicas acerca da geografia bíblica, da arqueologia bíblica e da transmissão dos textos bíblicos. Dois auxílios são especialmente importantes: história e língua.

Conhecimento da história da era bíblica. O relato da ação de Deus na história de um povo particular é em grande parte ininteligível quando isolado da história do Oriente Próximo. Procurar divorciar a ação de Deus desta história e torná-la atemporal é distorcer uma mensagem fundamental da Bíblia, a saber, que Deus age apenas em circunstâncias e épocas concretas (tais como as suas e as minhas). O que estamos dizendo aqui é particularmente aplicável aos livros históricos e proféticos do AT, que representam basicamente dois terços da Bíblia. Muitos estudantes, que relutam em se familiarizar com datas e eventos de civilizações há muito inexistentes perdem, devido à falta de interesse na história da Antiguidade, a riqueza de algumas das mais significativas seções da Bíblia (→ Pensamento do AT, 77:104, 112). Talvez uma parte deste conhecimento da Antiguidade possa se tornar mais palatável ao gosto moderno quando um aspecto sociológico necessário é acrescentado a ele – a necessidade de se conhecer não apenas as cortes reais, a política internacional e as guerras, mas também a própria estrutura da vida das pessoas envolvidas no relato bíblico. Têm sido frequentes, na última terça parte do séc. XX, os estudos sociológicos da Bíblia. Os pesquisadores reivindicam reconhecer na história israelita aspectos de lutas sociais conhecidas em nosso próprio tempo, *p.ex.*, uma revolta camponesa para obter direitos à terra (→ Crítica do AT, 69:73-76). O cristianismo do NT, alienado da sociedade política e religiosa de sua época, foi estudado à luz da alienação dos sectários modernos (→ Crítica do NT, 70:82). Embora, às vezes, esta análise sociológica seja exagerada, ela ajuda a sublinhar de um modo claramente pertinente a importância de entender a era bíblica em todos os seus aspectos.

16 Um outro auxílio importante é o *conhecimento das línguas bíblicas*. Somente uma pequena porcentagem das pessoas que estudam a Bíblia pode ser perita em hebraico, aramaico e grego; todavia, alguma familiaridade com a estrutura e o padrão de pensamento destas línguas é essencial para um tipo profissional de conhecimento bíblico. Uma exigência como esta faz, novamente, parte do reconhecimento de que Deus agiu em tempos e lugares particulares – sua mensagem teria assumido uma forma e nuança diferente se tivesse sido expressa em outras línguas. A menos que se tenha alguma ideia da flexibilidade dos "tempos verbais" em hebraico, tem-se dificuldade de entender as designações indefinidas de tempo nas palavras dos profetas, *i.e.*, uma falta de precisão temporal que abre estas profecias para um cumprimento no futuro bem como no presente. Algumas das palavras básicas do vocabulário da teologia bíblica desafiam uma tradução adequada, *p.ex.*, *ḥesed* (bondade, misericórdia pactual) no AT, *alētheia* (verdade) no NT; as traduções modernas captam apenas uma parte de uma conotação mais ampla. Os frequentes jogos de palavras em torno de palavras com sons semelhantes, na poesia do AT, e em torno de palavras de raiz semelhante, no grego do NT, perdem-se para o estudante que não tem interesse nas línguas bíblicas. Tendo o português como a única ferramenta linguística, é possível ter um bom conhecimento das Escrituras, mas dificilmente um conhecimento profissional delas.

17 *Leitores comuns*. As pessoas que não serão chamadas para pregar ou para ensinar a Bíblia, mas que desejam compreender sua mensagem para sua própria vida e para alimentar a fé que compartilham com outras, também serão conclamadas a fazer algum esforço em sua leitura. A religião judaico-cristã se baseia em uma crença de que Deus se comunicou com os seres humanos e que a Bíblia é um veículo privilegiado desta comunicação (veja o folheto "How to Read the Bible Prayerfully", de S. M. Schneiders [Collegeville, 1984]). A comunicação bíblica implica mais que uma compreensão do sentido literal, pois estudiosos eruditos, que são otimamente equipados para determinar o que um autor bíblico quis dizer em sua época, talvez não tenham nenhuma apreciação religiosa por aquilo que o texto pode significar para sua vida. Além disto, porções consideráveis da Escritura são facilmente inteligíveis para todas as pessoas porque expressam sentimentos universais, *p.ex.*, alguns dos Salmos e algumas histórias simples de Jesus. Consolo e discernimento espirituais podem ser extraídos da Bíblia por pessoas que não têm qualquer conhecimento técnico; sua apreciação talvez se baseie na experiência compartilhada com o que a Bíblia narra. Para o judeu ou cristão comum, inteligente, contudo, a leitura das Escrituras deveria envolver um componente de compreensão daquilo que o autor original quis dizer, visto que a mensagem que ele dirigiu a sua época certamente faz parte da comunicação inspirada de Deus. O dever primordial do autor humano era ser inteligível em sua própria época, escrevendo numa língua e numa cultura muito distante de nossas próprias. O que ele escreveu comunica significado para nós hoje, mas ele não antevia nossas circunstâncias nem escreveu para nós em nossa época. Num esforço para extrair de seu texto uma mensagem para nossas circunstâncias, há sempre o seguinte problema: nós alcançamos a verdadeira comunicação ou apenas uma ilusão na qual impomos ao texto aquilo que queremos encontrar ("eisegese")?

Uma salvaguarda importante consiste em estabelecer um relacionamento inteligível entre o que o autor quis dizer e o que o texto parece significar agora – um relacionamento que é, às vezes, de tensão ou de correção. O sentido literal constitui um lado deste relacionamento, e as informações básicas que capacitam o leitor comum a perceber este sentido não é difícil de adquirir, uma vez que os estudiosos escrevem e dão palestras a fim de tornar concepções comumente aceitas disponíveis ao público em geral.

18 Existe, contudo uma propensão oculta de oposição à sugestão de que os leitores comuns deveriam ou precisam fazer um esforço para adquirir informações a fim de se beneficiar plenamente da Bíblia. Por um lado, esta propensão oculta talvez reflita uma atitude simplista acerca das dificuldades da pesquisa. Pode-se encontrar a sugestão de que se os estudiosos fossem cooperativos, eles tornariam o processo de leitura algo sem esforço traduzindo as Escrituras para uma linguagem que seja prontamente inteligível para o "homem comum". Mencionaremos *abaixo* (→ 54) a questão da demitologização e o desejo legitimo de interpretar a Escritura de modo que sua formulação não seja um obstáculo. As traduções da Bíblia para um Português verdadeiramente contemporâneo podem, até certo ponto, oferecer-nos o equivalente das ideias bíblicas e facilitar o entendimento. Mas boa parte das imagens bíblicas não podem ser modernizadas; e se puderem ser interpretadas, elas não podem ser dispensadas, pois são parte integrante da mensagem bíblica, *p.ex.*, o simbolismo do Apocalipse. O caráter estranho da apresentação é uma exteriorização do caráter estranho da mensagem bíblica, que deveria ser um desafio e exigir esforço para apropriar-se dela. A diferença entre a cosmovisão do autor bíblico e a nossa própria deve implica levar os leitores modernos a entender a mentalidade antiga de modo que possam compreender tanto a mensagem quanto a modalidade que aquela mentalidade deu à mensagem.

19 Uma suposição mais frequente por trás da tese da ausência de esforço na leitura da Escritura implica a atividade de Deus. Se ele teve um papel orientador na composição da Escritura, assegurará que ela seja significativa para todo leitor interessado. Afinal de contas, se as pessoas simples, embora alfabetizadas, do passado podiam ler e amar a Escritura, por que as pessoas sem formação na Escritura não podem fazer o mesmo hoje? Todavia, é a assistência de Deus uma panaceia para as diferentes circunstâncias das pessoas? Há uma diferença entre as gerações passadas que frequentemente tinham pouca educação em qualquer campo e uma geração atual que tem educação (primária ou secundária), mas não no campo da religião ou da Escritura. A partir de sua educação geral as pessoas, consciente ou inconscientemente, trazem para a Bíblia questões que não poderiam ter ocorrido às gerações passadas. Por exemplo, ninguém que, tendo estudado os livros textos do ensino fundamental, pode ler os primeiros capítulos de Gênesis sem se perguntar se o mundo realmente foi criado em seis dias. Informações bíblicas são necessárias para distinguir entre o ensinamento religioso de Gênesis acerca da criação e a perspectiva pré-científica ingênua do autor. De modo geral, a fim de ler a Bíblia com compreensão apropriada, a formação bíblica da pessoa deveria ser proporcional a sua formação geral; então ela pode lidar com problemas que surgem desta educação geral. Um padrão como este sugere que a semente que é a palavra de Deus não produz abundantemente, mesmo num solo bom, sem um cultivo paciente e generoso (Lc 8,11.15).

20 (B) A questão da relevância. A ideia de que a Bíblia é um "clássico", ainda que exagerada, significa que, pelo reconhecimento comum, ela possui uma relevância em parte independente do leitor individual. Sua verdade ou beleza a torna capaz de falar a pessoas em todas as épocas e culturas. (Quanto à questão do "clássico", veja D. Tracy, *The Analogical Imagination*

[New York, 1981]; K. Stendahl, *JBL* 103 [1984] 3-10.). As pessoas leem a Bíblia com um propósito; e, quer admitam ou não, os exegetas interpretam a Bíblia com um propósito. Uma pequena porcentagem pode estar preocupada com a Bíblia por causa da apreciação literária, ou por causa das informações sobre a histórica antiga, ou como parte do estudo comparado das religiões. A grande maioria (mesmo em cursos universitários de ciência das religiões "neutros") se aproximam da Bíblia porque supõe que ela tenha importância religiosa para a vida. A exegese crítica, especialmente nos sécs. XVII e XVIII, originou-se no antagonismo a uma teologia dogmática que impunha questões doutrinárias posteriores aos textos bíblicos. Desenvolveu-se um ideal exagerado de uma busca pela verdade objetiva, excluindo a questão da relevância religiosa. (Observe, contudo, que a exegese histórico-crítica *não* encontrou aceitação desta forma no catolicismo romano do séc. XX; ela foi incentivada por papas [→ Pronunciamentos da Igreja, 72:6-9] e não estava marcada por um desejo de se libertar da orientação dogmática e eclesiástica.). Esta exclusão frustrou os interesses religiosos das pessoas que procuravam ajuda acadêmica, produzindo assim a acusação de irrelevância – uma acusação muitas vezes exagerada, completamente falsa em relação à a exegese católica romana que se desenvolveu após o Vaticano II, e crescentemente não mais verdadeira em relação à exegese em geral. A busca do sentido literal tem uma tendência descritiva, mas é inteiramente apropriado que a busca seja sensível e relevante em termos religiosos. O sentido literal tinha um forte propósito religioso na época do próprio autor, e o dinamismo da Bíblia implica uma relevância religiosa contínua. É importante distinguir entre o que uma passagem bíblica significou e o que ela significa, mas estes significados não são totalmente separáveis ou sem relação.

21 Entretanto, existem problemas acerca do alcance e do caráter imediato da relevância. Em certo sentido, tudo na Bíblia pode ser importante e relevante para alguém e para algum propósito. A frustração ocorre quando os professores julgam mal o que é apropriado à vocação e ao interesse dos estudantes, gastando tempo indevido em questões especializadas mais apropriadas à pesquisa avançada. Mais frequentemente, os alunos numa busca por aplicabilidade instantânea não podem reconhecer o que necessitarão em termos de conhecimento bíblico para a utilidade de longo prazo. Examinar o texto da Escritura na exegese não é tão instantaneamente gratificante quanto receber os resultados sintetizados em termos de temas bíblicos. Interesses especializados por parte das pessoas que estudam a Bíblia são inteiramente apropriados, a menos que se reivindique que um interesse particular deveria ser a ótica primordial e não secundária, de modo que o estudo bíblico geral seja considerado irrelevante a menos que corresponda a este interesse. Os autores bíblicos não escreveram para o teólogo, o pregador ou o asceta. O testemunho da revelação de Deus que eles deram não é um compêndio conveniente para nossos propósitos; é uma biblioteca de livros que lidam com as relações entre Deus e os seres humanos na escala vida em si. Em particular, o escopo do AT coloca em relação com Deus não apenas os aspectos espirituais e teológicos da vida, mas também os seculares (→ Livros sapienciais, 27:5-6ss.; → Cântico dos Cânticos, 29:5-8), os sórdidos (guerra, depravação) e os monótonos (história política, governantes ineptos, sacerdotes cansados). Selecionar desta totalidade somente o que nos parece religiosa e espiritualmente útil pode privar a Escritura da possibilidade de corrigir atitudes distorcidas acerca da religião, inclusive a incapacidade de entender que Deus age na história comum por meio de pessoas ambíguas. Podemos reconhecer quão tendenciosas foram gerações passadas na leitura da Escritura e como a distorceram segundo seus próprios propósitos. Precisamos ser cuidadosos para que a busca da relevância instantânea não canonize nossos vieses que não podemos reconhecer. Transmitir à próxima geração somente o que nós não achamos relevante na Escritura talvez seja censurar a Escritura, pois justamente o que nós não achamos relevante para nossa época poderá ser a principal palavra de Deus para uma outra geração.

22 Na história da interpretação bíblica na Igreja Católica, cada vez que houve um movimento que colocava a ênfase na primazia da exegese literal (*p.ex.*, Jerônimo, a Escola de São Victor na Idade Média, Richard Simon), este movimento foi rapidamente absorvido por um mais atraente que enfatizava os aspectos teológicos ou espirituais da Escritura a ponto de quase excluir a exegese literal. E assim, a exegese espiritual de Orígenes venceu a exegese literal de Jerônimo por meio dos esforços de Agostinho; a exegese praticada em São Victor foi absorvida pelo uso teológico e filosófico da Escritura na escolástica posterior; Bossuet e Pascal ofuscaram R. Simon em termos de influência popular (→ Crítica do AT, 69:6). Em parte esta história pode advertir-nos de que a exegese literal deve ser cuidadosa a fim de ser relevante em sentido religioso e não apenas informativa numa escala antiquária. Mas também deveria advertir-nos de que é o dever das pessoas que ensinam e estudam as Escrituras não se deixar desencaminhar para caminhos mais fáceis que, no final das contas, as afastarão do texto bíblico com todas as suas complexidades. A encíclica *DAS*, confirmada pelo Vaticano II, tornou pela primeira vez em séculos uma busca minuciosa do sentido literal uma possibilidade real para os católicos (→ Pronunciamentos da Igreja, 72:21, 29). Resta ver se esta oportunidade será aproveitada ou perdida.

23 **(C) A determinação do gênero literário.** Na busca pelo sentido literal de qualquer escrito, é importante determinar a forma literária que o autor empregou. Numa biblioteca moderna os livros são classificados de acordo com o tipo de literatura: ficção, poesia, história, biografia, drama, etc. Frequentemente a classificação para livros individuais é indicada pela sobrecapa. O termo "classificação" não deveria ser desorientador, pois o problema (e isto se aplica a *tudo o que o segue*) não é meramente taxonômico: aproximamo-nos das formas de literatura com expectativas diferentes e nos beneficiamos delas de formas diferentes. Uma história e um romance podem tratar do mesmo personagem ou evento, mas nós esperamos diferentes graus do fato e da ficção a partir deles, enquanto que em relação à poesia a questão do fato e da ficção é irrelevante. No entanto, todos os três podem comunicar a verdade, e às vezes um transmite ou comunica uma verdade que os outros não conseguem.

Há um sentido canônico no qual a Bíblia como um todo é um único livro (→ 73 *abaixo*), mas em termos de origem ela é uma biblioteca (→ Pronunciamentos da Igreja, 72:40) – a biblioteca do Israel antigo e da igreja cristã do séc. I. Esta biblioteca tem toda a diversidade que esperaríamos na produção literária de uma cultura articulada que atravessou quase 2000 anos. Na Bíblia, a biblioteca de livros foi reunida em um só volume, sem a vantagem da sobrecapa. Deve haver um esforço sério para classificá-los de acordo com o tipo de literatura que representam. Isto é o que se quer dizer com determinar a forma literária (*genus litterarium* [gênero literário, em latim]) que o autor empregou. A encíclica *DAS* e o Vaticano II fizeram desta abordagem um imperativo para todos os estudantes católicos sérios da Bíblia (→ Pronunciamentos da Igreja, 72:14,22), de modo que a primeira pergunta a ser feita ao se abrir qualquer parte da Bíblia é: que tipo de literatura temos aqui? Esta ênfase na forma literária é um ramo do desenvolvimento alemão da crítica das formas ou *Formgeschichte* [em alemão] (→ Crítica do NT, 70:42-45; → Crítica do AT, 69:38). A crítica das formas clássica estava preocupada primordialmente com as subseções que entraram na composição de um livro bíblico individual; aqui damos atenção primordial à forma literária do livro todo.

(BERGER, K., *Formgeschichte des Neuen Testaments* [Heidelberg, 1984; em português: *Formas literárias do Novo Testamento*, Edições Loyola, 2002]. HAYES, J. H. [ed.], *Old Testament Form Criticism* [San Antonio, 1974]. McKNIGHT, E. V., *What Is Form Criticism?* [Philadelphia, 1969]. REDLICH, E. B., *Form Criticism* [London, 1939]. TUCKER, G. M., *Form Criticism of the Old Testament* [Philadelphia, 1971].)

24 Certamente, num sentido amplo, a determinação da forma literária é um princípio reconhecido implicitamente desde um período mais antigo. Desde a época do rabino Gamaliel II (final do séc. I d.C.) os judeus classificam os livros do AT como Torá, Profetas e Escritos (→ Canonicidade, 66:22,29); e a divisão cristã destes livros em Pentateuco, históricos, proféticos e sapienciais está ainda mais próxima de uma distinção de tipos literários. Somente nos tempos modernos, contudo, com a descoberta de literaturas de povos contemporâneos a Israel, demo-nos conta de quantos tipos de literatura eram correntes na Antiguidade. Sem tentar ser exaustivos, ilustremos isto a partir do AT, que é uma biblioteca mais variada que o NT. Existem muitas variedades de poesia no AT: a poesia épica subjaz a algumas das narrativas no Pentateuco e em Josué; a poesia lírica se encontra em Salmos e Cantares; a poesia didática se encontra em Provérbios, Eclesiástico e Sabedoria; elementos de drama se encontram em Jó. Dentro dos livros proféticos existe tanto profecia como apocalíptica (→ Apocalíptica do AT, 19:5-18). Não existe uma única forma de história no AT, mas muitas: uma análise factual, penetrante, aparentemente por uma testemunha ocular, na história da corte de Davi (2Sm 11-1Rs 2); registros palacianos estilizados e abreviados em Reis e Crônicas; história épica romantizada e simplificada da saga nacional em Êxodo; contos sobre heróis tribais em Juízes; histórias de grandes homens e mulheres do passado nos relatos sobre os patriarcas. Há até mesmo pré-história nas narrativas de Gênesis sobre a origem da humanidade e do mal, narrativas que tomaram emprestadas lendas de coletâneas de outras nações e as transformaram em veículos da teologia monoteísta (→ Gênesis, 2:10-13). Além disso, há contos fictícios, parábolas, alegorias, provérbios, máximas, histórias de amor, etc. A combinação de formas literárias em um único livro complexo pode ser um fator transformador na interpretação.

25 Uma vez que os leitores tenham determinado a forma literária de qualquer livro ou passagem bíblica, padrões aplicáveis a esta forma ajudam a esclarecer o que o autor quis dizer, *i.e.*, o sentido literal. Se Jonas é uma parábola fictícia, o leitor deveria reconhecer que o autor *não* está oferecendo uma história das relações de Israel com a Assíria e *não* está apresentando a história de um profeta no ventre de uma baleia como um acontecimento factual; antes, o autor comunica, de um modo imaginativo, uma verdade profunda acerca do amor de Deus para com as nações gentílicas. Se a afirmação segundo a qual o sol parou em Js 10,13 vem de um fragmento de uma descrição altamente poética num cântico de vitória, os leitores o julgarão à luz da licença poética e não segundo as regras da história em sentido rigorosos. Se as narrativas de Sansão são contos folclóricos, os leitores não darão a elas a mesma credencial histórica atribuída à história da corte de Davi. Muitas dificuldades passadas acerca da Bíblia ocorreram porque se deixou de reconhecer a diversidade das formas literárias que ela contém e por causa da tendência de interpretar erroneamente como história científica partes da Bíblia que não são históricas ou são históricas apenas num sentido mais popular. Tomamos exemplos do AT, mas o mesmo problema existe no NT. Os evangelhos não são biografias históricas de Jesus no sentido científico, mas relatos escritos da pregação e do ensino da protoigreja acerca de Jesus, e sua precisão deve ser julgada de acordo com os padrões de pregação e ensino

(→ Pronunciamentos da Igreja, 72:35). As narrativas da infância de Jesus podem diferir quanto à forma literária do restante de Mateus e Lucas.

26 Esta abordagem da exegese baseada na descoberta do tipo de literatura implicado está sujeita a duas concepções errôneas comuns. Primeira, alguns conservadores consideram a busca pela forma literária como uma tentativa de evitar a historicidade das passagens bíblicas, e, portanto, acham perigoso aplicar a teoria das formas literárias aos trechos mais sagrados da Bíblia. Mas cada trecho escrito pode ser classificado como pertencente a um tipo de literatura ou outro. História factual é um tipo de literatura; ficção é um outro tipo; ambos existem na Bíblia, como também quase todos os tipos literários intermediários entre os dois extremos. Se alguém classifica corretamente uma determinada parte da Bíblia como ficção, essa pessoa não está destruindo a historicidade desta seção, pois ela nunca foi história; ela simplesmente está reconhecendo a intenção do autor ao escrever esta seção. A segunda concepção errônea diz respeito à relação da inspiração com a diversidade das formas literárias bíblicas. Há uma sensação de que de algum modo o reconhecimento de que certas partes da Bíblia foram escritas como ficção debilita ou contesta sua inspiração. A encíclica *DAS* (*EB* 559) oferece uma resposta: Deus poderia inspirar qualquer tipo de literatura que não fosse indigna ou enganosa, *i.e.*, contrária a sua santidade e verdade (*p.ex.*, pornografia, mentiras). A ficção bíblica é tão inspirada quanto a história bíblica.

27 (D) História literária e redação. Após se determinar o tipo de literatura implicado, outro passo na busca pelo sentido literal é descobrir a história literária do livro ou da seção que se está estudando. Este é um problema especial no estudo da Bíblia por causa da longa história de editoração (→ 11 *acima*). É preciso esclarecer as tradições individuais do Pentateuco, as coletâneas que formam Isaías, a ordem cronológica das profecias de Jeremias (diferente da ordem atual do livro bíblico). Nos evangelhos, é importante saber se um dito particular de Jesus chegou até Lucas ou Mateus a partir de Marcos, da fonte Q ou de uma outra fonte peculiar ao respectivo evangelista. Esta história literária não é investigada na exegese bíblica simplesmente por seu próprio valor, que poderia ser em grande parte antiquário, mas pelo que ela nos diz sobre a intenção de um autor que se valeu de fontes anteriores na composição de sua própria obra. A junção e a adaptação destas fontes podem ser indicativos de uma perspectiva teológica que se reflete no sentido literal da composição final.

28 Aqui tocamos na abordagem da Bíblia conhecida como *Redaktionsgeschichte* [história da redação, em alemão]. Se a *Formgeschichte* [história das formas] diz respeito às diferentes formas ou tipos de literaturas na Bíblia e às regras apropriadas a elas, a *Redaktionsgeschichte* se preocupa com o modo em que estas partes literárias servem ao propósito geral do escritor. Por exemplo, os exegetas dos evangelhos fazem apenas parte de seu trabalho quando classificam uma história como um tipo particular de parábola e determinam até que ponto ela se conforma às regras gerais para este tipo de parábola. Por que a parábola está incluída neste evangelho e colocada neste contexto particular? Qual significado o evangelista vincula a ela? Responder estas perguntas acerca do alvo da composição é dar outro passo na determinação do sentido literal da Escritura.

29 Após os passos que descrevemos (determinar o gênero literário, a história literária e os objetivos da composição), o exegeta está então em condições de procurar o sentido literal de passagens e versículos individuais. Aqui o processo é o mesmo de qualquer outra obra antiga. O significado literal de cerca de 90 a 95 por cento da Bíblia pode ser determinado mediante uma aplicação sensata das regras comuns de interpretação. Há algumas passagens cujo significado nos escapa porque o texto foi corrompido na transmissão, porque elas usam palavras raras, porque o autor se expressou de maneira obscura, ou porque não temos conhecimento suficiente sobre o contexto no qual foram compostas.

O estudo contínuo lança constantemente luz até mesmo sobre passagens como estas. (Veja O. Kaiser e W. G. Kümmel, *Exegetical Method: A Student's Handbook* [New York, 1967]; R. S. Barbour, *Traditio-Historical Cristicism of the Gospels* [London, 1972]; N. Perrin, *What Is Redaction Cristicism?* [Philadelphia, 1969].)

SENTIDOS SUPRALITERAIS

30 Voltamo-nos agora à detecção do sentido escriturístico que vai além do literal – um sentido que, por definição, não está confinado ao que o autor humano pretendeu e transmitiu diretamente em suas palavras escritas. Por um lado, a possibilidade de tal "excesso de significado" é inerente a *qualquer grande obra* que é lida num período posterior, pois um clássico amplia o horizonte de gerações contínuas de leitores. Frequentemente o autor original não previa estes futuros leitores, mas suas palavras escritas continuam abertas para um diálogo que se confronta com novas questões – um novo "mundo na frente do texto". Por outro lado, a questão mais-que-literal ou supraliteral é especialmente pertinente à *Escritura*. Primeiro, séculos após escrevê-lo, o livro do autor foi reunido numa coletânea chamada de Bíblia. Esta nova disposição, que dificilmente poderia ter sido prevista pelo autor, pode ter modificado seriamente sua intenção. (Por exemplo, Lucas concebeu seu evangelho e Atos como um único livro, mas o processo canônico os dividiu. Não há indícios de que o autor de João, com sua reivindicação de testemunho singular teria ficado contente em ver sua obra colocada ao lado de e no mesmo nível das obras chamadas de evangelhos.). A justaposição dos livros proporciona associações na Bíblia que nenhum autor singular pode ter feito, ampliando o significado originalmente pretendido. Segundo, mesmo após a coletânea de livros canônicos estar estabilizada, a crença de que a Escritura teve um "autor" divino significa que a Bíblia é a palavra de Deus para ouvintes de todas as épocas. Este envolvimento bíblico contínuo dos leitores/ouvintes com Deus (com ou sem o catalisador da pregação) revela significados além daquele previsto pelo autor humano em suas circunstâncias locais e limitadas.

O reconhecimento de um sentido mais que literal é, como veremos, tão antigo quanto a Escritura em si e frequentemente teve uma influência mais dinâmica sobre a vida das pessoas do que o sentido literal. Entretanto, ele apresenta um problema de seu controle. Quando a busca deixa de ser exegese (a detecção de um significado que surge no texto) e se torna "eisegese" (a imposição ao texto de um significado estranho a ele)? Quando há um diálogo genuíno entre o texto e os leitores atuais, diferentemente de o texto ser apenas a ocasião de os leitores falarem a si mesmos acerca de suas próprias pré-concepções? Até que ponto uma relação responsável entre o sentido literal e o sentido mais-que-literal é uma resposta à questão do controle? A história da exegese mais-que-literal ou supraliteral reflete estes problemas.

31 (I) História da exegese supraliteral. Embora muitas abordagens diferentes sejam descritas, a sensibilidade para com o problema do significado mais profundo é o fator unificante. As dificuldades reveladas nesta história não deveriam depreciar a validade do objetivo.

(A) Até o final da época neotestamentária. Dentro da própria Bíblia encontramos o autor de Sb 11-19 retomando as narrativas mais antigas das pragas e da libertação do Egito e extraindo delas um tema de libertação para sua própria época. Neste tipo de exegese vê-se um paralelismo entre o passado e o presente. Outro exemplo seria a conexão que Deuteroisaías traça entre o êxodo do Egito e o retorno da Babilônia. Este paralelismo se baseia na tese de que a ação de Deus em favor de seu povo segue um padrão de fidelidade: ele é o mesmo ontem, hoje e para sempre. Ele não se baseia numa abordagem cíclica da história.

32 Nos últimos séculos a.C. houve um desenvolvimento que teve efeitos profundos tanto sobre a exegese judaica quanto sobre a cristã. Ao passo que em tempos mais antigos entendia-se primordialmente que os profetas falaram para sua própria época, com uma presciência dada divinamente a respeito do plano de Deus para o futuro imediato e relevante, agora pensava-se que os profetas do passado predisseram o futuro distante. A apocalíptica (→ Apocalíptica do AT, 19:19) foi um fator importante nesta mudança de ênfase, seguindo o padrão de Dn, no qual supostamente um profeta do séc. VI teve visões do que aconteceria no séc. II. Tal compreensão dos profetas e, de fato, de outros escritores bíblicos, como os salmistas, deu origem à exegese *pesher* de Qumran (→ Apócrifos, 67:68), onde cada linha dos livros antigos era interpretada em termos do que estava acontecendo à seita de Qumran centenas de anos depois.

(BROOKE, G. J., *Exegesis at Qumran: 4QFlorilegium* [JSOTSup 29; Sheffield, 1985]. BRUCE, F. F., *Biblical Exegesis in the Qumran Texts* [Grand Rapids, 1959]. FITZMYER, J. A., "The Use of Explicit Old Testament Quotations in Qumran Literature and in the New Testament", *NTS* 7 [1960-61] 297-333. GABRION, H., "L'interprétation de L'Écriture dans la literature de Qumrân", *ANRW* II/25.1, 779-848. HORGAN, M. O., *Pesharim: Qumran Interpretations of Biblical Books* [CBQMS 8; Washington, 1979] especialmente p. 244-59.)

33 Além disso, este entendimento dos profetas e salmistas do AT explica até certo ponto os princípios segundo os quais os autores do NT interpretaram o AT. Isaías 7,14 pôde ser retratado por Mt 1,23 como predição do nascimento virginal de Jesus; as passagens sobre o servo sofredor em Dt-Is puderam ser descritas como predição dos sofrimentos e da morte do Messias (Lc 24,26); o autor do Sl 22 pode ser visto como alguém que previu em detalhes a paixão de Jesus (27,35.39.43.46). Alguns comparam este tipo de exegese à exegese *pesher* de Qumran (B. Lindars, *New Testament Apologetic* [Philadelphia, 1961]), mas existem diferenças importantes. Os intérpretes de Qumran, em seus comentários sistemáticos, estudaram o AT para interpretar a história de sua comunidade, mas o ponto focal dos autores do Novo Testamento era Jesus, que lançava luz sobre o AT. Eles escreveram seus "comentários" sobre ele, de modo que não houve qualquer comentário cristão sistemático sobre o AT até o final do séc. II, *p.ex.*, os comentários de Hipólito sobre Ct e Dn. Não temos indícios de que os escritores do Novo Testamento achassem que cada linha do AT se aplicasse a Jesus ou tivesse um significado cristão – uma teoria que se tornou popular na época patrística. A exegese do AT feita pelo NT era extraordinariamente variada, e qualquer tentativa de classificá-la como um único tipo de exegese está condenada ao fracasso. Ela tinha elementos de *sensus plenior* [sentido mais pleno], tipologia, alegoria e acomodação. Uma característica particular desta exegese neotestamentária era retrojetar a presença de Jesus em cenas do AT (1Cor 10,4; veja A.T. Hanson, *Jesus Christ in the Old Testament* [Londres 1965]).

(BLÄSER, P., "St. Paul's Use of the Old Testament", *TD* 2 [1954] 49-52. CERFAUX, L., "Simples réflexions à propos de l'exégèse apostolique", *Problèmes et méthode* 33-44; "L'exegese de l'Ancien Testament par le Nouveau", in *L'Ancien Testament et les chrétiens* 132-48. ELLIS, E. E., *Paul's Use of the Old Testament* [Grand Rapids, 1981]; *Prophecy and Hermeneutic in Early Christianity* [Grand Rapids, 1978]. KUGEL, J. L. e R. A. GREER, *Early Biblical Interpretation* [Philadelphia, 1986] – tanto cristã quanto judaica. LONGENECKER, R. N., *Biblical Exegesis in the Apostolic Period* [Grand Rapids, 1975]. Van der Ploeg, J., "L'exégèse de l'Ancien Testament dans l'Épître aux Hébreux", *RB* 54 [1947] 187-228. VERNARD, L., "Citations de l'Ancien Testament dans le Nouveau Testament", *DBSup* 2. 23-51.)

34 Embora estejamos preocupados, no restante de nosso breve histórico, com a exegese cristã do AT, deveríamos observar que no judaísmo pré-cristão e nos círculos rabínicos pós-cristãos a busca por uma exegese mais-que-literal era tão comum quanto nos círculos cristãos. Os targuns (→ Textos, 68:103-5) de fato propõem uma exegese do que traduzem, descobrindo elementos messiânicos no AT. Os midráshes (→ Apócrifos, 67:140) também interpretam a Escritura anterior aplicando-a a problemas atuais. A exegese não literal judaica que teve a maior influência sobre a exegese literal cristã foi a alegorização de Filo (→ Apócrifos, 67:125).

(BONSIRVEN, J., *Exégèse rabbinique et exégèse paulinienne* [Paris, 1939]. FISHBANE, M., *Biblical Interpretation in Ancient Israel* [Oxford, 1986]. GELIN, A., "Comment le peuple d'Israel lisait l'Ancient Testement", *L'Ancient Testament et les chrétiens* 117-31. GINZBERG, L., "Allegorical Interpretations", *JE* 1. 403ss. PATTE, D., *Early Jewish Hermeneutic in Palestine* [SBLDS 22; Missoula, 1975]. SOWERS, S. G., *The Hermeneutics of Philo and Hebrews* [Richmond, 1965].)

35 (B) Período patrístico. Nos escritos protocristãos do séc. II encontramos indícios de uma exegese espiritual muito livre (*p.ex., Barn.*). Todavia, até mesmo exegetas mais comedidos, como Justino e Tertuliano, esquadrinharam o AT em busca de textos probatórios que se referissem a Cristo, e interpretaram estas passagens de um modo que ia muito além do sentido literal. Foi Alexandria que produziu a primeira grande escola cristã de exegese; e por meio de homens como Clemente e Orígenes, a alegorização de Filo alcançou uma posição dominante na exegese cristã do AT. Clemente baseou sua exegese na existência de uma gnose cristã, *i.e.*, o conhecimento secreto das mais profundas verdades da fé cristã, nas quais a elite era iniciada. A chave para a gnose era uma exegese alegórica da Bíblia, uma exegese que cobria todo o espectro, indo desde a tipologia, passando pela acomodação e chegando até o conceito filônico da Bíblia como lição em psicologia e cosmologia.

36 Provavelmente Orígenes teve mais influência sobre a exegese patrística que qualquer outro personagem, embora mais tarde sua ortodoxia teológica tenha se tornado suspeita. Quase todos os manuais afirmam que a exegese de Orígenes era irrestritamente alegórica, e ele é geralmente acusado de negar o sentido literal da Escritura. A. von Harnack falou da "alquimia bíblica" de Orígenes. H. de Lubac, J. Daniélou e outros modificaram este retrato. Orígenes não desconsiderou simplesmente o sentido literal (embora ele não entendesse que o sentido metafórico era literal), mas estava interessado num sentido da Escritura que pudesse fazer os cristãos verem o AT como seu livro. Boa parte de sua exegese alegórica se baseava na teoria de que o AT era cristológico em muitas passagens. Mesmo admitindo que devamos julgar Orígenes de modo mais apreciativo e que há um elemento comedido em sua exegese (que de Lubac chama de sentido espiritual, e Daniélou de tipologia), este autor não compartilha da opinião de que a exegese de Orígenes possa realmente ser revivida para nosso tempo, ainda que seus interesses fossem semelhantes aos exemplificados em algumas abordagens modernas (→ 44-48, 52 *abaixo*).

37 A escola exegética de Antioquia, rival da de Alexandria como grande centro cristão, tem sido muito ingenuamente aclamada como defensora da exegese crítica em contraposição à exegese alegórica de Alexandria. No final do séc. III, Luciano de Samósata lançou os fundamentos desta escola, e entre seus representantes encontram-se Diodoro de Tarso († em 390) Teodoro de Mopsuéstia († em 428) e, até certo ponto,

João Crisóstomo († em 407). No ocidente, Juliano, o bispo pelagiano de Eclano († em 454), foi o principal adepto dos princípios de Antioquia. Os grandes antioquenos, então, não foram contemporâneos de Orígenes, mas de alexandrinos posteriores como Atanásio († em 373) e Dídimo o Cego († em 398). De muitas maneiras Cirilo de Alexandria († em 444) demonstrou uma perceptividade na exegese literal que o colocou entre as escolas alexandrina e antioquena. Os capadócios do séc. IV (especialmente Gregório de Nissa e Basílio), por outro lado, continuaram seguindo fortemente a tendência origenista.

Pouco da exegese antioquiena foi preservada. Na teoria, e até certo ponto na prática, Antioquia deu mais atenção ao sentido literal (com todas as limitações da exegese no séc. IV). Mas Antioquia também propôs uma exegese mais-que-literal que implicava uma *theōria* que, para todos os propósitos práticos, era um equivalente próximo da *allēgōria* de Alexandria. *Theōria* era uma intuição ou visão mediante a qual o profeta do AT podia ver o futuro por meio de suas circunstâncias presentes. Após esta visão, era-lhe possível formular seus escritos de tal modo a descrever tanto o significado contemporâneo dos acontecimentos quanto o seu cumprimento futuro. (Para estudos sobre *theōria*, veja A. Vaccari, *Bib* 1 [1920] 3-36; F. Seisdedos, *EstBib* 11 [1952] 31-67; P. Ternant, *Bib* 34 [1953] 135-58, 354-83, 456-86.). A tarefa dos exegetas antioquenos era encontrar ambos os significados nas palavras dos profetas; e, em sua busca do significado futuro das palavras dos profetas (o produto da *theōria*), os antioquenos levavam em consideração o problema da consciência do autor humano mais frequentemente do que o faziam os alexandrinos, que tendiam a ver o futuro em símbolos e acontecimentos, bem como na palavra profética.

(Sobre Justino: PRIGENT, P., *Justin et l'Ancien Testament* [Paris, 1964]. SHOTWELL, W. A., *The Biblical Exegesis of Justin Martyr* [Londres, 1965]. Sobre Clemente de Alexandria: CAMELOT, T., *RB* 53 [1946] 242-48. MARSH, H. G., *JTS* 37 [1936] 64-80. MONDÉSERT, C., *RSR* 26 [1936] 158-80; *Clément d'Alexandrie* [Paris, 1944]. Sobre Orígenes: DANIÉLOU, J., *Origène* [Paris, 1948]. DE LUBAC, H., *Histoire et esprit* [Paris, 1950]. HANSON, R. P. C., *Allegory and Event*, [Londres, 1958]. NAUTIN, P., *Origène: Sa vie et son oeuvre* [Paris, 1977]. TRIGG, J. W., *Origen: The Bible and Philosophy in the Third-Century Church* [Atlanta, 1983]. Sobre Teodoro de Mopsuéstia: DEVREESSE, R., *RB* 53 [1946] 207-41. Sobre Cirilo: KERRIGAN, A., *St. Cyril of Alexandria, Interpreter of the Old Testament* [Roma, 1952]. Sobre Juliano: D'ALÈS, A., *RSR* 6 [1916] 311-24. Sobre Crisóstomo: OGARA, F., *Greg* 24 [1943] 62-77. Para uma comparação da exegese alexandrina e antioquiena, veja J. GUILLET, *RSR* 37 [1947] 257-302; também W. BURGHARDT, "On Early Christian Exegesis", *TS* 11(1950] 78-116; C. HAY, "Antiochene Exegesis and Christology", *AusBR* 12 [1964] 10-23. Sobre Gregório de Nissa: CANÉVET, M., *Gregoire de Nysse et l'herméneutique biblique* [Paris, 1983]. Harl, M., *Écriture et culture philosophique dans la pensée de Grégoire de Nysse* [Leiden, 1971]. Para uma avaliação positiva da exegese patrística, veja D. C. STEINMETZ, *TToday* 37 [1980] 27-38.)

38 Enquanto isso, no Ocidente, alguns dos exegetas latinos (*p.ex.*, Ambrosiastro, cerca de 375) mostravam sobriedade na exegese. Contudo, com Hilário († em 367), Ambrósio († em 397) e especialmente Agostinho († 430), as ondas da exegese alegórica alexandrina varreram o Ocidente. No *Tractatus mysteriorum* de Hilário, encontramos o princípio de que o AT *em sua totalidade* é prefiguração do NT. Ticônio, exegeta donatista do final do séc. IV, formulou, em seu *Liber regularum*, a regra de que cada versículo do AT poderia ser interpretado de um modo cristão. Agostinho resumiu esta abordagem no seguinte princípio: "O Novo Testamento está latente no Antigo; o Antigo Testamento se torna patente por meio do Novo" (*In vetere novum lateat, et in novo vetus pateat* – *Quaest. in Heptateuchum* 2.73; PL 34. 625).

Inicialmente, Jerônimo († em 420), seguiu os princípios de Orígenes, mas os comentários escritos no final da vida de Jerônimo revelam um interesse maior pelo sentido literal. Todavia, depois da época de Jerônimo e do fim do séc. IV, o estilo da exegese alexandrina dominou no Ocidente, e a exegese antioquena teve pouca influência duradoura (veja M. Laistner, *HTR* 40 [1947] 19-31). De fato, depois que o Concílio de Constantinopla II (533) difamou o nome de Teodoro de Mopsuéstia, a herança antioquena foi olhada com suspeita. Nas obras de algumas grandes figuras da exegese ocidental, *p.ex.*, Gregório o Grande († em 604) e Beda († em 735), a exegese alegórica floresceu.

(Sobre a exegese latina: KELLY, J. N. D. em NINEHAM (ed.), *Church's Use* 41-56. Sobre Agostinho: PONTET, M., *L'exégèse de S. Augustin prédicateur* [Paris, 1944]. Sobre Jerônimo: HARTMAN, L. em *A Monument to St. Jerome* [ed. F. X. MURPHY; New York, 1952] 35-81. KELLY, J. N. D., *Jerome* [New York, 1976]. PENNA, A., *Principi e carattere dell' esegesi di S. Gerolamo* [Roma, 1950]. STEINMANN, J., *St. Jerome and His Times* [Notre Dame, 1959].)

39 (C) Idade Média. Pode-se dizer que o princípio teórico orientador da exegese medieval se originou da distinção feita por João Cassiano († por volta de 435) entre quatro sentidos da Escritura: (1) o histórico ou literal, (2) o alegórico ou cristológico, (3) o tropológico, ou moral, ou antropológico, (4) o anagógico ou escatológico. Por fim esta divisão deu origem à famosa parelha de versos:

*Littera gesta docet; quid credas allegoria;
moralis quid agas; quo tendas analogia.*

[A letra ensina o que aconteceu; a alegoria, o que deves crer;
a moral, o que deves fazer; a anagogia, para onde deves caminhar.]

Os quatro sentidos do termo "Jerusalém", um exemplo dado por Cassiano, ilustra a teoria. Quando Jerusalém é mencionada na Bíblia, em seu sentido literal ela é uma cidade judia; alegoricamente, contudo, ela se refere à igreja de Cristo; tropologicamente Jerusalém representa a alma humana; anagogicamente ela significa a cidade celestial. Num ambiente exegético como este, o sentido literal era considerado como tendo importância histórica, enquanto que outros sentidos eram para a fé e para o comportamento. O misticismo monástico, a pregação aos fiéis e a busca de material teológico nas escolas dependiam mais acentuadamente dos sentidos mais-que-literais e deram um aspecto não literal dominante à exegese medieval. Talvez devêssemos observar que o mesmo amor pela alegoria aparece também na literatura secular do final da Idade Média (*p.ex.*, *O romance da rosa* e mais tarde *A fada rainha*).

40 Contudo, houve momentos em que o reconhecimento da importância do sentido literal transpareceu. Especialmente influente neste aspecto foi a escola da Abadia de São Victor em Paris, fundada em 1110. Hugo de São Victor atacou a tradição de Gregório e Beda; André de São Victor renovou o interesse no hebraico e nas ferramentas técnicas da exegese. Desde a época de Jerônimo, a igreja ocidental tivera poucos homens capazes de estudar o AT em sua língua original; e Herbert de Bosham, aluno de André, foi o mais competente hebraísta no Ocidente cristão nos mil anos entre Jerônimo e o Renascimento. Além disso, o desenvolvimento da teologia como uma disciplina separada da exegese estrita possibilitou que os estudiosos considerassem as verdades cristológicas em si mesmas sem basear sua exposição na Escritura interpretada alegoricamente. Tomás de Aquino deixou claro que a metáfora fazia parte do sentido literal (→ 9 *acima*) e sustentou que a doutrina não deveria se basear apenas no sentido espiritual. Seu princípio era: "Nada necessário à fé está contido no sentido espiritual [*i.e.*, sentido típico ou sentido das coisas] que a Escritura não exponha em outro lugar no sentido literal" (*Summa* 1.1,10 ad 1). O dominicano inglês Nicolas Trevet e o franciscano Nicolau de Lira († em 1349) reconheceram que nem todos os Salmos eram messiânicos e propuseram regras para determinar quais deles eram messiânicos. Roger Bacon, embora teoricamente apoiasse as concepções alexandrinas de exegese, demonstrou fascinação pela crítica textual e pelo aparato filológico. Durante os sécs. XII, XIII e no início do séc. XIV, estas tendências vieram à superfície como ilhas no mar, mas não sobreviveram; e a Idade Média chegou ao fim com a alegoria numa posição mais uma vez dominante em autores como Mestre Eckhart († em 1328), João Gerson († em 1429) e Dênis o Cartuxo († em 1471). O movimento para traduzir a Bíblia para o vernáculo, que, como a maior parte dos esforços de tradução, fez as pessoas pensarem sobre o sentido literal, infelizmente foi muitas vezes manchado pela revolta eclesiástica (→ Textos, 68:191) e, assim, teve efeito contrário quanto a uma possível correção dos exageros do sentido espiritual.

(*CHB* 2: *The West from the Fathers to the Reformation* [1969]. CHENU, M.-D., "Les deux âges de l'allégorisme scripturaire au Moyen Age", *RTAM* 18 [1951] 19-28. DE LUBAC, H., *Exégèse médiévale: Les quatre sens de l'Ecriture* [4 vols.; Paris, 1959-64]. EVANS, G. R., *The Language and Logic of the Bible: The Early Middle Ages* [Cambridge, 1984]. HAILPERIN, H., *Rashi and the Christian Scholars* [Pittsburgh, 1963]. LECLERCQ, J., *The Love of Learning and the Desire for God: A Study of Monastic Culture* [2ª ed.; New York, 1974] esp. 87-109. MCNALLY, R. E., *The Bible in the Early Middle Ages* [Westminster, 1959]. OBERMAN, H. A., *The Harvest of Medieval Theology: Gabriel Biel and Late Medieval Nominalism* [Grand Rapids, 1967] especialmente 365-412. PREUSS, J. S., *From Shadow to Promise: Old Testament Interpretation from Augustine to the Young Luther* [Cambridge MA, 1969]. SMALLEY, B., *Medieval Exegesis of Wisdom Literature* [Atlanta, 1986]; *The Study of the Bible in the Middle Ages* [Notre Dame, 1964]. SPICQ, C., *Esquisse d'une histoire de l'exégèse latine au Moyen Age* [Paris, 1944]. TORRANCE, T. F., "Scientific Hermeneutics According to St. Thomas Aquinas", *JTS* 13 [1962] 259-89.)

41 (D) Séculos XVI e XVII. Passando agora ao contexto da Reforma e suas consequências imediatas, constatamos que, com Caetano do lado católico e Lutero e Calvino do lado protestante, houve uma reação contra a alegorização e uma ênfase no pano de fundo histórico das obras bíblicas. Contudo, não devemos esquecer que, embora Lutero tenha atacado a alegorização crassa, ele permaneceu firmemente convicto do caráter cristológico do AT e, portanto, deu continuidade a uma exegese tipológica que seria questionada por muitos hoje. Calvino foi ainda menos favorável à alegorização do que Lutero; todavia, ele também foi frequentemente mais-que-literal. (Veja R. M. Grant e D. Tracy, *A Short History of the Interpretation of the Bible* [2ª ed; Philadelphia, 1984] 92- 99 quanto aos pontos positivos e aos limites no retorno dos reformadores ao sentido literal.). É interessante observar que as seitas dissidentes do movimento da Reforma, os anabatistas e os antitrinitaristas, apoiavam a exegese espiritual, muitas vezes porque passagens do AT eram usadas literalmente pelo ramo mais conservador da Reforma como justificativa escriturística para perseguir as seitas.

42 A Contrarreforma católica tinha de responder aos argumentos provenietes da exegese literal protestante também apelando ao sentido literal da Escritura. O jesuíta Maldonatus († em 1583) produziu comentários exegéticos substanciais. Contudo, quando o caráter imediato do perigo representado pela Reforma passou, a exegese espiritual retornou, especialmente sob as bandeiras do jansenismo, *p.ex.*, em Pascal. A ênfase católica nos Padres da Igreja foi outro ímã forte na direção da exegese espiritual; pois, se os Padres eram apontados como o melhor exemplo de como interpretar a Escritura, sua exegese era mais-que-literal. Cornélio a Lapide († em 1637) encheu seus comentários com exegese espiritual selecionada dos Padres. Também no protestantismo, no pietismo do séc. XVII, a tipologia e a acomodação retornaram na medida em que as Escrituras eram exploradas em busca de riqueza ascética. Cocceius (1603-1649) apresentou uma exegese impregnada de tipologia.

Mas o reavivamento da exegese espiritual não iria dominar o campo da interpretação para sempre. Neste mesmo século viveu Richard Simon (m.o em 1712), que foi um profeta à frente de seu tempo e o primeiro dos críticos modernos da Bíblia. Rejeitado por seus contemporâneos e até mesmo por sua igreja, Simon inaugurou um movimento que daria a supremacia à exegese literal.

(*CHB* 3: *The West from the Reformation to the Present Age* [1963]. EBELING, G., *Evangelische Evangelienauslegung: Eine Untersuchung zu Luthers Hermeneutik* [Darmstadt, 1962; original: 1942]. FREI, H. W., *The Eclipse of Biblical Narrative: A Study in Eighteenth and Nineteenth Century Hermeneutic* [New Haven, 1974]. PELIKAN, J., *Luther the Expositor* [St. Louis, 1959]. PREUSS, J. S. [→ 40 *acima*]. SCHWARZ, W., *Principles and Problems of Biblical Translation: Some Reformation Controversies and Their Background* [Cambridge, 1955]. STEINMANN, J., "Entretien de Pascal et du Père Richard Simon sur les sens de l'Écriture", *VieInt* [mar. 1949] 239-53.)

43 **(E) Passado recente.** Os sécs. XIX e XX assistiram ao triunfo da exegese crítica e literal à qual R. Simon dera o impulso há tanto tempo. (Quanto à história da exegese crítica no período intermediário, → Crítica do AT, 69:6ss., → Crítica do NT, 70:4ss.). Olhando para a hermenêutica que acaba de ser descrita nos parágrafos 31-42, muitos exegetas encontrariam um universo ideativo estranho onde a imaginação corria solta e onde o significado literal das Escrituras, mesmo quando era reconhecido, submergia constantemente sob uma forte maré de simbolismo. Por exemplo, uma abordagem patrística que encontrava Cristo em cada linha do AT dificilmente poderia ser relacionada com a moderna crítica das fontes do Pentateuco, a ênfase na perspectiva limitada dos profetas e um reconhecimento de paralelos pagãos de características dos livros sapiências de Israel. A pesquisa que se tornou historicamente consciente distingue entre a teologia do NT e a teologia da igreja subsequente, reconhecendo que os Padres e os escolásticos encontraram no NT percepções teológicas das quais os autores originais eram inocentes. Entretanto, a ênfase moderna no sentido literal não eliminou o interesse no sentido mais-que-literal, um interesse que se expressou de modos variados nos últimos 50 anos.

44 (a) *Fundamentalismo.* Antes de começar a expor as concepções científicas reconhecidas, deveríamos distinguir este recente interesse mais-que-literal da rejeição da exegese crítica no que é popularmente chamado de fundamentalismo. Visto que alguns dos primeiros praticantes protestantes da exegese histórico-crítica tinham um viés antidogmático, os cristãos protestantes conservadores, especialmente no começo do séc. XX, acharam que os aspectos fundamentais da fé cristã estavam sendo corroídos (especialmente a criação, concepção virginal, ressurreição corporal). Um modo de preservar estes aspectos fundamentais foi insistir que "o que a Bíblia diz" é sempre literalmente factual. Na prática, então, a única forma literária (→ 23 *acima*) reconhecida na Bíblia era a história. Esta atitude se combinou frequentemente com uma abordagem distorcida da inspiração em função da qual Deus se torna o único autor que dita as palavras da Escrituras. Com o autor humano reduzido a um escriba que registra, a cosmovisão limitada do autor se torna irrelevante na interpretação da Bíblia. Apesar do literalismo que marcou esta abordagem fundamentalista da Escritura, ele tem pouco a ver com o sentido literal descrito nos parágrafos 13-19 acima. A teologia pré-crítica dos pregadores fundamentalistas é imposta às Escrituras de um modo que desafia a classificação hermenêutica. O debate com este fundamentalismo pertence mais à apologética do que aos estudos da Escritura. A brevidade destas observações não pode encobrir, contudo, que nos Estados Unidos e em áreas vizinhas o uso fundamentalista da televisão e do rádio converteu milhões de pessoas a esta concepção, não apenas protestantes, mas também católicos e judeus. Veja J. Barr, *Fundamentalism* (Philadelphia, 1978); *Beyond Fundamentalism* (Philadelphia, 1984).

45 (b) *Preservação de elementos da tipologia patrística.* Em conexão com a história descrita acima, podemos começar a exposição da exegese mais-que-literal defendida recentemente com tentativas de extrair da exegese espiritual patrística suas percepções essenciais sem adotar os exageros e sem denegrir as contribuições da exegese histórico-crítica moderna. (É interessante que uma tentativa de fazer reviver a exegese espiritual e simbólica patrística às custas do sentido literal foi condenada pela PCB romana em 1941 [→ Pronunciamentos da Igreja, 72:29].). Este movimento encontrou seus mais fortes proponentes na Inglaterra e na França, nas décadas de 1940 a 1960, em parte a fim de preservar uma rica herança, em parte em reação à esterilidade teológica e espiritual de algumas exegeses histórico-críticas. Os estudos de Orígenes mencionados acima (→ 36, 37), como aqueles escritos por de Lubac, Daniélou e Hanson, não apenas defendiam a sobriedade de grande parte da exegese alexandrina, mas também propuseram implícita ou explicitamente a relevância contínua das interpretações simbólicas. Veja também A. G. Hebert, *The Throne of David* (London, 1943); e W. Vischer, *The Witness of the Old Testament to Christ* (London, 1949)

46 Uma forma particular deste movimento implicava a argumentação em favor da validade ininterrupta do sentido típico. O termo *typos* se encontra em Rm 5,14 (Adão era um tipo de Cristo) e em 1Cor 10,6 (coisas que aconteceram a Israel no deserto durante o êxodo são tipos para os cristãos). Embora o interesse nos "tipos" bíblicos tenha florescido no período patrístico, o sentido da Escritura que envolve tipos só foi conhecido como o sentido típico bem mais tarde na história da exegese. Os Padres falavam dele como "alegoria" ou como o "sentido místico"; Tomás de Aquino o conhecia como o "sentido espiritual". Alguns autores recentes fazem uma distinção nítida entre tipologia e alegoria: *p.ex.*, a tipologia se baseia em conexões históricas, enquanto que a alegoria é puramente imaginativa. Todavia, deveríamos nos lembrar que entre os Padres não havia consciência de que a alegoria fosse uma tipologia inválida, e eles recebiam com igual entusiasmo exemplos de tipologia que talvez fossem considerados inválidos atualmente (veja Barr, *Old and New* 103-48).

47 Uma definição amplamente aceita é a seguinte: *O sentido típico é o sentido mais profundo das "coisas" sobre as quais se escreve na Bíblia quando se percebe que elas prefiguravam "coisas" futuras na obra salvífica de Deus.* (1) O sentido típico diz respeito a "coisas" – uma tradução deselegante do termo latino *res* que inclui pessoas, lugares e acontecimentos. As realidades que prefiguram são tipos; as realidades futuras prefiguradas são antítipos. Alguns exemplos do NT incluem tipos que prefiguram Cristo: Jonas na baleia (Mt 12,40), o cordeiro pascal (Jo 1,29), a serpente de bronze no madeiro (Jo 3,14). O êxodo é um tipo do batismo em 1Cor 10,2. (2) Embora classicamente se tenha enfatizado que o sentido típico diz respeito a coisas e não a palavras (a fim de distingui-lo do sentido literal e do *sensus plenior*), o relato *escrito* bíblico destas coisas é o veículo do significado supraliteral. Melquisedec sem dúvida teve pais; mas o que o transforma em um tipo de Cristo, de acordo com Hb 7,3, é que sua linhagem não está registrada na Escritura. (3) Os tipos prefiguram "coisas" *futuras*. O tipo e o antítipo estão em dois níveis diferentes de tempo, e somente quando o antítipo aparece o sentido típico se torna evidente. O tipo é sempre imperfeito; é uma silhueta, não um retrato, do antítipo; e, por isso, a realização fatalmente causa surpresa. A boa tipologia não enfatiza a continuidade entre os Testamentos ao custo de obliterar importantes aspectos de descontinuidade. (4) Esta prefiguração está relacionada ao plano de salvação de Deus. O problema dos critérios tem flagelado a tipologia (e outras formas de exegese mais-que-literal). Como distingui-la de relações construídas pela pura fantasia do leitor? Uma resposta tem sido apelar para a intenção de Deus, ou para o plano de Deus, ou o padrão da promessa divina e seu cumprimento – vários modos de reconhecer que este sentido está relacionado à crença cristã de que o Deus de Abraão, de Isaac e de Jacó era o Pai de Jesus Cristo, que agiu de maneira consistente, e não acidental, em sua relação com seu povo. Consequentemente tem-se sustentado que se necessita da orientação de Deus para detectar as conexões entre tipo e antítipo, a fim de ter alguma segurança. Os critérios clássicos para detectar a revelação são frequentemente introduzidos na discussão: um consenso dos Padre, o uso litúrgico, o ensinamento doutrinário da igreja. Os defensores da exegese típica têm sido mais persuasivos quando os tipos que propõem podiam ser relacionados a padrões já apoiados na Escritura, p.ex., a tipologia davídica em relação a Jesus, a tipologia do êxodo em relação a elementos dos mistérios salvíficos cristãos. Se Hebreus viu Melquisedec como um tipo de Cristo, tem-se sustentado que a liturgia e a exegese patrísticas estavam justificadas ao considerar a apresentação de pão e vinho por parte de Melquisedec (Gn 14,18) como um tipo do sacrifício eucarístico cristão.

(DE LUBAC, H., "Sens spiritual", *RSR* 36 [1949] 542-76. DANIÉLOU, J., "Qu'est-ce que la typologie?" in *L'Ancien Testament et les chrétiens* 199-205. GOPPELT, L., *Typos: The Typological Interpretation of the Old Testament in the New* [Grand Rapids, 1982]. LAMPE, G. W. H. e K. J. WOOLCOMBE, *Essays on Typology* [SBT 22; London, 1957].)

48 A tipologia no Novo Comentário Bíblico São Jerônimo foi tratada de maneira mais breve que no *JBC* § 71-78 e foi colocada sob a história do passado recente, e não sob a situação contemporânea. Embora o elemento da tipologia ainda seja apreciado, o reavivamento dos padrões patrísticos não está tão ativo hoje em dia; e a discussão está, em grande parte, subsumida no papel da metáfora e do símbolo na crítica literária (→ Pensamento do NT, 81:68-70). Um esforço ocasional de escrever um comentário moderno em um estilo quase patrístico não foi bem sucedido (veja a resenha de R. E. Brown da obra *El Evangelio de Juan*, de J. Mateo e J. Barreto [Madrid, 1979; em português: 1998] em *Bib* [1982] 290-94)

49 (c) *O sensus plenior*. No período de 1925-1970 os católicos romanos encontraram uma outra abordagem dos valores mais-que-literais, uma abordagem menos distante da exegese histórico-crítica contemporâneo do que o estavam a tipologia e a alegoria patrísticas. (Quanto à história, veja R. E. Brown *CBQ* 15 [1953] 141-62; 25 [1963] 262-85.). O termo *sensus plenior* (*SPlen* daqui em diante) foi cunhado por A. Fernández em 1925; é melhor mantê-lo em latim, pois a tradução para o inglês [*fuller sense*]e para o português [sentido mais pleno] é usado para uma ampla gama de significados. Relacionado à ideia neotestamentária de "cumprimento" do AT, o *SPlen* permitiu a seus defensores (que incluíam J. P. Coppens e P. Benoit) reconhecer o alcance do sentido literal das passagens bíblicas e, ainda assim, preservar aplicações mais desenvolvidas destes textos.

50 Por definição: *O SPlen é o significado mais profundo, visado por Deus mas não visado claramente pelo autor humano, que se percebe existir nas palavras das Escrituras quando elas são estudadas à luz de revelação adicional ou do desenvolvimento na compreensão de revelação.* Assim, diferentemente do sentido típico, mas igual ao sentido literal o *SPlen* está preocupado principalmente com as palavras da Escritura, e não com as "coisas". Embora alguns poucos defensores ignorassem a intenção do autor humano, a maioria, que sustentava que o *SPlen* se situa fora do que era claramente visado pelo autor, distinguiu-o do sentido literal. A teoria do *SPlen* foi formulada quando a noção escolástica da inspiração instrumental estava em voga entre os católicos – daí o aspecto da intenção divina expressa nas palavras bíblicas. De modo menos técnico, isto pode ser visto como estando em relação com a noção do plano salvífico de Deus, que não foi fortuito e em que a Escritura exerceu uma função – uma noção também relevante para o sentido típico. Embora seja aplicado mais frequentemente a textos do AT reutilizados no NT (*p.ex.*, o *SPlen* de Is 7,14 que se pode descobrir em Mt 1,23), o *SPlen* pode abranger a reutilização pós-escriturística de passagens bíblicas por parte de escritores da igreja (*p.ex.*, Gn 3,15 aplicada à participação de Maria na vitória de Cristo sobre o mal). Alguns dos mesmos critérios a que se apelava para detectar a tipologia "válida" estavam implicados na discussão do *SPlen* (→ 47 *acima*), mas o fato de que a defesa do *SPlen* teve suas raízes numa desconfiança em relação aos excessos na tipologia e alegoria patrística deu à exegese do *SPlen* uma aura mais intelectual e cautelosa. Insistia-se numa homogeneidade razoável com o sentido literal, e o *SPlen* era relativamente pouco invocado até mesmo por seus mais fortes defensores. Quem está interessado em aspectos mais precisos deve consultar *JBC* 71:56-70; R. E. Brown, *The Sensus Plenior of Sacred Scripture* (Baltimore, 1955).

51 Já por volta do final da década de 1960, Brown reconheceu que o interesse no sentido mais-que-literal implícito na teoria do *SPlen* tinha de encontrar expressão num formato menos dependente da teoria escolástica acerca do relacionamento instrumental entre os autores humano e divino. Ele previu que o futuro do *SPlen* e também do sentido típico dependiam de serem renovados como parte de uma abordagem mais ampla do sentido mais-que-literal da Bíblia (veja *JBC* 71:68,78). De fato, virtualmente não houve discussão do *SPlen* desde 1970, e sua continuação contemporânea como "sentido mais pleno" ou "excesso de significado" está relacionada, na crítica literária, à nova hermenêutica (→ 54 *abaixo*). J. M. Robinson (*CBQ* 27 [1965] 6-27) ressaltou isto de modo perceptivo, e seu argumento foi aceito por Brown (*ETL* [1967])

52 (d) *Interpretação cristã do AT*. Desde os tempos de Marcião, o problema do significado do AT para o cristão nos acompanha. Se no passado recente os católicos romanos apelaram para um reavivamento do sentido espiritual ou ao *SPlen* ao refletir sobre esta questão, uma outra abordagem teve uma aceitação mais ampla nas décadas de 1950 e 1960, quando pesquisadores distintos (incluindo G. von Rad, W. Eichrodt e W. Zimmerli) rejeitaram tanto a tendência patrística de encontrar Cristo em cada linha do AT quanto um historicismo que distanciava tanto os Testamentos um do outro que a Bíblia não constituía mais uma unidade. O problema da relação entre os Testamentos chamou a atenção especialmente sob a rubrica da teologia bíblica. Entre as obras que foram particularmente significativas estão S. Amsler, *L'Ancien Testament dans l'Église* (Nauchâtel, 1960); C. Larcher, *L'actualité chrétienne de l'Ancien Testament* (Paris, 1962); P. Grelot, *Sens chrétien de l'Ancien Testament* (Tournai, 1962); *The Old Testament and Christian Faith* (ed. B. W. Anderson; New York, 1963); *Essays on Old Testament Hermeneutics* (ed.C. Westermann; Richmond, 1963). Um excelente resumo da literatura foi apresentado por R. E. Murphy (*CBQ* [1964] 349-59). Alguns desses estudiosos não hesitaram em falar de predições veterotestamentárias de acontecimentos do NT; alguns estavam interessados numa forma modificada de tipologia; mas com frequência via-se uma relação de promessa/cumprimento como ligação entre o AT ao NT. Pensava-se que este padrão podia ser detectado no fluxo da história de Israel, mesmo que este fluxo não se encaminhasse tranquilamente para o cristianismo. A reação de outros pesquisadores foi hostil, visto que pensavam que uma preocupação estranha estava sendo imposta às Escrituras hebraicas (veja J. Smart, *The Interpretation of Scripture* [Philadelphia, 1961]; J. Barr, *Old and New*). Além disso, o fluxo da história era considerado ambíguo demais para ser invocado: certas correntes na expectativa messiânica na verdade fizeram com que fosse mais difícil, e não menos difícil, para os judeus aceitar Jesus. Uma posição extrema foi expressa por Bultmann (in *The Old Testament*, ed. Anderson 31): "Para a fé cristã o Antigo Testamento não é mais revelação." A veemência do debate parecia, de certo modo, retardar o progresso desta abordagem de um sentido mais-que-literal por parte da teologia bíblica, mas elementos dela sobreviveram na crítica canônica contemporânea (→ 71 *abaixo*).

(ANDERSON, B. W., "Biblical Theology and Sociological Interpretation", *TToday* 42 [1985] 292-306. HASEL, G. F., "Biblical Theology: Then, Now, and Tomorrow", *HBT* 4 (1982) 61-93. REVENTLOW, H., *Problems of Biblical Theology in the Twentieth Century* [Philadelphia, 1986]. TERRIEN, S., "Biblical Theology: The Old Testament [1970-1984]", *BTB* 15 [1985] 127-35. Quanto à bibliografia, veja também → Pensamento do AT, 77:1; → Crítica do AT, 69:54 [TERRIEN e WESTERMANN].)

53 (II) A situação contemporânea. A linha entre o passado recente e a situação contemporânea é um tanto nebulosa. Não obstante, se os § 43-52 diziam respeito aos movimentos que eram muito discutidos quando o *JBC* foi escrito, mas que recebem menos atenção agora, o que se segue descreve os movimentos além do sentido literal que ocuparam os estudiosos após 1965. Estes movimentos mais recentes muitas vezes implicam uma revisão e um redirecionamento de interesses já evidentes no passado recente. Este fato deveria tornar os proponentes de abordagens contemporâneas cautelosos em relação a pretensões de oferecer *o* caminho para interpretar a Escritura. Infelizmente, com frequência os proponentes de uma ou outra abordagem a ser exposta abaixo rejeitam com igual vigor não apenas a ênfase histórico-crítica no sentido literal, mas também outras abordagens contemporâneas. Como a busca pelo Santo Graal, a busca pela rota exclusiva na hermenêutica parece ser eterna, e os fracassos do passado só tornam mais otimistas as pessoas que empreendem a busca. Se no séc. XXI outros editores forem corajosos o suficiente para planejar um Novo Comentário Bíblico São Jerônimo mais atual, pode-se estar certo de que parte do que se segue também será relegado ao passado recente.

54 (A) A nova hermenêutica (heideggeriana). Já no período de 1950-1965 uma hermenêutica relacionada ao papel da linguagem estava atraindo a atenção entre os biblistas, como foi relatado no *JBC* 71:49-50 e resumido por J. M. Robinson e J. B. Cobb, *The New Hermeneutic* (NFT 2; New York, 1964); e R. E. Brown e P. J. Cahill, *Biblical Tendencies Today: An Introduction to the Post-Bultmannians* (Corpus Papers; Washington, 1969). Este problema da linguagem já apareceu na *Sachkritik* alemã (que reconhece a validade do assunto mesmo quando a linguagem na qual o assunto foi objetivado era inapropriada) e na demitologização de R. Bultmann (→ Crítica do NT, 70:51), que decodificou o mito bíblico, procurando formular seu significado mais adequadamente eliminando a conceitualização mítica inadequada. Nos escritos filosóficos mais tardios de M. Heidegger, a hermenêutica veio a significar o processo de interpretação do ser, especialmente por meio da linguagem. O ser se expressa na linguagem do texto ainda que independentemente da intenção do autor. Valendo-se do Heidegger mais tardio, mas modificando suas ideias, a *Hermeneutik* programática de E. Fuchs (1954) foi além dos princípios hermenêuticos de Bultmann. Para Bultmann, a autointerpretação do leitor está no nível da pré-compreensão, subordinada ao ato de interpretação do texto em si; para Fuchs (→ Crítica do NT, 70:66), o texto interpreta o leitor ao criticar sua autocompreensão. O "princípio hermenêutico" é onde o texto é colocado a fim de falar ao leitor, e para a exegese teológica o princípio hermenêutico básico é a necessidade humana – uma necessidade que revela o que queremos dizer com o termo "Deus". A "tradução" implica encontrar o lugar onde o texto bíblico pode atingir o leitor. G. Ebeling (→ Crítica do NT, 70:70), amigo íntimo de Fuchs, levou adiante o desenvolvimento da hermenêutica na direção indicada pelo Heidegger tardio ("Hermeneutik," *RGG* 3 [1959] 242-62). O papel que ele queria atribuir à crítica histórica não é um papel interpretação essencial, mas o de remover todas as distorções, de modo que o texto possa falar eficazmente aos leitores.

55 (B) Crítica literária. A exposição deste aspecto da hermenêutica bíblica é complicada pela fluidez e ambiguidade da terminologia, que é constantemente ampliada por termos novos e quase técnicos usados de formas diferentes por diferentes autores. *Aqui, o termo "crítica literária" é usado como o é no campo da literatura, não como tem sido usado tradicionalmente no campo bíblico*, onde ele designa a exploração de questões históricas como autor, época e lugar de composição, natureza e origem das fontes e implicações sociorreligiosas das formas literárias (como, *p.ex.*, em Kümmel, *INT*).

56 O estudo da Bíblia como literatura foi impedido no passado tanto por uma preocupação exagerada com a singularidade da Escritura canônica quanto por uma restrição estreita de "literatura" a produções literárias autoconscientes, uma designação que se aplicaria a uma parte relativamente pequena do AT ou do NT. Em anos recentes, a crescente apreciação da linguagem como mediação do ser, e não como sistema de rótulos verbais e, assim, da relação íntima da forma com o conteúdo do texto, inclusive dos textos canônicos, sugeriu a possibilidade de um uso teologicamente responsável dos métodos da crítica literária na interpretação bíblica (veja A. N. Wilder, *The New Voice* [Cambridge MA, 1971] xi–xxx). Além disso, os críticos literários reconheceram um preconceito ideológico na restrição estreita de "literatura" (Eagleton, *Literary* 1-16) e admitiram prontamente que "literatura é o que nós lemos como literatura" (McKnight, *Bible* 9-10), *i.e.*, a literatura consiste dos textos que uma sociedade valoriza. Consequentemente, tanto do ponto de vista teológico quanto literário podemos tratar os textos bíblicos como obras literárias.

57 (a) *Da crítica histórica à crítica literária*. D. Robertson (*IDBSup* 547-51) chama o recente surgimento da crítica literária no campo do estudo da Bíblia de "mudança de paradigma" neste campo. Esta mudança reflete a "guinada à linguagem" tanto na filosofia quanto no estudo da literatura. Contudo, ela se desenvolveu organicamente da abordagem histórica que tem sido paradigmática no campo bíblico desde o séc. XIX. A crítica das formas e a das fontes (→ 23-27 *acima*), especialmente no estudo do NT, acabaram concentrando sua atenção na atividade literária do "redator", cujas preocupações teológicas determinaram a produção do texto final (→ 28-29 *acima*), *p.ex.*, o Evangelho de Lucas. Como destaca N. R. Petersen (*Literary Criticism for New Testament Critics* [Philadelphia, 1978]), a crítica da redação levantou questões acerca do texto como texto que nem a história nem a teologia podiam abordar. Pesquisadores como A. N. Wilder, N. Perrin, R. W. Funk, D. Crossan, D. O. Via e D. Patte, ao tentar tratar destas novas questões, tornaram-se a primeira geração de biblistas a unir a hermenêutica filosófica e a crítica literária numa nova abordagem da interpretação bíblica que se transformou no que McKnight (*Bible* 5) chama de "crítica hermenêutica". (Quanto à importância da contribuição de Wilder, veja J. A. Mirro, *BTB* 10 [1980] 118-23.).

58 Tanto a tradição ontológica heideggeriana (→ 54 *acima*) representada por H. G. Gadamer (*Verdade e método*, em português: 1996]) quanto a tradição fenomenológica husserliana representada por P. Ricoeur (*Interpretation*) contribuíram filosoficamente para uma abordagem centrada na linguagem da compreensão de textos. (Veja R. Palmer *Hermeneutics* [Evanston, 1969] para um histórico da teoria da hermenêutica moderna desde F. Schleiermacher.). É fundamental para a teoria hermenêutica contemporânea a convicção de que toda compreensão histórica (em contraposição à matemática ou científica) é dialógica por natureza. A interpretação de textos implica um "diálogo" entre o leitor e o texto acerca do assunto do trata o texto (veja H. Ott, "Hermeneutics and Personhood", *Interpretation: The Poetry of Meaning* [ed.

S. R. Hopper e D. L. Miller; New York, 1967] 14-33). Esta concepção de interpretação suscita três perguntas que levam diretamente à arena literária: Qual é o assunto ou referente do texto? Como o texto "funciona" para envolver o leitor? Como a subjetividade do leitor influencia o processo de interpretação?

59 (b) *O problema da referência*. Na crítica histórica tradicional, o referente do texto bíblico era simplesmente o acontecimento histórico relatado pelo texto, *p.ex.*, a fuga dos hebreus do Egito ou a crucificação de Jesus. Mais tarde, os estudiosos perceberam que o texto implicava uma interpretação teológica dos acontecimentos, que refletia as preocupações das comunidades nas quais os textos foram escritos. A crítica literária, contudo, não concebe o texto como uma "janela" que se abre para um mundo histórico (os acontecimentos relatados ou a situação da comunidade na qual o texto foi composto), mas como um "espelho" que reflete um mundo no qual o leitor é convidado a entrar. Em outras palavras, o referente do texto como tal não é o "mundo real" da história (*p.ex.*, o êxodo ou a crucificação), mas o mundo literário significado pelo texto. No caso dos textos bíblicos, o mundo literário é gerado pela interpretação teológica da realidade (*p.ex.*, a fuga do Egito *como* libertação divina para a vida na aliança; a morte de Jesus *como* mistério pascal salvífico). A preocupação do intérprete literário da Bíblia, então, não é a reconstrução dos acontecimentos históricos, mas a compreensão autotransformadora, *i.e.*, apropriação, do assunto do qual trata o texto. Uma abordagem como esta não nega o valor da pesquisa histórica nem faz com que se ignore a situação original do texto; antes, ela amplia o conceito de significado para além de qualquer restrição a interesses históricos (veja McKnight, *Bible* 11-12).

60 (c) *Abordagens não contextuais*. As abordagens literais atuais de textos podem ser divididas, *grosso modo*, em dois tipos básicos: abordagens não contextuais (centradas no texto) e abordagens contextuais (orientadas pelos ouvintes/leitores). Começamos com as não contextuais.

61 *Estruturalismo*. Este termo se aplica a vários métodos que concebem o texto como um sistema fechado de sinais ou signos que têm significado não em si mesmos ou em referência à realidade extratextual, mas apenas em relação uns com os outros. O modelo para a compreensão de signos sejam unidades textuais minúsculas (*p.ex.*, palavras) ou unidades maiores (*p.ex.*, parábolas), é o modelo semiótico segundo o qual um signo é composto de um significante (expressão) e de um significado (conteúdo). A forma de análise estrutural mais amplamente aplicada a materiais bíblicos foi o método de A. J. Greimas para a análise da narrativa. De acordo com Greimas, o significado em um texto é o efeito da operação de estruturas ou sistemas de elementos profundos, idênticos para todas as narrativas, que geram textos individuais analogamente ao modo como a gramática gera períodos dentro de uma língua. O objetivo da análise estrutural é trazer à luz as estruturas profundas das quais o texto é uma realização. Deste modo, como ressaltou Ricoeur (*Interpretation* 82-87), o sentido (em contraposição à referência) de um texto pode ser esclarecido. O estruturalismo é visto por seus praticantes como um método científico que torna possíveis estudos comparativos de textos cruzando fronteiras culturais e linguísticas. Os resultados da exegese bíblica estruturalista são, até agora, relativamente escassos, mas como método explicativo ela contém algumas promessas (→ Pensamento do NT 81:71).

(Históricos das abordagens formalista e estruturalista em McKnight e Eagleton; descrição e aplicação à Bíblia em R. M. Polzin, *Biblical Structuralism* [Missoula, 1977]; J. Calloud, *Structural Analysis of Narrative* [Missoula, 1976]; D. C. Greenwood, *Structuralism and the Biblical Text* [Berlin, 1985]; D. Patte, *What Is Structural Exegesis?* [Philadelphia, 1976]; D. O. Via, *Kerygma and Comedy in the New Testament* [Philadelphia, 1975].)

62 *Desconstrução.* Esta teoria literária, associada a J. Derrida (veja sua obra *Dissemination* [Chicago, 1981), volta o estruturalismo contra si mesmo ao contestar sua chamada metafísica da presença, *i.e.*, sua convicção fundamental de que o significante (*p.ex.*, a narrativa) num signo (*p.ex.*, o Evangelho de Marcos) manifesta um significado (*p.ex.*, o mundo narrativo de Marcos) que é um referente determinado. O desconstrucionista coloca ênfase no significante, o qual somente o é em relação a outros significantes, e não em relação a um significado determinado, pois o significado é, ele mesmo, um significante dentro de um outro signo. Em outras palavras, o texto é uma série interminável de referências a outras referências que nunca para num referente "real" ou determinado. Assim, o próprio texto subverte o significado que ele cria. Talvez devido ao fato de que esta teoria implica a completa indeterminação dos textos, ela não gerou grande interesse entre os biblistas. Veja J. I. N. Stewart e J. Cullen, *On Deconstrution* (Ithaca, 1982).

63 (d) *Abordagens contextuais.* As abordagens reunidas sob este título um tanto vago têm em comum o fato de que incluem o leitor na definição da obra literária e incluem o contexto do leitor e/ou escritor no processo de interpretação. A "obra" não é o texto, mas passa a existir quando o texto e o leitor interagem. O texto, portanto, não é um "objeto" sobre o qual o intérprete realiza procedimentos analíticos ou investigativos (como faz um cientista) a fim de extrair um significado intrínseco teoricamente unívoco. Antes, é uma estrutura poética com a qual um leitor se envolve, de dentro de uma situação concreta, no processo de busca de significado. Os textos, portanto, são intrinsecamente um tanto indeterminados e abertos para mais de uma interpretação válida, porque o significado não é determinado *exclusivamente* pelo autor. Um texto, uma vez escrito, não está mais sob o controle do autor e nunca pode ser interpretado duas vezes a partir da mesma situação.

64 O principal problema levantado por esta compreensão de obra de interpretação diz respeito aos critérios de validade face a múltiplas interpretações. De fato, uma equiparação do significado com a intenção do autor (*p.ex.*, Hirsch, *Validity* [→ 11 *acima*) parece prevenir este problema ao postular a existência de um significado ideal unívoco, ainda que este significado nunca possa ser efetivamente alcançado ou verificado. Mas poucos pesquisadores de literatura aceitam hoje esta noção de significado. Aqueles que não aceitam nem a determinação total do significado pela intenção do autor nem a indeterminação total dos textos em relação aos leitores podem ainda propor critérios de validade (observe: não de verificação), como, *p.ex.*, a coerência, a adequação ao texto e a plenitude do significado. Embora nenhuma interpretação seja exaustiva e muitas possam ser válidas, nem toda interpretação é válida e nem todas as interpretações são iguais (veja M. A. Tolbert, *Perspectives on the Parables* [Philadelphia, 1979]).

65 *Crítica retórica.* Isto pressupõe que todo discurso visa a influenciar ouvintes/leitores particulares em uma época particular. Portanto, a análise das estratégias textuais mediante as quais os objetivos comunicacionais foram alcançados na situação original e são alcançados em relação aos leitores subsequentes pode dar acesso ao significado do texto. O princípio básico da crítica retórica é que os textos precisam revelar os contextos tanto do autor quanto do leitor. G. A. Kennedy (*New Testament Interpretation Through Rhetorical Criticism* [Chapel Hill, 1984]) descreve a crítica retórica aristotélica clássica, que se preocupa principalmente com os objetivos e métodos do autor do texto, e ele aplica esta teoria de maneira hábil a vários textos do NT. Quanto ao florescente desenvolvimento do estudo retórico do AT, → Crítica do AT 69:67-68. Veja W. Wuellner, "Where is Rhetorical Criticism Taking Us?" *CBQ* 49 (1987) 448-63.

66 A crítica retórica contemporânea está interessada não simplesmente nas regras e nos dispositivos de argumentação usados pelo escritor, mas em todas as estratégias pelas quais os interesses, valores e emoções dos leitores (tanto os originais quanto os posteriores, são envolvidas. Assim, ela está tão preocupada com o processo de interpretação por parte dos leitores quanto com o processo de criação por parte do autor. A. N. Wilder (*Early Chistian Rhetoric* [London, 1964]) demonstrou a fecundidade da abordagem retórica para a interpretação de materiais do NT; ela foi aplicada em particular à interpretação das parábolas (→ Pensamento do NT, 81:68-70).

67 A crítica das narrativas (que se distingue da narratologia ou análise estrutural da história) é a aplicação da crítica retórica às histórias, quer estas sejam narrativas quase históricas inteiras dos evangelhos (D. Rhoads e D. Michie, *Mark as Story* [Philadelphia, 1982]; J. D. Kingsbury, *Matthew as Story* [Philadelphia, 1986]; R. A. Culpepper, *Anatomy of the Fourth Gospel* [Philadelphia, 1983]), narrativas mais curtas como a da ressurreição de Lázaro em Jo 11, ou histórias fictícias como Jonas ou uma parábola (R. Funk, *The Poetics of Biblical Narrative* [Sonoma, CA, 1988]).

68 *Críticas sociológica e psicanalítica*. Estas duas abordagens prestam atenção de modo particular à influência do leitor na construção do significado e às influências, pessoais ou sociais, sobre a recepção da obra por parte do leitor – o leitor atual, não o leitor antigo. A crítica sociológica orientada pelos ouvintes/leitores (que é distinta do estudo histórico do mundo social; → 15 *acima*) procura investigar a leitura como um fenômeno essencialmente coletivo, no qual o leitor individual faz parte de um "público leitor" com características sócio-históricas específicas que influenciam o processo de interpretação. A crítica psicanalítica enfatiza a influência da personalidade e história pessoal na interpretação. (Veja S. Suleiman, "Introduction: Varieties of Audience-Oriented Criticism", *The Reader in the Text* [ed. S. R. Suleiman e I. Crosman; Princeton, 1980] 3-45, sobre esta seção e a seguinte.)

69 *Crítica fenomenológica*. Esta coloca a ênfase na interação do leitor com o texto no processo de leitura, pelo qual o texto está sendo atualizado ou percebido pelo leitor. Ela implica que "o texto potencial é infinitamente mais rico do que qualquer uma de suas percepções individuais" (W. Iser, "The Reading Process: A Phenomenological Approach", *The Implied Reader* [Baltimore, 1974] 280). Ricoeur (*Interpretation*) fornece a base filosófica para esta abordagem.

70 (e) *Conclusão*. A variedade de abordagens literário-hermenêuticas da interpretação dos textos bíblicos impede qualquer reivindicação totalitária a favor de qualquer uma das abordagens. O que todas estas abordagens recentemente desenvolvidas têm em comum é que elas operam dentro do paradigma linguístico/literário em vez do paradigma histórico. Todas elas lidam com o texto em sua forma final, e não com sua gênese, e estão preocupadas com o mundo literário projetado "na frente" do texto e não com o mundo histórico "por trás" do texto. Seus interesses hermenêuticos estão no *significado presente mediado pela linguagem por meio da interpretação*, e não nos significados históricos descobertos pela exegese que são depois inseridos nos contextos contemporâneos mediante um processo de aplicação. A maioria dos biblistas que usa a crítica literária reconhece a importância, e até mesmo a necessidade, da exegese histórico-crítica para a compreensão plena dos textos bíblicos; mas rejeita qualquer compreensão (ou melhor, compreensão errônea) do método histórico-crítico como a única abordagem e como a abordagem exclusivamente autoritativa da interpretação bíblica.

(ALTER, R. e F. KERMODE [eds.], *The Literary Guide to the Bible* [Cambridge MA, 1987; português 1998]. BEARDSLEE, W. A., *Literary Criticism of the New Testament* [Philadelphia, 1970]. 'FOWLER, R. M., "Using Literary Criticism on the Gospels",

Christian Century 99 [1982] 626-29. GABEL, J. B. e C. B. WHEELER, *The Bible as Literature* [Oxford, 1986]. HABEL, N., *Literary Criticism of the Old Testament* [Philadelphia, 1971]. KRIEGER, M., "Literary Analysis and Evaluation – And the Ambidextrous Critic", *Criticism: Speculative and Analytic Essays* [ed. L. S. DEMBO; Madison, 1968] 16-36. LATEGAN, B. C. e W. S. VORSTER, *Text and Reality: Aspects of Reference in Biblical Texts* [Philadelphia, 1985]. *Orientation by Disorientation: Studies in Literary Criticism and Biblical Criticism* [Festschrift W. A. BEARDSLEE; ed. R. A. SPENCER; Pittsburgh, 1980]. PERRIN, N., *Jesus and the Language of the Kingdom* [Philadelphia, 1976]. POLAND, L., *Literary Criticism and Biblical Hermeneutics* [Chicago, 1985]. *Rhetorical Criticism* [Festschrift J. MUILENBURG; ed. J. J. RAJAK e M. KESSLER; Pittsburgh, 1974]. SCHNEIDERS, S. M., *TS* 39 [1978] 719-36; 43 [1982] 52-68; *CBQ* 43 [1981] 76-92; *TToday* 42 [1985] 353-58 – sobre vários aspectos da crítica literária. Simpósio em *TToday* 44 [1987] 165-221.)

71 (C) Crítica canônica. Um dos principais expoentes desta corrente é B. S. Childs, de Yale, em suas obras *Introduction to the Old Testament as Scripture* (Philadelphia, 1979) e *The New Testament as Canon: An Introduction* (Philadelphia, 1985). Childs não dispensa a crítica histórica, embora frequentemente considere seus resultados irrelevantes. Para Childs o que importa é *a forma canônica final*: (1) Do texto linguístico. A atenção primária deveria ser dada não a um texto hebraico do AT reconstruído pelos pesquisadores que comparam manuscritos e versões, mas ao texto estabilizado pelos massoretas e que conhecemos nas tradições copiadas do séc. X d.C. (→ Textos 68:42-5). (2) Do livro individual. Um livro do Pentateuco pode ter surgido da combinação das tradições de J, E, D e P; mas somente a forma final é Escritura e deveria receber a atenção principal, pois ali se pode perceber o efeito pleno história revelatória. Ainda que Isaías consista de três seções escritas num período de 250 anos, a interpretação do todo não enfatizará as situações de vida muito diferentes de cada uma das partes. (3) Da coleção. A ordem dos livros na coleção bíblica é significativa: as Escrituras hebraicas se tornam um AT preparatório para um NT; Lucas foi separado de Atos e deve ser tratado como um evangelho comparável aos outros três. Também é significativo o público amplo que visionamos quando falamos do cânone de Israel e do cânone da igreja. Um profeta pode ter dirigido suas palavras aos israelitas de Samaria em 700 a.C., mas como Escritura canônica suas palavras são agora dirigidas a todos os judeus e a todos os cristãos. As Epístolas de João podem ter sido escritas para aquela parte da comunidade joanina que permaneceu após o cisma de 1Jo 2,19, mas o horizonte limitado do autor original pode ser esquecido, visto que agora elas são dirigidas a toda cristandade. Somente a forma canônica final do texto, livro e coletânea são Escritura Sagrada para uma comunidade de fé e prática; e a crítica histórica foi uma distração com seu isolamento dos livros individuais, sua análise das fontes e sua concentração na intenção e nas circunstâncias do autor. Childs seria crítico da concentração no que Jesus quis dizer com suas palavras, em como os apóstolos as interpretaram quando pregaram e no que os evangelistas transmitiram quando as escreveram. Para Childs, "o testemunho de Jesus Cristo recebeu sua forma normativa por meio de um processo interpretativo da era pós-apostólica" (*New Testament* 28).

72 Childs resiste ao termo "crítica canônica" para que esta abordagem não se torne mais uma entre tantas outras. O termo é aceitável para um outro expoente, J. A. Sanders (*Torah and Canon Introduction* [Philadelphia, 1972]; *Canon and Community* [Philadelphia, 1984]); para ele, esta crítica evoluiu de outras disciplinas bíblicas, refletindo nelas e moldando-as. Sua contribuição singular consiste em abordar questões de autoridade bíblica situando as Escrituras como palavra de Deus na matriz de uma comunidade crente de leitores e intérpretes. Sanders difere notavelmente de Childs ao se opor a uma atenção exclusiva na forma final de um livro ou da coleção. Antes disto houve um contínuo processo canônico ou contínua busca canônica ("midrásh comparativo") onde tradições antigas que eram consideradas valiosas foram tornadas contemporâneas e adaptadas em novas situações, ajudando uma comunidade a encontrar identidade em um mundo de resto confuso. Mesmo após a forma final, esta adaptabilidade da Escritura tem continuidade mediante as técnicas hermenêuticas. A seletividade atua em todos os estágios do processo, e uma rica diversidade no cânone (tanto diacrônica quanto sincronicamente) impede que construções teológicas posteriores sejam impostas à Bíblia. Apesar das tentativas do movimento de teologia bíblica (→ 52 *acima*), não se pode fazer com que a Bíblia fale com uma única voz. Outro defensor da crítica canônica é G. T. Sheppard (*Wisdom as a Hermeneutical Construct* [New York, 1980]). A aplicação do midrásh comparativo e da crítica canônica dentro do judaísmo é exposta por J. Neusner (*Ancient Judaism and Modern Category-Formation* [Lanham MD, 1986] 25-53, 83-120, com uma reação de Sanders em *BTB* 14 [1984] 82-83).

73 Um juízo da crítica canônica é complicado pelo tom das afirmações de Childs que rejeita imperiosamente o valor da maioria dos comentários recentes. Não obstante, aspectos valiosos deveriam ser observados: (1) Com demasiada frequência, a crítica histórica parou com as partes reconstruídas de livros, não prestando atenção ao livro como um todo, que é a única forma que sobreviveu. Mesmo neste caso é uma espécie de fundamentalismo deificar um livro individual com suas peculiaridades e negligenciar o contraponto proporcionado pelo cânone em sua totalidade. Num sentido muito real, um livro não é bíblico até que ele faça parte da Bíblia. (2) Visto que os livros bíblicos foram escritos por crentes para crentes, a comunidade de fé é um contexto bom (e não necessariamente preconceituoso) para a interpretação, contanto que esta comunidade entre em diálogo franco com sua tradição. A iluminação e o enriquecimento da exegese pela fé não podem ser rejeitados tão facilmente como "não-científicos" (→ 85-87 *abaixo*). (3) Quem crê que o Espírito Santo inspirou a escrita destes livros deveria reconhecer que o Espírito não poderia ter ficado em silêncio após o último livro ser escrito e deve ter estado ativo tanto na recepção destes livros pela Igreja quanto em sua interpretação.

74 Há também problemas sérios, como foi indicado incisivamente (mas talvez por demais pejorativamente) por Barr (*Holy Scripture*). A maioria das objeções está dirigida contra a forma de teoria adotada por Childs: (1) Enfatizar excessivamente a forma final do livro e da coletânea é negligenciar a continuidade da comunidade de crentes posterior com um Israel anterior e uma igreja que existiam antes que houvesse os livros do AT e do NT, respectivamente (→ 5 *acima*). A fé não foi controlada pela Escritura; a Escritura se derivou da fé. Embora negligencie o valor pleno do cânone, a crítica histórica, em sua melhor forma, descobriu as dimensões da fé e da comunidade *dentro* da Escritura descrevendo a comunidade de crentes nos estágios formativos da Bíblia. (2) As afirmações dos autores bíblicos, que são autoridade em si mesmos, não pode ser completamente anuladas por um sentido canônico que frequentemente seria estranho a suas opiniões. Além disso, deve-se levar em consideração a autoridade dos personagens bíblicos (Moisés, Jesus) que não foram autores de livros bíblicos no sentido comum de escritores (→ 6 *acima*). A crítica canônica pode ter o efeito de reforçar a concepção de que a Bíblia como um todo é a única autoridade no cristianismo, uma concepção que muitos cristãos consideram inteiramente inadequada. (3) O processo de formação do cânone não foi sempre tão deliberado quanto se poderia inferir da grande ênfase teológica dada a ele pelos críticos canônicos. Alguns livros certamente desapareceram por acidente histórico; alguns livros foram preservados não por causa do grande valor teológico, mas porque se pensava que proviessem de personagens distintos. Mesmo após o cânone ter sido concluído, alguns livros (*p.ex.*, Judas) exercem pouca ou nenhuma função na vida da igreja. Quanto à crítica textual, as versões têm sido com frequência mais influentes do que as formas canônicas do AT hebraico ou do NT grego, *p.ex.*, a LXX na protoigreja cristã, a Vulgata na igreja ocidental, a *KJV [King James Version]* no protestantismo inglês. Em grau crescente, traduções controladas criticamente que partem tanto do hebraico massorético quanto do *Textus Receptus Grego* (→ Textos, 68:55, 161) se tornam a Escritura canônica para a maioria das igrejas. (4) A tese de Sanders de que a comunidade encontrou sua identidade por meio do processo canônico de interpretação das tradições foi considerada exagerada tanto por Childs quanto por Barr. Este último (*Holy Scripture* 43) observa: "Longe de o cânone estabelecer ou expressar a autoidentidade da igreja, é a igreja que estabelece a rede de relações familiares dentro da qual as Escrituras são conhecidas e entendidas." Ao aplicar o "midrásh comparativo" ao NT (*p.ex.*, *USQR* 33 [1978] 193-196), Sanders às vezes inverte o processo hermenêutico: os primeiros cristãos não descobriram a identidade de Jesus ou sua identidade como crentes em Jesus por meio da reflexão sobre as Escrituras de Israel; antes, com seu pano de fundo moldado pelas Escrituras, eles perceberam a identidade de Jesus por meio da fé e adaptaram aquelas Escrituras a fim de formular uma descrição desta identidade.

(BARTON, J., *Reading the Old Testament* [Philadelphia, 1984]. BETZ, H. D. [ed.], *The Bible as a Document of the University* [Chico, 1981]. BIRD, P. A., *The Bible as the Church's Book* [Philadelphia, 1982]. BRUEGGEMANN, W., *The Creative Word* [Philadelphia, 1982]. FISHBANE, *Biblical Interpretation* [→ 34 *acima*]. FOWL, S., *ExpTim* 96 [1984-85] 173-76. SANDERS, J. A., *From Sacred Story to Sacred Text* [Philadelphia, 1987]. Também *JSOT* 16 [1980]; *HBT* 2 [1980]; *BTB* 11 [1981] 114-22; *Canon, Theology, and Old Testament Interpretation* [ed. G. TUCKER *et al.*; Philadelphia, 1988].)

75 (D) Contribuições variadas. As abordagens seguintes, que vão além do sentido literal, quer o admitam ou não, são oferecidas a partir de várias perspectivas e só podem ser esboçadas resumidamente.

(a) *Exegese para uma transformação pessoal.* Após atacar a crítica histórica como se ela estivesse sempre divorciada da fé e da igreja, W. Wink (*The Bible in Human Transformation* [Philadelphia, 1973]) enfatiza a necessidade de interpretar o leitor da Bíblia – uma fenomenologia do exegeta, uma arqueologia do sujeito. Para que a Bíblia exerça um papel religioso em nossas vidas, Wink propõe uma crítica psicanaliticamente informada do modo como lemos o texto. Valendo-se das percepções da psicologia religiosa profunda (C. J. Jung), Wink usa a crítica bíblica padrão para remover pressuposições acerca de uma passagem e, a seguir, faz uma série de perguntas que relacionam o leitor com os personagens e ações numa passagem. (Veja também W. G. Rollins, *Jung and the Bible* [Atlanta, 1983].). Por exemplo, ao discutir Mc 2,12, Wink pergunta: "Quem é o 'paralítico' em você? ou "Quem é o 'escriba' em você?" Obviamente, um texto tratado desta maneira pode envolver o leitor em termos religiosos (ou espirituais, como no método inaciano católico romano de uso da Escritura). Todavia, os resultados às vezes podem estar muito longe da intenção do autor original, que muitas vezes estava abordando questões da comunidade. Áreas maiores de preocupação bíblica dificilmente se prestariam a tal concentração na conversão individual. As dimensões eclesiástica, doutrinária e litúrgica da Escritura, familiares a muitos cristãos, não emergem de tal abordagem. Barr (*Holy Scripture* 107) é mordaz em sua crítica a Wink.

76 (b) *Exegese advocatória.* Estudos orientados pela teologia da libertação e pelo feminismo deram contribuições recentes à investigação de ambos os Testamentos cobrindo toda a gama hermenêutica do que temos chamado de sentido literal e mais--que-literal (→ Crítica do AT, 69:73-79, → Crítica do NT, 70:82-83). Um aspecto interessante de muitas delas é a defesa aberta de que seus resultados sejam usados para mudar a situação religiosa ou social existente. A interpretação para apoiar ideologias ou causas significativas é livremente defendida sob a alegação de que os escritores e os escritos bíblicos não deixavam de ter sua própria defesa. Por exemplo, E. Schüssler Fiorenza sustenta que a história da igreja foi escrita primordialmente como uma história clerical, porque os clérigos estavam não apenas escrevendo, mas também lendo estes relatos históricos. É amplamente reconhecido que um discernimento do viés (consciente ou inconsciente) na narrativa bíblica e uma colocação de perguntas sociológicas, econômicas e políticas que não foram feitas pelos exegetas do passado podem ajudar a preencher o mundo bíblico e a descobrir no texto e por baixo do texto uma riqueza anteriormente não percebida. Porém, mais do que isto está implicado na exegese de defesa. A fim de alimentar a fé e a visão de comunidades cristãs que lutam hoje por liberdade, algumas pessoas sustentariam que a libertação dos oprimidos é a única ótica pela qual as Escrituras podem ser lidas. Esta ótica deve ser favorecida por uma hermenêutica centrada menos no texto e mais nas pessoas cuja história de libertação é lembrada na Bíblia. Por exemplo, as possibilidades paradigmáticas do êxodo são invocadas livremente. Outras pessoas procuram o que pode ser uma inspiração para as mulheres que estão lutando pela libertação, apoiadas por sua crença no Deus da criação e da salvação. Se a superfície da narrativa bíblica não oferece material suficiente para apoiar uma causa feminista como esta, o uso máximo das mais leves pistas é considerado conducente à detecção de situações mais favoráveis que foram suprimidas consciente ou inconscientemente. Para outras, estas reconstruções que visam a defesa de uma causa parecem forçadas, e argumenta-se que se deve contar com a possibilidade de que os autores bíblicos estivessem inconscientes ou desinteressados em questões que parecem importantes para nós. A situação sociológica da Antiguidade pode ter sido de fato (e não simplesmente através da omissão de dados) desfavorável para causas modernas. Limitações bíblicas como estas não tornariam as causas modernas menos importantes, mas as colocariam no contexto da história. Algumas questões importantes para Paulo ou Mateus (como a questão da conversão judeu-gentio) parecem irrelevantes para nós hoje (mesmo quando interpretadas inteligentemente para realçar sua relevância subjacente). Este fato poderia constituir uma advertência de que nossas questões candentes poderão parecer irrelevantes daqui a algumas décadas. Uma Escritura lida somente pela ótica das questões modernas poderia parecer menos relevante no futuro.

(BROWN, R. M., *Unexpected News: Reading the Bible with Third World Eyes* [Philadelphia, 1984]. CLEVENOT, M., *Materialist Approaches to the Bible* [Maryknoll, 1982]. SCHOTTROFF, W. e W. STEGERMANN [eds.], *God of the Lowly* [Maryknoll, 1984]. SCHÜSSLER FIORENZA, E., *In Memory of Her* [New York, 1983].)

77 (E) Observações finais. Por razões de clareza pedagógica, neste artigo expusemos primeiro o sentido literal e, depois, o mais-que-literal, explicando ao mesmo tempo os procedimentos ou tipos de críticas empregados para determinar respectivamente o que o texto quis dizer e o que ele quer dizer. Embora um intérprete possa se concentrar em um ou em outro, estas categorias não são separáveis; pois o processo total de explicação e compreensão implica a relação entre os dois. A maioria dos comentários bíblicos escritos até agora se concentraram quase exclusivamente no sentido literal ou na busca do que o texto quis dizer. Existem pelo menos duas razões para isto. Primeira, há um amplo acordo, pelo menos em teoria, sobre os meios (os tipos de crítica) usados para detectar o sentido literal. Os defensores da importância de um sentido mais-que-literal estão frequentemente muito divididos quanto ao modo em que abordam o texto, como indicam os tipos de crítica examinados acima sob a rubrica "situação contemporânea". Segunda, a possibilidade de se envolver com o texto a fim de determinar o que ele pode ou deveria significar agora para o leitor é complicado pela diversidade de leitores, de modo que muitos comentaristas optam por se limitar à tarefa de explicar, esperando que os próprios leitores passem a uma compreensão vital. Esta suposição é um pouco otimista, e os comentaristas não podem se contentar em ser arqueólogos do significado. Talvez a situação melhore quando os defensores das várias críticas que descobrem o sentido mais-que-literal passem da teoria para a prática e comecem eles mesmos a escrever comentários. Isto tornaria parte da discussão menos abstrata.

TEMAS RELACIONADOS

78 **(I) Acomodação.** Além dos sentidos *da* Escritura está a acomodação, um sentido *dado à* Escritura – não o produto da exegese, mas de "eisegese", ainda que, reconhecidamente, numa compreensão mais ampla de "significado" as linhas divisórias entre os sentidos mais-que-literais e a acomodação se tornam indistintas. O âmbito da acomodação é imenso, indo da aplicação catequética ao embelezamento literário. Grande parte da exegese mais-que-literal nos Padres da Igreja e na liturgia é acomodação – um fato que é inteligível quando nos lembramos que a Escritura era considerada o texto básico a partir do qual uma ampla gama do conhecimento cristão era ensinado. Quando Gregório o Grande disse a seus ouvintes que a parábola dos cinco talentos do evangelho se referia aos cinco sentidos, ele estava "acomodando". A liturgia acomoda às vidas de pontífices-confessores cristãos a oração que Eclo 44-45 coloca sobre os patriarcas de Israel. Um uso muito frequente da acomodação ocorre nos sermões, *p.ex.*, quando pregadores elogiaram o papa João XXIII ao citar Jo 1,6: "Houve um homem enviado por Deus. Seu nome era João."

79 A acomodação é inevitável com um livro que é tão familiar e respeitado como a Bíblia. E, na verdade, uma certa tolerância pode ser concedida à acomodação quando ela é feita com inteligência, sobriedade e bom gosto. Em matéria de bom gosto, por exemplo, não é impróprio aplicar Jo 1,6 para elogiar um papa amado e piedoso; sua aplicação a outros homens chamados de João, não particularmente notáveis pela santidade, é mais duvidosa. Mas, mesmo quando a acomodação é manuseada com uma certa sobriedade, temos de insistir que ela deveria ser um uso apenas ocasional da Escritura e não o uso principal. Os pregadores podem achar a acomodação fácil e podem recorrer a ela em vez de se dar o trabalho de extrair uma mensagem relevante do sentido literal da Escritura. Então eles correm o risco de substituir a palavra de Deus por sua própria engenhosidade. Se se deixa claro para os leitores ou ouvintes que o escritor ou o orador está acomodando, parte deste perigo é removido. Mas, em geral, agora que reconhecemos a tremenda riqueza do sentido literal da Escritura, uma exposição sólida deste sentido prestará um serviço muito melhor do que acomodações engenhosas.

80 **(II) Interpretação autoritativa pela igreja.** Quando examinamos o sentido literal, explicamos as regras da crítica das formas e da crítica da redação, etc., como as melhores diretrizes para chegar ao significado da Escritura. Mas como católicos não dizemos que a interpretação autêntica da Escritura pertence à igreja? Na compreensão popular resta ainda uma certa confusão acerca do papel da igreja na exegese em contraposição à "interpretação privada". Esta última expressão é, frequentemente, uma simplificação exagerada do que se considera uma posição protestante. Antes de mais nada, deve-se dizer que nas igrejas

protestantes mais tradicionais não há sugestão de que cada indivíduo possa interpretar autoritativamente a Escritura. Existe tradição eclesiástica entre os protestantes, assim como há entre os católicos. Além disso, uma vez que a interpretação correta da Escritura exige formação e esforço, o protestante mediano não é mais capaz de pegar a Bíblia e determinar de imediato o que o autor quis dizer do que o católico mediano. A compreensão da Escritura de um protestante vem por meio de escolas dominicais, sermões e experiências na igreja, assim como a compreensão do católico mediano vem dos mestres. Uma diferença mais verdadeira entre as opiniões protestante e católica não se centra na existência de uma interpretação tradicional da Escritura, mas no valor vinculativo atribuído a esta tradição.

81 Mesmo na questão da interpretação autoritativa da Escritura pela igreja, contudo, devemos ser cuidadosos para não simplificarmos demais a posição católica. Uma cautela preliminar diz respeito a *como* a igreja falou. Deve-se distinguir entre declarações verdadeiramente dogmáticas e outras afirmações que não são do mesmo nível. Exemplos desta última incluem: (1) Decisões prudenciais feitas para o bem comum, mas que não são guias infalíveis à verdade. Por exemplo, entre 1905 e 1915 a PCB [Pontifícia Comissão Bíblica] romana produziu uma série de diretrizes acerca da Escritura. Hoje em dia, com a aprovação da mesma PCB, a maioria destas diretrizes são consideradas obsoletas pelos biblistas católicos (→ Pronunciamentos da Igreja, 72:25). (2) Afirmações que usam a Escritura apenas como ilustração. A bula *Ineffabilis Deus* sobre a Imaculada Conceição evoca Gn 3,15, e a bula *Munificentissimus Deus* sobre a Assunção evoca Ap 12. Poucas pessoas sustentariam que os respectivos papas estavam afirmando dogmaticamente que estes textos da Escritura se referem, em seu sentido literal, às doutrinas marianas. Mais provavelmente as citações implicam não mais do que o fato de que a reflexão sobre estes versículos auxiliaram os teólogos na compreensão das doutrinas marianas e, assim, guiou a igreja a assumir uma posição dogmática. Em particular, Pio XII parece sustentar apenas que o dogma da Assunção recebe apoio da Escritura (*ASS* 42 [1950] 767,769).

82 Outra cautela diz respeito à *área acerca da qual* a igreja falou. A lógica por trás da reivindicação da autoridade da igreja sobre a interpretação escriturística é que a igreja é guardiã da revelação. Visto que a Escritura é um testemunho da revelação, a igreja tem o poder de determinar infalivelmente o significado da Escritura em questões de fé e moral (DS 1507-3007). A igreja não reivindica autoridade absoluta ou direta sobre assuntos de autoria, geografia, cronologia bíblica e muitas questões de historicidade. Por esta razão, a igreja não fez qualquer pronunciamento *dogmático* nestas áreas. Semelhantemente, quando passamos à exegese efetiva da Escritura – algo que poderia ser uma questão de fé e moral – em relação a Noventa e nove por cento da Bíblia a igreja não comentou oficialmente sobre o que uma passagem quer dizer ou não. A tarefa é deixada para o conhecimento, a inteligência e o trabalho árduo de exegetas individuais que reivindicam não mais que uma convicção razoável para suas conclusões. Quando a igreja falou de um versículo particular, na maioria das vezes ela o fez de um modo negativo, *i.e.*, rejeitando certas interpretações como falsas porque elas constituem uma ameaça à fé e à moral. O Concílio de Trento, por exemplo, condenou a interpretação calvinista que pretenda reduzir a referência à água em Jo 3,5 (passagem batismal: "A menos que se nasça de cima [nasça novamente] da água e do Espírito") a uma mera metáfora (DS 1615). Novamente, ela condenou as pessoas que desassociam o poder de perdoar pecados que é exercido no sacramento da penitência do poder conferido em Jo 20,23 (DS 1703).

83 Uma terceira cautela diz respeito ao *sentido da Escritura* implicado nos relativamente poucos casos onde a igreja falou afirmativa e autoritativamente acerca de uma passagem da Escritura. A igreja está preocupada primordialmente com o que a Escritura significa para seu povo; ela não está preocupada imediatamente com o que a Escritura significava para aqueles que a escreveram ou a ouviram de primeira mão – o sentido literal. Devemos nos lembrar que o conceito de sentido literal estabelecido pelo método histórico-crítico é um desenvolvimento bastante moderno. Moderna é também a ênfase na distinção entre o que um texto significava para seu autor e o que ele passou a significar no uso eclesiástico-teológico subsequente. No exemplo citado acima, onde o Concílio de Trento condenou uma interpretação errada de Jo 20,23, os padres conciliares desejavam sugerir que o autor de João estava se referindo ao sacramento da penitência ou queriam, antes, insistir na relação da penitência com o perdão de pecados atestada neste versículo? Se Trento citou Tg 5,14-15 em relação ao sacramento da unção dos enfermos (DS 1760), o Concílio desejava afirmar que o autor de Tiago sabia que a cura dos enfermos era um sacramento, ou não afirmou, antes, simplesmente que o poder de curar descrito em Tiago era um exemplo do poder que, segundo a compreensão posterior, é exercido no sacramento? Em ambos os casos, um conhecimento da história do desenvolvimento da teologia e crença sacramental sugere a segunda alternativa. Em outras palavras, a igreja não estava resolvendo uma questão histórica acerca do que o autor pretendia quando escreveu o texto, mas uma questão religiosa acerca das implicações das Escrituras para a vida dos fiéis. (Não estamos dizendo que os padres conciliares em Trento estivessem necessariamente conscientes desta distinção; estamos meramente preocupados com a importância *de facto* de suas decisões.).

84 Existem casos onde a igreja falou autoritativamente, definindo positivamente o sentido literal da Escritura? Trento definiu o sentido literal das palavras da instituição eucarística proferidas por Jesus: "Após ter abençoado o pão e o vinho, ele disse em palavras claras e inequívocas que estava lhes dando seu próprio corpo e seu próprio sangue [...]. Estas palavras têm seu significado próprio e óbvio e foram assim entendidas pelos Padres" (DS 1637)? O Vaticano I falou sobre o sentido literal de Mt 16,16-19 e Jo 21,15-17 quando insistiu que Cristo deu a Pedro o primado real entre os apóstolos (DS 3053-55)? Os peritos em teologia dogmática não estão de acordo na resposta a estas perguntas. V. Betti (*La costituzione dommatica 'Pastor aeternus' del Concilio Vaticano I* [Roma, 1961] 592) afirma: "A interpretação destes dois textos [Mt 16,17-19; Jo 21:15-17] como prova dos dois dogmas mencionados não se situa *per se* sob a definição dogmática – não apenas porque não se faz menção deles no cânone, mas porque não há traço de um desejo no Concílio de dar uma interpretação autêntica deles neste sentido."

85 Estes poucos casos de possível definição da igreja (pode haver outros) e os casos em que a igreja condenou uma interpretação específica da Escritura causam muitas dificuldades para os protestantes. J. M. Robinson (*CBQ* 27 [1965] 8-11) protesta que, se um exegeta, mediante o uso cuidadoso do método, chega a uma conclusão acerca de um versículo particular da Escritura e, então, o Magistério intervém e diz que a conclusão está errada, isto é uma negação do intelecto. Observa ele: "A invalidação da conclusão que resulta da aplicação apropriada do método invalida necessariamente o método", e, assim, em princípio a liberdade e a qualidade científica da exegese católica são colocadas em perigo pela ação da igreja.

Em resposta a isso, devem-se fazer três observações. Primeira, os exegetas católicos sustentariam honestamente que, nos poucos casos onde a igreja falou autoritativamente acerca do sentido literal da Escritura (geralmente negando certas interpretações), pode-se apresentar uma defesa exegética plausível da posição da igreja. O significado que a igreja encontra no versículo pode não ser o único significado que se poderia derivar pelo método crítico, mas é um significado possível. R. E. Brown (*Biblical Exegesis and Church Doctrine* [New York, 1985] 36-37) sustenta que a Igreja Católica insiste doutrinariamente que Jesus foi concebido de uma virgem sem um pai humano. A historicidade da concepção virginal não é a única interpretação crítica possível de Mt 1 e Lc 1, mas é uma interpretação possível e até mesmo provável. Ao aceitar o ensinamento da igreja sobre este ponto na interpretação de Mt e Lc, os exegetas católicos não estão negando a exegese histórico-crítica, mas a complementando e indo além de suas incertezas. Uma apreciação adequada da certeza limitada proporcionada pela investigação histórico-crítica é útil neste ponto.

86 Segunda, ao interpretar as Escrituras, o Magistério não atua independentemente e isolado da pesquisa confiável da Escritura. O Magistério não chega à sua conclusão acerca do que uma passagem bíblica significa ou não mediante alguma espécie de instinto místico ou revelação direta do alto. A fé tradicional, as implicações teológicas e as contribuições da pesquisa entram, todas, na decisão magisterial. Tanto Trento quanto o Vaticano I consultaram os melhores exegetas católicos da época. Estamos perto o suficiente do Vaticano II para saber que quando os exegetas apontaram que a Escritura estava sendo mal usada, a interpretação errônea era retirada dos documentos conciliares. De fato, o Vaticano II reafirmou que o trabalho feito pelos exegetas é um fator que contribui para levar o julgamento da igreja à maturidade (*Dei Verbum* 3:12). Pode-se perguntar se a igreja alguma vez falou contra a opinião científica da maioria dos exegetas católicos. São aplicáveis neste caso as palavras de João Paulo II na Universidade Católica (Washington, DC) em 6 de outubro de 1979: "Desejo dizer uma palavra especial de gratidão, incentivo e orientação aos teólogos. A igreja precisa de seus teólogos [...]. Nós [os bispos da igreja] desejamos ouvir vocês, e estamos ansiosos para receber a valiosa assistência de sua pesquisa responsável" (*AAS* 71 [1979] 1263).

87 Terceira, o papel da igreja na interpretação da Escritura é uma contribuição hermenêutica positiva e não simplesmente uma restrição da liberdade científica. A "nova hermenêutica" pretende que o texto interprete os leitores ao se defrontar com eles e questionar sua autocompreensão (→ 54 *acima*). Os católicos sustentam vigorosamente que a vida litúrgica e doutrinária da igreja constitui um "lugar hermenêutico" onde as Escrituras falam da mais verdadeira forma. A reação negativa instintiva da Igreja Católica ao racionalismo, ao liberalismo e ao modernismo não foi uma rejeição do método científico (embora desta maneira este método tenha sido, de modo infeliz e acidental, desprestigiado temporariamente), mas um reflexo do bom senso da igreja de que a Escritura não estava falando verdadeiramente nestes "ismos". Pode-se reconhecer que, às vezes, por causa da fraqueza daqueles que a constituem, a igreja não reage imediata ou adequadamente a um significado da Escritura que é patente para os exegetas – daí a constante necessidade de renovação e reforma a partir de dentro (→ Canonicidade, 66:96). Mas, apesar disso, a igreja continua sendo o lugar por excelência onde a Escritura é ouvida em seu mais verdadeiro e pleno significado (→ 71-74 *acima*).

88 (III) Autoridade exegética dos Padres. Em quase todos os documentos romanos que dizem respeito ao estudo da Escritura há uma afirmação de que se deve interpretar a Escritura em lealdade para com a opinião dos Padres e Doutores da igreja. Até recentemente, em decorrência da crise modernista, os exegetas católicos que lecionavam em seminários tinham de prestar um juramento anual de interpretar a Escritura de acordo com o consentimento unânime dos Padres. A Instrução da PCB romana de 1964 (→ Pronunciamentos da Igreja, 72,35) dá continuidade à insistência: "Que o exegeta católico, seguindo a orientação da igreja, tire proveito de todos os intérpretes anteriores, especialmente dos santos Padres e Doutores da igreja."

Todavia, quando se lê a exegese efetiva dos Padres descrita acima (→ 35-38), ela realmente tem pouco em comum com os métodos e resultados da exegese católica moderna. Registramos uma relutância em retornar à exegese mais-que-literal dos Padres (→ 48). Qual, então, é a importância prática da exegese patrística como guia?

89 Antes de mais nada, a área na qual a autoridade patrística é mais forte é a das implicações dogmáticas da Escritura, e não a da exegese literal. Por exemplo, Atanásio estava inteiramente consciente de que nenhum texto da Escritura respondia plenamente a heresia ariana: nenhum único texto, em seu sentido literal, mostrava irrefutavelmente que Jesus era "verdadeiro Deus de verdadeiro Deus". Mas ele insistiu em que, na controvérsia do séc. IV, a única resposta que a Escritura poderia dar à questão que Ário estava levantando era a resposta de Nicéia ("Carta sobre os decretos do Concílio de Nicéia", 5.19-21). Obviamente, entendida desse modo, a lealdade à autoridade patrística não é uma restrição à liberdade ou qualidade científica da exegese católica moderna.

Além disso, quando é entendida como norma absoluta, o consentimento unânime dos Padres (consentimento moralmente unânime, não necessariamente unânime em termos numéricos) não afeta muitas passagens controversas. Numa passagem onde se poderia esperar por unanimidade, *p.ex.*, a aplicação de Mt 16,18 a Pedro, constata-se que nem Agostinho nem Crisóstomo entendiam a rocha do fundamento como sendo Pedro! Em suma, a insistência da igreja na autoridade exegética dos Padres reflete seu desejo de que os exegetas católicos não se esqueçam da herança dogmática que chega a eles pela tradição. A igreja gostaria de desafiar os biblistas modernos a imitar o êxito dos Padres em fazer com que a Bíblia alimente a fé, a vida, o ensino e a pregação da comunidade cristã. Mas em termos de orientação prática na moderna exegese literal dos textos individuais, a autoridade patrística é de importância limitada.

90 (IV) A divulgação das opiniões críticas modernas. O monitório [admoestação] do Santo Ofício de 1996[1] e a Instrução da PCB de 1964 – dois documentos de Roma (→ Pronunciamentos da Igreja, 72,34-35), um restritivo em sua tendência, o outro liberalizante – insistem nos perigos de escandalizar os fiéis pela comunicação, no campo bíblico, de "novidades vãs ou insuficientemente estabelecidas". A Instrução da PCB proíbe aqueles que publicam para os fiéis que, "levados por alguma ânsia perniciosa por novidade, disseminar qualquer tentativa de solução de dificuldades sem uma seleção prudente e discriminação séria; pois desse modo eles perturbam a fé de muitos".

Estas advertências têm sua razão de ser. Por exemplo, ocasionalmente os pregadores sobem ao púlpito como uma ânsia de chocar: "Não houve Jardim do Éden. Não houve magos, etc.". Deixando de lado a questão da simplificação excessiva e, às vezes, tendência incorreta destas afirmações, temos de insistir que elas não servem para levar a riqueza da Escritura para o socorro espiritual e salvífico das pessoas. (Pode-se pregar sobre um tópico como Gn 1-3 ou a narrativa mateana da infância de Jesus de um modo que respeite os problemas históricos implicados, mas, ainda assim, concentrar-se na mensagem teológica.). Uma apresentação popular excessivamente negativa dos resultados da crítica bíblica não é apenas perigosa para os fiéis, mas prejudica biblistas respeitáveis ao popularizar suas concepções sem as qualificações necessárias e num contexto onde essas concepções nunca pretenderam ser apresentadas. O princípio geral é que não se deveria deixar o público com problemas que ele não é capaz de resolver. Se o pregador traz elementos da crítica histórica, deveria tomar conhecimento das possíveis implicações e prevenir as conclusões equivocadas.

91 Mas se reconhecemos o perigo da popularização precipitada, também precisamos acentuar o perigo do outro lado – um perigo que infelizmente não tem recebido atenção suficiente nos documentos da igreja. Este é o perigo de que um medo exagerado de escândalo impeça os popularizadores de comunicar a católicos instruídos a compreensão mais sofisticada da Bíblia que eles deveriam ter. Assim, frequentemente ouvimos falar dos poucos que ficam escandalizados, e nenhuma voz se levanta para falar do crime muito maior de deixar muitos na ignorância em relação à crítica bíblica moderna. O medo do escândalo nunca deve levar a um padrão duplo em virtude do qual se ensinem às pessoas simples ou aos jovens coisas a respeito da Bíblia que são falsas, só para que não fiquem escandalizados. O bom senso prescreve que toda educação seja proporcional à capacidade dos ouvintes, mas isto não significa que a instrução bíblica elementar deva ser não-crítica. Significa que a instrução elementar deve ser crítica de um modo elementar. Desde a primeira vez que o relato de Gn 1-3 é contado a crianças do jardim de infância, elas devem ser ensinadas a concebê-la como uma história popular e não como historiografia, ainda que o professor possa não desejar levantar formalmente, neste nível, a questão da historicidade. Mesmo iniciantes podem ser ensinados a conceber os evangelhos como registros de pregação e ensino, e não como biografias de Jesus.

92 Infelizmente também, um medo exagerado do escândalo pode dificultar a pesquisa científica. Existem muitas questões bíblicas delicadas que carecem de estudo e discussão científicos, *p.ex.*, a historicidade das narrativas da infância de Jesus e o conhecimento humano de Jesus. Todavia, os biblistas sabem que, quando escrevem sobre esses assuntos, mesmo em periódicos profissionais e técnicos, um relato, frequentemente confuso e, às vezes, hostil, logo aparecerá na imprensa popular. Em outras palavras, enquanto pesquisadores católicos competentes são instados pela igreja a manter estas questões longe do conhecimento público, quer eles gostem ou não, outros popularizarão seu trabalho. O resultado é que, muitas vezes, o estudioso é acusado de ser responsável pelo escândalo e se torna o alvo de recriminações por parte de supostos protetores da fé. Toda distinção entre a discussão num nível acadêmico e a popularização – uma distinção às vezes proposta de forma simples demais em advertências vindas de Roma – está se extinguindo rapidamente; e deveríamos enfrentar este problema de modo mais franco e prático. A longo prazo, mais prejuízo foi causado à igreja pelo fato de que seus pesquisadores nem sempre tiveram liberdade para discutir problemas delicados do que pelo fato de que alguns dos fiéis ficam escandalizados pela disseminação de novas ideias. Com frequência, mais dano é produzido pela falta de ideias do que pela presença de novas ideias. A imprudência e escândalos ocasionais são o preço quase inevitável que se tem de pagar pelo direito da livre discussão. E de fato, esta discussão acadêmica livre tem seu próprio modo de suprimir os erros – uma resenha devastadora de um livro numa revista bíblica, feita por um estudioso competente, pode ser mais eficaz para erradicar um absurdo do que uma advertência da autoridade da igreja que talvez pareça simplesmente ser repressora da liberdade.

72
Pronunciamentos da Igreja

Raymond E. Brown, S.S. e
*Thomas Aquinas Collins, O.P.**

BIBLIOGRAFIA

1 AHERN, B., "Textual Directives of the Encyclical *Divino Afflante Spiritu*", *CBQ* 7 (1945) 340-47. BROWN, R. E., "Rome and the Freedom of Catholic Biblical Studies" in *Search the Scriptures* (Festschrift R. T. STAMM; ed. J. M. MYERS *et al.*; Leiden, 1969) 129-50. COTTER, A. C., "The Antecedents of the Encyclical *Providentissimus Deus*", *CBQ* 5 (1943) 117-24. DEFRAINE, J., "L'encyclique *Humani Generis* et les erreurs concernant l'Écriture Sainte", *ScEccl* 5 (1953) 7-28. GILBERT, M., "Paul VI, In Memoriam", *Bib* 59 (1978) 453-62. HARTDEGEN, S., "The Influence of the Encyclical *Providentissimus Deus*", *CBQ* 5 (1943) 141-59. LAGRANGE, M.-J., "A propos de l'encyclique *Providentissimus*", *BR* 4 (1895) 48-64; "Le décret *Lamentabili sane exitu* et la critique historique", *RB* 16 (1907) 542-54; *Personal Reflections and Memories* (New York, 1985; original em francês, 1966). LEVIE, J., *The Bible, Word of God in Words of Men* (New York, 1961). MURPHY, R. T., "The Teaching of the Encyclical *Providentissimus Deus*", *CBQ* 5 (1943) 125-40. RAHNER, K., "Mysterium Ecclesiae", *CrC* 23 (1973) 183-98.

As duas principais coleções de pronunciamentos da igreja são *EB* (citado pelo número da seção) e *RSS* (citado por página); veja também *MOCT* e *DS* (ambos citados por seção); *The Documents of Vatican II* (ed. W. M. ABBOTT e J. GALLAGHER; New York, 1966). [A Editora Vozes publica a coleção Documentos Pontifícios, com cerca de 300 volumes. A Editora Paulus publica uma coleção, não completa, de documentos papais e conciliares. As citações de documentos oficiais são transcritas do *site* oficial do Vaticano nos casos em que há uma versão em português.]

2 ESBOÇO

Pano de fundo histórico de pronunciamentos recentes (§ 3-9)
  (I) Introdução
    (A) 1870-1900 (§ 4)
    (B) 1900-1940 (§ 5)
    (C) 1941-1965 (§ 6-8)
    (D) 1966-1990 (§ 9)

Resumos dos pronunciamentos (§ 10-41)
  (I) Concílios da igreja

    (A) Florença (§ 10)
    (B) Trento (§ 11)
    (C) Vaticano I (§ 12)
    (D) Vaticano II (§ 13-16)
  (II) Cartas encíclicas
    (A) *Providentissimus Deus* (§ 17)
    (B) *Pascendi Dominici Gregis* (§ 18)
    (C) *Spiritus Paraclitus* (§ 19)
    (D) *Divino Afflante Spiritu* (§ 20-23)
    (E) *Humani Generis* (§ 24)

---

* As seções 3-9, 13-16, 36-41 são obra de R. E. BROWN; 10-12, 17-24 são de T. A. COLLINS; 25-35 foram escritas em conjunto.

(III) Documentos das comissões romanas
(A) Primeiros decretos da PCB (1905-1933)
  (a) Historicidade geral (§ 26)
  (b) Antigo Testamento (§ 27)
  (c) Novo Testamento (§ 28)
(B) Documentos mais recentes (1941-1990)
  (a) Carta da PCB para a hierarquia italiana (§ 29)
  (b) Declaração da PCB sobre as traduções bíblicas (§ 30)
  (c) Resposta da PCB para o cardeal Suhard de Paris (§ 31)
  (d) Declaração da PCB sobre o ensino da Escritura nos seminários (§ 32)
  (e) Declaração da PCB sobre os encontros para o estudo da Bíblia (§ 33)
  (f) Monitória do Santo Ofício sobre a historicidade (§ 34)
  (g) Declaração da PCB sobre historicidade dos evangelhos (§ 35)
  (h) *Monitum Ecclesiae* (§ 36)
  (i) Declarações da PCB entre 1965-1975 (§ 37)
  (j) Informe da PCB sobre a ordenação sacerdotal das mulheres (§ 38)
  (k) Informe da PCB sobre questões cristológicas (§ 39)
(IV) Alocuções papais recentes (§ 40-41)

PANO DE FUNDO HISTÓRICO DE PRONUNCIAMENTOS RECENTES

3 (I) Introdução. No que segue, apresentaremos um rápido resumo de declarações eclesiásticas que dizem respeito à Bíblia. Algum pano de fundo é necessário para a avaliação destas declarações; pois, embora todas exijam respeito e compreensão, nem todas essas declarações requerem uma adesão igual. Obviamente, os decretos de concílios ecumênicos são mais vinculantes do que encíclicas papais. Em particular, houve um certo caráter temporal para a força vinculante dos decretos da Pontifícia Comissão Bíblica (PCB), pois elas foram decisões prudenciais sobre problemas práticos. Exigiam obediência quando emitidos, mas estavam sujeitos a revisões subsequentes e de modo algum devem ser considerados infalíveis. Além disso, todos esses documentos, conciliares, papais e curiais, devem ser avaliados à luz da época em que foram produzidos e dos problemas de que tratavam. Uma interpretação fundamentalista deles é tão censurável quanto uma interpretação fundamentalista das Escrituras. Deve-se distinguir entre a verdade precisa que é reafirmada e sua expressão conceitual ou verbal, que é determinada pelas circunstâncias históricas (→ 36 *abaixo*).

Com exceção dos decretos dos Concílios de Florença e Trento, todos os documentos expostos datam dos últimos 125 anos, e assim talvez seja útil resumir a atitude de Roma para com o estudo da Bíblia durante este período, a fim de mostrar a atmosfera na qual as declarações devem ser avaliadas.

4 (A) 1870-1900. Este período presenciou o primeiro encontro católico real com uma vigorosa crítica protestante da Bíblia (→ Crítica do NT, 70:5ss.; → Crítica do AT, 69:23ss.). Para pessoas religiosas acostumadas a considerar a Escritura como inspirada e inerrante, os novos conhecimentos levantavam problemas acerca da inerrância bíblica tanto em questões de ciência natural quanto de história (→ Inspiração, 65:38-41). O fato de que alguns não católicos estavam sendo levados por seu estudo da Bíblia a desvalorizar a importância religiosa das Escrituras criou uma certa atitude defensiva por parte das autoridades da igreja, sempre ansiosas por preservar a Escritura como palavra de Deus. O Vaticano I evidenciou esta atitude em questões gerais de teologia, mas a brevidade deste concílio não permitiu que se visse uma atitude plena para com a Bíblia. Ele fez pouco mais do que repetir a declaração tridentina sobre a canonicidade e enfatizar a inspiração da Escritura (→ Inspiração, 65:29). A encíclica *Providentissimus Deus* (1893), de Leão XIII, é a principal testemunha da atitude eclesiástica oficial para com o estudo da Bíblia durante este período. É interessante que, apesar dos perigos da época, este papa erudito e humanista assumiu uma posição um tanto matizada. A encíclica mostra uma certa hostilidade para com a alta crítica e o trabalho de pesquisadores não católicos: "O sentido da Sagrada Escritura não pode ser encontrado incorrupto em nenhum lugar fora da igreja e não se pode esperar que seja encontrado em escritores que, não tendo a fé verdadeira, somente roem a casca da Escritura Sagrada e nunca alcançam sua medula" (*EB* 113; *RSS*, p. 17 – o quanto avançamos desde esta época pode ser visto no incentivo do Vaticano II [*De Rev.* 6:22] para trabalhar com pesquisadores não católicos em traduções bíblicas!). Não obstante, o papa mostrou-se consciente das vantagens dos estudos linguístico e exegético científicos, e estava afinado com o fato de que as concepções dos autores bíblicos em questões de ciência não estavam investidas de infalibilidade escriturística. Assim, no início do séc. XX, a atitude católica oficial para com os avanços no estudo da Escritura era de cautela, mas também do início do apreço que pressagiava um bom futuro.

5 (B) 1900-1940. O advento do modernismo, particularmente nos escritos de A. Loisy, mudou toda a situação (→ Crítica do NT, 70:38). Havia agora o perigo de uma heresia virulenta, e o piedoso Pio X estava mais interessado em proteger os fiéis do que nas minúcias da atitude científica. Nas Escrituras os modernistas usavam a nova abordagem inaugurada pelos protestantes alemães; e em *Pascendi* e *Lamentabili*, nas condenações católicas oficiais do modernismo, foi feita pouca distinção entre a possível validade intrínseca dessas abordagens e o uso teológico errado delas por parte dos modernistas. Ao mesmo tempo a PCB, estabelecida por Leão XIII em 1902, começou a emitir uma série de decisões sobre muitos pontos mais detalhados da interpretação e autoria da Bíblia. Estes decretos, emitidos entre 1905 e 1915, eram preventivos e, embora fossem conservadores quanto ao tom, eram frequentemente expressos de modo perceptivo e nuançado. Mas como obrigavam os biblistas católicos a aquiescer, eles deram ao mundo não católico a imagem inadequada de uma atitude católica monoliticamente conservadora que não discutia as questões com base em uma troca de opiniões científicas, mas resolvia tudo mediante ordens de uma autoridade centralizada.

Ainda que os decretos da PCB, quando interpretados com discernimento jurídico, permitissem um certo espaço para a investigação científica, a atmosfera não conduzia a isto; e pesquisadores avançados como M.-J. Lagrange (→ Crítica do AT, 69:35, 55) foram virtualmente silenciados em questões sensíveis. F.-M. Braun intitula bem este período na vida de Lagrange de "Provações e lutas" (*The Work of Père Lagrange* [Milwaukee, 1963] 66-100). Levie (*Bible* 73) descreve a rede de espionagem reacionária estabelecida para delatar a Roma todas as pessoas cujas ideias pudessem mostrar qualquer sinal de modernismo, uma rede tão desprezível que o próprio papa Bento XV a censurou formalmente. A encíclica *Spiritus Paraclitus* de Bento XV, em 1920, foi afetada pelo período difícil que a precedera. O papa foi mais negativo, quanto ao tom, ao lidar com os avanços modernos do que Leão XIII o fora e foi fortemente defensivo no tocante à historicidade da Bíblia. A década de 1920 presenciou uma ação eclesiástica vigorosa por parte do Santo Ofício sob o cardeal Merry Del Val contra os escritos de estudiosos católicos importantes como J. Touzard, F. Vigouroux, M. Bacuez e A. Brassac (veja Levie, *Bible* 124). A PCB não emitiu nenhum decreto nestes anos, exceto uma solitária declaração sobre a exegese de dois textos em 1933.

6 (C) 1941-1965. Este período assistiu ao renascimento do estudo católico da Bíblia. Houve alguns sinais de mudança de atitude na parte final do pontificado de Pio XI, mas é Pio XII que merece o título de patrono do estudo católico da Bíblia. Seu pontificado marcou uma reviravolta completa e inaugurou a maior renovação do interesse na Bíblia que a Igreja Católica Romana jamais viu. Os sinais desta mudança se tornaram visíveis na nova atitude da PCB, que em 1941 condenou uma desconfiança excessivamente *conservadora* para com a moderna pesquisa bíblica. A encíclica *Divino Afflante Spiritu* de 1943 foi a Carta Magna do progresso bíblico. Embora o papa tenha saudado as encíclicas de seus predecessores, ele anunciou que o tempo do medo havia passado e os pesquisadores católicos deveriam usar as ferramentas modernas em sua exegese. O uso do princípio das formas literárias para resolver problemas históricos e o incentivo a fazer novas traduções da Bíblia a partir das línguas originais (e não a partir da Vulgata), foram um convite para os estudiosos católicos começarem a escrever livremente de novo e a alcançar o estágio da pesquisa protestante, que tinha se distanciado muito deles durante os anos precedentes de "provações e lutas". As diretrizes do papa foram reforçadas pelas declarações da PCB em 1948 ao cardeal Suhard sobre Gn e em 1950 sobre o ensino da Escritura nos seminários. Em 1955, o secretário da PCB deu um passo muito corajoso, mas extremamente necessário, ao afirmar que os biblistas católicos tinham agora completa liberdade (*plena libertate*) com relação aos decretos anteriores da PCB de 1905-1915, exceto onde eles diziam respeito à fé e à moral (e pouquíssimos deles o faziam). Isto significava que os católicos estavam agora livres para adotar posições modernas sobre autoria e datação.

7 Uma crise no avanço do estudo católico da Bíblia surgiu com a enfermidade e morte de Pio XII. No último ano de seu pontificado (abril de 1958), a Congregação dos Seminários expressou desagrado com o vol. 1 da *Introduction à la Bible* publicada sob a direção de A. Robert e A. Feuillet. (Subsequentemente uma 2ª ed. foi publicada praticamente sem nenhuma mudança e com a aprovação do secretário da PCB e do cardeal Bea. No início do pontificado do papa João XXIII, foram feitos sérios ataques contra a importantes biblistas católicos como L. Alonso Schökel, J. Levie, S. Lyonnet e M. Zerwick, e na sequência os dois últimos foram removidos de seu cargo letivo no Pontifício Instituto Bíblico. A controvérsia penosa deste período difícil é bem relatada por J. A. Fitzmyer em *TS* 22 (1961) 426-44. Finalmente, em 1961 o Santo Ofício emitiu uma advertência contra ideias que colocavam em dúvida a genuína verdade histórica e objetiva da Escritura. A atmosfera de pessimismo foi aumentada por relatos (não publicados) de que o esquema "As fontes da revelação", que seria apresentado no futuro Vaticano II no outono de 1962, era negativo em sua abordagem sobre os avanços bíblicos recentes. Contudo, o pessimismo deixou de levar em conta os ventos do *aggiornamento* [atualização] que passavam pela janela aberta por João XXIII. Em novembro de 1962, foram tantos os padres conciliares que expressaram seu desagrado com este esquema que o papa João ordenou que ele fosse retirado e reescrito por uma comissão mista, na qual os biblistas estivessem melhor representados.

8 O pontificado de Paulo VI restaurou a atmosfera calorosamente favorável da época de Pio XII. Os professores acima mencionados foram reconduzidos a suas cátedras. Em abril de 1964, a PCB publicou uma "Instrução sobre a verdade histórica dos evangelhos", um documento encorajador que abriu o caminho para a crítica bíblica séria no delicado campo da historicidade dos evangelhos. A forma final do esquema *De Revelatione* aprovado pelo Vaticano II em 1965 tinha muito do tom da "Instrução" da PCB, dando a bênção oficial da igreja a avanços na linha estabelecida por Pio XII.

9 (D) 1966-1990. Este histórico da veemente rejeição católica das abordagens bíblicas modernas do primeiro terço do séc. XX (período B *acima*) e, depois, de aceitação

rápida no segundo terço (período C *acima*) produziu, previsivelmente, desigualdades no último terço do século. Primeiro, para os seminários e colégios havia a tarefa de fazer com que uma geração de biblistas católicos fossem certamente capacitados nos novos métodos. Segundo, para as paróquias e escolas, os sacerdotes e professores formados nas ideias anteriores a 1960 ficaram chocados ao ficarem sabendo da aprovação de ideias acerca da historicidade bíblica que eles tinham sido ensinados a condenar. Terceiro, para o ecumenismo e a teologia dogmática, as implicações das abordagens bíblicas contemporâneas exigem que as antigas ideias sejam repensadas. Um grupo pequeno, mas articulado, de ultraconservadores preparou um ataque sem êxito a biblistas católicos renomados, com o desejo de retroceder à situação de 1910. Houve ocasionais abusos liberais das informações bíblicas na catequese popular e em alguns escritos teológicos, *p.ex.*, negando de forma simples demais a concepção virginal, a ressurreição corporal, os milagres, a fundação da igreja e a legitimidade do ministério ordenado. Relativamente poucos pesquisadores *bíblicos* católicos, contudo, adotaram estas concepções, de modo que a principal corrente do movimento bíblico permaneceu solidamente centrista (veja R. E. Brown, *Biblical Exegesis and Church Doctrine* [New York, 1985]. A predição de 20 anos atrás do *JBC* 72:9 provou ser verdadeira: O moderno movimento bíblico católico inaugurado por Pio XII e confirmado pelo Vaticano II faz agora de tal maneira parte da igreja que não pode ser rejeitado. Neste último terço do séc. XX não houve qualquer condenação magisterial de qualquer biblista católico destacado. De fato, alguns que tinham irritado os ultraconservadores se tornaram membros da PCB romana (→ 37 *abaixo*), enquanto os papas recentes insistem no contínuo uso da crítica bíblica pelos pesquisadores católicos (→ 40 *abaixo*).

RESUMOS DOS PRONUNCIAMENTOS

10 (I) Concílios da igreja.

(A) Florença. O Concílio de Florença (1438-1445) proclamou a doutrina tradicional da igreja em relação ao cânone (→ Canonicidade, 66:13) no *Decreto para os jacobitas* (da bula *Cantate Domino*, de 4 de fevereiro de 1441 – *EB* 47). Este decreto continha uma lista de livros inspirados, tanto protocanônicos quanto deuterocanônicos, que é idêntica àquela feita no Concílio de Hipona, em 393, repetida no III e IV Concílios de Cartago, em 397 e 419, e se encontra também na "Consulenti tibi", uma carta que diz respeito ao cânone enviada pelo papa Inocêncio I, em 405, a Exuperius, bispo de Toulouse (*EB* 16-21; → Canonicidade, 66:11-12).

11 (B) Trento. Dúvidas e incertezas de peso concernentes ao cânone foram finalmente resolvidas pelo Concílio de Trento (1545-1563), em sua quarta sessão em 8 de abril de 1546. Nesta sessão, o concílio votou afirmativamente sobre dois decretos: (1) concernente às Escrituras canônicas (*EB* 57-60) e (2) concernente à edição e ao uso dos livros sagrados (*EB* 61-64). O primeiro decreto, que adotou o cânone de Florença, foi "a primeira declaração infalível e efetivamente promulgada sobre o cânone das Sagradas Escrituras". Como observa H. Jedin, ele também colocou um ponto final no processo de desenvolvimento do cânone bíblico de mil anos (*History of the Council of Trent* [London, 1961] 91). A partir de então os livros do AT e do NT, tanto protocanônicos quanto deuterocanônicos, em sua integridade e com todas as suas partes, constituem o cânone e são considerados de igual autoridade (→ Canonicidade, 66:13, 42-43, 90-91).

O segundo decreto declara "que a antiga edição da Vulgata, que foi aprovada pela própria igreja mediante longo uso por tantos séculos, deveria ser considerada a edição autêntica para a leitura pública, disputas, sermões e explicações" (→ 20 *abaixo* quanto à encíclica *DAS*, que esclareceria o significado deste decreto tridentino). O decreto continua proibindo qualquer pessoa de ousar, em matéria de fé e moral, "distorcer a Escritura para adaptá-la a significados particulares que sejam contrários ao significado que a santa Mãe Igreja sustentou e sustenta agora, pois é encargo dela julgar acerca do verdadeiro sentido e interpretação da Escritura. Ninguém tampouco deveria ousar interpretar a Escritura de modo contrário ao acordo unânime dos Padres" (→ Hermenêutica, 71:88-89). Foram dadas instruções para a publicação da Vulgata, cujo texto devia ser impresso tão corretamente quanto possível. O resultado disso foi a Vulgata Sixto-Clementina (→ Textos, 68:146). Quanto à atitude de Trento para com as Bíblias no vernáculo, veja R. E. McNally, *TS* 27 (1966) 204-27.

12 (C) Vaticano I. Em sua terceira sessão, em 24 de abril de 1870, o Concílio Vaticano I (1869-1879) reafirmou o decreto de Trento concernente à fonte de revelação (DS 1501) e, a seguir, declarou claramente que a igreja considera os livros da Sagrada Escritura como sagrados e canônicos, não porque ela os tenha aprovado subsequentemente, nem porque eles contenham revelação sem erro, mas justamente porque, "tendo sido escritos pela inspiração do Espírito Santo, eles têm Deus como seu autor e, como tais, foram transmitidos à própria igreja" (*EB* 77; → Inspiração, 65:45).

13 (D) Vaticano II. A Constituição Dogmática sobre a Revelação Divina (*Dei Verbum*), proclamada em 18 de novembro de 1965, é um documento cuja atitude para com o estudo moderno da Bíblia é em grande parte positiva, mas cujas afirmações sobre assuntos controversos refletem uma cuidadosa solução conciliatória, proveniente das cinco revisões pelas quais o documento passou entre 1962 e 1965 (→ 7 *acima*). Mencionamos aqui apenas os pontos mais importantes relativos ao estudo da Bíblia. O cap. 1 da constituição expõe a revelação. Enfatiza-se que a revelação divina ocorreu tanto em ações quanto em palavras – uma concepção que toma conhecimento da ênfase bíblica moderna no "Deus que age", juntamente com a ênfase tradicional no "Deus que fala". O cap. 2 lida com as questões teológicas controversas das fontes de revelação. Defrontando-se com concepções nitidamente opostas – duas fontes (Escritura e Tradição) *versus* uma fonte (somente a Escritura, interpretada pela Tradição) – o Concílio não resolve a questão. Ele enfatiza (2:9) que a Tradição e a Escritura, "derivando ambas da mesma fonte divina, fazem como que uma coisa só e tendem ao mesmo fim", mas "a Igreja não tira só da Sagrada Escritura a sua certeza a respeito de todas as coisas reveladas". Quanto à relação entre a igreja e a Escritura, o concílio (2:10) insiste que o magistério da igreja interpreta autenticamente a palavra de Deus, mas que este magistério não está acima da palavra de Deus, e sim lhe serve.

14 O cap. 3 trata da inspiração e inerrância. Quanto à inspiração ele recapitula o ensinamento tradicional e acrescenta pouca novidade. Todavia, o foco geral da *Dei Verbum* sobre o papel dos autores humanos contribuiu para a abordagem *a posteriori* pós-Vaticano II na teorização católica sobre a inspiração, *i.e.*, concentrar-se no que sabemos a partir do texto, e não especular sobre o que Deus poderia ter feito (→ Inspiração, 65:3-7, 58). Quanto à inerrância, o Vaticano II fez uma restrição importante, como indica nosso grifo: "[...] se deve acreditar que os livros da Escritura ensinam com certeza, fielmente e sem erro *a verdade que Deus, para nossa salvação, quis que fosse consignada nas sagradas Letras*" (3:11). Alguns tentaram interpretar a frase em itálico como abrangendo tudo que o autor humano expressou; mas os debates anteriores à votação mostram uma consciência da existência de erros na Bíblia (→ Inspiração, 65:50, 70). Assim, é apropriado entender a oração como especificando que o ensino escriturístico é verdade sem erro na medida em que ele se conforma ao propósito salvador de Deus. A decisão acerca deste propósito implica uma abordagem *a posteriori* na igreja, que dá atenção às formas literárias (como na *DAS*; → 22 *abaixo*) e ao condicionamento histórico (→ 36 *abaixo*).

15 O cap. 4. é dedicado ao AT, uma indicação do desejo da igreja de chamar a atenção dos clérigos e dos leigos para esta parte de sua herança tão mal conhecida entre os cristãos na atualidade. A concepção do AT nesta constituição é acentuadamente cristológica (4:15 – o AT prepara para o NT; ele anuncia a vinda do reino messiânico mediante profecias). No juízo de muitos, então, o Vaticano II não dá atenção suficiente à importância do AT em si (→ Pensamento do AT, 77:176; → Hermenêutica, 71:21). A exposição sobre o NT no cap. 5 diz basicamente respeito aos evangelhos e é extraída da Instrução da PCB de 1964 (→ 35 *abaixo*). Indicam-se os mesmos três estágios no desenvolvimento dos evangelhos: Jesus Cristo, pregadores apostólicos, autores sagrados. Reconhece-se (5:19) que os evangelhos selecionaram, sintetizaram e explicaram o que Jesus fez e ensinou, mas o concílio não especifica as normas para se determinar quanto desenvolvimento houve. A distinção entre os apóstolos e os escritores sagrados parece favorecer a opinião moderna de que os próprios evangelistas não foram testemunhas oculares apostólicas, embora anteriormente a constituição (2:7) recorra à terminologia tradicional de "apóstolos e varões apostólicos" para designar os compositores do registro escrito da salvação; e isto foi usado no passado para distinguir entre Mateus e João ("apóstolos") e Marcos e Lucas ("varões apostólicos").

16 O cap. 6 descreve o papel da Bíblia na vida da igreja; ele fornece abundantes conselhos verdadeiramente pastorais. Observemos apenas os seguintes pontos: traça-se um paralelo estreito entre a Escritura e os sacramentos ("A Igreja venerou sempre as divinas Escrituras como venera o próprio Corpo do Senhor" [6:21]); insiste-se que a pregação deve ser alimentada e dirigida pela Escritura; a Bíblia deve ser traduzida *a partir das línguas originais* e, onde isto for praticável, com a cooperação de não católicos (6:22); dá-se um incentivo explícito aos biblistas para continuar seu trabalho (6:23 – importante à luz das dificuldades que lançaram sombras sobre a pesquisa bíblica entre 1958 e 1962; → 7 *acima*); o estudo da Escritura é a alma da teologia (6:24); o clero deve ser bem formado na Escritura para pregar e catequizar (6:25); os bispos têm a obrigação de providenciar os meios pelos quais o povo seja instruído na Escritura, tanto por meio de traduções quanto de comentários. Quanto à posição do Vaticano II sobre a tradução da Escritura, veja L. Legrand, *RB* 64 (1967) 413-22.

(A. GRILLMEIER em *Commentary on the Documents of Vatican II* [ed. H. VORGRIMLER; New York, 1969] 3. 199-246. BAUM, G., *TS* 28 [1967] 51-75. GRELOT, P., *Études* 324 [1966] 99-113, 233-46. LORETZ, O., *TRev* 63 [1967] 1-8. TAVARD, G. H., *JES* 3 [1966] 1-35. ZERWICK, M., *VD* 44 [1966] 17-42.)

17 (II) Cartas encíclicas.
(A) Providentissimus Deus. (*EB* 81-134; *RSS*, p. 1-29). Emitida por Leão XIII em 18 de novembro de 1893, esta encíclica inaugurou uma nova era ao apresentar um plano para o estudo católico da Bíblia. Professores adequados deveriam primeiro ministrar um curso sólido de introdução à Bíblia e, então, formar seus alunos em "um método claro e comprovado de interpretação" (*EB* 103-5; *RSS*, p. 11-12). A versão "autêntica" da Vulgata deveria ser o texto bíblico usado, embora outras versões, assim como os mss. mais antigos, não devessem ser negligenciados (*EB* 106; *RSS*, p. 13). Um texto bíblico não pode ser interpretado de modo contrário a um sentido determinado pela igreja ou apoiado pelo consentimento unânime dos Padres (*EB* 108; *RSS*, p. 14 – para uma interpretação correta disto, veja *DAS* [*EB* 565; *RSS* p. 102]). Os pesquisadores católicos continuam livres para prosseguir em seus estudos privados, especialmente das passagens bíblicas difíceis. Tais estudos "podem,

na benigna providência de Deus, preparar e conduzir à maturidade o juízo da igreja" (*EB* 109; *RSS*, p. 15). Ao interpretar passagens difíceis, os exegetas devem seguir a analogia da fé, *i.e.*, não podem chegar a uma interpretação do significado do autor inspirado que estivesse em contradição direta e formal com um dogma ensinado pela igreja (→ Teologia paulina, 82:7). Eles devem se lembrar de que a lei suprema é a doutrina católica proposta autoritativamente pela igreja (*EB* 109; *RSS*, p. 15).

A encíclica estimula o estudo das línguas orientais e da arte da crítica (*EB* 118; *RSS*, p. 20). Ela também chama a atenção para os perigos da "alta crítica" contemporânea (*EB* 119; *RSS*, p. 20). Ao descrever o mundo físico, os autores sagrados não pretendiam ensinar ciência natural de modo formal. Pelo contrário, eles usaram termos comuns da época, e os quais, em muitos casos, ainda são usados até mesmo por cientistas eminentes. Deus falou aos seres humanos da maneira em que eles podiam entender – uma maneira á qual estavam acostumados (*EB* 121; *RSS*, p. 22). Estes princípios se aplicarão às ciências cognatas, e especialmente à história (*EB* 123; *RSS*, p. 23). (A referência à história, neste contexto, suscitou alguma controvérsia; → 19 *abaixo*.). O papa Leão também fez uma descrição agora célebre da inspiração: Pelo poder sobrenatural Deus moveu e impeliu os autores humanos a escrever de tal modo – ele os assistiu, quando escreveram, de tal modo – que eles primeiro entendessem corretamente as coisas que ele ordenou, e somente elas, e a seguir fielmente quisessem registrar por escrito e, finalmente, expressassem em palavra aptas e com verdade infalível. A inspiração, que é incompatível com o erro, estende-se às Escrituras canônicas e a todas as suas partes. (*EB* 125; *RSS*, p. 24; → Inspiração, 65:41, 42, 45).

18 (B) Pascendi Dominici Gregis. (*EB* 257-67; DS 3475-3500). Esta encíclica foi emitida em 8 de setembro de 1907 por Pio X para refutar os erros dos modernistas, *p.ex..*, sobre a origem e a natureza dos livros sagrados (*EB* 257), sobre a inspiração (*EB* 258-59), sobre a distinção entre o Cristo puramente humano da história e o Cristo divino da fé (*EB* 260), sobre a origem e o desenvolvimento das Escrituras (*EB* 262-63) e sobre a apologética deficiente que procura resolver as controvérsias sobre a religião com base em investigações históricas e psicológicas (DS 3499). O decreto *Lamentabili*, uma relação de 65 proposições modernistas condenadas pela Sagrada Congregação da Inquisição, foi emitido em 3 de julho de 1907, pouco antes da publicação da *Pascendi* (*EB* 190-256). [O leitor deve ser advertido de que as proposições são condenadas *no sentido defendido pelos modernistas*, e o grau de condenação (desde herético até perigoso) não é especificado.]

19 (C) Spiritus Paraclitus. (*EB* 440-95; *RSS*, p. 43-79). Esta encíclica foi emitida por Benedito XV, no 15º centenário da morte de São Jerônimo, em 15 de setembro de 1920. Após um comovente tributo à vida santa e aos labores bíblicos do santo, o papa compara concepções modernas com as de Jerônimo. Ele elogia brevemente as pessoas que usam métodos críticos modernos em seu estudo da Bíblia (*EB* 453; *RSS*, p. 51). Lamenta que alguns estudiosos não tenham observado as diretrizes da *Providentissimus Deus* e dos Padres (*EB* 454; *RSS*, p. 51). Registra o ensinamento que limita a inspiração a alguns trechos da Escritura somente (*EB* 455; *RSS*, p. 52.). Ao tratar dos trechos históricos da Escritura, não se pode aplicar universalmente o princípio que Leão XIII estabeleceu para julgar as afirmações bíblicas sobre questões científicas, a saber, que o autor falou apenas segundo as aparências (*EB* 456; *RSS*, p. 52). Não podemos dizer que os escritores sagrados de acontecimentos históricos ignorassem a verdade e simplesmente adotassem e transmitissem falsas concepções correntes na época (*EB* 459; *RSS*, p. 53). O exegeta deve evitar um uso fácil demais, ou mau uso, daqueles princípios que determinam "citações implícitas" ou "narrativas pseudo-históricas" ou "tipos de literatura"

(*EB* 461; *RSS*, p. 54). Como insistiu Jerônimo, toda interpretação bíblica se baseia no sentido literal, e não se deve pensar que não haja sentido literal meramente porque algo é dito metaforicamente (*EB* 485; *RSS*, p. 67 [→ Hermenêutica, 71:9]). O objetivo do estudo da Bíblia é aprender a perfeição espiritual, defender a fé e pregar a palavra de Deus de modo frutífero (*EB* 482-84; *RSS*, p. 65-66).

20 (D) Divino Afflante Spiritu. (*EB* 538-69; *RSS*, pp. 80-107). Publicada por Pio XII em 30 de setembro de 1943, a *DAS* comemorava o quinquagésimo aniversário da *Providentissimus Deus* "ao confirmar e inculcar quanto aquele nosso predecessor sapientemente ordenou [...] e ordenar o que os tempos atuais parecem exigir [...]" (*EB* 538; *RSS*, p. 81). Refletindo a história complexa da exegese naqueles 50 anos (→ 4, 5 *acima*), a *DAS*, de fato, completa muitos ensinamentos da *Providentissimus Deus*, *p.ex.*, enquanto em relação à Vulgata a *Providentissimus* permitiu aos pesquisadores prestarem atenção aos textos das Escrituras nas línguas originais, a *DAS* ordena que eles expliquem os textos originais, a partir dos quais novas traduções deveriam ser feitas. Há uma mudança de ênfase semelhante em questões como a relação entre o sentido literal e o espiritual das Escrituras, a extensão vinculante do consentimento unânime dos Padres e a interpretação de fatos históricos em termos de formas literárias. (Levie, *Word of God* 139-44). A *DAS* ensina a grande importância da crítica textual e especifica que a "autenticidade" da Vulgata (Trento; → 11 *acima*) é primordialmente jurídica (livre de erro em questões de fé e moral), e não crítica (sempre uma tradução acurada).

21 O exegeta deve se preocupar principalmente com o sentido literal da Escritura (*EB* 550; *RSS*, p. 92); também a doutrina teológica (fé e moral) dos livros ou textos individuais deve ser cuidadosamente apresentada (*EB* 550; *RSS*, p. 93). O exegeta deve procurar e expor o sentido espiritual, contanto que ele seja claramente tencionado por Deus (*EB* 552; *RSS*, p. 94; → Hermenêutica, 71:78-79). Os Padres da Igreja deveriam ser estudados mais assiduamente (*EB* 554; *RSS*, p. 95).

22 Em particular, os intérpretes bíblicos, com cuidado e sem negligenciar a pesquisa recente, deveriam se esforçar para determinar o caráter e as circunstâncias do escritor sagrado, a época em que ele viveu, suas fontes escritas ou orais e as formas de expressão que empregou (*EB* 557; *RSS*, p. 97). A história, a arqueologia e outras ciências deveriam ser empregadas a fim de se entender mais perfeitamente os modos antigos de escrita (*EB* 558; *RSS*, p. 97); e o estudo das formas literárias não pode ser negligenciado sem sério prejuízo para a exegese católica (*EB* 560; *RSS*, p. 99). Esta ênfase no reconhecimento de diferentes tipos de literatura ou diferentes formas literárias na Bíblia provavelmente foi a maior contribuição da *DAS*, pois ela ofereceu ao pesquisador católico uma maneira inteligente e honesta de encarar os problemas históricos óbvios presentes na Bíblia. No passado, um número excessivo de livros da Bíblia foram considerados como história no sentido estrito do termo; agora se podia mostrar que muitos desses livros não eram história de forma alguma, ou eram história num sentido mais amplo e menos técnico (→ 14 *acima*; Hermenêutica, 71:23-26).

23 A *DAS* instou os exegetas católicos a enfrentar problemas difíceis, até então não solucionados, e a chegar a soluções que estejam em pleno acordo com a doutrina da igreja, bem como em harmonia com as conclusões indubitáveis das ciências profanas (*EB* 564; *RSS*, p. 101). Esta foi uma mudança reanimadora da atmosfera após a crise modernista, quando os exegetas católicos procuravam deliberadamente áreas "seguras" para sua pesquisa bíblica. O papa afirma que só há uns poucos textos cujo sentido foi determinado pela autoridade da igreja ou em relação aos quais o ensino dos Santos Padres é unânime (*EB* 565; *RSS*, p. 102). Esta afirmação contraria a frequente compreensão errônea de que os católicos não têm liberdade na interpretação da Escritura. Os efeitos do incentivo positivo dado aos biblistas pela DAS (*EB* 565; *RSS*, p. 102) foram mencionados acima (→ 6 *acima*).

24 (E) **Humani Generis**. (*EB* 611-20; *RSS*, p. 113-15). Publicada por Pio XII em 12 de agosto de 1950, ela instrui os exegetas sobre a evolução, o poligenismo e as narrativas históricas do AT. Concede-se liberdade para discutir a evolução do corpo humano, mas não se deveria presumir que a evolução seja completamente certa ou provada. Quanto ao poligenismo, "não se vê claramente de que modo tal afirmação pode harmonizar-se" com o que foi ensinado sobre o pecado original, a saber, que ele procede de um pecado realmente praticado por um Adão individual. [Observe, contudo, que o papa não condena de modo absoluto a teoria do poligenismo.] O tipo de história popular que se encontra no AT ainda desfrutava do carisma da inspiração e não pode ser considerada em pé de igualdade com mitos que são mais produto de uma imaginação extravagante do que de uma busca da verdade (→ Pensamento do AT, 77:31). É digno de nota que nesta encíclica predominantemente admoestatória não existe crítica aos biblistas. Aparentemente Pio XII permaneceu firme em sua fé na crítica moderna até sua morte.

25 (III) **Documentos das comissões romanas.**
(A) **Primeiros decretos da PCB.** Os decretos publicados entre 1905 e 1915 e em 1933 serão brevemente resumidos abaixo; esta é uma tarefa difícil porque os decretos foram emitidos na forma de resposta a questões intrincadas (frequentemente numa formulação negativa). Muitos deles têm hoje pouco mais que interesse histórico, sendo implicitamente revogados por decretos posteriores, pela DAS e pelo Vaticano II. Eles devem ser avaliados segundo o esclarecimento de 1955 publicado em latim e alemão por A. Miller e A. Kleinhans, secretário e secretário assistente da PCB (*BenMon* 31 [1955] 49-50; *Antonianum* 30 [1955] 63-65; *CBQ* 18 [1956] 23-29; *RSS*, p. 175 – observe que o último omite por engano a importante cláusula "com plena liberdade": *plena libertate; in aller Freiheit*). Diz Miller: "Na medida em que estes decretos [antigos da PCB] proponham concepções que não estejam nem imediata nem mediatamente ligados às verdades da fé e da moral, o intérprete da Sagrada Escritura pode empreender suas investigações científicas com plena liberdade e aceitar os resultados dessas investigações, contanto que sempre respeite a autoridade magisterial da igreja."

Os ultraconservadores tentaram salvar a autoridade dos antigos decretos da PCB citando a opinião de J. E. Steinmueller (*The Sword of the Spirit* [Waco, 1977] 7) de que este esclarecimento era inválido e não autorizado, porque ele ouviu dizer que Miller e Kleinhans foram repreendidos pelo Santo Ofício por causa disso (mas poupados pela intervenção do cardeal Tisserant). Uma lembrança não documentada publicada muito depois dificilmente constitui prova, especialmente porque também havia cesmas em Roma em outra direção: Pio XII propôs revogar os decretos da PCB oficialmente, mas A. Bea o persuadiu de que o esclarecimento de Miller-Kleinhans era suficiente. O *fato* certo é que o esclarecimento nunca foi retirado e Roma agiu de modo consistente no espírito dele, nunca corrigindo as centenas de estudiosos católicos que usaram a "plena liberdade" para contestar quase *cada um* dos antigos decretos da PCB. No resumo abaixo, serão usados parênteses para nossas explicações.

26 (a) *Historicidade geral.*
(i) Contra um uso livre demais da teoria da *citação implícita*, *i.e.*, de que o autor bíblico está citando implicitamente uma fonte não inspirada cujas conclusões ele não assume (13 de fevereiro de 1905; *EB* 160; *RSS*, p. 117).

(ii) Contra um recurso excessivamente livre à teoria de que um livro considerado histórico não é realmente histórico, mas só tem a *aparência de história* (23 de junho de 1905; *EB* 161; *RSS*, p. 117-18).

27 (b) *Antigo Testamento*.

(i) *O Pentateuco*. Moisés é substancialmente o autor, e há evidências insuficientes de que ele foi compilado a partir de fontes posteriores a Moisés. Moisés pode ter recorrido a fontes existentes; e, como o autor principal, pode ter encarregado da composição outros que escreveram de acordo com a vontade dele. Pode ter havido modificações subsequentes, acréscimos inspirados, modernizações da linguagem e até mesmo erros de escribas ao copiá-lo (27 de junho de 1906; *EB* 181-84; *RSS*, p. 118-19 [→ Pentateuco, 1:5-8].)

(ii) *Gênesis*. Defende-se o caráter histórico literal de Gn 1-3, especialmente com relação às questões religiosas fundamentais. Estes capítulos não são narrativas ficcionais, nem fábulas purificadas derivadas de mitologias pagãs, nem alegorias destituídas de fundamento na realidade objetiva; tampouco contêm lendas edificantes, em parte históricas e em parte ficcionais. Todavia, deve-se reconhecer a existência de metáfora, linguagem figurada e ingenuidade científica do autor. A palavra *yôm* [Gn 1,5.8, etc.] pode significar um dia natural ou um espaço de tempo. Em particular, a PCB insistiu no significado literal e histórico de passagens que tratam do seguinte: (1) a criação de todas as coisas por Deus no início do tempo; (2) a criação especial do homem; (3) a formação da primeira mulher a partir do homem; (4) a unidade do gênero humano; (5) a felicidade original de nossos primeiros pais num estado de justiça, integridade e imortalidade; (6) a ordem divina dada ao homem para provar sua obediência; (7) a transgressão desta ordem por instigação do diabo na forma de uma serpente; (8) a queda de nossos primeiros pais de seu estado primitivo de inocência; (9) a promessa de um redentor futuro (30 de junho de 1909; *EB* 324-31; *RSS*, p. 122-24 [→ Gênesis, 2:4-5]).

(iii) *Isaías*. O livro contém profecias reais, não apenas *vaticinia ex eventu* [vaticínios feitos depois dos acontecimentos] ou palpites perspicazes; os profetas falaram não apenas do futuro imediato a ouvintes contemporâneos, mas também de coisas a serem cumpridas depois de muitas eras. As evidências de que o livro foi escrito por diversos autores [→ Deuteroisaías, 21:2-4] que viveram em séculos diferentes são insuficientes (28 de junho de 1908; *EB* 276-80; *RSS*, p. 120-22).

(iv) *Salmos*. Davi não é o único autor, mas ele é o autor dos seguintes Salmos: 2, 16 (em latim 15), 18 (17), 32 (31), 69 (68), 110 (109). Os títulos dos Salmos representam uma tradição judaica muito antiga, não devendo ser questionados sem uma razão sólida. Os Salmos foram divididos para fins litúrgicos, etc.; outros consistem de partes separadas unidas em uma só; outros foram levemente modificados por eliminação ou acréscimo, *p.ex.*, 51 (50). Não há prova de que muitos Salmos tenham sido compostos após o período de Esdras-Neemias [cerca de 400]. Alguns Salmos são proféticos e messiânicos, predizendo a vinda e a trajetória do redentor futuro (1º de maio de 1910; *EB* 332-39; *RSS*, p. 124-26 [→ Salmos, 34:4, 10]).

28 (c) *Novo Testamento*.

(i) *Mateus*. O apóstolo Mateus escreveu seu evangelho antes dos outros evangelhos e antes da destruição de Jerusalém (70 d.C.), e não necessariamente após a chegada de Paulo em Roma [em cerca de 61; → Mateus, 42:2-4]. Foi escrito originalmente no dialeto usado pelos judeus na Palestina [aramaico ou hebraico], e o Evangelho de Mateus canônico em grego é substancialmente idêntico ao evangelho original; não é simplesmente uma coletânea de ditos e discursos feita por um autor anônimo. O reconhecido propósito dogmático e apologético de Mateus e sua ocasional falta de ordem cronológica não nos permitem considerar sua narrativa das ações e palavras de Cristo como não verdadeira, ou achar que esta narrativa passou por mudanças sob a influência do AT ou do desenvolvimento da igreja. Enfatiza-se a autenticidade histórica de várias passagens peculiares de Mt; caps. 1-2; 14,33; 16,17-19; 28,19-20 (19 de junho de 1911; *EB* 383-89; *RSS*, p. 126-28). Mateus 16,26 (Lc 9,25) se refere, num sentido literal, à vida eterna da alma e não apenas à vida temporal (1º de julho de 1933; *EB* 514; *RSS*, p. 138).

(ii) *Marcos, Lucas.* A ordem cronológica dos sinóticos é: Mt original, Mc, Lc – embora o Mt em grego talvez seja posterior a Mc e a Lc. Marcos, que escreve de acordo com a pregação de Pedro, e Lucas, que escreve de acordo com a pregação de Paulo, são realmente os autores de Mc e de Lc, que foram escritos antes da destruição de Jerusalém [70 d.C.]. Lucas compôs o evangelho antes de Atos, o qual foi concluído perto do fim da prisão de Paulo pelos romanos [cerca de 63; → Canonicidade, 66:58, 66]. Os evangelistas tiveram à sua disposição fontes dignas de confiança, orais ou escritas; e suas narrativas reivindicam pleno crédito histórico. A PCB insiste na inspiração de certas passagens controversas e considera não convincentes os argumentos propostos contra sua genuinidade e autoria: Mc 16,9-20; Lc 1-2; e 22,43-44. O Magnificat [Lc 1,46-55] deve ser atribuído a Maria, não a Isabel, como querem algumas poucas testemunhas textuais. É concedida liberdade aos biblistas católicos na discussão do problema sinótico, mas eles não são livres para defender a teoria das duas fontes, segundo a qual Mt e Lc dependeram de Mc e dos "Ditos do Senhor" ["Q"] (26 de junho de 1912; *EB* 390-400; *RSS*, p. 129-32).

(iii) *João.* Por várias razões apresentadas, o apóstolo João deve ser reconhecido como o autor [→ João, 61:12]. As diferenças entre João e os sinóticos estão abertas a soluções razoáveis. Os fatos narrados em Jo não foram inventados, no todo ou em parte, para servir como alegorias ou símbolos doutrinários; e os discursos de Jesus são realmente dele e não composições teológicas do evangelista (29 de maio de 1907; *EB* 187-89; *RSS*, p. 119-20).

(iv) *Atos.* Lucas é o único autor, como é confirmado por muitos argumentos tradicionais e críticos, inclusive as passagens que usam "nós" [→ Atos, 44:2-3]. A composição não pode ser situada muito mais tarde do que o final do primeiro cativeiro de Paulo em Roma [cerca de 63], e o fim abrupto de Atos não precisa significar que o autor tenha escrito um outro volume ou pretendesse fazê-lo. Lucas possuía fontes confiáveis e as usou correta, honesta e fielmente; portanto, podemos reivindicar autoridade histórica completa para Lucas. A autoridade histórica de Atos não é enfraquecida pelo fato de que ele contém acontecimentos sobrenaturais, discursos que alguns consideram inventados e aparentes discrepâncias (12 de junho de 1913; *EB* 410-6; *RSS*, p. 132-34).

(v) *Escritos paulinos.* As Pastorais [1-2Tm, Tt], sempre consideradas genuínas e canônicas, foram escritas pelo próprio Paulo entre sua primeira prisão e sua morte [cerca de 63-67]. A genuinidade dessas cartas não é enfraquecida por argumentos, nem pela "hipótese dos fragmentos", segundo a qual elas foram juntadas mais tarde a partir de fragmentos paulinos com acréscimos consideráveis (12 de junho de 1913; *EB* 407-10; *RSS*, pp. 134-35 [→ Pastorais, 56:6-8]). Hebreus é canônica e genuinamente paulina; contudo, deixa-se em aberto a questão quanto a se Paulo a produziu como ela é agora (24 de junho de 1914; *EB* 411-13; *RSS*, p. 135-36 [→ Hebreus, 60:2-3]). Os problemas relativos à parúsia não são resolvidos mediante a afirmação de que, às vezes, os autores inspirados expressaram suas próprias concepções humanas, possivelmente errôneas. Paulo escreveu em harmonia com a ignorância da época da parúsia proclamada pelo próprio Cristo. 1 Tessalonicenses 4,15-16 não implica necessariamente que Paulo pensasse que ele mesmo e seus leitores sobreviveriam para se encontrar com Cristo (18 de junho de 1915; *EB* 414-16; *RSS*, p. 136-37 [→Teologia paulina, 82:45]).

29 (B) Documentos mais recentes. Estes refletem a atitude cada vez mais progressista para com o estudo católico da Bíblia a partir de Pio XII.

(a) *Carta da PCB para a hierarquia italiana* (20 de agosto de 1941; *EB* 522-33; *RSS*, p. 138-47). Uma resposta a um opúsculo rancoroso contra o estudo científico da Bíblia escrito (anonimamente) pelo Pe. D. Ruotolo (Levie, *Bible* 133), que minimizava o sentido literal em favor de um sentido espiritual fantasioso e exagerava a importância da Vulgata contra a crítica textual e o estudo das línguas orientais. Ao corrigir estes erros, a PCB preanunciou a DAS (→ 20-22 *acima*).

30 (b) *Declaração da PCB sobre as traduções bíblicas* (22 de agosto de 1943; *EB* 535-37; *RSS*, p. 148-49). Este decreto estabeleceu normas para as traduções a partir das línguas originais que os bispos poderiam recomendar aos fiéis; mas a versão a ser lida na missa deve estar em conformidade com a Vulgata (Agora, como permitiu o Vaticano II, as versões aprovadas para a missa são traduzidas a partir das línguas originais.)

31 (c) *Resposta da PCB para o cardeal Suhard de Paris* (16 de janeiro de 1948; *EB* 577-81; *RSS*, p. 150-53). Quanto ao Pentateuco e a Gn 1-11: (1) Opiniões anteriores da igreja sobre a autoria e historicidade (*EB* 161, 181-84, 324-31) não estão de modo algum em oposição ao exame adicional, verdadeiramente científico, dos problemas conforme os resultados obtidos durante os últimos 40 anos. Consequentemente, não há necessidade de promulgar novos decretos. Ninguém hoje duvida da existência de fontes escritas ou de tradições orais no Pentateuco ou se recusa a admitir um desenvolvimento progressivo das leis mosaicas, um desenvolvimento que também se manifesta nas narrativas históricas. (2) Os gêneros literários de Gn 1-11 não correspondem a nenhuma de nossas categorias clássicas e não podem ser julgadas à luz dos estilos literários grego-romanos ou modernos. Embora não contenham história em nossa acepção moderna, essas narrativas históricas relatam, em linguagem simples e figurada, as verdades fundamentais pressupostas para a economia da salvação, bem como a descrição popular sobre a origem do gênero humano e do povo eleito (Gn 2,4-18). A primeira tarefa do exegeta é examinar os dados das várias ciências (paleontologia, história, epigrafia) para descobrir melhor como os povos orientais pensavam e expressavam suas ideias, bem como seu próprio conceito de pensamento histórico.

32 (d) *Declaração da PCB sobre o ensino da Escritura nos seminários* (13 de maio de 1950; *EB* 582-619; *RSS*, pp. 154-67). Foram enfatizados os seguintes pontos: (1) a diferença entre a formação de biblistas e a dos futuros pastores do rebanho do Senhor (*EB* 583); (2) o professor de Escritura deve gozar de liberdade para dedicar-se inteiramente a seu trabalho e não ser compelido a ensinar outras matérias importantes ao mesmo tempo (*EB* 586-90); (3) o método apropriado de ensinar matérias bíblicas nos seminários e colégios religiosos. Os alunos devem ser ensinados de um modo estritamente científico e ser familiarizados com problemas bíblicos atuais (*EB* 593). As dificuldades e obscuridades no AT devem ser enfrentadas seriamente e soluções racionais devem ser dadas (*EB* 600).

33 (e) *Declaração da PCB sobre os encontros para o estudo da Bíblia* (15 de dezembro de 1955; *EB* 622-33; *RSS*, p. 168-72). Deve-se encorajar as associações bíblicas; deveria haver encontros, "Dias e Semanas da Escritura"; as matérias devem ser escolhidas adequadamente. Enfatiza-se a jurisdição do superior eclesiástico competente sobre todas essas reuniões (*EB* 627-30), e os encontros técnicos e científicos não deveriam estar abertos a pessoas de fora que não estão suficientemente preparadas para avaliar e entender o que está sendo dito (*EB* 631).

34 (f) *Monitum do Santo Ofício sobre a historicidade* (20 de junho de 1961; *AAS* 35 [1961] 507; *RSS*, p. 174). Com a concordância dos cardeais da PCB, o Santo Ofício emitiu uma advertência a todos os que trabalham com a Escritura, quer oralmente, quer por escrito. O alvo da advertência eram opiniões e afirmações que questionavam "a genuína" (*germana*) verdade histórica e objetiva da Sagrada Escritura", não apenas do AT, mas também do NT, mesmo até com relação às palavras e ações de Jesus. O documento aconselha prudência e reverência, pois opiniões como estas criam inquietações tato para os pastores quanto para os fiéis. (J. A. Fitzmyer, *TS* 22 [1961] 443-44, comenta este documento, o qual, sendo quase totalmente negativo, temporariamente lançou uma nuvem escura no futuro da crítica moderna na igreja.)

35 (g) *Declaração da PCB sobre historicidade dos evangelhos* (21 de abril de 1964; em latim e inglês em *CBQ* 26 [1964[299-312; *AAS* 56 [1964] 712-18; comentário por J. A. Fitzmyer, *TS* 25 [1964] 386-408). Esta "Instrução sobre a verdade histórica dos evangelhos" começa com um elogio aos biblistas como "filhos fiéis da igreja", e repete a ordem de Pio XII para que eles sejam tratados com caridade pelos outros católicos. (Isto foi significativo à luz dos difíceis anos entre 1958 e 1962 e do *Monitum* acima mencionado). As instruções da DAS são reiteradas, especialmente as que enfatizam o conceito das diferentes gêneros literários. No "método da crítica das formas" há elementos razoáveis; mas muitas vezes existem princípios filosóficos e teológicos inadmissíveis misturados com este método, às vezes corrompendo o método em si ou, pelo menos, as conclusões extraídas a partir dele.

Para julgar apropriadamente, o intérprete deve prestar atenção a *três estágios* pelos quais a doutrina e a vida de Jesus nos foram transmitidas: (1) *Jesus* explicou sua doutrina, adaptando-se à mentalidade de seus ouvintes. Seus discípulos escolhidos viram seus atos, ouviram suas palavras e foram, assim, equipados para serem testemunhas de sua vida e doutrina. (2) Os *apóstolos*, após a ressurreição de Jesus, perceberam claramente sua divindade e proclamaram a morte e ressurreição do Senhor a outros. Ao pregar e explicar a vida e as palavras de Jesus, eles levaram em conta as necessidades e circunstâncias de seus ouvintes. A fé dos apóstolos não deformou a mensagem; mas, antes, com a compreensão mais plena de que eles gozavam agora, conseguiram transmitir a seus ouvintes o que realmente foi dito e feito pelo Senhor. As formas de se expressar com as quais esses pregadores proclamaram a Cristo devem ser distinguidas e avaliadas adequadamente: catequese, relatos, testemunhos, hinos, doxologias, orações, etc. – as formas literárias em uso na época. (3) Os *autores sagrados* registraram por escrito em quatro evangelhos esta instrução primitiva que tinha sido transmitido oralmente no início e a seguir em escritos pré-evangélicos. Das muitas coisas transmitidas, os evangelistas "selecionaram algumas, reduziram outras a uma síntese, e explicaram ainda outras, levando em conta a situação das igrejas". Eles adaptaram o que narravam à situação de seus leitores e ao propósito que tinham em mente. Esta adaptação afetou a sequência do que é narrado, mas a verdade não é afetada de modo algum simplesmente porque as palavras e ações do Senhor sejam narradas numa ordem diferente nos diferentes evangelhos. E, embora os evangelistas às vezes expressem os ditos de Jesus não literalmente, mas de modo diferente, eles, não obstante, mantêm o sentido desses ditos. A partir de um estudo desses três estágios fica evidente que a doutrina e a vida de Jesus não foram registradas meramente com o propósito de serem lembradas, mas foram pregadas para oferecer à igreja uma base de fé e moral.

O conselho ao exegeta termina com um lembrete de que ele deve exercitar sua habilidade e seu juízo na exegese, mas sempre com a disposição de obedecer ao Magistério (→ Hermenêutica, 71:80-87). A seguir, curtos parágrafos de recomendação são dirigidos àqueles que lecionam em seminários, àqueles que pregam ao povo e àqueles que escrevem para os fiéis. O povo deveria receber todos os benefícios da ciência bíblica moderna, mas não deveria ser exposto a novidades insuficientemente estabelecidas ou a observações apressadas de inovadores (→ Hermenêutica, 71:90-92).

36 (h) *Mysterium Ecclesiae* (24 de junho de 1973; *AAS* 65 [1973] 394-408; R. E. Brown, *Biblical Reflections on Crises Facing the Chur-*

ch [New York, 1975] 116-17). Publicado pela Congregação para a Doutrina da Fé (Santo Ofício) para refutar a contestação da infalibilidade por H. Küng, ele estende para as formulações dogmáticas a ideia do condicionamento histórico que tanto tinha marcado o estudo da Bíblia. Embora insista na capacidade da igreja de ensinar infalivelmente, reconhece que, ao expressar a revelação, também "derivam ainda [...] dificuldades do condicionamento histórico": (1) O significado dos pronunciamentos de fé "depende em parte da peculiar força expressiva da língua usada em determinado tempo". (2) "[...] pode suceder também que uma certa verdade dogmática, num primeiro momento, seja expressa de modo incompleto, se bem que nunca falso; e depois [...] venha a ser mais plena e perfeitamente significada." (3) Os pronunciamentos geralmente têm uma intenção limitada de "dirimir controvérsias ou de extirpar erros". (4) As verdades que são ensinadas, "embora se distingam das concepções mutáveis próprias de uma época particular", são às vezes enunciadas pelo Magistério "numa terminologia que se ressente do influxo de tais concepções". Consequentemente, para apresentar mais claramente a mesma verdade, o Magistério, aproveitando-se do debate teológico, pode reformulá-la.

37 (i) *Declarações da PCB entre 1965-1975*. A historicidade dos evangelhos (1964; → 35 *acima*) foi a última declaração da PCB estabelecida em 1902 (cardeais como membros; decretos que obrigavam os católicos à aceitação interna). Em 1966-1967, o "problema singularmente difícil" da historicidade das narrativas da infância de Jesus (Mt 1-2; Lc 1-2) foi submetido por escrito aos consultores especialistas. (A declaração sobre a historicidade de 1964 dizia respeito ao ministério *pós-batismal* registrado nos evangelhos, quando Jesus falou, agiu e teve seguidores.). Não se chegou a nenhuma decisão nem se produziu nenhum documento. Em 27 de junho de 1971, Paulo VI ("Sedula cura", *AAS* 63 [1971] 665-69) reorganizou a PCB como órgão consultivo para a Congregação Doutrinária. Os membros seriam 20 biblistas (designados pelo papa por um período de cinco anos) "notáveis por sua erudição, prudência e respeito católico para com o Magistério da igreja", com um secretário, encontros anuais para discutir temas específicos sob a orientação do prefeito cardeal da Congregação Doutrinária. Foram incluídos: secretários A. Descamps e H. Cazelles; membros P. Benoit, J. Dupont, C. Martini, D. Stanley e os norte-americanos R. E. Brown (1972-78), J. D. Quinn (1978-84), J. A. Fitzmyer (1984-89). Os norte-americanos ultraconservadores criticaram a PCB por ser dominada por modernistas!

38 (j) *Informe da PCB sobre a ordenação sacerdotal das mulheres*. Em abril de 1976, a PCB reformada concluiu, por incumbência, um estudo da Bíblia sobre se as mulheres poderiam ser ordenadas ao ministério sacerdotal da eucaristia. Os resultados confidenciais foram "vazados" ilegalmente para a imprensa (texto e comentário, veja *Women Priests* [ed. L. e A. Swidler; New York, 1977] 25-34, 338-46). Segundo as notícias, os membros da PCB votaram por 17 a 0 no sentido de que o NT não resolve a questão de um modo claro; por 12 a 5 no sentido de que nem a Escritura nem o plano de Cristo, por si sós, excluem a possibilidade da ordenação. A documentação subjacente aos argumentos não foi publicada.

39 (k) *Informe da PCB sobre questões cristológicas*. Em abril de 1983, a PCB concluiu um estudo sobre a cristologia bíblica, que foi publicado (legalmente desta vez) em latim e francês; veja *Bible et Christologie* (ed. H. Cazelles; Paris, 1984). Tradução e comentário em inglês de J. A. Fitzmyer, *Scripture and Christology* (New York, 1986). Longa e irregular, a Parte I examina 11 abordagens à cristologia, com as vantagens e riscos de cada uma; a Parte II apresenta um esboço global do testemunho bíblico de Cristo. Evitando a harmonização, o documento reconhece a existência de diferentes cristologias no NT (1.2.7.2; 1.2.10), que interpreta geralmente de acordo com o método histórico-crítico; *p.ex.*, os Evangelhos não são necessariamente históricos nos mínimos detalhes, tampouco os ditos de Jesus estão preservados literalmente (1.2.1.2); a ressurreição de Jesus "não pode, por sua própria natureza, ser provada empiricamente" (1.2.6.2); "é legítimo começar uma investigação histórica acerca de Jesus considerando-o um ser realmente humano [...] como judeu" (1.2.7.3).

40 (IV) Alocuções papais recentes. Paulo VI, *A especialistas em Antigo Testamento*, 19 de abril de 1968 (*AAS* 60 [1968] 262-65; *MOCT* 991-1002): judeus, cristãos e católicos "podem juntos estudar e venerar estes livros santos" (992). "É a honra de vocês que se dediquem de modo profissional e científico a empregar todos os meios nos campos literário, histórico e arqueológico" (993). Paulo VI, *Ano Internacional do Livro da Biblioteca Vaticana*, 25 de março de 1972 (*AAS* 64 [1972] 303-7; *MOCT* 1028-42): "A Bíblia não é apenas um livro; ela é uma biblioteca em si mesma, um conjunto de livros de todos os diferentes gêneros literários" (1037). Paulo VI, *À PCB*, 14 de março de 1974 (*AAS* 66 [1974] 235-41; *MOCT* 1046-69): "O NT tomou forma dentro da comunidade do povo de Deus [...]. A igreja foi de algum modo a matriz da Escritura Sagrada" (1048). "Levem em consideração as explorações científicas sobre a história das tradições, das formas e da redação (*Traditions-Form--Redaktionsgeschichte*) que incentivamos – com as necessárias correções metodológicas" (1050). "Pluralidade de teologias [...] os modos variados, mas complementares, pelos quais os temas fundamentais do NT são apresentados" (1051). Crítica de uma exegese liberal que nega o sobrenatural; contra a absolutização de uma única metodologia exegética; o biblista deve servir à tarefa ecumênica e missionária da igreja (1056, 1057, 1063) João Paulo II, *À Federação Católica Mundial do Apostolado Bíblico*, 7 de abril de 1986 (*AAS* 78 [1986] 1217-19): Um forte ataque contra o fundamentalismo: "Deve-se dar atenção aos gêneros literários dos vários livros bíblicos a fim de se determinar a intenção dos escritores sagrados. E é extremamente útil, às vezes crucial, estar consciente da situação pessoal do escritor bíblico, das circunstâncias da cultura, do tempo, da língua, etc., que influenciaram o modo como a mensagem foi apresentada [...]. Desta maneira, é possível evitar um fundamentalismo estreito que distorce toda a verdade."

41 Uma indicação final das tendências atuais vai além das alocuções papais. Em 27 de janeiro de 1988, em Nova Iorque, o cardeal Joseph Ratzinger (hoje: Papa Bento XVI), prefeito da Sagrada Congregação para a Doutrina da Fé, fez uma palestra intitulada "Interpretação bíblica em crise", na qual criticou algumas das práticas da exegese histórico-crítica (hipóteses infundadas, exegese de supostas fontes e não do texto existente) e algumas pressuposições filosóficas subjacentes a ela (especificamente as de Bultmann e Dibelius). Ele rejeitou, contudo, o fundamentalismo ou o superliteralismo como alternativa; na coletiva de imprensa que acompanhou a conferência, ele elogiou os biblistas críticos moderados e, especificamente, resistiu a um apelo para retornar às atitudes antimodernistas como corretivo. Observou as contribuições duradouras da exegese moderna que devem ser preservadas, tanto quanto as da exegese patrística. Pediu aos exegetas que pratiquem a autocrítica e desenvolvam uma exegese que combine o melhor do passado com um contexto eclesiástico mais pleno e produza frutos teológicos. Para o texto da palestra, veja *Biblical Interpretation in Crisis: The Ratzinger Conference on the Bible and the Church* (Encounter Series 9; Grand Rapids, 1989). Para uma crítica do racionalismo e uma ênfase exagerada nas fontes na busca crítica do sentido literal, → Hermenêutica, 71:17, 27; para a necessidade de ir além do sentido literal detectado pela crítica histórica para um sentido mais-que-literal para o qual a exegese patrística contribuiu, → 71:30ss.

73
Geografia Bíblica

Raymond E. Brown, S.S. e Robert North, S.J.*

BIBLIOGRAFIA

1 Geral. ABEL, GP. AHARONI, *LBib.* ALON, A., *The Natural History of the Land of the Bible* (Garden City, 1978). AVI-YONAH, M., *The Holy Land... A Historical Geography* (Grand Rapids, 1977). BALDI, D., *Enchiridion locorum sanctorum* (2ª ed.; Jerusalem, 1955). BALY, D., *Geographical Companion to the Bible* (New York, 1963); *The Geography of the Bible* (ed. rev.; New York, 1974). BEN-ARIEH, S., "The Geographical Exploration of the Holy Land", *PEQ* 10 (1972) 81-92. BODENHEIMER, F. S., *Animal and Man in Bible Lands* (Leiden, 1960). DALMAN, G., *Sacred Sites and Ways* (New York, 1934). DU BUIT, M., *Géographie de Terre Sainte* (2 vols.; Paris, 1958). FRANK, H. T., *Discovering the Biblical World* (Maplewood, 1975). KARMON, Y., *Israel, a Regional Geography* (London, 1971). KEEL, O., et al., *Orte und Landschaften der Bibel* (4 vols.; Zürich, 1982-). KOPP, C., *The Holy Places of the Gospels* (New York, 1963). ORNI, E. e E. EFRAT, *Geography of Israel* (2ª ed.; Jerusalem, 1966). SIMONS, J., *The Geographical and Topographical Texts of the Old Testament* (Leiden, 1958). SMITH, G. A., *The Historical Geography of the Holy Land* (reimpr. da 25ª ed.; New York, 1966). THOMPSON, T. L., *The Settlement of Sinai and the Negev in the Bronze Age* (TAVO B8; Wiesbaden, 1975); *The Settlement of Palestine in the Bronze Age* (TAVO B34; Wiesbaden, 1979). ZOHARY, M., *Plants of the Bible* (Cambridge, 1982).

2 Atlas. AHARONI, Y. e M. AVI-YONAH, *The Macmillan Bible Atlas* (2ª ed.; New York, 1977). AMIRAN, D., et al., *Atlas of Jerusalem* (Jerusalem, 1973). BALY, D. e A. TUSHINGHAM, *Atlas of the Biblical World* (New York, 1971). BRUCE, F. F., *Bible History Atlas* (ed. para estudo; New York, 1982). CORNELL, T. e J. MATTHEWS, *Atlas of the Roman World* (New York, 1982). ELSTER, J., *Atlas of Israel* (Amsterdam, 1970). GARDNER, J., *Reader's Digest Atlas of the Bible* (Pleasantville, 1981). GROLLENBERG, *AtBib*; também *The Penguin Shorter Atlas of the Bible* (London, 1978). *Hammond's Atlas of the Bible Lands* (ed. H. T. FRANK; Maplewood, 1984). LEMAIRE, P. e D. BALDI, *Atlante storico geografico della Bibbia* (Roma, 1955). MCEVEDY, C., *The Penguin Atlas of Ancient History* (London, 1967). MAY, H. G. e J. DAY, *Oxford Bible Atlas* (3ª ed.; New York, 1984). MONSON, J. e R. CLEAVE, *Student Map Manual* (Jerusalem, 1979). NEGENMAN, J. H., *New Atlas of the Bible* (ed. H. H. ROWLEY; Garden City, 1969). PFEIFFER, C. F., *Baker's Bible Atlas* (Grand Rapids, 1979). ROGERSON, J., *Atlas of the Bible* (New York, 1985). WRIGHT, G. E. e F. V. FILSON, *WHAB*.

3 Guias de viagem. *Baedeker's Israel* (ed. O. GARNER; Englewood Cliffs, cerca de 1983). *Carta's Official Guide to Israel* (Jerusalem, 1983). HOADE, E., *Guide to the Holy Land* (Jerusalem, 1978; reimpr. 1984). MILLER, J. M., *Introducing the Holy Land* (Macon, 1986). MURPHY-O'CONNOR, J., *The Holy Land: An Archaeological Guide from Earliest Times to 1700* (2ª ed.; Oxford, 1986). VILNAY, Z., *Israel Guide* (Jerusalem, 1982). Avaliação dos guias de viagem: *BARev* 11 (6, 1985) 44-58.

Slides: CLEAVE, R. L. W., *Pictorial Archive* (Near Eastern History; Jerusalem, 1979). Biblical Archeology Society Sets (Washington).

---

* As seções 5-31 são obra de R. E. NORTH; o restante é de R. E. BROWN.

4 ESBOÇO

Fontes e instrumentos para o estudo da geografia bíblica (§ 5-14)
(I) Antigos (§ 5-8)
(II) Modernos (§ 9-14)

Geografia dos países circunvizinhos (§ 15-31)
(I) Abraão e o Crescente Fértil (§ 15-23)
(II) Moisés – O Egito e a rota do Êxodo (§ 24-31)

Geografia da Palestina (§ 32-115)
(I) Introdução
 (A) Extensão e características (§ 32-34)
 (B) Clima (§ 35-37)
(II) Transjordânia
 (A) Edom (§ 40-42)
 (B) Moabe (§ 43-46)
 (C) Amom (§ 47-49)
 (D) Galaad (§ 50-52)
 (E) Basã (§ 53-55)
(III) Vale do Jordão
 (A) As fontes do Jordão e a bacia do Hulê (§ 57-59)
 (B) Lago da Galileia (§ 60-61)
 (C) Vale do Jordão (§ 62-66)
 (D) Mar Morto (§ 67-68)
 (E) Arabá (§ 69)
(IV) Planícies costeiras
 (A) Filistia e a Sefelá (§ 71-74)
 (B) Planície de Saron (§ 75-78)
 (C) Dor, Carmelo, planície de Aser (§ 79-81)
(V) Zona central da Palestina
 (A) Negueb (§ 83-86)
 (B) Território da casa de Judá (§ 87-95)
 (C) Território da casa de José (§ 96-104)
  (a) Efraim (§ 97-99)
  (b) Manassés (Samaria) (§ 100-104)
 (D) Planície de Esdrelon (Jezrael) (§ 105-111)
 (E) Galileia (§ 112-115)

FONTES E INSTRUMENTOS PARA O ESTUDO DA GEOGRAFIA BÍBLICA

Estamos interessados aqui na geografia bíblica, não em um estudo puramente geográfico das áreas que por acaso são mencionadas na Bíblia. As características e os locais mencionados são importantes para um entendimento da Bíblia; muito material não bíblico que, de um ponto de vista geográfico científico, poderia ser de maior importância é omitido. Juntamente com detalhes sobre a geologia e a geografia, incluem-se detalhes variados de história (até mesmo medieval e moderna), arqueologia e um *"tour com guia"* da terra santa. Em resumo, discutimos tudo que possa dar ao leitor uma apreciação da região que é o ambiente da Bíblia. Embora algumas das referências bibliográficas sejam a obras mais científicas sobre o assunto, houve uma preferência por relatos e referências simplificados que o estudante em geral pode ler com proveito.

5 (I) **Antigos.** O mapa mais antigo da Palestina é um mosaico de 500 d.C. que ainda sobrevive parcialmente no chão de uma igreja ortodoxa em Madeba, na Transjordânia, perto do Monte Nebo (M. Avi-Yonah, *The Madaba Mosaic Map* [Jerusalem, 1954]; R. T. O'Callaghan, *DBSup* 5. 627-704; H. Donner e H. Cüppers, *ZDPV* 83 [1967] 1-33). O único outro mapa verdadeiramente antigo é o *Tabula Peutingeriana*, um roteiro do mundo reduzido a uma faixa de 62,5 cm de comprimento e 33 cm de largura, dividido em 12 seções. O original talvez se origine do séc. III d.C., mas a cópia agora existente é de 1265. Legado a Konrad Peutinger, o mapa está na Biblioteca Pública de Viena (veja K. Miller, *Itineraria romana* [Stuttgart, 1916]; *Arch* 8 [1955] 146-55; 17 [1964] 227-36).

6 O que é um mapa? Basicamente é uma lista de cidades, embora mais em uma ordem espacial do que em uma ordem alfabética ou lógica. Neste sentido de mapas como listas de cidades, a origem da cartografia bíblica está no antigo Egito, pois possuímos listas egípcias de cidades palestinas em fragmentos de jarros, em tabletes de barro e em paredes de palácios. Em cerca de 1900 a.C., nomes de cidades cananeias eram escritos em cerâmica e quebrados como uma maldição mágica; encontrados apenas por volta de 1930, são chamados de Textos de Execração. No período logo após 1370 a.C., muitos príncipes de Canaã escreveram para o faraó egípcio pedindo ajuda para suas cidades contra saqueadores locais chamados *habiru* (*'apiru*); estas "Cartas de Amarna", encontradas no final do séc. IX (→ Arqueologia bíblica, 74:77), são de grande importância para a situação geográfica e política na Palestina no período pouco antes de Moisés e Josué. (E. F. Campbell, *BA* 23 [1960] 2-22.). Os faraós Ramsés II (1290-1224) e Sheshonq (aproximadamente 920; = Sesac de 1Rs 14,25) deixaram nos palácios de Luxor, no sul do Egito, importantes listas geográficas (J. Simons, *Handbook for the Study of Egyptian Topographical Lists Relating to Western Asia* [Leiden, 1937]; Aharoni, *LBib*).

7 O próximo na ordem são as listas de cidades do próprio AT (cf. Simons, *Geographical*). Estas fornecem uma geografia genuinamente bíblica, visto que são expressas nos termos e categorias da própria Bíblia. Elas incluem Js 13-21; Gn 10; 2Cr 11,6-10; e as "Ameaças contras as Nações" nos Profetas Maiores.

8 Entre o tempo AT e nossos dias existem várias outras fontes para aprender a relação das localidades bíblicas entre si, que é aquilo que um mapa expressa. Primeiro, existem os autores clássicos, Heródoto, Estrabão, Plínio e o geógrafo Ptolomeu (veja M. Cary e E. H. Warmington, *The Ancient Explorers* [Pelican ed.; Londres, 1963]). A maior obra sobre a antiga topografia palestina é o *Onomasticon* de Eusébio, 330 d.C. (C. U. Wolf, *BA* 27 [1964] 66-96). Observações sobre o judaísmo pós-bíblico estão reunidas na *Géographie du Talmud* de A. Neubauer (Paris, 1868) e no *Eretz-Israel Annual 2* e *Atlas*. Seleções de geógrafos muçulmanos foram publicadas por G. Lestrange, R. Dussaud e A. S. Marmardji. Os dados fornecidos por peregrinos e pelas Cruzadas são importantes, especialmente para os sítios do NT (embora, infelizmente, se mostrassem aos peregrinos localizações que eram convenientes às principais estradas e não as baseadas em verdadeiras memórias históricas). Veja R. North, *A History of Biblical Map Making* (TAVO B32; Wiesbaden, 1979); H. Donner, *Pilgerfahrt ins Heilige Land (4-7 Jahrhundert)* (Stuttgart, 1979); J. Wilkinson, *Pilgrims before the Crusades* (Warminster, 1977).

9 (II) Modernos. A confecção de mapas de lugares na Palestina alcançou o clímax na metade do séc. XIX. Em 1838, E. Robinson, professor do Union Theological Seminary, NYC, viajando pela Terra Santa por três meses com um missionário que falava árabe, Eli Smith, localizou mais sítios palestinos do que haviam sido descobertos desde os tempos de Eusébio. Este êxito sugeriu a fundação do British Palestine Exploration Fund e sua *Survey of Western Palestine* (C. R. Conder e H. H. Kitchener em 6 vol.; Londres, 1880). Para as contribuições de Robinson, veja *JBL* 58 (1939) 355-87; *BA* 46 (1983) 230-32.

10 O *British Survey* [Levantamento britânico] é a base dos principais mapas em uso hoje. Existem quatro escalas diferentes:

(1) A mais detalhada é o *Topocadastral Survey*, em 120 folhas, em escala de 1:20.000. É indispensável, mas tão espalhado que uma simples localidade talvez tenha de ser procurada em quatro folhas bastante distantes em termos de numeração.

(2) Muito mais utilizáveis são os 16 mapas (mais 8 para o Negueb) na escala de 1:100.000, reeditados por Israel em dois formatos, em forma de brochura ou de 4 folhas soltas, preferível para montagem e verificação.

(3) A escala mais conveniente é 1:250.000, da qual Israel preparou uma nova edição que contém em uma folha grande toda a Palestina bíblica ao norte de Gaza. A esta corresponde uma folha igualmente grande que contém apenas Bersabeia e o Negueb. Há uma edição de três folhas do mesmo mapa que é mais prática, mais clara e mais legível (as folhas norte e central são sufi-

cientes para o estudante comum). Os mapas de Israel incluem as modernas fronteiras e o território árabes, tudo a oeste do Jordão e também uma borda ao leste. Para a Transjordânia, o mapa do *British Survey* na escala de 1.250.000 foi reeditado pelo governo jordaniano em três folhas: Amã/Kerak/Ácaba.

(4) Um "Mapa topográfico" na escala de 1:1.000.000 é útil para se comparar áreas remotas. Ele pode servir para o estudante médio. Ele vem incluído, com frequente atualização, no *Guide* de Vilnay.

Um projeto inteiramente novo e amplo "sobre a cartografia de Israel" tem produzido a um ritmo constante novos mapas em formato de fólio, alguns deles sobre tópicos muito especializados.

11 Além destes grandes Levantamentos, são dignos de nota os Atlas científicos que foram publicados desde a Segunda Guerra Mundial. (Infelizmente não apresentam, nem sequer na margem, as indicações oficiais que aporta o *Survey Grid* para assinalar os lugares onde se estão realizando novas escavações.). Um avanço teve início com a publicação do *Westminster Historical Atlas* [*WHAB*] em 1945, com mapas que indicavam notavelmente relevos e fronteiras, mantendo os topônimos [nomes dos lugares] a um mínimo. (Estes mapas são reproduzidos em pequenso fascículos, em *IDB* e *BHI*. Encontram-se diferentes pontos de vista nos Atlas da bibliografia (→ 2 *acima*). O frequentemente reeditado mapa *National Geographic* das terras bíblicas oferece em azul em cada sítio atual um resumo do evento histórico que tornou a localidade importante. Esta técnica foi brilhantemente adotada pela série de mapas do Atlas Elsevier-Nelson: *Mesopotâmia* por M. A. Beek; *Christian World* por C. Moorman; e especialmente *AtBib*. Os Atlas são comparados em *BA* 45 (1982) 61-62; *BARev* 9 (6, 1983) 39-46.

12 Um mapa da Palestina romana de M. Avi-Yonah mostra as estradas, marcos miliários e nomes em latim de lugares conhecidos ao cristianismo nascente. Existe um Mapa Geológico vívido de G. Blake. Para a Transjordânia existe um mapa arqueológico de três folhas que indica incontáveis colinas e "tells" (→ Arqueologia Bíblica, 74:25), embora as principais delas estejam incluídas de forma mais prática no mapa geral de três folhas (→ 10, parte 3 *acima*). Todo guia contém mapas de utilidade especializada; o *Guide* de Meistermann (ed. inglesa; London, 1928) acrescenta tesouros de documentação histórica que não estão desatualizados como algumas de suas conclusões.

13 O *GP* de Abel contém, no vol. 1, um precioso mapeamento da rede dos leitos de rios. No vol. 2, cada nome de lugar bíblico é dado em ordem alfabética com uma clara indicação da *publicação* de um antigo remanescente escavado ou explorado no sítio atual que supostamente representa o local bíblico. A datação desses achados (principalmente cerâmica quebrada) é uma base essencial para se decidir se o local era realmente ocupado no período bíblico ao qual é atribuído. O tipo de evidência que o Padre Abel cita deve, é claro, ser constantemente modernizado; e alguns problemas espinhosos, tal como Jericó (→ Arqueologia bíblica, 74:80), não foram solucionados adequadamente dentro do marco de seus princípios. Mas até uma base melhor ser defendida, esta lista deve continuar sendo a justificação última de toda a geografia e cartografia bíblica.

14 Talvez devêssemos concluir essa seção dedicada aos mapas com uma advertência. Todo mapa bíblico envolve implicitamente julgamentos sobre a identificação de sítios e, em particular, sobre a relação dos modernos topônimos árabes com os nomes dos antigos locais dados na Bíblia. Nenhuma geografia científica da terra santa pode prescindir da constante verificação de topônimos populares árabes. Deve-se estar ciente da dificuldade de que diferentes sistemas de transliteração de nomes hebraicos e árabes são usados nas diferentes obras.

GEOGRAFIA DOS PAÍSES CIRCUNVIZINHOS

15 Ao começarmos a exposição efetiva da geografia bíblica, os leitores devem entender que o artigo é escrito para lançar luz sobre lugares mencionados na Bíblia. O único modo útil de se fazer isso de modo resumido é basear os comentários no que as narrativas bíblicas dizem literalmente, por exemplo, o que a Bíblia registra acerca das viagens de Abraão ou Moisés. Outros artigos nesse comentário deixarão claro que estas narrativas não são simples história e podem refletir combinações muito complexas de tradições diversificadas (e talvez originalmente contrárias). Em particular, o caráter histórico das narrativas patriarcais, sobre o que se discutirá geograficamente abaixo, é muito controverso (→ História, 75:29, 34ss.). Esta advertência não será repetida infinitamente, e assim os leitores devem lembrar que uma discussão sobre uma descrição geográfica precisa ser suplementada com uma discussão crítica da historicidade.

(I) Abraão e o Crescente Fértil. A geografia bíblica não começa na Palestina, mas no vale do Eufrates. Os topônimos mais antigos identificáveis da Bíblia são os ligados a Abraão em Gn 11,31, a saber, Ur e Harã. Ur está próximo ao sul e Harã próximo ao norte de um extenso arco traçado pelo vale do Eufrates. Podemos completar o mesmo arco de Harã em direção ao oeste até a costa síria, e depois para o sul até o Egito. Isto nos dá um desenho em forma de crescente com as pontas repousando nos golfos Pérsico e de Suez, e o meio passando ao longo da fronteira atual da Turquia. Esta faixa estreita é chamada de *Crescente Fértil* porque coincide com uma franja de fontes de água que torna possível a produção de alimentos ao redor da extremidade de um vasto deserto. O suprimento de água determinou não somente os centros "sedentários" ou agrícolas, mas também as rotas comerciais usadas para se deslocar de uma das grandes áreas de exportação para outra. Constataremos que os movimentos de Abraão coincidem com a principal rota de caravana da Babilônia para o Egito, *i.e.*, de uma ponta do Crescente Fértil para a outra.

16 Na ponta babilônica do crescente estava *Ur*, que a Bíblia identifica como a pátria de Abraão (Gn 11,28-31). Alguns estudiosos duvidam da precisão desta informação, e é um fato que Ur não é mencionada na LXX na passagem de Gn. Mas ainda que Abraão tenha sua origem em Harã bem ao norte, não é improvável que ele tenha viajado para o sul até Ur, que era o núcleo do maior centro cultural na Antiguidade. (L. Woolley, *Ur of the Chaldees* [Pelican ed.; London, 1952; ed. atualizada por P. R. Moorey; Ithaca, 1972].)

Esta região da bacia do Tigre-Eufrates, próxima ao Golfo Pérsico, é chamada em Gn 10,10 de a Terra de Sinar ou Senaar. Isto significa a terra dos sumérios, os antigos ocupantes não semitas da região (→ História, 75:11). Perto de Ur estava *Uruk*, a Arac de Gn 10,10 (atual Warka) cujo rei Gilgamesh (aproximadamente 2800 a.C.) tornou-se o herói de uma história sobre o dilúvio (cf. Gn 6-9). A partir de escavações deste sítio chegaram a nós os mais antigos exemplos de escrita conhecidos, e, portanto, este momentoso avanço cultural pode ter ocorrido nesta região.

(Para ilustrações das jornadas de Abraão, veja *NatGeog* [Dez. 1966]; para a Mesopotâmia, *NatGeog* [Jan. 1951]; para a Suméria, *BARev* 10 [5, 1984] 56-64.)

17 Os semitas são encontrados na Mesopotâmia a partir de aproximadamente 2500 sob o nome de amorreus ("ocidentais"). Concordava-se anteriormente que eles migraram em ondas sucessivas vindas do sudoeste (península árabe), mas muitos estudiosos agora localizam sua origem no noroeste (o deserto sírio, norte de Palmira, não longe de Ebla, onde floresceu um império semita; → História, 75:16). Também é possível, contudo, que os semitas não fossem invasores, mas coexistissem na Suméria desde a época da qual temos registros. A maior das dinastias semitas estabelecida nesta região encontrava-se na *Babilônia*, uns 240 km a noroeste de Ur e o local de um famoso zigurate, ou templo-torre, que consistia de plataformas de tijolos (cf. Gn 11,4-9 – a Torre de Babel; *BTS* 35 [1061]). A presença de Abraão em Ur é frequentemente associada às ondas amorritas de migração para a Suméria, e pensava-se anteriormente que Abraão fosse contemporâneo de Hamurábi, o maior rei da Babilônia (cerca de 1700 – erroneamente identificado como o Amrafel de Gn 14.1). Para o problema dos amorreus, → Arqueologia bíblica, 74:67.

Um milênio mais tarde no relato bíblico, a Babilônia se tornaria mais uma vez proeminente na história de Israel, quando Judá foi levado para o cativeiro babilônico (598 e 587 a.C.; → História, 75:76). Seja a partir deste contato mais antigo ou do posterior com esta região babilônica, havia uma familiaridade por parte de Israel com a antiga mitologia suméria da criação, o épico *Enuma Elish* (*ANET* 60-72), do qual algumas das imagens de Gn 1-2 podem ter sido emprestadas. O Jardim do Éden em Gn 2,10-14 é concebido como uma barrenta confluência do Tigre-Eufrates – talvez isto parecesse um paraíso para os parentes empoeirados e descalços de Abraão provenientes do Deserto Arábico.

18 Bem ao leste desta área está a montanhosa região da *Pérsia*, cujo rei Ciro libertaria os judeus do cativeiro babilônico em 538 (→ História, 75:77). A panóplia da corte da Pérsia e sua religião zoroastriana fizeram parte do cenário de livros bíblicos posteriores como Ne, Dn, Est. (Para Persépolis e Susa, veja *NatGeog* [Jan. 1968; Jan. 1975]; *BA* 43 [1980] 135-62.)

19 Quando Abraão viajou de Ur para o norte, sua rota se encontrava entre *Mari* e *Nuzi*. Em cada um desses dois centros, escavações realizadas durante o séc. XX revelaram milhares de tabuinhas de barro (→ Arqueologia bíblica, 74:71). A história de Mari junto ao Eufrates está ligada a Hamurábi e nos fornece os materiais que entram nas discussões acerca de sua data (cf. G. Mendenhall, *BA* 11 [1948] 1-19, ou *BAR* 2, 3-20). Para o leste, perto dos atuais campos petrolíferos de Kirkut, está Nuzi. De Nuzi até Harã estendia-se uma região antigamente chamada de Mitani. Seu povo era chamado de hurrianos, que aparecem na Bíblia sob o nome de horeus (veja R. North, *Bib* 54 [1973] 43-62) ou possivelmente heveus ou hititas. Os registros de negócios dos habitantes, que refletem seu comércio com mercadores assírios, ilustram muitos costumes bíblicos atestados no período patriarcal.

(Sobre Mari: MALAMAT, A., *Mari and the Bible* [2ª ed.; Jerusalem, 1980]. PARROT, A., *Mari capitali fabuleuse* [Paris, 1974]. Também *BA* 34 [1971] 2-22; 47 [1984] 70-120; *BTB* 5 [1975] 32-55. Sobre Nuzi e os horeus: MORRISON, M. A., *et al.* [eds.], *Studies on the Civilization and Culture of Nuzi and the Hurrians* [Festschrift E. R. LACHEMAN; Winona Lake, 1981]. *BA* 3 [1940] 1-22; 46 [1983] 155-64. Também → História, 75:23, 27.)

20 *Harã* (Aram), identificada na Bíblia como o local onde Abraão se estabeleceu depois de migrar de Ur, é considerada por muitos estudiosos ter sido a pátria de Abraão. As cidades da região trazem nomes que são variantes dos nomes dados em Gn 11 aos parentes de Abraão: Faleg (v. 16), Sarug (v. 20), Taré e Nacor (v. 24) e Arã (v. 27).

21 O ponto mais alto do arco do Crescente Fértil vai de Harã para o oeste até o Eufrates. Onde o rio corta a fronteira turca atual está o sítio de *Carquemis*. Ele se tornou o último posto militar do império hitita por volta de 900 a.C. e, em 605, foi o cenário da batalha decisiva de Nabucodonosor contra a Assíria.

Daqui a rota de caravanas do Crescente se volta abruptamente para o sul, ao longo da linha Alepo-Hamá-Damasco-Jerusalém. *Alepo* era uma cidade muito antiga, já conhecida nos registros de Mari como

Iamhad. No litoral, oeste de Alepo, estava a cidade-estado de *Ugarit*, a atual Ras Shamra. Arquivos encontrados ali desde 1929 mostram que Ugarit era suficientemente poderosa para fazer tratados com o império hitita, um rival do Egito e da Assíria (→ História, 75:23). A língua desses textos, o ugarítico, é muito importante para o estudo da forma mais antiga do hebraico. Veja P. C. Craigie, *Ugarit and the Old Testament* (Grand Rapids, 1983); também *BARev* 9 (5, 1983) 54-75. Para plantas deste sítio arqueológico, veja R. North, *ZDPV* 89 (1973) 113-60; J.-C. Courtois, *ZDPV* 90 (1974) 77-114. Para o ugarítico, *BA* 8 (1945) 41-58; 28 (1965) 102-28.

Mais para o interior em *Ebla* (Tell Mardikh; → História, 75:16), escavações italianas produziram tabletes datados em um milênio mais antigos que os de Ugarit, constituindo assim a mais antiga atestação da escrita semítica (aproximadamente 2300 a.C.). Uma outra cidade-Estado poderosa, mais ao sul, foi *Hamate*, agora Hamá (não deve ser confundida com Homs, a Emesa romana, que hoje ofusca Hamá). Hamate também foi o cenário de batalhas decisivas, visto que ela fechava a passagem norte do vale entre as cordilheiras do Líbano e do Antilíbano. Esta "passagem de Hamate" foi considerada, às vezes, como a fronteira norte da terra prometida (Nm 34,8; veja R. North, *MUSJ* 46 ´1970] 71-103). Ainda mais antiga e importante era *Damasco*. Como uma cidade bem regada às margens do deserto, ela era a "Última Chance" de suprimento para as caravanas. Surpreendentemente, ao descrever a passagem de Abraão (Gn 12,5), a Bíblia não faz menção destes centros. Ela salta de Harã para o centro de Canaã, *i.e.*, para o que mais tarde seria chamado de Samaria. (Veja C. Thubron, *Mirror to Damascus* [New York, 1976]; *NatGeog* [abr. 1974; set. 1978].)

22 Canaã, a terra prometida, era pequena e situada na direção da extremidade sudoeste do Crescente Fértil. Mas estava num ponto central estratégico entre os estados mercantes rivais: Arábia ao sul, Egito ao sudoeste, hititas ao norte, Babilônia ao leste. Portanto, se as rotas de comércio e a densidade populacional forem colocadas na perspectiva correta, Canaã pode ser considerada o "centro" de todo o Crescente Fértil. De fato, ela era o centro de todo o mundo conhecido desde os dias de Abraão até Alexandre Magno.

Os clãs de Abraão, ao migrarem da Mesopotâmia, não reivindicaram de imediato a terra de Canaã. Mas Abraão é retratado pessoalmente como alguém que começou a se estabelecer em Canaã pelas experiências importantes que teve nos principais centros cultuais: Siquém, Betel, Hebron e Berseba (→ Instituições, 76:25-29). Na realidade, sua jornada na Terra Santa não é mais que uma parada nômade na rota para o fim natural da jornada, a saber, o Egito. (Para Abraão e o Negueb, veja *BA* 18 [1955] 2-9.)

23 Na verdade, Abraão foi visitar imediatamente o Egito segundo Gn 12,10. Mas a migração à qual ele deu seu nome pode ser corretamente considerada como tendo ocorrido em ondas sucessivas por várias gerações. Sob este aspecto, sua conclusão é obtida apenas com a descida das tribos de Jacó para se unirem a José no Egito (Gn 46,7). Assim, a última parte da migração abraâmica vem a ser parte do que os registros históricos fora da Bíblia reconhecem como o movimento dos hicsos. "Hicsos" é uma palavra egípcia que significa "governadores estrangeiros". Ela se refere a imigrantes asiáticos que se instalaram no nordeste do Delta, em Aváris, e dali governaram o Egito entre 1700 e 1560. Aos olhos de alguns estudiosos modernos, eles não foram invasores, mas antes uma horda de infiltradores pacíficos. Eles eram principalmente semitas, provavelmente tendo os horeus como sua casta dominante, que eram, por sua vez, comandados por um pequeno e poderoso grupo de "guerreiros de carruagens". Foi no nordeste do Delta, então, na terra que Gn 46,34 chama de Gessen, que os parentes de José se estabeleceram. Aqui, na ponta sudoeste do Crescente Fértil, a Bíblia coloca o cenário do êxodo. (Para as questões históricas, → História, 75:39-41 sobre José e a permanência egípcia; 75:42-58 sobre o êxodo e a "conquista". Como se afirmou acima [→ 15], a discussão aqui explica a direção geográfica que aparece literalmente na narrativa.)

24 (II) Moisés – O Egito e a rota do Êxodo. O "Povo de Deus" na Bíblia, qualquer que seja sua origem mais remota, parece dever a consciência de sua unidade nacional basicamente às experiências que alguns deles tiveram dentro do Egito. É daqui que os estudiosos modernos tendem a começar a história e a geografia da Bíblia propriamente dita. A história de Abraão é considerada essencialmente como um relato de como tribos semitas empreenderam uma migração progressiva a fim de se estabelecerem no Egito.

Em vez de meramente "o dom do Nilo", como Heródoto diz, todo o Egito *é* de fato o Nilo. Uma orla de 8 km de intenso cultivo corre ao longo de ambas as margens por toda a extensão do rio. Esta região é extremamente valiosa para a pesquisa bíblica. No sul, na primeira catarata, cerca de 804 km por ar e 1.126 km por água a partir do delta (observe-se que o Nilo flui para o norte), está *Elefantina*, o local de uma comunidade judaica do séc. V. Os papiros aramaicos descobertos ali lançaram luz sobre o período de Esdras-Neemias (→ História, 75:125; *BA* 15 [1952] 50-67; 42 [1979] 74-104). Cerca de 160 km ao norte está *Tebas* (Luxor ou Karnak) com seus magníficos templos, capital do Egito sob a famosa décima oitava dinastia (1570-1310), cujos governantes expulsaram os hicsos e estabeleceram o Egito como um império mundial. A destruição desta antiga sede do poder, no interior do Egito, pelos assírios em 603 a.C. espantou os judeus (Na 3,8; Tebas em hebraico = No Amon). À medida que o Nilo continua seu fluxo para o norte, a cerca de 120 km por água de Tebas, na grande curva do Nilo estavam os monastérios de St. Pacômio de Pabau e o *Chenoboskion* (perto de Nag Hammadi), onde em 1945 foram encontrados importantes documentos gnósticos cópticos (→ Apócrifos, 67:56; *NHLE* 10-25; *BA* 42 [1979] 201-56). Aproximadamente uns 200 km ao norte, o Nilo passa pelo local agora chamado de Amarna – antiga *Aquenáton*, capital do faraó monoteísta Aquenáton (1364-1347), de cujos arquivos vieram as Cartas de Amarna (→ 6 *acima*). No lado oposto do Nilo, ainda mais ao norte, estava *Oxirrinco*, onde foi descoberta uma grande quantidade de papiros do período do NT (→Textos, 68:179). L. Deuel (*Testaments of Time* [New York, 1965] 79-189) fala destas descobertas de uma maneira empolgante.

25 No vértice do Delta, onde o Nilo se divide em ramos (ainda 160 km longe do mar) está *Mênfis* (Mof [na grafia de certas Bíblias] de Os 9,6; Nof de Is 19,13; Jr 2,16; Ez 30,13), a mais antiga capital egípcia. Veja *Arch* 38 (4, 1985) 25-32. Pouco ao norte estava On ou *Heliópolis*, lar do sogro de José (Gn 41,45). Entre Mênfis e Heliópolis havia um grande cemitério com pirâmides e a esfinge. (O Cairo surgiu aqui somente depois da invasão muçulmana, sobre um forte romano chamado Babilônia [dificilmente = 1Pe 5,13] e perto do local que a lenda estabeleceu como o ponto final da fuga da Família Sagrada para o Egito [Mt 2,14].). Na época de Alexandre o Grande (332) foi construída a grande metrópole e porto marítimo de *Alexandria* na ponta noroeste do Delta, e esta logo atraiu a comunidade judaica que produziu a LXX. A Pedra de Roseta, que desvendou a língua egípcia, foi descoberta perto de Alexandria na época de Napoleão (1799).

(Relatos fascinantes sobre a exploração do Nilo e da história vivida ao longo do rio são dados em: *BTS* 53-54 [1963]. FAIRSERVIS, W. A., *The Ancient Kingdoms of the Nile* [New York, 1962]. LUDWIG, E., *The Nile* [New York, 1937]. MOOREHEAD, A., *The White Nile* [New York, 1960]; *The Blue Nile* [New York, 1962]. *NatGeog* [dez. 1954; maio 1955; out. 1963; maio 1965; maio 1966; maio 1969; mar. 1977; fev. 1982]. Também BANDER, B. [ed.], *The River Nile* [livro NatGeog, 1966]; MURNAME, W. J., *The Penguin Guide to Ancient Egypt* [London, 1982].)

26 A parte nordeste do Delta é interessante como o ponto de partida para o relato bíblico do êxodo. Ramsés II (aproximadamente 1290-1224), da décima nona dinastia, encheu todo o Vale do Nilo com seus projetos de construção. (Veja K. A. Kitchen, *Pharaoh Triumphant:The Life of Ramesses II* [Warminster, 1982].). Sua marca registrada era especialmente frequente em *Tânis* (Şan al-Ḥagar, e a Soã de Is 19,11; Ez 30,14; Sl 78,12). Este local parece ter sido a capital dos hicsos de *Aváris* quatrocentos anos antes; Nm 13,22 relaciona sua fundação à de Hebron. Pensou-se que Tânis também era a *Ramsés* (Ex 1,11) construída por Ramsés II ou por seu pai Seti. Mas as escavações feitas por M. Bietak, uns 32 km ao sul em Qantîr-Dab'a sugeriram a muitos que Ramsés e seu palácio estavam ali, e que as pedras de construção foram mais tarde transportadas para Şan al-Ḥagar (onde foram encontradas). Outros pensam que os dois locais constituíam a "Grande Ramsés", com o palácio em um local e a cidade propriamente dita no outro. Nesta terra ("de Gessen": Gn 47,11) adjacente a Tânis (e) Ramsés (Sl 78,12.43), os descendentes dos patriarcas foram escravizados e empregados nos projetos de construção. A *Pitom* de Êxodo 1,11 geralmente é localizada 80 km ao sudeste, em Maskhûta, no Wadi Tumilat, enquanto que a *Sucot* de Ex 13,20 foi considerada um nome variante do mesmo local ou situada no vizinho Tell Reṭâba. As fontes egípcias testificam que o Wadi Tumilat era um refúgio frequente para asiáticos que fugiam da fome ou da opressão. A escavação de J. Holladay, contudo, parece mostrar que Maskhûta não foi fundada antes de 600 a.C.; veja *BA* 43 (1980) 49-58.

(Bietak, M., *Tell Dad'a II* [Viena, 1975]; "Avaris and Piramesse", *Procedings British Academy* 65 [1981] 225-89. Bleiberg, E. L., "The Location of Pithom and Succoth", *Ancient World* 6 [1983] 21-27. Holladay, J., *Tell el Maskhuta* [Malibu, 1982]. North, R., *Archeo-Biblical Egypt* [Rome, 1967] Roussel, D., "Inscriptions de Ramses... vestiges de Tanis", [tese; Paris, 1984]. Uphill, E. P., "Pithom and Raamses, their Location and significance", *JNES* 27 [1968] 291-316; 28 [1969] 15-39; *The Temples of Per Ramesses* [Warminster, 1984]. *Varia Aegyptiaca* 3 [1987] 13-24.)

27 A rota do êxodo, uma questão muito discutida, está intimamente relacionada ao problema da localização do Monte Sinai. Sinai e Horeb não são montes diferentes, mas nomes para o mesmo local que ocorrem respectivamente nas tradições J e E/D do Pentateuco. Há pelos menos quatro candidatos para a localização desta montanha santa: (1) No sul da Península do Sinai. O próprio nome dado a esta península pressupõe a precisão da tradição de que o monte Jebel Musa ("Monte de Moisés"), em cuja base se encontra o Monastério de Sta. Catarina, é o Sinai. (2) Na Arábia. A fumaça e o tremor da montanha, descritos em Ex 19,18, sugerem um vulcão em erupção, e o vulcão mais próximo é o Talat-Badr na atual Arábia, mais a sudeste da Península do Sinai. O antigo geógrafo Ptolomeu chamou esta região de Modiane, correspondendo a Madiã de Ex 3,1. Apesar de esses dois fatos independentes favorecerem Talat-Badr, a Arábia parece muito distante do Egito para ser o local. (3) Na Transjordânia. O nome Madiã se ajusta a uma longa faixa de terra que se estende para o norte até Gilead na Transjordânia (cf. Jz 6). Um candidato para o Sinai nesta região é Petra (→ 40 *abaixo*), visto que seus rochedos de brilho vermelho foram objeto de imemorável veneração religiosa. Há também uma tradição árabe de que Aarão foi sepultado ali (Nm 20,28). Esta teoria, como a precedente, não é defendida hoje, pois ela coloca o Sinai muito a leste. (4) No Negueb. Uma competidora mais séria contra a teoria (1) é a hipótese de que a teofania do Sinai ocorreu em Cades-Barneia (→ 85 *abaixo*). De fato, o ato de bater para tirar água da rocha e a murmuração do povo em Meriba durante a permanência em Cades de Nm 20,13, são descritos em termos idênticos aos da narrativa do que aconteceu em Ex 17,7. Esta proposta de O. Eissfeldt foi aceita por W. F. Albright com relação à *rota*, mas não ao local da teofania, e por M. North e H. Cazelles como uma localização *variante* preservada dentro do próprio AT. A ocupação mais antiga em Cades (Ain Qudeirat), contudo, como datada pela arqueologia é do séc. X a.C. – muito recente para o êxodo. Para a localização do Sinai em Karkom, perto de Cades, veja *BARev* 11 (4, 1985) 42-57. As obras de Thompson (→ 1 *acima*) sobre as áreas que foram colonizadas neste período são cruciais para a discussão sobre o Sinai.

28 Duas possíveis rotas para o êxodo merecem estudo sério: a rota norte, que corresponde com frequência à localização do Sinai na teoria (4); a rota sul, que corresponde à localização na teoria (1). (Muitos dos críticos bíblicos atuais consideram o êxodo e a teofania do Sinai como duas tradições originalmente independentes e, por isso, discutem a rota do êxodo sem referência ao local do Sinai.). Primeiro, a teoria da *rota norte* sugere que os israelitas saíram de Tânis seguindo para o leste diretamente através da parte norte da Península do "Sinai" para Cades Barneia. Esta era a rota mais curta e natural do Egito para Canaã. Ela é explicitamente excluída por Ex 13,17, mas em termos que envolvem os filisteus que levantam suspeita de um comentário anacrônico (embora os filisteus possam ter invadido o litoral de Canaã no séc. XIII, parece que eles não tiveram o controle total do litoral sul de Canaã antes de 1180-1150, muito depois do êxodo). Se tentarmos harmonizar a descrição bíblica dos locais ao longo do caminho do êxodo com a teoria da rota norte, devemos procurar identificar o "Mar dos Juncos" de Ex 13,18; 14,22. (Esta é a interpretação usual do hebraico *sûp*; o "Mar Vermelho" das Bíblias inglesas e portuguesas se origina de uma tentativa plausível da LXX de identificar essa massa de água; uma outra concepção é que *sûp* não é vermelho nem cana, mas "final", significando "o mar da aniquilação".). Ele poderia se referir à extensão sul do Lago Menzaleh ou aos baixios do Lago Sirbonis (adjacente ao Mediterrâneo, entre o Egito e Canaã); veja M. Dothan, *ErIsr* 9 (1969) 47-59; English 135;

também *BARev* 10 (4, 1984) 57-63. A Magdol de Ex 14,2 estava no lado egípcio do mar, e o texto hebraico de Ez 29,10 localiza Magdol no extremo nordeste do Egito, mais distante de Aswan (Syene). Do outro lado dos vaus de Magdol estava Baal Sefon, que significa "Senhor do Norte". A parte "norte" do nome é relativa e inconclusiva, mas este nome parece ter pertencido originalmente a uma montanha muito alta no litoral norte da Síria, Monte Cásio ou Amano. Os soldados fenícios trouxeram o nome de sua terra natal para o Egito e ironicamente o aplicaram a algumas colinas baixas ao oeste do Sirbonis (a nordeste do qual se encontra-se agora o Canal de Suez, chamado nos tempos clássicos de Pelúsio e agora de Farama.

29 Outras afirmações bíblicas são mais reconciliáveis com uma *rota sul* para o êxodo, envolvendo um desvio muito para o sul para um Monte Sinai como localizado na teoria (1). (Albright tenta reconciliar ambas as teorias mediante a suposição de uma rota do êxodo que começou para o norte e mudou para o sul; outros estudiosos pensam em diversos êxodos, seguindo diferentes rotas – uma teoria também usada para explicar algumas discrepâncias arqueológicas e cronológicas acerca do êxodo e da conquista da Palestina; → Arqueologia Bíblica, 74:78ss.). Seguindo o desvio para o sul, encontramos no centro-sul da Península do Sinai inscrições de aproximadamente 150 d.C., num dialeto árabe chamado de nabateu; elas atestam uma veneração religiosa do vale Mukattab ("rabiscado") e do triângulo adjacente que se estende uns 32 km para o Jebel Serbal e para o Jebel Musa. O Serbal é uma majestosa elevação serrilhada que Jerônimo e até mesmo alguns peritos modernos identificaram como o monte da teofania do Sinai, mas não há acesso adequado ou lugar de acampamento a seus pés, como a descrição bíblica parece exigir. No "Sinai tradicional", *i.e.*, em Jebel Musa, há um precipício íngreme chamado de Safsafa elevando-se sobre a vasta planície de er-Raha. A proximidade de água e o esplendor escarpado das adjacências convenceram a maioria dos estudiosos modernos de que esta é a montanha de Ex 19,2. Contudo, a tradição grega relacionada ao Monastério de Sta. Catarina concentra sua atenção na extremidade oposta (leste) das elevações de Jebel Musa. De qualquer modo, é sensato admitir que as "provas" para esta localização do Sinai são tênues.

(BERNSTEIN, B., *The Great and Terrible Wilderness* [New York, 1982]. DAVIES, G. I., *The Way of the Wilderness* [SOTSMS 5; Cambridge, 1979]. NICHOLSON, E. W., *Exodus and Sinai in History and Tradition* [Oxford, 1973]. *BA* 45 [1982] 9-31; *BARev* 11 [4, 1985] 26-41. *NatGeog* [Jan. 1976]. Para a controversa teoria do êxodo de H. GOEDICKE: *BARev* 7 [5, 1981] 42-54; 7 [6, 1981] 46-53; 11 [4, 1985] 58-69. Para uma data no séc. XV: BIMSON, J. J., *Redating the Exodus and Conquest* [JSOTSup 5; Sheffield, 1978].)

© Mapa extraído do Atlas Bíblico Interdisciplinar, publicado pela Paulus Editora e Editora Santuário.

30 Depois da teofania do Sinai, num período de aproximadamente 40 anos, diz-se que os israelitas, sob Moisés, se movimentaram na direção da Transjordânia. A rota do Monte Sinai para Edom é indicada duas vezes na Bíblia, uma com notável exatidão em Nm 33, e depois mais brevemente em Dt 1. Mas a lista de lugares é, de fato, inútil, pois a maioria destes locais nos são desconhecidos. Farã de Nm 12,16; Dt 1,1 volta a ocorrer como uma montanha em Dt 33,2; Hab 3,3; e embora seu nome tenha sem dúvida sobrevivido no oásis Feiran, perto de Jebel Serbal, a Bíblia pensa em sua localização no deserto ao sul do Mar Morto chamado de Arabá (→ 69 *abaixo*). A principal discrepância das duas listas bíblicas diz respeito a Asiongaber (que 1Rs 9,26 coloca em ou próximo a Elat, nas margens do Mar Vermelho, na terra de Edom; → 69 *abaixo*). A partir de Dt 2,8 parece que os israelitas viram este porto do golfo apenas após seguir de Cades Barneia para o Arabá, que constitui a orla oeste de Edom. Mas Nm 33,36 claramente insere o acampamento em Asiongaber *antes* de Cades e Edom. Os refugiados do êxodo podem ter tocado duas vezes em um ponto tão estratégico.

31 Discutiremos abaixo, em detalhes, a geografia da Transjordânia, mas parece mais sábio mencionar aqui brevemente o problema da continuação da jornada do êxodo até o Monte Nebo, no canto nordeste do Mar Morto, onde Moisés morreu e foi sepultado (Dt 34,5). Existiam três rotas possíveis que levavam para o norte, de Asiongaber no Golfo de Ácaba para as montanhas da Transjordânia a leste do Mar Morto: (1) A rota mais a oeste consistia em ir direto para o norte através do Vale da Fenda do Arabá, e então ao sul do Mar Morto dobrar para leste, para as montanhas, passando ao longo da fronteira entre Edom e Moab. (2) A rota central e mais conveniente consistia em ir para o nordeste a partir do Golfo de Ácaba através do Wadi Yetem (Ithm ou Yutm), e então para o norte para juntar-se à estrada real, ou Estrada do Rei, que seguia ao longo do cume do planalto montanhoso que constituía a espinha dorsal de Edom e Moab (veja *BTS* 85 [1966]). (3) A rota mais a leste ou estrada do deserto também era alcançada através do Wadi Yetem, mas esta rota continuava para o leste até o deserto antes de virar-se para o norte para ladear Edom e Moab no leste.

A rota 2, a rota mais fácil, foi fechada para Israel pelo rei de Edom (Nm 20,14-21). Segundo a tradição P, parece que Israel seguiu a rota 1, pois em Nm 33,42 encontramos os israelitas indo para o norte, do Arabá para Finon (aparentemente o lugar do incidente das serpentes abrasadoras em Nm 21,6). Segundo Nm 21,10-13, parece que eles viraram para o leste, subindo através do Vale de Zared, passando entre Edom e Moab para o deserto. Mas Dt (2,8) indica que Israel não usou a rota do Arabá, mas antes a rota 3. A tentativa de seguir uma ou a outra rota foi abortiva? Ou foram seguidas rotas diferentes por grupos diferentes ao longo da analogia de rotas diferentes para o êxodo (→ 28-29 *acima*)? Uma resposta a esta pergunta envolve a questão histórica e arqueológica extremamente difícil da "conquista" de Canaã por Israel (→ História, 75:55-56; → Arqueologia bíblica, 74:79ss.; R. E. Brown, *Recent Discoveries and the Biblical World* [Wilmington, 1983] 69-73). De qualquer modo, os israelitas tinham chegado finalmente à terra que lhes havia sido prometida, após uma jornada de muitos séculos que os tinha conduzido de um extremo do Crescente Fértil para o outro e então parcialmente de volta.

GEOGRAFIA DA PALESTINA

32 **(I) Introdução.** Uma discussão séria sobre a terra que foi o cenário central na história bíblica deveria começar com um estudo detalhado de sua geografia e deveria explicar como foi formado seu terreno natural. Isto é feito admiravelmente por Baly

(*Geography* 15-27). Aqui nos limitaremos apenas às observações gerais mais básicas.

(A) **Extensão e características.** A terra que devemos considerar é uma faixa estreita que mede uns 321-402 km de comprimento, de Dã no norte até a beira do Sinai no sul (Dã a Cades Barneia = 321 km; Dã a Elat = 402 km). Esta medida inclui a vasta extensão do deserto do Negueb, uma área que figura de modo importante na história de Israel, mas não era a terra de Israel no sentido próprio do termo. Se a terra for medida pelas dimensões clássicas, de Dã a Bersabeia, o comprimento é de apenas 241 km. A largura da costa mediterrânea até o Vale da Depressão (do Jordão) é de cerca 48 km no norte, e cerca de 80 km na área do Mar Morto. Estritamente falando, os 32 km do planalto montanhoso da Transjordânia, a leste do Vale do Jordão, não é considerado parte de Israel. Assim, Israel, propriamente dito, cobria uma área de cerca de 23.000 km^2 e era um pouco menor que o Estado de Massachusetts nos EUA. A história bíblica foi representada num pequeno cenário – as capitais da Monarquia Dividida, Samaria no norte e Jerusalém no sul, estavam a menos de 56 km uma da outra (uma distância mais curta que a existente entre Baltimore e Washington (EUA), cidades próximas o bastante para terem um único aeroporto).

33 Discutiremos aqui o Negueb e a Transjordânia, bem como Israel propriamente dito. Esta área maior presta-se a uma divisão de quatro faixas aproximadamente paralelas, que correm do norte para o sul. De leste para oeste, estas faixas são: (1) as montanhas da Transjordânia; (2) o Vale da Depressão [ou Fenda]; (3) as montanhas da Palestina ou Cisjordânia; (4) a planície costeira do Mediterrâneo. As duas principais cordilheiras, a Transjordânica e a Palestina, são as continuações, respectivamente, das cordilheiras do Antilíbano e do Líbano da Síria. Originalmente uma só, estas cordilheiras foram divididas em duas de norte a sul pela dobra da crosta da terra; na área palestina, esta divisão ocorreu na forma do grande Vale da Depressão (árabe: Ghor) através do qual o rio Jordão flui de cima, da Bacia do Hulê ao norte, para o Mar Morto no sul. Esta grande fenda na terra, que desce a 396 m abaixo do nível do mar no Mar Morto, continua para o sul do mar como o vale estéril do Arabá, que se abre no Golfo de Ácaba. (A fenda deixou suas marcas até na África, visíveis quando se segue a linha do Mar Vermelho até o Lago Nyassa e as Cataratas Vitória. Veja *NatGeog* [agosto de 1965]).

34 Não é certo que algumas das montanhas palestinas tenham sido alguma vez vulcânicas (→ 111 *abaixo* sobre o Monte Moriá). Consideravelmente a leste da Palestina, o Jebel Druze deixou traços vulcânicos na lava ou basalto que ele expeliu sobre Basã e sobre o deserto leste transjordaniano. A ebulição subterrânea é evidente nas fontes quentes de Callirrhoe, na margem nordeste do Mar Morto. Terremotos são bem atestados na Antiguidade (Am 1,1; talvez no represamento do Jordão por Josué em Js 3,16; uma destruição na comunidade de Qumran em 31 a.C.) e também ocorrem nos dias atuais (Safed em 1837; Nazaré, 1900; Jafa, 1903; Jericó, 1927).

35 (B) **Clima.** O clima varia de acordo com as principais características da terra: o litoral, as montanhas, o Vale da Depressão ou do Jordão. Basicamente existem duas estações: o verão quente e seco, e o inverno frio e úmido. O clima na Califórnia (EUA) provavelmente seria o mais próximo por comparação. É útil lembrar que Jerusalém está na mesma latitude de Savannah [do Estado americano da Geórgia]. O litoral palestino é quente (em média: 10°C no inverno, 26°C no verão, e a umidade no calor do verão em Tel Aviv ou Haifa aproxima-se da de Washington ou St. Louis (EUA). A temperatura nas montanhas da Palestina é alguns graus mais fria que no litoral. O verão nas montanhas, em Jerusalém por exemplo, traz dias quentes e ensolarados (média de 22°C) e noites mais frescas (16,7°C).

O tempo desconfortável nas montanhas não é causado pela umidade, como no litoral, mas por vendavais, seja o vento que traz chuva do Mediterrâneo, ou o vento abrasador (Siroco ou Khamsin) que vem do deserto em maio e outubro (Is 27,8; Jr 4,11). Jesus conhecia ambos (Lc 12,54-55); no período do inverno, ele circulou na única parte do Templo que oferecia proteção do vento prevalecente (Jo 10,23). A parte do Vale da Fenda ou Depressão que está abaixo do nível do mar, por exemplo, em Jericó, sofre sob um calor intenso no verão (mais de 37°C), mas serve de refúgio ideal no inverno – a Palm Springs (EUA) da Palestina.

36 A chuva da Palestina também varia de acordo com a região. O Mediterrâneo exerce um enorme impacto sobre todas as regiões ao seu redor (*NatGeog* [dezembro de 1982]). Na Palestina, a terra mais próxima ao Mediterrâneo tende a receber mais chuvas, pois a cordilheira de montanhas palestinas, em seus pontos mais altos, age como uma barreira para tempestades vindas do mar, forçando-as a descarregar sua água no lado ocidental das montanhas. Correspondentemente, os declives orientais são muito mais secos. Além disso, muitos outros fatores causam variações. Bersabeia no Negueb tem uma média pluviométrica anual de 21 mm – como o Arizona [EUA], mas com mais orvalho. Jerusalém recebe 88 mm – aproximadamente o mesmo que Londres – mas quase toda chuva cai nos meses de dezembro a março. Um bom ano é aquele no qual as primeiras chuvas outonais caem em outubro, na época do plantio, e as últimas ou chuvas da primavera caem em março e abril, pouco antes da colheita. São numerosas as referências bíblicas a estas duas precipitações: Dt 11,14; Os 6,3; Jr 5,24; Jl 2,23. Todavia, deve-se lembrar que, em geral, as chuvas não estão concentradas nestes períodos inicial e final, mas no período entre eles. Os meses de verão, de junho a setembro, tendem a ser muito secos, exceto por tempestades de chuva ocasionais no litoral. (Cf. N. Rosenan, *IEJ* 5 [1955] 137-53.).

Se a chuva não parece muito abundante para os ocidentais, ela evidentemente causou uma extraordinária impressão nos israelitas, quando chegaram do Egito, uma terra onde as águas vêm do Nilo e não do céu (Dt 11,10-25). A neve não é incomum nas montanhas da Palestina, por exemplo, em Jerusalém, Belém ou Hebron; e nas montanhas da Transjordânia a queda de neve bloqueia as estradas, às vezes.

37 O caráter sazonal das chuvas significa que a água deve ser armazenada em cisternas para a estação seca, a menos que uma cidade seja bastante favorecida por estar próxima a uma nascente e, assim, tenha água corrente ou "viva" (daí a imagem em Ez 47,1; Zc 13,1; Jo 4,10-14). Característico da Palestina é o *wadi*, *i.e.*, um vale que é seco no verão, mas torna-se um canal de enxurradas e fortes correntes na estação da chuva. Quando secos, estes *wadis* servem como estradas dos vales para as montanhas. Existem muito menos vales que possuem correntes permanentes.

Com esta informação geral podemos agora nos voltar para cada uma das faixas norte-sul já mencionadas (→ 33 *acima*). Começaremos com as montanhas transjordânicas e traçaremos a geografia do sul para o norte, em harmonia com o cenário final do êxodo que ofereceu a Israel seu primeiro contato com esta região (→ 31 *acima*).

(Para um útil mapa via satélite, veja *NatGeog* [fev. 1984] 244-45. Para a Transjordânia, os levantamentos mais antigos de N. Glueck [→Arqueologia bíblica, 74:17] são constantemente atualizados e corrigidos, *p.ex.*, levantamentos do Vale do Jordão [Sauer], Moab [Miller], Edom [Macdonald].

Dornemann, R., *The Archaeology of the Transjordan in the Bronze and Iron Ages* [Milwaukee, 1983]. Glueck, N., *The Other side of the Jordan* [New Haven, 1940]. Hadidi, A., *Studies in the History and Archaeology of Jordan* [Amman, 1982-]. Harding, G. L., *The Antiquities of Jordan* [London, 1959]. Hoade, E., *East od the Jordan* [Jerusalem, 1954]. Também *BASOR* 263 [1986] 1-26; *NatGeog* [dez. 1947; Dez. 1952; Dez. 1964]; *Smithsonian* 18 [nov. 1987] 100-12.)

38 (II) Transjordânia. As montanhas da Transjordânia são mais altas do que as da Palestina. Elas são cruzadas de leste a oeste por uma série de gargantas ou grandes desfiladeiros – falhas radiais da terra que se espalham desde a grande falha da Fenda norte-sul, como ramos de um tronco de árvore. Estes desfiladeiros, que contêm rios perenes, se direcionam do sul para o norte: o *Zared* na extremidade sul do Mar Morto; o *Arnon*, a meio caminho acima do mar; o *Jaboc*, a meio caminho do Vale do Jordão; e o *Jarmuc* na extremidade sul do Lago da Galileia. Frequentemente, os desfiladeiros forneceram fronteiras naturais aos antigos ocupantes da Transjordânia. O desfiladeiro Arnon é apenas levemente menos espetacular que o Grand Canyon do Colorado [EUA] (ilustrações 155-57 em *AtBib*).

39 As montanhas transjordanianas do sul, que formavam o domínio do antigo Edom, começam uns 32 km a nordeste de Elat (o Golfo de Ácaba). A rota do golfo segue o Wadi Yetem (Ithm ou Yutm), que é uma passagem pelas montanhas de granito de Madiã (→ 27 [teoria 3] *acima*). A seguir se cruza o Hasma em direção às montanhas edomitas. Este é verdadeiramente um lugar fantástico, mais digno da superfície da lua do que da terra – uma ampla planície arenosa da qual sobem as montanhas de arenito como picos isolados com desfiladeiros ameaçadores. A região mais famosa do Hasma é o Wadi Rum (região de Lawrence da Arábia) onde picos se elevam cerca de 800 m acima do nível do piso do vale. Quando se escalam as montanhas edomitas mais ao sul (Ras en-Naqb) e se olha para o Hasma, a visão é espetacular e inesquecível.

40 (A) Edom. (→ História, 75:68.). O altiplano montanhoso de Edom, mais de 1.500 m de altura, tem cerca de 112 km de comprimento (norte-sul) e cerca de 24 km de largura. No oeste, as montanhas são cobertas de uma vegetação de arbustos, regada pelas últimas gotas de chuva vindas do Mediterrâneo. Neste lado, a descida para o Arabá (ou continuação do Vale da Depressão ao sul do Mar Morto) oferecia uma proteção natural. No leste, as montanhas descem rapidamente para o deserto, e este lado requeria proteção por meio de fortalezas. Durante parte de sua história, a fronteira norte de Edom foi o desfiladeiro Zared ou a Torrente dos Salgueiros (Is 15,7), com Moab do outro lado (Nm 21,12; Dt 2,13). A maior parte deste altiplano edomita é de arenito vermelho, mole e facilmente corroído. No sul de Edom, *Petra*, a cidade rosa-avermelhada esculpida no arenito, a antiga capital dos árabes nabateus, merece distinção como uma das maravilhas do mundo (sobre Petra, → Arqueologia Bíblica, 74:136; *NatGeog* [dez. 1955]; *BARev* 7 [2, 1981] 22-43; *Arch* 39 [1, 1986] 18-25; I. Browning, *Petra* [2ª ed.; London, 1982]).

41 O altiplano edomita é dividido em duas partes desiguais pela região de Finon (sobre Finon, → 31 *acima*) onde o vale do Arabá faz um bojo de uns 14 km dentro das montanhas e reduz o planalto a uma faixa muito estreita. A região sul de Finon é mais alta, e suas fortalezas edomitas como *Temã* e *Sela* eram quase inexpugnáveis. (A localização de Sela é controversa; a identificação popular com Umm el-Biyara, no centro de Petra é questionável; *BA* 19 [1956] 26-36; todavia cf. *BTS* 84 [1966].). Passagens como Sl 108,10 e 2Rs 14,7-10 refletem o respeito dos israelitas pelo formidável caráter dessas fortalezas edomitas. No norte de Edom, as principais cidades eram *Bosra* e a rica colônia agrícola de *Tofel* (Dt 1,1). A Bíblia frequentemente agrupa a cidade de Bosra do norte e a cidade de Temã do sul para representar todo o Edom (Gn 36,33-34; Jr 49,20-22; Am 1,12).

42 Os moradores montanheses do planalto edomita, que viviam "nas fendas dos rochedos" (Ab 3), não podiam se sustentar simplesmente com a agricultura e o pastoreio de rebanhos. Eles mineravam o cobre das montanhas e cobravam impostos das caravanas que percorriam a Estrada do Rei, a qual percorria de norte a sul o seu planalto (→ 31 [rota 2] *acima*). Este contato com os estrangeiros pode ter-lhes dado sua reputação de grande conhecimento (Jr 49,7). (N. Glueck, "The Civilization of the Edomites", *BA* 19 [1947] 77-84; "The Boundaries of Edom", *HUCA* 11 [1936] 1-58.)

43 (B) Moab. (→ História, 75:69.). A área de Moab propriamente dita parece ter estado entre o Zared e o Arnon (Dt 2,24; Nm 22,36), desse modo a leste da metade sul do Mar Morto. Porém, Moab frequentemente estendeu suas fronteiras para o norte do Arnon, de maneira que, como com Edom, pode-se falar de Moab do sul e do norte, também, com o Arnon como o divisor (Jr 48,20 sugere que o Arnon era a maior característica geológica de Moab). Em Moab do sul, a principal cidade era *Kir-hareseth* (atual Kerak), uma magnífica fortaleza natural numa colina isolada. Hoje ela ainda é sobrepujada por um castelo dos tempos das cruzadas, testemunha muda de que, desde os tempos bíblicos até a Primeira Guerra Mundial, ela foi um dos principais baluartes militares da região palestina. Em 2Rs 3,25-27, vemos esta fortaleza moabita defendendo-se contra as forças combinadas de Israel e Judá.

44 Em Moab do norte, *Aroer* dominava do lado norte o grande desfiladeiro do Arnon (700 m de profundidade!). Poucos quilômetros mais ao norte, *Dibon* (Dhiban) era uma cidade importante; seus impressionantes muros foram escavados por Asor. Mais ao norte, numa rica planície estava *Medaba* (atual Madeba; Is 15,2). Numa estela erigida em Dibon para comemorar suas vitórias (a "Pedra Moabita" que data de cerca de 830 a.C.; *ANET* 320), Mesa, rei de Moab, se vangloria de ter reconquistado Medaba de Israel. (Para o mapa mosaico de Madeba, → 5 *acima*.). A fortaleza que protegia o acesso norte a Moab era *Hesebon* (Is 15,4; 16,8-9).

Cerca de 8 km ao oeste de Medaba e Hesebon, com vista para o Mar Morto, está o local da visão panorâmica de Moisés da terra prometida e de sua morte, o sítio chamado de *Nebo* na tradição P e de *Fasga* na tradição E (Dt 32,49; 34,1) – talvez dois promotórios de uma única montanha. Nos tempos do NT, a fortaleza *Maqueronte* estava a sudoeste de Nebo, perto do Mar Morto – um pico isolado que os Herodes tornaram inexpugnável. João Batista morreu ali (Josefo, *Ant.* 18.5.2 § 119). Herodes o Grande cuidou de sua enfermidade nas fontes quentes de *Callirrhoe*, situadas perto dali (H. Donner, *ZDPV* 79 [1963] 59-89).

45 Como mencionamos, a ocupação moabita da área norte do Arnon foi frequentemente contestada, de modo que, por exemplo, quando Moisés levou Israel através da Transjordânia, os amorreus tinham ocupado Hesebon e o território mais ao sul até o Arnon, queimando Medaba e saqueando Dibon (Nm 21,26-36; → História, 75:20; todavia, Tell Hesban não foi ocupado por ninguém antes de 1200 a.C.; → Arqueologia bíblica, 74:122). Subsequentemente, parte de Moab do norte foi ocupada pela tribo israelita de Rúben (Nm 32,37; Js 13,9), mas esta tribo foi rapidamente destruída pela agressiva expansão moabita que se estendeu inclusive para o outro lado do Jordão até Jericó (Jz 3,12ss.; Gn 49,3-4). Deve se observar que "as planícies de Moab" onde os israelitas acamparam antes de cruzar para Jericó não estavam no altiplano moabita, mas no Vale do Jordão, a nordeste do Mar Morto (→ 66 *abaixo*).

46 O território do altiplano moabita é completamente diferente das extensões ameaçadoras de Edom ao sul. É verdade que safras de trigo e cevada podem ser plantadas apenas numa pequena área, principalmente no norte de Moab, mas o planalto oferece pastos ricos para rebanhos. Ainda hoje as tendas negras dos beduínos salpicam a terra à medida que pastoreiam seus rebanhos – os descendentes econômicos de Mesa, rei de Moab, um criador de ovelhas, que "pagava [anualmente] ao rei de Israel 100 mil cordeiros e 100 mil carneiros com sua lã" (2Rs 3,4). Quando Rúben ocupou o território moabita, ele ficou ocupado demais com os apriscos para ajudar seus primos palestinos na época da guerra (Jz 5,16). A prosperidade de Moab pode ser responsável pelo orgulho do qual Jr 48,29 e Is 25,10-11 acusam seus habitantes.

(VAN ZYL, A. H., *The Moabites* [Leiden, 1960]. *BA* 44 [1981] 27-35; *BARev* 11 [3, 1986] 50-61. *BASOR* 234 [1979] 43-52; *IDB* 3. 409-19; *IDBSup* 602.)

47 (C) Amom. (História, 75:70.). Imediatamente ao norte de Medaba e Hesebon está a longa extensão de Galaad, paralela à maior parte do Vale da Fenda entre o Mar Morto e o Lago da Galileia. Antes de falarmos de Galaad, desviemo-nos de nossa jornada para o norte e estudemos Amon, a leste da Galaad meridional e ao nordeste da Moab setentrional. Nesta região, uma franja de terra precariamente definida e situada entre o Jaboc ao norte e (em certas épocas) o Arnon ao sul, talvez os amonitas estivessem se expandindo na época em que Moisés levou os israelitas para a Transjordânia (Jz 11,13 – Amon parece ter sido o mais fraco dos três reinos que discutimos). Para se ter uma ideia da situação flutuante das fronteiras, podemos observar que, ao atacar o reino amorreu de Hesebon (subsequentemente o território de Rúben), Israel, a seus próprios olhos, não estava atacando Moab nem Amon, embora ambos os povos reivindicassem esse território (Observe também que Js 13,25 caracteriza o território de Gad, *i.e.*, Galaad meridional, como terra amonita.)

48 Se as fronteiras de Amon eram imprecisas, sua capital era indisputavelmente Rabá ou *Rabá-Amon* (no período helenista, Filadélfia na Decápolis; atual Amã, capital da Jordânia). A formidável cidadela montanhosa desta cidade ofereceu forte resistência ao exército de Davi (2Sm 11,1.14-21; cf. Am 1,14). Tempos depois, cerca de 440 a.C., Tobias o Amonita, o grande inimigo de Neemias (Ne 4,1 [4,7]; 6,1-17; 13,4) parece ter feito seu quartel general em uma fortaleza agora chamada de *Araq el-Emir*, escavada por Asor (→ Arqueologia bíblica, 74:134). Para o assentamento neolítico em Ain Ghazal, perto de Amã, → Arqueologia bíblica, 74:52.

49 A terra de Amon, contida entre as montanhas do sul de Gaalad e o grande deserto ao leste, era uma área de planalto. A possessão mais valiosa dos amonitas era o vale fértil do alto Jaboc, um rio que começa perto de Rabá-Amon e corre para o norte, antes de girar para o oeste em direção ao Vale do Jordão. Os amonitas, que outrora tinham se apoderado eles próprios desta região, tinham de protegê-la constantemente contra invasores do deserto (a desgraça usada para ameaçar os amonitas em Ez 25,4-5). Ainda que nunca foram muito fortes, os amonitas podiam montar rápidos ataques contra as tribos de Israel (Jz 10,9; 1Sm 11,1; Am 1,13; 2Rs 24,2; Jr 40,14); porém eles precisaram de ajuda quando enfrentaram o poder de um Israel unido (2Sm 10,6). Durante longos períodos, Amon esteve completamente sujeito a Israel (2Sm 12,31; 2Cr 27,5).

(LANDES, G. M., "The Material Civilization of the Ammonites", *BA* 24 [1961] 65-86, ou *BAR* 2. 69-88; *IDB* 1. 108-14; *IDBSup* 20.)

50 (D) Galaad. O Rio Jaboc, à medida que desce das montanhas da Transjordânia para o Vale do Jordão, divide Galaad em duas partes. A parte sul, conquistada do rei amorreu de Hesebon (Dt 2,36; Js 12,2), foi atribuída à tribo israelita de Gad; a parte norte, conquistada do rei de Basã (Dt 3,10; Js 12,5), foi atribuída a uma porção da tribo de Manassés. Veja Dt 3,12-13; Js 13,25.31, embora estas fronteiras tribais frequentemente representem na Bíblia uma evolução histórica muito mais complicada do que a narrativa comunica.

A forma de Galaad é oval, tendo cerca de 56-64 km de comprimento (norte-sul) e 40 km de largura (leste-oeste). O altiplano montanhoso tem um formato de cúpula, alcançando uma altitude de 1.005 m; e devido à sua altitude ele recebe pesadas chuvas das nuvens que se movem do Mediterrâneo no inverno. As colinas de calcário capturam a água, e existem excelentes fontes. Na Antiguidade, Galaad, especialmente no norte, tinha densas florestas (Jr 22,6; Zc 10,10), e ainda hoje existe uma abundância de carvalhos, alfarrobeiras e pinheiros. Era famoso o bálsamo das árvores de Galaad (Jr 8,22; 46,11), sendo exportado para a Fenícia (Ez 27,17) e para o Egito (Gn 37,25). Vinhedos também prosperavam nesta região. Houve alguma mineração, e as florestas forneciam amplo combustível para a fundição (→ 65 *abaixo*; veja M. Ottosson, *Gilead* [Lund, 1969]).

51 Esta terra estava sujeita a atividades bélicas tanto por parte dos amonitas do sul e do leste quanto dos arameus do norte (→ História, 75:71). Na campanha militar de Gedeão (Jz 8,4-9), ouvimos sobre duas cidades importantes de Galaad, Sucot e Fanuel, ambas nas vizinhanças do Jaboc. *Sucot* pode ser o Tell Deir Alla, uma enorme colina na conjunção dos vales do Jaboc e Jordão. (Escavações desta colina, feitas por uma expedição holandesa sob H. J. Franken, sugerem uma conquista israelita por volta de 1200 a.C. e, a seguir, uma ocupação filisteia. Até então não se sabia que os filisteus controlaram uma parte tão grande do território do Vale do Jordão.). *Fanuel*, vários quilômetros ao leste no Vale do Jaboc, foi o local da luta de Jacó com o anjo (Gn 32,30-31) e aparentemente serviu de capital temporária do reino do norte sob Jeroboão I (aproximadamente 815; 1Rs 12,25). *Maanaim*, um outro importante centro em Galaad (Gn 32,2), ao sul do Jaboc, foi a capital do exílio do filho de Saul, Isbaal (= Isboset; 2Sm 2,8). Uma das razões para se localizarem capitais provisórias em Galaad era que o terreno oferecia a pequenas forças uma vantagem sobre um grande exército, de modo que este território se tornou um lugar de refúgio, por exemplo, para Davi quando fugiu de Absalão (2Sm 17,24).

52 *Jabes de Galaad*, uma cidade importante no norte de Galaad, aparentemente teve estreitas relações com Benjamin no lado palestino do Rio Jordão (Jz 21,5-12; 1Sm 11). *Ramot em Galaad*, ao leste, uma cidade levítica de refúgio (Dt 4,43), exerceu um papel importante nas guerras do séc. IX entre Israel e os arameus da Síria (1Rs 22; 2Rs 8,28). No período do NT, *Gerasa* (Jeras), cerca de 8 km ao norte do Jaboc, e *Gadara*, no canto noroeste de Galaad, com uma visão espetacular do Jarmuc, eram cidades importantes da Decápolis. Elas são os possíveis locais para o lar de endemoniados em Marcos 5,1-20 (→ Arqueologia bíblica, 74:147). *Pela*, no Vale do Jordão, aos pés das montanhas do norte de Galaad, era uma outra cidade da Decápolis e serviu de refúgio para os cristãos palestinos na época da revolta judaica contra os romanos (66-70 d.C.). Veja *BA* 21 (1958) 82-96; *RB* 75 (1968) 105-12; *Arch* 26 (4, 1973) 250-56; 34 (5, 1981) 46-53.

53 (E) Basã. Poucos quilômetros ao sul do Jarmuc, as montanhas de Galaad descem para formar um planalto fértil. Estas são as ricas planícies de Basã (também chamadas de Haurã) que se estendem através do Jarmuc. Correndo paralelas ao Lago da Galileia, estas planícies se estendem para o norte até os pés do Monte Hermom, e para o leste até as montanhas vulcânicas pretas de Jebel Druze. As atividades vulcânicas formaram *Hammat Gader*, logo ao norte do Jarmuc e a 8 km do Jordão e do Lago da Galileia, um dos mais amplos complexos balneários no Império Romano (*BARev* 10 [6, 1984] 22-40). A chuva é adequada aqui, pois as baixas colinas da Galileia, no lado palestino, permitem que as tempestades do Mediterrâneo passem e caiam sobre Basã. Em muitas áreas das planícies o solo é rico aluvião vulcânico. A combinação de chuva e fertilidade faz de Basã o grande celeiro de trigo da região e um pasto muito bom. A Bíblia fala da gordura dos animais em Basã como proverbial (Sl 22,12; Am 4,1; Ez 39,18). No leste de Basã, carvalhos robustos cresciam nas encostas de Jebel Druze, de modo que Basã poderia ser associado ao Líbano pelo esplendor de suas árvores (Is 2,13; Na 1,4; Ez 27,6; Zc 11,1-2). As florestas de Basã ofereciam refúgio para pessoas com problemas (Sl 68,15.22; Jr 22,20).

54 São poucas as referências bíblicas a locais específicos em Basã, pois Israel foi capaz de controlar esta área apenas nos momentos de sua grandeza. Uma das cidades de Og, rei de Basã, era *Selca* (Dt 3,10; atual Salkhad) no Jebel Druze; uma outra era *Edrai* (atual Der'a), que se situava mais a oeste perto de Galaad. Edrai foi o local da vitória de Moisés sobre Og (Nm 21,33-35). Na época de Davi, o reino arameu de *Gessur* ocupava a seção de Basã perto do Lago da Galileia; este reino ficou sujeito a Davi e dali ele tomou a princesa que foi a mãe de Absalão (2Sm 3,3. 13,37-38; cf. B. Mazar, *JBL* 80 [1961] 16-28). No séc. IX, Basã foi campo de batalha entre Israel e os sírios de Damasco (2Rs 10,32-33). Novamente, no período macabeu ela se destacou nas guerras, quando Judas Macabeu ajudou os judeus em Bosor, Bosra e Carnaim (1Mc 5,24-52).

55 No período do NT, várias cidades da *Decápolis* (Hipo, Dion e Rafana) estavam em Basã. *Gaulanítide* (norte de Basã) e *Traconítide* (leste de Basã) faziam parte da tetrarquia de Filipe (Lc 3,1). Hoje, as ruínas das cidades de basalto, com suas construções de pedra preta, surgem nas planícies de Basã como monumentos fúnebres à glória do passado.

56 **(III) Vale do Jordão.** No Líbano atual, as cordilheiras gêmeas no sentido norte-sul do Líbano e Antilíbano estão separadas pela planície fértil chamada de Biqa'. Produzida pela fenda que separou as montanhas, este é um vale situado num planalto de 914-487 metros de altitude. (No centro deste vale surgem as majestosas ruínas dos templos helenistas de Ba'albek; *NatGeog* [Ago. 1965].). A fronteira norte de Israel é agora – como na Antiguidade – marcada pelo dramático local onde o Biqa' desce até a grande fenda palestina, uma queda de 396 metros até a Bacia do Hulê. Na Antiguidade, este território no extremo norte de Israel pertencia a Dã, e a expressão "de Dã até Bersabeia" indicava os limites de Israel. Dominando o cenário está o Monte Hermom, coberto de neve, de 2.773 metros de altura, no sul da cordilheira do Antilíbano – o pico que os árabes chamam de "o Xeique", porque sua cobertura de neve (mesmo no verão) lembra um albornoz branco. Na Antiguidade, ele foi chamado de Sirion pelos fenícios e de Sanir pelos amorreus (Dt 3,9); e Israel o considerava como sentinela que guardava a fronteira do norte (Dt 4,48; Ct 4,8).

57 **(A) As fontes do Jordão e a bacia do Hulê.** Às sombras do Hermom o Jordão nasce de quatro córregos alimentados pela drenagem das montanhas do Líbano. Dois destes córregos, o Bareighit e a Hasbani, cascateam do Biqa', e esta bela região de quedas d'água e turbulentas torrentes de primavera (entre a atual Merj Ayun e Metulla) é eloquentemente liricizada no Sl 42,6-7. Os dois principais tributários, o Liddani e o Banyasi, nascem aos pés do Hermom, respectivamente na cidade de *Dã* (atual Tell el-Qadi) e em *Cesareia de Filipe* (Baniyas). Somos informados em Jz 18 que Dã tomou esta região de florestas e fontes quando a tribo se mudou da região central da Palestina para o norte. A cidade de *Lais* (Hebr. "leão") mencionada na história pode evocar a vida selvagem do local (Dt 33,22: "Dã é um filhote de leão"). O santuário de Dã, um importante centro religioso desde o tempo dos juízes (Jz 18,30; Am 8,14), era um dos dois santuários oficiais do reino do norte (1Rs 12,29; 2Rs 10,29; → Instituições, 76:40; → Arqueologia bíblica, 74:119). *Abel-Bet-Maaca* no extremo norte de Dã serviu como um lugar de reunião para o sentimento revolucionário contra o reino do sul (2Sm 20,14-22). As associações religiosas do território de Dã continuaram no período do NT, pois Paneias (daí a atual Baniyas) era um centro de adoração do deus Pan.

A cidade foi reconstruída como Cesareia de Filipe (= "cidade de César" do tetrarca herodiano Filipe, para distingui-la da Cesareia Marítima, no litoral); Jesus e seus discípulos a visitaram, e foi ali que Pedro reconheceu Jesus como o Messias (Mc 8,27). Alguns sugerem que o Monte Hermom, que se eleva sobre Cesareia, foi a "alta montanha" da transfiguração, no capítulo seguinte de Mc (9,2).

58 Na Antiguidade, a Bacia do Hulê, com 14 km de comprimento e 4,8 km de largura, via a convergência desses quatro rios, com alguns tributários secundários, formar uma área pantanosa e um pequeno lago raso de aproximadamente 4,8 km de comprimento. Uma nociva fonte de malária, esta área foi drenada eficazmente pelos engenheiros israelitas. Dois rios entram no lago, chamado de Semeconite por Josefo, e o Jordão emerge sozinho. A Bacia do Hulê oferecia a passagem norte-sul da Palestina para o Biqa' do Líbano, e logo ao sul do Hulê passava a estrada leste-oeste entre a Palestina e Damasco (Síria). Foi necessária uma importante fortaleza para controlar o ponto estratégico, e este papel foi exercido por *Hasor*; ela se encontrava nas montanhas a sudoeste do Lago Hulê e foi a principal cidade do norte da Palestina. Depois de Josué ter conquistado o centro e o sul da Palestina, ele se voltou naturalmente contra Hasor como a chave para a conquista do norte (Js 11; para a importante escavação israelita de Hasor, → Arqueologia bíblica, 74:21, 88).

59 Nos 16 km que separam o Lago Hulê e o Lago da Galileia, o Jordão (cujo nome significa "descendo fortemente") flui através de um desfiladeiro estreito de basalto cujas paredes se elevam a 365 metros acima do rio. O fluxo é rápido à medida que o rio desce de mais de 60 metros acima do nível do mar no Hulê para emergir no Lago da Galileia a 205 metros abaixo do nível do mar. No alto do altiplano oeste, na região pouco antes do Jordão alcançar o lago, está a triste ruína de *Corazim*, amaldiçoada por Jesus por deixar de apreciar seus milagres (Mt 11,21; *BARev* 13 [5, 1987] 22-36).

60 (B) Lago da Galileia. Agora chegamos ao centro do cenário do ministério de Jesus e, de fato, a um dos mais belos lugares da Palestina – o lago em forma de coração, 19-21 km de comprimento e 11-13 km de largura em sua parte mais larga, chamado em hebraico de Quineret ("harpa", daí a planície de Genesaré em Mt 14,34, o Lago de Genesaré em Lc 5,1 e o Lago de Genesar em Josefo). "O Mar da Galileia" é o nome dado a esta massa de água por Marcos e Mateus, mas Lucas, mais corretamente, o designa como um lago. Apenas João (6,1; 21,1) fala dele como "Tiberíades", o nome que tomou mais tarde no primeiro século d.C., após Herodes Antipas ter construído a cidade do mesmo nome na margem sudoeste, em homenagem aduladora ao imperador romano.

As águas azuis do lago são emolduradas por rochedos íngremes em quase todos os lados exceto ao norte, onde planícies verdes, especialmente no noroeste, fornecem uma margem atraente. As pessoas nunca deixaram de perceber sua beleza: As cavernas das colinas ao noroeste têm produzido alguns dos traços pré-históricos mais antigos encontrados na Palestina (→ Arqueologia bíblica, 74:46), e ainda hoje muitos turistas ou peregrinos acham este local o mais convidativo na Palestina para se meditar sobre Aquele que mais de uma vez orou ele próprio ali (Mc 1,35; 6,46). Porém, o local nem sempre foi pacífico. Nos "Chifres de Hattin", uma passagem íngreme da baixa Galileia para o lago (um lugar pelo qual Jesus deve ter passado quando desceu de Nazaré e arredores para Cafarnaum [Lc 4,31; Jo 2,12]), ocorreu a batalha decisiva de 1187, onde o grande Saladino esmagou para sempre o poder dos Cruzados na Palestina.

61 Os discípulos de Jesus eram pescadores neste lago; mais de uma vez ele sentiu a violência de suas repentinas tempestades quando o atravessou em seus barcos.

(Um barco do primeiro século foi encontrado em 1986; veja *BARev* 14 [5, 1988] 18-33). Os invernos quentes deste lago protegido favoreciam este pregador ao ar livre, que frequentemente carecia de abrigo (Mt 8,20). Ele encontrou seus ouvintes entre os atarefados ocupantes das cidades comerciais que salpicavam sua margem norte, entre os mercantes que atravessavam a estrada para a Síria que corria ao longo do oeste do lago, e entre a multidão de funcionários do governo que controlavam a fronteira ao longo do Jordão, que separava a Galileia de Herodes da tetrarquia gentílica de Filipe em Basã (→ 55 *acima*). *Cafarnaum* (Tell Hum; → Arqueologia bíblica, 74:145), na margem noroeste, era a terra natal de Pedro (segundo Mc 1,21.29). Esta cidade se tornou o quartel general de Jesus, e sua sinagoga ouviu sua pregação (Lc 4,31; 7,5; Jo 6,59). A uma distância de uns 6,4 km, do outro lado do Jordão e na margem nor-nordeste pode ter estado *Betsaida*, ligada à multiplicação dos pães (Lc 9,10; Jo 6,1; mas cf. Mc 6,45) e, segundo Jo 1,44; 12,21, a terra natal de Pedro, André e Filipe (veja *BA* 48 [1985] 196-216). Maria Madalena, outrora possuída por sete demônios (Lc 8,2), parece proceder de *Magdala*, situada na margem ocidental do lago, enquanto o endemoniado de Mc 5,1 vagava nos túmulos na margem oriental do lago (perto de Gergesa? → 52 *acima*) na região de Decápolis. Há pouca importância nesta área para o AT, mas no canto sudoeste do lago estava a fortaleza pré-bíblica da Antiga Idade do Bronze, subsequentemente chamada de Bet-Ierá (→ Arqueologia bíblica, 74:60). Um pouco mais ao sul, em Ubeidiya, povos paleolíticos se estabeleceram há mais de um milhão de anos atrás (→ Arqueologia bíblica, 74:49).

62 (C) Vale do Jordão. Entre o Lago da Galileia e o Mar Morto, uma distância de 104 km, o Jordão cai de 205 metros abaixo do nível do mar para 394 metros abaixo. Em ambos os lados as montanhas sobem 303 metros e mais acima do vale formado pela fenda que outrora as separou. Este Vale da Depressão ou Fenda, chamado em árabe de Ghor, é muito amplo no norte (por uns 32 km do Lago da Galileia) e novamente no sul, onde ele tem 32 km de largura pouco acima do Mar Morto. No centro da faixa que estamos considerando, contudo, o Vale da Fenda é comprimido a uma cintura estreita. Quando a água está disponível no vale – por meio de chuva no norte ou por irrigação – o fundo do vale é altamente produtivo.

(BEN-ARIEH, Y., *The Changing Landscape of the Central Jordan Valley* [ScrHier 15; Jerusalém, 1968]. GLUECK, N., *The River Jordan* [New York, 1946]. *BA* 41 [1978] 65-75; *NatGeog* [dez. 1940; dez. 1944].)

63 Aproximadamente no centro do Vale da Fenda corre o Rio Jordão, um rio estreito de apenas 18-24 metros de largura no local tradicional da travessia de Josué para Jericó. Pouco surpreende, então, que Naamã o Sírio tenha achado os rios de Damasco mais impressionantes (2Rs 5,12). À medida que ele se torce e serpenteia, especialmente a partir da metade do caminho do Lago da Galileia em direção ao sul, o Jordão escavou ele próprio no fundo do Vale da Fenda um leito profundo, chamado de Zor. Em alguns lugares, o Zor tem uma largura de 1,6 km e 45 metros de profundidade. Inundado na primavera, quando o derretimento da neve do Hermom incha o Jordão, o Zor é muitas vezes um mato impenetrável de arbustos e árvores raquíticas, que na Antiguidade oferecia um habitat para animais selvagens, inclusive leões (Jr 49,19; Zc 11,3). Sabiamente Jr 12,5 enfatiza o perigo para aqueles que se adentram na selva do Jordão (também 49,19). Onde o fundo do Vale da Fenda (Ghor) vai na direção do leito do rio (Zor), o solo consiste de terreno erodido do deserto, *i.e.*, colinas de marga cinzenta de solo que se esfarela, chamado *qattara*. O traiçoeiro *qattara* e o Zor que se assemelha à selva, mais do que a largura do rio, era o que fazia do Jordão um divisor. No norte, onde os vaus eram mais frequentes, havia melhor comunicação, nem sempre agradável, entre a Palestina e a Transjordânia, especialmente Galaad (Jz 8,4; 12,1-6; 21,8-12; 1Sm 31,11-13).

64 Passando do norte para o sul no Vale do Jordão, constatamos que o primeiro grande afluente vindo do leste é o Jarmuc, que trazia tanta água quanto o próprio Jordão (e foi objeto de diversos projetos de utilização da água na guerra da água entre os árabes e os israelitas). Próximo à conjunção do Jarmuc com o Jordão, prosperou uma importante civilização cerâmica neolítica no que é conhecido hoje como *Sha'ar-Golan*, escavada por M. Stekelis. Cerca de 19 km ao sul do Lago da Galileia, há uma garganta nas montanhas ocidentais quando a Planície de Esdrelon se abre para o Vale da Fenda. As rotas estratégicas de comunicação para Israel através desta abertura eram controladas pela fortaleza de *Bete Seã* (Beisan), um lugar cuja importância é marcada pelas camadas de ocupação egípcia, filisteia e israelita (→ Arqueologia bíblica, 74:89, 96). No período romano, ela foi chamada de Citópolis e prosperou como um importante centro para judeus e cristãos em torno de 400 d.C. Do lado oposto à garganta de Bete Seã, no lado transjordânico do vale, estava Pela; e logo ao sul, onde a torrente de Carit (= Wadi Yabes; 1Rs 17,3) se junta ao Jordão, está a região de Elias e perto encontra-se o sítio de Jades de Galaad do AT (→ 52 *acima*).

65 Ainda no lado oriental, onde o Vale da Fenda torna-se estreito e no local onde o Wadi Kufrinje une-se ao Jordão, chegamos a *Sartã* (1Rs 4,12). Muito provavelmente esta deva ser identificada com o Tell es-Sa'idiyeh, o local de interessantes escavações feitas por J. B. Pritchard (*BA* 28 [1965] 10-17; *BTS* 75 [1965]). Para Sucot (Tell Deir Alla?), 8 km mais ao sul, → 51 *acima*. O lado oriental do vale, entre o Wadi Kufrinje e o Jaboc (Nahr ez-Zerqa), era o local das atividades de fundição de Salomão (1Rs 7,45-47), para a qual a floresta do norte de Galaad, no planalto acima, oferecia combustível. A distância entre Sartã, na confluência do Kufrinje com o Jordão, e *Adam* (Tell ed-Damiyeh), na confluência do Jaboc, é de 19 km; e Js 3,16 registra que, quando Josué parou as águas do Jordão, a água moveu-se para trás de Adam a Sartã. Registros históricos confirmam que deslizamentos de terra na área de Adam pararam o Jordão temporariamente. No lado ocidental, oposto a esta área, o Wadi Far'ah entra no Vale da Fenda vindo da Palestina, drenando a área central de Samaria. Num pico isolado, que domina a junção do Far'ah com o Jordão, estava a inexpugnável fortaleza herodiana chamada de *Alexandrium*; e de fato nos 24 km do lado oeste que separa a Alexandrium de Jericó, encontram-se outras fortalezas herodianas em *Fasália*, *Arquelai* e *Doc* (cf. 1Mac 16,15), que protegiam as rotas de comunicação entre o vale e a Judeia. Veja *BA* 15 (1952) 26-42; → História, 75:158.

66 Cerca de 13 km ao norte do Mar Morto, no lado oeste, afastada do rio, estava a pérola do sul do Vale do Jordão, a cidade de *Jericó*, uma das mais antigas cidades da terra e o local de escavações arqueológicas extremamente importantes (→ Arqueologia bíblica, 74: 19, 51, 80). É possível que a fonte que se encontra próxima de suas ruínas foi aquela que Eliseu purificou (2Rs 2,19-22). A Jericó do período do NT não estava, aparentemente, no mesmo sítio (Tell es-Sultan), mas na proximidade (→ Arqueologia bíblica, 74:148). Para a estrada de Jerusalém para Jericó, veja *BA* 38 (1975) 10-24. No lado oriental, opostas a Jericó, nesta região onde o vale é muito largo, estão as *planícies de Moab* (Nm 22,1), o local do acampamento dos israelitas quando desceram do planalto moabita. N. Glueck explorou a superfície desta área para identificar os vários locais mencionados na Bíblia, por exemplo, *Setim* (Nm 25,1; Js 2,1). Estas planícies são o cenário que a Bíblia oferece para os últimos capítulos de Nm e todo o Dt. (Nesta área também estão as colinas de *Ghassul*, um sítio pré-bíblico importante por sua cerâmica e arte calcolíticas; → Arqueologia bíblica, 74:54.). Para a controvertida localização de *Guilgal*, o primeiro acampamento no lado oeste após a travessia (Js 5,10), veja J. Muilenburg, *BASOR* 140 (1955) 11-27; O. Bächli, *ZDPV* 83 (1967) 64-71.

67 (D) Mar Morto. O Rio Jordão chega a seu fim no Mar Morto, a característica mais dramática do Vale da Fenda. Guarnecido por montanhas de ambos os lados, com aproximadamente 80 km de comprimento e 16 de largura, o Mar Morto (Mar do Arabá, Mar de Sal, Lago Asphaltites) é o ponto mais baixo da superfície da terra, 396 metros abaixo do nível do mar, com uma profundidade de água de mais 396 metros no lado norte. O Mar Morto, mais que o Salt Lake de Utah [EUA] (*NatGeog* [dez. 1958] 848-580), pode reivindicar ser a mais incomum massa de água do mundo. Mais de vinte e sete por cento de sua composição é material químico sólido (sal, cloreto e brometo); sua salinidade aumenta constantemente porque os sete milhões de toneladas de água que fluem para ele diariamente não têm uma saída, e a constante evaporação deixa resíduos sólidos. Os 45 bilhões de toneladas de produtos químicos que ele contém são uma atração para a indústria de extração química, tanto de Israel quando da Jordânia, mas mesmo isto não impedirá que a extremidade sul pouco profunda do mar acabe por ser assoreada. (Sobre a exploração de betume dos nabateus, veja *BA* 22 [1959] 40-48). Nenhum peixe sobrevive nestas águas – pelo menos até ser cumprida a visão de Ezequiel e um rio doador de vida flua de Jerusalém para adoçar o Mar Morto, desde Engadi até En-Eglaim (47,10). Nem o intenso calor nem o terreno ressecado nesta área são convidativos para um assentamento em larga escala (embora a região sirva como *resort* de inverno). Veja *NatGeog* (fevereiro 1978); *Scientific American* (out. 1983).

68 Na margem noroeste, perto da fonte chamada Ain Feshkha, encontram-se as ruínas de *Qumran*, o assentamento da comunidade que produziu os Manuscritos do Mar Morto (→ Apócrifos, 67:79ss.; *NatGeog* [dez. 1958]). Na metade do caminho na margem oeste, está a famosa fonte de água de *Engadi* (Ct 1,14), onde Davi buscou refúgio ao fugir de Saul (1Sm 23,29). Para as escavações israelitas no oásis de Engadi, veja *Arch* 16 (1963) 99-107; também *BA* 34 (1971) 23-39. A fortaleza isolada de *Masada* na montanha, a dois terços da descida em direção ao mar, foi o último baluarte na luta judaica contra os romanos em 73 d.C., e os vales entre Engadi e Masada estão pontilhados de cavernas que foram postos avançados da resistência judaica – cavernas que revelaram mais Manuscritos do Mar Morto (→ Apócrifos, 67:119-23; também Y. Yadin, *Masada* [New York, 1966]). No extremo sul da margem oeste está a grande montanha de sal *Jebel Usdum*, cujo nome relembra a Sodoma bíblica e o pilar de sal que outrora foi a esposa de Ló (Gn 19,26). Em geral se considera que *Sodoma* e *Gomorra* e as três outras cidades da planície (Gn 18,16ss.) estão sob as águas na extremidade sul do mar (*BA* 5 [1942] 17-32; 6 [1943] 41-52; 44 [1981] 87-92; *BARev* 6 [5, 1980] 26-36). Esta baía rasa desliza para dentro do Sebkha ou pântanos de sal que se estendem por 12,8 km para o sul do Mar Morto. (W. E. Rast e R. T. Schaub, *Survey of the Southeastern Plain of the Dead Sea* [Jordan, 1974].)

A margem leste é marcada por precipícios de rochedos íngremes e as grandes gargantas dos rios da Transjordânia, como o Arnon e o Zared. Já mencionamos as fontes quentes de Callirrhoe na parte norte desta margem (→ 44 *acima*). A dois terços da descida no lado leste está a Península de Lisan ("língua"), um planalto de marga cinza de 14 km de comprimento que se projeta no Mar Morto e corta sua largura. No período romano já era possível passar a vau o Mar Morto aqui. Logo ao leste da Península de Lisan, americanos escavaram uma série de fascinantes cemitérios do início da Idade do Bronze em *Bab edh-Dhra'* (→ Arqueologia bíblica, 74:64).

69 (E) Arabá. Embora o AT use o nome Arabá para designar todo o Vale da Fenda, hoje o termo é mais frequentemente aplicado à seção mais ao sul da Fenda palestina, *i.e.*, aos 160 km desde os pântanos de sal de Sebkha até o Golfo de Ácaba. Margeado em ambos os lados por montanhas, que são especialmente altas no leste, o fundo do vale do Arabá sobe gradualmente e na metade do caminho, em Jebel er-Rishe, alcança 198 metros acima do nível do mar, descendo então novamente em direção ao nível do mar em Ácaba. A parte norte do Arabá é muito larga, especialmente na reentrância de Finon (→ 41 *acima*); a parte sul tem apenas 9,6 km de largura em sua parte mais larga. A maior parte do Arabá é área deserta em que apenas experientes praticantes da irrigação, como os nabateus e os atuais israelitas, podiam manter assentamentos. A importância bíblica do Arabá está concentrada em dois momentos da história: (1) Ele serviu como uma das rotas do avanço de Israel de Cades Barneia para a Transjordânia (→ 31 *acima*). (2) Ele foi o centro da indústria de cobre de Salomão. O cobre era minerado nas colinas e fundido grosseiramente no vale, a fim de satisfazer as necessidades do maior construtor de Israel (*BA* 24 [1961] 59-62), embora algumas das minas fossem pré-salomônicas (*BARev* 4 [2. 1978] 16-25). Na extremidade sul do Arabá, no extremo norte do Golfo de Ácaba, estava a fortaleza de *Elat*, um ponto de contenda entre Judá e Edom (2Rs 14,22; 16,6). Próximo estava *Asiongaber*, um lugar que aparece na peregrinação de Israel pelo deserto sob Moisés (→ 30 *acima*), mas mais famoso como o porto construído por Salomão para sua frota e, assim, sua porta aberta para o comércio com a Somália, o sul da Arábia e pontos no oriente (1Rs 9,26; 10,2). Este porto foi reaberto em períodos subsequentes durante a monarquia dividida, quando Israel e Judá estavam em paz e trabalharam juntos para reconstruir o comércio mundial começado por Salomão (2Cr 20,36). N. Glueck identificou tanto Elat quanto Asiongaber (mantidas diferentes na Bíblia) com o sítio escavado por ele em Tell el-Kheleifeh, no centro da fonte setentrional do golfo, a cerca de 400 m em terra, embora ele não tenha encontrado restos de instalações portuárias e os fortes ventos na região tornam o lugar inadequado para um porto. A arqueologia subsequente refutou sua teoria. B. Rothenberg (*PEQ* 94 [1962] 5-71) sustentou que, enquanto Elat se encontrava nesta área, na extremidade nordeste do golfo (Aila bizantina, bem ao norte da atual Ácaba, e se estendendo para o oeste, para o Tell el-Kheleifeh), Asiongaber estava na ilha de Jeziret Fara'un, a cerca de 13 km de distância da margem oeste do golfo, mais ao sul. Esta ilha, onde se encontrou cerâmica do período de Salomão, fornece excelente abrigo para navios. Restos de um porto artificial estão em evidência. G. D. Pratico (*BASOR* 259 [1985] 1-32) também contestou a identificação de Glueck de Asiongaber.

70 (IV) Planícies costeiras. Antes de nos concentrarmos na principal área geográfica do interesse bíblico, *i.e.*, a faixa de montanhas palestinas entre o Mediterrâneo e o Jordão, voltemos nossa atenção para o litoral palestino. Da Gaza filisteia no sul até a Tiro fenícia no norte, este litoral tem cerca de 208 metros de comprimento. Por questão de conveniência, nós o dividiremos em três seções, cada uma com 64-72 km de comprimento, a saber, Filistia, Saron e a região de Dor-Carmelo-Aser.

71 (A) Filistia e a Sefelá. Por volta de 1200 a.C., uma faixa do litoral cananeu foi invadida a partir do Mediterrâneo pelos "povos do mar", uma mistura de indo-europeus de Creta, Chipre, Sardenha, Sicília e outras ilhas do Mediterrâneo. (Antes estes povos tinham invadido a costa mais ao norte, destruindo Ugarit [→ 21 *acima*] em cerca de 1230.). Os semitas da terra, cananeus e israelitas, constataram que estes incircuncisos estrangeiros de língua ininteligível eram formidáveis adversários na guerra, com armas de ferro que os tornavam invencíveis. Dentro de poucos anos, cerca de 1170-1150, e provavelmente com a aprovação egípcia, estes povos, que se tornaram conhecidos como filisteus, estavam no controle total do litoral e tinham formado uma pentápolis, ou liga de cinco cidades-estados (1Sm 6,4), com Gaza, Ascalon e Azoto no litoral (respectivamente do sul para o norte), e Gat e Eglon mais no interior (→ Arqueologia bíblica, 74:95ss.; → História, 75:67).

72 (a) *Filistia*. Embora os filisteus finalmente tenham controlado grande parte de Canaã, inclusive a Planície de Esdrelon e parte do Vale do Jordão, e dado o nome de "Palestina" a toda a terra, a Filistia em si era a área da Pentápolis. Ao longo do litoral e até 3 km para o interior, a região costeira ao norte de Gaza até Jope (72 km) é marcada por dunas de areia, que se elevam às vezes a uma altura de 45 metros. Ao longo deste litoral passava a principal estrada, a estrada tronco, do Egito para a Síria, e sugerimos (→ 28 *acima*) a possibilidade de que, em parte, a descrição bíblica do êxodo seguiu esta rota para Canaã.

A planície filisteia é a área entre as dunas de areia e os contrafortes, uma distância de 8 a 16 km. A área é cortada transversalmente por *wadis* que drenam as montanhas a leste, e muitas das cidades dominam estes *wadis*. Bosques de oliveiras e campos de cereais (Jz 15,5) eram a riqueza agrícola dos filisteus, uma generosidade frustrada apenas pelo tríplice perigo da seca, da praga e da guerra. Especialmente no sul da Filistia, a chuva é leve, e a água das tempestades de inverno escoa rapidamente. Gaza, por exemplo, está no limiar entre a terra cultivada e o deserto ao sul. A praga, transmitida do Egito (Dt 7,15; 28,60; Am 4,10), não era incomum; e a malária era um perigo nesta região até recentemente. A Bíblia registra que a peste (bubônica?) varreu a Filistia quando a Arca israelita foi mantida em Azoto e Acaron (1Sm 5); e quatro séculos mais tarde o exército assírio de Senaquerib foi dizimado pela peste em Lebna, logo ao norte de Gat (2Rs 19,8.35-37). Quanto à guerra, o ruído de exércitos marchando era bem conhecido na Filistia, que servia como uma passagem na eterna luta entre o Egito no sul e a Síria, Assíria e Babilônia no norte e leste ao longo do Crescente Fértil (→ 15 *acima*). (Gaza também tem sido um lugar sensível nas relações egípcio-israelitas.). No apogeu dos filisteus (sécs. XII e XI), contudo, não foi a guerra internacional, mas batalhas locais com os israelitas que tornaram a vida difícil.

73 (b) *A Sefelá*. Entre a planície filisteia e as montanhas da Judeia ao leste havia uma faixa de contrafortes de 16-24 km de largura e 106-456 metros de altura – a Sefelá ("planície") Os vales da Sefelá eram as passagens naturais da Filistia para as montanhas, e eles eram protegidos por cidades fortificadas – Dabir, Laquis, Lebna, Azeca, Maceda, Bet-Sames e Gazer, uma litania que foi imortalizada nos relatos bíblicos de guerra. *Bet-Sames* revelou importantes artefatos filisteus; isto mostra que estes sítios foram zonas de influência tanto filisteia quanto israelita; → Arqueologia bíblica, 74:95. Desde o início até o final do séc. XX, *Gazer* foi submetida a escavações que produziram duras disputas sobre a datação de seus impressionantes muros e portões; → Arqueologia bíblica, 74:14. Para as escavações israelitas do Tell Nagila, uma fortaleza cananeia e hicsa a uns 24 km ao sul de Bet-Sames, veja *Arch* 18 (1963) 113-23. *HTR* 64 (1971) 437-48. Quando Josué consolidou sua posse nos planaltos da Canaã central em Betel, Hai e Gabaon, sua primeira grande campanha foi dirigida contra as cidades da Sefelá (Js 10,28-40), cujas escavações atestam a destruição em cerca de 1240. Quando os filisteus chegaram, eles usaram Acaron e Gat como fortalezas contra as invasões israelitas vindas das montanhas da Judeia através da Sefelá (histórias de Sansão de Jz 15-16). As vitórias davídicas que quebraram definitivamente o poder filisteu ocorreram na Sefelá (2Sm 5,17-25). Em resumo, o controle da Sefelá era um fator decisivo. Sob o controle filisteu, os *wadis* da Sefelá eram flechas que visavam ao coração das montanhas da Judeia; sob o controle israelita, eles eram flechas que visavam à planície filisteia. Mais tarde, nos sécs. VIII a VI, o controle destes *wadis* exerceu um papel importante nas campanhas assíria e babilônica contra Judá. Em vez de atacar Judá pelo norte primeiro, Senaquerib e Nabucodonosor enviaram seus exércitos para o sul ao longo do litoral para impedir a ajuda egípcia a Judá e obter uma estrada fácil para as montanhas. Laquis foi o local de famosos cercos (2Rs 18,14; Jr 34,7; → Arqueologia bíblica, 74:89, 124-26).

74 Dois dos wadis na parte norte da Sefelá merecem atenção especial. O Vale de *Sorec* era próximo às cidades de Cariat-Iarim, Bet-Sames, Timna, Acaron e Jabneel. Foi o local das histórias de Sansão (Jz 16) e do conto do cativeiro da Arca no final do séc. XI (1Sm 6; 2Sm 6). O outro wadi, mais ao norte, era o Vale de *Aialon* que subia e passava por Bet-Horon, dando acesso a Betel e Jerusalém pelo caminho de Gabaon. Aqui Josué travou a batalha contra o rei do sul (Js 10,10-15). O vale exerceu um papel estratégico na guerra de Saul contra os filisteus (1Sm 14,31) e na guerra israelense-jordaniana de 1948.

75 (B) Planície de Saron. Esta extensão de 64 km vai de Jope (Jafa) no sul até o Rio Crocodilo (Sior-Labanat, Js 19,26) no norte. A Planície de Saron ("terra plana"?) é mais estreita (cerca de 16 km de largura) que a planície na Filistia; e não existe Sefelá ou contrafortes verdadeiros, pois a planície se estende até a base das montanhas. Correndo do norte para o sul, como uma ilha no meio da planície, encontra-se uma elevação de arenito. Os wadis que drenam as montanhas são forçados a dirigir seu fluxo ao redor de uma das extremidades desta elevação; e assim as fozes obstruídas de três rios, inclusive o Crocodilo, entram no mar no extremo norte de Saron; no extremo sul, a foz do Yarkon está próxima de Tel Aviv. No período do AT, a região ao longo de ambos os lados deste arenito elevado era área pantanosa.

76 Os obstáculos apresentados pelo terreno desta área eram um estorvo a viagens e assentamento. A estrada principal passava pela base das montanhas, e as poucas cidades importantes – Jope, Lod (Lida), Afec, Guilgal e Soco – estavam localizadas ao longo do contorno da planície. *Afec* (Antipátrida romana de At 23,31? – em ou próximo da atual Rosh ha-Ayin; → Arqueologia bíblica, 74:76, 85, 143; *BA* 44 [1981] 75-86) era um local importante na parte superior do Yarkon, com o controle sobre a rota de Jope para Jerusalém. Afec foi chamada assim por causa da grande derrota dos israelitas nas mãos dos filisteus em cerca de 1050 (1Sm 4,1), embora um lugar mais ao norte, perto de Esdrelon, pareça indicado. *Jope* ("a bela"; Jafa) era importante porque era um porto (embora não muito satisfatório); e aparentemente os cedros do Líbano para o Templo foram transportados de balsa pela costa até Jope (ou mais precisamente ao local escavado de Qasile, logo ao norte do Yarkon; → Arqueologia bíblica, 74:102) e então subiram o Yarkon e por terra até Jerusalém (2Cr 2,16; Esd 3,7). Tel Aviv (um nome que lembra Ez 3,15), um assentamento fundado pelos judeus em 1909 devido à hostilidade dos árabes em Jafa, é uma grande cidade nesta área. Para esta área, veja *BA* 35 (1972) 66-95.

77 Na época do NT, as estradas e pontes romanas tornaram a planície mais fácil de se atravessar. Encontramos Pedro ativo tanto em Lida quanto em Jope (At 9,32-10,23). Precisamente 16 km ao sul de Jope estava *Jabné* (Jebneel, Jamnia – formas variantes do nome que reflete o subjacente Yabneh Yam, "Yabneh junto ao Mar"), famosa por sua escola rabínica depois da queda de Jerusalém (→ Canonicidade, 66:35). Na costa, na extremidade norte de Saron, Herodes o Grande construiu *Cesareia* (Marítima) e deu à área um outro porto muitíssimo necessário. Lemos em Atos 9,30; 18,22; 21,8 que Paulo embarcou ou desembarcou ali. Cesareia era o centro do poder romano na Palestina, o quartel general do prefeito ou procurador. A primeira inscrição palestina a mencionar Pôncio Pilatos foi descoberta ali em 1961 (veja a ilustração em *BTS* 57 [1963] 15). O centurião romano Cornélio da coorte itálica vivia em Cesareia (At 10,1) e foi batizado ali por Pedro. Em 58-60 d.C., Paulo ficou preso em Cesareia sob os governadores romanos Felix e Festo (At 23,23; 25,12), e tanto Herodes Agripa I quanto II são mencionados como vindo a Cesareia (12,19; 25,13) em 44 e 60 d.C., respectivamente. Sobre Cesareia, → Arqueologia bíblica, 74:142.

78 Nos tempos modernos, os árabes plantaram prósperos pomares cítricos na Planície de Saron, mesmo antes da ocupação israelita, e promoveram o progresso da região. Embora a Bíblia chame Saron de um lugar de pastagem (1Cr 5,16; 27,29; Is 65,10), a exuberância de seu desenvolvimento é comparada à do Carmelo e Líbano (Is 33,9; 35,2). A rosa (açafrão) de Saron, uma flor delicada que nasce na mata de vegetação rasteira, é usada como uma comparação em Ct 2,1.

79 **(C) Dor, Carmelo, planície de Aser.**
(a) *Dor*. A região costeira de Dor separa Saron do grande promontório do Carmelo, uns 32 km ao norte do Rio Crocodilo. Na Antiguidade, os pântanos que circundavam este rio separavam Dor do sul, dando-lhe uma orientação em direção ao território setentrional Aser (Js 17,11). Como no restante do norte, o litoral, com apenas 3,2 km de largura, é muito mais estreito que no sul (Saron ou Filistia); e as montanhas chegam até perto do mar. Esta era uma região de floresta e pântanos. A cidade de *Dor*, que deu seu nome à região, era um porto medíocre. Ela não foi conquistada por Josué (Jz 1,27) e permaneceu nas mãos dos filisteus até o séc. X (1Rs 4,11). Em 1Mc 15,10ss., ela é o local de uma luta entre os governadores sírios. A cidade entrou em declínio quando Herodes construiu Cesareia, 12 km ao sul. Veja *BARev* 5 (3,1979) 34-39.

80 (b) *Carmelo*. A característica natural mais notável do litoral palestino é o grande promotório do Carmelo, que se projeta para o mar e forma uma ampla baía que abriga Haifa e Aco. A vista da baía de Haifa a partir do Carmelo é realmente impressionante, e este sítio é a localização tradicional da dramática confrontação de Elias e os sacerdotes de Baal (1Rs 18,20ss., especialmente v. 43). Mais a sudeste, nas cavernas ao longo da encosta do Carmelo, povos da Idade da Pedra estabeleceram sua residência, particularmente no Wadi Mugharah (→ Arqueologia bíblica, 74:46). Embora tenha havido antigos assentamentos na área da Baía de Haifa, *Haifa* em si não é um sítio bíblico; sua importância como porto se origina do período do Mandato Britânico. *Aco* era uma cidade antiga. Sob o nome de Ptolemaida (1Mc 11,22-24; 12,45-48; At 21,7), ela foi famosa no período greco-romano em virtude da manufatura do vidro. Ela foi o porto dos Cruzados sob o nome de Saint Jean d'Acre e foi sua última fortaleza na Terra Santa após a derrota por Saladino (→ 60 *acima*). Aqui, Francisco de Assis desembarcou para colocar os fundamentos da "Custódia da Terra Santa" Franciscana dos santuários cristãos. Sobre Aco, veja *BA* 43 (1980) 35-39.

81 (c) *Planície de Aser*. A terra entre Haifa e Aco é, em parte, uma baía assoreada, com pântanos ao leste. A tribo de Aser não tomou Aco (Jz 1,31), mas reivindicou para sua posse a planície de Aco até a "Escada de Tiro" (Ras en-Naqura) onde as montanhas libanesas chegam ao litoral como um promotório, formando a fronteira sul da Fenícia. Este território aserita tinha cerca de 20 km de comprimento e 8 km de largura, estando entre o mar e as montanhas. Cortado de leste a oeste por wadis que drenam as montanhas, a planície era frequentemente pantanosa, e os principais assentamentos estavam na base das montanhas. (Seguimos aqui a teoria usual da localização do território de Aser. M. Noth coloca Aser logo a sudoeste do Carmelo e dá o território costeiro que descrevemos a Zabulon. Cf. Gn 49,13; Dt 33,19, que implicam que Zabulon possui praias.)

Nem Aser nem seu território foram muito importantes na história bíblica, embora

Gn 49,20 fale das posses de Aser como ricas e fornecendo alimento para reis (Dt 33,24). Em Jz 5,17, Aser é castigado por estar quieto no litoral enquanto Israel estava em perigo. Inevitavelmente a região costeira pobre de Aser foi obscurecida pela Fenícia ao norte, com seus grandes portos de Tiro e Sidon. Aser parece ter sido parte da região dada por Salomão a Hiram de Tiro, em pagamento pelos suprimentos e habilidade fenícios na construção do Templo de Jerusalém (1Rs 9,11).

82 (V) **Zona central da Palestina.** No que diz respeito à história bíblica, esta era a área mais importante da Palestina. A região da fronteira norte do Negueb até o norte da Galileia era o "Israel essencial", de Bersabeia a Dã. Por uma questão de conveniência, trataremos aqui também do Negueb.

(A) **Negueb.** Esta é a área mais ao sul da Palestina — aproximadamente um trapézio formado por Gaza, a Torrente do Egito, Asiongaber e Sodoma, margeado no oeste pelo deserto costeiro e a leste pelo Arabá. O Negueb ("Sul") é chamado na Bíblia de Deserto de Sin (Nm 20,1; 33,36; talvez, mais precisamente, este nome se refira à parte sul do Negueb, ao redor de Cades Barneia). Avançando em direção nordeste-sudoeste através do Negueb estão duas elevações montanhosas (Kurashe e Kurnub). O lado oeste dessas áreas elevadas, particularmente o noroeste, recebe alguma umidade na forma de orvalho e chuva ocasional do Mediterrâneo; e, assim, é deste lado das áreas elevadas que se encontram os principais assentamentos e oásis do Negueb, por exemplo, Bersabeia, El Auja, Cades Barneia. O israelita moderno reviveu os eficientes sistemas de irrigação dos nabateus e novamente é bem sucedido no cultivo desta área. Para o clima e agricultura na Antiguidade, veja *BASOR* 185 (1967) 39-43.

83 O leste e o sudeste das áreas elevadas, *i.e.*, de frente para o Arabá, são estéries e desolados, cortados por grandes desfiladeiros. A importância da região surge do fato de que o comércio da Transjordânia (por exemplo, de Petra no período nabateu) ou do Golfo de Ácaba (por exemplo, de Asiongaber no período de Salomão; por wadis 69 *acima*) tinha de passar por esses desfiladeiros e wadis e seguir em direção para o noroeste, através das áreas elevadas, a fim de alcançar Bersabeia e, finalmente, a Palestina em si. A cidade de *Kurnub* (a Mampsis romana) estava situada numa fenda nessas áreas pela qual essas rotas de caravana passavam (*PEQ* 101 [1969] 5-14; *EAEHL* 3. 722-35). *Horma*, que figura nas tentativas fracassadas dos israelitas de invadir Canaã pelo sul (Nm 14,39-45; 21,1-3; Dt 1,41-46), provavelmente ficava nesta área, a sudeste de Bersabeia.

84 No período bíblico, o Negueb foi controlado pela monarquia apenas em seus períodos de grandeza, e então provavelmente apenas até o ponto de manter abertas as rotas para Asiongaber. Para as fortalezas de Salomão ali, veja *BARev* 11 (3. 1985) 56-70; 12 (4, 1986) 40-53. De outro modo, ele era vítima de beduínos nômades que atacavam os assentamentos na Filistia e Judá e eram punidos mediante incursões retaliadoras, como descritas em 1 Samuel 27,8-12; 30. Estes relatos das incursões de Davi no Negueb mostram que a área estava dividida em zonas de influência. Em cerca de 800 a.C., *Kuntillat 'Ajrud*, 67 km ao sul de Cades Barneia, foi ocupada por pessoas que deixaram inscrições em hebraico e fenício, mais o desenho controverso "Iahweh-Aserá" (→ Arqueologia bíblica, 74:118). Depois da queda da monarquia, os edomitas se mudaram para essa área, daí o nome de Idumeia no período helenista (1Mc 5,3; Mc 3,8). Em 125 a.C., João Hircano conquistou a Idumeia e a colocou sob o Estado judeu asmoneu, mas os idumeus acabaram tendo sua revanche, pois daqui veio a família de Herodes que governou em uma ou em outra parte da Palestina por aproximadamente um século. A área foi novamente importante no período bizantino, como mostram as escavações israelenses (por exemplo, de Avdat ou Abda; veja A. Negev, *Cities of the Desert* [Tel Aviv, 1966]; *EAEHL* 2. 345-55).

85 Os dois principais locais bíblicos no Negueb são Cades Barneia e Bersabeia. *Cades* foi o local de uma parada de 38 anos de Moisés e dos israelitas em seu caminho entre o Sinai e a Transjordânia (Dt 1,46; 2,14; para a tese de que o Sinai era aqui, → 27 *acima*). Maria, irmã de Moisés, morreu e foi sepultada aqui (Nm 20,1). Deuteronômio 1,2 coloca Cades a uma distância de onze dias de viagem de Horeb/Sinai; isto concordaria com a localização do Sinai na parte sul da Península do Sinai. O nome Cades está preservado em Ain Qudeis, na fronteira entre a Península do Sinai e a Palestina. Todavia se supõe que Cades foi o lugar onde Moisés tirou água da rocha para satisfazer todo o povo (Nm 20,2-13), e ali devia haver água em abundância para sustentar os israelitas durante a longa estadia. Por esta razão os estudiosos não procuram Cades em Ain Qudeis, onde o suprimento é escasso, mas na vizinha Ain Qudeirat (a qual, contudo, não foi ocupada até o séc. X a.C.). Veja Y. Aharoni in Rothenberg, *God's Wilderness* 121ss.; M. Dothan, *IEJ* 15 (1965) 134-51; também *BA* 39 (1976) 148-51; 44 (1981) 93-107; *BARev* 7 (3, 1981) 20-33.

86 Cerca de 80 km ao norte de Cades Barneia estava *Bersabeia*, de renome por causa de Abraão e Isaac (Gn 22,19; 26,33; 46,1-4). A cerca de 300 metros acima do nível do mar, e possuindo um excelente suprimento de água, este sítio se localiza transversalmente nas rotas de Gaza no oeste, da Transjordânia no leste e do Sinai no sul. Foi perto daqui, no deserto, que Agar peregrinou com Ismael (Gn 21,14). Em Bersabeia, Abraão plantou uma tamargueira como um santuário a El Olam (Gn 21,31-34; → Pensamento do AT, 77:16; para Bersabeia como santuário, → Instituições, 76:29; também → Arqueologia bíblica, 74:56, 117). A cerca de 32 km a leste de Bersabeia estava *Arad*, uma das cidades cananeias do Negueb situadas mais ao norte, cujo rei resistiu aos israelitas (Nm 21,1-3). Quando os israelitas destruíram a cidade, o local foi dado a seus aliados quenitas (Jz 1,16; veja Js 12,14). Escavações israelenses importantes foram feitas em Arad (*BA* 31 [1968] 2-32; *BARev* 6 [1, 1980] 52-56; → Arqueologia Bíblica, 74: 63, 83, 109, 115). Contudo, a colina não mostra traços de uma ocupação cananita pré-quenita; o escavador, Y. Aharoni, sugere que o sítio cananita era uma colina vizinha, a uma distância de uns poucos quilômetros.

O Negueb ou Deserto de Sin marcava a fronteira sul dos domínios de Israel (Nm 34,3; Dt 34,3; Js 15,1). Às vezes esta fronteira é medida a partir do extremo sul do Negueb, a Torrente do Egito (Wadi el-Arish: Nm 34,5; Js 15,4); mais frequentemente ela é medida a partir de Bersabeia no norte do Negueb (Jz 20,1; 1Sm 3,20; etc.).

(Sobre o Negueb: GLUECK, N., *Rivers in the Desert: A History of the Negev* [New York, 1959]. ROTHENBERG, B., *God's Wilderness* [New York, 1962]. *Arch* 36 [5, 1983] 30-37; *BA* 22 [1959] 82-97; 40 [1977] 156-66; *BARev* 2 [3, 1976] 25-30; 9 [2, 1983] 28-37.)

87 (B) Território da casa de Judá.
(a) *Descrição geral*. A região montanhosa de Judá ou Judeia é uma faixa de montanhas ou planaltos que tem em média 16 km de largura, que se eleva logo ao norte de Bersabeia e continua até o norte um pouco além de Jerusalém. Ao leste, onde o planalto cai no Mar Morto e no Vale da Fenda, está o estéril "Deserto da Judeia" (Js 15,61; Mt 3,1), um refúgio de bandidos e de pessoas em fuga (por exemplo, Davi de Saul) e de religiosos solitários (João Batista; sectários de Qumran; monges cristãos, como em Mar Saba). A aridez deste deserto é ilustrada pelo fato de que não há fonte de água na famosa distância entre Jerusalém e Jericó (Lc 10,30). A defesa de Judá deste lado leste pode até certo ponto ser confiada à natureza. Ao oeste de Judá, a Sefelá (→ 73 *acima*) margeia as montanhas e oferecia um "para-choque" contra a expansão filisteia.

88 Ao sul, a elevação das montanhas de Bersabeia oferecia uma defesa, ainda que fraca, contra os invasores do Negueb como os amalecitas (1Sm 15). O Negueb de Judá

(1Sm 27,10) era provavelmente a área do norte do Negueb sobre a qual Judá tentou manter algum controle como um "pára-choque" adicional em sua margem sul, daí a inclusão ocasional do Negueb na delimitação do território de Judá (Js 15,3-4). A tribo de Judá, que pode ter entrado na Palestina pelo sul, e não atravessando o Jordão, parece ter se aliado a um grupo de povos do sul, como os quenitas, quenesitas, calebitas e jeramelitas (Js 14,6-15; 15,13-19; Jz 1,8-20; 1Cr 2,9.25-27), que entraram na confederação israelita. Judá também incorporou o muito nebuloso território de Simeão (Js 19,9), formando um domínio quase independente das tribos israelitas ao norte – uma independência que se manteve evidente por toda a história de Israel na Palestina.

89 A fronteira norte de Judá não era bem definida; e embora Benjamin estivesse ao norte de Judá, o território de *Benjamin* era mais uma fronteira política que geográfica (Js 15,20-63). Devido à sua história e inclinação, Benjamin estava intimamente relacionado a Efraim e não era parte da "casa de Judá". A área de Benjamin ao redor de *Hai* e *Gabaon* foi a primeira base de operações nas montanhas da Palestina conquistada por Josué quando os israelitas subiram de Jericó (Js 7-9; mas → Arqueologia bíblica, 74:81, 87 para o problema de datação). Esta área tinha importância estratégica não apenas do lado leste, mas também do lado oeste, como vemos a partir do fato de que Josué logo foi forçado a travar uma guerra com os reis do Sefelá que subiram do oeste através do Vale de Aialon para atacar Israel (→ 74 *acima*). Os filisteus usaram a mesma rota numa tentativa de esmagar Saul e as fortalezas israelitas nas montanhas de Benjamin (1Sm 10,5; 13-14,31). A terra natal e a capital de Saul era *Gabaá*, a atual Tell el--Ful logo ao norte de Jerusalém, o local de interessantes escavações da ASOR (*BA* 27 [1964] 52-64; 28 [1965] 2-10; → Arqueologia bíblica, 74:15, 104).

Na divisão da monarquia (aproximadamente 922), Benjamin parece ter ficado com o norte como uma das dez tribos (1Rs 11,30) contra as duas tribos do sul, Judá e a extinta Simeão. Mas Judá precisava do território benjamita como um "para-choque" defensivo para Jerusalém, uma reivindicação mencionada no comentário em 1Rs 12,21.23 ("toda a casa de Judá *e a tribo de Benjamin*"). Assim, as reivindicações territoriais de Judá passaram a ser de Bersabeia no sul até Gaba no norte; e Gaba, cerca de 8 km ao norte de Jerusalém, estava em Benjamin (2Rs 23,8). Judá resistiu energicamente à tentativa das tribos do norte de entrar nesta área de Benjamin (1Rs 15,16-24). A importância estratégica das fortalezas da fronteira em Benjamin para a defesa de Judá no norte é retratada vividamente no imaginativo relato de como um rei assírio atacaria Jerusalém (Is 10,28-34), vindo de Hai (Aiath), 16 km ao norte de Jerusalém, para Nobe no Monte das Oliveiras sobre Jerusalém. Veja *BA* 44 (1981) 8-19.

90 (b) *Cidades de Judá. Hebron* foi, historicamente, o centro do poder de Judá, como Davi implicitamente testemunhou quando foi coroado ali como o primeiro rei de Judá (2Sm 2,1-4; cf. 15,7-10). A 1005 metros acima do nível do mar, esta é a cidade mais alta em Judá, controlando as estradas ao oeste para as cidades da Sefelá de Maresa e Laquis, e a estrada para o leste para Engadi no Mar Morto. Outrora aparentemente chamada de Cariat-Arbe (Js 14,15; 15,13), Hebron foi o local onde Sara e Abraão foram sepultados (Gn 23; 25,9). No santuário vizinho de Mambré (atual Ramet el-Khalil; cf. *BTS* 70 [1965]), Abraão recebeu as promessas divinas e viu a Deus (Gn 13,14-18; 18; → Instituições, 76:28). Isaac também morreu em Hebron (Gn 35,27). Hoje os túmulos dos patriarcas são venerados sob a mesquita, outrora uma igreja, que está no meio de Hebron, adjacente a magníficas relíquias herodianas (*BARev* 11 [3, 1985] 26-43). O reservatório em Hebron lembra o local de punição dos assassinos do filho de Saul, Isbaal, por Davi (2Sm 4,12). Para escavações de Hebron, veja *BA* 28 (1965) 30-32; também *BTS* 80 (1966). Batalhas macabeias foram travadas na região logo ao norte de Hebron, concentradas em *Bet-Zur*, escavada por Albright (→ Arqueologia bíblica, 74:15, 135).

91 *Belém* (ou Efrata), 24 km ao norte de Hebron e 8 km ao sul de Jerusalém, não era uma cidade importante de Judá em si mesma (Mq 5,2), mas adquiriu importância como a cidade ancestral de Davi (Rt 1,1; 4,22; 1Sm 16; Lc 2,4; Mt 2,5; Jo 7,42). Uma igreja construída por Constantino e modificada pelos Cruzados encontra-se na gruta tradicionalmente associada ao nascimento de Jesus, e os campos a leste de Belém são muito apropriados a terem sido os campos dos pastores de Lucas 2,8.15. O "túmulo de Raquel", que está hoje na entrada norte de Belém, apresenta uma confusão baseada nos comentários errôneos em Gênesis 35,19; 48,7 e em uma declaração implícita em Mt 2,18; o lugar de sepultamento de Raquel em Benjamin (1Sm 10,2; Jr 31,15) é muito mais plausível. (*BTS* 42 [1961]; *NatGeog* [dez. 1926].)

Logo a sudeste de Belém está a colina em forma de cone truncado de *Herodion*, a fortaleza e castelo onde Herodes o Grande foi sepultado – não muito longe da cidade cujas crianças ele assassinou, segundo Mt 2,16. (→ Arqueologia bíblica, 74:141.). Daqui para baixo, na direção do Mar Morto, é a região de pastagem dos beduínos Ta'amireh que descobriram os Manuscritos do Mar Morto. Técua estava perto, a cidade natal do profeta Amós (Am 1,1).

92 *Jerusalém*, "a montanha sagrada, bela em altura, alegria da terra toda" (Sl 48,2), não era posse de Judá até a época de Davi (aproximadamente 1000). Num golpe de mestre, depois de capturar a Jerusalém jebusita (2Sm 5,6-10), ele mudou sua capital da provincial e claramente sulista Hebron para esta cidade limítrofe sem afiliações com o norte ou com o sul. Lemos sobre sua pré-história cananita como um santuário de El Elyon e talvez de Zedec em Gn 14,18 (cf. Js 10,1; → Instituições, 76:41,16). Intensas escavações arqueológicas lançaram muita luz sobre a história da cidade (→ Arqueologia bíblica, 74:7, 8, 12, 19, 105-7, 109, 138-40, 150-55).

A colina coberta por Jerusalém em sua época de grandeza tem vales em três de seus lados. No lado oriental há um declínio acentuado para o Cedrom, um wadi que possui um curso d'água rápido quando a chuva é abundante. Este vale separa Jerusalém do Monte das Oliveiras, mais alto, do qual se tem uma vista esplêndida da cidade (2Sm 15,23.30; 2Rs 23,6; Jo 18,1). Apesar de seu estreiteza, o Cedrom é tradicionalmente identificado como o Vale de Josafá, onde Jl 3,2-12 coloca a reunião de todas as nações para o julgamento. No lado ocidental de Jerusalém está o Vale de Ben-Enom (Js 15,8; 18,16), que rodeia a extremidade sul do monte para encontrar o Cedrom no sudeste de Hacéldama (At 1,19). Este vale (Ge-Enom [Geena]) adquiriu uma reputação desagradável porque era usado para a queima do lixo e a adoração de deuses pagãos (1Rs 11,7; 2Rs 16,3; 23,10), daí o significado derivado de Geena como "inferno" (Mt 5,22). O monte em si era dividido em duas colinas, ocidental e oriental, por um vale muito mais raso, dificilmente visível hoje, chamado de Tiropeão (dos fabricantes de queijo). A cidade cananeia (jebuseia) que caiu diante de Davi ficava na extremidade sul da colina oriental, onde o Cedrom e o Tiropeão se juntam gradualmente até um ponto, onde se encontram com o Vale de Ben-Enom.

93 A colina ocidental de Jerusalém é a mais alta e a mais impressionante, e por séculos foi identificada (por exemplo, por Josefo) como Sião ou antiga Jerusalém. Hoje é universalmente reconhecido que a cidade de Davi e Salomão estava na colina oriental. (Sobre a inclusão da colina ocidental à cidade, → Arqueologia bíblica, 74:140.). Davi conquistou o contraforte sudeste da colina, e Salomão expandiu os limites da cidade para o norte da colina oriental ao construir o Templo sobre a eira que Davi tinha comprado de Areúna o Jebuseu (2Sm 24,18) – tradicionalmente

JERUSALÉM

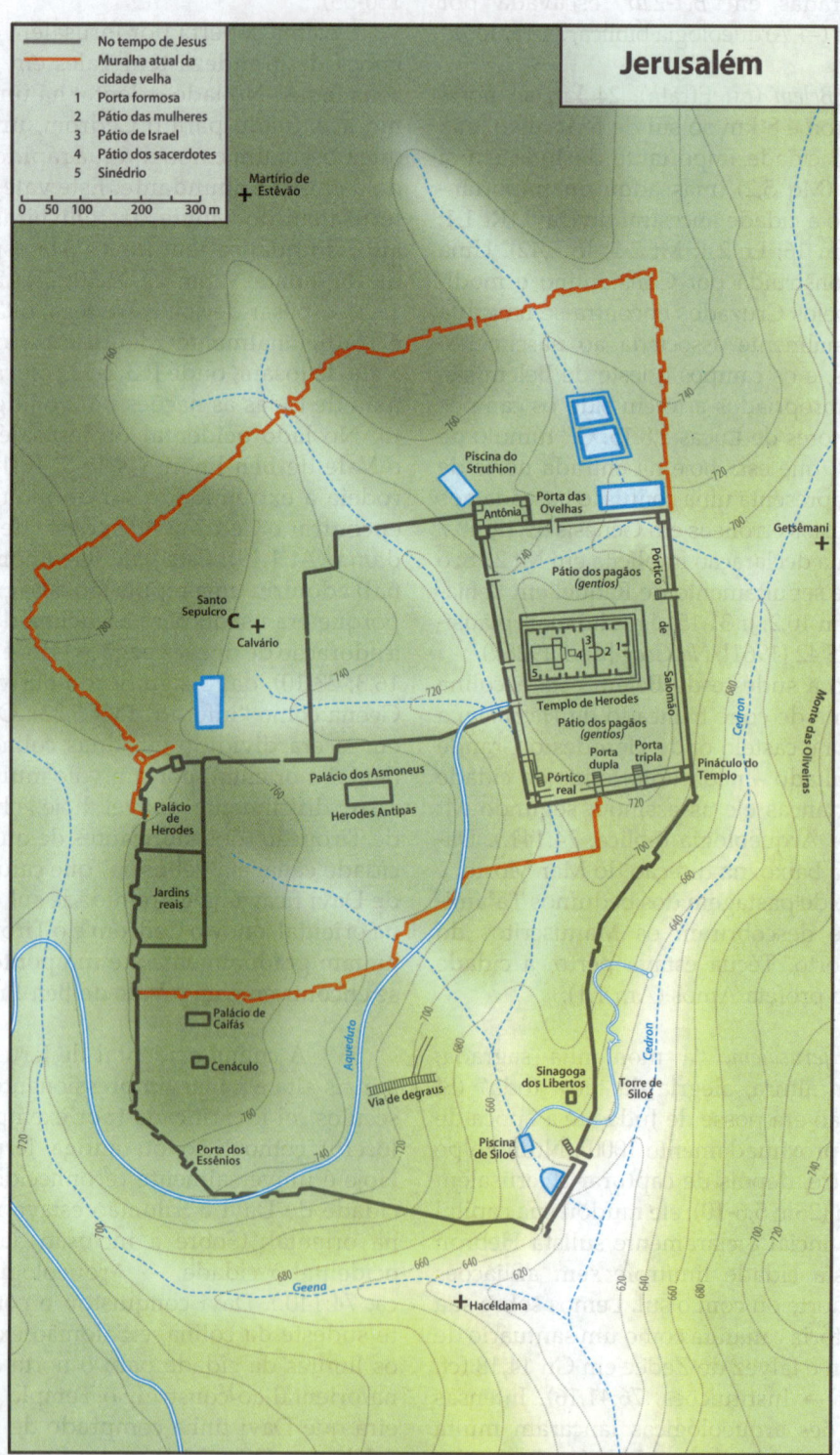

o Monte Moriá do sacrifício de Abraão em Gn 22,2; 2Cr 3,1. A área geral do Templo é ocupada hoje pela majestosa mesquita muçulmana da "Cúpula da Rocha" (→ Instituições, 76:42).

94 O norte era o único lado de Jerusalém não fechado ou protegido por um vale, e a expansão da cidade ocorreu com mais frequência na direção norte. Uma série de muros de proteção foi construída em várias ocasiões da história da expansão da cidade, e três deles são proeminentemente mencionados por Josefo (*Guerra judaica* 5.4 § 136ss.). A disputa sobre o local do Santo Sepulcro de Jesus (que morreu e foi sepultado fora da cidade – Jo 19,20.42) depende da localização do muro na época de Jesus. As escavações recentes claramente favorecem o local tradicional. Os impressionantes muros da Antiga Jerusalém, visíveis hoje, são de construção turca (séc. XVI d.C.) sobre fundamentos herodianos – possivelmente o "terceiro muro" de Jerusalém (→ História, 75:175).

(**Sobre Jerusalém**: Ben Dov, M., *In the Shadow of the Temple* [New York, 1985]. JOIN-LAMBERT, M., *Jerusalem* [New York, 1958]. KENYON, K., *Digging Up Jerusalem* [New York, 1974]. MAZAR, B., *The Mountain of the Lord* [New York, 1975]. PETERS, F. E., *Jerusalem* [Princeton, 1985]. SIMONS, J., *Jerusalem in the Old Testament* [Leiden, 1952]. WILKINSON, J., *Jerusalem as Jesus Knew It* [London, 1978]. YADIN, Y. [ed.], *Jerusalem Revealed* [Jerusalem, 1975]. Também *EAEHL* 2. 579-650; *IDB* 2. 843-66; *IDB-Sup* 475-77; e *Jerusalem* [Israel Pocket Library, compilado de *EncJud*, Jerusalem, 1973]. **Sobre a Cidade de Davi**: *Arch* 33 [6, 1980] 8-17; *BA* 42 [1979] 165-71; 44 [1981] 161-70; *BARev* 5 [4, 1979] 37-49; 7 [4, 1981] 16-43; 11 [6, 1985] 22-38. **Sobre o Santo Sepulcro**: *Arch* 31 [4, 1978] 6-13; *BA* 30 [1967] 74-90; 44 [1981] 21-26; *BARev* 12 [3, 1986] 26-45 [que discute a obra em 3 vols. de V. CORBO em italiano). Sobre a arquitetura do templo: → Arqueologia bíblica, 74:109; Instituições, 76:46. **Sobre os Muros e Portões**: *BA* 40 [1977] 11-23; 44 [1981] 108-15; *BARev* 6 [4, 1980] 30-59; 7 [3, 1981] 34-46; 9 [1, 1983] 24-37; 9 [2, 1983] 40-59; 11 [3, 1985] 44-52; 12 [6, 1986] 20-52; 13 [3, 1987] 46-57; *IEJ* 18 [1968] 98-125.)

95 O lugar de nascimento de João Batista é localizado nas montanhas judaicas por Lucas 1,39; hoje é tradicionalmente associado a *Ain Karin* logo a oeste de Jerusalém (*BTS* 61 [1964]). *Betânia*, a vila de Lázaro, Maria e Marta, não muito distante de Jerusalém, aproximadamente 3 km (Jo 11,1.18), que Jesus tornou seu lugar de residência quando em visita a Jerusalém (Mc 11,1; 14,3), é a Ananias de Ne 11,32 e a atual El Azariyeh, logo a leste de Jerusalém nas proximidades da extremidade sul do Monte das Oliveiras (veja W. F. Albright, *BASOR* 9 [1923] 8-10). Escavações israelenses na atual *Rama Rahel* (antiga Bet-Acarem de Jr 6,1; Ne 3,14?), logo ao sul de Jerusalém, descobriram uma fortaleza do séc. VII a.C., talvez o luxuoso palácio de Joaquim (Jr 22,13-19; veja *BA* 24 [1961] 98-118; *BASOR* 202 [1971] 6-16; *EAEHL* 4. 1000-9).

96 (C) **Território da casa de José.** Estendendo-se para o norte, cerca de 64-72 km da fronteira de Judá em Benjamin até a Planície de Esdrelon, está a faixa montanhosa que foi dominada por cinco séculos (1200-720) pela casa de José, *i.e.*, as tribos dos dois filhos de José, Efraim e a meia tribo de Manassés (Gn 48). Este grupo tribal foi o principal rival da casa de Judá pelo poder na Palestina israelita. Quando, no relato bíblico, os israelitas entraram na Palestina sob Josué, as tribos mais fortes, Efraim e Manassés, ocuparam as montanhas centrais. As tribos mais fracas (deixando de lado a casa de Judá, que tem sua própria história) tiveram de se satisfazer com as franjas dessas montanhas (por exemplo, Benjamin e Dã [localização original]) ou com territórios ao norte na Galileia (Issacar, Neftali, Zabulon, Aser) ou na Transjordânia (Rúben e Gad). Estas eram posições mais inseguras, abertas ao ataque; e a constante guerra protetora que estas tribos menores tiveram de travar impediram sua subida ao poder. (A história tribal "tradicional" que estamos relatando oculta um estado de coisas muito mais complexo; cf. reconstruções de K. Elliger, *IDB* 4. 701-10; Z. Kallai, *Historical Geography of the Bible* [Leiden, 1986].)

As pretensões de Efraim durante o período dos juízes ficam evidentes em Jz 8,1; 12,1. A primeira tentativa fracassada de uma monarquia foi a de Abimelec, filho de Gedeão, da tribo de Manassés (Jz 6,15; 9); e mais tarde, em 922, a cisão das tribos do norte como um reino separado foi liderada por Jeroboão I, um efraimita (1Rs 11,26; 12). O reconhecimento de que Efraim era a sede do poder no norte é visto no uso dos profetas do nome "Efraim" para descrever todo o reino do norte (Os 6,4; Is 11,13). Ao grupo tribal de José, Efraim e Manassés, descrito como "consagrado entre os irmãos" (Dt 33,16), foram concedidas "as primícias dos montes antigos e o melhor das colinas de outrora" (33,15); todavia, isto não impediu as duas tribos de serem gananciosas por mais (Is 9,20-21).

97 (a) *Efraim*. Na história antiga, Efraim foi a tribo dominante na casa de José (Gn 48,20), ainda que Manassés fosse maior. Observe como Efraim determina o território de Manassés em Js 6,9. Efraim possuiu a metade sul do território de José: sua possessão estendia-se uns 32 km ao norte, de Gaba em Benjamin (a fronteira norte de Judá; → 89 *acima*) até Tafua e a região onde as montanhas começam a descer em direção à rica planície perto de Siquém (Js 17,8-9). A Bíblia fala desta faixa de colinas de 32 km de largura, 300-914 metros de altura, como "montanha de Efraim" (Jz 17,1; 1Sm 1,1). A chuva é abundante e o solo é fértil, de modo que é uma região de pomares de frutas e oliveiras. Exceto no sul, onde não há fronteira natural entre Efraim e Benjamin (e Judá), a queda abrupta do planalto efraimita na direção da Planície de Saron no oeste, o Vale da Fenda no leste e Manassés no norte dava a Efraim uma força e distância naturais. As cidades mais importantes eram Betel e Silo.

98 *Betel*, que Js 16,1 dá à casa de José, estava pouco acima da fronteira benjamita e a 16 km ao norte de Jerusalém. Outrora chamada de Luza (Js 18,13), Betel foi um santuário no período patriarcal, figurando em ambos os ciclos de narrativas de Abraão e Jacó (Gn 12,8; 13,3-4; 28,10-22; 35,1-16; → Instituições, 76:27). Escavações em Betel (*BA* 19 [1956] 36-43; *AASOR* 39 [1968]; *EAEHL* 1. 190-93) mostram que ela foi destruída espetacularmente no séc. XIII, informação que pode corresponder com a declaração em Jz 1,22: "A casa de José subiu também a Betel". Betel serviu como santuário e lugar de reunião na época dos juízes (Jz 20,18); e numa tentativa de retornar a "esta antiga religião", Jeroboão I, depois do cisma de 922, fez de Betel, juntamente com Dã, um dos santuários nacionais do reino do norte, opondo-se às pretensões davídica e judaíta no santuário mais recente de Jerusalém (1Rs 12,26-29; 13,11). O culto em Betel (assim como o culto em Jerusalém) tornou-se corrupta e supersticiosa; Amós (7,10-17) repreendeu o povo ali, e Oseias (4,15; 5,8; veja comentário em Js 7,2) zombeteiramente mudou seu nome de Betel ("Casa de Deus") para Bet-Áven ("Casa do Pecado"). Sobre a vizinha Hai, → Arqueologia bíblica, 74:81, 87.

99 *Silo*, situada em uma planície rochosa no coração do território de Efraim, teve sua maior importância no período dos juízes. Foi um lugar de assembleia para as tribos (Js 22,9.12; Jz 21,19ss.), e a Arca da Aliança alcançou repouso ali numa construção permanente (1Sm 1; 4,4; → Instituições, 76:37). Ela foi destruída pelos filisteus por volta de 1050, pouco depois da batalha de Afec/Ebenezer e reduzida a ruínas (Jr 7,12-14; 26,9). Porém, veio de Silo o profeta que ungiu Jeroboão e dividiu o reino de Salomão (1Rs 11,29; → Arqueologia bíblica, 74:104).

O profeta-sacerdote Samuel veio de *Ramataim-Sofim* (Ramá) no oeste de Efraim; este lugar pode ter sido Arimateia, a terra natal do José que tomou e sepultou o corpo de Jesus (Lc 23,50-51).

100 (b) *Manassés (Samaria)*. Desde a época da formação do reino do norte (922), a área controlada por Manassés adquiriu maior importância. A região montanhosa de Manassés é mais baixa que Efraim, com apenas picos isolados de mais de 600 metros. Numa faixa de 24 km de comprimento e 32 km de largura, Manassés passa ao norte de Efraim para a Planície de Esdrelon. Ricas planícies e belos vales ornam a área; e embora o solo não seja tão fértil quanto o de Efraim, o clima permite abundante produção de grãos. As fronteiras naturais de Manassés eram menos determinadas que as de Efraim, e, assim, quando a casa de José estendeu seu poder, a expansão foi para o oeste e para o norte de Manassés, em direção às planícies de Saron e Esdrelon, respectivamente. As cidades de maior interesse eram Siquém, Tersa, Samaria e Dotã.

101 *Siquém*. No sul de Manassés, quando se desce de Efraim, a ampla planície de Mane é singularmente bela. O oeste da planície é guarnecido pelas altas montanhas de Garizim (886 metros) e Ebal (944 metros). Entre estas duas montanhas, indo de leste para oeste, está um vale desenhado por natureza para ser a principal passagem para o tráfego de Judá e Efraim para o norte. Na entrada desse vale estava Siquém (atual Balatah), a mais importante cidade palestina bíblica depois de Jerusalém.

Siquém foi o primeiro lugar em Canaã que Abraão visitou, e o carvalho de Moré já era um santuário (Gn 12,6; → Instituições, 76:26). Quando Jacó retornou para Canaã, vindo de Padã-Aram, ele se estabeleceu em Siquém (Gn 33,18-19), e este local foi o presente escolhido por Jacó para os filhos de José (Gn 48,22: *"uma porção"* = em hebraico: *šekem*). Siquém aparentemente já estava nas mãos dos israelitas na época da invasão de Josué (talvez uma conquista pré-Josué esteja por trás da história etiológica em Gn 34); e ali, entre Ebal e Garezim, foi renovada a grande aliança de Iahweh com Israel (Dt 11,29-30; 27; Js 8,30-35; 24). Parece ter havido um culto misto em Siquém durante o período dos juízes, quando os homens da cidade apoiaram Abimelec como rei com o dinheiro do templo de "Baal-Berit" ou "El-Berit" (Jz 9,4.46). Foi em Siquém que as tribos do norte rejeitaram Roboão, filho de Salomão, em favor de Jeroboão I, como rei (1Rs 12,1-25). Este rei fez de Siquém sua capital temporária; e mesmo quando o centro da administração e poder do reino do norte se mudou para Samaria, Siquém continuou o centro da cerimônia de renovação da aliança (da qual Dt extrai seu código legal). Nos dias do NT, Jesus parou no poço de Siquém para beber água e empreendeu uma conversa com uma mulher samaritana (Jo 4,4-42). Este relato nos lembra que o declive do Monte Garizim, acima de Siquém, era o lugar santo de adoração samaritana e o local do templo samaritano. Hoje os samaritanos sobrevivem em Nablus, Neápolis romana, construída 3,2 km mais ao oeste, no mesmo vale; e eles continuam a sacrificar animais no cume do Monte Garizim para sua celebração da Páscoa – o único remanescente do sacrifício de sangue de Israel (*NatGeog* [jan. 1920]; *BTS* 28 [1960]).

(→ Arqueologia bíblica, 74:23, 120, 135; Wright, G. E., *Shechem* [New York, 1965]. *BA* 28 [1965] 18-26; *BASOR* 204 [1971] 2-17; 205 [1972] 20-35; *EAEHL* 4. 1083-94. Sobre Garizim: *BA* 43 [1980] 217-21. Sobre Ebal: *BARev* 11 [1, 1985] 26-43; 12 [1, 1986] 42-53.)

102 *Tersa*. Se, ao viajar ao norte de Efraim, não se corta para o oeste através do vale do Garizim-Ebal, mas continua para o nordeste, no início do grande Wadi Far'ah, que vai para o sudeste em direção do Vale do Jordão (→ 65 *acima*), encontra-se Tersa (Tell el-Far'ah, escavado por R. de Vaux; → Arqueologia bíblica, 74:18, 113). Esta cidade serviu de capital do reino do norte da época de Jeroboão até Amri (910-870; 1Rs 14,17; 15,21.33; 16,6-23). O local era um ponto estratégico importante para a defesa de Manassés no lado oriental, visto que o Wadi Far'ah era uma rota natural de invasão. (Ele pode ter sido usado por alguns israelitas quando entraram em Canaã, daí a confusão em passagens como Dt 11,30; 27,4; Js 8,30, que sugerem que, quando os israelitas cruzaram o Jordão, eles logo chegaram a Ebal e Garizim.)

103 *Samaria*. Retraçando nossos passos e indo para o oeste através do vale Garizim-Ebal e então dando uma guinada para o norte, temos diante de nós a majestosa colina de Samaria, a sucessora de Tersa e a maior capital de Israel. (Teremos uma ideia das curtas distâncias nesta área se compreendermos que Tersa está a 11 km a nordeste de Siquém, e Samaria está a 11 km a oés-noroeste de Siquém.). O rei Amri mudou-se de Tersa para Samaria (por volta de 870; 1Rs 16,24) motivado, por um lado, pela geografia política. Tersa, protegida nas costas pelas montanhas a oeste, estava aberta a invasão do leste, em particular da Síria, o principal inimigo de Amri; Samaria estava no outro lado dessas montanhas, que eram uma barreira contra seus inimigos que se aproximavam do leste. Por outro lado, Samaria tinha livre acesso às rotas para o noroeste, onde a Fenícia, nova aliada de Israel, estava situada com seus ricos portos e possibilidades comerciais.

Uma colina isolada, coroada pelas construções magníficas de Amri e de seu filho, Acab, Samaria deve ter sido a mais bela cidade em Israel: "coroa orgulhosa dos bêbados de Efraim, da flor murcha do seu magnífico esplendor que está no cume do vale da fertilidade" (Is 28,1; → Arqueologia bíblica, 74:113-15, 143). Por 150 anos esta cidade dominou de tal forma o reino do norte que Israel podia ser chamado de "Samaria", exatamente como Judá, às vezes, era chamada de "Jerusalém" (Ez 16,46 – assim, é importante para o leitor da Bíblia distinguir entre a cidade de Samaria e o distrito de Samaria; o último significa o território de Manassés ou, às vezes, todo o reino do norte). Mesmo após sua queda diante dos assírios em 722, a cidade manteve sua importância estratégica como a capital, sucessivamente, de uma província assíria de Samaria, de uma província persa (Esd 4,17; Ne 3,33-34; [4,1-2] e de um distrito sírio (1Mc 10,30). Herodes o Grande reconstruiu a cidade como Sebaste, em honra ao imperador Augusto (em grego: *sebastos*), mas o distrito manteve o nome de Samaria. Assim, as referências do NT a Samaria são ao distrito no norte da Judeia (At 1,8; 8). Nos últimos séculos a.C., o termo "samaritanos" passou a designar não apenas os habitantes físicos de Samaria, mas também os adeptos de uma forma divergente da religião israelita centralizada no Monte Garizim. Veja a história antissamaritana em 2Rs 17,24-34; também F. M. Cross, *HTR* 59 (1966) 201-11; → História, 75:127.

104 *Dotã*. Continuando para o norte de Manassés, depois de Samaria, a principal rota leva para Dotã, uma cidade que guardava a descida de Manassés para a Planície de Esdrelon. Dotã foi escavada por uma expedição americana sob a direção de J. P. Free, em 1953 até 1960 (*EAEHL* 1. 337-39). José foi vendido como escravo por seus irmãos perto de Dotã (Gn 37,17), e Eliseu a visitou (2Rs 6,13).

105 (D) Planície de Esdrelon (Jezrael). As montanhas e colinas da casa de José eram separadas da Galileia, o domínio das tribos mais ao norte, pelo amplo vale que se estende no sentido noroeste-sudeste, de detrás da Baía de Haifa até o Vale da Fenda. A principal parte deste vale-planície, que vem do mar até o Monte Gelboé (tecnicamente os 32 km de Jocneão até a área de Ibleam e Enganim [Jenin]), é designada por alguns geógrafos como Esdrelon, enquanto que Jezrael é o nome dado ao braço que se lança para o leste entre Gelboé e a Colina de Moré através da fenda de Betsã para o Jordão. Contudo, visto que Esdrelon é simplesmente a forma grega de Jezrael (em hebraico: *Yizrĕ'e'l*), será conveniente designar aqui as respectivas seções da planície como Esdrelon ocidental e oriental. Veja *BARev* 6 (2, 1980) 30-44.

106 (a) *Esdrelon Ocidental*. Em alguns pontos, esta parte da Planície de Esdrelon tem 32 km de largura, subindo gentilmente de 24 metros acima do nível do mar para 100 metros perto de Enganim. O Rio Quison atravessa a planície em seu caminho para o mar. Este é o maior espaço para a agricultura na Palestina. Os israelitas que vieram do deserto para a terra que devia manar leite e mel, quando olharam das colinas de Manassés para o rico vale, devem ter pensado: "Este é o lugar". Esdrelon tinha importância estratégica tanto em escala internacional quanto em escala nacional.

107 (i) *Importância internacional*. Esdrelon era a planície pela qual passava a principal rota entre o Egito e a Síria. O lado sul da planície é margeado pela cordilheira de montanhas do Carmelo, e os exércitos ou o comércio que subia pelo litoral do Egito através da Filistia e ao longo das orlas da Planície de Saron tinham de passar para o nordeste por meio de quatro passagens na cordilheira do Carmelo para alcançar a planície. Consequentemente, foram construídas quatro fortalezas para guardarem estas passagens no extremo sul do Esdrelon: Jocneão, Meguido, Tanac e Ibleão. A rota que passava por Meguido era estrategicamente a mais importante, como corroborado por um antigo registro egípcio: "A captura de Meguido é como a captura de mil cidades" (*ANET* 237). Aqui, segundo o relato, em 1468 a.C., o maior dos faraós egípcios, Tutmósis III, lutou contra o remanescente dos hicsos – uma vitória que forjou um império mundial. Salomão e os reis posteriores do reino do norte fortificaram magnificamente a cidade (1Rs 9,15; para um relato detalhado da arqueologia de Meguido, → Arqueologia bíblica, 74:35-43). Aqui, em 609, o bom rei Josias, o mais piedoso rei de Judá, morreu numa tentativa inútil de bloquear a passagem de um exército egípcio (2Rs 22,19). Convenientemente, o visionário do Apocalipse do NT situa a assembleia para a batalha mundial final neste local do "Monte" Meguido, marcado pela guerra (em hebraico: *har Měgiddô* = em grego: *Armagedōn* em Ap 16,16). Poucos estudiosos aceitam a tese de W. F. Albright de que os assentamentos alternaram entre o Meguido e a vizinha *Tanac* (Jz 5,19, "em Tanac, à beira das águas do Meguido"). Para as escavações da década de 1960 em Tanac, veja *BA* 30 (1967) 2-27; *RB* 76 (1969) 580-86; *EAEHL* 4. 1138-47; → Arqueologia bíblica, 74:13, 63, 75, 120.

108 (ii) *Importância nacional*. Esdrelon era importante também na escala da história interna de Israel. Enquanto ela permaneceu em mãos cananitas (Jz 1,27), as tribos do norte (Issacar, Neftali, Zabulon e Aser) estiveram separadas da casa de José. Consequentemente, no período dos juízes, houve uma série de batalhas pelo controle da planície. No séc. XII, Débora e Barac reuniram as tribos do norte e as tribos de José para lutar contra Sísara e seus cananitas. Quando o Rio Quison inundou a planície, e a lama tornou inúteis as carruagens cananitas, os israelitas venceram em Tanac (Jz 4,7; 5,20-21). A vitória dos filisteus sobre os israelitas em Afec/Ebenezer em 1050 (1Sm 4) lhes deu o controle sobre as planícies de Saron e Esdrelon; e isto aconteceu novamente quando eles derrotaram Saul (aproximadamente 1000) em Gelboé (1Sm 29,1; 31).

109 (b) *Esdralom Oriental*. A menção do Monte Gelboé nos leva à estrategicamente importante continuação de Esdrelon para o leste, às vezes chamada de Jezrael ou o vale de Betsã. Este corredor estreito era a principal rota para se continuar a viagem do oeste de Esdrelon para o Vale do Jordão e, então, subir para a Transjordânia e ir para Damasco. Estendendo-se para o sudeste, com cerca de 20 km de comprimento e 3,2 km de largura, Esdrelon desce quase 300 metros da entrada entre Gelboé e Moré até alcançar o Vale do Jordão.

Visto que o Esdrelon Oriental era um corredor para e da Transjordânia, ele frequentemente servia como um caminho para os invasores. Na batalha entre Gedeão e os invasores madianitas, Gedeão acampou no Monte Gelboé, em Harod, no lado sul da entrada deste corredor, enquanto os madianitas estavam no lado norte oposto, na

Colina de Moré (Jz 6,33; 7,1). Exatamente as mesmas posições foram assumidas por Saul e os filisteus (1Sm 28,3ss.); e encontramos Saul movendo-se silenciosamente através das linhas filisteias, à noite, para consultar a feiticeira de Endor logo ao norte do Moré. Assim que Saul foi derrotado no Gelboé, os filisteus retornaram através do corredor e penduraram seu corpo nos muros de Betsã (1Sm 31,8-10; → 64 *acima*).

110 Quando Amri e Acab fizeram de Samaria a capital do reino do norte, eles pagaram um tributo tanto à beleza quanto à importância do Vale de Esdrelon ao manter um palácio na cidade de *Jezrael*, situada na entrada oeste do corredor que leva a Betsã. O trágico incidente da vinha de Nabot e a morte sangrenta de Jezabel ocorreram ali (1Rs 21,1; 2Rs 9,30; 10,11). O profeta Oseias chamou seu filho de Jezrael como uma ameaça da punição divina pelos crimes cometidos ali: "eu quebrarei o arco de Israel no vale de Jezrael". Todavia, fazendo um jogo de palavras com o significado do nome Jezrael ("Que Deus semeie"), Oseias também vê neste nome uma promessa de fertilidade: "A terra responderá ao trigo, ao mosto e ao óleo e eles responderão a Jezrael" (Os 1,4-5; 2,22-23).

111 No período do NT, está registrado que Jesus esteve na Planície de Esdrelon quando ele ressuscitou o filho da viúva de *Naim* (Lc 7,11-17), uma cidade no declive norte da Colina de Moré. A nordeste de Moré está o *Monte Tabor*, solitário e simétrico. (A proximidade dos dois fez intérpretes pensarem que o "Tabor e Hermon" do Salmo 89,13 eram o Tabor e o Moré; este mal-entendido deu ao Moré o nome de "Pequeno Hermon".). O Tabor é a colina da qual, para o nordeste, para o norte e para o noroeste, irradiavam as fronteiras tribais de Zabulon, Neftali e Issacar. Esta é a razão por que Barac reuniu suas forças no Tabor (Jz 4,6). O Tabor controla a entrada do Esdrelon ao longo da principal estrada para o Lago da Galileia, e Jesus deve ter passado por ele em suas viagens de Nazaré. Ele é o tradicional, mas improvável, local proposto como a "alta montanha" da transfiguração (Mc 9,2).

Encontra-se basalto na região a nordeste do Tabor, ao longo do Lago da Galileia. Alguns (por exemplo, F.-M. ABEL) relacionam isto à lava que fluiu do Jebel Druze na Transjordânia (→ 53 *acima*). Mas BALY (*Geography* 24) pensa que o Moré pode ter sido um vulcão.

112 (E) Galileia. Quando cruzamos a Planície de Esdrelon em nossa jornada para o norte, chegamos a uma área que figura surpreendentemente pouco na história do Antigo Testamento, mas que para os cristãos iria coroar as expectativas desta história, pois no lado norte de Esdrelon se elevam as colinas da Galileia, e apenas 4,8 km dentro destas colinas está Nazaré, a cidade natal de Jesus. Situada entre o Esdrelon e Dã, a Galileia se estende uns 48-64 km do sul para o norte, e uns 32-40 km de leste para oeste. A oeste está a planície costeira de Aser; a leste está o Vale da Fenda com o Lago da Galileia e os braços superiores do Jordão. Há uma Galileia do sul ou inferior e uma Galileia do norte ou superior; a linha divisória é uma falha que se estende, *grosso modo*, no sentido leste-oeste da direção de Aco (Ptolemaida) até logo ao norte do Lago da Galileia. (Veja *NatGeog* [dezembro de 1965; dezembro de 1967].)

113 (a) *Galileia do Sul*. Esta área consiste de colinas que não excedem 609 metros de altura; em parte é muito semelhante à Sefelá do sul (→ 73 *acima*). No período do AT, a maior parte da Galileia inferior era ocupada por Zabulon, com Aser a oeste no litoral (a menos que aceitemos a hipótese de NOTH; → 81 *acima*), Issacar ao sudeste e Neftali ao norte e a leste. O fato de estas tribos servirem como um "para-choque" deu a Zabulon a melhor posição entre as quatro tribos do norte. Entretanto, a Galileia parece ter estado fora da corrente principal israelita preservada nos registros bíblicos. A Galileia caiu diante dos assírios após a guerra siro-efraimita de 735 (2Rs 15,29); todavia Isaías (9,1-2), falando da terra de Zabulon e Neftali como "Galileia dos Gentios", promete que o povo dali que andava em trevas veria uma grande luz (também cf. Mt 4,15-16). No período helenista, havia uma grande população de judeus na Galileia (1Mc 5,9-23). Contudo, durante o período do ministério de Jesus, quando a Galileia era governada por Herodes Antipas, ela era tratada com desdém pelos "judeus puros" da Judeia (Jo 7,52), que estava sob o controle de um governador romano (Lc 3,1).

114 O terreno da Galileia do Sul é marcado por uma série de bacias que retiram sua água pela drenagem das colinas vizinhas. O solo destes vales são aluviões férteis e se prestam para a agricultura, enquanto que as cidades se situam nas encostas das colinas adjacentes. Esta é a região descrita tão vividamente nas parábolas de Jesus: campos separados por cercas vivas e cercas de pedras; rebanhos pastando nas colinas; cidades estabelecidas nos topos das montanhas; etc. Duas cidades da Galileia do Sul mencionadas no NT, Nazaré e Caná, estão construídas ao lado de ricas bacias. *Caná* provavelmente não é o agora tradicional local de peregrinos de Kefr Kenna, 4,8 km a nordeste de Nazaré, mas antes Khirbet Qana, 14 km ao norte de Nazaré (→ Arqueologia bíblica, 74:146). *Jotapata*, onde Josefo foi derrotado pelos romanos, está perto (→ Apócrifos, 67:127). A principal cidade da região, no período do NT, era *Séforis*, a capital distrital, na estrada de Ptolemaida (Aco) para Tiberíades. Escavada na década de 1980, ela era uma cidade ampla e cosmopolitana, facilmente visível de Nazaré durante o período de vida de Jesus (*BA* 49 [1986] 4-19). A escola rabínica pós-bíblica de *Beth-she'arim* (*BA* 40 [1977] 167-71), na Planície de Esdrelon, finalmente mudou-se para Séforis, e ali o rabino Judá, o Príncipe, passou os últimos 17 anos de sua vida (por volta de 200 d.C.) codificando a *Mishná* (→ Apócrifos, 67:136). Assim, a Galileia deu origem ao cristianismo e ao judaísmo talmúdico pós-bíblico (→ Arqueologia bíblica, 74:137, 156).

115 (b) *Galileia do Norte*. Aqui o terreno é muito diferente, muito mais alto (900-1200 metros) e realmente montanhoso. Chuvas fortes e tempestades de vento são características desta região, que é o início da cadeia de montanhas do Líbano que se estende para o norte. Esta terra de Neftali tem pouca importância registrada no AT ou no NT, exceto como um lugar de refúgio onde cumes inacessíveis ofereciam a possibilidade de resistência a exércitos mais fortes. *Giscala* foi um forte posto avançado na revolta judaica contra os romanos; e o inimigo de Josefo, João, veio dali. Para a história desta revolta, → História, 75:191-192. *Safed* (Sef ou Sefet), no topo de uma montanha (Mt 5,14) com uma vista esplêndida que alcança o Lago da Galileia e a Bacia do Hulê, também figurou na revolta judaica. Ela foi o centro da renovada colonização judaica em cerca de 1500 d.C., e aqui uma escola judaica de mística produziu a Shulhan Aruk e algumas importantes exposições da Cabala. O misticismo de Safed é o mais recente florescimento do zelo por Deus do qual esta pequena terra da Palestina tem sido uma testemunha única por tantos séculos.

74
Arqueologia Bíblica

*Robert North, S.J. e Philip J. King**

BIBLIOGRAFIA

1   Aharoni, *LBib*; *The Archaeology of the Land of Israel* (Philadelphia, 1982). Albright, *AP*. Amiran, R., *Ancient Pottery of the Holy Land* (Jerusalem, 1969). Avigad, N., *Discovering Jerusalem* (Nashville, 1983). Aviram, J. (ed.), *Biblical Archaeology Today* (Jerusalém, 1985). Avi-Yonah, *EAEHL*. Báez-Camargo, G., *Archaeological Commentary on the Bible* (Garden City, 1986). Beazley, M., *The World Atlas of Archaeology* (London, 1985). Brown, R. E., *Recent Discoveries and the Biblical World* (Wilmington, 1983). De Vaux, *AI*. Dever, W., "Archaeology", *IDBSup* 44-52; "Archaeological Method in Israel: A Continuing Revolution", *BA* 43 (1980) 41-48; "Syro-Palestinian and Biblical Archaeology", in *HBMI* 31-74. Dever, W. e H. D. Lance (eds.), *A Manual for Field Archaeologists* (New York, 1978). Finegan, J., *The Archaeology of the New Testament: Jesus* (Princeton, 1969); *The Archaeology of the New Testament: Early Apostles* (Boulder, 1981). Franken, H. e C. Franken-Battershill, *A Primer of OT Archaeology* (Leiden, 1963). Geraty, L. e L. Herr (eds.), *The Archaeology of Jordan and Other Studies* (Berrien Springs, 1986). Hadidi, A. (ed.), *Studies in the History and Archaeology of Jordan* (Amman, 1982). Harding, G. L., *The Antiquities of Jordan* (Londres, 1959). Harrison, R. K. (ed.), *Major Cities of the Biblical World* (New York, 1985). Hoppe, L. J., *What Are They Saying About Biblical Archaeology* (New York, 1984). Kenyon, K., *Archaeology in the Holy Land* (4ª ed.; London, 1979). King, P. J., *American Archaeology in the Mideast* (Philadelphia, 1983). Lance, H. D., *The OT and the Archaeologist* (Philadelphia, 1981). Lapp, P., *Biblical Archaeology and History* (New York, 1969). Leakey, R. e R. Lewin, *Origins* (New York, 1977). Meyers, E. M. e J. F. Strange, *Archaeology, the Rabbis and Early Christianity* (Nashville, 1981). Moorey. P. R. S., *Excavation in Palestine* (CBW; Grand Rapids, 1981). Mourey, P. R. S. e P. Parr (eds.), *Archaeology in the Levant* (Festschrift K. Kenyon; Warminster, 1978). Murphy-O'Connor, J., *The Holy Land: An Archaeological Guide from Earliest Times to 1700* (2ª ed.; Oxford, 1986). North, R., *Stratigraphia Geobiblica: Biblical Near East Archeology and Geography* (3ª ed.; Rome, 1970). Saunders, E. W., "Jewish Christianity and Palestinian Archaeology", *RelSRev* 9 (1983) 201-5. Segal, A., "Archaeological Research in Israel 1960-1985", *BTB* 16 (1986) 73-77. Shanks, H. e B. Mazar, *Recent Archaeology in the Land of Israel* (Washington, 1984). Stern, E., *Material Culture of the Land of the Bible in the Persian Period 538-332 BC* (Warminster, 1982). Thomas, D. W. (ed.), *Archaeology and OT Study* (London, 1967). Thompson, H., *Biblical Archaeology* (New York, 1987). Thompson, T. L., *The Settlement of Sinai and the Negev in the Bronze Age* (Tavo BB; Wiesbaden, 1975). Van Beck, G., "Archaeology", *IDB* 1. 195-207. Vogel, E. K., *Bibliography of Holy Land Sites* (2 partes; Cincinnati, 1982). Wilkinson, J., *Jerusalem as Jesus Knew It* (London, 1978). Wright, G. E., "The Phenomenon of American Archaeology in the Near East", *Near Eastern Archaeology in the 20th Century* (Festschrift N. Glueck; ed. J. Sanders; Garden City, 1970) 3-40; "What Archaeology Can and Cannot Do", *BA* 34 (1971) 70-76; *WBA*. Sobre arqueologia nos dicionários bíblicos, veja *BA* 48 (1985) 222-37; quanto a um levantamento da arqueologia bíblica, veja *BA* 45 (1982) 73-107, 201-28.

---

* O artigo 74, de R. North no *JBC*, foi completamente revisado e atualizado por P. J. King, a quem se devem creditar as mudanças e os acréscimos.

2 ESBOÇO

Tabela de escavações (§ 3)
Pano de fundo geral (§ 4-42)
(I) História das escavações bíblicas
    Flávio Josefo (§ 5)
    Heinrich Schliemann (§ 6)
    Félicien de Saulcy (§ 7)
    Charles Warren (§ 8)
    Robert Koldewey (§ 9)
    Charles Clermont-Ganneau (§ 10)
    William Flinders Petrie (§ 11)
    L.-Hugues Vincent (§ 12)
    Gottlieb Schumacher (§ 13)
    R. Stewart Macalister (§ 14)
    William F. Albright (§ 15)
    Clarence Fisher (§ 16)
    Nelson Glueck (§ 17)
    Roland de Vaux (§ 18)
    Kathleen M. Kenyon (§ 19)
    Bellarmino Bagatti (§ 20)
    Yigael Yadin (§ 21)
    Yohanan Aharoni (§ 22)
    G. Ernest Wright (§ 23)
(II) Introdução ao método de investigação arqueológica
    (A) Decidir onde escavar (§ 24)
    (B) As características de um Tell (§ 25-30)
    (C) Cerâmica e cronologia (§ 31-34)
(III) Exemplo de uma escavação: Megido
    (A) História da escavação (§ 35-39)
    (B) Algumas descobertas interessantes (§ 39-42)

Períodos arqueológicos na Palestina (§ 43-157)
(I) Pré-história: a Idade da Pedra
    (A) Antiga Idade da Pedra: Paleolítica (§ 45-49)
        (a) Paleolítico Inferior, Médio, Superior (1.600.000 – 18.000)
    (B) Períodos posteriores da Idade da Pedra (§ 50-57)
        (a) Mesolítico (18.000-8.000) (§ 50)
        (b) Neolítico (8.000-4.500) (§ 51-53)
        (c) Calcolítico (4.500-3.200) (§ 54-57)
(II) Idade do Bronze
    (A) Idade do Bronze Antigo (3.200-2.000) (§ 58-67)
    (B) Idade do Bronze Médio (2.000-1.550) (§ 68-76)
    (C) Idade do Bronze Recente (1.550-1.200) (§ 77-93)
(III) Idade do Ferro
    (A) Idade do Ferro Antigo (ferro I, 1.200-900) (§ 94-111)
    (B) Idade do Ferro Recente (ferro II, 900-600) (§ 112-123)
(IV) Da queda de Jerusalém até Herodes
    (A) Períodos babilônico e persa (600-332) (§ 124-130)
    (B) Períodos grego e asmoneu (332-1) (§ 131-143)
(V) Período do Novo Testamento (§ 144-154)
(VI) Período após o Novo Testamento (§ 155-157)

3 TABELA DE ESCAVAÇÕES*

Sítio	Importância
Aco	Importante centro comercial e cidade portuária no Mediterrâneo; ocupada de 2000 a.C.-324 d.C.; domínio filisteu. → 75, 103.
Afec	Ocupada desde BA; capturada por Josué; aqui os filisteus se reuniram contra Israel; local da Antípatris herodiana. → 76, 85, 143.
Ain Ghazal	Grande vila Neolítica na entrada de Amã; entre as mais antigas estátuas humanas já encontradas. → 52.
Arad	Importante cidade cananeia fortificada no BA; não ocupada no BM e BA; cidadela e santuário israelita; Cartas de Arad. → 63, 83, 109, 115, 125.
Ascalon	Ocupada desde a Idade do Bronze até o período dos Cruzados; conquistada pelo Faraó Merneptá; importante porto filisteu. → 10, 95, 96, 101, 143.
Asdod	Fundada no BM; cidade filisteia; Arca trazida para o templo de Dagon; tornou-se Azoto no período helenista. → 95, 98, 108.
Bab edh-Dhra'	Localizada no sudeste da planície do Mar Morto; cidade do BA com um grande cemitério. → 53, 64, 67.
Bersabeia	Não ocupada antes de 1200; principal cidade no norte do Negueb; uma fortaleza murada no período israelita; grande altar de pedra de cantaria com chifre. → 56, 117.

Betel	(Atual Beitin); prosperou no BM; importante na Idade do Ferro (1200-1000); ocupada nos períodos helênico, romano e bizantino. → 15, 104.
Betsã	Ocupada desde 3500 até o período dos Cruzados; conquistada por Tutmósis III em 1468, e pelos filisteus em 1200; chamada de Citópolis nos períodos helênico, romano e bizantino. → 16, 89, 95, 96.
Bet-Semes	Ocupada desde o BM até o período bizantino; prosperou durante o BT; forte influência filisteia (1200-1000); na fronteira entre Judá e a Filistia. → 16, 95.
Bet-Zur	Ocupada pela primeira vez no final do terceiro milênio; cidade judaíta fortificada por Roboão; importante durante o período macabeu. → 15, 104, 135.
Cafarnaun	Proeminente no ministério de Jesus; sinagoga dos sécs. IV e V; sinagoga anterior por baixo data da época de Jesus. → 46, 145.
Cades Barneia	(Tell el-Qudeirat ao nordeste do Sinai; → Geografia Bíblica, 73:85); associada ao êxodo, mas a ocupação mais antiga é do séc. X; três fortalezas (séc. X-6). → 118.
Cesareia	Porto no Mediterrâneo; capital do governo romano na Palestina por 600 anos; inscrição mencionando Pôncio Pilatos. → 142.
Dã	Ocupada desde a metade do terceiro milênio; plataforma e passagem de tijolo de barro com duas torres do BM; altares de incenso e altar com chifres no Ferro II. → 74, 103, 119, 133.
Dor	Ocupada desde o BM até o período bizantino; importante porto no Mediterrâneo; ocupada pelos povos do mar. → 95, 103, 129.
Ebla	Na Síria; prosperou 2400-2250; espetacular achado de mais de 10.000 tabletes cuneiformes. → 61, 72.
Eglon [Ekron]	(Tel Miqne); a mais setentrional as cidades filisteias; maior sítio arqueológico da Idade do Ferro em Israel; indústria do azeite de oliva. → 95, 100.
Gabaon	(Atual el-Jib); fundada em torno de 3000; seu apogeu no Ferro I; um estabelecimento vinícola aqui nos séc. VIII e VII; alças de jarros inscritas "Gabaon". → 81, 104.
Gerasa	(Jerash no Jordão); cidade provincial romana do período do NT; alcançou apogeu no séc. III d.C. → 147.
Gelboé	(Tell el-Ful); ocupada desde 1200; local da fortaleza de Saul; ocupação final no período macabeu. → 15, 104.
Gezer	Mais antiga ocupação no período Calcolítico; um dos maiores sítios das Idades do Bronze e Ferro na Palestina; maciças fortificações no BM II. → 10, 14, 41, 62, 76, 115, 135.
Hai	(et-Tell); importante centro urbano no BA; não ocupada de 2400-1220; reocupada 1220-1050; problema de data da conquista, → 19, 63, 81, 87.
Hazor	Cidade cananeia fortificada; ocupada na Idade do Bronze; maior cidade palestina no BM; destruição no séc. XIII; muros e portão salomônicos; gigantesco sistema de água. → 21, 39, 41, 74, 79, 88, 109, 120, 129.
Hesbon	Em Moab; ocupada quase continuamente de 1200 a.C.-1456 d.C.; não ocupada antes de Ferro I (1200), aparentemente não a cidade do rei Seon. → 122.
Jericó	A ocupação mais antiga data de 9000; importante sítio Neolítico; a falta do muro da cidade de BT levanta o problema acerca da data da conquista de Josué. → 13, 19, 26, 51, 60, 62, 76, 80, 148.
Jerusalém	Ocupada desde o Calcolítico; bibliografia → Geografia bíblica, 73:94; três importantes escavações desde 1967: Monte do Templo, Quarteirão Judeu, Cidade de Davi. → 7, 8, 12, 19, 24, 105-7, 109, 115, 138-40, 150-53.
Kuntillet 'Ajrud	Posto no caminho do deserto no norte do Sinai; centro religioso com antigas inscrições hebraicas e fenícias (sécs. IX-VIII). → 118.
Laquis	Ocupada desde o Calcolítico até o período persa; importante cidade cananeia e israelita; Cartas de Laquis (590); conquistada pelos assírios (701) e babilônicos (586). → 11, 25, 76, 89, 114, 124-27.
Megido	Vinte camadas de ocupação; portão e muros- casamata da cidade salomônicos; complexo de estábulos e sistema de água datam da dinastia amrida. → 16, 25, 35-42, 57, 62, 75, 108.

Qasile	Antigo nome desconhecido; um dos sítios arqueológicos mais importantes em Israel para o estudo da cultura filisteia; templo filisteu. → 21, 102.
Samaria	Atual Sebastiyeh; abundante decoração em marfim; renomeada por Herodes como Sebaste em honra a Augusto; óstraca de Samaria. → 9, 16, 19, 113-15, 129, 143.
Silo	Cidade fortificada do BM II; ocupada em BR I; assentamento em Ferro I; terminando em destruição; ocupação limitada no Ferro II. → 76, 104.
Siquém	Vinte e quatro períodos de ocupação no Calcolítico; impressionante tradição de santuário no BM; centro religioso dos samaritanos a partir de 350 a.C. → 13, 23, 24, 75, 120, 135.
Tanac	Mais antiga cidade, data do BA (2700-2400); destruição da cidade por Sisac em 918, inclusive do lugar de culto. → 13, 36, 63, 75, 120.
Tersa	(norte de Tell el-Far'ah); ocupada na Idade do Bronze; destruída em 1300; reocupada em 1000-600; casas israelitas de quatro cômodos em cidade bem planejada. → 18, 75, 113, 120.
Timna	(Tel Batash no Vale de Sorec); ocupada desde o BM até o período persa; mencionada nas histórias de Sansão; capturada por Senaquerib em 701. → 103.
Tulul el-Alayiq	(Jericó herodiana); nos períodos asmoneu e herodiano um *resort* real nas margens do Wadi Qelt. → 148.
Ubeidiya	Ao sul do Lago da Galileia, um local-chave no período Paleolítico Inferior; ocupação humana desde 1.600.000. → 49.

* BA = Bronze Antigo; BM = Bronze Médio; BR = Bronze Recente.
→ seguido por números indica seções no artigo onde o local é mencionado.

PANO DE FUNDO GERAL

4 (I) História das escavações bíblicas. A escavação na Palestina tem dado uma "reviravolta arqueológica" à pesquisa bíblica em nossos dias. O crescimento orgânico do movimento pode ser cristalizado ao redor dos nomes de pioneiros cuja contribuição descreveremos rapidamente.

5 Flávio Josefo. Foi um judeu que escreveu em grego, em Roma, por volta de 93 d. C (→ Apócrifos, 67:127). Ele foi o primeiro a usar a palavra *archaiologia* como o título de um livro, que é agora geralmente chamado de *Antiguidades*. Por *archaiologia* ele quis dizer "ciência do passado", ou o que nós chamaríamos de história. Embora a obra carecesse de pesquisa empírica ou crítica no sentido moderno, ela era, entretanto, uma fonte de informação diligentemente compilada. Através dos séculos ela tem focado a mente dos estudiosos sobre "o que podemos aprender sobre a Bíblia fora da Bíblia". Ela inspirou compilações melhoradas por volta de 1700 feitas por Ugolini e Bochart, e por Keil e Kortleitner até o presente. O resumo dessa obra pode ser caracterizado como "uma classificação do que podemos aprender sobre a vida diária, especialmente nos aspectos materiais, a partir das entrelinhas da Bíblia e de outros livros que realmente visavam a um registro de movimentos políticos e culturais".

6 Heinrich Schliemann em 1873, em Troia no noroeste da Turquia, provou seu sonho de que assentamentos sucessivos do passado podiam ser escravos um após o outro. Isto era basicamente uma aplicação das técnicas de escavação inspiradas pela renascença italiana, especialmente pela redescoberta de Pompeia em 1790. Mas as escavações na Itália e na Grécia tinham se tornado basicamente uma busca irresponsável e destrutiva por "peças de museu". Deploravelmente este foi o caso na Mesopotâmia por volta de 1850, como é descrito na obra *Foundations in the Dust* de Seton Lloyd (London, 1947). A "estratificação" de Schliemann era ingênua. Ele imaginou erroneamente cada "cidade" sucessiva isolada por uma porção de lama [lodo] da que a precedeu e da que a seguiu. Também Schliemann era, no fundo, um caçador de fortuna. Ele financiou sua escavação com a participação de seu irmão na Califórnia e acabou ele mesmo indo para lá após dar um pulo em Micenas, a terra natal grega do Agamenon de Homero. Sua escavação em Troia teve de ser seriamente corrigida por expedições alemãs e americanas posteriores. Mas a audácia e o discernimento de Schliemann merecem muito crédito pelo "princípio da estratificação" que é padrão na arqueologia palestina (→ 26-27 *abaixo*). Veja *Arch* 33 (3, 1980) 42-51.

7 Félicien de Saulcy realizou as mais antigas escavações palestinas no noroeste de Jerusalém em 1863. Ele descobriu "túmulos reais" que continham vários sarcófagos, um deles com uma inscrição. As câmaras de sepultamento pertenciam a uma rainha persa, Helena de Adiabene, que se converteu ao judaísmo na época de Cristo, em vez de ao rei Davi e seus filhos, como de Saulcy pensava. Apesar de o pioneirismo de E. Robinson em 1838 (→ Geografia bíblica, 73:9), que aparentemente tinha incluído alguma escavação casual ao longo do muro norte de Jerusalém, ter sido de relevância arqueológica mais duradoura, não se pode negar a de Saulcy e *la belle France* o mérito do pioneirismo da primeira escavação organizada. Ele também fez importantes contribuições à numismática, a classificação de moedas antigas.

8 Charles Warren realizou no canto sudeste de Jerusalém, em 1866, a intrépida façanha de engenharia outrora retratada como frontispício da revista *PEQ*. Tanto a façanha quanto o periódico foram o resultado de uma nova sociedade ou "fundação" estabelecida em Londres no ano anterior. Sua principal realização foi o Levantamento da Palestina com a ajuda de oficiais do Exército Britânico, cujo trabalho resultou em muitas descobertas importantes mediante escavação. A façanha de Warren provou que o canto do muro de retenção do Templo (de modo questionável o "Pináculo") descia mais fundo que o nível térreo permitia ver. Neste mesmo Vale de Cedron, porém mais ao sul, Warren descobriu o "poço" que leva água da fonte de Gion ao nível da cidadela jebuseia.

9 Robert Koldewey tornou-se, entrementes, um personagem importante da metódica escola alemã de escavação. Com W. Andrae, ele empreendeu expedições de longa duração na Babilônia e Assur por volta de 1900. Em Warka e em vários outros sítios arqueológicos mesopotâmicos, uma conscienciosidade acadêmica modelar substituiu o "sequestro de monumentos" dos primeiros aventureiros. Tanto no Egito quanto em Troia, os métodos de Koldewey foram colocados em prática por W. Dörpfeld. Por meio do aprendiz de Dörpfeld G. A. Reisner, o método alemão chegou a impor-se posteriormente quando os americanos entraram em cena, com a escavação de Harvard em Samaria em 1908. (A Sociedade Americana de Exploração da Palestina tinha sido de fato fundada já em 1870, e o cônsul Selah Merrill publicou alguns de seus resultados, mas este empreendimento particular não sobreviveu.)

10 Charles Clermont-Ganneau, um francês que trabalhava com a Fundação Britânica, fez algumas das descobertas antigas mais importantes na Terra Santa. Ele recuperou, em 1870, para o Louvre a estela do rei Mesha encontrada por F. A. Klein em Dibon. Em 1871, ele encontrou a primeira de duas inscrições em pedra sobreviventes que ameaçavam de morte a qualquer não judeu que entrasse na área do Templo. Ele também encontrou a pedra de fronteira de Gezer e fez relatórios sobre Ascalon em sua obra *Études* (Londres, 1897). Ele denunciou a falsificação do famoso "Rolo de Deuteronômio" oferecido por M. W. Shapira ao Museu Britânico; veja *BARev* 5 (4,1979) 12-27.

11 William Flinders Petrie fez a primeira escavação estratificada na Palestina em Tell el-Hesi próximo a Ascalon, em 1890. Ele exemplificou brilhantemente ali o princípio que se tornaria normativo para toda escavação na Palestina: "cerâmica quebrada, mesmo sem uma inscrição, é um indício seguro para a datação". Aproximadamente na metade do montículo que estava escavando, reconheceu alguns fragmentos de um metal amarronzado semelhante a um jarro do estilo chamado "bilbil" que ele tinha visto em alguns túmulos egípcios juntamente com inscrições de cerca de 1300 a.C. Petrie mediu a distância vertical destes fragmentos até a louça grega no topo do montículo. Então ele dividiu esta distância pelo número de anos transcorridos e concluiu que cada "pé" (30,48 cm) representava tantos anos de ocupação. Este método é frequentemente satirizado hoje como sendo excessivamente ingênuo, especialmente ao ignorar a possibilidade de ocupação interrompida. Mas até mesmo os mais competentes peritos de nossos dias, quando confrontados com dois objetos datáveis separados por uma jarda (0,9144m) de profundidade, tenderão a assumir "um padrão de medida" semelhante. Petrie poderia ter explorado melhor seu gênio se tivesse prestado maior atenção aos resultados dos escavadores vizinhos à medida que eles chegavam. Ele também tinha a tendência de impor a seus sítios arqueológicos nomes bíblicos que são universalmente rejeitados agora. Desse modo, há um certo patetismo nos títulos de suas publicações, *Hesy – Lachish, Gaza – Ajjul, Jammeh – Gerar, Beth-Pelet – Far'a*, poro exemplo, Tell el-Hesi não é Laquis, etc. Mas nenhum outro pioneiro promoveu um avanço mais importante na escavação da Palestina. Muito de sua obra foi realizada sob os auspícios do Fundo de Exploração do Egito; foi no Egito que suas escavações temerariamente numerosas trouxeram à tona sítios arqueológicos genuinamente bíblicos, especialmente em Tânis e Amarna. A carreira de Petrie é descrita em sua autobiografia, *Seventy years in Archaeology* (London, 1931). Também *BARev* 6 (6, 980) 44-55; *BA* 47 (1984) 220-22.

12 L.-Hugues Vincent tinha apenas 16 anos de idade quando, como seminarista dominicano, se juntou à École Biblique, recém fundada por Lagrange em Jerusalém (→ Crítica do AT, 69:35, 60). Isto ocorreu cerca de um ano antes da sensacional escavação de 1890 de Petrie. Desde então até sua morte em 1960, Vincent realizou a função única de interpretar e *correlacionar* todas as escavações que seriam realizadas na Palestina. A maioria dos outros arqueólogos eram professores universitários estrangeiros; após um "estágio palestino", eles se retiravam para a atmosfera mais congenial de sua terra natal onde podiam trabalhar em suas observações. Deste modo, teria faltado na Palestina qualquer orientação acadêmica permanente se ela não tivesse sido tão brilhantemente suprida por Vincent através de *RB*. Não menos relevantes foram suas próprias pesquisas originais em Hebron, Emaús-Nicópolis e no Litóstrotos de Jerusalém. A maior parte de suas maciças pesquisas foi em colaboração com seu colega geógrafo F.-M. Abel (*BASOR* 164 [1961] 2-4).

13 Gottlieb Schumacher escavou Megido em 1903 (→ 36 *abaixo*) e publicou para o Fundo Britânico importantes pesquisas sobre a região de Gadara. Ele era um hábil pesquisador, como também era o co-editor de seus resultados, Carl Watzinger, que também trabalhou com Ernest Sellin em Jericó, em 1907. De fato poderia ser mais justo creditar a Sellin o pioneirismo alemão na Palestina, visto que ele escavou também Taanac em 1901 e Siquém em 1913. Mas as primeiras expedições alemãs na Palestina tendem a mostrar que o principal perito técnico numa escavação é o arquiteto-pesquisador. Se seu trabalho for feito profissionalmente, os esforços dos colaboradores para elucidar a cronologia e para decifrar as inscrições podem ser reavaliados mais tarde.

14 R. Stewart Macalister de 1902 a 1909, em Gezer, conduziu sozinho a primeira escavação palestina realmente importante. O famoso tablete do calendário de Gezer e algumas outras inscrições infelizmente foram datadas tarde demais. Além disso, teve de ser feita uma drástica reavaliação do porto salomônico (que Macalister chamou de Romano) e de sua louça calcolítica. Mas a imponente fileira de obeliscos toscos que ele designou como lugar de adoração é uma das poucas descobertas cujo diagnóstico cultual se sustentou. Sobre Macalister, veja *BA* 47(1984) 33-35. Em 1964, G. E. Wright reabriu as escavações em Gezer sob os auspícios do Hebrew Union College. Sucedendo Wright como diretor, W. Dever, assistido por vários ex-alunos de Wright introduziu novos métodos científicos em Gezer (*BA* 30 [1967] 34-70; W. Dever, *Gezer I-IV* [Jerusalem, 1970-85]; também *BA* 47 [1984] 206-18; *BARev* 9 [4, 1963] 30-42; *BASOR* 262 [1986] 9-34.

15 William F. Albright chegou a Jerusalém em 1920 para colocar alguma vida na ASOR, que já existia desde 1900. Ele era um prodigioso linguista e despertou a cooperação internacional, especialmente por meio do Palestine Oriental Society, entre cujos primeiros presidentes estavam um jesuíta francês e um franciscano árabe. Suas escavações em Gibeá (1922), Betel (1927) e Bet-Zur (1931) foram importantes. De 1926 a 1932 em Tell Beit Mirsim, ao sul de Hebron, Albright fez a escavação que é considerada pela maioria dos peritos como um modelo de eficiência econômica e de utilidade quanto à publicação (→ 73 *abaixo*), embora a identificação de Albright deste sítio arqueológico como Debir seja duvidosa (cf. M. Kochavi, *Tel Aviv* 1[1974] 1-32). Ele foi editor da *BASOR* e *AASOR*, autor de *FSAC*, professor da universidade Johns Hopkins e mestre de muitos estudiosos famosos, incluindo M. Glueck, G. E. Wright e M. Dahood. Albright exerceu muita influência moderado-progressista no sentido de introduzir dados arqueológicos na exegese. Para debate sobre sua obra: *BA* 42 (1979) 37-47; para sua bibliografia: D. N. Freedman, *The Published Works of William Foxwell Albright* (Cambridge, MA, 1975); para autobiografia: Albright, *History, Archaeology, and Christian Humanism* (New York, 1964) 301-27; biografia: L. G. Running e D. N. Fredman (New York, 1975).

16 Clarence Fisher é um personagem enigmático da história da escavação palestina entre a Primeira e a Segunda Guerra Mundial. Como arquiteto da Universidade da Pensilvânia ele abriu e dirigiu por pouco tempo a maioria das principais escavações desse período: Bet-Seã, Megido, Bet-Semes e Samaria. Infelizmente, ele parece ter sido incapaz de manter as rédeas da administração ou levar à conclusão qualquer publicação, até mesmo o *Corpus of Palestinian Pottery* deixado em ASOR quando de sua morte em 1941.

17 Nelson Glueck liderou a ASOR nas décadas de 1930 e 1940. Ele contribuiu com as técnicas de exploração com seu enorme levantamento dos depósitos de cerâmica da superfície na Transjordânia (→122 *abaixo*). Na década de 1950, ele estendeu este método ao Negueb de Israel, enquanto liderava o Hebrew Union College de Cincinatti e da extensão que ele criou em Jerusalém. Entre os livros populares de Glueck encontram-se *The Other Side of the Jordan* (New Haven, 1940); *The River Jordan* (New York, 1946); *Rivers in the Desert* [sobre o Negueb] (New York, 1959); veja também *BA* 22 (1959) 82-108, ou *BAR* 1. 1-21.

18 Roland de Vaux foi diretor da Escola Bíblica Dominicana, um assiriologista de renome e editor da *BJ* e *RB* (→ Crítica do AT, 69:60). Ele escavou de 1946 a 1964 a capital de Omri em Tersa. Ele liderou a partir de 1952, com destreza, a complexa atividade de pesquisa dos Manuscritos do Mar Morto: adquirindo novos manuscritos; dirigindo a equipe internacional de leitura dos manuscritos; e escavando Qumran e Feshka (→ Apócrifos, 67:79-80). Sua obra *Instituições de Israel* fornece, com a ajuda de dados arqueológicos e literários, um excelente levantamento das instituições sociais bíblicas (→ Instituições, 76) Veja *BARev* 6 (4, 1980) 14-29.

19 Kathleen M. Kenyon sustentou que a escavação deveria ser ensinada como uma disciplina universitária independente. Até sua época ela era basicamente apenas um ramo de estudos clássicos, teologia, orientalismo, ou história étnica. Ela também tipificou a importante liderança que as mulheres têm assumido no campo. Enquanto ela escavava em Samaria (Sebastiyeh) com John e Grace Crowfoot (década de 1930), outras arqueólogas também estavam em atividade na Palestina. Judith Marquet-Krause dirigiu a escavação em Ai; Dorothy Garrod descobriu as culturas de pederneiras natufianas e no Carmelo; e Olga Tufnell tornou-se a única sobrevivente eficaz da equipe de Laquis. Também as obras de Hetty Goldman em Tarso e Diana Kirkbride na Transjordânia são notáveis. Em 1952, Kenyon reabriu a *chantier* Jericó (→ 80 *abaixo*) e mostrou que as paredes de tijolos atribuídas a Josué por Garstang, Vincent e Albright eram de fato 1000 anos mais velhas. Ela estabeleceu que o montículo de Jericó chamado Tell es-Sultan estava num estado de abandono quase completo durante todas as possíveis datas para as principais referências bíblicas, desde 1500 a.C. até períodos de Josué (→ História, 75:55-58) e de Hiel (860 a.C.; 1Rs16,34). Somente em cerca de 800 o local foi reocupado. Em compensação ela descobriu uma poderosa fortificação com uma antiga escultura singular que data de antes de 5000 a.C. (Veja K. Kenyon, *Digging up Jericho* [New York, 1957]; *NatGeog* [Dec. 1951; Dec. 1953]). Ela então voltou a esclarecer o estado igualmente confuso da escavação na Colina Ofel, a cidadela jebuseia no canto sudeste de Jerusalém (→ veja 106 *abaixo*; cf. *BA* 27 [1964] 34-52; 28 [1965] 22-26; 29 [1966] 27-36; *Digging up Jerusalém* [London, 1974]. Sobre Kenyon, veja *BA* 42 (1979) 122-25; *PEQ* 11 (1979) 3-10.

20 Bellarmino Bagatti foi o líder das atividades arqueológicas da Franciscan Holy Land Custody, que se tornaram proeminentes desde as guerras. Com S. Saller, V. Corbo, G. Orfali, S. Loffredo, M. Piccirillo e outros colegas, ele teve um papel importante na escavação de material romano tardio e bizantino. Esta escavação diz respeito principalmente a igrejas e mosaicos que atestam sítios arqueológicos bíblicos como Nebo, Betânia, Oliveiras, Nazaré, Ain Karim, Emaús-Qubeibeh e o Campo de Pastores de Belém. A obra encontra-se publicada em FrancP e *SBFLA*.

21 Yigael Yadin foi o grande representante do imenso incremento na pesquisa arqueológica patrocinada pelo movimento sionista e pelo Estado de Israel. Ele era filho de Eleazar Sukenik, que descobriu na década de 1930 a sinagoga de Beth Alfa, a inscrição em esquife "Jesus filho de José" e urnas calcolíticas de sepultamento em forma de casa. Sukenik também adquiriu alguns dos MMM. Yadin seguiu suas pegadas ao comprar com muitas dificuldades o restante dos rolos da caverna 1 para Israel (→ Apócrifos, 67:80). A partir de 1960 ele empreendeu explorações sensacionais no deserto de Engadi e Massada (→ Apócrifos, 67:120-23). Mas o principal empreendimento de Yadin foi a escavação de Hazor em 1955-58, com Y. Aharoni, Ruth Amiran e Jean Perrot – uma das escavações mais imponentes desde Megido. Ela foi financiada pela Universidade Hebraica, cujo presidente, Benjamin Mazar-Maisler, foi ele mesmo o escavador de Beth-she'arim, Khirbet el-Kerak (Beth-yerah) e Tel Qasile, e mais tarde de Jerusalém. A Universidade também foi proeminente na pré-história, por meio da obra de M. Stekelis, ao fazer avançar as descobertas de cavernas de F. Turville-Petre e R. Neuville. A Sociedade Israelense de Exploração Society e seu periódico (*IEJ*), habilmente coordenados por Joseph Aviram, exemplificam até que ponto o "zelo pela escavação" se tornou um interesse local dominante em Israel. Sobre Yadin, veja *BARev* 10 (5, 1984) 24-29.

22 **Yahonan Aharoni** tornou-se um dos principais arqueólogos de Israel; suas escavações e levantamentos influenciaram consideravelmente a arqueologia do Israel moderno. N. Avigad também merece menção especial entre os incontáveis israelenses que se engajam hoje no campo da arqueologia.

23 **G. Ernest Wright** exerceu, depois de Albright, a maior influência sobre a arqueologia da Palestina. Fundador da *BA*, diretor das escavações em Siquém e presidente da ASOR, Wright esteve profundamente envolvido na arqueologia (→ 38 *abaixo*). Ao mesmo tempo, ele contribuiu para o avanço dos estudos bíblicos. Sua influência sobre a geração mais jovem de estudiosos foi tão grande que, quando morreu, o vácuo foi preenchido por seus próprios alunos, por exemplo, W. Dever, J. Seger e L. Stager. Dificilmente existe hoje uma escavação americana que não traga a marca de Wright, quer diretamente ou por meio de seus alunos. Veja *BA* 37 (1974) 83-84; 50 (1987) 5-21.

24 **(II) Introdução ao método de investigação arqueológica.**
(A) Decidir onde escavar. A experiência dos pioneiros anteriormente mencionados levou a organizar melhor uma escavação. Primeiro, o estudo cuidadoso da Bíblia e de outras fontes indica a seção da superfície da Palestina na qual um sítio bíblico particular devia estar. A seguir, o *British Survey* e mapas israelenses (→ Geografia Bíblica, 73:9-10) mostram se algum nome árabe tradicional corresponde ao nome hebraico bíblico de um lugar. Finalmente, percorrer a área geral e coletar pedaços de cerâmica pode indicar antecipadamente quão fundo se deve escavar antes de encontrar o período bíblico de interesse. Atualmente, os arqueólogos têm acesso a informações obtidas por meio de fotografia aérea e avaliações do terreno que podem ser extremamente úteis na decisão de onde escavar.

Vimos que os pioneiros tinham a tendência de escavar primeiro algum grande centro como Jerusalém, cuja identidade nunca foi questionada. Praticamente, também, quanto mais próxima a escavação estiver de um centro populacional menores são os inconvenientes e as despesas de alojamento e provisões. Mas o próprio fato de este centro ter permanecido importante através dos séculos o torna mais difícil de escavar. Este assentamento cresceu mediante o acréscimo gradual de novas construções. As construções de um período anterior ou continuam em uso, ou seus materiais foram transformados em construções de períodos posteriores. Até mesmo escombros de montes de entulho tiveram alguma serventia ou foram usados para preenchimento. A situação é melhor em cidades como Nablus, onde o centro populacional gradualmente se deslocou 3 a 5 km, de modo que uma camada protetora de 1000 anos de desuso lacrou o assentamento bíblico de Siquém (→ Geografia Bíblica, 73:101). Existem muitas dessas vilas abandonadas ou postas de lado na Palestina, e o nome dado a elas é "tell" (*tell* em árabe, *tel* em hebraico).

25 **(B) As características de um Tell.** Em Js 8,28 "tell" é um sinônimo para 'ay (Ai) ou "ruína". Em inglês assim como em português parece aceitável o plural "tells", embora alguns usem o plural árabe *tulul*, ou o diminutivo *tulayl*, plural *tulaylat* (tuleilat). Em algumas áreas bíblicas, as palavras persa-turcas *tepe* ou *hüyük* são usadas no lugar de "tell". Um tell tende a ter uma forma cônica truncada muito distintiva. Visto de certos ângulos, os tells mais chamativos são Laquis, perto de Marisa, Megido e Dotã. Também é digno de nota o tell de Homs na Síria (veja *ANEP* 224). Erbil no norte da Mesopotâmia é um belo exemplo de um tell ainda coroado pelo muro de uma cidade. Mas na maioria dos casos o assentamento desapareceu. Esta situação é pressuposta na definição: O tell é um montículo que se transformou num cone truncado devido a sucessivos estágios de ocupação humana.

26 Em Troia, os sucessivos estágios foram imaginados como uma série de cidades independentes que se estabeleceram uma sobre a outra. Esta noção romântica dominou a antiga procura da Jericó de Josué. Mas a reflexão deveria ter prevenido de que antigas cidades simplesmente não eram construídas deste modo. Na antiga Palestina, o principal material de construção era o barro. Alguma madeira foi usada, certamente, e uma grande quantidade de pedra natural. Até mesmo muitas construções de pedra tiveram de ser terminadas com "tijolo" de barro, que eram às vezes "queimados" para alcançar a dureza da pedra ou da cerâmica. De qualquer modo, a grande maioria das casas numa área plana ou "tell" eram de adobe, *i.e.*, barro comum moldado em pedaços grossos de cerca de 15 a 25 cm de lado e colocados em fileiras ligadas por argamassa feita do mesmo barro.

As casas eram cobertas com um telhado de ramos de árvores, que se inclinava para fora e permitia que a chuva que não era frequente escorresse. Após cada tempestade pesada ou catástrofe semelhante, contudo, várias paredes de casas numa vila caiam. Normalmente, uma parede não cai completamente como uma unidade até seu fundamento; a parte superior mais pesada cai deixando a terça parte mais baixa quase intacta (como ocorre com as peças dos jogos infantis). Essa ocorrência não era o fim para a família palestina. Eles tremiam sob esteiras de junco até a chuva passar; então com seus pés descalços pisavam os tijolos caídos transformando-os no barro da Mãe Terra da qual eles tinham vindo. Dentro de um dia ou dois – enquanto o solo ainda estava úmido – eles podiam moldar novos tijolos, deixando-os secar ao sol e construindo novamente sua parede até a altura desejada.

27 Naturalmente, cada reconstrução envolvia algumas melhorias, e uma vez que os materiais eram constantemente trazidos de fora, o nível do solo das vilas palestinas subia gradualmente. Se esta elevação fosse algo tão pequeno como meio centímetro por ano, ela atingiria cerca de 15 m apenas no período bíblico. Seria muito mais fácil para os pesquisadores se o crescimento tivesse sido perfeitamente horizontal e simétrico, com cada camada lacrada em relação à seguinte. Na realidade, contudo, as pessoas permaneciam onde estavam e, mesmo após os desastres mais colossais, continuaram a usar os restos que eram às vezes deixados em pé numa altura considerável no próprio centro da área da calamidade. Quando uma cidade era abandonada por alguns séculos, novos colonizadores não encontravam uma superfície plana à espera deles. A princípio eles se amontoavam em buracos ou porões protegidos, onde seu entulho se misturava com o de 1000 anos antes. Gradualmente eles erigiam esplêndidos edifícios, mas com frequência uma torre anterior ou vila no cume de uma colina sobrevivia como um marco acima do monte de sua alvenaria posterior.

Consequentemente, os arqueólogos tiveram de ajustar à realidade sua noção romântica de "cidades colocadas umas sobre as outras". Até mesmo a importante noção de *estratificação* emprestada da geologia demonstrou-se muito rígida: pois, apesar da terminologia como "nível", "camada" e "estrato", existe pouco numa série de depósitos sucessivos que seja horizontalmente plano. O estudante interessado deveria familiarizar-se com o método de escavação a fim de apreciar o relacionamento íntimo entre a técnica e o valor das informações relatadas pelo escavador. Os aperfeiçoamentos nos anos recentes dão muito mais confiabilidade aos resultados obtidos. Para uma introdução, veja Dever e Lance, *Manual*.

28 No passado, a aplicação dos arqueólogos ao estudo da estratigrafia limitou suas escavações a estreitas trincheiras ou valas (geralmente quadrados de 5 m). Este método ainda é útil para se datar eventos da história política, como a destruição de cidades. Para se entender o meio ambiente antigo, contudo, os arqueólogos têm de escavar áreas amplas e laterais. Esta assim chamada abordagem horizontal é útil para se obter discernimento acerca da vida diária dos povos antigos.

29 Um sítio arqueológico sempre deve ser visto em seu contexto. Além de escavar tells isolados, arqueólogos atuais fazem levantamentos na superfície e estudos regionais como meio de entender fenômenos como assentamento e padrões de comércio, mudanças populacionais, estruturas sociais, ecologia e economia na Antiguidade. Nossa própria preocupação com o meio ambiente moderno tornou os arqueólogos conscientes do meio ambiente antigo e da reação humana a ele.

30 Para se recuperar tanta informação quanto possível, as escavações atuais são compostas por equipes interdisciplinares; passou o tempo quando os arqueólogos trabalhavam sozinhos. Especialistas das ciências naturais e sociais, incluindo geólogos, antropólogos físicos e culturais, hidrologistas, etnógrafos, paleoetnobotânicos e zoólogos, colaboram no campo com os arqueólogos. O vasto reservatório de novas evidências reunidas por meio deste esforço cooperativo é extremante útil na reconstrução tanto da história quanto do processo cultural da sociedade do passado. Ao mesmo tempo, as técnicas de recuperação, registro e análise têm progredido substancialmente.

31 (C) Cerâmica e cronologia. Além das construções, o "artefato" ou produto da atividade humana mais frequentemente encontrado em escavações na Palestina é a cerâmica quebrada ou "fragmentos". Um amuleto raro ou inscrição breve e pederneiras razoavelmente numerosas, moinhos de pedras, instrumentos de ossos e sementes também são descobertas. É natural que o barro fosse encontrado quer na forma de tijolos crus e argamassa quer na forma de tijolos de olaria e cerâmica. A tecnologia moderna tem enchido nossas casas e escritórios com utensílios complexos de diversos materiais; nos tempos bíblicos, contudo, a maioria dos utensílios numa casa comum era feita de barro. As vasilhas, os copos e as colheres eram de cerâmica de vários formatos. O pão era assado na forma de um prato, e outros alimentos eram servidos nele, de modo que não era necessária uma mesa; se um hóspede chegasse, uma esteira servia ao propósito (o *šulḥān* bíblico, Sl 23,5). Havia mobília também, mas material orgânico como a madeira geralmente não se conserva. Cobertores e esteiras eram frequentemente empilhados ou espalhados de várias formas e, em último caso, serviam como vestimenta. A fonte de calor e luz era o fogo, frequentemente dentro de um recipiente de barro. O encanamento e a refrigeração eram geralmente um jarro poroso cuja evaporação de "suor" resfriava a água no interior. Mas temos evidência de drenos, de canos de esgoto e até mesmo de um banheiro (na Cidade de Davi).

32 A cerâmica tem um valor singular para a datação não apenas porque ela é tão universal, mas porque ela é simultaneamente a mais fácil e a mais difícil de destruir entre todas as coisas! Ela se quebra facilmente no sentido de que o vaso completo é quebrado e, deste modo, perde sua forma. Mas reduzir os fragmentos a uma forma irreconhecível, isto é, a um estado de não cerâmica seria um projeto de engenharia dispendioso mesmo com as máquinas atuais. E, a partir de qualquer parte de uma *borda* ou de certos outros pequenos fragmentos, podem-se inferir com precisão o tamanho e o formato do jarro original.

Visto que os vasos quebrados eram facilmente substituídos – praticamente com o sair ao campo mais próximo e pegar o barro – havia uma tremenda rotatividade. Deste modo, os estilos cerâmicos eram tão caprichosos e variáveis quanto a moda no vestuário de hoje. Alguns bons estilos de jarros para armazenamento ou potes para cozinhar permaneceram imutáveis por 1000 anos. Mas os frascos ou recipientes de perfume gozavam de uma moda tão efêmera como o gosto de seus usuários. Estas louças podem às vezes ser datadas em intervalos de exatos 50 anos. Mesmo aqueles estilos de cerâmica que duraram uns 300 anos se sobrepuseram, de modo que a combinação de vários estilos encontrados em um único sítio arqueológico definir melhor a faixa de tempo. Sendo tão quebradiça, a cerâmica não seria preservada como uma peça de herança familiar ou transportada junto quando a família se mudava para um lugar distante. Por causa disso, ela é um critério de datação muito melhor do que os objetos de arte ou até mesmo as moedas (que apareceram apenas depois de 500 a. C). Para uma discussão sobre a cerâmica palestina nos tempos bíblicos, veja Amiran, *Ancient Pottery.*

33 O desenvolvimento da arqueologia na Palestina encontra-se refletido no empreendimento combinado de estudiosos como Petrie, Vincent, Albright e Mazar em elaborar o "calendário cerâmico". Com isso queremos dizer uma tabela que oferece os tipos cerâmicos característicos de cada período sucessivo de 100 anos. Embora os principais períodos tenham sido denominados conforme os metais (bronze, ferro) ou culturas predominantes, de fato os estilos da cerâmica nos capacitam a determinar qualquer período. Escavações mais recentes na Palestina refinaram de modo significativo nosso conhecimento da cerâmica. Não apenas a forma dos vasos, mas também a composição do barro é cuidadosamente estudada. Quando se localiza o lugar de onde o barro foi extraído, muito se aprende acerca da interação cultural e comércio. A análise por ativação com nêutrons é usada hoje para se estabelecer a procedência do barro usado numa cerâmica particular.

34 A técnica de datação por radiocarbono foi inventada por Willard F. Libby em Chicago por volta de 1948. Seu ponto de partida é que todos os compostos orgânicos (materiais que estavam outrora vivos), na medida em que eles se desintegram, perdem metade de seus isótopos de carbono 14 a cada 5.700 anos mais ou menos. Visto que o número característico de cada composto é conhecido, a data de sua morte pode ser determinada. Esta é uma descoberta brilhante que é de grande utilidade para a datação arqueológica, embora tenha suas limitações. Visto que o material a ser testado é completamente destruído no processo, uma quantia significativa deve estar disponível. Também o material nunca deve ter sido contaminado pelo contato com outros materiais orgânicos. Estas condições são difíceis de se verificar. Assim como o radiocarbono, várias outras técnicas de datação sofisticadas, como o potássio-árgon, termoluminescência, teste de flúor, dendrocronologia e análise do pólen estão disponíveis hoje. Parece não haver fim o modo como as ciências nuclear e da computação podem contribuir com a arqueologia.

35 (III) Exemplo de uma escavação: Megido.

(A) História da escavação. Megido é um modelo das frustrações e das realizações das escavações palestinas. A procura por este local na Planície de Esdrelon foi iniciada por E. Robinson (1838; → Geografia bíblica, 73:9), como descrita em sua *Biblical Researches* 3. 117. Ele estava parado sobre o assim chamado Montículo do Governador (Mutesellim) próximo à saída leste da estratégica passagem chamada Ará que leva através do Carmelo para o mar. "Em algum lugar próximo daqui deve ter se encontrado Megido", ele meditava, aparentemente sem suspeitar jamais que estivesse debaixo de seus pés.

36 O arquiteto G. Schumacher (→ 13 *acima*) escavou em 1903-1905 o Tell el-Mutesellim para a Sociedade Oriental Alemã. Alega-se que ele ignorou o caráter decisivo da cerâmica quebrada e usou valas para catadores, que foram nem mesmo adequadamente registradas em seus planos habilmente traçados. Entretanto, os dois volumes sobre Megido, bem como o volume de Sellin sobre a vizinha Taanac em 1904, são importantes conquistas pioneiras. O registro alemão da cerâmica foi pelo menos suficientemente preciso para capacitar Albright a lançar sua audaciosa reivindicação de que uma única comunidade duradoura se moveu para frente e para trás, em várias datas atestadas pelos fragmentos de cerâmica, entre Taanac e Megido a 8 km de distância. Schumacher foi plenamente competente e impulsivo para continuar a obra depois de 1920, aperfeiçoando suas técnicas anteriores; mas os alemães tinham perdido a guerra, e lhes foi negada a permissão de escavar pelo Mandado Britânico.

37 Em 1925, James Breasted decidiu a favor do montículo de Megido como o local de uma escavação ideal por meio do Instituto Oriental da Universidade de Chicago. Seu amigo John D. Rockefeller prometeu um orçamento basicamente ilimitado, assim como um milhão extra para se construir o Museu Arqueológico Palestino em Jerusalém. A fim de se prevenir contra os perigos enfrentados pelas escavações anteriores, como ataque armado, malária e monotonia, construiu-se uma espaçosa vila. A quadra de tênis e a piscina sozinhos custaram mais que toda a escavação de Mirsim por Albright! Vinte e cinco anos foram destinados a descamar todo o montículo, camada por camada, e para registrar cada item e aspecto dos estágios sucessivos. Albright (*AP* 41) comentou sobre a felicidade de que este plano provou ser proibitivamente dispendioso até mesmo para Rockefeller: "A melhor técnica atual provavelmente parecerá primitiva daqui a um século, e ... é um triste engano exaurir a possibilidade de algum sítio arqueológico importante como Megido. De fato apenas uma fração do grande montículo foi removida [no que parece ao inexperiente como amplas trincheiras!], e há um amplo espaço para a correção da cronologia e para se fazer importantes descobertas".

38 Foram reconhecidas 20 camadas separadas. A longa duração e a cuidadosa subdivisão destas camadas de Megido fizeram delas uma excelente estrutura para a sincronização dos sítios arqueológicos palestinos de duração mais breve. Esta conquista não é essencialmente arruinada pelas severas críticas que foram dirigidas contra detalhes da datação. Foram sugeridas revisões sérias pela escola de Albright porque os sucessores de Fischer (→ 16 *acima*), P. L. Guy e G. Loud, não tinham sua "experiência e habilidade para cerâmica". G. E. Wright (→ 23 *acima*) empreendeu uma clara e breve história arqueológica do sítio, com alterações importantes na datação daqueles períodos que diziam respeito mais diretamente à Bíblia. Na década de 1960, Yadin (→ 21 *acima*) realizou sondagens em Megido para esclarecer alguns problemas estratigráficos críticos. Como resultado disso, ele ficou convencido de que a Camada V A/IV B, incluindo a passagem da câmara 6 e a casamata relacionada aos muros da cidade, é salomônica. A Camada IV A, que incorpora o muro de recuo e avanço e a porta de quatro câmaras, o complexo dos estábulos e o sistema de água subterrâneo, data da dinastia omrida, mais provavelmente do reinado de Acab (→ História, 75:92-94).

A maior parte, mas não todos os egiptólogos sustentam que o faraó Tutmósis capturou Megido por volta de 1482, após uma batalha que marcou a destruição da Camada IX. Para guardar-se contra a desconfiança que estas revisões e incertezas podem provocar, existe na discussão profissional uma sugestão forte e segura: "Erros foram cometidos no passado, e até mesmo Albright reorganizou de maneira leal suas concepções sobre muitos pontos acerca dos quais se descobriram novas evidências, mas de direito agora tudo está sob controle." Uma conclusão mais realista parece ser que os resultados da escavação são valiosos e úteis apenas na medida em que seus graus de certeza são avaliados sem exageros desde o início. Cf. Wright, "What Archaeology Can and Cannot Do", *BA* 34 (1971) 70-76.

39 (B) Algumas descobertas interessantes. *Os estábulos.* O achado mais característico em Megido foi uma metade de coluna de pedra, de um metro ou um metro e vinte de altura com faces retangulares, repetida em fileiras infindáveis, umas quatrocentas ao todo. Schumacher afirmou que elas tinham importância cúltica. Fileiras semelhantes de pilares de pedra curtos e grossos, embora muito menos numerosos, foram deixadas à mostra na superfície de Hazor pelas sodagens de J. Garstang ali em 1926. Os pilares de Megido não tinham semelhança com as estelas mais alongadas e afiladas dos lugares de adoração em Gezer ou Biblos; o que eles têm em comum – um fato muito curioso – é que vários se conservavam de pé numa fileira (de fato, esta "perpendicularidade" é a única característica comum dos *maṣṣĕbôt* bíblicos ou postes cúlticos que variam quanto à forma desde toras de árvore natural, encrespadas pelo tempo, até formas obeliscais em pedra ou metal. Às vezes, estas estelas tinham indicações grosseiras de aspectos humanos, facial ou fálico. Mais frequentemente elas são informes e, de fato, são chamadas de "aserá" e representam divindades *femininas* [Aserá = Ishtar], mas sem o traçado sexual das numerosas estatuetas palestinas.

Quando P. L. Guy passou a dirigir o empreendimento de Megido, em 1928, ele observou que muitos dos postes de pedra tinham um orifício perfurado diagonalmente próximo a um canto. Ele propôs que os postes de Megido, que também sustentavam vigas de madeira para o telhado, eram postes de amarração para cavalos. Sabemos que a cidade era uma capital de distrito de Salomão, que, segundo repetidos registros, negociava cavalos (1Rs 4,12; 9,19; 10,26). (De fato, em Jerusalém, o bosque de alvenaria sob o canto sudeste da esplanada do Templo tem sido popularmente chamado de "estábulos de Salomão", certamente por causa de uma combinação confusa de dois fatos: Salomão construiu parte da alvenaria, e 2000 anos mais tarde os cruzados fizeram uma rampa através dela para levar seus cavalos diretamente à área do Templo!) A hipótese de estábulos em Megido é plausível de muitos modos. Eles são tão numerosos ali a ponto de sobrepujar qualquer outra função que a cidade possa ter tido: Somos informados sobre Megido principalmente como lugar de batalha, e os cavalos eram "armamentos". Não existe ainda uma prova real da hipótese, e ela tem sido rejeitada em Hazor. Pritchard identificou as controversas construções com pilares em Megido como quartéis, enquanto Aharoni os considera funcionando como armazéns. Yadin, contudo, continuou a apoiar a interpretação de "estábulos". No presente, o peso da evidência parece estar com Yadin, com base em sítios arqueológicos comparáveis na Palestina e fora dela. Sobre estábulos, veja J. Holladay, in Geraty, *Archaeology* 103-65.

40 Os remanescentes genuinamente cúlticos de Megido são descritos num volume separado por H. May. O mais espantoso monumento sobrevivente no local é um *altar ou plataforma,* imenso e enorme, que data muito provavelmente do AB III (aproximadamente 2800-2400). Com uns 6 metros de diâmetro, ele foi feito de pedras ao natural, mas tinha degraus, conformando-se assim à lei de Ex 20,25, mas não à de Ex 20,26. Ao lado desta plataforma-altar estava um complexo de templos que continuou em uso com ajustes até o tempo da entrada dos israelitas em Canaã.

41 *Portões da cidade.* A sequência de portões monumentais ao norte do montículo Mutesellim é instrutiva. O muro de pedras da Camada XVIII (aproximadamente 3000 a.C.) era a fortificação mais compacta já construída no local originalmente com 4,5 metros de largura, mais tarde aumentados para 8,5 metros. Fortificações de pedra semelhantemente maciças foram encontradas em Jericó, mas de uma data anterior. Um muro do período BA [= Bronze Antigo] em Beth-yerah tinha 7,6 metros de largura, mas era de tijolos de barro. Em Megido, também, no decurso dos séculos, o muro de pedras foi encoberto e substituído por um de tijolos de barro. Então na Camada X (período Hicso) foi construída uma passagem de revestimento de pedra ao natural preenchida com entulho. Esta passagem continuou em uso através da Camada VII (1300-1150) e foi destruída em torno de 1050. Em seu lugar, um portão pequeno e modesto foi construído na Camada VI (1150-25), reconstruído na Camada V (1050-950) e destruído provavelmente por Davi.

Na camada acima, uns poucos metros a leste, foi construído "o mais excelente portão fortificado já encontrado na Palestina, certamente salomônico", diz Wright, embora ele tenha alegado que essa camada não é realmente a IV, mas uma combinação da parte inferior da IV com a parte superior da V (aproximadamente 950). O portão tinha quatro pares de pilastras e quatro passagens de entrada, com seis câmaras entre as pilastras. A correspondência deste portão ao portão oriental do templo de Ez 40,5 foi sustentada por Howie em *BASOR* 117 (1950) 13-17. Yadin mostrou que a planta e as medidas da passagem salomônica em Megido são precisamente duplicatas tanto no portão em Gezer (que tinha sido chamada de romano) quanto no portão salomônico que ele escavou em Hazor.

A camada *após* Salomão foi chamada de III B pelos escavadores, mas de IV A (após 900) por Wright. Foi apenas então, supostamente, que o portão quádruplo foi transformado num portão triplo, presumivelmente pelas forças armadas do faraó Sheshonk (Sisac) ao ocupar a cidade (embora 2Cr 12,4 mencione apenas suas depredações em Judá). Numa data ainda mais tarde, na Camada III (A) por volta de 800 a.C., o muro triplo foi reduzido a um muro duplo, possivelmente nas guerras com o sírio Ben-Adad (2Rs 13,3).

A importância destes portões na cidade transcende os dilemas cronológicos que eles apresentam. Como em Siquém e Laquis, e nas manobras de Absalão de 2Sm 15,2, reconhecemos que o assim chamado portão era na verdade um tribunal, um arquivo e um saguão de recepção, em resumo, o que poderíamos traduzir corretamente como "palácio de justiça". Naturalmente, era um portão também e, no interesse da defesa, continha um labirinto de passagens, mas os espaços vazios entre as entradas podiam prontamente ser utilizados para assuntos públicos e, de fato, constituíam o fórum ou centro pulsante da vida cívica da cidade.

42 *Poço e tesouro*. A história do sistema de águas de Megido, contada num volume separado por R. Lamon, é uma saga infestada com problemas estratigráficos. De maneira resumida, o sistema de águas consistia de um poço vertical e um túnel horizontal, que conduzia a água da nascente de uma caverna natural até o fundo do poço vertical. A parte mais antiga do sistema de águas foi chamada de "galeria", que levava para fora da cidade a uma fonte localizada na encosta sudoeste do tell. Yadin demonstrou que a galeria foi construída durante o reinado de Salomão, embora o sistema de água date da dinastia amrida (séc. IX). Os escavadores americanos dataram erroneamente a construção do poço e do túnel no séc. XII e atribuíram a galeria a um período anterior. Para os túneis de água, → 120 *abaixo*; *BARev* 6 (2, 1980) 8-29.

Um outro aspecto notável, visível ainda hoje, é o compartimento de pedra para armazenagem de grãos feito sob Jeroboão II (750 a.C.). Megido era sem dúvida uma das cidades usadas para o depósito dos impostos coletados "em espécie", como atestam os jarros com alças de toda a Palestina que trazem a inscrição "para o rei" (*lmlk*). Num estágio anterior em sua história (por volta de 1150), Megido guardou tesouros de um tipo diferente, as esculturas de marfim contemporâneas de exemplos semelhantes fenícios do vale de Guadalquivir na Espanha. No final do BA [= Bronze Antigo], placas de marfim e outros artigos de luxo estavam em uso. Uma cártula de Ramsés III (1182-1151), encontrada em uma placa de marfim, é evidência adicional do marfim em Megido.

E, falando de tesouro, devemos observar que os escavadores de Megido negligenciaram um fragmento do cuneiforme "Épico do dilúvio" chamado segundo seu herói Gilgamesh (→ Gênesis, 2:12). Este foi encontrado num monte de entulho por um pastor em 1956 e publicado em 1958 na *Atiqot* de Israel. Para ilustrações de Megido veja *ANEP* 332, 708, 712, 734, 742; também *EAEHL* 3. 830-56. *BA* 33 (1970) 66-96.

43 PERÍODOS ARQUEOLÓGICOS NA PALESTINA

Paleolítico	1600.000-18.000	BM II (BM II B)	1.800-1.650
Inferior	1.600.000-120.000	BM III (BM II C)	1.650-1.550
Médio	120.000-45.000	Bronze Recente	1.550-1.200
Superior	45.000-18.000	BR I	1.550-1.400
Epipaleolítico (Mesolítico)	18.000-8.000	BR II	1.400-1.200
Neolítico	8.000-4.500	Ferro	1.200-539
Pré-cerâmico	8.000-6.000	Antigo I	1.200-900
Cerâmico	6.000-4.700	Recente II	900-539
Recente	4.700-4.500	Persa	539-332
Calcolítico	4.500-3.200	Helenístico	332-64
Bronze Antigo	3.200-2.000	Romano	64 a.C.- 324 d.C.
BA I	3.200-3.000	Antigo	64 a.C.-135 d.C.
BA II	3.000-2.800	Recente	135-324
BA III	2.800-2.400	Bizantino	324-640
BA IV	2.400-2.000	Islâmico Antigo	640-1.174
Bronze Médio	2.000-1.550	Cruzados	1.099-1.291
BM I (BM II A)	2.000-1.800	Islâmico Recente	1.174-1918

As datas na tabela são aproximadas, sujeitas a constante aperfeiçoamento e revisão à luz da evidência arqueológica e de novos métodos de pesquisa. Pode haver ocasional variação entre esta tabela e o texto devido à discordância entre os pesquisadores.

Em seu livro *Atqueologia da Palestina*, Albright nos ofereceu uma avaliação período por período dos resultados estabelecidos mediante a escavação. Construindo sobre esta obra básica que leva em consideração o extraordinário desenvolvimento na arqueologia através das atividades de campo praticamente contínuas, nós apresentamos aqui o consenso entre os pesquisadores.

44 (I) Pré-história: a Idade da Pedra. Pessoas que fabricavam ferramentas apareceram pela primeira vez sobre a terra pelo menos dois milhões de anos atrás, talvez até antes. Já se encontra no passado distante a época em que qualquer exegeta sério procuraria harmonizar a paleontologia científica com o retrato imaginativo e teológico da humanidade primitiva em Gn 1-3. Mas os fatos por trás da teoria da evolução continuam a atrair o interesse dos exegetas. Aqui trataremos primordialmente da situação pré-histórica na Palestina; para um tratamento mais amplo do período pré-histórico no Oriente Próximo, → História, 75:6ss.

45 (A) Antiga Idade da Pedra: Paleolítico. Os restos fósseis hominoides mais antigos no mundo são os do Ramapithecus, datados de cerca de sete milhões de anos atrás. Este é o provável ancestral mais antigo da espécie humana moderna. Remanescentes fósseis do *homo erectus*, a cujo gênero e espécie pertence a humanidade moderna, têm aproximadamente 700 mil anos. O termo acheulense, que indica a cultura de machado de mão mais antiga, foi substituído pela indústria abbevillense, que está estreitamente relacionada à indústria acheulense. Nas cavernas do Wadi Kharitun, a sudeste de Belém, o estudioso cônsul francês René Neuville encontrou pederneiras acheulenses ou talvez um tipo levemente mais antigo chamado de taiaciano, aproximadamente contemporâneo de um estilo posterior encontrado em Yabrud, ao norte de Damasco. A sequência das culturas paleolíticas do Oriente Próximo é notavelmente semelhante à conhecida na Europa e na África.

46 Os restos mais antigos de esqueleto humano datam de um pouco mais tarde, mas eles foram encontrados em tal abundância na Palestina durante a década de 1930 que se defendeu seriamente que a vida humana se originou ali. Agora temos exemplos muito mais antigos, incluindo o homem de

Pequim, de Teilhard de Chardin, e os ossos de Olduvai na Tanzânia. Os esqueletos palestinos são neandertalenses, contemporâneos das pederneiras em forma de folha de salgueiro chamadas aurignacienses. Os seis humanos descobertos por Neuville numa caverna no precipício Qafzeh perto de Nazaré foram considerados a princípio acheulenses. Dois outros foram encontrados na parte mais baixa de uma longa série de camadas pré-históricas escavadas por D. Garrod e T. McCown no "Vale da Caverna" (Wadi Mugharah) perto de Atlit, sul de Haifa. Mas o título de pioneiro vai para F. Turville-Petre de Oxford, que descobriu em 1925 um jovem esqueleto neandertalense na "Cova do Gitano" (Mugharet ez-Zuttiyeh) do Vale Amud, a sudoeste de Cafarnaum. Este foi o primeiro reconhecimento de camadas na Palestina pré-histórica.

47 "Pré-história" é um termo um tanto fluido que podemos agora definir de modo conveniente como "informação sobre a cultura humana, extraída principalmente de pederneiras, sobre as épocas que precederam a invenção da agricultura, cerâmica, metalurgia e escrita". Estes quatro passos gigantes não foram rigidamente contemporâneos, mas estão bastante próximos para tornar esta norma prática.

Cerca de 50 anos de intensa pesquisa pré-histórica precederam Turville-Petre. Completamente por acaso, este foi o ramo no qual os católicos tomaram a liderança. Em Jerusalém, J. Germer-Durand no seminário assuncionista, D. Buzy no seminário diocesano, e outros sacerdotes no seminário melquita dos Padres Brancos e em outros lugares começaram a reunir e a classificar pederneiras antigas. Na costa fenícia os jesuítas Zumoffen e Bovier-Lapierre encontraram paralelos a elas. Deste modo, em 1917 o sacerdote alemão Paul Karge tinha consideráveis dados empíricos, que usou corretamente para escrever sua história dos *refaim*, ou habitantes pré-israelitas da Palestina. Para o período paleolítico na Palestina, veja Aharoni, *Archaeology*.

48 Paleolítico Inferior, Médio, Superior (1.600.000-18.000). Embora ainda haja muito a ser conhecido, novos métodos de pesquisa combinados com novas técnicas de datação são responsáveis pelo progresso significativo no estudo do período paleolítico (Antiga Idade da Pedra ou Idade da Pedra Lascada). Em muitos casos, sítios arqueológicos investigados antes foram reexaminados. No período paleolítico, as pessoas caçavam animais selvagens e coletavam plantas selvagens como um meio de subsistência. Este período é dividido em baixo, médio (musteriano) e alto Paleolítico.

49 O Paleolítico *Inferior* foi o período mais longo na pré-história. Ubeidiya, situada a oeste do Jordão e logo ao sul do mar da Galileia, é o sítio arqueológico mais proeminente neste período. Sua ocupação humana estendeu-se desde aproximadamente 1.600.000. É um sítio amplo e rico em achados, consistindo de ferramentas simples e fragmentos de ossos humanos e de animais. Foram encontrados aqui os mais antigos restos humanos no Oriente Próximo, provavelmente devendo ser classificados como *homo erectus*. O "homem galileu", encontrado na caverna Zuttiyeh em 1925, foi reestudado durante novas escavações desde 1973. O crânio, de 160.000 anos, é o fragmento cranial humano mais antigo encontrado em Israel e representa a fase evolutiva posterior do pré-neandertalense. A caverna de Oven (Mugharet et-Tabun), também escavada novamente, possui a mais longa sequência estratigráfica já descoberta em Israel.

O Paleolítico *Médio* ou período musteriano data de entre 120.000 e 45.000 anos atrás. As sepulturas humanas mais antigas em Israel, encontradas sob o chão das cavernas, são deste período. A pedra trabalhada deste período mostra notável avanço na técnica de manufatura.

O Paleolítico *Superior*, que data de cerca de 45.000 a 18.000, marca um refinamento nas lâminas de pederneiras, predecessoras das ferramentas microlíticas do Epipaleolítico clássico (Mesolítico).

50 (B) Períodos posteriores da Idade da Pedra.

(a) *Epipaleolítico* (18.000-8.000). Este período, ainda chamado por alguns de mesolítico, foi um ponto crítico na história humana. Neste período, aqueles que tinham sido caçadores e coletores de alimentos tornaram-se agricultores e pastores; animais foram domesticados, e ovelhas e cabras pastoreadas. Há também evidências de pequenos terrenos cercados circulares que serviam como áreas de ocupação. Um precursor do Neolítico foi o Natufiano (10.000-8000), a principal cultura epipaleolítica em Israel. O nome deriva do Wadi-Natuf, a noroeste de Jerusalém, onde se localiza a caverna de Shukbah. O Natufiano é definido como o estágio do Epipaleolítico que continuou o Kebariano, assim chamado por causa da caverna de Kebara no Monte Carmelo. O advento da cultura natufiana sinalizou uma mudança social básica. Assentamentos amplos, abertos e permanentes são encontrados pela primeira vez neste período. Existiam habitações de pedra circulares com sepultamentos sob o chão. Grandes assentamentos natufianos encontravam-se em Eynan no leste da Galileia e em Nahal Oren no Monte Carmelo, também em Rosh Zin e Rosh Horesha nas montanhas do Negueb. Ferramentas de moagem, microlitos e lâminas de foice são características. Em Israel, são traçáveis a este período objetos de arte; figuras de animais e de seres humanos foram entalhadas em cabos de osso de foices. Muitos sítios arqueológicos em Israel, Jordânia e Síria atestam artefatos epipaleolíticos, com amplos remanescentes nas regiões jordanianas de Ras en-Naqb e Humeimah.

51 (b) *Neolítico* (8000-4500). A cerâmica aparece pela primeira vez no meio do período (por volta de 5500), de modo que ele é comumente dividido em Neolítico pré-cerâmico e cerâmico. A economia neolítica era baseada na produção de alimento em sua maior parte. Embora a ocupação mais antiga de Jericó remonte ao período natufiano, ele é um sítio arqueológico chave do Neolítico, com ambos os períodos neolíticos pré-cerâmicos A (PPNA) e B (PPNB) representados. Outros sítios arqueológicos importantes deste período são Nahal Oren, Munhata, Abu Ghosh e Beisamon. O mais importante sítio arqueológico neolítico antigo da Jordânia é Beidha perto de Petra, onde existem, junto com restos de uma produção de pederneiras e artefatos de pedra para moagem, sinais de domesticação de animais.

A cultura característica de PPNA (oitavo milênio) são amplas estruturas de casas circulares, uma atividade lítica e a domesticação de trigo e cevada. No PPNB (da metade do oitavo milênio até o início do sexto) houve intensa domesticação de trigo e cevada. A arquitetura deste período consistia de estruturas de cômodos retangulares.

Alguns relacionam uma torre circular de pedra em Jericó do PPNA a um muro de pedra que cercava a cidade. A arquitetura do PPNB em Jericó era mais sofisticada, com quartos agrupados ao redor de um pátio. Não há em Jericó continuidade entre o PPNA e o PPNB. Do PPN de Jericó vieram dez crânios humanos moldados com gesso; sua aparência natural é surpreendente. Foram encontrados exemplos semelhantes em Beisamon no vale do Hulê. Estes crânios provavelmente estavam associados à adoração de ancestrais. Mais sobre Jericó, → 80 *abaixo*.

52 Em 1983, descobriu-se um inesperado esconderijo de estátuas humanas feitas de reboco em Ain Ghazal, localizada na entrada norte para Amã (Jordão). Este sítio, que data do PPNB, é uma das maiores vilas neolíticas no Oriente Próximo. As estátuas e bustos humanos encontrados ali eram feitos de gesso de cal formados ao redor de um núcleo de caniço que são semelhantes aos de Jericó. Aparentemente Ain Ghazal era uma comunidade agrícola. Em sua maior parte, as ferramentas são de pederneira, e as casas são retangulares ou quadradas. Ain Ghazal será útil na reconstrução da vida social, econômica e religiosa das pessoas que viviam no Oriente Próximo 8.000 anos atrás.

Em 1983, em Nahal Hemar, no deserto da Judeia, encontraram-se máscaras de pedra datadas do PPNB numa caverna, que pode ter sido usada para armazenagem ou como um aprisco.

53 A invenção da cerâmica foi um dos mais importantes desenvolvimentos na história cultural do antigo Oriente Próximo. A cerâmica aparece no Jordão pela primeira vez no sítio de Dhra', do período neolítico tardio, a leste de Bab edh-Dhra'. A caça continuou neste período, mas havia também a coleta de alimento e o cultivo do solo. A gazela era o animal mais caçado no Neolítico Tardio. A cabra e a ovelha ofereciam carne para a sociedade da vila. Em termos de arquitetura, havia muros (de defesa?) e construções redondas. A cultura do período neolítico cerâmico, em geral, era muito inferior ao período precedente, especialmente quanto à arquitetura e ferramentas de pedra. A Idade da Pedra chegou ao fim por volta de 4500.

54 (c) *Calcolítico* (4500-3200). Situado temporalmente entre os períodos neolítico e do bronze, e aproximadamente coincidindo com o quarto milênio, este período é também conhecido como Gassuliano, um nome derivado de Tuleilat el Ghassul. Como a designação "Calcolítico" sugere, este foi o milênio em que tanto a pedra como o cobre foram usados para fazer ferramentas e armas. Um sítio arqueológico chave neste período, uma série de montículos baixos chamados *ghassûl* (planta de sabão), 6,4 km a nordeste do Mar Morto, foi escavado pelo o *Pontifical Biblical Institute* por A. Mallon (1929-1934), R. Koeppel (1936, 1938) e R. North (1960). Na década de 1970, J. B. Hennessy continuou as escavações e encontrou muros pintados de modo semelhante aos conhecidos de escavações anteriores em Ghassul. A complexa combinação de ferramentas incomuns apareceu desde então em centenas de outros sítios arqueológicos palestinos, às vezes seguida por remanescentes da Idade do Bronze antigo.

55 Existe uma importante discrepância. Uma característica única e indiscutível a cultura encontrada em Ghassul é sua arte de afrescos multicores em muros de uma imaginação e competência técnica não igualada posteriormente na história da Palestina. Uma estrela de oito pontas, uma procissão e um tipo de tigre saltando são acompanhados por máscaras pretas com grandes olhos fixos, não diferentes dos amuletos de pescoço encontrados ali tanto em pedra como em cerâmica. Esta arte, que pode ter pertencido ao complexo de um templo, não é encontrada em outros sítios "gassulianos". Uma característica difundida do mesmo complexo cultural mostrou ser o "ossuário em forma de casa" de Hedera (Khudeirah: veja esboço em Albright, *AP* 69). Outras amostras encontradas em 1958 em Azor, perto de Tel Aviv, imitam ainda mais elementos arquitetônicos, mas os combinam divertidamente com traços do rosto humano.

56 Novas evidências para o Calcolítico foram encontradas em várias regiões, inclusive no Sinai, no Negueb, na Palestina central e do Norte. As escavações revelam uma cultura sofisticada com uma tecnologia bem desenvolvida. Os sítios arqueológicos compartilham elementos comuns quanto à cultura material, economia agrícola e pastoril e práticas rituais. A arquitetura consiste principalmente de estruturas retangulares. Os sítios foram abandonados, mas ainda não entendemos por quê.

O norte do Negueb, próximo a Bersabeia, é rico em sítios arqueológicos calcolíticos. Existe Beer Matar, com sua oficina para produzir ferramentas de cobre; Beer es-Safadi, um assentamento onde se esculpiam marfim e ossos e se manufaturavam ferramentas de cobre; e Horvart Beter. Shiqmim, um dos maiores assentamentos calcolíticos em Israel, localizado no oeste de Bersabeia, mostra evidências de trabalho com metal, produção de ferramentas de pederneira e atividades cúlticas. O mais recente sítio arqueológico calcolítico descoberto nesta área é Neve Noy, um subúrbio de Bersabeia e parte de Safadi, onde vários objetos associados à indústria do cobre vieram à luz. Em Gilat, no norte do Neguebe, foi descoberto um templo calcolítico. Um carneiro de barro com três cálices em suas costas e uma estátua de uma mulher sentada com uma lata de leite em sua cabeça ocasionaram muita especulação. Encontrada entre outros utensílios rituais, a estátua é interpretada como um vaso ritual que pode ter sido usado na adoração de Astarote. Não sabemos quem ela era.

57 Em Engadi, os arqueólogos desenterraram um terreno cercado calcolítico, provavelmente um santuário central dos habitantes da região (*BA* 34 [1971] 23-39). Ele é muito semelhante ao santuário calcolítico em Megido. Entre as cavernas do deserto da Judeia (→ Apócrifos, 67:120), a Caverna do Tesouro em Nahal Mishmar continha um extraordinário resíduo de cerâmica, vasos de pedra, tecidos, objetos de couro, etc. Havia também um grupo homogêneo de mais de 400 objetos de cobre embrulhados numa esteira de palha e datando do período calcolítico. Os estudiosos conjeturam que estes objetos eram o equipamento ritual usado no templo de Engadi. O planalto central de Golan também contém evidência da cultura calcolítica. As plantas das casas nestes assentamentos lembram Ghassul. Um tipo singular de estátua de deus doméstico foi encontrado nos pátios de diversos sítios arqueológicos em Golan. C. Epstein vê aqui uma indicação de culto doméstico em contraste com a religião centralizada.

Há continuidade na transição do Calcolítico para o Bronze Antigo. Cada período tem sua própria cultura, mas não há uma ruptura nítida na evolução de um para o outro. (Para a bibliografia sobre o Calcolítico, veja *BA* [1968] 82-108.)

58 (II) Idade do Bronze.
(A) Idade do Bronze Antigo (3200-2000). A escrita foi inventada cerca de 3200, simultaneamente no Irã e em Warka. Ela foi rapidamente adotada pelos semitas que invadiram Ur (→ História, 75:17). Deste modo começou a história documentada. Mas por mais de 1000 anos, a cerâmica quebrada continua sendo nossa principal fonte de informação acerca da cronologia e de desenvolvimentos culturais. Para uma avaliação do BA, veja *BA* 50 (1987) 20-43.

59 Há uma melhoria marcante na tecnologia da manufatura da cerâmica no BA em comparação com o período calcolítico. Distinguem-se quatro períodos no BA com base nos tipos cerâmicos. As formas de cerâmicas características em BA incluem vasos com alças em forma de borda ou saliência, alças em formas de laços altos em jarros pequenos, bases planas e tigelas rasas. No BA I, há louça em vermelho polido, pintura "em grãos aguados" (camada marrom-avermelhada e pintada de rosa) e "em grupos de linhas". É característico do BA II um jarro gracioso alongado com base gorda. Este estilo recebe seu nome de Abidos no Egito, onde ele foi encontrado em abundância juntamente com registros de datação do faraó Menes da primeira dinastia.

60 No BA III, a cerâmica mais característica foi denominada por Albright de "louça de Khirbet Kerat", refletindo o nome árabe de Beth-yeraḥ na margem sudoeste do Mar da Galileia, onde foi descoberta. Ela é quebradiça e frágil, com uma cobertura especial e um polimento único, um vermelho ou preto brilhante, não tendo nada em comum com a cobertura cruzada ou com o jarro de Abidos. Mas o estilo "óbvio" do BA em qualquer sítio em Canaã é o de alça em forma de borda ou saliência. As supostas amostras em Ghassul deveriam ser chamadas mais precisamente de alças de puxar; eles são comprimidos a partir do barro do bojo do vaso e são frequentemente verticais, contendo um "orifício" para se inserir uma corda. Distinguindo-se destes, as alças em forma de borda ou saliência de Jericó têm 2,5 cm de largura vários cm de comprimento, invariavelmente quase horizontais. Elas formam uma série cronológica que se desenvolve de formas de "concha" ou "envelope" mais simples para formas mais complexas, dificilmente perfuradas.

O BA IV, um período problemático, não pode ser facilmente distinguido por causa de muitas incertezas; não existe consenso acerca da terminologia e da cronologia. Existe uma necessidade especial neste período de evidência escrita para fornecer alguma clareza acerca de sua história e cultura (→ 65-67 *abaixo*).

61 Estranhamente, a escavação mais valiosa do BA tardio para o estudo bíblico não está na Palestina, mas em Mari, no Eufrates. Aqui, a partir de 1933, André Parrot desenterrou palácios que continham muitos arquivos cuneiformes e descobriu outras evidências únicas das ondas migratórias semitas que inundaram o vale do Tigre. As escavações clássicas no sul da Mesopotâmia, também, Ur e Warka e outras, nos informam sobre o período. O BA mesopotâmico também fornece vívidos cenários da religião e da arte nos assim chamados selos cilíndricos (*ANEP* 672-702). Estes, quando rolados sobre o barro mole, deixavam um friso de 5 x 10 cm que servia como sinal ou assinatura do proprietário. Vários destes selos, datados com mais segurança no período "Jemdet Nasr" por volta de 3000, foram encontrados na escavação de M. Dunand em Biblos, na Fenícia, e também enterrados logo abaixo das louças preto-vermelhas brilhantes de Khirbet el-Kerak em Judeideh, na planície de Antioquia. O milênio BA é também valiosamente representado em Alaja na Turquia central, alguns quilômetros ao norte de Bogazkoy, a última capital hitita.

Um outro local que certamente ilumina o BA é Tell Mardikh, 48 km ao sul de Alepo (Síria), onde P. Matthiae descobriu uma vasta civilização. Ela foi identificada, sem qualquer dúvida, como a antiga cidade-Estado de Ebla, um grande centro comercial no Oriente Próximo da metade do terceiro milênio até a metade do segundo. O palácio real onde foram encontrados os arquivos do estado datam de cerca de 2400-2250 (→ História, 75:16).

62 Vários sítios arqueológicos palestinos também lançaram luz sobre o BA. Jericó era uma cidade murada no BA e floresceu por cerca de seis séculos (2900-2300) antes de ser destruída. Tel Jarmuth nas colinas da Sefelá, um dos sítios mais amplos em Israel do BA, é especialmente importante no BA III por causa de seu sistema de defesa. Gezer, um dos maiores sítios das Idades do Bronze e do Ferro, foi ocupada durante grande parte do BA, exceto durante uma lacuna de aproximadamente 2400 a 2000. Megido tem imensos depósitos do BA, representados na camada XIX até XV. No BA I, o primeiro de vários santuários estava situado na seção leste da cidade. O maior muro de cidade na história de Megido data do BA II. Como vimos, o altar redondo com uma série de degraus data do BA III. Em período tardio do BA III erigiram-se três novos templos.

63 Arad, situada na região semi-árida ao leste do Negueb (→ Geografia bíblica, 73:86), tem uma importante cidade baixa que pertencia ao BA I e II. São característicos de Arad os grossos muros da cidade com torres de proteção semicirculares, bem como a arquitetura uniforme de suas casas particulares. Arad alcançou sua plenitude no BA II; a seguir foi abandonada. Hai também foi um importante centro urbano no BA (3100-2350), quando ela teve um templo e um quarteirão real. Então foi destruída e abandonada. Taanac foi habitada pela primeira vez no BA II-III (aproximadamente 2700-2400). Com suas fortificações maciças, Taanac era uma típica cidade-Estado do período.

64 O sítio mais importante do BA é Bab edh-Dhra' no sudeste da planície do Mar Morto. Ele foi escavado pela primeira vez por Lapp na década de 1960, e desde 1975 por Rast e Schaub. No BA I A (3200), criadores de animais nômades usaram o local para enterrar seus mortos; no BA I B (3100), as pessoas começaram a se estabelecer de forma permanente. No BA II-III (aproximadamente 3000-2400), foi construído um enorme muro de pedra ao redor da cidade; no final do BA III, a cidade foi destruída. Depois desta destruição, houve várias fases de ocupação no BA IV antes dos colonizadores partirem da região. Em Bab edh-Dhra', existe um amplo cemitério a sudoeste da cidade, em uso desde aproximadamente 3200 a 2200. No BA I, o cemitério tinha túmulos verticais com múltiplas câmaras. Ossuários construídos de tijolos de barro datam do BA II-III. No BA I-II, a cerâmica deste local era feita a mão; por volta do BA III, uma parte da cerâmica era feita num disco ou roda de giro lento.

A 12,8 km ao sul de Bab edh-Dhra' está Numeira, um assentamento ocupado no BA III (2450-2350). M. Coogan registra que as fortificações e as instalações domésticas em Numeira lembram Bab edh-Dhra' no BA III. Por não haver indicação de um cemitério em Numeira, pressupõe-se que os mortos eram sepultados nos ossuários em Bab edh-Dhra'. Um significativo conjunto cerâmico do BA III foi recuperado de dispensas em Numeira. Veja *BARev* 6 (5, 1980) 26-36.

65 O período que segue ao BA III (BA IV-BM I [aproximadamente 2400-2000]) continua a ser discutido pelos estudiosos, porque a informação histórica pertinente é escassa, e as evidências arqueológicas não são definitivas. A variedade da terminologia aplicada a este período indica a confusão prevalecente. Dependendo de o arqueólogo ver este período como mais intimamente relacionado ao precedente (BA) ou ao seguinte (BM) ou como uma intromissão, a terminologia preferida pode ser BA IV, BM I, Intermediário ou BA-BM. À parte da terminologia, o período entre aproximadamente 2400 e 2000 foi uma fase basicamente não urbana e seminômade distinta da florescente civilização urbana anterior e posterior na Palestina. Os estudiosos (Kenyon, Lapp, Kochavi, Cohen) que distinguem claramente este período interveniente tanto do precedente como do seguinte usam a designação "intermediário".

66 W. Dever, um importante pesquisador do final do terceiro milênio na Palestina antiga, defende (com Wright, Oren e outros) a terminologia BA IV, porque ele vê continuidade com o BA com base na cerâmica e outras evidências recentes em Israel, Jordânia e Síria. O BA IV é visto como um período de transição ou fase pós-urbana do BA. Dever encontra forte apoio para sua posição em Beer Resisim, um assentamento do BA IV no Negueb-Sinai. Sua arquitetura era de estruturas curvilíneas de uma única sala, e a economia era baseada no pastoreio. Dever também encontra confirmação em sua escavação em Jebel el-Qaaqir nas colinas de Hebron onde as tumbas de fossa ou de poço datam de BA IV. Sítios arqueológicos na Jordânia também são confirmatórios: Khirbet Iskander no Wadi Wala produziu cerâmica e líticos da tradição do BA. Esta cidade também tinha um muro de defesa pertencente ao BA IV.

67 Os estudiosos oferecem várias sugestões para explicar as mudanças socioeconômicas que ocorreram neste período transicional (2400-2000). Lapp falou de um influxo de povos não urbanos que dominou a Palestina. Ele interpretou os túmulos de fossa ou de poço do terceiro milênio que ele escavou no cemitério de Dhahr Mirzbaneh (norte de Jericó e semelhante ao de Bab edh-Dhra') como pertencentes a invasores que causaram uma ruptura na civilização urbana no BA, mas não conseguiram estabelecer seus próprios assentamentos permanentes. Esta hipótese da invasão, contudo, é frequentemente rejeitada agora. Dever propõe em vez disso o modelo do nomadismo pastoril para explicar as mudanças socioeconômicas no BA IV. Outros recorrem a uma passagem, entre a população, de uma vida urbana para não urbana entre BA III e IV.

Até recentemente muitos estudiosos recorriam à teoria da "invasão dos amorreus" para explicar as modificações culturais que ocorreram durante o período transicional de BA IV. Uma nova análise dos dados, contudo, não permite esta precisão; a evidência literária e a informação histórica são muito escassas. Consequentemente, a identidade étnica do povo semita ocidental chamado de "amorreus", bem como sua Antiguidade na Palestina e na Transjordânia, é incerta. Sem modelos mais novos e informação adicional, o BA IV permanecerá um dos períodos mais problemáticos na história do Oriente Próximo. (Quanto às pessoas no final do período BA e no começo do período BM, veja *BARev* 9 [4, 1983] 16-29.)

68 (B) Idade do Bronze Médio (2000-1550). Este período é geralmente dividido em três partes, porém, para evitar confusão quanto à terminologia, usaremos BM para designar toda a primeira metade do segundo milênio a.C. Este período urbano foi a época de maior poder e prosperidade na Palestina, sendo caracterizado por planejamento urbano, muros de cidade impressionantes, novas formas cerâmicas, alfabeto simplificado e comércio internacional. Quando este período chegou ao fim (por volta de 1550), todos os sítios arqueológicos BM sofreram destruição; frequentemente se seguiu um longo hiato na ocupação. Os patriarcas bíblicos são geralmente vinculados ao BM (ou BR). Mas é muito difícil determinar a cronologia patriarcal, porque as tradições literárias que falam dos patriarcas são extremamente complexas (→ História, 75:29ss.). A influência egípcia na Palestina durante este período foi penetrante. A presença na Palestina dos asiáticos chamados hicsos, que governaram o Egito por volta de 1667-1559, também foi muito sentida.

69 Sítios arqueológicos dentro e fora da Palestina fornecem muita informação sobre o BM. Também há material literário que suplementa a evidência arqueológica. Não é mais necessário confiar exclusivamente em artefatos mudos, embora a cerâmica continue a exercer um papel importante. Novos dados acerca do BM têm vindo à tona por causa do ritmo acelerado da arqueologia de campo em Israel. (Quanto à Jordânia, os principais sítios do BM ainda devem ser escavados.). Além da história política, muito está sendo revelado sobre a vida das pessoas no BM, incluindo arquitetura, comércio, culto e assentamento (*BA* 50 [1987] 148-77).

70 O período do BM foi realmente o clímax do talento artístico na cerâmica palestina. Embora não houvesse o uso difundido da pintura ou decoração "adventícia", a forma dos vasos agora possui uma simplicidade extraordinária e uma graciosidade de linhas nunca ultrapassada posteriormente. A base arredondada forma uma parábola perfeita, e então há curvas para cima e para dentro em direção à borda no ponto certo para dar a impressão de equilíbrio e charme. Vasos semelhantes, porém mais esbeltos, são chamados de canecas. Em outros casos, a base achatada foi anexada a um delicado pedestal baixo, e a curva no bojo foi substituída por uma extremidade acentuada como a quilha de um navio, chamada carenagem.

71 As escavações fora da Palestina que iluminam o Oriente Próximo no BM (e BR [= Bronze Recente]) lançam apenas luz indireta sobre a Bíblia. Como se mencionou, Mari floresceu a partir do terceiro milênio até o início do séc. XVIII. Famosa por seus palácios e templos, os arquivos de Mari têm sido especialmente úteis para entender a história do ambiente e a cultura da cidade. Mari foi destruída em 1765. Nuzi, no nordeste do Iraque, fornece tabletes da segunda metade do séc. V que lidam com os costumes horreus, que ajudam a entender o ambiente cultural da Bíblia. Assim também escavações em sítios arqueológicos dos hicsos (em torno de 1667-1559), que governaram no Egito como a décima quinta e décima sexta dinastias, esclarecem a história primitiva da Palestina. A fortaleza dos hicsos no sudoeste da Palestina estava em Sharuhen, provavelmente a ser localizada no Tell el-Ajjul, uma importante cidade cananeia na Idade do Bronze. Sharuhen foi uma cidade rica e poderosa no BM, como testificam escavações em Ajjul. A cidade foi abandonada, contudo, no séc. XII com o declínio egípcio.

72 A escavação principal deste período é Ras Shamra (Ugarit) no litoral noroeste da Síria. Todo o florescimento da antiga cidade-Estado de Ugarit no BM, juntamente com a maior parte do BR, foi juntado pelo escavador C. Schaeffer em uma única "camada" contínua. Como acontece frequentemente fora da Palestina, os fragmentos de cerâmica mudos receberam pouca atenção em Ugarit porque foram obscurecidos por torrentes de obras de arte e documentos literários. A língua descoberta ali, que os estudiosos chamam de ugarítico, era um dialeto semítico do noroeste muito próximo ao hebraico bíblico. A mitologia dos épicos ugaríticos esclarece muitas alusões obscuras da Bíblia. E os arquivos diplomáticos de Ugarit são um elo indispensável entre o império hitita ao norte, os horreus ao leste e as cidades-Estado cananeias dependentes do Egito ao sul.

Além de Mari e Ras Shamra (Ugarit) na Síria, Tell Mardikh (Ebla → 61 *acima*) também foi de grande importância no BM. Seus níveis correspondentes bem examinados demonstram a prosperidade da cidade em decorrência do comércio. Também os palácios, templos e plataformas deste período foram desenterrados.

73 Em Tell Beit Mirsim, a sudoeste de Hebron, Albright estabeleceu a cronologia cerâmica para a Palestina desde o BA até a Idade do Ferro II (aproximadamente 3000-600). Ele classificou as mudanças estilísticas nos fragmentos de cerâmica e então correlacionou estes dados com a estratigrafia do tell. Escavações posteriores na Palestina e em outras partes ajudaram a aperfeiçoar a cronologia cerâmica de Albright. Os seguintes estão entre centenas de sítios arqueológicos na Palestina com importantes níveis de BM; muitos sítios deste período eram fortificados.

74 Em Dã, uma plataforma do BM cercava a cidade. Em 1978, A. Biran desenterrou a imensa passagem de tijolos de barro que consiste de duas torres e um arco de tijolos de barro completamente intactos. Este arco bem preservado do portão data do BM (1900-1700). Hazor foi a maior cidade palestina durante o período do BM. Como importante cidade fortificada no período cananeu, Hazor tinha uma extensa arquitetura tanto na cidade alta quanto na baixa no BM e no BR. Adornada com templos e palácios, Hazor alcançou seu apogeu no séc. V (BR).

75 O mais antigo portão de cidade escavado em Megido data do BM. Localizado a 8 km de Megido, Taanac com suas fortificações maciças do tipo hicso (claros traços de contatos com o Egito) prosperou no BM (1650-1550). Tell el Far'ah, identificado com Tersa, foi ocupado no BM e BR, até sua queda em torno de 1300. Siquém também foi um importante centro urbano no BM, quando estava cercada por enormes muros. As fortificações mais antigas em Aco (Tell el-Furkhar) pertencem ao BM (séc. XVIII). Para fortificações no BM, veja *BA* 46 (1983) 57-61.

76 O primeiro assentamento em El Mevorakh, ao sul de Dor, remonta ao BM (para este sítio, veja *BA* 40 [1977] 89-91). Gezer alcançou seu apogeu como cidade cananeia no BM, com fortificações maciças e um "lugar alto" com dez pilares, que Dever identifica como um santuário aberto. Em Afec (Ras el Ain), na planície costeira, seis camadas pertencentes à primeira fase do BM foram desenterradas. Silo foi ocupada pela primeira vez no BM IIB e teve fortificações maciças no BM IIC. No período BM, Laquis foi um assentamento hicso, fortificado com declive e um fosso. Jericó, também, foi uma cidade próspera com muros maciços

no BM. Cavernas de sepultamento do mesmo período, descobertas em Jericó, contêm uma variedade de objetos que iluminam a vida diária das pessoas no BM. Tell Masos, a leste de Bersabeia, é um dos maiores sítios arqueológicos no norte do Negueb. No BM e na Idade do Ferro, ela exerceu um papel significativo; no BM, Masos e o sítio vizinho, Tel Malhata, controlavam as principais estradas no vale de Bersabeia.

77 (C) Idade do Bronze Recente (1550-1200). Este é o estágio final na longa época cultural chamada "Bronze", mas ele pode ser chamado mais apropriadamente de "cananeu", o termo usado pelos arqueólogos israelitas. Os estudiosos bíblicos têm um interesse especial nas épocas que começam com o BR; a partir desta época, a evidência arqueológica tem uma relação direta com a Bíblia. O BR é adequadamente chamado de período histórico por causa do predomínio da literatura contemporânea e documentos administrativos. O BR também é a era do domínio egípcio, representado pelas décima oitava e décima nona dinastias do Novo Reino.

Particularmente relevante foi a era de Amarna, cujo nome deriva de Tell el-Amarna, a designação moderna da cidade capital construída pelo faraó Amenotepe IV (Aquenaton, 1364-1367). Nos arquivos desta cidade, foram encontradas cartas de reis cananeus que oferecem um retrato da situação de desordem desta terra. No próprio Egito, a era Amarna foi o centro de uma dupla reforma única na história. A corte de Aquenaton recusou a idealização representativa na arte egípcia e introduziu, em seu lugar, o realismo. Este faraó não foi apenas retratado com todos os seus defeitos físicos, mas também foi mostrado entre seus súditos bem como em situações diárias da vida familiar. Além disso, no lugar da horda de abutres e víboras adorados como deuses em Tebas, foi rigorosamente imposta em Amarna a adoração de um único deus. Este deus foi retratado segundo a imagem do disco do sol, cujos raios terminavam em pequenas mãos que se estendiam para baixo para abençoar o rei e seu povo. Uma ampla reforma foi esmagada após a morte de Aquenaton. (Veja *BARev* 13 [3, 1987] 16-32; D. B. Redford, *Akhenaton* [Princeton, 1984]). Tutancâmon restaurou a capital em Tebas e ali recebeu a suntuosa sepultura cuja descoberta em 1923 desencadeou um dilúvio mundial de interesse na arqueologia. Tecnicamente, o esforço de Amarna pode não ter sido monoteísmo e certamente deve ter sido um movimento bem mais profundo que o fraco faraó que consentiu em agir como seu porta-voz. Há razão para se crer que, depois de ter sido oficialmente eliminado, continuou a ferver em camadas da população que simpatizavam com ele.

78 O evento do êxodo é tradicionalmente colocado no período BR. Com respeito a uma data específica, as seguintes têm sido sugeridas: o início dos anos 1500, a metade dos anos 1300 e o início dos anos 1200. Determinar a data do êxodo não é simples (→ História, 75:42ss.), pois a única fonte de nosso conhecimento sobre o êxodo está na Bíblia hebraica. O testemunho escriturístico de sua importância religiosa e a evidência arqueológica são fontes muito diferentes de conhecimento.

79 A ocupação israelita de Canaã, frequentemente datada no séc. XIII, está intimamente relacionada ao êxodo e cria os mesmos tipos de problemas para os arqueólogos. Hoje, os estudiosos apresentam diferentes modelos para explicar a presença dos israelitas na terra de Canaã, incluindo conquista, imigração e revolta (→ História, 75:55 ss.; *BA* 50 [1987] 84-100) – uma situação antecipada pelos relatos contraditórios já presentes em Js e Jz. Pressupondo a historicidade básica do relato bíblico, Albright acreditava que os israelitas se estabelecem em Canaã mediante um ataque decisivo sobre as principais cidades da terra. Hazor fornece evidências convincentes; sua cidade do BR foi demolida, então substituída por um assentamento menos pretensioso da idade do Ferro I. Além de Hazor, contudo, três cidades que figuram proeminentemente nas narrativas bíblicas da conquista são Jericó, Hai, e Gabaon, que não oferecem evidências que combinem com a hipótese de Albright, não apresentando indicação de destruição ou assentamento no marco cronológico tradicional da conquista.

80 Kenyon escavou em Jericó na década de 1950 para tentar estabelecer a data do fim da cidade no BR, que alguns atribuem a Josué. Parte da confusão acerca da cronologia de Jericó resultou de tentativas de reconciliar o registro arqueológico e o relato bíblico. Garstang, um escavador anterior de Jericó, interpretou mal, como mencionamos, dois sucessivos muros do BA como um muro duplo do BR (que se achava ter sido destruído por Josué). Kenyon demonstrou que este "muro de Josué" tinha sido demolido antes de 2000. Também faltava evidência de ocupação em Jericó entre 1400 e 800. Veja J. R. Bartlett, *Jericho* (CBW; 1981).

81 O suposto local de Hai em et-Tell foi ocupado no BA (em torno de 3100-2350); o local foi então destruído e abandonado. Somente após um hiato de 1.100 anos Hai foi recolonizada na Idade do Ferro I, desta vez por 200 anos; então ela foi abandonada permanentemente. (Sobre Hai, veja *BA* 39 [1976] 18-30; *BARev* 11 [2, 1985] 58-69.). Em vista destas evidências, a data tradicional da conquista no BR e o registro bíblico não podem ser reconciliados. De acordo com a evidência arqueológica, Glabaon (atual el-Jib) não era colonizada no BR, apesar de sua proeminência na narrativa.

82 Ao interpretar o relato da conquista em Josué como etiológico, Noth e outros estudiosos alemães aderiram a modelos de imigração para explicar a entrada de Israel em Canaã . A colonização, em seu entendimento, foi uma infiltração gradual e pacífica na região montanhosa não ocupada, seguida mais tarde por campanhas militares limitadas. De acordo com de Vaux, Malamat e outros, os israelitas se estabeleceram em Canaã mediante uma combinação de entrada pacífica e ataque militar. Mendenhall propôs o modelo de revolução social para explicar a dominação israelita em Canaã. Gottwald e outros, que excluíram a invasão e a imigração, estão mais perto de Mendenhall do que de Albright ou Noth. Gottwald admite que o povo já estava bem estabelecido na terra onde eles viviam como agricultores.

83 A escavação e a pesquisa arqueológica podem lançar alguma luz sobre este assunto obscuro, especialmente com respeito a vilas não fortificadas do Ferro I, onde os israelitas se estabeleceram no período pré-monárquico. Centenas de assentamentos correspondentes à idade do Ferro I por toda a Palestina, não ocupados na Idade do Bronze, foram assentamentos pacíficos na Idade do Ferro I. Escavações em Arad, Bersabeia, Tel Masos, Tel Ira e Tel Malhata não revelaram remanescentes de cidades cananeias no norte do Negueb durante o BR. Nem apresenta evidência arqueológica para apoiar o relato bíblico do estabelecimento quando ela afirma que Arad e Horma eram duas cidades cananeias fortificadas no norte do Negueb.

84 Vilas israelitas da antiga Idade do Bronze recentemente escavadas – Masos, Esdar, Izbet Sartah, Giloh, Hai e Raddana – lançam luz sobre a maneira dos assentamentos dos israelitas em Canaã. A arquitetura e o paisagismo destas vilas refletem um nível de sofisticação não associado com nômades pastoris. Os escavadores de Tel Masos, o maior sítio arqueológico do Ferro I no norte do Negueb, indicam que os colonizadores israelitas da última metade do séc. XIII eram pessoas que já tinham uma tradição de construção que data da Idade do Bronze. É significativo que Masos continuou não fortificada apesar de sua localização vulnerável num pequeno morro baixo. Parece que o assentamento, que começa no final do séc. XIII e continuo por dois séculos, ocorreu numa era de paz.

85 Izbet Sartah, 3,2 km a leste de Afec-Antípatris, é provavelmente Eben-ezer, onde os israelitas reuniram suas tropas contra os filisteus acampados em Afec. Em Izbet Sartah, uma colônia agrícola da idade do Ferro Antigo, a escavação revelou os restos de uma casa de quatro cômodos, a maior construção com pilares deste tipo em Israel. Entre os valiosos achados está um óstraco com cinco linhas de letras gravadas. Datando de cerca de 1200, este fragmento com cerâmica inscrita é o mais antigo e o mais completo alfabeto linear protocananeu com 22 letras. Incapazes de sondar a inscrição, os epigrafistas especulam que ela seja um exercício escrito de um estudante que tenta aprender o alfabeto. Veja *BARev* 4 (3, 1978) 23-30.

86 Giló (não a Gilo de Js 15), um antigo assentamento israelita a sudoeste de Jerusalém, foi ocupado por breve tempo durante a idade do Ferro I. A. Mazar descreve o local como uma vila fortificada de pastores. Com base na evidência desenterrada ali, ele sugere que a conquista e o estabelecimento israelita datam do final do séc. XIII até a metade do séc. XII. Neste período, algumas cidades cananeias foram destruídas e algumas colônias israelitas estabelecidas. Yadin sempre sustentou que a Galileia foi colonizada após a destruição da cidade cananeia de Hazor.

87 Em Hai, após 1220, recém-chegados estabeleceram uma pequena vila, que não era fortificada e era agrícola. Como agricultores e pastores, estes novos ocupantes dificilmente eram imigrantes recém chegados do deserto. A vizinha Raddana mostra evidência de intensa atividade agrícola por colonos experientes na exploração agrícola de região montanhosa.

88 Hazor, a maior cidade em Canaã durante toda a idade do BR, cobria um tell e um planalto retangular mais baixo. As cidades alta e baixa foram destruídas aproximadamente em 1230, a demolição que Yadin atribuiu a Josué. A melhor sequência de Templos da Idade do Bronze encontra-se em Hazor, onde quatro templos foram desenterrados. O mais elaborado é o "templo ortóstata", assim chamado devido aos blocos de basalto liso que revestiram as paredes das salas durante a última fase do templo. Começando no BM, este templo foi reconstruído várias vezes, antes de ser destruído simultaneamente com a cidade. As instalações cúlticas (altares de incenso, mesas de libações, etc.) foram encontradas em conexão com estes templos. Veja Y. Yadin, *Hazor* (New York, 1975).

89 Betsã, também, tinha uma sucessão de templos do período do BR construídos quando a cidade era um enclave egípcio. Num período posterior, os filisteus transformaram estes templos e os usaram para profanar a memória de seu inimigo Saul (1Sm 31,10). Megido, Siquém e Laquis também tinham templos no período BR. A série de templos em Laquis se localizava perto do canto noroeste do montículo, no fosso fora da cidade, daí o nome "templos de fosso". Os templos de fosso eram estruturas pequenas, consistindo de um lugar de culto que era uma plataforma elevada em oposição à parede sul. No BR, a cidade também tinha um templo na acrópole da cidade cananeia; sua planta, arquitetura e equipamentos refletiam a influência egípcia.

90 Em Timna, norte de Elat, foi desenterrado um templo egípcio. Ele tinha sido construído diante de um despenhadeiro, perto das minas de cobre do sul do Arabá. O templo era um santuário egípcio dedicado a Hathor, a deusa egípcia da mineração, cujas figuras esculpidas foram encontradas ali. As operações de mineração foram realizadas desde o início do séc. XIII até a metade do séc. XII, mas não durante a monarquia israelita. A recuperação de fornos, minério, escória e ferramentas ajudará grandemente no entendimento da produção do cobre na transição entre as Idades do Bronze e do Ferro.

91 A leste do Rio Jordão, em Tell Deir Allá (Sucot?) os restos de um templo, destruído por um terremoto e por fogo no final do BR, foram descobertos. Quatro tabletes de barro, inscritos com uma forma de escrita cipro-minoana, foram encontrados em duas salas ao leste do santuário principal.

92 O cemitério em Deir el-Balah, na faixa de Gaza, um posto egípcio avançado do Novo Reino, contribuiu muito com nosso conhecimento do BR. Neste local, T. Dothan desenterrou cerca de 40 ataúdes de barro antropoides, os mais antigos encontrados em Canaã (séc. IV e 13). Estes ataudes antropoides, construídos segundo o contorno do corpo com a tampa no formato de uma cabeça com a face moldada, foram usados originalmente para o sepultamento de oficiais egípcios no BR. Tomando emprestados estes costumes de sepultamento do Egito, os filisteus adotaram os ataudes antropoides no início da Idade do Ferro. Em Betsã, foram descobertos cerca de 50 ataudes antropoides (sécs. XIII a XI).

93 Em direção ao final do BM e no início do BR, a chamada cerâmica bicolor está amplamente em evidência. Originando-se em Chipre, esta esplêndida e distinta louça está associada especialmente ao Tell el-Ajjul, onde foi descoberta pela primeira vez. Jarros e tigelas bicolores são pintados com desenhos geométricos em preto e vermelho com faixas. Touros, pássaros e peixes frequentemente adornavam estes vasos. Megido produziu um grande vaso, quase 30 cm de diâmetro, chamado de cratera ou vasilha, com pintura em duas cores. Faixas paralelas acima do bojo são divididas em quadrados que contêm motivos animais e geométricos. Este estilo é uma armadilha para o descuidado, que pode confundi-lo com a cerâmica filisteia semelhante do período seguinte, mas uma comparação mais próxima mostra distinções reconhecíveis entre estes dois estilos.

94 (III) Idade do Ferro.
(A) Idade do Ferro Antigo (Ferro I, 1200-900). Este período é chamado de Idade do Ferro ou período israelita; ambas são designações muito gerais. A transição de ferramentas de bronze para as de ferro não deve ser fixada com precisão em 1200 a.C. Durante os sécs. XII e XI, o bronze era comumente usado, o ferro raramente. Tampouco o assentamento israelita na Palestina pode ser fixado com precisão em 1200; ele ocorreu em um período mais prolongado.

95 Os povos do mar, que incluíam os filisteus, estabeleceram-se pela primeira vez no leste da bacia do Mediterrâneo na primeira metade do séc. XII a. C (→ História, 75:67). A cultura filisteia surgiu na Palestina por volta de 1190. Somente depois de uma derrota contundente nas mãos de Ramsés III é que os povos do mar (filisteus) se estabeleceram na planície costeira ao sul da Palestina. Esta planície costeira e a "pentápole" (Gaza, Ascalon, Asdod [Azoto] no litoral; Gat e Acaron; → Geografia Bíblica, 73:71) foram a área central do poder filisteu, embora seu controle se tenha estendido pelo litoral até Dor, pelo menos, e para o leste até Betsã e Tell Deir Alla no Vale do Jordão. A influência dos filisteus continuou através da metade do séc. X, embora ela não tenha chegado a seu fim nesta época.

A cerâmica dos filisteus da Idade do Ferro, apesar das semelhanças com Megido, é uma de nossas normas mais claras para datar qualquer montículo arqueológico no sudoeste da Palestina. A cerâmica filisteia é pintada de preto e vermelho, ordinariamente sobre um fundo branco. Ela é feita em nível local, mas fortemente influenciada pela louça miceniana III C 1. Para Albright, frascos com arestas, jarras de vinho e jarros de cerveja com bicos em forma de peneira corroboram imaginativamente esta conclusão: "Os filisteus eram grandes bebedores, como vemos a partir da história de Sansão". Mais inequivocamente filisteus são traços ornamentais como o "cisne olhando para trás com as asas abertas", pintada numa jarra redonda com alças em forma de laço quase verticais. O cisne é, às vezes, substituído por outras figuras como um peixe, e cada painel é moldado com faixas e espirais.

Por uma feliz coincidência, o mais rico depósito de objetos desse estilo de origem egeia foi encontrado por Duncan Mackenzie em Bet-Sames quando ele recém tinha chegado de sua experiência em Cnossos, em Creta. O parentesco egeu foi corroborado também pela escavação de P. Dikaios em Enkomi, no Chipre. Estranhamente, Bet-Sames é expressamente apresentada em 1Sm 6,12 como estando *fora* do território filisteu. Ou a fronteira flutuava, ou as louças eram negociadas em ambos os lados da fronteira.

96 Depósitos filisteus menores ou fragmentos perdidos são encontrados em muitos montículos a oeste de Bet-Sames. Sabemos a partir da história da morte de Saul (1Sm 31,10) que os filisteus tinham um enclave ao nordeste de Betsã. Tampas de ataúdes encontradas ali refletem a mesma influência filisteia existente em Tel el-Farʻah (S). Realizaram-se escavações israelenses no interior de Ascalon, num local de encruzilhada chamado Tell Gath, por autoridades israelitas em deferência à identificação sugerida por Albright (mas incorreta) do local como a Gath filisteia. Mas aqui, também, houve um desapontamento com o mínimo de artefatos filisteus. O local foi considerado provisoriamente, em face da oposição de Yadin, como a cidade-depósito de Mamshith atestada por recibos de impostos em escavações feitas em outras partes de Judá. Hoje este local é chamado de Tel Erani com base na designação árabe Sheikh el-Areini. Tell es-Safi, onde muitos vasos filisteus foram encontrados, parece ser agora a melhor candidata para a cidade filisteia pentapolitana de *Gat*.

97 A influência de Matthew Arnold fez da palavra "filisteu" um sinônimo de pessoa grosseira e inculta. Mas o desprezo da Bíblia pelos filisteus nunca é no plano da cultura humana, onde a escavação mostra que eles eram muito superiores aos israelitas. De fato, podemos sustentar seguramente que o povo eleito, enquanto desenvolviam seu culto espiritual e ético duradouro no solo da Terra Santa, satisfazia-se em ficar para trás ou tomar emprestadas as formas culturais de seus vizinhos. É interessante que a terra compartilhada pelos filisteus e pelos israelitas finalmente viesse a ser chamada de Palestina, derivando seu nome dos primeiros.

As escavações e levantamentos continuam, muita informação nova sobre a distribuição de material da cultura filisteia virá à luz. Mais de 40 sítios arqueológicos têm remanescentes da cultura filisteia. Esta ampla distribuição da cerâmica filisteia, contudo, não implica ocupação filisteia; ela também pode ser atribuída a contatos comerciais e militares. Nossa maior deficiência diz respeito à língua filisteia; nenhum texto existente pode ser atribuído com certeza a eles.

(DOHAN, T., *The Philistines and Their Material Culture* [New Haven, 1982]. SANDERS, N. K., *The Sea Peoples* [London, 1978]. *Arch* 36 [1, 1983] 12-19. *BARev* 8 [4, 1982] 20-44; 8 [6, 1982] 40-54; 10 [2, 1984] 16-28. *NatGeog* [Dec. 1982].)

98 Da pentápole filisteia, *Asdod* é a mais conhecida arqueologicamente. Ocupada desde o BA até o período árabe, Asdod [Azoto] tornou-se, durante o séc. X a.C., uma das maiores cidades-Estado independentes na Filistia. Extensas escavações realizadas por M. DOTHAN na década de 1960 revelaram a ocupação filisteia em dois níveis, que datam dos sécs. XII e XI. Asdod foi caracteristicamente filisteia desde cerca de 1175 a 1000. Entre os objetos de culto em Asdod, estava a bem conhecida estatueta de barro da deusa filisteia na forma de um trono, datando do séc. XII.

99 *Gaza*, a cidade filisteia mais setentrional, foi escavada, mas não tão extensivamente quanto Asdod. Há mais trabalho por fazer em ambos os sítios arqueológicos. O porto de Asdod nunca foi encontrado. Visto que Gaza se encontra enterrada sob a cidade atual, é improvável que haja ali escavação adicional. As outras duas cidades da pentápole filisteia, Acaron e Ascalon, estão menos obstruídas e são sítios arqueológicos mais promissores; escavações de longo prazo foram empreendidas em ambas.

100 *Acaron*, a cidade filisteia que fica mais ao norte das cinco, está muito provavelmente situada em Tel Miqne, o maior assentamento da Idade do Ferro em Israel. Além do valioso conhecimento dos filisteus a ser obtido a partir da escavação deste local, ele deveria produzir dados que tratam do relacionamento histórico e cultural entre os cananeus, israelitas e assírios. A ocupação em Miqne data do Calcolítico recente. Textos assírios e bíblicos atestam que Acaron continuou como uma cidade filisteia até o final do séc. VII a.C., e a cerâmica confirma isto. Tanto louças micênicas III C 1b quanto louças bicolores filisteias foram encontradas. S. Gitin e T. Dothan descobriram em Miqne a área industrial para a produção de azeite de oliva, que deve ter sido um importante produto de exportação. Mais de uma centena de instalações de prensas de oliveira da Idade do Ferro II, que consistem de grandes bacias de esmagamento ladeadas por todos os lados por prensas, foram descobertas. Esta evidência elucidará a cultura e a economia material filisteia, as quais quase não são conhecidas. Veja *BA* 50 (1987) 197-222.

101 Em 1985, L. Stager empreendeu uma nova fase de escavação em *Ascalon*, um dos mais importantes portos marítimos antigos no leste do Mediterrâneo e uma das cinco principais cidades dos filisteus. De maneira engenhosa, Stager foi capaz de retomar a escavação no mesmo nível estratigráfico onde Phytian Adams tinha parado no começo da década de 1920. Já em 1815, Lady Hester Stanhope "escavou" em Ascalon. Quando seus trabalhadores encontraram ali uma grande estátua de Zeus, eles a quebraram esperando descobrir um tesouro dentro dela. A história de Ascalon estende-se da Idade do Bronze (aproximadamente 2000) até o período dos Cruzados. O projeto Ascalon contribuirá muito para a arqueologia do Mediterrâneo, na medida em que ajuda a responder questões sobre a origem dos povos do mar, especialmente dos filisteus. A conquista egípcia de Ascalon é registrada na estela de Merneptá e retratada nos relevos em Carnac (Egito). Arqueólogos já detectaram em Ascalon uma destruição do séc. VII da cidade filisteia pelos babilônios (muito possivelmente por Nabucodonosor em 605 a.C.). A arqueologia subaquática também está atuando em Ascalon para estudar as instalações portuárias.

102 Um dos sítios arqueológicos filisteus mais importantes é Tel Qasile, cujo antigo nome é desconhecido. Ele está localizado na margem norte do Rio Yarkon dentro da cidade de Tel Aviv. Os filisteus fundaram esta cidade portuária na primeira metade do séc. XII. A planta da cidade é impressionante, fornecendo áreas separadas para o culto, para residências e para a indústria. Um templo filisteu foi encontrado pela primeira vez em Tel Qasile (*BA* 40 [1977] 82-87). De fato, A. Mazar desenterrou três templos filisteus sobrepostos, sendo o mais antigo uma estrutura de uma única sala que data do séc. XII. O principal local de culto dos templos filisteus é uma "sala longa" com dois pilares de madeira que lembram a história de Sansão. Além da evidência que produz acerca dos filisteus, Tel Qasile tem importância especial para os israelenses: foi o primeiro sítio arqueológico escavado por arqueólogos israelenses (sob a direção de B. Mazar) após o estabelecimento do Estado Moderno.

103 Tel Masos foi um assentamento próspero no período filisteu. Este fato levou os escavadores a crer que esta cidade tinha se tornado parte do sistema comercial e político da Filistia. Tel Batash no vale Sorek (→ Geografia bblica, 73:74) foi identificada como Tamna, mencionada na saga de Sansão. Este local foi ocupado continuamente desde o BM até o período Persa. A. Mazar começou uma escavação ali em 1977 a fim de esclarecer alguns problemas históricos que diziam respeito à região entre a Filistia e Judá. Artefatos filisteus descobertos em Tamna indicam que ela prosperou na Idade do Bronze I. No séc. X, uma nova cidade foi construída sobre as ruínas da cidade filisteia. Dor, um dos maiores tells em Israel, foi novamente escavado na década de 1980 (com relatórios aparecendo em *IEJ*). Restos filisteus foram descobertos ali, bem como em Zeror, Aco e Dã.

104 Enquanto isto, nas áreas de Canaã que não eram especificamente filisteias, o estilo cerâmico atinge seu ponto mais baixo na Idade do Ferro, coincidindo com a infiltração israelita. Os materiais são grosseiros e as formas são toscas; a impressão total de uma coleção cerâmica da Idade do Ferro é que ela é a menos estética de qualquer período. Vários sítios arqueológicos pequenos, mas importantes, perto de Jerusalém, foram escavados pelos americanos: Albright em Gabaá, Betel e Bet-Sur; Badè em Tell en-Nasbeh (Mispá?); Pritchard em Gabaon. (Veja J. B. Pritchard, *Gibeon: Where the Sun Stood Still* [Princeton, 1962].). A cerâmica da Idade do Ferro Antiga foi especialmente abundante nas escavações de Silo. Isto corrobora a descrição de Silo em 1Sm 1,3; 4,3 como um centro de peregrinação concentrado na arca da aliança. A capital de Saul foi Gabaá, bem ao lado da atual estrada do campo de atividades de Samuel em Mispá (Nasbeh?) e Gabaon, perto da torre chamada agora de Nebi Samwil, um marco.

Vários anos mais tarde, outros escavadores americanos retornaram a Gabaá, Betel e Bet-Sur para esclarecer e completar a obra empreendida anteriormente por Albright. Devido ao fato de ser quase impossível declarar uma escavação completa, estes sítios voltarão a ser estudados de tempo em tempo, como aconteceu em Silo e Tell en-Nasbeh, para mencionar apenas dois. Estão sendo revisadas interpretações anteriores acerca de Silo. O primeiro assentamento foi fundado ali no BM II. O assentamento da Idade do Ferro I foi destruído pelo fogo na metade do séc. XI, mas foi seguido por uma pequena vila na Idade do Ferro II. Os escavadores anteriores não tinham reconhecido os restos do Ferro II. (Veja *BARev* 12 [1, 1986] 22-41.)

105 Plínio, o Velho, chamou Jerusalém "de longe a mais renomada cidade do Oriente". (→ Geografia Bíblica, 73: 92-94.). Singularmente simbólica, Jerusalém talvez seja a cidade mais escavada no mundo. Contudo, não é tão conhecida arqueologicamente como outras cidades na Palestina, porque a contínua ocupação desde a Idade do Bronze impede extensas escavações. Exploradores e peregrinos têm visitado Jerusalém por séculos, mas a cidade tornou-se objeto de pesquisas sistemáticas apenas na metade do séc. XIX. Após o estabelecimento em 1865, o *British Palestine Exploration Fund* patrocinou as escavações iniciais de Jerusalém. Wilson, Warren, Clermont-Ganneau, Bliss, Dickie, Vincent, Weill, Macalister, Duncan, Crowfoot, FitzGerald e Hamilton estavam entre os primeiros pesquisadores de Jerusalém antes de Kathleen Kenyon (→ 19 *acima*) ter dirigido a maior escavação na década de 1960. Desde 1967, arqueólogos israelenses têm escavado de modo intenso na Cidade Antiga: B. Mazar, ao redor do Monte do Templo; Avigad, no Quarteirão Judaico; Shiloh, na Cidade de Davi; Broshi, no Monte Sião e no Quarteirão Armênio; Amiran e Eitan, na Cidadela; Netzer e Ben--Arieh, no norte da Cidade Antiga.

106 O projeto de Kenyon, que se concentrou principalmente na cidade de Davi, inaugurou uma nova era na arqueologia de Jerusalém. Seu propósito era aplicar as técnicas arqueológicas mais recentes aos problemas levantados por escavadores anteriores, principalmente à questão da topografia histórica de Jerusalém. Constituindo apenas uma pequena parte da moderna Jerusalém, a Cidade de Davi está situada no íngreme declive do contraforte sudeste da Cidade Antiga. Experimentada na técnica estratigráfica aprendida com o arqueólogo britânico Mortimer Wheeler, Kenyon escavou numa longa e estreita trincheira desde o cume da colina até a fonte de Gion. Embora ela tenha cometido alguns erros, ela foi capaz de esclarecer a cronologia ao desenredar a complexa estratigrafia da encosta leste da cidade. Uma das importantes descobertas de Kenyon foi o muro jebuseu e a torre adjacente que cercava a cidade pré-israelita. Até a escavação de Kenyon, supunha-se que este muro se localizasse a muito mais perto do cume oriental. Datando de 1800 a.C., o muro já estava em uso por 100 anos.

107 Baseando-se na obra de Kenyon, Y. Shiloh empreendeu, em 1978, uma escavação adicional na Cidade de Davi. Ele desenterrou 25 camadas de ocupação, que se estendem do Calcolítico até a Idade Média. Ele abriu 12 áreas de escavação e conseguiu esclarecer vários aspectos da história de Jerusalém, entre eles o sistema de fortificação da cidade desde o BM até o período bizantino; as características das habitações (desde o BA até o Ferro II) nos terraços escalonados do declive oriental; o complexo sistema de instalações de água subterrânea da Idade do Ferro. Os três sistemas de água interligados que emanam da fonte de Gion são o túnel de Ezequias, o canal de Siloé e o poço de Warren (chamado pelo nome de seu descobridor; → 8 *acima*). Antecipando o ataque de Senaquerib a Jerusalém, em 701 a.C., Ezequias trouxe a água da fonte de Gion para Jerusalém por meio de um túnel de 533 metros. O canal de Siloé serviu de reservatório e fornecia água para irrigação. O poço de Warren, que consistia de um poço vertical e de túneis de ligação, permitiu aos habitantes de Jerusalém extrair água da fonte de Gion sem exposição ao ataque hostil. Vincent e outros exploradores anteriores consideraram o poço de Warren, o mais antigo destes sistemas de água, como sendo o ṣinnôr (canal) de 2Sm 5, que forneceu acesso a Jerusalém aos soldados de Davi em sua tentativa de capturá-la. Em oposição a Vincent, Shiloh estabeleceu que este sistema de água data da ocupação israelita (sécs. X e IX), não do período jebuseu pré-davídico. Shiloh também descobriu uma reserva de 51 lacres de barro usados para selar papiros. Estes selos estavam numa camada queimada da "casa dos selos" (área G, no topo do declive oriental). Cozidos por acaso durante o incêndio babilônico de Jerusalém, estes selos, que datam do final do séc. VII ao início do séc. VI a.C., estão bem preservados. Dos muitos antropônimos hebraicos que se encontram nos lacres, "Gemaryahu ben Shaphan" soa familiar. Um escriba com este nome (Jr 36,10-12. 25) serviu na corte de Joaquim (608-597). Shiloh especula que a "casa dos selos" funcionava como um arquivo real no final da monarquia. Dois selos adicionais do período do Primeiro Templo vieram à luz. Um é de Baruc ben Neriah, o escriba; o outro é de Jeremiel, o filho do rei. Jeremias 36 ajuda na identificação dos dois proprietários dos selos. Baruc foi o famoso secretário e amigo de Jeremias. Jeremiel foi um oficial sob o rei Joaquim.

108 A expansão do império de Davi e as atividades construtoras de Salomão são atestadas arqueologicamente por uma inovação chamada de casamata, *i.e.*, dois muros de defesa paralelos divididos em câmaras para armazenagem ou alongamento. O muro casamata salomônico e o magnífico portão da cidade com 4 passagens de entrada encontrado em Megido também estavam em uso em Hazor e Gezer (1Rs 9,15). O protótipo destas passagens foi encontrado em Asdod [Azoto]. Outros estilos atestados por volta deste período, especialmente em Megido, são os tijolos travados e pedras de alvenaria e o capitel protoeólico. Os exemplos mais antigos da arquitetura monumental israelita são os dois palácios de Megido construídos de alvenaria de pedra de cantaria e adornados com capitéis de pedra protoeólicos.

109 Vamos resumir aqui informações reunidas a partir de escavações em outras partes sobre os prováveis detalhes estruturais do Templo de Salomão (diagrama → Instituições, 76:43-46). A mais clara abordagem inicial para se ver o produto acabado é o templo completo existente de Edfu no sul do Egito. Embora este templo tenha sido construído uns 700 anos após Salomão, ele preserva com extrema fidelidade um estilo que é atestado, por ruínas parciais localizadas alhures, até 300 anos antes dele. Sabemos que Salomão não tinha apenas uma aliança de casamento, mas também outros contatos culturais estreitos com o Egito, o "árbitro da elegância" de seus vizinhos. Também é instrutivo o templo de Baalbek no Líbano, construído por volta do mesmo período que o de Edfu. Ainda que esteja parcialmente destruído e incompleto e mostre em toda parte vestígios óbvios de interpolações greco-romanas, há um aspecto convincente no fato de que ele foi construído por um arquiteto da mesma origem fenícia que aquele que desenhou a planta do Templo de Salomão. Em Hazor, constatou-se que o principal templo de um grupo de vários templos da Idade do Bronze tem uma planta identificável. A semelhança na planta do templo de Hazor com o templo em Alalakh (agora Tell Atshana no norte da Síria), a capital do reino siro-hitita, revela que estilos hititas tiveram influência sobre o Templo de Salomão, que foi construído de acordo com as mesmas linhas gerais. Veja também o desenho do templo Tainat, do séc. VIII, na Síria (→ Instituições, 76:43-46). Os remanescentes destes templos mostram que o "Santo dos Santos" era acessado a partir de um santuário externo, que por sua vez era protegido por um imponente pórtico.

Certamente não podemos ignorar as influências de um culto cananeu local. Dos séculos que precedem Salomão, importantes templos foram trazidos à luz nas escavações em Laquis, Megido, Siquém e Hai. Em Arad, no Negueb, ocupado por clãs quenitas relacionados com Judá (→ Geografia bíblica, 73:86,88), as escavações israelenses desenterraram um templo a Iahweh do período monárquico. Todos estes templos compartilham aspectos comuns, mas frequentemente existem diferenças na planta. (Veja *BARev* 13 [4, 1987] 38-49.). Por exemplo, a estrutura de Arad é um templo com uma sala ampla que possui sua entrada no lado maior, diferentemente do templo de Jerusalém, que é um templo de sala longa com sua entrada na extremidade ou lado menor da forma retangular.

(Para bibliografia sobre o Templo de Jerusalém, → Instituições, 77:46. BIRAN, A. [ed], *Temples and High Places in Biblical Times* [Jerusalem, 1981]. HARAN, M., *Temples and Temple Service in Ancient Israel* [Oxford, 1978]. MEYERS, C. L., "The Elusive Temple", *BA* 45 [1982] 33-41.)

110 Em 1938, Glueck (→ 17 *acima*) começou a escavação de Tell el-Kheleifeh, perto da parte superior do golfo de Ácaba. Ele identificou erroneamente o local como o porto salomônico de Asiongaber; não há evidência ali de cerâmica do séc. X para apoiar a alegação de Glueck (→ Geografia Bíblica, 73:69).

111 Duas recentes descobertas relativas ao culto da Idade do Ferro ocasionaram discussão entre os estudiosos bíblicos. Durante um levantamento arqueológico, A. Zertal se deparou com uma instalação no monte Ebal que ele interpreta como um altar retangular e um centro de culto. A estrutura de 2,70 m de altura data de 1200-1000. Devido ao fato de o altar ser construído com pedras grandes e naturais, Zertal tentou ligar este ao altar construído por Josué (Dt 27,1-10; Js 8,30-35). A. Mazar pesquisou um sitio de um único período no norte de Samaria que, segundo sua avaliação, pode ser um lugar de culto israelita ao ar livre. Uma grande placa de pedra retangular, parte de um incensário quadrado, e alguns ossos de animais sugerem que o local pode ter tido uma função cúltica. Também uma estatueta brônzea de touro, a mais antiga já encontrada em Israel, foi recolhida nas vizinhanças. Este achado pode ajudar a entender o culto ao bezerro de ouro na Bíblia. Veja, contudo, *BARev* 14 (1, 1988) 48-52.

112 (B) Idade do Ferro Recente (Ferro II, 900-600). As divisões arqueológicas da Idade do Ferro não são tão uniformes quanto as da Idade do Bronze. Podemos seguramente considerar "Ferro II" como tendo a mesma duração do reino dividido (922-586) de Judá-Israel. Após o exílio (539), encontramos designações políticas usadas em lugar de metais, mas ainda é a cerâmica que realmente proporciona a base da divisão. Escavações, levantamentos e inscrições se combinam para fornecer um quadro bastante claro do Ferro II. Os remanescentes materiais, contudo, são inferiores aos dos povos vizinhos. O sistema de defesa altamente desenvolvido, que consistia de fortalezas e torres, aponta para a segurança como uma importante preocupação; certamente a terra, as cidades e o comércio tinham de ser protegidos. Fornecer água potável segura era outro aspecto a ser considerado. A arquitetura típica neste período, como no Ferro I, era a casa com pilares, de dois a quatro cômodos; os pilares sustentavam um telhado ou um segundo pavimento. No Ferro II, as unidades geopolíticas regionais eram Judá, Israel, Fenícia e Filistia; na Transjordânia, eram Moab, Amon e Edom (→ História, 75:66ss.).

113 Quando, sob Jeroboão I, a Samaria se separou da sujeição da casa de Davi, ela não teve uma cidade capital permanente por algum tempo. Em 876, Omri tornou-se rei em Tersa no declive nordeste do Monte Ebal (escavado por Vaux; → 18 *acima*) e logo iniciou a construção de um palácio. Mas Omri abruptamente mudou seu plano e transferiu sua capital para 16 km a oeste. Ali, no declive oeste da cordilheira, olhando para o Mediterrâneo, ele construiu uma cidade inteiramente nova sob o nome de Shomron ou Samaria. Veja A. Parrot, *Samaria* (SBA 7; Londres, 1958); G. E. Wright, *BA* 22 (1959) 67-78, ou *BAR* 2. 248-57; *EAEHL* 4. 1032-50; → Geografia bíblica, 73:103.

114 A escavação de Samaria foi iniciada por G. A. Reisner em 1908-1910 e continuada por J. W. Crowfoot em 1931-1935. O muro da cidade, como os de Mirsim e Laquis, na opinião de Albright parece evidenciar a introdução de um novo portão de acesso indireto do tipo visível ainda hoje nas entradas da Antiga Jerusalém (mas os muros anteriores de Nasbeh e da Megido salomônica já exemplificam este princípio). A construção mais imponente descoberta por Reisner estava no topo da colina, debaixo dos restos de um templo herodiano dedicado a Augusto. (O título honorífico do imperador romano em sua forma grega, *Sebastē* foi dado nos períodos herodianos a toda a cidade e sobrevive no nome árabe atual do sítio arqueológico, Sebastyeh.). A construção do palácio no cume parece ter sido começada por Omri e continuada por seu filho Acab (869-850), e também por Jeroboão II (786-746). Ele continha marfins belamente esculpidos que rivalizam com os de Megido de um século antes (*ANEP* 332). Semelhantes a estes, de origem fenícia, foram descobertos em vários pontos do Crescente Fértil. O luxo que estes marfins representam nos ajuda a entender os frequentes discursos contra as desigualdades sociais proferidos pelo primeiro dos profetas literários, Amós, em cujo livro encontramos várias referências desdenhosas ao marfim (3,15; 6,4). Veja *BARev* 11 (5, 1985) 40-53.

115 Um outro discernimento precioso acerca do agravamento na má distribuição econômica é proporcionado por um arquivo de recibos de impostos do palácio de Samaria. Eles estão na forma de óstraca, *i.e.*, fragmentos de cerâmica com escrita em tinta datados ao longo de um período de 17 anos (*BA* 45 [1982] 229-39). Aparentemente o longo reinado de Jeroboão II acomoda melhor este arquivo.

Devemos recordar aqui que, começando por volta do ano 1000, possuímos diversas inscrições na escrita fenícia ou hebraico arcaico, traduzidas em *ANET* 320-21. A mais antiga talvez seja o calendário de Gezer, de fato tão lacônico e infantil para garantir qualquer inferência sólida acerca da existência e natureza do hebraico como uma língua separada naquela época. Na campanha de escavação israelense, em 1967, em Arad, descobriu-se um óstracon de dez letras do séc. X. A longa e detalhada inscrição em "estela" do contemporâneo de Omri, o rei Mesa de Moabe, é considerada como estando escrita na língua moabita, e suas diferenças em relação ao hebraico são maiores que as diferenças entre o hebraico e o aramaico. A inscrição no túnel de Siloé de Ezequias (715-687), em Jerusalém, data de cerca de 700 a.C., e Albright declara que ela está "em elegante hebraico clássico..., mas estes achados, bem como centenas de pequenas inscrições em selos e outros objetos, caem na insignificância ao lado da sensacional descoberta das óstraca de Laquis". Mas esta declaração talvez tenha de ser revisada agora à luz da descoberta (1962-1967) de mais de 200 óstraca inscritas em Arad. De acordo com Y. Aharoni (*BA* 31 [1968] 9-18), mais da metade estão em hebraico e datam do período da monarquia, enquanto o restante está em aramaico de aproximadamente 400 a.C.

116 O que segue é um catálogo dos projetos arqueológicos que fornece informações valiosas sobre o Ferro II. Foram escavados em Ramat Rahel (Beth-haccherem?), ao sul de Jerusalém, uma cidadela real (séc. IX ou 8) e um imponente palácio pertencente a um dos últimos reis judaítas. A monumental arquitetura destas construções deve ter sido impressionante. Este sítio também produziu 145 alças de jarros com a estampa real (*lmlk*). Em Khirbet Rabud (Debir?), ao sul de Hebron, os escavadores desenterraram uma cidade judaíta do séc. IX. Um muro maciço, de 3,9 m de largura, circundava a cidade. Na região de Engadi, perto do Mar Morto, foi descoberta, em Tel Goren, uma instalação industrial de meados do séc. VII. Foram desenterradas, em Tell el-Hesi, no reino de Judá, instalações de defesa do séc. IX, as quais circundavam a cidade com uma plataforma dupla.

117 Em Tel Bersabeia, logo a leste da cidade atual, foi fundada, no séc. X, uma cidade real fortificada. A destruição final deste sítio data do ataque de Senaquerib em 701. As quatro pedras de um altar com chifres, datando do séc. VIII, foram descobertas na parede de um armazém. Três estavam intactas, e na quarta faltava a parte de cima. Contrariando a proibição bíblica (Js 8,31), estas pedras eram pedras de cantaria bem polidas. Os chifres eram a parte mais santa do altar: cortá-los era profanação (Am 3,14); agarrá-los concedia o direito de asilo (1Rs 2,28). Sobre Bersabeia, → Geografia bíblica, 73:86; *BA* 35 (1972) 111-27; *BARev* 6 (6, 1980) 12-28. Em Tel Masos, a leste de Bersabeia, o grande assentamento dos sécs. XII e XI havia declinado; por volta do séc. VII, ele foi reduzido a uma pequena fortaleza. Em Aroer, a sudeste de Bersabeia, os escavadores encontraram quatro fases de construção do Ferro II (séc. VII e VI). Os artefatos encontrados nesta cidade fortificada do deserto indicam que os habitantes tinham contato com seus vizinhos edomitas a leste. Tel Sera (Ziglag?), a noroeste de Bersabeia, oferece evidência de construções bem planejadas, incluindo casas de quatro cômodos, nos sécs. X e IX. Este local serviu mais tarde como uma fortaleza para os invasores assírios. Tell Jemmeh também foi ocupado pelos assírios. O governador assírio pode ter residido na construção bem preservada de Jemmeh com sua singular abóbada de tijolos.

118 Entre os pequenos fortes israelitas no Negueb durante o Ferro II, dois merecem menção especial. Sessenta e quatro km ao sul de Bersabeia está o sítio atual de Ein el-Qudeirat, considerado como sendo Cades Barne, o importante local de parada israelita durante o êxodo, embora não haja restos anteriores ao séc. X. Neste local, R. Cohen desenterrou três fortalezas, cada uma construída sobre os restos da anterior, datando dentre os sécs. X e VI (→ Geografia bíblica, 73:85).

A 64 km ao sul de Ein el-Qudeirat, Z. Meshel escavou Kuntillat 'Ajrud, uma remota estação no deserto. O explorador britânico E. Palmer descobriu este sítio em 1869. A arquitetura, que consiste de uma construção retangular principal e uma estrutura menor, não é a principal característica ali. As inscrições são os achados extraordinários. Há dedicatórias, pedidos, orações e bênçãos, em hebraico e fenício, pintados no reboco das paredes da construção e em dois amplos *pithoi* (jarros de armazenagem) ou gravados em vasos de pedra. Desenhos grosseiros acompanham algumas das inscrições religiosas. A inscrição "Iahweh-Aserá" e o desenho associado num *pithos* têm ocasionado uma discussão interminável entre os estudiosos. "Aserá", na opinião de alguns, é uma referência a uma árvore sagrada ou a um conjunto de árvores, que podem ter estado em processo de serem personificadas, como os profetas temiam. No desenho, duas figuras estão em pé e uma está sentada. As figuras em pé provavelmente representam o semideus Bes egípcio; a figura sentada, que está tocando uma lira, é simplesmente um músico, não uma deusa. Com base na cerâmica e escrita, este assentamento data do final do séc. IX até o início do séc. VIII a.C. Veja *BA* 39 (1976) 6-10; *BARev* 5 (2, 1979) 24-35; 10 (6, 1984) 42-51; *TS* 48 (1987) 333-40.

119 Existiam vários sítios importantes do Ferro II no norte, também. Em Tel Dan, foram descobertos um portão e fortificações relacionadas com ele do séc. IX, bem como uma área sagrada (*temenos*), (→ Instituições, 76:40). Também foi encontrado na área do santuário um chifre de pedra pertencente a um altar maior. A. Biran afirma que uma instalação (final do séc. X e início do séc. IX), encontrada perto do *temenos*, foi usada num ritual de libação de água. Esta instalação é composta de um recipiente ladeado por placas planas de basalto, inclinadas para fora do recipiente; no final de cada placa, encontra-se um jarro fundo. Outros identificam a instalação como uma prensa de azeitonas.

Como o azeite de oliva era usado para propósitos rituais nos tempos bíblicos, não seria impróprio encontrar uma prensa de azeitonas numa área sagrada. (Para as escavações, veja *BA* 37 [1974] 26-51; 43 [1980] 168-82; 44 [1981] 139-44; *BARev* 7 [5, 1981] 20-37; 10 [6, 1984] 52-58; 13 [4, 1987] 12-25.)

120 Hazor, reconstruída na época salomônica, continuou a funcionar até seu fim em 732. O gigantesco sistema hidráulicoem Hazor, que data de Omri (séc. IX), era semelhante ao de Megido. Ele consistia de três seções principais: o poço, túnel inclinado e estrutura de acesso. No Ferro II, a cidade fortificada de Aczib, perto do litoral ao norte, alcançou seu apogeu como uma colônia fenícia muito importante. Taanac foi destruída por volta do final do séc. XII. Reocupada no séc. X, ela foi arrasada por Sisac em 918. Uma grande quantidade de material cúltico foi desenterrada no santuário, do séc. X, de Taanac. O artefato mais conhecido é a estante cúltica de barro cozido com relevos de animais e um disco de sol alado. Siquém foi razoavelmente próspera no Ferro II, depois que Jeroboão I mudou a capital para Tersa (→ Geografia bíblica, 73:102). Os assírios destruíram a Siquém israelita em 722, e ela foi abandonada até o séc. IV a.C.

121 Perto da cidade costeira de Yabneh Yam existe uma fortaleza no sítio de Mesad Hashavyahu. Conquistada por Josias, ela foi posteriormente destruída em 609 pelo exército egípcio de Neco (→ História, 75:111). Este local é famoso pela descoberta de um óstraco de 14 linhas, uma carta de um trabalhador de seara que se queixa que suas vestes tenham sido confiscadas injustamente (Ex 22,25; Dt 24:12). Este óstracon, que data da segunda metade do séc. VII, é um documento não bíblico importante que lida com a vida diária em Judá durante o período pré-exílico.

122 Durante o Ferro II e o período persa, Amon, Moab e Edom prosperaram (→ História, 75:68-70; → Geografia bíblica,

73:40-49). Toda a região leste do Rio Jordão está extensamente pesquisada agora; consequentemente, sabe-se muito mais hoje sobre a Transjordânia do que em qualquer outra época. Os levantamentos de Glueck foram informativos, mas seus sucessores reuniram muito mais dados, enquanto corrigem algumas de suas conclusões. Os amonitas, que ocupavam a Jordânia setentrional e central, tinham sua capital em Amã. Evidência escrita acerca dos amonitas (incluindo a inscrição em um frasco de bronze de Tell Siran, a inscrição na cidadela de Amã, a inscrição no teatro de Amã e diversos selos) suplementa a escavação e a pesquisa. Os moabitas, localizados na Jordânia central, tinham Querac e Dibon como suas capitais. Fortificações do Ferro II foram escavadas em Dibon (atual Dhiban), onde a Pedra Moabita (estela de Mesa), que descreve as relações de Moab e Israel no séc. IX, foi encontrada em 1868. A atual Hesbân, outrora famosa como Hesbon, não tinha restos da Idade do Bronze e poucos da Idade do Ferro Antigo. O Ferro Recente II, contudo, está bem representado. Além do muro de defesa, foram descobertos óstraca dos séc. VI e 7. Os edomitas estavam localizados no sul da Jordânia, tendo Bozra (atual Buseirah) como sua capital. Vários sítios do Ferro II foram escavados no sul, inclusive Buseirah, Umm mel-Biyara, Tawilan e Tell el-Kheleifeh. Em Buseirah, foram encontradas as fortificações e um templo ou palácio importante. Mas nenhuma inscrição edomita importante veio à luz.

123 Tell Deir Alla, no Vale do Jordão, é usualmente identificado com Sucot (→ Geografia bíblica, 73:51), mas o escavador H. Franken sugeriu Gilgal. Além dos tabletes de barro do BR inscritos em uma escrita linear, um importante texto religioso foi recuperado. Escrita em vermelho e preto num muro de uma construção do séc. VIII, e talvez em dialeto aramaico antigo, a inscrição se refere a "Balaão, filho de Beor" (Nm 22-24). Veja *BA* 39 (1976) 11-17; *BARev* 11 (5, 1985) 26-39.

Uma outra inscrição aramaica foi encontrada, em 1979, perto de Tell Fakhariyah, no leste da Síria. Datando da metade do séc. IX a.C., ela é bilíngue, tendo o acadiano como a segunda língua, e foi inscrita na barra de uma estátua de basalto preto de tamanho natural de um governador.

124 (IV) Da queda de Jerusalém até Herodes.
(A) Períodos babilônico e persa (600-332). Depois de Jerusalém, Laquis era a cidade fortificada mais importante em Judá. Ela lança grande luz sobre o ataque assírio contra Judá sob Senaquerib, bem como a invasão babilônica posterior do reino do sul por Nabucodonosor. Laquis é o sítio extenso chamado de Tell ed-Duweir (não Tell el--Hesi, que Petrie pensava ser Laquis; → 11 *acima*). O sítio Duweir já tinha sido sugerido por Albright antes mesmo do nome Laquis ser desenterrado pela escavação de J. Starkey em 1932-1938. É digno de nota que a informação mais vívida escavada acerca de Laquis não tenha vindo em absoluto de Duweir, mas da distante Nínive, no norte da Assíria. Dali veio o friso de Senaquerib no Museu Britânico (*ANEP* 372) que mostra como ele venceu a resistência de Laquis durante sua invasão da Palestina em 701. As manobras do rei Ezequias de Judá, obscuramente descritas em 2Rs 18,14, impediram uma subjugação semelhante à da Samaria. Um século mais tarde, porém, surgiu no sul da Babilônia a nova máquina militar de Nabucodonosor. Ele impôs uma derrota decisiva aos egípcios em Carquemis, em 605, a seguir lançou uma invasão em larga escala sobre a Palestina em 598 e 589. Ambas as vezes, a cidadela de Laquis suportou o ímpeto do ataque sobre a região aberta fora de Jerusalém. Veja *BARev* 14 (2, 1988) 42-47.

125 Dentro de uma sala do portão da cidade de Duweir, Starkey encontrou, em 1936, uns 20 fragmentos de jarra com mensagens escritas a tinta de um oficial militar a seu capitão regional (*ANET* 321-22). Um desses óstraca lamenta o fato de que um exército hostil esteja avançando tão implacavelmente que os sinais da vizinha Azeca já foram extintos, embora os de Laquis ainda sejam visíveis. Estes fragmentos foram encontrados num nível estreito entre duas camadas de cinzas. Parecia natural atribuir estas duas camadas às duas destruições impostas por Nabucodonosor num período de dez anos uma da outra (598 e 589). Mas Starkey foi morto logo depois numa emboscada, e um reexame dos fatos por sua publicadora, Olga Tufnell, fez parecer que a camada mais antiga pode ter sido a de Senaquerib (701). Entrementes, contudo, o conteúdo das mensagens prova, para satisfação de todos os peritos, que elas foram compostas por volta de 590. A menção de um Conias, filho de Elnatã, relembra o Elnatã de Jr 26,22; 36,12. Os apelos ao Egito e a frenética atividade de Jeremias durante os momentos negros da deportação também parecem refletidos nas Cartas de Laquis. (Veja referência a Laquis e Azeca em Jeremias 34,7.). Um dos óstraca de Arad, aparentemente a ser datado com base na paleografia no final da monarquia, menciona a vinda dos edomitas. Y. Aharoni relaciona isto a um ataque edomita ao Negueb pouco antes da campanha final de Nabucodonosor contra Judá (por volta de 600).

126 Em 1973, D. Ussishkin começou uma nova fase de escavações perto de Laquis. Além de escavar o templo e outras instalações do BR, ele concentrou-se no complexo do portão da cidade da Idade do Ferro perto do canto sudoeste do tell. Consistindo de vários portões sobrepostos que foram destruídos sucessivamente, este complexo provocou sérios problemas de datação que Ussishkin queria resolver. A data da Camada III foi objeto de disputa acadêmica por um longo tempo. Como Tufnell, Ussishkin concluiu com base na evidência estratigráfica que a Camada III marca a destruição por Senaquerib em 701. Igualmente, a Camada III representa a conquista babilônica por Nabucodonosor em 588-586. Starkey queria datar a destruição da Camada III ao ataque babilônico de 597, mas a nítida diferença nas formas cerâmicas encontradas na Camada III e II exigia, na avaliação de Ussishkin, mais de dez anos de intervalo para explicar estas mudanças tipológicas. A maioria dos arqueólogos, mas não todos, concorda com a datação de Ussishkin do complexo do portão da cidade. Os assírios atacaram Laquis no canto sudoeste da cidade precisamente porque ele era muito vulnerável; por todos os outros lados a cidade estava protegida por vales profundos. Ali os assírios construíram sua rampa de cerco de terra e pedras e a ergueram contra o muro da cidade, como está retratado nos relevos de Senaquerib. Os defensores de Laquis responderam construindo sua própria contrarrampa dentro do muro da cidade, oposta à rampa assíria. (Sobre Laquis: *BA* 40 [1977] 71-76; *BARev* 5 [6, 1979] 16-39; 10 [2, 1984] 48-77; 13 [1, 1987] 18-39; para os sítios no final do reino, veja *BA* 38 [1975] 26-54.)

127 A Babilônia para a qual uma certa proporção de judeus foi deportada foi trazida magnificamente à luz pela escavação alemã do palácio de Nabucodonosor e do templo de Istar. Muitas outras escavações no vale do Tigre-Eufrates proporcionaram percepções incidentais com relação à vida dos exilados descrita em Ezequiel e Daniel 1. Mais a leste, no Irã, escavações como a de Susa e Persépolis proporcionaram amplos detalhes sobre o modo de governo de Ciro e Dario (final do séc. VI) refletido em Deuteroisaías e Ester.

Dentro do próprio Judá devastado, a escavação pode mostrar que a vida diária foi interrompida pela deportação, mas não resolver o debate sobre a porcentagem da população que foi deixada para trás. Em Laquis, no próprio topo do montículo, um grande palácio que serviu ao governante local desde 900 foi transformado num estilo diferente durante o exílio. Tufnell aceitou o julgamento de Watzinger de que as inovações era siro-hititas. Mas Albright reivindicou que eram persas, "fortemente influenciadas tanto quanto à planta e aos detalhes de antigas construções partas como o pequeno palácio em Nipur na Babilônia, onde temos um uso semelhante de pátios e colunas".

128 Nosso conhecimento da cultura material da Palestina no período persa, quando os judeus retornaram do exílio babilônico, está crescendo rapidamente devido ao renovado interesse nesta área. Escavações, levantamentos, evidências epigráficas, moedas, estatuetas e arqueologia subaquática estão iluminando este período outrora pouco conhecido. A distribuição de assentamentos e populações no período persa é entendida muito melhor agora. O arqueólogo israelense E. Stern, um especialista no período persa, está fazendo uma importante contribuição mediante suas próprias escavações e pela coordenação de resultados de outros sítios. Hazor, Shiqmona, Tel Megadim, Tel Mevorakh, Engadi, Tell el-Hesi e vários outros sítios têm muito a ensinar sobre o período persa. Stern conclui que a Palestina, no período persa, estava dividida em duas regiões: a primeira era a área montanhosa da Judeia, Jordânia e Samaria, refletindo a cultura "oriental" da Assíria, Babilônia e Egito; a segunda era a Galileia e o litoral mediterrâneo, refletindo a cultura "ocidental" da Grécia e Chipre.

129 A Camada II da cidade alta em Hazor é atribuída ao período persa. A cidadela construída pelos assírios, num período anterior, continuou a ser usada no período persa. Na cidade costeira de Shiqmona, foram escavadas uma fortaleza e um quarteirão residencial. Em Tel Megadim, no litoral, há restos de uma cidade persa bem preservada, de forma quadrangular, com uma rua paralela ao muro da cidade. Objetos encontrados no local indicam que a riqueza da cidade resultou do comércio e da agricultura. A abundância de cerâmica ática ali é evidência do comércio com a Grécia. Tel Mevorakh, na planície de Saron, tem três fases do período persa, com evidência de um centro administrativo ou grande propriedade. No Tel Goren, na área de Engadi, está uma grande construção persa que foi usada como habitação. Um grande acúmulo de fragmentos de cerâmica do período persa e dois óstraca aramaicos também foram descobertos. Nos níveis persas do Tell el-Hesi, ocorreu uma quantidade significativa de construções. Hesi tinha fortes afinidades com Tell Jemmeh e Tell el-Far'ah (S) neste período; todas eram grandes áreas de armazenagem de grãos. (Para um relatório sobre as escavações em Hesi, veja *BA* 41 [1978] 165-82.).

Outros sítios arqueológicos ajudarão a iluminar o período persa, mas vários ainda não foram publicados ou as escavações estão em andamento. Dor, no litoral, foi uma importante cidade fenícia no período persa. Era cercada por uma muralha construída com grandes pedras de calcário. A principal cidade no período persa era Samaria, a sede do governador persa. Infelizmente, apenas poucas ruínas do período sobreviveram.

130 As cavernas do Wadi ed-Daliyeh, escondidas numa área remota a norte de Jericó, continham 27 papiros completos e muitos fragmentos soltos. Comerciais e legais quanto à natureza, os documentos do Wadi el-Daliyeh, escritos em aramaico, são datados de 375-335 a.C. Estes são os mais antigos papiros legais de origem palestina. Além dos papiros, foram encontrados 300 esqueletos nas cavernas. F. Cross especula que se tratava dos restos de infelizes samaritanos que se rebelaram contra Alexandre o Grande. Escapando de Samaria quando as tropas macedônias destruíram a cidade em 331, essas vítimas procuraram refúgio nas cavernas de Daliyeh. Ao descobri-los, os soldados colocaram fogo na entrada da caverna e os sufocaram.

131 (B) Períodos grego e asmoneu (332-1 a.C.). Em 330, Alexandre o Grande trouxe os exércitos gregos para a Palestina, que, nos séculos seguintes, foi inundada com as boas e más características da cultura grega.

A forte resistência à invasão do helenismo finalmente levou às reações revolucionárias dos macabeus em 167. Mas com a invasão da Palestina por Pompeu, em 63 a.C., o Império Romano começou a servir como um marco para conduzir a Judeia a um poder e extensão maiores do que ela tinha conhecido desde Davi, *i.e.*, sob Herodes o Grande e Herodes Agripa I.

132 Uma das escavações pioneiras em Marisa (Tell Sandahanna), a oeste de Hebron, realizada por F. Bliss, em 1898, revelou a imponente planta de uma cidade helenística do séc. II a.C. Os túmulos de Marisa, escavados em 1902 e ainda visíveis, estão entre nossos monumentos helênicos mais antigos. Eles continham inscrições gregas e afrescos coloridos de uma indecência helenística.

133 Anafa, uma rica cidade helenística na Galileia Superior, prosperou desde a metade do séc. II até cerca de 80 a.C. Este assentamento representou a transição do período helenístico para o período romano. Os artefatos que atestam a afluência da cidade são vasos de vidro moldados e *terra sigillata* (tigelas e pratos esmaltados em vermelho, trabalhados no interior e nas bordas). Uma inscrição dedicatória bilíngue, em grego e aramaico, foi encontrada em Dã. Datando da primeira metade do séc. II a.C., esta inscrição votiva se refere ao "deus que está em Dã".

134 De aproximadamente 175 a.C., sobrevive uma estrutura imponente na região isolada de Araq el-Emir, a oeste de Amã. No passado, foi considerada um mausoléu, mas três campanhas de escavação (1961-1962) convenceram P. Lapp de que era um templo. Se há uma base para chamar a monumental construção de templo, ela seria a tipologia arquitetônica. Ela pertenceu a um certo Tobias, um líder político dinástico proeminente em Josefo (*Ant.* 12.5.1 § 240) e aparentemente descendente do Tobias o Amonita, proeminente em Ne (→ História, 75:130). Após fazer um estudo arquitetô-nico pedra por pedra da construção, os arqueólogos franceses empreenderam uma reconstrução e restauração completa.

135 Na estrada para Hebron, foi escavada uma importante cidadela em Tubeiqa por Albright e O. Sellers, em 1931. Ela parece ter sido Bet-Zur, o centro das perturbações macabeias durante o que é a única observância bíblica registrada do ano sabático (1Mc 6,49, mas veja as reservas de North em *Bib* 34 [1953] 501). Em 165 a.C., Judas Macabeu derrotou Lísias, o regente sírio, em Bet-Sur. Mais tarde, numerosas moedas, catalogadas ali, ajudaram a determinar a data do fim de Bet-Sur na década de 70 a.C. Quando Sellers retomou as escavações neste sítio em 1957, ele foi capaz de lançar mais luz sobre a defesa da cidade, bem como sobre outras questões deixadas sem resposta durante a primeira campanha. A escavação em Siquém, quando reaberta por Wright em 1956, também trouxe à luz uma notável cidade helenística (aproximadamente 330-107), relacionada ao templo samaritano no Monte Garizim. Tell er-Ras, o pico mais ao norte do Monte Garizim, produziu valiosos restos helenísticos e romanos. R. Bull descobriu os fundamentos de um templo em estilo grego. Dedicado a Zeus Hipsisto, ele foi erigido por Adriano no séc. II d.C. Este templo romano foi construído muito provavelmente sobre o santuário samaritano que João Hircano destruiu em 128 a.C. O monumental portão em Gezer, datado deste período por Macalister (→ 14 *acima*), foi demonstrado como sendo de origem salomônica por Yadin, mas reconstruído neste período.

136 A ocupação romana da Palestina começou em 67 a.C., e desde essa época os aliados de Roma em Edom (Idumeia) tornaram-se cada vez mais poderosos; de fato, Antípater e seu filho, Herodes o Grande, vieram da linhagem idumeia. Os edomitas ou idumeus eram primos dos judeus (Gn 25,25), intimamente ligados tanto aos madianitas quanto aos arameus (1Cr 1,36.42; Nm 24,12). Visto que seu centro ficava a sudeste do Mar Morto, eles devem ser associados aos nabateus que governavam Petra como aliados romanos, a quem Josefo chama, vaga mas não improvavelmente, de árabes. Aparentemente os edomitas viajaram para o oeste do Wadi Arabá, onde eles se tornaram os idumeus dos períodos helenístico e romano. Ao mesmo tempo, os nabateus, que falavam um dialeto do aramaico, se estabeleceram nas vizinhanças de Petra.

Petra é hoje uma das maravilhas do mundo (I. Browning, *Petra* [2ª ed.; London, 1982]). Esta imensa cidade fantasma de arenito vermelho consiste quase inteiramente de fachadas de túmulos de 30 metros de altura, esculpidas na rocha viva. A maioria delas data dos séculos anteriores e posteriores a Herodes. Deste período existe também um "lugar alto" com obeliscos, um exemplo tardio, mas importante, do estilo de adoração constantemente reprovado pelos profetas. Perto está um "altar com chifres" com alto-relevo do tipo independente encontrado em Megido e Luxor, e pressuposto em Ex 27,2. A rara pedra talhada usada pelos nabateus tem uma cardação diagonal, conspícua em um palácio em Dibon. Dificilmente menos encantador que suas estruturas de pedra vermelha é a cerâmica nabateia fina como casca de ovo com delicadas pinturas vermelhas, que ainda pode ser recolhida não só em Petra, mas em sítios palestinos a sudoeste, como Abda. Os nabateus governaram ao norte até Damasco sob Aretas IV (9 a.C.-40 d.C.; → Paulo, 79:8, 20).

137 Pela, no norte do Vale do Jordão, uma cidade da Decápole no período romano, tinha sido revitalizada no período helenístico. Os cristãos refugiados de Jerusalém fugiram para Pela, em busca de segurança, durante a Primeira Revolta Judaica (66-70 d.C.). Começando em 1979, intensas escavações foram empreendidas em Pela por uma equipe americana e uma australiana, mas sobreviveu pouca evidência da vida diária de Pela durante o período Antigo Romano. Séforis (Sippori), na Galileia Inferior, foi o centro administrativo da área da Galileia durante o período asmoneu. As escavações desta grande cidade judaica foram realizadas nas décadas de 1930 e de 1980 (*BA* 49 [1986] 4-19; *BARev* 14 [1, 1988] 30-33).

A escavação de Qumran, feita por R. de Vaux de 1951 a 1956, forneceu as melhores evidências arqueológicas do último século pré-cristão (→ Apócrifos, 67:79). De fato, o conjunto de cerâmica que ele encontrou ali marca o início de um esforço (examinado em *Palestinian Ceramic Chronology* por P. Lapp) no sentido de usar a cerâmica como um indicador cronológico para os vários séculos antes e depois de Cristo, com a mesma confiabilidade que nos outros períodos da história palestina.

138 A Jerusalém herodiana foi o cenário de intensa escavação após 1967, quando Israel anexou a Cidade Antiga (Jerusalém Oriental). B. Mazar conduziu um dos principais projetos ali. Trabalhando perto dos muros de arrimo do Monte do Templo, ele concentrou-se na área ao sul e a sudoeste do *temenos*, onde ele recuperou restos que se estendem da Idade do Ferro até o período árabe. O período herodiano produziu o maior número de achados, todos atestando o esplendor desse período. Antes de reconstruir o Templo, Herodes dobrou o tamanho do Monte do Templo e construiu um muro de proteção muito mais extenso. O pódio resultante media 146,52 m^2. Mazar também descobriu as entradas do Monte do Templo no lado sul; elas consistiam de um portão duplo e um triplo, formando juntos os portões de Hulda. O pórtico real que dominava o pátio sul do Templo foi objeto de considerável estudo. Modelado segundo uma basílica romana, ele era composto de 160 colunas que sustentavam o telhado. Mazar também esclareceu o "arco de Robinson", que sobressai próximo ao canto sudoeste do muro de cerco. Robinson pensava que este arco sustentava uma ponte que atravessava o Vale Tiropeão. De fato, o arco sustentava uma monumental escadaria que levava do Monte do Templo para a rua de baixo.

139 N. Avigad escavou no centro do Quarteirão Judaico, uma área nunca pesquisada antes. Este projeto lançou luz sobre a vida diária dos residentes de Jerusalém durante o período herodiano, uma era de considerável riqueza. Belos objetos de pedra, incluindo mesas, tigelas, copos e jarros de purificação (que lembram a festa de casamento em Caná) foram recuperados. Os vasos de pedra eram populares entre os judeus observantes, porque não eram suscetíveis de impureza. Também se desenterraram mosaicos coloridos, reboco pintado e afrescos requintados. A destruição de Jerusalém em 70 d.C. trouxe um fim abrupto a este luxo.

140 Resolvendo uma longa disputa entre os arqueólogos, Avigad demonstrou que já no séc. VIII a.C. a Colina Oriental (Cidade Alta) era parte integral de Jerusalém (veja *BARev* 4 [2, 1978] 10-15 para a população desta colina). É provável que esta área seja a porta dos Peixes e a Mactes de Sf 1,10-11. Avigad também lançou luz sobre a Jerusalém bizantina ao descobrir o *cardo maximus*. Esta "rua principal", com 22,8 m de largura, foi pavimentada com lajes e ladeada por um pórtico colunado, exatamente como descrito no mapa de Madeba (séc. VI d.C.). A fundação arqueada da Nea (Nova Igreja), construída por Justiniano em 543, também foi descoberta. As escavações em Jerusalém sublinham o valor de Josefo (→ 5 *acima*) como fonte para a topografia e história da cidade no período herodiano. Para o suprimento de água herodiano para Jerusalém, veja *BARev* 10 (3, 1984) 49ss.

141 Legados arqueológicos da intensa atividade construtora de Herodes o Grande (→ História, 75:158) incluem as fortalezas que ele deixou em picos isolados de montanhas; nem todas foram escavadas adequadamente. Massada, na margem do Mar Morto, caiu diante dos romanos em 73 d.C. Seus impressionantes remanescentes se estendem por três períodos: o herodiano (37-4 a.C.), a revolta dos judeus (66-73

e o bizantino (séc. V e 6). O Herodion, um magnífico palácio-fortaleza, foi construído em 23 a.C. no topo de uma colina natural no deserto da Judeia. V. Corbo escavou o Herodion superior (palácio-fortaleza) na década de 1960; E. Netzer escavou mais tarde o Herodion inferior (um complexo de construções associadas ao Herodion; veja *BARev* 9 [3, 1983] 30-51). Frequentemente mencionada como "a Massada do norte", Gamla, nas elevações de Golan, foi uma das primeiras fortalezas judaicas a sucumbir diante dos romanos em 67 d.C. (*BARev* 5 [1, 1979] 12-27).

142 A "capital romana da Judeia", construída por Herodes na litorânea Cesareia, produziu ruínas extremamente interessantes. A maioria data do período romano tardio, talvez ligada ao próspero centro cristão em Cesareia. Contudo, em 1961, entre as ruínas de Cesareia, apareceu nosso primeiro registro do nome de Pôncio Pilatos inscrito em pedra. R. Bull começou a escavar em Cesareia em 1971 e fez importantes descobertas adicionais, incluindo o *cardo maximus* e as *decumani* ("ruas laterais"). Mais importante, ele descobriu o único *mithraeum* já encontrado na Palestina. Ele estava abrigado num armazém subterrâneo de barris perto do porto de Cesareia, onde os militares romanos podiam adorar Mitra, a divindade guerreira persa da luz e da verdade.

(*Arch* 3 [2, 1981] 56-60; *BA* 38 [1975] 2-10; 46 [1983] 133-43; *BARev* 8 [3, 1982] 24-47; *NatGeog* [fev. 1987]; L. I. LEVINE, *Roman Caesarea* [Jerusalem, 1975]; *Caesarea under Roman Rule* [SJLA 7; Leiden, 1975].)

143 O local de nascimento de Herodes, Ascalon, nunca foi incorporado a seu reino. Mas ele a enriqueceu com construções públicas, das quais principalmente pedras espalhadas foram encontradas pela escavação do passado; as escavações recentes podem ser mais produtivas. Afec, na fonte do Rio Yarkon, foi chamada de Antípatris, segundo o pai de Herodes o Grande, quando em

9 a.C. o último reconstruiu a cidade. Quando Herodes reconstruiu Samaria (em torno de 30 a.C.), após sua destruição por João Hircano, ele a renomeou de Sebaste, em honra a Augusto.

144 (V) Período do Novo Testamento. O interesse nos lugares da vida de Jesus é compreensivelmente grande. Infelizmente, em muitos casos há pretendentes rivais pelos sítios, dois ou até mesmo três, com suposta evidência arqueológica. Apoiando os locais da encarnação e da natividade de *Nazaré* e *Belém*, está a virtual ausência de qualquer pretendente rival. Os restos mais antigos das basílicas erguidas sobre estes sítios remontam a aproximadamente 300 anos após o acontecimento que elas comemoram. *Naim* (Lc 7,11) também é sem dúvida uma pequena vila, e alguns túmulos ali remontam ao período do NT. Tampouco há dúvidas sobre *Cesareia de Filipe* (Mt 16,33) mas perto do Lago da Galileia estão três possíveis locais para *Betsaida* (*BA* 48 [1985] 207-16).

145 Tell Hum, na margem nor-noroeste do Mar da Galileia, foi identificado como *Cafarnaum*. A data da sinagoga, não do sítio, é controversa. Quando os franciscanos (→ 20 *acima*) renovaram as escavações da sinagoga, eles dataram a estrutura nos sécs. IV ou V d.C. com base nas moedas encontradas sob o pavimento. Mas os arqueólogos israelenses preferem uma data no final dos sécs. II ou III d.C. A palavra final ainda não foi dita, mas os franciscanos têm um argumento forte. Enquanto isso, todos concordam que esta famosíssima sinagoga em calcário da Galileia é uma estrutura magnífica. As ruínas de uma construção mais antiga de basalto, que estão por baixo, provavelmente são da sinagoga onde Jesus pregou. No séc. V, construiu-se uma igreja octogonal sobre o local na seção franciscana, que tradicionalmente, como se pensava, assinalava o local da casa de S. Pedro. Em vista desta tradição uniforme, a identidade deste sítio merece séria consideração.

A seção adjacente de Cafarnaum, pertencente à Igreja Ortodoxa Grega, continua a história ocorrida no sítio franciscano, que chegou ao fim no séc. VII (veja *BA* 46 [1983] 198-204; *BARev* 8 [6, 1982] 26-37; 9 [4, 1983] 50-53; *TBT* 22 [4, 1984] 233-35).

146 *Caná* (Jo 2,1) é controversa; razões geográficas e fonológicas favorecem Khirbet Qana, 14,5 km ao norte de Nazaré, ainda que os turistas sejam levados a Kefr Kenna, 4,5 km ao nordeste de Nazaré. As ruínas escavadas do "piedoso mas não científico" sítio de Kenna estão, de fato, mais próximas da época de Jesus do que qualquer uma em Qana. Mas elas também dizem respeito a um santuário particular judaico de um tal de Tanhum, que, quando muito, diminui a probabilidade de que este tenha sido um centro de veneração cristã.

147 Os gregos estabeleceram diversas cidades helenísticas a leste do Jordão, duas das quais são Gerasa e Gadara. A mais imponente de todas as escavações de sítios monumentais do mundo do NT é a cidade provincial romana de *Gerasa* (Jeras). Ele foi uma cidade importante da Decápolis (→ Geografia bíblica, 73:52) e pode ter testemunhado a visita de Jesus registrada em Mc 7,31. Seu fórum, avenidas colunadas e dois teatros nos dão uma boa ideia da cultura greco-romana que tentava absorver a Palestina. Gerasa também preserva treze (pelas contas mais recentes) igrejas que fornecem alguns dos nossos exemplos mais antigos da arquitetura e mosaico cristãos. Gerasa experimenta uma escavação limitada (uma estimativa é que noventa por cento do sítio ainda esteja no subsolo) e extensa restauração (*Arch* 38 [1, 1985] 18-25; I. Browning, *Jerash* [London, 1982]). Uns 72 km ao noroeste de Gerasa, perto o bastante para ser considerado parte de seu distrito, a *Gadara* do período romano sobrevive em algumas ruínas importantes de Umm Qeis, no alto do precipício da margem meridional do Rio Jarmuc, olhando para o Mar da Galileia. Os proprietários de porcos de Mt 8,28 são chamados por alguns manuscritos de gadarenos, e por outros de gerasenos. Começando em 1973, a escavação e a restauração foram empreendidas em Umm Qeis sob os auspícios da Escola Evangélica Alemã.

148 Começando na década de 1950, os americanos escavaram Tulul (Abu) el-Alayiq, que se estende para ambos os lados do Wadi Qelt, 3,2 km a sudoeste da Jericó do AT (Tell es-Sultan; veja *NatGeog* [dez. 1951]). Na década de 1970, E. Netzer renovou as escavações neste local, às vezes chamado de "Jericó do NT", mas mais precisamente "Jericó herodiana"; ele corrigiu algumas interpretações anteriores e também expandiu o projeto. No séc. II a.C., os reis asmoneus, descendentes dos macabeus, escolheram Jericó como local de seus palácios de inverno. Quando Herodes o Grande sucedeu os asmoneus, em 37 a.C., ele ampliou o *resort*, fazendo-o ao mesmo tempo mais luxuoso, com um jardim baixo, piscina, cidadela, anfiteatro e hipódromo para divertir seus convidados. Todo o complexo real foi abandonado antes de 70 d.C. Para a necrópole que está nas imediações, veja *BA* 43 (1980) 235-40; *BARev* 5 (4, 1979) 28-35; 9 (1, 1983) 44-53.

149 O local em que se comemora o batismo de Jesus no Jordão, perto de Jericó, não reivindicava ser realmente autêntico, está localizado no ponto mais convenientemente acessível *perto* de um local sustentado por uma antiga tradição. Por aqui estaria a Bet-Arabá de Js 15,6, um nome facilmente reconhecível em "Bethabara" [lugar da passagem], que alguns manuscritos de Jo 1,28 dão em vez de "Betânia". North sugere que a presença em Qumran de uma seita batizante penitencial (→ Apócrifos, 67:106) tende a reforçar a tradição Bethabara e a tornar quase irrefutável que João Batista manteve contato razoavelmente estreito com os devotos de Qumran.

150 Acerca de *Jerusalém*, a principal observação de um arqueólogo seria que muito da energia gasta em disputas ou recriminações sobre locais não provados deveria ser gasta mais construtivamente no regozijo de a área do Templo ser tão incontestada. Aqui ocorreu um grande número dos eventos mais importantes na vida de Jesus, desde sua apresentação e descoberta, passando por seu ministério público até a noite anterior à sua morte. O Monte das Oliveiras é, semelhantemente, importante e indiscutível. Esquifes de ossos (ossuários), encontrados no declive das Oliveiras, chamado de Dominus Flevit, trazem desde o séc. I nomes judaicos, e reivindica-se serem nossos registros mais antigos da comunidade judaico-cristã. Quando ao local da ascensão, a opinião minoritária de Vincent, que prefere Eleona a Imbomon, implica uma exatidão de localização que não é importante quando comparada com a importância "do declive superior das Oliveiras", em geral, para vários incidentes do ministério em Jerusalém.

151 A antiga tradição da localização do Calvário na Igreja do Santo Sepulcro tem se mostrado forte o bastante para estar acima de seus próprios acréscimos lendários e um ataque coordenado no séc. IX em favor de um local menos congestionado; → Geografia bíblica, 73:94. (Veja *BARev* 12 [2, 1986] 40-57 sobre o artigo do "Jardim do Túmulo" de Gordon, que, como o local do sepultamento de Jesus, está baseado na fantasia, não nas evidências.). Uma questão importante que diz respeito à topografia dos Evangelhos é o Pretório com o Lithostrotos (Jo 19,13; "Pavimento"), tradicionalmente identificado com a Fortaleza Antônia construída por Herodes o Grande. Dela depende a validade do itinerário real da *via crucis* (o qual, contudo, está fundamentado mais na devoção que na história). Vincent (→ 12 *acima*) favoreceu a Fortaleza Antônia, no canto noroeste da área do Templo, como o local onde Pilatos condenou Jesus à morte. Um grande pavimento de pedra perto do Arco Ecce Homo foi frequentemente identificado como o Lithostrotos. O local alternativo, no outro lado de Jerusalém, é a cidadela de Herodes escavada por C. Johns para as autoridades do Mandato Britânico e, mais recentemente, por arqueólogos israelenses. P. Benoit e outros sustentam que o Pretório onde Pilatos condenou Jesus localizava-se ali. Escavações demonstram que o pavimento de pedra não estava relacionado à Antônia (cujas ruínas nunca foram localizadas), mas era parte de um pequeno fórum romano contemporâneo com a Aelia Capitolina de Adriano (séc. II d.C.). O arco Ecce Homo pode ter sido um portão da cidade no tempo de Herodes Agripa I (37-44 d.C.). Veja *BA* 40 (1977) 11-17.

152 Apesar do fato de milhares de crucificações terem acontecido na Palestina, a evidência arqueológica pertinente foi descoberta pela primeira vez em 1968. Nos túmulos judaicos em Givat ha-Mivtar, a nordeste de Jerusalém, estavam os restos de um homem crucificado, um judeu na casa dos 20 anos que tinha vivido em Jerusalém antes de 70 d.C. A análise em *BA* 48 (1985) 190-91 sugere que os pulsos do homem foram amarrados à trave mestra; suas pernas estavam de cada um dos lados da trave vertical, com um prego prendendo cada calcanhar a um lado da cruz. A vítima morria lentamente por asfixia.

153 A piscina de Betesda (Bethzata), mencionada em Jo 5,2, foi descoberta e escavada em Jerusalém na propriedade dos Padres Brancos, perto da igreja de Sta. Ana. De forma trapezoide e dividida por uma repartição central, a piscina tinha colunas dos quatro lados e na repartição – assim os "cinco pórticos" de João.

154 Vincent localizou *Emaús* (Lc 24,13) em Nicópolis. Embora muitos ainda aceitem seu ponto de vista, os imponentes restos das antigas igrejas que ele escavou ali são exatamente o que esperaríamos encontrar em um bispado populoso como Nicópolis, a uma distância aproximada de 160 estádios (32 km) de Jerusalém. Mais convincentes são os 60 estádios (12,8 km) de outra "Emaús", chamada de Qubeibeh, sem restos arqueológicos. Nem ela nem Abu Ghosh (também 60 estádios) parecem ter sido identificadas como Emaús antes do período dos Cruzados. Wilkinson (*Jerusalem* 161-64) argumenta a favor de Motaz ou Ammasa (renomeada como Colônia), a uns 6,4 km de Jerusalém. Emaús pode estabelecer um recorde de pretendentes ao título!

155 (V) Período após o Novo Testamento. As cavernas do Deserto da Judeia, habitadas durante a Guerra de Bar Kochba (132-125 d.C.), produziram cartas e artefatos que aumentaram enormemente nosso conhecimento sobre a segunda guerra judaica contra os romanos. Complexos esconderijos subterrâneos, localizados na Sefelá judaica, também têm lançado luz adicional sobre a guerra de Bar Kochba. Como mencionado acima (→ 140, 151), as escavações estão revelando Jerusalém do período após esta guerra – tanto a Aelia Capitolina de Adriano quanto o período bizantino.

156 Muitas sinagogas, especialmente na Galileia Superior, foram escavadas num esforço de datar as sinagogas mais antigas e determinar seus estilos arquitetônicos. (Fontes literárias lançaram luz sobre as datas e arquitetura das sinagogas.). Quatro sinagogas escavadas dessa forma na Galileia são Khirbet Shema, Meiron, Gush Halav (Giscala) e Khirbet en-Nabratein. Em Khirbet Shema, descobriu-se a primeira sinagoga em forma de casa ampla com paredes longas na Galileia. Os restos da antiga sinagoga neste local datam do final do séc. III d.C.; a segunda, construída sobre as ruínas da primeira, foi terminada por volta da metade do séc. IV, então destruída por um terremoto no início do séc. V. A sinagoga em Meiron (final do séc. III d.C.) era um tipo de basílica padrão (retangular com duas fileiras de colunas dividindo a estrutura numa nave e dois corredores laterais). A sinagoga basilical em Gush Halav foi construída em torno de 250 d.C.

e continuou em funcionamento até o séc. VI. A sinagoga em Khirbet en-Nabratein (Nevorraya) teve três fases, estendendo-se do séc. II ao VI. Neste local, uma parte da edícula ou santuário da Torá (a Arca Santa), que data do séc. III d.C., foi descoberta num uso secundário. O estudo dessas sinagogas está provendo um entendimento mais claro da vida judaica nas cidades da Galileia durante os períodos romano tardio e bizantino.

(LEVINE, L. I., *Ancient Synagogues Revealed* [Detroit, 1982]. SAUNDERS, E. W., "Christian Synagogues and Jewish Christianity in Galilee", *Explor* 3 [1977] 70-78. SHANKS, H., *Judaism in Stone* [New York, 1979]. *BA* 43 [1980] 97-108; 44 [1981] 237-43; 51 [1988] 69-96. *BARev* 4 [2, 1978] 32-42; 7 [6, 1981] 24-39; 10 [3, 1984] 32-44.)

157 Para finalizar, mencionamos um sítio arqueológico onde as heranças judaica e cristã se juntaram no período pós-bíblico – Dura Europos, bem a nordeste da Palestina, na grade curva do Rio Eufrates. Ela foi escavada por uma expedição francesa sob F. Cumont em 1922-1925 e, a seguir, com o apoio da Universidade de Yale, em 1928-1937. A publicação das ricas descobertas foi concluída em 1967 por C. Kraeling. Fundada sob a dinastia grega selêucida em torno de 300 a.C., Dura Europos tornou-se um posto comercial e militar romano avançado nas rotas de comércio com o oriente. Em 170 d.C., foi construída uma pequena sinagoga judaica; numa ampliação em 240, as paredes foram cobertas com impressionantes afrescos de assuntos bíblicos. Este tesouro único da arte judaica foi preservado porque, como parte da defesa contra a invasão parta em 256, os afrescos foram enterrados sob uma terraplanagem que pretendia fortalecer o muro exterior adjacente da cidade. Uma capela doméstica cristã com um batistério pintado, do mesmo período, também foi descoberta em Dura europos. As evidências literárias de cidades como Antioquia e Constantinopla mostram que, dos sécs. III ao V, as sinagogas e as igrejas tinham pouco a ver uma com a outra; só podemos especular a respeito de como os cidadãos que frequentavam os dois locais de culto em Dura Europos consideravam uns aos outros. Veja A. Perkins, *The Art of Dura-Europos* (Oxford, 1973); C. Hopkins, *The Discovery of Dura--Europos* (New Haven, 1979; *BA* 47 (1984) 166-81.

75
História de Israel

*Addison G. Wright, S.S., Roland E. Murphy, O.Carm.
e Joseph A. Fitzmyer, S.J.**

BIBLIOGRAFIA

1 Bibliografia geral. ALBREKTSON, B., *History and the Gods* (Lund, 1967). AVI-YONAH, *EAEHL*. BICKERMARM, E. e M. SMITH, *The Ancient History of Western Civilization* (New York, 76). BRAIDWOOD, R. J., *Prehistoric Men* (8ª ed.; Glenview, 1974). *CAH*. CHILDE, V. G., *New Light on the Most Ancient East* (4ª ed.; New York, 1969). DRIOTON, B. e J. VANDIER, *L'Egypte* (5ª Paris, 1975). FRANKFORT, H., *The Birth of Civilization in the Near East* (New York, 1956); *Kingship and the Gods* (Chicago, 1948). FRANKFORT, H., et al., *The Intellectual Adventure of Ancient Man* (7ª ed.; Chicago, 1977). GELB, I. J., *A Study of Writing* (2ª ed.; Chicago, 1963). GRAY, J., *The Canaanites* (New York, 1964). GURNEY, O. R., *The Hittites* (2ª ed.; Harmondsworth, 1969). HALLO, W. W. e W. K. SIMPSON, *The Ancient Near East* (New York, 1971). JACOBSEN, T., *The Treasures of Darkness: A History of Mesopotamian Religion* (New Haven, 1976). KRAMER, S. N., *The Sumerians* (Chicago, 1963). MACQUEEN, J. C., *The Hittites* (ed. rev.; London, 1986). MAZAR, *VBW* e *WHJP*. MORENZ, S., *Egyptian Religion* (Ithaca, 1973). MOSCATI, S., *The Face of the Ancient Orient* (New York, 1962). NISSEN, H. J., *Grundzüge einer Geschichte der Frühzeit des Vorderen Orients* (Darmstadt, 1983). OATES, J., *Babylon* (ed. rev.; Londres, 1986). OPPENHEIM, A. L., *Ancient Mesopotamia* (2ª ed.; Chicago, 1977). PERROT, J., "Préhistoire Palestinienne", *DBSup* 8. 286-446. PRITCHARD, *ANET; ANEP, ANE*. RINGGREN, H., *Religion of the Ancient Near East* (Philadelphia, 1973). ROUX, G., *Ancient Iraq* (2ª ed.; London, 1980). STARR, C., *A History of the Ancient World* (3ª ed.; New York, 1983). STEINDORFF, G. e K. C. SEELE, *When Egypt Ruled the East* (2ª ed.; Chicago, 1963). TRIGGER, B. G., et al., *Ancient Egypt: A Social History* (Cambridge, 1983). VAN DER WOUDE, A. S. (ed.), *The World of the Bible* (Garden City, 1986). VAN SETERS, J., *In Search of History* (New Haven, 1983). WOOLLEY, L., *The Beginnings of Civilization* (New York, 1965). YADIN, Y., *The Art of Warfare in Biblical Lands* (London, 1963). Também *Or* 49 (1980).

2 Bibliografia para o período do AT. AHARONI, *LBib*. ALBRIGHT, *BP*. BRIGHT, *BHL* CAZELLES, H., *Histoire politique d'Israël* (Paris; 1982). DE VAUX, R., "Israël", *DBSup* 4. 729-77; *EHI*. DONNER, H., *Geschichte des Volkes Israel und seiner Nachbarn in Grundzügen* (2 vols.; ATD 4; Göttingen, 1984-86). GOTTWALD, N., *The Tribes of Iahweh* (Maryknoll, 1979); resenha de *BHI* em *BARev* 8 (4, 1982) 56-61. GRANT, M., *The History of Ancient Israel* (New York, 1984). GUNNEWEG, A. H. J., *Geschichte Israels bis Bar Kochba* (TW 2; 5ª ed.; Stuttgart, 1984). HAYES, *IJH*. HERRMANN, S., *A History of Israel in Old Testament Times* (2ª ed.; Philadelphia, 1981). JAGERSMA, H., *A History of Israel in the Old Testament Period* (Philadelphia, 1983). LEMAIRE, *HPH*. LEMCHE, N. P., *Early Israel* (VTSup 37; Leiden, 1985). MAZAR, B., *The Early Biblical Period* (Jerusalem, 1986). MILLER, J. M. e J. H. HAYES, *A History of Ancient Israel and Judah* (Philadelphia, 1986). NOTH, *NHL* ROWLEY, H. H., *Men of God* (London, 1963). SMITH, M., *Palestinian*

---

* As seções 5-25 deste artigo são de A. G. WRIGHT; 26-144 são de R. E. MURPHY; 145-93 são de J. A. FITZMYER.

Parties and Politics That Shaped the Old Testament (New York, 1971). Soggin, *HAI*. Weber, M., *Ancient Judaism* (Glencoe, 1952).

3 Bibliografia para o período do NT.

Abel, F.-M., *Histoire de la Palestine depuis la conquête d'Alexandre jusqu'à l'invasion arabe* (EBib; Paris, 1952) 1. 224-505; 2. 1-104. *ANRW* II/19.1, 646-875; 19.2, 1-101; 25.1, 3-890. Avi-Yonah, M. (ed.), *A History of the Holy Land* (New York, 1969) 109-71; "Palaestina", *PWSup* 13 (1973) 321-454, especialmente cols. 369-404. Barrett, *NTB*. Bruce, F. F., *New Testament History* (Garden City, 1972). Ehrlich, E. L., *A Concise History of Israel* (Londres, 1962). Foerster, W., *Palestinian Judaism in New Testament Times* (Edinburgh, 1964). Grant, M., *The Jews in the Roman World* (New York, 1973). Hayes, *IJH* 605-77. Jeremias, J., *Jerusalem in the Time of Jesus* (Philadelphia, 1969); em Português: *Jerusalém no tempo de Jesus*, Ed. Academia Cristã/Paulus, 2010. Jones, A. H. M., *The Cities of the Eastern Roman Provinces* (2ª ed.; Oxford, 1971) 226-92. Kee, H. C., *The Origins of Christianity: Sources and Documents* (EC, 1973). Leaney, A. R. C., *The Jewish and Christian World 200 BC and AD 200* (Cambridge, 1984). Lohse, E., *The New Testament Environment* (Nashville, 1976). Malina, B. J., *The New Testament World* (Philadelphia, 1981). Mor, M. e U. Rappaport, "A Survey of 25 Years (1960-85) of Israeli Scholarship on Jewish History in the Second Temple Period", *BTB* 16 (1986) 56-72. Safrai, S. e M. Stern (eds.), *The Jewish People in the First Century* (2 vols.; CRINT; Philadelphia, 1974-76). Schürer, *HJPAJC*. Sherwin-White, A. N., *Roman Society and Roman Law in the New Testament* (Oxford, 1963). Zeitlin, S., *The Rise and Fall of the Judaean State* (3 vols.; Philadelphia, 1962-78).

4 ESBOÇO

Antes de Abraão (§ 5-25)
- (I) A idade da pedra (antes de 3200 a.C.)
    - (A) Era paleolítica (§ 7)
    - (B) Era paleolítica média, mesolítica ou epipaleolítica (§ 8)
    - (C) Era neolítica (§ 9)
    - (D) Idade do cobre ou calcolítica (§ 10-12)
- (II) A idade do bronze (3200-1550 a.C.)
    - (A) Idade do bronze antiga (§ 14-20)
        - (a) Mesopotâmia (§ 14-17)
        - (b) Egito (§ 18-19)
        - (c) Palestina (§ 20)
    - (B) Idade do bronze média (§ 21-25)
        - (a) Mesopotâmia (§ 21-23)
        - (b) Egito (§ 24)
        - (c) Palestina (§ 25)

De Abraão até Pompeu (§ 26-144)
- (I) Introdução (§ 26-33)
- (II) O período patriarcal (aproximadamente 2000-1700 a.C.)
    - (A) Abraão, Isaac e Jacó (§ 35-38)
    - (B) A história de José (§ 39-41)
- (III) O êxodo e a conquista (aproximadamente 1300-1050 a.C.)
    - (A) Moisés (§ 43-44)
    - (B) As pragas (§ 45)
    - (C) A travessia do mar (§ 46)
    - (D) A experiência do deserto (§ 47-52)
    - (E) A terra de Canaã (§ 53-54)
    - (F) A conquista (§ 55-58)
    - (G) Os juízes (§ 59-63)
- (IV) A monarquia e o exílio (aproximadamente 1020-539 a.C.)
    - (A) As nações (§ 65-77)
    - (B) Saul (§ 78-79)
    - (C) Davi (§ 80-85)
    - (D) Salomão (§ 86-87)
    - (E) Israel e Judá (§ 88-96)
    - (F) A dinastia de Jeú (§ 97-101)
    - (G) Os últimos anos de Israel (§ 102-104)
    - (H) Acaz e Ezequias (§ 105-108)
    - (I) Manassés e Josias (§ 109-111)
    - (J) Os últimos anos de Judá (§ 112-113)
    - (K) O exílio (§ 114-116)
- (V) O primeiro período pós-exílico (539-333 a.C.)
    - (A) A restauração (§ 117-118)
    - (B) Neemias e Esdras (§ 119-123)
    - (C) O período persa (§ 124-125)
- (VI) O período grego (333-63 a.C.)
    - (A) De Alexandre ao domínio selêucida (§ 126-131)
    - (B) A Revolta Macabeia (§ 132-139)
    - (C) A dinastia asmoneia (§ 140-144)

De Pompeu até Bar Kochba (§ 145-193)
- (I) Movimentos judaicos na Palestina
    - (A) Fariseus (§ 146-148)
    - (B) Saduceus (§ 149-150)
    - (C) Essênios (§ 151)

(II) A Palestina romana antes de Jesus (63-4 a.C.)
  (A) Pompeu, Júlio César, Marco Antônio (§ 152-155)
  (B) Herodes o Grande (§ 156-159)
(III) A Palestina romana nos tempos de Jesus (4 a.C.-30 d.C.)
  (A) Nascimento de Jesus (§ 160-161)
  (B) César Augusto (§ 162)
  (C) Os herdeiros de Herodes (§ 163-166)
  (D) Os procuradores (§ 167)
  (E) Pôncio Pilatos (§ 168)
  (F) João Batista (§ 169)
  (G) Ministério e morte de Jesus (§ 170-171)
(IV) A Palestina romana depois da morte de Jesus (30-135 d.C.)
  (A) Expansão da igreja cristã (§ 172)
  (B) Herodes Agripa I (§ 173-176)
  (C) De Agripa II até a primeira revolta (§ 177-180)
  (D) Primeira revolta (§ 181-184)
  (E) Cerco de Jerusalém (§ 185-188)
  (F) Entre as revoltas (§ 189-190)
  (G) Segunda revolta (§ 191-193)

ANTES DE ABRAÃO

5 Até 200 anos atrás, nossas únicas fontes para o estudo do antigo Oriente Próximo eram a Bíblia e Heródoto. Durante os dois séculos passados, mediante a ciência da arqueologia e de campos relacionados, aprendemos muito sobre a história da raça humana e dos predecessores e vizinhos de Israel, e esta informação revolucionou nosso entendimento sobre a origem humana, o curso da história antiga e muitos aspectos da Bíblia. Algum conhecimento desses dados recentemente adquiridos será útil para situar os acontecimentos do período bíblico no contexto mais amplo da história humana. Este conhecimento também possui valor exegético ao nos ajudar a chegar a um entendimento apropriado do tipo de literatura que possuímos na pré-história de Gn 1-11. No espaço concedido, podemos dar apenas um esboço muito geral da pré-história e da história política e cultural do antigo Oriente Próximo; por esta razão, encaminhamos o estudante interessado para tratamentos mais detalhados na bibliografia. (Também → Arqueologia bíblica, 74:44ss.). As datas apresentadas abaixo para as várias Idades da Pedra e do Bronze são todas aproximadas.

6 (I) A Idade da Pedra (antes de 3200 a.C.). Os vários estágios da existência humana sobre a terra são distinguidos e nomeados segundo o material mais comumente usado para as ferramentas básicas e armas no respectivo período. Visto que a mudança de um material para outro não ocorria instantaneamente, as designações são sempre aproximadas tanto quando ao início como quanto ao final do período. Pedra (gr. *lithos*) foi o material mais antigo, cobre (*chalkos*) ou bronze vieram a seguir.

7 (A) Era Paleolítica. Nosso planeta tem cerca de 4,5 bilhões de anos. Formas simples de vida surgiram pela primeira vez aproximadamente 1 bilhão de anos depois, e formas mais complexas de vida começaram a deixar registro fóssil acerca de 600 milhões de anos atrás. Os fósseis de primatas na África que habitualmente andavam eretos remontam a 7 ou 5 milhões de anos atrás, e foram encontradas ferramentas de pedra associadas a alguns desses restos mortais de 2,5 milhões de anos atrás, indicando estágios incipientes de inteligência humana. Este estágio primitivo do desenvolvimento humano (*australopithecus; homo habilis*) foi seguido pelo *homo erectus* (que possui um cérebro maior e a habilidade de controlar o fogo e de fazer ferramentas de pedra mais avançadas). A evidência desse estágio foi encontrada na África e data de mais de 1,5 milhão de anos atrás, e outros fósseis deste tipo foram encontrados na Índia, China, Java e, provavelmente, sul da Europa. Este estágio terminou por volta de 350 mil anos atrás. Depois disso vieram tipos transicionais (*homo sapiens* arcaico?) como os achados em Swanscombe na Inglaterra e Steinheim na Alemanha (250 mil), e a seguir os neandertalenses (125-30 mil), e, começando por volta de 40 mil anos atrás, aparecem os primeiros traços de esqueletos plenamente modernos (*homo sapiens*) (Cro-Magnon, Combe-Capelle, Grimaldi, etc.).

No antigo Paleolítico inferior, as pessoas eram caçadoras e juntadoras de alimentos que viviam no campo aberto no verão e em cavernas e outros abrigos naturais no inverno. A vida se caracterizava por uma mobilidade ditada pelo suprimento de alimento e mudanças sazonais. Há evidências de que, por volta de 40.000 a.C., as pessoas começaram a se estabelecer mais, restringindo-se em suas peregrinações e aprendendo a utilizar uma variedade muito maior de recursos dentro de uma dada localidade. Isto é, às vezes, descrito como uma transição para a coleta de alimentos (*i.e.*, mais intencional e especializada que o ajuntamento de alimentos). Talvez por volta de 40 mil anos atrás as pessoas tinham se espalhado para a Austrália por mar, e há pouco menos de 30 mil anos as migrações começaram a cruzar o Estreito de Bering para o Hemisfério Ocidental. Quanto a nossos ancestrais primitivos, veja *NatGeog* (dez. 1976; nov. 1985); *Arch* 34 (4, 1981) 20-29.

8 (B) Era Paleolítica Média, Mesolítica ou Epipaleolítica (18.000-8.000 a.C.). A cultura mesolítica é caracterizada por uma intensificação do processo de coleta de alimentos e uma transição gradual para produção de alimento (o plantio de grãos e a domesticação de animais). Esta primeira mudança realmente básica na vida humana (a segunda de um certo modo é a Revolução Industrial dos últimos 200 anos) ocorreu no Antigo Oriente por volta de 10000-8000 a.C. (natufiana na Palestina; → Arqueologia bíblica, 74:50). Dali ela se espalhou para a Europa e Índia (7000-5000 a.C.) e ocorreu, novamente de modo independente, na Mesoamérica (7000 a.C.) e um pouco mais tarde no sudeste da Ásia. (Todavia, ainda existem alguns povos primitivos em partes afastadas do mundo que não foram afetados pela revolução e que permanecem no estágio do ajuntamento ou da coleta de alimento.). No Oriente Próximo, o centro da mudança mesolítica foi a região dos flancos montanhosos de pastos regados por chuva (600-1.524 m de altura), que se estendem até as altas cordilheiras do Irã, Iraque, Turquia, Síria e Palestina; descobriram-se sítios arqueológicos que refletem este período incipiente de cultivo e domesticação animal em Beldibi na Turquia, em Karim Shahir, M'lefaat e Zawi Chemi no Iraque, no Monte Carmelo, em Jericó e em outras partes.

9 (C) Era Neolítica no Oriente Próximo (8000-4500 a.C.). Este é o estágio da cultura da Idade da Pedra no qual as pessoas se tornaram plenos produtores de alimentos. Coletores de alimento, *i.e.*, caçadores, pescadores, ajuntadores de frutos e nozes, tinham vivido em pequenos grupos e bandos, pois eles tinham de estar prontos para mudar de lugar sempre que uma área não fornecesse mais alimento suficiente. Não havia alimento suficiente para se armazenar, nem era do tipo que podia ser armazenado por muito tempo. As vestes provavelmente consistiam de peles de animais. Não havia utensílios quebráveis, nem cerâmica, nem tempo para pensar em muita coisa exceto alimento e proteção. Mas o produtor de alimento vivia uma vida mais sedentária. Se uma pessoa fosse plantar, ela devia permanecer no mesmo lugar para a colheita. Ela vivia numa casa – era vantajoso construir uma. Numa dada área podia ser produzido alimento suficiente para muitas pessoas. Consequentemente, as vilas se tornaram comuns, e com elas vieram taxas e regras informais. Havia mais tempo para modificar a natureza em outras áreas além da produção de alimentos (*p.ex.*, a produção de cerâmica e tecidos), e provavelmente algumas pessoas começaram a se especializar nestes ofícios, trabalhar em tempo integral neles e negociar suas mercadorias por alimento.

Sítios arqueológicos do sétimo milênio destas vilas agrícolas primárias foram encontrados, entre outros lugares, em Jarmo no Iraque, Ras Shamra na Síria, Çatal Hüyük na Turquia e em Jericó; e sítios posteriores foram encontrados em Fayum no Egito e em todo o Crescente Fértil.

10 (D) Idade do Cobre ou Calcolítica (4500-3200 a.C. no Oriente Próximo). No período seguinte ao Neolítico, a agricultura foi grandemente melhorada e expandida; isto tornou possível o sustento de uma densidade crescente da população, e aqui também encontramos um progresso semelhante na cultura. Na *Alta Mesopotâmia*, pequenos grupos se mudaram das regiões altas para locais adjacentes às marismas dos rios (*p.ex.*, em Baghouz e Samarra) a fim de estabelecer vilas agrícolas com crescente especialização profissional. Começou a aparecer a cerâmica pintada (uma marca do Calcolítico). Logo toda a Alta Mesopotâmia estava densamente povoada, e as vilas calcolíticas se tornaram razoavelmente numerosas na Palestina também.

11 Mas em nenhuma parte o progresso foi mais brilhante que na *Baixa Mesopotâmia*, pois aqui ocorreu a primeira experiência em termos de civilização. Sem tentar definir "civilização", vamos simplesmente descrevê-la como urbanização. Há cidades, uma organização política formal (reis ou formas de governos), leis formais decretadas pelo governo, projetos formalizados (estradas, portos, canais de irrigação e assim por diante), algum tipo de exército ou força policial, novas e diferentes formas de arte e comumente a escrita. (Dizemos "comumente", pois os incas tinham tudo para se constituírem numa civilização exceto a escrita, e não há razão para se dizer que eles não eram civilizados.). O experimento mesopotâmico em termos de civilização ocorreu na terra aluvial do baixo Tigre e Eufrates, e no quarto milênio apareceram as primeiras cidades-Estados na Baixa Mesopotâmia (Eridu, Al-Ubaid, Warka (Ereque), Ur, etc.). Sem dúvida, tinha havido coletores de alimento ao longo da margem do rio muito antes e talvez vilas isoladas, mas a terra fértil, porém sem chuva, não poderia ser colocada sob intenso cultivo até que as técnicas necessárias para fornecer irrigação tivessem sido dominadas. Uma vez que a rica terra baixa se tornara gradualmente disponível, povoadores devem ter afluído para ela aos milhares. A irrigação requerida pela área exigiu esforço comum e uma crescente complexidade de organização. Ela encorajou avanços tecnológicos, políticos, sociais e morais, e certamente foi um fator no desenvolvimento da civilização aqui e no Egito. E o desenvolvimento foi muito rápido. Entre os avanços na cultura estava a invenção da escrita (cerca de 3200 a.C.), e antes do final do período havia ligações de intercâmbio comercial e cultural entre a Mesopotâmia, a Palestina e o Egito pré-dinástico.

Os criadores da civilização na Baixa Mesopotâmia foram os sumérios, um povo que nos era desconhecido até um século atrás e que ainda constitui um dos maiores mistérios da história. Não estamos certos de qual linhagem eles eram; sua língua não é afiliada a nenhuma outra língua conhecida, viva ou morta; o tempo e o modo de sua chegada à Mesopotâmia são incertos, mas está claro que estavam presentes na Mesopotâmia por volta da metade do quarto milênio, e, visto que os textos mais antigos que conhecemos estão em sumério, pressupomos que foram eles que introduziram o sistema pictográfico (cuneiforme) de escrita.

12 No *Egito*, também, fizeram-se grandes avanços no desenvolvimento da agricultura e da irrigação, onde novamente o esforço cooperativo necessário ajudou na formação de unidades políticas (*nomes*). Provavelmente por volta da segunda metade do quarto milênio, os vários *nomes* locais se uniram em dois reinos relativamente grandes, um no Alto Egito e outro no Baixo Egito. O cobre estava em uso, suas fontes estavam no Sinai ou no deserto oriental.

Inventou-se a escrita hieroglífica. O Egito estava em contato com a Palestina e a Mesopotâmia e, aparentemente, até mesmo com o porto de cedro de Biblos, com o qual manteve contato pelos séculos por vir.

13 (II) A Idade do Bronze (3200-1550 a.C.). Com este período deixamos o campo da pré-história e entramos na era da história propriamente dita, pois aqui estamos lidando com um período que se encontra documentado por numerosas inscrições contemporâneas. A terminologia para as cronologias egípcia, palestina e mesopotâmica é diferente, e não há uma terminologia padronizada que abranja as três áreas. Por questão de simplicidade adotaremos os termos sírio-palestinos do Bronze Antigo (BA) e Bronze Médio (BM) e agrupamos sob cada período a história correspondente no Egito e na Mesopotâmia. O Bronze Recente (BR: 1550-1200 a.C.) não será tratado na presente discussão (→ Arqueologia Bíblica, 74:77-93).

14 (A) Idade do Bronze Antiga (3200-2000 a.C. no Oriente Próximo).
(a) *Mesopotâmia*. Durante o período sumério (2900-2360), a Mesopotâmia estava organizada num sistema de cidades-estados, sendo a maioria delas muito pequenas. Comumente a cidade-estado consistia de uma cidade murada, dominada pelo recinto do templo e circundada por pequenas vilas e aldeias. Na teoria, toda a propriedade pertencia à sua divindade principal; o templo era sua casa; a cidade era considerada sua propriedade, e as pessoas, trabalhadores na propriedade. Na prática, contudo, a maior parte da terra pertencia a indivíduos particulares, e em muitos aspectos a economia era livre e sem controle. Originalmente, o governo era exercido por meio da assembleia da cidade; mais tarde, desenvolveu-se a monarquia, primeiro como uma medida de emergência e, a seguir, como uma instituição permanente, sendo o cabeça do Estado visto como o vice-rei do deus. A julgar pelas fortificações, houve neste período crescentes ameaças de perigo de guerra ou de incursões de invasores, mas, apesar disso, a vida econômica floresceu, bem como o comércio (iniciado nos tempos pré-históricos) com o planalto e o noroeste iranianos. A agricultura aperfeiçoada permitiu o sustento de uma população que crescia; a vida urbana, por sua vez, fomentou uma especialização maior dos ofícios e profissões, e as escolas de escribas produziram um vasto conjunto de literatura.

15 O desenvolvimento político inicial da Mesopotâmia existiu em um tipo de tensão entre o conceito da cidade-estado independente e as tentativas recorrentes de forjar uma maior unidade entre as cidades. No início do terceiro milênio, a Baixa Mesopotâmia pode ter gozado de uma medida de unidade sob a hegemonia de Kish numa aliança informal de iguais. Parece ter existido um centro religioso para as cidades em Nippur. Subsequentemente, outras cidades rivais alcançaram sucessivamente a hegemonia (Ereque, Ur, Adab, Lagash e Umma), frequentemente no papel de defensoras das fronteiras contra incursões vindas do leste e do noroeste, e, por um breve período, Hamazi, um reino no planalto iraniano, obteve o controle. Nossas fontes de informação sobre o período são escassas, e nosso entendimento sobre a política cooperativa e os esforços econômicos da sociedade mesopotâmica é, portanto, incompleto.

16 Ainda mais escassas são nossas informações sobre a Síria em direção ao noroeste, a área menos escavada do antigo Oriente Próximo. Mari era conhecida como uma proeminente participante da vida mesopotâmica e provavelmente uma guardiã da fronteira norte, mas dali para o noroeste a história da área era basicamente desconhecida. A partir das escavações ficou claro que tinha ocorrido alguma urbanização na Síria central, mas pouco se sabe sobre ela. Quando Sargon estendeu mais tarde seu império para a Síria (→ 17 *abaixo*), um texto do período o descreve como uma conquista de Iarmuti e Ebla, e a descrição da expedição de seu neto para a mesma área fala dela como a conquista de Arman, Ebla e Ullis. A localização destes sítios era desconhecida, mas os textos sugeriam que havia diversas unidades ou confederações políticas importantes na Síria do terceiro milênio.

Em 1964, começaram escavações em Tell Mardikh, a sudoeste de Alepo na Síria, e posteriormente o sitio foi identificado como o local da antiga Ebla. Desde 1974 mais de 16.000 fragmentos de tabletes foram desenterrados. Os tabletes, que contêm textos políticos, comerciais, literários e léxicos, são o maior arquivo do terceiro milênio descoberto até agora, o mais antigo arquivo do Estado e os primeiros textos escritos da Síria central. Eles indicam que a Síria, neste período após 2500, já tinha um excelente desenvolvimento cultural, e que Ebla era de fato um reino de tamanho considerável e um centro comercial que lidava com gêneros alimentícios, metais, vários produtos manufaturados e especialmente tecidos. A cidade tinha laços comerciais com muitas outras cidades na Palestina, Anatólia, Chipre, Síria e Mesopotâmia, e tratava de igual para igual com cidades como Mari, Assur, Acade e até mesmo com Hamazi no planalto iraniano. Os textos indicam uma área maior de urbanização na Síria e Palestina do que se pensava até agora e podem indicar também a existência de outros centros comerciais além de Ebla de importância possivelmente igual. Os tabletes possibilitarão, pela primeira vez, o estudo detalhado da vida de uma comunidade do terceiro milênio. Eles também fornecerão informações sobre a antiga população da Síria, sobre as atividades que transpiravam em outros lugares e sobre as direções e o grau da influência cultural no Crescente Fértil. Os textos bilíngues sumério-eblaítas descobertos contribuirão para nosso entendimento dessas e de outras línguas relacionadas. Além disso, devido à sua proximidade geográfica e linguística com a Palestina, estes textos seguramente fornecerão algum material comparativo para o estudo de vários aspectos das antigas tradições israelitas. (Sobre Ebla em geral, veja C. Bermant e M. Weitzman, *Ebla: A Revelation in Archaeology* [New York, 1979]; P. Matthiae, *Ebla: An Empire Rediscovered* [New York, 1981]; G. Pettinato, *The Archives of Ebla* [New York, 1981]. Também *BA* 47 [1984] 6-32, com bibliografia; e *NatGeog* (dez. 1978].)

17 Desde os tempos mais antigos houvera, indubitavelmente, nômades nas extremidades ocidentais do vale do Eufrates, e desde o quarto milênio eles tinham entrado em número crescente, e por volta do terceiro milênio eles constituíam uma parte apreciável da população. Esses povos eram semitas e são conhecidos como *acadianos*. Eles se misturaram com a população sumeriana, adotaram e modificaram sua cultura e até mesmo se tornaram governantes em algumas cidades-estados. No séc. XXIV a.C., uma dinastia desses governantes semitas tomou o poder e criou o primeiro e verdadeiro império na história mundial, o Império Acadiano (2360-2180). O fundador, Sargon, subiu ao poder em Kish, subjugou toda a Suméria até o Golfo Persa, mudou sua capital para Acad ou Agade (perto da Babilônia posterior), e ele e seus filhos estenderam então seu governo sobre a Alta Mesopotâmia até o Mediterrâneo (inclusive Ebla), com expedições militares na Ásia Menor, sudeste da Arábia e contatos comerciais com o Vale do Indus. Mas o poder acadiano logo entrou em declínio e chegou ao fim com o violento ataque de um povo bárbaro das Montanhas de Zagros, chamado gutis, que dominou a Mesopotâmia por mais de 100 anos.

18 (b) *Egito*. Para o Egito protodinástico, veja *BA* 48 (1985) 240-53. O mais antigo templo egípcio conhecido, de aproximadamente 3350-3200 a.C., foi escavado em Hieraconópolis no Alto Egito (sudoeste de Carnaque ou Tebas). Esta cidade está associada ao rei Narmer (identificável com Menés?) de quem se diz que, no final do quarto milênio, uniu os dois reinos pré-dinásticos em uma nação unificada com a capital em Mênfis, e o Egito entrou no período conhecido como o Reino Antigo (sécs. XXIX-XXIII). Com o surgimento da terceira dinastia (aproximadamente 2600), o Egito começou a era de seu florescimento clássico e o período do gênio criativo, ocasião em que todos os aspectos importantes de sua cultura tinham assumido uma forma que se tornou normativa desde então. Esta foi a era das pirâmides, e foi um período de desenvolvimento na literatura, arquitetura, escultura, pintura e artes menores. A organização do Estado no Egito diferia grandemente daquela da Mesopotâmia contemporânea. O faraó não era um vice-rei do deus; ele era um deus. Todo o Egito era sua propriedade e era administrado por uma burocracia complexa chefiada pelo vizir. Nenhum código legal jamais foi desenvolvido; a palavra do deus-rei era suficiente.

19 Começando com a quinta dinastia, o poder do Estado começou a se desintegrar, e, por volta do séc. XXII a.C., quando os gutis estavam destruindo o poder acadiano, o Egito entrou num período de desordem e depressão conhecido como o *Primeiro Período Intermediário* (sécs. XXII e XXI). Houve desunião interna, com faraós rivais reivindicando o trono e muitos oficiais se apropriando do poder localmente. A situação se agravou ainda mais com a infiltração de seminômades no Delta. Reinou a confusão, a lei e a ordem sucumbiram, e o comércio enfraqueceu.

20 (c) *Palestina*. Aqui, no BA, encontramos o estabelecimento de muitas cidades-estados – Jericó (reconstruída em torno de 3200 após um intervalo de séculos), Bet-Seã, Ai, Siquém, Gezer, Laquis, etc., diversas delas sendo construídas pela primeira vez. Por volta da metade do terceiro milênio, a ocupação sedentária tinha chegado ao extremo sul da Transjordânia. A Palestina nunca desenvolveu uma cultura material comparável à encontrada na Mesopotâmia e Egito, nem qualquer unidade política foi estabelecida. A população era predominantemente cananita, um povo semita que provavelmente tinha habitado a Palestina no quarto milênio ou antes. No final do terceiro milênio, a vida na Palestina sofreu uma importante interrupção nas mãos de invasores seminômades. Cidade após cidade foi destruída, algumas com incrível violência. Cidades foram abandonadas, e a terra, particularmente nas áreas interiores, foi deixada sem população assentada; a ocupação sedentária na Transjordânia virtualmente chegou ao fim. Um conceito tradicional, agora amplamente contestado, é que os recém-chegados eram uma ramificação de um povo chamado de amorreu, um elemento semítico do noroeste que estava entrando em todas as partes do Crescente Fértil nesta época. Os semitas que se infiltraram no Egito, no Primeiro Intermediário, foram considerados de uma origem semelhante. (Para outras interpretações, → Arqueologia bíblica, 74:65-67.)

21 **(B) Idade do Bronze Média (2000-1550 a.C.).**

(a) *Mesopotâmia*. O rei de Ereque interrompeu o domínio dos gutis sobre a Mesopotâmia, e ele, por sua vez, foi rapidamente derrotado por Ur Nammu de Ur, que juntamente com os reis sucessores da *terceira dinastia de Ur* (2060-1950) obteve o controle sobre provavelmente a maior parte da planície mesopotâmica e produziu um breve renascimento da cultura suméria. Ur-Nammu é notável não apenas por suas muitas construções e pela atividade literária que marcou seu reinado, mas acima de tudo por seu código de leis, o mais antigo conhecido até agora. Mas a cultura suméria tinha chegado ao fim da estrada. A língua sumeriana estava morrendo, e a acadiana a estava suplantando como a língua vernácula. Os sumérios e os semitas se haviam mesclado completamente por esse tempo, e o último se tornara o elemento predominante. Desse modo, toda uma cultura e civilização tinham passado a existir, prolongando-se magnificamente durante mais de 1.500

anos e terminando antes mesmo que Israel entrasse em cena. Algumas das importantes contribuições dos sumérios, além do governo de cidades-estados, um sistema legal plenamente desenvolvido e a invenção da escrita pictográfica (cuneiforme) mencionados acima, foram o calendário lunar; o relógio de água; o relógio de sol; a biga e as falanges militares; a roda do oleiro; o uso da abóbada, arco, domo, coluna e torre na arquitetura; mais uma religião politeísta altamente desenvolvida que teve uma enorme influência sobre todas as civilizações posteriores no mundo antigo.

22 Quando a autoridade central de Ur se deteriorou, as cidades-estados da Mesopotâmia obtiveram, uma após a outra, novamente sua independência. De acordo com a teoria tradicional, havia um numeroso povo semítico, identificável etnicamente, chamado de *amorreus* (mas → Arqueologia bíblica, 74:67), que procurava entrar no Crescente Fértil desde o final do terceiro milênio, tinha passado por cima da Palestina e transformado a Alta Mesopotâmia em uma terra amorrita. Eles afluíram para todas as partes da Mesopotâmia e assumiram estado após estado, de modo que, por volta do séc. XVIII, basicamente todos os estados da Mesopotâmia eram governados pelos amorreus. Gradualmente um conflito de três formas de poder se materializou pelo controle da Mesopotâmia entre a Assíria, Mari e Babilônia. Começando mesmo antes da queda de Ur e continuando até o séc. XVIII, a *Assíria* (assim chamada por causa da cidade de Assur) tinha adotado uma política de expansão comercial na Ásia Menor, testemunhada pelos Textos Capadócios, documentos comerciais em antigo assírio encontrados em Kultepe na Ásia Menor. Infiltrados pelos amorreus, que finalmente tomaram posse, a Assíria entrou num breve período de conquistas – Alta Mesopotâmia do Mediterrâneo até as Montanhas Zagros. Contudo, a Assíria não conseguiu manter seus ganhos, e dentro de poucos anos *Mari* sucedeu a Assíria, por pouco tempo no séc. XVIII, como o poder dominante na Mesopotâmia. É deste período que vem a maior parte dos famosos textos de Mari – cartas e textos econômicos, jurídicos e administrativos, os quais, entre outras coisas, descrevem grupos tribais nômades do período e fornecem, assim, material útil para o estudo da sociedade tribal primitiva de Israel. Mas a vitória na luta pelo poder foi da *Babilônia* sob Hamurábi (1728-1686). Assumindo o controle da maior parte da Baixa Mesopotâmia, ele sujeitou Mari e a Assíria, introduzindo uma era de paz e florescimento cultural na planície mesopotâmica (o Antigo Império Babilônico). Uma riqueza de textos vem deste período, especialmente cópias de antigos épicos (*p.ex.*, os relatos babilônicos da criação e do dilúvio) e o famoso código de leis de Hamurábi, que lançou luz sobre a cultura da época e forneceu material comparativo para muitos textos bíblicos.

23 O Império Babilônico ficou sujeito a várias pressões, porque novos povos pressionavam em todas as partes do Crescente Fértil. No norte, estavam os *horreus*, cuja pátria original parecem ter sido as montanhas da Armênia. Eles estavam presentes no norte da Mesopotâmia em pequeno número desde o séc. XXIV, mas nos sécs. VII e XVI houve um tremendo influxo de horreus na Alta Mesopotâmia, Ásia Menor, Síria e até mesmo na Palestina. Do outro lado da Alta Mesopotâmia estava estabelecido o reino de Mitani; ele tinha governantes indo-arianos, mas uma população basicamente hurriana, e este reino reduziu a Assíria a um mero Estado insignificante. Os horreus foram os transmissores da cultura sumério-acadiana para os hititas e outros povos da Ásia Menor, e tabletes datando dos sécs. XV e XIV, encontrados na cidade hurriana de Nuzi, são uma fonte preciosa de informação sobre os costumes sociais associados aos patriarcas bíblicos. Do leste havia incursões dos *cassitas* do Luristão em partes do Império Babilônico. E, na Ásia Menor, havia a presença de um reino hitita cada vez mais poderoso. Por volta de 2000 a.C., a população da Ásia Menor tinha sido infiltrada por vários grupos de indo-europeus, o mais influente dos quais se chamavam-se de *hititas*. Estes tinham gradualmente unificado a terra, e, por volta da metade do séc. XVI, existia um forte reino hitita no leste e centro da Ásia Menor e fazia pressão em direção ao sul, para a Síria. Num ousado ataque em direção ao Eufrates, os hititas saquearam a Babilônia em torno de 1530. Foi apenas uma incursão, pois, cercados pelos horreus que pressionavam do leste e acossados por problemas internos, o poder hitita se retirou para a Ásia Menor por mais de um século, mas os cassitas assumiram o controle na Babilônia e mantiveram o poder por uns 400 anos, mergulhando a Mesopotâmia numa era de trevas. Para os hititas na Bíblia, veja *BARev* 5 (5, 1979) 20-45.

24 (b) *Egito*. Quando começou o segundo milênio, o Egito estava se preparando para entrar num novo período de prosperidade sob os faraós do *Reino Médio* (sécs. XXI-XVIII a.C.). O país estava unido novamente; havia prosperidade econômica e expansão política com esporádico controle sobre a Núbia, Líbia, Palestina e Fenícia; e foi uma idade de ouro da cultura egípcia. Contudo, no séc. XVIII, o poder egípcio declinou rapidamente por causa de desintegração interna, e o Egito entrou no *Segundo Período Intermediário* (sécs. XVIII-XVI). Foi nesta ocasião que os hicsos (provavelmente príncipes cananitas ou amorreus da Palestina e do sul da Síria) fizeram pressão sobre a terra, estabeleceram-se a princípio no Delta e, a seguir, controlaram o Egito por cerca de 100 anos e tiveram um império que alcançou o norte da Síria. Numa amarga luta por liberdade, os egípcios finalmente expulsaram os hicsos (aproximadamente 1580-1550), e o Egito começou a reviver e entrar no período do *Novo Reino* e do império.

25 (c) *Palestina*. No final do BA, a região tinha sido transtornada pela (possivelmente) invasão amorrita, mas no princípio do séc. IX ocorreu uma rápida recuperação no oeste da Palestina e norte da Transjordânia, com muitas cidades novas sendo construídas quando os seminômades se assentaram em Canaã e assimilaram sua língua e cultura. Entretanto, grandes áreas, especialmente na cordilheira central, continuaram a estar pobremente povoadas. Gradualmente o sistema de cidades-estados, característico da Palestina até o período israelita, evoluiu; e sob os hicsos a Palestina atingiu uma prosperidade que ela raramente conheceu nos tempos antigos. O período do BM é geralmente considerado como sendo o contexto para o início da história do povo que a Bíblia apresenta como hebreus e, então, como Israel.

DE ABRAÃO ATÉ POMPEU

26 (I) *Introdução*. As narrativas bíblicas não foram compostas a fim de prover uma "história de Israel". Esta concepção é uma criação dos padrões e métodos históricos modernos, o produto da avaliação de fontes e do uso da evidência da arqueologia e outras ciências. Estas abordagens foram aplicadas ao AT, especialmente ao período dos patriarcas até o assentamento em Canaã, e resultaram em várias reconstruções hipotéticas. Isto é inevitável a partir da natureza das fontes bíblicas. As antigas tradições foram escritas apenas numa época muito posterior, embora a tradição oral possa ter preservado algumas memórias históricas válidas. Existe também a perspectiva de unidade na qual os dados foram sintetizados: "todo Israel" (Dt 1,1; 5,1) está envolvido nos acontecimentos do êxodo; "toda a terra" (Js 11,16.23) está conquistada; as tradições tribais dos pais são unificadas pelas "gerações" (*tôlēdôt*; → Gênesis, 2:3, 16, vol. I, AT). Como se lida com genealogias que são construídas sobre considerações geográficas e comerciais? Além disso, o registro bíblico em si preserva dados suficientes para mostrar que a síntese global é uma simplificação excessiva: nem todas as tribos estiveram envolvidas no acontecimento de um êxodo primal (houve mais de um êxodo?); a descrição da conquista em Jz 1 difere da de Js 1-2. Na verdade, os historiadores modernos têm algo a aprender com a tolerância natural que as tradições bíblicas exibem (p.ex., a ausência de inclinação para de harmonizar as diferenças no Pentateuco). Atentos a esses problemas, os estudiosos se valem da arqueologia e da antropologia, bem como da análise literária (crítica da forma e da redação), num esforço para reconstruir uma história que a Bíblia apenas sugere de modo imperfeito.

27 Com que segurança se extraem conclusões históricas da análise puramente literária? Isto é particularmente verdadeiro quando se questiona agora a firmeza com que as tradições J e E do Pentateuco foram distinguidas e datadas. O que pode ser concluído a partir da presença de antigas práticas sociais (p.ex., de Nuzi; → 23 *acima*) nas tradições patriarcais? Pode-se apontar para a regra de adoção de escravos de Nuzi como aplicável a Gn 16,1-4, ou o tratamento legal de uma esposa escrava e seu filho como aplicável a Gn 21,10ss. Presumivelmente estes são traços que não seriam ordinariamente encontrados numa narrativa bíblica criada muito mais tarde. Mas agora a pertinência e a validade de muitos paralelos estão sendo questionadas (p.ex., a pertinência dos deuses domésticos de Nuzi como sinais de reivindicações de herança em Gn 31,19-42).

28 Desde Wellhausen, as narrativas dos patriarcas e do êxodo/conquista têm ilustrado a gama de incertezas dos estudiosos acerca da historicidade (resumos em *IJH* 53-148, 213-84; M. Weippert, *The Settlement of the Israelite Tribes* [SBT 21; Londres, 1971]). Com Albright numa ponta e T. Thompson e J. van Seters na outra, o espectro vai do cauteloso ao radical (com Bright, de Vaux, Mendenhall, Gottwald, Alt, Noth e Soggin em algum lugar no meio; veja S. Herrmann

sobre de Vaux em *VT* 23 [1973] 117-26). A complexidade e a escassez de material conduzem a diferenças honestas. O escopo dos problemas pode ser ilustrado por meio de um breve levantamento do período dos patriarcas até os juízes (séc. XII).

29 *Período patriarcal*. Este período não pode ser datado com certeza. O relacionamento pai-filho-neto parece artificial e explicável no estilo das genealogias bíblicas que são construídas com base em relacionamentos sociais e comerciais (cf. Tabelas das Nações em Gn 10,1-32,vol. I, AT), tanto quanto em laços de sangue. As narrativas patriarcais são caracterizadas por promessas de descendente(s) e de terra – promessas que mesmo que realizadas seguem abertas como interpretadas mais tarde por "todo o Israel". Os incidentes são principalmente teofanias em santuários, como Bersabeia, Hebron, Betel, Penuel (→ Instituições 76:27-29), formulados talvez à luz do culto posterior. Os grupos associados aos ancestrais epônimos vieram da Mesopotâmia (Gn 11,31) ou dos arameus (Dt 26,5)?

30 *Experiência egípcia*. A Bíblia retrata esta experiência a partir da perspectiva posterior de "todo o Israel". As tradições do êxodo e do Sinai parecem ter sido veiculadas pelas tribos de José (Efraim e Manassés) e, talvez, Benjamim. As outras tribos, como os filhos de Lia (Rúben, Simeão, Levi, Judá, Issacar e Zabulon) e ainda outros grupos (veja Js 24,14-15), parecem ter adotado as tradições israelitas num período posterior. A libertação do Egito e a orientação no deserto são centrais à experiência do êxodo, mas os detalhes e os grupos participantes são difíceis de se determinar. A experiência do Sinai é composta de uma teofania, uma aliança com a comunidade e uma lei (detectável na perspectiva posterior como vários códigos de lei em Ex 19-Nm 10).

31 *Colonização de Canaã*. As narrativas esquematizam acontecimentos básicos que são difíceis de correlacionar com os dados arqueológicos. As histórias em Js e Jz, as quais podem originalmente ter envolvido apenas tribos individuais (veja Jz 1,1-36), descrevem a colonização em termos de uma vitória esmagadora (Js 1-12). Mas Jz 1 sugere um cenário diferente. São incertos a natureza e o crescimento da federação tribal que existe neste período.

32 Em resumo, os pontos nevrálgicos são: (1) a datação e a natureza histórica das narrativas patriarcais; (2) a datação e os detalhes da experiência do êxodo e do encontro do Sinai (*p.ex.*, quem participou?); (3) a natureza da ocupação de Canaã por "Israel" e as origens e unidade das "tribos". Em face destas dificuldades, a "história" dos patriarcas e do antigo Israel que segue *não proporá uma outra reconstrução, mas seguirá a descrição bíblica* enquanto alerta o leitor para problemas.

33 Não é surpreendente que a cronologia bíblica do período primitivo continue completamente incerta. Existem várias datas na monarquia em que se pode confiar, mediante a sincronização dos reis de Judá e Israel e a datação absoluta obtida a partir de fontes extrabíblicas. Mas mesmo aqui diferentes cronologias foram elaboradas (veja Jagersma, *History* 268-69). Por uma questão de conveniência, seguir-se-ão as datas de Albright (*BP* 116-117) (→ 88 *abaixo*) para a datação dos reis da monarquia dividida.

34 (II) O período patriarcal (aproximadamente 2000-1700 a.C.). A incerteza concernente à datação é ilustrada pela conclusão de de Vaux de que não se pode dar nenhuma data exata para o início ou o final do período patriarcal (*EHI* 266). Ele se inclina para a primeira metade do segundo milênio por causa dos nomes patriarcais, os quais, como se mostrar, remontam a este passado distante, e por causa de uma alegada conexão dos patriarcas com as migrações dos amorreus neste período primitivo.

35 (A) Abraão, Isaac e Jacó. *Abrão* (veja Gn 17,5) é apresentado como um emigrante da Mesopotâmia. Seu estabelecimento na Palestina foi associado à penetração dos amorreus na Mesopotâmia e na Palestina (→ 22 *acima*; todavia → Arqueologia bíblica, 74:65-67) por aqueles que favorecem uma data antiga. Ele viveu uma existência sem domicílio fixo, se não seminômade, na Palestina, apascentando seus rebanhos segundo o padrão da transumância, mas a memória de uma residência mais permanente vincula-se à área de Mambré-Hebron. As características primárias dos patriarcas eram peregrinação e teofanias nos santuários da Palestina: Siquém (Gn 12,6), Betel (Gn 28,19; 35,1) e Penuel (Gn 32,23-33). O nome Abrão foi encontrado em textos babilônicos que datam do séc. XVI, e os textos de Mari mencionam o nome de Nacor (Gn 11,22; 24,10) como uma cidade próxima de Arã, sujeita a um líder amorreu. Semelhantemente, o nome Jacó aparece num texto mesopotâmico do séc. XVIII, designando um governante hicso (Yaʻqob-har). Encontram-se nos textos de Mari nomes idênticos aos de alguns dos filhos de Jacó, *p.ex.*, Benjamim e Levi. É controversa a relação dos costumes patriarcais com as práticas legais no antigo Oriente Próximo; para uma avaliação cuidadosa nas narrativas de Jacó, veja M. Morrison, *BA* 46 (1983) 155-64.

36 A vocação de Abraão (Gn 12,1-3) implica a promessa de uma terra e um povo. Os episódios relacionados a ele gravitam ao redor do tema do nascimento prometido de um herdeiro e seu relacionamento com seu sobrinho Ló. A esterilidade de Sara, os perigos a que se vê submetida a mãe do herdeiro (Gn 12,10-20 e par.), a rejeição de Ismael – estes acontecimentos constroem o suspense até o ponto em que finalmente nasce o filho da promessa, apenas para ser oferecido como uma vítima sacrificial (Gn 22). O ciclo Abraão-Ló proporciona uma oportunidade para contrastar os dois homens (em favor de Abraão) e para introduzir os acontecimentos de Sodoma e Gomorra, bem como a enigmática expedição de Gn 14. A compra de Macpela (relato de P em Gn 23) é, por assim dizer, a primeira parte do cumprimento da promessa de uma terra.

37 *Isaac.* Um personagem relativamente obscuro, ele serve principalmente como um elo entre Abraão e Jacó. Ele está associado a Bersabeia (Gn 26,23-33), embora a arqueologia não tenha produzido evidência de restos da Idade do Bronze ali (*LBib* 191-92).

Jacó. Dois importantes ciclos compõem sua história familiar: Jacó-Esaú, que realça o tema da eleição até mesmo de pessoas indignas, e Jacó-Labão, que reflete a relação patriarcal com os arameus. A menos que os arameus sejam um anacronismo nesta época (segundo de Vaux, *EHI* 200-9), os acontecimentos de Gn 29-31 sugerem uma datação tardia para os patriarcas (Hermann, *History* 45). A cena se desenvolve em Harã-Naarim, no curso superior do Eufrates, mas os arameus não se estabeleceram ali até o final do segundo milênio.

38 A religião dos patriarcas não é a que se esperaria de um documento posterior. (A adoração de Baal, tão proeminente nos períodos posteriores, e ilustrada desde os antigos mitos ugaríticos, está ausente.). O Deus de Abraão, Isaac e Jacó é um "Deus dos Pais" (→ Pensamento do AT, 77:15). A deidade é anônima, mas identificada com referência ao ancestral que a adorou; assim, o Deus de Abraão, o Temor (ou Parente) de Isaac (Gn 31,42), e o Poderoso de Jacó (Gn 49,24). O "Deus do Pai" é, assim, associado ao patriarca ou pai com quem ele estabeleceu um relacionamento especial; ele é o patrono da família ou clã do patriarca e os guia em sua história. Ele não é apenas uma deidade local, vinculada a um santuário, pois epítetos como "Olam" (o Eterno, Gn 21,33) eram atribuídos a este Deus (El ou Elohim). É provável que o conceito de El, o grande Deus do panteão ugarítico, tenha influenciado o desenvolvimento da noção do "Deus do Pai" (*CMHE*3-75; C. L'Heureux, "Searching for the Origins of God", em *Traditions in Transformation* [Festschrift F. M. Cross; ed. B. Halpern; Winona Lake, 1981] 33-57). Desse modo há continuidade entre o Deus dos Padres e Iahweh, o Deus de Moisés (Ex 3,3-15 e 6,2-3 insistem nisto), mas o desenvolvimento histórico nos escapa.

39 (B) A história de José. Gênesis 37-50 é uma das obras-primas bíblicas, marcada pelo tema da providência (Gn 45,5-8; 50,20). O suspense no tratamento de José para com seus irmãos (42-45) é mantido com grande habilidade literária (cf. a análise de von Rad dele como um relato "sapiencial" em *SAIW* 439-47). Uma data tradicional para a ascensão de José ao poder é o período dos hicsos (1720-1550), mas não há nada na história de José que exija isto (veja S. Hermann, *Israel in Egypt* [SBT 27; London, 1973] 1-37). A historicidade tem sido vigorosamente contestada, ainda que a narrativa exiba um razoável conhecimento da vida egípcia (J. Vergote, *Joseph in Egypte* [Louvain, 1959]). No todo, de Vaux (*EHI* 291-320) tem um ponto de vista otimista sobre o caráter histórico da tradição de José, comparado com o de Hermann, *History* 56-57, ou de Soggin, *HAI* 113-15.

40 Mais problemática, contudo, é a questão: Quem é o "Israel" ou as tribos que realmente estiveram no Egito? Certamente a tradição da permanência no Egito deve ser associada aos "filhos de José" – Efraim, Manassés e também Benjamim. É possível que vários grupos semitas tenham entrado no Egito. M. Weippert sustentou que os patriarcas vieram da população nômade Shasu de Canaã (*Bib* 55 [1974] 265-80, 427-33). Uma outra hipótese associa os hebreus aos '*Apiru* (egípcios) ou *Habiru* (acádios), mencionados por todo o antigo Oriente Próximo (Egito, Cartas de Amarna, Alalakh, Nuzi, Ugarit e Mari). Sua identidade não é clara. O debate concentra-se em se eles são uma unidade sociológica ou étnica (veja H. Cazelles em *POTT* 1-28, mas veja de Vaux, *EHI* 216). Surpreendentemente, o termo "hebreus" é usado em Gn e Ex quando um israelita fala a um egípcio, ou quando se faz uma distinção entre israelitas e egípcios (*p.ex.*, Gn 39,17; 43,32; Ex 2,13). Em geral, permanece controversa a identidade de hebreu e '*Apiru*.

41 A incerteza que cerca a data do período patriarcal vincula-se também à permanência de "Israel" no Egito. Os dados bíblicos produzem resultados conflitantes. Os 430 anos de Ex 12,40-41 são modificados na LXX para incluir o período patriarcal. Segundo Gn 21,5; 25,26; 47,28, podem-se calcular 307 anos desde o nascimento de Abraão até a morte de Jacó, mas a cronologia é reconhecidamente artificial. Não é mais possível ter certeza (veja Albright, *BP* 10-11) de que a permanência no Egito remonte ao período dos hicsos (1720-1550). O que resta é apenas a plausibilidade histórica da entrada de grupos semitas no Egito em diversos períodos históricos. Sabemos que havia um povo como o de Israel já presente em Canaã por volta de 1200 (→ 42 *abaixo*), mas o pano de fundo histórico da permanência egípcia não pode ser reconstruído.

(CAZELLES, H., "Patriarches", *DBSup* 7. 82-156. DE VAUX, R., *EHI* 161-287; *IJH* 70-148; *WHJP II: Patriarchs*. MILLARD, A. e D. WISEMAN (eds.), *Essays on the Patriarchal Narratives* [Leicester, 1980]. MILLER, J. M., *The Old Testament and the Historian* [Philadelphia, 1976]. SARNA, N. M., "Abraham in History", *BARev* 3 [4, 1977] 5-9. THOMPSON, T., *The Historicity of the Patriarchal Narratives* [BZAW 133; Berlin, 1974]. VAN SETERS, J., *Abraham in History and Tradition* [New Haven, 1975]. Sobre José: COATS, G., *From Canaan to Egypt* [CBQMS 4; Washington, 1975]; REDFORD, D. B., *A Study of the Biblical Story of Joseph* [VTSup 20; Leiden, 1970].)

42 (III) O êxodo e a conquista (aproximadamente 1300-1050 a.C.). Este complexo de acontecimentos parece pertencer à parte final da Idade do Bronze Recente (→ Arqueologia bíblica, 74:78-93). Se o rei que "não conhecia José" (Ex 1,8) não pode ser identificado, há alguma razão para se considerar o "faraó da opressão" (e êxodo) como Ramsés II (1290-1224). O argumento mais forte é a menção de israelitas trabalhando nas cidades-armazéns, Pitom e Ramsés (Ex 1,1-11). Ramsés foi famoso por sua atividade construtora (que também envolveu os misteriosos 'Apiru como trabalhadores!) no Delta do Nilo, onde os hebreus se estabeleceram "na terra de Gessen" (→ Geografia bíblica, 73:26). A implicação é que o êxodo ocorreu no séc. XIII – uma conclusão apoiada pela estela do sucessor de Ramsés, Merneptá, que menciona um povo "Israel" existindo em Canaã em torno de 1220 (*ANET* 375-78). O êxodo, então, pode ser datado em cerca de 1250. Mas não há uma explicação viável para o número envolvido (mais de 600 mil: Nm 1,46; 26,51). Não há referência, nos registros egípcios, à permanência de Israel no Egito.

43 (A) Moisés. É uma tarefa difícil para o historiador avaliar este personagem (H. Schmid, *Mose: Überlieferung und Geschichte* [BZAW 110; Berlin, 1968]). Há uma certa qualidade lendária no nascimento de Moisés (cf. a história de Sargon, *ANET* 119); e o texto de Ex 1-15 é uma combinação de fontes, *p.ex.*, sua comissão segundo JE em Ex 3-4, e segundo P em 6-7. Ele é apresentado como um egípcio "adotado" que possui um nome egípcio (cf. Tutmósis), mas ao mesmo tempo é associado aos madianitas, para onde ele fugiu após cometer um assassinato. No deserto, ele é confrontado pelo Senhor e comissionado para liderar o povo de Deus para fora do Egito. Isto ocorre mediante a instrumentalidade das pragas, culminando na morte dos primogênitos por ocasião da "páscoa" (para a origem e historicização desta festa, veja de Vaux, *AI* 484-93; → Instituições, 76:127).

44 O Senhor revela-se a Moisés como "Eu sou quem eu sou" (→ Pensamento do AT, 77:11-13), o Deus dos Pais, assegurando assim a continuidade da promessa e da história da salvação. Era *yhwh* um deus conhecido antes disto? A teoria que fez de Iahweh um deus da tribo midianita dos quenitas (H. H. Rowley, *From Joseph to Joshua* [London, 1950]) não encontrou muitos advogados. Hermann (*History*, 76-77) está inclinado a reconhecer *yhwh* na designação de um grupo edomita, os Shasu de *yhw'*, que são mencionados em textos egípcios (*ANET* 259) como movendo-se na área. Mas *yhw'* aqui designa a terra, não a divindade. A alegada presença de um nome divino Ya (= Iahweh) nos textos de Ebla de cerca de 2400 é duvidosa (G. Pettinato, *BA* 39 [1976] 44-52, lista *Mi-Ka-Ya*, "Quem é como Ya?"; → 16 *acima*). Até aqui não há evidência clara a favor de um deus *yhwh* antes da época de Moisés. Com certeza, contudo, o monoteísmo de Moisés era prático, não teórico (veja Ex 15,11; Sl 89,7-9).

45 (B) As pragas. O número de 10 pragas é obtido mediante a combinação de diversas tradições variantes, especialmente J e P (→ Êxodo, 3:17-22). É irrelevante explicar as pragas como fenômenos naturais verificáveis na vida egípcia (*p.ex.*, o mudança da água em sangue tem sido associada à inundação anual do Nilo). Para o escritor bíblico não existem catástrofes usuais, mas "sinais" e "maravilhas" operadas por Deus mediante Moisés. Tampouco são "milagres" ou acontecimentos fora das leis da natureza – uma categoria moderna, não uma categoria bíblica (→ Pensamento do NT, 81:92-94). As pragas servem para enfatizar a tensão do contexto entre Deus e faraó, Israel e Egito, que conduz ao clímax na décima praga e à Páscoa.

46 (C) A travessia do mar. As fontes literárias que descrevem o êxodo do Egito, o *yām sûp* [??] (talvez "Mar dos Juncos") e a rota seguida são complexas demais para produzir conclusões firmes (→ Geografia bíblica, 73:26-31, com o mapa). De Vaux (*EHI* 363-87) aponta para a dupla tradição da "fuga" (associada às nove pragas) e a "expulsão" (associada à décima praga); ele as liga a dois êxodos. O êxodo-expulsão seguiu a rota do norte (Cades e entrada em Canaã pelo sul) enquanto que o êxodo-fuga seguiu para o leste, envolvendo a perseguição pelos egípcios, a travessia, o evento do Sinai e a entrada em Canaã pela Transjordânia. Isto está de acordo com a tradição J de uma rota norte (via Baal Sefon, Ex 14,2), como oposta à tradição E que é "via o deserto" para o leste e sul. Talvez as tribos de Lia tenham tomado a direção norte, e as tribos de Raquel, sob a liderança de Moisés, tenham seguido para o Sul, para o Sinai. Esta é uma hipótese para explicar as várias tradições em Ex. A análise, feita por de Vaux, de Ex 14,10-31 segue um reconhecimento de duas fontes: uma enfatiza a destruição dos egípcios por Iahweh (Ex 14,13.30; cf. 15,21); a outra enfatiza a travessia maravilhosa mediante a divisão das águas (14,21-22). De qualquer modo, é Iahweh, o "guerreiro" (Ex 15,3), quem salva os hebreus.

47 (D) A experiência do deserto. Os famosos episódios, a saber, murmuração e revolta, intercessão por Moisés, cuidado providencial do povo (maná, cordoniz, água) e quarenta anos de "peregrinação", são fornecidos por várias tradições (JEP). A incerteza acerca do êxodo vincula-se também à localização do Sinai ou Horebe, "o monte de Deus" (veja de Vaux, *EHI* 426-39). Alguns estudiosos modernos concordam com a localização tradicional (bizantina) no sul da península do Sinai. Outros localizam a montanha perto de Cades ou Cades Barne (a área de Ain Qudeirat, uns oitenta km ao sul de Bersabeia). Para outras localizações, → Geografia bíblica, 73:27.

48 Mais importante: O que aconteceu no Sinai? O Pentateuco associa todo o conteúdo de Ex 19 a Nm 11 ao "deserto do Sinai": a aliança, o Decálogo e toda a Torá. Desde o estudo seminal de G. Mendenhall (*Law and Covenant in the Ancient Near East* [Pittsburgh, 1955]; *BAR* 3.3-53), a aliança tem sido interpretada à luz das descobertas dos tratados do antigo Oriente Próximo, especialmente os tratados de suserania dos hititas. Isto foi uma proveitosa comparação para o entendimento de Dt, que usa efetivamente o gênero dos tratados pactuais. Mas D. J. McCarthy (*Treaty and Covenant* [AnBib 21A; Rome, 1978]) mostra que "a analogia com os tratados para explicar a relação de Iahweh com Israel é, assim, resultado final de um processo, mas não é o ponto de partida de onde surgem as ideias de aliança" (293). De modo especial, a tradição do Sinai (Ex 19,1-24,11) não é marcada pelo gênero dos tratados, que reconhecidamente influenciou a linguagem e a concepção de aliança em tradições *posteriores*. Êxodo 24 aponta para um ritual de aliança, uma refeição sagrada, quando "Israel" torna-se o povo de Deus. Esta ideia não é incompatível com o relacionamento de vassalo, mas se deve evitar o legalismo. Aliança não é o mesmo que contrato, mas o tratado (com suas consequentes estipulações) é uma boa analogia para expressar o relacionamento de compromisso significado pela aliança (→ Pensamento do AT, 77:75-98). Embora a teologia da aliança tenha se desenvolvido por séculos, não se deveria negar sua origem na experiência do Sinai (contra L. Perlitt, *Bundestheologie im Alten Testament* [WMANT 36; Neukirchen, 1969]).

49 O Código da Aliança (Ex 20,22-23,33) pressupõe um povo estabelecido (na Palestina) e, sem dúvida, data de um período posterior ao da experiência do Sinai. O Decálogo, em sua forma atual (Ex 20,1-17; cf. Dt 5,6-21), certamente contém elementos que remontam às origens da religião mosaica: a reivindicação exclusiva de adoração de um Deus sem imagens (os primeiros dois mandamentos), e os outros mandamentos parecem suficientemente gerais e universais (talvez até mesmo a observância do sábado?) para terem definido o estilo de vida dos hebreus.

50 Von Rad (*PHOE* 1-78) sustentou que a tradição do Sinai era originalmente independente da tradição do Êxodo. A primeira era uma lenda cultual da festa da aliança, derivando-se de Siquém, e a última uma lenda cultual de uma festa em Gilgal que comemorava a entrada na Palestina. Seus argumentos são puramente literários: a ausência de Sinai em diversos textos-chave como o "credo" em Dt 26, 5-9.

Este argumento do silêncio não é suficiente para se opor ao fato de que as tradições existem juntas na narrativa mais antiga do Pentateuco (JE; cf. de Vaux, *EHI* 401-19).

51 A tradição P ocupa o bloco central do Pentateuco (Ex 25-Nm 10), e desse modo toda a legislação sacerdotal é atribuída a Moisés. Para uma discussão sobre o "tabernáculo" do deserto, etc., e as aparentemente antigas tradições na descrição sacerdotal destes vários artigos, → Instituições, 76:30-34.

52 A "peregrinação pelo deserto", interpretada como uma penalidade pelo fracasso em seguir a liderança de Josué e Caleb (Nm 14,26-35), é retratada como durando uma geração, com Cades Barne provavelmente sendo o centro da atividade (mas cf. R. Cohen em *BA* 44 [1981] 93-107). A tentativa de entrar na Palestina através do Negueb foi mal sucedida (Nm 14,39-45). Mas se registra em Nm 21,1-3 uma vitória sobre os "cananitas" em Horma; e isto parece concordar com Jz 1,16-17, indicando que houve uma penetração bem sucedida de alguns grupos (Simeão e Judá) pelo sul (veja Aharoni, *LBib* 201-2; 214-18). A penetração do grupo de Moisés foi via Transjordânia (→ Geografia bíblica, 73:38-49), onde os reinos de Edom, Moab e Amon estavam estabelecidos (veja Nm 20,14-21,10-35; Aharoni, *LBib* 204-6). As vitórias sobre os reis Seon e Og, que aconteceram ao norte do Arnon e ao norte do Jaboc, respectivamente, tornaram-se tradicionais em Israel (veja Nm 21,21-35; Sl 136,17-20). A Transjordânia parecia aberta aos invasores. Próximo às planícies de Moab, depois de proferidos os oráculos de Balaão (Números, 5:44-51), Moisés morreu no Monte Nebo. Seu fracasso em entrar na terra prometida está envolto em mistério e deu origem a diversas explicações nas tradições (Nm 20,12; Dt 1,37). A infidelidade de Israel com o Baal de Fegor (Nm 25) já era um presságio de sua vida em Canaã.

53 (E) A terra de Canaã. O final do séc. XIII era uma ocasião propícia para o estabelecimento em Canaã. O Crescente Fértil estava muito movimentado, graças especialmente aos povos do mar. Mais importante, ele não era dominado por um único poder como foi tão frequentemente verdadeiro nos séculos anteriores, quando os egípcios, os hititas, os mitanitas e os assírios tinham lutado pelo controle sobre a Palestina. O domínio egípcio estava no fim, embora sua presença nas cidades fortificadas de Megido, Bet-Seã e Gezer seja atestada até o séc. XII. O império hitita na Ásia Menor chegou ao fim com as invasões dos povos do mar e outros. Pequenos reinos independentes foram capazes de se estabelecer em Edom, Moab e Amon. Os arameus (Ahlamu) do nordeste, apesar das guerras com a Assíria, estavam prontos para entrar na Palestina. Um vácuo político tinha criado as possibilidades do estabelecimento dos hebreus e muitos outros pequenos grupos. A expressão bíblica "os cananeus, os heteus, os heveus, os ferezeus, os gergeseus, os amorreus e os jebuseus" (*p.ex.*, Js 3,10) descreve habilmente a grande confusão de povos (veja G. Mendenhall, *The Tenth Generation* [Baltimore, 1973] 142-73). A estrutura política era caracterizada pela existência de cidades-estados. Por séculos esta situação fora tolerada pelo Egito, que exercia o controle dominante. Os régulos eram "leais" ao faraó a quem pagavam tributos, mas as cartas de Amarna do séc. IV nos falam de suas dificuldades, particularmente com os 'Apiru (*DOTT* 38-45; E. Campbell, *BA* 23 [1960] 2-22).

54 A influência egípcia sobre Canaã estendeu-se a aspectos culturais, mas a religião cananeia era um desenvolvimento relativamente independente, como ilustram os textos religiosos de Ugarit. O panteão habitava numa montanha no norte (Sefon, o posterior *mons Casius*, 40 km a nordeste de Ugarit). El era o líder desses deuses, mas era excedido em brilho por Baal (Hadad). As três deusas principais eram Aserá (*qnyt ilm*, talvez "gerada dos deuses", e de um caráter fortemente sexual), Astarte (Astoret) e Anate (a "virgem", e de natureza bélica) cujas façanhas são bem conhecidas a partir dos textos ugaríticos. A adoração cananeia era marcada por ritos de fertilidade, os quais implicavam prostituição sagrada.

(*ARI* 68-94. Gray, J., *The Legacy of Canaan* [VTSup 5; Leiden, 1957] 113-59. Craigie, P., *Ugarit and the Old Testament* [Grand Rapids, 1983].)

55 (F) Conquista. A narrativa bíblica da "conquista" resumiu os acontecimentos reais em forma de um épico. Tudo é atribuído a Josué, exatamente como todas as leis são atribuídas a Moisés. A conquista é esquematizada em três campanhas: a captura de Jericó e de Hai na região montanhosa central; a seguir, as vitórias no sul após a aliança com os gabaonitas; e, finalmente, o ataque ao norte no qual caiu Hazor. Não houve extermínio total dos cananeus, apesar do ideal da guerra do *ḥerem* ou "anátema", um aspecto da cultura do antigo Oriente Próximo que Israel compartilhava com seus vizinhos (*ANET* 320). Os textos deixam claro que as cidades fortificadas (Megido, etc.) não foram tomadas, permanecendo muitos bolsões de cananeus; dão-se "explicações" disto em Jz 2,21-23; 3,2.

56 Nos tempos modernos, ofereceram-se mais do que um cenário da conquista. Albright e outros (*p.ex.*, J. Bright) concentraram-se sobre os dados em Js 1-12 e correlacionaram a conquista com a evidência arqueológica da destruição das cidades mencionadas no registro bíblico. A evidência arqueológica, contudo, apresenta mais problemas do que resolve; se ela mostra que algumas das cidades mencionadas na Bíblia foram destruídas, ela não nos diz necessariamente que os israelitas as destruíram; e ela parece indicar que outras cidades que, segundo a Bíblia, foram destruídas nem sequer estavam ocupadas nesta época (Jericó, Hai, Gabaon; → Arqueologia bíblica, 74:79ss.). O chamado modelo de imigração, associado aos nomes de Alt, Noth e M. Weippert, postulou uma infiltração relativamente pacífica de várias tribos.

Embora não estejam ausentes escaramuças, a "conquista" de Josué 1-12 é vista principalmente como uma combinação de etiologias, *i.e.*, histórias que dão o motivo para a situação atual (por que Hai está em "ruínas"?). Mendenhall negou, de modo semelhante, que tenha havido qualquer "conquista real" e explica a colonização socio-politicamente como uma "revolta de camponeses" contra cidades-Estados cananitas. Os envolvidos, entre os quais se devem contar os hebreus, "retiraram-se" da rede das cidades-Estados e foram enfim unidos pela resultante federação tribal estabelecida pelos grupos mosaicos. Gottwald se aproximou desta posição, mas enfatizou o aspecto da revolução, implicando a transição de um proletariado oprimido para uma sociedade relativamente igualitária na qual o poder é compartilhado. Obviamente, não há consenso entre os estudiosos sobre a natureza da "conquista".

(*AEOT* 175-221. AHARONI, *LBib* 191-285. ALBRIGHT, *BP* 24-34. *BHI* 129-43. GOTTWALD, N., *The Tribes of Iahweh* [Maryknoll, 1979], especialmente 191-233. MENDENHALL, G., "The Hebrew Conquest of Palestine", *BA* 25 [1962] 66-87; reimpr. em *BAR* 3. 100-20. *NHI* 53-84. *Palestine in Transition* [eds. D. N. FREEDMAN e D. GRAF; Sheffield, 1983]. SOGGIN, *Hai* 138-71. Veja também *BA* 39 [1976] 55-76, 152-57.)

57 Por isso, é difícil determinar a identidade de "Israel" neste período. A tomada basicamente pacífica de Siquém (Js 24,1-18, implicando toda a área de Efraim e Manassés) sugere que os recém-chegados encontraram aqui uma ou várias tribos que estavam relacionadas com eles (→ Geografia bíblica, 73:101). De modo significativo, as escavações em Siquém mostram que a cidade *não* foi destruída no séc. XIII (*BAR* 2. 258-300). Além disso, a celebração da aliança em Siquém (Js 24,14-15) pressupõe que Israel incorporou outros grupos (cananeus). Os hebreus são descritos como uma "multidão misturada" (Ex 12,38; cf. Nm 11,4), que foi conduzida para fora do Egito. Presumivelmente muitos outros se tinham associado a eles em Gessen. Também é razoável supor que há muito houvera um movimento de hebreus para a Palestina durante os séculos anteriores, ou mesmo que muitos hebreus tinham permanecido na Palestina sem jamais terem ido para o Egito (Albright, *BP*, 32). Gradualmente, então, as tradições daqueles que tinham participado da experiência do êxodo tornaram-se as tradições de todos, à medida que vários grupos étnicos (calebitas, etc.) foram absorvidos.

58 O termo "anfictionia", derivado do grego, foi empregado pela primeira vez por Noth (*NHI* 85-137) para designar a natureza da federação tribal. Ela significa uma confederação sagrada de tribos unidas em torno de um santuário central, análoga às organizações gregas. Embora esta concepção tenha perdido predileção (cf. de Vaux, *EHI* 695-715; C. de Geus, *The Tribes of Israel* [Assen, 1976]), existiu algum tipo de federação tribal, embora vaga. Se ela não existiu desde a experiência do Sinai, este acontecimento logo se tornou o foco ao redor do qual as tribos se uniram em Canaã. A tradição da descendência linear das doze tribos de um ancestral comum deve ser interpretada de modo amplo: A genealogia expressa conexões culturais em vez de biológicas, *i.e.*, ela reflete relacionamentos baseados na geografia, comércio e outras considerações. A unidade criada pela federação tribal era religiosa, não política, como pode ser inferido da conduta altamente individualista das tribos no período dos juízes. O centro de adoração parece ter mudado de residência várias vezes neste período inicial: Siquém, Betel, Silo (destruída por fim pelos filisteus na época de Samuel). As tribos são mencionadas de duas formas diferentes nas listas que foram preservadas. A forma mais antiga inclui Levi (Gn 29,31-30,24; 49,1-27) e apresenta José (Efraim e Manassés) como uma tribo; na forma posterior, Levi é omitido e Efraim e Manassés são separados (Nm 26,4-51). A união das doze tribos não foi criada simplesmente por uma aliança; por trás dela estava um complicado processo histórico que escapa de nossa compreensão (veja de Vaux, *EHI* 717-49, 775-824).

59 (G) Os juízes. O período dos juízes é comumente datado na Idade do Ferro Antiga, de cerca de 1200 a 1050. (Para uma exposição da cronologia esquemática de 410 anos, veja de Vaux, *EHI* 689-93). Não temos uma história contínua dentro deste período, mas uma série de incidentes separados, basicamente locais quanto ao escopo, ilustra a tese registrada claramente em Jz 2,10-3,26, que envolve uma sequência de pecado, opressão, conversão e libertação (e que ecoa a teologia deuteronômica da história). Porém, esses episódios lançam alguma luz sobre a história do período. Na maior parte das vezes as tribos agiram individualmente ao enfrentar o ataque de seus vizinhos, *p.ex.*, o Cântico de Débora critica várias tribos por sua falta de cooperação (Jz 5,15-17). A situação geográfica aumentou o individualismo dos grupos separados. As tribos na Galileia estavam separadas da área central pela Planície de Esdrelon (→ Geografia bíblica, 73:105-11); a área montanhosa central estava ela própria dividida em bolsões pelos muitos vales. Finalmente, o Vale do Jordão servia para separar o oeste do leste.

60 Além disso, os próprios israelitas estavam num processo de estabelecer-se e mudar para novos estilos de vida, particularmente a agricultura. A assimilação da cultura cananeia estava começando, e isto se estendeu também para a veneração dos Baais e Astartes adorados nos muitos "lugares altos" cananitas que permaneceram na terra. Baal já estava de posse da terra – um deus da fertilidade, que precisava ser propiciado. Iahweh era o Deus da história, que tinha salvado Israel; mas agora havia a questão prática de assegurar a fertilidade e a abundância das colheitas. Iahweh assumiu as características de Baal, e o resultado foi o sincretismo. Em contraste a uma peregrinação ocasional ao santuário em Silo, os lugares altos cananitas estavam mais perto e os ritos eram atraentes (veja J. L. McKenzie, *The World of the Judges* [Englewood Cliffs, 1966] 34-44).

61 É difícil determinar a origem e a função dos juízes (*šōpēṭ*) (veja de Vaux, *EHI* 751-73). Parece que o juiz era prmordialmente um líder carismático militar, um "libertador" (Jz 2,16; 3,9). As tribos estavam expostas a ataque de todos os lados e de qualquer grupo que esperasse ter sucesso. A invasão de "Aram Naaraim" (caso se deva ler Aram em vez de Edom) por Cusã-Rasataim foi resistida com êxito por Otoniel, a quem a tradição identifica como aquele que conquistou Dabir para Judá (Jz 1,11-16). A façanha ousada do canhoto Aod em assassinar Eglon de Moab precipitou uma campanha bem sucedida contra os moabitas que guardavam o leste do Jordão. Débora inspirou Barac e várias tribos do norte a guerrear na Planície de Jezreel contra os cananitas, liderados por Sísara. A vantagem das carruagens cananitas foi eliminada pela tempestade que fez o Rio Quison transbordar (Jz 4,15; 5,20-21) e tornou possível a vitória israelita. O acontecimento não pode ser datado (contra Bright, *BHI* 179, seguindo Albright), mas ele deu origem a um dos mais antigos poemas hebreus no AT (→ Juízes, 8:26).

62 As incursões feitas nos planaltos centrais pelos bandos de madianitas, amalecitas e árabes do deserto ("quedemitas") montados em camelos foram enfrentadas por Gedeão (Jerubaal). Os detalhes de sua campanha revelam a expansão e os embelezamentos literários característicos destes antigos contos de vitória (*p.ex.*, o episódio do velo de lã, Jz 6,36-40). Sua vitória em Ain Harod foi seguida pela perseguição através do Jordão e do assassinato de Zebá e Sálmana (Sl 83,12). Já aparece a ascendência da tribo de Efraim (8,1; cf. o episódio do Chibolet em 12,1-6) – um presságio da divisão posterior em norte e sul. Houve um movimento prematuro em direção à monarquia quando, após Gedeão ter recusado (?) a oferta da monarquia, seu filho Abimelec foi bem sucedido em estabelecer um "reinado" precário por algum tempo (Jz 9). Parece que ele uniu os cananitas de Siquém e os israelitas vizinhos sob seu domínio – vivendo em Arumá, mas governando em Siquém por meio de um regente.

63 Apesar de suas origens e vida como um fora-da-lei na Transjordânia, Jefté foi procurado pelos homens de Galaad para ajudá-los contra os amonitas. Seu êxito obrigou-o a cumprir seu voto cruel de sacrificar a própria filha. As rudes condições morais das tribos são ilustradas por este incidente, e também pelos apêndices (em Jz 17-21). As façanhas pitorescas de Sansão são indicativas da situação desesperada em Judá, pois seus próprios compatriotas o entregaram aos filisteus (15,12-14). Mas seus assombrosos atos de força e bravura continuaram a ser relatados entre uma tribo submetida como contos de esperança, que eram transmitidos como uma sátira contra os filisteus.

Pouquíssimos detalhes foram preservados acerca dos assim chamados juízes menores, cujas atividades podem ter sido mais judiciais do que militares; é possível que alguns deles não fossem israelitas. A façanha de Sangar contra os filisteus lembra Sansão. Seu nome, "filho de Anat", é testemunha das influências das divindades cananitas (ugaríticas) na terra.

64 (IV) A monarquia e o exílio (aproximadamente 1020-539 a.C.). O estabelecimento de uma monarquia sob Saul foi em resposta à exigência do povo para ser "como as outras nações" (2Sm 8,20). As "outras nações" são os estados fronteiriços, como Edom, Moab, os arameus e, certamente, o Egito e os povos do vale do Tigre-Eufrates. É impossível compreender o fluxo da história israelita sem um breve esboço dos vizinhos de Israel e das superpotências da época. O principal desenvolvimento será indicado aqui pelo tratamento dos vários grupos separadamente.

(HALLO, W. e W. SIMPSON, *The Ancient Near East* [New York, 1971]. MOSCATI, S., *The Face of the Ancient Orient* [Garden City, 1962]. OPPENHEIM, A. L., *Ancient Mesopotamia* [Chicago, 1964]. WISEMAN, D. [ed.], *Peoples of the Old Testament Times* [Oxford, 1973]. Veja também "Cities and Lands of Israel's Neighbors" em *BAR* 2. 3-188, e os verbetes apropriados na *IDB, IDBSup* e *DBSup*.)

65 (A) As nações. *Cananeus.* Este termo é usado de modo impreciso para descrever vários povos que habitavam a terra de "Canaã" na qual os israelitas entraram. Ele é importante como uma designação cultural das várias influências que impingiram sobre Israel. Assim, os fenícios do norte, juntamente com a antiga Ugarit (Ras Shamra; → Arqueologia bíblica, 74:72), exercem um importante papel no desenvolvimento da religião de Baal que figura tão proeminentemente na Bíblia. No período bíblico, enclaves de assentamentos cananeus persistiram por séculos, promovendo por meio disso o sincretismo religioso que os profetas censuravam.

66 *Fenícios.* Suas colônias em Tiro, Sidon e Biblos tornaram-se famosas por proezas em alto-mar (quanto a Tiro, veja *BA* 42 [1979] 23-24). Foi com Hiram de Tiro que Salomão formou uma frota de navios de Társis em Eziom-Geber (1Rs 10,22). A influência religiosa é ilustrada pelo casamento entre o rei Acab e Jesabel (filha de Etbaal de Sidon), que promoveu a adoração de Baal-Melcart em Samaria (1Rs 16,31). Embora os fenícios tenham "inventado" o alfabeto, não há restos literários significativos, exceto pelos documentos de Ugarit do séc. IV a.C., que tiveram enorme influência sobre o estudo bíblico (*ANET* 129-55; P. Craigie, *Ugarit and the Old Testament* [Grand Rapids, 1983]; D. B. Harden, *The Phoenicians* [New York, 1962]; S. Moscati, *The World of the Phoenicians* [London, 1968]).

67 *Filistia.* A menção de "filisteus" no período patriarcal é geralmente considerada um anacronismo; talvez estes fossem assentamentos egeus. Os filisteus, que deram seu nome à Palestina, faziam parte dos povos do mar invasores vindos do Mediterrâneo que foram finalmente expulsos do Egito por Ramsés III por volta de 1200. A origem (aproximada) dos filisteus é dada como Cáftor (Creta) em Am 9,7. Após sua derrota diante do Egito, eles se assentaram na região costeira sudoeste, onde foi estabelecida sua pentápole (Gaza, Ascalon, Azoto, Gate e Ecron). Sua expansão (até Gilboa no norte, onde Saul morreu na batalha contra eles) é registrada em Jz e 1-2Sm. Finalmente Davi quebrou sua hegemonia (2Sam 5,17-18; 8,1), sem incorporá-los a seu reino. Há menção esporádica a atividades filisteias (em Gebeton, 1Rs 16,15-17; campanha de Ezequias, 2Rs 18,8), mas eles praticamente desaparecem do registro bíblico. O final dos filisteus veio com as invasões assírias e babilônicas. Gaza, Ascalon e Azoto (cf. Is 20,1) foram atacadas brutalmente pelos assírios, e a área filisteia serviu como um para-choque entre eles e o Egito (→ Arqueologia bíblica, 74:95-104).

68 *Edom*. Edom, Moab e Amon estavam na Transjordânia, na entrada dos hebreus (→ Geografia bíblica, 73:38-49). Questões comerciais e políticas estiveram por trás da subjugação final de Edom por Davi e Salomão. Mas a divisão do reino forneceu a ocasião para uma independência esporádica. Durante o domínio assírio, Edom, juntamente com Moab, pagou tributo regularmente a Assíria (*ANET* 281-82). Embora famosa pela "sabedoria" (Jr 49,7; Ab 1,8), Edom é lembrado no AT mais por seu deleite devido à queda de Jerusalém (Ab 1,12-13; Sl 137,3). Edom finalmente deu espaço ao reino dos nabateus, mas preservou um tipo de identidade na Idumeia do Negueb em tempos posteriores (→ Geografia bíblica, 73:84; *BARev* 14 [2, 1988] 28-41).

69 *Moab* é lembrado no início da história israelita pela conivência de Balaão com o rei Balac para amaldiçoar Israel (Nm 23-24) e pelo assassinato do rei Eglon por Aod (Jz 3,15-20). Davi incorporou Moab ao império, mas a conquista foi superficial. A famosa estela do Rei Mesa (*ANET* 320-21) testemunha da opressão de Moab sob Amri e uma revolta bem sucedida na morte de Acab (2Rs 3,4). Mas Moab foi incapaz de resistir ao violento ataque da Assíria.

70 *Amon* é implacavelmente satirizado, juntamente com Moab, em Gn 19,30-38; e há frequentes referências a batalhas na história primitiva (Jefté em Jz 10-11; Saul em 1Sm 11; Davi em 2Sm 10,1-4 e 12,26-31). Com a queda de Rabá-Amon, Amon foi incorporado ao reino davídico; e quando Davi fugiu para Maanaim durante a revolta de Absalão, ele foi cuidado por "Sobi, filho de Naás, de Rabá dos amonitas" (2Sm 17,27). Parece que os amonitas se tornaram independentes após o reinado de Salomão e são mencionados como pertencendo a uma liga com outras nações que resistem aos assírios em Carcar (853 a.C.; *ANET* 279). Quanto aos reis amonitas, veja *BA* 48 (1985) 169-72. Mas o poder assírio finalmente prevaleceu, e Amon foi reduzido a um estado vassalo da Assíria. Os amonitas se rebelaram contra o domínio caldeu (veja Jr 27,3) e até mesmo participaram da morte de Godolias (Jr 40,14; 41,15). Eles desapareceram como um estado no séc. VI, e o território tornou-se parte do Império Persa. Um enclave judaico em Amon era liderado por um certo Tobias (Ne 2,10), de quem veio a importante família Tobias (→ 130 *abaixo*).

71 *Arameus*. Na época de Davi, as tribos arameias tinham se estabelecido no sul da Síria: os pequenos reinos de Soba, Tob e Maaca. Mas Davi os conquistou sob o reinado de Adadezer de Soba (2Sm 10). O reino arameu seguinte a aparecer trouxe dificuldades reais aos israelitas. Como consequência da divisão da monarquia, Ben-Adad de Aram-Damasco foi convocado por Asa de Judá contra Baasa de Israel (1Rs 15,18-20), e ele separou o leste da Galileia do reino do norte. O relacionamento entre os arameus de Damasco e os israelitas era de hostilidade intermitente. Apesar da união para enfrentar a ameaça assíria em Carcar (853), eles logo entraram em guerra em Ramot de Galaad (1Rs 22). Apesar da constante ameaça da Assíria, Damasco, sob Hazael, tornou-se mais poderosa até dominar a Transjordânia até o Arnon (2Rs 10,22-33) e inclusive forçou Judá a pagar tributos (2Rs 12,17-18). Porém, com Adadnirari III, a maré virou, e Aram-Damasco pagou pesado tributo aos assírios. Joás de Israel ("Ia-'a-su de Samaria", como é denominado na inscrição de Tell Al-Rimah; A. Cody, *CBQ* 32 [1970] 325-40) lançou-se contra os arameus três vezes (2Rs 13,24-25), recuperando cidades que tinham sido perdidas para Hazael. Sob Jeroboão II, a Transjordânia foi recuperada por Israel. Os esforços de Rezim de Damasco e Peca de Israel para controlar Judá na guerra siro-efraimita (Is 7) mostraram-se ser um suspiro de morte, visto que Teglat-Falasar III esmagou os arameus de uma vez por todas em 732. Daí em diante eles foram absorvidos nas províncias assírias, como também aconteceu com grande parte de Israel após a campanha assíria de 733 (2Rs 15,29-30).

72 *Egito*. Salomão casou-se com a filha de um faraó (provavelmente Siamun); no entanto, foi garantido asilo por parte do Egito ao rebelde Jeroboão. Logo depois da morte de Salomão, Sisac (Sesonc) saqueou Jerusalém e (segundo a inscrição no templo de Amon de Carnaque) invadiu tanto o Negueb quanto o norte. Estão registrados mais de 150 nomes de lugares (para análise, veja Y. Aharoni, *LBib* 323-30). Mas o Egito não foi forte o bastante para restaurar a antiga hegemonia sobre a Palestina. Ele não figurou novamente de modo proeminente até o declínio do Império Assírio, quando o Faraó Neco tentou apoiar a decadente Assíria contra a investida da Babilônia. Ele matou Josias em Megido (609), quando este se opôs a ele e colocou seu irmão Joaquim no trono como vassalo do Egito (2Rs 23,29-35). A derrota de Neco em Carquemis diante do exército babilônico de Nabucodonosor (605) colocou fim às pretensões egípcias. O Egito não desempenhou um papel na história judaica até a divisão do império de Alexandre Magno, quando os ptolomeus assumiram o controle da Palestina durante o séc. III.

73 *Assíria*. A Assíria passou por um renascimento militar sob Assurbanipal II (por volta de 883-859), cujas expedições saqueadoras consolidaram o poder assírio ao longo do Tigre e Eufrates. A pilhagem abriu caminho para a conquista com Salmanasar III, um contemporâneo de Acab, que começou atacando as cidades-estados do norte da Síria (Carquemis, Adini, etc.). Esta ameaça fez com que os estados do sul da Síria (Hamat, Damasco) persuadissem outros poderes menores a formar uma liga contra Salmanasar na batalha de Carcar no Rio Orontes (853). Embora os anais assírios aleguem vitória (*ANET* 278-79), a situação foi antes um empate. A campanha seguinte de Salmanasar não foi tão longe, e nesse meio tempo Israel e Damasco voltaram a lutar um com o outro (1Rs 22). Mas o domínio assírio era inevitável, e as campanhas continuaram até que, em 841, Salmanasar foi bem sucedido em submeter Israel a tributos (rei Jeú). Quando outras preocupações militares no Oriente finalmente levaram à perda do poder assírio no ocidente, Hazael de Damasco atacou Israel e até mesmo Judá (capturando Gat, 2Rs 12,18). Por isso, a Bíblia é capaz de considerar Adadnirari III como um salvador (2Rs 13,5), quando ele conquistou Damasco em 805. Seu poder se estendeu até o Mediterrâneo, e Israel ("a terra de Amri") estava entre as nações que lhe pagavam tributo (*ANET* 381).

74 A Palestina foi poupada de mais devastação pelos cinquenta anos seguintes, quando declinou a prosperidade militar da Assíria. Consequentemente, houve reinos prósperos em Judá (Azarias) e em Israel (Jeroboão II). Então um novo rei, um usurpador, apareceu no trono, Teglat-Falasar III (745-727, chamado de "Pul", 2Rs 15,19), que inaugurou uma série de campanhas bem sucedidas. Em 743, Menaém de Israel pagou tributo, e logo Israel se viu em apuros. A guerra siro-efraimita foi um dos resultados. Rason de Damasco e Faceia de Israel não foram capazes de persuadir Acaz a juntar-se à coalizão contra Teglat-Falasar; e este "aceitou" o apelo de Acaz por ajuda, não sem tomar tributo de Acaz. Ele desmembrou Israel (2Rs 15,29), reduzindo-o a um estado vassalo, substituindo Faceia por Oseias.

Sob Salmanasar V, o sucessor de Teglat-Falasar, Oseias envolveu-se com as facções antiassírias lideradas pelo Egito, e isto resultou numa outra campanha. Samaria foi cercada por três anos (2Rs 17,5) e caiu em 722-721, talvez diante de Sargon (*ANET* 284-85), sucessor de Salmanasar. Sargon teve considerável dificuldade com Merodac-Baladã da Babilônia (2Rs 20-12), que foi finalmente derrotado por Senaquerib.

75 A fama bíblica de Senaquerib deriva do cerco de Jerusalém em 701, sob Ezequias (2Rs 18,13-19,36; Is 36,1-37,37; 2Cr 32,1-22), embora reste o problema de um ou dois cercos (→ 1-2 Reis, 10:65-66). Senaquerib se vangloriou de ter Ezequias "como um pássaro numa gaiola" (*ANET* 288) e de receber tributo, mas felizmente Jerusalém foi liberta. Senaquerib passou a subjugar a Babilônia, antes de ser sucedido por Esar-Hadon. Apesar de este último ter invadido o Egito contra o faraó Tiraca (2Rs 19,9) e da destruição de Tebas (Na 3,8-10), o poder da Assíria começou a enfraquecer. As forças de Assurbanípal (668-629) foram expulsas do Egito sob o Faraó Psamético. Entretanto, o longo reinado de Manassés (687-642) em Jerusalém ainda permaneceu sob completo domínio assírio. Com a morte de Assurbanípal, Josias de Judá pôde estender sua reforma (e controle) para a área do antigo reino de Israel (2Rs 23; 2Cr 34-35). É irônico que, quando Nínive finalmente caiu diante dos caldeus em 612 (cf. Naum), o Egito estava tomando o partido dos assírios num esforço de apoiá-los contra o poder nascente dos neobabilônios. Veja A. C. Brockman, *The Luck of Nineveh* (New York, 1978).

76 *Babilônios*. "Babilônia" se refere à cidade de Babel (ao sul da moderna Bagdá) e pode designar a área no extremo sul da planície do Tigre-Eufrates, o lar das grandes culturas da antiga Suméria e Acádia. Está clara a influência da civilização babilônica sobre a Bíblia a partir do Épico de Gilgamesh, do Código de Hamurábi e de muitas outras fontes. A concepção de Gn 11,27-31 é que Abraão veio desta área, "Ur dos caldeus" (→ Geografia bíblica, 73:15-19). O Império Neobabilônico figura no período da história de Israel. Os babilônios foram dominados pelos assírios de 900-700; porém, na época de Ezequias, Merodac-Baladã da Babilônia estava conspirando com Judá e outras nações contra os assírios (2Rs 20,12-15). O surgimento de Nabopolassar (626) estabeleceu a supremacia da Babilônia no Crescente Fértil. Ele preparou o caminho para os agitados acontecimentos que levaram à destruição babilônica de Jerusalém pelo exército de Nabucodonosor em 587, dez anos após o cerco bem sucedido de Jerusalém em 597 e o primeiro exílio de líderes judeus (→ 112-14 *abaixo*). O exílio babilônico do povo de Judá chegou ao fim quando Ciro de Ansã permitiu seu retorno para Jerusalém (→ 117 *abaixo*), após a captura da Babilônia em 539.

77 *Persas*. Os persas do período bíblico eram o povo governado pelos reis da linhagem aquemênida no território mais ou menos idêntico ao moderno Irã. As duas tribos dominantes, medos e persas, tinham se estabelecido abaixo do Lago Urmia no primeiro milênio. Os medos se opuseram ao poder assírio por mais de um século, mas foi apenas em 612 que eles fizeram um acordo com os babilônios para destruir Nínive. Sua glória durou pouco, pois Ciro ("o Grande") de Ansã uniu a Pérsia e então conquistou a capital da Média, Ecbátana, em torno de 550. O poderoso Império Persa (539-331) estava a caminho da conquista final da Babilônia, Egito, Ásia Menor e, quase, a Grécia (para uma lista dos governantes → Daniel, 25:3). Ciro tomou a Babilônia em 539, permitindo aos judeus retornarem, de acordo com uma política de tolerância. O período da restauração judaica, de Dario até Artaxerxes (520-445), registra o envolvimento persa na Palestina (→ 117-25 *abaixo*). Mas de Neemias (445) até Alexandre (333), o período persa é uma época obscura. As vitórias de Alexandre Magno sobre Dario III em Granicus e Gaugamela levaram ao período grego (→ 126-44 *abaixo*).

78 (B) Saul (aproximadamente 1020). No séc. XI, a maior ameaça à existência de Israel eram os filisteus (→ 67 *acima*), que tinham estabelecido suas cinco cidades-estados num bolsão da planície costeira. As histórias de Sansão (Jz 13-16) ilustram o domínio deles sobre Judá. Seu monopólio do ferro (1Sm 13,19-22) colocou os israelitas numa séria desvantagem. Sua vitória em Afec lhes ofereceu acesso à área norte (1Sm 4; várias tribos parecem estar representadas nesta batalha, e a Arca foi capturada pelos filisteus).

Nesta crise surgiram dois personagens: um "profeta", Samuel, e o primeiro rei, Saul. Devido à natureza variada das narrativas que lidam com seu nascimento, vocação e atividades, Samuel aparece como uma personalidade ambígua. Diz-se que sua juventude foi vivida no estilo nazireu (1Sm 1,11; Nm 6) como um servo do santuário de Silo, sob a tutela do sacerdote, Eli. Ele é retratado como um vidente e profeta que representou os antigos direitos tribais contra Saul, o novo rei. Nesta época, e associado a Samuel, aparecem os bandos de extáticos, que se assemelhavam aos profetas cananitas. Finalmente, Samuel também é descrito como o último dos juízes (1Sm 7,2-17), exercendo seu ofício em Betel, Gilgal e Masfa. É neste contexto de um relatório esquematizado que o relaciona aos juízes que se registra a vitória de Samuel sobre os filisteus (7,10-14), e ela deve ser avaliada levando isto em conta. Saul foi o único que sofreu a opressão dos filisteus.

79 A ameaça filisteia uniu as tribos sob um rei diante de um inimigo comum.

A introdução da monarquia em Israel foi preservada em duas tradições, uma favorável à monarquia (1Sm 9,1-10,16; 11), a outra hostil (8; 10,17-27; 12). A primeira é a história do jovem Saul procurando por jumentas perdidas e encontrando um reino quando foi ungido por Samuel em Ramá. A segunda narrativa retrata o final de uma era, quando Samuel, o "último juiz", cede ao apelo do povo para ser como as outras nações. Saul parece ter sido considerado a continuação da linha carismática dos juízes; é possível questionar se, a princípio, sua liderança foi concebida à luz da realeza. Diz-se que ele foi ungido *nāgîd* (1Sm 9,16; 10,1; também de Davi, 2Sm 7,8), não *melek*, ou rei. A nuança de *nāgîd* permanece desconhecida (comandante militar? príncipe herdeiro?). Certamente ele não pôde se vangloriar de corte ou administração impressionante.

Saul foi consideravelmente ajudado por seus sucessos iniciais, como o contra os amonitas que tinham cercado Jabes de Galaad (1Sm 11) – uma aventura militar na qual os filisteus não interferiram. Ele também obteve uma vitória local contra os filisteus em Macmas, graças a seu filho Jônatas (1Sm 14). Mas brigou com Samuel (dois relatos em 1Sm 13 e 15) e ficou sujeito a ataques de depressão e raiva invejosa que marcam as narrativas bem conhecidas acerca de sua relação com Davi. Sua queda final foi selada por seu assassinato dos sacerdotes de Nob, e ele apresenta uma figura patética no episódio da "feiticeira de Endor". Nesse meio tempo os filisteus estavam exercendo pressão ainda maior, que culminou na derrota devastadora em Gelboé, onde tanto Saul quando seu filho Jônatas foram mortos (cântico fúnebre de Davi em 2Sm 1,17-27).

80 (C) Davi (1000-962). São reconhecidas duas narrativas principais na história de Davi: sua "subida ao poder" (1Sm 16,14-2Sm 5,25) e a assim chamada narrativa da sucessão (2Sm 9-20 e 1Rs 1-2, também chamada de "história da corte"). Veja J. Flanagan, *JBL* 91 (1972) 172-81.

Existem tradições divergentes acerca de sua apresentação a Saul: 1 Samuel 16,14-23; 17,1-11.32-53 (menestrel e ajudante militar de Saul) e 17,12-30; 17,33-18,2 (o jovem irmão que traz provisões à linha de frente). Os capítulos posteriores que tratam da vida na corte e de seus dias como proscrito também parecem conter muitas duplicatas (Davi poupa a vida de Saul duas vezes; Saul tenta encostar Davi à parede duas vezes; etc.). Sua capacidade como guerreiro o fez ascender na corte (casamento com a filha de Saul, Micol) – e cair rapidamente quando Saul se empenhou por matá-lo. Fugindo para o deserto da Judeia, Davi reuniu ao seu redor um bando de uns 400 proscritos como ele e esperou o momento propício. Ele conseguiu até mesmo usar seu delicado relacionamento com o rei filisteu de Gat para seu proveito político, e surgiu como principal vassalo de Siceleg antes de Saul enfrentar sua morte em Gelboé.

81 Davi tornou-se imediatamente rei de Judá, em Hebron (2Sm 2,1-4) – um êxito devido a sua origem tribal e seus casamentos com judaítas (Aquinoam, Abigail). O reino de Saul continuou a existir em Maanaim, na Transjordânia, por meio de seu filho Isbaal (ou Isboset como os escribas escreveram seu nome), apoiado por Abner, o general do exército de Saul. Houve uma guerra intermitente, mas não muito significativa (o duelo no poço de Gabaon, 2Sm 2,12-17) até Abner desertar para Davi. Davi demonstrou um senso de realismo político ao provar-se completamente inocente do assassinato de Isbaal e do brutal assassinato de Abner por Joab. O caminho agora estava aberto para Davi ser ungido como "rei sobre Israel" quando os anciãos de Israel chegaram a Hebron, onde ele havia reinado por sete anos, e o aceitaram como rei (2Sm 5,1-5). A monarquia permaneceu dupla – sobre Judá e Israel – ainda que se fale do reino "unido".

82 Davi continuou a estender seu reino para o norte às custas dos arameus; ele incorporou Soba (vitória sobre o arameu Adadezer) e o território de Damasco (→ 71 *acima*). Foram concluídos lucrativos tratados com Hamat e Tiro. Na Transjordânia houve vitórias sobre Amon e Edom, e um rei vassalo foi estabelecido em Moab. Assim, o reino de Davi se estendeu de Ezion-Geber no Golfo de Ácaba até Homs, do Mediterrâneo até o Eufrates (2Sm 8,3). Os enclaves cananitas ainda existentes na Palestina foram incorporados gradualmente (*p.ex.*, Megido). Um império assim nunca fora atingido antes nesta área, que sempre estivera sob o domínio do Egito; isto foi possível apenas porque o Egito estava em declínio e a Assíria ainda não tinha despertado. Davi também quebrou o poder dos filisteus, aparentemente com uma série de vitórias, embora os dados sejam escassos (2Sm 5,17-25; 21,15-17). A pentápole filisteia foi reduzida ao *status* de vassalagem.

83 O golpe de mestre de Davi foi a escolha de Jerusalém como a capital (→ Geografia bíblica, 73:92-94). Mediante sua captura desta cidade jebusita, ele a tornou uma "cidade real", *i.e.*, sua própria (exatamente como mais tarde ele fez uma aparição pessoal na captura de Rabá em Amon, de modo que "lhe dê o meu nome" (2Sm 12,28). Politicamente um local neutro, aceita tanto pelo norte quanto pelo sul, Jerusalém apresentava vantagens distintas de defesa, visto que ela estava cercada por vales, exceto pelo norte. É certo que a "cidade de Davi", ou Ofel, ocupava o contraforte sul no lado leste da montanha (→ Arqueologia bíblica, 74:106-7). A transferência da Arca da Aliança deu à cidade uma importância religiosa que ela nunca perdeu. É difícil de se determinar quanto da liturgia e ideologia jebusita entrou no pensamento israelita, mas o "sacerdócio segundo a ordem de Melquisedec" parece ser um destes elementos (Sl 110,4; → Instituições, 76:15-17).

A organização política seguiu o modelo das instituições egípcias: arauto (*mazkîr*), general do exército, etc. (veja de Vaux, *AI* 129-32). Davi tinha em sua própria guarda pessoal vários grupos de mercenários estrangeiros, *p.ex.*, os queretitas e os peletitas. Pode-se imaginar a crise precipitada dentro de Israel por esta mudança radical, que implicou a mudança de federação tribal para uma monarquia com uma administração complexa, um exército permanente e o inevitável imposto – todos os quais tendiam a eliminar o antigo individualismo tribal (2Sm 8,15-18; 20,23-26).

84 A "história da corte" foi analisada de vários modos. R. N. Whybray a classificou como uma espécie de literatura sapiencial (*The Succession Narrative* [SBT 9; Naperville, 1968]). Von Rad (*PHOE* 176-89) concordou com L. Rost (1926, 1965; também *The Succession to the Throne of David* [Sheffield, 1982]) ao enfatizar o suspense acerca da sucessão ao trono de Davi. O princípio dinástico realmente funcionaria? À medida que a história da corte se desenrola, Amnon é eliminado, a revolta de Absalão termina em sua morte, Adonias perde a disputa com Salomão. O tema da sucessão passa por muitos cenários, dentro e fora da corte, e em ambos os lados do Jordão. Há também um amplo conjunto de personagens: Davi, apaixonado e com um amor cego por seus filhos; os generais Joab e Amasa; os sacerdotes Zadoc e Abiatar; os cidadãos Ziba e Barzilai; os rebeldes Semei e Seba; as mulheres Tamar, Betsabeia, e a viúva de Tecoa. A conexão inevitável entre pecado e punição está presente nas histórias de Amnon, Absalão e especialmente de Davi. Apenas raramente se expressa um julgamento teológico positivo e direto (2Sm 11,27; 12,24; 17,14); Deus está operando por trás do cenário.

A revolta de Absalão contra Davi é menos esclarecedora, do ponto de vista político, que a revolta posterior de Seba (2Sm 20). Esta foi precipitada pelo ciúme em virtude da proposta de Davi aos líderes de Judá, as próprias pessoas que haviam apoiado a revolta de Absalão. A ação de Davi levou algumas das tribos do norte a se reunirem a Seba. Lideradas pelo temível Joab (que havia assassinado Amasa, o qual o próprio Davi colocara no lugar de Joab), as tropas de Davi rapidamente puseram fim a este cisma, mas ele era um presságio da divisão por vir.

85 O verdadeiro crédito pela consolidação do reino israelita é de Davi. A grande prosperidade sob Salomão veio às custas da solidez que Davi tinha conquistado. Várias histórias sugerem que Davi possuía considerável encanto pessoal (a lealdade de seu mercenário estrangeiro, Etai de Gat – 2Sm 15,18-22; o episódio do beber água de Belém – 2Sm 23,13-17). Mas sua importância culminante foi devida ao princípio dinástico que se materializou nele por meio do oráculo profético de Natã (2Sm 7). Esta profecia (a Carta Magna do messianismo real; → Pensamento do AT, 77:152-63) contribuiu para a estabilidade geral da casa real em Judá, em contraste com a instabilidade no reino do norte após a divisão.

(*AEOT* 225-309. AHARONI, *LBib* 286-320. CARLSON, R., *David, The Chosen King* [Stockholm, 1964]. GRONBACK, J., *Die Geschichte vom Aufstieg Davids (1 Sam 15-2 Sam 5)* [Copenhagen, 1971]. GUNN, D., *The Story of King David* [JSOTSup 6; Sheffield, 1978]; *The Fate of King Saul* [JSOTSup 14; Sheffield, 1980]. SINCLAIR, L., *TRE* 8. 378-84.)

86 (D) Salomão (961-922). Na tradição israelita, a glória do reino de Salomão tornou-se proverbial. Ele assegurou sua posição primeiramente por meio de alianças políticas: casamento com a filha do faraó, que lhe trouxe Gezer como dote; arranjos comerciais com Hiram de Tiro, que abriram possibilidades de exportação. Os negócios alcançaram um novo ponto alto: *p.ex.*, o comércio no Golfo de Ácaba, graças a uma frota mercante em Ezion-Geber; comércio de ouro e objetos de valor com a Arábia (a rainha de Sabá, 1Rs 10,1-10) e com Ofir (Somália na África, ou talvez a parte baixa da península árabe); uma troca vantajosa de cavalos e carruagens entre o Egito e a Cilícia (1Rs 10,28, texto corrigido). Estabelecimentos militares foram instalados para apoiar um exército permanente com carruagens (→ Arqueologia bíblica, 74:39).

A reputação de Salomão como construtor (→ Arqueologia bíblica, 74:108-10) repousa não apenas no Templo, que foi construído segundo a tradição fenícia, mas também em um refinado complexo palaciano (veja *BA* 36 [1973] 78-105). Além disso, ele foi o patrono da sabedoria e das artes (→ Literatura sapiencial, 27:7-8, vol. I, AT), e as tradições JE do Pentateuco podem ter tomado forma durante seu reinado – o "período do iluminismo", como foi chamado (von Rad). O redator deuteronômico enfatiza furiosamente o cuidado com que Salomão tomou providências para a adoração de outros deuses segundo o capricho de seu harém (1Rs 11,1-8). Criou-se assim um padrão a favor do sincretismo e franca idolatria até mesmo em Jerusalém. Cada rei seguinte é julgado pelos padrões deuteronômicos, *i.e.*, suas atitudes para com a idolatria e para com o culto nos "lugares altos" (que era, sem dúvida, nominalmente iahwístico) – este último padrão é de fato anacrônico, pois a centralização do culto tornou-se o ideal apenas gradualmente devido às reformas de Ezequias e Josias no final dos sécs. VIII e VII (→ Instituições, 76:53-55).

87 A reorganização do reino por Salomão em doze distritos que não concordavam estritamente com as fronteiras tribais foi uma forte mudança em direção à centralização do governo; e tornou possível um sistema eficaz de pesada taxação a fim de satisfazer os gastos reais. Deve-se considerar a grande transformação na sociedade israelita implícita nos reinos de Salomão e Davi. Em poucas gerações, houve uma transição do *status* de federação tribal para o de "império"; a vida agrícola e pastoril cedeu à vida urbana com o correspondente crescimento das desigualdades sociais. Albright (*BP* 56) estima uma possível população israelita de 800 mil pessoas neste período.

Mas nem tudo era pacífico e radiante nos dias de Salomão. Houve a perda parcial de Edom e de Damasco (1Rs 11,14ss.). Uma tentativa mal sucedida de revolta liderada por Jeroboão, que fugiu para o Egito, retornando apenas sob Roboão para inaugurar o reino do norte de Israel. A instituição de trabalhos forçados ou corveia aumentou a insatisfação geral. Este descontentamento foi imprudentemente negligenciado pelo filho de Salomão, Roboão, e a divisão do jovem reino estava próxima.

88 (E) Israel e Judá (922-842). De modo significativo, foi em um antigo centro religioso, Siquém (Js 24), que ocorreu a rebelião das tribos do norte. Aqui Roboão (922-915) deveria ter sido reconhecido como rei por "todo Israel". Mas quando ele deixou de atender a recomendação dos anciãos e prometeu "escorpiões" em lugar dos "açoites" de Salomão, o antigo grito de revolta do deserto ressoou: "Às tuas tendas, ó Israel!" Apenas Benjamin continuou com Judá, porque Roboão a ocupou imediatamente (2Cr 11,12). Maior aflição aguardava o filho de Salomão, pois a Palestina foi invadida por Sheshonq (Sisac) do Egito, que saqueou Jerusalém. Seu relatório indica que ele saqueou os reinos do norte e do sul e também o Negueb (cf. Aharoni, *Lbib* 325). O reino de Davi e Salomão se dissolveu quando os filisteus recuperaram poder e os arameus obtiveram a independência. Muito rapidamente os moabitas e os amonitas seguiram o exemplo.

OS REIS DURANTE A MONARQUIA DIVIDIDA

Judá		Israel	
Roboão	922-915	922-901	**Jeroboão I**
Abiam	915-913		
		901-900	Nadab
Asa	913-873	900-877	Baasa
		877-876	Ela
		876	Zambri
		876-869	**Amri**
Josafá	873-849	869-850	**Acab**
		850-849	Ocozias
Jorão	849-842	849-852	Jorão
Ocozias	842		
Rainha Atalia	842-837	842-815	**Jeú**
Joacaz (Joás)	837-800	815-801	Jeoacaz (Joacaz)
Amasias	800-783	801-786	Jeoás (Joás)
Ozias (*Azarias)	783-742	786-746	**Jeroboão II**
[Regência de Joatão	750-742]	746-745	Zacarias
		745	Selum
		745-738	Menaém
Joatão	742-735		
		738-737	Faceias
		737-732	Faceia
Acaz	735-715	732-724	Oseias
		721	QUEDA DE SAMARIA
Ezequias	715-687		
Manassés	687-642		
Amon	642-640		
Josias	640-609		
Joacaz II (*Selum)	609		
Joaquim (*Eliaquim)	609-598		
Joaquin (*Jeconias)	597		
Sedecias (*Matanias)	597-587		
QUEDA DE JERUSALÉM	587		

Explicação: Os nomes dos reis mais importantes estão em negrito. Nomes divergentes ou alternativos são colocados entre parênteses; um asterisco assinala os possíveis nomes de nascimento dos reis cujos nomes reais são dados primeiro. Na lista de Israel, o deslocamento da coluna indica as novas dinastias, *p.ex.*, Amri e os três nomes seguintes pertencem a uma só dinastia, enquanto que Jeú começa uma nova dinastia. As datas são as sugeridas por ALBRIGHT, *BP* 116-17; outros estudiosos poderão sugerir outras datas. (Veja também E. R. THIELE, *The Mysterious Numbers of the Hebrew Kings* [3ª ed.; Grand Rapids, 1983].). É impossível reconciliar com perfeição a informação bíblica fornecida por 1-2Rs e 2Cr, pois às vezes a informação é contraditória. Em parte, a datação é afetada por quando o ano civil começou. Para a maior parte do período ele parece ter começado no outono (Tishri); mas certamente após a época de Josias (609), quando se tornou dominante a influência babilônica, houve uma mudança para o Ano Novo na primavera (Nisan). Este pode ter sido um costume religioso inclusive mais antigo.

Além disso, há o problema da antedata e da pós-data. Ao antedatar (uma prática egípcia, seguida durante a maior parte da monarquia), os meses entre a ascensão do rei e o próximo Ano Novo são contados como o primeiro ano de seu reinado, mesmo se estiverem envolvidos apenas alguns poucos dias. Ao pós-datar (uma prática babilônica, seguida pelos últimos reis de Judá, pelo menos), o primeiro ano do reinado do rei começa com o dia do Ano Novo seguinte à sua ascensão. O período intermediário não é contado.

Esta tabela foi fornecida por R. E. BROWN.

89 Foi relativamente fácil para as tribos do norte retornar ao princípio carismático e reconhecer um novo líder. Jeroboão I (922-901), já um símbolo de revolta, foi favorecido pelo profeta Aías (que mais tarde o abandonaria). Aclamado rei, ele fixou residência em Siquém, Fanuel e, finalmente, em Tirza (→ Geografia bíblica, 73:102). A fim de assegurar a lealdade de seu povo e compensar a atração que o Templo de Jerusalém poderia ainda exercer sobre eles, Jeroboão estabeleceu templos reais em Dã e Betel, locais já famosos como antigos santuários (Am 7,13; 8,14; → Instituições, 76:27, 40). Aqui ele estabeleceu um bezerro de ouro, presumivelmente como um pedestal sobre o qual o Iahweh invisível estava entronizado (Albright, *FSAC* 299-301). O perigo do sincretismo e da identificação grosseira de Iahweh com a imagem do bezerro era muito real, como os acontecimentos posteriores provaram. O ato de Jeroboão tornou-se conhecido, no modo de falar deuteronômico, como "o pecado de Jeroboão", embora sua unificação das tribos contra o Templo de Jerusalém sem dúvida fosse ditada pelo realismo político.

90 O historiador deuteronômico, autor de 1-2 Reis, escreveu o relato dos reinos divididos dentro de uma estrutura de cronologia rígida, sincronismo dos reinos e avaliação religiosa do ponto de vista do Templo de Jerusalém. Ainda que ele componha uma confissão de culpa e ofereça, desse modo, uma justificativa para as catástrofes de 721 e 587, ele indica muitas fontes (cerca de 16 referências ao "Livro das Crônicas dos Reis de Israel" e 14 ao "Livro das Crônicas dos Reis de Judá") e incorpora muitos contos desiguais, como os dos ciclos proféticos de Elias e Eliseu. (Sobre o(s) historiador(es) deuteronômico(s), veja *CMHE* 274-89; van Seters, *In Search* 249-362.)

91 Durante os 50 anos, que vão desde Jeroboão I (922) até Amri (876), houve pouca estabilidade no trono israelita, que carecia da promessa dinástica dada a Davi. Guerra civil entre o norte e o sul ocorreu intermitentemente. Durante este período, o filho de Jeroboão, Nadab, após reinar menos de dois anos, foi assassinado por Baasa, cujo filho e sucessor, Ela, foi assassinado por Zambri, que por sua vez cometeu suicídio diante da revolta armada bem sucedida liderada por Amri. A guerra civil entre Asa de Judá (913-873) e Baasa de Israel (900-877) foi resolvida quando Asa fez um tratado de assistência mútua com Ben-Adad de Damasco (→ 71 *acima*). A resultante invasão de Israel pelos sírios de Damasco custou a Baasa parte do norte da Galileia (1Rs 15,18ss.).

92 Amri (876-869) foi um eminente rei de Israel, mas ele é descartado na Bíblia em poucos versículos por causa do interesse particular do editor deuteronômico. Ele deixou uma marca na história que até mesmo os assírios reconheceram ainda na época de Sargon II (aproximadamente 700) ao falar de Israel como a "terra" e "casa de Amri". Se suas relações com os arameus terminaram sem êxito (1Rs 20,34), ele conseguiu sujeitar Moab a pagar tributo (estela de Mesa, *ANET* 320s.). Adotou uma política pacífica com Judá, e sua aliança com os fenícios foi selada mediante o casamento de seu filho Acab com Jesabel, filha de Etbaal (Itobaal) de Tiro. Estabeleceu uma nova capital em Samaria (→ Geografia bíblica, 73:103; → Arqueologia Bíblica, 74:113-15). Para uma apreciação plena do papel de Samaria, veja Alt, *KIS* 3. 258-302.

93 A maior parte do reinado do filho de Amri, Acab (869-850), foi dedicada em guerras contra os arameus de Damasco. Mas, em 853, os dois se uniram na liga contra os exércitos assírios de Salmanassar III, na famosa batalha de Carcar (W. Hallo, *BAR* 2. 152-6; 73 *acima*). A inscrição do rei assírio especifica que Acab contribuiu com 2 mil carruagens e 10 mil homens a pé para o combate (*ANET* 278s.). A alegação de vitória dos assírios soa vazia; eles não impuseram sua alegada vantagem e parecem ter se retirado por algum tempo. A revolta de

Moab contra Acab foi bem sucedida, mas contrariamente à vanglória da estela de Mesa, Israel não foi destruído para sempre (*ANET* 320, linhas 6-7; J. Liver, *PEQ* 99 [1967] 14-31).

94 A política religiosa de Acab é ilustrada pelas histórias do ciclo de Elias (1Rs 17-19, 21). Acab parece ter sido um javista indiferente e facilmente influenciado por sua esposa Jezabel, que pretendia estabelecer a adoração de Baal (provavelmente o deus Melcart de Tiro). Construiu-se um templo a Baal em Samaria (1Rs 16,32), sem dúvida como uma concessão à grande população cananita em Israel. Isto constituiu reconhecimento oficial do baalismo. A gravidade da ameaça ao javismo é ilustrada pelo fato de que, no dramático incidente no Monte Carmelo, Elias enfrentou 450 profetas de Baal e 400 profetas de Aserá (1Rs 18,19). A vitória de Elias salvou a religião tradicional num momento crítico, embora ele tivesse de fugir da ira de Jezabel. O próprio Acab encontrou a morte na batalha contra os arameus em Ramot de Galaad (→ 1-2 Reis, 10:41).

95 Durante este período, os reis de Judá foram obscurecidos por Amri e seu filho, e Judá era de fato pouco mais que um estado vassalo de Israel. Josafá de Judá (873-849), a quem 2Cr 19,4-11 atribui uma reforma legislativa, aliou-se com Acab de Israel em Ramot de Galaad, e aparentemente com Jorão (Jeorão) de Israel na guerra contra Moab (1Rs 22; cf. 2Cr 20). Embora Josafá tenha subjugado Edom e tenha recebido o crédito do cronista por uma vitória sobre Moab, ele deixou de renovar o comércio com Ofir (→ 86 *acima*). Os reinados de Jorão (849-842) e Ocozias (842) de Judá foram dominados pela rainha mãe, Atalia, a filha de Acab. Edom e Lebna se revoltaram contra Jorão, e 2Cr 21,8-20 descreve mais infortúnios. Quando, em 842, Ocozias de Judá foi morto como um subproduto da revolta de Jeú em Israel, Atalia tomou a iniciativa e obteve o trono (842-837), assassinando os herdeiros reais, exceto Joacaz (Joás), que estava escondido. A situação ruim do iahwismo nos círculos oficiais é ilustrada pela posição sustentada por um certo Matã, "sacerdote de Baal" (2Rs 11,18). Mas Atalia encontrou um fim vergonhoso na revolução incruenta planejada por Joiada o sacerdote, que colocou Joás no trono.

96 O breve reinado do filho e sucessor de Acab em Israel, Ocozias (850-849), viu o fim da atividade de Elias (2Rs 1); e as histórias do ciclo de Eliseu (2Rs 2-9) são colocadas principalmente no reinado de Jorão (849-842), um outro filho de Acab. Neste período, os moabitas tiveram êxito em sua luta por independência (→ 69 *acima*), e os arameus da Síria empreenderam mais invasões. Dentro de Israel, os bandos de profetas extáticos encorajava a revolução, que veio quando um dos seus ungiu Jeú, um general do exército, rei (1-2 Reis, 10:50-52).

(Sobre Elias: Fohrer, G., *Elia* [2ª ed.; Zürich, 1968]. GUNKEL, H., *Elias, Jahve und Baal* [Tübingen, 1906]. HENTSCHEL, G., *Die Eliaerzählungen* [Leipzig, 1977]. SMEND, R. in *Congress Volume: Edinburgh 1974* [VTSup 28, Leiden, 1975] 167-84. STECK, O., *Überlieferung und Zeitgeschichte in den Elia-Erzählungen* [WMANT 26; Neukirchen, 1968]. Sobre Eliseu: MILLER, J. M., *JBL* 85 [1966] 441-55. SCHMITT, H.-C., *Elisa* [Gütersloh, 1972].)

97 (F) A dinastia de Jeú (842-746). A revolta de Jeú (842-815) desencadeou uma purificação sangrenta; ele matou o rei Jorão de Israel, que se recuperava de ferimentos sofridos na batalha contra o sírio Hazael em Ramot de Galaad, e também matou Ocozias de Judá, que visitava o rei de Israel. Sua execução da temível Jezabel é uma cena dramática. Jeú exigiu as cabeças dos 70 "filhos" de Acab em Samaria e ainda matou 42 representantes de Jerusalém na corte governada pelos parentes de Ocozias. O toque final foi o massacre dos profetas de Baal e dos simpatizantes em Samaria, onde Jeú destruiu o templo de Baal. O triunfo de Iahweh sobre Baal foi de fato assegurado por este rei cruel, cuja brutalidade foi condenada pelo profeta Oseias (1,4-5).

Mas Jeú foi muito menos bem sucedido na política externa. Ele foi imortalizado no famoso Obelisco Negro de Salmanasar III (*ANE* 192, ilustração 100), onde ele é chamado de "filho de Amri", e onde ele é mostrado ajoelhando-se e pagando tributo de prata e ouro ao monarca assírio. Isto ocorreu em torno de 841, no início do seu reino. Mas um infortúnio maior veio pelas mãos de Hazael de Damasco, a quem Salmanasar III da Assíria não conseguira liquidar (→ 73 *acima*). Hazael tomou a Transjordânia de Israel durante o reinado de Jeú (2Rs 10-32) e atormentou tanto Israel quanto Judá por meio século (até mesmo exigindo tributo de Joás de Jerusalém, 2Rs 12,18).

98 O "salvador" (2Rs 13,5) de Israel foi, provavelmente, o assírio Adadnirari (810-783), que fez várias campanhas contra os arameus, subjugando finalmente Damasco em 802 (*ANET* 281). O filho de Jeú, Joacaz de Israel (815-801), sofreu sob as guerras contra os arameus (2Rs 13,7), mas seu sucessor Joás (801-786) conseguiu recuperar as perdas às custas do sucessor de Hazael, Ben-Adad (talvez mencionado na estela de Zakir, *DOTT* 242-50; *ANET* 655-56).

99 Com a ascensão de Jeroboão II (786-746) ao trono de Israel, começou uma nova era. Ele teve êxito em restaurar as fronteiras de Israel "desde a entrada de Emat até o mar da Arabá" (2Rs 14,25), e as escavações arqueológicas dão testemunho de suas fortificações em Samaria (→ Arqueologia bíblica, 74:114). Seu longo e próspero reinado preparou o terreno para as injustas condições sociais e religiosas que provocaram os discursos violentos dos profetas Amós e Oseias. Estes não pertenciam aos grupos extáticos, como aqueles associados a Elias e Eliseu (Am 7,14); antes, Amós e Oseias conceberam seu chamado como uma missão direta do Senhor (→ Literatura profética, 11:6-10, vol. I, AT). Nem o rei nem o povo foram poupados quando estes profetas condenaram os males sociais, a luxúria e a imoralidade, o falso culto e a franca idolatria. Eles não foram inovadores, mas reformadores, que julgavam o contexto contemporâneo à luz de tradições israelitas mais antigas. Amós, de Judá, proclamou que o Dia de Iahweh, que se esperava ser um triunfo, seria, em vez disso, um dia de trevas e tristeza. Em e por meio de seu próprio infortúnio matrimonial Oseias entendeu e expressou a experiência correspondente de Iahweh com seu povo infiel (→ Oseias, 14:4, 8). A curta ascendência de Israel estava prestes a terminar, tanto pelas razões internas indicadas por estes dois profetas quanto pela razão política de Teglat-Felasar III da Assíria ter começado suas campanhas em direção ao ocidente (→ Oseias, 14:2-3).

100 Como vimos, a revolta de Jeú encontrou eco no reino do sul. Uma revolta palaciana bem sucedida contra Atalia colocou um menino no trono em Jerusalém, Joás (837-800), cujo conselheiro (talvez regente) foi o sacerdote Joiada. Os arameus da Síria continuaram a ter o controle, e era necessário pagar tributo a Hazael, mas Joás instituiu a restauração do Templo. Seu longo reinado medíocre terminou em assassinato, que foi vingado por seu filho, Amasias (800-783). O novo rei de Judá teve êxito em conquistar os edomitas, abrindo, assim, as antigas rotas comerciais. Mas ele, de modo insensato (veja 2Cr 25 quanto à motivação), desafiou Joás de Israel para uma guerra, não sendo dissuadido pela advertência do último, expressa numa fábula (2Rs 14,9-10). A batalha terminou desastrosamente com Joás saqueando o Templo. Como seu pai, Amasias de Judá foi morto numa conspiração palaciana e foi sucedido por seu filho Ozias (Azarias, Uzias).

101 O sucesso material do reino de Jeroboão II de Israel foi equiparado ao de seu contemporâneo do sul, Ozias (783-742). Ele restaurou o centro comercial salomônico em Elat (Ezion-Geber), fortificou Jerusalém e se engajou em fortes operações militares e vigilância ao leste, sul e oeste (2Cr 26,6ss.). Mas a lepra encurtou a carreira de Ozias, e ele transferiu o trono de Judá para Jotão (750?-735), cujos registros de construção e militares estão preservados em 2Cr 27,1-9. Ozias, provavelmente, não deve ser identificado com o Azriau de Judá cuja oposição a Teglat-Falasar III (em torno de 743?) encontra-se anotada nos anais assírios (*ANET* 282; cf. N. Naʻaman, *BASOR* 114 [1974] 25-39).

102 (G) Os últimos anos de Israel (746-721). Apesar do êxito político do longo reinado de Jeroboão II, a queda do reino do norte foi rápida. Uma das razões foi o surgimento de um novo conquistador assírio, Teglat-Falasar III (745-727), que empreendeu uma série de campanhas no ocidente que visavam à conquista e não meramente ao tributo (*ANET* 282-84; → 74 *acima*; *LBib* 368-79; *IJH* 415-34). Uma outra razão era a anarquia política que se estendeu sobre Israel na década seguinte à morte de Jeroboão II (Os 7,3-16). Seu filho Zacarias foi morto por Selum após um reinado de apenas seis meses. Dentro de um mês Selum foi assassinado por Menaém (745-738). O reinado de Menaém foi marcado pelo pesado tributo pago a Teglat-Falasar III (o "Pul" de 2Rs 15,18; veja sua inscrição acerca de Menaém, *ANET* 283). (A política assíria é descrita em M. Gogan, *Imperialism and Religion* [SBLMS 19; Missoula, 1974].)

103 O filho e sucessor de Menaém, Faceias (738-737), foi morto por Faceia (737-732), aparentemente um usurpador ("filho de Romelias" como Isaías o chama em 7,4). Esta tomada do poder representava uma tentativa de livrar-se do domínio assírio, pois Faceia uniu-se a Rason de Damasco para formar uma coalizão contra Teglat-Falasar. Sua tentativa de pressionar Judá a entrar nessa aliança levou à assim chamada guerra siro-efraimita. Judá se recusou a unir-se – estava tendo problemas com Edom (2Rs 16,6) – e foi atacado pela aliança do norte, que ameaçou colocar no trono de Davi um certo Ben Tabeel (provavelmente um arameu da Transjordânia; W. F. Albright, *BASOR* 140 [1955] 34-35). Segundo Is 7, Acaz se recusou a confiar em Iahweh e pediu ajuda aos assírios. Teglat-Falasar preparou uma campanha e, em 733-732, destruiu Damasco e privou Israel de uma grande porção de seu território (Galileia e Transjordânia). Israel, agora um pequeno estado e vassalo da Assíria, foi deixado sob o governo de Oseias (732-724).

104 Com a morte do monarca assírio, contudo, Oseias desertou para o Egito e enviou diplomatas para a corte em Sais [Sô] (corrigimos 2Rs 17,4 à luz da *BASOR* 171 [1963] 64-66). Ele provocou assim a ira do novo rei assírio, Salmanasar V, que aparentemente o aprisionou; o fim de Oseias é encoberto na narrativa bíblica. Começou o cerco de Samaria (724-721). Sargon descreve a vitória em seus anais, inscritos em sua nova cidade real Dur Sharrukin (= Corsabad): "Eu sitiei e conquistei Samaria (Sa-me-ri-na), levei como despojo 27.290 habitantes dela" (*ANET* 284-85). Seguiu-se a política habitual de desalojar e realocar povos cativos; o povo remanescente foi assimilado a grupos vindos do outro lado do Crescente Fértil, e a área tornou-se uma província do império, com um governante assírio (→ Geografia bíblica, 73:103). O texto de 2Rs 17 é uma meditação teológica mutifacetada deste acontecimento. Lemaire (*HPH* 51-52) resume as razões históricas da sobrevivência de Israel ao lado de Judá por apenas dois séculos: A única coisa que eles tinham em comum era sua tradição religiosa, pois não havia mais uma capital e um Templo. Nem suas instituições políticas eram as mesmas: Israel experimentou pelo menos oito *golpes de estado*. Ali os profetas se opuseram mais nitidamente à autoridade real (Acab confrontado por Elias) do que em Judá. Finalmente, o território de Israel foi abandonado às invasões dos arameus e dos assírios.

105 (H) Acaz (735-715) e Ezequias (715-687). O julgamento deuteronômico usual sobre Acaz adquire mais substância quando somos informados do sacrifício de seu filho a Moloc (2Rs 16,3) e de sua reação cínica a Isaías (Is 7,1ss.). Seu pedido de ajuda à Assíria na crise da guerra siro-efraimita não o isentou de pagar tributo a Teglat-Falasar (*ANET* 282). A relevância religiosa de sua sujeição à Assíria é expressa por sua adoção de um altar de estilo assírio para o Templo de Jerusalém (2Rs 16,10-16). Tanto Isaías (3,13-15; 5,8-13) quanto Miqueias (2,1-10) oferecem descrições vívidas das injustiças sociais durante seu reinado.

106 Ezequias recebe plenos elogios do deuteronomista porque suas reformas religiosas realçaram a centralização do culto. Esta reforma provavelmente foi orientada mais por motivos políticos (unidade nacional) que por teológicos (como o ideal religioso do santuário da Arca que existia nos dias dos juízes). O cronista (2Cr 30,1ss.) descreve o corajoso convite de Ezequias ao povo de Israel que permanecia em Efraim e Manassés a vir a Jerusalém e celebrar a Páscoa. Não somos capazes de julgar se esta ação relativamente ineficaz de estender influência sobre o norte chamou a atenção dos senhores assírios. Mas é verdade que o despertamento espiritual induzido pela reforma foi acompanhado por um nacionalismo intensificado. A unidade no culto reforçou a unidade política e social.

107 É difícil determinar os detalhes precisos do relacionamento de Ezequias com a Assíria. Certamente ele flertou com a revolta em 713-711, quando Azoto e Gaza se rebelaram contra Sargon. Edom e Moab também estiveram envolvidos (*ANET* 286-87), mas o Egito manteve-se distante, apesar das negociações registradas em Is 18,1-7. Isaías 20 se refere a este período, e o ato simbólico do profeta que diz respeito à queda do Egito foi uma advertência clara para Judá se manter longe da confusão política. O programa de construção de longo alcance do reino de Ezequias provavelmente estava ligado a suas aspirações militares. O texto de 2Rs 20,20 (cf. 2Cr 32,3-5.30) menciona um túnel construído por ele para fornecer água à cidade durante o cerco. A famosa inscrição de Siloé foi encontrada aqui (*ANET* 321; → Arqueologia bíblica, 74:115).

108 O maior perigo surgiu quando Ascalon e Ecron se revoltaram em 704 (agora com a promessa de ajuda do Egito, que seria derrotado ignominiosamente em Eltece; *cf.* Is 30,1-7; 31,1-3). Senaquerib chegou ao trono assírio (704) e suprimiu a rebelião de Merodac-Baladã na Babilônia (talvez a visita dos enviados babilônicos a Jerusalém tenha ocorrido pouco antes disto; veja 2Rs 20,12-19; Is 39). Ele então assolou a costa fenícia, que também e havia se unido à revolta, e chegou ao sul até as cidades filisteias para um acerto de contas. O povo de Ecron tinha entregue a Ezequias seu próprio rei, Padi, que mostrara lealdade a Assíria; por isso Judá estava profundamente envolvido. Como Senaquerib o descreve, ele tomou quarenta e seis cidades de Judá e prendeu Ezequias em Jerusalém "como um pássaro numa gaiola" (*ANET* 288; *DOTT* 67). Os acontecimentos seguintes são dramaticamente registrados em 2 Rs 18,13-19,34 (Is 36-37), onde provavelmente se enfileiraram duas versões dos mesmos acontecimentos (em vez de 18,17ss. ser o registro de uma revolta posterior em 688; mas cf. *BHI* 298-309). Apesar da intervenção do Senhor, Judá foi devastada (Is 1,4-9) e enfrentou um longo período de sujeição à Assíria (veja B. S. Childs, *Isaiah and the Assyrian Crisis* [SBT, 2ª série 3; Londres, 1967]).

109 (I) Manassés (687-642) e Josias (640-609). Durante o longo reinado de Manassés, Judá ficou sujeita politicamente à Assíria (veja os anais de Asaradon e Assurbanípal, *ANET* 291, 294). Em 2 Cr 33,11ss., ficamos sabendo de seu aprisionamento temporário na Babilônia – talvez em conexão com a revolta do irmão de Assurbanípal por volta de 650 – e a apócrifa Oração de Manassés foi composta mais tarde para comemorar sua "conversão" (→ Apócrifos, 67:37). Mas nenhuma conversão (se houve alguma) pôde ser bem sucedida em mudar a tendência idólatra de seu reinado. A centralização do culto, inaugurada por Ezequias, foi desfeita, e os cultos de fertilidade em lugares altos estiveram uma vez mais em moda. Até mesmo no Templo havia altares em honra aos deuses astrais venerados na Assíria, e também prostituição sagrada. A situação não parece ter mudado no breve reinado de seu filho, Amon (642-640), cujo assassinato levou o Josias de oito anos de idade ao trono.

110 Josias tornou-se rei na véspera de uma mudança de rumo propícia. A Assíria começava a enfraquecer, e os medos e os babilônios estavam em ascendência (→ 76-77 *acima*). A partir de 626, quando Nabopolassar da Babilônia se revoltou, até 612, quando Nínive foi destruída, a Assíria declinou. Esta foi a oportunidade para Josias declarar independência, tanto política quanto religiosa. Sua reforma religiosa radical é conhecida como a reforma deuteronômica, visto que seguiu o programa de Deuteronômio. No mínimo, o "Livro da Lei", que foi descoberto no Templo em 621, devia conter Dt 12-26. Os ideais deuteronômicos de centralização do culto e condenação da idolatria foram os ideais da reforma de Josias (→ Instituições, 76:54). A reforma tentou reavivar o espírito da aliança; e o tom insistente e exortativo de Deuteronômio está de acordo com o reavivamento que caracterizou as atividades de Josias. Ele renovou a festa da Páscoa, convidando o povo do norte para participar – uma ação que tinha implicações políticas bem como religiosas. Contudo, a julgar por Jeremias, parece que esta reforma acabou sucumbindo ao formalismo; e a morte trágica de Josias em Megido provavelmente contribuiu para a dissolução do movimento de reforma. O filho de Josias, Joacaz, o sucedeu no trono, mas a política internacional arrastou Judá para um redemoinho que levou à sua ruína.

111 Com a queda de Nínive em 612, a Assíria travou uma batalha perdida contra os babilônios e se retirou para Harã, que foi finalmente tomada pelo exército babilônico em 610. O Egito interveio em favor de seus antigos inimigos a fim de preservar o equilíbrio de poder, e Necao II (609-593) conduziu um exército através da Palestina para ajudar a Assíria a reconquistar Harã. Quando Josias resistiu, ele foi morto na batalha em Megido em 609; e Necao continuou em direção ao Eufrates. Embora a missão egípcia tenha sido mal sucedida, ele retornou através da Palestina e substituiu Joacaz por um outro filho de Josias, Eliaquim, cujo nome foi mudado para Joaquim, indicando que o rei de Judá era agora vassalo do Egito (→ Jeremias, 18:2-5; para uma lista dos governantes do Império Neobabilônico [605-539], → Daniel, 25:3).

112 (J) Os últimos anos de Judá (609-587). O reinado ineficaz e irreligioso de Joaquim (609-598) é bem ilustrado em muitos episódios da vida de Jeremias (*p.ex.*, Jr 36). Tudo de bom que a reforma deuteronômica realizara foi desfeito (Jr 7,16-20; Ez 8). Judá foi enredada num jogo de poder entre o Egito e a Babilônia. Agora sabemos, a partir das Crônicas babilônicas, dos detalhes da ascendência da Babilônia (veja *ANET* 563-64 com bibliografia). Nabucodonosor infligiu uma séria derrota ao Egito em Carquemis, em 605 (Jr 46,2-12), mas Necao conseguiu resistir e o derrotou em 601, uma derrota que foi, sem dúvida, um fator na deslealdade de Joaquim à Babilônia. O vaivém dos acontecimentos reflete a divisão política em Jerusalém entre os partidos pró-babilônio e pró-egípcio. Quando Joaquim finalmente se rebelou contra a Babilônia, houve rápida retaliação. As Crônicas babilônicas (*ANET* 564) relatam a rendição de Jerusalém no segundo mês de Adar, *i.e.*, em meados de março de 597. Joaquim já estava morto, talvez por assassinato; e seu filho mais jovem, Joaquin, que reinara apenas uns poucos meses, foi levado então como prisioneiro para a Babilônia, juntamente com um grande grupo de exilados. Os tabletes de Weidner (*ANET* 308; Albright, *BAR* 1. 106-12) testificam o tratamento compassivo dado a este infeliz rei, que se tornou o verdadeiro representante da dinastia davídica para os exilados (Ezequiel data suas profecias com base nos anos de Joaquin).

113 Sedecias (597-587), o último rei de Judá, não estava à altura das intrigas políticas de sua época. O procedimento de Sedecias para com Jeremias ilustra seu caráter vacilante (Jr 32-38). Finalmente ele cedeu ao partido egípcio, cujas esperanças foram excitadas pelos faraós Psamético II e Hofra (Apris). A retaliação foi rápida e segura. Nabucodonosor sitiou Jerusalém em 589 e devastou o restante das fortalezas de Judá até restarem apenas Azeca e Laquis (Cartas de Laquis em *ANET* 322; → Arqueologia bíblica, 74:125.). Embora o cerco tenha sido levantado temporariamente em virtude do avanço das forças egípcias (Jr 37), Jerusalém estava condenada. Os muros foram rompidos, e a cidade caiu em julho de 587. Sedecias foi preso enquanto fugia e levado para Ribla, onde teve seus olhos furados após ser forçado a assistir a execução de seus próprios filhos. Por ordem de Nabucodonosor, Jerusalém foi destruída, e seguiu-se uma deportação em larga escala. Godolias, filho do Aicam que defendera Jeremias, foi indicado governador com o quartel-general em Misfa. Mas ele logo foi assassinado por um certo Ismael, de sangue real; e esta indicação de espírito revolucionário pode ter levado a medidas repressoras adicionais por parte da Babilônia (talvez a terceira deportação de 582; Jr 52,30). Os que tinham apoiado Godolias deixaram de prender Ismael e decidiram fugir para o Egito, forçando Jeremias a ir com eles (Jr 42). Para a destruição de Jerusalém, veja *BARev* 9 (6, 1983) 66-72.

114 (K) O exílio (587-539). O reino de Judá foi, aparentemente, incorporado à província babilônica de Samaria, mas não houve uma importação de gentios, como ocorrera quando o reino do norte foi derrotado em 721. A terra estava desolada (Albright, *BP* 85-86; Aharoni, *Lbib* 408-11), embora não totalmente despovoada. Além da devastação realizada pelo exército de Nabucodonosor, houve também a pilhagem pelos vizinhos de Judá, especialmente por Edom (Ab 11), que parece ter ocupado o sul, e por Amon (Ez 25,1-4).

Mas o coração da nação estava no exílio; os exilados foram contados em 4.600 (provavelmente homens adultos) em Jr 52,28-30. O livro de Ezequiel lança luz sobre a situação dos estabelecidos em Tel-abib, na Babilônia, que não foram escravizados, mas receberam permissão para se mudar. A comunidade de judeus prosperou em Nipur (veja M. Coogan, *BA* 37 [1974] 6-12), A Diáspora havia começado. Gradualmente os judeus se acomodaram à sua situação; suas práticas religiosas, *p.ex.*, circuncisão e observância do sábado, tornaram-se sua fonte de unidade (também → Instituições, 76:118-21).

115 Apesar do golpe que despedaçou sua crença na inviolabilidade de Sião e na aliança com Iahweh, os judeus mantiveram sua fé tenazmente. De fato, começou um período de intensa atividade religiosa: as tradições de Israel foram reunidas e colocadas na forma escrita. A Torá recebeu forma por parte da escola P (Sacerdotal), que coletou antigas tradições do deserto e codificou a prática do Templo de Jerusalém (veja *CMHE* 293-325). Estava tomando forma uma lei definitiva que seria a base da nova comunidade teocrática de Judá. A História Deuteronômica (Josué-Reis) foi editada, e os escritos dos profetas foram colecionados. Ezequiel tinha apontado para a futura ressurreição da nação (cap. 37), mas ficou para um profeta desconhecido e seus seguidores, cujos oráculos estão contidos em Is 40-66, incentivar Israel a retornar. A pregação deste "Segundo Isaías" (→ Deuteroisaías, 21:5-6) é marcada por profundos discernimentos teológicos e por uma habilidade de resgatar o tempo. Ele entendeu que a punição de Israel estava no fim e que Ciro da Pérsia era o "ungido" (ou messias) do Senhor que asseguraria o retorno de Israel.

Apenas Iahweh era Deus e tinha o poder de salvar seu povo; uma vez mais ele os salvaria – em um novo êxodo (43:14-21; 48:20-21; 52,11-12).

116 Ciro, o rei de Ansã, da linhagem aquemênida, assumiu o controle da Média em 553 (Ecbátana) e então da Lídia, a terra de Creso, na Ásia Menor, em 546. Por volta de 550 ele representava uma ameaça à Babilônia e tornou-se um símbolo de esperança para os exilados. Finalmente, em 539, ele tomou a Babilônia intacta de Nabonido, após derrotar o exército babilônico junto ao Tigres. A tolerância religiosa de Ciro é conhecida a partir do assim chamado cilindro de Ciro (*ANET* 315-16). Em 538, ele publicou um decreto que permitia aos exilados retornarem para a Palestina. (Para uma lista dos governantes do Império Persa [539-331], → Daniel, 25:3, vol. I, AT).

(ACKROYD, P., *Exile and Restoration* [London, 1968]; *Israel Under Babylon and Persia* [Oxford, 1970]; "Archaeology, Politics and Religion: The Persian Period", *IR* 39 [1982] 5-24. FREEDMAN, D. N., "Son of Man, Can These Bones Live?" *Int* 29 [1975] 171-86. HANSON, P., *The Dawn of Apocalyptic* [Philadelphia, 1975]. KAUFMANN, Y., *History of the Religion of Israel: IV, From the Babylonian Captivity to the End of Prophecy* [New York, 1977]. SCOTTROFF, W., "Zur Sozialgeschichte Israel in der Perserzeit", *VF* 27 [1982] 46-68.)

117 (V) O primeiro período pós-exílico (539-333 a.C.).
(A) A restauração. O édito de Ciro (Esd 1,2-4; 6,3-5) permitiu aos exilados reconstruírem o Templo às custas do Estado e restaurar os utensílios sagrados roubados por Nabucodonosor. A primeira leva de exilados que retornaram foi liderada por Sassabassar, "o príncipe de Judá", provavelmente um dos filhos de Joaquin (veja 1Cr 3,18; a ser identificado com Senasser?). Ele foi governador (*peḥâ*), mas responsável perante os senhores persas da terra. Temos poucas informações acerca do retorno, embora saibamos que os exilados eram basicamente de Judá e Benjamin. São os feitos de Zorobabel, sobrinho(?) de Sassabassar, que são detalhados em Esd 3-6. O ímpeto dos exilados recém-chegados levou à reconstrução do altar e ao começo das fundações do Templo, mas não foi até 520 que começou o trabalho sério no Templo. Estimulada pelos profetas Ageu e Zacarias, a construção foi completada em 515 sob Zorobabel e Josué/Jesua o sumo sacerdote. Os dois profetas também apoiaram uma renovação da esperança messiânica na dinastia davídica (Ag 2,20-23; Zc 3,8; 6,9-15). Talvez Zorobabel tenha se tornado politicamente suspeito aos olhos dos persas; de qualquer forma ele desapareceu silenciosamente da história. Se estas esperanças surgiram em conexão com os problemas do Império Persa por causa da morte de Cambises (522), elas malograram rapidamente com a liderança eficaz dada ao império por Dario o Grande (522-486). Mas Dario não foi severo com os judeus. Quando Tatanai, o governante persa da satrapia "Transeufratênia" (Além do Rio; Abarnahara), questionou o direito dos judeus de reconstruírem o Templo, Dario reafirmou a autorização dada por Ciro (Esd 5-6).

118 Por volta de 520, a comunidade já contava com 20 mil pessoas (Albright, *BP* 87), mas muitos fatores tornavam lento seu progresso: problemas econômicos, opinião dividida e especialmente a hostilidade de seus vizinhos em Samaria, que (como seguidores de Iahweh) reivindicavam o antigo território de Judá. Quando Zorobabel rejeitou sua oferta de ajuda para reconstruir o Templo (Esd 4,1-5), lançou-se a semente da clássica inimizade entre judeus e samaritanos que continuou no século seguinte (→ 119, 127 *abaixo*). Os acontecimentos de 515 a 450 são quase completamente desconhecidos, embora Esd 4 descreva dificuldades. A partir das condições refletidas em Malaquias e das reformas consideradas necessárias por Esdras e Neemias, parece que a situação foi de mal a pior.

119 (B) Neemias e Esdras. Neemias, um judeu eunuco e copeiro de Artaxerxes

I na corte persa de Susa, foi informado em torno de 445 sobre a lamentável situação em Jerusalém. Ele se fez nomear governador de Judá (tornando assim Judá independente de Samaria) tendo como sua primeira tarefa reconstruir os muros de Jerusalém (veja Ne 2-4). Ele teve que superar não apenas a letargia do povo, mas também a oposição de dois homens poderosos: Sanabalat e Tobias. Sanabalat era o governador da província de Samaria e um adorador de Iahweh, como os nomes de seus filhos, Delaías e Selemias, sugerem. Tobias era governador da província transjordânica de Amon. Houve também um terceiro inimigo, Gosem, que era governador da província árabe. Estes homens podiam contar com pessoas muito influentes em Judá que se opunham às reformas sociais estimuladas por Neemias. Não intimidado por engano e assédio, Neemias executou resolutamente seus planos (Ne 5,1-6,14).

120 A província de Judá era pequena, estendendo-se de Betel até Bet-Zur, com uma população aproximada de 50 mil pessoas. A lista do censo em Ne 7,6-38 (= Esd 2; veja *LBib* 413-19) mostra a origem diversa daqueles que tinham se estabelecido por volta da metade do séc. V. A análise de Albright (*PB* 92) indica dois grupos principais: os que retornaram, muitos dos quais com nomes estrangeiros (Bigvai, Elam), e outros do norte de Judá (de lugares como Ramá e até mesmo Betel) que ou nunca tinham saído ou tinham retornado antes de 538. A situação política e econômica dificilmente seria viável sem a resolução e a habilidade de Neemias, cujas medidas extremas preservaram a província. Ele retornou para a Pérsia por volta de 433, mas sua residência de doze anos não tinha sido suficiente para realizar seu plano, e após um curto período ele retornou para Jerusalém. As condições se haviam tornado intoleráveis, e existia grande necessidade de reforma religiosa. Tobias (Ne 13,4ss.) tinha recebido do sumo sacerdote Eliasib um quarto no próprio Templo. Neemias expulsou Tobias e seus pertences do Templo, regulamentou os dízimos para os levitas, parou com o comércio no sábado e legislou contra o casamento misto (Ne 13). Não sabemos quanto tempo durou seu segundo período como governador. Embora duro e severo, ele foi o principal responsável pelo restabelecimento da comunidade. Sua apologia pessoal (Ne 5,14-19) mostra um outro lado de seu caráter.

121 A data de Esdras continua uma questão discutível. Esdras 7,7 descreve sua atividade no sétimo ano de um rei Artaxerxes. O sétimo ano de Artaxerxes I seria 458, portanto, antes de Neemias em 445. O sétimo ano de Artaxerxes II seria 398, que parece tarde demais. (Não há evidências textuais para o trigésimo sétimo ano [correção de Albright de 7,7] de Artaxerxes, que seria 428, contemporâneo com a segunda missão de Neemias a Jerusalém.). Pode ser que as memórias originais tanto de Esdras quanto de Neemias tenham deixado de mencionar estes dois homens juntos (R. de Vaux, *DBSup* 765-66) e que o cronista tenha combinado criativamente seus respectivos papéis religiosos e políticos.

(Levantamento da literatura sobre a data de Esdras: KELLERMAN, U., *ZAW* 80 [1968] 55-87. *SLOE* 117-49. Veja também *BHI* 391-402. CROSS, F. M., *JBL* 94 [1975] 4-18. TALMON, S., *IDBSup* 317-28. WIDENGREN, G., *IJH* 503-9.)

122 Em contraposição a Neemias, Esdras foi principalmente um líder religioso. Ele era sacerdote e recebeu o título oficial de "escriba da lei do Deus do céu". Isto significa que ele era uma espécie de secretário dos assuntos judaicos, autorizado (Esd 7,12-26) pelas autoridades persas a ensinar e fazer cumprir a lei entre os judeus na província "Além do Rio". Ele levou um grupo de judeus de volta para a Palestina, e aparentemente seu primeiro ato público foi ler em voz alta a lei (somente parte do Pentateuco) na festa de Ano Novo (Esd 7; Ne 8). Ele dirigiu um ritual dramático de penitência (Esd 10), que arbitrou o divórcio de esposas estrangeiras; e esta medida rígida foi executada resolutamente. Neemias 9 e 10 informam sobre uma comovente confissão final e renovação da aliança. Não devia haver mais casamentos mistos, infrações do sábado ou negligência do Templo.

123 A figura de Esdras foi engrandecida numa lenda posterior como um outro Moisés, como o homem que determinou o cânone hebraico, etc. (→ Apócrifos, 67:38-42; → Canonicidade, 66:33). É necessário admitir que ele orientou o povo para uma ênfase na lei que caracterizou o judaísmo subsequente. Mas a ligação de Esdras com o Pentateuco não é absolutamente clara; possivelmente ele trabalhou com a Torá em sua forma finalizada e atual. Não há evidência de que Esdras seja o Cronista (contra Albright, *BP* 95). O papel do Cronista parece ser menos criativo que reflexivo, pois seu ponto de vista peculiar é representativo da teocracia pós-exílica, da qual ele era um membro fiel. Sua preocupação era pela legitimidade – a associação das práticas atuais da comunidade com as principais personagens do passado, como Moisés e Davi (D. N. Freedman, *CBQ* 23 [1961] 436-42; W. Rudolph, *VT* 4 [1954] 401-9). Rudolph está certo ao avaliar a intenção da obra do Cronista como a apresentação da teocracia realizada em Israel. Mas ela é útil como uma fonte histórica para um período de resto obscuro da história judaica (séc. IV). Agora Judá e Jerusalém se veem separadas das nações, escolhidas por Deus para sobreviver ao desastre do exílio e reconstituir o povo de Deus. O reino de Deus está concentrado em Judá, e o Cronista apresenta o povo de Deus em zelosa adoração no Templo, seguro por trás dos muros que são reconstruídos, separado de tudo que é estrangeiro (expulsão das esposas estrangeiras).

(DAVIES, W. D., e L. FINKELSTEIN [eds.], *CHJ: I, The Persian Period* [1984]. KIPPENBERG, H., *Religion und Klassenbildung im antiken Judäa* [SUNT 14; Göttingen 1978]. MCEVENUE, S., "The Political Structure in Judah from Cyrus to Nehemias", *CBQ* 43 [1981] 353-64. STONE, M. E. e D. SATRAN [eds.], *Emerging Judaism* [Philadelphia, 1988]. WELCH, A., *Post Exilic Judaism* [London, 1935].)

124 (C) O período persa. A história política da "província" persa de Judá é basicamente desconhecida. Com base nos papiros de Samaria descobertos em 1962, F. Cross teve êxito em estabelecer a sequência de governantes em Samaria (descendentes de Sanabalat; → 119 *acima*) no séc. V (*BA* 26 [1963] 110-21; *New Directions in Biblical Archaeology* [ed. D. N. Freedman e J. C. Greenfield; Garden City, 1971] 45-69). Sua reconstrução (que inclui a data de Esdras em 458) da lista de sumos sacerdotes judeus aguarda aceitação mais ampla (F. M. Cross, "A Reconstruction of the Judean Restauration", *JBL* 94 [1975] 4-18; cf. Widengren, *IJH* 506-9). Judá pode ter participado na rebelião fenícia do rei Tenes de Sidon contra Artaxerxes III por volta de 350 (a evidência é questionada e rejeitada por Widenberg, *IJH* 500-2). Sabemos que os persas deram permissão para os judeus cunharem moedas; foram encontradas várias trazendo as letras hebraicas *yhd* (Judá) (U. Rappaport, *JJS* 32 [1981] 1-17).

A situação religiosa pode ser inferida dos escritos da época (Malaquias, o Cronista, etc.). O culto era realizado no Templo sob a liderança dos sacerdotes e levitas. As três festas tradicionais e o Dia da Expiação eram os pontos altos do ano (→ Instituições, 76:122-38, 147-50). Israel desenvolveu sua intensa devoção à lei. Era uma teocracia governada por um sumo sacerdote que supostamente podia traçar sua linhagem até o sacerdote de Davi, Zadoc (→ Cronista, 23:20).

125 Os papiros de Elefantina do séc. V (descobertos no início do séc. XX) lançaram luz sobre um tipo particular de javismo iahwismo que floresceu numa comunidade da Diáspora (A. Cowley, *Aramaic Papyri of the Fifth Century B. C.* [Oxford, 1923]; E. Kraeling, *The Brooklyn Museum Aramaic Papyri* [New Haven, 1953]). Mercenários judeus, empregados pelo faraó egípcio para proteção contra os etíopes em Siene (atual

Aswan), viveram por mais de um século numa ilha no Nilo, Elefantina (Yeb), e desenvolveram sua própria forma de iahwismo. Contrários à centralização da adoração (*p.ex.*, Dt 12,13-14), eles edificaram um templo a *yhw* (*yahu*); e sua adoração revela influência cananita, pois associavam Iahweh com Anat. Nomes nesta literatura (Esembetel, Herembetel, Anatbetel) têm sido interpretados por Albright como hipostatizações do Senhor sob os títulos "Nome da Casa de Deus", "Santidade da Casa de Deus" e "Sinal da Casa de Deus" (*FSAC* 373). Os judeus elefantinos não foram incomodados por Cambises quando o rei persa conquistou o Egito (aproximadamente 525). De fato, os líderes persas estenderam alguma proteção a eles, *p.ex.*, Dario II deu instruções ao governador Arsame acerca da festa dos Asmos em 419.

Por volta de 410, contudo, a situação tinha mudado. Um certo oficial persa, Widrang (ou Vidaranag), substituiu Arsame e instigou a destruição do templo pelos egípcios. Algumas das cartas de Elefantina (nº 30 e 32) tratam dos esforços judaicos para ter o templo reconstruído, lançando luz sobre os anos finais do séc. V, de outro modo desconhecidos. Eles escreveram para Joanã, um dos filhos do Eliasib mencionado em Ne 12,23 (e talvez 13,28), que era sumo sacerdote em Jerusalém, registrando seu apoio para a reconstrução do templo. Compreensivelmente, ele não respondeu (um templo fora de Jerusalém era certamente irregular); e assim eles tiveram de recorrer ao governador persa de Judá, Bagoas, e até mesmo aos filhos de Sanabalat, Delaías e Selemias (*ANET* 492), que eram governadores em Samaria. Desta vez houve uma resposta e a ajuda pode ter chegado, pois o projeto foi realmente executado. Mas provavelmente ele teve vida curta em vista da bem sucedida destruição do jugo persa pelos egípcios por volta do ano 400.

(Couroyer, B., "Le temple de Yaho et l'orientation dans les papyrus araméens d'Eléphantine", *RB* 75 [1968] 80-85. Meyer, E., *Der Papyrusfund von Elephantine* [2ª ed.; Leipzig, 1912]. Porter, B., *Archives from Elephantine* [Berkeley, 1968]. Van Hoonacker, A., *Une communauté judéo-araméenne à Eléphantine* [Schweich Lectures 1914; Londres, 1915]. Vincent, A., *La religion des Judéo-araméens d'Eléphantine* [Paris, 1937].)

126 (VI) O período grego (333-63 a.C.).
(A) De Alexandre ao domínio selêucida (333-175). Estamos melhor informados acerca das aventuras persas na Grécia (Heródoto, Lívio) do que acerca da história de Israel no período persa. Mas estas mesmas aventuras contribuíram para a queda da Pérsia. A unidade grega foi alcançada por Filipe da Macedônia, e seu filho Alexandre estendeu o reino por todo o Helesponto. Ele derrotou os persas no Rio Granicus e tomou a Ásia Menor. A batalha de Issus (333) deu aos gregos acesso à Síria; e, numa passagem que suscita problemas, Josefo (*Ant.* 11.8.2 § 304ss.) fala da passagem de Alexandre por Jerusalém. Em 331, ele fundou a famosa cidade de Alexandria no Egito e retornou para o norte para infligir uma derrota final aos persas em Arbela, no outro lado do Tigre. Ele passou pelo Indus e retornou para a Babilônia, onde morreu em 323, tendo formado um vasto império.

(ABEL, F.-M., *Histoire de la Palestine depuis la conquête d'Alexandre* [Paris, 1952]. BARTLETT, J. R., *Jews in the Hellenistic World* [Cambridge, 1985]. BICKERMANN, E., *Der Gott der Makkabäer* [Berlin, 1937]. HENGEL, M., *Jews, Greeks and Barbarians* [London, 1980]; *Judaism and Hellenism* [2 vols.; Philadelphia, 1974]. OESTERLEY, W., *The Jews and Judaism During the Greek Period* [London, 1941]. SCHALIT, A., "The Hellenistic Age", *WHJP* 1.6. TCHERIKOVER, V., *Hellenistic Civilization and the Jews* [Philadelphia, 1955].)

127 Alexandre é associado aos samaritanos e a seu templo por Josefo (*Ant.* 11.8.3-7 § 313-47; veja sumário de H. H. Rowley, *BJRL* 38 [1955] 166-98). Quando o templo samaritano foi construído no Monte Garizim? Há um amplo consenso de que a ruptura entre os judeus e os samaritanos foi gradual (R. Coggins). Ela foi agravada pelo exclusivismo judeu (*p.ex.*, Esdras e Neemias) e selada pela construção do templo. Escavações arqueológicas sugerem que isto deveria ser datado após o período persa (um alegado altar do Período Helenístico é a evidência). Inscrições na ilha de Delos (sécs. III e II a.C.) descrevem os samaritanos como "israelitas que fazem ofertas no consagrado Garizim".

Os papiros de Samaria do Wadi ed-Daliyed fornecem a base para alguma associação entre Alexandre e os samaritanos. As boas-vindas iniciais dadas aos gregos pelos samaritanos (segundo Josefo) parecem ter sido seguidas por uma revolta contra o prefeito que Alexandre designou. Em seu retorno do Egito, Alexandre aparentemente sufocou a revolta e destruiu a cidade. As evidências arqueológicas sugerem que Samaria foi reconstruída segundo o estilo grego (torres arredondadas helenísticas) e colonizada com macedônios. Por outro lado, Siquém também foi restabelecida nesta época pelos samaritanos que fugiram da ira de Alexandre. Parece que aqueles que não alcançaram Siquém foram massacrados no Wadi ed-Daliyed, onde foram descobertos os remanescentes de suas posses.

(BULL, R., "The Excavation of Tell er-Ras on Mt. Gerizim", *BA* 31 [1968] 58-72. COGGINS, R., *Samaritans and Jews* [Atlanta, 1975]. CROSS, F. M., "Aspects of Samaritan and Jewish History in Late Persian and Hellenistic Times", *HTR* 59 [1966] 201-11; "Papyri of the Fourth Century B.C. from Daliyeh", *New Directions in Biblical Archaeology* [ed. D. N. FREEDMAN e J. C. GREENFIELD; Garden City, 1971] 45-69. PUMMER, R., *The Samaritans* [Leiden, 1987]. PURVIS, J., *The Samaritan Pentateuch and the Origin of the Samaritan Sect* [HSM 2; Cambridge MA, 1968]. Também *BA* 47 [1984] 41-46; e [sobre Daliyeh] *BARev* 4 [1, 1978] 16-27.)

128 Após a morte de Alexandre, vários sucessores (diádocos) se mostraramincapazes, e finalmente ocorreu uma quádrupla divisão do império. A história bíblica está interessada em dois desses reinos que foram rivais pelo controle da Palestina: o reino egípcio fundado por Ptolomeu, filho de Lagus, e o reino asiático governado por Seleuco. (O período selêucida, segundo o qual se datam os acontecimentos de 1-2Mc, começou em 312/11 quando Seleuco solidificou seu poder na Babilônia. Para uma lista parcial dos sucessores de Alexandre, → Daniel, 25:3).

129 Por volta de 300 a 200 a.C., os judeus encontraram-se sob a égide paternalista da dinastia ptolemaica. Vários acontecimentos deste século são indicados no resumo em Dn 11,5-45. Um grande número de judeus na Diáspora, especialmente em Alexandria, criou a necessidade da tradução do AT para o grego (→ Textos, 68:63). Na Palestina, a natureza fundamental da comunidade judaica permaneceu imutável; ela era primordialmente uma associação religiosa encabeçada pelo sumo sacerdote, que combinava autoridade civil e religiosa em sua própria pessoa. O concílio de anciãos, ou *gerousia*, servia como um conselho de governo junto com ele. A própria Judeia permanecia uma área relativamente pequena, com contatos tênues com o restante da Palestina; porém ocorria um processo de helenização por toda parte. A evidência mais concreta da mudança cultural era a existência, neste período, da *polis* ou cidade helenística – na planície filisteia (Gaza, Azoto, Ascalon), na planície costeira (Jope, Ptolemaida) e no interior (Samaria, Citópolis = [Betsã]), até mesmo na Transjordânia (Gadara, Filadélfia [= Rabá de Amon]). Costumes e hábitos gregos, que acabaram entrando em Jerusalém (1Mc 1,13-15; 2Mc 4,10-15), começaram a representar uma ameaça ao estilo de vida judeu (O Eclesiástico é um protesto indireto). Os próprios judeus estavam divididos; muitos se tornaram abertamente helenistas, enquanto que os *ḥăsîdîm*, ou assideus (1Mc 2,42), eram fanaticamente dedicados à Lei.

130 A importante família Tobias exemplifica os vínculos que prendiam muitos judeus aos novos hábitos. Descendentes do inimigo de Neemias (Ne 2,10), eles residiam no antigo território amonita em Araq el-Emir (*BASOR* 171 [1963] 8ss). Já no séc. III, eles eram os governantes da área, como o papiro Zeno indica. Josefo (*Ant.* 12.4.1ss § 154ss) nos informa sobre José que ganhou o favor de Ptolomeu III (246-221) e foi feito cobrador de impostos na Palestina. Implacável neste ofício, ele teve êxito em enriquecer-se. Seu filho (ou talvez neto) Hircano reconstruiu (Josefo diz, simplesmente, construiu) a famosa fortaleza em Araq el-Emir, ao nordeste de Hesbon; e ele é mencionado como possuindo tesouros guardados no Templo (2Mc 3,11). Com a revolta macabeia, contudo, os Tobias perderam seu poder; Antíoco IV Epífanes confiscou suas posses (Tcherikover, *Hellenistic Civilizations* 153-74; 201-3; B. Mazar, "The Tobiads", *IEJ* 7 [1957] 137-45, 229-38).

131 Em 200 a.C., o rei selêucida Antíoco III derrotou as tropas de Ptolomeu V em Panion, perto das fontes do Jordão, e a Palestina passou da égide ptolemaica para a selêucida. Segundo Josefo (*Ant.* 12.3.3 § 138-44, embora a autenticidade do decreto tenha sido contestada), Antíoco foi muito gracioso para com Jerusalém, ordenando a reparação dos danos sofridos no passado recente e fornecendo um subsídio para as despesas do Templo, enquanto a estrutura do governo local (sumo sacerdote, etc.) continuou e se deram certas isenções de impostos. Quando Antíoco interveio nos negócios internacionais, ele teve de enfrentar Roma; e pagou um preço amargo no tratado de Apameia (188) quando foi forçado a abandonar a Ásia Menor e pagar uma pesada indenização. A necessidade de dinheiro o levou a mais campanhas; ele morreu em Elimaida em 187. Foi sucedido por seu filho Seleuco IV (187-175), enquanto o filho mais jovem, Antíoco (o futuro Epífanes), foi mantido como refen em Roma até o pagamento total da indenização. Foi durante o reinado de Seleuco que seu chanceler, Heliodoro, veio ao Templo de Jerusalém a fim de obter mais fundos (2Mc 3). Este mesmo Heliodoro matou Seleuco, apenas para proporcionar a Antíoco IV, libertado de Roma, a oportunidade de assumir o poder real. Antíoco chegou a adotar o título de Epífanes ou Manifesto, pois o Zeus olimpiano estava manifesto nele; seus súditos não demoraram em contrapor o apelido Epímanes, ou louco! Sua política foi de unidade (portanto, a helenização de todos os seus súditos) e de expansão, e isto significou a apropriação de grandes somas de dinheiro.

132 (B) A Revolta Macabeia (175-135). O episódio de Heliodoro em Jerusalém era um mau presságio sobre a futura política selêucida, e a venalidade da família Onias de sacerdotes forneceu a Antíoco Epífanes uma oportunidade preciosa. Os Onias pertenciam à família de um certo Ioanã (Honi; forma grega, Onias), pai do sumo sacerdote Simão II, que é tão fervorosamente elogiado em Eclo 50,1-21. O filho de Simão, Onias III (o ungido de Dn 9,26?), era sumo sacerdote quando Antíoco IV subiu ao trono, mas ele foi vítima de seu próprio irmão Jasão, um helenista, que tomou a iniciativa de para comprar o cargo das autoridades selêucidas. Em Antioquia, Antíoco IV depôs Onias em favor de Jasão (174-171). Estava começando uma completa helenização da própria Jerusalém, e se ofereceu aos habitantes a possibilidade de tornarem-se cidadãos de Antioquia (2Mc 4,9-16). Muitos judeus permaneceram leais às tradições, especialmente os assideus (1Mc 2,42; 7,13; → Apócrifos, 67:97). Jasão, por sua vez, foi enganado por um certo Menelau, a quem Antíoco deu o ofício de sumo sacerdote em 171, enquanto Jasão fugia para a Transjordânia. Menelau continuou com a helenização e conspirou para o assassinato de Onias III (→ 1-2 Macabeus, 27:62-66).

133 Embora Antíoco tenha executado o assassino Andrônico, tudo estava contribuindo para uma revolta, na medida em que as ações repressivas aumentavam. Em seu retorno de sua primeira campanha no Egito (169), Antíoco, instigado por Menelau, entrou e saqueou o Templo. A tentativa mal sucedida de Jasão de tomar posse de Jerusalém era uma outra indicação de inquietação, e assim a cidadela em Jerusalém (a "Akra": 1Mc 1,33) recebeu uma guarnição síria (*BASOR* 176 [1964] 10-19). Quando de seu retorno de sua segunda campanha egípcia (168, quando Pompílio de Roma entregou o famoso ultimato para sair imediatamente do Egito), Antíoco tomou mais medidas repressoras. Começou uma perseguição oficial; o sacrifício e práticas judaicas como a circuncisão foram proibidos sob pena de morte; e finalmente a "abominação da desolação", um altar (em vez de uma imagem) ao Zeus olímpico foi erigido no Templo. (A cronologia seguida neste relato é baseada na de J. Starcky e F. Abel, *Lês Livres des Maccabées* [SBJ; Paris, 1961], especialmente 46-49; veja também a tabela cronológica em J. Goldstein, *1 Maccabeus* [AB 41; Garden City, 1976] 161-74.)

134 Muitos judeus estavam prontos a sacrificar suas vidas para preservar sua fé – 2Mc fala de Eleazar e da mãe de sete filhos (6,18-7,42). Os assideus não hesitavam em observar a lei, como indica sua recusa em lutar no sábado (1Mc 2,29-38). Os grupos que se reuniram à família dos Macabeus em Modin tinham essa coragem e convicção, quando eles publicaram a convocação para a revolta em 167. O corajoso pai desta família, Matatias, morreu em 166, e a liderança passou a **Judas Macabeu** (geralmente, mas provavelmente de forma incorreta, se supõe que este nome signifique "o martelo" – a própria família era da linhagem sacerdotal de Joiarib [1Mc 2,1]). Apesar da enorme dificuldade, Judas juntou um grupo de guerrilheiros que venceu os exércitos selêucidas gregos. Desde o início houve uma série de importantes vitórias macabeias. A derrota de Apolônio produziu a famosa história da espada (1Mc 3,12) usada por Judas; um outro exército, liderado por Seron, foi liquidado em Bet-Horon. Mesmo diante da oposição mais determinada, as vitórias continuaram. Judas atraiu muitos judeus para sua causa, pois ele parece ter sido um líder inspirador (1Mc 3,4). Durante este período, também, foi escrito Dn 7-12, retratando a vitória derradeira do povo de Deus sobre os reinos opressores e fornecendo histórias inspiradoras sobre heróis que confiaram em Deus e resistiram a reis – uma literatura de resistência.

135 Finalmente, Antíoco, que tinha de combater os partos no leste, designou Lísias como regente para sufocar a revolta; e Lísias enviou três generais, Ptolomeu, Nicanor e Gorgias. Mas Judas solidificara um grupo leal em Masfa, norte de Jerusalém; e novamente obteve vitórias: em Emaús contra o exército de Górgias; e no ano seguinte em Bet-Zur contra o próprio Lísias, que foi forçado a retornar para Antioquia. Então, em 164, Judas corajosamente purificou o Templo da "abominação da desolação" – ao alcance dos olhos da guarnição de Akra. A festa de Hanucá eliminou três anos de blasfêmia (→ Instituições, 76:151-54), e a recuperação do Templo estimulou uma determinação para completar as vitórias com mais independência. Continuaram a existir grupos judaicos minoritários por toda a Palestina e Transjordânia, especialmente os das cidades gregas. Agindo na Idumeia, Amon, Galaad, Galileia e planície filisteia, Judas combateu os pagãos a fim de ajudar seus compatriotas judeus, muitos dos quais ele trouxe de volta para Jerusalém. Enquanto isso, seu irmão, Simão, fazia o mesmo na Galileia. O propósito também era solidificar e estender o poder macabeu.

136 Com a morte de Antíoco Epífanes, Lísias tornou-se o líder eficaz do jovem governador, Antíoco V. Ele respondeu ao cerco ousado de Judas de Akra em Jerusalém, em 163, derrotando-o em Bet-Zacarias (a dramática morte de Eleazar: 1Mc 6,43-46); e Lísias teria tomado Jerusalém se não tivesse sido forçado a retornar para Antioquia a fim de preservar sua própria autoridade política. Ele teve de estabelecer um tratado que garantia liberdade aos judeus para "viverem segundo suas leis" (1Mc 6,59). O propósito inicial da revolta dos macabeus fora alcançado, pois a opressão inaugurada por Antíoco IV terminara. Mas a perspectiva de mais independência e poder político tentava os macabeus.

Os judeus helenistas se opuseram a Judas e recorreram ao novo rei, Demétrio I (Soter), pedindo proteção contra ele. O rei designou seu candidato Alcimo ao sumo sacerdócio. A divisão entre os judeus nunca foi tão clara como neste ponto. Os assideus e os escribas (*grammateis*) apoiaram Alcimo porque ele era de descendência sacerdotal, ainda que fosse favorecido pelos helenistas. Mas Judas se opôs a ele, e o assassinato dos assideus por Alcimo provou que ele estava certo. Finalmente Nicanor foi enviado de Antioquia à frente de um exército. Judas o derrotou em Cafarsalama e mais tarde derrotou-o completamente na batalha de Bet-Horon e Adasa, no décimo terceiro dia de Adar (28 de março de 160); e assim "o dia de Nicanor" tornou-se uma festa anual (1Mc 7,49). Mas Judas foi incapaz de tirar proveito desta vitória, pois, em retaliação, Demétrio enviou Báquides à frente de um poderoso exército, e eles aniquilaram os judeus na área de Bereia e Elasa ao norte de Jerusalém (1Mc 9,4-5). O próprio Judas foi morto quando começaram as represálias contra o partido macabeu.

137 Seu irmão **Jônatas** (160-143) tomou seu lugar e foi pelo menos capaz de fazer Báquides retroceder em Bet-Basi. Mas as pilhagens de Jônatas foram modestas; ele se contentou em estabelecer-se no estilo de um dos antigos "juízes" (1Mc 9,73) em Macmas, durante um período de relativa paz (159-152), e aguardar os desenrolar dos fatos. Uma esplêndida oportunidade apresentou-se quando Alexandre Balas desembarcou em Ptolemaida e desafiou Demétrio I. Demétrio autorizou Jônatas a reunir um exército, mas Alexandre lhe ofereceu o ofício do sumo sacerdócio, o qual estava vago desde a morte de Alcimo. Jônatas aceitou ambas as ofertas, mas finalmente apoiou Alexandre, que triunfou sobre Demétrio e tornou-se rei em 150. Jônatas recebeu mais honras quando compareceu ao casamento de Alexandre e Cleópatra, filha de Ptolomeu; ele foi vestido de púrpura e feito general e governador da Judeia (cf. 1Mc 10,65).

138 Uma nova fase no desenvolvimento do poder macabeu estava começando. O líder judeu foi hábil em jogar os reis selêucidas um contra o outro. Em 148, Demétrio II tentou obter o trono, e Apolônio, governador da Celessíria, o apoiou. Apolônio foi derrotado por Jônatas, que permaneceu leal a Alexandre; e este, como recompensa, deu a cidade de Ecron para os judeus. Mesmo quando Demétrio subiu ao trono em 145, após o assassinato de Alexandre, Jônatas foi forte o bastante para fazer exigências quanto à isenção de tributo; e Efraim, Lida e Ramataim foram dadas à Judeia. Demétrio até mesmo prometeu ceder Akra, a cidadela do controle sírio em Jerusalém, se Jônatas o ajudasse a suprimir a revolta em Antioquia (1Mc 11,42). Embora Demétrio tenha conseguido voltar atrás nesta promessa, sua época estava terminando. Apareceu um novo pretendente ao trono, Antíoco VI, que era apoiado por um certo Trifão. Jônatas os apoiou e travou várias batalhas que fortaleceram sua própria posição (Ascalon, Gaza e Bet-Zur). Além disso, ele iniciou uma política de troca com Roma e Esparta (1Mc 12,1-23). Tudo isso não passou despercebido, e Trifão decidiu que Jônatas era muito perigoso; ele o enganou e o aprisionou em Ptoleimada (143).

139 A reação judaica foi imediata. O terceiro irmão macabeu, **Simão** (143-134), interveio e preparou um ataque para se apropriar da cidade de Jope. Mas ele não pôde impedir o assassinato de Jônatas, que acabou enterrado na cidade natal dos macabeus de Modin. Agora Simão recorreu ao apoio de Demétrio II em troca do reconhecimento da independência judaica; e em 142 "foi retirado de Israel o jugo das nações" (1Mc 13,41), quando Simão foi reconhecido como sumo sacerdote, governador e comandante. A reivindicação macabeia ao governo e ao sumo sacerdócio foi finalmente legitimada pelos próprios judeus (14,41) "até que surgisse um profeta fiel". Simão capturou a guarnição selêucida de Gazara e finalmente obteve sucesso em forçar Akra em Jerusalém a se render, e seguiram-se alguns anos de paz. Um novo pretendente ao trono selêucida então apareceu, Antíoco Sidetes. Simão se recusou a honrar suas exigências, e os filhos de Simão foram vitoriosos na batalha subsequente contra o general de Antíoco, Cendebeu, em 138 (1Mc 16). Mas o próprio Simão foi assassinado traiçoeiramente por seu genro, Ptolomeu, na fortaleza de Doc, próxima a Jericó; e o filho de Simão, João Hircano, o sucedeu no ofício. Aqui termina o relato de 1Mc; para o reinado de Hircano e seus sucessores dependemos basicamente de Josefo. Os escritores cristãos tendem a usar o nome "asmoneu" para descrever a linhagem de descendentes de Hircano, enquanto que os escritores judeus, seguindo o padrão de Josefo e do Talmude, incluem os predecessores de Hircano, os irmãos macabeus, sob este título também. Não temos certeza sobre a real derivação do nome, mas ele é tradicionalmente relacionado a Asamonaios (em hebraico: *ḥašmôn*) a quem Josefo (*Ant.* 12.6.1 § 265) identifica como o bisavô de Matatias (o pai de Judas Macabeu).

140 (C) A dinastia asmoneia (134-63). O filho de Simão, *João Hircano I* (134-104), escapou das intenções assassinas de Ptolomeu porque ele estava em Gazara na época do assassinato. Ele sucedeu seu pai como sumo sacerdote e governante e tentou punir Ptolomeu sem sucesso, o qual finalmente fugiu para a Transjordânia. Os primeiros anos do reinado de Hircano foram infelizes. Quase imediatamente, Antíoco VII Sidetes sitiou Jerusalém após devastar a Judeia. Mas inesperadamente, devido à pressão de Roma, ele chegou a um acordo com Hircano e levantou o cerco. As indenizações foram relativamente leves, mas Hircano serviu Antíoco por alguns anos, ajudando-o na campanha contra os partos. Os acontecimentos agora tomavam um rumo favorável. Em 128, Demétrio II subiu ao trono quando Antíoco foi morto em batalha, e ele se envolveu numa guerra civil. Isto permitiu a Hircano recuperar as cidades na Judeia e além dela. Após um longo cerco, ele tomou Medeba na Transjordânia e subjugou os idumeus no Negueb, impondo-lhes a circuncisão e a Torá. Ele também destruiu o templo samaritano no Monte Garizim (→ Arqueologia bíblica, 74:135). Estas vitórias militares foram realizadas com a ajuda de mercenários estrangeiros (uma indicação da apatia do povo). Durante este período, o poder dos selêucidas se deteriorou por causa dos conflitos internos, e Hircano foi deixado livre para consolidar suas conquistas. Por volta de 107, apesar da intervenção do rei selêucida, Antíoco IX (Ciziceno), Samaria tinha caído diante das forças judaicas sob a liderança dos filhos de Hircano, Aristóbulo e Antígono. O desenvolvimento mais relevante no judaísmo desta época foi o surgimento de dois partidos, os fariseus e os saduceus (→ 146-150 *abaixo*).

141 O filho mais velho de João, *Aristóbulo* (104-103), sucedeu seu pai à força, aprisionando sua mãe (que podia ter governado) e três irmãos. Com Antígono (cuja morte acabou provocando), ele continuou o curso de conquista, estendendo seu poder para o norte da Galileia, onde impulsionou a religião judaica. (A judaização da Galileia provou ser relativamente duradoura, indo até a era cristã.). A invasão da helenização é evidente a partir do nome grego que ele trazia (embora conhecido por "Judá" em suas moedas) e pelo título de "rei" (em vez de etnarca), que ele assumiu e que foi mantido por seus sucessores até 63. Mas é possível dizer que a deterioração moral geral da linhagem asmoneia continuou. Aristóbulo morreu após apenas um ano de reinado, e sua esposa, Salomé Alexandra, uma mulher notável, livrou os irmãos e casou-se com um deles, Alexandre Janeu, que sucedeu ao "trono" e ao ofício de sumo sacerdote.

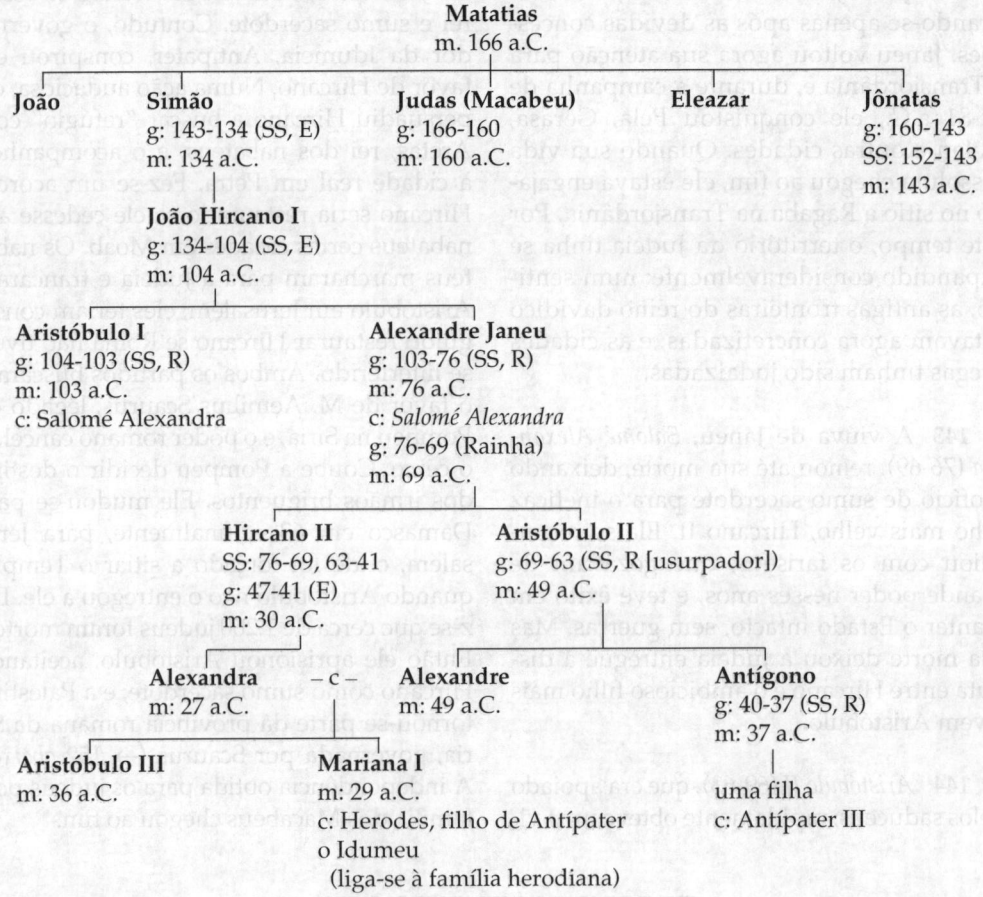

A FAMÍLIA DOS ASMONEUS

m = morreu; c = casou; g = governou
E = Etnarca; SS = Sumo Sacerdote; R = Rei

142 O reinado de *Alexandre Janeu* (103-76) foi marcado por guerras que finalmente colocaram toda a Palestina sob seu controle. Ele lutou sem sucesso com Ptolomeu IX Latiro por Ptolemaida e teria perdido a Palestina se Ptolomeu não fosse pressionado pelo Egito a retornar para Chipre, para onde ele tinha sido banido. Na Transjordânia central, ele sitiou e capturou Gadara e Amato no Jordão. Janeu saqueou e queimou Gaza no litoral, mas teve de retornar e reconquistar Amato; ele também se envolveu com os nabateus ao norte. O rei nabateu, Obedas, quase o capturou numa emboscada, mas ele escapou e retornou para Jerusalém, que agora se revoltava contra ele. Graças a seus mercenários, ele resistiu aos rebeldes. Porém, quando os fariseus trouxeram o rei selêucida, Demétrio III Eucário, contra ele em Siquém, Janeu quase foi destronado (cerca de 88 a.C.). Ele encontrou apoio entre os judeus patriotas (uns seis mil) e então empreendeu uma vingança contra os judeus que se tinham voltado contra ele; este é o famoso cenário da crucificação que parece ser mencionado num documento de Qumran (4QpNah; → Apócrifos, 67:90; F. M. Cross, *The Ancient Library of Qumran* [Anchor ed.; Garden City, 1961] 122-26). Quando Aretas se tornou rei dos nabateus, ele marchou em direção a Judeia e derrotou Janeu, retirando-se apenas após as devidas concessões. Janeu voltou agora sua atenção para a Transjordânia e, durante a campanha de 84-81 a.C., ele conquistou Pela, Gerasa, Golan e outras cidades. Quando sua vida dissoluta chegou ao fim, ele estava engajado no sítio a Ragaba na Transjordânia. Por este tempo, o território da Judeia tinha se expandido consideravelmente: num sentido, as antigas fronteiras do reino davídico estavam agora concretizadas, e as cidades gregas tinham sido judaizadas.

143 A viúva de Janeu, *Salomé Alexandra* (76-69), reinou até sua morte, deixando o ofício de sumo sacerdote para o ineficaz filho mais velho, Hircano II. Ela se reconciliou com os fariseus, que gozavam de grande poder nesses anos, e teve êxito em manter o Estado intacto, sem guerras. Mas sua morte deixou a Judeia entregue à disputa entre Hircano e o ambicioso filho mais jovem Aristóbulo.

144 *Aristóbulo II* (69-63), que era apoiado pelos saduceus, rapidamente obteve uma vitória sobre Hircano em Jericó e o aprisionou em Jerusalém; e Aristóbulo tornou-se assim rei e sumo sacerdote. Contudo, o governador da Idumeia, Antípater, conspirou em favor de Hircano. Numa ação audaciosa, ele persuadiu Hircano a buscar "refúgio" com Aretas, rei dos nabateus, e o acompanhou à cidade real em Petra. Fez-se um acordo: Hircano seria restaurado se ele cedesse aos nabateus certas cidades em Moab. Os nabateus marcharam para a Judeia e trancaram Aristóbulo em Jerusalém; eles teriam conseguido restaurar Hircano se Roma não tivesse interferido. Ambos os partidos buscaram o favor de M. Aemilius Scaurus, legado de Pompeu na Síria, e o poder romano cancelou o cerco. Coube a Pompeu decidir o destino dos irmãos briguentos. Ele mudou-se para Damasco em 63 e, finalmente, para Jerusalém, onde foi forçado a sitiar o Templo, quando Aristóbulo não o entregou a ele. Diz-se que cerca de 1.200 judeus foram mortos. Então ele aprisionou Aristóbulo, aceitando Hircano como sumo sacerdote; e a Palestina tornou-se parte da província romana da Síria, governada por Scaurus (→ 152 *abaixo*). A independência obtida para os judeus pela família dos Macabeus chegou ao fim.

DE POMPEU ATÉ BAR KOCHBA

145 (I) Movimentos judaicos na Palestina. O período do NT coincidiu em parte com a ocupação romana da Palestina. Quando Pompeu se tornou o "primeiro romano a subjugar os judeus e pôr o pé no Templo por direito de conquista" (Tácito, *Hist.* 5.9), este ato simbolizou o início da dominação romana da terra, um domínio que continuou por todo o período do NT. Nesta época, os judeus palestinos, a despeito de sua solidariedade nacional e religiosa, não eram um povo unido. Existiam entre eles diferenças quanto à sua atitude para com a Lei e o Templo, diferenças que eram frequentemente compostas por alianças e intrigas políticas variadas. Josefo (*Ant.* 13.5.9 § 171) menciona três "seitas" (*haireseis*) entre os judeus: fariseus, saduceus e essênios. Na Palestina havia também samaritanos (→ 127, 140 *acima*).

146 (A) Fariseus. Pelo nome (em grego: *pharisaioi*, em aramaico: *pĕrišayê*, em hebraico: *pĕrûšîm*) eles eram os "Separados", provavelmente chamados assim por oponentes devido à sua declarada e estrita evitação dos gentios, das pessoas impuras, dos pecadores e dos judeus menos observantes da Torá (para uma tentativa de se explicar seu nome de modo diferente, veja A. I. Baumgarten, *JBL* 102 [1983] 411-28: "especificadores"). Embora este grupo tivesse suas raízes em "escribas" leigos (doutores da lei) que surgiram no período helenista pós-exílico, ele apareceu pela primeira vez como movimento organizado sob Jônatas em torno de 150 a.C., um pouco antes da época de João Hircano I. Parece que estavam relacionados com os assideus (em grego: *asidaioi*, em hebraico: *ḥăsîdîm*, "Os Piedosos", 1Mc 2,42), que apoiaram a revolta macabeia até ela se tornar demasiadamente política e secular. (1Mc 7,12-25; → 132 e 134 *acima*).

Os fariseus eram principalmente um grupo leigo que aceitava como normativa não apenas a Torá escrita (*tôrâ še-biktab*), mas também a Torá oral (*tôrâ še-bĕ-'al-peh*; veja Josefo, *Ant*. 13.10.6 § 297). Esta última veio a incluir as elaboradas interpretações da primeira, como propostas pelos escribas, provavelmente desde o tempo de Esdras. Os "Ditos dos Pais" (*Pirqê 'Abôt*; cf. Gl 1,14; Mc 7,3) visavam a ser "uma cerca ao redor da lei" e foram finalmente codificadas na Mishná (→ Apócrifos, 67:134, 136). Influenciados pelas ideias helenísticas acerca do valor da *paideia*, os fariseus consideravam a educação na Torá e em suas prescrições e proibições como uma garantia da conduta piedosa. Ser uma nação santa, sagrada e dedicada a Iahweh era o objetivo de todos os judeus, mas alcançar isto pela educação, conhecimento e uma rígida interpretação da Torá era peculiarmente farisaico (Josefo, *Guerra judaica* 2.8.14 § 162; cf. E. Bickermann, *The Maccabees* [New York, 1947] 92-97). Esta atitude, mais que qualquer outra coisa, separava os fariseus do *'am hā'āreṣ*, "o povo da terra", "este povo, que não conhece a Lei" (Jo 7,49). Uma observância meticulosa do sábado, os regulamentos do ritual de purificação e o pagamento do dízimo, como pontos do orgulho ancestral, os caracterizavam. Todavia, por causa desta ênfase na interpretação oral, os fariseus eram capazes de se ajustar a novas contingências e manifestavam uma vitalidade e flexibilidade que os tornavam os "liberais" da época. Visto que a inspiração deste movimento era fundamentalmente religiosa, os fariseus exerciam grande influência sobre os outros judeus por meio de sua erudição e piedade, ainda que provavelmente nunca tenham somado mais que seis mil (*Ant*. 17.2.4 § 42). Além de sua interpretação da Torá, eles acreditavam numa certa liberdade humana sob o controle da providência divina, na ressurreição geral, em anjos (*Ant*. 13.5.9 § 172; cf. At 23,8), na vinda de um "Messias" (*SlSal* 17:21-18:12) e na reunião de Israel e suas tribos no final (*ibid*.).

147 Embora fosse basicamente um movimento religioso, com o tempo o farisaísmo se envolveu na política. Os fariseus se opuseram à atitude secular do sacerdote-rei asmoneu João Hircano I, desejando tirar-lhe o sumo sacerdócio. O rei retaliou anulando a legislação que favorecia os ensinos fariseus e retirando seu favor real (*Ant*. 13.10.5 § 288-98). Na realidade, ele temia sua influência sobre o povo. Sob Alexandre Janeu (103-76 a.C.), os fariseus foram contados entre os oitocentos judeus executados por se oporem a ele (*Ant*. 13.14.2 § 380; → 142 *acima*). Eles obtiveram novamente favor sob a Rainha Alexandra (76-69 a.C.) e se tornaram de novo os líderes espirituais do povo. Com frequência eles se opunham aos saduceus, que tinham tirado proveito do desfavor demonstrado para com eles. A competição entre eles era intensa quando Pompeu chegou à Palestina. O fariseu Sameas persuadiu o sinédrio judaico a aceitar o governo de Herodes (*Ant*. 14.9.4 § 172-74), mas a influência farisaica diminuiu um pouco a partir de sua ascensão até a destruição de Jerusalém.

148 A perspectiva religiosa fundamental dos fariseus lhes possibilitou a deixar uma marca permanente no judaísmo. Após a destruição de Jerusalém, quando o culto no Templo não era mais possível, os fariseus reagruparam os judeus. Sua tradição se transformou no judaísmo rabínico e persiste até certo ponto no judaísmo ortodoxo atual. Continua sendo um problema até que ponto se podem usar os escritos rabínicos para determinar o farisaísmo do judaísmo pré-70. O separatismo do grupo levou a uma atitude que fez com que Jesus de Nazaré os castigasse, pelo menos como ele é apresentado em Mateus (cap. 23). Mas a avaliação do evangelho sobre os fariseus, colocada em forma escrita nas últimas três décadas séc. I, surgiu de um contexto apologético e é demasiadamente negativa; ela não dá aos fariseus o crédito suficiente por serem a força construtiva na espiritualidade judaica que eles realmente foram.

(FINKELSTEIN, L., *The Pharisees and the Men of the Great Synagogue* [New York, 1950]. NEUSNER, J., "The Rabbinic Traditions about the Pharisees before A.D. 70: The Problem of Oral Transmission", *JJS* 22 [1971] 1-18; "The Use of the Later Rabbinic Evidence for the Study of First-Century Pharisaism", *Approaches to Ancient Judaism: Theory and Practice* [ed. W. S. GREEN]; Missoula, 1978] 215-28. RIVKIN, E., *A Hidden Revolution: The Pharisees' Search for the Kingdom Within* (Nash, 1978]. SIMON, M., *Jewish Sects at the Time of Jesus* [Philadelphia, 1967].)

149 (B) Saduceus. Este grupo foi principalmente um movimento sacerdotal e aristocrático entre os judeus palestinos, e seu nome (em grego: *saddoukaioi*, em aramaico: *ṣadduqāyê*, em hebraico: *ṣaddûqîm*) apoia sua reivindicação de serem descendentes da antiga família sacerdotal zadoquita (*Ṣādôk*, 1Rs 1,26). Como tais eles deveriam ser os ministros do Templo no espírito dos "filhos de Sadoc" (Ez 40,46; 44,15; 48,11). A maioria dos sacerdotes de Jerusalém eram saduceus: "o sumo sacerdote com toda a sua gente, isto é, o partido dos saduceus" (At 5,17). Contudo, não poucos sacerdotes eram fariseus; e os saduceus contavam com adeptos de outras famílias judaicas influentes. Josefo (*Ant.* 13.10.6 § 298) os descreve como influentes entre os ricos, mas com pouca influência entre o povo em geral (cf. *Ant.* 18.1.4. § 16-17). A primeira referência a eles como um grupo formado vem da época de João Hircano I (134-104 a.C.). Jônatas, o segundo irmão macabeu, tinha iniciado seu governo simplesmente como um líder carismático; com o tempo ele assumiu o papel de sumo sacerdote (→ 137 *acima*). Como "filhos de Sadoc", os saduceus deveriam se opor a este usurpador asmoneu do sumo sacerdócio; em vez disso, eles apoiaram os reis-sacerdotes asmoneus, provavelmente para garantir sua própria influência. Esta influência oscilava, dependendo do favor que eles gozavam junto aos príncipes governantes. Ela foi forte na época de João Hircano I, de quem eles ganharam a simpatia após sua ruptura com os fariseus. Eles gozaram de prestígio novamente sob Aristóbulo II (69-63 a.C.).

150 Não menos que os fariseus, os saduceus foram afetados, talvez inconscientemente, pelo iluminismo da filosofia e cultura helenísticas. Sua simpatia para com os estrangeiros que ocupavam o poder tinha raízes nos períodos persa e selêucida, quando sacerdotes judaicos tinham de carregar o ônus da responsabilidade política frente ao soberano estrangeiro. O "partido" que surgiu no período asmoneu era conservador e tendia a guardar suas prerrogativas sacerdotais. Ele se opunha aos fariseus e à sua tradição oral dos pais (Josefo, *Ant.* 13.10.6 § 297), principalmente porque se ressentiam da intromissão leiga no que consideravam uma área sacerdotal. A atitude dos saduceus de rejeição a qualquer desenvolvimento ou modernização da Torá vinha em parte de sua perspectiva secular e de uma falta de interesse geral em questões religiosas. Josefo (*Guerra judaica* 2.8.14 § 165) imputa a eles a negação da providência divina e a insistência na absoluta responsabilidade pela conduta humana, juntamente com a negação da recompensa ou punição da alma na vida após a morte. O NT frequentemente os descreve como oponentes de Jesus, juntamente com os escribas e os fariseus; atribui a eles descrença na ressurreição geral e em anjos ou espíritos (Mc 12,18; At 23,8), opondo-os, portanto, aos fariseus. Os saduceus desaparecem das páginas da história após 70 d.C.

(LE MOYNE, J., *Les Sadducéens* [EBib; Paris, 1972]. MANTEL, H. D., "The Sadducees and the Pharisees", em *Society and Religion in the Second*

Temple [ed. M. Avi-Yonah e Z. Baras; WHPJ 1/8; Jerusalém, 1977].)

151 (C) Essênios. Este terceiro grupo de judeus palestinenses (em grego: *essēnoi, essaioi*, possivelmente = aramaico: *ḥăsayyā'*, "os piedosos", ou mais provavelmente *'āsayyā'*, "Curandeiros") pode ter estado relacionado aos assideus (→ 132 *acima*) ou possivelmente representava um grupo de judeus que retornaram para a Palestina, vindos da Babilônia, por volta da metade do séc. II a.C., ao ouvirem falar sobre a revolta macabeia. Parece que eles surgiram como um grupo em torno de 150. Plínio, o Velho (*Nat. Hist.* 5.17.4 § 73) os localiza na margem oeste do Mar Morto, entre Jericó e Engadi. A única área que ele podia ter em mente é Khirbet Qumran. Embora a identificação deles com a seita de Qumran não seja levante alguns problemas, esta identificação é admitida pela maioria dos estudiosos atuais. (Sobre a origem e história deste movimento essênio de Qumran, → Apócrifos, 67:96-105). Os essênios não são mencionados no NT, possivelmente porque sua indiferença os tenha colocado menos em contato com o cristianismo nascente, e possivelmente porque algumas de suas ideias eram menos claramente opostas a ele.

(Adam, A., *Antike Berichte über die Essener* [K1T 182; 2ª ed.; Berlin, 1972]. Murphy-O'Connor, J., "The Essenes and Their History", *RB* 81 [1974] 215-44. Vermes, G., *The Dead Sea Scrolls: Qumran in Perspective* [2ª ed; Philadelphia, 1981].)

152 (II) A Palestina romana antes de Jesus (63-4 a.C.). Os anos 63-37 viram o estabelecimento definitivo do poder romano na Palestina e o fim dos asmoneus. A história da ruína desta dinastia e de sua substituição pelos herodianos é complicada e marcada por intrigas. Pode-se dar aqui apenas o esboço mais simples.

(A) Pompeu, Júlio César, Marco Antônio. Tendo tomado Jerusalém, Pompeu incorporou a Palestina na província reorganizada da Síria, governada por um legado romano. Pompeu manteve o fraco Hircano II como sumo sacerdote, limitando sua autoridade religiosa às áreas em que habitavam os judeus que realmente o reconheciam (Jerusalém, Judeia, Pereia, Galileia e extremidade sul de Samaria e norte da Idumeia). A região costeira e o restante de Samaria se tornaram dependentes diretamente do governador romano da Síria. Esta reorganização trouxe paz e renovado bem-estar para os judeus. A única mancha escura nos poucos anos seguintes do domínio romano foi a pilhagem da província por M. Licínio Crasso, que tinha sido triúnviro na década de 60. Ele roubou o tesouro do Templo de Jerusalém em 53; a comunidade judaica se rebelou, mas a revolta foi finalmente sufocada pelo questor C. Cássio Longino.

153 No ano de 49, Júlio César cruzou o Rubicão, com significativas consequências para a história romana posterior. Seu rival, Pompeu, retirou-se para o Oriente com seus seguidores. No início, Hircano II e seu amigo idumeu, Antípater II, cortejaram o favor de Pompeu, a quem esperavam ser o governador do Oriente. Mas quando Pompeu foi derrotado em Farsália, no Delta egípcio (48 a.C.), eles rapidamente mudaram sua lealdade para César. Hircano até mesmo enviou tropas para ajudar César, colocando Antípater no comando. Eles conquistaram Pelúsio para ele, e Hircano teve êxito em persuadir os judeus alexandrinos a apoiarem César. Quando este chegou à Síria em 47, ele recompensou Hircano com o título de etnarca (governador de um grupo racial dentro de uma província). Seu sumo sacerdócio foi confirmado; ele e seus descendentes foram declarados *socii populi Romani* [parceiros do povo romano]. O intrigante Antípater também foi recompensado – com a cidadania romana e o influente posto de prefeito da Judeia. Dois de seus filhos foram designados governadores (*stratēgoi*), Fasael sobre Jerusalém, e Herodes sobre a Galileia. Os anos seguintes foram marcados por contínuas intrigas entre os líderes judaicos que tentavam ganhar ou preservar o favor do governador romano.

A FAMÍLIA HERODIANA

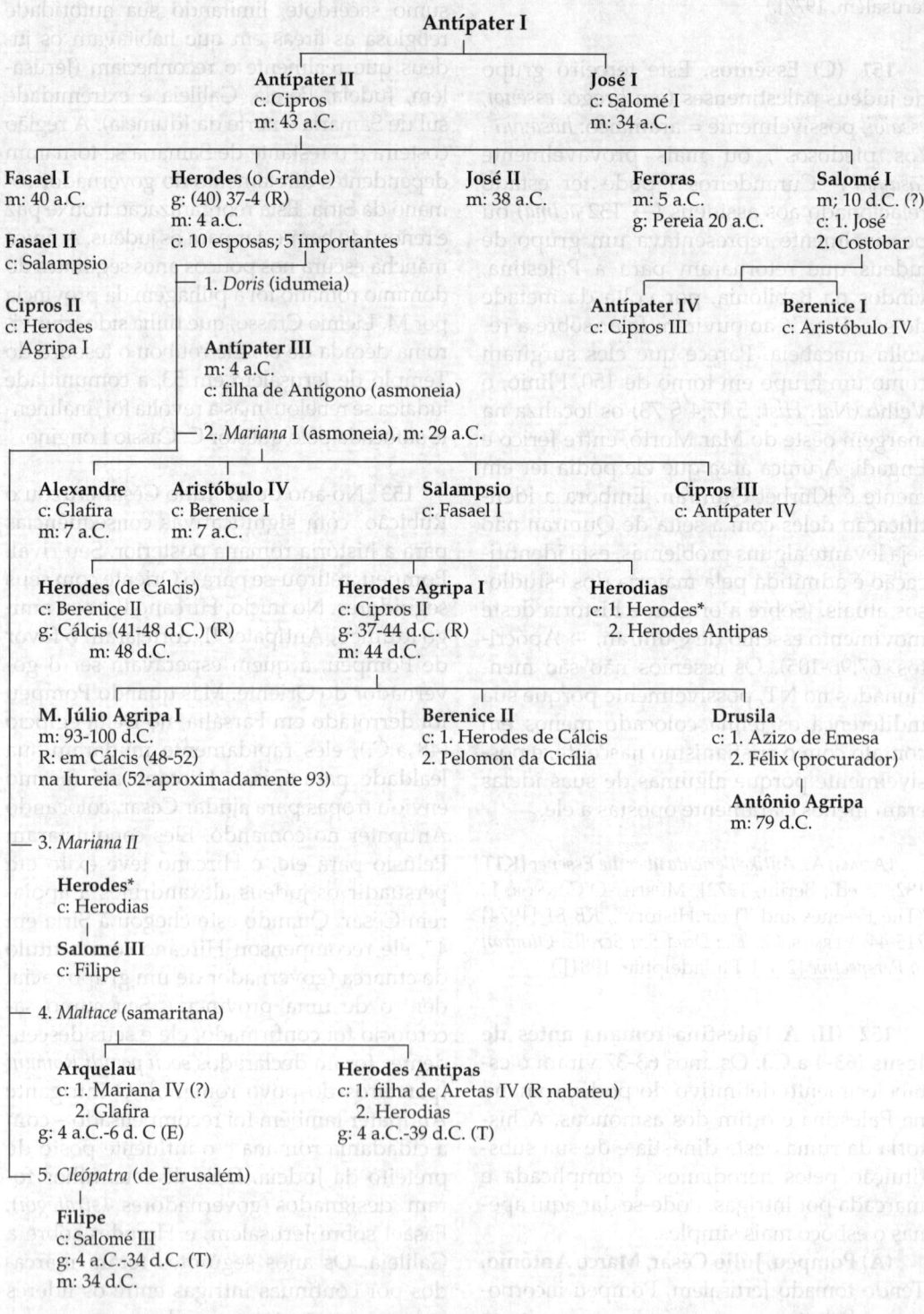

m = morreu; c = casou; g = governou
E = Etnarca; SS = Sumo Sacerdote; R = Rei; T = Tetrarca   * Chamado por alguns de "Herodes Filipe".

OS 28 SUMOS SACERDOTES NO PERÍODO HERODIANO

No.	Datas	Nomes	Designados por	Referências
1	37, 35 a.C.	Anael (da Babilônia)	Herodes o Grande	Ant. 15.2.4.§ 22; 3.1.§ 39-41
2	36 a.C.	Aristóbulo III	Herodes o Grande	Ant. 15.3.1-3 § 41,56
3	?-23 a.C.	Jesus, filho de Fiabi	Herodes o Grande	Ant. 15.9.3 § 322
4	23-6 a.C.	Simão, filho de Boeto (de Alexandria; pai de Mariane II)	Herodes o Grande	Ant. 15.9.3 § 320-22 17.4.3 § 78 18.5.4 § 136
5	6-5 a.C.	Matias, filho de Teófilo (de Jerusalém)	Herodes o Grande	Ant. 17.4.3 § 78 6.4 § 164-67
6	? (1 dia)	José, filho de Elemo	Herodes o Grande	Ant. 17.6.4. § 165-67
7	5-4 a. C; 3 d.C.-6 d.C.	Joazar, filho de Boeto (irmão da esposa de Herodes)	Herodes o Grande	Ant. 17.6.4. § 165 18.1.1 § 3 2.1 § 26
8	4 a.C.	Eleazar, irmão de Joazar	Arquelau	Ant. 17.13.1 § 339,341
9	4 a.C.	Jesus, filho de Seë	Arquelau	Ant. 17.13.1 §341
10	6-15 d.C.	Ananus (Anãs), filho de Set	P. Sulpicio Quirino	Lc 3,2; Jo 18,13.24; At 4,6; Ant. 18.2.1-2 § 26-34; etc.
11	15 d.C.	Ismael, filho de Fiabi	Valério Grato	Ant. 18.2.2 § 34
12	16-17 d.C.	Eleazar, filho de Ananus	Valério Grato	Ant. 18.2.2 § 34
13	17-18 d.C.	Simão, filho de Camit	Valério Grato	Ant. 18.2.2. § 34
14	18-36 d.C.	José, chamado Caifás [genro de Anãs]	Valério Grato	Mt 26,3.57; Lc 3,2; Jo 11,49; 18,13.14.24.28; At 4,6; Ant. 18.2.2 §35 4.3 § 95
15	37 d.C.	Jônatas, filho de Ananus*	L. Vitélio	Ant. 18.4.3 § 95
16	37-41 d.C.	Teófilo, filho de Ananus*	L. Vitélio	Ant. 18.5.3 § 123 19.6.4 § 313
17	41 d.C.	Simão Canteras, filho de Boeto	Herodes Agripa I	Ant. 19.6.2 § 297
18	43 (?) d.C.	Matias, filho de Ananus	Herodes Agripa I	Ant. 19.6.4 § 316
19	44 (?) d.C.	Elioneu, filho de Canteras	Herodes Agripa I	Ant. 19.8.1 § 342
20	45 (?) d.C.	José, filho de Camit	Herodes de Cálcis	Ant. 20.1.3 § 16
21	47-59 d.C.	Ananias, filho de Nedebeu	Herodes de Cálcis	Ant. 20.5.2.§ 103 6.2 § 131 9.2-4 §205ss.At 23,2; 24,1
22	59-61 d.C.	Ismael, filho de Fiabi	Agripa II	Ant. 20.8.8 § 179
23	61-62 d.C.	José, chamado Cabi, filho de Simão	Agripa II	Ant. 20.8.11 § 196
24	62 (3 meses) d.C.	Ananus (II), filho de Ananus	Agripa II	Ant. 20.9.1 § 197
25	62-63 d.C.	Jesus, filho de Damneu	Agripa II	Ant. 20.9.1 § 203
26	63 (?)-65 d.C.	Jesus, filho de Gamaliel	Agripa II	Ant. 20.9.4 § 213
27	65 (?)-67 d.C.	Matias, filho de Teófilo	Agrippa II	Ant. 20.9.7 § 223
28	67- d.C.	Fanias, filho de Samuel	Povo em revolta	Ant. 20.10.1 § 227

* Estes são, provavelmente, uma só pessoa: Jônatas, chamado de Teófilo, filho de Ananus.

154 Nos idos de março de 44, Júlio César foi assassinado, e nenhum dos povos sujeitos a Roma lamentou sua morte tanto quanto os judeus (Suetônio, *Caesar* 84). Quando os assassinos fugiram para o oriente, L. Cássio veio para a Síria e apoderou-se do controle da província e de suas legiões. Antípater I e seu filho Herodes distinguiram-se ao arrecadar 700 talentos na Judeia e na Galileia para apoiá-lo. Mas, em 43, Antípater foi envenenado pelo copeiro de Hircano. A fim de consolidar as relações entre sua família asmoneia e seus rivais idumeus, Hircano II ofereceu sua neta, Mariana, em casamento a Herodes, filho de Antípater; o noivado ocorreu em 42, e o casamento em 37.

155 Enquanto isso, Cássio, após explorar a província, retirou-se em 42 e finalmente foi derrotado por Marco Antônio e Otaviano em Filipos. Visto que o controle romano da província da Síria era fraco naquele tempo, os partos, sucessores dos persas no passado, a invadiram em 40. Eles apoiaram Antígono (filho de Aristóbulo II e sobrinho de Hircano II) que se tornou sumo sacerdote e rei por três anos (40-37). Ele capturou Fasael, irmão de Herodes, e Hircano mediante um ardil; o primeiro cometeu suicídio, e Antígono cortou as orelhas do último, tornando-o assim incapaz de continuar como sumo sacerdote (cf. Lv 21,17-23). Hircano foi deportado para a Babilônia, mas Herodes escapou e seguiu para Roma, onde obteve o favor de Antônio, a seguir de Otaviano. Por meio de um *senatus consultum* [decreto do senado] (dez. 40 a.C. [= auc (ab urbe condita; data da fundação de Roma) 714]) ele foi declarado "Rei da Judeia", mas ele ainda tinha de conquistar seu reino. Isto ele fez três anos mais tarde com a ajuda de tropas romanas, após Antígono ter sido executado pelos romanos em Atnioquia. (Veja E. M. Smallwood, *The Jews under Roman Rule from Pompey to Diocletian* [SJLA 20; Leiden, 1976].)

156 (B) Herodes o Grande (37-4 a.C.). Em 37 (AUC 717) Herodes, um vigoroso atleta, um provocador inescrupuloso e autocrata apaixonado, tornou-se o indiscutível senhor da Palestina. Ele não dependia do legado vizinho da Síria, mas era um vassalo responsável diretamente a Roma. Político inteligente, ele inicialmente favoreceu Marco Antônio, mas após este ser derrotado em Actio, em 31, Herodes apressadamente visitou Otaviano na ilha de Rodes, retirou sua coroa na presença do vencedor e explicou sua atitude. Otaviano restaurou a coroa e confirmou seu reinado por decreto (*Guerra judaica* 1.20.2 § 392). Herodes tornou-se *rex socius* [rei associado] de Roma, gozando de plena autonomia doméstica e isenção de impostos, mas ficou sujeito ao *princeps* em questões de guerra e política estrangeira. O reinado de Herodes é dividido em três partes.

157 (1) 37-25 a.C. Estes primeiros anos, usados principalmente para consolidar seu poder, foram marcados pela eliminação cruel e sistemática de qualquer um que pudesse contestar sua autoridade (entre outros, Aristóbulo III, a quem ele fizera anteriormente sumo sacerdote; José, o esposo de sua irmã Salomé; Hircano II; sua própria esposa Mariana I; sua sogra, Alexandra). Sua crueldade, enraizada na ambição insaciável, era notória; ele foi cercado por intriga e conspiração que o fizeram lutar por sua própria existência.

158 (2) 25-13 a.C. Logo que a oposição a seu poder tinha sido removida, Herodes iniciou melhorias culturais generosas e munificentes em seu reino, financiadas principalmente pelos impostos (para o restante de suas construções, → Arqueologia Bíblica, 74:138, 141-43, 148, 151). Ele apoiou o culto ao imperador; para intensificar sua celebração quadrienal, providenciou a construção de templos ao imperador, teatros, hipódromos, ginásios, banheiros e até mesmo novas cidades. Erigiu, em Jerusalém, um anfiteatro, parques e jardins, fontes, um palácio real e a Fortaleza de Antônia. No décimo oitavo ano de seu reinado (aproximadamente 20 a.C., *Ant.* 15.11. § 380), Herodes começou uma magnificente restauração do Segundo Templo. O Templo em si foi rapidamente restaurado, mas a reconstrução de seus recintos continuou muito depois dele, sendo completada em cerca de 63 d.C. (*Ant.* 20.9.7 § 219), apenas sete anos antes de sua destruição. (Veja A. Parrot, *The Temple of Jerusalém* [London, 1957].). Herodes realizou construções semelhantes fora de Jerusalém. Samaria foi reconstruída e rebatizada como Sebaste (substantivo feminino grego equivalente a "Augusto"), em honra ao imperador; nela foi erigido um templo a Augusto (veja A. Parrot, *Samaria* [SBA 7; New York, 1958]). A Torre de Estrato no litoral tornou-se uma importante cidade portuária, Cesareia Marítima. Mambre, consagrada à memória de Abraão, foi circundada com maciça alvenaria "Herodiana". Foram construídas ou fortificadas novamente fortalezas por toda a terra (Chipre, Alexandrium, Herodion, Hircânia, Maqueronte, Masada, etc.); em alguns casos, elas foram providas com apartamentos reais. Jericó tornou-se o lugar de habitação favorito de Herodes, adornada com um teatro, pista de corridas, ginásio e torre.

Herodes foi influenciado pelos avanços culturais da época de Augusto e cercou-se de filósofos e oradores gregos como conselheiros. O mais famoso destes foi Nicolas de Damasco, cientista, filósofo (aristotélico) e historiador, de cujos anais Josefo dependeu (→ Apócrifos, 67:128). Mas Herodes tinha pouco interesse no judaísmo, tendo um coração helenista; embora rei dos judeus, ele não era um rei judeu. Ele nunca teve êxito em ganhar o apoio dos judeus, os quais de fato o odiavam (*Ant.* 15.1.2 § 9-10, onde é citado o testemunho de Estrabão). Sendo idumeu, ele era considerado por eles como um "meio-judeu" (*Ant.* 14.15.2 § 403). Ele destituia e indicava sumos sacerdotes à vontade, os quais não eram mais saduceus (por causa de suas inclinações asmoneias), mas homens embebidos da cultura e filosofia helenística. Consequentemente estes não eram aceitáveis aos fariseus. Por duas vezes estes se recusaram a jurar lealdade a Herodes e ao imperador (*Ant.* 15.10.4 § 369-70; 17.22.4 § 41-42). Por isso, Herodes lançou mão da violência para manter os judeus submissos, e foram construídas fortalezas em todo o país.

159 (3) 13-4 a.C. A disputa doméstica marcou os últimos anos do reinado de Herodes. Ele se casara com dez esposas (*Guerra judaica* 1.28.4 § 562) e repudiou algumas delas, bem como seus filhos. O verdadeiro problema veio da parte dos dois filhos mais velhos de Mariana I, Alexandre e Aristóbulo IV (que ele finalmente matou em 7 a.C.), e da parte de Antípater III (a quem ele executou cinco dias antes de sua própria morte). Durante sua última enfermidade, dois escribas judeus incitaram seguidores a derrubar a águia de ouro do portão do Templo Herodiano em Jerusalém. Herodes retaliou ordenando que fossem queimados vivos (*Guerra judaica* 1.33.2-4 § 648-55). Josefo (*Ant.* 17.8.1 § 191; *Guerra judaica* 1.33.8 § 665) registra que Herodes morreu aos 37 anos "a partir da data em que foi designado rei pelos romanos" (AUC 714) e 34 anos "após ter assumido o controle do estado" (AUC 717) – assim (logo após a Páscoa) em AUC 750 = 4 a.C. (E. L. Martin, *The Birth of Christ Recalculated* [2ª ed.; Pasadena, 1980] argumentou em favor de 1 a.C.; mas cf. P. M. Bernegger, *JTS* 34 [1983] 526-31; também O. Edwards, *PEQ* 114 [1982] 29-42.). Uma grande procissão funeral acompanhou seu cadáver de Jericó até Herodion, alguns quilômetros a sudeste de Belém, onde ele foi sepultado (→ Geografia bíblica, 73:91).

(GRANT, M., *Herod the Great* [New York, 1971]. GROSS, W. J., *Herod the Great* [Baltimore, 1962]. JONES, A. H. M., *The Herods of Judaea* [Oxford, 1938] 35-155. PEROWNA, S., *The Life and Times of Herod the Great* [Nashville, 1959]. SANDMEL, S., *Herod: profile of a Tyrant* [Philadelphia, 1967]. SCHALIT, A., *König Herodes: Der Mann und sein Werk* [St. Jud 4; Berlin, 1969].)

160 **(III) A Palestina romana nos tempos de Jesus (4 a.C.-30 d.C.).**

(A) Nascimento de Jesus. Lucas (1,5; 2,1) registra o nascimento de Jesus nos dias de Herodes e do imperador Augusto (cf. Mt 2,1). Embora o ano não seja calculado com certeza, o nascimento não ocorreu em 1 d.C. A era cristã, que supostamente teve seu ponto de partida no ano do nascimento de Jesus, é baseada num erro de cálculo introduzido em torno de 533 por Dionísio Exiguus, um monge cita, "abade" de um monastério romano, que contestou o sistema de datação prevalecente segundo a era de Diocleciano, o "perseguidor ímpio", e decidiu usar a encarnação para os anos "do Senhor" (*Ep. ad Petron.* 61; PL 67. 487). Igualando *annum Domini* a AUC 754, ele errou por cerca de quatro anos; não se sabe ao certo como fez isso. Dionísio pode ter estado ciente de uma tradição (preservada por Clemente de Alexandria, *Strom.* 1.21.145; GSC 15. 90), segundo a qual Augusto reinou quarenta e três anos. Com base em Lc 3,1.23, o trigésimo ano de Jesus, o começo de seu ministério público, foi igualado ao décimo quinto ano do reinado de Tibério. Portanto, Jesus teria vivido 15 anos durante o reinado de Augusto e nascido no vigésimo oitavo ano do reinado deste. Calculando o vigésimo oitavo ano a partir de AUC 727, chega-se a AUC 754, que tornou-se 1 d.C. Mas aparentemente Herodes morreu em AUC 750 (→ 159 *acima*), e desse modo a contagem de Dionísio significaria que Jesus nasceu quatro anos *após* a morte de Herodes. (Veja BBM 547-55; H. U. Instinsky, *Das Jahr der Geburt Christi* [Munique, 1957].) Martin (*Birth* [→ 159 *acima*]) propõe que Jesus nasceu em 11 de setembro de 3 a.C.; muito outros estudiosos preferem uma data em torno de 6 a.C.

161 Após a conquista de Pompeu, a província da Síria passou a ser governada por legados romanos (listados em Schürer, *HJPAJC* 1. 244-66). Lucas 2,2 menciona P. SULPÍCIO QUIRINO. Como ele se ajusta à sucessão de legados na época do nascimento de Jesus? A sucessão parece ter sido:

M. Vipsânio Agripa	23-13 a.C.
M. Tito	ca. 10 a.C.
( )	
S. Sêntio Saturnino	ca. 9-6 a.C.
P. Quintílio Varo	7/6-4 a.C.
L. Calpúrnio Piso (?)	ca. 4-1 a.C.
C. Júlio César	1 a.C.-4 d.C. (?)
L. Volúsio Saturnino	4-5 d.C.
P. Sulpício Quirino	6-7 d.C. (?)
Q. Cecílio Metelo Crético Silano	12-17 d.C.

Este Quirino foi legado em 6-7 d.C. (= AUC 759) e é certo que realizou um censo naquele ano (37 anos após a batalha de Áccio [31 a.C. = AUC 723]; *Ant* 17.13.5 § 355; 18.1.1 § 1-2; 18.2.1 § 26; *Guerra judaica* 2.8.1 § 118; 7.8.1 § 253; cf. At 5,37). Se a menção de Lucas do "primeiro" censo fosse relevante, então este de 6-7 d.C. poderia ser um segundo. Mas quando foi o "primeiro" censo? E em que sentido Lucas escreveu sobre o "primeiro" censo? Os legados durante os últimos anos da vida de Herodes (de 9 a 4 a.C.) são conhecidos com certeza, ainda que alguma hesitação cerque o início ou o final de suas funções. Sabendo-se que Quirino foi cônsul em 12 a.C. (Tácito, *Ann.* 3.48), ele provavelmente foi chamado de legado proconsular pouco tempo depois (e como tal pode ter empreendido guerra contra os homonadenses na Cilícia [Tácito, *ibid.*; Estrabão, *Geogr.* 12.6.5]). Mas não há evidências claras de que ele foi legado na Síria nos últimos anos de Herodes. Embora Tertuliano (*Adv. Marc.* 4.19) observe que o nascimento de Jesus ocorreu na época de um censo realizado sob S. Sêntio Saturnino, isto está longe de esclarecer que Quirino gozou de um *imperium maius* [império maior] na Síria naquela época – uma tese problemática frequentemente proposta. Ela situaria o nascimento de Jesus muito cedo. Antes, Lucas oferece apenas uma indicação geral da época, colocando o édito de alistamento aproximadamente nos dias de Herodes e Augusto, sem qualquer especificação adicional; cf. At 11,28 para uma generalização semelhante.

(*FGL* 1. 392-417. GABBA, E., *Iscrizioni greche e letine per lo studio della Bibbia* [Torino, 1958] 52-61.

SCHÜRER, *HJPAJC* 1. 399-472. SYME, R., "The Titulus Tiburtinus", *Akten des vi. internationalen Kongresses für griechische und lateinische Epigraphik* [München, 1973] 585-601].)

162 (B) César Augusto (27 a.C.-14 d.C.). O período do NT propriamente dito começou sob Augusto. Com a morte de Júlio César, dois de seus parentes disputaram o poder, Marco Antônio e Otaviano (originalmente chamado de C. Otávio; mais tarde, Gaio Júlio César Otaviano). Este último finalmente venceu, derrotando Antônio em Áccio, em setembro de 31 a.C. Ele logo se tornou o único senhor do mundo romano; dois anos mais tarde, em sua marcha triunfal, as portas do templo romano de Janus foram fechadas pela primeira vez em 200 anos, simbolizando a paz restaurada. Em 27 a.C., o senado conferiu a Otaviano o título de *Augustus*, "o venerável", em reconhecimento de seu notável serviço a Roma. Começou assim o costume dos imperadores romanos de usar este título (veja At 25,21.25 [a respeito de Nero]). É também comum datar-se o começo do Império Romano a partir desta ocasião. O governo de Augusto era um principado, *i.e.*, uma ditadura suave; porém reinava a *pax Augusta*, com a paz e a prosperidade prevalecendo na maior parte do mundo mediterrâneo por séculos.

(CHARLES-PICARD, G., *Augustus and Nero: The Secret of Empire* [New York, 1965]. EHRENBERG, V. e A. H. M. JONES, *Documents Illustrating the Reigns of Augustus & Tiberius* [2ª ed.; Oxford, 1976). GARDTHAUSEN, V., *Augustus und seine Zeit* [6 vols.; reimpr. Aalen, 1964]. JONES, A. H. M., *Augustus* [New York, 1970]. MILLAR, F. e B. SEGAL (eds.), *Caesar Augustus: Seven Aspects* [Oxford, 1984]. REINHOLD, M., *The Golden Age of Augustus* [Toronto, 1978].)

163 (C) Os herdeiros de Herodes. Um codicilo anexo ao testamento de Herodes dividiu seu reino entre três de seus filhos, Arquelau, Herodes Antipas e Filipe. As intrigas familiares continuaram, e o ódio judaico por Herodes o Grande suscitou oposição à sucessão de seus filhos como governantes. Delegações de todos os lados foram enviadas a Roma; por fim, Augusto respeitou o testamento de Herodes.

164 (a) *Arquelau* (4 a.C.-6 d.C.), o filho mais velho de Maltace, herdou metade do reino (Judeia, Samaria, Idumeia). Herodes desejou para ele o título de rei, mas Roma lhe conferiu apenas o posto de etnarca. Ele foi o menos estimado dos filhos, principalmente por causa de seus modos arbitrários e autocráticos. Arquelau depôs arbitrariamente os sumos sacerdotes. Apesar de um intenso programa de construções e considerável generosidade para com a região, ele provocou tanto os judeus que eles enviaram uma delegação de homens importantes de Jerusalém e Samaria para Roma a fim de se queixarem de seu mau governo. Isto levou ao fim o seu reinado de nove anos; ele foi exilado em Viena (sul da Gália) em 6 d.C. Roma aproveitou a ocasião para fazer da Judeia, de Samaria e da Idumeia uma província romana.

165 (b) *Herodes Antipas* (4 a.C.-39 d.C.), o filho mais novo de Maltace, herdou a Galileia e a Pereia como um tetrarca (um príncipe subalterno que governava sobre a quarta parte de um território; segundo Lc 3,2.19; Mt 14,1; mas Mc 6,14 o chama de "rei"). Ele construiu uma magnífica capital em Tiberíades, na margem ocidental do Lago da Galileia, dando-lhe o nome em honra ao imperador. Herodes Antipas tinha alguns traços de seu pai: era presunçoso, indolente, hostil e astucioso (Lc 13,32 "essa raposa"); todavia ele sabia como obter o favor da corte Romana. Após casar-se com a filha do rei nabateu, Aretas IV, ele a repudiou em favor de Herodias, a esposa de seu meio irmão Herodes, o filho de Mariana II (*Ant.* 18.5.4 § 136; cf. Lc 3,19). Em Mt 14,3; Mc 6,17 Herodias aparece como a esposa de um "Filipe". Visto que este não pode ser Filipe o tetrarca, cuja esposa era Salomé III, filha de Herodias e Herodes, os comentaristas com frequência supõem que Herodes, o esposo de Herodias, tivesse o sobrenome de Filipe (uma suposição não atestada em outra parte). João Batista foi executado por Herodes Antipas (cf. Mc 6,17-29; *Ant.* 18.5.2 § 117-19). O repúdio da filha do rei Aretas trouxe guerra para as terras de Herodes Antipas; quando o legado romano da Síria, L. Vitélio (35-39 d.C.) fracassou em ajudá-lo, Herodes foi derrotado por Aretas em 37 d.C. O imperador Calígula finalmente o exilou em Lyon (39 d.C.) após 43 anos de reinado.

166 (c) *Filipe* (4 a.C.-34 d.C.), o filho de Cleópatra de Jerusalém, tornou-se tetrarca das regiões leste e norte do Lago da Galileia, Auranite, Bataneia, Gaulate, Paneia, Traconítide (*Ant.* 17.8.1 § 189; 17.11.4 § 319; *Guerra judaica* 2.6.3 § 95; Lc 3,2 menciona apenas Traconítide e Itureia). Estas eram zonas de contenção contra os nabateus e os partos, onde a população era basicamente não judaica. Filipe foi um bom governante; ele foi frequentemente elogiado por sua benevolência e justiça. Algum tempo antes de 2 a.C. ele transformou a vila de pescadores de Betsaida (na margem norte do Lago da Galileia) em sua capital, renomeando-a como Júlia em honra à filha de Augusto, Júlia. Ele reconstruiu nas fontes do rio Jordão a antiga cidade grega de Paneias, renomeando-a como Cesareia de Filipe (cf. Mc 8,27; Mt 16,13). Ele morreu após 37 anos de governo, sem um herdeiro, por volta de 34 d.C., e seu território tornou-se formalmente parte da província romana da Síria.

(HARLOWE, V. E., *The Destroyer of Jesus* [Oklahoma City, 1953]. HOEHNER, H. W., *Herod Antipas* [SNTSMS 17; Cambridge, 1972]. PEROWNE, S., *The Later Herods* [Nashville, 1958]. STERN, M., "The Status of *provincia judaea* and Its Governors in the Roman Empire under the Julio-Claudian Dynasty", *Zalman Shazar Volume* [ErIsr 10; Jerusalem, 1971] 274-82.)

167 (D) **Os procuradores.** Após o banimento de Arquelau (6 d.C.), seu território da Judeia, Samaria e Idumeia foi "reduzido a uma província, e Copônio, um romano de ordem cavalariana, foi enviado como governador (*epitropos*), encarregado com plena autoridade dada pelo imperador, até mesmo com poder de punição capital" (*Guerra judaica* 2.8.1 § 117). Assim a principal parte do reino vassalo de Herodes o Grande não foi mais governada por etnarcas (exceto pelo breve espaço de tempo de 41-44 d.C.), mas por governantes romanos. ("Prefeito" foi o título do governador até a época de Cláudio, que o mudou para "procurador"; cf. A. H. M. Jones, "Procurators and Prefects in the Early Principate", *Studies in Roman Government and Law* [Oxford, 1960] 115-25.). Os *praefecti* ou *procuratores* eram administradores financeiros e militares que governavam a província imperial, residiam no palácio de Herodes em Cesareia ou em Jerusalém, e podiam chamar o legado da Síria para ajudá-los, se necessário. Eles cobravam os impostos para o imperador e mantinham a ordem pública. Quando a nova província foi estabelecida, o legado da Síria, P. Sulpício Quirino, foi comissionado para realizar um censo (→ 161 *acima*). Isto ocasionou uma revolta menor dos judeus palestinenses contra Roma, despertada por Judas o Galileu (At 5,37), que censurou seus compatriotas por covardia e por admitirem senhores mortais quando na realidade Iahweh era seu verdadeiro Senhor. Pouco se sabe acerca da maioria dos prefeitos/procuradores, exceto seus nomes (dados por Josefo, *Ant.* 18.2.2 § 29-35 a 20.9.5 § 215):

Copônio	6-9 d.C.	C. Cúspio Fado	44-66 d.C.
M. Ambívio	9-12 (?)	Tibério Júlio Alexandre	46-48
Ânio Rufo	12-15 (?)	Ventídio Cumano	48-52
Valério Grato	15-26	M. Antônio Félix	52-60 (?)
Pôncio Pilatos	26-36	Pórcio Festo	60-62 (?)
Marcelo	36-37	Luceio Albino	62-64
Marulo	37-41 (?)	Géssio Floro	64-66

168 (E) **Pôncio Pilatos.** O prefeito da Judeia mais conhecido foi Pôncio Pilatos (Lc 3,1). Uma inscrição dedicatória, descoberta em Cesareia Marítima, em uma construção chamada de *Tiberieum*, erigida em honra ao imperador, atesta a presença de Pilatos ali na época de Tibério. Ela lhe dá o título de *praefectus Iudaeae* (não *procurator*, como em

TÁCITO, *Ann.* 15.44.2 [veja J. VARDAMAN, *JBL* 81 (1962) 70-71]). Designado para o cargo por Sejano, o conselheiro antijudeu de Tibério, Pilatos foi um governador arbitrário e severo que nunca se esforçou para agradar aos judeus. Escrevendo a Calígula, Herodes Agripa I descreveu Pilatos como "inflexível por natureza e cruel por causa da obstinação" e o acusou de "corrupção, insultos, roubos, assaltos, abusos libertinos, execuções constantes sem julgamento, contínua crueldade repugnante" (Filo, *Embaixada* 38 § 301-2). Quando de sua chegada à Judeia, Pilatos introduziu clandestinamente em Jerusalém à noite estandartes militares que traziam medalhões do imperador. Os judeus, cujos costumes proibiam tais imagens, imploraram a Pilatos para removê-los. Quando ele se recusou, eles permaneceram ao redor de sua residência em Cesareia num protesto silencioso por cinco dias. Ele então mandou cercá-los com soldados com as espadas desembainhadas, prontos para matá-los se eles continuassem a protestar. Em vez de tolerar tal violação do Decálogo, os judeus desnudaram seus pescoços, preferindo morrer. Assombrado com a visão, Pilatos ordenou a remoção dos estandartes (*Guerra judaica.* 2.9.2-3 § 169-74; *Ant.* 18.3.1 § 55-59; provavelmente o incidente registrado em Filo, *Embaixada* 38 § 299-305). Quando os judeus novamente se opuseram a Pilatos porque ele usara dinheiro do tesouro do Templo (*korbōnas*, cf. Mt 27,6) para construir um aqueduto muito necessário, mas profano, ele ordenou que seus soldados se misturassem aos manifestantes e batessem neles com paus. Muitos morreram pelos golpes ou esmagados pela multidão (*Guerra judaica* 2.9.4 § 175-77). Lucas 13,1 preserva uma nota enigmática acerca de um ato violento, que não aparece em nenhum outro lugar, cometido por Pilatos contra os galileus, "cujo sangue ele misturou com o de seus sacrifícios", presumivelmente quando eles traziam ofertas para Jerusalém.

A atitude de Pilatos para com o povo da província foi sua perdição. Em 35 d.C. ele atacou, aprisionou ou massacrou alguns samaritanos crédulos que se reuniam no Monte Garizim para testemunhar a "descoberta" de vasos sagrados, supostamente sepultados por Moisés em sua montanha sagrada. Os samaritanos tinham realizado sua peregrinação ao Monte Garizim sem qualquer intenção revolucionária. Eles se queixaram do ataque de Pilatos a eles perante o legado da Síria, L. Vitélio, que finalmente enviou Pilatos a Roma para responder por suas ações diante do imperador (*Ant.* 18.4.1-2 § 85-89). Não se sabe o que aconteceu a Pilatos depois disso. Lendas posteriores falam de seu suicídio sob Calígula (Eusébio, *HE* 2.7) ou de sua execução sob Nero (João de Antioquia, *Fragm. hist. graec.* 4.574). Tertuliano (*Apol.* 21.24) acreditava que, no fundo, ele era cristão.

(BLINZLER, J., *The Trial of Jesus* [Westminster, 1959] 177-84. LÉMONON, J.-P., *Pilate et le gouvernement de la Judée* [EBib; Paris, 1981]. MORISON, F., *And Pilate Said* [New York, 1940]. WINTER, P., *On the Trial of Jesus* [StJud 1, 2ª ed.; Berlin, 1974] 70-89.)

169 (F) João Batista. Durante a prefeitura de Pilatos e o governo de Herodes Antipas, João "o Batista" apareceu no deserto de Judá e no vale do Jordão, "proclamando um batismo de arrependimento para remissão dos pecados" (Lc 3,3). Lucas (3,1) data seu aparecimento no décimo quinto ano do reinado de Tibério, o qual provavelmente começou em 19 de agosto ou 17 de setembro de 28 d.C. (= AUC 781). Possivelmente João, o filho de Zacarias, um sacerdote do Templo, estava no deserto por causa de uma possível antiga conexão com os essênios de Qumran, de quem ele se separou, quando "uma mensagem de Deus veio a ele" (Lc 3,3), para sair e pregar a todos que o ouvissem. Esta hipótese, embora plausível (veja J. A. T. Robinson, *HTR* 50 [1957] 175-81) não possui prova a favor ou contra. Segundo Josefo, João era "um homem bom, que exortava os judeus a viverem vidas retas, tratando de modo justo uns aos outros e submetendo-se devotamente a Deus, e a unirem-se em batismo" (*Ant.* 18.5.2 § 117). João reuniu discípulos (Jo 1,35-37; Mt 9,14; Lc 7,18), que foram encontrados posteriormente até mesmo em Alexandria e Éfeso (At 18,24-25). Ele foi aprisionado por Herodes Antipas por causa de sua influência sobre o povo e por causa de sua crítica ao casamento de Herodes com Herodias (→ 165 *acima*). Após confinamento na Fortaleza de Macaro, na margem leste do Mar Morto, ele foi executado (*Ant.* 18.5.2 § 119, cf. Mc 6,17-28). João é descrito no NT como um precursor de Jesus, anunciando a vinda do "mais forte que eu" (Mc 1,7), um reformador por vir à semelhança de Elias (Mt 11,3.10-11; cf. Ml 3,1; 4,5).

(BECKER, J., *Johannes der Täufer und Jesus von Nazareth* [Neukirchen, 1972]. FINEGAN, J., *Handbook of Biblical Chronology* [Princeton, 1964] 259-80. HOEHNER, H. W., *Chronological Aspects of the Life of Christ* (Grand Rapids, 1977]. SCHÜTZ, R., *Johannes der Täufer* [ATANT 50; Zurique, 1967]. SCOBIE, C., *John the Baptist* [Londres, 1964]. STEINMANN, J., *Saint John the Baptist and the Desert Tradition* [New York, 1958].)

170 (G) Ministério e morte de Jesus. Algum tempo antes da prisão de João Batista, Jesus de Nazaré começou seu ministério na Palestina – numa data não determinável com certeza, mas possivelmente no mesmo ano de sua aparição (28-29 d.C.). Porém Jo 2,20 sugere que o ministério de Jesus já estava a caminho no quadragésimo sexto ano do Templo Herodiano (iniciado em cerca de 20 a.C.), portanto 26 d.C. De qualquer modo, Jesus, como João, reuniu seguidores a quem instruiu. A esfera principal das atividades de Jesus foi inicialmente a Galileia, o território de Herodes Antipas. Enquanto se deslocava pela região, ele pregava como um líder religioso judeu da Palestina do início do séc. I. Às vezes, discordava dos conceitos vigentes de outros líderes religiosos que professavam estar interpretando as Escrituras para o povo. Ele anunciou um novo modo de salvação, mas sua influência sobre o povo naturalmente criou oposição.

171 Com o passar do tempo, cristalizou-se uma reação negativa para com Jesus. Quando ele transferiu sua esfera de atividade para Jerusalém, por ocasião da celebração da Páscoa (cuja data não pode ser identificada com precisão; talvez 30 d.C.), tomaram-se medidas contra ele. Com a ajuda de um de seus próprios seguidores, Judas Iscariotes, ele foi preso e processado perante o sinédrio. Não é possível determinar se esta sessão constituiu um julgamento formal ou um tipo de investigação do grande júri, nem mesmo se foi proferida uma sentença formal por ela. Marcos 14,64 menciona uma acusação de blasfêmia. Visto que os poderes do sinédrio eram aparentemente limitados em casos capitais (Jo 18,31), Jesus foi entregue ao prefeito romano, Pôncio Pilatos (Mc 15,1), que gozava da suprema autoridade judicial na Judeia, inclusive da de pena capital (*Guerra judaica* 2.8.1 § 117). Tácito (*Ann.* 15.44.2) registrou: "Cristo tinha sido executado no reinado de Tibério por Pôncio Pilatos, o procurador [da Judeia]". Pilatos, não entendendo o problema religioso, suspeitou que estivesse envolvida uma questão política que afetava Roma. Sendo informado de que Jesus era galileu, ele o enviou para o governador da Galileia, Herodes Antipas, que viera a Jerusalém para a Páscoa (Lc 23,6-12). Herodes se recusou concordar com o plano e enviou Jesus de volta a Pilatos, que finalmente cedeu às exigências dos líderes e da multidão (Mc 15,15). Jesus foi crucificado por soldados romanos fora dos muros da cidade de Jerusalém e foi sepultado; dois dias depois seu túmulo foi encontrado vazio. Em breve, aparições dele como vivo foram relatadas por seus seguidores. Estes últimos se uniram e na festa de Pentecostes seguinte começaram a proclamar que "saiba, com certeza, toda a casa de Israel: Deus o constituiu Senhor e Cristo" (At 2,36). Eles exigiam fé nele como o Filho de Deus ressurreto e o único meio de salvação agora disponível aos seres humanos. O movimento religioso que Jesus de Nazaré iniciara durante sua vida tornou-se conhecido com o passar do tempo como a igreja cristã (At 11,26). (Para uma bibliografia e um tratamento detalhado sobre a história de Jesus, → Jesus, 78.)

172 (IV) A Palestina romana após a morte de Jesus (30-135 d.C.).

(A) Expansão da igreja cristã. A proto-comunidade cristã gradualmente tornou-se mais consciente de sua missão de proclamar "o evangelho de Jesus Cristo" (Mc 1,1). Após um sucesso inicial em converter judeus palestinenses (At 2,41.47; 6,7), os apóstolos se voltaram para os centros metropolitanos do Império Romano. A "boa nova" se espalhou de Jerusalém até "os confins da terra" (At 1,8), dirigida primeiramente a todos os judeus da Diáspora e então aos gentios.

Possivelmente em 36 d.C., no intervalo quando Pilatos foi enviado para Roma e um novo prefeito, Marcelo, foi nomeado, ocorreu a famosa "grande perseguição da igreja" (At 8,1), na qual Estêvão foi martirizado e Saulo de Tarso respirava "ainda ameaças de morte" (At 9,1-2). Quanto à relação da conversão de Saulo com esta época, → Paulo, 79:13, 20.

173 (B) Herodes Agripa I (37-44). Quando Tibério morreu em 16 de março de 37 d.C., o legado da Síria, L. Vitélio, ainda estava em Jerusalém, tentando acalmar os ânimos dos judeus que tinham sido ultrajados por Pilatos. Quando chegaram notícias do novo imperador, Gálio Calígula (37-41), os judeus foram a primeira das nações da Síria a prometer sua lealdade a ele e saudaram seu regime, que foi pacífico e tranquilo durante os primeiros 18 meses. Enquanto Tibério tinha evitado culto imperial, Calígula insistia nela. Ele queria imagens suas como *divus* erigidas em todos os santuários e templos (inclusive sinagogas) do império.

Calígula não estava muito tempo no trono imperial antes de conceder a seu amigo Herodes Agripa I, o irmão de Herodias e neto de Herodes o Grande, o território da tetrarquia de Filipe no norte da Transjordânia (→ 166 *acima*). Com esta concessão veio o título de rei. Em seu caminho de volta para a Palestina, o rei Herodes parou em Alexandria. Sua breve permanência ali se tornou a ocasião de uma grave irrupção difamatória contra ele e contra os judeus locais. Isto foi tolerado pelo prefeito romano A. Avílio Flaco (Filo, *Flaccus* 5 § 25-75), seguindo-se uma violenta perseguição antijudaica (38 d.C.). Em protesto, os judeus de Alexandria enviaram uma delegação ao imperador em 40 d.C. para defender sua causa. Um notável membro dela era Filo (→ Apócrifos, 67:124), mas os legados tiveram pouco sucesso (*Ant.* 18.8.1 § 257; Filo, *Embaixada*).

174 Quando Herodes Antipas foi exilado em 39 d.C., seu território (Galileia e Pereia) foi adicionado ao domínio de Herodes Agripa I. Este, que fora insultado pelo prefeito romano do Egito, foi melhor sucedido em influenciar o legado da Síria, P. Petrônio, enviado por Calígula em 39. O rei Herodes urgiu-lhe que não insistisse na questão do culto ao imperador; assim Petrônio protelou, no tocante a Jerusalém. Mas quando os habitantes pagãos de Jâmnia erigiram um altar ao imperador, ele foi derrubado pelos judeus locais. O incidente foi relatado ao imperador, que retaliou ordenando a imediata construção de uma estátua colossal sua no Templo de Jerusalém (Filo, *Embaixada* 30 § 203). Petrônio procrastinou, tentando persuadir os líderes judeus a aceitarem a ordem de boa vontade. Horrorizados, os judeus se reuniram em Ptolemaida, onde Petrônio estava alojado, e lhe suplicaram para não erigir a estátua. Petrônio escreveu a Calígula, apenas para provocar a ira imperial sobre si mesmo; o imperador lhe ordenou que cometesse suicídio. Herodes Agripa visitou Calígula, esperando revogar a ordem. O problema todo foi resolvido, contudo, com o assassinato de Calígula em 24 de janeiro de 41 d.C.

175 Quando Cláudio (41-54 d.C.) tornou-se imperador mediante a aclamação de tropas romanas, seu reinado começou com um édito de tolerância em favor dos judeus (*Ant.* 19.5.2-3 § 279-91). Cláudio recompensou Herodes Agripa por seu apoio ao governo romano estendendo seu território para incluir o da etnarquia de Arquelau (Judeia, Samaria e Idumeia). Até sua morte, Herodes Agripa governou sobre um território quase tão vasto como o de Herodes o Grande. Ele empreendeu a construção do "terceiro muro" de Jerusalém, o qual, se concluído, teria tornado a cidade inexpugnável (*Guerra judaica* 2.11.6 § 218). Mas antes que ele pudesse ser terminado, Cláudio, que fora avisado por Marsus, o legado da Síria, proibiu qualquer obra adicional nele (*Ant.* 19.7.2 § 326-27). É controversa a localização deste muro (→ Geografia Bíblica, 73:94; *BARev* 13 [3, 1987] 46-57).

176 Herodes Agripa I foi um rei insignificante, mas piedoso, cuja morte foi lamentada pelo povo. Embora no estrangeiro ele defendesse liberalmente a cultura helenística, contribuindo muito para instituições pagãs em Berytus (moderna Beirute), em casa ele apoiava o farisaísmo. Não é de surpreender, então, que ele tenha perseguido os cristãos (At 12,1-19), executando Tiago, filho de Zebedeu, ao fio da espada (por volta de 44 d.C.). Herodes Agripa morreu repentinamente em Cesareia, em 44, após comparecer às *Vicennalia*, jogos em honra ao imperador (At 12,19-23; *Ant.* 19.8.2 § 343-50).

177 (C) De Agripa II até a primeira revolta. Com a morte de Herodes Agripa I, Cláudio reorganizou novamente a região numa província romana, a ser governada por procuradores. O último da família herodiana a gozar de governo parcial foi Marco Júlio Agripa II, filho de Herodes Agripa I, que como a maior parte de sua família tinha sido educado em Roma e era um jovem de 17 anos quando seu pai morreu. Ele não herdou imediatamente o reino de seu pai, mas quando seu tio, Herodes de Cálcis, morreu (48 d.C.), ele se tornou o governador deste pequeno território nos declives do Antilíbano. Posteriormente ele renunciou a este reino (por volta de 52) e recebeu de Cláudio o antigo território de Filipe, ao qual mais tarde Nero adicionou partes da Galileia e da Pereia. Suas relações com sua irmã Berenice (provavelmente incestuosas) causaram escândalo em Roma (*Ant.* 20.7.3 § 145; Juvenal, *Sat.* 6.156ss.). O prisioneiro Paulo explicou seu caso diante de Agripa e Berenice (At 25,23-26,32). Após a queda de Jerusalém, Agripa II foi para Roma e viveu ali com Berenice; ele foi pretor por algum tempo e morreu entre 93 e 100. Enquanto governou a Palestina, ele teve pouca influência sobre a população judaica; ele sofreu constante oposição dos sacerdotes e arbitrariamente nomeava e depunha sumos sacerdotes. O fim da dinastia herodiana não foi glorioso.

178 Sob o procurador T. Júlio Alexandre (46-48), a Judeia e outras partes do mundo mediterrâneo sofreram uma grande fome (→ Paulo, 79:11). A rainha Helena de Adiabene, uma convertida ao judaísmo, ajudou a assolada população palestina com grãos trazidos do Egito (*Ant.* 20.5.2 § 101). Logo depois disso ocorreu o "Concílio" de Jerusalém, provavelmente em 49 (→ Paulo, 79:25-33).

179 Os verdadeiros governantes da Palestina eram agora os procuradores, que não fizeram qualquer tentativa de entender os judeus, davam pouco espaço para manifestações populares e procuravam, antes, oportunidades de reprimí-las. O período foi marcado por uma sucessão de rebeliões menores (*Ant.* 20.5.1 § 97-98; 20.5.3 § 106-12; *HE* 2.11.2-3). O procurador mais notório foi M. Antônio Félix (aproximadamente 52-60), que se casou na família herodiana, tornando-se o segundo esposo de Drusila, irmã de Agripa II (At 24,24). Sob ele os levantes se transformaram em hostilidade aberta. Ele tinha sido enviado para a Palestina pelo imperador a pedido de um sumo sacerdote despojado, que estava vivendo em Roma. Tácito escreveu sobre Félix: "No espírito de um escravo ele executou deveres reais com todo tipo de crueldade e luxúria" (*Hist*. 5.9; cf. At 24,24-26; *Ant*. 20.7.2 § 142). Os anos anteriores à sua chegada à Palestina viram o surgimento de "bandidos" judeus (*lēstai*), e Josefo registra que Félix crucificou incontáveis números (*Guerra judaica* 2.13.2 § 253) num esforço de livrar a região deles. Os "sicários" (nacionalistas armados com adagas curtas, *sicae*, e dedicados à remoção dos oponentes mediante o assassinato silencioso, com frequência em funções públicas) surgiram nesta época (*Guerra judaica*. 2.13.3 § 254-55). Assassinatos políticos ocorriam quase diariamente; sua primeira vítima foi Jônatas, o sumo sacerdote, cuja morte Félix não lamentou nem um pouco. Surgiram ainda outros grupos de vilões, "com mãos mais limpas, mas intenções mais perversas" (*Guerra judaica* 2.13.4 § 258), que incitavam o povo a um frenético entusiasmo contra Roma e reivindicavam uma missão divina. A este período pertence, provavelmente, a façanha do impostor egípcio de At 21,38. Este falso profeta judeu levou o povo ao Monte das Oliveiras prometendo que, à sua palavra, os muros de Jerusalém cairiam, de modo que eles poderiam entrar na cidade e arrancá-la dos romanos. Félix o enfrentou com uma infantaria fortemente armada; o egípcio escapou, mas a maior parte de sua força foi capturada ou morta. Na metade do período de Félix, Cláudio morreu (13 de outubro de 54 d.C.), e Nero o sucedeu como imperador (54-68). Nos últimos dois anos da procuradoria de Félix, Paulo esteve na prisão em Cesareia (At 23,33-24,27).

180 Nero enviou Pórcio Festo (aproximadamente 60-62) para suceder Félix; ele tentou sinceramente ser um administrador honesto (demonstrando até mesmo favor para com os judeus, cf. At 24,27). Mas a situação altamente inflamável que havia se desenvolvido sob Félix estava além do ponto de uma solução duradoura. Logo após a chegada de Festo surgiu uma disputa entre os habitantes judeus e sírios de Cesareia; essa disputa foi decidida mediante um decreto imperial em favor dos sírios.

Isto amargurou ainda mais os judeus. Foi Festo que, finalmente, enviou Paulo para Roma, quando, como cidadão romano, este usou de seu direito de apelar por justiça ao imperador (At 25,11ss.). A situação não melhorou sob o procurador seguinte, L. Albino (62-64): "Não havia forma de crime que deixasse de cometer" (*Guerra judaica* 2.14.1 § 272).

(MARSH, F. B., *The Reign of Tiberius* [New York, 1959]. MOMIGLIANO, A., *Claudius: The Emperor and His Achievement* [New York, 1961]. SMALLWOOD, E. M., *Documents Illustrating the Principates of Galius Claudius and Nero* [Cambridge, 1967].)

181 (D) Primeira Revolta (66-70 d.C.). O último procurador romano foi Géssio Floro (64-66), que em comparação com seu predecessor fez este parecer um "modelo de virtude" (*Guerra judaica* 2.14.1 § 277). Ele pilhou descaradamente a terra, roubou as pessoas, saqueou cidades e recebeu subornos. Por volta desta época surgiram os zelotes (em grego: *zēlōtai*, em aramaico: *qannānāyê*), chauvinistas fanaticamente opostos à ocupação romana. Os judeus foram grandemente humilhados em Cesareia, quando Nero decidiu conceder aos gentios direitos civis superiores, e os "helenos" obstruíram o acesso à sinagoga mediante a construção de lojas diante de sua entrada. Eles apelaram a Floro, mas ele nada fez para corrigir a situação. Mais tarde, quando ele tomou 17 talentos do tesouro do Templo, os judeus de Jerusalém não puderam mais se conter. Com supremo sarcasmo eles passaram por sua comunidade uma cesta para fazer uma coleta para o "indigente" Floro (*Guerra judaica* 2.14.6 § 293-95). Ele se vingou do insulto e entregou parte da cidade para seus soldados saquearem. Visto que os sacerdotes tentaram controlar os judeus durante estes incidentes e aconselharam paciência ao povo, a atitude mansa do povo, que não reagiu aos soldados, foi interpretada como escárnio pelos últimos. O resultado foi uma carnificina, mas os judeus se retiraram para o recinto do Templo e interromperam o pórtico de passagem entre o Templo e a Fortaleza Antônia. Floro, momentaneamente sem força bastante para controlar os rebeldes, foi forçado a se retirar para Cesareia. Assim, a revolta contra Roma se tornou formal.

182 Os judeus foram liderados por Eleazar, ajudado por Menaém, um dos filhos do líder zelote Judas da Galileia. O país foi organizado para a batalha. O sinédrio confiou a Galileia a José, filho de Matias (= o historiador Josefo; → Apócrifos, 67:127). Ele foi, contudo, objeto de suspeita de deslealdade por parte de João de Giscala, líder dos zelotes galileus, pois Josefo passava mais tempo refreando os insurgentes que organizando-os. A princípio os judeus foram bem sucedidos em derrotar as tropas de Floro, e até mesmo as de C. Céstio Galo, o legado da Síria, cuja ajuda tinha sido convocada. Nero, então, enviou um comandante de campo experiente, Vespasiano, que começou as operações em Antioquia no inverno de 66-67 e logo se movimentou contra a Galileia. Dentro de um ano ela caiu com a rendição de Josefo em Jotapata (*Guerra judaica* 3.7.3 § 339).

183 O norte da Palestina estava uma vez mais sujeita a Roma. Duas legiões, a Quinta e a Décima Quinta, passaram o inverno em Cesareia (67-68), enquanto a Décima estava alojada em Citópolis (Bet-Seã). Enquanto isso, os judeus procuravam ajuda da Idumeia, mas os idumeus logo compreenderam que a situação era desespradora e se retiraram. Aparentemente, nesta época, os cristãos de Jerusalém fugiram para a Pereia, estabelecendo-se principalmente em Pela (Eusébio, *HE* 3.5.3).

184 Na primavera de 68, Vespasiano se deslocou em direção a Jerusalém através do Vale do Jordão, capturando e queimando quartéis rebeldes na rota (Samaria, Jericó, Pereia, Macaro, Qumran). Ele teria seguido diretamente para Jerusalém se Nero não tivesse morrido em 9 de junho de 68. Vespasiano parou suas atividades e observou os desenvolvimentos em Roma. Enquanto isso, a guerra civil irrompeu em Jerusalém (primavera de 68). Simão Bargiora estivera cavalgando pela terra, com seu bando, saqueando o que os romanos tinham deixado. Quando ele voltou para Jerusalém, o povo, cansado da tirania de João de Gíscala, deu boas-vindas ao novo líder. João e seu partido se retiraram para o Templo e fecharam-se nele, enquanto Simão governou a cidade.

185 (E) Cerco de Jerusalém (69-70). Este foi o Ano dos Quatro Imperadores: Galba sucedeu Nero em Roma, mas foi assassinado em janeiro de 69. Oto tornou-se imperador, mas foi logo substituído por Vitélio. Este reinou apenas até dezembro de 69. Visto que Vespasiano tinha se movido contra Jerusalém em junho de 69, as tropas romanas o aclamaram seu *imperator* no dia 1º de julho; ele retornou para Roma, deixando seu filho Tito para continuar o ataque a Jerusalém.

186 O cerco em si começou na primavera de 70, antes da Páscoa. Como a cidade era acessível apenas pelo norte (vales profundos a ladeavam no oeste, sul e leste), Tito acampou ao nordeste no Monte Scorpus. Na Páscoa ocorreram distúrbios dentro da cidade à vista dos romanos, mas os judeus se uniram para enfrentar o inimigo comum. Tito levantou uma circunvalação e, bem à vista dos defensores, crucificou todos os que tentavam fugir do cerco da cidade. A fome e a sede começaram a se manifestar, de modo que em julho a Fortaleza Antônia foi invadida pelos romanos e completamente destruída. A partir deste baluarte Tito foi capaz de mover-se em direção ao Templo. Colocou-se fogo nos portões no dia 8 de Ab (Agosto), e a entrada se deu no dia seguinte. Tito desejava poupar o Templo (*Guerra judaica* 6.4.3 § 140-41), exigindo a rendição como preço. O povo recusou; quando mais lutas ocorriam no décimo dia, um soldado lançou um tição em chamas em uma das câmaras do Templo. A confusão frustrou a tentativa de Tito de apagar o fogo. Antes de o fogo consumir o Santo dos Santos, Tito e alguns de seus oficiais conseguiram entrar para inspecioná-lo (*Guerra judaica* 6.4.6-7 § 254-66). Os estandartes romanos foram logo colocados no lado oposto do portão leste, e os soldados "com os mais altos gritos aclamaram Tito *imperator*" (*Guerra judaica* 6.6.1 § 316).

187 Os judeus foram massacrados. João de Giscala tinha se retirado para o palácio de Herodes na cidade superior, e uma vez mais o cerco foi estabelecido. Por volta de setembro de 70, a cidade finalmente foi tomada, saqueada e arrasada; seus muros foram derrubados, ficando apenas algumas partes em pé. Uma guarnição romana ficou estacionada na cidade. João, Simão e o candelabro de sete braços, tomado do Templo, fizeram parte da procissão triunfal de Tito em Roma, em 71. Alguns redutos de rebeldes ainda tiveram de ser vencidos por todo o país (em Herodion, Masada, Maqueronte); a última fortaleza, Masada, não cedeu até 74 (→ Apócrifos, 67:123).

188 A partir de então, inscreveu-se *Iudaea capta* nas moedas cunhadas para a província romana. A inscrição expressava uma verdade com a qual o povo judeu teve de conviver por séculos. Exceto por um breve tempo durante a "Libertação de Jerusalém" por Simão ben Koseba (→ 191 *abaixo*), quando o sacrifício do Templo pode ter sido restaurado, a destruição de Jerusalém em 70 d.C. significou muito mais que a mera demolição da cidade santa. Ela pôs fim à antiga tradição segundo a qual o sacrifício era oferecido a Iahweh apenas em Jerusalém, fazendo dela o centro do mundo para os judeus. Agora o Templo não existia mais; Roma dominava o país. A queda de Jerusalém representava um rompimento definitivo com o passado; doravante o judaísmo assumiria uma forma diferente. A comunidade cristã também foi afetada por esta destruição. Para os romanos, os cristãos eram um povo vassalo como os judeus; para os judeus eles acabaram sendo *mînîm*, "hereges". Os cristãos que fugiram da Palestina levaram para a Diáspora as reminiscências da vida de Jesus e dos ambientes palestinos encontrados nos Evangelhos.

189 (F) Entre as revoltas (71-132). Depois de Tito deixar Jerusalém em ruínas, a guarnição romana manteve o controle militar, e a sorte dos judeus não foi fácil. Foram estabelecidos colonos romanos em Flávia Neápolis (atual Nablus); oitocentos veteranos receberam propriedade em Emaús. Na própria Jerusalém, antigos habitantes, tanto judeus como cristãos, retornaram para viver lado a lado com os romanos, como atestam ossários e túmulos do período. Tito reivindicou toda a terra da Judeia como sua propriedade particular.

A comunidade judaica, acostumada a pagar meio siclo de imposto para o Templo de Iahweh, agora tinha que contribuir o mesmo para o *fiscus iudaicus* destinado ao templo romano de Júpiter Capitolino. A prática religiosa mudou para formas de adoração na sinagoga, para um estudo mais intenso da Torá. Com a destruição do Templo, a influência do sinédrio de Jerusalém, encabeçado pelo sumo sacerdote, enfraqueceu. Um sinédrio acadêmico de setenta e dois anciãos (ou rabis) em Jâmnia, sob a liderança de Yohanan ben Zacai e mais tarde sob Gamaliel II, assumiu a posição autoritativa na comunidade judaica. Embora a Judeia fosse governada pelos romanos, esta *Yeshiva* gozava de certa autonomia. Ela fixou o calendário e funcionou como uma corte de justiça (→ Canonicidade, 66:35 cf. J. Neusner, *First Century Judaism in Crisis* [Nashville, 1975]).

190 Tanto na Palestina quanto na Diáspora alimentou-se um anseio pela "restauração de Israel" mediante a recordação de como a restauração seguiu a destruição de Jerusalém em 587 a.C. Enquanto Trajano (98-117 d.C.) estava ocupado, perto do final do seu reinado, com uma ameaça dos partos, ocorreram revoltas de judeus em várias partes do império (Cirene, Egito, Chipre,

Mesopotâmia) em torno de 115-116. Estas rebeliões se originaram em parte por causa da opressão, mas também de expectativas messiânicas correntes entre os judeus. O general que finalmente suprimiu a revolta mesopotâmica era um mouro romanizado, Lúcio Quieto, posteriormente recompensado com o governo da Judeia.

191 (G) Segunda Revolta (132-135). As condições instáveis na Judeia finalmente atingiram o ponto culminante na assim chamada Segunda Revolta. Suas causas são incertas. Dio Cássio (*Rom. Hist.* 69.12.1-2) registra que ela foi provocada pela tentativa de Adriano de construir uma cidade greco-romana, Aélia Capitolina, no lugar de Jerusalém e de erigir um santuário a Júpiter sobre as ruínas do Templo. *Vita Hadriani* 14.2 cita antes um édito imperial proibindo a circuncisão como a causa. Adriano (117-138) proibira anteriormente a castração, mas por volta desta época renovou a proibição e a entendeu como incluindo a circuncisão. Embora o édito não fosse dirigido especialmente contra os judeus, ele os afetava em uma questão religiosa importante. Ambas as causas podem ter atuado juntas.

Novamente os judeus da Judeia se levantaram contra os romanos. As moedas cunhadas por eles rotulavam a rebelião como a "Libertação de Jerusalém" e a "Redenção de Israel". Seu líder intelectual foi R. Aqiba, seu líder espiritual, o sacerdote Eleazar, e seu comandante militar, Simão ben Koseba (também conhecido pelo nome que ele possui nos documentos cristãos, Bar Cochba [Kochba, Cocheba]). Este também administrou a terra politicamente a partir de quartéis-generais, provavelmente na Jerusalém libertada. Ele preservou o esmerado mecanismo administrativo e a divisão da Judeia em toparquias que os romanos tinham estabelecido. A Judeia era agora sua propriedade particular, e os arrendatários de terras pagavam aluguel para sua tesouraria. Sua tática contra os romanos era a de guerra de guerrilha, lançadas a partir de vilas e postos avançados por toda região (Herodion, Tecoa, Engadi, Mĕṣad Ḥăsîdîn [= Khirbet Qumran]).

192 No início da revolta, o governador romano, Tineio Rufo, ficou sem ação, ainda que houvesse tropas romanas na área. O legado da Síria, Publício Marcelo, veio em sua ajuda, mas finalmente Adriano teve de enviar seu melhor general, Sexto Júlio Severo, reconvocando-o da Bretanha. Severo suprimiu a revolta, somente após um longo processo de subjugar pela fome os judeus que se tinham refugiado em fortalezas e cavernas do deserto. Nos wadis Murabbʻat, Hever e Seʼelim, cavernas foram usadas pelas famílias que fugiram para lá com seus pertences domésticos, rolos bíblicos e arquivos familiares. Oficiais de Engadi fugiram para as cavernas de Hever, levando consigo cartas de seu comandante Simão (→ Apócrifos, 67:119-22). Quando Jerusalém caiu diante dos romanos, Simão fez sua última parada em Bet-Ter (atual Bittir, 9,6 km ao oeste-sudoeste de Jerusalém). No décimo oitavo ano do reinado de Adriano (134-135), após um cerco, Bet-ter foi finalmente tomada. Então Adriano arrasou Jerusalém para construir Aélia Capitolina. Ele decretou "que toda a nação (judaica) fosse absolutamente proibida a partir de então de entrar até mesmo no distrito ao redor de Jerusalém, de modo que nem mesmo a uma certa distância pudessem ver o lar de seus ancestrais" (Eusébio, *HE* 4.6.3).

(FITZMYER, J. A., "The Bar Cochba Period", *ESBNT* 305-54. FULCO, W. J., "The Bar Kochba Rebellion", *TBT* 64 [1973] 1041-45. YADIN, Y., *Bar-Kokhba* [London, 1971].)

193 Sabe-se muito pouco sobre o cristianismo na Judeia neste período, durante o qual ocorreu a ruptura entre a sinagoga e a igreja. Quando os cristãos retornaram para Jerusalém após 70, a igreja foi presidida por Simeão, filho de Clopas, que foi bispo até seu martírio em 107. (Alguns o identificam com Simão, o "irmão" de Jesus

[Mc 6,3], de modo que uma sucessão de parentes de Jesus teria governado a igreja de Jerusalém, segundo o costume de um "califato". Com menos evidências [*Apost. Const.* 7.46], B. H. Streeter [*The primitive Church* (New York, 1929)] identificou Judas, o "irmão" de Jesus, como o terceiro bispo.). Depois de Simeão, treze outros bispos judeus cristãos governaram a igreja de Jerusalém até a época de Adriano: Justo, Zacareu, Tobias, Benjamim, João, Matias, Filipe, Sêneca, Justo, Levi, Efres, José, Judas (*HE* 4.5.3). Eusébio registra que, por volta do martírio de Simeão, "muitos milhares da circuncisão tinha passado a crer em Cristo" (*HE* 3.35).

(Baus, K., *From the Apostolic Community to Constantine* [History of the Church 1; New York, 1980] 70-158. Bihlmeyer, K. e H. Tüchle, *Church History 1: Christian Antiquity* [Westminster, 1958] 33-102.)

76
Instituições Religiosas de Israel

John J. Castelot e Aelred Cody, O.S.B.*

BIBLIOGRAFIA

1 Geral: Albright, *ARI, FSAG*. De Vaux, *AI*.; em Port.: *Instituições de Israel*, Edições Vida Nova, 2004; Haran, M., *Temples and Temple Service in Ancient Israel* (Oxford, 1977; reimpr. Winona Lake, 1985). Kraus, H.-J., *Worship in Israel* (Richmond, 1966). Miller, P. D., et al. (eds.), *Ancient Israelite Religion* (Festschrift F. M. Cross; Philadelphia, 1987). Ringgren, H., *Israelite Religion* (Philadelphia, 1966). Rowley, H. H., *Worship in Ancient Israel* (Londres, 1967).

2 Sacerdócio: Cody, A., *A History of Old Testament Priesthood* (AnBib 35; Roma, 1969). Gunneweg, A. H. J., *Leviten und Priester* (FRLANT 89; Göttingen, 1965). Haran, M., et al., *EncJud* 13. 1069-91. Levine, B. A., *IDBSup* 687-90.

3 Lugares de culto: Biran, A. (ed.), *Temples and High Places in Biblical Times* (Jerusalém, 1981). Clements, R. E., *God and Temple* (Oxford, 1965). Fritz, V., *Tempel und Zelt* (WMANT 47; Neukirchen, 1977). Ottosson, M., *Temples and Cult Places in Palestine* (Uppsala, 1980). Sobre o contexto ideológico e arquitetônico do Templo no Oriente Próximo: Nelson, H. H., et al., *BA* 7 (1944) 41-88 (= *BAR* 1, 145-200).

Kuschke, A., "Tempel", *Biblisches Reallexikon* (HAT 1/1; 2ª ed.; Tübingen, 1977) 333-42.

4 Altares e sacrifícios: De Vaux, R., *Studies in Old Testament Sacrifice* (Cardiff, 1964). Gray, G. B., *Sacrifice in the Old Testament* (Oxford, 1925; reimpr. New York, 1971, com uma introdução de B. A. Levine). Levine, B. A., *In the Presence of the Lord* (SJLA 5; Leiden, 1974). Milgrom, J., *Cult and Conscience* (SJLA 18; Leiden, 1976); *Studies in Cultic Theology and Terminology* (SJLA 36; Leiden, 1983). Rainey, A. F., "The Order of Sacrifice in Old Testament Ritual Texts", *Bib* 51 (1970) 485-98. Reichert, A., "Altar", *Biblisches Reallexikon* (HAT 1/1; 2ª ed.; Tübingen, 1977) 5-10. Rendtorff, R., *Studien zur Geschichte des Opfers im Alten Israel* (WMANT 24; Neukirchen, 1967).

5 Festas e dias especiais: Andreasen, N. E., *The Old Testament Sabbath* (SBLDS 7; Cambridge MA, 1972). Gaster, T. H., *Purim and Hanukkah in Custom and Tradition* (New York, 1950). Goudoever, J. van, *Biblical Calendars* (2ª ed.; Leiden, 1964). Milgrom, J., "Day of Atonement", *EncJud* 5.1376-87.

6 ESBOÇO

O sacerdócio (§ 7-24)
 (I) A palavra "sacerdote" (§ 7)
 (II) Funções sacerdotais
   (A) Cuidado do santuário (§ 8)

 (B) Manifestação da mente divina
   (a) Consulta por oráculos (§ 9)
   (b) Tôrâ [*Torá*] (§ 10)
   (c) Ensino e pregação? (§ 11)

---

* O artigo 76, de J. J. Castelot no *JBC*, foi revisado e atualizado por A. Cody, a quem todas as mudanças e acréscimos devem ser creditados. As seções completamente refeitas são 7-24, 58-64, 76-78, 139-46.

(C) Sacrifício (§ 12)
(III) A investidura de um sacerdote (§ 13-14)
(IV) Os sacerdotes de Jerusalém
  (A) Sadoc e seus "filhos" (§ 16)
  (B) Organização e relações com o rei (§ 17)
(V) Sacerdotes e levitas (§ 18-20)
(VI) Deveres dos sacerdotes e levitas pós-exílicos
  (A) Graus de santidade (§ 22)
  (B) Deveres sacerdotais (§ 23)
  (C) Deveres levíticos (§ 24)

Lugares de culto (§ 25-56)
(I) O período patriarcal e mosaico
  (A) Siquém (§ 26)
  (B) Betel (§ 27)
  (C) Mambré (§ 28)
  (D) Bersabeia (§ 29)
  (E) A Tenda ou Tabernáculo (§ 30-31)
  (F) A Arca (§ 32-34)
  (G) O *kappōret* pós-exílico (§ 35)
(II) Santuários israelitas da conquista ao Templo
  (A) Guilgal (§ 36)
  (B) Silo (§ 37)
  (C) Mispa (§ 38)
  (D) Efra (§ 39)
  (E) Dã (§ 40)
  (F) Jerusalém (§ 41)
(III) O Templo de Jerusalém
  (A) Localização (§ 42)
  (B) Interior e exterior (§ 43-45)
  (C) Mobília (§ 46)
  (D) *Status* (§ 47)
  (E) História do primeiro e segundo Templos (§ 48-50)
  (F) Importância teológica (§ 51-52)
  (G) Singularidade do santuário (§ 53-55)
(IV) Sinagogas (§ 56)

Altares e sacrifícios (§ 57-111)
(I) Tipos de altares (§ 58-59)
(II) O *bāmâ* (§ 60)
(III) Altares do Templo de Jerusalém (§ 61-63)
(IV) Relevância do altar (§ 64-65)
(V) Sacrifícios
  (A) Holocausto ou oferenda queimada (§ 67)
  (B) Sacrifício de comunhão ou oferenda pacífica (§ 68-71)
  (C) Sacrifícios de expiação
    (a) Oferenda pelo pecado (§ 72-74)
    (b) Oferenda pela culpa (§ 75)
    (c) Propósitos desses sacrifícios (§ 76-78)
  (D) A *minḥâ* (§ 79-80)
  (E) O pão da proposição (§ 81)
  (F) Oferendas de perfumes (§ 82-83)
(VI) A origem do sacrifício israelita (§ 84-85)
(VII) Sacrifício humano (§ 86-87)
(VIII) O significado do sacrifício em Israel
  (A) Teorias insatisfatórias (§ 89-91)
  (B) Entendimento distintivo do sacrifício (§ 92-95)
(IX) Condenações do sacrifício (§ 96)
(X) Outros atos rituais
  (A) Oração (§ 97-99)
  (B) Purificações
    (a) Sacrifícios e rituais de lavagem (§ 101-103)
    (b) Ritual da novilha vermelha (§ 104)
    (c) Ritual para a lepra (§ 105-107)
    (d) Ritos de consagração (§ 108-109)
  (C) Votos (§ 110-111)

Festas israelitas pré-exílicas (§ 112-146)
(I) Celebrações diárias (§ 112)
(II) Calendários litúrgicos (§ 113-117)
(III) O sábado
  (A) Origem (§ 118-119)
  (B) Relevância (§ 120)
  (C) Observância (§ 121)
(IV) A Páscoa e a Festa dos Pães Ázimos
  (A) História – textos litúrgicos
    (a) Tradição sacerdotal (§ 123)
    (b) Tradição deuteronômica (§ 124)
    (c) Antigos calendários litúrgicos (§ 125)
  (B) História – A Páscoa de Josias (§ 126)
  (C) Origem da Páscoa (§ 127)
  (D) Origem dos Pães Ázimos (§ 128-129)
(V) Festa das Semanas – Pentecostes (§ 130-132)
(VI) Festa das Tendas – Tabernáculos
  (A) História (§ 134-135)
  (B) Data (§ 136)
  (C) Origem (§ 137-138)
(VII) Uma festa do Ano Novo no AT? (§ 139-140)
(VIII) Uma festa da entronização de Iahweh?
  (A) Argumentos do estudo comparado das religiões (§ 142)
  (B) Argumentos a partir do AT (§ 143)
  (C) Avaliação dos argumentos (§ 144-145)
  (D) Outras concepções da festa (§ 146)

Festas tardias do Antigo Testamento (§ 147-157)
(I) O Dia da Expiação
  (A) Ritual (§ 148-149)
  (B) Instituição (§ 150)
(II) Festa de Hanucá – dedicação
  (A) Origem e história (§ 151)
  (B) Ritual (§ 152-153)
  (C) Influências (§ 154)
(III) Festa do Purim
  (A) Data e ritual (§ 155)
  (B) Livro de Ester (§ 156)
  (C) Origem da festa (§ 157)

O SACERDÓCIO

7 (I) A palavra "sacerdote". Um sacerdote israelita é chamado em hebraico de *kōhēn*, uma palavra simpática que também é usada para designar sacerdotes que não eram israelitas. Cognatos de *kōhēn* existem no ugarítico, fenício e em algumas línguas árabes; o cognato árabe talvez tenha sido tomado emprestado de alguma das línguas semitas do noroeste. A palavra pejorativa *kĕmārîm*, encontrada no AT somente em sua forma plural, designa sacerdotes de Baal ou de cultos idólatras. Recorrer à etimologia na esperança de encontrar a ideia original do que era um *kōhēn* não obtém resultados seguros. Algumas etimologias propostas tiveram de ser abandonadas em face de avanços feitos na filologia semítica comparada. O verbo siríaco *kahhen* em seu sentido de "tornar próspero" não apresenta estas dificuldades, mas será que o siríaco reteve um sentido que é parte integrante do conceito semita noroeste original de *kōhēn*? O cognato árabe, *kāhin*, que na Arábia antiga significava "adivinhador", evoca a função oracular de um sacerdote israelita, mas a distribuição das funções do culto na Arábia era diferente da em Israel. A fim de verificar o que era um sacerdote israelita, precisamos saber quais eram suas funções e como mudaram ao longo da evolução sacerdotal em Israel.

8 (II) Funções sacerdotais. Uma visão sincrônica das responsabilidades e funções sacerdotais só ficou disponível quando as prescrições P [do Escrito Sacerdotal] do Pentateuco entraram em vigor após o exílio, com uma clara divisão entre sacerdotes e levitas (→ 19-24 *abaixo*). Nos parágrafos a seguir, as principais responsabilidades e atividades dos sacerdotes serão consideradas separadamente, e traçar-se-á a evolução histórica de cada uma.

(A) Cuidado do santuário. Ao longo do período bíblico, um sacerdote israelita era, fundamentalmente, um homem ligado a um santuário ou templo, a casa de Deus, onde ele tomava conta do serviço direto da divindade e provia certos serviços para a sociedade que somente uma pessoa habilitada a se aproximar mais intimamente de Deus poderia prover. Segundo a concepção religiosa do antigo Oriente Próximo, os sacerdotes serviam um deus residente em seu templo, com sua presença concentrada de um modo misterioso, quase sacramental em sua imagem ou sobre um objeto sagrado, da mesma forma como cortesãos e servos terrenos serviam um rei residente em seu palácio. Esta ideia se encontra por trás de algumas práticas cúlticas ainda evidentes no AT. Os grupos sacerdotais em Silo (1Sm 1-3) e em Nob (1Sm 21-22) existiam em virtude dos santuários naqueles lugares; o pão que os sacerdotes colocavam perante Iahweh no santuário de Nob, como vítimas de sacrifício oferecidas a Deus, tem suas origens históricas na antiga ideia de oferecer alimento a um deus no santuário que era sua casa. Na narrativa relativamente primitiva de Jz 17-18, Mica precisava de um homem apto a ser um sacerdote para seu santuário doméstico com suas imagens, e da mesma forma procederam os danitas, que levaram tanto as imagens sagradas quanto o sacerdote para o templo que eles iriam construir no norte. Imagens de Iahweh eram proibidas na religião israelita ortodoxa, mas a presença de Iahweh estava concentrada na Arca. A Arca era assistida por sacerdotes no santuário de Silo (1Sm 1,3) e de Jerusalém (1Rs 6,9; 8,1-9) ou por um homem separado para aquele propósito em Cariat-Iarim (1Sm 7,1). Quando a Arca era movida, ela tinha que ser carregada por sacerdotes (1Sm 4,4.11; 2Sm 6,6-7; 15,24-29) ou, de acordo com P e Cr e os redatores deuteronomistas, por levitas.

Até o momento em que o uso do ritual sacerdotal foi limitado a Jerusalém (→ 54-55 *abaixo*), os sacerdotes serviam a Deus em santuários por todo o país. Em Jerusalém, suas funções administrativas se manifestaram em sua gestão das operações complexas do Templo. É significativo, neste sentido, que os sacerdotes (*khnm*) mencionados em textos ugaríticos e inscrições fenícias eram claramente responsáveis pela administração e manutenção dos templos e pela supervisão dos empregados de seus templos, embora, por acaso, nos textos ugaríticos publicados nenhum envolvimento direto deles em atos cultuais seja atestado (veja J.-M. de Tarragon, *Le culte à Ugarit* [CahRB 19; Paris, 1980] 113, 134-35). Quando o conjunto de funcionários do templo israelita se tornou estruturalmente diversificado, a classe administrativa hierarquicamente superior era a dos sacerdotes.

9 (B) Manifestação da mente divina.

(a) *Consulta por oráculos*. Nos primeiros tempos do AT, a atividade primordialmente associada a sacerdotes era a consulta oracular, uma atividade que, através de um processo um tanto complexo, evoluiu para a responsabilidade pela lei. Os primeiros sacerdotes israelitas consultavam a Deus (em hebraico, "perguntavam" a Deus) usando objetos chamados Urim e Tumim dentro de um éfode [ou efod]. As evidências literárias para o surgimento do éfode são ambíguas: por um lado, era um artigo do vestuário, talvez um tipo de avental, usado quando se estava no santuário ou perto da Arca (1Sm 2,18; 2Sm 6,14), conservado posteriormente de forma ornamental mais como uma vestimenta simbólica do que uma vestimenta hierática funcional (Ex 29,5; Lv 8,7); por outro lado, era um objeto de culto de um tipo (Jz 8,27; 17,5; 18,14.17.20; 1Sm 2,28; 14,3; 23,6,9; 30,7) que era mantido em um santuário (1Sm 21,20). Palavras cognatas a éfode no ugarítico e no acádio antigo designam uma espécie de peça de roupa; um éfode israelita também era provavelmente algo que poderia ser vestido preso ao corpo, mas que continha componentes metálicos (veja Jz 8,26-27), tornando-o teso o suficiente para ocultar um objeto colocado atrás dele (veja 1Sm 21,10). Não há como saber precisamente com que se pareciam Urim e Tumim. Tal qual o éfode estilizado, alguma forma de Urim e Tumim fazia parte da vestimenta do sumo sacerdote pós-exílico, mas eram usados em conexão não com seu éfode, e sim com seu peitoral (Ex 28,30).

Aqueles que desejavam perguntar a Deus que curso de ação tomar procuravam um sacerdote, que usava o Urim e Tumim para manifestar a mente divina na forma de um Sim ou um Não; "isto é melhor que aquilo", e não qualquer alternativa. Em determinados casos, uma resposta poderia ser retida; e, se o caso exigisse, sortes escritas, que tornavam possível mais de uma resposta binária, talvez tenham sido usadas (H. B. Huffmon, "Priestly divination in Israel", em *WLSGF* 335-59). Isto poderia ser feito no santuário ao qual o sacerdote estava ligado (Jz 18,5-7; 1Sm 22,10.13.15) ou a alguma distância do santuário, como acontecia quando o sacerdote acompanhava uma expedição militar (1Sm 14,18-19.36-42 [melhor preservado na LXX]; 23,9-12; 30,7-8). Neste período primitivo, um sacerdote era caracterizado como alguém que portava o éfode (1Sm 14,3; 22,18); e portar o éfode ainda era uma característica de um sacerdote um tanto mais tarde, quando o altar e o trabalho sacrifical já tinham sido introduzidos na ideia das funções tipicamente sacerdotais (1Sm 2,28). O Urim e Tumim ainda são mencionados como distintivos de um sacerdote em Esd 2,63/Ne 7,65, mas neste período seu uso era certamente uma coisa do passado.

10 (b) *Tôrâ* [Torá]. Na bênção de Moisés a Levi (Dt 33,8-11), o Urim e Tumim são ainda característicos de um sacerdote em uma parte inicial (vv. 8-9a, 11), mas em uma parte posterior (vv 9b-10, talvez do início do séc. VIII a.C.), as ordenanças ou decisões de Deus e a *tôrâ* de Deus são mencionadas, juntamente com o sacrifício. A *Tôrâ* provavelmente ainda não deveria ser entendida como "lei" (um sentido que evoluiu posteriormente). O resultado de uma consulta de um protossacerdote a Deus através do Urim e Tumim pode ter sido ele mesmo chamado de *tôrâ*, uma vez que o resultado de certos atos de adivinhação na Mesopotâmia era chamado de *têrtu*, uma palavra acadiana etimologicamente relacionada ao hebraico *tôrâ*. No período da monarquia de Israel, as respostas divinas produzidas pelo tirar a sorte dos sacerdotes se transformaram em os pronunciamentos sacerdotais sobre questões de separação entre o sagrado e o profano (J. Begrich, *Werden und Wesen des Alten Testaments* [BZAW 66; Berlim, 1936] 63-88). Um exemplo claro disso é ainda encontrado no antigo texto pós-exílico de Ag 2,11-13.

Entretanto, já no período dos reis, o próprio sentido israelita de santidade fora refinado de tal forma que abarcava não apenas questões de separação espacial e material entre o santo e o profano, mas também questões éticas e morais que afetam a conveniência de se aproximar de Deus em seu lugar santo (Sl 15,2-5; 24,4; Is 33,14-17). Por volta da metade do séc. VIII, a *tôrâ* sacerdotal também estava ligada ao conhecimento sacerdotal (Os 4,6), e algumas *tôrâ* sacerdotais foram registradas por escrito (Os 8,12). Por conseguinte, supomos que a evolução da *tôrâ* para seu sentido posterior de "lei" tenha se iniciado com a reunião de decisões sacerdotais escritas (*tôrôt*) sobre questões sacras, tanto rituais quanto éticas, em coleções ou quase códigos como O Código ou Lei da Santidade (Lv 17-26), e que a palavra *tôrâ* foi subsequentemente estendida a coletâneas da lei divinamente sancionada de modo mais geral (→ Pensamento do AT, 77:86-87), quer os objetos de suas disposições fossem em si mesmos religiosos ou seculares. Com a *tôrâ* em Dt 31,9, tem-se certamente em mente o Código Deuteronômico, divinamente confiado aos cuidados dos sacerdotes e dos anciãos – representando tanto o lado secular quanto o lado religioso da sociedade. Não parece haver distinção subentendida entre competências sacras e civis em Dt 17,8-13, embora sejam mencionados tanto sacerdotes levíticos e um juiz leigo. Em Dt 21,5 e Ez 44,24, somente os sacerdotes têm competência para resolver todas as disputas, religiosas ou seculares (veja R. R. Wilson, *JQR* 74 [1983-84] 242). Em Lv 10,10-11, eles devem "separar o sagrado e o profano, o impuro e o puro [que é *tôrâ* no sentido mais antigo e restrito], e ensinar... todos os estatutos que o Senhor lhes falou por intermédio de Moisés [que é *tôrâ* no sentido mais novo e amplo]." A *tôrâ* tinha então começado a designar a lei mosaica, mas não tinha cessado de implicar a expressão da mente de Deus – a lei mosaica, quer lidasse com assuntos religiosos ou seculares, era a expressão da vontade de Deus, e nova jurisprudência baseada nela foi confiada aos sacerdotes.

11 (c) *Ensino e pregação*? Foi dito que *tôrâ* era instrução e que os sacerdotes eram mestres porque eles a transmitiam. Foram citadas evidências do final do período dos reis, em Jr 18,18: "pois a *tôrâ* não faltará ao sacerdote, nem o conselho ao sábio, nem a palavra ao profeta". Porém, acima, vimos que *tôrâ*, em vários períodos, nunca quis dizer o que poderíamos chamar propriamente de instrução, e que um sacerdote que lidasse com ela não poderia ser propriamente chamado de mestre. Também se sugeriu que, no período pós-exílico, os levitas eram pregadores (G. von Rad, in *Festschrift Otto Procksch* [ed. A. Alt *et al*.; Leipzig, 1934] 113-24; reimpr. in G. von Rad, *Gesammelte Studien* [TBü; München, 1961] 248-61). Mas as passagens em Cr que podem ser chamadas de sermões nunca foram pregadas pelos levitas. Os textos tomados como indícios de que os levitas pregavam sermões parecem ser, antes, evidências de que os cantores do Templo absorvidos pelos levitas cantavam textos sacros no Templo e talvez oferecessem o tipo de interpretação que finalmente recebeu a forma literária de targum (→ Textos, 68:103). No período helenístico, os escribas (que podiam ser sacerdotes, embora poucos o fossem) se tornaram as pessoas eruditas na Palestina judaica, estudando a Lei e os Profetas e os Escritos com erudição e sabedoria (Eclo 39,1-11; → História, 75:146). Eles eram os juristas e teólogos que interpretavam a Lei, enquanto que os sacerdotes continuaram responsáveis por fazer estatutos e julgamentos legais (os componentes da *tôrâ* viva) conhecidos pelo povo (Eclo 45,14-17).

12 (C) Sacrifício. Nos primeiros tempos, sacrifícios individuais e familiares não precisavam ser feitos em um santuário, e, contanto que não fossem feitos em um santuário, não havia nada de sacerdotal neles. Os patriarcas (Gn 4,3-5; 8,20; 22,12; 31,34; 46,1), Gedeão (Jz 6,25-26) e Manué (Jz 13,16-23), que não eram sacerdotes, sacrificavam, como faziam os homens de Bet-Sames (1Sm 6,14-15) e o ambicioso filho de Davi, Adonias (1Rs 1,9); mas todos eles o faziam em altares naturais não relacionados a qualquer santuário (→ 58-59 *abaixo*). Se um sacrifício fosse feito em um santuário, contudo, era possível esperar algum tipo de envolvimento do sacerdote daquele santuário (1Sm 2,12-17). O papel sacrifical dos sacerdotes aumentou durante o período dos reis, assim como o sentido de santidade da casa de Deus foi estendido ao altar de holocaustos no pátio fora da casa. O contato com o altar ficou reservado aos sacerdotes, por seu cargo dotados com um grau de santidade ritual maior que o do resto do povo (→ 22 *abaixo*). O sacrifício do rei Acaz em um altar, já visto negativamente em 2 Rs 16,22-23, é posteriormente representado como idólatra em 2Cr 28,23.

Como consequência desse desenvolvimento, as prescrições dos sacrifícios em P ainda permitiam a um israelita não sacerdote matar sua vítima (Lv 1,5; 3,2.8.13; 4,24.29.33), mas os rituais de sangue (Ex 33,10; Lv 17,11.14) e todas as outras ações do sacrifício tinham de ser realizadas por um sacerdote, uma vez que requeriam contato com o altar ou uma aproximação maior com ele. Já em Dt 33,10 (um acréscimo relativamente posterior à Bênção de Moisés, com menção ao altar), o sacrifício é tido como uma prerrogativa sacerdotal, e em Jr 33,18 os sacerdotes são caracterizados como pessoas que fazem o holocausto ascender e a oferta de vegetais queimar e que oferecem sacrifício diário. Por volta do final do período da monarquia, e ao longo do período do Segundo Templo, o sacrifício era considerado algo que nem sempre foi: uma atividade característica dos sacerdotes.

13 (III) A investidura de um sacerdote. Não encontramos em Israel a ideia de que uma pessoa fosse divinamente chamada para ser sacerdote. Se uma família tivesse direitos ao sacerdócio em um santuário, um filho deveria se tornar sacerdote ali porque ele era daquela família. Um sacerdote, nas épocas iniciais, podia ser encarregado por uma pessoa ou por um grupo de pessoas, tornando-se assim um sacerdote "para" ela ou elas: para Mica (Jz 17,5.10.12), para a tribo de Dã (Jz 18,4.19.30), para o rei (2Sm 20,26). Davi teve filhos que foram sacerdotes a seu serviço (2Sm 8,18), como Aías tinha sido sacerdote a serviço de Saul (1Sm 14,3.18).

Sabemos muito pouco sobre quaisquer rituais usados para instalar ou investir um sacerdote nos primeiros períodos da história de Israel. A expressão idiomática "tu encherás suas mãos" com frequência denota a entrada no ofício sacerdotal (Ex 28,41; 29,9.33.35; Lv 8,3; 16,32; 21,10; Nm 3,3; Jz 17,5.12; 1Rs 13,33), mas é também usada para obter lucro (Sl 26,10) ou ter sua justa vingança (Sl 48,11). Ela não parece representar um gesto ritual realmente usado para fazer de alguém um sacerdote. Em textos do segundo milênio de Mari, na Alta Mesopotâmia, a expressão é usada para a captura, ou até mesmo para a morte, de cativos. Esta conotação, combinada com a investidura sacerdotal, é evidente no uso da expressão no relato de uma violenta intervenção empreendida pelos levitas por zelo por Iahweh em Ex 32,29, que pretende mostrar como os levitas adquiriram seus direitos sacerdotais. Em Ex 29, que tem um paralelo estreito em Lv 8, vemos o ritual pós-exílico (e mais provavelmente pré-exílico posterior) para a investidura de novos sacerdotes e sumos sacerdotes. As cerimônias, distribuídas por um período de uma semana durante o qual os novos sacerdotes não deveriam deixar o espaço sagrado dos limites do Templo, consistiam em um ato de vestir as vestimentas sacerdotais, seguido por uma complexa séria de ações sacrificais. Pelo menos alguns dos componentes deste ritual são posteriores. A unção de investidura ou consagração de um sumo sacerdote (Ex 29,7; Lv 8,12) não era um costume até após o exílio, quando a unção real anterior foi transferida ao sumo sacerdote. A unção de sacerdotes comuns (Ex 28,41; 30,30; 40,12-15; Lv 7,35-36; 10,7; Nm 3,3) foi um costume introduzido posteriormente.

14 Quando os homens de Cariat-Iarim instalaram Eleazar, a quem haviam escolhido como a pessoa que tomaria conta da Arca, simplesmente se diz que eles o "consagraram" ou "o fizeram santo" (1Sm 7,1). Este verbo, *qiddēš*, foi também usado para proclamar uma pessoa sacerdote em textos posteriores (Ex 29,1; Lv 8,12): tornar alguém sacerdote era torná-lo santo. A santidade não era em si mesma uma qualidade moral. Ela era primordialmente um atributo de Deus, realizando sua separação transcendente de todas as criaturas. Ela era, em segundo lugar, um atributo das pessoas ou coisas colocadas à parte dos assuntos comuns do mundo criado para que elas pudessem estar mais intensamente em contato com Deus – assim, elas participavam da santidade de Deus (Lv 21,6-8). Tornar alguém um sacerdote era separá-lo da atividade profana para que ele pudesse ser o servo pessoal de Deus, particularmente em um santuário, a casa de Deus, mas também em outros lugares onde a presença de Deus estava concentrada no mundo criado, como estava na Arca. Um sacerdote era feito santo para que ele pudesse se aproximar de Deus de modo apropriado e mediar a comunicação entre Deus e o povo, como os cortesãos mediavam a comunicação entre um senhor terreno e seu povo. A santidade do sacerdote era, assim, a base de seu papel como mediador entre Deus e o povo em geral.

15 (IV) Os sacerdotes de Jerusalém. Temos examinado as atividades dos sacerdotes em narrativas dos juízes, de Samuel e de Davi. Informações sobre sacerdotes fora de Jerusalém são escassas durante o período dos reis em virtude do interesse limitado de nossas fontes existentes. Quando eles são mencionados depois do tempo de Davi, há uma tendência de mencioná-los negativamente em virtude da ideia redacional deuteronomística de que os sacerdotes não deveriam exercer sua função fora de Jerusalém ou porque eles chamam a atenção de profetas que estão denunciando abusos na sociedade. Temos as melhores informações sobre os sacerdotes da Jerusalém israelita no período do reinado e no posterior a ele.

16 (A) Sadoc e seus "filhos". Antes de Davi se tornar rei em Jerusalém, seu sacerdote oracular era Abiatar, um descendente de Eli, sacerdote de Silo e, portanto, de origem levítica (→ 18 *abaixo*). Após a ascensão de Davi ao reinado na nova capital, Abiatar é sempre mencionado junto com um outro sacerdote, Sadoc, cujo nome é consistentemente colocado antes do de Abiatar (2Sm 8,17; 15,24-29; 17,15; 19,12). Na disputa para a sucessão ao trono de Davi, Abiatar apoiava Adonias (1Rs 1,5-48), enquanto que Sadoc apoiava Salomão (1,7.19.25; 2,22). Quando Salomão obteve o trono, ele baniu Abiatar de Jerusalém (2,26-27), deixando Sadoc como único detentor do sacerdócio real (4,2). Quer os sacerdotes de Jerusalém nos séculos seguintes fossem ou não todos descendentes de Sadoc, eles o afirmavam como fundador de sua linhagem sacerdotal, e, assim, qualquer questão sobre as origens daquela linhagem implicava necessariamente as origens obscuras de Sadoc.

De acordo com uma hipótese, Sadoc era o sacerdote chefe da Jerusalém jebuseia antes que a cidade fosse tomada por Davi (H. H. Rowley, *JBL* 58 [1939] 113-41; também A. Bentzen, *ZAW* 51 [1933] 173-76; C. E. Hauer, *JBL* 82 [1963] 89-94). Isto explicaria por que as fontes israelitas não dão nenhuma informação genealógica sobre Sadoc, nem mesmo onde essa informação é dada para outros (2Sm 8,16-18; 20,23-26). Isto também explicaria por que Abiatar, o descendente de Eli que havia sido o sacerdote de Davi em anos anteriores, apoiou Adonias, um israelita genuíno nascido em Hebron (2Sm 3,4), enquanto que Sadoc, se ele era mesmo jebuseu, apoiou Salomão, nascido em Jerusalém, filho de Betsabeia, cujo primeiro marido, Urias, era um heteu (2Sm 12,24; 1Rs 1,11). Se Sadoc permaneceu um fiel jebuseu até que a captura israelita de Jerusalém foi completada, a indicação de Davi para que ele servisse como sacerdote juntamente com o israelita Abiatar poderia ser vista como um movimento político feito na esperança de ganhar o favor dos habitantes jebusitas da nova capital. A esta hipótese se pode objetar que para Davi tomar essa atitude no sentido de conciliar a população jebusita seria para ele arriscar a alienação de seus próprios israelitas. Quando a Arca tinha sido trazida a Jerusalém, o altar para a adoração israelita foi erguido não em um dos santuários jebuseus existentes, mas na eira de Areúna (2Sm 24,18-25); isto sugere que, no reinado de Davi, as instituições religiosas dos jebuseus, incluindo seu sacerdócio, não foram prontamente assimiladas pelos israelitas e de fato foram evitadas.

De acordo com outra hipótese, Sadoc não era jebuseu, mas israelita, e de fato membro de um grupo particular de levitas conhecido como aarônidas, que reivindicava o direito de servir em certos santuários na Palestina central e do sul, enquanto que seu companheiro e rival, Abiatar, era de um grupo diferente de levitas conhecido como musitas, que reivindicava direitos sacerdotais na parte norte da Palestina e no extremo sul (F. M. Cross, *CMHE* 195-215). "Musita" indicaria relação com Moisés, e a rivalidade entre Sadoc e Abiatar seria assim um elemento importante em um padrão de conflito entre Aarão e Moisés visível nas narrativas do Pentateuco (Ex 32; Nm 12; 25,6-15). Em 1 Cr 12,27-29, Sadoc é mencionado como assistente de um comandante de tropas aarônidas que se agruparam ao redor de Davi em Hebron em sua luta contra Saul. Ora, Hebron, na lista das cidades levíticas, é atribuída ao subgrupo aarônida dos coatitas (Jz 21,9-12; 1Cr 6,39-41 [54-56]). Assim, Sadoc seria um sacerdote levita do grupo aarônida em Hebron, até que ele foi a Jerusalém para ser um dos sacerdotes de Davi ali. Esta hipótese coloca a tensão entre Sadoc e Abiatar em uma questão maior, a da rivalidade entre grupos sacerdotais. É possível fazer objeções: que as peculiaridades sacerdotais de Aarão se desenvolveram na tradição muito mais tarde do que na época de Sadoc, que os sacerdotes de Jerusalém estavam antecipando suas reivindicações como filhos de Sadoc sem qualquer menção de Aarão ainda na época de Ezequiel, que a divisão das cidades levíticas em um subgrupo aarônida talvez seja muito mais tardia do que a própria lista de cidades, que na antiga lista de clãs levíticos (sendo o musita um deles), em Nm 26,58, nenhum é chamado de aarônida, embora um deles seja chamado de hebronita, que a informação sobre Sadoc em Hebron (1Cr 12) é historicamente suspeita, a não ser que o Cronista possa ser verificado através de outra fonte. Mas a hipótese de Sadoc como um levita de Hebron poderia ser sustentada independentemente, à parte da questão de se um grupo de levitas reivindicando Aarão como seu ancestral epônimo existia tão cedo. De qualquer forma, a falta total de informação antiga confiável sobre a origem de Sadoc significa que a questão talvez nunca seja resolvida.

17 (B) Organização e relações com o rei. As quatro ocorrências do título sumo sacerdote em contextos pré-exílicos são provavelmente anacronismos devidos a um redator posterior, pois o título não se tornou corrente até após o exílio. No período da monarquia, o cabeça dos sacerdotes em Jerusalém era chamado simplesmente de "o sacerdote" (1Rs 4,2; 2Rs 11,9-11; 12,8; 16,10-12; 22,12.14; Is 8,2) ou "o sacerdote chefe" (2Rs 25,18). O próximo na hierarquia era um "segundo sacerdote" (2Rs 23,4; 25,18; Jr

52,24), que era provavelmente responsável pela manutenção da ordem nos limites do Templo. Mencionados após ele nos mesmos textos estão os "guardas da porta", cujos deveres eram certamente maiores do que os títulos indicam (cf. 2Rs 12,10; 22,4). É provável que estes sacerdotes do *establishment* real fossem naturalmente um tanto subservientes ao rei. Assim o eram aqueles do santuário real de Betel no reino do norte, a julgar por Am 7,10-15. Não nos é dito o que os sacerdotes do *establishment* fizeram quando Manassés construiu altares para Baal em Jerusalém (2Rs 21,3), mas sabemos, a partir de 2 Rs 11, que enquanto a rainha Atalia tinha seu sacerdote de Baal (11,11), foi o sacerdote Joiada, zeloso por Iahweh, que liderou a derrubada dela. Por outro lado, um rei poderia intervir quando os sacerdotes do *establishment* estavam faltando com suas responsabilidades administrativas pelo Templo (2Rs 12).

18 (V) Sacerdotes e levitas. Os levitas, na antiga tradição, eram membros da tribo de Levi, que não tinham seu próprio território, mas reivindicavam as cidades, com suas pastagens, listadas em Js 21,9-42; 1Cr 6,39-66 (54-81). Os estudiosos diferem na datação das listas e em decidir se a reivindicação em si é baseada em alguma situação histórica ou não (veja Soggin, *HAI* 151-53). A avaliação da condição tribal dos levitas depende parcialmente da posição que se toma na história e na sociologia das tribos israelitas em geral. Os levitas eram particularmente desejáveis como sacerdotes (Jz 17-18), mas um não-levita poderia ser um sacerdote, no período dos juízes (Jz 17,5; 1Sm 7,1) e no início do período dos reis, quando Ira (2Sm 20,26) e os filhos de Davi (2Sm 8,18) eram sacerdotes. Quando as construções genealógicas tardias em Cr são deixadas de lado, os membros da família sacerdotal de Eli no santuário de Silo são, não sem ambiguidade, classificados como levitas. (Mesmo se o ancestral não nomeado mencionado em 1Sm 2,27 fosse Moisés e não Levi, Moisés figurava na tradição como membro da tribo de Levi.). Os antigos dados genealógicos em 1Sm 4,19-22; 14,3; 22,9; 22,20, quando tomados juntos, mostram Aquimelec, sacerdote em Nob, e Abiatar, um dos sacerdotes de Davi, como descendentes de Eli e, assim, implicitamente, levitas. Discute-se se o outro sacerdote de Davi em Jerusalém, Sadoc, era um levita ou não (→ 16 *acima*). Dos dois santuários reais do reino do norte, Dã pelo menos teve sacerdócio levítico de acordo com Jz 18,30, mas não fica claro a partir de 1Rs 12,31 se os sacerdotes de Betel estavam entre os sacerdotes não levíticos que Jeroboão I indicou aos santuários no reino do norte, ou não. Por volta da metade do período dos reis, os levitas estavam baseando sua identidade tribal em uma pretensão de que eles executavam funções sacerdotais por direito divino (Dt 33,8-11; veja Ex 32,25-29). Podemos presumir que havia pessoas que rejeitavam essa pretensão. Por volta do final do exílio, a pretensão foi tanto aceita quanto rejeitada na formação do pessoal do Templo reconstituído; a partir daquele momento, todos os sacerdotes foram considerados levíticos, mas havia clérigos do novo Templo chamados, como classe, de "levitas", que não tinham esperança de chegar a ser sacerdotes.

19 Esta dicotomia entre a classe sacerdotal e a não-sacerdotal levítica foi o resultado de uma disputa pelo direito de atuar em um santuário, uma disputa que se tornou intensa quando o princípio de que deveria haver somente um santuário para todo Israel entrou em vigor trazendo vantagem para o sacerdócio em Jerusalém. Ninguém poderia atuar como sacerdote exceto em Jerusalém, uma vez que todos os outros santuários de Iahweh tinham sido abolidos, como o foram definitivamente no final do período da monarquia, no reinado de Josias (2Rs 23,5.8-9.15-20). No Código Deuteronômico, o princípio de um único santuário é promovido. Também são promovidos na forma final do Código os princípios de que os sacerdotes que atuam legitimamente deveriam ser levitas e que levitas de fora de

Jerusalém poderiam ser admitidos para atuar como sacerdotes na cidade, e aqueles que não conseguissem obter a admissão eram confiados à atenção caritativa do povo (Dt 12,12.18-19; 14,27.29; 16,11.14; 26,11-13). Em partes mais recentes do Código, há uma tendência a escrever "sacerdote levita" em vez de "sacerdote". Em 18,1-8, encontramos o simples "sacerdote" em uma lista de direitos que provavelmente é antiga (vv. 3-4), "levita" em uma disposição para aqueles que não atuavam realmente como sacerdotes (v.6), e "sacerdote levita" iniciando a seção (v. 1), que se refere primordialmente àqueles que realmente atuavam como sacerdotes.

No programa de Ezequiel para a futura restauração da adoração em Jerusalém, os sacerdotes do Templo, os "filhos de Sadoc", são chamados de levitas (Ez 40,46; 43,19; 44,15). Somente eles têm o direito de atuar no altar e receber aquelas ofertas que são do sacerdote (40,46; 43,19; 44,15-17.29-30). Todos os outros membros da equipe do Templo são colocados em posição subordinada; somente uma vez, em 40,45 (provavelmente um dos textos mais antigos do projeto de Ezequiel), eles são chamados de "sacerdotes", mas em outros lugares em 40-48 eles são chamados de "levitas". Para a situação do exílio, veja N. Allan, *HeyJ* 23 (1982) 259-69.

20 Em P e em Cr, esta distinção de classe recebe justificativa genealógica (e sanção divina) pelo princípio de que o ancestral imprescindível de todos os sacerdotes legítimos é o irmão de Moisés, Aarão. Dentro da família de Levi nas genealogias de P, o sacerdócio é limitado aos descendentes de Aarão através das duas linhas de Eleazar e Itamar, e os outros levitas, aos quais é negada a ancestralidade de Aarão, são subordinados a eles (por exemplo, Nm 3,1-10). Em 1Cr 24,1-6, os sadocitas de Jerusalém são tidos como descendentes de Eleazar através de seu filho Fineias, de acordo com 5,27-41 (6,1-14), enquanto que os outros sacerdotes são tidos como filhos de Itamar. É dada aos sadocitas hegemonia numérica.

Foi proposto que a dicotomia entre sacerdotes que reivindicavam Aarão como seu ancestral e levitas não aarônidas excluídos do sacerdócio foi feita em um P existente já por volta do final do séc. VIII no círculo sacerdotal de Jerusalém, que ela se dirigia originalmente aos sacerdotes levitas do reino do norte recém caído (visto que todas as cidades levíticas atribuídas a Aarão em Js 21,9-40 estão no sul), e que ela foi praticada brevemente na breve centralização do culto realizada por Ezequias (2Rs 18,4.22; veja M. Haran, *JBL* 100[1981] 321-33, e sua obra *Temples, passim*). Neste caso, o Dt, com suas atitudes particulares para com os levitas e o sacerdócio, teria sido independente de tal P antigo, enquanto que Ez refletiria isso, e teria se tornado normativo quando Esdras promulgou P à comunidade pós-exílica em geral. De qualquer forma, certamente a partir da época de Esdras a dicotomia estava completamente em vigor, com a classe dos simples levitas subordinados à classe sacerdotal, mas com todos os sacerdotes considerados descendentes de Aarão, o levita.

21 (VI) Deveres dos sacerdotes e levitas pós-exílicos. No período pós-exílico, encontramos, finalmente, material suficiente para reunir uma lista razoavelmente completa dos deveres dos sacerdotes e dos levitas distintos dos sacerdotes. O material é fornecido pelo P pentateucal, e um tanto mais tarde por Cr, Esd e Ne, o que nos permite ver que as provisões de P foram de fato efetuadas, com algumas alterações secundárias. Em P, as prescrições para os "filhos de Aarão" são aquelas direcionadas aos sacerdotes em geral, enquanto que as prescrições para o próprio Aarão são aquelas direcionadas para o sumo sacerdote.

22 (A) Graus de santidade. Um sacerdote israelita sempre tinha sido uma pessoa santa apta a lidar com os espaços e objetos sagrados (→ 14 *acima*). No período pós-exílico, as distinções entre os direitos e deveres hierárquicos correspondem a graus de santidade de diferentes espaços e objetos sagrados (veja K. Koch, *Die Priesterschrift Von Exodus 25 bis Leviticus 16* [FRLANT 71; Göttingen, 1959] 101-2). Em conformidade com este sistema coordenado, o laicato israelita, um povo santo (Dt 7,6; 14,2.21; 26,19; 28,9), por ser o povo de Iahweh, poderia entrar no pátio do Templo, do qual pagãos eram excluídos (Nm 1,51.53; 3,10.38). Em virtude de terem sido os sacerdotes e levitas dotados com uma santidade maior que a do povo como um todo (cf. Lv 21,1-22,9, com Lv 22,10-46), apenas eles poderiam entrar no edifício do Templo, do qual o laicato era excluído (2Cr 23,6; 35,5). A santidade dos sacerdotes era maior que a dos levitas (Nm 4,4-15; 18,3), e, portanto, os sacerdotes, e não os levitas, poderiam entrar em contato com os objetos que eram "santíssimos": os altares de holocausto (Ex 29,37; 40,10) e o incenso (Ex 30,10). O espaço mais santo de todos era o Debir do edifício do Templo, onde a presença de Deus na terra estava mais intensamente concentrada no *kappōret*: neste espaço somente o sumo sacerdote deveria entrar para os rituais expiatórios anuais do Dia da Expiação (Lv 16,2-3.15.32-34).

23 (B) Deveres sacerdotais. Na divisão efetiva entre sacerdotes e levitas, os sacerdotes faziam tudo que requeria contato com os altares e com as ofertas depois que elas passavam da esfera comum, secular, para a santa: o queimar das ofertas nos altares, o matar das aves no altar do holocausto, as libações e os rituais de sacrifício com sangue (Lv 1-7; 10,16-20; 16,17). Nos rituais de purificação ou expiação, os sacerdotes estavam envolvidos porque os sacrifícios e o sangue do sacrifício eram partes integrantes de tais rituais. Como especialistas em todas as questões de distinção ou separação entre o santo e o profano, o puro e o impuro, também se lhe pediam declarações (*tôrôt*: → 10 *acima*) para decidir tais questões, que determinavam se um ritual de purificação era necessário ou não (Lv 11-16; 17-26). No antigo ritual de purificação com a água purificadora preparada com as cinzas de uma novilha vermelha (Nm 19), o papel do sacerdote era retido, justificado por uma assimilação superficial de alguns aspectos do ritual para os de uma oferta sacrifical pelo pecado (vv. 4.9.17; veja J. Milgrom, *VT* 31 [1981] 62-72). Os sacerdotes tinham de misturar a essência aromática (1Cr 9,30), presumivelmente para o incenso e o óleo da unção (Ex 30,22-38), embora apenas o incenso realmente queimado no altar do incenso fosse "santíssimo" (30,36), e, por esta razão, ser manipulado apenas pelos sacerdotes, segundo a concepção de P. Como mediadores particularmente qualificados entre Deus e o povo, os sacerdotes abençoavam o povo (Nm 6,22-27; assim já em Dt 10,8; 21,5). No séc. II a.C., os sacerdotes ainda eram caracterizados como homens que ofereciam sacrifício e incenso, que executavam rituais de expiação, que abençoavam o povo e lhes tornavam conhecida a *tôrâ* na forma de estatutos e declarações legais. (Eclo 45,6-26).

24 (C) Deveres levíticos. Os levitas pós-exílicos eram responsáveis pelas liturgias de louvor e ações de graças duas vezes por dia e em dias especiais; o ritual de purificação de objetos com um grau menor de santidade; o fazer do pão do ritual e o cuidado dos pátios do Templo e das salas de suprimento (1Cr 9,26-32; 23,25-32). Nos rituais de sacrifício, eles ofereciam aos sacerdotes o sangue que deveria ser aspergido (2Cr 30,16), e eles poderiam auxiliar os sacerdotes na preparação do holocausto tirando a pele da vítima (2Cr 29,34; 35,11) – algo que, de acordo com P, era dever de quem apresenta a oferenda (Lv 1,6). Os levitas também trabalhavam, sob as ordens dos sacerdotes, na administração do Templo e de suas finanças, e na supervisão do trabalho de construção nos limites do Templo (2Cr 24,5-6; 34,9.12-13). Embora em documentos retidos em Esd e Ne, os guardiões do Templo (Esd 2,42.70; 7,24; 10,24; Ne 7,45; 10,29; 11,19) e os cantores do Templo (Esd 2,41; Ne 7,44) são distintos da categoria de levitas (e ainda parecem ser assim em 2Cr 35), eles estavam sendo assimilados na categoria ou classe levítica (1Cr 15,16-23; 25,1-31; 26,1-9; 2Cr 5,12; 29,25-26.30). Além disso, os levitas pós-exílicos podem ter se engajado em consideravelmente em atividade típica de escriba e atuado como intérpretes das Escrituras (→ 11 *acima*; veja A. Jepsen, *VT* 31 [1981] 318-23). Para a questão sobre se alguns dos cantores cultuais feitos levitas poderiam ter sido "profetas cultuais", veja A. R. Johnson, *The Cultic Prophet in Ancient Israel* (2ª ed.; Cardiff, 1962) 69-75.

Quanto ao papel político do sumo sacerdote nos períodos persa e helenístico, → História, 75:124, 139, 149-50.

LUGARES DE CULTO

25 (I) O período patriarcal e mosaico. Diz-se que os patriarcas, Abraão, Isaac e Jacó, fundaram vários santuários por toda Canaã. Estes santuários normalmente marcavam lugares onde Deus tinha se manifestado aos patriarcas. Em muitos exemplos, foi o caso de tomar santuários cananeus já estabelecidos e dedicá-los ao único Deus verdadeiro.

26 (A) Siquém. Um caso a mencionar é Siquém, a primeira parada de Abraão em Canaã (Gn 12,6-7). É chamado de *māqôm*, que neste contexto é virtualmente um termo para santuário, embora o significado básico da palavra seja simplesmente "lugar". Aqui ficava o terebinto (carvalho?) de Moré, aparentemente onde oráculos pagãos eram proferidos, pois era chamado de "Terebinto do Mestre ou Adivinhador". Aqui Deus se manifestou a Abraão, e o patriarca edificou um altar para celebrar o acontecimento. Isto parece, ainda, ter sido o padrão comum no estabelecimento de um santuário: manifestação divina, comunicação divina, edificação de um altar.

Siquém também figura notavelmente na história de Jacó. Ao retornar de uma longa estadia com seu tio Labão, Jacó levanta acampamento nos arredores de Siquém, compra o local do acampamento e ergue um altar (Gn 33,18-20). Ele, de forma cerimonial, enterrou sob o terebinto as imagens idólatras que suas esposas haviam tirado de sua terra natal como um sinal de rejeição definitiva do culto pagão e da dedicação de todo o coração ao único e verdadeiro Deus.

No final da era patriarcal, os restos de José foram trazidos do Egito a Siquém para serem enterrados ali (Js 24,32).

No período dos juízes, o povo renovou solenemente a aliança do Sinai em Siquém e ergueram uma estela em memória do acontecimento "ao pé do carvalho que está no santuário de Iahweh" (Js 24,25-28). Outros acontecimentos relacionados a este santuário foram a proclamação de Abimelec como rei (Jz 9,6) e o encontro do filho de Salomão, Roboão, com os representantes das tribos do norte (1 Rs 12,1-19). Alguns estudiosos pensam que, durante o período da monarquia de Israel, Siquém era o local de cerimônias de aliança anuais que eram a fonte das tradições legais preservadas em Dt (→ Pensamento do AT, 77:77ss.). Escavações revelaram dentro da cidade uma área ocupada, por volta de 1650-1100 (com talvez um intervalo de aproximadamente 1550-1450), por um templo, remodelado ou restituído várias vezes (J. Toombs e G. E. Wright, *BASOR* 169 [Fev. 1963] 25-32). Este templo, em sua última fase, poderia ter sido a casa de Baal-Berit (Jz 9,4) ou de El-Berit (Jz 9,46), uma deidade explicitamente relacionada à aliança (*běrît*).

27 (B) Betel. No que concerne à ligação entre os patriarcas e Betel, os dados das várias tradições são confusos. A tradição J de Gn atribui o estabelecimento deste santuário a Abraão (12,8), mas a tradição (J-)E indicaria que Jacó o fundou (28,10-22). No relato de E, Jacó parou no santuário em seu caminho rumo à Mesopotâmia e, durante a noite, teve sua bem conhecida visão da escada ou escadaria ligando o céu e a terra. Quando ele acordou, ele percebeu que estava em um lugar verdadeiramente sagrado, uma *bêt'El* (casa de Deus). Ele tomou a pedra que tinha usado como travesseiro, a erigiu e derramou óleo sobre ela como sinal de consagração. Ele prometeu a Deus que se sua sorte em Harã prosperasse, ele construiria um santuário em Betel e o sustentaria com suas possessões. (Esta figura da tradição E de Gn é de alguma forma complicada por misturar-se à narrativa de J sobre o aparecimento de Iahweh, em que ele confirma novamente as promessas feitas a Abraão [28,13-15].). Então, E completa a história contando como Jacó, depois de seu retorno de Harã, foi de Siquém a Betel, onde ele erigiu um altar e colocou uma pedra sagrada (35,1-9.14-15 – repetindo 28,18-19). Aparentemente, Jacó fez em Betel o que Abraão fez em Siquém; ele tomou um santuário cananeu que já existia e o dedicou ao único e verdadeiro Deus. Assim como na descrição de Siquém em Gn 12,6, a palavra *māqôm*, "lugar", parece ser aplicada a Betel no sentido de "lugar sagrado", "santuário".

28 (C) Mambré. É dito: "Abrão foi estabelecer-se no Carvalho de Mambré, que está em Hebron; e lá construiu um altar a Iahweh" (Gn 13,18). Embora Mambré seja frequentemente mencionado em Gn como o lugar de habitação de Abraão, Isaac e Jacó, ou como ponto de referência para localizar a caverna em que seus corpos e os de suas esposas foram depositados, há apenas uma referência a ele como sendo um lugar de adoração. De fato, nenhum outro livro senão Gn menciona Mambré, o que é estranho, considerando que este figurou notavelmente nas histórias patriarcais e que séculos depois se tornou um local comum de peregrinação. A explicação pode estar no fato de que o culto realizado ali se tornou posteriormente corrompido pela infiltração de práticas pagãs. Por esta razão, redatores posteriores dos livros sagrados podem ter se recusado a mencioná-lo e podem ter alterado quaisquer referências tradicionais de forma a tornar sua localização incerta. Veja Gn 13,18; 23,19; 35,27, onde é identificado com Hebron.

29 (D) Bersabeia. Este santuário é associado de forma especial ao nome de Isaac. Deus apareceu a ele aqui e repetiu as promessas previamente feitas a Abraão. Como memorial da teofania, Isaac erigiu um altar (Gn 26,23-25 – mais uma vez, as constantes no estabelecimento de um santuário: aparição divina, mensagem divina, construção de um altar). Subsequentemente, Jacó ofereceu um sacrifício aqui e Deus apareceu a ele (46,1-4). Um acréscimo posterior ao texto (21,33) faz o estabelecimento deste santuário remontar até Abraão, que, segundo se diz, plantou ali tamargueiras e "invocou ali o nome de Iahweh, Deus eterno". A expressão aqui traduzida "Deus eterno" é com toda probabilidade o próprio nome da divindade canaanita anteriormente adorada neste ponto: El Olam (→ Pensamento do AT, 77:16). Os patriarcas teriam se apropriado deste título, bem convenientemente, para seu Deus. Bersabeia continuou a ser um santuário israelita popular por séculos. Contudo, a adoração ali se tornou corrompida pela idolatria, e no séc. VIII encontramos Amós banindo este santuário junto com outros do mesmo tipo (Am 5,5; 8,14).

30 (E) A Tenda ou Tabernáculo. Depois que os descendentes de Jacó escaparam do Egito e voltaram para a terra dos patriarcas, outros santuários se tornaram proeminentes. Durante o êxodo, contudo, os israelitas tinham um santuário portátil: o Tabernáculo ou Tenda. Nas mais antigas tradições, era um lugar onde Moisés consultava Iahweh para conhecer sua vontade (Ex 33,7.11; Nm 12,8). Este papel aparece na tradição posterior também, mas ali uma nova palavra, *miškān*, é preferida à palavra comum para tenda, *'ōhel*. Este novo termo enfatiza a presença permanente de Iahweh entre seu povo. A antiga tradição (E) representa a chegada e a partida de Deus sob a figura de uma nuvem que sobe e desce (Ex 33,9; Nm 12,4-10). Porém, a tradição P traz a nuvem pousando sobre a Morada no momento em que ela estava totalmente construída e permanecendo ali, mesmo quando a Tenda estava em movimento (Ex 40,34-35.36-38; Nm 9,15-23). As duas tradições variam também sobre a localização da Tenda. Nos textos mais antigos (E), ela ficava fora do acampamento; nos posteriores (P), ela ficava no centro do acampamento.

31 É muito difícil dizer com certeza como era a Tenda do deserto, pois as tradições mais antigas não oferecem informações. A tradição P parece dar uma reconstrução idealizada, tornando a Tenda uma espécie de modelo em escala portátil do Templo de Salomão, que era o centro de adoração quando esta tradição estava a caminho da formulação definitiva. Os redatores de P descrevem duas vezes a Tenda em detalhe: primeiro, quando Iahweh dá as especificações para sua construção (Ex 26), e novamente quando Moisés a manda construir (36,8-38). De acordo com esta descrição, a Tenda em si consistia em uma estrutura retangular de madeira de 13,7 m x 4,5 m x 4,5 m, que era toda coberta, exceto pela entrada oriental, por duas faixas longas de um tecido delicado unidas por um sistema intricado de ganchos e colchetes. Este tecido era adornado com querubins bordados. Então havia uma outra cobertura mais durável de couro de cabra e finalmente uma cobertura vermelha de peles de carneiro tingidas e outros couros leves. Uma cortina fechava a entrada oriental, e uma outra cortina de material mais precioso era colocada a 4,5 m da parte final ocidental. Esta separava o Lugar Santo do Santo dos Santos, tornando assim o Santo dos Santos um cubo perfeito de 4,5m. Aqui era mantida a Arca da Aliança. No Lugar Santo estavam o castiçal com sete hastes e a mesa para os pães da proposição. Fora da entrada estavam o altar e a bacia usada para o ritual de purificação. A Tenda era cercada por um pátio extenso, de 45 m x 22,5 m, cercado por um sistema de pilares de bronze aos quais eram afixadas hastes de prata, e destas pendiam cortinas de linho. (Para uma descrição da Tenda, veja F. M. Cross, *BA* 10 [1947] 45-68.). É significativo que as dimensões da Tenda como reconstruída pelos redatores de P são exatamente a metade das do Templo. Este fato, somado aos evidentes elementos idealísticos das descrições, aponta para a conclusão de que a Tenda (como é concebida por P) foi reconstruída com o Templo como modelo e não vice-versa, ou pelo menos que uma descrição antiga da Tenda foi modificada em P para que se parecesse mais com o Templo. Foi proposto, contudo, que a descrição da Tenda em P é baseada em uma antiga descrição da tenda feita por Davi para abrigar a Arca em Jerusalém, quando o Templo ainda não havia sido construído (F. M. Cross, in Biran (ed.), *Temples* 169-80).

Pode-se ainda concluir uma verdade básica: Havia uma tenda que servia como centro de adoração durante a travessia do deserto. Esta Tenda tem paralelos em instituições árabes antigas e modernas, especialmente o *qubba*. O último era uma tenda pequena de couro vermelho usada para proteger os ídolos tribais; ela tinha um lugar de destaque no campo, adjacente à tenda do chefe; a ela vinham membros da tribo buscando pronunciamentos oraculares. Assim, o *qubba* e a Tenda israelita tinham em comum tanto a aparência (cobertura externa vermelha da Tenda) quanto a função (um lugar para conceder oráculos). Tribos beduínas modernas possuem uma tenda pequena semelhante que as acompanha nos lombos dos camelos por onde quer que andem. Pensa-se que ela possua algum tipo de poder sobrenatural e os acompanha quando eles entram em batalha. Por vezes, os beduínos oferecem sacrifícios à divindade cuja morada é tida como sendo a tenda. A partir desses paralelos, bem como da tradição bíblica constante, pensamos ser provável que o santuário móvel das andanças de Israel pelo deserto foi moldado como as tendas do próprio povo. A última menção clara disso ocorre em Nm 25,6, que fala sobre a Tenda sendo colocada sobre as planícies de Moabe, a última parada antes da invasão de Canaã. Depois que os israelitas tinham se instalado na terra prometida e não estavam mais habitando em tendas, a Arca, de igual forma, teria sido abrigada em uma morada mais permanente (aquela descrita na tradição de P?). O santuário em Silo foi uma construção do mesmo tipo (1Sm 1,7.9; 3,15), e tradições posteriores que falam sobre a "Tenda" de Silo (Js 18,1; 19,51; Sl 78,60) o fazem de forma poética arcaica (→ 37 abaixo). Quando Davi trouxe a Arca a Jerusalém, ele a colocou em uma tenda, mas não era a Tenda, a despeito da interpretação de 1Rs 8,4. Era um local provisório feito para recordar os dias de viagem pelo deserto (2Sm 6,17). Veja de Vaux, *BANE* 136-51; mas também R. E. Friedman, *BA* 43 (1980) 241-48.

32 (F) A Arca. O que a Tenda deveria abrigar (Ex 26,33; 40,21) era chamado em hebraico de *'ărôn hā'ēdût*, "Arca do Testemunho", porque as duas "tábuas do testemunho" dadas no Sinai (31,18) eram mantidas dentro dela (25,16; 40,20). De acordo com 25,10-22; 37,1-9, a Arca era uma caixa de 1,2 m x 0,75 m x 1,2 m feita de madeira de acácia, coberta com ouro por fora, e equipada com anéis através dos quais se passavam varas quando ela tinha de ser transportada. No topo havia uma placa de ouro chamada de *kappōret*, traduzida variavelmente como "propiciatório" ou "sede da misericórdia". "Propiciatório" (do latim *propiciatorium*) é baseado no termo grego *hilastērion*, usado para traduzir *kappōret* na LXX; "trono de misericórdia" é baseado na ideia de que do *kappōret*, sobre o qual ele estava sentado, Deus dispensava misericórdia a seu povo. Etimologicamente, *kappōret* se origina do verbo *kippēr*, que não tem nada a ver com cobrir (como se afirma frequentemente), mas com apagar ou limpar esfregando (*HALAT* 470) e, em um contexto de culto, remover o pecado do pecador ou do objeto contaminado por ofensa pessoal (veja Levine, *Presence* 55-77, 123-27; e mais recentemente seus comentários em *Mesopo-*

tamien und seine Nachbarn [ed., H.-J. Nissen e J. Renger; BBVO 1; Berlin, 1982] 2. 523-25). Em cada extremidade do *kappōret* havia um querubim com as asas estendidas. Foi no Segundo Templo que o *kappōret* teve maior significado (→ 35 *abaixo*; → Teologia paulina, 82:73).

Em Dt 10,1-5 apenas a madeira de acácia e as tábuas do Decálogo são mencionadas. Em 10,8, diz-se que apenas os levitas poderiam carregar a Arca, aqui chamada de *'ărôn habběrît*, Arca da Aliança. Mais tarde em Dt lemos que se deu ao rolo de pergaminho que continha a versão deuteronômica da lei um lugar de honra ao lado da Arca (31,9.26). Somos informados em Nm 10,33-36 que a Arca precedia os israelitas quando eles deixaram o Sinai e indicava onde eles tinham de parar e acampar. Nm 14,44 indica significativamente que, quando o povo resistiu às ordens de Moisés e atacou os cananeus, a Arca permaneceu no acampamento.

Todas essas informações vêm de diferentes tradições. A tradição P está representada no primeiro conjunto destes textos (os de Êxodo), e sua reconstrução da Arca, como suas descrições da Tenda, são coloridas pelo atual conhecimento da Arca tal qual estava no Templo (1Rs 8,6). A tradição deuteronômica não dá nenhuma descrição exceto que a Arca era feita de madeira de acácia. O texto antigo de Nm está mais preocupado com a função da Arca do que com sua aparência. Suas informações, contudo, encaixam-se bem naquilo que Js 3-6 nos conta sobre o papel desempenhado pela Arca durante a invasão de Canaã.

33 A Arca era o centro da adoração israelita durante a peregrinação no deserto e continuou como tal até a destruição do Templo em 587. Após a entrada na terra prometida, ela foi mantida em Gilgal (Js 7,6), depois em Betel (Jz 20,27) e em seguida em Silo (1Sm 3,3). Ao ser levada para a batalha de Afec (1Sm 4,3ss.), ela foi capturada pelos filisteus (4,11). Depois de causar destruição entre os filisteus e ser transferida de cidade em cidade, ela foi finalmente levada de volta aos israelitas e mantida em Cariat-Iarim (5,5-7,1). Finalmente, Davi a mandou levar a Jerusalém, onde ela foi mantida em uma tenda até que Salomão construiu o Templo e a instalou no Santo dos Santos (2Sm 6; 1Rs 6,19; 8,1-9). Este é o último relato que temos dela, com exceção da tradição apócrifa mencionada em 2Mc 2,4ss.

34 De interesse e importância maior do que o surgimento e a história da Arca é seu significado teológico. Quando todos os dados dos textos são analisados cuidadosamente, eles produzem duas avaliações dominantes da Arca: ela era considerada (1) o lugar da presença divina (o trono ou escabelo de Deus) e (2) um tipo de arquivo no qual se mantinha a lei.

Primeiro, a Arca era o local da presença de Deus em Israel. O temor causado por ela está refletido no alarme expressado pelos filisteus quando os israelitas a trouxeram para o campo de batalha: "Deus veio ao acampamento" (1Sm 4,7), e quando a Arca foi capturada, o desastre foi interpretado como a partida de Deus de seu meio (1Sm 4,22; veja A. Bentzen, *JBL* 67 [1948] 37-53). Uma consideração ainda mais antiga está refletida em Nm 10,35 (cf. Sl 132,8): Quando a Arca deixava o acampamento do deserto, era Iahweh quem estava conduzindo o caminho. A Arca provocou destruição entre os filisteus enquanto eles a tinham em seu território (1Sm 5), e 70 homens de Bet-Sames foram mortos por não se regozijarem com seu reaparecimento (1Sm 6,19). Oza foi afetado de modo semelhante quando ousou tocar a Arca, mesmo que inocentemente (2Sm 6,7; veja também Nm 4,5.15; Ex 25,15; 1Rs 8,8). Um epíteto muito comum aplicado à Arca revela seu significado para os israelitas: o "pedestal" de Deus. A ocorrência mais antiga desta noção está em 1Sm 4,4, em que há referência à "Arca da aliança de Iahweh dos Exércitos, entronizado entre os querubins" (2Sm 6,2; 2Rs 19,15). A designação como "pedestal" persistiu enquanto a Arca (e o templo) existiram (1Cr 28,2; Sl 99,5; 132,7; Lm 2,1; Is 66,1). Surge alguma confusão do fato de que se fazia referência à Arca tanto como o pedestal de Deus quanto seu trono; ambos, contudo, são figuras poéticas para o lugar da presença divina e não devem ser tomados tão literalmente.

A Arca também era um depósito para as tábuas do Decálogo, e Dt 10,1-5 parece sugerir que isto era tudo que ela era. A Arca era, de acordo com isso, a "Arca da Aliança"; a tradição P usa uma designação semelhante, "Arca do testemunho" (Ex 25,16; 40,20). Longe de serem contraditórias, as duas noções – trono de Deus e depósito de sua lei – são complementares. Documentos egípcios e hititas testificam que era costume depositar alianças e tratados aos pés dos deuses. Estudos sobre tratados suseranos hititas tornam isso especialmente claro, sendo uma das estipulações a de que uma cópia do tratado tinha de ser preservada em um templo aos pés de um ídolo. Os paralelos entre esses tratados suseranos e a aliança do Sinai, pelo menos no que se refere à sua forma externa, são muito surpreendentes (→ Pensamento do AT, 77:79-80).

35 (G) O *kappōret* **pós-exílico.** Quando o Segundo Templo foi construído após o exílio babilônico, a antiga Arca não existia mais – presumivelmente, mas não de forma demonstrável, como resultado da destruição babilônica em Jerusalém. Não se construiu uma nova Arca. Em Jr 3,16-17, diz-se ao povo que não se preocupe com a ausência da Arca histórica, o trono de Iahweh. Eles não deveriam construir outra, pois a nova Jerusalém em sua totalidade seria o trono de Iahweh. Todavia, um *kappōret*, que de acordo com Ex 25,17-22; 37,6-9 (talvez secundário à descrição de P da própria Arca) deveria estar no topo da Arca (→ 32 *acima*), foi instalado no novo Debir, o Santo dos Santos, do Segundo Templo. Na realidade histórica, este poderia ter sido um substituto da Arca quando esta não existia mais (J.-M. de Tarragon, *RB* 88 [1981 5-12]. Em 1Cr 28,11, o Santo dos Santos não é chamado de sala da Arca, mas de "casa do *kappōret*".

A presença misteriosa de Deus, uma vez intensamente concentrada na Arca, se concentraria doravante no *kappōret*, que no período pós-exílico figura de maneira muito impressionante no ritual anual do Dia da Expiação (→ 147-50 *abaixo*). As exigências deste ritual talvez expliquem melhor porque havia um *kappōret* no Segundo Templo mesmo que não houvesse Arca – apesar do desconforto com a presença espacial restrita de Deus que se encontra especialmente em textos deuteronômicos (→ 51 *abaixo*).

36 (II) Santuários israelitas da conquista ao templo.

(A) Guilgal. Depois que os israelitas concluíram seu êxodo e se fixaram em Canaã, eles estabeleceram vários novos santuários. O primeiro foi em Guilgal, entre o Jordão e Jericó. O nome se refere ao círculo de pedras que marcava o local do santuário, que provavelmente era usado pelos cananeus antes de sua adoção pelos israelitas. Ali que a Arca foi colocada depois de cruzar o Jordão (Js 4,19; 7,6); ali, também, os homens de Israel aceitaram a aliança e foram circuncidados (5,2-9), e celebraram a Páscoa pela primeira vez na Terra Prometida. Posteriormente, Samuel foi a Guilgal para julgar o povo (1Sm 7,16), e o local teve um papel importante na carreira de Saul, que foi ali proclamado rei "perante Iahweh" (11,15). Guilgal foi o local em que Saul foi repudiado por Samuel (13,7-15; cf. 10,8; 15,12-33) em virtude de suas ofertas de sacrifício não autorizadas. A tribo de Judá deu as boas-vindas a Davi ali quando ele retornou da Transjordânia (2Sm 19,16.41). Posteriormente, o santuário foi condenado (Os 4,15; Am 4,4; 5,5); aparentemente, a adoração tinha sido contaminada por práticas pagãs.

37 (B) Silo. Após a conquista, Silo logo se tornou o centro da adoração de Israel, tomando o lugar de Guilgal. Não podemos determinar exatamente quando e como a transferência foi feita, mas ela tinha sido efetuada na época dos juízes. Tanto um centro político quanto religioso, Silo era um lugar de reunião para todas as tribos (Js 18,1; 21,2; 22,9.12), e sete das tribos receberam seus territórios ali (18,8). Uma tradição posterior e questionável coloca a Tenda ali (18,1; 19,51). É quase certo que a Arca era mantida ali, e Elcana, pai de Samuel, fez a viagem anual a Silo para oferecer sacrifício (1Sm 1,3). Havia também um tipo de peregrinação anual chamada *ḥag* (Jz 21,19-21). A Arca era mantida em um edifício, referido muitas vezes como "casa de Iahweh" (1Sm 1,7.24; 3,15), um "palácio' de Iahweh (3,3) e uma "casa de Deus" (Jz 18,31). Aqui, também, o epíteto "Iahweh dos Exércitos entronizado entre os querubins" foi aplicado a Iahweh pela primeira vez (1Sm 1,3; 4,4; → Pensamento do AT, 77,14). Não muito depois de o santuário de Silo ter sido colocado em destaque na história bíblica, ele fez uma saída muito dramática. Pouco depois de 1050 a.C., a Arca foi levada dali para garantir a presença militar de Iahweh na batalha de Afec, onde foi capturada pelos filisteus. Quando a Arca foi recuperada, não foi mais levada a Silo. Jeremias 7,12-14; 26,6 têm sido tomadas como evidência de que a própria Silo foi destruída pelos filisteus e permanece em ruínas pelos séculos seguintes, mas escavações corretivas em 1963 mostraram que ela foi ocupada por todo o período da monarquia israelita (veja M. L. Buhl e S. Holm-Nielsen, *The Danish Investigation at Tall Sailūn, Palestine* [Copenhagen, 1969]). Embora nenhum vestígio identificável como um templo tenha sido encontrado, podemos dar como certo que Silo parou de ser um local de peregrinação israelita tão logo cessou de ser o local onde a Arca era mantida. Entre os peregrinos para Jerusalém logo após a queda da monarquia em Judá estavam peregrinos de Silo (Jr 41,4-10).

38 (C) Masfa. Em Benjamim havia um outro centro de culto durante o período dos juízes, pois em Masfa os israelitas se reuniam para fazer um juramento diante de Iahweh (Jz 20,1.3; 21,1.5.8). No tempo de Samuel, os israelitas se reuniam ali para adorar Iahweh, derramando libações e oferecendo sacrifícios (1Sm 7,5-12). Masfa foi uma outra parada no curso de Samuel pelo país para "julgar" o povo (7,16). Uma das tradições variantes acerca da escolha de Saul como rei coloca o acontecimento em Masfa (10,17-24). A próxima menção deste local como santuário ocorre em 1Mc 3,46-54, cerca de 850 anos mais tarde.

39 (D) Efra. Dois relatos do estabelecimento do santuário de Efra são dados em Jz 6, um imediatamente seguido do outro. De acordo com o primeiro (6,11-24), o anjo de Iahweh apareceu a Gedeão e o comissionou a resgatar os israelitas dos saqueadores madianitas. No momento da aparição, Gedeão estava malhando trigo no lagar. Ele tinha parado para comer e o anjo ordenou que a refeição fosse oferecida em sacrifício debaixo do terebinto. Gedeão, então, construiu um altar ali. De acordo com o segundo relato (6,25-32), foi Iahweh quem falou a Gedeão em um sonho e ordenou que ele quebrasse os altares que seus pais haviam erguido em honra a Baal, para derrubar o *asherah* pagão (poste sagrado), construir um altar a Iahweh e queimar um sacrifício, usando a madeira do *asherah* para o fogo. A execução desta ordem causou consternação entre o povo, mas Joás veio em defesa de seu filho.

Estes dois relatos têm a ver com o mesmo santuário. Era um local venerado pelo clã de Joás, pai de Gedeão, e duas tradições foram passadas pela família acerca de como tinha sido transformado em um santuário de Iahweh. A mais antiga (a primeira) evocava uma transição pacífica; a segunda parece ter sido colorida por conflitos posteriores entre a adoração de Baal e a adoração de Iahweh. O único incidente subsequente relatado em ligação com este santuário reflete estas duas tendências. Depois de sua vitória, Gedeão fez um éfode – destinado à honra de Iahweh – para o santuário como parte de sua mobília cúltica, mas o redator deuteronomista o interpretou como um objeto de adoração idólatra (Jz 8,22-27; → 9 *acima*).

40 (E) Dã. O santuário de Dã teve um começo estranho (Jz 17-18). Um homem chamado Micas roubou prata de sua mãe, mas a devolveu mais tarde; a mãe, então, usou um pouco dessa prata e fez um ídolo. Micas o colocou em um santuário junto com um éfode e alguns terafins (deuses do lar). Ele indicou seu filho como sacerdote do santuário até que apareceu um levita. Então, um grupo da tribo de Dã, que estava migrando para o norte, furtou tudo do santuário, incluindo o levita. Quando chegaram a Lais, eles mataram todos os habitantes, chamaram-na de Dã e ergueram ali seu santuário roubado.

À primeira vista, esta história de idolatria e violência não parece se referir a um santuário de Iahweh, e, de fato, o redator deuteronomista conta a história para dar a impressão de que o santuário de Jeroboão I em Dã foi corrupto desde o princípio. Contudo, era Iahweh o verdadeiro adorado ali, mesmo que de uma maneira bastante não ortodoxa. Foi a ele que a mãe de Micas dedicou a prata, e foi ele quem abençoou Micas por devolver a prata à sua mãe. Assim que o levita chegou, Micas o empregou, pois ele sabia que o sacerdócio levita era mais aceitável a Iahweh (→ 18 *acima*). Os danitas usavam o éfode para consultar a Deus, e obtinham resposta. O levita na história era um neto de Moisés chamado Jônatas, e seus descendentes continuaram a servir no santuário até a invasão assíria. Quando Jeroboão I estabeleceu o reino do norte de Israel, ele escolheu dois centros religiosos como rivais do Templo, cada um numa extremidade do reino, um ao norte, Dã, e outro ao sul, Betel. Em cada um deles ele colocou um bezerro de outro (→ 53 *abaixo*). A escavação de Dã revelou a área sagrada da cidade. Dentro dela, de aproximadamente da época de Jeroboão I no final do séc. X, havia uma plataforma de pedra (*bāmâ*? → 60 *abaixo*), ampliada na primeira metade do séc. IX e provida de uma escada para sua superfície superior no séc. VIII. A relação arquitetônica desta plataforma com o bezerro de ouro não é conhecida. Veja A. Biran, *BA* 37 (1974) 40-43; *Temples* 142-51; → Arqueologia bíblica, 74:119.

41 (F) Jerusalém. Jerusalém era, naturalmente, o maior dos santuários israelitas. A própria cidade não era de domínio israelita até a época de Davi, que efetuou sua captura e a fez sua capital. Ele trouxe a Arca de Cariat-Iarim (2Sm 6) em uma procissão marcada por incidentes muito dramáticos e a colocou sob uma tenda no local escolhido para ela. (Esta narrativa pode ter sido colorida pelos Sl 24,7-10 e 132, se eles foram cantados no aniversário da ocasião.). Posteriormente, Davi erigiu um altar no local do futuro Templo. Esta história, conforme contada em 2Sm 24,16-25 (veja 1Cr 21,15-22,1), contém todas as características convencionais de relatos de fundação: aparição celestial, mensagem divina, construção do altar, oferta de sacrifício.

Uma outra característica convencional, contudo, falta aqui. De uma forma bastante consistente no período patriarcal e de uma maneira frequente durante o período dos juízes, os santuários israelitas foram estabelecidos em locais onde já existiam santuários pagãos. Havia, sem dúvida, tal local em Jerusalém: Melquisedec, seu rei durante o período patriarcal, é apresentado como sacerdote de El Elyon, uma divindade cananeia bem conhecida (Gn 14,18-20). Mas tudo nas passagens referentes ao estabelecimento do santuário israelita indica de forma bastante clara que, se houvesse tal santuário, este não foi tomado por Davi. A Arca foi colocada em uma tenda, não em uma estrutura já existente; e o local escolhido para o altar e, finalmente, para o Templo não tinha associações religiosas. Tinha sido uma eira que pertencia a um jebuseu nativo chamado Areúna (2Sm 24,18-21). Contudo, existe uma pequena possibilidade de que os redatores tenham omitido propositalmente de sua narrativa qualquer coisa que sugerisse que o Templo tivesse antecedentes pagãos (→ 16 *acima*).

42 (III) O Templo de Jerusalém.
(A) Localização. De acordo com 2Cr 3,1, Salomão construiu o Templo no local escolhido e comprado por Davi; tratava-se de uma eminência rochosa ao norte de Ofel, a colina oriental à qual a cidade foi então confinada. O local esteve ocupado continuamente desde então e agora é ocupado pela Mesquita de Omar e a assim chamada Cúpula da Rocha. Enquanto que a área geral é de fácil identificação, há a questão sobre a localização exata do Templo. Parece certo que sua entrada estava voltada para o leste, e explorações sugerem que o Santuário ficava aproximadamente a uns 45 metros ao norte da Cúpula da Rocha (*BARev* 9 [2, 1983] 40-59; → Geografia bíblica, 73:92-93).

43 (B) Interior e exterior. O Templo de Salomão levou aproximadamente sete anos para ser construído (1Rs 6,37-38; → Arqueologia Bíblica, 74:109). A madeira e a mão de obra profissional foram obtidos de Hiram, rei de Tiro; a pedra e o trabalho braçal vieram dos arredores de Jerusalém (1Rs 5,15-31). A descrição bíblica do Templo está clara em suas linhas gerais, mas em detalhes deixa muito a desejar (1Rs 6-7; 2Cr 3-4). Não nos é dito, por exemplo, qual a grossura das paredes, como a fachada era ornamentada ou que tipo de teto foi usado. Muitos estudiosos recorrem a informações posteriores dadas na visão de Ezequiel de forma a preencher o que falta em 1Rs. Por exemplo, Ez 41,5 fala que as paredes do Templo tinham 2,7 m de espessura, e Ez 40,49; 41,8 descrevem o Templo em cima de uma plataforma de 2,7 m de altura.

O *interior* estava dividido em três partes: o Ulam ou Átrio; o Hekal (palácio; templo), posteriormente chamado de Lugar Santo ou Santuário; e o Debir (sala de trás), posteriormente chamado de Santo dos Santos. A parte mais sagrada era o Santo dos Santos, pois nele era mantida a Arca da Aliança. As medidas interiores eram as seguintes: a estrutura tinha 9m de largura; o Ulam tinha 4,5 m, o Hekal, 18 m, e o Debir, 9 m de extensão. O texto não deixa claro como essas

TEMPLO DE SALOMÃO

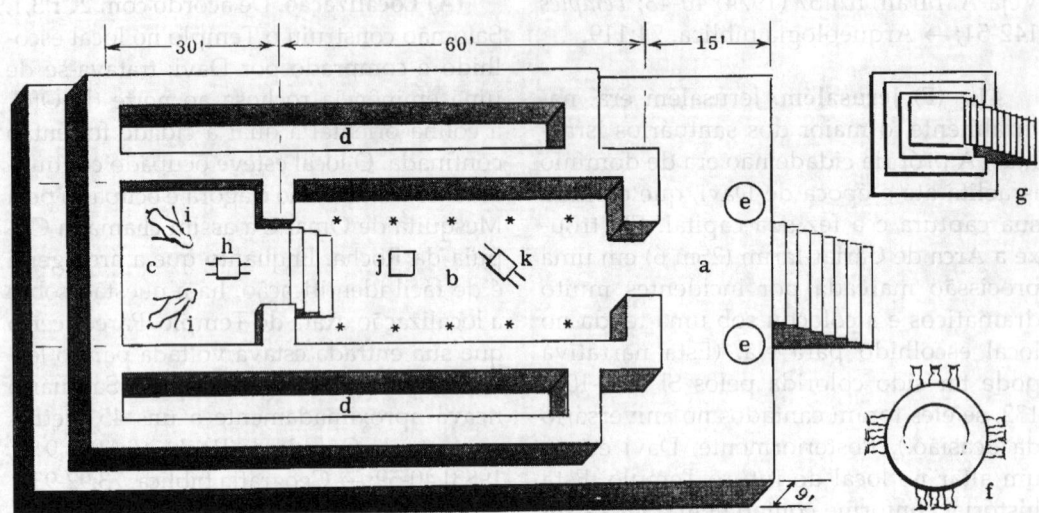

I. Planta
  a. Átrio ou Pórtico (*'ûlām*)
  b. Lugar Santo ou Santuário (*hêkāl*), 18 x 9 x 12 m
  c. Santo dos Santos (*děbîr*), 9 x 9 x 9 m
  d. Câmaras laterais – três andares, cada nível 0,45m mais amplo que o andar inferior
  e. Dois pilares independentes de Jaquin e Booz
  f. Mar de Bronze (fundição)

II. Vista Frontal
  d. Câmaras laterais: Tesouraria
  e. Jaquin e Booz (12 m de altura)
  f. Mar de Bronze (fundição) (4,5 m de diâmetro)
  g. Altar de Bronze (zigurate segundo Garber)
  h. Teto plano (cornija egípcia segundo Garber) (Albright mostra ameados)

N.B.: Nenhuma torre

III. Planta baixa de uma capela fenícia

g. Altar de Bronze (com degraus retos segundo Albright-Wright)
h. Arca da Aliança
i. Querubins
j. Altar do Incenso
k. Mesa para os Pães da Proposição
* Dez Candelabros – cinco de cada lado

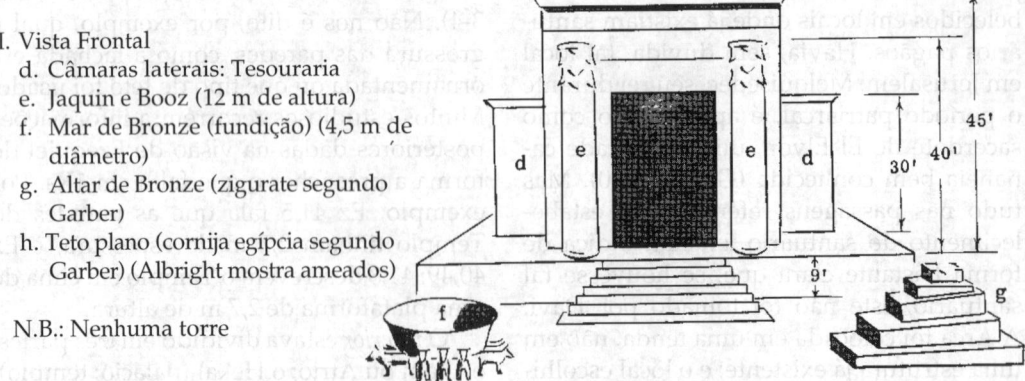

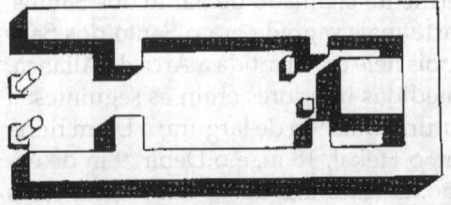

Esta capela fenícia do séc. VIII dos reis de Hattina (Tell Tainat), na Síria, tinha dois terços do tamanho do Templo de Salomão.

partes eram separadas, mas deve ter havido uma parede entre o Ulam e o Hekal. Ainda, enquanto 1Rs 6,2 fala do Hekal e do Debir como uma unidade, 6,16-17 sugere que eles estavam separados, pois dá o comprimento de ambos. De Vaux sugeriu uma correção de 6,16 que lançaria mais luz sobre o assunto: Salomão "usou madeira de cedro para construir os 20 côvados [= 9 m] da parte de trás do Templo, do chão às vigas, e (estes 20 côvados) 'foram separados' do Templo para o Debir."

Teria havido, então, uma partição transversal diferente dos painéis de cedro que revestiam as paredes internas. É interessante que no recém descoberto templo a Iahweh em Arad (um contemporâneo do Templo de Salomão; → Arqueologia bíblica, 74:109), a área que poderia ser chamada de Debir é apenas uma sala que se projeta a partir da sala principal que é equivalente ao Hekal. De acordo com 6,20, o Debir era um cubo perfeito de 9 m, mas de acordo com 6,2, a altura do edifício do Templo, presumivelmente contendo tanto o Hekal quanto o Debir, não era de 9 m (a altura do cubo), mas de 13,7 m (ou, de acordo com a LXX, 11,4 m). Isto pode ser porque o chão do Debir estava em um nível mais alto que o do Hekal, mas alguns estudiosos, ao interpretarem o Debir como uma estrutura em forma de cubo de madeira colocada dentro do Templo em sua extremidade ocidental (H. Schult, *ZDPV* 80 [1964] 46-54; M. Noth, *Könige* [BKAT 9/2; Neukirchen, 1965] 99-100, 119-21), distinguem o topo do cubo de madeira do teto de pedra do Templo que fica vários pés mais alto.

44 *Exterior.* Diretamente em frente ao Templo de Salomão estavam dois pilares, flanqueando a entrada; eles não eram parte integral da fachada, mas permaneciam livres dela. Mais simbólicos que funcionais, eles podem ter sido vestígios dos antigos *masseboth* cananeus ou estelas sagradas. Cada uma tinha um nome: uma era Jaquin, a outra, Booz (1Rs 7,21). O significado preciso desses nomes ainda não é certo. Uma explicação popular os toma juntos e traduz: "Ele (Iahweh) estabelecerá com força." Muitas outras suposições têm sido feitas, mas uma das mais interessantes é que eles representavam as exclamações satisfeitas do artesão: *Yākîn* (É sólido!) e *Bō'az* (Com força!). Veja R. B. Y. Scott, *JBL* 58 (1939) 143-49. O templo de Arad também tinha dois pilares flanqueando a entrada para o salão principal.

45 De acordo com 1Rs 6,5-10, uma estrutura de três andares baixos cercava os três lados do Debir e os dois lados do Hekal. Aparentemente, apenas um dos três andares, de 2,2 m de altura, estava no plano original. Posteriormente, este se mostrou inadequado como local de, e dois andares foram acrescentados, cada um 0,45 m mais largo que o outro, e foram ajustados nos recuos existentes na parede externa do Templo. Não temos certeza de onde era a entrada para esses depósitos, mas pode ter sido no ângulo direito (1Rs 6,8). O acesso ao segundo e ao terceiro andar era por meio de alçapões. A existência de recuos nas paredes externas se explica pela maneira em que aqueles muros foram construídos. De acordo com 1Rs 6,36; 7,12, as paredes dos pátios e do palácio tinham três fileiras de pedra revestida e uma de madeira, e as paredes do Templo provavelmente foram construídas da mesma maneira (veja Esd 6,14) A fileira de madeira deve ter servido de moldura para a superestrutura de tijolos que ficava no topo da construção de pedra, e cada fileira de pedra deve ter sido mais leve e estreita que a fileira abaixo, formando, assim, os recuos.

Cercando o Templo estava o "pátio interno" (1Rs 6.36). Este foi posteriormente estendido para incluir um pátio superior e um inferior (2Cr 20,5; 2Rs 21,5; Jr 36,10).

46 **(C) Mobília.** A mobília interior do Templo de Salomão são as seguintes. Dentro do Debir ou Santo dos Santos estava a Arca da Aliança; perto ou em cima dela, estavam dois querubins de madeira revestidos de ouro cujas asas estendidas iam de parede a parede. As próprias figuras chegavam até metade da altura do teto (1Rs 6,23-28; 2Cr 3,10-13; veja 1Rs 8,6-7; 2Cr 5,7-8). No Hekal ou Santuário estavam o altar do incenso, a mesa para os pães da proposição e dez candelabros (1Rs 7,48-49). No pátio em frente ao Templo, de um lado dos degraus de entrada, estava o altar de bronze (8,64; 9,25; 2Rs 16,14); do lado oposto estava o "mar" de bronze (fundição). Este era um vaso amplo que repousava sobre as costas de 12 estátuas de touros (1Rs 7,23-26). Enfileiradas em cada lado da entrada estavam dez mesas sobre as quais estavam bacias de bronze. Estas mesas podiam ser transportadas pelo pátio se necessário (7,27-29). Os sacerdotes usavam o "Mar" para seu próprio ritual de purificação; as bacias menores eram usadas para a purificação das vítimas (2Cr 4,6). Sobre o *kappōret* do Segundo Templo, que não tinha Arca, → 35 *acima*.

(Quanto à arquitetura e planta do Templo de Salomão, veja: T. Busink, *Der Temple von Jerusalem von Salomo bis Herodes 1: Der Temple Salomos* [Leiden, 1970]; P. L. Garber, *BA* 14 [1951] 2-24; J. Ouelette, *RB* 76 [1969] 365-78; *JBL* 89 [1970] 338-43; *JNES* 31 [1972] 187-91; G. E. Wright, *BA* 4 [1941] 17-31; *BA* 18 [1955] 41-44. Quanto a templos de estrutura semelhante em outros lugares, → Arqueologia bíblica, 74:109. Reconstruções do Templo por Garber e Wright são a base do diagrama que acompanha este artigo. Quanto aos candelabros, veja *BARev* 5 [5, 1979] 46-57.)

47 (D) Status. Sugeriu-se, de forma um tanto depreciativa, que o Templo de Salomão era meramente uma capela real. É verdade que era uma das muitas construções no complexo do palácio e tinha proporções relativamente modestas. Também é verdade que o rei o dedicou e subsidiou ricamente, e que seus sucessores contribuíram para a tesouraria do Templo e fizeram retiradas dela. Os reis eram responsáveis pela manutenção do Templo (→ 17 *acima*) e tinham inclusive um trono colocado no pátio. Mas o Templo era muito mais que uma capela real: era o santuário nacional, o centro da adoração ortodoxa. Se o rei figurava tão notavelmente em sua operação, era porque ele era seu patrono principal e porque seu papel como vice-regente de Iahweh lhe dava um caráter – se não estritamente sacerdotal, pelo menos sagrado – que ele tinha liberdade para exercitar oportunamente.

48 (E) História do primeiro e segundo Templos. *O Primeiro Templo* de Salomão sofreu todas as vicissitudes da própria nação. Foi alterado, profanado, restaurado e, finalmente, reduzido a entulho. Os dois andares superiores podem ter sido acrescentados ao edifício externo por Asa (1Rs 15,15). Josafá estendeu o pátio (2Cr 20,5). Os pátios superior e inferior resultantes foram ligados por um portão durante o reinado de Jotão (2Rs 15,35; cf. Jr 26,10; 36,10). Todos os sucessores de Salomão foram ungidos no pátio do Templo, e a rebelião contra Atalia e a subsequente unção de Joás aconteceram ali (2Rs 11). Acaz demoliu o altar de bronze de Salomão e construiu outro seguindo o padrão de um em Damasco (16,10-16). Ele também confiscou as bacias móveis e removeu os touros de bronze que estavam debaixo do grande "Mar", provavelmente porque ele precisava de dinheiro para pagar tributo ao seu senhor assírio (16,17). Manassés ergueu altares idólatras e uma imagem de Aserá (21,4-5.7).

Em tempos de fervor e reforma religiosos, estas abominações foram removidas e o Templo foi renovado. Assim foram os tempos de Ezequias (2Rs 18,4) e especialmente de Josias (23,4-12). Mas estas reformas permaneceram basicamente externas e não foram capazes de efetuar uma mudança geral e duradoura de atitude entre o povo. Com encorajamento oficial, o povo repetidamente retornou aos seus antigos caminhos sincretistas, e Ez 8 retrata graficamente a situação um pouco antes dos babilônios destruírem o Templo de Salomão em 587.

49 *O Segundo Templo*. Em 538, quando os judeus retornaram do exílio, trouxeram com eles autorização persa para reconstruir o Templo. Ciro restaurou-lhes os utensílios preciosos que Nabucodonosor havia furtado. Porém, o trabalho de reconstrução avançou muito lentamente. Os primeiros repatriados ergueram um novo altar (Esd 3,2-6) e começaram a reconstruir o templo (5,16). Eles mal tinham removido o entulho da área quando foram interrompidos pelas táticas hostis dos samaritanos (4,1-5). Uma outra razão é sugerida por Ageu 1,2, a saber, seu próprio desencorajamento e entusiasmo abatido. O trabalho foi retomado, em 520, sob a direção enérgica de Zorobabel e Josué, e com o estímulo de Ageu e Zacarias (Esd 4,24-5,2; Ag 1,1-2,9; Zc 4,7-10). A tarefa foi completada em 515.

Infelizmente, temos poucas informações sobre o surgimento do Templo pós-exílico. Com toda probabilidade, ele foi construído sobre as mesmas linhas e era da mesma proporção do Templo de Salomão. Diz-se que o povo antigo que lembrava do Templo de Salomão derramou lágrimas ao ver a reconstrução (Esd 3,12-13; Ag 2,3). Mas estes textos se referem ao novo Templo quando estava em processo de construção. O produto final, embora não tão resplandecente quanto seu predecessor, era substancial e digno de seu alto propósito.

50 Com o tempo, seu esplendor aumentou; e quando Antíoco Epífanes o saqueou em 169, seu saque foi notável: o altar de ouro e o candelabro, a mesa de ofertas, o véu que estava na entrada, o prato de ouro, utensílios sagrados e tesouros (1Mc 1,21-24; 2Mc 5,15-16; veja 2Mac 3). Mais profanações ocorreram quando, em 167, o sacrifício legítimo foi banido e suplantado pelo culto a Zeus Olímpico (1Mc 1,44-59; 2Mc 6,1-6). Em 164, depois das vitórias dos macabeus, os recintos sagrados foram purificados, os utensílios roubados foram restaurados, e o Templo voltou a ser dedicado (1Mc 4,36-59). Em 20 a.C., Herodes o Grande encarregou-se da reconstrução completa do Templo (→ Arqueologia bíblica, 74:138).

51 (F) Importância teológica. O Templo desempenhou um papel importante na vida de Israel, fundamentalmente porque o Templo era considerado a casa do próprio Deus no meio de seu povo. Com a entrada da Arca no novo Templo de Salomão, Deus simbolicamente tomou posse de sua casa e, de acordo com 1Rs 8,10, uma nuvem significando a presença divina enchia o Templo (Ex 33,9; 40,34-35; Nm 12,4-10). Há referência à ideia de morada divina no discurso de consagração de Salomão (1Rs 8,13); veja também 1Rs 8,12; 2Rs 19,14; Sl 27,4; 84; Am 1,2; Is 2,2-3; 6,1-4; Jr 14,21. Os profetas, contudo, compreenderam que a presença de Deus no meio de seu povo era um favor que poderia ser retirado se eles se mostrassem indignos dela. Jeremias falava com franqueza contra aqueles compatriotas que viam o Templo como uma espécie de amuleto da sorte que os protegeria contra forças hostis, quer eles vivessem de forma a merecer tal proteção, quer não (Jr 7,1-15; 26,1-15; veja Ex 8-10).

À medida que as noções teológicas foram sendo aperfeiçoadas e a transcendência de Iahweh veio a ser compreendida mais precisamente, uma inquietação se manifestou. Poderia o Deus transcendente ser confinado dentro dos limites físicos do Santo dos Santos? Este conflito está refletido na oração que o redator deuteronomista coloca nos lábios de Salomão: "Mas será verdade que Deus habita nesta Terra? Se os céus e os céus dos céus não te podem conter, muito menos nesta casa que construí!" (1Rs 8,27). Nos próximos versículos (30-40), ele dá a resposta: Deus vive no céu, mas ele ouve as orações que lhe são dirigidas no Templo. Sua transcendência estava protegida ainda mais pela noção de que seu "Nome" habitava no Templo (1Rs 8,17.29; Dt 12,5.11). Esta era uma conciliação engenhosa, pois entre os semitas havia uma ligação intrínseca entre a pessoa e o nome (→ Pensamento do AT, 77:6). Onde estava o nome de Iahweh, ali ele estava também, de forma especial, mas não exclusiva. Outros documentos bíblicos enfatizam que a "Glória" de Deus habitava no Templo (2Cr 5,14; Ez 10,4; 43,5).

52 Além de ser um sinal da presença de Deus, ou talvez porque fosse, o Templo era também um símbolo de sua escolha de Israel como seu próprio povo. Ainda mais especificamente, ele significava sua predileção por Jerusalém (2Sm 24,16; 2Cr 3,1; Sl 68,17; 78,68). Esta noção está enraizada, enfim, na escolha de Davi por Iahweh e na promessa de perpetuidade à dinastia davídica (1Rs 8,16; 11,13.32; 2Cr 6,5-6; 2Rs 19,34; Is 37,35; → Pensamento do AT, 77:155). Em 701, quando a cidade santa foi salva da destruição do exército de Senaquerib, o povo estava persuadido de que o próprio Templo lhe dava proteção contra qualquer força que o assaltasse. Esta convicção foi abalada pela catástrofe de 587, mas reviveu de forma moderada após o retorno do exílio e da reconstrução do Templo.

53 (G) Singularidade do santuário. Temos falado do Templo como o centro da adoração legítima, de fato, como o único lugar de adoração em Israel; e é verdade que ele finalmente foi reconhecido como tal. Porém, no início, como vimos, havia muitos santuários por toda terra, particularmente durante o período dos juízes; e de fato, Ex 20,24-26 reconheceu a legitimidade desses vários altares e dos sacrifícios oferecidos neles, contanto que tivessem sido erguidos com sanção divina. Esta sanção teria sido indicada por uma teofania no local em questão. Mas nem todos estes santuários tinham importância igual. Durante o período dos juízes, sempre que as tribos se reuniam para adoração pública, era sempre no santuário em que a Arca era mantida, particularmente em Silo e mais tarde em Gabaon.

A instalação da Arca em Jerusalém por Davi foi o início do prestígio desta cidade; porém, Gabaon ainda era o "lugar alto mais importante" nos dias de Salomão (1Rs 3,4-15). Porém, com a construção do Templo, Jerusalém se tornou o ponto principal do culto divino, atraindo milhares de peregrinos de todo o país. Então aconteceu a divisão do reino: as dez tribos do norte separaram-se e formaram o reino de Israel com Jeroboão como seu primeiro rei. Temendo que a lealdade religiosa contínua a Jerusalém enfraqueceria a lealdade política de seu povo ao novo reino, ele ergueu santuários rivais em Betel e Dã (1Rs 12,27-30). Embora ele tenha colocado bois revestidos de ouro nestes santuários, ele não intencionava rejeitar a Iahweh. Como os querubins no topo da Arca, estas figuras foram concebidas como tronos de Deus, não como deuses. Infelizmente, contudo, o boi era um símbolo popular do deus cananeu Baal e estava associado aos grosseiros cultos de fertilidade aos quais os cananeus eram tão apaixonadamente afeiçoados. O passo para um sincretismo beirando a idolatria era pequeno, e as reações violentas dos profetas indicam que o passo foi agilmente dado (1Rs 12,32; 14,9; 19,18; 2Rs 10,29; 17,22; Os 8,5-6; 10,5; 13,2). Apesar das fulminações dos profetas, os santuários de Dã e Betel, Bersabeia (Am 5,5; 8,14), Guilgal (4,4; 5,5; Os 4,15) e outros locais não mencionados continuaram a prosperar (Am 7,9; Ez 7,24). As escavações em Arad no Negueb (→ Arqueologia Bíblica, 74:109) descobriram um templo que estava em uso durante todo o período da monarquia; contudo, seu altar de holocaustos parece ter desaparecido durante o tempo do rei Ezequias – talvez uma marca da reforma a ser mencionada abaixo. Mas Jerusalém manteve seu prestígio, e, mesmo depois de ter sido destruída, grupos de peregrinos vinham de todo o país devastado para adorar ali (Jr 41,5).

54 Antes da queda da cidade, houve duas tentativas de tornar este Templo não somente o local central de adoração, mas o único santuário legítimo. Ezequias deu os primeiros passos nessa direção, em torno de 715-705, ao proscrever os "lugares altos" (2Rs 18,4; Is 36,7). Porém, seu sucessor, Manassés, desfez sua reforma abrindo os santuários proibidos (2Rs 21,3). Josias renovou os esforços feitos por Ezequias em uma escala mais solene e ambiciosa. A situação internacional estava a seu favor, pois ele conseguiu libertar seu país do domínio assírio, e o extermínio de intromissões externas no culto a Iahweh assumiu uma fascinação patriota. Ele mais uma vez eliminou os santuários locais e convocou todos os sacerdotes de Judá a Jerusalém (23,5.8-9). O enfraquecimento da hegemonia assíria lhe permitiu se mover ao que outrora fora o reino do norte e colocar o santuário de Betel fora de operação. Finalmente, Josias reuniu todo o povo para uma celebração nacional da Páscoa em Jerusalém. Isto aconteceu no ano de 621, o ano em que se encontrou o "Livro da Lei" no templo (provavelmente a parte mais importante de Dt; → Deuteronômio, 6:4).

Esta descoberta foi literalmente uma dádiva de Deus para Josias, pois uma das preocupações centrais do livro era precisamente a unidade do Santuário (Dt 12). Uma vez que a redação deuteronômica da lei se originou no reino do norte, ela poderia ter originalmente em mente um santuário no norte (Siquém?) como o único lugar legítimo de adoração. De acordo com uma teoria, refugiados levitas trouxeram o livro a Jerusalém depois da queda de Samaria em 721, e Ezequias aplicou o princípio da unidade do santuário ao Templo. Depois do tempo de Ezequias, o "Livro da Lei" caiu em desuso durante o longo e maléfico reinado de Manassés e seria apenas redescoberto por Josias. Uma teoria alternativa atrativa é a seguinte: A lei da unidade do santuário pode ter sido antes o resultado da reforma de Ezequias, e não o estímulo para ela. Afinal, em relação à reforma de Ezequias, nenhum apelo foi feito a uma lei antiga que justificasse um santuário, mas na época de Josias esta lei estava nos livros. A formulação da lei em referência ao "lugar escolhido por Iahweh, em que seu Nome habitará" é característica da teologia do Templo de Jerusalém e apenas com dificuldade pode ser explicada como uma aplicação secundária de uma designação uma vez aplicada a um santuário do norte.

55 De qualquer forma, depois da morte de Josias, em 609, a reforma deteriorou até que o Templo foi finalmente destruído em 587. Depois do retorno do exílio, contudo, o ideal deuteronomista ao qual Josias tinha tão zelosamente aderido se tornou realidade. De 515 a.C. a 70 d. C, quando os romanos destruíram o Templo de uma vez por todas, ele era o único local de adoração para toda Judá. Fora de Judá, sabemos de dois templos judaicos no Egito, um em Elefantina, o outro em Leontópolis. Ambos eram olhados com desaprovação aberta por parte dos judeus ortodoxos da Palestina (→ História, 75:125). Dentro da própria Palestina havia o templo samaritano no Monte Garizim, mas este era ainda menos uma instituição israelita. Os relatos de seu estabelecimento são conflitantes e incertos, mas ele certamente já existia antes de 167 a.C., quando Antíoco Epífanes o helenizou. João Hircano, da linhagem asmoneia, o destruiu em 129 (→ História, 75:127, 140).

56 (IV) Sinagogas. As sinagogas não figuram na literatura do AT, e há uma grande diversidade de opiniões sobre quando elas começaram a existir. Conforme a raiz grega de seu nome indica (*syn* = "com"; *agein* = guiar, conduzir), elas eram casas de reunião – lugares onde o povo se reunia não para sacrifício, mas para oração, leitura devota, meditação e instrução. Elas certamente existiam no período pós-exílico, e a hipótese mais popular é que elas surgiram como uma instituição durante o exílio, quando o povo foi privado do Templo. Contudo, não há evidência substancial para esta teoria; outros estudiosos, sem evidências mais fortes a seu favor, acreditam que elas surgiram na própria Palestina depois do exílio. Alguns poucos opinam que elas se originaram antes do exílio como resultado da supressão dos santuários locais realizada por Josias. (Veja J. Gutmann [ed.], *The Synagogue* [New York, 1975].)

ALTARES E SACRIFÍCIOS

57 Altar e sacrifício são termos correlatos: a menção de um imediatamente sugere o outro. De fato, a palavra hebraica para altar, *mizbēaḥ*, inclui em sua conotação a própria noção de sacrifício, pois se origina de um verbo que significa "matar". Aparentemente, as vítimas eram originalmente mortas sobre o altar, embora em um período posterior o altar fosse usado apenas para o ato da oferta. Consequentemente, *mizbēaḥ*, assumiu o sentido geral de um local onde se ofereciam sacrifícios, fosse a vítima um animal (já morto), cereais ou incenso.

58 (I) Tipos de altares. Investigações arqueológicas da antiga Palestina e regiões vizinhas revelaram altares construídos de terra ou tijolos não queimados ou de pedra bruta; elas também revelaram afloramentos naturais de rocha com cortes que levaram alguns a pensar que eram usados como altares, embora isto seja muito difícil de determinar. (Veja F. L. Stendebach, *BZ* 20 [1976] 180-96.). Os altares de madeira, conhecidos através de poucos textos, se desintegraram muito antes que pudessem ser descobertos pela pá arqueológica. A maioria dos altares antigos encontrados na própria Palestina são altares feitos de um só bloco de pedra, tipicamente com saliências (chamadas "chifres" no AT) que saem de cada um dos quatro cantos da superfície superior. Tais altares diferem em tamanho de acordo com suas funções. Altares menores eram apropriados para oferta de queima de incenso ou para ofertas de alimento ou líquido que ficavam sobre o altar como que sobre uma mesa, sem serem queimados. Estes altares menores podiam facilmente ficar dentro da estrutura do Templo, visto que as substâncias oferecidas sobre eles eram consumidas por um pequeno fogo sem chama ou não eram consumidas pelo fogo. (Para tais propósitos, também serviam plataformas de terracota, com frequência encontradas nas ruínas de antigos santuários.). Altares maiores serviam para sacrifícios em que animais grandes ou porções inteiras de animais eram queimados. Por causa da quantidade de fogo necessário para tais sacrifícios e da fumaça resultante, estes altares maiores normalmente permaneciam ao ar livre, fora da estrutura do templo.

59 A Bíblia mostra que, na antiga Palestina israelita, um afloramento natural de rocha ou uma pedra enorme serviam como altar. Gedeão recebeu ordens para colocar sua oferta sobre uma rocha (Jz 6,19-23; veja também 13,19-20). Quando a Arca foi mandada de volta a Israel pelos filisteus, as vacas, juntamente com a carroça que elas puxavam, foram queimadas como sacrifício sobre uma pedra grande (1Sm 6,14). Em Ex 20,24-26 (legislação antiga no Código da Aliança), tanto tijolos não queimados quanto pedras são usados como materiais para a construção de um altar, com a prescrição (suposta por Dt 27,5; Js 8,30-31) de que a pedra não fosse cortada por ferramentas quando usada na construção do altar. Esta cláusula pode refletir a ideia religiosa de que um objeto tão santo quanto um altar deveria ser construído com materiais em seu estado natural, não trabalhados pelas mãos de criaturas (veja Ex 20,25). Uma preocupação semelhante pode ser a base da lei que proibia degraus que iam do chão até o topo do altar (Ex 20,26). A modéstia foi dada como razão para esta prescrição: quando a única veste usada pelo sacerdote do sacrifício era um tipo de tanga, o sacerdote corria o risco de exposição indecente ao subir os degraus. Mais provavelmente, a razão original para a proibição é que degraus construídos artificialmente, em que se pisava, eliminariam a separação do altar santo daquilo que era profano.

60 (II) O *bāmâ*. O *bāmâ*, convencionalmente traduzido por "lugar alto", era um local de adoração ao ar livre cuja aparência precisa não foi determinada, mas que parece ter sido uma plataforma de dimensões grandes. O próprio *bāmâ* não era um templo ou santuário, a casa de um deus; como uma construção sagrada, é melhor compreendida como análoga a um altar ao ar livre. Como os altares independentes de qualquer santuário, era um local em que as ofertas de sacrifício podiam ser feitas sem a intervenção de um sacerdote, apesar de que, quando um *bêt bāmâ* (algum tipo de estrutura de santuário) era construído, o serviço de um sacerdote fosse requerido (1 Rs 12,31). Refeições sacrificais em um *bāmâ* (1Sm 9,13.19.22-24) eram servidas em um salão (*liškâ*, 9,22). Profetas (10,5) ou um vidente (9,11-21) poderiam estar ativos em um *bāmâ*. Nestes textos primitivos, o *bāmâ* é um lugar de culto legítimo. Os comentários editoriais deuteronômicos posteriores sobre o *bāmâ* e sobre qualquer sacerdote que atuasse em um santuário relacionado ao *bāmâ* são negativos, sem dúvida, em virtude da concepção de que um templo deveria ser o único lugar legítimo de toda adoração e requeria serviço sacerdotal. (Veja W. B. Barrick, *SEA* 45 [1980] 50-57; P. H. Vaughan, *The Meaning of 'Bāmâ' in the Old Testament* [SOTSMS 3; Cambridge, 1974]; P. Welten, *ZDPV* 88 [1972] 19-37; Biran (ed.), *Temples* 31-37, 142-51.)

61 (III) Altares do Templo de Jerusalém. As descrições bíblicas dos altares do Tabernáculo do deserto foram afetadas pela aparência dos altares do Templo e constituem, assim, uma fonte importante do nosso conhecimento deste. No pátio diante da estrutura do Templo estava o *altar dos holocaustos* (Ex 40,6.29), estranhamente omitido da descrição detalhada do Templo de Salomão em 1Rs 6-7, mas mencionado em 1Rs 8,22.54.64; 9,25. De acordo com Ex 27,1-8; 38,1-7 (uma descrição relacionada ao Tabernáculo do deserto), o altar dos holocaustos, 2,2m x 2,2m x 1,3m, era feito de madeira de acácia revestida de bronze. Era oco com uma grelha de bronze, presumivelmente no topo. Nada se diz sobre como o fogo do sacrifício não destruía tal altar ou se havia degraus que facilitavam o acesso ao topo.

Um detalhe nessa descrição corresponde ao único detalhe descritivo preservado do altar de Salomão (1Rs 8,64; 2Rs 16,14-15), construído no final do séc. X: era de bronze. Este altar foi substituído 200 anos depois por um que seguia o modelo de um altar que o rei Acaz, de Judá, tinha visto em Damasco (2Rs 16,10-16).

62 As referências ao *altar do incenso* no Templo de Salomão são suficientes para estabelecer sua existência; contudo, a obscuridade dos textos causou algumas dúvidas sobre este fato. O lugar próprio para este altar era o Hekal do Templo, em frente ao Debir que continha a Arca. Sua aparência pode ser estimada a partir da descrição de um altar de incenso para o Tabernáculo do deserto em Ex 30,1-5; 37,25-28: um altar de 0,45 m^2 por 0,9 m de altura, feito de madeira de acácia revestida de ouro, com uma projeção parecida com um chifre em cada um dos quatro cantos. Este é o "altar de ouro" mencionado em 1Rs 7,48. Na visão inicial de Isaías, descreve-se um serafim levando uma brasa viva de um altar dentro do templo (Is 6,6) – um altar que só pode ser o altar de incenso (veja também 2Cr 26,16).

63 Sobre os altares do Segundo Templo temos pouca informação confiável. A descrição visionária do altar dos holocaustos em Ez 43,13-17 mostra traços babilônicos, e não há evidência de que o altar dos holocaustos realmente construído para o Segundo Templo estivesse em estreita conformidade com esse. Historicamente confiável é a informação de que Antíoco Epífanes removeu o altar de incenso (o "altar de ouro") e a mesa para os pães da Presença do Segundo Templo em 169 a.C. (1Mc 1,21-22) e profanou o altar dos holocaustos em 167 ao colocar sobre ele um altar a Zeus Olímpico (1Mc 1,54.59; 2Mc 6,2.5) – a "abominação da desolação" (1Mc 1,54; Dn 9,27). Novos altares e uma nova mesa foram colocados no lugar depois das vitórias macabeias (1Mc 4,44-47.49-51; 2Mc 10,3).

64 (IV) Relevância do altar. Assim como o Templo, o altar tinha uma relevância religiosa profunda para os israelitas, provindo muito disso das culturas do antigo Oriente Próximo, mas sendo conceitualmente modificado para ficar em harmonia com as concepções teológicas da religião israelita ortodoxa. Os templos no antigo Oriente Próximo sempre foram considerados as casas dos deuses na terra, e disso foi fácil derivar uma percepção de um altar maior como lar do deus. Em Israel, esta ideia está implícita na lei que requeria que um fogo sempre estivesse queimando sobre o altar (Lv 6,5-6 [12-13]). No antigo Oriente Próximo, o alimento oferecido a um deus era a refeição de um deus. Este conceito aparece raramente na Bíblia e é ridicularizado na história relativamente posterior de Bel e o Dragão (Vg Dn 14,1-22); mas Ez 41,21-22 fala da "mesa" do pão da Presença, e em Ml 1,7 o próprio altar (de holocaustos) é chamado de "mesa de Iahweh" (veja também Ez 44,15-16; Ml 1,12). O altar era também um sinal da presença divina. Como tal, tanto o altar de holocaustos (Ez 29,37; 40,10) quanto o altar do incenso (Ex 30,10.36) eram particularmente santos e podiam ser servidos apenas pelos sacerdotes (Lv 21,6; Nm 17,5; 1 Cr 23,13). O altar dos holocaustos tinha de ser consagrado antes de ser usado (Ex 29,36-37; Lv 8,15) e, em tempos posteriores, era purificado anualmente no Dia da Expiação (Lv 16,18-19). A presença numinosa no altar podia ser marcada pelo recebimento de um nome divino, por exemplo, "El, Deus de Israel" do altar erguido por Jacó em Siquém (Gn 33,20), ou "Iahweh é minha bandeira" daquele erigido por Moisés depois de sua vitória contra os amalecitas (Ex 17,15-16).

65 Os "chifres" do altar – as projeções que saíam dos quatro cantos da superfície superior – eram considerados especialmente sagrados. Como parte do ritual de expiação quando se consagrava o altar, o sangue das vítimas do sacrifício era esfregado neles (Ex 29,12; 3,10; Ez 43,20), e a mesma coisa se fazia em outros rituais de expiação ou purificação (Lv 4; 8,15; 9,9; 16,18). Uma pessoa que buscasse asilo corria para se agarrar aos chifres (1Rs 2,28). Seu significado preciso é incerto; as sugestões incluem as seguintes: o chifre é um símbolo de força e poder; ou os chifres simbolizam os das vítimas do sacrifício; ou, ainda, eles são vestígios dos *masseboth* ou estelas que na antiga Palestina eram símbolos comuns de uma divindade (→ Arqueologia bíblica, 74:39).

66 (V) Sacrifícios. O ato central da adoração israelita, o sacrifício, tomou formas específicas diferentes. Há, com frequência, uma falta desconcertante de precisão nas designações dos sacrifícios, e práticas posteriores são inseridas nas descrições ou prescrições de um tempo mais antigo, o que torna difícil traçar claramente um desenvolvimento histórico. Em Lv 1-7, contudo, encontramos vários tipos de sacrifícios conforme eram executados no Templo pós-exílico. Esporadicamente, encontramos outros textos que são paralelos ao trecho de Lv 1-7, mas que diferem em detalhes.

67 (A) Holocausto ou oferenda queimada. O mais solene dos sacrifícios israelitas era o holocausto, ou oferta queimada. Neste, a vítima era completamente queimada, como *holocauston* (usado para isso no grego judaico) indica. A palavra técnica hebraica, '*ōlâ*, se origina da raiz que significa "ir pra cima", provavelmente porque a chama e a fumaça subiam em direção ao céu (segundo Jz 13,20). Também é chamado de *kālîl*, uma palavra que significa "completo" (Dt 33,10; 1Sm 7,9; Sl 51,21).

De acordo com as prescrições de Lv, a vítima de um holocausto tinha de ser um animal macho sem mácula, ou um pássaro (rola ou pomba). Aquele que oferecia a oferenda colocava sua mão sobre a cabeça da vítima para indicar que o sacrifício deveria ser oferecido em seu nome e para seu benefício. O gesto não significava que a vítima era um substituto para o ofertante ou que os pecados do ofertante eram transferidos para o animal visando à expiação. O ofertante então cortava a garganta da vítima, e o sacerdote derramava seu sangue ao redor do altar – o sangue, considerado a sede da vida, pertencia a Deus de uma forma especial. Depois que a pele do animal tinha sido tirada e ele tinha sido esquartejado, os pedaços eram lavados e colocados sobre o altar para serem consumidos pelas chamas. Se a vítima fosse um pássaro, aquele que fazia a oferenda simplesmente o dava ao sacerdote, que executava o ritual diretamente sobre o altar. Essas ofertas eram normalmente feitas pelos pobres, que não podiam oferecer animais (Lv 5,7; 12,8).

No desenvolvimento mais recente do ritual do holocausto, a lei exigia o acompanhamento de um presente (*minḥâ*) de farinha misturada com óleo e uma libação de vinho. A farinha era queimada e o vinho derramado na base do altar. De acordo com Lv 23,18, este requerimento tinha de ser cumprido apenas durante a festa de Pentecostes; Ex 29,38-42 o estende ao holocausto diário, e Nm 15 o estende ainda a todos os holocaustos.

O holocausto, como um ato pelo qual se reconhecem o poder e a força de Iahweh (Jz 13,16.19-20), é com frequência encontrado em um contexto em que seu poder é comparado ao poder inferior de outros deuses (Ex 18,10; Jz 6,26.28; 1Rs 18,38). Era oferecido particularmente em ocasiões solenes, inclusive por um rei (1Rs 3,4), com um sacrifício de comunhão (oferenda pacífica, *šĕlāmîm*) frequentemente o acompanhado (2Sm 6,17-18; 1Rs 8,64; 9,25). Ezequiel, em seu programa para o futuro pós-exílico, planejou um holocausto a ser proporcionado pelo príncipe, com seus sacrifícios de comunhão, em dias de sábado e em dias de lua nova (Ez 46,1-2.4); porém, por volta do período da monarquia posterior, um holocausto já era um ato diário no Templo (2Rs 16,15; 1Cr 16,40). No período pós-exílico, sua importância na consciência religiosa de Israel foi obscurecida pela oferenda expiatória pelo pecado (→ 72-78 *abaixo*).

68 (B) Sacrifício de comunhão ou oferenda pacífica. A união entre Deus e o doador era efetuada por uma oferta de ações de graça chamada *zebaḥ šĕlāmîm*, *zebaḥ* sozinho, ou *šĕlāmîm* sozinho. Este sacrifício tem sido chamado com frequência, sob a influência da LXX, de "oferenda pacífica" ou "oferenda de boas-vindas", mas "sacrifício de comunhão" descreve melhor sua natureza essencial. Havia três tipos de sacrifícios de comunhão; o *tôdâ* ou sacrifício com louvor (Lv 7,12-15; 22,29-30); o *nĕdābâ* ou sacrifício voluntário, feito de pura devoção e não em cumprimento de um preceito ou voto (7,16-17; 22,18-23); e o *neder* ou oferta votiva, feita em cumprimento de um voto (7,16-17; 22,18-23).

O ritual do sacrifício de comunhão é descrito em Lv 3, e seu aspecto característico é que a vítima é compartilhada, com porções que vão para Deus, para o sacerdote e para o ofertante. As leis sobre as vítimas são levemente diferentes daquelas que determinavam as vítimas dos holocaustos: não se permitem pássaros; o animal pode ser macho ou fêmea; e, de acordo com Lv 22,23, o animal pode ser levemente defeituoso quando a oferenda é do tipo voluntário. A imposição das mãos, a morte e o derramar de sangue acontecem da mesma forma como no holocausto.

A porção de Iahweh era queimada sobre o altar: ela consistia na gordura ao redor dos intestinos, rins, fígado e a gordura da parte traseira do carneiro. (A gordura, assim como o sangue, era considerada doadora de vida [Lv 3,16-17; 7,22-24].). O sacerdote recebia duas partes: o peito e a perna direita (7,28-34; 10,14-15). A porção que restava ia para o ofertante, que a compartilhava com a família e convidados. A vítima de um *tôdâ* tinha de ser consumida no mesmo dia em que era oferecida (7,15), e este sacrifício tinha de incluir também uma oferta de bolos e bolinhos não levedados e pães levedados. Um dos bolos era oferecido a Iahweh e constituía parte da porção do sacerdote. A vítima de um sacrifício voluntário ou votivo poderia ser consumida no dia seguinte ao da oferta, mas tinha de ser queimada, no terceiro dia, o que restava da carne da vítima (7,16-17). Sobre o *tôdâ* como uma celebração comunitária e sobre o sacrifício da Páscoa como *tôdâ*, veja G. Couturier, *EgThéol* 13 (1982) 5-34.

69 Este tipo de sacrifício era comum em Israel desde os primórdios, e os textos primitivos com frequência o chamam simplesmente de *zebaḥ* (Js 22,26-29; 1Sm 1,21; 2,13.19; 3,14; 2Sm 15,12; 1Rs 8,22; 12,27; 2 Rs 5,17; 10,24; Is 1,11; 19,21; Jr 7,22; Os 3,4; 4,19; Am 4,4; Ex 23,18; 34,15.25). Frequentemente, ele é designado como *šĕlāmîm* (Jz 20,26; 21,4; 1Sm 13,9; 2Sm 6,17.18; 24,25; 1Rs 3,15; 9,25; 2Rs 16,13; Ex 20,24; 32,6; Ez 43,27; 45,15.17; 46,12). O composto *zebaḥ šĕlāmîm* é quase exclusivamente usado em P e no Código da Santidade (Lv 17,1-26; 46), que é um pouco mais antigo que P e originalmente tinha uma existência independente. Em textos anteriores, porém, a saber, Ex 24,5 e 1Sm 11,15, os plurais dos dois substantivos são justapostos, como *zĕbāḥîm šĕlāmîm*, mas a gramática sugere que uma dessas duas palavras foi inserida secundariamente como uma nota de explicação quando as duas palavras, e as realidades de sacrifício que elas designavam, estavam se tornando intimamente associadas ou confusas. Um estudo literário apurado levou à conclusão de que um *zebaḥ* – basicamente uma oferenda privada, feita tipicamente em ocasiões de devoção privada ou de importância para uma família, com uma refeição sacrifical como o ato central – era originalmente distinto de um *šĕlāmîm* – uma oferenda pública, talvez com uma função de dedicação, feita em grandes ocasiões, com o ritual de sangue como seu ato central. Os dois tipos se misturaram na época do Código da Santidade e de P, e o interesse principal então residia na aspersão do sangue e na queima da gordura sobre o altar – ações reservadas aos sacerdotes, o que significava que o *zebaḥ šĕlāmîm* poderia doravante ser oferecido apenas no Templo. (Veja Rendtorff, *Studien* 119-68, 237-38; Levine, *Presence* 45-52). *Zebaḥ* é em si uma palavra genérica para designar o ato de abater ou para um sacrifício que implique o ato de abater, enquanto que *šĕlāmîm* é uma palavra mais específica. Há muita diferença de opinião sobre o significado preciso de *šĕlāmîm* (Levine, *Presence* 3-45), mas a palavra parece sugerir um tributo oferecido a Deus visando a manter ou restabelecer relações amigáveis com ele (cf. *šālôm*, "paz"). Por essa razão, talvez, ela era às vezes usada para fazer alianças. A teoria de que era um sacrifício que servia para esse propósito específico (R. Schmid, *Das Bundesopfer in Israel* [SANT 9; Munique, 1964]) foi criticada tanto por exagerar o lugar da renovação da aliança no sistema de sacrifício israelita quanto por limitar o local do *šĕlāmîm* dentro desse sistema.

70 Temos poucas informações sobre o ritual seguido no antigo sacrifício de comunhão. Parece, baseado em muitos textos, que ele variou até ser fixado depois do exílio. Se a leitura corrigida de 1Sm 9,24 realmente representa o original, os participantes leigos comiam a gordura da parte traseira do carneiro, mas a lei de Lv 3,9; 7,3 reserva esta parte para Deus. Em Silo, o sacerdote tinha de tentar a sorte: tinha de colocar o garfo na panela enquanto a carne estava fervendo e tinha direito a qualquer parte que tirasse (1Sm 2,13-14); porém, de acordo com Dt 18,3, ele tinha direito ao ombro, mandíbulas e estômago (Lv 7,34 melhorou a parte dele e lhe deu o peito não cozido e a perna direita).

71 Até onde podemos reconstituir a trajetória dos holocaustos e sacrifícios de comunhão na história de Israel? Eles datam do período do êxodo, como as leis do Pentateuco levariam alguém a acreditar? Para uma resposta direta, é possível voltar-se a Amós 5,25, em que Iahweh pergunta: "Por acaso oferecestes-me sacrifícios e oferendas no deserto, durante quarenta anos, ó casa de Israel?" Em Jr 7,22, Iahweh fala com ênfase semelhante: "Porque eu não disse e nem prescrevi nada a vossos pais, no dia em que vos fiz sair da terra do Egito, em relação ao holocausto e ao sacrifício". Contudo, Jeremias e Amós conheciam as tradições mais antigas, J e E, acerca de sacrifícios oferecidos durante o êxodo (Ex 3,18; 5,3.8.17; 10,25; 18,12; 32,6.8), e, quando lidas em seus respectivos contextos, as duas passagens dos profetas não são realmente tão categóricas como parecem quando tomadas isoladamente. Amós e Jeremias eram pregadores, não juristas ou críticos históricos. Eles estavam desaprovando os sacrifícios vazios e formalistas oferecidos em seus dias e estavam sustentando os dias do deserto como o ideal – dias em que os sacrifícios eram oferecidos com as disposições interiores apropriadas. Devemos admitir uma licença profética em suas afirmações irrestritas.

Estamos justificados ao pressupor que, como outros seminômades do antigo Oriente Próximo, os israelitas das peregrinações pelo deserto ofereciam sacrifícios de animais. Devemos confessar, contudo, que é impossível, com os dados à nossa disposição, falar com qualquer certeza sobre a prática ritual que eles seguiam ao fazê-los. Os elementos rituais mais antigos preservados em nossos textos existentes parecem ser aqueles do *zebaḥ* particular que era o sacrifício da Páscoa.

72   (C) Sacrifícios de expiação. Estes recebem mais da atenção dada aos sacrifícios no código ritual do Templo pós-exílico. Há dois: a oferenda pelo pecado e a oferenda pela culpa.

(a) *Oferenda pelo pecado.* O substantivo hebraico *ḥāṭṭa't* significa "pecado" e, assim, quando usado para designar um tipo particular de sacrifício, é geralmente traduzido como "oferta pelo pecado". Porém, assim como o *piel* do vb. denominativo correspondente tem o sentido de "libertar do pecado" (GKC §52h), o substantivo pode significar um sacrifício libertador ou purificador do pecado (veja J. Milgrom, *JAOS* 103 [1983] 250). Os textos rituais que regem um *ḥāṭṭa't* se encontram em Lv 4,1-5,13; 6,17-23 ([24-30] → Levítico, 4:9-10, 15, vol. I, AT). Alguns dos detalhes em 5,1-6 são características distintivas do ritual apotropaico mesopotâmico *šurpu* (M. Geller, *JSS* 25 [1980] 181-92). A dignidade daquele que fazia a oferta determinava a vítima a ser sacrificada. O sumo sacerdote tinha de oferecer um touro; semelhantemente, um touro tinha de ser sacrificado quando se tratava de um pecado coletivo de todo o povo. O pecado de um príncipe (*nāśî'*) podia ser expiado apenas pelo sacrifício de um bode, mas uma pessoa privada podia oferecer uma cabra ou uma ovelha. Se alguém fosse muito pobre, duas rolinhas ou pombas eram suficientes; uma delas era oferecida como sacrifício pelo pecado, a outra como holocausto. Como alternativa, o pobre podia oferecer um pouco de farinha.

73   As características distintivas desses sacrifícios eram o uso que se fazia do sangue e a disposição da carne da vítima. Quando a expiação era feita para o sumo sacerdote ou para o povo como um todo, o sacerdote que sacrificava primeiro coletava o sangue, entrava no santuário e aspergia o sangue sete vezes no véu diante do Santo dos Santos; então, ele passava o sangue sobre os chifres do altar do incenso e finalmente derramava o que restava na base do altar dos holocaustos. Se um príncipe ou um indivíduo particular estivesse fazendo uma expiação, o sacerdote não entrava no santuário, mas passava o sangue nos chifres do altar dos holocaustos e derramava o resto em sua base. A importância do sangue da vítima nestes sacrifícios é óbvia (veja Lv 17,11; Hb 9,22).

Assim como nos sacrifícios de comunhão, toda a gordura da vítima era queimada; porém, no sacrifício pelo pecado, a pessoa culpada não recebia carne, pois o sacerdote a tomava toda. Além disso, quando este sacrifício era oferecido para o sumo sacerdote ou para a comunidade, ninguém compartilhava a carne da vítima; ela era levada e jogada no monte de resíduos. Uma teoria popular é que o pecado do grupo culpado era transferido para a vítima e destruído junto com ela. Contudo, a gordura da vítima era queimada mais como um sacrifício agradável a Deus; e, nos sacrifícios particulares já mencionados, os sacerdotes compartilhavam da carne das vítimas visto que "é coisa santíssima" (Lv 6,22 [29]; veja 2Co 5,21).

74 A descrição da oferenda pelo pecado em Nm 15,15-31 difere visivelmente das prescrições em Lv 4. Na passagem de Nm, nenhuma provisão é feita para o pecado de um sumo sacerdote ou de um príncipe. Falhas involuntárias cometidas pela comunidade como um todo podiam ser expiadas pelo sacrifício de um touro como holocausto e de um bode como oferta pelo pecado; tais falhas cometidas por um indivíduo podiam ser removidas pelo sacrifício de uma cabra como uma oferta pelo pecado. Os detalhes rituais dos sacrifícios não são dados. De acordo com Nm 15,31, nenhum sacrifício pode reparar um pecado deliberado. (Veja J. Milgrom, em *WLSGF* 211-15.)

75 (b) *Oferenda pela culpa*. O substantivo *'āšām* designa várias coisas relacionadas: ofensa, os meios de reparar uma ofensa e o tipo de sacrifício com o qual estamos lidando aqui, a saber, a "oferta pela culpa" ou "sacrifício de reparação". Os textos rituais que regem este sacrifício são encontrados em Lv 5,14-26 (5,14-6,7); 7,1-10 (→ Levítico, 4:11, 16). Embora o ritual seja muito parecido com o da oferta pelo pecado, a oferenda pela culpa era oferecida apenas por indivíduos, e a única vítima mencionada é um carneiro. Em alguns exemplos, além dos sacrifícios oferecidos, uma multa deveria ser paga (Lv 5,14-16.21-26; Nm 5,5-8), mas esta era distinta do sacrifício em si.

76 (c) *Propósitos desses sacrifícios*. A distinção entre o *ḥaṭṭā't* e o *'āšām* não é absolutamente evidente. O *ḥaṭṭā't* poderia parecer aplicável aos pecados em geral, e o *'āšām* poderia parecer restrito àqueles pecados que requeriam algum tipo de restituição ou reparo dos direitos prejudicados, mas os textos existentes não admitem uma distinção tão clara. Em Lv 5,6-7, os dois termos até parecem sobrepostos. O problema se torna ainda mais complexo pelo fato de que os textos pertinentes não são uniformes e foram retrabalhados redacionalmente antes de chegar à sua forma presente em Lv. Esta falta de distinção consistentemente clara entre a função e os propósitos do *ḥaṭṭā't* e os do *'āšām* em nossos textos bíblicos existentes sugere que os editores finais das prescrições e descrições sacrificais estavam codificando sacrifícios expiatórios recebidos na prática tradicional como distintos, sendo as bases originais dessas distinções não mais plenamente percebidas e entendidas.

77 A partir das evidências remanescentes, *'āšām* foi interpretado como uma adaptação do que foi originalmente uma oferenda em forma de prata ou outros objetos de valor, secundariamente trocada por um sacrifício no altar. *Ḥaṭṭā't* foi interpretado como uma união de dois tipos de sacrifício originalmente distintos: um consumido pelos sacerdotes, que servia para expiar certas ofensas do povo e de seus líderes, e outro não comido, mas consumido pelo fogo, que servia para preservar o santuário e seus sacerdotes de contaminação com o não sagrado, profano ou ritualmente impuro, considerando, assim, a impureza como uma força dinâmica capaz de contaminar pessoas e objetos mediante um tipo de contágio (Levine, *Presence* 91-114).

A distinção de Levine quanto aos dois tipos de *ḥaṭṭā't* baseada nas duas formas pelas quais as partes do sacrifício são consumidas também foi feita por J. Milgrom (*VT* 26 [1976] 333-37; *RB* 83 [1976] 390-99; *JAOS* 103 [1983] 249-54), mas com uma explicação diferente baseada no grau de impureza que cada tipo expiava. De acordo com Milgrom, o *ḥaṭṭā't* era sempre um sacrifício de purificação e, desta forma, nunca deveria ser chamado de "oferenda pelo pecado". Além disso, ele expiava objetos ou lugares no Templo, não pessoas, sagrados de várias formas em virtude da intensidade variável de presença divina e sujeitos à contaminação pela impureza variável correspondente. O ḥāṭṭā't consumido pelos sacerdotes, então, seria aquele pelo qual o altar dos holocaustos no pátio do Templo era purificado de uma impureza relativamente baixa e menos contagiosa que surgia dos pecados involuntários cometidos por um indivíduo israelita. O ḥāṭṭā't queimado era ou (a) aquele pelo qual o Hekal dentro da própria estrutura do Templo era purificado de uma impureza maior resultante dos pecados involuntários cometidos pelo sumo sacerdote ou pela comunidade toda, ou (b) aquele realizado anualmente no Dia da Expiação, pelo qual o trono de Deus (o *kappōret*; → 32, 35 *acima*) e o resto do Templo, incluindo o altar dos holocaustos, eram purificados da maior impureza: aquela que resultava dos pecados de arrogância proposital e sem arrependimento.

78 Quanto ao '*āšām*, Milgrom (*Cult*) desenvolve a tese de que se tratava de um sacrifício feito quando alguém tinha violado um juramento, embora com o tempo sua necessidade tivesse sido estendida a qualquer caso em que uma proibição da lei tivesse sido violada. O arrependimento tinha que acompanhar um '*āšām*, da mesma forma que a confissão do erro, se a violação fosse deliberada (Lv 5,1-6; 16-21; Nm 5,6-8).

79 (D) A *minḥâ*. A vítima dos sacrifícios referidos até agora era um animal, mas era comum que os israelitas oferecessem vários cereais. Esta oferenda era conhecida pelo nome genérico de *minḥâ*, "oblação", e muitos tipos são listados em Lv 2. Havia um de flor de farinha de trigo misturada com óleo; o ritual pedia uma oferenda de incenso como parte desse sacrifício. Um punhado da farinha preparada e todo o incenso eram queimados sobre o altar, e o sacerdote ficava com o que restava da farinha (2,1-2; 6,7-11 [14-18]; 7,10). Em um outro sacrifício, a mesma mistura de farinha e óleo era primeiramente cozida. Uma parte da massa era queimada, e o resto ficava com os sacerdotes (2,4-10; 7,9). Nenhum fermento era usado, mas se usava sal (2,11-13). Por último, havia a oferenda das primícias na forma de espigas de grãos ou pão assado junto com óleo e incenso. Parte do grão e do óleo e todo o incenso eram queimados (2,14-16).

80 A parte da *minḥâ* que era queimada era chamada de '*azkārâ*, cujo significado preciso neste contexto é incerto. A palavra poderia significar "memorial" (do verbo *zākar*, "lembrar"), no sentido de que a oferta lembrava Deus de quem a oferecia. Ou ela poderia significar "compromisso" no sentido de que a parte realmente oferecida a Deus era um sinal da disposição do doador em oferecer tudo de si.

Em alguns casos, somente o cereal era oferecido, sem o óleo ou o incenso, como na oferenda diária do sumo sacerdote; neste caso, toda a oferenda era queimada (Lv 6,13-16 [20-23]). Novamente, quando a *minḥâ* era oferecida por uma pessoa pobre como sacrifício pelo pecado (5,11-13) e quando era oferecida como "sacrifício pelo ciúme" (Nm 5,15), ela consistia apenas de farinha. Quando a *minḥâ* acompanhava um holocausto ou um sacrifício de comunhão, uma libação de vinho era acrescentada ao ritual (Ex 29,40; Lv 23,13; Nm 15,1-12).

As oferendas de cereais podem ser observadas desde o período anterior ao exílio. Tem se dito que a palavra *minḥâ* em textos pré-exílicos é usada em seu sentido genérico de "presente" ou "oferta" para se referir a qualquer tipo de sacrifício. Isto não é totalmente verdadeiro; *minḥâ* é distinta de *zebaḥ* em 1Sm 2,29; 3,14; Is 19,21; de '*ōlâ* em Jr 14,12; Salmo 20,4; e de *šelem* em Am 5,22. Nestes textos, ela é uma palavra técnica para a oferta de cereais. O pão da proposição, análogo a *minḥâ*, é mencionado em 1Sm 21,3-7.

81 (E) O pão da proposição. Relacionado às oferendas de cereais estava o pão da proposição, que é chamado no hebraico

de *leḥem happānîm*, "o pão do rosto" (de Deus) ou "o pão da Presença", e *leḥem hamma'āreket*, "o pão da proposição". Este consistia de 12 bolos de flor de farinha de trigo dispostos em duas fileiras sobre uma mesa diante do Santo dos Santos; bolos frescos eram colocados sobre a mesa todo sábado (Lv 24,5-9). Os sacerdotes consumiam os bolos velhos na época de sua renovação, e o incenso que fora posto ao lado de cada fileira era queimado sobre o altar do incenso. Os 12 pães eram uma lembrança ou compromisso perpétuo da aliança entre Iahweh e as doze tribos (→ Pensamento do AT, 77:76ss.). A presença do incenso sobre a mesa com os pães lhes dava um caráter de sacrifício, mesmo que apenas o incenso fosse queimado sobre o altar.

82 (F) Oferendas de perfumes. O incenso tinha um papel importante no ritual de sacrifício de Israel. A palavra *qĕṭōret* tem o sentido genérico de "aquilo que sobe como fumaça" e, neste sentido amplo, pode ser aplicado a qualquer coisa queimada no altar. Na liturgia, refere-se às oferendas de perfume, cuja expressão plena é *qĕṭōret sammîm*. A palavra específica para designar incenso é *lĕbōnâ*, mas o incenso era apenas um dos muitos aromas que compunham a mistura perfumada. Os outros eram estoraque, craveiro e gálbano, que deveriam ser misturados com o incenso em quatro partes iguais (Ex 30,34-38). As receitas ficaram mais complicadas com o passar do tempo, e os escritos rabínicos mencionam uma que contém 16 ingredientes.

A maneira de oferecer era a seguinte: um sacerdote tirava brasas vivas do altar de holocaustos com uma pazinha e aspergia a mistura aromática sobre as brasas no altar de incenso. Esta oferenda era feita toda manhã e noite (Ex 30,7-8). No Dia da Expiação (→ 148 *abaixo*), as brasas e o incenso eram levados para o Santo dos Santos para serem queimados diante da Arca (Lv 16,12-13). Usava-se incenso puro, sem mistura (*lĕbōnâ*),quando ele acompanhava uma *minḥâ* ou era colocado na mesa dos pães da proposição.

83 Ao reconstituir as oferendas de perfumes, verificamos que a palavra *qĕṭōret*, que adquiriu um sentido técnico restrito depois do exílio, era usada apenas em seu sentido genérico de "aquilo que sobe como fumaça" em textos pré-exílicos (1Sm 2,28; Is 1,13; veja 2Rs 16,13.15). Porém, embora a terminologia não existisse antes do exílio, o costume de oferecer incenso certamente existia. O "incenso que vem de Sabá" é usado em paralelismo com "seus holocaustos" em Jr 6,20 (veja 17,26). O Templo de Salomão tinha um altar de incenso (→ 62 *acima*), e o editor deuteronomista de 1Rs 3,3 condenou a oferenda de incenso em qualquer lugar que não o Templo. O incenso era bastante comum nas liturgias de outras nações do antigo Oriente Próximo; seria antes surpreendente se o costume não existisse em Israel (veja M. Haran, *VT* 10 [1960] 113-29).

Nos primórdios, incensários podem ter sido usados para queimar incenso em vez de altares imóveis, como na história de Nadab e Abiú (Lv 10,1ss.) e na de Coré em Nm 16,1ss. A primeira menção certa de um altar de incenso está na descrição do Templo de Salomão. Nos estágios primitivos do ritual, usava-se incenso puro, sem mistura. Ele fazia parte da *minḥâ* (Lv 2,1ss.), primícias (2,15) e do pão da proposição, sendo todos pré-exílicos. Depois do exílio, com o desenvolvimento maior do ritual, passou-se a usar a mistura de quatro partes aludida acima.

84 (VI) A origem do sacrifício israelita. Todos os sacrifícios pós-exílicos da religião israelita, então, tinham antecedentes pré-exílicos. Alguns eram mais antigos que outros, e às vezes um predominava sobre o outro, com uma alteração subsequente na ênfase à medida que o ritual se desenvolvia. Seria surpreendente se não tivesse acontecido um desenvolvimento em tão longo tempo. O fato de estarmos melhor informados sobre o último estágio não deveria nos cegar para o fato de que este desenvolvimento começou séculos antes. Isto nos leva à questão sobre a origem do ritual israelita.

Sem nos estendermos muito no sistema de sacrifício da Mesopotâmia, podemos dizer que a evidência à nossa disposição não justifica procurar naquela área a fonte dos rituais israelitas. Os contatos com o ritual mesopotâmico são raros e superficiais; as diferenças são fundamentais. O sangue tinha pouca ou nenhuma importância nos sacrifícios mesopotâmicos, e as duas formas básicas do sacrifício israelita, o holocausto e o sacrifício de comunhão, não eram usados na Mesopotâmia.

O sistema sacrifical da Arábia era mais próximo ao de Israel, a julgar da informação escassa à nossa disposição. O sangue era usado para libações, e animais domésticos eram mortos e comidos; oferendas de perfumes eram comuns na Arábia meridional. Contudo, a ausência de semelhanças em princípios básicos nos impede de concluir que Israel os tenha emprestado da Arábia. A queima da vítima toda ou em parte era a essência do sacrifício israelita. Na Arábia, o animal era simplesmente morto e comido. As poucas semelhanças entre os dois sistemas podem ser explicadas pela origem distante comum dos dois povos, pela vida pastoral que Israel e a Arábia uma vez compartilharam e por contatos comerciais e culturais.

85 A história é diferente quando consideramos Canaã. As informações bíblicas sobre o ritual cananeu mostram que ele é semelhante ao ritual israelita, pelo menos materialmente. As esposas cananeias de Salomão ofereciam incenso e sacrifícios a seus deuses (1Rs 11,8). De acordo com 2Rs 5,17, Naamã, o sírio, ofereceu holocaustos e sacrifícios de comunhão; e quando Elias teve sua disputa contra os profetas de Baal, ambos prepararam seus sacrifícios da mesma maneira (1Rs 18). Outras passagens confirmam estas evidências; e a condenação bíblica do culto cananeu não se dá em virtude da forma que tal culto tinha, mas porque ele era oferecido a ídolos e executado em santuários proscritos. A terminologia do ritual cananeia, tal qual é conhecida a partir de inscrições púnicas e fenícias, não era completamente consistente, mas ela contém alguns pontos interessantes de contato com a terminologia israelita. Os textos ugaríticos mais antigos do séc. IV a.C. de Ras Shamra (→ Arqueologia bíblica, 74:72) fornecem poucas informações confiáveis além de alguns termos rituais correspondentes àqueles usados por Israel. Porém, quando se reúne toda a evidência disponível, há uma semelhança definitiva entre os rituais israelita e cananeu. Havia holocaustos, sacrifícios de comunhão e oferendas de cereal e perfumes no ritual cananeu, mas não se atribuía qualquer importância particular ao sangue nos sacrifícios de animais.

Dadas as semelhanças entre esses dois sistemas, que relação histórica existiu entre eles? Os sacrifícios em que as vítimas eram total ou parcialmente queimadas sobre o altar eram comuns em Canaã antes da vinda dos israelitas. Contudo, não parece que os israelitas tenham oferecido tais sacrifícios nos dias do deserto. Antes, algo semelhante ao ritual da Páscoa teria sido normal durante aquele período pastoral e seminômade: a vítima não era queimada, nem sequer em parte, mas seu sangue tinha importância ritual, e a carne era compartilhada pelos participantes. (Este era precisamente o tipo de sacrifício praticado por nômades na Arábia antiga.). Então, quando os israelitas chegaram a Canaã, eles assumiram a prática cananeia de queimar as oferendas e a integraram gradualmente em seu próprio sistema. Daquele momento em diante, os dois rituais, o cananeu e o israelita, seguiram suas próprias linhas de desenvolvimento. Não há nada certo sobre esta reconstrução, mas ela faz justiça aos dados disponíveis.

86 (VII) Sacrifício humano. Quando os israelitas sacrificaram seres humanos, eles atraíram sobre si a ira divina, isto é evidente em Jr 7,31; Ez 20,25-26-31. O sacrifício de crianças pelos israelitas ao deus Molec é mencionado em Lv 18,21; 20,2-5; 2Rs 23,10; Jr 32,35. Tais sacrifícios, com o ato de queimar, aconteceram no vale de Ben-Enom,

perto de Jerusalém, de acordo com 2Rs 23,10; Jr 32,35. O mesmo tipo de sacrifício é mencionado em Dt 12,31; 2Rs 16,3; 17,31; 21,6; Jr 7,31; 19,5; Ez 23,29, sem mencionar o nome de Molec. Embora as várias atitudes dos israelitas para com o sacrifício de crianças no período monárquico possam estar abertas à discussão, os textos do AT que chegaram a nós refletem uma atitude de forte condenação do que consideravam uma prática estrangeira.

87 Visto que crianças eram sacrificadas nas colônias púnicas, é possível supor, mas não provar, que a prática existia na Fenícia, a pátria das colônias púnicas e vizinho de Israel. Em púnico, a palavra *molk* era aparentemente um termo técnico para designar o sacrifício de crianças. A semelhança entre o púnico e o Molec do AT (em hebraico: *mōlek*) levantou a questão sobre se Molec era originalmente um termo sacrificial. A opinião de estudiosos tende a favorecer a concepção de que tanto Molec quanto o *molk* púnico são nomes divinos e que a mudança do sentido de *molk* para um sentido técnico é peculiar ao púnico. (Quanto a levantamentos de pesquisas sobre sacrifício humano e Molec, veja H. Cazelles, *DBSup* 5. 1337-46; A. R. W. Green, *The Role of Human Sacrifice in the Ancient Near East* [ASOR Diss. Series 1; Missoula, 1975]; G. C. Heider, *The Cult of Molek* [JSOTSup 43; Sheffield, 1985].)

88 **(VIII) O significado do sacrifício em Israel.** Holocaustos, sacrifícios de comunhão, oferendas pelo pecado, oferendas pela culpa: O que todos eles significam? Qual era o sentido essencial do sacrifício em Israel? Deram-se várias respostas a estas questões.

89 **(A) Teorias insatisfatórias.** De acordo com uma hipótese, o sacrifício israelita era uma dádiva de conciliação para uma divindade cruel e exigente. Não há evidência que sustente tal posição. Uma sugestão mais sutil é que o sacrifício era um tipo de acordo bilateral em que o povo dava um presente a Deus e Deus agia reciprocamente garantindo algum favor. Há um elemento de verdade nisto (→ 93 *abaixo*), mas isto implica que Deus precisava muito de alguma dádiva humana – uma ideia estranha ao pensamento israelita.

90 Em outra teoria, o sacrifício é retratado como um ato quase mágico pelo qual uma pessoa entra em união com Deus. Esta teoria tem duas formas. Na primeira, uma pessoa atinge a união ao comer a vítima divina. Esta pressupõe que o sacrifício israelita era basicamente totemista, uma visão de sacrifício herdada de ancestrais remotos na Arábia. Ao comer o animal que representava a divindade (o totem), a pessoa absorve uma parte da vida da divindade. Não há evidências, contudo, de que tal noção realmente tenha prevalecido na antiga Arábia ou que, quando um totem era consumido, se pensasse que ele efetuava qualquer comunicação de vida divina. Na segunda forma da teoria, supunha-se que o israelita entrava em união com Deus ao imolar uma vítima que substituía e representava o doador. O derramar do sangue da vítima na base do altar é interpretado como um símbolo efetivo que trazia a vida do sacrificador em contato com a divindade a quem o altar representava. Tal interpretação é altamente dúbia. Embora o derramar de sangue ao redor do altar simbolizasse a oferenda imediata e direta da vida da vítima a Deus, ele não carregava consigo nenhuma conotação de realização de uma união vital entre o ofertante e Deus.

91 Uma outra teoria bastante comum é a de que os israelitas, como seus vizinhos mesopotâmios e cananeus, consideravam o sacrifício uma refeição preparada para um Deus faminto. Aqueles que sustentam esta teoria indicam aquelas passagens em que o altar é chamado de mesa de Deus e o pão da proposição é chamado de pães de Deus (→ 8,64 *acima*), bem como a passagem em se que diz que Deus "respirou o agradável

odor" dos holocaustos de Noé (Gn 8,21). Pode se admitir que há certos elementos do sacrifício israelita que sugerem o compartilhar de uma refeição com Iahweh, especialmente no sacrifício de comunhão (a oferenda pacífica). Essas práticas israelitas como a oferenda de bolos, óleo e vinho para Iahweh podem ter tido este sentido no ritual cananeu do qual elas provavelmente foram emprestadas. Mas a atitude do autêntico iahwismo é expressada de forma bem inequívoca no Sl 50,12-13: "Se eu tivesse fome não o diria a ti, pois o mundo é meu, e o que nele existe. Acaso comeria eu carne de touros, e beberia sangue de bodes?"

92 (B) Entendimento distintivo do sacrifício. Qual era, positivamente, a noção israelita de sacrifício? A resposta deve começar com uma apreciação da noção israelita de Deus. Ele era único, transcendente, todo-poderoso, supremamente autossuficiente, pessoal; e uma vez que ele era pessoal, ele pedia uma resposta da parte de seu povo. Esta resposta tinha de ser correspondentemente pessoal, racional. O sacrifício, então, era a expressão externa de uma resposta pessoal a um Deus pessoal. Não era um gesto mecânico e mágico com uma eficácia não relacionada às disposições interiores daquele que ofertava. Se o sacrifício não era movido por disposições interiores sinceras, era um formalismo vazio, um escárnio do verdadeiro relacionamento divino-humano. Deixar de reconhecer esta verdade fundamental é a fraqueza básica das hipóteses rejeitadas acima.

É verdade que alguns elementos do ritual israelita e do vocabulário sacrifical estão enraizados em costumes que antecedem a formação de Israel como uma nação. Contudo, a semelhança material não é uma indicação de identidade real com estes costumes ou a teologia primitiva que eles refletiam. Algumas formas antigas foram retidas, mas usadas como veículos de novos conceitos. A mesma observação se confirma nos empréstimos rituais das religiões vizinhas; a adoção do ritual pagão não indica necessariamente a adoção do pensamento religioso pagão. O ritual é relativamente neutro; ele recebe um sentido específico da religião que o emprega, e a religião de Israel era bem diferente e infinitamente superior à de Canaã. O sacrifício israelita, então, era distinto e difícil de definir. Sacrifício não era um conceito simples: não era unicamente a oferenda de um *presente* ou *oblação* a Deus para reconhecer seu domínio, ou unicamente um *meio de efetuar a união* com ele, ou unicamente um *ato de expiação*. Ele era os três simultaneamente e ainda mais. Vamos agora estudar um por um seus vários aspectos.

93 O sacrifício era um *presente* ou *oblação*, mas um presente ao qual Deus tinha um direito imperativo, uma vez que tudo que o povo pudesse ofertar viera primeiro da mão generosa divina. "De Iahweh é a terra e o que nela existe, o mundo e seus habitantes" (Sl 24,1; também 50,9-13; 1Cr 29,14). Ao retornar uma parte da propriedade de Deus a ele, as pessoas simbolicamente reconheciam o direito de Deus sobre tudo e, por meio disso, adquiriam o direito de usar o restante, sob Deus, para seus próprios propósitos. Esta era a ideia por trás da oferenda das primícias e dos primogênitos. De outro ponto de vista, já que as oferendas eram matérias-primas (carne e vegetais) com as quais o povo sustentava sua vida, a vítima representava a vida e ser daquele que ofertava. No sacrifício, a pessoa simbolicamente se rendia a Deus; e Deus, ao aceitar, se comprometia de alguma forma. Não era uma noção *quid pro quo* [toma-lá-dá-cá] (→ 89 *acima*), visto que Deus não precisava do presente e não poderia haver proporção entre o presente e o favor de Deus.

A essência do sacrifício não consistia na destruição da vítima. De fato, no caso de sacrifícios de animais, a morte da vítima era apenas um ritual preparatório e era executado pelo ofertante, não pelo sacerdote. Uma razão para a destruição da oferenda, fosse animal ou vegetal, era que ela tornava o presente irrevogavelmente definitivo e o retirava completamente do uso comum. Além disso, ela tornava a vítima invisível e, por meio disso, a enviava simbolicamente para a esfera invisível do divino. A palavra para designar holocausto, *'ōlâ*, significa basicamente "o que sobe". O ritual servia para simbolizar esta ideia de "dar", de "enviar" para Deus. O altar era o símbolo da presença de Deus; e o sangue da vítima, o elemento mais sagrado, era trazido em contato direto com este símbolo. Em cada sacrifício, o sangue era derramado na base do altar; em sacrifícios expiatórios, era esfregado nos chifres do altar; em oferendas pelo pecado para o sumo sacerdote ou para a toda comunidade, o sangue era aspergido sobre o véu que ocultava a presença especial de Deus no Santo dos Santos. No Dia da Expiação, ele era levado para dentro do Santo dos Santos e aspergido sobre o propiciatório, o trono de Deus. As partes combustíveis da vítima eram queimadas e, de certa forma, espiritualizadas à medida que subiam aos céus na forma de fumaça.

94 O sacrifício, então, servia como um presente que expressava o sentimento israelita de dependência de Deus, mas ele também indicava o *desejo pela união com Deus*. Os israelitas nunca nutriram uma noção crassamente física desta união (→ 90 *acima*); a atitude deles era mais sutil, em harmonia com a transcendência espiritual sublime de Iahweh. Quando Deus tinha recebido sua parte da vítima, os que a haviam apresentado comiam o restante em uma refeição sacrifical. O fato de que a vítima era tanto oferecida a Deus quanto consumida pelos adoradores colocava as duas partes juntas em uma comunhão espiritual, estabelecendo e consolidando o laço de aliança entre as duas. Esta era uma ocasião alegre e, nos primórdios, o sacrifício de comunhão era o mais popular no ritual.

95 Todo sacrifício implicava pelo menos alguma noção de *expiação*. A realização da oferenda necessariamente acarretava autonegação, e o restabelecimento ou manutenção de relações amigáveis com Deus implicava que estas relações tinham sido perturbadas. O autor de 1Sm 3,14 escreveu que "nem sacrifício nem oferenda jamais expiarão a iniquidade da casa de Eli". O uso de sangue dava a todos os sacrifícios de animais traços expiatórios (Lv 17,11), além dos sacrifícios específicos de expiação por várias faltas (→ 72-78 *acima*).

96 (IX) Condenações do sacrifício. Dada a importância central do sacrifício na religião israelita, é surpreendente encontrar algumas condenações duras dele no AT. Mas um estudo imparcial dessas passagens condenatórias revela implicitamente que o sacrifício era mantido em alta estima em Israel e não era um mero ritual externo de eficácia mágica, mas uma externalização de sentimentos religiosos nobres, sem os quais o sacrifício era um escárnio. Particularmente veementes são os ataques dos profetas pré-exílicos (Is 1,11-17; Jr 6,20; 7,21-22; Os 6,6; Am 5,21-27: Mq 6,6-8). Estas passagens foram frequentemente interpretadas como condenações do sacrifício de qualquer modo ou forma, pois sua linguagem é direta e incondicional. Porém, devemos reconhecer que no hebraico uma declaração absoluta ou um contraste direto é frequentemente feito onde nós usaríamos uma comparação. A formulação de Os 6,6 é um exemplo esplêndido deste tipo de expressão: "Porque é amor que eu quero e não sacrifícios, conhecimento de Deus mais do que holocaustos". As leis do paralelismo exigem que entendamos a primeira fase da mesma forma comparativa que está expressa na segunda: "Pois misericórdia quero, e não sacrifício". Exemplos dessa maneira de falar podem ser multiplicados muitas vezes mais, mesmo no NT (cf. Lc 14,26 e Mt 10,37).

Um dos primeiros profetas, Samuel, expressou claramente a atitude dos profetas para com o sacrifício: "Iahweh se compraz com holocaustos e sacrifícios como com a obediência à palavra de Iahweh? Sim, a obediência é melhor do que o sacrifício, a docilidade mais do que a gordura dos carneiros" (1Sm 15,22). O que os profetas estavam condenando era a adoração formalista e meramente externa sem as disposições próprias. Tal "adoração" era apenas um palavrório vazio que beirava a superstição.

97 (X) Outros atos rituais. O sacrifício era central, mas não era o único ato de adoração israelita. Havia também orações públicas e vários rituais de purificação e consagração.

(A) Oração. A expressão fundamental do sentimento religioso é a oração, o voltar a mente e o coração a Deus que estabelece contato imediato entre um ser humano e a divindade. O sacrifício é a oração em ato. Estamos preocupados aqui, contudo, não com a devoção privada, pessoal, mas com a oração como um elemento do culto, isto é, oração litúrgica.

A Bíblia dá fórmulas para bênçãos (Nm 6,22-27) e para maldição (Dt 27,14-26). Ela prescreve uma fórmula a ser usada no ritual da "água amarga" (Nm 5,21-22) e na situação que resultou da não apreensão de um assassino (Dt 21,7-8). Ela dá as fórmulas a serem usadas na oferenda das primícias (Dt 26,1-10) e no pagamento do dízimo que era devido a cada três anos (Dt 26,13-15). Ela especifica a leitura das escrituras para a celebração da Páscoa (Dt 6,20-25; veja Ex 12,26-27).

Embora o ritual não contenha nenhuma prescrição para as fórmulas de oração a serem usadas durante a oferenda de sacrifícios, tais fórmulas certamente existiam e estavam em uso comum. Elas são encontradas em todo ritual religioso no mundo inteiro. Amós (5,23) se refere à canção de hinos para acompanhamento instrumental, mas apenas de forma geral. Podemos pressupor que o desenvolvimento do canto litúrgico acompanhou os passos do ritual e do sacerdócio cada vez mais especializado. Havia cantores oficiais no Templo de Salomão desde o início; e a importância desse grupo cresceu constantemente até atingir, no Templo pós-exílico, grande prestígio.

O livro de hinos oficial do novo Templo era o Saltério, e muitos dos seus hinos claramente litúrgicos já estavam em uso durante o período dos reis.

98 O local ideal para a oração eram os limites do Templo, com a face voltada para o Santo Lugar (Sl 5,8; 28,2; 138,2). Quando o exílio ou a ausência tornou este ideal uma impossibilidade, os exilados faziam o melhor que podiam voltando-se na direção de Jerusalém (1Rs 8,44.48; Dn 6,11). As sinagogas do período pós-exílico (→ 56 *acima*) foram construídas para que os fiéis fossem capazes de dirigir suas orações ao Lugar Santo.

As informações sobre as horas para a oração oficial são escassas. Orações apropriadas da noite e da manhã são encontradas nos Salmos 4 e 5 respectivamente. Judite determinava o tempo de suas orações de forma a coincidir com a oferenda de incenso noturna no Templo (Jt 9,1); e Daniel seguia o que parece ter sido o costume geral de orar três vezes por dia, noite, manhã e meio-dia (Dn 6,11; Sl 55,18). Porém, a referência nestes textos é a orações individuais e privadas. Durante o período em que foram escritos, havia somente duas celebrações diárias no Templo, um de manhã e outro à noite.

99 Uma postura ereta parece ter sido comum para a oração durante o período do AT. Salomão, contudo, ajoelhou-se (2Cr 6,13), e, em Ne 9,3-5, há uma analogia interessante ao procedimento *Flectamus Genua-Levate* da liturgia latina. Neste rito penitencial, o povo ficava em pé para a leitura e, então, caía de joelhos para a confissão de pecados e permanecia nesta posição até que os levitas clamassem: *qûmû* (*levate*). A postura externa do corpo visa a expressar as disposições internas da pessoa, e a disposição comum diante de Deus é a de submissão humilde. No Sl 95,6 lemos: "Entrai, prostrai-vos e inclinai-vos, de joelhos, frente a Iahweh que nos fez!" (Antífona **para** Matinas no Breviário Romano). Não é surpreendente, então, ler sobre pessoas se ajoelhando em oração (1Rs 8,54; Is 45,53; Dn 6,11) com os braços erguidos para o céu (1Rs 8,22.24; Is 1,15 Lm 2,19). Outros textos sugerem o costume muçulmano de cair de joelhos e pressionar a testa contra o chão (Sl 5,8; 99,5; também TM de 99,9, "ao seu santo monte").

100 (B) Purificações. As mentes modernas acham estranhos os conceitos do AT de "pureza" e "impureza", especialmente quando "impureza" é descrita como o resultado de contato com o sagrado. Na mente dos israelitas, certas coisas, tanto profanas quanto sagradas, possuíam qualidades misteriosas que se comunicavam a qualquer um que entrasse em contato com elas e colocava estas pessoas em uma classe separada da comum. Para voltar às atividades e ao mundo do dia a dia, elas tinham de ser "purificadas". Sem dúvida, esta atitude refletia a mentalidade e os costumes primitivos, mas a legislação resultante servia a um propósito sublime ao colocar Israel em uma classe separada. Os pagãos podiam tocar isto ou aquilo e comer qualquer coisa impunimente, mas não o povo de Israel. Eles pertenciam a um Deus transcendente e totalmente puro e tinham de refletir sua santidade. Vários rituais diferentes eram usados para restaurar uma pessoa "impura" ao estado normal.

101 (a) *Sacrifícios e rituais de lavagem.* Após o nascimento do filho, requeria-se que a mulher oferecesse um holocausto e uma oferenda pelo pecado (Lv 12,1-8). Para as pessoas que consideravam o casamento algo sagrado, o nascimento de um filho a maior das bênçãos e a esterilidade uma maldição, uma nova mãe não estava, certamente, pelo próprio fato da maternidade, em um "estado de pecado". Mas ela tinha entrado em contato, por assim dizer, com o poder criativo de Deus e, consequentemente, tinha de ser "purificada" no sentido ritual antes de retomar as atividades normais. Analogamente, a igreja, que considera o matrimônio um sacramento e honra a maternidade, possui uma cerimônia de "ação de graças" depois do parto – com a mesma ideia em mente.

102 Quando "leprosos" eram declarados curados, eles tinham de oferecer um sacrifício de reparação ou uma oferenda pelo pecado e um holocausto (Lv 14,10-32). Aqui novamente, não é uma questão de culpa moral, pois os mesmos sacrifícios eram requeridos de um homem ou mulher que tinham tido contato com os tipos de irregularidades rituais descritas em Lv 15,14-15.29-30. Um nazireu que tocasse um cadáver tinha de oferecer um sacrifício pelo pecado, um holocausto e um sacrifício de reparação (Nm 6,9-12). Os mesmos três sacrifícios eram exigidos ao término de seu voto (Nm 6,13-20).

103 Algumas vezes, a lavagem ritual acompanhava um sacrifício de purificação; às vezes, era um ritual distinto. Um sacerdote se lavava ritualmente antes de exercer funções sagradas (Ex 29,4; 30,17-21; Lv 8,6; 16,4). Utensílios, roupas ou pessoas tinham de ser lavados se tivessem entrado em contato com uma pessoa ou objeto legalmente impuro (Lv 11,24-25.28.32.40; 15; 22,6) ou até mesmo com algo sagrado. A panela de metal em que a carne sacrifical havia sido cozida tinha de ser lavada totalmente mais tarde; se um vaso de barro tivesse sido usado, a lei prescrevia que deveria ser quebrado após isso (Lv 6,21). Depois que o sacerdote saísse do Santo dos Santos no Dia da Expiação, ele tinha de trocar de roupa e lavar-se dos pés à cabeça. O homem que conduzia o bode expiatório para o deserto e queimava as vítimas da oferenda pelo pecado tinha de fazer o mesmo (Lv 16,23-28). Esta prescrição também incluía aqueles que participavam do ritual da novilha vermelha (Nm 19,7-10.21). Um período de purificação de sete dias era prescrito para soldados que tinham se engajado em uma guerra santa, bem como para toda sua vestimenta (Nm 31,16-24).

104 (b) *Ritual da novilha vermelha*. Se o despojo de uma guerra santa fosse de metal, este tinha de ser lavado em uma água especial chamada *me middâ*, "água purificadora" (Nm 31,22-23). O preparo da água é descrito em Nm 19,1-10. Uma novilha vermelha sem defeito que nunca fora submetida ao jugo era morta fora da cidade por um homem comum, enquanto o sacerdote observava. Ela era então completamente queimada, e enquanto estava queimando, o sacerdote lançava para dentro da pira de madeira de cedro, hissopo e fios escarlates. As cinzas resultantes eram reunidas e armazenadas para serem usadas na preparação da água lustral. Algumas das cinzas eram colocadas em um recipiente em que se derramava água que vinha diretamente de uma fonte ou rio. Se tudo isso tem um toque de magia, talvez seja porque o ritual era originalmente pagão e foi adotado e santificado pelos israelitas. O vermelho é considerado apotropaico (*i.e.*, com poder de afastar o mal) por muitos, e se atribui poder purificador às cinzas de animais queimados e às águas correntes. Esta água era aspergida sobre qualquer um que tivesse entrado em contato com um cadáver, ossos ou uma tumba, e sobre a casa e a mobília dos mortos (Nm 19,11-22). À parte destes exemplos e daquele mencionado em Nm 31,22-23, usava-se água comum para abluções rituais.

105 (c) *Ritual para a lepra*. A palavra hebraica traduzida como "lepra", *Ṣāra'at*, não se refere à hanseníase, que é como normalmente designamos a lepra. A doença bíblica era visivelmente menos séria, pois era curável e seus sintomas eram os de diversas doenças de pele relativamente superficiais (Lv 13,1-44). A doença, quando assim diagnosticada por um sacerdote, tornava as pessoas ritualmente impuras. Então, elas tinham de ficar a uma distância segura da cidade até que estivessem curadas (2Rs 7,3). Era tarefa do sacerdote determinar se a cura havia acontecido (Lv 14,3) e executar o rito de purificação.

106 O ritual é descrito em Lv 14, que é aparentemente a fusão de dois rituais, um primitivo e o outro mais recente. No ritual primitivo, um vaso era enchido com água "corrente" e sobre este se matava uma ave para que seu sangue caísse na água. Uma ave viva era, então, mergulhada na água, e se acrescentavam madeira de cedro, fio escarlate e hissopo. Finalmente, permitia-se que a ave voasse embora. Os leprosos eram aspergidos com essa água e declarados puros, mas só eram considerados definitivamente puros sete dias mais tarde, depois que eles raspassem seu corpo todo, lavassem suas roupas e se banhassem (Lv 14,2-9). Este ritual continha vestígios de superstições muito antigas. As doenças de pele desagradáveis à vista eram consideradas doenças causadas por um demônio, que deveria ser expulso. Assim como no caso da novilha vermelha, a água avermelhada era usada por causa de suas qualidades apotropaicas; e o pássaro que escapava simbolizava o demônio em fuga.

No ritual mais recente (Lv 14,10-32), a pessoa curada oferecia um sacrifício de reparação, uma oferenda pelo pecado e um holocausto. Com o sangue do primeiro sacrifício, o sacerdote marcava a orelha direita, o polegar direito e o dedão direito do indivíduo; então, ele ungia os mesmos membros com óleo e derramava óleo sobre a cabeça do ex-leproso. Esta unção está em paralelo com a cerimônia cananeia e mesopotâmica que acompanhava a libertação de um escravo.

107 Especialmente estranha é a noção de "lepra" em roupas, tecidos e até mesmo casas. Nestes, a "doença" era algum tipo de míldio ou proliferação de fungos. Se o artigo afetado não pudesse ser limpo por lavagem, tinha de ser queimado. Se pudesse ser limpo por lavagem, era lavado novamente e declarado limpo (Lv 13,47-59). No caso de casas, as pedras descoloridas eram removidas, e as paredes raspadas. Se o quadro continuasse se espalhando, a casa era derrubada; se parasse, a casa era considerada limpa. Nos dois casos, o mesmo ritual de expiação tinha de ser executado conforme aquele descrito em Lv 14,29. Embora estas noções e estes ritos possam parecer arcaicos e misteriosos, eles aparecem apenas em textos pós-exílicos. A consciência de culpa que foi intensificada pelo exílio e a ênfase na transcendência de Deus na teologia da tradição de P trouxeram uma preocupação com a pureza e a impureza que equivalia quase a uma obsessão na legislação de P. Os legisladores citaram exemplo após exemplo de possíveis impurezas e até mesmo voltaram ao passado obscuro em seu desejo por perfeição.

108 (d) *Ritos de consagração.* A purificação expressava um aspecto negativo da santidade ao remover um obstáculo legal do contato com o divino. A consagração era o lado positivo; ela preparava uma pessoa ou um objeto para esse contato ou até mesmo resultava do contato. Ela consistia fundamentalmente na remoção de pessoas ou coisas do âmbito do profano e as dedicava a um propósito sagrado. Esta dedicação nem sempre requeria uma cerimônia distinta; qualquer entrada no âmbito do sagrado causava uma consagração. Por exemplo, soldados que lutavam em uma guerra santa e os prêmios que eles capturavam eram automaticamente dedicados a Deus; os sacerdotes eram consagrados pelo simples fato de seu serviço do santuário. Tal consagração trazia obrigações. Os sacerdotes tinham de observar regulamentos estritos para salvaguardar sua pureza (Lv 21,1-8); os soldados em uma guerra santa tinham que manter abstinência durante sua duração (1Sm 21,6; 2Sm 11,11), e o despojo que eles tomavam não poderia ser usado para a vantagem pessoal de alguém (Js 6,18ss.; 1Sm 15,18-19).

109 Temos discutido exemplos de consagração automática. À medida que o ritual se desenvolvia, apareciam cerimônias específicas. No período pós-exílico, o sumo sacerdote era consagrado por um ritual elaborado que envolvia purificação, investidura e unção. De forma semelhante, o santuário, o altar e os objetos sagrados tinham de ser ungidos (Ex 30,26-29; 40,9-11; Lv 8,10). No período pré-exílico, o rei era o "ungido" (→ Pensamento do AT, 77:155), e, como sinal de seu caráter sagrado, ele usava a *nēzer* ou coroa (2Sm 1,10; 2Rs 11,12; Sl 89,40). O sumo sacerdote pós-exílico usava um ornamento semelhante, uma flor de ouro (*sîs*) como parte de seu ornamento para a cabeça (Ex 39,30; Lv 8,9). O significado básico do verbo *nāzar* é "separar", e daí, "colocar sob interdição" ou "consagrar". O substantivo derivado, *nāzîr*, significa pessoa dedicada. Associada a esta raiz está *ndr*, e dela vem o substantivo *neder*, voto.

110 (C) Votos. Um voto no pensamento do AT era uma promessa condicionada a dedicar uma pessoa ou coisa a Deus. Se Deus concedesse um certo pedido, o beneficiário cumpriria uma promessa. Era um tipo especial de oração em que uma pessoa não apenas pedia por um favor, mas fortalecia o pedido prometendo dar algo em retorno. Nem todos os votos eram condicionais, embora este pareça ter sido o caso nos primórdios. À medida que o tempo passava, as simples promessas desinteressadas se tornaram mais uma regra que uma exceção.

O tomar um voto impunha uma obrigação solene, mas a lei descartava certos votos, fosse porque a coisa prometida já pertencesse a Deus, como os primogênitos do rebanho (Lv 27,26), ou porque era indigno dele, como os ganhos de prostituição sagrada (Dt 23,19). As mulheres eram restritas na questão dos votos; por exemplo, um pai poderia cancelar um voto feito por sua filha não casada; um marido poderia anular o voto de sua esposa. Uma viúva ou divorciada, contudo, poderia assumir total responsabilidade por um voto (Nm 30,4-7). Na legislação posterior, as pessoas foram autorizadas a substituir os objetos prometidos específicos por uma quantia de dinheiro (Lv 27,1-25).

111 *Nazireus*. Não apenas alguns objetos, mas até mesmo a própria pessoa poderia ser consagrada a Deus por um período de tempo específico. Esse alguém se tornava, então, um nazireu (Nm 6,1-21). Durante o tempo especificado, a pessoa tinha de se abster de bebida alcoólica, até mesmo do vinho, deixar de cortar o cabelo e evitar todo contato com um cadáver. Esta última prescrição era interpretada bem estritamente; se alguém morresse na presença de um nazireu, este era profanado e tinha de começar de novo raspando a cabeça e oferecendo vários sacrifícios (6,9-12). Após completar o período de seu voto, ele oferecia um holocausto, uma oferta pelo pecado e um sacrifício de comunhão; ele raspava a cabeça e queimava o cabelo como parte do sacrifício de comunhão (6,18). Então, ele retornava para sua vida comum.

Estas prescrições parecem ser uma mitigação adaptada de um costume antigo de acordo com o qual a consagração do nazireu era por toda a vida e era mais carismática que inteiramente voluntária (veja Am 2,11-12). Na história de Sansão, vemos uma consagração que começou enquanto ele estava ainda no ventre materno (Jz 13,4-5.7.13-14). O elemento do cabelo não cortado parece ter sido o traço característico do nazireu. Os soldados que lutassem em uma guerra santa não cortavam seus cabelos (Jz 5,2; veja Dt 32,42); e quando a mãe de Samuel o dedicou ao serviço de Deus, ela prometeu que sua cabeça jamais seria raspada (1Sm 1,11). O longo cabelo de Sansão, o sinal de sua consagração vitalícia, era a fonte de sua força extraordinária (Jz 16,17).

FESTAS ISRAELITAS PRÉ-EXÍLICAS

112 (I) Celebrações diárias. Os israelitas observavam vários dias santos importantes todo ano, mas antes que os discutamos, seria útil examinar alguma coisa sobre os serviços diários do Templo. De acordo com Ex 29,38-42 e Nm 28,2-8, dois cordeiros deveriam ser oferecidos diariamente como holocaustos, um de manhã e outro à noite. Junto com os holocaustos vinha uma oferta de farinha misturada com óleo, uma libação de vinho e uma oferenda de incenso (Ex 30,7-8). Este ritual diário foi introduzido após o exílio, embora Cr fale caracteristicamente dele como existente durante o período do reinado (1Cr 16,40; 2Cr 13,11; 31,3). O ritual pré-exílico está refletido em Ez 46,13-15, em que não há menção de um holocausto noturno. Durante a monarquia havia um holocausto matutino e uma oferenda de cereal à tarde (*minḥâ*; veja 2Rs 16,15; Esd 9,4-5; Dn 9,21). O costume pós-exílico de dois holocaustos continuou até os tempos do NT, mas a hora do segundo mudou do crepúsculo para o meio da tarde. No sábado, o mesmo ritual era observado, mas em cada holocausto, dois cordeiros eram oferecidos e não um como nos dias comuns (Nm 28,9-10). No primeiro dia de cada mês, o dia da lua nova, havia um ritual especial que requeria o holocausto de dois touros, um carneiro e sete cordeiros, junto com oferendas e libações, e o sacrifício de um bode como oferenda pelo pecado (Nm 28,11-15).

113 (II) Calendários litúrgicos. Os dias festivos mais importantes, é claro, tinham de ser indicados por um calendário litúrgico. Vários desses calendários são dados no AT, e será necessário considerá-los separadamente. (Veja também van Goudoever, *Biblical Calendars*.)

O *Código Eloísta* dá o calendário mais simples e sucinto (Ex 23,14-17). Ele prescreve um ḥag ou peregrinação (cf. ḥajj muçulmano) três vezes por ano: a peregrinação do pão não levedado no mês de Abib (março-abril), a peregrinação da colheita de grão (fim da primavera) e a peregrinação da colheita de frutos (outono).

114 *O Código Javista* (Ex 34,18-23) é o mesmo que o Código Eloísta, mas com variações leves, por exemplo, ele denomina a peregrinação da colheita de grão como "festa das semanas" e data a colheita de frutos "na virada do ano". Esta última expressão é, contudo, sinônima à do Código Eloísta "no fim do ano", e a falta de precisão de ambos os termos indica que as peregrinações prescritas não aconteciam em datas fixas, mas de acordo com as épocas variáveis da agricultura. Antes da centralização da adoração, cada local determinava suas próprias datas dentro das épocas gerais prescritas, visto que o povo fazia a peregrinação para um santuário local.

115 *O Código Deuteronômico* (Dt 16,1-17) introduz apenas mudanças leves, sendo a mais significativa a especificação do local da peregrinação: "no local designado (por Iahweh)". As três festas anuais são: (1) a Páscoa, junto com a festa dos Pães Ázimos dos códigos anteriores; (2) a festa das Semanas, com a explicação de que ela acontece sete semanas depois do início da colheita de grãos; e (3) a Festa dos Tabernáculos ou Tendas (*sukkôt*), correspondente ao festival da colheita dos frutos dos códigos anteriores. Não se dá nenhuma explicação sobre este novo termo.

116 *A Coleção Sacerdotal* (Lv 23). Esta é mais precisa em matéria de datas, junto com um novo calendário (o babilônio), de acordo com o qual o ano começava na primavera e não no outono. Porém, encontramos também um problema, pois Lv 23 dá clara evidência de ser uma mistura de duas fontes diferentes: ele tem dois títulos (vv. 2 e 4), dois finais (vv. 37 e 44), dois conjuntos de prescrições para a festa dos Tabernáculos (vv. 34-36 e 39-43). Segundo a concepção de R. de Vaux, uma dessas fontes é o Código de Santidade do final do período dos reis (→ Levítico, 4:3, 35, vol. I, AT), e a outra é composta por acréscimos exílicos e pós-exílicos. Ao período do reinado pertenceriam estes versículos: 4-8, que lidam com a Páscoa, a ser celebrada no dia quatorze de Nisan (o antigo Abib) e a ser seguida pela antiga festa dos Pães Ázimos que durava toda a semana; 16-21a, que lida com a festa das Semanas, a ser celebrada cinquenta dias após a festa dos Pães Ázimos; 34b-36, que trata da festa dos Tabernáculos, a ser celebrada no dia quinze de Tishri (setembro-outubro) com a duração de sete dias, seguida por um dia solene de descanso; e 37-38, a conclusão. Os acréscimos pós-exílicos seriam estes versículos: 3, que trata do sábado; 10-15, que trata da festa do Primeiro Feixe; 24-25, que trata da celebração do primeiro de Tishri; 27-32, que trata do Dia da Expiação (dia 10 de Tishri); 39-43, que dão um ritual diferente para a festa dos Tabernáculos; e 44, uma nova conclusão (→ Levítico, 4:43-44).

117 Ezequiel 45,18-25 dá um tipo de calendário litúrgico, aparentemente uma idealização semelhante à visão do profeta do novo Templo. Não há evidência de que o calendário de Ezequiel tenha sido seguido alguma vez: o calendário que prevaleceu foi o Coleção Sacerdotal (Lv 23), que pode ser complementado pela tabela dos sacrifícios a serem oferecidos em dias específicos encontrada em Nm 28-29. Estas são as passagens que dão o calendário da observância depois do exílio, no Segundo Templo.

Agora, devemos considerar individualmente as festas religiosas israelitas mais importantes.

118 (III) O sábado.
(A) Origem. A palavra inglesa é praticamente uma transcrição do termo hebraico *šābbat*, que, por sua vez, é aparentemente um derivado, embora irregular, do verbo *šābat*, "cessar", e, por extensão, "parar de trabalhar, descansar". Pelo menos, esta é a etimologia popular da palavra dada em Gn 2,2-3, mas a origem científica não está totalmente clara, nem a origem da própria instituição religiosa. Todas as tentativas para provar que os hebreus (via Ezequiel) a tomaram emprestada dos babilônios falharam completamente. Tais tentativas são baseadas principalmente na semelhança entre *šābbat* e a palavra acádia *šappattu*, que signi-

fica o dia que marca a metade do mês, o dia da lua nova. Contudo, a única semelhança admissível é etimológica; e, deste ponto de vista, o denominador comum seria o significado de "fazer uma parada"; o *šappattu* fazia uma parada no mês; o sábado hebraico marcava o final da semana. Quanto à sugestão de que Ezequiel (20,12.20; 46,1) adaptou os costumes babilônicos à vida israelita, o fato é que, longe de introduzir o sábado, ele o apresenta como uma instituição existente há muito tempo à qual seus compatriotas têm sido infiéis (20,13; 22,26; 23,38). Outros pensam que a origem do sábado possa estar culturalmente colocada em dias de mercado que ocorriam regularmente, embora neste caso a observância teologicamente interpretada do sábado como um dia de descanso em Israel teria colocado um fim ao próprio propósito pelo qual ele era originalmente observado. Outros ainda buscam as origens no costume antigo de prolongar acontecimentos importantes, celebrações, lamentações, por sete dias – um fenômeno comum no Antigo Oriente Próximo. Nenhuma dessas direções levou a quaisquer conclusões sólidas sobre a origem do sábado israelita. (Veja B. E. Shafer, *IDBSup* 760-62.)

119 Êxodo 16,22-30 sugere que o sábado existia antes da aliança do Sinai, e Gn 2,2-3 o remonta à própria época da criação. Tais afirmações não se baseiam em qualquer memória histórica; porém, o sábado é mencionado em todas as tradições que constituem o Pentateuco: no Código Eloísta (Ex 23,12), no Código Javista (Ex 34,21), nas duas versões do Decálogo (Dt 5,12-14 e Ex 20,8-10) e na Coleção Sacerdotal (Ex 31,12-17). A observância israelita do sábado é certamente antiga. Mais do que isso não podemos dizer no momento.

120 (B) Relevância. O papel que o sábado desempenhou na vida e no pensamento israelita o tornou bastante único. Não era apenas um feriado em que se descansava para outra semana de trabalho. Ele estava relacionado à aliança que Deus tinha feito com seu povo e era um dia consagrado a ele de forma especial. Inicialmente, a lei do descanso sabático foi simplesmente determinada; formas posteriores da lei acrescentaram motivos que revelam duas perspectivas teológicas diferentes. Primeiro, em Dt 5,14b-15, enfatizam-se fatores humanitários: não se pode trabalhar sem o descanso próprio. Porém, ao mesmo tempo, o aspecto religioso não é negligenciado: o sábado servirá como memorial da libertação do povo de Deus do trabalho escravo no Egito e sua condução ao "lugar de descanso" (12,9; veja Sl 95,11). Segundo, Ex 20,11 expressa um motivo que reflete a atitude da escola sacerdotal: "Deus concluiu no sétimo dia a obra que fizera e no sétimo dia descansou, depois de toda obra que fizera. Deus abençoou o sétimo dia e o santificou, pois nele descansou depois de toda a sua obra de criação" (veja Gn 2,2-3; Ex 31,12-17).

Ambos os motivos são uma expressão da teologia da aliança; apenas os pontos de vistas são diferentes. A visão deuteronômica se concentra em uma das partes da aliança, o povo; a visão sacerdotal se concentra na outra parte, Deus. A última perspectiva prevaleceu e deu ao sábado seu tom predominantemente religioso (Lv 23,3.28; Ex 20,11; 31,15). Quando o período pós-exílico começou, os israelitas que observavam o sábado estavam conscientes da celebração do senhorio de Iahweh sobre toda a criação; veja F. Götz, *TBei* 9 (1978) 243-56.

121 (C) Observância. Como sinal da aliança, a observância do sábado indica fidelidade à aliança e era uma garantia de salvação (Is 58,13-14; Jr 17,19-27); a não observância era equivalente à apostasia (Ex 31,14; 35,2; Nm 15,32-36). Se o povo como um todo negligenciasse o sábado, Deus os puniria severamente (Ez 20,13; Ne 13,17-18).

Nos dias antigos, contudo, o sábado era um feriado alegre, descontraído, predominantemente religioso, mas não demasiadamente restritivo. O trabalho manual e os negócios eram suspensos, mas o povo podia se mover livremente. Eles peregrinavam para santuários próximos (Is 1,13; Os 2,13) ou iam consultar seus profetas (2Rs 4,23). Então, durante o exílio, quando a celebração de outras festas era impossível, o sábado se tornou proeminente como o sinal distintivo da aliança. Depois do exílio, embora o sábado continuasse a ser um dia de descontração prazerosa, ele estava sujeito a restrições mais firmes. Todos os negócios e viagens estavam proibidos (Is 58,13); o povo não podia carregar nada de suas casas ou fazer qualquer trabalho (Jr 17,21-22, um acréscimo pós-exílico). Durante sua segunda visita a Jerusalém, Neemias reagiu vigorosamente à negligência do povo com relação às leis do sábado ordenando que os portões da cidade fossem fechados e extraindo do povo uma promessa de fidelidade futura (Ne 10,32; 13,15-16.19-22). À medida que o tempo passou, as restrições foram multiplicadas até que, na época do NT, eram meticulosas.

122 (IV) Páscoa e a festa dos pães ázimos. Conforme vimos, os dias santos importantes do calendário do antigo Israel eram as três festas de peregrinação (Pães Ázimos, Semanas e Tabernáculos) e a Páscoa. A Páscoa e a Festa dos Pães Ázimos foram combinadas mais tarde. As informações sobre a Páscoa, que não são abundantes e nem sempre são claras, estão contidas em dois grupos de textos, o litúrgico e o histórico.

123 (A) História – textos litúrgicos. Estes textos vêm de tradições pentateucais diferentes, formuladas em tempos diferentes; assim, é possível usá-las como guias para traçar o desenvolvimento das grandes festas judaicas.

(a) *Tradição sacerdotal*. Na época em que esta última das tradições pentateucais foi formulada, a celebração da Páscoa já estava unida à da festa dos Pães Ázimos. Os textos pertinentes são: Lv 23,5-8; Nm 28,16-25 (veja 9,1-4); Ex 12,1-20.40-51. Deles, aprendemos que a Páscoa deveria ser celebrada em conjunção com a lua cheia do primeiro mês do ano (março-abril). No dia 10 desse mês, cada família deveria selecionar um cordeiro macho de um ano e sem defeito. No crepúsculo do dia 14 (Ex 12,6: "no crepúsculo da tarde"), o cordeiro era morto e o sangue aspergido nas vergas e nos batentes da porta da casa. Durante esta noite de lua cheia, o cordeiro era assado e comido; nenhum de seus ossos poderia ser quebrado e qualquer coisa que sobrasse depois da refeição tinha de ser queimada. Pães ázimos e ervas amargas também eram consumidos, e aqueles que partilhavam da refeição tinham que estar vestidos como se estivessem prontos para uma viagem. No caso de uma família ser muito pequena para consumir um cordeiro inteiro, ela se unia a alguns vizinhos. Escravos e estrangeiros residentes (*gērîm*) poderiam participar, contanto que fossem circuncidados.

No dia 15 do mês, a festa dos Pães Ázimos com duração de uma semana começava. Todas as sobras de pão levedado tinham de ser destruídas, e durante a semana seguinte apenas se podia consumir pão levedado. O primeiro e o sétimo dias do festival eram feriados em que aconteciam reuniões religiosas. O mesmo ritual da Páscoa-Festa dos Pães Ázimos está refletido em Ez 45,21, em Esd 6,19-22 e no "Papiro da Páscoa" de Elefantina (→ História, 75:125). Este papiro, de 419 a.C., insiste nas datas que devem ser observadas, uma indicação de que as datas são uma inovação para esses colonizadores.

124 (b) *Tradição deuteronômica*. Voltemos a um estágio anterior na celebração das duas festas. O texto pertinente, Dt 16,1-8, é uma união artificial de dois rituais distintos, um se referindo à Páscoa e o outro à festa dos Pães Ázimos. Deuteronômio 16,1.2.4b-7 trata da Páscoa, que deveria ser celebrada durante o mês de Abib (março-abril); não se dá nenhuma data específica. A vítima poderia ser um bezerro, uma ovelha ou um bode; ela devia ser morta ao pôr-do-sol, cozida e consumida na mesma noite. Porém, tudo isso deveria acontecer no Templo, e, na manhã seguinte, todos deveriam ir para casa. Deuteronômio 16,3.4a.8 trata da festa dos Pães Ázimos, em que por sete dias o povo deveria comer "pães de miséria" sem fermento. O sétimo dia deveria ser o dia de descanso e convocação religiosa. Estes dois rituais implicam uma distinção entre as duas festas, marcada pela partida, na noite após a Páscoa, de todos aqueles que haviam tomado parte na solenidade.

O ritual deuteronômico da Páscoa foi seguido no reinado de Josias (2Rs 23,21-23; → 126 *abaixo*), e o texto nem mesmo menciona a festa dos Pães Ázimos. Mas o autor se esforça para indicar que esta Páscoa era algo novo. O Cronista também descreve a celebração da Páscoa de Josias (2Cr 35,1-18), mas insere em sua descrição práticas seguidas posteriormente. Ele menciona a festa dos Pães Ázimos como em Dt 16,7-8, mas ele também menciona a novidade do ritual da Páscoa de Josias (2Cr 35,18). Para uma ideia da novidade do ritual deuteronômico, devemos compará-lo com aquilo que os calendários mais antigos nos dizem.

125 (c) *Antigos calendários litúrgicos*. Os dois calendários mais antigos (Ex 23,15; 34,18) mencionam a festa dos Pães Ázimos, mas não a Páscoa. Eles prescrevem que os pães asmos sejam consumidos por uma semana durante o mês de Abib; este festival era uma das três festas de peregrinações (*ḥag*) (Ex 23,14.17; 34,23). A Páscoa é mencionada em Ex 34,25, mas este versículo não trata das peregrinações, e tampouco Ex 23,18. Porém, a palavra *ḥag* é usada em ambos os versículos; portanto, eles devem ter sido editados depois que Deuteronômio tinha classificado a Páscoa como uma festa de peregrinação. É isto que parece constituir a novidade do ritual da Páscoa deuteronômica observada no santuário central. Primeiramente, a Páscoa era um acontecimento local, familiar (Ex 12,21-23; Dt 16,5), diferente da peregrinação dos Pães Ázimos. Porém, visto que ambas ocorriam no mesmo mês e compartilhavam muitas características, não é surpreendente que elas finalmente foram colocadas juntas. Esta combinação não tinha acontecido antes da época de Josias (por volta de 620), e a primeira referência a eles como uma só festa está em Ez 45,21 (durante o exílio, depois de 587) e no ritual Sacerdotal. A descrição do Cronista da Páscoa solene de Ezequias (2Cr 30) é claramente anacrônica (veja, ainda, F. L. Moriarty, *CBQ* 27 [1965] 404-6).

126 (B) **História – A Páscoa de Josias.** A Páscoa deuteronômica celebrada na época de Josias era realmente nova ou era antes um retorno a um costume antigo e há muito negligenciado? Algumas passagens (2Rs 23,22; 2Cr 35,18) pareceriam sustentar a última concepção. Duas questões estão envolvidas, contudo: a união da Páscoa com a festa dos Pães Ázimos e a restrição da celebração da Páscoa a Jerusalém. Alegou-se frequentemente que Js 5,10-12 indica uma combinação original das duas festas. Esta passagem diz como, quando os israelitas acamparam em Guilgal, eles celebraram a Páscoa na noite do dia 14 e no mesmo dia (de acordo com uma leitura melhor) "eles comeram do produto da terra na forma de pães não levedados e grãos queimados". Mas é difícil ver qualquer semelhança real entre este consumir bolos sem fermento no dia da celebração da Páscoa e o festival de sete dias que é mencionado nos textos litúrgicos. Tanto quanto se pode determinar, as duas festas ainda estavam separadas quando a legislação deuteronômica foi promulgada. A celebração da Páscoa sob Josias, que foi inspirada em Dt, não incluía a festa dos Pães Ázimos.

Por outro lado, a restrição da celebração da Páscoa a Jerusalém era uma inovação deuteronômica. Antes da monarquia, a Páscoa poderia ter sido celebrada em um santuário central (2Rs 23,22; 2Cr 35,18); antes do estabelecimento em Canaã, ela era uma festa tribal. Porém, com a desintegração da unidade tribal que seguiu o estabelecimento, a Páscoa se tornou uma festa familiar. Talvez este seja o porquê dela não ser mencionada em Ex 23 e 24, e também por que o ritual javista de Ex 12,21-23 era tão detalhado: famílias individuais precisariam de instruções mais claras. A festa dos Pães Ázimos permaneceu uma festa de grupo, uma peregrinação a um santuário local. Com a insistência deuteronômica final em Jerusalém como o único local legítimo para ambas as festas, elas foram colocadas juntas.

127 (C) Origem da Páscoa. A etimologia é de pouca ajuda aqui. A explicação popular dada em Ex 12,13.23.27 liga o nome da festa (*pesaḥ*) ao fato de que o anjo destruidor "saltou, passou" (*psḥ*) as casas dos hebreus durante a execução da décima praga; mas isto é etimologia popular, não científica. A palavra acádica *pašāḥu*, "apaziguar", não se aplica, pois a Páscoa não era uma festa expiatória. Mais recentemente, sugeriu-se que o hebraico é uma transcrição de uma palavra egípcia que significa "soco, golpe", e a referência era ao golpe que Iahweh desferiu ao Egito, mas isto é dificilmente sustentável.

Olhando para o ritual em si, constatamos que é caracteristicamente pastoral, e nenhum outro ritual israelita se assemelha tanto ao dos antigos árabes nômades. A Páscoa não exigia sacerdote nem altar, e o sangue da vítima exercia um papel importante. Originalmente, um animal jovem era sacrificado para obter fertilidade para todo o rebanho, e o sangue era colocado nas estacas da tenda para afugentar poderes malignos (veja Ex 12,23: o exterminador). O ritual tem toda a aparência de um rito celebrado quando a tribo desmontava acampamento para se dirigir a pastos frescos da primavera. O caráter nômade da Páscoa é, além disso, sugerido por diversos aspectos: a vítima era assada; a carne era comida com pães ázimos e ervas amargas (selvagens, não cultivadas); e os participantes deveriam estar vestidos para partida imediata, com seus cajados de pastor em mãos. Os últimos textos que fixam as datas para a celebração da Páscoa refletem a origem pastoral e nômade da festa. Eles especificam os dias 14 e 15 do primeiro mês (Abib: mais tarde, Nisan; nosso março-abril), precisamente no tempo da lua cheia. Na vida do deserto, uma noite bem iluminada seria a escolha lógica para tal festival. Todas as evidências, portanto, apontam para o fato de que a Páscoa remonta aos dias em que os israelitas estavam vivendo de forma seminômade, inclusive à época antes do êxodo. Esta pode ser a festa que os israelitas, enquanto ainda no Egito, queriam celebrar no deserto (Ex 5,1) e cuja permissão lhes foi negada pelo faraó.

128 (D) Origem dos Pães Ázimos. (*maṣṣôt* ou *matzoth*). Esta festa marcava o início da colheita da cevada. Nos primeiros sete dias da colheita, o único pão comido era feito com farinha do novo grão, preparado sem fermento. Por não conter nada do "ano passado", ele simbolizava um começo novo. Além disso, havia uma oferenda dos novos grãos a Iahweh, mas esta era meramente uma antecipação da oferenda mais formal das primícias na festa das Semanas que marcava o fim da estação de colheita de grãos, 50 dias depois do início da colheita da cevada. Visto que a festa dos Pães Ázimos era uma festa agrícola e não era realizada até o estabelecimento em Canaã (Lv 23,10), os israelitas podem tê-la pego emprestada dos cananeus. Contudo, eles a tornaram uma festa israelita, calculando-a de sábado a sábado e fixando a principal festa da colheita (Semanas) sete semanas depois (nem o sábado nem a semana eram conhecidos fora de Israel – veja de Vaux, *AI* 186-88). Uma vez que era uma festa agrícola, determinada pela prontidão da colheita de cevada, ela só poderia ser datada, com o máximo de precisão, dentro do mês em que esta colheita ocorria, Abib.

129 A legislação deuteronômica e a reforma de Josias trouxeram alguma precisão a esta questão, causando complicações no processo. A Páscoa se tornou uma festa de peregrinação, e sua proximidade com a festa dos Pães Ázimos levou a uma final combinação das duas entre a reforma de Josias (621) e o exílio (587-539). Enquanto que a data da Páscoa era determinada pela lua cheia, a festa dos Pães Ázimos dependia da colheita e deveria começar e terminar em um sábado. A Páscoa acabou tomando precedência: No dia em que ela ocorresse, a festa dos Pães Ázimos começava no dia seguinte e durava uma semana. Além disso, as duas festas ganharam um sentido novo profundo como comemorações da libertação de Deus de seu povo do Egito, que havia acontecido na mesma época do ano.

(LE DÉAUT, R., *La nuit pascale* [AnBib 22; Roma, 1963]. SEGAL J. B., *The Hebrew Passover* [London, 1963]. Para o ritual da Páscoa do período rabínico primitivo: BOKSER, B. M., *The Origins of the Seder* [Berkeley, 1984].)

130 (V) Festa das Semanas – Pentecostes. Esta festa é chamada de festa da Colheita em Ex 23,16, a festa da Colheita de Trigo em Ex 34,22. Na última passagem, ela é chamada também de festa das Semanas, mas isto pode ser um comentário acrescentado posteriormente para identificá-la com a peregrinação das semanas mencionada em Dt 16,9-10. Aqui, aprendemos que a festa deveria ser celebrada sete semanas depois do início da colheita da cevada (a festa dos Pães Ázimos). O termo "festa das Semanas" aparece em Nm 28,26, junto com a "festa das primícias", pois a oferenda simbólica das primícias no começo da colheita de cevada tinha sido apenas uma antecipação desta, a oferenda das primícias definitiva.

Como todas as festas de colheita, esta era uma ocasião alegre (Dt 16,11; Is 9,2). O ritual completo para sua celebração é dado em Lv 23,15-21. A contar de sete semanas inteiras a partir do dia seguinte ao sábado em que o primeiro feixe de cevada foi oferecido a Deus, chegamos ao dia seguinte ao sétimo sábado, exatos 50 dias depois. (Assim, a festa acabou sendo conhecida como Pentecostes, da palavra grega para designar "quinquagésimo" [2Mc 12,31-32; Tb 2,1].). A cerimônia consistia na oferenda de dois bolos fermentados feitos com a nova farinha de trigo. O uso de pão ázimo no começo da colheita, 50 dias antes, tinha marcado um novo começo; mas agora que a colheita acabara, os hábitos comuns eram retomados. Havia, assim, um tipo de unidade orgânica entre a festa das Semanas e a anterior festa dos Pães Ázimos e, através desta, com a Páscoa.

131 Visto que a festa das Semanas presumia uma economia agrícola, os israelitas começaram a celebrá-la apenas depois da entrada em Canaã, adotando-a provavelmente dos israelitas. No princípio, não havia uma data fixa para sua celebração (Ex 23,16; 34,22); Dt 16,9-10 confere precisão ao relacionar a festa das Semanas à festa dos Pães Ázimos, mas a data da última festa era ainda bastante flexível. Finalmente, quando a Páscoa e a festa dos Pães Ázimos foram unidas e datas definidas lhes foram atribuídas, a festa das Semanas também adquiriu um lugar fixo no calendário. Contudo, não foi sem dúvidas que todos aceitaram esta data. No calendário dado pelos *Jubileus* e seguido em Qumran (→ Apócrifos, 67:18, 99), as festas caíam nos mesmos dias da semana a cada ano. De acordo com esta estimativa, a oferenda do primeiro feixe, que deveria acontecer "no dia seguinte ao sábado", não acontecia no domingo seguinte à Páscoa, mas uma semana mais tarde, no dia 26 do mês. Isto colocou a festa das Semanas no dia quinze do terceiro mês.

132 Embora originalmente uma festa agrícola, o Pentecostes adquiriu, posteriormente, um significado ainda mais religioso ao ser relacionado ao Êxodo. De acordo com Ex 19,1, os israelitas chegaram ao Sinai no terceiro mês depois de sua partida do Egito. Visto que esta partida tinha acontecido na metade do primeiro mês, a festa das Semanas coincidiu com a data de sua chegada ao Sinai e adquiriu uma magnitude adicional como comemoração da aliança do Sinai. Esta conexão é mencionada explicitamente em *Jubileus*. Em Qumran, também, a renovação da aliança era celebrada na festa das Semanas, a festa mais importante no calendário de Qumran (B. Noack, *ASTI* 1 [1962]

72-75). Muitos detectam em At 2 a aliança no Sinai como pano de fundo de Pentecostes. Entre os judeus em geral, contudo, ele reteve apenas uma importância secundária. No período rabínico, era considerado uma festa em que se comemoravam a teofania no Sinai e a entrega da lei (J. Potin, *La fête juive de la Pentecôte* [LD 65; Paris, 1971]).

133 (VI) Festa das Tendas – Tabernáculos. O nome hebr. da terceira grande festa de peregrinação é *sukkôt*, variadamente traduzida como Tabernáculos, Barracas, Tendas e Cabanas. Nenhuma dessas traduções é completamente aceitável, embora "Cabanas" chegue perto. Contudo, usaremos a convencional "festa das Tendas", com a lembrança de que a festa nunca pediu a montagem de tendas de qualquer tipo. Encontramos o nome *sukkôt* pela primeira vez nos calendários litúrgicos posteriores (Dt 16,13.16; Lv 23,34) e em textos dependentes desses calendários (Esd 3,4; Zc 14,16.18). Porém, enquanto que o nome pode ser relativamente novo, a festa é antiga; é a "festa da reunião" (*'āsîp*), mencionada nos dois calendários mais antigos (Ex 23,16 e 34,22).

Das três festas de peregrinação anuais, esta era a mais importante e a mais frequentada. É chamada de "festa de Iahweh" em Lv 23,39 (veja Nm 29,12); e Ez 45,25 a chama simplesmente de "*a* festa", como faz 1 Rs 8,2.65. Ela também deve ser identificada com "a festa anual de Iahweh em Silo" (Jz 21,19). Zacarias, ao prenunciar uma peregrinação mundial anual de todas as nações ao Templo, escolheu esta festa como a ocasião da peregrinação (Zc 14,16), e Josefo a designou como "a mais sagrada e maior festa judaica" (*Ant.* 8.4.1 § 100).

134 (A) História. (Veja G. W. MacRae, *CBQ* 22 [1960] 251-76.). Assim como as festas dos Pães Ázimos e das Semanas, a festa das Tendas era uma festa agrícola, de fato, o ápice do ano agrícola. Ela marcava a reunião de todo o produto dos campos (Ex 23,16), os produtos dos campos de debulha, das vinhas e lagares de óleo (Dt 16,13).

Quando a terra tinha produzido toda sua safra para o ano corrente, e aquela safra tinha sido reunida e estocada, o povo dava graças alegremente a Deus (a analogia com nosso Dia de Ação de Graças [EUA] é óbvia). Havia dança, canto e alegria geral (Jz 21,19-21), incluindo, aparentemente, uma amostra generosa do novo vinho (1Sm 1,14-15).

135 Quanto ao ritual da festa, os textos antigos não são muito detalhados. Posteriormente, a festa é chamada de *sukkôt* como em Dt 16,13-15, mas não se oferece nenhuma explicação quanto ao nome. Ela é descrita como uma peregrinação ao Templo e a duração dada é de sete dias. Informações mais precisas são encontradas em Lv 23,33-43, mas esta passagem não é uma unidade literária e deve ser estudada por partes. As prescrições vagas de Dt 16,13-15 são repetidas em Lv 23,34-36, com a menção adicional de um oitavo dia, de descanso e assembleia para adoração. Aprendemos de Nm 29,12.34 quais sacrifícios eram oferecidos durante os sete dias da festa, e Nm 29,35-38 prescreve os sacrifícios para o oitavo dia. Este oitavo dia parece ser um acréscimo ao ritual original, um dia de transição, de retomar o fôlego, antes de retornar às atividades normais.

Um segundo estágio na redação de Lv 23 está refletido no relato da celebração da festa sob Esdras em Ne 8,13-18, pois 8,14 depende de Lv 23,42-43, em que lemos que, durante sete dias, o povo tinha de habitar em tendas em memória de como os israelitas viviam depois de sua libertação do Egito. Quando o povo a quem a lei estava sendo lida ouviu isso, eles se apressaram e recolheram galhos para fazer telhados, os quais eles colocaram nos tetos, nos pátios do Templo e nas praças da cidade. Neemias 8,17 observa: "porque nunca fizeram assim os filhos de Israel, desde os dias de Josué". Certamente, isto não pode se referir à construção de tendas improvisadas, pois o nome *sukkôt* remonta a um período anterior a Dt. O fato de isto ter ocorrido em Jerusalém é provavelmente a novidade.

O estágio final na redação de Lv 23 é representado pelos vv. 40-41, que indicam: "No primeiro dia tomareis frutos formosos, ramos de palmeiras, ramos de árvores frondosas e de salgueiros das ribeiras, e vos regozijareis durante sete dias na presença de Iahweh vosso Deus. Celebrareis assim uma festa para Iahweh, sete dias por ano. É lei perpétua para vossos descendentes". Não há menção disso no texto de Neemias; o fruto não tinha conexão com a construção de cabanas. Textos históricos posteriores tornam claro que a folhagem era carregada em procissão, como na cerimônia do domingo de Ramos dos católicos. De acordo com 2Mc 10,6-8, a dedicação do templo foi celebrada "como a festa das Tendas": durante oito dias, os judeus realizaram procissões triunfais, carregando tirsos, galhos verdes e ramos. Josefo (*Ant.* 13.13.5 § 372) conta como o monarca desprezado Alexander Janeu (→ História, 75:142) foi atacado com frutas carregadas pelo povo durante a festa das Tendas.

136 (B) Data. De acordo com Ex 23,16, a festa das Tendas deveria ser celebrada no final do ano (no outono); de acordo com Ex 34,22, na virada do ano. Os textos, tomados juntos, indicam que nenhuma data definitiva havia ainda sido determinada para a celebração, que dependia da condição das colheitas. Em Dt 16,13, a data é dada como dependente do progresso do trabalho de colheita. Quando a colheita estava terminada, a festa deveria ser celebrada. As referências informais à celebração da festa em Reis causam complicações; veja de Vaux, *AI* [*Instituições de Israel*] 498-99. De fato, a data não foi fixada definitivamente antes do período refletido por Lv 23,34 (veja Nm 29,12), o que a coloca no dia quinze do sétimo mês (o mês, setembro-outubro, é contado a partir do começo do ano, na primavera). A festa deve durar sete dias e chegar ao final no oitavo. A mesma datação é dada em Ez 45,25.

137 (C) Origem. Houve tentativas fracassadas em ligar a festa das Tendas à celebração da época da vindima em honra a Baco e à festa de Adônis-Osíris, em que uma árvore era colocada sobre o esquife de Adônis. As duas explicações são completamente destituídas de fundamento. Uma outra hipótese mais popular se baseia na ideia primitiva de que os poderes malignos estavam especialmente ativos na virada do ano e atacavam as casas. Para escapar desta influência malévola, o povo saía de suas casas e morava em habitações provisórias até que o perigo passasse. Afirma-se que os israelitas eram particularmente suscetíveis a tais superstições durante seus primeiros anos de vida sedentária em Canaã, quando a festa das Tendas teria sido introduzida. De fato, não há traços dessas noções nos textos bíblicos, que oferecem uma explicação mais satisfatória e menos forçada. A festa começou como uma festa de colheita, conforme seu nome primitivo (*'āsîp* ou Reunião) sugere, e conforme os textos antigos (Ex 23,16; 34,22) indicam. Mesmo depois de ter assumido um nome inspirado em uma parte acidental do ritual (*sukkôt* ou tendas), ela permaneceu essencialmente uma festa agrícola. Se buscarmos sua origem fora de Israel, o local lógico é Canaã, como o era para as festas dos Pães Ázimos e das Semanas.

138 Contudo, como o ritual das *sukkôt* ganhou tanta distinção? Ele tinha suas raízes em um costume palestino muito comum: durante a época da colheita, o povo construía abrigos nos pomares e vinhedos. Estas tendas improvisadas davam alguma proteção contra o sol durante o período de descanso. Visto que a festa da Reunião era celebrada ao ar livre, onde estas pequenas tendas eram parte integrante da cena da colheita, não é difícil verificar como ela veio a ser conhecida como festa das tendas (*sukkôt*). Embora retivesse o nome e permitisse o costume, Dt 16,13-15 insistiu em que o povo fosse a Jerusalém para os sacrifícios. Finalmente, as *sukkôt* foram colocadas na própria Cidade Santa e se tornaram uma parte permanente do ritual (Lv 23,42; Ne 8,16).

Como no caso da Páscoa e da festa das Semanas (→ 129, 132 *acima*), a festa das Tendas adquiriu, posteriormente, um sentido religioso mais profundo ao ser relacionada a um acontecimento no êxodo. As *sukkôt* eram interpretadas como um memorial das *sukkôt* em que os israelitas tinham vivido depois de sua libertação do Egito (Lv 23,43). De fato, eles não viviam em cabanas, mas em tendas durante a estadia no deserto; assim, a associação é litúrgica e não histórica.

139 (VII) Uma festa do Ano Novo no AT? Não é totalmente claro quando o Ano Novo começava em Judá e em Israel, mas ele começava no outono em Judá durante a maior parte do período da monarquia. Na época do exílio, contudo, e no período pós-exílico, o ano começava na primavera, com o mês babilônico Nisan (março-abril). Não há menção de uma festa de Ano Novo no AT. *Rō'š haššānâ* em Ez 40,1 não se refere a uma festa, mas a uma época do ano. Em Lv 23,23-25 e Nm 29,1-6, em que se pressupõe um calendário que começa por Nisan, o primeiro dia do sétimo mês, que seria Tishri (setembro-outubro), era um dia de *tĕrû'â* ("tocar as trombetas"? → Levítico, 4:46), a ser observado de maneira ainda mais solene que o primeiro dia dos outros meses. Lemos em Ne 8,2 que Esdras escolheu o mesmo primeiro dia do sétimo mês, Tishri, para sua leitura solene da lei. A importância do primeiro do Tishri outonal nestes textos pós-exílicos primitivos, quando o ano começava na primavera, tem sido tomada como evidência de que havia uma festa de ano novo no período pré-exílico, quando o ano novo – em Judá pelo menos – começava no outono. A ocorrência tanto do Dia da Expiação quanto da festa das Tendas dentro do mês de Tishri no período pós-exílico teria sido determinada pela importância que Tishri tinha tido como primeiro mês do ano no período do reinado. Tais textos do período do reinado, como 1Rs 8,2-3; 12,32-33 (à luz de 12,26-27), poderiam ter aludido a uma festa outonal, talvez à festa de Reunião, com um caráter fortemente régio e religioso.

Hipoteticamente, tal festa teria celebrado o reinado divino de Iahweh como Senhor de toda a criação, na qual o rei terreno participava. Alguns acrescentariam que esta participação do rei terreno no reinado divino teve consequências para o bem-estar da natureza no fluxo e refluxo das forças do universo – uma ideologia religiosa de realeza seria, assim, combinada com elementos da clássica religião cananeia da natureza. No período pós-exílico, a festa teria sido suprimida em virtude da oposição aos elementos da antiga religião da natureza cananeia e em virtude da oposição à monarquia como tal.

140 A existência dessa festa no começo outonal do ano no período monárquico de Judá pode ser apenas suposta pela indução a partir de dados acumulados de difícil acesso. Se tal festa existia, com a participação significativa do rei terreno, e com o reinado de Iahweh em seu centro ideológico, isto nos ajudaria a entender algumas passagens do AT, especialmente nos Salmos (→ Salmos, 34:6, vol. I, AT). Isto poderia explicar por que a festa de ano novo do calendário judaico, *Rō'š haššānâ*, mesmo quando ela apareceu pela primeira vez na Mishná no séc. II d.C., era uma festa em que a realeza de Deus aparecia e era celebrada no outono no dia primeiro dia de Tishri, apesar de o novo ano do calendário ocorrer na primavera na Judá pós-exílica. Se havia tal festa pré-exílica no começo outonal do ano, ela seria uma festa simples de uma semana (veja Dt 16,13.15), finalmente dividida na solenidade do primeiro de Tishri, o Dia da Expiação no dia dez e a festa das Tendas do dia quinze ao dia vinte e dois (Mowinckel, *Psalmenstudien* 2.83-89), à medida que aconteceu uma mudança de ênfase para a celebração pública da Páscoa na primavera. Tais mudanças nas instituições religiosas de Israel podem ter refletido mudanças de atitude teológica (veja T. N. D. Mettinger, *The Dethronement of Sabaoth* [ConBOT 18; Lund, 1982] 67-79).

141 (VIII) Uma festa da entronização de Iahweh? Alguns dos que sustentavam a teoria descrita acima foram mais além: eles viram o ato central dessa festa de ano novo como o ritual de entronização de Iahweh, que visava a renovar anualmente a vitória mítica de Iahweh sobre seus inimigos, com consequências reais para a renovação das obras da criação. Para isso, propuseram-se as seguintes linhas de raciocínio:

142 (A) Argumentos do estudo comparado das religiões. Na Babilônia, durante os primeiros 12 dias de Nisan, celebrava-se a festa de ano novo. Seu ritual existente (*ANET* 331-34) está incompleto e é muito tardio (do período selêucida), mas a festa em si, e presumivelmente muitos de seus elementos componentes, eram muito mais antigos. Entre estes elementos estavam a leitura do épico de criação mesopotâmico, *Elish Enuma* (*ANET* 60-72), diante da imagem do deus nacional babilônico Marduc, uma procissão a uma capela festiva (o *akītu*) fora da cidade, uma representação ritual da vitória de Marduc sobre os deuses do caos e uma proclamação de seu reinado divino com a fórmula "Marduc é rei". O rei da Babilônia tinha um certo papel ritual a interpretar. Entre os hititas de um período anterior, o rei tinha um papel ainda mais importante na festa do ano novo; e a festa da coroação do faraó no Egito era considerada o início de um novo ano, embora não do ano novo civil.

Na mitologia cananeia, a vitória de Baal sobre as forças do caos e da morte, representados por Yam e por Mot (*ANET* 129-42), estava em paralelo com a vitória de Marduc sobre Tiamat e os deuses do caos no épico babilônico da criação. Na prática religiosa cananeia, havia um ritual de casamento sagrado, que os autores helenistas chamaram de *hieros gamos*. O mito de Tamuz, que morria e renascia ciclicamente como as plantas verdes, tinha sua expressão religiosa tanto em Canaã quanto na Mesopotâmia (veja, para a Palestina e as regiões litorâneas, N. Robertson, *HTR* 75 [1982] 313-60).

Estes elementos nos sistemas religiosos do antigo Oriente Próximo foram usados para reconstruir uma festa de ano novo israelita para a entronização de Iahweh – de uma forma muito eclética e extrema por parte daquela que veio a ser conhecida como escola dos Mitos e Rituais. S. H. Hooke (*The Origins of Early Semitic Ritual* [London, 1983] 45-68) apelou para um "padrão" de conceitos e práticas religiosos válidos em todos os lugares no Oriente Próximo (até certo ponto *mutatis mutandis*). Baseado neste "padrão", ele e outros partidários da escola viam uma festa israelita da entronização de Iahweh cujo ritual incluía uma representação da batalha entre Iahweh e as forças do caos com Iahweh vitorioso, uma representação dramática da morte e ressurreição divinas, um *hieros gamos*, uma leitura do relato mítico da criação e uma procissão ao Templo para o ritual da entronização de Iahweh. O "padrão" de Hooke foi desenvolvido mais detalhadamente, com inclusão maior de material bíblico e judaico, por Widengren (*Sakrales Königtum*). Poucos hoje admitiriam que o culto oficial e ortodoxo de Israel em qualquer época incluiu um *hieros gamos* ou foi influenciada pelo mito de um deus morto e ressurreto. (W. von Soden refutou a aplicação deste último a Marduc na Babilônia, *ZA* 51 [1955] 130-66.). Porém, alguns dos paralelos babilônicos e outros paralelos ideológicos e míticos à realeza divina em Israel são certamente válidos.

143 (B) Argumentos a partir do Antigo Testamento. A hipótese de uma festa da entronização de Iahweh no período monárquico de Judá dificilmente teria sido formulada sem os paralelos babilônicos mencionados na seção anterior. Porém, primeiramente foi uma tentativa de encontrar o contexto vital de certos salmos que levaram à hipótese e à reunião dos paralelos babilônicos. A ideia de uma festa de ano novo israelita já tinha sido proposta por P. Volz quando Mowinckel (*Psalmenstudien*, vol. 2) estabeleceu uma categoria de "salmos de entronização" para diversos salmos que celebravam o reinado de Deus. Mowinckel propôs um ambiente cultual como parte de um ritual para uma festa de ano novo da entronização de Iahweh, que ele descreveu por analogias à festa de ano novo babilônico, combinadas com informações sobre o ano novo judaico retiradas de fontes rabínicas e com o que ele entendeu como alusões do AT a elementos rituais da festa. Ele insistiu que um aspecto importante da festa era o "drama criativo" ritual, pelo qual os antigos pensavam que tais efeitos eram produzidos na realidade. Segundo esta concepção, os israelitas teriam pensado que a execução anual de uma representação ritual da vitória mítica de Iahweh sobre seus inimigos e as forças do caos, tendo sua entronização ritual como ápice, realmente efetuava a renovação da criação. Até mesmo o próprio Israel, o auge da criação, teria sido renovado através de uma dramatização do êxodo, com a renovação da aliança de Israel com Deus. Um papel quase sagrado do rei terreno na renovação da natureza criada foi enfatizado pela primeira vez nos estudos do AT.

144 (C) Avaliação dos argumentos. Os argumentos de Mowinckel não passaram muito bem pelo teste de validação crítica. Embora uma festa de entronização israelita e a validade dos paralelos babilônicos fossem primeiramente aceitos, sem os excessos de "padronismo", por alguns assiriologistas conceituados como F. M. T. de Liagre Böhl, houve um refinamento na interpretação do festival do ano novo babilônico. Era, de fato, uma festa em que Marduc era honrado como o principal deus da Babilônia, deus supremo de todos os deuses e soberano de toda a criação, mas não se tratava especificamente ou primordialmente de um festival de entronização de Marduc, nem o rei da Babilônia tinha qualquer papel glorioso a desempenhar; de fato, seu único papel central nos procedimentos sagrados implicava uma humilhação ritual (veja A. L. Oppenheim, *Ancient Mesopotamia* [Chicago, 1964] 122). O conceito do reinado de um deus tinha raízes antigas na própria Canaã (O. Eissfeldt, ZAW 46 [1928] 81-105). Críticas sérias do "padronismo" mostraram que não se pode construir, de forma válida, um calendário ou ritual infundido com elementos míticos em Israel por simples analogia intuitiva com aqueles elementos em outros lugares. Permanece verdade, contudo, que o reinado divino de Marduc era celebrado na festa de ano novo babilônico e que o reinado divino de Iahweh era celebrado no ano novo judaico, de acordo com evidência posterior ao AT.

145 Um ponto crucial na hipótese de uma festa de entronização de Iahweh está na expressão *Iahweh mālak* (Sl 93,1; 96,10; 97,1; 99,1), compreendida como "Iahweh se tornou rei" e interpretada como uma fórmula de entronização (→ Salmos, 34:109). Se em um caso dado isso significa "Iahweh reina/é rei" ou "Iahweh se tornou rei" (apenas agora? Ou há muito tempo com efeitos permanentes não sujeitos à renovação?) tem de ser determinado a partir de um contexto dado, sobre o qual o desacordo permanece possível (veja J. H. Ulrichsen, *VT* 17 [1977] 361-74). *Iahweh mālak* não corresponde à forma do que parece ter sido a aclamação pública israelita na ascensão de um rei. A aclamação "Marduc é rei" nos procedimentos da festa de ano novo babilônico não era usada com a ideia de uma renovação do reinado de Marduc em mente. O Sl 47 contém detalhes nos vv. 6.9 (→ Salmos, 34:63) que podem ser tidos como alusões a um ritual de entronização divina, mas esses detalhes receberam outras explicações igualmente plausíveis e não justificam, por si mesmos, a aceitação de uma festa especificamente "da entronização de Iahweh".

146 (D) Outras Concepções da festa. Alguns estudiosos, rejeitando a hipótese de Mowinckel sobre uma festa de entronização, aceitaram sua ideia de uma festa outonal, junto com alguns elementos de seu ritual reconstruído, e lhes deram uma interpretação diferente. A. Weiser (*The Psalms* [Philadelphia, 1962] 23-52) interpretou a festa como uma festa da aliança. H. J. Kraus (*Die Königsherrschaft Gottes im Alten Testament* [Tübingen, 1951]), com mais hesitação em publicações posteriores, a interpretou como uma festa régia que celebra a eleição divina da dinastia de Davi e Sião, em que a renovação não era da criação, mas da aliança.

(BÖHL, F. M. T. de Liagre, *Opera minora* [Groningen, 1953] 263-81. CAZELLES, H. "Nouvel an IV: Le Nouvel an en Israël", *DBSup* 6. 620-45. CLINES, D. J. A., "The Evidence for an Autumnal New Year in Pre-exilic Israel Reconsidered," *JBL* 93 [1974] 22-40. HOOKE, S. H. (ed.), *Myth, Ritual and Kingship* [Oxford, 1958]. JOHNSON, A. R., *Sacral Kingship in Ancient Israel* [2ª ed., Cardiff, 1967]. MOWINCKEL, S., *Psalmenstudien* [Kristiania, 1922] vol. 2. SNAITH, N., *The Jewish New Year Festival* [London, 1974]. VOLZ, P., *Das Neujahrsfest Jahwes* [Tübingen, 1912]. WELTEN, P., "Königsherrschaft Jahwes und Thronbesteigung", *VT* 32 [1982] 297-310. WIDENGREN, G., *Sakrales Königtum im Alten Testament und im Judentum* [Stuttgart, 1955].)

FESTAS TARDIAS DO ANTIGO TESTAMENTO

147 (I) O Dia da Expiação. O Yom Kippur é uma das festas judaicas mais bem conhecidas. Nos tempos do NT, ela tinha atingido tal prestígio que era chamada simplesmente de "O Dia", e é sob este título (*Yoma*) que a Mishná trata dela. Desde sua instituição, ela é celebrada na mesma data, o dia 10 de Tishri (setembro-outubro), o sétimo mês (Lv 23,27-32; Nm 29,7-11).

148 (A) Ritual. Este é dado em detalhes em Lv 16.

O ritual da expiação. O Dia da Expiação era um dia de descanso completo, penitência e jejum. Em uma assembleia solene no Templo, ofereciam-se sacrifícios especiais em expiação pelo santuário, pelo clero e pelo povo. Parece haver uma combinação de dois rituais distintos em Lv 16. De acordo com o primeiro, ou ritual levita, o sumo sacerdote oferecia um touro como um sacrifício por seus próprios pecados e para todo o sacerdócio aarônico. Então, ele entrava no Santo dos Santos para colocar incenso no *kappōret* (→ 32, 35 *acima*) e para aspergi-lo com o sangue do touro (16,11-14). Este era o único dia durante o ano em que ele entrava neste santíssimo lugar. Depois, ele sacrificava um bode pelos pecados do povo; ele também levava um pouco do sangue para o Santo dos Santos para aspergi-lo sobre o *kappōret* (16,15). O sangue também era passado e aspergido sobre o altar (16,16-19).

149 *O bode para Azazel.* Entretecido com o ritual levita há um outro que reflete uma mentalidade diferente. A comunidade apresentava dois bodes, e se lançava a sorte para determinar seus destinos: um era escolhido para Iahweh, o outro "para Azazel". O paralelismo entre "para Iahweh" e "para Azazel" indica que este é um nome próprio, provavelmente de um demônio. É interpretado desta maneira pela versão siríaca de Lv, pelo Targum e por *1 Henoc*, que identifica Azazel como o príncipe dos demônios que foi banido para o deserto. Isto concordaria com a noção de que demônios habitavam no deserto (Is 13,21; 34,11-14; veja Tb 8,3; Mt 12,34). O bode escolhido para Iahweh era sacrificado pelos pecados do povo. O sumo sacerdote, então, impunha as mãos sobre o bode para Azazel; por este gesto simbólico, ele transferia para o bode todos os pecados da comunidade. Este bode não era sacrificado a Iahweh nem ao demônio. Ele era conduzido ao deserto, e com ele se removiam os pecados do povo (Lv 16,8-10.20-22).

Este ritual recorda o que se fazia na Babilônia anualmente no dia 5 de Nisan. Um cantor, entoando encantamentos, purificava os santuários de Bel e Nabu com água, óleo e perfumes. Então, um outro homem decapitava uma ovelha e esfregava o corpo do animal contra o templo de Nabu para purificá-lo. Em seguida, os dois carregavam a cabeça e o corpo da ovelha para o Eufrates e os jogavam dentro dele. Então, eles se retiravam para o campo e não podiam voltar até o dia 12 de Nisan, quando o festival de ano novo chegava ao fim. Há semelhanças inegáveis entre esta cerimônia e a do bode expiatório no Yom Kippur, mas há diferenças também – especialmente o uso do bode expiatório em Israel para remover os pecados do povo. Outros povos tinham rituais semelhantes, e há uma analogia, dentro do ritual israelita, entre o bode expiatório e a ave que era solta no ritual de purificação da lepra (→ 106 *acima*).

150 (B) Instituição. Há, certamente, muitos elementos antigos no ritual para a festa da Expiação, elementos que foram combinados com costumes levíticos e adaptados a ideias religiosas ortodoxas. Tal combinação é evidente no ritual de uma novilha vermelha e no da purificação de um leproso (→ 104-7 *acima*). Porém, não há alusão à festa em nenhum texto pré-exílico. Na profecia de Ezequiel sobre o futuro Templo, ele previu uma cerimônia que aconteceria nos dias primeiro e sétimo do primeiro mês. No primeiro, um touro seria sacrificado e seu sangue usado para purificar o Templo e o altar; no sétimo, um sacrifício semelhante aconteceria pelos pecados não propositais do povo (Ez 45,18-20). Apesar da semelhança fundamental, este não é o Dia da Expiação, que acontecia no dia dez do sétimo mês; e Ezequiel não menciona a cerimônia do bode expiatório. Os livros de Esdras e Neemias não mencionam a festa. Toda evidência disponível indica uma data relativamente tardia para a festa da Expiação, mas é impossível determinar essa data com alguma precisão.

151 (II) Festa de Hanucá – Dedicação. O termo hebraico *ḥannukkâ* traduzido para o grego (*ta enkainia*) significa "inauguração" ou "renovação". A tradução comum do português para o título da festa é Dedicação; Josefo lhe dá um outro nome, a festa das Luzes.

(A) Origem e história. A origem da festa de Hanucá é descrita em 1Mc 4,36-59. O tirano Antíoco Epífanes tinha profanado o Templo e seu altar e colocado no lugar do altar de holocaustos um altar pagão. Este era a Abominação da Desolação (1Mc 1,54; Dn 9,27; 11,31); sobre este ele ofereceu o primeiro sacrifício a Zeus Olímpico no dia vinte e cinco de Casleu (dez.) em 167 a.C. Apenas três anos mais tarde, nesta mesma data, Judas Macabeu purificou o santuário, erigiu um novo altar e o consagrou (2Mc 10,5). Acordou-se que o acontecimento seria comemorado anualmente (1Mc 4,59), porém, durante os 12 anos seguintes, mais ou menos, a festa não pôde ser observada com qualquer regularidade em virtude da situação militar (→ História, 75:135-37). Tão logo que se obteve a liberdade completa e Jônatas se tornou o sumo sacerdote em 152, a observância regular da festa foi retomada. Ela é mencionada em Jo 40,22 e em Josefo (*Ant.* 12.7.7 § 323-26).

152 (B) Ritual. A festa durava oito dias a começar do dia 25 de Casleu e se caracterizava por uma atmosfera de grande alegria. Ofereciam-se sacrifícios no Templo; e tirsos, galhos verdes e ramos eram carregados em procissão, enquanto se entoavam hinos apropriados (2Mc 10.6-8; veja 1Mc 4,54). O Sl 30, intitulado "Canção para a dedicação do Templo", era provavelmente um destes hinos, mas os hinos principais eram os salmos Hallel (113-18). Sabemos, através da Mishná e de escritos rabínicos, que o povo acendia lâmpadas em frente às suas casas, acrescentando uma por dia durante a festa. Este é um desenvolvimento posterior, pois o acender as lâmpadas referido em 1Mc 4,50 indica a restauração dos candelabros no Templo. Contudo, 2Mc se refere ao acender das lâmpadas – mas de novo no Templo; e no Salmo 118,27 se lê: "Iahweh é Deus: ele nos ilumina! Formai a procissão com ramos até aos ângulos do altar". De qualquer forma, o uso de luzes se tornou uma característica tradicional da festa, e este continuou a ser o caso mesmo depois da destruição do Templo em 70 d.C. Isto explica a "festa das Luzes" de Josefo.

153 A semelhança entre os rituais de Hanucá e das Tendas é óbvia; 2Mc a enfatizou de forma bem explícita (1,9; 10,6). Possivelmente, Judas Macabeu padronizou o ritual segundo o das Tendas, pois foi em conexão com as Tendas que o Templo de Salomão (1Rs 8,2.65) e o altar pós-exílico (Esd 3,4) tinham sido consagrados. As duas festas duravam oito dias, e em ambas se carregavam ramos em procissão. Havia diferenças também: os salmos Hallel eram provavelmente entoados primeiramente na Hanucá e foram posteriormente estendidos à Páscoa, ao Pentecostes e às Tendas; e, durante a Hanucá, não se erigiam tendas. As luzes que apareciam com tanta proeminência na Hanucá são bem distintivas.

154 (C) Influências. Apesar do relato claro da origem da festa e sua relação com um acontecimento histórico específico, alguns estudiosos insistem em que o Hanucá é, de fato, uma versão judaica de uma festa pagã do solstício de inverno e que há uma relação clara entre Hanucá e Henoc, cujo período de vida de 365 anos coincidiu perfeitamente com o número de dias de um ano solar (Gn 5,23). Outros igualam a Hanucá à festa romana do *Sol Invictus* (25 de dezembro). Outros ainda observam que, quando Antíoco Epífanes estava no controle, ele fez com que os judeus usassem coroas de hera e marchassem em procissão em honra a Baco (2Mc 6,7) e que ele importou um ateniense (2Mc 6,1) para instruí-los no ritual. Finalmente, outros veem no acender de uma nova lâmpada a cada noite um símbolo do prolongamento dos dias depois do solstício de inverno.

Tais influências não são prováveis. Se costumes pagãos afetaram a escolha da data do Hanucá, eles o fizeram apenas indiretamente. Judas Macabeu selecionou a data para apagar a memória não apenas da profanação do altar, que ocorreu no dia 25 de Casleu, mas também do sacrifício pagão oferecido todo mês no dia 25, que era o aniversário de Antíoco (2Mc 6,7). Carregar galhos em uma procissão em honra a Iahweh pode também ter sido uma reação contra o costume pagão que os judeus foram forçados a seguir na adoração de Baco. Acender lâmpadas em frente às casas pode ter tido a intenção de substituir a queima de incenso junto às portas das casas ordenado por Antíoco (1Mc 1,55). Não está claro por que uma lâmpada a mais era acesa a cada dia, mas este tipo de coisa não é incomum em costumes populares e liturgias (cf. os costumes católicos com a coroa de flores do Advento e na antiga celebração do ofício das trevas na Semana Santa). A festa de Hanucá era essencialmente uma comemoração da purificação do Templo, e todos os seus rituais podem ser explicados como reações às abominações temporárias pagãs em Jerusalém.

155 (III) Festa do Purim.
(A) Data e ritual. De acordo com Josefo, esta festa era celebrada nos dias 14 e 15 de Adar (fevereiro-março) em memória da vitória dos judeus da Pérsia sobre seus possíveis exterminadores. Para o ritual, devemos nos voltar aos escritos rabínicos. O dia 13 de Adar era um dia de jejum; à noite, lâmpadas eram acesas em todas as casas, e o povo ia à sinagoga. Os dois dias seguintes eram festivos. Todos iam à sinagoga para a leitura do livro de Ester, e a congregação interrompia a leitura com ofensas contra o vilão Amã e os seus. O encontro encerrava com uma bênção solene de Mardoqueu, de Ester e dos israelitas em geral. A festa do Purim era a ocasião para a troca de presentes e a distribuição de esmolas; porém, à parte dessas expressões de piedade e caridade, era a mais mundana das festas judaicas – uma espécie de carnaval, com o uso de máscaras e outros disfarces. Os rabinos estabeleceram uma regra segundo a qual se devia parar de beber quando não mais se distinguisse entre "Maldito seja Amã!" e "Bendito seja Mardoqueu!".

156 (B) Livro de Ester. A história de Ester deu a esta festa sua existência e seu nome. De acordo com 3,7 e 9,24, Amã lançou a sorte (*pûrîm*) para determinar o destino dos judeus, que deveria ser o extermínio. Ele fez isso no dia 14 de Adar, mas seu esquema se voltou contra ele e ele próprio foi enforcado. Agora, *pûr* não é hebraico nem persa, mas acádio; e é estranho que as sortes tenham um papel tão insignificante na história em si e que não haja referência a elas na festa à qual deram nome. De fato, 3,7 tem todas as marcas de uma interpolação, e 9,20-32 é o relato de uma carta que Mardoqueu escreveu aos seus compatriotas judeus insistindo que eles observassem a festa. Pode-se suspeitar que as duas passagens tenham sido interpoladas para tornar a festa aceitável aos judeus como um todo e para fixar seu nome como Purim. O livro todo, na verdade, parece destinado a ser uma justificativa para a festa. Tudo na história converge para a celebração que aconteceu no dia seguinte ao massacre dos persas, e os versículos finais (9,16-19) são uma tentativa de explicar por que a festa durou dois dias (14 e 15 de Adar). Mas pode ter havido alguma base histórica para o relato que foi livremente ampliada para formar a lenda de uma festa (de Vaux, *AI* 515; veja também W. W. Hallo, *BA* 46 [1983] 19-29).

157 (C) Origem da festa. Se Ester fosse um livro verdadeiramente histórico, a resposta a esta questão seria tão fácil quanto a resposta sobre a origem da Hanucá. Porém, Est não é histórico; é uma história que visa, entre outras coisas, a justificar uma festa bem peculiar. O nome do Deus de Israel nem mesmo é mencionado na forma hebraica (protocanônica) do livro. O próprio Purim não era uma festa particularmente religiosa: ele não estava especificamente relacionado à história da salvação, nem continha elementos de adoração. Era claramente uma festa estrangeira, mas suas origens precisas não são fáceis de determinar. As tentativas de remontá-la à Babilônia e traduzi-la inteiramente em termos da mitologia babilônica (Mardoqueu-Ester = Marduc-Istar; Amã-Vasti = Aman-Mashti) não são nada convincentes. O autêntico sabor persa de Ester aponta antes para uma origem persa da festa; porém, as correspondências babilônicas entre Mardoqueu e Marduc e entre Ester e Istar dificilmente são acidentais. Além disso, a palavra *pûru* é claramente acádica. A festa, então, deve ter tido suas raízes em várias culturas.

De qualquer forma, ela se originou na Diáspora judaica oriental e provavelmente comemorava um genocídio projetado do qual os judeus escaparam por pouco. Ela também tinha muitos elementos de uma festa pagã de ano novo (diversão, banquetes, troca de presentes, etc.) e era provavelmente modelada de acordo com uma festa persa dessas. Se chegou à Palestina através da Mesopotâmia, ela poderia ter assimilado algumas características babilônicas no caminho, especificamente o nome Purim. A primeira menção da festa em um ambiente palestino está em 2Mc 15,36, em que é chamada de "Dia de Mardoqueu" e está datada no dia 14 de Adar; Josefo é o próximo a mencioná-la (*Ant.* 11.6.13 § 295). Apenas estendendo as categorias é que podemos incluir esta festa nas instituições religiosas de Israel. Mas ela tem suas raízes, mesmo tênues, em um livro do Antigo Testamento.

77
Aspectos do Pensamento do Antigo Testamento*

John L. McKenzie

BIBLIOGRAFIA

1 ALT, *AEOT*. CHILDS, B. S., *Old Testament Theology in a Canonical Context* (Philadelphia, 1985). CLEMENTS, R. E., *Old Testament Theology* (Atlanta, 1978). DE VRIES, S. I., *The Achievements of Biblical Religion* (New York, 1983). EICHRODT, *ETOT*. FOHRER, G., *History of Israelite Religion* (Nashville, 1972) [em port.: *História da religião de Israel*, São Paulo: Ed. Academia Cristã/Paulus, 2006]; *Theologische Grundstrukturen des Alten Testaments* (Berlin, 1972) [em port.: *Estruturas teológicas do Antigo Testamento*, São Paulo: Ed. Academia Cristã, 2005]. GESE, H., *Essays on Biblical Theology* (Minneapolis, 1981). GOTTWALD, N. K., *The Tribes of Iahweh* (Maryknoll, 1979) [em port.: *As tribos de Iahweh*, São Paulo: Paulus, 2ª ed., 2006]. HANSON, P. D., *The Diversity of Scripture* (OBT 11; Philadelphia, 1982). HASEL, G. F., *Old Testament Theology* (ed. rev.; Grand Rapids, 1975) [em port.: *Teologia do Antigo e Novo Testamento: questões básicas no debate atual*, São Paulo: Ed. Academia Cristã, 2007]; "Major Recent Issues in Old Testament Theology, 1978-1983", *JSOT* 31(1985) 31-53. HAYES, J. H. e F. PRUSSNER, *Old Testament Theology: Its History and Development* (Atlanta, 1985). HBT 6 (1984) 1-80. JACOB, E., *Theology of the Old Testament* (New York, 1958): KAISER, W. C., *Toward an Old Testament Theology* (Grand Rapids, 1978); *Toward Old Testament Ethics* (Grand Rapids, 1983). KAUFMANN, Y., *The Religion of Israel* (Chicago, 1958). KNIGHT, D. A., (ed.), *Tradition and Theology in the Old Testament* (Philadelphia, 1977). KÖHLER, L., *Old Testament Theology* (Philadelphia, 1957). LANG, B. (ed.), *Anthropological Approaches to the Old Testament* (IRT; Philadelphia, 1985). LÉON--DUFOUR, *DBT*. MCKENZIE, J. L., *A Theology of the Old Testament* (Garden City, 1974). MARTIN--ACHARD, R., *Permanence de l'Ancien Testament* (Genève, 1984); "Theologies de l'Ancien Testament et confessions de foi", *RTP* 117 (1985) 81-91; ingl. *TD* 33 (1986) 145-48. MILLER, P., *et al*. (eds.), *Ancient Israelite Religion* (Festschrift F. M. Cross; Philadelphia, 1987). PEDERSEN, J., *Israel* (2 vols.; London, 1926-40). RENCKENS, H., *The Religion of Israel* (New York, 1966). REVENTLOW, H. G., *Problems of Old Testament Theology in the Twentieth Century* (Philadelphia, 1985). RINGGREN, H., *Israelite Religion* (Philadelphia, 1966). ROGERSON, J., *Anthropology and the Old Testament* (Oxford, 1978). SCHMIDT, W., *The Faith of the Old Testament* (Philadelphia, 1983). TERRIEN, S., *The Elusive Presence* (New York, 1978). VON RAD, *OTT*; em Prot.: *Teologia do AT*, ASTE/Targumim, 2005. VRIEZEN, *OOTT*. WESTERMANN, C., *Elements of the Old Testament* (Philadelphia, 1974) [em port.: *Fundamentos da teologia do Antigo Testamento*, São Paulo: Ed. Academia Cristã, 2011]; *What Does the Old Testament Say about God?* (Atlanta, 1979). WOLFF, H.-W., *Anthropology of the Old Testament* (Philadelphia, 1974); em Port.: *Antropologia do Antigo Testamento*, Ed. Hagnos, 2008. ZIMMERLI, W., *Old Testament Theology in Outline* (Atlanta, 1978).

---

* As seções 152-163 deste artigo foram compostas e acrescentadas por R. E. BROWN.

2 ESBOÇO

O Deus de Israel (§ 3-60)
 (I) Introdução (§ 3-4)
 (II) Nomes de Deus
   (A) El, Elohim, Eloah (§ 7-8)
   (B) Shaddai (§ 9)
   (C) Baal, Adonai, Melek (§ 10)
   (D) Iahweh (§ 11-13)
   (E) Iahweh Sebaoth (§ 14)
   (F) Nomes patriarcais para Deus (§ 15-16)
 (III) O único Deus (§17-20)
 (IV) Antropomorfismo (§ 21-22)
 (V) Pensamento mitopoeico
   (A) Definição de mito (§ 23-24)
   (B) Pensamento mitopoeico do AT (§ 25-31)
 (VI) O Espírito de Deus
   (A) Conceito de Espírito (§ 32-34)
   (B) O Espírito na história de Israel (§ 35-39)
 (VII) A palavra de Deus
   (A) Conceito de palavra (§ 40-44)
   (B) A palavra na história de Israel (§ 45-46)
 (VIII) Deus e a natureza
   (A) Conceito de natureza (§ 48-49)
   (B) Criação (§ 50-54)
   (C) Criação contínua (§ 55-60)

Israel – Povo de Deus na aliança (§ 61-98)
 (I) Natureza humana (§ 61-66)
 (II) Comunidade humana (§ 67-73)
 (III) A Aliança
   (A) Analogias para expressar o relacionamento de Deus com Israel (§ 75-76)
   (B) Formas de aliança (§ 77-80)
   (C) Aliança e história de Israel (§ 81-85)
 (IV) Aliança e lei
   (A) Códigos e formulações de leis (§ 86-87)
   (B) Leis da aliança (§ 88-89)
 (V) Aliança e culto (§ 90-92)
 (VI) Retidão (§ 93-94)
 (VII) Amor pactual (§ 95-98)

Aspectos das relações entre Deus e Israel (§ 99-151)
 (I) Ira (§ 99-102)
 (II) Revelação
   (A) Natureza da revelação (§ 104-106)
   (B) Canais de revelação (§ 107-110)
 (III) Senhor da história
   (A) O AT como história (§ 112-115)
   (B) Determinismo e universalidade (§ 116-117)
 (IV) Moralidade (§ 118-124)
 (V) Pecado (§ 125-131)
 (VI) Perdão (§ 132-135)
 (VII) Julgamento (§ 136-139)
 (VIII) Salvação
   (A) Atos salvíficos de Iahweh (§ 140-143)
   (B) Natureza da salvação (§ 144-148)
   (C) Reinado de Deus (§ 149-151)

Os planos futuros de Deus para seu povo (§ 152-178)
 (I) O Messias
   (A) O termo "Messias" (§ 152-154)
   (B) Desenvolvimento do messianismo real (§ 155-163)
 (II) Escatologia (§ 164-167)
 (III) Vida após a morte (§ 168-174)
 (IV) Promessa e cumprimento (§ 175-178)

O DEUS DE ISRAEL

3 (I) Introdução. Embora a teologia bíblica, como disciplina formal, tenha agora quase 200 anos, ainda há amplo desacordo sobre seu objeto, princípios e métodos (→ Crítica do AT, 69:51-54). Algo deve ser dito acerca das limitações da teologia bíblica como ela é entendida neste ensaio. A teologia bíblica é uma parte da teologia como um todo; ela não pode reivindicar apresentar uma síntese de toda a doutrina revelada, e, em particular, a teologia do AT não pode fazer essa reivindicação. A teologia bíblica não se presta a uma síntese como a síntese da teologia especulativa criada por Tomás de Aquino; o tratamento adotado aqui é uma coleção de ensaios sobre tópicos ou temas, sem a tentativa de integrá-los em um todo. (Esta contribuição não é uma coleção completa de temas teológicos; ela contém apenas aqueles temas que, no julgamento do autor, eram mais merecedores de inclusão) A teologia bíblica não segue as categorias da teologia especulativa; ela tem de criar suas próprias categorias extraídas do pensamento bíblico em si, e é precisamente aqui que se encontra uma área de desacordo entre os estudiosos.

4 A teologia bíblica deve ser histórica em seus métodos e exposição. A revelação da Bíblia está emaranhada na experiência histórica de Israel, e é impossível fixá-la em qualquer ponto que recapitule a experiência toda. As limitações de espaço não permitem a exposição plena deste fator aqui. A teologia bíblica, na melhor das hipóteses, é uma ajuda para se entender a Bíblia; ela não comunica um entendimento. Os temas expressos teologicamente aqui foram originalmente proferidos numa situação de urgência histórica concreta, geralmente com uma profundidade de convicção e até mesmo de paixão que combinava com a urgência. Compreender a Bíblia exige que se sinta a urgência tanto quanto se compreenda o conteúdo inteligível da expressão. A teologia bíblica pode mostrar que estas afirmações se encaixam na estrutura da fé israelita, mas o impacto desta fé somente é percebido quando se ouve seu anúncio por parte dos próprios porta-vozes. A teologia bíblica não substitui a exegese, mas a pressupõe (→ Hermenêutica, 71:21).

5 (II) Nomes de Deus. O objeto da teologia é o conhecimento de Deus. Entende-se que o conhecimento teológico de Deus é uma elaboração e uma síntese dos conceitos formados mediante a combinação de dados das fontes teológicas reveladas com as conclusões do raciocínio dialético. Este tipo de pensamento não aparece no AT. O pensamento israelita no período bíblico carecia do raciocínio discursivo desenvolvido pela filosofia grega (→ 23-24 *abaixo*) e era incapaz de especulação geral e abstrata. No hebraico, "conhecer a Deus" é encontrar uma realidade pessoal, e uma pessoa não é conhecida a menos que se conheça seu nome.

6 Na língua hebraica existe uma associação peculiar da pessoa e do nome que é estranha ao nosso idioma. O "nome" é usado em contextos onde as línguas modernas usam "pessoa" ou "identidade". Não ter nome é não ter existência real; quando o nome de uma pessoa é apagado, ela deixa de existir. Dar um nome é conferir identidade e não meramente distinguir de outros indivíduos ou espécies; quando Deus cria (Gn 1), ele dá um nome a cada objeto de sua criação. Outorgar um nome é um ato de poder e uma declaração de propriedade ou alguma outra forma de controle. A mudança de nome indica uma mudança de estado ou condição, o começo de uma nova existência. Conhecer o nome é conhecer a realidade mencionada. Por esta razão, o AT reflete o amor por etimologias que, se analisadas linguisticamente, são fantasiosas. O nome é rico em significado; uma conexão mediante paronomásia com uma característica ou ação de uma pessoa revela a pessoa mais plenamente. Por isso, o conhecimento de Deus é manifestado em seu nome.

7 (A) El, Elohim, Eloah. *El* translitera a forma hebraica da palavra comum para deidade nas línguas semíticas. Na crença politeísta, *'ēl* é a palavra para um membro da espécie divina, exatamente como "homem" serve como a palavra para um membro individual da espécie humana. *Elohim* não possui cognato nas outras línguas semíticas; provavelmente esteja relacionada a *El*. Gramaticalmente, *'ĕlōhîm* é um plural em hebraico; frequentemente se supõe que ele reflita o pensamento politeísta corrente entre os ancestrais de Israel. "Elohim" é aplicado quer ao Deus adorado por Israel quer aos deuses de outros povos; no segundo uso, ele pode ser plural quanto ao significado bem como quanto à forma. Quando usado para o Deus de Israel, "Elohim", apesar de sua forma plural, é singular quanto ao significado e concordância gramatical, exceto por algumas passagens onde as reminiscências politeístas da narrativa da qual a Bíblia fez o empréstimo ainda transparecem, *p.ex.*, Gn 1,26: "Disse Deus: Façamos... à *imagem de Deus* ele os criou, *homem e mulher* ele os criou". (Esta passagem talvez seja uma reminiscência de um panteão celestial de "elohim", machos e fêmeas.). "El" aparece como um nome divino pessoal ostentado pelo cabeça do panteão de Ugarit. Possivelmente o uso ugarítico seja o único traço remanescente de uma teologia mais antiga e difundida na qual o nome El era um nome próprio antes de se tornar um nome comum. *Eloah* ('ĕlôah), que também carece de um cognato nas outras línguas, aparece apenas na poesia e parece não ser mais que uma variante poética. O hebraico não possui uma palavra feminina para deidade. (Cf. P. Trible, *God and the Rhetoric of Sexuality* [Philadelphia, 1978].)

8 Não há uma explicação etimológica geralmente aceita do significado dos nomes El e Elohim. A maioria dos estudiosos liga os nomes a uma palavra que significa "poder", e não é improvável que poder fosse a marca fundamental e essencial da divindade no antigo mundo semita. Ainda que esta seja a explicação adequada, "poder" não reflete no uso hebraico desse termo. Se a ideia israelita da marca essencial da divindade pode ser resumida em uma única palavra, esta seria a palavra "santo", parafraseada apropriadamente por R. Otto como "totalmente outro"; a marca essencial é que Deus é totalmente diferente de qualquer uma de suas criaturas. O hebraico exibe diversos usos adjetivais dos nomes El e Elohim nos quais uma pessoa ou coisa é declarada ser idêntica a ou pertencer a El ou Elohim. Estas atribuições elevam o objeto assim designado acima do nível ordinário dos seres humanos ou terrestres e o colocam num nível mais elevado que é muito apropriadamente chamado de sobre-humano. O objeto é elevado porque em algumas qualidades como tamanho, força ou prodígio absoluto ele excede o normal. Não havia uma linha nítida, no antigo uso semítico, que dividia os deuses de outros seres sobre-humanos: o mundo de El-Elohim era o mundo do ser e do poder superior aos seres humanos. Porém, na Bíblia, quando Iahweh é chamado de El ou Elohim, ele necessariamente é elevado até mesmo acima deste mundo sobre-humano, a um nível que pertence exclusivamente a ele.

9 (B) Shaddai. Segundo as fontes E e P (→ Pentateuco, 1:5, 7, bol. I, AT), o nome divino de Iahweh não era conhecido antes de Moisés – uma tradição histórica genuína – e na fonte P Shaddai é o nome pelo qual os patriarcas invocam a Deus. O nome é atestado também em alguns poemas mais antigos fora da fonte P (Nm 24,4.16; Gn 49,25). Não é certo o significado deste nome, que aparece somente na Bíblia; ele foi traduzido na LXX como *pantokratōr*, "Todo-Poderoso". Muitos estudiosos seguem a sugestão de W. F. Albright de que o nome significa "O da Montanha". O nome, assim interpretado, reflete a antiga crença semítica comum de que a casa dos deuses se situava "na montanha do norte", mencionada em algumas passagens do AT (Is 14,13; Sl 48,3; → História, 75:54).

10 (C) Baal, Adonai, Melek. Estes três títulos transmitem a ideia do poder de governar. Baal, "dono", raramente é usado para Iahweh porque era um título convencional para o mais popular deus dos cananitas. Frequentemente, contudo, quando Baal é o componente de um nome israelita (*p.ex.*, filho de Saul = Isbaal; filho de Jônatas = Meribaal: 1Cr 8,33-34), podemos suspeitar que o filho recebia um nome Iahweh/baal, em vez de ser chamado segundo o deus pagão. Escritores posteriores do AT viam com maus olhos o uso de "baal" em um nome e com frequência o mudaram para *"bosete"* (hebr. "vergonha"). Assim, em 2Sm 2,8 e 9,6, os nomes dos dois homens que acabamos de citar aparecem como Is--Bosete e Mefibosete. *Adonai* ('ădōnāy, "meu senhor" – esta pronúncia é usada apenas para Iahweh) é idêntica à palavra 'ădōnî, pela qual usualmente se dirija a palavra ao rei. *Melek*, "rei", é usado frequentemente

para Iahweh. A realeza era um atributo de muitos deuses dos antigos povos semitas, mas o desenvolvimento israelita da ideia segue seu próprio caminho. Iahweh é o rei de Israel, rei de todas as nações, rei em virtude da criação, rei salvador que liberta Israel, o rei escatológico que estabelece seu reino universal no final da história (→ 75, 165-166 *abaixo*). Não é possível determinar qual desses aspectos era primário, mas o conceito da aliança como um relacionamento vassalo-senhor (→ 81-82 *abaixo*) sugere que a realeza de Iahweh não foi um desenvolvimento posterior do pensamento israelita. As funções do antigo rei eram a guerra e a lei, e Iahweh exerce ambas essas funções a favor de Israel. Ele é o salvador que luta as batalhas de Israel, o legislador que impõe um código de conduta e o juiz que sanciona o código que ele impõe.

11 (D) Iahweh. Este é o nome pessoal do Deus de Israel. A pronúncia "Iahweh" foi recuperada em anos recentes. Na Bíblia Hebraica, o nome é escrito com as quatro consoantes YHWH (tetragrama) e as vogais da palavra *'ădōnāy* (*adonai* = "senhor" – em algum momento nos últimos séculos pré-cristãos, os judeus pararam de pronunciar o nome sagrado por reverência e diziam, em vez dele, *Adonai*). Esta combinação produziu a palavra impossível Jeová. (G. H. Parke-Taylor, *Iahweh* [Waterloo, Canada, 1975]; M. Rose, *Jahwe* [ThStud 122; Zürich, 1978].)

12 O significado do nome é incerto, e as explicações que foram sugeridas são numerosas demais para citar. O texto de Ex 3,13-14 não é uma explicação e é extremamente difícil de se traduzir. A Bíblia Hebraica traz o nome na primeira pessoa, *'ehyeh 'ăšer 'ehyeh*. A LXX traduziu o nome como "Eu sou o existente [*ho ōn* = aquele que é]"; a Vulgata como "Eu sou quem sou". Seguindo P. Haupt, muitos sugerem que a fórmula estava originalmente na terceira pessoa e leem *yahweh 'ăšer yahweh*. A maioria dos estudiosos modernos liga a forma *'ehyeh* ou *yahweh* ao verbo *hāwâ*, a forma arcaica do verbo "ser". Em particular, W. F. Albright e F. M. Cross insistem que *yahweh* procede da conjugação causativa deste verbo e significa "ele faz ser".

Como um nome, "Iahweh" é, para Albright, um fragmento de um nome maior que ele reconstrói como *yahweh-'ăšer-yihweh*, "aquele que traz à existência tudo que chega à existência" (*FSAC* [2ª ed.] 15-16, 259-61). O nome assim explicado identifica Iahweh como o criador. F. M. Cross (*HTR* 55 [1962] 256) tem uma variação desta tese, pois ele acredita que "Iahweh" é parte de um título litúrgico para El, *p.ex.*, *'el 'ăšer* [ou *dū*, um relativo mais antigo] *yahweh șĕbā'ôt* = "El que faz existir os exércitos" (→ 14 *abaixo*). Por outro lado, se alguma explicação semelhante para as traduções da LXX e Vulgata for aceita e maior ênfase for colocada na existência, então o nome significa que Iahweh é o único que realmente é – possivelmente o único que realmente é *elohim*, Deus. (Contudo, esta ênfase não deveria ser transportada para a esfera filosófica como se a Bíblia nos falasse que a essência de Deus é existência.). Mas talvez toda esta especulação sobre a etimologia de Iahweh seja enganosa, pois, ainda que saibamos com certeza o significado original do nome, não teríamos segurança de que os hebreus entenderam o nome corretamente (muitas etimologias na Bíblia são populares e cientificamente incorretas). O uso do nome Iahweh na Bíblia não mostra consciência de qualquer etimologia, e não há evidência no AT de uma teologia sendo construída ao redor do significado do nome. O nome ocorre mais de 6.700 vezes e é a designação usual para Deus, mais frequentemente que todas as outras designações combinadas. É também um componente frequente de nomes pessoais: aqueles que começam com Je/Jeu/Jo e os que terminam com ias/as (Adonias, Elias, Jeremias, Isaías, Josafá, Joaquim). É, por assim dizer, o nome israelita para Deus pelo qual a associação de Iahweh e Israel é mutuamente aceita e proclamada.

13 A revelação do nome a Moisés em Ex 3,13-14 é atribuída à tradição E, e a tradição P de Ex 6,3 afirma que o nome não era conhecido dos patriarcas. Embora a tradição J use o nome desde o começo de sua narrativa em Gn 2, isto não deveria ser entendido como uma contradição das tradições E e P, mas como um desconhecimento das mesmas. Na teologia do nome, explicada acima (→ 6), a revelação do nome Iahweh a Israel por meio de Moisés representava uma nova e mais plena revelação da realidade pessoal de Iahweh. Isto se encontra refletido nas tradições do êxodo por meio das quais o nome de Iahweh é associado à origem da aliança (→ 81ss. *abaixo*; → História, 75:44). Israel conhece seu Deus por este nome, e nenhuma outra definição ou qualificação é necessária. Por meio deste nome ele é proclamado como o ser divino pessoal que se revela a Israel, que se vindica por meio dos atos salvíficos do êxodo e estabeleceu uma relação de aliança com o povo que ele formou. O nome distintivo "Iahweh" indica que ele é um ser pessoal cuja essência e atributos não podem ser compartilhados por nenhum outro ser.

14 (E) Iahweh Sebaoth. Este título "Iahweh (Deus) dos Exércitos" não ocorre desde Gn até Jz e é particularmente associado ao santuário construído para a Arca da Aliança em Silo do qual a Arca era conduzida para a batalha (1Sm 1,3; 4,4). Ele aparece frequentemente nos profetas (Is 1-39; Jr, Am, Ag, Zc). É difícil a identificação de "exércitos". Os estudiosos propõem os exércitos de Israel, ou "os exércitos do céu" (os corpos celestiais ou até mesmo os anjos), ou "os exércitos do céu e da terra" (o universo criado). O contexto profético do título não aconselha a identificação dos "exércitos" com os exércitos de Israel, mas o uso em 1Sm o faz, e possivelmente este seja o sentido mais antigo. A terceira proposta está mais em harmonia com o uso profético; o título designaria então Iahweh como "senhor da criação".

15 (F) Nomes patriarcais para Deus. Como A. Alt (*AEOT* 1-100) demonstrou, uma forma sob a qual os patriarcas adoravam a Deus pode ser classificada como "o Deus dos Pais". O Deus que se relacionava com os patriarcas era identificado como "o Deus de Abraão" (ou "de Isaac" ou "de Jacó"). Este Deus de Abraão foi adorado por Abraão e seu clã, e até certo ponto era um Deus tribal. Talvez o Deus de cada patriarca tivesse um título especial, *p.ex.*, o Escudo de Abraão (Gn 15,1); o Temor de Isaac (ou talvez Parente – Gn 31,42.53); o Poderoso de Jacó (Gn 49,24). Adorar o deus de um personagem especial é comum apenas entre os povos nômades. O exemplo mais antigo encontra-se na Capadócia do séc. VIII a.C., talvez contemporâneo ao período patriarcal. Os povos estabelecidos podem adorar um deus nacional associado a uma região particular, mas os nômades precisam de um deus pessoal ou do clã que vai com eles. A força teológica do "Deus dos Pais" é importante na religião bíblica porque ela envolve um relacionamento pessoal entre Deus e o patriarca (e o clã) e, assim, trabalha contra o formalismo na religião. Ele fornece o pano de fundo do futuro relacionamento pactual entre Deus e Israel e também é um impedimento contra qualquer pensamento de que Deus se encontra apenas em um lugar. (→ História, 75:38.).

16 Uma outra forma sob a qual os patriarcas adoravam a Deus era o El com suas várias palavras qualificadoras: El Elion (Gn 14,18); El Olam (Gn 21,33); El Shaddai (Gn 17,1; → 9 *acima*); etc. F. M. Cross (→ 12 *acima*) demonstra que estas palavras qualificadoras não são nomes de deuses individuais (*i.e.*, o deus Elion, Shaddai ou Olam), mas são títulos adjetivais do único Deus El. Quando os patriarcas chegaram à terra, eles encontraram os cananitas adorando o supremo Deus El em vários santuários, sob vários títulos. Desse modo, El Elion (Deus Altíssimo) era adorado em Jerusalém; El Olam (Deus Eterno) era adorado em Bersabeia; El Berite (Deus da Aliança) era adorado em Siquém. (Para estes santuários, → Instituições, 76:26, 29, 41.). A Bíblia retrata os patriarcas adorando El sob estes títulos nos respectivos santuários. Comparando isto ao que dissemos acerca do "Deus dos Pais", constatamos que os patriarcas não viram qualquer contradição em combinar a adoração de um Deus que se revelara a eles de um modo particular com a adoração de um Deus universal já conhecido em Canaã. Assim, Gn 49,25 coloca "o Deus dos Pais" em paralelismo com El Shaddai. A adoração de El dos patriarcas acrescentou um aspecto universal não encontrado na adoração do Deus dos Pais, e, desse modo, tanto o Deus da natureza (El) quanto o Deus da história (o Deus de Abraão) exerceram uma função na religião pré-mosaica. Quando o Deus da história se revelou a Moisés como Iahweh, ele estava dando continuidade à tradição do Deus dos Padres (Ex 3,15), mas a Bíblia não hesita em aplicar a ele as designações de El como Elion, Shaddai e Olam.

17 (III) O único Deus. O pensamento israelita não é discursivo nem especulativo. A questão especulativa da existência de Deus e de sua unicidade não podia ser considerada no AT, pois os israelitas não tinham padrões de pensamento nos quais questões como esta podiam ser formuladas e respondidas. No antigo Oriente Próximo, a existência de seres divinos era universalmente aceita sem questionamento. Quanto à unicidade, em Israel não há uma negação clara e inequívoca da existência de outros deuses além de Iahweh antes de Deuteroisaías, no séc. VI a.C. (Contudo, Dt 32,39 tem a mesma ênfase de Deuteroisaías, e alguns estudiosos datam este cântico de Moisés em um período consideravelmente mais antigo; → Deuteronômio, 6:57, vol. I, AT). A ausência de tal negação não significa que os israelitas compartilhassem de algum modo mitigado das crenças politeístas dos outros povos antigos; antes, eles rejeitavam estas crenças, mas expressavam sua rejeição em outros termos que não os filosóficos.

Se formularmos e respondermos estas questões em termos bíblicos, podemos dizer que quer existissem muitos elohim ou não ("deus", "deuses"; → 7 *acima*), havia apenas um único Iahweh (veja C. J. Labuschagne, *The Incomparability of Iahweh in the Old Testament* [Leiden, 1966]). Não importa o que se entende por "elohim", Iahweh é elohim de um modo pelo qual nenhum outro ser é. A questão não era se há um único elohim, mas se há algum elohim como Iahweh. Os israelitas nunca deram qualquer resposta à pergunta colocada deste modo exceto um "não" categórico. Observamos, então, que em suas fases iniciais o vocabulário israelita não pode expressar adequadamente a crença israelita.

18 No primeiro caso, o fato de haver apenas um Iahweh está claro a partir de seu nome, o qual não pertence a ninguém mais. É claro também a partir de seu relacionamento único com Israel, o qual não é compartilhado com nenhum outro. O relacionamento é o de eleição e aliança que impõe sobre Israel exigências que nenhum outro deus fez a seu povo. A exigência mais notável é a de que Israel não deverá adorar nenhum deus além de Iahweh. Este é um afastamento violento dos padrões de culto do antigo mundo semítico. Entre os vizinhos de Israel, nenhum deus é concebido como sendo tão inteira e exclusivamente o benfeitor e o juiz de seus adoradores de modo que a reverência a outros deuses seja excluída – o cosmos não é a província de um único deus. Para os israelitas não há nada que eles possam pedir a qualquer outro deus e nada a temer de qualquer outro deus. Esta não é uma profissão explícita de monoteísmo, mas é tratar os outros deuses como insignificantes.

19 A proibição de se ter outros deuses não implica meramente que Israel é possessão peculiar de Iahweh da qual ele exclui a ação de concorrentes. Antes, onde quer que se encontrem os seres humanos e a natureza, aí está o domínio de Iahweh. Somente ele cria, e somente ele dirige as operações das forças da natureza – um conceito que é peculiarmente importante contra o pano de fundo de antigas deidades da natureza. A teogonia, o mito da origem dos deuses, encontra-se em todos os demais lugares no antigo Oriente Próximo. É altamente importante que os israelitas não perguntem sobre a origem de Iahweh nem sobre a origem de outros deuses. Perguntar sobre a origem de Iahweh seria negar que ele é totalmente outro (→ 8 *acima*), e perguntar sobre a origem de outros deuses seria admitir sua realidade.

20 A natureza única de Iahweh é demonstrada, além disso, pela proibição de imagens. Não sabemos de nenhum outro deus do antigo Oriente Próximo que não era visualmente representado. Suas imagens eram antropomórficas, exceto no Egito, onde, por razões obscuras até mesmo para os egípcios, alguns deuses eram representados teriomorficamente (*i.e.*, por imagens de animais) ou simbolicamente, como no extravagante culto a Aton, que usava o disco solar (→ Arqueologia Bíblica, 74:77). A proibição de representar Iahweh em imagens é ainda mais notável em contraste com o hábito bíblico de falar de Iahweh em termos humanos (→ 21 *abaixo*). A proibição (Ex 20,4; Dt 5,8) veda a prestação de culto a qualquer coisa nos céus acima, na terra abaixo ou nas águas sob a terra. Isto pretende ser uma enumeração abrangente de todo o mundo visível, e o mandamento nega que Iahweh se assemelhe a qualquer coisa no universo. Ele está acima e além dele e, por isso, não se assemelha a qualquer elohim conhecido dos israelitas.

A arqueologia ilustra a observância desse mandamento. Embora se tenham encontrado centenas de imagens divinas em sítios israelitas, nenhuma que possa ser chamada de imagem de Iahweh foi descoberta. (Mas → Arqueologia bíblica, 74:118, para o debate acerca da inscrição "Iahweh-Asserá" e desenho em Kuntillat 'Ajrud no Negueb.). Certamente o AT menciona perversões do culto a Iahweh, mas os estudiosos modernos mostram que até mesmo um exemplo proeminente como as imagens de bezerros ou touros estabelecidas em Betel e em Dã não implicavam uma representação do próprio Iahweh, pois o touro era considerado um pedestal sobre o qual estava parado o Iahweh invisível (→ Instituições, 76:53).

Um epíteto comum de Iahweh é "o Deus vivo"; esta designação está em contraste com os outros deuses que são, às vezes, identificados a suas imagens. O epíteto afirma de modo positivo que Iahweh possui vida, poder e personalidade: ele está alerta, atento e reage. Como o Deus vivo, ele também é contrastado à humanidade mortal – Iahweh dá e sustenta a vida. A partir dessas ideias não foi um passo difícil afirmar que apenas Iahweh é elohim. Se os deuses dos outros povos eram ineficazes, eles de fato não eram elohim e, portanto, de modo algum eram realidade – eles eram apenas imagens sem vida e manufaturadas. (Veja O. Keel [ed.], *Monotheismus im Alten Israel und seiner Umwelt* [BibB 14; Fribourg, 1980]; B. Lang [ed.], *Der einzige Gott* [München, 1981]; D. Patrick, *The Rendering of God in the Old Testament* [OBT 10; Philadelphia, 1981]; E. Zenger, *Der Gott der Bibel* [Stuttgart, 1979].)

21 (IV) Antropomorfismo. A atribuição de características e comportamento humanos a seres não humanos (juntamente com o antropopatismo – a atribuição de sentimentos humanos) é comum tanto na literatura religiosa quanto na profana de todas as culturas. O que faz do antropomorfismo merecedor de atenção especial no AT é a dificuldade de reconciliá-lo com a proibição de imagens e a explícita negação de que Iahweh é semelhante a qualquer ser criado. O medo de uma imagem plástica de Iahweh está em marcante contraste com a ausência de restrição no emprego de imagens verbais. Iahweh possui um rosto, olhos, ouvidos, boca, narinas, mãos, pés. Ele fala, ouve, cheira, ri, assobia, golpeia, escreve, caminha. Sente prazer, alegria, ira, aversão, amor, desgosto, pesar, compaixão (veja, *p.ex.*, T. E. Fretheim, *The Suffering of God* [OBT 14; Philadelphia, 1984]). O AT nunca fala de Iahweh sem lhe atribuir traços humanos. Raramente há qualquer antropomorfismo no AT que não tenha paralelo em outras literaturas semitas antigas, pois os deuses de outros povos semitas antigos eram personificações de forças naturais ou realidades sociais a quem se atribuíam características e comportamentos humanos.

Algumas restrições explícitas colocadas ao antropomorfismo no AT não são encontradas tão facilmente em paralelos em outras partes. Quando o AT diz que Iahweh não é humanamente mutável ou de propósito irresoluto (Nm 23,19), que ele é elohim e não homem (Os 11,9), que ele é espírito e não carne, é evidente que os autores estavam conscientes de que figuras de linguagem possuem limitações. No contexto do antigo modo de falar e das crenças religiosas, os antropomorfismos certamente tornaram difícil entender a transcendência de Iahweh. Além disso, eles podem ter constituído um obstáculo ao desenvolvimento de uma ideia verdadeiramente espiritual de Deus. Mas é possível um entendimento de Deus por meio de antropomorfismos que não podem ser alcançados por meio de um discurso mais refinado e abstrato. Afinal de contas, a linguagem humana não pode enunciar a realidade inefável de Deus de maneira alguma.

22 Mediante a descrição antropomórfica, a personalidade de Iahweh, o "Deus vivo", é constantemente enfatizada. A eleição de Israel, a formação da aliança e os atos salvíficos pelos quais Iahweh fez de Israel um povo são atos de favor que nascem da benevolência pessoal. A lei que é imposta a Israel na aliança é a externalização de uma vontade pessoal vital. A resposta de Iahweh ao amor ou à desobediência é uma resposta pessoal de amor ou ira. Suas relações com Israel podem ser representadas como as relações do pai com seus filhos ou do marido com sua esposa. A relação pessoal de Iahweh com Israel exige uma resposta pessoal e não meramente uma postura oficial ou cúltica para com ele. Torna-se quase um lugar-comum nos livros proféticos que o culto sem compromisso pessoal é vão e hipócrita. A exigência total de Iahweh somente pode ser satisfeita com rendição total. Torna-se possível a comunicação pessoal: Iahweh fala a Israel, e Israel pode falar com Iahweh. A realidade deste envolvimento na história de Israel não pode ser colocada em dúvida. Na oração, a linguagem do AT alcança por meio do antropomorfismo uma intimidade e urgência que dificilmente encontram paralelo em algum outro lugar e não pode ser alcançadas de qualquer outra forma. Aceita-se o risco de se humanizar a Deus para que se evite o perigo de se pensar nele como uma abstração ou uma força impessoal.

23 (V) Pensamento mitopoeico. As antigas civilizações da Mesopotâmia e do Egito tinham uma extensa mitologia que foi recuperada em grande medida. A mitologia de Canaã é parcialmente conhecida desde 1929 por meio de documentos da antiga Ugarit, os quais esclarecem muitas das alusões do AT (M. Coogan, *Stories from Ancient Canaan* [Philadelphia, 1978]; P. Craigie, *Ugarit and the Old Testament* [Grand Rapids, 1983]). Estudos desses documentos exibiram as diferenças entre o pensamento mitológico de povos antigos e o pensamento de Israel; e durante muitos anos um grande número de estudiosos concordou que o AT não tinha mitologia. Mas negar toda a mitologia no AT deixa uma série de passagens sem uma explicação satisfatória. Além disso, recentemente ficou claro que a negação da mitologia no AT implica uma questionável definição do mito como essencialmente politeísta e falso.

(A) Definição de mito. Análises modernas da natureza do mito sugerem que ele não é, por definição, politeísta e falso. Muitos mitos expressam um conceito politeísta ou distorcido essencialmente do universo, mas esta concepção não é necessariamente devida ao pensamento mitológico em si, assim como os erros filosóficos ou teológicos não são devidos à natureza do pensamento filosófico e teológico. A maioria dos críticos do mito o tem avaliado em comparação com os padrões da lógica discursiva e o consideram insuficiente; porém, em culturas sem um pensamento discursivo desenvolvido, o pensamento mitológico é o único modo pelo qual a mente pode abordar certos problemas que estão além da experiência sensível. Estes problemas envolvem algumas das mais importantes perguntas que se podem fazer: a origem do mundo e da espécie humana; a natureza da deidade; as relações da humanidade com a natureza e a deidade; a origem da sociedade e das instituições sociais; a validação final dos princípios morais; o propósito e a direção da existência humana. Estes problemas também podem ser abordados pelo raciocínio discursivo com seus métodos e princípios próprios. O mito de fato não resolve estes problemas, mas ele expressa uma atitude na presença do mistério; é questionável se o raciocínio discursivo alcança mais do que isso. Veja Reventlow (*Problems* 154-67), que fala de "uma revolução na avaliação do mito" (155).

24 O mito é definido por E. Cassirer (*Language and Myth* [New York, 1946] 8ss.) como uma forma simbólica de expressão juntamente com a arte, a linguagem e a ciência. Cada uma dessas produz e postula um mundo próprio. O mito é uma intuição e um ato de fé. Ele procura impor forma inteligível às realidades que transcendem a experiência. O mito não tenta o paradoxo de conhecer o não conhecível; estas realidades podem ser expressas apenas pela representação simbólica criada a partir dos dados da experiência. O símbolo mais fácil de se empregar e de se compreender é o símbolo da atividade pessoal, e no mundo do mito não aparecem causas impessoais.

O mito se expressa na narrativa, mas a narrativa não é histórica e não pretende ser histórica. O acontecimento do mito não é o acontecimento singular localizado no tempo e no espaço, mas o acontecimento recorrente do *eterno Agora*, como M. Eliade o chamou. O mito apresenta em uma história a realidade constante do universo. Ele não pretende que o símbolo seja a realidade, mas ele propõe o símbolo como aquilo que proporciona um discernimento de uma realidade além do entendimento. O objetivo do pensamento mitopoeico é a verdade, não a falsidade; e o fato de que o mito às vezes exibe abordagens contraditórias à realidade que ele procura não está em oposição à sua busca pela verdade. No mundo do pensamento discursivo, as leis do ser e do pensamento exigem consistência rigorosa. O mito admite que a realidade não pode ser apreendida adequadamente e reconhece a validade de mais de uma via de abordagem. Estas diversas vias podem levar a expressões contraditórias, mas o mito admite contradições com base na suposição de que sua solução está além do discernimento que ele transmite.

25 (B) Pensamento mitopoeico no AT. Há muito foi reconhecido o uso de linguagem e imagens míticas no AT; e desde a descoberta da literatura mitológica do antigo Oriente Próximo é possível identificar as fontes de muitas alusões mitológicas no AT. As alusões seguintes podem ser citadas como exemplos, embora nem todas elas sejam igualmente eficazes: a personalização de fenômenos naturais (o sol, Sl 19,5-7; a estrela d'alva, Is 14,12ss.; o arco-íris, Gn 9,12ss.); o período escatológico descrito como um retorno às condições do período primevo (Is 11,6-9); as histórias etiológicas ou histórias compostas para explicar uma situação existente, *p.ex.*, as histórias da criação da mulher da costela do homem (Gn 2,21ss.) e da origem do trabalho humano e das dores de parto (Gn 3,16ss.); a união dos filhos de Elohim com as filhas dos homens (Gn 6,4); a catástrofe mundial como uma inversão da criação e um retorno ao caos (Is 17,12ss.; 24,19; Jr 4,23); o Iahweh entronizado (Is 6) e o carro de Iahweh (Ez 1); alguns aspectos do Dia de Iahweh (Jl 2,10ss.; 3,3ss.); a assembleia dos santos (Sl 89,18); Jerusalém como a montanha do norte, a montanha da assembleia (Sl 48,3); a imagem da teofania (Ex 19; 33,19-23; Jz 5,4; Hb 3; → 57 *abaixo*). O emprego poético da imagem extraída da mitologia não é suficiente em si para estabelecer um padrão de pensamento mitopoeico; porém, quando estas imagens são vistas em conjunto com outras passagens do AT, começa a emergir um padrão que pode ser chamado de mitopoeico. Nestas passagens, a imagem extraída da mitologia não é mero embelezamento poético, mas é empregada num esforço sério para expressar em palavras uma intuição da realidade transcendente.

26 Onde o AT toca em problemas que nas outras culturas eram objetos de pensamento mitopoeico, é possível uma comparação entre o tratamento israelita desses problemas e as mitologias de outros povos antigos. Raramente há uma mitologia sem um mito da ORIGEM OU CRIAÇÃO. Desde a descoberta do mito mesopotâmico da criação, *Enuma Elish* (*ANET* 60-72), ficou evidente que Gn 1 exibe a mesma concepção superficial e não científica da estrutura do universo visível que o mito mesopotâmico (→ Gênesis 2:2, 4, vol. I, AT). As diferenças são notáveis: O relato israelita nada contém a respeito da origem dos deuses ou do conflito cósmico entre deuses – elementos que no mito mesopotâmico foram uma parte vital do processo de criação. Nada ficou a não ser um tranquilo ato de criação pela palavra que torna claro a supremacia sem esforço da divindade criadora. O relato do AT é abertamente polêmico contra o mito mesopotâmico, ou melhor, contra a concepção de criação que está representada no mito mesopotâmico, mas ele não substitui o mito por história ou ciência, das quais ele nada tem, nem pelo raciocínio teológico, a menos que este termo seja usado muito imprecisamente. O mito mesopotâmico é substituído por um outro mito; a diferença está na concepção da deidade.

27 O AT não contém o relato de um CONFLITO CÓSMICO do qual surge a criação – um tema comum na mitologia. Mas são numerosas as alusões a uma vitória de Iahweh sobre o monstro do caos (→ 51 *abaixo*), uma indicação de que a tradição oral provavelmente continha um relato da criação no qual Iahweh foi vitorioso num combate. Este combate é encontrado tanto nos mitos da Mesopotâmia quanto nos de Canaã, e talvez tenha sido transferido para Iahweh a partir dessas fontes, tornando-se assim um exemplo de pensamento mitopoeico transformado pelo caráter de Iahweh. Observou-se acima (→ 24) que uma característica do pensamento mitopoeico é permitir várias vias diferentes de abordagem; as alusões a um combate são uma abordagem diferente da criação em relação àquela de Gn 1. É também característico do mito que o "acontecimento" não é um acontecimento histórico contingente, mas uma constante na realidade, um eterno Agora; as alusões à vitória criadora de Iahweh a tratam como uma realidade presente e duradoura. Se Iahweh relaxasse seu domínio sobre o monstro, o mundo recairia no caos.

28 A história do DILÚVIO exibe um outro exemplo da revisão de um mito estrangeiro. Nenhuma passagem do AT possui tantas e tão claras afinidades literárias com a literatura extrabíblica como a história do dilúvio; sua dependência desse mito mais antigo é evidente (*ANET* 42-44, 93-95; → Gênesis, 2:12). O mito mesopotâmico é um esforço de encarar o problema das catástrofes naturais, acompanhadas pela destruição por acaso. Ele as atribui à ira caprichosa dos deuses, pois a ira divina, como a humana, pode ser irracional, e os seres humanos nada podem fazer exceto submeterem-se ao poder superior. Para os israelitas, esta era uma concepção errônea da divindade. O erro foi corrigido não mediante a eliminação da história, mas mediante sua reescrita de modo que a ira de Iahweh seja inteligivelmente motivada pela perversidade humana. Os israelitas viam na catástrofe natural o julgamento justo de Deus sobre o pecado, e eles expressaram este discernimento recontando uma história já existente. Isto é pensamento mitopoeico e, novamente, o elemento transformador é a concepção de Deus.

29 Não há mito antigo paralelo ao relato da ORIGEM E QUEDA DE ADÃO E EVA que se encontra em Gn 2-3, mas os detalhes bíblicos lembram aspectos da mitologia antiga. Estes detalhes foram entrelaçados numa concepção da origem e destino humanos que é uma das peças literárias mais profundas e criativas em todo o AT. Aqui a concepção de Deus é contrabalançada por uma concepção da humanidade que difere de um modo notável da que é encontrada em outros lugares do antigo Oriente Próximo. A história descreve, na forma narrativa, a condição dos seres humanos: sua dignidade e sua queda, sua mortalidade, suas relações com Deus e com o universo material, responsabilidade moral, a origem e o significado do sexo. É notável a polêmica do relato contra o mito e o ritual da fertilidade. O autor usa símbolos mitopoeicos como as árvores, a serpente, o jardim e a costela para apresentar estes profundos discernimentos. Um relato paralelo sobre o primeiro homem, encontrado em Ez 28,12-16 (→ Ezequiel, 20:71, vol. I, AT), sugere que esta história era contada de formas variadas em Israel; e a forma encontrada em Ezequiel, que é inclusive mais rica em imagens mitológicas, pode ser um dos elementos a partir dos quais Gn 2-3 foi composto.

30 O pensamento mitopoeico no AT ou em outra parte não é escolhido deliberadamente em preferência ao discurso lógico. O mito surge em culturas que não alcançaram o discurso lógico. Mas o mito nunca é inteiramente expulso mesmo em culturas avançadas. Ele continua sendo a forma mais apta para a expressão da realidade transcendental, ampla e profunda demais para a observação científica e a análise filosófica.

Por esta razão, o pensamento mitopoeico do AT mantém não apenas seu encanto, mas também sua validade na história da crença e teologia cristã. A história do pensamento mostra que, quando o pensamento é demitologizado, ele é proporcionalmente secularizado. O pensamento mitopoeico vê a realidade transcendente como penetrando o universo visível. A origem da monarquia era explicada na Mesopotâmia por sua descendência do céu. O pensamento filosófico procura uma explicação em processos que possam ser submetidos à investigação e análise lógicas. Ao expulsar o mito, corremos o risco de expulsar o divino também. Nem sempre somos bem sucedidos em substituir as intuições do pensamento mitopoeico pelas intuições de uma ordem superior.

31 Pio XII (*Humani Generis, EB* 618) refletiu uma advertência proferida por muitos exegetas quando disse que as crenças do AT não devem ser reduzidas ao nível da mitologia de outros povos. É mais exato falar de pensamento mitopoeico no AT do que de seus mitos ou mitologia. Fizemos alusão, nos parágrafos anteriores, ao fator que torna o pensamento mitopoeico israelita singular no antigo Oriente Próximo e é a base última de sua validade, a saber, a concepção israelita da realidade de Deus – o caráter pessoal de Iahweh. Este discernimento da realidade divina era atribuído pelos próprios israelitas à revelação, a um encontro pessoal com o Deus que lhes falava, seu salvador e juiz. Nenhuma forma de pensamento ou discurso lhes estava disponível para apresentarem este discernimento, exceto aquelas formas que eram comuns no antigo Oriente Próximo. A realidade transcendental de Iahweh abre caminho através das formas da mitologia como abre caminho através das formas da ciência e da metafísica, mas não podemos rejeitar qualquer uma dessas formas num esforço para compreender mais firmemente uma verdade cuja compreensão sempre nos escapa.

32 (VI) O Espírito de Deus.
(A) Conceito de Espírito. A mesma palavra hebraica serve para significar *vento* e *espírito*. O vento é o sopro de Deus; é uma manifestação sensível da presença e poder divinos. Ele se move rapidamente e de modo imprevisível; não podemos predizê-lo nem controlar sua direção ou sua força. Não podemos determinar sua origem ou seu destino (Jo 3,8). Ele é sutil, inclina-se para o imaterial quanto à sua natureza e é universal e irresistível quanto ao seu escopo. Por isso, o vento é um símbolo extremamente apropriado para o divino.

33 O espírito no AT não é um ser pessoal. Ele é um princípio de ação, não um sujeito. Ele pertence, a rigor, somente a Iahweh; é comunicado aos seres vivos, mas nunca se torna parte da estrutura do ser vivo do modo que o ser vivo possua o espírito como seu próprio. Diz-se que o espírito reveste (Jz 6,34; 1Cr 12,19; 2Cr 24,20), é derramado (Is 29,10; 44,3; Ez 39,29; Jl 2,28), lança-se sobre (Jz 14,6.19; 15,14; 1Sm 10,10; 11,6). Uma pessoa é repleta com o espírito (Ex 31,3), ou Iahweh coloca seu espírito numa pessoa (Is 63,11; Ez 36,27; Nm 11,25.29). O espírito também pode ser retirado de uma pessoa (Sl 51,13) ou pode partir (1Sm 16,14). Eliseu pediu porção dobrada do espírito de Elias (2Rs 2,9). As expressões usadas nestes contextos tratam o espírito como uma substância sutil ou líquida; elas enfatizam mais claramente a natureza impessoal do espírito. O poder é a qualidade mais evidente no espírito.

34 O espírito não é mencionado com frequência como uma força criadora. Em Gn 1,2 o vento "paira" sobre as águas do caos; o movimento do vento é o primeiro sinal da atividade criadora prestes a irromper. No Sl 33,6, a palavra de Iahweh e seu sopro são forças criadoras; o poder pelo qual Iahweh arremessa uma declaração é o poder sentido no vento. O vento também é uma força destrutiva; ele é o sopro das narinas de Iahweh, sua ira (Sl 18,16), que seca as fontes (Os 13,15) e é um instrumento de seu julgamento (Is 30,27-28).

O sopro de Iahweh é o princípio de vida para todos os seres viventes; eles sobrevivem mediante a comunicação de seu espírito. Este pensamento aparece em diversas passagens (Gn 2,7; 6,17; 7,15; Jó 33,4; Ecl 3,19.21). O sopro de vida é comunicado por inspiração (Gn 2,7), e o ser vivente morre quando Iahweh retira seu espírito (Sl 104,29), o qual então retorna para Iahweh (Ecl 12,7).

35 (B) O Espírito na história de Israel.
O espírito é mais frequentemente representado como um princípio daquelas atividades que afetam o povo de Israel precisamente como o povo de Iahweh. No período dos juízes e do início da monarquia, encontramos o espírito como um impulso divino misterioso que leva um homem a ações acima de sua capacidade conhecida e hábitos de comportamento – ações de libertação de Israel de seus inimigos (Jz 3,10; 6,34; 11,29; 13,25; 14,6.19; 15,14, vol. I, AT). Semelhantemente, Saul é movido pelo espírito para libertar a cidade de Jabes de Galaad (1Sm 11,6.13, vol. I, AT). Aqui também o espírito aparece principalmente como um princípio de poder. O movimento do espírito é a marca distintiva da pessoa a quem Max Weber chamou de o "líder carismático". Em tempos normais, a frouxa organização das tribos de Israel não precisava de nada mais que o simples governo de anciãos de clãs e aldeias. Quando a paz de Israel era ameaçada por inimigos externos, esta liderança não era suficiente e era suplantada pelo líder que demonstrasse a possessão do espírito pelas ações do espírito. Durante o período dos juízes, o espírito do líder carismático era um fenômeno passageiro: o espírito vinha sobre os líderes durante a emergência, impelia-os a uma missão e partia após a missão ter sido realizada (→ Juízes, 8:8). O rei, pelo contrário, era um dirigente carismático permanente, como expresso pela unção na qual o espírito era conferido (1Sm 10,10). Quando Davi foi ungido, o

espírito passou de Saul para ele (16,13). Uma vez que se estabeleceu a ideia de que o espírito repousava permanentemente sobre o rei, houve menção menos frequente do espírito nas narrativas acerca do rei; e ações extraordinárias como as dos juízes não foram atribuídas aos reis depois de Saul.

36 O espírito que impele à ação pode ser um espírito mau "da parte de Iahweh" ou "de Elohim" (nunca "de Iahweh"). Um espírito mau causa dissensão em Siquém (Jz 9,23), leva Saul a tentar assassinar Davi (1Sm 19,9), e Iahweh envia um espírito mentiroso para a boca de falsos profetas (1Rs 22,23). Este uso ilustra a ideia do espírito como um poder divino universalmente penetrante. No próprio pensamento muito simples e não sofisticado do antigo Israel, as ações humana que são inesperadas ou inexplicáveis são atividade de um poder maior que aquele possuído pelo indivíduo. Este poder não pode ser atribuído a nenhum outro senão Iahweh, que por seu espírito capacita para ações além da capacidade usual. O espírito em si é moralmente neutro; a responsabilidade moral destas ações está sobre os agentes.

37 As operações do espírito na profecia são um tanto ambíguas. Amós, Oseias, Isaías e Jeremias não atribuem a profecia ao espírito. (A passagem de Mq 3,8, onde o profeta fala de si mesmo como cheio do espírito de Iahweh, certamente não é original a este profeta.). Todavia, o espírito é frequentemente associado à declaração profética na profecia anterior (Nm 11,17.25; 24,2; 1Sm 10,10; 19,20-24).

A ideia da profecia passou por um notável desenvolvimento entre o início da monarquia e os profetas do séc. VIII (→ Literatura profética, 11:7-8, vol. I, AT). No período do início da monarquia, os profetas frequentemente estavam em êxtase em vez de serem oradores inspirados. "Os filhos dos profetas" parecem ter sido grupos cúlticos que praticavam uma adoração de cânticos e danças, com frequência de um modo desenfreado; esta exaltação era um sinal da atividade do espírito. As referências a discursos proféticos em Nm (dadas *acima*) ocorrem em contextos de pronunciamentos extáticos. Nas histórias de Elias e Eliseu, o espírito é um agente que transporta o profeta de um lugar para outro (1Rs 18,12; 2Rs 2,16) ou um poder que capacita o profeta a realizar milagres (2Rs 2,15). No período clássico da profecia, que começa com Amós, cerca de 750 a.C. – um período em que o profeta fala a palavra de Iahweh (→ 45 *abaixo*) – o espírito não é um agente inspirador. Nos períodos exílico e pós-exílico, o espírito aparece como um agente inspirador (Ez 2,2; 3,24; 11,5; Zc 7,12; Ne 9,30). Aqui observamos que Ezequiel, em contraste com os profetas dos séc. VIII e 7VII, frequentemente emprega visões e êxtase como meios de expressão. Estas são as áreas da atividade do espírito.

38 Como um princípio de atividade, o espírito, moralmente neutro, é manifestado numa grande variedade de operações, tanto boas quanto más. Há um espírito de mentira (1Rs 22,22), de conhecimento de uma habilidade (Ex 31,3), de ciúme (Nm 5,14), de julgamento (Is 4,4), de confusão (Is 19,14), de sono profundo (Is 29,10), de fornicação (Os 4,12), de compaixão e súplica (Zc 12,10), um espírito disposto (Sl 51,14), um espírito de príncipes (um espírito arrogante, Sl 76,13). É difícil sintetizar usos como estes, e parece melhor não procurar consistência perfeita no pensamento e língua hebraicos acerca do espírito. O elemento comum nestes usos, se algum pode ser encontrado, parece ser o grau incomum ou extraordinário no qual a habilidade, a fornicação, a confusão, a compaixão e outras coisas são exibidas. Comportamento que ultrapassa o normal é, novamente, a área na qual o espírito se manifesta.

39 Na era messiânica (→ 152ss. *abaixo*), o espírito irrompe numa nova plenitude. Pessoas "messiânicas" como o rei (Is 11,1), o servo de Iahweh (42,1) e o profeta que anuncia a salvação messiânica (61,1) recebem o espírito; no rei messiânico, as operações do espírito demonstram seu caráter messiânico. O espírito é derramado sobre todo o povo (Is 32,15. 44,3; Ez 39,29; Jl 3,28); combinado com um novo coração, o espírito é um princípio de regeneração moral (Ez 36,26). Profetas posteriores atribuem a libertação de Israel no êxodo ao espírito (Is 63,11.14). O israelita individual pode pedir uma porção do espírito (Sl 51,12; 143,10). O espírito torna-se um poder para a conduta justa.

Isto pode parecer ser uma convencionalização do uso mais antigo, de modo que a ideia do espírito é enfraquecida, mas a regeneração messiânica não é concebida como a realização da moralidade meramente convencional – é uma revolução na conduta humana. O tremendo desenvolvimento da ideia de espírito no NT flui facilmente da concepção do espírito como o poder vivificante e energizante de Deus na plenitude messiânica. No NT, todas as linhas do desenvolvimento do AT são reunidas na revelação da realidade pessoal do Espírito.

(HERON, A. I. C., *The Holy Spirit* [Philadelphia, 1983]. LYS, D., *"Rûach": Le soufflé dans l'Ancien Testament* [Paris, 1962]. NEVE, L., *The Spirit of God in the Old Testament* [Tokyo, 1972].)

40 (VII) A palavra de Deus.
(A) Conceito de palavra. No antigo Oriente Próximo, a palavra falada era concebida como uma entidade distinta carregada de poder. Isto era eminentemente verdadeiro com respeito à palavra divina. Tanto no Egito quanto na Mesopotâmia, a palavra divina era uma força criadora que trouxe o mundo à existência. Na Mesopotâmia, o decreto divino que determina os vários destinos era o poder que movia e dirigia o curso dos acontecimentos. A palavra divina compartilhava do poder e da eternidade dos próprios deuses, e o povo não podia resistir a ela ou alterá-la.

Semelhantemente, a palavra humana era um ente dotado de poder, mas num grau menor – um poder que se manifestava da forma mais clara nas declarações solenes como bênçãos e maldições, contratos, promessas e outros processos que visavam estabilizar as relações humanas. A palavra do rei era mais poderosa que a palavra de um cidadão, mas até mesmo um cidadão possuía o temível poder de abençoar ou amaldiçoar (sobre *dābār*, "palavra", veja *TDOT* 3. 84-125).

41 Na magia, distinta das outras formas de falar, o poder reside na palavra em si e não na pessoa; isto está em contraste com a concepção israelita de palavra falada (→ 42 *abaixo*). O fator operante nos ritos mágicos é a fórmula rigidamente correta, um conjunto combinado de palavras pronunciadas apropriadamente. Visto que o poder reside na fórmula, esta deve ser mantida oculta; todo aquele que conhece a fórmula possui o poder. A concepção mágica do poder da palavra é, na verdade, uma perversão da concepção mais antiga.

42 O conceito de poder da palavra provavelmente surgiu, pelo menos em parte, da importância dada à fórmula falada nas culturas que usam pouco a escrita ou nem a usam. Em expressões como bênçãos e maldições, promessas, ameaças, desejos, ordens e contratos, a palavra possui uma realidade que persiste no futuro; de fato, o efeito da palavra falada pode sobreviver à pessoa que fala. A palavra postula uma realidade, e ela é, em si mesma, uma realidade que postula. A realidade existe primeiro no coração ou desejo, então passa para a linguagem e, finalmente, a linguagem eficaz traz à existência a realidade que ela significa.

O poder da palavra está enraizado no poder da pessoa. Ao falar, a pessoa externaliza a si mesma (G. van der Leeuw) ou libera energia psíquica (J. Pedersen). A permanência e a energia da volição pessoal alcançam o mundo externo por meio da palavra falada, e a palavra falada conserva estas qualidades de permanência e energia. O respeito a esta palavra falada ou até mesmo o medo dela não são frequentemente encontrados nas culturas onde as declarações importantes devem ser registradas por escrito para ter validade. Nestas culturas, é mais provável o medo de um documento.

43 São numerosos os exemplos do poder da palavra no AT. No engano de Isaac por Jacó (Gn 27) e no engano de Jacó por Labão (Gn 29,20-27), um erro concernente à pessoa não invalida a palavra falada solene, pois a palavra mediante sua emissão se torna uma realidade que não pode ser anulada. Isaac pode dar a Esaú uma outra bênção inferior, mas não pode cancelar a bênção dada por engano a Jacó. Quando a mãe de Micas amaldiçoa o ladrão que, sem ela o saber, é seu próprio filho (Jz 17,1-2), não pode retirar a maldição, mas pode enviar uma bênção após ela que a contrabalance. A decretação de uma sentença de morte sobre o homem por parte de Davi na parábola de Natã (2Sm 12,1-18) se dirige sem querer contra ele mesmo; o profeta lhe assegura que ela será desviada, mas cairá sobre o filho de Davi com Betsabeia. A mulher acusada de adultério deve beber um juramento de execração ao beber a água na qual as palavras escritas de uma maldição foram imersas (Nm 5,12-31); nada senão a inocência neutralizará os efeitos fatais da maldição.

44 O aspecto dianoético da palavra é correlativo a seu aspecto dinâmico (O. Procksch), *i.e.*, sua capacidade de tornar as coisas inteligíveis. Esta é a função da palavra como nome (→ 6 *acima*). Conhecer o nome é experimentar o dinamismo da palavra na direção inversa; como o poder da pessoa determina a realidade mediante a outorga do nome, assim o poder da pessoa apreende a realidade mediante o conhecimento do nome.

45 (B) A palavra na história de Israel. A concepção do AT de "a palavra de Iahweh" deve ser entendida em relação ao pano de fundo acima. A maioria das ocorrências da "palavra de Iahweh" designa a palavra profética; a palavra é o carisma específico do profeta, como *tôrâ* (lei) é o carisma do sacerdote, e conselho o carisma do sábio (Jr 18,18). A palavra profética é entendida de forma equivocada se considerada meramente como a experiência de ouvir; ela é a recepção de uma realidade positiva dinâmica que surge do poder pessoal de Iahweh e compele o profeta a falar (Am 3,8). A recepção da palavra é comparada ao comer um rolo em Ez 2,9-3,3. A palavra de Iahweh é uma alegria e um contentamento (Jr 15,16), um fogo devorador encarcerado nos ossos do profeta (20,7-9), uma cólera que não pode ser contida (6,11).

A palavra profética compartilha do dinamismo do próprio Iahweh; ela é cumprida ou estabelecida quando a realidade da qual ela fala passa a existir. A relação da palavra profética com o acontecimento é mais que a relação de predição e cumprimento; a palavra é uma entidade dotada de poder que produz a coisa significada pela palavra. A palavra de Iahweh, colocada na boca de Jeremias, dá poder ao profeta para arrancar e para destruir, para exterminar e para demolir, para construir e para plantar (Jr 1,9-10); o profeta realiza estas coisas falando a palavra. A palavra de Iahweh não volta para ele vazia (Is 45,23; 55,10-11) nem ele a deixa de cumprir (31,2). Se ela retornasse sem cumprir seu destino, o dinamismo pessoal de Iahweh seria frustrado. Esta palavra compartilha da eternidade de Iahweh (40,8); seu dinamismo pode ser retardado, mas seu cumprimento é inevitável (9,8).

46 A palavra de Iahweh é o agente operante essencial na história de Israel desde o primeiro ato do processo criador (Gn 1,3) até a reconstrução de Jerusalém pelo decreto de Ciro (Is 44,28). A declaração de Iahweh realiza o chamado de Abraão e de Moisés, o êxodo de Israel do Egito, as conquistas de Josué, o chamado de Samuel, o estabelecimento da monarquia, a eleição de Davi, a divisão do reino, a queda da casa de Omri, as invasões dos assírios e dos caldeus, a queda do reino do Israel e do reino de Judá.

A palavra de Iahweh também é um agente criador (Gn 1; Is 40,26; 48,13; Sl 33,6.9; 147,15-18). No conceito abrangente do AT, a criação pela palavra é combinada com outras ideias que talvez sejam mais antigas (*p.ex.*, criação por trabalho; → 54 *abaixo*). Contudo, os críticos modernos consideram este desenvolvimento como posterior; tanto Deuteroisaías como Gênesis 1 vêm da literatura exílica e pós-exílica.

47 (VIII) Deus e a natureza. Nossa ideia sobre a natureza tem um efeito incalculável sobre nossa ideia sobre a divindade; porém, até certo ponto, as duas ideias deveriam ser independentes. As relações da natureza com uma divindade transcendental que não está incluída no âmbito da natureza não dependem da constituição da natureza. Mas quando se identifica a divindade com a natureza, quer no politeísmo mitológico do antigo Oriente Próximo, quer no cientificismo do pensamento moderno, a divindade recebe a forma da natureza em si, e a ideia sobre a deidade consequentemente sofre modificações substanciais.

48 (A) Conceito de natureza. A ideia do AT sobre a natureza tem mais em comum com as ideias prevalecentes do antigo Oriente Próximo do que com a perspectiva científica e filosófica moderna; e a diferença frequentemente é um obstáculo para a incorporação da ideia bíblica das relações de Deus e da natureza nos sistemas de pensamento modernos. A filosofia e a ciência às vezes ditaram as condições à teologia nesta área. De modo clássico, a natureza é concebida como uma unidade impessoal e objetiva com comportamento regular e previsível governado por "leis". A ideia de natureza como uma unidade apareceu pela primeira vez como *kosmos* no pensamento grego, e os primeiros filósofos gregos dedicaram muito de seus esforços para formular um princípio sobre a unidade que eles percebiam na natureza. Todo o desenvolvimento da ciência moderna repousa sobre a convicção da unidade e regularidade da natureza.

Contudo, no antigo Oriente Próximo, não há nem mesmo uma palavra que possa ser traduzida por "natureza". Os fenômenos do mundo visível não são considerados nem como constituindo uma unidade nem como impessoais. A diversidade conflitante das forças naturais é o que primeiro impressiona o observador não sofisticado; e, por causa do conflito, o observador fica mais impressionado com a irregularidade do que com a recorrência dos padrões básicos. As forças da natureza exibem o tipo de imprevisibilidade que associamos ao comportamento humano, e assim são dotadas no pensamento pré-filosófico com as qualidades da personalidade humana. Porém, visto que as forças da natureza são tão vastas em poder e escopo, elas são exaltadas como pessoas e, assim, tornam-se deuses. A ordem cósmica é alcançada pelo compromisso, pelo equilíbrio oscilante do acordo mútuo das muitas vontades poderosas, por um recorrente conflito no qual nenhuma força jamais emerge como suprema. A ordem cósmica é concebida como política; ela é mantida no universo como é mantida no Estado. Por trás dessa ordem sempre há o potencial de anarquia que pode reduzir a natureza ao caos. Se o curso da natureza deve ser mantido em harmonia com nossos objetivos, devemos manter essas forças pessoais favoravelmente dispostas.

O conceito resultante de divindade carece de perfeita unidade e é tão fluido como a natureza em si. Os deuses não são simplesmente identificados com as forças e fenômenos da natureza; e, além dos deuses, há demônios, quer benévolos quer malévolos, a quem pertencem muitas áreas menores dos fenômenos naturais. Os demônios não são satisfeitos pelo culto, mas pela magia. A natureza é vista como mais imprevisível e irracional nas áreas de operações demoníacas, mas mesmo nas áreas governadas pelos deuses nunca se está seguro de que a vontade divina não é arbitrária e caprichosa. Finalmente, a ideia da vontade divina daí resultante de fato não se eleva acima do nível da natureza; os deuses não são um tipo de ser totalmente diferente das pessoas ou dos fenômenos do mundo visível.

49 O AT compartilha da antiga concepção da natureza como diversificada e pessoal. Não há no hebraico uma palavra para "natureza", e a unidade que o AT vê na natureza não é unidade mecânica, mas unidade de uma vontade pessoal. Porém os israelitas não atribuem personalidade às diferentes forças da natureza, e não há deuses separados para corresponderem às forças naturais separadas. A realidade divina pessoal de Iahweh não jaz dentro da natureza; Iahweh não é identificado com a natureza como um todo nem com qualquer uma de suas partes. A ausência de características e funções sexuais em Iahweh é uma ilustração notável da concepção única do Deus do AT. (No pensamento hebraico, o gênero masculino é atribuído aos anjos ou "filhos de Deus" que são membros da corte celestial – isto reflete a origem distante da corte celestial como um panteão politeísta com deuses machos e fêmeas que eram os filhos de um deus supremo. Os anjos fecundam mulheres em Gn 6,2 [cf. 1Cor 11,10], e em algumas lendas judaicas eles são circuncidados.). O sexo como a fonte de vida está vitalmente envolvido na mitologia de outros povos do antigo Oriente Próximo; e muitos de seus mitos e rituais têm a intenção de comunicar aos adoradores a energia sexual dos deuses. Para Israel, Iahweh é a fonte de vida, mas não por meio de processos sexuais.

50 **(B) Criação.** Não há nada nas crenças de outros povos do antigo Oriente Próximo que corresponda a Iahweh como criador, apesar do fato de o AT exibir vários modos de conceber o processo criador. Estes modos, sem dúvida, representam diferentes fases de desenvolvimento. Acontece que os textos mais explícitos sobre a criação são exílicos ou posteriores, e vários estudiosos modernos concluem que a ideia da criação ou não era importante ou estava ausente na crença israelita primitiva. É altamente improvável que estivesse completamente ausente; outras religiões lidavam com a criação formal e detalhadamente. A ideia tampouco carecia de importância, mas sua importância deve ser vista no contexto do pensamento israelita como um todo e não como um artigo de fé separado. No AT, a criação é o começo da história – o primeiro dos atos salvíficos de Iahweh. Os israelitas não faziam perguntas sobre a criação por sua própria causa; a criação e a natureza estão integradas na história da salvação operada por Iahweh. (Observe que nos "credos" israelitas Iahweh não é proclamado como Deus o criador – como no credo cristão – mas como o Deus que está ativo na história dos patriarcas [Dt 6,20-25; 26,5-10; Js 24,2-13].). É neste contexto histórico que se devem ver as várias abordagens à criação. Veja B. W. Anderson [ed.] *Creation in the Old Testament* (IRT 6; Philadelphia, 1984); N. Young, *Creator, Creation and Faith* (Philadelphia, 1976).

51 *Criação como combate.* Provavelmente a mais antiga abordagem, agora refletida apenas em algumas alusões do AT, ela relacionava a criação com um combate entre Iahweh e um adversário que representa o caos. Na Mesopotâmia, a criação é realizada mediante a vitória de Marduc sobre o monstro Tiamate. Nos mitos cananitas de Ugarit, Aleyan Baal se engaja num combate com um adversário Mot, com um outro chamado de Mar ou Rio e com um outro chamado de Leviatã ou Shalyat de sete cabeças. Leviatã aparece no AT (Is 27,1). Um combate como este está refletido no Salmo 74,13-15; 89,10-11; Isaías 27,1; 51,9; Jó 9,13; 26,12; 38,8-11. Nenhuma dessas passagens certamente é antiga, e as alusões são mais frequentemente explicadas como imagens poéticas emprestadas da mitologia estrangeira. Mas não há razão para supor que esta concepção primitiva, tão evidentemente refletida na mitologia de outros povos, não fosse o mais antigo e o mais ingênuo relato da criação em Israel. Com o desenvolvimento da crença em Iahweh, este relato foi suprimido em favor de outras explicações mais avançadas até que ele sobreviveu apenas em alusões poéticas. O sobrevivente exibe uma concepção básica da natureza que Israel compartilhava com os outros povos, a concepção de que a ordem cósmica não é mecânica. A ordem cósmica é mantida pelo poder de Iahweh sobre as forças do caos, que ele pode liberar (→ 55 *abaixo*). Veja J. Day, *God's Conflict with the Dragon and the Sea* (Cambridge, 1985).

52 *Criação segundo Gênesis.* São numerosas as alusões à criação no AT, mas as passagens nas quais o tema é tratado explícita e detalhadamente são poucas: Gn 1,1-2,4a; Sl 104. A história em Gn 2,4b-25 não é um relato da criação no mesmo sentido. Ele trata da origem humana, ou mais precisamente da origem dos sexos; e a criação do mundo material é mencionada apenas por alusão. Gênesis 2,4b-25 (J) é mais antigo que Gn 1,1-2,4a (P), mas o conceito de criação exibido por P é mais antigo que sua presente forma literária (→ Gênesis, 2:4, vol. I, AT). Mesmo em Gn 1,1 provavelmente não estamos lidando com a criação a partir do nada ou criação no sentido mais estrito, mas com Deus ordenando o caos num universo fixo. A criação a partir do nada não aparece claramente na Bíblia até o período grego, quando são correntes as noções filosóficas (2Mc 7,28).

A estrutura do universo material vista em Gn 1 e em quase todas as alusões à criação e ao mundo material (veja Jó 38,4-38) é a estrutura vista também nos relatos da criação mesopotâmicos. O universo existe em três níveis: céus, terra e abismo subterrâneo das águas. A terra é um disco plano que flutua sobre as águas, e os céus acima são a habitação divina. Toda a estrutura repousa sobre pilares. Os corpos celestes se movem pelo céu; e a chuva, a neve, o granizo e o vento estão armazenados em câmaras acima do céu. A enumeração de oito palavras em Gn 1,1ss. visa a ser completa; abrange cada item na estrutura assim concebida e afirma expressamente que Elohim fez cada item. O relato é estruturado de modo que seja uma contraposição ao mito da criação mesopotâmico (→ 26 *acima*). Itens como abismo e corpos celestes, que na Mesopotâmia foram personificados e deificados, aqui são despersonalizados. Não há nada anterior à palavra criadora e, em particular, nenhum combate. O conceito do universo material não é alterado, mas as relações do universo com a deidade criadora são completamente diferentes.

53 *Criação segundo o Sl 104.* Este poema da criação mostra certas relações literárias com o hino de Aton produzido no séc. XIV, no Egito, no reinado de Aquenaton (*ANET* 368-71; → Arqueologia bíblica, 74:77). É difícil determinar se estes relacionamentos surgem da semelhança de assunto ou do conhecimento do poeta israelita da obra egípcia. De qualquer modo, a concepção do Sl 104 é totalmente israelita. O tema dominante é o cuidado do criador pelos seres vivos, tanto animais quanto humanos. Os fenômenos naturais são quase inteiramente representados em relação ao sustento da vida. O poema é muito otimista, embora nisto ele não difira substancialmente de outros relatos da criação. Em todos eles, a obra da criação é vista como boa em sua origem, sem defeito ou qualquer elemento hostil à humanidade. Mediante a remoção do tema do combate cósmico, o pensamento israelita remove o dualismo implícito em outros relatos da criação.

54 Através destes poemas e outras alusões à criação passa uma dupla concepção do ato criador: criação pela obra e criação pela palavra. Embora a criação pela obra seja especialmente evidente em passagens mais antigas como Gn 2, a criação pela palavra (→ 46 *acima*) não é necessariamente recente. A criação pela palavra aparece na teologia egípcia de Mênfis, que é situada pelos egiptólogos em cerca de 2700 a.C., muito mais antiga que qualquer documento do AT (*ANET* 4-6). Tanto a criação pela obra quanto a criação pela palavra aparecem em Gênesis 1. O antropomorfismo ingênuo original (→ 21 *acima*) implicado na criação pela obra é visto em Gn 2, onde Iahweh "forma" seres humanos e animais – uma palavra usada para designar a obra do oleiro, que é a imagem pretendida. A mesma imagem aparece no Egito e na Mesopotâmia. Outras palavras como "construir" ou "fazer" são comuns nas alusões à criação. Um refinamento é visto no uso da palavra que traduzimos por "criar" (em hebraico: *bārā'*), que nunca é usada exceto com Iahweh como seu sujeito; ela se refere ao tipo de produção que somente Iahweh é capaz de fazer. Mais refinada ainda é a criação pela palavra, na qual a ordem é seguida pela execução sem nenhuma ação adicional. As duas concepções encontram-se misturadas na mesma passagem – uma ilustração da multiplicidade do pensamento mitopoeico (→ 24 *acima*).

55 (C) Criação contínua. O relato da criação em Gn 1 sugere que os israelitas pensavam na criação como concluída em seis dias. Em outros relatos, a criação é apresentada como um processo contínuo que durará enquanto o mundo durar. A vitória de Iahweh sobre o monstro do caos é, às vezes, contada como uma vitória que ocorre constantemente; diz-se que o monstro está amarrado ou restrito em vez de morto (Sl 89,10; 104,6-8; Jó 26,12; 38,8-11). Assim, Iahweh sustenta e defende o universo material contra as forças da desintegração; sem o exercício ininterrupto deste poder salvador, o mundo recairá no caos. Esta concepção israelita escapa do dualismo da mitologia cósmica pagã ao negar às forças de desintegração qualquer poder que rivalize com o poder de Iahweh. No dualismo do mito cósmico pagão, o equilíbrio entre ordem e caos está tão próximo que é inevitável um conflito cíclico.

Semelhantemente, cada manifestação do domínio de Iahweh pode ser representada como uma nova representação de sua vitória sobre o caos. Os corpos celestes são postos em ordem diariamente por ele e aparecem em obediência a seu chamado (Is 40,26; 45,12; 48,13). Iahweh produz a aurora e as trevas (Am 4,13; 5,8), mede as águas na concha de sua mão (Is 40,12), dá fôlego e espírito àqueles que caminham na terra (42,5). Os atos criadores do Sl 104 ocorrem cada dia.

56 A contínua atividade criadora de Iahweh é enfatizada na área da *fertilidade*. Havia, por todo o antigo Oriente Próximo, uma representação ritual do mito da criação, no qual a fertilidade era restaurada anualmente por meio da morte e ressurreição do deus da fertilidade e sua união com sua consorte. O AT contém uma vigorosa polêmica contra esta crença. Iahweh, e não Baal, concede os frutos do solo (Os 2,10ss.); ele abençoa a descendência de homens e animais e os frutos do solo (Dt 7,13; Jr 31,12). Ele dá e retém a chuva (Is 30,23; Lv 26,4; Dt 11,13-15; Jr 5,24). Diferente dos deuses da fertilidade, Iahweh concede as bênçãos da fertilidade sem estar ele mesmo envolvido no processo.

57 Em algumas concepções, o envolvimento de Iahweh na natureza parece mais próximo. O AT vê a natureza como pessoal, mas não como a atividade de vários seres pessoais. O único fenômeno natural com o qual Iahweh é mais frequentemente associado é *a tempestade*. A poesia do AT na qual ele é representado como o senhor da tempestade possui afinidades óbvias com a literatura e a arte de outros povos do antigo Oriente Próximo; o número e o colorido vívido das alusões a Iahweh e à tempestade têm persuadido vários estudiosos de que Iahweh era originalmente um deus da tempestade como Adade ou Hadade (Sl 29,3-9; 77,17-21; 107,25-29; Is 30,27.30; Na 1,3.5; Jó 38,25.35.37). Em geral, esta opinião encontra-se abandonada hoje, mas a conexão entre Iahweh e as tempestades é comum demais para ser meramente coincidente.

A apresentação de Iahweh na *teofania* da tempestade é notável (Sl 18,8-16; 68,8-10; Hab 3,3-15; Jz 5,4-5; Ex 19,16.19; Ez 1). Os elementos das teofanias sugerem não apenas a tempestade, mas também o terremoto e, possivelmente, a erupção vulcânica. A teofania é uma confissão israelita do poder de Iahweh na natureza, mas este poder não é visto como força irracional e cega. Mais frequentemente Iahweh aparece na teofania como aquele que salva seu povo de seus inimigos. Na teofania do Sinai, Iahweh vem como o libertador que faz uma aliança com Israel; seu poder na natureza é uma garantia de seu poder e vontade de salvar Israel. Segundo os desenvolvimentos bíblicos posteriores (→ 60 *abaixo*), o poder de Iahweh na natureza também é manifestado como um poder de julgamento, um ato de sua vontade moral que afeta todos os malfeitores, sejam eles israelitas ou não.

58 Na crença israelita, a imprevisibilidade da natureza (→ 48 *acima*) é modificada pela concepção de uma ordem na natureza, uma ordem fundamentada na sabedoria de Iahweh. Sendo sábio, Iahweh não é caprichoso, e a natureza não é fundamentalmente irracional. São numerosas as alusões à sabedoria de Iahweh na natureza (Pr 3,19; Is 28,23-29); suas relações com a natureza são chamadas de aliança (Os 2,18; Jó 5,23). Vários poemas exaltam a sabedoria de Iahweh na criação (Pr 8,22ss.; Sl 104). Jó 38-39 vê a sabedoria de Iahweh na produção de paradoxos na natureza; sua inteligência diretiva sustenta a ordem e a harmonia entre agentes diversos e conflitantes. A natureza torna-se confiável segundo a confiabilidade da vontade moral de Iahweh; sua ordem é a ordem da retidão.

Por isso, quando a natureza se manifesta em desastre, isto não é ocorrência do acaso; a natureza é a arma da ira de Iahweh (Am 4,7; Jl 2,1-11; Jr 5,24; Os 8,7; 9,14; → 99-102 *abaixo*). A língua e o pensamento hebraicos não fazem distinção entre o mal "físico" e "moral"; inevitavelmente o mal moral do pecado tem repercussões cósmicas na natureza porque Iahweh retira suas bênçãos e emprega a natureza como executora de seus julgamentos. Este é o pensamento expresso no AT que reescreve o mito mesopotâmico do dilúvio (→ 28 *acima*) e nas maldições lançadas sobre o homem e a mulher de Gn 3,16ss. "Desordem" na natureza não é realmente desordem, mas uma ordem superior, a ordem do julgamento justo.

59 A natureza como uma atividade pessoal é um prodígio para os israelitas, e a palavra prodígio aqui é mais equivalente a mistério que a milagre. Até anos recentes, apologetas tinham elaborado um conceito de milagre que pressupunha um sistema fechado de natureza governada por leis fixas. Este conceito de milagre não é encontrado no AT devido à falta de sua pressuposição (→ Pensamento do NT, 81:93). A criação em si é tão enfaticamente um prodígio quanto qualquer fenômeno extraordinário na natureza (Jó 4,8-10; 9,5-10; 26,5-14; 36,26-37,18; 38,1-41,26). Quando os acontecimentos do êxodo ou de outras ações salvíficas de Iahweh são chamados de prodígios, o elemento do prodígio não reside precisamente na obra de Iahweh na natureza, que é sempre maravilhosa, mas antes em sua vontade salvadora. Este é o supremo prodígio – tanto mistério quanto milagre – da fé e história israelitas. Estão integrados nesta vontade salvadora todos os fenômenos da natureza e os acontecimentos da história (→ 113ss. *abaixo*).

60 A suprema manifestação do poder de Iahweh na natureza é escatológica (→ 167 *abaixo*). A natureza como o instrumento de julgamento encontra expressão na expectativa do Dia de Iahweh, *i.e.*, o encontro cataclísmico de Iahweh com os poderes do mal (→ 137 *abaixo*). O julgamento aniquilador de Iahweh reduzirá a terra ao caos primitivo que ela era antes da ação criadora (Jr 4,23-26). A estrutura da terra e do céu e seus pilares de sustentação tremerão (Is 13,3.10; 24,3.19.23; Jl 3,3; Am 8,8; 9,5). No passado, o dilúvio foi um retorno ao caos, segundo a versão P (Gn 7,11).

O caos escatológico é a condição necessária para uma nova criação (Is 65,17). O deserto hostil será transformado e regado (Is 32,15; 35,1ss.; 41,18-20). A fertilidade da terra, o dom de Iahweh, será garantida em superabundância (Ez 36,6-12; Jl 4,18; Am 9,13). A alternância das estações, a indicação anual da incerteza da natureza, e até mesmo a alternância do dia e da noite cessarão (Zc 14,6). A luta pela vida no mundo animal terminará (Is 11,6-9). A escatologia israelita exige este alvo e final para a natureza. A remoção da ira de Iahweh e a concessão de suas bênçãos sem restrição devem conduzir a uma nova criação – um testemunho da retidão e poder de Iahweh exigido por sua santidade. Iahweh é o supremo senhor da natureza, e seu poder deve ser demonstrado na salvação e bênção assim como é demonstrado no julgamento.

ISRAEL – POVO DE DEUS NA ALIANÇA

61 (I) Natureza humana. O AT não possui uma psicologia consistente. Sua linguagem e vocabulário dizem respeito a ações humanas, e os componentes da natureza humana são completamente populares e difíceis de traduzir em termos modernos. A palavra hebraica usual para "homem" ("humanidade" no sentido moderno) como uma espécie (*'ādām*) é um exemplo; ela não designa uma espécie, mas um grupo, e um membro individual do grupo se distingue por ser chamado de "filho" ou "filha" do homem. O grupo é visto como uma realidade existente em vez de uma essência abstrata; e assim os israelitas não exigiam nem enunciavam uma definição da essência metafísica humana. Eles estavam mais preocupados com as relações do grupo coletivo com a deidade e com o mundo no qual o grupo vive do que estavam com a constituição interior da espécie.

62 O AT está profundamente ciente do paradoxal e do misterioso na natureza humana, como é evidente no *relato J* da criação (Gn 2). Os seres humanos são feitos de barro e são, portanto, mortais e fracos, mas o barro é vitalizado pelo espírito dado por Iahweh (→ 34 *acima*). A dignidade humana, contudo, não repousa apenas na comunicação do espírito, que é o princípio da vida animal também. Superior aos animais e, portanto, capaz de dar-lhes nomes, o ser humano não encontra um ajudador ou associado adequado entre eles. As relações pessoais humanas são com Iahweh que cria um jardim no qual os primeiros seres humanos habitam.

63 O *relato P* da criação (Gn 1) é mais explícito ao afirmar a dignidade humana. O ser humano é feito à imagem e semelhança de Elohim (Gn 1,26-27). É controverso o significado preciso desta expressão, mas aparentemente a imagem e semelhança divinas estão associadas ao domínio humano sobre os animais inferiores (1,28-30). O domínio sobre a criação é apropriado a Deus; correspondentemente, a concessão de domínio aos seres humanos os eleva acima das criaturas inferiores e implica a posse de qualidades divinas não compartilhadas pelos animais. O Salmo 8 faz do ser humano ("filho do homem") "pouco menos do que um deus", coroado de glória e honra, e dotado para governar todas as criaturas viventes inferiores.

64 A imagem de Elohim constitui o mistério ou paradoxo humano; este eminente domínio é combinado com um elemento de fraqueza geralmente chamado de "carne" (*bāśār*). Carne é a condição humana natural; ela é oposta a espírito, o elemento associado a Deus (Is 31,3; → 33 *acima*). O AT nem sempre distingue claramente a fraqueza e a mortalidade físicas da fraqueza moral; a associação entre as duas é mais pressuposta que conscientemente elaborada. Em Gn 3, a perda de domínio da humanidade sobre a natureza e da perspectiva de imortalidade é o resultado do fracasso moral. No AT, a carne ainda não é a sede da concupiscência ou das tendências terrenamente orientadas que ela vem a ser nos escritos paulinos (→ Teologia paulina,

82:103), nem a "carne" é sempre usada num sentido pejorativo. Mas carne é o que os seres humanos têm em comum com os animais; ela é instável e perecível.

65 Segundo Gn 2, a criação humana ocorre em dois sexos. Isto não é explicitamente considerado em qualquer mitologia do antigo Oriente Próximo, onde os sexos são pressupostos como um princípio primário no mundo divino, exatamente como no mundo criado. Em contraste com estas mitologias (assim como com os padrões de pensamento refletidos em quase todo o AT), lemos em Gn 2,18-25 que a mulher é o objeto de um ato criador distinto, o único ser vivente que é um parceiro e companheiro adequado para o varão. A varoa tem a mesma dignidade do varão e, portanto, não é uma espécie humilhada ou sub-humana.

66 Apesar do uso de palavras como carne, espírito e alma, o AT concebia o ser humano como uma unidade e não como uma composição de princípios diferentes. H. Wheeler Robinson observou numa afirmação clássica que os gregos pensavam em um espírito encarnado e os israelitas pensavam em um corpo animado. A língua hebraica não distingue uma sede de operações intelectuais; estas estão localizadas no coração – no hebraico, o coração é o órgão do pensamento em vez do sentimento. O hebr. *nefesh* (*nepeš*) geralmente é traduzido erroneamente por "alma" – que introduz uma ideia que é estranha ao AT. De fato, o uso da palavra *nefesh* é muito fluida para permitir qualquer síntese. Quando Iahweh sopra o espírito, o ser humano torna-se uma *nefesh* vivente (Gn 2,7). "Pessoa" ou "eu" pode ser o significado básico, se não o primitivo, da palavra. Diz-se, às vezes, que o sangue é a sede da *nefesh*; nestes casos, a *nefesh* não é o eu ou a pessoa, mas antes a vida, que é derramada com o sangue. A *nefesh* é frequentemente associada aos processos psíquicos de desejo, e nestes contextos a palavra pode ser traduzida muitas vezes por "vontade" ou "apetite".

Em nenhum desses exemplos, tomados isoladamente ou juntos, há algo semelhante à "alma" do grego e do pensamento moderno. Esta diferença tem importantes corolários na ideia bíblica de sobrevivência após a morte (→ 170 *abaixo*). O uso da palavra *nefesh* mostra que o do pensamento do AT não chega a fazer qualquer análise real dos princípios da natureza humana. Ela é vista como uma totalidade que existe, e as palavras que se referem a alguma coisa, exceto às partes da anatomia, designam de algum modo a totalidade da vida consciente. De fato, até mesmo quando partes específicas da anatomia, como os lombos, as entranhas, o olho, a mão ou o coração são o sujeito e a sede dos atos vitais, a pessoa toda é identificada com o órgão, no qual a soma da energia psíquica se concentra.

(KÖHLER, L., *Hebrew Man* [Nash, 1956]. MORK, W., *The Biblical Meaning of Man* [Milwaukee, 1967]. Também artigos no *TDOT* sobre os respectivos termos hebraicos; e as obras sobre antropologia de LANG, ROGERSON e WOLFF [→ 1 *acima*].)

67 (II) Comunidade humana. As relações do indivíduo com o grupo social no AT, como no restante do mundo antigo, são notavelmente diferentes dessas relações no mundo moderno. As diferenças têm provocado extensas discussões entre os estudiosos, mas não um consenso. A discussão frequentemente é colocada dentro da estrutura de uma antítese entre o coletivismo e o individualismo: diz-se que o Israel antigo exibe um coletivismo exagerado, e o Israel posterior um individualismo exagerado. Esta é uma estrutura de referência imprópria. O coletivismo e o individualismo são ideias modernas (com nuanças emocionais complicadoras) que não possuem correspondentes no pensamento israelita.

68 São de dois tipos os grupos sociais encontrados no AT: grupos de parentesco real ou fictício, que incluem a família, o clã e a tribo; e grupos políticos, que incluem a aldeia, a cidade e o reino. O grupo de parentesco é concebido e expresso como "uma carne" em vez de como "um sangue"; a diferença parece insignificante, mas é relevante quando o grupo é considerado uma única pessoa (→ 69 *abaixo*). A unidade da aldeia e da cidade assemelha-se mais à unidade de parentesco que a unidade política; estas comunidades antigas eram pequenas o suficiente e geralmente, como nas aldeias modernas do Oriente Próximo, tinham tal rede de interrelacionamentos entre as famílias que a analogia do parentesco era facilmente aplicada. Veja R. R. Wilson, *Sociological Approaches to the Old Testament* (Philadelphia, 1984) 40-53.

A única sociedade política genuína no AT é a monarquia; aqui o princípio da unidade é a pessoa do rei, que incorpora em si mesmo o povo a quem ele governa. Tanto na sociedade política quanto no grupo de parentesco, a unidade é basicamente pessoal, repousando no pai, no patriarca ou no rei. A unidade do grupo é tanto horizontal quanto vertical: horizontalmente ela se estende a todos os membros de uma geração contemporânea, e verticalmente ela se estende por todas as gerações. Ainda que centenas de anos separem os profetas de Moisés, eles frequentemente se dirigem à sua própria geração como aqueles a quem Iahweh trouxe do Egito, guiou pelo deserto e deu a terra de Canaã. "Israel" é uma realidade contínua, contemporânea a todos os acontecimentos de seu passado e sujeita a todas as responsabilidades que esta história coloca sobre ela.

69 A personificação de um grupo é universal na linguagem humana e não estabeleceria por si mesma qualquer distinção no pensamento israelita. Contudo, há um elemento distintivo na personificação israelita. H. W. Robinson (*Corporate Personality in Ancient Israel* [1931; reimpr. Philadelphia, 1984]) o explica assim: A personalidade corporativa ou coletiva é fluida; ela pode designar a pessoa individual ou o grupo, mas de tal modo que um sempre se refere ao outro. Isto é ilustrado nos relatos sobre os patriarcas de Gênesis. Os patriarcas em suas personalidades e experiências pessoais exibem aqueles traços que eram considerados peculiares aos israelitas e prenunciam as aventuras do grupo que descendeu deles. Jacó em relação a Esaú e a Labão claramente reflete Israel em relação a Edom e aos arameus. A relação de aliança de Israel com Iahweh é retrojetada numa aliança de Abraão com Iahweh na qual Abraão é o parceiro ideal de aliança (→ 78 *abaixo*). A aquisição da terra de Canaã, realizada antes da monarquia, é iniciada nas ações de Abraão, Isaac e Jacó.

O rei também é uma personalidade corporativa ou coletiva assim; aqui os padrões de pensamento israelita não diferem substancialmente das ideias de outros povos do antigo Oriente Próximo. Nas relações de Israel com Iahweh, contudo, a posição do rei israelita não corresponde à posição que os reis egípcio, mesopotâmico e cananita tinham no culto. A diferença jaz na superioridade transcendental de Iahweh; o rei está tão sujeito a Iahweh como qualquer outro israelita. O rei israelita não pode ser uma manifestação visível da majestade de Iahweh, pois isto seria representar Iahweh mediante uma imagem (→ 20 *acima*). O rei é uma pessoa carismática (→ 35 *acima*), mas não mais. Com estas reservas, o rei incorpora em si a sina e o destino de Israel.

70 A personalidade corporativa ou coletiva, sintetizada desse modo no líder, pode ser concebida à parte do líder. Como o grupo é uma personalidade única, a história da rebelião de Israel, desde seu começo até o presente, pode ser repassada por Ez 20 – os pecados dos pais são visitados nos filhos (20,5). Amós fala a seus contemporâneos como à família que Iahweh tirou do Egito (Am 3,1). A geração de Jeremias é a noiva infiel de Iahweh (Jr 2,2). Oseias vê em seus contemporâneos o desvio de Jacó, seu ancestral epônimo (Os 12,2-4), o filho que se desenvolveu em um adulto ingrato (11,1-7). O grupo deve responder pelo que é historicamente, deve responder mesmo como indivíduo; ninguém pode escapar completamente do passado, exceto por uma completa inversão do caráter. Semelhantemente, o futuro messiânico de Israel é o futuro de Israel como um grupo e não como pessoas individuais.

71 A necessidade de segurança foi um fator importante na determinação da relação do indivíduo com o grupo. No mundo antigo, uma vez que alguém ia além dos limites da aldeia ou da cidade, ele entrava num deserto sem lei. Mesmo sob a monarquia israelita não se podia garantir segurança perfeita fora dos limites dos povoados. A monarquia sancionou leis e organizou a defesa contra inimigos externos, mas não podia policiar o território eficazmente. O indivíduo que não tinha afiliações grupais estava indefeso e desamparado. A defesa da vida, da integridade e da propriedade do indivíduo era a responsabilidade do grupo de parentesco, que por meio do costume da vingança de morte ameaçava eficazmente retaliar qualquer ataque a seus membros.

O preço que a pessoa individual pagava pela segurança era a completa integração no grupo e a completa aceitação de seus costumes e decisões. A solidariedade que sustentava a defesa contra a agressão externa não deixava lugar para desvios individuais. Assim como o grupo protegia o indivíduo até mesmo correndo risco (visto que uma ameaça a qualquer membro individual era uma ameaça ao grupo como um todo), assim ele podia exigir do membro total dedicação. Um modo de vida como este não deixava lugar para algo parecido com o ideal moderno de desenvolvimento pessoal individual ou carreira pessoal; de fato, não deixava lugar nem mesmo para a privacidade. É preciso entender que poucas pessoas, se é que havia alguma, sentiam-se oprimidas ou privadas neste modo de vida. A vida humana era simplesmente a vida do grupo, e nenhum outro modo de vida era concebível ou desejável.

72 Há indicações no AT de que decisões importantes do grupo eram obtidas mediante ampla participação, pelo menos das pessoas representativas, como os cabeças das famílias e clãs. Setenta dos anciãos de Israel ratificam a aliança de Israel com Iahweh (Ex 24). "O povo" aceita uma aliança para servir a Iahweh imposta por Josué (Js 24). Gedeão trata com setenta e sete anciãos de Sucot (Jz 8). Nos vários relatos da instituição da monarquia (1Sm 8-10), a iniciativa parte do povo. Os anciãos de Israel aceitam Davi como rei (2Sm 5,1ss.).

T. Jacobsen mostrou que, na antiga Mesopotâmia, o governo do Estado era conduzido por uma assembleia de anciãos e uma assembleia popular; a esta estrutura ele deu o nome de "Democracia Primitiva" (*JNES* 2 [1943] 166ss.; reforçado por G. Evans, *JAOS* 78 [1958] 1ss.). Não temos evidências de que a soberania popular era formalizada por instituições em Israel, mas muitos detalhes sugerem que havia amplos canais de expressão da vontade popular. Esta característica da sociedade israelita nos adverte para não falarmos com demasiada facilidade da oposição entre coletivismo e individualismo em Israel. Os indivíduos expressavam-se mediante o grupo e prontamente aceitavam as decisões que eles tinham ajudado a formular.

73 As atividades religiosas eram tão determinadas pela sociedade como o eram quaisquer outras atividades. Não encontramos no mundo semita antigo algum exemplo claro de um grupo puramente religioso que não seja também um grupo social; a posição de Israel é única aqui, mas Israel não é meramente um grupo religioso. É com este pano de fundo em mente que devemos considerar os problemas levantados por Jr 31,29-35 e por Ez 18 juntamente com 33,1-20. Não se conhecia nenhuma relação individual com a divindade, exceto a relação de membro de um grupo cultual idêntico ao grupo social. O colapso da sociedade política israelita na época de Jeremias e Ezequiel não deixou qualquer relacionamento do israelita individual com Iahweh. No mundo antigo, um deus sem um povo simplesmente desaparecia. Jeremias e Ezequiel não foram exatamente os criadores da religião pessoal, como muitos estudiosos os chamam, embora não se possa negar que eles tenham feito declarações acerca da responsabilidade pessoal que não encontram paralelo na literatura anterior do AT. Antes, a ênfase de suas afirmações é uma garantia de que Iahweh não deixou de existir e que Israel ainda é seu povo. A fé no poder duradouro de Iahweh também é fé no ressurgimento de Israel de sua queda. Na ausência do grupo religioso e social tradicional em colapso, os indivíduos devem agora ter consciência de que se defrontarão com exigências pessoais que não eram feitas ao indivíduo na sociedade organizada sob a monarquia. Uma religião puramente individual, contudo, não está na mente de Jeremias ou de Ezequiel (→ Jeremias, 18:88; → Ezequiel, 20:51-52, vol. I, AT).

74 (III) A Aliança. O relacionamento de Iahweh com Israel é único nas religiões do mundo antigo. Em outras religiões antigas, a deidade é identificada com a natureza (→ 47-48 *acima*) ou com a sociedade que adora a divindade. A relação é, portanto, em certo sentido natural, visto que na mente dos povos antigos tanto a natureza física quanto a sociedade humana são dados primários com os quais o ser humano está essencialmente envolvido. Por outro lado, a relação de Iahweh com Israel é, como o universo criado, o resultado de uma ação positiva de Iahweh; e a relação de Iahweh com Israel é completada por uma resposta positiva de Israel. A relação não é um dado componente necessário da existência humana, mas uma comunidade de pessoas livremente instituída.

75 (A) Analogias para expressar o relacionamento de Deus com Israel. O AT usa diversas analogias para designar este relacionamento. A analogia *pai-filho* pode parecer ser primeiramente um relacionamento natural; porém, quando ela é vista no contexto de outras analogias e se examina o caráter do relacionamento pais-filhos, fica evidente que mesmo aqui é à comunidade de pessoas livremente associadas que ela se refere. Iahweh nunca é chamado de progenitor físico de Israel; ele "gera" Israel mediante a formação de um povo para si mesmo. As atitudes que aparecem na analogia pai-filho são as atitudes pessoais de amor, dedicação e obediência, e não as relações de parentesco carnal. A filiação de Israel é adotiva, não natural.

A analogia do *casamento* mostra as relações pessoais ainda mais claramente e realça em particular a iniciativa de Iahweh, visto que no casamento antigo era sempre o homem que escolhia sua esposa. Em Os e Jr, a analogia matrimonial é apresentada com ênfase na relação de amor; a fidelidade de Israel é uma obra de amor, e a infidelidade de Israel é uma ofensa pessoal a Iahweh.

A analogia do *pastor e rebanho* é menos comum e não apresenta tão explicitamente o relacionamento pessoal mútuo. Mas um pastor está comprometido com um rebanho mediante uma dedicação à qual corresponde a confiança das ovelhas. Esta analogia mostra Iahweh como o protetor de Israel.

A analogia do *parente* também aparece. Iahweh é chamado de o "vingador" de Israel ("redentor" em muitas versões inglesas). Este título alude ao costume da vingança de morte, pelo qual o parente mais próximo é obrigado, a qualquer risco, a defender a vida, pessoa ou propriedade de seu parente e a punir qualquer agressor. Nesta analogia, Iahweh age não apenas como o protetor e a segurança de Israel, mas também como um parente (*gō'ēl*). Aqui novamente não se deve enfatizar a sugestão de um relacionamento natural, visto que a obrigação do vingador é assumida livremente por Iahweh.

A analogia do *rei e súdito* não é frequentemente explícita, mas se reflete no título divino "Senhor" (→ 10 *acima*) e está implícita na analogia da aliança. O relacionamento rei-súdito traz menos da intimidade tão óbvia nas analogias de pai-filho e de esposo-esposa, mas deve ser concebida nos padrões do antigo Egito e Mesopotâmia ou da realeza mais recente. Teoricamente, o rei israelita podia ser abordado por qualquer um de seus súditos, e alguns episódios na vida de Davi e Saul sugerem que esta era a prática nos primeiros dias da monarquia. Onde se atribui o título de rei a Iahweh, ele enfatiza seu poder e vontade para salvar (→ 140-41 *abaixo*).

76 A maioria dos escritores modernos toma a analogia da *aliança* como a chave básica para as outras. A aliança era, originalmente, um acordo verbal numa cultura que não mantinha registros escritos. Acordos e obrigações mútuos eram solenemente professos na presença de testemunhas e com juramentos imprecatórios e ritos sacrificiais. A fidelidade era assegurada menos pela memória das testemunhas (que foram substituídas por instrumentos escritos) do que pela ameaça de vingança pela deidade invocada como testemunha e pela crença no poder da palavra falada (→ 40 *acima*).

77 (B) Formas de aliança. As alianças abrangem todas as transações sociais no AT. Elas nem sempre são estritamente bilaterais, pois o mais forte pode impor uma aliança sobre o mais fraco. Uma aliança resolve uma disputa sobre um poço (Gn 21,32; 26,38) e a rixa de Jacó e Labão (31,44); uma aliança marca um pacto de Abraão e seus vizinhos (14,13) e o pacto de Gabaon e Israel (Js 9,15); uma aliança marca o acordo de Abner e Davi que põe fim à guerra civil e assegura a submissão de Israel a Davi (2Sm 3,12-19).

78 A aliança de Iahweh com Israel domina os últimos quatro livros do Pentateuco e ocorre novamente nos livros históricos. As tradições concernentes à aliança são obscuras e complexas, mas a ligação de Moisés com o estabelecimento da aliança encontra-se tão profundamente inserida nas diversas tradições que não se pode removê-lo (→ História, 75:48). A existência de uma aliança entre Iahweh e Abraão (as tradições E e P) é menos claramente indicada e muito pro- vavelmente é uma retrojeção dos padrões da crença israelita posterior na história de Abraão. (Veja R. E. Clements, *Abraham and David* [SBT ns 5; Londres, 1967].). A aliança com Noé na tradição P é obviamente uma dessas retrojeções. Mesmo a aliança mosaica está tão pesadamente recoberta de material posterior que uma reconstrução histórica do curso dos acontecimentos está além das presentes possibilidades. O relato básico, encontrado em Ex 19-24, é compilado de diversas fontes que não podem ser analisadas claramente; o relato em Ex 33, agora editado de tal maneira que se tornou uma renovação da aliança, provavelmente é um relato paralelo. Deuteronômio 4-5 depende de Ex 19-24. A aliança mediada por Josué (Js 24) exige tratamento especial; → 80 *abaixo*.

79 G. E. Mendenhall sustentou que a aliança israelita segue a forma do tratado de suserania do final do segundo milênio a.C. (*BA* 17 [1954] 49-76). Esta fórmula de tratado é conhecida principalmente por meio dos tratados hititas, mas é a fórmula que geralmente era empregada nas relações internacionais do período. O tratado de suserania é diferente do tratado de paridade, o qual é feito entre poderes iguais, pois o tratado de suserania é imposto a um vassalo por um senhor e não é bilateral. O vassalo é obrigado pelo tratado; o senhor não está estritamente obrigado mediante as promessas que ele faz.

Mendenhall adotou a análise de V. Korošec de seis elementos no tratado de suserania: (1) O preâmbulo identifica o senhor e apresenta sua genealogia e títulos. (2) O prólogo histórico apresenta as relações anteriores entre as duas partes e é principalmente uma exposição dos benefícios conferidos ao vassalo pelo senhor; usa-se a forma de discurso "eu-tu". (3) As estipulações impostas ao vassalo: proibição de outras relações estrangeiras, manutenção da paz e condições existentes entre os vassalos, assistência militar a ser fornecida ao senhor, plena confiança nele, negação de asilo a fugitivos do senhor, comparecimento anual perante ele. (4) Providenciar o depósito do tratado no templo e leitura pública periódica. (5) Lista de deuses que testemunham o tratado. (6) Maldições e bênçãos pela violação ou cumprimento do tratado. Mendenhall acrescentou: (7) Juramento de obediência por parte do vassalo. (8) Cerimônia solene de juramento. (9) Medidas contra o vassalo rebelde.

80 Mendenhall encontrou um paralelo muito próximo da forma de tratado apenas em Js 24 na literatura do AT existente, o qual contém uma fórmula introdutória, um prólogo histórico na forma de discurso "eu-tu", a estipulação da renúncia a outros deuses, uma referência ao próprio povo como testemunha e uma provisão para a escrita e depósito da aliança no santuário – estão ausentes as maldições e as bênçãos. (Para esta aliança em Siquém, veja J. L'Hour, *RB* 69 [1962] 5-36; 161-84, 350-68.). Os elementos da fórmula do tratado, contudo, encontram-se dispersos entre as narrativas da aliança do Pentateuco. A enumeração dos títulos de Iahweh é ilustrada em Ex 34,6. É comum a exposição dos atos salvadores de Iahweh (Ex 19,4; 20,2; Js 24,2-13); de fato, toda a composição do Pentateuco coloca as leis de Israel num marco narrativo que relata a libertação de Israel por Iahweh. As estipulações no texto existente são as próprias leis, e as estipulações originais não são facilmente determinadas. Elas incluíam a proibição de adorar outros deuses e, muito provavelmente, a proibição do culto de imagens. Além disso, muito provavelmente o próprio Decálogo deve ser entendido como a estipulação original (para a relação da aliança com a lei, → 88 *abaixo*). As relações entre os vassalos são paralelas às relações das tribos israelitas entre si; e as exortações à confiança em Iahweh correspondem à obrigação de confiar no senhor. O comparecimento anual diante do senhor está previsto nas três grandes festas anuais que consistiam de uma peregrinação a um santuário de Iahweh (→ 91 *abaixo*). A tradição de que os tabletes de pedra do Decálogo foram preservados na Arca da Aliança corresponde à preservação do tratado no santuário (1Rs 8,9; → Instituições, 76:34). Não se encontra de modo explícito a disposição da leitura regular da aliança, mas ela é pressuposta pela maioria dos estudiosos modernos mesmo sem referência à fórmula do tratado; *p.ex.*, Alt (*AEOT* 162-64) sugeriu que a cerimônia de Dt 27 representa um ato regular, não um acontecimento único. As bênçãos e maldições aparecem em Lv 26 e Dt 27-28.

81 (C) Aliança e história de Israel. A aliança é iniciada por Iahweh mediante um ato que é frequentemente chamado de eleição, especialmente em Dt. Israel é o povo de Iahweh por meio da escolha de Iahweh. Os atos salvíficos de Iahweh – a libertação do povo do Egito e a dádiva da terra de Canaã – estabelecem Israel como um povo e lhe concedem a identidade e a estabilidade que a palavra "povo" significa. A eleição realizada por Iahweh é um ato de amor (Dt 4,37ss.; 7,6ss.) e não se deve à grandeza ou aos méritos de Israel (7,7; 9,4ss.). A eleição de Israel impõe-lhe a responsabilidade de reconhecer somente Iahweh como Deus (4,39) e de guardar seus mandamentos (4,40; 7,9ss.; 10,16ss.). A fórmula do tratado apresenta de modo mais claro o fato de que a eleição de Israel é uma eleição para responsabilidade e obrigação, não meramente para uma posição de privilégio. O AT não concebe a eleição como um ato de favoritismo. (P. D. Hanson, *The People Called* [San Francisco, 1986].)

82 Estudos recentes mostram que a aliança era o princípio da unidade de Israel como um povo. Está claro que o Israel do período dos juízes e da monarquia incluía diversos grupos de várias origens, a maioria dos quais não tinha participado da experiência do êxodo e da colonização (→ Arqueologia bíblica, 74:79-88; → História, 75:55-58). Estes se uniram ao grupo original de Israel por meio da aceitação da aliança de Iahweh com Israel. As tradições dos atos salvíficos de Iahweh se tornaram as tradições de todo o grupo; e as obrigações da aliança, em particular a obrigação de adorar apenas Iahweh, se tornaram normativas. Israel era primeiramente uma unidade religiosa e não uma unidade étnica. O relato da aliança de Js 24 foi interpretado por M. Noth como descrição de uma cerimônia na qual estes diversos grupos se comprometeram em observar a aliança. Ele relacionou o agrupamento resultante em Israel à anfictionia da Grécia clássica: uma liga de cidades ou tribos organizadas a fim de manter e defender um santuário central comum. Muitos estudiosos reagem contra esta terminologia e interpretação (→ História, 75:58), mas com isso subestimam as semelhanças muito genuínas entre as duas situações. Na interpretação de Israel por Noth, as tribos eram vassalas de Iahweh e tinham de manter a paz umas com as outras; elas não podiam formar aliança com outros povos ou com outros deuses. Mas antes da monarquia não havia um governo central; os assuntos tribais e locais estavam nas mãos de autoridades tribais e locais, e a unificação política sob a monarquia resultou de necessidades políticas, não da teologia da aliança. Na verdade, para buscar sustentação, a monarquia teve de criar uma nova teologia.

83 Quando se considera a evidente e fundamental importância da ideia de aliança na história e crença israelitas primitivas, é surpreendente que a palavra raramente ocorra nos escritos dos profetas clássicos do séc. VIII (Amós, Oseias, Isaías e Miqueias). Esta raridade não indica qualquer mudança substancial na ideia das relações de Iahweh e Israel; estes profetas enfatizaram os temas básicos da teologia da aliança – a soberania de Iahweh, seus atos salvíficos, a posição única de Israel como o povo de Iahweh e suas obrigações únicas para com ele. Vários estudiosos sugeriram plausivelmente que os profetas não usaram a palavra porque na mente popular ela se pervertera numa falsa ideia de privilégio e segurança: pensava-se erroneamente que Iahweh tinha uma obrigação com Israel, independentemente do que Israel viesse a fazer. Como um corretivo, Amós (3,2) fez do "conhecimento" (= eleição) de Israel uma razão por que Iahweh puniria Israel.

84 Mendenhall sugeriu uma outra razão pela qual os profetas não podiam usar a ideia. No Reino de Judá, a aliança de Israel tinha sido basicamente suplantada pela aliança de Iahweh com a casa de Davi (→ 155 *abaixo*). Obviamente, os israelitas separatistas do norte não se sentiram culpados pela violação da aliança davídica, mas mesmo em Judá a aliança com Davi tornou-se uma garantia para a dinastia de Davi em vez de para o povo de Israel. Iahweh não tinha assumido tal compromisso nas antigas tradições; e os profetas evitaram a palavra aliança para que a realidade de Israel não fosse condicionada à sobrevivência da dinastia de Davi.

85 A palavra aliança reaparece com Jeremias; e isto ocorreu provavelmente por causa da ênfase na aliança em Dt, o qual deve ser colocado no mesmo período (→ Jeremias, 18:7, vol. I, AT). A aliança em Dt é concebida como uma fonte de obrigação e de bênção condicionada à sua observância. Iahweh não é mais do que fiel à sua aliança se ele pune Israel pela violação. O próprio Jeremias concebe o futuro de Israel em termos de uma nova aliança (31,31-34; → 146 *abaixo*). A novidade desta aliança jaz no relacionamento pessoal que ela estabelece entre Iahweh e o israelita individual; exatamente como Israel era o povo de Iahweh, assim o indivíduo está relacionado a Iahweh (→ 73 *acima*). Quanto ao tema da ação judicial profética, → Jeremias, 18:15, vol. I, AT.

Na tradição P do Pentateuco, a aliança torna-se idêntica à lei. O sinal externo da aliança é a circuncisão. Toda a história dos atos salvíficos de Iahweh é apresentada em P como uma série de alianças que remontam até Noé.

(BALTZER, K., *The Covenant Formulary in the Old Testament* [Philadelphia, 1971]. BUIS, P., *La notion d'Alliance dans l'Ancien Testament* [LD 88; Paris, 1976]. HILLERS, D. R., *Treaty-Curses and the Old Testament Prophets* [BibOr 16; Rome, 1964]. KALLUVEETTIL, P., *Declaration and Covenant* [AnBib 88; Rome, 1982]. MCCARTHY, D. J., *Old Testament Covenant* [Atlanta, 1972]; *Treaty and Covenant* (ed. rev.; AnBib 21A; Rome, 1978]. MCCOMISKEY, T. E., *The Covenants of Promise: A Theology of Old Testament Covenants* [Grand Rapids, 1985]. MENDENHALL, G., *The Tenth Generation* [Baltimore, 1973]. NICHOLSON, E., *God and His People* [Oxford, 1986]. RIEMANN, P., *IDBSup* 192-97. WEINFELD, M., *IDBSup* 188-92.)

86 (IV) Aliança e lei.
(A) Códigos e formulações de leis. O Pentateuco, de Ex até Dt, contém grandes coleções ou coletâneas de leis. Os críticos reconhecem agora que estas leis provêm de diversas origens e datas; poucas delas podem ser atribuídas ao próprio Moisés. É possível distinguir várias coleções avulsas. As coleções são frequentemente chamadas de códigos, mas a palavra é imprecisa. As coleções não são codificadas no sentido usual do termo; nenhuma das coleções, ou todas tomadas juntas, constitui um corpo completo de lei israelita.

O Decálogo, dado em Ex 20,1-17 e Dt 5,6-21, e representando as estipulações básicas da aliança de Iahweh com Israel, não está incluído nestas coleções (→ Êxodo, 3:34), embora ele dê tom e espírito a todas as coleções subsequentes. A mais antiga das coleções, possivelmente antedatando a monarquia, é o Livro da Aliança (Ex 20,22-23,19; → Êxodo, 3:34-44). O Livro da Lei deuteronômico contém um restabelecimento parenético da lei (Dt 12-26; → Deuteronômio, 6:6). O Código de Santidade de Lv 17-26 é geralmente considerado anterior ao exílio (→ Levítico, 4:35). Todas as outras leis são agrupadas sob a designação de Coleção Sacerdotal, que é exílica ou posterior, mas um grande número de leis individuais devem ser anteriores ao exílio (→ Pentateuco, 1:6-7). Nenhuma coleção contém exclusivamente leis civis e criminais; o Código de Santidade é principalmente religioso, e a Coleção Sacerdotal é principalmente cerimonial.

87 ALT (*AEOT* 103-71) distinguiu duas formulações principais da lei israelita: (1) As leis casuísticas (os "decretos" ou julgamentos, as *mišpaṭîm*, as leis "se" [condicionais]), onde a oração condicional anuncia o caso, usualmente uma questão civil, e a apódose diz como lidar com ele. As leis casuísticas são comuns no Livro da Aliança (*p.ex.*, Ex 21,2-6) e em Dt. Estas leis, muito semelhantemente à Lei Comum inglesa, refletem decisões legais prévias que estabeleceram um precedente. Este estilo de lei casuística se encontra na jurisprudência do antigo Oriente Próximo, e sem dúvida muitas leis casuísticas faziam parte da herança israelita vinda das civilizações circunvizinhas.

(2) As leis apodíticas. São de dois tipos: (a) Os estatutos (*ḥuqqîm*) que estabelecem penalidades, frequentemente a pena de morte (Ex 21,12.15-17), *p.ex.*, "Quem ferir a outro e causar a sua morte, será morto". As maldições sobre os malfeitores também se enquadram neste agrupamento. Estas leis também podem se originar de antigas decisões sobre casos, mas sobre casos fundamentais numa sociedade simples. Da forma como se encontram expressas agora, elas equivalem a declarações básicas de moralidade e são tratadas como éditos de autoridade divina. (b) Os imperativos ou mandamentos (*miṣwôt*), que podem ser positivos ou negativos. Estes são geralmente formulados na segunda pessoa do singular ("Tu [não] deverás...") e não apresentam uma penalidade específica (Lv 18,7-17). Diferentemente das leis casuísticas, elas lidam principalmente com questões religiosas e obrigam todos indiferentemente das circunstâncias individuais. O Decálogo consiste de imperativos apodíticos, principalmente proibitivos, e assim é enquadrado sob esta última classificação, embora a Bíblia designe o Decálogo como "palavras" e não como "mandamentos".

Visto que a lei apodítica é moral e religiosa e considera-se que a pessoa que profere o imperativo é a divindade, pensa-se que esta formulação é a que mais apropriadamente é chamada de "lei da aliança". E, de fato, os paralelos no Oriente Próximo dos imperativos apodíticos não estão em códigos de lei, mas precisamente em alianças. Os tratados hititas mencionados acima (→ 79) declaravam as estipulações para o vassalo na forma "Tu não deverás..." É exatamente este paralelismo que dispôs alguns estudiosos a aceitarem o Decálogo como as estipulações originais da aliança entre Deus e Israel. (Veja F.-L. Hossfeld, *Der Dekalog* [OBO 45; Fribourg, 1982].)

88 (B) Leis da aliança. O uso da palavra "lei" para as estipulações originais da aliança é um tanto enganoso. O Decálogo, por exemplo, não é lei no sentido usual, quer no antigo Oriente Próximo quer na sociedade moderna; o Decálogo é uma base da lei. A estipulação original da aliança é primordialmente a vontade moral de Iahweh revelada, que é o guardião da ordem moral e também seu autor e expositor. Na comunidade da aliança, a vontade do Deus da aliança é a suprema autoridade à qual cada autoridade humana está subordinada. A vontade moral de Iahweh nas estipulações da aliança estabelece um modo de vida distintivamente israelita, sancionado por maldição e bênção.

A ampliação e interpretação da vontade moral revelada de Iahweh levaram à incorporação do corpo das leis israelitas na aliança. Considera-se que toda lei contribuía para a definição do modo de vida israelita imposto pela vontade revelada de Iahweh. Este desenvolvimento não pode ser identificado antes de Dt, mas isto não prova que fosse original em Dt. Neste livro do séc. VII a.C., houve um esforço patente para organizar a vida israelita com base na lei da aliança precisamente como tal. A lei de Dt foi uma medida reformista planejada para evitar a ameaça à segurança israelita oferecida pelas habituais e difundidas violações da aliança. O modo de vida israelita, achava-se, necessitava da definição e precisão que apenas um código escrito poderia dar. Os profetas ecoados em Dt falaram do imperativo moral da vontade de Iahweh e de certos abusos flagrantes, mas eles não desenvolveram prescrições legais que removeriam incertezas na interpretação da vontade de Iahweh. O código de Dt, embora não um corpo completo de leis, apresenta as prescrições legais consideradas vitais para a preservação da aliança e de Israel. (H. J. Boeker, *Law and the Administration of Justice in the Old Testament* [Minneapolis, 1980].)

89 Após o exílio, a comunidade judaica de Jerusalém fez de si mesma um povo da lei. Não se pode determinar precisamente o conteúdo da lei que Esdras promulgou (→ Crônicas, 23:95, vol. I, AT; → Canonicidade, 66:24), mas novamente o conteúdo é menos importante que o espírito no qual a lei foi declarada e aceita. O judaísmo pós-exílico aceitou a lei do Pentateuco como uma codificação completa da vontade moral revelada de Iahweh e desenvolveu uma lei oral para interpretar detalhadamente a lei escrita e para protegê-la contra a violação (→ Apócrifos, 67:134). Assim, a comunidade pensou que o relacionamento da aliança estava assegurado. O desenvolvimento não foi completamente saudável, e em partes do NT se delineia nitidamente o problema entre a lei e o evangelho (→ Teologia paulina, 82:89-100).

90 (V) Aliança e culto. Em cada religião, o culto é um encontro da comunidade com a divindade e uma profissão de fé. Este significado não é sempre evidente para aqueles que se engajam no culto; o simbolismo cúltico frequentemente se torna tão arcaico que poucos daqueles que participam entendem seu significado, e o ritual degenera em mera rotina ou algo pior. No luxuriante ritual da Coleção Sacerdotal, o culto israelita exibe alguns aspectos de degeneração; mas não era assim desde o início, e o culto deveria ser julgado com base em seus aspectos menos atrativos. Para o culto, como para a lei, a aliança é o artigo de fé que confere significado básico.

Nosso conhecimento do antigo Oriente Próximo mostra que muitos detalhes do culto israelita não são peculiares a Israel. Os elementos básicos do culto são o mito e o ritual. Por mito se quer dizer a recitação do acontecimento salvífico, e por ritual, sua representação simbólica. A sociedade estabelece e mantém a comunhão com a deidade mediante estes dois elementos do culto. Esta recitação e representação aparecem no culto israelita com uma diferença essencial: o acontecimento salvífico que é recitado não é o acontecimento mitológico na natureza, mas os atos salvíficos de Iahweh na história (→ 31 *acima*), a saber, as ações pelas quais ele libertou Israel do Egito e o estabeleceu como o povo de sua aliança na terra prometida. Na recitação, Iahweh revela-se mais uma vez como o Deus de Israel. Aparentemente as narrativas do Pentateuco tiveram muito de sua origem nestas recitações rituais.

91 As principais festas do calendário israelita – Páscoa, Pães Ázimos, Semanas e Tabernáculos – têm tanto relevância agrícola quanto histórica; elas são festas da colheita, mas também comemoram acontecimentos na história de Israel. As festas israelitas não são as puras festas da natureza que se encontram em outras religiões do antigo Oriente Próximo. Em sua relevância histórica, elas são representações dos atos salvíficos de Iahweh, e mediante sua celebração o poder e a vontade salvadores de Iahweh são experimentados novamente (→ Instituições, 76:122-38).

92 Os estudiosos durante muito tempo consideraram misterioso o fato de que o calendário de festas israelitas do AT não contenha nenhuma festa que seja própria e formalmente uma festa da aliança. No judaísmo do séc. I d.C., a festa das Semanas era celebrada como o aniversário da revelação da lei (→ Instituições, 76:132). Se esta é uma interpretação genuinamente antiga da festa, ainda não temos informação bíblica sobre a maneira como este tema era celebrado. Alusões dispersas na AT levaram vários dos estudiosos recentes a postular algum tipo de festa da aliança que incluía uma recitação dos termos da aliança e uma garantia pública por parte de Israel de sua fidelidade à aliança. Estas reconstruções não são geralmente aceitas, mas o princípio por trás delas parece sólido; e é provavelmente por puro acaso que nenhum relato da festa da aliança tenha sido preservado.

Vários estudiosos associam a festa da aliança à festa do ano novo (→ Instituições, 76:139-46). A festa do ano novo na Mesopotâmia era uma representação da criação realizada novamente a cada ano com o retorno do ciclo da fertilidade. Israel não aceita este culto da fertilidade, o qual não pode ser incorporado no culto de Iahweh. Quando Israel celebra as festas agrícolas, ele reconhece na fertilidade o poder criador e a bênção de Iahweh. O poder e a vontade salvadores de Iahweh, exibidos na história de Israel, são também exibidos na generosidade da terra. Mediante os frutos do solo, Iahweh cumpre a promessa de bênção da aliança; e mediante a ação de graças a ele, Israel atesta sua própria fidelidade à aliança, uma fidelidade que é aprovada pela bênção de Deus. A fertilidade da natureza é incorporada na vontade moral de Iahweh (→ 56 *acima*). Em seus aspectos básicos, então, o culto israelita cumpre a descrição de culto como um encontro da comunidade com a deidade e uma profissão de fé. Mais que qualquer outro elemento da religião israelita, ele comunicava ao povo a íntima consciência da presença e atividade de Iahweh como o Deus de Israel mediante sua aliança.

93 (VI) Retidão. Alguns atributos morais de Iahweh estão intimamente ligados à aliança. Aqui nos encontramos na área do antropomorfismo (→ 21-22 *acima*), mas há uma distinção clara entre as qualidades em Iahweh e as mesmas qualidades nos seres humanos. Quanto à moralidade, como em tudo mais, Iahweh é totalmente diferente.

"Reto" ou "justo" e "retidão" ou "justiça" são as traduções comuns em português das palavras *ṣedeq* e *ṣĕdāqâ*, as quais podem ser traduzidas em qualquer língua moderna apenas com dificuldade. Uma outra tradução como "justo" e "justiça" é inadequada, mas não simplesmente por causa da conotação jurídica ou forense (de fato, muito frequentemente *ṣĕdāqâ* é atributo de Iahweh ou de uma pessoa humana como juiz). Antes, "justo" e "justiça" pressupõem toda uma ordem jurídica que não existe no pensamento israelita. Não há a ideia abstrata de justiça no pensamento israelita.

"Reto" descreve aquele que é declarado judicialmente inocente ou que possui uma reivindicação judicialmente justificada. Este provavelmente seja o significado primário a partir do qual derivam outros usos da palavra: um peso reto (Lv 19,36, um peso preciso); sacrifícios retos (Dt 33,19, sacrifícios segundo as corretas prescrições rituais); caminhos retos (Sl 23,3, caminhos que conduzem na direção reta). Uma pessoa é reta não apenas por meio de um veredicto judicial, mas também porque a pessoa possui uma reivindicação justa ou é inocente. Um juiz reto é um juiz que concede o veredicto ao litigante reto. No uso antigo, a palavra é empregada num sentido extremamente simples e não sofisticado; a reivindicação reta é simplesmente minha reivindicação, e o juiz reto é o juiz que publica um veredicto a meu favor. Este pano de fundo forense da palavra não implica que a retidão seja meramente uma denominação exterior; a realidade da inocência pessoal ou uma reivindicação pessoal está presente, mas ela não pode ser uma realidade eficaz até que seja juridicamente reconhecida. (Veja L. Epsztein, *La justice sociale dans le Proche-Orient Ancien et le Peuple de la Bible* [Paris, 1983].)

94 A ideia de retidão não pode ser transferida para Iahweh sem dificuldade. Parece que o uso mais antigo do termo ocorre no Cântico de Débora (Jz 5,11), onde os "atos retos" de Iahweh são suas ações salvadoras em prol de Israel. O juiz e senhor que defende Israel de seus inimigos, Iahweh é chamado de reto porque ele está ao lado de Israel. Obviamente, esta concepção está longe de qualquer ideia abstrata de justiça. Retidão é basicamente um atributo salvador, aparentemente com frequência sinônimo de salvação. O desenvolvimento para uma concepção mais objetiva vem com a compreensão de que a retidão que defende o reto contra o perverso pode tomar a direção inversa se o próprio Israel não for reto.

Retidão, concebida como um atributo puramente pactual está, portanto, sujeita a certas limitações. O AT se aproxima mais de uma ideia abstrata e universal de justiça quando Israel percebe que a retidão de Iahweh está enraizada na própria realidade divina. Iahweh não pode agir iniquamente; se ele pudesse, não haveria retidão genuína. A medida da retidão, portanto, não está simplesmente na aliança e suas estipulações, mas nas ações de Iahweh. Não há retidão que não seja criada e mantida por ele. Sua retidão não é medida pelos padrões humanos, mas os padrões humanos são medidos por ele.

95 (VII) Amor pactual. A palavra hebraica *ḥesed* traz problemas ainda mais sérios para os tradutores da Bíblia do que a palavra *ṣedeq*, "reto". A tradução tradicional como "misericórdia" remonta às Bíblias grega e latina. "Bondade amorosa" é um esforço melhor, mas ainda inadequado. A expressão um tanto desajeitada "amor pactual", sugerida por N. Glueck e adotada aqui, coloca na tradução em si os temas dominantes implícitos no uso da palavra. A tradução é imperfeita ao deixar de indicar que *ḥesed* não é apenas o amor exibido em virtude da aliança, mas também o ato da vontade que dá início a aliança. Em seu uso comum, *ḥesed* inclui amor familiar bem como amor pactual.

Ḥesed é uma parte normal das boas relações humanas, mas tem seu lugar próprio entre os membros de um grupo, mesmo que a associação seja tão temporária quanto a relação de hospedeiro e hóspede. Ḥesed é uma bondade que está acima e além dos deveres mínimos impostos pela associação, mas a manutenção das boas relações humanas exige que as pessoas vão além dos deveres mínimos.

96 O significado de amor pactual é entendido de modo mais claro por meio das palavras com as quais ele mais frequentemente está associado. Ele se une com frequência a "fidelidade" (*'ĕmet* ou *'ĕmûnâ*), o atributo pelo qual Iahweh cumpre sua aliança e suas promessas (Ex 34,6; cf. Jo 1,14). De fato, as duas palavras estão intimamente unidas no par de substantivos "amor pactual constante" (*ḥesed we'ĕmet*). Amor está ligado também a julgamento (→ 136 *abaixo*); amor pactual no juiz é sua prontidão em salvar. Amor pactual, fidelidade, julgamento e retidão são os atributos do governante ideal (Is 16,5); juntos eles designam a vontade de salvar. Amor pactual também está frequentemente associado com "salvação".

97 Amor pactual é um complexo emocional. Iahweh o exibe a Israel, sua noiva (Jr 2,2), e o mostrará novamente quando restaurar Israel após sua queda (Jr 31,2; Os 2,21). O antropopatismo implícito na palavra é exibido mais claramente por Oseias e Jeremias, que empregam a analogia do casamento de Iahweh e Israel com sensibilidade extraordinariamente profunda. Ḥesed está associado com mais frequência à aliança. Ele é fruto da própria aliança (Ex 20,6; 34,6), e de fato a formação da aliança é um ato de amor pactual (Is 55,3). Quebrar a aliança é razão suficiente para Iahweh retirar seu amor pactual, mas isto estaria em desacordo com seu caráter. Seu amor pactual é mais duradouro que a boa vontade humana, e é um atributo que perdoa bem como um atributo benevolente ao qual Israel pode apelar quando pecar contra a aliança (Ex 34,6; Nm 14,19; Jr 3,12).

98 O amor pactual é mais amplo que a própria aliança. Ele é o ato da vontade de Iahweh que começa e continua a história de Israel (Is 54,10; 63,7; Jr 31,3; Mq 7,20). Na verdade, toda a história do encontro de Israel com Iahweh – e esta é a história de Israel – pode ser resumida como um único ato de amor pactual. No AT, este atributo é o motivo dominante dos atos de Iahweh; ele oferece unicidade de propósito e inteligibilidade última a seus procedimentos, que incluem ira e julgamento. Mais que qualquer outro atributo, este amor é o atributo que dá identidade pessoal a Iahweh; é a chave para entender seu caráter. (K. Sakenfeld, *The Meaning of ḥesed in the Hebrew Bible* [HSM 17; Missoula, 1978]; *Faithfulness in Action* [Philadelphia, 1985]. Também L. Morris, *Testaments of Love* [Grand Rapids, 1981].)

ASPECTOS DAS RELAÇÕES ENTRE DEUS E ISRAEL

99 (I) Ira. De todos os antropopatismos aplicados a Deus, a ira talvez seja a mais difícil de compreender com simpatia. Mas a ira é uma emoção tão humana quanto o amor, e cada uma é um modo humano de conceber e falar da divindade. Cada emoção indica uma realidade que não deve ser omitida em qualquer tentativa de se descrever as relações de Deus com os seres humanos, juntamente com a natureza divina da qual essas relações surgem. Os escritores do AT não sentiram nossa dificuldade em conceber a ira em Deus; a ira de Iahweh é mencionada mais vezes do que a ira humana.

100 Até certo ponto a ideia de ira divina era parte da herança cultural de Israel a partir do antigo Oriente Próximo. Onde a natureza era mitologicamente entendida como a área de personagens diversos e conflitantes (→ 27, 51 *acima*), a catástrofe natural era facilmente entendida como o efeito da ira divina. Os povos da antiga Mesopotâmia eram incapazes de conceber a ira divina sem um elemento de capricho: a motivação escapava ao entendimento humano, e na verdade a ira divina era frequentemente considerada irracional e sem motivo.

Esta ideia de ira divina é rejeitada pela crença israelita; a ira de Iahweh sempre está associada à sua retidão, seus julgamentos, sua santidade, sua aliança. Há uma conexão direta entre a ira de Iahweh e o pecado; se a conexão não é percebida, ela deve ser presumida como existindo. Os israelitas estão prontos a admitir que a ira divina, como a sabedoria divina, é mais profunda que a ira humana e é trazida à tona onde a ira humana não seria. Se isto acontece, o reto julgamento de Iahweh deve ser aceito. Há um outro elemento, indicado por W. Eichrodt, que exerce um papel em moderar o medo israelita da ira de Iahweh – a compreensão de que a ira não é a atitude habitual de Iahweh. Habitualmente Iahweh está inclinado a mostrar amor pactual, e sua ira é um evento excepcional. A ira de Iahweh dura apenas um momento; seu amor pactual dura para sempre (Sl 30,6).

101 A ira ocupa no AT o lugar que a justiça ocupa no pensamento moderno sobre a deidade. A diferença entre as duas abordagens é a diferença entre o pessoal e o impessoal. Embora seja mais fácil para nós pensarmos em Deus como o autor e defensor de uma ordem jurídica, no pensamento israelita Iahweh é pessoalmente ofendido pelas violações da aliança, e ele reage não apenas com autoridade e poder, mas também com repugnância pessoal contra o ofensor. Isto faz parte do padrão da concepção israelita do Deus vivo (→ 22 *acima*) e da malignidade do pecado. Se Iahweh não se irasse por causa do pecado, ele não o levaria a sério.

O objeto da ira de Iahweh mencionado com mais frequência é o povo de Israel, motivado por sua incredulidade, desconfiança, rebelião e adoração de falsos deuses. A ira de Iahweh é exercida por causa da desumanidade, orgulho humano e recusa em obedecer a suas leis. Outras nações também são os objetos de sua ira por causa de seu orgulho e arrogância, particularmente quando elas atacam Israel; estes ataques são uma negação implícita do poder de Iahweh de proteger seu povo. Certos crimes hediondos também suscitam sua ira, como os crimes que precederam o dilúvio e a destruição de Sodoma e Gomorra.

102 Em contraste com os exemplos eticamente motivados da ira de Iahweh encontram-se outros exemplos que se aproximam do irracional. Para o israelita, estas irrupções são suscitadas pelas ofensas contra a santidade de Iahweh, a própria essência de sua divindade, que é insondável. Estes são os ataques de Iahweh contra Jacó (Gn 32,23ss.) e Moisés (Ex 4,24ss.), a ira exercida por causa de uma demasiada aproximação a Iahweh ou por causa da visão de sua face (Ex 19,9-25; 33,20; Jz 13,22; Is 6,5) ou pelo contato com objetos sagrados (1Sm 6,19; 2Sm 6,7). A ira de Iahweh está velada no mistério de sua santidade e não pode ser submetida à avaliação humana; ela nunca é injusta, mas às vezes é ininteligível.

A ira de Iahweh é frequentemente um fogo ardente consumidor (Jr 17,4; Is 30,27; 65,5) ou uma tempestade furiosa (Jr 30,23; Is 30,30). Ela é um líquido que pode ser derramado (Os 5,10; Jr 6,11; Ez 7,8; Sl 69,25), uma bebida amarga e venenosa que faz os homens cambalearem (Jr 25,15; Is 51,17.22). A ira de Iahweh aniquila a menos que seja restringida (Dt 7,4; Nm 16,21; Is 30,28; Jr 4,23-26). Ela é restringida por seu amor pactual, que pode ser alcançado mediante a intercessão (Ex 32,11ss.; Nm 11,1ss.; 14,11-20). Mas a ira de Iahweh pode atingir um ponto onde a intercessão não é mais eficaz (Jr 14,11-12; Ez 14,14). Contudo, esta ira nunca excede os devidos limites e nunca atinge a plenitude que os objetos da ira merecem. (Sobre ira, veja *TDOT* 1. 348-60.)

103 (II) Revelação. A convicção de que Iahweh é um Deus de revelação é fundamental à crença do AT. Iahweh como um ser pessoal não pode ser conhecido exceto por meio de revelação; pessoas podem revelar a si mesmas a outras apenas mediante a fala. Os atos de Iahweh são formas de revelação, da mesma forma que os atos de qualquer pessoa manifestam a realidade da pessoa, mas o significado dos atos de Iahweh só pode ser entendido mediante a interpretação do próprio Iahweh. A vontade de Iahweh não pode ser determinada pelas artes da adivinhação praticadas universalmente no antigo Oriente Próximo. (Na verdade, nas religiões dos vizinhos de Israel não se esperava que a adivinhação revelasse o caráter dos deuses cuja vontade estava sendo investigada. Um conhecimento do caráter desses deuses não era considerado necessário, pois sua vontade não exibia qualquer padrão moral.)

104 (A) Natureza da revelação. A revelação de Iahweh de si mesmo ocorre na história e é um acontecimento que o AT localiza no tempo e no espaço. Isto não significa que a revelação seja um incidente avulso. A revelação de Iahweh, na medida em que é a revelação de uma pessoa, é um processo em desenvolvimento, pois nenhuma pessoa pode ser conhecida por meio de um único encontro. Os discernimentos sobre o caráter de Iahweh crescem em profundidade mediante os períodos sucessivos da história israelita. Não se deveria esperar encontrar o mesmo entendimento sobre Iahweh no período dos juízes ou no início da monarquia que se encontra no período dos profetas do séc. VIII. Nem o processo é inteiramente não linear. Os estudantes do AT devem observar que o entendimento de Iahweh encontrado na literatura pós-exílica frequentemente deixa de atingir a clareza de visão que é encontrada em fontes mais recentes como Os, Is e Dt-Is. Qualquer passagem ou escrito particular do AT deve ser estudado em seu contexto histórico, determinado tão precisamente quanto possível, pois a revelação encontrada em cada escrito é uma resposta a uma determinada situação histórica (→ Hermenêutica, 71:15). O AT não lida com generalidades.

105 O AT possui sua própria terminologia de revelação, a qual pode ser enganosa se não for distinguida da terminologia mais recente. No AT, a resposta à revelação não é "fé", mas "conhecimento". Estes dois termos não significam o mesmo que na teologia moderna. O conhecimento de Iahweh que é comunicado por seu discurso não é especulativo, mas experimental. As palavras e as ações de Iahweh fornecem a Israel uma experiência pessoal dele que é igual à experiência de outras pessoas. Este não é puramente um conhecimento intelectual, mas o complexo da experiência, sentimento e desejo que um encontro pessoal traz à tona. Em alguns contextos, conhecer a Iahweh é fazer sua vontade revelada (Jr 22,16). Em outros contextos, conhecê-lo é reconhecê-lo no caráter no qual ele se revelou, como na frase frequente "Eles saberão que eu sou Iahweh". A concepção de revelação do AT inclui a palavra falada por Iahweh e o conhecimento que resulta da palavra. Aquilo que Iahweh revela é ele mesmo, não proposições. O AT relata o encontro de Iahweh e Israel: a manifestação de Iahweh e a resposta de Israel.

106 A realidade pessoal de Iahweh não é considerada passível de compreensão humana. Iahweh é misterioso, maravilhoso em conselho e excelente em sabedoria (Is 28,29). Seus pensamentos não são os nossos pensamentos, e seus caminhos não são os nossos caminhos (Is 55,8-9). Tornar Iahweh compreensível seria reduzi-lo ao nível das criaturas; desafiá-lo é falar o que não entendemos (Jó 42,3). Diante desse mistério, a única posição adequada é a submissão, pois a manifestação de Iahweh torna a autoafirmação humana ridícula.

107 (B) Canais de revelação. Iahweh revela-se por meio de representantes inspirados, chamados de *profetas*. O primeiro na linhagem dos porta-vozes de Israel, Moisés, não é chamado de profeta nas fontes mais antigas (mas cf. Dt 18,18; Nm 12,6-8); ele está fora da linhagem devido à sua associação singularmente íntima com Iahweh. O profeta tem o carisma da palavra de Iahweh (→ 45 *acima*); a experiência mística profética é normalmente descrita pela analogia do falar e ouvir. A profecia aparece ao longo de toda a história de Israel, desde o início da monarquia até o período pós-exílico, quando perde seu vigor e, finalmente, desaparece (embora alguns aspectos vitais da profecia sobrevivam na apocalíptica; → Apocalíptica do AT, 19:18, vol. I, AT). O profeta é a consciência de Israel durante todo esse período, seu admoestador quanto à moralidade pública e privada, quanto à sua administração interna e política externa. Não há esfera da vida em que a palavra de Iahweh seja irrelevante (→ Literatura profética, 11:25, vol. I, AT).

108 A *sabedoria* não é, como a profecia, apresentada como uma experiência de ouvir a palavra de Iahweh. Todavia, pelo menos no período pós-exílico, a verdadeira sabedoria é um dom de Iahweh e não pode ser alcançada meramente pela investigação humana, pois somente Iahweh possui verdadeira sabedoria (→ Literatura sapiencial, 27:15-16, vol. I, AT). Sabedoria é a habilidade pela qual a pessoa administra a vida e os afazeres; sem a comunicação da sabedoria de Iahweh, ninguém pode esperar alcançar êxito e prosperidade, mesmo nos afazeres particulares. A sabedoria move-se num nível mais baixo que a profecia, mas ela aplica a vontade revelada de Iahweh aos assuntos da vida diária e mostra a importância permanente da decisão pessoal inclusive nos afazeres de importância puramente pessoal.

109 Como o criador de Israel, Iahweh revela-se nas instituições de Israel. O valor de sua vontade revelada impõe a *lei* de Israel (→ 88 *acima*). A tradição israelita também é uma expressão de sua voz; e, por isso, os sacerdotes têm o ofício de interpretar sua vontade na *tôrâ*, instrução. A instrução dada pelos sacerdotes trata principalmente das questões cultuais, mas até certo ponto (não determinado) eles também são os porta-vozes de Iahweh na interpretação da moralidade israelita (→ Instituições, 76:10).

110 Iahweh revela-se na *natureza* (→ 55-60 *acima*), mas para o israelita esta é uma revelação inarticulada. As nações deixam de reconhecer a realidade divina de Iahweh na natureza e adoram falsos deuses. Israel conhece Iahweh porque ele falou a Israel, e, portanto, Israel pode reconhecê-lo em suas obras criadoras. A atividade de Iahweh na natureza não é diferente de sua atividade na história; seu poder é sempre dirigido para a salvação e julgamento (→ 136ss., 140ss. *abaixo*). Uma vez conhecida, sua atividade é evidente em cada detalhe da natureza; para o israelita, o fenômeno normal é tanto um sinal da intervenção pessoal de Iahweh quanto o anormal.

111 (III) Senhor da história. Finalmente, Iahweh revela-se principalmente na *história*. Não se encontra no antigo Oriente Próximo a ideia de história como uma série unificada de acontecimentos. Os registros preservados das civilizações desta área são anais e crônicas nos quais os acontecimentos são listados segundo o ano e resumidos por períodos de reinado. Não temos exemplos de qualquer tentativa de se estabelecer um padrão nos acontecimentos a fim de mostrar um desenvolvimento na vida e na cultura de um povo. Para estes povos, seus próprios primórdios e os primórdios das instituições são objeto de mitologia, não de história (→ 23 *acima*). O acontecimento do mito é o acontecimento constante que ocorre novamente num ritmo cíclico; é o retorno anual das estações, as revoluções celestiais, o ciclo de dia e noite, o conflito perpétuo entre a ordem e o caos. Em oposição ao acontecimento mítico está o acontecimento histórico contingente, singular e irreversível. A vida é vivida em oposição ao ciclo do mito e, enfim, retorna a seus primórdios, de onde o processo é retomado mais uma vez. Neste pensamento, a história era meramente um epifenômeno na natureza. Os povos do antigo Oriente Próximo não procuravam uma saída do ciclo do mito e não esperavam nenhuma saída.

Até mesmo os gregos, que foram responsáveis pelos primórdios do pensamento histórico moderno, não foram além do ideal cíclico de história. Correndo o risco de introjetar algo na mente dos pensadores gregos, pode-se ver na concepção cíclica da história um esforço de sintetizar o mundo imutável da realidade inteligível e o fluxo dos acontecimentos contingentes. Os acontecimentos somente podiam se tornar inteligíveis no pensamento grego sendo restringidos em ciclos recorrentes que a mente pode compreender. No ciclo, os acontecimentos seguem um padrão fixo e previsível de origem, progresso, declínio e queda. O padrão de história visível no relato de Heródoto a respeito das guerras persas e na história de Tucídides acerca da guerra do Peloponeso mostra o mesmo senso de inevitabilidade que é o tema da tragédia grega.

112 (A) O Antigo Testamento como história. No contexto do mundo antigo, o AT é uma coleção única de documentos históricos. Uma estrutura histórica domina toda a coleção; H. W. Robinson disse que o AT é uma história na qual outros tipos de literatura foram incorporados (*Inspiration and Revelation in the Old Testament* [Oxford, 1946] 123). O Pentateuco apresenta a história da origem de Israel e, no complexo da história, as leis e as instituições que são atribuídas a este período. Com os livros históricos, de Js a Cr, pertence a coleção profética: os livros proféticos separados somente podem ser entendidos se for reconhecido que eles são respostas aos acontecimentos da história, muitos dos quais são mencionados. Aqueles trechos do AT que parecem mais atemporais são os livros sapienciais poéticos; estes também se encontram incluídos na coleção dominada pela história, se não incorporados no sentido estrito do termo. Muitos dos títulos dos Salmos oferecem um curioso exemplo de pensamento histórico por parte dos compiladores do AT: são tentativas, frequentemente conjecturais, de encontrar uma ocasião na vida de Davi quando o salmo foi escrito (→ Salmos, 34:4-5, vol. I, AT).

113 A coleção do AT dos remanescentes literários de Israel é, a rigor, uma história de Israel, embora não no sentido moderno do termo. O AT é uma declaração teológica e uma interpretação da história. Para Israel, sua história é seu encontro com Iahweh. A própria ideia de que a história é um processo com começo, meio e fim é original de Israel. É a vontade e o propósito de Iahweh que unifica o processo. A carreira histórica de Israel é dirigida pela vontade de Iahweh em cumprir seus desígnios. Estes desígnios não são revelados em sua plena clareza em qualquer estágio do processo; *p.ex.*, o discernimento dos desígnios de Iahweh na história que aparece na tradição J do Pentateuco (provavelmente do reinado de Davi; → Pentateuco, 1:6-7, vol. I, AT) é mais elementar que o discernimento manifesto em Deuteroisaías. A serena confiança característica de J repousa na segurança de que a história não é a colisão acidental de forças cegas sem significado ou propósito, nem um epifenômeno dos eternamente recorrentes ciclos da natureza; ela é a execução de um plano inteligente. Mas em J, como em todo o AT, a aceitação de história como a execução dos desígnios de Iahweh exige um ato de fé. A vontade salvadora e julgadora de Iahweh confere inteligibilidade e moralidade à história. Ela confere inteligibilidade, pois ela define tanto a origem quanto o fim da experiência humana na história e o processo pelo qual os dois se juntam. Ela confere moralidade, pois mostra que a história é governada por uma vontade moral supremamente poderosa e completamente incorruptível. O cumprimento do processo não é condicionado nem pelo sucesso humano nem pelo fracasso humano. A realização humana não é o agente que produz a consumação da história e do destino, e o pecado humano não obstrui a realização do propósito da história.

114 Na tradição J, a atividade de Iahweh começa com a criação do homem e da mulher; na tradição E, com o chamado a Abraão; e na tradição P, com a criação do mundo. O ponto de origem difere; o que as tradições têm em comum é a convicção de que o ato de Iahweh inicia o processo histórico. Consequentemente, cada mudança na história de Israel é o resultado de uma intervenção decisiva de Iahweh. Ele se manifesta aos descendentes de Abraão, envia José para o Egito para preparar um lugar para seu povo; e quando eles são oprimidos pelos egípcios, ele intervém de um modo brilhantemente novo ao revelar-se a Moisés, libertando seu povo do Egito e formando uma aliança com eles. Com sua orientação e assistência, eles tomam posse da terra de Canaã. Ali eles são atacados por vários inimigos, dos quais Iahweh os livra por meio da liderança carismática de juízes. Quando a crise filisteia se mostra severa demais para um grupo politicamente desorganizado, a monarquia é instituída para enfrentar esta ameaça. Embora as tradições da instituição da monarquia sejam variadas tanto em relação aos detalhes quanto em relação à concepção do reinado (→ 1-2 Samuel, 9:11-16, vol. I, AT), elas concordam que a monarquia vem de Iahweh.

A monarquia é o período da profecia, e os porta-vozes de Iahweh revelam e interpretam os atos de Iahweh na história: o cisma do reino, a queda da dinastia de Omri e, acima de tudo, o colapso dos reinos de Israel e de Judá sob os ataques dos grandes poderes. Toda a série de acontecimentos é entrelaçada numa unidade pelos historiadores deuteronômicos a fim de mostrar o julgamento de Iahweh sobre a infidelidade de Israel (→ 1-2 Reis, 10:3, vol. I, AT). Após o exílio, o restabelecimento de uma comunidade judaica sob a lei é um outro grande ato salvífico de Iahweh. A história de Israel como um todo atesta as ações totalmente consistentes e retas de Iahweh, reveladas em sua santidade.

115 A consciência israelita de história é atestada nos "credos" ou profissões de fé como Dt 6,20-25; 26,5-10; Js 24,2-13. Recitações semelhantes se encontram nos Sl 77; 78; 105; 106. Estes credos são litúrgicos. O culto foi formado ao redor da memória histórica das ações de Iahweh (→ 90 *acima*). Quando Israel desejava professar sua crença em Iahweh, seu "conhecimento" dele, ele recitava suas ações na história. Israel desenvolveu, a partir dessas ações, uma consciência de si mesmo como uma realidade histórica com uma origem e um destino. A consciência de Israel acerca de seu lugar na história era tão profunda que, entre os povos contemporâneos no mundo antigo, somente ele exibia uma percepção de sua história como uma trajetória com uma finalidade determinada.

116 (B) Determinismo e universalidade. Duas questões adicionais surgem da consideração da concepção israelita da história. A primeira é a questão do *determinismo*: Se Iahweh é o Senhor da história, como Israel acreditava que fosse, as pessoas eram realmente agentes livres e responsáveis na história? Observou-se acima (→ 111 *acima*) que o pensamento grego, dominado pela lógica de Parmênides, via realidade e inteligibilidade apenas num ser imutável. Por isso, ele reduziu os acontecimentos contingentes da história a ciclos de necessidade, obtendo assim inteligibilidade mediante a negação eficaz da contingência e da liberdade humana. O pensamento israelita escapa da necessidade interior da lógica só para cair numa necessidade imposta por uma vontade supremamente poderosa que controla de modo absoluto os acontecimentos?

O AT nunca propõe isto especulativamente, e não parece ter sido um problema para os israelitas. O AT afirma tanto a soberania de Iahweh quanto a liberdade e responsabilidade dos seres humanos. Se as pessoas não fossem agentes responsáveis, elas não poderiam ser objetos de julgamento. Quando os profetas acusam Israel de pecado, eles não deixam de prevenir que Israel podia escapar do julgamento iminente mediante a conversão – até se alcançar um ponto de maldade acumulada em que a conversão podia assegurar apenas a sobrevivência, mas não a reversão do curso da história e do julgamento. Os profetas não mostram consciência de qualquer conflito entre a soberania de Iahweh e a liberdade humana; o conceito teológico de história exige que nenhuma destas crenças seja mantida às custas da outra.

117 A segunda questão diz respeito ao *escopo universal da história*: Qual é o lugar das outras nações no processo histórico dominado pela vontade de Iahweh? Aqui, tanto quanto em outra parte, pode-se traçar o desenvolvimento nos discernimentos de Israel. Para o Israel antigo, os outros povos são ou inimigos ou irrelevantes. Se eles são inimigos de Israel, eles são hostis ao propósito de Iahweh na história, e ele os remove. Com o surgimento da profecia e uma consciência mais profunda da vontade moral de Iahweh totalmente exigente, as nações estrangeiras ocupam seu lugar no processo histórico como as armas do julgamento de Iahweh sobre Israel. Fora disso elas são irrelevantes; diferentemente de Israel, elas não têm destino na história. Por isso, grande parte da literatura pré-exílica é paroquial em seu tratamento dos outros povos. Durante o exílio e posteriormente, Israel percebe que o senhorio universal de Iahweh não pode ser vindicado a menos que ele seja reconhecido como Iahweh por todos os povos. Se todos os povos devem conhecê-lo, então eles participarão da dádiva religiosa originalmente conferida a Israel; e finalmente as diferenças entre Israel e os outros povos devem ser e serão removidas. Iahweh não fizera do mundo um caos; ele o fez para ser habitado, e cada um deve confessar finalmente que somente Iahweh é Deus (Is 45,18-24). A glória que pertence a Iahweh não é manifestada a menos que ele seja universalmente reconhecido na plenitude em que ele se fez conhecido a Israel. A função de Israel na história, então, torna-se a função de mediar o conhecimento de Iahweh para as nações. (Veja W. Vogels, *God's Universal Covenant* [Ottawa, 1979].)

118 (IV) Moralidade. Não se questiona mais com seriedade que a moralidade do AT se eleva notavelmente acima da moralidade dos outros documentos religiosos do antigo Oriente Próximo. Mas não é fácil indicar precisamente onde estão as diferenças, e é ainda menos fácil traçar o desenvolvimento da moralidade do AT. Os críticos antigos comumente faziam do monoteísmo o fator decisivo na formação da moralidade do AT, e eles atribuíam tanto o monoteísmo quanto uma consciência moral mais profunda aos profetas do séc. VIII. A pesquisa mais recente considera esta explicação simples demais (Literatura profética, 11:2-21, vol. I, AT). Tanto o monoteísmo quanto uma consciência muito aguda devem ser datados antes do séc. VIII, e certas limitações no discernimento moral do AT aparecem depois desta data.

A associação de religião e moralidade aparece no antigo Oriente Próximo fora de Israel. Em outras religiões antigas, os deuses são os guardiões da moralidade; a linguagem na qual esta crença é expressa pode frequentemente parecer convencional, mas não há razão para se pensar que uma crença genuína não esteja por trás das convenções. A diferença entre estas crenças antigas e as israelitas pode ser resumida sob dois títulos: (1) para as outras religiões, os deuses não são as fontes de princípios morais nem da obrigação moral; e (2) os próprios deuses não exibem caráter moral. A moralidade, portanto, torna-se no final das contas convencional, e a obrigação moral torna-se meramente a pressão social da comunidade que rejeita o comportamento que é socialmente intolerável. Apesar da associação explícita da religião com a moralidade na literatura, a moralidade dos outros povos do antigo Oriente Próximo não se eleva acima do humanismo.

119 Em Israel, a associação entre a religião e a moralidade repousa no caráter histórico e revelacional de Iahweh. Para os vizinhos politeístas de Israel, apenas os deuses possuíam verdadeira liberdade, que consiste em isenção de toda restrição moral. Por um lado, Israel não acredita que Iahweh esteja restrito ou obrigado por uma lei moral superior, pois toda a lei moral é imposta por sua vontade. Por outro lado, seria incompreensível para um israelita que Iahweh fosse indulgente quanto ao vício: ele exibe no grau supremo a moralidade que sua vontade impõe às suas criaturas. A vontade moral de Iahweh é revelada na aliança, e as estipulações da aliança obrigam Israel a um modo de vida peculiarmente israelita, governado por esta vontade (→ 88 *acima*). Deixar de satisfazer estas obrigações é incredulidade e infidelidade. Mediante a observância desses deveres, os israelitas atingem a "santidade" que é apropriada ao povo de Iahweh. Santidade no AT é mais que um atributo moral; é a essência da própria divindade, com a qual Israel pode se comunicar mediante a satisfação dos padrões de conduta impostos por Iahweh.

120 Esta convicção não implica que todos ou a maioria dos princípios morais de Israel sejam direta e formalmente revelados por Iahweh. Israel tem sua moralidade popular que é a fonte imediata de sua moralidade pública e privada. A moralidade popular cria o estilo de vida israelita; conduta oposta a este modo é "loucura em Israel" ou "isto não se faz em Israel" (Gn 34,7; Js 7,15; Jz 19,23; 20,6.10; 2Sm 13,12; Jr 29,23). Deve-se observar aqui que a moralidade popular em Israel não surge meramente de uma comunidade étnica, mas de uma comunidade de fé; é a moralidade popular do povo da aliança de Iahweh. Por isso, o desenvolvimento da moralidade israelita é sempre afetado substancialmente pela convicção de Israel acerca do caráter moral de Iahweh.

(GILBERT, M., *et al.*, *Morale et Ancien Testament* [LSV 1; Louvain, 1976]. SALM, C. L., *Readings in Biblical Morality* [Englewood Cliffs, 1966]. SMEND, R., *TRE* 10. 423-35. WRIGHT, C. J. H., *Living as the People of God* [Leicester, 1983].)

121 Esta influência pode ser sugerida em duas áreas: a moralidade do sexo e a humanidade da lei israelita. A *moralidade do sexo* é muito mais rigorosa em Israel do que entre seus vizinhos. Não é meramente fantástico ver nisto um reflexo do caráter do próprio Iahweh em contraste ao dos deuses e deusas dos cultos de fertilidade. A licenciosidade sexual profana a santidade de um Deus que está acima de todo processo sexual. A *humanidade da lei israelita* é exibida num respeito singular pela honra e pela dignidade da pessoa humana. Este respeito aparece no tratamento dos escravos, na raridade da pena capital quando comparada às outras leis antigas, na ausência da tortura e da mutilação como penalidades e na insistência em igualdade de direitos legais para todos os membros da comunidade. A humanidade também é estendida aos estrangeiros residentes em Israel. O respeito pela dignidade da pessoa humana, ao que parece, deveria ser ligado à crença israelita acerca da natureza e das relações humanas com Iahweh (→ 63 *acima*). É verdade que nem a moralidade sexual nem a humanidade nas leis israelitas são sem limitações (→ 123 *abaixo*), mas mesmo neste caso há perceptível superioridade sobre os outros sistemas morais, os quais, portanto, não podem ser as fontes da moralidade israelita.

122 Também é peculiarmente israelita que a ênfase esteja no *coração* como o princípio da moralidade. O coração na língua hebraica não é a sede das emoções, como ocorre no linguajar moderno; o "coração" é mais aproximadamente sinônimo de nossa palavra "mente". Mas qualquer que seja a tradução, a insistência no coração significa que a moralidade deve ser interior, deve estar enraizada na convicção e no desejo. A moralidade genuína não é conduta exterior nem conformidade a costumes sociais. O contraste está explícito em Is 29,13. Provavelmente é demasia dizer que o AT alcança a ideia de que a moralidade é em si mesma algo interior, pois permanece a ideia de que são ações e palavras, e não pensamentos e desejos, que determinam o caráter moral. Mas se reconhece que palavras e ações não são honestas a menos que venham do coração.

123 A moralidade do AT mostra tanto crescimento quanto limitações. No princípio do *crescimento*, os livros históricos, de Gn até Rs, mostram heróis e heroínas israelitas frequentemente agindo num nível moral baixo. Não se deveria entender rápido demais a ausência de juízos morais nas narrativas como exemplos de aprovação tácita, pois os autores israelitas eram capazes de expressar juízos morais de um modo sutil, como se pode ver nas histórias de Jacó e na história da família de Davi. Contudo, estes personagens bíblicos antigos são frequentemente tocados apenas levemente pelo que temos apontado como os aspectos distintivos da moralidade israelita. A elevada paixão moral de Amós e Isaías não aparece no Israel antigo, mas a convicção de que a vontade de Iahweh é o motivo urgente da obrigação moral aparece efetivamente. Na concepção pós-exílica da lei como um compêndio de moralidade, existe um certo relaxamento em relação ao nível dos escritos dos profetas; o código de moralidade é mais refinado, mas a moralidade em si foi sistematizada a tal ponto que a observância externa pode se tornar mais importante que a moralidade do coração – uma denúncia feita nos Evangelhos (Mt 23,28).

As *limitações* da moralidade israelita foram apontadas com frequência; elas incluem a aceitação da escravidão, da poligamia e do divórcio, o duplo padrão de moralidade sexual (mais rigoroso para as mulheres), uma aversão notavelmente intensa aos estrangeiros, desumanidade na guerra e uma certa negligência em relação à mendicância e ao roubo. Nestes exemplos, a moralidade israelita deixa de se elevar completamente acima da moralidade de seu mundo, ainda que inclusive nestas áreas ela seja um pouco superior. Não se deveria exigir um discernimento moral mais refinado, como se a moralidade pudesse ser produzida instantaneamente; a moralidade israelita não era a criação de alguns intelectuais, mas o código de comportamento de todo um povo, uma moralidade popular em seu desenvolvimento bem como em sua origem. O aspecto notável da moralidade israelita é que ela continha os princípios pelos quais suas limitações podiam ser superadas. (Veja P. C. Craigie, *The Problem of War in the Old Testament* [Grand Rapids, 1978]; P. Trible, *Texts of Terror* [Philadelphia, 1984].)

124 A moralidade pessoal no AT diz respeito principalmente à literatura sapiencial (→ Literatura sapiencial, 27:5, vol. I, AT). As máximas de sabedoria, frequentemente paralelas a outras literaturas sapienciais antigas, instruem o jovem em como conduzir sua vida. A moralidade dos sábios é chamada de prosaica com frequência, e até certo grau ela o é; os sábios lidam com as situações da vida diária, e eles não têm oportunidade de ensinar uma moralidade de crise ou propor heroísmo. Sua motivação, às vezes, dá a impressão de ser menos nobre, embora ela não seja positivamente ignóbil; recomenda-se a conduta moral porque ela assegura êxito e felicidade. É em face deste eudemonismo que se deve medir a convicção dos sábios de que a moralidade é sabedoria, e o vício é insensatez; a essência da sabedoria é o temor de Iahweh. A crença de que a conduta moral garantirá êxito mundano é demasiadamente simples e precisa de mais refinamento, mas os sábios não creem que uma pessoa possa alguma vez promover seu sucesso agindo mal. Somente mediante a conduta reta se pode estar certo da "paz", o estado de bem-estar com Deus e com os semelhantes. A paz é uma dádiva de Iahweh, e ele não a concede ao ímpio (Is 57,21). A literatura de sabedoria, com exceção de Jó e Eclesiastes, não resolve o problema da pessoa reta que sofre; e a sabedoria tradicional realmente carece de recursos para solucionar este problema. Mas os princípios da sabedoria exigem que o problema não seja resolvido pelo abandono da retidão. A "paz" do ímpio não é genuína nem duradoura.

125 (V) Pecado. O conceito bíblico de pecado é expresso por diversas palavras hebraicas; uma avaliação das quatro palavras mais importantes mostra a múltipla abordagem do AT à ideia. Na moderna teologia moral, o pecado é definido como a transgressão voluntária de uma lei divina; não há nenhuma palavra hebraica que possa ser definida assim. A palavra básica, geralmente traduzida por "pecado", *ḥaṭṭā't*, significa errar o alvo, uma falha. Aquele que "peca" deixa de satisfazer o que é esperado em relação a uma outra pessoa. A mesma palavra é usada nas línguas cognatas para designar a rebelião de um vassalo contra o senhor. Uma outra palavra, *'āwōn*, significa uma condição pervertida ou distorcida: aquele que peca é torto ou deformado, desviando-se do padrão. Esta palavra é usualmente traduzida por "culpa"; ela designa o prejuízo permanente que é produzido na pessoa pelo ato pecaminoso. Existe um outro termo ainda, *pešaʻ*, significa rebelião. Quando usada para relações interpessoais, ela designa a violação dos direitos dos outros; quando usada para os pecados de Israel, ela indica a infidelidade às obrigações da aliança. Finalmente, *ma'al* significa infidelidade, a quebra de uma obrigação combinada livremente. O pecado também é chamado de uma mentira, o ato que nega a realidade da profissão de uma pessoa, um abandono da verdade. Desse modo, pecado é um ataque à realidade. Pecado é insensatez, que no hebraico não significa um erro intelectual, mas a escolha de um modo de ação que é estúpido porque é desastroso. (Para mais informações sobre pecado e sua expiação, → Instituições, 76:72-78.)

126 O AT está ciente da universalidade do pecado, embora menos ciente que os escritores do NT, especialmente Paulo (→ Teologia paulina, 82:82-88). No AT, a ênfase recai nos pecados de Israel, um povo de lábios impuros, indigno de ver Iahweh (Is 6,5). Jeremias não vê nenhuma pessoa inocente em Jerusalém e Judá (Jr 5,1-6; 8,10); não há ninguém que não peque (1Rs 8,46). Ninguém pode sobreviver se Iahweh levar em conta as iniquidades (Sl 130,3). Ninguém é reto ou inocente diante de Deus (Jó 4,17; 15,14). A consciência da universalidade do pecado aumenta com a experiência histórica de Israel; os acontecimentos perturbadores da queda das monarquias israelitas e do exílio deixam os sobreviventes do protojudaísmo com um senso de pecaminosidade que é quase excessivo. Onde Iahweh pune tão severamente, a culpa deve ser grande de fato.

127 A universalidade do pecado surge das más inclinações dentro da própria pessoa. Os pensamentos do coração são maus desde a mocidade (Gn 6,5). Jeremias frequentemente alude às más inclinações do coração (Jr 16,12; 18,12), que é falso e enfermo (17,9). Não se faz nenhum esforço sério no AT para investigar mais esta condição ou sua origem, mas é a crença tanto de J quanto de P de que esta não é a condição original do homem. Em P, os seres humanos são feitos à imagem e semelhança de Elohim e, como as outras criaturas, são muito bons (Gn 1,31). Em J, o homem e a mulher percebem que estão nus apenas após terem pecado (Gn 3,7); este versículo implica que não existia o apetite sexual desordenado na criação original.

128 O tratamento mais longo e explícito do pecado se encontra no relato J de Gn 3-11. Gênesis 3 não deveria ser interpretado à parte dos capítulos que seguem; a história do paraíso contém um relato do primeiro pecado, e os capítulos seguintes relatam a propagação do pecado até alcançar o ponto em que Iahweh não pode mais tolerá-lo. O primeiro pecado é seguido pelo primeiro assassinato, casamentos polígamos, a invenção de armas, o primeiro grito de vingança e o crescimento da perversidade até o grau em que Iahweh se arrepende de sua criação da raça, que ele elimina mediante o dilúvio. A família de um homem inocente é poupada, e a má inclinação que levou à condenação dos seres humanos (6,5) torna-se um motivo para a bondosa tolerância de Iahweh (8,21). Mas a raça que surge após o dilúvio cai em embriaguez, em vício não natural e, finalmente, no orgulho que constrói a torre de Babel. O panorama da perversidade traçado por J é vasto e comovente, e estabelece o pano de fundo para a história dos atos salvíficos e julgamentos de Iahweh que vem a seguir. Aqui, de modo mais claro do que em qualquer outro lugar do AT, apresenta-se a universalidade do pecado, e, ao mesmo tempo, revela-se a resposta de Iahweh ao pecado.

A história do paraíso de Gn 3 é um relato do primeiro pecado e de suas consequências, a saber, a maldição daqueles processos de fertilidade pelos quais a vida humana é sustentada, e a morte como o fim inevitável da luta pela sobrevivência. Mas a história do paraíso também é um esplêndido estudo psicológico do ato pecaminoso, sem paralelo em outro lugar no AT. Num breve e simples diálogo, o escritor traça com maestria o autoengano do pecador, a racionalização da ação na própria mente, o desejo de ser algo maior do que ele realmente é, e a escolha pecaminosa feita sob a pressão pessoal de um outro. Quase todas as palavras hebraicas para designar pecado são ilustradas nos passos pelos quais o homem e a mulher se rebelam contra a restrição da vontade de Iahweh. Desde muito tempo tem parecido enigmático o fato de que esta narrativa vigorosa não possui um eco explícito nos outros livros do AT antes do período grego, mas a narrativa está em completa harmonia com a atitude do AT para com o pecado.

129 *Culpa*. A culpa é correlata ao pecado; e a melhor forma de ver a peculiaridade desta concepção no AT é atentando para o fato de que não há uma palavra hebraica distinta para designar culpa. As palavras para designar pecado, em particular *ḥaṭṭā't* e *'āwōn*, em alguns contextos somente podem ser traduzidas por culpa; elas designam uma condição permanente que é produzida pelo ato pecaminoso e é, às vezes, 0descrita em termos muito realistas. A culpa é um peso que pode ser colocado sobre alguém (Nm 12,11), que deve ser carregado (Gn 4,13), que pode ser passado de pai para filho (Lv 26,39). Ela é uma fenda numa parede que cairá subitamente sobre o culpado (Is 30,13). Cai sobre a cabeça do malfeitor (Is 3,9; Jr 7,19; Ez 22,31). É como água fresca guardada numa cisterna (Jr 6,7), como ferrugem que corrói um vaso de metal (Ez 24,6ss.). Estes exemplos mostram como o AT retrata o pecado como um mal permanente, presente e ativo no mundo; o ato pecaminoso permanece, causando prejuízo além da possibilidade de reparo. (Sobre a retribuição e as consequências, veja J. Barton, *JTS* 30 [1979] 1-12; K. Koch, em *Theodicy in the Old Testament* [ed. J. Crenshaw; IRT 4; Philadelphia, 1983] 57-87; também → Literatura de Sapiencial, 27:12-13, vol. I, AT).

130 Esta culpa pode ser estendida a todo o grupo social (→ 70 *acima*); de fato, os profetas geralmente se dirigem a toda a comunidade de Israel. Toda a humanidade pereceu no dilúvio; as cidades de Sodoma e Gomorra inteiras pereceram no fogo do céu. A maior dificuldade para a mente moderna é a culpa coletiva que está na base de histórias como as de Acã (Js 7) e dos descendentes de Saul (2Sm 21). Esta ideia da responsabilidade grupal só é entendida na estrutura do pensamento israelita acerca da sociedade como um relacionamento de parentesco (→ 68 *acima*). Mas a ideia ilustra a profunda crença israelita na realidade da culpa e de seu poder de causar dano muito além da pessoa individual que cometeu o pecado. A culpa é uma doença, uma infecção que corrompe todo o grupo no qual o pecado é cometido.

Em alguns episódios do AT, existe uma concepção de culpa mais primitiva como algo mecânico e independente da responsabilidade pessoal. A culpa nestas histórias é menos uma maldade permanente do que uma certa infecção material que pode ser contraída mesmo pelo inocente. Assim, os reis que, por ignorância, tomam as esposas dos patriarcas são punidos com doenças em suas famílias (Gn 20,3ss.; 26,10); a infração inconsciente de Jônatas do voto de seu pai é uma ofensa mortal (1Sm 14); Oza morre quando toca a Arca (2Sm 6). A punição que sobrevém é um efeito impessoal, quase demoníaco, evocado pelo ato material. Neste conceito primitivo de culpa é obscurecida a ideia de maldade e responsabilidade pessoais, e com ele a vontade moral de Iahweh. O desenvolvimento espiritual de Israel implicaria ascender além deste modo primitivo de pensamento.

131 As palavras dos profetas, pelo contrário, enfatizam o pecado como uma ruptura das relações pessoais com Iahweh. Em relação a Iahweh, o pecado humano é orgulho (Am, Is), adultério (Os, Jr e Ez), desobediência filial e ingratidão (Is e Jr). Os profetas clássicos insistem todos no fato de que o pecado é uma escolha deliberada, feita com pleno conhecimento; o pecado é desprezo por Iahweh, uma profanação de sua santidade e efetivamente uma negação de sua divindade. Eles enfatizam também a resposta pessoal de Iahweh. A ira de Iahweh é um conceito totalmente oposto à concepção mecânica de culpa e punição (→ 100 *acima*). Quando Iahweh pune o pecado, ele está pessoalmente envolvido. Sua ira não é raiva cega; ela é dirigida pelo julgamento (→ 138 *abaixo*), e os julgamentos de Iahweh não são impessoais.

132 (VI) Perdão. A remoção do pecado e da culpa é uma questão de preocupação vital na religião do AT. Comunhão com Iahweh é vida; e se a comunhão com Iahweh é rompida, não há esperança de segurança. Para que a comunhão seja restaurada, a ira de Iahweh precisa ser apaziguada. Não há crença de que os seres humanos possam restaurar a comunhão com Iahweh. Visto que, em primeiro lugar, a comunhão era uma gratuita dádiva da graça, assim a restauração da comunhão não pode ser alcançada por mérito. As pessoas devem se entregar à misericórdia e ao perdão de Iahweh. O sistema de expiação cultual que se encontra em Lv-Nm não está direcionado para a obtenção ritual de perdão. Para os pecados "violentos" (Nm 15,30; 1Sm 3,14) não há expiação ritual. O "pecado" e a "culpa" pelos quais os sacrifícios são oferecidos não são atos malignos; são falhas involuntárias de satisfazer as prescrições rituais. A partir das palavras dos profetas pode-se julgar que os israelitas frequentemente consideravam seus ritual sacrificial como uma expiação mecânica que era automaticamente eficaz (Jr 7,9). Não é esta a ideia que governa as prescrições rituais, e os profetas criticam esta ideia como uma superstição grosseira (→ Instituições, 76:92).

133 A expiação dos pecados formais é realizada somente mediante o sofrimento da punição que segue a culpa; de fato, culpa e punição parecem ser quase idênticas, às vezes. Quando Natã anuncia a Davi que Iahweh perdoou o pecado de Davi, ele diz que Davi não morreria (2Sm 12). Mas a culpa é uma realidade presente e ativa; e embora a vida de Davi seja poupada, a pena de morte recai sobre o filho de Davi com Betsabeia. Todo o relato seguinte em 2Sm 13-20 relata os infortúnios que caem sobre Davi e sua casa após seu crime. Sem ser explicitamente moralizante, o escritor mostra que a prosperidade de Davi é revogada por esta crise em sua vida. O impacto moral da história não é menos pesado do que o impacto do relato J sobre a origem e a propagação do pecado em Gn 3-11 (→ 128 *acima*).

134 É necessária a *conversão* para se obter perdão. A conversão é geralmente expressa pela palavra hebraica que significa "voltar" (o verbo *šûb*, usada com frequência nas admoestações proféticas dirigidas a Israel. Eichrodt (*ETOT* 2. 465) reúne diversas expressões que preenchem a ideia de conversão: procurar Iahweh, perguntar por ele, humilhar-se, dirigir o coração a Iahweh, procurar o bem, odiar o mal e amar o bem, aprender a fazer o bem, obedecer, adquirir um novo coração, circuncidar o coração, arar um novo sulco, lavar-se da perversidade. Esta abundância de metáforas mostra que a conversão é concebida como uma genuína mudança interior de atitude que resulta numa revolução na conduta pessoal.

A garantia de perdão repousa no caráter perdoador de Iahweh, o qual é frequentemente atestado (Am 7,2ss.; Os 11,8ss.; Sl 78,38; 103,3). Iahweh não deseja que o perverso morra, mas que ele seja convertido de seus maus caminhos e viva (Ez 18,23). É frequente a confissão do perdão de Iahweh em Is 40-55. No exílio, Israel expia sua perversidade anterior; sua comunhão com Iahweh é restaurada, e ele está pronto para cumprir suas promessas. O profeta vê em Iahweh o pai, o pastor, o parente vingador, o salvador (→ 75 *acima*).

135 Há uma grande quantidade de antropomorfismo (→ 21-22 *acima*) na concepção dos motivos que inspiram o perdão de Iahweh. Israel apela para seu amor pactual e sua fidelidade; e, apesar da infidelidade de Israel à aliança, existe uma garantia de que a boa vontade de Iahweh não é limitada pelas estipulações da aliança. Israel apela para as promessas de Iahweh e para os juramentos feitos aos patriarcas, os quais não deveriam ser frustrados nem mesmo pela falha de Israel em estar à altura da estatura dos patriarcas. Iahweh prometeu uma semente eterna e deve encontrar um modo de manter esta promessa. Ele não pune sob compulsão e é livre para abrandar os padrões que ele mesmo estabeleceu. Israel apela para o nome de Iahweh e para sua honra. Se, em ira, ele permite que seu próprio povo se torne a vítima de nações estrangeiras, estas nações blasfemarão seu nome ao dizer que Iahweh não pode proteger sua propriedade. Israel apela para a bondade de Iahweh: é mais consistente com seu caráter perdoar que punir, e ele prefere perdoar. Ele deveria tolerar algum grau de pecado porque os instintos maus do povo fazem com que seja impossível para eles vencer o pecado completamente. Frágeis e mortais, eles não deveriam ser provados rigorosamente. Existem em Oseias eloquentes apelos ao amor de Iahweh: Israel é sua esposa, e Iahweh não pode suprimir totalmente a afeição por sua amada, mesmo quando ela é infiel e perversa. Este livro apresenta a tensão entre a punição e o perdão como um conflito emocional em Iahweh – embora ele puna Israel, seu amor salvador não é frustrado pelos pecados do seu povo (→ Oseias, 14:4, 30, vol. I,AT).

Estes motivos para o perdão não são todos de igual valor, e alguns dos antropomorfismos são ingênuos. Mas os motivos ilustram as muitas facetas sob as quais Israel conhecia a Iahweh, e eles se fundem numa concepção de seu perdão que expressa a segurança de Israel de que Iahweh certamente pode encontrar um modo de subjugar o pecado. Em última análise, a ideia de perdão conduz para a escatologia. Se o perdão de Iahweh deve ser exercido de um modo que se ajusta a seu caráter, ele deve encontrar uma saída em algum ato situado fora da história (→ 165-166 *abaixo*). O alcance final do perdão de Iahweh deve ser uma reconciliação que torne o perdão adicional desnecessário.

136 (VII) Julgamento. As palavras "juiz" e "julgamento" possuem conotações um tanto diferentes no AT em comparação com o linguajar moderno. Nos escritos primitivos do AT, o juiz é primeiramente aquele a quem uma pessoa apela para a defesa de seus direitos, e um julgamento é uma vindicação. Quando se invoca o julgamento de Iahweh, solicita-se sua assistência; e quando ele concede o julgamento, esse é um ato salvífico.

137 Na concepção mais antiga, o "Dia de Iahweh" é o dia no qual Iahweh julga os inimigos de Israel. O aparecimento de Iahweh na teofania (→ 57 *acima*) sem dúvida deve ser ligado a esta imagem. A ocorrência mais antiga da expressão "Dia de Iahweh" encontra-se em Am 5,18-20: Até aqui os israelitas consideravam o Dia de Iahweh como um dia de vitória e libertação, mas Amós inverte a ideia e afirma que é um dia de julgamento sobre Israel. Israel não está menos sob julgamento que as nações estrangeiras citadas em 1,3-2,3, e a sentença de condenação por parte de Iahweh é pronunciada sobre Israel, assim como sobre os etíopes, os filisteus e os arameus (9,7-10). Um dia no qual Iahweh age contra tudo que é orgulho e altivo é descrito em Is 2,10-17; este julgamento é universal, e Israel, embora não mencionado, não está excluído. Sofonias 1 possui um poema muito mais elaborado sobre o dia de Iahweh que não pode ser de uma única origem. O Dia de Iahweh não é apenas universal, mas até mesmo cósmico quanto ao alcance, sugerindo concepções apocalípticas posteriores (→ 139 *abaixo*); todavia o julgamento também está focado em Judá e em Jerusalém. O uso da expressão sugere um "dia", um acontecimento; discutir-se-á abaixo se isto necessita de alguma modificação.

138 Para os profetas pré-exílicos, o julgamento de Iahweh é realizado na história. Amós (5,18-20.26-27; 7,1-9; 9,1-8a) fala da ruína vindoura tanto das nações estrangeiras como de Israel; nada sugere que ele esteja pensando em alguma outra coisa senão nos fatores históricos como as armas do julgamento de Iahweh. Oseias (4,8-14; 8,7-10; 13,4-14,1) fala de modo menos claro de um dia ou até mesmo de um acontecimento, mas a condenação de Israel é claramente anunciada e seguramente ameaçada. Os julgamentos de Iahweh são muito mais proeminentes no pensamento de Isaías (1,2-9; 5,26-30; 10,5-19). Eles são contra Israel e Judá e contra várias classes sociais, particularmente contra aquelas no poder. A linguagem de Is raramente, se alguma vez, sugere uma catástrofe cósmica; Is 30,27ss. é a linguagem da teofania. O agente do julgamento de Iahweh é a realidade histórica contemporânea da Assíria, que trará infortúnio não apenas sobre as monarquias israelitas, mas também sobre todos os povos da região. A Assíria também está sob julgamento, a ser realizado oportunamente por Iahweh, mas enquanto a Assíria agir como a vara da ira de Iahweh, ela é irresistível. A porção mais antiga do livro de Miqueias (1,2-16), contemporâneo de Isaías, retrata o julgamento sobre Israel e Judá como um evento iminente a ser realizado por forças históricas. Outras passagens, provavelmente posteriores, veem o julgamento mais em harmonia com concepções subsequentes.

Jeremias e Ezequiel, contemporâneos da queda de Jerusalém, talvez sejam de modo mais preeminente os profetas do julgamento. Eles estão certos de um julgamento iminente e de sua justiça, e eles apresentam a totalidade do julgamento de uma maneira impressionante. Sua certeza não vem apenas de sua consciência do poder ameaçador dos caldeus, mas também de sua convicção da profunda culpa coletiva de Judá – nem mesmo o mais digno intercessor pode impedir a punição que esta culpa requer (Jr 14,11; Ez 14,12-20). Mesmo neste quadro de inevitável e terrível julgamento, não desaparece totalmente a ideia de julgamento como um ato salvífico. Cada passo no julgamento é uma advertência, bem como uma punição; se Israel aprender que seus pecados acirram a ira de Iahweh e se afastar deles, Israel pode sobreviver. Esta não é uma promessa de perdão mecânico; quando o mal chegou ao ponto que os profetas descrevem, somente o arrependimento não é suficiente para inverter o curso dos acontecimentos. Mas Israel pode manter sua comunhão com Iahweh, mesmo num julgamento como este, se Israel apenas escutar. De fato, é apenas depois da catástrofe que Israel se torna ciente de que o julgamento foi necessário para preservar o povo de Iahweh como tal. Sua própria perversidade destruiria Israel como o povo de Iahweh, mas se Israel for purificado pelo julgamento, ele pode continuar a existir como o povo de Iahweh, mesmo se apenas como um miserável remanescente.

139 Fez-se referência acima a um outro conceito de julgamento que aparece nos livros posteriores do AT; a este tipo de literatura se dá o nome de "apocalíptica".

Estritamente falando, o nome não se ajusta a muitas passagens especificas do AT (→ Apocalíptica, 19:3, vol. I, AT), mas o tipo de literatura assim designada tem suas raízes no AT. Uma catástrofe mundial que é obra do julgamento de Iahweh é vista em Is 13; 24; Joel 2-3; e em grande parte de Dn. Ezequiel 38-39, com sua visão da guerra contra Gog, está mais perto destas passagens que dos profetas pré-exílicos. Nestas passagens não há referência a um julgamento sobre Israel ou sobre alguma nação particular que possa ser identificada com segurança; o julgamento apocalíptico é um julgamento sobre a humanidade e até mesmo sobre o universo material. Este é uma extensão do julgamento sobre Israel; do mesmo modo como o Israel genuíno podia sobreviver apenas se o Israel histórico perecesse no julgamento, assim o mundo e a humanidade podem ser unidos a Iahweh somente se o mundo existente passar por um julgamento consumidor. O velho mundo deve ser removido para dar lugar ao novo mundo a ser criado por Iahweh (→ 60 *acima*). Na descrição apocalíptica, o julgamento não é explicitamente um acontecimento na história, como nos profetas pré-exílicos; isto suscita o problema da escatologia (→ 164 *abaixo*).

140 (VIII) Salvação. A ideia de salvação do AT é complexa e exibe um desenvolvimento histórico que é extremamente difícil de sintetizar. Trataremos aqui das passagens nas quais não aparece nenhum salvador individual (para o Messias, → 152ss. *abaixo*).

(A) Atos salvíficos de Iahweh. A palavra hebr. *yĕšû'â*, que traduzimos como "salvação", ocorre com frequência em contextos onde se refere à libertação por meios militares; nestes contextos, a palavra pode ser traduzida como "vitória". Nestes usos, "salvação" é paralelo a "ações justas" ou "julgamentos" de Iahweh a favor de Israel (→ 94, 136 *acima*). Salvação também significa libertação de qualquer ameaça à vida ou à integridade da pessoa. No mundo antigo, o rei era sempre o rei salvador, de quem seu povo esperava a salvação dos inimigos externos por meio da guerra, ou a salvação da injustiça dentro da comunidade por meio de seu julgamento e da administração da lei.

141 Iahweh é celebrado como o rei-salvador, particularmente nos Sl 47; 93; 96-99. Estes Salmos são frequentemente chamados de "Salmos de Entronização" pela pesquisa moderna por causa da hipótese de que estes Salmos eram usados numa festa cultual que celebrava a entronização de Iahweh como rei (Instituições, 76:141-46; → Salmos, 34:6, 63, 109, vol. I, AT). Nestes Salmos, Iahweh, como rei, é aclamado como criador e senhor da natureza, e suas ações são realizadas numa escala cósmica. Sua salvação se manifesta a todo o mundo. A associação do poder real salvador de Iahweh com a criação e com a revelação de seu poder na natureza também é proeminente em Is 40-55.

142 A primeira ação salvífica de Iahweh na história de Israel e o modelo ao qual outras ações salvíficas são comparadas é a libertação do Egito. Este é um ato de criação, pois Israel se torna um povo – o povo de Iahweh – mediante esta libertação. Ele é a base das reivindicações de Iahweh na aliança; é também a esta ação salvífica que Israel apela com mais frequência quando pede por libertação de ameaças a seu bem-estar nacional.

A história subsequente de Israel é uma recitação dos atos salvadores de Iahweh: a passagem de Israel, as vitórias que lhe deram a terra de Canaã, a libertação em Canaã, por meio de juízes, dos ataques de inimigos e o culminante ato salvador do período antigo – o estabelecimento da monarquia e a libertação dos filisteus. A recitação dos ações salvíficas é entremeada com a recitação das infidelidades de Israel; estas provocam a ira de Iahweh, mas elas não alteram sua vontade de salvar Israel. Os historiadores de Israel sabem que os golpes da ira de Iahweh também são atos salvadores, pois eles ensinam a Israel que uma rebelião contra Iahweh conduzirá Israel a uma condição na qual a salvação somente poderá ser alcançada mediante um terrível julgamento que reduzirá a nação a um mero resto.

143 Este tema de salvação por meio de julgamento torna-se dominante, no período da monarquia, nas palavras dos profetas pré-exílicos. Amós não diz quase nada sobre a vontade salvadora de Iahweh (a conclusão de Am [9,8b-15] é obra de um póstero). A salvação em Oseias é adiada para um futuro distante, a ser realizada por meios que estão ocultos ao discernimento do profeta. Em Is, a certeza de salvação é mais profunda, mas o tema do julgamento não é menos proeminente que em Am e Os. Em Jr e Ez, a salvação do Israel histórico se tornou impossível; salvação agora significa uma restauração, mas não do Israel histórico como existiu sob a monarquia. A restauração se torna o tema dominante em Deuteroisaías – de todas as obras do AT a que mais desenvolve o tema da salvação com uma riqueza imensa, aludindo frequentemente ao poder criador de Iahweh em conexão com a salvação. A restauração de Israel é um novo ato do poder criador raramente menos impressionante que a criação de Israel por Iahweh no êxodo. Enquanto que a obra de salvação de Iahweh no êxodo foi manifesta aos egípcios, a restauração de Israel é manifesta a todo o mundo. O autor de Deuteroisaías ecoa o tema do novo êxodo quase tanto como ecoa o da nova criação.

144 (B) Natureza da salvação. O caráter variado da salvação pode ser visto a partir de uma enumeração de algumas de suas expressões. Os oráculos de Balaão (Nm 23-24) devem ser considerados pertencentes às porções mais antigas do AT, talvez o séc. X (Números, 5:48-52). No oráculo de Balaão, a salvação consiste na bênção de Iahweh, a qual faz de Israel um povo colocado à parte das outras nações, convicto da vitória sobre seus inimigos, de habitação pacífica em sua própria terra e de prosperidade abundante. O tom da salvação é predominantemente, mas não exclusivamente, combativo. O amplo espaço que as bênçãos materiais ocupam nestes oráculos nunca é inteiramente perdido no desenvolvimento posterior da ideia de salvação; de fato, a prosperidade incluída na salvação é, às vezes, descrita de modo extravagante (Is 60; 65; Am 9,13-15). A ideia de vitória sobre os inimigos é explicitamente política, e este elemento igualmente não desaparece. Os poemas de Sião de Is 49-52; 60-62 situam a salvação numa Jerusalém restaurada que recebe a riqueza das nações como tributo. A salvação política significa não apenas libertação de inimigos, mas vitória final e submissão das nações ao governo de Israel.

145 Parece que a salvação é concebida em termos mais elevados quando é vista como a era de paz universal (Is 2,1ss.). Ela significa eliminação da injustiça e o estabelecimento daquela segurança que vem do governo administrado em retidão e julgamento (Is 32). Em Jr e Ez, a salvação é expressa na fórmula da união pactual, "Vós sereis meu povo e eu serei vosso Deus"; promete-se, mediante esta afirmação, a restauração da comunhão com Iahweh a qual foi destruída por causa da infidelidade de Israel. A salvação é Iahweh habitando no meio de seu povo. No novo Israel de Ez 40-48, o Templo torna-se o centro da terra, um foco da santidade a partir do qual o poder de Iahweh irradia. A restauração de Judá, descrita em Jr 30-31, contém todos os elementos da vitória sobre inimigos e de uma vida de prosperidade material, mas a derrota dos inimigos não é enfatizada como em outros lugares (em contraste, por exemplo, com Is 63,1ss.) – a prosperidade material é descrita em termos moderados, e paz e alegria são as ideias dominantes.

146 Em todas essas concepções de salvação, encontra-se pelo menos implicitamente suposto que o Israel que é salvo é um novo Israel – não somente uma nova criação, mas também novo no sentido de estar purificado dos vícios que corromperam o Israel histórico.

Esta purificação é bastante explícita em Jr e Ez. A salvação, para Jr (31,31ss.), é uma nova aliança escrita no coração; os termos da aliança, a vontade revelada de Iahweh, serão incrustados na disposição interior de cada pessoa e governarão sua vida. A salvação não é meramente membresia no povo da salvação; ela é uma completa aceitação de Iahweh por parte de cada indivíduo. Nesta comunidade salva, Iahweh não tratará por meio de mediadores e mestres humanos estabelecidos do Israel histórico, mas revelará a si mesmo a cada israelita como se revelou a Moisés na aliança original (→ Jeremias, 18:89, vol. I, AT). Ezequiel (36,26) vê o coração de pedra substituído por um coração de carne, sensível e responsivo à vontade de Iahweh. Israel recebe um novo espírito, o espírito de Iahweh, que incitará Israel à obediência. Esta regeneração interior é a base da paz e da prosperidade prometidas.

147 Às vezes, a salvação é vista como mais ampla do que a salvação de Israel. A revelação e a instrução de Iahweh sairão de Sião para todas as nações, que alcançarão então a paz universal (Is 2,1ss.). A missão de Israel como um meio de salvação está clara em Dt-Is: por meio de Israel, Iahweh se revelará às nações, as quais, uma vez que o conheçam, obedecerão a esta vontade que os salvará (Is 45,18-25). Israel é testemunha de Iahweh perante as nações. O escopo universal da salvação está implícito também no retorno ao paraíso (Is 11,6-9; 65,25) e na criação de novos céus e uma nova terra (Is 65,17ss.), bem como na alusão frequente à transformação do universo material e à maravilhosa prosperidade da era da salvação.

148 Zacarias 1-8 contém um relato compacto da salvação como era concebida em 520-518 a.C., em Jerusalém. A terra está em paz; Israel está restaurado à sua terra; os opressores de Israel desapareceram. Os israelitas habitam em paz, alegria, segurança e prosperidade moderada; a terra está purificada dos crimes e vícios grosseiros; e espera-se que muitas nações venham e adorem a Iahweh. Comparado a alguns outros escritos pós-exílicos, este conceito de salvação é claro e simples; todavia não se pode considerá-lo entre as ideias mais elevadas do AT. Pode-se dizer que Zacarias está a caminho da "salvação realizada" da tradição de P (→ Pentateuco, 1:7, vol. I, AT), na qual a salvação é pouco mais que a existência de Israel unido a Iahweh por meio do culto.

149 (C) Reinado de Deus. Os múltiplos desenvolvimentos da ideia de salvação são melhor resumidos, se podem ser resumidos, na ideia do reinado (reino) de Iahweh, embora esta expressão seja rara no AT. Mas foi uma expressão suficientemente apropriada para ser usada na literatura judaica e nos Evangelhos (→ Pensamento do NT, 81:44-45, 53) como uma designação da salvação esperada que não precisava de definição adicional. O reinado de Iahweh é a aceitação de sua vontade por todos. Isto não pode acontecer até que todos o conheçam, e eles só podem conhecer percebendo sua autorrevelação a Israel. O conhecimento universal de Iahweh deve operar uma mudança revolucionária na humanidade; e, visto que a luta contra natureza nasce da insubmissão humana a Deus, deve haver uma revolução correspondente até mesmo na natureza material. A revelação de Iahweh não será mais prontamente aceita pelos outros do que foi aceita por Israel; e, por isso, como Israel, todos devem sofrer um processo de julgamento, que é um ato salvífico. A resistência a Iahweh deve render-se diante de seu poder incomparável. Em um mundo como este, as pessoas estarão seguras do perigo e livres para viver a vida que lhes cabe como seres humanos. (Veja J. Gray, *The Biblical Doctrine of the Reign of God* [Edinburgh, 1979].)

150 Fez-se, no parágrafo anterior, uma tentativa de enunciar a ideia, escassamente encontrada em tantas palavras no AT, que se encontra na base da esperança israelita de salvação; e é dentro do marco desta ideia que certos elementos mais difíceis como as bênçãos materiais e a salvação política devem ser entendidas.

Primeiro, as bênçãos materiais. Os israelitas do AT tem uma inclinação material, o que quer dizer que sua literatura não exibe pensamentos abstratos e generalizados. Além disso, eles não têm ideia de uma realidade espiritual no sentido moderno do termo. Fica claro a partir das passagens resumidas acima que a salvação não é concebida sem o empreendimento espiritual supremo, que é a submissão total a Deus resultando numa perfeição humana que reflete a imagem de Deus. Os israelitas consideram a enumeração de virtudes menos convincente que a consideração das mudanças concretas que a submissão a Iahweh realizará na existência humana. A mudança mais óbvia será a suspensão de certos obstáculos definidos à boa vida, em particular, aqueles obstáculos que o agricultor palestino conhece bem: o perigo da guerra e da frustração da colheita. A salvação será realizada se estas duas ameaças à segurança forem removidas, e é duvidoso que se pudesse valorizar algum ideal mais elevado. Acrescentem-se a estas duas bênçãos a liberdade de dívidas e da dívida de escravidão e a liberdade da opressão de homens ricos e senhores de terra vorazes, e o israelita se contentava em sentar-se sob sua videira e figueira sem ninguém a amedrontá-lo (Mq 4,4). Se a maldade humana é removida, que limite se pode colocar à fertilidade do solo? Para a importância da terra para Israel, veja W. Brueggemann, *The Land* (OBT; Philadelphia, 1977).

Estas bênçãos materiais não são meramente símbolos das bênçãos espirituais; elas são o efeito das bênçãos espirituais. Em geral, o AT não mostra consciência de uma vida após a morte (todavia → 172 *abaixo*); a única vida boa que Israel conhece é concebida em termos de existência concreta experimentada. Esta existência é transformada pela perfeita comunhão com Iahweh, que habita entre seu povo. A vida é boa onde não há resistência à sua vontade salvadora.

151 Segundo, a salvação política. Em virtude de a vida ser concebida em termos de experiência concreta, a vida boa é representada em termos políticos. A salvação, como a vida em si, é experimentada na comunidade e não pelo indivíduo isolado (→ 73 *acima*). A única sociedade ordenada que o israelita do AT conhece é uma monarquia administrada com justiça e competência. A salvação não é um retorno a uma vida mais primitiva, mas uma perfeição da forma de vida social que ofereça as melhores possibilidades para a salvação. Se a monarquia falha por causa da injustiça de seus governantes, a salvação não consiste na eliminação dos governantes, mas na instalação de governantes retos (→ 158 *abaixo*).

A salvação política é, às vezes, vista como o governo de Israel sobre nações derrotadas. Esta percepção limitada deve ser combinada com as outras percepções mencionadas acima nas quais a salvação é estendida a todo o mundo. Mas mesmo a supremacia política de Israel não é uma forma de salvação puramente secular. Israel é o povo de Iahweh, e somente por meio de Israel Iahweh se revelará às nações. No pensamento simples do mundo antigo, o povo cujo deus é o mais poderoso obtém a supremacia sobre as outras nações. A esperança de salvação do AT raramente se eleva até uma ideia de salvação simplesmente para seres humanos; ela vê a salvação de povos, de Israel primeiro e então dos demais. Se Iahweh não tivesse sido o Deus de Israel, sua realidade teria sido percebida menos claramente; mas foi necessário um desenvolvimento adicional para que se pudesse ver que ele era o Deus de Israel num sentido positivo que não o torna menos Deus dos povos que não o cultuam. É somente no NT que o Israel renovado, o povo de Deus, é visto como incluindo igualmente todos os filhos de Deus, todos que estão dispostos a serem incluídos.

Nossa exposição da salvação nos levou para a área dos planos futuros de Deus para seu povo.

OS PLANOS FUTUROS DE DEUS PARA SEU POVO

152 (I) O Messias. A figura do Messias enfim chegou a ter um lugar importante no entendimento de Israel do plano de Deus para seu futuro. Esta discussão, necessariamente breve, depende implicitamente da exegese de textos importantes do AT, embora controversos; para detalhes, remete-se o leitor para comentários sobre os livros individuais do AT. O tratamento aqui (§ 152-63) foi acrescentado a este artigo por R. E. Brown.

(A) O termo "Messias". A palavra "messias" vem do termo aramaico *mĕšîḥā'*, que reflete o hebraico *māšîaḥ*, "ungido"; a palavra grega é *christos*, daí "Cristo". Nesta discussão, far-se-á uma distinção entre "Messias" (inicial maiúscula) e "messias" ou personagens salvíficos. O judaísmo conhecia toda uma galeria de personagens que se esperava que apareceriam no tempo da intervenção definitiva de Deus em favor de Israel, *p.ex.*, Elias, o profeta como Moisés, talvez o Filho do Homem, o Sacerdote Ungido, etc. Estes personagens podem ser chamados de modo impreciso de messiânicos. Mas é melhor restringir o termo com inicial maiúscula "Messias" a um conceito delineado de modo preciso, a saber, o rei ungido da dinastia davídica que estabeleceria no mundo o reino definitivo de Iahweh (→ 149 *acima*). Esta noção de Messias é o produto de um longo desenvolvimento esboçado abaixo.

153 A expectativa do Messias aparece no judaísmo pós-exílico (embora no AT "Messias" não seja usado como um título no sentido que o usamos). A partir da frequência e espontaneidade com que a questão do Messias aparece no NT (Mc 8,29; 14,61; Jo 1,20; 4,25; etc.) e também a partir das evidências dos escritos judaicos antigos (→ Apócrifos, 67:48), estamos seguros em admitir que a expectativa do Messias se tornou comum no judaísmo intertestamentário e talvez possa ser chamada de esperança nacional. Contudo, nem todos os judeus esperavam o Messias. No séc. I d.C., muitos tinham perdido a fé na dinastia davídica, a qual não governava há mais de 500 anos; e havia livros judaicos que tratavam das questões escatológicas sem sequer mencionar o Messias (→ Apócrifos, 67:49). Além disso, com frequência a expectativa do Messias era acompanhada por algumas das outras expectativas mencionadas acima; em Qumran, os sectários aguardavam a vinda do Profeta, do Messias davídico e do Sacerdote Ungido (→ Apócrifos, 67: 115-117).

154 De fato, pode ter havido uma amalgamação da figura do Messias com outros personagens salvíficos, *p.ex.*, o Servo Sofredor, ou o Filho do Homem, em um personagem composto. Isto certamente aconteceu na descrição cristã de Jesus, mas as evidências são muito incertas para determinar se isto aconteceu no judaísmo pré--cristão (→ Apócrifos, 67:15). Por exemplo, nenhuma obra pré-cristã jamais descreve um Messias sofredor. O leitor cristão deve tomar cuidado com uma tendência instintiva de interpretar a expectativa judaica do Messias à luz da trajetória e da pessoa de Jesus. Na verdade, o conceito judaico do Messias teve de sofrer uma modificação considerável antes de ser aplicado a Jesus, daí a relutância de Jesus em aceitar o título sem restrições (→ 178 *abaixo*; → Pensamento do NT, 81:13-15).

Em particular, embora a esperança judaica do Messias fosse altamente idealizada, quase ao ponto de fazer do Messias um personagem de capacidades sobre-humanas, não havia expectativa de um Messias divino no sentido em que Jesus é declarado como Filho de Deus. Além disso, o colorido nacionalista nunca esteve ausente de qualquer estágio do desenvolvimento pré-cristão do pensamento messiânico, assim como o próprio conceito de salvação do AT não esteve isento de aspectos materialistas e nacionalistas (→ 150-51 *acima*). É impreciso e injusto dizer que os judeus da época de

Jesus tinham corrompido a ideia do Messias como salvador espiritual tornando-o secular e nacionalista e que Jesus restaurou o conceito a seu significado primitivo. A compreensão cristã de um Messias espiritual representou uma mudança, e não uma restauração – uma mudança que, cremos, levou o desenvolvimento da ideia a uma realização plena, mas que, ainda assim foi uma mudança.

155 (B) Desenvolvimento do messianismo real. É lugar-comum no entendimento teológico de Israel de sua história que Deus envia salvadores para libertar seu povo (Moisés, os juízes, Neemias, Esdras). Mas o messianismo, como o discutiremos, está envolvido com o papel salvador dos homens na estrutura de uma instituição, a monarquia.

(a) *O primeiro estágio de desenvolvimento.* No início da monarquia davídica em Judá, cada rei ungido (messias) era considerado um salvador enviado por Deus para seu povo. Não há registro no AT de uma sublimação semelhante da realeza no Israel do norte. É bem provável que o primeiro registro literário do caráter messiânico da dinastia de Davi se encontre no oráculo de Natã, preservado em três formas (2Sm 7; Sl 89; 1Cr 17). Os estudiosos não concordam sobre qual é mais primitivo; nenhum deles parece preservar o oráculo original não modificado (J. L. McKenzie, *TS* 8 [1947] 187-218). No Sl 89,20-38, podem se distinguir os seguintes elementos: a eleição de Davi por Iahweh; promessas de vitória e amplo domínio; adoção de Davi e seus sucessores como filhos; aliança de Iahweh com Davi e sua casa; promessa de uma dinastia eterna, não condicionada à fidelidade dos sucessores de Davi a Iahweh. Este oráculo também é refletido no Sl 132. O oráculo não fala de um sucessor individual, nem olha para um futuro escatológico. Ele é uma simples garantia de que a dinastia durará como o agente humano escolhido da salvação de Iahweh operada na história (→ 142 *acima*). A salvação a ser realizada por Davi e sua casa não vai aqui além da salvação política a ser realizada pelo rei.

156 A Bênção dada a Judá por Jacó (Gn 49,9-12) provavelmente provém do início da monarquia e alude implicitamente ao reinado de Davi. Mas esta bênção precisa ser interpretada, ela parece assegurar a permanência da dinastia de Davi. A fertilidade é garantida enquanto o rei salvador escolhido reinar.

157 Os "Salmos Reais" (em particular os Sl 2; 72; 110; → Salmos, 34:10, 21, 88, 126) também deveriam ser considerados neste primeiro estágio do messianismo. Os estudiosos abandonaram a noção de que eles foram compostos pelo próprio Davi (embora eles talvez sejam do séc. X), que proclamava um Messias futuro – tal expectativa não existia neste período. Antes, estes salmos eram composições aplicáveis a qualquer monarca davídico e podem ter sido recitados em ocasiões importantes na vida do monarca, como a coroação. As referências a um progenitor divino do rei (103,3) e à filiação divina (2,7) – outrora consideradas referências literais a Jesus – eram parte da linguagem simbólica da corte (*Hofstil*) usada para descrever o rei como representante de Iahweh. O sacerdócio eterno "segundo a ordem de Melquisedec" (110,4), prometido ao rei, provavelmente fazia parte dos títulos hereditários dos reis cananitas de Jerusalém, exemplificados no sacerdote-rei Melquisedec de Gn 14 (→ Gênesis, 2:23; → Instituições, 76:16, vol. I, AT). O reinado eterno e universal do rei – considerado anteriormente uma referência literal a Jesus – era, em parte, um desejo otimista de vida longa e muitas vitórias e, em parte, um reflexo da grandeza permanente prometida à dinastia davídica.

O Sl 72 pode ser entendido como a mais clara expressão da ideia do rei salvador. O rei governa com a justiça que cabe a um soberano; ele é o salvador dos pobres e necessitados. É vitorioso sobre seus inimigos, que também são inimigos de seu povo; é o salvador de seu povo do perigo externo. Durante seu reinado, a bênção de Iahweh traz fertilidade à terra. Em nenhuma parte do Salmo, o rei é apresentado como um futuro libertador escatológico. Ele é o sucessor reinante de Davi e o herdeiro das promessas da aliança feitas a Davi.

158 (b) *O segundo estágio de desenvolvimento.* Nos escritos do séc. VIII, há um desenvolvimento do messianismo real. Reis perversos e ineptos, como Acaz, tinham obscurecido a glória da linhagem davídica e a esperança otimista de que cada rei seria um salvador de seu povo. Isaías, em particular, expressa uma expectativa mais matizada: haveria uma irrupção do poder de Iahweh que reviveria a dinastia e asseguraria sua permanência. Iahweh logo levantaria um sucessor de Davi que seria digno do nome de rei davídico; ele seria um exemplo de poder carismático, exatamente como Davi tinha sido quando a linhagem real foi instituída (→ Isaías, 15:19, 22, vol. I, AT). Isaías 7,14-17 e 19ss. se tornam rapsódicos em sua descrição do herdeiro do trono a ser gerado na época de Isaías (735 a.C.), talvez o filho do perverso Acaz e de uma donzela bem conhecida da corte (a "virgem" de 7,14 – uma tradução imprecisa do hebraico). A criança seria um sinal de que Deus ainda estava com seu povo (Emanuel) na pessoa do rei davídico. O herdeiro estabeleceria a justiça, edificaria um vasto império e traria paz a ele, e seria digno dos tradicionais títulos palacianos do monarca (9,5). Embora Isaías possa ter crido que suas expectativas fossem cumpridas no bom rei Ezequias, sucessor de Acaz, as passagens isaiânicas descrevem mais um ideal de restauração do que uma realidade; e isto permitiu que fossem usadas pelas gerações posteriores que também esperavam por uma renovação divina da monarquia.

159 A passagem de Is 11,1ss. pode ser posterior a Isaías; os estudiosos estão divididos. Ela olha para um futuro mais remoto que as passagens que temos discutido. O poder carismático do governante ideal esperado é reafirmado de modo claro (→ 35 *acima*), pois o espírito repousará sobre ele e lhe concederá as qualidades de um governante ideal. Ele salvará o reino da injustiça interna e da ameaça externa. Em comparação com os escritos incontestáveis de Isaías, o novo elemento em Isaías 11,1ss. é o retorno das condições do paraíso que o reinado deste rei fará acontecer. A paz universal sob seu reinado é cósmica; e a paz repousa sobre o "conhecimento de Iahweh" universal, a experiência da realidade pessoal de Iahweh mediante sua autorrevelação (→ 105 *acima*). Este conhecimento pode ser comunicado ao mundo apenas por meio de Israel. Estas duas ideias, a restauração da dinastia de Davi e o alcance universal e religioso da salvação da qual a dinastia de Davi é o meio, provavelmente aparecem aqui pela primeira vez no AT.

160 Vê-se a partir de Mq 5,1-6 que a esperança de um renascimento da dinastia sob um novo e ideal governante não está limitada a Isaías. Miqueias, um contemporâneo de Isaías, vê um novo Davi vindo de Belém para dar a seu povo segurança contra a ameaça assíria. Miqueias 5,3 vê uma restauração da unidade de Israel e Judá sob este novo Davi; o cisma que ocorreu sob Roboão será curado.

Outras e posteriores alusões à restauração da dinastia de Davi refletem estas passagens com pouca modificação. O "germe" ou "rebento" de Jr 23,5 será o rei-salvador cujo nome confirmará a retidão de Iahweh; retidão aqui significa vontade salvadora (→ 94 *acima*). A restauração da dinastia aparece também em Jr 30,9.21. A dinastia de Davi é o rebento do cedro que Ezequiel vê plantado por Iahweh (Ez 17,22), e no novo Israel Davi será novamente o rei (Ez 34,23; 37,24). Ezequiel não enfatiza, contudo, a função do rei como salvador; esta hesitação pode refletir os acontecimentos históricos dos quais ele era contemporâneo, a saber, a queda da nação e o exílio do rei davídico. A monarquia aparece em Ezequiel simplesmente porque a monarquia é uma instituição israelita sem a qual o profeta não pode conceber Israel. Vários intérpretes perguntam se um retorno de Davi em pessoa não está implícito nestas passagens de Ezequiel, mas uma implicação como esta não é imediatamente óbvia, pois o nome pode designar a dinastia.

161 (c) *O terceiro estágio de desenvolvimento*. É difícil reconstituir o desenvolvimento pós-exílico do messianismo por causa da falta de evidências escritas; em parte, devemos reconstruir sua história a partir do produto final, a saber, a expectativa do Messias no último período pré-cristão. O fato de que a linhagem davídica não governava mais após o exílio (ou pelo menos após governo de Zorobabel, ao que sabemos) produziu uma profunda diferença no messianismo. Antes do exílio, o rei ideal que restauraria o vigor da linhagem davídica sempre podia ser considerado em termos da próxima geração de uma dinastia reinante. Mas agora não podia haver um rei ideal até o futuro indefinido, quando o trono davídico seria restaurado. Assim, as expectativas começaram a mover-se em direção ao futuro indefinido; e, em vez de concentrar-se num monarca em uma linhagem contínua de governantes, estas expectativas passaram a se centrar em um rei supremo que representaria a intervenção definitiva de Iahweh para salvar seu povo. É neste período que podemos começar a falar do *Messias* no sentido estrito. A Escritura anterior (Salmos Reais; Isaías) era agora relida com este novo entendimento messiânico em mente.

162 Se o caráter definitivo da ação do Messias é claro, o caráter escatológico é menos claro. Não há evidência clara de que o Messias era considerado uma figura transcendental cuja missão iria além das realidades da história. De fato, sua obra seria a manifestação final do poder de Iahweh que tornaria desnecessário qualquer outro ato salvífico de Iahweh. Este ato salvador não seria a obra de forças históricas ordinárias, mas o tipo de irrupção visível do poder de Iahweh na história que se tinha visto no êxodo. Todavia, até onde sabemos, esperava-se que a irrupção acontecesse em circunstâncias históricas, ainda que, às vezes, a antecipação do Messias possa ter tomado algum dos ornamentos da apocalíptica.

Em algumas passagens, o conceito do rei-salvador (→ 140 *acima*) sofreu uma interessante transformação. Em Zc 9,9ss. (séc. IV?; → Ageu, 22:39, vol. I, AT), seu reino trará paz universal, e todos os traços bélicos terão desaparecido. Ele é o instrumento da salvação de Iahweh, mas a salvação é a obra do próprio Iahweh sem nenhum agente humano. O rei até mesmo perdeu os traços de realeza. Mas esta não é uma concepção sobre o Messias aceita universalmente, pois nos *Salmos de Salomão*, muito posteriores (séc. I a.C.; → Apócrifos, 67:48), há uma forte mistura dos elementos político e espiritual na descrição de um Messias que submeteria os gentios a seu jugo.

O advento do Messias era também motivo de especulação no judaísmo antigo. Como o povo o conheceria? Em algumas passagens (Mt 2,4-6; Jo 7,42), podemos ver a expectativa popular de que ele nasceria em Belém, a cidade de Davi, e que seu nascimento seria conhecido de todo Israel. Porém, em outras passagens (Jo 7,27; Mc 8,29), vemos o pensamento de que o Messias estaria oculto, pois o povo não saberia de onde ele viria, e ele poderia estar no meio deles sem que o soubessem (veja *BGJ* 1. 53).

163 Em suma, no curso de 1.000 anos, o messianismo israelita desenvolveu-se até o ponto onde a expectativa do Messias incorporou uma das principais esperanças da intervenção de Iahweh para salvar seu povo. Embora este rei-salvador, quase por definição, fosse um salvador político, ele seria um salvador em virtude do carisma e poder de Iahweh, e assim seus atos salvadores nunca seriam meramente políticos. Em seu reino, o Messias traria a Israel o governo ideal do próprio Iahweh. Menciona-se menos frequentemente, e muitas vezes se concebe de maneira chauvinista, que a salvação mediada pelo Messias teria um alcance fora de

Israel. Porém, admitindo a origem do conceito do rei ungido, podemos ficar surpresos de que a concepção mais ampla ocorra com tanta frequência.

(BECKER, J., *Messianic Expectation in the Old Testament* [Philadelphia, 1980]. CAZELLES, H., *Le Messie de la Bible* [Paris, 1978]. COPPENS, J., *L'attente du Messie* [RechBib 6; Bruges, 1953]; *Le messianisme royal* [LD 54; Paris, 1968]; *La relève apocalyptique du messianisme royal* [3 vols.; BETL 50, 55, 61; Louvain, 1979-83]. GRELOT, P., *L'espérance juive à l'heure de Jésus* [Paris, 1978]. KLAUSNER, J., *The Messianic Idea in Israel* [Londres, 1956]. LANDMAN, L., *Messianism in the Talmudic Era* [New York, 1979]. METTINGER, T. N. D., *King and Messiah* [ConBOT 8; Lund, 1976]. MOWINCKEL, S., *He That Cometh* [Nashville, 1964].)

164 (II) Escatologia. A questão da escatologia no AT não foi formalmente respondida em nossa discussão de julgamento, salvação e messianismo. Na erudição recente, discutiu-se a questão se há alguma escatologia no AT *anterior ao exílio*. Grande parte da discussão é obscurecida pela ambiguidade do termo escatologia. Literalmente, escatologia significa "a doutrina das últimas coisas"; e, se compararmos o AT à escatologia mais plena do cristianismo, parece que os livros antigos do AT não possuem escatologia (→ Pensamento do NT, 81:25-26).

O problema pode ser abordado observando-se aqueles livros e passagens do AT que ninguém nega serem escatológicos. Estas passagens são chamadas de "apocalípticas" (→ Apocalíptica do AT, 19:3-4, vol. I, AT). Nelas aparecem certos temas padrões: um conflito cósmico final entre Deus e os poderes do mundo ou os poderes do mal; uma catástrofe cósmica que inclui o colapso do mundo visível, bem como das instituições humanas; a derrota e julgamento dos poderes opostos a Deus; o começo de um novo mundo e uma nova era na qual Deus reina de modo supremo. Estes temas são meramente esboçados aqui; nenhuma literatura bíblica possui estas imagens luxuriantes até mesmo exageradas como a literatura apocalíptica. A batalha final, o colapso do universo visível, o julgamento, a felicidade do novo mundo do reino de Deus são descritos em grandes e geralmente fantasiosos detalhes. A imagem se torna mais extravagante naqueles livros apocalípticos produzidos no judaísmo, mas não incluídos na Escritura canônica (→ Apócrifos, 67: 13, 41, 44, 45). No AT, a literatura apocalíptica é encontrada em Dn 2; Dn 7-12; Is 24 (provavelmente também 13 e 65-66); Jl; e provavelmente Ez 38-39. Veja P. D. Hanson, *Old Testament Apocalyptic* (Nashville, 1987).

A ausência desses temas na literatura mais antiga leva muitos estudiosos a negar que haja uma escatologia israelita primitiva (Mowinckel, *He That Cometh* 125,54). No pensamento pré-exílico, os atos salvadores e julgadores de Iahweh são inteiramente realizados na história e por meio de processos históricos. Os inimigos de Iahweh são povos históricos definidos; o julgamento é um ato histórico como a queda de Israel ou da Assíria; e a salvação esperada é a existência pacífica de Israel em sua própria terra. A escatologia, Mowinckel afirma, surge quando Israel não tem mais qualquer esperança histórica. Se Iahweh deve estabelecer sua supremacia agora, isto deve ser feito mediante um ato que venha de fora da história e coloque um fim na história. Esta interpretação tem muito a recomendá-la. Ela leva em conta as diferenças entre os primeiros profetas e os escritores apocalípticos; ela evita laboriosamente ler ideias posteriores na literatura anterior. Certos aspectos que se assemelham a alguns detalhes da escatologia apocalíptica são explicados como parte da tradição da teofania (→ 57 *acima*) ou como derivados de festas cultuais (Mowinckel).

165 Ao mesmo tempo, há elementos do pensamento israelita que esta interpretação não incorpora. Por isso, outros estudiosos (von Rad, *OTT* 2. 114-25; Eichrodt, *ETOT* 1. 385-91; Jacob, *Theology* 319-22) afirmam a existência não apenas da escatologia pré-exílica, mas até mesmo da escatologia profética. Vriezen (*OOTT* 350-72) coloca o começo da escatologia em Isaías. A réplica de Mowinckel é que incluir declarações anteriores é tornar a palavra escatologia tão ampla de modo a privá-la de todo significado; em passagens anteriores, ele diz, devemos falar de "uma esperança quanto ao futuro", não de escatologia. O problema pode parecer meramente uma questão de semântica, e talvez o seja. Mas negar a escatologia primitiva em Israel parece implicar que Israel não tinha uma ideia da história que realmente fosse diferente das ideias dos outros povos (→ 113 *acima*). Uma esperança quanto ao futuro que não leva a nada definitivo dificilmente é uma esperança diferente de uma continuação do presente. No Israel antigo, esperava-se que, no curso da história, Iahweh interviesse ativamente no futuro, como ele tinha intervindo no passado, e que preservasse Israel por meio de seus julgamentos e atos salvadores. Se esta esperança era escatológica é uma pergunta que os antigos israelitas não poderiam ter feito nem respondido. Mas existiam implicações na intervenção ativa de Iahweh na história, implicações de que a história era governada por sua vontade moral com supremo poder. Poderia Iahweh ser o Senhor da história se a história continuasse indefinidamente? Se o conflito entre Iahweh e as forças do caos não fosse resolvido mediante uma vitória, Iahweh careceria de poder verdadeiramente divino, e a crença israelita cairia no dualismo cíclico que governava o pensamento do antigo Oriente Próximo. Visto que a escatologia, em sua forma mais simples, significa pelo menos a crença de que a história tem um fim, então a esperança israelita antiga quanto ao futuro é implicitamente escatológica. A ideia do fim da história não precisa ser proposta em imagens apocalípticas. É verdade que nos profetas pré-exílicos tanto a salvação quanto o julgamento não aparecem em termos que transcendem o mundo histórico no qual Israel vive. Mas se este mundo histórico é estabelecido numa condição permanente de paz por um ato de Iahweh, ele chegou a um alvo que não é produzido por forças históricas.

166 A convicção israelita expressa pelos profetas mais antigos, bem como pelos posteriores, é de que a história deve resultar no reinado universal de Iahweh. Esta esperança não é igualmente clara em todos os estágios de seu desenvolvimento. Quando é expressa (como no oráculo de Natã → 155 *acima*) em termos do reinado mundial do rei-messias de Israel, ela aparece talvez em sua forma mais primitiva. O que num período é visto como um fim da história pode ser mais tarde reconhecido como um passo que exige uma resolução adicional – neste desenvolvimento, aceita-se o princípio da escatologia, mas o fim escatológico não foi bem definido. O conceito de escatologia não é tão rígido em sua estrutura que sua forma e conteúdo não sejam capazes de mais desenvolvimento. A antiga fé de Israel ainda não é uma escatologia transcendente; e se o transcendentalismo é uma parte essencial da fé escatológica, então a antiga fé israelita não deveria ser chamada de escatológica.

167 O imaginário apocalíptico está tão cheio de pensamento e linguagem mitopoeicos como qualquer porção do AT (→ 25 *acima*), e aqui o pensamento mitopoeico cumpre uma função que nenhum outro tipo de pensamento poderia realizar. O acontecimento escatológico não apenas se encontra fora da experiência, mas também fora da história; todavia, ao mesmo tempo, os julgamentos de Iahweh na história são exibições de seu poder que podem ser incorporadas no quadro escatológico. A batalha escatológica e o colapso do império mundial são descritos em termos extraídos da experiência histórica de Israel. A esses elementos acrescenta-se a inversão do mito da criação; o mundo retorna ao caos primevo, como retornou no dilúvio. A partir deste caos, mediante um novo e final ato criador, Iahweh produz um novo céu e uma nova terra com as características do paraíso; porém, neste novo céu e nova terra, não haverá rebelião contra sua vontade salvadora. Paradoxalmente, a interpretação grosseiramente literal das imagens mitopoeicas da escatologia obscurece a realidade dos atos divinos de salvação e julgamento.

168 (III) Vida após a morte. Os estudiosos geralmente sustentam que não havia esperança de sobrevivência individual após a morte expressa no AT antes de algumas de suas passagens mais recentes, que foram provavelmente escritas no séc. II a.C. Ainda que esta tese venha a ser modificada *abaixo* (→ 172), a falta geral de crença do AT numa vida após a morte é um tanto surpreendente, visto que a crença na ressurreição do corpo era tão importante para o judaísmo farisaico como para o cristianismo. O Israel antigo estava aqui muito mais perto das crenças mesopotâmicas e cananeias que das crenças egípcias.

A ideia egípcia da vida após a morte, exibida nos túmulos bem preservados do Egito e na literatura egípcia, concebe a sobrevivência após a morte como uma continuação bidimensional da existência humana terrena e não como um estado genuinamente novo e diferente. As alegrias do mundo além da sepultura são as alegrias carnais da experiência normal. As pessoas participam da vida dos deuses, mas de um modo puramente humano; a sobrevivência não é uma consecução do destino, mas uma evitação do destino. A literatura chamada de "Livro dos Mortos" apresenta a entrada na bem-aventurança como dependente de aprovação em um exame da conduta moral (*ANET* 32-36), mas o sucesso depende mais de conhecer as respostas corretas do que do caráter moral. Não há ideia de que uma pessoa seria ou deveria ser excluída da bem-aventurança se a vida após a morte é meramente uma continuação da vida terrena, nenhuma qualificação moral deveria ser exigida tanto para uma quanto para a outra. Assim, a crença egípcia na sobrevivência é na verdade uma forte afirmação da bondade da vida humana na terra e da impossibilidade e indesejabilidade de uma mudança de estado. (Para variações no pensamento egípcio, → Literatura de Sapiencial, 27:26, vol. I, AT.)

A ideia egípcia é incompatível com as crenças básicas israelitas sobre Iahweh e a humanidade. A vida após a morte egípcia não é um mundo dominado pela presença e vontade divina pessoal, mas é na verdade um mundo totalmente secularizado. O fato de a ideia egípcia deixar as pessoas em sua presente condição não está, em si mesmo, em oposição à crença israelita primitiva, pois os israelitas deste período não fazem afirmações sobre um destino superior em uma outra vida. Mas os egípcios afirmam explicitamente que os seres humanos alcançam estatura plena nas alegrias da existência terrena, e para os israelitas é intolerável tal fé manifesta no mundo material. (Talvez o fato de Israel não chegar a uma ideia de sobrevivência após a morte se devesse em parte à repugnância ao completo secularismo egípcio.)

169 Na Mesopotâmia, pelo contrário, não há explicitamente esperança de sobrevivência. Aralu, o mundo dos mortos, é uma vasta sepultura onde os corpos dos mortos encontram-se inertes, não mais que semiconscientes, na melhor das hipóteses (*ANET* 87, 107); e uma descrição do mundo inferior é razão para sentar e chorar (*ANET* 98). A literatura mesopotâmica encara a morte com um profundo pessimismo. Os deuses reservam a vida para si mesmos e repartem a morte como o destino humano; portanto, as pessoas deveriam gozar os prazeres que a vida permite, pois elas não têm qualquer outra esperança (*ANET* 90). Assim, diferentemente dos egípcios, os mesopotâmicos encaram a morte como o fim da vida. Como os egípcios, eles não veem discriminação moral na morte, a qual vem, assim como o nascimento, a todos igualmente; nem mesmo encaram o problema da morte prematura, que é suscitado no AT. O fato da morte é totalmente sem relevância religiosa ou moral. Se as pessoas pudessem obter o alimento da vida e a água da vida (*ANET* 96, 101-102), elas participariam da imortalidade dos deuses, mas os deuses negam a imortalidade. A diferença entre a crença mesopotâmica e a israelita é evidente aqui; em Gn 2-3, o alimento da vida não é negado por ciúme, mas por causa de uma falta moral (também → Literatura sapiencial, 27:27-31).

170 A significação moral da morte é vital na crença israelita, mas a atitude israelita para com a possibilidade de vida após a morte não mostra diferença apreciável das crenças mesopotâmicas. A morte que vem ao primeiro ser humano como consequência do pecado é o fim da vida nesta terra, e não aparece nenhum horizonte mais amplo. A constituição da natureza humana, assim como é entendida no pensamento israelita, não revela princípio de sobrevivência. Nem a "alma" nem o "espírito" é uma entidade componente que sobreviva à morte. A pessoa humana é um corpo animado (→ 66 *acima*), e não se concebe nenhuma outra forma de vida humana. Muitas vezes se menciona o mundo inferior do AT (Xeol) e, às vezes, ele é descrito vividamente (Is 14). Estas descrições mostram que o Xeol, como o Aralu da Mesopotâmia, não é mais que uma ampla sepultura onde os corpos dos mortos jazem inertes (Jó 10,21; 17,13-16). O Xeol não é uma forma de sobrevivência, mas uma negação da sobrevivência; todos descem ao Xeol, e o bem e o mal da vida cessam ali.

(GRELOT, P., *De la mort à la vie eternelle* [LD 67; Paris, 1971]. TROMP, N., *Primitive Conceptions of Death and the Netherworld in the Old Testament* [BibOr 21; Rome, 1969].)

171 O AT não exibe muitas vezes o pessimismo que se pode ver na literatura mesopotâmica (→ Literatura Sapiencial, 27:30-31), exceto em passagens como Jó, o cântico de Ezequias (Is 38) e alguns Salmos (30;88). Jó (3,11-19) expressa a amargura cínica de uma vida não realizada, que parece tornar a morte e o Xeol algo desejável; cf. também Jr 20,14-18. No geral, contudo, os israelitas consideram a morte o fim normal da vida, pedindo apenas que lhes fosse permitido cumprir seus dias em paz – e a quantidade normal de dias era de 70 anos. Para os homens sábios de Israel uma morte prematura ou uma morte repentina ou dolorosa é uma punição da perversidade. Porém, à parte destas reflexões sobre a morte prematura, o caráter penal da morte, tão claramente visto na narrativa J de Gn 3, não se observa em outra parte do AT.

É muito provável que a ideia de sociedade do israelita tivesse muito a ver com sua atitude para com a morte. Um homem israelita vive em seus filhos que carregam seu nome e no povo de Israel do qual ele é membro. Se Israel continua a viver, os membros falecidos de Israel não pereceram completamente. Esta imortalidade coletiva não é inteiramente estranha mesmo ao pensamento moderno, apesar de nossa ênfase na dignidade e na importância da pessoa individual. As pessoas sempre estiveram preocupadas, e estão preocupadas agora, com o destino de seus filhos ou de outros que estão sob seus cuidados; eles vivem após sua morte na influência que têm sobre seus filhos.

172 Por qualquer valor que possam ter, deveríamos considerar também aquelas passagens do AT que parecem expressar um esforço por algum tipo de forma de vida após a morte. Alguns Salmos contêm petições a favor da vida ou expressões de ação de graças pela concessão de vida; o contexto, não apenas desses Salmos, mas também do pensamento israelita, sugere que o salmista fala de preservação de um perigo particular à vida. M. Dahood (*Psalms 1-50* [AB 16; New York, 1966] xxxvi) argumentou que há muito mais pensamento acerca da imortalidade e ressurreição nos Salmos do que se pensava anteriormente: o "inimigo" ao qual o salmista se opõe é frequentemente a morte (7,6; 13,3; 18,4; etc.). Mas cf. B. Vawter, *JBL* 91 (1972) 158-71.

Consideremos em particular os Salmos 49 e 73, onde o salmista encara o problema da universalidade da morte, que traga o justo assim como o ímpio. Visto que tanto o justo quanto o ímpio são mortais, que consolo é para os retos ter certeza de que a morte é uma punição para os ímpios? Neste contexto, quando o salmista expressa sua fé em que Iahweh o libertará da morte, a libertação dificilmente pode significar preservação que distinguirá o justo de algum perigo em particular; ela deve ser uma preservação que distinguirá o justo do ímpio. Se estes salmos estiverem expressando tal esperança, deve se observar que a esperança, embora infalível, é vaga e disforme em extremo, repousando na segurança da comunhão com Iahweh que é frequentemente expressa nos Salmos. A comunhão com Iahweh é vida, e seguramente a comunhão com um Deus amável e justo não deve ser destruída exceto por rebelião deliberada. Iahweh deve ter algum modo pelo qual a comunhão com ele possa ser preservada naqueles que são fiéis a ele; de outra forma não haveria diferença básica entre a retidão e a perversidade.

173 O obstáculo a qualquer afirmação mais explícita desta esperança é a concepção israelita da natureza humana e da vida humana, que não conhece princípio que possa sobreviver à morte. Quando a esperança é finalmente expressa, ela assume a única forma possível que ela pode ter no pensamento israelita: a ressurreição do corpo. A esperança da ressurreição não é realmente expressa na visão dos ossos secos de Ez 37; sob a imagem da ressurreição, o profeta expressa sua fé de que Israel sobreviverá à sua extinção nacional de 587 a.C. Uma esperança de que o Servo de Iahweh triunfará sobre a morte parece ser expressa em Is 53,10-12, mas o caráter e a missão únicos do Servo não permitem a extensão desta esperança, se de fato ela é expressa, a qualquer um à parte do próprio Servo. A primeira expressão clara da esperança da ressurreição ocorre no período macabeu em Dn 12,2. Veja também Is 26,19 na parte relativamente posterior de Isaías, conhecida como "o Apocalipse de Isaías" (→ Isaías, 15:48-49, vol. I, AT) – a menos que esta passagem simplesmente expresse a fé na sobrevivência de Israel.

Não há história do desenvolvimento da ideia. As tentativas de atribuir a crença à influência iraniana não foram bem sucedidas. Se as considerações mencionadas acima têm algum valor, elas indicam que esta ideia distintivamente israelita surge da concepção israelita de Deus e do ser humano. A ressurreição não é, como a forma egípcia de sobrevivência, meramente uma retomada da existência terrena; ela implica uma nova vida escatológica num novo mundo. Nem há meramente uma ressurreição dos justos; a dignidade da pessoa humana é tal que ela resiste à extinção, mesmo nos perversos.

174 Uma outra forma de crença na sobrevivência aparece em Sb, provavelmente escrita em Alexandria, no séc. I a.C. (→ Sabedoria, 33:6, vol. I, AT). É evidente a influência da filosofia grega neste livro, e o escritor pode ter aceito a doutrina grega da imortalidade da alma. Esta ideia, como vimos, não faz parte do entendimento israelita da constituição da natureza humana (→ 66 *acima*). Ela não cria raízes profundas no pensamento do judaísmo ou no NT, embora os essênios talvez tenham crido na imortalidade (Josefo, *Ant.* 18.1.5. §18), e algumas passagens do NT *possam* se referir à imortalidade – veja J. Barr, *Old and New in Interpretation* (London, 1966) 52ss.

175 (IV) Promessa e cumprimento. O estudo teológico cristão do AT está incompleto a menos que se considere a relação do AT com o NT. Jesus apresenta-se nos Evangelhos como o cumprimento da esperança e do destino de Israel, e a protoigreja o segue nisto. Esta apresentação implica certos princípios de interpretação e suscita vários problemas detalhados; somente os princípios são considerados aqui, e os problemas dos detalhes são deixados para os artigos que tratam dos livros e das passagens em separado.

A afirmação do NT de que Jesus é o Messias (→ 178 *abaixo*) implica a unidade da história sob um único plano divino de salvação. Em Jesus, os atos de Deus relatados no

Antigo Testamento convergem e alcançam sua plenitude; nele a ideia do AT de história e a esperança do AT quanto ao futuro são levadas a termo. Israel não tem outro destino para o qual possa olhar – em Jesus os atos salvadores e julgadores de Deus são consumados.

176 A unidade e continuidade do plano e da história da salvação não implicam que o AT não tenha sentido sem Jesus. Era a teoria de Orígenes e de muitos de seus seguidores que o verdadeiro significado do AT não era inteligível a menos que se interpretasse cada palavra do AT como se referindo a Cristo de algum modo (→ Hermenêutica, 71:36, 38). Esta interpretação só é possível mediante um tipo de alegorização que vai muito além do sentido do texto. Além disso, esta concepção deixa de reconhecer o valor intrínseco do AT. Mesmo de um ponto de vista cristão, se nunca houvesse um NT, as Escrituras Hebraicas manteriam seu valor porque foram um veículo por meio do qual Deus se revelou. A literatura do AT foi significativa para as pessoas que a produziram e para aquelas para quem ela foi produzida; ele teve uma relevância e força contemporânea que pôde ser compreendida pelas pessoas que não estavam cientes da forma precisa que o desenvolvimento histórico da salvação assumiria. Na interpretação moderna, considera-se que a primeira (mas não a única) tarefa do intérprete é a apreensão deste significado israelita contemporâneo (→ Hermenêutica, 71:22).

177 A unidade do plano e da história da salvação implica a unidade dos temas teológicos básicos do AT e do NT. Muitos dos temas do AT foram considerados nesta avaliação, e dificilmente haja um que não encontra seu desenvolvimento no NT. É um equívoco considerar os temas no NT como se eles não tivessem origem e crescimento no AT, do qual os próprios escritores do NT tomaram seu ponto de partida. A heresia de Marcião, no séc. II, negava a relevância do AT para a revelação cristã e, em particular, a unidade do conceito de Deus no AT e no NT. Mas quando Jesus falou de seu Pai, ele se referiu ao Deus a quem todos os judeus conheciam, o Iahweh cujo encontro com Israel é relatado no AT. Ele podia lhes falar de Iahweh como aquele que se revelou a eles em sua história, e lhes expor a plenitude da revelação deste Iahweh. O caráter de Iahweh, seus atributos, sua providência e seu governo da história podiam ser reconhecidos na proclamação de Jesus.

A unidade dos temas se manifesta na unidade do vocabulário exibido nos dois Testamentos. Quase todas as palavras teológicas centrais do NT são derivadas de alguma palavra hebraica que tinha uma longa história de uso e desenvolvimento no AT. Jesus e os apóstolos usaram termos familiares. Obviamente isto não implica que estes termos não tenham passado por um desenvolvimento adicional no NT, mas a linguagem teológica que Jesus e os apóstolos usaram era a linguagem disponível a eles e a seus ouvintes. A criação desta linguagem teológica não foi obra de um dia. Sem um pano de fundo do AT e das crenças e tradições israelitas, a mensagem de Jesus teria sido ininteligível. A pesquisa contemporânea presta muita atenção ao estudo do vocabulário teológico do NT e às suas raízes no AT (*p.ex.*, *TDNT*), e o valor destes estudos é reconhecido universalmente.

178 Mas a unidade de temas é acompanhada por um desenvolvimento que não deve ser omitido ou minimizado. Embora dificilmente haja uma palavra teológica central que não seja comum a ambos os Testamentos, é provável que dificilmente haja uma palavra-chave que não tenha sido enriquecida no NT. A inovação do fato cristão se torna mais evidente a partir de um cuidadoso estudo do desenvolvimento do vocabulário; o fato cristão nasce no judaísmo, mas não é derivado dele. O fato cristão é o mais novo e o mais radical dos atos salvíficos de Deus; ele inicia uma revolução permanente que afeta o judaísmo tanto quanto afeta o mundo em geral.

A novidade da revolução cristã não é bem percebida num esquema de interpretação que vê a relação do AT com o NT como predição e cumprimento (→ Hermenêutica, 71:52). Sem negar a unidade da história e de temas, sustentamos que a realidade histórica concreta de Jesus Cristo não é predita literalmente em nenhuma parte do AT. Jesus excede os limites do conhecimento veterotestamentário de Deus, pois, em suas próprias palavras, ninguém põe vinho novo em odres velhos. A novidade radical de sua pessoa e missão pode ser vista na própria designação Messias/Cristo (→ Pensamento do NT, 81:12-24). A protoigreja proclamou Jesus como o Messias, consciente de que nenhuma figura semelhante a ele podia ser encontrada no AT. Ele é o Messias e é reconhecido como tal não porque ele pode ser identificado com alguma predição particular ou com várias predições tomadas juntas, mas porque ele unifica em sua pessoa todas as ideias que são chamadas de messiânicas. A unificação transforma profundamente algumas dessas ideias (→ 154 *acima*).

Desdobramentos semelhantes podem ser destacados em outras ideias-chave. A ideia de cumprimento, mencionada muitas vezes no NT, não é inevitavelmente cumprimento de uma predição. A esperança ou o destino podem ser cumpridos; promessa pode ser cumprida, e promessa é uma palavra mais precisa para designar a relação do AT com o NT. A promessa é cumprida com uma abundância que não foi predita porque não podia ser predita; ela não poderia ter sido entendida. Era necessário o crescimento religioso de Israel a fim de que Jesus Cristo, quando viesse, pudesse ser reconhecido pelo menos por alguns como o que ele era. Ele é, de fato, a chave para o entendimento do AT. Quanto a uma exposição mais extensa sobre a relação dos dois Testamentos, → Hermenêutica, 71:30ss.

78
Jesus

John P. Meier

BIBLIOGRAFIA

1 Quanto a obras mais antigas, veja revisão da pesquisa sobre o Jesus histórico (→ Crítica do NT, 70:3-13, 33ss.); quanto a obras sobre cristologia, → Pensamento do NT, 81:1). ANDERSON, C., *Critical Quests of Jesus* (Grand Rapids, 1969); *The Historical Jesus: A Continuing Quest* (Grand Rapids, 1972). AULÉN, G., *Jesus in Contemporary Historical Research* (Philadelphia, 1976). BORNKAMM, G., *Jesus of Nazareth* (New York, 1960) em port.: *Jesus de Nazaré*, São Paulo: Ed. Teológica, 2006]. BRAATEN, C. e R. HARRISVILLE (eds.), *The Historical Jesus and the Kerygmatic Christ* (Nash, 1964). BRAUN, H., *Jesus of Nazareth* (Philadelphia, 1979). BREECH, J., *The Silence of Jesus* (Philadelphia, 1983). BULTMANN, R., *Jesus and the Word* (Londres, 1934); *TNT* 1.3-32. CHARLESWORTH, J., *Jesus within Judaism* (Garden City, 1987). CONZELMANN, H., *Jesus* (Philadelphia, 1973). COOK, M., *The Jesus of Faith* (New York, 1981). DIBELIUS, M. e W. KÜMMEL, *Jesus* (Berlin, 1966). DODD, C. H., *The Founder of Christianity* (Londres, 1971). DULLES, A., "Jesus as the Christ", *Thought* 39 (1964) 359-79. DUNN, J. D. G., *The Evidence for Jesus* (Philadelphia, 1985). FENEBERG, R. e W. FENEBERG, *Das Leben Jesu im Evangelium* (QD 88; Freiburg, 1980). FUCHS, E., *Studies of the Historical Jesus* (SBT 42; London, 1964). GOPPELT, L., *Theology of the New Testament 1: The Ministry of Jesus* (Grand Rapids, 1981). GRANT, M., *Jesus* (New York, 1977). GRECH, P., "Recent Developments in the Jesus of History Controversy", *BTB* 1 (1971) 190-213. HARVEY, A. E., *Jesus and the Constraints of History* (Philadelphia, 1982). JEREMIAS, *JNTT*. KÄSEMANN, E., "The Problem of the Historical Jesus", *ENTT* 15-47; "Blind Alleys in the 'Jesus of History' Controversy", *NTQT* 23-65. KECK, L., *A Future for the Historical Jesus* (Nash, 1971). KERTELGE, K. (ed.), *Rückfrage nach Jesus* (QD 63; Freiburg, 1974). KÜMMEL, W., *Promise and Fulfillment* (SBT 23; 3ª ed.; London, 1961); "Jesusforschung", *TRu* 40 (1975); 41 (1976); 43 (1978); 45 (1980); 46 (1981); 47 (1982); colecionado como *Dreissig Jahre Jesusforschung* (BBB 60; Bonn, 1985). LÉON-DUFOUR, X., *The Gospels and the Jesus of History* (New York, 1968). LOHFINK, G., *Jesus and Community* (Philadelphia, 1984). MACKEY, J., *Jesus the Man and the Myth* (New York, 1979). MARSHALL, I. H., *I Believe in the Historical Jesus* (Grand Rapids, 1977). MEYER, B., *The Aims of Jesus* (London, 1979). PERRIN, N., *Rediscovering the Teaching of Jesus* (London, 1967); *Jesus and the Language of the Kingdom* (Philadelphia, 1976). REUMANN, J., *Jesus in the Church's Gospels* (Philadelphia, 1968). RISTOW, H. e K. MATTHIAE, *Der historische Jesus und der kerygmatische Christus* (Berlin, 1962). ROBINSON, J. M., *A New Quest of the Historical Jesus* (SBT 25; Londres, 1959). ROLOFF, J., *Das Kerygma und der irdische Jesus* (Göttingen, 1970). SANDERS, E. P., "Jesus, Paul and Judaism", *ANRW* II/25.1, 390-450; *Jesus and Judaism* (Philadelphia, 1985). SCHUBERT, K., (ed.), *Der historische Jesus und der Christus unseres Glaubens* (Wien, 1962). SCHWEIZER, E., *Jesus* (London, 1971). SMITH, M., *Jesus the Magician* (SF, 1978). STAUFFER, E., "Jesus, Geschichte und Verkündigung", *ANRW* II/25.1, 3-130. THOMPSON, W., *The Jesus Debate* (New York, 1985). VERMES, G., *Jesus the Jew* (Philadelphia, 1981). *Jesus and the World of Judaism* (Philadelphia, 1984). WILCOX, M., "Jesus in the Light of His Jewish Environment", *ANRW* II/25.1, 129-95. WILSON, I., *Jesus: The Evidence* (San Francisco, 1984).

2 ESBOÇO

Método (§ 3-10)
  (I) Alcance e definições (§ 3)
  (II) Fontes (§ 4-6)
  (III) Critérios (§ 7)
  (IV) Legitimidade e propósito da busca (§ 8-10)

O Jesus da história: origem e ministério (§ 11-43)
  (I) Origem
    (A) Nascimento (§ 11)
    (B) Condição de leigo (§ 12)
    (C) Anos de formação (§ 13-14)
  (II) Começo do ministério (§ 15-16)
  (III) Mensagem fundamental de Jesus
    (A) Reino de Deus (§ 17)
    (B) Parábolas (§ 18)
  (IV) Atos de Jesus
    (A) Comunhão de mesa (§ 19)
    (B) Milagres (§ 20)
    (C) Coerência das palavras e atos (§ 21)
  (V) Ensino moral e a lei
    (A) Radicalização da lei (§ 22)
    (B) Amor sem limites e misericórdia (§ 23)
    (C) Jesus e os partidos judaicos (§24)
  (VI) Os discípulos de Jesus e sua missão
    (A) Seguimento literal (§ 25)
    (B) Os Doze (§ 26)
    (C) O círculo mais amplo (§ 27)
    (D) Jesus e os gentios (§ 28)
  (VII) A identidade de Jesus
    (A) O problema (§ 29)
    (B) Deus como Pai (§ 30-31)
    (C) Categorias e títulos (§ 32-43)
      (a) Profeta (§ 33)
      (b) Messias (§ 34)
      (c) O Filho ou Filho de Deus (§ 35-37)
      (d) O Filho do Homem (§ 38-41)
      (e) Senhor (§ 42)
      (f) Santo carismático (§ 43)

O Jesus da história: paixão e ressurreição (§ 44-57)
  (I) Últimos dias em Jerusalém
    (A) Entrada triunfal; purificação do Templo (§ 44)
    (B) Atitude de Jesus ante a morte (§ 45-50)
    (C) A Última Ceia (§ 51)
  (II) Paixão e morte
    (A) Getsêmani e prisão (§ 52)
    (B) Julgamento(s) (§ 53-54)
    (C) Crucificação e morte (§ 55-56)
  (III) Ressurreição (§ 57)

MÉTODO

3 (I) Alcance e definições. O foco exclusivo deste artigo é o "Jesus da história" ou o Jesus histórico – aquele Jesus que é conhecível ou recuperável por meio da moderna pesquisa histórico-crítica. Visto que a pesquisa histórico-científica surgiu apenas no séc. XVIII, a busca pelo Jesus histórico é um esforço peculiarmente moderno com sua própria história emaranhada. O "Jesus da história" é uma reconstrução teórica moderna – um retrato experimental e fragmentário pintado por estudiosos modernos – e não deve ser identificado ingenuamente com a realidade plena do Jesus que de fato viveu no séc. I d.C. (o "Jesus real"). Num sentido, esta distinção entre "histórico" e "real" é verdadeiro para qualquer personagem da história antiga. Houve mais acerca do verdadeiro Sócrates ou Nero do que aquilo que podemos conhecer hoje. *A fortiori* – isto é certo de Jesus, não apenas por causa de nossas fontes fragmentárias, mas também por causa da profundidade do mistério envolvido. O Jesus histórico também deveria ser distinguido do "Jesus terreno", *i.e.*, do Jesus como é *retratado* durante sua vida terrena. Os Evangelhos se propõem a descrever o Jesus terreno; eles não visam descrever o Jesus histórico, embora sejam as principais fontes para nossas reconstruções modernas. Os autores alemães frequentemente distinguem entre o Jesus histórico (*historisch*) e o Cristo histórico (*geschichtlich*), uma distinção que se tornou famosa por meio de M. Kähler (*The So-Called Historical Jesus and the Historic Biblical Christ* [Philadelphia, 1964]). O primeiro se refere a um personagem cientificamente reconstruído; o último, ao objeto da fé e do culto cristãos, que tem tido um impacto sobre o cristianismo ao longo do tempo. Contudo, a distinção entre *historisch* e *geschichtlich* não é observada por todos os críticos alemães. Alguns estudiosos recentes (*p.ex.*, Perrin, *Rediscovering* 234-38) preferem uma tripla distinção: (1) conhecimento descritivo histórico acerca de Jesus; (2) aqueles aspectos deste conhecimento histórico que podem tornar-se significativos para nós hoje (como pode ser verdade acerca de outros personagens antigos, *p.ex.*, Sócrates); (3) fé-conhecimento de Jesus como Senhor e Cristo. Este artigo está diretamente interessado apenas no primeiro tipo de conhecimento, embora este primeiro nível naturalmente conduza ao segundo e ao terceiro níveis. Por razões metodológicas, a busca pelo Jesus histórico abstrai o que é conhecido pela fé, *mas de maneira nenhuma o nega*.

4 (II) Fontes. As principais fontes são os Evangelhos canônicos – e neste ponto está o principal problema. Embora os Evangelhos certamente contenham fatos históricos acerca de Jesus, os Evangelhos como um todo estão cheios da fé pascal da protoigreja. (Quanto ao reconhecimento católico formal disto, → Pronunciamentos da Igreja, 72:35.). Pode ser muito difícil, às vezes impossível, distinguir evento ou declaração original da interpretação posterior (cf. o tratamento de problemas metodológicos em D. Hill, *NT Prophecy* [Atlanta, 1979] 160-85; e M. Boring, *NTS* 29 [1983] 104-12). O fato de os quatro Evangelhos serem documentos de fé que refletem a teologia posterior significa, contudo, que João não deve ser automaticamente rejeitado em favor dos sinóticos (contra Braun, *Jesus* 17). Embora a tradição dos ditos em João tenha sofrido reelaboração maciça, alguns dados individuais preservados em João parecem mais confiáveis do que o material paralelo nos sinóticos. O julgamento deve ser feito com base nos méritos dos casos individuais. O restante do NT fornece poucas informações acerca do Jesus histórico, e os Evangelhos apócrifos podem fornecer, quando muito, alguns ditos (→ Apócrifos, 67:58; → Canonicidade, 66:64).

5 *Fontes judaicas*. Por volta de 93-94, Josefo escreveu sobre "Tiago, o irmão de Jesus, o assim chamado Cristo" em *Ant.* 20.9.1 § 200. Esta referência de passagem ao irmão de *Jesus* (não a fórmula cristã "irmão do *Senhor*") dificilmente é a obra de um autor cristão; por isso, é geralmente aceita como autêntica. O ponto vital aqui é que Josefo pressupõe que seus leitores conheçam quem é este Jesus chamado Cristo. Isto deve ser lembrado quando nos aproximamos de outras possíveis menções de Josefo a Jesus, *Ant.* 18.3.3 § 63-64, o famoso *Testimonium Flavianum*. Pela situação atual, o *Testimonium* mostra sinais de interpolação cristã, mas muitos estudiosos pensam que alguma referência mais elementar a Jesus encontra-se por trás do texto atual (veja S. Brandon, *The Trial of Jesus* [New York, 1968] 151-52; L. Feldman, "Flavius Josephus Revisited", *ANRW* II/21.2, 822-35; Smith, *Magician* 45-46; P. Winter, *Journal of Historical Studies* 1 [1968] 289-302; também E. Bammel, *ExpTim* 85[1973-74] 145-47). As referências dispersas a Jesus na literatura rabínica posterior são frequentemente polêmicas e distorcidas; elas nada acrescentam ao nosso conhecimento do Jesus histórico (veja J. Klausner, *Jesus of Nazareth* [New York, 1925] 18-54; Smith [*Magician* 46-50] é mais confiante; → Apócrifos, 67:134).

6 *Fontes pagãs*. O historiador Tácito, em cerca de 110 d.C., refere-se à origem do cristianismo em Cristo, "que foi morto durante o reinado de Tibério pelo procurador [*sic*] Pôncio Pilatos" (*Ann.* 15.44). Escrevendo mais ou menos à mesma época, Suetônio possivelmente se refere a Cristo como a fonte do tumulto entre os judeus em Roma sob Cláudio, mas a alusão é incerta (*Claudius* 25; veja W. Wiefel, in *The Romans Debate* [D. K. Donfried; Minneapolis, 1977] 100-19; R. E. Brown, *Antioch and Rome* [New York, 1983] 100-2; → Paulo, 79:10). Plínio, o Jovem, escrevendo em torno de 111-113 d. C,. descreve como os cristãos "cantam um hino a Cristo como a um deus" (*Ep.* 10.96). Quando muito, então, autores não cristãos do séc. I e início do séc. II dão testemunho independente acerca da existência de Jesus Cristo, sua crucificação por Pilatos e o subsequente culto a ele.

7 (III) Critérios. Visto que os estudiosos dependem dos Evangelhos canônicos, eles devem criar critérios (ou indicadores) para julgar o que neles vem do próprio Jesus como distinto do que vem da tradição cristã antiga. Como acontece com a maioria dos julgamentos acerca da história antiga, o melhor que se pode esperar são graus variados de probabilidade. Cinco critérios podem ser destilados a partir dos muitos sugeridos: (1) O critério do *embaraço* se concentra em ações ou ditos de Jesus que teriam embaraçado a protoigreja e, assim, tendem a ser suavizadas ou suprimidas em estágios posteriores da tradição (*p.ex.*, o batismo de Jesus ou sua ignorância acerca do dia do julgamento). (2) O critério mais controverso, o da *descontinuidade* ou *dessemelhança*, concentra-se naquelas palavras e ações de Jesus que não podem ser derivadas do judaísmo antes dele ou do cristianismo depois dele (*p.ex.*, proibição dos juramentos e dos jejuns). Mas este critério deve ser usado com cuidado, visto que Jesus era um judeu do séc. I de quem procedeu o movimento protocristão. Uma ruptura total com a história anterior e posterior a ele é *a priori* improvável. Por isso, deve-se ter cuidado acerca da insistência sobre o que é "singular" a Jesus. Visto que estamos mal informados acerca das práticas e vocabulário religioso judaico-aramaico popular na Galileia do séc. I d.C., é mais prudente falar do que é "notavelmente característico" de Jesus (*p.ex.*, "Abba", "em verdade eu vos digo"). Semelhantemente, ao lidar com as ações de Jesus, é melhor falar do "tipo de coisas que Jesus fez" em vez de alegar que uma narrativa particular descreve exatamente o que Jesus fez numa época em particular. (3) O critério da *atestação múltipla* ou *múltiplas fontes* se concentra no material testemunhado por diversas correntes independentes de tradição cristã antiga, frequentemente em formas variantes (*p.ex.*, a proibição do divórcio por parte de Jesus em Mc, Q e 1Cor 7; a instituição da eucaristia em Mc 14 e 1 Cor 11). (4) O critério da *coerência* ou *consistência* entra em jogo após uma certa quantidade de material histórico ter sido isolada pelos critérios anteriores. Outras declarações e ações de Jesus que se ajustam bem à "base de informações" preliminar têm uma boa chance de serem históricas (*p.ex.*, ditos que refletem a iminente vinda do reino). Mas é possível que as declarações de Jesus não formem um padrão totalmente coerente. Elementos do ensino sobre Deus e a moralidade podem não se ajustar perfeitamente à mensagem escatológica de Jesus, podendo antes refletir as tradições de Sabedoria de Israel. Novamente é necessário cuidado. (5) O critério da *rejeição* e *execução* de Jesus não nos revela diretamente o que é histórico, mas dirige nossa atenção para aqueles atos e palavras que explicam por que Jesus encontrou um fim violento nas mãos das autoridades judaicas e romanas. Um Jesus "brando", um mero criador de símbolos que inventa enigmas e que, portanto, não ameaçou radicalmente as pessoas, especialmente os poderes constituídos, não poderia ser histórico. É óbvio que todos estes critérios devem ser usados em conjunto como critérios que se autocorrigem mutuamente.

(LENTZEN-DEIS, F., in KERTELGE, *Rückfrage* 78-117. MEYER, *Aims* 76-94. PERRIN, *Rediscovering* 15-53. SANDERS, *Jesus and Judaism* 1-58. SCHILLEBEECKX, *Jesus* 77-100.)

8 (IV) Legitimidade e propósito da busca. É estranho que fundamentalistas e seguidores rigorosos de R. Bultmann estejam unidos na oposição à busca pelo Jesus histórico. Ambos os grupos enfatizam a suficiência dos Evangelhos, mas por razões opostas. Os fundamentalistas equiparam de maneira ingênua e não crítica o Cristo dos Evangelhos com o Jesus histórico, não dando lugar ao desenvolvimento e à reinterpretação de tradições de Jesus na protoigreja. Bultmann, pelo contrário, postula um abismo escancarado entre o Jesus histórico e o Cristo da fé (→ Crítica do NT 70:46-52). Embora algumas coisas possam ser conhecidas acerca da pregação de Jesus, não se pode (e não se deveria tentar) conhecer muito acerca do Jesus histórico. Caso contrário, a pessoa é culpada de tentar provar a fé pela razão; ela não está disposta a aceitar a palavra de Deus, que autentica a si mesma, à parte das obras da pesquisa humana.

9 A posição fundamentalista se torna insustentável pelas formas contrastantes e até mesmo conflitantes das tradições dos Evangelhos (*p.ex.*, as diferentes formas das palavras da instituição eucarística; a ignorância de Jesus em Marcos e sua onisciência em João). A abordagem bultmanniana foi abandonada até mesmo por alguns pós-bultmannianos (→ Crítica do NT, 70:64-70), visto que há simplesmente informações histórica e teologicamente relevantes acerca de Jesus relevante nos evangelhos para que os pesquisadores as ignorem. Além disso, a rejeição da busca por parte de Bultmann como teologicamente ilegítima nasce de princípios teológicos discutíveis. A busca pelo Jesus histórico, entendida de maneira apropriada, não procura provar a fé. A fé é um ato repleto de graça que assente à palavra reveladora de Deus com base na autoridade de Deus somente; ela desfruta, portanto, de um tipo singular de certeza. A busca pelo Jesus histórico faz parte de uma pesquisa empírica e histórica e, portanto, pode gerar apenas graus variados de probabilidade. Tanto crentes quanto não crentes podem se envolver na busca, mesmo que sua interpretação dos resultados e sua integração dos resultados em sua cosmovisão total sejam diferentes. Para o crente, o Jesus da história não é e não pode ser o objeto direto da fé cristã. Durante um milênio e meio, os cristãos nunca ouviram falar sobre o Jesus histórico. Além disso, como o cristão atual poderia fazer do Jesus histórico o objeto de fé quando o retrato varia tão radicalmente de estudioso para estudioso e de uma geração para outra? Todavia, à medida que a teologia é fé que busca entendimento, a busca pelo Jesus histórico pode e deve fazer parte da reflexão teológica moderna do cristão, que é necessariamente marcada por uma consciência histórica explícita desconhecida de eras anteriores.

10 A busca pelo Jesus histórico ajuda a dar conteúdo concreto a nossas afirmações cristológicas e, assim, exerce um papel útil na teologia. Em contraste com qualquer tendência de evaporar Jesus num símbolo gnóstico ou mítico atemporal, a busca reafirma o escândalo da palavra feito carne, a chocante identificação da plenitude da revelação de Deus com um judeu particular da Palestina do séc. I (→ Pronunciamentos da Igreja, 72:39). A busca desempenha uma função semelhante com relação a tendências místicas ou docéticas entre cristãos leais que pensam estar preservando a fé ao enfatizar a divindade de Cristo em detrimento de sua verdadeira humanidade. O Jesus não conformista que se associou à "classe baixa" religiosa e social da Palestina também serve como corretivo para um cristianismo que sempre está tentada a tornar-se respeitável pelos padrões deste mundo. Mas o Jesus histórico não deve ser cooptado ingenuamente pelo revolucionário social. O fato é que o Jesus histórico escapa a todas as nossas categorias e programas bem ajeitados; ele submete todos eles ao questionamento e ao juízo ao desmascarar suas limitações. Nisto ele é, de fato, "escatológico". Embora à primeira vista seja atrativamente relevante, o Jesus histórico sempre impressionará o inquiridor cuidadoso como estranho, perturbador e até mesmo ofensivo. Sendo o exato oposto do Jesus das "vidas liberais" (que serviram como um tanque de águas claras no qual os estudiosos olhavam para verem a si mesmos), ele frustra todas as tentativas de se transformar a fé cristã numa ideologia relevante, de direita ou de esquerda, e é um constante catalisador para a renovação do pensamento teológico e da vida da igreja.

(FULLER, R. H., *Thomist* 48 [1984] 368-82. JOHNSON, E., *ibid.* 1-43. SCHNACKENBURG, R., in KERTELGE, *Rückfrage* 194-220.)

O JESUS DA HISTÓRIA: ORIGEM E MINISTÉRIO

11 (I) Origem.

(A) Nascimento. O nome Jesus (em grego:. *Iēsous*; em hebraico: *Yēšûa'* [*Yhwh* ajuda ou salva], frequentemente abreviado para *Yēšû'* [BDF 53.2b]), era comum na virada da era entre os judeus. Jesus de Nazaré nasceu próximo ao final do reinado de Herodes o Grande (37-4 a.C.), portanto em torno de 6-4 a.C. (Quanto a esta data, → História, 75:160.). Sua mãe era Maria, seu suposto pai era José. Nada mais pode ser afirmado com *certeza* acerca de suas origens de acordo com os limites conhecidos descritos na seção 3 acima, visto que as narrativas evangélicas da infância (Mt 1-2; Lc 1-2) refletem fortemente a teologia posterior. O capítulo 1 de cada uma delas afirma que Jesus foi concebido por meio do Espírito Santo sem um pai humano – informação que não se encontra em nenhuma outra parte no NT. É duvidosa a alegação dos estudiosos liberais de que isto seja uma invenção puramente teológica, mas para o cristão a segurança acerca da concepção virginal vem mais do ensino da Igreja que da exegese científica (veja *BBM* 517-33; *CBQ* 48 [1986] 476-77, 675-80). O capítulo 2 de ambas as narrativas tem Jesus como nascendo em Belém, um detalhe novamente não declarado em nenhuma outra parte no NT e simbolicamente relacionada ao *status* de Jesus como o Messias davídico real. As diferentes genealogias em Mateus 1:2-16 e Lucas 3:23-38 são de historicidade questionável (veja *BBM* 84-95). Mas muitos credos antigos do NT (Rm 1:3-4 e 2Tm 2:8) proclamam que Jesus é da "semente de Davi" num contexto de fé na ressurreição. Uma interpretação antiga da ressurreição em termos da entronização do real Filho de Davi – de modo algum uma interpretação óbvia ou necessária – pode ter sido facilitada pelo fato de Jesus ter vindo de um ramo colateral obscuro da casa de Davi (veja *BBM* 513-16, 505-12). Em todo caso, sua linhagem davídica é reconstituída por meio de seu pai legal, José. A única indicação no NT acerca de Maria (Lc 1,5.36) aponta para uma descendência levítica (*MNT* 154, 20-61).

12 (B) Condição de leigo. Jesus foi considerado um leigo durante sua vida terrena (o que é genuíno tanto num conceito cristão quanto judaico dele; veja Hb 8,4). Isto ajuda a esclarecer sua referência despreziva tanto ao sacerdote quanto ao levita na parábola do bom samaritano (Lc 10:30-37, algo como uma "piada" anticlerical; veja J. Crossan, *Semeia* 2 [1974] 82-112). Ainda mais importante, ajuda a explicar por que somente uma vez na tradição sinótica Jesus é apresentado em diálogo exclusivamente com os saduceus (o partido majoritariamente sacerdotal), com óbvia hostilidade de ambas as partes (Mc 12,18-27 par.). O mais importante, ajuda a explicar por que a aristocracia sacerdotal e leiga em Jerusalém (*i.e.*, os saduceus) desempenhou um papel muito proeminente no sentido de levar Jesus perante Pilatos. O conflito moral entre Jesus e seus oponentes tinha elementos não apenas de galileu *versus* judeu, de pobre *versus* rico, de carismático *versus* institucional, de escatológico *versus* deste mundo, mas também de leigos *versus* sacerdotes.

13 (C) Anos de formação. Jesus passou cerca de 30 anos de sua vida em Nazaré, uma obscura cidade numa colina no sul da Galileia. Quase nada sabemos sobre este período. Ele foi por profissão um *tektōn* (Mc 6,3), muito provavelmente um carpinteiro, embora o termo abranja qualquer artesão que trabalhe ou construa com materiais sólidos. O pai legal de Jesus, José, não aparece durante o ministério público; presumivelmente ele tenha morrido. Em contraste, sua mãe, Maria, é mencionada, bem como seus irmãos, Tiago, Joset (= José), Judas e Simão (Mc 6,3; Mt 13,55). Também se mencionam irmãs, mas seus nomes não são citados. (Desde o período patrístico há controvérsia sobre o relacionamento preciso destes personagens [irmãos ou irmãs, filhos de José de um casamento anterior, primos]; quanto à importância mariológica, veja *MNT* 65-72.). A maioria das referências evangélicas indica que os parentes de Jesus não o seguiram durante o ministério público (Mc 3,21.31-35; Jo 7,5; embora cf. Jo 2,12). Isto permanece em marcante contraste com sua influente posição que tiveram mais tarde na igreja cristã. Uma referência de passagem de Paulo em 1Cor 9,4 indica que os irmãos de Jesus eram casados. Nada jamais é dito de maneira explícita no NT acerca do *status* marital de Jesus. Contudo, em virtude das várias referências a seu pai, mãe, irmãos e irmãs, o silêncio total acerca de uma esposa pode ser entendido como uma indicação de que Jesus permaneceu solteiro (contra W. Phipps, *Was Jesus Married?* [New York, 1970]). Seu *status* incomum de celibatário – e os escárnios que isto ocasionava – pode ser o contexto original para o dito errático sobrte os eunucos (Mt 19,12). Vermes (*Jesus the Jew* 99-102) considera que uma vocação profética pode ter sido entendida como incluindo o celibato, mas a maior parte de suas evidências vem de séculos posteriores (Mishná e Talmude; todavia veja Jr 16,1). Qumran também é invocado como paralelo, mas o celibato de Qumran é uma questão complexa (→ Apócrifos, 67:108).

14 Nada sabemos sobre a educação formal de Jesus. Seus inimigos, em João 7,15, ficam maravilhados de como Jesus conhecia a Escritura uma vez que ele nunca estudou formalmente – embora eles provavelmente estejam se referindo ao treinamento técnico na lei como os escribas recebiam mediante o estudo sob um mestre reconhecido. Jesus foi intitulado de modo honorífico como "Rabi", mas o título no judaísmo pré-70 d.C. era usado de modo mais vago do que no judaísmo posterior (cf. sua aplicação a João Batista em Jo 3,26; veja *BGJ* 74-75; M. Hengel, *The Charismatic Leader and His Followers* [New York, 1981] 42-50). Lucas 4,16-21 pressupõe que Jesus lia e entendia o hebraico bíblico. Jesus deve ter usado de modo habitual o aramaico na conversação e nos discursos, uma vez que esta era a língua comum dos camponeses galileus (Fitzmyer, *WA* 29-56). O grego deve ter sido usado às vezes pelos camponeses judeus na Galileia para fins comerciais, e Jesus pode ter tido algum conhecimento de grego. É improvável, contudo, que ele o tenha usado regularmente em seu ensino. No todo, nada havia em sua vida anterior ou em sua formação educacional que preparasse a população contemporânea de sua cidade para a surpreendente trajetória que ele logo empreendeu: por isso, o impacto e o escândalo com que se deparou quando retornou para casa após uma viagem de pregação (Mc 6,1-6a par.).

15 (II) Começo do ministério. Em algum momento por volta de 28-29 d.C., durante o reinado do imperador Tibério (14-37), Jesus emergiu da obscuridade para receber o batismo de João Batista, um personagem também conhecido a partir de Josefo (*Ant.* 18.5.2 § 116-19; → História, 75:169-70). Um asceta rigoroso, com características dos profetas do AT, especialmente Elias, João Batista chamou um Israel pecaminoso ao arrependimento e a uma purificação (batismo) definitiva em vista do iminente juízo irascível de Deus. Neste sentido limitado, a mensagem e a imagem de João Batista eram "apocalípticas". O próprio fato de que Jesus se submeteu ao batismo de João Batista, um acontecimento cuja importância dos perplexos evangelistas vão progressivamente diminuindo (*p.ex.,* Mt 4,14-15), indica que Jesus basicamente aceitou a missão e a mensagem de João Batista. É especialmente esta matriz da própria missão de Jesus que torna altamente suspeitas as tentativas atuais de eliminar ou suavizar o elemento da escatologia futura na pregação de Jesus (*p.ex.,* N. Perrin, *Jesus and Language* 15-88). Em correta oposição a estas tendências encontra-se Sanders (*Jesus and Judaism* 90-156). Alguns dos primeiros e mais íntimos discípulos de Jesus eram aparentemente ex-discípulos de João Batista (Pedro, André, Filipe e Natanael em Jo 1,35-51). Não sabemos se João Batista alguma vez reconheceu Jesus como um personagem especial. João Batista pode não ter esperado qualquer agente adicional no drama escatológico exceto o próprio Deus (o "aquele que vem"?).

(Sobre João Batista: HOLLENBACH, P., *ANRW* II/25.1, 196-219 [altamente imaginativo]. KOESTER, *INT* 71-73. MEIER, J. P., *JBL* 99 [1980] 383-405 [especialmente n. 1, 8 quanto a bibliografia.]. MERKLEIN, H., *BZ* 25 [1981] 29-46.)

16 Quando Jesus iniciou sua atividade, ele inicialmente imitou João Batista ao batizar (Jo 3,22; 4,1; mas confira a perplexidade do redator final em 4,2). Isto pode ter ocasionado alguma rivalidade entre os grupos de João Batista e Jesus, pelo menos durante o período em que os ministérios dos dois líderes se sobrepuseram (Jo 3,22-30; mas Mc 1,14 par. esquematizam fazendo o ministério de Jesus começar somente após a prisão de João Batista). Embora Jesus tenha dado continuidade à mensagem escatológica de João Batista, houve uma mudança importante quanto à ênfase. João Batista enfatizou o terrível julgamento e punição iminentes a serem impostos a pecadores; a promessa de salvação era muda e implícita. Jesus enfatizou, em vez disso, a alegria da salvação, que está iniciando agora e logo será consumada.

17 (III) Mensagem fundamental de Jesus.
(A) Reino de Deus. Jesus proclamou estas boas novas em termos da vinda do reino de Deus e a consequente necessidade de arrependimento por todo Israel (contra Sanders [*Jesus and Judaism* 106-19]). De maneira especialmente contrária à herança do protestantismo liberal do séc. XIX, é vital entender que Jesus dirigiu sua pregação sobre o reino a Israel como um todo e não a indivíduos isolados (contra G. Klein, *EvT* 30 [1970] 642-70). É quase impossível definir o que Jesus quis dizer por reino (melhor: domínio ou reinado) de Deus, visto que, como N. Perrin aponta, este é um "símbolo que causa tensão" com muitas ressonâncias alusivas, em vez de uma doutrina claramente definida ou um conceito abstrato. O reino de Deus se refere a uma ação: "Deus está governando poderosamente como rei". O símbolo é primeiramente dinâmico em vez de espacial – governo majestoso em vez de reino como território – embora a imagem espacial seja também usada para explicá-lo. A natureza poética, alusiva, do símbolo não significa que ele não transmita um conteúdo inteligível (corretamente Sanders contra Perrin). Ele presume a verdade de que Deus sempre foi rei de Israel e do universo. Mas a criação rebelde de Deus (e Israel em particular) abandonou seu governo justo e caiu sob o domínio de Satanás e do pecado. Fiel a suas promessas e profecias na aliança, Deus está agora começando a fazer sua reivindicação legítima sobre suas criaturas rebeldes e logo estabelecerá seu domínio plena e abertamente ao reunir um Israel disperso novamente em um povo santo. Todavia, embora o reino de Deus ("reino do céu", uma perífrase piedosa semítica para evitar o nome de Deus, é peculiar à tradição mateana) seja central para a mensagem de Jesus, Jesus não insiste na imagem de Deus como um rei terrível, distante e todo-poderoso. No núcleo da "boa nova" de Jesus está a proclamação de que o rei divino se deleita na revelação de si mesmo como pai amoroso, um pai que se regozija em recuperar seus filhos perdidos (*p.ex.*, o material central por trás de Lc 15,1-32).

(Quanto à seção 1 *acima*, veja Perrin, *Jesus and Language*; Sanders, *Jesus and Judaism* 125-26, 222-41. Também Beasley-Murray, G., *Jesus and the Kingdom of God* [Grand Rapids, 1985]. Chilton, B. [ed.], *The Kingdom of God* [Philadelphia, 1984]. Merklein, H., *Die Gottesherrschaft als Handlungsprinzip* [FB 34; Würzburg, 1978]; *Jesu Botschaft von der Gottesherrschaft* [SBS 111; Stuttgart, 1983]. Mitton, C. L., *Your Kingdom Come* [Grand Rapids, 1978]. Schnackenburg, R., *God's Rule and Kingdom* [New York, 1963].)

18 (B) Parábolas. Pregador e mestre habilidoso, Jesus usou muitas formas de discurso das tradições sapiencial e profética de Israel para comunicar sua mensagem (bem-aventuranças, ais, oráculos etc.). Mais proeminente foi seu uso de "parábolas" (em hebraico: *māšāl*, plural: *měšālîm*). No AT, "parábola" é uma forma de discurso de sabedoria extremamente elástica que inclui provérbios curtos, metáforas, cânticos de escárnio, provérbios de repreensão e oráculos proféticos. Alegorias enigmáticas, que se originam de uma matriz histórica e têm um ímpeto escatológico, afloram especialmente em Ez. Continuando esta tradição, Jesus usa parábolas em suas múltiplas formas (incluindo provérbios, máximas e aforismos) para chamar um Israel pecaminoso à decisão neste crítico período final. Ele emprega estes ditos e histórias misteriosas para provocar as mentes de seu público, para desnortear seus ouvintes arrogantes, destruindo a falsa segurança e abrindo seus olhos. Com um tom de urgência, as parábolas advertem que a demora é perigosa, pois qualquer momento pode ser tarde demais. Seus ouvintes deve arriscar tudo numa decisão de aceitar a mensagem de Jesus. Nenhum sacrifício é grande demais, pois em breve as condições atuais deste mundo pecaminoso serão revertidas (uma mensagem especialmente clara na forma primitiva das bem-aventuranças; veja L. Schottroff, *EvT* 38 [1978] 298-313). O triste será feito feliz por Deus, mas o presunçoso e satisfeito consigo mesmo será feito miserável. Longe de serem histórias agradáveis, as parábolas de Jesus eram, às vezes, violentos ataques verbais contra todo o mundo religioso suposto por seus ouvintes. Elas indicavam uma radical inversão de valores, produzindo um novo mundo, numa revolução operada por Deus, não por seres humanos. De fato, as parábolas não falavam simplesmente acerca deste novo mundo do reino; elas já comunicavam algo do reino às pessoas que se permitiam ser desafiadas e atraídas para a mensagem parabólica de Jesus. Esta "reviravolta" ou conversão na vida das pessoas era desagradável, porém salvífica. Dessa forma, as próprias parábolas faziam parte do drama escatológico (→ Pensamento do NT, 81:64-66).

19 (IV) Atos de Jesus.
(A) Comunhão de mesa. O abraço amoroso de um Deus que acolhe pecadores era expresso na vida do próprio Jesus. Ele se comprazia em se associar e comer com as pessoas da "classe baixa" religiosa de sua época, os "publicanos e pecadores" (não confundir com *'ammê hā'āreṣ*, o povo comum, uma outra audiência cultivada por Jesus). Esta prática de associar-se com os "perdidos" ou marginalizados em termos religiosos colocou Jesus num constante estado de impureza ritual, na opinião dos observantes rigorosos da lei. A insistência de Jesus em oferecer admissão ao reino a "pecadores" (judeus que eram considerados pessoas que tinham se afastado da aliança) sem exigir que eles empregassem os mecanismos usuais do arrependimento e sacrifício judaicos foi provavelmente a principal razão pela qual os judeus zelosamente piedosos se opuseram a este pregador não conformista. A mensagem de Jesus era de alegria: o banquete escatológico estava próximo, um banquete antecipado nas refeições que ele compartilhava com estes pecadores. De acordo com esta disposição festiva, ele não praticou o jejum voluntário nem o impôs a seus discípulos (Mc 2,18-20 par.), pois o tempo de preparação penitencial acabara. Seus costumes não ascéticos não apenas o distinguiam de João Batista, mas também o expuseram a ser ridicularizado pelos convencionalmente mais devotos. A seus olhos ele era um *bon vivant*, um "glutão e beberrão" (Mt 11,19 par.; veja J. Donahue, *CBQ* 33 [1971] 39-61).

20 (B) Milagres. É neste contexto de dádiva da alegria escatológica, de libertação do mal e de restauração de Israel que os milagres de Jesus devem ser entendidos. As ações extraordinárias de Jesus não facilmente explicadas por meios humanos, especialmente exorcismos e curas, nunca foram negadas na Antiguidade, nem sequer por seus inimigos, que atribuíam seus milagres ao poder do diabo (Mc 3,20-30 par.) e, em polêmicas posteriores, à magia. Jesus e seus discípulos certamente os atribuíam ao Espírito de Deus (Mc 3,29-30; Mt 12,28). Bultmann e outros rejeitam os milagres como propaganda inventada num mundo que esperava prodígios de personagens religiosos. Mas como N. Perrin indicou, os antigos críticos da forma estavam errados ao relegar exorcismos e curas a um estágio final da tradição. Nada é mais certo acerca de Jesus que o fato de ele ter sido considerado por seus contemporâneos como um exorcista e curador. Ao deixar-se arrebatar por supostos paralelos pagãos (p.ex., Apolônio de Tiana), é possível perder o contexto geral dos milagres de Jesus em sua vida e ensino escatológico judaico (um perigo na abordagem de M. Smith e Petzke). Os milagres de Jesus não eram simplesmente ações bondosas feitas para ajudar indivíduos; eles eram meios concretos de proclamar e efetivar o triunfo de Deus sobre os poderes do mal na hora final. Os milagres eram sinais e realizações parciais do que estava para se cumprir plenamente no reino. Os comentaristas que aceitam tudo isto, entretanto, frequentemente procuram explicar os exorcismos e as curas em termos de sugestão psicológica, ao mesmo tempo em que rejeitam os milagres mais difíceis de enquadrar que envolvem a natureza. Este juízo não está baseado na exegese histórica, mas num *a priori* filosófico acerca do que Deus pode e não pode fazer neste mundo – um *a priori* que raramente é defendido com lógica rigorosa, se é que alguma vez o foi. Em vez disto, apela-se ao "homem moderno", que se parece de modo suspeito com o homem do iluminismo do séc. XVIII.

(→ Pensamento do NT, 81:89; também HOLLENBACH, P., *JAAR* 49 [1981] 567-88. PETZKE, G., *Die Traditionen über Apollonius von Tyana und das Neue Testament* [Leiden, 1970]; *NTS* 22 [1975-76] 180-204.)

21 (C) Coerência das palavras e atos. Metodologicamente, é incorreto concentrar-se primordialmente quer no ensinamento (Bultmann), quer nos atos (M. Smith, Sanders) de Jesus, dando pouca atenção ao outro aspecto. Os dois misturam-se num todo orgânico, do qual uma metade não pode ser simplesmente deduzida da outra metade. Tomadas juntas, as palavras e as ações de Jesus afirmavam que o reino era, em certo sentido, tanto futuro quanto já presente em seu ministério e por meio dele. Os ditos de Jesus orientados para o futuro não podem ser totalmente deletados; nem os ditos que afirmam a salvação agora ser evaporados numa filosofia existencial atemporal (assim diz corretamente Sanders [*ANRW* II/25.1, 419], que, contudo, negligencia a presença da salvação no ministério de Jesus). Não obstante seu uso eclético da imagem apocalíptica, Jesus não forneceu um cronograma exato para o drama escatológico. Desse modo, ele não foi um apocalíptico extremo, apresentando um cenário e uma cosmologia detalhada. De fato, Jesus afirmou que desconhecia o tempo do julgamento final (Mc 13,32 par.) – um dito difícil de descartar como uma expressão da fé da igreja em seu Senhor ressuscitado (→ 35 *abaixo*).

22 (V) Ensino moral e a lei.
(A) Radicalização da lei. À luz do julgamento vindouro e da livre oferta de perdão e salvação por parte de Deus nesta hora final, Jesus especificou como as pessoas que experimentaram a conversão deveriam viver. Jesus o judeu basicamente confirmou a lei mosaica como a vontade de Deus, mas rejeitou qualquer fragmentação casuística da vontade de Deus em incontáveis mandamentos triviais e observâncias rituais. Refletindo a ideia apocalíptica de que o tempo do fim corresponde ao tempo primordial, Jesus procurou radicalizar a lei recorrendo à vontade de Deus na criação e a seu propósito original ao dar a lei. Ao mesmo tempo, Jesus procurou internalizar a lei ao alcançar o coração humano para purificar a fonte de toda ação. Às vezes, esta radicalização simplesmente aprofundava ou ampliava a tendência da lei (*p.ex.*, a equipa-

ração de palavras iradas com assassinato ou de pensamentos impuros com adultério, Mt 5,21-22.27-28). Às vezes, esta radicalização alcançava o ponto de revogar a letra da lei (proibição do divórcio, Lc 16,18; proibição de juramentos, Mt 5,32), talvez até mesmo a rescisão de leis alimentares (Mc 7,15; veja J. Lambrecht, *ETL* 53 [1977] 25-82). O que é notável aqui é que Jesus não baseia suas surpreendentes ordens e ensinamentos na reivindicação autenticadora dos profetas do AT ("A palavra do Senhor veio a mim, dizendo...") ou no apelo escriba a autoridades anteriores ("O Rabi X disse em nome do Rabi Y") ou em argumentos contorcidos baseados em uma série de textos da Escritura. Jesus reivindicou conhecer de forma direta, intuitiva e sem os órgãos usuais que medeiam a autoridade, qual era a vontade de Deus em qualquer situação – uma reivindicação resumida em sua solene afirmação "Amém, eu vos digo". Esta forma de discurso ("Amém" não como uma resposta, mas como introdução a uma nova afirmação) era característica de Jesus e não parece ter sido comum antes de sua época – embora tenha sido imitada pela tradição dos Evangelhos e pelos evangelistas (J. Jeremias, *ZNW* 64 [1973] 122-23, contra K. Berger, *Die Amen-Worte Jesu* [Berlin, 1970] e V. Hasler, *Amen* [Zürich, 1969]).

(Banks, R., *Jesus and the Law in the Synoptic Tradition* [New York, 1975]. Berger, K., *Die Gesetzesauslegung Jesu* [Neukirchen, 1972]. Davies, W. D., *The Setting of the Sermon on the Mount* [Cambridge, 1966] Dupont, J., *Les Béatitudes* [3 vols.; Paris, 1969-73]. Gundry, R., *The Sermon on the Mount* [Waco, 1982]. Hoffmann, P. e V. Eid, *Jesus von Nazareth und eine christliche Moral* [QD 66; Freiburg, 1975]. Hübner, H., *Das Gesetz in der synoptischen Tradition* [Witten, 1973]. Kertelge, K. [ed.], *Ethik im Neuen Testament* [QD 102; Freiburg, 1984]. Meier, J., *Law and History in Mathew's Gospel* [Rome, 1976]. Moo, D., "Jesus and the Authority of the Mosaic Law", *JSNT* 20 [1981] 3-49, Piper, J., *'Love Your Enemies'* [Cambridge, 1979].)

23 (B) Amor sem limites e misericórdia. De maneira positiva, Jesus enfatizou o amor irrestrito a Deus e ao próximo (Mc 12,28-34 par.; Lc 10,25-37; Mt 5,38-42; 7,12 par.), de fato, até mesmo o amor aos inimigos (Lc 6,27-28.32-36 par.; veja R. Fuller [ed.], *Essays on the Love Commandment* [Philadelphia, 1978]). Na verdade, a palavra "amor" não ocorre com frequência nos ditos autênticos de Jesus. Porém, se alguém reunir todos os ditos autênticos de Jesus que tratam de misericórdia, compaixão, perdão e obrigações semelhantes para com os outros, o resultado retrata um Jesus que enfatizava a necessidade de mostrar misericórdia sem medida, amor sem limites. Estas veementes exigências morais faziam sentido e eram possíveis apenas no contexto da mensagem escatológica proclamada por Jesus e da realidade escatológica que ele reivindicava trazer. Estas ordens só eram exequíveis apenas para as pessoas que tinham experimentado por meio de Jesus o perdão misericordioso e a aceitação incondicional de Deus. Exigência radical procedia de graça radical. Se a religião se tornou uma questão de graça, então a ética tornou-se uma questão de gratidão. Esta moralidade era escatológica não no sentido de que sua validade dependesse da concepção de que havia um breve tempo antes do fim do mundo (ética *ad interim* de A. Schweitzer), mas no sentido de que o reino futuro já havia invadido e transformado as vidas das pessoas que aceitavam a boa nova de sua vinda. Deste modo, o reino futuro-todavia-presente, os milagres como sinais do poder e da presença do reino e a moralidade escatológica formavam um todo coerente. Negligenciar o ensino moral de Jesus ou separá-lo de sua atividade miraculosa é violentar o conjunto significativo que o ministério de Jesus formava (contra Smith, *Magician*).

24 (C) Jesus e os partidos judaicos. Quanto à atitude de Jesus para com a lei, fizeram-se tentativas de identificar Jesus com quase todos os movimentos no judaísmo contemporâneo (→ História, 75:145-51). Ele foi identificado por vários autores como um fariseu (às vezes seguindo Shammai, às vezes Hillel), ou um "fariseu não conformista" semelhante a um *ḥāsîd* (Wilcox, "Jesus" 185), ou um hillelita vigoroso (H. Falk, *Jesus the Pharisee* [New York, 1985]). Outros o identificam como um saduceu (que rejeita o valor normativo da tradição oral dos fariseus), um essênio (que reúne o verdadeiro Israel da nova aliança nos últimos dias) ou um revolucionário (que anuncia o fim da ordem presente e o triunfo dos pobres). A verdade é que Jesus o judeu tinha pontos de contato com quase todos os ramos do judaísmo, mas não é totalmente identificável com nenhum, visto que ele previa uma situação radicalmente nova para Israel. Esta nova situação, a vinda do reino, é responsável pelo fato de Jesus não se ter dirigido diretamente e não ter tomado posição quanto à maioria das candentes questões políticas e sociais de sua época. Ele não propôs a reforma da sociedade contemporânea; anunciou seu fim. Entretanto, sua práxis "libertadora" em relação à lei e aos proscritos religiosos não podia deixar de ter certos tons e implicações sociais. Em oposição aos revolucionários, por exemplo, Jesus ensinou o amor aos inimigos e não condenou o pagamento de impostos a Roma. Este exemplo, a propósito, mostra que descrever Jesus como um nacionalista ou um simpatizante revolucionário é uma tentativa mal orientada de torná-lo "relevante" para os movimentos de libertação atuais (veja M. Hengel, *Victory over Violence* [Philadelphia, 1973] 45-59; *Christ and Power* [Philadelphia, 1977] 15-22; E. Bammel e C. F. D. Moule (eds.), *Jesus and the Politics of His Day* [Cambridge, 1985]; compare J. L. Segundo, *The Historical Jesus of the Synoptics* [Maryknoll, 1985]; J. Sobrino, *Jesus in Latin America* [New York, 1984]).

25 (VI) Os discípulos de Jesus e sua missão.
(A) Seguimento literal. Alguns aceitaram de um modo inflexível e rigoroso a mensagem de Jesus e o desafio que ele apresentou deixando suas famílias e seu meio de vida comum para viajar com Jesus, receber seu ensino de maneira mais completa, suprir suas necessidades e participar de seu ministério. Pelo menos alguns foram diretamente chamados para agir assim por Jesus (Mc 1,16-20 par.; 2,14; Mt 9,18-22 par.; Jo 1,43). Digno de nota é a intimação radical, "segue-me e deixa que os mortos enterrem seus mortos" (Mt 8,21-22 par.), que não encontra paralelo no judaísmo nos dias de Jesus e é um outro exemplo da chamada de Jesus para transgredir certos mandamentos da lei por causa do reino. Semelhantemente, era contrário à prática rabínica comum que o mestre tomasse a iniciativa de chamar o seguidor e vinculasse seus discípulos permanentemente à sua pessoa, embora alguns paralelos parciais possam ser encontrados nos filósofos (*p.ex.*, os cínicos) do período greco-romano (veja Hengel, *Charismatic Leader* 50-57; V. Robbins, *Jesus the Teacher* [Philadelphia, 1984] 75-123; M. Pesce, "Discepolato gesuano e discepolato rabbinico", *ANRW* II/25.1, 351-89). Também foi notavelmente diferente a aproximação natural de Jesus a mulheres, sua inclusão de mulheres em seu séquito de viajantes e sua boa vontade em ensiná-las (Lc 8,1-3; 10,38-42; Jo 4,7-42; 11,1-44; Mc 15,40-41 par.) – novamente práticas contrárias ao costume rabínico comum.

26 (B) Os Doze. Além destes "seguidores" literais, Jesus formou um grupo mais íntimo chamado os Doze (→ Pensamento do NT, 81:137-48). Embora os nomes variem levemente nas listas do NT, os membros mais proeminentes continuam os mesmos: Pedro, André, Tiago, João e Judas Iscariotes. Os fatos de o traidor de Jesus ser lembrado como um dos Doze (uma verdade embaraçosa que tinha de ser explicada por um apelo apologético à profecia) e de os Doze logo desaparecerem de vista na protoigreja depõem em favor de eles terem sido criados pelo Jesus histórico e não serem uma retrojeção das estruturas da igreja em sua vida. A escolha de precisamente doze homens por parte de Jesus simbolizava sua missão de reunir e reconstituir as doze tribos de Israel no fim dos tempos, cumprindo assim as esperanças dos profetas e apocalípticos do AT (Lc 22,29-30 par.; veja Lohfink, *Jesus* 7-73). É digno de nota que Jesus não tenha simbolizado este Israel restaurado escolhendo onze homens e fazendo de si mesmo o décimo segundo membro do grupo. Em certo sentido, Jesus estava acima e além do núcleo que estava criando. Não era a intenção de Jesus fundar uma nova seita separada de Israel. Antes, ele procurou fazer de seu círculo de discípulos a realização exemplar, central e concreta do que ele chamava todo Israel a ser: o povo restaurado de Deus nos últimos dias. Dentro deste contexto, o envio de seus discípulos por parte de Jesus em uma missão limitada a seus contemporâneos israelitas faz perfeito sentido e é testemunhado tanto por Marcos quanto por Q (Mc 6,7-13; Lc 9,1-6; 10,1-16 par.). Apesar da teorização moderna, não há contradição entre a perspectiva escatológica de Jesus e sua atribuição de papéis específicos a certos seguidores na renovação de Israel – cf. a organização detalhada mais a visão apocalíptica na comunidade judaica de Qumran.

27 (C) O círculo mais amplo. Nem todos que aceitaram a mensagem de Jesus se engajaram no discipulado literal de seguir o Jesus itinerante em suas jornadas. Ouvimos de discípulos ou simpatizantes que mantiveram suas formas de vida comum enquanto implementavam a mensagem de Jesus em suas vidas diárias e davam apoio a ele (Lc 10,38-42; Mc 14,3-9 par.; 14,12-16 par.). As duas últimas citações nos lembram que Jesus podia contar com a hospitalidade de discípulos residentes em e ao redor de Jerusalém, um argumento que apoia a apresentação de João de Jesus visitando Jerusalém várias vezes durante um ministério de múltiplos anos (admitindo como verdadeiro o desejo de Jesus de reunir todo o povo de Deus, seria de fato estranho se ele não visitasse a capital da nação com frequência.). A existência destes discípulos também ajuda a explicar tanto a rápida gravitação da liderança da igreja para Jerusalém após a Páscoa quanto a natureza peculiar da tradição joanina (veja O. Cullmann, *The Johannine Circle* [Philadelphia, 1976]; R. E. Brown, *The Community of the Beloved Disciple* [New York, 1979]) [em port.: *A comunidade do discípulo amado*, São Paulo, Paulus]. A apresentação marcada de um ministério exclusivamente na Galileia e seus arredores, com uma única visita a Jerusalém no final do ministério, é uma construção de Marcos – frequentemente assumida de maneira não crítica pelos estudiosos. Além disso, João pode igualmente estar correto em supor que o ministério de Jesus tenha durado pelo menos dois ou três anos (veja as Páscoas dos judeus em 2,13; 6,4; 12,1).

28 (D) Jesus e os gentios. O fato de Jesus ver sua própria missão como reunir Israel explica por que ele não empreendeu uma missão programática aos gentios ou aos samaritanos. Mas ele não evitou todo contato com estes grupos e, às vezes, estava disposto a realizar exorcismos ou milagres entre eles (Mc 5,1-20 par.; 7,24-30 par.; Mt 8,5-13 par.; Lc 17,11-19). Em seus ais sobre as cidades incrédulas da Galileia, Jesus alegou que o destino dos gentios no dia do juízo seria comparado favoravelmente com o do Israel incrédulo (Mt 1,20-24 par.). De fato, na grande inversão escatológica, os gentios seriam incluídos no banquete escatológico com os patriarcas, enquanto que os israelitas incrédulos seriam excluídos (Lc 13,28-30 par.). De que maneira os gentios seriam exatamente incluídos no plano salvador de Deus não está claro no ensino de Jesus. Talvez ele pensasse em termos da peregrinação das nações ao Monte Sião nos últimos dias como está profetizado em Is 2,1-4 (veja J. Jeremias, *Jesus' Promise to the Nations* [SBT 24; London, 1967]).

29 (VII) A identidade de Jesus.
(A) O problema. O centro e o foco da mensagem e ministério de Jesus estavam no reino vindouro de Deus, no triunfo do Pai em misericórdia e juízo, e na reunião do povo de Deus no fim dos tempos. Em outras palavras, Jesus era totalmente dire-

cionados para a alteridade; ele não fez de si mesmo o objeto direto de sua proclamação. Jesus tinha uma *theo*-logia direta (Deus como objeto de sua pregação), que implicava uma *cristo*-logia indireta ou implícita (Jesus como o agente final de Deus). Assim, a identidade de Jesus foi absorvida e definida por sua missão. Ele não oferece indicação de sofrer uma crise de identidade ou de uma necessidade desesperada de definir a si mesmo. Parece estar completamente seguro de quem ele era.

Infelizmente, ninguém mais estava. Como atestam todo o NT, Josefo, os escritos rabínicos e a literatura pagã, tanto amigos quanto inimigos procuravam entendê-lo usando várias categorias e títulos, mas sem uma satisfação completa. A razão para esta confusão jaz num paradoxo básico apresentado por Jesus. Embora raramente falasse de seu *status*, ele implicitamente fez de si mesmo *a* figura central no drama escatológico que anunciou e inaugurou. Foi por meio de *sua* pregação e cura que o reino estava irrompendo nesse momento. Seus ouvintes seriam julgados no último dia segundo a forma como reagiram às palavras de Jesus no momento de decisão atual (Mt 7,24-27 par.; Lc 9,26 par.; 12,8 par.). Quer Jesus tenha falado de si mesmo como o juiz do último dia, quer não, falou e agiu com base na pressuposição de que ele seria o critério usado para o julgamento final. Só isso implicava uma reivindicação monumental a um *status* e função únicas no clímax da história de Israel. Como, mais precisamente, Jesus insinuou esta função – se é que o fez? Podem-se adotar algumas abordagens.

30 (B) Deus como Pai. Muitos enfatizam a experiência *Abba* de Jesus como uma fonte importante de sua mensagem e modo de vida (veja R. Hamerton-Kelly, *Concilium* 143 [3, 1981] 95-102; J. Jeremias, *Abba* [Göttingen, 1966] 15-67; em Port.: *A mensagem central do Novo Testamento*, Academia Cristã, São Paulo; Schillebeeckx, *Jesus* 256-71; em Port.: *Jesus a história de um vivente*, Paulus, São Paulo). Esta abordagem enfatiza que Jesus desfrutou de uma profunda experiência de Deus como seu próprio pai. Ele ousou dirigir-se a Deus com a íntima, mas reverente palavra aramaica *'Abbā'* ("meu próprio pai querido"), um uso religioso – tanto quanto sabemos – desconhecido e provavelmente ofensivo aos judeus piedosos de seus dias. Uma palavra usada para se dirigir a pais humanos, ela não era usada para se dirigir a Deus na liturgia da sinagoga. Jesus também ensinou seus discípulos a imitar seu íntimo relacionamento com Deus como *Abba*. A práxis e o ensino surpreendentes de Jesus nasceram desta total confiança em Deus e entrega a Deus como Pai.

31 Aqui, contudo, exige-se cuidado (veja Conzelmann, *Jesus* 49-50; J. A. Fitzmyer, in *À cause de l' Evangile* [Festschrift J. Dupont; LD 123; Paris, 1985] 15-38). Algumas passagens em que Jesus usa "Pai" para Deus são provavelmente secundárias, como indica uma comparação de passagens paralelas e tendências redacionais (especialmente de Mateus e João). Além disso, nos quatro Evangelhos, *Abba* ocorre apenas em Marcos 14,36 (onde Jesus está sozinho!) e pode ser explicado como uma retrojeção da prática protocristã (Gl 4,6; Rm 8,15). Entretanto, o uso de Jesus da imagem do pai desfruta de múltipla atestação (Marcos, Q, as tradições especiais de Mt e Lc, e João). Este uso combina também com o restante do ensino e da práxis de Jesus. Considera-se que a "oração ao pai" de Lc 11,2-4 é, em geral, razoavelmente próxima do que Jesus ensinou seus discípulos a orar. A palavra grega peculiar *ho patēr* (nominativo mais artigo definido) usada como vocativo provavelmente reflete a forma aramaica enfática *'Abbā'* (segundo Mc 14,36). Além disso, ditos considerados autênticos por outras razões (*p.ex.*, Lc 22,29-30; → 26 *acima*) apresentam Jesus falando de meu "Pai". À luz de tudo isto, a história traditiva de *Abba* provavelmente vai do Jesus histórico para o uso cristão refletido em Paulo, e não vice-versa. Caso contrário, teríamos que inventar uma outra origem para o uso protocristão de *Abba*, depois de ignorar a origem óbvia. É prudente, contudo, evitar reivindicar que nenhum outro judeu jamais tenha usado *Abba* ao orar a Deus. Não sabemos praticamente nada sobre a piedade popular privada de judeus galileus de língua aramaica do séc. I d.C., e um paralelo parcial ao uso por parte de Jesus pode ser encontrado numa fonte rabínica muito posterior (veja Vermes, *Jesus the Jew* 210-11). Em geral, entretanto, é justificável reivindicar que o uso surpreendente de *Abba* por Jesus expressava efetivamente sua íntima experiência com Deus como seu próprio pai e que este uso causou uma impressão permanente sobre seus discípulos. Este relacionamento especial com Deus como Pai dá contornos mais definidos à concepção de Jesus a respeito de si mesmo. Um esboço de Jesus, contudo, não deveria se basear somente neste dado.

32 (C) Categorias e títulos. Podemos ser mais específicos enquadrando Jesus em certas categorias religiosas da época? Ele alguma vez usou categorias ou títulos claros para se referir a si mesmo? Em um espírito de ceticismo, alguns críticos preferem abrir mão da complexa questão dos títulos ou relegá-la a um breve apêndice (Bornkamm, *Jesus* 226-31; Sanders, *Jesus and Judaism* 324). Mas os amplos e complicados dados se recusam a serem descartados tão facilmente (para uma avaliação geral, veja R. Leivestad *ANRW* II/25.1,220-64). O fato notável é que Jesus se ajusta a muitas categorias, mas nenhuma categoria se ajusta exata e exaustivamente. Como diz Schweitzer (*Jesus* 13-51), Jesus é "o homem que não se ajusta a nenhuma fórmula", embora muitas fórmulas convirjam nele. Devemos lembrar que as expectativas escatológicas judaicas do séc. I variavam amplamente e que nenhum retrato *do* agente escatológico de Deus era normativo. De fato, em alguns grupos, não se esperava este agente.

33 (a) *Profeta*. No mínimo Jesus agiu como um profeta. De modo algum ele foi o único judeu palestino a assumir essa função por volta daquele período, como Josefo demonstra (Vermes, *Jesus the Jew* 86-102). Mas Jesus foi além; ele se comportou como um profeta escatológico, dotado do poder do Espírito de Deus para proclamar a Israel sua chance final de arrependimento. Embora o conceito *do* profeta escatológico possa não ter sido muito difundido no judaísmo daquela época (R. Horsley, *CBQ* 47 [1985] 435-63), uma figura como esta aparece nos escritos de Qumran e é pressuposto em Jo 6,14. Quanto ao título, Jesus refere-se a si mesmo como profeta apenas de maneira indireta e especialmente num contexto de rejeição (Mc 6,4 par.; Lc 4,24; Jo 4,44; Lc 13,33; 13,34-35 par.; 11,32). Visto que em sua época havia uma crescente teologia judaica acerca dos profetas rejeitados e martirizados, a assunção implícita de uma função profética por parte de Jesus acarretava consequências para seu possível destino. No entanto, profeta é uma categoria inadequada para explicar todo o fenômeno de Jesus (segundo Smith, *Magician* 158-64).

34 (b) *Messias*. O título e a imagem de Messias são especialmente difíceis de expor, pois não havia um único conceito do que um/o Messias deveria ser. De fato, algumas expectativas escatológicas judaicas dispensavam completamente um Messias; a palavra significava apenas "ungido". No AT, sacerdotes e, às vezes, profetas eram ungidos, bem como reis; por isso, Messias não significava necessariamente um filho real de Davi. Qumran esperava tanto um Messias sacerdotal de Aarão quanto um Messias real de Israel, bem como um profeta escatológico (→ Apócrifos, 67:114-17). Se Jesus via a si mesmo como um profeta escatológico ungido com o Espírito, como prometia Is 61,1-3 (cf. Lc 4,16-21; 7,22 par.), então neste sentido ele seria um Messias: o Messias profético ou profeta messiânico do final dos tempos. Não há provas de que Jesus alguma vez tenha descrito diretamente a si mesmo como Messias no sentido real davídico; nem há qualquer prova de que ele tenha rejeitado o título categórica ou claramente. Quando Pedro confessou Jesus como Messias (Mc 8,29; Lc 9,20; compare Mt 16,16-19), Jesus reagiu com grande reserva (preservada até mesmo em Mt 16,20). Às vezes, pessoas de fora podem ter falado a Jesus ou acerca dele como "Filho de Davi" (Mc 10,47-48), mas Jesus não assumiu diretamente o título (cf., contudo, a possível referência velada em Mc 12,35-37 par.). Apesar da reserva de Jesus, seus discípulos, até mesmo durante sua vida terrena, parecem ter considerado seu mestre como o Messias davídico em algum sentido. Caso contrário, sua identificação, logo após a Páscoa, de Jesus como o Messias davídico, entronizado na ressurreição, não faz sentido (Rm 1,3-4; At 2,36; 2Tm 2,8). Dizer que a ressurreição levou seus discípulos a chamarem Jesus de o Messias davídico não explica nada, visto que na época não havia uma crença judaica comum concernente a um Messias davídico terreno que devia morrer e ressuscitar dentro da história que continuaria. A ressurreição só poderia funcionar como um catalisador e ser interpretada como a entronização do Filho de Davi se os discípulos já abrigassem alguma ideia de Jesus como Messias davídico. O fato de as ações e as reivindicações de Jesus terem sido interpretadas em algum sentido messiânico real até mesmo por seus adversários durante sua vida terrena parece ser confirmado pela acusação com base na qual ele foi levado perante Pilatos: de ser o "rei dos judeus" (veja N. A. Dahl, *The Crucified Messiah and Other Essays* [Minneapolis, 1974]).

35 (c) *O Filho ou Filho de Deus*. A possibilidade de que Jesus tenha falado de si mesmo como o Filho de Deus em um contexto messiânico ou escatológico é frequentemente rejeitada por completo com a alegação de que Filho de Deus não era um título messiânico na época de Jesus. Isto é bem possível. Mas o texto fragmentário de 4QpsDan A[a] de Qumran fala de um misterioso personagem real em um contexto escatológico como o Filho de Deus e o Filho do Altíssimo (cf. Lc 1,32.35; J. Fitzmyer, *JBL* 99 [1980] 14-15). Reconhecidamente, pouquíssimos "ditos do Filho" têm a chance de remontarem ao Jesus histórico. Todavia, Mc 13,32 é uma exceção. Provavelmente a igreja não teria criado um dito que enfatizasse a ignorância de seu Senhor ressuscitado acerca da época de sua parúsia, nem teria se esforçado para inserir o título exaltado de Filho em um dito autêntico de Jesus que enfatizava sua ignorância. Entretanto, o assunto não está claro, visto que a igreja poderia ter introduzido o título como compensação, para contrabalançar a afirmação sobre a ignorância. (Mas uma solução muito mais simples teria sido suprimir o dito embaraçoso. A introdução do título Filho em relação ao Pai só teria exacerbado o problema.). À luz de seu uso de *Abba* para designar Deus, Jesus poderia, às vezes, ter aludido correlativamente a si mesmo como o Filho, precisamente em referência à consumação futura.

36 Um segundo candidato para uma "palavra sobre o Filho" autêntica é a parábola dos vinhateiros homicidas (Mc 12,1-12 par.). Os esboços de uma parábola que terminava simplesmente com a morte do filho são discerníveis debaixo da grande quantidade de redação, sem nenhuma nota de inversão, vindicação ou ressurreição (segundo J. Jeremias, *The Parables of Jesus* [London, 1963] 72-73) [em port.: *As parábolas de Jesus*, São Paulo: Paulus, 1997. Uma parábola como esta seria uma invenção estranha da igreja pós-pascal, mas perfeitamente compreensível na boca de Jesus quando ele entrou em conflito com seus oponentes pela última vez em Jerusalém. O filho na parábola encontra-se na linhagem dos profetas rejeitados e martirizados; consequentemente, a mensagem combina perfeitamente com a concepção de Jesus a respeito de si mesmo como profeta escatológico. A ideia de que o filho é o último na linhagem dos profetas também serve para lembrar-nos de que, se Jesus usou "Filho" para designar a si mesmo, isto deve ser entendido num sentido funcional, histórico-salvífico, e não no sentido ontológico elaborado na controvérsia patrística posterior. De fato, Vermes (*Jesus the Jew* 192-222) considera possível que Jesus tenha sido chamado de Filho de Deus durante o tempo de sua vida em um "sentido judaico" (piedoso operador de milagres e exorcista). M. Hengel (*The Son of God* [Phialdelphia, 1976]) rejeita enfaticamente a ideia de que o título chegou ao cristianismo a partir de religiões pagãs.

37 Um terceiro, mas altamente discutível candidato para uma "palavra sobre o Filho" autêntica é Mt 11,27 par., onde Jesus reivindica conhecimento mútuo e exclusivo entre o Pai e ele mesmo, o Filho. Não é impossível a mescla de temas sapienciais e apocalípticos neste versículo na boca de Jesus, que se apresenta a si mesmo aqui mais como mediador do que como conteúdo de revelação. O dito foi preservado em Q, mas Q não fala em outro lugar de Jesus como "o Filho". De fato, este uso absoluto ("*o Filho*", em contraposição a "meu Filho" ou "Filho de Deus") ocorre apenas em três casos separados (Mt 11,27 par.; Mc 13,32 par.; Mt 28,19). Além disso, este uso absoluto talvez aponte mais na direção de Filho do Homem do que Filho de Deus. Todavia, na opinião de muitos críticos, o conteúdo do pensamento de Mt 11,27, sendo semelhante a Mt 16,17-19, enquadra-se melhor numa situação póspascal do que na boca do Jesus histórico.

38 (d) *O Filho do Homem.* O título (ou designação) mais discutido e confuso aplicado a Jesus é Filho do Homem (em aramaico, *bar ('e) nāšā'*. As questões quanto a se o Jesus histórico usou o título e, se o fez, em que sentido o usou receberam todo tipo de resposta imaginável (veja W. G. Kümmel, *TRu* 45 [1980] 50-84; C. C. Caragounis, *The Son of Man* [WUNT 39; Tübingen, 1986]). Alguns reivindicam que Jesus usou Filho do Homem em todos os três sentidos encontrados nos sinóticos: ministério terreno, morte-ressurreição, exaltação futura ou julgamento vindouro (segundo O. Cullmann, *The Christology of the NT* [Philadelphia, 1959] 152-64 [em port.: *Cristologia do Novo Testamento,*

São Paulo: Custom, 2000; S. Kim, *The 'Son of Man' as the Son of God* [WUNT 30; Tübingen, 1983]; mais cuidadosamente, Schweizer, *Jesus* 19-21). Outros aceitam apenas um ou dois sentidos dos títulos como autênticos, *p.ex., JNTT* (257-99) aceita os ditos sobre a paixão e exaltação. A. Higgins (*The Son of Man in the Teaching of Jesus* [Cambridge, 1980]) aceita somente os ditos sobre o futuro, embora, como muitos, admita que Jesus usou *bar ('e) nāšā'* no sentido de "alguém", "qualquer um" ou "um homem" para designar seu estado presente na terra. R. Fuller (*Thomist* 48 [1984] 375-76) aceita alguns ditos acerca do presente e do sofrimento. Outros ainda, como R. Bultmann (*Theology* 1. 26-32; em Por.: *Teologia do Novo Testamento,* Academia Cristã, São Paulo, 2008) e H. Tödt (*The Son of Man in the Synoptic Tradition* [London, 1965]), favorecem a ideia de que Jesus usou Filho do Homem quando falou de algum outro personagem escatológico que não ele mesmo. A tendência geral hoje, contudo, é ver todos os ditos que empregam o título Filho do Homem como vindas da atividade midráshica da protoigreja ou da teologia dos redatores (para um levantamento, veja W. Walker, *CBQ* 45 [1983] 584-607). Uma concepção mediadora admite que Jesus usou Filho do Homem não como título, mas como circunlocução modesta, referindo-se a si mesmo como membro de um grupo maior ou simplesmente como homem. (Várias nuanças: Vermes, *Jesus the Jew* 160-91; *Jesus and the World* 89-99; B. Lindars, *Jesus Son of Man* [Grand Rapids, 1983]; P. Casey, *ExpTim* 96 [1985] 233-36). A protoigreja então interpretou esta circunlocução como um título que se refere a Jesus na parúsia.

39 Existem, contudo, dificuldades. Se, como se supõe comumente hoje (contra A. Higgins), Filho do Homem não existia como um título no judaísmo antes da época de Jesus e da protoigreja, o que levou a igreja a inventar este título e aplicá-lo a Jesus? Por que ele ocorre quase exclusivamente nos lábios de Jesus no NT? Por que ele se encontra representado em tantas

camadas diferentes da tradição dos Evangelhos (tradição tripla, tradição dupla, tradição especial mateana, especial lucana e joanina), porém quase em nenhuma parte fora dos Evangelhos? Por que os ditos sobre o Filho do Homem que podem ser autênticos não mostram distinção entre ressurreição e parúsia? Mais especificamente, por que a crença no Filho do Homem nunca aparece nas confissões de fé, nas fórmulas litúrgicas e nos sumários da pregação protocristã? Nenhum outro título aplicado a Jesus pela protoigreja exibe uma história da tradição tão estranha como esta. As respostas sugeridas por W. Walker não afastam inteiramente estas objeções.

Por isso, parece provável que a peculiar locução Filho-do-Homem de algum modo remonte a Jesus, por mais que tenha sido desenvolvida posteriormente pela igreja. O problema com a explicação de que Jesus usou a expressão no sentido de "eu" ou "um homem em minha situação" é que carecemos de prova sólida de que *bar* (*'e) nāšā'* tinha este significado na época de Jesus (Fitzmyer, *WA* 143-60; J. Donahue, *CBQ* 48 [1986] 484-98). Também é difícil encontrar o sentido de "um homem em minha situação" em alguns dos ditos sobre o Filho-do-Homem terreno, *p.ex.*, a descrição paralela, em duas partes, em Mt 11,18-19 par., de João Batista e Jesus como os dois mensageiros finais da sabedoria divina enviados a Israel. Jesus é um personagem específico aqui; por isso, um sentido genérico para Filho do Homem não serve. Tanto o insulto a Jesus no v. 19 quanto seu rebaixamento ao *status* mais ou menos igual ao de João Batista tornam improvável que este dito tenha sido criado pela igreja. Por que a protoigreja teria inserido um título ligado à parúsia num contexto onde Jesus é chamado de glutão e beberrão? Aparentemente, então, Jesus, o contador de parábolas, usou a designação enigmática e parabólica Filho do Homem para se referir de um modo paradoxal a si mesmo como o mensageiro humilde e não respeitável do poderoso reino de Deus.

40 Se Jesus usou também a designação para aludir à sua vindicação futura, com uma alusão a Dn 7,13-14 ("um como Filho de Homem"), é mais difícil de dizer. Como afirma Tödt (*Son of Man* 32-112), é mais provável que ditos como o de Mc 8,38 par. e Lc 12,8-9 reflitam afirmações escatológicas autênticas de Jesus acerca do Filho do Homem. O que força a credulidade, no entanto, é a afirmação de Tödt de que Jesus está se referindo a uma outra pessoa quando fala do Filho do Homem. Não se pode provar que tal personagem apocalíptico tenha existido no pensamento judaico anterior à época de Jesus, e Jesus não oferece qualquer indicação de que vê a si mesmo como o precursor de alguém exceto Deus. Além disso, a cena do juízo final retratada nestes ditos reúne todos os atores importantes envolvidos no drama apocalíptico: Deus, os anjos, os que confessam, os que negam e o Filho do Homem. Chama a atenção a ausência de Jesus, que é o próprio critério do juízo – a menos que o Filho do Homem *seja* o Jesus vindicado e exaltado. Assim, Jesus pode ter usado o enigmático Filho do Homem para designar sua própria situação paradoxal: um mensageiro humilde, crescentemente rejeitado no momento presente, todavia com vindicação assegurada no futuro próximo. Esta pode ser a razão por que Filho do Homem não ocorre nos ditos sobre o reino-de-Deus: Filho do Homem e reino de Deus são dois "símbolos tensivos" alternados para designar o mesmo paradoxo do já/ainda não.

41 A aparição de "Filho do Homem" nas predições da paixão é mais problemática. A falta destas afirmações em Q e seu arranjo claramente esquemático em Mc 8, 9 e 10 podem indicar que temos aqui um uso secundário de Filho do Homem na protoigreja (segundo inclusive o conservador E. Stauffer, *ANRW* II/25.1, 96). Em particular, a extensa predição em Mc 10,33-34 par. parece um resumo literário da narrativa da paixão que segue.

Os candidatos mais prováveis para a historicidade seriam os ditos curtos, do tipo *māšāl*, de Lc 9,44 ("o Filho do Homem será entregue nas mãos dos homens"). Mc 14,41 ("o Filho do Homem é entregue às mãos dos pecadores"), e Mc 14,21 ("o Filho do Homem vai, conforme está escrito a seu respeito. Mas, ai daquele homem por quem o Filho do Homem for entregue!"). Estes ditos não atribuem uma relevância soteriológica explícita à morte de Jesus. Ela simplesmente faz parte de sua missão querida pelo Pai. Além disso, alguns desses ditos talvez reflitam um jogo de palavras em aramaico (Filho do Homem – filhos dos homens). Estes *logia* lacônicos poderiam ser considerados extensões dos ditos sobre o Filho-do-Homem terreno, movendo-se na direção das predições explícitas da paixão. Mas não se pode determinar com certeza se eles provêm de Jesus ou da igreja. Continua questionável se Jesus usou Filho do Homem em referência à sua morte que se aproximava (→ 45-50 *abaixo*). É digno de nota que as três predições sobre o destino do Filho do Homem em Jo 3,14; 8,28; 12,32-34 o apresentem sendo "levantado" sem especificações adicionais dos detalhes da morte.

42 (e) *Senhor*. Não há problema em se sustentar que Jesus foi chamado de Senhor durante sua vida terrena, se lembrarmos que o termo aramaico *mārē'*, como o grego *kyrios*, tinha um amplo espectro de significados, estendendo-se desde um cortês "senhor" até um título para Deus (Fitzmyer, *WA* 115-42; Vermes, *Jesus the Jew* 103-28). Várias pessoas que se encontraram com o Jesus histórico e viram nele um mestre, um curador, um profeta escatológico ou uma pessoa misteriosa que transcende estas categorias o teriam chamado de *mārē'*; todavia, cada pessoa poderia ter pretendido um grau de reverência diferente. Este título, portanto, forneceu um elo vivo entre o círculo dos discípulos ao redor de seu rabi Jesus e a igreja pós-pascal que cultuava seu Senhor ressuscitado.

43 (f) *Santo carismático*. Uma outra categoria que combina com os títulos e designações já tratados é o santo judaico, *ḥāsîd*, ou carismático, conhecido na Palestina por volta da época de Jesus. Vermes (*Jesus the Jew* 58-85) indica que juntamente com os escribas profissionais e os fariseus piedosos existiam homens santos – em alguns casos, da Galileia – famosos por milagres ou exorcismos. Eles eram mais o produto da religião folclórica popular que da teologia acadêmica. Entre eles estavam Honi, o Desenhista de Círculos (séc. I a.C.), que praticamente forçava Deus a enviar chuva, importunando-o como um filho importuna um pai, e Hanina ben Dosa (séc. I d.C.), que podia curar à distância, expulsar demônios e controlar a natureza, e que foi notável por sua pobreza e falta de interesse em assuntos legais e rituais, concentrando-se, em vez disto, nas questões morais. Parece ter havido alguma tensão entre estes "homens de ação" carismáticos, semelhantes a Elias, com sua piedade altamente individual e não conformista, e o judaísmo dos fariseus e rabis que estava se desenvolvendo. As evidências, contudo, para estes personagens carismáticos são posteriores, extraídas da Mishná e do Talmude; e assim sua relevância para um tratamento crítico do Jesus histórico permanece questionável. No mínimo, somos lembrados de que Jesus pode ter refletido um tipo particular de piedade galileia carismática e popular que inevitavelmente entraria em conflito com as formas mais institucionais do judaísmo em Jerusalém (veja S. Freyne, *Galilee from Alexander the Great to Hadrian* [Wilmington, 1980] 329-34; Hengel, *Charismatic Leader* [→ 14 *acima*] 44: "carismático escatológico").

O JESUS DA HISTÓRIA: PAIXÃO E RESSURREIÇÃO

44 (I) Últimos dias em Jerusalém.
(A) Entrada triunfal; purificação do Templo. Na primavera de 30 d.C. (ou 33), Jesus viajou com seus discípulos da Galileia para Jerusalém pela última vez. Dois acontecimentos ligados com sua chegada (entrada triunfal e purificação do Templo) são problemáticos, e nem todos aceitam sua historicidade. Se algum acontecimento – embora modesto na realidade – está por trás da entrada triunfal, aparentemente Jesus optou por fazer uma reivindicação simbólica de *status* messiânico quando entrou na antiga capital davídica. A purificação do Templo (atestada independentemente por João, mas colocada no início do ministério) constituiu uma outra reivindicação de autoridade, desta vez sobre a instituição cultual central da religião judaica. Embora o acontecimento talvez não tenha sido tão público e radical como os Evangelhos retratam, Jesus necessariamente estaria desafiando a hierarquia corrupta e impopular em Jerusalém. De fato, a "purificação" talvez não tenha sido uma conclamação à Reforma, mas antes um sinal profético ominoso de que o Templo atual estava prestes a ser destruído para abrir caminho para um templo novo e perfeito.

Estas duas ações simbólicas de Jesus o profeta, ações que lembram os profetas do AT, podem ter sido as razões por que a aristocracia sacerdotal optou por atacar Jesus durante esta visita específica a Jerusalém, diferentemente de suas estadias anteriores. Assim, o próprio Jesus optara por insistir na questão, forçando a capital de Israel a tomar uma decisão a favor ou contra ele, o profeta final de sua história. Contudo, interpretar estes dois acontecimentos como sinais da afinidade de Jesus com os revolucionários judaicos é ir além dos dados.

(Sobre purificação do Templo: Catchpole, D. in Bammel e Moule, *Jesus* (→ 24 *acima*) 319-34, Jeremias, J., "Zwei Miszellen", *NTS* 23 [1976-77] 177-80. Müller, K., "Jesus und die Sadduzäer", *Biblische Randbemerkungen* [Festschrift R. Schnackenburg; ed. H. Merklein *et al.*; Würzburg, 1974] 3-24, Roloff, J. *Das Kerygma* 89-110. Sanders, *Jesus and Judaism* 61-76, Schnackenburg, R., *Schriften zum Neuen Testament* [München, 1971] 155-76.)

45 (B) Atitude de Jesus ante a morte. No contexto dos últimos dias de Jesus em Jerusalém, surge a questão sobre como Jesus entendeu e enfrentou sua morte. Alguns alegam que Jesus não falou sobre sua morte, e, deste modo, simplesmente não sabemos se ele sucumbiu ou não diante da morte. Esta é a opinião de Bultmann, *Jesus* 150-52; para ele esta questão não deve preocupar o crente. Outros (V. Howard, *CBQ* 39]1977] 515-27; X. Léon-Dufour, *NRT* 100 [1978] 802-21; H. Schürmann em *Begegnung mit dem Wort* [Festschrift H. Zimmermann; ed. J. Zmijewski; BBB 53; Bonn, 1980] 273-309) sustentam que podemos conhecer algo sobre a atitude de Jesus e que esta atitude é de relevância para a fé cristã. Esta última opinião parece estar mais de acordo com os dados. Primeiro, porém, um princípio geral *a priori*: assim como uma pessoa vive, assim ela morre. Embora possa haver inversões repentinas, mais comumente a maneira como uma pessoa morre resulta da maneira como ela vive e a interpreta. A mensagem e a práxis de Jesus consistiram de amor radical a Deus e ao próximo, de serviço e sacrifício humilde em favor dos outros, até mesmo em favor dos inimigos. Esta mensagem estava baseada na total confiança em Deus e na total entrega ao Deus que estava vindo em seu reino como Pai. Os atos de cura, de exorcismo, de busca pela ovelha perdida, de comer com os pecadores, de declarar perdão de pecados, de ensinar as multidões e discutir com os oponentes eram todos expressões concretas de seu serviço de amor. Jesus era de fato o "homem para os outros" cuja vida como um todo interpreta sua morte – e vice-versa.

46 Passando para os dados *a posteriori*, devemos perguntar:

(a) Jesus previu a possibilidade de uma morte violenta?

(b) Se previu, como ele a entendeu?

(a) Em vista da crescente oposição contra ele, especialmente entre os sacerdotes e os leigos aristocrático em Jerusalém, Jesus teria de ter sido um simplório se não tivesse previsto a possibilidade de uma morte violenta quando visitasse a capital na Páscoa. Sinais negativos já estavam no horizonte. Apesar de seus esforços, todas as cidades tinham rejeitado sua mensagem (Mt 11,20-24 par.). Herodes Antipas, Pôncio Pilatos, o sumo sacerdote e o partido saduceu, os escribas e o piedoso movimento leigo dos fariseus, todos tinham várias razões para se oporem a Jesus – e, diferentemente dos fariseus, os outros indivíduos ou grupos tinham formas de se livrarem dele legalmente. Além disso, nas grandes multidões da festa da Páscoa, havia sempre a possibilidade de ocorrer um linchamento ou assassinato pela multidão.

Mais pertinente é que Jesus via a si mesmo como o profeta escatológico, e a piedade judaica crescentemente via os profetas do AT personagens rejeitados e, muitas vezes, como mártires (J. Jeremias, *Heiligengräber in Jesu Umwelt* [Göttingen, 1958] 61-63; O. Steck, *Israel und das gewaltsame Geschick der Propheten* [Neukirchen, 1967] 40-58). Consequentemente, Jesus deve ter contado com esta perspectiva de martírio e seu significado. Entre os judeus do séc. I, cria-se que o sangue dos mártires tinha poder expiador para o Israel pecador (*p.ex.*, 4Mac 6,28-29; 17,22). De maneira mais concreta, o martírio de João Batista por Herodes transformou esta teologia em uma possibilidade real para Jesus. Para ir além da possibilidade, contudo, deve-se examinar os ditos relevantes que reivindicam autenticidade.

47 (b) Jesus indicou como ele entendia sua possível morte? Aqui especialmente se deve tomar cuidado com profecias *post eventum*[após o acontecimento], retrojetadas na vida de Jesus. Portanto, por razões metodológicas, dever-se-iam excluir aqueles ditos que incluem o título Filho do Homem ou uma referência clara à ressurreição. Isto não quer dizer que estes ditos sejam necessariamente criações posteriores; a exclusão é tática, visando a isolar dados que sejam tão confiáveis quanto possível. Existem alguns ditos em que Jesus fala em termos gerais de sua morte que se aproxima e usa a imagem do profeta ou servo de Deus martirizado, imagens que combinam bem com o autoentendimento do Jesus histórico. Embora estes ditos, discutidos abaixo, estejam dispersos por todo o ministério público nos Evangelhos, seu lugar apropriado – se forem autênticos – pode ser durante o conflito final de Jesus com as autoridades em Jerusalém. (Não há razão para pensar que Jesus esperasse um fim violento desde o começo de seu ministério; segundo L. Oberlinner, *Todeserwartung und Todesgewissheit Jesu* [SBB 10; Stuttgart, 1980].)

48 (1) Num dito de Q (Mt 23,37-39 par.), Jesus denuncia violentamente a Jerusalém que o rejeitou, repreendendo a cidade com o lembrete de que ela tem um histórico de matar os profetas. A possibilidade de que Jerusalém fizesse o mesmo com Jesus, o profeta, permanece uma sugestão tácita (a favor da historicidade: Kümmel e Jeremias). (2) No material especial lucano que antecede este dito de Q, Jesus rechaça um aviso de que Herodes Antipas pode tentar matá-lo na Galileia com uma observação irônica, talvez amarga (Lc 13,31-33; veja *FGL* 2. 1028-33; posição afirmativa: Ruppert e Bornkamm; negativa: Steck). A observação termina com uma verdade geral extraída da teologia dos profetas martirizados: "Pois não convém que um profeta pereça [observe o substantivo e o verbo indefinido] fora de Jerusalém [de fato, Jesus pereceu fora dos portões de Jerusalém]".

49 (3) Quando Tiago e João, filhos de Zebedeu, pediram lugares especiais no reino, Jesus perguntou se eles estavam dispostos a participar de seu sofrimento e morte (Mc 10,35-40 par.). O sofrimento e a morte

são mencionados nos termos gerais do AT (cálice e batismo, sendo o segundo tão incomum que Mateus o omite). Jesus não tem o poder de conceder lugares no reino, mas promete a ambos os irmãos uma participação em sua paixão e morte. A vaga referência aos sofrimentos de Jesus, a afirmação sobre a impotência de Jesus para conceder lugares no reino e a luz desfavorável em que se coloca Tiago, o protomártir, entre os Doze depõem em favor da historicidade. (4) Pedro rebelou-se contra a ideia do *sofrimento* de Jesus, e Jesus teve de repreender Pedro em termos muito fortes: "Arreda-te de mim, Satanás !" (Mc 8,32-33 par.). Não é provável que este seja um dito criado pela protoigreja.

50 Caso se conceda historicidade a alguns destes ditos (também à forma primitiva da parábola dos vinhateiros assassinos [→ 36 *acima*] e aos lacônicos ditos sobre o Filho-do-Homem [→ 41 *acima*]), Jesus contava efetivamente com o martírio que o profeta final deve sofrer como parte do misterioso plano de Deus para a salvação de Israel. Nenhum destes ditos, contudo, atribui um significado teológico mais detalhado à morte: não se fala de sacrifício vicário, não se vincula a morte à ressurreição para formar *o* acontecimento apocalíptico – de fato, não há uma ideia explícita de vindicação. Para obter maior clareza sobre como Jesus teria entendido sua morte, devemos nos voltar para sua Última Ceia.

51 (C) A Última Ceia. Na quinta feira à noite, quando começava o décimo quarto dia de Nisan (o dia da preparação), Jesus celebrou uma refeição final com seus discípulos na casa de um simpatizante de Jerusalém. A historicidade desta refeição final é apoiada pelas tradições de Marcos, especial de Lucas, joanina e pré-paulina. A refeição não era a refeição oficial da Páscoa, que deveria ser realizada na noite seguinte, quando começava o décimo quinto dia de Nisan. Jesus, aparentemente sentindo seu destino iminente e talvez já suspeitando da traição por um de seus próprios discípulos, pode ter propositadamente dado à refeição alguns traços da Páscoa, visto que não poderia participar da Páscoa regular com seus discípulos. No início e no final da refeição, respectivamente, Jesus usou pão e vinho para representar sua morte vindoura, que ele aceitou como parte da misteriosa vontade de Deus para trazer o reino (contra Braun [*Jesus* 56-57], que rejeita a historicidade das ações rituais de Jesus com o pão e o vinho). As palavras de Jesus sobre o pão e do vinho são registradas em quatro versões diferentes (1Cor 11,23-26; Mc 14,22-25; Mt 26,26-29; Lc 22,15-20), representando duas tradições importantes (paulina e marcana). Cada versão mostra alguma influência litúrgica e redacional, e assim nenhuma versão pode reivindicar ser a formulação exata de Jesus. Há também Jo 6,51: "O pão ... é minha carne", que pode refletir de maneira mais literal um original semítico (veja também o pão eucarístico como carne em Inácio, *Rom.* 7,3; *Fild.* 4,1). Provavelmente as palavras de Jesus eram mais ou menos como "Esta é minha carne [corpo]", e "Este [cálice?] é [= contém, medeia] a aliança [selada] por meu sangue" (cf. o eco de Ex 24,8). Jesus, portanto, interpretou sua morte como o meio (sacrifical? expiatório?) pelo qual Deus restauraria a aliança com Israel no Sinai. Até mesmo em sua morte, Jesus via sua missão como a reunião e salvação de todo o Israel na hora final de sua história. Jesus também via esta ceia como a *última* – a última em toda uma série de refeições que ele tinha compartilhado com seus discípulos e pecadores durante sua vida, refeições que tinham comunicado proplepticamente o perdão e a salvação de Deus. Esta última refeição era uma garantia de que, apesar do aparente fracasso de sua missão, Deus vindicaria Jesus mesmo após a morte e o conduziria, assim como a seus seguidores, ao banquete escatológico (veja o tom escatológico em Mc 14,25 e 1 Cor 11,26). Por isso, Jesus insiste que todos os discípulos participem de seu único cálice em vez de beberem de seus próprios. Eles devem se ater firmemente à sua comunhão com ele quando ele morrer de modo que possam participar deste triunfo no reino.

(JEREMIAS, J., *The Eucharistic Words of Jesus* [London, 1966]. MARSHALL, I. H., *Last Supper and Lord's Supper* [Grand Rapids, 1980]. PESCH, R., *Das Abendmahl und Jesu Todesverständnis* [QD 80; Freiburg, 1978]. REUMANN, J., *The Supper of the Lord* [Philadelphia, 1985] 1-52. SCHWEITZER, A., *The Problem of the Lord's Supper* [ed. J. REUMANN; Macon, 1982]. SCHWEIZER, E., *The Lord's Supper According to the NT* [FBBS 18; Philadelphia, 1967].)

52. **(II) Paixão e morte.**

(A) Getsêmani e prisão. Após a ceia, Jesus levou seus discípulos para um pequeno pedaço de terra aos pés do Monte das Oliveiras (Getsêmani = prensa de oliva ou tonel de óleo). Enquanto ele orava ali, foi preso por um grupo armado assistido por Judas, um dos Doze. Visto que é improvável que um membro dos Doze tenha sido difamado gratuitamente por um relato que criava dificuldades teológicas para a protoigreja, a traição de Judas deve ser considerada um fato histórico. O grupo encarregado de prendê-lo provavelmente estava sob o controle do sumo sacerdote, embora João mencione uma "coorte" (*speira*) ou um "tribuno" (*chiliarcos*), possivelmente sinais da participação romana (contra esta possibilidade, veja O. Betz, *ANRW* II/25.1, 564-647, especialmente 613). De fato, é de se esperar que as autoridades sacerdotais tenham mantido Pilatos informado acerca do que estavam planejando para o encrenqueiro galileu. Confrontado com a prisão, Jesus rejeitou a resistência armada, e seus discípulos fugiram em confusão ignominiosa.

53 **(B) Julgamento(s).** A partir deste ponto até o julgamento perante Pilatos, as questões são obscuras por três razões: a falta de concordância dos Evangelhos entre si, a incerteza acerca da lei judaica e romana na época, e a apologética religiosa que está conosco até o presente. Três cenários principais são possíveis: (1) Um julgamento à noite diante do sinédrio foi presidido pelo sumo sacerdote Caifás (18-36 d.C.); esta sessão ou durou até o amanhecer ou foi seguida por uma breve sessão ao amanhecer (Marcos-Mateus; segundo Blinzler e Betz). (2) Somente uma sessão do sinédrio foi realizada no início da manhã (Lucas; segundo Catchpole). (3) Realizou-se uma audiência informal, provavelmente à noite, por alguma autoridade judaica, talvez pelo sogro de Caifás, Anás, que fora sumo sacerdote de 6 a 15 d.C. (João; segundo Winter, Brandon, Smith). Contra a primeira possibilidade estão muitas prescrições do tratado *Sinédrio* da Mishná, prescrições desconsideradas pelo julgamento registrado em Marcos e Mateus. A Mishná, contudo, escrita apenas no final do séc. II d.C., apresenta regras rabínicas (mais próximas das farisaicas), não dos saduceus, e talvez descreva um retrato idealizado que nunca existiu plenamente antes de 70 d.C. (Há pouco apoio para a afirmação de S. Zeitlin e E. Rivkin de que havia dois sinédrios nesta época, um político e sacerdotal, e outro religioso e farisaico – tendo Jesus sido julgado pelo primeiro. Veja O. Betz, *ANRW* II/25.1, 646-47.). A descrição de Lucas contraria menos a Mishná, mas ainda é controverso se ela reflete uma fonte independente ou uma redação imaginativa de Marcos. A narrativa de João apresenta a menor dificuldade, mas também se ajusta bem à teologia de João. O melhor que podemos dizer é que, entre a prisão e o julgamento perante Pilatos, Jesus foi mantido em custódia pelas autoridades do Templo. Pelo menos uma audiência e talvez um julgamento resultaram nas acusações formais que foram apresentadas perante Pilatos. As acusações teológicas apresentadas contra Jesus durante a audiência ou julgamento judaico (ameaças contra o Templo? Ensino contrário à lei? Conduzir o povo ao erro como falso profeta? Reivindicação de *status* transcendente?) provavelmente poderiam ter sido resumidas sob o rótulo vago de blasfêmia, entendida de modo amplo. Durante o processo judaico, Pedro, que tinha seguido o Jesus preso a distância, foi confrontado por alguns servos das autoridades

sacerdotais e, apavorado, negou seu relacionamento com Jesus. A historicidade deste acontecimento embaraçoso é muito mais provável do que sua invenção na protoigreja como propaganda anti-Pedro (contra G. Klein, *Rekonstruktion und Interpretation* [BEvT 50; München, 1969] 49-98).

54 Pôncio Pilatos, prefeito da Judeia (26-36 d.C.), estaria interessado apenas em crimes políticos, e assim as preocupações teológicas foram traduzidas pelas autoridades do Templo como *lèse majesté* [lesa-majestade] (uma tarefa fácil numa região onde não havia uma linha divisória clara entre a política e a religião). Jesus foi apresentado como um revolucionário, um falso reivindicante ao trono judaico. "Rei dos judeus" foi a acusação com base na qual Jesus foi julgado e condenado perante Pilatos, como proclamava o *titulus crucis* [título da cruz], a acusação colocada numa placa acima da cabeça de Jesus na cruz. (Braun [*Jesus* 34] é praticamente o único a negar a historicidade do *titulus.*). Este *titulus* traduzia para uma categoria política algo no ensino e na práxis de Jesus que estava aberto a uma interpretação messiânica. Discute-se calorosamente se as autoridades do Templo *tinham* de recorrer a Pilatos para executar Jesus ou não. As evidências são incertas, mas parece mais provável que Jo 18,31 esteja correto: o sinédrio tinha perdido seus poderes de punir criminosos com a morte (Blinzler, Catchpole; os contra-argumentos de Winter não são convincentes). Também é controverso se o incidente de Barrabás e o suposto costume subjacente a ele são históricos ou criação da tradição cristã.

(BETZ, O., *ANRW* II/25.1, 564-647. BLINZLER, J., *Der Prozess Jesu* [4ª ed.; Regensburg, 1969]; em inglês, *The Trial of Jesus* [Westminster, 1959]. *BGJ* 2. 791-802. CATCHPOLE, D., *The Trial of Jesus* [SPB 18; Leiden, 1971]. HENGEL, M., *Crucifixion* [Philadelphia, 1977]. KUHN, H.-W., *ANRW* II/25.1, 648-793. MERRITT, R., *JBL* 104 [1985] 57-68. RIVKIN, E., *What Crucified Jesus?* [Nashville, 1984]. SHERWIN-WHITE, A., *Roman Society and Roman Law in the NT* [Grand Rapids, 1963] 24-47. WINTER, P., *On the Trial of Jesus* [StJud 1; 2ª ed.; Berlin, 1974].)

55 (C) Crucificação e morte. Ao final do julgamento romano, Jesus foi condenado à morte por crucificação e recebeu o açoitamento [flagelação] preliminar (um cruel ato de misericórdia, destinado a acelerar a morte). Jesus estava tão enfraquecido que não pôde carregar o travessão da cruz. Os soldados recrutaram à força os serviços de Simão de Cirene, para carregar a trave mestra. Ele e seus filhos, Alexandre e Rufo, aparentemente se tornaram membros proeminentes da protoigreja (Mc 15,21). Assim, houve pelo menos uma testemunha na crucificação que posteriormente se tornou cristã. A crucificação ocorreu fora dos muros da cidade, no Gólgota (Lugar da Caveira), possivelmente uma pedreira abandonada. Não se especifica se Jesus foi amarrado ou pregado à cruz, embora se mencionem pregos nas aparições do ressurreto (Lc 24,39; Jo 20,20.25.27) e sejam consistentes com os recentes achados arqueológicos (veja *TAG* 125-46; mas também a reavaliação modificada em *BA* 48 [1985] 190-91). Dois ladrões (*lēstai*, possivelmente insurrecionistas) foram crucificados junto com Jesus; o edificante arrependimento do "bom ladrão" é provavelmente redação lucana. O escárnio e o abuso, narrados em vários pontos durante o julgamento, foram também lançados sobre Jesus enquanto ele estava pendurado na cruz. Não se pode dizer se ele respondeu verbalmente a este abuso e a seus sofrimentos. As "palavras ditas na cruz", incluindo o chamado grito de abandono (Sl 22,2), talvez provenham de interpretação cristã posterior da morte de Cristo. Além de Simão de Cirene, as únicas testemunhas simpatizantes no calvário foram algumas discípulas da Galileia. A colocação da mãe de Jesus e do discípulo amado junto à cruz pode ser um simbolismo joanino.

56 Embora o crucificado, às vezes, permanecesse agonizando durante dias, a morte de Jesus ocorreu de modo relativamente rápido; por isso, não houve necessidade de apressar sua morte quebrando suas pernas, como foi feito no caso dos dois ladrões.

A pressa era importante, pois, ao pôr-do-sol (o começo do sábado, o décimo quinto dia de Nisan), a Páscoa coincidiria com o sábado naquele ano. A solenidade especial da festa reforçava a regra judaica geral de que cadáveres não deveriam ser deixados suspensos durante a noite, para que a terra santa não fosse corrompida (Dt 21,22-23). Na ausência de parentes próximos, o corpo de Jesus pode ter sido disposto de maneira informal numa sepultura comum (uma possibilidade deixada em aberto por Braun [*Jesus* 35]). Mas José de Arimateia, um influente funcionário judeu, intercedeu junto a Pilatos e obteve o corpo de Jesus para sepultamento (temporário?) num túmulo que possuía na vizinhança. Algumas das mulheres galileias testemunharam a preparação para o sepultamento. O único nome constante, tanto na cruz quanto na sepultura, é Maria Madalena. O relato da colocação de uma guarda junto ao túmulo selado deve ser considerado uma criação posterior de debates judeus cristãos (Mt 27,62-66; cf. 28,11-15). Quanto ao Sudário de Turim, veja R. E. Brown, *Biblical Exegesis and Church Doctrine* (New York, 1985) 147-55; quanto ao sepultamento, R. E. Brown, *CBQ* 50 (1958) 233-45.

57 (III) Ressurreição. Visto que o Jesus da história é, por definição, o Jesus que está aberto à investigação empírica de qualquer observador, o Jesus ressuscitado encontra-se fora do escopo desta investigação (como agora é declarado formalmente pela PCB; → Pronunciamentos da Igreja, 72:39). Isto não significa que a ressurreição não seja real, mas que ela é um acontecimento que em si mesmo transcende o tempo e o espaço (daí o termo "meta-histórico"), na medida em que Jesus entra na vida eterna na presença de seu Pai. Alguns alegados efeitos da ressurreição (o túmulo vazio e as aparições do ressurreto) pertencem efetivamente a nosso mundo de tempo e espaço, mas são mais apropriadamente tratados em uma história da protoigreja. É suficiente dizer que as tradições do túmulo vazio não devem ser descartadas automaticamente como "lendas tardias". Marcos e João preservam duas versões diferentes de uma história que, em seus contornos, parece pertencer a alguma corrente da tradição protocristã (veja W. Craig, *NTS* 31 [1985] 67 n. 88, onde há uma lista de exegetas que reafirmam alguma forma de historicidade; mas I. Broer [*Die Urgemeinde und das Grab Jesu* (SANT 31; München, 1972)] hesita quanto a se a protoigreja de Jerusalém conhecia a sepultura de Jesus). São fatos históricos que havia testemunhas conhecidas pelo nome que sustentaram que o Jesus ressuscitado lhes apareceu (1Cor 15,5-8), que estas testemunhas incluíam discípulos do Jesus histórico que o tinham abandonado por medo e então realizaram uma marcante *volte face* [mudança radical] após sua morte vergonhosa, que estes discípulos não eram dementes incompetentes, mas pessoas capazes de propagar inteligentemente um novo movimento e que alguns destes discípulos sacrificaram sua vida pela verdade de sua experiência de ressurreição. Como as pessoas reagem a estes fatos e ao Jesus histórico nos leva para além de uma investigação empírica, para a esfera da decisão religiosa, do crer ou não crer.

79
Paulo

Joseph A. Fitzmyer, S.J.

BIBLIOGRAFIA

1 BORNKAMM, G., *Paul* (New York, 1971) 1-106; em Port.: *Paulo vida e obra*, Editoroa Academia Cristã, São Paulo, 2009. BROWN, R. E. e J. P. MEIER, *Antioch and Rome* (New York, 1982). CADBURY, H. J., *The Book of Acts in History* (London, 1955) 123-33. CAMPBELL, T. H., "Paul's 'Missionary Journeys' as Reflected in His Letters", *JBL* 74 (1955) 80-87. DEISSMANN, A., *St. Paul, a Study in Social and Religious History* (London, 1912; reimpr. Magnolia MA, 1972). DOCKX, S., "Chronologie de la vie de Saint Paul, depuis sa conversion jusqu'a son séjour à Rome", *NovT* 13 (1971) 261-304; *Chronologies néotestamentaires et vie de l'église primitive* (Gembloux, 1976) 45-128. GUNTHER, J. J., *Paul: Messenger and Exile* (Valley Forge, 1972). HENGEL, M., *Acts and the History of Earliest Christianity* (Philadelphia, 1979). HURD, J. C., "Pauline Chronology and Pauline Theology", *Christian History and Interpretation* (Festschrift J. KNOX; ed. W. R. FARMER et al.; Cambridge, 1967) 225-48; "Paul the Apostle", *IDBSup* 648-51; "The Sequence of Paul's Letters", *CJT* 14 (1968) 189-200. HYLDAHL, N., *Die paulinische Chronologie* (AThD 19; Leiden, 1986). JEWETT, R., *A Chronology of Paul's Life* (Philadelphia, 1979). KNOX, J., *Chapters in a Life of Paul* (New York, 1950); "'Fourteen Years Later': A Note on the Pauline Chronology", *JR* 16 (1936) 341-49; "The Pauline Chronology", *JBL* 58 (1939) 15-39. LÜDEMANN, G., *Paul, Apostle to the Gentiles: Studies in Chronology* (Philadelphia, 1984). MURPHY-O'CONNOR, J., "Pauline Missions before the Jerusalem Conference", *RB* 89 (1982) 71-91; *St. Paul's Corinth: Texts and Archaeology* (Wilmington, 1983). OGG, G., *The Chronology of the Life of Paul* (London, 1968). RIDDLE, D. W., *Paul, Man of Conflict* (Nash, 1940). RIGAUX, B., *The Letters of St. Paul* (Chicago, 1969) 40-99. SHERWIN-WHITE, A. N., *Roman Society and Roman Law in the New Testament* (Oxford, 1969) 144-71. SUHL, A., *Paulus und seine Briefe* (SNT 11; Gütersloh, 1975).

2 ESBOÇO

Introdução (§ 3-13)
  (I) O nome de Paulo (§ 3)
  (II) Fontes e cronologia da vida de Paulo (§ 4-13)

Trajetória de Paulo (§ 14-54)
  (I) Juventude e conversão
    (A) Juventude de Paulo (§ 14-19)
    (B) Conversão de Paulo (§ 20-23)
  (II) Visitas de Paulo a Jerusalém (§ 24-27)
  (III) Missões paulinas
    (A) A primeira missão (§ 29-30)
    (B) Visita do "concílio" (§ 31-33)
    (C) Incidente em Antioquia (§ 34)
    (D) Decreto de Jerusalém sobre os alimentos (§ 35-37)
    (D) Segunda missão (§ 38-39)
    (E) Terceira missão (§ 40-45)
  (IV) Última prisão de Paulo
    (A) Última visita a Jerusalém e prisão (§ 47)
    (B) Apelo a César; viagem para Roma (§ 48-49)
    (C) Fim da vida de Paulo (§ 50-54)

INTRODUÇÃO

3 (I) O nome de Paulo. Em suas cartas, o apóstolo chama a si mesmo de *Paulos*, o nome também usado em 2Pd 3,15 e de At 13,9 em diante. Antes disso, em At ele é chamado de *Saulos* (7,58; 8,1.3; 9,1, etc.), a forma grega de *Saoul*. Esta última grafia é encontrada apenas nos relatos da conversão (9,4.17; 22,7.13; 26,14) e representa a forma hebraica *Šā'ûl*, o nome do primeiro rei do antigo Israel (*p.ex.*, 1Sm 9,2.17; cf. Atos 13,21). Ele significa "pedido" (de Deus *ou* de Iahweh). Atos 13,9 marca a transição de "Saulo" para "Paulo" (exceto pelo *Saoul* posterior): *Saulos de kai Paulos*, "Saulo, também conhecido como Paulo". O nome *Paulos* é a forma grega do conhecido cognome (nome da família) romano *Paul(l)us*, usado pela *gens aemiliana*, os *Vettenii* e os *Sergii*. Podemos apenas especular sobre como Paulo recebeu este nome romano. É pura coincidência o fato de Saulo começar a ser chamado de Paulo, no registro de Atos, na ocasião em que o procônsul romano, Sérgio Paulo, se converteu (13,7-12), pois é pouco provável que Paulo tenha assumido o nome deste ilustre convertido romano de Chipre (contra Jerônimo, *In Ep. Ad Philem.* 1; PL 26. 640; H. Dessau *et al.*). É mais provável que o apóstolo se chamasse *Paulos* desde o nascimento, e *Saoul* fosse o *signum* ou *supernomen* (nome acrescentado) usado nos círculos judaicos. Muitos judeus da época tinham dois nomes, um semítico (Saulo) e outro grego ou romano (Paulo); cf. At 1,23; 10,18; 13,1. Os nomes frequentemente eram escolhidos por sua semelhança de som. Não há evidência de que "Saulo" tenha sido mudado para "Paulo" por ocasião de sua conversão; de fato, *Saulos* é usado em Atos mesmo após este evento. A mudança em 13,9 provavelmente se deve a diversas fontes de informação de Lucas. *Paulus*, em latim, significa "pequeno", "insignificante", mas isto nada tinha a ver com a estatura de Paulo ou com a modéstia.

(Dessau, H., *Hermes* 45 [1910] 347-68. Harrer, G. H., *HTR* 33 [1940] 19-33. Sobre *supernomen*: Lambertz, M., *Glotta* 4 [1913] 78-143.)

4 (II) Fontes e cronologia da vida de Paulo. O pouco que se conhece acerca de Paulo chega até nós a partir de duas fontes principais: (1) passagens em suas cartas autênticas, principalmente 1Ts 2,1-2.17-18; 3,1-3a; Gl 1,13-23; 2,1-14; 4,13; Fl 3,5-6; 4,15-16; 1Cor 5,9; 7,7-8; 16,1-9; 2Cor 2,1.9-13; 11,7-9.23-27.32-33; 12,2-4.14.21; 13,1.10; Rm 11,1c; 15,19b.22-32; 16,1; e (2) At 7,58; 8,1-3; 9,1-30; 11,25-30; 12,25; 13,1-28,31. (Os detalhes nas epístolas deuteropaulinas e pastorais são de valor duvidoso e podem ser usados apenas para apoiar o que se sabe a partir das duas outras fontes.)

5 As duas fontes mencionadas, contudo, não são de igual valor. Na reconstrução da vida de Paulo, deve se dar preferência ao que Paulo nos conta acerca de si mesmo, pois a história de Lucas sobre a atividade missionária de Paulo está condicionada por suas pronunciadas tendências literárias e preocupações teológicas. Escritores recentes, como J. Knox, D. W. Riddle, R. Jewett, G. Lüdemann, J. Murphy-O'Connor *et al.* tentaram elaborar uma "vida" de Paulo ou uma cronologia de suas cartas somente ou principalmente com base em seus próprios escritos, expressando frequentemente uma relutância em admitir informações a partir de Atos. Todavia, de modo bastante enigmático, estes escritores admitem, às vezes, detalhes que apenas Lucas narra – detalhes que eles *precisam* para suas soluções variadas (*p.ex.*, o comparecimento de Paulo diante de Gálio [18,12], a permanência de 18 meses de Paulo em Corinto [18,11], ou a origem de Timóteo em Listra [16,2-3])! Na reconstrução que segue do ministério de Paulo, usarei de cuidado e de um sentido crítico, e admitirei detalhes adicionais dos quais Atos é a única fonte, desde que não contradigam ou conflitem com dados paulinos. (O leitor observará que meu relato usa o tempo passado para os dados paulinos, mas o tempo presente para os dados de Atos.)

6 Anos atrás, T. H. Campbell ("Paul's 'Missionary Journeys'") mostrou que, nas passagens paulinas mencionadas acima, há uma sequência das ações de Paulo, desde sua conversão até sua chegada a Roma, que é paralela às ações mais detalhadas em Atos. Na Tabela Sequencial abaixo, adaptei seu estudo fundamental, fazendo uso das discussões mais recentes dos dados e acrescentando referências a colaboradores de Paulo.

7 Devem se observar diferenças na Tabela Sequencial das ações de Paulo: (1) Lucas deixa de mencionar a retirada de Paulo para a "Arábia" (Gl 1,17b); (2) Lucas agrupa as atividades missionárias de Paulo em três blocos (I: 13,1-14,28; II: 15,36-18,22; III: 18,23-21,16). Alguns críticos pensam que a Primeira Missão é uma invenção completamente lucana; mas uma parte significativa do problema é a questão das fontes nesta parte de Atos (→ Atos, 44:10). (3) A ocasião da fuga de Paulo de Damasco segundo Lucas: uma conspiração feita por judeus (At 9,23; contrasta com 2Cor 11,32). (4) A descrição de Lucas do "consentimento" de Paulo com a morte de Estêvão (At 7,58-8,1; cf. 22,20), enquanto o próprio Paulo fala apenas de perseguir "a igreja de Deus" (Gl 1,13) ou "a igreja" (Fl 3,6) e nunca menciona Estêvão.

8 A Tabela Sequencial fornece, na melhor das hipóteses, apenas uma cronologia relativa. Nas cartas do próprio Paulo, o único incidente que pode ser datado, de modo extrabíblico, é sua fuga de Damasco (2Cor 11,32-33): a etnarquia do rei Aretas isolou a cidade para capturar Paulo, mas ele escapou descendo num cesto por meio de uma janela no muro da cidade (cf. At 9,24-25). Isto ocorreu no final dos três anos de Paulo em Damasco (Gl 1,17c-18). Visto que Damasco aparentemente esteve sob o governo romano até a morte de Tibério (16 de Março de 37 d.C.; cf. Josefo, *Ant.* 18.5.3 § 124), e o nabateu Aretas IV Filopátris (9 a.C.-39 d.C.) recebeu o controle sobre ela pelo imperador Caio Calígula, a fuga de Paulo deve ter ocorrido entre 37 e 39 d.C., provavelmente em 39 d.C. (veja PW 2/1 [1895] 674). A conversão de Paulo ocorreu aproximadamente três anos antes, provavelmente em 36 d.C.

9 Quanto a Atos, encontram-se dados extrabíblicos para cinco acontecimentos no ministério de Paulo. Em ordem *descendente* de importância, são eles:

(1) O proconsulado de L. Júnio Galião Aneu, na Acaia, diante de quem Paulo foi levado em Corinto (At 18,12). Este é o "único elo entre o ministério do apóstolo e a história geral que é aceito por todos os estudiosos" (Murphy-O'Connor, *Corinth* 141), ainda que seja registrado apenas por Lucas. O proconsulado de Galião é mencionado numa inscrição grega localizada em um templo de Apolo e descoberta por E. Bourguet em Delfos, em 1905 e 1910. Ela é fragmentária, e a publicação completa de todos os fragmentos (feita por A. Plassart) ocorreu apenas em 1970. É uma cópia de uma carta enviada por Cláudio à cidade de Delfos acerca de seu problema de despovoamento.

[1]Tiber[ius Claudius Caes]ar Au[gust]us Ge[rmanicus], investido com po]der tribunício [2][pela 12ª vez, aclamado Imperador pel]a 26ª vez, P[ai da Pá]tri[a ... envia saudações ...]. [3]Por um l[ongo tempo eu estou não apen]as [bem disposto para com] a cida[de] de Delf[os, mas também solícito por sua [4]pro]speridade, e eu sempre guar[do o] cul[to do] [pítio] Apo[lo. Mas] [5]agora [visto que] é dito estar desti[tu]ída de [cida]dãos, como [L. Jún]io [6]Galião, meu ami[go] e [procôn]sul, [recentemente relatou-me, e estando desejoso de que Delfos] [7]continue a manter inta[cta sua ante[rior posição, eu] vos orde[no (pl.) a con]vidar também pessoas nascidas de [8]ou]tras cidades [para Delfos como novos habitantes e a] [9]permi[tir]-lhes [e a seus filhos terem todos os] privilégios de Delfos [10]como cida[dãos em (base) de igualdade e semelhança]. Pois s[e al[guns...] [11]forem trans[feridos como cida]dãos [para essa região,... (O restante é sem importância; minha tradução segue o texto de Oliver, e os colchetes incluem restaurações.)

A partir deste texto podemos deduzir que Galião era procônsul na Acaia no

TABELA SEQUENCIAL DAS AÇÕES DE PAULO

Cartas	Atos
Conversão próximo a Damasco (sugerida em Gl 1,17c) Para a Arábia (Gl 1,17b) Retorno para Damasco (1,17c): 3 anos Fuga de Damasco (2Cor 11,32-33) Para Jerusalém (Gl 1,18-20) "As regiões da Síria e Cilícia" (Gl 2,21-22)	Damasco (9,1-22) Fuga de Damasco (9,23-25) Para Jerusalém (9,26-29) Cesareia e Tarso (9,30)
	Antioquia (11,26a) (Jerusalém [11,29-30; 12,25]; → 25 *abaixo*) Primeira Missão: Antioquia (13,1-4a) Selêucida, Salamina, Chipre (13,4b-12)
Igrejas evangelizadas antes da macedônica Filipos (Fl 4,15) "Em seguida, quatorze anos mais tarde, subi novamente a Jerusalém" (para o "Concílio", Gl 2,1) Incidente em Antioquia (Gl 2,11-14)	Sul da Galácia (13,13-14,25) Antioquia (14,26-28) Jerusalém (15,1-12) Antioquia (15,35); Segunda Missão Síria e Cilícia (15,41)
Galácia (1Cor 16,1) evangelizada pela primeira vez (Gl 4,13)	Sul da Galácia (16,1-5) Frígia e Norte da Galácia (16,6)
Filipos (1Ts 2,2 [= Macedônia, 2Cor 11,9]) Tessalônica (1Ts 2,2; cf. 3,6; Fl 4,15-16)	Mísia e Trôade (16,7-10) Filipos (16,11-40)
	Anfípolis, Apolônia, Tessalônica (17,1-9) Bereia (17,10-14)
Atenas (1Ts 3,1; cf. 2,17-18) Corinto evangelizada (cf. 2Cor 1,19; 11,7-9) Timóteo chega a Corinto (1Ts 3,6), provavelmente acompanhado por Silvano (1Ts 1,1)	Atenas (17,15-34) Corinto por 18 meses (18,1-18a) Silas e Timóteo chegam da Macedônia (18,5)
Apolo (em Éfeso) estimulado por Paulo a ir a Corinto (1Cor 16,12)	Paulo parte de Cencreia (18,18b) Deixa Priscila e Áquila em Éfeso (18,19-21) Apolo enviado para a Acaia por Priscila e Áquila (18,17) Paulo para Cesareia Marítima (18,22a) Paulo para Jerusalém (18,22b) Em Antioquia por algum tempo (18,22c) Terceira Missão: Norte da Galácia e Frígia (18,23)
Norte da Galácia, segunda visita (Gl 4,13) Éfeso (1Cor 16,1-8)	Éfeso por 3 anos, ou 2 anos e 3 meses. (19,1-20,1; cf. 20,31)
Visita de Cloé, Estéfanas *et al.* a Paulo em Éfeso (1Cor 1,11; 16,17), trazendo uma carta (7,1) Paulo aprisionado (? cf. 1Cor 15,32; 2Cor 1,8) Timóteo enviado a Corinto (1Cor 4,17; 16,10) Segunda visita "dolorosa" de Paulo a Corinto (2Cor 13,2); retorno a Éfeso Tito é enviado a Corinto com uma carta "escrita em lágrimas" (2Cor 2,13) (Planos de Paulo de visitar a Macedônia, Corinto e Jerusalém/Judeia, 1Cor 16,3-8; 2Cor 1,15-16) Ministério em Trôade (2Cor 2,12) Para a Macedônia (2Cor 2,13; 7,5; 9,2b-4); chegada de Tito (2Cor 7,6) Tito é enviado à frente para Corinto (2Cor 7,16-17), com parte de 2 Coríntios Ilíria (Rm 15,19)? Acaia (Rm 15,26; 16,1); terceira visita de Paulo a Corinto (2Cor 13,1)	(Planos de Paulo de visitar a Macedônia, Acaia, Jerusalém e Roma, 19,21) Macedônia (20,1b) 3 meses na Grécia (Acaia) (20,2-3) Paulo começa a retornar para a Síria (20,3), mas vai via Macedônia e Filipos (20,3b-6a) Trôade (20,6b-12) Mileto (20,15c-38) Tiro, Ptolemaida, Cesareia (21,7-14) Jerusalém (21,15-23,30)
(Planos para visitar Jerusalém, Roma, Espanha Rm 15,22-27])	Cesareia (23,31-26,32) Viagem para Roma (27,1-28,14) Roma (28,15-31)

décimo segundo ano do reinado de Cláudio, após a vigésima sexta aclamação do último como "imperador". Enquanto o poder tribunício, com o qual o imperador era investido a cada ano, marcava seus anos de reinado, a aclamação como imperador era esporádica, sendo conferido a ele após triunfos ou vitórias militares importantes. Para se datar um acontecimento com base nela, deve-se saber quando a aclamação específica aconteceu. A partir de outras inscrições, sabe-se que a vigésima segunda e a vigésima quinta aclamações ocorreram no décimo primeiro ano do reinado de Cláudio, e que a vigésima sétima ocorreu em seu décimo segundo ano, antes de 1º de agosto de 52 d.C. (*CIL* 6. 1256; Frontinus, *De Aquis* 1.13). A vigésima sexta aclamação pode ter ocorrido antes do inverno de 51 d.C., ou na primavera de 52 d.C. Mas o décimo segundo ano de reinado começou em 25 de janeiro de 52, e uma inscrição cariana combina a vigésima sexta aclamação com o décimo segundo ano de reinado (*dēmarchikēs exousias to dōdekaton ... autokratora to eikoston kai hekaton, BCH* 11 [1887] 306-7; A. Brassac, *RB* 10 [1913] 44; cf. *CIL* 8. 14727).

A Acaia era uma província senatorial, governada por um procônsul indicado pelo senado romano. Este governador provincial normalmente ficava no cargo por um ano, e esperava-se que ele assumisse seu posto em 1º de junho (Dio Cassius, *Rom. Hist.* 57.14.5) e o deixasse por volta da metade de abril (*ibid.*, 60.11.6; 60.17.3). A carta de Cláudio menciona que Galião lhe relatara acerca das condições em Delfos. Portanto, Galião já estava na Acaia e fizera seu relato no final da primavera ou início do verão de 52 d.C. Isto pode ter ocorrido perto do final do ano proconsular de Galião (junho de 51 a maio de 52) ou no início deste ano (junho de 52 até maio de 53). Visto que Sêneca, irmão mais jovem de Galião, diz que Galião contraiu uma febre na Acaia e "embarcou imediatamente" (*Ep.* 104.1), parece que Galião encurtou sua estadia na Acaia e apressou-se para retornar. Isto sugere que Galião estivera ali no final da primavera e verão de 52 e a deixou até o final de outubro (antes da *mare clausum*, quando a viagem por mar se tornava impossível). Consequentemente, Paulo foi levado perante Galião em alguma ocasião no verão ou início do outono de 52. Tendo estado em Corinto por 18 meses, Paulo teria chegado ali no início de 51 (veja At 18,11).

(BOURGUET, E., *De rebus delphicis imperatoriae aetatis capita duo* [Montpellier, 1905]. BRASSAC, A., *RB* 19 [1913] 36-53, 207-17. MURPHY-O'CONNOR, *Corinth* 141-52, 173-76. OLIVER, J. H., *Hesperia* 40 [1970] 239-40. PLASSART, A., *REG* 80 [1967] 372-78; *Les inscriptions du temple du IV siècle* [Fouilles de Delphes III/4; Paris, 1970] § 286.)

10 (2) A expulsão dos judeus de Roma pelo imperador Cláudio (At 18,2c), relacionada por Lucas à chegada de Áquila e Priscila em Corinto, com quem Paulo acabou residindo. Suetônio (*Claudius* 25) registra: *Iudaeos impulsore Chresto assidue tumultantes Roma expulit*, "Ele expulsou de Roma os judeus que faziam constantes perturbações sob a instigação de *Chrestus*". Se "sob a instigação de Chrestus" (que nos dias de Suetônio teria sido pronunciado como *Christos*) for um modo confuso de se referir às disputas sobre se Jesus era o Cristo, Suetônio estaria relatando a discórdia entre os judeus e os judeus cristãos, em Roma. Um historiador do séc. V, P. Orósio (*Hist. Adv. pag.* 7.6.15-16; *CSEL* 5. 451), cita o texto de Suetônio e data a expulsão no nono ano do reinado de Cláudio (25 de janeiro de 49 d.C. a 24 de janeiro de 50 d.C.). Porém, visto que Orósio diz que Josefo falou desta expulsão, enquanto o historiador judeu nada diz sobre ela, seu testemunho parece suspeito para alguns estudiosos. Não se sabe onde Orósio obteve sua informação sobre o nono ano. Esta data da expulsão, contudo, continua sendo a mais provável (veja E. M. Smallwood, *The Jews under Roman Rule* [SJLA 20; Leiden, 1976] 211-16; Jewett, *Chronology* 36-38; G. Howard, *ResQ* 24 [1981] 175-77). Mas alguns estudiosos tentam, em vez disso, interpretar o testemunho de Suetônio como uma referência a uma decisão tomada por Cláudio em seu primeiro ano de reinado (41 d.C.), registrada por Dio Cassius (*Rom. Hist.* 60.6.6). O imperador, percebendo o aumento do número de judeus romanos, "não os expulsou", mas antes lhes ordenou a "não realizarem encontros" (veja Lüdemann, *Paul* 165-71; Murphy-O'Connor, *Corinth* 130-40). Isto, contudo, não é convincente, visto que Dio Cassius diz explicitamente que Cláudio *não* expulsou os judeus (naquela ocasião). Ele pode ter expulso *alguns* judeus mais tarde, como Suetônio afirma. (A história de Dio Cassius sobre 49 d.C. existe apenas em epítomes.). Contudo, deve-se abstrair da hipérbole lucana, "todos os judeus" (At 18,2), e perguntar quão "recentemente" Áquila e Priscila teriam chegado da "Itália" (não especificamente de Roma). Se a expulsão de Cláudio foi um acontecimento no nono ano de seu reinado, a chegada de Paulo a Corinto teria sido algum tempo depois disto.

11 (3) A fome no reinado de Cláudio (At 11,28b) não é fácil de se datar. Aparentemente ela afetou toda a área do Mediterrâneo oriental por vários anos; algumas evidências sugerem que ela ocorreu na Judeia por volta do começo da procuradoria de T. Júlio Alexandre (46-48 d.C.; cf. Josefo, *Ant.* 20.5.2 § 101; → História, 75:178). Sobre sua relação com a chamada Visita da Fome, → 25, 27 *abaixo*.

12 (4) Pórcio Festo sucedeu Félix como procurador da Judeia (At 24,27). É difícil estabelecer a data precisa desta sucessão, mas ela pode ter ocorrido em torno de 60 d.C. (veja *HJPAJC* 1. 465-66; *HBC* 322-24). Por ocasião da chegada de Festo, Paulo apelou por julgamento perante César (25,9-12).

13 (5) A chamada de Pôncio Pilatos de volta para Roma, em 36 d.C., para responder por sua conduta (veja Josefo, *Ant.* 18.4.2 § 89; → História, 75:168). A remoção de Pilatos e a chegada do novo prefeito, Marcelo, podem ser uma ocasião plausível para o apedrejamento de Estêvão (At 7,58-60) e o começo da perseguição da igreja de Jerusalém (At 8,1). A conversão de Paulo pode estar relacionada a estes acontecimentos.

TRAJETÓRIA DE PAULO

14 (I) Juventude e conversão.

(A) Juventude de Paulo. Não se sabe a data de nascimento de Paulo. Ele chama a si mesmo de "velho" (*presbytēs*) em Fm 9 (→ Filêmon, 52:10), *i.e.*, tendo entre 50 e 56 anos de idade (*TDNT* 6.683); isto significaria que ele nasceu na primeira década d.C. Lucas descreve Saulo como um "jovem" (*neanias*) em pé no apedrejamento de Estêvão, *i.e.*, tendo entre 24 e 40 anos (cf. Diógenes Laércio 8.10; Filo, *De cher.* 114).

15 Paulo nunca diz onde nasceu, mas seu nome, *Paulos*, o ligaria a alguma cidade romana. Ele se orgulha de sua formação judaica e remontava sua linhagem até a tribo de Benjamim (Rm 11,1; Fl 3,5; 2Cor 11,22). Ele era um "israelita" (*ibid.*), "um hebreu, nascido de hebreus..., segundo a lei um fariseu" (Fl 3,6), uma pessoa distinguindo-se "no zelo pelas tradições paternas" e alguém que excedia seus compatriotas da mesma idade "no judaísmo" (Gl 1,14). Ao chamar-se a si mesmo de "um hebreu" (*hebraios*), ele talvez quisesse dizer que era um judeu de fala grega que também sabia falar aramaico (veja C. F. D. Moule, *ExpTim* 70 [1958-59] 100-2) e ler o AT no original. As cartas de Paulo, contudo, revelam que ele conhecia bem o grego e podia escrever nessa língua e que, ao se dirigir às igrejas gentílicas, ele usualmente citava o AT em grego [LXX]. Os vestígios de diatribe retórica estoica em suas cartas (→ Teologia paulina, 82:12) mostram que ele recebeu uma educação grega.

16 Lucas também apresenta Paulo como "um judeu", como "um fariseu" nascido em Tarso, uma cidade helenística da Cilícia (At 22,3.6; 21,39), como tendo uma irmã (23,16) e como um cidadão romano por nascimento (22,25-29; 16,37; 23,27). Se as informações de Lucas sobre as origens de Paulo estão corretas, elas ajudam a explicar tanto a formação helenística quanto a judaica de Paulo. Tarso é atestada pela primeira vez como *Tarzi*, no séc. IX a.C., no Obelisco Negro de Salmaneser III (1.138; cf. D. D. Luckenbill, *ARAB* 1. 207). No séc. IV, Xenofontes (*Anab.* 1.2.23) a chamou de "uma grande e próspera cidade", e moedas gregas dos séc. V e IV revelam sua helenização antiga. Ela foi pesadamente helenizada por Antíoco IV Epífanes (175-164), que também estabeleceu uma colônia de judeus ali (por volta de 171) para fomentar o comércio e a indústria. Veja W. M. Ramsay, *ExpTim* 16 (1904-5) 18-21; cf. Filostrato, *Vida de Apol.* 6.34; Sherwin-White, *Roman Society* 144-93.

17 Na reorganização da Ásia Menor por Pompeu, em 66 a.C., Tarso se tornou a capital da província da Cilícia. Mais tarde, foram concedidas à cidade liberdade, imunidade e cidadania por Marco Antônio, e Augusto confirmou esses direitos, o que pode explicar as ligações romanas de Paulo. Tarso era um conhecido centro de cultura, filosofia e educação. Estrabão (*Geogr.* 14.673) conhecia suas escolas como sobrepujando as de Atenas e Alexandria e seus alunos como cilícios nativos, não estrangeiros. Atenodoro Cananita, filósofo estoico e professor do imperador Augusto, retirou-se para lá em 15 a.C. e recebeu a tarefa de revisar os processos democráticos e civis da cidade. Outros filósofos, estoicos e epicureus, também se estabeleceram e ensinaram ali. Romanos famosos visitaram Tarso: Cícero, Júlio César, Augusto, Marco Antônio e Cleópatra. Por isso, o Paulo lucano pode gabar-se de ser um "cidadão de uma cidade insigne" (21,39).

(BÖHLIG, H., *Die Geisteskultur von Tarsus* [Göttingen, 1913]. WELLES, C. B., "Hellenistic Tarsus", *MUSJ* 38 [1942] 41-75. JONES, A. H. M., *The Cities of the Eastern Roman Provinces* [Oxford, 1971] 192-209.)

18 O Paulo lucano também se vangloria de ser "criado nesta cidade de Jerusalém e educado aos pés de Gamaliel" (At 22,3), *i.e.*, Gamaliel I, o Ancião, cujo *floruit* em Jerusalém foi por volta de 20-50 d.C. (veja W. C. van Unnik, *Tarsus or Jerusalem: The City of Paul's Youth* [London, 1962]). Embora o retrato lucano da juventude de Paulo vivida em Jerusalém possa explicar sua formação e seu modo de pensar semíticos, o próprio Paulo nunca profere uma palavra acerca deste aspecto de sua juventude. Além disso, ele cria uma dificuldade: os escritos de Paulo nunca sugerem que ele tenha encontrado ou que tenha tido qualquer familiaridade com o ministério público de Jesus (veja 2Cor 5,16; 11,4, que não precisa significar que ele teve, ainda que alguns comentaristas entendam 5,16 assim) – se ele passou sua mocidade em Jerusalém, ele teria escapado de tal encontro? Embora o modo de argumentação de Paulo e o uso do AT se assemelhem aos dos eruditos judeus contemporâneos da Palestina, sua dependência das tradições rabínicas é mais suposta que provada (veja E. P. Sanders, *Paul and Palestinian Judaism* [Philadelphia, 1977], mas cf. J. Neusner, *HR* 18 [1978] 177-91). No final das contas, a única evidência de que Paulo foi treinado por um personagem rabínico como Gamaliel é a declaração de Atos.

19 Segundo J. Jeremias (*ZNW* 25 [1926] 310-12; *ZNW* 28 [1929] 321-23), quando de sua conversão, Paulo não era meramente um discípulo rabínico (*talmîd ḥākām*), mas um mestre reconhecido, com direito de tomar decisões legais. Esta autoridade estaria pressuposta em sua ida a Damasco para prender cristãos (At 9,1-2; 22,4-5; 26,12) e em seu voto contra os cristãos como membro do sinédrio (26,10). A partir disso, Jeremias concluiu que, visto que 40 anos era a idade requerida para a ordenação rabínica, Paulo teria se convertido na meia idade e era casado, porque também se requeria dos rabinos o casamento. Jeremias harmoniza os dados lucanos precedentes com o material paulino ao interpretar 1Cor 7,8 ("Contudo, digo aos celibatários e às viúvas que é bom ficarem como eu") como significando que Paulo estava classificando-se como viúvo (*chērai*) em vez de solteiro (*agamoi*; → 1Cor, 49:36). Novamente, 1Cor 9,5 significaria que Paulo não se casou de novo. Mas quase todos os pontos nesta concepção intrigante são dúbios: harmonização questionável, a idade de Paulo, a data tardia das evidências rabínicas usadas, o *status* de Paulo. Veja mais em E. Fascher, *ZNW* 28 (1929) 62-69; G. Stählin, *TDNT* 9. 452 n. 109.

20 (B) Conversão de Paulo. Paulo escreveu sobre a mudança crucial em sua vida em Gl 1,16: "(Deus houve por bem) revelar em mim seu Filho, para que eu o evangelizasse entre os gentios". Esta revelação aconteceu após uma carreira no judaísmo e uma perseguição da "igreja de Deus" (1,13; cf. Fl 3,6 e A. J. Hultgren, *JBL* 95 [1976] 97-111). Depois ele se retirou para a "Arábia" e então "retornou" para Damasco (Gl 1,17). O fato de a conversão ter ocorrido próximo a Damasco é inferido do vb. "retornou". Três anos mais tarde ele escapou de Damasco (por volta de 39 d.C.; → 8 *acima*) e foi para Jerusalém (1,18). Assim, em torno de 36, Paulo o ex-fariseu se tornou cristão e "apóstolo aos gentios" (Rm 11,13). (Dependendo de por quanto tempo se reconhece o controle de Aretas sobre Damasco, as datas da conversão e da fuga de Paulo são avaliadas de modo diferente: Lüdemann data a conversão em 30 ou 33, a fuga em 33 ou 36; Jewett data a conversão em 34, a fuga em 37).

21 Paulo claramente considerava a experiência próxima a Damasco um ponto crítico em sua vida e, neste sentido, uma "conversão". Ela foi, para ele, um encontro com o Senhor ressurreto (*Kyrios*) que ele nunca esqueceu. Quando seu apostolado era, posteriormente, desafiado, ele costumava objetar: "Não sou apóstolo? Não vi Jesus, nosso Senhor?" (1Cor 9,1; cf. 15,8). Como resultado desta "revelação de Jesus Cristo" (Gl 1,12), ele tornou-se "servo de Cristo" (Gl 1,10), alguém com uma compulsão (*anankē*, 1Cor 9,16) para pregar o evangelho de Cristo, e, por isso, ele se tornou "tudo para todos" (1Cor 9,22).

22 A conversão de Paulo não deve ser considerada o resultado da condição humana descrita em Rm 7,7-8,2, como se este fosse um relato autobiográfico de sua própria experiência. Paulo, como cristão, olhava para sua trajetória judaica passada com uma consciência clara: "Quanto à justiça que há na lei, irrepreensível" (Fl 3,6b). Ele não foi esmagado pela lei. As origens psicológicas da experiência de Paulo permanecem basicamente inacessíveis a nós, mas de algum modo houve uma "inversão ou mudança de valores" (J. G. Gager) que levou a um novo autoentendimento de si mesmo como um apóstolo do Evangelho entre os gentios e a uma interpretação do evento Cristo sob imagens diferentes. (Quanto ao significado da conversão de Paulo, → Teologia paulina, 82:13-15.)

23 Lucas também associa a conversão de Paulo à perseguição da igreja – em Jerusalém, em virtude da qual (judeus helenistas) cristãos se dispersaram para a Judeia e Samaria (At 8,1-3) e posteriormente (9,2; 11,19). Lucas conta a experiência de Damasco três vezes em Atos: uma vez numa narrativa que descreve Paulo permanecendo, por fim, vários dias em Damasco (9,3-19 – mas sem mencionar a retirada para a Arábia); e duas vezes em discursos, diante de uma multidão em Jerusalém (22,6-16) e diante de Festo e do rei Agripa (26,12-18). Cada um desses relatos enfatiza o caráter irresistível e inesperado da experiência que ocorreu durante a perseguição de Paulo aos cristãos. Enigmáticos, contudo, são os detalhes que variam nos relatos: se os companheiros de Paulo permaneceram mudos ou caíram ao chão; se eles ouviram ou não a voz celestial; embora Jesus tenha se dirigido a Paulo "na língua hebraica", ele cita um provérbio grego (26,14). O fato de não harmonizar estes detalhes reflete a falta de preocupação de Lucas com a consistência. Todavia, em cada relato a mensagem essencial é transmitida a Paulo: "Saulo, Saulo, por que me persegues?" – "Quem és tu, Senhor?" – "Eu sou Jesus (de Nazaré) a quem tu persegues".

(Quanto à "conversão": BORNKAMM, G., in *Reconciliation and Hope* [Festschrift L. L. MORRIS; ed. R. J. BANKS; Grand Rapids, 1974] 90-103. DUPONT, J., em *Apostolic History and the Gospel* [Festschrift F. F. BRUCE; ed. W. W. GASQUE e R. P. MARTIN; Grand Rapids, 1970] 176-94. GAGER, J. G., *NTS* 27 [1980-81] 697-704. MENOUD, P. H., *Int* 7 [1953] 131-41. STANLEY, D. M., *CBQ* 15 [1953] 315-38. WOOD, H. G., *NTS* 1 [1954-55] 276-82. Também MEINARDUS, O. F. A., "The Site of Paul's Convertion at Kaukab", *BA* 44 [1981] 57-59.)

24 (II) Visitas de Paulo a Jerusalém. Segundo as cartas de Paulo, ele visitou Jerusalém duas vezes após sua conversão, uma vez após três anos (Gl 1,18) e "quatorze anos mais tarde, subi novamente" (Gl 2,1). Em Rm 15,25, ele planejava uma outra visita, antes de ir para Roma e a Espanha.

25 Segundo At, contudo, Paulo visita Jerusalém cinco ou possivelmente seis vezes após sua conversão: (1) 9,26-29, após sua fuga de Damasco; cf. 22,17; (2) 11,29-30, Barnabé e Saulo levam uma coleta de Antioquia para os irmãos da Judeia – relacionada por Lucas à fome na época de Cláudio (→ 11 *acima*); (3) 12,25, Barnabé e Saulo vão a Jerusalém (novamente? Alguns mss. leem "de" [Jerusalém], o que significaria seu retorno para Antioquia após a visita anterior; mas *eis*, "para", é a leitura preferida; → Atos, 44,67); (4) 15,1-2, a visita de Paulo e Barnabé ao "Concílio"; (5) 18,22, após a Segunda Missão, Paulo vai e saúda a igreja antes de ir para Antioquia; (6) 21,15-17, a visita no final da Terceira Missão, quando Paulo é preso.

A correlação entre os dados paulinos e lucanos acerca das visitas a Jerusalém após a conversão é o aspecto mais difícil de qualquer reconstrução da vida de Paulo. A melhor solução é equiparar a visita lucana 1 a Gl 1,18 e considerar as visitas lucanas 2, 3 e 4 como referências ao mesmo acontecimento, o "Concílio" (= Gl 2,1-10). Indubitavelmente, Lucas tornou históricas e transformou em visitas separadas referências a uma única visita encontradas em fontes diferentes. A visita lucana 5 não cria problema, e a visita 6 é a planejada por Paulo em Rm 15,25.

26 Assim, após Paulo ter escapado de Damasco, em 39 d.C., ele foi para Jerusalém pela primeira vez *historēsai Kēphan* (Gl 1,18), cujo significado é controverso: "para receber informação de Cefas" ou "para visitar Cefas" (→ Gálatas, 47:16). Durante seus 15 dias ali, ele encontrou-se com Tiago, "o irmão do Senhor", mas com nenhum dos outros apóstolos; ele, por outro lado, era pessoalmente desconhecido das igrejas da Judeia. Segundo a versão lucana desta primeira visita, Barnabé apresenta Paulo aos "apóstolos" e lhes conta como ele pregou ousadamente em Damasco em nome de Jesus. Paulo circula em Jerusalém entre eles, continuando a pregar ousadamente e provocando os helenistas, que procuram matá-lo (At 9,27-29).

27 Após os 15 dias em Jerusalém, segundo Gl 1,21, Paulo se retirou para a Síria e Cilícia – ele não diz por quanto tempo. Por essa época ele deve ter tido a visão à qual se refere em 2Cor 12,2-4; ela ocorreu 14 anos antes de 2Cor ser escrita, mas dificilmente pode ser equiparada à experiência da conversão. Segundo At 22,17-21, Paulo teve um êxtase enquanto orava no Templo em Jerusalém durante a primeira visita. É o perigo apresentado pelos helenistas provocados que leva os irmãos a conduzirem Paulo de Jerusalém para Cesareia e a enviá-lo para Tarso (At 9,30). Atos não especifica quanto tempo Paulo permaneceu nesta cidade da Cilícia, mas a sequência torna vários anos algo não improvável (talvez 40-44 d.C.). A permanência termina com uma visita de Barnabé, que o leva de volta para Antioquia, onde ele permanece um ano todo (11,25-26) envolvido na evangelização. Lucas relaciona a visita 2 a Jerusalém, a "Visita da Fome", a este período. Veja W. A. Meeks e R. Wilken, *Jews and Christians in Antioch* (Missoula, 1978).

28 (III) Missões paulinas. Atos organiza a atividade missionária de Paulo em três segmentos, porém, "se você tivesse parado Paulo nas ruas de Éfeso e tivesse dito a ele: 'Paulo, em qual de suas viagens missionárias você se encontra agora?', ele teria olhado para você perplexo, sem ter a mais remota ideia do que você tinha em mente" (Knox, *Chapters* 41-42). Todavia, a dificuldade não é apenas lucana; ela se origina do modo como lemos At, visto que Lucas não distingue as missões primeira, segunda e terceira como se tende a fazer atualmente. Mas vimos (→ 6 *acima* [tabela] que existe uma certa correlação nos dados paulinos e lucanos para as jornadas missionárias de Paulo, excetuada a primeira. Suas jornadas abrangem aproximadamente 46-58 d.C., os anos mais ativos de sua vida, quando ele evangelizou a Ásia Menor e a Grécia.

29 (A) Primeira Missão (46-49 d.C.). A história desta missão pré-"Concílio" é contada apenas por At (13,3-14,28) e está limitada ao essencial para ajustar-se ao propósito literário de Lucas (cf. 2Tm 3,11). Paulo não nos dá detalhes acerca de sua atividade missionária no período de 14 anos pré-"Concílio" (Gl 2,1). Por um período, ele esteve nas "regiões da Síria e Cilícia" (1,21) e "evangelizava a fé" (1,23) "entre os gentios" (2,2). Mais tarde, quando ele escreveu Fl, ele relembra que "no início da pregação do Evangelho, quando parti da Macedônia, nenhuma Igreja teve contato comigo em relação de dar e receber" (4,15). Quando ele deixou a Macedônia, então (em torno de 50 d.C.; → 39 *abaixo*), havia outras igrejas, presumivelmente evangelizadas por Paulo. Onde eram? Visto que passou para Filipos na Macedônia vindo da Ásia Menor, ele pode estar se referindo a igrejas do sul da Galácia no relato da Primeira missão (At 13,13-14,25) – ou menos provavelmente às do norte da Galácia, Mísia ou Trôade no início da Segunda Missão (→ 38 *abaixo*). De qualquer modo, dificilmente a Macedônia foi a primeira área evangelizada por Paulo (contra M. J. Suggs, *NovT* 4 [1960] 60-68), e o relato da Primeira missão em Atos não contradiz os raros detalhes paulinos.

30 Movidos pelo Espírito, profetas e mestres antioquenses impuseram as mãos sobre Barnabé e Saulo e os enviaram na companhia de João Marcos, primo de Barnabé (Cl 4,10). Eles partem de Selêucia, o porto de Antioquia da Síria, dirigem-se para Chipre e passam pela ilha, de Salamina para Pafos. Ali o procônsul Sérgio Paulo é convertido (13,7-12). De Pafos os missionários navegam para Perge, na Panfília (na costa sul da Ásia Menor central), onde João Marcos abandona Barnabé e Paulo e retorna para Jerusalém. Barnabé e Paulo se dirigem para cidades no sul da Galácia: para Antioquia da Pisídia, Icônio, Listra e Derbe. Em Antioquia, Paulo prega primeiro para os judeus na sinagoga; e, quando enfrenta resistência, anuncia que se volta a partir de então em direção aos gentios (13,46). Após evangelizar a área e enfrentar a oposição de judeus em várias cidades (até mesmo apedrejamento em Icônio), Paulo e Barnabé refazem seus passos de Derbe, passando por Listra, Icônio e Antioquia da Pisídia, até Perge e navegam de Atalia para Antioquia da Síria, onde Paulo passa "não pouco tempo" com os cristãos (14,28). Um dos problemas que emerge na Primeira missão é a relação da nova fé com o judaísmo, e mais especificamente a relação dos cristãos gentílicos com os judeus convertidos mais antigos. Devem os gentios convertidos ser circuncidados e se exigir deles que observem a lei mosaica? Veja Ogg, *Chronology* 58-71.

31 (B) Visita do "concílio" (49 d.C.). Segundo Lucas, durante a estadia de Paulo em Antioquia (final da Primeira missão), chegam convertidos da Judeia e começam a insistir na circuncisão como necessária para a salvação (15,1-3). Quando isto leva a uma disputa entre eles e Paulo e Barnabé, a igreja antioquense envia Paulo e Barnabé e outros a Jerusalém para consultar os apóstolos e anciãos acerca do *status* dos gentios convertidos. Esta visita resulta no assim chamado Concílio de Jerusalém.

32 Em Gl 2,1-10, Paulo fala desta visita; ele foi novamente a Jerusalém com Barnabé e Tito "quatorze anos mais tarde" (a ser contado a partir de sua conversão, *i.e.*, no ano 49-50). Paulo falou desta visita como o resultado de "uma revelação" (2,2), e ele expôs diante "dos notáveis" em Jerusalém o evangelho que estivera pregando aos gentios, e eles "nada me acrescentaram". Tiago, Cefas e João compreenderam a graça dada a Paulo e a Barnabé e estenderam a eles a destra da comunhão – não influenciados pelos "falsos irmãos" que tinham se infiltrado para espiar a liberdade (da lei) obtida em Cristo e a quem Paulo não tinha cedido "para que a verdade do evangelho permanecesse" (2,4-5). O problema resolvido nesta ocasião foi o da circuncisão: ela não era obrigatória para a salvação; e Tito, embora grego, não foi forçado a circuncidar-se. (Sobre Gl 2,7-8, → Gálatas, 47:17.)

33 A primeira parte de At 15 (vv. 4-12) lida com este mesmo problema doutrinário. Aqueles a quem Paulo rotulou como "falsos irmãos" são identificados aqui como "alguns crentes da seita dos fariseus" (15,5). Quando o assunto é discutido pelos apóstolos e anciãos, aparentemente prevalece a voz de Pedro; e a assembleia aquiesce em sua decisão (baseada em sua própria experiência em At 10,1-11,18). O "Concílio" de Jerusalém livra dessa forma a igreja nascente de suas raízes judaicas e a abre para o apostolado mundial com o qual ela se deparava. A posição de Paulo é justificada.

34 (C) Incidente em Antioquia (49 d.C.). Após o "Concílio" de Jerusalém, Paulo foi para Antioquia, e em breve Pedro o seguiu. Inicialmente ambos comeram com os cristãos gentílicos, mas logo "alguns vindos da parte de Tiago" (Gl 2,12), *i.e.*, cristãos com pronunciada inclinação judaica, chegaram e criticaram Pedro por comer com gentios convertidos. Cedendo à sua crítica, Pedro se separou; e sua ação levou outros judeus cristãos, até mesmo Barnabé, a fazerem o mesmo. Paulo protestou e se opôs abertamente a Pedro, porque ele "não andava segundo a verdade do evangelho" (2,11). Pode se depreender que Paulo foi bem sucedido em sua crítica, mas mesmo assim a questão disciplinar dos regulamentos alimentares judaicos para os gentios convertidos estava colocada agora. Veja Brown e Meier, *Antioch and Rome* 28-44.

35 (D) Decreto de Jerusalém sobre os alimentos. A oposição de Paulo a Pedro não resolveu o problema alimentar em Antioquia. Parece que emissários foram enviados de novo a Jerusalém, presumivelmente após a partida de Paulo e de Pedro de Antioquia. Tiago convoca novamente os apóstolos e anciãos, e sua decisão é enviada como uma carta às igrejas locais de Antioquia, Síria e Cilícia (At 15,13-19). O próprio Paulo nada diz sobre esta decisão, e mesmo em At ele só é informado depois sobre ela por Tiago, quando de sua chegada a Jerusalém após a Terceira missão (21,25).

36 Atos 15 é um capítulo problemático e complexo, no qual Lucas sem dúvida resumiu dois incidentes que eram distintos quanto ao assunto e ao tempo. Deve se observar o seguinte: (1) Os vv. 1-2 são uma sutura literária que une informações de fontes diferentes. (2) O v. 34 está ausente nos melhores mss. gregos, mas é acrescentado na tradição textual Ocidental para explicar onde Silas estava no começo da Segunda missão. (Se o v. 34 for omitido, a localização de Silas torna-se um problema: Quando ele se junta a Paulo na Segunda missão?) (3) Simeão (15,14), que usualmente é identificado como Simão Pedro (e deve ser entendido assim na história resumida de Lucas), era provavelmente outra pessoa na fonte usada. Em outra parte em At, Pedro é chamado de *Petros* (15,7) ou *Simōn Petros* (10,5; 18,32), mas nunca de *Symeōn*. O Simeão de 15,14 na fonte de Lucas pode ser o Simeão Níger, um dos profetas ou mestres de Antioquia (13,1); provavelmente ele é enviado como um dos emissários a Tiago de Jerusalém acerca dos regulamentos alimentares. (4) O discurso de Pedro acerca da circuncisão e da lei mosaica (15,7-11) dificilmente coincide com o tópico discutido por Tiago (15,14-21).

37 Como resultado da consulta, Tiago envia uma carta a Antioquia, Síria e Cilícia (15,22-29), recomendando que os cristãos gentílicos destas comunidades mistas se abstenham de comer carne sacrificada aos ídolos, do sangue, da carne de animais estrangulados e de relações sexuais ilícitas. Ela teria sido enviada com Judas Barsabás e Silas (15,22) para Antioquia e a Paulo e Barnabé que presumidamente ainda estavam ali. Atos 15,35-36 menciona Paulo e Barnabé pregando em Antioquia, mas isto deveria ser entendido como se referindo à sua permanência imediatamente após o "Concílio", após o que Paulo teria deixado Antioquia para a Segunda missão. Paulo é informado sobre a carta mais tarde (21,25; → Atos, 44:110).

(Quanto à relação de At 15 com Gl 2 e ao problema das visitas de Paulo a Jerusalém: BENOIT, P., *Bib* 40 [1959] 778-92. DUPONT, J., *RSR* 45 [1957] 42-60. FUNK, R. W., *JBL* 75 [1956] 130-36. GIET, S., *RevScRel* 25 [1951] 265-69; *RSR* 39 [1951] 203-20; *RSR* 41 [1953] 321-47; *RevScRel* 31 [1957] 329-42. PARKER, P., *JBL* 86 [1967] 175-82. RIGAUX, *Letters* 68-99. STRECKER, G., *ZNW* 53 [1962] 62-77.)

38 (D) Segunda Missão (50-52 d.C.). Segundo Atos 15,37-39, Paulo se recusou a levar João Marcos consigo na Segunda missão, por causa de sua deserção anterior. Em seu lugar, Silas acompanha Paulo, e, partindo de Antioquia, eles se dirigem através da Síria e Cilícia até as cidades do sul da Galácia, Derbe e Listra (onde Paulo toma Timóteo como companheiro, tendo o circuncidado, At 16,1-3!). Dali ele passa através da Frígia para o norte da Galácia (Pessino, Ancira e Tavium) e funda novas igrejas. Impedido de ir para a Bitínia, ele vai da Galácia para Mísia e Trôade. Aqui parece que Lucas juntou-se a ele – ou pelo menos os dados do diário de Lucas começam neste ponto (At 16,10-17, a primeira das "Seções Nós"; → Atos, 44:2).

39 Em resposta a uma visão-sonho, Paulo atravessa para Neápolis, o porto de Filipos, e o último torna-se o lugar de sua primeira igreja cristã na Europa (→ 6 *acima* [tabela]). Após ser preso e chicoteado em Filipos por ter exorcizado uma escrava que tinha sido fonte de muito lucro para seus senhores, ele seguiu para Tessalônica via Anfípolis e Apolônia (At 17,1-9). Sua curta permanência em Tessalônica é ocupada pela evangelização e controvérsia com os judeus; ela termina com sua fuga para Bereia (17,10) e, finalmente, para Atenas (17,15). Aqui Paulo tenta atrair os atenienses, famosos por seu amor por novas ideias, para o evangelho do Cristo ressurreto (17,22-31). Mas ele fracassa: "A respeito disso te ouviremos outra vez" (17,32). Após este desapontamento, Paulo segue para Corinto (51 d.C.), naquela época uma das mais importantes cidades do mundo mediterrâneo. (Para uma coleção de antigos textos descritivos sobre Corinto e um relato do trabalho arqueológico, veja Murphy-O'Connor, *Corinth*.). Aí ele mora com Áquila e Priscila (18,2-3), judeus cristãos recentemente chegados da Itália (→ 10 *acima*) e fabricantes de tendas por profissão como Paulo (veja R. F. Hock, *JBL* 97 [1978] 555-64). Durante sua estadia em Corinto, que dura 18 meses, ele converte muitos judeus e gregos e funda uma igreja cristã vigorosa e predominantemente gentílica. Em 51 d.C., Paulo escreveu sua primeira Carta aos Tessalonicenses. Perto do final de sua estadia (52 d.C.; → 9 *acima*), Paulo é levado perante o procônsul L. Júnio Galião, que rejeita o caso como uma questão de palavras, de nomes e da lei judaica (18,15). Algum tempo mais tarde, Paulo se retira de Corinto, navegando de seu porto, Cencreia, para Éfeso e Cesareia Marítima. Depois de visitar a igreja de Jerusalém

(18,22), ele vai para Antioquia, onde permanece por mais de um ano (possivelmente do final do outono de 52 até a primavera de 54).

(DAVIES, P. E., "The Macedonian Scene of Paul's Journeys", *BA* 26 [1963] 91-106. OGG, *Chronology* 112-26.)

40 (E) Terceira Missão (54-58 d.C.). Deixando Antioquia (At 18,23), Paulo viaja novamente por terra através do norte da Galácia e Frígia até Éfeso. A capital da província da Ásia torna-se o centro de sua atividade missionária pelos próximos três anos (At 20,31), e por "dois anos" ele leciona na escola de Tiranos (19,10). Pouco depois de sua chegada a Éfeso, Paulo escreve Gálatas (em torno de 54). A este período missionário também pertencem a Carta aos Filipenses e, possivelmente, a Carta a Filêmon (em torno de 56-57). Atos nada diz sobre uma prisão de Paulo em Éfeso, mas veja 1Cor 15,32; 2Cor 1,8-9; cf. Fl 1,20-26. Alguns dos problemas que Paulo experimentou e descreve em 2Cor 11,24-27 podem ter lhe acontecido neste período de atividade missionária.

41 Durante este período chegaram a Paulo relatos sobre a situação da igreja de Corinto. Para enfrentar a situação ali – dúvidas, facções, ressentimento para com o próprio Paulo, escândalos – ele escreveu pelo menos cinco cartas aos coríntios, das quais apenas duas sobrevivem (uma das quais é composta; → 2 Coríntios, 50:2-3). Uma carta precedeu 1Cor (veja 1Cor 5,9), advertindo os coríntios acerca da associação com cristãos imorais (e provavelmente recomendando também uma coleta para os pobres de Jerusalém, uma questão acerca da qual os coríntios enviaram uma consulta posterior [veja 1Cor 16,1]). Então, para comentar sobre relatos e responder perguntas enviadas a ele, Paulo escreveu 1 Coríntios pouco depois de Pentecostes (provavelmente em 57). Esta carta, contudo, não foi bem recebida, e suas relações com a igreja de Corinto, dividida em facções, pioraram. A situação exigiu uma rápida visita a Corinto (2Cor 12,14; 13,1-2; 2,1 ["uma visita dolorosa"; 12,21), que de fato nada conseguiu. Quando de seu retorno a Éfeso, Paulo escreveu aos coríntios uma terceira carta, composta "com muitas lágrimas" (2Cor 2,3-4.9; 7,8.12; 10,1.9). Esta carta pode ter sido levada por Tito, que visitou os coríntios pessoalmente numa tentativa de facilitar as relações.

42 Provavelmente durante a ausência de Tito ocorreu a revolta dos ourives de Éfeso (At 19,23-20,1). A pregação de Paulo sobre o novo "caminho" cristão encoraja Demétrio, um fabricante de nichos de Ártemis de Éfeso, a liderar uma multidão revoltosa ao teatro em protesto contra Paulo e a propagação do cristianismo.

43 Esta experiência motivou Paulo a deixar Éfeso e ir trabalhar em Trôade (2Cor 2,12). Não encontrando Tito ali, decidiu ir para a Macedônia (2,13). Em algum lugar na Macedônia (possivelmente Filipos), encontrou-se com Tito e foi informado por ele que uma reconciliação entre Paulo e os coríntios tinha sido obtida. Da Macedônia, Paulo escreveu aos coríntios sua quarta carta (a Carta A de 2 Coríntios; → 50:4) no outono de 57. Não é possível dizer se Paulo prosseguiu imediatamente para Corinto ou se foi primeiro da Macedônia para Ilíria (cf. Rm 15,19), de onde pode ter escrito 2 Coríntios 10-13 (Carta B). Finalmente, Paulo chegou a Corinto, em sua terceira visita, provavelmente no inverno de 57 e permaneceu por três meses na Acaia (At 20,2-3; cf. 1Cor 16,5-6; 2Cor 1,16).

44 Por essa época Paulo estava pensando em retornar a Jerusalém. Atento à prescrição do "Concílio" de que se deveria lembrar dos pobres (Gl 2,10), ele cuidou para que suas igrejas gentílicas levantassem uma oferta para os pobres de Jerusalém. Isto foi feito nas igrejas da Galácia, Macedônia e Acaia (1Cor 16,1; Rm 15,25-26). Paulo planejou levar a oferta para Jerusalém e assim terminar sua evangelização do mundo mediterrâneo oriental. Ele desejava visitar Roma (Rm 15,22-24) e dali ir para a Espanha e o Ocidente. Durante a estadia de três meses na Acaia, Paulo escreveu a Carta aos Romanos (provavelmente de Corinto, ou de seu porto, Cencreia [Rm 16,1]) no início de 58. Veja mais em Brown e Meier, *Antioch and Rome* 105-27.

45 Quando chegou a primavera, Paulo decide navegar de Corinto (At 20,3) para a Síria. Porém, quando ele está prestes a embarcar, é planejada uma conspiração contra ele por alguns judeus; e ele resolve viajar por terra, via Macedônia. Discípulos de Bereia, Tessalônica, Derbe e Éfeso o acompanham. Eles passam a Páscoa de 58 em Filipos (onde Lucas se reúne a ele – At 20,5, uma "Seção Nós"). Após a festa, eles viajam de navio para Trôade e viajam por terra até Assos, onde tomam um navio novamente para Mitilene. Margeando a costa da Ásia Menor, Paulo navega de Quio para Samos, então para Mileto, onde ele se dirige aos anciãos de Éfeso reunidos ali (At 20,17-35). Ele não é impedido por suas predições sobre sua prisão vindoura, mas navega para Cós, Rodes, Pátara na Lícia, Tiro na Fenícia, Ptolemaida e Cesareia Marítima. Uma viagem por terra o conduz a Jerusalém, aonde ele espera chegar por ocasião do Pentecoste de 58 (20,16; 21,17). Veja Ogg, *Chronology* 133-45.

46 (IV) Última Prisão de Paulo. Para o restante do ministério de Paulo dependemos apenas da informação lucana em Atos; ela abrange vários anos após 58, durante os quais Paulo sofreu um longo cativeiro.

47 (A) Última visita a Jerusalém e prisão (58 d.C.). Chegando a Jerusalém, Paulo e seus companheiros prestam respeito a Tiago na presença dos anciãos daquela igreja (At 21,18). Tiago imediatamente compreende que a presença de Paulo em Jerusalém poderia causar um distúrbio entre os judeus cristãos. Assim ele aconselha Paulo a unir-se a quatro homens que estavam para realizar a cerimônia do voto de nazireu e a pagar as despesas por eles como um gesto de boa vontade para com os judeus cristãos. Paulo concorda, e o período cerimonial de sete dias está quase para terminar quando ele é visto no recinto do Templo por judeus da província da Ásia. Eles o acusam de defender a violação da lei mosaica e de corromper a santidade do Templo trazendo um grego para dentro dele. Eles o atacam, arrastam do Templo e tentam matá-lo. Ele é salvo, contudo, pelo tribuno da coorte romana estacionada na Fortaleza Antônia. O tribuno finalmente coloca Paulo sob prisão protetora (22,27) e o leva perante o sinédrio. Mas o medo dos judeus faz o tribuno enviar Paulo ao procurador da Judeia, Antônio Félix, que residia em Cesareia Marítima (23,23-33). Félix, que espera que Paulo o suborne (24,26), mantém Paulo na prisão por dois anos (58-60; → História, 75:179).

48 (B) Apelo a César; viagem para Roma (60 d.C.). Quando o novo procurador, Pórcio Festo, chega (possivelmente em torno de 60; → 12 *acima*), Paulo "apela para César", *i.e.*, exige um julgamento em Roma (25,11), em virtude de sua cidadania romana. Festo tem de aceitar este pedido. Veja Sherwin-White, *Roman Society* 48-70.

Escoltado por um centurião romano (e provavelmente por Lucas, como a "Seção Nós" indica), ele viaja de navio de Cesareia Marítima para Sidom e passa por Chipre para chegar a Mira na Lícia. No final do outono de 60 (27,9), eles deixam Mira num navio alexandrino de viagem para a Itália, esperando mau tempo. Sua rota os leva primeiro para Cnido (na costa sul da Ásia Menor), então em direção ao sul "rente a Creta, junto ao cabo Salmone" até chegar a Bons Portos, próximo à cidade cretense de Lasaia (27,7-8). Quando tentam alcançar o porto de Fênix, um vento noroeste sopra e os leva por dias através do Adriático até Malta, onde eles finalmente naufragam (28,1).

49 Após passarem o inverno em Malta, Paulo e sua escolta navegaram para Siracusa na Silícia, então para Régio (a moderna Régio Calábria) e, por fim, para Putéoli (a moderna Pozzuoli, perto de Nápoles). Sua jornada por terra para Roma os levou através do Foro de Ápio e Três Tabernas (28,15). Paulo chega à capital do império na primavera de 61 e por dois anos é mantido em prisão domiciliar (61-63) com um soldado a guardá-lo. Esta situação, contudo, não o impede de reunir judeus romanos em seu alojamento e de evangelizá-los (28,17-28). A interpretação tradicional atribui os escritos de Paulo a Filêmon, aos Colossenses e aos Efésios a este aprisionamento, mas → Filêmon, 52:5; Colossenses, 54:7; Efésios, 55:13. Veja Sherwin-White, *Roman Society* 108-19; R. E. Brown, *The Churches the Apostles Left Behind* (New York, 1984) 47-60.

50 (C) Fim da vida de Paulo. Atos termina com o breve relato da prisão domiciliar de Paulo. Sua chegada a Roma e sua pregação desimpedida do evangelho ali formam o clímax da história da propagação da palavra de Deus, de Jerusalém até a capital do mundo civilizado da época – Roma simbolizando "os confins da terra" (At 1,8). Mas este não é o fim da vida de Paulo. A menção a "dois anos inteiros" (28,30) não sugere que ele tenha morrido imediatamente depois disso, não importa que interpretação se dê ao fim enigmático de Atos.

51 *As Cartas Pastorais* (Tito; 1-2 Timóteo) foram frequentemente tidas como escritos autênticos de Paulo e como compostas por ele após sua prisão domiciliar romana. De fato, elas sugerem que ele visitou o Oriente novamente (Éfeso, Macedônia e Grécia). Segundo elas, Paulo estabeleceu Tito como líder da igreja de Creta e Timóteo como líder da igreja de Éfeso. 2 Timóteo se propõe ser a última vontade e testamento de Paulo, escrita quando ele estava próximo da morte. Ela sugere que ele pode ter sido preso em Trôade (4,13) e conduzido para Roma novamente (1,17), onde esta carta teria sido escrita da prisão. Mas estas cartas atualmente são, em geral, consideradas pseudepigráficas, possivelmente escritas por um discípulo de Paulo (→ Pastorais, 56:6-8; cf. Brown, *Churches* [→ 49 *acima*] 31-46).

52 Para outros detalhes acerca do final da vida de Paulo dependemos das tradições eclesiásticas posteriores, as quais se tornaram acentuadamente misturadas com lendas. Paulo alguma vez visitou a Espanha? Talvez esteja implicado um pouco mais que uma historização de planos expressos em Rm 15,24. 28; a tradição subsequente fala de Paulo, liberto após dois anos de prisão domiciliar, ir para a Espanha. Clemente de Roma (*1Cor.* 5:7) registra que Paulo "ensinou a todo mundo a retidão e viajou até o extremo oeste [*epi to terma tēs dyseōs elthōn*]. E, após ter dado testemunho diante das autoridades, ele foi levado deste mundo e foi para o lugar santo, tendo se mostrado o maior modelo de persistência". O testemunho de Clemente (em torno de 95) sugere a visita à Espanha, um outro julgamento e o martírio. Por volta de 180, o Fragmento Muratoriano (linhas 38-39; *EB* 4) sugere que a última parte de At, que relata "a partida de Paulo da Cidade [Roma] quando ele viajou para a Espanha", foi perdida.

53 Eusébio (*HE* 2.22.3) é o primeiro a mencionar a segunda prisão de Paulo em Roma e seu martírio sob Nero: "Após defender-se, Paulo foi novamente enviado para o ministério da pregação e, vindo uma segunda vez à mesma cidade, sofreu martírio sob Nero. Durante esta prisão, ele escreveu a segunda epístola a Timóteo, indicando ao mesmo tempo que sua primeira defesa ocorreu e que seu martírio estava próximo." Eusébio ainda cita Dionísio de Corinto (em torno de 170), que afirmou que Pedro e Paulo "foram martirizados na mesmo época" (*HE* 2.25.8). Tertuliano (*De Praescr.* 36) compara a morte de Paulo à de João (Batista), *i.e.*, por decapitação.

O testemunho de Eusébio acerca da morte de Paulo quando da perseguição de Nero é amplamente aceito. Esta perseguição durou, contudo, do verão de 64 d.C. até a morte do imperador (9 de junho de 68); e é difícil datar com precisão o ano do martírio de Paulo. A nota de Dionísio de Corinto de que Pedro e Paulo "foram martirizados na mesma ocasião" (*kata ton auton kairon*) é frequentemente entendida como significando no mesmo ano, mas o ano preferido para a morte de Paulo é 67, perto do final da perseguição de Nero, como o relato de Eusébio parece sugerir. Esta cronologia, contudo, não é universalmente aceita e não está isenta de dificuldades.

54 Diz-se que Paulo foi sepultado na Via Ostiensis, próximo ao lugar da moderna Basílica de San Paolo fuori le Mura. Em 258, quando túmulos cristãos em Roma foram ameaçados de profanação durante a perseguição de Valeriano, os restos mortais de Paulo foram transferidos provisoriamente para um lugar chamado de *Ad Catacumbas* na Via Ápia. Mais tarde, eles retornaram a seu lugar de repouso original, sobre o qual Constantino construiu sua basílica.

(MEINARDUS, O. F. A., "Paul's Missionary Journey to Spain: Tradition and Folklore", *BA* 41 [1978] 61-63. PHERIGO, L. P., "Paul's Life after the Close of Acts", *JBL* 70 [1951] 277-84.)

80
A Protoigreja

*Raymond E. Brown, S.S., Carolyn Osiek, R.S.C.J.
e Pheme Perkins**

BIBLIOGRAFIA

1 Bibliografia geral. BAUER, W., *Orthodoxy and Heresy in Earliest Christianity* (Philadelphia, 1971; em alemão: 1934). BECKER, J., *Die Anfänge des Christentums* (Stuttgart, 1987). CALLAN, T., *Forgetting the Root: The Emergence of Christianity from Judaism* (New York, 1986). CHADWICK, H., *The Early Church* (Pelican Hist. of the Church 1; London, 1967). CHADWICK, H. e H. VON CAMPENHAUSEN, *Jerusalem and Rome* (Facet Hist. Series 4; Philadelphia, 1966). CONZELMANN, H., *History of Primitive Christianity* (Nashville, 1973). DAVIES, J. G., *The Early Christian Church: A History of the First Five Centuries* (Garden City, 1967). FREND, W. H. C., *The Rise of Christianity* (Philadelphia, 1984). GOPPELT, L., *Apostolic and Post-apostolic Times* (Grand Rapids, 1977). HARNACK, A. VON, *The Mission and Expansion of Christianity in the First Three Centuries* (New York, 1961; Alemão 2ª ed. 1906). HINSON, E. G., *The Evangelization of the Roman Empire* (Macon, 1981). KÜMMEL, W. G., "Das Urchristentum", *TRu* 48 (1983) 101-28; 51(1986) 239-68; continuação de LIETZMANN, H., *A History of the Early Church* (2 vols.; London, 1961; em alemão: 1932-44). LÜDEMANN, G., *Das frühe Christentum nach den Traditionen der Apostelgeschichte* (Göttingen, 1987). MANNS, F., *Bibliographie du Judéo-Christianisme* (Studia Biblica Franciscana Analecta 13; Jerusalem, 1979). NEUSNER, J., *Judaism in the Beginning of Christianity* (Philadelphia, 1984). RAMSAY, W. M., *The Church in the Roman Empire before AD 170* (London, 1893). SCHNEEMELCHER, W., *Das Urchristentum* (Stuttgart, 1981). SNYDER, G. F., *Ante Pacem: Archaeological Evidence of Church Life before Constantine* (Macon, 1985). TURNER, H. B. W., *The Pattern of Christian Truth* (London, 1954 – veja D. L. HAWKIN, *Churchman* 99 [1985] 51-56). VON CAMPENHAUSEN, H., *Ecclesiastical Authority and Spiritual Power in the Church of the First Three Centuries* (Stamford, 1969; em alemão: 1953). WEISS, J., *Earliest Christianity: A History of the Period AD 30-150* (2 vols.; New York, 1959; em alemão: 1914). WILKEN, R. L., *The Christians as the Romans Saw Them* (New Haven, 1984); *The Myth of Christian Beginnings* (Garden City, 1971).

2 Bibliografia para a igreja no NT. *Aux orgines de l'Église* (RechBib 7; Brouwer, 1965). *Catholicity and Apostolicity*, número de *One in Christ* 6 (1970) 242-483. *Le ministère et les ministères selon le Nouveau Testament* (ed. J. DELORME; Paris, 1974). BROWN, R. E., *Biblical Exegesis and Church Doctrine* (New York, 1985) 114-34; *The Churches the Apostles Left Behind* (New York, 1984); *The Community of the Beloved Disciple* (New York, 1979). BROWN, R. E. e J. P. MEIER, *Antioch and Rome* (New York, 1983). CAZELLES, H., *La naissance de l'Église, secte juive rejetée* (Lire la Bible 3; 2ª ed.; Paris, 1983). CWIEKOWSKI, F. J., *The Beginnings of the Church* (New York, 1988). FIORENZA, E. S., *Foundational Theology: Jesus and the Church* (New York, 1984). GOPPELT, L., *Theology of the New Testament 2: Variety and*

---

* As seções 3, 34-63 deste artigo são de C. OSIEK; as seções 4, 64-82 são de P. PERKINS; o restante é de R. E. BROWN.

Unity of the Apostolic Witness (Grand Rapids, 1982) [em port.: *Teologia do Novo TEstamento*, São Paulo: Teológica, 3ª ed., 2002. HAHN, F. et al., *The Beginnings of the Church in the New Testament* (Minneapolis, 1970); *Einheit der Kirche* (QD 84; Freiburg, 1979). HARRINGTON, D. J., *God's People in Christ* (Philadelphia, 1980); *Light of All Nations* (Wilmington, 1982). HOLMBERG, B., *Paul and Power: The Structure of Authority in the Primitive Church* (ConBNT 11; Lund, 1978). KEE, H. C., *Christian Origins in Sociological Perspective* (Philadelphia, 1980). KÜNG, H., *The Church* (New York, 1967). LEMAIRE, A., *Les ministères aux origines de l'Église* (LD 68; Paris, 1971). LOHFINK, G., *Jesus and Community* (Philadelphia, 1984). MACDONALD, M. Y., *The Pauline Churches* (SNTSMS 60; Cambridge, 1988). MEEKS, W. A., *The First Urban Christians* (New Haven, 1983; em Port.: *Os primeiros cristãos urbanos*, Academia Cristã/Paulus, São Paulo, 2011). MEYER, B. F., *The Early Christians* (Wilmington, 1986). PERKINS, P., *Ministering in the Pauline Churches* (New York, 1982). ROWLAND, C., *Christian Origins* (Minneapolis, 1985). SCHNACKENBURG, R., *The Church in the New Testament* (New York, 1965). SCHÜSSLER FIORENZA, B., *In Memory of Her* (New York, 1983). SCHWEIZER, E., *Church Order in the New Testament* (SBT 32; London, 1961). VÖGTLE, A., *Die Dynamik des Anfangs* (Freiburg, 1988).

Temas especiais: *Baptism in the New Testament* (ed. A. GRAIL; London, 1964). BROWN, R. E. (sobre ministério, sacerdócio e episcopado), *Priest and Bishop* (New York, 1970); *The Critical Meaning of the Bible* (New York, 1981) 96-146. BROWN, R. E. et al., PNT. DELLING, G., *Worship in the New Testament* (London, 1962). GERHARDSSON, B., *The Ethos of the Bible* (Philadelphia, 1981). HAHN, F., *The Worship of the Early Church* (Philadelphia, 1973). HENGEL, M., *Property and Riches in the Early Church* (Philadelphia, 1974). KOENIG, J., *New Testament Hospitality* (OBT 17; Philadelphia, 1985). LÉON--DUFOUR, X., *Le partage du pain eucharistique selon le Nouveau Testament* (Paris, 1983). MALHERBE, A. J., *Social Aspects of Early Christianity* (2ª ed.; Philadelphia, 1983). MARSHALL, I. H., *Last Supper and Lord's Supper* (Grand Rapids, 1980). REUMANN, J., *The Supper of the Lord* (Philadelphia, 1985).

3 Bibliografia para os escritores da igreja do séc. II. ALTANER, B., *Patrology* (5ª ed.; New York, 1961). BURGHARDT, W., "Literature of Christian Antiquity", *TS* 45 (1984) 275-306. GOODSPEED, E. J., *A History of Early Christian Literature* (ed. rev. R. M. GRANT; Chicago, 1966). GRANT, R. M., *After the NT* (Philadelphia, 1967). HALTON, T. P. e R. D. SIDER, "A Decade of Patristic Scholarship 1970-1979", *Classical World* 76 (1982) 313-83. *KINT* 2. LAKE, K., *The Apostolic Fathers* (2 vols.; LCL; New York, 1912-13). QUASTEN, J., *Patrology* I (Westminster, 1975). SPARKS, J. (ed.), *The Apostolic Fathers* (Nashville, 1978).

4 Bibliografia para o gnosticismo. SCHOLER, D., *Nag Hammadi Bibliography* (NHS 1; Leiden, 1971); suplementos anuais em *NovT*. TEXTOS: *Facsimile Edition of the Nag Hammadi Codices* (Leiden, 1972-79). Códices e tratados individuais com textos e traduções cópticas publicados nas séries NHS (em inglês; Leiden) e Bibliothèque copte "Textes" (em francês; Quebec). CAMERON, R. e A. DEWEY, *Cologne Mani Codex* (SBLTT 15; Missoula, 1979). FOERSTER, W., *Gnosis* (2 vols.; Oxford, 1972-74). LAYTON, B., *The Gnostic Scriptures* (Garden City, 1987). ROBINSON, *NHLE*. SCHMIDT, C. e V. MACDERMOT, *The Books of Jeu and the Untitled Text in the Bruce Codex* (NHS 13; Leiden, 1978); *Pistis Sophia* (NHS 9; Leiden, 1978).

Estudos: ALAND, B., ed., *Gnosis* (Festschrift Hans Jonas; Göttingen, 1978). BROWN, P., "The Diffusion of Manichaeism", *JRS* 49 (1969) 92-103. GREEN, H. A., *Economic and Social Origins of Gnosticism* (SBLDS 77; Atlanta, 1985). HEDRICK, C. W. e R. HODGSON, *Nag Hammadi, Gnosticism and Early Christianity* (Peabody MA, 1986). HOFFMANN, R. J., *Marcion* (AAR Academy Ser 46; Chicago, 1984). JONAS, H., *Gnostic Religion* (2ª ed.; Boston, 1963). KORSCHORKE, K., *Die Polemik der Gnostiker gegen das Kirchliche Christentum* (NHS 12; Leiden, 1978). LAYTON, B., ed. *Rediscovery of Gnosticism* (2 vols; NumenSup 41; Leiden 1980-81). LÜDEMANN, G., "Zur Geschichte des ältesten Christentums in Rom", *ZNW* 70 (1979) 86-114. MACRAE, G. W., *Studies in the New Testament and Gnosticism* (GNS 26; Wilmington, 1987). PEARSON, B. A., "Jewish Sources in Gnostic Literature", in *Jewish Writings of the Second Temple Period* (ed. M. STONE; CRINT 2.2; Leiden, 1984) 443-81. PELIKAN, J., *Emergence of the Catholic Tradition (100-600)* (Chicago, 1971). PERKINS, P., *The Gnostic Dialogue* (New York, 1980). RUDOLPH, K., *Gnosis* (San Francisco, 1983). STROUMSA, G. A., *Another Seed* (NHS 24; Leiden, 1984). VALLÉ, G., *A Study in Anti-gnostic Polemics* (Waterloo, 1981). VAN DEN BROEK, R., "The Present State of Gnostic Studies", *VC* 37 (1983) 41-71. Também *The New Testament and Gnosis* (Festschrift R. McL. WILSON; ed. A. H. B. LOGAN et al.; Edinburgh, 1983).

5 ESBOÇO

Igreja no Novo Testamento (§ 7-33)
 (I) O ministério público de Jesus (§ 8-9)
 (II) O período apostólico: em torno de 30-66
  (A) A comunidade e sua vida (§ 10-14)
  (B) Diversidade dentro da comunidade (§ 15-20)
 (III) O período subapostólico e pós-apostólico: depois de 65
  (A) A grande transição (§ 21-26)
  (B) Diferentes ênfases na eclesiologia tardia do NT (§ 27-32)
   (a) Estrutura eclesial regularizada (§ 27-28)
   (b) Idealização da igreja (§ 29)
   (c) O Espírito, guia da igreja (§ 30)
   (d) Discipulado animado por Cristo (§ 31-32)
  (C) O período pós-apostólico (§ 33)

Escritores da igreja do séc. II (§ 34-63)
 (I) Padres apostólicos
  (A) Cartas e homilias (§ 36-41)
   (a) *1 Clemente* (§ 37)
   (b) *2 Clemente* (§ 38)
   (c) Cartas de Inácio (§ 39)
   (d) Carta de Policarpo (§ 40)
   (e) *Carta de Barnabé* (§ 41)
  (B) Parênese e ordem eclesiástica (§ 42-43)
   (a) *Didaquê* (§ 42)
   (b) *Pastor de Hermas* (§ 43)
 (II) Apologistas
  (A) Primeiros apologistas: Quadrato, Aristo, Aristides (§ 45-46)
  (B) A "era de ouro" da apologia cristã (§ 47-54)
   (a) Justino (§ 47-49)
   (b) Taciano (§ 50)
   (c) Atenágoras (§ 51)
   (d) Teófilo (§ 52)
   (e) Melito (§ 53)
   (f) *Carta a Diogneto* (§ 54)
 (III) Atos dos mártires (§ 55-58)
 (IV) Historiadores e escritores anti-heréticos (§ 59-60)
  (A) Primeiros escritores: Pápias, Hegésipo (§ 59-60)
  (B) Irineu (§ 61-62)

Gnosticismo (§ 64-82)
 (I) Descrição do gnosticismo
  (A) O fenômeno gnóstico (§ 64-67)
  (B) Lugar social das seitas gnósticas (§ 68-69)
  (C) Organização dos grupos gnósticos (§ 70-71)
  (D) Fontes gnósticas (§ 72-75)
 (II) Origens do gnosticismo
  (A) O gnosticismo e o judaísmo heterodoxo (§ 76-78)
  (B) O gnosticismo e o cristianismo (§ 79-80)
 (III) Marcião (§ 81-82)

6 A igreja não é o assunto central de nenhum escrito do NT, embora Cl/Ef dirijam a atenção para a igreja como corpo de Cristo, e 1Tm e Tt tratem da estrutura da igreja local. A reunião das pessoas que aceitaram a proclamação de Jesus em igrejas que compartilhavam da *koinōnia* e a separação gradativa dos cristãos das sinagogas judaicas têm de ser reconstruídas a partir de referências dispersas. As referências provenientes do período de 30-95 d.C. se encontram em obras que acabaram sendo aceitas no cânone do NT. Mas no período de 95-150 d.C. há uma sobreposição entre as últimas obras do NT a serem canonizadas (com frequência difíceis de datar; → Canonicidade, 66:55) e escritos não canônicos. Alguns desses últimos (*p.ex.*, os Padres Apostólicos, os Apologistas) ofereceram orientação teológica para a igreja dos séculos subsequentes. Outros são classificados como Apócrifos do NT (→ Apócrifos, 67:53), e às vezes incorpora teologia que seria mais tarde designada como herética (gnóstica, docética). Após 150 d.C., quando as últimas das obras finalmente canonizadas tinham sido compostas, as tendências mistas da era precedente ficaram delineadas mais nitidamente, até que, no final do séc. II, pode se dizer que o período patrístico começou com Irineu. Um conhecimento do séc. II é importante para se entender o cristianismo do período do NT, visto que certas linhas de desenvolvimento muito fracamente evidenciadas no NT são documentadas de modo mais completo mais tarde. Este artigo, além de descrever a igreja dos tempos do NT, oferecerá um esboço dos escritos básicos da igreja do séc. II, juntamente com uma exposição do gnosticismo e suas fontes.

IGREJA NO NOVO TESTAMENTO

7 A palavra *ekklēsia*, "igreja", "comunidade", aparece nos lábios de Jesus apenas duas vezes nos quatro Evangelhos. Visto que Mt 18,17 se refere claramente à comunidade local, recorda-se que Jesus falou apenas uma vez acerca da igreja no sentido mais amplo: "Sobre esta pedra edificarei minha igreja" (Mt 16,18). Apesar dessa base terminológica exígua no registro do ministério de Jesus, dentro de meio século Ef 5,25 afirma: "Cristo amou a Igreja e se entregou por ela". Cerca de 30 anos mais tarde (por volta de 110), o bispo Inácio de Antioquia se refere à "igreja católica" (*hē katholikē ekklēsia*; *Esmirn.* 8,2); e, por volta do final do séc. II, o oponente do cristianismo Celso tem conhecimento da "grande igreja" (Orígenes, *Contra Celsum* 5:59) distinta dos conventículos gnósticos. Examinemos alguns elementos nesta linha evolutiva.

8 (I) O ministério público de Jesus. Como podemos descrever melhor a situação das pessoas que aceitaram a proclamação do reino por parte de Jesus durante o período entre o batismo por João e a crucificação? A suposição esquemática mais antiga segundo a qual Jesus visava claramente à igreja e já tinha planejado sua estrutura, sacramentos etc. tem pouco ou nenhum apoio textual, pois as pouquíssimas passagens às quais se pode apelar (*p.ex.*, Mt 16,18 [*acima*]; Lc 22,19: "Fazei isto em minha memória") não têm paralelos nos outros Evangelhos e provavelmente representam compreensões posteriores à ressurreição que especificam as intenções de Jesus. Naquelas que são comumente aceitas como memórias históricas do ministério de Jesus (quanto ao método, → Jesus, 78:4-7), ele faz um silêncio singular sobre questões fundamentais ou estruturais. Isto é compreensível se virmos Jesus interessado não em fundar uma religião separada, mas na renovação de Israel, que já tinha culto, sacerdotes, sacrifícios – Jesus não precisava planejar estas estruturas. A escolha dos Doze (seguramente um traço histórico; → Jesus, 78:26) não é exceção a esta imagem, pois eles representam os 12 patriarcas dos primórdios de Israel e exercem a função escatológica de sentar-se "em doze tronos para julgar as doze tribos de Israel" (Mt 19,28; Lc 22,30 – as únicas palavras registradas de Jesus sobre seu propósito ao escolher os Doze). Na tradição dos ditos de Jesus anteriores à crucificação nunca há referência a uma missão fora de Israel; de fato, em Mt 10,5 ele instrui seus discípulos: "Não tomeis o caminho dos gentios, nem entreis em cidades de samaritanos". Naturalmente, sua visão do Israel renovado incluía a *vinda* de gentios (Mt 8,11) como o fazia a visão dos profetas de Israel (Is 2,2-3; 49,12), mas isto é bem diferente de uma que se dirigia a eles (→ Jesus, 78:28). Novamente, Mt 28,19, que é claramente posterior à ressurreição, representa uma especificação à luz da experiência da igreja guiada pelo Espírito; veja At 11,1-4.12.

9 Em reação a uma noção demasiadamente simplificada de uma igreja que já existia durante o tempo de vida de Jesus ou de seu plano imediato, algumas pessoas preferem falar sociologicamente de um "movimento de Jesus" durante o ministério ou as primeiras décadas depois dele. Esta designação não é satisfatória por várias razões. Ela evoca um paralelo moderno de pessoas que deixam sua filiação anterior para se unir a um guru religioso. Embora alguns tenham efetivamente deixado sua profissão (pesca, coleta de impostos) ou casa para seguir a Jesus durante seu ministério e estar com ele, muitas pessoas que aceitaram sua proclamação do reino parecem ter permanecido onde estavam, sem uma mudança visível ou distintiva em seu estilo de vida (→ Jesus, 78:27). Em relação àquelas pessoas que o seguiram por toda parte, as mais antigas descrições dos Evangelhos não são centralizadas em Jesus. Nos sinóticos, Jesus fala acerca de Deus, não de si mesmo; somente de passagem a identidade explícita de Jesus está em pauta (→ Jesus, 78:29ss.). As exigências impostas pelo Jesus dos sinóticos às pessoas interessadas em sua proclamação (Mc 10,17-22) não incluem uma postura pública para com a identidade dele. Somente no período pós pascal se exigirá a confissão do "nome de Jesus" (e o Evangelho de João apresenta este ministério sob esta luz). Se os pesquisadores têm dificuldade de identificar Jesus como pertencendo a uma seita conhecida dos judeus (fariseus, saduceus, essênios, zelotes; → Jesus, 78:24), não é de surpreender que aqueles que aceitaram sua proclamação do reino de Deus durante sua vida – uma designação muito mais acurada que "movimento de Jesus" – não se encaixam facilmente num padrão histórico ou sociológico reconhecido.

10 (II) O período apostólico: em torno de 30-66.

(A) A comunidade e sua vida. Admitindo-se que Jesus demonstrou pouco interesse em uma sociedade formalmente distinta, é notável quão rapidamente os cristãos adotaram uma postura comunitária. Embora At 19,1-5 indique que havia seguidores de Jesus que não tinham recebido o batismo cristão, a unanimidade de Mt, At, Paulo e Jo sugere que este batismo se tornou muito rapidamente uma característica padrão da vida cristã. Como ação visível, ela ajudava a indicar aqueles que "pertenciam" – uma indicação verificável ausente de modo singular do ministério de Jesus. A ampla disseminação do termo *koinōnia*, "comunidade", "comunhão", no NT mostra que as pessoas que eram batizadas sentiam de modo muito forte que tinham muito em comum (→ 11-14 *abaixo*). Na verdade, *koinōnia* pode refletir, em grego, um antigo nome semítico para designar o grupo de cristãos, como a autodesignação de Qumran como *Yaḥad*, "a unicidade", "unidade", (→ Apócrifos, 67:83). Um outro nome antigo pode ter sido "o Caminho", *p.ex.*, At 24,14: "É segundo o Caminho... que eu sirvo ao Deus de meus pais" (também At 9,2; 19,9.23; 22,4; 24,22; cf. 16,17; 18,25-26). Esta também era uma autodesignação de Qumran: "Quando estas pessoas se unem à comunidade [*Yaḥad*] em Israel, elas [...] vão para o deserto para preparar o caminho do Senhor" (1QS 8:12-14). Os seguidores de João Batista que vieram a crer em Jesus podem ter trazido junto esta ideologia associada ao movimento de seu mestre (os quatro Evangelhos), que, por sua vez, reflete o idealismo do retorno de Israel do exílio (Is 40,3), o segundo êxodo, quando Israel veio pelo caminho preparado por Deus para a terra prometida. A designação que se tornou a mais popular, *i.e.*, *ekklēsia*, "igreja", reflete de modo plausível o primeiro êxodo, no qual Israel passou a existir, pois em Dt 23,2 a LXX traduz *qāhāl*, "assembleia", por *ekklēsia* para descrever Israel no deserto como "a igreja do Senhor". Paulo usava "a igreja de Deus" para lembrar comunidades cristãs regionais de que elas foram moldadas pela igreja na Judeia e a imitavam. Assim, como no caso dos "Doze", também os vários termos da autocompreensão protocristã refletem continuidade com Israel. E este também pode ser o simbolismo original do tema de Pentecostes em At 2, porque sabemos que esta festa (Semanas), entre alguns judeus, celebrava a renovação da aliança do Sinai; e em Qumran ela era a ocasião da entrada de novos membros na comunidade. A tradição refletida em Atos descreve que, no meio de vento e fogo como no Sinai, Deus renovou sua aliança para Israel, uma aliança agora intimamente baseada com o que ele fizera em Jesus de Nazaré.

11 O modelo de vida da *koinōnia* cristã também mostrava uma forte herança de Israel. Atos 2,42 menciona alguns aspectos. (1) *Oração*: os judeus que vieram a crer em Jesus continuaram a recitar orações que conheciam anteriormente. Quando Marcos (12,29) escreveu, a primazia da oração judaica básica, o *Shema* ("Ouve, ó Israel, o Senhor nosso Deus é o único Senhor"), ainda estava sendo inculcada, até mesmo para os gentios. Hinos protocristãos como o Magnificat e o Benedictus (Lc 1,46-55.68-79), eram muito semelhantes aos hinos de Qumran como um pasticho de referências do AT. De fato, enquanto o Benedictus celebra o que Deus fez agora ("pelo qual nos visita o Astro das alturas, para iluminar os que jazem nas trevas e na sombra da morte"), o contexto fala de Davi, de Abraão e dos profetas, e não cristologicamente de Jesus como fazem os hinos posteriores (Fl 2,5-11; Cl 1,15-20; Jo 1,1-18). O Pai-Nosso também reflete petições de orações da sinagoga.

12 (2) *Partir do pão*: Atos descreve protocristãos como Pedro e João indo frequentemente, ou até mesmo diariamente, ao Templo para orar nos horários regulares (2,46; 3,1; 5,12.21). Parece haver pouca razão para duvidar desta informação, que sugere que os primeiros judeus a crerem em Jesus não viam ruptura em seu padrão ordinário de culto. O "partir do pão", presumivelmente a eucaristia, foi um acréscimo aos sacrifícios e ao culto de Israel, não uma substituição deles. Paulo, escrevendo em meados da década de 50 (1Cor 11,23-26), menciona um modelo eucarístico que foi transmitido a ele (provavelmente, portanto, desde a década de 30) e diz: "Todas as vezes, pois, que comeis desse pão e bebeis desse cálice, anunciais a morte do Senhor até que ele venha". A recordação da morte do Senhor *pode* refletir a re-presentação da Páscoa judaica (em hebraico *zikkārôn*; em grego: *anamnēsis*), tornando novamente presente o grande ato salvífico, agora deslocado do êxodo para a crucificação/ressurreição. O "até que ele venha" também lembra uma perspectiva judaica. Na refeição sagrada em Qumran deixava-se um lugar vago para o messias caso Deus o suscitasse durante a refeição (→ Apócrifos, 67:84). (O dinamismo do "novo" entre estes elementos "antigos" pode ser a relação da eucaristia com as refeições nas quais o Jesus *ressurreto* manifestou-se presente [Lc 24,30.41; Jo 21,9-13; Mc 16,41], de modo que eles o reconheceram no partir do pão [Lc 24,35].). Na verdade, um modelo judaico também pode ter afetado a ocasião da eucaristia cristã.

Indubitavelmente, a descoberta do túmulo vazio na manhã do domingo ajudou a fixar a atenção dos cristãos no que seria conhecido como "o Dia do Senhor" por volta do final do séc. I (*Did.* 14,1; *Ev. Ped.* 12,50), mas o domingo pode ter sido ajudado pela tradição do sábado judaico, que terminava no pôr-do-sol do último dia da semana. Antes do pôr-do-sol os judeus que criam em Jesus não tinham ampla liberdade de locomoção, mas quando acabava o sábado (na noite do último dia da semana), eles tinham liberdade de percorrer uma certa distância para se reunir na casa de um outro crente e partir o pão. Isto pode explicar por que a antiga memória cristã é de uma celebração na noite entre o sábado e o domingo.

13 (3) *Ensino* (*Didachē*) *dos apóstolos*: As Escrituras eram autoritativas para todos os judeus, em particular a Lei e os Profetas (→ Canonicidade, 66:22-29); isto também deve ter se aplicado aos primeiros seguidores de Jesus. Assim, o ensino protocristão, em sua maior parte, deve ter sido ensino judaico (um fato frequentemente negligenciado por aqueles que procuram descobrir a teologia ou a ética do NT: os pontos de importância singular mencionados no NT são como a ponta de um *iceberg*, cuja parte principal é o ensino de Israel não mencionado, mas pressuposto). Os pontos onde Jesus modificou ou diferiu da lei ou da interpretação farisaica da lei foram recordados e se tornaram o núcleo de um ensino especial. À medida que transmitiram isso, os pregadores cristãos devem ter feito sua própria aplicação a situações que Jesus não tinha enfrentado; e o conteúdo do ensino proveniente de Jesus deve ter sido ampliado pelo ensino apostólico. (Veja o exemplo das duas instruções sobre o casamento, uma do Senhor e uma de Paulo, em 1Cor 7,10.12; e a ampliação do dito de Jesus sobre o Templo em Mc 14,58: "Feito por mãos humanas [...] não feito por mãos humanas" – ausente dos paralelos.). Este ensino de Jesus e dos apóstolos, embora secundário em relação ao ensino das Escrituras judaicas, era mais autoritativo no tocante aos pontos restritos que ele tocava. Quando este ensino foi finalmente registrado por escrito, aqueles escritos tinham dentro de si a possibilidade de se tornarem um segundo conjunto de Escrituras sagradas (o NT). Este processo de formação do cânone foi especialmente nítido no final do séc. II (→ Canonicidade, 66:58, 65). Em certo sentido, um processo semelhante produziu no judaísmo a Mishná, um segundo ensino ao lado das Escrituras (→ Apócrifos, 67:136), de modo que, por volta do final do séc. II, tanto os judeus que criam em Jesus como os que não criam tinham complementos escritos à Lei e aos Profetas. O caráter diferente dos dois escritos reflete diferenças essenciais no respectivo foco religioso.

14 (4) *Bens comuns*: Um aspecto importante da *koinōnia* em At 2,44-45; 5,1-6 era uma partilha voluntária dos bens entre os membros da comunidade. Embora o idealismo de Lucas provavelmente exagere ao se referir a "todos os bens", o fato de haver bens comuns em Qumran mostra que o quadro é plausível para uma comunidade judaica com orientação escatológica. Além disso, a divisão de bens entre os cristãos de Jerusalém é confirmada indiretamente pelas referências paulinas aos pobres em Jerusalém para quem ele estava coletando dinheiro (Rm 15,26; Gl 2,10; 1Cor 16,1-3). Este idealismo de bens comuns tinha algumas ramificações importantes. Ele aumentou a dependência intracomunitária, tornando a defecção menos provável. Também aglutinou as comunidades, pois uma tinha de apoiar a outra. Desenvolveu-se uma ética cristã que consistia em abrir mão de bens para os pobres e de condenar a riqueza como um obstáculo (Lc 1,53; 6,24; Mc 10,23; 2Cor 8,9; Tg 5,1). Finalmente, uma administração justa e competente dos bens (comuns) seria uma questão relevante nas comunidades cristãs e, mais tarde, uma exigência imposta aos líderes da comunidade cristã (1Pd 5,2; 1Tm 3,4-5).

15 **(B) Diversidade dentro da comunidade.** Na verdade, a administração dos bens comuns foi a ocasião da primeira disputa de que há registro dentro da comunidade cristã, *i.e.*, entre judeus cristãos e helenistas em At 6,1-6, uma cena que seguramente possui uma base histórica, visto que ela vai contra a tendência de Lucas de enfatizar a unanimidade (At 4,32). Embora não demasiadamente clara, a designação "helenistas" (semelhantes a gregos) de Atos e os nomes gregos dos sete líderes helenistas (6,5) sugerem que eles eram judeus (ou, em um caso, um prosélito) que falavam (apenas?) grego e foram criados estando aculturados à civilização greco-romana. Os judeus cristãos, então, devem ter falado aramaico ou hebraico também e terem sido mais tradicionalmente judaicos em suas perspectivas. (Paulo considerava-se um hebreu [2Cor 11,22; Fl 3,5] em seu rigoroso comportamento pré-cristão como judeu, quer a designação "hebreu" significasse a mesma coisa para ele e Lucas ou não.). Judeus de ambas procedências hebraica e helenista vieram a crer em Jesus e estavam agora envolvidos numa disputa, talvez porque os helenistas rejeitavam o culto no Templo (At 7,48-50), enquanto que os hebreus, que incluíam os Doze, eram muito fiéis ao Templo (→ 12 *acima*). De qualquer modo, os judeus cristãos estavam tentando forçar os helenistas à conformidade mediante a exclusão das viúvas helenistas de recursos comuns, e é provável que elas dependessem inteiramente desses recursos. A descrição da reunião que lidou com a questão (a "multidão" convocada pelos Doze) corresponde muito bem à reunião dos "muitos" e dos doze da comunidade de Qumran (mais três representantes das famílias sacerdotais; → Apócrifos, 67:110). A situação sociológica (aumento no número de cristãos [At 6,1], disputas entre cristãos) certamente tornaria o resultado desta reunião altamente significativo para o futuro. O pluralismo foi aceito, uma vez que os helenistas não foram forçados à conformidade nem foram expulsos da *koinōnia*. Implicitamente, as diferenças culturais e teológicas que existiam entre os judeus cristãos e os helenistas devem ter sido consideradas menos importantes que sua crença comum em Jesus (→ 18 *abaixo* para outras confirmações deste quadro). Fiéis a seu papel simbólico para todo o Israel (→ 8 *acima*), os Doze se recusaram a envolver-se na administração dos bens (6,2). Antes, os helenistas receberam seus próprios administradores, *i.e.*, os sete (que não devem ser considerados diáconos – sua função deve ter sido mais próxima da dos presbíteros-bispos posteriores). Provavelmente também surgiram administradores na comunidade judeu cristã hebraica ao mesmo tempo, pois, em referências subsequentes em At (12,17; 15,4.22; 21,18), Tiago o irmão do Senhor e os anciãos são retratados como autoridades em Jerusalém. Embora seja difícil saber se At é histórico em todos estes detalhes, seguramente a estrutura administrativa surgiu como resposta a problemas como divisões e aumento numérico – um desenvolvimento que, no pensamento do NT, não estava em contradição com a visão desta estrutura como parte da orientação de Deus, por meio do Espírito, para a igreja em resposta à oração (6,6).

16 A decisão de preservar o pluralismo dentro da *koinōnia* cristã afetou o ímpeto missionário do grupo. Atos 5,34-40 indica que, embora inicialmente os Doze tenham sido perseguidos pelas autoridades do Sinédrio, acabaram alcançando uma tolerância relutante (especialmente aos olhos dos fariseus, personificados por Lucas no famoso Gamaliel [o ancião]). Este quadro recebe confirmação indireta de Paulo, que parece ter podido ir a Jerusalém na década de 30 e na de 40 e encontrar Tiago e Pedro ali sem qualquer sinal de perseguição. Presumivelmente, o fato de haver diferentes seitas entre os judeus na Palestina pré-70, como indica Josefo (→ História, 75:145-51), permitiu aos cristãos encontrar uma certa tolerância, mesmo que eles não se considerassem uma seita (At 24,14). De qualquer modo, em Jerusalém, entre meados da década de 30 e meados da década de 60 (quando Tiago foi morto), a única perseguição geral dos cristãos por parte dos judeus que não criam em Jesus de que se tem registro ocorreu sob Herodes Agripa I, no início da década de 40 (12,1-5), em um curto intervalo quando a Judeia não era mais governada por prefeitos romanos. A perseguição que irrompeu contra Estêvão (em torno de 36?), descrita em 7,54-8,1, foi uma perseguição seletiva dos helenistas, não dos judeus cristãos, e, portanto, provavelmente foi motivada menos pela crença em Jesus do que pelo ataque de Estêvão ao Templo. (Não há nada historicamente implausível nisto, pois os sacerdotes de Jerusalém tinham um histórico de intolerância para com as pessoas que ameaçavam o Templo.). Esta perseguição levou os helenistas a deixarem Jerusalém e irem para a Samaria (onde converteram muitos samaritanos: At 8,4-5) e a Antioquia (onde converteram gentios: 11,19-20). O quadro de At segundo o qual não houve iniciativa missionária cristã voltada para fora até a expulsão dos helenistas de Jerusalém provavelmente é simples demais; de fato, 9,2 sugere que havia cristãos em Damasco mesmo antes da expulsão. Não obstante, em alguns detalhes, o quadro traçado por At é plausível, *p.ex.*, que a missão amplamente disseminada resultou de circunstâncias imprevistas e não de um plano deliberado de ir pelo mundo todo, que a aceitação de não judeus (samaritanos e gentios) na *koinōnia* provocou preocupação e até mesmo dissensão entre os cristãos de Jerusalém (8,14; 11,2-3) e que, por fim, o debate acerca da conversão de grupos inteiros de gentios trouxe uma confrontação entre os porta-vozes cristãos mais famosos. Estes incluíam Cefas/Pedro, o primeiro entre os Doze; Tiago, o irmão do Senhor e a principal autoridade na comunidade de Jerusalém; e Paulo, o apóstolo aos gentios (→ Paulo, 79:31-37 quanto ao debate em Jerusalém). Por volta do final da década de 40, a questão dos gentios tinha produzido pelo menos quatro atitudes diferentes dentro da *koinōnia* cristã, refletindo diferenças teológicas – atitudes atestadas em várias testemunhas do NT.

17 (1) Pode ter havido judeus cristãos tão insistentes na importância de ser judeu observantes que não queriam gentios convertidos. Mas o NT atesta, antes, uma disposição dos muito conservadores (fariseus cristãos ou o partido da circuncisão: At 11,2; 15,5) de converter gentios ao cristianismo contanto que eles se tornassem primeiro judeus, *i.e.*, que os homens fossem circuncidados. Seus missionários agiam fora de Jerusalém (15,1.24; Gl; Fl 3), causando frequentemente problemas para missionários como Paulo que não exigiam a circuncisão para a conversão. Talvez eles apelassem para o exemplo de Jesus, que nunca falou contra a circuncisão, e certamente eles argumentavam com base no exemplo de Abraão, que teve de se submeter à circuncisão como parte da recepção da aliança. (2) Pedro (At 10,47-48; 15,6-11) e Tiago (15,13-29) concordavam com Paulo de que os gentios deveriam ser convertidos sem a circuncisão, mas (pelo menos de vez em quando) eles insistiam na observância gentílica de certas leis judaicas de pureza, especialmente com relação aos alimentos (15,20.29; Gl 2,12). Aparentemente, esta postura prevaleceu nas igrejas da área da Palestina-Síria (At 15,23). (3) Paulo resistiu duramente a esta imposição das exigências da lei aos cristãos gentios por considerá-la uma impugnação da liberdade do evangelho (Gl 2,14-21) e não fazia tal exigência nas igrejas que fundou, como Corinto (1Cor 8,1-13). É importante, contudo, observar que as afirmações de Paulo que rejeitam a imposição da circuncisão e as leis alimentares dizem respeito aos *gentios* convertidos; em nenhum lugar ele expressa suas opiniões sobre as exigências a serem feitas aos judeus que creem em Jesus. Atos 16,3 diz que Paulo insistiu na circuncisão de Timóteo, que tinha uma mãe judia e, assim, podia ser considerado judeu. Conforme At 20,16; 21,26; 24,11, Paulo observava a festa de Pentecostes/Semanas e foi ao Templo de Jerusalém. Se estes detalhes estiverem corretos, Paulo pode ter admitido a possibilidade de que para os judeus crentes em Jesus havia um valor religioso permanente no culto judaico – uma perspectiva pelo menos consoante com Rm 9-11 (*p.ex.*, 9,4). (4) A oposição helenista ao Templo expressa no discurso de Estêvão (At 7,47-51) implica, pelo menos de forma incipiente, uma ruptura mais severa com as instituições do judaísmo do que aquilo que se pode demonstrar nas atitudes de Jesus ou de Paulo. Após 65 d.C., este radicalismo se realizou na perspectiva de Hb, segundo a qual o sacerdócio levítico e os sacrifícios não fazem mais sentido: a nova aliança tornou a primeira obsoleta e prestes a desaparecer (Hb 8,13). Boa parte dessa mesma atitude se encontra em Jo, onde Jesus é o porta-voz do afastamento em relação ao judaísmo (15,25: "sua lei [sc. a lei deles]"). Isto levou inevitavelmente à hostilidade manifesta para com o judaísmo (8,44; Ap 3,9).

18 As quatro perspectivas diferentes listadas acima (e diferentes tonalidades dentro delas) podiam ser encontradas entre judeus que creram em Jesus no período anterior a 65. Visto que todos esses judeus converteram gentios, as designações cristianismo judaico e cristianismo gentílico, frequentemente usadas, não diferenciam eficazmente as atitudes para com a lei e o culto judaicos neste período. De modo geral, os cristãos gentílicos devem ter compartilhado da atitude dos respectivos judeus cristãos que os converteram. (Naturalmente, depois de um certo tempo, os gentios convertidos poderiam desenvolver correntes cristãs próprias à luz de seu pano de fundo peculiar, mas a postura tomada sobre a relação entre a crença em Jesus e a observância da lei judaica não era simplesmente uma questão de gentios *versus* judeus.). É notável que a *koinōnia* cristã parece ter resistido a esta ampla gama de diferenças. Atos 6 testemunha que os helenistas não foram expulsos da *koinōnia* ainda que ganhassem seus próprios administradores; At 8,14 diz que os Doze em Jerusalém (que eram judeus) mostravam preocupação com a missão helenista. Ainda que Paulo menospreze Tiago e Cefas/Pedro como chamados pilares que não tinham importância para ele (Gl 2,6.9), eles certamente demonstraram interesse pelas concepções e missão dele. Após a disputa, eles estenderam a ele e a Barnabé a destra da *koinōnia* (2,9). Se posteriormente Paulo se opôs a Pedro e aos homens de Jerusalém face a face por causa da verdade do evangelho (2,11-14), esta retórica não implica quebra da *koinōnia*, pois dois ou três anos mais tarde, no contexto da formação de partidos separados entre os cristãos de Corinto, Paulo cita Cefas e Tiago, declarando solidariedade com eles acerca do evangelho: "Por conseguinte, tanto eu como eles, eis o que proclamamos. Eis também o que acreditastes" (1Cor 15,5.7.11; veja também a solidariedade implícita em 9,5). Já mencionamos a coleta de Paulo para a igreja de Jerusalém de Tiago para enfatizar a *koinōnia* das igrejas gentílicas dele com as igrejas de Deus na Palestina, e ele incentiva aquelas a imitar estas (1Ts 2,14). Não é evidente neste período inicial que até mesmo o grupo 1 (→ 17 *acima*) tenha sido expulso da *koinōnia* apesar do anátema de Paulo contra os proclamadores de um outro evangelho (Gl 1,9) e da retórica contra os "falsos irmãos" (2,4). Eles estavam presentes na reunião em Jerusalém em 49 d.C., e parte da razão para a descrição desta reunião feita por Paulo em Gl 2 é que eles reivindicavam unanimidade com Tiago e Pedro. Além disso, uma corrente de referências de *1Clem* 5,2-7 até *Rm* 4,3 de Inácio e 2Pd 3,15 não contém lembrança de uma ruptura permanente da *koinōnia* entre Pedro e Paulo. Dificilmente se podem descartar todas estas evidências tachando-as de idealismo harmonizante posterior.

19 O quadro do cristianismo anterior a 65 esboçado até agora é altamente apostólico (um termo mais amplo que os Doze; → Pensamento do NT, 81:154), pois os Evangelhos, At e Paulo indicam a importância dos apóstolos como grupo ou como indivíduos neste período formativo. Houve um protocristianismo mais amplo não influenciado pelos apóstolos que conhecemos? De fato, temos poucas evidências acerca de áreas inteiras alcançadas pela missão cristã. Quem levou o cristianismo pela primeira vez para Damasco (At 9,2), para Alexandria (At 18,24-25), para Roma (Rm 1,8) e para todos os pontos situados a leste de Jerusalém? Atos 2,9-11 mantém uma lembrança de uma missão da igreja de Jerusalém (diferente das missões da igreja de Antioquia que conhecemos em Paulo e em At 13ss.)? Apesar da falta de evidências, os pesquisadores postulam um cristianismo galileu diferente do cristianismo de Jerusalém e grupos de pregadores itinerantes que proclamavam Jesus em situações menos estruturadas que as evidenciadas em At e em Paulo. Textos como Mc 9,38-41 e At 19,1-3 indicam que havia uma proclamação de Jesus além da que conhecemos diretamente nos livros do NT. O bom senso, contudo, nos adverte contra promover este cristianismo desconhecido como a norma e ver o NT como uma conspiração para eliminar lembranças de um seguimento mais puro de Jesus.

20 Vimos *acima* (→ 15) um relato sobre o surgimento da estrutura por meio da nomeação de administradores helenistas (At 6,5). Mais uma vez, trabalhando mais com base em suspeitas do que em evidências, os pesquisadores pintaram o quadro de um "movimento de Jesus" igualitário que gradualmente teria se tornado mais patriarcalmente autoritativo nas igrejas em desenvolvimento. Não se pode negar que houve um desenvolvimento na articulação de estruturas. Além disso, a proclamação do reino de Deus por parte de Jesus certamente derrubou algumas das barreiras sociais e religiosas de sua época para as pessoas que aceitaram a proclamação. Mas sua abordagem não estrutural (→ 8 *acima*) implica um desinteresse na derrubada das instituições existentes e não um plano de formar grupos igualitários (uma ideia mais próxima da Revolução Francesa que do NT). Paulo também compreendia que o cristianismo rompia barreiras entre judeus e gregos, escravos e livres, homens e mulheres (Gl 3,28); porém, ao mesmo tempo, sua primeira carta (1Ts 5,12: o mais antigo documento cristão preservado) exigia respeito por "aqueles que velam por vós no Senhor" – o que dificilmente é uma designação igualitária. Havia uma diversidade de funções nas protoigrejas paulinas (Fl 1,1: "epíscopos e diáconos"; 1Cor 12,28: numerosos carismas), mas nada que apoiasse um igualitarismo onde qualquer pessoa ou todas as pessoas pudessem exercer qualquer função ou todas as funções. A não diferenciação de Gl 3,28 diz respeito à novidade de vida batismal aos olhos de Deus (cf. 1Cor 12,13); ela não levou à não diferenciação na igreja e na família (1Cor 11; 12,4-11). Evidentemente os primeiros cristãos não interpretaram a igualdade como muitos interpretariam a igualdade hoje; contudo, isto não impede um desenvolvimento no entendimento e valorização cristãos da igualdade.

21 (III) O período subapostólico e pós-apostólico: depois de 65. O panorama da situação da igreja no período de 30-65 d.C., feito acima, é necessariamente incompleto, mas muitas das questões expostas ali tomaram um rumo notavelmente diferente no último terço do séc. I (período subapostólico) e no início do séc. II (período pós-apostólico).

(A) A grande transição. Por volta de 65 d.C., os três personagens mais conhecidos da protoigreja (Tiago, Pedro e Paulo) tinham morrido como mártires, respectivamente em Jerusalém e Roma. Nossa documentação para os anos 65-100 oferece poucos nomes novos de líderes cristãos. Há, antes, uma tendência de usar o manto dos apóstolos falecidos e de falar em nome deles (daí a designação "subapostólico"), indicando implicitamente o que eles teriam dito a uma nova geração. Por exemplo, se Cl, Ef e as Pastorais foram escritas após a morte de Paulo, cada escritor continua falando em nome de Paulo. O mais antigo Evangelho não traz nenhum nome, mas por volta do séc. II havia uma tradição que o atribuía a (João) Marcos, um companheiro de Pedro e Paulo, com a reivindicação de que ele reflete a pregação de Pedro. É duvidoso que Mateus, um dos Doze, ou Lucas, um discípulo de Paulo, tenham escrito os Evangelhos atribuídos a eles, mas estes Evangelhos preservam tradição apostólica. O Quarto Evangelho reivindica especificamente conter a tradição do testemunho ocular de um discípulo anônimo a quem Jesus amava – um discípulo que é apresentado como superior a Pedro celebrizado por tantos cristãos do final do séc. I. As epístolas de Tg, Pd e Jd talvez também sejam exemplos de trajetórias subapostólicas (→ Canonicidade, 66:71-72, 74-75). A tendência eclesiástica do período subapostólico é agora menos missionária (pescar) e mais pastoral (apascentar), na medida em que o cuidado das comunidades fundadas entre as décadas de 30 e 60 se torna uma preocupação importante. Este desenvolvimento é ilustrado em uma ênfase na imagem do pastor para Pedro e Paulo (1Pd 5,1-4; Jo 21,15-17; At 20,28-30).

22 Outra transição interna no cristianismo foi do predomínio judaico para o gentílico. Antes de 65, os líderes conhecidos eram judeus. Após 100, quando novos nomes se tornam proeminentes (Inácio, Policarpo), aparentemente muitos deles não eram. No período entre 65-100, provavelmente a maioria no cristianismo passou a ser composta de gentios e não de judeus. A destruição de Jerusalém pelos romanos teve como efeito colateral o fato de que a igreja de Jerusalém não tinha mais seu papel central pré-65 evidente em At e até mesmo em Paulo (Gl 1-2; a coleta). Enquanto At 15,23 descreve Jerusalém em 49 d.C. falando aos cristãos de Antioquia, Síria e Cilícia, por volta do final do séc. I a igreja de Roma fala aos cristãos do norte da Ásia Menor e Corinto (1Pd 1,1; *1Clem.*) e é preeminente no amor (Inácio. Prefácio a *Rom.*). Embora houvesse grandes colônias judaicas em Roma e em outros importantes centros cristãos como Antioquia e Éfeso, nenhuma dessas cidades personificava o judaísmo do modo como Jerusalém o fizera. Consequentemente, deu-se menos atenção à conversão de judeus à fé em Cristo, pelo menos na documentação preservada. Se, no final da década de 50, Paulo (Rm 11,11-16) podia ter esperado a plena inclusão de Israel ("meus conterrâneos judeus"), nas décadas de 80 e 90 o Paulo da memória lucana proclama como suas últimas palavras que este povo nunca entenderá nem perceberá; antes, a salvação foi enviada aos gentios que ouvirão (At 28,25-28). Ainda há uma voz ocasional de idealismo dizendo que o muro de hostilidade foi derrubado (Ef 2,13-16), mas é cada vez mais dominante uma polêmica contra a "sinagoga de Satanás" (Ap 2,9; 3,9) e os judeus cujo pai é o diabo (→ 17 acima, sob [4]).

23 Este não foi simplesmente um desenvolvimento cristão interno; o judaísmo também passara por uma transição. A revolta judaica contra Roma no final da década de 60 (→ História, 75:181-184) não recebeu apoio uniforme dentro do judaísmo, pois os fariseus eram mais relutantes em se envolver com a violência que os saduceus. *Aparentemente* os judeus cristãos se recusaram completamente a aderir à revolta e se retiraram para Pela, do outro lado do Jordão (M. Simon, "La migration à Pella: Légende ou realité?" in *Judéo-Christianisme* [Festschrift J. Daniélou; Paris, 1972] 37-54). É possível conjeturar que esta dissociação da causa nacional tenha promovido o afastamento entre os judeus que não criam em Jesus e os que criam. A ameaça à identidade religiosa judaica causada pela destruição do Templo e pelo fim dos sacrifícios sacerdotais serviu para limitar o pluralismo judaico. Os essênios de Qumran e sua comunidade pereceram na guerra (→ Apócrifos, 67:104); os líderes sacerdotais saduceus sofreram uma perda de *status*. Embora se afirme geralmente que os fariseus se tornaram os rabinos de Jâmnia (→ História, 75:189), isto talvez seja um quadro demasiadamente simples. Um fariseu era um sectário separatista por etimologia (→ História, 75:146); e o período pré-70 presenciou uma nítida hostilidade entre os sectários judaicos ao ponto de os fariseus assassinarem o sumo sacerdote e procurarem matar o líder essênio, e a extrema vituperação dos sacerdotes de Jerusalém pelos essênios. Se, após 70, o absoluto respeito fariseu pela lei oral (→ Apócrifos, 67:134) se tornara vitorioso entre os rabinos de Jâmnia, o separatismo sectário dos fariseus tinha passado; e havia um pluralismo interno para se debater a lei *dentro das diretrizes rabínicas* (veja S. J. D. Cohen, *HUCA* 55 [1984] 27-53). Os essênios e os saduceus encontravam-se relegados a lembranças desagradáveis.

24 Em algum ponto entre 85 e 130, a aversão rabínica pelos sectários (*mînîm*) se expressou numa maldição contra eles introduzida na oração sinagogal (a 12ª bênção ampliada das Dezoito Bênçãos). Visto que os judeus cristãos eram contados entre os *mînîm*, eles foram gradualmente excluídos do culto da sinagoga. Com frequência, isto é retratado equivocadamente como um édito de excomunhão de Jâmnia; na verdade, deve ter sido uma prática que se difundia dependendo de quão numerosos e agressivos, e assim aparentemente sectários, os judeus cristãos fossem numa dada sinagoga local. A comunidade joanina, com sua proclamação de Jesus como "meu Senhor e meu Deus" (Jo 20,28), pode ter estado entre as primeiras a provocar a exclusão por parte das autoridades sinagogais, para quem esta proclamação deve ter soado como se um ser humano fosse elevado a um *status* que contestava o único "credo" de Israel: "Iahweh nosso Deus é o único Iahweh" (Dt 6,4). A resposta joanina era que Jesus não era um homem que estava sendo "feito" Deus (Jo 5,16-19; 10,33-38), mas sim um Filho a quem o Pai amava e a quem o Pai deu todas as coisas (5,20-23), a tal ponto que quem o visse via o Pai (14,9). Esta resposta dificilmente teria satisfeito as autoridades da sinagoga. Eles eram discípulos de Moisés, e os cristãos eram discípulos de Jesus; as autoridades da sinagoga sabiam que Deus falara a Moisés, e não sabiam de onde viera "esse"

(9,28-29). Consequentemente, os cristãos joaninos que confessavam Jesus foram expulsos da sinagoga (9,22.34; 12,42), tendo como resultado que os cristãos joaninos se viam como sendo assassinados por seus adversários (16,2). Este era um assassinato direto ou indireto dos cristãos pelas autoridades judaicas no sentido de que, sem a proteção da sinagoga e sem serem reconhecidos como judeus (que estavam isentos do dever cívico romano de adorar os deuses), os cristãos expulsos ficavam agora expostos à investigação e perseguição romana por serem ateístas? Certamente esta última situação se evidencia na *Carta 96* de Plínio, um governador da Bitínia (por volta de 112 d.C.), que escreveu pouco depois de João.

25 Com seus adeptos sendo considerados indesejáveis nas sinagogas e se tornando gradualmente mais gentílico em termos percentuais, o cristianismo se mostrava agora mais claramente como uma nova religião. As instituições religiosas de Israel foram tidas como acabadas (em si mesmas e para os cristãos). O que era permanentemente valioso foi simplesmente assumido como pertinente aos cristãos, não aos "judeus incrédulos". 1 Pedro 2,9-10 diz aos cristãos gentílicos: "Mas vós sois uma raça eleita, um sacerdócio real, uma nação santa, o povo de sua particular propriedade" – privilégios titulares de Israel no AT. Por volta do final do séc. I, a eucaristia começava a tomar o lugar dos sacrifícios de Israel – uma oblação cristã pura que exaltava o nome de Deus entre os gentios, como fora "predito" por Ml 1,11 (*Did.* 14,3). *1 Clemente* 40,5; 42 compara o sumo sacerdote, o sacerdote e o levita a Cristo, ao bispo e ao diácono. A *Epístola de Barnabé* 4:6-7 afirma que a aliança é "nossa, não deles"; eles a perderam; de fato, os cristãos são o novo povo de Deus (75). O auge na substituição do judaísmo será representado por Marcião, em meados do séc. II, que rejeitará as Escrituras judaicas e o Deus delas, e aceitará como sua Escritura apenas aqueles escritos cristãos que pode interpretar como repúdio do AT (10 cartas paulinas; Lucas – sem a narrativa da infância de Jesus). Suas concepções serão rejeitadas pela igreja maior como extremas, ao ponto de serem classificadas como heresia (→ 81 *abaixo*).

26 Mas houve também judeus crentes em Jesus que não seguiram esta rota do afastamento. A corrente farisaica cristã (→ 17 *acima*) não desapareceu com a destruição de Jerusalém; de fato, é possível que a mudança para Pela (→ 23 *acima*) tenha ajudado a preservar um elemento vibrante do cristianismo judaico. Na literatura de 65-95 d.C., Mateus é um Evangelho que passa da missão terrena de Jesus que envolve apenas as ovelhas perdidas da casa de Israel (10,6) para a missão do Jesus ressurreto a todas as nações (28,19). Entretanto, o Jesus mateano é lembrado como aquele que enfatizou cada "i ou vírgula" da lei (5,18) e a observância do que os fariseus e escribas dizem, porque eles "estão sentados na cátedra de Moisés" (23,2-3) – uma indicação de que a mentalidade farisaica cristã ainda era um fator que fazia ouvir sua voz. Paulo se opôs à imposição da lei aos cristãos gentílicos: "Porquanto nós sustentamos que o ser humano é justificado pela fé, sem a prática da Lei" (Rm 3,28). Mas Tg 2,24 mostra como os judeus cristãos corrigiriam este slogan (talvez apresentado equivocadamente a eles): "Vês que o ser humano é justificado pelas obras e não simplesmente pela fé". Mesmo que "fé" e "obras" não tenham o mesmo significado nas duas afirmações, é óbvio que a perspectiva é diferente. As melhores evidências em favor da continuidade de um cristianismo leal às instituições do judaísmo se encontra nas *Pseudo-Clementinas*, uma obra do séc. IV com fontes do séc. II (veja F. S. Jones, *Second Century* 2 [1982] 1-33, 63-96). O elemento do séc. II reflete o cristianismo das pessoas que alegam que sua crença em Jesus como o profeta a quem Moisés predisse e como o Messias eterno é a *única* "diferença entre nós que cremos em Jesus em relação aos judeus que não creem" (*Recog.* 1.43.1-2). Para elas,

Paulo era o inimigo responsável pelo fracasso da missão aos judeus (1.71.3-5), ao passo que "nosso Tiago" (o irmão do Senhor) foi ordenado pelo próprio Senhor (1.43.2) e era o "bispo dos bispos que governa Jerusalém, a santa igreja dos hebreus, e as igrejas em toda parte" (*Carta de Clemente a Tiago*). Quando se olha os desdobramentos (ou distorções) antijudaicos extremos da trajetória paulina e os elementos antipaulinos extremos da trajetória de Tiago, é interessante que Pedro é descrito como um amigo de cada um dos grupos (*p.ex.*, 2Pd 3,15-16; *Pseudo-Clem.*, passim). Enquanto que, durante sua vida, Pedro se situava em algum lugar entre Paulo e Tiago e foi criticado por ambos por não ser suficientemente purista (Gl 2,11-14), a trajetória petrina no séc. II deu continuidade à imagem de um elo de ligação.

27 (B) Diferentes ênfases na eclesiologia tardia do NT. Vimos que o falecimento dos grandes apóstolos na década de 60, a destruição de Jerusalém e a separação crescente do judaísmo produziram várias reações cristãs. Agora nos voltaremos para algumas atitudes específicas nos períodos subapostólico e pós-apostólico que configuraram permanentemente a eclesiologia posterior. Exigências de espaço limitam o que segue à descrição, não à avaliação. (Quanto à última veja Brown, *Churches*.)

(a) *Estrutura eclesial regularizada.* Embora houvesse uma estrutura eclesiástica incipiente no período pré-65 (→ 15, 20 *acima*), ela não era uniforme nem muito enfatizada. As Pastorais pós-paulinas a tornam um tema recorrente. Num contexto em que o apóstolo está saindo de cena (2Tm 4,6-7) e falsos mestres fazem sua aparição (1Tm 4,1ss.; Tt 1,10-13; 2Tm 3,1-9; 4,3-4), o remédio é uma ordem eclesiástica regularizada. *Presbyteroi* (presbíteros, anciãos) devem ser nomeados em cada cidade e exercer a função de *episkopos* (bispo, superintendente, supervisor). Certamente isto inclui verificar o comportamento religioso e ético dos membros da comunidade, cuidar dos necessitados usando bens comuns e, acima de tudo, garantir a sã doutrina. Eles devem se ater ao que receberam (Tt 1,5-9), corrigindo os falsos mestres. Assim, constituem uma corrente que preserva o ensino e a autoridade apostólicos. As virtudes exigidas dos presbíteros/bispos são "institucionais" (ser sóbrios, digno, moderado), de modo que se tornem tanto modelos para a comunidade (capazes de administrar sua própria casa; casados não mais que uma vez; com filhos cristãos bem comportados; não recém convertidos) quanto exemplos de respeitabilidade para os de fora (não bêbados, não violentos, não gananciosos). Os diáconos também fazem parte da estrutura, estando sujeitos à maior parte das mesmas exigências. Todavia, não está claro em que sentido o que os diáconos faziam difere da atividade dos presbíteros. Quanto às mulheres, aparentemente havia diaconisas (não simplesmente esposas dos diáconos: 1Tm 3,1) e uma classe oficial de viúvas (1Tm 5,3-16). Não está claro se havia presbíteras (veja Brown, *Critical Meaning* 141). Mas uma das funções mais importantes do presbítero/bispo era governar e ensinar (1Tm 5,17-18), e não era permitido a nenhuma mulher ter autoridade sobre os homens ou ensiná-los (1Tm 2,12).

28 Enquanto as Pastorais pós-paulinas mostram Tito, um delegado apostólico e companheiro de Paulo, ordenando presbíteros/bispos (Tt 1,5), quase contemporaneamente *Did.* 15,1-2 incita os cristãos: "Nomeai para vós mesmos bispos e diáconos" para assumirem o lugar da estrutura carismática mais antiga de apóstolos, profetas e mestres (cf. 1Cor 12,28). Profetas e apóstolos itinerantes se tornaram uma fonte de problemas e não eram passíveis de controle (*Did.* 11,1-12), e, deste modo, tornou-se necessária uma estrutura mais regulamentada e controlável. (Veja também uma desconfiança em relação a falsos apóstolos e profetas na década de 90 em Ap 2,2.20.)

1Clem. 42 canoniza a regularidade dos presbíteros/bispos e diáconos ao dar-lhes uma linhagem muito clara: Deus enviou Jesus Cristo; Jesus Cristo enviou os apóstolos; os apóstolos nomearam seus primeiros convertidos para serem bispos e diáconos; e estes funcionários nomearam outros bispos e diáconos para sucedê-los no ministério (44,1). Consequentemente, estes ministros não deviam ser removidos (44,3). Embora *1Clem.* fale de liturgia e sacrifícios em relação ao episcopado, a atividade sacramental para estes clérigos regularizados se torna clara nos escritos de Inácio em torno de 110. Ele insiste em que apenas o bispo ou quem ele designar deve celebrar a eucaristia e batizar (*Esmir.* 8). Um outro desenvolvimento que se vê em Inácio é um triplo ministério, de modo que em cada igreja existe apenas um bispo, e sob ele presbíteros e diáconos, enquanto que nos exemplos anteriores mencionados acima havia um ministério duplo de presbíteros/bispos e diáconos. Não sabemos como se desenvolveu a prática de se ter apenas um bispo, mas a insistência de Inácio sugere que talvez tenha sido uma inovação recente que não era não aceita universalmente. Excepcionalmente ele não menciona um único bispo ao escrever para Roma, e é plausível que esta prática não tenha se desenvolvido na igreja de Roma antes de 140-150 d.C. (veja *Herm. Vis.* 2.4.2; *Sim.* 9.27.2). Uma aceitação mais lenta do monoepiscopado estaria em consonância com a relutância de Roma em relação a inovações (veja Brown, *Antioch and Rome* 214). De qualquer modo, por volta do final do séc. II, a estrutura tripla tornou-se universal na igreja. Escrevendo nestas circunstâncias, Irineu (*Adv. Haer.* 3.3.3) oferece uma lista dos "bispos" de Roma, usando anacronicamente seu entendimento da designação para se referir a figuras do período anterior que provavelmente eram os mais proeminentes entre a pluralidade de presbíteros/bispos, *p.ex.*, Clemente. O termo "sacerdote" começou a ser usado para designar o bispo do séc. II porque ele presidia a eucaristia (→ 25 *acima*), e com este termo parte da ideologia veterotestamentária do sacerdócio israelita foi restabelecida no cristianismo (veja Brown, *Priest* 16-19).

29 (b) *Idealização da igreja*. Vimos (→ 10 *acima*) que os primeiros judeus cristãos se compreendiam como a renovação de Israel, de modo que houve um conceito unificado no começo. Entretanto, no período de 35-65, o uso mais frequente de *ekklēsia* era para designar uma igreja local, às vezes numa região (1Cor 1,2; 16,1.19), às vezes numa casa quando havia várias igrejas domésticas numa região (Rm 16,5.14.15). Porém uma passagem como 1Cor 12,28 indica que havia um uso mais universal também. No terço final do séc. III, este uso universal torna-se muito frequente; veja At 9,31; Mt 16,18; e os símbolos femininos em Ap 12,4-5; 19,7; 21,9. Em nenhuma outra parte isto é mais evidente que em Cl e Ef, onde ele domina completamente. Para Ef 2,19-20, a igreja é a "família de Deus [...] edificados sobre o fundamento dos apóstolos e dos profetas, do qual é Cristo a pedra angular". A igreja é o reino do Filho amado de Deus livre do domínio das trevas, em que os cristãos participam da herança dos santos na luz (Cl 1,12-13). De modo mais frequente a igreja é identificada com o corpo de Cristo (Cl 1,18.24; Ef 4,15-16), "a plenitude daquele que plenifica tudo em todos" (Ef 1,22-23). A igreja é a noiva sem mácula que Cristo ama e pela qual ele se entregou (Ef 5,23-27). Colossenses 1,24 faz "Paulo" dar continuidade a isto: "Completo o que falta às tribulações de Cristo em minha carne pelo seu Corpo, que é a Igreja". Fica claro que a igreja passou para o centro da atividade e pensamento cristãos. Cristo tornou conhecida "a dispensação do mistério oculto desde os séculos em Deus, criador de todas as coisas, para dar agora a conhecer [...], por meio da Igreja, a multiforme sabedoria de Deus" (Ef 3,9-10; → Teologia paulina, 82:134-35).

30 (c) *O Espírito, guia da igreja*. Atos coloca pouca ênfase na estrutura da igreja e não identifica a igreja como o corpo de Cristo. Oferece, antes, uma concepção da história na qual o Espírito de Deus prometido por Jesus (1,4-5) guia a comunidade cristã a cada passo do caminho. Pedro, Paulo e outros atores humanos envolvidos nas decisões da história cristã são apenas instrumentos do Espírito. A cena crucial do Pentecoste emprega a imagem criacional do vento como o Espírito de Deus (Gn 1,2) para descrever uma renovação da aliança que afetará todos os povos agora. Receber o Espírito faz parte da entrada batismal na *koinōnia* dos crentes (At 2,38; 8,15-17; 9,17; 15,8; 19,5-6). O Espírito dirige os novos passos na missão quando samaritanos e gentios são convertidos (8,29.39; 10,38.44-47; 11,12.15; 13,2.4). Quando se toma a grande decisão relativa aos gentios em Jerusalém, na presença de Paulo, Pedro e Tiago, esta decisão é expressa assim: "De fato, pareceu bem ao Espírito Santo e a nós" (15,28). Em passos significativos para a propagação do cristianismo, o Espírito impede Paulo de tomar um desvio que teria adiado sua implantação do cristianismo na Europa (16,6-7); a decisão de Paulo de que devia ir a Roma é uma resolução no Espírito (19,21); e quando Paulo se despede da Ásia, o Espírito Santo foi previdente ao fazer presbíteros que são supervisores (bispos) do rebanho (20,28). Assim, cada passo essencial no relato de Atos a respeito de como se deu testemunho de Cristo desde Jerusalém até os confins da terra é guiado pelo Espírito, cuja presença se torna óbvia nos grandes momentos onde os agentes humanos, de outro modo, teriam hesitado ou feito a escolha errada.

31 (d) *Discipulado animado por Cristo*. É frequente, no período subapostólico, a imagem constitutiva de Jesus como construtor, fundador ou pedra angular da igreja (Mt 16,18; Ef 2,20; 1Pd 2,4-8). Esta imagem está singularmente ausente em João, o qual favorece imagens vivazes, como a vinha e os ramos (15,2-6) para retratar Jesus não como um fundador do passado, mas como uma presença viva, ainda "forte e ativo" entre os cristãos. Tampouco existem fórmulas instituidoras acerca do batismo e da eucaristia comparáveis às afirmações feitas por Jesus ao partir em Mt 28,19 e Lc 22,19. Antes, as alusões batismais e eucarísticas estão associadas aos sinais do ministério de Jesus como a abertura dos olhos do cego (Jo 9) e a multiplicação dos pães (Jo 6), e os ditos de Jesus acerca da água (3,5; 4,10.13-14). Para João, durante a vida de Jesus, aqueles sinais e ditos deviam ser entendidos não apenas em relação a dados terrenos e visíveis, mas principalmente a realidades celestes que ele trouxera à terra. Após o ministério, Jesus continua a fazer estas realidades presentes na igreja por meio da água e do pão, sinais do batismo e da eucaristia. Como Filho de Deus, ele tem a vida de Deus (6,57); dá esta vida a todas as pessoas que creem nele num nascimento da água e do Espírito, e nutre esta vida por meio do alimento e da bebida de sua carne e seu sangue. (Enquanto para Paulo a eucaristia instituída na Última Ceia lembra a morte do Senhor até que ele venha [1Cor 11,23-26], para João a eucaristia, nunca mencionada na Última Ceia, é principalmente o alimento da vida eterna).

32 O dom da vida é o elemento realmente importante para os cristãos; João não mostra interesse numa diversidade de funções ou carismas da igreja. Na vinha todos são ramos, se recebem vida. Se se pensa numa estrutura cristã de apóstolos, profetas e mestres (1Cor 12,28), nem o Evangelho nem as Epístolas joaninas mencionam apóstolos ou profetas verdadeiros, e há uma negação específica da necessidade de mestres (1Jo 2,27). No pensamento joanino, todos são discípulos, e a primazia é constituída pela proximidade com Jesus; não há menção de uma autoridade de supervisão. A maior personagem para João (consistentemente contraposto a Pedro, o mais proeminente dos Doze) é o discípulo a quem Jesus amava – o único personagem masculino que nunca o abandona, mesmo na crucificação, e que é o primeiro a crer após a ressurreição (Jo 19,26; 20,8). Se, em outros documentos cristãos, a autoridade de um pastor sobre as ovelhas se torna uma imagem para a autoridade dos presbíteros/bispos sobre os cristãos (1Pd 5,1-2; At 20,28; *1Clem.* 44,3), em Jo 10 Jesus é o Bom Pastor contraposto a todos os outros, que são ladrões e bandidos; e seu pastoreio não envolve poder sobre as ovelhas, mas conhecimento de cada uma pelo nome e um amor pelas ovelhas ao ponto de morrer por elas. (Se num bloco joanino posterior, em Jo 21,15-19, Simão Pedro recebe a função pastoral de alimentar as ovelhas, isto só vem se ele ama a Jesus e com a exigência de que dê sua vida pelas ovelhas, que ainda pertencem a Jesus e não a ele.). Jamais se sugere alguma cadeia de mestres humanos que preserve a mensagem de Jesus. Esta obra é do Paráclito – uma forma do Espírito que é a presença duradoura de Jesus em cada crente – que guia o cristão no caminho da verdade (16,13-15). Se não é por mestres, os cristãos podem ser testemunhas por meio de quem o Paráclito testemunha (15,26-27).

Esta eclesiologia inebriante não oferecia uma solução para situações em que os cristãos joaninos discordassem entre si, e cada grupo alegava ser guiado pelo Paráclito-Espírito. Consequentemente, 1Jo (1,3; 2,19), escrita depois de João, oferece a primeira evidência específica de rompimento da *koinōnia*. Ocorreu um cisma; e, visto que o escritor não pode reivindicar a autoridade de um mestre apostólico ou presbítero/bispo (2,27), sua única resposta aos cismáticos que alegam ter o Espírito tem de ser esta: "Não acrediteis em qualquer espírito, mas examinai os espíritos para ver se são de Deus [...]. Quem conhece a Deus nos ouve, quem não é de Deus não nos ouve. Nisto reconhecemos o espírito da verdade e o espírito do erro" (4,1.6). A comunhão com a corrente de testemunhos do autor faz parte do teste (1,1-4). O esforço do cristianismo joanino em se confrontar com a necessidade de estrutura na igreja pode ser visto em 3Jo 9 (o conflito sobre "Diótrefes, que ambiciona o primeiro lugar") e Jo 21,15-19 (Pedro como pastor).

33 (C) O período pós-apostólico. A exposição acima de diversas ênfases subapostólicas na eclesiologia do NT é uma seleção (Pastorais, Cl/Ef, At, Jo). Para ser completo seria necessário tratar de Mt, Hb, das outras Epístolas Católicas, Ap, etc., mas a seleção oferece uma amostra suficiente da gama da eclesiologia cristã – uma diversidade em sua maior parte, e não uma dicotomia. Já numa exposição das diversas concepções, obras não canônicas do final do séc. I e início do séc. II tiveram de ser mencionadas, não apenas porque cronologicamente algumas delas foram contemporâneas aos livros do Novo Testamento, mas também porque a trajetória de praticamente qualquer concepção só poderia ser delineada incluindo observações da literatura pós-apostólica. "Pós-apostólica" se refere aqui ao período após 95/100, quando, em vez de tentarem usar o manto apostólico, os escritores começaram a usar seus próprios nomes (Inácio, Policarpo). O fato de não haver uma delineação nítida pode ser visto a partir do fato de que o 2Pd canônico usa o nome de Pedro no início ou em meados do séc. II, e os evangelhos apócrifos usam nomes de apóstolos durante todo o séc. II e até mesmo mais tarde. As obras pós-apostólicas não apenas seguem linhas de desenvolvimento já proeminentes no séc. I, mas desenvolvem novas. Além disso, como se mencionou acima (→ 6), a divisão entre as ideias se torna mais nítida e exclusiva, de modo que mais tarde algumas obras deste período serão consideradas ortodoxas e algumas, heterodoxas. As seções seguintes mais importantes deste artigo expõem ambos os lados da literatura cristã do séc. II e algumas ideias contidas nelas.

ESCRITORES DA IGREJA DO SÉCULO II

34 A sobreposição entre obras canônicas e não canônicas no período pós-apostólico foi enfatizada no trecho anterior. A luta pela autoidentificação do cristianismo em relação a seu pai teológico, o judaísmo (→ 21-26 *acima*), continuou no séc. II. Uma outra luta importante no séc. II envolveu a autodefinição em meio à diversidade cristã, exemplificada pelos conflitos com os sistemas gnósticos (→ 70 *abaixo*) e com Marcião (→ 81 *abaixo*). Houve também a necessidade dos cristãos se explicarem diante dos poderes governamentais romanos. Estas situações produziram uma notável quantidade de literatura cristã de muitos tipos, dos quais apenas alguns foram preservados. Embora textos completos de obras do séc. II perdidos até agora ainda seja ocasionalmente descobertos (*p.ex.*, de Melito), o restante nos é conhecido principalmente por meio de livros fragmentários e alusões na *História Eclesiástica* de Eusébio de Cesareia (em torno de 324). Quanto a textos e traduções das obras expostas abaixo, além das informações dadas na seção pertinente, → 3 *acima*.

35 (I) Padres apostólicos. Desde o séc. VII é comum reunir sob este título um grupo de escritos bastante diversificados do período pós-neotestamentário imediato (por volta de 90-150 d.C., sendo que os mais antigos deles se sobrepõem aos escritos mais recentes do NT). Eles são chamados assim por serem considerados os mais próximos do período apostólico e de alguns terem sido considerados Escritura por autores antigos. Revelam as preocupações, os padrões de pensamento e a teologia emergente de um cristianismo que se encaminhava para o final de seus 100 primeiros anos de existência.

36 (A) Cartas e homilias. A lembrança de Paulo permaneceu vívida em muitas das igrejas com as quais ele esteve associado. Já nos escritos mais tardios do NT se apelou para sua autoridade como apóstolo e escritor de cartas (Epístolas Pastorais; 2Pd 3,15-16). Depois que suas cartas começaram a ser colecionadas e a circular, aqueles que estavam numa posição de escrever cartas oficiais às descendentes das congregações de Paulo o fizeram conscientes de que davam continuidade a seu legado (*1Clem.* 47,1; In., *Ef.* 12,2; Pol., *Fil.* 3,2; 9,1; 11,3), às vezes em conexão com a lembrança de Pedro (*1Clem.* 5,3-7; In., *Rom.* 4,3; *Tral.* 3,3). A tradição de apresentar uma homilia ou tratado escrito como epístola também foi transferida do NT (→ Epístolas do NT, 45:16) para escritos posteriores (*2Clem., Barn.*) – um tributo duradouro ao impacto da forma de carta ou epístola sobre a herança literária cristã.

37 (a) *1 Clemente.* Esta persuasiva carta-tratado foi enviada da igreja de Roma para a igreja de Corinto. Nenhuma evidência interna identifica o autor, mas Dionísio de Corinto a atribuiu, em torno de 170, a Clemente, um personagem-chave (presbítero?) no governo presbiteral colegiado da igreja romana no final do séc. I (→ 28 *acima*). A carta (conhecida e usada por Policarpo) é geralmente datada na década de 90 devido a referências indiretas a dificuldades tidas como relacionadas a uma perseguição sob Domiciano, misturado com lembranças de uma perseguição feita por Nero 30 anos antes (*p.ex.*, 1:1; 6:1-2; 7:1). Assim, talvez ela seja anterior a alguns dos livros tardios do NT. Até 1875, *1Clem.* era conhecida apenas num manuscrito incompleto como parte do Códice bíblico alexandrino do séc. V, mas desde então também num ms. grego completo de 1056 e em várias versões antigas.

A finalidade de *1Clem.* é persuadir os coríntios a remediarem sua situação, na qual presbíteros responsáveis pelo governo da igreja foram depostos por uma facção de jovens vindos do nada. Compreensivelmente, então, *1Clem.* enfatiza a autoridade tradicional e é a primeira evidência da reunião das lembranças de Pedro e Paulo nos primeiros anos do cristianismo romano (cap. 5). Ela apresenta a ideia de uma sucessão de autoridade (42) na qual o evangelho foi dado por Deus a Cristo, que o deu aos apóstolos, que nomearam *episkopoi* e *diakonoi* ("bispos" e "diáconos"; → 27-28 *acima*) a serem sucedidos por outros quando morressem. Esta, a memória dos apóstolos, especialmente de Paulo, e uma impressionante lista de exemplos do AT são reunidas para demonstrar que a inveja e o ciúme destroem a obra de Deus e que não é correto expulsar de seus cargos ministros nomeados de modo válido (44). Não temos indícios do êxito da carta de Clemente ou do resultado da crise de Corinto, exceto pela afirmação de Dionísio, cerca de 80 anos mais tarde, de que a carta de Clemente ainda era ocasionalmente lida com apreço em Corinto (Eusébio, *HE* 4.23.11). *Texto:* Jaubert, A., SC 167 (1971); em inglês: Sparks, 15-34. Veja Brown, *Antioch and Rome* 159-83; J. Fuellenbach, *Ecclesiastical Office and the Primacy of Rome* (Washington, 1980).

38 (b) *2 Clemente*. Esta vem depois de *1Clem*. no Códice Alexandrino e já era atribuída a Clemente na época de Eusébio, que, contudo, duvidava de sua autenticidade por não estar em sua lista de livros usados nas primeiras gerações de cristãos (→ Canonicidade, 66:7, 83-84). Não é uma carta, mas uma homilia ou tratado (veja 17,3), diferindo marcantemente de *1Clem*. quanto ao estilo. Ainda que anônima, ela é uma amostra útil da literatura protocristã, escrita no final do séc. I ou início do séc. II, talvez em Corinto ou Roma, onde poderia ter sido prontamente associada à memória de Clemente. K. Donfried (*HTR* 66 [1973] 487-501; *The Setting of Second Clement in Early Christianity* [NovTSup 38; Leiden, 1974]) confirmou, mediante uma análise crítica da forma, que a obra é um tratado – possivelmente composto pelos presbíteros de Corinto que haviam voltado a seus cargos e, portanto, relacionado com *1Clem*. nos arquivos de Corinto. O uso de imagens esportivas (7) lembra 1Cor 9; ambas talvez reflitam os jogos ístmicos realizados a cada dois anos perto de Corinto. Os principais temas são o arrependimento e a condução de uma vida boa. Há citações de ditos de Jesus (4,5; 5,2-4; 12,2) encontrados em outras partes somente em evangelhos apócrifos ou de forma alguma, e o uso (11,2-3) de um escrito profético desconhecido que também aparece em *1Clem*. 23:3-4 (→ Canonicidade, 66:64). *Texto:* Bihlmeyer, K. e W. Schneemelcher, *Die Apostolischen Väter* (Tübingen, 1956); em inglês: Sparks, 57-70.

39 (c) *Cartas de Inácio*. Este bispo de Antioquia na Síria foi preso, condenado à morte e levado como um criminoso sentenciado sob guarda da Síria para Roma. Ele foi executado *ad bestias* nos jogos romanos sob Trajano, provavelmente em torno de 110 d.C. A caminho, Inácio foi visitado em pontos de parada na Ásia Menor por representantes de comunidades cristãs vizinhas. O que temos como resultado disso são cinco cartas escritas a estas comunidades (*Éfeso*, *Magnésia* e *Trales* de Esmirna; *Filadélfia* e *Esmirna* de Trôade), e uma de volta a Policarpo (de Trôade). Além dessas, ele escreveu de Esmirna uma carta de aviso aos romanos. Esta lista de sete (Eusébio, *HE* 3.36.10) é aceita como autêntica em contraposição a várias edições de anexos espúrios, interpolações e abreviações. (Uma lista mais longa de cartas de Inácio outrora amplamente aceita continua a ser defendida ocasionalmente.). Inácio é nosso mais antigo proponente do governo da igreja encabeçado por um único bispo, auxiliado por um colegiado de presbíteros e diáconos. Esta forma de organização eclesiástica de três camadas era nova na Ásia Menor na época e, aparentemente, ainda não tinha chegado a Roma (→ 28 *acima*). O propósito da insistência de Inácio na forte autoridade episcopal era a defesa contra a heresia e o cisma. Inácio não desejava que os cristãos romanos obtivessem a liberdade dele, o que aparentemente eles estavam tentando fazer. Aqui transparece sua mística de martírio (*Rom*. 1-2; 4; 6:3), um importante elo entre a conformidade paulina aos sofrimentos de Cristo

(→ Teologia paulina, 82:113, 120) e a literatura de martírio que surgiria na geração seguinte. Há vestígios de credos protocristãos em suas reafirmações sobre a sã doutrina (*p.ex., Ef.* 7,2; *Tral.* 9,1-2) e uma espiritualidade eucarística forte e altamente desenvolvida (veja *Ef.* 20:2) que também está integrada a sua espiritualidade de martírio e teologia do episcopado (*Esm.* 7,1; *Rom.* 4,1; *Fil.* 4; *Magn.* 7,1-2). É dele o primeiro uso da expressão *hē katholikē ekklēsia*, "a igreja católica" (*Esm.* 8,2), que descreve a rede de intercitadina cristãos que estão em comunhão uns com os outros. *Texto:* Camelot, P.-Th., SC 10 (4ª ed., 1969); em inglês: Schoedel, W. R. (Hermeneia; Philadelphia, 1985).

40 (d) *Carta de Policarpo aos Filipenses.* Esta provavelmente foi escrita como carta anexada a uma coleção de cartas de Inácio que ele estava enviando (13,2). É recomendável a sugestão de P. N. Harrison de que ela é uma carta composta e que o cap. 13 e, talvez, o 14 foram escritos logo depois da visita de Inácio a Esmirna (pois ele parece ainda estar vivo em 13,1-2), e os caps. 1-12 bastante mais tarde, quando Inácio foi reunido ao grupo dos mártires (9,1). Policarpo é um elo importante na rede de relacionamentos do séc. II: ele estava estreitamente associado a Inácio e, de acordo com Irineu (Eusébio, *HE* 5.20.6), foi discípulo de João; por sua vez, Irineu, originalmente da Ásia Menor, foi discípulo de Policarpo (*HE* 5.20.5-8). *Texto:* Camelot, SC 10; em inglês: Sparks, 116-19.

41 (e) *Carta de Barnabé.* (Pseudo-Barnabé). Apesar de sua antiga atribuição ao companheiro de Paulo e de sua inclusão no Códice Sinaítico como parte do NT (→ Textos, 68:157), este era um tratado do início do séc. II. Nos caps. 1-17, ela usa o método alegórico de interpretação típico da tradição alexandrina (→ Hermenêutica, 69:35) para sustentar que a lei judaica não visava a ser interpretada de maneira literal, mas figurada, e ser cumprida na igreja. Os caps. 18-21 formam uma instrução parenética sobre a vida ética por meio da forma literária dos Dois Caminhos, o caminho da luz e o caminho das trevas. Uma parte do material desta seção se deriva de uma fonte semelhante à usada na *Did.* (cf. *Barn.* 19:9-10 com *Did.* 4:5, 7). A cristologia de *Barn.* enfatiza o sofrimento e a morte redentora do Filho de Deus, que veio na carne (5). A alusão à reconstrução do Templo por parte de seus inimigos (16,3-4) sugere uma data próxima a 130, quando Adriano estava construindo um templo a Zeus no local do Templo destruído de Jerusalém. *Texto:* Kraft, R. A., SC 172 (1971); em inglês: Sparks, 263-301. Veja F. Manns, *SBFLA* 31 (1981) 105-46; P. Richardson e M. B. Shukster, *JTS* ns 34 (1983) 31-35 (que datam *Barn.* em torno de 98).

42 (B) Parênese e ordem eclesiástica.
(a) *Didaquê.* Apesar das referências antigas, esta obra só se tornou disponível após ser descoberta em 1875 num códice de 1057. Sob seu nome completo, "O ensinamento dos Doze Apóstolos", ou "O ensinamento do Senhor mediante os Doze Apóstolos às nações", ela constituiu a base para muitos textos posteriores sobre a ordem eclesiástica. Originando-se na Síria no final do séc. I ou início do séc. II, a *Did.* é provavelmente uma obra composta. Os caps. 1-6 desenvolvem a instrução ética sob a forma dos Dois Caminhos (→ 41 *acima* para *Barn.*); os caps. 7-10 e 14 contêm regulamentos concernentes ao batismo, jejum e eucaristia, incluindo uma bênção litúrgica a ser usada para a celebração eucarística; os caps. 11-13 dão regulamentos para a recepção de apóstolos e profetas itinerantes numa comunidade; o cap. 15 reflete a forma cambiante de liderança eclesiástica, passando de apóstolos e profetas para bispos e diáconos (→ 28 *acima*); o cap. 16 é um miniapocalipse que admoesta à vigilância. A *Did.* é de enorme importância para se reconstruir o desenvolvimento do direito eclesiástico antigo. *Texto:* Audet, J.-P. (Paris, 1958); em inglês: Sparks, 305-19.

43 (b) *Pastor de Hermas.* Este documento originário de Roma no início do séc. II contém as revelações dadas a um certo Hermas, na forma de um apocalipse que consiste de visões, ordens e similitudes. *Vis.* 1-4 caracterizam uma personagem feminina da igreja como agente revelatório e adverte sobre uma tribulação iminente. *Vis.* 5 até *Mand.* 12 coloca mais ênfase na parênese; as dez *Similitudes* revelam e instruem por meio de imagens e parábolas. Nas duas seções finais, o revelador é um pastor, de quem a obra recebe seu título. A principal preocupação do autor é um chamado ao arrependimento da inconstância, das concessões ao estilo de vida pagão e da insensibilidade social. Ele proclama a possibilidade de um segundo perdão de pecados à luz da crise iminente – perseguição ou, mais provavelmente, a advertência do juízo apocalíptico iminente de Deus. O Clemente de *Vis.* 2.4.3 geralmente é considerado o autor de *1Clem.*; o Fragmento Muratoriano (final do séc. II → Canonicidade, 66:84) identifica o autor Hermas como irmão de Pio, bispo de Roma em meados do séc. II. Em geral se pensa que *Vis.* 1-4 são mais antigas que o restante da obra. É provável que a autoria seja composta. Como *Barn.*, *Hermas* foi incluído na seção do NT do Códice Sinaítico. *Texto:* Whittaker, M., Garden CityS 48/2 (1967); em inglês: Sparks, 155-259.

44 (II) Apologistas. No início do séc. II, quando a igreja começou a levar em conta as correntes intelectuais e filosóficas da época, a apologia ou exposição e explicação racionais da posição de um indivíduo foi adaptada para o uso cristão. Como reflexo do aumento no nível cultural cristão, as apologias eram ostensivamente dirigidas a não crentes, com frequência até mesmo dedicadas ao imperador ou a algum pagão proeminente. Não obstante, sua função primordial era, provavelmente, expor *aos crentes* como o cristianismo também é uma verdadeira "filosofia" ou um modo de vida coerente e elevado. Assim, elas procuram basear a crença e a prática cristãs na razão e em antigas tradições, especialmente as Escrituras, e demonstrar, com base nisto, a superioridade do cristianismo sobre o paganismo e o judaísmo.

45 (A) Primeiros apologistas. O exemplo mais antigo é um documento conhecido como *A pregação de Pedro*, provavelmente do Egito do início do séc. II, o qual sobrevive apenas em citações fragmentárias, feitas principalmente por Clemente de Alexandria. O primeiro escritor cristão a ser identificado como autor de uma apologia é *Quadrato*, que endereçou sua obra a Adriano (Eusébio, *HE* 4.3.1-2), talvez já em 125. De sua obra sobrevive apenas uma citação curta, e nada mais sabemos sobre ele. Ele não deve ser identificado com o bispo posterior de Atenas que tinha o mesmo nome, como pensava Jerônimo. Em torno de 140, *Aristo* de Pela (Transjordânia; → 23 *acima*) foi o primeiro cristão a usar a forma literária do diálogo para moldar sua apologia. Seu *Diálogo de Jasão e Papisco*, uma conversa entre um judeu e um cristão, é conhecido apenas mediante menções em escritores posteriores.

46 *Aristides* de Atenas endereçou uma apologia a Antonino Pio em torno de 140. Ela era conhecida apenas por meio de uma breve referência de Eusébio (*HE* 4.3.3) até a descoberta de um fragmento armênio em 1878 e de uma tradução siríaca em 1889. Isto tornou possível o reconhecimento e a recuperação de grandes partes dela da história romanceada grega *Barlaão e Josafá* do séc. VII. Ele oferece provas filosóficas para a existência de Deus e a não existência de deuses pagãos, sustenta que os judeus entenderam mal o culto verdadeiro, fornece os elementos básicos da fé cristã e termina com uma exposição dos padrões e práticas morais cristãs. *Texto:* Harris, J. R. e J. A. Robinson, TextsS 1.1 (1893); fragmento grego: Milne, H. J. M., *JTS* 25 (1924) 73-77; em inglês: ANF 9. 263-79.

47 (B) A "era de ouro" da apologia cristã. Este gênero literário floresceu após 150.

(a) *Justino Mártir*, o maior apologista, era um gentio de Flávia Neápolis (antiga

Siquém, moderna Nablus) e, desse modo, um palestino como Aristo (→ 45 *acima*). Ele tinha percorrido toda a gama de filosofias gregas de sua época antes de optar pelo cristianismo. Mudou-se da Palestina para Éfeso e mais tarde se estabeleceu como mestre em Roma, onde enfrentou a morte de mártir por volta de 165 (→ 57 *abaixo*). De oito obras atribuídas a Justino, somente *Apologia 1* e *2* e *Diálogo com Trifão* sobreviveram, embora cerca de 12 obras espúrias também tenham sido erroneamente atribuídas a ele. Justino via-se como um filósofo cristão; ele é um dos primeiros a tentar sistematicamente construir uma ponte entre o cristianismo e o universo intelectual do neoplatonismo. Sua cristologia do Logos encarnado subordinado ao Pai exerceu influência nas controvérsias cristológicas do século seguinte.

48 *Apologia 1*, endereçada a Antonino Pio, protesta contra a perseguição injusta dos cristãos. Devido a seus elevados princípios morais, eles são de fato os melhores cidadãos. As semelhanças entre o cristianismo e o paganismo devem ser explicadas pelo fato de os demônios inspirarem pagãos devotos a imitar as práticas cristãs. Os caps. 65-67 contêm uma descrição inestimável dos costumes litúrgicos no batismo, na eucaristia ligada a ele e na assembleia dominical na Roma de meados do séc. II. Anexo ao texto encontra-se um documento oficial de Adriano, de aproximadamente 125, que especifica que os cristãos só devem ser investigados por crimes de lei escrita e que se deve seguir o procedimento jurídico correto. Em geral se pensa que *Apologia 2* foi originalmente um acréscimo à primeira. Ela segue os mesmos temas gerais.

49 O *Diálogo* é ostensivamente uma conversa entre Justino e um importante erudito judeu da época. Ele avalia o judaísmo de modo mais positivo que *Barn.* (talvez em reação a Marcião?), mas o judaísmo era uma providência temporária até a vinda do verdadeiro povo eleito em Cristo. Oferecem-se extensos argumentos para apoiar essa tese a partir das Escrituras hebraicas. O cap. 47 contém informações importantes sobre várias atitudes e costumes cristãos em relação à lei mosaica na época de Justino. Embora o *Diálogo* pareça estar dirigido a um público judaico, também se tem afirmado que ele se dirige a pagãos gentílicos para ajudá-los a diferenciar entre o judaísmo e o cristianismo. A primeira parte do ms. e uma grande parte do cap. 74 não sobreviveram. *Texto:* Otto, J. C. T. (3ª ed.; reimpr. Wiesbaden, 1969-71: original: Jena, 1876); em inglês: Falls, T. B., FC 6 (1948).

50 (b) *Taciano*. Enquanto Justino tentou tornar o cristianismo aceitável nos círculos intelectuais greco-romanos, seu aluno Taciano foi na direção oposta. Da Síria ou Assíria, também ele abraçou o cristianismo depois de uma longa busca filosófica, provavelmente em Roma. Pouco depois do martírio de Justino, por volta de 167, retornou para a Síria e ali escreveu, em grego, sua obra *Aos gregos*, que é menos uma apologia do que uma denúncia amarga da cultura grega em favor da herança "bárbara" (*i.e.*, não grega, especialmente oriental) da cultura e do cristianismo. Ele desenvolveu de modo crescente inclinações heterodoxas e ascéticas (encratitas). Como ocorreu com Justino, muitos escritos perdidos são atribuídos a Taciano, mas sua obra mais famosa foi o *Diatessarão* ("através de quatro"), que é a primeira harmonia dos quatro evangelhos canônicos (→ Textos, 68:122-23, 183), usando João como base estrutural. Objetivando o uso litúrgico, ela foi escrita em grego ou em siríaco e é quase completamente recuperável a partir de fragmentos e traduções para o latim, árabe e holandês medieval. Quase simultâneo à identificação dos mesmos quatro evangelhos para uso eclesiástico por parte de Irineu, o *Diatessarão* é uma das mais antigas testemunhas de sua aceitação para uso lecionário. *Texto* e versão em inglês: Whittaker, M. (Oxford, 1982).

51 (c) *Atenágoras*, que dizem ser um filósofo cristão de Atenas, escreveu sua *Petição (presbeia) em favor dos cristãos* entre 176 e 180, endereçada a Marco Aurélio e Cômodo. (Na igreja antiga, apenas Metódio, em torno de 300, faz alusão a ela.). Em um estilo retórico elegante, ele oferece uma defesa contra três acusações frequentemente feitas contra os cristãos: ateísmo, canibalismo e incesto (3,1). Juntamente com Justino, Atenágoras sustenta uma cristologia do Logos e evidencia uma teologia trinitária surpreendentemente bem desenvolvida (10). Sua outra obra que sobreviveu, o tratado *Sobre a ressurreição*, é uma demonstração, a partir da razão, da credibilidade da ressurreição corporal e da necessária integridade do corpo e alma. Texto e versão em inglês: Schoedel, W. R. (Oxford, 1972).

52 (d) *Teófilo*, bispo de Antioquia, mas de origem mesopotâmica, escreveu sua apologia de três partes *A Autólico* (um amigo pagão) logo após 180, que é a única obra existente das muitas atribuídas a ele. Teófilo sustenta a futilidade do paganismo e a verdade do cristianismo, a superioridade das Escrituras sobre a religião pagã e a falta de fundamento das acusações de imoralidade feitas contra os cristãos. Ele fala da tríade (*trias*) de Deus, Verbo e Sabedoria (que não deve ser completamente identificada com a Trindade, visto que uma quarta, Humanidade, é acrescentada imediatamente: 12,15). Evidencia uma sólida formação clássica e bíblica e é o primeiro escritor a citar explicitamente uma passagem do NT mencionando o autor: Jo 1,1-3 (2,22). Vestígios de sua influência provavelmente se encontram em muitos escritores cristãos posteriores, começando já por Irineu. Texto e versão em inglês: Grant, R. M. (Oxford, 1970).

53 (e) *Melito* foi bispo de Sardes em torno de 170. Das cerca de 20 obras atribuídas a ele por Eusébio, apenas fragmentos de uma *Apologia* a Marco Aurélio tinham sobrevivido até 1931, quando novas descobertas tornaram possível a identificação de *Sobre o Pessach*, provavelmente uma homilia para uma ocasião festiva. Ela desenvolve uma teologia da paixão à luz da teologia da Páscoa judaica, representando a tradição de quartodecimanismo da Ásia Menor, ou da celebração da morte e ressurreição de Cristo com início no 14 de Nisan, segundo o calendário judaico. O estilo retórico elegante pode ter sido influenciado pela popularidade contemporânea da Segunda Sofística na Ásia Menor e pode, por sua vez, ter influenciado Tertuliano e Clemente de Alexandria. Texto e versão em inglês: Hall, S. G. (Oxford, 1979).

54 (f) *Carta a Diogneto*. Esta obra anônima vem de um único ms medieval, agora destruído, cujo destinatário é desconhecido, a menos que seja o tutor de Marco Aurélio que tem o mesmo nome. Num estilo floreado, ela sustenta a superioridade do cristianismo sobre o paganismo e o judaísmo e propõe a seguinte analogia: "o que a alma é para o corpo, isto os cristãos são no mundo" (6,1). Os dois últimos capítulos são de fato uma homilia para uma ocasião especial, talvez Epifania (11,5). Embora se tenha rejeitado a atribuição a Justino encontrada no ms., a sugestão de P. Andriessen (1946-47) de que a carta é a apologia perdida de Quadrato (→ 45 *acima*) não é geralmente aceita. Texto: Marrou, H. I., SC 33 (1952); em inglês: Kleist, J. A., ACW 6, 125-47.

55 (III) Atos dos mártires. Não está claro até que ponto a profissão do cristianismo era uma transgressão capital antes do imperador Décio (249-251). Mas existem evidências indiscutíveis de que, em casos isolados, cristãos mais antigos foram julgados e condenados à morte. Aqui nos preocupamos apenas com a literatura de martírio e seu lugar na teologia e espiritualidade cristãs.

56 O *Martírio de Policarpo* (→ 40 *acima*) conta a morte do venerável bispo ocorrida entre 155 e 166, sendo ele o último de vários mártires em Esmirna (cap. 1). Embora tivesse aceito o conselho de esconder-se, ele foi traído e descoberto, após ser advertido, num sonho, de que seria queimado vivo (caps. 5-7). A teologia explícita da paixão e os elementos miraculosos da narrativa são complementados pelos detalhes familiares e certamente autênticos do comportamento de Policarpo. Quando instado a renunciar a Cristo, ele proferiu sua famosa pergunta: Como poderia ele agora renunciar àquele que não o havia enganado em 86 anos de serviço (9,3)? A seção final do ms. evidencia vários estágios do processo de cópia de um original possuído por Irineu (cap. 22). O texto atual talvez também represente vários estágios de redação, como propõe von Campenhausen.

57 Os *Atos de Justino* e *Atos dos mártires silitanos* representam um tipo diferente de relato de martírio, que se baseia em registros judiciários oficiais de um interrogatório ou os imita. Justino (→ 47 *acima*) e seis companheiros, talvez seus alunos, foram martirizados em Roma sob o prefeito urbano Q. Júnio Rústico, entre 163 e 168. Estão preservadas três recensões do texto, todas em mss. medievais. Em geral se admite agora que a recensão A, a mais simples, é a original, a partir da qual B e C foram retocadas. (Veja G. A. Bisbee, *Second Century* 3 [1983] 129-57.). Os 12 mártires silitanos foram decapitados em Cartago em 17 de julho de 180 – a punição usualmente reservada para cidadãos romanos. Em geral se considera este texto como o mais autêntico relato preservado de um julgamento de um mártir e é o mais antigo documento cristão existente em latim.

58 Os *Atos dos mártires de Lião e Viena* são citados na íntegra por Eusébio, que é nossa única fonte. De fato são uma carta de cristãos da Gália a suas igrejas na Ásia Menor que narra os acontecimentos de 177. Vários membros desta comunidade de língua grega num ambiente de língua latina foram vítimas de violência da multidão e acabaram sendo executados de modo cruel durante alguns jogos no anfiteatro. O documento contém bastante drama e reflexão teológica, que pode ser parte do original ou de uma redação posterior, mas está indubitavelmente num relato autêntico. As alusões bíblicas e temas da paixão neste relato e no de Policarpo revelam a direção na qual a teologia do martírio já se desenvolvia. *Texto* e versão em inglês de todos os Atos: Musurillo, H., *The Acts of the Christian Martyrs* (Oxford, 1972).

59 (IV) Historiadores e escritores anti-heréticos.
(A) Primeiros escritores. *Pápias* de Hierápolis escreveu, no início do séc. II, cinco livros de *Interpretação dos ditos do Senhor* baseados na tradição oral que ele compilara das pessoas que tinham conhecido os companheiros de Jesus. Infelizmente, apenas fragmentos sobrevivem, a maior parte em Irineu e Eusébio. Pápias é a fonte de nossas mais antigas informações sobre a origem de Marcos e Mateus (Eusébio, *HE* 3.39.15-16) e é descrito por Eusébio como um homem de inteligência limitada (3.39.13), provavelmente porque era milenarista. Em inglês: Kleist, J., ACW 6, 105-24; quanto a remanescentes armênios, veja *NTS* 27 (1980-81) 605-14. Um estudo importante é o de J. Kürzinger, *Papias von Hierapolis und die Evangelien des Neuen Testaments* (Regensburg, 1983).

60 *Hegésipo* viajou, na metade do séc. II, do oriente, via Corinto, para Roma à procura da tradição do ensino apostólico em contraposição ao gnosticismo. Em Roma, ele apurou uma tradição autêntica que se estendia desde o início até sua própria época. Depois de seu retorno, ele escreveu cinco livros de *Memórias*, dos quais só sobrevivem fragmentos, a maior parte em Eusébio. Temos dele relatos do martírio de Tiago e dos netos de Judas. Em inglês: ANF 8 762-65.

61 (B) Irineu. O maior teólogo e escritor anti-herético do final do séc. II veio da Ásia Menor (onde conhecera Policarpo quando criança) para a Gália. Como presbítero da igreja de Lião, ele foi enviado para uma reunião sobre o montanismo, em Roma, em torno de 177. Após seu retorno a Lion, ele foi eleito para suceder o bispo Potino, que perecera na perseguição (→ 58 *acima*). Nada mais se sabe sobre a vida de Irineu. Ele escreveu *Demonstração da pregação apostólica* (existente apenas numa versão armênia descoberta em 1904), que é uma síntese do ensino ortodoxo no final do séc. II. Mas sua obra principal foram seus cinco livros de refutação do gnosticismo intitulados *Adversus Haereses* (concluídos por volta de 190), existentes na íntegra apenas numa tradução literal para o latim, mas também em grandes fragmentos em grego, siríaco e armênio. Suas principais fontes foram obras perdidas de Hegésipo, Justino e Valentino e outros escritores gnósticos.

62 Com base na razão, na tradição apostólica, na Escritura e na crença na ressurreição, Irineu ataca e refuta principalmente o ensinamento gnóstico de Valentino. Ele sustenta que a tradição do ensino apostólico é o fundamento da verdade contínua e que, portanto, as igrejas com a mais confiável tradição apostólica, particularmente Roma, são as principais fontes de ensino autêntico. Sua cristologia, fortemente influenciada por Cl e Ef, está centralizada na doutrina da *anakephalaiōsis* (Ef 1,10), segundo a qual toda a história humana é resumida e renovada em Cristo e todo destino humano toma sua direção futura a partir dele. Parcialmente em reação ao docetismo e à rejeição do corpo por parte do gnosticismo, mas também, em grande parte, por causa de sua própria percepção teológica inata, Irineu insiste na realidade corpórea de Cristo. A transformação da carne de Cristo na ressurreição é o modelo de toda transformação humana a ser operada por meio da realidade salvadora da redenção. Assim, a pessoa humana de Cristo é o resumo não apenas do passado, mas também do futuro, o ponto central da história da salvação. Juntamente com Taciano, Irineu é um dos primeiros a reconhecer quatro evangelhos canônicos (3.11.8) e uma das mais antigas fontes de uma lista canônica de livros do NT (→ Canonicidade, 66:63, 65, 67).

(Pregação apostólica: *Texto:* FROIDEVAUX, L., SC 62 [1971]; em inglês: SMITH, J. P., ACW 16 [Westminster, 1952]. Adversus Haereses: *Texto*: ROUSSEAU, A. e L. DOUTRELEAU, SC 100, 152-53, 210-11, 263-64, 293-94 [1969-82]; em inglês: Ante-Nicene Christian Library 5.9 [Edinburgh, 1868-69]; ou ANF 1. 309-567. DONOVAN, M. A., "Irenaeus in Recent Scholarship", *Second Century* 4 [1984] 219-41.)

63 *Conclusão*. O séc. II presenciou a continuidade de tendências iniciadas no NT, a saber, a busca pela autocompreensão da igreja mediante uma consciência aprofundada da cristologia e eclesiologia à luz da crescente diversidade de ensino e da ameaça de resistência por parte de forças externas. A necessidade de consolidação foi logo reconhecida pelos autores dessa literatura conhecida como os Padres Apostólicos. A necessidade de uma interação séria com o mundo político e intelectual foi satisfeita primeiramente pelos apologistas. Ao mesmo tempo, a experiência de perseguições provocou uma continuação da teologia do sofrimento, iniciada no NT, na forma de uma literatura e teologia de martírio. Com Irineu, o conceito de ortodoxia como uma tradição antiga e estabelecida contra a heterodoxia gnóstica se tornou proeminente, e a era das grandes sínteses patrísticas tinha começado. Voltemo-nos, agora, para o outro lado do quadro do séc. II: os movimentos gnósticos que tanto perturbaram Irineu e escritores posteriores da igreja.

GNOSTICISMO

64 (I) Descrição do gnosticismo. A conferência em Messina (*CBQ* 28 [1966] 322-33) tentou trazer alguma ordem à confusão terminológica mediante um consenso acerca da distinção entre gnose ("conhecimento dos mistérios divinos reservado para a elite") e gnosticismo (descrito por meio de uma série coerente de características a partir dos sistemas gnósticos desenvolvidos do séc. II). Esta solução, contudo, foi fortemente criticada por outros, *p.ex.*, K. Rudolph e M. Smith. Abaixo são apresentados elementos que são essenciais para qualquer descrição do gnosticismo.

(A) O fenômeno gnóstico. "Gnosticismo" (do grego *gnōsis*, "conhecimento") designa um grupo de movimentos religiosos que surgiu na parte oriental do Império Romano e na seção oriental da Síria e Babilônia que fazia parte do Império Sassânida. Encontram-se informações sobre seitas gnósticas a partir do início do séc. II d.C. nos escritos antignósticos de apologistas cristãos e em códices coptas. Diversos achados de material maniqueu são oriundos do séc. IV ao séc. X, e também temos escritos dos mandeus, que continuam a existir no sul do Iraque. Seitas gnósticas se difundiram entre os cristãos nas principais cidades da Ásia Menor, Alexandria, Cartago, Roma e sul da França. Mas, por volta do séc. VI, o maniqueísmo (→ 76 *abaixo*), a última dessas seitas a desafiar o cristianismo, estava em declínio. Este declínio reflete a convergência de vários fatores: (1) a oposição eclesiástica; (2) o desenvolvimento do monaquismo e de tradições místicas dentro do cristianismo ortodoxo, que absorveram interesses intelectuais e espirituais que tinham sido proeminentes nas seitas gnósticas; (3) o declínio dos mercadores e comerciantes que tinham levado consigo muitos desses movimentos; e (4) a consolidação das igrejas cristãs locais ao redor dos bispos. O maniqueísmo continuou a existir na Ásia central, de onde se espalhou novamente, durante as Cruzadas, para gerar novos movimentos como os bogomilos e cátaros. Comerciantes portugueses relatam a existência de seguidores da "religião da venerável luz" no sul da China, durante o séc. XVII.

65 Os detalhes dos sistemas mitológicos, práticas cultuais, prescrições éticas, apropriação de símbolos religiosos e filosóficos e organização sectária do gnosticismo variam muito; todavia, as seitas gnósticas também têm características comuns. A salvação depende do "despertar" para um conhecimento revelado sobre a identidade da alma com um reino celestial da luz. Este reino é a verdadeira ordem "divina", frequentemente designada como a "plenitude" (*plerōma*) e caracterizada por uma hierarquia refinada de emanações do verdadeiro Deus. Os vários poderes e níveis têm nomes abstratos ou os de seres angélicos semíticos. Algumas seitas gnósticas usam a ascensão neoplatônica da mente para a união com o Uno como um marco para sua descrição. Outras se referem a ritos batismais e refinados sons rituais que acompanham a ascensão.

66 O monismo peculiar da visão gnóstica do divino destrói o panteísmo da religião pagã, o cosmo ordenado da especulação estoica, a ascensão progressiva da alma no platonismo e a visão judaica e cristã do cosmo como criação divina. Ele frequentemente expressa hostilidade para com os poderes que governam o mundo criado, um lugar de violência, ignorância, paixão e desordem. Algumas formas de mitologia gnóstica começam com um princípio do mal e das trevas que conseguiu aprisionar parte da luz divina (*p.ex.*, Hipólito, *Ref.* 5.6.3-11.1 [naasenos]; 5.12.1-17.13 [perateus]; 5.19.1-22.1 [setianos]; *Paráfrase de Sem*; Mani; mandeus). A maioria dos outros exemplos da cosmologia gnóstica começam como uma "descida" ou "queda" de um ser do mundo da luz – frequentemente uma figura sapiencial feminina que deseja criar ou emanar sem um consorte, assim como o grande deus desconhecido fez ao gerar o mundo da luz. O resultado é uma criatura defeituosa que deve ser expulsa do mundo da luz e oculta de sua vista (*p.ex.*, as mitologias setianas como *Apocalipse de João*; *Origem do mundo*; Irineu, *Adv. Haer.* 1.29 e 30; também a especulação de Valentino). Esta criatura é o "deus" do mundo inferior, frequentemente identificado com o criador do AT, que ignorantemente pensa que é supremo e cujos poderes atuam para manter a humanidade presa no reino inferior (*p.ex.*, *Apocalipse de Adão*).

67 Despertado pela chamada do revelador celeste, o gnóstico sabe que esses poderes e autoridades são arrogantes e desdenhosos. Muitas seitas concluíram que os gnósticos tinham de se libertar das paixões e desejos do corpo, que o arconte mau tinha criado para aprisionar a luz. Ritos cultuais e práticas ascéticas, especialmente a rejeição da sexualidade e das "obras da feminilidade", são a expressão prática desta concepção. É difícil avaliar os relatos dos oponentes patrísticos de que outros grupos gnósticos extraíam a conclusão oposta e ostentavam convenções sociais e sexuais em rituais bizarros que envolviam sexo e rituais de consumo de sêmen e fluxos menstruais (*p.ex.*, Epifânio, *Pan.* 25 e 26; Epifânio afirma que, quando jovem, foi seduzido por uma mulher pertencente a uma dessas seitas). A LNH [Biblioteca de Nag Hammadi], uma coleção monástica, não oferece qualquer indicação dessa forma libertina de gnose.

68 (B) Lugar social das seitas gnósticas. A revolta contra este mundo e seus poderes (especialmente evidente em interpretações gnósticas do AT) parece exigir uma mentalidade sectária que é "parasítica" numa cultura religiosa mais ampla cujas pretensões pretende "desmascarar". Também é difícil imaginar a elaboração da mitologia gnóstica sem o uso greco-romano da escrita para reunir tradições filosóficas e religiosas. Consequentemente, muitos estudiosos pensam que o público principal da especulação gnóstica era a crescente classe de burocratas cultos e suas famílias nas áreas urbanas do mundo greco-romano. Estas pessoas não pertenciam à elite aristocrática, com sua herança literária e filosófica; antes, elas estavam intelectualmente, e talvez até mesmo fisicamente, deslocadas de suas raízes religiosas ancestrais. A gnose as torna a verdadeira elite, a "geração sem um rei", a "raça inalterável", como muitos dos escritos gnósticos o formulam. (Exceto quando se indica de outro modo, as obras gnósticas em inglês citadas abaixo podem ser encontradas nos escritos de Nag Hammadi [LNH]; quanto a fontes, → 72-74 *abaixo*).

69 Visto que muitas mitologias gnósticas atribuem um papel proeminente no surgimento do mundo e em sua redenção à figura sapiencial feminina, e visto que frequentemente se descreve o pleroma como povoado por seres espirituais andróginos, muitos intérpretes pensam que as seitas gnósticas eram particularmente atraentes para as mulheres. Maria Madalena é muitas vezes retratada, entre os discípulos de Jesus, como uma mulher cujo discernimento e compreensão eram iguais ou superiores aos discípulos homens de Jesus (*p.ex.*, *Evangelho de Maria*; *Pistis Sophia*; *Evangelho de Tomé* 114; *Diálogo do Salvador*). Por outro lado, a alma fraca, ignorante, dirigida pelas paixões é imaginada como uma mulher que precisa ser resgatada e devolvida à virgindade por seu consorte celestial (*p.ex.*, *Exegese da alma*). O asceta gnóstico deve fugir das "obras da feminilidade" (*Livro de Tomé o atleta* 144.8-10; *Diálogo do Salvador* 144.12-21). Irineu sustenta que uma certa Marcelina propagava as doutrinas da seita carpocratiana em Roma (*Adv. Haer.* 1.26.6). Ele condena o Marcos gnóstico por seduzir mulheres ricas, afirmando dotá-las com seu espírito profético e permitindo-lhes celebrar a eucaristia (*Adv. Haer.* 1.13.1-4). A carta gnóstica de instrução de Ptolomeu é endereçada a uma mulher rica em Roma, Flora. Contudo, a maioria dos mestres e discípulos gnósticos que conhecemos parecem ter sido homens. A situação nas seitas gnósticas talvez não tenha sido muito diferente da situação reinante no início da difusão do cristianismo. Os mestres e grupos gnósticos talvez encontrassem patronas em mulheres ricas, as quais, por sua vez, talvez tenham sido um tanto mais livres para assumir o ensino e papéis cultuais nas seitas gnósticas do que eram em grupos cristãos. Nestes últimos, como sugerem as Epístolas Pastorais, uma crise anterior de ensino desviante e ascetismo gnosticizante tinha sido enfrentada pela formalização das exigências para os bispos e pela exclusão de mulheres de qualquer função no culto ou ensino público. Contudo, as seitas gnósticas não parecem ser particularmente dedicadas à igualdade das mulheres.

70 (C) Organização dos grupos gnósticos. Sabemos muito pouco acerca da organização dos grupos gnósticos. Os "bispos e diáconos" da comunidade ortodoxa são criticados por serem "canais secos" que reivindicam autoridade divina e por um tempo dirigem e perseguem os eleitos gnósticos (*Apocalipse de Pedro* 79.22-80.7). Na Roma de meados do séc. II, Justino Mártir, Marcião e os mestres gnósticos Valentino e Ptolomeu parecem ter sido mestres privados de um "cristianismo superior". Cada um reunia discípulos que estudavam seu ensinamento. A *Carta a Flora* de Ptolomeu (Epifânio, *Pan.* 33.3.1-33.7.10) explica a divisão tripartida da lei mosaica: legislação pura cumprida pelo salvador; legislação simbólica da vinda do salvador, como as festas religiosas; e legislação misturada com infâmia, que foi destruída pela vinda do salvador. A lei não foi dada pelo Deus bom representado pelo salvador; nem era obra do diabo, mas do demiurgo intermediário que formou este mundo. A explicação de Ptolomeu talvez até mesmo esteja dirigida contra a total rejeição do AT por parte de Marcião. Ele sustenta que sua concepção reflete o ensino do próprio Jesus e de Paulo sobre a lei. Um quadro semelhante de mestre/discípulos do cristianismo e das seitas gnósticas parece ter existido em Alexandria com Teódoto, Basílides, Isidoro e os mestres cristãos Clemente de Alexandria e Orígenes. O *Testemunho da verdade* critica a falta de renúncia ascética entre os cristãos ortodoxos e entre os grupos gnósticos como o de Valentino, de Basílides, de seu discípulo Isidoro e dos simonianos (56.1-58.6).

71 Muitos grupos gnósticos realizavam rituais cultuais, como batismos, unções, refeições eucarísticas, orações para acompanhar a ascensão da alma para o pleroma e ritos para a ascensão da alma dos falecidos. Um rito valentiniano da "câmara nupcial" representa a união da alma com sua contraparte celestial (*Evangelho de Filipe* 67.27-30; 69.1-71.15; 72.29-73.8; 74.13-25; 77.2-15). Está claro que pessoas dentro da seita devem ter oficiado estes ritos (*p.ex.*, *Evangelho de Filipe* 77.2-6). As cosmologias gnósticas contêm a convocação da Sabedoria celestial que desperta Adão expressa no que parece ser uma fórmula de iniciação batismal (*p.ex.*, *Apocalipse de João* II 31.5-25; *Protenoia trimórfica* 44.29-45.20). Irineu lista os ritos e fórmulas sacramentais dos gnósticos marcosianos (*Adv. Haer.* 1.21.2-5). A fórmula que ele apresenta para a ascensão da alma quando da morte é repetida em *1 Apocalipse de Tiago* 33.15-34.20. O *Evangelho dos egípcios* contém as orações batismais que acompanhavam o batismo celestial e a transição para a imortalidade do iniciado como um ser da luz (*p.ex.*, III 65.20-68.1). Alguns dos hinos gnósticos que se encontram nas *Odes de Salomão* foram usados num relato gnóstico do séc. III a respeito do reino e arrependimento celestial da Sabedoria, *Pistis Sophia*. A composição original das *Odes* pode ter ocorrido na Síria (em torno de 100 d.C.) numa seita batismal judaico-cristã, um ambiente que deve ter gerado diversas seitas gnósticas nos sécs. II e III. A tradição dos salmos e hinos continuou em escritos maniqueus e mandeus.

72 (D) Fontes gnósticas. Nossas informações sobre seitas gnósticas nos sécs. II e

III se baseia em uma série de códices que contêm a tradução copta de escritos gnósticos, em Padres da igreja que escreveram contra mestres gnósticos e em material maniqueu e mandeu que foi preservado em várias línguas. Existem também escritos que expressam uma espiritualidade gnosticizante, embora eles talvez não tenham sido produzidos por uma seita gnóstica, p.ex., as Odes de Salomão, os atos apócrifos e os escritos herméticos. Como grupo, os escritos herméticos refletem uma forma de sabedoria oculta de Alexandria nos sécs. II e III d.C., que ensinava um renascimento da alma por meio do êxtase místico. A primeira obra do Corpus Hermeticum, Poimandres, conta uma visão gnóstica, que inclui uma cosmogonia dualista que se vale de Gênesis, bem como de escritos filosóficos populares. Outros escritos herméticos foram encontrados entre os tratados gnósticos do Códice VI (Discurso sobre o oitavo e o nono; Asclépio; Oração de ação de graças). Asclépio é um excerto de uma obra conhecida anteriormente apenas em latim, com alguns fragmentos gregos. Visto que a seção que conclui o Códice VI que contém os escritos herméticos inclui um excerto gnosticizado da República de Platão (588B-589B), o escriba talvez tenha usado excertos para preencher o Códice.

73 Os Códices de Askew e Bruce foram adquiridos pelo Museu Britânico e pela Biblioteca Bodleiana no séc. VIII e publicados pela primeira vez no final do séc. XIX. Eles contêm o que parecem ser escritos gnósticos do séc. III. A *Pistis Sophia* consiste de três livros extensos que contam os arrependimentos da Sofia e interpretam textos dos salmos à luz do mito gnóstico. Um quarto livro contém um segundo diálogo revelatório entre Jesus e seus discípulos. O Códice de Bruce contém dois tratados que *Pistis Sophis* designara como "os dois livros de Jeú" e uma terceira obra sem título. Eles descrevem o mundo da luz celestial e mostram afinidade com o tipo de especulação gnóstica que conhecemos a partir de escritores do séc. II. Exemplos da especulação gnóstica do séc. II são conhecidos desde o final do séc. IX (embora não só tenham sido publicados em meados do séc. XX) no Códice de Berlim 8502. Além de um fragmento de atos apócrifos de Pedro, ele contém três escritos gnósticos, *Apocalipse de João, Sofia de Jesus Cristo* e *Evangelho de Maria*. Fragmentos gregos destes dois últimos confirmam que sua língua original foi o grego. O sistema cosmogônico de *Apocalipse de João* está tão próximo do atribuído aos gnósticos barbelos em *Adv. Haer.* 1.29 que Irineu parece ter usado um epítome de um sistema gnóstico.

74 Versões adicionais de *Apocalipse de João* e *Sofia de Jesus Cristo* foram encontradas na coleção espetacular de códices gnósticos coptas descoberta por camponeses perto de Nag Hammadi, no Egito, em torno de 1945, e publicados na íntegra apenas em 1977 (→ Apócrifos, 67:56). Esta coleção de escritos de 13 códices diferentes deu aos pesquisadores aproximadamente 50 escritos diferentes, com 1.153 páginas de um original de 1.257, embora alguns dos códices sejam extremamente fragmentários. (Quanto aos detalhes, veja G. W. MacRae, *IDBSup* 613-19.). Os tratados da coleção refletem a ampla diversidade da especulação gnóstica. Alguns podem ser associados a grupos conhecidos, como os valentinianos. Outros parecem pertencer a um padrão geral de mitologização gnóstica que liga a linhagem gnóstica a Sete; reinterpreta Gênesis para degradar seu deus ao arrogante soberano do mundo inferior; fala da queda da figura sapiencial celeste e da vinda da redenção mediante a atividade do Sete celestial ou do Adão celestial, uma figura que também é associada a Cristo. Muitos pesquisadores descrevem este tipo de gnose como "setiana". A especulação valentiniana parece ter se valido de sua mitologia. Além disso, encontramos escritos que usam a terminologia da especulação médio-platônica e neoplatônica e que estão relacionados a gnósticos que entraram nos círculos de Plotino em Roma e contra os quais este filósofo escreveu um tratado (*Enéada* 2.9). Estes escritos são *Allogenes*, *Zostrianos* e *Monolito Sete*.

75 Os heresiólogos antignósticos tendiam a construir genealogias esmeradas das seitas gnósticas, ligando os mestres uns aos outros, enfatizando suas especulações bizarras e números incontáveis e fazendo-os remontar a heresiarcas como Simão o Mago. É impossível ajustar o material de Nag Hammadi às genealogias sectárias construídas por Justino, Ireneu, Hipólito e Epifânio. Os pesquisadores agora tratam as informações deles como secundárias em relação às extensas fontes primárias contidas nos códices coptas. Contudo, existem algumas "fontes primárias" importantes que estão preservadas apenas nos heresiólogos: *Carta a Flora* de Ptolomeu (*Pan.* 33.3.1-33.7.10); *Excerpta ex Teodoto* (Clemente de Alexandria, *Strom.* 7.5); fragmentos do comentário de Heracleão sobre João (Orígenes, *Comm. in Jo.*). O relato de Hipólito sobre os setianos, que afirma usar uma "Paráfrase de Sete" (*Ref.* 5.19.1-22), parece ser uma cristianização posterior da cosmogonia não cristã da *Paráfrase de Sem*. Hipólito talvez tenha tido paráfrases semelhantes para seu relato sobre Basílides (*Ref.* 7.20.1-27); sobre o Justino gnóstico (*Ref.* 5.26-27) e sobre a *Megale Apophasis* de Simão (*Ref.* 6.9.4-6.18.7). A obra *Atos de Tomé* (108-13) contém uma importante expressão hínica da gnose oriental, o *Hino da pérola*.

76 (II) Origens do gnosticismo. Os pesquisadores estão nitidamente divididos em relação a qual fator foi o mais influente na origem do gnosticismo. Foi ele uma helenização do cristianismo? Ou uma helenização da especulação sapiencial judaica? Ou uma ramificação do mito religioso oriental, especialmente do Irã? Ou uma combinação de filosofia grega e mitologia oriental? O que segue são algumas dos elementos originantes que devem ser considerados.

(A) O gnosticismo e o judaísmo heterodoxo. Mani deu início, na Mesopotâmia, a uma seita oriental da gnose que viria a se tornar um esforço missionário mundial e um oponente do cristianismo nos sécs. IV e V. Ele e seu pai tinham pertencido a uma seita batismal judaica cristã, os elquesaítas, que se originara em torno de 100 d.C. na Síria. A biografia de Mani confirma para o séc. III o que os pesquisadores já suspeitavam ser o caso da especulação gnóstica no início do séc. II d.C., a saber, sua origem na especulação judaica heterodoxa. Estudos das tradições mitológicas na literatura de Nag Hammadi confirmam esta impressão. Enquanto muitos dos tratados têm uma ligação muito superficial com o cristianismo (a gnose é revelada pelo Senhor ressurreto, ou Cristo é identificado com um dos seres do pleroma), a especulação sobre a origem do mundo inferior e a situação da humanidade não podem ser cortadas de sua ligação com o judaísmo heterodoxo.

77 As lendas dos anjos caídos e as filhas dos homens que aparecem em *1 Henoc* 6-10 (cf. Gn 6,1-2) se refletem não apenas na *Kephalia* de Mani, mas também em lendas gnósticas acerca da sedução (real ou tentada) de Eva e sua descendência pelos poderes maus do deus inferior (*p.ex.*, *Apocalipse de João*, 26.16-20; 19.20-23; 29.30-30.2; *Origem do mundo* 123.4-15). A versão da tradição contida no *Apocalipse de João* acrescenta o tema de que os poderes apareceram como os esposos das mulheres (cf. *Testamento de Rubem* 5:5-7) e liga este episódio à criação do "espírito de imitação". A exegese gnóstica exibe uma animosidade particular em relação à arrogância e ao orgulho do deus veterotestamentário e seus servos (*p.ex.*, *Testemunho da verdade* 45.30-46.2, um midrásh sobre Gn 3,1; 69.32-70.24, que associa Davi e Salomão a demônios). A tétrade angélica, Armozel, Oriel, Daveite e Elelete, parece estar associada aos seres dos quatro tronos de Ez 1,4-21 e talvez aos arcanjos de *1 Henoc* 9-10. Outros pesquisadores propõem que o nome da manifestação feminina do deus supremo, Barbelo, é um jogo de palavras com o tetragrama *barba' 'elo*, "na forma de deus". A frequente comparação da descendência celestial da Sabedoria a um "aborto" pode ser derivada de um jogo de palavras com *nĕpālîm*, "abortos", e *nĕpîlîm*, "caídos". Também encontramos a contraparte feminina de Sete, Norea, em *Hipostasia dos arcontes* (91.34-92.31), que está claramente está ligada ao Naamá das lendas judaicas (às vezes a esposa de Noé).

78 Podem-se encontrar outros paralelos entre jornadas celestiais como *Zostrianos* e *2 Henoc* (*p.ex.*, *2 Henoc* 9-11; *Zostrianos* 128.15-18) e entre o testamento de Adão em *Apocalipse de Adão* e *Adão e Eva*. Em alguns casos, a crítica das formas e da redação podem fornecer pistas para o desenvolvimento da especulação gnóstica. Por exemplo, a polêmica contra falsas concepções do salvador em *Apocalipse de Adão* 77.18-82.19, que também é dirigida contra falsas concepções de salvação, talvez considere o 13º reino numa série como cristianização de gnósticos. *Melquisedec* talvez reflita três estágios de redação: (1) um substrato judaico que continha especulações sobre o Melquisedec angélico; (2) uma cristianização na qual Jesus é identificado com Melquisedec e (3) a incorporação do material gnóstico setiano. Embora esses três exemplos evidenciem um papel desempenhado pelo judaísmo heterodoxo na origem das seitas gnósticas, eles também mostram que provavelmente não é possível a existência de uma linha "reta" no desenvolvimento das origens do gnosticismo.

79 (B) O gnosticismo e o cristianismo. A LNH [Biblioteca Nag Hammadi] fornece evidências suficientes da cristianização superficial de materiais gnósticos para indicar que o gnosticismo talvez tenha surgido no mesmo ambiente, mas independentemente do cristianismo. Sabemos muito pouco sobre o desenvolvimento das tradições representadas em nossos escritos gnósticos do séc. II para determinar se a imagem de Jesus como revelação do Pai em João, por exemplo, poderia ou não ter sido influenciada por descrições e discursos gnósticos de um revelador celestial, embora *O trovão, mente perfeita* e outros escritos gnósticos usem o estilo discursivo do "eu sou" para o revelador. Um fundo de símbolos e expressões religiosos comuns pode explicar adequadamente os paralelos entre os escritos gnósticos e o Novo Testamento.

80 Contudo, os heresiólogos talvez não errem completamente ao sugerir que as seitas gnósticas encontraram sua base mais forte em círculos cristãos. Neles a revolta contra uma interpretação judaica do mundo e a busca por um conhecimento superior e esotérico de Deus encontraram um ouvido empático. Neles o revelador celestial não era meramente uma figura mística da *Urgeschichte* [história dos primórdios], mas estava concretizado em Jesus, ainda que um gnóstico nunca admitisse que este revelador celestial realmente morreu na cruz. Assim como o revelador desceu em Jesus no batismo, da mesma maneira o revelador partiu deixando os poderes crucificarem uma concha vazia (*p.ex.*, *Apocalipse de Pedro* 81.3-83.15). O cristianismo também forneceu o impulso missionário para converter outras pessoas, o que se encontra refletido em alguns dos escritos gnósticos (*p.ex.*, *Evangelho de Maria*; *Epístola de Pedro a Filipe*). Mais tarde, Mani deliberadamente tomaria o modelo do apóstolo para representar seu próprio esforço de fundar uma religião universal para ligar o oriente e o ocidente.

81 (III) Marcião. Os heresiólogos consideram Marcião um mestre gnóstico (*p.ex.*, Justino, *Apol.* 1.26.3-8; Irineu, *Adv. Haer.* 3.3.4; Epifânio, *Pan.* 42.1.7-2.8; Tertuliano, *Marcião* 1.2) e o associam a descendentes gnósticos, Cerdo e Apeles. Embora o ensinamento de Marcião explorasse as contradições entre o AT e o NT para sustentar que Jesus revelou o verdadeiro Deus, que não é o deus do AT, ele não contém aspectos peculiarmente gnósticos. Em vez de alegorizar o AT, Marcião o rejeitava como a "lei", que, segundo Paulo, tinha terminado em Cristo. Marcião (→ Canonicidade, 66:65) não expôs suas concepções em tratados esotéricos, mas procurou definir um "cânone" cristão apropriado em versões editoradas de Lc e das epístolas paulinas (excluindo as Pastorais). Qualquer que seja a causa de sua ruptura com a igreja cristã em Roma, a reação de Marcião consistiu em empreender um esforço missionário para estabelecer uma igreja que fosse hierarquicamente ordenada. Sem preocupação com o ensino esotérico, ele batizava em nome da Trindade, usava água em vez de vinho na eucaristia e aceitava o martírio. Seu movimento continuou em partes da Síria ao longo da fronteira do Eufrates até o séc. IV. Uma inscrição (em torno de 318 d.C.) de Lebada, perto de Damasco, diz "sinagoga dos marcionitas". Muitos marcionitas talvez tenham sido absorvidos pelo maniqueísmo.

82 Embora Marcião não fosse gnóstico, seu ensinamento fornece pistas importantes sobre o êxito das especulações gnósticas entre os cristãos. Os cristãos não estavam certos quanto à sua herança judaica. Tanto Marcião quanto os mestres gnósticos ofereciam formas de transcender essa herança. Mas, na ausência de um cânone cristão, algo teria de substituir as "Escrituras" desacreditadas ou desvalorizadas nas quais os cristãos tinham se baseado. Marcião recorreu à herança dos cristãos Lucas e Paulo do séc. I. Os gnósticos recorriam a um sincretismo aberto de escritos sagrados e exegese esotérica. A diferença talvez reflita uma separação mais profunda. Os gnósticos se contentavam em atuar como uma seita esotérica; Marcião entendeu que o evangelho exigia a fundação de uma igreja.

81
Aspectos do Pensamento do Novo Testamento

*Raymond E. Brown, S.S., John R. Donahue,
S.J., Donald Senior, C.P. e Adela Yarbro Collins**

ESBOÇO GERAL

Cristologia
 (I) Resenha das análises cristológicas modernas (§ 4-11)
 (II) O desenvolvimento da compreensão de Jesus no NT (§ 12-24)

Escatologia e apocalíptica
 (I) Terminologia e pesquisa moderna (§ 27-42)
 (II) Escatologia do NT antes de 65 d.C. (§ 43-50)
 (III) Escatologia do NT após 65 d.C. (§ 51-56)

As parábolas de Jesus
 (I) A natureza da parábola (§ 59-60)
 (II) História da exegese das parábolas (§ 61-71)
 (III) Características das parábolas de Jesus (§ 72-78)
 (IV) As parábolas nos evangelhos (§ 79-88)

Os milagres de Jesus
 (I) A noção bíblica de milagre (§ 91-95)
 (II) A crítica moderna dos milagres dos evangelhos (§ 96-110)
 (III) O significado dos milagres nos evangelhos (§ 111-117)

A ressurreição de Jesus
 (I) A realidade da ressurreição (§ 120-126)
 (II) Diferenças nas narrativas da ressurreição (§ 127-130)
 (III) Problemas especiais (§ 131-134)

Os Doze e o apostolado
 (I) Os Doze (§ 137-148)
 (II) Os apóstolos (§ 149-157)

Cristologia

BIBLIOGRAFIA

1 Referências na importante bibliografia sobre Jesus (→ 78:1) não serão repetidos aqui. BROWN, R. E., *Jesus God and Man* (New York, 1972); "Who Do Men Say that I Am?", *Biblical Reflections on Crises Facing the Church* (New York, 1975) 20-37. CHOUINARD, L., "Gospel Christology: A Study of

---

* R. E. BROWN é o autor dos artigos sobre "Cristologia", "Ressurreição de Jesus" e "Os Doze e o apostolado"; J. R. DONAHUE escreveu "As parábolas de Jesus"; D. SENIOR escreveu "Os milagres de Jesus"; e A. YARBRO COLLINS escreveu "Escatologia e apocalíptica".

Methodology", *JSNT* 30 (1987) 21-37. CULLMANN, O., *The Christology of the New Testament* (London, 1963). DUNN, J. D. G., *Unity and Diversity in the New Testament* (London, 1977; em Port.: *Unidade e diversidade no Novo Testamento*, Editora Academia Cristã, São Paulo, 2009); *Christology in the Making* (Philadelphia, 1980). DUPONT, J. (ed.) *Jésus aux Origines de la Christologie* (BETL 40; Louvain, 1973). DWYER, J. C., *Son of Man & Son of God* (New York, 1983). ERNST, J., *Anfänge der Christologie* (SBS 57; Stuttgart, 1972). FITZMYER, J. A., *A Christological Catechism* (New York, 1982); *Scripture and Christology* (New York, 1986). FULLER, R. H., *The Foundations of New Testament Christology* (New York, 1965); "The Conception/Birth of Jesus as a Christological Moment", *JSNT* 1(1978) 37-52; "Pre-Existence Christology: Can We Dispense with It?", *Word & World* 2 (1982) 29-33. FULLER, R. H. e P. PERKINS, *Who Is This Christ?* (Philadelphia, 1983). GOERGEN, D. J., *The Mission and Ministry of Jesus* (Wilmington, 1986). HAHN, F., *The Tittes of Jesus in Christology* (London, 1969). HIERS, R. H., *Jesus and the Future* (Atlanta, 1981). HOLLADAY, C. H., Theios Aner *in Hellenistic Judaism* (SBLDS 40; Missoula, 1977). KASPER, W., *Jesus the Christ* (New York, 1976). KINGSBURY, J. D., *Jesus Christ in Matthew, Mark, and Luke* (Philadelphia, 1981). LONGENECKER, R. N., *The Christology of Early Jewish Christianity* (SBT ns 17; London, 1970). MARSHALL, I. H., *The Origins of New Testament Christology* (London, 1976). MOULE, C. F. D., *The Origin of Christology* (Cambridge, 1977). O'COLLINS, G., *What Are They Saying about Jesus?* (New York, 1977); *Interpreting Jesus* (London, 1983). O'GRADY, J. F., *Lord, Jesus and Christ* (New York, 1972). PANNENBERG, W., *Jesus--God and Man* (Philadelphia, 1968). THOMPSON, W. M., *The Jesus Debate* (New York, 1985). VAN BEECK, F. J., *Christ Proclaimed: Christology as Rhetoric* (New York, 1979). Também *Semeia* 30 (1984), *Christology and Exegesis: New Approaches* (ed. R. JEWETT).

2 Esboço.

(I) Resenha das análises cristológicas modernas
  (A) Conservadorismo não acadêmico (§ 5)
  (B) Liberalismo não acadêmico (§ 6)
  (C) Liberalismo acadêmico (§ 7)
  (D) Existencialismo bultmanniano (§ 8)
  (E) Conservadorismo moderado (§ 9-11)
(II) O desenvolvimento da compreensão de Jesus no NT
  (A) Cristologia da segunda vinda (§ 13)
  (B) Cristologia da ressurreição (§ 14)
  (C) Cristologia do ministério (§ 15-16)
  (D) Cristologia da infância (§ 17)
  (E) Cristologia da concepção (§ 18)
  (F) Cristologia da preexistência (§ 19-22)
  (G) Resumo (§ 23)

3 Num sentido estrito, cristologia implicaria falar de Jesus como o *christos* (Messias), mas o termo é usado de modo mais amplo para abranger os vários modos pelos quais as pessoas que seguiam ou criam em Jesus o entenderam. O tema surge explicitamente na pergunta dos evangelhos: "Quem dizem as pessoas que eu sou?" com uma resposta dada em termos de João Batista, Elias, um dos profetas, o Messias, o Filho de Deus (Mc 8,26-30; Mt 16,13-20; Lc 9,18-22; cf. Jo 6,68-69; 11,27). Isto significa que, no período do NT, uma maneira de entender Jesus era em termos dos títulos reconhecíveis a partir do AT ou da literatura judaica intertestamentária. No *JBC* (78:2-61) havia um excelente estudo dos "Títulos de Cristo"; no *NCBSJ* [esta edição do comentário] estes títulos são tratados em outros artigos (→ Jesus, 78:32-43; → Teologia paulina, 82:48-54; → Teologia joanina, 83:35-49). Uma abordagem como esta, embora importante, não cobre toda a cristologia do Novo Testamento.

4 **(I) Resenha das análises cristológicas modernas.** Como a avaliação de Jesus nos escritos do NT estava relacionada à avaliação de Jesus de si mesmo? Por exemplo, o próprio Jesus adota ou aceita os títulos dados a ele no NT? Outros os usam para ele; e, se sim, ele aceita estas denominações? Estarão inclusas nesta avaliação não apenas as concepções de estudiosos, mas também as concepções de não estudiosos, *i.e.*, perspectivas correntes entre muitos cristãos mesmo que não defendidas por autores especialistas.

5 **(A) Conservadorismo não acadêmico.** Esta concepção identifica a cristologia

dos escritos do NT com a cristologia do próprio Jesus. Ainda que os Evangelhos tenham sido escritos mais ou menos de 30 a 70 anos após o ministério de Jesus, este conservadorismo sustenta que não houve desenvolvimento cristológico significativo. Por exemplo, Mt 16,13-20 é aceito como história real, pela qual Jesus reconhece entusiasticamente a confissão de Pedro de que ele é o Messias, o Filho do Deus vivo – apesar do fato de que em Mc 8,27-30 (defendido pela maioria como sendo mais antigo) a confissão de Pedro e a reação de Jesus são completamente diferentes. Novamente, Jo 8,58; 17,5 são tratados como afirmações históricas na qual Jesus fala como um personagem divino preexistente – apesar do fato de que não há indicação disto na tradição sinótica. Alguns defendem esta posição conservadora em reação a concepções mais liberais; outros a defendem porque não estão familiarizados com quaisquer concepções mais liberais. Os católicos encontram-se geralmente neste último grupo, desconhecendo também o ensino oficial da igreja de que os evangelhos *não* são necessariamente relatos literais das palavras e atos de Jesus (→ Pronunciamentos da Igreja, 72:35).

6 (B) Liberalismo não acadêmico. No extremo oposto do espectro está a concepção de que não há continuidade entre a autoavaliação de Jesus e a cristologia exaltada dos documentos do NT. Este liberalismo rejeita a cristologia do NT como sem importância. Já no final do séc. XVIII houve tentativas de se eliminar as seções doutrinárias do NT a fim de preservar a concepção de Jesus como um moralizador gentil que nunca falou de um modo que implicasse que ele era mais que um homem comum. Seus apaixonados seguidores eram considerados como a fonte de todas as avaliações mais elevadas que propõem sua divindade.

7 (C) Liberalismo acadêmico. Deixemos agora estes conceitos tão extremos para posições mais matizadas, defendidas por especialistas renomados. O liberalismo acadêmico difere do liberalismo não acadêmico de vários modos importantes. Ele reconhece que o NT está repleto de cristologia do começo ao fim, e que seus autores reivindicam muito mais do que um Jesus moralizador. Entretanto, é liberalismo porque considera a teologia do NT como uma avaliação equivocada de Jesus, a qual não tem continuidade real com sua autoavaliação. Os pesquisadores liberais reconstituíram o processo criativo da cristologia do NT com metodologia rigorosa, e devemos a eles alguns dos primeiros esquemas detalhados do desenvolvimento do pensamento do NT. Eles enfatizaram a possibilidade da evolução desde os distintos pontos de vista teológicos próprios das comunidades judaico-cristãs palestinenses de língua aramaica/hebraica, às comunidades judaico-cristãs sírias de língua grega, aos cristãos gentios de língua grega das igrejas da Ásia Menor e Grécia e, finalmente, às comunidades influenciadas por gênios individuais como Paulo e João. No final do séc. XIX, a pesquisa pensou ter os dados linguísticos e históricos necessários para detectar exatamente estas fases do desenvolvimento cristão. (Mas algumas descobertas do séc. XX anularam efetivamente algumas das hipóteses do séc. XIX.). Um exemplo clássico é W. Bousset, *Kyrios Christos*, que foi publicado em 1913 (Nashville, 1970; → Crítica do NT, 70:41). Uma alegação frequente nas análises liberais do desenvolvimento da cristologia era que títulos, como Senhor e Filho de Deus, foram aplicados a Jesus num sentido divino apenas nas missões cristãs helenistas – que eles não existiram num estágio judaico-cristão anterior ou foram usados num sentido muito modesto para Mestre e Messias. Tem-se a impressão de um desenvolvimento linear em direção a uma "cristologia mais elevada", *i.e.*, uma cristologia que utilizou títulos mais claramente evocativos da divindade. Este desenvolvimento linear teria passado do mundo judaico para o mundo helenista, de um período anterior para um posterior. A alta cristologia criada era frequentemente tratada como uma *felix culpa* [culpa feliz], porque somente por meio desta divinização é que a memória de Jesus foi preservada. O Jesus histórico era um pregador de uma forte exigência ética que desafiou as instituições religiosas e as falsas ideias de sua época. Seus ideais e discernimentos não se perderam porque a comunidade pôs sobre sua memória uma cristologia que o transformou no divino Filho do Homem, o Senhor e Juiz do mundo, de fato, em um Deus. Mas, se esta ajuda cristológica foi necessária nos séculos passados para se manter a memória de Jesus, no julgamento dos especialistas liberais esta muleta pode ser descartada agora. A erudição moderna podia descobrir o Jesus verdadeiro e manter-se fiel a ele sem a necessidade dos ornamentos cristológicos.

8 (D) Existencialismo bultmanniano. O liberalismo acadêmico prosperou no período otimista que antecede a Primeira Guerra Mundial: um período marcado por uma apreciação das realizações da tecnologia moderna e da capacidade humana de aprender um modo correto de viver. A guerra demonstrou que a humanidade estava mais capatidada a aprender um modo de morrer e levou a uma nova apreciação da ênfase cristã mais tradicional sobre a necessidade da salvação de Deus em Jesus. Entre os porta-vozes desta reação estavam K. Barth, na teologia sistemática, e R. Bultmann, no estudo do NT (→ Crítica do NT, 70:46-52). Devido ao radicalismo de Bultmann em sua abordagem do NT, às vezes ele é falsamente descrito como liberal, quando, de fato, rejeitou categoricamente o liberalismo do período pré-guerra. Certamente, continuou a aceitar a metodologia desenvolvida pelos pesquisadores liberais ao classificar os estágios no desenvolvimento da cristologia do NT e, na verdade, procurou aperfeiçoar o método de modo mais preciso. Ele permaneceu quase agnóstico acerca da relação entre a cristologia do NT e a autoavaliação de Jesus, mas ele não pensava que a cristologia distorcia a importância de Jesus. Antes, havia uma *equivalência funcional* entre as proclamações cristológicas do NT e a proclamação de Jesus sobre o reino de Deus. Esta equivalência funcional foi desenvolvida em termos de um existencialismo. A humanidade precisa escapar do círculo vicioso da existência fútil, e isto pode ocorrer apenas por meio da ação libertadora de Deus. Jesus veio proclamando que Deus estava agindo de modo decisivo em seu próprio ministério e desafiou as pessoas a aceitarem esta ação divina. A igreja exigiu que as pessoas aceitassem Jesus como o Messias e Senhor, e ao fazer isso ofereceu de modo equivalente o mesmo desafio existencial que Jesus oferecera. Por essa razão seria desastroso dispensar a cristologia do NT como os liberais advogavam, porque isto seria equivalente a dispensar o desafio que é o cerne do cristianismo, um desafio baseado mais no que Deus faz por nós que no que nós podemos fazer por nós mesmos. A maior influência de Bultmann sobre a cristologia ocorreu no período das décadas de 1920 a 1950.

9 (E) Conservadorismo moderado. Na segunda metade do séc. XX, houve uma mudança para uma posição mais conservadora que a de Bultmann, em termos de uma continuidade discernível entre a avaliação de Jesus durante o ministério e a avaliação dele nos escritos do NT. Alguns dos especialistas mencionados abaixo podem causar surpresa por estarem classificados sob o conservadorismo; porém, quando suas posições são comparadas às do liberalismo e existencialismo, esta designação não é demasiadamente imprópria, pois eles claramente postulam uma cristologia no próprio ministério de Jesus. Eles seriam divididos quanto a se esta cristologia era *explícita* ou *implícita*. A cristologia explícita teria sido uma autoavaliação na qual Jesus empregou títulos ou designações já conhecidas nos círculos judaicos. A cristologia implícita relegaria os títulos e designações ao uso da igreja protocristã testemunhado no NT, mas atribuiria ao próprio Jesus atitudes e ações que sugeririam um *status* exaltado que se tornou explícito após sua morte. Entre os defensores mais antigos da cristologia explícita podem-se listar O. Cullmann, C. H. Dodd, J. Jeremias, V. Taylor e muitos escritores católicos romanos do período pré-Vaticano II. Entre os que tendem para a cristologia implícita podem ser listados F. Hahn, R. H. Fuller, N. Perrin e alguns dos pós-bultmanianos na Alemanha (→ Crítica do NT, 70:64-70). A cristologia explícita, que parecia ser transitória, foi reavivada no final do séc. XX devido às descobertas de Qumran, as quais deram um novo ímpeto à argumentação de que Jesus podia perfeitamente ter feito uso de títulos como "Filho de Deus" e "Senhor", visto que eles eram correntes num significado exaltado na Palestina de sua época. Quanto às posições de J. P. Meier e J. A. Fitzmyer relativas aos títulos, → Jesus, 78:35, 39; → Teologia paulina, 82:49, 51, 52.

"Filho do Homem" continua sendo um título que muitos especialistas pensam que Jesus usou para si mesmo. "Messias" continua sendo um título que outras pessoas podem ter usado para ele durante sua vida. É completamente incorreto dizer que Jesus rejeitou o título Messias; ainda que uma leitura comparada dos evangelhos e uma avaliação crítica das passagens nas quais ele ocorre indique que ele talvez nunca tenha aceitado plenamente a designação. (A aceitação em Mt 16,16-17 e Mc 14,61-62 é equilibrada pela qualificação nos paralelos em Mc 8,29-30; e Mt 26,63-64. Em Jo 4,25-26 é modificada pelo sentido peculiar que "Messias" pode ter em um contexto samaritano.). Os elementos mais destacados na cristologia implícita são o uso de *Abba* por Jesus, *Amém*, como introdução a suas afirmações, seu ensino com autoridade como se ele tivesse o direito de falar em nome de Deus (sem qualquer indicação de que a palavra de Deus tinha vindo a ele – ele já parecia possuí-la) e sua pretensão de que o que ele dizia e fazia (por meio de curas, etc.) trazia o governo ou o reino de Deus a este mundo (→ Jesus, 78:19-23, 30-31).

10 Um aspecto peculiar do problema da autoavaliação de Jesus envolve o alcance do *conhecimento de Jesus* – um assunto discutido particularmente pelos católicos. Um ultraconservadorismo (não acadêmico) reivindica que, como Jesus era o Filho divino, a Segunda Pessoa da Trindade, ele conhecia, mesmo como homem, tudo que Deus conhece. Alguns, com pretensões acadêmicas, defendem isto mediante o argumento de que a pessoa é o sujeito do conhecimento e havia apenas uma pessoa em Jesus. Na verdade, contudo, esta abordagem foi inaceitável ao maior dos teólogos escolásticos. Tomás de Aquino (*Summa Theologiae* 3, q.9, a.1, ad 1) observou: "Se não houvesse na alma de Cristo algum outro conhecimento além de seu conhecimento divino, ela não teria conhecimento algum. O conhecimento divino não pode ser um ato da alma humana de Cristo; ele pertence a uma outra natureza". Para os escolásticos, o conhecimento vem por meio da natureza, e Deus e os seres humanos conhecem de modos diferentes: o conhecimento de Deus é imediato e não conceitual; a maior parte do conhecimento humano é por abstração e é conceitual. Portanto, o conhecimento divino simplesmente não é transferível para uma mente humana. Precisamente por causa desta limitação, os escolásticos postulavam ajudas especiais para a natureza humana de Jesus, de modo que ele conheceria mais que as outras pessoas, por ex., visão beatífica, conhecimento infuso. Os teólogos sistemáticos atuais de várias tendências (K. Rahner, B. Lonergan, H. U. von Balthasar, J. Galot) negam a presença destas ajudas e/ou reconhecem que Jesus não tinha um conhecimento humano ilimitado. Pode-se apelar para o ensino de Calcedônia (DS 301, baseado em Hb 4,15) que fez Jesus consubstancial com os seres humanos em todas as coisas exceto no pecado – note que a exceção a estas limitações humanas era o pecado, não a ignorância. Na verdade, Cirilo de Alexandria, o principal inimigo ortodoxo do nestorianismo (duas pessoas ou poderes em Cristo) disse sobre Cristo: "Temos admirado sua bondade na qual por amor a nós ele não se recusou descer a uma posição tão baixa quanto a aceitar todos os atributos de nossa natureza, inclusive a ignorância" (PG 75. 369). Do ponto de vista da doutrina ou da teologia sistemática, aceitar um conhecimento humano limitado para Jesus não significa negar que ele era Deus; ela reconhece que ele era verdadeiramente homem. Do ponto de vista dos estudos bíblicos, aceitar um conhecimento humano limitado para Jesus significa fazer justiça a passagens como Mc 5,30-32; 10,17-18; 13,32; Lc 2,40.52; Hb 4,15; 5,8-9.

11 Um aspecto particular do problema da autoavaliação e do autoconhecimento de Jesus é, às vezes, estudado sob a pergunta: "Ele sabia que era Deus?" Esta é uma formulação infeliz, porque às vezes cria confusão com a questão mais ampla de se Jesus conhecia sua própria identidade. Seria perfeitamente possível admitir que Jesus sabia quem ele era (e nenhuma página do NT revela qualquer dúvida de Jesus a respeito de si mesmo; → Jesus, 78:29) e ainda pensar que ele podia não ter formulado esta identidade na terminologia da teologia posterior. Algumas passagens no NT chamam Jesus de Deus (Hb 1,8-9; Jo 1,1; 20,28; cf. Rm 9,5;1Jo 5,20; Tt 2,13), mas elas não resolvem o problema da autodenominação de Jesus. "Deus", para os judeus no início do séc. I, referia-se ao Pai no céu. A pessoa que faz a pergunta: "Jesus sabia que ele era Deus?" quase sempre tem uma interpretação trinitária de Deus e, desse modo, não pergunta: "Jesus sabia que ele era o Pai no céu?" O termo não podia ser aplicado a Jesus durante sua vida (Mc 10,17-18), mas podia se tornar perfeitamente aplicável a ele mais tarde porque a reflexão sobre Jesus mudou a noção de "Deus", de modo que ele podia se referir não apenas ao Pai no céu, mas também ao Filho na terra. Este desenvolvimento não precisa significar que os cristãos tentaram mudar a verdadeira identidade de Jesus; ele pode significar que eles começavam a adaptar a linguagem humana para expressar esta identidade. Grande parte do que se segue está baseado numa compreensão deste processo de adaptação no pensamento e na linguagem cristãos (veja Brown, *Jesus*; também *BTB* 15 [1985] 74-79).

12 (II) O desenvolvimento da compreensão de Jesus no NT. A avaliação apresentada acima das diferentes atitudes para com a cristologia do NT concentrou-se nos esforços para relacionar as avaliações de Jesus nos escritos do NT com sua autoavaliação. Vamos agora deixar de lado a autoavaliação de Jesus a fim de analisar as diferenças nas avaliações do NT. Embora alguns façam isso sob a epígrafe de "títulos" (→ 3 *acima*), outro procedimento útil é estudar como as avaliações foram associadas pelos escritores do NT a diferentes aspectos do ministério de Jesus. Podemos usar o termo "momentos cristológicos", *i.e.*, cenas da vida de Jesus que se tornaram o veículo para *dar expressão* à cristologia pós--ressurrecional. Este termo não pretende incluir o problema de se a revelação ocorreu num "momento", como o batismo de Jesus por João Batista, mas apenas o grau em que os escritores do NT transmitiam cristologia ao descrever aquele momento. Se alguém consultar o pensamento do NT cronologicamente, começando com as evidências mais antigas (algumas delas anteriores aos escritos mais antigos) e mover-se na direção das evidências mais recentes, essa pessoa pode reconstruir um padrão de "regressão" peculiar. As evidências mais antigas interpretaram as cenas no final da vida de Jesus cristologicamente; as evidências mais recente interpretaram as cenas no início de sua vida cristologicamente. Esta observação pode ser útil, mas requer *cuidado*: a evidência é frágil e está longe de ser completa; raramente o desenvolvimento do pensamento é linear; seguramente coexistiram conceitos diferentes em algum dado momento. Pesquisadores liberais procuraram reconstruir, no início do séc. XX (→ 7 *acima*), um padrão como o dado abaixo, mas o fizeram com a suposição de que os desdobramentos tenham dado a Jesus e à sua vida um significado cristológico que nunca tiveram historicamente. Aceitamos aqui a autocompreensão dos escritores do NT que pensavam estar expressando e apreciando uma realidade que já estava ali. O desenvolvimento implicou uma crescente compreensão cristã acerca da identidade de Jesus, não a criação *ex nihilo* [a partir do nada] de uma nova identidade.

13 (A) Cristologia da segunda vinda. Durante todo o período do NT houve uma grande expectativa da parúsia. Estamos preocupados aqui apenas com as afirmações que vinculam uma avaliação cristológica ao momento da segunda vinda de Jesus. É plausível a Antiguidade dessas declarações, mas não é certa. Por exemplo, é notoriamente difícil distinguir a partir da interpretação lucana nas décadas de 70 ou 80 um núcleo do que pode ser verdadeiramente antigo nos sermões registrados por Lucas em Atos. Algumas declarações cristológicas naqueles sermões não se assemelham à cristologia lucana típica; mas Lucas pode estar imitando um estilo antigo, imaginando como os cristãos primitivos falavam e pensavam. Em At 3,19-21, o Pedro lucano postula um intervalo de arrependimento antes da parúsia. Este evento envolverá o envio do Messias designado por Deus, Jesus, a quem o céu deve acolher até o tempo do estabelecimento de tudo que Deus falou por meio dos profetas. Isto poderia ser lido como significando que apenas quando Jesus voltar ele será o Messias. Uma forte tendência na expectativa messiânica judaica teria o rei davídico ungido instalando uma monarquia centralizada em Jerusalém, onde os gentios viriam adorar; o Messias traria vitória, paz e prosperidade a Israel na terra. De fato, Jesus não fez nada disso, mas as expectativas judaicas podiam ser mantidas intactas e ainda assim aplicadas a Jesus se fosse esperado que, quando Jesus voltasse, ele faria tudo que o judaísmo esperava. Semelhantemente, a oração *maranatha*, "Nosso Senhor, vem!" (1Cor 16,22; cf. Ap 22,20; → Teologia paulina, 82:53), *pode* ser primitiva e pode ter surgido entre os primeiros cristãos de língua aramaica. Ela pode ter sugerido que, quando Jesus viesse, ele então seria o Senhor que governa a terra. Alguns estudiosos sustentam que as declarações futuras que têm Jesus retornando do céu como o Filho do Homem a fim de julgar o mundo eram o uso mais antigo de Filho do Homem (→ Jesus, 78:38-40). Observe-se que as relativamente poucas afirmações que vinculam os títulos principalmente à parúsia não apresentam a cristologia dominante das obras que os incluem; e desse modo a cristologia futura pode ter desfrutado de uma preeminência relativamente curta. Veja A. T. Robinson, *JTS* 7 (1956) 177-89; Fuller, *Foundations* 143-47; 184-85; R. F. Zehnle, *Peter's Pentecost Discourse* (SBLMS 15; Nashville, 1970) 57-59; 92-93.

14 (B) Cristologia da ressurreição. A cristologia de algumas declarações epistolares que possuem uma probabilidade de origem pré-paulina, bem como a cristologia dominante dos sermões atribuídos a Pedro e a Paulo em Atos, está relacionada não a um momento futuro, mas a um momento presente: a ressurreição. Jesus é Messias, Senhor e Filho de Deus na presença do Pai no céu, e ele alcançou este *status* ao ser ressuscitado. Atos 2,32.36: "A este Jesus, Deus o ressuscitou ... Deus o constituiu Senhor e Cristo, este Jesus a quem vós crucificastes". Atos 5,31: "Deus, porém, o exaltou com a sua direita, fazendo-o chefe e Salvador". Atos 13,32-33: "A promessa, feita a nossos pais, Deus a realizou plenamente para nós, seus filhos, ressuscitando Jesus, como também está escrito nos Salmos: 'Tu és o meu filho, eu hoje te gerei'". Romanos 1,3-4: "Nascido da estirpe de Davi segundo a carne, estabelecido Filho de Deus com poder por sua ressurreição dos mortos, segundo o Espírito de santidade". Filipenses 2,8-9: "[Jesus] tornando-se obediente até à morte, à morte sobre uma cruz. Por isso Deus soberanamente o elevou e lhe conferiu o nome [*i.e.*, 'Senhor'] que está acima de todo nome". Em alguns desses textos, a ressurreição foi originalmente contrastada com um ministério público de humildade, de modo que, por meio da ressurreição, Jesus chegou a ser maior do que havia sido durante seu ministério. (Isto é o que os especialistas querem dizer com a expressão cristologia "de duas etapas". Obviamente, eles estão falando da cristologia das citações individuais, não da cristologia das obras nas quais esses textos estão preservados.). A origem desta cristologia pode encontrar-se no fato de que, por meio da ressurreição, os primeiros discípulos aprenderam aspectos de Jesus que eles não conheciam claramente antes – um discernimento traduzido em termos de Deus *fazer* Jesus Senhor e Messias, *gerá*-lo como seu Filho, ou *dar*-lhe um nome exaltado. A cristologia da ressurreição teria exigido uma mudança maior nas expectativas judaicas do Messias que a cristologia da segunda vinda, pois agora a vitória, a paz, a prosperidade e o culto a Deus são transferidos do céu para a terra da expectativa judaica. É compreensível que a cristologia da ressurreição possa ter tido maior preeminência que a cristologia da parúsia porque, em termos comparativos, embora o cristianismo permaneça uma religião da esperança no que Deus ainda fará por meio de Jesus, ela é muito mais fortemente uma religião do que Deus já fez por meio de Jesus.

15 (C) Cristologia do ministério. Na época da preservação dos escritos cristãos (após 50 d.C.; → Canonicidade, 66:56), os momentos da existência terrena de Jesus antes de sua morte e ressurreição estavam sendo interpretados cristologicamente. Todos os evangelhos canônicos (escritos entre 65 e 100) apresentam um Jesus que era claramente o Messias, o Filho do Homem e o Filho de Deus (e, às vezes, especificamente Senhor) durante seu ministério público. O leitor dos evangelhos se torna participante de uma revelação ligada ao batismo de Jesus por João Batista, onde Deus indica seu Filho (Mc 1,11; Mt 3,17; Lc 3,22; cf. Jo 1,33-34). Na cristologia de duas etapas (→ 14 *acima*), o ministério, desde o batismo até a cruz, facilmente poderia ser um ministério de humildade (Fl 2,7: "tomando a forma de escravo"), visto que a exaltação veio apenas com a ressurreição; porém, na cristologia do ministério, onde o *status* exaltado e o serviço humilde coexistem, há tensão inevitável. De maneira interessante, uma passagem da cristologia da ressurreição, como At 13,33, pode aplicar o Sl 2,7 ao Jesus ressurreto sem qualificação: "Tu és o meu filho, eu hoje te gerei". Todavia, os textos batismais sinóticos citados modificam o Sl 2,7 ao combiná-lo com palavras (grifadas aqui) da descrição do Servo Sofredor de Is (42,1): "Tu és o meu filho *amado, em quem me comprazo*". Para se entender Jesus como o rei messiânico, durante seu ministério público, deve-se reconhecer que ele era, simultaneamente, o Servo Sofredor sem beleza, trespassado por nossas ofensas, levando a culpa de todos (Is 53). Os judeus que não aceitavam as reivindicações cristãs podiam indicar que um Messias cuja vida terminasse em sofrimento era uma mudança drástica do conceito do esperado rei davídico ungido. Os cristãos replicariam que Jesus lançou luz sobre toda a Escritura e mostrou como passagens outrora separadas deveriam ser combinadas.

16 Ao descrever o ministério de Jesus, os escritos individuais do NT tratam de modo diferente a tensão entre a imagem exaltada do Messias/Filho e o servo humilde, e esta diferença contribuiu para a distinção de cada um dos quatro Evangelhos. *Marcos* é quem preserva em maior medida o aspecto da humilhação ao descrever o ministério pré-crucificação, no qual nenhum ser humano reconhece a Filiação de Jesus – um "segredo" (→ Marcos, 41:4) conhecido do leitor e dos demônios. Marcos 8,27-33 mostra quão pouco até mesmo Pedro, o mais proeminente discípulo, entendia Jesus. Apenas após a morte de Jesus nós, finalmente, temos um reconhecimento crente dele como Filho de Deus (15,39). O retrato marcano de Jesus como não conhecendo certas coisas e sendo tratado de maneira rude por seus discípulos reflete um ministério de humildade. Com *Mateus* algumas das tensões no ministério são resolvidas em favor da exaltação que irrompe através da humildade, pois os discernimentos cristológicos (presumivelmente de origem pós-ressurrecional) são alcançadas pelos discípulos de Jesus (Mt 14,33; 16,16-17). Isto leva a um retrato de Jesus onde se evitam as limitações e os discípulos são mais reverentes (cf. Mt 8,25 com Mc 4,38; Mt 9,22 com Mc 5,30-33). A situação em *Lucas* é complicada, porque o autor tem um segundo livro (Atos), no qual Pedro pode expressar uma cristologia pós-ressurrecional. (Em comparação, Mateus escreveu seu "Atos dos Apóstolos" por superposição à narrativa do evangelho.). Consequentemente, Lucas não aumenta a intensidade da confissão cristológica marcana durante o ministério do modo como Mateus faz; todavia Lucas é ainda mais sensível que Mateus ao recusar retratar as limitações humanas de Jesus ou a irreverência por parte dos discípulos para com ele, *p.ex.*, no Monte das Oliveiras não há extrema agitação de Jesus, nem uma fuga de seus discípulos. Em *João*, a tensão encontra-se basicamente dissolvida, pois a glória de Jesus (revelada excepcionalmente na transfiguração nos sinóticos) é manifestada aos discípulos no primeiro sinal miraculoso de Jesus (Jo 2,11). Seus discípulos conhecem seus títulos (Messias, Rei de Israel, Filho de Deus) nos primeiros dias do ministério, apenas para ouvirem dizer que verão coisas maiores (1,41.49.50). Jesus deixa claro suas reivindicações divinas (10,30.36; 14,9); seus oponentes o rejeitam (5,18; 10,33; 19,7); mas Tomé é levado a confessá-lo como Senhor e Deus (20,28). O Jesus joanino não tem limitações humanas: ele conhece todas as coisas (6,5-6.71); ele não precisa pedir ao Pai coisa alguma por causa da unidade deles (11,41-42; 12,27-28); e ele está no total controle até mesmo de sua morte (10,17-18.39; 18,6; 19,30).

17 (D) Cristologia da infância. Marcos identifica Jesus como o Filho de Deus em seu batismo, sem levantar a pergunta se Jesus era Filho de Deus antes do ministério. Mas os outros três evangelhos, bem como algumas passagens paulinas, associam uma identidade cristológica exaltada com os momentos pré-ministério na trajetória de Jesus. Não é ilógico que os cristãos se perguntassem se os pronunciamentos solenes e o poder miraculoso do Jesus pós-batismal fossem evidentes durante sua "vida privada" em Nazaré antes de seu batismo. Porque os evangelhos relatam que durante sua trajetória pública Jesus foi uma figura relativamente desconhecida entre a população de sua cidade natal (Mc 6,1-6 par.), eles são discretos acerca de uma maravilhosa consciência pré-ministério. Lucas 2,49 fala de Jesus com 12 anos de idade (a primeira vez que sua fala é registrada) consciente de que Deus é seu Pai e que ele tem uma tarefa especial; mas Lc 2,50-51 acrescenta que Jesus era obediente aos pais que não entenderam e, desse modo, supostamente não proclamaram sua identidade de uma maneira aberta enquanto ele crescia. O milagre de Caná, em João, pode ter sido originalmente um milagre pré-ministério no seio da família (cf. 2,1-2.12; R. E. Brown, *The Community of the Beloved Disciple* [New York, 1978] 193-95), onde novamente Jesus teve de lidar com a mãe que não o entendia. A tradição extracanônica é menos comedida, e no *Evangelho da Infância de Tomé* (→ Apócrifos, 67:65) Jesus faz milagres dos 5 aos 12 anos, provocando algumas das mesmas reações que seus milagres produzem nos relatos do ministério nos evangelhos canônicos.

18 (E) Cristologia da concepção. Mateus 1,20-25; Lc 1,34-35; e *Protoevangelho de Tiago* 11-14 associam a identidade cristológica de Jesus como Emanuel, o Santo e o Filho de Deus ao momento de sua concepção por meio do Espírito, sem um pai humano. Esta identidade se torna conhecida por meio de um anjo a José ou Maria. Outros (magos, pastores) que também recebem a revelação são cuidadosamente removidos do cenário após honrarem a criança (Mt 2,12; Lc 2,20). Presumivelmente, então, os dois evangelistas usaram a ideia de um segredo de família para explicar como Jesus era desconhecido quando iniciou seu ministério, ainda que tenha tido um começo tão auspicioso. Em todo caso, Mateus e Lucas omitem as referências marcanas aos parentes de Jesus como não o entendendo (veja Mc 3,21; 6,4 ["entre seus próprios parentes"]). A ideia de uma concepção virginal do Messias era completamente desconhecida ao judaísmo; entretanto, as reflexões sobre a concepção de Jesus lançaram luz sobre as potencialidades da LXX de Is 7,14: "A virgem conceberá e dará um filho e seu nome será Emanuel". Embora ainda não a cristologia de Niceia, onde Jesus é identificado com o eterno Filho divino, a ideia de que o Filho de Deus foi concebido sem um pai humano certamente corrigia qualquer ideia de que Jesus era um ser humano adotado por Deus como seu Filho no batismo. A cristologia da concepção apareceu por escrito pela primeira vez por volta da década de 80, mas a concordância de Mateus e Lucas neste ponto em suas narrativas da infância, à luz do fato de que eles diferem em quase tudo, sugere que ela era uma percepção antiga anterior aos evangelhos.

19 (F) Cristologia da preexistência. Até aqui, os momentos estudados como veículos para expressar as compreensões cristãs de Jesus foram momentos dentro de seu ministério terreno. Mas certas passagens do NT indicam que os protocristãos entendiam que a história do Filho de Deus teve uma pré-história antes deste ministério. No que segue não é sempre fácil distinguir entre uma noção precisa da preexistência do Filho divino e um plano de preparação na "mente" de Deus para a vinda do Filho.

Preexistência nos períodos de Moisés e Abraão. Em 1Cor 10,4, Paulo declara que "nossos pais" que acompanharam Moisés na peregrinação do deserto beberam da mesma bebida espiritual: "Pois bebiam de uma rocha espiritual que os acompanhava, e essa rocha era Cristo". Isto está mais perto da preexistência do que João 3,14, que também usa a imagem da peregrinação do deserto para Jesus. Mateus 1,1 começa a história do nascimento ou a gênese de Jesus com Abraão gerando Isaac. Isto está mais perto da preexistência do que Gl 3,16, onde Paulo afirma que Jesus é o descendente ou semente de Abraão. Jesus diz em Jo 8,56: "Abraão, vosso pai, exultou por ver o meu Dia. Ele o viu e encheu-se de alegria". Quando "os judeus" objetaram que isto era impossível, já que Jesus tinha menos de 50 anos, ele Jesus insiste: "Antes que Abraão existisse, Eu Sou" (8,58).

20 *Preexistência no período de Adão.* A genealogia de Lucas (3,23.38) identifica Jesus como filho de Adão, Filho de Deus. O hino pré-paulino de Fl 2,6 *pode* ser interpretado como descrevendo Jesus coexistindo com e paralelamente a Adão – duas figuras à imagem de Deus, um procurando ser igual a Deus e caindo (Gn 3,5.15-19), o outro não procurando ser igual a Deus, mas esvaziando-se voluntariamente e, portanto, sendo elevado por Deus até a igualdade com Ele (Fl 2,9-11). Isto estaria mais perto da preexistência que o paralelo entre Jesus e Adão em Rm 5,12-17 (cf. também G. Howard, *CBQ* 40 [1978] 368-87).

21 *Preexistência criacional.* 1 Coríntios 8,6 diz que todas as coisas foram feitas por meio de Jesus Cristo. Colossenses 1,15-20 (que pode ser anterior à carta) é parte de um hino que faz do Filho de Deus o primogênito de toda a criação, por meio de quem todas as coisas foram criadas (cf. Eclo 24,9). O hino em Jo 1,1-2 deixa mais claro que o Filho (veja 1,8) existia *antes* da criação. Somente João é preciso acerca de uma encarnação na qual este Verbo divino se torna carne e habita entre nós como Jesus Cristo, embora, segundo a interpretação de alguns, Fl 2,6-7 signifique isto. Mais clara para alguma noção de encarnação no pensamento paulino é 2 Cor 8,9. O fato de que a preexistência de Jesus como Filho de Deus não é meramente uma linguagem figurativa de hino ou uma licença poética fica claro a partir de Jo 17,5, onde Jesus fala literal e conscientemente de ter tido uma existência glorificada com o Pai antes do mundo existir (veja também 16,28; 3,16; 5,19; 8,27.58).

22 *Preexistência eterna.* Nenhuma passagem do NT declara de modo preciso que o Filho coexistia desde toda a eternidade com o Pai. Nenhum "momento" anterior é encontrado no NT além de "No princípio era o Verbo" de Jo 1,1. No séc. IV, Ário se contentou com a ideia de que o Verbo tinha um começo antes da criação do mundo, mas Atanásio levou o Concílio de Niceia a condenar Ário ao insistir que o Verbo não teve começo: gerado, não feito; nunca houve um tempo em que ele não era. O fato de que estas especificações não foram encontradas no NT não contradiz Atanásio, pois ele reconheceu que Ário estava levantando uma pergunta não feita especificamente na época do NT e que, portanto, não poderia ser respondida citando-se o NT. A questão de extrema importância, para ele, era se a especificação pós-bíblica necessária era fiel à direção do NT: "Mesmo que as expressões não constem literalmente nas Escrituras, elas contêm o sentido das Escrituras" ("Letters Concerning the Decrees of the Council of Nicaea" 5.19-21 [NPNF 2.4. 162-64]).

23 (G) Resumo. A variação nas percepções expostas acima é inteligível como uma reação contra uma limitação temporal da cristologia. É e continua verdade que Jesus será o Messias na parúsia – a fórmula torna-se problemática apenas se, por limitação, ela assinala que ele foi e não é o Messias antes da parúsia. A cristologia da ressurreição evita esta compreensão errônea ao insistir que ele já é Messias, Senhor e Filho de Deus por meio da ressurreição – um discernimento que se torna problemático apenas quando, por limitação, os cristãos podem pensar que ele não teve essa identidade antes da ressurreição. Igualmente para a cristologia do ministério, da infância e da concepção. Obviamente, a "cristologia dos momentos" (mesmo a de Niceia) tem a desvantagem de usar categorias temporais para expressar o que jaz fora do tempo. A preexistência pode ser uma categoria mais exaltada que o pensamento de que Jesus se tornou o Filho de Deus no tempo, mas de um outro ponto de vista não há "pré" no reino atemporal de Deus. Do ponto de vista mais ortodoxo, nenhuma linguagem humana expressa a identidade de Jesus de modo perfeito, e o melhor que os cristãos podem fazer é rejeitar limitações que se tornam óbvias.

24 Uma dificuldade subjacente é que a cristologia se esforça para descrever a presença e a ação *de Deus* em e por meio de Jesus, e o ser humano nunca compreende totalmente o divino. Esta compreensão pode mostrar quão superficial é a acusação de que Jesus falou acerca de Deus e a igreja erroneamente falou sobre Jesus. Ao falar acerca de Jesus, a igreja falava acerca de como Deus tornou seu reino presente. Inadequada, também, é a distinção proposta por E. Schillebeeckx (*Jesus* [New York, 1979] 545-50) de que nos primeiros estágios havia apenas uma "teologia de Jesus de Nazaré" (uma afirmação de primeira ordem que expressa que em Jesus, o homem, Deus salva os seres humanos), enquanto que nos estágios posteriores houve uma "cristologia" (uma afirmação de segunda ordem acerca da identidade de Jesus). Ainda que Schillebeeckx confirme que a afirmação de primeira ordem necessariamente conduz à afirmação de segunda ordem, ele se satisfaz com a noção de que uma pessoa já é cristã ao aceitar a primeira. O artigo sobre Jesus no *NCBSJ* [esta edição do comentário] (→ 78) indica que existiam afirmações feitas por Jesus, títulos aplicados a ele durante sua vida e silêncios peculiares (*p.ex.*, nenhuma afirmação de que a palavra de Deus veio a Jesus, possivelmente sugerindo que ele já tinha intimidade com o divino), de modo que "cristologia" pode ser um termo mais apropriado (mesmo que inadequado) que uma "teologia de Jesus de Nazaré". A cristologia do NT era primordialmente funcional, indicando qual o papel que Jesus exerceu ao efetuar a salvação de Deus dos seres humanos (*pro nobis* [por nós]); porém, ao fazê-lo, ela reflete muito acerca do que Jesus era em si mesmo (*in se*). A afirmação paulina de que Deus estava em Cristo reconciliando o mundo consigo mesmo (2Cor 5,19), a afirmação de João de que o Verbo era Deus (1,1) e a confissão de Niceia a respeito do verdadeiro Deus do Deus verdadeiro mostram uma passagem crescente do funcional para o ontológico – mas a afirmação mais antiga não estava isenta de implicações ontológicas, e a mais recente tinha uma origem e um objetivo muito funcionais.

Escatologia e Apocalíptica

BIBLIOGRAFIA

25 ALLISON, D. C., *The End of the Ages Has Come* (Philadelphia, 1985). BEKER, J. C., *Paul's Apocalyptic Gospel* (Philadelphia, 1982); *Paul the Apostle* (Philadelphia, 1980). BULTMANN, R., *Jesus and the Word* (New York, 1958); TNT. COLLINS, J. J. (ed.), *Apocalypse* (Semeia 14 [1979]); *The Apocalyptic Imagination* (New York, 1984). CULLMANN, O., *Christ and Time* (London, 1951); *Salvation in History* (New York, 1967). DODD, C. H., *The Parables of the Kingdom* (2ª ed.; New York, 1961). HELLHOLM, D. (ed.), *Apocalypticism in the Mediterranean World and the Near East* (Tübingen, 1983). HOEKEMA, A. A., *The Bible and the Future* (Grand Rapids, 1979). HORSLEY, R. A. e J. S. HANSON, *Bandits, Prophets and Messiahs* (New York, 1985); em Port.: *Bandidos, profetas e messias*, Paulus Editora. JEREMIAS, J., *The Parables of Jesus* (8ª ed.; New York, 1972); em Port.: *As parábolas de Jesus*, Paulus Editora. KÄSEMANN, E., "The Beginnings of Christian Theology" e "On the Subject of Primitive Christian Apocalyptic", NTQT 82-107, 108-137. KOCH, K., *The Rediscovery of Apocalyptic* (SBT ns 22; Naperville, 1972).

KÜMMEL, W. G., *Promise and Fulfillment* (SBT 23; London, 1957). LADD, G. E., *The Presence of the Future* (Grand Rapids, 1974). LAMBRECHT, J. (ed.), *L'Apocalypse johannique et l'Apocalyptique dans le Nouveau Testament* (BETL 53; Gembloux, 1980). OTTO, R., *The Kingdom of God and the Son of Man* (ed. rev.; London, 1938). PERRIN, N., *Jesus and the Language of the Kingdom* (Philadelphia, 1976). ROWLAND, C., *The Open Heaven* (New York, 1982). SANDERS, E. P., *Jesus and Judaism* (Philadelphia, 1985). SCHWEITZER, A., *The Mysticism of Paul the Apostle* (New York, 1968; em alemão, 1930). SNYDER, G. F., "The Literalization of the Apocalyptic Form in the New Testament Church", BR 14 (1969) 5-18. VAWTER, B., "Levitical Messianism and the New Testament" e "'And He Shall Come Again With Glory': Paul and Christian Apocalyptic", *The Path of Wisdom* (Wilmington, 1986) 257-80, 315-23. WILDER, A. N., *Jesus' Parables and the War of Myths* (Philadelphia, 1982). YARBRO COLLINS, A., *Crisis and Catharsis* (Philadelphia, 1984); (ed.), *Early Christian Apocalypticism* (Semeia 36 [1986]).

26   Esboço.

(I) Terminologia e pesquisa moderna
    (A) "Escatologia" e "apocalíptica" (§ 27-29)
    (B) Pesquisa e escatologia protocristã (§ 30-36)
    (C) Pesquisa e escatologia protojudaica (§ 37-42)

(II) Escatologia do NT antes de 65 d.C.
    (A) João Batista (§ 43)
    (B) Jesus (§ 44-45)
    (C) Pregação apostólica (§ 46)
    (D) Paulo (§ 47-50)

(III) Escatologia do NT após 65 d.C.
    (A) Marcos (§ 51)
    (B) Mateus (§ 52)
    (C) Lucas-Atos (§ 53)
    (D) João (§ 54)
    (E   Apocalipse (§ 55)

27   (I) Terminologia e pesquisa moderna. Este é um campo no qual a terminologia é controvertida, e os estudiosos têm interpretações muito divergentes das evidências.

(A) "Escatologia" e "apocalíptica". O termo "escatologia", do grego *eschatos*, "último", foi cunhado na Alemanha no séc. XIX, quando foi usado primeiramente para o ramo da teologia sistemática que trata das últimas coisas: morte, julgamento, céu e inferno. A ênfase estava no destino do indivíduo. No séc. XX, as perspectivas históricas e literárias obscureceram a dogmática. O termo foi refinado para levar em conta mais o conteúdo efetivo dos escritos bíblicos e relacionados, para incluir o destino final da nação israelita ou judaica (escatologia nacional) e do mundo em geral (escatologia cósmica), bem como o destino do indivíduo (escatologia pessoal). Em lugar da preocupação com o futuro da nação, alguns textos expressam a esperança por um remanescente justo ou pela igreja (escatologia coletiva).

28 Um dos problemas discutidos em relação à escatologia é se o termo deveria ser usado apenas para designar acontecimentos e condições de existência além da história ou também para acontecimentos dentro da história da salvação. Um passo na direção da solução deste debate é a distinção entre escatologia profética e apocalíptica. A escatologia dos profetas inclui a expectativa de pontos críticos na história devido à intervenção divina, e desse modo se concentra no destino de Israel e Judá (→ Apocalíptica do AT, 19:3, vol. I, AT). A escatologia dos apocalipses concentra-se mais no mundo celestial, na vida pessoal após a morte e numa nova criação cósmica. O termo, assim, pode ser usado apropriadamente para os acontecimentos dentro e além da história.

29 "Apocalíptica" é um termo científico moderno, baseado no prefácio ao livro do Apocalipse do NT, que descreve o conteúdo da obra como um *apokalypsis*, uma "revelação". Os estudiosos definiram um gênero literário "apocalipse", o qual inclui Dn e outros escritos semelhantes quanto à forma e ao conteúdo do Apocalipse (→ Apocalíptica do AT, 19:4, vol. I, AT). A escatologia apocalíptica consiste da interpretação do passado e do presente e especialmente das esperanças quanto ao futuro encontradas nessas obras. Ideias e esperanças semelhantes são encontradas em escritos que não são apocalipses em si mesmos quanto à forma literária.

30 (B) Pesquisa e escatologia protocristã. Na Alemanha do séc. XIX, os teólogos liberais negligenciaram o elemento escatológico nas tradições acerca de Jesus e interpretaram o reino de Deus como uma mudança interior e espiritual nos corações humanos (S. Neill, *The Interpretation of the New Testament 1861-1961* [New York, 1966] 111-12). Semelhantemente, os proponentes americanos do "evangelho social" defenderam que o reino de Deus no ensino de Jesus era a expressão de uma ordem social ideal (H. J. Cadbury, *The Peril of Modernizing Jesus* [London, 1962] 88-93).

31 Em oposição explícita à interpretação liberal de Jesus, especialmente a de A. Ritschl, J. Weiss afirmou, em 1892: "O Reino de Deus, como concebido por Jesus, nunca é algo subjetivo, interior ou espiritual, mas sempre o Reino messiânico objetivo, que geralmente é retratado como um território no qual se entra, ou como uma terra da qual se tem uma parte, ou como um tesouro que vem do céu" (*Jesus' Proclamation of the Kingdom of God* [Philadelphia, 1971] 133). Weiss acreditava que esta escatologia objetiva e cósmica era incompatível com a cosmovisão moderna. Ele propôs (135-36) que a pregação e a instrução inculcassem uma abordagem moderna da atitude de Jesus: "O mundo continuará, mas nós, como indivíduos, logo partiremos dele. [...]. Não esperamos um reino de Deus que deve vir do céu para a terra e abolir este mundo, mas temos esperança de ser unidos à igreja de Jesus Cristo na *basileia* [reino] celestial".

32 A. Schweitzer (→ Crítica do NT, 70:35), baseando-se na obra de Weiss, afirmou, em 1906, que Jesus se uniu ao movimento de arrependimento iniciado por João Batista e proclamou que a safra que amadurecia na terra era a última. Ele enviou seus discípulos para tornar conhecido o que estava para acontecer. Não esperava vê-los de volta na presente era (Mt 10,23). Antes de eles completarem sua jornada missionária, o Filho do Homem apareceria vindo do céu, um acontecimento idêntico à chegada do reino de Deus. Mas os discípulos retornaram a ele, e o Filho do Homem não apareceu, *i.e.*, Jesus não foi revelado como o Filho do Homem. Desde o princípio, a pregação de Jesus acerca do reino de Deus incluía a expectativa de sofrimento, morte e ressurreição, não como a missão especial de Jesus, mas como a tribulação que todos os eleitos sofreriam no conflito final com os poderes do mal. Quando a predição de Mt 10,23 deixou de acontecer, Jesus concluiu que a tribulação pré-messiânica se concentraria apenas nele. Ele tinha de sofrer para que o reino viesse, e assim partiu para Jerusalém a fim de morrer ali. Jesus pegou a roda do mundo para fazê-la dar sua última volta, que levaria a história a seu fim. Quando o mundo se recusou a girar, ele se lançou sobre o mundo. Então ele girou e esmagou Jesus. Seu corpo mutilado ainda está suspenso nela. "Esta é Sua vitória e Seu reino" (*The Quest of the Historical Jesus* [New York, 1968: em alemão, 1906] 350-97; especialmente 371). Segundo Schweitzer (399), "Jesus significa algo para nosso mundo porque uma poderosa força espiritual jorra dele e flui através de nosso tempo também". A diferença essencial entre a cosmovisão de Jesus e a moderna é que o espírito de Jesus era de negação do mundo, enquanto que o espírito moderno é de afirmação do mundo. Em vez de torcermos as palavras de Jesus para que elas se conformem aos valores modernos, o espírito de Jesus deveria ser recuperado em toda a sua estranheza e se deveria permitir que ele desafiasse os indivíduos modernos exigindo uma rejeição pessoal do mundo (401-2). O ponto de vista de Schweitzer era que a escatologia de Jesus se orientada principalmente pelo futuro; não houve cumprimento ou ponto crítico decisivo durante sua vida. Esta posição é chamada de escatologia consistente ou realizada.

33 Em 1926, R. Bultmann (→ Crítica do NT, 70:46-52), em sua obra *Jesus*, desenvolveu uma posição nas mesmas linhas de Weiss e Schweitzer do ponto de vista histórico. Teologicamente, contudo, ele sustentou que, embora o reino de Deus seja em si mesmo inteiramente futuro na mensagem de Jesus, ele é um poder que determina o presente ao exigir decisão humana (veja Perrin, *Jesus* 35-37).

34 C. H. Dodd (→ Crítica do NT, 70:63), em 1935, interpretou a escatologia de Jesus em explícita oposição a Schweitzer. Ele afirmou, com base em Mc 1,15 e Mt 12,28/Lc 11,20, que Jesus proclamou o reino de Deus como vindo em seu ministério. As parábolas sugerem, segundo Dodd, que a crise escatológica, a vinda do reino de Deus, estava presente na atividade de Jesus. Esta posição é conhecida como escatologia realizada.

35 J. Jeremias (→ Crítica do NT, 70:30) afirmou que Weiss, Schweitzer e Bultmann foram parciais ao sustentar que a escatologia de Jesus era puramente futura, e que Dodd foi parcial ao sustentar que ela era puramente presente. Cada posição tinha alguma justificação. O resumo do próprio Jeremias sobre o ensino de Jesus era tratar-se de uma escatologia em processo de realização (→ 66 *abaixo*; Perrin, *Jesus* 39). Muitos estudiosos seguiram Jeremias ao concluírem que, para Jesus, o reino de Deus era tanto presente quanto futuro (Kümmel, *Promise*; N. Perrin, *The Kingdom of God in the Teaching of Jesus* [Philadelphia, 1963]; também, *Jesus* 39-40). Em sua obra posterior, Perrin questionou a propriedade de se pensar acerca do reino de Deus em termos de presente e futuro. Antes, ele afirmou que o reino de Deus é um símbolo tensivo que não pode simplesmente ser relacionado a espaço e tempo (*Jesus* 45; → Jesus, 78:17).

36 Um dos pontos fortes das reconstruções de Weiss e Schweitzer era que eles interpretaram a vida e o ensino de Jesus no contexto da escatologia judaica contemporânea. Desde Dodd, a tendência tem sido ignorar este contexto ou enfatizar exageradamente a diferença entre o ensino de Jesus e a literatura escatológica judaica. Recentemente Sanders (*Jesus*) ofereceu uma interpretação que preserva alguns dos discernimentos válidos de Weiss e Schweitzer, mas numa forma que leva em conta os resultados do estudo da crítica histórica dos evangelhos no meio tempo. Sua tese é que Jesus era um profeta escatológico que ensinava uma forma de escatologia da restauração judaica (nacional). A posição de Allison (*End*) é desenvolvida em linhas semelhantes.

37 (C) Pesquisa e escatologia protojudaica. Uma expressão frequentemente usada para expressar o consenso mais antigo acerca do reino de Deus como sendo tanto presente quanto futuro para Jesus (e Paulo) era "já e ainda não". Frequentemente se disse que esta escatologia parcialmente realizada é exclusiva de Jesus e dos cristãos primitivos; a escatologia judaica era descrita como completamente orientada para o futuro (segundo, *p.ex.*, E. Schüssler Fiorenza, em *Apocalypticism* [ed. D. Hellholm] 302, 311-12). Na verdade, os textos apocalípticos judaicos e escatológicos judaicos do séc. I a.C. e d.C. nem sempre se apresentavam como meramente revelação "proléptica" de uma realidade futura. Em muitos deles, o reino de Deus ou seu equivalente é uma realidade presente, plenamente manifesta no céu e fazendo sua influência sentida em algum grau na terra. A esperança para o futuro (e, às vezes, a expectativa iminente) é que esta realidade celestial determine plenamente todas as circunstâncias terrenas.

38 Os *Salmos de Salomão* constituem uma coleção semelhante em forma e conteúdo aos Salmos canônicos e aos hinos de Qumran (→ Apócrifos, 67:46, 86). Produzidos por um grupo de judeus devotos, em Jerusalém, em reação à conquista de Jerusalém pelos romanos, em 63 a.C., *SlSal*. datam do período entre 63 e 45 a.C. Em várias passagens, Deus é proclamado como rei nos céus (no presente), cuja monarquia é sentida no presente por meio de bênçãos e punições (2,30-32; 17,1-3,46). A esperança pelo futuro é de libertação do governo estrangeiro (cap. 7), o ajuntamento da dispersão de Israel (8,28; 11,2-6) e o surgimento de um rei ideal, o filho de Davi, que governará sabiamente sobre Israel e as nações (17,21-46; 18,5-9). A escatologia desta obra é principalmente nacional e terrena. Há reconhecimento, contudo, de que nem todos em Israel são fiéis (*SlSal*. 4; 8,1-22; 17,15-20). Além das bênçãos terrenas, a escatologia desta obra inclui recompensas e punições eternas além da terra e da história (3,11-12; 14,9-10).

39 O *Testamento* (ou *Assunção*) *de Moisés* é o discurso de despedida de Moisés a Josué baseado em Dt 31-34. Embora provavelmente tenha sido composto no séc. II a.C., ele foi revisado e atualizado no período entre 3 a. C e 30 d.C. (→ Apócrifos, 67:49). Esta revisão foi feita em resposta à desordem política e social que ocorreu após a morte de Herodes. O texto retrata Deus como rei sentado sobre seu trono real no céu (10,3). A esperança quanto ao futuro é que Deus tornará sua monarquia eficaz na terra mediante a punição dos gentios e a destruição de seus ídolos (10,3-7). A escatologia é nacional e diz respeito ao triunfo de Israel sobre seus inimigos (10,8; veja A. Yarbro Collins, *HTR* 69 [1976] 179-86). Mas ela é celestial bem como terrena; o povo de Israel será exaltado ao céu (10:9).

40 À parte da literatura (judaica-)cristã, o exemplo mais claro de uma escatologia parcialmente realizada entre os judeus deste período é encontrada nos Manuscritos ou Manuscritos do Mar Morto (→ Apócrifos, 67:113-17). Os essênios que se estabeleceram em Qumran aparentemente entendiam seu sacerdote principal e o guardião do acampamento como cumprimentos parciais da esperança pelos Messias de Aarão e Israel. Os hinos descrevem a vida presente dos membros do grupo em termos de ressurreição e exaltação ao céu (veja Collins, *Apocalyptic* 122-40).

41 Os textos expostos acima foram produzidos pelos membros de uma camada da sociedade com uma certa formação, cujas expressões primordiais da esperança escatológica provavelmente foram a escrita e o ensino. Havia uma outra camada da sociedade cujas esperanças foram expressas de uma maneira mais "ativista", até mesmo "revolucionária". Os dois tipos (escritores e ativistas) podem ter trabalhado juntos, mas o presente estado das evidências não permite chegar a esta conclusão. Os escritos escatológicos fornecem um contexto no qual entender o ensino de Jesus. Os registros históricos acerca dos "ativistas" lança luz pelo menos sobre como as atividades de Jesus foram possivelmente entendidas por seus contemporâneos, se não sobre sua autocompreensão. Os registros acerca dos "ativistas" escatológicos são encontrados nos escritos históricos de Josefo. Entre os numerosos grupos ou movimentos que ele descreveu, dois são particularmente relevantes para Jesus: reis populares e profetas escatológicos. Após a morte de Herodes o Grande, em 4 a.C., três homens reivindicaram de modo independente o reinado para si mesmos, apoiados por aqueles que ansiavam por um fim do domínio romano e pelo restabelecimento de uma monarquia nativa ideal, provavelmente davídica (Horsley e Hanson, *Bandits* 110-17). Estes grupos surgiram da mesma situação que produziu a revisão da *Ascensão de Moisés*. Dois outros pretendentes messiânicos encontraram seguidores durante a revolta judaica de 66-70 d.C. (*ibid.*, 118-27).

42 Alguns profetas populares conduziram o povo em atividades que prometiam ser novas representações escatológicas dos grandes atos históricos de redenção do passado. Sob Pôncio Pilatos, um profeta samaritano apresentou-se como um novo Moisés. Por volta de 45 d.C., um certo Teudas levou um grande grupo de pessoas ao Jordão, que ele esperava dividir para sua travessia. Um profeta judeu-egípcio levou uma outra multidão ao Monte das Oliveiras e prometeu que os muros ao redor de Jerusalém cairiam, permitindo que obtivessem o controle da cidade (*ibid.*, 161-72). Outros profetas proferiram oráculos e interpretaram agouros e sinais do julgamento escatológico de Deus. João Batista foi um desses, embora seu batismo também possa ser interpretado como uma atividade ou evento escatológico. É notável que a maioria desses profetas tenham sido executados pelos romanos (veja R. MacMullen, *Enemies of the Roman Order* [Cambridge MA, 1966]).

Após a queda de Jerusalém em 70 d.C., uma parte da literatura escatológica e apocalíptica judaica continuou a focar as esperanças nacionais de Israel (4Esd, *2 Apocalipse de Baruc*; → Apócrifos, 67:41-44). Outros textos expressaram uma perspectiva universal (*Oráculos Sibilinos* 4; veja J. J. Collins em *OTP* 1. 381-89; → Apócrifos, 67:51-52). Alguns retornaram aos antigos temas apocalípticos como a descrição de segredos cósmicos, dos céus e dos anjos (*2 Henoc*; → Apócrifos, 67:8), ou à vida pessoal após a morte, inclusive as recompensas eternas dos justos e a punição dos pecadores (*Test. Abraão*; veja N. Turner em *AOT* 393-421).

43 (II) Escatologia do NT antes de 65 d.C. Os anos da metade e do final da década de 60 são frequentemente considerados como uma linha divisória conveniente na experiência cristã, tanto por causa da morte de personagens importantes como Pedro, Paulo e Tiago, o irmão do Senhor, na década de 60, quanto por causa do impacto da guerra judaica contra Roma e a resultante destruição do Templo. Ao menos podemos usar a data como um ponto de organização conveniente.

(A) **João Batista.** Nascido de descendência sacerdotal, numa cidade da região montanhosa da Judeia, algum tempo antes do nascimento de Jesus (C. H. H. Scobie, *John the Baptist* [Philadelphia, 1964] 204), João Batista foi um de vários profetas populares no séc. I d.C. (→ 42 *acima*). Seu rito de batismo tinha afinidades com o ritual de purificação de outros indivíduos e grupos ascetas na Síria-Palestina, no período (Scobie, *John* 33-40). Diferentemente de muitos outros rituais de purificação da época, o batismo de João Batista parece ter sido um ato realizado de uma vez por todas, em vez de repetido. Ele aparentemente era um símbolo de arrependimento em preparação para a manifestação do reino de Deus na terra (Mt 3,1-2.7-10; Lc 3,7-9). Segundo um texto composto cerca de 50 anos após a atividade de João Batista, nos últimos dias a humanidade se tornaria muito perversa, de modo que Deus, irado, destruiria a raça humana pelo fogo. Este julgamento poderia ser evitado, contudo, se as pessoas se arrependessem e fossem batizadas (*OrSib* 4:152-70).

44 (B) **Jesus.** Quando se levam em consideração as tentativas de escritores cristãos posteriores de relacionar e subordinar João Batista a Jesus, pode-se inferir a partir dos evangelhos que Jesus reconheceu João Batista como um agente de Deus e foi batizado por ele (Mc 1,9; Mt 11,2-19 par.). O claro caráter escatológico da atividade e ensino de João Batista sugere que Jesus deve ser interpretado no mesmo contexto. Visto que os evangelhos refletem a fé e os interesses pós-pascais de várias comunidades cristãs, eles podem ser usados apenas de modo indireto para reconstruir a vida e o ensino de Jesus (→ Crítica do NT, 70:33-35, 65; → Pronunciamentos da Igreja, 72:35; → Jesus, 78:3, 7-10). Sobre os métodos para esta reconstrução, veja Jeremias, *Parables*; N. Perrin, *Rediscovering the Teaching of Jesus* [New York, 1967]; e Sanders, *Jesus*).

É provável que Jesus, como os *Salmos de Salomão* e outros textos e mestres judaicos de sua época, retratasse Deus reinando no céu como rei no presente. O poder real de Deus podia ser percebido mais fundamentalmente em seu contínuo trabalho de criação e sustento (este é provavelmente um nível de significado de algumas parábolas e ditos, *p.ex.*, Mc 4,26-29; 4,30-32 par.; Mt 6,25-33 par.). A alegria comunicada por Jesus, as imagens do casamento e da festa e os atos poderosos de cura são evidências de que o reino de Deus era ativo ou manifesto na atividade de Jesus de um modo especial tanto em sua autocompreensão quanto na reação de muitas pessoas a ele (Mc 2,19; Mt 11,2-6.16-19; 13,16-17 par.).

45 É improvável que estes aspectos presentes ou realizados constituam a totalidade da escatologia de Jesus. Quando ele orou e ensinou seus discípulos a orar "Venha o teu Reino", ele provavelmente se referia a alguma manifestação objetiva do governo de Deus na terra que era mais completa do que qualquer coisa experimentada até então, inclusive em sua própria atividade. Jesus talvez tenha sido intencionalmente reticente acerca da forma que esta vinda do reino assumiria e quando ela ocorreria (uma reticência mantida, *p.ex.*, em Mc 13,32-37; 1Ts 5,1-11). Mas seria difícil explicar a apocalíptica de muitas das comunidades cristãs mais antigas se Jesus tivesse sido não apocalíptico ou antiapocalíptico.

46 (C) **Pregação apostólica.** Defendeu-se amplamente outrora que os discursos de Pedro na primeira parte de Atos representam a pregação da comunidade cristã em Jerusalém naquela época. Esta opinião foi questionada, porque estes discursos fazem uso da tradução grega do AT e, desse modo, refletem o "cristianismo helenista", *i.e.*, comunidades cristãs que falavam e escreviam em grego (E. Haenchen, *The Acts of the Apostles* [Philadelphia, 1971] 185). A maior parte das evidências disponíveis acerca do cristianismo mais antigo está na forma grega. Ocasionalmente, contudo, se discerne um estágio da tradição aramaica anterior. Por exemplo, Paulo preserva a oração extática extática oração *Abba* ("Pai") endereçada a Deus (Rm 8,15-16) e o clamor orante *maranatha* (Nosso Senhor, vem!), presumivelmente endereçado a Cristo (1Cor 16,22; cf. 1Ts 1,10; 4,14-17; → Teologia paulina, 82:53). A oração aramaica *maranatha* indica que pelo menos algo da antiga fé dos cristãos de língua aramaica era escatológica. A esperança da vinda (plena manifestação e eficácia terrena) do reino de Deus no ensino de Jesus tinha sido substituída pela esperança da parúsia (aparição, vinda) do Jesus Cristo exaltado do céu ou transformada nela (→ 13 *acima*).

47 (D) Paulo. Antes da conversão de Paulo à fé em Jesus Cristo, ele era fariseu (Fl 3,5; → Paulo, 79:15-19; → Teologia paulina, 82:10-11). O "partido" farisaico tinha aceitado certas ideias apocalípticas – pelo menos a esperança da ressurreição e um interesse em seres angélicos (At 23,6-10). Quer Paulo tivesse uma orientação escatológica antes de sua conversão ou não, ele certamente a teve depois. O pensamento escatológico moldou sua interpretação da história; ele também estava imbuído com a expectativa iminente.

48 A concepção de Paulo a respeito da história da salvação não é exposto sistematicamente, mas pode ser inferido de várias observações em suas cartas. A criação original antes do pecado era um tempo em que a natureza e a humanidade participavam da glória de Deus. Então veio o pecado de Adão (e Eva), que levou à sujeição da natureza à decadência e da humanidade à morte (Rm 5,12-14; 8,18-22). Durante este período, Deus fez uma aliança com Abraão e prometeu abençoar todas as nações por meio dele (Gl 3,6-9.14-18). A seguir veio o período ou dispensação da lei, o período de Moisés até Cristo (= o Messias – Gl 3,17-29; Rm 5,14.20-21; 7,7-12; 2Cor 3,6-11). A transição do período da lei para o do Messias foi, para Paulo, a morte e a ressurreição de Jesus Cristo. Este acontecimento inaugurou o período de Cristo, ou do Espírito (que eram equivalentes, para Paulo; veja 2Cor 3,17-18; Gl 3,23-29; 4,1-7; 5,1; 2Cor 3,6-11; Rm 3,21-26). Esta é a era da igreja, na qual os cristãos vivem como filhos de Deus, possuindo o Espírito como o "penhor" da glória futura (2Cor 1,22; 5,5) e vivendo vidas eticamente transformadas (Rm 6). A transição da era de Cristo para a era final, o tempo do cumprimento, envolve o retorno de Cristo do céu e a ressurreição, *i.e.*, a derrota do inimigo final, a Morte (1Ts 4,15-17; 1Cor 15,20-26). O tempo do cumprimento é o período em que Deus será "tudo em todos" (1Cor 15,28), o período em que aqueles que são chamados serão unidos em amor a Deus e a Cristo e participarão da glória de Deus como Adão (e Eva) antes de pecarem (Rm 8,18-25.28-30.38-39).

49 Em algumas passagens, é evidente que Paulo esperava estar vivo no retorno de Cristo do céu (1Ts 4,15.17; 1Cor 15,15-22). Nestas passagens, ele enfatiza a ressurreição no retorno de Cristo como o ponto em que se cumpre a esperança individual de salvação (cf. Rm 4,5; Fl 3,10-11). Em outras passagens, Paulo considera a possibilidade de que ele, bem como outros, pode morrer antes da parúsia de Cristo. Nestas passagens, ele parece esperar que o indivíduo desfrute de pelo menos alguns dos benefícios da salvação imediatamente após a morte, como a união com Cristo (Fl 1,23) e o dom de um "corpo espiritual" (2Cor 5,1-5; cf. 1Cor 15,35-44). A tensão entre estes dois conjuntos de passagens pode ser explicada de vários modos. Pode-se dizer que as afirmações de Paulo acerca do futuro e da vida pessoal após a morte são declarações simbólicas e que expressões simbólicas não têm a mesma coerência e consistência que as declarações teológicas doutrinárias ou sistemáticas. Uma outra possibilidade é sustentar que o pensamento de Paulo mudou com o tempo (→ Teologia paulina, 82:9, 45; B. F. Meyer [*TS* 47 (1986) 363-87] afirma o contrário).

50 Uma terceira abordagem, que é na verdade uma forma mais precisa da primeira, é concluir que a ambiguidade nas declarações de Paulo se deve à hesitação na escatologia judaica e cristã entre a imagem temporal e espacial. Tanto a palavra hebraica *'ôlām* quanto a palavra grega *aiōn* podiam ser traduzidas por "era" ou "mundo". Assim, as expressões *'ôlām habbā'* e *ho aiōn ho erchomenos* podiam ser traduzidas como "a era por vir" ou "o mundo por vir". O aspecto temporal da imagem aponta para o futuro cósmico: a era por vir. O aspecto espacial, contudo, frequentemente aparece em contextos que revelam a convicção de que este "mundo" por vir já existe; ele é o mundo celestial, o reino eterno do divino (veja H. Sasse, *"aiōn"*, TDNT 1. 204-7; U. Fischer, *Eschatologie und Jenseitserwartung im hellenistischen Diasporajudentum* [BZNW 44; Berlim, 1978] 53-62). Assim, aqueles que morrem "em Cristo" são unidos a ele no céu após sua morte pessoal e vivem num estado glorificado; eles também participarão na ressurreição quando da parúsia. Paulo pode ter mudado sua ênfase, de temporal para espacial, com o tempo, ou pode ter enfatizado aspectos diferentes em contextos diferentes. Mas não houve mudança fundamental na perspectiva.

51 (III) Escatologia do NT após 65 d.C. Embora as obras consideradas abaixo contenham tradições anteriores, na opinião de muitos estudiosos elas foram escritas depois de 65 (→ Canonicidade, 66:61).

(A) Marcos. Como Paulo e a comunidade em Qumran, o autor de Marcos acreditava que as promessas das Escrituras (nosso AT) estavam sendo cumpridas em e por sua comunidade de crentes. Marcos começa com a proclamação de que uma antiga profecia tinha sido cumprida na missão de João Batista, que preparou o caminho para a obra de Jesus. A mensagem de Jesus é apresentada como escatológica; o reino de Deus está perto (1,14-15). A atividade de Jesus, na qual os exorcismos exerceram um papel importante, é apresentada como um conflito cósmico e escatológico com Satanás e seus aliados demoníacos, os poderes do mal (J. M. Robinson, *The Problem of History in Mark* [SBT 21; London, 1957]). Um título importante de Cristo em Marcos é Filho do Homem. A origem e desenvolvimento deste título é um dos problemas mais debatidos nos estudos do NT (→ Jesus, 78:38-41). Em Marcos, o papel de Jesus como Filho do Homem possui três fases: (1) sua atividade na terra antes da paixão (2,10.28); (2) o sofrimento e morte do Filho do Homem que haveria de ressuscitar (8,31;9,9.12.31; 10,33.45; 14,21.41); (3) o exaltado Filho do Homem que retornaria nas nuvens e exerceria julgamento (8,38; 13,26; 14,62). A esperança escatológica de Marcos concentra-se na vinda do Filho do Homem. A morte de Cristo, em Marcos, é um acontecimento escatológico, porque ela torna possível a libertação da humanidade do poder de Satanás (10,45). A ressurreição não é em si o ponto principal; ela demonstra a eficácia da morte de Jesus, sua vindicação, e é um sinal da salvação vindoura dos crentes (8,34-35). Mas se o Evangelho terminou em 16,8, como parece provável (→ Marcos, 41:108), a ressurreição de Jesus não é o cumprimento de modo significativo da esperança escatológica. Ela é a preparação para a segunda vinda, um acontecimento para o qual Marcos expressa uma expectativa iminente (9,1; 13,24-37).

52 (B) Mateus. Este evangelho preservou o material escatológico de Mc e adicionou a partir de outras fontes (*p.ex.*, 10,23; 13,24-30.37-40; 25,1-13). Ele intensificou os elementos visionários ou teofânicos em várias passagens de Mc, elementos associados à apocalíptica (17,2.6; 27,51; 28,2-4). Embora Mt mantenha a esperança pelo retorno do Filho do Homem (24,29-25,46), sua escatologia coloca mais ênfase no cumprimento que a de Marcos. A morte de Jesus é apresentada mais claramente como um acontecimento escatológico (Allison, *End* 40-50). Ainda mais importante, a ressurreição de Jesus exerce um papel maior. Em Mc, a ênfase recai na espera do Filho do Homem. Em Mt, o Senhor ressurreto está presente na comunidade cristã (18,20; 28,20). As pessoas que creem em Cristo e guardam seus mandamentos são "pessoas do Reino" (13,37-38). No período pós-ressurreição, o mundo é o reino do Filho do Homem (cf. 13,38 com 41). Mas este reinado não será exercido até "o fim da era", quando ocorrer o julgamento geral (cf. 13,30 com vv. 40-43).

53 (C) Lucas-Atos. Lucas preservou muito do material escatológico de Mc e adicionou mais a ele, notavelmente ditos escatológicos e apocalípticos da fonte de ditos (Q; → Problema sinótico, 40:13-20) e de outras fontes (*p.ex.*, 12,49-50). Um discurso escatológico, atribuído a Jesus em Lc, começa com a reivindicação de que "a vinda do Reino de Deus não é observável" (17,20). Esta declaração é uma crítica a um tipo particular de apocalíptica, mas de modo algum significa uma rejeição da apocalíptica como tal. Seu ponto, no contexto de Lucas, não é que não haverá manifestação objetiva e cósmica do governo de Deus no futuro, mas que este governo chegará repentina e plenamente, como o dilúvio nos tempos de Noé e o fogo que destruiu Sodoma (17,24.26-30). O reino de Deus será manifesto na revelação do Filho do Homem (cf. v. 20 com vv. 24 e 30). Como Mt, Lc coloca mais ênfase na presença do Senhor ressurreto com a comunidade cristã que Marcos. O relato de Emaús sugere que esta presença é percebida especialmente quando a comunidade se reúne para sua refeição comum (24,30-31). Como Mc, contudo, a obra de dois volumes de Lc-At retrata a ressurreição não como um fim em si, mas como um passo na direção de um acontecimento mais importante. Em Mc, este acontecimento é a parúsia. Em Lc-At é o envio do Espírito (At 1,4-8; 2,32-33). Este dom é um aspecto importante do cumprimento das promessas escatológicas; de fato, ele é designado como "a promessa" (At 1,4; 2,39). Mas esta obra dupla anseia também pelo cumprimento de outros aspectos (At 3,18-21).

54 (D) João. Marcos é o Evangelho mais orientado para o futuro; Jo é o mais orientado para o presente (→ Teologia joanina, 83:50-54). O julgamento escatológico de Deus já ocorreu no envio da Palavra encarnada ao mundo e na resposta humana a ela. Aqueles que creem são absolvidos; aqueles que não creem são condenados (3,18-19). Esta reivindicação, contudo, não significa que não haverá o julgamento geral e cósmico no último dia. Ela significa que a primeira função deste julgamento final será ratificar aquele já ocorrido (12,48). Como as cartas de Paulo, Jo combina a escatologia temporal com a espacial. O crente anseia pela ressurreição "no último dia" (6,39-40.54; cf. 5,28-29). Mas, nesse meio tempo, quando o fiel morrer, ele tem um lugar preparado para ele na casa do Pai, *i.e.*, o céu (14,1-3). Assim, a escatologia futura, cósmica e objetiva não é eliminada em Jo. Mas a ênfase muda para a vida de Jesus, como mostrado acima, e, como em Lc, para a vida pós-ressurrecional da comunidade cristã. No discurso de despedida, a tradição da segunda vinda é reinterpretada para designar as aparições da ressurreição de Jesus (cf. 14,18-29 e 16,16-24 com 20,18.19-23). Os principais resultados da morte e exaltação de Jesus são: (1) um novo relacionamento dos crentes com o Pai (14,12-14; 15,7-8); e (2) o envio do Paráclito ou Espírito Santo (14,16-17.25-26; 16,7-15). A presença do Espírito molda a vida da comunidade cristã (14,25-26; 16,12-15; 20,22-23).

55 (E) Apocalipse. Em tempos recentes, a demora da parúsia tem sido um conceito importante na reconstrução da história do protocristianismo (veja Kümmel, *INT* 144-45, 170-71, 386; Koester, *KINT* 2. 113-14, 242-46, 278, 295-97). Contudo, esta noção não deveria ser posta a serviço de uma teoria evolutiva que implique que a fé cristã envolvia expectativa iminente em seus estágios iniciais, mas que esta esperança desapareceu gradualmente, até ser substituída pelas teologias da história e doutrina escatológica. O Apocalipse é a evidência de que a expectativa escatológica intensa e iminente ainda era um fator importante na década de 90 (Yarbro Collins, *Crisis* 54-77). *Didaquê* e *Barnabé* também são obras relativamente recentes que ainda manifestam esta expectativa. Fez-se a tentativa de interpretar o Apocalipse como um exemplo de escatologia realizada, mas os resultados não foram convincentes (G. B. Caird, *A Commentary on the Revelation of St, John the Divine* [New York, 1966]). O dualismo espacial é proeminente no Apocalipse. Deus está entronizado no céu (cap. 4), mas Satanás governa a terra (12,12; 13,3-4.7-8). O fiel que morrer tem um lugar de habitação celestial (6,9-11). Cristo reina como rei no céu (1,5; 3,21; cf. cap. 5). O dualismo temporal também é importante. No presente, os oponentes de Deus dominam (12,12; 13,5-7), mas no futuro próximo o reino de Cristo será manifesto na terra (1,1.3; 19,11-21; 22,6-7.20). Esta extensão do reino de Cristo significará a punição dos perversos (caps. 17-18) e a vindicação dos sofredores inocentes (6,9-11; 20,4-6). Ela também inclui uma nova criação cósmica e um relacionamento eterno e íntimo entre Deus, Cristo e o fiel (21,1-22,5).

56 *Conclusão*. A escatologia colocou problemas enormes para a vida e teologia cristã ao longo da história, inclusive no séc. XX. Embora seus símbolos e imagens poderosos sejam difíceis de reconciliar com as teorias críticas modernas da astronomia e da história, eles falam de maneira profunda acerca do caráter imperfeito do universo, da responsabilidade humana e da obra inacabada da criação.

As Parábolas de Jesus

BIBLIOGRAFIA

57 BAILEY, K. E., *Poet and Peasant; Through Peasant Eyes* (2 vols. em 1; Grand Rapids, 1984). BOUCHER, M., *The Parables* (NTM 7; Wilmington, 1981). BREECH, J. E., *The Silence of Jesus* (Philadelphia, 1983). CARLSTON, C., *The Parables of the Triple Tradition* (Philadelphia, 1975). CROSSAN, J. D., *In Parables: The Challenge of the Historical Jesus* (New York, 1973). DODD, C. H., *The Parables of the Kingdom* (New York, 1961; 1ª ed. 1935). DONAHUE, J. R., *The Gospel in Parable* (Philadelphia, 1988). DRURY, J., *The Parables in the Gospels* (New York, 1985). EICHHOLZ, G., *Gleichnisse der Evangelien* (Neukirchen, 1984). FUNK, R., *Language, Hermeneutic, and Word of God* (New York, 1966); *Parables and Presence* (Philadelphia, 1982). HENDRICKX, H., *The Parables of Jesus* (SF, 1987). HERMANIUK, M., *La parabole évangélique* (Louvain, 1937). JEREMIAS, J., *The Parables of Jesus* (8ª ed.; New York, 1972); em Port.: *Parábolas de Jesus*, Paulus Editora. JONES, G. V., *The Art and Truth of the Parables* (London, 1964). KINGSBURY, J., *The Parables of Jesus in Matthew 13* (Richmond, 1969). KISSINGER, W. S., *The Parables of Jesus: A History of Interpretation and Bibliography* (Metuchen NJ, 1979). LAMBRECHT, J., *Once More Astonished: The Parables of Jesus* (New York, 1981). LINNEMANN, E., *Jesus of the Parables* (New York, 1966). McFAGUE, S., *Speaking in Parables: A Study in Metaphor and Theology* (Philadelphia, 1975). PERKINS, P., *Hearing the Parables of Jesus* (New York, 1981). PERRIN, N., *Jesus and the Language of the Kingdom* (Philadelphia, 1976). SABOURIN, L., "The Parables of the Kingdom", *BTB* 6 (1976) 115-60. SCOTT, B., *Jesus, Symbol-Maker for the Kingdom* (Philadelphia, 1981). STEIN, R. H., *An Introduction to the Parables of Jesus* (Philadelphia, 1981). TOLBERT, M. A., *Perspectives on the Parables* (Philadelphia, 1979). VIA, D. O., *The Parables: Their Literary and Existential Dimension* (Philadelphia, 1967). WILDER, A., *The Language of the Gospel* (New York, 1964); *Jesus' Parables and the War of Myths* (Philadelphia, 1982).

58 Esboço.

(I) A natureza da parábola (§ 59-60)
(II) História da exegese das parábolas
 (A) De Jülicher a Jeremias (§ 62-66)
 (B) Estudo das parábolas a partir de Jeremias (§ 67-71)
(III) Características das parábolas de Jesus
 (A) Ilustrações da vida diária (§ 72-73)
 (B) Novidade e paradoxo (§ 74-75)
 (C) Um desafio aberto (§ 76-78)
(IV) As parábolas nos evangelhos
 (A) Marcos (§ 80-82)
 (B) Mateus (§ 83-85)
 (C) Lucas (§ 86-88)

59 (I) A natureza da parábola. "Parábola" vem do grego *parabolē* (o significado da raiz envolve o colocar coisas lado a lado para efeito de comparação); era um termo técnico para uma figura de linguagem na oratória antiga. Duas figuras linguísticas básicas são o símile e a metáfora. Num *símile*, uma coisa é comparada a uma outra de um tipo diferente, e a semelhança é expressa por "igual" ou "como", *p.ex.*, Jesus envia seus discípulos "como cordeiros entre lobos" (Lc 10,3). Na *metáfora* (do grego *metapherein*, "transportar"), uma figura mais literária, as qualidades de uma coisa são diretamente atribuídas a uma outra sem um ponto explícito de comparação, *p.ex.*: "Vós sois o sal da terra" (Mt 5,13) ou "Guardai-vos do fermento dos fariseus" (Mc 8,15). Em geral, a parábola é um símile desenvolvido, onde a história, embora fictícia, podia ser real (em contraposição à fábula). Nas parábolas dos evangelhos, a fórmula introdutória das parábolas frequentemente é: "O reino do céu é como..." (frequentemente em Mt com dez parábolas do reino, em contraste com Mc e Lc com duas cada). No entanto, o objeto de comparação de uma parábola, muitas vezes, não é a palavra que segue, mas a situação total quse se tem em vista. O reino não é como o rei que desejou acertar as contas (Mt 18,23-35), mas implica o perdão generoso; o reino não é como a rede (Mt 13,47), mas como o pegar um peixe e a separação do bom e do mau. A alegoria é uma metáfora desenvolvida ou uma série de metáforas, menos clara e mais alusiva que a parábola. Na alegoria, cada detalhe ou personagem é relevante, muitas vezes com um significado oculto (*p.ex.*, Mc 4,13-20).

60 O uso de *parabolē* na LXX é um aviso contra a compreensão demasiadamente restrita de parábola. Aqui o termo normalmente traduz o hebr. *māšāl*, que abrange várias formas literárias: provérbios (1Sm 10,12; Pr 1,1.6; 26,7-9), enigmas (Jz 14,10-18), cânticos de escárnio (Mq 2,4; Hab 2,6), oráculos (Nm 23,7.18), metáforas e alegorias (Is 5,1-7; Ez 17,2-24). O termo também abarca a exposição histórica didática (Sl 78), bem como longos discursos revelatórios como as "similitudes" na segunda seção de 1 *Henoc* (37-71; → Apócrifos, 67:10). Os Evangelhos sinóticos usam *parabolē* com o mesmo alcance amplo de *māšāl*, compreendendo provérbios (Lc 4,23), exemplos (Lc 12,16-21), similitudes (Lc 5,36-39), símiles (Mt 23-27), alegorias (Mt 25,1-13), bem como as parábolas narrativas mais familiares (→ Jesus, 78:18). João, embora rico em imagens, simbolismo e alegoria (*p.ex.*, 10,1-17), usa *paroimia* (16,25) em vez de *parabolē*. Fora dos Evangelhos (apenas em Hb 9,9; 11,19), *parabolē* significa "símbolo" ou "prefiguração".

(POLK, T., "Paradigms, Parables and *Měšālîm*: On Reading the *māšāl* in Scripture", *CBQ* 45 [1983] 564-83. STEWART, R. A., "The Parable Form in the Old Testament and the Rabbinic Literature", *EvQ* 36 [1964] 133-47. WESTERMANN, C., *Vergleiche und Gleichnisse im Alten und Neuen Testament* [Stuttgart, 1984].)

61 (II) História da exegese das parábolas. No próprio NT (Mc 4,13-20; Mt 13,36-43) e na exegese patrística e medieval, as parábolas são geralmente tratadas como alegorias. Em sua exegese bastante forçada da parábola do Bom Samaritano (Lc 10,29-37), Agostinho identificou o homem que descia de Jerusalém para Jericó como Adão; Jerusalém é o estado de felicidade original; Jericó representa a mortalidade humana; o samaritano é Cristo; a hospedaria é a igreja; o hospedeiro é Paulo, etc. (Dodd, *Parables* 1-2). Esta exegese alegórica interpretava os detalhes de modo independente de seu contexto literário e histórico.

(Para a história da pesquisa, veja W. HARNISCH (ed.), *Gleichnisse Jesu* [WF 366; Darmstadt, 1982]. HARRINGTON, W. J., *BTB* 2 [1972] 219-41. JONES, *Art* 3-54. KÜMMEL, W. G., *TRu* 43 [1978] 120-42; 47 [1982] 348-83. PERRIN, *Jesus* 89-193.)

62 (A) De Jülicher a Jeremias. Com o surgimento da crítica histórica, a interpretação alegórica enfraqueceu, especialmente por causa da influência de A. Jülicher, cujo estudo de 2 vols. (*Die Gleichnisreden Jesu* [1888, 1899]) marcou uma nova era na pesquisa da parábola. A partir de uma compreensão de *parabolē* encontrada na retórica grega (→ 59 *acima*), Jülicher sustentou que as parábolas são simples histórias moralizadoras sem mistura de alegoria. Cada parábola é composta de uma imagem (a *Bild*) e o "elemento realidade" (a *Sache*) para o qual a imagem aponta. O foco da posição de Jülicher é que cada parábola tem apenas *um ponto* de comparação (o *punctum* ou *tertium comparationis*). Os detalhes ou personagens individuais numa parábola não possuem significado fora da parábola (*p.ex.*, o Pai não significa Deus, nem o irmão mais velho os fariseus, Lc 15,11-32), e o ponto de comparação é o da aplicação moral mais ampla possível. Jülicher, então, interpretava as parábolas à luz da instrução de Jesus sobre o reino de Deus e a defesa de seu ministério; porém, a compreensão de Jülicher, no séc. XIX, sobre o reino era "uma sociedade de irmãos e irmãs sob a proteção de seu Pai", e uma sociedade na qual "se exigem esforço e diligência espirituais de todos os seus membros" (citado apud Perrin, *Jesus* 96).

63 O exame subsequente da forma, imagens e do conteúdo das parábolas rabínicas (as quais, embora de *textos* posteriores, podem incorporar tradições orais contemporâneas ao NT; → Apócrifos, 67:134-135) forçou uma modificação nas posições de Jülicher. As parábolas rabínicas não são ilustrações claras de verdades religiosas, mas com frequência uma coleção de ditos e imagens enigmáticas que confundem e desafiam o ouvinte. Elas empregam imagens-padrão como um rei para Deus e servos para aqueles chamados a seguir a lei de Deus, Assim, o estudo das parábolas rabínicas, bem como outros usos de *māšāl* no AT, continuarão a minar a divisão rígida entre parábola e alegoria. Ao avaliar esta divisão, devem-se distinguir (a) interpretar uma alegoria, que em si mesma é uma rica forma literária; (b) interpretação alegórica de material não alegórico; (c) formas misturadas de elementos parabólicos e alegóricos num contexto semítico inconsciente de definições precisas (*p.ex.*, Mc 12,1-12); (d) e o uso válido ou inválido da própria alegoria como um método de interpretação.

(Sobre parábolas rabínicas: FELDMAN, A., *The Parables and Similes of the Rabbis, Agricultural and Pastoral* [Cambridge, 1927]. FIEBIG, P., *Die Gleichnisreden Jesu im Lichte der rabbinischen Gleichnisse des neutestamentlichen Zeitalters* [Tübingen, 1912]. FLUSSER, D., *Die rabbinischen Gleichnisse und der Gleichniserzähler Jesus* [Frankfurt, 1981]. NEUSNER, J., "Types and Forms in Ancient Jewish Literature: Some Comparisons", *HR* 11 [1972] 354-90. Sobre parábola e alegoria: BROWN, R. E., *New Testament Essays* [New York, 1982; art. original, 1962] 254-64. KLAUCK, H.-J., *Allegorie und Allegorese in synoptischen Gleichnistexten* [NTAbh 13; Münster, 1978].)

64 Embora a proclamação do reino tenha permanecido a principal chave para o significado das parábolas, a compreensão de reino mudou radicalmente. Sob a influência de J. Weiss e A. Schweitzer, o reino foi considerado não como uma verdade eterna da história humana ou um poder oculto trabalhando nos corações humanos, mas como o reino escatológico de Deus, a irrupção na história humana do governo de Deus, a vitória de Deus sobre o mal e a oferta de misericórdia e perdão aos pecadores (→ 30-32 *acima*; → Jesus, 78:15-17). O reino é menos um conceito definível do que um símbolo da direção Deus da história de Israel por parte de Deus e da continuação de sua ação na vida e ensino de Jesus (Perrin, *Jesus*, especialmente 29-32).

65 A pesquisa no séc. XX alternou então entre o interesse pela parábola como uma forma literária e a parábola como um acesso para a proclamação do reino e, mais tarde, para a autocompreensão de Jesus. Dodd (→ 34 *acima*) afirmou que Jesus ofereceu uma "escatologia realizada", *i.e.*, o objetivo da intervenção de Deus na história foi alcançado na vida e ensino de Jesus. (Dodd interpretou Mc 1,15 como o reino de Deus "chegou".). O reino de Deus produz uma mudança e uma crise em toda a história humana. Dodd sustentou que, naquelas parábolas que pareciam lidar com o futuro (*p.ex.*, Mt 25,1-30), o ponto de comparação é a crise provocada pelo reino em vez de sua futuridade.

66 O estudo mais influente na metade do século foi o de J. Jeremias, *The Parables* (1947) [em port.: *As parábolas de Jesus*, Paulus, São Paulo]. Com um conhecimento quase sem paralelo da Palestina do séc. I, Jeremias lançou luz sobre os detalhes da vida diária que forneceram o material para as parábolas. De modo mais significativo, ele analisou cuidadosamente as mudanças que as parábolas sofreram, passando da vida de Jesus, pela proclamação missionária da protoigreja, à incorporação final nos evangelhos. Por exemplo, as parábolas são alegorizadas (Mc 4,13-20; Mt 13,36-43); situações da vida são mudadas (parábolas originalmente endereçadas a oponentes são dirigidas aos líderes da igreja, *p.ex.*, Lc 15,1-7; Mt 18,10-14); detalhes são embelezados; e são adicionadas alusões ao AT. Apresentando um estudo completo da mensagem de Jesus, Jeremias rejeitou a "escatologia realizada" e propôs uma "escatologia inauguradora", *i.e.*, em processo de realização (*sich realisierende Eschatologie*; → 35 *acima*). A revelação definitiva do reino de Deus começou em Jesus; sua realização plena jaz no futuro. A concepção de Jeremias foi amplamente aceita como uma exegese fiel das parábolas de Jesus e da escatologia cristã em geral (cf. tensão de Paulo entre o "já" e o "ainda não"; → Teologia paulina, 82:45-47).

67 (B) Estudo das parábolas a partir de Jeremias. Juntamente com o interesse nas parábolas como a chave para o ensino de Jesus, o outro foco importante da pesquisa da parábola foi sua natureza literária. Esta deve muito à descrição indutiva de Dodd (*Parables* 5) da parábola "como uma metáfora ou símile extraída da natureza ou da vida comum, que cativa o ouvinte por sua vivacidade ou singularidade e que deixa a mente em dúvida suficiente acerca de sua aplicação precisa a fim de provocá-la para um pensamento ativo". A linguagem metafórica, o realismo, o paradoxo e a conclamação aberta para o engajamento pessoal tornaram-se o foco da discussão subsequente.

68 Um importante ponto crítico na pesquisa das parábolas ocorreu na metade da década de 1960 com as obras seminais de Wilder e Funk, que consideravam as parábolas primordialmente como formas *poéticas* em vez de *retóricas*, onde uma valorização da metáfora forneceu a chave para uma nova visão das parábolas (Funk, *Language* 133-62; Wilder, *Language* 79-96). Mediante a frequentemente inesperada equiparação de elementos diferentes (*p.ex.*, "a lâmpada do corpo é o olho" [Mt 6,22]), a metáfora produz um impacto sobre a imaginação que não pode ser comunicado pelo discurso. A afirmação metafórica vai além do poder expressivo da linguagem, de modo que logicamente "a interpretação das parábolas deveria ocorrer nas parábolas" (Funk, *Language* 196). A metáfora passou, assim, do tropo ou figura literária para uma categoria teológica e hermenêutica, especialmente apropriada para expressar as duas qualidades necessárias a toda linguagem religiosa, imediação e transcendência. Uma experiência religiosa (um senso de reverência na presença do sagrado ou de ser tomado pelo mistério) é imediata e pessoal e, na grande literatura religiosa, é expressa em imagens concretas e físicas. Como metáforas, as parábolas de Jesus usam imagens concretas e familiares que tocam as pessoas em suas vidas diárias, mas que apontam para uma realidade (domínio ou reino de Deus) que transcende a definição ou a descrição literal.

(HARNISCH, W. (ed.), *Die neutestamentliche Gleichnisforschung im Horizont von Hermeneutik und Literaturwissenschaft* [WF 575; Darmstadt, 1982]. McFAGUE, S., *Metaphorical Theology* [Philadelphia, 1982]. WEDER, H., *Die Gleischnisse Jesu als Metaphern* [FRLANT 120; Göttingen, 1978].)

69 As parábolas de Jesus são mais precisamente "metafóricas" e não metáforas. A metáfora envolve a combinação de duas imagens distintas numa *única sentença*, enquanto que as parábolas dos evangelhos são geralmente *narrativas* estendidas. Elas combinam forma narrativa e processo metafórico (P. Ricoeur, "Biblical Hermeneutics", *Semeia* 4 [1975] 27-148). A reflexão sobre a qualidade narrativa das parábolas tornou-se uma outra direção importante no estudo literário das parábolas. Novamente Wilder foi um líder, sustentando que, ao falar sobre o reino de Deus "em história", Jesus deu continuidade à herança narrativa da revelação bíblica. Ao ler as histórias de Jesus, um cristão compreende que esta vida é "um itinerário, uma peregrinação, em resumo, uma história" (*Language* 65).

70 Um impulso importante nesta direção foi Dan Via, que ofereceu uma leitura "dramática" das parábolas narrativas mais longas. Ao estudar o enredo das parábolas e usar as categorias de "tragédia" e "comédia" – no sentido clássico de uma mudança dramática de boa sorte para má sorte, ou o contrário –, Via afirmou que as parábolas confrontam o leitor com as mesmas possibilidades trágicas ou salvadoras que o drama. Os leitores podem, como o servo impiedoso (Mt 18,23-35), permanecer intocados pelo perdão imerecido, tentando manter uma ordem de estrita justiça para com seu próximo, e assim terminar em tragédia. Os leitores podem, também, olhar para o picaresco ou astuto mordomo injusto (Lc 16,1-8) e se conscientizar de que Deus pode nos conclamar a viver com base em nossa sagacidade quando confrontados com uma crise.

71 Subsequentemente à obra de Via houve uma breve, mas intensa leva de estudos dedicados à "semiótica" ou análise estruturalista das parábolas narrativas (veja ensaios em *Semeia* 1-2 [1974]). Colocando de lado o referente histórico das parábolas e o desenvolvimento histórico das tradições por trás delas, estes estudos, por meio da análise da estrutura "sincrônica", tentaram descobrir as estruturas profundas de significado por trás das parábolas individuais. Demasiadamente complicado e prolixo para uma adoção geral, o método em si chamou atenção para problemas como identificação do(s) personagem(ns) central(is) na parábola, a dinâmica da narrativa e a tensão dramática que se desdobra. Em sua avaliação criteriosa e apropriação de aspectos deste método, Tolbert observou as diferenças entre "discurso narrado" e "discurso direto". De modo frequente o aspecto central da parábola emerge na mudança da narrativa para o diálogo direto (*Perspectives*, especialmente 73-78).

72 (III) Características das parábolas de Jesus. Jesus usou imagens realistas da vida diária que prendiam a atenção dos ouvintes por sua vivacidade e colorido da narrativa. Porém, suas parábolas têm uma guinada surpreendente; o realismo é destroçado e os ouvintes sabem que algo mais está em jogo além da ilustração agradável para tornar algo claro. As parábolas suscitam perguntas, perturbam o complacente e desafiam os ouvintes à reflexão e à investigação.

(A) Ilustrações da vida diária. Nas parábolas de Jesus, a vida das pessoas comuns de uma época e cultura distantes é expressa de um modo que se aplica a pouca literatura da Antiguidade. Jesus estava familiarizado com o ambiente rural galileu: cenas ao ar livre da agricultura e do pastoreio, e cenas domésticas de uma casa simples (Lc 11,5-8). As casas dos ricos são vistas apenas por meio da porta da cozinha – a vista dos servos e escravos. A agricultura é agricultura de região montanhosa, feita em pequenas porções de terra com cercas de pedra e arbustos espinhosos (Mc 4,4-7), não a de planuras extensas típicas de terras baixas. Há jumentos, ovelhas, lobos e pássaros; sementes, trigo e colheitas; lírios do campo e árvores frutíferas; odres de vinho remendados e lâmpadas caseiras; brigas de crianças no mercado e mercadores duvidosos. Pessoas são ameaçadas por seca e inundação, e o ruído de guerra nunca está distante. Jesus vê a vida pelos olhos dos "anawim", os pobres e humildes da terra. Isto cria um obstáculo para o leitor urbano moderno e coloca desafios aos historiadores e arqueólogos a fim de ajudar-nos a entender melhor o contexto cultural das parábolas. O realismo das parábolas também significa que Jesus coloca o ponto de contato entre Deus e os seres humanos dentro do mundo cotidiano da experiência humana. Jesus não proclama o reino na "linguagem de Deus", mas chama seus ouvintes a compreenderem que seus destinos estão em jogo em sua "existência ordinária, criatural, doméstica, econômica e social" (Wilder, *Language* 82).

73 Os detalhes da vida comum são tecidos em narrativas vívidas de variada extensão, e o leitor deveria estar ciente das técnicas de narração de histórias populares que são empregadas. Uma dessas é a "regra de três", a saber, que nas histórias (e brincadeiras) populares é comum haver três personagens e o aspecto central ou *slogan* vem no terceiro caso. Três servos recebem talentos; três homens passam pela vítima que caiu nas mãos de ladrões. Uma outra técnica é o "solilóquio", onde o leitor fica a par dos planos tortuosos dos vinhateiros homicidas (Mc 12,7), das terríveis necessidades do filho mais jovem (Lc 15,17) ou dos planos esperançosos do administrador infiel (Lc 16,3-4). Um personagem ocupa a cena de cada vez; e confrontações entre os personagens desdobram-se num certo ritmo, *p.ex.*, nos trabalhadores na vinha (Mt 20,1-16) e nos talentos (Mt 25,14-30). As parábolas frequentemente carecem de conclusões ou resoluções – não sabemos se o homem que foi deixado meio morto se recuperou (Lc 10,37) nem se os dois irmãos se reconciliaram (Lc 15,32). Há uma economia de detalhes, e as parábolas mostram pouco interesse na motivação psicológica. (Para "leis de narrativa" das parábolas, veja Bultmann, *HST* 187-92.)

74 (B) Novidade e paradoxo. O realismo das parábolas é apenas um lado da moeda. As novas guinadas nas histórias de Jesus fazem seus ouvintes prestar atenção. A colheita não é apenas generosa, mas também extravagante (Mc 4,8); os hospedeiros ricos comumente não reagem à ausência dos convidados substituindo-os por pobres, cegos e aleijados (Lc 14,21). O pagamento feito pelo proprietário da vinha *em primeiro lugar* daqueles que empregou por *último* (Mt 20,8) faz os ouvintes suspeitar de que algo estranho está para acontecer. Uma chave importante para o "significado" de uma dada parábola aparece quando o realismo começa a entrar em colapso.

75 Crossan e Ricoeur, especialmente, sublinham o aspecto paradoxal das parábolas, um absurdo aparente que esconde uma verdade mais profunda. Sua mensagem fundamental é que as coisas não são como parecem; a imagem conveniente da realidade que você tem precisa ser destroçada. O Bom Samaritano não é primordialmente uma ilustração de compaixão e bondade pelo sofredor, mas um desafio a ver como "bom" aquele que chamaríamos de inimigo. O caráter estranho e paradoxal das parábolas é uma contraparte da associação de Jesus com cobradores de impostos e pecadores e a oferta de misericórdia e graça a eles, pessoas que pensavam estar além do âmbito da preocupação de Deus. Semelhantemente, Ricoeur observa que as parábolas operam num padrão de orientação, desorientação e reorientação. Sua linguagem hiperbólica e paradoxal apresenta uma extravagância que interrompe nosso modo normal de ver as coisas e apresenta o extraordinário dentro do ordinário. As parábolas questionam tentativa de dar um feitio fixo a nossas vidas, que Ricoeur acha ser semelhante ao "jactar-se" paulino ou justificação pelas obras (*Semeia* 4 [1975] 112-28). As parábolas contêm uma "poética da fé" ao nos conclamarem para a abertura e confiança em face do inesperado.

(CROSSAN, J. D., *Cliffs of Fall: Paradox and Polyvalence in the Parables of Jesus* [New York, 1980]. BROWN, F. B., e E. S. MALBON, "Parabling as a *Via Negativa*: A Critical Review of the Work of John Dominic Crossan", *JR* 64 [1984] 530-38.)

76 (C) Um desafio aberto. As parábolas receberam na transmissão diferentes aplicações e interpretações. Anexado à parábola enigmática do administrador infiel encontra-se uma séarie de interpretações, associadas principalmente por máximas (Lc 16,8b-13; veja Fitzmyer, *ESBNT* 161-84). Outras parábolas trazem anexados ditos que são encontrados em vários contextos diferentes (*p.ex.*, Mt 25,13 = Mc 13,35; e Mt 25,29 = Mc 4,25; Mt 13,12; Lc 8,18). Em sua forma original, as parábolas de Jesus podem ter terminado em conclusão narrativa (*p.ex.*, Mt 13,30; 18,34) ou com um desafio ou pergunta (Mc 4,9; Mt 20,15; 21,31a). O significado de uma dada parábola é frequentemente enganoso: *p.ex.*, o aspecto central da parábola da pérola (Mt 13,45-46) é a busca, a alegria de achar, ou a disposição de arriscar tudo? Tanto na protoigreja quanto na história subsequente, as parábolas são "polivalentes". Elas exigem e recebem diferentes interpretações de diferentes públicos. Embora a exegese possa determinar os limites da interpretação incorreta de uma dada parábola, ela dificilmente pode exaurir as potencialidades da interpretação e aplicação frutíferas.

77 Uma razão importante para a polivalência das parábolas é sua qualidade dialógica. Quer sejam contadas para confrontar-se com oponentes ou incentivar discípulos, as parábolas tocam o mundo do ouvinte. Linnemann (*Jesus* 27-30) descreveu este fenômeno como "entrelaçamento". Os ouvintes reconhecem seus próprios valores e *ethos* e podem se identificar com a situação e personagens; porém, os valores familiares são transformados. A parábola dos dois devedores "trabalha" com Simão o Fariseu (Lc 7,40-43) porque os fariseus tinham refletido sobre a caridade e o perdão. As parábolas são frequentemente como armadilhas que nos pegam desprevenidos. Os leitores contemporâneos que presunçosamente rejeitam a piedade dos fariseus (Lc 18,11: "Não sou como o resto dos homens") podem eles mesmos ser "farisaicos".

78 As parábolas muitas vezes são convites abertos que esperam por uma resposta. A parábola não é eficaz até ser livremente assumida. A resposta do leitor completa o significado da parábola. A parábola é uma forma de discurso religioso que apela não só à imaginação ou à percepção alegre do paradoxo ou da surpresa, mas também à qualidade humana mais básica, a liberdade. Ao expressar sua mensagem na parábola, Jesus desafiava as pessoas a uma resposta livre e se expunha ao perigo da rejeição.

79 (IV) As parábolas nos evangelhos. Nas tradições anteriores aos evangelhos e nos próprios evangelhos, as parábolas formam ambientes e grupos diferentes. Embora Jesus talvez tenha narrado suas parábolas aos pares (Mc 2,21-22; Lc 14,28-32), os evangelistas frequentemente agrupam de maneira tópica as parábolas que foram proferidas provavelmente em ocasiões diferentes. Em Mc 4, existem três parábolas da semente; Mt 13 tem sete parábolas que se referem ao reino do céu; Mt 24,32-25,46 tem sete parábolas da parúsia; Lc 14,7-24 tem três parábolas do banquete; Lc 15 tem três parábolas sobre recuperar o que foi perdido. Os evangelistas não apenas transmitem as parábolas; por meio de mudanças redacionais, contexto literário e pelo acréscimo de material parabólico de suas próprias tradições, cada evangelista as caracteriza com sua própria perspectiva teológica.

(→ 57 *acima*, especialmente CARSTON, DRURY, KINGSBURY, LAMBRECHT; também GOULDER, M., "Characteristics of the Parables in the Several Gospels", *JTS* 19 [1968] 51-69.)

80 (A) Marcos. Geralmente os comentaristas listam seis parábolas marcanas: o semeador (4,3-9), a semente que germina por si só (4,26-29), o grão de mostarda (4,30-32), os vinhateiros homicidas (12,1-11), a figueira (13,28-29) e o porteiro (13,34-37). Marcos contém, também, um grande número de ditos parabólicos, como os amigos do noivo (2,19-20), a veste e os odres de vinho remendados (2,21-22), as parábolas de Belzebu (3,23-27), chamadas explicitamente de *parabolai* em Mc 3,23, o enigma sobre coisas que tornam impuro (7,1-23, também chamada de *parabolē*, 7,17) e os ditos de Marcos 4,21-25. Duas parábolas são explicitamente chamadas de "parábolas do reino" (4,26-29.30-32), e todas as parábolas de Marcos, exceto a da semente que germina por si só (4,26-29), são citadas também por Mateus e Lucas. O mundo das parábolas de Marcos é o da aldeia, agricultura e processos da natureza. Marcos possui apenas uma parábola dramática (*i.e.*, onde os personagens interagem, 12,1-11), e ela não está em um dos dois grandes blocos de material de ensino (cap. 4 e cap. 13).

81 Numa das passagens mais controversas do NT (Mc 4,10-12), Jesus diz aos discípulos: "A vós foi dado o mistério do Reino de Deus; aos de fora, porém, tudo acontece em parábolas, a fim de que por mais que olhem, não vejam; por mais que escutem, não entendam; para que não se convertam e não sejam perdoados" (citando Is 6,9-10). Este dito é um resumo do *resultado* da proclamação do reino por Jesus e do Crucificado pela igreja, e não de sua finalidade, e provavelmente reflete a apologética protocristã que procurava no AT uma explicação para o sofrimento e a rejeição de Jesus. Ele também reflete a teologia de Marcos, que deseja que os leitores a vejam em relação às parábolas de 3,23-27, o despojamento do reino de Satanás. Pretende-se que os discípulos "vejam" aquilo que cega os de fora: a saber, que, embora Jesus seja o mais forte que derrota Satanás (Mc 1,7.21-27), Satanás ainda pode obstacularizar o reino de Deus (4,15) e que o poder de Jesus, embora aparentemente oculto e insignificante, finalmente prevalecerá.

(BOUCHER, M., *The Mysterious Parable: A Literary Study* [CBQMS 6; Washington, 1977]. BROWN, S., "The Secret of the Kingdom of God", *JBL* 92 [1973] 60-74. MARCUS, J., *The Mystery of the Kingdom of God* [SBLDS 90; Atlanta, 1986].)

82 Os importantes temas marcanos sobre cristologia e discipulado (→ Marcos, 41:4) são transmitidos em parábolas. O primeiro grupo de parábolas (3,23-27) conclui o quadro cristológico do começo do evangelho, onde Jesus é proclamado como o arauto do reino de Deus e o "mais forte" que despojará Satanás de seu poder. As parábolas seguintes, do capítulo 4, contrastam aparência e realidade (*p.ex.*, três semeaduras fracassadas, uma colheita extraordinária; a menor das sementes, um arbusto grande) e promovem o tema marcano do segredo messiânico. Elas também encorajam o discipulado fiel em face do fracasso. Mediante o (provável) acréscimo do envio do "discípulo amado" (12,6; cf. 1,11; 9,7), Mc muda a parábola dos vinhateiros homicidas numa alegoria da rejeição de Jesus. O discurso escatológico de Mc 13 termina com a parábola da ausência do chefe da família (13,33-37), que adverte a comunidade a ser vigilante em virtude da demora da parúsia.

83 (B) Mateus. Em contraste com as relativamente poucas parábolas de Marcos, que lidam principalmente com o ambiente agrícola, Mateus tem um grande número: 5 de Marcos (omitindo apenas a da semente que germina por si só, Mc 4,26-29); extensos ditos parabólicos e parábolas narrativas mais longas de Q, *p.ex.*, ovelha perdida (18,12-14), do banquete nupcial (22,1-10), do mordomo (24,45-51) e os talentos (25,14-30); juntamente com parábolas importantes de seu próprio material especial (M) ou da sua própria composição, *p.ex.*, o trigo e o joio (13,24-30), o devedor implacável (18,23-35), trabalhadores na vinha (20,1-16), as dez virgens (25,1-13) e ovelhas e bodes (25,31-46).

84 As parábolas de Mateus manifestam traços comuns. Muitas são parábolas dramáticas onde as ações e decisões humanas atraem os ouvintes. Mateus demonstra um amor pelo exagero. O arbusto de Marcos (Mc 4,32) torna-se uma árvore (Mt 13,32); o tesouro e a pérola excedem todos os valores (Mt 13,44-46); a dívida do servo excede os impostos da Síria, Fenícia, Judeia e Samaria (Mt 18,24); e os talentos dados aos servos equivalem a salários de 30, 60 ou 150 anos (Mt 25,15). Mateus também exibe fortes contrastes e inversões. Suas parábolas contêm mais elementos alegóricos do que os de Mc ou Lc e exibem um apreço por imagens apocalípticas para sublinhar a crise ocasionada pelo ensino de Jesus. As retribuições são céu ou inferno, trevas exteriores, pranto e ranger de dentes (13,42-43; 22,13; 25,30). Esta combinação de interação dramática, linguagem imaginativa e reverência religiosa marca o evangelho como um todo.

85 As parábolas também refletem a perspectiva teológica de Mateus (→ Mateus, 42:6, 84). Enquanto Marcos enfatiza os atos poderosos de Jesus, Mateus enfatiza o ensino autoritativo: Jesus é um Messias de atos e palavra. Mateus amplia os dois principais discursos marcanos de Jesus (caps. 4 e 13) mediante o acréscimo de considerável material parabólico (caps. 13, 24-25). As parábolas de Mateus em sua forma atual refletem conflitos entre a protoigreja e líderes judeus; elas são usadas para advertir a comunidade. A ovelha perdida torna-se uma exortação ao cuidado para com os pequeninos extraviados na comunidade (18,10); o devedor implacável, um paradigma do perdão ilimitado que deve caracterizar os líderes da comunidade (*p.ex.*, Pedro, 18:21-22); as pessoas a quem a vinha é dada devem produzir frutos (21,34.41; cf. 7,16-20); e um convite para o banquete após a rejeição das pessoas que foram inicialmente convidadas não assegura a entrada (22,11-14). As parábolas de Jesus em Mt tornam-se alegorias do chamado ao discipulado que deve ser proclamado entre a ressurreição e o retorno de Jesus (28,16-20).

86 (C) Lucas. Esta extensa coleção de parábolas contém afirmações clássicas do ensino de Jesus, como o Bom Samaritano, o Filho Pródigo e o Rico e Lázaro. Sua atmosfera e tom diferem das de Mt e Mc. Embora assuma as parábolas da natureza de Marcos, Lc concentra o drama menos no mistério da natureza do que no mistério da interação humana. Mediante o uso frequente do monólogo, Lc nos convida a nos tornarmos participantes nas parábolas. Lucas evita a alegoria; suas histórias são realistas. As parábolas de Lc servem muitas vezes de exemplos chocantes do comportamento que é característico dos seguidores de Jesus. A maioria das parábolas de Lc e a maior parte das que são exclusivas deste evangelho ocorrem na seção da jornada (9,51-19,27), onde Jesus, na viagem para Jerusalém, ensina o caminho do discipulado cristão à sua comunidade.

87 As parábolas refletem os temas e a teologia distintamente lucanos. No hino de louvor de Zacarias, a vinda do "Astro das alturas" (Jesus) se deve ao "misericordioso coração de nosso Deus" (1,78); e a "compaixão" é importante nas parábolas de Lc (10,33; 15,20). Maria fala do Deus que despede os ricos de mãos vazias (1,53); Jesus anuncia as boas novas aos pobres (4,18-19);

e Lc contém parábolas significativas sobre os perigos das riquezas (12,13-21; 16,19-31). Os indefesos são vindicados nas parábolas lucanas (7,40-43; 18,1-7), e os complacentes são desafiados (18,9-14). Mais que os outros Evangelhos, Lc apresenta as exigências da existência cristã *diária* e entende o discipulado como seguir o exemplo de Jesus. Em suas parábolas e por suas ações, o Jesus lucano torna-se o paradigma da vida cristã.

88 As parábolas de Jesus receberam novas interpretações quando foram endereçadas a novos ouvintes no contexto de um evangelho. Hoje as parábolas ocorrem de modo muito frequente no contexto litúrgico dos evangelhos previstos para os domingos. Os pregadores, mesmo quando tentam tornar as parábolas uma mensagem contemporânea, deveriam estar cientes de seus contextos originais, especialmente na proclamação do reino por Jesus e na teologia dos evangelhos. As parábolas não deveriam ser moralizadas como se fossem unidades isoladas. A atenção a estes ambientes originais, bem como às imagens das parábolas, seu poder metafórico e qualidade dramática, faz com que as parábolas novamente possam surpreender e desafiar as pessoas com o poder do evangelho.

Os Milagres de Jesus

BIBLIOGRAFIA

89 BORGEN, P., "Miracles of Healing in the New Testament: Some Observations", *ST* 35 (1981) 91-106. BROWN, C., *Miracles and the Critical Mind* (Grand Rapids, 1984). BROWN, R. E., "The Gospel Miracles", *New Testament Essays* (New York, 1982; art. orig. 1962) 168-91. BULTMANN, *HST* 209-44. DOUGLAS, M., *Purity and Danger* (London, 1966). DUNN, J. D. G., *Jesus and the Spirit* (Philadelphia, 1975) 69-76. EMPEREUR, J. L., *Prophetic Anointing* (Message of the Sacraments 7; Wilmington, 1982) 141-201. FRIDRICHSEN, A., *The Problem of Miracle in Primitive Christianity* (Minneapolis, 1972). FULLER, R. H., *Interpreting the Miracles* (London, 1963). HARVEY, A. E., *Jesus and the Constraints of History* (Philadelphia, 1982) 98-119. JERVELL, J., *The Unknown Paul* (Minneapolis, 1984) 77-95. KASPER, W., *Jesus the Christ* (New York, 1976) 89-99. KEE, H. C., *Miracle in the Early Christian World* (New Haven, 1983). LÉON-DUFOUR, X. (ed.), *Les Miracles de Jesus* (Parole de Dieu; Paris, 1977). MALINA, B., *The New Testament World* (Atlanta, 1981) 122-52. MOULE, C. F. D. (ed.), *Miracles* (London, 1965). MUSSNER, F., *The Miracles of Jesus* (Notre Dame, 1968). PESCH, R., *Jesu Ureigene Taten?* (QD 52; Freiburg, 1970). PRAEDER, S. M., *Miracle Stories in Christian Antiquity* (Philadelphia, 1987). RAMSEY, I. T., et al., *The Miracles and the Resurrection* (SPCK Theol. Coll. 3; London, 1964). SABOURIN, L., "The Miracles of Jesus, I, II, III", *BTB* 1 (1971) 59-80; 4 (1974) 115-75; 5 (1975) 146-200. SEYBOLD, K. e U. MUELLER, *Sickness & Healing* (Biblical Encounter Series; Nashville, 1981). SUHL, A. (ed.), *Der Wunderbegriff im Neuen Testament* (WF 295; Darmstadt, 1980). THEISSEN, G., *The Miracle Stories of the Early Christian Tradition* (Philadelphia, 1983). TIEDE, D. L., *The Charismatic Figure as Miracle Worker* (SBLDS 1; Missoula, 1972). VAN DER LOOS, H., *The Miracles of Jesus* (Leiden, 1965). VERMES, G., *Jesus the Jew* (New York, 1973) 58-82. WILMS, F. E., *Wunder im Alten Testament* (Regensburg, 1979). Também *Semeia* 11 (1978).

90 Esboço.

(I) A noção bíblica de milagre (§ 91-95)
(II) A crítica moderna dos milagres nos evangelhos
   (A) Enfoque da crítica das formas (§ 97-102)

     (a) Relatos de milagres de afirmação (§ 98)
     (b) Relatos de milagres propriamente ditos
        (i) Milagres de curas (§ 100)
        (ii) Milagres da natureza (§ 101)
     (c) Resumos de milagres (§ 102)

(B) Avaliação do enfoque da crítica das formas (§ 103-109)
(C) Outros enfoques dos relatos de milagres (§ 110)
(III) O significado dos milagres nos evangelhos
(A) Sinóticos (§ 112-114)
(B) João (§ 115-116)
(C) Atos (§ 117)

91 **(I) A noção bíblica de milagre.** Desde o tempo em que Quadrato fez uso dos milagres dos evangelhos em sua *Apologia a Adriano* (aproximadamente 125 d.C.), a importância dos milagres de Jesus parece ter estado inextricavelmente ligada à apologética. O Concílio Vaticano I (DS 3034) anatematizou qualquer um que dissesse não haver milagres, ou que todos os milagres bíblicos deveriam ser reduzidos ao nível de fábula ou mito, ou que os milagres não poderiam ser conhecidos com certeza e usados para provar a origem divina da religião cristã. Este casamento do estudo dos milagres dos evangelhos com a apologética foi um tanto infeliz, já que ele enfatiza um aspecto do milagre que (embora possa ser legítimo) não era primordial no ministério de Jesus nem nos Evangelhos. Os evangelhos tomam por certo a possibilidade do miraculoso, e assim não nos preocuparemos com esta questão filosófica em nosso estudo descritivo. Além disso, não levantaremos a questão sobre como os milagres podem ser usados para demonstrar a racionalidade da fé (apologética). Nós nos preocupamos aqui com a relevância dos milagres na missão de Jesus e nos Evangelhos.

92 Tem sido tradição definir os milagres, com Agostinho, como ações além das leis *ordinárias* da natureza, ou, ainda mais exigentemente com Tomás de Aquino, como ações que excedem o poder de *toda* natureza. (C. Brown, *Miracles* 11-12). Os próprios teólogos estão ficando muito descontentes com uma compreensão como esta que divorcia os milagres do âmbito da fé (Kasper, *Jesus* 89-99; J. Dohahue, *Way* 18 [1978] 252-62). De qualquer forma, a abordagem bíblica do miraculoso é diferente por várias razões.

93 *Primeira*, a Bíblia não vê a natureza como um sistema fechado de leis. As funções ordinárias da natureza são muitas vezes atribuídas diretamente a Deus, *p.ex.*, tempestade, fome e praga são consideradas como visitações e punições divinas. Há pouca sensibilidade para a causalidade secundária, e a distinção entre o natural e o sobrenatural é frequentemente tênue. A noção bíblica do miraculoso inclui atos que são explicáveis no nível da interação humana, bem como aqueles que não são; assim, ela inclui ações que podem não ser milagres sob a definição apologética dada acima. Se houve no AT histórias de estupendos incidentes como a ressurreição dos mortos e a detenção do sol em seu caminho (→ Hermenêutica, 71:25), o principal milagre do AT é a libertação de Israel do Egito, em si mesma uma ação governada por forças históricas. Mas os autores bíblicos olham para este acontecimento histórico com os olhos da fé e veem nele a ação miraculosa de Deus em favor de Israel (Sabourin, *BTB* 1 [1971] 60-64; → Êxodo, 3:17).

94 *Segunda*, se a Bíblia vê como ações divinas diretas os acontecimentos que não estão fora do campo da natureza e da história, então devemos reconhecer que o elemento do prodígio, que tanto faz parte da compreensão tradicional dos milagres, não é excessivamente proeminente na Bíblia. Isto se vê nos termos usados para milagres. A palavra inglesa "miracle" e a portuguesa "milagre" vêm do latim *miraculum*, "algo a ser admirado", mas esta palavra nem mesmo ocorre no NT da Vulgata. As palavras hebraicas que são traduzidas como "milagre" são *môpēt*, "ato simbólico", e *'ôt*, "sinal", nenhuma das quais se refere a algo prodigioso (Ez 12,1-6). Quando algo extraordinário é descrito, então *niplā'ôt*, a palavra plural para prodígios é acrescentada. Na LXX, o elemento do prodígio torna-se mais forte, pois *môpēt* é traduzido por *teras*, "maravilha".

No NT, a palavra dos sinóticos para milagres é *dynamis*, "ato de poder", e João usa *sēmeion*, "sinal", ou *ergon*, "obra". *Teras*, "maravilha", é usado apenas uma vez, em Atos 2,22, para designar os milagres de Jesus (em conjunção com "sinais" e "atos de poder"; B. Gerhardsson, *SEA* 44 [1979] 122-33). Desse modo, em nenhum dos Testamentos o vocabulário dos textos originais dá ênfase real ao prodígio.

95 *Terceira*, por causa da apologética nos acostumamos a pensar sobre os milagres como ações realizadas por indivíduos, *p.ex.*, curas, ressurreição dos mortos, acalmar tempestades perigosas. É digno de nota que no AT, embora haja intervenções divinas a favor de Israel, os milagres realizados por necessidades e propósitos individuais são encontrados com frequência apenas nos ciclos de Elias e Eliseu (→ 1-2 Reis, 10:29-31, 43-48). O paralelo entre os milagres de Jesus e os narrados nos dois ciclos fez com que ele fosse considerado um outro Elias e até mesmo um outro Eliseu (veja B. Lindars em Moule (ed.) *Miracles* 61-79; R. E. Brown, *Perspective* 12 [1971] 85-104; D. G. Bostock, *ExpTim* 92 [1980] 39-41).

96 (II) A crítica moderna dos milagres nos evangelhos. No séc. XIX, o racionalismo ou os estudos liberais dos milagres em geral tomaram uma de duas direções. A primeira abordagem aceitava o fato de que as curas foram realizadas por Jesus, mas as explicavam como curas ordinárias (curas de fé, técnicas medicinais especiais à frente de seu tempo, hipnose). Ofereceram-se explicações naturais semelhantes para outros milagres como a ressurreição dos mortos (coma, não morte real) e os milagres da natureza (andar sobre área pantanosa em vez de sobre a água). A segunda abordagem julgava as histórias dos milagres como fictícias, originando-se do exagero excessivo dos evangelistas ou da credulidade e da compreensão errônea dos primeiros cristãos. Os manuais de apologética conservadora ofereceram uma resposta a cada uma destas explicações ou combinação de explicações. Atualmente, embora a abordagem racionalista ou liberal dos milagres de Jesus ainda tenha seguidores, ela não é triunfante. Por um lado, muitos exegetas conservadores vieram a reconhecer que *algumas* histórias dos evangelhos podem implicar curas ordinárias e que, ocasionalmente, a imaginação popular e a interpretação teológica colorem o retrato de um milagre nos evangelhos. Por outro lado, alguns críticos menos conservadores estão dispostos a admitir que a abordagem racionalista ou liberal não pode explicar adequadamente a fé primitiva nos milagres de Jesus encontrada nos evangelhos. Reconhece-se que o modelo empírico e científico da realidade dominante na cultura ocidental, embora tendo sua própria validade, não é a única e exclusiva abordagem válida para a interpretação da realidade. Uma atenção maior ao contexto cultural do mundo helenista do séc. I demonstrou também a importância das experiências religiosas extáticas no mundo judaico, greco-romano e, portanto, no mundo protocristão (veja Kee, *Miracle*; Dunn, *Jesus*; Vermes, *Jesus the Jew* 58-82). A crítica bíblica moderna, portanto, assume agora uma abordagem um tanto diferente dos milagres de Jesus.

97 (A) O enfoque da crítica das formas. Estudaremos esta área particularmente como exemplificada no pensamento de R. Bultmann, um dos pioneiros do método da crítica da forma (→ Crítica do NT, 70:49). Ele trabalha sobre a pressuposição de que os milagres são impossíveis. Portanto, embora seja crível que Jesus possa ter curado algumas poucas pessoas por meios naturais, a origem das histórias de milagre nos evangelhos deve ser procurada em outras circunstâncias que não o ministério histórico de Jesus. Como observamos, há poucos paralelos do AT aos milagres que Jesus realizou a favor de indivíduos. Bultmann, portanto, não procura a origem do retrato de Jesus como fazedor de prodígios no AT; antes, este retrato foi colorido pelo fato de que o judaísmo atribuía ações prodigiosas aos rabinos palestinos e o mundo helenista os atribuía a fazedores de prodígio profissionais, como Apolônio de Tiana (veja Thiessen, *Miracle* 265-76; Kee, *Miracle*). A tese geral é que o cristianismo não poderia converter um mundo, quer judaico quer gentio, que dava crédito a estes milagres a menos que Jesus fosse apresentado como um igual, pelo menos, em termos de poder miraculoso. De modo especial, Bultmann distingue dois tipos de narrativas de milagres:

98 (a) *Relatos de milagres de afirmação*. Estes milagres estão vinculados a ditos importantes de Jesus e são recordados principalmente por causa destas afirmações. (Estas unidades são chamadas por Bultmann de apotegmas, *HTS* 11-16). Desse modo, em Mc 3,1-6, o centro do interesse não é a cura do homem com uma mão atrofiada, mas a atitude de Jesus para com o sábado (também Lc 13,10-17; 14,1-6). Ao julgar a historicidade destes milagres, alguns sugerem que apenas a declaração provém autenticamente de Jesus e que o milagre é uma ilustração criada pela comunidade palestina em seus debates com os fariseus.

99 (b) *Relatos de milagres propriamente ditos*. Aqui o milagre em si é o centro do interesse. As narrativas são subdivididas em milagres de cura (que incluem a expulsão de demônios) e os milagres na natureza.

100 (i) *Milagres de Cura* têm um formato fixo:
Ambiente: Uma descrição, às vezes detalhada, da doença da pessoa enferma e do fracasso passado de cura desta pessoa (Mc 5,25; 9,17-22). Com frequência esta é acompanhada por dúvidas acerca da capacidade do curador ou escárnio da parte dos espectadores (Mc 5,40; 9,18.22-23). Mas a pessoa que está doente ou um parente expressa fé no curador (Bultmann enfatiza que esta é meramente confiança num fazedor de prodígio e não fé verdadeira).

Cura: A intervenção do curador é em geral imediatamente eficaz. A maioria das vezes a cura é realizada mediante uma simples palavra de Jesus (Mc 5,41; 7,34). Às vezes a técnica implica toque físico (Mc 1,31.41; 5,41; 7,33) e três vezes, cuspe (Mc 7,33; 8,23; Jo 9,6). Ocasionalmente Jesus ora (Mc 7,34; Jo 11,41).

Resultado: A realidade da cura é atestada pela reação do paciente. Uma pessoa inválida caminha (Mc 2,12); um homem cego descreve o que vê (8,24-25); um homem possesso ou insano age normalmente (5,15); uma pessoa morta torna-se ativa (5,42). A natureza divina da intervenção que produziu a cura é reconhecida, muitas vezes pela multidão em coro (1,27; 5,20.42; Lc 7,16).

Bultmann aponta que os milagres atribuídos a fazedores de prodígios gregos têm exatamente o mesmo formato. As histórias de curas, para ele, são embelezamentos acrescentados à narrativa dos evangelhos nas igrejas de língua grega e não fazem parte integrante da boa nova de salvação original.

101 (ii) *Milagres da Natureza* incluem acalmar a tempestade (Mc 4,35-41), andar sobre o mar (6,45-52), multiplicação dos pães (6,33-44; 8,1-9), fazer a figueira secar (11,12-14), encontrar uma moeda na boca de um peixe (Mt 17,24-17), providenciar uma grande pescaria (Lc 5,1-11; Jo 21,1-14) e transformar a água em vinho (Jo 2,1-11). Não apenas para Bultmann, mas até mesmo para alguns dos estudiosos mais conservadores, os milagres na natureza não são genuína tradição histórica acerca de Jesus, mas refletem interpretações teológicas posteriores feitas pela protocomunidade e pelos evangelistas.

102 (c) *Resumos de milagres*. Além das duas principais classes de histórias de milagres dadas acima, existem nos evangelhos resumos que mencionam muitas curas (Mc 1,32-34; 3,10-12; 6,54-56). A linguagem desses resumos assemelha-se à dos relatos de milagres individuais, e eles são generalizações baseadas mais nas histórias individuais que nas memórias de numerosos milagres realmente operados por Jesus.

103 (B) Avaliação do enfoque da crítica das formas. As observações acima possuem obviamente algum valor ao sugerir modos pelos quais as histórias dos milagres foram moldadas e passadas adiante na protoigreja. Um conhecimento, por exemplo, do formato-padrão de uma cura pode capacitar o exegeta a detectar numa narrativa individual características únicas que carecem de explicação. Mas existem diversos pontos sobre os quais a abordagem de Bultmann precisa de refinamento ou correção. As observações seguintes estão em ordem:

104 *Primeira*, a análise literária das formas pode ser inadequada e necessitar de mais nuanças, pois os dados que Bultmann examinou eram muito limitados. Em particular, os paralelos que ele detectou entre os milagres dos evangelhos e os milagres dos rabis ou dos fazedores de prodígios helenistas requerem precaução, como sugerido por J.-M. van Cangh, *RTL* 15 (1984) 28-53; L. Sabourin, *BTB* 2 (1972) 281-307. Sobre o problema da maior sutileza da crítica da forma, veja H. D. Betz, *Semeia* 11 (1978) 69-81; R. Funk, *Semeia* 12 (1978) 57-96. Além disso, Theissen (*Miracle*) e outros tentam ir além da abordagem "arqueológica" de Bultmann, na qual o desenvolvimento da forma do milagre é vista como o acúmulo de sucessivas camadas de tradição. Usando os discernimentos do estruturalismo moderno, Theissen identifica em torno de 33 temas literários comuns a uma ampla gama de relatos de cura cristãos, judaicos e greco-romanos. Ele sugere que várias combinações destes temas receberam proeminência de acordo com o contexto e a função da história do milagre dentro de um ambiente e sistema religioso particular.

105 *Segunda*, as histórias dos milagres são parte integrante da narrativa dos evangelhos. Quase metade do relato de Marcos sobre o ministério público (200 dos 425 versículos de Mc 1-10) está preocupada com o miraculoso. Se os milagres são propostos como embelezamentos subsequentes da pregação original do evangelho, pergunta-se que atos de Jesus a pregação original continha. Além disso, uma teoria dos milagres como acréscimos posteriores não se ajusta a nenhuma das evidências das fontes dos evangelhos, pois as hipotéticas fontes mais antigas, inclusive "Q" e o *kerygma* petrino (At 2,22; 10,38), mencionam milagres. Isto foi admitido por um crítico da forma contemporâneo de Bultmann; veja Fridrichsen, *Problem*. Paulo parece tomar como certo a operação de milagres dentro da igreja (*p.ex.*, 1Cor 12,28), e ele mesmo foi dotado com este dom carismático (2Cor 12,11-12), um ponto às vezes negligenciado nas avaliações de Paulo (Jervell, *Unknown* 77-95). G. H. Boobyer (Ramsey [ed.], *Miracles* 40) conclui: "A análise detalhada dos estágios oral e literário pelos quais o conteúdo dos evangelhos passou antes de atingir sua presente forma literária está em desenvolvimento agora por mais de um século, mas nenhum estudioso reivindicaria ter descoberto uma camada primitiva das tradições narrativas que não contivesse milagres ou alusões a milagres."

106 *Terceira*, existem alguns saltos de lógica errôneos no julgamento da origem das histórias dos milagres. Começar como a pressuposição de que os milagres são impossíveis e que, portanto, os milagres de Jesus não podem ser autênticos é uma argumentação circular e representa uma abordagem secularizada da realidade. Toda a convicção dos evangelhos é de que o reino (ou domínio) de Deus estava se fazendo sentir presente de um modo *extraordinário* no ministério de Jesus. Uma outra dificuldade é a tentativa de estabelecer a origem das narrativas de cura bíblicas com base em sua semelhança, quanto à forma, às narrativas de cura pagãs. Ao oferecer um relato fictício ou real de uma cura, de que outra forma a história poderia ser contada exceto descrevendo a enfermidade, a cura e a reação? Estas semelhanças de forma são muito previsíveis e nada nos falam sobre a origem ou a veracidade. O fato de que a cura era um importante fenômeno religioso no mundo mediterrâneo do séc. I não depõe contra o fato de que Jesus de Nazaré era um autêntico fazedor de milagres. A suposição de que observar paralelos entre os milagres dos evangelhos e outros sistemas religiosos equivale a explicar sua origem é uma falácia da abordagem da história das religiões (Kee, *Miracle* 1-41).

107 *Quarta*, a nítida distinção entre milagres de cura e na natureza é conveniente, mas não possui justificativa real dentro do ponto de vista bíblico. Os evangelistas não demonstram mais surpresa diante dos milagres na natureza do que diante das curas, nem qualquer dificuldade maior em aceitá-los. Numa cosmovisão onde não apenas a enfermidade e a morte, mas também a catástrofe natural representam o poder de Satanás, a intervenção do reino de Deus exigiria uma demonstração do poder no âmbito da natureza, bem como no da existência humana.

108 *Quinta*, se os milagres dos evangelhos foram criados por um desejo de dar a Jesus a reputação de fazedor de prodígios, o elemento do prodigioso teria sido mais proeminente do que é agora. Ainda que se atribuam mais histórias de milagres a Jesus do que a qualquer outro personagem da Antiguidade, há uma notável limitação nos relatos dos evangelhos acerca da magnitude e modo de sua atividade de cura (Harvey, *Jesus* 98-114). Jesus é apresentado de modo consistente como se recusando a realizar milagres a fim de mostrar seu poder (Mt 4,5-7; Lc 23,6-12; Mc 8,11-13; Mt 12,38-42; Mc 15,31-32). Marcos, em particular, apresenta Jesus tentando evitar chamar atenção para seus milagres (7,33; 8,23; 9,25). Alguns intérpretes de Mc sugerem que o principal propósito do evangelho era desencorajar um retrato de Jesus baseado exclusivamente em seu papel como fazedor de prodígios; antes, Mc deseja deslocar a ênfase do leitor para a morte de Jesus (veja R. Tannehill, *Semeia* 16 [1979] 71). Jesus avisa as pessoas acerca do perigo dos prodígios que podem enganar até mesmo os escolhidos (Mc 13,22-23), e ele insiste que até mesmo as maiores maravilhas não podem compelir à fé (Lc 16,31). Somente na camada posterior do material dos evangelhos parece haver alguma ampliação do elemento prodigioso nas histórias dos milagres. Por exemplo, nos sumários de milagres (→ 102 *acima*) Mt e Lc preferem registrar que Jesus curou *todos* os enfermos, em vez dos *muitos* de Marcos (Mc 3,10; Mt 12,15; Lc 6,19); detalhes mais impressionantes aparecem nas narrativas de Mt (a figueira seca imediatamente em 21,19, em vez de no dia seguinte como em Mc 11,20). Somente num milagre raro, contudo, como o encontrar uma moeda na boca do peixe (Mt 17,24-27), temos o prodigioso realizado por conveniência própria de um modo que se aproxima do estilo de um fazedor de prodígio helenista; e mesmo aqui a verdadeira intenção da história pode ser simbólica e didática (→ 113-14 *abaixo*; veja *PNT* 101-5).

109 *Sexta*, a fé em Jesus que é mencionada nos relatos dos milagres não pode ser descartada como mera confiança num fazedor de prodígios. Os evangelhos são narrados a partir da perspectiva da fé da ressurreição, e a resposta a Jesus dentro das histórias de curas ilustra a fé dirigida ao poder de Deus ativo dentro do ministério daquele que se tornou o Cristo ressurreto. As histórias dos milagres refletem uma avaliação cristológica de Jesus como aquele por meio de quem o poder de Deus chega a humanidade. Isto é evidente no fato de que os suplicantes nas histórias das curas se dirigem a Jesus com títulos plenamente cristológicos como "Filho de Davi" (Mc 10,47) ou "Senhor" (Lc 18,41) ou clamam a ele com formas de oração da protoigreja (Mt 8,25: "Senhor, salva-os, estamos perecendo!").

110 (C) Outros enfoques dos relatos de milagres. A abordagem crítico formal e histórica dos milagres, embora importantes e válidas, não são os únicos meios de se interpretar os milagres dos evangelhos. A crítica bíblica contemporânea, juntamente com sua tentativa de refinar a metodologia da crítica da forma, usa uma variedade de outras metodologias para examinar o significado dessas histórias. A crítica da redação (→ Crítica do NT, 70:80) e a crítica literária ou da narrativa (→ Hermenêutica, 71:55, 67) demonstraram que cada evangelista integrou os milagres em sua perspectiva teológica e apresentação literária geral, acrescentando novas dimensões às próprias histórias (→ 114 *abaixo*; J. Donahue, *Way* 18 [1978] 252-62; Kee, *Miracle* 174-251; D. Stanley, *Way* 18 [1978] 272-86). O uso das ferramentas da antropologia e sociologia culturais tem levado a uma nova consciência das dimensões simbólicas do corpo e dos tabus ligados às doenças (e cura) dentro do mundo antigo (veja Douglas, *Purity*; Malina, *New Testament* 122-52; J. Pilch, *BTB* 11 [1981] 108-13; 15; [1985] 142-50). As curas do leproso em Mc 1,40-45 ou da mulher encurvada em Lc 13,10-17, por exemplo, implicam não apenas uma demonstração visível do poder de Jesus, mas ilustram a natureza inclusiva de sua missão. Fenômenos como possessão demoníaca e exorcismo podem ter um significado social e político, bem como um significado explicitamente religioso. No exorcismo do endemoninhado geraseno (Mc 5,1-20), o homem possesso e desumanizado pela "Legião" (uma palavra que pode, originalmente, ter indicado a impotência do povo sob a ocupação romana) é plenamente capacitado como seguidor de Jesus e proclamador do evangelho (P. W. Hollenbach, *JAAR* 49 [1981] 567-88). A atenção à dinâmica da doença psicológica e social também foi instrutiva na interpretação do significado das histórias das curas. A doença realça o isolamento dos seres humanos e os limites que frequentemente se encontram entre a vida e a morte, puro e impuro, íntimo e estranho (P. Borgen, *ST* 35 [1981] 91-106; Seybold e Mueller, *Sickness* 9-13; Empereur, *Prophetic* 141-201). Nos milagres, tanto o suplicante quanto o curador atacam os limites do "possível" e "racional" para revelar uma nova realidade alcançável por meio do poder de Deus (Thiessen, *Miracle* 300-2). Não é por acidente que alguns relatos de milagres envolvem o contato de Jesus com os gentios, e provavelmente foram usados na protoigreja para animar a comunidade judaico-cristã em sua luta para alcançar o mundo gentílico (veja Mc 7,24-30; Mt 8,5-13; Lc 8,26-39). Devido ao fato de os milagres serem reveladores, estas ações de Jesus foram vistas não apenas como acontecimentos do passado, mas como um mandato divino para a missão universal da igreja.

111 (III) O significado dos milagres nos evangelhos. Não há dúvida de que muitas das histórias de milagres possuem um certo interesse apologético, visto que elas desejam ratificar o poder e missão extraordinários de Jesus (D. Dennison, *BTB* 6 [1976] 190-202). Mas os milagres de Jesus não eram apenas ou principalmente confirmações externas de sua mensagem; antes o milagre era o veículo da mensagem. Eles são "relatos revelatórios" (Theissen, *Miracles* 291-301; Pesch, *Jesu*). Lado a lado, palavra e ato miraculoso deram expressão ao advento do poder redentor de Deus.

112 (A) Sinóticos. As muitas facetas dos exorcismos e curas são evidentes nos Evangelhos sinóticos. A descrição do ministério de Jesus inclui tanto pregação quanto curas ou exorcismos (Mc 3,7-12; Mt 4,23; At 10,36-38). Este ministério, centrado no estabelecimento do iminente domínio (Reino) de Deus, envolve a destruição do governo de Satanás sobre o mundo, pois, desde a entrada do pecado e da morte no mundo, Satanás manteve um certo domínio sobre a natureza e a humanidade. Os milagres foram a principal arma de Jesus no conflito com Satanás (Mc 3,22-27), derrotando o poder do mal e libertando a humanidade; esta é a razão por que um milagre é um *dynamis* ou "ato de poder". A expulsão de demônios é o exemplo mais óbvio do uso de milagres para destruir o poder de Satanás: "Mas se é pelo Espírito de Deus que eu expulso os demônios, então o Reino de Deus já chegou a vós" (Mt 12,28; Lc 11,20). Juntamente com a expulsão direta dos demônios, a cura de doenças é um outro aspecto da guerra contra Satanás (Lc 13,32), pois a doença era parte do reino das trevas de Satanás (Kasper, *Jesus* 95-99). Ao ressuscitar mortos e até mesmo vencer calamidades naturais como tempestades (observe em Mc 4,39 Jesus se dirige ao vento como se ele fosse um demônio), Jesus demonstra o poder de Deus sobre o demoníaco (Sabourin, *BTB* 14 [1974] 115-75).

113 Além de dar ênfase primordial aos milagres como os meios de estabelecer o domínio (reino) de Deus, os sinóticos também retratam Jesus como anexando ocasionalmente outro significado simbólico às ações miraculosas. A resposta dada aos discípulos de João Batista (Mt 11,4-6) mostra que os milagres cumpriam as profecias de Isaías dos dias por vir (Is 6,1-3; 35,5-6; 26,19); a multiplicação dos pães cumpriu a promessa de Ezequiel (Ez 34,11; Mc 6,34) de que Deus seria um pastor cuidando de seu rebanho; a pesca miraculosa (Lc 5,1-11) era uma ação profética simbólica de como a palavra de Deus atrairia os seres humanos; o ressecamento miraculoso da figueira (Mc 11,12-14.20-25) é apresentado por Marcos como um sinal do julgamento contra o Templo de Jerusalém (D. Senior, *The Passion of Jesus in the Gospel of Mark* [Wilmington, 1984] 24-28).

114 Em alguns casos, o próprio Jesus talvez tenha usado suas ações poderosas como sinais proféticos (M. Trautmann, *Zeichenhafte Handlungen Jesu: Ein Beitrag zur Frage nach dem geschichtlichen Jesu* [FB 37; Würzburg, 1980]), mas sem dúvida muito desse uso simbólico dos milagres pode ser atribuído à igreja primitiva e aos próprios evangelistas. Assim, em Mc 8,22-26 a abertura dos olhos do cego por Jesus torna-se, para Mc, uma história de discipulado na qual o Bartimeu que recentemente recobrou sua visão é uma metáfora para a fé autêntica em Jesus (P. Achtemeier, *Semeia* 11 [1978] 115-45; → Marcos, 41:54). O relato do acalmar a tempestade em Mt não apenas revela o poder divino de Jesus sobre o caos do mar, mas por meio deste particular material petrino o evangelista também reflete sobre seu tema especial da "pequena fé" (Mt 14,22-33; H. J. Held, "Matthew as Interpreter of the Miracle Stories" em G. Bornkamm *et al.*, *Tradition and Interpretation in Matthew* [Philadelphia, 1963] 204-6; *PNT* 80-83). Na versão de Lucas do chamado dos primeiros discípulos (Lc 5,1-11), a pesca miraculosa que precede o convite a Simão expressa a teologia de Lucas, na qual o poder das palavras e ações de Jesus atrai pessoas a ele (P. Achtemeier, em C. H. Talbert [ed.], *Perspectives on Luke-Acts* [Danville VA, 1978]). Cada Evangelho sinótico, portanto, usa o "sinal" revelatório potencial nas histórias de milagres como um veículo para comunicar as reflexões do evangelista sobre a identidade de Jesus e o significado da vida cristã.

115 (B) João. Embora bem menos numerosos que os dos sinóticos, os milagres de Jo (apenas uns sete em detalhes e comparativamente poucos sumários) estão completamente integrados na perspectiva teológica geral deste evangelho. Há pouca ênfase manifesta sobre os milagres como vencendo Satanás (nenhum exorcismo) e estabelecendo o reino de Deus, visto que o último tema praticamente está ausente na teologia joanina. Porém o fato de o Jesus joanino se referir a seus milagres como *erga*, "obras" (5,36, etc.), mostra que os milagres são uma parte integrante da obra dada a Jesus pelo Pai (5,17; 14,10) e, de fato, uma continuação das "obras" de Deus no AT, como a criação (Gn 2,2) e o êxodo (Ex 34,10; Sl 66,5).

116 O narrador e os outros personagens em João se referem aos milagres de Jesus como *sēmeia*, "sinais" (→ Teologia joanina, 83:55-57); e na verdade o elemento simbólico dos milagres, que era secundário nos sinóticos, torna-se primordial em João. Os milagres físicos são usados para indicar verdades espirituais. Alguns sugerem que João incorporou uma "fonte de sinais" (uma coleção dos milagres de Jesus; → João, 61:2) em seu evangelho, reinterpretando as histórias que originalmente pretendiam demonstrar a identidade messiânica de Jesus, de modo que elas agora afirmassem a cristologia superior de João, que proclamava Jesus como o único revelador de Deus. Embora a hipótese de uma fonte de sinais continue sendo controversa, há pouca dúvida de que as histórias de milagres são colocadas a serviço da cristologia de João. A abundância miraculosa do vinho – o primeiro "sinal" de Jesus – em Caná revela a "glória" de Jesus aos discípulos (Jo 2,11). A ressurreição de Lázaro ilustra a identidade de Jesus como a "ressurreição e a vida" (11,25-26). A vida dada ao filho do oficial (4,50.51.53) é um símbolo da vida do Espírito que será dada por meio da morte e ressurreição de Jesus (5,21-24). A conversa em 9,35-41 mostra que o principal interesse não está no homem cego que tem sua visão física recuperada, mas em sua vinda para o discernimento de fé, um discernimento que se tornou possível por meio de Jesus, a "luz do mundo" (Jo 9,5; veja *BGJ* 525-32). O pano de fundo do uso de João do termo "sinais" pode ser encontrado nesta designação dos milagres de Moisés (Ex 10,1; Nm 14,11.22) e no uso frequente de ações simbólicas pelos profetas. Assim, contra Bultmann, há algum pano de fundo do AT para o conceito de milagres dos evangelhos (D. Stanley, *Way* 18 [1978] 272-86).

117 (C) Atos. Os milagres descritos em Atos não se encontram dentro do escopo deste artigo. Simplesmente mencionaremos que os milagres de Pedro, Paulo (os de Paulo parecem ser um tanto padronizados aos de Pedro) e outros apóstolos são do mesmo gênero dos milagres operados por Jesus, *p.ex.*, curar os incapacitados e os enfermos, ressuscitar os mortos, etc. Eles são realizados em nome de Jesus (At 3,6) e representam o poder contínuo do reino de Deus inaugurado por Jesus (→ Atos, 44:29; veja F. Neirynck em *Actes des Apôtres* [ed. J. Kremer; BETL 48; Gembloux, 1979] 169-213; R. F. O'Toole, *The Unity of Luke's Theology* [GNS 9; Wilmington, 1984] 51-53).

A Ressurreição de Jesus

BIBLIOGRAFIA

118 ANDERSON, H., *Jesus and Christian Origins* (New York, 1964) 185-240. BARTSCH, H.-W., *Das Auferstehungszeugnis* (Hamburg, 1965). BROWN, R. E., *The Virginal Conception and Bodily Resurrection of Jesus* (New York, 1973). CRAIG, W. L., *The Historical Argument for the Resurrection of Jesus during the Deist Controversy* (Lewiston, New York, 1985). DE HAES, P., *La résurrection de Jésus dans l'apologétique des cinquante dernières années* (AnGreg 59; Roma, 1953). DESCAMPS, A., "La structure des récits évangéliques de la resurrection", *Bib* 40 (1959) 726-41. DHANIS, E. (ed.), *Resurrexit* (Vaticano, 1974) – com bibliografia (1920-1973) por G. GHIBERTI. DODD, C. H., "The Appearances of the Risen Christ: An Essay in Form-Criticism of the Gospels", *More New Testament Studies* (Grand Rapids, 1968) 102-33. DURRWELL, F. X., *The Resurrection: A Biblical Study* (New York, 1960). FULLER, D. P., *Easter Faith and History* (Grand Rapids, 1965). FULLER, R. H., *The Formation of the Resurrection Narratives* (New York, 1971). GHIBERTI, G., *RivB* 23 (1975) 424-40 – continuação da bibliografia em DHANIS (*acima*); *La risurrezione di Gesù* (Brescia, 1982). GRASS, H., *Ostergeschehen und Osterberichte* (3ª ed.; Göttingen, 1964). GRELOT, P., "La resurrection de Jésus et l'histoire", *Quatres Fleuves* 15-16 (1982) 145-79. GRESHAKE, G. e J. KREMER, *Resurrectio Mortuorum... Leibliche Auferstehung* (Darmstadt, 1986). HENDRICKX, H. H., *The Resurrection Narratives of the Synoptic Gospels* (2ª ed.; London, 1984). KESSLER, H., *Sucht den Lebenden nicht bei den Toten: Die Auferstehung Jesu Christi* (Düsseldorf, 1985). KREMER, J., *Das älteste Zeugnis von der Auferstehung Christi* (SBS 17; Stuttgart, 1966); *Die Osterevangelien* (Stuttgart, 1977). LAKE, K., *The Historical Evidence for the Resurrection of Jesus* (London, 1907). LÉON-DUFOUR, X., *Resurrection and the Message of Easter* (New York, 1975). MARTINI, C. M., *Il problema storico della risurrezione negli studi recenti* (AnGreg 104; Roma, 1959). MARXSEN, W., *The Resurrection of Jesus of Nazareth* (Philadelphia, 1970). MORISON, F., *Who Moved the STONE?* (London, 1930). NIEBUHR, R., *Resurrection and Historical Reason* (New York, 1957). O'COLLINS, G., *The Resurrection of Jesus Christ* (Valley Forge, 1974); *Jesus Risen* (New York, 1987). OSBORNE, G. R., *The Resurrection Narratives: A Redactional Study* (Grand Rapids, 1984). PANNENBERG, W., "Did Jesus Really Rise from the Dead?", *Dialog* 4 (1965) 128-35. PERKINS, P., *Resurrection* (New York, 1984). RENGSTORF, K. H., *Die Auferstehung Jesu* (5ª ed.; Witten, 1967). RIGAUX, B., *Dieu l'a ressucité* (Gembloux, 1973). SCHMITT, J., "Résurrection de Jésus", *DBSup* 10. 487-582. STANLEY, D. M., *Christ's Resurrection in Pauline Soteriology* (AnBib 13; Roma, 1961). SWETE, H. B., *The Appearances of Our Lord After the Passion* (London, 1907).

119 Esboço.

(I) A realidade da ressurreição (§ 120-126)
(II) Diferenças nas narrativas da ressurreição (§ 127-130)
(III) Problemas especiais
   (A) O final perdido de Marcos? (§ 131)
   (B) Ampliações mateanas (§ 132)
   (C) Jesus ressuscitou ou foi ressuscitado? (§ 133)
   (D) A ressurreição/ascensão (§ 134)

120 (I) A realidade da ressurreição. A ressurreição de Jesus foi diferente de todas as outras restaurações à vida mencionadas na Bíblia. No NT, Lázaro, a filha de Jairo e o filho da viúva de Naim são descritos como retornando à existência humana ordinária; não há sugestão de que eles tenham sido glorificados ou de que eles não morreriam novamente. Mas Jesus é retratado como vencendo a morte, como retornando imortal em glória e poder. A ressurreição de Jesus foi a suprema intervenção de Deus na existência humana, o milagre supremo. Não surpreende, então, que, por um lado, a ressurreição tenha se tornado o principal argumento apologético em favor da verdade do cristianismo e que, por outro lado, a realidade da ressurreição tenha sido questionada.

Como ocorre com os milagres, contudo, a constante interação da apologética no estudo da ressurreição teve efeitos ruins (→ 91 *acima*). Criou-se a noção de que a principal importância da ressurreição era comprobatória, enquanto que a salvação foi completada na cruz. Estudiosos como Durrwell e Stanley procuraram reivindicar a importância salvífica da ressurreição como seu principal papel. A paixão, a morte, a ressurreição e a ascensão de Jesus constituem uma ação indissolúvel para a salvação humana, como Paulo reconheceu implicitamente em Rm 4,25 quando disse que Jesus "foi entregue pelas nossas faltas e ressuscitado para a nossa justificação". A vida para a qual Jesus foi restaurado por meio da ressurreição é a vida eterna que ele agora pode compartilhar com as pessoas que creem nele. Foi com esta compreensão teológica, e não com propósito apologético, que Paulo exclamou: "Se Cristo não ressuscitou, vazia é a nossa pregação, vazia é também a vossa fé" (1Cor 15,14; → Teologia paulina, 82:58-60; veja Kessler, *Sucht*, sobre a ressurreição como um tópico teológico).

121 Entretanto, uma vez que isto é colocado no apropriado foco secundário, a questão do valor apologético da ressurreição não pode ser evitada. O NT não afirma que alguém tenha visto a ressurreição e não tenta descrevê-la, como o faz *Evangelho de*

Pedro (→ Apócrifos, 67:72). Portanto, a realidade da ressurreição corporal depende da ausência do corpo ou do túmulo vazio e, acima de tudo, da validade das experiências das pessoas que alegaram ter visto Jesus ressurreto. A crítica racionalista ou liberal do séc. IX tentou desacreditar as histórias da ressurreição como demonstrativo da *fraude* apostólica (os apóstolos inventaram as histórias; eles roubaram o corpo) ou da *credulidade* e confusão apostólicas (ele não morreu, mas entrou em coma; os túmulos foram confundidos; alucinações foram mal interpretadas como aparições reais). Remetemos o leitor à refutação diligente destes ataques em livros apologéticos clássicos (veja Morison, *Who Moved*).

É interessante apontar aqui que alguns desses ataques já eram comuns no séc. I e deixaram sua marca nas camadas posteriores dos relatos do NT sobre a ressurreição que procuraram responder aos ataques. A afirmação de que os apóstolos estavam mentindo ao alegarem terem visto o Jesus ressurreto, quando outros não o viram, está implícita na explicação de Pedro em At 10,41. A acusação de que os apóstolos roubaram o corpo é atribuída aos sacerdotes e fariseus em Mt 28,13 (cf. 27,64), e Mateus a refuta com a história dos guardas no túmulo. A sugestão de que os apóstolos eram crédulos, provavelmente motivou a constante lembrança de que a princípio eles não creram que Jesus estava realmente ressurreto (Mt 28,17; Lc 24,11.37; Mc 16,11.14; Jo 20,25). Uma ênfase apologética nas qualidades corpóreas e tangíveis do Jesus ressurreto encontra-se por trás da insistência de que ele comeu (Lc 24,41-43; At 10,41) e que suas feridas puderam ser verificadas pelos apóstolos (Lc 24,39; Jo 20,24-28). Aparentemente, o túmulo vazio exerceu um papel direto pequeno na apologética do NT, embora ele seja o pano de fundo dos relatos sobre a manhã de Páscoa. Segundo João (20,2), o fato surpreendente do túmulo vazio sugere a Maria Madalena apenas que o corpo foi roubado. Existem possíveis indicações de que a ideia do túmulo vazio estava implícita na pregação primitiva, *p.ex.*, na menção ao sepultamento em 1Cor 15,4; na comparação sugerida em At 2,29-31.

(Para uma defesa da Antiguidade e importância da memória do túmulo vazio, veja R. H. FULLER, *BR* 4 [1960] 8-24. W. NAUCK, *ZNW* 47 [1956] 243-67. H. F. VON CAMPENHAUSEN, *Tradition and Life in the Church* [Philadelphia, 1968] 42-89. W. L. CRAIG, *NTS* 31 [1985] 39-67.)

122 No início do séc. XX, sob o impacto da *Orpheus* de S. Reinach, de 1909, montou-se um novo ataque à realidade da ressurreição mediante o estudo comparativo das religiões (→ Crítica do NT, 70:39). Propôs-se que os protocristãos, consciente ou inconscientemente, conformaram a história de Jesus às lendas e cultos de mistérios pagãos que implicavam morte e ressurreição de deuses (Átis, Adônis, Osíris, Dionísio). Mas os apologistas foram rápidos em apontar que, embora Jesus tenha ressuscitado na primavera, sua morte e ressurreição não tinham nada a ver com o ciclo natural de dormência no inverno e florescimento na primavera que estavam por trás dos supostos paralelos. Quanto a detalhes sobre a história dos apologistas sobre a ressurreição, veja as obras de De Haes, Martini e Craig na bibliografia.

123 Uma outra tentativa (*p.ex.*, H. Grass) de explicar a ressurreição em outros termos que não a restauração corporal real está concentrada na teoria de que a fé genuína dos judeus cristãos na vitória de Jesus sobre a morte poderia ser expressa por uma mente hebraica apenas em termos de ressurreição corporal, pois a ressurreição do corpo era a única forma de imortalidade conhecida pelos discípulos. Jesus realmente foi glorificado; e visto que a felicidade espiritual era inconcebível sem um corpo, a glorificação de Jesus foi descrita como uma ressurreição. Assim, a ressurreição do corpo torna-se um símbolo de uma verdade espiritual.

De fato, contudo, a ressurreição corporal não era o único modo de se expressar vitória sobre a morte no judaísmo; veja G. W. E. Nickelsburg, *Resurrection, Immortality, and Eternal Life in Intertestamental Judaism* (HTS 26; Cambridge MA, 1972); R. Martin-Achard, *DBSup* 10. 437-87, especialmente 471ss.; Perkins, *Resurrection* 37-66. Além disso, a grande sutileza por parte dos discípulos sugerida na teoria acima mencionada e a dificuldade de reconciliar esta teoria com a insistência muito antiga de que pessoas *viram* o Jesus ressurreto levaram alguns pesquisadores críticos a serem cautelosos quanto a uma abordagem puramente simbólica da ressurreição. É óbvio que Paulo acreditava não apenas que ele mesmo tinha visto o Jesus ressuscitado (Gl 1,12.16), mas que muitos outros tinham visto Jesus (1Cor 15,5-8). Isto levou à sugestão de se fazer uma distinção entre a experiência de "ver" a Jesus e a interpretação desta experiência como a ressurreição de Jesus (*p.ex.*, Marxsen).

124 Pannenberg fez algumas afirmações interessantes posicionando-se contra uma atitude de arrogância para com a historicidade da ressurreição. Ele insiste que aqui não se trata da simples revivificação de um cadáver. Não apenas há o fato físico de que imediatamente após a morte começa o processo irreversível de dissolução, mas – e isto é mais relevante – os autores do NT estão pensando mais em transformação que em revivificação. Paulo, que traça uma analogia estreita entre a ressurreição de Jesus e a ressurreição futura dos mortos (1Cor 15,12), enfatiza grandemente as características da transformação que ocorre na ressurreição. O que morre é perecível, fraco e mortal; o que ressuscita é imperecível, glorioso e imortal (15,42-43.52-54). Em resumo, "é semeado um corpo físico; é ressuscitado um corpo espiritual" (15,44, trad. do autor; veja M. E. Dahl, *The Resurrection of the Body* [SBT 36; London, 1962]). Entretanto, se o NT enfatiza que o que foi visto foi um Jesus radicalmente transformado, foi *Jesus* que foi visto. É verdade que o relato sobre o túmulo vazio parece representar uma camada de tradição diferente desta das histórias das aparições de Jesus; porém, a pregação dos discípulos sobre a ressurreição (e portanto sua compreensão da ressurreição) supõe que o túmulo estava vazio (→ 121 *acima*). Esta pregação seria rapidamente refutada caso houvesse qualquer tradição de um túmulo onde o cadáver de Jesus ainda estivesse. Mesmo os judeus que procuravam refutar os seguidores de Jesus nunca sugeriram que o túmulo não estava vazio. E este conceito de um túmulo vazio ajuda a confirmar a continuidade entre o Jesus do ministério terreno e o Jesus transformado visto pelos discípulos.

125 Pannenberg ("Did Jesus" 135) escreve: "Aconteceu algo em que os discípulos, nestas aparições, foram confrontados com uma realidade que também não pode ser expressa em nossa língua de qualquer outro modo que não pela expressão simbólica e metafórica da esperança além da morte, a ressurreição dos mortos. Por favor, entenda-me corretamente: Somente o nome que damos a este acontecimento é simbólico, metafórico, mas não a realidade do acontecimento em si. O último é tão absolutamente único que não temos outro nome para isto senão a expressão metafórica da expectativa apocalíptica. Neste sentido, a ressurreição de Jesus é um acontecimento histórico, um acontecimento que realmente aconteceu naquele tempo".

Deixemos aos teólogos a tarefa de avaliar o que é analógico e o que é literal nos conceitos gerais de "vida" após a morte e ressurreição de um corpo.

(Para exemplos, veja W. PANNENBERG, *Jesus – God and Man* [Philadelphia, 1968] 66-114; E. S. FIORENZA, *Foundational Theology* [New York, 1984] 5-55; J. P. GALVIN, *TS* 49 [1988] 25-44; PERKINS, *Resurrection* 392-452.)

126 Até onde concerne às evidências bíblicas, por um lado, segundo o NT os discípulos reivindicavam ter visto o Jesus que fora crucificado e sepultado. (A esta luz, pensamos ser biblicamente irresponsável reivindicar que a fé cristã na ressurreição seja independente da questão de se Jesus ainda está ou não sepultado na Palestina – a fé cristã na ressurreição encontra-se em continuidade com a fé apostólica na ressurreição, e não há evidências de que as primeiras testemunhas tenham assumido uma postura de indiferença para com o corpo na sepultura.). Por outro lado, existe reiteração no NT de que o Jesus ressurreto era diferente ("em uma outra forma" – Mc 16,12) e um tanto irreconhecível (Lc 24,16; Jo 20,14; 21,4). Qualquer solução para o problema deve levar em consideração o elemento de continuidade e o elemento de mudança e espiritualização, se esta solução deve ser guiada pelas evidências bíblicas.

127 (II) Diferenças nas narrativas da ressurreição. Na narrativa da paixão, cada um dos evangelhos apresenta uma história contínua, cuja sequência geral é singularmente paralela em todos os quatro. (Esta foi a razão para se supor que a narrativa da paixão era uma das porções mais antigas da tradição dos evangelhos a tomar forma.). Mas a tradição da ressurreição consiste de aparições isoladas com pouca concordância entre os vários evangelhos sobre as circunstâncias e detalhes. Um estudo atento da tabela da página seguinte mostra quão numerosas são as variações. Fazemos duas suposições críticas básicas na tabela: Primeira, que Mc 16,9-20 não é de Mc, mas uma compilação posterior, em parte de material semelhante a Lc, acrescentado ao Evangelho – o "Apêndice Marcano" (→ Marcos, 41:109; veja W. R. Farmer, *The Last Twelve Verses of Mark* [New York, 1974]; J. C. Thomas, *JETS* 26 [1983] 407-19). Segunda, que Jo 21, embora composto dentro da escola joanina, talvez não tenha sido do mesmo escritor que o restante de Jo, de modo que, apesar da tentativa redacional de se fazer Jo 20 e 21 consecutivos, ele representa tradições independentes acerca das aparições de Jesus. (Veja R. E. Brown, "John 21 and the First Appearance of the Risen Jesus to Peter", em Dhanis [ed.], *Resurrexit* 246-65.)

128 Concentremo-nos nas narrativas das aparições aos Doze. Está claro que existem tradições vinculadas a duas localidades diferentes. As aparições em *Jerusalem* são atestadas por Lc, Jo 20 e o Apêndice Marcano; as aparições na *Galileia* são atestadas por Mt, Jo 21 e, presumivelmente, por Mc (cf. 16,7; 14,28). O fato de que esta dupla tradição também existe nos evangelhos apócrifos e em outros documentos foi defendido por E. Lohmeyer, *Galiläa und Jerusalém* (Göttingen, 1936) 6-7. (Sobre a tese de Lohmeyer de um cristianismo galileu, veja G. Stemberger, em W. D. Davies, *The Gospel and the Land* [Berkeley, 1974] 409-38; também S. Freyne, *Galilee* [Wilmington, 1980] 344-91.)

Nenhuma das duas tradições demonstra qualquer consciência quanto a uma tradição de aparições em outros locais. Os *relatos de Jerusalém* deixam pouco ou nenhum lugar para aparições subsequentes na Galileia. Lucas 24,25 retrata a partida de Jesus diante de seus discípulos como ocorrendo em Betânia, fora de Jerusalém, na noite de Páscoa, e o Apêndice Marcano tem o mesmo quadro. Um estudo de como Lc 24,6 muda a importância de Mc 16,7 parece indicar um desejo da parte de Lc de evitar menção às aparições na Galileia. Na verdade, em At 1,3 há evidências da consciência lucana de um período mais longo das aparições pós-ressurrecionais, mas não há menção da Galileia, e a ascensão ocorre na área de Jerusalém (1,12). Em Jo, temos as aparições pós-ressurrecionais durante um período de oito dias (20,19.26), e então o evangelho termina (20,30-31).

Os *relatos galileus* parecem descartar aparições anteriores em Jerusalém aos Doze. A orientação do anjo em Mc 16,7 e Mateus 28,7 convida os discípulos a irem para a Galileia a fim de ver a Jesus – uma ordem que faria pouco sentido se eles fossem vê-lo primeiro em Jerusalém. Quando Jesus aparece aos discípulos nas montanhas na Galileia (Mt 28,16-17), eles expressam dúvida; e os outros evangelhos associam esta hesitação com aparições iniciais (Lc 24,37; Jo 20,25; Mc 16,13.14). Haveria pouca razão para duvidar se eles já o tinham visto em Jerusalém. O redator que acrescentou Jo 21 fez parecer que as aparições na Galileia aconteceram depois das aparições em Jerusalém ao inserir os versículos que unem os dois relatos (21,1.14). Mas é completamente evidente, a partir da própria história das aparições galileias (21,4.7), que os discípulos estão vendo Jesus pela primeira vez.

129 Os escritores das vidas harmoniosas de Jesus impõem sua própria sequência às evidências dos evangelhos: Jesus apareceu primeiro aos Doze em Jerusalém por uma semana; a seguir, por alguma razão inexplicável, eles foram para a Galileia onde ele lhes apareceu na praia e na montanha; e finalmente retornaram para Jerusalém onde Jesus lhes apareceu antes de ascender. Esta sequência prejudica as evidências dos evangelhos, como o bispo Descamps ("Structure" 737-39) demonstrou. *Se* alguém quer se aventurar além das evidências a fim de estabelecer uma sequência, então (após a descoberta do túmulo vazio em Jerusalém e, talvez, após as aparições de Jesus às mulheres em Jerusalém e aos discípulos "menores" na estrada para Emaús) se podem colocar as aparições aos Doze na Galileia antes das aparições a eles em Jerusalém – uma sequência que não é descartada nos relatos galileus. A tentativa lucana e joanina de ter a aparição principal aos Doze ocorrendo no dia da Páscoa é provavelmente uma construção inspirada mais por interesses teológicos do que por interesses históricos.

Mas a resposta mais bíblica é reconhecer que as evidências não permitem estabelecer uma sequência com alguma segurança. Cada tradição nos evangelhos concentra-se em uma aparição importantíssima aos Doze na qual eles são comissionados para sua tarefa futura (Mt 28,19; Lc 24,47-49; Mc 16,15; Jo 20,21; 21,15-17 e o simbolismo da pescaria). Cada tradição oferece a impressão de que Jesus está aparecendo a eles pela primeira vez, por isso a dúvida e a confiança restabelecida. Assim, Descamps está correto ao sustentar que, de certo modo, *no que diz respeito à substância*, todos os evangelhos estão narrando a mesma aparição aos Doze.

130 Como aconteceu que um evangelista registrou as aparições apenas em Jerusalém ou na Galileia e que não houve tentativa de se fazer uma sequência de todas as aparições pós-ressurrecionais de Jesus? Taylor (*FGT* 59-62) faz uma sugestão interessante. Ao pregar a ressurreição, o que era essencial era um testemunho de que uma testemunha apostólica bem conhecida tinha visto Jesus. Não havia uma cadeia de acontecimentos relacionados na ressurreição como havia na paixão. Desse modo, no *kerygma* primitivo de Paulo sobre a ressurreição (1Cor 15,5-7), apenas são listados os nomes daquelas pessoas a quem Jesus apareceu, e não se menciona nenhuma localidade. Cada comunidade preservaria a memória de uma aparição de Jesus a personagens conhecidos àquela comunidade. As importantes comunidades cristãs palestinas de Jerusalém e da Galileia manteriam a memória das aparições com associações locais, ou talvez, se a teoria de Descamps está correta, teria adaptado ao respectivo ambiente local a tradição de uma aparição básica aos Doze. Os evangelistas individuais se valeram de uma ou outra dessas tradições locais disponíveis a eles, talvez ignorando a existência de outras tradições.

131 **(III) Problemas especiais.** Aqui devemos ser altamente seletivos, sugerindo apenas a direção da resposta.

(A) O final perdido de Marcos? Frequentemente se supõe que Mc terminava outrora com uma aparição na Galileia semelhante à contada em Mt, e que infelizmente este final foi perdido. Há dificuldades, contudo; *p.ex.*, o fato de Lc não mostrar consciência das aparições galileias pode significar que a forma de Mc disponível para ele já estava sem o suposto fim. Lohmeyer sugeriu que Marcos não tinha aparições da ressurreição e que a promessa de que os discípulos veriam Jesus na Galileia (16,7) dizia respeito à parúsia (uma tese corretamente rejeitada nos comentários de Taylor sobre

Mc [p. 608], Haenchen [p. 546] e Schweizer [p. 366]). Todavia, ainda que se pense que Mc deve ter acreditado em aparições pós-ressurrecionais, em harmonia com todos os elementos querigmáticos antigos do NT, é possível que Mc terminasse sem narrar uma aparição específica – apenas com a asseveração geral de que o Senhor realmente foi ressuscitado. Afinal de contas, apesar da ordem angelical de ir para a Galileia (v. 7 – que pode ser secundário), 16,8 insiste que as mulheres não transmitiram esta ordem – o que talvez esteja relacionado ao tema do segredo marcano e à falta de entendimento dos discípulos.

(Para uma avaliação da pesquisa: TROMPF, G. W., *AusBR* 21 [1973] 15-26. Para a tese de que Marcos terminava intencionalmente com 16,8: BOOMERSHINE, T. E., *JBL* 100 [1981] 193-223; PETERSEN, N. R., *Int* 34 [1980] 151-66.)

132 (B) Ampliações mateanas. Em Mc 16,4 e Lc 24,2, as mulheres encontram a pedra removida do túmulo, e a seu lado encontram um homem ou homens (celestiais). A implicação de que o(s) visitante(s) celestial(iais) moveu(ram) a pedra é expressa detalhadamente em Mt 28,1-4, que tem as mulheres presentes quando o anjo do Senhor desce e remove a pedra, assustando os guardas que guardavam o local do túmulo. Estes guardas (Mt 27,62-66; 28,4.11-15) estão ausentes dos outros Evangelhos e são difíceis de reconciliar com as narrativas em Mc e Lc – por que as mulheres iriam ao túmulo com especiarias, esperando remover a pedra (Mc 16,3) se havia guardas cujo propósito expresso era manter as pessoas fora? Em outra parte, Mt parece valer-se de tradições dramatizadas nos círculos populares (os magos e a estrela, Herodes e as crianças, o suicídio de Judas, o sonho da esposa de Pilatos, Pilatos lavando as mãos, a ressurreição dos santos quando da morte de Jesus) – histórias para as quais Mt, como aqui, pode dar uma função apologética. O terremoto, os guardas e o(s) anjo(s) aparecem de uma forma mais elaborada no *Evangelho de Pedro*. Para uma discussão sobre os guardas no túmulo, veja W. L. Craic, *NTS* 30 (1984) 273-81).

133 (C) Jesus ressuscitou ou foi ressuscitado? Em torno de 19 passagens, principalmente nos escritos paulinos, o NT deixa absolutamente claro que Deus o Pai (sujeito) ressuscitou Jesus (objeto) dos mortos (*p.ex.*, 1Ts 1,10; 1Cor 6,14; Gl 1,1). Assim, a mais antiga tradição que conhecemos atribui a ação na ressurreição ao Pai. O verbo que aparece nas narrativas dos Evangelhos (Mc 16,6; Mt 28,6-7; Lc 24,6.34) é *ēgerthē*, uma forma do aoristo passivo que normalmente seria traduzido por "Ele foi ressuscitado" – veja C. F. D. Moule, *Idiom Book of New Testament* (2ª ed.; Cambridge, 1963) 26. Contudo, estas formas passivas no grego koiné podem ser traduzidas intransitivamente com uma nuança ativa: "Ele ressuscitou" – veja J. H. Moulton e N. Turner, *A Grammar of New Testament Greek* (Londres, 1963) 3. 57. A última tradução, que muda a agência na ressurreição para Jesus, é comum nas Bíblias católicas traduzidas da Vulgata, porque Jerônimo traduziu *ēgerthē* por *surrexit*, uma forma ativa. Contudo, a tradução "ele foi ressuscitado" provavelmente deva ser preferida nos sinóticos como menos tendenciosa cristologicamente e como uma tradução literal em harmonia com a perspectiva teológica primitiva. Em João, a teologia desenvolveu-se para o ponto de vista onde é compreendido que Jesus e o Pai agiam pelo mesmo poder divino (Jo 10,30) e que, portanto, pode-se dizer que Jesus ressuscitou por seu próprio poder (10,17-18). Desse modo, o *ēgerthē* de 2,22 provavelmente deva ser traduzido: "Quando ele ressuscitou dos mortos...".

134 (D) A ressurreição/ascensão. "Ascensão" normalmente evoca a imagem de Jesus sendo elevado para o céu numa nuvem após 40 dias (At 1,3.9). Esta compreensão apresenta diversas dificuldades: 40 é um número simbólico na Bíblia e nem sempre deve ser entendido literalmente; outras passagens sugerem uma ascensão na Páscoa (Lc 24,51; Jo 20,17; Mc 16,19); a noção da ascensão para o céu implica linguagem figurativa, pois o céu não deve ser

AS VARIANTES NOS RELATOS DAS APARIÇÕES DA RESSURREIÇÃO

	Mc 16,1-8	Mt 28,1-20	Lc 24	Mc 16,9-20	Jo 20
NO TÚMULO					
TEMPO	bem cedo primeiro dia da semana; nascer do sol	primeiro dia da semana amanhecendo ou chegando	primeiro dia da semana; muito cedo	cedo; primeiro dia da semana	cedo; primeiro dia da semana; ainda escuro
MULHERES	Maria de Magdala; Maria, mãe de Tiago; Salomé	Maria de Magdala; outra Maria	Maria de Magdala; Maria, mãe de Tiago; Joana; outras	Maria de Magdala	Maria de Magdala; uma outra? ("nós" no v. 2)
PROPÓSITO	levar especiarias; vieram ungir	vieram ungir	especiarias da Sexta-Feira; levaram especiarias		
FENÔMENO VISUAL	pedra removida; jovem sentado (dentro) à direita	terremoto; anjo desceu; ele moveu a pedra; sentou-se nela (fora)	pedra removida; dois homens permanecendo (dentro); anjos (v. 23)	Jesus	pedra removida; (mais tarde) dois anjos sentados dentro
DIÁLOGO	Jovem diz: não vos espanteis; Jesus ressuscitou; dizei aos discípulos que ele foi para a Galileia	Anjo disse: Não temais; Jesus ressuscitou; dizei aos discípulos que ele foi para a Galileia	Homens perguntaram: Porque procurais aquele que vive? relembram a profecia feita na Galileia		(Mais tarde) anjos perguntaram: Por que chorais? Ela pensa que o corpo foi roubado
REAÇÃO DAS MULHERES	fugiram temendo; nada disseram	foram rapidamente com medo; contaram aos discípulos	retornaram; contaram aos Onze e ao restante	foram e contaram aos seguidores	foi e contou a Pedro e a "outro discípulo"
APARIÇÕES DE JESUS		Jesus os encontrou; elas abraçaram seus pés; ele repetiu a mensagem acerca da Galileia		Jesus apareceu primeiro a Maria Madalena	(Mais tarde Jesus apareceu a Maria Madalena. Ela o agarra; ele fala da ascensão)

	Mc 16,1-8	Mt 28,1-20	Lc 24	Mc 16,9-20	Jo 20
			[Pedro corre ao túmulo; viu os lençóis de sepultamento e voltou para casa.] O Senhor apareceu a Simão (v. 34)		Pedro e o discípulo correm até o túmulo; veem os lençóis de sepultamento; o discípulo vai para casa crendo
					Maria retornou e viu Jesus como descrito acima entre parênteses
CAMINHO			Jesus apareceu a dois discípulos na estrada para Emaús	Jesus apareceu a dois deles que caminhavam para o interior	
JERUSALÉM			Apareceu aos Onze na refeição noite de Páscoa	Mais tarde aos Onze na refeição	Apareceu aos discípulos menos a Tomé na refeição noite de Páscoa
					semana seguinte, aos discípulos e a Tomé
GALILEIA		aos Onze numa montanha			João 21 a sete discípulos no Mar de Tiberíades

considerado realmente como acima da terra. P. Benoit (*Jesus and the Gospel* [New York, 1973] 1. 209-53) fez uma distinção muito importante no conceito de ascensão que ajuda a resolver o problema. Se uma pessoa está falando do término das frequentes aparições do Jesus ressurreto, isto ocorreu algum tempo (contraste os 40 dias de At com o período mais longo previsto em 1Cor 15,8) após a ressurreição, talvez na forma simbólica de uma levitação como At descreve. Se uma pessoa está falando da ascensão teologicamente, *i.e.*, como um retorno ao Pai ou como uma glorificação no céu à direita de Deus, esta exaltação era parte integrante da ressurreição. Jesus ressuscitou dos mortos para a glória e apareceu após a ressurreição como alguém já glorificado com supremo poder (Mt 28,28; Lc 24,26). A conexão íntima e imediata entre a ressurreição e a ascensão assim entendida é expressa em Jo 20,17ss. e está implícita em muitos outros textos do NT (At 5,30-31; Ef 4,10; 1Pd 3,21-22; Hb 4,14; 1Tm 3,16). Veja J. A. Fitzmyer, *TS* 45 (1984) 409-40.

Os Doze e o Apostolado

BIBLIOGRAFIA

135 AGNEW, F. H., "On the Origin of the Term *Apostolos*", *CBQ* 38 (1976) 49-53; "The Origin of the NT Apostle-Concept", *JBL* 105 (1986) 75-96. BARRETT, C. K., *The Signs of an Apostle* (Philadelphia, 1972). BROWN, R. E., *The Critical Meaning of the Bible* (New York, 1981) 121-46. CERFAUX, L., "L'unité du corps apostolique dans le Nouveau Testament", *Recueil* 2. 227-37; "Pour l'histoire du titre *Apostolos* dans le Nouveau T estament", *Recueil* 2. 185-200. CULVER, R. D., "Apostles and the Apostolate in the New Testament", *BSac* 134 (1977) 131-43. EHRHARDT, A., *The Apostolic Succession in the First Two Centuries of the Church* (London, 1953). GERHARDSSON, B., *Die Boten Gottes und die Apostel Christi* (Lund, 1962). GILES, K., "Apostles before and after Paul", *Churchman* 99 (1985) 241-56. HAHN, F., "Der Apostolat in Urchristentum", *KD 20* (1974) 56-77. HERRON, R. W., "The Origin of the New Testament Apostolate", *WTJ* 45 (1983) 101-31. KÄSEMANN, E., "Die Legitimitat des Apostels", *ZNW* 41 (1942) 33-71. KERTELGE, K., "Das Apostelamt des Paulus", *BZ* 14 (1970) 161-81. KIRK, J. A., "Apostleship since Rengstorf", *NTS* 21 (1974-75) 249-64. KLEIN, G., *Die Zwölf Apostel* (FRLANT 59; Göttingen, 1961). KRAFT, H., "Die Anfänge des geistlichen Amts", *TLZ* 100 (1975) 81-98. KREDEL, E. M., "Der Apostelbegriff in der neueren Exegese", *ZKT* 78 (1956) 169-93, 257-305. LIGHTFOOT, J. B., *Saint Paul's Epistle to the Galatians* (10ª ed.; London, 1910) 92-101. MOSBECH, H., "*Apostolos* in the New Testament", *ST* 2 (1948) 166-200. MUNCK, J., "Paul, the Apostles, and the Twelve", *ST* 3 (1950) 96-110. RENGSTORF, K., "*Apostolos*", *TDNT* 1. 407-47; ROLOFF, J., *Apostolat-Verkündigung--Kirche* (Gütersloh, 1965). SCHMITHALS, W., *The Office of Apostle in the Early Church* (Nashville, 1969). SCHNACKENBURG, R., "Apostolicity, the Present Position of Studies", *One in Christ* 6 (1970) 243-73. STUHLMACHER, P., "Evangelium-Apostolat--Gemeinde", *KD* 17 (1971) 28-45. VILLEGAS, B., "Peter, Philip and James of Alphaeus", *NTS* 33 (1987) 292-94. VOGELSTEIN, H., "The Development of the Apostolate in Judaism and Its Transformation in Christianity", *HUCA* 2 (1925) 99-123. VON CAMPENHAUSEN, H., *Ecclesiastical Authority and Spiritual Power in the Church of the First Three Centuries* (Stanford, 1969) 12-54.

136 Esboço.

(I) Os Doze
  (A) Identidade dos Doze (§ 137-146)
    (a) Primeiro grupo de quatro:
      Simão e André (§ 138)
      Tiago e João (§ 139)
    (b) Segundo grupo de quatro:
      Filipe, Bartolomeu e Tomé (§ 140)
      Mateus/Levi (§ 141)
    (c) Terceiro grupo de quatro:
      Tiago, Judas, "irmãos" de Jesus (§ 142-143)
      Simão (§ 144)
      Judas Iscariotes (§ 145)
      Lebeu/Tadeu/Judas (§ 146)
  (B) O papel dos Doze (§ 147-148)
(II) Os apóstolos
  (A) Origem do termo (§ 149-152)
  (B) Alguns corolários (§ 153-157)
    (a) Apóstolo: um título pós-ressurrecional (§ 153)
    (b) Apóstolos não pertencentes aos Doze (§ 154)
    (c) Os Doze como apóstolos (§ 155-157)

137 (I) Os Doze. O NT oferece quatro listas de doze homens a quem Jesus escolheu durante seu ministério para estarem com ele: Mc 3,16-19; Mt 10,2-4; Lc 6,14-16; Atos 1,13 (sem Iscariotes). João não oferece uma lista, mas menciona "os Doze" (6,67; 20,24).

(A) Identidade dos Doze. A tabela a seguir apresenta os nomes encontrados nas quatro listas e indica a sequência em que eles ocorrem. Observe que eles se encaixam em três grupos de quatro. A ordem dentro dos grupos varia, mas um nome nunca passa de um grupo para um outro. Talvez o agrupamento tenha sido um artifício mnemônico.

	Mc	Mt	Lc	At
Simão Pedro	1	1	1	1
Tiago de Zebedeu	2	3	3	3
João de Zebedeu	3	4	4	2
André, irmão de Pedro	4	2	2	4
Filipe	5	5	5	5
Bartolomeu	6	6	6	7
Mateus	7	8	7	8
Tomé	8	7	8	6
Tiago de Alfeu	9	9	9	9
Tadeu	10	10		
Lebeu		10*		
Judas de Tiago			11	11
Simão o Zelote	11	11	10	10
Judas Iscariotes	12	12	12	

* Em alguns mss. ocidentais.

138 (a) *Primeiro grupo de quatro*. O primeiro apóstolo a ser mencionado é sempre SIMÃO, cujo nome foi mudado para Pedro (o termo grego *Petros* é derivado de *petra*, "rocha", a tradução do aramaico *kêpā'* – Jo 1,42; Mt 16,18), uma mudança que ocorreu muito cedo, visto que Paulo se refere a ele como Cefas, não como Simão. A discussão sobre Pedro foi influenciada consciente ou inconscientemente pelos debates católico-protestantes sobre o papado, mas *PNT* oferece uma avaliação acadêmica ecumênica de todos os textos pertinentes do NT. (Também R. Pesch, *Simon-Petrus* [Stuttgart, 1980]; *TAG* 112-24.). É útil a distinção entre o papel de Pedro durante sua vida (antes de 65) e o desenvolvimento de sua imagem nas obras do NT escritas após sua morte – a trajetória petrina. Intimamente associado a Pedro, nos Evangelhos, encontra-se seu irmão André (Jo 1,40-41). Betsaida é identificada como a cidade de André e Pedro em Jo 1,44, mas os sinóticos colocam a casa de Pedro em Cafarnaum (Mt 8,14). Simão e André eram pescadores no Mar da Galileia (Mc 1,16). Segundo Jo 1,40, André (e aparentemente Pedro – também At 1,22) era discípulo de João Batista (P. M. Peterson, *Andrew, Brother of Simon Peter* [NovTSup 1; Leiden, 1958]).

139 Tiago e João também eram pescadores galileus, como Zebedeu, seu pai (Mc 1,19). Uma comparação implausivelmente complicada convence alguns de que "a mãe dos filhos de Zebedeu" (Mt 27,56) fosse Salomé (Mc 15,40), que era irmã da mãe de Jesus (Jo 19,25), o que faria de Tiago e João primos de Jesus. A mãe figura em Mt 20,20 (cf. Mc 10,35). Os dois irmãos eram conhecidos como Boanerges, "filhos do trovão" (Mc 3,17) e parece que tinham um caráter irascível (Lc 9,54). Este Tiago, conhecido como "o Grande" ou "o Ancião" para contrastá-lo do(s) outro(s) Tiago(s) do evangelho (→ 143 *abaixo*), foi morto por Herodes Agripa I entre 41 e 44 d.C. (At 12,1-2) e assim foi, presumivelmente, o primeiro mártir entre os Doze. João de Zebedeu não é mencionado pelo nome no Quarto Evangelho (cf. 21,2); poucos estudiosos identificariam hoje o Discípulo Amado que foi a fonte da tradição do Quarto Evangelho (19,35; 21,20.24) com este João. Ele tampouco deveria ser confundido com o profeta João de Ap 1,1-3; 22,7-8, que viveu por um tempo na Ásia Menor, em Patmos.

Pedro, Tiago e João figuram como um grupo especial de três que foram especialmente próximos de Jesus. Eles testemunharam a transfiguração (Mc 9,2) e a ressurreição da filha de Jairo (5,37); eles estiveram perto de Jesus no Getsêmani (14,33). André completa o quarteto em 1,29 e 13,3. Pedro e João estão intimamente associados em At 3,1; 4,13; 8,14.

140 (b) *Segundo grupo de quatro*. Filipe era de Betsaida e parece ter sido amigo íntimo de André (Jo 1,44; 6,5-8; 12,22). Nada se sabe sobre Bartolomeu (= filho [*bar*] de Talmai). Contudo, João (1,45-46; 21,2) menciona Natanael, um nativo de Caná sendo trazido a Jesus por Filipe; e por volta do séc. IX d.C., Natanael foi identificado com Bartolomeu porque o nome de Bartolomeu segue o de Filipe nas três listas. Mas é muito provável que Natanael não fosse um dos Doze (assim Agostinho, Gregório o Grande). *Tomé* é chamado de "o Gêmeo", Dídimo, em Jo 11,16;

20,24. Uma lenda apócrifa antiga o faz o gêmeo de Jesus, como também na tradição síria de Judas Tomé (→ 143, 146 *abaixo*).

141 Mateus/Levi é encontrado em todas as listas, mas apenas a lista mateana o chama de coletor de impostos. O chamado de Levi, filho de Alfeu, um coletor de impostos, é encontrado em Mc 2,14; Lc 5,27, embora Mt 9,9 ofereça uma descrição paralela do chamado de Mateus e nunca mencione Levi. Não se faz qualquer conexão entre Levi o coletor de impostos e Mateus um dos Doze. Talvez a tradição de Mateus tivesse mais informações que os outros evangelhos, e assim a identificação de Levi com Mateus sugerida por Mt pode ser histórica. Contudo, Orígenes (*Contra Celsum* 1.62) disse que Levi não era um dos Doze, e Mateus talvez esteja simplesmente exibindo a tendência de fazer todos os primeiros seguidores de Jesus membros dos Doze. (Se Levi e Mateus eram ambos coletores de impostos, a confusão era possível.). Vemos esta mesma tendência atuando nas tentativas dos escribas de identificar Levi com Tiago, um outro dos Doze, pois, em vez de "Levi filho de Alfeu", algumas testemunhas ocidentais de Mc 2,14 tem "Tiago filho de Alfeu". Talvez ainda um outro exemplo possa ser encontrado no nome de Lebeu que aparece em algumas leituras ocidentais da lista em Mc 3,18 e Mt 10,3 (→ 146 *abaixo*), se Westcott e Hort estiverem corretos em pensar que Lebeu é uma forma de Levi (por meio do latim?). Veja B. Lindars, *NTS* 4 (1957-58) 220-22.

142 (c) *Terceiro grupo de quatro*. A tradição popular identifica dois dos Doze, *Tiago de Alfeu* (todas as listas) e *Judas de Tiago* (lista de Lucas), com dois dos quatro "irmãos" de Jesus: Tiago, Joset ou José, Simão, Judas.

O grego da passagem que menciona estes irmãos de Jesus (e também irmãs: Mc 6,3; Mt 15,55-56) usa a palavra normal para designar irmãos de sangue ou uterinos. Se não houvesse uma tradição eclesiástica contrária, poder-se-ia supor que eles fossem filhos de Maria nascidos após Jesus, especialmente porque são mencionados juntos com ela (também Mc 3,31-35 e par.). Mas uma forte tradição (aceita também por Lutero, Calvino e Zuínglio) retrata Maria como "sempre virgem". O *ProtEv Tiago* do séc. II identifica estes homens como filhos do idoso José de um casamento anterior (explicando assim por que Maria os criaria e acompanharia); no séc. IV, Jerônimo (um ardente defensor da virgindade de José) sustentou que eles eram primos de Jesus, nascidos de um parente de José ou de Maria. (Nesta direção, alguns identificariam "Maria a mãe de Tiago e Joset [José]" de Mc 15,40 e Mt 27,56 como "irmã de sua mãe, Maria [a esposa] de Clopas" de Jo 19,25.). *Por causa do ensino eclesiástico*, pode-se afirmar plausivelmente que "irmãos" no grego do NT é uma tradução (demasiadamente literal) do termo hebraico '*āḥ*' ou do aramaico '*aḥā*', abrangendo uma ampla gama de relacionamentos, inclusive irmãos, primos e meio-irmãos. Claramente, a identidade exata destes personagens é um problema pós-NT, não um problema bíblico. Veja J. Blinzler, *Die Brüder und Schwestern Jesu* (SBS; Stuttgart, 1967); *MNT* 65-72; 273-75; J. Gilles, *Les "frères et soeurs" de Jésus* (Paris, 1979).

De qualquer modo, é muito duvidoso que Tiago e Judas ou qualquer um dos "irmãos de Jesus" fossem membros dos Doze. "Os irmãos" não seguiram Jesus durante o ministério (Jo 7,5; Mc 3,21 onde, presumivelmente, "seus parentes" são "os irmãos e irmãs" de 3,31). Passagens como At 1,13-14; 1Cor 15,5-7 fazem distinção entre os Doze e "os irmãos", e esta distinção é sugerida em Mc 3,13-19 comparado com 3,31. Em particular, Tiago o irmãos do Senhor, se ele é filho de Clopas, claramente não é aquele membro dos Doze identificado como Tiago o filho de Alfeu (de quem nada sabemos), apesar da tentativa de Jerônimo de identificar Clopas e Alfeu.

143 Assim, parece que temos, entre os conhecidos de Jesus, três homens chamados de Tiago: (1) Tiago filho de Zebedeu, "o Grande", um dos Doze (→ 139 *acima*); (2) Tiago filho de Alfeu, um dos Doze; (3) Tiago, presumivelmente filho de Clopas, "o Menor" (Mc 15,40 = o menor ou mais jovem), um "irmão" de Jesus, que mais tarde preside (anacronisticamente "bispo") em Jerusalém, autor tradicional de uma epístola, um apóstolo no sentido amplo da palavra (Gl 1,19?), mas não um dos Doze (P. Gächter, *ZKT* 76 [1954] 126-69).

Parece ter havido também três homens chamados Judas: (1) Judas Iscariotes, um dos Doze (→ 145 *abaixo*); (2) Judas filho de Tiago, de quem nada sabemos; a tradução encontrada em algumas Bíblias, "Judas irmão de Tiago", é uma tentativa tendenciosa de identificá-lo como o Judas mencionado a seguir e não é garantida pela gramática grega comum (BDF 162.2); (3) Judas "irmão" de Jesus e irmão do terceiro Tiago acima (Jd 1,1), autor tradicional de uma epístola, duvidosamente o terceiro "bispo" de Jerusalém após Tiago e Simão (seu outro irmão? → História, 75:193), mas não um dos Doze.

144 Voltando às listas dos Doze, encontramos um certo Simão, chamado de *zēlōtēs* nas listas de Lucas e de *kananaios* em Mc e Mt. O último não significa que ele é de Caná ou um cananeu, mas reflete o aramaico *qan'ānā'*, "zelo". Por volta da década de 60, um zelote era membro do partido nacionalista extremo, antirromano, que tinha defensores na Galileia (→ História, 75:179); antes, porém, pode ter descrito alguém "zeloso por Deus" como Fineias (Nm 25,13).

145 Judas Iscariotes era filho de Simão (Jo 12,4; de maneira interessante, as melhores leituras de 6,71 e 13,26 parecem descrever Simão como o Iscariotes, assim: "Judas, filho de Simão o Iscariotes"). O sobrenome de Judas aparece como *Iskariōth*, *Iskariōtēs* (ou como *Skariōth*, *Skariōtēs* nos mss. ocidentais) e *apo Karyōtou* (em algumas testemunhas dos versículos em Jo). O significado é incerto, mas muitos o tomam como refletindo o termo hebraico *'îš Qĕrîyôt*, *i.e.*, um homem de Queriot, uma cidade no sul da Judeia, uma interpretação que tornaria Judas o único membro não galileu conhecido dos Doze. Outros interpretam o nome como refletindo *sicarius*, "homem do punhal", um nome latino para um membro de um grupo judaico nacionalista relacionado aos zelotes (→ História, 75:179). O. Cullmann (*RHPR* 42 [1962] 133-40) aceita esta opinião e sugere que o difícil "outro" Judas das listas lucanas dos Doze era, de fato, Judas o Zelote e, assim, era o mesmo que Judas Iscariotes (ainda que se mencionem pais diferentes – Tiago e Simão, respectivamente!). Veja W. Vogler, *Judas Iskarioth* (Berlin, 1982).

146 As listas mostram uma falta de concordância sobre a identidade de um membro dos Doze, pois no décimo e décimo primeiro lugares aparecem três nomes: (1) Lebeu em algumas importantes testemunhas textuais ocidentais de Mt 10,3 – "Lebeu" em Mc 3,18 tem menos apoio; (2) Tadeu em Mc 3,18 e nas melhores testemunhas de Mt 10,3; (3) Judas filho – não irmão – de Tiago nas duas listas de Lucas. Orígenes sustenta que estes três eram nomes diferentes para um só homem. Outros pensam que Lebeu é Levi (→ 141 *acima*). João 14,22 menciona entre os seguidores de Jesus "um Judas não o Iscariotes". O cóptico deste versículo reza "Judas o Zelote"; o siríaco reza "Judas Tomé" – tenta obviamente identificar este Judas com um dos Doze nas listas, seja com Simão o Zelote ou com Tomé. Parece mais provável que Tadeu, Lebeu e Judas (todos nomes semitas) não se refiram à mesma pessoa, mas antes a diferença de nomes significa que, na ocasião em que os Evangelhos foram escritos, a memória histórica de quais dentre os discípulos de Jesus pertenciam aos Doze já estava difusa.

147 (B) O papel dos Doze. Segundo Mc 3,14-15, Jesus escolheu os Doze para estar com ele, enviá-los para pregar e ter autoridade sobre demônios; Jo 20,19ss. descreve Jesus como aparecendo a dez dos Doze após a ressurreição e enviando-os; At 1,13 com 2,1 os faz recipientes do Espírito pentecostal; At 6,2 os mostra ativos ao decidir as questões de governo na igreja de Jerusalém; Ap 21,14 faz dos Doze Apóstolos os fundamentos da Jerusalém celestial. Desse modo, as evidências do NT (ou de partes do NT, pelo menos) indicam, à primeira vista, que os Doze, cuidadosamente escolhidos por Jesus, tornaram-se (com exceção de Judas Iscariotes) seus principais representantes na igreja. Um exame crítico da evidência, contudo, mostra que o quadro era um pouco mais complicado.

148 Críticos antigos, como F. Schleiermacher e F. C. Baur, contestaram a tese de que Jesus realmente escolheu doze homens e sugeriram que o conceito dos Doze veio do fato da igreja se padronizar com base nos doze filhos de Jacó e nas doze tribos do AT. Schmithals (*Office* 58ss.) afirmou que os Doze não tinham ligação com o Jesus histórico, pois a alegação de terem sido escolhidos por Jesus foi desenvolvida apenas para substanciar sua posição como intérpretes autoritativos da tradição de Jesus. Duas questões estão envolvidas ao se considerar estas objeções: (1) Estes homens mencionados nas listas foram realmente companheiros do Jesus histórico? (2) A ideia dos *Doze* era parte do ministério de Jesus? A primeira pergunta deve ser respondida afirmativamente em relação às figuras mais conhecidas, como Pedro, Tiago e João. Eles são demasiadamente parte da estrutura de ministério dos evangelhos para que seus nomes tenham sido adicionados mais tarde sem grande protesto na protoigreja. De fato, parece mais provável que todos aqueles mencionados nas listas foram de fato companheiros de Jesus, pois a própria confusão acerca dos nomes menores nas listas (→ 146 *acima*) indica que, na ocasião em que as listas foram copiadas, a memória desses homens estava se tornando cada vez mais difusa. Como mestre, Jesus certamente atraiu discípulos, e requer muita imaginação propor que os nomes de todos os seus seguidores originais foram esquecidos e nomes totalmente novos foram colocados em seu lugar (Gerhardsson, *Boten* 101-3).

A segunda pergunta é mais difícil: Admitindo-se que Jesus teve companheiros cujos nomes foram preservados, ele separou exatamente doze amigos muito íntimos ou a especificação dos *Doze* foi uma ideia posterior? Apresentamos a evidência a favor da escolha de Jesus de Doze, mas não podemos prová-la definitivamente. Não só os Evangelhos atribuem a instituição dos Doze ao próprio Jesus; ela também está implícita na história acerca da escolha de Matias em At 1,15-26 (reconhecidamente uma passagem importuna, mas tomada seriamente por P.-H. Menoud, *RHPR* 37 [1957] 71-80). Em 1Cor 15,5, Paulo menciona que uma das primeiras aparições foi aos Doze, de modo que aparentemente ele não via nada anacrônico em supor que os Doze existiam por volta do final da vida de Jesus. Observamos que a comunidade de Qumran, imersa na expectativa escatológica, tinha um concílio de doze homens (1QS 8:1; → Apócrifos, 67:110), de modo que o pensamento de padronizar uma comunidade eleita no sistema de doze tribos de Israel já era corrente na época de Jesus. As diferenças de nomes nas quatro listas dos Doze provavelmente significam que a instituição dos Doze não era um desenvolvimento recente na ocasião da composição dos evangelhos (60-85 d.C.); antes, os Doze foram mais ativos nos primeiros dias da igreja, e a identidade de alguns estava agora além da possibilidade de verificação. A pergunta sobre a trajetória dos Doze após o ministério terreno de Jesus nos conduz ao problema dos apóstolos.

149 (II) Os apóstolos. O que constituía um apóstolo nos tempos do NT tem sido acerbamente discutido desde a 1ª ed. de *Saint Paul's Epistle to the Galatians* de Lightfoot, em 1865 (veja Kredel, "Apostelbegriff").

(A) Origem do termo. O grego secular *apóstolos, de apostellein*, "enviar", não é um termo frequente. Ele se refere a uma frota ou exército enviado em uma expedição; a ordem de uma expedição; um colonizador enviado para colonizar; uma conta ou uma fatura. Estes significados não são úteis como o pano de fundo do conceito do NT. *Apostolos* ocorre uma vez na LXX (1Rs 14,6) como tradução do particípio passivo šālûaḥ (raiz šlḥ, "enviar"), usado para Aías como um enviado por Deus com uma mensagem.

150 Este uso da LXX levou alguns a relacionar a origem do apostolado no NT à instituição rabínica dos *sheluhim* ou *sheluhin* (em hebraico, šālûaḥ, plural šĕlûḥîm; em aramaico, šālîaḥ, plural šĕlûḥîn: "um emissário comissionado"). Esta tese foi defendida por Vogelstein e Rengstorf. A instituição legal dos *shelulim* assumiu um caráter distintivo nos círculos religiosos judaicos do séc. II d.C. ou até mesmo no fim do séc. I, quando as autoridades palestinas comissionaram ou enviaram rabis para representá-las e agir em nome delas com pleno poder. Os enviados eram frequentemente ordenados mediante a imposição de mãos. Às vezes, a tarefa desses emissários era realizar atividades financeiras, coletar impostos ou taxas do Templo; outras vezes, era agir com autoridade religiosa e proclamar verdades religiosas. Quando agiam dentro de sua comissão, os *sheluhim* tinham toda a autoridade do emissor. Aqueles que atribuem o apostolado do NT a este pano de fundo citam como paralelos Jo 20,21 ("Como o Pai me enviou, também eu vos envio") e Lc 9,48 ("Aquele que me receber recebe aquele que me enviou"). Eles afirmam que Jesus é o *shaluah* (*shaliah*) ou apóstolo do Pai (Hb 3,1) e os apóstolos são seus *sheluhim*. Veja também Jo 13,16; 2 Cor 8,23.

151 Embora muito popular, a derivação do apostolado do NT da instituição rabínica dos *sheluhim* foi rejeitada por muitos estudiosos na metade do séc. XX. Não há evidência de que esta instituição existiu antes ou durante o período do NT. Klein e outros atribuíram o apostolado à experiência missionária de Paulo, considerando o apostolado dos Doze como uma intrusão posterior. Schmithals remontou o apostolado a grupos gnósticos na Síria que pensavam em um redentor enviado do céu e em homens que foram enviados para levar a gnose celestial a outros. Estas teorias são contrárias ao fato de que Paulo reconhece a existência de apóstolos desde o período das aparições pós-ressurreição (1Cor 15,7) e fala "daqueles que eram apóstolos antes de mim" (Gl 1,17 – na Palestina, não na Síria). Paulo nunca oferece a mais leve indicação de criar um conceito de apostolado ou de tomá-lo emprestado de grupos gnósticos; antes, ele se esforça para ser aceito como um apóstolo diante de um ideal estabelecido de um apóstolo que existia antes de sua conversão. Seu argumento em Gl 2,7-10 é que ele tem o direito de ser entendido como apóstolo do mesmo modo como Pedro é um apóstolo (→ Teologia paulina, 82:13).

152 Depois da proposta *sheluhim* e de sua subsequente rejeição, uma terceira fase da pesquisa do séc. XX reviveu a proposta do pano de fundo judaico de um modo mais matizado (veja Agnew, "The Origin"). Formas da raiz verbal šlḥ (traduzida cerca de 700 vezes na LXX como [*ex*]*apostellein*) são frequentes no AT, muitas vezes para descrever uma missão religiosa que tem Deus como o emissor. (Gerhardsson desenvolveu este ponto.). Por exemplo, este verbo foi usado para a missão dos profetas do AT. Os defensores da proposta *sheluhim* citaram estes textos, mas não responderam satisfatoriamente a objeção de que o AT não usa o substantivo cognato *shaluah* para Moisés e os grandes profetas, como fazem os escritos rabínicos. Uma tese plausível é a de que do uso do AT envolvendo šlḥ num sentido religioso vieram tanto a instituição rabínica dos *sheluhim* quanto o apostolado do NT como desenvolvimentos paralelos e independentes.

Nesta abordagem, um passo-chave no desenvolvimento cristão do *apostolos* ("o enviado") seria o envio para pregar, por parte de Jesus, daqueles que poderiam dar testemunho de sua vitória sobre a morte (Lc 24,47-48; Mt 28,19-20; Jo 20,21; At 1,8; Mc 16,15). Este envio envolveria não apenas aqueles que tinham conhecido Jesus durante seu ministério (os Doze, Tiago, etc.), mas também Paulo. Entre os vários componentes na noção de Paulo de um "apóstolo de Jesus Cristo", os dois principais parecem ter sido: (1) uma visão do Jesus ressurreto – daí a ênfase de Paulo de que ele viu Jesus (1Cor 9,1; 15,7-9) perto de Damasco (Gl 1,17); (2) uma comissão dada por Jesus para pregar. Esta compreensão do que constitui o apostolado mostra a semelhança entre o profeta do AT e o apóstolo do NT (comparação implícita em 2Pd 3,2; Lc 11,49). O profeta do AT começava seu ministério sendo introduzido em visão na corte celestial diante de Deus e então era enviado para pregar a vontade de Deus ao povo. A mesma visão e envio constituem um apóstolo do NT. Em particular, Paulo *o* apóstolo lembra muito de perto Jeremias, o maior dos profetas, até mesmo em seu ministério como aquele que sofre em favor dos outros (Rengstorf, "Apóstolos" 439-41). A importância do apóstolo na igreja é vista no primeiro lugar dado ao apostolado em 1 Cor 12,18; Ef 4,11.

153 (B) Alguns corolários.
(a) *Apóstolo: um título pós-ressurrecional*. J. Dupont sustentou de modo persuasivo que os discípulos não foram conhecidos como apóstolos durante o ministério (*L'Orient Syrien* 1 [1956] 267-90; 425-44). Portanto, a referência solitária a "apóstolos" em Mc 6,30 e Mt 10,2 é anacrônica, como também é o uso mais persistente de Lc em cinco passagens (6,13; 9,10; 17,5; 22,14; 24,10). Lucas 11,49 é a única passagem que coloca "apóstolos" nos lábios de Jesus durante o ministério, e esta passagem se refere ao futuro (cf. paralelo em Mt 23,34). É verdade que os Evangelhos apresentam os Doze como sendo *enviados* durante o ministério (Mc 6,7; veja 3,14), e nesta missão eles foram até certo ponto *sheluhim* de Jesus. Mas o envio definitivo que constitui o apostolado cristão ocorreu após a ressurreição. A analogia entre as duas missões pode ser o que atraiu os evangelistas a usar o nome "apóstolo" até mesmo durante o ministério. Nos círculos talmúdicos, os discípulos dos rabis frequentemente tornavam-se seus *sheluhim*; assim também os discípulos de Jesus.

154 (b) *Apóstolos não pertencentes aos Doze.* Como Lightfoot estabeleceu em 1865, "apóstolo" era originalmente um termo muito mais amplo que "os Doze". Esta é a implicação em 1Cor 15,5-7. As seguintes pessoas são chamadas de apóstolos no NT, mas não eram membros dos Doze: Tiago o "irmão" do Senhor (Gl 1,19?); Paulo (1Cor 1,1; etc.); Barnabé (At 14,14?; 1Cor 9,6 com 4,9; Gl 2,9); provavelmente Andrônico e Júnia (Rm 16,7 – Crisóstomo e outros pensam que Júnia era uma mulher – uma concepção que um estudo do nome Júnia torna plausível [B. Brooten, em *Women Priests* (ed. L. e A. Swidler; New York, 1977) 141-44]). A própria existência de falsos apóstolos (Ap 2,2; 2Cor 11,13) sugere um uso mais amplo de "apóstolos". Se "apóstolo" era usado para designar os muitos que cumpriam as duas condições dadas acima (→ 152), era o título ainda mais amplamente usado para designar aqueles que não tinham visto o Jesus ressurreto, mas se uniram à missão daqueles que o tinham visto? Isto pode ser indicado se Andrônico e Júnia são realmente chamados de apóstolos em Rm 16,7, ou se o "nós... apóstolos" de 1Ts 2,6 inclui Silvano e Timóteo (veja At 17,4.14), ou se 1Cor 4,9 se refere ao Apolo de 4,6. Cerfaux ("L'historie" 191-94) argumenta em favor desta extensão mais ampla, e certamente a *Did.* 11:3-6 usa "apóstolo" num sentido muito amplo.

155 (c) *Os Doze como apóstolos*. Defendemos a tese de que os Doze eram membros do apostolado desde os primeiros dias pós-ressurreição, uma tese negada por muitos (Harnack, Munck, Lohse, Klein, Schmithals). Os Doze foram o primeiro grupo importante a ver o Jesus ressurreto (1Cor 15,5); de fato, o lugar deles era de honra porque foram testemunhas de Jesus "a começar do batismo de João até o dia em que dentre nós foi arrebatado" (At 1,22). Portanto, os Doze tinham um papel especial na autenticação da tradição acerca de Jesus e na tomada de decisões que afetavam a comunidade cristã (sugerido em Gl 1,18-2,10; At 6,2-6; 15,2ss.). Os Doze exerceram seu papel em Jerusalém (At 8,1.14; 15,2), embora se deva observar que Tiago, o líder da igreja de Jerusalém, *não* era um dos Doze – talvez seu relacionamento com Jesus lhe tenha dado importância especial. Os Doze não eram substituíveis, pois, uma vez que o lugar de Judas Iscariotes, vago por deserção, tinha sido preenchido por Matias, eleito por escolha divina para manter o número em Doze (At 1,26), a membresia foi mantida permanentemente. Assim, quando Tiago, filho de Zebedeu, foi martirizado (At 12,2), não houve tentativa de substituí-lo. Isto ocorreu provavelmente porque os Doze eram entendidos como singulares; eles eram representantes do Israel renovado que exerceriam um papel escatológico sentando-se nos doze tronos de julgamento (Mt 19,28; Lc 22,30 – este dito da tradição Q é a única palavra de Jesus preservada sobre o motivo da escolha dos Doze).

Os Doze atuavam como apóstolos ou os "enviados" por Jesus (→ 152 *acima*) ao proclamá-lo em Jerusalém. Atos (8,5; 11,19-20) descreve helenistas, como Filipe, como os primeiros a organizar uma missões fora de Jerusalém, indo até Chipre e Antioquia. Foi Paulo, contudo, que destacou o aspecto missionário itinerante do apostolado. Não é claro a partir do NT se os Doze empreenderam um apostolado viajante, embora após as duas primeiras décadas (em torno de 50 d.C.) alguns provavelmente saíram de Jerusalém. Apenas Pedro é retratado de modo especial como ministrando fora da Palestina (1Pd 1,1; At 12,17; talvez 1Cor 1,12). Se por morte ou por viagens missionárias para longe, a maioria dos membros individuais dos Doze tinham desaparecido do cenário cristão conhecido por volta de 60 d.C. e eram aparentemente apenas nomes em listas. Só as memórias de Pedro e João chamavam a atenção nas obras do NT do último terço do século.

156 Foi como um grupo que os Doze mantiveram importância no pensamento cristão mesmo muito tempo após a morte dos membros individuais. Assim, Ap 21,14, uma das últimas obras do NT, retrata os Doze como os fundamentos essenciais da cidade de Deus. Por propósitos teológicos da constituição e ordem da igreja nos deveríamos concentrar no conceito de colegiado dos Doze como um corpo (Cerfaux, "L'unité"). A maioria das tradições que ligam membros dos Doze a igrejas cristãs específicas não são bem fundamentadas, precisamente porque o NT não nos diz se os Doze tiveram um papel viajante. Mais uma vez Pedro é a exceção, pois a arqueologia e a história apoiam a tradição de que Pedro foi a Roma. Contudo, para ser honesto, deve se admitir que o NT nunca mostra Pedro ou qualquer outro membro dos Doze designando sucessores. Relata-se que Paulo designou Timóteo e Tito como emissários com a tarefa de estabelecer presbíteros-bispos em cada cidade (especialmente Tt 1,5); e At 14,23 mostra Paulo e Barnabé designando presbíteros em cada igreja (veja também os presbíteros-bispos de Éfeso em At 20,17.28). Os bispos se tornaram os sucessores dos apóstolos ao assumirem o cuidado pastoral das igrejas que os apóstolos itinerantes tinham estabelecido – esta é a mais verificável compreensão da "sucessão apostólica". A argumentação de que todos os bispos antigos tiveram as mãos dos Doze impostas sobre eles ou pelos apóstolos entendidos em um sentido mais amplo não é verificável e é desnecessária para validar a sucessão apostólica.

157 A importância contínua do conceito dos Doze e a importância dos Doze entre os apóstolos levaram as últimas obras do NT a simplificar o quadro do apostolado e a falar dos "Doze Apóstolos" como se eles fossem os únicos apóstolos. Klein sustentou vigorosamente que Lc foi o primeiro a mover-se nesta direção. Vimos que, diferentemente dos outros evangelhos, Lucas fala insistentemente dos Doze durante o ministério como "apóstolos". Por todo o livro de At, com exceção de 14,4, "apóstolos" sempre se refere aos Doze; e mesmo em 14,4 o Códice Beza tem uma leitura que não se refere a Paulo e a Barnabé como apóstolos. (Klein sustenta [*Zwölf* 114-201] que Lucas estava deliberadamente se recusando a dar o título "apóstolo" a todos os outros, inclusive a Paulo – um argumento ao contrário seria sugerido pela ênfase que Lucas dá á atividade missionária de Paulo e o modo pelo qual a figura de Paulo é assemelhado tanto em termos de sermão quanto de ação àq figura de Pedro, um dos Doze Apóstolos.). A tendência de identificar os Doze como *os* apóstolos também é vista em Mt 10,2; Ap 21,14; e, certamente, esta tendência cresceu nos escritos pós-NT (*Barn.* 8:3). Como Klein (*Zwölf* 65-113) mostrou, contudo, o conceito de um apostolado mais amplo também sobreviveu (*Herm. Sim.* 9.15.4; Irineu, *Adv. Haer.* 2.21.1).

82
Teologia Paulina

Joseph A. Fitzmyer, S.J.

BIBLIOGRAFIA

1 BARRETT, C. K., *Essays on Paul* (Philadelphia, 1982). BEKER, J. C., *Paul the Apostle: The Triumph of God in Life and Thought* (Philadelphia, 1980); *Paul's Apocalyptic Gospel: The Coming Triumph of God* (Philadelphia, 1982). BORNKAMM, G., *Paul* (New York, 1971; em Port.: *Paulo vida e obra*, Ed. Academia Cristã, 2009). BROX, N., *Understanding the Message of Paul* (Notre Dame, 1968). BRUCE, F. F., *Paul, Apostle of the Heart Set Free* (Exeter, 1977). BULTMANN, R., *TNT* 1. 185-352; em Port.: *Teologia do NT*, Ed. Academia Cristã, 2008. DAHL, N. A., *Studies in Paul* (Minneapolis, 1977). DODD, C. H., *The Meaning of Paul for Today* (New York, 1972). DRANE, J. W., *Paul, Libertine or Legalist?* (London, 1975). GIBLIN, C. H., *In Hope of God's Glory* (New York, 1970). HANSON, A. T., *Studies in Paul's Technique and Theology* (London, 1974). KÄSEMANN, E., *Perspectives on Paul* (Philadelphia, 1971). KUSS, O., *Paulus: Die Rolle des Apostels in der theologischen Entwicklung der Urkirche* (Regensburg, 1971). LONGENECKER, R. N., *Paul: Apostle of Liberty* (New York, 1964). LYONNET, S. e L. SABOURIN, *Sin, Redemption, and Sacrifice* (AnBib 48; Rome, 1970). MEEKS, W. A., *The First Urban Christians: The Social World of the Apostle Paul* (New Haven, 1983); em Port.: *Os primeiros cristãos urbanos*, Ed. Academia Cristã/Paulus, 2011; *The Writings of St. Paul* (New York, 1972). RENGSTORF, K. H. (ed.), *Das Paulusbild in der neueren deutschen Forschung* (WF 24; 2ª ed.; Darmstadt, 1969). RIDDERBOS, H. N., *Paul: An Outline of His Theology* (Grand Rapids, 1975). RIGAUX, B., *The Letters of St. Paul* (Chicago, 1968). SANDMEL, S., *The Genius of Paul* (Philadelphia, 1979). SCHOEPS, H. J., *Paul* (Philadelphia, 1961). SCHÜLTZ, J. H., *Paul and the Anatomy of Apostolic Authority* (SNTSMS 26; Cambridge, 1975). SMYTH, B. T., *Paul' Mystic and Missionary* (Maryknoll, 1980). STENDAHL, K., *Paul among Jews and Gentiles and Other Essays* (Philadelphia, 1976). SUHL, A., *Paulus und seine Briefe* (SNT 11; Gütersloh, 1975). TAYLOR, M. J. (ed.), *A Companion to Paul: Readings in Pauline Theology* (Staten Island, 1975). WHITELEY, D. E. H., *The Theology of St. Paul* (2ª ed.; Oxford, 1974). Também *IDBSup* 648-51. *DBSup* 7. 279-387.

2 ESBOÇO

INTRODUÇÃO

Objetivos, limites, problemas (§ 3-9)

O pano de fundo de Paulo (§ 10-23)
(I) O pano de fundo fariseu e judaico (§ 10-11)
(II) O pano de fundo helenístico (§ 12)
(III) A revelação a Paulo (§ 13-15)
(IV) Paulo, Jesus e a tradição primitiva (§ 16-20)
(V) A experiência apostólica de Paulo (§ 21-23)

PERSPECTIVAS DOMINANTES

A soteriologia cristocêntrica de Paulo (§ 24-80)
(I) A chave da teologia paulina (§ 24-30)
(II) O Evangelho de Paulo (§ 31-36)
(III) Deus e seu plano da história da salvação (§ 37-47)
(IV) A função de Cristo na história da salvação
(A) O Filho preexistente (§ 49-50)
(B) *Christos* (§ 51)

    (C) *Kyrios* (§ 52-54)
    (D) Paixão, morte e ressurreição (§ 55-60)
    (E) O Senhor e o Espírito (§ 61-66)
 (V) Efeitos do evento Cristo
    (A) Justificação (§ 68-70)
    (B) Salvação (§ 71)
    (C) Reconciliação (§ 72)
    (D) Expiação (§ 73-74)
    (E) Redenção (§ 75)
    (F) Liberdade (§ 76)
    (G) Santificação (§ 77)
    (H) Transformação (§ 78)
    (I) Nova Criação (§ 79)
    (J) Glorificação (§ 80)

A antropologia de Paulo (§ 81-137)
 (I) A humanidade antes de Cristo
    (A) O pecado (§ 82-88)
    (B) A lei e os espíritos (§ 89-100)
    (C) Os seres humanos (§ 101-107)
 (II) A humanidade em Cristo
    (A) Fé e amor (§ 109-111)
    (B) Batismo (§ 112-115)
    (C) Incorporação a Cristo (§ 116-127)
       (a) Expressões com preposição (§ 116-121)
       (b) Corpo de Cristo (§ 122-127)
    (D) Eucaristia (§ 128-132)
    (E) A igreja (§ 133-137)

A ética de Paulo (§ 138-151)
 (I) Dupla polaridade da vida cristã (§ 138-139)
 (II) Ética e teologia paulina (§ 140)
 (III) A vida cristã e suas exigências
    (A) Listas éticas (§ 142-143)
    (B) Consciência (§ 144)
    (C) Lei natural (§ 145)
    (D) Oração e ascetismo (§ 146)
    (E) Matrimônio, celibato e viuvez (§ 147-148)
    (F) Sociedade, Estado e escravidão (§ 149-151)
Conclusão (§ 152)

Introdução

OBJETIVOS, LIMITES, PROBLEMAS

3 Um esboço da teologia paulina precisa levar em conta o caráter dos escritos do apóstolo, que não oferecem uma apresentação sistemática de seu pensamento. A maior parte do que Paulo escreveu foi composto *ad hoc* – para tratar de problemas concretos por meio de cartas. Ele desenvolveu nelas certos temas e exortou suas igrejas à prática de uma vida cristã mais intensa. Praticamente cada carta existente exemplifica esta dupla finalidade. Isto também explica como ele podia misturar elementos de revelação, fragmentos do querigma primitivo, ensinamentos de Cristo, interpretações do AT, uma compreensão pessoal do evento Cristo e até mesmo suas próprias opiniões particulares. Qualquer tentativa, portanto, de esquematizar a "teologia" paulina precisa tentar levar em conta as nuanças variadas do pensamento e expressão do apóstolo.

Além disso, uma apresentação da teologia "paulina" é uma admissão de que a concepção de Paulo a respeito da experiência cristã é apenas uma entre várias teologias presentes no Novo Testamento. É imperativo respeitar a teologia de Paulo e não confundi-la com a de João, a de Lucas ou a de qualquer outro. Ela deve ser estudada em e por si mesma. Esta precaução não quer dizer que seja impossível uma teologia do NT ou que se devam esperar contradições entre Paulo e outros escritores do Novo Testamento. O NT como um todo dá testemunho de uma fé num só Senhor, um só batismo, um só Deus e Pai de todos (Ef 4,5-6), e uma teologia que explique esta única fé não é algo impossível. Mas uma apresentação como esta será mais rica se as nuanças dos escritores individuais do NT forem respeitadas (→ Canonicidade 66:93-97).

4 Um esboço da teologia paulina é uma sistematização do pensamento do apóstolo numa forma na qual ele mesmo não o apresentou. Uma sistematização como esta terá pouco valor se ela forçar seu pensamento a se ajustar a categorias estranhas a ele ou se tentar simplesmente apresentar "provas" para um sistema teológico nascido de uma outra inspiração. O esforço para sistematizar o pensamento de Paulo deve respeitar as categorias dele tanto quanto possível, com a devida consideração para com o grau desigual de suas afirmações e a diversidade dos contextos formativos. O princípio orientador de um esboço como este, portanto, não pode ser um princípio extrínseco, seja ele aristotélico, tomista, hegeliano ou heideggeriano.

5 Embora o objetivo primordial seja uma apresentação descritiva da concepção paulina da fé cristã, este esboço também pretende ser uma apresentação teológica normativa. Ele objetiva acima de tudo determinar o que Paulo queria dizer quando escreveu aos cristãos a quem se dirigiu nesse momento, mas também objetiva apurar o significado de sua teologia para os cristãos de hoje. Este esboço não é meramente um estudo do pensamento de Paulo como um historiador das religiões (agnóstico ou crente) poderia apresentá-lo; ele não tenta simplesmente determinar o que Paulo ensinou, o que o influenciou, ou como seus ensinamentos se encaixam na história geral das ideias helenísticas, judaicas ou cristãs. A teologia de Paulo é uma exposição da herança bíblica inspirada dos protocristãos, e a palavra de Deus proposta em sua exposição ainda tem um significado existencial para a fé das pessoas hoje. Deste modo, a teologia de Paulo é uma *parte* da teologia bíblica normativa, da mesma forma que a própria teologia bíblica é apenas uma parte da teologia normativa como tal. Existem dois polos na teologia bíblica, um descritivo e outro normativo.

6 O "significado para a fé das pessoas hoje" não pode ser algo completamente diferente do significado pretendido por Paulo para seus contemporâneos. Qualquer tentativa de entendê-lo que deixe de reconhecer uma homogeneidade radical entre seu significado "atualmente" e "naquela época" deixa de trazer *sua* mensagem inspirada para as pessoas hoje. Um esboço válido da teologia paulina precisa, portanto, determinar, antes de mais nada, o que Paulo quis dizer, e neste sentido precisa ser descritiva. Os meios para se alcançar isto não são a lógica ou a metafísica de algum sistema filosófico estranho a ele, embora uma transposição como esta possa ser legítima ou frutífera para outros fins. Os meios são, antes, os da crítica filológica, histórica e literária, unidos a uma empatia da fé cristã. Em outras palavras, as pessoas que esboçam a teologia de Paulo numa apresentação descritiva compartilham a mesma fé com Paulo e procuram por meio dela determinar o significado de Paulo para o presente. Embora os biblistas, ao tentar descobrir o que Paulo queria dizer, empreguem as mesmas ferramentas de interpretação usadas pelos historiadores da religião – ou, aliás, pelos intérpretes de qualquer documento da Antiguidade –, eles também afirmam que, por meio de Paulo, "o único Senhor [...] o único Deus e Pai de todos" está comunicando uma mensagem inspirada a eles e às pessoas de seu tempo. A pressuposição fundamental é o caráter inspirado do *corpus* paulino, uma questão de *fé*. A exposição e a compreensão paulinas da fé cristã são esboçadas de um modo significativo e relevante para os cristãos de uma era posterior (→ Hermenêutica, 71:10, 21).

7 Esta empatia da fé cristã é às vezes expressa em termos da "analogia da fé", uma expressão que, em última análise, deriva-se do próprio Paulo (Rm 12,6). Ela não pode ser usada para insistir que a totalidade da fé cristã deve ser encontrada em Paulo ou mesmo que seu pensamento *deve* ser interpretado de acordo com o sentido do progresso dogmático posterior, com suas precisões e nuanças específicas. Se uma noção seminal formulada por Paulo passou, com o tempo, por um desenvolvimento dogmático por causa de uma situação polêmica ou de uma decisão conciliar na igreja, então esta noção seminal deve ser reconhecida como tal. Pode ocorrer que a noção seminal seja expressa por Paulo de uma forma vaga, "aberta"; e, assim formulada, de modo concebível ela poderia (por critérios filológicos) ter se desenvolvido de um modo ou de outro. Mas o desenvolvimento dogmático posterior pode ter removido esta *abertura* da formulação, no que diz respeito à tradição cristã. Todavia, isto não significa que o historiador dos dogmas ou o teólogo dogmático possam insistir que este desenvolvimento posterior seja o significado preciso de um texto de Paulo. Estes especialistas não têm um carisma com o qual possam ler mais em um texto paulino "aberto" do que pode fazer o exegeta ou biblista. Entender a "analogia da fé" de tal modo a retrojetar para Paulo um significado posterior seria falso para com ele e para com a autonomia inspirada de sua concepção e formulação. Esta analogia deve, antes, ser entendida em termos da totalidade da fé bíblica paulina. Obviamente, o biblista não se contenta com a interpretação de passagens individuais em seu contexto imediato (*i.e.*, com a exegese). Ele procura expressar toda a mensagem paulina, que transcende a situação contextual e abarca também o significado relacional das afirmações paulinas.

Embora a teologia bíblica normativa seja apenas uma parte do complexo mais amplo da teologia cristã, ela goza efetivamente de sua própria autonomia de formulação e concepção. Embora seja inicial, pois ela não pode ser considerada a resposta teológica plena para os problemas atuais, ela é privilegiada: tenta formular de modo sistemático o que as testemunhas da tradição protocristã foram inspiradas a expressar de seu próprio modo. Ela trata imediata e exclusivamente da única forma de tradição cristã que desfruta do carisma divino distintivo da inspiração. É verdade que, para o cristão, a orientação permanente do Espírito guardou os desdobramentos dogmáticos autênticos dos períodos posteriores de contradizerem as formulações e concepções seminais. Mas esta proteção não significa que a flor completa já esteja presente na semente. Daí a necessidade de se respeitar a teologia paulina como ela é (→ Hermenêutica, 71:83).

(BARR, J., "Biblical Theology", *IDBSup* 104-11. KÄSEMANN, E., "The Problem of a New Testament Theology", *NTS* 19 [1972-73] 235-45. MERK, O., "Biblische Theologie: II. Neues Testament", *TRE* 6.455-77. RICHARDSON, A., "Historical Theology and Biblical Theology", *CJT* 1 [1955] 157-67. STENDAHL, K., "Biblical Theology, Contemporary", *IDB* 1. 818-32. STRECKER, G., [ed.], *Das Problem der Theologie des Neuen Testaments* [WF 367; Darmstadt, 1975].)

8 Este esboço de teologia paulina parte da existência de sete cartas incontestáveis do *corpus* paulino: 1Ts, Gl, Fl, 1-2Cor, Rm e Fm. Atualmente, três cartas deste *corpus*, 2Ts, Cl e Ef, são controversas e frequentemente consideradas deuteropaulinas (*i.e.*, escritas por um discípulo de Paulo). As três "cartas pastorais" (Tt 1-2Tm) criam um problema ainda maior; sua relação com os dois grupos de cartas precedentes é, na melhor das hipóteses, pseudepigráfica (→ Epístolas do NT, 45:12; → Canonicidade, 66:87-89). Seguindo outros intérpretes católicos modernos, omitiremos os dados das pastorais. As referências às deuteropaulinas, quando necessárias, serão colocadas entre parênteses. A teologia de Hb é um problema à parte e não é tratada como paulina (→ Hebreus, 60:2). O material em At que diz respeito ao ensino de Paulo pode ser, na melhor das hipóteses, usado para fins comparativos, visto que de fato faz parte do retrato lucano de Paulo e pertence mais apropriadamente à teologia lucana.

9 Pode-se detectar algum desenvolvimento no ensino de Paulo? Esta é uma questão controversa. Aqueles que, no passado, admitiam um desenvolvimento reconheciam um *corpus* de dez ou mais cartas paulinas; e assim, por exemplo, não era difícil detectar um desenvolvimento no ensinamento eclesiológico de Paulo, quando se passava das cartas incontestáveis a Cl e Ef, e depois para as pastorais. Mas este suposto desenvolvimento faz precisamente parte da razão pela qual se destingem as cartas paulinas como no § 8 acima. A concepção da maioria atualmente pergunta se se pode detectar um desenvolvimento nas sete cartas que formam o grupo incontestável (veja W. G. Kümmel, NTS 18 [1971-72] 457-58). Todavia, pode se observar às vezes diferenças nas questões (frequentemente de importância secundária) que revelam algum desenvolvimento. Por exemplo, na Primeira carta, 1Ts 4,14, encontra-se apenas uma conexão extrínseca entre a ressurreição de Cristo e a ressurreição gloriosa dos cristãos: por meio de Jesus, Deus levará com ele aqueles que morreram. Ela é, assim, expressa numa descrição apocalíptica do *escha-ton*, refletindo a escatologia primitiva da protoigreja. Posteriormente observa-se uma conexão mais intima entre a paixão, morte e ressurreição de Cristo e os seres humanos que encontram a salvação nele. Cristo tornou-se um "poder", que produz nova vida nos crentes cristãos que finalmente assegura sua ressurreição e vida "com Cristo" (veja Fl 3,10-11; cf. Rm 6,4). Novamente, o tratamento paulino do papel da lei mosaica na vida humana se desenvolve de Gl para Rm (→ 95 *abaixo*).

(ALLO, E.-B., "L' 'Evolution' de l'évangile de Paul," *VP* 1 [1941] 48-77, 165-93. BUCK, C. e G. TAYLOR, *Saint Paul: A Study of the Development of His Thought* [New York, 1969]. DODD, C. H., "The Mind of Paul, I and II", *New Testament Studies* [Manchester,1953] 67-128. HURD, J. C., *The Origin of I Corinthians* [London, 1965] 8-12. LESTER-GARLAND, L. V., "The Sequence of Thought in the Pauline Epistles", *Theology* 33 [1936] 228-38. LOWE, J., "An Examination of Attempts to Detect Development in St. Paul's Theology", *JTS* 42 [1941] 129-42).

O PANO DE FUNDO DE PAULO

Cinco fatores que influenciaram a teologia de Paulo podem ser considerados; nem todos eles têm a mesma importância.

10 (I) O pano de fundo fariseu judaico. Não se deveria permitir que as passagens polêmicas nas quais Paulo reage contra a lei mosaica obscureçam o fato de que até mesmo o Paulo cristão lembrava com orgulho sua vida como judeu de tradição farisaica (Fl 3,5-6; Gl 1,14; 2Cor 11,22). Este forte pano de fundo judaico explica o fato de que ele pensa e se expressa em categorias e imagens do AT. Também explica seu uso abundante do AT, o qual ele cita explicitamente quase 90 vezes (todavia, nunca em 1Ts, Fl ou Fm). Embora seu uso do AT seja muitas vezes semelhante ao dos autores de Qumran e outras formas de literatura judaica intertestamentária, ele geralmente a cita de acordo com a LXX. Às vezes, ele acomoda o texto do AT ou dá um significado novo às passagens que cita (*p.ex.*, Hab 2,4 em Rm 1,17 ou Gl 3,11; Gn 12,7 em Gl 3,16; Ex 34,34 em 2Cor 3,17); ele pode alegorizar um texto (Gn 16,15; 17,16 em Gl 4,21-25) ou tirá-lo de seu contexto original (Dt 25,5 em 1Cor 9,9). O uso do AT por Paulo não se conforma a nossas ideias modernas de citação da Escritura, mas corresponde ao modo judaico contemporâneo de interpretação e deve ser julgado à luz disto. O fato de que ele foi inspirado pelo Espírito para interpretá-la deste modo não significa que sua interpretação sempre revele um sentido oculto, mais profundo (literal), insuspeito de outra forma. Todavia, seu pano de fundo judaico o faz citar o AT para enfatizar a unidade da ação de Deus em ambas as dispensações e frequentemente como anúncio do evangelho cristão (Rm 1,2) ou preparação para Cristo (Gl 3,24). Mesmo que ele contraponha a "letra (da lei) e o Espírito" (2Cor 3,6; Rm 2,29; 7,6), o AT ainda é para ele um meio pelo qual Deus fala à humanidade (1Cor 9,10; 2Cor 6,16-17; cf. Rm 4,23; 15,4). Na verdade, a maior parte de sua teologia (no sentido estrito, ensinamento sobre Deus) e sua antropologia (ensinamento acerca dos seres humanos) revela claramente este pano de fundo judaico.

11 Segundo a descrição de Lucas, Paulo foi formado por um rabino em Jerusalém (→ Paulo, 79-18), mas o próprio Paulo nunca diz qualquer coisa acerca de seu pano de fundo "rabínico". Embora ele tenha se identificado como ex-fariseu (Fl 3,5), como membro do grupo judaico do qual veio a tradição rabínica posterior, deve-se usar de discernimento ao se apelar para esta literatura para ilustrar seu pano de fundo judaico, visto que a esmagadora maioria dela não ter sido registrada por escrito até a época do rabino Judá o Príncipe, no início do séc. III d.C. (→ Apócrifos, 67:133-35).

(BRING, R., "Paul and the Old Testament", *ST* 25 [1971] 21-60. BYRNE, B., *'Sons of God'-'Seed of Abraham'* [AnBid 83; Roma, 1979]. DAVIES, W. D., "Paul and the Dead Sea Scrolls: Flesh and Spirit", in *The Scrolls and the New Testament* [ed. K. STENDAHL; New York, 1957] 157-82. ELLIS, E. E., *Paul's Use of the Old Testament* [Grand Rapids, 1981]. ESPY, J. M., "Paul's 'Robust Conscience' Re-examined", *NTS* 31 [1985] 161-88. FITZMYER, J. A., "The Use of Explicit Old Testament Quotations in Qumran Literature and in the New Testament", *ESBNT* 3-58. MURPHY-O'CONNOR, J. [ed.], *Paul and Qumran* [Chicago,1068]. SANDERS, E. P., *Paul and Palestinian Judaism* [Philadelphia, 1977]. Sobre o problema rabínico: DAUBE, D., *The New Testament and Rabbinic Judaism* [London, 1956]. DAVIES, W. D., *Jewish and Pauline Studies* [Philadelphia, 1984]; *Paul and Rabbinic Judaism* [Philadelphia, 1980].)

12 (II) O pano de fundo helenístico. Apesar da forte mentalidade judaica de Paulo, fatores como seu uso de um nome romano, seu recurso ao AT em grego e sua composição de cartas em grego mostram que ela era um judeu da Diáspora. Embora não escreva no koinê literário, seu estilo revela uma boa formação grega (→ Paulo, 79:16-17). As tentativas de se detectar aramaismos no grego de Paulo (veja W. C. van Unnik, *Sparsa collecta* [NovTSup 29; Leiden, 1973] 129-43) não foram bem sucedidas, ainda que Paulo, ao chamar-se de "hebreu" (Fl 3,5), talvez quisesse dizer que também falava aramaico, uma língua semítica amplamente usada em sua época na Síria e na Ásia Menor.

Mesmo que Paulo não tenha sido formado como um *rhētōr* profissional, seu modo de escrever e expressar-se frequentemente revela a influência da retórica grega. Veja a análise de Gálatas segundo a retórica e a epistolografia greco-romana feita por H. D. Betz (*Galatinas* [Hermeneia; Philadelphia, 1979] 14-25). Em suas cartas se encontram traços do modo de argumentação cínico-estoico chamado *diatribē*, um modo de discurso desenvolvido em estilo de conversação familiar e por meio de um debate vívido com um interlocutor imaginário; a estrutura de suas orações é muitas vezes curta, e perguntas são inseridas; antíteses e expressões paralelas frequentemente estão entremeadas no desenvolvimento (veja J. Nelis, *NRT* 70 [1948] 360-87). Encontram-se bons exemplos deste estilo em Rm 2,1-20; 3,1-9; 9,19; 1Cor 9. Outrora foi moda atribuir ao pano de fundo helenístico de Paulo termos como "Senhor", "Filho de Deus", "carne e espírito" e "mistério" e atribuir ao gnosticismo helenístico seu uso de "Adão" e "Homem", um mito sobre o redentor, a preexistência, a instrumentalidade de Cristo na criação, etc. Mas foi mostrado que muitos destes termos e noções eram comuns no judaísmo do séc. I, até mesmo na Palestina, que nos últimos séculos pré-cristãos teve de lidar com a influência helenística e o uso do AT em grego.

Enquanto as ilustrações de Jesus muitas vezes refletem a vida agrária da Galileia, Paulo frequentemente usa imagens derivadas da cultura urbana, especialmente helenística. Ele usa a terminologia política grega (Fl 1,17; 3,20), alude a jogos gregos (Fl 2,16; 1Cor 9,24-27), emprega termos comerciais gregos (Fm 18) ou terminologia jurídica (Gl 3,15; 4,1-2; Rm 7,1) e se refere ao comércio helenístico de escravos (1Cor 7,22; Rm 7,14) ou a celebrações helenísticas em homenagem à visita de um imperador (1Ts 2,19). Emprega as ideias helenísticas de *eleutheria*, "liberdade" (Gl 5,1,13), e *syneidēsis*, "consciência" (1Cor 8,7.10.12; 10,25-29; 2Cor 5,11; Rm 2,15) e as ideias estoicas de *autarkeia*, "suficiência, contentamento" (2Cor 9,8), e *physis*, "natureza" (Rm 2,14). Observe especialmente o vocabulário helenístico em Fl 4,8: *prosphilēs*, "amável", *euphēmos*, "honroso", *aretē*, "excelência moral", e *epainos*, "algo digno de louvor". Em 1Cor 15,33 ele até mesmo cita Menandro, *Thais*, frag. 218. Esta influência helenística é detectada mais no ensinamento ético de Paulo do que em sua teologia propriamente dita.

(BETZ, H. D., *Der Apostel Paulus und die sokratische Tradition* [BHT 45; Tübingen, 1972]. BRONEER, O., "Paul and the Pagan Cults at Isthmia", *HTR* 64 [1971] 169-87. BULTMANN, R., *Der Stil der paulinischen Predigt und die kynisch-stoische Diatribe* [FRLANT 13; Göttingen, 1910]. DE WITT, N. W., *St. Paul and Epicurus* [Minneapolis, 1954]. HUGEDÉ, N., *Saint Paul et la culture grecque* [Gènève, 1966]. KOESTER, H., "Paul and Hellenism", *The Bible in Modern Scholarship* [ed. P. J. HYATT; New York, 1965] 187-95. PFITZNER, V. C., *Paul and the Agon Motif* [NovTSup 16; Leiden, 1967]. STOWERS, S. K., *The Diatribe and Paul's Letter to the Romans* [SBLDS 57; Chicago, 1981].)

13 (III) A revelação a Paulo. A teologia de Paulo foi influenciada acima de tudo por sua experiência próximo a Damasco e por sua fé no Cristo ressurreto como o Filho de Deus que se desenvolveu a partir desta experiência. Atualmente os estudiosos do NT estão menos inclinados do que os das gerações anteriores a considerar esta experiência meramente como uma "conversão" psicológica, a ser explicada em termos do pano de fundo judaico de Paulo ou da compreensão de Rm 7 como um relato biográfico. O próprio Paulo fala desta experiência como uma revelação do Filho concedida a ele pelo Pai (Gl 1,16); nela ele "viu o Senhor" (1Cor 9,1; cf. 1Cor 15,8). A revelação do "Senhor da glória" crucificado (1Cor 2,8) não apenas transformou o fariseu Paulo em um apóstolo, mas também fez dele o primeiro teólogo cristão. A única diferença entre esta experiência, na qual Cristo apareceu a ele (1Cor 15,8), e a experiência das testemunhas oficiais da ressurreição (1Cor 15,5-7), era que sua visão ocorreu muito depois. Ela o colocou em pé de igualdade com os Doze e outros que tinham visto o Senhor. Paulo falou dela como um acontecimento no qual ele foi "alcançado" por Cristo Jesus (Fl 3,12) e na qual lhe foi imposta uma "necessidade" de pregar o evangelho aos gentios (1Cor, 9,16; cf. Gl 1,16b). Comparou esta experiência à criação da luz por Deus: "porquanto Deus, que disse: do meio das trevas brilhe a luz!, foi ele mesmo quem reluziu em nossos corações, para fazer brilhar o conhecimento da glória de Deus, que resplandece na face de Cristo" (2Cor 4,6). A compulsão da graça divina o compeliu ao serviço de Cristo. Sua resposta foi uma fé vívida, na qual ele confessava junto com a protoigreja que "Jesus é Senhor" (1Cor 12,3; cf. Rm 10,9; Fl 2,11). Num ato criativo, esta experiência iluminou a mente de Paulo e lhe deu uma percepção acerca do que um discípulo posterior chamou de "o mistério de Cristo" (Ef 3,4).

14 Esta "revelação" (Gl 1,12.16) fez Paulo perceber, *primeiro*, com a unidade da ação divina para a salvação de toda a humanidade, que se manifesta tanto na antiga quanto na nova dispensação. Como resultado do encontro com o Cristo ressurreto, Paulo não se tornou um marcionita que rejeitava o AT. O Pai que revelou seu Filho a Paulo era o mesmo Deus que o fariseu Paulo sempre servira. Era ele o Criador, o Senhor da história, o Deus que salvou continuamente seu povo, Israel, e que demonstrou ser Senhor da aliança apesar das infidelidades de Israel. Provavelmente porque fora um fariseu preocupado com as minúcias da lei, Paulo nunca manifestou uma compreensão profunda desta "aliança", falando com pouca frequência dela. Todavia, sua experiência perto de Damasco não alterou seu compromisso fundamental com o "único Deus".

Segundo, aquela visão lhe ensinou o valor soteriológico da morte e ressurreição de Jesus o Messias no plano salvífico de Deus. Se sua *teo*logia básica não mudou, sua cristologia mudou, sim. Como judeu, Paulo compartilhara das expectativas messiânicas de seu povo (veja Dn 9,25; 1QS 9:11), aguardando a vinda de um messias (de algum tipo). Mas a visão do Cristo ressurreto lhe ensinou que o Ungido de Deus já tinha vindo, que ele era "Jesus nosso Senhor, o qual foi entregue pelas nossas faltas e ressuscitado para nossa justificação" (Rm 4,25). Antes de sua experiência perto de Damasco, Paulo certamente sabia que Jesus de Nazaré fora crucificado, "pendurado num madeiro" e, por isso, "amaldiçoado" no sentido de Dt 21,23 (veja Gl 1,13; 3,13). Indubitavelmente esta era uma das razões pelas quais ele, como fariseu, não podia aceitar Jesus como o Messias. Jesus era "uma pedra de tropeço" (1Cor 1,23), um "amaldiçoado" pela própria lei que Paulo tão zelosamente observava (Gl 3,13; cf. 1,14). Mas esta revelação lhe mostrou enfaticamente o valor messiânico, soteriológico e vicário da morte de Jesus de Nazaré de um modo que ele nunca suspeitou antes. Com uma lógica que apenas um fariseu poderia apreciar, Paulo viu Jesus tomando sobre si a maldição da lei e transformando-a em seu oposto, de modo que ele tornou-se o meio de libertar a humanidade da maldição. A cruz, que fora a pedra de tropeço para os judeus, tornou-se aos olhos de Paulo o "poder de Deus e sabedoria de Deus" (1Cor 1,24). Daí em diante, ele entenderia este "Senhor da glória" crucificado (1Cor 2,8) como seu Messias exaltado.

Terceiro, esta revelação deu a Paulo uma nova visão da história da salvação. Antes do encontro com o Senhor, Paulo via a história humana dividida em três grandes períodos: (1) de Adão a Moisés (o período sem a lei); (2) de Moisés até o Messias (o período da lei); (3) a era messiânica (o período no qual a lei seria aperfeiçoada ou consumada). A experiência perto de Damasco lhe ensinou que a era messiânica já tinha começado, introduzindo, assim, uma nova perspectiva na história da salvação. O *eschaton*, "fim dos tempos", tão avidamente aguardado antes, já tinha começado (1Cor 10,11), embora um estágio definitivo dele ainda devesse ser realizado (como se esperado, num futuro não muito distante). O Messias viera, mas ainda não em glória. Paulo se deu conta de que ele (junto com todos os cristãos) encontrava-se numa dupla situação: uma na qual ele olhava para a morte e ressurreição de Jesus no passado como a inauguração de uma nova era, e uma outra na qual ele ainda aguardava sua vinda em glória, sua parúsia (→ Pensamento do NT, 81:13).

15 Muito mais do que seu pano de fundo farisaico, portanto, ou até mesmo de suas raízes culturais helenísticas, esta revelação de Jesus deu a Paulo uma percepção inefável do "mistério de Cristo". Ela o capacitou a moldar seu "evangelho", a pregar a boa nova fundamental de salvação de uma forma que era caracteristicamente sua. Contudo, Paulo não entendeu imediatamente todas as implicações da visão concedida a ele. Ela lhe deu apenas uma percepção básica que iria colorir tudo o que ele aprenderia acerca de Jesus e sua missão entre os seres humanos, não apenas a partir da tradição da protoigreja, mas também a partir de sua própria experiência apostólica na pregação do "Cristo crucificado" (1Cor 1,23).

(BECKER, *Paul the Apostle* 3-10; em Port.: *Paulo vida, e obra e teologia*, Ed. Academia Cristã, 2008. JEREMIAS, J., "The Key to Pauline Theology", *ExpTim* 76 [1964] 27-30. MENOUD, P.-H., "Revelation and Tradition: The Influence of Paul's Conversion on His Theology", *Int* 7 [1953] 131-41. MUNCK, J., *Paul and the Salvation of Mankind* [Richmond, 1959] 11-35. RIGAUX, *Letters* 40-67. STOB, H. "The Doctrine of Revelation in Paul",*CTJ* 1 [1966] 182-204. WOOD, H. G., "The Conversion of St. Paul", *NTS* 1 [1954-55] 276-82).

16 (IV) Paulo, Jesus e a tradição primitiva. Se a principal inspiração da teologia de Paulo foi a revelação concedida perto de Damasco, este evento não foi a única fonte de seu conhecimento acerca de Cristo e do movimento cristão. Paulo não foi o fundador do movimento, mas uniu-se a ele após a atividade missionária ter sido iniciada por aqueles que eram apóstolos antes dele (Gl 1,17). Portanto, é peovável *a priori* que Paulo tenha herdado da tradição inicial da igreja pelo menos algumas ideias a respeito de Cristo. A princípio esta observação poderia parecer contradizer o que ele mesmo diz em Gl acerca da origem de seu evangelho, que ele não lhe foi ensinado e veio a ele por meio de uma revelação de Jesus Cristo (1,11.15-17; 2,6). Todavia, especialmente aqui, devemos ser sensíveis às nuanças da expressão de Paulo: estas passagens em Gl foram escritas no calor da controvérsia. Paulo estivera sob ataque, acusado de não ser um verdadeiro apóstolo e de pregar apenas uma falsa versão aguada do evangelho por causa de sua atitude para com a lei de Moisés e as práticas judaicas. Quando escreveu Gl, Paulo estava ansioso, portanto, para enfatizar sua comissão apostólica divina, direta e não delegada assim como a origem divina de seu evangelho (→ Pensamento do NT, 81:151-52).

Porém não se deve permitir que esta ênfase obscureça o que se encontra em outras partes de suas cartas, indicando claramente uma dependência da tradição apostólica da protoigreja – de seu querigma, liturgia, hinos e fórmulas confessionais, terminologia teológica e parênese. Fragmentos do querigma primitivo se encontram nas cartas de Paulo: 1Ts 1,10; Gálatas 1,3-4; 1 Coríntios 15,2-7; Romanos 1,3-4; 4,25; 8,34; 10,8-9. Ele incorporou elementos da liturgia nelas: a fórmula eucarística (de origem antioquena? 1Cor 11,23-25); orações como "Amém" (1Ts 3,13[?]; Gl 6,18; cf. 1Cor 14,16; 2Cor 1,20), *"Maranata"* (1Cor 16,22), *"Abba*, Pai" (Gl 4,6; Rm 8,15); doxologias (Gl 1,5; Fl 4,20; Rm 11,36; 16,27 [?]) e hinos (Fl 2,6-11; [cf. Cl 1,15-20; Ef 5,14]). Suas fórmulas confessionais também refletem o uso da igreja: "Jesus é Senhor" (1Cor 12,3; Rm 10,9), "Jesus Cristo" (1Cor 3,11), ou "o Messias" (Rm 9,5). Ele herdou também diversos termos teológicos, *p.ex.*, os títulos "Senhor", "Filho de Deus"; a palavra "apóstolo"; as expressões *baptizō eis*, "igreja de Deus", etc. Finalmente, algumas partes exortativas de suas cartas que empregam terminologia estereotipada sugerem que Paulo está incorporando material parenético ou catequético extraído do uso corrente (1Ts 4,1-12; 1Cor 6,9-10; Gl 5,19-21; [Ef 5,5]).

17 Às vezes Paulo chama explicitamente a atenção para o fato de que está "passando adiante" (*paradidonai*) o que "recebeu" (*paralambanein*); veja 1Cor 11,2.23; 15,1.3. Assim, ele usa os equivalentes gregos do vocabulário técnico da tradição paralela nas escolas rabínicas: *māsar lĕ-*, "transmitir"; *qibbēl min*, "receber de". Ele apela também para os costumes das igrejas (1Cor 11,16) e recomenda fidelidade à tradição (1Ts 2,13; Fl 4,9; 1Cor 11,2; 15,2; Rm 6,17; [cf. 2Ts 2,15; 3,6]). O. Cullmann (*RHPR* 30 [1950] 12-13) acha surpreendente que Paulo tenha aplicado uma noção tão desacreditada à doutrina normativa e aos preceitos morais da comunidade primitiva, quando se recorda como Jesus reagiu justamente à *paradosis* dos judeus (Mc 7,3-13; Mt 15,2). Obviamente, Paulo via algo diferente aqui; não era para ele meramente "a tradição dos seres humanos" (Mc 7,8). Cf. 1Ts 2,13.

18 Um outro aspecto da dependência de Paulo em relação à tradição da protoigreja se vê em sua familiaridade com o que Jesus fez e ensinou. Paulo não dá qualquer indício de ter conhecido pessoalmente Jesus em seu ministério terreno (→ Paulo, 79:18); nem mesmo 2Cor 5,16 precisa implicar que ele o conhecesse. Tampouco se deveria imaginar que Paulo tenha recebido uma visão cinemática deste ministério por ocasião de sua experiência em Damasco. É notável quão pouco suas cartas mostram conhecimento de Jesus de Nazaré ou mesmo do que é registrado sobre ele nos evangelhos. Uma razão disto é que Paulo escreveu suas cartas antes dos evangelhos tomarem a forma em que os conhecemos. Todavia, uma razão ainda mais importante é que Paulo, não tendo sido testemunha ocular, enfatiza os efeitos salvíficos da paixão, morte e ressurreição de Cristo, que para ele transcendem os dados do ministério histórico de Jesus. Seu interesse reside nesses acontecimentos culminantes, e não nas minúcias do modo de vida de Jesus, seu ministério, sua personalidade ou até mesmo sua mensagem. Ocasionalmente ele pode aludir a ou citar um dito de Jesus (1Ts 4,2.15; 5,2.13,15; 1Cor 7,10-11 [cf. 25]; 9,14; 11,23-25; 13,2; Rm 12,14.17; 13,7; 14,13.14; 16,19), e estas alusões ou citações revelam que ditos de Jesus já estavam sendo passados adiante na protoigreja, além do querigma. Mas estes ditos são invariavelmente designados por Paulo como ditos do "Senhor" (*Kyrios*), um título que revela imediatamente o aspecto transcendente sob o qual Paulo os considerava. Ele não estava interessado em Jesus como mestre, profeta ou como fonte cronológica desta transmissão. Antes, ele estava interessado no Senhor ressurreto e exaltado, que se tornou o verdadeiro agente da tradição que se desenvolvia no seio da igreja apostólica. Este é o motivo pelo qual ele atribuiu ao *Kyrios* aquilo que, na realidade, tinha derivado da protocomunidade. O *Kyrios* está atuante nesta transmissão, e como tal ele é considerado o "fim da lei" e uma substituição da *paradosis* dos judeus.

19 Paulo faz alusão a notavelmente poucos eventos da vida de Jesus: ele nasceu de uma mulher sob a lei (Gl 4,4), instituiu a eucaristia (1Cor 11,23), foi traído (1Cor 11,23), foi crucificado (Gl 2,20; 3.1; Fl 2,8; 1Cor 2,2.8), morreu (1Cor 15,3), foi sepultado (1Cor 15,4), foi ressuscitado dos mortos (1Cor 15,5) e subiu ao céu (Rm 10,6 [cf. 4,9]). Porém mesmo estes acontecimentos não são narrados por causa deles mesmos ou ao modo dos evangelistas; eles são, isto sim, registrados em contextos de um caráter peculiarmente teológico ou querigmático. Paulo pode ter aprendido o esboço dos últimos dias de Jesus da protoigreja, mas provavelmente alguns dos detalhes já eram conhecidos dele antes de sua conversão e estavam relacionados à sua perseguição da "igreja de Deus" (Gl 1,13).

20 Aspectos como estes sugerem que Paulo derivou informações das tradições das protoigrejas (Jerusalém, Damasco, Antioquia). Além disto, sua visita a Jerusalém, quando ele passou 15 dias com Cefas (Gl 1,18), apoiaria isto (→ Gálatas, 47:16). Mas estas informações eram sempre transformadas pela visão e percepção pessoal de Paulo.

(BAIRD, W., "What Is the Kerygma?" *JBL* 76 [1957] 181-91. BRUCE, F. F., "Paul and the Historical Jesus", *BJRL* 56 [1973-74] 317-35. CULLMANN, O., "'Kyrios' as Designation for the Oral Tradition Concerning Jesus". *SJT* 3 [1950] 180-97. DUNGAN, D. L., *The Sayings of Jesus in the Churches of Paul* [Philadelphia, 1971]. GERHARDSSON, B., *Memory and Manuscript* [ASNU 22; Lund, 1961] 262-323; *Tradition and Transmission in Early Christianity* [ConNT 20; Lund, 1964]. HUNTER, A. M., *Paul and His Predecessors* [Philadelphia, 1981]. KUSS, *Paulus* 440-51. RIDDERBOS, H. N., *Paul and Jesus: Origin and General Character of Paul's Preaching of Christ* [Philadelphia, 1958]. STANLEY, D. M., "'Become Imitators of Me'; The Pauline Conception of Apostolic Tradition", *Bib* 40 [1959] 859-77; "Pauline Allusions to the Sayings of Jesus", *CBQ* 23 [1961] 26-39.)

21 (V) A experiência apostólica de Paulo. Um outro fator no desenvolvimento da teologia de Paulo foi sua experiência como apóstolo e missionário que proclamou o evangelho e fundou igrejas por toda a Ásia Menor e Europa. Quanto sua experiência prática e seus contatos reais com judeus e gentios moldaram sua concepção de cristianismo? Teria ele escrito sobre a justificação ou sobre a relação do evangelho com a lei como o fez, se não fosse o problema dos judaizantes com que se deparou? O verdadeiro significado do alcance universal da salvação cristã provavelmente ficou claro para Paulo à medida que ele trabalhou continuamente com judeus que deixaram de aceitar sua mensagem e com gentios que lhe deram atenção. Desde suas primeiras cartas ele revela uma consciência da posição privilegiada de seus conterrâneos judeus no plano divino da salvação (1Ts 2,13-14; cf. Rm 1,16; 2,9-10). Em Rm 9-11 ele se debate com o problema do papel de Israel no novo plano de salvação do Pai pela graça e por meio da fé em Cristo Jesus. Mas ele estava muito consciente de que fora chamado para pregar aos gentios (Gl 1,15-16); chama a si mesmo de "apóstolo das nações" (Rm 11,13). Ele admite que se sente "devedor a gregos e a bárbaros, a sábios e a ignorantes" (Rm 1,14). Além disso, a igreja como o "corpo" de Cristo (1Cor 12,27-28) é quase certamente o resultado de sua compreensão da *ekklēsia* à luz da compreensão greco-romana contemporâneo do Estado como organismo político (→ 122 *abaixo*). (A tendência manifestada aqui é levada adiante pelos discípulos de Paulo que, em Cl e Ef, unem os temas da igreja, do corpo e da cabeça numa concepção do Cristo ressurreto como o Senhor do *kosmos* e empregam a noção de *plērōma*, "plenitude".). Os problemas que o próprio Paulo enfrentou ao fundar e governar igrejas individuais foram quase certamente responsáveis por sua gradativa consciência do que significava "igreja" num sentido transcendente e universal. À sua experiência apostólica se deve atribuir também diversas referências ao mundo helenístico, que se encontram em vários desdobramentos de seu ensino (veja 1Cor 8,5; 10,20-21; 12,2; Gl 4,9-10).

22 Fez parte da experiência apostólica de Paulo um contato com os gnósticos? Esta é uma questão altamente discutida atualmente. Está claro que Paulo fala de *gnōsis*, "conhecimento", num sentido especial e contrapõe à sua um conhecimento mundano "história da cruz" (1Cor 1,18). Mas é uma outra questão se ele está enfrentando alguma forma de gnosticismo que teria invadido suas comunidades. Grande parte do problema aqui é o que se quer dizer com "gnosticismo". É muito difícil admitir que o gnosticismo desenvolvido já era corrente na época de Paulo. Pode haver elementos no ensinamento paulino que acabaram chegando à sua forma desenvolvida no séc. II d.C. (→ Protoigreja, 80:64-80), mas em suas cartas eles são, quando muito, elementos protognósticos. Apesar de todas as alegações acerca do gnosticismo como fenômeno pré-cristão, não se aduziram quaisquer evidências reais de uma figura redentora *pré-cristã* ou de um mito como o do homem primordial.

(Cook, R. B., "Paul... Preacher or Evangelist"? *BT* 32 [1981] 441-44. Holtz, T., "Zum Selbstverständnis des Apostels Paulus", *TLZ* 91 [1966] 321-30. Kertelge, K., "Das Apostelamt des Paulus, sein Ursprung und seine Bedeutung", *BZ* 14 [1970] 161-81. Lüdemann, G., *Paulus, der Heidenapostel: II. Antipaulinismus im frühen Christentum* [FRLANT 130; Göttingen, 1983]. Seidensticker, P., *Paulus der verfolgte Apostel Jesu Christi* [SBS 8; Stuttgart, 1965].

Chadwick, H., "Gnosticism", *OCD* 470-71. Dupont, J., *Gnosis: La connaissance religieuse dans lês épîtres de S. Paul* [Louvain, 1960]. Pagel, E. H., *The Gnostic Paul: Gnostic Exegesis of the Pauline Letters* [Philadelphia, 1975]. Ridderbos, *Paul* 27-29, 33-35, Schmithals, W., *Gnosticism in Corinth* [Nashville, 1971]; *Paul and the Gnostics* [Nashville, 1972]. Yamauchi, E. M., *Pre-Christian Gnosticism: A Survey of the Proposed Evidences* [Grand Rapids, 1973].)

23 Tudo quanto Paulo herdou de seu pano de fundo judaico, de seus contatos com o helenismo, e tudo quanto mais tarde derivou da protoigreja e de sua própria atividade missionária, foi transformado de um modo singular por sua percepção do mistério de Cristo concedida a ele perto de Damasco. Outros escritores do NT podiam reivindicar um pano de fundo judaico e contatos helenísticos, mas nenhum deles tem a profundidade de Paulo na compreensão do evento Cristo, exceto possivelmente João.

Perspectivas Dominantes

A SOTERIOLOGIA CRISTOCÊNTRICA DE PAULO

24 (I) A chave da teologia paulina. Tem havido um esforço constante no sentido de formular a chave para a teologia paulina, sua essência, seu núcleo ou seu centro. Desde a Reforma os luteranos e os calvinistas, com nuanças variadas, encontram-na na justificação pela fé – uma concepção ainda sustentada por muitos atualmente (*p.ex.*, E. Käsemann, W. G. Kümmel). No séc. XIX, F. C. Baur, usando a filosofia hegeliana, procurou explicar o núcleo em termos da antítese entre "carne" (humano) e "Espírito" (divino). Subsequentemente, intérpretes protestantes liberais introduziram uma concepção de antítese mais racional e ética, expressando-a em termos do espírito (humano) e da carne (sensual). Finalmente, W. Wrede, embora pertencesse ao mesmo movimento, procurou encontrar a essência do cristianismo paulino em Cristo e sua obra redentora. A escola da história das religiões, usando dados variados dos cultos de mistério do mundo mediterrâneo oriental, descreveu a "religião" de Paulo em termos de uma comunhão mística com o Senhor crucificado e ressurreto por meio dos atos cultuais do batismo e da eucaristia. Estas concepções do séc. XIX foram finalmente analisadas por A. Schweitzer, para quem a teologia de Paulo deveria ser resumida como um misticismo escatológico ligado a Cristo. Para ele, a escatologia de Paulo era diferente da escatologia coerente que Schweitzer afirmava ser a de Jesus, porque com a morte e a ressurreição de Jesus o *eschaton* tinha de fato começado para Paulo. Os crentes, então, participavam misticamente do modo de ser escatológico do Cristo ressurreto. Formas destas explicações mais antigas sobreviveram além do séc. XIX.

25 No séc. XX, R. Bultmann insistiu que a teologia do NT "começa com o querigma da protoigreja e não antes" (*TNT* 1. 3), *i.e.*, ela tem pouco a ver com o Jesus da história. Ele também demitologizou este querigma e o formulou em termos da filosofia heideggeriana de modo que a fé, a resposta ao querigma, torna-se uma "decisão" existencial, pela qual os seres humanos iniciam um novo modo de vida que é plenamente autêntico. Quanto a Paulo, sua "posição básica não é uma estrutura de pensamento teórico [...] mas ela eleva o conhecimento inerente à própria fé à clareza do conhecimento consciente" (*ibid.* 1.190). Deste modo, Bultmann, de fato, retornou a uma compreensão (existencialista) matizada da antítese usada por F. C. Baur mencionada acima e reduziu a teologia de Paulo a uma "antropologia", a uma interpretação da existência humana.

A exposição da teologia paulina proposta por Bultmann tem duas partes principais: O Homem antes da Revelação da Fé e O Homem sob a Fé. Na primeira parte (O Homem antes da Fé) ele expõe os conceitos antropológicos de Paulo (corpo, alma, espírito, vida, mente e consciência, coração), "carne, pecado e mundo" (criação, a condição humana como *sarx*, "carne", sua relação com a universalidade do pecado, o mundo e a lei). Na segunda parte (O Homem sob a Fé) Bultmann trata das ideias paulinas da justiça de Deus, da justiça humana como realidade presente e como dom de Deus, da reconciliação, da graça (como evento que vem da morte e ressurreição salvífica de Cristo), Palavra, igreja e sacramentos; fé (sua estrutura, lugar na vida e relação com o *eschaton*); liberdade (do pecado [= andar no Espírito], lei e morte). Esta exposição merecidamente elogiada do ensinamento de Paulo se caracteriza pelo esforço contínuo de Bultmann de apresentá-la em categorias genuinamente bíblicas.

26 Contudo, uma abordagem do ensinamento de Paulo como esta é um desenvolvimento exclusivamente centrado nas ideias de Paulo em Rm, às quais tudo mais parece ser tornado subserviente. A redução da teologia paulina a uma antropologia de fato minimiza o papel de Cristo (cf. Rm 7,24-8,2), visto que os acontecimentos salvíficos da primeira sexta-feira da paixão e do domingo de Páscoa foram demitologizados a tal ponto que ficaram desistoricizados. Novamente, o papel de Cristo na vida do indivíduo chamado para esta decisão existencial de fé é maximizado ao ponto de se negligenciar seu papel na concepção coletiva e cosmológica da história da salvação (cf. Rm 9-11, que Bultmann não considera de modo suficiente). Esta minimização do papel de Cristo se origina de uma relutância em admitir o "sentido de conteúdo" da teologia de Paulo, a "fase objetiva" histórica da redenção humana e uma preocupação de formular o ensinamento paulino em terminologia fenomenológica. É necessária uma certa demitologização do NT para levar sua mensagem às pessoas da atualidade, mas ainda se precisa levar em conta o modo como o próprio Paulo encarava o evento Cristo no esforço de formular a chave para sua teologia.

27 Mais recentemente, J. C. Beker lidou com o mesmo problema, reconhecendo tanto o caráter contingente do ensino de Paulo quanto seu centro coerente. Ele considera este último como "uma estrutura simbólica na qual uma experiência primordial (o chamado de Paulo) é expressa em linguagem de um modo particular", a saber, na "linguagem apocalíptica do judaísmo em que ele [Paulo] vivia e pensava". Deste modo, ele delineou "o evento Cristo em seu significado para a consumação apocalíptica da história, isto é, em seu significado para o triunfo de Deus" (*Paul the Apostle* 15-16). Teria sido melhor se Beker tivesse escrito da consumação "escatológica" da história e não de sua consumação "apocalíptica". De maneira semelhante, "o triunfo de Deus" é uma expressão demasiadamente não paulina para ser o objetivo do ensino paulino; ela lembra E. Käsemann. Isto deve ser dito mesmo quando se reconhece a centralidade de Cristo na concepção de Beker sobre o núcleo do ensinamento paulino.

28 A chave para a teologia paulina, contudo, deveria ser formulada em termos do que o apóstolo expressou repetidas vezes e de várias maneiras: "Aprouve a Deus pela loucura da pregação salvar aqueles que creem. Os judeus pedem sinais, e os gregos andam em busca de sabedoria; nós, porém, anunciamos Cristo crucificado, que para os judeus é escândalo, para os gentios é loucura, mas para aqueles que são chamados, tanto judeus como gregos, é Cristo, poder de Deus e sabedoria de Deus" (1Cor 1,21-25; cf. Rm 1,16; 2Cor 4,4). Esta "história da cruz" (1Cor 1,18) coloca o próprio Cristo no centro da soteriologia (novo modo de salvação de Deus), e tudo mais no ensino de Paulo deve ser orientado para esta soteriologia cristocêntrica.

29 Se a teologia de Paulo é predominantemente uma cristologia, deve-se insistir em seu caráter funcional (→ Pensamento do NT, 81:24). Paulo não estava muito interessado em explicar a constituição intrínseca de Cristo em si; ele pregava "Cristo crucificado", Cristo como significativo para a humanidade: "Ora, é por ele que sois em Cristo Jesus, que se tornou para nós sabedoria proveniente de Deus, justiça, santificação e redenção" (1Cor 1,30). Este "Cristo crucificado", embora descrito em figuras derivadas dos panos de fundo judaico e helenístico contemporâneos e até mesmo adornado com mitos, ainda tem relevância para as pessoas de nossa época. Para se entender o que Paulo quis dizer e ainda diz para as pessoas hoje não basta demitologizar suas ideias; antes, uma certa remitologização da mente moderna pode ser necessária. De qualquer modo, o que se faz necessário não é uma demitologização subtrativa, mas interpretativa.

(DAHL, N., "Rudolf Bultmann's *Theology of the New Testament*", *The Crucified Messiah and Other Essays* [Minneapolis, 1974] 90-128, esp. 112-22. FULLER, R. H., *The New Testament in Current Study* [New York, 1962] 54-63. KÄSEMANN, *NTQT* 13-15.)

30 Em nossa tentativa de oferecer um desenvolvimento genético da teologia de Paulo, começaremos com o termo que ele mesmo usou para descrever sua mensagem acerca de Cristo, seu "evangelho". Deste ponto de partida podemos passar para vários aspectos do conteúdo de sua mensagem.

31 (II) o Evangelho de Paulo. *Euangelion* como "boa nova de Jesus Cristo" é um significado especificamente cristão da palavra, e como tal quase certamente foi desenvolvido por Paulo dentro da comunidade protocristã (veja W. Marxsen, *Mark the Evangelist* [Nashville, 1969] 117-50). Paulo usa a palavra de modo mais frequente que qualquer outro escritor do NT: 48 vezes em suas cartas incontestáveis (ela ocorre oito vezes nas deuteropaulinas e quatro vezes nas pastorais). Em geral ela designa a apresentação pessoal do evento Cristo por parte do próprio Paulo.

Euangelion às vezes indica a atividade de evangelização (Gl 2,7; Fl 4,3.15; 1Cor 9,14b.18b; 2Cor 2,12; 8,18), como faz o verbo *euangelizesthai* (usado 19 vezes por Paulo; ele ocorre duas vezes nas deuteropaulinas). Normalmente, contudo, ela indica o conteúdo de sua mensagem apostólica – o que ele pregava, proclamava, anunciava, falava (veja J. A. FITZMYER, *TAG* 160 n. 5). Paulo compreendia que sua mensagem tinha origem no próprio Deus: "evangelho de Deus" (1Ts 2,2.8-9; 2Cor 11,7; Rm 1,1; 15,16). De modo sucinto, para ele seu conteúdo era o "evangelho de Cristo" (1Ts 3,2; Gl 1,7; Fl 1,27) ou "o evangelho de seu Filho" (Rm 1,9), sendo que o genitivo é geralmente entendido como objetivo, *i.e.*, a boa nova acerca de Cristo, ainda que em alguns casos se possa detectar uma nuança de Cristo como o originador do evangelho (2Cor 5,20; Rm 15,18-19). Mais especificamente, o evangelho é "a boa nova da *glória* de Cristo" (2Cor 4,4), *i.e.*, a mensagem sobre o Cristo ressurreto: "Não proclamamos a nós mesmos, mas a Cristo Jesus, Senhor" (2Cor 4,5), dando a Cristo o título por excelência para designar seu *status* como ressurreto. Às vezes o conteúdo é expresso simplesmente como "a fé" (Gl 1,23), "a palavra" (1Ts 1,6), "a palavra de Deus" (2Cor 2,17).

32 *Euangelion* tornou-se o modo pessoal de Paulo de resumir o significado do evento Cristo (→ 67 *abaixo*), o sentido que a pessoa e o senhorio de Jesus de Nazaré tinham e ainda têm para a história e existência humana. Por isso Paulo podia falar de "meu evangelho" (Rm 2,16), "o evangelho que proclamo" (Gl 2,2; cf. 1,8.11), ou "nosso evangelho" (1Ts 1,5; 2Cor 4,3; cf. 1Cor 15,1), porque ele estava ciente de que "não foi para batizar que Cristo me enviou, mas para anunciar o evangelho" (1Cor 10,17). Embora os escritores patrísticos (Ireneu, *Adv. Haer* 3.1.1; Tertuliano, *Adv. Marc.* 4.5 [CSEL 47. 431]; Orígenes em Eusébio, *HE* 6.25.6 [Garden CityS 9/2. 576]; o próprio Eusébio, *HE* 3.4.7 [CGS 9/1.194]) às vezes interpretassem estas expressões paulinas como referência ao Evangelho de Lucas, que eles consideravam uma condensação da pregação de Paulo (como se supunha que o Evangelho de Marcos fosse um resumo da pregação de Pedro), estas expressões não se referem a nada tão específico como uma narrativa semelhante aos evangelhos. Paulo estava plenamente ciente de que sua comissão para pregar a boa nova do Filho de Deus entre os gentios (Gl 1,16) não era uma mensagem completamente peculiar a ele ou diferente daquela pregada por aqueles "que eram apóstolos antes de mim" (Gl 1,17): "Por conseguinte, tanto eu como eles, eis o que proclamamos. Eis também o que acreditastes" (1Cor 15,11). Paulo se reconhecia como o "servo" do evangelho (*doulos*, Fl 2,22), consciente de uma graça especial do apostolado. Ele se via como colocado à parte assim como os profetas do AT (Jr 1,5; Is

49,1) desde o ventre de sua mãe para esta tarefa (Gl 1,15; Rm 1,1), estando "incumbido" do evangelho como uma possessão de alto valor (1Ts 2,4; Gl 2,7). Ele experimentava uma "compulsão" (*anankē*, 1Cor 9,16) para proclamá-lo e considerava sua pregação do evangelho como um ato cultual, sacerdotal oferecido a Deus (Rm 1,9; 15,16). Nunca se envergonhou do evangelho (Rm 1,16); mesmo ao ser preso por causa dele, o evangelho era, para ele, uma "graça" (Fl 1,7.16).

33 Várias características do evangelho no sentido de Paulo podem ser destacadas: (1) sua natureza *revelatória* ou *apocalíptica*. A atividade salvífica de Deus em favor de seu povo se tornou conhecida de uma nova maneira por meio do senhorio de Jesus Cristo (Rm 1,17); assim, o evangelho revela a realidade da nova era, a realidade do *eschaton*. Esta natureza apocalíptica do evangelho está relacionada a concepção paulina dele como *mystērion*, "mistério, segredo", oculto em Deus durante muito tempo e agora revelado – uma nova revelação acerca da salvação de Deus. Nos melhores mss de 1 Coríntios 2,1-2, Paulo equipara o "mistério de Deus" a "Jesus Cristo [...] crucificado" (cf. aparatos críticos), assim como equipara seu "evangelho" a "Cristo crucificado" em 1Cor 1,17.23-24. Paulo considerava-se um "administrador" que distribuía a riqueza deste mistério (1Cor 4,1). O evangelho revela agora aos cristãos o plano concebido por Deus e oculto nele desde a eternidade (1Cor 2,7) para levar a humanidade, tanto gentios quanto judeus, a participar da herança salvífica de Israel, cumprida agora em Cristo Jesus. Até mesmo a insensibilidade parcial de Israel faz parte deste mistério (Rm 11,25). Ao apresentar o evangelho como "mistério", Paulo sugere que ele nunca se torna plenamente conhecido pelos meios ordinários de comunicação. Como algo revelado, ele é só é apreendido na; e mesmo quando revelado, a opacidade da sabedoria divina nunca é completamente dissipada. *Mystērion* é um termo escatológico derivado de fontes apocalípticas judaicas; sua aplicação ao evangelho dá a este último uma nuança que *euangelion* nunca teria, *i.e.*, algo só compreendido plenamente no *eschaton*.

34 Ao falar assim do evangelho como mistério, Paulo usa uma palavra já familiar nas religiões de mistério gregas da época. Contudo, a compreensão que ele dá ao termo e o modo em que o usa revelam que ele não dependia tanto de fontes helenísticas quanto do AT e de escritos apocalípticos judaicos intertestamentários. Suas raízes veterotestementárias se encontram na palavra hebraica *sôd* e na aramaica *rāz*, "mistério", "segredo" (Dn 2,18-19.27-30.47; 4,6). Esta última é uma palavra emprestada do persa, usada no aramaico para designar a revelação feita a Nabucodonosor em seus sonhos. A Literatura de Qumran (LQ) também oferece abundantes paralelos ao uso paulino do termo "mistério" (*p.ex.*, 1QpHab 7:5 1QS 3:23), mostrando que suas verdadeiras raízes estão no judaísmo palestinense e não no helenismo da Ásia Menor. Como na LQ, "mistério" é um termo-chave para Paulo, que transmite para ele o conteúdo de seu evangelho, enquanto que na LQ ele transmite o significado oculto de passagens do AT.

35 (2) Sua natureza *dinâmica*. Embora "a história da cruz" não seja contada por Paulo de forma narrativa, como o é pelos evangelistas, para ele o evangelho não é uma abstração. Ele é "o poder de Deus", uma força (*dynamis*) salvífica desencadeada no mundo dos seres humanos para a salvação de todos (Rm 1,16). O evangelho pode, de fato, anunciar uma proposição, "Jesus é Senhor" (1Cor 12,3; Rm 10,9), com a qual os seres humanos são chamados a consentir; mas ele implica mais, pois proclama "a seu Filho, a quem ele ressuscitou dentre os mortos: Jesus Cristo que nos *livra* da ira futura" (1Ts1,10). Assim, é um evangelho que vem "não somente com palavras, mas com grande eficácia no Espírito Santo" (1Ts 1,5); ele é "a palavra de Deus que produz efeito (*ernegeitai*) em vós, os fiéis" (1Ts 2,13; cf. 1Cor 15,2).

36 (3) Seu caráter *querigmático*. O evangelho de Paulo está relacionado à tradição querigmática pré-paulina: "transmiti-vos, em primeiro lugar, aquilo que eu mesmo recebi" (1Cor 15,3); e ele tem o cuidado de enfatizar a "forma" ou os "termos" (*tíni logō*) em que evangelizou os coríntios. Nos vv 3-5 se segue um fragmento do próprio querigma e o v 11 afirma a origem comum do evangelho de Paulo.

(4) Seu papel *normativo* na vida cristã. Para Paulo, o evangelho se encontra de maneira crítica acima da conduta cristã, dos dirigentes da igreja e do ensino humano. Ele não tolera rival; Paulo afirma que não há "outro evangelho" (Gl 1,7) no contexto do problema dos judaizantes nas primeiras igrejas, quando algumas práticas judaicas estavam sendo impingidas aos cristãos gentílicos (circuncisão, regulamentos referentes à comida e ao calendário). Os seres humanos são chamados a acolher o evangelho (2Cor 11,4), obedecer-lhe (Rm 1,5) e escutá-lo (Rm 10,16-17). Ele deve ser aceito como um guia para a vida: "somente vivei vida digna do evangelho de Cristo" (Fl 1,27). Até mesmo Cefas, uma coluna da igreja (Gl 2,9), foi repreendido publicamente por Paulo em Antioquia, quando se constatou que ele não andava "retamente segunda a verdade do evangelho" (Gl 2,14). Todavia, para Paulo, o caráter normativo do evangelho também era libertador, pois ele menciona "a verdade do evangelho" em conexão com a "liberdade que temos em Cristo Jesus" (Gl 2,4), que deve ser preservada face à oposição de "falsos irmãos" que procuram enfraquecê-la. Por isso, embora normativo, ele também liberta dos legalismos criados por seres humanos.

(5) Sua natureza de *promessa*. O evangelho dá continuidade à promessa dos tempos antigos feita por Deus: "prometido por meio dos seus profetas nas Sagradas Escrituras" (Rm 1,2; cf. Is 52,7). Veja ainda Gl 3,14-19; 4,21-31; Rm 4,13-21; 9,4-13. (Esta característica é formulada mais plenamente em Ef. 1,13; 3,6).

(6) Seu caráter *universal*. O evangelho é o poder de Deus para a salvação de "todo aquele que crê, em primeiro lugar do judeu, mas também do grego" (Rm 1,16; cf. 10,12).

(BRING, R., "The Message to the Gentiles: A Study to the Theology of Paul the Apostle", *ST* 19 [1965] 30-46. BROWN, R. E., *The Semitic Background of the Term "Mystery" in the New Testament* [FBBS 21; Philadelphia, 1968]. FITZMYER, J. A., "The Gospel in the Theology of Paul", *TAG* 149-61. FRIEDRICH, G., "*Euangelizomai, etc.*", *TDNT* 2. 707-37. JOHNSON Jr., S. L., "The Gospel that Paul Preached", *BSac* 128 [1971] 327-40. O'BRIEN, P. T., "Thanksgiving and the Gospel in Paul", *NTS* 21 [1974-75] 144-55. SCHLIER, H., "*Euangelion im Römerbrief*", in *Wort Gottes in der Zeit* [Festschrift K. H. SCHELKLE; ed. H. FELD e J. NOLTE; Düsseldorf, 1973] 127-42. STRECKER, G., "*Euangelizō*" e "*Euangelion*", *EWNT* 2. 173-86. STUHLMACHER, P., *Das paulinische Evangelium: I. Vorgeschichte* [FRLANT 95; Göttingen, 1968]; "Das paulinische Evangelium", *Das Evangelium und die Evangelien: Vorträge von Tübinger Symposium 1982* [ed. P. STUHLMACHER; WUNT 28; Tübingen, 1983] 157-82).

37 (III) Deus e seu plano da história da salvação. A nuança de mistério acrescentada por Paulo à sua ideia do evangelho abre uma ampla perspectiva: ele via o evangelho como parte de um plano, gratuitamente concebido por Deus para uma forma nova de salvação humana, a ser revelada e realizada em seu Filho. O autor deste plano era Deus (*ho theos*, 1Cor 2,7), a quem Paulo tinha cultuado como fariseu, o Deus das "alianças" (Rm 9,4) do passado. O que Paulo ensina acerca de Deus não é uma teologia (no sentido restrito) independente de sua soteriologia cristocêntrica, pois este Deus é "Pai de nosso Senhor Jesus Cristo" (2Cor 1,3; Rm 15,6), e o que ele diz sobre Deus geralmente é afirmado em contextos que tratam de sua atividade salvífica. "Aprouve a Deus pela loucura da pregação (*kērygma*) salvar aqueles que creem" (1Cor 1,21). Mesmo quando Paulo fala das qualidades ou atributos de Deus, quase sempre se refere a Ele enquanto tal com o matiz de *por nós, em nosso favor*. Assim, ele reconhece Deus como criador: o "um só Deus, o Pai, de quem tudo procede e para o qual caminhamos" (1Cor 8,6); ele é "o Deus vivo e verdadeiro" (1Ts 1,9); "o Deus que disse: do meio das trevas brilhe a luz! (cf. Gn 1,3), foi ele mesmo quem reluziu em nossos corações" (2Cor 4,6); ele é aquele que "chama à existência as coisas que não existem" – assim descrito no uso que Paulo faz da história de Abraão (Rm 4,17-19). Paulo fala do "eterno poder e divindade" de Deus (Rm 1,20), de sua "verdade" (1,25), "sabedoria e conhecimento" (11,33).

38 Três qualidades de Deus, contudo, devem ser destacadas de modo particular. (1) "A ira de Deus" (*orgē theou*, Rm 1,18; cf. 1Ts 1,10; 2,16; 5,9; Rm 2,8; 3,5; 4,15; 5,9; 9,22; [Cl 3,6; Ef 5,6]). Esta qualidade é herdada por Paulo do AT (veja Sl 78:31; cf. Is 30,27-28), onde ela expressa não tanto uma emoção divina, e sim a reação de Deus ao mal e ao pecado. Pode parecer que Deus seja retratado antropomorficamente com uma mente irada, mas "a ira de Deus" não pretende expressar seu ódio malicioso ou capricho ciumento (→ Pensamento do AT, 77:99-102). É o modo do AT de expressar a reação constante de Deus como juiz à quebra da relação de aliança por parte de Israel (Ez 5,13; 2Cr 36,16) ou da opressão de seu povo por parte das nações (Is 10,5-11; Jr 50 [LXX 28]: 11-17). Relacionada ao "dia de Iahweh" (Sf 1,14-18), a ira era frequentemente concebida como a retribuição escatológica de Deus. Para Paulo ela ou já "se manifesta" (Rm 1,18) ou ainda deve ser esperada (2,6-8).

(MacGregor, G. H. C., "The Concept of the Wrath of God in the New Testament", *NTS* 7 [1960-61] 101-9. Pesch, W., "*Orgē*, *EWNT* 2. 1293-97. Wilckens, U., *Der Brief an die Römer* [EKKNT 6/1-3; Einsiedeln, 1978-82] 101-2.)

39 (2) Em contraposição à "ira de Deus" está a "retidão" ou "justiça de Deus", que aparece como uma qualidade em Rm 1,17; 3,5.21-22.25-26; 10,3. (Em 2Cor 5,21 ela é concebida mais como um dom dado aos seres humanos; cf. Fl 3,9.). Esta qualidade de Deus também é herdada por Paulo do AT, ainda que a expressão em si não se encontre nele. A expressão que chega mais perto da paulina é *ṣidqat Yhwh*, "os justos decretos do Senhor" (Dt 33,21 *RSV*; cf. LXX *dikaiosynēn Kyrios epoiēsen*, "o Senhor fez justiça") ou *ṣidqôt Yhwh*, "os triunfos do Senhor" (Jz 5,11 *RSV*; cf. LXX, *ekei dōsousin dikaiosynas Kyriō*, "ali eles admitirão os atos justos do Senhor"). O equivalente exato da expressão paulina, contudo, encontra-se na LQ (1Qm 4,6, *ṣedeq 'El*), que revela seu uso palestino pré-cristão. Nos primeiros livros do AT, *ṣedeq* ou *ṣĕdāqâ* expressa a qualidade pela qual Iahweh, descrito como estando envolvido num processo legal (*rîb*) com seu povo rebelde, julga Israel e mostra sua "justiça" (1Sm 3,13; Jr 12,1; Os 4,1-2; 12,3; Mq 6,2). Ela descreve sua atividade jurídica ou judicial; ele julga com "justiça" (Sl 9,9; 96,13; 98,9). Neste contexto "os triunfos do Senhor" devem ser entendidos como seus triunfos jurídicoss (cf. Mq 6,5; 1Sm 12,7). Os estudiosos do AT às vezes tentam sustentar que a justiça de Iahweh tem uma dimensão cósmica, que a criação e tudo que ele fez no AT podem ser atribuídos a esta qualidade divina. Apela-se para Dn 9,14 ou Jr 31,35-36 (veja H. H. Schmid, *Gerechtigkeit als Weltordnung* [BHT 40; Tübingen, 1968]; H. G. Reventlow, *Rechtfertigung im Horizont des Alten Testaments* [BEvT 58; München, 1971]). Para fazer isto eles precisam esvaziar a qualidade de seu aspecto jurídico ou judicial – a criação e a regulamentação da ordem mundial dificilmente são atos judiciais. No período pós-exílico, contudo, *ṣedeq* como qualidade de Deus adquire uma nuança a mais; ela torna-se a qualidade pela qual ele absolve seu povo, manifestando para com ele sua atividade salvífica graciosa num julgamento justo (veja Is 46,13 [onde "minha justiça" e "minha salvação" estão em paralelismo], 51,5.6.8; 56,1; 61,10; Sl 40,9-10). Semelhantemente, na LXX o termo *dikaiosynē* é usado para traduzir outras qualidades (não judiciais) pactuais de Deus: sua 'ĕmet, "fidelidade" (Gn 24,49; Js 24,14; 38,19); sua ḥesed, "misericórdia constante" (Gn 19,19; 20,13; 21,23) – uma tradução que reflete mais a nuança pós-exílica de ṣedeq do que sua denotação original. Em virtude desta compreensão veterotestamentária da "retidão de Deus" Paulo vê Deus como aquele que dá um novo modo de salvação para a humanidade como a justificação pela graça mediante a fé em Cristo Jesus – como parte de seu plano da história da salvação. E. Käsemann também insistiu na noção paulina da justiça de Deus como sua "atividade salvadora" e como uma manifestação do poder de Deus: "A soberania de Deus sobre o mundo que se revela escatologicamente em Jesus [...], o poder legítimo com que Deus faz sua causa triunfar no mundo que apostatou dele e que, ainda assim, como criação, é sua possessão inviolável" ("'The righteousness of God'" 180). Isto pode ser dito, mas novamente é preciso acautelar-se contra contra o esvaziamento da denotação jurídica ou judicial que é básica para esta qualidade. KÄSEMANN, contudo, insiste corretamente no aspecto do "poder" presente na justiça de Deus.

(Sobre a justiça de Deus: BERGER, K., ZNW 68 [1977] 266-75. BRAUCH, M. T., in SANDERS, Paul [→ 11 acima] 523-42. BULTMANN, R., JBL 83 [1964] 12-16. HÜBNER, H., NTS 21[1974-75] 462-88. KÄSEMANN, NTQT 168-82. KERTELGE, K., "Rechtfertigung" bei Paulus [NTAbh ns 3; Münster, 1967]. LYONNET, S., VD 25 [1947] 23-34, 118-44, 193-203, 257-63. SCHLATTER, A., Gottes Gerechtigkeit [3ª ed.; Stuttgart, 1959] 116-22. SCHMID, H. H., em Rechtf 403-14, STUHLMACHER, P., Gerechtigkeit Gottes bei Paulus [FRLANT 87; Göttingen, 1965]. WILLIAMS, S. K., JBL 99 [1980] 241-90.)

40 (3) "O amor de Deus". Embora esta qualidade divina não apareça tão frequentemente como a "justiça de Deus", ela é um conceito importante para Paulo, permeando a segunda seção da parte doutrinária de Rm. Ele "é derramado em nossos corações" (Rm 5,5; cf. 5,8; 8,31-39; 2Cor 13,11.13; [2Ts 3,5]). Em virtude desta qualidade Paulo vê os cristãos escolhidos como os "irmãos amados por Deus" (1Ts 1,4). Para ele, esta qualidade é a base do plano divino para a salvação.

(LEVIE, J., "Le plan d'amour divin dans le Christ selon saint Paul", em L'Homme devant Dieu [Festschrift H. DE LUBAC; Théologie 56-58; Paris, 1963-64] 1. 159-67. ROMANIUK, K., L'Amour du Père et du Fils dans la sotériologie de Saint Paul [AnBib 15; Roma, 1961]. SCHNEIDER, G., "Agapē", EWNT 1. 19-29.)

41 O fato de que Paulo pensa em termos de um plano divino da história da salvação pode ser visto em suas referências ao "propósito" de Deus (prothesis, Rm 8,28; 9,11), ou sua "vontade" (thelēma, Gl 1,4; 1Cor 1,1; 2Cor 1,1; 8,5; Rm 1,10; 15,32), ou sua "predestinação" (proorizein, Rm 8,28-30); cf. "a plenitude do tempo" (Gl 4,4); o "tempo indicado" por Deus (kairos, 1Cor 7,29-32); o período "de Adão até Moisés" (Rm 5,14); o encontro do "fim dos tempos" (1Cor 10,11), a aproximação do "dia" do Senhor (Rm 13,11-14); "agora é o dia de salvação" (1Cor 6,2). Em virtude deste plano Deus escolhe ou chama os seres humanos para a salvação (1Ts 5,9; Rm 1,16; 11,11) ou para a glória (Rm 8,29-31). "Tudo isto vem de Deus que nos reconciliou consigo por meio de Cristo" (2Cor 5,18).

Nem todos os comentaristas estão seguros do que Paulo pensa em termos de um plano divino da história da salvação, apesar dos elementos listados acima apoiarem este pensamento. S. Schulz (ZNW 54 [1963] 104) sustenta que o "Lucas helenista é o criador da história da salvação". Isto implicaria que ta concepção não se encontraria entre os escritores do NT antes de Lucas. Em resposta a isto, contudo, Kümmel ("Heilsgeschischte") não apenas reafirmou a concepção paulina de história da salvação, mas listou muitos intérpretes de Paulo que a reconheceram como um aspecto válido de sua teologia (Bultmann, Dibelius, Feine, Holtzmann et al.). "História da salvação" não pode ser aplicada num sentido unívoco aos autores do NT; Lucas e Paulo, em particular, tem sua própria concepção dela. De fato, na concepção paulina desta história, pode-se perguntar sobre o sentido em que seu primeiro e seu segundo estágios são "salvíficos" (se o primeiro foi sem lei, e o segundo, embora sob a lei que se destinava a trazer "vida" [Lv 18,5], deixou de alcançá-la). Novamente, embora Paulo leve em conta o encontro das eras (1Cor 10,11), o terceiro estágio é, para ele, o *eschaton*, mesmo que ainda faça parte da "história" humana (→ Pensamento do NT, 81:47-48). De qualquer forma, a concepção paulina deste plano salvífico manifesta uma dimensão histórica, coletiva, cósmica e escatológica.

42 (1) A dimensão histórica do plano divino é visto no fato de abranger todas as fases da história humana, desde a criação até sua consumação. Estando enraizada na intervenção de Cristo Jesus nesta história "na plenitude do tempo" (Gl 4,4), ela dá a esta história um significado que, de outro modo, não é evidente nela. Esta dimensão leva a uma periodização do plano de salvação de Deus. Muito provavelmente Paulo derivou sua concepção de três estágios da história da salvação de sua formação judaica, pois ela só faz sentido num pano de fundo como este – Paulo vê a história humana a partir de uma ótica judaica. O primeiro período foi o tempo desde "Adão até Moisés" (Rm 5,13-14; cf. Gl 3,17), o período sem lei, quando os seres humanos de fato praticavam o mal, mas não havia imputação das transgressões (Rm 5,13-14) O segundo período foi o tempo de Moisés até o Messias, quando "a lei foi acrescentada" (Gl 3,19; cf. Rm 5,20), quando "nós éramos guardados sob a tutela da lei" até alcançar a maturidade (Gl 3,23); então a lei reinava e o pecado humano era imputado como uma transgressão dela. O terceiro período é a época do Messias, de "Cristo", que é "o fim da lei" (Rm 10,4), quando os seres humanos são "justificados pela fé" (Gl 3,24), que "age pela caridade" (Gl 5,6), "o cumprimento da lei" (Rm 3,10). Paulo percebeu que o tempo no qual ele vivia veio depois daquele em que advertências foram escritas na lei (como Ex 32,1-6 ou Nm 25,1-18), e "foram escritas para nossa instrução, nós que fomos atingidos pelo fim dos tempos" (1Cor 10,11). Aqui o "fim" se refere ao final definitivo do segundo período e ao começo do final do terceiro, que é do último Adão ou Adão do *eschaton* (1Cor 15,45). Se a concepção paulina de três estágios da história humana está relacionada a uma divisão semelhante da duração do mundo que se encontra na tradição rabínica posterior (*b. Sanh.* 97; *b. 'Abod, Zar.* 9b; *j. Meg.* 70d), como defendi outrora (*JBC*, art. 79, § 41), isso pode ser questionado.

43 (2) A dimensão coletiva do plano divino é vista no papel desempenhado por Israel. Privilegiado no passado por meio das promessas de Deus a Abraão e à sua posteridade, Israel tornou-se o instrumento escolhido pelo qual a salvação alcançaria todos os seres humanos: "Todas as nações serão abençoadas em ti" (Gl 3,8; cf. Rm 4,16; Gn 18,18; 12,3). Portanto, todos os preparativos divinos para o evento Cristo foram feitos dentro da nação dos judeus: "Aos quais pertencem a adoção filial, a glória, as alianças, a legislação, o culto, as promessas, aos quais pertencem os patriarcas, e dos quais descende o Cristo, segundo a carne" (Rm 9,4-5). Mas, embora descendesse de Abraão, Israel rejeitou (Rm 11,15) Jesus como o Messias e, desse modo, aparentemente se excluiu da salvação oferecida em Jesus o Cristo a quem Paulo pregava. Poderia parecer que o plano divino falhou em seu momento mais crucial (Rm 9,6). Paulo insiste, contudo, que não foi assim, pois esta infidelidade de Israel fora prevista por Deus e fazia parte do próprio plano. Ela não contraria a direção da história por parte de Deus, visto que tanto a infidelidade dos judeus quanto o chamado dos gentios foram anunciados no AT (Rm 9,6-32). A infidelidade de Israel provém de sua própria recusa de aceitar aquele em quem um novo modo de justiça é agora franqueado a toda a humanidade. Ela é apenas uma infidelidade parcial (Rm 11,1-10) porque "um resto segundo a eleição da graça (de Deus)" (Rm 11,5) aceitou Jesus como o Cristo. E é apenas temporária, pois do passo em falso de Israel "resultou a salvação dos gentios, para lhes excitar o ciúme. E se sua queda reverte em riqueza para o mundo e seu esvaziamento em riqueza para os gentios, quanto maior fruto não dará sua totalidade!" (Rm 11,11-12). De fato, "o endurecimento atingiu uma parte de Israel até que chegue a plenitude das nações, e assim todo Israel será salvo" (Rm 11,25). Este aspecto coletivo visiona os efeitos do evento Cristo sobre "o Israel de Deus" (Gl 6,16; cf. Rm 9,6). Deve-se enfatizar este aspecto do plano salvífico, visto que ele domina muitas passagens nos escritos de Paulo, como Rm 5,12-21; Rm 9-11 (cf. Ef 1,3-12; 2,4-16). Ele nos adverte contra uma interpretação do ensinamento de Paulo de modo demasiadamente restrito ou exclusivo num sentido individualista, ou como um relacionamento do tipo eu-tu entre o cristão e Deus, ou, menos sofisticadamente, como uma piedade individual e pessoal ou uma antropologia exagerada. Este aspecto coletivo aparece, acima de tudo, na incorporação tanto de judeus cristãos quanto gentílicos em Cristo e sua igreja.

44 (3) A dimensão cósmica do plano divino é vista no fato de Paulo relacionar todo o *kosmos* criado à salvação humana: "Ele tudo pôs debaixo dos pés" do Cristo ressurreto (1Cor 15,27; cf. Sl 8,7; Fl 3,21). Esta é a razão por que Paulo vê a própria criação física "aguardando ansiosamente" sua participação na liberdade da escravidão da corrupção e na "gloriosa liberdade dos filhos de Deus" (Rm 8,19-21), prolepticamente atingida na redenção operada por Cristo Jesus. Novamente, Paulo também vê o *kosmos* participando da reconciliação da humanidade pecadora realizada por Cristo (2Cor 5,18-21; cf. Rm 11,15). Mas, de modo significativo, ele nunca relaciona a "justificação" com esta dimensão cósmica (em Cl e Ef os discípulos de Paulo desenvolvem a dimensão cósmica ainda mais ao descrever o papel cósmico do próprio Cristo: "porque nele foram criadas todas as coisas, nos céus e na terra" [Cl 1,16], "tendo [ele] em tudo a primazia" [Cl 1,18; cf. Ef 1,19-23; 2,11-18]).

45 (4) A dimensão escatológica do plano divino também é importante, visto que os dois primeiros períodos da história da salvação (Adão a Moisés, Moisés a Cristo) foram encerrados e os cristãos já estão vivendo no último período. Se o *eschaton* foi, assim, inaugurado, de um outro ponto de vista "o fim" ainda não veio (1Cor 15,24 [de acordo com uma interpretação muito provável deste versículo]). Cristo o Senhor do *kosmos* ainda não reina incontestavelmente; ele ainda não entregou o reino ao Pai. Tudo isto está relacionado à "parúsia do Senhor" (1Ts 2,19; 3,13; 4,15; 5,23; 1Cor 15,23). Dificilmente se pode negar que Paulo a esperava no futuro próximo. Contudo, às vezes o encontramos se reconciliando gradualmente com sua própria morte iminente (Fl 1,23) e com uma fase intermediária entre sua morte e seu "comparecer perante o tribunal de Cristo" (2Cor 5,1-10). De qualquer modo, há um aspecto futuro em sua história da sua salvação, quer seu termo esteja perto ou distante, e a esperança de Paulo é "ir morar junto do Senhor" (2Cor 5,8), pois "estar com o Senhor" é a forma como Paulo concebe o destino de todos os cristãos (1Ts 4,17; Fl 1,23). Os inegáveis elementos de sua escatologia futurista são a parúsia (1Ts 4,15), a ressurreição dos mortos (1Ts 4,16; 1Cor 15,13-19) o julgamento (2Cor 5,10; Rm 2,6-11; 14,10) e a glória dos crentes justificados (Rm 8,18.21; 1Ts 2,12). Alguns comentaristas considerariam até mesmo esta perspectiva como "apocalíptica" (Käsemann, *NTQT* 133; cf. J. L. Martyn, *NTS* 31 [1985] 410-24; L. E. Keck, *Int* 38 [1984] 234); → 33 *acima*; → Pensamento do NT, 81:49).

Mas juntamente com este aspecto futuro há também o aspecto presente, segundo o qual o *eschaton* já começou e os seres humanos já estão, em certo sentido, salvos. "Eis agora o tempo favorável por excelência. Eis agora o dia da salvação" (2Cor 6,2). As "primícias" (Rm 8,23) e o "penhor" (2Cor 1,22; 5,5; [Ef 1,14]) já são a posse dos crentes cristãos. Cristo já nos "glorificou" (Rm 8,30; cf. 2Cor 3,18; Fl 3,20; [em Ef 2,6 e Cl 2,12 isto é formulado dizendo-se que Cristo já nos ter transferido para o âmbito celestial]). Às vezes Paulo fala como se os cristãos já tivesse sido "salvos" (Rm 8,24 [onde ele acrescenta "na esperança"]; cf. 1Cor 15,2; 1,18; 2Cor 2,15); todavia, outras vezes afirma que eles ainda serão salvos (1Cor 5,5; 10,33; Rm 5,9.10; 9,27; 10,9.13).

Esta diferença de ponto de vista se deve em parte a um desenvolvimento do pensamento de Paulo acerca da iminência da parúsia. Em 1Ts há referências futuras; mas com o passar do tempo, e especialmente após uma experiência que Paulo teve em Éfeso, quando esteve perto de morrer (1Cor 15,32; 2Cor 1,8) e a parúsia ainda não tinha ocorrido, sua compreensão da situação cristã se desenvolveu. (Este desenvolvimento é visto de modo mais completo na visão plenamente madura do plano do Pai que surge em Cl e Ef.).

46 O duplo aspecto da escatologia paulina tem sido explicado de modo variado. Alguns, como C. H. Dodd e R. Bultmann, classificariam o aspecto predominante de "escatologia realizada". Esta expressão é em parte aceitável, mas se deve tomar cuidado ao defini-la. Para Bultmann, Paulo não está interessado na história da nação de Israel ou do mundo, mas apenas na "historicidade do homem, a verdadeira vida histórica do ser humano, a história da qual cada um experimenta por si mesmo e pela qual alcança sua verdadeira essência. Esta história da pessoa humana toma forma nos encontros que o homem vivencia, seja com outras pessoas ou com acontecimentos, e nas decisões que toma nelas" (*The Presence of Eternity: History and Eschatology* [New York, 1957] 43). Em outras palavras, os elementos futuros na escatologia de Paulo são apenas um modo simbólico de expressar a autorrealização humana, na medida em que se é liberto de si mesmo pela graça de Cristo e se reafirma continuamente como um indivíduo livre em decisões a favor de Deus. Nestes atos se está continuamente "perante o tribunal de Cristo". Bultmann, portanto, descartaria os elementos futuros da escatologia de Paulo listados acima; eles seriam vestígios de uma concepção apocalíptica da história, que não faz sentido para as pessoas de hoje. De fato, ele pensa que Paulo já teria reinterpretado em termos de sua antropologia. "A concepção paulina de história é a expressão de sua concepção do homem" (*ibid*. 41).

Uma interpretação como esta tem a vantagem de enfatizar o momento "crítico" que o evento Cristo traz para a vida de cada um: um desafio de fé é apresentado por ele. Mas esta interpretação da escatologia de Paulo nega, de fato, alguns elementos importantes de sua concepção de história da salvação. Embora seja verdade que "a história que Paulo vê ao olhar para trás é a história não apenas de Israel, mas de toda a humanidade" (*ibid*. 40), dificilmente parece acertado dizer que Paulo "não a vê como a história da nação com suas alternâncias de graça divina e obstinação do povo, de pecado e punição, de arrependimento e perdão" (*ibid*.). Uma concepção de história paulina como esta é demasiadamente dominada pelas polêmicas de Rm e Gl e realmente minimiza o problema que Paulo tentou enfrentar ao compor Rm 9-11. A história e o papel de Israel no destino humano são fatores presentes em toda a teologia de Paulo; dificilmente eles são teologúmenos que simplesmente se podem relegar ao âmbito do mito. Além disso, mesmo que Paulo chame Cristo de "o fim da lei" (Rm 10,4), ele não está dizendo que "a história chegou a seu fim" (*ibid*. 43). Antes, ele parece estar dizendo que uma nova fase da história da salvação começou, porque "fomos atingidos pelo fim dos tempos" (1Cor 10,11).

47 Uma alternativa a tal "escatologia realizada" é interpretar o ensinamento de

Paulo como uma "escatologia inaugurada", ou até mesmo como uma "escatologia autorrealizante" (em que "auto" se refere ao *eschaton*). Pois, na concepção de Paulo, os cristãos vivem no *eschaton*, na era do Messias. Esta é uma era de polaridade dual; ela olha para trás, para a primeira sexta-feira da paixão e o primeiro domingo de Páscoa, e para a frente, para a consumação final gloriosa, quando "estaremos para sempre com o Senhor" (1Ts 4,17). Esta era deu início a um *status* de união com Deus desconhecido anteriormente e um *status* destinado a uma união final com ele na glória. Esta é a base da esperança e da paciência do cristão (Rm 8,24-25).

Esta concepção da escatologia de Paulo inclui um modo objetivo da existência em que os cristãos se encontram por meio da fé, um modo de existência inaugurado por Cristo, que encontrará sua perfeição num acontecimento que Paulo chama de parúsia do Senhor. Esta interpretação, contudo, não obriga ninguém a uma credulidade ingênua que deixe de levar em conta a parafernália apocalíptica e os elementos acessórios usados por Paulo para descrever as formas da parúsia, ressurreição, julgamento e glória – veja 1Ts 4,16-17; 1Cor 15,51-54 (cf. 2Ts 2,1-10).

(ALLAN, J. A., "The Will of God: III. In Paul", *ExpTim* 72 [1960-61] 142-45. BARRETT, C. K., *From First Adam to Last* [London, 1962]. BENOIT, P., "L'Evolution du langage apocalyptique dans le corpus paulinien", in *Apocalypses et théologie de l'espérance* [LD 95; ed. L. MONLOUBOU; Paris, 1977] 299-335. DIETZFELBINGER, C., *Heilsgeschichte bei Paulus?* [TEH nº 126; München, 1965]. DINKLER, E., "Parädestination bei Paulus", in *Festscrift für Günther Dehn* [ed. W. SCHNEEMELCHER; Neukirchen, 1957] 81-102. GOPPELT, L., "Paulus und die Heilsgeschichte", *NTS* 13 [1966-67] 31-42. KÜMMEL, W. G., "Heilsgeschichte im Neuen Testament"? in *Neues Testament und Kirche* [Festschrift R. SCHNACKENBURG; ed. J. GNILKA; Freiburg, 1974] 434-57. SCROGGS, R., *The Last Adam: A Study in Pauline Anthropology* [Philadelphia, 1066].

BAIRD, W., "Pauline Eschatology in Hermeneutical Perspective", *NTS* 17 [1970-71] 314-27. GAGER Jr., J. G., "Functional Diversity in Paul's Use of End-Time Language", *JBL* 89[1970] 325-37. LONGENECKER, R. N., "The Nature of Paul's Early Eschatology", *NTS* 31 [1985] 85-95, MAYER, B., *"Elpis, etc"*. *EWNT* 1. 1066-75.)

48 (IV) A função de Cristo na história da salvação. Diante do pano de fundo do evangelho, do mistério e do plano de salvação do Pai, temos agora de tentar descrever o papel do próprio Cristo na visão de Paulo. Pois embora Abraão e Israel exerçam funções na execução deste plano e a igreja esteja profundamente envolvida nele, o papel de Cristo é central para o pensamento de Paulo. Só raramente Paulo designa "Jesus" apenas por seu nome próprio (1Ts 1,10; 4,14; Gl 6,17; Fl 2,10; 1Cor 12,3 [provavelmente um lema citado]; 2Cor 4,5 [veja o aparato crítico], 10.11.14; 11,4; Rm 8,11), em contraposição a um uso abundante de títulos para designar Jesus, sendo um deles inclusive seu segundo nome (→ 51 *abaixo*). Isto indica imediatamente o interesse primordial de Paulo na significância de Cristo Jesus, ou, em nossos termos, na *cristologia*.

49 (A) O Filho preexistente. Paulo chama Jesus de "o Filho de Deus" (Gl 2,20; 3,26; 2Cor 1,19) ou "Seu [*i.e.*, do Pai] Filho" (1Ts 1,10 [num fragmento querigmático]; Gl 1,16; 4,4.6; 1Cor 1,9; Rm 1,3.9; 5,10; 8,3.29.32 ["Seu próprio Filho"]; cf. Cl 1,13; Ef 4,13]). O que ele quis dizer com o título "Filho de Deus"? Considerando sua longa história no antigo Oriente Próximo, o título poderia sugerir muitas coisas. Os faraós egípcios eram considerados "filhos de Deus", porque o deus sol, Ra, era considerado pai deles (C. J. Gadd, *Ideas of Rule in the Ancient East* [London, 1948] 45-50). Seu uso é atestado também em referências a monarcas assírios e babilônicos. No mundo greco-romano ele era usado para designar o soberano, especialmente na expressão *divi filius* ou *theou huios* aplicado ao imperador romano (veja A. Deissmann, *LAE* 350-51). Ele também era dado a heróis míticos e taumaturgos (às vezes chamados de *theioi andres*) e até mesmo a personagens históricos como Apolônio de Tiana, Pitágoras e Platão (veja G. P. Wetter, *Der Sohn Gottes* [FRLANT 26; Göttingen, 1916]). A base da atribuição helenística deste título era, aparentemente, a convicção de que tais pessoas tinham poderes divinos. Embora alguns sustentem que a aplicação deste título a Jesus se origina inteiramente deste pano de fundo helenístico (visto que ele dificilmente teria sido usado pelo próprio Jesus ou até mesmo aplicado a ele pela protocomunidade palestina [Schoeps, *Paul* 158]), de modo algum esta afirmação é clara (→ Jesus, 78: 35-37).

50 No AT, "Filho de Deus" é um título mitológico dado a anjos (Jó 1,6; 2,1; 38,7; Sl 29,1; Dn 3,25; Gn 6,2); um título de predileção para o povo de Israel coletivamente (Ex 4,22; Dt 14,1; Os 2,1; Is 1,2; 30,1; Jr 3,22; Sab 18,13); um título de adoção para um rei no trono davídico (2Sm 7,14; Sl 2,7; 89,27); para juízes (Sl 82,6); para o judeu justo (Eclo 4,10; Sab 2,18). Diz-se frequentemente que ele era um título messiânico, mas não há evidências claras deste uso no judaísmo palestinense pré-cristão; nem mesmo o Sl 2,7 deve ser interpretado claramente como messiânico. "Filho de Deus" e "Filho do Altíssimo" são atestados na LQ (4Q246 2:1), ainda que o sujeito da atribuição esteja perdido por causa do estado fragmentário do texto (veja Fitzmyer, *WA* 90-94). Também se deve hesitar acerca do uso de "Filho" em 4QFlor (= 4Q*174*) 1:11, que cita 2Sm 7,14 num contexto que uns afirmam ser messiânico. Veja ainda 1QSa 2:11-12, onde parece se dizer que Deus gera o Messias (*JBL* 75 [1956] 177 n. 28; cf. J. Starchy, *RB* 70 [1963] 481-505; → Apócrifos, 67:84, 92). Nenhum destes textos é inequívoco. A identificação do Messias e do Filho de Deus é feita no NT (Mc 14,61; Mt 16,16), e Cullmann pode estar certo ao pensar que a fusão dos dois títulos "Filho de Deus" e "Messias" ocorre pela primeira vez em referência a Jesus. A ideia dominante por trás do uso de "Filho de Deus" no universo judaico era o da eleição divina para uma tarefa dada por Deus e a correspondente obediência a esta vocação. A noção hebraica de filiação está na raiz da aplicação neotestamentária do título a Cristo.

Dificilmente Paulo é o criador deste título para Cristo; ele o herda da protoigreja. O título se encontra em fragmentos do querigma que ele incorpora em suas cartas (*p.ex.*, Rm 1,3, "e que diz respeito a seu Filho" [veja Conzelmann, *OTNT* 77]). Mas o termo não tem sempre a mesma conotação. Quando diz que Jesus foi "estabelecido Filho de Deus com poder por sua ressurreição dos mortos, segundo o Espírito de santidade" (Rm 1,4), Paulo usa o título no sentido hebraico. Ele expressa o papel de Jesus dotado com um espírito que dá vida para a salvação dos seres humanos (1Cor 15,45). Em outras partes Paulo pressupõe a preexistência de Cristo, se não alude a ela. "Enviou Deus o seu Filho, nascido de mulher, nascido sob a Lei, para resgatar os que estavam spob a Lei" (Gl 4,4); cf. "seu próprio Filho" (Rm 8,3.32). Teoricamente, poder-se-ia dizer que este "envio" se refere apenas a uma comissão divina. Mas isto é tudo que Paulo sugere? A ambiguidade parece ser removida por Fl 2,6: "Ele, estando na forma de Deus" (*en morphē theou hyparchōn*); cf. 2Cor 8,9. O *status* de que o Filho gozava era de "ser igual a Deus" (*to einai isa theō*; → Filipenses, 48,19). (Em Cl 1,15.17; 2,9 se faz referência a Jesus como o Filho que era "a imagem do Deus invisível; o primogênito de toda a criação".). Em 1Cor 15,24-25.28 Paulo fala de Cristo como "o Filho" de um modo que pode até mesmo transcender a cristologia funcional, pois ele trata ali do final do plano da salvação, quando "o próprio Filho" se sujeitará àquele (o Pai) que colocou todas as coisas sob seus pés. O Cristo com seu papel concluído é "o Filho" relacionado ao Pai.

51 (B) Christos. Na LXX *christos* é a tradução grega do termo hebraico *māšîaḥ*, "o ungido" um título frequentemente usado para designar os reis históricos de Israel (*p.ex.*, 1Sm 16,6; 24,7.11; 26,16), raramente um sumo sacerdote (Lv 4,5,16) e uma vez até um rei pagão (Ciro, Is 45,1) Visto que ele era frequentemente usado para Davi, quando a linhagem davídica foi levada para o cativeiro babilônico (Jr 36,30) e a promessa de um "Davi" futuro a ser suscitado por Deus surgiu em Israel (Jr 30,9; cf. 23,5), o título acabou sendo transferido para esta figura (veja Dn 9,25, "até a vinda de um Messias, um príncipe" [tradução do autor]). Assim surgiu a expectativa messiânica em Israel (→ Pensamento do AT, 77:152-63). O título indicava um agente ungido de Iahweh aguardado pelo povo para sua libertação. Esta expectativa de um Messias vindouro desenvolveu-se mais entre os essênios de Qumran: "até a vinda de um profeta e o Messias de Aarão e Israel" (1QS 9:11;→ Apócrifos, 67:29, 114-17).

O título foi aplicado a Jesus de Nazaré de modo muito rápido após sua morte e ressurreição, evocado entre seus seguidores indubitavelmente pelo título que Pilatos afixou em sua cruz, "rei dos judeus" (Mc 14,26; cf. Dahl, *Crucifed* 23-33; observe que o fragmento querigmático preservado em At 2,36 sugere a mesma aplicação). O que é notável acerca do uso paulino de *Christos* não é sua frequência (266 vezes em suas cartas indiscutíveis [81 vezes nas deuteropaulinas, 32 nas pastorais], mas por ter se tornado praticamente o segundo nome de Jesus: "Jesus Cristo" (*p.ex.*, 1Ts 1,1.3) ou "Cristo Jesus" (*p.ex.*, 1Ts 2,14; 5,18). Somente em Rm 9,5 ele usa *Christos* claramente no sentido de um título; mesmo aí ele não é um título genérico, mas se refere ao único Messias, Jesus. Dahl (*Crucified* 40, 171) detecta "conotações messiânicas" no uso de *Christos* em 1Cor 10,4; 15,22; 2Cor 5,10; 11,2-3; Fl 1,15.17; 3,7; Rm 1,2-4; mas cada um destes casos é controverso. Portanto, o que é importante é compreender que para Paulo *Christos* significava aquilo que os cristãos tinham passado a compreender acerca do título judaico anterior. Paulo chegou à fé por meio de "uma revelação de Jesus Cristo" (Gl 1,12), uma revelação na qual "o Pai revelou seu Filho a mim" (Gl 1,16), para que ele o pre-

gasse entre os gentios. Enquanto que antes da experiência de Damasco Paulo perseguia as igrejas de Cristo (Gl 1,22) e a fé delas em Jesus como Messias, a revelação de Jesus como o Filho de Deus não apenas produziu uma ruptura abrupta com o seu passado, mas corrigiu sua própria crença messiânica. Esta crença tornou-se, por assim dizer, uma segunda natureza de Paulo, e o título logo se tornou o segundo nome de Jesus.

(DAHL, *The Crucified Messih* [→ 29 *acima*]. HAHN, F., *The Titles of Jesus in Christology* [London, 1969] 136-222. KRAMER, W., *Christ, Lord, Son of God* [SBT 1/50; London, 1966].)

52 (C) Kyrios. Talvez um título paulino ainda mais importante para designar Jesus, especialmente como o Cristo ressurreto, seja *Kyrios*, "Senhor". Paulo não o usa tão frequentemente como *Christos*, mas mais frequentemente do que "Filho" ou "Filho de Deus".

Paulo emprega o termo *Kyrios* para designar Iahweh do AT, especialmente em passagens onde cita ou explica textos do AT (1Ts 4,6; 1Cor 2,16; 3,20; 10,26; 14,21; Rm 4,8; 9,28.29; 11,3.34; 12,19; 15,11 cf. L. Cerfaux, *ETL* 20 [1943] 5-17). Nestes casos ocorre o *(ho) Kyrios* absoluto ou inalterado. De onde vem este uso absoluto, até mesmo para Iahweh? Ele se encontra nos grandes mss da LXX, mas eles são cópias cristãs, e *Kyrios* poderia ser a substituição de copistas cristãos posteriores. Que o uso pudesse ter chegado aos cristãos do período neotestamentário a partir de traduções contemporâneas gregas do AT é frequentemente negado porque "(o) Senhor" era uma designação incomum para Deus no judaísmo – de fato, segundo Bultmann, "inconcebível" (*TNT* 1. 51). Nas traduções gregas do AT feita para os judeus e por judeus, o tetragrama (*YHWH*) era de fato escrito em caracteres hebraicos, ou às vezes como *IAO* (veja Conzelmann, *OTNT* 83-84). Contudo, há agora evidências de que os judeus palestinos nos últimos séculos pré-cristãos estavam começando a chamar seu Deus de "o

Senhor" (absolutamente). Assim, a palavra hebraica '*ādôn* se encontra no Sl 114,7 ("Treme, ó terra, diante do Senhor, diante da presença do Deus de Jacó"), talvez também no Sl 151 citado em 11QPs[a] 28:7-8 ("Quem pode contar os atos do Senhor?" – uma leitura contestada; veja P. Auffret e J. Magne, *RevQ* 9 [1977-78] 163-88, 189-96). O aramaico *mārêh* se encontra em 11QtgJob 24:6-7 ("Mas Deus de fato virá a ser infiel e o Senhor [torcerá o julgamento]?" = TM Jó 34,12). O enfático *māryā'*, "o Senhor", ocorre em 4QEn[b] 1 iv 5: "[A Gabriel] o [S]enhor disse" (= *1 Henoc* 10,9, e a versão grega traz *ho Ks*. Além disso, a palavra grega *Kyrios* é usada duas vezes por Josefo (*Ant.* 20.4.2 § 90, numa oração do rei Izates, um convertido ao judaísmo; *Ant.* 13.3.1 § 68, citando Is 19,9 numa carta do sumo sacerdote Onias). Estas evidências mostram que os judeus palestinos que falavam hebraico, aramaico ou grego estavam começando (pelo menos) a designar Deus como "o Senhor".

53 O uso do absoluto de *(ho) Kyrios* por parte de Paulo para designar o Cristo ressurreto é frequentemente atribuído a seu pano de fundo helenístico (*p.ex.*, W. Bousset, *Kyrios Christos* [Nashville, 1970] 119-52; Bultmann, *TNT* 1. 124; Conzelmann, *OTNT* 82-84), visto que o uso absoluto de *Kyrios* é bem atestado no universo helenístico do Império Romano (veja W. Foerster em *TDNT* 3. 1046-58). Em textos religiosos da Ásia Menor, Síria e Egito, deuses e deusas como Íris, Osíris e Serapis eram muitas vezes chamados simplesmente de *kyrios* ou *kyria*. O próprio Paulo estava consciente disto: embora existam muitos "senhores", para nós há apenas um Senhor, Jesus Cristo (1Cor 8,5-6). *Kyrios* também era um título soberano para designar o imperador romano (At 25,26, onde a *RSV* acrescenta "meu", que não está no grego). Embora denote primordialmente a soberania política e judicial do imperador, ele também traz a nuança de sua divindade, especialmente na área oriental do Mediterrâneo. Quando o querigma cristão primitivo foi levado para fora da Palestina, teria se defrontado com esse uso helenístico – argumenta-se – e adotado este título para designar o Cristo ressurreto. Mas esse argumento carece de um exame minucioso, especialmente à luz das evidências do uso religioso pelos judeus da Palestina apresentado acima.

O próprio Paulo herdou o título da comunidade judaico-cristã palestina em Jerusalém, onde "hebreus" e "helenistas" (At 6,1-6) já tinham moldado a fórmula confessional "Jesus é Senhor" (1Cor 12,3; Rm 10,9) e provavelmente até mesmo feito dele uma proclamação querigmática. Na verdade, o título constitui o clímax do hino pré-paulino (provavelmente judaico-cristão) a Cristo usado em Fl 2,6-11: "E que toda língua proclame que o Senhor é Jesus Cristo para a glória de Deus Pai (retrovertido para o aramaico: *wĕkol liššān yitwaddê dî mārê' Yēšûâ' mĕšîḥā' liqār 'Elāhā' 'abbā'*). (Compare Cl 2,6: "Portanto, assim como recebestes [*parelabete*] Cristo Jesus o Senhor".). Mesmo quando escreveu para uma comunidade de língua grega (1Cor 16,22) Paulo preservou *maranatha*, "vem, Senhor nosso", uma fórmula litúrgica relacionada a *Kyrios*. Embora não seja mais a forma absoluta, ela revela uma origem palestina antiga, pois reflete o aramaico *māránā' thā'* (cf. Ap 22,20: "Vem, Senhor Jesus!"; *Did.* 10:6). Era uma oração escatológica que invoca o Senhor da parúsia, provavelmente derivada de uma liturgia eucarística considerada um antegozo dessa vinda (veja 1Cor 11,26). Estas evidências sugerem, portanto, que Paulo derivou o uso de "Senhor" para designar o Cristo ressurreto da comunidade judaico-cristã primitiva de Jerusalém.

54 O que significava o título *Kyrios* para Paulo? Ele era, em primeiro lugar, um modo de se referir ao *status* ressurreto de Jesus o Cristo. "Não sou apóstolo? Não vi Jesus nosso Senhor?" (1Cor 9,1). Assim exclamou Paulo ao relacionar sua reivindicação ao apostolado com sua visão do Cristo ressurreto. Em segundo lugar, o termo expressava para ele, como para os judeus cristãos antes dele, que este Cristo exaltado (Fl 2,9) era digno da mesma adoração que o próprio Iahweh, como sugere a alusão a Is 45,23 em Fl 2,10. Em terceiro lugar, tanto o uso de *maranatha* (1Cor 16,22) quanto a interpretação paulina da eucaristia ("todas as vezes, pois, que comeis desse pão e bebeis desse cálice, anunciais a morte do Senhor até que ele venha", 1Cor 11,26) parecem sugerir que *Kyrios* foi originalmente aplicado ao Cristo da parúsia e, então, gradativamente retrojetado a outras fases anteriores da existência de Jesus (→ Pensamento do NT, 81:13). Em quarto lugar, embora em si *Kyrios* não signifique "Deus" ou afirme a divindade de Cristo, o fato de que Paulo (e os primeiros cristãos judeus antes dele) usou em relação ao Cristo ressurreto o título que os judeus palestinenses tinham usado em relação a Iahweh o coloca no mesmo nível de Iahweh e sugere seu *status* transcendente. Ele é na realidade algo mais que humano. (Neste sentido, deveria ser lembrado aqui que apenas em Rm 9,5 Paulo possivelmente chame Jesus Cristo de *theos*, "Deus", e este é um texto altamente controverso; → Romanos, 51:94). Em quinto lugar, o título expressa o domínio de Jesus sobre as pessoas justamente em sua condição gloriosa e ressurreta como uma influência que afeta a vida delas até mesmo no presente. É um título pelo qual os cristãos reconhecem sua relação com Cristo como o Senhor de "vivos e mortos" (Rm 14,9). Ao reconhecer seu senhorio, os cristãos juntamente com Paulo admitem que são *douloi*, "servos" dele (1Cor 7,22; cf. Rm 1,1; Gl 1,10).

(Em Cl e Ef o senhorio de Cristo, desenvolvido como "o mistério de Cristo", é explicado ainda mais. Como *Kyrios* do *kosmos*, ele desarmou "os principados e poderes" [Cl 2,15]; nele, o único "Senhor" [Ef 4,5], a igreja encontra sua unidade.)

(BOISMARD, M.-É., "La divinité du Christ d'aprés Sant Paul", *LumVie* 9[1053] 75-100. CERFAUX, L., "Kyrios", *DBSup* 5. 200-28. CONZELMANN, *OTNT* 76-86. FITZMYER, J. A., "*Kyrios, Kyriakos*" *EWNT* 2 811-20; "New Testament Kyrios and Maranatha and Their Aramaic Background", *TAG* 218-35; "The Semitic Background of the New Testament *Kyrios*-Title", *WA* 115-42; também "The Aramaic Background of Philippians 2:6-11", *CBQ* 50 [1988] 470-83.)

55 (D) Paixão, morte e ressurreição. O momento decisivo do plano divino de salvação foi alcançado na paixão, morte e ressurreição de Jesus, o Cristo. A unidade destas fases deve ser mantida na concepção paulina deste plano. Diferentemente da concepção joanina, que tende a fazer da elevação ignominiosa de Jesus na cruz uma elevação majestosa para a glória (Jo 3,14; 8,28; 12,34) de modo que o Pai parece glorificar o Filho na própria sexta-feira da paixão (Jo 12,23; 17,1-5), a concepção de Paulo vê a paixão e a morte como um prelúdio para a ressurreição. Todas as três fases compõem "a história da cruz" (1Cor 1,18); pois é o "Senhor da glória" (1Cor 2,8) que foi crucificado. Embora ele tenha sido humilhado e sujeito aos poderes que controlavam esta era, sua ressurreição significou sua vitória sobre eles como Senhor (Fl 2,10-11; 2Cor 13,4). "Aquele que morreu" é também "aquele que ressuscitou" (Rm 8,34). Embora assumir a "forma de escravo" (Fl 2,7), *i.e.*, tornar-se humano (2Cor 8,9), faça parte do processo salvífico, Paulo não está tão interessado nisso à parte da paixão, morte e ressurreição. Pois ele vê nas últimas fases da existência terrena de Jesus a obediência filial dele mostrada de modo real (Fl 2,8; Rm 5,19). Paulo frequentemente atribui a redenção da humanidade à iniciativa graciosa do Pai, mas ele também deixa clara a cooperação livre e amorosa de Cristo na execução do plano do Pai (Gl 2,10; Rm 3,23). Ele é "nosso Senhor Jesus Cristo, que se entregou a si mesmo por nossos pecados a fim de nos livrar do presente mundo mau" (Gl 1,4).

56 A protoigreja registrou a memória de Jesus como o Filho do Homem que disse que tinha vindo não para ser servido, mas para servir e dar sua vida como resgate por muitos (Mc 10,45). Em nenhum lugar

Paulo alude a este dito de Jesus, exceto talvez em seu uso da fórmula eucarística em 1Cor 11,24. Todavia, ele enfatiza efetivamente o sofrimento e a morte vicários de Cristo em favor da humanidade. Seu ensinamento depende do querigma da protoigreja (1Cor 15,3: "Cristo morreu por nossos pecados"), refletido frequentemente de uma ou de outra forma (1Cor 1,13, "em vosso favor"; Rm 14,15; Gl 1,4; 3,13; 2Cor 5,14,21; "Cristo, no tempo marcado, morreu pelos ímpios", Rm 5,6). Pode-se discutir se deveria ser "por nós" ou "em nosso lugar"; em qualquer caso a ideia paulina básica está presente. Se às vezes Paulo parece enfatizar a morte de Cristo para a salvação humana (1Ts 5,10; Gl 2,20; Rm 3,25; 5,6.9-10) sem mencionar a ressurreição, ele o faz para enfatizar o custo que esta experiência em favor dos seres humanos exigiu de Cristo. "Alguém pagou alto preço por vosso resgate" (1Cor 6,20). Desta forma Paulo enfatiza que não foi pequena coisa o que Cristo fez por eles.

57 Às vezes Paulo sugere que a morte de Cristo foi uma forma de sacrifício que ele sofreu em favor dos seres humanos. Há uma alusão a esta noção em 1Cor 5,7, onde Cristo é descrito o como cordeiro pascal. Uma nuance mais específica do "sacrifício da aliança" se encontra na passagem eucarística de 1Cor 11,24-25. (Quanto à a interpretação sacrifical da passagem controversa em 2Cor 5,21, veja a longa exposição de L. Sabourin em Lyonnet, *Sin* 185-296.) Bultmann (*TNT* 1. 296) pode ter razão em afirmar que esta concepção da morte de Cristo não é caracteristicamente paulina, mas representa uma tradição que se originou na protoigreja. (A concepção é formulada explicitamente em Ef 5,2, onde ela é associada ao amor de Cristo e são feitas alusões a Sl 40,7 e Ex 29,18: "Assim como Cristo também vos amou e se entregou por nós a Deus como oferta e sacrifício de odor suave [*prosphoran kai thysian*]".)

58 O que é muito mais característico em Paulo é a ligação da morte e da ressurreição de Cristo como o evento salvífico. O texto principal neste aspecto é Rm 4,25: "Jesus, nosso Senhor, o qual foi entregue por nossas faltas e ressuscitado para nossa justificação". Veja também 1Ts 4,14; Fl 2,9-10; 1Cor 15,12.17.20-21; 2Cor 5,14-15; 13,4; Rm 8,34; 10,9-10. A maioria destes textos não deixa dúvidas acerca do valor soteriológico da primeira Páscoa. Romanos 4,25 não é um pleonasmo vazio ou somente um caso de *paralelismus membrorum* [paralelismo dos membros]. Ele expressa, antes, o duplo efeito do acontecimento-salvador: a eliminação das transgressões humanas (no lado negativo) e a instituição de um *status* de retidão (no lado positivo). A ressurreição de Cristo não foi um subproduto puramente pessoal de sua paixão e morte. Antes, ela contribuiu tanto quanto aquelas de modo causal para a redenção objetiva da humanidade. "Se Cristo não ressuscitou, [...] ainda estais em vossos pecados" (1Cor 15,17; → Pensamento do NT, 81:120). Para que a fé cristã seja salvífica, os lábios humanos precisam reconhecer "Jesus é Senhor", e os corações humanos precisam crer que "Deus o ressuscitou dentre os mortos" (Rm 10,9).

59 Observe como Paulo fala da ressurreição. Só em 1Ts 4,14 ele diz que "Jesus morreu e ressuscitou" (como por seu próprio poder). Em outras passagens a eficácia da ressurreição é atribuída ao Pai, o autor gracioso do plano da salvação: "Deus Pai que o ressuscitou dentre os mortos" (Gl 1,1; cf. 1Ts 1,10; 1Cor 6,14; 15,15; 2Cor 4,14; 8,11; 10,9; [Cl 2,12; Ef 1,20]). A generosidade amorosa de Cristo se expressa em sua auto-entrega à morte, mas o ato de favor proveniente de Deus é enfatizado quando Paulo atribui a ressurreição ao Pai. "Mas está vivo pelo poder de Deus" (2Cor 13,4). De fato, em Rm 6,4 ficamos sabendo que o poder da "glória do Pai" operou a ressurreição de Cristo. Esta *doxa* exaltou Cristo a seu estado glorioso (Fl 2,10); esta exaltação celestial é sua *anabasis*, sua ascensão ao Pai, assim como sua morte na cruz expressou a profundidade de sua humilhação e *katabasis*. Como muitos na protoigreja, Paulo via a ressurreição-ascensão como uma única fase da exaltação gloriosa "do Senhor" (→ Pensamento do NT, 81:134). (Em Cl 2,15 um discípulo de Paulo concebe esta exaltação como uma triunfante vitória-ascensão sobre a morte e os poderes espirituais deste mundo. Deus fez a "extraordinária grandeza de seu poder" "operar em Cristo ressuscitando-o dentre os mortos e fazendo-o se assentar à sua direita nos céus, muito acima de qualquer Principado, Autoridade, Poder e Soberania e de todo nome que se pode nomear [...]" [Ef 1,19-21].)

60 Para Paulo, a ressurreição colocou Cristo em um novo relacionamento com as pessoas que têm fé. Em decorrência dela, ele foi "estabelecido Filho de Deus com poder por sua ressurreição dos mortos, segundo o Espírito de santidade" (Rm 1,4). A "glória" que ele recebeu do Pai tornou-se *seu* poder, um poder para criar nova vida nas pessoas que creem nele. Na ressurreição ele tornou-se, portanto, o "último Adão", o primeiro ser do *eschaton* (1Cor 15,45: "O primeiro homem, Adão, foi feito alma vivente; o último Adão tornou-se o espírito que dá a vida"; → 79 *abaixo*). Em virtude deste princípio dinâmico, Paulo se dá conta de que não é ele quem agora vive, mas que o Cristo ressuscitado vive nele (Gl 2,20). Como "Espírito que dá a vida", Cristo realiza a justificação dos crentes e os salva do dia da ira do Senhor (1Ts 1,10). Paulo até ora "para conhecê-lo, conhecer o poder de sua ressurreição" (Fl 3,10), compreendendo que o Senhor possui um poder derivado do Pai e capaz de realizar a ressurreição dos cristãos.

(DHANOS, E. [ed.], *Resurrexit: Actes du symposium international sur la résurrection de Jésus* [Rome, 1974]. DURRWELL, F. X., *The Resurrection: A Biblical Study* [NY,1960]. FITZMYER, J. A., "'To Know Him and the Power of His Resurrection' (Phil 3:10)", *TAG* 202-17. FEUILLET, A., "Mort du Christ et mort du chrétien d'après les épîtres pauliniennes", *RB* 66 [1959] 481-513. GÜTTGEMANNS, E., *Der leidende Apostel und sein Herr* [FRLANT 90; Göttingen, 1966]. LUZ, U., "Theologia crucis als Mitte der Theologie im Neuen Testament", *EvT* 34 [1974] 116-41. ORTKEMPER, F.-J., *Das Kreuz in der Verkündigung des Apostels Paulus* [SBS 24; Stuttgart, 1967]. SCHADE, H.-H., *Apokalyptische Christologie bei Paulus* [GTA 18; Göttingen, 1981]. SCHWEIZER, E., "Dying and Rising with Christ", *NTS* 14 [1967-68] 1-14. STANLEY, D. M., *Christ's Resurrection in Pauline Soteriology* [AnBib 13; Rome, 1961]. TANNEHILL, R. C., *Dying and Rising with Christ* [BZNW 32; Berlin, 1967]. WEDER, H., *Das Kreuz Jesu bei Paulus* [FRLANT 125; Göttingen, 1981].)

61 (E) O Senhor e o Espírito. Antes de considerar os vários efeitos que Paulo atribui ao que Cristo fez pela humanidade, precisamos dedicar alguma atenção à relação do Senhor com o Espírito no plano de salvação do Pai. Já vimos que Paulo chama Cristo de "o poder de Deus e a sabedoria de Deus" (1Cor 1,24). Como o termo "espírito de Deus", estes epítetos são formas de expressar a contínua atividade de Deus (cf. Sab 7,25); quanto ao "espírito de Deus" no AT, veja Gn 1,2; Sl 51,13; 139,7; Is 11,2; 61,1; Ez 2,2. Ele expressa a presença criadora, profética ou renovadora de Deus em relação aos seres humanos ou ao mundo em geral; por meio dele Deus é providente para Israel ou para o mundo (→ Pensamento do NT, 77:32-39). Embora Paulo venha a identificar Cristo com o poder e a sabedoria de Deus, ele nunca o chama explicitamente de "o espírito de Deus".

Em diversos lugares, contudo, Paulo não distingue de maneira clara o Espírito de Cristo. Em Rm 8,9-11 os termos "Espírito de Deus", "o Espírito de Cristo", "Cristo", e "o Espírito daquele que ressuscitou Jesus dos mortos" são usados de modo intercambiável na descrição paulina da habitação de Deus no cristão. Relacionada a esta ambiguidade está a designação de Cristo como o "último Adão" desde a ressurreição, quando ele se tornou "um Espírito que dá vida" (1Cor 15,45), sendo "estabelecido Filho de Deus com poder por sua ressurreição sobre os mortos, segundo o espírito de santidade" (Rm 1,4). De fato, Paulo fala de um envio do "Espírito do Filho" (Gl 4,6), do

"Espírito de Jesus Cristo" (Fl 1,19), e o Jesus como "o Senhor, o Espírito" (2Cor 3,18). Finalmente, ele até mesmo chega ao ponto de dizer "o Senhor é o Espírito" (2Cor 3,17; → 2Coríntios, 50:17).

Existem, contudo, textos triádicos nas cartas de Paulo que colocam Deus (ou o Pai), Cristo (ou o Filho) e o Espírito num paralelismo que se torna a base para o dogma posterior das três pessoas distintas na trindade (2Cor 1,21; 13,13; 1Cor 2,7-16; 6,11; 12,4-6; Rm 5,1-5; 8,14-17; 15,30). Em Gl 4,4-6 existe um duplo envio do "Filho" e do "Espírito de seu Filho", e ainda que se possa a princípio hesitar acerca da distinção do Espírito e do Filho aqui, o texto provavelmente reflete o envio distinto do Messias e do Espírito no AT (*p.ex.*, Dn 9,25; Ez 36,26). Além disso, 1Cor 2,10-11, que atribui ao Espírito um conhecimento abrangente dos pensamentos profundos de Deus, talvez até sugira seu caráter divino.

62 Este conjunto de textos duplos manifesta a falta de clareza de Paulo em sua concepção sobre a relação do Espírito com o Filho. Normalmente, ele usa "Espírito" no sentido do AT, sem os refinamentos teológicos posteriores (natureza, substância e pessoa). Sua falta de clareza deveria ser respeitada; ele fornece apenas o ponto de partida dos desdobramentos teológicos posteriores.

63 Como em sua cristologia, também em suas referências ao Espírito Paulo está interessado no papel funcional exercido por este último na salvação humana. Se Cristo abriu para os seres humanos a possibilidade de uma nova vida, a ser vivida nele e para Deus, é mais exatamente o "Espírito de Cristo" que é o modo de comunicar este princípio dinâmico, vital e doador de vida aos seres humanos.

64 O Espírito é, para Paulo, um "energizador", um Espírito de poder (1Cor 2,4; Rm 15,13) e a fonte do amor, da esperança e da fé cristãs. Ele liberta os seres humanos da lei (Gl 5,18; cf. Rm 8,2), dos "desejos da carne" (Gl 5,16) e de toda conduta imoral (Gl 5,19-24). É o dom do Espírito que constitui a filiação adotiva (Gl 4,6; Rm 8,14), que ajuda os cristãos na oração ("intercede por nós com gemidos inefáveis", Rm 8,26), e que torna os cristãos especialmente conscientes de sua relação com o Pai. O poder do Espírito não é algo distinto do poder do Cristo ressurreto; Paulo diz o seguinte dos cristãos: "vos lavastes, mas fostes santificados, mas fostes justificados em nome do Senhor Jesus Cristo e pelo Espírito de nosso Deus" (1Cor 6,11).

65 Os comentaristas de Paulo tentaram, às vezes, distinguir o "Espírito Santo" (*pneuma* com *P* – em nosso caso com *E* maiúsculo) e os "efeitos" do Espírito que habita em nós (com *p* minúsculo) – veja E.-B. Allo, *Première épître aux Corinthiens* (Paris, 1934) 93-94. Às vezes não se deveria preferir um significado ao outro? Deste modo, Paulo poderia estar fornecendo a base para a distinção teológica posterior entre o dom criado (graça) e o dom incriado (o Espírito). Mas esta distinção não é realmente de Paulo; o Espírito para ele é o dom de Deus de sua presença criadora, profética ou renovadora para os seres humanos ou para o mundo, e é melhor deixá-lo neste estado indeterminado.

66 Está relacionado à questão anterior o uso de *charis*, "graça". Para Paulo ela designa com a maior frequência o "favor" de Deus, o aspecto gratuito da iniciativa do Pai na salvação (Gl 2,21; 2Cor 1,12) ou da colaboração do próprio Cristo (2Cor 8,9). Ela caracteriza, assim, a proveniência divina na promessa a Abraão (Rm 4,16), no chamado apostólico (Gl 1,6; 1Cor 15,10; Rm 1,4), na eleição (Rm 11,5), na justificação dos seres humanos (Rm 3,24; 5,15.17.20-21). Além disso, ela caracteriza a dispensação que substitui a lei (Rm 6,14-15; 11,6). Mas às vezes Paulo fala de *charis* como algo que está dado ou manifesto (Gl 2,9; 1Cor 1,4; 3,10; 2Cor 6,1; 8,1; 9,14; Rm 12,3.6; 15,15). Ela acompanha Paulo ou está nele (Fl 1,7; 1Cor 15,10). Pode-se discutir se isto deve ser concebido como algo produzido ou não. De qualquer modo, este último grupo de texto levou à ideia medieval de "graça santificadora". Embora introjetar esta noção nestas passagens paulinas seja anacrônico, deve-se lembrar que o ensinamento de Paulo sobre o Espírito como uma força energizante constitui igualmente a base deste ensinamento posterior.

(Sobre o Espírito: BENJAMIN, H. S., *BTB* 6 [1976] 27-48. BRANDENBURGER, E., *Fleisch und Geist: Paulus und die dualistische Weisheit* [WMANT 29; Neukirchen, 1968]. HERMANN, I., *Kyrios und Pneuma* [SANT2; Munique,1961]. LADD, G. E., in *Current Issues in Biblical and Patristic Interpretation* [Festschrift M. C. TENNEY; ed. G. HAWTHORNE; Grand Rapids, 1975] 211-16. LUCK, U., *TLZ* 85 [1960] 845-48. STALDER, K., *Das Werk des Geistes in der Heiligung bei Paulus* [Zürich, 1962].

Sobre graça (*charis*): ARICHEA, D. C., *BT* 29 [1978] 201-6. BERGER, K., *EWNT* 3. 1095-1102. CAMBE, M., *RB* 70 [1963] 193-207. DE LA POTTERIE, I., in *Jesus und Paulus* [Festschrift W. G. KÜMMEL; ed. E. E. ELLIS e E. GRÄSSER; Göttingen, 1975] 256-82. DOUGHTY, D. J., *NTS* 19 [1972-73] 163-80.)

67 (V) Efeitos do evento Cristo. O termo "evento Cristo" é um modo curto de se referir ao complexo de momentos decisivos da vida terrena e ressuscitada de Jesus Cristo. Falamos acima de três deles, sua paixão, morte e ressurreição; mas de fato se deveriam incluir também o sepultamento, a exaltação e a intercessão celestial de Jesus, pois Paulo vê importância nestes momentos também. Já observamos quão pouco interesse Paulo demonstra na vida de Jesus antes de sua paixão (→ 18 *acima*). Para ele, o que era mais importante era este complexo de seis momentos decisivos. Quando Paulo olhava para estes momentos, compreendia o que Cristo Jesus tinha realizado em favor da humanidade, e ele falou dos efeitos desta realização (a "redenção objetiva", como tem sido frequentemente chamada) sob dez imagens diferentes: justificação, salvação, reconciliação, expiação, redenção, liberdade, santificação, transformação, nova criação e glorificação. Pois cada uma destas imagens expressa um aspecto distintivo do mistério de Cristo e sua obra. Se o evento Cristo for concebido como um decaedro, uma figura sólida de dez lados, pode-se entender como Paulo, olhando para um quadro desta figura, usa uma imagem para expressar um de seus efeitos, mas usaria uma outra imagem quando olhasse para um outro quadro. Cada um expressa um aspecto do todo. As imagens múltiplas são derivadas de seu pano de fundo helenístico ou judaico e foram aplicadas por ele a este evento Cristo e seus efeitos. Em cada caso deve-se considerar sua (1) origem ou pano de fundo, (2) significado para Paulo e (3) ocorrências.

68 (A) Justificação. A imagem usada com mais frequência por Paulo para expressar um efeito do evento Cristo é "justificação" (*dikaiōsis, dikaioun*). (1) Ela é extraída do pano de fundo judaico de Paulo, sendo uma imagem do AT que expressa um relacionamento entre Deus e os seres humanos ou os próprios seres humanos, seja como reis e cidadãos, ou irmãs e irmãos, ou vizinhos. Mas ela denota um relacionamento social ou judicial, ético ou forense (*i.e.*, relacionado a tribunais de justiça; veja Dt 25,1; cf. Gn 18,25). Embora Noé seja descrito como "um homem justo" diante de Deus (Gn 6,9, dito num contexto de lei pré-mosaica), o *dikaios*, "reto, honesto (pessoa)", veio a denotar normalmente a pessoa que foi inocentada ou vindicada diante de um juiz no tribunal (Ex 23,7; 1Rs 8,32). Sua nuança pactual expressava o *status* de "justiça" ou "retidão" a ser alcançado aos olhos de Iahweh o Juiz mediante a observância dos estatutos da lei mosaica (veja Sl 7,9-12; 119,1-8). O AT também observou constantemente quão difícil era atingir esse *status* (Jó 4,17; 9,2; Sl 143,2; Esd 9,15). Enquanto Josefo não podia imaginar nada "mais justo" do que obedecer os estatutos da lei (*Ag. Ap.* 2.41 § 293), os essênios de Qumran expressavam sua pecaminosidade em cânticos e buscavam justificação apenas em Deus: "Quanto a mim, pertenço a humanidade perversa, à assembleia da carne perversa; minhas iniquidades, minhas transgressões, meus pecados, juntamente com a perversidade de meu coração, pertencem à assembleia condenada aos vermes e a andar em trevas. Nenhum ser humano estabelece seu próprio caminho ou dirige seus próprios passos, pois somente a Deus pertence o julgamento dele, e de suas mãos vem a perfeição da caminhada [...]. Se tropeço por causa de um pecado da carne, meu julgamento é segundo a justiça de Deus" (1QS 11,9-12; cf. 1QH 9,32-34; 14:15-16). Encontramos aqui uma consciência do pecado e de Deus como fonte da retidão humana que é um tanto semelhante às ideias de Paulo, mas ela não é tão desenvolvida como as dele acabariam sendo. Embora Paulo, mesmo como cristão, pudesse olhar para sua experiência como fariseu e afirmar que "quanto à justiça que há na lei" ele era "irrepreensível" (Fl 3,6), sua experiência próximo a Damasco o fez perceber a pecaminosidade de todos os seres humanos e o papel de Cristo Jesus em reparar esta situação (veja Rm 3,23. (2) Quando, então, Paulo diz que Cristo "justificou" os seres humanos, ele quer dizer que, por meio de sua paixão, morte, etc., Cristo fez com que eles agora se encontrem perante o tribunal de Deus absolvidos ou inocentados – e isto à parte das ações prescritas pela lei mosaica. Pois "a retidão de Deus" (→ 39 *acima*) manifesta-se agora para com os seres humanos num julgamento justo que é um julgamento de absolvição, visto que "Jesus, nosso Senhor, foi entregue pelas nossas faltas e ressuscitado para a nossa justificação" (Rm 4,25). (3) Paulo reafirma claramente o caráter gratuito e não merecido desta justificação de toda a humanidade em Rm 3,20-26, que termina dizendo que Deus expôs Jesus na morte ("por seu sangue") "no tempo presente para mostrar-se [Deus] justo e para justificar [= a vindicar] aquele que apela para a fé em Jesus (3,26; cf. 5,1; Gl 2,15-21). O processo de justificação começa em Deus, que é "justo" e "justifica" o pecador ímpio como resultado do que Cristo fez em favor da humanidade. O pecador torna-se *dikaios* e se encontra diante de Deus como "justo", "absolvido". Por esta razão Paulo também fala de Cristo como "nossa justiça" (1Cor 1,30), visto que por meio de sua obediência muitos são "feitos justos" (*dikaioi katastathēsontai hoi polloi*, Rm 5,19; cf. 1Cor 6,11; Rm 5,18). Paulo insiste na total gratuidade deste *status* perante Deus porque "todos pecaram e todos estão privados da glória de Deus" (Rm 3,23). Ele até chega a admitir que em tudo isto nos tornamos "justiça de Deus" (2Cor 5,21), uma afirmação ousada segundo a qual a justiça de Deus é comunicada a nós. Esta é a "justiça de Deus" (Fl 3,9); ela não é nossa própria justiça (Rm 10,3).

69 Sem dúvida este efeito do acontecimento-Cristo era reconhecido pelos primeiros cristãos mesmo antes de Paulo; pelo menos 1 Cor 6,11 e Rm 4,25 são frequentemente considerados afirmações pré-paulinas acerca da função de Cristo na justificação. A contribuição distintivamente paulina, contudo, é seu ensinamento de que esta justificação vem "pela graça como um dom" (Rm 3,24) e "por meio da fé" (Rm 3,25). Embora seja improvável que o problema dos judaizantes na protoigreja, que Paulo combateu tão vigorosamente, tenha dado origem a este modo de ver o evento Cristo, sem dúvida este problema ajudou Paulo a aguçar sua própria concepção sobre o assunto.

70 A ação por meio da qual Deus "justifica" o pecador foi objeto de muitos debates. O verbo *dikaioun* significa "declarar justo" ou "tornar justo"? Poder-se-ia esperar que *dikaioun* como outros verbos gregos que terminam em -*oō* tem um significado causativo, factitivo, "fazer alguém *dikaios*" (cf. *doauloun*, "escravizar"; *nekroun*, "mortificar"; *dēloun*, "tornar claro"; *anakainoun*, "renovar"). Mas na LXX *dikaioun* parece ter normalmente um significado declarativo, ou forense (G. Schrenk, *TDNT* 2. 212-14; cf. D. R. Hillers, *JBL* 86 [1967] 320-24). Às vezes este parece ser o sentido nas cartas de Paulo (*p.ex.*, Rm 8,33), mas muitos casos são ambíguos. A partir da época patrística, tem sido usado o sentido eficaz de *dikaioun*, "tornar justo", (veja João Crisóstomo, *In ep. ad rom. hom.* 8.2 [PG 60, 456]; *In ep. II ad Cor. hom.* 11.3 [PG 61. 478]; Agostinho, *De Spir. Et litt.* 26.45 [CSEL 60.199]. De fato, este sentido parece ser sugerido por Rm 5,19: "assim, pela obediência de um só, todos se tornaram justos" (*katastathēsontai*). Além disso, se a ênfase de E. Käsemann na "justiça de Deus" como "poder" estiver correta, este sentido de *dikaioun* adquire uma nuança adicional, e a ideia veterotestamentária da palavra de Deus como palavra eficaz (Is 55,10-11) o apoiaria. Este debate sobre o sentido forense/declarativo ou eficaz de *dikaioun* foi agudo desde o tempo da Reforma. Mas talvez seja bom lembrar que até mesmo Melanchthon admitiu que "as Escrituras falam de ambos os modos" (*Apol.* 4.72).

(Sobre justificação: BETZ, O., in *Rechtf* 17-36. CONZELMANN, H., *EvT* 28 [1968] 389-404. DAALEN, D. H. VAN, SE *VI* 556-70. DONFRIED, K. P., *ZNW* 67 [1976] 90-110. GYLLENBERG, R., *Rechtfertigung und Altes Testament bei Paulus* [Stuttgart, 1973]. JEREMIAS, J., *The Central Message of the New Testament* [London, 1965] 51-70. KECK, L. E., em *Rechtf* 199-209. KERTELGE, "*Rechtfertigung*" [→ 39 *acima*]. KUYPER, L. J., *SJT* 30 [1977] 233-52. REUMANN, J., "*Righteousness" in the New Testament*, Philadelphia, 1982. STRECKER, G., in *Rechtf* 479-508. WILCKENS, U., *Rechtfertigung als Freiheit: Paulusstudien* [Neukirchen, 1974]. WOLTER, M., *Rechtfertigung und zukünftiges Heil* [BZNW 43; Berlin, 1978]. ZEISLER, J. A., *The Meaning of Righteousness in Paul* [SNTSMS 20; Cambridge, [1972].)

71 (B) Salvação. Uma forma bastante comum de Paulo expressar um efeito do evento Cristo é "salvação" (*sōtēria, sōzein*). (1) Esta imagem muito provavelmente é derivada por Paulo da expressão veterotestamentária da libertação de seu povo Israel de Iahweh por parte de Iahweh, como seu salvador (*môšîa'*, Is 45,15; Zc 8,7; cf. Sl 25,5; Mq 7,7) ou por meio de "salvadores" que ele suscitou para eles (Jz 3,9.15; 6,36; 2Rs 13,5; Is 19,20; → Pensamento do AT, 77:140-48). Não é, contudo, impossível que Paulo tenha sido influenciado pelo uso de *sōtēr*, "salvador", no mundo greco-romano contemporâneo, onde Zeus, Apolo, Ártemis ou Asclépio eram frequentemente chamados de *theos sōtēr*, um epíteto cultual usado em tempos de necessidade (enfermidade, tempestades marítimas, angústia). Este título também era aplicado a reis, imperadores e conselheiros de cidades (veja H. Volkmann, "Soter, Soteria", *DKP* 5. 289-90). (2) A imagem expressa livramento ou resgate do mal ou do dano, quer físico, psíquico, nacional, cataclísmico ou moral. (3) Ao usá-lo, Paulo reconhece que os cristãos "estão sendo salvos" pela cruz de Cristo (1Cor 1,18.21; cf. 15,2; 2Cor 2,15), *i.e.*, resgatados do mal (moral ou outro). É notável que ele use esta imagem, e não "justificação", na própria tese de Rm 1,16, onde identifica o "evangelho" como "a força de Deus para a salvação de todo aquele que crê". Somente em Fl 3,20 é que Paulo chama Jesus de *sōtēr*, e ele o é como ainda "esperado", pois, embora Paulo considere este efeito do evento Cristo como já alcançado, percebe que seu resultado final ainda faz parte do futuro, com um aspecto escatológico (veja 1Ts 2,16; 5,8-9; 1Cor 3,15; 5,5; Rm 5,9-10; 8,24 ["pois nossa salvação é objeto de esperança"]; 10,9-10.13). Relacionada a este futuro está a função de intercessão atribuída ao Cristo ressurreto no céu (Rm 8,34). Esta também é a razão pela qual Paulo pode recomendar aos filipenses "operai vossa salvação com temor e tremor" (Fl 2,12), acrescentando, contudo, imediatamente: "pois é Deus quem opera em vós o querer e o operar, segundo sua vontade" (2,13) – a fim de que ninguém pense que a salvação possa ser alcançada sem a graça de Deus. Também está relacionada a isso a insistência de Paulo de que todos os seres humanos precisam um dia "comparecer diante do tribunal de Cristo, a fim de que cada um receba a retribuição do que tiver feito durante sua vida no corpo, seja para o bem, seja para o mal" (2Cor 5,10; cf. Rm 2,6-11). Este aspecto futuro do ensinamento paulino deve ser lembrado diante do pano de fundo mais amplo do que Deus já alcançou graciosamente para a humanidade na cruz e na ressurreição de Cristo Jesus.

(É digno de nota o desenvolvimento em Ef, onde Cristo é novamente chamado de "Salvador" [5,23] e onde toda a terminologia paulina característica associada à justificação agora aparece associada à salvação: "Pela graça sois salvos, por meio da fé, e isso não vem de vós, é o dom de Deus, não vem das obras, para que ninguém se encha de orgulho. Pois somos criaturas dele, criados em Cristo Jesus para as boas obras que Deus já antes preparara para que nelas andássemos" [2,8-10]. Por ocasião da escrita de Efésios, o problema dos judaizantes tinha diminuído, e o papel da graça e da fé foi transposto para a salvação mais genérica. Veja A. T. Licoln, *CBQ* 45 [1983] 617-30.)

(Sobre salvação: Brox, N., *EvT* 33 [1973] 253-79. Cullmann, O., *The Christology of the New Testament* [ed. rev. Philadelphia, 1963] 238-45; em Port.: *Cristologia do NT*, Editora Hagnos. Dornseiff, F., PW 2/III. 1. 1211-21. Lyonnet e Sabourin, *Sin* 63-78. Packer, J. I., *BSac* 129 [1972] 195-205, 291-306. Schelkle, K. H., *EWNT* 3. 781-84, 784-88.)

72 (C) Reconciliação. Uma outra imagem que Paulo usa para descrever um efeito do evento Cristo é "reconciliação" (*katallagē, katallassein*) [Cl e Ef usam *apokatallassein*). (1) A imagem é derivada por Paulo de seu pano de fundo greco-romano, visto que não existe palavra hebraica ou aramaica para expressar a ideia no AT. A LXX usa *diallassein*, que tem o mesmo significado, ao tratar de um levita que se irou com sua concubina e foi falar-lhe para "reconciliá-la com ele" (Jz 19,3); mas o hebraico diz "para fazê-la voltar para ele" (veja *RSV*). Cf. 1Sm 29,4, onde o hebraico diz "ele se fará aceitável". No grego helenístico, contudo, os verbos *katallassein, diallassein* se encontram abundantemente (veja Dupont, *La réconcilation* 7-15). As palavras são compostas da raiz *all-*, que significa "outro"; elas denotam um "fazer de modo diferente", tanto no sentido secular quanto no religioso. Num sentido secular, elas denotam uma mudança nas relações entre indivíduos, grupos ou países e dizem respeito às relações na esfera social ou política. Significam uma passagem da ira, hostilidade ou alheação para o amor, amizade ou intimidade; sentimentos podem acompanhar esta mudança, mas eles não são essenciais (Mt 5,23-24; 1Cor 7,11). Num sentido religioso, a literatura grega usa os verbos para expressar a reconciliação de deuses e seres humanos (*p.ex.*, Sófocles, *Ajax* 744). 2 Macabeus 1,5 diz que Deus se reconciliou com os judeus (cf. 7,33; 8,29); e Josefo (*Ant.* 6.7.4 § 143) fala semelhantemente que Deus se reconciliou com Saul. (2) Quando Paulo aplica esta imagem ao evento Cristo, ele sempre diz que Deus ou Cristo reconcilia os seres humanos, inimigos ou pecadores, consigo mesmo. A iniciativa é de Deus, que, por meio de Cristo, faz com que os pecadores humanos sejam levados de um *status* de inimizade para um *status* de amizade (veja 2Cor 5,18-19). "Pois se quando éramos inimigos fomos reconciliados com Deus pela morte do seu Filho, muito mais agora, uma vez reconciliados, seremos salvos por sua vida. E não é só, mas nós nos gloriamos em Deus por nosso Senhor Jesus Cristo, por quem desde agora recebemos a reconciliação" (Rm 5,10-11). (3) O que é notável neste caso é que Paulo estende este efeito do evento Cristo dos seres humanos para o próprio *kosmos*: "Pois era Deus que em Cristo reconciliava o mundo consigo" (2Cor 5,19; cf. Rm 11,15). A reconciliação não tem apenas uma dimensão antropológica, mas uma dimensão cósmica também. (Em Cl e Ef este efeito é mais desenvolvido porque está relacionado à função cósmica geral do Cristo ressurreto [Cl 1,20-22, e especialmente Ef 2,11-19]. A reconciliação é descrita tanto "horizontalmente", na medida em que gentios e judeus são aproximados como cristãos, e "verticalmente", na medida em que tanto os cristãos gentílicos quanto os judeus cristãos foram reconciliados com Deus por meio de Cristo, que é "nossa paz".)

Esta ideia de reconciliação é igual à de "expiação", quando esta palavra é entendide maneira correta. Infelizmente, a expiação tem sido muitas vezes entendida erroneamente e confundida com "reparação" (*p.ex.*, por Käsemann, em *Future* 50) – e, pior ainda, com "propiciação". Reconciliação/expiação não tem nada a ver *per se* com o culto ou sacrifício; é uma imagem derivada dos relacionamentos dentro da esfera social ou política.

(Sobre reconciliação: BÜCHSEL, F., *TDNT* 1. 251-59. DUPONT, J., *La réconciliation dans la théologie de Saint Paul* [ALBO 3/32; Bruges, 1953]. FITZMYER, J. A., *TAG* 162-85. FURNISH, V. P., *CurTM* 4 [1977] 204-18. HAHN, F., *EvT* 33 [1973] 244-53. HENGEL, M., *The Atonement* [Philadelphia, 1981]. KÄSEMANN, E., in *The Future of Our Religious Past* [Festschrift R. BULTMANN; ed. J. M. ROBINSON; New York, 1971] 49-64. LÜHRMANN, D., *ZTK* 67 [1970] 437-52. MERKEL, H., *EWNT* 2. 644-50.)

73 (D) Expiação. Um outro efeito do evento Cristo é expresso por Paulo sob a imagem de "expiação" (*hilastērion*). (1) Apesar das tentativas de relacionar esta imagem ao pano de fundo helenístico de Paulo, ela é derivada por ele do AT, *i.e.*, da tradução da LXX do termo hebraico *kappōret*, a tampa feita de ouro puro colocada em cima da arca da aliança no Santo do Santos, que servia de base para os dois querubins do trono de Iahweh (veja Ex 25,17-22). *Kippēr* em hebraico significa basicamente "aspergir", "limpar" (veja *HALAT* 470), e a tampa era chamada de *kappōret* porque era aspergida com o sangue sacrifical pelo sumo sacerdote, que entrava no Santo dos Santos uma vez por ano com esta finalidade no *Yom hakkipûrîm* (Lv 16,14-20). A primeira vez que o termo *kappōret* ocorre no AT ele é traduzido na LXX por *hilastērion epithema* (Ex 25,17), "tampa/cobertura que expia", mas daí em diante simplesmente como *to hilastērion* (*p.ex.*, Ex 25,18-22 com o artigo como no TM), um substantivo que significa "meio de expiação". No latim da Vulgata, *kappōret* foi traduzido na maioria dos casos como *propitiatorium* (daí a tradução "propiciatório" em algumas bíblias inglesas antigas). Lutero o traduziu por *Gnadenstuhl*, e uma imitação da *KJV* o traduziu por "trono de misericórdia". (2) Paulo usa esta imagem como um efeito do evento Cristo só em Rm 3,25, onde ele reflete sua relação veterotestamentária com o ritual do Dia da Expiação em Lv 16: "Deus o [Cristo] expôs como o *hilastērion*, por seu próprio sangue mediante a fé [...] pelo fato de ter deixado sem punição os pecados de outrora". Assim, mediante sua morte ou o derramamento de seu sangue Cristo alcançou em favor da humanidade de uma vez por todas o que o ritual do Dia da Expiação simbolizava a cada ano para Israel no passado; ele se tornou o novo "trono de misericórdia". *Hilastērion* poderia, com efeito, ser entendido como um adjetivo: "expôs Cristo como expiatório"; mas, considerando o uso mais comum da LXX, é preferível interpretá-lo como um substantivo: "expôs Cristo como meio de expiação", *i.e.*, um meio pelo qual o pecado humano é apagado, removido por aspersão. (3). Alguns comentaristas tentam relacionar *hilastērion* ao verbo grego *hilaskesthai*, que era frequentemente usado no período helenista para fazer referência a um deus ou herói como seu objeto e significava "propiciar", "aplacar", "apaziguar" esse ser irado. Isto poderia sugerir que Paulo estava dizendo que Cristo foi exposto com seu sangue a fim de aplacar a ira do Pai (veja Morris, "The Meaning"). Contudo, isto está longe de ser certo. Na LXX Deus é, às vezes, o objeto de *hilaskesthai* (Ml 1,9; Zc 7,2; 8,22); mas nestas três ocasiões não entra em cogitação um apaziguamento de sua ira (veja a *RSV*. De modo mais frequente *hilaskesthai* é usado para designar a expiação de pecados (*i.e.*, removê-los ou remover sua culpa; Sl 65,4; Eclo 5,6; 28,5) ou a expiação de algum objeto, pessoa ou lugar (*i.e.*, no sentido de purificando, Lv 16,16.20.33; Ez

43,20.26, etc.). O termo frequentemente traduz *kippēr*, que às vezes inclusive tem Deus como seu sujeito, não como seu objeto (veja Lyonnet, "The Terminology"). Não se deveriam invocar passagens como 1Ts 1,10; Rm 5,9 para sugerir que o derramamento do sangue de Cristo de fato apaziguou a ira do Pai: nós explicamos "a ira de Deus" (→ 38 *acima*), e ela está reservada para o pecado humano. A expiação, contudo, remove o pecado humano, e Paulo vê isto alcançado de uma vez por todas na morte de Jesus na cruz.

74 Um sentido mais pleno da manifestação pública de Cristo "em seu sangue" (Rm 3,25) só é entendido quando se lembram ideias judaicas contemporâneas de que "não há expiação de pecados sem derramamento de sangue" (Hb 9,22; cf. *Jub.* 6,2.11.14). Não era que o sangue derramado no sacrifício agradasse a Iahweh; nem que o derramamento do sangue e a morte subsequente fossem uma recompensa ou preço a ser pago (→ Instituições, 76:89-95). Antes, o sangue era derramado para purificar e limpar objetos ritualmente dedicados ao serviço de Iahweh (Lv 16,15-19) ou para consagrar objetos ou pessoas para este serviço (*i.e.*, tirando-os do profano e unindo-os intimamente com Iahweh, por assim dizer, num pacto sagrado; cf. Ex 24,6-8). No Dia da Expiação o sumo sacerdote aspergia o *kappōret* com sangue "pelas impurezas dos israelitas, por suas transgressões e por todos os seus pecados" (Lv 16,16). A razão subjacente se encontra em Lv 7,11: "Porque a vida da carne está no sangue. [...] pois é o sangue que faz expiação pela vida (*banne-peš*). Cf. Lv 17,14; Gn 9,4; Dt 12,33. O sangue era identificado com a própria vida porque se pensava que o *nepeš*, "fôlego", estivesse no sangue. Quando o sangue escorria de um ser, o *nepeš* o deixava. O sangue derramado no sacrifício não era, então, uma punição vicária executada sobre o animal em lugar da pessoa que o imolou. Antes, a "vida" do animal era consagrada a Deus (Lv 16,8-9); ela era uma dedicação simbólica da vida da pessoa que sacrificava a Iahweh. Purificava a pessoa das faltas aos olhos de Iahweh e as associava uma vez mais com ele. O sangue de Cristo, derramado em expiação pelo pecado humano, removeu os pecados que alheavam os seres humanos de Deus. Paulo insiste na iniciativa graciosa e amorosa do Pai e no amor do próprio Cristo nessa ação. Ele frequentemente diz que Cristo "deu a si mesmo" por nós ou por nossos pecados (Gl 1,4; 2,20) e "nos amou" (Gl 2,20; Rm 8,35.37). Por meio da morte de Cristo, Paulo (juntamente com todos os cristãos) foi crucificado com Cristo para que "viva para Deus" (Gl 2,19). *Não* faz parte do ensinamento paulino que o Pai quisesse a morte de seu Filho para pagar pelas dívidas contraídas pelos pecadores humanos com Deus ou com o diabo. Para que as afirmações de Paulo, que são às vezes expressas em terminologia jurídica não sejam enquadradas em categorias rígidas de acordo com o de alguns comentaristas patrísticos e escolásticos, deve-se insistir no amor de Cristo implicado nesta atividade. Paulo não teorizou acerca do evento Cristo, como fizeram teólogos posteriores. O que ele nos oferece não são "teorias, mas metáforas vívidas, que podem, se as deixarmos operar em nossa imaginação, tornar real para nós a verdade salvadora de nossa redenção pelo auto-oferecimento de Cristo em nosso favor [...]. É um tipo infeliz de sofisticação aquela que acredita que a única coisa a fazer com as metáforas é transformá-las em teoria" (*RITNT* 222-23).

(DODD, C. H., *The Bible and the Greeks* [London, 1935] 82-95. FITZER, G., "Der Ort der Versöhnung nach Paulus", *TZ* 22 [1966] 161-83. FITZMYER, J. A., "The Targum of Leviticus from Qumran Cave 4", *Maarav* 1 [1978-79] 5-23. GARNET, P., "Atonement Constructions in the Old Testament and the Qumran Scrolls", *EvQ* 46 [1974] 131-63. LYONNET, S., "The Terminology of 'Expiation' ...", *Sin* 120-66. MANSON, T. W., "*Hilastērion*", *JTS* 46 [1945] 1-10. MORALDI, L., *Espiazione sacrificale e riti espiatori nell'ambiente biblico e nell'Antico Testamento* [AnBib 5; Roma, 1956] 182-221. MORRIS, L., "The Biblical Use of the Term 'Blood'", *JTS* 3 [1952] 216-27; "The Meaning of *Hilastērion* in Romans iii.25", *NTS* 2 [1955-56] 33-43. ROLOFF, J., "*Hilastērion*", *EWNT* 2. 455-57.)

75 (E) Redenção. Uma outra imagem empregada por Paulo para descrever um efeito do evento Cristo é "redenção" (*apolytrōsis, agorazein, exagorazein*). (1) Não é fácil dizer de onde esta imagem é derivada por Paulo. Ela foi relacionada à alforria sagrada de escravos no mundo grego (BAGD 12; *LAE* 320-23: mais de 1000 inscrições délficas registram que "o pítio Apolo comprou fulano para a liberdade"). O fato de Paulo estar consciente da existência de uma instituição social de emancipação fica claro a partir de 1Cor 7,21, ainda que, de resto, ele aconselhe os cristãos a permanecerem "no estado em que foram chamados", pois um escravo é um "homem livre do Senhor" (7,20.22). Mas o vocabulário grego de Paulo é notavelmente diferente do que se encontra nas inscrições délficas, onde o verbo é *priasthai*, "comprar", e não o paulino *(ex)agorazein*, que nunca aparece em textos de alforria sagrada. O escravo liberto tampouco é considerado "um escravo de Apolo" ou "um homem livre de Apolo" (veja Bartchy, *Mallon* 121-25; Lyonnet, "L'Emploi"). O único termo usado em comum é *timē*, "preço" (1Cor 6,20; 7,23). Por esta razão, é melhor explicar o pano de fundo da imagem de Paulo principalmente à luz da terminologia da LXX. Ali o verbo *apolytroun* é usado para designar a "redenção" de um escravo (Ex 21,8); *apolytrōsis* ocorre (Dn 4,34); e as formas simples *lytron*, "resgate" e *lytroun*, "redimir", se encontram abundantemente (*p.ex.*, Ex 6,6; 15,13-16; 21,30; 30,12). Paulo usa *exagorazein*, "adquirir", uma palavra rara nunca usada na LXX no contexto da emancipação de um escravo ou em textos extrabíblicos de alforria sagrada. Mas ela é usada por Diodoro Siculus (*Hist.* 36.2) para expressar a aquisição de um escravo (como posse) e mais uma vez (*Hist.* 15,7) para a libertação de uma pessoa escravizada mediante compra – embora *lytron* não seja mencionado, esta compra era de fato um "resgate". (2) Quando Paulo vê a "redenção" como um efeito do evento Cristo, ele reconhece que a paixão, morte, etc. de Cristo foram um resgate para libertar os pecadores da servidão e escravidão. Por trás da imagem paulina está a imagem veterotestamentária de Iahweh como *gô'ēl*, "remidor" de Israel, o parente que tinha o dever de comprar de volta um parente escravizado ou feito cativo (Is 41,14; 43,14; 44,6; 47,4; Sl 19,15; 78,35). Ela se referia a princípio ao livramento de Israel da servidão egípcia (Dt 6,6-8; Sl 111,9), quando Iahweh "adquiriu" um povo como posse para si mesmo (Ex 15,16; 19,5; Ml 3,17; Sl 74,2); mais tarde, ao retorno de Israel do cativeiro babilônico (Is 51,11; 52,3-9). Com o tempo, o termo adquiriu uma nuança escatológica: o que Deus faria por Israel no fim dos tempos (Os 13,14; Is 59,20; Sl 130,7-8). (3) Paulo nunca chama Cristo de *lytrōtēs*, "remidor" (um termo aplicado a Moisés em At 7,35), e nunca fala de *lytron*, "resgate". Mas chama Cristo de nossa redenção (*apolytrōsis*, 1Cor 1,30). "Em virtude da redenção realizada em Cristo Jesus" (Rm 3,24), os seres humanos são libertos e justificados. Embora isto já tenha sido realizado por Cristo, ainda há um aspecto futuro e escatológico, pois os cristãos "aguardam a redenção de nosso corpo" (Rm 8,23 [tradução do autor]) – e até mesmo um aspecto cósmico, visto que toda a "criação" (8,19-22) está gemendo e esperando por ela. Quando Paulo diz que os cristãos foram "comprados por preço" (1Cor 6,20; 7,23), está enfatizando o fardo oneroso do que Cristo fez pela humanidade. Ele nunca especifica a quem o preço foi pago (se a Deus ou ao diabo, como comentaristas posteriores teorizaram muitas vezes).

(Em Colossenses e Efésios "o perdão de pecados" [*aphesis hamartiōn*] está relacionado ao efeito da redenção [Cl 1,14; Ef 1,7]. Este efeito do evento Cristo nunca se encontra nas cartas incontestes de Paulo, a menos que se sustente que *paresis* em Rm 3,25 tem o sentido de "remissão", o que não é improvável. Além disso, Ef 1,14 menciona explicitamente "a redenção de aquisição", refletindo a ideia do AT; em 4,30 a habitação do Espírito já é um penhor do "dia da redenção".).

(BARTCHY, S., *Mallon Chrēsai: First-Century Slavery and the Interpretation of 1 Corinthians 7,21* [SBLDS 11; Missoula, 1973]. BÖMER, F., *Untersuchungen über die Religion der Sklaven in Griechenland und Rom* [4 vols.; Mainz, 1957-63] 2. 133-41. ELERT, W., "Redemptio ab hostibus", *TLZ* 72 [1947] 265-70. GIBBS, J. G., "The Cosmic Scope of Redemption according to Paul", *Bib* 56 [1975] 13-29. KERTELGE, K., "*Apolytrōsis*", *EWNT* 1. 331-36; "*Lytron*", *ibid.* 2. 901-5. LYONNET, S., "L'Emploi paulinien de *exagorazein* au sens de 'redimere' est-el attesté dans la littérature grecque? *Bib* 42 [1961] 85-89; "Redemptio cosmica secundum Rom 8,19-23", *VD* 44 [1966] 225-42; "The Terminology of Liberation", *Sin* 79-119. MARSHALL, I. H., "The Development of the Concept of Redemption in the New Testament", in *Reconciliation and Hope* [Festschrift L. L. MORRIS; ed. R. J. BANKS; Grand Rapids, 1974] 153-69.)

76 (F) Liberdade. Relacionada a imagem de redenção encontra-se uma outra imagem usada por Paulo, a saber, "liberdade" (*eleutheria, eleutheroun*). (1) Embora "liberdade" às vezes contenha a nuança de "redenção/resgate" (→ 75 *acima*), é mais apropriado relacioná-la à ideia greco-romana de liberdade como o *status* social dos cidadãos numa *polis* grega ou num *municipium* romano (veja *OCD* 703, 851-52). (A raiz *eleuthero-* ocorre na LXX, mas se encontra geralmente nos escritos deutero-canônicos e apócrifos gregos.). O uso secular do adjetivo *eleutheros* se encontra em 1Cor 7,21-22. (2) Paulo aplica esta imagem ao evento Cristo, querendo com isto dizer que Cristo Jesus libertou os seres humanos, deu-lhes os direitos de cidadãos de uma cidade ou estado livre. Em decorrência disso, "nossa cidade (*politeuma*) está nos céus" (Fl 3,20); e enquanto estamos aqui na terra, já somos uma colônia de cidadãos celestiais livres. (3) O princípio de Paulo se encontra em 2Cor 3,17: "Onde se acha o Espírito do Senhor, aí está a liberdade". Este é o motivo pelo qual ele insiste com os gálatas: "É para a liberdade que Cristo nos libertou. Permanecei firmes, portanto, e não vos deixeis prender de novo ao julgo da escravidão" (Gl 5,1). A escravidão à qual ele se refere é a do "pecado e morte", de "si mesmo" e da "lei" (veja Rm 5-7; especialmente 7,3; 8,1-2). "Quando éreis escravos do pecado, estáveis livres em relação à justiça" (Rm 6,20; cf. 6,18). A alegoria de Sara e Agar (Gl 4,21-31) ensina que todos os cristãos são filhos da "mulher livre". Em seu conflito com os judaizantes Paulo tornou-se consciente de que havia "falsos irmãos" que tinham "se infiltrado para expiar a liberdade que temos em Cristo Jesus" (Gl 2,4). Este efeito do evento Cristo também tem seu aspecto escatológico, já que está associado ao destino do cristão na "glória" (Rm 8,21). Paulo, contudo, está ciente de que o cristão ainda não alcançou plenamente este destino e insiste: "Vós fostes chamados à liberdade, irmãos; entretanto, que a liberdade não sirva de pretexto para a carne" (Gl 5,13a-b), "mas, pela caridade, colocai-vos a serviço uns dos outros" (Gl 5,13c).

(Sobre liberdade: BETZ, H. D., *SEA* 39 [1974] 145-60. CAMBIER, J., *SE II* 315-53 KRENTZ, E., *CTM* 40 [1969] 356-68. LYONNET, S., *The Bridge* 4 [1962] 229-51. MUSSNER, F., *Theologie der Freiheit nach Paulus* [QD 75; Freiburg, 1976]. NESTLÉ, D., *Eleutheria: Studien zum Wesen der Freiheit bei den Griechen und im Neuen Testament* [HUT 16; Tübingen, 1967]. NIEDERWIMMER, K., *EWNT* 1. 1052-58. SCHLIER, H., *Das Ende der Zeit* [Freiburg, 1971] 216-33. SCHNACKENBURG, R., *Present and Future: Modern Aspects of New Testament Theology* [Notre Dame, 1966] 64-80.)

77 (G) Santificação. Uma outra imagem usada por Paulo para descrever o efeito do evento Cristo é "santificação" (*hagiasmos, hagiazein*). (1) Embora se dissesse frequentemente no universo grego que coisas e pessoas eram *hagios*, "santo" ou dedicado aos deuses (Heródoto, *Hist.* 2.41.44; Aristófanes, *Aves* 522). A imagem de Paulo é derivada principalmente do AT. Ali a palavra hebraica *qādôš* e a palavra grega *hagios* eram frequentemente usadas para caracterizar coisas (*p.ex.*, a terra, Ex 3,5; Jerusalém Is 48,2; o Templo, Is 64,10; seu santuário interior, Ex 26,33) ou pessoas (*p.ex.*, o povo de Israel, Ex 19,14; Lv 19,2; Is 62,12; sacerdotes, 1Mac 2,54; profetas, Sab

11,1). Este termo não expressa uma piedade ética e interior ou santimônia exterior, mas, antes, a dedicação de coisas ou pessoas ao serviço reverente de Iahweh. Era um termo cultual que separava do secular ou profano estas pessoas ou coisas para este serviço. (2) Para Paulo, Deus fez de Jesus Cristo "nossa santificação" (1Cor 1,30), *i.e.*, o meio pelo qual os seres humanos foram novamente dedicados a Deus e orientados para servi-lo com reverência e respeito. (3) A este *status* "Deus nos chamou" (1Ts 4,7), e fomos "feitos santos" ou "santificados" por Cristo Jesus (1Cor 1,2; 6,11) ou por seu "Espírito Santo" (Rm 15,16; cf. 6,22). Isto é tão verdadeiro para Paulo que *hagioi*, "santos", torna-se uma designação comum para os cristãos em suas cartas incontestes, exceto em 1Ts e Gl: eles são "chamados à santidade" (Rm 1,7; 1Cor 1,2). (Como em Jó 5,1; Tob 8,15; 11,14; 12,15; Sl 89,6.8, *hagioi* às vezes designa seres celestiais, anjos; o termo pode aparecer assim em Cl 1,12; cf. 1QS 3,1; 11,7-9.)

(BALZ, H., *"Hagios*, etc.", *EWNT* 1 38-48. DELCHAYE. P., *Sanctus* [Subsidia hagiographica 17; Brussels, 1927]. JONES, O. R., *The Concept of Holiness* [New York, 1961]. PROCKSCH, O. e K. G. KUHN, *"Hagios*, etc." *TDNT* 1. 88-115. WOLFF. R., "La sanctification d'après le Nouveau Testament". *Positions luthériennes* 3 [1955] 138-43.)

78 (H) Transformação. Um outro efeito do evento Cristo é apresentado por Paulo sob a imagem de "transformação" (*metamorphōsis, metamorphoun*) [ele só usa o verbo]). (1) Esta imagem é derivada da mitologia greco-romana, que, na época helenística, desenvolveu até mesmo uma forma literária, a saber, coleções de lendas sobre transformação – de serpentes em pedras (Homero, *Iliad* 2.319), de Niobe numa rocha no monte Sipylon (Pausânias 1.21.3), de Luciano em um asno (Apoleio, *Asno de ouro);* cf. Nicander, *Heteroioumena;* Ovídio, *Metamorphoses.* Esta imagem mitológica era muito comum na época de Paulo, e ele não hesitou em tomá-la emprestada e aplicá-la ao evento Cristo. (2) Ao fazê-lo, Paulo vê Cristo Jesus transformando gradativamente os seres humanos, "que se voltam para o Senhor". O Deus criador, por meio do Cristo ressurreto, joga luz criadora novamente nas vidas humanas, o que as transforma. (3) Paulo claramente usa esta imagem em 2Cor 3,18: "E nós todos que, com a face descoberta, contemplamos como num espelho a glória do Senhor, somos transfigurados nesta imagem, cada vez mais resplandecente, pela ação do Senhor, que é Espírito". 2 Coríntios 4,6 está relacionado a este versículo e explica como a face do Cristo ressurreto atua como um espelho para refletir a glória que vem do Deus criador: "Porquanto Deus, que disse: do meio das trevas brilhe a luz, foi ele mesmo quem reluziu em nossos corações, para fazer brilhar o conhecimento da glória de Deus, que resplandece na face de Cristo". Esta é uma das mais sublimes descrições paulinas do evento Cristo. Filipenses 3,21 usa um outro verbo, *metaschēmatizein*, para expressar uma ideia semelhante: "[...] o Senhor Jesus Cristo [...] transfigurará nosso corpo humilhado, conformando-o ao seu corpo glorioso". Cf. Rm 12,2 (num contexto exortativo). (A partir desta imagem, os escritores patrísticos gregos derivaram a ideia posterior de *theōsis* ou *theopoiēsis*, a "divinização" gradativa do cristão – o equivalente prático deles para "justificação".)

(BEHM, J., *"Metamorphoō", TDNT* 4. 755-59. FITZMYER, J. A., "Glory Reflected on the Face of Christ (2 Cor 3,7-4;6) and a Palestinian Jewish Motif", *TS* 42 [1981] 630-44. HERMANN, R., "Über den Sinn des *morphousthai Christon en hymin* in Gal 4,19", *TLZ* 80 [1955] 713-26. LIEFELD, W. L., *"Metamorphoō" NIDNTT* 3. 861-64. NÜTZEL, J. M., *"Metamorphoō", EWNT* 2. 1021-22.)

79 (I) Nova criação. Uma outra imagem paulina, relacionada à anterior, é "nova criação" (*kainē ktisis*). (1) Paulo derivou esta imagem das referências do AT à criação do mundo e dos seres humanos por Deus (LXX Gn 14,19.22; Sl 89,48; 104,1-30; Eclo 17,1). (2) Ao aplicá-la ao evento Cristo, Paulo quer dizer que Deus em Cristo recriou a humanidade, dando-lhe "novidade de vida" (Rm 6,4), *i.e.*, uma vida em união com o Cristo ressurreto (Gl 2,20: "Cristo vive em mim"), uma vida destinada a ter parte na "glória de Deus" (Rm 3,23b). (3) "Nova criação" se encontra em Gl 6,15, onde seu valor é contraposto à circuncisão e à falta de circuncisão; e em 2Cor 5,17, onde sua fonte é "estar em Cristo". Esta é a razão pela qual Paulo chama o Cristo ressurreto "o último Adão" (1Cor 15,45). *i.e.*, ele se tornou o Adão do *eschaton* por meio de seu Espírito que dá vida. Ele é, assim, o cabeça de uma nova humanidade, assim como o primeiro Adão foi começo da vida para a humanidade física. Por esta razão também Cristo é "o primogênito entre muitos irmãos" que foram "predestinados a serem conforme à sua imagem" (Rm 8,29) – a novidade de vida que Cristo trouxe é uma participação em sua própria vida ressurreta (1Cor 6,14; 2Cor 4,14; Rm 6,4-5; 8,11). Este é, com efeito, o sentido paulino de "vida eterna" (Gl 6,8; Rm 5,21; 6,23).

(Sobre [nova] criação: BAUMBACH, G., *Kairos* 21[1979] 196-205. FOERSTER, W., *TDNT* 3. 1000-35, esp. 1033-35. PETZKE, O., *EWNT* 2. 803-8. SJÖBERG, E., *ST* 9 [1955] 131-36. STUHLMACHER, P., *EvT* 27 [1967] 1-35.)

80 (J) Glorificação. A última imagem usada por Paulo para descrever um efeito do evento Cristo é "glorificação" (*doxa, doxazein*). (1) Esta imagem é derivada do termo veterotestamentário *kābôd* ou *doxa*, "glória", "esplendor", uma expressão da presença de Deus ou da manifestação resplandecente desta presença, especialmente nas teofanias do êxodo (*p.ex.*, Ex 24,17; 40,34; Nm 14,10; Tob 12,15). (2) Já vimos como Paulo relacionava a "glória" ao Deus criador (→ 78 *acima*); agora ele está tocando num outro aspecto deste poder transformador do Cristo ressurreto. Segundo a descrição, ele "glorifica" os cristãos, *i.e.*, dá-lhes parte na glória de que ele, como o ressurreto dentre os mortos, agora desfruta com o Pai. (3) Paulo fala deste efeito em Rm 8,30: "e os que predestinou, também os chamou, e os que chamou, também os justificou e os que justificou, também os glorificou (*edoxasen*). Cf. 1Ts 2,12; 1Cor 2,7; Rm 8,18.21. (Nas deuteropaulinas esta ideia recebe uma outra formulação: "Ele [...] nos transportou para o reino de seu Filho amado" [Cl 1,13]; "com ele nos ressuscitou e nos fez assentar no céu com Cristo Jesus" [Ef 2,6]. "Fostes sepultados com ele no batismo, também com ele ressuscitastes, pela fé no poder de Deus, que o ressuscitou dos mortos" [Cl 2,12]. "Se, pois, ressuscitastes com Cristo [...]" [Cl 3,1]. O termo *doxa* não ocorre em nenhuma destas passagens deuteropaulinas.)

(Sobre glória [*doxa*]: BROCKINGTON, L. H., in Studies in the Gospels [Festschrift R. H. LIGHTFOOT; ed. D. E. NINEHAM; Oxford, 1957] 1-8. DUPONT, J., *RB* 56 [1949] 392-411. FORSTER, A. H., *ATR* 12 [1929-30] 311-16. HEGERMANN, H., *EWNT* 1. 832-41, 841-43. SCHLIER, H., SPC 1. 45-56.)

A ANTROPOLOGIA DE PAULO

81 (I) A humanidade antes de Cristo. Que efeito o evento Cristo realmente tem sobre as vidas dos seres humanos? Tendo esboçado os aspectos objetivos do papel salvífico de Cristo, exporemos agora os modos pelos quais Paulo concebia a participação da humanidade nos efeitos listados acima. Para entender a concepção paulina da experiência cristã do lado humano, contudo, devemos examinar perguntar primeiro o modo como ele considerava a condição humana antes da vinda de Cristo. A antropologia de Paulo (seu ensinamento acerca da humanidade) é, ao mesmo tempo, individual e coletiva; esboçaremos esta última em primeiro lugar porque ela está mais estreitamente relacionada com a história da salvação do que sua concepção da antropologia individual. Pois Paulo frequentemente contrapõe qual era a situação da humanidade ao que ela é "agora" na dispensação cristã (veja Gl 4,8-9; 1Cor 6,11; Rm 3,21; 6,22; 7,6).

82 (A) O pecado. No período anterior a Cristo, todos os seres humanos eram pecadores que, apesar de seu esforço para viver corretamente, nunca alcançavam este objetivo e nunca alcançavam o destino de glória pretendido pelo criador para eles; eles deixavam de "acertar o alvo", como sugere o significado básico de *hamartanein*, "pecar" (veja Rm 3,23; cf. 3,9.20). Paulo depende do próprio AT em seu ensinamento sobre esta influência universal do pecado na humanidade (Gn 6,5; 1Rs 8,46; Is 64,5-7; Jó 4,17; 15,14-16; Ecl 7,21; Eclo 8,5). A tendência a pecar está com a pessoa desde o nascimento: "Eis que eu nasci na iniquidade, minha mãe concebeu-me no pecado" (Sl 51,7; cf. Jr 16,12). O pecado humano é contagioso; o povo de Judá seguiu "a obstinação de seu coração e os Baais, que seus pais lhes fizeram conhecer" (Jr 9,13; cf. 3,25). Este pecado cria uma solidariedade de pecadores, tanto de contemporâneos (Gn 11,1-9; 2Sm 24,1-17; Nm 16,22) como de gerações posteriores (Sl 79,8; Ex 20,5; 34,7). Esta convicção acerca da universalidade do pecado entre os seres humanos nasceu da experiência, observação e confirmação coletiva: "Ser humano algum é senhor do sopro, para reter este sopro (*i.e.*, para não morrer), ninguém é senhor do dia da morte, e nessa guerra não há trégua; nem mesmo a maldade deixa impune quem a comete. Vi essas coisas ao aplicar o coração a tudo que se faz debaixo do sol" (Ecl 8,8-9; cf. 7,29). Veja ainda 1QH 4:29-30; Filo, *De vita Mos.* 2.29 § 147.

83 A narrativa etiológica de Gn 2-3 procurou explicar como esta condição pecaminosa começou. Seu rico simbolismo retrata o '*Adām*, "homem", e a *Ḥawwāh*, "Eva" (explicado como '*ēm kol ḥay*, "mãe de todos os [seres] viventes"), como tendo trazido o pecado ao mundo. O relato ensina que o pecado não se originou com Deus, mas começou com os seres humanos e que ele está presente desde então. Por meio dele, eles perderam sua intimidade confiante com Deus e incorreram em morte e em toda miséria humana (trabalho duro, dores do parto, experiência do mal). A maldição sobre a serpente simboliza a inimizade duradoura que deve se seguir entre a humanidade e todo o mal. A noção de herança desta condição ao longo dos séculos é introduzida no fato de que os descendentes da mulher sempre será confrontada com o mal; geração após geração de seres humanos será seduzida pela tentação de tornar-se como Deus, como ocorreu com seus antepassados, Adão e Eva.

84 De modo bastante surpreendente, este relato etiológico quase não produziu eco em qualquer livro protocanônico do AT. Adão aparece nestes livros apenas na genealogia de abertura de 1Cr 1,1. Na chamada Lamentação sobre o rei de Tiro (Ez 28,11-19) há uma alusão clara a Gn 3, mas Adão não é citado, e a transgressão é identificada assim: "em virtude do teu comércio intenso te encheste de violência" (28,16), e não como o comer do fruto. Cf. Jó 15,7. Somente nos livros deuterocanônicos posteriores e na literatura intertestamentária a história do Éden reaparece, com ênfases notáveis. Em Tb 8,6, faz-se alusão à criação de Adão e Eva como a origem da humanidade; eles são considerados modelos da vida conjugal. Em Eclo 36(33),10, a criação de "todos os seres humanos" está relacionada à criação de Adão a partir do pó da terra. Em Eclo 40,1 o autor faz alusão ao jugo do trabalho pesado colocado sobre os filhos de Adão, e em Eclo 49,16 o texto hebraico fala explicitamente da "glória de Adão", quando ele é listado entre os "homens famosos" do passado (Eclo 44,1). Em contraposição a este tratamento benigno de Adão, temos Eclo 25,24: "Foi pela mulher que começou o pecado, por sua culpa todos morremos". A origem do pecado é atribuída a Eva, e uma conexão causal é estabelecida entre ela e a morte de todos os seres humanos. A morte afeta todos os seus descendentes por causa do que ela fez. Semelhantemente em *Jubileu* 2-5 o relato de Gn 2-3 é retocado, e dois detalhes são dignos de nota: (1) Na expulsão de Adão do Éden, "a boca de todas as feras foi fechada [...] de modo que elas não podiam mais falar" (3,28); e (2) a depravação que a humanidade desenvolve é atribuída não à transgressão de Adão, mas às filhas da humanidade seduzidas pelos anjos (5,1-4). As bênçãos concedidas por Deus a Adão são lembradas mais tarde (19,27), quando ele é destacado e considerado um dos patriarcas de Israel. Adão não é mencionado em Sb, mas é claramente citado como um "filho da terra, o primeiro formado" (7,1). De fato, a própria Sabedoria "protegeu o primeiro modelado, pai do mundo, [...] levantou-o de sua queda e lhe deu poder de tudo dominar" (10,1-2). Nesta literatura judaica pré-cristã, existe a tendência de exaltar Adão e atribuir "a glória de Adão" (1QS 4:22-23; CD 3:20-4:2; 1QH 17,13-15; cf. 4QpPs^a 1,3-4 iii 1-2) ao fato de ele ter sido criado (de acordo com o documento P de Gn 1,27) à imagem de Deus. "Deus criou o homem para a incorruptibilidade e o fez imagem de sua própria natureza; foi por inveja do Diabo que a morte entrou no mundo" (Sb 2,23-24). Mas enquanto Adão é exaltado deste modo, o pecado, a morte e o mal são atribuídos a Eva: "Eu criei para ele uma esposa para que a morte viesse a ele por sua esposa" (2 *Henoc* 30,17); "Adão disse a Eva: 'O que fizeste a nós ao trazer sobre nós a grande ira [morte], que governa toda nossa raça?'" (*ApMo.* 14). Cf. *ApMo.* 32:1; 2 Esd 3:7. Nesta literatura recente, apenas a *vida de Adão e Eva* 44,2 pode atribuir a "transgressão e pecado de todas as nossas gerações" a "nossos pais" (no plural).

85 Paulo, contudo, rompe com esta recente tradição judaica pré-cristã acerca da glória de Adão e retorna à tradição anterior de Gn 2-3, atribuindo não apenas a morte, mas até mesmo o pecado a Adão. Em 1Cor 15,21-22, ele atribui a morte a "um homem": "Pois, assim como todos morrem em [ou por meio de] Adão, em Cristo todos receberão a vida". Neste contexto, a morte é contraposta à ressurreição para a vida (eterna), e, assim, Paulo está pensando na morte total, tanto espiritual quanto física. Contudo, em Rm 5,12 ele vai além, atribuindo a Adão a conexão causal que traz não apenas a morte, mas o próprio pecado para a vida humana: "Como por meio de um só homem o pecado entrou no mundo e, pelo pecado, a morte, assim a morte passou a todos os seres humanos, porque todos pecaram". Segue-se um notório anacoluto (→ Romanos 51,53) por causa de uma quebra no pensamento de Paulo, quando ele se sente obrigado a explicar sua atribuição de *pecado* a Adão. Portanto, Paulo atribui a Adão não apenas a condição da morte total que afeta cada ser humano, mas até mesmo o contágio do pecado que é ratificado pelos pecados pessoais. Este sentido de Rm 5,12 não depende de o verbo *hēmarton*, "todos pecaram", ser entendido como algum pecado "habitual", nem de a expressão preposicional *eph' hō* ser entendida como significando alguma incorporação de todos os seres humanos em Adão (→ Romanos, 51:56). Antes, o contexto dos vv. 13-14 indica esta conexão causal, e especialmente 5,19: "De modo que como pela desobediência de um só homem, todos se tornaram pecadores, assim, pela obediência de um só, todos se tornarão justos". O contraste de antítipo e tipo, Cristo e Adão, exige que a condição pecaminosa de todos os seres humanos seja atribuível a Adão, do mesmo modo que sua condição de justiça é atribuível somente a Cristo.

86 A acusação paulina de impiedade e perversidade dos gentios, que suprimiram a verdade em suas vidas, é severa (Rm 1,18-23). Paulo constata que eles não têm desculpa por não honrarem a Deus em decorrência do que conhecem acerca dele a partir de sua criação (à parte de sua autorrevelação no AT). "Não conhecendo Deus", os gentios "estavam em servidão a seres que não eram deuses [...] e eram escravos de espíritos naturais" (Gl 4,8-9 [tradução do autor]). Sua condição de servidão não os esclareceu acerca de sua conduta vil (Rm 1,24-32; cf. 1Cor 6,9-10). Mas o retrato não é inteiramente negativo, visto que Paulo admite que os gentios, às vezes, cumprem algumas prescrições da lei mosaica (Rm 2,14); "para si mesmo são leis", *i.e.*, são advertidos por meio de suas consciências de algo que a lei de Moisés prescreveu de maneira positiva para os judeus.

87 Quanto aos judeus, que se gloriavam da posse da lei mosaica como manifestação da vontade de Iahweh e como guia de sua conduta (Rm 2,17-20; 3,2), a acusação de Paulo a eles é igualmente impressionante. Eles podem ter a lei, mas não a guardam (Rm 2,21-14). Nem mesmo sua prática da circuncisão ou sua posse dos oráculos de salvação podem salvá-los da ira condizente ao pecado (Rm 3,3-8). Sem o evangelho, toda a espécie humana, "todos, tanto os judeus como os gregos, estão debaixo do pecado" (Rm 3,9). Eles se encontram numa condição de hostilidade para com Deus (2Cor 5,19; Rm 5,10; 8,5-7), não se dedicando nem à sua honra nem ao seu serviço (Rm 1,18) nem honrando o seu nome (Rm 2,24). (Nas deuteropaulinas, sua condição é descrita como um alheamento de Deus e escravidão a Satanás [Ef 2,2; 6,11-12; Cl 1,13], que é uma forma de "morte" [Ef 2,1.5; Cl 2,13.)

88 Paulo se refere, às vezes, ao pecado de tal modo que se poderia considerá-lo "uma dívida" a ser perdoada (*paresis*, Rm 3,25), mas com mais frequência ele o trata como uma força ou um poder que invadiu os seres humanos e é instigado por todas as suas inclinações naturais e carnais. As ações individuais injustas dos seres humanos são "transgressões" (Gl 3,19; Rm 2,23; 4,15), "violações" (Gl 6,1; Rm 5,15-18.20), "pecados" (*hamartēmata*, Rm 3,25). Mas Paulo frequentemente personifica tanto a Morte quanto o Pecado, descrevendo-os como atores no cenário da história da humanidade. *Hamartia* é, assim, uma força má ativa que permeia a existência humana. Ele "habita" na humanidade (Rm 7,17.23), a engana e mata (Rm 7,11).

(Sobre o pecado: BARROSSE, T. A., *CBQ* 15 [1953] 438-59. FIEDLER, P., *EWNT* 1. 157-65. LYONNET e SABOURIN, *Sin* 3-30, 46-57. MALINA, B. J., *CBQ* 31 [1969] 18-34. WEDER, H., *NTS* 31 [1985] 357-76.)

89 (B) A lei e os espíritos. A condição humana antes de Cristo era não apenas de escravidão ao Pecado e à Morte, mas também uma escravização aos "espíritos" deste mundo e à lei. Paulo escreve a ex-pagãos da Galácia: "Outrora, é verdade, não conhecendo Deus, servistes a deuses que na realidade não o são" (4,8). É discutível se estes "deuses" devem ser identificados com os "fracos e miseráveis elementos" (4,9), os "elementos do mundo" (4,3), frequentemente interpretados como espíritos que controlam os elementos do mundo. Veja também 1Cor 1,12. Paulo ainda conjectura sobre a possibilidade de "anjos" ou "principados" serem obstáculos ao amor de Deus derramado a nosso favor em Cristo Jesus (Rm 8,38-39) ou anunciarem um outro evangelho diferente daquele que ele pregava (Gl 1,18). De fato, os anjos são concebidos como promulgadores da lei de Moisés, que mantêm os seres humanos em escravidão; assim, eles simbolizam sua inferioridade às promessas que o próprio Deus fez aos patriarcas no passado (Gl 3,19). Para Paulo, estes seres nem sempre foram maus; podem ter sido bons ou pelo menos neutros (1Cor 11,10; Gl 4,14). Porém, se eles tiveram domínio sobre a humanidade até agora, seu domínio foi rompido pela vinda do *Kyrios*, Jesus Cristo, por causa de quem os cristãos irão até mesmo julgar os anjos (1Cor 6,3). Paulo fala de Satanás apenas duas vezes (2Cor 11,14; 12,7), em contextos relacionados à sua própria experiência pessoal de oposição ou sofrimento. Ele nunca fala do diabo. (Neste aspecto, observa-se uma diferença significativa nas deuteropaulinas: o papel cósmico de Cristo inclui um lugar de vencedor sobre todos os "Tronos, Soberanias, Principados, Autoridades" [Cl 1,16; Ef 1,21], os "elementos do mundo" [Cl 2,20] – ou "qualquer título que seja dado a eles" [Ef 1,21 (tradução do autor)]. Enquanto a condição pecaminosa dos ex-pagãos era o resultado de seguirem "a índole deste mundo, conforme o príncipe do poder do ar, o espírito que agora opera nos filhos da desobediência" [Ef 2,2], os cristãos são agora exortados a vestirem a armadura de Deus e a permanecerem firmes contra as astúcias do Diabo, porque "nosso combate não é contra o sangue nem contra a carne, mas contra os Principados, contra as Autoridades, contra os Dominadores deste mundo de trevas, contra os Espíritos do Mal" [Ef 6,12]. Esta concepção dificilmente está presente nas cartas incontestes de Paulo.)

90 Para Paulo, contudo, os seres humanos, especialmente Israel do passado, estavam também escravizados à lei (Gl 3,23-24). A atitude de Paulo para com a lei (*nomos*) foi chamada de "o mais complexo problema doutrinário em sua teologia" (Schoeps, *Paul* 168). Sua exposição da Lei está restrita a Gl, Fl, 1-2Cor e Rm (nas deuteropaulinas só se faz referência à lei em Ef 2,15, onde é dito que ela foi "abolida"). Porém, mesmo nestas poucas cartas, que refletem o problema dos judaizantes que Paulo enfrentou, *nomos* tem diferentes conotações. (1) Às vezes, Paulo a usa num sentido genérico, "uma lei", (Gl 5,23, "contra estas coisas [frutos do Espírito] não existe lei"; Rm 4,15b, "onde não há lei, não há transgressão"; 5,13, "porque até a Lei não havia pecado no mundo; o pecado, porém, não é levado em conta, quando não existe lei"; 7,1a, "ou não sabeis, irmãos – falo a versados em lei" [?]). (2) Às vezes, ele usa *nomos* num sentido figurativo: como um "princípio" (Rm 3,27a; 7,21.23a), como um modo de se referir ao "pecado" (Rm 7,23c,25b) ou "pecado e morte" (Rm 8,2b), como "natureza humana" (Rm 2,14d); de fato, até mesmo como um modo de se referir a "fé" (Rm 3,27b) ou a "Cristo" (Gl 6,2) ou ao "Espírito" (Rm 8,2a) – falando nestes últimos três casos com oximoro. (3) Em algumas poucas ocasiões, Paulo usa *nomos* quando se refere ao AT, a Sl (Rm 3,19a), aos profetas (1Cor 14,21) ou especialmente à Torá (Gl 3,10b; 1Cor 9,9, o único lugar onde ele fala da "lei de Moisés"; 14,34 [?]; Rm 3,31b). (4) Quanto ao restante, cerca de 97 vezes ao todo, ele usa *nomos* (com ou sem o artigo) para designar a lei de Moisés (cf. Bultmann, *TNT* 1. 259-60).

91 Ao se discutir a atitude de Paulo para com a lei de Moisés, deve-se lembrar sua concepção de três estágios da história humana (→ 14, 42 *acima*), percebida exclusivamente por meio de sua ótica judaica. Ele vê a lei de Moisés como um palco no qual certos personagens atuam como atores. Entre estes pavoneia-se o *Anthrōpos*, "ser humano" (Rm 7,1), também chamado às vezes de *Egō*, "eu" (Rm 7,9), confrontado não apenas por *Hamartia*, "Pecado", *Thanatos*, "Morte" (Rm 5,12), e *Nomos* (Rm 7,1), todos personificados como atores, mas também por *Charis*, "Graça" (Rm 5,21). Os papéis destes personagens vêm da personificação deles por parte do próprio Paulo, que lhes atribui atos humanos: eles "entram", "habitam", "reinam", "revivem", etc.

92 O complexo papel que a *Nomos* [lei] exerce traz uma anomalia para a vida humana. Como ator no palco da vida humana, a *Nomos* é descrita como boa: "A lei é santa, e santo, justo e bom é o preceito" (Rm 7,12), "boa" (*kalos*, 7,16) e "espiritual" (7,14), *i.e.*, pertencente à esfera de Deus e não à desta humanidade terrena. Pois ela é "a lei de Deus" (7,22.25b; 8,7), tendo vindo dele e estando destinada a levar o *Anthrōpos* à "vida", *i.e.*, à comunhão com Deus (7,10). Em Gl 3,12, Paulo até mesmo cita Lv 18,5, constrangido a admitir que ali se formula a finalidade da lei: "Quem pratica estas coisas (*i.e.*, as prescrições da lei) por elas viverá", *i.e.*, encontra "vida" por meio delas. Novamente, em Rm 9,4, Paulo reconhece que a dádiva da lei era uma das prerrogativas de Israel, privilegiado por Deus com estes meios de conhecer sua vontade. Ela foi dirigida por Deus a todos aqueles que estão sob sua autoridade e a reconhecem (Rm 3,19). Mesmo quando os seres humanos rejeitam a lei, ela continua sendo boa, pois é, em certo sentido, "oráculos de Deus" (Rm 3,2) confiados ao privilegiado Israel.

Apesar desta ajuda dada por Deus por meio da qual Israel poderia encontrar "vida", Paulo reconhecia que seus "parentes segundo a carne" (Rm 9,3) eram tão pecadores quanto os gentios sem lei (Rm 2,17-24 e 1,18-32), pois "todos pecaram e todos estão privados da glória de Deus" (Rm 3,23). Em vista desta situação, Paulo formula a anomalia que a lei cria na vida humana, expressando-a corajosamente quando cita Sl 143,2 e faz um ousado acréscimo a ele: "Nenhum ser humano será justificado aos olhos de Deus – *mediante a observância da lei*", literalmente, "pelos atos da lei". Embora a *Nomos* devesse levar o *Anthrōpos* à vida, como Lv 18,5 prometera, ela provou ser incapaz de fazer isto. Assim, Paulo afirma o papel *negativo* da lei na história humana: "coisa impossível à Lei" (*to adynaton tou nomou*, Rm 8,3). Ela era incapaz de dar vida porque era uma norma externa que expressava apenas "faze" e "não faças" e não possuía em si a força para dar vida.

93 Paulo foi mais adiante ao descrever a *Nomos* como exercendo um papel *positivo* na história humana. Chegando ao palco no segundo ato (de Moisés até o Messias), quando ela "foi acrescentada" às promessas já feitas a Abraão no primeiro ato, diz-se que ela foi acrescentada "por causa da transgressão" (Gl 3,19). "A lei interveio para que avultasse a ofensa" (Rm 5,20). Embora boa em si mesma, ela entrou em cena e tornou-se o lacaio ou ferramenta de crime de um outro ator, a *Hamartia* [pecado]. A lei tornou-se, assim, a própria "força do pecado" (1Cor 15,56). Visto que a lei não forneceu a *dynamis*, "força", pela qual o *Anthrōpos* pudesse encontrar vida ao lhe obedecer, ela ironicamente tornou-se o instrumento do pecado, desencadeando, assim, a ira de Deus sobre a humanidade: "Mas o que a lei produz é a ira" (Rm 4,15). Não sendo pecaminosa em si mesma, ela ajudou o pecado: "Que diremos, então? Que a lei é pecado? De modo algum! Entretanto eu não conheci o pecado se não através da lei, pois eu não teria conhecido a concupiscência se a lei não tivesse dito: não cobiçarás", pois "sem a lei, o pecado está morto" (Rm 7,7-8). Paulo descreve este papel positivo da lei sendo exercido de três maneiras.

94 (1) A lei agiu como uma ocasião (*aphormē*) para o pecado, instruindo a humanidade na possibilidade material de fazer o mal, seja por proibir o que era indiferente (*p.ex.*, comer certos animais, Lv 11,2-47; Dt 14,4-21 – cf. 1Cor 8,8) ou por suscitar desejos ou incomodar a consciência com regulamentos externos acerca do "fruto proibido". Paulo fala deste papel em Rm 7,5.8.11: o *Egō* [eu] não teria conhecido "a concupiscência se a lei não tivesse dito: não cobiçarás" (7,7).

(2) A lei também agiu como um agente moral; ela deu à humanidade "um real conhecimento do pecado" (*epignōsis hamartias*, Rm 3,20), *i.e.*, revelou o verdadeiro caráter da desordem moral como rebelião contra Deus, como transgressão de sua vontade e como infidelidade à aliança com seus regulamentos estipulados (*p.ex.*, o Decálogo). Paulo admite, de fato, que "até a lei havia pecado no mundo; o pecado, porém, não é levado em conta quando não existe lei" (Rm 5,13). Ele não teria negado que os seres humanos eram maus durante o primeiro período, de Adão até Moisés, mas neste período sem lei seus pecados não foram registrados contra eles como rebelião ou transgressão aberta. Os seres humanos tinham pecado, mas não era "como a transgressão de Adão" (Rm 5,14), que tinha violado um mandamento de Deus (Gn 2,17; 3,6.11). Por isso, Paulo podia escrever de maneira genérica: "Onde não há lei, não há transgressão" (Rm 4,15). "Pois, sem a lei, o pecado está morto. Outrora eu vivia sem lei; mas, sobrevindo o preceito, o pecado reviveu e eu morri" (Rm 7,8b-9a). Assim, Paulo descreve a humanidade primeiramente no período sem lei e, depois, no período da Torá.

(3) A lei também colocou uma maldição sobre os seres humanos sob sua autoridade. Paulo derivou esta ideia de Dt 27,26, citado em Gl 3,10: "Maldito todo aquele que não

se atém a todas as prescrições que estão no livro da lei para serem praticadas". Deste modo, a lei colocou o *Anthrōpos* "sob condenação" (Rm 8,1), porque ela era de fato uma "dispensação de morte" (2Cor 3,7), uma "dispensação de condenação" (3,9). Para formular incisivamente a anomalia, Paulo exclama: "Uma coisa boa se tornou em morte para mim?" (Rm 7,13). A *Nomos* dada por Deus colocou a humanidade sob o controle da *Thanatos* [morte]? Paulo responde: "sim", e isto aconteceu de modo que a verdadeira realidade da *Harmatia* se mostrasse, "para que o pecado aparecesse em toda sua virulência" (Rm 7,13). Tudo isto revela a situação anômala na qual o *Anthrōpos* se encontra como resultado da lei. Mas como isto pôde acontecer?

95 Paulo tem duas explicações diferentes: uma em Gl e uma em Rm – uma diferença que nem sempre é devidamente observada.

(1) Em Gl, Paulo apresenta uma explicação extrínseca, atribuindo à lei de Moisés um papel temporário na história da salvação: "Antes que chegasse a fé, nós éramos guardados sob a tutela da lei para a fé que haveria de se revelar. Assim a lei se tornou nosso pedagogo (*paidagōgos*) até Cristo para que fossemos justificados pela fé" (3,23-24). A *Nomos* é descrita como o escravo que, no mundo helenístico, mantinha a criança em idade escolar perto de si, a conduzia para a escola e de volta para casa e supervisionava seus estudos e sua conduta. A lei, assim, disciplinou a humanidade até a vinda de Cristo, durante o período da menoridade do *Anthrōpos'*. Este papel provisório da lei é visto também no fato de ela ter sido acrescentada 430 anos após as promessas feitas a Abraão (3,17). A cronologia de Paulo pode estar equivocada por vários séculos, mas o que ele quer destacar é que a lei apareceu em cena *mais tarde*, e sua inferioridade às promessas também se manifesta no fato de ter sido promulgada por anjos (3,19; cf. Dt 33,2 LXX) e por meio de um mediador (3,20, Moisés). Este papel temporário da lei e seu *status* inferior na história da salvação não anularam "um testamento anterior, legitimamente feito por Deus, de modo a tornar nula a promessa" (3,17).

(2) Quando Paulo escreveu Rm, ele provavelmente se deu conta de que a explicação sobre a anomalia apresentada em Gl não era muito satisfatória, por não levar em conta a incapacidade do *Anthrōpos* de observar a lei dada por Deus. Ao compor Rm 7,13-8,4, Paulo abandonou a explicação extrínseca e usou uma explicação mais intrínseca, *i.e.*, uma explicação filosófica da situação do ser humano. Ele mostra em Rm que a dificuldade não é com a lei, mas com a humanidade em sua condição terrena de *sarx*, "carne", alienada de Deus e hostil a ele. Por causa desta condição, o *Anthrōpos* ou *Egō* está fraco e é dominado pela *Hamartia* [pecado] que habita nele: "Eu sou carnal (*sarkinos*), vendido como escravo ao pecado" (7,14). A força má, *Hamartia*, introduzida no mundo da existência humana pela transgressão de Adão, mantém o *Anthrōpos* em escravidão porque ele é basicamente "carnal". Embora reconheça a lei de Deus com sua "razão", ele reconhece um outro princípio atuante nele que está em conflito com ela: "Na realidade, não sou mais eu que pratico a ação, mas o pecado que habita em mim" (7,17). Embora o *Egō* sirva "à lei de Deus pela razão, pela carne serve à lei do pecado" (7,25), *i.e.*, a razão humana reconhece a lei de Deus como ela é, mas sua fraca condição humana como carne está em escravidão ao pecado, que Paulo chama até mesmo figuradamente de *nomos*, "a lei do pecado", um genitivo apositivo.

96 Paulo tem uma solução para esta anomalia criada pela lei mosaica na existência humana. Ele substituiu a observância dela pela fé em Cristo Jesus, "o qual foi entregue pelas nossas faltas e ressuscitado para a nossa justificação" (Rm 4,25). Todavia, mais uma vez sua solução é proposta de duas maneiras.

(1) Em Gl, Paulo enfatiza que, no terceiro período da história da salvação, o

Anthrōpos chegou à idade adulta e alcançou a maioridade – não está mais sob o pedagogo, não está mais "debaixo de tutores e curadores" e aguarda "a data estabelecida pelo pai" (4,2). Esta data foi alcançada; "na plenitude do tempo", Cristo Jesus foi enviado pelo Pai para nos resgatar da escravidão e nos libertar da lei. Como resultado, o crente não é mais um menino em idade escolar, mas é um filho no sentido pleno, que clama *"Abba*, Pai" e se tornou herdeiro das promessas feitas a Abraão, que encontrou ele mesmo retidão aos olhos de Deus não por observar a lei, mas pela fé (3,16-22; 4,3-6; cf. Gn 15,16). Deve-se observar novamente o aspecto temporal da solução que Paulo apresenta em Gl; ele corresponde à explicação temporal, extrínseca da anomalia. De fato, Paulo introduz um elemento intrínseco em Gl quando fala do Espírito "enviado a nossos corações" (4,6), capacitando-nos a clamar *"Abba*, Pai" e revelando nossa filiação adotiva. Mas mesmo essa adoção ainda é apenas em termos de um novo estágio na história da salvação.

(2) Em Rm, contudo, a solução é proposta em termos da anomalia intrínseca em si. Em 7,24, Paulo exclama: "Infeliz de mim! Quem me libertará deste corpo de morte?" Sua resposta: "Graças sejam dadas a Deus, por Jesus Cristo Senhor nosso" (→ Romanos, 51:78). Sua resposta é melhor explicada em 8,1-4: "Portanto, não existe mais condenação para aqueles que estão em Cristo Jesus. A lei do Espírito da vida em Cristo Jesus te libertou da lei do pecado e da morte. De fato – coisa impossível à lei, porque enfraquecida pela carne – Deus, enviando seu próprio Filho em carne semelhante à do pecado e em vista do pecado, condenou o pecado na carne, a fim de que o preceito da lei se cumprisse em nós que não vivemos segundo a carne, mas segundo o espírito". Aqui a solução de Paulo para a anomalia não é buscada em termos da história da salvação ou do caráter temporal da lei. "Antes, o amor de Deus foi derramado em nossos corações pelo Espírito Santo que nos foi dado" (5,5). Este "Espírito da vida em Cristo Jesus" (8,2) faz este *Anthrōpos* comparecer agora perante o tribunal de Deus como "justificado", *i.e.*, absolvido, mediante a cruz e a ressurreição de Cristo Jesus. Deste modo, o ser humano alcança o *status* diante de Deus que a observância da lei de Moisés deveria alcançar. O que a lei não pôde alcançar (8,3), o próprio Deus realizou em Cristo Jesus.

97 Esta solução da anomalia da lei na existência humana tem de lidar com o versículo altamente controverso de Rm 10,4, onde Paulo diz que Cristo é o *telos nomou*, o "fim da lei". Esta expressão poderia parecer aludir ao "fim" do período da Torá. Mas *telos* pode significar tanto "fim", "término" quanto "objetivo", "propósito", "finalidade" (→ Romanos, 51:101). No primeiro sentido, Cristo seria o fim da lei como o término de todo esforço humano para alcançar a retidão aos olhos de Deus por meio da observância da lei. Embora este sentido pudesse enquadrar-se na perspectiva temporal de Gl, ele é apropriado a Rm? Infelizmente, o segundo sentido da expressão como uma expressão final ou propositiva tem sido frequentemente relacionado ao "pedagogo" de Gl 3,24, entendido como um mestre que formava o aluno para a vida. A lei teria sido a formação da humanidade para Cristo. Mas o *paidagōgos* da Antiguidade não era um pedagogo ou professor no sentido moderno, nem *eis Christon* (Gl 3,24) possui um sentido final; ele é temporal (veja E. Käsemann, *Romans* [Grand Rapids, 1980] 282). Em última análise, contudo, o sentido final de *telos nomou* é preferível por causa do contexto de Rm; ele está relacionado de maneira lógica à metáfora da perseguição ou corrida em 9,31-33: "que os gentios, sem procurar a justiça" de fato a alcançaram (por meio da fé em Cristo Jesus), enquanto que "Israel, procurando uma lei de justiça, não conseguiu esta lei". Esta metáfora implica claramente um objetivo, e no v. 32 Paulo explica a razão do fracasso de Israel: ele não perseguiu este objetivo "pela fé, mas como se o conseguisse pelas obras", e deste modo tropeçou na pedra de tropeço de Isaías (Is 28,16; 18,14-15). Embora Paulo elogie o "zelo por Deus" de Israel (Rm 10,2), apesar de mal concebido, ele descreve Israel "procurando estabelecer sua própria retidão", em vez de submeter-se à "justiça de Deus", *i.e.*, a um processo que começa em Deus que é, em si mesmo, *ṣaddîq* (Jr 12,1; Sl 11,7), ou possivelmente até mesmo uma "justiça de Deus que depende da fé" (Fl 3,9 [tradução do autor]). Esta busca implica um objetivo; daí a preferência por *telos* como "finalidade" em 10,4. O que Israel procurava alcançar é agora alcançado por meio da fé em Cristo. Mesmo Rm 3,21, "agora, porém, independentemente da (observância) da lei" (*chōris nomou*), não depõe contra esta interpretação, pois o que era o objetivo da lei (justiça aos olhos de Deus) é alcançado por meio de Cristo e não por mera observância da lei. Semelhantemente, 8,2-3 não exige a tradução de *telos* em 10,4 como "término", visto que 8,4 deixa claro que "o preceito da lei se cumpre em nós que não vivemos segundo a carne, mas segundo o Espírito". Em outras palavras, mediante a graça e a fé em Cristo, Deus faz com que a humanidade cumpra o que a lei exige.

98   Existe, contudo, ainda um outro aspecto da lei que é a chave para a compreensão mais plena de Cristo como o objetivo da lei em Rm. Em Gl 5,6, Paulo fala da qualidade exclusiva de *pistis di' agapēs energoumenē*, "a fé agindo pela caridade". Ele nunca explica esta expressão em Gl, mas pode-se encontrar uma explicação em Rm 13,8-10, onde fala sobre a lei mosaica e surpreendentemente considera o amor não apenas algo devido a outros, mas até mesmo "o cumprimento da lei". Ainda que se insistisse que "cumprimento" não é necessariamente o mesmo que *telos*, o sentido final deste último termo torna-se claro quando Paulo diz que "a caridade não pratica o mal contra o próximo. Portanto, a caridade é a plenitude da lei". A fé, no sentido cristão, introduzida na história humana pela morte e ressurreição de Cristo Jesus, quando age por meio do amor, efetua, na compreensão de Paulo, o que a lei tinha a intenção de realizar. Somente Paulo, entre os escritores do NT, tem esta compreensão cristológica da lei de Moisés.

99   Com esta compreensão da lei, Paulo pode até mesmo dizer: "De fato, pela Lei morri para a lei, a fim de viver para Deus" (Gl 2,19; quanto à compreensão deste difícil versículo, → Gálatas, 47:20). Paulo considera o cristão cocrucificado com Cristo, e o que Cristo realizou por meio de sua morte e ressurreição é algo de que os cristãos participam de modo que agora vivem para Deus. Mas como isto foi realizado mediante uma morte para a lei por meio da lei? Em Gl 3, Paulo explica como a maldição dirigida contra aqueles que tinham de viver sob a lei foi removida por Cristo, que "nos resgatou da maldição da lei tornando-se maldição por nós" (3,13). Não se pode fazer uso aqui da lógica aristotélica, pois o argumento de Paulo depende de dois sentidos diferentes do termo "maldição". No v. 10, a "maldição" tem o significado que ocorre em Dt 27,26, enquanto que a "maldição" no v. 13 é, antes, a de Dt 21,23: "Maldito todo aquele que é suspenso ao madeiro", uma maldição formulada contra o corpo morto de um criminoso executado suspenso em uma árvore como meio de dissuasão de outros crimes. Não se devia permitir que ele ficasse pendurado depois do pôr do sol, a fim de tornar impura a terra. No judaísmo palestinense pré-cristão, esta maldição era aplicada a pessoas crucificadas: seus corpos mortos não deveriam permanecer pendurados durante a noite (veja *TAG* 125-46). Esta maldição foi pronunciada sobre o corpo crucificado de Jesus; e, por se tornar uma "maldição" neste sentido, afirma Paulo, Cristo removeu a "maldição" da lei (Dt 27,26) das pessoas que estavam sob ela. Isto não significa, contudo, que a relação dos seres humanos com Deus esteja completamente removida do âmbito da lei, mas que esta relação, embora ainda seja judicial e forense, encontra um modo de realização ou cumprimento que não por meio de "obras

da lei". Romanos 7,4.6 deve ser entendido deste modo.

100 Um comentário final: Paulo frequentemente usa a expressão *erga nomou*, "ações/obras da lei", *i.e.*, ações prescritas pela lei mosaica (Gl 2,16; 3,2.5.10; Rm 2,15; 3,20.27.28). Tem-se inclusive a impressão de que esta expressão era uma espécie de *slogan* comum nos dias de Paulo. Mas ela nunca se encontra como tal no Antigo Testamento ou na literatura rabínica posterior (veja *TDNT* 2. 646; Str-B 3. 160-62). Ela é usada, contudo, na LQ [Literatura de Qumran] (*ma'ăśê tôrâ*, "obras da lei", 4QFlor [= 4Q 174] 1-2 i 7; cf. 1QS 6:18; 1QpHab 7:11). Às vezes, Paulo encurta a expressão e usa simplesmente *erga*, "obras" (Rm 4,2.6; 9,11.32; 11,6). A partir desta redução surge a dificuldade que este seu *slogan* enfrentou mais tarde, quando seu ensinamento acerca da justificação pela graça mediante a fé, à parte das obras, foi ouvido num contexto cristão diferente. Lembremos a correção (não de seu ensinamento, mas de uma caricatura dele) que se encontra em Tg 2,14-26; veja Reumann, "*Righteousness*" [→ 70 *acima*], § 270-75, 413.

(Sobre a lei: BENOIT, P., *Jesus and the Gospel* [London, 1974] 2. 11-39. BRUCE, F. F., *BJRL* 57 [1974-75] 259-79. CRANFIELD, C. E. B., *SJT* 17 [1964] 43-68. DÜLMEN, A. VON, Die Theologie des Gesetzes bei Paulus [SBM 5; Stuttgart, 1968]. FITZMYER, J. A., *TAG* 186-201. GUNDRY, R. H., *Bib* 66 [1985] 1-38. HAHN, F., *ZNW* 67 [1976] 29-63. HÜBNER, H., *Law in Paul's Thought* [Edinburgh, 1984]. LANG, F., em *Rechtf* 305-20. LARSON, E., *NTS* 31[1985] 425-36. RÄISÄNEN, H., *Paul and the Law* [WUNT 29; Tübingen, 1983]. SANDERS, E. P., *Paul, the Law, and the Jewish People* [Philadelphia, 1983; em Port.: *Paulo a lei e o povo judeu*, Ed. Academia Cristã, 2009]. SCHÄFER, P., *ZNW* 65 [1974] 27-42. WILCKENS, U., *NTS* 28 [1982] 154-90.)

101 (C) Os seres humanos. Parte do retrato paulino da humanidade antes da vinda de Cristo é a constituição do ser humano (*anthrōpos*). A incapacidade para observar a lei mosaica origina-se em parte da condição carnal de um ser humano como *sarkinos*. O que Paulo quer dizer com isto? Para explicar, precisamos tentar determinar o que ele quer dizer com *sōma*, "corpo", *sarx*, "carne", *psychē*, "alma", *pneuma*, "espírito", *nous*, "mente", e *kardia*, "coração". Paulo não descreve um ser humano *in se*; antes, sugere as diferentes relações da humanidade para com Deus e o mundo no qual o ser humano vive. Estes termos, então, não designam parte de um ser humano, mas, antes, aspectos da pessoa vista de diferentes perspectivas (→ Pensamento do AT, 77:66).

102 Uma concepção popular e comum do ser humano como sendo composto de dois elementos se encontra, às vezes, nos escritos de Paulo (1Cor 5,3; 7,34; 2Cor 12,2-3). A parte visível, tangível e biológica composta de membros é chamada de *sōma*, "corpo" (Rm 12,4; 1Cor 12,14-26). Embora Paulo pareça, às vezes, se referir com esta palavra apenas à carne, ao sangue e aos ossos (Gl 1,16; 1Cor 13,3; 2Cor 4,10; 10,10; Rm 1,24), ele normalmente quer dizer muito mais. Um ser humano não tem meramente um *sōma*; ele é *sōma*. Este é um modo de dizer "eu" (Fl 1,20; Rm 6,12-13; cf. 1Cor 6,15 e 12,27). O termo indica um ser humano como um todo, um organismo complexo e vivo, até mesmo como uma pessoa, especialmente quando ele é o sujeito a quem algo acontece ou é o objeto da ação de alguém (1Cor 9,27; Rm 6,12-13; 8,13; 12,1; cf. Bultmann, *TNT* 1. 195). Um cadáver não é um *sōma*, mas não há forma de existência humana para Paulo sem um corpo em seu sentido pleno (veja Fl 3,21; 1Cor 15,35-45; mas cf. 2Cor 5,2-4; 12,2-3; 5,6-8). Quando Paulo usa *sōma* num sentido pejorativo, falando de seus "desejos ou paixões" (Rm 6,12; 8,13), do "corpo do pecado" (Rm 6,6), do "corpo de humilhação" (Fl 3,21) ou do "corpo da morte" (Rm 8,3), ele realmente se refere ao ser humano sob a influência de algum poder como o pecado (Rm 7,14.18.23; 8,13). Nestes casos, o "corpo" é o eu dominado pelo pecado (Rm 7,23), a condição humana antes da vinda de

Cristo – ou até mesmo após esta vinda para as pessoas que não vivem em Cristo.

103 No AT, a palavra *bāśār* expressa a ideia de "corpo" e de "carne". Paulo reflete esta noção do AT quando usa *sarx* como sinônimo de *sōma* (1Cor 6,16, citando Gn 2,24; 2Cor 4,10-11; cf. Gl 4,13; 6,17). Nestes casos, "carne" se refere ao corpo físico. A expressão "carne e sangue" denota um ser humano (Gl 1,16; 1Cor 15,50), implicando fragilidade natural. Esta é uma expressão tardia do AT (Eclo 14,18; 17,31). Mas *sarx* sozinho pode indicar todo o ser humano, a natureza humana (Rm 6,19). Contudo, o uso mais tipicamente paulino de carne implica a existência humana natural, material e visível, fraca e terrena, a criatura humana entregue si mesma: "A fim de que nenhuma criatura possa vangloriar-se diante de Deus" (1Cor 1,29). "Com efeito, os que vivem segundo a carne desejam coisas da carne" (Rm 8,5); eles não podem agradar a Deus (Rm 8,8). As "obras da carne" são apresentadas em Gl 5,19-21, e deveria ser supérfluo observar que, para Paulo, "carne" não se restringe à área do sexo. Ele identifica o *egō* e *sarx* e não encontra nenhum bem neles (Rm 7,18). Esta noção é proeminente na contraposição paulina de "carne" e "Espírito", que compara um ser humano sujeito às tendências humanas com um ser humano sob a influência do Espírito de Deus (Gl 3,3; 4,29; Rm 8,4-9.13). Quanto à ideia veterotestmentária de carne, → Pensamento do AT, 77:64.

104 Semelhantemente, *psychē* não é apenas o princípio vital da atividade biológica, mas, como no AT, indica "um ser vivo, pessoa viva" (em hebraico, *nepeš*; 1Cor 15,45). Ela expressa a vitalidade, consciência, inteligência e volição de um ser humano (1Ts 2,8; Fl 2,30; 2Cor 12,15; Rm 11,3; 16,4). Mesmo quando não parece significar nada além de "eu" (2Cor 1,23; Rm 2,9; 13,1), conota a vitalidade consciente e intencional do eu. Ainda é apenas o aspecto terreno e natural de um ser humano vivo. Normalmente, Paulo não usa *psychē* num sentido depreciativo; mas ela é claramente a vida da *sarx*, não a vida dominada pelo Espírito. Por isso, ele chama a pessoa que vive sem o Espírito de Deus de *psychikos*, "material" (1Cor 2,14), não "espiritual" (*pneumatikos*). Quanto à ideia veterotestamentária de *nepeš*, → Pensamento do AT, 77:66.

105 Em 1Ts 5,23, Paulo alinha uma tríade: *sōma*, *psychē* e *pneuma*. Neste caso, *pneuma* não designa o Espírito Santo (cf. Rm 8,16; 1Cor 2,10-11). Unido a *sōma* e *psychē*, que indicam todo o ser humano sob diferentes aspectos, *pneuma* poderia ser ainda um outro aspecto. Mas nem sempre é fácil distinguir *pneuma* neste sentido de *psychē* (cf. Fl 1,27; 2Cor 12,18). Quando muito, *pneuma* sugere o eu cognoscente e volitivo e, assim, o aspecto que é particularmente apto para receber o Espírito de Deus. Às vezes, contudo, ele é um mero substituto do pronome pessoal (Gl 6,18; 2Cor 2,13; 7,13; Rm 1,9; Fm 25). Quanto à ideia veterotestamentária de espírito, → Pensamento do AT, 77:32-24.

106 *Nous*, "mente", parece descrever para Paulo o ser humano como um sujeito que conhece e julga; o termo designa a capacidade de entendimento inteligente, planejamento e decisão (cf. 1Cor 1,10; 2,16; Rm 14,5). Em Rm 7,23, ele é o eu que compreende e ouve a vontade de Deus dirigida a ele na lei, concorda com a vontade de Deus e a aceita como sua própria vontade. É a capacidade de reconhecer o que pode ser conhecido acerca de Deus a partir de sua criação (Rm 1,20): os *nooumena* são as coisas que a *nous* pode compreender. Existe de fato pouca diferença no uso paulino de *nous* e *kardia*, "coração", que, como no AT, frequentemente significa "mente". Quando muito, *kardia* implicaria reações mais responsivas e emocionais do eu inteligente e planejador. Pois ele "ama" (2Cor 7,3; 8,16), "se aflige" (Rm 9,2), "faz planos" (1Cor 4,5), "cobiça" (Rm 1,24) e "sofre" (2Cor 2,4). Ele duvida e crê (Rm 10,6-10), é endurecido (2Cor 3,14) e é impenitente (Rm 2,5), mas pode ser fortalecido (1Ts 3,13; Gl 4,6; 2Cor 1,22). Quanto à relação entre "mente" e "consciência" → 144 *abaixo*.

107 Todos estes aspectos da existência humana são resumidos em *zōē*, "vida", um dom de Deus que expressa a existência concreta de um ser humano como o sujeito de suas próprias ações. Mas a vida antes da vinda de Cristo é vivida segundo a "carne" (Rm 8,12; cf. Gl 2,20). Com todas as capacidades de planejamento consciente, inteligente e intencional de sua vida, um ser humano sem Cristo continua sendo um ser que não conseguiu alcançar o objetivo a que se destinava. Sobre esta situação Paulo apenas pode dizer que "todos pecaram e todos estão privados da glória de Deus" (Rm 3,23), sendo esta última, para ele, o destino do cristão (cf. Rm 8,18-23). Este esboço da condição humana antes da vinda de Cristo sugere, às vezes, a diferença que a vinda de Cristo produziu em favor da humanidade; uma descrição mais completa desta diferença segue agora.

(GUNDRY, R. H., *Sōma in Biblical Theology with Emphasis on Pauline Anthropology* [SNTSMS 29; Cambridge, 1976]. JEWETT, R., *Paul's Anthropological Terms* [AGJU 10; Leiden, 1971]. KÜMMEL, W. G., *Man in the New Testament* [ed. rev.; London, 1963]. ROBINSON, J. A. T., *The Body: A Study in Pauline Theology* [SBT 5; London, 1952]. SAND, A., *Der Begriff "Fleisch" in den paulinischen Hauptbriefen* [BU 2; Regensburg, 1967]. STACEY, W. D., *The Pauline View of Man in Relation to Its Judaic and Hellenistic Background* [London, 1956].)

108 (II) A humanidade em Cristo. A atividade salvífica de Cristo realizou uma nova união da humanidade com Deus. Paulo a chama de "nova criação" (→ 79 *acima*), visto que ela introduziu um novo modo de existência na história humana em que Cristo e o cristão desfrutam, por assim dizer, de uma simbiose. Os seres humanos participam desta nova vida pela fé e pelo batismo, que os incorporam em Cristo e sua igreja; esta incorporação encontra uma expressão singular na eucaristia. Vamos nos voltar agora a estes elementos da teologia paulina, frequentemente considerados aspectos da redenção subjetiva.

109 (A) Fé e amor. A experiência pela qual um ser humano começa a compreender os efeitos do evento Cristo é, para Paulo, *pistis*, "fé". Esta experiência é uma reação ao evangelho, à "palavra pregada" (Rm 10,8). A exposição mais esmerada de Paulo encontra-se em Rm 10, um capítulo que deve ser estudado detalhadamente. A experiência começa com um "ouvir" (*akoē*, 10,17) do evangelho ou da "palavra" acerca de Cristo e seu papel salvífico. Este ouvir resulta numa aquiescência da mente, que reconhece que "Jesus é Senhor" na existência do ouvinte (10,9). Ela termina, contudo, como *hypakoē pisteōs*, geralmente traduzido por "obediência de fé" (1,5; 16,26), mas que de fato significa "um ouvir-sob" e conota para Paulo a "submissão" ou o "compromisso" da pessoa toda com Deus em Cristo. "Se confessares com tua boca que Jesus é Senhor e creres em teu coração que Deus o ressuscitou dentre os mortos, serás salvo" (10,9). Assim, a fé que deve ser depositada em Deus ou Cristo (1Ts 4,14; 1Cor 1,21-23; Rm 4,24) não é uma mera aquiescência intelectual à proposição de que "Jesus é Senhor". É um compromisso pessoal, vital, que envolve a pessoa toda com Cristo em todos os seus relacionamentos com Deus, outros seres humanos e o mundo. É, assim, uma consciência da diferença que o senhorio de Cristo fez na história humana. Esta consciência está por trás da afirmação de Paulo: "Já não sou eu que vivo, mas é Cristo que vive em mim. Minha vida presente na carne (literalmente, a qual vivo agora na carne), vivo-a pela fé no Filho de Deus que me amou e se entregou a si mesmo por mim" (Gl 2,20). Esta fé transcende em muito a ideia veterotestamentária de fidelidade. Como *hypakoē*, ela é uma aceitação plena da dedicação cristã (Rm 6,16-17; 16,19), excluindo toda confiança em si mesmo ou no que Paulo chama de "motivo de glória" (3,27). A base desta experiência é uma nova união com Deus em Cristo, uma realidade ontológica que não é percebida imediatamente pela consciência humana, mas deve ter a permissão de permear o nível psicológico da existência, de modo que a atividade consciente da pessoa seja guiada por ela. Esta é a vida cristã integrada que Paulo tem em vista (Gl 2,20; 2Cor 10,5).

110 Esta fé é um dom de Deus, assim como o é todo o processo salvífico (Rm 3,24-25; 6,14; 11,6; 12,3). Esta é a noção básica em toda a discussão sobre a fé de Abraão em Rm 4. (Na passagem deuteropaulina de Ef 2,8, esta ideia se torna explícita: "Pela graça [de Cristo] sois salvos, por meio da fé, e isso não vem de vós, é o dom de Deus".). Mas visto que Deus se aproxima e fala ao ser humano como uma pessoa responsável, esta pessoa pode aceitar ou rejeitar seu chamado gracioso. A fé é, assim, apenas a aceitação ou a resposta da parte do ser humano que compreende que a iniciativa está em Deus. Quem não responde é considerado por Paulo desobediente e comprometido com "o deus deste mundo" (2Cor 4,4), e, consequentemente, culpável e "morto".

111 Nos contextos polêmicos em que Paulo rejeita as "obras da lei" como meio de justificação, ele enfatiza que esta justificação vem por meio da "fé" (Gl 2,16; Rm 3,28; cf. Fl 3,9). Contudo, o sentido pleno desta fé exige que o cristão a manifeste na conduta por meio de atos de amor. "Pois, em Cristo Jesus, nem a circuncisão tem valor, nem a incircuncisão, mas apenas a fé agindo pela caridade" (Gl 5,6). Esta é a razão pela qual Paulo exorta continuamente seus convertidos cristãos à prática de todo tipo de boas obras, pela qual ele inclui uma seção exortativa em quase todas as suas cartas. A fé cristã não é apenas uma liberdade da lei, do pecado e do eu-*sarx*, mas também uma liberdade para servir os outros em amor ou caridade (Gl 5,13). Para Paulo, amor (*agapē*) é uma abertura, uma preocupação ativa e respeito de uma pessoa para com uma outra/outras em atos concretos que resultam na diminuição do "eu" de quem ama. Veja Fm 9-12; Gl 5,13; Rm 12,9-13. É um modo de vida cristã que é extraordinário (*kath' hyperbolēn*, 1Cor 12,31), ultrapassando até mesmo todas as manifestações carismáticas do Espírito. Os intérpretes podem discutir sobre o caráter de 1Cor 13, se é uma descrição hínica ou retórica (→ 1 Coríntios, 49:61), mas ali encontra-se o louvor de Paulo ao amor na vida cristã: sua indispensabilidade, suas onze características (positivas e negativas) e sua duração e superioridade. Mas o amor também é, para Paulo, o resumo da lei (Rm 13,8-10; Gl 5,14). Em outras palavras, a pessoa motivada por uma fé atuante por meio do amor não está realmente preocupada com "as obras da lei", mas encontra-se fazendo tudo o que a lei exige. Deste modo, para Paulo, a fé é mais do que uma mera aquiescência ao monoteísmo (cf. Tg 2,14-26). A raiz deste amor é o Espírito (Gl 5,22) e, em última análise, o amor do Pai, pois o "amor de Deus" é derramado em nossos corações (Rm 5,5; 8,28) e, desse modo, ele é uma graça de Deus tanto quanto a própria fé. Este serviço prestado a outros não é realizado sem a atividade de Deus nos seres humanos: "Pois é Deus quem opera em vós o querer e o operar, segundo sua vontade" (Fl 2,13). Esta é a razão de Paulo ter formulado o hino ao amor de Deus manifesto em Cristo Jesus (Rm 8,31-39) e ter falado do amor de Cristo que controla a vida cristã (2Cor 5,14).

(Sobre a fé: BARTH, G., *EWNT* 3. 216-31. BINDER, H., *Der Glaube bei Paulus* [Berlin, 1968]. BULTMANN, R. e A. WEISER, *TDNT* 6. 174-228. DAALEN, D. H. VAN, *ExpTim* 87 [1975-76] 83-85. KUSS, O., *Auslegung und Verkündigung* [Regensburg, 1963] 1. 187-212. LOHSE, E., *ZNW* 68 [1977] 147-63. LÜHRMANN, D., *Glaube im frühen Christentum* [Gütersloh, 1976]. MICHEL, O., *NIDNTT* 1. 587-606. WALTER, N., *NTS* 25 [1978-79] 422-42.

Sobre o amor: BORNKAMM, G., *Early Christian Experience* [New York, 1969] 180-93. DESCAMPS, A., *RDTour* 8 [1953] 123-29, 241-45. FURNISH, V. P., *The Love Command in the New Testament* [Nashville, 1972] 91-131. LYONNET, S., *Foi et salut selon Saint Paul (Epître aux Romains 1,16)* [AnBib 42; Roma, 1970] 211-31. NAVONE, J. J., *Worship* 40 [1966] 437-

44. PERKINS, P., *Love Commands in the New Testament* [New York, 1982]. SANDERS, J. T., *Int* 20 [1966] 159-87. SPICQ, C., *Agape in the New Testament* [3 vols.; St. Louis, 1963-66] 2.1-341. WISCHMEYER, O., *ZNW* 74 [1983] 222-36.)

112 (B) Batismo. Contudo, só é possível entender adequadamente a ênfase de Paulo no papel da fé na resposta humana ao evento Cristo quando é ligada a seu ensinamento sobre o batismo. Este rito iniciatório, que incorpora os seres humanos em Cristo e na igreja, já existia no cristianismo pré-paulino, mas Paulo desenvolve sua significância. As fórmulas que ele usa (Rm 10,9; 1Cor 12,3) possivelmente reflitam credos batismais primitivos; porém, é Paulo quem ensina que a condição dos cristãos como "filhos de Deus por meio da fé" se deve a seu batismo "em Cristo" (Gl 3,26-27). Os cristãos assim lavados são "santificados, [...] justificados" (1Cor 6,11). Eles "vestiram a Cristo" como se estivessem colocando uma nova vestimenta (uma alusão ao robe vestido na cerimônia batismal?). (Em Ef 5,26, um discípulo de Paulo alude ao próprio rito, ao falar de um "banho de água" e da "palavra" [= fórmula?].)

113 Por meio do batismo, o cristão é realmente identificado com a morte, sepultamento e ressurreição de Cristo. A protoigreja preservou uma recordação de que Jesus se referiu à sua própria morte como um "batismo" (Mc 10,38; Lc 12,50). Mas a concepção de Paulo sobre os efeitos do evento Cristo o levou a identificar, por assim dizer, os cristãos com as próprias fases da atividade salvífica de Cristo; "um só morreu por todos e que, por conseguinte, todos morreram" (2Cor 5,14). À primeira vista, isto pode parecer uma mera afirmação da natureza vicária da morte de Cristo, mas ela deve ser entendida à luz do que segue: "Pelo batismo nós fomos sepultados com ele na morte para que, como Cristo foi ressuscitado dentre os mortos pela glória do Pai, assim também nós vivamos vida nova. Porque se nos tornamos uma coisa só com ele por morte semelhante à sua, seremos uma coisa só com ele também por ressurreição semelhante à sua" (Rm 6,4-5). A comparação paulina do batismo com a morte, sepultamento e ressurreição de Cristo é muitas vezes considerada uma alusão ao rito da imersão. Embora seja difícil atestar este modo de batismo no séc. I d.C., o simbolismo de Paulo é suficientemente preservado se a pessoa batizada for concebida como estando de algum modo sob a água. Identificado com Cristo na morte, o cristão morre para a lei e para o pecado (Gl 2,19; Rm 6,6.10; 7,4). Identificado com Cristo em sua ressurreição, ele participa de uma nova vida e da própria vitalidade do Cristo ressurreto e de seu Espírito (1Cor 6,17). O cristão "cresceu juntamente" com Cristo por meio desta semelhança de sua morte, sepultamento e ressurreição (Rm 6,5). Quem morre no batismo torna-se uma "nova criação" (Gl 6,15; 2Cor 5,17). (As cartas deuteropaulinas expressarão isso dizendo que o cristão já desfruta de uma nova existência "celestial" [Cl 2,12-13]. "Quando estávamos mortos em nossos delitos, nos vivificou juntamente com Cristo – pela graça fostes salvos! – e com ele nos ressuscitou e nos fez assentar nos céus, em Cristo Jesus" [Ef 2,5-6].)

114 Esta não é uma mera experiência individualista para os cristãos, mas uma experiência coletiva, pois por meio do batismo forma-se uma união especial dos cristãos. "Pois fomos todos batizados num só Espírito para ser um só corpo, judeus e gregos, escravos e livres, e todos bebemos de um só Espírito" (1Cor 12,13; cf. Gl 3,28). Os seres humanos, portanto, obtêm a salvação mediante a identificação com uma comunidade salvífica (*Heilsgemeinde*), pela incorporação no "corpo de Cristo". Este é o motivo pelo qual Paulo compara o batismo à passagem de Israel pelas águas do Mar Vermelho (1Cor 10,1-2); nas águas do batismo se forma o novo "Israel de Deus" (Gl 6,16).

115 Paulo nunca cita uma fórmula batismal primitiva como a de Mt 28,19; todavia, ele parece refletir um antigo teologúmeno trinitário sobre o batismo: "Mas vós vos lavastes, mas fostes santificados, mas fostes justificados em nome do Senhor Jesus Cristo e pelo Espírito de nosso Deus" (1Cor 6,11). O cristão batizado torna-se um "templo do Espírito Santo" (1Cor 6,19), um filho adotivo do Pai em virtude da comunicação do Espírito (Gl 4,6; Rm 8,9.14-17). O Espírito recebido desse modo é o princípio construtivo da adoção filial e a fonte dinâmica da vida e conduta cristãs. "Todos os que são conduzidos pelo Espírito de Deus são filhos de Deus" (Rm 8,14). Estas passagens constituem a base do ensinamento posterior acerca da relação do cristão batizado com as pessoas da Trindade. Paulo faz uso apenas de modo indireto de uma fórmula batismal, "em nome de" (*eis to onoma tou*..., 1Cor 6,11; 1,13.15). Embora ela expresse propriedade e sugira que a pessoa batizada se torna a propriedade de Cristo, Paulo prefere dizer que a pessoa foi batizada "em Cristo" (Rm 6,3; Gl 3,27), *i.e.*, simbolicamente imersa no próprio Cristo.

(BEASLEY-MURRAY, G. R., *Baptism in the New Testament* [London, 1962]. BIEDER, W., "*Baptizō*, etc". *EWNT* 1. 459-69. BORNKAMM, *Early Christian* [→ 111 *acima*] 71-86. DELLING, G., *Die Zueignung des Heils in der Taufe* [Berlin, 1961]. DUNN, J. D. G., *Baptism in the Holy Spirit* [Naperville, 1970]. FRANKEMÖLLE, H., *Das Taufverständnis des Paulus* [SBS 47; Stuttgart, 1970]. HARTMAN, L., "'Into the Name of Jesus'", *NTS* 20 [1973-74] 432-40. IACONO, V., "Il battesimo in S Paolo", *RivB* 3 [1955] 348-62. KAYE, B. N., "*Baptizen eis* with Special Reference to Romans 6", *SE VI* 281-86. KUSS, O., "Zur vorpaulinischen Tauflehre im Neuen Testament", *Auslegung und Verkündigung* [→ 111 *acima*] 1. 98-120; "Zur paulinischen und nachpaulinischen Tauflehre im Neuen Testament", *ibid.* 121-50. LAMPE, G. W. H., *The Seal of the Spirit* [2ª ed.: London, 1967]. SCHNACKENBURG, R., *Baptism in the Thought of St. Paul* [Oxford, 1964]. VOSS, G., "Glaube und Taufe in den Paulusbriefen", *US* 25 [1970] 371-78.)

116 (C) Incorporação a Cristo. Para apreciarmos os efeitos da fé e do batismo vistos por Paulo, passamos a suas ideias sobre esta união íntima de Cristo com os cristãos, expressa por sugestivas expressões preposicionais e pela figura do "corpo de Cristo".

117 (a) *Expressões com preposição*. Paulo usa principalmente quatro preposições que têm "Cristo" como seu objeto, para sugerir diferentes facetas da influência de Cristo na vida do cristão. O uso de cada uma delas é variado e frequentemente rico em nuanças. Podemos indicar aqui apenas algumas das implicações mais importantes. As quatro preposições são *dia*, *eis*, *syn* e *en*.

118 A preposição *dia*, "por meio de", normalmente expressa a mediação de Cristo numa afirmação da qual o Pai é o sujeito. Ela pode indicar a mediação de Cristo em alguma atividade de seu ministério terreno (1Ts 5,9), de seu *status* presente como Senhor (Rm 1,5) ou de seu papel escatológico (1Ts 4,14). É uma expressão que abre, por assim dizer, o caminho que conduz à experiência cristã *en Christō* e, por fim, *syn Christō*.

119 A preposição *eis*, "para dentro", especialmente na expressão *eis Christon*, às vezes foi compreendida como uma abreviação de *eis to onoma Christou*, "no nome de Cristo". Isto é possível com o verbo *baptizein* (→ 115 *acima*). Mas *eis Christon* é usado também com *pisteuein*, "crer". De fato, a expressão se encontra principalmente nestes dois contextos: fé ou batismo em Cristo. Ela expressa incisivamente o movimento em direção a Cristo que estas experiências iniciais implicam, o início da condição cristã *en Christō* (veja 1Cor 10,2). Arrancada de sua condição original ("em Adão", 1Cor 15,22), de suas inclinações naturais ("na carne", Rm 7,5) e de sua origem étnica ("sob a lei", 1Cor 9,20), a pessoa é solenemente introduzida "em Cristo" na fé e no batismo. *Eis Christon* denota, então, o movimento de incorporação.

120 A preposição *syn*, "com", não somente é usada com o objeto "Cristo", mas também é composta com verbos e adjetivos e pode, nestas construções, expressar uma dupla relação do cristão com Cristo. Ela sugere uma identificação do cristão com os atos preeminentemente salvíficos do evento Cristo ou então denota uma associação do cristão com Cristo na glória escatológica. Por um lado, a identificação é vista, acima de tudo, nos compostos de *syn-*. À parte de expressões genéricas como *synmorphos*, "formado com ele", *symphytos*, "crescido juntamente com ele", *synklēronomos*, "herdeiro juntamente com ele", essas palavras se referem a alguma fase da existência de Cristo de sua paixão e morte em diante: *sympaschein*, "sofrer com", *systaurousthai*, "ser crucificado com", *synapothnēskein*, "morrer com", *synthaptesthai*, "ser sepultado com", *syndoxazesthay*, "ser glorificado com", *synzan*, "viver com". (Nas deuteropaulinas também se encontra *synegeirein*, "ressuscitar com".). Em contraposição a isso, nunca se diz que o cristão nasce com Cristo, é batizado com ele ou é tentado com ele. Estes acontecimentos da vida de Jesus não eram importantes para a soteriologia de Paulo (→ 18 *acima*). Por outro lado, *syn Christō* expressa a associação do cristão com Cristo na glória escatológica; ele está destinado a estar "com Cristo" (1Ts 4,17 [de modo significativo, *syn Kyriō*]; Rm 6,8; 8,32; 2Cor 4,14). Por isso, *syn* expressa incisivamente dois polos da experiência cristã, identificação com Cristo em seu início e associação com ele em seu término. Nesse meio tempo, o cristão está *en Christō*.

121 A preposição *en*, "em", com "Cristo" como objeto ocorre 165 vezes nas cartas de Paulo (incluindo *en Kyriō*, "no Senhor", e *en autō*, "nele"). Desde os estudos de A. Deissmann, a preposição é frequentemente interpretada num sentido local, espacial, e *Christos* é entendido misticamente como o Senhor glorificado, identificado com o Espírito, como alguma atmosfera espiritual na qual os cristãos estão envoltos. Supõe-se que este seja o misticismo de Paulo. Mas os estudos subsequentes de E. Lohmeyer, A. Schweitzer, F. Büchsel *et al.*, apresentaram outros aspectos da expressão (metafísico, escatológico, dinâmico, etc.). É impossível fazer um resumo detalhado aqui, mas várias distinções devem ser observadas. (1) com o objeto *Kyrios*, a expressão ocorre normalmente em saudações, bênçãos, exortações (frequentemente com imperativos) e formulações dos planos e da atividade apostólica de Paulo. O título *Kyrios* denota, então, a influência do Senhor ressurreto nas áreas práticas e éticas da conduta cristã. *En Kyriō* quase nunca reflete a atividade histórica e terrena de Jesus ou sua função escatológica; esta expressão implica, antes, seu domínio presente e soberano na vida do cristão. Paulo diz que o cristão deve se tornar "no Senhor" o que ele realmente é "em Cristo". (2) Com o objeto *Christos*, a expressão frequentemente tem um sentido instrumental, quando se refere à atividade histórica e terrena de Jesus (Gl 2,17; 2Cor 5,19; Rm 3,24; [Cl 1,14; Ef 2,10]). Neste sentido, ela está muitas vezes próxima, em termos de significado, de *dia Christou*. (3) O uso mais comum de *en Christō* é para expressar a íntima união de Cristo e do cristão, uma inclusão que sugere uma simbiose dos dois. "Se alguém está em Cristo, é nova criatura" (2Cor 5,17). Esta união vital, contudo, também pode ser expressa como "Cristo em mim" (Gl 2,20; 2Cor 13,5; Rm 8,10; [Cl 1,27; Ef 3,17]). O resultado é que a pessoa pertence a Cristo (2Cor 10,7) ou é "de Cristo" – um genitivo "místico" que expressa a mesma ideia (Rm 16,16). A expressão não deveria ser limitada a uma dimensão espacial, pois com frequência ela sugere uma influência dinâmica de Cristo sobre o cristão que está incorporado nele. O cristão assim incorporado torna-se um membro do Cristo inteiro, do corpo de Cristo. É desnecessário dizer que, às vezes, se hesita acerca da nuança precisa (instrumental? inclusiva?).

(BOUTTIER, M., *En Christ* [Paris, 1962]. BÜCHSEL, F., "'In Christus' bei Paulus", *ZNW* 42 [1949] 141-58. DEISSMANN, A., *Die neutestamentliche Formel "in Christo Jesu"* [Marburg, 1982]. DUPONT, J., *Syn Christo: L'Union avec le Christ suivant Saint Paul* [Bruges, 1952]. ELLIGER, W., "*Eis*", "*En*", "*Syn*", *EWNT* 1. 965-68, 1093-96; 3. 697-99. HESS, A. J., "*Dia*", *EWNT* 1. 712-13. KUSS, O., *Der Römerbrief*

[Regensburg, 1957-78] 319-81. LOHMEYER, E., *"Syn Christo"*, in *Festgabe für Adolf Deissmann* [Tübingen, 1927] 218-57. NEUGEBAUER, F., *In Christus: En Christō: Eine Untersuchung zum paulinischen Glaubensverständnis* [Göttingen, 1961]. SCHWEITZER, A., *The Mysticism of Paul the Apostle* [New York, 1931]. SCHWEIZER, E., "Dying and Rising with Christ", *NTS* 14 [1967-68] 1-14. WIKENHAUSER, A., *Pauline Mysticism* [New York, 1961].)

122 (b) *Corpo de Cristo*. Paulo usa a expressão *sōma Christou*, "corpo de Cristo", em vários sentidos: para designar seu corpo histórico crucificado (Rm 7,4), seu corpo eucarístico (1Cor 10,16; cf. 11,27) e a igreja (1Cor 12,27-28; [cf. Cl 2,17; Ef 4,12]). No último sentido, ela é um modo figurado de expressar a identidade coletiva dos cristãos com Cristo. Ausente em suas primeiras cartas (1Ts, Gl e Fl), o termo aparece em 1Cor, a carta na qual Paulo enfrenta facções cristãs causadoras de divisão. Cristo não está dividido, lhes diz ele, formulando o ensinamento acerca da unidade de todos os crentes em Cristo. O símbolo da unidade é a figura do corpo com seus membros. A origem da figura é controversa (veja Robinson, *The Body* 55-58; Bultmann, *TNT* 1. 299; Hill, "The Temple"). Mas provavelmente ela é derivada por Paulo das noções helenísticas contemporâneas do Estado como organismo político. Esta ideia se encontra já em Aristóteles (*Polit.* 5.2.7 [1302b, 35-36]) e tornou-se parte da filosofia estoica (veja Cícero, *Or. Philip.* 8.5.15; Sêneca, *Ep. mor.* 95.52; Plutarco, *Coriolanus* 6.3-4). Na *Moralia* 426A, Plutarco lembra as ideias do estoico Crisipo e pergunta: "Não há frequentemente neste nosso mundo um único corpo (*sōma hen*) composto de corpos díspares, como uma assembleia (*ekklēsia*) ou um exército ou um coro, cada um dos quais tem uma faculdade de viver, pensar e aprender...? (É importante a junção de *sōma* e *ekklēsia* aqui.). Neste caso, a figura filosófica expressa a unidade moral dos membros (cidadãos, soldados) que cooperam para alcançar um objetivo comum (*p.ex.*, paz, prosperidade e bem-estar). Em 1Cor 12,12-27, a figura, assim como é usada por Paulo, dificilmente transcende esta ideia de uma união moral dos membros: os dons espirituais desfrutados pelos coríntios (sabedoria, fé, cura, profecia, línguas, etc.) devem ser usados "para o bem comum" (12,7), não para seu rompimento. Como todas as partes e membros do corpo cooperam para seu bem-estar, assim é com o corpo de Cristo. O uso é semelhante no contexto exortativo de Rm 12,4-5.

123 Mas Paulo sugere mais em outras passagens. Em 1Cor 6,15-16, ele adverte contra a profanação do corpo humano pela licenciosidade sexual: "Não sabeis que vossos corpos são membros de Cristo? Tomarei então os membros de Cristo para fazê-los membros de uma prostituta? Por certo, não! Não sabeis que aquele que se une a uma prostituta constitui com ela um só corpo? Pois está escrito: Serão dois em uma só carne". A união sugerida aqui é mais do que moral; de algum modo, Cristo e os cristãos participam de uma união que conota "uma carne". Recorde o que foi dito acima (→ 102-3) acerca do significado de *sōma* e *sarx* como designações, não do corpo físico como algo distinto da alma, mas como designações que equivalem à pessoa inteira sob diferentes aspectos. Ao falar do "corpo de Cristo", Paulo não está falando meramente de membros de uma sociedade governada por um objetivo comum, mas de membros do próprio Cristo; sua união não é apenas coletiva, mas de algum modo corporal. Uma conclusão semelhante é sugerida por 1Cor 10,16-17, onde Paulo insiste na união de todos os cristãos alcançada por sua participação no pão e cálice eucarístico: "Já que há um único pão, nós, embora muitos, somos um só corpo, visto que todos participamos desse único pão". A unidade dos cristãos se deriva, portanto, de seu consumo físico do único pão; a unidade sugerida transcende a simples união extrínseca efetuada pela cooperação para se atingir um objetivo comum. (A figura do casamento em Ef 5,22-23 também aponta para a mesma união transcendente.)

124 Mas os cristãos e Cristo não estão fisicamente unidos como a gema à clara de um ovo. Por isso, os teólogos posteriores chamaram a união de "mística", um adjetivo que Paulo não usa. A realidade ontológica que constitui a base da união é a posse do Espírito de Cristo: "Pois fomos batizados num só Espírito para ser um só corpo" (1Cor 12,13; cf. Rm 8,9-11). A posse deste Espírito surge da incorporação dos crentes por meio da fé e do batismo; ela é, por assim dizer, o termo da soteriologia cristocêntrica de Paulo.

125 Contudo, Paulo raras vezes fala explicitamente em 1Cor e Rm da igreja como o corpo de Cristo; o mais perto que ele chega desta identificação é em 1Cor 12,27-28. (Nas deuteropaulinas, onde, quando a importância cósmica de Cristo ficou clara, um discípulo de Paulo liga os temas do corpo e da igreja, os quais com frequência apareceram separadamente nas cartas incontestes. Agora a igreja é explicitamente identificada como o corpo de Cristo em várias formulações: "[Cristo] é a Cabeça da Igreja, que é o seu Corpo" [Cl 1,18; cf. 1,24]; Deus "o pôs, acima de tudo, como Cabeça da Igreja, que é o seu Corpo" [Ef 1,22-23]. Em Ef, há grande ênfase na unidade da igreja: Cristo derrubou a barreira entre judeus e gregos; todos agora participam da única salvação, pois ele "reconciliou a ambos com Deus em um só Corpo, por meio da cruz" [Ef 2,16]. "Há um só Corpo e um só Espírito, assim como é uma só a esperança da vocação a que fostes chamados; há um só Senhor, uma só fé, um só batismo; há um só Deus e Pai de todos" [4,4-6]. E, apesar de toda essa ênfase na unidade e na união dos cristãos em Cristo, não há menção de *mia ekklēsia*, "uma só igreja". Isto é fortuito? Parte da resposta aparece abaixo na exposição sobre a "igreja" [→ 133-37]. Nas cartas pastorais, tão preocupadas com os interesses da igreja, o "corpo de Cristo" não aparece.

126 Intimamente relacionado ao tema do corpo nas deuteropaulinas está o tema da cabeça: Cristo é "a Cabeça da Igreja, que é seu Corpo" [Cl 1,18; cf. Ef 1,23]. Pode parecer que isto seja uma mera extensão do tema do corpo. Tendo retratado a união de Cristo com os cristãos por meio da analogia do corpo e suas partes, o discípulo de Paulo deve ter concluído que Cristo deve ser sua cabeça, porque a cabeça é a parte mais importante do corpo, como se pode ilustrar a partir de autores helenísticos contemporâneos que escreveram sobre medicina [veja Benoit, *Jesus* 73]. Mas o próprio Paulo tinha usado o tema da cabeça de modo independente do tema do corpo em suas cartas incontestes, não como uma figura da unidade, mas da subordinação. Em 1Cor 11,3-9, Paulo afirma que as mulheres deveriam cobrir a cabeça nas assembleias litúrgicas, porque, entre outras razões, a ordem da criação em Gn parece exigir a subordinação da mulher ao esposo – cobrir a cabeça seria um sinal deste *status*: "A origem de todo homem é Cristo, a cabeça da mulher é o homem, e a cabeça de Cristo é Deus" [11,3]. Paulo faz um jogo de palavras com os dois sentidos do termo "cabeça": a cabeça física, que deve ser coberta, e a cabeça figurada, como "cabeça" de um departamento. Em 1Cor 11, contudo, não há menção do "corpo". Há um outro exemplo deste sentido de "cabeça" em Cl 2,10, onde se diz que Cristo é "a Cabeça de todo Principado e de toda Autoridade". Nas cartas deuteropaulinas, o tema do corpo e o da cabeça são unidos numa descrição da igreja; e a analogia é explorada com detalhes extraídos do ensino médico contemporâneo: "Mas, seguindo a verdade em amor, cresceremos em tudo em direção àquele que é a Cabeça, Cristo, cujo Corpo, em sua inteireza, bem ajustado e unido por meio de toda junta e ligadura, com a operação harmoniosa de cada uma das suas partes [...]" [Ef 4,15-16]. Um outro aspecto desta subordinação dos cristãos a Cristo está por trás da comparação do casamento cristão com a igreja: "Como a igreja está sujeita a Cristo, estejam as mulheres em tudo sujeitas aos maridos" [Ef 5,24].

127 A experiência cristã, portanto, enraizada na realidade histórica do corpo físico de Cristo, torna-se uma união viva e dinâmica com o *corpo ressurreto* individual do *Kyrios*. A união coletiva de todos os cristãos precisa crescer para preencher o Cristo total, o *plērōma* do Cristo cósmico [Ef 1,23]. Isto significa, nas vidas dos indivíduos cristãos, sofrimento apostólico que preenche o que estava faltando nas tribulações de Cristo em favor da igreja [Cl 1,24]. Isto não significa que o sofrimento apostólico acrescente qualquer coisa ao valor redentor da cruz; antes, este sofrimento em favor da igreja dá continuidade no tempo ao que Cristo começou, mas não terminou no tempo. Ele deve continuar até se alcançar a dimensão cósmica da igreja.)

(Sobre o corpo de Cristo: BENOIT, *Jesus and the Gospel* [→ 100 *acima*] 2.51-92. DAINES, B., *EvQ* 50 [1978]. HAVET, J., em *Littérature et théologie pauliniennes* [ed. A. DESCAMPS; RechBib 5; Bruges, 1960] 185-216. HEGERMANN, H., *TLZ* 85 [1960] 839-42, HILL, A. E., *JBL* 99 [1980] 437-39. KÄSEMANN, *Perspectives* 102-21. MEEKS, W. A., in *God's Christ e His People* [Festschrift N. A. DAHL; ed. J. JERVELL e W. A. MEEKS; Oslo, 1977] 209-21. RAMAROSON, L., *ScEs* 30 [1978] 129-41. ROBINSON, *The Body* [→107 *acima*]. SCHWEIZER, E., *EWNT* 3. 770-79. WEISS, H.-F., *TLZ* 102 [1977] 411-20. WORGUL, G. S., *BTB* 12 [1982] 24-28.)

128 (D) Eucaristia. Como mencionamos acima (→ 122-23), Paulo usa "corpo de Cristo" também para se referir a seu corpo eucarístico. "O pão que partimos, não é comunhão com o corpo de Cristo?" (1Cor 10,16). Paulo encontra no corpo eucarístico uma fonte não apenas da união dos cristãos com Cristo, mas também dos cristãos entre si. O mais antigo relato neotestamentário da instituição da eucaristia se encontra em 1Cor 11,23-25. Embora talvez esteja relacionado, quanto à origem, ao relato de Lucas (22,15-20) e seja um pouco diferente do de Marcos (14,22-25) e do de Mateus (26,26-29), ele é um registro independente desta instituição, possivelmente derivado da liturgia da igreja antioquena. Paulo o transmite como uma tradição (→ 16 *acima*). Seu relato não é tanto o registro de uma testemunha ocular quando uma citação de uma recitação litúrgica do que o "Senhor" fez na Última Ceia, até mesmo com sua rubrica diretiva, "Fazei isto em memória de mim" (11,24). Paulo não conta o acontecimento em si ou por si mesmo, mas alude a ele ao tratar de outros problemas. Ele menciona esta refeição do Senhor como parte de sua crítica dos abusos que haviam se introduzido nas ceias comunitárias em Corinto associadas à eucaristia (1Cor 11) ao fazer observações sobre comer alimentos sacrificados a ídolos (1Cor 10).

129 Para Paulo, a eucaristia é, acima de tudo, a "Ceia do Senhor" (1Cor 11,20), a refeição na qual o novo povo de Deus come seu "alimento espiritual" e consome sua "bebida espiritual" (1Cor 10,3-4). Neste ato ele se manifesta como a comunidade da "nova aliança" (1Cor 11,25; cf. Jr 31,31; Ex 24,8), ao compartilhar da "mesa do Senhor" (1Cor 10,21; cf. Ml 1,7.12). A comunhão deste povo denota não só sua união com Cristo e uns com os outros, mas também uma proclamação do evento Cristo e de seu caráter escatológico.

130 Três aspectos em particular revelam a compreensão paulina da eucaristia como a fonte da unidade cristã. (1) Ela é o ato ritual pelo qual se concretiza a presença de Cristo com seu povo. Paulo cita, de fato, o rito da celebração litúrgica e comenta seu significado no contexto imediato (1Cor 11,27-32): o corpo e o sangue de Cristo são identificados com o pão e o vinho consumidos pela comunidade. Toda participação cristã "indigna" nesta refeição traz julgamento sobre o cristão, pois ele será "réu do corpo e do sangue do Senhor" (11,27). Visto que o Senhor é identificado com este alimento, as pessoas que compartilham dele não devem violar seu caráter sagrado e a presença dele mediante abusos de individualismo, desconsideração para com os pobres ou adoração de ídolos. Não se pode reduzir o realismo da identidade de Cristo com o alimento eucarístico no ensinamento de Paulo, ainda que Paulo não explique como esta identidade é alcançada. Aos olhos dele, por meio desta presença somente o Cristo eucarístico *efetua* a unidade dos crentes.

131 (2) Como memorial e proclamação da morte sacrifical de Cristo, a eucaristia é um lugar de reunião. "Todas as vezes, pois, que comeis desse pão e bebeis desse cálice, anunciais a morte do Senhor até que ele venha" (1Cor 11,26). A comunidade deve fazer isto "em memória" dele (11,24). A repetição deste ato ritual, no qual o corpo e o sangue do Senhor se fazem presentes para alimentar seu povo, torna-se uma proclamação solene do próprio evento Cristo (ele é "a morte do Senhor" – "por vós"), anunciando às que participam da refeição o efeito salvador desta morte. Proclama-se um aspecto sacrifical por meio da referência ao sangue da aliança (11,25): O cálice eucarístico é o sangue da "nova aliança" (Jr 31,31), uma alusão ao ato de Moisés selar a aliança do passado com o sangue de animais sacrificados (Ex 24,8). Esta alusão atribui ao derramamento do sangue de Cristo uma eficácia análoga à do sacrifício que selou a aliança no Sinai (cf. 1Cor 10,14-21).

132 (3) Também existe um aspecto escatológico na eucaristia, pois a proclamação da morte do Senhor deve continuar "até que ele venha" (uma referência à parúsia). Assim, somente Cristo em seu *status* ressurreto e glorioso efetua plenamente a salvação das pessoas que participam da mesa do Senhor. Sem dúvida a antiga aclamação *maranatha*, "Vem, Senhor nosso" (1Cor 16,22; → 53 *acima*) vem desta concepção da eucaristia.

(BOISMARD, M.-E., "The Eucharist according to Saint Paul", in *The Eucharist in the New Testament: A Symposium* [ed. J. DELORME; Baltimore, 1964] 123-39. BORNKAMM, *Early Christian* [→ 111 *acima*] 123-60. CHENDERLIN, F., *"Do This as My Memorial"* [AnBib 99; Romea, 1982]. DELLING, G., "Das Abendmablsgeschehen nach Paulus", *KD* 10 [1964] 61-77. HAHN, F., *The Worship of the Early Church* [Philadelphia, 1973]. JEREMIAS, J., *The Eucharistic Words of Jesus* [Philadelphia, 1977] 101-5. KÄSEMANN, E., "The Pauline Doctrine of the Lord's Supper", *ENTT* 108-35. KILMARTIN, E. J., *The Eucharist in the Primitive Church* [Englewood Cliffs, 1965]. MARXSEN, W., *The Lord's Supper as a Christological Problem* [FBBS 25; Philadelphia, 1970]. NEUENZEIT, P., *Das Herrenmahl* [SANT 1; München, 1960]. REUMANN, J., *The Supper of the Lord* [Philadelphia, 1985] 1-52. SCHWEIZER, E., *The Lord's Supper according to the New Testament* [FBBS 18; Philadelphia, 1967].)

133 (E) A igreja. Não obstante sua raridade nos evangelhos (Mt 16,18; 18,17), a palavra *ekklēsia* se encontra com frequência no *corpus* paulino. Em At, ela não ocorre nos primeiros quatro capítulos e depois só se encontra no sentido de "igreja" uma vez (5,11, num comentário lucano) antes de começar a história de Paulo (8,1); depois disto, 21 vezes. Ela se encontra 44 vezes nas cartas incontestes de Paulo (nas deuteropaulinas, 15 vezes; nas pastorais, três vezes). Esta situação parece sugerir que levou algum tempo até os protocristãos se tornarem conscientes de sua união em Cristo como *ekklēsia*. O abundante uso do termo nas cartas de Paulo realmente não contradiz isto. Casualmente, nos três relatos sobre a conversão de Paulo em At, onde a voz celestial diz: "Saul, Saul, por que me persegues?... Eu sou Jesus a quem tu persegues" (9,4-5; 22,7-8; 26,14-15), a "igreja" nunca é mencionada explicitamente. Consequentemente, dever-se-ia hesitar incluir como elemento da experiência de Paulo perto de Damasco uma consciência da comunidade cristã como "igreja" ou como "corpo de Cristo". Esta última é um modo paulino de conceber a comunidade cristã; ela não é lucana. Por isso o "me" de At 9,4; 22,7; 26,14 não deve ser associado à noção de corpo de Cristo da teologia paulina.

134 Os dados contidos nas cartas de Paulo também revelam uma certa evolução em seu pensamento acerca da "igreja". Em 1Ts, Paulo usa *ekklēsia* tanto para designar uma igreja local (1,1; cf. 2Ts 1,1) quanto na expressão "igreja de Deus" (1Ts 2,14). No primeiro sentido ela indica a unidade dos tessalonicenses desenvolvida a partir de sua fé e culto comum; no segundo, é dada por Paulo como um título de predileção às comunidades primitivas da Judeia. Na LXX o termo *ekklēsia* foi usado para traduzir o hebraico *qāhāl*, o termo dado à assembleia dos israelitas, particularmente em sua peregrinação pelo deserto. Eles eram "a *ekklēsia* do Senhor" (Dt 23,2) ou "a *ekklēsia* do povo de Deus" (Jz 20,2; cf. At 7,38). Ele também designava os israelitas em reuniões litúrgicas (1Rs 8,55; 1Cr 29,10). Contudo, a expressão *ekklēsia tou theou* de Paulo é singular (exceto, possivelmente, por Ne 13,1, onde o Sinaítico lê *Kyriou*, ao contrário de todos os outros mss.); mas seu equivalente exato se encontra na LQ (1QM 4:10, onde "congregação de Deus" deve ser inscrito em um dos estandartes a serem conduzidos na guerra escatológica). Considerando este pano de fundo judaico palestinense da expressão, ela provavelmente se tornou uma designação apropriada para as comunidades primitivas da Judeia, as primeiras unidades formadas na história cristã e ligadas de modo peculiar por meio de suas raízes judaicas com a "congregação" israelita do passado.

135 O mesmo sentido duplo de *ekklēsia* se encontra novamente nas grandes cartas de Paulo, designando tanto as igrejas locais da Galácia, Judeia, Macedônia e Cencreia (Gl 1,2.22; 2Cor 8,1; Rm 16,1) quanto as comunidades primitivas da Judeia como "igreja de Deus" (1Cor 11,16). Este último uso do título, contudo, é agora aplicado também à igreja de Corinto (1Cor 1,2; 2Cor 1,1). Segundo Cerfaux (*ChTSP* 113), este uso do título não designa a "igreja universal" que se manifesta em Corinto, mas é, antes, um modo paulino de elogiar uma igreja com a qual ele tinha relações tempestuosas, agora que os pontos de atrito estavam sendo removidos. Ele confere à comunidade em Corinto o título que usou anteriormente para as igrejas-mãe da Palestina (cf. 1Cor 10,32). Mas nesta extensão do uso do título também se detecta uma ampliação da compreensão paulina de Paulo de *ekklēsia*; ela está começando a denotar a comunidade cristã que transcende barreiras locais. Esta é a semente do ensinamento de Paulo sobre a universalidade da igreja. Detecta-se o plantio desta semente justamente em 1Cor, visto que, quando Paulo adverte os coríntios contra submeter a solução de questões ordinárias de disputa ao julgamento de "pessoas que não são nada na igreja" (1Cor 6,4 [tradução do autor]), pode-se perguntar seriamente se ele se refere meramente à igreja local. Semelhantemente, em 1Cor 14,5.12 ele fala em "para a edificação da assembleia". Em si, estas poderiam ser referências à comunidade local, mas sente-se no termo pelo menos os primórdios de um sentido mais geral (cf. 1Cor 12,28). Estranhamente, em Rm, a carta frequentemente considerada a mais representativa da teologia de Paulo, *ekklēsia* está ausente, salvo cinco ocorrências no cap. 16, todas se referindo a igrejas locais (vv. 1.4.5.16.23). Parte do problema é que este capítulo de Rm tem um caráter muito diferente do restante da carta, mesmo que se admita que seja parte integrante da carta (→ Romanos, 51:10).

136 (Nas dêuteropaulinas, *ekklēsia* desempenha um papel importante como parte crucial do "mistério de Cristo". A barreira entre judeus e gregos foi derrubada, e todos os seres humanos foram reconciliados com Deus no "corpo [de Cristo], a igreja" [Cl 1,17]. Conforme a concepção do discípulo de Paulo, o Cristo cósmico é agora a cabeça da igreja, que é seu corpo; ele é preeminente em toda a criação. Pois Deus "tudo pôs debaixo de seus pés, e o pôs, acima de tudo, como Cabeça da Igreja, que é seu Corpo: a plenitude daquele que plenifica tudo em tudo" [Ef 1,22-23]. Nesta passagem se diz que a igreja é a "plenitude" [*plērōma*] de Cristo; contraponha isto a Cl 1,19; 2,9. Ela ganha dimensões cósmicas, e se diz que até mesmo os espíritos, que não são membros da igreja, ficam sabendo do plano da atividade salvífica do Pai em Cristo por meio da igreja [Ef 3,9-11]. Observe a ordem no louvor feito pelo discípulo de Paulo ao Pai por sua sabedoria "na igreja e em Cristo Jesus" [Ef 3,21] – a igreja se torna tão importante que parece adquirir precedência sobre Cristo!)

137 Para o próprio Paulo, a "igreja" representa um desenvolvimento em seu pensamento a respeito do papel de Cristo na salvação. Ela é a manifestação concreta entre os seres humanos que foram batizados "num só Espírito para ser um só corpo" (1Cor 12,13). A unidade desses crentes em um só corpo, *i.e.*, a igreja que transcende todas as barreiras locais, é a grande contribuição de Paulo para a teologia cristã. Trata-se de uma unidade que se deriva propósito único do plano divino para a salvação dos seres humanos em Cristo Jesus. Paulo finalmente chegou a considerar a "igreja de Deus" uma unidade que transcende tanto judeus quanto gregos, porém que incorpora a ambos quando eles se tornam crentes (1Cor 10,32).

(Sobre a igreja una: BERGER, K., *ZTK* 73 [1976] 167-207. BEST, E., *One Body in Christ* [London, 1955]. CERFAUX, *ChTSP*. COENEN, L., *NIDNTT* 1. 291-307. GÄRTNER, B., *The Temple and the Community in Qumran and the New Testament* [SNTSMS 1; Cambridge, 1965]. HAINZ, J., *Ekklesia: Strukturen paulinischer Gemeinde-Theologie und Gemeinde-Ordnung* [MTS 9; Regensburg, 1972]. HOLMBERG, B., *Paul and Power: The Structure of Authority in the Primitive Church as Reflected in the Pauline Epistles* [ConBNT 11; Lund, 1978]. KÄSEMANN, *NTQT* 252-59. LANNE, E., *Irénikon* 50 [1977] 46-58. MINEAR, P. S., *Images of the Church in the New Testament* [2ª ed.; Philadelphia, 1975]. PFAMMATTER, J., *Die Kirche als Bau* [AnGreg 110; Rom, 1960]. ROLOFF, J., *EWNT* 1. 998-1011. SCHLIER, H., *Christus und Kirche im Epheserbrief* [BHT 6; Tübingen, 1930]. SCHMIDT, K. L., *TDNT* 3. 501-36. SCHNACKENBURG, R., *The Church in the New Testament* [New York, 1965]; também em *Ortskirche Weltkirche* [Festschrift J. DÖPFNER; Würzburg, 1973] 32-47. SCHWEIZER, E., *TLZ* 86 [1961] 161-74.)

A ÉTICA DE PAULO

138 (I) Dupla polaridade da vida cristã. Nenhum esboço da teologia paulina seria adequado sem uma exposição do ensinamento ético de Paulo. Todas as suas cartas não apenas ensinam verdades fundamentais acerca do evento Cristo (sua soteriologia cristocêntrica), mas também exortam os cristãos à conduta ética reta. E não se trata simplesmente das seções exortatórias de suas cartas, pois exortações se encontram em outras partes também. Há, contudo, uma certa tensão entre sua teologia e sua ética: Faz alguma diferença o que os cristãos justificados, reconciliados ou redimidos fazem em suas vidas? Por um lado, Paulo insiste que os cristãos se tornaram uma "nova criação" (Gl 6,15), em que Cristo realmente vive (Gl 2,20). Já mencionamos a vida cristã integral que isto suscita (→ 109). Os cristãos são justificados pela graça por meio da fé em Cristo Jesus (Rm 3,24-25), de modo que não estão mais "sob a lei, mas sob a graça" (Rm 6,15). Por outro lado, também eles ainda têm de ser libertos "do presente mundo mau" (Gl 1,14; cf. 1Cor 7,26.29-31). "E não vos conformeis com este mundo, mas transformai-vos, renovando vossa mente, a fim de poderdes discernir qual é a vontade de Deus, o que é bom, agradável e perfeito" (Rm 12,2). Paulo ainda diz aos cristãos que experimentaram os efeitos do evento Cristo: "Operai vossa salvação com temor e tremor" (Fl 2,12c); "Porquanto todos nós teremos de comparecer perante o tribunal de Cristo, a fim de que cada um receba a retribuição do que tiver feito durante sua vida no corpo, seja para o bem, seja para o mal" (2Cor 5,10).

Entretanto, Paulo sabe que "é Deus quem opera em vós o querer e o operar, segundo sua vontade" (Fl 2,13 → 71). O cristão, então, vive uma vida de polaridade dual.

139 A dupla polaridade que caracteriza a vida cristã é a razão por que Paulo insiste que o cristão, energizado pelo Espírito de Deus (Rm 8,14), não pode mais pecar ou viver uma vida limitada por um horizonte meramente natural e terreno. Ele não é mais *psychikos*, "material", mas *pneumatikos*, "espiritual"; deve, então, fixar seu olhar no horizonte do Espírito que vem de Deus (1Cor 2,11). Embora a pessoa material não acolha o que vem do Espírito, a pessoa espiritual está aberta para tudo, não extingue o Espírito ou desconsidera suas sugestões, mas testa todas as coisas e retém o que é bom (1Ts 5,19-22). Esta polaridade dual também explica a liberdade cristã, na qual os gálatas convertidos de Paulo são exortados a permanecer firmes (5,1): liberdade da lei, liberdade do pecado e da morte, liberdade de si mesmo (Rm 6,7-11.14; 7,24-8,2). Mas esta liberdade não é uma licenciosidade antinomista. Paulo rejeita vigorosamente a ideia de que os cristãos deveriam pecar ostensivamente a fim de dar a Deus mais espaço para sua misericórdia e justificação graciosa (Rm 6,1; cf. 3,5-8). A "lei de Cristo" (Gl 6,2), quando examinada, revela-se como "lei do amor", sendo explicada em termos de levar as cargas uns dos outros (num contexto de correção fraternal). Ainda mais explicitamente, Paulo repete os mandamentos 5, 6, 7 e 8 do Decálogo, resumindo-os como "amarás o teu próximo como a ti mesmo" (Rm 13,8-10) e concluindo: "A caridade é a plenitude da lei". Esta é justamente a "lei do Espírito" (Rm 8,2), de modo que Cristo não substituiu simplesmente a Lei de Moisés por um outro código legal. A "lei do Espírito" poder ser um reflexo de Jr 31,33, mas é mais provável que Paulo tenha cunhado a expressão para descrever a atividade do Espírito em termos de *nomos*, sobre a qual acabara de falar. A lei do amor do Espírito é a nova fonte e guia interior de vida pela qual

o *pneumatikos* vive; ela é o princípio ôntico de nova vitalidade, de onde brota o amor que deve interiorizar toda a conduta ética do cristão. E, no entanto, é a essas pessoas espirituais que Paulo dirige suas variadas exortações à conduta virtuosa. Só podemos escolher umas poucas de suas exortações características, mas antes de fazê-lo temos de dizer mais algumas palavras sobre a relação da ética de Paulo com sua teologia.

140 (II) Ética e teologia paulina. Os escritores patrísticos, escolásticos medievais e teólogos reformatórios e pós-tridentinos tinham frequentemente usado os ensinamentos éticos de Paulo em tratados de teologia moral, mas foi apenas em 1868 que H. Ernesti fez a primeira tentativa de sintetizar sua ética. (Parte da razão da negligência desta última decorria do modo como os teólogos mais antigos concebiam a relação entre revelação e lei natural, entre ética filosófica e cristã.). O ponto de partida de Ernesti foi que os seres humanos eram chamados a um *status* de retidão diante de Deus, a uma obediência à vontade de Deus, que é a norma absoluta e incondicionada da moralidade cristã. Ele enfatizou a liberdade do cristão na conduta ética por causa do dom do Espírito. Desde o princípio o estudo da ética paulina foi dominado por vestígios do debate da Reforma acerca da justificação pela fé e liberdade da lei (veja Furnish, *Theology* 242-79). Na primeira parte do séc. XX, A. Schweitzer procurou livrar a discussão sobre a ética paulina da doutrina da justificação e enfatizar mais o aspecto escatológico deste ensino. A ética de Paulo tem um caráter interimístico, temporário, e está baseada em seu "misticismo", *i.e.*, a participação do cristão na morte e ressurreição de Cristo. Estando "em Cristo", os cristãos estão de posse do Espírito, o princípio de vida da nova existência que eles assumiram. Mais tarde (1924), R. Bultmann relacionou novamente a ética de Paulo à sua doutrina da justificação (forense) pela fé e introduziu uma distinção entre o *indicativo* paulino (você é um cristão justificado) e o *imperativo* paulino (então viva como cristão): "Porque o cristão é liberto do pecado por meio da justificação, ele deveria travar uma guerra contra o pecado." Todavia, a justiça do cristão é um fenômeno escatológico, visto que isto não depende da realização humana, moral ou de outra espécie, mas somente do evento da graça de Deus, um fenômeno além deste mundo. Esta retidão não é uma qualidade "ética"; não implica mudança no caráter moral de um ser humano. Fé é obediência, e os atos éticos humanos não produzem retidão; eles são, entes, as expressões da obediência radical à qual os seres humanos são chamados. Ainda mais tarde (1927), C. H. Dodd introduziu a distinção ente *kērygma* e *didachē*, que corresponde aproximadamente, para ele, a "teologia" e "ética", ou a "evangelho" e "lei". Uma nova era raiou (escatologia realizada), e Paulo é o promulgador de sua nova lei, um padrão cristão de conduta ao qual o cristão está obrigado a conformar-se, "a lei de Cristo" (Gl 6,2). Retrocedendo a uma ênfase de A. Schweitzer, de H. D. Wendland e de outros, V. P. Furnish (1968) considerou a escatologia "a chave heurística" para a teologia paulina, a alavanca para organizar os outros elementos em seu ensino, inclusive o ético. Sua compreensão da escatologia paulina difere da de Schweitzer e é matizada o suficiente para ser aceita (→ 47 *acima*); e certamente a escatologia é importante na ética paulina (veja Fl 2,12; 2Cor 5,10; Rm 2,6-11). Entretanto, ela não é a chave heurística para o todo (veja minha crítica, *PSTJ* 22 [1969] 113-15). O melhor modo de explicar a relação da ética de Paulo com sua teologia, em minha opinião, é ver a primeira como uma explicação detalhada e concreta do amor que é a forma como a fé cristã opera. Em outras palavras, Gl 5,6 ("a fé agindo pela caridade") prova novamente sua importância no pensamento paulino, pois é o elo de ligação entre a teologia e a ética paulinas.

(Sobre a ética: AUSTGEN, R. J., *Natural Motivation in the Pauline Epistles* [2ª ed.; Notre Dame, 1969]. BULTMANN, R., *ZNW* 23 [1924] 123-40; *Exegetica* [Tübingen, 1967] 36-54. CORRIVEAU, R., *The Liturgy of Life: A Study of the Ethical Thought of St. Paul in His Letters to the Early Christian Communities* [Montreal, 1970]. ENSLIN, M. S., *The Ethics of Paul* [Nashville, 1957]. ERNESTI, H., *Die Ethik des Apostels Paulus in ihren Grundzügen dargestellt* [Göttingen, 1868]. FURNISH, V. P., *Theology and Ethics in Paul* [Nashville, 1968]. GLASER, J. W., *TS* 31 [1970] 275-87. GNILKA, J., in *Mélanges bibliques* [Festschrift B. RIGAUX; ed. A. DESCAMPS *et al.*; Gembloux, 1970] 397-410. HASENSTAB, R., *Modelle paulinischer Ethik* (Tübinger theologische Studien 11; Mainz, 1977]. MERK, O., *Handeln aus Glauben: Die Motivierungen der paulinischen Ethik* [MarTS 5; Marburg, 1968]. MOULE, C. F. D., in *Christian History and Interpretation* [Festschrift J. KNOX; ed. W. R. FARMER *et al.*; Cambridge, 1967] 389-406. ROMANIUK, K., *NovT* 10 [1968] 191-207. SCHNACKENBURG, R., *The Moral Teaching of the New Testament* [New York, 1965] 261-306; *Die sittliche Botschaft des Neuen Testaments* [HTKNT Suplem.; Freiburg, 1986-]. STRECKER, G., *NTS* 25 [1978-79] 1-15. WATSON, N. M., *NTS* 29 [1983] 209-21. WESTERHOLM, S., *NTS* 30 [1984] 229-48.)

141 (III) A vida cristã e suas exigências. O ensino ético de Paulo, em suas recomendações específicas e concretas, reflete ao mesmo tempo seu pano de fundo farisaico e judaico (→ 10-11) e seu pano de fundo helenístico (→ 12). Quando Paulo exorta seus leitores à conduta cristã apropriada, suas recomendações se encaixam em várias categorias. Algumas, que foram analisados pela crítica das formas, são as listas éticas genéricas de virtudes e vícios (e *Haustafeln* [catálogos de normas para a vida doméstica]). Outras são mais específicas.

142 (A) Listas éticas. Em suas cartas incontestes Paulo incorpora catálogos de virtudes e de vícios que deveriam caracterizar ou não a vida cristã (Gl 5,19-23; 1Cor 5,10-11; 6,9-10; 2Cor 6,6-7; 12,20; Rm 1,29-31; 13,13; [Cl 3,5-8.12-14; Ef 5,3-5]). A referência escatológica nestes catálogos é muitas vezes evidente: "Os que praticam tais coisas não herdarão o reino de Deus" (Gl 5,21). Visto que "reino de Deus" dificilmente é um elemento operacional no ensino de Paulo (ocorrendo alhures apenas em 1Ts 2,12; 1Cor 4,20; 6,9-10; 15,24.50; Rm 14,17), a associação dele com estes catálogos parece marcá-los como elementos da instrução catequética pré-paulina, que ele herdou e utilizou. Estas listas foram comparadas a listas semelhantes que se encontram em escritos filosóficos helenísticos (especialmente estoicos) e em textos judaicos palestinenses (*p.ex.*, dos essênios; cf. 1QS 4:2-6,9-11).

(Easton, B. S., "New Testament Ethical Lists", *JBL* 51 [1932] 1-12. Kamlah, E., *Die Form der katalogischen Paränese im Neuen Testament* [WUNT 7; Tübingen, 1964]. Segalla, G., "I cataloghi dei peccati in S. Paolo", *Spat* 15 [1968] 205-28. Vögle, A., *Die Tugend- und Lasterkataloge im Neuen Testament* [NTAbh 16/4-5; Münster, 1936]. Wibbing, S., *Die Tugend- und Lasterkataloge im Neuen Testament und ihre Traditionsgeschichte unter besonderer Berücksichtigung der Qumran-Texte* [BZNW 25; Berlin, 1959].)

143 (Nas cartas deuteropaulinas [Cl 3,18-4,1; Ef 5,21-6,9] e pastorais [1Tm 2,8-15; Tt 2,1-10] encontra-se uma outra lista literária, a assim chamada *Haustafel* (um termo da Bíblia em alemão de Lutero que se tornou uma designação padrão até mesmo em inglês). Ela significaria aproximadamente um "catálogo de avisos doméstico", pois lista as obrigações ou deveres cristãos dos membros da casa, *i.e.*, a família do mundo greco-romano: esposos e esposas, pais e filhos e senhores e escravos. Estas listas mostram um discípulo de Paulo se debatendo com os problemas éticos sociais de sua época, embora listem pouco mais do que generalidades.)

(Crouch, J. E., *The Origin and Intention of the Colossian Haustafel* [FRLANT 109; Göttingen, 1973]. Schrage, W., "Zur Ethik der neutestamentlichen Haustafeln", *NTS* 21 [1974-75] 1-22. Weidinger, K., *Die Haustafeln: Ein Stück urchristlicher Paränese* [UNT 14; Leipzig, 1928].)

144 (B) Consciência. Poderíamos muito bem ter incluído este elemento do ensino de Paulo sob o subtítulo "Ser humano" acima (→ 101-7), mas preferimos tratar dele aqui por causa da relação com sua ética. "Consciência" é a capacidade de julgar nossas ações olhando para trás (como certas e erradas) ou olhando para a frente (como um guia para a atividade apropriada). A palavra de Paulo para designá-la é *syneidēsis* (= em latim, *con-scientia*). Ela está relacionada com *nous*, "mente" (Rm 7,23.25), mas é melhor tratar dela separadamente. Não tem equivalente no TM ou na LQ, mas entra na tradição judaica na LXX (Jó 27,6; Ec 10,20; cf. Eclo 42,18; Sab 17,10). É discutível a tese de que ela foi derivada por Paulo da filosofia estoica; mais provavelmente ela veio da filosofia popular helenística de sua época. Inicialmente *syneidēsis* denotava "consciência" (da atividade humana em geral); por fim foi aplicada à consciência de aspectos morais, a princípio como "consciência pesada", depois como "consciência moral" em geral. Das 30 ocorrências desse termo no Novo Testamento, 14 se encontram em 1-2Cor e Rm (e seis nas pastorais): 1Cor 8,7.10.12; 10,25.27.28.29[2 x]; 2Cor 1,12; 4,2; 5,11; Rm 2,15; 9,1; 13,5. Três passagens são particularmente importantes: (1) Rm 2,14-15, onde Paulo reconhece que, por meio da "consciência", os gentios cumprem algumas das percepções da lei mosaica e são, assim, uma "lei" para si mesmos. (2) 1Cor 8,7-12, onde Paulo conclama o cristão a respeitar a consciência fraca de um outro cristão preocupado com comer alimentos consagrados a ídolos. (3) 1Cor 10,23-29, onde Paulo discute um problema semelhante. Em 2Cor 1,12 Paulo relaciona a consciência ao problema da jactância; em Rm 8,16; 9,1 a relaciona ao dom do Espírito. O ensinamento de Paulo sobre o assunto foi com frequência comparado ao que se encontra em textos rabínicos posteriores acerca do *yēṣer hārā'* e *yēṣer haṭṭôb*, impulso mau" e "impulso bom".

(Coune, M., "Le problème des idolothytes et l'éducation de la syneidêsis", *RSR* 51 [1963] 497-534. Davies, W. D., "Conscience", *IDB* 1. 671-76. Jewett, *Anthropological Terms* [→ 107 *acima*] 402-46. Maurer, C., "Synoida, Syneidēsis", *TDNT* 7. 899-919. Pierce, C. A., *Conscience in the New Testament* [SBT 15; Londres, 1955]. Stelzenberger, J., *Syneidēsis im Neuen Testament* [Abh. z. Moraltheologie 1; Paderborn, 1961]. Stendahl, K., "The Apostle Paul and the Introspective Conscience of the West", *HTR* 56 (1963) 199-215. THERRIEN, G., *Le discernement dans les écrits pauliniens* [EBib; Paris, 1973] 263-301. THRALL, M. E., "The Pauline Use of *syneidēsis*", *NTS* 14 [1967-68] 118-25).

145 (C) Lei natural. Relacionada à questão da "consciência", no ensino de Paulo, está a da chamada lei natural. Por ser uma questão controversa, não a incluímos sob a concepção paulina da Lei de Moisés (→ 89-100 *acima*), que já é complicada o suficiente. Além disso, é melhor relacionar o ensinamento paulino que incide sobre ela com sua ética. O problema surge principalmente devido a Rm 2,14-15. "Quando então os gentios, não tendo lei, fazem naturalmente (*physei*) o que é prescrito pela lei, eles, não tendo lei, para si mesmos são lei (*nomos*); eles mostram a obra da lei gravada em seus corações, dando disto testemunho sua consciência e seus pensamentos que alternadamente se acusam ou defendem". A *nomos* do v. 14 foi relacionada com "uma outra lei" ou "lei de minha razão" em Rm 7,23, provavelmente de maneira equivocada porque a principal analogia ali é a lei mosaica. Em Rm 2,14 temos um dos usos figurados de *nomos* (→ 90). Embora em 1Cor 11,14 Paulo argumente a partir da "natureza" (*physis*), em Rm 2,14 ele talvez esteja simplesmente citando uma afirmação de outros (talvez se devessem colocar aspas em "naturalmente" em Rm 2,14). Além disso, ao falar de uma lei escrita no coração, Paulo talvez esteja apenas refletindo Jr 31,33 ou Is 51,7. E assim é difícil ter certeza acerca de sua concepção de "lei natural", uma ideia mais enraizada na filosofia grega. Talvez o máximo que se deva admitir é que a ideia deveria ser considerada o *sensus plenior* [sentido mais pleno] do ensinamento de Paulo (em vista da tradição patrística acerca dela; → Hermenêutica, 71:49-51).

(Sobre lei natural: DODD, *New Testament Studies* [→ 9 *acima*] 129-42. FLÜCKIGER, F., *TZ* 8 [1952] 17-42. GREENWOOD, D., *BTB* 1 [1971] 262-79. LYONNET, S., *VD* 41 [1963] 238-42. MCKENZIE, J. L., *BR* 9 [1964] 1-13.)

146 (D) Oração e ascetismo. Estas são as considerações primárias da vida cristã, porque se vê o próprio Paulo não apenas envolvido com elas, mas também falando sobre elas de modo reflexo. Para Paulo, "oração" é a recordação explícita do cristão de que vive na presença de Deus e tem o dever de comungar com ele em adoração, louvor, ação de graças e súplica. As cartas de Paulo estão permeadas de expressões de oração; a ação de graças formal em cada carta, exceto Gl e 2Cor, é uma parte integrante de sua escrita – e não meramente conformidade com um costume epistolar. O objeto de sua oração é, às vezes, ele mesmo (1Ts 3,11; 2Cor 12,8-9), seus convertidos (1Ts 3,9-10.12-13; Fl 1,9-11; 2Cor 13,7-9), ou seus ex-correligionários, o povo judeu (Rm 10,1). Paulo exorta com frequência seus leitores a orar (1Ts 5,16-18; Fl 4,6; Rm 12,11-12); ela é a marca da do discípulo cristão maduro, que ora a Deus como *Abba* (Gl 4,1-6). A base da oração cristã é o Espírito (Rm 8,15-16.26-27), que ajuda os cristãos na oração, intercedendo em seu favor (8,28-30). Paulo ora ao Pai (*theos*) por meio de Cristo e no Espírito (Rm 1,8; 7,25). Exemplos de suas orações: doxologias (2Cor 11,31; Fl 4,21; Rm 1,25; 11,33-36 [Ef 3,20-21]); intercessões (1Ts 3,11-13; 5,23-24); confissões e bençãos (2Cor 1,3-7; [Ef 1,3-14]); ação de graças (1Ts 1,3-4; Fl 1,3-11; 1Cor 1,4-9; Rm 1,8-12). Paulo podia até mesmo considerar sua pregação do evangelho como uma forma de culto (Rm 15,16-17).

Está ligada a esta oração e culto a atitude ascética de Paulo. Embora nunca fale de *askēsis*, ele considera *enkrateia*, "domínio próprio, autodisciplina" como um fruto do Espírito (Gl 5,23). Esta atitude não se deve simplesmente à iminência da parúsia (1Cor 7,29-31), mas a sua concepção da vida como combate (1Ts 5,6-8; 2Cor 10,3-4; 4,7-11) [sofrimento como ascetismo passivo]) ou como competição atlética (Fl 3,12-14; 1Cor 9,24-27, onde o ascetismo é ativo). Paulo renuncia livremente a seu direito a recompensa por pregar o evangelho (1Cor 9,1.4-18) para não ser tentado a jactar-se. Formas específicas de ascetismo são recomendadas por ele: o uso da abundância material para ajudar os necessitados (2Cor 8,8-15); abstinência temporária do ato conjugal "para que vos entregueis à oração" (1Cor 7,5-6).

(Campenhausen, H. von, "Early Christian Asceticism", *Tradition and Life in the Church* [Philadelphia, 1968] 90-122. Cerfaux, L., "L'Apôtre en présence de Dieu: Essai sur la vie d'oraison de saint Paul", *Recueil* 2. 469-81. Giardini, F., "Conversione, ascesi e mortificazione nelle lettere di S. Paolo", *RAM* 12 [1967] 197-225. Niederwimmer, K., "Zur Analyse der asketischen Motivation in 1. Kor. 7", *TLZ* 99 [1974] 241-48. Quinn, J., "Apostolic Ministry and Apostolic Prayer", *CBQ* 33 [1971] 479-91. Stanley, D. M., *Boasting in the Lord* [New York, 1973]. Wiles, G. P., *Paul's Intercessory Prayers* [SNTSMS 24; Cambridge, 1974].)

147 (E) Matrimônio, celibato e viuvez.
Paulo considera o casamento, o celibato (ou virgindade) e a viuvez, juntamente com a escravidão e a liberdade civil, condições de vida nas quais os cristãos se encontram. O princípio que determina sua concepção dessas coisas se expressa em 1Cor 7,17: "Viva cada um segundo a condição que o Senhor lhe assinalou". 1 Coríntios 7 explica vários detalhes destes modos de vida. Para Paulo, tanto o casamento quanto o celibato são carismas dados por Deus (7,7b). Ele recomenda o casamento monogâmico, com seus direitos e obrigações mútuos, "para evitar a fornicação" (*dia tas porneias*, 7,2) e porque "é melhor casar-se do que ficar abrasado" (7,9b). Mas Paulo reconhece claramente o caráter salvífico do casamento, a influência de um cônjuge sobre o outro e sobre os filhos nascidos deles (7,12.14-16), mesmo quando o casamento envolve um cristão e um não cristão. Ele repete como uma instrução do "Senhor" a absoluta proibição do divórcio (e subsequente casamento, 7,10-11). Mas ao dizer "a mulher não se separe do marido", a formulação de Paulo já está adaptada ao ambiente greco-romano, onde era possível o divórcio instituído por uma mulher (cf. o ambiente palestino na formulação de Lc 16,18). Mas quando o casamento é "misto" (*i.e.*, entre um cristão e um não cristão), Paulo – não o Senhor – tolera a separação ou o divórcio, se os dois não conseguem viver em paz (7,15), e daí onde se desenvolve posteriormente o chamado privilégio paulino. Em 1Cor 7 Paulo nunca tenta justificar o casamento em termos de uma finalidade de procriação; tampouco mostra qualquer preocupação com a família cristã. (Isto será remediado pelas *Haustafeln* das deuteropaulinas.). Paulo reflete a concepção contemporânea das mulheres na sociedade de sua época quando fala do "marido" como "o cabeça da esposa" (1Cor 11,3; veja ainda 11,7-12; 14,34-35 [provavelmente uma interpolação não paulina!]). Mas deve-se lembrar que o mesmo Paulo escreve em Gl 3,28:"Não há judeu nem grego, não há escravo nem livre, não há homem nem mulher; pois todos vós sois um só em Cristo Jesus".

(Em Ef 5,21-33 encontra-se um conceito diferente e um tanto mais exaltado do casamento cristão. O autor começa afirmando a sujeição mútua de todos "no temor de Cristo". A seguir diz imediatamente: "As mulheres o sejam a seus maridos, como ao Senhor" [5,22] – um papel subordinado da esposa, que reflete 1Cor 11,3, que é mitigado pela instrução aos esposos: "amai vossas mulheres" [5,25]. Aqui o autor tenta lidar com a diferença psicológica entre esposos e esposas, ao insistir na obrigação *mútua* que eles têm um para com o outro. Mas ele o faz apenas da forma – condicionada pelo tempo – que conhece: a esposa deve se sujeitar, e o esposo deve amar. Ele nunca sugere que a esposa seja um ser inferior. Cita o amor de Cristo pela igreja como modelo para o amor do esposo ([5,25]. Finalmente, ao citar Gn 2,24: "Por isso deixará o homem pai e mãe e se ligará à sua mulher, e serão ambos uma só carne", o autor revela um "segredo" [*mystērion*] oculto naquele versículo de Gênesis séculos antes, *i.e.*, que a união fundamental do casamento estabelecida por Deus há muito tempo era um "tipo" prefigurado da união de Cristo e sua igreja. Esta concepção da sublimidade do casamento marcou boa parte da tradição cristã ao longo dos séculos.)

148 Quanto ao celibato, Paulo afirma sua preferência gradativamente em 1Cor 7. O celibato é sua própria opinião: "não tenho preceito do Senhor" (7,25), ainda que ele pense que esteja tão sintonizado com o Espírito neste assunto quanto qualquer outra pessoa (7,40). A princípio, não há comparação: "É bom o homem não tocar em mulher" (7,1); mas sua preferência surge em 7,7a: "Quisera que todos os homens fossem como sou". Novamente, "digo aos celibatários e às viúvas que é bom ficarem como eu" (7,8) – uma afirmação não clara geralmente entendida como querendo dizer que Paulo se alinha aos "não casados" (mas → Paulo, 79:19). Paulo oferece duas razões para sua preferência: (1) "por causa das angústias presentes" (7,26, *i.e.*, a parúsia iminente; cf. 7,29; 1Ts 5,15.17; Rm 13,11); e (2) porque a pessoa está assim livre das "tribulações da carne" (7,28) e não "fica dividida" (*i.e.*, a preocupação com o esposo ou a esposa), de modo que "cuida das coisas do Senhor e do modo como agradar ao Senhor" (7,32-35). Está implícita aqui uma comparação entre os casados e os não casados, e Paulo recomenda o celibato em vista do serviço apostólico. No final do capítulo ele introduz a comparação de modo explícito na difícil passagem acerca do casamento de uma virgem (filha, tutelada, noiva prometida?): "procede bem aquele que casa sua virgem; e aquele que não a casa, procede melhor ainda" (*kreisson poiēsei*, 7,38). Quanto às viúvas, Paulo reconhece seu direito de casar-se novamente, mas julga que serão mais felizes se permanecerem viúvas.

(ALLMEN, J. J. VON, *Pauline Teaching on Marriage* [London, 1963]. BALTENSWEILER, H., *Die Ehe im Neuen Testament* [Zürich, 1967]. CROUZEL, H., *L'Eglise primitive face au divorce* [Theologie historique 13; Paris, 1971]. DULAU, P., "The Pauline Privilege", *CBQ* 13 [1951] 146-52. ELLIOTT, J. K., "Paul's Teaching on Marriage in 1 Corinthians", *NTS* 19 [1972-73] 219-25. GREEVEN, H., "Ehe nach dem Neuen Testament", *NTS* 15 [1968-69] 365-88. GRELOT, P., *Man and Wife in Scripture* [New York, 1964]. MATURA, T., "Le célibat dans le Nouveau Testament d'après l'exégèse recente", *NRT* 107 [1975] 593-604. NIEDERWIMMER, K., "*Gameō*, etc.", *EWNT* 1. 564-71. PESCH R., *Freie Treue: Die Christen und die Ehescheidung* [Freiburg, 1971]. SWAIN, L., "Paul on Celibacy", *CIR* 51 [1966] 785-91.)

149 (F) Sociedade, Estado e escravidão. Paulo reconhece diferenças tanto na sociedade humana quanto na cristã. Ele reconhece que tanto judeus quanto gregos foram chamados para se tornarem filhos de Deus por meio da fé e do batismo e sua união na igreja, o corpo de Cristo. Embora não oblitere todas as distinções, ele reconhece sua falta de valor em Cristo Jesus. "Pois fomos todos batizados num só Espírito para ser um só corpo, judeus e gregos, escravos e livres, e todos bebemos de um só Espírito" (1Cor 12,13; cf. Gl 3,28). Porém ele também pode dizer: "viva cada um segundo a condição que o Senhor lhe assinalou" (1Cor 7,17-20). Pois a atitude básica de Paulo é expressa em 1Cor 9,19-23: "Tornei-me tudo para todos, a fim de salvar alguns a todo custo". Por isso ele conta com a existência de judeus e gregos, escravos e livres, homens e mulheres, ricos e pobres, casados e celibatários, os fracos e os fortes quanto à convicção, os que são materiais e os que são espirituais na sociedade cristã.

150 Paulo também está ciente de que o cristão tem de viver na sociedade civil e política que não se orienta totalmente para os mesmos objetivos da comunidade cristã. Os cristãos de fato podem ser cidadãos de uma outra "cidade", uma cidade celestial (Fl 3,20), mas têm obrigações de um outro tipo nesta vida terrena. Paulo trata delas em Rm 13,1-7, e indiretamente em 1 Coríntios 6,1-8; 2,6-8. Podemos concordar com E. Käsemann de que Paulo realmente não tem uma "ética" do Estado ("Principles", 196), ou até mesmo uma compreensão sistemática bem formulada dele. Suspeitou-se que Rm 13,1-7 seja uma interpolação, mas agora faz parte seção exortatória desta carta. Nela Paulo reconhece que o cristão "se submeta às autoridades constituídas", que são, muito provavelmente, autoridades humanas do Estado, ainda que alguns tentem identificá-los com seres angélicos (→ Romanos, 51:119). Os cristãos devem reconhecer seu lugar na estrutura da sociedade humana. As razões motivadoras de Paulo são principalmente três: (1) escatológica (o perigo de enfrentar "julgamento" [13,2] e "ira" [13,5]); (2) o ditame da própria "consciência" (13,5); e (3) "o bem (comum)" (13,4). Pelas mesmas razões Paulo insiste que os cristãos não devem apenas "pagar taxas" e "impostos" (13,6-7a), mas também conceder às autoridades "honra" e "respeito" (13,7b). Por trás da exposição de Paulo está a convicção de que "não há autoridade que não venha de Deus, e as que existem foram estabelecidas por Deus" (13,1). Ao escrever aos romanos, Paulo está reconhecendo implicitamente o caráter dado por Deus da autoridade do Império Romano no qual ele mesmo vivia. O problema com seu ensinamento nesta passagem é que ele nunca prevê a possibilidade de que as autoridades humanas sejam más ou façam o mal; não adiante tentar salvar Paulo neste assunto invocando autoridades angélicas. Seu ensinamento é limitado, e mesmo sua referência ao "bem (comum)" (13,4a) dificilmente pode ser invocada em defesa da desobediência civil.

151 Por último, o conselho de Paulo aos escravos em 1Cor 7,21-22 é sempre um ensinamento difícil de tratar. Paulo não procurou mudar o sistema social no qual vivia. Esta é, sem dúvida, a razão de ele devolver o escravo fugitivo Onésimo a seu senhor Filêmon (Fm 8-20). Porém nesta última passagem podemos detectar o que ele realmente pensa acerca do assunto; pois ele envia Onésimo de volta como "bem melhor do que um escravo, como irmão amado" (16), *i.e.*, sugerindo que Filêmon o reconheça como um irmão cristão, e possivelmente até dando a entender que deveria emancipá-lo (embora este último aspecto esteja longe de ser certo). Paulo estava, neste caso, mais preocupado com a interiorização da situação social existente do que em mudá-la, percebendo que até mesmo um escravo na sociedade civil podia ter liberdade em Cristo Jesus (Gl 3,28).)cf. Cl 3,22-4,1; Ef 6,5-9.)

(BARTCHY, *Mallon Chrēsai* [→ 75 *acima*]. BORG, M., "A New Context for Romans xiii", *NTS* 19 [1972-73] 205-18. BROER, I., "*Exousia*", *EWNT* 2. 23-29. COLEMAN-NORTON, P. R., "The Apostle Paul and the Roman Law of Slavery", *Studies in Roman Economic and Social History* [Princeton, 1951] 155-77. COOK, W. R., "Biblical Light on the Christian's Civil Responsibility", *BSac* 127 [1970] 44-57. CULLMANN, O., *The State in the New Testament* [New York, 1956]. HUTCHINSON, S., "The Political Implications of Romans 13:1-7", *Biblical Theology* 21 [1971] 49-59. KÄSEMANN, E., "Principles of the Interpretation of Romans 13", *NTQT* 196-216. LYALL, F., "Roman Law in the Writings of Paul – The Slave and the Freedman", *NTS* 17 [1970-71] 73-79. MURPHY-O'CONNOR, J., "The Christian and Society in St. Paul", *New Blackfriars* 50 [1968-69] 174-82. PAGELS, E. H., "Paul and Women: A Response to Recent Discussion", *JAAR* 42 [1974] 538-49. SCROGGS, R., "Paul and the Eschatological Woman", *JAAR* 40 [1972] 283-301; cf. *JAAR* 42 [1974] 432-37.)

CONCLUSÃO

152 Paulo tem instruções para a conduta cristã em outras áreas também, as quais não podem ser incluídas neste breve esboço. Concluímos nossas observações sobre a teologia e a ética de Paulo insistindo em seu cristocentrismo. Como Cristo era "a imagem de Deus" (2Cor 4,4), assim os seres humanos estão destinados a ser "a imagem do homem celeste" (1Cor 15,49; cf. Rm 8,29). É crescimento em Cristo que Paulo recomenda a seus leitores, contemporâneos e atuais. Deste modo o cristão vive sua vida "para Deus" (Gl 2,19). Assim, não obstante toda a sua ênfase em Cristo, Paulo novamente atribui a existência cristã, em última análise, ao Pai – por meio de Cristo.

83
Teologia Joanina

Francis J. Moloney, S.D.B.

BIBLIOGRAFIA

1 Para comentários, → João, 61:1; → 1-3 João, 62:1. ASHTON, J. (ed.). *The Interpretation of John* (London, 1986). BARRETT, C. K., *Essays on John* (London, 1982). BEUTLER, J., "Literarische Gattungen im Johannesevangelium. Ein Forschungsbericht", *ANRW* II/25.3, 2506-68. BORGEN, P., *Logos was the True Light and Other Essays on the Gospel of John* (Relieff 9; Trondheim, 1983). BROWN, R. E., *The Community of the Beloved Disciple* (New York, 1979) [em port.: *A comunidade do discípulo amado*, São Paulo: Paulus, 1999]. BULTMANN, *TNT* 2.3-92; [em port.: *Teologia do Novo Testamento*, Ed. Academia Cristã, 2008]. CULPEPPER, R. A., *Anatomy of the Fourth Gospel* (Philadelphia, 1983). DE JONGE, M., *Jesus: Stranger from Heaven and Son of God* (SBLSBS 11; Missoula, 1977). DE LA POTTERIE, I., *La Vérité dans Saint Jean* (2 vols.; AnBib 73-74; Roma, 1977). DODD, C. H., *The Interpretation of the Fourth Gospel* (Cambridge, 1953). HARTMAN, L. e B. OLSSON (eds.), *Aspects on the Johannine Literature* (ConBNT 18; Uppsala, 1987). KÄSEMANN, E., *The Testament of Jesus* (Philadelphia, 1968). KYSAR, R. *The Fourth Evangelist and His Gospel* (Minneapolis, 1975); "The Fourth Gospel: A Report on Recent Research", *ANRW* II/25.3, 2389-2480. MARTYN, J. L., *History and Theology in the Fourth Gospel* (2ª ed.; Nashville, 1979). MEEKS, W. A., *The Prophet-King* (NovTSup 14; Leiden, 1967). MOLONEY, F. J., *The Johannine Son of Man* (Biblioteca di Scienze Religiose 14; Roma, 1978). PAINTER, J., *John: Witness and Theologian* (London, 1975). PANCARO, S., *The Law in the Fourth Gospel* (NovTSup 42; Leiden, 1975). SCHILLEBEECKX, E., *Christ* (London, 1980) 305-432. SMALLEY, S. S., *John: Evangelist and Interpreter* (London, 1986). SMITH, D. M., *Johannine Christianity* (Univ. of S. Carolina, 1984). THÜSING, W., *Die Erhöhung und Verherrlichung Jesu im Johannesevangelium* (NTAbh 21/1-2; Münster, 1970).

2 ESBOÇO

Componentes da teologia joanina (§ 3-17)
 (I) A estrutura de João
  (A) Estrutura geral (§ 5-6)
  (B) Problemas (§ 7-8)
 (II) A comunidade joanina
  (A) História da comunidade (§ 9-14)
  (B) Importância teológica (§ 15-17)

Deus e Jesus (§ 18-54)
 (I) Teologia
  (A) Contar a história de Deus (§ 19)
  (B) Que espécie de Deus? (§ 2-23)
 (II) Cristologia

  (A) Jesus a glória de Deus (§ 25-26)
  (B) A cruz e a glória de Deus (§ 27-30)
  (C) Dualismo (§ 31-34)
  (D) Filho de Deus (§ 35-37)
  (E) Filho do Homem (§ 38-40)
  (F) "Eu Sou" (§ 41-49)
  (G) Escatologia e Espírito (§ 50-54)

A resposta dos crentes (§ 55-62)
 (I) Sinais e fé (§ 55-57)
 (II) Sacramentos (§ 58-61)
 (III) Conclusão (§ 62)

COMPONENTES DA TEOLOGIA JOANINA

3 O Quarto Evangelho (doravante Jo) caiu em desfavor quando a busca do séc. IX pelo "Jesus real" (→ Crítica do NT, 70:6, 33) descobriu Marcos como o evangelho "histórico". O interesse contemporâneo nas teologias da protoigreja, contudo, recolocou Jo no centro das atenções. (E. Haenchen, *John* [Herm; Philadelphia, 1984] 1.20-39.). Já no séc. II, Clemente de Alexandria era capaz de chamar Jo de "o evangelho espiritual" (Eusébio, *HE* 6.14.7), e os Padres do séc. IV falavam de "João o Teólogo". A singularidade de seu ponto de vista teológico é uma característica importante de Jo.

4 (I) A estrutura de João.
O dito de que João é um poço mágico no qual uma criança pode remar e um elefante pode nadar é verificável de muitas maneiras. A linguagem de Jo em geral não é complicada; o vocabulário e a sintaxe são simples; e, no entanto, ele apresenta um dos mais profundos e comoventes retratos de Jesus de Nazaré e sua mensagem que se encontra no NT. (C. K. Barrett, *The Gospel according to St John* [2ª ed.; London, 1978] 5-15.)

5 (A) Estrutura geral. A questão da simplicidade e profundidade afeta a compreensão da estrutura de João. Independentemente dos debates que possa haver acerca da estrutura dos evangelhos sinóticos, há uma ampla concordância de que João pode ser dividido em um prólogo teológico claramente esboçado (1,1-18), seguido por dois trechos longos. O primeiro (1,19-12,50) é dedicado à vida pública de Jesus até ele se afastar das multidões (12,36b) – um trecho que João termina solenemente com reflexões conclusivas (12,37-50). O segundo (13,1-20,31) é dedicado inteiramente à presença de Jesus com seus "próprios" discípulos, que conduz à sua glorificação mediante a hora da cruz, a ressurreição e o retorno ao Pai. O cap. final (21) aparentemente é um adendo, que parece ter se originado no mesmo pano de fundo joanino que o evangelho propriamente dito, mas foi acrescentado num estágio final (não está ausente em nenhum ms. antigo) para lidar com outras questões de interesse da igreja joanina (→ João, 61:4; para uma opinião contrária, veja P. S. Minear, *JBL* 102 [1983] 85-98).

6 Há menos acordo entre os estudiosos quanto ao cuidado e à deliberação do evangelista em relação a estruturas *internas* mais detalhadas. No lado positivo, as narrativas do homem que nasceu cego (Jo 9), a ressurreição de Lázaro (Jo 11) e a paixão (especialmente 18,28-19,16) indicam um autor que escreveu com uma habilidade considerável. Análises detalhadas demonstraram, sem deixar margem a dúvidas, que Jo é o produto final de uma atividade literária e teológica considerável.

7 (B) Problemas. Poder-se-ia crer que uma estrutura geral clara e um formato literário cuidadoso, condicionados por um ponto de vista obviamente teológico, deveriam tornar a identificação e a descrição da teologia joanina uma tarefa fácil. Mas existem problemas estruturais e literários que intrigam os intérpretes há séculos, centrados em sequências difíceis na lógica, geográfica e cronológica de Jo. Por exemplo, a solene conclusão do discurso de Jesus a seus discípulos em 14,31 ("Levantai-vos! Saiamos daqui!") leva muito bem a 18,1, o versículo inicial da narrativa da paixão ("Tendo dito isso, Jesus foi com seus discípulos para o outro lado da torrente do Cedron"). Contudo, sem qualquer indicação explicativa de tempo ou espaço, estas duas afirmações são separadas pelos caps. 15-17! Os caps. 5 e 6 de Jo parecem, para muitos biblistas, estar invertidos. Além disso, passagens como 3,31-36 e 12,44-50 estão situadas estranhamente; há alguma confusão acerca de Caifás e Anás no cap. 18; etc.

8 Essa falta de lógica em um evangelho de resto bem estruturado levou a diferentes teorias, *p.ex.*, de que o evangelho como o temos está "inacabado" (D. M. Smith, *The Composition and Order of the Fourth Gospel* [New Haven, 1965] 238-49) ou de que ele chegou até nós fora de sequência, e devemos tentar reconstruir sua ordem original (R. Bultmann; → Crítica do NT, 70:52). A abordagem mais popular deste problema, contudo, é a tentativa de reconhecer as várias "camadas" de tradição no evangelho de um ponto de vista da história das tradições (habilmente feita nos comentários de R. Schnackenburg e R. E. Brown). A pesquisa joanina recente está fazendo ainda uma outra pergunta importante: É possível reconstruir (por trás desta mistura de elementos antigos, mais recentes e exclusivamente joaninos) a experiência da comunidade joanina? Uma tentativa de responder esta pergunta positivamente está no centro de boa parte da pesquisa joanina atual (examinada por F. J. Moloney, "Revisiting John", *ScrB* 11 [Verão de 1980] 9-15; → João, 61:13-15).

9 (II) A comunidade joanina. A redescoberta da jornada de fé da comunidade joanina é de grande importância para a apreciação adequada da teologia do evangelho (→ João, 61:9-11).

(A) História da comunidade. Em Jo, os primeiros dias de Jesus são marcados por uma série de perguntas estruturadas em termos de expectativas messiânicas judaicas. As autoridades religiosas vêm de Jerusalém e perguntam se João Batista é o Messias, Elias ou o Profeta (1,19-28). João Batista, aquele "que veio como testemunha, para dar testemunho da luz" (1,7), aponta para longe de si, para Jesus: o Cordeiro de Deus que tira o pecado do mundo, o Filho de Deus (1,29.34-35). Finalmente ele envia dois de seus discípulos para "seguir" a Jesus (v. 37). Eles chamam Jesus de Rabi e passam algum tempo com ele (vv. 38-39). No fim, trazem outros discípulos, anunciando: "Encontramos o Messias (que quer dizer Cristo) [...]. Encontramos aquele de quem escreveram Moisés, na lei, e os profetas" (vv. 41 e 45). Estas confissões finalmente levaram Natanael a proclamar: "Rabi, tu és o Filho de Deus, tu és o Rei de Israel" (v. 49). Esta sequência de títulos cristológicos conduz, segundo muitos comentaristas, gradualmente a uma confissão de fé final, plenamente joanina por parte de Natanael. Contudo, dificuldades aparecem no v. 50, onde o próprio Jesus fica insatisfeito com essa profissão de fé, a qual é inspirada pelo mero milagre do conhecimento de Jesus de que Natanael estivera sob uma figueira. Jesus promete a visão de "coisas maiores": a abertura dos céus e a subida e descida dos anjos de Deus sobre o Filho do Homem (vv. 50-51).

10 Esta passagem (e muitas outras semelhantes em todo o evangelho) usa toda uma gama de categorias cristológicas, que podem ser remontadas a vários estágios na jornada de fé da protoigreja (→ Pensamento do NT, 81:12-24). Encontramos referências a um precursor messiânico (Elias ou o Profeta), e a Jesus como um mestre com autoridade (Rabi), como Cristo (Messias), e aquele que cumpre as Escrituras, chegando finalmente à crença de Natanael de que Jesus é o Filho de Deus (em termos messiânicos judaicos, interpretando 2Sm 7,14 e Sl 2,7) e o Rei de Israel. Há uma progressão dos termos mais antigos e mais simples para designar o precursor messiânico até chegar às expectativas judaicas mais elevadas de um Rei messiânico de Israel. Mas em seguida há três confissões adicionais que não podem ser enquadradas nessas categorias: o Cordeiro de Deus, o Filho de Deus (no sentido joanino pleno) e o Filho do Homem (também no sentido joanino). Isto é uma confusão? É uma justaposição de tradições que não estão bem combinadas? Talvez a aparente multiplicidade de categorias cristológicas encontrada em 1,19-51 reflita uma jornada cristológica dentro da própria comunidade.

11 Esta comunidade teve seu início nos primórdios do cristianismo. Ela teve contato estreito com uma compreensão judaico-cristã primitiva de Jesus como o Profeta mosaico e o cumprimento das Escrituras. O diálogo com o judaísmo levaria por fim às confissões mais desenvolvidas e plenamente judaicas de Jesus como Messias, rei de Israel e Filho de Deus. Os primeiros anos da comunidade devem ter sido vividos em contato estreito com o judaísmo e suas tradições. Gradualmente, esta proximidade com o judaísmo parece ter entrado em colapso, e o primeiro passo neste colapso provavelmente veio com a introdução de elementos não judaicos e até mesmo contrários ao Templo na comunidade joanina. A concentração na missão aos samaritanos, no cap. 4, é uma forte indicação desta direção (especialmente as implicações de 4,20-24). Certamente a introdução de elementos não judaicos causou grande parte do desenvolvimento teológico da protoigreja. (Basta apenas considerar elementos presentes em Paulo e Mateus.). Não pode haver muita dúvida de que samaritanos, helenistas, etc. devem ter levado a comunidade joanina a reexaminar sua compreensão e pregação da pessoa de Jesus de Nazaré. Uma mudança no significado do termo "Filho de Deus" talvez tenha sido inaceitável para ouvintes judaicos originais, e o uso da expressão "Eu sou" para se referir a Jesus deve ter enfrentado uma oposição semelhante.

12 Uma tensão crescente entre a comunidade joanina e a sinagoga parece ter finalmente levado à completa expulsão da comunidade da sinagoga. As evidências para essa ruptura final encontram-se na descrição da experiência do homem cego de nascença no cap. 9, onde sua crescente fé em Jesus (9,11: "o homem chamado Jesus"; v. 17: "ele é um profeta"; v. 33: "Se esse homem não viesse de Deus"; vv. 35-38: confissão de Jesus como o Filho de Deus) finalmente conduz à sua "expulsão" (v. 34). João já usou os pais do homem cego de nascença para explicar o pano de fundo para esta expulsão. Eles se recusaram a falar em favor de seu filho porque "tinham medo dos judeus, pois os judeus já tinham combinado que, se alguém reconhecesse Jesus como Cristo, seria expulso da sinagoga" (9,22; veja também 12,42; 16,2). Parece que esta ruptura final entre igreja e sinagoga, que se reflete em Jo, deve ser ligada à decisão tomada gradativamente pelo judaísmo (a uma certa altura depois de 85 d.C.) de excluir da sinagoga os sectários, inclusive as pessoas que criam que Jesus de Nazaré era o Cristo (veja W. D. Davies, *The Setting of the Sermon on the Mount* [Cambridge, 1966] 256-315; R. Kimelman, em *Jewish and Christian Self-Definition 2* [ed. E. P. Sanders, et al.; Philadelphia, 1981] 226-44; → Protoigreja, 80:24).

13 Depois que a comunidade joanina foi forçosamente cortada de suas raízes judaicas, parece que ocorreram mais modificações da teologia joanina. Uma comunidade originalmente judaico-cristã estava agora desenvolvendo uma hostilidade para com o judaísmo oficial (a razão para o uso negativo do termo "os judeus" em todo o evangelho) e uma crescente abertura para o mundo desconhecido dentro do qual ela tinha agora de viver e pregar sua forma singular de cristianismo. O contato com as religiões helenísticas sincretistas e alguma forma antiga do que finalmente se tornou o gnosticismo (→ Protoigreja, 80:64-82) deve ter feito parte deste novo mundo. A comunidade deixou claro que os verdadeiros cristãos joaninos não poderiam permanecer na sinagoga (veja 12,43-44). Gradualmente eles desenvolveram uma compreensão independente da primazia do amor sobre a autoridade (a razão da contínua "ofuscação" de Pedro por parte do Discípulo Amado: veja especialmente 13,21-26 e 20,2-10). A comunidade joanina tornou-se mais agressiva em seu desenvolvimento gradativo de uma cristologia nova e mais elevada (Jesus como o Logos, o Filho de Deus, "enviado" pelo Pai de "cima" para "baixo" de um modo desconhecido dos evangelhos sinóticos), uma singular pneumatologia do Paráclito e uma ética baseada numa lei do amor, sem enfatizar as restrições sobre o comportamento de um juízo final no fim dos tempos (não há cena joanina paralela a Mt 25,31-46).

14 As cartas joaninas indicam que este foi um processo arriscado. Ali temos vestígios da história posterior de uma comunidade joanina irrevogavelmente dividida em pelo menos duas facções. Ali o grupo dos que "saíram de nós" (1Jo 2,19) – seguindo a descrição de suas heresias feita pelo autor (e infelizmente não temos como ouvir a defesa deles) – parecia estar passando para uma forma de cristianismo mais gnóstica por meio de sua compreensão do Jesus do evangelho. A comunidade retratada pelas próprias cartas parece estar se retirando para um cristianismo mais "controlável", onde a importância da pessoa de Jesus de Nazaré e da experiência histórica e física de seu sofrimento e morte é expressa sem qualquer ambiguidade (1Jo 4,2-3; 5,6; 2Jo 7). Semelhantemente, a qualidade de vida que deveria ser vivida por seus seguidores recebe um tratamento mais prático do que no próprio evangelho (veja, *p.ex.*, 1Jo 1,6; 2,4.6.9). Todavia, ambos os grupos – aquele representado pelas cartas e o atacado por elas – podiam justificavelmente reivindicar que baseavam sua cristologia, eclesiologia, pneumatologia e ética nas tradições e na herança teológica do Discípulo Amado e seu evangelho. A comunidade que está por trás das cartas parece ter levado consigo a mensagem do evangelho na forma de uma igreja que finalmente se tornou a "Grande Igreja", enquanto que os ensinamentos dos ex-membros da comunidade atacados pelas cartas estão, de muitos modos, próximos ao gnosticismo do séc. II.

(BROWN, R. E., *BEJ* 47-115; *Community*. LANGBRANDTNER, W., *Weltferner Gott oder Gott der Liebe* [BBET 6; Frankfurt, 1977]. MARTYN, J. L., *The Gospel of John in Christian History* [New York, 1978]. MEEKS, W. A., "Am I a Jew? Johannine Christianity and Judaism", *Christianity, Judaism and Other Greco-Roman Cults* [Festschrift M. SMITH; ed. J. NEUSNER; SJLA 12; Leiden, 1975] 1. 163-86. MÜLLER, U. B., *Die Geschichte der Christologie in der johanneischen Gemeinde* [SBS 77; Stuttgart, 1975]. RICHTER, G., "Zum gemeindebildenden Element in den johanneischen Schriften", *Kirche im Werden* [Festschrift G. RICHTER; ed. J. HAINZ; München, 1976] 252-92.)

15 (B) Importância teológica. Nosso rápido esboço é necessariamente especulativo, uma síntese baseada no trabalho da pesquisa joanina contemporânea. Ela é proposta, contudo, para indicar que os estudos joaninos contemporâneos, em vez de se limitarem a uma variedade de teorias redacionais para explicar as tensões internas do evangelho, agora buscam esta explicação no desenvolvimento de uma comunidade protocristã particular (→ Crítica do NT, 70:79). Por trás dessa tradição crescente está a figura do Discípulo Amado (se ele é João, o filho de Zebedeu, ou não, não precisa ser resolvido aqui). Sua apreciação carismática e sensível de Jesus de Nazaré encontra-se nos primórdios da tradição joanina. Sua capacidade de reler e reensinar esta tradição, sem jamais trair os elementos fundamentais da mensagem cristã, também está por trás do desenvolvimento já esboçado. Ele desafiou sua comunidade em seu próprio tempo. Após a morte do Discípulo Amado (veja 21,21-23), esta mesma comunidade estava preparada para enfrentar sua nova situação e continuar examinando sua fé em Jesus e sua expressão.

16 Obviamente há tensões presentes no texto de Jo; todavia, tanto a organização geral quanto boa parte da estrutura interna mostram uma mente clara e bem organizada. Este fenômeno indica a habilidade de um evangelista que produziu uma unidade teológica ao trabalhar criativamente na situação real de vida de sua comunidade. João é uma tentativa de preservar e instruir tornando as tradições mais antigas compreensíveis à nova geração cristã. O evangelista está contando uma "história antiga" de um modo novo. Era inevitável que muitas das experiências da comunidade, na qual ele ouvira a história contada e a contou de novo, moldassem a forma pela qual ela foi narrada. Existem importantes questões teológicas em jogo aqui. Como escreveu J. L. Martyn: "O evangelista ampliou o *einmalig* [acontecimentos efetivos de sua tradição concernentes à vida histórica de Jesus], não porque tivesse descoberto novas informações acerca do que o Jesus terreno fez nesta [ou naquela] ocasião, mas, antes, porque quer mostrar como o Senhor ressurreto dá continuidade a seu ministério terreno na obra de seu servo, o pregador cristão" (*History and Theology* 29-30).

17 Estas reflexões são de real importância teológica num estudo da teologia joanina. A "história de Jesus", como a temos agora contada em João, é o resultado da jornada de fé de uma comunidade cristã particular na segunda metade do séc. I. A experiência da comunidade joanina e a rica visão teológica que ela produziu indicam que esta comunidade protocristã particular se dedicou seriamente ao "problema de relacionar a efetividade do passado com a experiência revigorante do presente" (M. D. Hooker, "In His own Image", *What about the New Testament?* [Festschrift C. Evans; ed. M. D. Hooker *et al.*; London, 1975] 41). João não é apenas uma mistura de tradições contraditórias.

DEUS E JESUS

18 (I) Teologia. João é a história de Jesus de Nazaré, escrita para comunicar a fé nele e em sua vida, morte e ressurreição salvadora. Poder-se-ia chegar a esta conclusão lendo o prólogo cristológico (1,1-18) e então as palavras conclusivas: "Esses, porém, foram escritos para crerdes que Jesus é o Cristo, o Filho de Deus, e para que, crendo, tenhais vida em seu nome" (20,31). Todavia, apesar das aparências, Jo de fato não é realmente uma história sobre Jesus, mas uma história sobre o que Deus fez em Jesus (→ 1-3 João, 62:5).

19 (A) Contar a história de Deus. O prólogo é uma confissão cristológica, mas também é mais do que isso. O Logos existe desde sempre, voltado em união amorosa para Deus (1,1-2); e a importância disto não é apenas cristológica. O restante do prólogo fala da irrupção do Logos como a "vida" e a "luz" (vv. 3-5. 9), "carne" (v. 14), "a plenitude de uma graça que é verdade" (vv. 14.16-17), "o Filho único" (vv. 14. 18), "Jesus Cristo" (v. 17). O evangelista começa com uma pressuposição compartilhada por muitos de seus contemporâneos de que "o mundo" está cativo nas trevas (1,5), incapaz de "ver" ou "conhecer" o mistério de Deus. Nos tempos antigos, Deus se deu a conhecer de um modo limitado, mas fundamentalmente importante por meio da lei dada a Moisés. Agora essa "graça" foi substituída pela plenitude da graça de Deus, *i.e.*, a Verdade revelada por meio de Jesus Cristo (1,16-17). Ninguém jamais viu a Deus, mas Jesus Cristo, o Filho singular deste Deus, contou a história de Deus em sua vida (v. 18). Assim, este hino diz ao leitor muito sobre Jesus, mas faz ainda mais. A finalidade da "encarnação" do Logos em Jesus é contar a história de Deus; e o relato desta história no evangelho refletirá a compreensão joanina de Deus e de seu relacionamento com Jesus, o mundo e aqueles que estão no mundo (→ João, 61:16-17).

(DE LA POTTERIE, I., "Structure du Prologue de Saint Jean", *NTS* 30 [1984] 354-81. KÄSEMAN, *NTQT* 138-67. MOLONEY, F. J., "In the Bosom of' or 'Turned towards' the Father", *AusBR* 31 [1983] 63-71. PANIMOLLE, S. A., *Il dono della Legge e la Grazia della Verità* [Roma, 1973].)

20 (B) Que espécie de Deus? 1 João 4,8 reafirma que "Deus é amor" (veja também 4,16). Chegando ao final de décadas de reflexão, esta expressão tenta resumir a ação solícita e salvadora de Deus na dádiva de seu Filho. Ela foi extraída da experiência de

Jesus. Entretanto, ela é o mais perto que o NT chega de dizer-nos algo sobre o "ser" de Deus, e fornece um ponto de partida para uma exposição da teologia joanina (veja R. Schnackenburg, *Die Johannesbriefe* [HTKNT 13/3; Freiburg, 1979] 231-39; também *BEJ* 542-62).

21 A seção de João (3,16-17) que contém o primeiro uso do verbo "amar" (*agapaō*) é chamada de "um evangelho em miniatura". Ficamos sabendo ali que a presença terrena do Filho flui do fato de que Deus amou o mundo de tal maneira que deu seu Filho para que o mundo fosse salvo e aqueles que estão no mundo tivessem uma chance de vida eterna. O Filho é amado por Deus, seu Pai, desde sempre (17,24). O amor que existia entre o Pai e o Filho desde sempre irrompeu na história, pois o Pai, que ama o Filho, colocou todas as coisas em suas mãos (3,35; 5,19-30). Sem usar a terminologia do amor, os versículos iniciais do prólogo trazem a mesma mensagem, falando de uma união singular entre o Logos e Deus que vai em direção às trevas para trazer uma luz invencível (1,1-5). Uma conclusão lógica para esta "história de Deus" é que a presença do Filho no mundo é um desafio para reconhecer nele o Pai que amou deste modo (8,42; 14,9-10.23; 15,9). Revelar um Deus de amor ao mundo pode ser visto como a finalidade da presença de Jesus. Em sua oração final ao Pai, o Filho pede que o amor que iniciou e inspirou sua missão seja repetido nas vidas dos "seus" (17,11) e nas vidas de todas as pessoas que viesse a crer no Filho por meio da pregação de seus discípulos (17,20.23.26). Assim, um Deus que é amor continuará a ser proclamado no mundo, à medida que as pessoas que creem em Jesus são enviadosao mundo, assim como Jesus foi enviado ao mundo (17,17-19).

22 No início do ministério de Jesus, quando os discípulos se admiram da presença de Jesus para a mulher samaritana, ele anuncia: "Meu alimento é fazer a vontade daquele que me enviou e consumar sua obra" (4,34). Isto constitui uma afirmação importante: Jesus deve cumprir o propósito daquele que o enviou (o verbo *pempō* aqui, enquanto que em outros lugares se usa *apostellō*), para levar à perfeição (*teleioō*) a obra (*to ergon*) confiada a ele. Quando o ministério público se desenvolve, Jesus proclama novamente a centralidade da vontade de seu Pai: "Porque não procuro minha vontade, mas a vontade daquele que me enviou" (5,30), repetindo que isto somente pode ser feito mediante a realização das "obras que o Pai me encarregou de consumar. Tais obras, eu as faço e elas dão testemunho de que o Pai me enviou" (5,36). Estes temas permeiam todo o evangelho: Jesus é o "enviado" do Pai (*pempō*: 4,34; 5,23-24.30.36-37; 6,38.39.44; 7,16-18.28-29. 33; 8,16.18. 26.28-29; 9,4; 12,44-45.49-50; 13,20; 14,24; 15,21; 16,5; *apostellō*: 3,17.34; 5,36; 6, 29.57; 7,29; 8,42; 9,7; 10,36; 17,3. 8.18. 21.23.25), consumando, "levando à perfeição" (*teleioō*: 4,34; 5,36; 17,4; 19,28; *teleō*: 19,28.30) a "obra" que o Pai lhe deu para fazer (*to ergon*: 4,34; 6,29; 17,4).

23 João é, de algumas formas, uma história do que Jesus fez por Deus. Isto se torna particularmente claro na oração final de Jesus ao Pai e em seu brado final da cruz. Ele começa sua oração com a reivindicação: "Eu te glorifiquei na terra, concluí a obra (*to ergon teleiōsas*) que me encarregaste de realizar" (17,4). "Levantado" na cruz, proclama no momento de sua morte: "Está consumado" (*tetelestai*, 19,30). É no momento da morte que o próprio Jesus pode proclamar que levou à perfeição a tarefa que o Pai lhe dera para fazer. De algum modo, a vida (na qual Jesus faz as "obras" do Pai: 5,20.36; 6,28; 9,3.4; 10, 25. 32. 37.38; 14,10-12) e a morte de Jesus são a realização da obra de Deus. Nesta vida e morte, Deus se dá a conhecer.

(BARRETT, "Christocentric or Theocentric?" *Essays* 1-18. BORGEN, "God's Agent in the Fourth Gospel", *Logos* 121-32. BUHNER, J. A., *Der Gesandte und sein Weg im 4. Evangelium* [WUNT 2/2;

Tübingen, 1977]. HAENCHEN, E., "Der Vater, der mich gesandt hat", *NTS* 9 [1962-63] 208-16. LOADER, W. R. G., "The Central Structure of Johannine Christology", *NTS* 30 [1984] 188-216. MIRANDA, J. P., *Der Vater, der mich gesandt hat* [EHS 23/7; Frankfurt, 1972]; *Die Sendung Jesu im vierten Evangelium* [SBS 87; Stuttgart, 1977].)

24 (II) Cristologia. A história de João sobre Deus, então, está inextricavelmente vinculada à vida, morte, ressurreição e retorno de Jesus, o Filho, ao Pai. Se a revelação de um Deus que ama torna este evangelho "teológico", esta teologia se torna possível por meio de uma "cristologia" (→ João, 61:16-17).

25 (A) Jesus a glória de Deus. Em 1,43-51, os primeiros discípulos passam a crer que encontraram aquele "de quem escreveram Moisés, na lei, e os profetas" (v. 45), "Rabi, tu és o Filho de Deus, tu és o Rei de Israel" (v. 49). Jesus os adverte de que eles chegaram a esta crença meramente com base em seu conhecimento de que Natanael estava sob uma figueira. Isto é apenas um começo. Eles verão "coisas maiores" quando virem a revelação do celestial no Filho do Homem (1,50-51) começando no primeiro milagre em Caná, onde Jesus "manifestou sua glória" (2,11). O leitor encontrou o termo "glória" (*doxa*) no prólogo: 1,14 afirma que a encarnação do *logos* preexistente produz uma situação na qual "nós" (os membros da comunidade) podemos "ver" a glória, uma glória singular porque é a glória do Filho unigênito de Deus que habita entre nós. Este tema é essencial para a história joanina a respeito de Jesus, o qual conta a história de Deus.

26 No AT, vários autores usaram um termo para falar da presença de um Deus que ama, salva e guia entre seu povo. Quer ela fosse a abertura do Mar Vermelho, a coluna de fogo, o maná do céu, a arca da aliança, o Templo ou (entre os poetas) a beleza dos céus, os autores bíblicos usaram o mesmo termo: *kĕbôd YHWH*, a glória de Iahweh (veja Ex 16,7-10; 24,16-17; Lv 9,26; Nm 14,21; 2Cr 5,14; Sl 19,2; Is 40,5). Estranhamente, a LXX traduz esta expressão por *doxa tou theou*, pois o significado grego normal de *doxa* não era "glória", e sim "estima", "honra", "êxito terreno", abrangendo uma gama de ideias ligadas a empreendimentos humanamente medidos pela cultura e história (LSJ 444). Depois que esta tradução estranha foi escolhida, a palavra *doxa* passou para o vocabulário bíblico, traduzindo um conceito importante do AT expresso por meio do termo hebraico *kābôd*. (Veja G. Kittel e G. von Rad, *TDNT* 2. 232-55; W. Grossouw, em *L'Évangile de Jean* [RechBib 3; Bruges, 1958] 131-33.)

27 (B) A cruz e a glória de Deus. Mais plenamente, então, 1,14, "e nós vimos sua glória (*tēn doxan autou*), glória que ele tem junto ao Pai como Filho único", implica que, na encarnação do Logos, a presença amorosa e salvadora do próprio Deus se torna visível. Devemos olhar para a história de Jesus para ver como esta glória se torna visível, como Jesus é glorificado e como Deus é glorificado nele. João indica em três ocasiões que a atividade de Jesus reflete a glória de Deus: em Caná da Galileia (2,11) e duas vezes dentro do contexto da ressurreição de Lázaro (11,4.40). Já em 11,4 há fortes indicações de que o momento definitivo da glorificação se encontra em outra parte: "Essa doença não é mortal, mas para a glória de Deus, para que, por ela, seja glorificado o Filho de Deus".

28 Há duas questões aqui: a revelação da glória de Deus na ressurreição de Lázaro (veja também 11,40), e então a glorificação ulterior do Filho gerada por este acontecimento. A "hora de Jesus" é colocada em andamento pelo que aconteceu com Lázaro. A presença do poder de Deus no próprio milagre é uma revelação da "glória" de Deus (veja 11,21-27), mas há mais nele. De acordo com a narrativa de João, este milagre leva à decisão de que Jesus deve morrer pela nação – e não pela nação somente, mas para reunir todos os filhos de Deus que estão dispersos em outras terras (veja 11,49-52). A morte de Jesus nunca foi mencionada explicitamente até este ponto em João. Fez-se referência a ela através do uso dos importantes temas joaninos do "elevar" (3,14; 8,28) e "a hora" (2,4; 4,21.23; 7,30; 8,20), mas a primeira referência ao destino de Jesus em termos explícitos de "morte" (usando o verbo *apothnēskō*) se encontra em 11,16. Nos caps. 11-12, quando Jesus passa de seu ministério público para sua "hora de glória" (caps. 13-20), estas referências são abundantes (11,16.50.51; 12,24.33).

29 O elo entre a ressurreição de Lázaro – em si mesma um acontecimento que revela "a glória de Deus" (11,40) – e o momento futuro da glorificação do Filho (11,4) torna-se importante. A irmã de Lázaro unge Jesus para a morte (12,1-8). Jesus entra em Jerusalém (12,12-16), circundado pelo povo que veio para ver Lázaro e pelos "principais sacerdotes" que planejam a morte de Jesus e de Lázaro (12,9-11.17-19). Os fariseus afirmam: "Vede: nada conseguis, todos vão atrás dele!" (12,19). A profecia de Caifás e sua explicação por João como uma morte não apenas pela nação, mas também para reunir os filhos de Deus dispersos, estão sendo cumpridas (11,49-52). Quando alguns gregos chegam para ver Jesus (12,20-22), ele pode anunciar a chegada de um ponto crucial de sua história: "É chegada a hora em que será glorificado o Filho do Homem" (12,23).

30 Até agora no evangelho, "a hora" ainda não chegou (2,4; 7,6.30; 8,20), mas agora descobrimos que ela chegou (12,23; veja mais 13,1; 17,1; 19,27) e que nela o Filho do Homem será glorificado. Há uma ligação entre a hora, a glorificação e a morte de Jesus em 12,31-32: "É agora o julgamento deste mundo, agora o príncipe deste mundo será lançado abaixo; e, quando eu for elevado da terra, atrairei todos a mim". O tema da "reunião" de todas as pessoas ao redor de um Jesus que morre, "elevado" sobre uma cruz, iniciado em 11,49-52 e ampliado em 12,19, é explicado plenamente agora: a cruz de Jesus é o lugar onde a glória de Deus brilhará, atraindo todos para ele. Isto se torna abundantemente claro no versículo redacional 12,33: "Assim falava para indicar de que morte deveria morrer" (veja também 18,32). João apresenta a cruz como o momento culminante na atividade reveladora de Jesus. Jesus deixa isto claro durante seu ministério: "Quando tiverdes elevado o Filho do Homem, então sabereis que eu sou e que nada faço por mim mesmo, mas falo como me ensinou o Pai" (8,28). O evangelista expressa isto novamente em seu comentário final sobre a morte de Jesus: "Olharão para aquele que traspassaram" (19,37).

(*BGJ* 1. 503-4. DE JONGE, M., "Jesus as Prophet and King in the Fourth Gospel", *ETL* 49 [1973] 160-79. FORESTELL, J. T., *The Word of the Cross* [AnBib 57; Rome, 1974] MEEKS, *Prophet-King* 61-81. MÜLLER, U. B., "Die Bedeutung des Kreuzestodes Jesu im Johannesevangelium" *KD* 21 [1975] 49-71.)

31 (C) Dualismo. João não criou esta mensagem de um Deus amoroso, revelado por meio da dádiva de seu Filho (3,16-17) num ato supremo de amor (13,1; 15,13), pois a vida e a morte de Jesus constituíam a história fundamental do cristianismo. Mas há elementos singulares na forma da história contada por João, *p.ex.*, sua cosmovisão dualista, que não tem paralelo na tradição sinótica. Uma forma de dualismo fazia parte do judaísmo do séc. I, imerso em ideias de um Senhor soberano da criação e de um mundo preso por forças que se opõem ao divino e serão finalmente vencidas na aparição messiânica (veja C. Rowland, *Christian Origins* [London, 1985] 87-97). Este dualismo da presente era má sucedida pelo governo de Deus na era vindoura é substituído em Jo por uma outra forma de dualismo. Um dualismo temporal tradicional foi (parcialmente) substituído por um dualismo cósmico. Uma série de contrastes ou contraposições está subjacente à história do evangelho: *p.ex.*, luz e trevas (1,5), do alto e de baixo (8,23), espírito e carne (3,6), vida e morte (3,36), verdade e mentira (8,44-45), céu e terra (3,31) Deus e Satanás (13,27). Estas forças opostas não coexistem simplesmente, mas estão em conflito: "E a luz brilha nas trevas, mas as trevas não a apreenderam" (1,5); "É agora o julgamento deste mundo, agora o príncipe deste mundo será lançado abaixo" (12,31 (→ João, 61,6).

32 É difícil definir a origem deste dualismo. Bultmann considerava Jo uma cristianização de antigos esquemas gnósticos (*TNT* 2. 15-32). Käsemann sustenta que é evidente uma tendência a um docetismo ingênuo e incipiente (*Testament* 4-26). Há indicações de que esta forma de dualismo não era estranha ao pensamento judaico do séc. I (veja J. H. Charlesworth, *John and Qumran* [London, 1972] 76-106) ou às religiões sincretistas que floresceram na parte final do séc. I. Ele era central no gnosticismo do séc. II. João é um produto do mundo helenístico ou judaico? A resposta provavelmente seja que ele não é nem um nem outro, mas ambos. João construiu pontes a partir do judaísmo de sua origem para o novo mundo do sincretismo helenístico.

(BARRETT, "Paradox and Dualism", *Essays* 98-115, BAUMBACH, G., "Gemeinde und Welt im Johannes-evangelium", *Kairos* 14 [1972] 121-36. BÖCHER, O., *Der johanneische Dualismus im Zusammenhang des nachbiblischen Judentums* [Gütersloh, 1965]. ONUKI, T., *Gemeinde und Welt im Johannesevangelium* [WMANT 56; Neukirchen, 1984]. SCHILLEBEECKX, *Christ* 331-49. SCHOTTROFF, L., *Der Glaubende und die feindliche Welt* [WMANT 37; Neukirchen, 1970]. STEMBERGER, G., *La symboliaque du bien et du mal selon saint Jean* [Paris, 1970].)

33 As categorias da cristologia joanina podem ser melhor entendidas com este pano de fundo. A origem de Jesus é fundamental a todo o evangelho: o fato de que o Logos preexistente (1,1-2) se tornou carne e habitou entre nós na pessoa de Jesus (1,14-18). Em todo o evangelho se levanta a questão das "origens": em Caná (2,9), com a mulher samaritana (4,11), pelos "judeus" (9,29), pela multidão na festa dos tabernáculos (7,27; 8,14) e até mesmo por Pilatos (19,9). Se a origem de Jesus está voltada para Deus como o Logos (1,1), então sua presença na história será o resultado de ele ser o "enviado" do Pai.

34 O evangelista crê que ninguém jamais viu a Deus, mas que há uma pessoa que é capaz de revelá-lo a nós: aquele que veio do Pai (1,18; 6,46). Contudo, dada a apresentação dualista de Deus e do "mundo", do "alto" e "de baixo", uma missão como esta implica a descida do revelador do alto (3,13) e sua subsequente ascensão para onde ele estava antes (6,62; 17,5; 20,17). O Jesus joanino vem do Pai, revela-o de um modo singular como seu Filho e retorna ao Pai, para ter novamente a glória que era sua antes do mundo ser feito (17,1-5). Novamente nos encontramos em contato com categorias de revelação e redenção que podem ser encontradas em ambos os polos da experiência joanina: no judaísmo e no sincretismo helenístico. (Veja Schillebeeckx, *Christ* 321-31; C. H. Talbert, *NTS* 22 [1975-76] 418-40.)

35 (D) Filho de Deus. Ser o Filho de Deus é central para a tarefa reveladora de Jesus. João não é o primeiro a usar este termo para falar de Jesus. Ele pode ser encontrado em uma das mais antigas confissões cristológicas presentes no NT (Rm 1,3-4) e nos evangelhos (veja Mc 1,1.11; 9,7; 15,39). Tudo indica que o conceito, tão importante para o NT como um todo, teve sua origem no relacionamento que existia entre Jesus de Nazaré e o Deus de Israel, um relacionamento que Jesus resumiu usando o termo *"abba"* (Jesus, 78:30-31, 35-37). Mas o uso joanino de "o Filho" vai mais além do que seus usos anteriores para interpretar a pessoa e a importância de Jesus. Novamente parece que vemos o evangelista levando sua comunidade em sua jornada do uso anterior da terminologia cristológica para uma nova visão que podia ser compreendida (ainda que não aceita) pelo mundo que a comunidade estava deixando. No novo mundo, tanto o evangelista quanto a comunidade viveriam e pregariam Jesus de Nazaré, a singular revelação definitiva de seu Deus, que ele reivindicava ser seu Pai (veja 5,17-18).

36 O uso absoluto do termo "o Filho" aparece apenas três vezes nos Evangelhos sinóticos (Mt 11,27, par. Lc 10,22; Mc 13,32, par. Mt 24,36; Mt 28,19); uma vez em Paulo (1Cor 15,28); e cinco vezes em Hebreus (Hb 1,2. 8; 3,6; 5,8; 7,28). Em Jo, Jesus fala de sua filiação 20 vezes (3,16.17.18; 5,18 [duas vezes], 20,21.22.23 [duas vezes],25.26; 6,40; 8,35-36; 10,36; 11,4; 14,13; 17,1 [duas vezes]; além disso, ele aparece quatro vezes como um comentário joanino (3,35.36 [duas vezes], 20,31), uma vez no prólogo (1,18) e quatro vezes na boca de outros (1,34: João Batista; 1,49: Natanael; 11,27: Marta; 19,7: "os judeus"). Há também uma série de passagens que falam da "filiação" onde Jesus designa Deus como seu Pai (veja R. Schnackenburg, *The Gospel according to St John* [3 vols.; New York, 1968-82] 2. 174-77). Estes ditos quase sempre expressam um relacionamento entre Deus e Jesus (*p.ex.*, 1,18. 34; 3,16; 5,19-26; 6,40; 14,13). Em última análise, este título de honra não tem a ver com Jesus, mas com Deus e o relacionamento de Deus com o mundo e aqueles que habitam no mundo, mas não são do mundo (3,16-17; 17,14-16). "A cristologia do Filho joanina é essencialmente a doutrina da salvação para os crentes, *i.e.*, não uma doutrina sobre Jesus Cristo isoladamente, mas uma doutrina que inclui o gênero humano, sendo Jesus como o emissário de Deus que revela e medeia a salvação" (Schnackenburg, *St John* 2. 185). Isto se torna claro em 3,16-21.34-36, passagens que sustentam temas joaninos fundamentais. A missão de Jesus é explicada afirmando que Deus amou tanto o mundo que enviou seu único filho (v. 16) a fim de que o mundo tenha a oportunidade de aceitar ou recusar a luz e a verdade (vv. 19-21.35-36) que se encontram nele (vv. 18.36). Salvação ou condenação já se faz possível mediante a aceitação ou recusa desta vida disponível na revelação de Deus no Filho (vv. 17. 36; veja especialmente 5,24-25).

37 A relação estreita que existe entre a glorificação do Filho e o acontecimento da cruz é expressa em 11,4.40 (veja também 14,13). A glória mencionada em 11,4 é a glória que o Filho terá quando retornar para a presença de seu Pai (14,13; 17,1.5), mas esta glória será sua como resultado da cruz. Embora a glória de Deus transpareça em todas as palavras e ações de Jesus, é na cruz que ele revela amor (13,1; 15,13); ali é o lugar onde a revelação salvadora de Deus em seu Filho brilha. Jesus reivindica ser o Filho de Deus e, devido à sua filiação, ter autoridade para revelar o que viu com seu Pai e, assim, trazer vida eterna às pessoas que creem nele. O Verbo de Deus preexistente tornou-se carne, habitou entre nós como o Filho de Deus, revelando a verdade ou (como diria João) tornando visível a glória como glória do único Filho do Pai (1,14). O evangelista escreveu um evangelho a fim de que seus leitores cheguem a uma crença ainda mais profunda nesta revelação, confessem Jesus como o Filho e, assim, cheguem à vida eterna (21,31).

(DODD, *Interpretation*, 250-62. MOLONEY, F. J., "The Johannine Son of God", *Salesianum* 38 [1976] 71-86. SCHILLEBEECKX, *Christ* 427-32.)

38 (E) Filho do Homem. Esta cristologia do "Filho de Deus" é dominante quando um Deus que ama é revelado ao mundo em um ato de amor em que o Filho entrega livremente sua vida (10,11.17-18; 12,27; 13,1; 15,13). Contudo, João tem sua própria concepção sobre a cruz, não como um momento de humilhação (veja Fl 2,5-11; Mc 15,33-39), mas como consumação de sua jornada e propósito de vida por parte de Jesus, o lugar onde ele retorna para a glória que era sua e onde glorifica seu Pai ao levar à perfeição a tarefa dada a ele (4,34; 11,4; 13,31-32; 17,4; 19,30). Uma das técnicas usadas pelo evangelista para ressaltar este aspecto é o verbo grego *hypsōthēnai*, que tem um duplo sentido: "elevar fisicamente" e "exaltar" (3,14). Está claro que o acontecimento da cruz é, simultaneamente, a elevação de Jesus na cruz e a exaltação dele (Thüsing, *Erhöhung* 3-49; cf. G. C. Nicholson, *Death as Departure* [SBLDS 63; Chicago, 1983]). É importante observar ainda que este jogo de palavras joanino muito importante sempre está associado a um outro título que tinha sido usado para designar Jesus nos evangelhos sinóticos (→ Jesus, 78:38-41) e que é desenvolvido aqui: o Filho do Homem (3,13-14; 8,28; 12,23.32-34).

39 Em parte, João retoma a tradição protocristã. Após a promessa inicial de que o crente verá a revelação do celestial no Filho do Homem (1,51), o mesmo título é usado consistentemente em associação com o "ser elevado" na cruz, refletindo o uso marcano do título "o Filho do Homem" nas predições da paixão (Mc 8,31; 9,31; 10,33-34). Contudo, João seguiu novamente seu próprio caminho. A tradição sinótica também usava este termo para falar de Jesus como figura humana que tem uma autoridade singular e que finalmente retornará como juiz universal (Mc 2,10.27-28; 8,38; 13,26; 14,21.40; Mt 13,37; 16,13.28; 24,29-30.39; Lc 6,22; 9,58; 11,30; 17,22.24.26.30; 21,36). Em virtude de, para João, a presença de Jesus ser a revelação de Deus entre os homens e mulheres, esta presença também traz julgamento (3,16-21.31-36; 5,24-25; 12,44-50). Assim, podemos dizer que João consegue fundir os dois usos sinóticos, recuando o tema do julgamento para o encontro histórico com Jesus (Jo 5,27; 9,35-39; 12,24-36). Também deveria ser observado que um juízo futuro não está totalmente excluído em Jo; isto está muito claro em 5,28-29 no contexto da apresentação joanina de Jesus, o Filho do Homem, como juiz (5,27).

40 Ditos adicionais com a expressão "Filho do Homem", em João, indicam que Jesus é o doador singular de vida (6,27.53). Estes ditos também parecem estar ligados à cruz, a consumação da "obra de Deus" (veja 6,28-29). Parece que João usa um termo tradicional para apresentar o ministério terreno de Jesus – e especialmente o "ser elevado" na cruz – como "o lugar" onde o homem Jesus, o Filho do Homem, revela a Deus e, assim, traz vida e julgamento. Contudo, em perfeito acordo com o restante da cristologia joanina, tal compreensão de Jesus, o Filho do Homem, só é possível porque ele vem do Pai e retornará para o Pai (3,13; 6,62). A cruz, que é o foco da revelação humana de Deus no esquema joanino, nunca está muito longe dos ditos sobre o Filho do Homem. Não surpreende que a passagem final a respeito do Filho do Homem (colocada no contexto da hora que chegou) aponta para a revelação iminente da glória do Pai e a subsequente glorificação do Filho. Mas aqui a linguagem usada não é Pai/Filho, mas Deus/Filho do Homem: "Agora o Filho do Homem foi glorificado e Deus foi glorificado nele. Se Deus foi nele glorificado, Deus também o glorificará em si mesmo e o glorificará logo" (13,31-32). A linguagem usada difere na medida em que o evangelista deseja dar mais relevo ao acontecimento humano da cruz, mas a teologia subjacente é a mesma.

(Coppens, J., "Le fils de l'homme dans l'évangile johannique", *ETL* 52 [1976] 28-81. Lindars, B., *Jesus Son of Man* [London, 1983] 145-57. Maddox, R., "The Function of the Son of Man in the Gospel of John", *Reconciliation and Hope* [Festschrift L. L. Morris; ed. R. J. Banks; Exeter, 1974] 186-204. Meeks, W. A., "The Man from Heaven in Johannine Sectarianism", *JBL* 91 [1972] 44-72. Moloney, *Son of Man*. Smalley, S. S., "The Johannine Son of Man Sayings", *NTS* 15 [1968-69] 278-301.)

41 (F) "Eu Sou". Um outro aspecto singular da apresentação joanina da pessoa e função de Jesus de Nazaré são os ditos que empregam a expressão "Eu Sou" (em grego, *egō eimi*). Estes ditos são geralmente agrupados em três formas que mostram estruturas gramaticais diferentes.

(i) *Sem predicado* ou uso absoluto. 8,24: "Disse-vos que morrereis em vossos pecados, porque se não crerdes que *Eu Sou*"; 8,28: "Quando tiverdes elevado o Filho do Homem, então sabereis que *Eu Sou*"; 8,58: "Antes que Abraão existisse, *Eu Sou*"; 1319: "Para que, quando acontecer, creiais que *Eu Sou*". Embora existam muitos exemplos do uso de "eu sou" nas religiões sincretistas da Antiguidade (*p.ex.*, religiões de mistério, literatura hermética e liturgia mitraica), uma comparação mostra que o uso joanino do *egō eimi* absoluto não tem paralelo nesta literatura.

42 Existe atualmente um amplo consenso de que mais provável o pano de fundo para os ditos joaninos seja o AT. Muitos têm olhado para Ex 3,14, onde se revela o nome de YHWH como "Eu Sou o que Eu Sou" (Hebr. *'ĕhyĕh 'ăšer 'ĕhyĕh*), mas isto não é muito útil; a LXX não traduz a passagem com um verbo infinitivo, mas com o particípio *ho ōn*, "o que existe". Um pano de fundo mais provável é a literatura profética, e especialmente o Deuteroisaías. Uma das principais preocupações deste profeta era afirmar a palavra autoritativa do Deus único de Israel, YHWH, contra as reivindicações dos "outros deuses". Ele fez isto mediante o uso de duas expressões hebraicas (*'ănî hû'* e *'ănî yhwh*): Isaías 43,10: "As minhas testemunhas sois vós, [...] vós sois o servo que escolhi, a fim de que saibais e creiais em mim e que possais compreender que *eu sou* [*'ănî hû'*]". 45,18: "*Eu sou* Iahweh [*'ănî yhwh*]; não há nenhum outro". Nestas e em outras passagens (Is 41,4; 43,13; 46,4; 48,12; Dt 32,39), a expressão hebraica para "Eu sou" e "Eu sou o Senhor" é traduzido na LXX por *egō eimi*.

43 Como em Deuteroisaías YHWH se revelou por meio dessas fórmulas, assim também ocorre com Jo: Jesus revela sua singularidade não por falar de seu "ser" divino, mas assumindo uma fórmula usada por YHWH, mediante seu profeta, para se revelar a seu povo. Assim, o Jesus joanino continua a tarefa de revelação: ele revela Deus, seu Pai, e identifica sua tarefa com a vontade de Deus (veja 17,3-4).

Se se procura uma tradução de *egō eimi* nestes versículos (8,24. 28), eu estaria inclinado a propor a expressão coloquial "Esse sou eu", isto é, "É para mim que vocês devem olhar, é a mim que vocês devem ouvir". Isto corresponde bem à concepção de João sobre a pessoa de Jesus e se harmoniza bem com passagens como as de Is 45,18-25. O sentido não seria: "Olhem para mim porque eu sou idêntico ao Pai", mas "Olhem para mim pois eu sou aquele através do qual vocês podem ver o Pai (14,9), visto que eu o dou a conhecer" (1,18) (Barrett, *Essays* 13).

44 (ii) *Predicado implícito*. Um exemplo desta forma de dito com "Eu Sou" encontra-se em Jo 6,20: os discípulos atemorizados veem alguém vindo até eles pelas águas, mas Jesus lhes assegura: "*Egō eimi*. Não temais". Isto talvez signifique simplesmente: "Sou apenas eu, de modo que não necessitais vos preocupar". Um uso semelhante se encontra em 18,5, onde Jesus se apresenta ao grupo que veio prendê-lo dizendo: "*Egō eimi*". Uma vez mais, isto talvez signifique apenas: "Eu sou aquele que vocês procuram". Nestes casos, contudo, os contextos são importantes. Após o milagre dos pães e a tentativa da multidão de torná-lo Rei, Jesus foge (6,15), mas apenas para revelar-se como algo mais que um pretendente messiânico que veio para trazer o segundo maná (veja 2 *Apoc. Bar.* 29:8-30:1). De modo semelhante, a queda ao chão do grupo que veio prendê-lo, diante da palavra de Jesus (18,6), mostra que algo mais do que "Jesus de Nazaré" está presente.

45 Estas passagens devem ser entendidas à luz do uso veterotestamentário de "Eu sou YHWH" nas teofanias. Às vezes, estas revelações são usadas para tranquilizar homens e mulheres e são frequentemente acompanhadas de uma exortação a não ter medo (Gn 26,24; Is 51,12). Em outras ocasiões, esta afirmação revelatória é feita como uma indicação da autoridade da revelação de Deus (Ex 6,6; 20,1.5; Lv 18,6; Is 52,6). Há uma revelação de Deus nestes dois encontros joaninos com Jesus: um é para consolar e fortalecer (6,20) e o outro é uma revelação que deixa todos prostrados com medo diante do revelador (18,5-6).

46 (iii) *Predicado expresso*. Enquanto as formas dos ditos com "Eu Sou" acima estão estreitamente ligadas à revelação de Deus em e por meio de Jesus, esta forma final está mais estreitamente associada à função de Jesus: 6,51: "Eu sou o pão da vida"; 8,12; 9,5: "Eu sou a luz do mundo"; 10,7.9: "Eu sou a porta das ovelhas"; 10,11.14: "Eu sou o bom pastor"; 11,25: "Eu sou a ressurreição e a vida"; 14,6: "Eu sou o Caminho, a Verdade e a Vida"; 15,1.5: "Eu sou a videira (verdadeira)".

47 Alguns sustentam que esses ditos são afirmações polêmicas contra as reivindicações de outras figuras reveladoras de serem vida, luz, verdade; e, assim, modo elas são "fortemente enfatizadas e sempre contrapostas a falsas ou pretensas revelações" (R. Bultmann, *The Gospel of John* [Philadelphia, 1971] 226). Embora haja um grau de verdade nesta percepção, não há necessidade de se recorrer a figuras reveladoras gnósticas (como faz Bultmann) para encontrar as contraposições. Entendem-se estas afirmações vigorosas da singularidade de Jesus muito melhor dentro do contexto de um passado (o maná dado por Moisés, a luz na festa dos tabernáculos, o caminho da Torá, etc.) que agora foi substituído por Jesus.

48 Mesmo aqui, contudo, estes ditos não estão primordialmente preocupados em definir ou descrever Jesus em si. Todos os predicados indicam o que Jesus é em relação às mulheres, aos homens e ao mundo. Em sua missão, ele é a fonte da vida eterna para todos (videira, vida, ressurreição), o meio pelo qual todos encontram a vida (caminho, porta), aquele que conduz todos à vida (pastor) ao revelar a verdade (luz, verdade) que pode nutrir suas vidas (pão do céu). Estes ditos revelam o compromisso divino implicado no envio do Filho pelo Pai. É possível para Jesus fazer estas reivindicações apenas porque ele e o Pai são um (10,30), e assim ele possui o poder doador de vida do Pai (10,21).

49 Há uma diferença entre os ditos com "Eu Sou" sem um predicado expresso, que estão diretamente preocupados com a apresentação de Jesus como o revelador e a revelação de Deus, e estes ditos. Mesmo aqui, contudo, o tema da revelação está presente. Jesus, que é um com o Pai, é capaz de revelar o Pai de um modo singular. Somente porque isto é verdadeiro ele pode ser descrito como a videira, a vida, a ressurreição, o caminho, a porta, o bom pastor, a verdade e o pão da vida – a singular revelação salvadora de Deus entre os homens e mulheres. Afirma Schnackenburg (*St John* 2. 88): "Os ditos joaninos com *egō eimi* são completa e totalmente expressões da cristologia de João (Filho, Filho do Homem), mas têm a vantagem particular de tornar o caráter salvador da missão de Jesus visível em imagens e símbolos impressionantes".

(*BGJ* 1. 533-38. HARNER, P. B., *The "I Am" of the Fourth Gospel* [FBBS 26; Philadelphia, 1970]. FEUILLET, A., "Les *Egō eimi* christologiques du quatrième évangile", *RSR* 54 [1966] 5-22, 213-40. SCHNACKENBURG, *St John* 2. 79-89. ZIMMERMANN, H., "Das Absolute *egō eimi* als die neutestamentliche Offenbarungsformel", *BZ* 4 [1960] 54-69, 266-76.)

50 (G) **Escatologia e Espírito.** Refletindo as reivindicações de Jo acerca da origem, destino e união com a vontade do Pai, Jesus é apresentado durante sua missão terrena como a singular revelação definitiva de Deus. Isto leva à convicção do evangelista de que o momento do julgamento é "agora". A revelação de Deus em Jesus é o lugar onde se deve buscar um Deus que se revelou a nós "agora". Deve-se tomar uma decisão "agora" (veja 3,16-21.35-36; 4,23; 5,24-25; 6,46-47; 9,39-41; 12,31.44-46). Esta chamada escatologia presente (realizada) é frequentemente vista como a única escatologia possível que poderia fluir da cristologia joanina, dominada pela reivindicação de Jesus: "Eu e o Pai somos um" (10,30). Por todo o evangelho, contudo, há menção de uma ressurreição e um julgamento futuros (veja 5,28-29; 6,39-40.54; 12,25.48; 14,3. 18.28). O discurso final (especialmente os caps. 15-16) faz referência frequente às tribulações que marcarão a vinda da era messiânica. Assim, apesar da centralidade de uma "escatologia presente" em Jo, há também muitas indicações de uma "escatologia futura". Se uma "escatologia presente" era o resultado do tipo de cristologia implicada na união entre Deus e Jesus expressa em 10,30, então a "escatologia futura" poderia reivindicar ser o resultado de uma cristologia que se reflete em uma outra palavra joanina de Jesus: "O Pai é maior do que eu" (14,28).

51   Estes elementos aparentemente contraditórios podem ser melhor entendidos se lermos Jo como uma história de Deus, contada através da vida, morte, ressurreição e retorno de Jesus ao Pai. Em uma história do evangelho como esta, o evangelista está intensamente interessado em Jesus, mas Jesus não é o fim da história. Deus pode ser conhecido somente por meio da revelação em e por Jesus; mas como o próprio Jesus diz a seus discípulos: "Tenho ainda muito que vos dizer, mas não podeis agora suportar" (16,12). Embora a aparição histórica de Jesus seja central na história de Jo, ela não é final. Neste aspecto, Jo é fiel à tradição. Os evangelhos sinóticos usaram uma "escatologia futura" para comunicar esta mensagem: a presença reinante de Deus é vista e experimentada na pessoa e nas ações de Jesus, mas ainda está por vir em poder e glória. Assim os evangelhos sinóticos conseguem manter Jesus no centro de seu relato, mas ainda esperam a vinda do Filho do Homem (veja especialmente Mt 23,31-46, mas o tema é abundante na tradição sinótica). As tentativas de remover os elementos "futuros" de João como tentativas equivocadas de um redator posterior (especialmente Bultmann, *John* 218-21; *TNT* 2. 38) ou de ver um desses temas como uma releitura joanina posterior de uma versão anterior (*p.ex.*, M. E. Boismard, *RB* 68 [1961] 507-24) não respondem inteiramente a questão do que o evangelho joanino significa em si. Qualquer que tenha sido a história da tradição, nosso texto atual fez sentido para alguém. Qual foi este sentido?

52   A comunidade joanina, no final do séc. I, não poderia "olhar" e "ouvir" o Jesus histórico. Eles estavam vivendo num outro estágio – o estágio do Espírito Santo, uma efusão da água viva que seria recebida pelas pessoas que cressem em Jesus, mas somente após ele ter sido glorificado (7,39). Havia algo a mais por vir *após* o ministério de Jesus. Isto foi elaborado mais plenamente nos ditos a respeito do Paráclito no discurso final. A tensão entre a presença reveladora de Jesus e o período vindouro do Espírito é mais explicitamente expressa em 14,25-26: "Estas coisas vos disse estando entre vós. Mas o Paráclito, o Espírito Santo que o Pai enviará em meu nome, vos ensinará tudo e vos recordará tudo o que vos disse". Todos os verbos nesta passagem estão no futuro (veja também 16,13-15). O relacionamento entre Deus e Jesus (um Pai que envia um Filho) é repetido no relacionamento que existirá entre o Paráclito e o Pai. Mas o envio do Paráclito depende da partida do Filho (16,7). A comunidade joanina experimentou a revelação do Pai por meio da ação do Espírito, não por meio do contato direto com Jesus. Contudo, ainda é a história de Jesus contando a história de Deus que eles devem ouvir, visto que o Paráclito não traz uma revelação nova. Esta ocorreu uma única vez – em Jesus –, mas o Paráclito aplica e elucida o que já estava presente em Jesus e suas palavras (veja *BGJ* 2. 1135-44). O evangelho existe por causa desta verdade: "Felizes os que não viram [os acontecimentos históricos da história de Jesus] e creram" (20,29; também 17,20).

53   A história da vida de Jesus não é o fim da autorrevelação de Deus. Era preciso

lidar com a experiência da vida e morte dentro da própria comunidade. João foi escrito no final do séc. I, quando a morte certamente era um dos problemas sérios da comunidade (e a morte do próprio Discípulo Amado indica que este era o caso [21,20-23]). É possível que este evangelho não tivesse interesse no "outro lado da morte"? Durante os anos de sua jornada – tanto física quanto espiritual –, os membros da comunidade joanina morreram e ainda estavam morrendo. O "Quem escuta a minha palavra e crê naquele que me enviou *tem a vida eterna*" (5,24) não era toda a resposta, e este evangelista retornou à mais antiga tradição cristã para encontrar sua resposta numa "escatologia futura" que não negasse a verdade da importante "escatologia presente".

54 Então, não há contradição entre 10,30 e 14,28. A história da vida de Jesus de Nazaré não é o final da história de Deus. Contudo, é vital para Jo que o leitor esteja plenamente consciente de que o Deus revelado em Jesus era verdadeiramente Deus. Jesus não está revelando algum Deus secundário. "Todavia, ele é *Deus revelatus*; não o abismo total da Divindade, mas o Deus conhecido" (Barrett, *Essays* 12). A comunidade que vive após a glorificação de Jesus na Páscoa, na presença do Espírito, está consciente disto. Schillebeeckx (*Christ* 426-27) resumiu isto muito bem:

O "já agora" e o "ainda não" são preservados, mas numa comunidade que vive no presente da graça pascal. A tensão é reproduzida no que é claramente um texto joanino autêntico: "Eu sou a ressurreição e a vida; quem crê em mim *ainda que morra*, viverá. E quem vive e crê em mim *jamais morrerá*" (11,25). É exatamente neste ponto que encontramos o paradoxo joanino da vida eterna do cristão que já começou; desde a Páscoa ele é "de Deus" (como Jesus), e, não obstante, ainda sabe que deve ser ressuscitado no último dia – um grão de trigo, como Jesus!

(Betz, O., *Der Paraklet* [AGJU 2; Leiden, 1963]. Blank, J., *Krisis* [Freiburg, 1964] Burge, G. M., *The Anointed Community: The Holy Spirit in the Johannine Tradition* [Grand Rapids, 1986]. De la Potterie, I., "Parole et Esprit dans S. Jean", *L'Évangile de Jean* [ed. M. de Jonge; BETL 44; Gembloux, 1977] 177-201. Franck, E., *Revelation Taught: The Paraclete* [ConBNT 14; Lund, 1985]. Johnston, G., *The Spirit-Paraclete in the Gospel of John* [SNTSMS 12; Cambridge, 1970]. Kysar, R., "The Eschatology of the Fourth Gospel – A Correction of Bultmann's Hypothesis", *Perspective* 13 [1972] 23-33. Müller, U. B., "Die Parakletenvorstellung im Johannesvangelium", *ZTK* 71 [1974] 31-77. Porsch, F., *Pneuma und Wort* [FrTS 16; Frankfurt, 1974]. Richter, G., "Präsentische und futurische Eschatologie im vierten Evangelium", em *Gegenwart und kommendes Reich* [ed. P. Fiedler e D. Zeller; Stuttgart, 1975] 117-52. Schnackenburg, R., "Die johanneische Gemeinde und ihre Geisterfahrung", *Die Kirche des Anfangs* [Festschrift H. Schürmann; ed. R. Schnackenburg, et al.; Leipzig, 1977] 277-306.)

A RESPOSTA DOS CRENTES

55 (I) Sinais e fé. De modo significativo, para caracterizar a resposta de fé, Jo utiliza apenas o verbo *pisteuein* (98 vezes), nunca o substantivo *pistis*. A comunidade joanina está numa jornada de fé, e talvez em nenhuma parte isto se reflita melhor do que na escolha de uma "palavra-ação" dinâmica para falar desta jornada. A narrativa de João se desenvolve entre duas passagens explicitamente voltadas para os leitores. Em 1,1-18, o leitor recebe as soluções para o mistério de Jesus. A "história" que segue, contudo, é a história de vários grupos e indivíduos que não tinham lido 1,1-18. Só o leitor leu o prólogo. Assim, as pessoas com frequência "entendem" Jesus "equivocadamente" na história (veja Culpepper, *Anatomy* 151-65). Elas têm apenas os sinais e suas palavras para se guiar, e com frequência não conseguem penetrar no mistério de Jesus, de onde ele vem (7,40-42; 8,23-24.42-44; 9,29.33), quem ele é (1,38.41.45.49;

3,2; 4,19.25-26; 6,25), ou o que ele veio fazer (2,19-20; 3,11-12; 4,13-15; 6,32-34.51-52). Os leitores são informados no final desta história de "compreensão equivocada" que ela foi contada para que *eles* cresçam mais profundamente em sua fé em Jesus Cristo como o Filho de Deus e tenham vida em seu nome (20,31). Este evangelho não está escrito para nos falar da experiência de fé das pessoas "na história", mas para desafiar a fé das pessoas que estão "lendo a história" (Culpepper, *Anatomy* 15-49), que devem perguntar: "Qual é minha posição?"

56 Em todo evangelho de Jo, vários estágios de fé são apresentados na experiência de diferentes personagens que se encontram com Jesus e são chamados a uma decisão mediante sua palavra e pessoa. Isto parece ser um tema central na seção de Jo 2,1-4,54 que se passa entre Caná a Caná (*BGJ* 1. cxlii; F. J. Moloney, *Salesianum* 40 [1978] 817-43). Nos dois milagres de Caná, respectivamente a mãe de Jesus e um funcionário real se confiam à eficácia da palavra de Jesus, qualquer que seja o custo (2,4-5; 4,48-50). Sua fé leva a um "sinal", e aos primeiros passos da fé em outras pessoas (2,6-11; 5,51-53). Entre estes dois relatos existem seis outros exemplos de fé. O evangelista desafia seus leitores por meios desses exemplos. Aqueles que não aceitam a "palavra" de Jesus (*p.ex.*, "os judeus" [2,12-22] e a mulher samaritana a princípio [4,1-15] devem ser julgados como pessoas que não creem. Existe uma dificuldade a mais na jornada de fé para qualquer pessoa pare no aspecto exterior dos sinais, entendendo-os dentro das categorias determinadas pela cultura e história (*p.ex.*, Nicodemos [3,1-21] e a mulher samaritana, num segundo momento [4,16-26]). Este "estágio da fé" deve ser entendido como parcial. Ele não é o fim da história, como mostra a jornada subsequente de Nicodemos (veja 7,50-52; 19,38-42). Como indicam os exemplos da mãe de Jesus e funcionário real, a verdadeira fé é um compromisso incondicional com "a palavra", *i.e.*, a revelação de Deus na palavra e pessoa de Jesus (*p.ex.*, João Batista [3,22-36] e os aldeães samaritanos [4,39-42]. Os exemplos poderiam ser multiplicados, mas estes são suficientes para mostrar que o evangelista convida seus leitores a fazer sua própria jornada partindo da não fé, passando pela fé parcial e chegando até a fé plena.

57 Quanto à complicada questão dos "sinais", em diversas ocasiões o Jesus joanino parece ter uma postura crítica para com uma fé baseada em sinais (2,23-25, e o exemplo subsequente de Nicodemos, com as limitações de uma "fé baseada em sinais" expressas em 3,2; → João, 61:45). Mas o evangelho termina com o evangelista declarando que escreveu um livro que conta a história dos "sinais" de Jesus para levar as pessoas à fé (20,31). Esta dificuldade foi frequentemente explicada afirmando-se que o evangelista estava usando uma fonte antiga que continha relatos de milagres do tipo sinótico, e que ainda existe certo conflito entre a fonte e o uso joanino dela, o que leva a aparentes contradições. Embora seja muito provável que o evangelista tenha efetivamente usado uma "fonte de sinais", não há necessidade de se concluir que ele a tenha usado mal (veja R. T. Fortna, *The Gospel of Signs* [SNTSMS 11; Cambridge, 1970]; W. Nicol, *The Semeia in the Fourth Gospel* [NovTSup 27; Leiden, 1972]). O que se deve compreender é que, embora os "sinais" sejam importantes para João, eles são o que ele os chama – sinais. Quando os crentes baseiam sua fé apenas em sinais, esta fé é insuficiente. É uma fé incipiente que pode levá-los à fé verdadeira (Nicodemos), mas também é possível que os sinais não os levem adiante (especialmente 6,26: "Vós me procurais, não porque vistes sinais, mas porque comestes dos pães e vos saciastes"). Os sinais que se tornam um fim em si mesmos e não levam o crente a um reconhecimento mais profundo da revelação de Deus na palavra e pessoa de Jesus são inúteis. Contudo, os sinais podem conduzir o crente, indo além dos sinais, a um reconhecimento de que Jesus Cristo é o Filho de Deus; então se pode ter vida em seu nome (20,30-31).

(*BGJ* 1. 525-32. BARON, M., "La progression des confessions de foi dans les dialogues de S. Jean", *BVC* 82 [1968] 32-44. GIBLIN, C. H., "Suggestion, Negative Response, and Positive Action in St. John's Portrayal of Jesus", *NTS* 26 [1979-80] 197-211. HAHN, F., "Sehen und Glauben im Johannesevangelium", *Neues Testament und Geschichte* [Festschrift O. CULLMANN; ed. H. BALTENSWEILER, et al.; Tübingen, 1972] 125-41. PAINTER, *John* 71-85. SCHNACKENBURG, *St John* 1. 558-75. WALTER, L., *Foi et incredulité selon S. Jean* [Lire la Bible, 43; Paris, 1976].)

58 (II) Sacramentos. A tensão entre a presença reveladora de Deus em Jesus "agora" e a necessidade de olhar para algum momento futuro surge novamente em alusões à vida sacramental da comunidade. Alguns estudiosos propõem uma forte presença de alusões sacramentais (especialmente O. Cullmann, *Early Christian Worship* [SBT 10; London, 1953]). Outros sustentam que estas referências foram acrescentadas por um redator eclesiástico posterior, numa tentativa de fazer o "evangelho da palavra" original se conformar mais estreitamente aos costumes da protoigreja (especialmente Bultmann, *John* 138-40, 300, 324-25, 677-78; *TNT* 2. 3-14). Independentemente de sua origem, referências claras à eucaristia e ao batismo se encontram em 3,5; 6,51c-58; 19,34; e 1Jo 5,8. É possível entender estas referências como uma parte coerente da teologia joanina (→ João, 61:50-51)?

59 No final do séc. I, Jo proclama que um Deus que ama enviou seu único Filho ao mundo (3,16-17). Este Filho, Jesus Cristo, tinha uma tarefa (*ergon*) a consumar (especialmente 4,34; 17,4). Esta tarefa era dar a conhecer a Deus, de modo que homens e mulheres pudessem chegar à vida eterna (17,2-3). Ele realizou esta tarefa de muitos modos: mediante seus discursos (*logos* e *rhēmata*), mediante seus "sinais" (*sēmeia*) e mediante o supremo ato de amor, quando é "elevado" na cruz (3,13-14; 8,28; 12,32; 13,1; 15,13; 19,30). Jesus não apenas "fala" e "dá sinais" de sua união com um Pai que ama (10,30), mas revela este Pai amando de modo completo. João exige que os crentes "olhem" para Jesus, o revelador singular de Deus (especialmente 1,18; 3,13; 6,46; 8,38), para ver a revelação do Pai. Isto é prometido no programático versículo 1,51: "*Vereis o céu aberto*"; e é repetido como uma antífona por todo o evangelho (veja 1,18; 4,45; 5,37; 6,2.36; 8,38.57; 9,37; 11,40; 14,7.9; 15,24; 16,16-17; 19,22.35) culminando nas palavras finais da cena na cruz: "*Olharão* para aquele que traspassaram" (19,37; C. Traets, *Voir Jésus et lê Père en Lui selon l'Évangile de Saint Jean* [AnGreg 159; Rome, 1967]).

60 Este ensinamento é muito claro, mas Jesus não estava mais presente para a comunidade joanina no final do séc. I. Como se observou anteriormente, a ausência da revelação física da glória de Deus na pessoa de Jesus representou um problema para a comunidade. A presença de Jesus é assegurada por todo o discurso final (especialmente 13,31-14,31) e em sua oração final (especialmente 17,9-19), mas como ele está presente? Sem dúvida, a proclamação de Jesus como "a Palavra" ou "o Verbo" era uma grande parte da resposta, mas uma outra parte está refletida na experiência dos sacramentos por parte da comunidade joanina. As duas não precisam contradizer-se mutuamente. Por todo o texto de 6,25-58, um único tema é expresso várias vezes, mas com a maior clareza em 6,40: "Sim, esta é a vontade de meu Pai: quem vê o Filho e nele crê tem a vida eterna", e em 6,46-48: "Não que alguém tenha visto o Pai; só aquele que vem de junto de Deus viu o Pai. Em verdade, em verdade, vos digo: aquele que crê tem a vida eterna". Poder-se-ia entender a reação da comunidade joanina em face deste ensino: "Mas onde está ele, para que o vejamos e, assim, cheguemos a conhecer o Pai e possuir a vida eterna?" A resposta a esta pergunta é dada em 6,51c-58: na carne e no sangue de Jesus na celebração eucarística da comunidade. A eucaristia, para a comunidade joanina, era a presença do ausente (veja F. J. Moloney, *DRev* 93 [1975] 243-51).

61 A mesma técnica é usada em 19,34. Todo o relato da paixão culminou na exaltação de Jesus como rei em sua cruz (19,17-21). Ali ele fundou sua igreja (19,25-27) e levou à perfeição a tarefa que seu Pai lhe tinha dado (19,28-30). Esta é a compreensão joanina de um acontecimento passado, mas como ele deve se tornar parte da experiência presente da comunidade? A resposta se encontra em 19,34, quando se descreve que o sangue e a água, os sacramentos da eucaristia e do batismo que dão vida, descem sobre a igreja nascente vindo do rei elevado em seu trono. Em ambos os sacramentos, então, a comunidade joanina pode encontrar a presença do ausente.

(Sobre os sacramentos: BARRETT, *Essays* 80-97. BROWN, R. E., *New Testament Essays* [New York, 1982; ensaio original, 1962] 51-76. *BGJ* 1. cxi-cxiv. KLOS, H., *Die Sakrament im Johannesevangelium* [SBS 46; Stuttgart, 1970]. LÉON-DUFOUR, X., *NTS* 27 [1980-81] 439-56. MATSUNAGA, K., *NTS* 27 [1980-81] 516-24. MOLONEY, F. J., *AusBR* 30 [1982] 10-33. SCHNACKENBURG, R., em *SP* 2. 235-54. TRAGAN, P. R. (ed.), *Segni e Sacramenti nel Vangelo di Giovanni* [*SAns* 66; Roma, 1977], especialmente E. MALATESTA, pp. 165-81; S. M. SCHNEIDERS, pp. 221-35.)

62 (III) Conclusão. João conduz o leitor a um ponto de decisão, como se afirma no objetivo expresso do escrito: "para crerdes que Jesus é o Cristo, o Filho de Deus, e para que, crendo, tenhais vida em seu nome". Não conhecendo meio-termo, João apresenta apenas duas possibilidades: perecer ou ter a vida eterna (3,16). A humanidade se defronta inexoravelmente com estas alternativas, presa numa luta entre forças cósmicas. De um lado estão as trevas (cegueira, mal, este mundo, o Príncipe deste mundo) e do outro lado está a luz (visão, o Espírito, vida). Escolher as trevas significa morte, mas a possibilidade de luz e vida foi revelada agora em Jesus Cristo. Nós nos julgamos por nossa própria e livre decisão a favor ou contra a revelação do Deus revelado em e por meio de Jesus Cristo. Podemos fixar nosso olhar nele e ser salvos (3,13-14; 8,28; 12,32; 19,37).

Bibliografia

Cada artigo neste comentário possui extensas bibliografias. Entre esta profusão de referências, a seguinte lista limitada ajudará o estudante a selecionar os livros básicos em inglês (onde possível) que possam desejar consultar ou comprar.

GERAL

Bíblias em Inglês (para propósito de sala de aula e estudo):
The New Oxford Annotated Bible with the Apocrypha: Expanded Edition (New York: Oxford, 1977). Esta emprega a RSV com notas de rodapé úteis e excelentes mapas.
The New Jerusalem Bible (GC: Doubleday, 1985). Notas úteis.
The New American Bible (Saint Joseph ed.; New York: Catholic Book Publishing Co., 1970).
A NAB também foi publicada por outras editoras. Em 1987 apareceu o The New Testament: Revised Edition (Saint Joseph ed.; New York: Catholic Publishing Co.). A tradução é o resultado dos labores dos membros da Catholical Biblical Association of America.

Dicionários:
Achtemeier, P. J. (ed.), Haper's Bible Dictionary (SF: Harper & Row, 1985).
Buttrick, G. A. (ed.), The Interpreter's Dictionary of the Bible (4 vols.; Nash: Abingdon, 1962). Um importante Volume Suplementar (ed. K. Crim) foi publicado em 1976.

Atlas:
May, H. G. (ed.), Oxford Bible Atlas (3a ed.; New York: Oxford, 1985). Os mapas deste atlas são usados na New Oxford Annotated Bible (veja acima).
Rogerson, J. (ed.), Atlas of the Bible (New York: Facts on File, 1985).
Pritchard, J. B. (ed.), The Harper Atlas of the Bible (New York: Harper & Row, 1987).

Bibliografia:
Fitzmyer, J. A., An Introductory Bibliography for the Study of Scripture (Subsidia biblica 3; Roma: Biblical Institute, 1981).
North, R. (ed.), Elenchus of Biblica (Roma: Biblical Institute). Este anuário é conhecido principalmente como Elenchus bibliographicus biblicus e fornece uma quantia enorme de material bibliográfico.
Também são úteis BL, NTA, OTA.

História dos Textos e das Versões:
Kenyon, F. e A. W. Adams, Our Bible and the Ancient Manuscripts (New York: Harper, 1958).
Metzger, B. M., The Early Versions of the New Testament: Their Origin, Transmission and Limitations (Oxford: Clarendon, 1977).
Aland, K. e B., The Text of the New Testament (GR: Eerdmans, 1987).
Wurthwein, E., The Text of the Old Testament (ed. rev.; GR: Eerdmans, 1979).

Geografia:
Baly, D., The Geography of the Bible (rev. ed.; New York: Harper, 1974).

Arqueologia:
Avi-Yonah, M., *et al.* (eds.), Encyclopedia of Archaeological Excavations in the Holy Land (4 vols.; EC: Prentice Hall, 1975-78).

Concordâncias:
Whitaker, R. W. (ed.), Eerdmans Analytical Concordance to the Revised Standard Version (GR: Eerd-mans, 1988).
Ellison, J. W. (ed.), Nelson's Complete Concordance of the Revised Standard Version of the Bible (2ª ed.; New York: Nelson, 1984).
Hartdegen, S. (ed.), Nelson's Complete Concordance of the New American Bible (Collegeville, MN: Liturgical, 1977).

Periódicos:
The Catholic Biblical Quarterly, Interpretation, The Journal of Biblical Literature, Biblical Theology Bulletin

ANTIGO TESTAMENTO

Pano de Fundo:
Anderson, B. W., Understanding the Old Testament (4a ed.; EC: Prentice Hall, 1986).
Boadt, L., Reading the Old Testament: An Introduction (New York: Paulist, 1984). Popular.
De Vaux, R., Ancient Israel (New York: McGraw-Hill, 1961).
Eissfeldt, O., The Old Testament: An Introduction (New York: Harper, 1965). Uma obra de referência padrão.
Miller, J. M. e J. H. Hayes, A History of Ancient Israel and Judah Fil: Westminster, 1986).
Herrmann, S., A History of Israel in Old Testament Times (2a ed.; Phl: Fortress, 1981).
Rendtorff, H., The Old Testament: An Introduction Fil: Fortress, 1986).
Reventlow, H., Problems of Old Testament Theology in the Twentieth Century (Fil: Fortress, 1985).

Bíblia Hebraica e Aramaica:
Obras Introdutórias:
Johns, A. F., A Short Grammar of Biblical Aramaic (Berrien Springs: Andrews University, 1966).
Lambdin, T. O., introduction to Biblical Hebrew (New York: Scribner, 1971).
Weingreen, J., A Practical Grammar for Classical Hebrew (2a ed.; Oxford: Clarendon, 1959).

Texto:
Biblia hebraica stuttgartensia (Stuttgart: Deutsche Bibelgesellschaft, 1977).

Dicionário:
Brown, F., S. R. Driver, e C. A. Briggs, A Hebrew and English Lexicon of the Old Testament (impressão corrigida; Oxford: Clarendon, 1952).

Gramática:
Gesenius, W. e E. Kautzsch, Gesenius' Hebrew Grammar (trad. A. E. Cowley; Oxford: Clarendon, 1910).

Concordância:
Mandelkern, S., Veteris Testamenti concordantiae hebraicae et chaldaicae (9a ed.; Jerusalém: Schocken, 1971).

Septuaginta:
Texto:
Rahlfs, A., Septuaginta (2 vols.; 3a ed.; Stuttgart: Wu~rttembergische Bibelanstalt, 1949).
The Septuagint Version of the Old Testament and Apocrypha, with an English Translation (Londres: Bagster; New York: Harper, 1900). Não é um texto crítico, mas conveniente.

Concordância:
Hatch, E. e H. Redpath, A Concordance to the Septuagint (2 vols.; Graz: Akademische Verlagsanstalt, 1954).

NOVO TESTAMENTO

Pano de Fundo:
Kümmel, E. G., Introduction to the New Testament (rev. H. C. Kee; Nash: Abingdon, 1975) [em port.: Introdução ao Novo Testamento, Paulus, São Paulo, 2ª ed., 1997].
Perkins, P., Reading the New Testament (2a ed.; New York: Paulist, 1988). Popular.

Novo Testamento Grego:
Obras Introdutórias:
Gignac, F. T., An Introductory New Testament Greek Course (Chicago: Loyola University, 1973).

Texto:
Aland, K., et al. (eds.), Nestle-Aland: Greek English New Testament (26a ed.; Stuttgart: Deutsche Bibelgesellschaft; New York: United Bible Societies, 1979).

Dicionário:
Bauer, W., A Greek-English Lexicon of the New Testament (ed. W. F. Arndt, et al.; 2a ed.; Chicago: University of Chicago, 1979).

Gramática:
Blass, F. e A. Debrunner, A Greek Grammar of the New Testament (ed. R. W. Funk; Chicago: University of Chicago, 1961).

Concordâncias:
Moulton, W. F. e A. S. Geden, A Concordance to the Greek Testament (5a ed.; Edinburgh: Clark, 1978).
Aland, K., et al., Vollständige Konkordanz zum griechischen Neuen Testament (2 vols.; Berlim/New York: De Gruyter, 1975-83).

Textos Paralelos do Evangelho:
Sinóticos:
Huck, A. e H. Greeven, Synopse der drei ersten Evangelien mit Berg abe derjohanneischen Parallelstellen--Synopsis of the First Three Gospels with the Addition of the Johannine Parallels (13a ed.; Tübingen: Mohr [Siebeck], 1981).

Quarto Evangelhos:
Aland, K., Synopsis of the Four Gospels: Greek English Edition of the Synopsis Quattuor Evangeliorum with the Text of the Revised Standard Version (Stuttgart/New York: United Bible Societies, 1972).

ÁREAS RELACIONADAS

Vermes, G., The Dead Sea Scrolls in English (3a ed.; Londres/New York: Penguin, 1987).
Charlesworth, J. (ed.), The Old Testament Pseudepigrapha (2 vols.; GC: Doubleday, 1983-85).
Sparks, H. F. D. (ed.), The Apocryphal Old Testament (Oxford: Clarendon, 1984).
Hennecke, E. e W. Schneemelcher, New Testament Apocrypha (ed. R. M. Wilson; 2 vols.; Fil: Westminster, 1964).
Robinson, J. M. (diretor), The Nag Hammadi Library in English (New York: Harper & Row, 1977).

Índice de Autores

A

Aageson, J. W. - 566
Abbott, T. K. - 1047
Abbott, W. M. - 1056, 1161
Abel, F.-M. - 1087, 1177, 1180, 1214, 1222, 1264, 1301, 1304
Abogunrin, S. O. - 250
Abraham, W. J. - 885, 901
Achneider - 368
Achtemeier, P. J. - 68, 248, 366, 369, 382, 515, 885, 1116, 1122, 1559
Ackroyd, P. R. - 1073, 1298
Adam, A. - 1311
Adams, A. W. - 1001
Adamson J. B. - 667
Adinolfi, M. - 468, 475
Agbanou, V. K. - 207
Agnew, F. H. - 1569, 1574
Aharoni, Y. - 991, 992, 1088, 1177, 1179, 1205, 1217, 1224, 1225, 1230, 1233, 1251, 1254, 1263, 1280, 1284, 1288, 1289, 1297
Ahern, B. - 490, 1161
Ahlström, G. W. - 1083
Aland, B. - 773, 1001, 1034, 1492
Aland, K. - 49, 618, 907, 937, 941, 977, 1001, 1037, 1046, 1049, 1050, 1052
Albert, M. - 475
Albertz, R. - 245
Albrektson, B. - 1034, 1263
Albright, W. F. - 954, 955, 1011, 1084, 1185, 1186, 1207, 1209, 1213, 1217, 1218, 1223, 1225, 1228, 1229, 1232, 1235, 1236, 1240, 1241, 1242, 1244, 1245, 1247, 1250, 1251, 1253, 1254, 1256, 1263, 1273, 1274, 1276, 1279, 1280, 1281, 1289, 1290, 1294, 1296, 1297, 1298, 1299, 1300, 1301, 1329, 1390, 1391
Aletti, J.-N. - 611, 612, 907
Alexander, P. A. - 950, 997
Alexandre, J. T. - 1322, 1480
Allan, J. A. - 617, 618, 622, 1600

Allan, N. - 1338
Allegro, J. M. - 975, 980, 981, 982
Allison, D. C. - 175, 1534, 1537, 1541
Allmen, J. J. von - 513,
Allo, E.-B. - 453, 459, 487, 497, 835, 1583, 1607
Almagno, R. S. - 513
Alon, A. - 1177
Alt, A. - 1081, 1273, 1279, 1291, 1333, 1387, 1392, 1414, 1416
Altaner, B. - 1492
Alter, R. - 1089, 1150
Altermath, F. - 484
Althaus, P. - 515, 542, 556, 567
Ambrozic, A. - 68
Amiran, D. - 1177
Amiran, R. - 1217
Amsler, S. - 1145
Amstutz, J. - 490
Anderson, B. W. - 1121, 1145, 1146, 1404
Anderson, C. - 1449
Anderson, G. W. - 1061, 1083
Anderson, H. - 1093, 1560
Andrae, W. - 1221
Andreasen, N. E. - 1329
Andresen, C. - 543
Annen, F. - 263
Aono, T. - 498
Ap-Thomas, D. R. - 1001, 1082
Arendt, H. - 168
Arens, E. - 173
Arichea, D. C. - 1608
Arnaldich, L. - 988
Arnold, M. - 1245
Ashton, J. - 742, 1647
Askew - 972, 1519
Asmussen, H. - 519
Astruc, J. - 1066, 1068, 1076
Attridge, H. W. - 689, 773, 995
Audet, J.-P. - 1510
Auffret, P. - 977, 1603
Aulén, G. - 1449
Aune, D. E. - 479, 836, 480, 845, 850, 851, 873

Aus, R. D. - 281, 597, 600
Austgen, R. J. - 1640
Auvray, P. - 1064
Avigad, N. - 981, 991, 1217, 1225, 1247, 1258
Aviram, J. - 1217,1224
Aviram, Y. - 991
Avi-Yonah, M. - 1177, 1178, 1180, 1217, 1263, 1264, 1311
Ayuso, T. - 1036, 1048

B

Baarda, T. - 500, 1032, 1033
Babcock, W. S. - 1122
Bächli, O. - 1199
Bachmann, M. - 481
Bacon, R. - 1140
Bacuez, M. - 1076, 1163
Badia, L. F. - 987
Báez-Camargo, G. - 1217
Bagatti, B. - 1224
Bagatti, E. - 93
Bahr, G. J. - 404, 486
Bailey, J. A. - 598, 597
Bailey, K. E. - 1543
Baillet, M. - 975, 978,1012
Baird, W. – 493, 1588, 1600
Baker, A. - 1068
Balch, D. L. - 616, 660, 1121
Baldi, D. - 1177
Baltensweiler, H. - 156 1644, 1664
Balthasar, H. U. von - 1527
Baltzer, K. - 163, 291, 956, 1416
Baly, D. - 1177, 1188, 1214
Balz, H. D. - 80, 95, 507, 817, 1616
Bamberger, B. J. 202
Bammel, E. - 107, 299, 578, 799, 1451, 1460, 1468
Bander, B. - 1184
Bandstra, A. J. - 614
Banks, R. J. - 659, 1459, 1483, 1615, 1658
Bar-Adon, P. - 991
Baras, Z. - 1311
Barbour, R. S. - 210, 1136
Barclay, W. - 835, 1048
Bardenhewer, O. - 586
Bardtke, H. - 975, 977
Barkay, G. - 1011
Barker, K. - 1057
Barnouin, M. - 597
Barnstone, W. - 948
Baron, M. - 1664
Barr, D. L. - 311

Barr, J. - 543, 902, 953, 1056, 1123, 1142, 1145, 1446, 1582
Barr, W. R. - 963
Barre, M. L. - 465, 510, 511
Barrera, J. C. T. - 1039
Barreto, J. - 1144
Barrett, C. K. - 339, 348, 349, 350, 373, 375, 382, 392, 407, 421, 428, 453, 455, 456, 457, 459, 460, 462, 467, 472, 477, 479, 482, 484, 487, 488, 489, 492, 493, 499, 501, 508, 515, 517, 525, 528, 532, 536, 542, 544, 567, 570, 571, 576, 577, 610, 622, 633, 723, 731, 796, 1043, 1264, 1569, 1579, 1647, 1648, 1653, 1656, 1659, 1662, 1665
Barrick, W. B. - 1083, 1355
Barrosse, T. A. - 1620
Bartchy, S. S. - 467, 1614, 1615, 1645
Barth, G. - 441, 482, 131, 1629
Barth, K. - 441, 519, 556, 618, 893, 901, 902, 904, 1111, 1112, 1526
Barth, M. - 423, 617, 621, 695
Barthélemy, D. L. - 975, 992, 1001, 1019, 1020, 1021, 1022
Barthes, R. - 903
Bartlett, J. R. - 948, 1242, 1301
Barton, J. - 1061, 1153, 1430
Bartsch, H.-W. - 1052, 1560
Bassler, J. M. - 477, 527, 597, 647
Bates, R. - 625
Bates, W. H. - 487
Batey, R. A. - 184
Battle, J. A. - 571
Bauckham, R. J. - 875
Bauer, J. B. - 460, 469, 517, 1096
Bauer, W. - 1491
Bauernfeind, O. - 309, 336, 338, 356
Baum, G. - 1167
Baumbach, G. - 1617, 1656
Baumert, N. - 161, 465, 498
Baumgarten, A. I. - 1308
Baumgarten, J. M. - 543, 987
Baumstark, A. - 1034
Baur, F. C. - 409, 1096, 1097, 1098, 1099, 1104, 1573, 1590
Baus, K. - 1327
Bea, S. J. A. - 885, 1086, 1170
Beale, G. K. - 962
Beardslee, W. A. - 268, 1150, 1151
Beare, F. W. - 131, 174, 441, 442, 445, 552, 617, 618, 655, 1050

Beasley-Murray, G. R. - 835, 957, 990, 1456, 1631
Beazley, M. - 1217
Beck, G. van - 1217
Beck, J. T. - 1075
Beck, M. F. - 1030
Beck, N. A. - 187
Becker, J. - 731, 791, 958, 1320, 1442, 1491
Beckwith, R. T. - 907, 918, 924
Bedale, S. - 474
Beeck, F. J. - 1524
Beek, M. A. - 1180
Begrich, J. - 963, 1333
Behm, J. - 143, 724, 1616
Beker, J. C. - 1534, 1579, 1586, 1591
Belkin, S. - 435
Bell, A. A. - 840
Bell, H. I. - 969, 987
Bellet, P. - 1040
Bellinzoni, A. J. - 49, 59
Belo, F. - 1122
Ben-Arieh, S. - 1177
Ben-Arieh, Y. - 1197
Bencze, A. L. - 584
Bender, W. - 459
Bengel, J. A. - 1045, 1050
Benjamin, H. S. - 1194, 1206, 1207, 1209, 1210, 1289, 1298, 1608
Bennett, W. J. - 79
Benoit, A. - 318, 323, 325, 560, 607, 610, 611, 613, 618, 901, 1052, 1634, 1635
Benoit, P. - 131, 207, 211, 322, 558, 564, 593, 605, 610, 612, 617, 624, 625, 977, 885, 899, 901, 1011, 1059, 1118, 1144, 1175, 1261, 1486, 1568,1600, 1626
Bentley, J. - 1042
Bentley, R. - 1044
Bentzen, A. - 1335, 1344
Benzerath, M. - 497
Berger, K. - 404, 460, 504, 955, 1134, 1459, 1596, 1608, 1638
Berger, S. - 1039
Bermant, C. - 1269
Bernardicou, P. L. - 280
Bernegger, P. M. - 1315
Bernstein, B. - 1187
Best, E. J. - 65, 407, 586, 597, 622, 655, 907, 945, 1001, 1043, 1046 ,1120, 1638
Best, T. F. - 1121
Betti, V. - 1157
Betz, H. D. - 149, 161, 164, 285, 385, 421, 423, 424, 427, 428, 430, 435, 473, 423, 424, 427, 428, 430, 435, 500, 504, 505, 509, 511, 837, 863, 870, 1120, 1153, 1471, 1556, 1584, 1585, 1615
Betz, J. - 710
Betz, O. - 385, 457, 489, 796, 1471, 1472, 1610, 1662
Beutler, J. - 1647
Bewer, J. A. - 907
Beyschlag, K. - 948
Bickermarm, E. - 1263, 1301, 1309
Bidawid, R. J. - 961
Bieder, W. - 594, 1631
Bietak, M. - 1185
Bietenhard, H. - 510, 695, 723, 870
Bigg, C. - 655, 683
Bihler, J. - 344, 345, 349
Bihlmeyer, K. - 1327, 1509
Billerbeck, P. - 1101, 555
Bimson, J. J. - 1187
Binder, H. - 1629
Biran, A. - 1240, 1249, 1252, 1329, 1342, 1347, 1355,
Bird, P. - 1092, 1153
Bisbee, G. A. - 1514
Bismarck - 158
Bjerkelund, C. J. - 404, 470
Black, D. A. - 407, 420
Black, M. - 501, 530, 566, 574, 611, 951, 952, 953, 957, 968, 974, 1001, 1034, 1102
Blackman, P. - 1000
Blake, G. - 1180
Blanc, L. F. G. - 1012
Blank, J. - 1662
Bläser, P. - 1137
Bleiberg, E. L. - 1185
Blenkinsopp, J. - 907
Blevins, J. L. - 65, 68, 1103
Bligh, J. - 434, 1058
Blinzler, J. - 470, 1319, 1471, 1472, 1571
Bliss, F. - 1247, 1256
Bloch, J. - 961
Bloch, R. - 541, 999
Boccaccio, P. - 973
Bochart - 1220
Böcher, O. - 378, 835, 385, 492, 501, 1656
Bodenheimer, F. S. - 1177
Bodine, W. R. - 1020
Boeker, H. J. - 1417
Boer, W. P. den - 279, 473
Boers, H. - 407, 1093, 1103, 1105, 1107
Boff, L. - 1122
Bogaert, M. - 1039

Bogaert, P. - 962
Bogart, J. - 817
Böhl, F. M. T. de L. - 1382
Böhlig, A. - 683, 876
Böhlig, H. - 1481
Boismard, M.-É. - 59, 60, 61, 62, 63, 315, 522, 656, 659, 670, 731, 738, 840, 1047, 1048, 1052, 1051, 1059, 1118, 1604, 1636
Bokser, B. M. - 1377
Bomberg, D. - 1016
Bömer, F. - 1615
Bonnard, P. - 421, 423, 430, 441, 447, 542, 817
Bonner, G. I. - 545
Bonsirven, J. - 154, 156, 521, 689, 693, 694, 710, 718, 1101, 1138
Boobyer, G. H. - 875, 882, 1556
Boomershine, T. E. - 1566
Borg, M. - 1645
Borgen, P. - 735, 790, 994, 1558, 1552, 1647
Borig, R. - 797
Boring, M. - 1451
Bornkamm, G. - 131, 149, 160, 165, 167, 370, 375, 377, 378, 379, 471, 488, 709, 558, 383, 487, 516, 595, 701, 841, 855, 874, 1115, 1120, 1463, 1469, 1449, 1475, 1483, 1559, 1579, 1629, 1631, 1636
Borse, U. - 343, 344, 367, 368, 369, 421
Bosham, H. de - 1140
Bossuet - 1064
Bostock, D. G. - 1554
Botte, B. - 1039, 1040, 1041
Bottini, G. - 681
Boucher, M. - 435, 475, 1543, 1550
Bourguet, E. - 1477, 1479
Bourke, M. M. - 578
Bousset, W. - 835, 841, 846, 1105, 1112, 1525, 1603
Bouttier, M. - 1632
Bover, J. M. - 1046
Bovon, F. - 217, 309, 322, 326, 329, 334, 358, 966
Bowersock, G. W. - 427
Bowker, J. - 362, 364, 1031
Bowman, J. W. - 841, 1012
Boyle, M. O'R. - 673
Braaten, C. E. - 1112, 1449
Braidwood, R. J. - 1263
Brandenburger, E. - 207, 570, 962, 1608
Brandon, S. - 1451. 1471
Branick, V. - 458
Brassac, A. - 1163, 1479
Bratcher, R. C. - 1057

Brauch, M. T. - 1596
Braun - 1451, 1470, 1472, 1473
Braun, F.-M. - 969, 1118, 1163
Braun, H. - 491, 500, 963, 974, 1449
Breasted, J. - 1229
Brecker - 956
Breech, E. - 961
Breech, J. - 1449, 1543
Brenner, A. - 1092
Bright - 1263, 1273, 1281
Bright, J. - 1084, 1279
Bring, R. - 571, 1584, 1594
Brinkman, J. - 328
Brinsmead, B. H. - 421
Brocke, M. - 160
Brockington, L. H. - 962, 1617
Brockman, A. C. - 1285
Brodie, T. - 315
Broek, R. van den - 1492
Broer, I. - 150, 328, 334, 1473, 1645
Broer, L. - 407
Bromiley, G. W. - 885
Broneer, O. - 471, 1585
Brooke, A. E. - 1027
Brooke, D. - 400
Brooke, G. J. - 981, 1137
Brooten, B. - 1575
Broshi - 1247
Brown, C. E. - 692, 736, 737, 1110, 1117, 1145, 1485, 1488, 1489, 1504, 1505, 1509, 1528, 1552, 1553
Brown, F. B. - 1549
Brown, P. - 1492
Brown, R. E. - 63, 142, 143, 172, 180, 225, 229, 230, 235, 613, 623, 656, 691, 713, 731, 738, 770, 773, 793, 814, 817, 904, 907, 935, 943, 946, 947, 969, 972, 974, 981, 987, 988, 989, 990, 1001, 1114, 1117, 1118, 1119, 1120, 1122, 1123, 1144, 1145, 1146, 1158, 1161, 1165, 1174, 1175, 1188, 1217, 1290, 1387, 1438, 1451, 1461, 1473, 1489, 1475, 1491, 1492, 1523, 1531, 1545, 1552, 1554, 1564, 1649, 1560, 1569, 1594, 1647, 1651, 1665
Brown, R. M. - 1154
Brown, S. - 170, 174, 261, 322, 1102
Browning, I. - 148, 1191, 1257, 1259
Brownle, W. H. - 975, 977
Brox, N. - 633, 635, 638, 655, 656, 660, 663, 857, 941, 1579, 1611
Bruce, F. F. - 309, 407, 408, 421, 423, 475, 536, 546, 555, 558, 583, 594, 605, 606, 608, 610, 612, 617, 618, 689, 699, 700, 704, 706, 709,

710, 720, 731, 972, 1001, 1002, 1054, 1074, 1137, 1177, 1264, 1483, 1579, 1588, 1519, 1626
Bruce, J. - 951
Brueggemann, W. - 1437
Bruners, W. - 285
Brunner, E. - 519
Brunner, P. - 623
Bruns, B. - 465
Bruyne, D. de - 1035, 1036
Buchanan, C. O. - 442, 443
Buchanan, G. W. - 504, 689, 715
Büchele, A. - 258
Bucher, T. G. - 481
Büchsel, F. - 721, 1612, 1632
Buck, C. H. - 423, 1583
Budick, S. - 999
Buhl, M. L. - 1345
Bühner, J.-A. - 548, 1653
Buis, P. - 1416
Buit, M. Du - 1177
Bujard, W. - 606
Bull, R. - 1256, 1258, 1302
Bultmann, R. - 178, 206, 375, 395, 429, 449, 461, 467, 487, 493, 524, 544, 567, 572, 656, 694, 698, 706, 731, 766, 770, 817, 856, 904, 1080, 1094, 1100, 1105, 1107, 1108, 1109, 1110, 1111, 1112, 1113, 1114, 1115, 1117, 1145, 1146, 1176, 1449, 1452, 1453, 1458, 1465, 1468, 1526, 1534, 1536, 1548, 1552, 1554, 1555, 1556, 1560, 1579, 1585, 1590, 1591, 1592, 1596, 1599, 1602, 1603, 1605, 1612, 1621, 1626, 1629, 1633, 1639, 1640, 1647, 1649, 1660, 1661, 1664
Bunyan - 1055
Burchard, C. - 348, 349, 351, 352, 353, 384, 385, 391, 675, 726, 982
Burge, G. M. - 1662
Burghardt, W. - 1139, 1492
Buri, F. - 1110
Burnett, F. W. - 205
Burney, C. F. - 610, 1102
Burrows, M. - 973, 974, 975, 980
Burtchaell, J. T. - 675, 885
Burton, E. de W. - 58, 421
Busink, T. - 1350
Buss, M. J. - 362, 363, 364, 1061, 1079, 1091
Busse, U. - 249, 251, 262, 267, 277, 288, 300, 358
Butler, B. C. - 61, 62, 887
Butterworth, C. C. - 1002
Buzy, D. - 1233

Byrne, B. - 464, 553, 1584
Byron, B. - 468

C

Caba, J. - 192
Cadbury, H. J. - 217, 309, 310, 314, 318, 330, 344, 351, 369, 392, 462, 473, 1475, 1535
Cahill, P. J. - 1109, 1114, 1146
Caird, G. B. - 441, 442, 593, 605, 607, 617, 618, 868, 872, 835, 1543
Caldbury - 322
Callan, T. - 1491
Calloud, J. - 1148
Cambe, M. - 1608
Cambier, J. - 542, 624, 1615
Camelot, P.-Th. - 1139, 1510
Cameron, R. - 63, 948, 968, 971, 1492
Campbell, E. F. - 1084, 1179, 1279
Campbell, T. H. - 1475, 1477
Campbell, W. S. - 566, 572
Campenhausen, H. F. von - 907, 1491, 1562, 1569, 1643
Canévet, M. - 1139
Cangh, J.-M. van - 93, 1556
Cannon, G. E. - 605, 607, 613, 614
Cano, M. - 895
Cantinat, J. - 667, 668
Caquot, A. - 948
Caragounis, C. C. - 548, 553, 1465
Carlson, R. - 1288
Carlston, C. E. - 180, 280, 709, 1543
Carmignac, J. - 898, 973, 977, 979, 984, 1118
Carr, W. - 611
Carrez, M. - 493, 495, 637, 660
Carroll, R. P. - 1091
Carson, D. A. - 731, 741, 799, 907, 1123
Carson, H. M. - 593
Carston - 1550
Cartlidge, D. R. - 468
Cartuxo, D. o - 1141
Cary, M. - 1179
Casabona, J. - 468
Case, S. J. - 1121
Casetti, P. - 1049
Casey, P. - 1465
Casey, R. - 350
Cassem, N. H. - 885
Cassidy, R. J. - 191, 278, 292
Cassirer, E. - 1396
Casson, L. - 232, 510
Cassuto, M. D. - 1017, 1088

Castellino, G. R. - 548
Castelot, J. J. - 1329
Castro, F. P. - 1012, 1014, 1017
Catchpole, D. - 1468, 1471, 1472
Cavallin, H. C. C. - 524, 876
Cazelles, H. - 637, 1087, 1118, 1175, 1186, 1263, 1275, 1276, 1364, 1383, 1442, 1491
Cerfaux, L. - 61, 242, 442, 542, 544, 545, 567, 572, 618, 1118, 1123, 1137, 1569, 1575, 1576, 1602, 1604, 1637, 1638, 1643
Ceriani, A. N. - 964
Cerulli, E. - 1041
César, J. - 421
Chadwick, H. - 471, 1491, 1589
Chaine, J. - 667, 668, 678, 1087
Challoner, R. - 1058
Chapman, J. - 61
Charles, R. H. - 835, 838, 840, 841, 844, 846, 847, 849, 852, 860, 862, 865, 866, 868, 872, 873, 922, 949, 951, 952, 954, 956, 957, 962, 964, 1100
Charles-Picard, G. - 1317
Charlesworth, J. H. - 948, 960, 973, 974, 797, 983, 1033, 1449, 1656
Chenderlin, F. - 476
Chenu, M.-D. - 1141
Chevallier, M. - 334
Childe, V. G. - 1263
Childs, B. S. - 907, 945, 1085, 1089, 1090, 1001, 1121, 1151, 1152, 1295, 1387
Chilton, B. D. 83, 178, 190, 728, 1456
Chouinard, L. - 1523
Churgin, P. - 1031
Cipriani, S. - 461, 498
Clamer, A. - 1086
Clarke, E. G. - 1030
Clavier, H. - 704
Cleave, R. L. W. - 1177
Clements, R. E. - 1061, 1085, 1329, 1387, 1413
Clermont-Ganneau, C. - 1221, 1247
Clevenot, M. - 1154
Clifford, R. J. - 741, 945
Clines, D. J. A. - 1089, 1383
Coats, G. W. - 907, 1061, 1089, 1276
Cobb, J. - 1108, 1146
Cody, A. - 1284, 1329
Coenen, L. - 1638
Coetzer, W. C. - 566
Coggins, R. J. - 961, 962, 1012, 1073, 1301, 1302
Cohen - 1238
Cohen, R. - 1251, 1278

Cohen, S. J. D. - 995, 1502
Cohn, L. - 964
Coleman-Norton, P. R. - 594, 596, 1645
Coles, R. A. - 972
Colins, R. F. - 907
Collange, J.-F. - 441, 487
Collart, P. - 442
Collingwood, R. G. - 1116
Collins, A. - 835, 1534
Collins, A. Y. - 463, 1092, 1122, 1523, 1537
Collins, J. J. - 427, 948, 965, 979, 1534, 1538
Collins, J. N. - 510
Collins, M. F. - 736
Collins, R. F. - 407, 638, 885, 939, 1093
Collins, T. A. - 1161
Collins, Y. - 835, 839, 844, 855, 857, 858, 860, 861, 863, 866, 867, 868, 869, 873, 1543
Colpe, C. - 620, 703
Colson, F. H. - 994
Columella - 577
Colwell, E. C. - 1045
Comber, J. A. - 175
Conder, C. N. - 1097
Conder, C. R. - 1179
Conroy, C. - 1089
Conzelmann, H. - 217, 224, 238, 240, 244, 246, 283, 290, 291, 309, 311, 312, 320, 321, 326, 328, 328, 330, 334, 339, 340, 344, 345, 348, 350, 352, 354, 357, 360, 365, 367, 372, 374, 375, 376, 377, 379, 380, 381, 383, 384, 385, 387, 388, 389, 390, 394, 453, 454, 460, 461, 466, 477, 480, 482, 605, 611, 617, 618, 633, 1116, 1120, 1449, 1462, 1491, 1610, 1602, 1603
Coob, J. - 1112
Coogan, M. - 1238, 1297, 1395
Cook, J. M. - 960, 961, 492, 1449
Cook, R. B. - 1589
Cook, S. A. - 1011, 1082
Cook, W. R. - 1645
Cooper, E. J. - 817
Cope, L. - 131
Coppens, J. P. - 344, 361, 375, 409, 460, 597, 680, 691, 953, 1087, 1123, 1442, 1144, 1658
Corbo, V.- 1209, 1224, 1258
Corley, B. - 969
Cornell, T. - 1177
Cornely, R. - 521, 525, 576, 1076
Corriveau, R. - 1640
Corsini, E. - 851
Cosgrove, C. H. - 235
Cothenet, E. - 480, 482, 680

Cotter, A. C. - 1161
Coüasnon, C. - 214
Coune, M. - 1641
Couroyer, B. - 162, 1301
Courtois, J.-C. - 1183
Coutts, J. - 624
Couturier, G. - 1358
Coverdale, M. - 1054
Cowley, A. - 1300
Cowley, R. W. - 939
Cox, C. E. - 1041
Craig, W. L. - 1473, 1560, 1562
Craigie, P. C. - 1064, 1183, 1279, 1282, 1395, 1428
Cranfield, C. E. B. - 515, 517, 519, 524, 525, 527, 529, 532, 534, 535, 538, 541, 542, 544, 546, 548, 551, 552, 563, 567, 568, 570, 571, 572, 576, 577, 580, 582, 586, 589, 655, 1626
Crasso, M. L. - 1311
Creed, J. M. - 217, 536
Crenshaw, J. L. - 278, 1081, 1430
Cromwell, R. S. - 1096
Crosman, I. - 1150
Cross, F. M. - 916, 954, 973, 975, 978, 980, 982, 983, 984, 1005, 1011, 1019, 1084, 1212, 1255, 1275, 1299, 1300, 1302, 1307, 1329, 1336, 1342, 1387, 1391, 1392
Crossan, J. D. - 63, 182, 183, 932, 946, 948, 968, 969, 972, 1120, 1147, 1454, 1543, 1548, 1549
Crouch, J. E. - 616, 1641
Crouzel, H. - 1644
Crowfoot, J. W. - 1247, 1250
Crownfield, D. R. - 510
Cullen, J. - 1149
Cullmann, O. - 145, 200, 343, 344, 346, 404, 427, 435, 447, 491, 567, 568, 581, 582, 714, 731, 1111, 1112, 1116, 1117, 1461, 1465, 1524, 1527, 1534, 1572, 1587, 1588, 1664, 1601, 1611, 1645
Culpepper, R. A. - 196, 582, 731, 740, 745, 1121, 1150, 1647, 1662
Culver, R. D. - 1569
Cüppers, H. - 1178
Cureton, W.- 1032
Cwiekowski, F. J. - 1491

D

D'Alès, A. - 1139
D'Angelo, M. R. - 701
Daalen, D. H. van - 1610, 1629
Dahl, M. E. - 1563

Dahl, N. A. - 182, 346, 348, 349, 382, 404, 463, 542, 566, 607, 618, 621, 622, 623, 627, 834, 883, 1464, 1579, 1592, 1602,1635
Dahood, M. - 581, 1087, 1089, 1223, 1445
Daiches, D. - 1055
Daines, B. - 1635
Dalman, G. - 1102, 1177
Dalton, W. J. - 655, 656, 657, 659, 662, 663
Damasceno, J. - 519, 545, 922
Danby, H. - 1000
Daniélou, J. - 151, 974, 1118, 1123, 1138, 1139, 1143, 1144, 1502
Danker, F. W. - 217, 232, 298, 548, 875, 877, 883
Daube, D. - 155, 177, 198, 211, 470, 578, 709, 1584
Dauer, A. - 731
Dautzenberg, G. - 470
Davenport, G. L. - 955
Davey, F. N. - 1112
Davids, P. - 667, 668, 676, 677, 678, 679
Davies, G. I. - 1187
Davies, J. G. - 1491
Davies, P. E. - 442, 1487
Davies, P. R. - 974, 978, 979
Davies, S. L. - 70
Davies, W. D. - 131, 164, 566, 578, 610, 719, 1101, 1300, 1459, 1564, 1650, 1584, 1641
Davis, J. A. - 459
Davis, J. J. - 435
Davis, P. - 728
Dawsey, J. M. - 301
Day, J. - 1177, 1405
Déaut, R. Le - 209, 999, 1030, 1031, 1377
Dedering, S. - 962
Deichgräber, R. - 612, 624
Deissmann, G. A. - 399, 400, 402, 555, 594, 721, 722, 1099, 1475, 1600, 1632
Deist, F. E. - 1001
Delchaye. P. - 1616
Delcor, M. - 464, 951, 964, 973, 977
Delitzsch, F. - 1075, 1076
Dellagiacoma, V.- 435
Delling, G. - 466, 491, 543, 564, 574, 698, 948, 1492, 1631, 1636
Delobel, J. - 57, 1001
Delorme, J. - 1491, 1636
Dembo, L. S. 1151
Denis, A. M. - 948, 955, 964
Denk, J. - 1035
Denker, J. - 972
Dennison, D. - 1558

Dermience, A. - 186
Derrett, J. D. M. - 88, 117, 184, 192, 281, 341, 463, 500
Derrida, J. - 1149
Descamps, A. - 508, 618, 1118, 1175, 1560, 1565, 1629, 1635, 1640
Descartes - 1063
Desroches, A. - 885
Dessain, C. S. - 898
Dessau, H. - 1476
Deuel, L. - 1184
Dever, W. G. - 1084, 1217, 1223, 1225, 1226, 1238, 1240
Devisch, M. - 61
Devreesse, R. - 1027, 1139
Dewailly, L.-M. - 591
Dewey, A. - 1492
Dewey, J. - 75
Dexinger, F. - 952
Dey, L. - 690
Dhanis, E. - 353, 1560, 1564
Dhanos, E. - 1606
Diaz, R. - 1031
Dibelius, M. - 309, 312, 313, 314, 315, 329, 334, 339, 342, 344, 345, 349, 354, 356, 357, 358, 361, 366, 367, 369, 371, 373, 374, 375, 378, 381, 384, 385, 392, 441, 532, 555, 561, 594, 605, 617, 618, 622, 633, 667, 669, 672, 678, 680, 698, 1080, 1106, 1108, 1176, 1449, 1596
Dickie - 1247
Didier, M. - 131, 180
Dietrich, W - 323, 325, 337, 341, 350, 358, 367
Dietzfelbinger, C. - 1600
Dikaios, P. - 1245
Dillistone, F. W. - 1114
Dillon, R. J. - 199, 224, 244, 247, 307, 308, 319, 322, 348
Dilthey, W.- 1116
Dinkler, E. - 350, 395, 449, 491, 543, 1600
Dockx, S. - 1475
Dodd, C. H. - 82, 313, 315, 356, 442, 471, 530, 555, 567, 697, 699, 700, 731, 817, 969, 1056, 1113, 1117, 1449, 1527, 1534, 1536, 1537, 1543, 1545, 1546, 1560, 1579, 1583, 1599, 1613, 1640, 1642, 1647, 1657
Döderlein, J. C. - 1073
Dohahue, J. - 1553
Dohan, T. - 1245
Dömer, M. - 309, 317, 318, 319, 320, 321, 322, 323, 324, 325, 326, 327, 328, 334, 339, 366, 367, 368, 369, 382

Donahue, J. R. - 76, 125, 168, 207, 290, 1119, 1457, 1466, 1523, 1543, 1558
Donaldson, T. A. - 990
Donfried, D. K. - 1451
Donfried, K. P. - 205, 397, 399, 517, 834, 1509, 1610
Donner, H. - 1178, 1179, 1192, 1263
Donovan, M. A. - 1515
Döpfner, J. - 1638
Dormeyer, D. - 121
Dornemann, R. - 1190
Dornseiff, F. - 1611
Dörpfeld, W.- 1221
Dothan, M. - 1186, 1205, 1245
Dothan, T. - 1244, 1246
Doty, W. G. - 399, 656, 1093
Douay-Challoner - 1058
Doughty, D. J. - 1608
Douglas, M. - 1552, 1558
Doutreleau, L. - 1515
Dov, M. Ben - 1209
Dozeman, T. - 778
Drane, J. W. - 1579
Drioton, B. - 1263
Driver, G. R. - 1056
Driver, S. R. - 1073. 1074
Drury, J. - 261, 300, 1543, 1550
Dschulnigg, O. - 60
Dubois, J.-D. - 949
Duhm, B. - 1071, 1073
Dulau, P. - 1068, 1644
Duling, C. C. - 170
Dulles, A. - 1449
Dülmen, A. von - 1626
Dumais, M. - 363, 364
Duncan, G. S. - 443
Duncker, P. - 922
Dungan, D. L. - 62, 466, 470, 908, 1588
Dunn, J. D. G. - 70, 240, 427, 469, 471, 484, 502, 553, 693, 731, 743, 744, 1449, 1524, 1552, 1554, 1631
Duplacy, J. - 1001
Dupont, J. - 131, 146, 150, 154, 155, 162, 180, 183, 188, 195, 198, 203, 229, 249, 255, 261, 267, 270, 280, 283, 293, 308, 309, 314, 315, 318, 321, 323, 326, 327, 331, 332, 334, 337, 339, 358, 360, 362, 364, 367, 368, 369, 373, 375, 381, 382, 390, 391, 392, 396, 397, 382, 418, 429, 436, 495, 518, 542, 589, 591, 694, 701, 1118, 1175, 1459, 1462, 1483, 1486, 1524, 1575, 1611, 1589, 1612, 1617, 1632
Durken, D. - 247

Durkheim, E. - 211
Durrwell, F. X. - 497, 1560, 1561, 1606
Dussaud, R. - 1179
Duval, R. - 1034
Dwyer, J. C. - 1524
Dyck, H. J. - 583

E

Eagleton, T. - 1123, 1147, 1148
Easton, B. S. - 1641
Ebeling, G. - 421, 1116, 1142, 1146
Eck, J. M. de - 923
Eck, W.- 993
Eckart, K.-G. - 409
Eckert, J. - 421, 424, 495
Eckhart - 1141
Edgar, E. E. - 400
Edmonds, P. - 272
Edwards, O. C. - 1051, 1315
Edwards, R. A. - 57, 178
Edwards, S. A. - 1050
Efrat, E. - 1177
Egg, G. - 1099
Ehrenberg, V. - 1317
Ehrhardt, A. - 1569
Ehrlich, E. L. - 1264
Ehrman, B. D. 1052
Eichholz, G. - 1543
Eichhorn - 1068, 1069, 1070, 1071, 1073, 1079
Eichrodt, W. - 1084, 1085, 1387, 1431, 1442, 1145, 1421
Eid, V.- 1459
Eissfeldt, O. - 907, 1001, 1011, 1034, 1039, 1078, 1185, 1382
Eleazar - 1304, 1324, 1326, 1335, 1338
Elert, W. - 1615
Eliot, T. S. - 1056
Elliger, K. - 1209
Elliott, J. H. - 263, 620, 660, 655, 936, 1121
Elliott, J. K. - 466, 490, 591, 945, 1001, 1046, 1050, 1052, 1644
Ellis, E. E. - 217, 224, 284, 328, 334, 362, 344, 351, 364, 471, 501, 581, 683, 684, 1034, 1137, 1584, 1608,
Ellis, P. F. - 131, 407
Elster, J. - 1177
Eltester, W.- 261, 349, 369, 375, 429, 463, 466, 620
Emerton, J. A. - 524
Empereuer, J. - 680
Empereur, J. L. - 1552, 1558

Endres, J. - 955
Engels, H. - 1061
Englert, D. M. C. - 1034
Engnell, I. - 1082
Enslin, M. S. - 1640
Epp, E. J. - 497, 1043, 1046, 1047
Epstein, C. - 1236
Epstein, I. - 1000
Epstein, J. N. - 996
Epsztein, L. - 1419
Erbetta, M. - 948
Ernesti, H. - 1639, 1640
Ernst, J. - 65, 217, 593, 612, 1524
Espy, J. M. - 1584
Estienne, R. - 1044
Evans, C. A. - 608, 1652
Evans, G. R. - 1141, 1411
Evanson, E. - 517
Ewald - 1071, 1072, 1073
Exler, F. X. - 679, 681
Exum, J. C. - 1092
Eybers, I. H. - 683

F

Faierstein, M. M. - 175
Fairservis, W. A. - 1184
Falero, D. de - 1018
Falk, H. - 1460
Fallon, F. T. - 487
Falls, T. B. - 1512
Farkasfalvy, D. M. - 908, 926, 938
Farmer, W. R. - 49, 53, 58, 59, 62, 63, 404, 498, 574, 908, 909, 926, 933, 1475, 1564, 1640
Farrer - 62, 841, 835
Fascher, E. - 399, 421, 453, 1482
Faw, C. E. - 423
Fearghail, F. Ó. - 246
Fee, G. D. - 468, 491, 500, 1042, 1050, 1052
Feine - 567, 1596
Feine-Behm - 542
Feld, H. - 1594
Feldkämper, L. - 240
Feldman, A. - 1545
Feldman, L. H. - 995, 1451
Feldmann, F. - 1086
Félix, M. A. - 1322, 1488
Feneberg, R. - 1449
Feneberg, W.- 1449
Ferguson, D. S. - 1123
Ferguson, E. - 939
Fernández, A. - 1144

Ferrar, W. H. - 1047
Feuillet, A. - 474, 525, 542, 841, 1087, 1118, 1164, 1606, 1660
Fiebig, P. - 1545
Fiedler, P. - 1620, 1662
Field, F. - 1024
Filson, F. V. - 692, 1177
Finegan, J. - 404, 948, 1001, 1217, 1320
Finkelstein, L. - 1300, 1310
Fiorenza, E. S. - 264, 765, 835, 838, 841, 843, 870, 1122, 1154, 1491, 1492, 1537, 1563
Firkowitsch, A. - 1014
Fischer, B. - 1035, 1039, 1229
Fischer, K. M. - 409
Fischer, U. - 1541
Fishbane, M. - 1138
Fisher, C. - 1218, 1223
Fisher, J. - 1054
Fitzer, G. - 479, 1613
Fitzgerald, J. T. - 865
Fitzmyer, J. A. - 62, 96, 106, 147, 156, 175, 186, 188, 190, 201, 217, 225, 227, 229, 236, 250, 270, 292, 294, 295, 308, 322, 331, 369, 381, 384, 390, 399, 401, 427, 432, 436, 437, 451, 457, 486, 494, 496, 500, 522, 524, 532, 544, 550, 575, 711, 727, 921, 973, 974, 975, 978, 980, 981, 987, 991, 1102, 1119, 1122, 1137, 1164, 1174, 1175, 1263, 1326, 1455, 1462, 1464, 1466, 1467, 1524, 1527, 1466, 1467, 1568, 1584, 1592, 1594, 1601, 1604, 1606, 1612, 1613, 1616, 1626
Flanagan, J. - 1091, 1286
Flanagan, N. - 479
Fleddermann, H. - 94
Flender, H. - 231, 255, 234, 285, 330, 341
Flückiger, F. - 572, 1642
Flusser, D. - 1545
Foerster, W. - 637, 1603, 1264, 1492, 1617
Fogarty, G. P. - 1061
Fohrer, G. - 1292, 1387
Fokkelman, J. - 1089
Forbes, C. - 505
Ford, J. M. - 217, 229, 256, 468, 835, 840
Forestell, J. T. - 731, 1655
Forkman, G. - 192, 463
Fornberg, T. - 875
Forster, A. H. - 1617
Fortna, R. T. - 756, 805, 1663
Foschini, B. M. - 482
Foulkes, F. - 617, 618
Fowl, S. - 1153

Fowler, R. M. - 93, 185, 1150
Fraine, J. de - 1161
Francis, F. O. - 607, 608, 615, 667
Franco, R. - 655
Frank, H. T. - 1085, 1177
Frank, J. - 907
Frankemölle, H. - 132, 133, 135, 163, 131, 202, 1631
Franken, H. J. - 1194, 1217, 1253
Franken-Battershill, C. - 1217
Frankfort, H. - 1263
Franklin, E. - 312, 327
Franzelin, J. B. - 898
Franzmann, M. H. - 555
Fraser, J. W. - 498
Frede, H. J. - 1037
Fredman, D. N. - 1223
Free, J. P. - 1212
Freedman, D. N. - 907, 1084, 1298, 1007, 1223, 1280, 1300, 1302
Freedmann, H. - 1000
Freer, C. L. - 1025, 1043
Frei, H. W. - 1142
Frend, W. H. C. - 1491
Fretheim, T. E. 1395
Freyne, S. - 147, 1467, 1564
Frick, F. S. - 1091
Fridrichsen, A. - 496, 656, 1552, 1556
Friedman, H. - 480
Friedman, R. E. - 1343
Friedrich, G. - 404, 409, 407, 441, 489, 507, 593, 594, 706, 711, 1594
Fritz, V. - 1329
Froidevaux, L. - 1515
Fuchs, A. – 59, 60, 349
Fuchs, E. - 1115, 1146, 1449
Fuchs, E. - 408, 505
Fuellenbach, J. - 1509
Fulco, W. J. - 1326
Fuller - 1529
Fuller, D. P. - 1560
Fuller, R. - 353, 1459, 1465
Fuller, R. C. - 1066
Fuller, R. H. - 215, 692, 706, 1453, 1524, 1527, 1552, 1560, 1562, 1592
Funk, R. W. - 49, 277, 404, 948, 1123, 1147, 1150, 1486, 1556, 1543, 1546
Furnish, V. P. - 454, 455, 461, 487, 488, 492, 496, 500, 501, 504, 506, 507, 544, 1093, 1120, 1612, 1629, 1639, 1640

G

Gabathuler, H. J. - 605, 611, 612
Gabba, E. - 1316
Gabel, J. B. - 1151
Gaboury, A. - 61, 62
Gabrion, H. - 1137
Gächter, P. - 1572
Gadamer, H. G. - 1147
Gadd, C. J. - 1600
Gager, J. G. Jr. - 620, 1121, 1482, 1483, 1600
Gall, A. von - 1012
Gallagher, J. - 1161
Galloway, A. D. - 1112
Galot, J. - 192, 1527
Galvin, J. P. - 1563
Gamble, H. Y. - 404, 518, 908, 939
Gandhi, M. - 157
Gantoy, R. - 270, 436
Garber, P. L. - 1350
García-Moreno, A. - 597
Gardner, J. - 1177
Gardner-Smith - 972
Gardthausen, V. - 1317
Garland, D. E. - 202, 442
Garner, O. - 1177
Garnet, P. - 1613
Garrod, D. - 1233, 1224
Garstang, J. - 1224, 1230, 1242
Gärtner, B. - 626, 1638
Gasque, W. W. - 309, 475, 1100, 1483
Gasquest - 1053
Gaster, T. H. - 973, 979, 1329
Gaston, L. - 49
Gaventa, B. R. 1122
Gaylord, H. E. - 963
Gcorgi, D. - 485
Gebhard, O. von - 963
Geddes, A. - 1066, 1076
Geffcken, J. - 965
Geisler, N. L. - 900
Gelb, I. J. - 1263
Gelin, A. - 624, 1087, 1118, 1138
Geller, M. - 1359
Genest, O. - 1121
George, K. A. - 1034, 1093
Georgi, D. - 449, 455, 488, 489, 494, 501, 504
Gerald, F. - 1247
Geraty, L. - 1217, 1230
Gerhardsson, B. - 146, 165, 180, 181, 210, 1110, 1492, 1554, 1569, 1573, 1574, 1588

Germer-Durand, J. - 1233
Geschwind - 662
Gese, H. - 1387
Gesenius - 1065
Getty, M. A. - 441
Geus, C. de - 1280
Ghiberti, G. - 1560
Giardini, F. - 1643
Gibbs, J. G. - 566, 1615
Gibert, P. - 1079
Giblet, M. - 1118
Giblin, C. H. - 233, 468, 597, 598, 602, 768, 806, 1579, 1664
Gibson, M. M. D. - 1033
Gielen, M. - 590
Giesen, H. - 111, 131
Giet, S. - 428, 1486
Gilbert, M. - 1161, 1427
Giles, K. - 1569
Gilles, J. - 1571
Ginsburg, C. D. - 1017
Ginzberg, L. - 1138
Gitin, S. - 1246
Glaser, J. W. - 1640
Glasson, T. F. 447
Glasswell, M. - 375
Glazer, J. W. - 468
Glick, G. W. - 1098
Globe, A. - 1048
Glueck, N. - 1190, 1192, 1197, 1198, 1200, 1205, 1217, 1218, 1223, 1243, 1259, 1419
Gnilka, J. - 65, 308, 441, 461, 593, 594, 605, 607, 611, 614, 617, 618, 620, 621, 709, 731, 771, 1600, 1640
Gnuse, R. - 885, 907
Godet, F. - 453
Goedicke, H. - 1187
Goedt, M. de - 566
Goergen, D. J. - 1524
Goethe - 1067
Gogan, M. - 1294
Gogarty, G. P. - 1117
Goguel, M. - 341, 409, 542, 618
Goldman, H. - 1224
Goldschmidt, L. - 1000
Goldstein, J. - 1304
Goodenough, E. R. - 241, 593, 735, 994
Goodspeed, E. J. - 521, 523, 532, 538, 567, 617, 618, 626, 908, 929, 1056, 1058, 1492
Goot, H. V. - 1123
Goppelt, L. - 472, 655, 660, 662, 714, 724, 726, 727, 1144, 1449, 1491, 1600

Goshen-Gottstein, M. H. - 1011, 1014, 1034
Gottwald, N. K. - 1090, 1091, 1242, 1263, 1273, 1280, 1387
Götz, F. - 1373
Goudoever, J. van - 1329, 1371
Gouguel, M. - 956
Goulder, M. J. - 131 59, 60, 62, 1550
Gourges, M. - 770, 780
Grabe, J. E. - 920, 1026
Graf, D. - 1071, 1072, 1280
Graf, K. H. - 1072
Graic, W. L. - 1566
Grail, A. - 434, 1492
Grant, F. - 1121
Grant, R. M. - 194, 908, 1061, 1093, 1141, 1263, 1264, 1315, 1449, 1492, 1513
Grass, H. - 1561, 1562
Grässer, E. - 309, 312, 313, 314, 322, 323, 326, 329, 334, 336, 343, 344, 349351, 689, 690, 692, 702, 716, 1608
Gray, G. B. - 1329
Gray, J. - 1263, 1279, 1436
Grayston, K. - 796, 817, 819
Grech, P. - 1123, 1449
Green, A. R. W. - 1364
Green, H. A. - 1492
Green, W. S. - 999, 1310
Greenberg, M. - 1011
Greenfield, J. C. - 951, 956, 1300, 1302
Greenlee, J. H. - 1002, 1046
Greenslade, S. L. - 1054
Greenspoon, L. J. 1020
Greenwood, D. C. - 1103, 1148, 1642
Greer, R. A. - 1137
Greeven, H. - 594, 605, 617, 667, 671, 1052, 1644
Greganos, Z. - 924
Gregory, C. R. - 908, 1002
Greimas, A. J. - 1148
Grelot, P. - 446, 548, 950, 953, 1093, 1118, 1145, 1167, 1442, 1445, 1561, 1644
Greshake, G. - 1561
Gribomont, J. - 1039, 1123
Griesbach, J. J. - 62, 49, 50, 60, 61, 62, 63, 1045, 1100
Grillmeier, A. - 1167
Grindel, J. A. - 1020
Groh, D. E. - 252
Grohmann, A. - 991
Grollenberg - 1177
Gronback, J. - 1288
Grosheide, F. W. - 908, 910

Gross, W. J. - 1315
Grossfeld, B. - 1030, 1031
Grossi, V. - 948
Grossouw, W. - 1654
Grotius, H. - 1065
Grudem, W. A. - 480
Grundmann, W. - 131, 160, 217, 272, 325, 334
Grunewald, W.- 1049
Gschwind, K. - 663
Guelich, G. - 356, 358
Guelich, R. A. - 72, 354
Guilding, A. - 918
Guillet, J. - 1139
Gundry, R. H. - 59, 62, 131, 464, 478, 1459, 1626, 1628
Gunkel, H. - 1068, 1069, 1070, 1071, 1075, 1078, 1079, 1080, 1082, 1106, 1292
Gunn, D. M. - 1089, 1288
Gunneweg, A. H. J. - 1061, 1263, 1329
Gunther, J. J. - 608, 1475
Guppy, H. - 1054
Gurney, O. R. - 1263
Gutbrod, W.- 509
Guthrie, D. - 421, 941
Gutierrez, P. - 462
Güting, E. - 327, 328, 334
Gutmann, J. - 1353
Güttgemanns, E. - 1606
Guy, P. L. - 1229, 1230

H

Haacker, K. - 354, 355, 358, 731
Haag, H. - 548
Habel, N. - 1151
Hadas, M. - 958, 959
Hadidi, A. - 1190, 1217
Haenchen, E. - 261, 309, 313, 315, 319, 320, 321, 324, 325, 326, 327, 329, 332, 334, 335, 337, 338, 339, 340, 343, 344, 345, 347, 349, 350, 355, 356, 360, 361, 362, 365, 366, 368, 369, 375, 376, 377, 378, 383, 388, 389, 393, 394, 395, 543, 731, 1539, 1648, 1654, 1566
Haes, P. De - 1560, 1562
Hage, W.- 963
Hagen, K. - 690
Hahn, F. - 334, 336, 337, 491, 499, 655, 845, 1061, 1075, 1491, 1492, 1524, 1527, 1569, 1602, 1612, 1626, 1636, 1664
Hailperin, H. - 1141
Hainz, J. - 419, 444, 1638, 1651
Hall, S. G - 1513

Hallo, W. W. - 1263, 1282, 1291, 1386
Hallock, F. H. - 1041
Halpern, B. - 1275
Halton, T. P. - 1492
Hamann - 1067
Hamerton-Kelly, R. G. - 611, 994, 1462
Hamilton - 1247
Hammond, G. - 1002
Haneberg, D. B. - 897
Hanever, I. - 970
Hanhart, R. - 1027
Hann, R. R. - 963
Hanson, A. T. - 495, 570, 633, 635, 1137, 1143, 1538, 1579
Hanson, J. S. - 843, 1534
Hanson, P. D. - 1298, 1387, 1414, 1442
Hanson, R. P. C. - 487, 905, 1139
Haran, M. - 1249, 1329, 1338, 1362
Harb, P. - 1034
Harden, D. B. - 1282
Harding, G. L. - 974, 976, 991, 1190, 1217
Hardy, D. W. - 1117
Hare, D. R. A. - 131, 172
Hargan, M. P. - 979
Hargreaves, H. - 1053
Harlowe, V. E. - 1318
Harnack, A. von - 176, 656, 706, 908, 929, 943, 972, 1097, 1098, 1099, 1100, 1103, 1104, 1138, 1491, 1575
Harner, P. B. - 1660
Harnisch, W. - 407, 409, 1545, 1547
Harrer, G. H. - 1476
Harrington, D. J. - 620, 945, 948, 964, 1056, 1084, 1115, 1119, 1121, 1122, 1123, 1492
Harrington, R. - 885
Harrington, W. J. - 65, 1061, 1545
Harris, H. - 1096
Harris, J. R. - 963, 1511
Harris, R. L. - 885
Harrison, P. N. - 618, 1510
Harrison, R. K. - 1217
Harrisville, R. A. - 1449, 1115
Hartdegen, S. - 1161
Hartman, L. F. - 118, 858, 951, 1021, 1087, 1140, 1631, 1647
Hartmann, G. - 999
Harvey, A. E. - 1449, 1552
Harvey, V. A. - 1117, 1557
Hasel, G. F. - 1061, 1085, 1093, 1112, 1146, 1387
Hasenhüttl, G. - 1110
Hasenstab, R. - 1640

Hasler, V. - 633, 1459
Hatch, E. - 1027, 1100
Hauer, C. E. - 1335
Haulotte, E. - 263
Haupt, P. - 1391
Hauser, H. - 396, 397, 398
Havener, I. - 57
Havet, J. - 1635
Hawkin, D. J. - 792, 1491
Hawkins, J. C. - 49
Hawthorne, G. F. - 510, 830, 1608
Hay, C. - 696, 1139
Hay, D. M. - 694
Hayes, J. H. - 868, 1061, 1079, 1084, 1085, 1123, 1134, 1263, 1264, 1387
Headlam, A. C. - 515
Hebert, A. G. - 1143
Hedrick, C. W. - 351, 1492
Hegel, G. W. F. - 1070, 1071, 1072
Hegermann, H. - 620, 1617, 1635
Heide, A. van D. - 1030
Heidegger, M. - 1108, 1109, 1146
Heider, G. C. - 1364
Heidland, H. - 553
Heil, J. P. - 165
Heil, J. V. - 185
Held, H. J. - 165, 1559
Held, M. J. - 131
Hellholm, D. - 837, 1534, 1537
Hemer, C. J. - 492
Hendrick, C. W. - 353
Hendrickx, H. H. - 1543, 1561
Hengel, M. - 166, 174, 199, 213, 309, 310, 312, 313, 314, 340, 342, 343, 344, 345, 348, 349, 351, 353, 357, 358, 360, 366, 383, 384, 1120, 1301, 1455, 1460, 1465, 1467, 1472, 1475, 1492, 1612
Hennecke, E. - 908
Henneken, B. - 407
Hennessy, J. B. - 1235
Henning, J. - 507
Henry, P. - 449, 1093
Hensgstenberg, E. W. 1076
Henshaw, T. - 907
Henten, J. W. von - 957
Hentschel, G. - 1292
Henze, C. M. - 427
Herbert, L. - 1064
Hercher, R. - 399
Herder - 1067, 1068, 1070, 1071, 1073, 1089
Héring, J. - 447, 487, 689, 695, 697, 698, 702, 710, 725

Herion, G. A. - 1091
Herkenne, H. - 1086
Hermaniuk, M. - 1543
Hermann, I. - 1275, 1276, 1608
Hermann, R. - 1616
Hermann, S. - 1275
Heron, A. I. C. - 1401
Herr, L. - 1217
Herrmann, S. - 1263, 1273
Herron, R. W. - 1569
Hess, A. J. - 1632
Hester, J. D. - 435
Hestrin, R. - 343
Hickling, C. J. A. - 495
Hicks, R. L. - 1085
Hiebert, D. E. - 875
Hiers, R. H. - 188, 1098, 1524
Higgins, A. J. B. - 704, 875, 1465
Hill, A. E. – 1633, 1635
Hill, D. - 246, 480, 701, 1451
Hill, R. C. - 892
Hillers, D. R. - 860, 1416, 1610
Himmelfarb, M. - 283, 836, 861, 870
Hinson, E. G. - 1491
Hirsch, E. D. - 1127, 1149
Hoade, E. - 1177, 1190
Hobart, W. K. - 218
Hobbes, T. - 1064
Hock, R. F. - 376, 407, 414, 508, 1486
Hodge, A. A. - 900
Hodges, Z. - 755
Hodgson, P. C. - 1097
Hodgson, R. - 337, 1492
Hoehner, H. W. - 1318, 1320
Hoekema, A. A. - 1534
Hoffman, T. A. - 885
Hoffmann, P. - 57, 1459
Hoffmann, R. J. - 1492
Hofius, O. - 427, 449, 490, 499, 694, 703, 726
Hofmann, K.-M. - 485
Holladay, C. H. - 1123, 1524
Holladay, J. - 1185, 1230
Hollander, H. W. - 956, 957
Hollenbach, P. W. - 1456, 1458, 1558
Holmberg, B. - 1492, 1638
Holmes, J. - 898, 1026
Holmes, R. - 1026
Holm-Nielsen, S. - 963, 977, 1345
Hölscher - 913
Holst, R. - 208

Holsten, C. F. - 409
Holtz, T. - 309, 322, 325, 329, 337, 339, 345, 349, 364, 397, 398, 1589
Holtz, G. - 633
Holtzmann, H. J. - 1101, 1596
Homer - 453
Hooke, S. H. - 1082, 1381, 1383
Hooker, M. D. - 145, 392, 407, 447, 462, 499, 610, 622, 1652
Hoonacker, van - 1077, 1078, 1301
Hoover, R. W. - 447
Hopkins, C. - 1262
Hopkins, M. - 841
Hoppe, L. J. - 248, 1217
Hoppe, R. - 667
Hopper, S. R. - 1148
Horbury, W. - 738
Horgan, M. O. - 1137
Horn, F. W. - 229, 255, 281
Horne, C. M. - 578
Horner, G. - 1040
Hornig, G. - 1066
Horsley, R. A. - 459, 468, 480, 1463, 1534, 1538
Horst, P. W. van der - 129, 317, 319, 322, 341
Hort. F. J. A. - 307, 667, 675, 1045, 1050, 1098, 1099, 1101, 1571
Hoskyns, E. - 1112
Hossfeld, F.-L. - 1417
Houlden, J. L. - 441, 605, 607, 617, 633, 817
Howard, G. E. - 421, 430, 534, 572, 574, 625, 1479, 1532
Howard, V. - 1468
Howie - 1231
Howorth, H. H. - 907
Hubaut, M. - 199
Hubbard, B. J. - 216, 385
Hubbard, D. A. - 1084
Hübner, H. - 424, 558, 986, 1459, 1596, 1626
Huby, J. - 515, 523, 524, 542, 546, 576
Huck, A. - 49, 1052
Huck-Lietzmann - 49
Huffmon, H. B. - 1075, 1080, 1332
Hug, J. - 129
Hugedé, N. - 495
Hughes, G. - 690
Hughes, P. E. - 487, 689
Hugues, P. - 697
Hulse, E. V. 74
Hultgárd, A. - 958
Hultgren A. J. - 65, 583, 793, 1482
Hume - 164
Hummel, R. - 131

Hummelauer, F. von - 1076
Humphrey, H. M. - 65
Hunt, A. S. - 400
Hunt, B. - 696
Hunt, G. - 1056
Hunter, A. M. - 655, 1588
Hunzinger, C.-H. - 869
Hupfeld, H. - 1072
Hupper, W. G. - 875
Hurd, J. C. - 453, 464, 465, 473, 500, 1475, 1583
Hutchinson, S. - 1645, 583
Hutter, M. - 169
Hyatt, J. P. - 278, 530, 1085, 1585
Hyldahl, H. - 511
Hyldahl, N. - 1475
Hyvärinen, K. - 1027

I

Iacono, V. - 1631
Imschoot, P. van - 1084
Instinsky, H. U. - 1316
Isaacs, M. E. - 566
Iser, W.- 1150

J

Jackson, B. S. - 512
Jackson, F. J. F. - 309
Jacob, E. - 1387, 1442
Jacobs, I. - 675
Jacobsen, T. - 1263, 1411
Jacono, V.- 542
Jagersma, H. - 1263, 1274
Jahn, J. - 897
James, K. - 1055, 1153
James, M. R. - 948, 962, 963, 965
Janssens, Y. - 737, 955
Janzen, J. G. - 1009
Jaspert, B. - 1107
Jastrow, M. - 1059
Jaubert, A. - 954, 1509
Jeansonne, S. P. - 1021
Jedin, H. - 922, 942, 1165
Jefferson, T. - 164
Jellicoe, S. - 958, 1024, 1027
Jepsen, A. - 907, 1340
Jeremias, G. - 792, 845, 975, 977, 984
Jeremias, J. - 82, 160, 168, 174, 188, 208, 217, 268, 271, 280, 319, 338, 339, 369, 458, 463, 465, 466, 484, 539, 542, 620, 633, 675, 696, 724, 726, 858, 932, 948, 1102, 1113, 1117, 1264, 1449, 1459, 1461, 1462, 1464, 1468, 1469, 1471, 1481, 1527, 1534, 1536, 1539, 1543, 1545, 1546, 1586, 1610, 1636
Jervell, J. - 217, 220, 369, 382, 385, 398, 474, 607, 694, 834, 1552, 1556, 1635
Jewett, R. - 252, 424, 469, 510, 1475, 1476, 1479, 1482, 1524, 1628, 1641
Jobling, D. - 1089
Johanson, B. C. - 479
Johns, C. - 1261
Johnson Jr., S. L. - 1594
Johnson, A. C. - 596
Johnson, A. R. - 1073, 1340, 1383
Johnson, D. G. - 578
Johnson, D. W. - 1001
Johnson, E. A. - 1092, 1453
Johnson, E. S. - 196
Johnson, L. T. 220, 273, 288, 430, 534, 637, 651, 673, 678
Johnson, R. A. - 1109
Johnson, S. E. - 987
Johnsson, W. G. - 726
Johnston, G. - 796, 1662
Join-Lambert, M. - 1209
Jonas, H. - 737, 1492
Jones, A. H. M. - 1059, 1264, 1315, 1317, 1318, 1481, 1545
Jones, F. S. - 1503
Jones, G. V. - 1543
Jones, O. R. - 1616
Jonge, H. J. de - 1044
Jonge, M. de - 712, 731, 790, 814, 834, 948, 956, 957, 958, 1647, 1655, 1662
Jongeling, B. - 973, 979
Jörns, K.-P. - 850
Juckel, A. - 1034
Judge, E. A. - 455
Juel, D. - 125, 330
Jugie - 924
Jugie, M. - 907
Jülicher, A. - 554, 1037, 1545
Jung, J. - 1153
Junod, E. - 949

K

Kaefer, J. P. - 791
Kahle, P. B. - 1041
Kahle, P. E. - 1001, 1013, 1015, 1018, 1027,
Kähler, M. - 1114, 1450
Kaiser, O. - 1136
Kaiser, W. C. - 1387

Kallai, Z. - 1209
Kalluveettil, P. - 1416
Kam, J. van der - 953
Kamlah, E. - 1641
Kammerer, W. - 1041
Kampling, R. - 212
Kant - 1063
Kapelrud, A. - 1082
Kaplan, C. - 953
Karlstadt, A. B. de - 923
Karmon, Y. - 1177
Karris, R. J. - 217, 220, 226, 229, 232, 252, 265, 281, 294, 297, 305 232, 252, 274, 286, 304, 307, 311, 633, 637, 880
Käsemann, E. - 151, 336, 377, 378, 449, 470, 476, 493, 505, 515, 519, 524, 525, 527, 529, 530, 532, 534, 536, 538, 541, 542, 544, 546, 550, 556, 560, 563, 566, 567, 572, 576, 577, 581, 586, 607, 610, 612, 613, 614, 617, 618, 620, 621, 694, 698, 703, 709, 726, 731, 863, 875, 943, 945, 1114, 1115, 1449, 1534, 1569, 1579, 1582, 1590, 1591, 1592, 1598, 1596, 1610, 1612, 1624, 1635, 1636, 1638, 1644, 1645, 1647, 1652
Kasper, W. - 1524, 1552, 1553, 1559
Kasser, R. - 1039, 1040
Katz, P. - 907, 921
Kaufmann, Y. - 1088, 1298, 1387
Kaye, B. N. - 408, 597, 1098, 1631
Kealy, S. P. - 65, 939
Keck, L. E. - 241, 309, 429, 543, 589, 907, 927, 1116, 1449, 1598, 1610
Kee, H. C. - 65, 713, 956, 957, 1121, 1264, 1492, 1552, 1554, 1555, 1557, 1558
Keegan, T. J. - 1093, 1123
Keel, O. - 1177, 1394
Kegley, C. W. - 1107
Kehl, N - 610, 611, 612, 615
Keil - 1220
Kelber, W. H. - 65, 121, 946
Kell - 956
Kellerman, U. - 1299
Kelly, J. N. D. - 633, 655, 656, 683, 875, 1140
Kempthorne, R. - 465
Kennedy, G. A. - 149, 1149
Kennicott, B. F. - 1017, 1065
Kenyon, F. G. - 1001, 1025, 1054, 1224, 1238, 1242, 1247, 1248
Kenyon, K. M. - 1209, 1217, 1218, 1224, 1247
Ker, R. E. - 500
Kermode, F. - 65, 1150
Kerrigan, A. - 1139

Kertelge, K. - 68, 424, 515, 535, 560, 1449, 1452, 1453, 1459, 1569, 1589, 1596, 1610, 1615
Kessler, H. - 1561
Kessler, M. - 1151
Kettler, F. H. - 261, 349
Kiddle, M. - 835
Kieffer, R. - 478
Kilgallen, J. J. - 349, 260
Kilmartin, E. J. - 1636
Kilpatrick, G. D. - 131, 133, 427, 429, 490, 1001, 1048, 1056
Kim, C.-H. - 199, 399, 493, 589
Kim, S. - 1465
Kimchi, D. - 1016
Kimelman, R. - 1650
King, M. L. - 157
King, P. J. - 1061, 1217
Kingsbury, J. D. - 65, 68, 131, 135, 136, 165, 180, 1121, 1150, 1524, 1543, 1550
Kippenberg, H. - 1300
Kirby, J. C. - 617, 618
Kirchschläger, W.- 247, 395
Kirk, J. A. - 1569
Kirkbride, D. - 1224
Kissinger, W. S. - 1543
Kitchen, K. A. - 1185
Kitchener, H. H. - 1179
Kittel, B. P. 977
Kittel, G. - 1102, 1654
Klaiber, W.- 227
Klassen, W.- 256, 269, 582
Klatt, W.- 1079
Klauck, H. J. - 279, 476, 1545
Klauck, H. L. - 287
Klausner, J. - 1442, 1451
Kleber, W. H. - 1120
Klein - 1574, 1575, 1576
Klein, C. - 996
Klein, F. A. - 1221
Klein, G. - 324, 543, 731, 1456, 1472, 1569
Klein, M. L. - 1030
Klein, R. W. - 961, 1001
Klein, T. M. - 1058
Kleinhans, A. - 1170
Kleinknecht, H. - 724
Kleist, J. A. - 1058, 1513, 1514
Kleist-Lilly - 1058
Kliesch, K. - 349, 362, 364
Klijn, A. F. J. - 407, 961, 962, 968, 1035, 1047
Klinzing, G. - 461
Kloner, A. - 991
Kloppenborg, J. S. - 57, 63

Klos, H. - 1665
Klostermann, E. - 217
Knabenbauer, J. - 1076
Knauf, E. A. - 510
Knibb, M. A. - 951, 961, 974, 979
Knight, D. - 1083, 1387
Knight-Tucker - 1123
Knox, J. - 404, 498, 574, 594, 908, 929, 933, 1475, 1476, 1484, 1640
Knox, R. - 1058
Koblski, P. J. - 712, 977
Koch, K. - 868, 1079, 1107, 1339, 1430, 1534
Kochavi, M. - 1223, 1238
Kodell, J. - 291
Koenig, J. - 270, 477, 904, 1492
Koepp, W.- 432
Koeppel, R. - 1235
Koester - 63, 727, 968, 969, 972, 982, 1456, 1542
Koester, C. - 973
Koester, H. - 407, 443, 409, 410, 715, 720, 727, 729, 946, 949, 969, 1120, 1585
Köhler, L. - 1387, 1409
Koldewey, R. - 1218, 1221
Kolenkow, A. B. - 956
Kopp, C. - 1177
Korošec, V. - 1413
Korschorke, K. - 1492
Kortleitner - 1220
Koskenniemi, H. - 399
Kosmala, H. - 708
Koster, M. D. - 1034
Kosters, W. H. A. - 1072
Kraabel, A. T. - 846
Kraeling, C. - 1262
Kraeling, E. G. - 1061, 1300
Kraft, H. - 835, 868, 1569
Kraft, R. A. - 1027, 1510
Krämer, H. - 507
Kramer, S. N. - 1263
Kramer, W. - 1602
Kränkil - 322
Kränkl, E. - 309, 315, 321, 322, 329, 332, 336, 337, 339, 350
Kratz, R. - 371, 372, 394, 395
Kraus, H.-J. - 1061, 1093, 1329, 1382
Krause, M. - 683, 876
Kredel, E. M. - 1569, 1573
Kremer, J. - 309, 312, 315, 321, 322, 325, 326, 327, 329, 331, 332, 334, 335, 336, 337, 341, 344, 345, 346, 347, 349, 350, 353, 354, 361, 364, 369, 373, 381, 382, 395, 396, 397, 398, 480, 493, 1560, 1561
Krentz, B. - 1093
Krentz, E. - 1061, 1615
Kretschmar, G. - 325, 326
Kretzer, A. - 131
Krieger, M. - 1151
Kruse, C. K. - 988
Kruse, H. - 81, 768
Kselman, J. S. - 1061, 1091
Kubo, S. - 466, 1002, 1056
Kuenen, A. - 1072, 1071
Kugel, J. L. - 1137
Kugelman. R. - 667
Kühl, E. - 554, 555, 560
Kuhn, H.-W. - 67, 213, 498, 629, 1472
Kuhn, K. G. - 551, 612, 621, 792, 845, 973, 977, 1616
Kuiper, G. J. - 1031
Kümmel, W. G. - 49, 65, 131, 217, 309, 311, 344, 369, 399, 407, 409, 421, 423, 441, 453, 467, 487, 515, 531, 536, 542, 558, 571, 593, 597, 605, 617, 618, 633, 655, 667, 683, 689, 690, 691, 731, 817, 835, 875, 969, 1093, 1095, 1136, 1147, 1449, 1465, 1469, 1491, 1534, 1536, 1542, 1545, 1583, 1590, 1596, 1600, 1608, 1628
Küng, H. - 151, 943, 1175, 1492
Künzel, G. - 131
Künzi, M. - 102, 172
Kurfess, A. - 965
Kurz, W. S. - 242, 296, 336, 337, 372
Kürzinger, J. - 475, 552, 1514
Kuschke, A. - 1329
Kuss, O. - 515, 524, 541, 542, 550, 567, 568, 689, 694, 702, 709, 714, 715, 726, 729, 1579, 1588, 1629, 1631, 1632
Kutscher, E. Y. 981
Kysar, R. - 731, 1647, 1662

L

L'Heureux, C. - 1275
L'Hour, J. - 1414
Labuschagne, C. J. - 1393
Lacheman, E. R. - 1182
Lachmann, K. - 53, 1045, 1101
Ladd, G. E. - 1534, 1608
Ladouceur, D. - 395
Lagarde, P. de - 1027
Lagrange, M.-J. - 131, 217, 515, 523, 528, 532,

535, 542, 546, 551, 554, 560, 563, 565, 576, 577, 898, 899, 901, 908, 1077, 1085, 1086, 1087, 1104, 1117, 1161, 1118, 1163, 1222
Lähnemann, J. - 605, 608, 615
Laistner, M. - 1140
Lake, K. e S. - 309, 322, 325, 334, 341, 355, 427, 929, 1047, 1048, 1492, 1561
Lamarche - 542
Lambertz, M. - 1476
Lambrecht, J. - 61, 96, 118, 160, 164, 257, 381, 382, 482, 495, 496, 497, 500, 866, 1459, 1534, 1543, 1550
Lamouille, A. - 63, 315, 731, 1047
Lampe, G. W. H. - 299, 491, 1144, 1631
Lance, H. D. - 1217, 1226
Landes, G. M. - 1193
Landman, L. - 1442
Lane, W. R. - 981
Lang, B. - 1091, 1387, 1394, 1409
Lang, F. G. - 497, 465, 1626
Langbrandtner, W. - 731, 1651
Lange, J. - 216
Langhe, R. de - 990
Laperrousaz, E.-M. 964, 973, 982, 985, 987, 989
Lapide, P. - 153, 164
Lapp, P. - 1217, 1238, 1256, 1257
Larcher, C. - 1145
Larson, E. - 1626
Lategan, B. C. - 1151
Lattey, C. - 1058
Laub, F. - 407, 597
Laufen, R. - 61
Laurentin, R. - 225, 1118
Laurin, R. - 990, 1061, 1084
Law - 678
Laws, S. - 667
Layton, B. - 1492
Leakey, R. - 1217
Leaney, A. R. C. - 565, 655, 797, 948, 975, 1019, 1264
Lebram, J. C. - 957
Leclerc, M. - 1076, 1065
Leclercq, J. - 1141
Lécuyer, J. - 729
Leenhardt, F. - 515, 517, 538, 541, 542, 554, 561, 563, 567, 576, 577
Leeser, I. - 1059
Leeuw, G. van der - 1401
Legasse, S. - 194, 196, 272
Legrand, L. - 374, 375, 1167
Lehmann, K. - 480

Lehmann, M. - 992
Leiman, S. Z. - 907, 919
Leivestad, R. - 506, 976, 1463
Lella, A. A. Di - 1015, 1021
Leloir, L. - 1032, 1041
Lemaire, A. - 1263, 1294 ,1492
Lemaire, P. - 1177
Lemche, N. P. - 1263
Lemerle, P. - 442
Lémonon, J.-P. - 1319
Lenormant, F. - 897
Lentzen-Deis, F. - 145, 1452
Leon, H. J. - 517
Léon-Dufour, X. - 61, 353, 1118, 1387, 1449, 1468, 1492, 1552, 1561, 1665
Lessing - 1067
Lessius, L. - 897
Lester-Garland, L. V. - 1583
Levenson, J. D. - 872, 1085, 1088
Levi, P. - 1002
Levie, J. - 563, 565, 1161, 1163, 1164, 1169, 1173, 1596
Levine, B. A. - 1329, 1343, 1358, 1360
Levine, E. - 177, 1030
Levine, L. I. - 1258, 1262
Levita, E. - 918
Lewin, R. - 1217
Lewis, A. S. - 1033, 1057
Lewis, J. P. - 919, 922, 1002
Licht, J. - 964, 975, 977
Licoln, A. T. - 1611
Liefeld, W. L. - 1616
Lienhard, J. - 342, 344
Lietzmann, H. - 421, 453, 487, 494, 515, 525, 528, 536, 550, 555, 563, 567, 576, 579, 586, 1491
Lieu, J. M. - 821
Lightfoot, J. B. - 424, 605, 608, 924, 1097, 1569
Lightfoot, R. H. - 62, 1113, 1617
Lillie, W. - 498
Lilly, J. L. - 1058
Lincoln, A. T. - 510, 621, 625
Lindars, B. - 731, 738, 797, 799, 843, 1137, 1465, 1554, 1571, 1658
Lindemann, A. - 574, 605, 607, 611, 613, 620, 622, 638, 929
Lindsey, R. L. - 63
Ling, T. - 463
Linnemann, E. - 1543, 1549
Linnermann - 734
Linton, O. - 175
Liver, J. - 1292

Livingstone, E. A. - 506
Livy - 372, 373
Lloyd, S. - 1220
Loader, W.- 702, 712
Loader, W. R. G. - 1654
Lock, W. - 633
Loffredo, S. - 1224
Logan, A. H. B. – 737, 1492
Lohfink, G. - 308, 309, 318, 319, 320, 321, 322, 323, 324, 325, 328, 332, 336, 337, 342, 351, 352, 353, 382, 391, 392, 398, 1449, 1461, 1492
Lohfink, N. - 885, 1078
Lohmeyer, E. - 159, 160, 404, 441, 446, 605, 610, 835, 841,1564, 1565, 1632, 1633
Lohr, C. H. - 136
Lohse, E. - 325, 326, 375, 472, 593, 594, 605, 606, 607, 610, 613, 614, 615, 973, 1264, 1575, 1629
Loisy, A. - 907, 1104, 1117, 1163
Loman, A. D. - 517
Lonergan, B. - 1527
Long, B. O. 907, 1091
Longe - 1153, 1344, 1457
Longenecker, R. N. - 1137, 1524, 1579, 1600
Longino, C. C. - 1311
Löning, K. - 351, 352, 353, 354, 355, 356, 358, 384, 385, 390, 391
Loos, H. van der - 1552
Lorenzi, L. de - 468, 566, 589
Loretz, O. - 885, 905, 1167
Loud, G. - 1229
Lövestamm, E. - 363, 364, 584
Lowe, E. A. - 1036
Lowe, J. - 1583
Lowth, R. - 1067
Lubac, H. de - 1118, 1123, 1138, 1139, 1141, 1143, 1144, 1596
Luck, U. - 667, 693, 1608
Luckenbill, D. D. - 1481
Lüdemann, G. - 314, 375, 315, 376, 377, 470, 489, 1475, 1476, 1491, 1480, 1482, 1492, 1589
Ludwig, E. - 1184
Lührmann, D. - 57, 1612, 1629
Lupton, L. - 1055
Lust, J. - 1078
Luz, U. - 59, 131, 490, 493, 1606
Lyall, F. - 1645
Lyon, R. W. - 1043
Lyonnet, S. - 421, 433, 461, 499, 517, 519, 524, 526, 528, 529, 536, 538, 541, 542, 546, 551, 554, 555, 564, 576, 714, 1041, 1118, 1164, 1579, 1596, 1605, 1611, 1613, 1614, 1615, 1620, 1629, 1642
Lys, D. - 1401

M

Macalister, R. S. - 1218, 1223, 1247
MacDermot, V.- 1492
MacDonald, D. - 482, 638
MacDonald, M. Y. - 1492
Mace, D. - 1044
MacGregor, G. H. C. - 1048, 1595
Machalet, C. - 489
Macho, A. D. - 1031, 1015, 1029, 1030
Mackenzie, D. - 1245
MacKenzie, R. S. - 1047, 1087
Mackey, J. - 1449
MacMullen, R. - 505, 735, 844, 847, 1538
Macomber, W. F. - 1041
Macquarrie, J. - 1108
Macqueen, J. C. - 1263
MacRae, G. W. - 327, 334, 456, 587, 690, 734, 737, 741, 945, 1001, 1378, 1492, 1519
Maddox - 217, 218, 309, 311, 312, 320, 372, 398, 1658
Magie, D. - 860
Magne, J. - 977, 1603
Mahoney, R. - 810
Maichle, A. - 907
Maier, G. - 731
Malamat, A. - 1182
Malatesta, E. - 817, 796, 1665
Malbon, E. S. - 1549
Malchow, B. V. 174
Maldonatus - 1141
Malevez, L. - 1110
Malherbe, A. J. - 410, 482, 506, 640, 653, 834, 1121, 1492
Malina, B. J. - 260, 1264, 1552, 1620
Mallon, A. - 1235
Maloney, E. C. - 67
Mann, C. S. - 62
Manns, F. - 681, 1491, 1510
Manson, T. W. - 427, 517, 518, 689, 704, 875, 1013, 1613
Mansoor, M. - 977
Mantel, H. D. - 1310
Mara, M. G. - 972
Marazuela, T. A. - 1036
March, W. E. - 640, 868
Marcheselli, C. C. - 498

Marcus, J. - 1550
Marcus, R. - 994, 995
Margolis, M. L. - 1059
Margot, J. C. - 655
Marguerat, D. - 131, 207
Marie, H. de Ste. - 1036
Marín, F. - 597
Marin, L. - 1121
Marlé, R. - 1123
Marmardji, A. S. - 1179
Marquet-Krause, J. - 1224
Marrou, H. I. - 1513
Marrow, S. B. - 413, 494
Marsh, F. B. - 1323
Marsh, H. G. - 1139
Marshall, I. H. - 217, 224, 225, 232, 235, 238, 257, 267, 273, 276, 282, 289, 303, 309, 318, 334, 337, 370, 373, 407, 597, 817, 885, 900, 904, 1093, 1449, 1471, 1492, 1524, 1615
Marshall, P. - 493
Martelet, G. - 472
Martin - 607, 610, 614
Martin, E. L. – 1315, 1316
Martin, G. - 1058
Martin, R. P. - 441, 449, 487, 605, 1483
Martin, W. J. - 475
Martin-Achard, R. - 1085, 1387, 1563
Martini, C. - 315, 337, 904, 905, 1002, 1042, 1046, 1047, 1050, 1561, 1562, 1175,
Marty, M. - 899
Martyn, J. L. - 309, 498, 509, 731, 737, 1120, 1598, 1647, 1651, 1652,
Marucci, C. – 154, 155
Marxen, W.- 517
Marxsen, W. - 65, 407, 413, 597, 599, 908, 945, 1120, 1561, 1563, 1592, 1636
Masson, C. - 605, 607, 610
Mastin, B. A. - 197
Masuda, S. - 185
Mateo, J. - 1144
Matera, F. J. - 126, 294, 300
Mathews, K. A. - 1007, 1008
Matsunaga, K. - 1665
Matthew, T. - 1054
Matthews, J. - 1177
Matthews, S. - 1121
Matthiae, K. - 1449
Matthiae, P. - 1237, 1269
Mattill, A. J. - 257, 389
Matura, T. - 1644
Matzkaw, A. - 1037
Maurer, C. - 532, 624, 1641

May, H. G. - 1085, 1177, 1230
Mayeda, G. - 969
Mayer, B. - 1600
Mayerhoff, E. T. 606
Maynard, A. H. - 738
Mayor, J. B. - 667, 875
Mays, J. L. - 1123
Mazar, A. - 1243, 1246, 1249
Mazar, B. - 985, 1195, 1209, 1217, 1246, 1247, 1257, 1263, 1303
Mazar-Maisler, B. - 1224
McArthur, H. K. - 1095
McCarter, P. K., Jr. - 1001
McCarthy, D. J. - 719, 885, 902, 1277, 1416
McClelland, S. E. - 508
McComiskey, T. E. - 1416
McCown, T. - 1233
McDonald, J. I. H. - 493
McDonald, L. M. - 907
McEleney, N. J. - 96, 626, 643
McEvedy, C. - 1177
McEvenue, S. - 1300
McFague, S. - 1543, 1547
McGaughy, L. C. - 206
McGuire, F. R. - 421
McHardy, W. D. - 1074
McKane, W. - 1061, 1065
McKenzie, J. L. - 902, 1058, 1085, 1087, 1281, 1387, 1439, 1642
McKnight, E. - 1123
McKnight, E. V. - 1134
McKnight, E. W. 1106
Mclean, N. - 1027
McLoughlin, S. – 59, 60
McNally, R. E. - 1057, 1141, 1166
McNamara, M. - 438, 1031
Meadle, D. G. - 941
Médebielle, A. - 721
Meek, T. - 1059
Meeks, W. A. - 358, 359, 382, 455, 459, 472, 485, 607, 608, 613, 616, 627, 737, 742, 765, 1121, 1484, 1492, 1579, 1635, 1647, 1651, 1655, 1658,
Mees, M. - 1050
Meier, J. P. - 131, 135, 175, 475, 648, 692, 656, 691, 693, 694, 696, 1119, 1120, 1456, 1459, 1475, 1485, 1488, 1491, 1527
Méier, J. R. - 885
Meinardus, O. F. A. - 1483, 1490
Meisner, N. - 958

ÍNDICE DE AUTORES

Mellor, R. - 865
Mendenhall, G. E. - 1084, 1090, 1182, 1277, 1279, 1413, 1242, 1273, 1280, 1413, 1414, 1415, 1416
Mengel, B. - 441, 442
Menken, J. J. - 188
Menoud, P. H. - 326, 334, 341, 1483, 1573,1586
Mercati, G. - 1013, 1023
Merino, L. D. - 1030
Merk, A. - 1046
Merk, O. - 1582, 1640
Merkel, H. - 63, 198, 1612
Merklein, H. - 620, 1456, 1468
Merrill, A. R. - 1083
Merrill, E. H. - 178, 977
Merrill, S. - 1221
Merritt, R. - 1472
Meshel, Z. - 1252
Mettinger, T. N. D. - 1380, 1442
Metzger, B. M. - 307, 315, 497, 618, 908, 941, 961, 962, 1001, 1002, 1032, 1034, 1039, 1041, 1045, 1046, 1047, 1048, 1052, 1055, 1056
Meurer, S. - 464
Meyer, B. F. - 535, 1452, 1449, 1492, 1540
Meyer, E. - 1301
Meyer, P. D. - 174
MeyerK - 441
Meyers, C. L. - 1249
Meyers, C. M. - 1092
Meyers, E. M. - 1217
Michael - 380, 381
Michael, J. H. - 382, 441
Michaelis, J. D. - 1066, 1067, 1068, 1095
Michaelis, W.- 412
Michel, O. - 457, 489, 515, 517, 524, 525, 529, 536, 541, 542, 567, 568, 570, 576, 577, 689, 698, 699, 701, 702, 705, 708, 712, 713, 715, 718, 720, 1629
Michie, D. - 65, 1121, 1150
Michl, J. C. - 461, 655
Miguens, E. - 478
Miles, G. - 395
Milgram, J. - 982, 1329, 1339, 1359, 1360, 1361
Milik, J. T. - 950, 951, 952, 953, 956, 973, 974, 975, 977, 978, 981, 983, 984, 985, 991, 992, 1008, 1011
Milkowsky, C. - 984
Millar, F. - 509, 1317
Millard, A. - 1276
Miller, A. - 1170
Miller, D. G. - 1123
Miller, D. L. - 1148

Miller, E. L. - 748, 777
Miller, J. I. - 465
Miller, J. M. - 1061, 1177, 1263, 1276, 1292
Miller, J. W. - 1092
Miller, K. - 1178
Miller, M. - 1084
Miller, P. D. - 1329, 1387
Miller-Kleinhans - 1170
Mills, W. E. - 309
Milne, H. C. - 1026
Milne, H. J. M. - 1511
Milton, C. L. - 404
Minear, P. S. - 225, 238, 275, 542, 811, 835, 1638, 1648
Mink, G. - 1041
Minn, H. R. - 511
Miranda, J. P. - 1654
Mirro, J. A. - 1147
Mitton, C. L. - 617, 618, 908, 620, 929, 1456
Moessner, D. P. - 266
Moffatt, J. - 409, 518, 689, 693, 699, 702, 707, 710, 712, 715, 716, 720, 721
Mohr, T. A. - 804
Mohrlang, R. - 131
Moir, I. A. - 1045
Moiser, J. - 468
Molina, M. A. - 495
Molitor, J. - 1041
Moloney, F. J. - 743, 755, 1647, 1649, 1652, 1657, 1658, 1663, 1664, 1665
Momigliano, A. - 1323
Mondésert, C. - 1139
Monloubou, L. - 1600
Monson, J. - 1177
Montefiore, H. - 689, 695, 701, 702, 709, 711, 713, 718, 720, 721, 724
Moo, D. - 1459
Mood, D. J. - 424
Moore, G. F. - 143, 159, 160, 1000
Moorehead, A. - 1184
Moorey. P. R. S. - 1181, 1217
Moorman, C. - 1180
Mor, M. - 1264
Mora, V. - 212
Morag, S. - 98
Moraldi, L. - 719, 723, 1613
Moran, W. L. - 201
More, T. - 1053, 1057
Moreau, J. - 840
Morenz, S. - 582, 1263
Morgan, C. S. - 78
Morgan, F. A. - 550

Morgan, R. - 931, 1097
Morgan-Wynne, J. E. - 504
Morgenthaler, R. - 62
Moriarty, F. L. - 741, 945, 1081, 1083, 1375,
Morison, F. - 1319, 1561, 1562
Morissette, R. - 484
Mork, W. - 1409
Morris, L. L. 659, 700, 719, 918, 1420, 1483, 1612, 1613, 1615, 1658
Morrison, M. A. - 1182, 1274
Mosbech, H. - 1569
Moscati, S. - 1263, 1282
Mott, S. - 641
Moulder, W. J. - 196
Moule, C. F. D. - 322, 337, 484, 593, 594, 595, 605, 607, 784, 799, 908, 1460, 1480, 1524, 1552, 1566, 1468, 1554, 1640
Moulton, J. H. - 546, 1566
Mounce, R. H. - 835
Mourey, P. R. S. - 1217
Mowinckel, S. - 1082, 1083, 1110, 1380, 1381, 1382, 1383, 1442, 1443
Mowry, L. - 974
Moyne, J. Le - 1310
Mozley, J. F. - 1054
Muddiman, J. - 549
Mueller - 1558
Mueller, J. R. - 987
Mueller, U. - 1552, 1558
Muilenburg, J. - 1089, 1151, 1199
Muller, H. P. - 863, 866
Müller, J. J. - 593
Müller, K. - 458, 616, 1105
Müller, P.-G. - 370
Muller, U. B. - 796, 1651, 1655, 1662
Mullins, T. Y. - 385, 399, 490, 510
Munck, J. - 309, 423, 567, 1569, 1575, 1586, 956, 969,
Münderlein, G. - 111
Munk, J. - 517
Muraoka, T. - 961
Murname, W. J. - 1184
Murphy, F. J. - 962
Murphy, F. X. - 1140
Murphy, R. E. - 1087, 1145, 1263
Murphy, R. T. - 1161
Murphy-O'Connor, J. - 192, 376, 447, 448, 449, 453, 454, 457, 462, 463, 464, 465, 466, 468, 469, 473, 475, 476, 477, 480, 482, 485, 492, 497, 500, 510, 589, 591, 610, 621, 974, 975, 978, 983, 984, 1177, 1217, 1311, 1475, 1476, 1477, 1479, 1480, 1486, 1584, 1645

Murray, O. - 958
Murray, R. - 1073
Mussies, G. - 841
Mussner, F. - 348, 349, 370, 375, 421, 578, 621, 625, 667, 668, 673, 675, 678, 1552, 1615
Musurillo, H. - 969, 1514
Myers, J. M. - 961, 962, 1161

N

Nardoni, E. - 103
Nauck, W. - 373, 375, 817, 1562
Nautin, P. - 1139
Navone, J. J. - 224, 1629
Negenman, J. H. - 1177
Negev, A. - 1204
Neie, H. - 1112
Neil, W. - 309, 1097, 1105
Neill, S. - 1093, 1107, 1535
Neirynck, F. - 49, 52, 57, 59, 60, 61, 62, 63, 67, 242, 309, 334, 335, 354, 762, 805, 810, 969, 1118, 1560
Nelis, J. - 1584
Nellessen, E. - 324, 325, 358, 365, 366
Nelson, H. H. - 1329
Nestlé, D. - 1615
Nestle, E. - 1026, 1046, 1052, 1095
Netzer, E. - 1258, 1260
Neubauer, A. - 1179
Neuenzeit, P. - 1636
Neufeld, V.- 701
Neugebauer, F. - 1633
Neuhäusler, E. - 466
Neusner, J. - 186, 193, 202, 247, 612, 735, 742, 997, 998, 999, 1000, 1152, 1310, 1325, 1481, 1491, 1545, 1651
Neuville, R. - 1224, 1232, 1233
Neve, L. - 1401
Newman, J. H. - 897, 898
Newsom, C. - 615
Neyrard, G. - 749
Neyrey, J. H - 242, 294, 299, 301, 302, 304, 392, 753, 756, 760, 875, 876, 879
Nicander - 1616
Nicholson, E. W. - 1187, 1416
Nicholson, G. C. - 737, 1658
Nickelsburg, G. W. E. - 188, 284, 948, 951, 952, 954, 957, 958, 964, 1563
Nickle, K. E. - 504
Nickle, K. F. - 485, 589
Nicklsburg, G. W. E. - 953
Nicol, T. - 908
Nicol, W.- 1663

Nicolas - 1315
Niebuhr, R. - 1561
Niederwimmer, K. - 468, 1615, 1643, 1644
Nielsen, H. K. - 511
Niese, B. - 995
Nikiprowetzky, V.- 965
Nineham, D. E. - 62, 65, 1056, 1104, 1123, 1617
Nissen, H. J. - 1263,1343
Noack, B. - 1377
Nobili, F. de - 1035
Nock, A. D. - 361, 470, 969,
Nolan, B. M. - 143
Noll, M. A. - 1093
Nolte, J. - 1594
Nonnos - 858
Noorda, S. - 341
Norden, E. - 610, 612, 468, 610
North, R. - 1179, 1182, 1185, 1183, 1217, 1235, 1256, 1260
Norwood, G. - 837
Norzi, S. Y. de - 1016
Noth, M. - 1001, 1061, 1081, 1083, 1084, 1203, 1214, 1242, 1263, 1273, 1279, 1280, 1349, 1415
Nützel, J. M. - 103, 190, 244, 1616
Nyberg, H. S. - 1082
Nygren, A. - 519, 556, 567

O

O'Brien, P. T. - 404, 622, 1594
O'Callaghan, D. - 193
O'Callaghan, J. - 420, 977, 1046
O'Callaghan, R. T. - 1178
O'Collins, G. - 510, 1524, 1561
O'Connell, K. G. - 1001, 1020, 1027
O'Dell, J. - 963
O'Doherty, E. - 1066
O'Grady, J. F. - 1524
O'Hagan, A. P. - 959
O'Neill, J. C. - 309, 310, 607, 817
O'Rourke, J. J. - 467
O'Toole, R. F. - 217, 322, 327, 331, 334, 337, 352, 364, 391, 392, 1560
Oates, J. - 1263
Oberlinner, L. - 1469
Oberman, H. A. - 1141
Odeberg, H. - 950
Odell-Scott, D. W. - 479
Oeming, M. - 541
Oepke, A. - 421, 474, 482, 708
Oesterley, W. - 1301

Ogara, F. - 1139
Ogawa, A. - 198
Ogden, S. M. - 1109
Ogg, G. - 1475, 1484, 1487, 1488
Okeke, G. E. - 409
Oliver, H. H. - 1047
Oliver, J. H. - 1479
Olivier, F. - 500
Olshausen, H. - 1075
Olsson, B. - 1647
Omanson, R. L. - 1046
Onuki, T. - 1656
Oppenheim, A. L. - 399, 1263, 1282, 1382
Orchard, J. B. - 49, 62
Oren - 1238
Orfali, G. - 1224
Orlinsky, H. M. - 1011, 1017, 1059
Orni, E. - 1177
Orósio, P. - 1479
Ortkemper, F.-J. - 1606
Ory, G. - 421
Osborn, C. D. - 683
Osborne, G. R. - 1561
Osiander, A. - 1095
Osiek, C. - 1121
Östborn, G. - 918
Osten-Sacken, P. von der - 566
Oster, R. - 379
Otero, A. de Santos - 948
Ott, H. - 1147
Otto, J. C. T. - 1512
Otto, R. - 1390, 1534
Ottosson, M. - 1194, 1329
Ouelette, J. - 1350
Oulton, J. - 709
Overholt, T. W. - 1091
Owen, H. P. - 707

P

Pack, F. - 1046
Packer, J. I. - 900, 1611
Padgett, A. - 475
Pagel, E. H. - 1589
Pagels, E. H. - 475, 1120, 1645
Painter, J. - 749, 799, 1109, 1647, 1664
Palmer, E. - 1252
Palmer, R. - 1147
Pamment, M. - 736, 756
Pancaro, S. - 1647
Panilulam, G. - 457, 513
Panimolle, S. A. - 1652

Pannenberg, W.- 1112, 1524, 1561, 1563,
Pardee, D. - 157, 399
Paretsky, A. - 1077
Parker, M. - 1055
Parker, P. - 1486
Parker, S. T. - 148
Parke-Taylor, G. H. - 1391
Parr, P. - 1217
Parrot, A. - 214, 1182, 1250, 1315
Parsons, J. - 1026
Parsons, M. C. - 1047, 1050
Patrick, D. - 1394
Patrick, G. A. - 1046, 1097
Patte, D. - 1138, 1147, 1148
Payne, P. B. - 82
Pearson, B. A. - 407, 409, 459, 484, 1492
Pedersen, E. - 511
Pedersen, J. - 1082, 1387, 1401
Pedersen, S. - 449
Peebles, B. M. - 1039
Pelikan, J. - 1080, 1142, 1492
Pelletier, A. - 480, 958
Penna, A. - 1140
Penna, R. - 397, 458, 498
Percy, E. - 605, 606, 617, 618
Perkins, A. - 1262
Perkins, P. - 215, 282, 289, 306, 308, 822, 946, 947, 1119, 1122, 1492, 1524, 1543, 1561, 1563, 1630
Perlitt, L. - 1061, 1071, 1073, 1278
Perowna, S. - 1315, 1318
Perrin, N. - 147, 1107, 1136, 1147, 1151, 1449, 1451, 1452, 1455, 1456, 1458, 1527, 1534, 1536, 1539, 1543, 1545, 1546
Perrot, C. - 472, 474, 655, 657, 660, 663, 991
Perrot, J. - 1263
Pesce, M. - 460, 1460
Pesch - 317, 318, 319, 320, 348, 542, 546, 555, 563, 567, 572, 577, 1558
Pesch, R. - 60, 65, 118, 173, 321, 322, 441, 443, 349, 409, 515, 815, Pesch, R. - 1119, 1570, 1471, 1552, 1644
Pesch, W. - 470, 1595
Peters, F. E. - 864, 1209
Peters, M. K. H. - 1040
Petersen, D. L. - 1091
Petersen, N. R. - 1147, 1566
Petersen, T. C. 1040
Peterson - 712, 717, 720
Peterson, D. - 698, 707, 715
Peterson, E. - 418, 468
Peterson, P. M. - 1570

Petrie, W. F. - 1218, 1222, 1228, 1253
Pettau, V. de - 840
Pettinato, G. - 1269, 1277
Petuchowski, J. - 160
Petzke, G. - 1458
Petzke, O. - 1617
Pfammatter, J. - 1638
Pfeiffer, C. F. - 1177
Pfitzner, V. C. - 451, 471, 1585
Pherigo, L. P. - 1490
Philonenko, M. - 957
Phipps, W. E. - 465, 1455
Picard, J.-C. - 963
Piccirillo, M. - 1224
Pierce, C. A. - 462, 1641
Pilch, J. J. - 251, 1558
Pilgrim, W. E. - 250, 273, 288
Piper, J. - 256, 1459
Pirot, L. - 1086
Pisano, S. - 1011
Plassart, A. - 1477, 1479
Plater, W. E. - 1039
Plevnik, J. – 407, 409
Ploeg, J. P. M. van der - 977, 979, 1031, 1138
Plümacher, E. - 309, 310, 311, 312, 313, 314, 315, 325, 330, 340, 344, 369, 372, 379
Plummer, A. - 217, 255, 280, 285, 453, 487, 492
Podechard, E. - 1087
Pohlmann, K.-F. - 961
Pokorny, P. - 394, 395
Polag, A. - 57
Poland, L. - 1151
Polk, T. - 1544
Polzin, R. M. - 1089,1148
Ponsot, H. - 460
Pontet, M. - 1140
Porsch, F. - 1662
Porter, B. - 1301
Porter, C. L. - 1050
Porter, J. R. - 1082
Poschmann, B. - 709
Potin, J. - 1378
Potterie, I. De La - 60, 319, 460, 461, 491, 625, 731, 794, 809, 1118, 1608, 1647, 1652, 1662
Pottier, E. - 475
Pouilly, J. - 975
Prabhu, G. M. S. - 143
Praeder, S. M. - 311, 1552
Prast - 380, 381, 382
Prat, F. - 542, 565
Pratico, G. D. - 1200
Pratscher, W.- 508, 827

Preez, J. du - 827
Pregeant, R. - 131
Preiker, H. - 655
Preiss, T. - 596
Preuschen, E. - 907
Preuss, J. S. - 1141, 1142
Price, R. M. - 510
Price, S. R. F. - 232
Prigent, P. - 835, 980, 1052, 1139
Pritchard, J. B. - 1198, 1230, 1247, 1263
Procksch, O. - 699, 1402, 1616
Proudfoot, C. M. - 490
Prümm, K. - 487
Prussner, F. - 1061, 1084, 1085, 1387
Pryke, E. J. - 60, 67
Przybylski, B. - 131
Pummer, R. - 1012, 1302
Purvis, J. D. - 1012, 1302
Pury, A. de - 513
Puyvelde, C. van - 1034

Q

Quasten, J. - 305, 1492
Quecke, H. - 1040
Quéré, F. - 949
Quesnell, Q. - 65, 969
Quinn, J. D. - 634, 637, 727, 1050, 1175, 1643
Quirino, P. S. - 1316, 1318
Quispel, G. - 835

R

Rabin, C. - 954, 955, 978
Rad, G. von - 703, 1061, 1080, 1081, 1083, 1085, 1145, 1275, 1278, 1288, 1289, 1333, 1387, 1442, 1654
Radice, R. - 994
Radl, W. - 309, 359, 360, 362, 364, 370, 379, 381, 382, 387, 389, 392, 395, 397, 398
Rahlfs, A. - 484, 959, 963, 1026, 1027
Rahner, K. - 885, 902, 903, 911, 1161, 1527
Rahtjen, B. D. - 442
Rainey, A. F. - 1329
Räisänen, H. - 68, 558, 1626
Rajak, B. S. 995
Rajak, J. J. - 1089, 1151
Rajak, T. - 995
Ramaroson, L. - 581, 1635
Ramirez, J. M. C. - 613
Ramsay, W. M. - 422, 844, 1100, 1481, 1491, 1100

Ramsey, I. T. - 1552, 1556
Rappaport, U. - 1264, 1300
Rast, W. E. - 1199
Ratzinger, J. - 1176
Readon, B. - 1105
Recke - 662
Redditt, P. - 959
Redford, D. B. - 1241, 1276
Redlich, E. B. - 1134
Redpath, H. A. - 1027, 1100
Reese, J. M. - 407, 484, 1123
Refoulé, F. - 571, 572, 578
Reichert, A. - 1329
Reicke, B. - 606, 655, 663, 1044
Reider, J. - 1022
Reim, G. - 735, 779
Reimarus, H. S. - 1096, 1103
Reinach, S. - 1562
Reinhold, M. - 1317
Reiser, M. - 60, 67
Reisner, G. A. - 1221, 1250
Reitzenstein, R. - 1105
Renan, E. - 422, 517, 1096
Renckens, H. - 1387
Rendtorff, R - 618, 1329, 1358
Renger, J. - 1343
Rengstorf, K. H. - 425, 578, 693, 701, 995, 1561, 1569, 1574, 1575, 1579
Rensberger, D. K. - 808, 929
Rensburg, J. J. J. van - 566
Resch, A. - 949
Rese, M. - 309, 329, 331, 332, 336, 337, 339, 342, 350, 363, 364
Reumann, J. - 286, 462, 535, 537, 646, 675, 727, 1001, 1042, 1044, 1122, 1471, 1449, 1471, 1492, 1610, 1626, 1636
Reuss, E. W. E. – 907, 1071, 1072
Reventlow, H. G. - 869, 1061, 1064, 1146, 1387, 1396, 1595
Rheims - 1044, 1055, 1058
Rheims-Challoner - 1058
Rhoads, D. - 65, 1121, 1150
Rhyne, C. T. - 572
Rice, G. E. - 1043, 1047
Richard, E. - 217, 344, 345, 346, 349, 368, 370, 496
Richardson, A. - 1582
Richardson, P. - 463, 471, 1510
Richter, G. - 751, 793, 1651, 1662
Rickards, R. R. - 574
Ricoeur, P. - 1123, 1147, 1148, 1150, 1547, 1548
Ridderbos, H. N. - 421, 1579, 1588, 1589

Riddle, D. W. - 427, 1475, 1476
Riemann, P. A. - 714, 1416
Riesen, R. A. - 1074
Riesenfeld, H. - 513
Riessler, P. - 948
Rigaux, B. - 407, 419, 426, 508, 520, 597, 669, 1475, 1486, 1561, 1579, 1586, 1640
Ringe, S. H. - 246, 279
Ringgren, H. - 974, 1263, 1329, 1387
Rissi, M. - 482, 487
Rist, M. - 835
Ristow, H. - 1449
Ritschl, A. - 1535
Rivkin, E. - 1310, 1472
Robbins, V. K. - 65, 67, 196, 310, 315, 371, 392, 393, 1460
Roberge, M. - 770
Robert, A. - 1118, 1164
Roberts, B. J. - 1001, 1017
Robertson, A. - 453
Robertson, D. - 1089, 1147
Robertson, E. H. - 1002, 1012
Robertson, N. - 1381
Robertson, O. P. - 524
Robertson-Plummer - 460, 467, 479
Robinson, B. P. 307
Robinson, E. - 1179, 1221, 1228
Robinson, H. W. - 1409, 1410, 1424
Robinson, J. A. T. - 839, 1319, 1511, 1628. 1529
Robinson, J. M. - 65, 544, 610, 1108, 1116, 1112, 1145, 1146, 1157, 1449, 1541, 1612
Rochais, G. - 748
Rockefeller, J. D. - 1229
Rodorf, W.- 485
Roetzel, C. J. - 420, 463
Rogers, C. F. - 549
Rogers, J. - 1054
Rogerson, J. W. - 1061, 1065, 1070, 1071, 1074, 1076, 1079, 1091, 1177, 1387, 1409
Rohde, J. - 1093, 1121
Rohling, A. - 897
Rolland, P. - 60, 542
Roller, O. - 404
Rollins, W. G. - 596, 1153
Roloff, J. - 196, 309, 313, 318, 324, 325, 326, 329, 333, 336, 337, 338, 343, 356, 360, 361, 365, 366, 367, 368, 371, 376, 377, 379, 380, 382, 385, 386, 389, 391, 393, 396, 397, 1449, 1468, 1569, 1613, 1638
Romaniuk, K. - 465, 1596, 1640
Roon, A. van - 618
Ropes, J. H. - 315, 667, 678

Rordorf, W.- 380
Rose, M. - 1391
Rosenan, N. - 1190
Rosenthal, F. - 1031, 1034
Ross, M. K. - 835
Rossi, G. B. de - 1015, 1017
Rossiter, F. S. - 1086
Rost, L. - 948, 1288
Rothe, R. - 546
Rothenberg, B. - 1200, 1205
Rousseau, A. - 1515
Roussel, D. - 1185
Roux, G. - 454, 1263
Roux, H. - 421
Rowland, C. - 608, 615, 1492, 1534, 1655
Rowley, H. H. - 705, 720, 948, 961, 974, 1177, 1263, 1276, 1301, 1329, 1335
Rowston, D. E. - 683
Rubenstein, A. - 950
Rudolph, K. - 737, 765, 1492, 1516
Rudolph, W.- 1300
Ruef, J. - 453
Ruether, R. R. - 1092
Rüger, H. P. - 497
Runia, D. T. - 994
Running, L. G. - 1084, 1223
Ruotolo, D. - 1173
Ruppert - 1469
Russel, L. M. - 1092
Russell, D. A. - 1123
Russell, L. - 865
Ruwet, J. - 907
Ryle, H. E. - 907, 918, 963
Ryrie, C. C. - 1055

S

Saake, H. - 510
Sabatier, M. P. - 1035
Sabbe, M. - 348, 349, 418
Sabourin, L. - 719, 1543, 1552, 1553, 1556, 1559, 1579, 1605, 1611, 1620
Sacchi, P. - 948
Sadaqa, A. - 1012
Sadaqa, R. - 1012
Saffrey, H. D. - 454
Safrai, S. - 1264
Saglio, E. - 475
Sagnard, F. M. M. - 468
Sakenfeld, K. - 1420
Saldarini, A. J. - 947, 1000
Saller, S. - 1224
Salm, C. L. - 1427

Salmon, J. B. - 453
Samain, E. - 242
Sampley, J. P. - 452, 630
Sand, A. - 131, 193, 564, 908, 1628
Sanday, W. - 515
Sanday-Headlam - 521, 525, 529, 532, 536, 542, 550, 554, 563, 567, 576, 577, 586
Sanders, E. P. - 59, 62, 996, 1101, , 1449, 1481, 1534, 1584, 1626, 1650
Sanders, J. A. - 247, 278, 907, 977, 999, 1010, 1011, 1049, 1090, 1151, 1153, 1217
Sanders, J. T. - 252, 478, 610, 622, 626, 1630
Sanders, N. K. - 1245
Sanderson, J. E. - 1008
Sandevoir, P. - 660
Sandmel, S. - 1315, 1579
Santos, E. C. dos - 63
Sarna, N. M. - 1276
Sasse, H. - 1541
Satran, D. - 1300
Saulcy, F. de - 1218, 1221
Saunders, E. W. - 252, 1217, 1262
Saydon, P. P. - 1041
Sayler, G. B. - 962
Schaberg, J. - 216
Schade, H.-H. - 1606
Schaeffer, C. - 1240
Schäfer, K. T. - 1037
Schäfer, P. - 510, 1626
Schalit, A. - 1301, 1315
Scharlemann, M. - 346, 349
Schaub, R. T. - 1199
Schechter, S. - 978, 986, 1013
Schelkle, K. H. - 487, 582, 588, 655, 1594, 1611
Schendel, E. - 482
Schenk, L. - 338
Schenk, W. - 57, 63, 121, 441, 477
Schenke, H.-M. - 353, 409, 929
Schenke, L. - 339, 767
Scherrer, S. J. - 860
Schierse, F. - 696, 701, 716
Schiffman, L. H. 987
Schille, G. - 610, 612, 613, 614, 622, 624, 626
Schillebeeckx, E. - 168, 1452, 1462, 1533, 1647, 1656, 1657, 1662
Schinewind, J. - 306
Schlatter, A. - 183, 515, 532, 541, 1098, 1596
Schleiermacher, F. - 1071, 1147, 1573
Schliemann, H. - 1218, 1220, 1221
Schlier, H. - 421, 474, 515, 553, 545, 617, 618, 620, 709, 1594, 1615, 1617, 1638
Schmauch, W.- 441

Schmid, H. H. - 1276, 1595, 1596
Schmid, J. - 49, 470, 575, 1119
Schmid, R. - 1358
Schmid, U. - 478
Schmidt, C. - 1492
Schmidt, D. - 409
Schmidt, H. W. - 515
Schmidt, J. J. - 422
Schmidt, K. L. K. - 457, 510, 908, 1638, 1106
Schmidt, W. - 1387
Schmithals. W. - 49, 309, 326, 343, 370, 371, 409, 423, 424, 443, 459, 591, 929, 1569, 1573, 1574, 1575, 1589
Schmitt - 330
Schmitt, A. - 1021
Schmitt, H.-C. - 1292
Schmitt, J. - 1561
Schmittner, W.- 1066
Schmitz, F.-J. - 1041
Schnackenburg, R. - 147, 173, 308, 366, 617, 618, 619, 626, 708, 731, 771, 791, 817, 1119, 1453, 1456, 1468, 1492, 1569, 1600, 1615, 1631, 1638, 1640, 1649, 1653, 1657, 1660, 1662, 1664, 1665
Schneemelcher, W. - 1491, 1509, 1600
Schneider - 231, 295, 311, 315, 317, 318, 320, 321, 322, 324, 325, 326, 329, 333, 335, 336, 339, 340, 343, 344, 348, 357, 359, 360, 361, 366, 369, 372, 373, 375, 376, 377, 380, 389, 393, 394, 396, 397
Schneider, G. - 217, 291, 301, 309, 315, 345, 346, 347, 375, 421, 1596
Schneider, J. - 399
Schneiders, S. M. - 1122, 1123, 1130, 1151, 1665
Schnider, F. - 399
Schniewind, J. - 711
Schoedel, W. R. - 1120, 1510, 1513
Schoenberg, M. W. - 562
Schoeps, H.-J. - 151, 1579, 1601, 1621
Schökel, L. A. - 676, 678, 885, 894, 1164
Scholem, G. G. - 950
Scholer, D. - 830, 1492
Schönle, V. - 175
Schottroff, L. - 946, 1457, 1656
Schottroff, W.- 724, 1154
Schrage, W.- 500, 655, 1641
Schreiner, J. - 962
Schrenk, G. - 551, 1610
Schröder - 1065
Schubert, K. - 1449
Schubert, P. - 233, 402, 404

Schüller, E. M. - 977
Schult, H. - 1349
Schultens - 1065
Schultz, D. - 518
Schültz, J. H. - 1579
Schulz, S. - 57, 494, 495, 1596
Schumacher, G. - 1218, 1222
Schüpphaus, J. - 963
Schürer - 948, 1000, 1264, 1316, 1317
Schürer, E. - 338
Schürmann, H. - 173, 189, 217, 224, 230, 1468, 1662
Schüssler-Fiorenza, E. - 174 208
Schütz, R. - 1320
Schwank, B. - 409
Schwartz, D. R. - 981
Schwarz, W. - 1142
Schweitzer, A. - 172, 1096, 1098, 1103, 1104, 1463, 1471, 1459, 1534, 1536, 1537, 1545, 1590, 1632, 1633, 1639
Schweizer, E. - 65, 131, 217, 231, 234, 235, 239, 246, 272, 289, 315, 328, 374, 490, 551, 605, 607, 608, 610, 613, 646, 655, 700, 704, 1449, 1465, 1471, 1492, 1566, 1606, 1633, 1635, 1636, 1638
Scobie, C. H. H. - 346, 349, 1320 , 1539
Scott, B. B. - 193, 282, 1543
Scott, E. F. - 593
Scott, J. J. - 597
Scott, R. - 409
Scott, R. B. Y. - 1349
Scottroff, W. - 1298
Scroggs, R. - 178, 475, 484, 1115, 1121, 1600, 1645
Seccombe, D. P. - 229, 256, 257, 283
Seele, K. C. - 1263
Segai, J. B. - 474
Segal, A. - 1217
Segal, B. - 1317
Segal, J. B. - 1377
Segalla, G. - 1641
Segbroeck, F. van - 49, 57
Seger, J. - 1225
Segovia, F. F. - 731, 739, 779, 793, 797
Segundo, J. L. - 1460
Seidensticker, P. - 1589
Seisdedos, F. - 1139
Sellers, O. - 1256
Sellin, E. – 1222, 1228
Sellin, G. - 270
Selwyn, E. G. – 655, 662
Semler, J. S. - 1045, 1064, 1066, 1067, 1068

Senft, C. - 453, 482
Senior, D. P. - 131, 207, 211, 213, 1119, 1523, 1559
Setel, T. D. 865
Seters, J. van - 1263, 1273, 1276, 1291
Sevenster, J. N. - 428, 491
Seybold, K. - 1552, 1558
Shafer, B. E. 1373
Shanks, H. - 73, 1217, 1262
Shapira, M. W. - 1221
Sharp, J. L. - 484
Shenkel, J. D. - 1020
Sheppard, G. T. - 1152
Sherwin-White, A. N. - 1264, 1472, 1475, 1481, 1488, 1489
Shiloh, Y. - 1248, 1247, 1248
Shotwell, W. A. - 1139
Shukster, M. B. - 1510
Shuler, P. I. - 131
Siber, P. - 445
Sichardus, J. - 964
Sidebottom, E. M. - 667
Sider, R. D. - 1492
Siegman, E. - 1119
Silberman, L. H. 1104
Simms, P. M. - 1002
Simon, M. - 343, 344, 345, 346, 480, 1000, 1065, 1069, 1076, 1310, 1502
Simon, R. - 1064, 1076, 1095, 1133, 1141, 1142
Simons, J. - 1177, 1179, 1209
Simpson, W. K. - 1263, 1282
Sinclair, L. - 1288
Sjöberg, E. - 498, 1617
Ska, J.-L. - 831
Skeat, T. C. 969, 1026, 1042
Skehan, P. W. - 919, 920, 974, 980, 981, 983, 984, 1001, 1006, 1008, 1011, 1087
Sleeper, C. F. - 480
Slingerland, H. D. - 958
Sloan, R. B. - 246
Sloyan, G. S. - 210
Smalley, B. - 1093, 1141
Smalley, S. S. - 484, 731, 830, 817, 1647, 1658
Smallwood, E. M. - 840, 1314, 13231479
Smart, J. - 1145
Smend, R. - 1061, 1082, 1292, 1427
Smith, D. M. - 63, 731, 1110, 1647
Smith, E. - 1179
Smith, G. A. - 1177
Smith, J. P. - 1515
Smith, M. - 63, 247, 612, 742, 941, 1263, 969, 1020, 1263, 1449, 1458, 1516, 1649, 1651

Smith, R. G. - 1067
Smith, R. H. - 214, 306, 307
Smith, W. R. - 907, 1073, 1090
Smolar, L. - 1031
Smyth, B. T. - 1579
Snaith, N. H. - 1016, 1383
Snodgrass, K. - 307, 114, 199, 1047
Snyder, E. H. - 479
Snyder, G. F. - 1491, 1534
Soards, M. L. - 294, 302
Sobosan, J. G. - 1117
Sobrino, J. - 1122, 1460
Soden, H. von - 1043, 1046, 1048, 1051, 1381
Soggin - 1264, 1273, 1275, 1280, 1337
Soulen, R. N. - 1093, 1115
Souter, A. - 908, 1002, 1039, 1046
Sowers, S. G. - 690, 1138
Sparks - 1492, 1509, 1510, 1511
Specht, W. F. - 1002
Speiser, E. A. - 1004
Spencer, A. B. - 507
Spencer, J. R. - 1083
Spencer, R. A. - 1151
Spener, P. - 1066
Sperber, A. - 907, 1029, 1030
Speyer - 897
Spicq, C. - 420, 462, 478, 486, 496, 633, 655, 689, 690, 691, 696, 698, 700, 702, 707, 708, 713, 721, 723, 729, 875, 889, 1118, 1141, 1630
Spitaler, A. - 1032
Spitta, F. - 662
Spittler, R. S. - 510
Spriggs, D. S. - 1061, 1085
Staab, K. - 407
Stacey, W. D. - 1628
Stager - 1225, 1246
Stagg, F. - 424
Stählin, G. - 485, 492, 500, 501, 1482
Stalder, K. - 1608
Stambaugh, J. E. - 1121
Stamm, R. T. - 1161
Standaert, B. - 67
Stanley, D. M. - 210, 299, 407, 426, 436, 473, 522, 541, 576, 1119, 1175, 1483, 1558, 1560, 1561, 1588, 1606, 1643
Stanton, G. N. - 132, 131, 202, 961, 1109
Staples, P. - 863
Starchy, J. - 427, 975, 989, 992, 1010, 1304, 1601
Starkey, J. - 1253
Starr, C. - 1263
Stauffer, E. - 556, 1449, 1466

Steck, O. - 345, 348, 349, 353, 1292, 1469
Steele, E. S. - 259
Stegemann, H. - 983
Stegermann, W.- 1154
Steichele, H.-J. - 68
Stein, R. H. - 63, 1121, 1543
Steindorff, G. - 1263
Steiner, A. - 986
Steinmann, J. - 1064, 1140, 1142, 1320
Steinmetz, D. C. - 1139
Steinmueller, J. E. - 1170
Stekelis, M. - 1198, 1224
Stelzenberger, J. - 1641
Stemberger, G. - 349, 484, 1000, 1564, 1656
Stempvoort, P. A. van - 308, 322, 420
Stendahl, K. - 132, 567, 575, 578, 582, 612, 974, 987, 1132, 1579, 1582, 1584, 1641
Stendebach, F. L. - 1354
Stenger, W.- 399
Stern, E. - 1217, 1255
Stern, M. - 1264, 1318
Sternberg, M. - 1089
Stewart, J. I. N. - 1149
Stewart, R. A. - 1544
Stibbs, A. M. - 655
Stirewalt, M. L., Jr. - 399
Stock, A. - 67
Stöger, A. - 593
Stoldt, H.-H. - 57
Stolle, V. - 353, 382, 384, 385, 386, 388, 390, 391, 398
Stolz, F. - 329
Stommel, E. - 549
Stone, M. E. - 951, 956, 961, 994, 1300, 1492
Stott, W.- 725
Stowers, S. K. - 143, 399, 531, 532, 1585
Strack, H. L. - 494, 1000, 1101
Stramare, T. - 1039
Strange, G. Le - 1179
Strange, J. F. - 73, 507, 1217
Strathmann, H. - 697
Strauss, D. - 1096, 1097, 1100, 1103, 1104, 1107
Strecker, G. - 131, 133, 135, 172, 487, 1486, 1582, 1594, 1610, 1640
Streeter, B. H. - 49, 58, 62, 1101, 1047, 1101, 1327
Strobel, A. - 366, 369, 370, 458, 633, 689, 703
Stroumsa, G. A. - 737, 1492
Strugnell, J. - 462, 974, 980, 982, 983
Stuhlmacher, P. - 354, 356, 358, 499, 578, 593, 731, 1061, 1093, 1099, 1123, 1569, 1594, 1596, 1617

Stuhlmueller, C. - 233
Stummer, F. - 1039
Styler, G. M. - 738
Suelzer, A. - 1061
Suggit, J. - 803
Suggs, M. J. - 175, 176, 574, 1484
Suhard, cardeal - 1087, 1164, 1173
Suhl, A. - 409, 1475, 1552, 1579
Sukenik, E. L. - 189, 973, 976, 977, 1224
Suleiman, S. R. - 1150
Sullivan, R. P. - 1064
Sundberg, A. C. - 907, 920, 921, 922, 939
Suter, D. W. - 951
Swain, L. - 617, 618, 1644
Swanson, R. J. - 49
Sweatland, D. M. - 299
Sweet, J. P. M. - 835, 964
Swete, H. B. - 835, 838, 841, 853, 1026, 1027, 1561
Swetham, J. - 717, 722, 728
Swidler, L. e A. - 1175, 1575
Sykes, S. W. - 1111
Sylva, D. D. - 234, 304
Syme, R. - 1317
Synave, P. - 885
Syncellus, J. - 951

T

Tabachovitz, D. - 907
Tachau, P. - 626
Taeger, J. - 375
Talbert, C. H. - 217, 242, 303, 309, 311, 315, 349, 370, 392, 448, 1047, 1096, 1559, 1656, 1031
Talmon, S. - 1001, 1011, 1088, 1299
Tannehill, R. C. - 224, 228, 256, 298, 553, 1557, 1606
Tanner, R. G. - 506
Tarragon, J.-M. de - 1332, 1344
Tàrrech, A. P. - 205
Tasker, R. V. G. - 487
Tavard, G. H. - 1167
Taylor, G. - 1583
Taylor, K. A. - 1057
Taylor, M. J. - 1579
Taylor, T. M. - 518
Taylor, V. - 65, 515, 1112, 1113, 1117, 1527, 1565
Tcherikover, V. - 1301, 1303
Telford, W. R. - 112
Tenney, M. C. - 510, 830, 1608
Ternant, P. - 1139

Terrien, S. - 1085, 1089, 1146, 1387
Testuz, M. - 955
Thackeray, H. St. J. - 995, 1021, 1027
Theissen, G. - 165, 263, 340, 359, 453, 455, 470, 476, 729, 945, 1121, 1552, 1556, 1558
Theobald, M. - 496, 749
Therrien, G. - 1642
Thiede, C. P. - 977
Thiele, E. R. - 1290
Thiele, W. - 1039
Thiering, B. E. 974, 988
Thiessen - 1555, 1558
Thiselton, A. C. - 462, 463, 479
Thomas, D. W. - 1217
Thomas, J. C. - 1564
Thomas, K. J. - 696
Thomas, W. D. - 452
Thompson, A. L. - 962
Thompson, G. H. P. - 217, 593
Thompson, H. - 1040, 1217
Thompson, J. - 690, 694, 727, 729, 1070, 1186
Thompson, R. J. - 1061
Thompson, T. - 1177, 1217, 1273, 1276
Thompson, W. G. - 165, 191, 1449, 1524
Thornton - 723
Thrall, M. E. - 453, 493, 495, 497, 499, 500, 509, 1642
Throckmorton, B. H. - 49
Thubron, C. - 1183
Thüsing, W. - 1647, 1658
Thyen, H. - 731, 792, 814, 827
Tiede, D. L. - 217, 245, 253, 290, 293, 1552
Tischendorf, - 1026, 1042, 1045, 1099
Titus, E. L. - 477
Tödt, H. - 1465, 1466
Toland, J. - 1064
Tolbert, M. A. - 1091, 1122, 1149, 1543, 1547
Tollers, V. L. - 885
Toombs, J. - 1340
Torchbook, H. - 943
Torrance, T. F. - 1141
Torrey, C. C. - 1102
Touzard, J. - 1086, 1163
Tov, E. - 1001, 1011, 1021, 1027, 1039
Tracy, D. - 1061, 1093, 1131, 1141
Traets, C. - 1664
Trafton, J. L. - 963
Tragan, P. R. - 782, 1665
Trautmann, M. - 1559
Travis, S. H. - 505
Tregelles, S. P. - 1045
Trémel, B. - 380

Tresmontant, C. - 1118
Trevet, N. - 1140
Trhall, M. E. - 490
Trible, P. - 1091, 1092, 1390, 1428
Trigg, J. W. - 1095, 1139
Trigger, B. G. - 1263
Trilling, W. - 131, 179, 597, 598
Trites, A. A. - 865
Trocmé, É. - 60, 309, 325
Tromp, N. J. - 481, 1445
Trompf, G. W. - 395, 473, 1566
Trummer, P. - 467, 633, 638
Tsuchido, K. - 790
Tüchle, H. - 1327
Tucker, G. M. - 868, 1134, 1153
Tuckett, C. M. - 49, 59, 60, 62, 65, 68, 1123
Turner, G. - 885, 903
Turner, H. B. W. - 1491
Turner, N. - 1022, 1538, 1566
Turville-Petre - 1224, 1233
Tyndale, W - 940, 1054
Tyson, J. B. - 58, 59, 252, 295

U

Ugolini - 1220
Ullendorff, E. - 1041
Ulonska, H. - 495
Ulrich, E. C. - 1006, 1008, 1019, 1039
Ulrichsen, J. H. - 1382
Unnik, W. C. van - 256, 279, 315, 351, 372, 404, 463, 491, 845, 1481, 1584
Uphill, E. P. - 1185
Urbach, E. E. - 143, 177, 1000
Urbina, I. O. de - 1034
Ussher, J. - 617
Ussishkin, D. - 1254

V

Vaccari, A. - 1139
Vaganay, L. - 49, 59, 61, 62,
Vaillant, A. - 950
Val, M. D. - 1163
VanderKam J. C. - 952, , 953, 954, 955
Vandier, J. - 1263
Vanhoye, A. - 434, 549, 657, 689, 692, 694, 698, 706, 712, 716, 718, 720, 724
Vardaman, J. - 1319
Vassiliadis, P. - 57

Vatke - 1070, 1071, 1072, 1092
Vaughan, P. H. - 1355
Vaux, R. de - 472, 554, 719, 973, ,974, 976, 981, 983, 985, 986, 991, 1059, 1077, 1087, 1211, 1217, 1218, 1223, 1242, 1257, 1263, 1273, 1274, 1275, 1276, 1277, 1278, 1280, 1281, 1288, 1299, 1329, 1343, 1349, 1372, 1376, 1379, 1386
Vawter, B. - 610, 612, 885, 892, 990, 1087, 1445, 1534
Vellanickal, M. - 756
Veltman, F. - 384, 392
Verdiere, E. La - 217, 232, 235, 272
Vergote, J. - 1275
Vermes, G. - 973, 974, 983, 986, 988, 997, 999, 1102, 1311, 1449, 1455, 1463, 1465, 1467, 1552, 1554
Vernard, L. - 1138
Verner, D. C. - 616, 633
Via, D. O. - 1147, 1148, 1543, 1547
Viard, A. - 421, 515, 542
Vielhauer, P. - 310, 315, 330, 364, 374, 421
Vigouroux, F. - 1076, 1163
Villegas, B. - 1569
Vilnay, Z. - 1177
Vincent, L.-H - 1218, 1222, 1224, 1228, 1247, 1248, 1260, 1261
Vincent, A. - 1301
Vincent, L.-M. - 1087
Vincent, M. R. - 441
Violet, B. - 961, 962
Vischer, L. - 464
Vischer, W.- 1143
Vitélio, L. - 1313, 1318, 1319, 1321, 1324
Viviano, B. T. - 131, 172, 176
Vliet, H. van - 512
Vogel, E. K. - 1217
Vogels, H. J. - 662, 663, 1038, 1046
Vogels, W. - 885, 1426
Vogelstein, H. – 1569, 1574
Vögle, A. - 1641
Vogler, W.- 1572
Vogt, E. - 575
Vögtle, A. - 143, 349, 566, 1492
Volkmann, H. - 1610
Volkmar, G. - 409
Volz, P. - 1381, 1383
Vööbus, A. - 295, 1002, 1034
Vorgrimler, H. - 904, 1167
Vorster, W. S. - 1151
Vos, L. A. - 851
Voss, G. - 1631

Vouga, F. - 667, 731
Vries, S. I. de - 1072, 1387
Vriezen - 1387, 1442

W

Wacholder, B. Z. – 974, 982
Wagner, G. - 495, 553
Wahlde, U. von - 742, 767
Wainwright, G. - 908
Walaskay, P. W. - 238, 239, 292, 302
Walker, R. – 131, 135
Walker, W. O. - 370, 473, 801, 1465, 1466
Wallis, G. - 201
Walls, A. F. - 655
Walter, L. - 1664
Walter, N. - 343, 344, 499, 1629
Walton, B. - 918
Wansbrough, H. - 1059, 1086, 1104
Ward, R. B. - 667
Warfield, B. B. - 885, 900
Warmington, E. H. - 1179
Warren, C. - 1218, 1221, 1247
Watson, N. M. - 490, 1640
Watzinger, C. - 1222
Weber, M. - 1264, 1399
Weber, R. - 1036, 1038
Wedderburn, A. J. M. - 549, 553
Wedel, T. O. - 617
Weder, H. - 1547, 1606, 1620
Weeden, T. J. - 67, 1120
Weidinger, K. - 1641
Weidmann, H. - 1061
Weigandt, P. - 458
Weill - 1247
Weinert, F. D. - 278
Weinfeld, M. - 1416
Weingreen, J. - 1001
Weippert, M. - 1273, 1275, 1279
Weiser, A. - 309, 311, 313, 315, 317, 319, 320, 321, 322, 325, 329, 333, 334, 338, 340, 341, 342, 345, 347, 348, 349, 351, 354, 355, 356, 358, 359, 360, 361, 362, 366, 367, 368, 370, 371, 375, 376, 378, 379, 380, 382, 383, 385, 387, 388, 389, 392, 394, 396, 1382, 1629
Weiss B. - 133, 462, 467, 478, 554, 568, 577, 1046, 1536, 1537, 1635
Weiss, J. - 147, 453, 1104, 1491, 1535, 1545
Weisse, C. H. - 1101
Weitzman, M. - 1269
Welch, A. - 1300
Welles, C. B. - 1481

Wellhausen, J. - 1061, 1071, 1072, 1073, 1074, 1075, 1076, 1078, 1082, 1086, 1088, 1092, 1273
Wells, E. - 1044
Welten, P. - 1355, 1383
Wendland, H. D. - 453, 1640
Wengst, K. - 817
Wentling, J. L. - 311
Wernberg-Møller, P. - 975
Westcott, B. F. - 307, 689, 698, 712, 713, 726, 907, 908, 922, 1045, 10981050, 1098, 1099, 1101, 1571
Westerholm, S. - 493, 1640
Westermann, C. - 1085, 1145, 1146, 1387, 1544
Westermann, W. L. - 596
Wette - 1069, 1070, 1071
Wetter, G. P. - 1601
Wettstein, J. J. - 1045
Wevers, J. W. - 1027
Wheeler, C. B. - 1151
Wheeler, M. - 1248
Whiston, W. - 995
Whitaker, W.- 894
White, H. J. - 1037, 1039
White, J. L. - 399
White, L. M. 865
White, R. - 288
Whiteley, D. E. H. - 407, 1579
Whittaker, M. - 1511, 1512
Whybray, R. N. - 1288
Wibbing, S. - 464, 629, 1641
Wickens, U. - 345
Wickert, U. - 456, 595
Widenberg - 1300
Widengren, G. - 1299, 1300, 1381, 1383
Widmann, M. - 459
Wieder, N. - 986, 990
Wiefel, W.- 397, 1451
Wikenhauser, A. - 835, 1633
Wikenhauser-Schmid - 542
Wikgren, A. - 995, 1041
Wik-Schm - 49, 65, 131, 217, 309, 311, 399, 407, 421, 423, 441, 453, 487, 515, 517, 593, 597, 605, 617, 633, 655, 667, 668, 683, 689, 691, 731, 817, 835, 875
Wilcke, H. A. - 482
Wilckens, U. - 313, 315, 329, 330, 332, 335, 337, 338, 342, 345, 348, 349, 356, 358, 365, 375, 458, 515, 534, 538, 541, 542, 546, 550, 563, 567, 576, 577, 771, 1595, 1610, 1626
Wilcox, M. - 322, 325, 1034, 1449, 1460
Wild, R. A. - 631, 638
Wilder, A. N. - 1093, 1147, 1150, 1534, 1543, 1546, 1547, 1548

Wiles, G. P. - 1643
Wilken, R. L. - 358, 359, 637, 1484, 1491
Wilkens, W.- 136
Wilkinson, J. - 1179, 1209, 1217, 1261
Williams, G. H. - 407
Williams, S. K. - 535, 1596
Williamson, R. - 704, 705, 715, 729
Willis, J. T. - 1082
Wilms, F. E. - 1552
Wilskens - 328
Wilson - 253, 270, 273, 277, 283, 322, 344, 366, 370, 375, 392, 396, 398, 1091, 1247
Wilson, I. - 1449
Wilson, J. H. - 480
Wilson, R. - 349
Wilson, R. M. - 351, 994
Wilson, R. McL. - 737, 1492
Wilson, R. R. - 1090, 1091, 1333, 1410
Wilson, S. G. - 245, 282, 309, 392, 407, 610, 622
Wimmer, J. F. - 243
Winckler, H. - 1075
Windisch, H. - 395, 487, 488, 492, 493, 494, 509, 655, 689
Winimer - 259
Wink, W. - 145, 236, 1153
Winter, M. - 459
Winter, P. - 1319, 1451, 1471, 1472
Wintermute, O. J. - 954
Wischmeyer, O. - 1630
Wise, M. - 974
Wiseman, D. - 1276, 1282
Wiseman, J. - 454
Wisse, F. - 543, 683, 876
Witacre, R. A. - 731
Witherington - 260, 270
Witherington - 277
Witt, N. W. de - 1585
Wolf, C. U. - 1179
Wolff, C. - 453
Wolff, H. W. - 578, 1387, 1409
Wolff. R. - 1616
Wolfson, H. A. - 994
Woll, B. - 797
Wolter, M. - 1610
Wong, E. - 495
Wonneberger, R. - 1001
Wonneberger, W. - 497
Wood, H. G. - 1483, 1586
Woodbridge, J. D. - 899, 907, 1123
Woolcombe, K. J. - 1144
Woolley, L. - 1181, 1263
Wordsworth, J. - 1037

Worgul, G. S. - 1091, 1635
Woude, A. S. van der - 712, 1001, 1031, 1263
Wrede, W. - 65, 67, 1096, 1103, 1107, 1590
Wright, A. G. - 293, 1231, 1238, 1256, 1263, 1350
Wright, C. J. H. - 1427
Wright, D. F. - 464
Wright, G. E. - 1084, 1085, 1177, 1211, 1217, 1218, 1223, 1225, 1229, 1250, 1340, 1350
Wright, G. R. H. - 991
Wright, N. T. - 449
Wright, R. B. - 963
Wuellner, W. H. - 72, 148, 250, 458, 667, 1149
Würthwein, E. - 1001
Wycliffe, J. - 923, 1053

Y

Yadin, Y. - 691, 979, 981, 982, 991, 992, 993, 1010, 1088, 1199, 1209, 1218, 1224, 1229, 1230, 1231, 1243, 1245, 1263, 1326
Yamauchi, E. M. - 1589
Yehiel, R. N. ben - 1029
Yeivin, I. - 1001, 1017
Yoder, J. D. - 1043
Young, N. H. - 721, 1404

Z

Zaas, P. S. - 463
Zahn, T. - 422, 517, 527, 542, 545, 560, 835
Zamora, A. de - 1030
Zarb, S. - 907
Zedda, S. - 436
Zehnle, R. F. - 1529, 328, 329, 334, 335, 337
Zeisler, J. A. - 1610
Zeitlin, S. - 907, 964, 1264, 1471
Zeller, D. - 57, 183, 515, 1662
Zenger, E. - 1394
Zerwick, M. - 617, 618, 1164, 1167
Ziesler, J. A. - 169, 386, 1021, 1027
Zimmerli, W. - 1085, 1089, 1145, 1387
Zimmermann, H. - 334, 366, 493, 1660
Zingg, P. - 309, 314, 333, 358, 359, 366
Zinng - 342
Zmijewski, J. - 366, 493, 507, 510, 667, 669, 1468
Zohary, M. - 1177
Zumstein, J. - 131
Zuntz, G. - 480, 708
Zwaan, J. de - 428, 491, 539
Zyl, A. H. van – 1193

Índice Analítico

As referências no Índice são aos números do artigo e da seção: deste modo - 70:18,22 refere-se às seções 18 e 22 no artigo 70 (Crítica Moderna do Novo Testamento). As referências em negrito indicam o tratamento mais importante de um assunto. O Índice inclui tanto assuntos quanto pessoas. Não há menção às bibliografias no Índice. Chama-se atenção do leitor também para os úteis esboços fornecidos em cada artigo:

A

aãg (peregrinação) - (*veja* Peregrinação, festas de) - 76:37, 113, 125
Aarão:
    casa ou "Filhos" de - 7:80; 23:20; 67:110
    e Moisés - 3:12, 14, 16, 26-27, 70
        pecado de Moisés e - 5:37
        rebeldes contra Moisés - 5:28
    e o bezerro de ouro - 3:68; 6:27
    intercessão - 5:33
    morte - 5:37, 39
    ordenação - 3:57; 4:20-23
    pecados de seus filhos - 4:23
    sacerdócio - 76:16, 20
    vestes - 33:57
Abadom - 63:40
Abba, Pai - 41:98; 47:26; 5:84; 82, 16, 96, 146; 83:35
    uso de Jesus de - 78:7:30-31; 81:9
    uso de Paulo de - 81:46, 96
Abdom - 8:41
Abel - 42:135; 43:132; 59:11; 60, 63, 68; 62:26
    e Caim - 2:6
Abesã - 8:4, 41
Abias - 10:27
Abiatar:
    e Sadoc - 76:16, 18
    e Salomão - 10:16, 18
    sacerdote de Davi - 9:29, 54; 41:18
Abib - 6:36; 76:124, 127
Abidos - 74:59
Abigail - 8:32, 34, 37
Abimelec - rei de Gerar:
    e Abraão - 2:21, 32:34
    e Isaac - 2:45
Abimelec, filho de Gedeão - 8:2, 6, 21, 33; 75:62
Abirão - 6:30
    revolta contra Moisés - 5:31

Abisague - 10:5-6, 8
Abisaí - 9:33
Abiú - 3:45
    pecado e punição de - 4:23
Abner - 9:42:45-47
Abominação da desolação - 25:29, 33; 26:17, 70; 41:86; 42:138, 75:133-135 (*veja também* Antíoco IV Epífanes)
Abraão - 7:17-42; 15:52; 75:35-38
    "Deus de Abraão" - 41:78; 42:132; 43:171; 77:15, 44:45
    abençoado antes da circuncisão - 51:47
    aliança com - 2:24, 26; 77:77, 78
    bênçãos - 2:18, 20:23, 35; 47:22; 60:37
    chamada de - 2:20
    circuncisão de - 2:26; 51:47
    compra da caverna de Macpela - 2:37
    data de - 74:68
    descendência (semente) de - 2:24-28, 33:35, 38-40, 42;45:23, 45, 139; 44:32, 46; 47:24; 50:52; 51:47, 96, 106; 60:15; 61:120; 62:25
    e Abimelec - 2:21, 32, 34
    e Agar - 2:25, 33; 47:28
    e Isaac - 2:33, 35, 58 (*veja* Isaac)
    e Ismael - 2:25, 26, 33
    e o sacrifício de Isaac - 2:35
    e os amorreus - 73:17
    e os quatro reis - 2:23
    e Sara - 2:17-19, 21, 25, 26, 32, 33, 37; 47:28; 57:16; 60:64 (*veja* Sara)
    em Ur - 2:19; 73:16, 17
    etimologia de seu nome - 51:48
    jactância (motivo de orgulho) dos judeus - 51:45; 61:121
    Jesus e Abraão - 47:24; 61:120-22; 81:19
    jornadas de - 73:15-23
    justificado pela fé - 51:45, 48

Melquisedec - 2:23; 60:37-39, 41, 43
modelo de fé - 44:46; 47:22; 51:45-49; 58:21, 33
    com obras - 58:21, 38
morte de - 2:41
na genealogia de Jesus - 42:9; 43:50
não observador da lei - 51:45, 48
no Egito - 2:21; 73:22-23
nome mudado para - 2:26; 51:48
pai - 43:151; 52:45, 47; 58:21; 61:121
papel na história da salvação - 82:37, 48
paralelos no Oriente Próximo - 2:17, 24, 25
promessas a - 2:24, 26, 28, 33, 34, 35; 20:22;
    44:46; 47:24, 26, 28; 51:4-49; 60:7, 37; 82:43, 66,
    93, 95, 96
    e a lei - 47:23
provações de - 2:18, 35
santuários de - 76:25-30
seio de - 43:151
seminômade - 75:35
separação de Ló - 2:22
sua esperança - 51:49
Abrão - (*veja* Abraão, nome mudado para)
Absalão - 9:60-65; 75:84
Acã - 7:28, 32, 33, 35
Acab - 10:3, 28-42, 51; 16:32; 23:60, 62, 74:114;
    75:93-95
Ácaba - 73:31, 69
Acáia - 44:98; 49:77; 50:7, 37; 51:130; 79:6
Acaico - 49:78
Ação de graças:
    de uma epístola - 45:8
    ofertas de - 4:17
    salmos - 34:9
Ação judicial (aliança, profética) - 11:18, 23; 14:3,
    11, 15-11; 16:10, 16, 27-31; 18:15-17, 57, 74;
    20:24; 21:13-14, 22, 27-28; 30:40, 42, 51, 59-60,
    64, 66, 89, 106, 108, 124; 34:67
Ação simbólica - 11:23; 19:45, 59, 76-77, 91-92;
    20:21, 24, 36, 88; 22:44
Acarom (Tel Miqne):
    localização - 73:71-73; 74:95, 100
Acaz - 10:60-61; 14:2; 23:70-71
    história de - 75:105
    Isaías se opõe a - 15:2, 18-20
Acomodação da Escritura - 72:33, 78-79 (*veja
    também* Alegoria)
Açor, vale de - 7:28, 35; 14:11
Acra (fortaleza de Jerusalém) - 26:16, 29, 48;
    75:133-139
Acrocorinto - 49:2
Acróstico - 12:10, 15; 28:7, 21, 65; 34:28; 36:4
Adad-nirari III - 75:71, 73, 98
Adão - 2:5-10
    cabeça da humanidade - 59:12; 60:15

criação de - 3:5
e Cristo - 81:20
e Eva, sua influência sobre a humanidade -
    51:53; 56:33
genealogia - 2:10
pecado de - 2:5; 51:53-63
preceito dado a - 51:58, 74
revestido em glória - 51:39
significado do nome - 2:5
tipo de Cristo - 51:58
último (ou Novo) - 49:68; 74; 51:58, 61; 55:21;
    82:42, 60, 61, 79, 85
Adão (cidade) - 2:5-10
Adelfos (irmão, parente) - 44:17; 47:16; 62:26, 29;
    63:43
Adivinhação - 11:5, 7; 20:38-39, 59; 76:9
    e revelação - 77:103
Adoção filial - 88:43, 64, 96, 115
Adoção:
    filial - 83:43, 64, 96, 115
    por meio do Espírito - 47:43, 64, 96, 115
Adonai (*'ădonāy*, Senhor):
    nome de Deus - 77:0
    pronúncia de Iahweh - 77:11
Adonias - 10:5-8
Adonis - 15:34; 76:137; 81:122
Adonisedec - 7:42
Adoração ao imperador - 63:44-45; 75:173-174
Adoração:
    apostolado como - 51:128
    em espírito e em verdade - 61:62
    em Israel - 51:93; 76:1-20
    leis de - 3:35
    lugar de - 6:63 (*veja* Santuário)
    os excluídos da pública - 6:41
    verdadeira - 32:46, 59
    vida cristã como - 51:113-121
    (*veja também* Culto; Liturgia)
Adriano e a Segunda Revolta Judaica - 75:191-
    192
Adúltera:
    história da - 61:115; 6:64
Adultério - 5:15; 28:28, 31-32
    atitude de Jesus para com o - 42:30; 61:115
    mandamento contra o - 6:20; 42:30
    penalidade pelo - 4:9; 6:40; 28:28, 32, 32:4
    símbolo de idolatria - 20:45; 51:9; 63:25
Adversário - 22:28; 30:12, 27
Afec - 9:9; 10:35, 36; 73:76; 74:76, 85, 143
Ágabo, o profeta - 44:66, 109
Agag - 5:50
Ágape (amor, caridade) - 46:30; 49:61-62; 50:25;
    51:51, 91, 116; 55:16; 56:48; 57:24; 59:7, 14;
    60:36,60; 61:189; 62:18

Agar - 2:18, 25; 82:76
   alegoria - 47:28
Ageu - 19:7; 21:34; 22:4; 23:93-94
Ageu, o livro de - 22:1-14, 18
Agonia:
   no jardim - 41:98; 42:153; 43:184
   do universo - 51:88
Agostinho - 81:61, 92, 140; 82:70
   cânon da Escritura - 66:12, 17, 69, 77, 84
   como exegeta - 71:38
   e a crítica do NT - 45:5, 30; 70:3
   e a inspiração da escritura - 65:6, 27,29-31
Ágrafa - 66:64
Agripa I, Herodes - 44:07; 75:168, 173-176; 80:16
Agripa II, Marcos Júlio - 44:121-125; 75:177
Água (s):
   benefício para Israel - 33:35
   caos e morte - 34:105, 124
   como purificadora - 5:35
   da rocha - 5:36
   da vida - 61:50-51, 58-59
   e o firmamento - 2:2
   poços, túneis - 74:8, 42, 107, 115, 120
   transformada em sangue na primeira praga do Egito - 3:19, 26
Agur, palavras de - 28:62
Aharoni, Y, 69:65; 74:22
Aialom, Vale de - 7:42; 73:74
Aías o profeta - 10:21, 23, 24, 26; 81:149
Aicar, influência da história de - 27:32
   e Provérbios - 28:3, 27, 53
   e Tobias - 38:10,24
Aimelec - 9:28, 54; 41:18
Ain Ghazal - 74:52
Ain Karim - 73:95; 74:20
Aitofel - 9:63-64
Alcimo - 26:31-32, 35-36
Alegoria - 47:28; 60:3; 71:33,46; 81:59, 61-63, 66
   conceito medieval - 71:39-40
   da panela - 20:63
   da vinha - 20:42-43
   da vinha escolhida - 18:17
   das duas irmãs - 18:20; 20:61
   de Sara e Agar - 47:28
   do cedro e a águia - 20:48
   do Egito como cedro caído - 20:78
   do Egito como monstro do rio - 20:74, 79
   e a exegese alexandrina - 71:35-37, 40
   interpretação de Filo - 67:125; 71:34
Alepo - 73:21; 79:61
Alētheia (verdade) - 61:26, 216; 71:16
Alexandra, Rainha, (*veja* Salomé Alexandra)
Alexandre Balas - 75:137-18
Alexandre Janeu:
   história de - 75:142, 147
   perseguidor dos fariseus - 67:102
Alexandre o fundidor - 56:30, 55
Alexandre o Grande - 19:16; 25:16, 29
   construtor de Alexandria - 73:25
   história de - 26:14; 75:126-128
Alexandria - 58:5; 60:2; 79:17; 80:19
   e Marcos - 66:63
   escola cristã de interpretação - 71:35-38, 40, 45
   localização - 73:25
   textos alexandrinos do NT - 68:167, 172
Alfabeto hebraico - 68:17-18
Aliança de Damasco - 67:87
Aliança:
   amor (ḥesed) - 77:95-98, 100
   antiga - 50:17; 60:47-50, 68
   Arca da - (*veja* Arca da Aliança)
   com Abraão - 22:24, 26; 77:7, 8
   com Noé - 2:12; 15:44; 21:47; 77:78
   como a vontade de Deus - 47:23
   da circuncisão - 2:26 (*veja* Circuncisão) -
   davídica - 9:52; 10:7, 16; 21:48; 34:106, 149
      ênfase do cronista na - 23:2, 8, 10, 18
   do Sinai - 21:14, 47, 48; 75:48; 77:78, 81, 86; 82:131
   e a lei - 66:24; 77:86-84
   e a salvação - 77:145-146
   e Jeremias - 18:15, 17, 19, 24, 25, 39, 45, 66, 73
   e o culto - 7:89; 76:81, 146; 77:90-92
   e os profetas - 11:15, 18; 77:83-85
   em Siquém - 6:3, 31, 43, 45; 7:37, 88-89; 77:78, 80, 82
   formato, características de uma - 3:32; 77:79-80
   na história de Israel - 77:81-85
   nos tratados hititas - 77:79
   livro da - 3:34-44 (*veja* Códigos de Leis, Hebreus)
      relação com o sacerdócio de Jesus - 60:42, 54
   nova - 18:5,27, 72, 81, 89; 43:178, 50:14; 60:54, 68
   promessa de - 3:32
   Qumran, *documento de Damasco* - 67:87
   renovação da - 3:74; 6:48-51; 14:10-12; 18:3; 44:20; 76:26
   Sangue da - 41:96, 42:151; 82:131
   sinal da - 51:47
      sábado como - 20:56
   teologia de Eichrodt sobre a - 64:52, 54
   (*veja diathēkē*)
Alimento:
   espiritual - 49:48
   imundo (impuro) - 6:35
   ocasião de escrúpulos - 51:122-124
Alma:
   como totalidade do ser humano - 46:39;

82:101, 104, 123
concepção do AT - 77:66, 170, 174
noção grega de - 33:12, 13, 28
preexistência da - 33:28
(*veja também* Psich)
Alogoi - 66:67
Altar (es) - 14:23
cifres do - 74:117, 119, 136; 76:58
construção - 74:111, 117, 119; 76:58-59
de Acaz - 10:61
dedicação de (festa) - 76:151-154
do incenso - 3:59; 60:48; 76:46, 62-64, 32,13
dos holocaustos - 3:53; 4:6; 26:24; 76:48; 61:63, 64
história - 76:57-65
Altura (perfeição) celestial - 55:16
Amarna - 74:11
cartas - 74:77; 75:53
período - 74:77
Amasa - 9:46, 67
Amazias (rei) - 10:57; 23:67
Amém (sim) - 78:7, 22; 81:9; 82:16
Cristo como o "Amém" as promessas de Deus - 50:9
Amen-em-het, Instrução de - 28:64
Amenemope, Instrução de - 27:23; 28:3, 51-53
'*am hā-āreṣ* - 75:146
Amintas - 47:3
Amizade:
características da - 32:23, 33
constância da - 32:43
Amon (amonitas) - 7:50; 8:36, 38; 9:57, 58-59; 23:31, 62; 26:26; 75:70
geografia de - 73:47-49
ocupação de - 73:49; 74:122
oráculos contra - 13:9, 17:16, 18-113, 20:59, 65-66
origem de - 2:31
Rabá, capital de - 73
Amon, 10:69
Amor fraternal - 46:14; 62:29
Amor:
a fé opera por meio do - 82:42, 98, 109-111, 140
amor humano símbolo do divino - 29:6, 10
ao próximo - 42:35; 43:98; 58:17
aos inimigos - 42:35; 43:91
cumpre a lei - 47:30; 51:120
de Cristo - 50:25; 62:26
de Deus - 82:40, 96
    por Israel - 6:23; 14:30, 34
Deus é - 62:29
dívida para com todos - 51:120
fraternal - 51:116; 62:29
gratuito para os homens - 51:51-52
lei do - 82:99, 139

mandamento do - 6:22
    como fundamental - 41:79; 42:133; 43:126; 61:179, 190; 62:27
marital - 55:27; 82:17 (*veja* Cântico dos Cânticos)
mostrado na tribulação - 51:91
na vida cristã - 46:27; 62:26
no pensamento joanino - 83:20-21, 31, 36, 38, 59
no pensamento paulino - 82:42, 64, 98, 109, 111, 139, 140, 141
pactual (*ḥesed*) - 77:95-98, 100
para com o fraco - 51:122-127
pelo mundo - 61:53; 62:29
poder do - 29:24
relação com a fé, esperança - 61:91
vence o mal - 51:117; 57:24
Amorreus - 3:44; 6:7, 23; 7:17, 21; 75:18
invasão da Mesopotâmia - 73:17; 75:22
"invasão" da Palestina - 74:67; 75:20
Amós - 13:2
história de - 74:114; 75:99
Amós, o Livro de - 11:13, 24; 13:1-24; 19:3
temas de - 13:3
Ana - 9:7
cântico de - 9:7; 43:22
Ana, a profetisa - 43:34
Ana, mãe de Maria - 67:64
Anafa - 74:133
Analogia da fé - 82:7
Anamnhsis (lembrança) - 60:57- 80:12
Ananias - 18:77
Ananias de Damasco - 44:54, 113
Ananias o sumo sacerdote - 44:115, 117
Anás (sumo sacerdote) - 43:42; 44:33; 61:206, 209-210, 212; 75:156
Anátema - 6:23; 47:12; 51:93
Anatot - 18:11, 25
'*anāwîm* (pobres) - 21:15, 41, 48, 54-55
    identificação - 34:55 (*veja também* pobres, de Iahweh)
Anciãos:
concílio oficial em Israel - 75:129
da Igreja de Éfeso - 44:106; 79:45
do povo - 41:75; 42:127; 43:94, 167
e Susana - 25:36
em Jerusalém - 44:81, 109; 79:31, 33, 35, 47
estabelecidos nas igrejas paulinas - 44:79
função dos - 44:105-108; 56:16, 39, 57:26; 58:35; 62:2
tradição dos - 41:47; 42:99
vinte e quatro - 63:30
André (um dos Doze) - 41:8, 10,15; 42:67; 61:33, 81:138-140
Andrônico - 51:133
Anfictionia:

e a aliança - 77:82
e as 12 tribos - 75:58
Ani, Instrução de - 3:17-21; 33:36, 52, 53
Animais:
    adoração de - 33:36, 41, 52
    praga de - 3:17-21; 33:36, 52, 53
Anjo (s) - 38:15; 41:108; 43:27-28; 47:27; 57:22; 59:9-11; 61:38, 74; 64:17, 19; 82:84, 89, 95, 150
    adoração de - 54:21
    como atalaias - 15:19
    conceito pós-exílico de - 19:4, 8, 20, 21; 25:9, 26, 32
        em Zacarias - 22:25
    de Satã - 50:55
    do Senhor - 2:25, 48; 8:2, 16, 27, 42; 42:11, 166; 43:17; 44:52
    e as autoridades civis - 51:119
    em assembléias sagradas - 49:54; 54:213
    em *1 Henoc* - 67:14
    em *Jubileus* - 67:22
    encarregados dos elementos - 63:34-52
    no sincretismo - 54:20
    os sete - 38:22; 63:18
    promulgadores da lei - 47:24; 60:13
    sujeitos a Cristo - 54:20; 60:9-12
Ank sesong, Instrução de - 27:24
Ano do Jubileu - 4:52, 53
Ano litúrgico - (*veja* Calendário) - 4:43-48
Ano litúrgico judaico - (*veja* Calendário[s])
Ano Sabático - 3:43; 4:51
    liberação do - 6:36
Anticristo - 53:18-19; 62:6, 22, 28
Antiga Idade do Bronze:
    na Mesopotâmia - 75:14-15, 17
    na Palestina - 74:58-67; 75:20
    na Síria - 75:16
    no Egito - 75:18-19
Antiga Idade do Ferro na Palestina - 74:94-111
Antigo Testamento:
    apócrifos - 67:2, 4-52
    cânon, 66:20-47 (*veja* Cânon da Escritura)
    comentários do Qumran - 67:89-93
    conceito de - 66:30-32, 39, 41, 48
    crítica do - 69:1-80
    data de composição (tabela) - 66:23
    degeneração do - 69:21
    divisão judaica - 66:22, 29
    e mitos - 72:24; 77:23-31
    historiografia - 69:49-50
    interpretação cristã do - 71:52, 71, 74 (*veja também* Crítica canônica)
    na teologia paulina - 82:3, 10, 12, 50, 71, 75, 79, 80, 82, 84, 90
    promessa e cumprimento - 71:52; 77:175-178
    relação com Cristo - 77:175-178
    teologia do - 77:178
    texto - 68:10-61 (*veja* Texto hebraico do AT)
    uso do:
        em Atos - 44:8
        em Hebreus - 60:3, 10-18
        em João - 61:3, 112
        em Mateus - 42:7
    versões - 68:62-100, 101-120, 124-128; 132:40, 150, 153-155 (*veja sob as respectivas línguas*)
Antíoco III, o Grande - 26:14, 33; 75:131
Antíoco IV, Epífanes - 26:14, 58; 79:16
    história de - 25:33; 75:131-136
    morte - 26:11, 28, 75
    o "pequeno chifre" - 25:26-28, 29
    o título "Epífanes" - 26:14 (*veja também* Abominação da Desolação)
    perseguição dos judeus - 25:3, 9, 12, 17, 24, 28, 39, 33, 34; 26:17-20, 70
    profanação do Templo por - 25:17, 29, 31; 26:15, 17,67; 75:133; 76:50, 63, 151
    profanação dos vasos sagrados por - 25:21
    sucessores de - 26:28, 31
Antioquia (da Síria):
    contenda entre Paulo e Pedro em - 47:18; 79:34; 80:17-18; 82:36
    escola cristã de interpretação - 71:37
    igreja de - 44:69, 81, 84; 47:18; 79:6, 24, 27, 30, 31, 37-40; 80:16-20
    Lucas escreveu em - 66:63
    Lucas natural de - 43:2; 44:2
    Mateus escreveu em - 44:4; 66:63
    problema relativo à dieta de - 44:84, 47:18
    Tiago escreveu em - 58:5
Antioquia (de Pisídia) - 44:71, 79; 47:3-5; 79:30
Antípater II (idumeu) - 75:153-154
Antípatris - 44:116; 73:76; 74:85, 143
Antônia (fortaleza) - 44:111; 75: 151; 79:47
Antropologia:
    do AT - 77:61-66
    paulina - 43:39; 82:10, 25, 26, 43, 46, 81-137
Antropomorfismo - 70:20, 21-22, 49, 135
Antropopatismo - 77:21, 97, 99, 135
Anunciação a Maria
Aod - 8:6,21, 22, 23
Ápia - 52:2
Apion, Against [*Contra Apião*] - de Josefo - 67:130
Apocalipse de Baruc (grego) - 67:45
Apocalipse de Baruc (siríaco) - 67:44
Apocalipse de Esdras - 67:41
Apocalipse de Isaías - 15:5, 44-48; 19:17
Apocalipse de Lamec - 67:93
Apocalipse de Moisés - 67:16 (*veja Jubileus, Livro de*)

Apocalipse de Pedro - 66:68, 84; 67:55, 73
Apocalipse, o (= Revelação) - 63:1-70
    autoria - 63:7-9; 66:67
    canonicidade - 66:67, 84, 85, 86
    caráter literário - 63:2-6
    cartas em - 66:67
    composição - 63:13-15
    data - 63:10-12; 66:55, 67
    elementos epistolares - 63:5
    escatologia - 81:55
    estrutura de - 63;13-15
    nome - 66:67
    relacionado a profecia - 63:4
    relacionado ao Quarto Evangelho - 64:7-8
    sete igrejas, estudo feito por W: M: Ramsay - 70:20
Apocalipse, o livro de - 63:1-70 (*veja também* Apocalipse, o)
Apocalíptica - 19:3,4,19; 46:10; 53:13,14; 62:2; 81:28-29, 55; 82:27, 45-47
    apocalipses apócrifos - 67:55
    e escatologia - 19:4; 77:164, 167; 78:21
    e Jesus - 80:45, 52, 53
    e o julgamento - 19:19; 77:60, 137, 139
    estilo - 19:4, 19, 24
    influência sobre o Cristianismo - 19:23
    propósito da - 25:14, 26, 32
    simbolismo - 19:20
        desordem cósmica - 19:22
    visões de Daniel - 19:20; 25:14, 26-34
Apócrifo de Tiago - 67:69
Apócrifos:
    cristãos - 67:3, 53-77
        evangelhos - 40:36; 67:56-77; 80:6, 33
        outras obras além dos evangelhos - 67:54-55; 8:64,30
        definição do termo - 66:8-10; 67:4-6, 53
    judaicos - 67:2, 4-52 (*veja* literatura de Henoc; *Jubileus*, etc:)
    e os livros deuteronômicos - 67:6
    publicados por R. H. Charles - 70:19
Apolo - 44:97-98; 49:13, 22, 26, 78; 51:132; 56:24; 60:5; 79:6
Apologistas (cristãos) - 80-44-54
Apolônio de Tiana - 78:20; 81:97; 82:49
Apostasia - 6:34; 18:17-19, 22, 57; 60:13, 22, 33, 35, 61, 68
    de Horeb relembrada - 6:27
    dos israelitas - 3:67-68; 8:17-19
    nos últimos dias - 53:18
Apostolado - 46:18-21; 54:16
    forma de adoração - 51:18, 28
Apóstolo (s):
    atividade - 80:10-32
    autoridade de Paulo como - 47:7, 11, 12, 14-15; 50
    autoridade dos - 46:19; 50:50
    como fundamento - 55:21
    comparado com os profetas - 81:152
    de nosso Senhor - 59:2
    e *shaliaḥ* - 81:149
    Jesus como - 60:19; 81:150
    Junia, uma mulher? - 81:154
    origem do termo - 81:149, 150-152
    os Doze - 43:84; 44:14; 63:63, 81, 135-148, 154-157
    outros além dos Doze - 44:77; 49:66; 81:152, 154
    significado - 44:14, 18; 47:11; 81:149-152
    sucessão dos - 80:27-28, 37; 81:155
    (*veja também* Doze; Sub-apostólico; Pós-apostólico)
Apotgemas (máximas) - 31:98
Aqhat - 6:39
Aqiba, Rabino:
    coleção de leis orais - 67:137
    Segunda Revolta Judaica - 75:191
Aquenatom - 74:77
    hino ao sol - 77:53
Aquetatom - 73:24
Áquila e Priscila - 44:96; 49:79; 51:10, 132; 56:56; 79:6, 10, 59
Áquila, AT Grego - 68:79-80 (*veja também* Onquelos)
Aquino, Tomás de - 65:6, 32-34, 48; 71:9, 40; 81:92
Aquis - 9:28, 35, 37
Arábia - 47:15; 44:55
    e sacrifício - 76:84, 90, 127
    oráculo contra - 15:40; 18:116
    Paulo e a - 79:6, 7, 20, 23
Arad - 5:40
    escavações de - 74:63,83
    localização de - 73:86; 74:63
    ostraca - 74:115, 125
    templo de - 74:63, 109; 76:44, 53
Arallu - 77:169
Aram Naarim - 2:22
Aramaico - 10:65; 68:101-102
    chamado de "hebraico" - 44:112, 124
    e o NT - 70:26-31; 82:34, 53, 54
    em Daniel - 25:7
    em Esdras - 23:91-92
    língua nativa de Paulo - 79: 15; 81:12, 34
    original de Mateus - 40:14, 22-24; 42:2
    targuns - 68:102-115 (*veja* Targuns)
    versões da Bíblia - 68:101-115
Arameus - 9:57; 75:71
    oráculo contra - 13:7
    (*veja também* Damasco; Síria)

Araq el-Emir:
   centro dos Tobíadas - 75:130
   escavações de - 74:134
   localização em Amon, - 73:48
Ararat - 2:12
Aratus de Soli (ou Tarso) - 44:94
Arca de Noé - 2:12; 57:19
Arca do Testemunho - 5:25; 6:28; 7:18, 19; 9:8-9, 40, 63, 67; 18:20, 25
   ao cruzar do Jordão - 7:18-21
   captura da - 9:8-9
   conteúdo da - 23:45; 60:48; 76:32, 34
   descrição da - 3:49
   e a presença de Deus - 76:34, 51, 53
   e o Dia da Expiação - 60:49
   em Silo - 76:33
   em Siquém - 7:37
   história da - 76:32-35, 41,46, 56
   Jerusalém, transferência para - 9:50-51
   Levitas e a - 23:36, 45
   "narrativa da Arca" - 76:32-35, 41, 46, 59
   recuperação de Davi da - 23:27, 29
   trono de Iahweh - 23:39, 43, 45; 76:32 (*veja também* Jilasthrion)
Archgos (líder) - 44:30, 40
Areópago - 44:93
Aretas, Rei - 44:55
   etnarca de, em Damasco - 50:53
Arfaxad - 38:33
Ariel - 15:51
Arimateia - 42:164
Aristarco - 44:101; 52:11; 54:28
Aristeias, Carta a Filocrates - 67:32-33
   cânon da Escritura - 66:38
   lenda da origem da LXX - 68:63
Aristides - 80:46
Aristo - 80:45
Aristóbulo I - 75:141
Aristóbulo II - 75:144
Armadura:
   armas do bem, mal - 51:67
   de Deus - 55:28
Arnon, Rio:
   desfiladeiro - 73:38, 68
   fronteira norte de Moab - 74:43
Aroer - 73:44; 74:117
Arquelau - 75:164
Arqueologia:
   e a Bíblia - 74:1-157
   estratificação - 74:6,11, 26-28, 38
   exemplos de escavações - 74:35-42
   história da - 74:4-23
   método de - 74:24-34
   tabela das escavações bíblicas - 74:3

tabela dos períodos - 74:43
Árquipo - 53:2, 4, 8; 54:28
Arrependimento - 14:18, 21, 34; 20:12, 50, 52; 34:3, 4, 16
   após a apostasia - 60:33
   necessidade do - 32:39
Artaxerxes I - 28:82, 91, 100
Artaxerxes II Mnemon - 23:82
Artemas - 56:24
Artemis (Diana) - 44:101; 63:43; 79:42; 82:71
Artesão - importância do - 32:64
Árvore:
   como cruz - 47:23; 44:40; 57:15
   da vida - 2:5; 63:65
   do conhecimento do bem e do mal - 2:5
Asa - 10:27; 23:54-57
Asamōnaios - 75:139 (*veja* Asmoneus)
Asaradon - 15:18, 37, 43; 38:10; 75:109
Ascalon:
   escavação - 74:10, 101
   localização - 73:71; 74:95, 96, 143
Ascensão de Isaías - 67:55
Ascensão de Jesus - 44:17; 48:20; 55:25; 81:121, 128, 129, 134; 82:19
   após 40 dias - 44:14, 17
   local da - 74:150
   no Domingo de Páscoa - 43:198
Asceticismo no pensamento de Paulo - 82:146
Asclépio, culto a - 63:24
Asdod - 8:46; 15:38
   escavação - 74:95, 108
   localização - 73:71-72; 74:95
Aser (tribo):
   prosperidade - 6:60
   território - 2:72; 7:74; 73:81
Aser, filho de Jacó -
Aserá - 74:39; 77:20
   deusa - 6:23; 8:22, 27; 10:64, 71; 75:54, 94
   inscrição com Iahweh (*veja* Kuntillat 'Ajrud)
   poste - (*veja* Postes, sagrados)
Ásia (Província Romana) - 44:89, 100; 50:7; 55:2
   seus primeiros convertidos - 51:132
Asiarcas - 63:45
Asideus (*hăsîdîm*):
   e a revolta macabéia - 67:97; 75:132, 134, 136, 146
   origem dos - 26:19
Asiongaber - 10:42, 57
   na rota do êxodo - 73:30-31
   localização e história - 73:69; 74:110
   relação com Elat - 73:69
   rotas comerciais através do Neguebe - 73:83-84
Asmoneus:
   história - 75:139-144

relação com os macabeus - 26:2; 75:139
tabela dos - 75:141
Assembleia:
dos deuses - (*veja também* Anjos)
Assíria - 10:59, 60-62, 64-69, 71; 13:2, 12; 14:2, 24, 28; 15:2, 7, 11, 20, 22,25, 36-39, 41, 58; 16:2, 24; 17:2, 7, 29; 18:2-3; 24; 25:3
código legal - 3:43
império antigo - 75:22
novo império - 75:70, 71, 72, 73-75
oráculos contra - 15:24, 31, 54; 17:17, 32-41
(*veja também* Império Acadiano)
Assuero - (*veja* Xerxes I)
Assunção de Moisés - 59:4; 66:40, 75; 67:49
Assur - 74:9
Assurbanipal - 17:2, 17, 27
Astarte - 8:19, 36; 18:19, 26; 75:54, 60
bolo oferecido a - 18:26
Astrologia - 51:91
Astruc, J. - 69:13, 17, 33
Atalia - 10:38, 42, 49, 53
Atanásio e o cânon bíblico - 66:8, 10, 12, 41, 69, 77, 84
Ateísmo - 18:22
Atenágoras - 80:51
Atenas - 44:93, 95; 79:6, 39
Atlas da Bíblia - 73:2, 8, 11-12
Ato de caridade:
prática do AT -
Aton (deus egípcio) - 77:20
hino a Aton - 77:53
Atos de João - 67:54
Atos de Justino - 80:57
Atos de Paulo - 66:66; 67:54
Atos de Paulo e Tecla - 56:13, 36, 48, 50, 55
Atos de Pilatos - 67:71
Atos de Salomão - 10:2; 80:71, 72
Atos dos Apóstolos - 44.1-133
antigos decretos PCB - 72:28
canonicidade - 66:66
caráter literário - 44:5
conclusão abrupta - 44:134
cristologia - 81:13-16
data - 66:55, 66
escatologia - 81:53
estudos críticos de Harnack - 70:12
estudos feitos por W. M. Ramsay - 69:20
fontes - 44:10
historicidade dos discursos - 44:7; 81:13, 46
o problemático capítulo - 15; 44:80-85; 760:20
"paulinismo" de - 44:19; 53:68
perspectiva geográfica - 44:16
problema textual - 44:11
propósito - 66:66

relação com Lucas - 44:2-4
tradição e composição - 44:6
Atos dos Mártires - 80:55-58
Atos, apócrifos - 67:54
Átrio do Tabernáculo - 3:54
Augusto (Otaviano) César - 79:17
e Herodes o Grande - 75:156, 159, 163
história de - 75:156, 161, 167
Auto-engano - 42:50
Autoria dos livros da Bíblia:
conceitos antigos de autoria - 66:87
e canonicidade - 66:87-89
Autoridade:
consciência e civil - 51:119
deveres para com a civil - 51:119
do (s) apóstolo (s) - 43:110; 46:119; 55:21
somente de Deus - 51:119
uso cristão da - 42:121
Autoridades civis - 51:118-119; 57:14
Ávaris (Tânis) - 73:23, 26
Avigad, N: - 74:22
Azael - 10:33, 48, 54; 13:7
Azarias (Rafael) - 38:15
Azarias em Daniel - 25:8, 18
Azazel:
bode para - 4:34; 76:149
Azecá - 73:73; 74:125
Azor - 8:25
destruição - 7:9, 45; 74:79, 88
escavação - 74:21, 39, 41, 74, 88, 109, 120, 129
localização - 73:58

B

Baal - 8:19, 27, 36, 38; 10:29, 30-31, 42, 50, 53; 18:19, 24; 19:6, 17, 20; 20:19, 27, 71; 75:54, 60; 77:51, 56
culto a - 8:14; 14:3, 11, 15, 16, 21, 27, 32; 17:7; 18:17, 48; 24:8
nomes de Deus (de Israel) - 77:10
profetas de - 10:30-31, 52; 75:94
santuário de - 7:27
Baal-berith - 8:33; 76:26
Baal-Peor - 14:27
apostasia em - 5:53
Baal-Zafom - 3:23, 25; 73:28
Baal-Zebub - 10:42 (*veja também* Belzebul)
Bab edh-Dhra', escavação - 74:53, 64, 67
Babel:
torre de - 2:15; 73:17
Babilônia (no Egito) - 73:25
Babilônia:
Antigo Império - 75:22
escavação - 74:9, 127

Ezequiel na - 20:6
localização - 73:17
Novo Império - 75:67, 72, 74-77
oráculos contra - 15:29-31, 39; 18:118; 21:30
queda - 18:118-119
Roma como - 57:28; 63:11, 47, 53-55
Babilônica (o):
calendário - 75:88; 76:116, 118, 139, 149
festa do ano novo - 76:142-144
influência sobre a Bíblia -
Bacia de bronze - 3:61
Balaão - 76:56, 89; 59:11; 63:24; 64:20
e Baal Peor (Fegor) - 5:59
história de - 5:44-52
inscrição - 74:123
jumenta - 5:46
oráculos - 5:48-52; 77:144
Balac - 5:45, 47-48, 51; 7:89
Bamot-Baal - 5:48
Banias - (*veja* Cesaréia de Filipe)
Banquete escatológico - 15:45, 46; 21:48
Banquete:
celestial - 21:48
da Loucura - 28:35
da Sabedoria - 28:35
bārā' (criar) - 2:4; 77:54
Bar Cochba - (*veja* Simão ben Kosibah)
Barac - 8:5, 25
Barlaam e Joasaph - 80:46
Barnabé - 44:37, 56, 66-68, 78, 80, 82, 84, 87; 47:17;
49:45; 54:28; 56:54; 60:2; 75:25, 26, 27, 30, 31,
34, 47
Barrabás - 41:102; 42:160; 43:188; 61:217; 78:54
Bartimeu - 41:68
Bartolomeu (um dos Doze) - 81:140
Baruc - 18:4-6, 91, 99, 108
Basã - 10:28; 23:54,55
vacas de - 13:13
geografia - 6:11; 73:34, 50, 53-55
bāśār - (*veja* carne)
Basileia - (*veja* reino)
Batismo - 44:27, 52, 54, 64, 99; 57:4; 60:31; 62:30
banho de renascimento - 56:22
chamado de circuncisão - 54:20
como iluminação - 60:34, 61
como purificação - 49:31; 57:22
complemento da fé - 44:27; 47:25; 54:20;
82:112
e a ressurreição de Cristo - 54:20
fórmula de Mateana do - 42:168; 80:8
fórmula triádica do - 42:168
incorporação em Moisés - 49:48
liturgia do - 58:11
na morte de Cristo - 51:62-66
na prática cristã - 80:10
no nome de Jesus - 44:27
no pensamento paulino - 82:3, 80, 108, 112-116, 119, 125, 137, 149
nova vida - 51:64; 61:50
papel do Espírito no - 43:47; 44:51, 64; 49
pelos mortos - 49:70
ressurreição com Cristo - 51:64
selo do Espírito - 59:9; 55:16
sepultamento com Cristo - 51:62-66
Batismo de Jesus - 41:6, 75; 42:18; 43:49; 44:63; 61:32
Batismo de João - 41:6, 75; 42:17-18
Batismo por Jesus - 61:54, 56
Beã, filhos de - 26:26
Beatty, Chester:
beduíno - 68:72
papiro da LXX - 68:92
papiros do NT - 68:179
Beemot - 30:123, 125
Bel - 21:28
Belém (Efrata) - 2:58; 8:50; 16:23; 35:7
e a dinastia de Davi - 16:23
localização - 73:91; 74:20, 144
Belial (Beliar) - 17:33; 50:29; 67:55
em *Test: 12 Patriarcas* - 67:30
filhos de 6:34; 8:50
Belzebul - 41:23; 42:79; 43:130
Bem-aventuranças:
em Apocalipse - 63:17, 66-67
em Lucas - 43:89
em Mateus - 42:24
Ben Asher, família:
influência textual - 68:44-48, 51
Ben Chayim, Jacob - 68:55, 114
Ben Nefthali, escola de - 54:51
Benaías - 9:54; 10:5-6, 8
Bênção (s) - 76:97, 108-109
bênção de Jacó sobre as tribos - 2:72
bênção de Moisés sobre as tribos - 6:60
da aliança - 3:44; 4:54; 6:31; 77:79-80
do sumo sacerdote após a ordenação - 4:22
dos infantes - 41:63
espiritual - 55:16
para os perseguidores - 51:117
pela observância do Código de Santidade - 4:54
sacerdotal - 5:17; 60:39
sobre Abraão - 2:18, 20, 23, 35
sobre Isaac - 2:45
sobre Jacó - 2:43, 46, 47, 54
Benedictus - 43:26; 80:11
Benedito XV e os estudos bíblicos - 72:5, 19
Ben-Hadad - 10:34-35, 47, 56

Benjamim (filho de Jacó):
    explicação do nome - 2:58
    nascimento - 2:57, 58
    rogou a José para que o perdoe -2:67
Benjamim (tribo) - 6:60; 8:14, 47, 51-52; 9:15, 46, 66
    bênçãos sobre - 2:72
    relação com Judá - 73:89
    território - 7:70; 20:100; 73:89
Beréia - 44:92; 46:4; 79:6; 39:45
Berenice (irmã de Agripa II) - 44:125; 75:177
Bersabeia:
    Abraão em - 2:34
    distância até Dã - 73:32, 56
    escavação - 74:56, 117
    explicação do nome - 2:34
    Isaac em - 2:45
    localização - 78:82-83, 86-87
    santuário - 13:15; 76:29, 53
    teofania a Jacó em - 2:45, 69
Besta (em Apocalipse):
    da terra - 63:45
    do mar - 63:44
    significado simbólico da - 63:41, 43,53
    visão da, em Daniel - 25:26-29
Bet-Acarem - 73:61
Betânia (além do Jordão) - 61:31
Betânia (próxima a Jerusalém) - 41:70; 42:125; 44:17; 61:158, 73:95; 74:20
    unção em - 41:91; 42:148; 61:157-158
Bet-Éden - 13:7
Betel - 7:34; 8:51; 77:20
    escavação - 74:15, 104
    Jacó em - 2:48, 57
    localização - 73:98
    santuário - 2:48, 57; 10:23, 24-25, 47, 63, 71; 13:12; 75:89
    visão de Jacó em - 2:48
Betesda - 61:74; 74:153
Betfagé - 42:124
Bethabara - 61:31; 74:149
Bet-Horom - 73:74
    subida de - 7:42
Beth-ter - 75:192
Bet-Peor - 6:13
Betsabéia - 9:58
    e Adonias - 10:5-6
Betsaida - 41:45, 54; 61:162; 81:138, 140
    localização - 73:61; 74:144
Bet-Seã - 8:15; 75:20, 53, 129, 183
    escavação - 74:16, 89, 95, 96
    localização - 73:64
    vale de - 73:109
Bet-Semes - 8:42; 9:9
    escavações - 74:16, 95
    localização - 73:73-74
Betuel - 2:36, 38; 24:7
Betúlia - 38:36
Bet-Zur, escavação - 74:15, 104, 135
Beza, T.:
    Códice Bezae - 68:157, 162
    edições do NT - 68:162
Bezalel - 3:45, 46, 64
Bible de Bishop - 66:45
Bíblia de Genebra - 68:196
"Bíblia de Jerusalém" - 68:215
Bíblia Hebraica:
    divisão padrão - 66:22
    número de livros - 66:22
Bíblia Hebraica crítica - 68:56
Bíblia:
    "religião do livro" - 71:5
    atlas - 73:2, 8, 11-12
    como literatura - 71:56,55
    e o leitor moderno - 71:14-19
    geografia - 73:1-115
    historicidade e pronunciamentos da igreja - 70:71; 72:8, 15, 25-28, 34-35, 37, 42
    importância das línguas bíblicas - 71:16
    interpretação da - 72:40
    regra de fé - 66:7; 71:5
    textos da - (*veja* Texto Hebraico do AT; Texto grego do NT)
    traduções e pronunciamentos da igreja - 72:4, 11, 16-17, 20, 30
    valor normativo - 66:7, 9, 17, 92-97
    versões - 68:62-155, 189, 247 (*veja sob respectivas línguas*)
"Bíblia intercofessionali" - 68:238
Biblical Antiquities do Pseudo-Filo -
Biblos - 74:61
Bila - 2:49, 50
Bildad:
    caráter de - 30:35
    defensor da retribuição divina - 3:5, 35-37
    discursos de - 30:36-38, 61-63, 91
Biqa' do Líbano - 73:56
Bitínia - 57:7
Blasfêmia - 4:49; 41:15, 23, 101; 42:60, 79, 155; 43:186; 59:10; 61:26
Boaírica - (*veja* Versões cópticas da Bíblia)
Boanerges - 41:22; 81:139
Boaz (e Rute) - 35:10-15
Boaz (pilar do Templo) - 76:44
Bode de Azazel - 76:149
Bode expiatório -
Bogazkoy - 74:61
Boismard - M.-É. - 40:31, 37; 68:176-186; 70:73

e a crítica textual - 68:176, 186
Bondade - (*veja* Aliança, amor)
Boquim - 8:16
Bozra:
    localização em Edom - 74:41, 122
Bul, mês de - 10:15
Bultmann, R.:
    cristologia - 81:8
    crítica das formas - 70:45, 49
    crítica do NT - 70:46-52
    demitologização - 70:51
    escatologia - 81:33,35
    Evangelho de João - 70:52
    milagres - 81:97-109
    pensamento de Paulo - 82:25, 26, 29, 41, 46, 140
    pós-bultimanianos - 70:64-70; 71:54; 78:9
    questão do Jesus - 78:8-9
    reação a - 70:53-70

C

Cabeça:
    Jesus como - 82:125, 126, 136
        do corpo - 54:13; 55:17, 25
        da humanidade - 49:53
Cades Barne - 6:9; 7:44
    e a rota do êxodo - 73:28, 30
    localização - 73:85; 74:118
    possível local do Monte Sinai - 73:27
Cafarnaum - 41:9, 45; 42:20, 74; 43:64,68; 61:68, 100; 81:138
    localização - 73:61; 74:46, 145
    sinagoga - 74:145
Caftor - 13:23
Caftorim - 6:10
Caifás - 42:155; 43:42; 61:154, 212; 75:156; 83:29
Caim - 59:11; 62:26
    e Abel - 2:6
    genealogia - 2:7
    maldade - 33:30
    punição - 2:6
Cairo Geniza - 68:43-44
    Documento de Damasco - 67:87
    mss da Siríaca - 68:52
Caivã - 13:17
Caldeus (neo-babilônicos) - 10:72; 17:43, 46-47, 82; 21:30; 75:110-116
    como astrólogos - 25:12,14
    lista de governantes - 25:3
    (*veja também* Babilônia)
Caleb (calebitas) - 5:29, 40; 6:9; 7:61, 64; 8:14; 9:44
    preocupação do cronista com - 23:13-14, 16
    relação com Judá - 73:88

Calendário (s):
    em *Jubileus* - 67:18; 76:131-132
    litúrgico - 4:43-48; 5:57; 6:36; 76:113-118
Cálice de bênção -
Calígula - 75:173-174; 79:8
Callirrhoe - 73:34, 44, 68
Calné - 13:18
Calvino, João:
    como exegeta - 71:42, 82
e a inspiração - 65:30, 31
Cam - 2:10,13
Cambridge, especialistas em NT - 70:8
Caminho, o - 44:100; 79:42
    modo de vida - 21:9, 56
Campo de sangue - 42:158; 44:18
Caná - 61:40-41; 81:140
    localização - 73:114; 74:146
Canaã (Palestina) - 7:19 (*veja* Palestina)
    divisão - 5:62
    entrada de Israel em - 6:26; 7:9, 16-49; 8:8
    fronteiras - 5:62
    rota do Egito para - 5:61
Cananitas - 2:22, 38; 6:7; 7:19; 8:14, 25, 26
    influência sobre Israel - 75:60
    língua - 8:40
    origem - 2:13
    população primitiva da Palestina - 75
    religião dos - 8:19, 38; 14:3; 75:54, 60; 77:16, 23, 51, 157
    sacrifícios - 76:85, 91, 92, 128, 131, 137
    santuários - (*veja* Lugares Altos)
Candelabro:
    do tabernáculo e do templo - 3:51; 5:19, 76; 46:46, 50
Cânon da Escritura - 27:39, 45, 47, 48
    cânon dentro do cânon - 66:92-97
    cânon do AT - 66:20-47
        Alexandrino - 66:20, 38-39
        critérios - 66:15-19
        divisão da Bíblia Hebraica - 66:22
        em Qumran - 66:36-37
        Josefo - 66:29-30
        na Igreja Cristã Primitiva - 66:40-41
        no Protestantismo - 66:44-46
        Palestinense - 66:20, 31-35
        Prefácio à Siríaca - 66:28-29
    cânon do NT - 66:48-86
        conceito de - 66:81; 80:13
        citações patrísticas do NT - 66:82, 83, 84
        critérios - 66:51-54
        escritos sub-apostólicos - 66:83
        no protestantismo - 66:86
    como auto-expressão da igreja - 66:17
    como regra de fé - 66:7; 71:5

critérios - 66:15-19
decisões da igreja - 66:11-14
definição de um livro canônico - 66:15
desafio ao - 66:99-101
e a hermenêutica - 71:5-6, 71-74
e as igrejas orientais - 66:47, 85
estabilizado em Trento - 66:13, 14, 42-90
graus de canonicidade - 66:9, 92-97
listas canônicas antigas - 66:11, 12, 87
número de livros - 66:9, 12, 13, 20, 39, 41, 47, 48, 81, 84-86
oportunidade (casual), papel da -
partes de livros bíblicos - 66:91
problemas - 66:87-101
protocanônicos e deuterocanônicos - 66:9-10
  no pensamento protestante - 66:44-46
relação com a autoria - 66:87-89
relação com a inspiração - 66:14, 15-17
significado de "cânon" - 66:5-9
valor normativo - 66:7, 9, 17, 92-97; 71:5
Canonicidade - 66:1-10
Cântico (s):
  de Sião - 34:8, 63, 139
  "de subida" - 34:137
  novo - 34:51
  šîr, como designação para os Salmos - 34:4
  (*veja também* Moisés, cântico de)
Cântico de Ana - 9:7
Cântico dos Cânticos, o - 20:1-28
  comparado à literatura egípcia - 29:5, 18
  interpretação de - 29:6-8, 10
  procura do tema - 29:15, 19
Canto fúnebre - 18:33; 36:5 (*veja também* Lamento; *Qînâ*)
Cão (cães):
  usado em relação aos gentios - 41:49
  usado em relação aos judaizantes - 48:26
Capadócia - 57:7
Caridade - 46:30; 47:29; 49:61-62; 50:25; 51:51, 91, 116
  descrição - 49:61
  dever para com o fraco - 51:122-124
  lei suprema de conduta - 49:47
  na lei do AT - 4:38-39
  relacionado ao conhecimento - 49:42
Caris (graça, favor) - 61:26
Carisma (s) - 46:38; 49:59-64; 51:115; 55:25; 56:37; 82:111, 122, 127
Carmelo (s) - 2:38; 41:64; 42:119; 43:157
Carmelo, Monte - 10:45; 13:5; 42:107
  Arqueologia - 74:19, 46, 50
  Elias no - 10:30-32
  geografia - 78:80
Carnaque (*veja* Tebas) - 73:24
Carne (alimento):
  oferecida a ídolos - 49:41-43, 49-50
  regras para a sagrada e a profana - 6:33
  (*veja* Holocausto; Sacrifícios)
Carne e sangue, chamada de ser humano - 47:15; 60:17; 82:103
Carne:
  circuncisão - 47:21
  componente humano - 77:64
  contrastada com o Espírito - 47:22; 5:14; 51:15-16, 73, 81-88; 57:21; 82:12; 24, 96, 103, 139
  escrava do pecado - 51:77
  Jesus apareceu na - 56:38
  no pensamento paulino - 82:76, 95, 96, 101-103, 107, 111, 119, 123, 147
  pecados da - 32:44
  vida material - 51:73
Carquemis - 17:46; 18:2, 4, 46, 110; 73:21; 74:124
Carta (s) ou epístola (s):
  aos judeus do Egito - 26:58
    autenticidade e data - 26:5
  apócrifa - 66:59; 67:54
  às sete igrejas - 63:21-28
  carta comparada a epístola - 45:4-5, 9-11
  carta triste de Paulo - 50:3, 10,3 1
  católicas:
    ordem no NT - 45:18
    explicação do título - 45:17
  a Diogneto - 80:54
  da prisão - 45:15
  de Aristeia - 67:32-33
  de Paulo - 64:29
  escrita e ditado das - 45:19-21; 66:89
  formato das antigas - 45:6-7
  formato das paulinas - 45:8
  no AT - 26:5; 45:3
  no NT - 45:1-21
  pastorais - 45:15
Carta de Policarpo - 80:40
Cartago:
  concílios de - 51:59; 66:11, 41, 69, 77, 84
Cartas (Epístolas) deuteropaulinas - 66:56; 79:4, 51
  teologia - 82:8, 9, 13, 31, 36, 44, 50, 54, 59, 71, 72, 72, 75, 77, 80, 87, 89, 110, 113, 120, 121, 1123, 125-127, 133, 136, 143, 147
Cartas ditadas do NT - 45:19-21
Cartas do cativeiro - 45:15; 66:56-57
  Colossenses - 54:1-28
  Efésios - 55:1-29
  Filêmon - 52:1-11
  Filipenses - 4:1-30
  Lugar do cativeiro - 48:5-8; 62:5
Cartas Pastorais - 56:1-56; 79:4; 82:8, 9, 31, 125, 133, 143, 144
  autoria - 56:6-8; 66:56, 89; 79:51; 80:21; 82:8

canonicidade - 66:58, 96
data - 56:12
e a estrutura da igreja - 80:2-28
primeiros decretos da PCB - 72:28
propósito - 56:9-11
Casa de César - 48:5-6, 30
Casa:
de José - 73:96-104 (*veja* José [tribos])
de Judá - 73:87-95 (*veja* Judá [tribos])
Casa-igreja - 51,132; 56:51
Casitas - 75:23
Cássia - 3:62
Cassius, Monte - 73:28; 75:54
Castidade:
e graus de parentesco - 4:37; 44:83
ensinada por Paulo - 46:29; 49:32, 35-40
no casamento - 49:35-36
Castigo:
após a morte:
conceito de, em Macabeus - 26:72
destino do ímpio - 30:54-56
relação com o pecado - 51:26; 59:10-11
Catálogo de vícios, virtudes - 41:47; 51:26; 82:141-143
Católica, Igreja:
alocuções papais - 72:42
atitudes para com a exegese crítica - 71:22
atitudes recentes para com os estudos bíblicos - 72:3-9
distinções entre decisões dogmáticas e decisões prudenciais - 71:81-82
documentos conciliares sobre a Bíblia - 72:10-16
e a investigação do AT - 69:6, 33-36, 55-61
e a investigação do NT - 70:36-38, 7-77
encíclicas sobre a Bíblia - 72:17-24
interpretação autoritativa da Escritura - 71:80-87
os exegetas e o magistério - 71:86
pronunciamentos sobre a Bíblia - 72:1-44
relação com a Escritura - 66:95-97
(*veja também* Santo Ofício; Comissão Pontifícia Bíblica)
Católicas, Epístolas - (*veja* Epístolas Católicas)
Catolicismo, primitivo - 55:12; 59:2; 64:3; 66:94-95; 70:41
Causalidade, noção bíblica de - 77:55-56, 116
Cavaleiro do Apocalipse - 63:32
e a crítica do NT - 68:167; 70:11
Cavalo - 6:37; 30:121
Cedar - 15:40
Cedrom, vale de - 73:92
Cedros do Líbano - 21:10
Cefas - (*veja* Pedro [Cefas, Simão])

Ceia do Senhor - 41:93; 42:151; 43:179; 49:56-58
(*veja também* Eucaristia)
Celibato - 42:71, 117; 49:36, 40; 80:147-148
de Jeremias - 18:51
entre os essênios de Qumran - 67:108
Cencréia - 51:2, 131; 79:6, 39, 44
Cenezitas - 7:61
relação com Judá - 73:88
Censo:
das tribos - 5:7-8, 54
de Davi - 9:71
de Quirino - 43:29; 75:161
dos levitas - 5:11-12
números exagerados do - 5:8,11
tributo do censo - 3:60
tributo romano - 44:77; 42:131
Centurião:
confissão de - 41:106; 42:163
Jesus cura o servo do - 42:54; 43:94; 61:68
César (imperador) -
tributo a - 41:77; 42:131; 43:170; 61:215, 221
César Augusto - 43:29
César, Júlio - 49:3; 75:153-154
Cesaréia de Filipe - 41:55
localização - 73:57; 74:144
Cesaréia Marítima - 44:59, 976, 109, 116; 48:6; 52:5; 79:6, 27, 39, 45, 47, 48
escavação - 74:142
localização - 73:57-77
Céu:
circunlocução para "Deus" - 26:12, 20; 42:20
em Paulo - 82:111-113
Jesus no - 44:50; 60:44-47; 62:15
o terceiro - 50:54
Chifre(s) - 13:19
do altar - 74:117, 119, 136; 76:58-65, 93
Chipre:
Paulo em - 44:70; 79:6, 30-48
Ciaxeres - 25:33
Cibrot-ataava - 6:27
Cidadania:
dos cristãos no céu - 48:27; 55:21
Cilícia - 79:6, 16, 17, 27, 29, 35, 37, 38
Cinamomo - 3:62
Cinto, parábola do - 18:45
Circuncisão:
chamada de batismo - 54:20
chamada de mutilação - 48,26
contenda paulina sobre - 44:80-82; 47:29; 79:31, 32, 36, 79, 111; 82:36
cristãos chamados de - 48:26
de Jesus - 32:22
de João Batista - 43:24
de Timóteo - 44:88

do coração - 6:29; 18:21,, 35; 51:32
e a aliança - 2:26; 51:47; 55:21
e a observância do sábado - 61:108
origem - 2:26, 7:23
partido da - 56:18; 80:17
Ciro II (o Grande) 15:39; 19:5; 25:3
 e a restauração - 23:85
 édito de - 25:13
 em Deuteroisaías - 26:61, 12-13, 16, 24-26, 32, 34, 36
 libertação dos judeus - 75:116-117
Citações implícitas - 72:26
Cláudio (imperador) - 44:66, 96, 116; 51:6, 132; 78:6; 79:9, 10, 11, 25
 fome sob - 75:178
 relações com os judeus - 75:175
Clemente de Alexandria - 40:34; 60:2; 65:24; 66:8, 68, 78, 81; 71:36; 85:3
Clemente de Roma - 66:41; 79:52; 80:30, 43
 Primeira epístola - 66:9, 82, 83, 85; 80:18, 25, 36, 37
  e J. B. Lightfoot - 70:9
  estrutura da igreja - 80:28, 37
 Segunda epístola - 66:81, 83, 85; 80:83
Clermont-Ganeau, C. - 70:10
Cloé - 49:13, 27
Cobar (Quebar) - 20:18
Cobertura para cabeça das mulheres - 49:51-54
Códice Alepo - 68:47
Códice Neofiti - 68:18
Códice ou códices (gregos) da Bíblia:
 Alexandrino - 66:39,83
  da LXX - 68:96
  do NT - 68:156-159, 162; 80:37
 Beza - 68:157, 162
 Coridentiano - 68:158
 de Washington - 68:158
 Efren reescrito - 68:158
 formato - 68:42, 89-90
 Marcaliano - 68:97
 Sinaítico - 66:39, 83
  da LXX - 68:95
  descoberta - 68:157, 166
  do NT - 68:157, 167, 168, 170-172; 82:41
 Vaticano - 66:39
  da LXX - 68:94
  do NT - 68:157, 167, 168, 170-172
Códice ou códices (hebraicos, aramaicos) da Bíblia:
 Alepo - 68:47
 Leningrado - 68:48
 Neófitii - 68:108
 Reuchiliano - 68:51
Código da Família - 54:26; 55:27; 56:20; 57:15-16; 82:141, 143, 147

Código de lei deuteronômica - 6:2, 28, 32-46 (*veja* Códigos de lei, hebraico)
Código de Santidade - 4:35-54 (*veja* Códigos de lei, hebraico)
Códigos de lei, antigo Oriente Próximo - 75:22
Códigos de lei, Hebreu - 66:24; 67:132; 77:86
 Código de Santidade (Levítico) - 4:3, 35-54; 20:10, 26-27, 40, 50; 76:69, 116; 77:86
 Coleção Sacerdotal - 4:3,3 5-18, 19-23, 24-33; 66:24; 76:69; 77:86, 90
  e as festas - 76:116, 117, 119, 120, 123
 Decálogo do Ritual (Javista) - 3:74; 76:114, 119, 125
 Livro da Aliança (Eloísta) - 3:4-44; 6:2, 28; 76:59, 113, 114, 119, 125; 77:86-88
 Livro da Lei (Deuteronômico) - 6:2, 28, 32-46, 56; 20:18, 26, 50; 76:115, 120, 124, 126
Codorniz - 3:27; 5:27; 33:36, 52
Coélet - 3:12 (*veja* Eclesiastes)
Coleção de Bênçãos de Qumran - 67:85
Coleção Sacerdotal - (*veja* Códigos legais)
Colheita, festa da - 3:43; 76:133, 137, 138, 139 (*veja* Tabernáculos, festa dos)
Colossenses, a carta aos - 54:1-28
 autoria - 66:88
 caráter dêutero-paulino - 54:4-7
 data - 54:7
 eclesiologia - 54:6
 escatologia - 54:6
 estilo - 54:5
 relação com Efésios - 55:10
 teologia - 54:6
Colossos - 52:2, 5; 54:2, 3, 8
Comissão bíblica - (*veja* Pontifícia Comissão Bíblica)
Comissão, a grande - 41:109; 42:168; 43:197
Comma Ioanneum - 62:31
Comunhão - 62:12-14
 cristã quebrada - 80:32
 com o Pai e o Filho - 62:12
Comunidade joanina - 83:9-17, 53, 60
 e a sinagoga - 83:12-13
 e os samaritanos - 83:11
 história - 61:9-11; 83:9-14
Comunidade:
 conceito hebraico de - 77:67-68
 relações mútuas na - 58:33
 natureza da cristã primitiva - 44:28, 36-38, 49:13-27; 59:4; 64:4; 80:10, 14
 solidariedade do indivíduo para com - 77:71, 171
 a joanina - 61:9-11; 62:3-5
"Concílio" de Jerusalém - 44:80-85; 47:17; 79:25, 31-33, 44; 80:16, 17
 matéria decidida -44:80-84; 47:17

Concupiscência - 51:67
Confiança - 56:4, 7, 10, 21; 17:43, 45, 47, 52; 18:53
   salmos de - 34:9
Confissão de pecados - 34:50; 58:37; 62:15
Congregação de Doutrina da Fé - (*veja* Santo Ofício)
Conhecimento - 15:7; 18:13
   de Cristo - 47:14; 48:23
   de Deus - 14:4, 12, 14, 16; 15:15, 26, 37, 51-52; 18:16, 21, 34, 72, 89; 20:12; 61:18, 27; 64:8; 77:105
   do cristão por Deus - 47:26
   insuficiente sem caridade - 49:62
   nos pagãos - 51:23-24
   verdadeiro e falso - 54:12
Conhecimento do bem e do mal, árvore do - 2:5
Conquista de Canaã por Israel - 7:16-49 (*veja* Canaã)
Consagração, ritos de - 76:108-109
Consciência - 49:25, 43,50; 50:8; 51:119, 124; 56:27; 82:12, 86, 106, 144, 145, 150
   repreensão aos egípcios - 33:55
Constância:
   nas perseguições - 53:13
   relação com a esperança - 46:14
   sinal do cristão - 48:16
Conversão: 18:57; 22:46, 46; 43:43; 44:27, 31; 46:16
   conceito do AT sobre - 77:134
   de Israel - 6:29, 50; 16:30; 18:5, 19-20, 21, 72, 73, 86, 89; 21:6,17
   šûb - 18:18, 19, 29, 85; 22:23; 24:16; 77:134
Cóptico:
   língua - 68:148-149
   versão da Bíblia - 68:148-152
Coração - 18:52, 72, 89; 20:86; 21:9; 28:21, 23
   como princípio de moralidade - 77:122
   dureza de - 18:42, 53
   e lombos - 19:42, 53
   em Paulo - 82:101, 106
   sentido semítico - 77:66
Corazim - 42:74; 75:59
Corbã - 41:47; 42:99
Cordeiro de Deus - 61:32; 83:9-10
Cordeiro:
   animal pascal - 3:22
   em Apocalipse - 63:31, 33-35, 45-46, 56, 62; 64:65
Coré - 3:16; 5:31; 23:19; 59:11; 76:83
   "filhos de" (coreítas) - 5:31
Coreítas - 5:11,12; 7:80; 23:19
Coríntios:
   Primeira carta aos - 49:1-79
   Segunda carta aos - 50:1-62

   oponentes na - 60:5
   unidade da - 50:2
   Terceira Epístola aos - 66:59, 85; 67:54
Corinto:
   Apolo em - 44:98-99; 49:13, 22, 26, 78
   cidade - 49:2-6, 76; 56:3
   de onde Romanos foi escrita - 51:2; 56:3
   Epístola de Clemente a - 66:83, 70:9, 80:37
   igreja de - 79:39, 42, 43
      composição da - 44:7
      facções na - 49:13-27, 56
   Paulo em - 44:96, 102; 49:11-79; 50:4
   presbíteros em - 80:37-38
Cornélio a Lápide - 71:42
Cornélio:
   conversão - 44:59-64
   reação dos judeus cristãos a - 44:65
Corpo - 82:25, 96, 99, 101-102, 138
   chamado de vaso - 42:29; 50:23
   como substância - 54:21
   morte do, mediante o pecado - 51:78, 80
   ressurreição do - 81:123 (*veja* Ressurreição)
   termo que denota a pessoa - 46:39
Corpo de carne - 51:114; 55:17,21
Corpo de Cristo - 82:122, 127
   a igreja - 49:60; 54:13, 21; 55:17,21; 82:21, 114, 116, 121, 122-127, 133, 136, 137, 149
   chefia (autoridade) - 82:125, 126, 136
   cristão como membro do - 49:60; 55:17, 21
   histórico - 51:72
   na Eucaristia - 41:95; 42:151; 43:179; 49:58; 61:98; 82:122, 123
   união de cristãos - 49:60; 55:17,21
Corpus Hermeticum - 80-72; 83:41
Correção fraternal - 42:115
Correção fraternal - 42:115; 47:31
Cosmologia do NT - 46:31-33
Cova, a - (*veja* Xeol)
Credos:
   do AT - 77:50, 115
   e Inácio - 80:39
Crescente - 56:54
Crescente Fértil - 73:15
Crescimento:
   com Cristo - 51:65
Cresto - 79:10
Creta - 44:127-129; 56:5,18
Criação - 30:93, 117, 120; 82:14; 37:78, 80
   aguarda redenção - 51:86-87
   bondade da - 2:4; 36:25; 58:12
   como combate com monstros - 63:62; 77:26-27, 51,55
   criação contínua no AT - 77:55-60
   descrições mitopéicas do AT - 77:26-27

diferentes conceitos do AT - 77:50-56
dos seres humanos - 2:4-5; 77:62-66
doutrina de Isaías - 21:5, 10-11, 15, 17, 20, 25, 27, 40, 67
e a sabedoria - 77:14, 16
e o conhecimento de Deus - 51:24
e o espírito de Deus - 77:34
em Cristo - 54:6; 60:7; 61:22
ex nihilo - 26:12, 73; 77:52
mito mesopotâmico - 77:26-27, 51, 52, 55
nova - 19:11; 33:56, 58; 47:32; 50:25; 51:40, 64; 63:62-65; 77:60; 82:60, 67, 79, 108, 113, 121, 138
paralelos no Oriente Próximo - 2:2, 4, 5
pela palavra de Deus - 77:46, 54
relação com a história da salvação - 33:59
relatos da:
    relato J (Gn 2.4-5) - 2:5; 77:52, 65, 66, 114
    relato P (Gn 1) - 2:4; 77:26-27; 34.46; 52, 54, 55, 63, 114
    Salmos - 104:34, 121; 77:53
Crianças:
de Deus - 48:23; 62:25
bênção de Jesus às - 41:63; 42:118
sinal do favor de Deus - 33:16
Crisóstomo, João - 82:70
cristãos em Jerusalém - 44:42-43
estabelecimento no Egito - 2:70
Paulo um - 79:15; 89:53
Cristãos:
assim chamados pela primeira vez em Antioquia - 44:66
expulsos de Roma - 44:96; 79:10
relacionados com Deus - 62:36
Cristianismo judeu - 80:26
Cristo Ressurreto - 44:14-16, 115; 60:10, 42; 61:229, 231, 233-234
intercede por nós - 51:91, 60:42
fonte de salvação - 51:102; 57:7
Cristologia - 81:1-24
"momentos" de expressão - 81:12
alta e baixa - 81:7
de O. Cullmann - 70:57
de V: Taylor - 70:61
desenvolvimento do NT - 81:12-24
estudo PCB - 72:39
explícita e implícita - 81:9
funcional e ontológica - 81:24; 82:29
identidade de Jesus - 78:29-43
joanina - 61:16-17
milagres e - 81:109, 116
paulina - 82:14, 27, 28, 29, 37, 48-66, 116-127
subordinacionista - 44:24
títulos de Jesus - 78:32-43; 81:3-9, 12

Cristologia funcional - 81:24; 82:29
Cristos (ungido) - 44:35, 63; 49:14; 82:51
confissão de Pedro - 41:55; 42:105
de Deus - 43:191
dia Cristou - 82:118
eis Criston - 47:24; 49:43; 51:63; 82:119
en cristō - 47:20, 24; 49:27, 67; 55:16; 82:121
sin cristō - 51:64; 82:120
(*veja também* Messias; Jesus Cristo)
Crítica canônica - 66:98-101; 69:70-72, 80; 70:81; 71:5, 71, 74
crítica - 71:74
Crítica da forma - 71:23-26
definição - 70:42; 71:23
dos milagres - 81:97-109
e a inspiração da Escritura - 65:60-61
e os Salmos - 34:6; 69:38-40
origem do NT - 70:42-45
uso britânico da - 70:59-63
(*veja também* Forma [gênero] literário)
Crítica fenomenológica - 71:69
Crítica literária - (*veja* Crítica, literária)
Crítica retórica - (*veja* Crítica literária)
Crítica:
Antigo Testamento - 69:1-80
    católica - 69:6, 13, 33-36, 55-61
    judaica - 69:62-65
de Novo Testamento - 70:1-84
    católica - 70:36-38, 71-77
definição - 71:55
histórico - 69:12-36; 70:3; 71:57-59 (*veja também* Sentido literal da Escritura)
literária ou retórica - 69:42, 67-69, 80; 70:81; 71:55-70; 81:67-71, 110
rejeição ocasional moderna - 71:44
social - 69:73-75
teoria - 71:57-59
(*veja também* Hermenêuticas)
Crônicas dos Reis de Israel - 10:2
Crônicas dos Reis de Judá - 10:2
Crônicas, Primeiro e Segundo Livros das - 23:1-80
cânon hebraico, lugar no - 23:7
comparação com Reis - 23:4
data de composição - 23:6, 40, 55, 66
escatologia em - 23:5
gênero literário de - 23:2
Cronista, o:
aliança davídica enfatizada - 23:2, 8, 10,18
sua história de Israel - 23:2, 4
Crucificação - 41:105; 42:162; 43:140; 44:34; 60:35; 61:222-225; 78:55-56; 82:99
arqueologia - 74:152
com Cristo - 47:20; 51:63, 65
como enforcamento em uma árvore - 44:40,

63; 57:15
como ser levantado, em João - 82:55; 83:30, 38-40, 54, 61
Cruz, a:
caminho da - 43:189; 61:223
condição para o discipulado - 42:106, 43:114
e a expiação - 51:41
gloriar-se na - 47:32
justiça de Deus revelada na - 51:40-41
relação com os sofrimentos dos cristãos - 82:127
ressurreição vinculada com - 82:55
sabedoria da - 49:15
valor salvífico - 82:14, 24, 33
Cuch - 5:28; 20:76; 23:55
Culpa:
conceito do AT de - 77:129-131
(*veja também* Sacrifício pelos pecados)
Culpabilidade dos pagãos - 51:23, 26
Culto:
descrição P de - 3:46-65; 4:1-55
e a aliança - 20:10, 12; 77:90-92
e os profetas - 11:5, 14; 13:3, 13, 15, 17, 23; 24:2
influência no AT - 69:45-48
regras relacionadas ao - 20:94-95
Salmos relacionados ao - 34:12
significado do - 77:90
Cumpridores da lei - 51:30; 58:14
Cumprimento:
do AT no NT - 42:7, 11, 16; 43:57-63; 77:175-178
Cursus Scripturae Sacrae - 60;33
Cusã-Rasataim - 8:22

D

Dã (cidade ou santuário) - 8:48, 49
distância de Bersabeia - 73:32, 56
escavação - 74:74, 103, 119, 133
localização no norte da Palestina - 73:57
templo de Jeroboão I - 10:24; 75:89; 76:40, 53
Dã (tribo) - 2:72; 6:50; 8:26; 63:34; 77:20
migração para o norte - 7:76; 8:7, 42, 49, 50
território - 7:76
Dã, filho de Jacó - 2:50
Dáfne (Táfnes) - 18:17
Dagon - 8:46; 9:9
Dalila - 8:45
Daliyeh, Papiro do Wadi ed-, - 75:127
Dalman, G. - 70:27
Damasco - 10:20, 48, 58, 60; 13:7; 73:21; 74:136; 80:19
conversão de Paulo em - 47:14, 16; 44:53-55,
112-113, 124; 51:15; 79:6, 7, 8, 19, 20, 21, 23, 25, 26; 82:14, 16, 18, 20, 23, 51, 68
cristãos em - 44:54
fuga de Paulo de - 44:55
história de - 75:71
oráculo contra - 13:7; 15:34; 18:115
Damaso, Decreto do Papa - 66:11
Daniel (homem) - 25:2
em Ezequiel - 20:41
na cova dos leões - 25:24
oração de - 25:30
Daniel, o livro de - 25:1-38
gênero hagadico de - 25:4
pano de fundo histórico - 25
mensagem de - 25:9
versão grega do - 25:2, 8, 35
hebraico e aramaico em - 25:5, 7
e apocalíptico - 19:19, 20-21; 25:4, 9
Dario I Histápes (o Grande) - 25:3, 23-24; 75:117
Datã - 6:30
revolta contra Moisés - 5:31
Data de composição:
obras do AT, tabela - 66:23
obras do NT, tabela - 66:56-57
Davi - 10:5; 59:7; 77:155
aliança de Deus com ou promessas a - 9:52; 15:4, 18, 22; 21:48; 23:2, 8, 10, 18; 34:106, 149; 77:84, 155
ascensão de - 9:20-48; 23:24-25
autor de Salmos - 34:4; 51:46, 106; 77:157
decreto PCB primitivo - 72:27
cidade de (Ofel) - 43:29; 73:93; 74:19, 106-107
cronista preocupado com - 23:2, 24-35, 39-40
dinastia de - 02:49, 83; 22:45-46; 77:155-162
(ver também Messias)
e a Arca da Aliança - 9:50-51
e Absalão - 9:60-65
e Golias - 9:20-21; 23:32
e Salomão - 10:5-6
e Saul - 9:20-38, 42, 43; 23:24-25
em Hebrom - 9:44-48
Filho ou descendência de, em referência a Jesus - 41:68, 80; 42:9, 16, 64, 79, 100, 123, 124, 134; 43:29, 159, 172; 51:15; 60:40; 63:68
morte de - 10:7
no deserto de Judá - 9:30-34
observância do sábado de - 42:76
pastor e governador messiânico - 20:83
profeta - 44:25
raiz de - 63:31, 68
relações estrangeiras, empreendimentos militares - 8:14; 9:38, 53, 57; 23:31
guerreiros de - 9:71; 23:26

Salmo de - 9:70
senso de - 9:71; 23:33-35
tipo de Jesus - 41:18; 45:25
torna-se rei:
    de Judá - 9:44
    de Israel - 9:48
vida de - 75:80-85
Debir - 76:43 (*veja também* Santo dos Santos)
Debir (cidade):
    identificação como Mirsim - 74:15
    no Sefelá - 73:73
Débora - 8:2, 6, 11, 21, 25-26; 75:61
    cântico de - 8:4, 26
Decálogo (Dez Mandamentos) - 3:33; 6:19-20, 28, 56; 66:24; 67:132
    citado por Jesus - 42:29, 30, 119; 43:157
    comentário deuteronômico sobre o - 6:14
    estipulações da aliança - 77:86,88
    quebra das tábuas dos - 6:27
    repetição do - 6:19-20
    ritual do Decálogo - 3:74
    várias divisões - 3:33
Decápolis - 41:50; 42:22; 73:52, 55
Dedã - 15:40
Dedicação, festa da - 76:151-154
    origem - 22:24
    outros nomes para a - 26:24
    similaridade com a festa dos Tabernáculos - 76:153
Dei rel-Balah - 74:92
Deir Allá, escavação do Tell - 74:91, 95, 123
    sítio em Sucot (?) - 73:51; 74:123
Deísmo - 69:5
Demas - 52:11; 54:28; 56:54
Demétrio - 62:42
Demétrio I (Soter) - 75:136-137
Demétrio II - 75:138-139
Demitologização - 82:26, 29
Demoníaco (s) - 41:9; 42:59; 43:63, 107, 124
Demônios - 38:12; 58:20
    no *Test: dos 12 Patriarcas* - 67:30
Derbe - 47:3-4; 44:78; 79:30, 38, 45
Descida ao inferno - 57:20
Desconstrução - 71:62
Desejo:
    da carne - 61:24; 62:21
Desenvolvimento do dogma - 82:7, 62
Desenvolvimento na teologia paulina - 82:9
Deserto de Judá ou da Judéia - 73:87
    Davi no - 9:30-34
Deserto, queixas israelitas no - 5:26-27
Deserto:
    Israel no - 5:24-43; 61; 75:52
    (*veja também* Ermo)

Determinismo e a responsabilidade humana - 77:116
Deucalion - 64:4, 18
Deus Altíssimo - (*veja* El Elion)
Deus:
    a Rocha - 6:57
    ação na história - 10:3; 21:14, 25; 25:9, 15; 71:15, 19; 77:35-39, 45-46, 81-85, 111-115 (*veja também* História da salvação)
    amor de - 82:4, 96
        pela criação - 33:37-38, 40; 61:53
        por Israel - 14:30, 34; 22:56, 60, 77, 95-98
    antropomorfismo - 77:20, 21-22, 49, 97, 99, 135
    atitude Coélet para com - 31:5-6, 30
    atos como inimigo - 18:62; 30:4, 15, 37, 44, 51, 65, 112; 36:6, 13, 14
    caráter misterioso de - 30:40, 48-49, 68, 117, 122; 39:19
    ciumento - 6:15, 20; 17:32
    como oleiro - 18:13, 57; 21:17, 23, 25
    conceito hebreu de - 7:5-22
    conhecido como amigo - 30:33; 34:65
    conhecido somente por meio do Filho - 42:75
    conhecimento de - 33:29, 43, 49
    criador - 21:10; 30:5, 93, 107; 32:65, 68; 34:14, 42, 121, 153; 82:14, 37, 78, 79, 80
    criador e restaurador - 63:30
    da paz - 46:39-40; 51:134
    "Deus dos Exércitos" (Iahweh Sebaoth) - 77:14
    "Deus dos Pais" - 77:15-16
    deste mundo - 50:18
    e a monarquia - 9:12-14, 16
    e a natureza no AT - 77:47-60
    Espírito de - (*veja* Espírito, Santo) - 77:32-39
    eternidade de - 21:11; 34:107, 119
    guerreiro - 15:22; 17:50-51; 21:56, 62; 22:38-41
    intitulado como rei - 34:62
    Jesus como - 81:7, 11, 22-24
    justiça de - 2:29; 14:18, 27,; 17:29, 43, 46, 47; 20:5-52; 21:5, 10, 13, 56; 22:59; 3:4, 24, 36, 39-40, 66, 113, 114, 124
    liberdade de - 38:14; 39:9, 16, 19
    misericórdia de - 3:37-39, 40; 39:4, 17, 19; 77:132-135; 82:34
    no pensamento paulino - 82:37-40
    nomes de, no AT - 2:17; 30:7; 34:15; 77:5-16
    o Deus vivo - 77:20, 22
    poder de - 17:32, 43, 45; 22:56; 30:39-40, 48-49, 124, 126; 33:37-39, 40; 39:9
    proibição de imagens de - 3:33; 77:20
    providência de - 42:45; 77:55-60, 116-117; 82:41

rei e juiz - 63:30
relacionamento com Israel - 77:75-76, 99-151
senhor da história e da criação - 77:50-54, 112-115
sinais de - 2:38
soberania de - 17:49; 18:76; 19:3, 5, 20; 12:65
teofania - 77:57
transcendência de - 30:42, 46, 83, 108, 112
Deuses - 34:75, 113; 77:7, 17, 19, 20
cananitas - 8:19, 22, 27, 36, 38; 13:22; 75:54; 77:16
condenados por falso julgamento - 34:99
impotência dos - 21:11, 16, 27-28; 77:19-19
Deuteroisaías - 19:5-6; 21:1-50, 70; 83:42-43
Deuteronômio, o livro de - 6:1-61
história literária - 6:3
"Rolos" (falsificação) - 74:10
teologia do - 6:4
Dêutero-Zacarias - 19:16; 22:16-17, 37-50
arqueologia - 74:18, 137
e a crítica do AT - 69:60
estilo apocalíptico - 22:16, 20, 49
Dezoito Bênçãos - 8024
Diēgēsis (relato narrativo) - 43:11
Dia da Expiação - (*veja* Expiação, Dia da)
Dia da Ira - 36:11; 46:16
Dia de Jesus Cristo - 48:13
Dia do Senhor - 16:33, 36; 18:81; 19:12, 13, 14; 36:11; 41:58, 84, 88; 46:35; 49:22; 51:23; 64:28; 77:137; 82:38
conversão - 17:13, 21-23
evento cósmico - 17:5
falsamente proclamado - 53:18
visão dos profetas - 11:19; 13:10, 17, 22; 14:12; 15:10, 29; 17:2, 12; 20:28-29, 76; 22:62; 24:4, 12, 20, 24, 32
relação com a ira de Deus - 5:23
Dia do Senhor - 80:12
Diabo - 55:5; 57:27; 58:27; 59:10; 82:74, 75, 89
comparado a serpente - 33:13
(*veja também* Belzebul; Satã)
Diadochoi - 75: 128 (*veja* Ptolomeus; Seleucidas)
Dialogue of Savior - 67:70
Dias santos - 76:112-157
Diáspora - 44:21, 54, 73-74; 57:7; 58:2, 7
Diatessaron de taciano - 66:62, 63; 68:122-123, 183
uso na Igreja Siríaca - 66:65: 85
Diathēkē (aliança - vontade - testamento)
Diatribe (estoico) - 51:6, 29; 58:16; 66:74; 79:15; 82:12
localização em Moab - 73:44; 74:122
Dictionnaire de la Bible - 69:34
Didache (escrito sub-apostólico) - 66:83, 90; 80:42; 81:55, 154

e a ordem na igreja - 80:28
Dilúvio - (*veja* inundação universal) - 2:12
Dilúvio - 64:25; 77:28, 128, 130
e o Épico de Atrahasis - 2:12
e o Épico de Gilgamesh - 2:12; 73:16; 77:28
história do - 2:12; 30:81
prólogo ao - 2:11
Diná, rapto de - 2:56
Dinheiro:
cambistas - 41:71; 42:125
empréstimo de - 32:51 (*veja também* Juros sobre dívidas)
raiz dos males - 56:40
Diognetus, Letter to - 80:54
Dionísio - 61:5, 40
Dionísio de Alexandria:
e a autoria de Apocalipse - 66:67
Dionísio de Corinto - 79:53; 8:37
Dionísio Exigos - 75:160
Diotrefes - 62:2, 8, 42, 44; 66:73
Discernimento de espíritos - 46:38
Discípulos de Jesus - 78:25-27
apóio dos - 42:68; 43:110, 122
chamada - 41:8; 42:21; 43:68, 72; 78:15
má interpretação dos - 41:38, 52; 42:105
mulheres - 78:25
papel dos - 42:25; 43:103-104
papel na igreja - 78:27
perseguição dos - 42:69; 44:54
renúncia dos - 42:57; 43:121
setenta (e dois) - 43:122
simplicidade de propósito dos - 42:41-45; 43:131
Discípulos de João Batista - 41:17, 41; 43:96; 44:99; 61:33
Discurso escatológico de Jesus - 41:84-88; 42:137-145; 43:174-175
Discursos (discursos em Atos) - 44:7
Dívida para com a lei - 47:19, 20, 21, 30; 54:20
Divino Afflante Spiritu - 69:35, 39
e a crítica do NT - 70:71, 72
e as formas literárias - 71:23, 26
e o sentido literal da Escritura - 71:10
importância de - 72:6, 25
Divórcio - 6:41; 82:147
cláusula de exceção de Mateus - 41:62; 42:31, 117
condenação de Jesus do - 41:62; 42:31, 117; 49:37
"privilégio paulino" - 49:38; 82:147
Dízimos
Doc - 73:65
Docetismo - 62:3, 7; 78:10; 38:80; 83:32
Docilidade:
pré-requisito da sabedoria - 28:21, 41

Dois Caminhos - 28:18, 27, 29, 43, 50; 34:11, 20
Dois filhos, parábola dos - 42:128
Domiciano - 63:10, 12
Dons do Espírito - 15:26; 46:38; 49:59-64; 51:115; 55:25, 27
Dor - 73:79
Dotan - 2:61, 73:104; 74; 25
Douay-Rheins, versão da Bíblia - 68:208
Doxa - (*veja* Glória) -
Doxologia - 51:94, 135; 55:23; 56:29; 57:24; 59:15; 63:18
Doze tribos, as - 58:7
Doze, os - 81:135-148, 154-157; 82:13
   a comissão do Cristo ressurreto - 42:168; 43:197; 61:234
   aparições do Jesus ressurreto - 81:128-130, 147, 148, 151, 152, 155
   chamados de apóstolos - 41:42; 42:67, 43:84; 61:171
   como apóstolos - 81:153, 155, 157
   confusão acerca dos - 81:146, 148
   designação dos - 41:22, 40; 42:67-68; 43:84
   distintos dos irmãos de Jesus - 81:142, 143, 154
   e a igreja - 80:15; 81:155-157
   escolhidos por Jesus - 78:26; 30:8; 81:146-148, 152, 153, 155
   lista dos - 41:22; 42:67; 43:84; 44:17; 81:137-146
   na igreja pós-pascal - 44:17-19, 42-43; 49:66
   na última Ceia - 41:94; 42:150; 43:179; 61:171
   papel - 80:10; 81:147-147, 155-157
   relação de Paulo com - 47:11
   simbolismo - 78:26 (*veja também* Apóstolos; Discípulos de Jesus)
Dragão (em Apocalipse) - 63:43
Dualismo - 83:31-34
Duas irmãs, julgamento das - 20:61
Duma - 15:40
Dura Europos, escavação - 74:157
Duweir, Tell ed- (*veja* Laquis)
Dynameis (atos poderosos [*veja* milagres]) - 42:52, 74; 43:163; 47:21

E

Ebal, monte - 7:37
   e a renovação da aliança - 6:31, 45; 7:37
   escavação - 74:111
   localização - 73:101 (*veja também* Garizim)
Ebem-Ezer - 9:9; 74:85 (*veja* Afec)
Ebionitas - 67:96
   Evangelho dos - 67:59
Ebla - 73:21; 74; 61:72
Ecbatana - 38:12, 33
Eclesiastes, o livro de - 27:6, 10; 31:1-36
   e a sabedoria - 31:5-6, 12, 15, 31
   estrutura de - 31:3-4
   "filho de Davi" - 31:11
   paralelos sumerianos - 27:30-31
Eclesiástico, o livro de - 32:2 (*veja* Sirá)
École Biblique (Jerusalém) - 69:60; 70:73
   fundação da - 70:37
Éden, jardim do - 2:5; 20:7, 78, 98
   Tigre-Eufrates - localiação - 73:17
Edfu, templo de - 74:109
Editor (es), bíblicos:
   da história deuteronômica - 10:2
   de Deuteronômio - 6:3
   de João - 61:4
   do Pentateuco - 1:6
Edom - 2:44, 46, 59; 10:20, 42, 44, 49, 57; 15:40, 59; 24:27; 34:77, 93, 125, 154; 36:17
   confundido com Adão - 44:83
   e Iduméia (Negueb) 26:26; 41:21
   fronteira montanhosa ao sul - 73:39
   geografia - 73:39-42; 75:68
   israelitas pedem permissão para atravessar - 5:38; 6:10
   na rota do êxodo - 73:30-31
   oráculos contra - 13:8; 15:40, 57; 18:114; 20:65-66, 84; 24:25, 29
   reis de - 2:59
Edomitas - 18:114; 21:62; 74:122, 125
   e Esaú - 2:54; 24:27
   profissões dos - 73:42
Edrei:
   localização em Basã - 73:54
Efá - 13:21
Efésios, a carta aos - 65:1-29
   autoria - 55:3-11; 66:56, 88
   caráter dêutero-paulino - 55:3-11
   data - 55:13; 66:56, 57
   propósito - 55:12
   relação com Colossenses - 55:10
   temas na - 55:6-9
   título - 55:2
Éfeso - 44:97-101; 47:6; 48:6; 49:8, 71, 77; 51:10; 52:4, 5; 54:7; 55:2, 15; 61:12; 79:6, 28, 39-43, 45; 82:45
   aprisionamento de Paulo em - 48:6; 49:71; 56:3
   cristãos em - 44:98-99; 55:2
   discípulos de João Batista - 44:99
   e a literatura joanina - 66:63
   igreja em - 7:51; 80:22
      carta a, em Apocalipse - 63:22
         destinatário em Rm 16 (?) - 51:10
      Timóteo como emissário a - 56:5
   Paulo em - 44:98-101; 49:76-77; 50:76; 51:133

Efod - 3:56; 8:31, 48; 9:29, 30; 11:5; 76:9, 40
Efraim (cidade) - 61:156
Efraim (tribo) - 8:15, 40, 50
    importância - 73:96
    Monte Efraim - 73:97
    território - 7:66; 73:96-99
Efraim, filho de José:
    adotado e abençoado por Jacó - 2:71
Efrata - (*veja* Belém) 7391
Egerton 2, Papiros - 67:62
Egito:
    Abraão e Sara no - 2:21; 73:23
    Alto e Baixo - 75:12
    como descendente de Cam - 2:14
    descendentes de Jacó no - 3:6
    duração da permanência de Israel no - 3:24; 47:24
    e a literatura de sabedoria - 27:19-26 (*veja* Literatura de sabedoria)
    e a vida após a morte - 77:168, 169
    estabelecimento dos hebreus no - 2:69; 3:6
    fuga da família santa para o - 42:13
    geografia - 73:24-26
    Idade do Bronze - 75:18-19, 24
    Idade do Ferro - 75:72
    jornada de Jacó para o - 2:69
    José no - 2:61-73; 75:30, 32, 39-41
    oráculos contra - 15:36-38, 52-54; 18:110; 20:65
    partida dos israelitas do 3:23
    rota para Canaã a partir do - 5:61; 73:27-29
Egō eimi (eu sou) - 61:89, 117, 119, 175; 81:19
Ekklēsia - (*veja* Igreja; Igreja Católica Romana)
El - 5:49; 30:7; 34:15, 112, 116
    Deus de Israel - 2:17
    Deus que vê - 2:17, 25
    El Betel - 2:17,48
    El Elion (Deus altíssimo) - 2:17, 23; 6:57; 34:64; 74:41; 37:16
    El Olam (Deus eterno) - 2:17, 34; 76:29; 77:16
    El Shaddai - 2:17, 26; 3:16; 30:71; 77:9,16
    nome de Deus - 2:17, 23; 77:7-8, 16, 20, 21
Ela - 10:28
Elanã - 23:32
Elão:
    oráculo contra - 18:117
Elat - 10:59, 60; 73:69; 74:90 (*veja* Eziom-Geber)
Eldad - 5:27
Eleazar (revolta judaica) - 26:72; 75:182
Eleazar, filho de Aarão:
    sucessão no sacerdócio - 76:20
Elefantina:
    história da comunidade - 75:125
    localização - 73:24
    papiros - 75:125; 76:123
Eleição:
    divina - 46:14; 55:16; 63:46
        de Isaque (Israel) - 1:14; 11:18-19; 13:11, 23; 14:24, 27; 20:56; 21:17, 22; 51:96
        de Jacó - 51:96
        de um remanescente - 51:106
    e a aliança - 77:81
Elementos do mundo - 47:26; 54:8, 20
Eli - 9:7
Eliaquim, sucessor de Sebná como administrador - 15:42
Elias:
    círculo - 10:29-42
    e Jesus - 81:95
    e João Batista - 41:6, 41; 42:73; 43:17; 61:30
    lamentando por causa de Israel - 51:106
    milagres de - 81:95
    modelo de oração - 58:38
    na morte de Jesus - 41:106; 42:163
    na transfiguração - 41:58; 42:107; 43:116
    tratamento do cronista de - 23:63
    vinda de - 22:62; 41:55
Elifaz:
    caráter - 30:23, 78
    defensor da retribuição divina - 30:5, 24-25, 79
    defensor da tradição da sabedoria - 30:5, 56
    discursos de - 30:24-27, 54-56, 78-82
Elion (*veja* El Elion)
Eliseu:
    círculo de - 10:43-48, 50,56
    milagres de - 81:95
Eliú:
    caráter de - 30:110
    discursos de - 30:109, 111-116
Eloah (nome de Deus) - 30:7, 95; 77:7
'*elōhîm* - 2:26; 3:68; 23:42; 30:7; 34:15
    nome de Deus - 77:7-8, 17
"Elohísta", Saltério - 34:3
Elohísta, tradição - 1:5-8 (*veja* Pentateuco, tradições do)
Elon - 8:41
Elzafã - 4:23
Emanuel - 15:19-20, 22, 26
    aplicado a Jesus - 42:11
Emaús - 43:196
    localização - 74:12, 154
Embalsamento:
    prática egípcia de - 2:73
'*emet* - 14:14; 18:19; 77:95 (*veja também* Fidelidade; *hesed*; Verdade)
Emim - 6:10
'*emûnâ* - 18:22; 77:96 (*veja* Fidelidade)
Encarnação - 48:20; 61:25; 62:2 (*veja também* Pala-

vra, Jesus como a)
En-Coré - 8:44
Enfermidade - punição pelo pecado - 81:107
Enfermos, unção dos - 58:35
Engadi - 73:68; 74:57, 156
    vales próximos - 67:120-122; 74:57, 155
Enom, Vale de Ben - 18:17, 60, 90; 21:70
    lugar de sacrifício - 76:86
    relação com Geena - 73:92 (*veja* Geena)
Enos - 2:10
Ensino cristão - 46:29-30
Ensino:
    crítica do - 58:23
    e os sacerdotes em Israel - 76:10-11, 23
    principal tarefa de Jesus - 43:9, 56, 170
    relação com o sacerdócio de Jesus - 60:29
    tarefa conferida aos apóstolos - 42:168; 80:13
    um dom - 51:115
Entronização de Iahweh, festa de - 76:139-146
Entronização de Jesus como Messias - 60:10-12
Entronização, Salmos de - 34:8, 64; 76:143, 145, 146; 77:125
Enuma Elish, épico de - 24:73, 17; 76:142
Envio de Cristo - 47:26
Epafras - 52:11; 54:3, 28
Epafrodito - 48:7, 24
eph' hō (por causa de, etc:) - 51:54, 56
Epicureana, filosofia - 44:93
Epifaneia (epifania, manifestação divina):
    de Jesus Cristo - 53:20; 56:21, 41, 46, 53
Epifânio - 66:11, 63; 80:67, 75
Epignōsis (conhecimento) - 54:12, 18; 56:43
Epipaleolítica - (*veja* Mesolítica)
Episkopos (superintendente, bispo) - 80:25, 27-28, 37
    e o gnosticismo - 80:64, 70
    e o supervisor de Qumran - 67:112
    monepiscopado - 80:28
Epistle of Barnabas - (*veja* Barnabé, Epístola de)
Epistle to Seneca - 67:54
Epístola (s) - (*veja* Cartas ou epístolas)
Epístolas católicas (1 Pedro, Tiago, Judas, 1 a 3 João, 2 Pedro) -
    autoria - 67:70-75; 80:21
    canonicidade - 67:76-80, 85
Epistula Apostolorum - 67:76
Epitomista (autor de 2 Macabeus) - 26:5, 8, 61, 71, 89
Era Calcolítica:
    na Mesopotâmia - 75:10-11
    na Palestina - 74:54-57, 59
    no Egito - 75:12
Erasmo, NT grego - 66:85; 68:161
Erasto - 51:134; 56:56
Erec - 73:16 (*veja* Uruc)

Erga - (*veja* Obra[s] ou Ato[s])
Erros na Bíblia - (*veja* Inerrância da Escritura)
Erudição judaica - 69:62-65
Esaú - 51:96; 60:68
    descendentes - 2:59
    encontro com Jacó - 2:55
    esposas hititas - 2:45, 47
    nascimento - 2:44
    perda da bênção para Jacó - 2:46
    personificação de Edom - 2:44, 46, 59; 24:27
    venda do direito de primogenitura a Jacó - 2:44
Escada de Jacó - 2:48; 61:38
Escândalo - 41:61; 42:113; 43:152; 49:43
    pelo êxito do ímpio - 34:90
Escatologia - 11:17, 19; 19:3-4, 11, 18; 46:10, 34-35; 51:121; 53:14, 19, 20; 54:6; 55:8; 63:33, 56; 64:3, 9, 27-28
    cósmica - 19:3
    de Jesus - 81:30-42, 44-45
    de João Batista - 81:32, 42-43
    de Qumran -67:113
    do NT - 81:27, 29
        em João - 83:50-54
        no pensamento paulino - 81:47-50; 82:27,38, 39, 41, 45-47, 53, 71, 76, 118, 121, 129, 132, 140, 150
        em Apocalipse - 81:55
        nos Evangelhos - 81:51-54
    e a Eucaristia - 49:57
    e a ressurreição dos mortos - 19:3, 4; 49:65, 68
    e o casamento, celibato - 49:40
    elementos apocalípticos - 77:137, 139, 164, 167; 81:28, 29, 52-53
    futura ou consistente - 871:31-33, 45, 54; 83:50-51
    no AT - 19:3; 77:60, 164-167
    no Judaísmo primitivo - 81:37-42, 47
    realizada - 81:34, 35, 37, 45, 54, 65, 66
        em João - 83:50
    significado do termo - 19:3; 77:164-166; 81:27-29
    temporal e espacial - 81:49, 54
Escaton (fim, fim dos tempos) - 82:9, 14, 24, 33, 46, 50, 73
    já começou - 51:38
Escavações bíblicas, sítios de (tabela) - 74:3
Escol - 5:29; 6:9
Escola da História das Religiões:
    e a crítica do AT - 69:27-29, 38, 41
    e a crítica do NT - 70:39-41, 46
Escola escandinava de crítica do AT - 69:45-48
Escola escandinava de crítica do NT - 70:54
Escravidão - 49:39; 52:6; 56:39; 57:15; 82:54, 75, 85, 114, 119, 151

com relação aos ídolos - 47:25
instituição da - :36; 4:53; 6:36, 41
da lei - 47:1, 26, 28
como serviço a Cristo - 51:68
ao pecado - 51:65-67
Escravo (s):
    fugitivo - 6:41
    libertação de - 19:96
    serviço do - 54:23
Escravo de Cristo, Paulo como - 47:12, 32; 51:15; 82:54
Escriba (s) - 6:8
    criticados - 41:81; 42:135
    relação com os fariseus - 75:146
    papel - 32:64
    superioridade do - 32:64
Escritos joaninos - 61:1-244; 62:1-44; 61:1-70
Escritos na antigo Israel - (*veja* Hebraico, língua, inscrições)
Escritos, os (*kētûbîm*) - 32:9
    divisão da Bíblia Hebraica - 66:23
    formação dos - 66:29-30
Escritura:
    cartas de Paulo como - 64:29
    e a autoridade da igreja - 71:80-87; 72:11, 13, 35 92
    e a tradição - 66:95-97
        Vaticano II - 72:13
    escritos cristãos como - 66:48, 81
    interpretação da - 71:1-92 (*veja* Interpretação da Escritura)
    personificada - 4:22
    sentidos da - 71:9-77 (*veja* Sentido literal; *Sensus plenior*; Sentido típico)
    testemunho profético da - 44:18, 52; 51:15, 38; 64:15
    unidade dos dois Testamentos - 71:52, 71, 74
Esdralom, Planície de - 9:36, 37
    geografia - 73:105-111
    importância - 73:107, 108
    porção oriental, chamada de Jezreel - 73:105, 109
Esdras - literatura - 23:83; 67:38-42
    1 Esdras - 23:83; 67:39
    2 Esdras - 67:40-42
        adições cristãs - 67:40, 42, 53
    4 Esdras - (*veja também* Esdras) 66:43, 47, 67; 67:41
Esdras, o livro de - 23:80, 81-99
    autoria - 23:82
    data - 23:6, 82
    relação com Crônicas - 23:3, 66
    (*veja também* Esdras, literatura)
Esdras:
    a compilação da lei - 66:24

Apocalipse de (4 Esdras) - 67:41 (*veja* Esdras, literatura)
cânon do AT - 66:33
história - 75:121-124; 76:139
liderança - 23:95-99
missão - 23:108-110
oração de - 23:110
problemas cronológicos - 23:82; 75:121
Eshnunna, Código de - 3:43
Esmirna, carta à igreja em - 63:23
Espada:
    sinal de autoridade penal - 51:119
Espanha, visita de Paulo a - (*veja* Paulo, visita à Espanha)
Espartanos, tratado dos:
    sob Jônatas Macabeu - 26:43
    sob Simão Macabeu - 26:51
Espelho - 50:17; 58:14
Esperança - 4:5, 34; 36:14, 18; 82:47, 71
    como uma âncora - 60:37
    de Abraão - 51:40
    do universo criado - 51:87
    existência da - 51:88; 60:37, 60
    firmeza (constância) - 46:14
    modo de salvação - 51:88; 57:9
    na ressurreição - 46:31-32; 44:115, 124
    relação com a fé, amor - 46:14, 36; 53:13; 54:11; 60:60; 82:64, 125
    trazida pela justificação - 51:51
Espiões enviados a Canaã - 5:29; 6:9
Espírito de Cristo - 47:26; 51:83; 82:61-64
    Cristo como doador do Espírito de vida -
Espírito Santo - 21:63; 41:6, 23, 80, 85; 42:11, 18, 79
    ainda não dado - 61:112
    ajuda a orar - 51:85, 89
    clama Abba, Pai - 47:26; 51:84; 82:96
    como Espírito da Verdade - 61:185
    como Paráclito - 61:183, 185, 187, 192, 19-195
    como primícias - 51:88
    conferido a - 61:234
    dado pelo Kyrios - 47:26; 44:15, 26; 50:17; 55:22-23
    dom do - 44:20; 47:21; 46:29; 49:59-64; 51:52
    dons do - 12:26
    e a escatologia - 81:48, 53, 54
    e filiação adotiva - 47:26; 51:84; 82:64, 96
    e o batismo - 44:16, 27, 51, 64, 98-99; 51:666
    enviado pelo Pai - 47:26; 46:29; 51:52
    fonte de liberdade - 21:125
    habitação nos seres humanos - 51:83
    lei (nomos) da vida - 51:80
    no batismo de Jesus - 43:49; 61:32
    no pensamento paulino - 83:52
    ofendendo o - 55:26

poder de Deus - 82:61, 64
princípio de liberdade - 51:73
prometido nos profetas - 44:23; 47:23
recebido pela fé - 47:21
relação com o Pai e com o Filho - 49:31; 50:62
substituto da parúsia - 44:16
testifica da filiação cristã - 51:85
viver, andar pelo - 47:30; 51:82; 82:139-140
Espírito:
   aprisionado - 57:21; 59:10
   contraste com a carne - 72,12, 24, 86, 193
   de Deus - 21:10, 16-17, 22, 59; 24:20; 51:79-91; 62:30; 77:32-39
   do ser humano - 46:39, 82, 85, 101, 105
   e a criação - 2:4; 77:34
   e a profecia - 11:7-8; 77:37
   e a vida - 20:87
   e o carisma no AT - 77:35, 39
   e o vento - 77:32, 34
   espírito (s) mau (s) no AT - 77:36, 38
   mau - 42:82; 55:28
   oposto à carne - 15:54; 46:39; 51:15; 60:53
   oposto à letra - 50:14; 51:32
   significado no AT - 77:32-34
Espíritos - 82:86, 89, 136, 150
Espiritual, maturidade cristã como - 47:31; 49:18-21
Esposos, parábola dos perversos - 41:76; 42:129; 43:169
Essênios:
   celibato em Qumran - 67:108
   e os fariseus - 67:96, 101
   e os judaizantes - 47:8
   influência em Colossos - 54:8
   origem do nome - 67:97
   origem dos - 26:38; 75:151
   precursores - 26:19
   seita de Qumran - 67:96; 75:151
   (*veja também* Qumran)
Estações:
   judaica - 47:26
Estado intermediário - 50:22
Estefanas - 49:14, 78
Estéfano (R. Estiene) - 68:161
Ester - 38:53, 56, 59-62
Ester, o livro de - 38:49-66
   aspectos apocalípticos no - 38:52, 55
   ausência em Qumran - 66:36
   canonicidade - 66:41, 47
   festa de Purim - 76:155-157
Estevão:
   carreira de - 44:43-44
   discurso de - 44:45-49
   morte de - 44:50, 113; 79:7, 13; 80:16
   um helenista 44:43

Estiene (Estefanos), R: - 68:1661
Estilo oratório:
   Parêneses - 4:40; 82:16, 138 (*veja também* Diatribe; Pregação)
Estoicismo - 44:94; 58:33
Estrada do Rei - 6;11/ 83;31
Estrangeiro - (*veja* Forasteiro)
Estrela dos magos - 42:12
Estruturalismo - 70:81; 71:61
Estudos bíblicos ecumênicos - 70:84, 81:138
Etanim, Monte de - 10:16
Ética paulina - 82:138-152
Éticas, listas - 82:141-143
Etimologias - 77:6
Etiologia:
   em Josué - 7:7
   em Juízes - 8:3
Etíope, igreja e cânon - 66:67, 85
Etíope:
   língua - 68:153
   versões da Bíblia - 68:154
Etíopes - 15:36
Euangelion (evangelho):
   uso em Marcos - 41:6, 85
   uso em Paulo - 82:31-36
   (*veja também* Evangelho)
Eucaristia - 80:42
   abuso pelos coríntios - 49:56
   como um sacrifício - 80:25
   declaração de Trento - 71:84
   discurso de Jesus - 61:90-100
   instituição da - 41:95; 42:151; 43:179; 49:57-58; 78:51; 80:8
      ausência do relato em João - 61:171
   natureza escatológica da - 49:57
   no pensamento joanino - 83:60
   no pensamento paulino - 82:19, 53, 54, 56, 108, 123, 128-132
   partindo o pão - 44:28; 80:12
   prefigurada - 41:44, 51; 42:96, 102; 43:113
   relação com o reino - 41:95; 42:151
Eufrates - Rio - 63:40, 52; 73:16, 17, 19
Eunuco da Etiópia - 44:52
Europa - 79:39; 82:21
Eusébio - 79:53; 80:34; 82:32
   e a crítica do NT - 70:8
   e o cânon bíblico - 66:8, 66, 67, 68, 69, 70, 76, 77, 78, 79, 80, 94
   Onomasticon - 73:8
Eva - 2:5, 6, 8; 82:83, 84
   enganada pela serpente - 5,47; 56:33
   significado do nome - 2:5
Evangelho da Infância de Tomé - 67:65
Evangelho da Verdade - 67:77

Evangelho de Filipe - 67:77
Evangelho de Maria - 67:79
Evangelho de Nicodemos - 67:71
Evangelho de Pedro - (*veja* Pedro, Evangelho de)
Evangelho de Tomé - (*veja* Tomé, Evangelho de)
Evangelho dos Ebionitas - 67:59
Evangelho dos Hebreus - 67:60
Evangelho dos Nazarenos - 67:61
"Evangelho Espiritual" - 83:3
Evangelho:
    como palavra de Deus - 46:22; 50:14
    conteúdo e poder - 46:14
    da glória de Cristo - 50:18
    de Paulo - 47:12-15; 79:21, 32, 34, 39; 82:10, 15, 16, 21, 30, 31-36, 37, 48, 71, 89, 109, 146
        relacionado com o plano salvífico de Deus - 51:15
    poder de Deus - 51:20
    pregado a Israel - 51:103-104
    relacionado com a lei - 42:26-36; 47:19; 51:30
    significado de - 6:57
    verdadeiro e falso - 47:12, 27
Evangelhos apócrifos - 67:56, 77
    relação com os Evangelhos canônicos - 67:56-58
    tipos de - 67:57
    (*veja também os evangelhos individuais*)
Evangelhos ou narrativas da infância:
    apócrifo - 67:57, 64-65
    em Lucas - 43:12-36
    em Mateus - 42:9-16
    historicidade dos - 72:37
    uso do AT nos - 42:10, 11, 13-15; 43:15
Evangelhos, os quatro canônicos:
    fontes - 66:60
Evangelhos:
    autoria - 80:21
    comunidades destinatárias - 66:63
    datação - 66:60-61; 80:21
    datas - 82:18
    escolha de quatro - 66:62-64
    estágio oral - 66:60, 64, 99
    harmonias de - 70:3
    historicidade e a igreja:
        pronunciamentos - 70:71; 72:8, 15, 26, 34-35, 37
    padrão nos - 67:57
    três estágios na composição - 72:15, 35
    uso do plural - 66:62, 63, 65
    Vaticano II - 72:15
    (*veja também os Evangelhos canônicos individuais*)
Evodia - 48:28
Evolução:
    da religião bíblica - 69:25, 27
    e a *Humani Generis* - 72:24

Exaltação de Cristo - 82:59, 67
Excomunhão:
    usada por Paulo - 49:29-30
Execração, textos de - 73:6
Exegese:
    defesa de causas - 71:76
    descrição - 71:3-4
    e a psicologia - 71:75
    hermenêutica - 71:1-92
    história - 71:30-77
        medieval - 71:39-40
        patrística - 71:35-38
        período da Reforma - 71:41-42
Exilados - 20:17; 35:50
    carta aos - 18:78-79
    missão de Ezequiel aos - 20:21, 55, 87
    situação religiosa dos - 18:107
Exílio babilônico - 16:15, 19, 22; 21:19, 31, 47; 36:3
    alusão a - 51:104
    deportação de Jerusalém - 74:127
    história - 75:114-116
    listas dos que retornaram do - 23:86-87
    nos Salmos - 34:154
    retorno do - 18:118-119; 19:5-6; 21:20, 34, 36; 22:3, 23; 23:85; 75:117-118
Existencialismo - 70:48
Êxodo - 3:23-30; 18:15
    data - 3:7; 74:78; 75:42
    e a incredulidade de Israel - 34:123
    e a perambulação no deserto - 3:23-29; 75:47-52
    fase na história da salvação - 51:97
    forma literária do registro - 3:4
    história - 75:30, 32, 42-46
    historicidade - 75:26, 28, 30-32
    homilia sobre - 33:31-40, 52-58
    novo - 15:26; 16:6; 18:70, 83-84; 19:6; 20:57, 99; 21:5, 9, 11, 20-21, 33, 36, 40, 42; 49:48; 60:22
    possíveis rotas do - 3:23, 25; 5:61; 73:27-31
Êxodo, o livro de - 3:1-78
Exorcismo - 41:9; 61; 42:56; 43:63, 106, 107, 139; 44:100, 78:20; 81:110, 115
Exortação - 44:71; 51:115; 58:4 60:5; 62:2, 15
Expiação - 82:67, 72, 73-74
    dia da Expiação - 4:34, 37; 5:57; 42:40; 60:20, 27, 43; 5:57; 42:40; 60:20, 27, 43, 48-49, 52-53, 56,59; 76:64, 77, 82, 93, 103
Expiação (*expiation*) - 82:67, 72, 73-74
    Cristo como o meio de - 51:41; 60:18; 62:4, 15
    do assassino involuntário - 5:62
    sacrifícios de - (*veja também hilastērion*) - 4:9-10; 76:72
Expiação vicária - 60:55-56; 82:74 (*veja também* Redenção*)
Expulsão - (*veja ḥerem*)

Extrema unção e o Concílio de Trento -58:36; 71:83
Ezequias - 10:3, 60, 66-68; 15:2-3, 7; 20:25,38
   celebração da Páscoa - 23:73-74; 76:125
   e Provérbios - 28:56
   esforços na reunião - 23:73
   história - 74:124; 75:106-108
   inscrição - 74:115
   reforma de - 10:64; 76:54
   salmo de - 15:59
   tratamento do cronista de - 23:71, 72-76; 76:125
   túnel de Siloé - 15:41; 74:107
Ezequiel - 19:9, 15; 20:3
   chamada e comissão - 20:16, 21-23, 82
   ministério - 20:6
   pano de fundo histórico - 20:5
Ezequiel, o livro de - 20:1-101
   calendário das festas - 76:117, 150
   e a aliança salvífica - 77:145-146
   e a responsabilidade individual - 77:73
   e o julgamento - 77:138, 173
   e outras tradições - 20:10-11
   teologia de - 20:12
   unidade - 20:4, 9, 91

F

Fa'ah - Wadi - 83:65, 102
Falar, peca ao - 58:23
Falsos ensinos - 47:7, 27; 54:8, 15, 19; 56:9-10, 18, 28, 50-52; 63:24; 64:12, 16-20
Falsos irmãos - 47:17
Falsos mestres - 62:2, 6, 22, 28, 38; 64:16
Família herodiana:
   história - 75:153-161, 163-177
   tabela da - 75:155
Fanuel (Penuel, Peniel):
   etimologia do nome - 2:54
Farah, Tell el-, - 73:102 (*veja* Tirza)
Faraó - 75:16
   identidade de - em êxodo - 3:7; 75:42
      obstinado para com Moisés - 3:15-23
   José interpreta os sonhos de - 2:65
Fariseus - 41:14-19; 43:76-77; 44:41, 115, 124; 61:30, 153
   e o pano de fundo dos cristãos de Jerusalém - 44:81
   e os essênios de Qumran - 67:96, 101
   e os rabinos após o ano 70 - 80:23
   escatologia - 81:47
   etimologia do nome - 51:15
   fermento dos - 42:104; 43:133
   infortúnios contra os - 42:135
   origem - 75:146
   Paulo como um - 44:124; 48:26; 79:15, 16; 82:10, 11, 14, 15, 37, 68, 141
   teologia - 75:146-148
   tradições dos - 41:47
Fasga - (*veja* Nebo, Monte)
Fé - 2:11, 22, 27, 32, 52
   Abraão:
      justificado - 51:45
      pessoas de fé verdadeira, filhos de - 47:22; 51:47
      teste de Abraão - 2:35
   ativa em amor - 46:14; 47:29; 58:19
   batismo completa - 47:25; 44:27; 51:62-65
   carismática - 49:62
   como conhecimento - 60:30
   como garantia - 60:62
   corpo da fé cristã - 51:115; 56:27; 59:8; 64:10, 16
   crescimento da - 51:21
   de um centurião - 42:54; 43:94
   deve ser pregada - 51:103-104
   deve ser testada - 58:8, 19
   dom do Espírito - 44:27; 47:21; 57:8
   dos antigos - 60:62-66
   e as obras em Tiago - 58:18-22
   em Habacuc - 17:43, 45; 47:23; 51:21; 60:61
   justificação pela - 47:19; 51:38-43; 58:21
   necessidade da - 15:4, 18, 20, 21, 24
   no pensamento joanino - 83:55-57
   o reto vive pela - 17:47, 52
   objeto da - 60:62-63
   perseverança - 46:27
   relação com a esperança, amor - 46:14, 36; 53:13; 54:11; 57:9; 60:60; 62:29-3; 64:9
   relação com a obediência - 51:16, 135
   relação com os milagres - 41:34; 42:54; 43:105
   salvação universal - 47:22; 55:25; 57:8
   sentido de Paulo - 47:19, 23; 51:102-104; 82:6, 7, 13, 21, 25, 26, 31, 33, 42, 46, 64, 68-71, 95-97, 108, 116, 119, 121, 125, 138, 140
   singularidade da - 55:25
   torna fácil a retidão - 51:102
Febe, diaconisa de Cencréia - 51:131
Felipe (um dos Doze) - 61:35, 86, 162; 8:140
Felipe, Evangelho de - 67:77
Feliz, M. A. (procurador) - 44:116-119; 75:167, 179; 79:12:47
Feministas, estudos bíblicos - 69:77-79; 71:76-77
   do NT - 70:83
Fenda (Jordão), Vale da:
   afluentes do - 73:57
   geografia - 73:57-66 (*veja também* Vale do Arabá; Jordão, Rio)
Fenícia - 15:43; 24:22; 75:66; 76:87

fronteira com Aser - 73:31 (*veja também* Biblos; Sidom; Tiro)
Fermento:
    na comunidade cristã - 49:29
    parábola do - 42:89; 43:140
    símbolo dos judaizantes - 47:29
Fertilidade:
    concepção israelita de - 77:56, 92, 156
    culto - 14:3, 11, 12, 15, 18, 21, 23, 24, 34; 18:17, 19, 26, 84; 21:52
Festa de casamento, parábola da - 42:130; 43:144
Festas de Israel, dias de:
    festa da aliança - 77:92
    história - 76:112-157
    impostas pelos judaizantes - 47:26
    relevância - 77:91
    (*veja sob o nome das festas*)
Festo, P: (procurador) - 44:119-125; 75:167, 180; 79:12, 23, 48
Fidelidade - 14:14; 18:15
    de Deus - 51:34, 95-99; 82:39
    e a aliança de amor - 77:96
    exortação a - 60:13
    ideal do casamento - 28:22, 29
    (*veja também 'emet; 'emûnâ*)
Figos, dois cestos de - 18:72
Figueira:
    amaldiçoada - 41:71; 42:126
    Natanael sob a - 61:36
    parábola da - 41:88; 42:140
Filactérios - 3:24; 6:22
Filêmon, A carta a - 52:1-11; 82:151
Filho de Deus:
    Jesus como - 41:6, 35, 76; 42:19, 59, 105, 162; 43:53, 186; 44:55; 49:68; 51:16; 6:9-12, 14, 28, 38; 61:32; 62:12, 30, 33; 78:35-37; 81:3, 11, 14-21, 23; 82:12,13, 16, 35, 49, 50, 51, 60, 80, 96; 83:9-11, 25, 35-37, 59
    preexistência - 82:49
    sua ignorância quanto a data da parúsia - 41:88; 42:148
    sua intimidade com o Pai - 47:75; 43:125; 49:68; 61:26, 142
    uma fonte de atividade com o Pai - 46:28
Filho do homem - 19:20, 23
    dia do - 42:139; 43:175
    em João - 83:9, 10, 30, 38-40
    Jesus como - 41:15; 42:60; 44:50; 60:14; 61:38-39, 52, 80, 119, 132; 78:38-41; 81:9; 13:15, 51, 53
    senhor do sábado -41:18; 42:76; 43:81
    significado - 78:39-40
        em Daniel - 25;29
        em Ezequiel - 20:12, 21
        em 1 Henoc - 67:15

vindo sobre as nuvens - 19:20; 41:87; 42:138; 46:35
Filhos de Deus:
    membros da corte celestial - 2:48; 34:4 (*veja também* Anjos; Santos)
    os cristãos como - 47:24
Filiação:
    adotiva - 47:26; 51:84; 82:43, 64, 96, 115
    de Israel - 14:10, 30; 18:84; 51:93
    dos cristãos - 51:84; 55:16ç 62:25
    e o envio do Espírito - 47:26; 51:84
Filipe (o evangelista) - 44:51-52, 109
Filipenses, a carta aos - 48:1-30
Filipos - 48:2; 44:90-91, 102; 50:5; 51:133
Filisteus (povos do Mar) - 7:53; 10:64; 13:23; 75:67
    arqueologia - 74:92, 95-104
    descrição - 73:71
    geografia da Filistia - 75:71-72
    guerras de Israel contra os - 8:24, 56, 42-46; 9:8, 10, 18, 23-24, 30, 35-39, 50, 69; 55:58, 63, 67, 78-80, 82, 88
    oráculos contra - 13:8; 15:32; 17:15; 18:111; 20:65, 66; 24:22
    origens - 74:95-97
    pentápolis ou cinco cidades - 73:71; 74:95
    rota do Egito para a Palestina - 73:28
Filo o judeu:
    e a inspiração bíblica - 65:19-20
    interpretação alegórica da Bíblia - 67:125
    logos - 67:126
    vida e obras - 67:12-126
Filosofia:
    contrastada com o pensamento mitopéico - 77:23, 30
Fim da lei - 51:101; 82:42, 46, 97
Fim dos tempos - sinais do - 41:84-88, 42:137-141; 43:174; 77:164-167 (*veja também* Escatologia)
Fins dos tempos (das eras) - 49:48
Firmamento, conceito semita de - 2:4; 20:20
Florença, Concílio de, e o cânon da Escritura - 66:13; 72:10, 11
Floro, G. (procurador) - 75:167, 181-182
Fogo:
    de Horeb - 6:14
    e o Espírito - 42:17; 43:47
    pilar de - 33:55
    Sal e - 41:61
    sobre o altar - 4:13
Fome, visita de Paulo - 79:25, 27
Fome:
    sob Cláudio - 44:66; 79:11, 25
    sob Saul - 9:68
Forasteiro, (estrangeiro, *gērim*) - 3:43; 5:21; 6:8,

29, 35, 36; 7:37; 15:30; 19:10
Forma (gênero) literária:
   pronunciamentos da igreja sobre - 72:22, 31, 40
   e a historicidade - 71:24-26
   e a inspiração - 71:26
   Gattung - 69:17, 38
   história da teoria - 69:17, 35, 38-40, 58, 80
   variedade na Bíblia - 71:24-24
   (*veja também* Crítica das formas)
Forma literária epistolar - 63:5, 21-28
Formgeschichte - (*veja* Crítica das formas) - 70:42
Fórmula confessional:
   Jesus como Senhor - 49:59; 51:102; 82:16, 53, 112
Fornalha de fogo - 25:17-18
Fornicação (porneia) - 42:32; 44:83; 46:89
Forte deve suportar o fraco - 51:122-127
Fortunato - 49:78
Fragmento Muratoriano - 44:2; 54:4; 55:2; 60:2; 61:12; 79:52; 80:43
   cânon do NT - 66:59, 67, 68, 69, 76, 77, 78, 79, 81
   data - 66:84
Fraqueza:
   de Jesus como fonte de compaixão - 60:28
Fundamentalismo - 71:44; 78:8-9
Futuro, ignorância quanto ao - 31:6, 17, 18, 19, 23, 28-31

G

Gaal e Zebul - 8:33
Gabaom - 2:9, 39, 40
   e Salomão - 10:9; 23:41
   escavação - 74:81, 104
   localização em Benjamim - 73:89
   santuário - 76:53
Gabaonitas:
   e Davi - 9:68
   e Josué - 7:39-40
Gabriel - 25,29-30; 43:15-20; 67:14
Gad (tribo) -2:72
   estabelecimento - 6:12,60
   petição de Rúben e - 5:60
   território - 5:60; 7:57; 73:50
Gad, filho de Jacó - 2:50
Gadara - 41:35; 42:39
   localização - 73:52; 74:13, 147
Gafanhotos - praga dos - 3:17, 21; 24:4, 6-16
Gaio de Derbe - 44:101-102, 49:14; 51:144
Gaio, destinatário de 3 João - 62:2, 41
Galaad - 2:52; 7:50, 84; 8:26, 38, 40
   geografia - 73:50-52
   montanhas de - 73:50
   ocupada por Gad e Manasses - 73:50
Galácia:
   igrejas da - 47:3; 49:76
   localização e descrição - 47:3, 4; 56:54; 57:7
   visita de Paulo - 44:89, 97; 47:27; 79:6, 29, 30, 38, 40, 44; 82:135
Gálatas (povo) - 47:3, 4
Gálatas, a carta aos - 47:1-32
   relação com Romanos - 47:9
Galboé - Monte - 73:105, 109
   derrota de Saul no - 9:35-39
Galed - 2:52
Galileia, mar da - 41:50; 73:60
   geografia - 73:60-61
   outros nomes para - 73:60
Galileia:
   aparições do Cristo ressurreto na - 61:237-240; 81:128-130
   dos estrangeiros - 26:27
   dos gentios - 26:27; 42:20
   geografia - 73:112-115
   ministério de Jesus na - 41:6-52; 42:20-120; 43:59-119; 61:2
   oposta a Gerasa - 43:107
   sinagogas da - 74:145, 146
Gálio (procurador) - 44:96; 79:5, 9, 39
   inscrição de Delfi - 79:9
Gamala - 74:141
Gamaliel I, Rabino - 44:41; 798:18; 80:16
Garizim, monte - 61:7, 57
   localização - 73:101
   templo samaritano - 74:135; 75:127
Garstang, J. - 74:19, 39, 80
Gat - 7:48
   localização - 73:71-73; 74:96, 99
Gattung - (*veja* Forma [gênero] literária)
Gaulanitas, localização dos - 73:55
Gaza - 7:44, 48; 8:45, 46; 13:8
   localização - 73:71;72; 74:96, 99
Ge'ez - 68:153 (*veja* Etíope)
Geazi - 10:45, 46
Geba - 73:89
Gedalias - 10:73; 18:3, 102-04
Geddes, A. - 69:13, 33
Gedeão (Jerobaal) - 8:2, 3, 6, 11, 21, 27-32, 42
   história - 75:61; 76:39
Geena - 41:61; 42:29; 58:24; 73:92
Gelboé - 7:32; 73:89
   crime de - 8:4, 50-52
   escavação - 74:15, 104
Gemara (parte do Talmude) - 67:139
Genealogias:
   de Adão, até Noé - 2:9-10
   de Caim - 2:7
   de Jesus - 42:9-10; 43:50-51
   de Naor - 2:36

de Sem a Taré - 2:16
dos descendentes de Jacó - 2:69
dos povos - 2:14
e a aliança davídica - 23:10
em 2 Samuel - 9:41, 47, 50, 54, 71
importância teológica das - 23:10
relação com as fábulas - 56:23
Gênesis, o livro de - 2:1-73
antigo decreto PCB - 72:27
composição - 2:1-73
e a história patriarcal - 2:2-3
e a história primitiva - 2:2-3
estrutura - 2:2-3
forma literária e a declaração PCB - 72:31
Gênesis Apocryphon de Qumran - 67:93
história de, e seu significado - 2:2-3
sensus plenior de Gênesis 3:15 - 71:50
temas - 2:203
tradições J, E, e P em - 2:3
(*veja também* Pentateuco)
Genezaré, Lago de - 41:46; 42:98; 73:60 (*veja* Galileia, Mar)
Geniza:
Cairo - 68:43-44 (*veja* Cairo Geniza)
definição - 68:10
Gentios (gregos) - 79:20, 29, 30, 32; 82:21, 28, 43, 86, 87, 114, 125, 136, 137, 147, 149
antes de Cristo - 55:7, 21
condenados como pecadores sem a lei - 51:30
convertidos cristãos - 79:30, 34, 37; 82:43, 72
enxertados no tronco da oliveira judaica - 51:109
filhos de Abraão - 51:45, 47, 96
Jesus e os - 42:100; 78:28; 80:8
missão aos - 80:8, 16-18
missão de Paulo aos - 47:15
Paulo, apóstolo dos - 51:108
reconciliado com os judeus - 55:21
salvação dos - 55:21
Geografia:
da Palestina - 73:32-115
dos países ao redor da Palestina - 73:15-31
Georgiana, versão da Bíblia - 68:155
Gerar - 2:32, 45; 74:11
Isaac em - 2:45
Gerasa (Jeras) - 41:35; 42:59; 43:107
escavação - 74:147
localização - 73:53
Gergesa - 41:35; 73:61
Gersonitas - 5:11
Gessen - 2:69, 70; 73:23, 26
Localização - 3:20
Gesur, reino de - 73:54
Getsêmani - 41:98; 42:153; 78:52

Gezer:
calendário - 74:14, 115
escavação - 74:10, 41, 62, 76, 135
Ghassul - 73:66; 74:54
Gilgal - 6:31; 7:20; 8:16; 9:15; 13:15
e Betel - 13:13
localização - 73:55; 74:123
ritos em - 7:22-24
santuário de - 76:36, 53, 126
Gilgamesh, épico de, e o relato do dilúvio - 73:16; 74:42; 77:28
Gilo - 74:86
Girgasitas - 6:23
Giscala - 73:115
Giscala, João de - 75:182, 184, 187
Givat ha-Mivtar - 74:152
Glória (doxa) - 15:34; 16:12; 22:11; 43:30; 48:21; 49:73; 50:17-18; 58:16; 59:15; 60:8, 14
no pensamento joanino - 83:23, 24, 30, 34, 40
no pensamento paulino - 82:31, 43, 45, 47, 59, 76, 78, 80, 82, 84, 92, 107, 120
status preexistente de Cristo - 61:25
Glória de Deus - 15:4, 17; 18:16; 20:20, 33-34, 90, 95 101; 21:9, 58; 22:11, 14, 27; 34:3, 47, 93, 128; 48:21; 49:51; 50:17, 20; 52:24, 51-64, 127
comunicada aos seres humanos - 50:18; 51:64
na face de Cristo - 50:18
objetivo da obra de Cristo - 48:21
objetivo da vida cristã - 48:13; 4:50; 51:39, 86, 98
pecadores separados dela - 51:39
presença de Deus - 5:22, 29
Glorificação -82:45; 67:80
Glorificação de Cristo - 61:200
Glossálalia - 44:20, 64; 49:63-64
Gnōsis (conhecimento) - 49:18-20; 56:43
Gnosticismo - 80:64-82; 82:12, 22
descrição - 80:64-67
e as mulheres - 80:69
e João - 83:13
e o Cristianismo - 80:79-80
e o Judaísmo - 80:76-78
evangelhos gnósticos - 67:56, 67-70, 73-77; 80:78
influência do - 54:8, 13; 55:12; 56:10, 23, 43; 61:8; 62:7; 64:3
organização - 80:70
origem - 80:76-80
posição social - 80:68
Gnosticismo valentiniano - 80:70, 71, 74
gōdev - 18:15 (*veja também* Santidade)
gōʾēl (vingador, redentor) - 20:84; 21:14, 20; 35:11, 14, 23; 77:71, 75
papel do - 30:68

(*veja também* Vingador do sangue)
Gog - 19:15; 20:89-90
Gog e Magog - 63:60
Gólgota (calvário) - 41:105; 42:162; 78:55
    localização - 74:151
Golias - 9:20-21; 23:32
Gomer, esposa de Oséias - 14:8-11, 13
Gomorra - 5:9; 73:68 (*veja* Sodoma)
Good News Bible - 68:204
Goodspeed, E. J.:
    "Chicago Bible" - 68:202
    e a coleção das cartas de Paulo - 66:57
Gordura:
    e o sangue, proibições - 4:18
    nos sacrifícios - 76:68, 69, 70, 73
Graça:
    no pensamento de Paulo - 82:21, 25, 43, 65, 66, 69, 71, 97, 113, 138
    saudação epistolar - 45:8
"Grande igreja", a - 80:7; 83:14
Grande Sinagoga:
    cânon da Escritura - 66:34
    historicidade - 67:139
Grandes Cartas (de Paulo: Gl; Fl; 1 e 2Cor; Rm) - 47:11-32; 48:1-30; 49:1-78; 50:1-62; 51:1-35
Granizo, praga de - 3:17-21
Grão de mostarda, parábola do - 41:31; 42:89; 43:140
Great Bible - 66:45; 68:195
Grego (s) - (*veja* Gentios [gregos])
Gregos do NT - 70:14-16
Guarda na túmulo - 42:165, 167
Guardiãs da lei - 47:26
Guerra santa - 3:17, 25, 44; 5:35, 59; 6:39; 7:16, 25, 44; 5:35, 59; 6:39; 7:16, 25, 28; 15:18, 22, 29 (*veja ḥerem*)
Guerra siro-efraimita - 10:60; 15:2-3, 18, 34
Guerra:
    cósmica - 19:15, 17, 22; 20:10, 89-90
    distribuição dos despojos - 5:59
    Guerras do Senhor, Livro das - 5:42
    Mulheres capturadas na - 6:39
    Rolo da Guerra de Qumran - 67:88
Guti - 76:17, 19, 21

H

Habacuc - 17:43
    cântico de - 17:49-52
Habacuc, o livro de - 17:42-52
    pesher de Qumran - 67:89-90
Habiru ('Apiru) - 73:6; 75:40, 42
Haceldama - (*veja* Acéldama)
Hacéldema -

Hadad - 10:20
Hadadezer - 9:57
Hadadrimom - 22:46
Hades - 63:4
Hagada, hagadico (material legal) - 67:133, 141
Hai:
    conquistada por Josué - 7:9, 32-56
    escavação de - 74:19, 63, 81, 87
    local em Benjamim - 73:89
Haifa:
    baía - 73:80-81
Halaka, halaico (material narrativo) - 67:133, 141
Hamã - 38:55,57, 62, 62
hamartia (pecado) - (*veja também* Pecado) - 51:53-55, 58, 74-78; 62:15
Hamat 5:29; 10:58; 13:18; 73:21
Hamat-Gader - 73:53
Hamor - 2:56
Hamurabi:
    código de leis - 3:34, 38, 41, 43, 44; 75:22
    império de - 75:22
Hanani - 23:57
Hanucá - 76:151-154 (*veja* Dedicação)
Hanum - 9:57
Happōret (*veja hilastērion*)
Harã - 2:19, 48; 73:16, 20
Harcleano - NT - 68:129
Harmonia, baseada na humildade - 48:17
    coleção das cartas de Paulo - 66:57
Haustafel - (*veja* Código da família) -
hebel - 18:16
    tema em Eclesiastes - 31:7, 11
Héber - 2:14, 16, 17
Héber - 8:25
Hebraica, Universidade, Projeto de Bíblia - 68:58
Hebraico:
    Língua:
        dicionário de Gesenius - 69:11
        inscrições - 74:85, 107, 115, 116, 118, 121, 123
    nome para aramaico - 44:112, 124
    poesia - 12:1-20; 66:21
        acentos na - 12:5, 19
        acróstica - 12:10, 15
        equilíbrio na - 12:11-15
        estudo crítico da - 69:16, 17, 38
        metrificação - 12:16-20
        paralelismo - 12:11
        verso - 12:7-10, 15
Hebreu (s) - 48:26; 50:52
Hebreus, a epístola aos - 60:1-69; 81:60; 82:8
    antigo decreto PCB sobre a autoria paulina - 66:69; 72:28

autoria - 60:2-3; 66:69, 88
canonicidade - 66:69, 84, 86
citações do AT na - 60:10-18
conclusão epistolar da - 60:5, 69
cristologia - 81:10
data - 66:69
destinatários - 60:4
forma literária - 45:16; 60:5
Hebreus, Evangelho aos - 67:60
Hebron - 5:29; 7:42, 62; 9:62; 74:12
   anteriormente Cariat-Arba - 73:90
   calebitas em - 7:61
   Davi em - 9:44-48
   e Abraão - 2:22, 37; 73:90
   localização - 73:90
   relação com Mambré - 2:29, 38; 76:28
Hegesipo - 80:66
Heilsgeschichte - (*veja* História da salvação)
Hekal - (*veja* Lugar Santo)
Helena de Adiabene:
   assistência aos judeus - 75:178
   túmulo de - 74:7
Helenismo:
   e os macabeus - 16:15
   filosofia do - 33:7, 12, 13, 28, 29, 43, 59
   influência sobre Paulo - 82:12
   prejudicial ao Judaísmo - 32:15, 17, 21, 41
   (*veja também* Gentios [gregos])
Helenistas - 44:42-43; 79:26, 27; 80:15, 16; 82:53, 83:11
Heliópolis (On) - 73:25
Henoc - 2:10; 19:13, 19; 57:21; 59:12; 67:7
Herança:
   das herdeiras - 5:55
   não dependente da lei - 47:24
ḥerem (maldição, condenação, guerra santa) -
Hermas, Pastor de - 66:41, 69, 83; 80:43
Hermenêutica - 71:1-92
   "Nova Hermenêutica" - 71:54
   problemas básicos - 71:5-8
   significado do termo - 71:3-4, 54
   sentidos da Escritura - (*veja também* Sentido literal; *Sensus plenior*; Sentido típico) - 71:9-77
   teoria - 71:5-8, 95-58, 59, 63-64, 70, 77 (*veja também* Interpretação da Escritura)
Hermes - (*veja Corpus Hemeticum*)
Hermon, Monte - 42:107; 73:56
Herodes Agripa I - (*veja* Agripa I e II) - 44:67; 75:173-176
Herodes Antipas - 41:41; 42:15, 95; 43:42, 48, 101, 112, 141, 187; 44:35
   história de - 75:165
Herodes o Grande - 42:12, 14; 43:16; 74:131
   e Cesaréia Marítima - 74:142

e Jericó - 74:148
e Jerusalém - 74:138-140
e Samaria - 74:114, 143
fortaleza - 73:44, 65, 91; 74:141; 75:158
história - 75:156-159
morte - 78:11
restaura o Templo - 74:138-140
Herodianos - 41:77; 42:131
Herodias - 42:95; 75:165
Herodium - 73:41; 79:141; 75:159
Heródoto - 15:64; 82:73
Heróis:
   Elogiados por Sirá - 32:69-78
Hesebon - 5:60
Hesebon - 6:11; 7:40; 74:122
   centro do reino amorreu - 73:45
ḥesed (bondade amorosa) - 2:34, 38; 3:33; 9:44, 56, 57; 14: 4,12, 14; 16:6, 31; 18:15, 19, 22, 34; 21:47, 63; 30:28, 130; 34:19,54; 35.3; 61:25; 71:16; 77:95-100; 82:39 (*veja também* Aliança, amor)
Hesi, Tell el-, - 74:11, 116, 124, 128, 129
Hesychius - 68:87
Heuristic - 71:4
Heveus - 3:44; 6:9
   e os horreus - 2:56, 59; 6:10
   entre os hicsos - 73:23
   império dos - 75:23
   terra dos - 73:19; 74:71
Heveus - 6:23; 7:19 (*veja também* Hititas; Horeus)
Hexapla - 68:83-86
   segunda coluna - 68:40-41
Hexateuco - (*veja também* Pentateuco) - 1:3, 4; 7:3
Hicsos - 74:76
   e a história de José - 2:60; 75:39, 41
   governo na Palestina - 75:25
   invasão do Egito - 73:23; 74:68, 61; 75:24, 39
Hiel - 7:25, 30
Hierápolis - 54:8
hilastērion (*kappōret*, propiciatório) - 3:49; 23:43
Hillel, Rabino - 42:31, 117; 44:41; 67:135; 78:29
Himineu - 56:30, 50
Hino (s):
   de Lucas - 43:22-23, 26, 30
   dos três jovens - 25:8, 18
   em Paulo - 82:16, 111
   em Qumran - 67:86
   no NT - 48:18; 51:91, 111; 54:13; 55:16; 60:8, 12
Hipólito - 71:33; 80:75
Hiram de Tiro - 10:13, 15, 17, 18; 23:42,47
Hircano I - (*veja* João Hircano I)
Hircano II - 75:143-144, 152-155, 157
Hissopo - 5:36; 76:104, 106
História Deuteronômica (Dêuteronomístico) (Dtr) - 9:4

e a história do cronista - 23:2
fontes da - 75:90
teoria de M. Noth - 9:4; 10:2
"História tribunal" de Davi -
História:
    apresentação joanina da - 61:19
    conceito apocalíptico de - 19:21
    conceito do AT de - 72:111, 112-113
        e julgamento - 77:138-139
    da salvação - 77:142-143 (veja História da salvação)
    divisão segundo P - 1:4, 7
    e a escatologia - 7:164-167
    importância para a exegese - 7115
    patriarcal - 2:2
    primitiva - 2:2
Histórica, crítica - (veja crítica, histórica)
Historiografia - 70:69
Hititas - 2:14, 37; 3:44; 6:23; 7:19; 75:23
    formato dos tratados - 77:79, 87
Hobab - 3:30; 5:25
Hofstil (estilo, costume de tribunal) - 77:157
Holocausto - 3:35; 4:6; 76:67, 68, 71, 72, 84, 85, 94, 42
    da cerimônia de ordenação - 3:57
    diário - 4:13
    ritual para o - 4:6
    (veja também Altar (es) - do[s] holocausto[s]; Sacrifício[s])
Holofernes - 38:27-28, 34-39, 42-45
Homem - (veja Ser Humano)
Homem da impiedade - 53:18
Homens das cavernas - (veja Homens pré-históricos)
Homens pré-históricos - 74:45-49; 75:7
Homicida - 3:37; 6:20
Homilia:
    forma literária - 8:36
Homossexualidade - 51:26
Honi - 78:42
"Hora" de Jesus - 61:14, 41, 78, 161-162
Hor, Monte, localização - 5:39
Horeb, Monte - 73:27 (veja Sinai)
Horeus - 2:59; 6:10
Horná - 5:29, 40; 8:14
Hosana - 34:135; 41:70; 42:124
Hostes, Deus das - 77:14 (veja Iahweh Sebaoth)
Hulda - 10:70, 71
Hulé, "Lago" - 73:58-59
Hum, Tell - (veja Cafarnaum)
Humani Generis - 72:24
Humildade - 48:17; 57:25
    de Cristo - 48:17-18, 20
Hur - 3:29, 45
Husai - 9:64

I

Iahweh:
    anjo de (*mal'ak yhwh*) - 5:46
    ausência de imagens - 3:33; 77:20
    como Deus dos Padres - 2:17
    como Deus dos patriarcas - 3:12; 75:38; 77:15-16
    como fonte da moralidade - 77:118-121
    como misterioso - 77:106
    como redentor - 21:9, 11, 14, 20-22, 26 (veja também *gō' ēl*)
    como salvador - 77:140-143
    culto a - 14:3 (veja também Deus)
    domínio de - 15:4, 9, 17, 45, 56; 16:20-21; 13:13, 20, 22; 20:12, 65, 83
    e a aliança - 3:32 (veja Aliança; *ḥesed*)
    e a justiça (retidão) - 21:5, 10, 13, 56; 77:93-94, 80
    e a tempestade - 77:57
    eterno - 21:11; 34:107, 119
    fidelidade de - 77:96
    habitação em Sião - 24:25
    habitação no Templo - 20:30, 33-34; 76:51
    indignação, ira de - 77:99-102, 131, 137-139
    ira de - 77:99-102, 131, 137-139
    lido erroneamente como Jehovah - 77:11
    nome de Deus - 77:11-14; 82:52
        significado do - 3:12; 77:12
        pronúncia - 77:11
    o Santo - 15:4, 17, 53; 21:11,21
    paternidade de - 14:30; 18:17, 19, 84; 21:64
    relações com Israel - 10:50; 77:75-76
    Sebaoth (Senhor dos Exércitos) - 8:26; 21:22; 76:37; 77:14
    um fogo consumidor - 18:60
    vontade salvífica universal - 77:117, 151 (veja também Vontade de Deus)
Iahwehista, tradição - 5:5-8
Iarkon, Rio - 73:75-76
Icônio - 44:76-77, 79; 47:4; 79:30
Idade da Pedra:
    no Oriente Próximo - 75:6-12
    na Palestina - 74:44-57
Idade do Ferro na Palestina - 74:94-123
Idade Média, exegese bíblica da - 71:39-40
Idolatria:
    como adultério - 51:99
    condenação de Jeremias da - 18:14, 16-17, 19-20, 36, 39, 46, 52, 57, 66, 107
    condenação de Oséias da - 14:9, 15, 16, 21-23, 33
    de Israel no deserto - 44:49
    e a imoralidade sexual - 51:24, 26
    escravidão à - 47:26
    ídolos do lar - 2:52
    leis contra - 6:34

origens da - 33:48
polêmica contra - 33:44-51; 34:132
rejeição da - 6:15,44
Iduméia - (*veja* Edom e Iduméia)
Igreja - 42:105, 115; 44:37, 50; 49:31, 55, 76; 54:6, 13; 62:42; 64:4; 82:133-137
   amor de Cristo pela - 55:27; 82:147
   "católica" - 80:7, 39
   como um edifício - 50:23; 55:21
   como um em Cristo - 55:21, 25
   comunidade local - 47:3; 51:131; 82:134-135
   Corpo de Cristo - 49:60; 54:13; 55:17, 21, 25; 82:43, 108, 116, 122-127, 149
   de Deus - 47:15; 49:11; 82:134
   descrição do NT - 80:1-2, 7-33
   e o egualitarianismo - 80:19
   ekklēsia (termo) - 80:10
   em Roma - 51:7-8
   escassa frequência do termo nos Evangelhos - 80:7
   Jesus e a - 80:8-9
   organização, estrutura - 56:11, 17, 34; 80:15, 19, 27-28, 37, 39, 42
   paralelos com a seita de Qumran - 67:112
   primitiva - 80:1-67; 82:12, 17, 19, 25, 53, 57, 59
   simbolizada por uma mulher - 63:43
   universal - 55:6; 82:21, 135
   (*veja também* Igreja Católica Romana)
Igrejas ortodoxas e o cânon bíblico - 66:47, 85
Ilírico - 50:4; 51:2, 129
Imagem:
   Jesus a imagem de Deus - 54:13
   proibida de Iahweh - 77:20
   cósmica - 19:3, 17
   mítica no AT - 19:6, 17, 20; 20:19, 20, 36, 79, 90, 98
   de Deus nos seres humanos - 2:4, 10; 33:13
   (*veja também* mito)
Imitação:
   de Cristo - 46:15; 47:27; 42:50
   de Deus - 46:15
   de Paulo - 47:27
Imoralidade - 18:22-23; 46:29; 49:32
Imortalidade - 34:99; 35:4
   doutrina da - 33:6, 12, 13, 15, 28
   em *Jubileus* - 67:23
   em Qumran - 33:6
   literatura de sabedoria sobre - 27:13
   mediante a posteridade - 33:13
   negação da - 33:13
   noções de - 77:168-174
   recompensa da virtude - 33:16
   (*veja também* Ressurreição)
Império Acadiano - 75:17, 21

Império grego após a morte de Alexandre - 79:128-131
   lista dos governadores - 25:3 (*veja também* Ptolomeus; Seleucidas)
Ímpios, os - 34:54
   destino do - 30:37, 63, 71-72, 96; 34:69
   prosperidade dó - 30:73, 75
   punição do - 30:54, 56
Imposição de mãos - 434; 41:36; 44:43, 69, 130; 56:37, 39, 46; 60:33; 76:13 (*veja também* Ordenação)
Impostos:
   coletor (es) de - 42:61; 43:46, 79, 156, 160
   coletoria - 41:77; 42:131; 43:170
   um dever cristão - 42:110; 51:119
Imprecações (maldições) - 18:50, 55, 96; 77:42-43
Impureza:
   após o parto - 4:27
   dos animais - 4:25-26; 6:35
   expulsão da - 5:13
   nada impuro - 51:124-125
   sexual - 4:33
   (*veja também* Puro e impuro, limpo e imundo)
Inácio de Antioquia - 52:4; 56:12; 62:3
   cartas - 80:34
   e a igreja romana - 80:18 36, 39
   e o monepiscopado - 80:28, 39
Incenso - (*veja também* Altar[es] de incenso)
Incesto - 4:37; 49:29
Inclusão (literária) - 33:10
Incorporação em Cristo - 82:108, 112, 114-127
Indignação, ira de Deus - 17:29-38, 48; 20:12, 26, 51; 24:32; 36:11; 46:15,23
   a lei não protege contra a - 51:29
   a lei traz - 51:48
   cai até mesmo sobre os judeus - 51:33
   compatível com a fidelidade - 51:24
   no lugar da vingança humana - 51:117
   significado em Paulo - 51:23; 82:38, 60, 75, 87, 93, 150
   (*veja também* Ira de Iahweh)
Indignação, ira:
   dia da - 46:16
   filhos da - 55:20
Indisciplinado, o - 46:38; 53:4, 24
Individualismo enfatizado em Jó - 30:14 (*veja* Responsabilidade, individual)
Inerrância da Escritura - 65:26, 40, 46, 50-53, 56, 70-72; 72:14
Inimigo do norte - 18:14, 21, 24, 30, 37, 118
Inimigos:
   amor pelos - 42:35-36; 43:92
   deveres para com - 3:43

Injustiça, problema de - 31:18, 19, 20 (*veja* Retribuição)
Inocência:
  reivindicação do salmista - 34:26, 44
Inocente I, Papa - 66:12
Inocentes, matança dos - 42:14
Inscrições - (*veja* Língua Hebraica, inscrições)
Insiso joanino - 62:31
Inspiração da Escritura - 65:1-72
  abordagem da complacência - 65:28
  abordagens literárias - 65:49, 63-64
  autoria humana - 65:26, 27, 31, 32-35, 43-46, 48, 55, 61; 71:6
  Deus como "autor" - 65:26, 27, 30, 31, 45, 47, 48
  e a "palavra de Deus" - 65:25, 36-37, 59, 67-69; 71:7 (*veja também* Inerrância da Escritura)
  e canonicidade - 66:15-17; 71:73
  e *sensus plenior* - 71:50
  modelo profético de - 65:16, 17, 19-23, 25-26, 32-35, 48
  noção do NT de - 65:8-17
    conforme 2 Pedro - 65:8-16
    conforme 2 Timóteo - 65:8, 17
    da Septuaginta - 65:39
  noção judaica de - 65:10, 16, 18-22
  Providentissimus Deus (Leão XIII) - 65:6, 41, 42, 45, 48; 72:17
  relação entre o divino e o humano - 65:28
  segundo os documentos da igreja -
  segundo os Padres da Igreja - 65:23-31
  teoria da aprovação subsequente - 65:43, 44
  teoria da assistência negativa - 65:43
  teoria de Rahner - 66:17
  teoria do ditado - 65:27, 29-30
  teoria estática (mântica) - 65:16, 25; 69:76
  teoria instrumental - 65:30, 33-35, 47
  teoria social da - 65:60, 65
  teorias escolásticas - 65:32-37
  terminologia - 65:8, 13-15
  Vaticano II - 65:3-57, 31, 50; 72:14, 19
  verbal (plenária) - 65:36
Instrução de Amen-em-het - 28:64
Instrução de Amen-em-ope - 27:23; 28:3, 51-53
Instrução de Ani - 27:22
Instrução de Ankhsheshonq - 27:24
Instrução de Ptahhotep - 27:20
Instrução por Merikare - 27:21; 2:64
Intercessão:
  de Cristo no céu -51:91; 60:42; 62:15-16
  de Moisés - 3:69, 73
  dos profetas - 18:39, 47, 48
Intermediário:
  Cristo como - 56:31; 60:46, 54; 63:17
  Moisés como - 3:69, 73; 47:24; 60:21

Interpretação da Escritura - 71:1-92
  autoridade dos Padres - 71:80-89
  e a autoridade da igreja - 71:80-87
  história da - 71:30-77
    na Idade Média - 71:34-40
    no período patrístico - 71:35-38
    no período da Reforma - 71:41-42
  "privada" - 71:80
  problema básico - 71:5-8
  sentidos da Escritura - 71:9-77 (*veja também* Sentido literal; *Sensus plenior*; Sentido típico)
Ir -5:47
Ira:
  de Iahweh - 27:22
Irineu - 65:24; 80:61-62, 75; 81:157; 82:32
  e canonicidade - 66:7, 41, 65, 67, 79
  lista de bispos romanos - 80:28
Irmão (s):
  cristãos - 44:18; 46:14; 58:8; 60:15; 63:43
  do Senhor - (*veja também* Tiago, irmão do Senhor)
  Onésimo chamado de - 52:3, 4, 6, 10, 11; 54:28, 82-151
Ironia - 61:13
Isaac:
  "Deus de Isaac" - 2:52; 77:15
  alegoria de - 47:28
  e Abimelec - 2:45
  e Ismael - 2:33
  e Jacó - 2:43-58; 51:96
    e a bênção de Jacó - 2:46, 47
  em Gerar e Bersabeia - 2:45
  esposa de - 2:38, 45 (*veja* Rebeca)
  exemplo da eleição graciosa de Deus - 51:96
  explicação do nome - 2:26, 33
  morte de - 2:58
  nascimento de - 2:33
  sacrifício de - 2:35, 58, 21; 60:37, 65
Isabel, mãe de João Batista - 43:15-18
  Magnificat atribuído a - 43:23
  visitada por Maria - 43:21-23
Isaías - 10:65-69; 15:2
  chamada de - 15:4, 17
  conflito com Acaz -15:2, 18-20
  tratamento do cronista de - 23:71, 76
Isaías 1-39, o livro de - 11:24; 15:1-59
  antigo decreto PCB - 72:27
  apocalipse de - 15:5, 44-48; 19:17; 77:173
  e o desenvolvimento do messianismo - 77:158-159
  oráculos contra as nações - 15:5, 28-43, 57
  sensus plenior - 7:14; 71:50
  teologia de - 15:4
  (*veja também* Deuteroisaías; Tritoisaías)

Isaías, Ascensão de - 65:55
Isaías, Martírio de - 67:53
Isaías, o livro de - 21:2-3
Isbaal (Isboset) - 9:45-47
Ismael - 2:25, 26
    alegoria de - 47:28
    descendentes de - 2:26-42
    e Isaac - 2:33 (*veja também* Abraão)
    nascimento de - 2:25
Ismael, filho de Netanias - 18:104
Ismaelitas - 2:61
Israel (nação) - 21:17; 44:16, 33, 72
    a raiz e os ramos - 51:109
    aliança de Deus com - 77:69-98 (*veja* aliança)
    como servo - 21:6, 12, 14, 19, 24, 34, 35, 44
    festas de - 76:112-157 (*veja sob os nomes das festas em particular*)
    físico e espiritual - 51:96
    fracassos em atender ao evangelho - 51:103-104
    gentios não parte de - 55:21
    história de - 20:55-56; 75:1-193; 77:35-39, 45-46, 112-115
    instituições religiosas - 76:1-157
    no deserto - 49:48
    no Egito - 3:5-25; 75:41
    no pensamento paulino - 82:14, 21, 43, 46, 48; 73:92, 97, 114
    novo - 42:17; 47:32; 60:47
    oficiais de instruções sociais - 6:37
    ovelha perdida de - 42:68, 100
    permanência no Sinai - 5:7-23
    rebelião e punição - 5:26, 27, 29; 64:16
    rejeição de - 51:106, 108
    restauração de - 18:75, 115; 20:88
    reunião de - 42:139; 44:21
    santuários de - 76:25-56 (*veja* Santuários)
    será salvo - 51:110
    superior ao Helenismo - 32:70
Israel (Reino do Norte) - 8:19
    apostasia de - 14:3, 11, 13-16, 20-22, 27-28
    chamado de Jacó - 14:31; 16:10; 18:15, 81
    história do - 10:23-63; 75:88-104
    oráculos contra - 1:6, 10; 15:23, 24; 16:10; 18:15
    queda do - 10:62-63; 14:2; 75:102-104
    restauração do - 18:4, 20, 80-82
Israelitas, título de honra para os judeus - 51:93
Issacar (tribo):
    bênçãos da - 2:72
    território - 6:60; 7:73
Issacar, filho de Jacó - 2:50
Itamar, filho de Aarão - 76:20
Iudaea capta - 75:188
Izbet Sartah - 74:85

J

Jaaz - 6:11
Jabes-Galaad - 8:52; 9:15, 39, 44
    localização em Galaad - 73:52
Jabim - 8:25
Jabné - 73:77
Jaboc, Rio:
    desfiladeiro - 73:38
    divisor de Galaad - 73:50
    geografia - 73:65
Jacó - 14:31-32; 15:32
    acordo entre Labão e - 2:49, 51, 52
        deslealdade de Labão - 2:49
        defraudamento de Labão - 2:51
    adota os filhos de José e os abençoa - 2:71
    adquire o direito de primogenitura de Esaú - 2:44
    bênçãos de - 2:72
    casamento com Lia e Raquel - 2:49
    descendentes de - no Egito - 3:6
    "Deus de Jacó" - 77:15
    e Isaac - 2:43-58; 51:96
    em Betel - 2:48, 57
    em Peniel - 2:54
    escada de - 2:48; 61:38
    exemplo da eleição graciosa de Deus - 51:96
    filhos de - 2:50, 56
    história - 75:37
    nascimento de - 2:44
    nome do Reino do Norte - 14:31; 16:10; 18:15, 81
    nome mudado para Israel - 2:54
    orgulho de - 13:19
    partida para Padã-Aram até a escolha de uma esposa - 2:47
    perseguição de - 2:52
    poço de - 61:59
    preparativos para se encontrar com Esaú - 2:53
        o encontro - 2:55 (*veja também* Esaú)
    recebe a bênção de Isaac - 2:46, 47
    sepultamento de - 2:72
    últimos desejos de - 2:71, 73
    viagem para o Egito - 2:69
    visão em Betel - 2:48
Jactância:
    no amor de Deus -
Jael - 8:23, 25-26
Jafa - (*veja* Jope)
Jafé - 2:10, 13
Jafenitas - 2:14
Jair - 6:35
Jairo:
    filha de - 41:36; 42:63; 43:109

James e Jambres - 56:51
Jamnia (Jabné, Jabneel) - 23:68; 73:77
   cânon do AT - 66:35
   escola de - 66:35; 80:23
Janeu - (*veja* Alexandre Janeu)
Jaquim (pilar do Templo) - 76:44
Jardim, símbolo de amado - 29:19
Jarmuc, Rio:
   geografia - 73:64
   desfiladeiro - 73:38, 58; 74:147
Jarros "bilbil" - 74:11
Jasar, livro de - 7:42; 9:43
Jasom (sumo sacerdote):
   introduz o Helenismo - 26:64
   líder helenizante - 26:15
Jasom de Cirene - 26:5, 8, 61
Jebel Druze - 73:53
Jebus - 8:50
Jebusitas - 2:14; 3:44; 6:23; 7:19; 8:14; 73:92; 74:19
Jefté - 8: 5, 6, 11, 34, 36-40
   filha de - 8:4, 11, 39
Jegar-sahadutha - 2:52
Jehovah - 77:11 (*veja* Iahweh)
Jejum - 21:54-55; 22:35; 25:13, 32; 41:17; 42:40
   não praticado por Jesus e pelos discípulos - 42:62
Jemmeh - Tell - 74:117
Jeoaquim (rei) - 10:72-73; 18:3-5, 11, 25, 43, 68; 20:5, 53; 23:80
   história - 75:112
Jeramelitas:
   relação com Judá - 73:88
Jeras - (*veja* Gerasa)
Jeremias - 10:8, 73; 23:80
   chamada de - 18:12-13, 50
   "confissões" de - 18:5, 31, 42, 50, 55, 58, 61
   e a profecia - 11:8
   e a reforma de Josias - 18:3-4, 20, 25, 29, 39-40
   martírio de - 18:6, 98-107
   pano de fundo histórico - 18:2-5
Jeremias, o livro de - 18,1-121; 19:3; 20:10, 12, 26-27
   autenticidade - 18:6-7
   e a aliança salvífica - 77:145-146
   e a responsabilidade individual - 77:73
   e o julgamento - 77:70, 138
   e o pano de fundo aramaico do NT - 70:30
   influência deuteronômica - 18:19, 21,22, 39-40, 56, 80
   influência sapiencial - 18:34, 36, 38, 53
   temas predominantes - 18:4
Jericó - 41:68; 42:123; 43:159
   conquista por Josué - 7:9, 25-30; 75:55-56
   do período do NT - 74:148
   escavação - 7:25; 74:13, 19, 26, 51, 60, 62, 76, 80

   localização - 73:66
   maldição de - 7:25,30
Jeroboão I - 10:3; 14:22
   e os bezerros de ouro - 10:24; 23:51; 76:18, 40
   "pecado de Jeroboão" - 10:3, 24, 26, 27, 28, 42, 55, 62
   promessa de Deus a - 10:21
   reinado de - 10:24-26; 23:50-53; 74:113; 75:87, 89, 91
   revolta inicial de - 10:21
   santuários em Dã e Betel - 10:23, 24, 25; 75:89; 76:18, 40
Jeroboão II - 13:2
   reinado de - 10:58; 14:2, 16; 75:71, 99, 101
Jerônimo - 79:3
   como exegeta - 71:22, 38
   e a canonicidade - 6:11, 12, 41, 44, 68, 77, 80, 91
   primos de Jesus - 81:142
   teoria dos quatro reinos - 25:16
   tradução do Saltério - 68:135-138
   Vulgata - 66:43; 68:139-141, 144-147; 81:133
   (*veja* Versões latinas da Bíblia)
Jerusalém - 7:42; 8:14, 50; 9:40; 15:7-8, 12-13, 18, 41, 58; 16:2, 11, 18, 20, 22, 32; 17:19, 23-25; 18:20, 64, 69, 90; 21:5,31
   acusação formal de - 20:27, 35, 44-46, 58,60-62, 64
   aparições do Cristo ressurreto - 81:128, 130
   celestial - 47:28
   cerco assírio de - 10:65-66
   cidade de Davi - 73:93, 74:19, 106-107
   cidade jebusita - 73:92, 93; 74:19, 106, 107
   circundada - 43:175
   colinas ocidental e oriental de - 73:93; 74:140
   como Sinai - 47:28
   "concílio" - 44:80-85; 47:18; 56:3; 79:31-33; 80:16-17
   destruição de - 41:84; 42:137; 43:175
   do período do NT - 74:7, 8, 12, 138-140, 150-153
   entrada de Jesus em - 41:70, 75; 42:124; 43:163; 61:160
   escavação de - 73:8, 19, 70, 85-86, 91; 74:7, 8, 12, 19, 24, 105-107, 109, 115
   escolhida por Davi - 9:49-51; 23:23; 73:92, 93; 75:83
   geografia - 73:92-94
      nos dias de Neemias - 34:202-203
   igreja de - 44:28-38; 80:10-20, 22
      bispos de - 75:193
      relação com os gentios - 51:130
      Tiago - líder da - 44:83, 110; 58:2
   lamento de Jesus sobre - 42:135; 43:164
   medida (avaliada) - 63:41
   muros - (*veja* Muros de Jerusalém)

nova - 15:56; 16:36; 20:102; 21:47, 57, 60, 69
Paulo em - 44:56, 80, 97, 109-115; 47:15, 17; 51:129; 79:6, 18, 20, 24-27, 39, 44, 45, 47; 82:20
Personificada - 21:9, 36-37, 41, 47, 69; 36:9, 10, 12
ponto de partida da evangelização de Paulo - 51:129
queda diante da Babilônia - 10:73; 18:3, 102; 20:5; 75:113
queda diante dos romanos - 43:3, 175; 75:185-188
    em 2 *Baruc* - 67:49
    em 4 Esdras - 67:41
reconstrução de - 18:90, 93
sacerdócio de - 76:15, 16, 41
Salém - 2:23
santuário de - 76:41, 42-55
viagem de Jesus a - 43:120-162
(*veja também* Templo de Jerusalém; Sião)
Jesimom - 6:50
Jessé, raiz de - 15:26
Jesurum - 6:57
Jesus chamado Justo - 54:28
Jesus Cristo - 78:1-57
    acalma a tempestade - 41:34; 42:58
    açoitamento de - 41:102; 42:161; 61:218
    anda sobre o mar - 41:45; 42:97; 61:89
    alimenta 4:000 - 41:51; 42:102
    alimenta 5:000 - 41:44; 42:96; 43:113; 61:86-87
    aparições de - 41:109, 42:166, 168; 43:196-197; 44:15; 54:113, 124; 61:233-235, 237-240
    aroma de - 50:13
    atitude diante da morte - 78:45-50
    atitude para com a lei - 42:26-36; 43:6; 78:22
    auto-avaliação - 78:29
    autoridade de - 42:127; 43:168; 78:22
    batismo de - 41:6; 42:18; 43:49; 78:15
    batismo por - 78:16
    carpinteiro - 78:13
    chamado de "Deus" (?) - 51:94; 61:22, 235; 64:7
    circuncisão - 43:33
    come a Última Ceia - 41:82-86; 42:159-151; 43:168; 61:171-176
    como "Rabi" - 78:14
    como Filho (*veja* Filho de Deus; Filho do Homem)
    como intercessor no céu - 51:91; 60:42; 62:15-16
    como juiz - 44:94; 57:23; 63:56
    como Messias (*veja* Messias, Jesus como)
    como modelo - 42:27; 43:41, 114
        e auto-anulação - 51:126
    como noivo - 41:17
    como pão da vida - 61:96-100
    como pastor -57:26
    como profeta - 78:33, 44, 47, 48, 50
    como rocha - 49:48
    como sumo sacerdote - 60:9, 15, 18-19, 26-43
    concepção - 81:18
    conhecimento possuído por - 78:45-50; 81:10-11, 65
    controvérsia Belzebul - 41:33; 42:79; 43:130
    crucificado - 41:105; 42:162-163; 43:189-191; 44:26, 34; 47:21; 49:15; 61:222-223; 78:55-56; 82:14, 19, 28, 29, 33
    cura do geraseno demoníaco - 41:35; 42:59; 43:106-107
    data de nascimento - 75:160-161
    declarações de - 40:36; 44:108; 49:37; 67:58, 67, 69, 70; 82:18, 56, 113
    descendente davídico - 78:11
    diante de Pilatos - 41:102; 42:159-160; 43:187; 61:214, 221
    discurso escatológico - 41:83-88; 42:137-145; 43:174-175
    divindade - 81:5-7, 10-11, 21-24
    e a Eucaristia - 78:51
    e a igreja - 54:13; 55:6, 17, 27; 80:8-9
    e Abraão - 81:19
    e Adão - 81:20
    e Jerusalém - 74:150-153
    e João Batista - 81:44
    e Moisés - 81:19
    e o Judaísmo - 80:8-9
    e o Mar da galiléia - 73:60-61
    e os partidos ou seitas judeus - 78:24
    e revolução - 78:10, 24, 44
    educação - 78:14
    em mim - 47:20
    entrada em Jerusalém - 41:70; 42:124; 43:162-163; 61:160
    escarnecido pelos soldados - 41:104; 42:16
    etimologia do nome - 42:11
    evangelhos apócrifos da infância de - 67:57, 64-65
    exaltado em humilhação - 60:14
    feito pecado por nós - 50:26
    fim da lei - 51:101
    fuga para o Egito - 42:13
    genealogia - 78:11
    homem santo carismático - 78:43
    imagem do Deus invisível - 50:18; 54:6, 13
    irado - 41:19
    irmãos de - 41:23; 42:94; 43:104; 47:16; 49:45; 61:105
    Jesus da história - 78:3
        fontes para o conhecimento - 76:4-10
    Josefo sobre - 67:129; 78:5
    Josué prefigura - 60:24
    judeu - 78:53

julgamento de - 81:3-9 41:100-102; 42:155, 157, 159-160; 43:186-188; 61:209-221
literatura rabínica sobre - 78:5
mais que filho de Davi - 41:80; 42:134; 43:172; 44:25
milagres - (*veja* Milagres de Jesus)
ministério, datação do - 75:170
   na Galileia - 41:6-52; 42:20-120; 43:55,119; 44:63
      história - 75:170-171
      em Jerusalém - 41:8-99; 42:125-146; 43:162-176
misericórdia exibida por - 78:23
morte - 41:106; 42:163; 43:193; 49:66; 61:225; 62:15; 82:9, 14, 18, 25, 54, 55-57, 67, 68, 75, 98, 113, 120, 131, 132
nascido de mulher - 47:26
nascimento - 42:11; 43:27-28; 78:1
no Getsêmani - 41:98; 42:151; 78:52
no Gnosticismo - 80:80
no pensamento paulino - 79:18, 23; 82:9, 14, 17, 18, 19, 25, 32, 67, 121
no Templo com a idade de 12 anos - 43:35-36
nome "Jesus" - 78:1
orando - 43:49, 84, 116, 128; 61:199-205
   no Monte das Oliveiras - 43:184
paixão - (*veja* Paixão de Jesus)
papel cósmico de - 49:68; 54:6, 13; 82:44, 72, 75, 89, 127
parábolas - (*veja* Parábolas de Jesus)
pedra angular (de esquina) da igreja - 55:21
poder do nome - 44:20, 57
prediz a traição de Judas - 41:94; 42:150; 43:180, 61:176
preexistência - 81:19-24
pregado em parábolas - 41:24-32; 42:84-93; 43:102
presciência - 41:70; 42:124; 43:130, 178
primogênito dos mortos - 54:6, 13
prisão - 41:99; 42:154; 43:185; 61:207-208
purifica o Templo - 41,61: 42:125; 43:165; 61:42-44
questão do Jesus histórico - 70:4, 6-8, 33-35, 41, 45, 47, 61, 63, 66-70; 78:3-10
reconhecido como Messias - 62:23
   por Pedro - 41:55; 42:105; 43:114; 61:103
refeições com outros - 78:51
rejeitado em Nazaré - 41:37; 42:94; 43:57, 62
relação com a lei - 42:75; 43:125; 48:68
relação com o Pai - 42:75; 43:125; 48:68; 56:31; 61:139-142
ressurreição - (*veja* Ressurreição de Jesus)
romano - 78:54
Senhor - (*veja* Senhor, Jesus como)

sepultamento - 41:107; 42:164; 43:194; 61:226-228; 78:56; 82:19, 67, 113
Sermão na planície - 43;85-92
Sermão sobre a montanha - 42:22-51; 43:85-92
servo de Iahweh - 42:78
servo de todos - 42:122; 43:181
solteiro - 78:13
status leigo - 78:12
tentação - 6:22; 41:6; 42:19; 43:53-54, 60
títulos de - 26:28 (*veja também* os títulos individuais) - 81:3-9
traição de - 41:94, 98; 42,144, 154; 61:176; 78:52; 82:19
um espírito que dá vida - 49:74
ungido em Betânia - 41:91; 42:148; 61:157-158
ungido no batismo - 44:63
unificador de todos os seres humanos - 55:21
verdadeira família de - 41:23; 42:94; 43:114
   vindo em breve - 63:56-65
   vindo na carne - 62:2, 28
   (*veja também* Ascensão; encarnação; Evangelhos da infância; Paixão de Jesus; Ressurreição; Transfiguração; Nascimento ou concepção virginal)
Jesus; Ressurreição; Transfiguração; Nascimento ou concepção virginal)
Jeter - 8:30
Jetro - 3:30
Jeú - 10:33, 50-52
   história - 75:95-97, 100
Jewish Antiquities de Josefo - 67:129
Jewish War de Josefo - 67:128
Jezabel - 10:30, 37-38, 51; 23:64; 63:25
Jezreel - 14:9, 10, 12
   cidade de - 73:110
   planície de - 8:25; 14:9
      o mesmo que Esdralom - 73:105, 109 (*veja também* Esdralom)
Jó, o livro de - 27:10; 30:1-129
   e Ezequiel - 30:5
   oposto à tradição de sabedoria - 30:50, 54
   paralelos sumerianos - 27:30
Jó:
   aludido a - 48:15
   desapontamento com os amigos - 30:31, 60
   em Ezequiel - 20:41
   fé de - 30:51, 64-65, 68, 73, 127
   impaciência de - 30:18
   inocência de - 30:2, 6, 28, 51, 107
   modelo de paciência - 58:38
   sarcasmo de - 30:49, 92
   virtude de - 30:11, 104, 106-107
Joab:
   e Davi - 9:46, 47, 54, 58, 61, 65, 67

e Salomão - 10:5, 7-8
Joacaz - 10:55, 56; 18:3, 11, 67; 20:53; 23:63, 80
Joacaz, filho de Josias - 10:72
Joana - 43:101
João Batista - 75:169; 81:43-44
    alimento e vestes - 41:6; 42:17
    batismo - 41:6; 42:17; 43:43; 44:63; 61:32, 94
    chamada no deserto - 43:42
    chamado de - 43:25
    circuncisão - 43:25
    discípulos de - 41:17, 41; 43:96; 44:99; 61:33-36
    E eLIAS - 41:6, 41, 55; 42:17, 107; 43:17; 61:116; 61:30
    e os governantes contemporâneos - 75:169
    envia mensageiros a Jesus - 42:73; 43:96
    escatologia - 81:32, 42, 43-44
    local de nascimento - 73:95
    ministério demarcado - 44:72
    morte - 41:41; 42:95; 75:169
    não o Messias - 43:47; 61:30
    nascimento - 43:24
        anunciado - 43:15-18
    pregação - 41:6; 42:17; 43:43-48
    testemunha da luz - 61:23, 82
    testemunho de Jesus acerca de - 42:73; 43:96-98
João de Giscala - 75:182, 184, 187
João Hircano I:
    história - 67:101; 75:140, 149
    e os sectários de Qumran - 67:101
João XXIII, Papa, e os estudos bíblicos - 72:7
João, "o Teólogo" - 83:3
João, as Epístolas de - 45:17, 18; 62:1-44
    ambiente comunitário das - 62:3
    autoria - 62:3
    canonicidade - 66:76, 79, 81, 82, 84-86
    composição - 66:73
    data - 62:3
    forma literária - 62:9-10
    oponentes nas - 62:6-8
    prólogo a 1 João - 62:12
    relacionamento - 62:2
    relacionamento com o Quarto Evangelho - 62;4-5
João, Atos de - 67:54
João, filho de Zebedeu - 41:8, 10, 22, 36; 58:67; 42:21, 107; 43:68, 178; 44:17, 29; 61:12
    Apocalipse atribuído a - 63:7
    informações gerais - 81:139, 155
    pedido de - 41:67; 42:122
João, o Ancião (Presbítero) - 63:9
João, o Evangelho segundo - 61:1-244; 83:1-62
    análise de Bultmann - 70:52
    antigo decreto PCB - 72:28
    atitude anti-Templo - 83:11

autoria - 61:12; 66:61
características literárias - 61:13-15
caráter "espiritual" - 83:3
composição - 61:2-4
comunidade no - (*veja* Comunidade joanina)
comunidade responsável por - 70:79
conclusão original do - 61:236
cristologia - 61:16-17; 81:5, 16, 17, 22, 24
data e lugar - 61:12; 66:61
destino do - 61:19
dualismo - 83:31-34
e o discipulado - 80:32
e o Judaísmo - 83:11-13, 56
e o livro de Apocalipse - 66:67
editado - 61:4
epílogo - 61:237-244
escatologia - 81:54; 83:50-54
estrutura ou esboço - 83:4-6
    problemas de - 83:7-8
expectativas messiânicas - 83:9-11
fontes - 61:2-4
"Livro de Exaltação [Glória]" - 61:169-236
"Livro dos Sinais" - 61:27-168
Logos - (*veja* Palavra, Jesus como a)
lugar de composição - 66:63
mal entendimento - 83:55
milagres - 81:94, 115
nível duplo - 83:16
Palavra - (*veja* Palavra, Jesus como a)
pano de fundo - 61:5-8; 83:32, 34, 41
Paracleto - (*veja Paraklētos*)
prólogo - 61:21-26
propósito - 61:19, 236
redação - 83:5, 51
relação com 1-3 João - 62:4-5
relação com Apocalipse - 63:7-8
relação com os Sinóticos - 61:2; 40:35
ressurreição - 81:127, 128, 129, 133, 134
sacramentos - 83:58
sinais - 83:57, 59
teologia - 83:1-62
    a Palavra - 61:21-26
    amor - 83:20-31, 31, 36, 38, 59
    cristologia - 83:9-14, 24-26, 35-49
    do alto/da terra - 83:31, 34
    "Eu sou" - 83:11, 42-49
    Eucaristia - 83:60
    fé (crer) - 83:55-57
    glória - 83:23, 24, 30, 37, 40
    hora de Jesus - 61:14, 44, 78, 161-162; 83:28, 30
    julgamento - 83:31, 40, 50, 62
    "levantamento" de Jesus - 82:55; 83:30, 38-40, 59, 61

luz/trevas - 83:19, 21, 31, 46, 62
Moisés e Jesus - 83:19
o Espírito - 61:183, 185, 187, 192, 194, 195
papel de Deus - 83:18-23, 54
sinais e obras - 61:44; 81:94, 115-116; 83:52, 62
tema do envio - 83:22, 36, 48, 59
verdade/falsidade - 83:31
vida - 80:31, 32; 83:19, 40, 46, 49, 60, 62
teoria da fonte - 70:52
texto - 61:18
transposições - 63:7, 8
(*veja também* Discípulo amado)
Joaquim - 10:73; 18:3, 46, 69; 20:5, 18, 47, 53; 23:80
Joaquim, pai de Maria - 67:64-65
Joás - pai de Gedeão - 8:27
Joás (de Israel) - 10:56-57
Joás (de Judá) - 10:53-57; 23:66
Joatão (e Abimelec) - 8:5, 30
apólogo de - 8:4, 33
Joel - 24:2
Joel, o livro de - 24:1-25
data - 24:3
escatologia - 19:14; 24:4
profecia sobre o Espírito - 44:23
Jogos gregos - 49:2
Joiada - 10:53-54; 23:65, 66
Jonadab - 9:60
Jonas - 10:58, 39:7
comparação com Elias - 39:17
sinal de - 42:81, 103; 43:131
Jonas, o livro de - 39:1-19
características literárias - 39:2,4
mensagem teológica do - 39:4, 19
salmo do - 39:12
Jônatas ben Uziel -
identidade - 61:71, 83
targum de - 68:106
Jônatas o Levita - 8:48-49
Jônatas, filho de Abiatar - 10:7
Jônatas, filho de Saul - 9:18, 21, 24, 26, 30, 43; 77:130
Jônatas, irmão de Judas Macabeu - 75:137-139
(*veja* Macabeus)
Jope - 39:7
localização - 73:75-77
Jorão (de Israel) - 10:38, 44, 50
Jorão (de Judá) - 10:42, 49; 23:60, 63
Jordão, Rio:
afluentes - 73:64-65
águas tocadas - 73:57
altar no - 7:85-86
geografia - 73:57-66
o Gor e o Zor - 73:62-63

travessia do - 7:18-21
Josaba - 10:2
Josafá (rei) - 20:40-42, 23:59-62
história - 75:95
Josafé, Vale de - 24:21, 24
o mesmo que Vale de Cedrom - 73:92
José (tribos):
território da Casa de José - 7:66-67; 73:96-104
(*veja também* Efraim [tribo]; Manasses [tribo])
José Barnabé - 44:37; 47:17
José de Arimateia - 41:107; 42:164, 43:194; 78:56
José, esposo de Maria - 42:10-11, 15; 43:27, 78,11, 13
no *Proto-evangelho de Tiago* - 67:64; 81:142
José, filho de Jacó - 2:60-73; 7:90; 20:88, 99; 75:30, 32, 41
abençoado por Jacó - 2:72
atos finais de - 2:73
e o governo hicso no Egito - 2:60
encontros com seus irmãos no Egito - 2:66-68
revela sua identidade a eles - 2:68
etimologia do nome - 2:50
interpreta os sonhos do Faraó - 2:65
feito vizir do Faraó - 2:65
interpreta os sonhos dos presos - 2:64
nascimento dos filhos - 2:65
odiado pelos irmãos - 2:61
salvo por Rúben e Judá - 2:61
reunido a Jacó no Egito - 2:69
sonhos de - 2:61
tentado pela esposa de Potifar - 2:63
tipo de Jesus - 44:47
vendido no Egito - 2:61
José, irmão do Senhor - 81:142
Josefo, Flávio:
declarações sobre o cânon - 66:29-30
e *Archaiologia* - 74:5
na Primeira Revolta Judaica - 75:182
sobre a execução de João Batista - 41:41; 42:95
sobre as seitas judaicas - 75:145
sobre Jesus - 67:129; 78:5
uso de 1 Macabeus - 26:6, 47
vida e obras - 67:127-130
Josias - 10:70; 20:5; 23:78-79
e a celebração da Páscoa - 23:79
história - 75:109-111
reforma de - 10:71; 18:3-4, 20, 25, 29, 39-40; 20:5, 18; 23:78; 76:19, 54
Josué, o livro de - 7:1-90
história literária - 7:3,5, 6
historicidade - 7:9
temas - 7:4-7, 12
teologia - 7:10
texto - 7:2
Josué, sumo sacerdote - 19:8; 22:8, 28-29; 23:86

história - 75:117
Josué:
    comissionamento de - 5:56; 6:53-54; 7:13
    como rei ideal - 7:51, 12, 37, 39
    conquista da Palestina - 7:25-51; 73:89; 75:52, 55-56
    discurso de despedida - 7:87
    e Caleb - 5:29
    em outras tradições - 7:8
    faz o sol parar - 7:42
    morte de - 7:90; 8:17, 18
    paralelos com Moisés - 7:4
    significado do nome - 7:13
Jotão, rei de Judá - 41:62; 42:117; 43:119-162; 61:145, 160
Jotapata - 73:114; 75:182
Jubileus - Livro dos - 67:16-24; 76:131-132
    canonicidade - 66:47
    ensino importante - 67:21-24
    relação com a lei - 66:26
    status em Qumran - 66:37
Judá (Reino do Sul) - 14:17, 31; 19:11
    em Crônicas - 23:50-80
    história - 10:23-73; 75:88-113
    oráculos contra - 13:6, 9; 16:10; 17:6-12, 19-20; 18:12, 15, 20, 49; 20:15
    queda - 10:73; 18:3, 5, 102; 75:112-113
    restauração - 18:20, 87, 90-93
Judá (tribo) - 2:62; 6:60; 8:14, 50; 9:44, 67
    bênção da - 2:72, 77, 156
    Casa de (aliados) - 73:88
    Deserto de Judá - 73:87
    Negueb de - 73:88
    relação com Benjamim - 73:89
    território - 7:62-63, 65; 20:100; 73:87-95
Judá o Príncipe, Rabino, Mishná de - 82:11
Judá, filho de Jacó:
    e Tamar - 2:62
    explicação do nome - 2,59
    seu apelo em favor de Benjamim - 2:67
    tentativas de salvar José - 2:61
Judaísmo:
    diversidade do, no I século - 61:6
    em João - 83:11-13, 56
    proibido por Antíoco IV Epífanes - 26:17,70
    termo, ocorrência mais antiga do - 26:61
    (*veja também* Paulo, pano de fundo judaico)
Judaizantes - 44:81, 88; 47:32; 51:4; 82:31, 36, 69, 71, 76, 90
    como inimigos da cruz - 48:27
    identidade dos - 47:7, 8
Judas Iscariotes:
    conspiração de - 41:91; 42:149; 43:177
    informações gerais - 81:143; 145, 155

morte - 42:158; 44:18
sua deslealdade predita - 41:94; 42:150; 43:180
trai Jesus - 41:99; 42:149, 14; 43:177, 185; 61:103, 172; 78:52
Judas Macabeu - 75:134-136 (*veja* Macabeus)
Judas, a Epístola de - 59:3
    autoria - 59:2; 66:75, 88
    canonicidade - 66:78, 84, 85, 86
    relação com 2 Pedro - 59:5; 64:2, 5
Judas, filho de Tiago - 59:2, 7; 81:142, 143, 146
Judas, irmão de Tiago - 81:140-146
Judéia:
    torna-se uma província romana - 75:167, 177
Judeus:
    acusados apesar dos privilégios - 51:28-33
    conversão final dos - 80:22
    Deus os receberá de volta - 51:107-110
    etimologia popular do nome - 51:32
    expulsos de Roma - 9:10
    no Evangelho de João -61:9-10, 15
    nos escritos paulinos - 82:21, 28, 51, 52, 54, 86, 87, 114, 125, 136, 137, 146, 147, 149
    oposição a Paulo - 44:78, 92, 96, 110, 115; 46:23
    oposição aos cristãos -44:50; 46:23
    reconciliados com os gentios em Cristo - 55:21
    relação privilegiada com o evangelho - 51:20
    têm prioridade na história da salvação - 51:19,29
    vantagens dos - 51:34, 93
Judite - 38:40-48
    cântico de - 38:48
    Judite, o livro de - 38:25-48
    vitória sobre Holofernes - 38:44-45
Jugo:
    como ensino de Jesus - 42:75
    de Nabucodonosor - 18:76-77
    lei mosaica como - 42:75
Juízes, o livro de - 8:1-52
    composição - 8:6-7
    crítica literária - 83:5
    historicidade - 8:8-9
    temas - 8:2
    texto - 8:3
Juízes:
    em outras tradições - 8:11
    história - 8:2, 9-10; 75:59-63
    "menor" - 8:8, 9
    nomeação por Moisés - 3:30; 6:8, 37
    significado do termo - 8:10
Julgamento - 19:5, 14, 15, 16
    conceito do AT de - 11:19, 77, 100, 136-137

das nações - 24:21-24, 32
do mundo - 63:42, 48, 50, 53; 64:16, 19, 25
dos outros - 42:46; 43:92
dos reinos - 16:10
em Amós - 13:3,5-11, 14, 20, 23, 24
em Ezequiel - 20:15, 22, 24-29, 42, 54-60, 65
em Isaías - 15:4, 8, 10-15, 17, 23-24, 29, 31-34, 36-37, 39, 41-44, 51-53,55
em Jeremias - 18:21, 39-40, 47, 74
em Malaquias - 22:9
em Miquéias - 16:5, 10-12, 16-18, 27-31
em Naum - 17:37-39
em Oséias - 14:2-4, 11, 13-23, 27-29, 33
individual - 19:19
mediado por Cristo - 51:30; 57:23; 59:9
misterioso - 31:6, 34, 35, 36
neste mundo - 34:55
no pensamento joanino - 83:31, 40, 50, 62
no pensamento paulino - 82:45, 47, 68, 130, 150
relativo aos pecados - 57:29
(*veja também* Ação judicial; Dia do Senhor)
Júlio César - 75:153, 154; 79:17
Júnias - 51:133
Junto ao Jordão:
em Siquém - 7:57
fogo perpétuo - 4:13
palavra para - 76:57
simbolismo - 76:64, 93, 109
Júpiter Capitolino - 25:33
Juramento, proibição de - 58:34
Juramentos - 42:33; 58:34
de Deus - 60:37, 42
Juros sobre dívidas - 3:43; 4:53; 6:41; 32:51; 34:33
Justiça de Deus - 77:93-94; 82:39; 40:68-70
exibida na cruz - 51:41-42
que o pecador torna-se - 50:26
revelada em Cristo - 51:42
revelada no Evangelho - 51:20
seus efeitos jurídicos nos seres humanos - 82:70
Justiça - 3:30, 43; 14:29; 15:8, 24; 16:31; 17:46; 28:39, 44, 45, 61
conceito hebraico de - 30:11; 77:93-94
e o rei - 18:63, 65; 34:89
em Deuteroisaías - 21:10, 13, 16-17, 31, 47
em Jó - 30:4, 24, 36, 39-40, 42, 51
fácil por meio da fé - 51:102
ignorância da verdade - 51:101-104
na tradição sapiencial - 30:4
não procede da lei - 51:82
no ensino profético - 11:20
no pensamento paulino - 82:25; 68, 70, 76, 85, 96, 97, 140
pelo poder de Deus - 30:39-40, 124; 51:40; 62: 24-25
pelo poder do Espírito - 51:82
por meio da fé em Cristo - 51:38-43; 62:24
social - 15:3, 10, 15; 15:4, 8, 14, 15; 16:2, 5, 13-14, 16, 32; 17:43, 46, 48, 18:17, 22-23; 20:51,60
(*veja também* Ira; Julgamento; Retidão; Indignação)
(*veja também* Justiça; Justificação; Retidão)
Justificação - 44:75; 47:19; 48:26; 49:31; 51:37-49; 51:37-49; 82:21, 24, 42, 44, 58, 60, 66, 67, 68-70, 71, 78, 80, 95, 96
efeitos da - 51:51-52
forense ou causativa - 82:70
mediante a morte de Jesus - 51:41
mediante a ressurreição de Jesus - 51:49
natureza escatológica da - 51:30
pela fé - 47:19; 51:37-49; 58:18
pelas obras e não apenas pela fé - 58:20-21
Justino - 66:41, 63, 81; 80:54, 57, 70
Atos de - 80:57
escritos - 80:47-49
Justo, o - 18:2, 23, 53; 34:33
escandalizado pela prosperidade do perverso - 34:90
sofrimento do - 18:42; 30:2

K

kaʻat (justiça, ordem) - 72:12, 19; 28:7
Karpos (fruto [do Espírito]) - 47:30
Katechōn, katecon (poder retentor) - 53:19
e a crítica do NT - 70:65
e o catolicismo primitivo - 66:94
Kenōsis (esvaziamento de si mesmo) - 48:20
Kerak, cerâmica de Khirbet - 74:60, 61
Kerygma:
em Atos - 44:7, 22, 30, 34, 63, 72
em Paulo - 47:12-14; 49:66; 51:15; 82:3, 16, 25, 28, 37, 57, 40
recebida - passada adiante - 47:12-14; 49:66
kĕtûbîm - (*veja* Escritos) 66:23
Khabra, Wadi - 67:121 (*veja* Nahal Hever)
Khirbet Mird, rolos de -67:118
King James Version (*veja* Autorizada - Versão da Bíblia)
Kyrios (Senhor) - 41:70; 42:124; 43:21; 44:26; 55:25; 78:42; 82:52-84, 89
aplicado a Iahweh - 54:48; 82:52, 54 (*veja também* Senhor)
como Espírito - 50:17
en Kiriō - 82:121
Jesus como - 49:59; 50:17; 54:20; 55:25
Klēronomia (herança) - 47:24; 55:18
Koiōnia (comunhão) - 44:28; 49:12-13; 62:12-14;

80:10, 14-16, 32 (*veja também* Comunhão)
Kosmos (mundo) - 47:32; 54:8; 82:44 (*veja também* Mundo)
Ktisis (criatura, criação) - 47:32
Kufrinje, Wadi - 73:65
Kurnub - 73:83

L

Labão - 2:38
    acordo entre Jacó e - 2:49,51
    cercos de - 74:124-127
    escavação - 74:11, 25, 76, 89, 114, 127
    Jacó defrauda - 2:51
    localização - 73:73
    ostraca - 74:115, 125
    perseguição de Jacó por - 2:52
    sua deslealdade para com Jacó - 2:49
Ladrão:
    Cristo vem como - 46:35
    punição do - 3:39
Lais - 8:49
Lamec - 2:6, 7, 10
    Apocalipse de - 67:93
Lamentabile - 72:5, 18 (*veja também* Modernismo)
Lamento - 14:21, 30; 16:11-12, 29, 33-34; 18:21, 31, 46, 50
    coletivo - 18:42, 47, 48; 21:63
    forma literária do - 30:17-18, 51, 57, 103
    Salmos de - 34:9
    (*veja também* Cântico fúnebre)
Lâmpada - parábola da - 41:29
Laodiceia - 54:2, 8, 28
    carta à igreja em - 63:28
Laodicenses, Epístola aos - 54:28; 55:2; 66:59; 67:54
Laquis:
    cercos de - 74:124-127
        cerco de Senaquerib - 10:65
    escavação - 74:11, 25, 76, 89, 114, 127
    localização - 73:73
    ostraca - 74:115, 125
Lavagem (ns):
    com água limpa - 60:60
    das mãos - 41:47; 42:94
    dos pés dos discípulos - 61:172-175
    ritual da - 76:103-104, 106, 107
Lázaro - 83:27, 28, 29
    e o rico, parábola de - 43:151
    ressurreição de - 61:146-152
Leão XIII, Papa:
    e os estudos bíblicos - 72:4
    Providentissimus Deus - 65:6, 41, 42, 45, 48; 72:17, 19, 20
Lebeus - 81:146

Lebna - 73:72-73
Legião - 43:107
Lei natural - 51:30; 82:145
Lei oral - 75:146 (*veja* Lei, mosaica ou israelita)
Lei, mosaica ou israelita - 18:89; 82:89-100
    abolida pela morte de Cristo - 47:23; 50:17; 51:71-72; 60:58; 82:42, 95
    adicionada para exibir a transgressão - 47:24; 51:48
    administrada pelos anjos - 47:24; 60:9, 13; 82:89
    boa em si mesma - 51:76-77; 56:28
    caráter temporário - 47:24; 82:95-96
    como *paidagōgos* (tutor) -82:95, 96, 97
    condenação da - 50:16; 51:80
    Cristo, o fim da lei - 82:42, 46, 97
    cumprimento em Cristo - 42:26-36; 51:101
    cumprimento pelo amor - 47:30; 51:120; 82:98, 139
    da vingança - 18:42 (*veja* Talion [vingança])
    Decálogo - 77:86, 88
    desenvolvimento pós-exílico da - 67:131-139; 77:89
    dívida cancelada por Cristo - 54:20; 62:96, 97, 99
    e a aliança - 77:88-89
    e a história da salvação - 1:14
    e a profecia - 6:3, 4; 11:13
    e a revelação - 77:109
    e a vida - 47:24; 82:92
    e o Ego - 82:95
    e o Pentateuco como um todo - 1:8, 13, 14
    e os gnósticos - 80:70
    Elucida, multiplica as transgressões - 82:94
    em Deuteronômio - 77:88
    em *Jubileus* - 67:24
    ênfase posterior sobre a - 26:9, 12, 50
    escravidão da - 47:12, 26, 28; 82:76, 89, 90, 113
    escrita no coração - 51:30
    espiritual - 51:77
    formação da - 66:24-26
    incapaz de ajudar a observância - 51:81
    libertação da - 47:17, 18, 29; 82:14, 76, 139
    maldição da - 47:23; 82:14, 94, 99
    meio de união com Deus - 60:40
    não é fonte de justificação - 44:75; 51:43
    ocasião de pecado - 51:36, 48, 76
    oral e escrita - 67:24, 134; 74:146
    pagãos compreendem algo dela - 51:26, 30
    papel de Esdras - 66:24, 33
    prepara para a liberdade - 47:24
    prólogo à promulgação da - 6:14
    promete vida - 51:76
    real - 58:17
    relação com o Evangelho - 42:23; 43:126; 47:19; 50:16-18; 61:30

relação com o pecado - 51:74, 76-78
relação com o sacerdócio - 11:13; 60:39-40, 43
retidão, não é fonte de - 82:68, 76, 96
sombra das coisas futuras - 60:57
tende para o pecado - 47:20; 51:74-78; 82:94
tipos de leis israelitas - 77:87
um tutor - 47:24
valor para Paulo - 82:92, 93
Lei:
    da liberdade - 58:14, 17
    de Cristo - 47:31; 49:47; 79:13,41, 159-160; 82:139
    do Amor - 83:139
    do Espírito - 51:79-80
    sentido em Paulo - 82:90
    significa todo o AT - 51;43
    (*veja também* Lei Natural)
Leis de dieta - 4:25; 60:69
    dos fariseus - 41:47; 42:99
    em Antioquia, Jerusalém - 47:18; 44:83; 79:34-37
Lepra - 4:28-32; 5:13; 41:13; 42:53; 43:74; 76:105-107
Letra oposta ao Espírito - 50:14; 51:32
Levi (coletor de impostos) - 43:79; 81:141, 146
Levi (tribo) - 60:39-41
    condenada na bênção de Jacó - 2:72
    em *Jubileus* - 67:21
    função sagrada da tribo - (*veja* Levitas)
Levi, filho de Alfeu - 41:16
Leviatã - 15:47; 19:6, 17; 30:19, 123, 16
Levirato, lei do - 6:41
Levita(s) - 6:33, 37, 45; 7:19, 55; 8:47-50; 43:126
    censo dos - 5:11, 12
    cidades levíticas - 5:62; 7:80; 23:21
    como sacerdotes em santuários locais - 76:8
    comparados aos sacerdotes - 5:11; 6:28, 37; 20:95; 76:19-24
    descrição do cronista dos - 23:8, 18, 36, 72, 79
    deveres - 5:9, 11, 12, 35
    e o sacerdócio de Melquisedec - 60:38-41, 46
    genealogia - 23:19
    idade limite para o serviço - 5:12, 20; 23:36, 88
    sacerdotes não-levíticos - 76:18
    status dos - 5:11
    tarefas subordinadas - 76:24
    vingança do - 3:70
Levítico, o livro de - 4:1-55
Lex talionis - 3:38
Lia - 2:49
    filhos de - 2:50
Libação (oferta de bebida) - 5:30, 57
Líbano - 20:48
Liberdade - 82:12, 25, 36, 44, 67, 76, 111; 139:140
    a lei prepara para - 47:24
    Cristã:

        da lei - 47:17, 18, 29, 30; 51:70-80; 58:14
        de si mesmo - 51:62-66
        do pecado e da morte - 51:53-61
    da dependência de outros - 49:47
    e o Espírito - 50:17, 51, 79-83
    falso uso da - 47:29-30; 49:32
    mediante o Espírito - 51:79-83
    por meio do sangue de Cristo - 47:23
Lico, vale do - 54:2
Lida (Lod) - 74:76-77
Liderança, um carisma - 51:115
Linguagem extática - 44:20, 64; 49:63
Línguas da Bíblia - 71:16
    do NT:
        aramaico - 70:26-31
        grego - 70:14-16
Lipit Ishtar, Código de - 3:44
Lithostrōtos (Pavimento de Pedra) - 74:12, 151
Lisa, península - 73:68
Lísias - 43:42
Listra - 44:78-79; 47:3; 56:3; 79:5, 30, 38
Literatura de Baruc:
    2 Apócrifo de Baruc - 66:67; 67:44; 81:42
    3 Apócrifo de Baruc - 67:45
Literatura de Henoc - 67:7-15
    1 Henoc ou Henoc etíope - 19:17, 19, 20; 59:4, 12; 64:5; 67:9-15
        adições cristãs - 67:9, 12, 53
        canonicidade de - 66:40, 47, 75, 90
        ensino importante - 67:13-15
        status em Qumran - 66:37
    2 Henoc ou Henoc eslavo - 67:8; 81:42
    3 Henoc ou Henoc hebreu - 67:8
Literatura judaica:
    literatura não canônica - 67:24-52, 78-143
    literatura rabínica - 67:131-143
Literatura, Bíblia como - 71:56, 65
Liturgia:
    acomodação da Escritura na - 71:78
    celestial - 60:53; 63:35, 55
    e a profecia - 24:6
    no pensamento paulino - 82:16, 53, 128, 130
Livre arbítrio - 18:57
    declaração de - 32:38, 55
Livro com sete selos - 63:29
Livro da Aliança - (*veja* Códigos legais, Hebreus)
Livro da Vida - 48:28; 63:26, 61
Livro de Jasar [justo] - 7:42; 9:43
Livro dos Jubileus - 67:16-24; 76:131-132
Livros deuteronômicos - 66:9-10
    textos em Qumran - 668:33 (*veja também* Cânon da Escritura)
Ló - 43:154; 64:17

esposa de - 2:30
separação de Abraão - 2:22
Sodoma e - 2:27, 30
Lod (Lida) - 73:76-77
Lo-Dabar - 13:19
Logion mais livres de Marcos - 41:109
Logos - (*veja* palavra)
Louco:
    conduta do - 28:42, 46, 47; 32:40, 41, 42; 53:55; 34:32
Loucura:
    banquete da - 28:35, 37
    personificação da - 28:35, 37
    (*veja também* Louco; Sabedoria)
Lucas, o Evangelho segundo:
    antigo decreto PCB - 72:28
    autoria - 66:61-89
    cristologia - 81:16-18
    data - 66:61
    dependência de Marcos - 43:4
    dependência de Q - 43:4
    e a queda de Jerusalém - 43:35
    esboço comparado com Marcos - 40:6, 9-12, 17; 18:19
    esboço comparado com Mateus - 40:6, 8, 12, 14, 15-16, 18, 19, 32
    escatologia - 81:53
    estilo e características - 43:4
    grande comissão - 43:114
    lugar de composição - 66:63
    narrativa da infância - 43:12-36
    narrativa da paixão - 43:176-194
    narrativa da ressurreição - 43:195-198; 81:128-129; 132:134
    narrativa da viagem - 43:119-162
    prólogo - 43:11
    Proto-Lucas - 70:25
    teologia - 43:5
Lucas:
    autor de Atos - 44:2
    autor do Terceiro Evangelho - 43:2
    de Antioquia da Síria - 43:2; 44:2
    relação com Paulo - 43:2; 44:2; 52:11; 79:38
    um médico - 43:2
Luciano de Antioquia:
    Septuaginta Proto-Luciana - 68:69
    tradição da LXX - 68:87
Lúcifer - 15:31
Lúcio - 51:134
Lugar Santo, (bêk'l) - 3:52; 76:43, 45, 77
Lugares altos - 10:3, 9, 19, 24, 27, 60, 64; 14:15, 21; 18:3, 17, 19; 20:12, 27, 56; 75:60; 76:54, 60
Lutero, M.:
    cânon do AT - 66:44

cânon do NT - 66:67, 86
como exegeta - 71:42
Luxor - (*veja* Tebas) - 73:24
Luz:
    anjo de, Satã como - 50:50
    armadura de - 51:121
    contrastada com as trevas - 46:36; 50:18, 29; 54:12; 57:12; 61:6, 22; 62:15-17
    Deus como - 62:15
    do mundo - 42:25; 61:116
    filhos da - 46:36; 61:27, 44
    filhos da luz de Qumran - 67:88
    nos céus - 2:4
    Pai de - 58:12
    verdadeira - 61:23; 62:19
Luzes, festa das - 76:151-152 (*veja* Dedicação)

M

Maaca - 9:47
Maalat - 2:47
Maanaim - 2:53; 9:45-46; 73:51
Macabeus, os Livros de - 26:1-89
    autenticidade - 26:6
    autoria - 26:8
    canonicidade - 26:3
    cronologia - 26:11
    data - 26:8
    ensino teológico - 26:12
    fontes - 26:5
    gênero literário - 26:6
    propósito - 26:9
    relação entre os dois livros - 26:11
    texto - 26:4
    valor histórico - 26:10
Macabeus:
    história dos - 74:135; 75:134-139
    Jônatas - 75:137-138
        captura - 26:45
        Qumran - 67:99
    Judas - 75:134-136
        e a festa da Dedicação - 67:151
        liderança de - 26:30-34, 74-88
        morte - 26:34
        relação com os asmoneus - 75:139
        e o Mestre de Qumran - 67:99
        liderança de - 26:46-49
        Morte - 26:57
        Simão - 75:139
3 Macabeus - 67:34-35
4 Macabeus - 67:34, 36
Macedônia - 44:89, 101-102; 46:2; 48:2; 50:9, 12, 54, 36, 37; 51:2, 130; 56:5, 26
    cristãos da - 79:61; 29:43-45, 51; 82:135

Macpela, caverna de - 2:33, 34, 37, 38, 73
Madeba, mapar mosaico - 73:5, 44 (*veja* Medeba)
Madianitas - 2:38, 40, 61
    guerras de Israel contra - 5:59; 8:27-30
    localidade dos - 3:10
Magdala - 73:61
Magisterium da igreja e a interpretação da Escritura - 71:80-87
Magnificat - 43:22-23
Magog - 20:90; 63:60
Mal entendimento:
    no evangelho joanino - 61:13
Mal, vencido pelo amor - 51:117
Malaquias - 19:12, 13; 22:52
Malaquias, o livro de - 19:12, 13; 22:52
    conceito de casamento em - 25:58
Maldição:
    anathema - 47:12; 49:59, 79; 51:93
    Cristo torna-se - 47:23; 49:59
    da lei - 47:23; 82:14, 99
Maldições - 77:42-43
    do código deuteronômico - 6:31, 45-46
    do salmista - 34:69, 154
    por inobservância para com o Código de Santidade - 4:54
Malta - 44:130; 79:48, 49
Mambré - 2:23, 27, 58
    santuário de - 76:28
Mamom - 42:44; 43:149
Mamshith - 74:96
Maná - 5:27; 63:24
    e codornizes - 3:27
    natureza - 3:27; 33:54
Manassés (rei) - 10:69; 18:3-4; 23:77
    história de - 75:109
Manassés (tribo) - 6:12; 8:15,38
    território - 5:60; 7:58, 67; 75:50, 96, 100-104
Manassés, filho de José:
    adotado e abençoado por Jacó - 2:71
Manassés, oração de - 67:37
Mandamento(s):
    Dez - 3:33 (*veja* Decálogo)
    do amor - 61:179; 62:13, 28
    guardando-os - 62:18, 27, 28
    o grande - 41:79; 42:133; 43:126
Mandeanos - 80:72
Mani - 80:76, 79
Manifestação da glória cristã - 63:14, 20
Maniqueos - 80:72, 76
Manoá - 8:42
Manual de Disciplina - 67:83
Manumissão (alforria) sacra - 82:75
Manuscritos minúsculos da Bíblia - 68:91
    escrita dos - 68:91

Manuscritos Unciais:
    da LXX - 68:93-97
    do NT grego - 68:157-159
    escrita dos - 68:91
Manuscritos:
    da LXX - 68:88-98 (*veja* Versão grega do AT)
    do AT hebraico - 68:1-53 (*veja* Texto hebraico do AT)
    do NT grego - 68:157-159, 179-180
Mapas da Palestina:
    antiga - 73:5-8
    moderna - 73:9-14
Maquero - 41:41; 49:95; 73:44; 75:158, 168
Maquir - 2:73
Mar de Sal - (*veja* Mar Morto)
Mar Morto, geografia - 73:67-68
Mar Saba - 73:87
Mar Vermelho - (*veja* Mar de Junco)
Mar, Monstro do - (*veja também* Raab; Tiamat)
Mar, Povos do - 73:71 (*veja* Filisteus)
Mara - 3:26
Maranatha - 49:74; 63:69; 81:13, 46; 82:16, 53, 54, 132
Marburg - escola de - 70:46
Marcião - 51:9; 52:5; 54:4; 55:2; 71:52; 80:70, 81-82; 82:14
    e a canonicidade - 66:58, 59, 65, 72, 81; 70:3; 80:81, 82
    e Atos - 66:66
    rejeição do AT - 77:177; 80:25, 70, 81
Marco Antônio - 75:155-156
Marcos, Evangelho Secreto de - 66:100; 61:63
Marcos, João - 41:2; 44:67, 71, 87; 54:28; 56:54; 57:28; 74:30, 38
Marcos, o Evangelho segundo - 41:1-109
    autoria - 41:2
    categoria - 62:62, 63
    comunidade responsável por - 70:79
    conclusões (Apêndice Marcano) - 41:108-109; 81:127, 128, 131
    cristologia - 81:16, 18
    e a crítica das formas - 70:43
    esboço comparado com Lucas - 40:6, 9, 12, 17, 18, 19
    esboço comparado com Mateus - 40:6, 7, 8, 18, 19
    escatologia - 81:51
    estrutura - 41:3; 66:61
    influência sobre Lucas - 43:5
    origem - 67:63
    primeiros decretos da PCB - 72:28
    ressurreição - 41:108; 81:127-129, 131-133
    segredo messiânico - 41:4, 6, 21, 35, 55; 70:34
    teologia - 41:4
Mardoqueu - 38:52, 55-61

Marduc - 21:25, 28; 76:142, 144
Mari - 73:19
    domínio - 75:22
    escavação - 74:61, 71
    textos - 75:22, 35
Maria Madalena - 41:106-108; 43:101; 61:228-22; 78:56
    Evangelho de Maria - 67:75
Maria, esposa de Clopas - 81:142
Maria, irmã de Marta - 61:158
Maria, irmã de Moisés:
    cântico de - 3:25; 66:21
    rebela-se contra Moisés - 5:28
Maria, mãe de Jesus - 41:37; 42:10-1; 43:27-31; 44:17; 61:41, 224
    doutrinas mariana e Escritura - 71:81
    nascimento de (*Protoevangelho de Tiago*) - 67:64
    saudada pelo anjo - 43:19-20
    virgindade - 42:11; 43:13; 81:142
    visita a Isabel - 43:21-23
Maria, mãe de Tiago - 41:108; 42:163; 81:142
Marisa (Maresa) - 74:25, 132
Marta, irmã de Maria - 43:127; 61:150, 158
Martini, Cardeal C. M., Prefácio; 65:68, 72
Mártires:
    Atos dos - 80:55-58
    em 4 Macabeus - 67:36
Martírio de Isaías - 67:55
Martírio de Policarpo - 80:56
Masada - 73:68; 74:141
    história - 67:123; 75:158, 187
    mss descobertos em - 67:123; 68:34
    vales próximos - 67:120-22
māšāl - (*veja* Parábola)
Masos, Tel - 79:84, 103, 117
Massa - 51:108
Massa de farinha, figura de Israel - 51:108
maśśā' (oráculo) - 17:71; 22:37
maṣṣēbâ (*maṣṣēbôt*) - 74:39 (*veja* colunas sagradas)
Mastema - 67:22
Matatias, pai dos macabeus:
    começa a resistência - 26:18
    linhagem de - 75:134, 139
    testamento de - 26:19
    (*veja também* Macabeus)
Mateus (um dos doze):
    relação com Levi - 81:141
    vocação - 42:61
    (*veja também* Levi - filho de Alfeu)
Mateus, Evangelho hebraico de - 67:61
Mateus, o Evangelho segundo - 42:1-168
    autoria - 42:2; 66:61, 88
    caráter literário - 42:5

    cinco sermões - 42:5
    cristologia - 81:16, 18
    data - 66:61
    esboço comparado com Lucas - 40:6, 8, 12, 14, 15-16, 13, 19, 32
    esboço comparado com Marcos - 40:6, 7, 8, 18, 19
    guarda na sepultura de Jesus - 81:132
    lugar de composição - 66:63
    Mateus aramaico - 40:30; 42:2
    primeiros decretos da PCB - 72:28
    relação com Marcos e Lucas - 42:2
    ressurreição - 81:128-129, 132-133
    sermão em parábolas - 42:84-93
    sermão escatológico - 42:137-145; 81:53
    sermão missionário - 42:67-72
    sermão sobre a comunidade -42:111-116
    sermão sobre a montanha - 42:22-51
    teologia - 42:6-7
    Vaticano I sobre Mateus - 71:84
Matias - 44:19; 81:148, 155
Matrimônio:
    alegrias do 28:29
    amor no - 55:27
    com não cristão - 49:38
    como mistério - 55:27
    costumes palestinenses - 42:143
    de Sansão - 8:43, 45
    dos bispos - 56:17, 34
    doutrina em Efésios - 55:9, 27
    e o divórcio - 41:62; 42:31; 49:37-38
    festa de Caná - 61:40-41
    Jesus sobre o - 41:62; 42:35, 117
    levirato - 6:41; 35:2, 4, 23; 41:78; 42:132; 43:171
    misto - 19:13; 22:58; 23:98-99
    na vida após morte - 42:132; 43:171
    no pensamento paulino - 80:13; 82:126, 147
    penalidade de não ter filhos - 4:40
    simbolismo do - 14:3-5, 8, 12, 13; 18:4, 5, 15, 17; 20:45; 21:36, 37, 46, 61; 29:6; 51:71; 77:75
    em Tobias - 38:16-18
Maturidade:
Mazar-Maisler, B. - 74:21, 33, 105
mĕbaqqēr - 67:111 (*veja* Comunidade de Qumran, supervisor)
Medad - 5:27
Média, Idade do Bronze:
    na Mesopotâmia - 75:21-23
    na Palestina - 74:68-76; 75:25
    no Egito - 75:24
Mediador, Cristo como - 56:31; 60:46, 54
Medida - parábola da - 41:29
Medos - 15:29; 18:119

Mefiboset (Meribaal) - 9:47, 56; 63:66
Megido - 7:52
    alternância com Taanac - 74:36
    escavação - 74:16, 25, 35-42, 57, 62, 75, 108
    localização - 73:107
melek, (rei):
    nome de Deus - 77:10
Melito de Sardes - 63:12; 66:41, 81; 80:34, 53
Melquisedec:
    e o messianismo - 77:157
    em Gênesis - 2:23
    em Hebreus - 60:29, 37-43; 61:6
    no Gnosticismo - 80:78
    ser celestial em 11QMelq - 67:81
Menaém - 10:58-59
Menelau (sumo sacerdote) - 26:30, 81
    linhagem sacerdotal de - 26:31
    pontificado de - 26:66
Menfis - 18:17; 73:25
Menino epilético - 41:59; 42:108; 43:117
Mente - 82:101, 106, 144
Meraritas - 5:11
Meriba - 3:28; 5:37; 8:44; 34:112, 123
Merikare, Instruções para - 27:21; 28:64
Merneftá, estela de - 74:101; 75:42
Merodac-Baladã - 10:68; 15:54
Merom - 7:45, 46
Meroz - 8:26
Mesa, rei de Moab - 10:44; 73:44, 46; 74:10, 115, 122
Mesad Hashavyahu - 74:121
Mesopotâmia - 77:100
    e a criação - 77:26-27, 51, 52, 55
    e a vida após a morte - 77:169
    e o dilúvio - 77:28
    e o sacrifício - 77:28
    história pré-bíblica - 75:9-11, 14-15, 17, 21-23
Messias - 15:4; 16:23; 19:5; 21:25; 25:9, 28; 77:152-163; 82:14 16, 42, 43, 50, 51, 93
    ações do - 42,73
    adaptação cristã do conceito - 77:154, 178
    confissão de Pedro de Jesus como - 41:55; 42:105
    dores de parto do - 42:137
    e a escatologia - 11:16-17; 77:161-162
    e o Salmo - 77:157
    e outras figuras messiânicas - 77:152-154
    em 4 Esdras - 67:41
    em Ageu - 19:7
    em João 83:9-11
    em *Jubileus* - 67:21
    falsos - 41:86; 42:137
    filho de Davi - 41:80; 42:134; 43:172
    Jesus como - 41:91, 101; 42:6, 105, 155; 43:119, 186; 51:83, 93; 61:62; 62:23; 77:154, 175, 178; 78:34; 81:3, 5, 7-9, 13-18
    messianismo de Qumran - 67:114-117
        testemunhos "messiânicos" - 67:91
    messianismo real (davídico) - 9:52; 15:19-20, 22, 26; 18:70, 81-82, 94; 19:7-9; 23:5; 77:161, 163
    nascimento do - 63:43
    no período pós-exílico - 19:7, 8; 77:161-163
    no *Test: dos 12 Patriarcas* - 67:29
    nos *Salmos de Salomão* - 67:48; 77:162
    opróbrio do -60:66
    origem da palavra - 77:152
    reinado do - 60:10; 61:216
    sofrimento - 21:43; 44:31, 124
    termo - 77:152-161
    vinda do - 60:31; 61:30, 109
Mestre Justo de Qumran - 67:86, 87, 98-100, 114
Mestres na igreja - 55:25
Metáfora - 81:59, 68-69
    e o sentido literal da Escritura - 71:9, 40
Metanoia (arrependimento) - 43:17, 43, 141; 44:27
Mevorakh, Tel - 74:128-129
Mĕzûzâ (ombreira - batente) - 6:24
Mica, ídolo de - 76:40
Mica, santuário de - 8:42
Micaías - 10:38-40
Mical - 9:23, 25, 45, 47, 51
Micenas - 74:6
Micmás - batalha de - 9:18
Midiã - 7:56
    Permanência de Moisés em - 3:10-11
Midrásh (midráshim) - 67:133, 140-142
    estilo de interpretação em Qumran - 67:89
    midráshim rabínico -67:119
    Midrásh Rabbah - 67:142
    tipos - 67:140-141
Migdol - 20:74
Miguel - 59:10; 61:6; 67:14
    como guardião de Israel - 25:32
Milagres:
    conceito do AT - 3:17; 77:59
    de Jesus, como taumaturgo - 81:94, 106, 108
        estabelecimento do reino - 78:20; 81:106, 112, 113, 117
        historicidade - 78:20
    definição - 81:92-95
    e a crítica das formas - 81:97-100
    em Atos - 81:94, 105, 117
    milagres de cura - 1:100, 106, 107, 108
    milagres na natureza - 81:93, 96, 101, 107
    no AT - 81:93, 94, 95, 97, 115, 116
    nos Evangelhos - 81:89-117
    realizados por Paulo - 51:129
    taumaturgos gregos - 81:97, 104, 106, 108

uso apologético - 81:91, 93, 95, 96, 111, 120, 121
uso simbólico - 81:108, 110, 113-114, 116, 123, 125
vocabulário para - 81:94, 112,115, 116
(*veja também* dinameis; obra[s] ou ato[s])
Milca - 2:36
Milcom - 9:56
Milenarismo (quiliasmo) - 63:58-60; 66:67
Mileto - 44:104-106; 56:56
Mina, valor monetário da - 10:18; 25:22
minḥâ (oferta de cereal) - 4:7, 14, 17; 76:67, 79-80, 83, 112
mînîm, (maldição contra) - 80:24
Miqne - Tel - 74:100
Miquéias (profeta) - 16:2; 18:75
Miquéias, o livro de - 16:1-38
   teologia - 77:160
Mirra - 3:62; 42:12
Mirsim, escavação do Tell Beit - 74:15, 34, 73
   identificação como Debir - 74:15 (*veja também* Debir)
Misael - 4:23
Misericórdia - 77:95
   de Deus, gratuita - 51:46
   um carisma - 51:105
   parábolas sobre - 43:146
Mishná - 67:24, 133, 134, 136-137, 138
   conteúdo - 67:136
   formação da - 67:137, 138
   parte do Talmude - 67: 139 (*veja também* Talmude) -
   tipo de hebraico - 67:94
   valor histórico - 67:134-135, 137
     para acusação de Jesus - 75:53
Mispa - 2:52; 8:36, 51; 9:14; 10:73; 18:3, 103; 26:21
   santuário - 76:38
mišpāṭ (julgamento) - 3:36; 15:8, 14; 16:17, 18; 18:19, 22, 34; 21:10, 17
Missão:
   de Cristo - 47:26
   dos apóstolos - 768:174-177
Misticismo:
   em Paulo - 82:24, 121, 140
   Merkabah - 20:11
Mitani - (*veja* Horeus) - 73:19
Mito:
   definição - 77:23-24
   e o ritual no culto - 76:142; 77:90
   entendimento de Bultmann - 70:51
   no AT - 19:6, 17, 20; 20:10, 71, 79; 72:24; 77:23-31
     declaração de Pio XII - 77:31
   teoria de Gunkel - 69:29, 38, 41
Moab - 10:42, 44; 15:46; 75:69
   escavações - 74:22
   geografia - 73:43

"Planícies de" - 5:45; 73:45, 66
Moabitas - 35:7
   atividades - 73:46
   oráculos contra - 13:9; 15:33; 17:16; 18:112; 20:65-66
   origem - 2:31
Modernismo:
   condenação do - 72:5, 18, 37, 43
   e a crítica do AT - 69:55
Moisés - 11:7
   a revolta de Coré contra - 5:31
   abençoa as tribos - 6:60
   Apocalipse de - 67:16 (*veja Jubileus, livro de*)
   Assunção de - 59:4; 66:40, 75; 67:49
   autoridade - 41:78
   cadeira de - 42:135
   Cântico de, Êxodo 15 (Maria) - 3:25; 63:49; 66:21
     em Deuteronômio - 6:55-57
   chifres de - 3:74
   como intermediário - 3:12,3, 34, 49, 69, 73; 5:28; 6:21, 28; 47:24; 56:31
   comparado com Jesus - 61:85, 108; 81:19, 116
   cronista sobre - 2:336, 39, 40
   decreto da PCB sobre a autoridade do Pentateuco - 72:27
   designação de juízes -
   discursos em Deuteronômio - 6:6-18, 19-31, 47, 51
   e a ordenação de Aarão e seus filhos - 4:20-22
   e Adão - 3:12, 16 (*veja* Aarão)
   e o bezerro de ouro - 3:67-70 (*veja* Simbolismo do bezerro)
   e o Pentateuco - 1:4, 5, 13
   e o tabernáculo - 60:44
   etimologia do seu nome - 3:9
   faz uma serpente de Bronze - 5:41
   golpea a rocha - 5:37
   história de - 85:43-52
   lei de - 51:58, 75-76
   Maria e Aarão se rebelam contra - 5:28
   missão - 3:12
   modelo de fé - 60:66
   morte de - 6:2, 6, 59, 61
   na transfiguração - 41:58; 42:107; 43:116
   nascimento e adoção - 3:9
   no êxodo - 49:48
   no pensamento paulino - 5:58, 76; 82:14, 41, 42, 45, 93, 94, 95, 145
   no Sinai - 3:12,32, 45, 73, 74
   oráculos de - 6:60
   pecado de Aarão e - 5:37; 6:9, 13, 59
   Pequeno Gênesis - 67:16 (*veja Jubileus, livro de*)
   permanência em Madiã - 3:10-11
   promessas a - 60:7

quebra as tábuas do Decálogo - 3:70; 6:27
recepção das novas tábuas - 3:74
revolta de Datã e Abiram contra - 5:31
rosto de - 50:16-17
sucedido por Josué - 6:53, 61
tipo de Cristo - 44:48; 49:48; 60:20-21
um profeta como - 42:73; 43:116; 44:48, 61:7
vocação de - 3:12, 16
Moloc - 6:34; 21:52; 76:86-87
Monarquia israelita:
    atitude para com - 8:33; 9:11-16; 11:15; 13:
    corrupção da - 14:9, 33
    história - 75:78-113
    instituição - 9:2, 11, 29
    monarquia dividida - 10:23-62; 75:88-113
    monarquia unida - 75:81-88 (*veja também* Davi, dinastia de; Reinado)
    organização - 75:83,87
    transição para - 8:2; 9:6, 11-16
Monoteísmo - 11:21; 18:16, 36; 21:11, 16; 23:42; 30:7; 39:99, 113; 77:17, 20; 82:111
    durante o período macabeu - 26:12
    no Egito - 74:77
    prático - 3:32, 33; 7:89
    primórdios do - em Israel - 77:17
    proibição de imagens divinas - 77:20
Montanha:
    do Norte (Safom) - 73:28
    uso simbólico de - 42:168; 43:84
Montanhas de Abarim - 5:56
Montanhas do Líbano - 73:33
Moralidade:
    cristã - 80:13, 14
        como vontade de Deus - 46:29
        morte para o pecado, vida em cristo - 51:62-66
    no AT - 118:24
        e os profetas - 1:20
        limitações da - 77:121, 125
        origem da - 77:118-121
More, Colina de -73:105, 109, 111
Môreh (mestre):
    em Qumran - 67:98-100
Moriá - 2:35
Morte - 14:18, 33; 15:31, 44, 47, 50, 51; 17:47; 10:33; 19:17; 31:15, 28, 35; 34:17, 66, 105; 82:25, 45, 76, 82, 83, 85, 87-90, 94, 96, 139
    atitude israelita para com a - 77:168-174
    causada pelo pecado - 2,5: 51:54-57
    como dormir - 46:31; 49:67
    destino do perverso - 33:13
    em união com Cristo - 47:23; 48:15; 49:67; 54:20-21
    espiritual - 33:12, 13; 51:26, 54

    finalidade da - 30:33, 34, 48
    introduzida por Adão - 51,54
    medo da - 50:21-23; 60:28
    para a lei - 51:72
    para o mundo - 47:32
    personificada - 51:54
    predomina sob a lei - 51:76
    salário do pecado - 51:69
    segunda morte - 63:23,61
    separação de Deus - 51:54
    total - 51:26, 54
Morte de Jesus - 41:106; 42:163; 43:193; 44:35; 47:20, 49, 66; 50:20, 51, 41; 61:25
    como expiação - 51:41; 62:4, 15
    e o batismo - 51:63-64
    vitória definitiva sobre o pecado - 51:65-66
Mortificação:
    subsequente à habitação do Espírito - 51:84
Morto em Cristo - 46:33; 49:67
Morto, o:
    batismo pelo - 4:70
    contato com -3:23, 26, 41; 5:13, 16, 36
Moscas, praga das - 3:17, 20
Mosquitos, praga dos - 3:17, 19
"Movimento Jesus" - 80:9
Mowinckel, S.:
    e a crítica do AT - 69:46-48
    sobre orientação litúrgica nos Salmos - 34:6
Mugharah, Wadi - 73:80
Mulher(es):
    cabeça a ser coberta - 49:51-55
    capturadas na guerra - 6:39
    como profetizas - 85:25
    como sacerdotizas - 72:38
    criação - 2:4-5; 77:65
    de Samaria - 13:13; 61:57-65
    diáconos - presbíteros - 80:27
    e o primeiro pecado - 2:5
    entre os apóstolos - 51:138
    ideal da - 28:65
    ideia do AT sobre - 35:4; 38:9
    nas assembléias litúrgicas - 56:53
    no gnosticismo - 80:69, 77
    papel da:
        em Lucas - 43:7
    (*veja também* Ser humano)
Mulher siro-fenícia -41: 49
Mulher, a (em Apocalipse 12) - 63:43
Mundo - 47:32; 62:21
    criação do - 77:50-54
    este - 47:11
    morto para o - 47:32
    mundo inferior - 77:168-170
    não conformidade com - 51:113

no AT - 77:48-49
no pensamento paulino - 82:44, 89
novo - 63;62-65
príncipe deste - 61:165
(*veja também* Kosmos; Natureza)
Murabb'at:
   descoberta de rolos em - 67:119
   mss do AT - 68:36
Muro (s) de Jerusalém - 73:94; 74:7
   dedicação - 23:113
   de Herodes Agripa I - 75:175
   reedificação - 23:100-102, 104-105
Música:
   os levitas e a - 23:26
Músicos, calendário dos - 23:37
Mystērion (mistério) - 82:12, 33-34, 48, 197
   como plano secreto de Deus - 55:17; 63:41
   da fé - 56:34
   da rebelião - 53:19
   de Cristo - 54:17; 55:22; 82:13, 15, 33, 54, 67, 36
   de Deus - 49:17; 519, 110, 135; 55:17; 82:37
   do casamento - 55:27
   do reino - 41:27; 42:86; 43:103

N

Naamã - 10:46
Naas - 9:46
Nabal - 9:32-34
Nabateus - 75:68
   Especialistas em irrigação - 73:69
   guerras contra os asmoneus - 75:142, 144
Nablos (Neápolis) - 73:101; 74:24
Nabonido - 25:20, 23
   oração de - 25:20
Nabot - 10:34, 37-38
Nabucodonosor - 10:72; 18:2, 3, 11, 33, 73, 76, 99, 106, 110-112; 20:5, 48, 59-75, 77; 25:3; 75:76, 112-114
   cerco de Jerusalém - 35:12 (*veja* Jerusalém, queda diante da Babilônia)
   cerco de Laquis - 74:124-126
   em Judite - 38:27, 33-35
   jugo de - 18:76-77
   sonho de - 25:14-16, 19
Nações:
   conversão das - 15:9, 37, 43; 16:20; 18:19, 44, 52; 21:58, 22:50
   e Israel - 2:2, 3, 14
   julgamento sobre as - 19:14, 15, 16; 20:65
   oráculos contra as - 13:6-9; 15:5, 28-43; 18:74, 109-120; 20:65-80; 24:21, 24, 32
   tabela das - 2:14

Nacor - 2:36, 52
Nadab - 3:45; 10:28
   pecado e punição - 4:23
Naftali (tribo):
   território - 7:75; 73:113; 115
Nag-Hammadi (Chenoboskion) - 67:56-58; 73:24; 80:74 (*veja também* Gnosticismo)
nāgîd - 9:19, 48
Nahal Hever:
   mss descobertos em - 67:121; 68:36
Naḥal Se'elim:
   mss descobertos em - 67:122
Naim:
   localização - 73:111; 74:144
Nardo - 41:91
"Narrativa da sucessão" - 9:55
Nascimento:
   de Jesus - (*veja também* Evangelhos ou narrativas da infância)
   de João batista -
Nāśî - 5:8, 57 (*veja* Príncipe)
Natã - 9:58
   contra-conspiração - 10:5-6
   oráculo de - 9:52; 10:16; 23:30; 77:155 (*veja também* Messias)
   promessas a - 60:7
Natanael - 61:35-36; 83:10-11
   um dos Doze? - 81:140
Natureza:
   adoração à - 33:43
   conceito hebraico de - 77:4-49; 81:93
   desastres naturais - 77:58
   e a ira de Iahweh - 77:100, 12 (*veja também* Criação)
Nazaré:
   alguma coisa boa de - 61:35
   cidade da mocidade de Jesus - 42:15
   localização - 73:114; 74:20, 136, 144
   rejeita a Jesus - 41:37; 42:94; 43:57-62
Nazarenos, Evangelho dos - 67:61
Nazareus - 44:117
Nazireu (s) - 8:42; 13:10; 42:15; 44:97, 11; 47:18; 76:102, 111
   definição de e regras para - 76:111
Neandertais - 74:46; 75:7
Nebo - 21:28
Nebo, Monte - 6:13, 61
   localização em Moab - 73:44; 74:20
   relação com Pisga - 73:44
   rota do êxodo - 73:61
Neco - 10:71-72; 18:2, 3, 11, 40; 23:79
Neemias - 18:5
   história - 75:119-122
   memórias perdidas - 26:59

oposição local - 23:104
personalidade - 23:100
relação cronológica com Esdras - 23:82, 95, 103
Neemias, o livro de - 23:100-114
autoria e data - 22:6 82
Nefilim - 2:11; 5:29
Negueb - 2:32; 5:29; 7:44
chamado de Deserto de Zim - 73:82
e os edomitas - 73:84
geografia - 73:82-86; 74:17
Neolítico - Período:
descrição geral - 75:9
na Palestina - 74:51-53
nepeš (nefes, "alma") - 2:46; 82:104 (*veja* Ser humano, composição do)
Nero (imperador) - 44:116; 57:2; 60:5; 63:10, 12, 44-45; 79:53; 80:37
e o número 666 - 63:45
redivivo - 63:45, 46
nos *Oráculos Sibilinos* - 67:52
Nestke, Eberhard e Erwin, edição do NT grego - 68:169, 187
Neustã - 10:64 (*veja* Serpente de bronze)
Nicodemos - 61:46-53, 114
Nicolaítas - 63:22,24
Nicópolis - 56:5
Nilo, Rio:
geografia - 73:24-25
transformado em sangue - 3:19
Nínive - 10:66; 17:31; 42:81; 43:131
queda de - 17:27, 29, 34-41
em Jonas - 39:4, 7, 13-19
(*veja também* Assíria)
Nob - 9:28-29
localização - 73:89
Nob - Terra de - 2:6
Noé - 42:141; 43:154; 57:19, 22; 67:17, 18; 82:68
aliança com - 2:12; 77:78
em Ezequiel - 20:41
filhos de - 2:10,13
história de - 2:14
Noemática - 71:4
Noemi - 35:6-25
Noivo, Jesus como - 41:17; 61:54; 63:62
Nome:
de Deus, acima dos outros - 47:21
do Senhor, invocação o - 58:36
Nomes bíblicos, a ortografia dos - 73:14
Nomos, significado principal - 51:78,80
Norte - 20:19, 90; 24:17; 30:116
inimigo do - 18:14, 21, 24, 30, 37, 118
montanha (Safom) do - 20:71; 73:28
Noth, M. - 74:82; 77:82
e a anfictionia - 69:43; 75:58

e a história israelita - 69:43, 49, 50
e o êxodo - 75:56
Nova criação - (*veja* Criação, nova)
Nova idade do Bronze na Palestina - 74:77-93
Nova Idade do Ferro na Palestina - 74:112-123
Nova vida:
após a justificação - 51:79-90
como adoração em Espírito - 51:113-117
Cristo em nós - 51:64
exigências da - 51:113-12
no batismo - 51:64; 54:19; 61:50
Novilha, a vermelha - 5:36; 76:23, 103, 104
Novo nascimento:
imagem joanina - 61:5, 24, 50
Novo ser humano:
após o batismo - 51:65; 54:19; 55:26; 61:50-51
Novo Testamento:
Apócrifos - 67:3, 53-77
Atos - 66:66
Epístolas - 66:59, 85
Evangelhos - 66:64-65, 100
cânon - 66:48-86 (*veja* Cânon da Escritura)
citações do AT - 66:40
comunidades destinatárias - 66:52
conceito de - 66:4, 81, 99-100
cristologia - 81:1-24
crítica moderna - 70:1-84
cumprimento do AT - 77:174-178
data de composição (tabela) - 66:57
escatologia - 81:25-26
influência grega sobre - 70:18
interpretação do AT - 71:33
língua do:
aramaico - 70:26-31
grego - 70:14-16
milagres - 81:89-116 (*veja também* Milagres)
novidade na relação com o AT - 77:178
origem apostólica - 66:51, 63
pano de fundo do - 70:17-20, 26, 39-41
razões para a escrita - 66:49-50
teologia - 81:1-157
diferenças na - 66:93-97; 82:3
texto - 68:156-188 (*veja* Texto grego do NT
versões - 68:122-127, 129-130, 141-143, 151-155, 181-183 (*veja sob as respectivas línguas*)
Números, o livro de - 5:1-63
conceitos teológicos - 5:5
historicidade - 5:4
Números:
simbólicos - 63:18, 30, 31, 34, 41, 44-45, 63
Nuvem (ns):
presença de Deus no êxodo - 3:32, 44, 45, 78; 5:22
Nuzi:

escavação - 74:71
localização - 73:19
tabletes - 75:23,27

O

Obed - 35:25
Obediência - 9:16, 18; 21:25, 33
    aprendida por meio do sofrimento - 60:28
    às autoridades civis - 51:118-119; 57:14
    até a morte - 48:20; 60:68
    consciência e a - 51:119
    da fé - 2:35; 51:16, 135; 82:109
    de Tobias - 38:16
Óbolo da viúva - 41:82; 43:173
Obra (s) ou ato (s):
    da carne - 47:30
    da lei - 51:30; 82:99, 100, 111
    de Deus - 64:8
    de Jesus - 61:143
    do Pai - 61:77
    importância das cristãs - 51:14, 21; 63:47
    mortas - 60:31
    nome para milagres - 81:94, 115
    Paulo exige - 46:30
    Relação com a salvação - 51:35, 43
Obstáculo de Israel - 51:107
Obstáculo, Cristo como - 51:100
Oded - 35:25
Odes de Salomão - 67:46
Oferta (s):
    das primícias - 6:42
    de ação de graças - 4:17
    de aroma agradável - 4:6
    de bebida - 5:30, 57; 24:9
    de cereal - 4:7, 14, 17; 24:9 (*veja minḥâ*)
    de perfume - 76:82-83
    de símbolo - 4:7
    de voto - 4:17
        redenção - 4;55
    do leproso purificado - 4:31; 76:102
    dos príncipes - 5:18, 27
    medida - 4;18
        da cerimônia de ordenação - 3:57
    pacífica ou de comunhão - 3:35; 4:8, 17 7:37
    unida ao sacrifício - 5:30
    voluntária - 4:17
    (*veja também* Sacrifício[s])
Oferta pela culpa - (*veja* Sacrifício[s], expiação)
    análise literária de tipos de Salmos - 34:6; 69:39
    e a poesia bíblica - 69:16, 39
    método da crítica da forma - 69:38-40
Ofra - 26:73-74

Ofra:
    santuário de - 76:39
Og - 5.43
Óleo da unção - 3:62
Olho mau - 53:17
Oliveira:
    azeite - 3:62
    brava - 51:109
Oliveiras, Monte das - 41:48; 42:137; 44:17
    localização - 73:89, 92
On (Heliópolis) - 73:25
Onã - 2:62
Onésimo - 52:3, 4, 6, 10, 11; 54:28; 82:151
    colecionador das cartas de Paulo - 66:57
Onias III (sumo sacerdote) - 25:31, 33; 75:132
    linhagem sacerdotal - 26:31, 62
    morte - 26:66
Onqelos (*Onkelos*), *Targum de* - 68:106, 107
    e Áquila - 107
Omri - 10:28, 49; 16:32; 75:92
    construção de Samaria - 10:28; 74:114
Onze, os - 44:19
    comissões do Cristo ressurreto - 41:109; 42:168; 43:197; 44:15-16
Oolá e Oolibá - 20:61
Ooliab - 3:46
Oração (ões):
    "confissões" de Jeremias - 18:5, 42, 50, 55, 58, 60
    como invocação - 46:14
    cristã - 80:11
    de Jesus - 6:28; 61:199, 205; 80:11
    em comum - 42:115
    em Paulo - 82:64, 146
    em secreto - 42:38
    intercessória - 26:12
    no AT - 76:97-99
    pelos apóstolos - 44:35
    pelos enfermos - 58:35-37
    por sabedoria - 58:9
    posição durante a - 25:25; 76:98, 99
    pública - 56:31
    respondidas - 42:47
    tempo de - 76:98-112
    uns pelos outros - 46:40
Oração de Manassés - 67:37
Oração do Senhor - 42:39; 43:128
Oração sumo sacerdotal de Jesus - 61:119-205
Oráculos Sibilinos - 67:51-52; 81:42, 43
Oráculos:
    de Balaão - 5:48-52; 77:104
    de infortúnio - 15:49
    e profecia - 11:23; 14:3, 6 (*veja também* Nações, oráculos contra)
    pronunciados como resposta de oração - 34:9

Orange, II Concílio de - 51:59
Ordenação - 56:37, 39, 46
    cerimônia de - 4:19-23; 76:13-14, 21
        sacrifícios de - 3:57; 4:21
Órfãos e viúvas, cuidado para com os -
Orgulho - 46:25; 47:32; 50:8, 25, 32, 45-50
Orígenes - 81:141; 82:32
    alegoria - 77:176
    como exegeta - 71:36, 37, 45
    e a crítica bíblica - 70:3
    e o cânon bíblico - 66:11, 41, 65, 69, 70, 77-82, 84
    Hexaplas - 68:83-86
    Inspiração da Escritura - 65:23, 26, 28
    sobre os irmãos de Jesus - 67:72
    Tetraplas - 68:85
Ortodoxia - 80:63
Ósculo (beijo) santo - 46:40; 49:79; 50:62; 51:133; 57; 28
e Bíblia Hebraica crítica - 68:56
Oséias - 14:2; 75:99
    influência sobre Jeremias - 18:4, 15, 19, 34, 80, 85
Oséias (rei) - 10:59, 62
Oséias, o livro de - 11:24; 14:1-34
Osíris - 82:53
Ossuários - 74:150
Ostraca:
    de Arad - 4:115, 125
    de Izbet Sartah - 74:85
    de Laquis - 74:115, 125
    de Samaria - 74:115
Otniel - 7:64; 8:6, 14, 21, 22
Ouvintes da lei - 51:30
Ovelha (s) - 61:138, 242
    parábola da perdida - 20:83; 42:114; 43:46
Ovelhas - 61:138, 242
Oxirinco (*Oxyrhynchus*):
    localização - 73:24

P

Pães, multiplicação dos - 41:42, 44, 55; 42:96, 102
Pagãos:
    conhecem a Deus - 51:24
    crenças dos - 54:8
    culpáveis por pecados - 51:24, 30
Pai, Filho, Espírito - 42:168; 62:29-31; 82:61, 115, 146
Pai:
    Deus conhecido como - 82:14, 21, 37, 45, 49, 50, 59, 60, 64, 113, 115, 125, 136,146
    Iahweh como - 14:30; 18:17, 19, 48; 21:64
    relação com o Filho - 42:73; 43:125; 49:68; 56:3; 61:139-142

ressurreição de Jesus atribuída ao - 44:26; 46:16; 47:11; 51:64; 55:17; 82:59
singularidade do - 55:25
título não deve ser usado pelos discípulos - 42:135
uma fonte de ação com o Filho - 41:28
Padres da Igreja:
    e os evangelhos apócrifos - 67:59
    e a inspiração da Escritura - 65:23-31
    interpretes da Escritura - 71:35-38, 88-89
    cânon do NT - 66:82-83
Padres de Davi - 15:13; 18:70 (*veja* semah)
Pais, reverência devida aos - 3:33; 4:38
Pais:
    Deus dos - 22:77; 3:12; 75:38; 77:15-16
    (*veja* Patriarcas)
Paixão de Jesus - 75:171; 78:44-56; 82:9, 18, 55-60, 66-68, 75, 120
    narrativas da - 41:90-107; 42:146-165; 43:176-194; 61:206-228
        apócrifas - 67:57, 72
    predita - 41:57, 61, 66; 42:106, 109, 121; 43:114, 158
    relação com sua ressurreição - 51:85
Palavra de Deus - 77:45-46; 82:5, 25, 31, 109
    como criadora - 77:46, 54
    como espada afiada - 60:25; 63:20
    crescimento da - 44:43, 67
    Cristo como - 63:56
    e os profetas - 13:3, 22; 18:13, 50; 77:45
    Evangelho - 46:22; 57:9
    não falha - 51:96
    poder da - 20:9, 21; 21:5, 17, 22, 33, 9
    proclamada - 44:35, 42, 51, 92; 60:35
Palavra:
    conceito hebreu (*dābār*) - 77:40-44
    cumpridores da - 58:13-14
    do profeta - 11:25; 13:3, 11; 20:12
    Jesus como a: - 60:25; 61:5, 17, 21-25; 81:21, 22, 54
        Logos em João - 67:126; 83:19, 21, 33, 37, 59, 60
    logos, de Filo - 60:26; 67:126
Palavras de Lemuel - 28:64
Paleolítico, período (Era):
    descrição geral - 75:7
    na Palestina - 74:45-49
Palestina (Canaã) - 8:8
    área - 73:32
    centro do Crescente Fértil - 73:22
    chuvas - 73:36-37
    clima e temperatura - 73:35-37
    descrição da - 75:53-54
    geografia da - 73:32-155
        cordilheiras de montanhas - 73:33-34
        fronteiras - 73:32

mapas e avaliações - 73:5-14
quatro regiões - 73:33
listas de cidades egípcias - 73:6
ocupação israelita - 74:79; 75:55-58
rota do Egito para - 75:27-29
Palestine Exploration Fund - 74:8
Palimpsesto - 68:158
Pannenberg, W.: - 70:58
e a ressurreição de Jesus - 81:124-125
Pano de saco - 18:21; 24:11
Pão não fermentado, festa do:
(veja também Páscoa, festa da)
Pão:
da vida - 61:4, 92, 97
partir do - 44:28, 103, 129; 80:12
Papel de Tobias em Amon
Papias - 40:30; 41:2; 42:2; 66:63, 76; 80:59
Ditos do Senhor - 66:60; 80:54
Papiro Nash - 68:35
Papiros (papiro):
de Elefantina - 75:125
descoberta dos - 70:16
do NT - 68:179-180
mss da LXX - 61:92
Papiro Insinger - 27:25
Papiro Nash - 68:35
Wadi ed-Daliyeh - 75:127
Parábola (s):
de Jesus - 41:24-32; 42:84-93, 128-130; 43:102; 78:18; 81:57-88
características - 81:72-76
como são utilizados nos Evangelhos - 81:60, 79-88
diversidade das - 81:60, 79
e o reino de Deus - 41:24-32; 42:84-93; 81:59, 62, 64, 68, 69, 81
função - 81:75, 78, 81, 88
propósito - 41:27; 42:86
e a alegoria - 41:76; 42:129; 81:59, 61-63, 66, 82, 86
e o *Evangelho de Tomé* - 67:67
história da exegese - 81:61-71
māvāl - 81:60
natureza da - 81:60, 61-63, 67-71
Paradidomai (passar adiante) uma tradição - 82:17
Paraklēsis (pregação consoladora) - 46:19
Paraklētos (advogado, paráclito) - 61:183, 185, 187, 192, 194-195; 62:16; 83:52
Paralambanein (receber) tradição - 82:17
Paralelismo - 12:11; 28:38, 42, 56
Parêneses - 4:40; 82:16, 138
Partos - 63:32, 40; 75:155
Parusia - 44:17; 46:10, 33; 48:13; 49:50, 57; 53:3, 17; 56:51; 57:24; 58:32; 60:14, 56; 60:14, 56; 64:113-14, 23-25
data da:
ignorância do filho acerca da - 41:88; 42:14
demorada, protelada - 64:23-26
e cristologia - 81:13, 14, 23, 46
e os santos - 46:28
em Marcos - 81:51, 131
no pensamento paulino - 81:48-50; 82:45, 47, 53, 54, 146, 148
sinais - 42:137-141; 46:35; 53:17; 64:25
vigilância requerida - 41:86-88; 42:141-143; 46:35-36; 58:32
Pascendi Dominici Gregis - 72:5, 18 (veja também Modernismo)
Páscoa, festa da - 4:44; 6:36; 7:24; 20:97; 42:92-93, 95; 42:150, 43:171; 61:86, 157, 215; 76:97
celebração posterior da - 5:21
de Ezequias - 23:73-74
de Josias - 6:36; 10:71; 23:79; 76:124, 125, 126, 129
e o êxodo - 75:43
história da - 76:115, 116, 122-129
origem da - 3:22; 76:85, 125
prescrições relativas à - 3:22
relação com os ázimos - 76:115, 122-129
Pastor (es) - 18:70, 84; 19:16; 20:83; 22:41, 44, 48; 43:30; 55:25
Iahweh - o pastor de Israel - 20:83; 34:91; 77:75
Jesus como - 41:42; 42:66; 57:15, 26; 61:137-139; 30:32
termos para oficiais da igreja - 8:32
Pasur - 18:59
Patmos - 63:19
Patriarcas - 2:17-73; 82:43, 84, 89
aplicados a Deus - 71:15-16
história - 75:28-29, 34-41
lugares de adoração - 76:15-16
Patros - 20:74
Paulo - 44:53-133; 46:3; 79:1-54; 8:10-23
aflição - 47:27; 50:7, 52-53
apelação a César - 79:13-48
apóstolo dos gentios - 51:108; 79:20; 80:16; 82:21, 32
aprisionado - 44:90-91, 110-111, 116-117; 48:5-6, 14; 50:7ç 52:8; 79:40, 16-47, 50
autoridade como apóstolo - 47:7, 11, 12, 15; 50:13, 43-50; 56:26, 45
cartas apócrifas - 66:59, 85; 67:54
cartas de:
avaliado em 2 Pedro - 64:29
canonicidade - 66:56-59, 81
características - 45:8

cartas ou epístolas? - 45:9-11
coleção ou *corpus* - 45:12-15; 66:58, 65, 66; 82:6, 8
    escritas ou ditadas - 45;10-21; 66:90
    "grandes cartas" - 66:56, 57
    ordem no NT - 45;15
    primeiras cartas - 66:56
cartas perdidas - 66:57, 59
cidadão romano - 44:91, 114; 79:16, 17, 8
circuncisão - 92:111
conceito de ressurreição - 81:48, 123, 124, 130, 133; 82:58-60
conhecimento do Jesus histórico - 47:13-14; 79:18
consulta a Pedro - 47:16
conversão - 44:53-54, 113, 123-125; 79:8, 13, 18, 20-23
cristologia - 81:13-14, 19, 21; 82:48-66
cronologia de sua vida - 79:9-13, 50-53
data de morte - 79:53; 80:21, 45
data de nascimento - 79:14
defende seu apostolado - 47:12-17; 50:13, 48-50
discursos:
    aos judeus de Roma - 44:132-133
    diante de Félix - 44:120
    diante do Sinédrio - 44:115
    em Antioquia da Pisídia - 44:72-75
    em Jerusalém - 44:113
    em Listra - 44:78
    em Mileto - 44:105-108
    no Areópago - 44:94
    perante Agripa - 44:123-125
disputa com Pedro - 47:18; 79:34
e a carta de Tiago - 44:110; 58:18-22; 79:37; 80:17
e a parúsia - 81:47-50
e a salvação de Israel - 51:110
e as religiões de mistério - 70:40-41
em Atenas - 44:93-95; 79:6, 39
em Corinto - 44:96, 102; 50:4-5, 76; 74:5, 6; 9:10, 44
em Damasco - (*veja* Damasco, conversão de Paulo em)
em Éfeso - 44:98-101; 49:79; 50:76; 79:6
em Filipos - 44:90-91; 48:2; 50:4; 79:6, 29, 39, 43, 45
em Jerusalém - 47:15, 17; 50:4; 70:6, 18, 20, 24-27, 31-33, 39, 44, 45, 47
em Roma - 65:5; 79:6, 24, 44, 48-52
em Tessalônica - 44:92; 46:3; 50:4; 79:6, 39, 45; 82:134
escatologia - (*veja* Escatologia, do NT, no pensamento paulino)
escritos de L. Cerfaux - 70:74
evangelho de - 47:12; 49:66; 50:18; 82:31-36

final de sua vida - 56:53; 79:50-54
fontes de informação sobre sua vida - 79:4-7
juventude - 79:14-17
medida sobre sua morte - 48:15; 50:21-23
missão aos gentios - 44:54, 76, 113, 124, 133; 47:15
Primeira missão - 44:68-79; 79:7, 28, 29-30
Segunda missão - 44:86-96; 79:7, 25, 28, 38-39
Terceira missão - 44:97-108; 79:7, 25, 28, 40-45
modelo para os cristãos - 47:27; 49:4446
na Arábia - 47:15; 79:6, 7, 20, 23
na Macedônia - 48:2; 56:5
não é o autor de Hebreus - 60:2
náufrago - 44:126-29; 79:48
no "Concílio" - 44:80-85; 79:25, 31, 33, 37, 44
nome (significado) - 79:3; 82:12
papel apostólico - 51:15; 82:15, 16, 21-23, 32, 54, 121
perseguição da igreja - 79:7, 19, 23; 82:19, 133
primeiros estudos em Jerusalém - 44:113; 79:18
prisão domiciliar - 44:131; 76:49
revelação a - 82:13-15
sepultura - 79:54
servo de Cristo - 47:12; 48:12; 82:59
sobre a lei mosaica - 44:75, 110, 115; 47:19-28; 82:89-100
teologia de - 82:1-152
um viúvo (?) - 49:36; 79:19; 82:148
vaso de eleição - 44:54
vida - 79:1-54; 82:10, 23
visita à Espanha - 51;130; 79:24, 44, 52
vocação de - 51:15
voto de nazireu - 44:97, 110; 47:18; 79:47
Paulo VI, Papa - 72:8, 37, 42
Paz:
    a justificação traz - 51:51
    Deus de - 46:39-40
    e os falsos profetas - 18:21, 47, 71; 20:37-38
    messiânica - 15:22, 26, 55; 15:20, 24
    no início de uma epístola - 45:8; 47:11; 57:7; 59:6; 62:9
    ofertas de - 4:8, 17; 7:37 (*veja* oferta[s])
    trazida para judeus e gentios por Cristo - 55:21
Peca - 10:59; 14:2
Pecado - 3:33; 18:14, 22, 27, 32, 52, 85, 89; 20:12
    antinatural - 18:29, 57
    como desobediência - 2:5, 11, 14, 15
    conceito levítico - 4:9
    conduz à morte - 2:5; 62:32
    confissão do - 16:30, 35, 38; 34:50; 58:37; 62:15
    debilita a lei - 51:78

e a ira de Iahweh - 77:100-101 (*veja também* Original (primeiro) pecado; Sacrifícios, pelo pecado)
Jesus não conheceu - 50:26
mantém os seres humanos cativos - 51:34-46
no pensamento paulino - 82:25, 68, 76, 82, 88, 89, , 90, 93, 94, 96, 102, 111, 113, 114
o imperdoável - 41:23; 42:79
oferta pelo - (*veja* Sacrifício[s], expiação)
original (primeiro) - 32:48; 77:128
palavras para denotar - 77:125
perdão do - 42:39, 60; 43:43, 128, 197; 44:75; 50:26; 55:17; 60:47, 55-57; 62:15
    por Iahweh - 13:16; 14:12, 30, 34; 16:38; 21:22, 23; 34:103, 116, 120
personificado - 51:54
pessoal - 51:57
purificação do - 62:15
relação com a lei - 51:70-78
relacionado com o castigo - 16:5, 10, 13-14, 32; 20:12, 55, 59; 51:26, 29
sacrifícios pelo - 4:9-10; 60:27; 62:15
tomados por Jesus - 61:32; 62:15
uma lei para si mesmo - 51
universal - 51:39, 53-61; 77:126-127
Pecado original (primeiro) - 32:48; 77:128
    atribuível a Adão - 2:5; 57:53-61
Pecaías - 10:59
Pederneiras natufianas - 74:50
Pedra Moabita (*veja* Mesa - rei de Moab)
Pedra:
    símbolo de - 35:16 (*veja também* Rocha)
Pedro (Cefas, Simão):
    aparição do Jesus ressurreto - 81:127
    chamado - 41:8, 22; 44:22, 67; 47:68-72; 61:34
    chamado de Cefas - 41:22; 42:21, 105; 47:16-18; 49:13; 61:34
    com Tiago, João - 41:36, 58, 98, 42:21, 107, 153; 43:68; 44:17
    como pastor - 57:26; 61:242
    como rocha - 42:105
    consultado por Paulo - 47:16
    discursos:
        diante do Sinédrio - 44:34, 40
        na casa de Cornélio - 44:63
        na escolha de Matias - 44:19
        no Pentecoste - 44:21-27
        no Templo - 44:30-32
    encontros com Paulo - 47:18; 79:26, 32, 36, 53; 80:16-18; 2:20, 32, 36
    enviado para preparar a refeição pascal - 43:178
    informações gerais - 81:138-139, 155-156
    legado ou herança - 80:36
    milagre de cura - 44:29
    missão em Roma - 57:7
    missão na Palestina - 44:57-65
    morte de - 80:21
    na *Pseudo-Clementinas* - 80:26
    na sepultura de Jesus - 43:195
    na transfiguração - 41:58; 42:107; 43:116; 64:13-14
    negação de Jesus - 41:96, 101; 42:156; 43:186; 61:211, 213; 78:53
    no Evangelho joanino - 61:9, 102-103, 211, 213, 239-242; 80:32
    porta-voz ou orador - 43:114, 136; 61:103
    primazia e Vaticano I - 71:84
    profissão de fé em Jesus - 41:55; 42:105; 43:114;61:103
    sogra de - 41:10; 42:55; 43:65
    visão dos animais - 44:60
Pedro, Apocalipse de - 66:68; 67:55, 73
Pedro, Evangelho de - 67:72; 81:121, 132
    canonicidade - 66:65
Pedro, Primeira Epístola de - 57:1-28
    autoria - 57:2
    canonicidade - 66:76, 81, 84, 86
    composição - 66:71, 89
    data - 57:3
Pedro, Segunda Epístola de - 57:12-28
    autoria - 57:2
    canonicidade - 66:76, 81, 84, 86
    data - 57:3
    relação com Judas - 64:5
Peixe:
    em Jonas - 39:11
    pesca miraculosa - 43:68-72; 61:239
Pela - 75:182; 80:23
    escavação de - 73:52, 64; 74:137
Penhor:
    Espírito como - 55:18
Penitência:
    efeito da - 18:19, 57
    sacramento da (Trento) - 71:83
    (*veja também* Conversão)
Penitenciais, liturgias - 18:47; 21:46, 56, 63-64; 24:11-13
Pentateuco, tradições do - 1:5-7
    história da identificação das fontes - 1:5-6; 69:6, 13, 17, 23-25, 35, 36, 58, 59
    tradição D - 1:6-8
    tradição E - 1:5-8
    tradição J:
        conceito de história - 77:113
        relato da criação - (Gn 2:4-25) - 77:52, 54, 65, 66, 114
        relato do primeiro pecado - 77:128

tradição P - 1:4, 6-7, 14
    relato da criação (Gn 1) - 77:26, 27, 34, 46, 52, 54, 55, 63, 114
Pentateuco:
    conteúdo do - 1:3-4
    crítica canônica - 1:13
    crítica da redação - 1:10
    crítica da tradição - 1:5-8,10
    crítica das formas - 1:9
        gêneros - 1:0
    crítica literária - 1:12
    Decretos da PCB - 72:27, 31
    importância teológica - 1:14
    introdução ao - 1:1-14
    Samaritano - 68:38-39
    temas do - 1:4, 14
Pentecoste, festa de - 44:20-27, 104 (*veja* Semanas, festa das)
Peor - 5:50 (*veja também* Baal-peor)
Perdão:
    de dívidas - 42:39, 116
    de injúrias - 42:34
    de pecados - 42:39, 60; 43:43, 128, 197; 44:75; 50:26; 54:12; 55:17; 60:47, 55-57; 870:43; 82:75
    por Iahweh - 13:16; 14:12, 20, 34; 16:38; 21:22, 23; 34:103, 116, 120; 77:132-135
Peregrinação, festas de - 5:43, 74; 4:43-45; 5:57; 6:36 (*veja* Páscoa, festa de; ázimos, festa dos; Semanas, festa dos; Tabernáculos, festa dos)
Peregrinações ao santuário - 3:43; 6:33, 36; 76:37, 113, 114, 115, 121, 122, 125, 128, 135, 138
Perez - 2:62; 5:54
Perezeus - 2:56; 6:24; 7:19
"Perfeito", o - 49:18
Perfume - oferta de - 76:82-83
Pérgamo, carta à igreja em - 63:24
Período Antigo:
    descrição do Coélet do - 31:35
Período Mesolítico (Epipaleolítico):
    descrição geral - 75:8
    na Palestina - 74:50
Pérola, parábola da - 42:92
Perseguição:
    apocalíptica - 41:85; 40:137
    constância na - 53:12; 57:18-24
    dos discípulos de Jesus - 46:29
    judaica - 44:33, 39, 50
    romana - 51:118; 63:15, 43-65
    sob Herodes Agripa - 44:67
Persépolis - 74:127
Pérsia:
    arqueologia - 74:127, 128-130
    geografia da - 73:18
    império da - 74:127; 75:77, 116-126
    lista de reis (539-331 a.C.) - 25:3
Pesher:
    exegese em Qumran - 67:89-93
    pesharim de Qumran - 67:89-90
Peshita, Bíblia - 68:125-127
Petra:
    escavação - 74:136
    localização - 73:40
    possível local do Monte Sinai - 73:27
    possivelmente Sela - 73:41
Piairot - 3:23
Piedade (*eusebia*) - 56:11
Pilatos, Pôncio - 44:30, 35; 56:41
    cede à vontade da multidão - 43:188; 61:221
    deposto do cargo - 79:13
    história - 75:167, 168, 171, 172, 173
    inscrição encontrada em Cesaréia - 73:77; 75:168
    Jesus diante de - 41:102; 42:157, 159-160; 43:187-188; 56:41; 61:214-221; 78:54
    lava as mãos - 42:160
    na literatura apócrifa - 67:71
Pio X, Papa:
    e os estudos bíblicos - 72:5
    Pascendi Dominici Gregis - 72:18
Pio XII, Papa:
    Dinino Afflante Spiritu - 72:20-23
    e os estudos bíblicos - 72:6, 7, 8, 20
    Humani Generis - 72:24
    Saltério - 68:138
Pistis Sofia - 67:74; 80:71, 73
Pitom - 3:7
Plano de Deus - 51:90; 55:16-17; 82:37-47
    relação com as promessas a Israel - 51:92-111
    para a salvação - 51:4; 55:16-17
Plenitude da maioridade - 55:25
Plenitude de Deus - 54:13, 20; 55:17, 19, 23
Plenitude dos tempos, cristãos na - 47:26
Plērōma (plenitude) - 51:107, 110; 54:13-20; 55:17, 19, 23, 25; 82:21, 129, 136
Plínio - 78:6; 80:24
Pneuma - (*veja* Espírito)
Pobres, os:
    da igreja de Jerusalém - 44:66; 47:17; 49:76; 50:33-39, 51, 130; 80:14
    de espírito - 42:24
    de Iahweh - 18:61
    ebionitas - 67:59,96
    sofrimento infringido pelos ricos - 58:4, 10, 16
    tema de Lucas - 43:5
    (*veja também* Coleta para os pobres)
Pobreza:
    ambivalência da - 28:60; 32:31
    importância da - 58:10

Poço:
    de Jacó - 61:58-59
    Cântico do - 5:42
Poder de Cristo - 48:26; 51:16
Poder de Deus:
    e a benevolência - 33:37-39
    manifestado - 17:32, 50-51
Poimandres - 80:72
Policarpo - 48:4; 80:39
    Carta Filipenses - 66:41, 76, 78, 82; 80:40
    Martírio de - 80:56
Poligenismo na *umani Generis* - 72:24
Politeísmo e a monoteísmo israelita - 77:17-20
Pomba:
    simbolismo da - 41:6; 42:18; 43:49
Pompéia - 74:131; 75:144-145; 152-153; 79:17
Pôncio Pilatos - (*veja* Pilatos, Pôncio)
Pontifícia Comissão Bíblica (PCB):
    autoridade das declarações - 66:87; 72:6, 25, 37
    declaração do secretário - (1955) - 72:6, 25
    declarações recentes - 65:59; 72:29-33, 35, 37-39
    decretos sobre Gênesis - 72:27
    estabelecimento da - 72:5, 37
    historicidade do evangelho - 65:71; 70:71; 72:8, 15, 35, 37
    primeiros decretos (1905-1915)- 75:5, 25-28
Ponto - 57:7
Porção (lote):
    Deus como - 34:34
    dos homens, em Eclesiastes - 31:14, 18, 19
Porneia (fornicação) - 42:31-32, 117; 44:83; 46:29; 61:122
Portas salomônicas - 7:14, 41, 108, 114, 135
Pós-apostólico (II século):
    escritos - 80:34-63
    período - 80:21,33
    (*veja também* Sub-apostólico)
Pós-bultmanianos - 70:64-70; 71:54; 78:9
Pós-exílico, período - 19:5-18; 75:117-144
Povo de Deus - 3:52; 6:23; 14:9-11; 18:89; 57:11-12
Povo santo de Deus - 48:12; 49:11; 54:10; 55:15-17; 59:14
Povos da Terra - 2:14 (*veja também* Nações)
Praescriptio - 41:104; 48:5, 14
Praga (s) - 99:71; 12:14; 18:47; 75:45; 81:93
    do Egito - 3:17-22; 6:46
    em Apocalipse - 63:38, 51-52
Predestinação - 51:90, 97; 55:16; 82:41
Preeminência de Cristo - 54:6, 13
Pré-exílico, período - 75:26-116
Preexistência de Cristo - 44:26; 54:6, 13; 60:11, 28; 61:21; 62:12; 82:32, 44-50
Prefeitos (romanos) na Palestina - 75:167
Pregação do evangelho relacionado com o sofrimento - 46:18; 47:32; 48:13,16; 54:16
Pregação:
    aos espíritos em prisão - 57:21
    necessária à fé - 51:103-104
    por motivos errados - 4619; 48:14
    pregação de Cristo por Paulo - 47:21; 48:14, 15; 49:15-17, 50:48
Preposições paulinas - 82:117-121
Presbíteros (anciãos) - 56:17, 34, 39; 57:26; 58:35
    autor de 2 João - 62:2, 36
    história do - 80:27-28
Presença de Cristo nos cristãos - 82:121, 140
Presença de Deus - 3:44, 45, 73; 5:22, 29; 6:14, 33; 7:18; 17:23; 20:17, 20, 30, 33, 34, 101; 22:27; 24:18-20, 24, 25; 34:156; 76:34, 52 (*veja também* Emanuel)
Presente de Deus:
    gentios como exemplo de - 51:96
    Isaac, Jacó como exemplos de - 51:96
Primeiros profetas - (*veja* Proféticos, livros) - 66:23, 27
Primícias:
    Cristo como - 51:108
    Espírito como - 51:88
    oferta das - 5:30; 6:36, 42
Primogênitos (*prōtotokos*) - 43:29
    consagração dos - a Iahweh - 3:24, 43
    da criação - 54:13
    da ressurreição - 54:13
    levitas como substitutos dos - 5:11
    praga de morte dos - 3:17, 22
    redenção dos - 5:11, 35
    reservados para o sacrifício - 6:36
Primogenitura, direito de - 6:40
Principados e potestades - 54:6, 13, 20; 55:17; 82:89, 136
Príncipe (s):
    davídico (em Ezequiel) - 20:95-97
    definição do título - 4:9; 5:8
    ofertas do - 5:18, 57
Princípios da vida cristã - 47:20, 30; 82:64, 66
Priscila - 79:6, 10, 39
Problema sinótico - 40:1-37
    hipótese de Griesbach - 40:5,34
    história do - 70:21-25
    outras soluções - 40:30-34
    prioridade de Marcos - 40,5, 6, 12, 21-27; 41:3, 42-43; 43:4
    Q - (*veja* Q, Documento)
    teoria das duas fontes - 40:5, 13-20, 30-31
        história da - 70:23-25, 33
    teoria de Vaganay - 40:30, 31
Procuradores na Palestina - 75:167
Pródigo, filho - 43

Profeta(s) (profecia):
    carisma cristão - 46:38; 49:63-64; 51:115
    clássica - 11:8-10
    Compreensão pós-exílica de - 11:11; 19:5, 18; 71:32
    cristã - 44:23; 49:63, 64; 55:25
    Davi como - 44:25
    desaparecimento dos - 11:11; 26:24, 35, 52
    do AT - 57:8; 58:33; 61:35
    e a lei - 6:3, 4; 11:13
    e a monarquia - 22:15-16
    e a moral - 11:20
    e a vocação - 9:7; 15:17; 18:12-13
    e ações simbólicas - 11:23; 15:38; 20:24
    e o culto - 11:5, 14; 13:3, 13, 15, 17, 23; 18:23, 27
    e o espírito - 77:36, 37
    e o messianismo - 11:16 (veja Messias)
    e o monoteísmo - 11:21
    e o templo - 76:51
    e revelação - 77:107
    e sacerdócio - 11:5, 13
    e sacrifício - 11:14
    escatológica - 78:33; 81:41, 42
    extáticas - 11:5, 7; 69:76
    falas de Cristo - 51:15; 77:175-178
    falsos - 11:8; 14:15; 15:50; 16:14, 17, 19; 18:21,2,47, 71, 75-78; 20:56-59, 40;22:47; 41:36; 42:49; 63:52
    história da crítica - 69:17, 22, 23, 24, 25
    hostilidade de Israel para com os - 13:10; 14:25; 16:14
    Jesus como - 43:9, 95, 100, 116; 61:35, 38
    Moisés como - 44:48
    na Escritura - 64:15
    pré-exílica - 19:3,5
    profetisas - 8:25; 10:70
    relação com a apocalíptica - 19:19-21; 63:4
    sepulturas dos - 42:135
Proféticos, livros da Bíblia - 11:22-24
    forma literária - 11:23
    Formação dos - 11:24; 66:27-28
    Primeiros Profetas: 66:23, 27
        coleção - 66:27
        conteúdo - 66:23
    Últimos Profetas:
        coleção - 66:27
        conteúdo - 66:23
Proforísticas - 71:4
Profundezas (caos ou mundo inferior) - 34:105, 147 (veja também Xeol)
Prólogo joanino - 61:4, 21-26; 62:5, 12
Promessas de Deus - 1:4, 14; 7:81; 51:42-111; 82:36, 43, 66, 89, 93, 95, 96
Propiciação - 51:41; 82:72-74

Propiciatório - (veja Hilastērion)
Propriedade:
    danos - 3:41; 6:40
    venda de - 4:52-53
Prosélito (s) - 42:135; 44:75
Prostituição:
    cúltica ou no templo - 6:41
    e a idolatria - 44:8-9, 15-16; 18:17, 46
Prostituição:
    atitudes do AT para com - 6:41
    de Israel - 14:3, 9, 15, 16
    e idolatria - 14:8-9, 15-16
    (veja também Meretrício)
Protestantismo:
    e o cânon da Escritura - 66:44-46, 86
    interpretação "privada" da Escritura - 71:80
Proto-canônico - 66,8019 (veja também Cânon da Escritura)
Protoevangelho de Tiago - 67:64; 81:142
Provação, julgamento por - 5:15
Provérbios, o livro de - 28:1-65
    comparações com a literatura sapiencial egípcia - 28:3, 51-53, 57
    data - 28:5
    formas literárias em - 28:6-9
    provérbios numéricos - 28:9, 63
    (veja também māšāl; Parábolas)
Providência - 34:34, 164; 42:45, 70-71; 51:90; 77:55, 60, 116
    no eclesiástico a Sirácida - 32:55
Providentissimus Deus - 72:4, 17
    inspiração da Escritura - 65:6, 41, 45, 47, 48
Próximo:
    amor ao - 42:35; 43:91, 126; 58:17
    significado no NT de - 47:30
Prudência - 28:40, 55; 32:28-29, 40, 62
Psalmético II - 20:48
Pseudepígrafo:
    significado do termo - 66:10; 67:6
Pseudo-Clementinas - 80:26
Pseudonímia - 19:19; 53:2-3, 9; 56:6-8; 57:2; 58:3; 59:2; 63:9; 64:2
    dos livros bíblicos - 66:88-89
Psychē (alma) - 51:29; 82:101, 104, 105
Ptah-hotep, Instrução de - 27:20
Ptolemaica - 67:35
Ptolomeus (dinastia egípcia):
    governo sobre a Palestina - 25:3, 16, 33; 79:129-131
    lista de reis - 25:3
    origem dos - 75:128
    Ptolomeu IV Filopator - 67:35
Punom:
    baía no Arabá - 73:31,41

Pureza legal - 4:24-33; 6:33, 35, 41; 22:12-13
Purgatório: 44:23
   bases bíblicas para (?) - 26:82
Purificação:
   para a guerra - 18:23
   ritual para a pessoa leprosa - 4:31
   vários tipos de - 76:100-109
Purim, festa de:
   história - 76:155-157
   origem - 38:53, 57, 65
   significado de pûr, pûru - 38:57; 76:156, 157
Puro e Impuro - 41:47; 42:99; 44:60; 51:124; 76:100, 107
   animais - 4:25-26; 6:35, 55
   (*veja também* Impureza)

Q

Q, Documento - 40:13-20, 28-29; 42:2, 3, 17; 43:4
   e os evangelhos apócrifos - 67:58
   história da teoria - 70:23
Qasile, escavação do Tell - 73:76; 74:21, 102
Qēhal Iahweh (assembleia do Senhor) - 82:134
Quadrato - 80:45
Quarenta dias, significado de - 42:19; 43:53; 44:15
Quatro bestas:
   sentido de, em Daniel - 25:14, 26-28
   visão das - (*veja* Besta [em Apocalipse]) 15:14, 26-28
Quatro cavaleiros - 63:32
Quatro períodos (eras) - 25:15
Quatro reinos - 25:14, 16
Quatrodecimanos - 80:53
Qudeirat (*veja* Cades Barne)
Queda da humanidade - 2:5
Queila - 9:30
Quenitas - 8:14
   aliados de Judá - 73:86, 88; 74:109
   influência sobre Moisés - 75:44
Querubins - 3:49; 20:19, 34; 34:97; 76:46
Quinerete - 6:12
   Mar de - 73:60(*veja* Galileia, mar da)
Quir-Hareset - 10:44
   localização, Moab - 73:43
Quiriat-arba - 73:90 (*veja* Hebron)
Quiriat-Husot - 5:47
Quiriat-Jearim - 9:9; 76:14, 41
Quitim - 15:43; 18:16; 26:14
   termo romano para Qumran - 67:88, 102
Qumran - 67:8-117
   descobertas em - 67:79-81
   escatologia - 81:40
   escavação em - 75:18, 137
   localização - 73:68
   messianismo - 81:40
Qumran, comunidade de - 19:22; 67:106-112
   cânon do AT - 66:36-37
   celibato - 67:108
   destruição da comunidade - 67:103, 104
   e os fariseus - 67:96, 101
   entrada na - 67:106, 107
   história - 67:96-105
   Justo:
      Mestre de Justiça - 67:86, 87, 98-100, 114
   literatura:
      escatologia e messianismo - 67:113-117
      influência sobre as Dêutero-paulinas - 54:8
      influência sobre Paulo - 82:34, 50, 51, 68, 82, 84, 100, 134, 142, 144
      interpretação dos profetas - 71:33
   mss do AT:
      origem, escrita, ortografia - 68:16-18
      sistema de referências - 68:23
      características textuais - 68:19-33
   organização - 67:110-112
   os muitos - 67:110; 80:15
   paralelos cristãos - 67:112; 80:10, 12, 14, 15
   relação com os essênios - 75:151
   relação de João Batista com a - 42:17; 43:43
   sacrifício - 67:108
   supervisor (*mĕbaqqēr*) - 48:22; 67:11
   (*veja também* Essênios)

R

Raab (de Jericó) - 7:17, 28, 29; 58:22, 38
Raab (Monstro do mar) - 15:53; 19:6; 30:41, 73
   (*veja também* Criação; Tiamat)
Rabá (Rabá Amon) - 20:59
   localização - 73:48
Rabbula - 68:126
Rabi (s):
   e Paulo - 82:11,42
   Jesus como - 78:14
   literatura rabínica - 67:131-143
      categorias de - 67:133
      valor histórico da - 67:134-135,
      uso do título - 42:135; 61:33
Radiocarbono, datação por - 74:34
Rafael - 38:13-22; 67:14
Ragau - 38:33
Rahner, K.:
   cânon da Escritura - 66:17
   inspiração da Escritura - 65:60, 65; 66:17
Rainha:
   do céu (Astarte) - 18:26, 107
   Mãe - 10:27; 18:46
Ramat Rael - 73:95; 74:116

Ramataim-Zofim - 73:99
Ramos:
    cristãos gentios no tronco da oliveira judaica - 51:109
Ramot-Gaalad - 75:52
Ramsés (cidade) - (*veja* Zoã)
Ramsés II - 3:7
    projetos de construção - 75:42
    Ramsés - 73:26 (*veja* Avaris)
Raquel - 2:49, 52
    filhos de - 2:50
    morte de - 2:57, 58
Ras Shamra (*veja* Ugarit)
Rãs, praga das - 3:17,19
Rebeca:
    ajuda Jacó a receber a bênção de Isaac - 2:46
    escolhida como esposa de Isaac - 2:38
Recabitas - 18:97
Recalcitrar contra o aguilhão - 44:124
Reconciliação - 14:12, 34; 42:29; 50:25-27; 51:57, 108; 54:13; 55:21; 82:44, 67, 72, 125, 136 (*veja também* Perdão)
    a justificação traz - 61:57
Redação, criticada da, - 71:57; 81:110
    definição - 70:44, 30; 71:28
    exemplificada em Lucas - 70:68
Redaktionsgeschichte - (*veja* Crítica redacional)
Rede, parábola da - 42:92
Redenção - 51:40; 55:17; 56:21; 60:22, 52; 63:46
    da maldição da lei - 47:23
    Iahweh como redentor - (*veja também* g)'@l)
    realizada contudo escatológica - 51:88
Refaim - 6:10; 7:50
Refeições funerárias - 18:51
Refidim - 3:28
Reforma deuteronômica - 6,3; 75:110
    e Jeremias - 18:3-4, 20, 23, 29, 39-40
Reforma:
    de Ezequias - 10:64; 23:72, 74; 76:54
    de Josias (deuteronômica) - 10:71; 18:3-4,25
    de Neemias - 23:98, 111-114
Refúgio, cidades de - 3:37, 38; 5:62 (*veja* Santuário, cidades de)
Regra de ouro - 42:47; 43:91
Regulamentos litúrgicos - 5:57
Rei - 6:37; 9:44
    como salvador no AT - 9:13,15; 77:155-160, 162-163
    descrição messiânica - 77:155-163
    designado como Deus -15:22; 34:62
    e a justiça - 34:89
    festa de entronização - 76:140
    Iahweh como - 16:4, 9, 17, 45, 56; 16:21; 34:64, 110, 112-114; 77:75 (*veja também* Salmos de Entronização)
    ideal - 15:9, 22, 33, 55; 18:70
    Jesus como - 43:163; 61:160, 214-221
    noção israelita de - 916; 10:9, 18; 37:63, 65, 68; 77:68, 69
Rei dos Judeus - 41:102, 104; 42:159, 162:43, 191; 61:233; 78:54
Reinado de Deus (*veja* Reino)
Reino de Deus - 33:30; 46:21; 47:31; 51:125
    e as parábolas - 81:59, 62, 64, 68, 69
    e os milagres - 81:106, 107
    em Atos - 44:15, 100, 133
    em João - 61:50
    em Lucas - 43:67, 88, 93-94, 110, 194; 82:53
    em Marcos - 41:6, 27-30, 63-64, 79; 81:51
    em Mateus - 42:79, 129; 81:52
    no AT - 77:149-151
    no pensamento judeu - 81:36-42
    no pensamento paulino - 82:45, 80, 142
    presente e futuro - 78:7; 81:30-36, 44-45
    significado para Jesus - 78:17, 18, 20, 25, 45, 49, 81; 30:44
    símbolo tensivo - 81:35
Reino dividido - 10:23-62; 75:88-113
    atitude do cronista para com - 23:50
Reino:
    de Cristo - 43:192; 64:10; 81:52
    de sacerdotes - 57:12; 63:18
    dividido - 42:79; 43:130
    do céu - 42:6, 17, 20, 28, 39 85-92
    herdado - 58:16
Reis de Israel, tabela dos - 75:88
Reis, os Livros dos - 10:1-73
    composição - 10:2
    historicidade - 10:2
    teologia dos - 10:3
Religião (ões) de mistério - 54:8; 61:5, 83:41
    influência sobre o NT - 70:39-41
Religiosgeschichte - 70:39 (*veja* História das religiões - escola da)
Remissão - 51:41, 46
Renúncia:
    condição para o discipulado - 42:71, 106; 43:114, 133
    da riqueza - 42:119; 43:157
Resgate, redenção - 82:75, 76
    Jesus como - 42:122; 57:9
Responsabilidade:
    coletiva - 18:88; 25:25
    conceito do AT de - 77:70, 93
    individual - 20:10, 12, 41, 50-51, 82; 77:70
Ressurreição - 19:11, 17, 19, 21, 22, 23
    conceito hebreu de - 19:21; 77:173; 81:123
    dos cristãos - 46:32; 49:68; 50:20; 54:20; 56:50;

63:60; 82:9, 45, 47, 85, 113, 120
dos justos - 15:47; 25:9, 34; 26:12, 73, 82, 87
dos mortos - 44:33, 95, 115; 49:68; 50:20; 56:50; 60:33
e o casamento - 41:78; 42:132; 43:171
em Apocalipse - 63:60
evangelhos apócrifos da - 67:57, 74-76
nas religiões comparadas - 81:122
negada - 33:6
no *Test. dos 12 Patriarcas* - 67:23
opinião dos saduceus - 41:78; 42:132; 43:171; 44:33, 115
Ressurreição de Jesus - 53:14; 49:66, 68; 54:13; 55:17; 57:8; 60:8, 41; 61:229-232; 78:5; 81:118-134
aparições - 81:127-130
aparições na Galileia e em Jerusalém - 81:128-130
causa da justificação - 51:49
com Cristo no batismo - 51:63-66
conceito paulino - 81:48, 123, 124, 130; 82:9, 13, 14, 18, 19, 25, 35, 50, 58-60, 6, 96, 98, 99, 113
e a cristologia - 81:52-54
e a parúsia - 81:52,54
e o batismo - 54:20; 57:8; 82:113
exaltação - 82:59, 67
fundamental à fé e à salvação - 51:102
guarda no túmulo - 41:108; 42:166; 43:195; 61:230; 81:121, 124, 126
narrativas do Evangelho - 41:108; 42:166-168; 43:195-198; 61:229-243; 81:12-130
no querigma primitivo - 49:66
papel do Pai na - 47:11; 44:26;46:16; 51:83; 82:59
prefigurada - 41:10
processo salvífico para Paulo - 51:16
relacionada com a ascensão - 81:121, 128, 129, 134
relacionada com a paixão - 51:49, 86
ressuscitado ou ressuscitou - 81:133
transformação - 81:124-126
túmulo vazio - 41:108; 42:166; 43:195; 61:230, 81:121, 124,126
uso apologético - 81:120-123
vitória definitiva - 61:66
Restauração - 15:8, 17,30; 16:6, 15, 36; 17:3
de Israel - 18:20, 75, 80-82
de Judá - 18:20, 87, 909-93
promessa de - 14:4-5, 11-13, 34; 19:5-9, 16, 17; 20:12, 47, 65, 87, 88; 22:42
Restituição, regra da - 5:14
Retidão (justiça) - 77:94-94, 102
da lei - 42:28; 44:75; 51:101
de Deus - 50:26; 51:20, 34, 38, 42, 101; 58:13
dos salmistas - 34:19, 35
genuína - 42:37; 48:26; 52:29
(*veja* Justiça; Justificação)

Retribuição, doutrina da - 28:12-13; 28:39, 42, 49, 54, 60; 30:5, 17, 24, 35, 40, 50, 54, 69, 73-76, 79; 31:6, 26; 32:13, 15, 26, 32, 38, 40, 66; 33:5, 6, 12, 13, 14, 17; 34:12, 55; 38:9, 11, 22, 23, 24
Reuel - 3:30
Revelação:
completa em Cristo - 60:7; 61:26, 187
de Cristo a Paulo - 79:20-21; 82:13-15, 16, 33
em Apocalipse - 622-3
em atos e palavras - 71:13
fontes de - 72:7, 13
na criação - 51:24-25
no AT - 77:103-110
canais de - 77:107-110
na história - 77:104, 111-115
na natureza - 77:110
por atos - 77:103-104
processo gradual - 77:104
os milagres como - 81:111
preparação histórica da - 66:97; 72:36
ressurreição como - 81:12
Vaticano II - 65:4; 72:78, 13-16
Revised Standard Version - 68:200
edição Católica - 68:201
Revised Version da Bíblia - 68:199
Revolta, primeira, dos judeus:
consequências -75:189-190; 80:22
história da - 75:181-188
Revolta, Segunda, dos judeus - 74:155; 75:191-193
Revue Biblique - 69:35, 60; 70:37
Rezim - 10:20
Rîb (processo) padrão - 16:27-31 (*veja* Processo)
Rico e Lázaro - 41:151
Rio Quison - 8:25, 26; 73:106, 108
Rios:
da Transjordânia - 73:38
(*veja sob o nome próprio correspondente*)
Riqueza, prosperidade:
atitude para com - 32:34, 45, 53
colocar a confiança na - 14:32; 17:47
perigo da - 28:47, 60
recompensa da virtude - 28:41
vaidade da - 31:14, 21
(*veja também* Ricos; Pobres; Pobreza)
Riquezas: 17:22, 47
atitude adequada para com - 32:34, 45, 53
perigo das - 2:47, 60
Rispá - 9:68
Ritual, Decálogo do - 3:74 (*veja* Códigos legais)
Danos - 3:41
Robinson, E.:
arco em Jerusalém - 74:138
Roboão - 10:23, 27; 23:50-51; 75:87-88
Rocha:

Cristo como - 49:48
Iahweh como - 6:57; 34:15
Pedro como - 41:105; 57:7
Rolo de Abisaí - 69:38
Rolo:
    características de um - 68:14, 89, 90
    comido por Ezequiel - 20:21
    do Cordeiro - 63:31
    o pequeno - 63:41
Manuscritos do Mar Morto - 19:22; 67:78-123
    e o evangelho joanino - 61:6
    Khirbet Mird - 67:118
    Masada - 67:123
    Murabba'at - 67:119
    Qumran - (veja Qumran) - 67:79-117
    Significado do termo - 67:78
    Vales entre Em-Gedi e Masada - 67:120-122
Roma:
    chamada de Babilônia - 57:28; 63:47, 52-54
    confim da terra - 44:16
    e 1 Pedro - 66:71
    e a carta aos Hebreus - 66:69
    gentios convertidos em - 51:8
    igreja de - 51:3, 5, 18; 60:5; 80:18, 19, 22, 36-38
        bispo de - 80:28
        composição de 51:8
        fundação da - 51:7
    judeus convertidos em - 51:8
    Marcos escreveu em - 66:63
    Paulo em - 44:101, 132-133
Romano, período na Palestina:
    história do - 75:145-193
    legados romanos (Síria) - 75:161
    procuradores romanos (Judéia) - 75:167
Romanos, a carta aos - 51:1-135
    autenticidade e integridade - 51:9-11
    destinatários - 51:7-8
    importância - 51:12
    o problemático capítulo 16 - 51:9-10, 131-135
    o problemático capítulo 5 - 5:51, 13, 50
    possivelmente uma carta circular - 51:11
    principais comentaristas, intérpretes - 51:12
    relacionada com Deus - 47:9; 51:6
Romanos:
    destruição de Qumran - 67:103, 104
    tratados:
        sob Jônatas Macabeu - 26:43
        sob Judas Macabeu - 26:33
        sob Simão Macabeu - 26:51
Roš Hášăná - 4:46; 76:139, 140 (veja Dia de Ano Novo)
rûaḥ (espírito, vento) - 2:4; 15:26; 18:22; 20:87; 21:16 (veja Espírito)
Rúben (tribo) - 2:72; 6:12, 60; 8:26
    solicitação Gad e - 5:60
    território - 5:60; 7:56
Rúben, filho de Jacó - 2:72; 6:12, 60; 8:26
    explicação do nome - 2:50
    tentativas de salvar José - 2:61
Rute - 35:6, 8-25
Rute, o livro de - 35:1-26
Rylands Papiros - 687:179
Sã doutrina - 56:19, 30, 36
    e a crítica do NT - 70:63
    e a escatologia - 81:34, 35, 36, 65

S

Sabá, Rainha de - 10:18; 23:49; 42:81; 43:131
Sábado - 42:138; 46:64, 81-82, 139, 142; 44:17, 71, 92; 47:26; 54:8
    e a aliança - 20:56; 76:120
    história do - 76:118-121
    importância - 76:120
    Jesus e o - 41:18, 19; 42:76-77; 43:64, 81, 82:139; 61:73, 75, 108, 129
    legislação concernente ao - 3:33, 43, 65
    observância do - 18:56; 21:51, 55; 76:122
    os cristãos e o - 80:12
    razão do - 2:4; 6:20
Sabedoria - 15:7-8, 0, 24, 31, 561
    acessível a todos - 28:11,33
    aspecto moral da - 77:124
    banquete da - 28:35
    base experimental da - 27:5, 14; 28:13
    como salvadora - 33:30
    concedida pelo Espírito - 49:18-20
    conceito de - 77:3, 5-6 28:11, 17
    cumprida pessoalmente em Cristo - 54:13; 60:8; 61:22-25
    de Deus - 15:4; 49:15; 55:22; 82:84
        hino à - 51:111
    de Salomão - 42:81
    deste mundo - 49:15-16; 58:25
    distinta de Deus - 32:46
    dom de Deus - 33:28
    dos cristãos - 58:25
    e a criação - 27:14, 16; 28:13, 24, 34; 30:101; 52:39, 46
    e a imortalidade - 33:11-19
    e a revelação - 77:108
    e Jeremias - 18:34, 36, 38, 53
    e o Coélet - 31:5-6, 12, 15, 31
    e Salomão - 10:7, 9-12, 13, 18; 27:7-8; 32:74; 33:20-29
    Espírito, identificado com - 35:7, 12
    excelência da - 28:12, 21-22, 33-34
    futilidade da - 31:6, 15, 31

imaterialidade da - 33:25
inascessível - 30:97, 101, 102
justificada pelos atos -
  nas tradições judaicas - 61:8
  no gnosticismo - 80:69, 71,74
  origem - 32:11, 46, 85; 33:21
  papel especial da, em Israel - 32:46
  personificação da - 27:15-17; 28:5, 7, 12, 19, 20, 26, 33-36, 42; 32:20, 37, 46; 53:7, 12
  preexistência da - 28:34
  qualidades - 33:25, 26
  recompensas da - 27:5, 13; 28:22; 32:13, 15, 20, 25; 33:11
  salmos sapienciais - 34:11
  Torá, identificada com - 27:17; 32:25, 39,41 42, 46; 34:20, 136
  vantagem sobre a insensatez -
Sabedoria, literatura de:
  ambiente da - 27:7
  características da - 27:3-6
  e a moralidade pessoal - 77:124
  e Salomão - 27:7, 8; 28:5, 17; 29:2, 3; 31:2; 33:2; 34:89, 144; 66:89; 67:47
  egípcia - 27:19-26
  formas literária da - 27:8-10
  influência helenística sobre - 26:33-36
  mesopotâmica - 27:27-32
  teologia da - 27:11-17
Sabedoria, o livro de - 33:1-59
  influência de Isaías - 33:13, 15, 18
  influência do pensamento grego sobre - 33:6, 7, 9, 25, 43
  numa lista do NT - 66:84
Sábio, o:
  conduta do - 32:40, 42, 53, 55
Sacerdócio:
  de Cristo - 60:17, 19, 26-54
  de Melquisedec - 60:38-43
  declínio do - 26:62
  dos cristãos - 57:11-12; 63:18
Sacerdote (s) - 76:7-24
  bênção dos - 5:17
  criticados - 14:15, 18, 28; 15:50; 16:18; 18:22, 29; 2244-57
  deveres dos - 5:35; 20:95; 76:8-12, 23
  e a lepra - 4:29, 32
  e os levitas - 76:19-24
  e os profetas - 11:5, 13
  e os sacrifícios - 4:12-18; 76:12, 23
  hebreus destinados aos antigos judeus - 60:4, 29
  hierarquia - 76:17-20
  judeus convertidos ao Cristianismo - 44:43; 60:29
  levitas - 76:19-24
  mestres de Israel - 22:12, 35; 76:10-11, 23
  não levitas - 76:19-24
  nos santuários - 76:8
  oráculos - 76:9
  ordenação dos - 76:13-14, 24, 109
  Sacerdote Perverso (Qumran) - 67:99
  sadoquitas - 19:10; 20:95; 21:57-60; 76:16-18, 19
  santidade dos - 4:41; 76:14, 22, 77, 103
  terminologia - 76:7
  vestimentas dos - 3:56; 4:20
  (*veja também* Sumo[s] sacerdote[s]; Levitas; Ofertas; Ordenação; Presbíteros; Sacrifícios; Saduceus)
Sacramentalismo:
  em João - 61:47; 83:58
  no pensamento paulino - 82:25, 112-115, 128-132
Sacrifício (s) - 9:71; 14:23, 34; 18:27; 20:97; 22:57; 34:67
  altar de - 4:6
  animais para o - 4:6
  cananeus - 76:85
  comunhão (paz), sacrifícios de - 4:8, 17; 76:67, 67-71
  condenação pelos profetas - 18:27; 76:71, 96
  de Cristo - 55:26; 6:27, 43, 45, 51-54; 82:57, 73, 74, 131
    pelo pecado (expiação) - 60:18, 49-50
  diários - 3:57; 41:13-14; 5:57; 76:112
  direito de participação no alimento do - 4:42
  e o sacerdote - 4:12-18
  em Qumran - 67:108
  expiação pelo pecado e culpa - 76:72, 78, 95, 106, 107, 112,148
  humanos - 76:66-96
  lei ou ritual dos - 4:5-18, 42
  na ordenação - 3:57, 4:21
  origem - 76:84-85
  pelo pecado (expiação) - 60:18, 49, 50
  primogênitos reservados para - 16:36 (*veja também* Sacrifício de crianças)
  significado - 76:89-95
  tipos de - 4:5-11
  (*veja também* Holocausto)
Sacrifício de criança - 2:35; 5:24; 4:37, 40; 6:34; 18:17, 60, 65, 90; 21:52; 76:86-87 (*veja também* Primogênito)
Sacrifícios diários - 3:57
Sacut - 13:17
ṣaddîq, justo - 34:11, 19 (*veja* Justiça)
Sadoc:
  apóia Salomão - 10:5-6
  genealogia - 23:18, 20
  história - 76:16
  substitui Abiatr - 10:8

Saduceus - 41:78; 42:132; 43:76, 171; 44:33, 39, 115
  e Jesus - 78:11
  oposição nos *Salmos de Salomão* - 67:47
  origem - 75:149
  teologia - 75:149-150
Safã - 10:70
Safad - 75:115
Saídico - 68:149-151 (*veja* Cóptica, versão da Bíblia)
Sal:
  da aliança - 4:7
  da terra - 42:25
  como símbolo de inviolabilidade - 5:35
Salário - paga dos trabalhadores - 58:31
Salatiel - 67:41
Salecá - 73:54
Salém - 2:23
Salmos de aleluia - 76:153
Salmos de Salomão - 66:40 67:46-48; 77:162
  escatologia - 81:38, 44
Salmos:
  análise das formas literárias de Gunkel - 34:6; 69:34
  análise litúrgica de Mowinckel - 34:6
  autoria em geral - 66:89
  literatura comparada - 34:7
  litúrgicos - 76:97
  o Livro dos - 34:1-167
  primeiros decretos da PCB - 72:27
  reais e messiânicos - 77:157 (*veja também* Messias)
  salmos não canônicos - 68:31
  saltérios latinos - 68:100-103
  teologia - 34:14-19
  textos e versões - 34:2
  tipos literários - 34:6-13
  títulos e sobrescritos - 34:4, 5
Salomão - 9:58; 75:86-87
  Atos de - 10:2; 80:86-87
  discurso na dedicação do Templo - 23:43-45; 76:51
  dons de Iahweh a - 10:9-12,18
  e a sabedoria - 10:7, 9-12, 13, 18
  e Hirão - rei de Tiro - 10:13, 15, 17, 18
  esplendor de - 42:81
  esposas estrangeiras de - 10:9, 15, 19
  estábulos - 74:39
  idolatria de - 10:19
  Odes de - 67:46
  porto de Ezion-Geber - 73:69
  promessa de Deus a - 10:15, 16, 19
  Salmos de - 67:46-48
  sonho de - 10:9
  torna-se rei - 10:6-7
  trabalhos forçados - 10:14, 17

tratamento do cronista - 23:35, 39-40, 41-49
  (*veja também* Templo de Jerusalém)
Salomé Alexandra - 75:141, 143, 147
Salomé, filha de Herodias - 41:41; 42:95
Saltério galicano - 68:135, 137
Saltérios em latim - 68:135-138
  Líber Psalmorum cum canticis (1945) - 68:138
Salum - 10:58
Salvação, história da (*Heilsgeschichte*) - 34:13, 95, 122, 123, 131; 44:5; 70:57; 77:140-143
  em Lucas - 70:68
  história da teoria - 69:20, 30, 31
  no pensamento paulino - 31:48; 82:14, 26, 37, 40, 41-47, 48, 55, 61, 81, 91, 95, 96, 136, 137
Salvação:
  com partilha mediante a fé -
  conceito do AT - 77:140-151
  definição do NT de - 51:20, 102; 56:31
  dos exilados - 21:22, 25, 27, 32, 36, 39
  e a lei - 44:40
  escatológica - 48:15, 23; 51:20; 56:31
  independente da lei - 51:36, 43
  no pensamento paulino - 82:14, 15, 21, 28, 36, 37, 41, 43, 45, 50, 56, 63, 66, 6, 71, 87, 137, 138
  pela graça mediante a fé - 55:20
  relação com a conduta - 48:23; 51:29
  universal - 18:52; 56:51
  vinda dos judeus - 61:61
Salvador:
  atos salvíficos de Iahweh - 77:140-143
  Jesus como - 43:30, 191; 44:73; 56:15; 61:65; 64:7
  o rei como - 77:155-63
  título para Deus - 56:15, 26; 61:65
Samael - 67:55
Samareitikon - 68:39
Samaria - 10:35, 47, 51; 13:12, 22; 14:23; 15:16, 29; 20:46, 61; 23:70; 43:120; 61:57
  distância de Jerusalém -
  e Omri - 10:28
  escavação - 74:9, 16, 19, 113-115, 129, 143
  evangelizada - 44:51; 80:16
  mulheres de - 13:13
  objetos de marfim - 74:114
  oráculo contra - 15:49
  ostraca - 74:115
  queda - 10:62-63
Samaritano (s) - 10:63; 43:119-120, 126, 153; 61:57-65
  em João - 83:11
  em Siquém e Nablos - 73:101
  história - 75:118-119, 127, 140
  mulher samaritana - 61:57-65
  nome como um termo de opróbrio - 61:124
  o Pentateuco Samaritano - 66:25; 68:38-39
Samuel - 8:2; 9:6; 23:18; 76:111

como juiz - 9:6,10
como profeta - 9:6, 7, 10, 18-19; 11:9
e a transição para a monarquia - 9:12-16
e Davi - 9:17, 20, 25
e Saul - 9:13-14, 17-19, 25, 36
em Silo - 9:7-8
morte de - 9:32
nascimento de - 9:7
vida de - 75:78-79
Samuel, livros de - 9:1-71
 composição - 9:4
 e a "História Deuteronomista" - 9:4
 e o "Documento Profético" - 9:4
Sangar - 82:21, 22, 24
Sangue - 82:73, 74, 102, 103
 comer do - 44:83; 61:98
 da aliança - 41:95; 43:179
 de Abel - 60:68
 de animais - 60:49
 e água - 61:227; 62:3, 30
 e de gordura, proibições - 4:18
 na cerimônia de ordenação - 4:21
 praga de - 3:17, 19, 26
 sacralidade do - 4:36; 20:64
 sacrificial - 42:151; 60:55; 76:65, 67-69, 73, 84-85, 90, 95, 12, 127, 148
Sangue de Cristo - 57:7; 60:55; 63:35
 na Eucaristia - 42:151; 43:179; 49:58; 61:98; 82:130-31
 que traz liberdade, redenção - 47:23; 55:17; 57:9; 60:55; 82:73-74
Sansão - 8:2, 4, 6, 11, 24, 34, 42-46; 76:111
Santidade - 7:89; 15:13
 de Deus - 15:4, 17; 17:47; 20:12, 90
 dos sacerdotes - 76:14, 20
 espírito de - 51:15
 significado - 3:43; 54:10
Santificação - 82:67, 77
Santo - 15:4, 17, 53; 18:118; 20:90; 21:11, 21
Santo dos Santos (*děbîr*) - 3:52; 60:48-52, 56
Santo ofício (Congregação de Doutrina da Fé):
 mysterium Ecclesia - 72:36
 sobre a historicidade do Evangelho - 72:34
Santos - 48:12; 49:11, 50-62; 51:16, 130-131; 55:15, 17; 60:36
 e a parúsia - 46:28
 o destino dos - 54:12; 55:18
Santuário (refúgio), cidades de - 3:37, 38; 5:62; 6:17, 38; 7:78-79; 23:21
Santuário (santuários, lugares santos) - 76:25, 56
 construção de - 3:75-78
 desde a conquista até a construção do Templo - 76:36-41
 do período mosaico - 76:26-29

do período patriarcal - 76:25-34
peregrinações ao - 3:43; 6:33, 36
unidade - 6:33; 76:53-55, 126
(*veja também* Peregrinações; Templos)
Santuário de Deus - 53:18
Sara, esposa de Abraão - 2:17-19, 21, 25, 26, 33; 21:39; 47:28, 57:16; 60:64; 82:76
 chamada Sarai - 2:19
  mudado para Sara - 2:26
 morte - 2:37
Sara, esposa de Tobias - 38:12, 16-18, 21
Sardes - carta à igreja em - 66:26
Sargão de Acad - 75:16-17
Sargão II - 10:62-63; 15:2, 37; 75:74, 104, 107
Satanaz - 41:6, 23; 43:177; 44:37; 46:25, 49:29, 35, 50:50, 55; 53:20; 55:5; 56:30; 57:27; 62:25; 63:23-25, 27, 59; 82:87,89
 como o adversário - 22:28; 30:12, 27; 46:25; 59:10
 em 1 Crônicas - 23:33
 personifica a desordem - 51:134
Sátiros - 4:36
Satrápia - 25:24
Saturnino - 75:161
Saul (rei) - 23:23-25; 75:78-80
 derrota no Monte Gelboé - 9:35-39
 e Davi - 9:20-38, 2, 43
 rejeitado como rei - 9:17-19
 torna-se rei - 9:13-15
Saulo, nome semítico de Paulo - 44:50, 53-56, 66, 68-70; 79:3
Sear-Iasub - 15:18
Seba (revolta de) - 9:67
Sebastē (Samaria) - 74:114, 143
sebayit - (ensino) - 27:19
Sebná - 15:43
Secreto, Evangelho de Marcos - 66:100; 67:63
ṣedeq (*ṣĕdāqâ*) - (*veja* Retidão) - 15:8, 14, 24; 18:19, 22, 34, 70; 21:13, 17, 39; 77:93
Sefelá, o - 75:73-74
Séforis - 73:114; 71:137
Segredo messiânico - (*veja* Marcos, o Evangelho segundo)
Segunda morte - 63:23, 61
Segundo templo - 23:85 (*veja* Templo de Jerusalém)
Seir - 2.53, 59; 20.84 (*veja também* Edom)
Seiyal, Wadi - 67;122
Sela - 2.62
 localização em Edom - 83;41
Selá - 2:62
Selêucidas (dinastia síria):
 domínio na Palestina - 75:131-142
 origem dos - 75:131-142

Selo (s):
    do Deus vivo - 63:34
    rolo com sete - 63:29-36
    uso na Antiguidade - 2:62; 29:24
Sem - 2:10
    bênção de - 2:13
    linhagem de - 2:14, 16
ṣemaḥ (ramo, rebento) - (*veja também* Messias)
Semaías - 10:23; 23:107
Semanas (Pentecoste), festa das - 3:32, 43; 4:45; 5:57; 6:36; 38:11; 76:67, 128
    celebração em Qumran - 67:110; 76:131-132; 80:10
    história da - 76:113, 114, 115, 116, 130-132
    Pentecoste cristão - 80:10; 44:20
Semeador, parábola do - 41:26; 42:85, 87; 43:102
Semeconita, lago (Hulé) - 73:58, 59
Semente, parábola da - 41:26; 42:85; 43:102
Sementes - parábola das - 42:88, 91
Semler, J. S. - 69:14, 17
    classificação textual de - 68:164
Senaquerib - 10:65-66; 15:2, 3, 7, 41, 58; 16:2, 11, 12; 23:75; 38:9; 75:74, 75, 109; 76:52
    cerco de Laquis - 10:65; 74:124-126
Sêneca - 799; 82:122
Sêneca, Epístola a - 67:54
Senhor dos Exércitos - 77:14 (*veja* Iahweh Sebaot)
Senhor:
    Jesus como - 41:80; 42:134; 43:21; 48:18, 20; 49:59; 51:102, 123; 54:30; 55:25; 56:48; 58:7; 71:42; 81:7, 13-15, 52, 109; 82:12, 13, 16, 18, 31, 35, 45, 47, 52-54, 55, 58, 60, 61, 64, 72, 78, 89, 96, 109, 115, 121, 128, 131, 132
    nome salvífico - 44:27, 29, 34
    singularidade - 55:25
Senhora eleita - 62:36
    inspiração da Escritura - 65:48-49, 59
    e a crítica do AT - 69:35, 55, 60
    e a crítica do NT - 70:37, 71, 72
Sentido espiritual da Escritura - 71:46 (*veja* Sentido típico)
Sentido literal da Escritura - 71:9-29
    definição - 71:9-13
    e os sentidos além do literal - 71:30-77
    passos na determinação:
        descobrindo a história literária - 71:27-29
        identificando a forma literária - 71:23-26
    problemas na determinação - 71:14, 29
        ferramentas necessárias - 71:15-16, 23-29
        problema de "relevância" - 71:20-22
        problema de simplicidade - 71:17-19
Sentido típico da Escritura - 81:45-48
    critérios - 71:47
    definição - 71:47
    reavivamento moderno - 71:45, 48
    outros nomes para - 71:46
Sentidos da Escritura - 71:9-77
    e a crítica bíblica - 71:8
    quatro sentidos do período medieval - 71:39 (*veja também* Sentido literal; *Sensus plenior*; Sentido típico)
    definição - 71:50
    Sensus plenior da Escritura - 71:49-51
Seon - 4:43; 8:38
Septuaginta - (*veja* Versões gregas do AT)
Sepulcro (Santo) - 73:94 (*veja* Túmulo de Jesus)
Ser (es) humano (s):
    chamado de corpo, alma, espírito - 46:39
    composição do(a):
        alma - 77:64, 66, 170
        carne - 77:64, 66, 68
        espírito - 77:53, 63, 66, 170
        nepev - 77:66; 170, 174
    conceito hebreu do - 2:4; 77:61-73
        na comunidade - 77:67-73
    criação do - 2:4-5; 77:62-65
    impotente para obedecer a Deus - 2:4, 10; 77:63-64
    queda, descrição mitopéica - 2:5; 77:29
    unidade do - 46:39
Serafim - (*veja* Serpentes de Saraf)
Serapião de Antioquia - 66:65, 67-72
Sermão da montanha - 42:26;51
    não uma nova lei - 42:26-27
Sermão sobre a planície - 43:85-92
Serpente (s):
    de bronze - 5:41; 73:31
        no Templo - 10:64
    em Gênesis - 2:5
    equiparada com o mal - 33:13
    praga das - 5:41; 33:52
Serpente de bronze - 5:41; 73:31
Serviço como um carisma - 51:115
Servo (escravo):
    Jesus como - 42:122; 43:181; 43:20; 61:32
    parábola do servo fiel e prudente -41:142
    parábola do servo - 42:116
Servo de Iahweh:
    Jesus como - 42:122; 43:181; 48:20; 61:52
    poemas do, (*veja também* Servo Sofredor)
Servo Sofredor - 21:6, 11, 16-17, 35, 37, 38, 43-46; 41:67; 43:183; 51:49; 57:15
    Jesus como - 81:15 (*veja também* Servo de Iahweh)
"Sessão Nós" de Atos - 44:2; 79:38, 45, 48
Set - 2:8, 110
Sete cartas em Apocalipse - 63:21-28
Sete espíritos - 63:18

Sete estrelas - 63:20
Sete igrejas da Ásia - 63:22-28
Sete selos em Apocalipse - 63:29-37
Sete taças em Apocalipse - 63:21-28
Sete trombetas do Apocalipse - 63:38-42
Setenta (e dois) discípulos - 43:122
Sexo (sexual):
    caráter sagrado - 4:37
    impureza - 4:33
    moralidade no AT - 77:121
Sexo:
    como pecado - 49:29, 32
    imoralidade e idolatria - 51:24, 26
Sha'ar há-Golan - 73:64
Shabako - 75:54
Shaddai - (*veja* El, Shaddai)
Shamash - 3:34
Shapira, "Rolo Deuteronômio" de - 74:10
Shekiná - 23:39, 43, 45
shema - 6:22; 41:79; 42:133
Sião - 15:9, 12, 20, 35, 45-46, 50, 51, 53; 16:18, 20, 24:32
    cânticos de - 15:9, 35; 34:8, 63, 139
    filha de - 16:21-22
    lugar de habitação de Iahweh - 6:33; 24:25
    (*veja também* Jerusalém)
Sião, Monte - 63:46
Sicar - 61:57
"Sicários" - 75:179
Siceleg - 74:117
Siclo - 10:18; 25:22
Sidom - 7:46; 24:3; 41:50; 79:48
    oráculo contra - 20:25, 72; 24:21 (*veja também* Fenícia; Tiro)
Siene - 20:74
Silas - (*veja* Silvano)
Silo:
    e Jerusalém - 18:25
    escavação - 74:76, 104
    localização de - 73:99
    santuário em - 7:69; 8:52; 9:7, 8; 75:60; 76:37, 53, 70
Siloé - 15:20, 41
Siloé - 15:20, 41
    túnel de - 15:41; 23:75
    inscrição - 74:115; 75:107
Silvano - 44:84-85, 96; 46:3, 13; 50:9; 57:28; 74:6, 36-38
Simaco e a tradução grega do AT - 68:81
Simão de Cirene - 78:55; 41:105; 42:162; 43:189
Simão o Cananeu ou Zelote - 41:22; 81:144
Simão o mago - 44:51; 80:75
Simão, irmão de Judas Macabeu - 75:139 (*veja* Macabeus)

Simão, irmão do Senhor - 81:142-143
Simão, Pedro chamado de - 44:83
Simbolismo - 19:20
    dos números - 63:18, 30-31, 34, 41, 44-45, 63
    joanino - 61:13
    profético - 11:23; 19:3, 17
Simbolismo da chave - 15:42
Simbolismo do Bezerro:
    bezerro de ouro -
Simbolismo do touro - (*veja também* Simbolismo do bezerro)
Símbolos em Apocalipse -
    Babilônia (Roma, Império romano) - 63:11, 47, 53-55
    besta da terra (adoração do imperador) - 63:44-45
    branco (vitória) - 63:26, 32, 35
    Cordeiro (Cristo) - 63:31, 33-35, 45-46, 56, 64-65
Simeão - (*veja* Simeão)
Simeão (ancião) - 43:32-34
Simeão (Simão), bispo de Jerusalém - 75:193
Simeão (tribo) - 2:72; 8:14; 73:88
    território - 7:71
Simeão Niger - 79:36
Simeão, filho de Jacó:
    e Levi - 2:56
    origem do nome - 2:50
Símile - 81:59 (*veja* Parábola)
Simon ben Kosibah:
    cartas em Murabb'at - 67:119
    cartas em Naxal Hever - 67:121
    história de - 74:155; 75:191-193
Simon, Richard:
    como exegeta - 71:22, 42-43
    e a crítica do AT - 69:6, 7, 8, 33
    e a crítica do NT - 70:4
Simpatia - 60:27-28
Sin, Deserto de - 3:32; 73:82 (*veja* Negueb)
Sin, Deserto de - 3:32; 73:82-86
Sinagoga - 43:56-58; 44:44, 70-73, 93; 58:16; 76:56
    arqueologia da - 74:145, 156
    Grande Sinagoga - 66:34
Sinai, monte:
    como Jerusalém - 47:28
    Moisés no - 50:15-17; 55:25
    Sinai galileu - 42:107
Sinai, Monte (Horeb) - 73:27
    apostasia em, relembrada - 6:27
    fogo do - 6:14
    historicidade do relato - 75:30, 48-51
    Israel chega ao - 3:31
    Israel parte do - 3:78; 5:24
    localização discutida - 73:27, 29; 75:47
    Península do - 3:32; 73:27-28

permanência dos israelitas no - 5:7, 23
teofania a Elias - 10:33
teofania a Moisés - 3:12, 32, 73 (*veja também* Aliança, do Sinai)
Sinal (is) - 20:40
   dado por Isaías - 15:19, 21, 38
   de Jonas - 42:81, 103, 43:131
   em João - 61:2, 27, 236; 81:94, 115; 83:57, 59
   Jeremias como - 18:51
   operados por Paulo - 51:129
   pragas como - 3:17-18
   requerido de Jesus - 41:52; 42:81-103; 43:131-175; 61:44
Sincretismo - 14:3, 11, 16, 21; 17:7; 18:3; 47:8; 54:8
Sinédrio:
   apóstolos perante - 44:33-34, 39-40
   Jesus perante - 41;1-101; 42:155; 43:186; 61:210; 78:53
   nome anterior do - 26:43
   Paulo e - 44:115, 117; 79:19, 47
şinnôr - 74:8, 107
Sinóticos, Evangelhos:
   Bultmann sobre a tradição sinótica - 70:49
   cristologia - 81:15-18
   e a crítica da forma - 70:42-45
   e João - 40:35
   interdependência literária - (*veja* Problema sinótico)
   milagres - 81:94, 112-114
   processo preservativo de Gerhardsson - 70:54
   relação com João - 61:2-3
sinthēkē (tratado) - 47:24
Siquém - 5:54; 7:40, 38; 14:18
   Arca da Aliança em - 7:37
   e a renovação da aliança - 7:37, 88-89
   escavação - 74:13, 23, 24, 75, 120, 135; 76:26
   localização e importância - 73:101
   no período dos juízes -8:33
   nos dias de Josué - 75:57
   santuário de - 76:26, 64
   um homem chamado - 5:56
Siquemitas - 2:56
Sirácida - o Livro de - 32:17-83
   Cairo Geniza, mss de - 32,5; 68:52
   Jesus ben Sirá - 32:2
   também Eclesiástico - 32:2
Síria - 15:19-19; 42:22; 43:19; 44:84, 97
   guerras de Israel contra a - 10:34-35, 39-41
   oráculo contra - 15:34
Síria, igreja:
   cânon do AT - 66:47
   cânon do NT - 66:59, 65, 67, 76, 78, 85
   uso da *Diatessaron* - 66:65, 85

Siríaca:
   AT Siro-hexaplar - 68:128
   Bíblia Pechita - 68:125-127
   Bíblia Siríaca Antiga - 68:124
   Bíblia Siro-palestiniana - 68:130-
   Diatessaron de Taciano - 68:122-123, 183
   igrejas que usam a Siríaca - 68:117-120
   língua - 68:116-117
   NT harcleano - 68:129
   versões da Bíblia - 68:116-130
Sísara - 8:2, 23, 25-26, 29
Sitim - 5:53; 7:17
Sitz im Leben - 34:11
   dos relatos dos Evangelhos - 70:42
   dos Salmos - 34,6m 12
Sixto de Siena:
   cânon da Escritura - 66:9
Sizigo - 48:28
Sociedade, conceito hebraico de - 77:67-68, 71-73, 130
Sociológica, crítica:
   do AT - 69:73-76
   do NT - 70:82
Sodoma e Gomorra - 15:7, 57; 20:46; 59:9; 64:17
   crime de - 8:4, 50
   destruição de - 2:30
   localização de - 2:29; 73:68
Sofonias - 17:2; 38:62, 79
Sofrimento - 21:19, 31, 43, 45
   como punição - 30:23, 42, 54, 61 76
   de Cristo - 50:7; 57:21; 60:28
      completado em Paulo - 54:16
   do justo - 30:2; 18:42, 61
      como educação - 33:15
   e a exposição do evangelho - 46:18; 47:32; 48:13, 16; 54:16; 56:47
   em 4 Macabeus - 67:36
   infligido por Deus - 30:29, 42-44, 49, 58, 66:109, 112
   leva ao arrependimento - 30:109, 112
   vicário - 51:49, 52
Sofrimento cristão - 57:18
Sol invictus - 76:154
Sonho (s):
   da esposa de Pilatos - 42:160
   de Abimelec - 2:32
   de Jacó em Betel - 2:48
   de José - 2:61
   de Salomão - 10:9
   em Daniel - 25:14-16, 19
   José interpreta o de Faraó - 2:65
   José interpreta os dos presos - 2:64
   meios de revelação - 30:112
   na narrativa da infância em Mateus - 42:11
   oposição de Sirach ao - 32:58

Sono da morte - 46:31; 61:149
Sorec, Vale de - 75:74; 74:103
Sorte dos santos - 54:12; 55:18
Sortes - 28:45; 76:9, 156
Sóstenes - 49:11
Soteriologia - 82:24, 28, 29, 37, 58, 120, 128
    relação com a ressurreição de Jesus - 51:16, 49
Spiritus Paraclitus - 72:5, 19
Stigmata (mãos) - 47:32
Sub-apostólico (final do I século)
    escritos (*veja* Pós-apostólico)
    e o cânon do NT - 66:83
    período - 80:21-32
Sucot (rota do êxodo) - 73:26
Sucot (Transjordânia):
    escavação - 73:51 (*veja* Deir Allá)
Suhard, Cardeal, resposta PCB ao - 69:59, 72, 31
sukkot - 76:133, 135, 137, 138 (*veja* Tabernáculos, festa dos)
Sul, Reino do - 75:88-133 (*veja* Judá; Reino do Sul)
Sulamita - 29:21
Sumários:
    dos milagres do Evangelho - 81:102, 108
    em Atos - 44:9
Sumérios:
    civilização - 75:11, 14, 17
    literatura de sabedoria - 27:27-32
    Terra de Sinear - 73:16
    (*veja também* Babilônia; Mesopotâmia)
Sumo (s) sacerdote (s):
    da comunidade de Qumran - 67:97, 99, 110, 116-117
    diretivas para o (s) - 4:41
    Jesus como - 60:9, 15, 18-19, 26-43
    no período pré-exílico - 76:17
    ordenação do (s) - 3:57; 4:19-23; 76:13
Superapóstolos - 50:48, 50
Sur, deserto de - 3:26
Susã - 38:55, 54; 74:127
Susana - 25:8, 36
Suspiro (anseio) do universo - 51:86-88
Suteanos - 5:51

T

Ta'amireh, Beduíno:
    descoberta do Manuscritos do Mar Morto - 73:91
Taanac - 8:26
    alternância com Megido - 74:36
    escavação - 74:13, 36, 63, 75, 120
    localização - 73:107
Taberá - 5:26
Tabernáculo (tenda da reunião) - 3:46-47; 4:6; 5:9, 10; 60:44, 46, 48, 50; 76:30-31
    altar do sacrifício - 3:53
    celestial - 60:44, 51-56
    coberturas - 3:52
    construção do - 3:7-78
    estrutura - 3:52
    pátio - 3:54
    Templo chamado de - 34:16, 33, 69
    véu do - 31:52
Tabernáculos, festa dos - 3:43; 4:48; 5:57; 6:36; 20:97; 21:61; 22:50; 61:71-126
    história da - 113:115, 116, 133-138, 139, 140
Tabor, Monte - 8:25; 42:107; 73:111
Taciano - 80:50
    Diatésaron - 68:122-123, 183
    e a crítica do NT - 70:3
    vida - 68:122
Tácito sobre Jesus - 78:6
Tadeu (um dos Doze) - 81:146
Táfnes (Dáfne) - 78:6
Tainut, templo de - 74:109, 76:42-43
Talento - 10:17
Talentos, parábola dos - 42:144; 43:161
Talmude - 67:139
Talmude babilônico - 67:139
Talmude palestinense - 67:139
Tamar e Judá - 2:62
    e Rute - 35:23
Tamar, irmã de Absalão - 9:60
Tamuz - 20:32
    e Ishtar, mito de - 29:7
Tânis - 73:26; 74:11
Targuns - 67:143; 68:103-115
    babilônica - 68:106-107
    origem - 68:103-105
    palestina - 68:108-115
    valor - 68:105
Társis - 15:43; 20:69; 21:58; 39:7
    navios de - 10:18; 15:43; 23:49
Tarso - 44:112; 79:6, 17, 18, 27
Tártaro - 64:4, 18
Taxo - 67:49
Mestre de Justiça - 67:86, 87, 98-100, 114
Tebas (Karnak, Luxor) - 17:27, 38; 73:24; 74:77, 101
Tecoa - 13:2, 5
    Tell Aviv - 20:22; 73:76
Tell:
    natureza do - 7:36; 74:24-27 (*veja nome individual do tell*)
Temá - 15:40
Tema:
    localização em Edom - 73:41
Temente(s) a Deus - 44:59, 73, 90
Temor:

característico de Jó - 30:11
do Senhor - 14:28; 15:26, 56; 22:61; 28:61, 64
princípio da sabedoria - 28:13, 17, 43; 30:102; 32:10, 12-15; 20:31, 41, 47
segundo Eclesiástico - 31:26, 36
usado para reverência - 44:37
Templo (s):
  ausência de, na Jerusalém celestial - 63:64
  de Arad - 76:44, 53
  "Rolo do Templo" de Qumran - 67:95
Templo de Jerusalém: 82:43,77
  altares - 76:46, 48, 50, 61-63, 82, 83 (veja também Altar[es])
  cantores - 76:24
  cortina do - 41:106; 42:163; 43:192
  crítica do - 18:25; 20:31-34; 21:52, 66, 68, 44-49
  destruição predita - 41:84; 42:137; 43:174-175; 61:42,44; 80:13
  e Davi - 9:52; 23:30, 34, 35, 39
  Herodiano - 74:138; 75:158, 170; 76:50
    discípulos no - 43:198
    Paulo no - 44:110-111
    pináculo do - 42:19; 74:8
    purgado por Jesus - 41:71; 42:125; 43:165; 61:42-45; 78:44
    restaurado - 61:44
    visitado pelo menino Jesus - 43:36
  imagem da comunidade cristã - 44:23; 50:29; 55:21
  imposto do - 42:110
  medido - 63:41
  presença divina no - 76:34, 51
  Primeiro ou salomônico - 10:3, 5, 13-15; 74:109; 76:42-48, 51, 52
    colunas - 76:44
    controle real do - 76:47
    culto estrangeiro no - 10:71; 20:31-32
    descrição - 76:42-45
    descrição do cronista - 76:42-45
      dedicação do - 10:16; 23:46
    história do - 76:48
    importância teológica - 76:51-52
    localização - 76:42
    mobília - 76:46
    oposição profética ao - 76:51
    paralelos no Oriente Próximo - 14:109
    Santo dos Santos - 76:43, 46
  Segundo ou pós-exílico - 19:7-10; 22:60; 23:85
    construção - 22:9-14; 23:88, 93-94; 75:117; 76:49
    dedicação - 23:95
    história do - 76:4-50
    purificação por Judas Macabeu - 25:31; 26:24, 76 (veja também Dedicação, festa da)

    saqueado sob Antíoco IV - 26:15, 17, 67
    substituição e renovação do - 63:64
    visão de Ezequiel - 20:91-93, 98; 77:145
    visão do Dêutero-Zacarias - 22:51
těnāk - 66:23
Tenda da Reunião - (veja Tabernáculo)
Tentação:
  de Jesus - 6:22; 41:6; 42:19; 43:52-54
  por parte de Deus - 58:11
Teodoção:
  Jônatas ben Uzziel? - 68:82
  Septuaginta Proto-teodociana - 68:70-74
  tradução grega do AT - 68:82
Teodoro de Mopsuéstia:
  como exegeta - 71:37
  condenação de - 71:38
Teofania - 4:22; 15:23; 17:32, 50-51; 22:27; 46:33; 77:57
  a Elias - 10:33
  a Isaac em Bersabeia - 2:45
  a Jacó em Bersabeia - 2:69
  a Jacó em Betel - 2:48
  a Jó - 30:117
  a Josué em Jericó - 7:22, 26
  a Moisés no Monte Sinai - 3:12, 32, 73
  a Salomão - 10:15, 16
Teófilo, destinatário de Lucas e Atos - 43:11; 80:52
Teogonia - 77:19
Teologia bíblica:
  do AT - 77:1-178
  história da opinião erudita - 69:20, 51-54
  possíveis exageros - 71:16, 21
  unidade entre os Testamentos - 77:175-178
Teologia:
  bíblica - 82:5-7
  da história - 21:14 (veja também História da salvação)
  descritiva - 82:3-5
  deuteronômica - 10:3
  do AT - 77:1-178
  do NT - 81:1-157
  dos salmos - 34:14-19
  joanina - 61:13-17; 80:1-62
  paulina - 82:1-152
    chave para a - 82:24-29, 138, 140, 152
Teoria das duas fontes (veja Problema sinótico)
Terafim - 8:48; 20:59; 22:41
Terapeutas - 67:86
Tércio - 51:134
Terebinto - 76:26, 28
Terra Prometida:
  distribuição da - 7:52-77
Terra:
  avaliação da - 4:55

ÍNDICE ANALÍTICO 1777

obrigações do proprietário - 3:40
venda da - 4:52-53
Tertuliano - 66:40, 41, 66, 67, 81; 79:53; 82:32
Tessalônica - 44:92; 46:2
Tessalonicenses:
    Primeira carta aos - 46:1-39
    Segunda carta aos - 53
Testamento (Assunção) de Moisés - 81:39, 41
Testamentos dos Doze Patriarcas - 67:25-31
    adições cristãs - 67:26, 28, 29, 53
    ensino importante - 67:29-30
Testemunho (s): 62:12, 30
    da mulher samaritana - 61:64-65
    das Escrituras - 61:82
    de João Batista - 61:23, 29-32, 82
    do Pai - 61:82, 116
    dos discípulos - 61:40-41
Testimonia (forma literária) - 51:35, 99, 127
    significado do termo - 67:91
Testimonium Flavianum - 78:5
Tetragrammaton - 82:53
Tetrateuco - 1:3-4, 7; 7:3 (*veja também* Pentateuco)
Texto grego do NT - 68:156-188
    citações patrísticas do - 68:184-186
    códices unciais - 68:157-159
    edições impressas modernas - 68:166-169
    papiros - 68:179-180
    problema do melhor texto - 68:157-169
    problema do texto mais antigo - 68:10-188
    Textus Receptus - 68:160-161, 187
        limitações do - 68:160-161, 187
    tradições textuais - 68:162-169, 171-177
        tentativas de classificação - 68:164, 167, 169, 171-177
    versões, uso de - 68:181-183
Texto hebraico do AT - 68:10-61
    Pentateuco Samaritano - 68:38-39
    período antigo - 68:13-37
        amuleto de prata de Jerusalém -68:35
        de Murabb'a, Hever - 68:36
        formato e idade dos mss - 68:14-15
        mss de Masada - 68:34
        mss de Qumran - 68:16-33 (*veja* Qumran)
        Papiros Nash - 68:35
    período medieval - 68:42-53
        Cairo Geniza Sirá - 68:52
        modelo de códices judaicos - 68:45-48
        textos vocalizados - 68:42-51
    período moderno - 68:56-61
        compilação de variantes - 68:59-61
        edições críticas - 68:56-58
        textus receptus - 68:55
Texto Massorético do AT - 68:42, 41
    pronúncia usada no - 12,16: 68:40-41

versículo hebraico segundo - 12:5
Texto Ocidental do NT -
Textos da Bíblia - 68:10-61, 156-188 (*veja* Texto hebraico do AT; Texto grego do NT)
Textual crítica - 68:1-126
    história da - 69:7, 11
Textus Receptus:
    do AT - 68:55
    do NT grego - 68:160; 61:187
Theologisches Wörterburch zum Neuen Testament - 70:32
Thanatos - (*veja* Morte)
Theopneustos (divinamente inspirado) - 65:13-16
Theos (Deus):
    aplicado a Jesus - 48:19; 51:94; 56:21; 60:11; 61:221, 235; 82:54
Theõria - 71:37
qînâ - 15:33; 18:43; 36:4 (*veja também* Lamento)
Thlipsis (tribulação) -46:15
Tiago o Justo - 58:2, 14
Tiago, a Epístola de - 58:1-39
    autoria - 58:2-3
    canonicidade - 66:77, 84, 85, 86
    data - 58:5; 66:74
    diatribe (estoica) - 66:74
    pseudonímia - 66:74, 88
Tiago, Apócrifo de - 67:69
Tiago, filho de Alfeu - 58:2; 81:141, 142, 143
Tiago, filho de Zebedeu:
    chamada de - 41:8; 42:21
    informações gerais - 81:139, 143, 155
    morte de - 44:67
    pedido de - 41:67; 42:122
Tiago, irmão do Senhor - 41:37; 44:80, 83, 110; 47:16; 58:2-3; 59:2; 66:74; 67:64, 81, 142, 143, 154, 155
    carta apostólica - 44:83-84; 79:34-37; 80:17, 22
    e a igreja de Antioquia - 47:8, 18
    epístola atribuída a - 58:2-3
    leis rituais - 44:80, 83; 47:18
    morte - 79:15; 80:16, 21
    na igreja de Jerusalém - 44:80, 83, 110; 47:17; 58:2-3; 79:26, 2, 47; 80:15,16
    na *Pseudo-Clementino* - 8:26
Tiago, Proto-evangelho de - 6:64
Tiamat - 63:25 (*veja também* Monstro do Mar)
Tiatira - carta à igreja em -
Tiberíades - mar de - 61:237
Tibério César - 43:42; 79:8
Tidal - 2:23
Timná - 74:90, 103
Timóteo - 44:88, 96; 46:3; 48:12, 24; 49:27, 78;: 50:7, 9; 56:3, 26-56; 79:5, 51, 53
    circuncidado - 44:88; 74:38; 80:17
    missão - 46:26-27

Timóteo, Primeira carta a - 56:25-42
Timóteo, Segunda carta a - 56:44-56
Tíquico - 54:28; 56:5, 54
Tiraca - 10:66; 15:58
Tiro - 7:74; 10:13; 13:8; 24:3; 79:6, 45; 82:84
    Hirão de - 10:13, 15, 17, 18; 23:42, 47
    oráculos contra - 13:8; 15:43; 20:65, 67-71; 24:22 (veja também Fenícia; Sidom)
Tirza - 73:102
    escavação de - 74:18, 75, 113, 120
Tishendorf, C. von:
    descoberta do Códice Sinaítico - 68:157
    e a crítica do NT - 68:166; 70:15
Tito - 47:17; 50:4, 12, 30-32, 34,36, 58; 56:3, 15-24; 79:32, 51
    missão a Corinto - 79:41-43
Tito, a carta a - 56:14-24
Tito, filho de Vespasiano - 75:185-189
Título sobre a cruz -
Tobias o Amonita - 23:1-5; 18:114
    história - 75:119-120
    quartel general em Araq el-Emir - 75:48; 74:134
Tobias, filho de Tobit - 38:16-24
    casamento com Sara - 38:17
Tobias, o livro de - 38:1-24
Tofel - 73:41
Tofet (Hinom) - Vale de - 7:63; 10:71; 18:59-60
Tola - 8:35
Tomé (um dos Doze) - 61:149, 181, 235, 237
    gêmio de Jesus - 67:65
    informações gerais - 81:140, 146
Tomé, Evangelho da Infância de - 67:65
Tomé, Evangelho de - 40:36; 66:64, 100; 67:67
    e Lucas - 43:144
tôrâ (Tora, instrução) - 15:8, 9, 51, 53-54 (veja também Ensino)
    significado para o Judaísmo - 67:131
Traconites - 73:55
Tradição - 46:22; 53:12; 49:57, 66; 82:15,16-20, 36, 57
    dos anciãos - 41:47; 42:99
    e a Escritura - 66:92-97
        Vaticano II - 72:13
    e a formação dos livros proféticos - 11:24
    fonte de sabedoria - 30:35
    (veja também Paradidonai; Paralambanein)
Tradição Sacerdotal - 4:6-7, 14 (veja Pentateuco - tradições do)
Trajano - 63:45
Transfiguração:
    de Jesus - 41:38; 42:107; 43:115-116; 64:13-14
    relação com a festa dos Tabernáculos - 41:107; 43:116
Transgressão:
    aclarada pela lei - 51:36, 48

    violação de uma lei positiva - 51:88
Transjordânia:
    avaliações da - 74:17, 122
    geografia - 73:38-55
    rios - 73:38
    rotas do êxodo - 73:31
    tribos israelitas na - 5:60; 7:15, 54-58, 83-86
Transposição dos capítulos joaninos - 61:4
Tratados de suzeranidade - (veja também Aliança, formato) - 3:32
Travestitísmo - 6:40
Trento, concílio de:
    cânon da Escritura - 66:13, 14, 42-43, 90
    inspiração da Escritura - 65:6, 31
    pronunciamentos bíblicos - 72:11
    sobre a concupiscência - 51:67
    sobre a Eucaristia - 71:84
    sobre a penitência e a extrema unção - 71:83
    sobre batismo - 71:82
    sobre Romanos - 5:12-14; 51:59
    sobre Tiago - 5:14-15; 58:36
Três (heróis de Davi) - 9:71
"Três Muros" - 73:94; 75:175
Trevas - 43:192; 46:36; 51:121; 54:12; 55:26; 62:15, 17, 18
    praga das - 3:17, 21; 33:53
    Qumran, filhos das trevas - 67:88
Tribos de Israel, as doze - 2:50
    bênção de Jacó sobre - 2:72
    bênção de Moisés sobre - 6:60
    censo das - 5:8, 54
    distribuição territorial - 5:62; 7:52-76; 73:50, 57, 81, 88, 89, 96, 113, 115
        a leste de Jordão - 5:60; 6:12 (veja também as tribos individualmente)
    nas Crônicas - 23:12, 17-19, 23
    ordem de batalha das - 5:10
    origem - 75:58
Tribunais pagãos - 49:31
Tributo a César - 41:77; 42:131; 43:170
Trifo - 80:47, 49
Trindade - 42:168; 57:7; 62:31; 82:61, 115, 146
Trinta (guerreiros de Davi) - 9:71
Tritoisaías - 19:10-12
Tritoisaías, o livro de - 21:2-6, 50-70
Triunfo de Cristo sobre os poderes angélicos - 54:20
Trôade - 44:89, 102; 50:14
Trófino - 56:56
Tróia - 74:6,26
Trombeta (s):
    na parúsia - 46:33; 49:75
    prata - 5:23
    sete - 63:38-42

Trono:
    carruagem - 20:19-20, 34
    de Deus - 60:11, 26; 76:34
Trullo - Segundo Concílio de - 66:12, 67, 84
Tübingen, escola de - 70:5-13
Tulul el-Alayiq (veja Jericó, dos dias do NT)
Tumim - 76: 9 (veja Urim)
Túmulo de Jesus - 73:94; 74:151
    "Túmulo no Jardim" - 74:151
    guardado - 81:121, 132
    vazio - 41:108; 42:166; 43:195; 61:23-32; 78:57; 81:121, 129, 126
"Túmulo de Raquel" - 73:91
Tutancamon - 74:77
Tutor, lei como - 47:24, 26
Typos (tipo) - 49:48; 51:58

U

Ubeidiya - 73:61; 74:49
Ugarit (Ras Shamra) - 73:21; 76:85
    destruição de - 73:71
    escavação de - 74:72
Ulam (pórtico, vestíbulo) - 76:43 (veja também Templo de Jerusalém)
Última Ceia:
    data da - 61:171
    em João - 61:170-205
    em Lucas - 43:177-183
    em Marcos - 41:93-96
    em Mateus - 42:150-151
    em Paulo - 49:56-67
    Eucaristia - 78:51
Últimos profetas - 66:23, 27 (veja Livros Proféticos)
Umm Qeis (veja Gadara)
Unção:
    com o Espírito - 62:22-23, 30
    componentes do óleo da - 3:62
    de Jesus - 41:91; 42:148; 61:157
        em seu batismo - 44:63
    do sacerdote - 76:13, 109 (veja também Ordenação)
    dos enfermos - 41:40; 58:35-36; 71:83
    importância bíblica - 21:25, 59
União com Cristo - 81:120-121, 140
    aprofundada pela reflexão - 51:66
    fonte de harmonia - 48:15; 49:60; 51:114; 62:189
    objetivo da vida - 48:26
Unidade dos cristãos - 47:25; 49:60; 55:21; 61:189; 82:125
Unidade:
    da igreja - 55:6; 21:25

    dos cristãos - 47:25; 49:60; 55:21; 61:189; 82:125
Universalidade:
    da salvação - 47:22; 51:20; 56:31; 82:36
    do domínio de Cristo - 48:21; 49:68; 54:6, 13, 20
    do domínio de Deus - 13:23; 18:20, 22, 36; 19:3, 34, 47, 113; 77:117, 151 (veja também Gentios, salvação dos)
    do evangelho - 51:20
    do fracasso moral humano - 51:36
Universalismo - 77:117
    em Zacarias - 22:17, 36
    no Dêutero- e Tritoisaías - 21:17, 2, 35, 47, 51, 58, 70
Uppsala, escola - 70:54 (veja Escandinava, escola)
Ur - 9:58
    terceira dinastia - 75:21
Urias - 9:58
Urim e Tumim - 3:56; 4:20; 5:56; 6:60; 23:87; 26:21; 76:9
Urmensch (ser humano primordial) - 30:55
Uruc (Ereque, Warka) - 73:16; 74:9, 58, 61
Utnapishtim - 2:2, 12
Uza e a Arca - 77:130

V

Vale de Arabá:
    e o Negueb - 73:83
    fronteira ocidental de Edom - 73:40-41
    geografia do - 73:69
    possível rota do êxodo - 73:30-31
Van Hoonacker, A.:
    e Esdras-Neemias - 69:36
    e o Hexateuco - 69:36
Vaso (corpo) - 46:29
Vasos do Templo:
    profanados - 25:21
Vaticano II - (veja também Inspiração da Escritura) - 65:70-71; 72:14
Vaticano, Primeiro Concílio - 51:25
    cânon da Escritura - 66:14
    inspiração da Escritura - 65:62, 29, 31, 45, 47, 48; 72:12
    milagres - 81:91
    sobre a primazia petrina - 71:84
Vaticano, Segundo Concílio - 66:46
    Bíblia e revelação - 65:4; 72:7, 8, 13-16
    e a exegese crítica - 71:23, 89
    historicidade dos Evangelhos - 70:71; 72:8, 15
    inerrância da Escritura - 65:70, 71; 72:14
    inspiração da Escritura - 65:3-7, 31, 50, 58, 64, 70
Velha natureza, despir-se da - 54:24
Verdade - 56:31; 61:26, 116-117, 120, 216
    como liberdade - 61:120

Verdade, Evangelho da - 67:77
Versões árabes da Bíblia - 65:155
Versões da Bíblia - (*veja* Novo Testamento, versões; Antigo Testamento, versões)
Versões da Bíblia em latim - 68:131-147
    Latina Antiga - 68:132-134, 142-143
    Vulgata:
        AT - 68:139-140
        Autenticidade (Trento) - 72:11, 20
        cânon da Escritura - 66:43, 91
        história posterior da - 68:144-147
        NT - 68:141
        Sixto-Clementino - 68:146
Versões gregas do AT - 68:62-100
    Áquila - 68:79-80
    crítica textual - 68:164-165
    Hexapla de Orígenes - 68:83-86
    Luciano de Antioquia - 68:69, 87
    Septuaginta - 68:62-100
        antes de 100 d.C. - 68:62-77
        edições impressas - 68:99-100
        em Alexandria - 69:68
        inspiração da - 65:39
        mss e códices - 68:88-98
        origem lendária - 68:63
        papiros - 68:92
        problema da origem unificada - 68:64-65
        significado de "Septuaginta" - 68:63
        uso por Paulo - 82:10, 12, 38, 39, 52, 73, 75, 76, 134
    Simaco - 68:81
    Teodocião - 68:70-74, 82
Versões inglesas da Bíblia - 68:189-216
    antes da impressão - 68:189-191
    Authorized Version (*King James*) - 66:45
    Bíblias impressas:
        católicas - 68:207, 215
        judaicas - 68:216
        protestantes - 68:192-206
    traduções individuais, lista de - 68:5
    no final
    (*veja sob o nome individual*)
Vespasiano:
    e a Primeira Revolta Judaica - 75:182-185
    e Josefo - 67:127
Vestes brancas -
Vestes de Jesus - 61:224
Véu:
    do Tabernáculo - 3:52
    do Templo - 41:106; 42:163; 43:192
    na face de Moisés - 50:16-1
Via Egnatia - 46:2; 48:2; 44:92
Viagem para Jerusalém, de Jesus -
Vícios, catálogo de - 47:30; 51:26; 54:24; 82:141-142

Vida - 44:30; 48:15; 50:13, 20; 57:16; 58:12, 29; 59:14; 60:28; 61:22, 100; 82:25, 63, 74, 79, 104, 107, 113
    após a morte - 19:21; 77:168-174 (*veja* Imortalidade)
    árvore da - 2:5; 28:24
    e a lei - 6:21; 47:23, 24; 82:92, 99
    escolha de - 6:31,51
    fôlego de - 31:35
    incerteza da - 31:29-34
    miséria de - 30:18, 33
    no Espírito - 47:30; 82:60, 104, 113
    ódio da - 31:15
    relação com a fé - 47:23; 82:60, 109
    superior à morte - 31:30, 35
Vida cristã - 46:27; 47:20, 30; 48:26; 57:15-16
Vida eterna:
    dom gratuito de Deus - 51:29, 61, 69, 83; 62:12
    no reino de Deus - 46:31
Vida, terra da - 34:45
Videira:
    e os ramos - 61:189
    Israel como - 18:17, 30; 20:43; 34:97
Vidente (s) - 5;45
    e profecia - 11;5:8
    na literatura apocalíptica - 25:34
Vigilância - 41:88; 42:141-143; 55:26; 64:16
    carreira de - 74:12, 19, 33, 105, 107, 150, 151, 154
    e o *Liqostrōtos* - 74:151
    cristã - 46:35, 36
Vingador do sangue - (*veja gō'el*)
Vingança do sangue - 77:71, 75
Vingança, lei da - 4:49;6:38; 10:37, 52, 68; 18:42; 33:55, 56; 42:34
Vingança: 42:34; 51:117
    procurada pelos homens - 18:42;, 50, 55, 58; 19:14, 15
    proibida - 42:34; 51:117
    tomada por Iahweh - 17:24, 32; 21:62; 34:111
    (*veja* Vingador do sangue; Retribuição)
Vinha:
    arrendatário - parábola do - 41:76; 42:129; 43:169
    cântico da - 15:14, 48
    simbolismo - 15:11, 14; 41:76; 43:169; 61:189
    trabalhadores na - parábola dos - 42:120
Virgem (ns):
    em Isaías - 15:19; 71:50
    não noiva - 3:42
    sábias e insensatas, parábola das - 42:143
Virginal, nascimento ou concepção - 78:11; 81:18
    relato de Lucas - 43:19-20
    relato de Mateus - 42:11; 71:50
Virgindade:
    de Maria - 42:11; 43:19

e a parúsia iminente - 49:40
evidência de - 6:42
Virtudes, catálogo de - 47:30; 54:15; 82:141-142
Visão (ões) - 19:8, 9, 19, 20
    de Zacarias - 22:19, 24-32, 51
    em Amós - 13:20-21, 23
    em Daniel - 21:14, 26-34
    em Ezequiel - 20:17-20, 23, 30-34, 87, 91-93, 98
    em Isaías - 15:17
    em Jeremias - 18:19, 72
Vítima, Jesus como - 60:43, 52
Vítimas, inaceitáveis - 4:4 (*veja também* Sacrifício[s])
Vitória de Cristo - 63:28, 49, 52, 55
Viúvas - 35:7; 56:38; 58:15; 82:147-148
Von Rad, G.:
    crítica literária - 69:42
    e a história israelita - 69:49
    sobre o êxodo - 75:50
    teologia do AT - 69:53, 54; 71:52
Vontade de Deus:
    como plano de salvação - 44:24; 82:44, 87, 94
    moralidade cristã - 46:29
    ninguém pode anular - 47:24
    salvífica universal - 77:117, 151
Vontade salvífica universal de Deus - 56:31
Votos - 76:110-111
    nazireu - 76:111
    regras concernentes aos - 5:58
Vulcão (ões):
    como local do Monte Sinai - 73:27
    na Palestina - 73:34, 53, 111
    (*veja* Harnack, A. von)
Vulgata - 68:139-147 (*veja* Versões latinas da Bíblia)

W

Wadi:
    definição - 73:37 (*veja sob os nomes dos wadi individuais*)
Warka - (*veja* Uruc) 73:16
Wasf - 29:5, 17, 19, 21
Weidner, tabletes - 75:112
Weiss, J.:
    e a escatologia - 81:31, 33, 35, 36, 64
Wellhausen, J.:
    reação a - 69:26, 30,33
    teoria do Pentateuco - 1:6; 69:24
Westcott, B. F. - 66:42; 70:10
    e as tradições textuais do NT - 68:167, 171-175

X

Xeol - 15:31, 50, 59; 20:68, 80; 28:18; 30:53, 93; 33:6, 12; 74:17, 25; 38:11

conceito hebraico - 77:170
em Eclesiastes - 31:21,30
em Eclesiástico -
esperança de Jó - 30:68
poder personificado - 29:24

Y

Yabneh - 75:77 (*veja* Jammia)
Yom Kippur - 76:147-147 (*veja* Expiação, Dia da)

Z

Zacarias, Livro de - 19:16; 22:15, 50
    conceito de salvação - 77:148
    diferenças entre o primeiro e o segundo - 22;16: 5 - (*veja também* Dêutero-Zacarias)
    estilo apocalíptico - 14:8
Zabulon (tribo) - 8:15
Zacarias, pai de João Batista - 42:12, 15-17, 24-26
Zacarias, profeta - 21:34; 22:18; 43:132
Zadoquitas (filhos de Zadoc) - 20:95; 23:20, 37; 76:16, 18, 19
    e os saduceus - 23:20; 75:149
    Obra Zadoquita de Qumran - 67:87
Zanzumim - 6:10
Zebedeu, pai de Tiago e João - 41:6, 65; 42:21, 122, 153
    território - 6:60; 7: 72; 73:81-113
Zelote (s): 42:131; 31:145
    nos dias de Félix - 75:181-182
    Simão - um dos Doze - 81:144
Zera - 2:62
Zered, Rio:
    desfiladeiro - 73:38, 68
    fronteira norte de Edom - 73:43
    fronteira sul de Moab - 73:40
Zeus - 25:29; 26:17; 82:71
Zigurate - 20:94; 73:17
Zilpa - 2:49, 50
Zilu - 3:23, 25
Ziusudra - 2:12
Ziv, mês de - 10:15
Zoã - (*veja* Avaris; Ramsés; Tânis)
Zofar:
    caráter de - 30:43
    defende a sabedoria divina - 30:45
    defensor da retribuição divina - 30:5, 45, 70
    discursos de - 30:46, 47, 70-72
Zorá - 8:42
Zorobabel - 19:7, 8; 22:4, 8, 14, 28-29, 33, 53; 23:83, 85, 86, 89, 94; 75:117
    em 1 Esdras - 67:39
Zwinglio, U. - 66:45

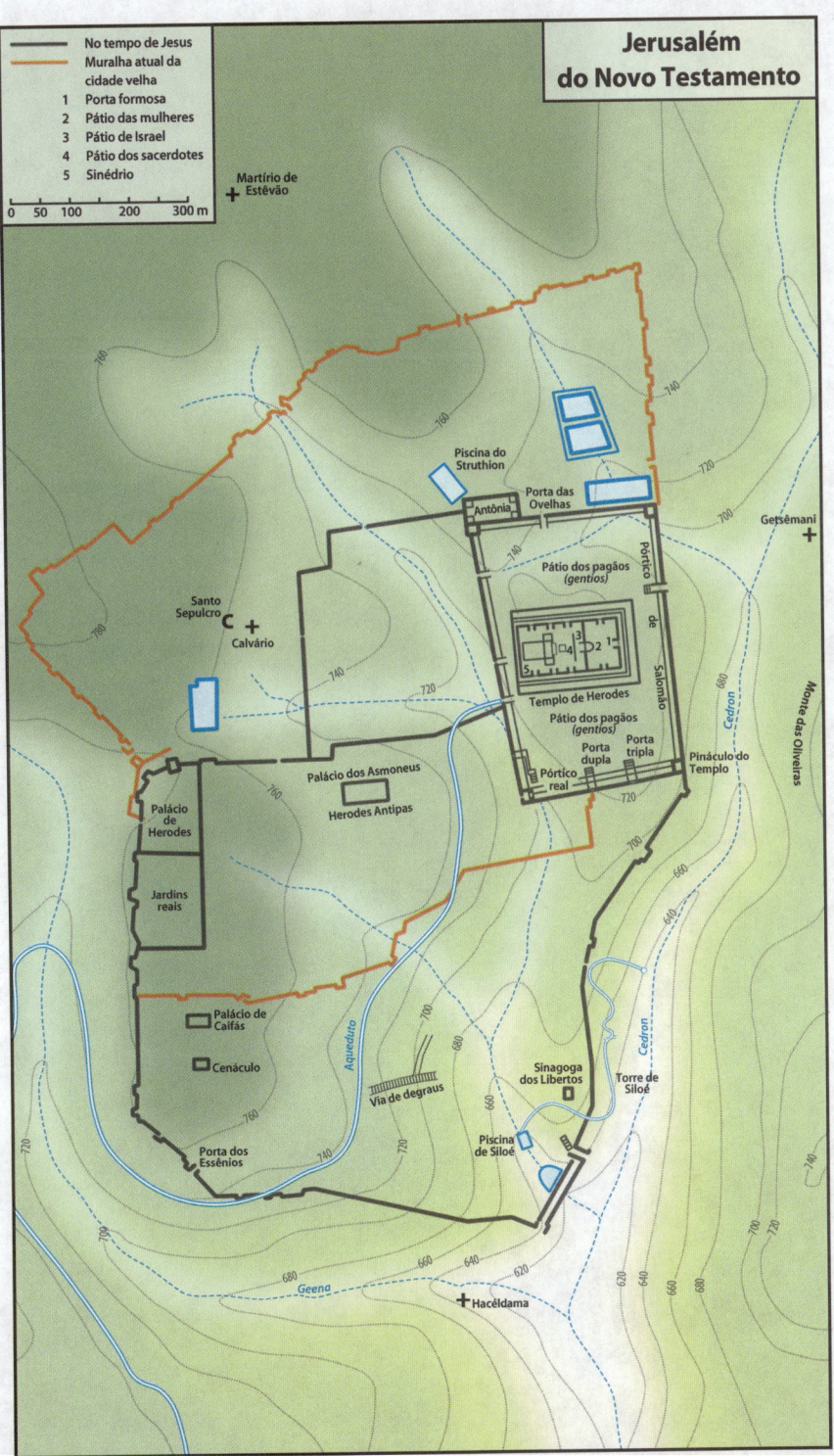